aanvolgend, agtereenvolgens, agter mekaar, agtermekaar, na mekaar, namekaar, in volgorde, seriatim, na tydsvolgorde, volgens tydsvolgorde, een vir een, een-een, een op 'n keer, op die ry af, puntsgewys, punt vir punt, stap vir stap, stapsgewys, om die beurt, al om die ander dag/week/maand, keer op keer, alternatiewelik, afwisselend ──── Tesourusinskrywing word geskei deur 'n komma

voors. agter, naas, om

telw. hoeveelste, soveelste, eerste, tweede, derde, ..., tiende, elfde, twaalfde, ..., twintigste, dertigste, ... honderdste, tweehonderdste, ..., duisendste, tweeduisendste, ..., miljoenste ──── Stippels word gebruik om aan te dui dat daar meer dergelike vorme is

uitdr. moenie die dag voor die aand prys nie

---

22. Kontinuïteit ──── Tesourusartikel

s.nw. kontinuïteit, kontinuasie, voortsetting, reëlmaat, reëlmatigheid, duur, duurte, voortduring, tydsduur, aanhoudendheid, voortbestaan, voortduring, onafgebrokenheid, voortgang 647, vervolg, voortstryding, aaneenskakeling, toekoms, geleidelikheid ──── Kruisverwysings na 'n ander tesourusartikel wat ook die betrokke woord of uitdrukking behandel

b.nw. kontinu, durend, voortdurend, aaneenlopend, kronies, chronies, gedurig, langdurig, slepend, aanhoudend, onafgebroke, onophoudelik, sonder ophou, nimmereindigend, aanmekaar, onverpoos(d), deurlopend, verder, almaardeur (*verouderd*), geleidelik, langsaam, langsamerhand, gaandeweg, reëlmatig, stap vir stap, gradueel; gedurig, daagliks, daeliks, wekeliks, maandeliks, jaarliks; gewoonlik, habitueel; wederkerend, terugkerend, herhaaldelik voorkomend ──── Gebruiksetikette verskyn tussen hakies en word kursief gedruk. Hierdie etikette dui aan dat 'n woord se gebruik beperk is, bv. dat dit verouderd is

──── 'n Kommapunt skei fyner begripsonderskeidings binne 'n tesourusparagraaf

ww. kontinueer, duur 40, voortduur, voortgaan, aangaan, aanhou, volhou, voortsit, aan die gang bly, verder gaan, voortbeweeg, voortstap, aanstap, voortdrentel, voortsleep, voortwoeker, aaneenskakel, voortskry, voortbestaan, in stand bly, voortleef, voortlewe, bly lewe, bly werk, bly sit, ..., verder lewe, verder werk, ..., voortbeur, aanbeur, vasbyt (*informeel*)

sleiding **vir meer inligting**

TESOURUS
VAN AFRIKAANS

L.G. DE STADLER • A. DE STADLER

PHAROS

⚘ LW Hiemstra Trust

Die publikasie van hierdie boek is moontlik gemaak deur 'n ruim subsidie van die L.W. Hiemstra-trust – opgerig deur Riekie Hiemstra ter herinnering aan Ludwig Wybren (Louis) Hiemstra.

Pharos Tesourus van Afrikaans
gepubliseer deur Pharos Woordeboeke,
'n druknaam van NB-Uitgewers,
'n afdeling van Media24 Boeke (Edms) Bpk
Heerengracht 40, Kaapstad
www.pharos.co.za

Eerste uitgawe 1994 deur Southern Boekuitgewers (Edms) Beperk
Herdruk deur Pharos Woordeboeke 2007
Tweede uitgawe, eerste druk 2020

Kopiereg © 2020 L.G. de Stadler, A. de Stadler

Alle regte voorbehou.
Geen gedeelte van hierdie boek mag sonder die skriftelike verlof van die uitgewer gereproduseer of in enige vorm of deur enige elektroniese of meganiese middel weergegee word nie, hetsy deur fotokopiëring, skyf- of bandopname, of deur enige ander stelsel vir inligtingsbewaring of -ontsluiting.

Omslagontwerp: Flame Design
Tipografie en setwerk: Wouter Reinders

Gedruk deur *novus print*, 'n afdeling van Novus Holdings

ISBN: 978-1-86890-213-2

Voorwoord

Dat ons na die verskyning van die Tesourus in 1994 eers in 2020 'n uitgebreide hersiene uitgawe kon voltooi, was vir ons goed en sleg. Sleg, omdat dit deur omstandighede so lank geduur het voordat ons dit kon aanpak, maar ook goed omdat ons die afgelope twee jaar die wonderlike ervaring gehad het om te sien hoe die Afrikaanse taalskat gedurende die jare tussen 1994 en 2020 gegroei het en in pas gebly het met 'n steeds veranderende omgewing.

So 'n projek is natuurlik onmoontlik sonder die hulp en ondersteuning van ander. Daarom bedank ons graag

- die talle Afrikaanse woordeboekmakers wat uitmuntende werk vir Afrikaans gedoen het en op wie se werk ons kon steun
- die kollegas en vriende wat ons oor die jare aangemoedig het
- Annemie Stoman en haar Pharos-span vir hulle uitstekende ondersteuning en hulle geloof in ons
- Willem Botha en die WAT vir toegang tot hulle elektroniese woordeboekdata
- ons familie vir hulle liefde en aanmoediging

Leon en Amanda de Stadler
September 2020

Inhoudsopgawe

Voorwoord	iii
Klassifikasieplan	vii
Gebruiksleiding	xxiv
Wat is 'n tesourus?	xxix

1 Algemene betrekkinge 1
(0 – 236)

A	Bestaan	1
B	Betreklikheid	3
C	Oorsaaklikheid	8
D	Orde	10
E	Tyd	18
F	Ruimte	26
G	Hoeveelheid	44
H	Berekening	50
I	Verandering	58
J	BEWEGING	60

2 Die stoflike wêreld 98
(237 – 501)

A	Skepping, lewe en dood	98
B	Materie	107
C	Eienskappe van die stof	194
D	Sintuiglike waarneming	213

3 Die verstand 217
(502 – 577)

A	Verstandelike vermoëns	217
B	Geestesarbeid	223
C	Uitdrukking van die gedagte	240

4 Die wil 280
(578 – 609)

A	Kenmerke van die wil	280
B	Wilsdade	283
C	Uitoefening van die wil	285
D	Wederkerige wilsdaad	297

5 Handeling 300
(610 – 685)

A	Eienskappe van die handeling	300
B	Middel	315

	C	Doel	319
	D	Die handeling	321
6		**Ekonomiese lewe**	356
		(686 – 712)	
	A	Besit	356
	B	Gebruik	360
7		**Gevoelens**	376
		(713 – 786)	
	A	Gevoelslewe	376
	B	Vreugde en droefheid	380
	C	Vermaak	387
	D	Skoonheid	396
	E	Hoop en wanhoop	413
	F	Moed en vrees	414
	G	Gramskap en sagmoedigheid	417
	H	Liefde en haat	419
8		**Gemeenskap**	430
		(787 – 809)	
	A	Sosiale lewe	430
	B	Sosiale stand	430
	C	Reg en geregtigheid	439
9		**Moraal**	446
		(810 – 835)	
	A	Gewete	446
	B	Gedragsbeoordeling	455
10		**Godsdiens**	463
		(836 – 855)	
	A	Die bonatuurlike	463
	B	Godsdiensbeoefening	464
	C	Godsdienste	470
Indeks			473

Klassifikasieplan

1. ALGEMENE BETREKKINGE

A. Bestaan
  0. Ontstaan
  1. Bestaan
  2. Nie-bestaan
  3. Bestaanswyse
  4. Selfstandigheid
  5. Onselfstandigheid

B. Betreklikheid
  6. Betrekking
  7. Betrekkingloosheid
  8. Dieselfde
  9. Verskillend of teenoorgesteld
  10. Harmonie
  11. Disharmonie
  12. Eenvormigheid
  13. Verskeidenheid
  14. Navolging

C. Oorsaaklikheid
  15. Oorsaak
  16. Gevolg
  17. Noodsaak
  18. Toeval

D. Orde

  a. Orde vs wanorde
  19. Orde
  20. Wanorde

  b. Volgorde
  21. Opeenvolging
  22. Kontinuïteit
  23. Onderbreking
  24. Dit wat voorafgaan
  25. Dit wat volg
  26. Begeleiding
  27. Begin
  28. Einde
  29. Middel

  c. Rangskikking
  30. Hiërargie
  31. Soort
  32. Enkeling
  33. Samehorigheid
  34. Vreemdheid
  35. Reëlmaat
  36. Onreëlmatigheid

E. Tyd

  a. Tyd in die algemeen
  37. Tydruimte
  38. Tydgebruik
  39. Tydverlies
  40. Langdurig
  41. Kortstondig
  42. Altyd
  43. Nooit

  b. Tydordening
  44. Gebeure in tyd
  45. Geskiedenis
  46. Vroeër
  47. Later

48. Gelyktydig
49. Hede　　　　　　　　　　50. Verlede
51. Toekoms
52. Ouderdom
53. Nuut en jonk　　　　　　54. Oud

c. Herhaling in tyd
55. Periodiek　　　　　　　　56. Selde

d. Tydoordeel
57. Vroeg　　　　　　　　　　58. Laat
59. Geleë　　　　　　　　　　60. Ongeleë

F. Ruimte
61. Plek
62. Grensloosheid　　　　　　63. Begrensdheid
64. Aanwesigheid　　　　　　65. Afwesigheid
66. Plasing
67. Verplasing
68. Ver　　　　　　　　　　　69. Naby
70. Oriëntasie
71. Regop　　　　　　　　　　72. Plat
73. Skuins
74. Op　　　　　　　　　　　75. Onder
76. Bo, bokant, boontoe　　　77. Onder, onderkant, ondertoe
78. Parallel
79. Dwars
80. Buite　　　　　　　　　　81. Binne
82. Rondom
83. In die middel
84. Houer
85. Voor　　　　　　　　　　86. Agter
87. Aan die kant
88. Posisie
89. Blyplek
90. Omgewing
91. Gebou
92. Deftige, belangrike　　　　93. Beskeie gebou
　　of groot gebou
94. Dele van 'n eiendom
95. Huisraad
96. Slaapplek
97. Bou　　　　　　　　　　　98. Afbreek
99. Messel
100. Boumateriaal
101. Bouersgereedskap

G. Hoeveelheid

a. Volstrekte hoeveelheid
102. Hoeveelheid
103. Min
104. Baie

b. Betreklike hoeveelheid
105. Gelyke hoeveelheid
106. Ongelyke hoeveelheid
107. Meer
108. Minder

c. Deel en geheel
109. Alles
110. Niks
111. Geheel
112. Deel
113. Enkelvoudig
114. Saamgesteld

d. Te veel en te min
115. Genoeg
116. Te veel
117. Te min

H. Berekening

a. Meting
118. Vergelyking
119. Teenstelling
120. Onderskeid
121. Verwarring
122. Bereken
123. Meet
124. Weeg
125. Tel
126. Skat
127. Tydbepaling
128. Chronometer
129. Bepaaldheid
130. Onbepaaldheid
131. Geldeenheid

b. Wiskundige berekening
132. Wiskunde
133. Getalle
134. Getalstelsel
135. Verhouding
136. Eweredigheid
137. Bewerking
138. Algebra
139. Meetkunde

I. Verandering
140. Verandering
141. Behoud
142. Veranderlikheid
143. Bestendigheid
144. Vervanging

J. Beweging

a. Beweging in die algemeen

145. Beweging
146. Bewegingloosheid
147. Rigting
148. Van koers gaan
149. Pad
150. Vorentoe
151. Agtertoe
152. Verby
153. Deur
154. Vryf
155. Deurboor
156. Bo-oor
157. Onderdeur
158. Na bo
159. Na onder
160. Omring
161. Bedek
162. Ontbloot
163. Draai
164. Reëlmatige beweging
165. Onreëlmatige beweging
166. Nader beweeg
167. Wegbeweeg
168. Saamkom
169. Skei
170. Saambring
171. Verwyder
172. Vasmaak
173. Losmaak
174. Meng
175. Insit
176. Uithaal
177. Oopgaan
178. Toegaan
179. Glad maak
180. Ongelyk maak
181. Raak
182. Slaan
183. Gryp
184. Breek
185. Sny
186. Maal
187. Reis
188. Aankom
189. Wegbly
190. Vertrek
191. Laat kom
192. Laat gaan
193. Vertraag
194. Vervoer
195. Deurgaan
196. Versend
197. Te voet gaan
198. Strompel
199. Spring
200. Vorentoe beweeg
201. Agtertoe beweeg
202. Voor beweeg
203. Agterna kom
204. Aangaan by
205. Weggaan van
206. Ingaan
207. Uitgaan
208. Verbygaan
209. Oorgaan
210. Onderdeur gaan

		211. Opgaan	212. Afgaan
		213. Rondgaan	
		214. Dryf	
		215. Swem	
		216. Ry	
		217. Motorry	
		218. Fietsry	
		219. Perdry	
		220. Treinry	
		221. Vaar	
		222. Vlieg	
		223. Stuur	

b. Modaliteit van die beweging
224. Snelheid

225. Vinnig	226. Stadig
227. Werp	
228. Vinnig beweeg	229. Stadig beweeg

c. Vervoermiddel
230. Rytuig
231. Tuig
232. Fiets
233. Voertuig
234. Spoorweë
235. Skeepvaart
236. Lugvaart

2. DIE STOFLIKE WÊRELD

A. Skepping, lewe en dood

237. Voortbring	238. Vernietig
239. Voortplant	
240. Genealogie	
241. Familie	
242. Ouers	243. Kinders
244. Broer	245. Suster
246. Oom en tante	
247. Neef, niggie	
248. Huwelik	
249. Lewe	250. Dood
251. In die lewe roep	252. Doodmaak
253. Begrafnis	

B. Materie

a. Stof
254. Stof
255. Natuur
256. Skeikunde
257. Meganika en tegnologie

258. Hidroulika
259. Aërografie
260. Warmteleer
261. Magnetisme
262. Elektrisiteit
263. Rekenaar en internet
264. Radio en televisie
265. Telegraaf en telefoon
266. Akoestiek
267. Optika
268. Fotografie en film

b. Heelal
269. Heelal
270. Hemelliggaam
271. Kosmografie
272. Aarde
273. Geografie
274. Geologie
275. Mynwese
276. Vasteland
277. Berg
278. Vallei
279. Moeras
280. Woestyn
281. Eiland
282. Kus
283. See
284. Bron
285. Watermassa
286. Rivier
287. Vloei
288. Waterstelsel
289. Klimaat
290. Wind
291. Wolk
292. Water
293. Onweer
294. Weerkunde

c. Nie-lewende dinge
295. Delfstof
296. Nie-metaal
297. Metaal
298. Steen
299. Brandstof
300. Sout
301. Metaalverwerking
302. Smeewerk

303. Steengroef
304. Steenbakkery
305. Pottebakkery
306. Diamantslypery
307. Rubber en plastiek
308. Been
309. Glasbereiding
310. Vlegwerk
311. Weefstof
312. Spin
313. Weef
314. Leer
315. Papier
316. Hout

d. Planteryk
317. Fisiologie
318. Plant
319. Wortel
320. Stam
321. Blaar
322. Blom
323. Vrug
324. Plantlewe
325. Plantkunde
326. Oerplant
327. Tallusplant
328. Mosplant
329. Varing
330. Naaksadige
331. Boom
332. Struik
333. Rankplant
334. Blomplant
335. Bolplant
336. Vetplant
337. Veldplant
338. Gras
339. Riet
340. Krui
341. Waterplant
342. Gifplant
343. Genesende plant
344. Onkruid
345. Plantkwekery
346. Landbougrond
347. Landbou

348. Blomkwekery
349. Bosbou
350. Vrugteverbouing
351. Groenteverbouing
352. Graanverbouing
353. Vlasteelt
354. Plaas
355. Landbougereedskap
356. Landbouwetenskap

e. Diereryk
357. Dier
358. Dierkunde
359. Eensellige dier
360. Spons
361. Insek
362. Skaaldier
363. Waterdier
364. Reptiel
365. Voël
366. Soogdier
367. Oerdier
368. Diereteelt
369. Veeteelt
370. Voëlteelt
371. Suiwelbereiding
372. Vissery
373. Jag

f. Mensheid
374. Mens

375. Man 376. Vrou

g. Liggaam
377. Liggaam
378. Senuwee
379. Spier
380. Gebeente
381. Huid
382. Haar
383. Nael
384. Kop
385. Skedel
386. Gesig
387. Oog
388. Oor
389. Neus

390. Mond
391. Tand
392. Romp
393. Nek en skouer
394. Bors
395. Buik
396. Rug
397. Ledemaat
398. Asemhalingsorgaan
399. Bloedsomloop en limfstelsel
400. Bloed en limf
401. Spysverteringskanaal
402. Afskeidings- en uitskeidingsorgane
403. Voortplantingsorgaan
404. Asemhaling
405. Bloedsomloop
406. Eet
407. Drink
408. Spysvertering
409. Afskeiding en uitskeiding
410. Slaap

h. Liggaamstoestand
411. Gesond   412. Siek
413. Verskillende siektes
414. Geneeskunde
415. Geneesmiddel
416. Medikus
417. Hospitaal

i. Voedsel
418. Voeding
419. Voedselbereiding
420. Voedsel
421. Vleis
422. Seekos
423. Slagter
424. Brood
425. Bakker
426. Kossoort, dis
427. Drank
428. Drankbereiding
429. Eetplek, kroeg
430. Rook

C. Eienskappe van die stof

a. Dimensie
431. Afmeting
432. Groot   433. Klein
434. Breed   435. Smal
436. Hoog   437. Laag
438. Vorm
439. Punt
440. Skerp   441. Stomp
442. Lyn
443. Reglynig   444. Krom
445. Oppervlak
446. Rond   447. Hoekig
448. Gelyk   449. Ongelyk
450. Volume

b. Natuurkundige eienskappe
451. Lig   452. Swaar
453. Dig   454. Nie dig nie
455. Hard   456. Sag
457. Onbreekbaar   458. Breekbaar
459. Vaste stof   460. Vloeistof
461. Gas
462. Halfvloeibare stof
463. Nat   464. Droog
465. Warm   466. Koud
467. Aansteek   468. Blus
469. Verwarmingstoestel
470. Smaak
471. Smaaklik, lekker   472. Smaakloos, sleg
473. Reuk
474. Welriekend   475. Onwelriekend
476. Geluid   477. Stilte
478. Welluidend   479. Disharmonies
480. Dowwe klank   481. Skerp klank
482. Menslike geluid
483. Voëlgeluid
484. Diergeluid
485. Lig   486. Duisternis
487. Ligbron
488. Deurskynend   489. Ondeurskynend
490. Kleur   491. Kleurloosheid
492. Kleure

D. Sintuiglike waarneming
493. Gevoeligheid   494. Gevoelloosheid en bedwelming
495. Tassin
496. Smaak

	497. Reuksintuig	
	498. Gehoor	
	499. Sien	
	500. Sigbaarheid	501. Onsigbaarheid

3. DIE VERSTAND

A. *Verstandelike vermoëns*	502. Verstand	503. Onverstandigheid
	504. Geestelike gesondheid	505. Verstandstoornis
	506. Belangstelling	507. Gebrek aan belangstelling
	508. Aandag	509. Onoplettendheid
	510. Herinner	511. Vergeet
	512. Verbeelding	
B. *Geestesarbeid*	513. Denke	
	514. Wysbegeerte	
	515. Wetenskap	
	516. Soek	517. Vind
	518. Glo	519. Twyfel
	520. Verwag	521. Verras wees
	522. Redeneer	
	523. Logies redeneer	524. Onlogies redeneer
	525. Bewys	526. Weerlê
	527. Oordeel	
	528. Bevestig	529. Ontken
	530. Voorbehou	
	531. Saamstem	532. Betwis
	533. Verstaan	534. Nie verstaan nie
	535. Weet	536. Nie weet nie
	537. Waarheid	538. Dwaling
C. *Uitdrukking van die gedagte*	539. Kommunikeer	540. Nie kommunikeer nie
	541. Betekenisvolheid	542. Betekenisloosheid
	543. Duidelik	544. Onduidelik
	545. Natuurlike teken	546. Kunsmatige teken
	547. Simboliek	
	548. Praat	549. Stilbly
	550. Noem	
	551. Meedeel	
	552. Vertel	
	553. Behandel	
	554. Aanspreek	
	555. Vra	556. Antwoord
	557. Diskussie	
	558. Redevoering	
	559. Opvoeding en onderwys	
	560. Voorskoolse en naskoolse onderrig	

561. Studeer
562. Lees
563. Skryf
564. Skryfbehoeftes
565. Skryfkuns
566. Drukkuns
567. Boek
568. Media
569. Taal
570. Taalwetenskap
571. Skrif
572. Uitspraak
573. Woordeskat
574. Woordkategorie
575. Woordvorming
576. Sinsbou en styl
577. Betekenis

4 DIE WIL

A. Kenmerke van die wil
578. Vrywillig
580. Graag
582. Wilskrag
579. Gedwonge
581. Teësinnig
583. Willoosheid

B. Wilsdade
584. Kies
586. Beslis
585. Verwerp
587. Aarsel

C. Uitoefening van die wil

a. Gesag
588. Gesag hê
589. Dien
590. Bestuur en regeer
591. Gesaghebber
592. Ondergeskikte
593. Vryheid
594. Onvryheid

b. Aard van gesagsuitoefening
595. Streng
596. Inskiklik
597. Gehoorsaam
598. Ongehoorsaam

c. Uitoefening van gesag
599. Gesag uitoefen
600. Onder bevel staan
601. Toestemming gee
602. Verbied

D. Wederkerige wilsdaad
603. Voorstel
604. Versoek
605. Aanvaar
606. Weier
607. Beloof
608. Jou woord hou
609. Jou woord verbreek

5 HANDELING

A. *Eienskappe van die handeling*	610. Ywerig	611. Lui
	612. Noukeurig	613. Onnoukeurig
	614. Bekwaam	615. Onbekwaam
	616. Magtig	617. Magteloos
	618. Heftig	
	619. Kalm	
	620. Belangrik	621. Onbelangrik
	622. Goed	623. Sleg
	624. Gemiddeld	
	625. Sterk	626. Swak
	627. Skoon	628. Vuil
B. *Middel*	629. Gebruik	
	630. Werktuig	
	631. Nodig	632. Onnodig
	633. Nuttig	634. Nutteloos
	635. Skadelik	636. Onskadelik
C. *Doel*	637. Doelgerigtheid en doelloosheid	
	638. Aanmoedig	639. Ontmoedig
D. *Die handeling*	**a. *Voorbereiding***	
	640. Voorbereid	641. Onvoorbereid
	642. Beproef	643. Onbeproef
	b. *Handelwyse*	
	644. Handelwyse	
	645. Handel	646. Nie handel nie
	647. Voortgaan	648. Onderbreek
	649. Begin handel	650. Voltooi
	651. Toesien	652. Versuim
	653. Maklik handel	654. Moeilik handel
	655. Veilig	656. Gevaarlik
	657. Herhaal	
	658. Beroep	
	659. Aanstelling	
	660. Ontslag	
	661. Vermoeidheid	662. Rus
	c. *Wedersydse handeling*	
	663. Meedoen	664. Terugstaan
	665. Byeenkom	
	666. Verhinder	
	667. Stryd	668. Vrede en versoening
	669. Aanval	670. Verdedig
	671. Verdedigingsmiddel	

672. Weermag
673. Manskap
674. Militêre uitrusting
675. Militêre toerusting
676. Vuurwapen
677. Skiet
678. Ander wapens
679. Mobilisering
680. Militêre aksie

d. Resultaat
681. Resultaat
682. Slaag
683. Misluk
684. Oorwin
685. Oorwin word

6 EKONOMIESE LEWE

A. *Besit*
686. Aanwins
687. Verlies
688. Besit
689. Ryk
690. Arm

B. *Gebruik*
691. Spandeer
692. Spaar
693. Gee
694. Neem
695. Steel
696. Ontvang
697. Verlies ly
698. Behou
699. Leen
700. Bank
701. Handel en ekonomie
702. Beurs
703. Boekhou
704. Koop
705. Verkoop
706. Verhuur
707. Handelsaak
708. Betaal
709. Betaalmiddel
710. Kosteloosheid
711. Skuld
712. Belasting

7 GEVOELENS

A. *Gevoelslewe*
713. Gevoel
714. Positiewe gevoel
715. Negatiewe gevoel

B. *Vreugde en droefheid*
716. Genot
717. Lyding
718. Blydskap
719. Hartseer
720. Tevredenheid
721. Ontevredenheid
722. Humor
723. Erns

C. Vermaak 724. Vermaak en ontspanning 725. Verveling
  726. Spel en sport
  727. Kompetisie
  728. Balsporte
  729. Atletiek
  730. Gimnastiek
  731. Gevegsport
  732. Watersport
  733. Lugsport
  734. Perdesport
  735. Fietsrysport
  736. Skaatssport
  737. Motorsport
  738. Biljart en snoeker
  739. Geselskapspele
  740. Kaartspel
  741. Kinderspel
  742. Dans

D. Skoonheid 743. Mooi 744. Lelik
  745. Versier
  746. Persoonlike versorging
  747. Styl en smaak 748. Gebrek aan styl en smaak
  749. Kuns
  750. Letterkunde
  751. Digkuns
  752. Toneel- en rolprentkuns
  753. Musiek
  754. Komposisie
  755. Uitvoering
  756. Musiekinstrument
  757. Sang
  758. Beeldende kuns
  759. Tekenkuns
  760. Skilderkuns
  761. Graveerkuns
  762. Inlegwerk
  763. Beeldhoukuns
  764. Boukuns

E. Hoop en wanhoop 765. Hoop 766. Wanhoop

F. Moed en vrees 767. Moed 768. Vrees
  769. Vertroue 770. Wantroue

G. *Gramskap en sagmoedigheid*	771. Gramskap	772. Sagmoedigheid
H. *Liefde en haat*	773. Begeerte	774. Onverskilligheid
	775. Weersin	
	776. Liefde en vriendskap	777. Haat en onvriendelikheid
	778. Goedaardigheid	779. Boosaardigheid
	780. Hulpbetoon	
	781. Dankbaarheid	782. Ondankbaarheid
	783. Vergifnis	784. Wraaksug
	785. Hoogmoed	786. Nederigheid

8 GEMEENSKAP

A. *Sosiale lewe*
  787. Samelewing
  788. Beskawing — 789. Onbeskaafdheid
  790. Sosiale betrekking
  791. Sosiaal — 792. Asosiaal
  793. Fees
  794. Sosiale struktuur
  795. Staat en politiek

B. *Sosiale stand*
  796. Stand
  797. Hoër stand — 798. Laer stand
  799. Beroemd — 800. Onbekend

C. *Reg en geregtigheid*
  801. Wet
  802. Wette gehoorsaam — 803. Wette oortree
  804. Regverdig — 805. Onregverdig
  806. Wettig — 807. Onwettig
  808. Regswese
  809. Regsgeding

9 MORAAL

A. *Gewete*
  810. Gedrag
  811. Gewete
  812. Goeie gedrag — 813. Swak gedrag
  814. Eerlik — 815. Oneerlik
  816. Getrouheid — 817. Ontrouheid
  818. Bedrieg
  819. Eerbaar — 820. Oneerbaar
  821. Onskuldig — 822. Skuldig
  823. Berou — 824. Onboetvaardigheid

B. *Gedragsbeoordeling*
  825. Beoordeling
  826. Goedkeur — 827. Afkeur
  828. Vlei — 829. Beledig
  830. Eerbiedig — 831. Minag

832. Beskuldig
833. Verontskuldig
834. Beloon
835. Bestraf

10 GODSDIENS

A. Die bonatuurlike

836. Bonatuurlik
837. God
838. Gees
839. Hiernamaals

B. Godsdiensbeoefening

840. Godsdiens
841. Leer
842. Geloof
843. Ongeloof
844. Bygeloof
845. Godsvrug
846. Goddeloosheid
847. Gebed
848. Kerklike bediening
849. Prediking
850. Sakrament
851. Godsdienstige fees
852. Geestelike
853. Kerkgebou

C. Godsdienste

854. Godsdienste
855. Gode

Gebruiksleiding

Die organisasie van die Tesourus

Die Tesourus is by uitstek 'n bron wat gebruik word om die regte woord vir die regte konteks op te spoor. Daarom is die tesourusgedeelte van die woordeboek nie alfabeties gerangskik nie, maar word die verskillende leksikale items (woorde, woordgroepe, vaste uitdrukkings, ens.) eerder gerangskik volgens hulle betekenisverwantskappe in verskillende konsepkategorieë (lees ook die volgende afdeling *Wat is 'n tesourus?*).

Die *Tesourus* het drie opvallende onderdele:

a. Die Inhoudsopgawe en die Klassifikasieplan wat saam 'n uiteensetting gee van die konseptuele raamwerk waarin die gebruiker 'n opsomming kry van die verskillende konsepkategorieë en konsepte wat in die tesourus behandel word.
b. Die tweede deel van die *Tesourus*, wat as die hart van die woordeboek beskou kan word, is die tesourusgedeelte self, waar die woordeskat onder bepaalde konsephoofde georden staan. Hierdie konsephoof met die inligting wat daarop volg, staan bekend as 'n tesourusartikel (of kortweg artikel).
c. Die derde gedeelte van die *Tesourus* is die Indeks. In die Indeks word 'n beduidende persentasie van die materiaal wat in die tesourusgedeelte voorkom alfabeties gerangskik met verwysings na die nommer(s) van die tesourusartikel(s) waar die betrokke woord of uitdrukking aangetref word. Die indeks is 'n belangrike hulpmiddel wanneer 'n gebruiker 'n bepaalde woord vinnig wil naslaan om 'n sinoniem of ander verwante woord op te spoor (lees ook die inleiding tot die indeks, waar meer inligting oor die gebruik van die indeks aangebied word).

'n Tipiese tesourusartikel

Hier volg 'n voorbeeld van 'n tipiese tesourusartikel (**773. Begeerte**) wat die verskillende tipes inligting in so 'n artikel duidelik demonstreer. Die inligtingstipes word vervolgens toegelig.

---

773. Begeerte

s.nw. begeerte, 'n brandende begeerte, hartsbegeerte, sielsbegeerte, aandrang, begerigheid, behoefte, sin, sinnigheid, wil, verlange, hartsverlange, sielsverlange, heimwee, wens, hartewens, droom, desideratum, wenslikheid, graagte, hunkering, gehunker, soeke, jag, gemis, wensery, smagting, versmagting, sug, versugting, lus, hartelus, honger, dors, koors, manie, nostalgie, verwagting, bevlieging, neiging, geneigdheid, inklinasie, behae, ambisie, roeping, ywer, ywerigheid; wenslys, verlanglys, bucketlist (*Engels*), emmerskoplys, kluitklaplys

drang, innerlike drang, drif, kompulsie, gretigheid, koorsagtigheid, koorsigheid, intoksikasie, dromerigheid, sin(ne)likheid, belustheid, hitsigheid, hyging, kortgebakerdheid

aantrekking, aantrekkingskrag, prikkel, aantreklikheid, gesogtheid, begeerlikheid, bekoring, bekoorlikheid, verleidelikheid, onweerstaanbaarheid, verleiding, verlokking, verloklikheid; lokmiddel, aanloksel, trekpleister, attraksie, magneet, mag

gierigheid, suinigheid 692, behaagsug, hebsug, hebsugtigheid, heerssug, bejag, winsbejag, benyding, gulsigheid, vraatsug, parsimonie

obsessie, beheptheid, koorsigheid, fetisj, fetisjisme, manie, fiksasie; fetisjis

voldoening, vervulling, versadiging, ingenomenheid, tevredenheid
hoogvlieër, hongerige
b.nw. begerig, die ene begeerte, langgehoopte, verwag(te), langverwag(te), behoeftig, aangetrokke, geneig, gretig, gretiglik, goedgretig, begerig, verlekkerd, verlangend, hunkerend, reikhalsend, dromend, dromerig, nostalgies, hoopvol, honger, dors, dorstig, koorsagtig, smagtend, hartstogtelik, versot, betotteld, lus, belus, belustig, vurig, hitsig, inkontinent (*ongewoon*), kompulsief, ambisieus, hoogvlieënd, ywerig 610, geesdriftig, entoesiasties, heerssugtig, onversadigbaar, onversadiglik, onversadelik, onlesbaar, manies, behep, obsessief, leergierig, leersaam, leeslustig; gierig, hebsugtig, heerssugtig, skraapsugtig, gulsig, vraatsugtig, vraterig, inhalig, suinig 686, sin(ne)lik
ingenome 720, tevrede 720, voldaan, vervul(d), versadig
aanloklik, aantreklik, begeerlik, gesog, bekoorlik, onweerstaanbaar, benydenswaardig, beny(d)baar, verleidelik, verleidend, verlokkend, verloklik, betowerend, behaaglik, gewens, wenslik
ww. begeer, wens, hoop, verlang, verwag, uitsien, vooruitsien, nie kan weerstaan nie, hunker na, reikhals (*ongewoon*), droom van, dagdroom, versug, lus, lus hê, smag, versmag, watertand, honger na, dors na, hyg na, snak na, sug, ja, jaag, jae, najaag, naloop, jeuk, dol, dolf, aas, aspireer, beny
verlang, hartstogtelik verlang, terugverlang, hunker na
lok, uitlok, verlok, dare (*Engels, informeel*), uitdaag, tart, uittart, aanlok, aanlonk, aantrek, beval, aanstaan, tantaliseer, verlei, betower, bekoor, behaag, behae
voldoening smaak, versadig, tevredenheid kry, bevredig word, bevrediging kry, meer as genoeg hê van
bw. graag, gretiglik, vuriglik, hartstogtelik, hopelik
uitdr. sin in iets of iemand hê; trek kry in iets of iemand; dit laat jou mond water; trek in iets hê; bek lek en stert swaai; van begeerte brand; die koors is hoog; jou beval/geval; 'n voorliefde vir iets hê; jou hart op iets sit; jou tande slyp; jou verlekker in; groen van jaloesie wees; die geel baadjie aan hê; Nabot se wingerd; as die gees vaardig word oor hom; as ek my sonde nie ontsien nie

Woordsoortaanduiding

Die eerste opvallende kenmerk van so 'n artikel is die indeling van die woorde of uitdrukkings volgens hulle woordsoortelikheid. Die volgorde waarin die woordsoorte voorkom, is ook relevant: As daar geoordeel word dat die konsep waarom dit gaan 'n selfstandige (naamwoordelike) konsep is (soos **773. Begeerte**), word die selfstandige naamwoorde eerste aangebied, gevolg deur die byvoeglike naamwoorde, werkwoorde, ens. As daar geoordeel word dat 'n mens te make het met 'n werkwoordelike konsep (soos **252. Doodmaak**), verskyn die werkwoorde eerste, gevolg deur die bywoorde, selfstandige naamwoorde en byvoeglike naamwoorde, en as die konsep 'n kenmerkkonsep is (soos **225. Vinnig**), verskyn die byvoeglike naamwoorde eerste, gevolg deur die selfstandige naamwoorde, bywoorde en werkwoorde. Die selfstandige naamwoorde, werkwoorde, byvoeglike naamwoorde en bywoorde kan beskou word as die hoofkategorieë in die woordeskat. Daar word natuurlik ook rekenskap gegee van ander kategorieë, soos vaste uitdrukkings, voorsetsels, lidwoorde, telwoorde en tussenwerpsels.

Subartikels

Binne elke woordsoortartikel is daar ook 'n besondere organisasie. 'n Artikel kan naamlik 'n aantal kleiner subartikels bevat wat betrekking het op die feit dat 'n bepaalde konsep semantiese onderverdelings toon. In die tesourusartikel by 773. **Begeerte** moet 'n mens onder die selfstandige naamwoorde byvoorbeeld onderskei tussen begeerte, drang, veroorsaking van die begeerte (aantrekking), obsessie, voldoening en die persoon wat begeer. Elkeen van hierdie betekenisonderskeidings word dan in 'n afsonderlike subartikel behandel. Hierdie subartikels word duidelik gemerk deur die eerste woord **vet en in kleur** te druk.

Die woorde of uitdrukkings in 'n artikel word normaalweg geskei deur 'n **komma**. In twee gevalle word daar van 'n kommapunt gebruik gemaak:

- Soms is daar binne 'n subartikel sprake van fyner betekenisonderskeidings, soos in die geval van *begeerte*, 'n woord wat kan verwys na 'n enkele begeerte of 'n wenslys van begeertes. Hierdie fyner onderskeidings word deur **kommapunte** van mekaar geskei.
- Die kommapunt word egter ook gebruik om uitdrukkings van mekaar te skei. Die rede hiervoor is eenvoudig dat 'n uitdrukking self 'n komma kan bevat, sodat die gebruik van 'n komma as skeidingsmeganisme verwarrend kan wees.

Betekenis- of gebruiksleiding tussen hakies

In die tesourusartikel kom daar dikwels inligting tussen hakies voor. Daar is drie inligtingstipes wat op dié manier aangebied word.

- Soms verskyn daar inligting tussen hakies wat *kursief* gedruk is. Hierdie inligting kan ten beste gekarakteriseer word as sg. **gebruiksetikette**. In die artikel 773. **Begeerte,** byvoorbeeld, word die woord *inkontinent* opgeneem met die etiket (*ongewoon*). Hierdie etikette waarsku die gebruiker dat 'n bepaalde woord of uitdrukking se gebruik beperk is tot bepaalde taalgebruiksituasies of kontekste. Etikette wat voorkom waarsku byvoorbeeld teen die verouderdheid van 'n uitdrukking (*verouderd*), of die kwetsende aard van 'n woord of uitdrukking (*kwetsend*). 'n Lys van hierdie etikette verskyn hier onder.
- **Betekenis- of gebruiksleiding** word ook tussen hakies aangebied, soos in die geval van *friseer* (hare) (in **746 Toilet**), waar aangedui word dat die woord *friseer* verwys na 'n handeling wat betrekking het op (die versorging van) hare, of in die geval van *afknyp* ('n skoot -) (in **677 Skiet**), waar die konteks waarin die werkwoord *afknyp* in hierdie spesifieke tesourusartikel gebruik word, aangedui word. Hierdie inligting word tot die minimum beperk en word nie kursief gedruk nie.
- In gevalle waar spellingvariante voorkom, word daar ook gebruik gemaak van hakies, soos in *beny(d)baar* wat met of sonder die *d* gespel kan word in 773. **Begeerte.**

Soos in die voorbeeld hier bo gesien kan word (bv. *tevrede 720*), word daar soms **kruisverwysings** in 'n tesourusartikel aangetref in die vorm van die syfer van die artikel waarna verwys word. Daarmee word aangedui dat 'n bepaalde woord ook in ander tesourusartikels verskyn. Die gebruiker word aangemoedig om hierdie kruisverwysings op te volg, veral omdat daar dikwels in so 'n artikel meer inligting aangetref word as in die een wat die kruisverwysing bevat. Die verwysing *720* by die woord *tevrede* lei die gebruiker na artikel **720 Tevrede**, waar 'n hele klomp woorde wat betrekking het op tevredenheid aangebied word.

Soms word daar aan die einde van 'n reël 'n dubbele skuins koppelteken (⸗) of 'n koppelteken gebruik. Wanneer die koppelteken daar verskyn, beteken dit dat die woord normaalweg met 'n koppelteken gespel word, terwyl die dubbele skuins koppelteken aandui dat die woord afgekap is en normaalwegs sonder koppelteken gespel word.

Indeks

Die indeks het die volgende formaat:

kasmier 311
kasplant
  318 Plant
  374 Mens

In die indeks word 'n beduidende deel van die woordeskat wat in die tesourusgedeelte voorkom, opgeneem met verwysings na die artikels waarin die betrokke woord of uitdrukking voorkom. Die indeks verskaf dus 'n meganisme waarmee 'n bepaalde woord maklik en vinnig opgespoor kan word.

Sekere inskrywings word nie in die indeks opgeneem nie, waaronder die uitdrukkings, sommige afleidings asook gevalle van meerfunksionaliteit geld. Met lg. word verwys na die verskynsel dat 'n woord in meer as een woordsoortelike funksie kan optree, byvoorbeeld boer wat as selfstandige naamwoord en as werkwoord funksioneer. In so 'n geval sal boer net een keer in die indeks opgeneem word sonder enige aanduiding van sy woordsoortelikheid.

Sommige afleidings word nie in die indeks opgeneem nie. Iemand wat dus *kastrering* wil naslaan, sal dié woord nie in die indeks kry nie. Deur egter *kastreer* na te slaan, wat wel in die indeks opgeneem is, word die gebruiker gelei na die artikel wat *kastrering* bevat.

Net so word nie alle samestellings opgeneem nie. Die gebruiker sal byvoorbeeld nie die woord *saalknop* in die indeks kry nie. Wanneer die woord *saal* nageslaan word, word die woord *saalknop* wel aangetref onder daardie woorde wat verwys na die onderdele van 'n saal.

Opsomming van die vernaamste konvensies en afkortings wat in die Tesourus gebruik word

Etikette (tussen hakies en kursief gedruk):

Engels	Engels; hierdie items is direk, indirek of gedeeltelik uit Engels oorgeneem; sommige van hierdie items kan ook as anglisismes geklassifiseer word
lekties	die item behoort tot 'n variant van Afrikaans wat kenmerkend is van 'n bepaalde omgewing of sosiale groepering; dit sluit ook sleng-gevalle in
kindertaal	kindertaal
minder juis	'n bekende vorm, maar minder aanvaarbaar
meervoud	meervoud; hierdie vorm word slegs in die meervoud gebruik
ongewoon	ongewoon, minder gebruiklik
plat	plat of kru taal (bv. by vloekwoorde)
skertsend	skertsend
verouderd	verouderd
kwetsend	woorde wat maklik aanstoot kan gee; soms ook *uiters kwetsend* en *rassisties*

Baie belangrike opmerking

In sommige gevalle word 'n woord nie net as kwetsend geëtiketteer nie, maar ook as *uiters kwetsend en rassisties*. Hierdie woorde bestaan vandag nog, jammer genoeg, as deel van die Afrikaanse taalskat en die advies is dat hierdie woorde totaal vermy moet word. Die gebruiker word verder daarop gewys dat talle van hierdie woorde se gebruik ook onwettig verklaar is en dat die gebruik daarvan kan lei tot strafregtelike vervolging. Dit is deel van die opvoedkundige funksie van woordeboeke om op sensitiewe en verantwoordbare wyse hieroor advies te gee.

Leestekenkonvensies

komma (,)	Skei die inskrywings in 'n tesourusparagraaf.
kommapunt (;)	Skei fyner betekenisonderskeidings binne 'n tesourusparagraaf; skei uitdrukkings.
skuinsstreep(/)	Word veral in uitdrukkings gebruik om 'n alternatiewe stelwyse aan te dui.
stippels (…)	Word gebruik om aan te dui dat daar meer dergelike vorme is.
tilde (~)	Word gebruik om aan te dui dat 'n woordgroeppatroon meermale voorkom.

Afkortings

b.nw.	byvoeglike naamwoord
bw.	bywoord
lw.	lidwoord
s.nw.	selfstandige naamwoord
telw.	telwoord
tw.	tussenwerpsel
uitdr.	uitdrukking
voegw.	voegwoord
voors.	voorsetsel of agtersetsel
woorddeel	woorddeel, soos 'n voor- of agtervoegsel
ww.	werkwoord

Wat is 'n tesourus?

Die tesourus as woordeboektipe
Die woord *tesourus* is afgelei van 'n Griekse woord wat "skat" of "skatkis" beteken, en verwys dus eintlik na ons "taalskat" of "taalskatkis". Die naam tesourus is aanvanklik aan verskillende soorte woordeboeke toegeken, maar toe verskyn Peter Mark Roget se *Thesaurus of English Words and Phrases* in 1852, en daarmee neem die tesourus as besondere woordeboektipe sy plek in in die woordeboekfamilie.

Wat maak hierdie woordeboektipe anders? Die meeste woordeboekgebruikers kom in aanraking met veral twee soorte woordeboeke, nl. eentalige verklarende woordeboeke en tweetalige vertalende woordeboeke. Die meeste woordeboeke in hierdie twee kategorieë word gekenmerk deur die alfabetiese aanbod van die woorde, frases en uitdrukkings (die leksikale items), 'n ordeningsbeginsel wat uiteraard 'n belangrike hulpmiddel is wanneer die inligting in die betrokke woordeboeke gevind moet word.

Maar is die woordeskat regtig alfabeties gerangskik in ons koppe? 'n Woordeskat (ook leksikon genoem) vertoon eerder 'n bepaalde struktuur waarbinne die verskillende leksikale items – woorde, woordgroepe, vaste uitdrukkings, ens. – op grond van veral hulle betekenisse met mekaar saamhang. Tesourusse (soos hierdie een) en sinoniemwoordeboeke (soos Pharos se *Groot Afrikaanse Sinoniemwoordeboek*) wil hierdie betekenisverhoudings in die woordeskat blootlê. Hulle het dus juis nié altyd 'n alfabetiese ordening nie.

Verskillende soorte verhoudings kan onderskei word, waaronder veral die volgende vier:

a. Sinonimie, die verhouding tussen twee leksikale items waarvan die betekenisse min of meer dieselfde is, soos in die geval van *gierigheid*, *behaagsug* en *hebsug*.
b. Antonimie (of teenoorgesteldheid), die verhouding wat bestaan tussen twee leksikale items waarvan die betekenisse in opposisie tot mekaar staan, soos in die geval van *liefde* en *haat*.
c. Hiponimie, die verhouding tussen 'n oorkoepelende item (superordinate leksikale item) en daardie terme wat as hiponieme (of subordinate) dien. Dit is die verhouding wat bestaan tussen 'n woord soos *dier* en sy subordinate of hiponieme *bees*, *skaap*, *koedoe*, *springbok*, *leeu*, *renoster*, *olifant*, ens.
d. Meronimie (die deel-geheel-verhouding), 'n verhouding wat bestaan tussen leksikale items soos *voertuig* en *stuurwiel*.

Daar is uiteraard ook ander besondere verhoudings wat aandag verdien in 'n woordeboek. Een wat byvoorbeeld in hierdie woordeboek opval, is die verhouding tussen 'n handelingswoord en die persoonsvorme wat daarop betrekking het, byvoorbeeld die verhouding tussen die woord *bedrieg* en die persoonsvorme *bedrieër*, *Judas*, *swendelaar*, *onderkruiper*, ens.

In alfabetiese woordeboeke kry bogenoemde verhoudings nie altyd die aandag wat hulle verdien nie, want in hierdie woordeboeke word die verhouding tussen 'n leksikale item en ander items met 'n verwante betekenis dikwels versteek of verswyg. In sommige definisies in verklarende woordeboeke vind 'n mens weliswaar voorbeelde waar sinonieme, teenoorgesteldes of superordinate terme gebruik word om die betekenisse van die betrokke items duideliker te maak. Dit is inderdaad in die meeste gevalle hierdie woordeboeke se verklaarde doel om aan sulke verhoudings reg te laat geskied, maar dit is nie hierdie woordeboeke se verklaarde doel om sulke verhoudings op die voorgrond te plaas nie. In 'n tesourus word die struktuur van die woordeskat en die besondere verhoudings wat bestaan tussen die leksikale items wel op die voorgrond geplaas en moet die woordeboekgebruiker verwag om inligting te kry oor sinonieme, teenoorgesteldes, superordinate en hulle hiponieme en talle ander betekenisbetrekkinge in die woordeskat.

Hoewel 'n kumulatiewe tesourus soos hierdie een nie betekenisverklarings vir die afsonderlike woorde of uitdrukkings gee nie, word daar tog op 'n besondere wyse rekenskap gegee van die betekenisse van die woorde of uitdrukkings. Deur byvoorbeeld 'n woord soos *nugter* te lys onder **10 Harmonie; 407 Drink; 504 Geestelike gesondheid** en **513 Gedagte** word daar iets te kenne gegee oor sy betekenis, o.a. die feit dat hierdie woord meer as een betekenis kan hê, nl. een wat betrekking het op die drinkhandeling en een wat betrekking het op die uitdrukking van 'n gedagte.

Die eerste ding waarvan die tesourusmaker hom dus moet vergewis, is die veelheid van betekenis (polisemie) wat die meerderheid leksikale items in die woordeskat het, want dit sal beteken dat 'n item dikwels op meer as een plek in die tesourus opgeneem moet word. 'n Mens sou kon sê dat 'n volmaakte tesourus se omvang (d.w.s. die aantal inskrywings in daardie tesourus) die som moet wees van die aantal leksikale items in die taal vermenigvuldig met die aantal betekenisse wat daardie woorde of uitdrukkings kan hê. Neem daarby nog die feit dat hoewel 'n woord dalk net een betekenis het, daardie woord nog steeds op meer as een plek in die tesourus opgeneem moet word omdat dit betrekking het op meer as een konseptuele kategorie in die tesourus. Die woord *haat* is so 'n geval: Dit verskyn byvoorbeeld in **775 Weersin** en in **777 Haat**.

So, wat is 'n tesourus dan?

Dis 'n woordeboek waarin die leksikale items gerangskik word met inagneming van hulle verhouding tot bepaalde konsepte of konsepkategorieë, maar ook met inagneming van hulle onderlinge betekenisverhoudings. Ons ken byvoorbeeld die konsep *HOOGMOED* en hierdie konsep word op die een of ander manier verwoord in woorde soos

> hoogmoed, hoogmoedigheid, hovaardigheid, hovaardy, hoogdrawendheid pompositeit, patronisering, meerderwaardigheid, meerwaardigheid, meerderwaardigheidsgevoel, meerwaardigheidsgevoel, meerderwaardigheidskompleks, styfheid, styfte, ysigheid, snobisme, snobberigheid, onbeskeidenheid, oormoed, valse trots, verwaandheid, egoïsme, egotisme, eiedunk, eiewaan, eiebelang, verwatenheid, opgeblasenheid, voortvarendheid, voorbarigheid, arrogansie, selfvoldaanheid, selfvoldoening, oorskatting, selfoorskatting, selfgenoegsaamheid, selfbehae, selftevredenheid, verheffing, selfverheffing, eieliefde, affektasie, selfbewustheid, verbeelding, vertoon, vertoonsug, geswollenheid, bombasme, roemsug, ydelheid, ydeltuitery, spoggerigheid, spoggery, spogtery, opskeppery, swierigheid, mondaniteit, pronkery, ostentasie, pronkerigheid, pronksug, pralery, praalsug, roemgierigheid, roemlustigheid, aanstellerigheid, geaffekteerdheid, pose, windmakerigheid, braggerigheid (Engels, informeel), brêkerigheid (Engels, informeel), windgatgeit (informeel), wintiegeit (informeel), grootdoenerigheid, grootdoenery, afshowerigheid (Engels, informeel), pretensie, grootheidswaan, grootheidswaansin, megalo=

manie, selfverheerliking, selfbewondering, idiolatrie, selfvergoding, selfverafgoding (raadpleeg artikel **785**).

Deur hierdie items so saam te groepeer kan die woordeboekmaker nou rekenskap gee van die besondere verbande wat daar tussen hierdie items bestaan. En wat so wonderlik is, is dat dit om veel meer gaan as die duidelik herkenbare betekenisverhoudings wat hier bo genoem is, want hierdie lys is nie maar net 'n lys sinonieme nie. Hulle belig die konsep op soveel verskillende maniere en met soveel verskillende nuanses en wys vir ons die rykheid van die woordeskat wat ons leefwêreld op soveel verskillende maniere beskryf.

Verskillende soorte tesourusse

Verskillende soorte tesourusse kan onderskei word:
a. Kumulatiewe tesourusse: In hierdie tesourusse word woorde onder 'n bepaalde kernbegrip ('n konsepbenaming soos **Genot**, **Geloof**, **Oorsaak**) gerangskik sonder om ook betekenisverklarings vir hulle aan te bied. Die *Tesourus van Afrikaans* is 'n voorbeeld van 'n kumulatiewe tesourus. Kumulatiewe tesourusse kom veral tot hulle reg as hulle saam met 'n goeie verklarende woordeboek ingespan word, soos Pharos se *Verklarende Afrikaanse Woordeboek*.
b. Verklarende tesourusse: 'n Verklarende tesourus het dieselfde breë ordening as 'n kumulatiewe tesourus, maar met dié verskil dat daar ook betekenisverklarings vir die woorde of uitdrukkings aangebied word. Verklarende tesourusse het egter dié nadeel dat hulle om praktiese redes net 'n gedeelte van die woordeskat kan behandel. Dink maar net wat die omvang van hierdie tesourus sou wees indien alle inskrywings ook van 'n betekenisverklaring voorsien moes word.
c. Vertalende tesourusse: 'n Vertalende tesourus bied weer in plaas van 'n betekenisbeskrywing 'n vertaalekwivalent aan vir 'n woord binne sy konsepkategorie. Ook hierdie tesourusse behandel slegs 'n gedeelte van die woordeskat om dieselfde praktiese redes wat in b. genoem is. Die taalgidse wat aan reisigers verkoop word, is dikwels goeie voorbeelde van vertalende tesourusse.

Die funksies van 'n tesourus

Die tesourus het 'n besondere plek in die woordeboekfamilie, 'n plek wat op sy beste verduidelik kan word deur na die funksies van 'n tesourus te kyk.

Sekerlik die belangrikste funksie van 'n tesourus is om die regte woord vir die regte konteks te suggereer. Dis nie net skrywers wat soms soek na presies die regte woord in 'n bepaalde konteks nie. Dikwels moet iemand 'n brief, 'n verslag, 'n uiteensetting, 'n vraestel of miskien selfs 'n boek skryf en dan bevind so 'n persoon hom of haar in die posisie dat die regte woord hom of haar bly ontwyk. Dit is hier waar 'n goeie tesourus sy staal moet wys, want die gebruiker kan hulp kry deur die konsep waaroor dit gaan of 'n aanverwante woord na te slaan. Die tesourus sal dan al die ander aanverwante woorde lys, en sodoende die soektog na die regte woord vergemaklik. Dit help dus die taalgebruiker om nie net daardie woord wat hy dalk reeds ken weer in herinnering te roep nie, maar wil ook die aandag vestig op 'n ander woord of uitdrukking wat miskien net daardie graad of twee beter verstaan sal word, wat 'n bepaalde gedagte net 'n bietjie beter raakvat, of wat stilisties net daardie ietsie beter is. Dit is daarom nie vreemd dat Brouwers sy Nederlandse tesourus *Het Juiste Woord* genoem het nie. Die tesourus wil dus op sy eie besondere wyse effektiewe kommunikasie tussen mense bevorder, 'n rol wat in die inligtingsera waarin die mens hom tans bevind, ongelooflik belangrik geword het.

Daar is egter ook ander, meer besondere funksies wat tesourusse kan vervul. Hulle help die skrywer om die stilisties lastige herhaling van 'n bepaalde woord te vermy deur die aandag te vestig op ander woorde wat min of meer dieselfde betekenis oordra. So help hulle om die woordeskat van 'n taalgebruiker uit te brei, variasie te bring en styl te verbeter. Omdat sommige tesourusse, soos hierdie een, tematies gerangskik is, verskaf hulle terminologieë vir bepaalde onderwerpe. Om maar een voorbeeld te noem: kinders moet dikwels opstelle skryf oor bepaalde onderwerpe en kan dan deur so 'n onderwerp (bv. sport, die liefde of godsdiens) na te slaan 'n uitgebreide terminologie oor daardie onderwerp aangebied kry. En dit geld natuurlik nie net vir opstelle nie.

Die tesourus gee vir ons uiteindelik 'n beeld van die verskeidenheid en seggingskrag van die woordeskat en kan dalk help om goggas soos *nice, stunning* en *awesome* dood te kry met 'n rykdom van keuses soos *pragtig, lieflik, fraai, aanskoulik, wondermooi, wonderskoon, betowerend, fantasties, asemrowend, asembenemend, subliem, spoggerig, glansend, goed, uitstekend, eersteklas, eersterangs, voortreflik, meesterlik, skitterend, uitstaande, besonders, keurig, esteties, sprokiesagtig, feëriek, grasieus, sierlik, artistiek, kunstig, swierig, weelderig, skilderagtig, pikturaal, pittoresk, tekenagtig, oulik, ougat, poenankies, hemels, hartverheffend, hartversterkend, verruk, verruklik, onweerstaanbaar, verloklik, heerlik, meesterlik, spiekeries.*

1 Algemene betrekkinge

A. BESTAAN
0. Ontstaan
s.nw. ontstaan, begin 27, wording, totstandkoming, geboorte, genese, genesis, abiogenese, abiogenesis, biogenese, biogenesis, oorsprong, alfa, oerbegin, oerknal, groot knal, antropogenese, antropogenesis, volksplanting, ontwikkeling; sluiting, rede; primordialiteit
evolusie, ewolusie, ontwikkeling, ontwikkeldheid, evolusieleer, ewolusieleer, evolusieteorie, ewolusieteorie, ontwikkelingsteorie, evolusionisme, ewolusionisme; evolusionis, ewolusionis
skepping, totstandbrenging, skepping, verwesen(t)liking, stigting, vorming, konstruksie, produksie, voortbrenging, baring; skeppingsvermoë, skeppingskrag, produksie; maaksel, skepsel, skepping, produk; ontstaansgeskiedenis, skeppingsdag; skepper, maker, produsent, stigter, pionier, volksplanter
b.nw. skeppend, generatief, produktief, vormend, konstruktief, evolusionêr, ewolusionêr, evolusionisties, ewolusionisties, primordiaal
ww. ontstaan, begin, in aansyn kom, tot stand kom, sy oorsprong hê, gebore word, origineer, ontspring, ontwikkel
evolueer, ewolueer, ontwikkel, ontstaan, ontvou
laat ontstaan, tot stand bring, skep, maak, teweeg bring, teweegbring, verwesen(t)lik, stig, vorm, veroorsaak, konstrueer, produseer, in die lewe roep, gestalte gee, voortbring 237, baar 239, geboorte skenk
uitdr. die alfa en die omega, die begin en die einde

1. Bestaan
s.nw. bestaan, eksistensie, syn, lewe 249, oorlewing, voortbestaan, aanwesigheid, realiteit, wese, wesensverskynsel; id; saambestaan, koëksistensie, ko-eksistensie, konkomitansie, saamhorigheid, samehorigheid, assosiasie, konsosiasie 795
werklikheid, feit, voldonge feit, fait accompli, gegewe, realiteit, realisme, korealiteit, korealisme, objektiwiteit, wesen(t)likheid, historisiteit, aktualiteit
ding, objek, wese 4, kreatuur, saak, voorwerp, aansyn, eksemplaar, feit, goeters, anderding, dinges, daadsaak, geheel, stuk
bestaansrede, bestaansgrond
ek, ekheid, jy, ons, julle, jul, u, hy, sy, dit, hulle, hul, julle-goed (*informeel*), hulle-goed (*informeel*); iemand, enigiemand, enigeen, iets, enigiets, enige iets; dese en gene, diegene
b.nw. bestaande, bestaanbaar, eksistensieel, werklik, wesen(t)lik, aanwesig, feitelik, reëel, voorwerplik, baarlik, daadwerklik, enig, enigerlei, eintlik, fakties, grondig, aktueel, effektief, heersend, histories, korporeel, lewendig, materieel, objektief, realisties, pragmaties, saaklik, so 'n, moontlik; koëksistensieel, konkomitant, saamhorig, samehorig
ww. bestaan, eksisteer, in iets geleë wees, in aansyn wees, in stand bly, 'n bestaan voer, leef, jou onderhou
wees, leef 249, lewe, lewend wees, vegeteer, 'n bestaan maak, uitmaak, val, vorm, sit, strek, setel
bw. in werklikheid, in feite, inderdaad, de facto, ipso facto, metterdaad, per se, sowaar
tw. ja-nee
uitdr. alle dinge gelyk synde; dit so synde

2. Nie-bestaan
s.nw. nie-bestaan, nie-syn, afwesigheid, onwerklikheid, onwesenlikheid, irrealiteit
skyn, skynwerklikheid, hersenskim, skynbeeld, niks, skyngoed, fiksie, verbeelding, onwerklikheid, niet, gebrek, denkbeeld, gedaante, skim, skorting, verdigsel
vernis, formalisme, uiterlik, uiterlike, skyn, aanskyn, gedaante, voorkoms, vorm, buitekant, houding, naam, uithangbord, skilpadvere
voorwendsel, oëverblindery, pretensie, vals indruk, valsheid

sweem, skadu, spoor
b.nw. nie-bestaande, afwesig, irreëel, immaterieel
denkbeeldig, onwerklik, onwesenlik, fiktief, niks, hersenskimmig, ideëel, ingebeeld, oënskynlik, skynbaar, blykbaar, waarskynlik, vermoedelik, kamma, aangeleer(d), moontlik
vals, valslik, wesenloos, fantasties
bw. niks, nihil, nie, nie meer nie, op die oog af, op verre na nie, in teorie, pro forma
ww. skyn, blyk, deurgaan vir, die skyn wek, hou, lyk, skort, toon, uitsien, voordoen, voordoen as, voorkom
voors. sonder
woorddeel nie-, non-, kwasi-, skyn-
uitdr. in naam; die skyn hê van; na die skyn van; onder die skyn van; skyn bedrieg; die skyn aanneem; 'n rol speel

3. Bestaanswyse
s.nw. bestaanswyse, wyse, manier, manier van doen, modaliteit
kenmerk, eienskap, attribuut, karaktertrek, cachet, kasjet, hoofkenmerk, distinktiewe kenmerk, onderskeidende kenmerk, onderskeidingsteken, karakteristiek, karakteristieke eienskap, grondtrek, grondeienskap, parameter, kenteken, eienaardigheid, idiosinkrasie, eiesoortigheid, inherentheid, immanensie
karakter, karaktertrek, karaktereienskap, trek, eienskap, aard, geaardheid, gesteldheid, hoedanigheid, wesensaard, natuur, gees, trek, stempel, disposisie, allooi, kwaliteit, stoffasie, aktualiteit, allure, analoog, analogon, inslag
identiteit, individualiteit, eenselwigheid, eie aard, eiesoortigheid, uniekheid 622, unisiteit, uitkenbaarheid; identifikasie 129, uitkenning, eiening, herkenning, herkenbaarheid; identifikasiemiddel, identiteitsdokument, id-dokument, identiteitsboekie, id-boekie, paspoort, visum, visa (*meervoud*), identiteitsbewys, identiteitskaart, id-kaart, vingerafdruk, stemafdruk, retina-afdruk, kode, PIN-kode, persoonlike identiteitsnommer, PIN, eenmalige PIN, gebruikersnaam, wagwoord
tipe, tiep, soort, grondvorm, prototipe, klas, kategorie, groep, tipering, tipologie, kategorisering, eksemplaar, monster, model, voorbeeld, spesie, subdivisie, onderafdeling, natuurstaat; veralgemening, oorveralgemening, stereotipering, stereotipe, stereotipeur
menswees, karakter, inbors, stoffasie, habitus, individualiteit, persoonlikheid, familietrek, erflikheid, herediteit, fenotipe, grafologie, volksaard, volkseie, volkskarakter, sielstoestand
omstandigheid, omstandighede, toestand, gesteldheid, kondisie, posisie, situasie, staat, stand, konjunktuur, agtergrond, status, substraat, voedingsbodem, syn, rompslomp
b.nw. kenmerkend, tipies, kensketsend, tekenend, eiesoortig, eie, inherent, immanent, dusdanig, dergelik, sulke, natuurlik, doodnatuurlik, geaard, gebore, geskape, ingebore, ingeskape, natuurgetrou, ongekunsteld, algemeen
karakteristiek, karakteriserend, erflik, aangebore, eienaardig
identifiseerbaar 129, identifiserend, eiesoortig, idiosinkraties, uniek, enig, enig in sy soort
tiperend, tipies, prototiperend, prototipies, stereotiperend, stereotipies
ww. karakteriseer, teken, tipeer, klassifiseer, kategoriseer, prototipeer, stereotipeer, modelleer, toeskryf, toeskrywe, veralgemeen, oorveralgemeen
aard, gee, ten grondslag lê, in sy aard wees
identifiseer, uitken, herken, eien, uitwys
bw. besonder, hoedanig, uiteraard, as sodanig, dusdanig, so ewe, sui generis, byvoorbeeld
woorddeel natuur-
uitdr. uit die aard van die saak; 'n trek van sy karakter; iets met moedersmelk inkry; aardjie na sy vaartjie wees; die appel val nie ver van die boom nie; uit goeie hout gekap; so die kind, so die man; wys van watter stoffasie jy gemaak is; nóg vis nóg vlees

4. Selfstandigheid
s.nw. selfstandigheid, outonomie, essensie, substansie, substans, intrinsiekheid, geheel, wese 1, entiteit, skepsel, kreatuur, gedoente, lewende wese, menslike wese, bonatuurlike wese, persoon, gedierte, dierasie, ding 1, saak

onafhanklikheid, selfonderhoudendheid, selfversorgendheid, selfstandigheid, eiehandigheid
alleenheid 664, allenigheid, eentjie, eensaamheid
b.nw. **selfstandig**, selfstandiglik, outonoom, onafhanklik, losstaande, vrystaande; substansieel, substantief, intrinsiek, essensieel, primêr, fundamenteel, gebiedend, noodsaaklik 17; oorspronklik, absoluut
onafhanklik, selfonderhoudend, selfversorgend, selfstandig, eiehandig, alleen, onverbonde; selfstandig, onafhanklik, soewerein
alleen 664, alleen, allenig, stokalleen, stoksielalleen, stoksielsaligalleen, vingeralleen, doodalleen
ww. selfstandig wees, staan, bestaan 1, op sy eie staan, noodsaak 17
bw. sonder hulp, alte
uitdr. op jou eie pote staan; jou eie potjie krap; op jou eentjie; op eie houtjie

5. Onselfstandigheid
s.nw. **onselfstandigheid**, ondergeskiktheid, afhanklikheid, subordinasie, bykomstigheid; ondergeskikte, junior, mindere, onderdaan
onderdeel, bykomstigheid, aanhangsel, addendum, departement, afdeling, onderafdeling, divisie, seksie, afhanklike, subordinaat, onderdeel, onderdeeltjie, deel, deeltjie, segment, komponent, konstituent, konstituerende deel, gedeelte, stuk, stukkie, brok, brokdeel, brokkie, sny, snit, porsie, snipper, knipsel, snoeisel, splinter, skerf, fraksie, breuk, breukdeel, ekstra, toevoeging, toevoegsel, byvoeging, byvoegsel
onbelangrikheid 621, toevalligheid, terloopsheid
b.nw. **onselfstandig** 30, afhanklik, subordinaat, losstaande, ekstra, addisioneel, bykomstig, bykomend, bybehorend, fraksioneel, junior
onbelangrik 621, ondergeskik 30, van ondergeskikte belang, minder belangrik, minderwaardig 30, toevallig, insidenteel, terloops
ww. ondergeskik wees, afhang, ondergeskik stel, ondergeskik maak, behoort tot, behoort aan, toevoeg, bystel; in 'n bepaalde toestand verkeer, in 'n bepaalde toestand bring, in 'n bepaalde toestand stel, die agtergrond skets, status verleen aan; deursit, sit, vaar
uitdr. altyd die minste wees 30; tweede viool speel; voor iemand kruip; iemand onder jou duim hou; iemand die voet op die nek hou

B. BETREKLIKHEID
6. Betrekking
s.nw. **betrekking**, betreklikheid, verhouding, relasie, samehang, koherensie, kohesie, samehorigheid 1, samehorigheidsgevoel, saamhorigheidsgevoel, verwantskap 241, verband, verbintenis, verbondenheid, assosiasie 1, vereniging; konteks, raamwerk, tersaaklikheid, korrelaat, korrelasie, opsig, ratio, draad; relatiwiteit, relatiwiteitsbeginsel, relatiwiteitsteorie; kategorie, soort, subkategorie, subsoort, ondersoort; verwysingsraamwerk, verwysingspunt; betrokkene, betrekking, party
interafhanklikheid, afhanklikheid, verwikkeldheid, verweefdheid, konneksie, sameloop, sameloop van omstandighede, lotsverbondenheid
wederkerigheid, mekaar, elkaar, die een die ander
b.nw. **betreklik**, vergelykend, betrokke, relatief, samehangend, koherent, kohesief, samehorig, verwant 241, aanverwant, relasioneel, verwikkel(d), verweef(d), aaneengeskakel, aaneengeslote, aangeslote, aangesluit, inherent, verbonde, konjunk; kontekstueel, korrelerend, korrelatief; direk, regstreeks, onmiddellik, absoluut, respektief, tersaaklik; herleibaar, indirek, onregstreeks, relatief, sydelings
wedersyds, wedersyds, weersyds, wederkerig, samelopend, verwikkeld, korrelatief; verenig, geallieer(d), saamgesnoer, verbind, saamgevoeg, saamgebind, verbonde
ww. saamhang, berus, betref, verband hou, slaan, heenwys, aangaan, aansluit, korreleer, raak, dui, inwikkel, skakel; betrek, betrokke maak, in verband bring met, verbind, konnekteer, saamkoppel, saamlees, toepas; verweef, verwikkel, saamloop, relativeer, verbind, konnekteer; betrokke raak 663, traak, deel hê aan, iets gemeen hê met

bw. dienooreenkomstig, vergelykenderwys, insake, dienaangaande, betreffende, desbetreffend, daarvolgens, met betrekking tot, na verhouding, vis-à-vis, hieraan, hiermee, hieromtrent, hierteen, hiervan, apropos, as 't ware, so, synersyds, ter sake, ad rem, taamlik, nogal, enersyds, andersyds
voors. in verband met, jeens, met betrekking tot, na, ná, na gelang van, ooreenkomstig, rakende, teenoor, volgens, luidens
voegw. aangaande, afgesien van, belangende, betreffende, blykens, desbetreffende, hoeseer
uitdr. na verhouding; dit slaan op iets (anders); op stel en sprong; ter sake; in casu; na gelang van sake

7. Betrekkingloosheid
s.nw. **betrekkingloosheid**, onsamehangendheid, inkoherensie, inkohesie, abruptheid, teenstrydigheid, inkonsekwentheid, onkonsekwentheid, gebrek aan samehang, gebrek aan logika, onvoorspelbaarheid, onsekerheid, struktuurloosheid, gebrek aan struktuur, stelselloosheid, losheid, onvastheid, verwardheid
onbepaaldheid, ongespesifiseerdheid, algemeenheid, vaagheid, onsekerheid, onduidelikheid, verbreidheid; so-en-so
vreemdheid 34
b.nw. **betrekkingloos**, verbandloos, onsamehangend, inkoherent, inkohesief, abrup, teenstrydig, dualisties, inkonsekwent, onkonsekwent, onlogies, stelselloos, onvoorspelbaar, onseker, los, losstaande, onberekenbaar, arbitrêr, onseker, onstabiel, verdwaal(d), verward
onbepaald, ongespesifeer(d), algemeen, vaag, die een of ander, sekere, onseker, onduidelik, verbrei(d)
vreemd 34
ww. buite iets staan, relativeer, die verband verbreek, niks met iets te make hê nie, nie klop nie, jou vrymaak van
bw. sonder struktuur, sonder samehang

8. Dieselfde
b.nw. **dieselfde**, selfde, eenders, eners, enerlei, presies dieselfde, identies, identiek, einste, nimlike, dergelik, dusdanig, sulke, eensoortig, gelyk, soortgelyk, gelyksoortig, uniform, konform, gelyknamig, ekwivalent, identies, identiek, eenselwig, gelykgestel(d), gelykwaardig, tipies, gelykop, gelyktallig, gelykvormig, eenvormig, monolities, gelykblywend, gelykluidend, gelykklinkend, eendersklinkend, enersklinkend, eensklinkend, eendersluidend, enersluidend, eensluidend, gelykmatig, analoog, homoloog, pro rata, toutologies, isochroon, isokroon, isochronies, isokronies, gebalanseerd, gelykmakend
proporsioneel, simmetries, bilateraal, gebalanseer(d), reëlmatig, gereeld, egalig, aanhoudend, voortdurend, georden(d), ordelik, stelselmatig, sistematies, konstant, onveranderlik, vas, blywend, permanent, konsekwent, samehangend 6, standhoudend, stabiel, ooreenstemmend, eweredig, ewematig, eenvormig, ewewigtig, harmonieus, egalig
eenstemmig, eenparig, eendersdenkend, enersdenkend, eensdenkend, gelykdenkend, eensgesind 33, gelykgesind, konformisties, ooreenkomstig, ooreenstemmend, kongruent, homosentries, verteenwoordigend, tipies, tiperend, verwant, aanverwant
bw. van dieselfde soort, op dieselfde manier, gelykerwys(e), gelykelik, insgelyks, eweneens, eweseer, net so, netso, eweso, ewenas, net soos, netsoos, almaardeur (*verouderd*), uitgeknip, alkant selfkant, allerweë, asmede, ibid, ibidem, idem; gelykweg, ook, in dieselfde mate, ooreen, netsowel, netso wel, net sowel, ook maar goed
s.nw. **eendersheid**, ooreenkoms, gelykheid, eenvormigheid, eenselwigheid, gelykvormigheid, uniformiteit, gelyknamigheid, gelykmatigheid, ewematigheid, eweredigheid, gelykwaardigheid, ekwivalensie, ekwivalent, identiteit, identifikasie, identiesheid, identiekheid, analogie, standhoudendheid, standhouding; verwantskap, tipe, tipologie, tipering
proporsionaliteit, proporsie, simmetrie, ooreenkoms, verwantskap, aanverwantskap, ooreenstemming, kongruensie, eweredigheid, ewemaat, balans, reëlmaat, reëlmatigheid, harmonie, egaligheid
eenstemmigheid, konformasie, konformiteit, konformisme, konsensus, eens-

gesindheid, akkoord, vergelyk, eenparigheid, vereenselwiging, affiniteit
gelyke, gelyke, weerga, alter ego, teenhanger, teëhanger, pendant, eksemplaar, eweknie, maat, portuur, dubbelganger, spieëlbeeld, ewebeeld, gelykenis, genoot, deelgenoot, soortgenoot, verwant; self, sigself, synsgelyke, diesulke(s), homoloog
ww. ooreenstem, ooreenkom, kongrueer, ooreenslaan, aard, naby kom, gelykmaak, gelyksit; vereenselwig, identifiseer, konformeer, verenig, meegaan, saamstem, saamgaan, akkoord gaan, aansluit, inval; verteenwoordig, balanseer, standhou, op dieselfde neerkom, tipeer; eenders lyk, eenders klink, eenders voel, eenders dink
voors. na, ná
woorddeel homo-, mede-, iso-, newe-, -self
voegw. desgelyks, insgelyks, soos, of, nes
uitdr. hy is uitgeknip sy pa; na analogie van; op dieselfde lees skoei; trek na iemand; voëls van eenderse vere; 'n aardjie na sy vaartjie; 'n baas maak 'n plaas; dis soos vinkel en koljander, die een is soos die ander; dis so lank as wat dit breed is; in duplo; oor een kam skeer; op dieselfde lees geskoei wees; op mekaar lyk; soos twee druppels water; alkant selfkant; in die donker is alle katte grou; dis peper en sout; onder een sambreel boer

9. Verskillend of teenoorgesteld
b.nw. verskillend, anders, anderste(r) (*informeel*), annerlik (*lekties*), ongelyksoortig, andersoortig, divers, heterogeen, gedifferensieer(d), uiteenlopend, onderskeidend, onderskeibaar, kontrastief, kontrasterend, onderskeie, divergerend, polariserend, heteromorf, ander, ongelyk, ongelykmatig, ongelykvormig, sonderling, afwykend, inkongruent, asimmetries
teenoorgesteld, teëgesteld, teengesteld, omgekeerd, konvers, gepolariseerd, teenstrydig, dualisties, kontra, strydig, botsend, onversoenbaar, uiteenlopend, agterstevoor, onderstebo, retrograde, bipolêr, diametraal, kontrêr, nonkonform, nonkonformisties, onbestaanbaar, awereks
s.nw. verskil, verskillendheid, andersheid, andersoortigheid, ongelyksoortigheid, onderskeid, onderskeiding, eienaardigheid, sonderlingheid, ongelykheid, ongelykmatigheid, uiteenlopendheid, kontras, verskeidenheid, variasie, verandering, fluktuasie, skommeling, dobbering, heterogeniteit, gedifferensieerdheid, differensiasie, diverse, pluralisme, afwyking, afwykendheid, diskrepansie, teenstrydigheid, divergensie, inkongruensie, hemelsbreë verskil, afstand, marge, verkeerdheid
teenoorgesteldheid, opposisie, omgekeerdheid, konversie, polarisasie, teendeel, teenvoeter, teenbeeld, teëbeeld, onverenigbaarheid, onversoenbaarheid, uiteenlopendheid, nonkonformisme, nonkonformiteit, antitese, antitesis, antipode, inversie, invert, ontkenning, negativering, kontras, oorkant, teenspraak, teëspraak; stryd, opposisie, polarisasie, teenkanting, meningsverskil
bw. respektiewelik, respektieflik, wel, andersom, vice versa, andersyds, binne(n)stebuite, ditsy, hierteenoor
ww. verskil, stem nie ooreen nie, hemelsbreed verskil, afwyk, uiteenloop, varieer, fluktueer, verander, skommel, differensieer, divergeer, nie kongrueer nie, onderskei, kontrasteer, afsteek
stel teenoor, stry teen, in stryd wees met, bots met, teenspreek, teenwerk, polariseer, staan teenoor, kontrasteer, indruis teen, teëgaan, teengaan, stry, twis, ontken, negativeer, misken, teenstaan, weerlê
woorddeel hetero-, anti-, kontra-
voors. daarteenoor, oorkant, versus
voegw. daarenteë, daarenteen, inteendeel, maar
uitdr. soos dag en nag verskil; in stryd met; in teenstryd met; strydig met; front maak teen

10. Harmonie
b.nw. harmonieus, harmonies, sinergisties, sinergies, egalig, ooreenkomstig, kongruent, gelyk, gebalanseer(d), ooreenstemmend, konkordant, eweredig 136, ewewigtig, simmetries, pari pasu, verenigbaar, eenders 12, eners, dieselfde, eenselwig, eensoortig, gelykvormig 8, uniform, proporsioneel, homoloog, eendersklinkend, enersklinkend, gelykluidend, gelykklinkend, welluidend, konform, konformisties, konsekwent, onderskeidelik, verwant; ge-

lykwaardig, gelyk, ekwivalent
eens 531
gelykmatig, ewewigtig, gebalanseer(d), stabiel, gelykmoedig, rustig, kalm, selfbeheers, onversteurbaar, onverstoorbaar, onberoerd, koel, bedaard, selfverseker(d), koelkop, nugter, sober, verstandig
harmonies 753, musikaal, melodieus, harmonieus, welluidend, mooiklinkend, soetklinkend, welluidend; samewerkend, interaktief
s.nw. harmonie 8, 753, harmoniëring, sinergie, sinergisme, balans, gebalanseerdheid, ekwilibrium, ooreenkoms, ooreenstemming, kongruensie, gelykheid, eweredigheid, gelykenis, analoog, ewewig, eenvormigheid, eendersheid, gelykheid, gelykvormigheid, uniformiteit, konformiteit, konformasie, konformis, konkordansie, konsekwentheid, konsekwensie, proporsie, proporsionaliteit, raakpunt, raakvlak, simmetrie, skaal, stel, verenigbaarheid, vereniging, verwantskap, aanverwantskap, gelyksoortigheid, affiliasie, betrekking; samewerking, spanwerk, groepwerk, interaksie
punt van ooreenkoms, akkoord, kwits (*Engels, informeel*), eensgesindheid, eenstemmigheid, eenparigheid, gelykgesindheid, saamhorigheid, samehorigheid, samewerking, eendrag, konsensus, solidariteit, harmonie
gelykwaardigheid, gelykheid, ekwivalensie, pariteit, gelykstandigheid; egalisme, egalitarisme
gelykmatigheid, ewewig, ewewigtigheid, balans, gebalanseerdheid, gelykmoedigheid, rustigheid, kalmte, selfbeheersing, onversteurbaarheid, onverstoorbaarheid, bedaardheid, selfversekering, selfversekerdheid, nugterheid, soberheid, verstand, verstandigheid
bw. in harmonie, paarsgewys, pro rata, sonder teenstem, asof uit een mond, deur konsensus
ww. harmonieer, ooreenstem, in harmonie wees, konformeer, kongrueer, korrespondeer, ooreenbring, ooreenkom, rym, saamgaan, saamstem, saamwerk, interakteer, strook, sweem, verenig, aansluit, affilieer, adapteer, aanvul, akkordeer, beantwoord aan, op mekaar afgestem wees, bymekaar hoort
voors. in ooreenstemming met
voegw. soos, à la
uitdr. een van sin wees; onder een kombers slaap; op dieselfde lees geskoei wees; soort soek soort; voëls van eenderse vere; pro rata; 'n treffende gelykenis

11. Disharmonie

b.nw. teenstrydig, strydig, dualisties, weersprekend, verskillend, anders, anderste(r) (*informeel*), annerlik (*lekties*), disharmonies, onharmonies, diskrepant, uiteenlopend, veelsoortig, disproporsioneel, dissonant, asimmetries, oneweredig, onpaar, afwykend, divergerend, inkohesief, inkoherent, mismaak, wanskape, eienaardig, sleg, ongerymd, inadekwaat, ambivalent, inkonsekwent, onsamehangend, arbitrêr, onlogies, illogies, a-logies, verward, betjoi(i)ngs (*lekties, informeel*), betjoi(i)nks (*lekties, informeel*), verwarrend 121, deurmekaar, onberekenbaar, stelselloos, onvoorspelbaar, onverwant, onseker, wisselend, onstabiel, twyfelagtig

in opposisie, uiteenlopend, strydend, teenstrydig, strydig, tweestrydig, botsend, ongelyk, ongelyksoortig, verskillend, nie eenders nie, onversoenbaar, onverenigbaar, uiteenlopend, onenig, nonkonformisties, nonkonform

ongebalanseer(d), onstabiel, labiel, emosioneel, onewewigtig, redeloos, mal, getik, ghagha (*informeel*), koekoes (*informeel*), sinneloos, onvoorspelbaar, wispelturig, huiwerig, verward, deurmekaar, twyfelend, vertwyfeld, weifelend, aarselend, besluiteloos, onseker, verdwaal, onverstandig, onredelik, geteister, skril

s.nw. disharmonie, teenstrydigheid 7, strydigheid, asimmetrie, ambivalentheid, ambivalensie, diskrepansie, disproporsie, stel selloosheid, dissonansie, uiteenlopendheid, veelsoortigheid, wanbalans, wanklank, oneweredigheid, divergensie, inkohesie, inkoherensie, mismaaktheid, inkonsekwentheid, wanskapenheid, eienaardigheid, afwyking, ongerymdheid, inadekwaatheid, gebrek aan samehang, onsamehangendheid, verwarring 121, onvoorspelbaarheid, wisseling, onsekerheid, twyfelagtigheid, variasie, onverwantheid

opposisie, teenoorgesteldheid 9, teenhanger, teëhanger, teenstelling 119, teëstelling, verskil, ongelykheid, ongelyksoortigheid, onderskeid, andersheid, kontras, onversoenbaarheid, onverenigbaarheid, uiteenlopendheid, nonkonformisme, nonkonformiteit, onenigheid, botsing

ongebalanseerdheid, gebrek aan stabiliteit, labiliteit, emosionaliteit, onewewigtigheid, redeloosheid, onvoorspelbaarheid, wispelturigheid, onredelikheid, huiwering, huiwerigheid, verwarring, verwardheid, vertwyfeling, weifeling, aarseling, besluiteloosheid, onsekerheid, dispuut, onenigheid, twis, geskil, argument, stryery, bakleiery

bw. anders, selfs

ww. afwyk, nie rym nie, divergeer, wissel, verskil, bots, kontrasteer, skreeu teen, vloek teen, mank gaan aan, afsteek; ontwrig, die ewewig versteur

uitdr. 'n stok in die wiel steek; 'n stokkie voor steek

12. Eenvormigheid

b.nw. **eenvormig** 8, gelykvormig, eenders 10, altyd dieselfde, gelyk 105, gelyksoortig, uniform, gelykmatig, konformisties, konform, homogeen, homoloog, sigomorf; monotoon, eentonig

bestendig, standvastig, gelykblywend, konstant, onveranderlik; onversteurbaar, onverstoorbaar, gelykmatig, gelykmoedig, ewewigtig, flegmaties

s.nw. **eenvormigheid**, gelykvormigheid, eendersheid, gelykheid, gelyksoortigheid, uniformiteit, gelykmatigheid, homogeniteit, homoloog, konformasie, konformering, konformiteit, konformis, monotoon, nivellering, duplikaat, triplikaat; eentonigheid, monotoon

bestendigheid, onveranderlikheid, standvastigheid, onversteurbaarheid, onverstoorbaarheid, gelykmatigheid, ewewigtigheid

ww. gelykstel, assimileer, dupliseer, tripliseer, homogeniseer, nivelleer, konformeer

voors. na, ná

13. Verskeidenheid

b.nw. verskeie, verskillend, anders, anderste(r) (*informeel*), annerlik (*lekties*), gevarieer(d), uiteenlopend, ongelyksoortig, afsonderlik, allerhande, allerlei, divers, afwisselend, genuanseer(d), geskakeer(d), bont, heterogeen, onderskeie, beiderlei, tweërlei, driëërlei, velerlei, veelsoortig, veelvuldig, veelvoudig, talryk, ontelbaar, wisselvallig, veranderlik, deurmekaar; enige, enigerlei (*verouderd*)

s.nw. verskeidenheid, afwisseling, diversiteit, diverse, heterogeniteit, gevarieerdheid, nuanse, nuansering, geskakeerdheid, skakering, ongelyksoortigheid, uiteenlopendheid, varia, variasie, bontheid, allerlei, klompe, hope, alles, van alles en nog wat, lappieskombers, laslapkombers, lappiesdeken, laskombers; enigeen, enige een, enigiemand, enige iemand, enigiets, enige iets; wisselvalligheid, veranderlikheid, deurmekaarspul, hutspot

woorddeel hetero-

ww. afwissel, varieer, verander, anders lyk, alterneer, wissel, fluktueer, nuanseer, skakeer, diversifiseer

telw. verskeie, etlike, heelwat, 'n hele paar, menige, talle

14. Navolging

s.nw. **navolging**, volging, emulasie, agternalopery, nabootsing, napratery, afskaduwing, nastrewing, derivasie, heenwysing, afskynsel, na-apery, na-aping, apery, nagemaaktheid, simulering, simulasie; agtervolging, volging; leiding, begeleiding, geleide, inisiatief, leidinggewing, voorbeeldigheid, navolgbaarheid, onnavolgbaarheid, voorpratery, voorseëry; vervalsing, plagiaat, pastiche

navolger, volgeling, volger, apostel, beeldenaar; nabootser, naskrywer, nastrewer, na-aper; vervalser, plagiaris; leier, leidster, leidsman, leidsvrou, leidspersoon, aanvoerder, voorganger, voorloper, gids, monitor, herder, herderin

beeld, afbeelding, spieëlbeeld, afskaduwing, afskynsel, ewebeeld, afgietsel, replika, afskrif, afdruk, duplikaat, triplikaat, faksimilee, fotokopie, fotostaat, geval, outotipe, beeltenis, naklank; namaaksel, imitasie, imitasiediamant, imitasieleer, imitasieporselein, namaakblom, syblom, namaakvrug, namaking, simulant, skadubeeld, skadu, skaduwee, vervalsing, voorbeeld *b.nw.* navolgbaar, navolgenswaardig, voorbeeldig, volgend, navolgend, mimeties; aanliggend, nagemaak; volgsaam, aapagtig, aperig, na-aperig, nabootsend, simulerend, beeldend, fotostaties; onnavolgbaar

ww. **navolg**, volg, nastreef, nastrewe, nadoen, agternadoen, iemand se voorbeeld volg, gehoorsaam, najaag

naboots, nadoen, agternadoen, emuleer, na-aap, namaak, imiteer, naklink, napraat, nafluit, naskilder, naskryf, naskrywe, nateken, natou, afteken, bind, heenwys, oorneem, simuleer, uitlig, voordoen, inkorporeer, analoog wees aan, dupliseer, tripliseer

lei, leiding neem, leiding gee, voorgaan, voorloop, voorpraat, voorsê, begelei, geleide doen, saamvoer, saamneem, die pad aanwys, die weg wys

volg, naloop, agternaloop, agtervolg, agternasit, agternakruip, agternasnel

voors. volgens, luidens, na analogie van

uitdr. die voorbeeld stel; in iemand se voetspore volg; jou spieël aan iemand; op dieselfde lees geskoei wees

C. OORSAAKLIKHEID

15. Oorsaak

s.nw. **oorsaak**, oorsaaklikheid, aanleiding, aanleidende oorsaak, kousaliteit, oorsaaklike verband, kousaliteitsverband, aanleidende omstandighede, grondoorsaak, grond, hoofgrond, rasionaal, parameter, bestaansgrond, rede, beweegrede, bestaansrede, motief, bymotief, aanloop, agtergrond, ratio, prikkel, stimulus, sleutel, dryfveer, spoorslag, faktor, skuld, stempel, agent, agens, kiem, saad, embrio, suurdeeg, toedoen, verwekking, invloed, voedingsbodem, voortbrenging, wortel, teelaarde, teelgrond, agtergrond, oorsprong, bron, bronaar, begin 27, aanvang, geboorte

veroorsaking, verwekking, aanstigting, provokasie, invloed, presipitasie

ww. veroorsaak, aanleiding gee, verwek, wek, opwek, instigeer, teweegbring, teweeg bring, laat plaasvind, laat gebeur, ontlok, lok, uitlok, aanstig, aanrig, begin, laat begin, op tou sit, aan die gang sit, bewerk, help, aanhelp, meebring, afhang, stig, saai, aansteek, formeer, beïnvloed, affekteer, berus, opskop, soek, doen, bydra tot, lei tot; bewerkstellig, laat ontstaan, tot stand bring, tot stand laat kom, presipiteer; aanmoedig, stimuleer, inspireer, aanhits, opsteek, opsweep, beïnvloed, indoktrineer

b.nw. oorsaaklik, kousaal, aanleidend, grondliggend, retrospektief, terugwerkend, redegewend, oorspronklik, afhanklik, afkomstig, herkomstig, aansteeklik, inchoatief, inkohatief

bw. daarvandaan, dientengevolge, hierdeur, hierom, hieroor, immers, naamlik, inderdaad, sowaar, tog, vandaar, vanwaar, waarom, waarvan, waarvolgens, waarvoor, uit hoofde van, om die rede, eo ipso

voors. daarvoor, kragtens, van, vanweë, waaroor, weens, op basis van, op grond van, derhalwe, kragtens, inaggenome, met inagneming van

voegw. aangesien, daar (aangesien), daarom, derhalwe, deurdat, mitsdien, noudat, omdat, omrede, oordat, vermits, waarom, want, weshalwe (*ongewoon*)

uitdr. deur jou eie toedoen; uit hoofde van; waar daar 'n rokie trek, is daar 'n vuurtjie; klein oorsake het soms groot gevolge

16. Gevolg

s.nw. **gevolg** 650, uitkoms, uitwerking, inwerking, konsekwensie, refleks, resultaat, eindresultaat, einde, uitslag, uitvloeisel, voortvloeisel, vrug, effek, newe-effek, uiteinde, afloop, nadraai, nasleep, uitspruitsel, invloed, trefkrag, trefwydte, denouement, implikasie

die onmiddellike gevolg, die onvermydelike gevolg, die regstreekse gevolg, die uiteindelike gevolg

nadraai, nasleep, naweë, naspel, implikasie, ramifikasie, reperkussie, stert, stertjie, weerslag, terugsetting, terugslag, einde, end, eindpunt, grens, uiteinde, einde van die storie, slot

reaksie, respons, konklusie, afleiding, terugvoer, terugvoering

werking, uitwerking, nawerking, effek, newe-effek, bestemming, ontstaan, proses, verloop

b.nw. gevolglik, gegrond, afkomstig, voortvloeiend, resulterend, afgelei, voortspruitend, voortvloeiend, reaksionêr, refleksief

ww. **volg**, volg uit, berus op, steun op, spruit, voortspruit, voortvloei, vloei uit, wortel, is geworteld in, is gegrond op, is afkomstig van, toeskryf aan, ontstaan, inwerk, aankom, aanrig, ontlok, ontspruit, reageer, resulteer, ten grondslag lê
afloop, uitloop, uitkom op, uitdraai, besorg, berokken, afgee, afvoer, baar, uitval, verloop, eindig, werk, uitwerk, tot gevolg hê, laat
'n nadraai hê, 'n bittere nasmaak laat, allerhande ramifikasies hê, reperkussies hê, terugsit, berokken, uitdraai, afgee, uitval
toeskryf, toeskrywe, aflei, aan iets gevolg gee
bw. daarom, om hierdie rede, hierom, vanhier, ingevolge, bygevolg, daarvandaan, hiervoor, uiteindelik, enduit
voors. as gevolg van, daartoe, oor, na aanleiding van, waartoe, hiertoe, daartoe, waarvoor, hiervoor, daaruit, waaruit, in aansluiting by, aansluitend by, ten gevolge van
voegw. dus, omrede, nademaal, oor, sodat, derhalwe
uitdr. met goeie gevolg; geen oorsaak sonder gevolg nie; in goeie aarde val; die vrugte pluk; met vrug; die vrug op jou arbeid; wie kaats, moet die bal verwag; soos jy jou bed maak, so sal jy slaap; laat sy bloed op ons en ons kinders kom; die wortel van die kwaad; dit het jy (nou) daarvan; die kwaad loon sy meester; wat jy saai, sal jy maai; 'n muis met 'n stertjie; klein oorsake het soms groot gevolge

17. Noodsaak
b.nw. **noodsaaklik** 579, absoluut noodsaaklik, gebiedend, gebiedend noodsaaklik, essensieel, onmisbaar, dwingend, nodig 631, baie nodig, allernodigs, dringend nodig, dwingend nodig, broodnodig, hoognodig, onontbeerlik, dringend, verpligtend, noodwendig, onafwendbaar, onontkombaar, onvermydelik, onvermy(d)baar, voorbestem(d), voorbeskik, naarstig, naarstiglik, naarstigtelik, onherroeplik, absoluut, urgent, belangrik, lewensbelangrik, allerbelangrik(s), vitaal, kritiek, wesenlik, fundamenteel, primêr, grondliggend, onderliggend, basies, primitief, belangrikste, vernaamste, primordiaal; beplan(d), bedoel(d), opsetlik
voorwaardelik, bepalend, kondisioneel, voorskriftelik, regulerend, gebiedend, beperkend
s.nw. **noodsaak**, noodsaaklikheid, essensie, nodigheid, dringendheid, stipulering, stipulasie, vereiste, eis, voorvereiste, dwingendheid, dwang, verpligting, moet, voorwaarde, voorvereiste, noodwendigheid, onafwendbaarheid, onvermydelikheid, onherroeplikheid, onontkombaarheid, onontbeerlikheid, beginsel, urgensie, belangrikheid; opset, opsetlikheid, bedoeling, beplanning
voorwaarde, bepaling, voorskrif, stipulasie, neerlegging, eis, vereiste, voorvereiste, kondisie, voorbehoud, voorbehoudsbepaling, reël, regulasie, verordening, wet, gebod, kwalifikasie, noodsaaklikheid, beperking, dwang, druk
ww. noodsaak, verplig 579, jou verplig voel, noop 579, jou genoop voel, dring, noodsaaklik maak, meebring, bestem, voorbestem, voorbeskik, aandryf, beslis; destineer, doem; noodsaak, noodsaaklik maak, stipuleer, eis, vereis, opeis, afeis, aandring, dwing, afdwing, met dwang teweegbring, verplig, forseer, dryf; gebied, beveel, gelas; hoef, moet, sal, behoort
bw. noodsaaklikerwys, in die eerste plek, in die begin, om mee te begin, bowe(n)al; met opset
voegw. solank
uitdr. iemand se band aandraai; iemand die duimskroef aansit; iemand geweld aandoen; iets in iemand se keel afdruk; in 'n keurslyf dwing; die mes op iemand se keel sit; die strop om iemand se nek sit; 'n wet van Mede en Perse

18. Toeval
b.nw. toevallig, doodtoevallig, heeltemal toevallig, kasueel, lukraak, insidenteel, aksidenteel, onvoorsien(s), onvoorsienbaar, onverwags, onbeplan(d), onbedoel(d), onopsetlik, terloops
s.nw. **toeval**, toevalligheid, onvoorsienbaarheid, onbeplandheid, kans, sameloop, 'n sameloop van omstandighede, meewerking, kasualiteit, terloopsheid, onopsetlikheid
kans, ongeluk, gelukskoot, vloekskoot,

vloek, dobbelaar, dobbelary, dobbelry, dobbelspel, dobbelsteen, dobbelstuk, dobbelkoors, dobbelsug, inset, koppel, koppeltoto, lotery, loting, plekloting, staatslotery, verloting, uitloting, obligasiehouer, teerling, tombola, totalisator, trekking, weddenskap, weddery, wedder, wedgeld, woekerpot

lot, lotgeval, noodlot, lotsbedeling, lotsbestemming, fata, fatum, karma

kasualiteit, kasualisme, kasualistiek

bw. sommer, somaar, toevalligerwys(e), by toeval, by geval, per geluk, per ongeluk, per abuis, terloops, met 'n gelukskoot, met 'n gelukslag

ww. aan die toeval oorlaat, die lot werp, deur die lot beslis, iemand aan sy/haar eie lot oorlaat

dobbel, insit, loot, lootjies trek, uitloot, val, verloot, wed

uitdr. meer geluk as wysheid; op goeie geluk af; uit die bloute

D. ORDE

a. Orde vs. wanorde

19. Orde

s.nw. orde, ordelikheid, ordening, rangskikking, klassering, aankleding, sisteem, sistematiek, sistematisering, sistematisasie, patroon, patroonmatigheid, reëlmaat, reëlmatigheid, stelselmatigheid, volgorde 21, beskikking, grondbeginsel, norm

organisasie, ordening, reëling, reëlings, skifting, aankleding, organisasietalent, organisasievermoë, organiseerder, organisator, reëlaar, opruiming, wegruiming; regularisasie, regularisering, regulering, regulasie, reguleerder

taksonomie, klassifikasie, klassering, indeling, ontleding, kategorie, klas, soort, tipe, groep, groepering, afdeling, familie, orde, spesie, versameling, stratum, struktuur; kategorisering, stratifikasie, normalisasie, rangskikking, groepering, indeling, gradering, sortering, katalogisering, alfabetisering, liassering, kodifisering, strukturering, regulering, regulasie, disseksie

rang, rangorde, echelon, esjelon, klas, vlak, plek, posisie, stand, orde, niveau, gradering

b.nw. ordelik, georden(d), ordeliewend, sistematies, alfabeties, reëlmatig, stelselmatig, metodies, planmatig, agtermekaar, reg gerangskik, getabuleer(d), geskeduleer(d), konstant, standhoudend, standvastig, beginselvas, onveranderlik, gereeld, geroetineer(d), georganiseer(d), organisatories, gedissiplineer(d), getrou, haaks, metodies, rangskikkend, regulerend, reëlbaar, reguleerbaar, struktureel, taksonomies, versorg, netjies; konsekwent, logies, samehangend, samehorig, konstant, normatief

ww. in orde wees, orden, skik

orden, organiseer, in orde bring, in orde hou, inrig, rangskik, sistematiseer, kategoriseer, skik, beskik, opmaak, reël, reguleer, die orde handhaaf, tot orde roep, beplan, verdeel, kompartementaliseer, kompartementeer

klassifiseer, orden, rangskik, indeel, klas, klasseer, groepeer, gradeer, sorteer, uitsorteer, katalogiseer, alfabetiseer, tabuleer, tabelleer, liasseer, kodifiseer, normaliseer, struktureer, stratifiseer, reguleer, regulariseer

opruim, beredder, bereg, bêre, wegbêre

orde soek, ontleed, navors, ondersoek, oplos, ontwar, ontrafel, dissekteer, ophelder, insig kry, verduidelik, teregbring, teregkom

bw. in orde, in goeie orde, in die haak, normaalweg, normaliter

voegw. waarvolgens

tw. okei (*Engels*), okay (*Engels*), OK (*Engels*), alles reg, alles in orde

uitdr. die goeie orde bewaar; in toom hou; aan (die) kant maak; binne (die) perke bly

20. Wanorde

s.nw. wanorde, wanordelikheid, gebrek aan orde, chaos, ordeloosheid, warboel, verwarring 121, konfusie, harwar, geharwar, desorganisasie, disorganisasie, onbeheer(s)baarheid, deurmekaarspul, deurmekaar spul, kraaines, fiasko, debakel, affêre, spektakel, gemors, brouspul, fokop (*plat*), boggerop (*Engels, plat*), boggherop (*Engels, plat*), bokkerop (*Engels, plat*), steurnis, stoornis, verstrooiing, pandemonium, onsamehangendheid, onreëlmatigheid, ongereeldheid, inkoherensie, inkohesie, ongedissiplineerdheid, onbeheerstheid, roesemoes, rompslomp, gedoente, geneuk (*plat*), baaierd, trapsel, verstrengeling, vertroebeling, verhaspeling, wirrelwarrel, wirwar, gewirwar, harlaboerla, dolliwarie, dikkedensie

wanordelike menigte, Babel, boel, horde, roes(e)moes, baaierd

moeilikheid, moles, moleste, omgekraptheid, dikkedensie, beroering, paniek, geskarrel, onstigtelikheid, oproer, oproerigheid, pandemonium, wetteloosheid, anargie, bandeloosheid, wanorde, chaos, mêlée, rebellie, rewolusie, revolusie, deurmekaarspul, debakel, fiasko, nagmerrie, ineenstorting, breekpunt, val, ondergang, hekseketel, heksesabbat, doolhof

gemors 628, paperas, rommel, rommel(a)ry, rommelhoop, rommelstrooier, rommelwerf, gedoente, koekerasie, tjoutjou, getjou-tjou, getimmerte, timmerasie, pakkaas, pakkasie

b.nw. ordeloos 613, onordelik, wanordelik, chaoties, onbeheer(d), onbeheer(s)baar, ongeorden(d), inkoherent, inkohesief, deurmekaar, onsistematies, ongeroetineerd, ongedissiplineer(d), onbeheers(d), onreëlmatig, aangelap, aangenaai, verwikkel(d), onderstebo, verward, verwarrend, skots, konfoes, verfoes, verwaai(d), ongereeld; oproerig, roerig, rumoerig, raserig, lawaaierig, onbeheer(s)baar, onbedwingbaar, onregeerbaar, anargisties, wetteloos, beginselloos, onstigtelik, ongeseglik, onhebbelik, ongedissiplineer(d), stout; ontredder(d), oorstuur(s), ontwrig; rommel(r)ig, onnet, omgekrap, morsig; inkonsekwent, onlogies, illogies, onsamehangend, verward

ww. deurmekaarmaak, deurmekaarkrap, in wanorde bring, in verwarring bring, dronkslaan, disorganiseer, desorganiseer, omkrap, befoeter, verwar, verward maak, ontwrig, omvergooi, omverwerp, fnuik, kortwiek, ondermyn, ondergraaf, ondergrawe, frustreer, teenwerk, teëwerk, verbrou, verknoei, bederf, beskadig, bekonkel, verfoes, befomfaai, verfomfaai, befonkfaai, verfonkfaai, verstrengel, vertroebel, verhaspel, vervleg, verwikkel, beduiwel, bedonder (*plat*), omwiel; verwar, oorhoops raak, wanorde heers, verstrengel

bw. holderstebolder, kriskras, oorhoop(s), in wanorde, in die war, onderstebo, in ('n) warboel, sonder orde

uitdr. alles is oorboord; amok maak; deur die wind; dit lê skots en skeef; in beroering bring; in die war; in die war stuur; in rep en roer; op sy kop; 'n spraakverwarring van Babel; 'n Babelse verwarring; hot en haar; rond en bont; sy boeke deurmekaar krap; alles op hol ja; alles op hol maak; op hol wees, op hol maak; die kluts kwyt wees; my kompas staan stil; in die middel van die wêreld wees; onklaar trap; daar is geen tou aan vas te knoop nie; uit die veld slaan; van jou wysie af wees, van jou wysie af bring

b. Volgorde

21. Opeenvolging

s.nw. opeenvolging, volgorde, ordening, skakeling, aaneenskakeling, ketting, progressie, rangskikking, indeks, register, serie, reeks, volgreeks, string, lys, rits, lyn, tou, ry, trein, verbinding, kettingreaksie, laag, skakel, volgnommer; nommer een, numero uno, nommer twee, nommer drie, ...

volgordeverandering, wisseling, verwisseling, omruiling, kommutasie, herordening, herrangskikking

reeks, volgreeks, rol, opgawe, inventaris, konkordansie, gids, katalogus, rooster

rang 19, ranglys, rangorde; beurt, wagtou, waglys, ordelys

gelid, marsjeerorde, staporde, aantreeorde; stoet, kavalkade, ry, tou, kordon, laning, plantry

stel, versameling, reeks, volgreeks, vervolgreeks, paar, pak, kolleksie, groep, band, album

verloop, gang, voortgang, loop, beloop, vordering, ontwikkeling; chronologie, tydsvolgorde, tydsorde, ordening in tyd, ordening

b.nw. opeenvolgend, konsekutief, rangskikkend, ordelik, agtermekaar, gerangskik, gesorteer, volgende, daaropvolgende, naasvolgend, hoeveelste, laagsgewys, navolgend, trapsgewys(e), georden(d), gelys, omgeruil, kommutatief; chronologies, kronologies, tydsordelik, tydrekenkundig, opeenvolgend, agtereenvolgens, agtereenvolgend; samehangend, konsekwent

ww. orden, rangskik, in volgorde plaas,

sorteer, volg, opeenvolg, skakel, aaneenskakel, verbind, aaneenheg, las, aanmekaarlas, 'n ketting maak, inry(e), inryg, insnoer, koördineer, lys, tou, toustaan, aan die beurt kom, jou beurt afwag
herorden, herrangskik, wissel, verwissel, omruil, kommuteer
bw. agter, bo (bowe), opmekaar, opmekaaraanvolgend, agtereenvolgens, agter mekaar, agtermekaar, na mekaar, namekaar, in volgorde, seriatim, na tydsvolgorde, volgens tydsvolgorde, een vir een, een-een, een op 'n keer, op die ry af, puntsgewys, punt vir punt, stap vir stap, stapsgewys, om die beurt, al om die ander dag/week/maand, keer op keer, alternatiewelik, afwisselend
voors. agter, naas, om
telw. hoeveelste, soveelste, eerste, tweede, derde, ..., tiende, elfde, twaalfde, ..., twintigste, dertigste, ..., honderdste, tweehonderdste, ..., duisendste, tweeduisendste, ..., miljoenste
uitdr. moenie die dag voor die aand prys nie

22. Kontinuïteit
s.nw. kontinuïteit, kontinuasie, voortsetting, reëlmaat, reëlmatigheid, duur, duurte, voortduring, tydsduur, aanhoudendheid, voortbestaan, voortduring, onafgebrokenheid, voortgang 647, vervolg, voortstryding, aaneenskakeling, toekoms, geleidelikheid
b.nw. kontinu, durend, voortdurend, aaneenlopend, kronies, chronies, gedurig, langdurig, slepend, aanhoudend, onafgebroke, onophoudelik, sonder ophou, nimmereindigend, aanmekaar, onverpoos(d), deurlopend, verder, almaardeur (*verouderd*); geleidelik, langsaam, langsamerhand, gaandeweg, reëlmatig, stap vir stap, gradueel; gedurig, daagliks, daeliks, wekliks, maandeliks, jaarliks; gewoonlik, habitueel; wederkerend, terugkerend, herhaaldelik voorkomend
ww. kontinueer, duur 40, voortduur, voortgaan, aangaan, aanhou, volhou, voortsit, aan die gang bly, verder gaan, voortbeweeg, voortstap, aanstap, voortdrentel, voortsleep, voortwoeker, aaneenskakel, voortskry, voortbestaan, in stand bly,

voortleef, voortlewe, bly lewe, bly werk, bly sit, ..., verder lewe, verder werk, ..., voortbeur, aanbeur, vasbyt (*informeel*)
bw. gedurig, by voortduring, eenstryk, een stryk deur, strykdeur, tot satwordens toe, herhaaldelik, aan, aaneen, aanmekaar, altyd, altyddeur, almaardeur, dwarsdeur, dikwels, baie maal, baiemaal, baie keer, baiekeer, baie kere, meermale, menigmaal, telkens, telkemale, keer op keer, oor en oor, verder, vervolgens, voorts; per uur, per dag, per maand, per jaar, per annum
uitdr. oor 'n boeg werk; dagin en daguit; jaarin en jaaruit; 'n hond uit 'n bos gesels/kuier/praat/speel; een streek/stryk deur; een stuk deur; aan een stuk; tot die perde horings kry

23. Onderbreking
s.nw. onderbreking 648, vertraging, gaping, lakune, hiaat, hiatus, leegte, leemte
b.nw. onderbroke, onderbreekte, diskontinu, afwisselend, beurtelings, steurend
ww. onderbreek 648, kortknip, vertraag, pouseer, rus, uitstel, temporiseer, tot later verskuif, laat oorstaan, opskort, verbreek, steur, stoor, versteur, verstoor, beëindig, stopsit, laat ophou
uitdr. op die lange baan skuif; tyd wen; van uitstel kom afstel

24. Dit wat voorafgaan
b.nw. voorafgaande, vorige, vroeër(e) 46, voorgaande, onmiddellik voorafgaande, aprioristies, preliminêr, voorop, voorste, vorige, voorgenoemde, voormelde, eersgenoemde, eerste, laasgenoemde, bogenoemde, bovermelde; voorlopige
s.nw. voorafgaande, vorige, voorgaande, antesedent, voortou
bw. vooraf, voor, vooraan, vooruit, a priori, voorlopig, by voorbaat
ww. voorafgaan, antesedeer, voorgaan, vooruitgaan, antisipeer, verwag, gaan, 'n voorsprong hê, voorkom, vooruitkom, voorsny, inhaal
voors. voor, voorafgaande aan

25. Dit wat volg
b.nw. volgende, daaropvolgend, agtereenvolgend, naasvolgend, nuut, onderstaande, suksessief, aankomende, anti-

sipatories; aankomende, aanstaande, eers-
komende, eersvolgende, op hande synde,
naderende, komende, op hande, toekom-
stig(e), later 47, verder 51
s.nw. volging, agtervolging, opvolging, na-
volging, suksessie, vervolg; gevolg, sleep,
stert, vervolgdeel, vervolgstuk, volgstuk;
agtervolging, vervolging, heksejag, inkwi-
sisie; opvolger, volger, naloper, navolger,
volgeling, apostel, gevolg, entourage, ag-
terhoede
bw. agter, agteraan, agtereen, agtereenvol-
gens, agterna, daarna, by nabaat, ex post
facto, waarna, naderhand, naand (*lekties*),
vervolgens, toe, a posteriori, na agter
ww. volg, volgende kom, kom na, later kom,
navolg, opvolg; naloop, agtervolg, agterna-
sit, jaag, ja, jae; naloop, agternakom, agter-
naloop, agternakruip, agternastap
voors. na, agter
uitdr. op iemand se hakke sit; kort op ie-
mand se hakke wees; op iemand se spoor
(wees); iemand soos 'n skaduwee volg; in
iemand se kielsog/kielwater vaar; die op-
komende/opgaande son aanbid; die agter-
hoede dek

26. Begeleiding
b.nw. begeleidend, gesamentlik, gepaard,
gepaardgaande, meegaande, newegaande,
kollektief, kommunaal, gemeenskaplik,
verenig, afhanklik
s.nw. begeleiding, geselskap, chaperone,
gemeenskap, gesel, gesellin, geselskaps-
dame, kollektiwiteit, metgesel, metgesel-
lin, toggenoot, begeleier, begeleidster, es-
kort, satelliet
bw. saam, mee, cum
ww. begelei, vergesel, vergesel gaan van,
saamgaan, meegaan, saamkom, chape-
ronneer, geselskap hou, aansluit by;
bring, neem, laat saamgaan, saambring,
saamneem, meeneem, meesleep, saam-
sleep, wegbring, wegneem, naderbring,
inbring, inlei, binnelei, uitneem, uitlei; af-
hang, gepaardgaan met, hand aan hand
gaan, saamgaan met, konkomiteer; saam-
bly, saambondel, saamdrom, saamdoen,
saamknoei, saamdraf, saamdring, saam-
hardloop, saamstuur, saamloop, meeloop,
saamry, saamreis, saamvlieg
voors. met

woorddeel mede-, meta-, saam-
uitdr. in gemeenskap; tred hou met; (uit)ge-
leide doen

27. Begin
s.nw. begin, oerbegin, oerknal, aanvang,
aanhef, inleiding, introduksie, intro (*in-
formeel*), konsepsie, begintyd, beginjare,
aanvoorslag, beginstadium, aanvangsta-
dium, aanvangsgedeelte, aanvangsdeel,
aanloop, oorsprong, beginpunt, begin-
plek, nulmerk, nullyn, nulstreep, begin-
lyn, wegspringplek
ontstaan 0, ontstaantyd, herkoms, ge-
boorte, wieg, bakermat, bron, bronaar,
kiem, saad, wortel, embrio
wording, skepping, genese, genesis, ont-
staanswyse, oorsprong, opkoms, grond-
legging, grondlêer, grondlegger, grond-
slag, grondvesting; totstandbrenging, tot-
standbringing, invoering, infasering
primitiwiteit, oorspronklikheid, originali-
teit
voorgaande, voorspel, prelude, pre-
ludium, oorsaak 15, oorsprong, ingang, in-
gangsdatum, inisiatief, inset, intog, in-
trapslag, intrede, nuwigheid, teelaarde,
teelgrond, uitgangspunt, vertrekpunt, ba-
sis, aanknopingspunt, vooraand
beginner, nuweling, rekruut, eerstejaar,
nuwe lid, neofiet, noviet, novise, onin-
gewyde, groentjie, gawie
b.nw. aanvanklik, oorspronklik, origi-
neel, aangevange, inisieel, inisiaal, al-
lereers, beginnend, begonne, ingaande,
primêr, primitief, primordiaal, elementêr,
elementaal, basies, prinsipieel, nuut, nu-
werig, nuterig, nuwerwets, voorlopig, voor-
op, vroeg, inkohatief, inchoatief, byder-
wets
gebore, herkomstig, pasgebore, embrio-
naal
ww. begin, 'n aanvang neem, aanbreek,
breek, daag, te voorskyn kom, ontstaan,
opkom, aanvang, aanpak, aanvat, aan-
knoop, wegspring, wegval, insout, intrap,
intree, introduseer, inval, invoer, kiem,
ontkiem, ontluik, ontpop, ontspring, ont-
spruit, verrys, word, aanknoop, aan die
gang kom, vlamvat, momentum kry
laat begin, grondves, inlui, insit, inisieer,
tot stand bring, 'n begin maak, aanvoor,

aanknoop, aanvang, aanpak, open, onderneem, oprig, aanlê, stig, op tou sit, in die lewe roep, flotteer, van stapel stuur, aan die gang sit, aan die gang kry, aan die werk kry, die eerste stap doen, infaseer, ontketen

bw. eers, eerste, eerstens, in die eerste plek, primo, in die begin, ten aanvang, om mee te begin, vereers, vir eers, vroeg-vroeg, aan die vooraand; pas, sedert, sedertdien, sindsdien, van meet af aan, uit die staanspoor, van toe af, van toe af aan

voors. van, vanaf, sedert, sinds, vanuit

woorddeel grond-, natuur-, ontwerp-

voegw. vandat

uitdr. aan die werk tyg; die baan open; die bal aan die rol sit; die weg tot iets baan; dit is nog in wording; aanstaltes maak; iewers gebore en getoë wees; in jou kinderskoene staan; terminus a quo; die wortel van die kwaad; die alfa (en die omega); waar 'n begin is, is 'n einde (end); 'n nuwe besem vee skoon; verag nie die dag van klein dinge nie; in die dop; nog maar die eerste hoepel; 'n klip aan die rol sit; eers kruip, dan loop; jou voet in die stiebeuel kry/sit; 'n goeie begin is half(pad) gewin

28. Einde

s.nw. einde, end, pylvak, eindpunt, terminus, laaste gedeelte, slot, slotgedeelte, verste punt, stert, grens, allerlaaste, besluit, beëindiging, (die alfa en) die omega, doodsklok, doodsnikke (*meervoud*), sluiting, afsluiting, uiteinde, afloop, slottoneel, einde van die storie, einde van die saak; kulminasie, ontknoping, hoogtepunt, toppunt, akme, klimaks, apogeum, finale, grand finale, eindronde, slotgedeelte

beëindiging, sluiting, afsluiting, staking, afstelling, opheffing, uitfasering, terminering, voltooiing; sluitingstyd, sluitingsdatum, sperdatum, afsluiting, verdaging, reses

einde van die wêreld, eindtyd, einddinge

verganklikheid, vervallenheid, vervaltyd, verwering, ondergang, uitwissing, dood 250, sterwe, sterfte, heengaan, uitvaart, oorlye, oorlyde, afsterwe, sterwensuur; eindigheid, finaliteit

afskeid 190, vertrek, afreis, skeiding, groet, afskeidsgroet, afskeidswoord, vaarwel

resultaat 16, gevolg, uiteinde, nadraai, uitwerking, nawerking, nasleep, afloop, uitvloeisel

b.nw. laaste, allerlaaste, agterste, heel agter, heel laaste, die verste na agter; finaal, eindig, uiteindelik, eventueel, klaar, heeltemal klaar, uit en gedaan, verby, voorlaaste, afsluitend, beëindigend, eindigend, uitgefaseer(d); vervalle, oud, terminaal, verganklik, sterflik

ww. eindig, ten einde loop, afloop, die einde bereik, tot 'n einde kom, kulmineer, voortvloei, besluit, ophou, klaarmaak, klaarkry, uitskei, end kry, sluit, verdaag, staak, afstel, tot stilstand kom, uitkom, uitgaan, verlaat, uitloop, verstryk, verval, uitlui, verbygaan

beëindig, suspendeer, termineer, klaarmaak, voltooi 650, voleindig, afsluit, eindig, afeindig, 'n einde maak aan, stop, stopsit, staak, opsê, uitfaseer, afskaf, ontrek

vergaan, verval, verweer, sterf, uitsterf, uitsterwe, afsterf, afsterwe

bw. uit en en gedaan, verby, op, uit, klaar, pelile, volkome, ten slotte, ten besluite, ter afsluiting, laastens, as slot, ter beëindiging, ter afronding, afsluitend, klaarpraat, laastelik, ten slotte, tot slot, eindelik, uiteindelik, einde ten laaste, verlaas (vir laas), oplaas, ten einde laaste, allerlaas, met verloop van tyd, op die ou end, op die lange duur, vir oulaas, tot, enduit

voegw. totdat

uitdr. in die pylvak wees; per slot van rekening; jou dae is getel; terminus ad quem; tot op die laaste; iemand afsê; end/einde goed, alles goed; die laaste loodjies weeg die swaarste; jou laaste asem uitblaas; op jou laaste; jy kan maar jou testament laat maak; jou swanesang sing

29. Middel

b.nw. middelste, sentraal, gesentreer, nukleêr, sentries, sentripetaal, middelpuntsoekend, middelpuntvliedend, homosentries

s.nw. middel, sentrum, middelpunt, middeldeel, kern, nukleus, hart, spil, kernpunt; middelbaan, middellyn, middelpen, middelvinger, ...

bw. in die middel, naby die middel, hal-

werweë, halfpad, halfweg
ww. in die middel staan, sentreer, sentraliseer
uitdr. in die middel van die wêreld wees

c. Rangskikking
30. Hiërargie
b.nw. **hiërargies**, rangordelik, gestruktureer, georganiseer(d), gegradeer
primêr, superordinaat, oorkoepelend
sekondêr, ondergeskik, onderskikkend, subordinaat, hiërargies; ondergeskik, bykomstig, bybehorend, van ondergeskikte belang, minder belangrik, onbelangrik 621, inferieur, toevallig, insidenteel, terloops; ondergeskik, onderhorig, onderworpe, junior, minder belangrik, laer
afhanklik, interafhanklik, onselfstandig
s.nw. **hiërargie** 588, struktuur, rangorde, rangordening, rang 592, 600, ranglys, orde, pikorde, trap, kategorisering, rangskikking; knooppunt, nodus, vertakking
superordinasie, superordinaat, hoofpunt, hoofkategorie, hoofafdeling, hoër orde
subordinasie, ondergeskiktheid 5, subordinaat, subkategorie, onderafdeling, laer orde
afhanklikheid, interafhanklikheid, onselfstandigheid
onderafdeling, afdeling, subafdeling, deel, onderdeel, subkategorie, divisie, subdivisie; vertakking, tak, divisie, afdeling, kompanjie
bw. onderworpe, onderhewig
ww. orden, rangskik, verdeel, kategoriseer, klassifiseer, klas, klasseer, vertak, ondergeskik maak; ondergeskik stel, ondergeskik wees, afhang, kruip, gatkruip (*plat*)
voors. bo, onder, in plaas van
woorddeel super-, sub-, hoof-, onder-
uitdr. (altyd) tweede viool speel; voor iemand kruip; iemand die voet op die nek hou; onder die pantoffelregering staan; altyd die minste wees

31. Soort
s.nw. **soort**, hoofsoort, ondersoort, tussensoort, eiesoortigheid, soortgenoot, tipe 3, tiep, hooftipe, subtipe, kategorie, hoofkategorie, subkategorie, klas, hoofklas, subklas, groep, hoofgroep, subgroep, genre, denominasie, kaliber, aard 3; fabrikaat, maak, naam, handelsnaam, model, styl; stereotipe 3, argetipe
genotipe, genus, spesie, subspesie, geslag, geslagstipe, ras, familie, groep, orde, variëteit
tipering, sortering, indeling, klassifikasie, klassifisering, klassering, kategorisering, groepering, rangskikking; sorteerstelsel, sorteermasjien, sorteerband, klassifikasiestelsel, klassifikasiesisteem
sorteerder, indeler, klassifiseerder, klasseerder, kategoriseerder
b.nw. soort(e)lik, tipies, tiperend, kenmerkend, karakteristiek, eiesoortig, tekenend, kensketsend, kategoriaal; stereotipies, argetipies
ww. tipeer, sorteer, indeel, klassifiseer, klasseer, kategoriseer, groepeer, rangskik; veralgemeen, generaliseer, van toepassing maak
bw. sonder uitsondering
telw. aller
uitdr. soort soek soort; oor dieselfde kam skeer; vinkel en koljander, die een is soos die ander

32. Enkeling
s.nw. **enkeling** 792, eenling, lid, individu, indiwidu, individualis, indiwidualis, alleenloper, partikularis, spesialis; persoon, personasie, mens, kop, hoof, siel, gees, karakter, skepsel, kreatuur; objek, subjek, voorwerp, saak, eenheid, artikel, item, wese, ding, ieder, iedereen, 'n ieder en 'n elk
individualiteit, indiwidualiteit, individualisme, indiwidualisme, spesifisiteit, spesialiteit, spesialisasie; individuasie, indiwiduasie, spesialisasie, spesialisering
ek, ego, superego, ekheid, die ek, self, hoof, persoonlikheid, subjektiwiteit
besonderheid, detail, spesialiteit, gegewe, een-heid
b.nw. afsonderlik, enkel, enigste, diskreet, individueel, indiwidueel, individualisties, indiwidualisties, geïsoleer(d), hoofdelik, opsigselfstaande, partikulier, persoonlik, privaat, respektief, spesiaal, spesifiek, subjektief
bw. respektiewelik, respektieflik, in besonderhede, in detail, per capita, per kop; in persona, in eie persoon
ww. individualiseer, indiwidualiseer, indi-

vidueer, indiwidueer, spesialiseer, spesifiseer, detailleer, in besonderhede beskryf, besonderhede verstrek, details verstrek, isoleer, afsonder, verpersoonlik

33. Samehorigheid
s.nw. **samehorigheid**, saamhorigheid, samehorigheidsgevoel, saamhorigheidsgevoel, inkorporasie, insluiting, kohesie, gemeenskap, gemeenskaplikheid, gemeenskapsbelang, gemeenskapsin, naasbestaan, saambestaan, korpsgees, groep, groepering, portuur, portuurgroep, rubrisering; gelyksoortigheid, homogeniteit, soort, spesie; samelewing, maatskappy, gemeenskap, nasie, reënboognasie, volk, land, gemenebes, kultuurgroep, ras, stam; groepvorming, kliekerigheid; samehorigheid, saamhorigheid, eenparigheid, eensgesindheid, eenstemmigheid, konformisme, konformiteit, konformasie, solidariteit, gehegtheid, verknogtheid; groepering, sortering, klassifikasie, klassering, inkorporering

klas 31, kategorie 31

b.nw. samehorig, saamhorig, inbegrepe, begrepe, inbegryp, ingesluit, ingeslote, inklusief; soortgelyk, gelyksoortig, homogeen, inherent, implisiet; eens, eensgesind, eenstemmig, konformisties, eenparig, solidêr, geheg, verknog, een van gees; gesorteer, geklassifiseer(d), geïnkorporeer

ww. saamhoort, behoort, hoort, ressorteer, inpas, tuishoort, deel uitmaak van, pas by, reken tot, begryp, val; sorteer, klassifiseer, klasseer, impliseer, inkorporeer, insluit, opneem, rubriseer; groep(e) vorm, byeenkom, saamleef, saamkoek, kliek, saamkliek

bw. saam, tesame, byeen, bymekaar, met mekaar, inkluis, inklusief

uitdr. dit is nommerpas; te pas kom; van pas kom; hulle is voëls van eenderse vere; soort soek soort

34. Vreemdheid
s.nw. **vreemdheid**, vreemdigheid, vreemde, vreemdsoortigheid, onbekendheid, onbekende, raarheid, rarigheid, rariteit, onaardsheid, andersheid, annerlikheid (*lekties*), nonkonformisme, nonkonformiteit, eksentriekheid, eksentrisiteit, buitenissigheid, bizarheid, uitsluiting, eienaardigheid, surrealisme; abnormaliteit, afwykendheid, afwyking, onaardsheid, onverklaarbaarheid, ondeurgrondbaarheid, onverstaanbaarheid, onbegryplikheid, onpeilbaarheid

besondersheid, eksklusiwiteit, eksotiesheid, snaaksheid, snaaksigheid, sonderlingheid, ongewoonheid, buitengewoonheid, andersheid, annerlikheid (*lekties*)

vreemdeling, vreemde, onbekende, uitgeworpene, buitelander, uitlander, immigrant, nuweling, inkommer

b.nw. **vreemd**, wildvreemd, onbekend, onbegaan, eksklusief, uitgesluit, uitsluitend, eksentriek, ekstraordinêr, buitenissig, bisar, bizar, raar, raaiselagtig, paranormaal, uitheems, volksvreemd, andervolks (*ongewoon*), oneie, anders, anderste(r) (*informeel*), annerlik (*lekties*), uitgeslote, uitgesonder(d), uitgeweke, buitelands, uitlands, uitsluitlik, vreemdsoortig, surrealisties, eienaardig, verbasend, absurd, onwennig, kafkaesk; abnormaal, bonormaal, bonatuurlik, onaards, paranormaal, onverklaarbaar, onverstaanbaar, onbegryplik, subnormaal, ondeurgrond, onpeilbaar

besonders, besonder, sonderling, eksoties, snaaks, snaakserig, ongewoon, buitengewoon, anders, annerlik (*lekties*)

ww. vreemd wees aan, uitsluit, uitsonder, nêrens te pas kom nie

bw. anders, besonder, besonderlik, besonders, uitsluitenderwys

voors. met uitsluiting van, met die uitsondering van

voegw. behoudens, hetsy, of, buiten, behalwe

uitdr. 'n vreemdeling in Jerusalem; iemand nie van Adam af ken nie; onbekend maak onbemind

35. Reëlmaat
s.nw. **reëlmaat**, reëlmatigheid, orde 19, ordelikheid, ordening, organisasie, sisteem, sistematisering, sistematisasie, konsekwentheid, konstantheid, normaliteit, normalisasie, simmetrie, ooreenkoms, ooreenstemming, eweredigheid, ewematigheid, ewemaat, balans, stabiliteit, regularisasie, regularisering, regulering, module, spektrum, standaardisasie, standaardmaat,

toonbeeld, tradisie, voorbeeld, voorbeeldigheid, gereeldheid, patroon, patroonmatigheid, gewoonte, paradigma, ritme, ritmiek **reël**, formule, beginsel, kernbeginsel, grondbeginsel, grondreël, grondvorm, voorbeeld, figuur, model, skaal, skaalmodel, vorm, patroon, sjabloon, kanon(-s), formulier, voorskrif, voorskriftelikheid, kriterium, sisteem, sistematiek, stelreël, stelsel, vuisreël, wet; norm, maatstaf, standaard, standaardmaat, peil, riglyn, kriterium, rigsnoer, presedent, prototiep, prototipe, oorspronklike

b.nw. reëlmatig, konsekwent, ordelik, gereeld, geset (op gesette tye), alledaags, ordinêr, gebruiklik, simmetries, gemeen, getrou, voorbeeldig, gewoon, gewoond, habitueel, normaal, gebruiklik, kanoniek, normatief, oorspronklik, prototipies, reguleerbaar, eweredig, ewematig, paradigmaties, sistematies, ritmies, tradisioneel, tradisievas, tradisiegetrou, usueel, daagliks, daeliks, daags(e), aanhoudend, onophoudelik, ononderbroke, onafgebroke, aanmekaar, gedurig, kontinu, aaneen, deurgaande, geleidelik, prosaïes

ww. reël, sistematiseer, organiseer, in orde bring, normaliseer, orden, skik, rangskik, klassifiseer, reguleer, regulariseer, standaardiseer, normeer, modelleer, sjabloneer

bw. gewoonlik, normaalweg, normaliter, volgens die reël, in die reël, onder andere, onder meer, byvoorbeeld, mees(t)al, in die algemeen, oor die algemeen, algemeen gesproke, deurgaans, sonder ophou, sonder rus, in die geheel

woorddeel model-

uitdr. 'n voorbeeld stel; klopdisselboom verloop; dit gebeur klokslag

36. Onreëlmatigheid

s.nw. onreëlmatigheid, reëloosheid, afwyking, afwykendheid, deviasie, anomalie, paradoks, abnormaliteit, raarheid, rarigheid, rariteit, verbeelding, verbelentheid (*lekties*), verborgenheid, verdigsel, seldsaamheid, snaaksigheid, andersheid, wetteloosheid 807

uitsonderlikheid, merkwaardigheid, uitsondering, uitsonderingsgeval, besondersheid, sonderlingheid, rariteit, rarigheid, seldsaamheid, unikum, verwrongenheid, voorbehoud, eienaardigheid, snaaksigheid, vreemde, vreemdheid, vreemdigheid, vreemdsoortigheid, kriewelkrappers, uitsonderingstoestand, nuwigheid, wonder, wonderbaarlikheid, wonderdaad, wonderland, wonderlikheid, wonderwerk, klug, klugspel, komieklikheid, onnatuurlikheid, eksentrisiteit

vreemde saak, verskynsel, fenomeen, mirakel, rariteit, rarigheid, iets raars, iets ongewoons, iets besonders, snaaksigheid, rara avis, gedaante, dierasie, gevaarte, gedoente, kontrepsie, godswonder, kreasie, nuwigheid, potsierlikheid, verskyning, verskyningsvorm, kuriositeit, eksentriekeling, spook, gees

b.nw. onreëlmatig, reëlloos, onordelik, 20, ongereeld, inkonsekwent, eienaardig, paradoksaal, abnormaal, asimmetries, seldsaam, ongewoon, afwykend, anders, anderste(r) (*informeel*), annerlik (*lekties*), buitengewoon, uitsonderlik, eksepsioneel, uitgesonder(d), uitgeslote, uniek, besonder, besonders, spesiaal, uitheems, adventief, ongekend, teennatuurlik, merkwaardig, raar, onkonvensioneel, revolusionêr, rewolusionêr, wonderbaar, wonderbaarlik, wonderlik, prikkelend, stimulerend, weteloos

uitsonderlik, sonderling, enig, raar, ongewoon, eksentriek, opvallend, opmerklik, opsigtelik, opsigtig, fabelagtig, fabuleus (*skertsend*), fantasties, toweragtig, ekstravagant, legendaries, nuut, nuwerig, nuterig, nuwerwets, ongehoord, ongekend, ongemeen, vergesog, vreemd, vreemdsoortig, gewronge, bomenslik, bowemenslik, duisendkoppig, onnatuurlik

vreemd 34, snaaks, snaakserig, koddig, komieklik, komies, klugtig, potsierlik, bizar, abnormaal, paranormaal

ww. afwyk, afdwaal, die draad verloor, uitsonder, by (hoë) uitsondering voorkom, 'n uitsondering maak

bw. anders, besonderlik, besonders, faikonta (*sleng*), by uitsondering, sonder reëlmaat, gewoonlik

voors. benewens, newens, uitgenome, met uitsondering van, behalwe, buiten, uitgesonder(d)

uitdr. uit die toon val; geen reël sonder 'n

uitsondering nie; die uitsondering bewys/bevestig die reël; uit die band spring; in die lug sweef; op een na

E. TYD

a. Tyd in die algemeen

37. Tydruimte

s.nw. tyd 127, tydruimte, voortduring, tydsgewrig, tydstip, moment, stond(e) (*verouderd*), span, tydspan, bestek, tyd(s)bestek, tydskaal, tydperk, tydvak, tydsgewrig, era, moderne era, ruimte-eeu, vergange era, periode, termyn, septennaat, stadium, tydjie, vensterperiode, ruk, rukkie, tydkring, siklus, tydsiklus, lustrum, sessie, tydgleuf, punt, punt in tyd, tydpunt, voorstadium, tussenstadium, oorgang, oorgangstydperk, oorgangstyd, oorgangsperiode, tussentyd, intermissie, interval, tydinterval, fase, fasigheid, veelfasigheid, periode, poos (pose), verposing, pouse, wyl(e), verstryking, verwering, tydverwering, skiktyd, skof, dagskof, nagskof, aandskof, tydfaktor, tyd(s)verskil, tyd(s)grens, tyd(s)bepaling, tyd(s)limiet, tyd(s)beperking

tyd(s)verloop, verloop, die verloop van die tyd, tydsduur, duur, interval

tyd(s)indeling, tydruimtelike indeling, periodisering, roosterindeling, rooster, interval, periode

tydeenhede, sekonde, nanosekonde, mikrosekonde, minuut, halfminuut, uur, stond(e) (*verouderd*), halfuur, kwartier, eenuur, tweeuur, twee-uur, drieuur, drie-uur, ...; dag, halfdag, werkdag, vroegdag, oggend, oggendstond, voordag, voormiddag, middaguur, agtermiddag, vroegmiddag, laatmiddag, aand, aandstond, vroegaand, laataand, skemertyd, skemeraand, skemerte, rooidag, Maandag, Dinsdag, Woensdag, Kleinsaterdag, Donderdag, Vrydag, Saterdag, Sondag, skrikkeldag, rusdag, daglig, daglumier; looptyd, ontbyttyd, etenstyd, teetyd; maand, kalendermaand, Januarie, Februarie, Maart, April, Mei, Junie, Julie, Augustus, September, Oktober, November, Desember, jaar, kalenderjaar, jaargety, skrikkeljaar, halfjaar, manjaar, semester, kwartaal, dekade, eeu, halfeeu, jaarhonderd, jaarduisend, millennium, jaartelling; seisoen, seisoensverandering, seisoenswisseling, lente, voorjaar, vroeglente, laatlente, somer, vroegsomer, laatsomer, herfs, najaar, vroegherfs, laatherfs, winter, vroegwinter, laatwinter, lentetyd, somertyd, herfstyd, wintertyd, lenteseisoen, somerseisoen, herfsseisoen, winterseisoen, bloeityd, reënseisoen, kwartaal, semester

b.nw. tydig, tydelik, tydsaam, chronologies, kronologies, daaropvolgende, siklies, fasig, veelfasig, voortdurend, verbygaande, verstreke, verstryk, verstrykte, almaardeur (*verouderd*), eendaags, tweedaags, ...; uurliks, daagliks, negedaags, wekliks, halfwekliks, maandeliks, tweemaandeliks, jaarliks, halfjaarliks, tweejaarliks, jaaroud, seisoenaal, septennaal, sesjarig

ww. duur, voortduur, voortgaan, aanskuif, aangaan, aanhou, verloop, in beslag neem, omgaan, verbygaan, oorgaan, afloop, uitloop, verstryk, verval, verweer, verbysnel, vlieg, omvlieg, situeer, wissel

tyd indeel, tyd maak, tyd verdeel, periodiseer

bw. daar, daarop, daarvandaan, dikwels, interim, bedags, soggens, smiddae, smiddags, saans, sesuur, sewenuur, sewe-uur, toe, uit, wanneer, jaar in en jaar uit, op gesette tye, op 'n gegewe oomblik, buiten(s)tyds, in die tussentyd, so pas, sopas, te eniger tyd, te bekwamer tyd, te(r) gelegener tyd, tot nou toe, van tyd tot tyd, 'n tyd lank, te(n) alle tye, op tyd, in geen tyd nie, met verloop van tyd

voors. voor, na, tydens, daarvoor, daarna, ten tyde van, circa, om en by, omstreeks, omtrent, ongeveer

voegw. voordat, nadat, toe, wanneer, as

uitdr. by wyle; die tyd gaan verby; die tyd staan nie stil nie; jou tyd afwag; jouself nie die tyd gun nie; iemand se tyd was goed; verlore tyd inhaal; voor my tyd; te syner tyd; daar is 'n tyd om te kom en 'n tyd om te gaan; die tyd uitkoop; die hoogste tyd; dis hoog tyd; die tyd is die beste heelmeester; kom tyd, kom raad; tyd is geld; die gees van die tyd; die tye het verander; met die tyd saamgaan; sonder verlet; 'n teken van die tye; met verloop van sake

38. Tydgebruik

s.nw. tydgebruik, tydbenutting, tydreëling, tydverdryf, tydbesparing, grasie, skiktyd, tydkorting, tydbestuur, tyd(s)beperking, limiet, valbyl, spertyd, keertyd, tydvermorsing, tydgebrek

tydverbruik, leeftyd, bedtyd, slaaptyd, slapenstyd, vraetyd, etenstyd, teetyd, studietyd, reaksietyd, werktyd, vakansietyd, verloftyd, proeftyd, jagtyd, saaityd, vertrektyd, bloktyd, kerktyd, oefentyd, looptyd, paartyd, vaartyd, kantoortyd, leestyd, hervormingstyd, beseringstyd, speeltyd, ampstyd, parstyd

b.nw. tydig 37, blywend, tydbesparend

ww. tyd gebruik, deurbring, gebruik, verwyl, tyd verwyl, tyd bestee, tyd afstaan, tyd spaar, woeker met jou tyd, tyd wen, slyt, tyd mors, tyd in beslag neem, tyd beset, jou die tyd gun, tyd vind, tyd maak

bw. betyds, tydig en ontydig

uitdr. die tyd uitkoop; die tyd verdryf; 'n tydjie afsonder; jou dae slyt; die tyd vlieg

39. Tydverlies

s.nw. **tydverlies**, verlore tyd

tydmors, tydmorsery, tydvermorsing, tydverkwisting, tydverspilling, tydverknoeiing, tydverkwanseling

b.nw. beset, vergote, verkwistend, verkwisterig, verlore, talmend

ww. **tyd verloor**, tyd verloor, tyd verlore laat gaan, tyd versuim, talm, draai, draal, tyd verdryf, tyd verdrywe, verluier, verpraat, verslaap, verdroom

tyd mors, tyd verspil, tyd verspeel, tyd verkwis, tyd verknoei, tyd verkwansel, tyd vermors, lanterfanter, beusel (*verouderd*), verbeusel (*verouderd*), vertreursel (*verouderd*)

uitdr. die kans is verkyk/verkeke; die tyd verdryf

40. Langdurig

b.nw. **langdurig**, lank, aanhoudend, voortdurend, langsaam, kontinu, langdurend, geruime, ononderbroke, onafgebroke, onophoudelik, ewig, ewigdurend, altyddurend, lewenslank, herhaaldelik, chronies, kronies, slepend, blywend, bestendig, konsistent, konstant, langjarig, langerig, langgerek, hardnekkig; dae lank, meerdaags, driedaags, vierdaags, ..., weke lank, maande lank, jare lank, honderdjarig, duisendjarig, eeue lank, daagliks, maandeliks, jaarliks; verwag(te), langverwag(te)

langdradig, lank, eindeloos, sonder einde, ewig, ewigdurend, ewiglik, omslagtig, uitgerek, wydlopig, te uitvoerig, onnodig lank, te lank, hopeloos te lank, knaend, tydrowend, vervelend 725

bw. van lange duur, langtermyn, aanmekaar, aaneen, sonder ophou, dagin en daguit, sonder einde, sonder rus, sonder onderbreking, gedurig, aldeur (*verouderd*), alklaps (*verouderd*), dwarsdeur, altyd, nog altyd, nog steeds, die godganse dag/maand/jaar, heeltyd, mettertyd, op die duur, nog, pal, uitentreure (*verouderd*), vir ewig, tot in der ewigheid, tot satwordens toe, in perpetuum

s.nw. **duur**, tydsduur, langdurigheid, langsaamheid, voortduring, kontinuïteit, aanhoudendheid, bestendigheid, blywendheid, infiniteit, isochronisme, isokronisme, prolongasie

langdurigheid, eindeloosheid, ewigheid, ewigdurendheid, omslagtigheid, uitgerektheid, tydrowendheid; lang termyn

ww. duur, lank duur, lank vat, 'n ewigheid duur, voortduur, voortgaan, voortsleep, aanhou, aangaan, bestendig, bly, verleng, prolongeer, rek, uitrek; wag, afwag, verwag, uitstel, geduldig wees

uitdr. ad infinitum; by voortduring; jou gat afwag (*plat*); lang trane huil; met verdrag; oor 'n boeg; tot in lengte van dae; tot die perde horings kry; langasemkriek, langasemsprinkaan

41. Kortstondig

b.nw. kort, kortstondig, efemeer, oombliklik, blitsig, vinnig, blitsvinnig, jits (*lekties*), gou, vlug, haastig, vlietend, vlugtig, vinnig, haastig, kortaf, momentaan, momenteel, onverhoeds, pront, skielik, tentatief, tydelik, vervloë, voorlopig, temporêr, provisioneel, deeltyds; verganklik, kortstondig, aards, bederfbaar

bw. van korte duur, kort van duur, kortweg, korttermyn, gou, gou-gou, baie gou, inderhaas, onverhoeds, onverwags, onvoorsien(s), oornag, opeens, voorasnog, ad interim, in afwagting, plots, plotseling, eensklaps, skielik, oombliklik, onmiddellik, in 'n oogwink, in een oogopslag, in 'n kits, in 'n jits (*lekties*), in 'n japtrap, in 'n kort tydjie, binne sekondes/minute/ure, spoedig, pro tempore

s.nw. kortstondigheid, verkorting, tydstip, rukkie, tydjie, japtrap, kits, moment, oogwenk, oogwink, oomblik, vlugtigheid, bietjie, gouigheid, handomdraai, handomswaai, handomkeer, heen-en-weertjie, poos (pose), posie, rukkie, seepbel, sekonde, temporeel, tussentyds, semipermanent, verganklikheid, onvastheid, onsekerheid, eendagsvlieg, prontheid; kort termyn

ww. kort gaan, kort hou, verkort

woorddeel kits-

uitdr. die tande van die tyd; voor jy jou oë kan uitvee; voor jy kan mes sê; in 'n japtrap

42. Altyd

bw. altyd, al die tyd, te alle tye, elke keer, elke keer weer, steeds, altyddeur, heeltyd, ewig, alewig, ewiglik, aldae, aldag, aljimmers (*verouderd*), alklaps (*verouderd*), almaardeur, gedurig, onafgebroke, almelewe (*verouderd*), altoos (*verouderd*), immer, immermeer, steeds, perpetuum mobile, in perpetuum, vir altyd, vir goed, vir ewig, vir ewig en altyd, dag na dag, vir alle tye, dag en nag, week na week, maand na maand, jaar na jaar

b.nw. vas, blywend, chronies, kronies, aanhoudend, ewig, ewigdurend, altyddurend, permanent, bestendig, deurlopend, perpetuerend, dik, duursaam, gedurig, getrou, herhaaldelik, konstant, konsistent, onsterflik, onverganklik, permanent, tydloos, tydeloos

s.nw. blywendheid, duur, voortdurendheid, ewigheid, tydloosheid, konsistensie, konstantheid, onverganklikheid, onsterflikheid, permanensie, verewiging

ww. bly, perpetueer, verewig, bestendig, in stand hou

uitdr. ou stryk; deur dik en dun; te pas en te onpas

43. Nooit

bw. nooit, nimmer, newwer (*Engels, lekties*), nooit meer, nimmermeer, nooit of te nimmer, nimmer of te nooit, (so) nooit as te nimmer, (so) nimmer as te nooit, op geen tydstip nie, glad nie, geensins (nie), hoegenaamd nie

uitdr. nie in die verste verte nie; as die perde horings kry; as die hoenders tande kry; as dassie stert kry; oor my dooie liggaam

b. Tydordening

44. Gebeure in tyd

s.nw. gebeurtenis, gebeure (*meervoud*), gebeurlikheid, eventualiteit, episode, geleentheid, okkasie, tafereel, epog, drama, verrigtinge, voorval, insident, verskynsel, petalje, spektakel, affêre, katastrofe, brouhaha

verloop, loop, beloop, gang, die gang van die tyd, geskiedenis, 'n bladsy uit die geskiedenis, die loop van die geskiedenis, verwikkeling, kringloop, keerpunt, peripetie, katastasis, insidensie, samevalling, interval, tydsinterval; anachronisme, anakronisme

b.nw. gebeurlik, insidenteel, gebeurtenisvol, dramaties, gaande, veelbewoë, eenmalig

ww. gebeur, plaasvind, voorval, geskied, afspeel, voordoen, voorkom, uitbars, uitbreek, kom, opkom, vertoon, deurgaan, herhaal; verloop; wedervaar, oorkom, opdoen, tref, bejeën

nie gebeur nie, uitbly, agterweë bly

bw. mettertyd, gaandeweg, met verloop van tyd, na verloop van tyd, met verloop van jare, met die tyd saam (*lekties*)

uitdr. die tyd stap aan; die geskiedenis herhaal hom

45. Geskiedenis

s.nw. geskiedenis 50, geskiedskrywing, geskiedeniswetenskap, historie, prehistorie, oergeskiedenis, voorgeskiedenis, historiografie, chronografie, kronografie, geskiedenisfilosofie, diachronie, diakronie; bronnestudie, geskiedenisboek, gedenkrol, jaarboek, register, kroniek, argief, argivale bronne, geskiedenis, lewensgeskiedenis, voorgeskiedenis, geskiedverhaal, annale, storie, verhaal, narratief, relaas, kroniek; algemene geskiedenis, Afrikageskiedenis, Suid-Afrikaanse geskiedenis, Europese geskiedenis, ..., vaderlandse geskiedenis, wêreldgeskiedenis, wordingsgeskiedenis, moderne geskiedenis, kultuurgeskiedenis, kerkgeskiedenis, politieke geskiedenis, handelsgeskiedenis, oorlogsgeskiedenis, krygsgeskiedenis; historisiteit, historisme, oudheid, verlede

geskiedkundige, geskiedskrywer, historikus, historioloog, historiograaf, kroniekskrywer, kerkhistorikus, kultuurhistorikus, argivaris

tydsverloop, verloop, tydrekening, chronologie, kronologie, geskiedenis, verhaal, storie, hoofstuk, 'n hoofstuk in die geskiedenis, tyd, tydtafel, anachronisme, anakronisme, metachronisme, metakronisme, parachronisme, parakronisme, verlede, voortyd, voorgeskiedenis, periode, oertyd, oertydperk, voorwêreld, middeleeue, industriële tydperk, tegnologiese tydperk, tegnologiese era, inligtingsera, atoomtydperk, wêreldsbeloop, wordingsgeskiedenis

b.nw. geskiedkundig, histories, prehistories, verlede, middeleeus, agtiende-eeus, ..., diachronies, diakronies, chronologies, kronologies, tydgebonde

ww. tot die geskiedenis behoort, die geskiedenis opskryf

bw. toe, toentertyd, destyds, daardie dae/jare/tyd, vroeër, vroeërjare, lankal, lank terug, in die verlede, lank gelede, in die ou dae, van ouds, vanmelewe, vanmelewe se dae/jare/tyd, diederdae (*verouderd*), diederjare (*verouderd*), diedertyd (*verouderd*)

voors. uit

uitdr. van ouds; dis ou geskiedenis; vergange se dae; 'n teken van die tyd/tye; toeka se dae; die tyd sal leer; die tye het verander

46. Vroeër

b.nw. vroeër, vervloë, vergange, pril (*verouderd*), onlangs, resent, vroeg, vorige, voorafgaande, voorgaande, vroegtydig, voortydig, afgelope; vroeg 57

s.nw. verlede, oerverlede, voortyd, vergange se dae, onlangse verlede, jongste verlede, daeraad, dageraad

bw. vantevore, tevore, vroeër, in die verlede, verby, iets van die verlede, anderdag, 'n tydjie gelede, vroeër dae, vroeër se dae, vroeër tyd, toe, eenmaal, eenkeer, eenslag, lankal, (al) 'n geruime tyd, lank gelede, lanklaas, in daardie tyd, doer(d)ie tyd (*informeel*), dour(d)ie tyd (*lekties*), doer(d)ie dae (*informeel*), daardie jare, doer(d)ie jare, dour(d)ie jare (*lekties*), desjare, destyds, indertyd, toentertyd, toeka, toeka se dae, hoeka se dae, in die ou dae, in die ou tyd, in daardie dae, in dié tyd, in dié dae, die dae van weleer, die jaar toet, vanmelewe (*verouderd*), vans(e)lewe (*verouderd*), toenmalig, toenmaals, eens, eertyds

onlangs, resent, nou die dag, nie (te) lank gelede nie, 'n tydjie gelede, 'n ruk(kie) gelede, gister, eergister, verlede week, laas week, verlede maand, laas maand, verlede jaar, laas jaar, in die jongste verlede, 'n dag of wat gelede, 'n week of wat gelede

so pas, sopas, nou pas, nou, nou net, soewe, so-effe, nou-nou, uit die staanspoor, voor, vooraf, voormaals, vooruit, voor die tyd, voor die bestemde tyd, by voorbaat, om mee te begin

ww. tot die verlede behoort, voorafgaan, voorgaan, vooruitloop, antisipeer, bespoedig, antedateer

voors. voor, vroeër as

voegw. aleer, alvorens, binne, bo (bowe), voordat

uitdr. die bobbejaan agter die bult gaan haal; die tyd vooruitloop; voor dag en dou; wat verby is, is verby

47. Later

b.nw. later, eventueel, daaropvolgende, nagenoemde, verder, volgende, komende, toekomstig(e); laat 58

bw. hierna, daarna, nadese, vervolgens, in die vervolg, nou, nou net, netnou, netnoumaar, nema (*lekties*), netnoumaartjies, 'n bietjie later, vorentoe, vervolgens, voorts, in die vervolg, verder, later, agterna, by nabaat, na verloop van tyd, nog, naderhand, naand (*lekties*), gaandeweg, algaande, langsamerhand

mettertyd, met verloop van tyd, allengs, te(r) geleëner tyd, te(r) gelegener tyd, ter bekwamer tyd, te syner tyd, uiteindelik, oplaas, geleidelik, vroeër of later

s.nw. vervolg, die volgende dag, die volgende maand, die volgende jaar

ww. volg, opeenvolg, later kom, later doen, nadateer

voors. na, ná, volgens

voegw. nadat, na, sodra
uitdr. dit sal die tyd leer; op langelaas

48. Gelyktydig
b.nw. gelyktydig, gelyk, gesinchroniseer(d), gesinkroniseer(d), sinchronies, sinkronies, sinchroon, sinkroon, sinchronisties, sinkronisties, samelopend, samevallend, gelyklopend, simultaan, intyds (rekenaar), kontemporêr, tydgenootlik
s.nw. gelyktydigheid, sameloop, simultaneïteit, sinchronisme, sinkronisme, sinchronisasie, sinkronisasie, koïnsidensie, tydgenoot, jaargenoot
bw. gelyktydig, pari pasu, op dieselfde tydstip, terselfdertyd, gelyk, tegelyk, tegelykertyd, gedurende, terwyl, onderwyl, solank, solang, saam, tesaam, tesame, in 'n koor, meteen, onder, intussen, ondertussen, ook, selfs, tewens, tussendeur, tussenin, asmede (*verouderd*), inmiddels
ww. saamloop, saamval, sinchroniseer, sinkroniseer
voors. met, tydens, ten tyde van
voegw. metdat, met dat, solank, terwyl, onderwyl, gedurende die tyd dat, waar
uitdr. twee vlieë met/in een klap; 'n sameloop van omstandighede

49. Hede
s.nw. hede, die huidige, die teenswoordige, die teenswoordige tyd, bestaande, oomblik; aktualiteit, lopende sake
b.nw. **teenwoordig**, teenswoordig, huidig, hedendaags, regstreeks, oombliklik, direk, summier, onmiddellik, nuut, vars, paraat
  aktueel, kontemporêr, eietyds, hedendaags, heersend, tersaaklik, modern, nuwerwets, byderwets, cool (*Engels, informeel*), funky (*Engels, informeel*), modieus, vars, nuut, onlangs
bw. nou, op die oomblik, op die huidige oomblik, op hierdie tydstip, in hierdie stadium, vir die huidige, hede, resent, nog, tans, teenswoordig, deesdae, deser dae, hedendaags, vandag, vanoggend, vanmôre, vanmore, vanmiddag, vanaand, vannag, die dag van vandag, vandag se dae, vandag se tyd, vandeesweek, vandeesmaand, hierdie jaar, hierdie eeu, in hierdie tyd, in hierdie dae, nou se dae, tot dusver, tot nou toe, tot op hede; dadelik, nou, nou dadelik, onverwyld, onmiddellik, sonder versuim, sonder meer, subiet, terstond, summier, op die daad; nou net, nou-nou, netnou
van onmiddellike belang, nou van belang, vandag van belang, ter sake
uitdr. nou of nooit

50. Verlede
s.nw. verlede, verlede tyd, die verre verlede, die gryse verlede, geskiedenis, die dae/tye van weleer, die ou dae, oertyd, oudheid, begin, oerbegin, die voorgaande, die jongste verlede, die afgelope week, die afgelope maand, die afgelope jaar, resentheid, ultimo, verloop, vooraand, voortyd, voorwêreld, onheuglike tye
b.nw. verlede, voorverlede, verstreke, afgeloop, afgelope, laas, laaste, gewese, laaslede, voormalig, toenmalig, vorige, vroeër 46, vroeg, oud, oeroud, outyds, ouwêrelds, regressief, resent, onlangs, vergaan, vergange, onheuglik, verstryk, verstreke, voorwêreldlik(s)
bw. nou net, nou-nou, netnou, nou nou, pas, so pas, sopas, sojuis, flus, flussies, kort gelede, 'n klein rukkie gelede, 'n klein/kort rukkie terug, anderdag, die ander dag, so-ewe, vaneffe, so-effe, onlangs, kortendag (*verouderd*), kortlings, voorheen, tevore, vantevore, laas, laaslede, voorlaas, weleer, reeds, alreeds, al, terug, om, verby; gister, die dag vantevore, eergister, eereergister, naaseergister, gisteroggend, gistermôre, gistermore, gistermiddag, gisteraand, gisternag, verlede week, verlede maand, verlede jaar; destyds, lank gelede, lankal, vergete, vergeet, in die verre verlede, in die gryse verlede, hoeka, toeka, indertyd, toentertyd, toendertyd, vanmelewe (*verouderd*), vans(e)lewe (*verouderd*), van ouds, van oudsher, vergange, diederdae (*verouderd*), diederjare (*verouderd*), diedertyd (*verouderd*); asnog, dusver, tot dusver
ww. agterbly, agter die rug wees, agter ons lê, tot die verlede behoort, uitdiep, verjaar, verloop, verstryk, verval, dagteken, had
woorddeel om-, oud-, eks-
voors. daarop, voor, om
uitdr. toeka se dae, toeka se tyd; vergange se dae; vetlampie se tyd

51. Toekoms

s.nw. **toekoms**, afwagting, toekomsblik, scenario, visie, toekomsvisie, toekomsmusiek, toekomsbeeld, toekomsperspektief, afsienbaarheid, toekomsplan, toekomsdroom, toekomsbeplanning, scenariobeplanning, kristalbal, voorspelling, moontlikheid, vergesig, verskiet, prognose, voordatering, direktheid; die dag van môre, anderdagmôre, volgende week, volgende maand, volgende jaar, die week hierna, die jaar daarop, die dae wat kom
toekomskunde, futurologie, prognostiek, prognostika
visionêr, profeet, siener, kristalbalkyker, voorspeller; toekomskundige, futuroloog, toekomsbeplanner, scenariobeplanner, scenarioskrywer

b.nw. toekomstig(e), toekomend, aankomende, aanstaande, eerskomende, eersvolgende, ophandesynde, naderende, later, imminent, afsienbaar, amper, naasvolgend, naby, nader, daagliks, daeliks, onmiddellik, oombliklik, spoedig, direk, staande, summier, verder, vooruitgeskowe, jongslede, futuristies, nuut, toekomsgerig, vooruitstrewend, afwagtend, verwag(te), langverwag(te), dreigend, visionêr

bw. in die onmiddelike toekoms, dadelik, onverwyld, nou-nou, nou nou, netnou, in die nabye toekoms, binnekort, binne afsienbare tyd, eersdaags, een van die dae, na dese, aanstons, aans, amper, flus, flussies, haas, nader, naderby, naderhand, naand (*lekties*), ophande, straks, strakkies, subiet, by die eerste beste geleentheid, binne 'n ommesientjie, terstond; later, anderdag, weldra, welhaas, voorts, voortaan, môre, more, oormôre, oormore, môre-oormôre, more-oormore, ooroormôre, ooroormore, naasoormôre, naasoormore, dan, agterna, in futurum; in die verre toekoms

ww. nader, kom, op hande wees, in aantog wees, voor die deur staan, afwag, daag, bly, dateer, dreig, voordateer, prognotiseer

woorddeel pre-, voor-
voors. na
voegw. sodra
uitdr. een van die dae; in 'n kits; met die eerste oogopslag; op die daad; op staande voet; op stel en sprong; sonder verwyl; jou woorde was nog nie koud nie; uit wans uit; die tyd sal leer

52. Ouderdom

s.nw. ouderdom, leeftyd, ouderdomsgrens, leeftydsgrens, generasie, jaar, jaargenoot, jaartal, biometrie; kleuterjare, kinderjare, junior, minderjarigheid, minoriteit, jeug, jeugjare, jonkheid, meerderjarigheid, middeljare, middeljarigheid, senior, senioriteit, ouderdom, oudheid, oudag, bejaardheid, pensioenjare, hoë leeftyd; baba, bybie (*Engels, lekties*), tjokker, kleuter, kleintjie, puber, adolessent, jongeling, tiener, twintiger, veertiger, vyftiger, sestiger, ..., middeljarige, veteraan, ou mens, oumens, oupa, ouma, witkop, gryskop, ringkop, eenjarige, veertigjarige, ...; werklike ouderdom, chronologiese ouderdom, kronologiese ouderdom, fisiologiese ouderdom, verstandsouderdom, verstandelike ouderdom, mentale ouderdom, emosionele ouderdom, mondigheid, onmondigheid; ouderdomsgroep, leeftydsgroep, leeftydsgenoot

b.nw. jarig, gelykjarig, minderjarig, tienderjarig, junior, meerderjarig, middeljarig, jonk, oud, bejaard, tweejarig, driejarig, vierjarig, ..., geronties, mondig, onmondig

woorddeel dertiger-, veertiger-, ..., -jarig

53. Nuut en jonk

b.nw. **nuut**, nuwerig, nuterig, so goed soos nuut, eerstehands, splinternuut, spiksplinternuut, kraaknuut, winkelnuut, vonkelnuut, jonk, kontemporêr, modern, hipermodern, ultramodern, modernisties, nuwerwets, byderwets, sjiek, modieus, nieumodies, cool (*Engels, informeel*), funky (*Engels, informeel*), hedendaags, jongste, resent, aktueel, innoverend, kontemporêr, neutvars, oorspronklik, revolusionêr, rewolusionêr, vars, fleurig, kersvars, kersvers, neutvars, verfrissend, opfrissend, fris, skoon, suiwer, onbesoedel; hernieubaar, hernubaar, hernieude, hernude, vernieude, vernude, vernieubaar, vernubaar, vernuwend
jonk, klein, infantiel, piepjong, piepjonk, opgeskote, jeugdig, jongerig, bloedjonk, bogterig, junior, minderjarig, onmondig, oorjarig, onvolwasse, baardloos; dagoud,

driedagoud, maandoud, voorskools, tweejarig, tienjarig, veertienjarig, twintigjarig, mondig, onmondig, prille, meerderjarig, volwasse, ryp; kinderlik, kinderagtig, infantiel, pueriel, seunsagtig, meisieagtig, vormbaar, ryp, onryp, beïnvloedbaar, kwesbaar

s.nw. nuutheid, nuutjie, iets nuuts, nuwigheid, mode, hoogmode, modegier, modegril, byderwetsheid, nuwerwetsheid, sjiekheid, resentheid, aktualiteit; nuutskepping, neologisme; oorspronklikheid, oorspronklike; vernuwing, hernuwing, herskepping, hervatting, innovasie, modernisasie, opkikkering, vervarsing; vernuwer, herskepper

kind, boorling, saad, afstammeling, nakomeling, nasaat; kleintjie, kleingoed, broedsel, gebroedsel, bloedjie, baba, babatjie, bybie (*Engels, lekties*), bybiekind (*Engels, lekties*), pienkvoet, proefbuisbaba, babadogtertjie, babaseuntjie, suigling, suigeling, laatlammetjie, kleuter, peuter, pikkie, skoolkind; seuntjie, mannetjie, penkop, seun, seunskind, knaap, knapie, oemfaan (*lekties*); meisietjie, dogtertjie, dogter, meisiekind, dogterkind; tjokker, tjokkertjie, snuiter, bogsnuiter, bogkind, uittandkind, snotneus, snuffie, kuiken, piepkuiken, kêskuiken, piekanien (*kwetsend*), ja(a)psnoet, bog, wysneus, snip, parmant; kinderdae, kindsdae, kindertyd, kinderjare, kleintyd, kindsdag

jonkheid, jeug, prille jeug, die opkomende geslag, fleur, die lente van die lewe, jeugjare, jongelingsjare, minoriteit, jongelingskap, tienderjarige, juveniel, juvenilisme, minderjarigheid, storm-en-drang(-)jare, storm-en-drang(-)periode; verjonging, verfrissing, verjongingskuur

jeugfases, kleuterfase, kleuterjare, peuterfase, tienerjare, prepuberteit, puberteit, puberteitsjare, adolessensie, juvenale, mondigheid, mondigwording, grootwordjare, onmondigheid, onrypheid, pueriliteit, rypwordingsjare, meerderjarigheid, storm-en-drang, jare van storm en drang, volwassenheid; vormbaarheid, kinderlikheid, pueriliteit, infantilisme, juvenilisme, kinderagtigheid, beïnvloedbaarheid

jeug, jongmens, jeugdige, tiener, puber, adolessent, minderjarige, snotkop, jongere, jonggoed, jongelui, jongeliede, skoolkind, skolier, student; seun, knaap, jongman, jonkman, kêrel, jongetjie, jongkêrel, jongman, vent, ventjie, melkbaard; meisie, meisiekind, jongmeisie, jongvrou, jonkvrou, juffer, juffertjie, juffie, juffrou, mejuffrou, jongnooi, jongnoi, noientjie, nooientjie, noi, nooi, nonna, bakvissie, sjiksa (*soms kwetsend*); nuweling 27

ww. vernuwe, vernu, vernieu, hernuwe, hernieu, opfris, opkikker, aktualiseer, verfris, vervars, verjong, herskep, omskep, moderniseer, modifiseer, herontwerp, transformeer, metamorfoseer, restoureer, opknap, hervorm, hersien

bw. van kindsbeen af

woorddeel neo-, nuut-, her-

uitdr. die tyd vooruit wees; daar is niks nuuts onder die son nie; (nog) in jou kinderskoene staan; van kindsbeen af; van kleins af; nie ou bene maak nie; nog nat agter die ore; nog nie droog agter die ore nie; nog nie oud of koud wees nie; op en wakker wees; jou kinderskoene ontgroei

54. Oud

b.nw. oud, stokoud, ouerig, konvensioneel, onoorspronklik, horingoud, oeroud, antiek, antikwaries, argaïes, argaïsties, beenoud, aloue, beleë, uitgegroei, gevorderd, gewese, afgetree, halfslyt, herfsagtig, herfstelik, paleolities, prehistories, voorhistories, oeragtig; outyds, ouwêrelds, ou(d) modies, ouderwets, uitgedien(d), anachronisties, anakronisties, obsoleet

waardeloos, onbruikbaar, nutteloos, gaar; tweedehands, afgeleef, gaar, stukkend, gedaan, verslete, voos, muf, vermuf, lendelam, obsoleet, onheuglik, verrimpel(d); afgeslete, holrug, geyk, verslete; argeologies

bejaard, oud, gevorderd, gewese, grys, senior, hoogbejaard, stokoud, horingoud, afgeleef, kinds, seniel, tagtigjarig, honderdjarig, ..., verrimpel(d), bedaag (*ongewoon*)

s.nw. ouderdom, oudheid, antiek, antikwaar, antikwariaat, antikwiteit, antikiteit, argeologie, argetipe, ark, beleënheid, fossiel, museumstuk; waardeloosheid, onbruikbaarheid, nutteloosheid, afgeleefdheid, voosheid, mufheid, versletenheid

bejaardheid, ouderdom, oudheid, oudag, grysheid, leeftyd, hoë leeftyd, gevorderde leeftyd, die herfs van die lewe, die winter van die lewe, nadae, pruiketyd, rustyd, pensioentyd; veroudering, vergrysing, seniliteit, kindsheid, verrimpeldheid, verrimpeling, verstywing

ou mens, oumens, bejaarde, die ouer generasie, afgetredene, grysaard, gryskop, grysheid, landsvader, ringkop, doyen, doyenne, ou man, oubaas, oupa, grootvader, stamvader, aartsvader, patriarg, oupagrootjie, 'n man van sy jare, paai (*ongewoon*), ouballie (*informeel*), ou ballie (*informeel*), ballie (*informeel*), outoppie (*informeel*), oukêrel, ouvrou, ou vrou, ouma, oumagrootjie, grootmoeder, stammoeder, matriarg, grootjie, oorgrootjie, 'n vrou van haar jare, verswakte, veteraan, sestiger, tagtiger, fossiel; ouetehuis, oumanne(te)huis; oermens, prehistoriese mens

oudheidkunde, gerontologie, gerontoloog, bejaardesorg; argeologie, paleologie, fossiel, koproliet, antikwaar, oudheidkenner, oudheidkundige, geskiedenis 45

ww. verouder, vergrys, verkrimp, verkwyn, verstyf, verstywe

bw. in onbruik, van ouds

woorddeel oer-, paleo-

uitdr. oud, maar nog nie koud; 'n ou bok lus nog jong/groen blare; 'n ou perd lus ook nog groenvoer; 'n ou viool kan ook nuwe liedjies speel; 'n ou boom word nie maklik verplant nie; die tande van die tyd; met die een been/voet in die graf; 'n hele paar kruisies agter die rug hê; nie vandag se kind nie; uit die ark, so oud soos die ark, uit Noag se ark; so oud soos die berge; so oud soos Metusalem; uit die ou/oude doos; ou bene haal

c. Herhaling in tyd
55. Periodiek

b.nw. periodiek, periodies, periodematig, herhaaldelik, sporadies, gestadig, reëlmatig, intermitterend, vas, alledaags, siklies, asiklies, bereid, getrou, daagliks, daeliks, wekliks, maandeliks, kwartaalliks, sesmaandeliks, halfjaarliks, jaarliks, sesjarig, tagtigvoudig, ..., veelvuldig, meestendeels

frekwent, gedurig, aanhoudend, gereeld

s.nw. herhaling, frekwensie, reëlmaat, reëlmatigheid, gereeldheid, gestadig(d)heid, gewoonte, kringloop, siklus, rekapitulasie, periodisiteit

bw. van tyd tot tyd, op gesette tye, herhaaldelik, deurentyd, deurgaans, altyddeur, oor en oor, weer en weer, kort-kort, keer op keer, taks, telkens, telkemaal, telkemale, op gesette tye, van dag tot dag, jaarin en jaaruit, alledaags, andermaal, deurheen, veel, veelal, gewoonlik, wederom, weer, per uur, per dag, per maand, per jaar, per annum

dikwels, baie, baie keer, baiekeer, baie maal, baiemaal, male sonder tal, meermaal, meermale, meestentyds, mees(t)al, menigmaal, menigmale

ww. herhaal, intermitteer, rekapituleer

woorddeel her-

uitdr. die geskiedenis herhaal hom; taks om taks

56. Selde

bw. selde, selde indien ooit, selde of nooit, af en toe, nou en dan, soms, somtyds, by tye, slag-slag, nie dikwels nie, by uitsondering, in sommige gevalle, in enkele gevalle, van tyd tot tyd, met rukke en stote, met onderbrekings, met tussenpose(s), ooit, tussenbei, tussendeur, weleens, min, baie min, weinig, by hoë uitsondering

b.nw. ongereeld, sporadies, weinig, min, baie min, aperiodiek, intermitterend, onreëlmatig; seldsaam, merkwaardig, dun gesaai, skaars, uitsonderlik, eenmalig

s.nw. ongereeldheid, seldsaamheid, onreëlmatigheid, merkwaardigheid, skaarste, rariteit

uitdr. dan en wan; so elke skrikkeljaar; te hooi en te gras; so skaars soos hoendertande; jou lyf skaars hou; dun gesaai wees; 'n wit raaf

d. Tydoordeel
57. Vroeg

b.nw. vroeg 46, vroegtydig, betyds, pront, stip, stiptelik, tydig, antisiperend, afwagtend; prematuur, voortydig, voorlik (*lekties*), voorbarig, ontydig

s.nw. vroegheid, vroegtydigheid, tydigheid, antisipasie, daeraad, dageraad, daglig, môregloed, môreglans, stiptheid, stip-

telikheid, prontheid, verhaasting, ontydigheid, voorbarigheid, prematuurheid
bw. **douvoordag**, intyds, vroeg-vroeg, voor die tyd, nie laat nie, vroegdag, vroeggend, vroegmôre, vroegmore, voor sonop, voor dagbreek, met dagbreek, voor hanekraai, teen die oggend, in die oggend, in die môre, in die more, smôrens, smorens vroegmiddag, vroegaand
betyds, eerder, ruim betyds, voor dit te laat is
ww. verhaas, vervroeg, voorgaan, antisipeer
uitdr. die môrestond het goud in die mond; met die hoenders opstaan/gaan slaap; by hanekraai; hoe vroeër hoe beter; niemand gaan voor sy/haar tyd dood nie

58. Laat
b.nw. laat 47, later, laterig, te laat, baie laat, ontydig, vertraag
s.nw. laatte, latenstyd, agterstand, grens, tyd(s)grens, limiet, tyd(s)limiet, laatkommer, agteros, ontydigheid
bw. laat, na die bestemde tyd, teen die laatte, oor die tyd, nie betyds nie, nie stip nie, ter elfder ure, agter, ver heen
ww. uitstel, tot later skuif, verskuif, temporiseer, laat kom, tyd verspeel
uitdr. mosterd na die maal; op die nippertjie; 'n kans laat verbygaan/verkyk; die son trek al water; te laat vir jou eie begrafnis wees; die tyd is verlore; die saak is verlore; dit is hoog tyd; dit is die hoogste tyd; die hond in die pot kry; agter die net vis; die put demp wanneer die kalf verdrink is; op die lange baan skuif; moenie uitstel tot môre wat jy vandag kan besôre; van uitstel kom afstel

59. Geleë
b.nw. geleë, tydig, vroegtydig, okkasioneel, opportuun, paslik, passend, gepas, voeglik, voegsaam, welkom, gerieflik, geskik, gunstig, juis
s.nw. geleentheid, geleënheid, kans, beurt, okkasie, paslikheid, gunstigheid, gerief, seisoen
bw. geleë, betyds, op die regte tyd/tydstip/oomblik, by geleentheid, ter gelegener/geleëner tyd, te bekwamer tyd, te eniger tyd, van pas, vanpas, welkom

ww. dit goed tref, die geleentheid waarneem/gebruik/soek, jou tyd/oomblik afwag, in die geleentheid stel
uitdr. te pas en te onpas; kom asof jy geroep is

60. Ongeleë
b.nw. ongeleë, ontydig, ongepas, lastig, onvanpas, onwelkom, voorlik (*lekties*), importuun, prematuur, voorbarig
s.nw. ongeleënheid, ontydigheid, importuniteit, ongeleentheid
bw. buiten(s)tyds
uitdr. te pas en te onpas; tydig en ontydig

F. RUIMTE
61. Plek
s.nw. **plek**, lokaliteit, posisie, lokus, domein, dominium, gebied, sleutelgebied, territorium, terrein, ruimte, spasie, area, sone, sektor, kwadrant, punt, perk, lap, strook, gewes, geweste, wêreld, toneel, bewoonde gebied, ekumene, grondgebied, enklave, enklawe, kontrei, lug, hemel, uitspansel, lugruim, land, aarde, terra, terra firma, bodem, grond, aardbodem, landskap, eiland, eilandgroep, delta, rivierdelta, meergebied, kusstrook, kusgebied, strand, veld, polder, polderland, berg, berggebied, streek, landstreek, punt; land, staat, landgeslote staat, ryk, koninkryk, monargie, empire (*Engels*), Empaaier (*skertsend*), keiserryk, sultanaat, emiraat, sjeikdom, tuisland, vaderland, moederland, geboorteland, land van geboorte, land van herkoms, heimat, hartland, bakermat; landstreek, provinsie, graafskap, distrik, omgewing, entourage, kontrei, omte(s) (*lekties*), platteland, hinterland, agterveld, area, stad 90, metropool, randstad, stadsgebied, stedelike gebied, stadsgeweste, gemeente, dorp 90, voorstad, bodorp, onderdorp, dorpsgrond, dorpswyk, dorpsplek, gehug, gehuggie, buurt 90, wyk, plein, binneplein, forum (plein), parade, esplanade, sentrum, buitewyk, gram(m)adoelas, gops(e); leefruimte, lewensruimte, standplaas, smaldeel, verblyfplek, blyplek 89, woonplek, tuiste, heiligdom, vastrapplek, huis, perseel, erf, woonerf, hoekerf, pansteelerf, watererf, plot (*Engels, soms kwetsend*), kleinhoewe, landgoed, plaas,

plaasruimte, plaaswerf, kleim, bewaarplek, bewaarplaas, werk(s)plek, staanplek, sitplek, rusplek, lêplek, kuierplek, eetplek 429, drinkplek 429, speelplek, speelruimte, oord, ressort, ringsressort, park, natuurpark, gebou 91; gesig, hoek, holte, kant, binneruim, binneruimte, buiteruimte, tussenruimte, neweruimte, binnekant, buitekant, seekant, straatkant, skoot; grondbesit, grondbestuur, grondhervorming, verdeling van grond, herverdeling van grond, grondhonger

wildernis, wildernisgebied, woesteny, boendoe, bundu, gram(m)adoelas

wêreld, universum, kosmos, my wêreld, jou wêreld, ..., bergwêreld, woestynwêreld, fynboswêreld, skaapwêreld, vrugtewêreld, ...

milieu, ruimte, leefruimte, lewensruimte, lewenskring, leefwêreld, area, domein, forum, gebied, geleentheid, gesig, heiligdom, ryk, situasie

ruimtelik gesteldheid, lokaliteit, ruimtelike ordening, terreingesteldheid, bodemgesteldheid, ligging, posisie, stadsuitleg, dorpsuitleg, landelikheid, omgewingsleer, regionalisme, ruimteverhoudinge, landskapsargiktektuur, landskapsargitek, streekontwikkeling, stadsbeplanning, planologie, stadsbeplanner, ekologie, ekosisteem, ekosfeer, natuurbewaring 255

b.nw. ruimtelik, territoriaal, plekgebonde, lokaal, gewestelik, landelik, plattelands, provinsiaal, regionaal, regionalisties, adventief, dominiaal; geleë, geplaas, aangeleë, gebou, opgerig, planologies; stedelik, urbaan, voorstedelik, buitestedelik, dorps, kleindorps, gemeentelik, sentraal, perifeer, periferaal

ww. wees, geleë wees, lê, bevind, beslaan, inneem, bedek, bevat, in beslag neem; plaas, sit, aanlê, bou, oprig, soneer, regionaliseer

bw. hier, alhier, hierso, hier te lande, ter plaatse, daar, aldaar, daarso, doer, (hier/daar) te vinde, ginds (*verouderd*), op hierdie/daardie plek, elders, êrens, onderaan, bo-op, bo-oor, aan die kant, aan die rand, op die rand, rond, waar, waarso, waaromtrent, in die omgewing van, in die omte(s) van (*lekties*), in plek, in situ; plekplek, hier en daar, op sommige plekke

voors. op, bo-op, onder, onderdeur, benede, onderkant, voor, agter, teen, teenoor, tussen, by, langs, langsaan, naby, in, binne, oor, oorkant, bo-oor, anderkant, deur, rondom, daarteë, daarvoor

voegw. alwaar, waar

62. Grensloosheid

b.nw. grensloos, grenseloos, onbegrens, ekstensief, onbepaald, onbeperk, oneindig, eindeloos, onmeetbaar, onbepaalbaar, onpeilbaar, onbeskryfbaar, onbeskryflik, verfrissend, onmeetlik, onnoembaar, onnoemlik, onvoorsienbaar, onoorsienbaar; groot 432, groterig, majestueus, majesteitlik, immens, omvangryk, onafsienbaar, rekbaar, ruim, uitgebrei(d), uitgestrek, wyd, wyduitgestrek, wydversprei(d), wydvertak, wêreldwyd, land(s)wyd, wêreldomvattend; leeg, leërig

s.nw. grensloosheid, onbegrensdheid, onbeperktheid, uitgestrektheid, uitgebreidheid, grootheid 432, groot skaal, ruimte, ruimheid, oneindigheid, onmeetlikheid, onbeskryfbaarheid, onbeskryflikheid, onbepaalbaarheid, onpeilbaarheid, onafsienbaarheid, infiniteit, rekbaarheid, rekking; grootte, omvang, omvangrykheid, immensiteit, ruimheid, ruimte, wydte, afstand, uitbreiding

bw. oral(s), oralster (*lekties*), oraloor, alom, sonder grense, van oord tot oord, in alle oorde, op alle plekke, op groot skaal, op wêreldskaal, die wêreld oor, nêrens, niewers (*verouderd*)

ww. sprei, strek, ontplooi, uithou, uitslaan, span, uitspan, strek, uitstrek, deurkruis, reik, loop, rek, uitbrei, toeneem, aanwas

uitdr. ad infinitum; links en regs; van voor tot agter; wyd en syd; om elke hoek en draai; so wyd soos die Heer se genade

63. Begrensdheid

b.nw. **begrens**, omlyn, skerpomlyn, afgesluit, ingesluit, ingeslote, ingehok, afgemerk, afsienbaar, uiterste, alleruiterste, lokaal, glokaal

ingeperk, eindig, beperk, belemmer(d), beperkend, belemmerend, klemmend, inhiberend, inhibitief

s.nw. **grens**, fisiese grens, natuurlike grens, politieke grens, land(s)grens, staatsgrens, geografiese grens, taalgrens, grensskeiding, veiligheidsgrens, lyn, grenslyn, buitelyn, grenspaal, hoekpaal, lyndraad, grensdraad, heining, grensheining, omheining, draadheining, paalheining, houtheining, palissade, palissadeheining, struikheining, veiligheidsheining, keerheining, staket, staketwerk, staketsel, heiningdraad, steekdraad, muur, grensmuur, skeidsmuur, ringmuur, skeidingsmuur, steenmuur, partisie, spandraad, skeiding, skeidslyn, skot, grenslinie, landpale, barrikade, skans, skanspale, verskansing, kordon, buffer, buffersone, uithoek, verste hoek, kant, rand, buiterand, ekstremiteit, hindernis, belemmernis; grensgebied, tussengrensgebied, sone, soom, grenspos, grensvesting, grensdorp, grensstad, grensplaas, grensrivier, riviergrens, grensland, boonste grens, onderste grens, oosgrens, noordgrens, ..., oostergrens, westergrens, noordergrens, ...; begrensdheid, beperktheid, bepaaldheid, geringheid, afsienbaarheid

begrensing, omgrensing, inperking, beperking, belemmering, afbakening, bepaling, parameter, grensreëling, grensverandering, grenswysiging, grensuitbreiding, delimitasie, demarkasie, lokalisering, lokalisasie, glokalisering, glokalisasie, grenskonflik, grensgeskil, grensbeheer, grensbeskerming; perk, limiet, beperking, inhibering, uiterste, eindpunt, einde, end

ww. grens, begrens, omgrens, omhein, ommuur, omlyn, omspan, afgrens, afkamp, omskans, omvleuel, afpen, afperk, afskerm, afskort, afsteek, afmerk, soneer, toekamp, afpaal, aflyn, afbaken, afmeet, bepaal, die grense aandui, die grense reël, beperk, delimiteer, demarkeer, afsluit, insluit, omraster

inperk, belemmer, beperk, aan bande lê, in die wiele ry, inhok, inkamp, inkerker, inkluister, inkort, inkrimp, knot, kortwiek, inhibeer, insluit, vasvang, interneer, omring 160, omsingel

voors. tot, tot aan, ten aanskoue van
voegw. in soverre, sover
uitdr. die grens oorskry; jou grense oorskry; dit gaan alle grense/perke te buite; geen grense ken nie; aan bande lê; iemand lynslaan; paal en perk stel; die wieke kort; iemand kniehalter; iemand se vlerke knip

64. Aanwesigheid
b.nw. aanwesig, teenwoordig, geleë 61, gesitueer(d), gevestig, posisioneel, beset, beskikbaar, voorhande, alomteenwoordig
woonagtig, gehuisves, gedomisilieer(d), wonende, gevestig, gestasioneer, woonbaar, inwonend, nie-inwonend

s.nw. aanwesigheid, teenwoordigheid, aansyn, presensie, alomteenwoordigheid, besetting, beskikbaarheid, saamwees, samekoms, bywoning; spreekure, spreektyd, verblyf, verblyftyd

ligging 61, lê, plek 61, posisie, punt, kol, omgewing, lokaliteit, stelling, stand, situasie, kommune, onderdak, onderkome, adres, domisilie, huisvesting, huis, woning, residensie, woonplek, verblyf, verblyfplek, standplaas, haard, oord, veiligheidsoord, perseel, terrein, buurt, wyk, woongebied, gebied, streek, area

vestiging, besetting, intrek, domisilie, bewoning, huisvastheid, huisvesting, behuising, nedersetting, bewoning, inwoning, huisverskaffing, woningnood, woningskaarste, woningtekort, woningvraagstuk, verstedeliking, kampeerdery, kampering, oorwintering

aanwesige, aanwesige persoon, gehoor, opkoms, toeskouer, toehoorder, toekyker, omstander, publiek, Jan Publiek

bewoner, inwoner, huiseienaar, huisbewoner, woonstelbewoner, huisgenoot, huishen, huishoender, gas, huisgas, huurder, loseerder, loseergas, huissitter, intrekker, krotbewoner, plakker, eilandbewoner, grotbewoner, troglodiet, tentbewoner, dorpsbewoner, dorpsmens, dorpeling, dorpenaar, stad(s)bewoner, stadsmens, stedeling, stadsjapie, kamermaat, landbewoner, landrot, landsman, plattelander, maplotter (*informeel, kwetsend*), nedersetter, nomade, oewerbewoner, omstander, sieletal, steppebewoner, woestynbewoner, woltoon, wêreldbewoner, grensbewoner, westerling, oosterling, suiderling, noorderling; onwettige bewoner, plakker, sluipslaper

bw. hier, daar, op daardie plek, op jou pos, in daardie plek, byderhand, naby, by,

voorhande, daarlangs, daarlanges, oor-kant, anderkant, tuis
ww. aanwesig wees, teenwoordig wees, bevind, verkeer, vertoef, verwyl, saam wees, saamkom, bywoon, skuil, uithang, rondhang
lê, setel, sit, staan, stasioneer, jou plek inneem, stelling inneem, posisioneer, lokaliseer, situeer
vestig, beset, betrek, bewoon, huisves, inneem, installeer, intrek, jou intrek neem, nesskop, verstedelik
woon, resideer, woonagtig wees (te), bewoon, betrek, bly, hou, agterbly, loseer, tuisgaan, inwoon, plak, kamp, kampeer, leef, lewe, saambly, saamhok, saamleef, oorwinter, oornag, vernag
voors. by, in die aanwesigheid van, in die teenwoordigheid van, ten aanhore van, ten aanskoue van
uitdr. met Jan Tuisbly se karretjie ry; 'n dak bo/oor jou hoof hê; oos, wes, tuis bes; jou huis is waar jou hart is

65. Afwesigheid
b.nw. afwesig, absent, opsent (*verouderd*), leeg, oop
onbewoon(d), vakant, onbeset, verlate, uithuisig, uitstedig, onbewoonbaar
s.nw. afwesigheid, afwesigheid, absensie, absenteïsme, absentisme, ontstentenis, gemis, leegte
vakantheid, verlatenheid, uithuisigheid, uitstedigheid
afwesige, afwesige, swerfling, swerweling, swerwer
bw. weg, eenkant, elders, skoonveld, uit, in absentia, by verstek
ww. wegbly, absenteer, ontbreek, skort, ontvolk, oophou, ooplaat, oopstaan, oopval, open, opskuif, opskuiwe, weggaan, wegloop, dros, wegdros, swerf, swerwe, uitbly, uitgaan, uitslaap, verlaat, versuim, vrylaat, beneem, inruim, skuil, skuilgaan, skuilhou
voors. sonder, in die afwesigheid van, by ontstentenis van, by gebrek aan
uitdr. skitter deur jou afwesigheid; uit die oog wees/hou; uit die oog, uit die hart

66. Plasing
ww. plaas, situeer, lokaliseer, neerplaas, sit, neersit, lê, neerlê, gooi, neergooi, stel, terugplaas, terugsit, wegsit, weglê, aanlê, uitlê, plant, verlê, opskuif, skik
s.nw. plasing, situering, lokalisering, plekbepaling, aanleg, uitleg, ligging 64, plek 61, lokaliteit, posisie 88, nedersetting, neerlegging, misplaastheid
b.nw. geplaas, neergesit, gesitueer(d), misplaas

67. Verplasing
s.nw. verplasing, oorplasing, vertrek, trek, verskuiwing, verhuising, verplanting, oorplanting, omsetting, oorsetting, mutasie, permutasie, telekinese, uitwyking, verdringing, verstoting, verlegging, versakking, verstelling, versteller, oorplasing, oorgang, transisie
migrasie, immigrasie, emigrasie, immigrasiebeleid, transmigrasie, volksverhuising, landverhuising, ekspatriasie, vertrek, trek, trekkerslewe, vlug, vlugtelingkamp, instroming, instromingsbeheer, uitstroming, deportasie, massadeportasie, verbanning, uitsetting
nomade, nomadestam, trekker, trekgroep, trekvolk, landverhuiser, immigrant, emigrant, uitgewekene, geëkspatrieerde, ekspat (*Engels*), immigrasiebeampte, verstoteling, vlugteling, swerwer
b.nw. verplaasbaar, verplaas(te), verskuifbaar, verstelbaar, vooruitgeskowe, verlê, verleg, verstote, verdronge, nomadies, uitgeweke, geëkspatrieer, gedeporteer, verban(ne), staatloos
ww. verplaas, verplaas, skuif, skuiwe, verskuif, verskuiwe, aanskuif, wegskuif, beweeg, op 'n ander plek sit, versit, oorplaas, oorsit, oortrek, terugstoot, omruil, omsit, oordra, oorgaan, trek, uitstoot, uitwyk, wegbeweeg, vertrek, verkas, wegloop, dros, wegdros, verdwyn, weggaan, wegraak, verlê, verdring, uitstoot, wegstoot, opsy stoot, verplant, uitplant, versak, versteek, wegsteek, verstel, vervoer, karwei, bring, neem, stuur, wegbring, wegneem, wegstuur, oorbring, oorneem, oorstuur, vertrek, vlug, instroom
migreer, immigreer, emigreer, hervestig, verhuis, wegtrek, van woonplek verander, uitwyk; ekspatrieer, deporteer, verban, uitban, in die ban stuur, uitsit; in die ban verkeer

bw. vandaan, hiervandaan, daarvandaan

68. Ver
bw. ver, vêr, daar, doer, doer ver, doer vêr, moer toe (*plat*), eenkant, weg, van heinde en ver(re), wyd en syd, van ver af, van vêr af, ver weg, vêr weg, gunter, verderaan, verderop, verder weg, buite bereik, op 'n veilige afstand

b.nw. ver, vêr, veraf, verder, kilometers ver, myle ver, afgeleë, verafgeleë, verwyder(d), afgesonder(d), verlate, onbereikbaar, verlore, verskuil, vreemd; lank, lang, wyd, diep; daardie, daai (*informeel*)

s.nw. verte, verheid, afstand, reikafstand, distansie, ent, entjie, 'n ver pad, 'n lang pad, 'n lang skof, onbereikbaarheid, uithoek, verskiet, hoogte, reikhoogte, wydte, reikwydte, trek, verlatenheid, afgesonder(d)heid, afsondering, kloof, verwydering, verwyderdheid, skeiding; boendoe, bundu, gram(m)adoelas; gehoorafstand, trefafstand, slaanafstand, gooiafstand, reisafstand, ...

ww. jou afstand hou, op 'n afstand bly, verwyder, buite bereik bly, afsonder

uitdr. so ver verwyder soos die ooste van die weste; in die gram(m)adoelas

69. Naby
bw. naby, naderby, naasaan, hierneffens, hiernewens, dig, digby, digteby, kortby, vlakby, binne stapafstand, binne loopafstand, binne bereik, (net) om die hoek, voor die deur, hier, alhier, in hierdie geweste, amper, halfpad, hieromtrent, omstreeks, daarnaas, hiernaas, daarteen, hierteen, teenaan, opeen, byeen, raaklings, rakelings, styf teen mekaar, ruggelings

b.nw. naby, nabygeleë, proksimaal, nader, aaneengesluit, aaneengeslote, naburig, omliggend, aangrensend, aanliggend, halfweg, naasliggend, naasgeleë, naaste, allernaas(te), bereikbaar; hierdie

s.nw. nabyheid, bereik, bereikbaarheid, omstreke, omtrek, naburigheid, proksimiteit, hanetree, hanetreetjie, koëksistensie, ko-eksistensie, aanraking, kontak, reikwydte

ww. nader, naderkom, naderloop, naderskuif, nader tree, aansluit, grens, kom, raak, binne bereik wees

voors. naby, onder, teen, teenaan, tot teenaan, tot

uitdr. 'n hanetree(tjie) ver; 'n klipgooi ver; net anderkant/agter die bult; voor die deur staan; op hande wees

70. Oriëntasie
s.nw. oriëntasie, oriëntering, plekbepaling, ligging(s)bepaling, posisionering, posisie 88, stand, plasing

houding, liggaamshouding, postuur, pose (*Engels, informeel*), figuur, gestalte, liggaamsposisie, liggaamsoriëntasie

ww. oriënteer, posisioneer, 'n posisie inneem, 'n plek inneem, plaas

'n houding inneem, 'n houding aanneem, neig, poseer

71. Regop
b.nw. regop, kersregop, penregop, orent, penorent, kiertsregop, staande, regopstaande, regstandig, vertikaal, gespits, steil, loodreg

styf, onbuigsaam, onbuigbaar, stram, hard

s.nw. loodregtheid, vertikaliteit, steilheid, laaistok, paal, staander, stander, styfheid, stramheid

bw. op, orent, penorent, penregop, wydsbeen, skrylings

ww. staan, opstaan, oprys, herrys, staanmaak, staande hou, staande bly, jou ewewig bewaar, oprig, regopsit, regop sit, regop plaas, regsit, steier

uitdr. dit lyk of iemand 'n laaistok ingesluk het; ysterklou in die grond slaan; so regop soos 'n kers

72. Plat
b.nw. plat, gelyk 105, laag, vlak, horisontaal, ineengerol, lêerig, onderstebo, uitgestrek, prostraat

s.nw. platheid, gelykheid, lê, lêer, lêerigheid, prostrasie, uitgestrektheid, vlakte, laagte; waterpas, planometer

bw. op die grond, plat op die grond, plat op die aarde, op die vloer, plat op die vloer, op die bodem, agteroor

ww. lê, platlê, neerlê, neervly, omhou, omlê, oplê, uitstrek; plat maak, gelykmaak 179

woorddeel om-

uitdr. so plat soos 'n pannekoek; op die naat van jou rug lê; met Moeder Aarde kennis maak; met die grond gelykmaak

73. Skuins
b.nw. skuins, skeef, gebuig, geboë, krom, skuinslopend, glooiend, skotig, steil, afdraand, aflopend, oplopend
s.nw. skuinsheid, skuinste, skuinsvlak, skuinskant, skuinstehoek, skuinshoek, afskuinsing, hang, berghang, heuwelhang, helling, berghelling, hellinghoogte, hellingrigting, hellingsafwyking, hellingsfout, hellingshoek, hellingsverskil, skuinshoogte, glooiing, glooiingshoek, inklinasie, afdraand, opdraand, afloop, bult, skuinssy, steilheid, steilte, val, neiging, skeefte
bw. skuinsweg, vooroor, daarteë, skuins oor, skuinslinks, skuinsregs
ww. skuins hang, hel, oorhang, oorhel, vooroor hel, afhel, skuins maak, afskuins, afloop, ineenloop, neig, oorneig, afneig, opneig, terugbuig, leun, oorleun, buk, vooroorbuk, buig, oorbuig, skeef buig, duik, skeef loop, skeef sit, skeef lê, skeef kyk, skeef trek, afwyk

74. Op
voors. op, bo-op, daarop, hierop, waarop, agterop, voorop, buite-op, oor, daaroor, hieroor, waaroor, te
bw. bo (bowe) 76, aan die bokant, opeen, opmekaar, oorheen, oormekaar, op die oppervlak, op die kas, op die bed, op die grond, ...; na bo, boontoe 76
ww. ophou, superponeer, opstaan
b.nw. gesete, sittend, regop, bogronds
s.nw. bokant 76, top, kruin, oppervlak, raakoppervlak
woorddeel oor-

75. Onder
voors. onder, daaronder, hieronder, waaronder, onderdeur
bw. hieronder, omlaag, onder, onderdeur, onderlang(e)s; na onder, ondertoe 77
ww. onderhou, onder hou
b.nw. onderste, ondergronds
s.nw. onderkant 77, onderent, bodem
woorddeel onder-

76. Bo, bokant, boontoe
voors. bo, hierbo, daarbo, waarbo, bo-aan, boaan, bo-in
bw. bo, bo-aan, boaan, aan die bokant 74, opwaarts, na bo, boontoe, na boontoe, hemelwaarts, in die lug op
ww. ophang, hang, verhang, oophang, oorwelf, suspendeer, deurhang, uitsteek, bobly, domineer
b.nw. boonste, bokants(t)e, bolangs, hoog, oorhoofs, senitaal
s.nw. bokant, bo-ent, apogee, boonste deel, boonste gedeelte, bobou, bostuk, oppervlak, vlak, blad, rug, rugkant, kop, kopstuk, kroon, kruin, senit, top, portretlys, kanteling, superstruktuur, bostruktuur, topstruktuur

77. Onder, onderkant, ondertoe
voors. onder, waaronder, benede, onderkant, hierbenede, daarbenede, onderaan, onderin, onderom, onderuit, onderdeur
bw. onder, aan die onderkant, onderkant, benede, ondertoe, na onder, na benede, neerwaarts
ww. hang, afhang, neerhang, daal 212, neerdaal, neerhaal, afhou, onderhou, omlaaghou, val, tuimel, afval, afmoer (*plat*), neerval, na onder val, neerstort, aftuimel, afdonder (*plat*), neerdonder (*plat*), sak, neersak
b.nw. onderkants(t)e, onderlang(e)s, onderste
s.nw. onderkant, onderbou, onderste deel, onderste gedeelte, ondersy, onderlaag, onderent, ondereinde, onderstel, voet, voetstuk, basis, infrastruktuur, substraat, fondament, bodem, grondvlak, grondlaag, wortel; hangband, hanglus, onderbos, onderdak, onderdeur, onderken, onderkin, onderlaken, onderstam, onderstroom, ondertoon, onderwêreld

78. Parallel
b.nw. parallel, ewewydig, gelyk, gelyklopend, ewematig, gebalanseer(d), analoog
s.nw. parallel, ewewydige lyn, parallellie, parallelisme, parallelogram, ewewydigheid, gebalanseerdheid, gelykheid; parallel 269, breedtegraad, breedtegraadlyn
ww. parallel loop, ewewydig loop, 'n parallel trek
bw. langs, oorlangs, langs mekaar
voors. langs

79. Dwars
b.nw. dwars, gekruis, kruiselings, kruisgewys, oordwars, oorhoeks, oorkruis, sydelings, oplopend, snydend, diagonaal, transversaal, skuins, skuinslopend, skeef 444

s.nw. dwarste, dwarslyn, dwarssnee, dwarssnit, kruis, kruising, snyding, snypunt, snyvlak, interseksie

bw. dwarsoor, skuinsoor, kruiselings, in die dwarste

ww. kruis, oorkruis, sny

80. Buite
bw. buite, hierbuite, daarbuite, uit, van buite, buite-om, buitentoe, buitetoe, na buite, buitekant toe, alfresco, in die buitelug

b.nw. uitwendig, uiterlik, buitenste, uitstaande, uitwaarts, oppervlakkig, ekstern, ekstraterritoriaal, buitenshuis, buitelands, buitenslands, uitheems, eksoties

s.nw. buitekant, eksterieur, oppervlak, uiterlik, uiterlike, opelug, buitelug; buiteband, buiteblad, buitegebou, buitekamer, buiteveld, ...; vreemdeling, buitelander, vreemdelingskap, buitestander 792

ww. buitelaat, buite werp, uitgaan, uithaal, uitlaat, uitgooi, uitboender, uitstaan, uitsteek, uittroon, uitborrel, uitsleep, uitklim, uitvlieg, ...

voors. buite, buite-op, hierbuite, daarbuite, waarbuite, van buite af, uit, vanuit, sonder

woorddeel buite-, ekstra-, uit-, ex-

uitdr. in die vreemde; in die vrye; uit die vreemde; in vitro

81. Binne
bw. binne, hierbinne, daarbinne, binnedeur, binnekant, binne(n)ste, binne-in, tussenin, voorin, binnetoe, na binne, binnekant toe, van eie bodem

b.nw. binnekants(t)e, ingewortel(d), ingekanker, inwendig, binnemuurs, binnenshuis, inheems, inlands, innerlik, intern, intrinsiek, immanent, indigeen, outochtoon, binnelands, vaderlands, ingelas

s.nw. binnekant, binneruim, interieur, immanensie, inheemsheid, interkalasie, invoeging, kern, ruimte, skoot, spasie, binnespasie, tussending; binnelander, inlander

ww. binnebly, inbly, binnekom, inkom, binnegaan, ingaan, binnetree, na binne gaan, binnetoe gaan, binneloop, inloop, indring, insit, binnebring, inbring, binnestuur, instuur, inskakel, inburger, interkaleer, interponeer, uitvoer

voors. in, binne, binne-in, tussen

woorddeel binne-, in-, intra-

uitdr. in vivo

82. Rondom
bw. rondom, omheen, rondomheen, in die rondte, hieromheen, daaromheen, rondomtalie, aan alkante, aan alle kante, kringsgewys

b.nw. omliggend, omlyn, skerpomlyn, omringend, gerand, omrand, perifeer, periferaal, periferies, marginaal, aangrensend, nabygeleë

s.nw. sirkel, kring, sirkelvorm, sirkelomtrek, kringlyn, ring, band, hoepel, rol, klos, spoel, wiel, skyf, gordel, krans, buitelyn, sfeer, bol; kwadrant, kwartsirkel, halfsirkel, halfrond

grens, kant, kordon, periferie, rand, binnerand, buiterand, strook, soom, omtrek, buitelyn, ribbeling, skouer, lys, portretlys, raam, skutting, enkapsulering, marge, rooilyn, oewer

omwenteling, rewolusie, revolusie, ronde, rondte, rondgang

ww. omring, omsingel, omsluit, kring, omkring, 'n kring/kringe trek, omgrens, begrens, omskans, ommuur, omhein, omspan, omgord, insluit, omgeef, omgewe, omsoom, omlys, afrand, afrandsel, omlê, omvat, omvleuel, enkapsuleer, rondgaan, saamval

voors. om, rondom

83. In die middel
bw. in die middel, midde-in

b.nw. middelste, sentraal, nukleêr, sentries, intermediêr, konsentries, omvattend, siklies; middelpuntsoekend, sentripetaal, middelpuntvliedend, sentrifugaal

s.nw. middel, middelgedeelte, middelstuk, middelsegment, middellyn, middelpunt, sentrum, spil, aksis, kern, binnekern, nukleus, kernpunt, sentrale punt, as, hart, hartlyn, instellingspunt, inhoud, inhouds-

maat, inhoudsopgawe, brandpunt, branding, hoofpunt, vernaamste punt, siklus
ww. sentreer, inhê, inhou, behels, bevat, hou, gaan, interponeer, meet, omvat, spasieer, vervat
voors. onder, waaronder
voegw. binne
woorddeel inter-
uitdr. in medias res

84. Houer
s.nw.
1. Houers
houer, ontvanger, kapsule; behouering, verpakking, bottelering

2. Vloeistofhouers
bottel, koeldrankbottel, koffiebottel, wynbottel, papsak, bababottel, suigbottel, ...
fles, termosfles, wynfles, inmaakfles, medisynefles, korffles, stopfles, veldfles, fiool, kraffie, karaf, waterkraffie, wynkraffie, kruik, waterkruik, wynkruik, retort, sifon
kan, koffiekan, teekan, koffiepot, teepot, konfoor, koffiekonfoor, tes, tessie, skinkbeker, skinkkan, melkkan, oliekan, petrolkan, wynkan
ketel, waterketel, koffieketel, teeketel, elektriese ketel, fluitketel, hekseketel
drom, waterdrom, brandstofdrom, duig, halfaam, alfaam, karba, konka, balie, waterbalie, mosbalie, trapbalie, tenk, watertenk, opgaartenk, voorraadtenk, petroltenk, wyntenk, druktenk, paraffienblik, petrolblik, puts, samowar, stukvat, trog, urn, bak, waterbak, suipbak, reënbak, oliebak, vergaarbak, vat, vaatjie, melkvat, wynvat, wynkan

3. Kiste, kaste, kartonne en ander groot houers
houer, staalhouer, kis, krat, trommel, staaltrommel, doos, karton, kartondoos, boks, kartonhouer, kartonverpakking; tas, koffer, reistas, reiskoffer, skeepskoffer, valies, kleretas, hoededoos, aktetas, briewetas, handtas, handkoffer, oornagtas, smuktassie, trommel, reistrommel; kis, kas, negosiekas, negosiekis, paraffienkis, teekis, teekas, seepkis, houtkis, kanferkis, trousseaukis, ysterkis, seemanskis, skeepskis, wakis, naaldwerkmandjie, naaidoos, naaikissie, skryn, dood(s)kis; skuit, varktrog, vuilgoedbak, druiwekissie, foedraal, gat, bagasiebak, koolbak, krip, kroes

4. Sakke
sak, goiingsak, papiersak, plastieksak, inkoopsak, kardoes, papierkardoes, lemoensakkie, naaisakkie, sandsak, sachet, kleresak, wasgoedsak; sak, handsak, aandsak, inkoopsak, drasak, bladsak, skouersak, grabbelsak, tas, bagasietas, koffer, bagasiekoffer, handtas, briewetas, aktetas, portefeulje, kleresak, rugsak, knapsak, beurs, beursie, knipbeurs, nootbeurs, moffietas (*informeel, kwetsend*), buidelbeursie; warmwatersak, warmwaterbottel

5. Mandjies
mandjie, winkelmandjie, rottangmandjie, piekniekmandjie, kosmandjie, ballasmandjie, kanaster, druiwemandjie, prullemandjie, seroet, skepelmandjie, in-mandjie, uit-mandjie, snippermandjie, wasmandjie, wasgoedmandjie, korf

6. Potte, bakke, skottels
pot, blik, blikkie, soutpot, peperpot, souspot, strooppot, heuningpot, suikerpot; lympot, teerpot, teerputs, verfpot, salfpot
kastrol, vlekvry(e)staalkastrol, waterlose kastrol, pot, pappot, soppot, koker, drukkastrol, drukpot, stoompot, stoomkoker, dubbelkoker, oondskottel, oondbak, pyrexbak, kasserol, pan, vetpan, stoompan, koekpan, wafelpan, braaipan, elektriese braaipan, afdruipbak, eierkoker
bak, oondbak, vuurvaste bak, bakkie, blik, blikkantien, kom, kommetjie, kookblik, sardiensblik, kosblik, koekblik, koektrommel, koekvaatjie, soutkom, soutvaatjie, skepbak, spoelbak, spoelkom, teeblik, waskom, wasskottel, wasstel
skottel, oondbak, oondskottel, opskepskottel, vleisskottel, visskottel, slaaibak, botterbak, botterbakkie, tertbak, mikrogolfoondskottel, verbruiningsbak, verbruiningskottel, porseleinbak, porseleinware, blikskottel
blompot, kruik, martavaan, vaas, glasvaas, glashouer, siervaas, blomvaas, amfora, planthouer

kamerpot, piepiepot, pispot (*plat*), koos (*informeel*)

7. Borde
bord, emaljebord (*minder gebruiklik*), enemmelbord (*Engels, informeel*), papierbord, plastiekbord, piekniekbord, grootbord, ontbytbord, visbord, kleinbordjie, sopbord, diepbord, poedingbord, poedingbak, dessertbord, papbord, opskepbord, skepbord, koekbord, koekbordjie, vrugtebordjie, eierkelkie

8. Koppies en drinkbekers
koppie, piering, teekoppie, koffiekoppie, beker, emaljebeker (*minder gebruiklik*), enemmelbeker (*Engels, informeel*), drinkbeker, koffiebeker, bierbeker, drinkkan, kantien, kommetjie, koffiekommetjie

9. Bekers
beker, beker, wasbeker, melkbeker, lampetbeker, tantalusbeker

10. Glase
glas, drinkglas, wynglas, wynkelkie, sjerrieglas, sjampanjeglas, likeurglas, koeldrankglas, bierglas, drinkbeker, bierbeker, bokaal, kelk, kelkie, roemer (wynglas), maanglas, melkglas, waterglas

11. Emmers
emmer, melkemmer, slopemmer, nagemmer, dopemmer, houtemmer, skepemmer, toiletemmer, vuilgoedemmer, vuilwateremmer

12. Dele van houers
bek, swikgat, tap, tapgat, tuit, deksel, doppie, skroefdop, kurk, kurkprop, stolp, draagriem, drariem, handvatsel, hingsel, oor, hoekbeslag, nek, vyselstamper, ysterbeslag
b.nw. bodemloos
ww. behouer, ingooi, inskep, inmaak, keer, oortap, vaat, fles

85. Voor
bw. voor, hier voor, hiervoor, daar voor, daarvoor, aan die voorkant, voorop, voor-in, voorlangs, vooraan, haarnaasvoor, haarvoor, hotnaasvoor, naasvoor, regoor, hierteenoor, verby, van voor af, vooroor

b.nw. voorste, frontaal, teenoorgeleë, teenoorstaande
s.nw. voorkant, voorpunt, punt, voorspits, spits, front, neus, vooraansig, frontaansig, haarvoor, hotvoor, kopkant, hoof, voorsprong
ww. lei, voorhou, voorsteek, voorspan, voortrek, ...
voors. voor, teenoor, regoor, verby
woorddeel pre-, verby-
voegw. voordat, voor, eerdat, eer, alvorens
uitdr. op die voorgrond; die voortou neem

86. Agter
bw. agter, agteraan, agterin, agterlangs, agterom, agteroor, agterop, hotagter, haaragter, naasagter, hotnaasagter, haarnaasagter, hieragter, daaragter, waaragter, verby; na, agterna, na agter, van agter af, rugwaarts, agtertoe
b.nw. agterste, agteraf, agterkants(t)e
s.nw. agterkant, gatkant (*plat*), keersy, rug, rugkant, rugsy, ommesy, verso, versosy, end, ent, einde, agterend, agterent, agtergrond, agterste, gekommitteerde, hotagter, haaragter, agterlyn, agterplaas
ww. agterstel, uitsak
voors. agter, na
woorddeel na-, verby-

87. Aan die kant
bw. aan die kant, eenkant, duskant, deuskant, anderkant, langsaan, daarlangs, daarlanges, hierlangs, hierlanges, naasaan, naasmekaar, langs mekaar, teenaan, styf teenaan, sy aan sy, alkant, alkant selfkant, allersyds, beidersyds, tersy(de), waarnaas, waarteen
b.nw. aangrensend, naasliggend, naasgeleë, newegeskik, naburig, binnewaarts, dubbelkantig, driekantig, duskant, deuskant, dwarsweg, kollateraal, eenkants(t)e, links, linkerkants(t)e, regs, regterkants(t)e, alsydig; sydelings, sywaarts, lateraal, multilateraal, bilateraal; enkelsydig, eensydig, tweesydig, driesydig, ...; transkontinentaal, transatlanties
s.nw. sy, kant, sykant, teensy, teenkant, weerskante, flank, linkerkant, regterkant, hotkant, haarkant, bakboord, stuurboord, naasmekaarstelling, jukstaposisie, oorsy, weersy

ww. inry(e), inryg, inskuif, inskuiwe, naas mekaar stel, jukstaponeer
voors. langs, langsaan, naas, naasaan, vlak langs, teenaan, neffens, besyde, diekant, verby
woorddeel juksta-, para-, trans-
uitdr. aan my sy staan

88. Posisie
s.nw. posisie, posisie, plasing, oriëntasie 70, plek 61, 89, ligging, lokaliteit, sektor, kwadrant, punt, koördinaat, adres, kant, lengtegraad 269, 272, breedtegraad 269, 272; noorde, kompasnoorde, noordekant, noorderbreedte, noord(e)punt, noordooste, noordweste, suide, suidekant, suiderbreedte, suid(e)punt, suidooste, suidweste, weste, ooste
posisiebepaling, posisionering, peiling, kompaslesing, kaartlesing, navigasie, satellietnavigasie; navigasie-instrument, navigasiestelsel, kompas, sekstant, kwadrant, graadboog, kaart, padkaart, landkaart, globaleposisioneringstelsel, GPS, radar, koördinatestelsel
b.nw. posisioneel, plaaslik, lokaal, austraal, meridionaal, oksidentaal, suidelik, noordelik, oostelik, westelik, noordoostelik, noordnoordoostelik, noordwestelik, noordnoordwestelik, ...
ww. oriënteer, posisioneer, peil, navigeer
bw. in dié posisie, allerweë, alom, anderkant, daar, daarheen, hier, hierheen, daarvandaan, hiervandaan, waarvandaan, oorkant, iewers, iewerste (*lekties*); noord, noordoos, noordnoordoos, noordwes, noordnoordwes, oos, oostelik, ooswaarts, suid, suidoos, suidsuidoos, suidwes, suidsuidwes, benoorde, besuide
voors. oorkant, op, te, ter, in, ten noorde van, ten ooste van, ...
uitdr. in situ; oor berg en dal; rond en bont soek; ter plaatse; ter see; ter wêreld; van hier tot daar; van huis tot huis; wyd en syd; herwaarts en derwaarts

89. Blyplek
s.nw. blyplek, verblyf, akkommodasie, heenkome, huisvesting, onderdak, behuising, hoëdigtheidsbehuising, laekostebehuising, verblyfplek, verblyfplaas, standplaas, tuiste, tuisplek, residensie, domicilium, domisilie, houplek, skuiling; oord, woonbuurt, buurt, kompleks, veiligheidskompleks, woonstelkompleks, leefstylkompleks, leefstyllandgoed, leefstylontwikkeling, aftreeoord, aftreelandgoed, studentedorp, studentebehuising
woning, woonruimte, wooneenheid, huis, spogwoning, spoghuis, tuishuis, residensie, eengesinswoning, enkelgesinswoning, woonerf, herehuis, herewoning, villa, kasteel, paleis, landhuis, dorpshuis, kothuis, cottage (*Engels*), skakelhuis, eenkamerwoning, eenkamerhuis, eenvertrekhuis, vakansiehuis, tyddeel, tyddeelskema, tyddeelverblyf, tyddeelwoning, apartement, woonstel, eenmanswoonstel, eenpersoonswoonstel, eenvertrekwoonstel, eenkamerwoonstel, eenslaapkamerwoonstel, mikro-eenheid, dupleks, duplekswoonstel, maisonnet, tuinwoonstel, dakwoonstel, dakwoning, solderwoning, motorwoning, houthuis, hut, huthuis, houthut, rondawel, bungalow, arbeidershuis, sinkhuis, matjieshuis, matjiesgoedhuis, lokasiehuis, pondok, krot, krothuis, krotwoning, kaia, gehuggie, kroek, plakkershuis, plakkershut, plakkerskuiling, karavaan, tent, losieskamer, buitekamer, toiletgeriewe, ablusiegeriewe, ablusieblok; ampswoning, residensie, presidensie, dienswoning; hotelbedryf, gastehuisbedryf, selfsorgverblyf, gasvryheidsbedryf, hotel, motel, gastehuis, bed-en-ontbyt, selfsorgeenheid, selfsorghuis, selfsorgvilla, herberg, jeugherberg, losieshuis, pension, koshuis, hostel, oornagverblyf, tyddeel, tyddeelverblyf, kamp, kampeerplek, kampeerterrein, karavaanpark, tentkamp, tentdorp, toiletgeriewe; woongebied, dorp, stad 90, voorstad, buurt, woonbuurt, area, woonarea, fabrieksdorp, fabriekstad, grond, haardstede (*verouderd*), inrigting, versorgingsoord, tehuis, verpleegsterstehuis, ouetehuis, hospice, hospies, hospitium
hok, hondehok, varkhok, voëlhok, duiwehok, ..., kooi, kou, voëlkou, nes, voëlnes, miernes, ..., miershoop, kamp, kraal, klipkraal, skaapkraal, ..., gat, molsgat, muisgat, ..., mosselbank, oesterbank, oesterbed; habitat, gebied
bewoning, inwoning, habitasie
bewoner, inwoner, habitué, huisbewoner,

woonstelbewoner, ouetehuisbewoner, koshuisbewoner, ..., koshuiskind, koshuisleerder, koshuisbrak (*informeel*), koshuisvader, koshuismoeder, huiseienaar, huisman, huisvrou, tuisteskepper; huurder, gas 790, hotelgas, gastehuisgas, habitué
b.nw. woonagtig, residensieel, gevestig, dakloos, herbergsaam
ww. woon, inwoon, habiteer, kohabiteer, bly, hou, laer (laer trek), huur; tuismaak, vertoef, inkamp, uitkamp, nesskop, nestel, akkommodeer
bw. tuis, by die huis
uitdr. huis en haard; eie haard is goud waard; oos, wes, tuis bes; al is 'n huis ook hoe arm, hy dek warm

90. Omgewing
s.nw. **omgewing**, omstreke, area, gebied, stedelike gebied, munisipaliteit 590, 795, distrik, buitedistrik, streek, landstreek, platteland, plattelandse gebied, landelike omgewing, landelikheid, agterveld, provinsie, land, vaderland, heimat, tuisland, selfregerende gebied, groepsgebied, enklave, enklawe
stad 61, metropolis, metropool, wêreldstad, moederstad, hoofstad, handelstad, hawestad, universiteitstad, industriestad, fabriekstad, slimstad, susterstad, vrystad, middestad, binnestad, stadskern, voorstad, stadswyk, stadsbeeld, stadsgebied, randstad, betonoerwoud; stadsontwikkeling, slimstadontwikkeling, stadsbeplanning, stadsbeplanner, stadsvernuwing, verstedeliking
dorp, tuisdorp, veiligheidsdorp, boeredorp, plattelandse dorp, grensdorp, randdorp, vissersdorp, reservaat, setlaarsdorp, stranddorp, streekdorp, universiteitsdorp, spookdorp, informele nedersetting, township (*Engels*), plakkersdorp, plakkersbuurt, blikkiesdorp, stat, veiligheidsbuurt; bodorp, onderdorp, agterbuurt, dorpswyk, blok; dorpsgebied, dorpsaanleg
buurt, woonbuurt, rykmansbuurt, spogbuurt, middelklasbuurt, veiligheidsbuurt, veiligheidskompleks, veiligheidsdorp, winkelbuurt, nywerheidsgebied, stadsmuur, tentoonstellingsterrein, wyk, blok, subekonomiese woonbuurt, agterbuurt, gehug, gehuggie, informele woonbuurt, informele nedersetting, ghetto, krot(te)buurt krotgebied, plakkersbuurt, plakkerskamp, slum, slumbuurt, gops(e), gatkant van die aarde (*plat*)
straat, weg, laan, singel, rylaan, boulevard
gemeenskap 787, gemeente, samelewing 787, maatskappy, publiek, burgery, bevolking
gemeenskapsdinamiek, gemeenskapsordening, ruimtelike ordening, demografie, inheemsheid, stadsbeplanning 61, dorpsbeplanning, verstedeliking, ontvolking, depopulasie, gentrifikasie; provinsialisme, stadsbeplanner, demograaf
bevolking, stadsbevolking, stedelike bevolking, stadsbewoner, stedeling, stadsmens, stadsjapie, pantsula (*lekties*); dorpsbevolking, dorpsmens, dorpsbewoner, dorpeling, dorpenaar, dorpsjapie (*skertsend*), dorpsgawie (*skertsend*); buurtbewoner, bure, buurman, buurvrou; plattelandse bevolking, plattelander, plaasmens, plaasjapie (*skertsend*), takhaar (*skertsend, soms kwetsend*), bekvelder (*skertsend, soms kwetsend*); slumbewoner, township-bewoner (*Engels*), plakker, krotbewoner, blikkiesdorper (*kwetsend*)
b.nw. plaaslik, lokaal, local (*Engels, informeel*), inheems, stedelik, metropolitaans, urbaan, hoofstedelik, voorstedelik, halfstedelik, omstedelik, dorpagtig, dorps, arkadies, landelik, plattelands, regionaal, provinsiaal, provinsialisties, interstedelik, interprovinsiaal, interregionaal
ww. bevolk, verstedelik, ontvolk, gentrifiseer
uitdr. local is lekker (*Engels, informeel*)

91. Gebou
s.nw. **gebou**, aanleg, bouwerk, konstruksie, montasiebou, montasiewoning, montasiegebou, tydelike gebou, hoogbou, kompleks, gebouekompleks, enkelverdieping, enkelverdiepinggebou, dubbelverdieping, dubbelverdiepinggebou, tweeverdiepinggebou, drieverdiepinggebou, ..., toringgebou, wolkekrabber, aanbousel, timmerasie, kasarm, getimmerte; woning, huis, woonhuis, opstal, woonstel, woonstelgebou, woonstelblok, woonstelkompleks, 'n blok woonstelle, flêtse (*lekties, meervoud*), kantoor, hoofge-

bou, kantoorgebou, stadsgebou, fabriek, sygebou, buitegebou, stadion, paviljoen, pawiljoen, sportkompleks, klub, klubhuis, stasie, stasiegebou, lughawegebou, skool, skoolgebou, universiteitsgebou, regeringsgebou, stad(s)huis, raad(s)huis, stadsaal, staatswoning, poskantoor, landdroskantoor, hof, drosdy, kerk, kerkgebou, kerkhuis, katedraal, hallekerk, basiliek, basilika, kapel, klooster, kloostergebou, tempel, pagoda, sinagoge, moskee, panteon, hospitaal, hospitaalkompleks, mediese sentrum, kliniek, winkel, winkelgebou, winkelkompleks, museum, operagebou, konsertgebou, stadskouburg, odeon, teater, televisiestasie, bioskoop, bioskoopgebou, bioskoopsaal, bioskoopkompleks, kinema, lokaal, saal, vergadersaal, danssaal, feeslokaal, venue (Engels), blokhuis, hotel, hotelgebou, hotelkompleks, restaurant, restourant, losieshuis, gastehuis, kafee, café-chantant, casino, hoerhuis, vesting, sitadel, waghuis, barak, loods, hangar, skuur, voorraadskuur, goedereloods, vragloods

woning, huis, woonhuis, opstal, plaashuis, familiewoning, huurwoning, huurhuis, pastorie, hoekhuis, kapstylhuis, kliphuis, staandakhuis, platdakhuis, gewelhuis, rietdakhuis, strooidakhuis, A-raamhuis, houthuis, verdiepinghuis, dubbelverdieping, dubbelverdiepinghuis, tweekamerwoonstel, eenmanswoonstel, chalet, dorpshuis, troshuis(e), dupleks, kothuis, maisonnet, skakelhuis, somerhuis, somerhuisie, strandhuis, huisie, rondawel, rotonde, hut, huthuis, quonset, tenkhut, hok, arbeiderswoning, kaia, boomhuis, tuinhuis, pagoda, pophuis, spookhuis, woonwa, woonwapark

b.nw. huislik, aangebou

92. Deftige, belangrike of groot gebou

s.nw. paleis, somerpaleis, praalpaleis, kasteel, praalwoning, herehuis, herewoning, villa, chalet, ampswoning, residensie, presidensie, staatswoning, luukse woning, opstal, plaasopstal, lushof

parlementsgebou, hoofgebou, kantoorgebou, skoolgebou, universiteitsgebou, buro, regeringsgebou, basiliek, basilika, hof, hofgebou, staatswoning, kerk, kerkgebou, katedraal, vesting, sitadel; prestigebou, besienswaardigheid

wolkekrabber, toringgebou, kompleks, gebouekompleks, dubbelverdieping, tweeverdiepinggebsou, woonstelgebou, woonstelblok, woonstelkompleks, 'n blok woonstelle, fabriek, fabrieksgebou, aanleg, fabrieksaanleg

b.nw. weelderig, luuksueus, luuks, glansryk, imposant, majestueus, majesteitlik, manjifiek, indrukwekkend, weelderig toegerus, duur; belangrik, besienswaardig; groot, reusagtig, massief, kolossaal

93. Beskeie gebou

s.nw. huisie, bouval, murasie, getimmerte, timmerasie, kasarm, bouvallige huis, arbeiderswoning, arbeidershuis, werkershuis, bywonershuis, hut, houthut, houthuis, berghut, hok, hokkie, kaia, kroek, krot, pondok, opslaangebou, sinkgebou, sinkhuis, plakkershuis, plakkershut, plakkerskuiling, sel, skerm, skuiling, hool, gat, grot, skuur, lapa, tent, tentdak, tentdoek, woonwa, iglo, korbeelhuis, korbeelhut, karbeelhuis, hartbeeshuis

b.nw. armoedig, agterlik, arig, verwaarloos, bouvallig, krotterig, pondokkerig, gopserig

94. Dele van 'n eiendom

1. Algemene konstruksie

konstruksie, raamwerk, houtraamwerk, steenkonstruksie, betonkonstruksie, staalkonstruksie, muurkonstruksie, dakkonstruksie, fondament, fondasie, betonfondament, strookfondament, geraamte, boent, bobou, bowebou, onderbou, bygebou, balk, dwarsbalk, krombalk, spar, staaf, steun, steunarm, steunbalk, stut, stutbalk, stutpaal, styl, heipaal, juk, latei, betonlatei, entablement, gording, grondlyn, rooster, timmerasie, voglaag, toevoerpyp

verdieping, étage, eerste verdieping, tweede verdieping, ..., grondverdieping, grondvlak, grondvloer, kelderverdieping, benedeverdieping, boonste verdieping, tussenverdieping, entresol, mezzanine

boustyl 764, Kaaps-Hollandse boustyl, moderne boustyl, Spaanse boustyl, Adamboustyl, ..., argitektuur 764, ontwerp

2. Aansig
aangesig, aanskyn, frontispies, vooraansig, voorwerk, front, frontaansig, agteraansig, dagkant, fasade, flank

3. Vertrek
vertrek, kamer, sitkamer, leefkamer, salon (*ongewoon*), boudoir (*ongewoon*), onthaalvertrek, eetkamer, ontbytkamer, slaapkamer, kinderkamer, studeerkamer, kantoor, tuiskantoor, bediendekamer, bediendekwartier, bad(s)kamer, toilet, naaldwerkkamer, kombuis, waskamer, strykkamer, portaal, voorportaal, buitekamer, anneks, arkade, alkoof, nis, tuisgimnasium, motorhuis, gereedskapkamer, opwasplek; kantoor 658, vergaderkamer, direksiekamer, vergadersaal, ouditorium, pakkamer, teekamer, rekenaarkamer, personeelkamer
sitkamer, voorhuis, voorkamer, bedsitkamer, sitslaapkamer
leefkamer, woonkamer, woonvertrek, gesinskamer, voorkamer, speelkamer, leeskamer, rookkamer, biljartkamer, dakkamer, solderkamer
eetkamer, nis, ontbythoekie, onthaalvertrek, verversingskamer, verversingslokaal
kombuis, oopplankombuis, spoelkombuis, spens, opwaskamer, opwasplek
slaapkamer, kamer, hoofslaapkamer, sitslaapkamer, bedsitkamer, dubbelkamer, enkelkamer, gastekamer, vrykamer, vryslaapkamer, stoepkamer, solderkamer, seunskamer, ramhok, dogterskamer, aantrekkamer, garderobe, kleedkamer, bediendekamer, dakkamer
bad(s)kamer, en suite-bad(s)kamer, oopplanbad(s)kamer, bad, stort, instapstort, stortbad, stortkamer, bidet, douche, spoelbad, sauna, wasbak, wasstel, wastafel, waskom, wasbeker, lampetbeker, seepbak, seephouer, badkamerspieël, toilettafel
toilet, toiletkamer, gastetoilet, latrine, spoeltoilet, spoellatrine, spoelretirade, djamang (*lekties*), urinaal, wateraflaatplek, fluitplek (*plat*), privaat, kakhuis (*plat*), gemak(s)huisie, gemak, gerief(s)huisie, gerief, klossie (*lekties*), kleinhuisie, buitetoilet, puttoilet, veldtoilet, long drop (*Engels*), stort, openbare toilet, opslaantoilet; riool, riolering, rioleringstelsel, rioolpyp, spoelriolering, putriool, stapelriool, kliprioool, sugriool, sugriolering, syfertenk, septiese tenk
portaal, garderobe, voorportaal, ingang, ingangsportaal, binneportaal, buiteportaal, hal, voorhal, vestibule, foyer, galery, loggia, alkoof, trappehuis, trapportaal, portiek, nis, aula, propileë, loket
gang, dwarsgang, korridor, kruisgang
pakkamer, spens, ingeboude kas, instapkas, pakplek, pakruimte, bêrehokkie, bêreplek, bergplek, bewaarkamer, bewaarplaas, atrium, attiek, solder, soldering, solderkamer, bosolder, paksolder, kelder, keldertjie, kelderverdieping, wynkelder, yskelder
stoep, voorstoep, agterstoep, stoepkamer, sonstoep, solarium, onderdakstoep, dek, houtdek
buitegebou, voorhof, binnehof, aula, patio, buiteportaal, garage, waenhuis, buitehuisie, aantrekhokkie

4. Dak
dak, daktipe, spitsdak, staandak, geweldak, koepeldak, keëldak, kieldak, kloofspaandak, m-dak, wolwe-entdak, saaldak, bobeukdak, hanebalkdak, leidak, afgevlakte betondak, asbesdak, sinkdak, pandak, rietdak, grasdak, strooidak, skilddak, halfsaaldak, tentdak, skuifdak, afdak, dakprieel, velarium, veranda, pergola, prieel, druiweprieel
dakkonstruksie, nok, hoeknok, vors (nok), kiel, dakkiel, apeks, dakvors, dakhelling, daklas, dakruimte, knaklas
dakkap, kap, skuifkap, kapstyl, Belfastdakkap, gording, dakgording, dakrib, rib, ribbewerk, ribstuk, drastuk, kapbalk, drabalk, betonbalk, breëflensbalk, spanbalk, brugbalk, dwarsbalk, hanebalk, kruppelbalk, nokbalk, moerbalk, ruiterbalk, steunbalk, skraagbalk, skraaghout, hangstyl, spant
dakrand, daklys, dakrandlaag, druplys, drupsteen, hoeklys, oorsteek, oorstek, windveer
dakbedekking, pan, dakpan, nokpan, gegolfde dakpan, anderhalfpan, plaat, dakplaat, asbesplaat, hoekplaat, teël, dakteël, sementteël, daklei, lei, asbeslei, noklei, dekgras, dakriet, dekriet, riet, wolwe-ent
gewel, dakgewel, halsgewel, topgewel,

trapgewel, trappiesgewel, wolfneusgewel, blinde gewel, Kaaps-Hollandse gewel, puntgewel
gewelf, koepel, koepelgewelf, bolgewelf, keëlgewelf, koniese gewelf, kroongewelf, keldergewelf, kruisgewelf, tongewelf, kruisboog, ogief, pendentief, verwelf, verwulf
geut, ringgeut, stortgeut, bakgeut, metaalgeut, houtgeut, plastiekgeut, kielgeut, V-geut
plafon, hangplafon, kapplafon, kofferplafon, oopbalkplafon, tussenplafon, vals plafon, asbesplafon, houtplafon, rietplafon, kasset (plafon)

5. Pilaar
pilaar, hoekpilaar, pilaarkap, pilaarkop, abakus, kolom, kannelure, voluut, kariatide (pilaar), pilaarvoet, plint, pilaarkrag, pilaster, pyler, suil, argitraaf, suilegalery, suilegang, suilekolonnade, kolonnade, gegroefde suil, suilvoet, atlant, campanile, drasuil, galmgat, hollys, minaret, monoliet, naald, obelisk, peristyl, tamboer, telamon, toring, kyktoring, toringspits, toringtop, trans

6. Muur en afskorting
muur, binnemuur, buitemuur, tussenmuur, kamermuur, holmuur, trapmuur, steenmuur, betonmuur, siersteenmuur, kleimuur, houtmuur, eensteenmuur, halfsteenmuur, anderhalfsteenmuur, kopmuur, moerbalkmuur, ankermuur, steunmuur, stutmuur, blinde muur, brandmuur, gewelmuur, hangmuur, heuningkoekmuur, tuinmuur, vestingmuur, vestingwal, skeidingsmuur, skeidsmuur, afskortingsmuur, afskorting, basis, beer, beskot, dra(ag)steen, fondament, fondasie, fundasie, galmbord, hoeksteen, hoekstut, muuranker, steunbeer, steunboog, kanteel, karbeel, kiel, klamp, koplaag, korbeel, kraagsteen, lys, kroonlys, daklys, muurlys, ojief, latei, houtlatei, joggellatei, betonlatei, kliplatei, skouerlatei, paneel, penant, skuiwergat, sluitsteen, streklaag, stryklaag, tussenskot

7. Boog
agterboog, agtergewel, blinde boog, brugboog, rondboog, spaarboog, spitsboog, ogifaal, puntboog, eenvoudige gewelf, hoefboog, Moorse boog, omgekeerde boog, omgekeerde gewelf, valsboog, Venesiaanse boog, binnewelf, bog, gewelf, gewelfhoek, gewelveld, timpaan

8. Deur
deur, huisdeur, agterdeur, voordeur, sydeur, sifdeur, gaasdeur, binnedeur, verbindingsdeur, buitedeur, branddeur, middeldeur, onderdeur, bodeur, paneeldeur, kamerdeur, dwergdeur, pantserdeur, draaideur, skuifdeur, swaaideur, voudeur, Venesiaanse deur, togdeur, houtdeur, metaaldeur, glasdeur, hortjiesdeur, fineerdeur, traliedeur, valdeur, dubbeldeur, gangdeur, kanteldeur, klapdeur, portfisiedeur, vals deur, garagedeur, veiligheidsdeur, motorhuisdeur, luik, solderluik, ingang, ingangspoort, bek
deurkosyn, kosyn, binnedeurkosyn, binnekosyn, kokerkosyn, deurpos, deurstyl, bolig, deurklopper, drempel, drumpel, fronton (deur), keldergat, pantserglas, pos, deurpos, raam, skarnier, deurskarnier, loergaatjie, uitkykgaatjie, veiligheidsglas, deurgrendel, skuif, skuifie, slot, blokslot, Yaleslot, skuifslot, hangslot, kombinasieslot, sleutelslot, sleutel

9. Venster
venster, kamervenster, kombuisvenster, balkonvenster, ..., boogvenster, blinde venster, noord(er)venster, Venesiaanse venster, dakvenster, gewelfvenster, fronton (venster), kantelvenster, koepelvenster, komvenster, kykvenster, loodglasvenster, mosaïekvenster, staalraamvenster, aluminiumraamvenster, houtraamvenster, skuiffluik, skuifvenster, skuifraamvenster, valvenster, tuimelvenster, roosvenster, tralievenster, trekvenster, winkelvenster, étalage, vertoonvenster
vensterraam, raam, vensterkosyn, raamkosyn, kosyn, pos, vensterpos, roei, kantelraam, skuifraam, swaairaam, knipraam, arm, vensterruit, ruit, ruitglas, spieëlruit, mikaruit, mosaïekruit, glas-in-lood, vensterlood, veiligheidsglas, pantserglas, skarnier, vensterskarnier, skuif, vensterknip, vensterhaak, vensterluik, valluik, dienluik,

vensterbank, vensterbankhoogte, vensterbanklys, vensterlys, venstertralie, vensterbeskot, hortjie, valhortjie, veiligheidshortjie, bolig, raamgewig, raamkoord

10. Vloer
vloer, sementvloer, betonvloer, teëlvloer, blokkiesvloer, houtvloer, mosaïekvloer, inlegvloer, kleivloer, misvloer, parket, parketvloer, soldervloer, asfaltvloer, koepelvloer, hangvloer, baan; vloerbedekking, vloerhoogte, vloerlyn, vloerafwerking, vloerblad, vloermat, vloerplank, vloerteël; vloerlys, spatlys, plint

11. Kaggel en skoorsteen
kaggel, vuurherd, skoorsteen, smeulstoof, losstaande kaggel, heksagonale kaggel, braaikaggel, bomantel, mantel, skoorsteenmantel

12. Balkon en trap
balkon, balustrade, bordes, agtertrap, betontrap, binnetrap, brandtrap, soldertrap, solderleer, stoeptrap, wenteltrap, oopspilwenteltrap, slingertrap, paralleltrappie, paralleltreetjie, draaitrap; oorloop, reling, roltrap, soffiet, soffietbeplakking, syleuning, trap, trapleuning, trapoorgang, trappie, tree, veiligheidsreling, traliebalk, traliestruktuur, traliewerk, traphelling, traphoogte, traphuis, trapmuur, vrydraende trap

13. Versiering
versiering, binne(ns)huise versiering, binne-inrigting, binnewerk, interieur, akroterion, akroterium, atlant, bel, beslag, houtbeskot, paneelwerk, kraallys, kruisblom, maaswerk, eenvoudige kroonlys, fries, frieslys, friespaneel, gewellys, slingerlys, steunbeeld, telamon, traseerwerk, triglief, verfwerk, muurbedekking, muurbekleding, muurpapier, voorwerkklip, wandskildery, wandteks, sierlaag, pleister, sierpleister

14. Vaste toebehore
blinder, blinding, rolblinding, skuifblinding, Florentynse blinder, hortjie, hortjie(s)blinder, gordynspoor, gordynstok, hand(e)wasbak, waskom, opwasbak, bad, bidet, handdoekreëling, toilet, latrine, bril en klap (toilet), stortbad, urinaal, urinoir, watertoilet, toiletpapierhouer, medisynekas, muurkas, hangkas, sluitkas, kabinet, kloset, kluis, rak, kombuisrak, tenk, watertenk, warmwatertenk, silinder, warmwatersilinder, geiser, kraan, waterkraan, stopkraan, warmwaterkraan, deurgrendel, deurklopper, klopper, haan, vuur(h)erd, steenkoolbrander, haard, haardrand, haardstede, herd, kaggelmantel, kooktoestel, portretlys, prentelys, rolluik, rostrum, skragie, voetlys, voetstuk; diefwering, diefdraad, dieweralies, veiligheidshortjie, alarm, huisalarm, klokkie, voordeurklokkie, waarskuwingsklokkie, pienger

15. Buitekant
erf, agterplaas, jaart (*lekties*), afrit, oprit, bindpaaltjie (heining), binnehof, binneplaas, binneplein, aula, swembad, plonsbad, badplaas, terras, gazebo, hek, tuinhek, motorhek, smoelneuker, smoelslaner, klaphek, konsertinahek, valhek, poort, valpoort, hoekpaal, hoekstut, plaveisel, plaveiselsteen, keisteen, kinderkop, voetpad, voetpaadjie, tuinpaadjie, wasgoeddraad, grensdraad, grensmuur, lemmetjiesdraad, heining 63, geëlektrifiseerde heining

16. Tuin
tuin, tuinery, tuinmaak, tuinmakery, tuinbou, voortuin, agtertuin, somertuin, wintertuin, lentetuin, herfstuin, daktuin, binnetuin, binnehof, lushof, blomtuin, roostuin, fyntuin, rotstuin, groentetuin, moestuin, grasperk, struiketuin, tuinversiering, tuinplant, tuingewas, blomplant, vetplant, potplant, struik, tuinstruik, blomstruik, bedding, tuinbedding, blombedding, groentebedding, struikebedding, tuinhek, tuinontwerp, tuinaanleg, landskapsontwerp, tuinvuil, tuinvullis; tuingereedskap, graaf, tuingraaf, handgrafie, vurk, tuinvurk, tweetandvurk, handvurkie, hark, tuinhark, grashark, tuinslang, gieter, tuinbesem, tuinsaag, tuinskêr, snoeiskêr, knipper, tuinknipper, takknipper, grassnyer, randsnyer, tuinhandskoen, tuinsak; tuinier, tuinwerker, tuinman, tuinargitek, landskapargitek

95. Huisraad
s.nw.

1. Ameublement
inrigting, ameublement, meublement, meubelment, meubelering, meubilering, goed, huisraad, meubel, houtmeubels, rietmeubels, rottangmeubels, stapelmeubel, vertoonstuk; sitkamerstel, eetkamerstel, slaapkamerstel, kombuisstel; stoffering, stoffeerdery, stoffeerwerk

2. Lamp
lamp, lig, elektriese lamp, elektriese lig, olielamp, gaslamp, hanglamp, daklamp, daklig, muurlamp, muurlig, kollig, spreilig, staanlamp, skemerlamp, leeslamp, leeslig(gie), lessenaarlamp, studeerlamp, studeertafellamp, bedlig(gie), bedlamp, naglamp, nagliggie, staander

3. Kas, kis en rak
kas, muurkas, ingeboude kas, losstaande kas, hoekkas, rakkas, sluitkas, gangkas, klerekas, jonkmanskas, kruidenierskas, spenskas, linnekas, vertoonkas, uitstalkas, kabinet, badkamerkas, medisynekas, medisynekissie, kommode, rak, klererak, boekrak, hoederak, glaaskas, glaskas, hanger, hangertjie, hoedestaander, kapstok, kis, klerehanger, klerestaander, naaidoos, naaikissie, negosiekis, oorlosiekas, penantkassie, skryn, skuiflaai, tonteldoos, vak, vakkie; buffet, porseleinkas, sideboard (*Engels*), saaidbord (*Engels, lekties*), drankkabinet, drankbuffet; klerekas, hangkas, laaikas, spieëlkas, nagkassie, armoire; kombuiskas, kosrak, kruidenierskas, koskas, negosiekas, spenskas, besemkas

4. Stoel en bank
stoel, gestoelte, sitkamerstoel, gastestoel, kombuisstoel, stapelstoel, leunstoel, gemakstoel, fauteuil, rystoel, wiegstoel, skommelstoel, studeerkamerstoel, draaistoel, kantoorstoel, houtstoel, rietstoel, rottangstoel, riempiestoel, riempiesmatstoel, voustoel, wipstoel, klapstoel, opklapstoel, taboeret, slonsstoel, strandstoel, dekstoel, tuinstoel, veldstoel, rolstoel
bank, bankie, rusbank, sitkamerbank, sofa, divan, diwan, chaise longue, ottoman, opklapbank, dwarsbank, tuinbank, voetbankie, skabel
poot, sitplek, stoelmat, sitkussing, arm, armleuning, stoelleuning, rug, rugleuning, stoelrug, sport, kruk, stoelbekleedsel, stoelkleed, stoelkleedjie, antimakassar, voetkussing

5. Bed
bed 96, enkelbed, dubbelbed, hemelbed, alkoofbed, babbeljoentjie, baldakyn, bedstyl, divan, diwan, dubbeldekkerbed, kapbed, klapbed, katel, kooi, katelkooi (*lekties*), opklapbed, rolbed, futon, sponde, springveer, verebed, voubed, muskietnet, muskietgaas; beddegoed, kooigoed, kombers, wolkombers, verekombers, bedsprei, deken, linnegoed, laken, paslaken, onderlaken, matrasbeskermer, sloop, kussingsloop

6. Tafel
tafel, eetkamertafel, etenstafel, opklaptafel, klaptafel, afslaantafel, skuiftafel, uitskuiftafel, laaitafel, kombuistafel, teetafel, teetrollie, dientafel, opdientafel, dranktafel, sytafel, kaptafel, skudtafel, badkamertafel, toilettafel, slaapkamertafel, spieëltafel, kleedtafel, skryftafel, studeertafel, buro, skryfburo, lessenaar, kantoorlessenaar, kantoortafel, werktafel, bank, werkbank, wastafel, opwastafel, penanttafeltjie, bokkietafel, basaartafel, voutafel, kampeertafel
tafelpoot, poot, blad, tafelblad, skuifblad, uitskuifblad, opklapblad

7. Breek- en messegoed
breekgoed, servies, eetservies, skottelgoed, porselein, porseleinware, bord, klein bordjie, slaaibord, diepbord, sopbord, papbord, ontbytbord, koekbord(jie), dessertbord, poedingbord, poedingbakkie, koppie, teekoppie, koffiekoppie, piering, skottel, vleisskottel, diepbak, oondbak, opdienbak, opdienskottel, vuurvaste skottel, oondvaste skottel, glas, kristalglas, gesnyde glas, drinkglas, waterglas, koeldrankglas, wynglas, langsteelglas, wynkelkie, witwynglas, rooiwynglas, sjerrieglas, sjampanjeglas, brandewynglas, whiskyglas, bierglas, bierbeker, gobelin, beker, melkbeker, roombeker, waterbeker,

sousbeker, souskom, kraffie, wynkraffie, kelk, eierkelkie, teegoed, teeservies, teestel, teepot, koffiepot, dompelkoffiepot, samovar, samowar, suikerpot, suikerstrooier, teesiffie, souspotjie, soutpot, soutpotjie, soutstrooier, peperpot, sout-en-peperstelletjie, skinkbord, broodbord, houtbord, kaasbord, kaasplank, amfoor, amfora; weggooibare eetgerei, papierbord, plastiekbord, plastiekmes, plastiekvurk, plastieklepel, plastiekbekertjie, kartonbekertjie, weggooibare bekertjie, foamalite-bekertjie (*Engels*), weggooibare bakkie, foamalite-bakkie (*Engels*), herwinbare strooitjie

messegoed, servies, silwer, silwerservies, mes, vismes, steakmes, dessertmes, kombuismes, broodmes, bottermes, vleismes, voorsnyer, voorsnystel, slagtersmes, groentemes, vrugtemes, knipmes, paddaslagter, herneuter, kouter, vurk, grootvurk, visvurk, dessertvurk, slaaivurk, kleinvurkie, koekvurkie, roostervurk, lepel, soplepel, paplepel, houtlepel, dessertlepel, poedinglepel, suikerlepel, teelepel, slaailepel, skeplepel, opskeplepel, roerlepel, souslepel, suikerlepeltjie, koekafdrukker, neut(e)kraker, rasper, kaasrasper, groenterasper

pot, kastrol, waterlose kastrol, stoompot, stoomkastrol, drukpot, drukkoker, soppot, pan, braaipan, roerbraaipan, roosterpan, eierpan, paellapan, bainmarie, vergiet, vergiettes, koekpan, wafelpan, wafelyster, oblietjiepan, oblietjieyster

blompot, vaas, blomvaas, erdevaas, plantpot, planthouer, terrarium, vivarium

8. Kombuis- en huistoerusting

stoof, stouf (*Engels, lekties*), elektriese stoof, houtstoof, koolstoof, kolestoof, agastoof, aga, paraffienstoof, spiritusstoof, smeulstoof, glasbladstoof, oond, ooghoogteoond, roosteroond, konveksieoond, mikrogolfoond, kleioond, buiteoond, pizzaoond, tandoor, gasstoof, gasoond, gasstelplaat, kookplaat, spiraalplaat, kookeiland, rooster, broodrooster, roosterplaat, spit, draaispit, haardyster, oondstok, vuurtang, yskas, koelkas, vrieskas, diepvries, skottelgoedwasmasjien, potskuurder, afdroogdoek, dienwaentjie, teewaentjie, teetrollie, rolwaentjie, menger, koekmenger, klitser, elektriese klitser, handklitser, draadklitser, ballonklitser, voedselprosesseerder, versapper, ketel, dompelaar, koffiemeul, koffiefiltreerder, koffiemasjien, perkoleerder, elektriese mes, skuimspaan, spaan, teemus(sie), warmwaterbottel, warmwaterfles, vysel, kookgereedskap; wasmasjien, dubbelbaliewasmasjien, outomatiese wasmasjien, wasbalie, waskom, wasplank, wasstel, droër, toldroër, tuimeldroër, poleerder, stofsuier, besem, dweil, mop, stofdweil, stoffer, skoep, skop, skoppie, vlieëplak, vlieëslaner

9. Linne

linne, huislinne, laken, paslaken, onderlaken, bolaken, sloop, doilie, bekerlappie, kraaldoekie, kleedjie, makassar(lappie), rabat, kombers, deken, sprei, bedsprei, reisdeken, skotteldoek, tafeldoek, kleed, tafelkleed, tafelkleedjie, tafellaken, tafelloper, teekleedjie, servet, lapservet; papierservet, papierdoilie, papierhanddoek, papierplekmatjie, ...

10. Mat

mat, tapyt, wolmat, goiingmat, sintetiese mat, riempiesmat, rietmat, rubbermat, persiese mat, persiese tapyt, kelim, tapytband, traploper, voetmat, voetveeg, volvloermat, volvloertapyt, wandtapyt, ondervelt, gangtapyt, gangmat, gangloper, loper, voordeurmat, smirnatapyt

11. Versiering

versiering, dekorasie, huisversiering 745, dekor, huisdekor, kamerdekor, binne-inrigting, interieur, binnehuisversiering; muurbedekking, verf, glansverf, olieverf, waterbasisverf, muurpapier, plakpapier, kleurskema; behangsel, muurbehangsel, drapeersel, drapering, lys, oplegsel, spieël, penantspieël, toiletspieël

12. Vensterversiering

gordyn, skuifgordyn, ophaalgordyn, valgordyn, Romeinse gordyn, blinding, vensterblinding, sonblinding, hortjie(s)blinding, hortjie(s)blinder, hortjiesgordyn, hortjie, drapeersel, gordynhaak, gordynkap, gordynring, haardskerm, kap, markies, muskietgaas, muskietnet, oordak, rolgor-

dyn, skerm
ww. meubeleer, meubileer, inrig, rangskik, aanklee, dek, opdis, afdek, skink, drapeer, inboedel, klee(d), stoffeer
b.nw. gemeubeleer, gemeubileer, ingerig, versier, verguld, versilwer, drapeerbaar, drietandig, lendelam, breekbaar, wasbaar

96. Slaapplek
s.nw. bed, kooi, ledekant, hemelbed, katel, ysterkatel, ysterbed, ysterbedjie, enkelbed, dubbelbed, stapelbed, dubbeldekkerbed, waterbed, veldbed, voubed, kampbed, hangmat, kermisbed, familiekooi (*lekties*), slaapbank, kinderbed, kinderkatel, jongelingsbed, wieg, bababed, kot, babakot, popbed; kopstuk, koppenent, voetenent, matras; bedkas, bedkassie, nagtafel
matras, binneveermatras, springveermatras, sponsmatras, donsmatras, verematras, klapperhaarmatras, opblaasmatras, strooimatras, springmatras, matrasgoed
beddegoed, kooigoed (*lekties*), kombers, enkelbedkombers, dubbelbedkombers, wolkombers, donskombers, duvet, deken, beddeken, reisdeken, lappiesdeken, lappieskombers, laskombers, laslapkombers, velkombers, karos, velkaros, abbakaros, laken, lakengoed, onderlaken, bolaken, somerlaken, winterlaken, enkelbedlaken, dubbelbedlaken, kussing, kopkussing, sloop, sprei, bedsprei, slaapsak, warmpan, warmwaterbottel, warmwatersak
ww. opmaak, oortrek, lug, aftrek

97. Bou
ww. bou, bebou, oprig, 'n gebou aanneem, konstrueer, herbou, rekonstrueer, optrek, opslaan, opbou, inbou, installeer, aanbou, aanlas, aanmekaartimmer, verbou, verbreek, uitslaan, aanpleister, aanstryk, afskuins, afskuur, afwit, uitwit, bepleister, welf, welwe, oorkoepel, bewapen (beton), blok, inkas, messel, vasmessel, inmessel, toemessel, toebou, kap, vaskap, inkap, aanmekaarkap, knoeibou, inlaat, padbou, plak, plavei, straat, bestraat, set, teël, toebou, afkant, traseer, uitbou, vestig, dek, klop, ommuur, bedraad, rioleer, profileer, renoveer, restoureer, saag, afsaag, uitsaag, spyker, vasspyker, aanmekaarspyker, timmer, uitgrawe, uitgroef, uitguts, uitkap, uitkeep, uitlaat
s.nw. **bouwerk**, bouery, oprigting, installasie, installering, woningbou, bousel, uitbousel, verbouing, verbreking, sloping, afbreking, konstruksie, boukonstruksie, konstruksielas, toetslas, rekonstruksie, renovasie, restourasie, aanbouing, aanbousel, herbouing, konstruksiewerk, raamwerk, bobou, bowebou, hoogbou, afwerking, afgeskerpte rand, afgeskuinste rand, afskuinsing, binnehuisargitektuur, uitgrawing, uitgrawingswerk, messelwerk, messelary, muurbekisting, pleisterwerk, pleister, pleistering, fynpleister, betonwerk, bewapening, betonbewapening, binnewerk, inrigting, verfwerk, blaar (verfwerk), skotwerk, skrynwerk, teëlwerk, loodgieterswerk, riolering, trasering, steier, steierbalk, steierpaal, steierplank, steierwerk, boulyn, bouperseel, bouterrein, bouregulasie, boukoste
bouplan, plan, huisplan, terreinplan, argiteksplan, argitekstekening, ontwerptekening, sketsplan, grondplan, bestek, bestekopnemer, bestekopmaker, bloudruk, bo-aansig, gipsmodel; ontwerp, argitektuur 764, boukuns, boustyl
bouer, vakman, vakleerling, voorman, boukontrakteur, kontrakteur, subkontrakteur, bouaannemer, aannemer, huisbouer, meesterbouer, eienaarbouer, konstrukteur, knoeibouer, bouersfirma, bouaannemersfirma, kontrakteursfirma, argitek, terreinargitek, binnenshuise argitek, landskapsargitek, tekenaar, ingenieur, bourekenaar, kosteberekenaar, bestekopnemer, bou-inspekteur, huisskilder, messelaar, handlanger, teëllêer, teëlaar, skrynwerker, timmerman, trapbouer, elektrisiën, loodgieter, traseerder, padmaker, padwerker, plaveier, nutsman
b.nw. argitektonies, bebou, behuis, rekonstruktief, tegnies

98. Afbreek
ww. afbreek, sloop, platslaan, platstoot, inplof, gelykmaak, met die grond gelykmaak, aftakel, rinneweer, ruïneer, saboteer
s.nw. **sloping**, slopery, sloopwerk, demolisie, afbraak, aftakeling, rinnewasie; bourommel, afvalmateriaal, puin, puin-

hoop, ruïne, murasie; sloophamer, sloopmasjien
sloper, sloopspan

99. Messel
ww. messel, stene lê, inmessel, vasmessel, toemessel, pleister, afpleister, toepleister, bepleister, bestryk, kalk, blus (kalk), bekis, traseer, inkas, rofkas, sement aanmaak, voeg
s.nw. messelwerk, haaksklipmesselwerk, paneelmesselwerk, messelaar, steenmesselaar, pleisteraar, sement, dagha, mortel, messelaarmortel, pleister, klei, grond, bougrond, flodder, kalklaag, afwerklaag, koplaag, rollaag, kruisverband, messel, grintspat, grintspatpleister, righoek, rigsnoer, rofkas, rooilyn, skraaghout, stuc(co)werk, stukadoor, traseerder, trasering, troffel, verband, voeg, voegwerk, windbarsie, fondament

100. Boumateriaal
s.nw. steen, baksteen, siersteen, klinker, klinkersteen, kraagsteen, kleisteen, rousteen, holsteen, houtsteen, plaveiklinker, vloersteen, tiggelsteen (*ongewoon*), steenvorm, teël, asfaltteël, muurteël, badkamerteël, kombuisteël, vloerteël, terracottateël, beton, konkreet, aangemaakte beton, pantserbeton, slingerbeton, gasbeton, gewapende beton, sement, dagha, daghasement, afvaldagha, kalkdagha, kalksement, kalkpleister, asbessement, korrelbeton, lugdagha, lugsement, maer beton, maer dagha, fyndagha, trae sement, pleisterdagha, pleistersement, messelkalk, messelklei, gips, kalkgips, skreet, gruis, aaneengesmelte gruis, sand, bousand, pleisterdoek, pleistergaas, skroef, ysterskroef, houtskroef, tapskroef, timmerhout, wapeningstaal, bewapeningstaal, ysterdraad, asbesplaat, golfasbesplaat, riffelplaat, sink, sinkplaat, stucco, bekisting, verf, glansverf, olieverf, waterbasisverf, kontrakteursverf, vernis, harpuisvernis, barnsteenvernis, witkalk, stopklei, stopverf, isolasiemateriaal, mastiek, mastik, terrazzo, tras, dakgording, dakkap, daklêer, dakpan, dakrib, dakspuier, dekgras, drabalk, drasuil, hardebord, houtpaal, fassie, fassieplank, bestek, hoeveelheidslys, bestekopnemer, hoeveelheidsopnemer, bourekenaar, kosterekenaar

101. Bouersgereedskap
s.nw. bouersgereedskap, messelgereedskap, skrynwerkersgereedskap, houtwerkgereedskap, handgereedskap, betonmenger, sementmenger, beurtmenger, mengdrom, mengblad, sementmengblad, daghamengblad, gietgeut, graaf, skopgraaf, graafmasjien, grondverskuiwingsmasjinerie, troffel, messeltroffel, vormstryktroffel, voegtroffel, pleistertroffel, messellyn, messelpen, sementbak, sementbord, pleisterbord, pleisterplank, gietlood, paslood, rei, reihout, afwerkgereedskap, waterpas, riglyn, teodoliet, steiering, stellasie, steierwerk, steier, bousteier, steierstruktuur, paal, steierbok, bok, hyskraan, boukraan, hysmasjien, stamper, kalkbrander, kalkoond, kalkput, koevoet, hamer, dryfhamer, disselnekhamer, voorhamer, beitel, sementbeitel, klipbeitel, vloerbeitel, warmbeitel, bikbeitel, gutsbeitel, boor, handboor, omslag, omslagboor, elektriese boor, boormasjien, hamerboor, afkantboor, eendebekboor, skroewedraaier, sterskroewedraaier, omslagskroewedraaier, tang, knyptang, krombektang, eend(e)bektang, skerppunttang, draadtang, skaaf, bankskaaf, handskaaf, ysterskaaf, saag, handsaag, elektriese saag, ystersaag, dolsaag, kettingsaag, boksaag, draaibank, winkelhaak, klamp, klampskroef, kwas, stopmes, lugdrukboor

G. HOEVEELHEID
a. Volstrekte hoeveelheid
102. Hoeveelheid
s.nw. hoeveelheid, kwantiteit, kwantum, versameling, aantal, getal 133, desimale getal, afgeronde getal, afronding, gelyke getal, ongelyke getal, onewe getal, breuk, breukgetal, breukdeel, gedeelte, tal, talsterkte, getalsterkte, som, stel, hoegrootheid, maat, meetbaarheid, telbaarheid, inhoud, inhoudsmaat, kwota, porsie, dosis, skeut, ruimtemaat, ruimte-inhoud, volume, massa, greep, stuk, stukkie, homp, trapsel, treksel, versameling, kolleksie, skool

besondere hoeveelheid, 'n menigte, menigeen, 'n trop, 'n spul, 'n handvol, 'n wavrag, 'n rits, 'n paar, 'n tweetal, duo, beide, albei, drietal, trio, triade, triargie, trits, viertal, veertigtal, ..., 'n stuk of tien, 'n stuk of twintig, ..., tweestuks, driestuks, ..., tweevoud, tienvoud, veertigvoud, ..., halfaam, alfaam, bottel, halfbottel, emmer, halfemmer, koppie, halfkoppie, lepel, halflepel, rol, sak, sakvol, skep, sluk, sopie, stapel, dodetal, sterftesyfer
b.nw. numeriek, kwantitatief, telbaar, sesvoudig, tienvoudig, honderdvoudig, ..., tiendubbeld, onderskeie, troepsgewys, twaalfdaags, verskillend, afgerond
ww. tel, aftel, optel, bymekaartel, saamtel, kwantifiseer, reken, bereken 122, meet 123, aftrek, vermenigvuldig, maal, deel, verdeel, verminder, vermeerder, bytel, desimaliseer, afrond, rantsoeneer, doseer, hou, te kort skiet, tekort skiet, tekortskiet
bw. getalsgewys, paarsgewys, twee-twee, drie-drie, ..., in drieë, in viere, ..., min of meer, meer of min, in hoë mate, enigermate, dermate, hoeseer, ietwat, in hoever(re), partykeer, partymaal, so, sodanig, vry, tot 'n sekere punt, by benadering, ensovoorts, en so meer, et alia, wat dies meer sy, by die dag, by die maand, by die jaar
tw. een 133, twee, drie, vier, ..., al, alle, almal, elk(e), party, sommige, verskeie, baie, menige, soveel, hoeveel
uitdr. soos hare op 'n hond; gesaai lê; 'n mag der menigte; soos die sand van die see; geld soos bossies; geld soos water verdien; soos die swart van my nael; net genoeg vir 'n hol tand; die vleispotte van Egipte

103. Min
b.nw. min, luttel (*ongewoon*), nie baie nie, marginaal, minimaal, veels te min, alte min, glad(s) te min, bloedmin, weinig, bloedweinig, broodweinig, bietjie, gering, allerminste, infinitesimaal, skraps, skraal, skamel, karig, sober, gebrekkig, klein, knap, smalletjies, onvoldoende, ontoereikend, amper niks, niks, arm, armoedig, bedroef, beskeie, bespotlik, bitter, dunnetjies, gematig(d), matig, spaarsaam, seldsaam, skaars, sober, gestroop, minimalisties, swak, alleen, alleenstaande
s.nw. **'n bietjie**, 'n klein bietjie, kleinmaat, mahala, minheid, minderheid, weinigheid, geringheid, kleinigheid, aks, minimum, matigheid, matiging, moderasie, soberheid, minimalisme, beperking, rantsoenering, kontinensie, beskeidenheid, iets, ietsie, karigheid, gebrek, skamelheid, skaarste, skraalte, seldsaamheid
klein hoeveelheid, grein, greintjie, griesel, grieseltjie, kriesel, krieseltjie, handvol, handjievol (handjiesvol), snars, snarsie, sprank, sprankie, sweem, sweempie, hap, happie, klompie, knippie, knipsel, knypie, skeppie, skeut, skeutjie, korrel, korreltjie, krummel, druppel, mondjie, mondjievol, lek, leksel, lekseltjie, raps, rapsie, sikkepit, duit, sommetjie, spulletjie, tikkie, tikseltjie, titseltjie, katspoegie, wies(i)ewasie
bw. bietjie, bietjie-bietjie, bietjie vir bietjie, bietjies-bietjies, in ('n) geringe mate, ten minste, op sy minste, enigsins, effe, effens, effentjies, lig, liggies, allermins, druppelgewyse, drupsgewyse, drup-drup, grootliks, man-alleen, nouliks, kwalik, ternouernood; op, byna op, boomskraap
ww. minder maak, verminder, verdeel, aftrek, reduseer, verlaag, minimaliseer, miniseer, rantsoeneer, ontdaan, beperk, versober, besnoei, verklein, halveer; minder word, afneem, daal, sak, krimp, te kort skiet, tekort skiet, tekortskiet
telw. enkele
uitdr. so skaars soos hoendertande; soos die swart van my nael; net genoeg vir 'n hol tand

104. Baie
b.nw. **baie**, nie min nie, bietjie baie, heelwat, heelparty, talryk, talloos, oorvloedig, legio, volop, menige, menigerlei, honderdvoudig, duisenderlei, duisendvoudig, menigvuldig, meervoudig, veelvoudig, veelvuldig, veels te veel, alte veel, glad(s) te veel, te veel om op te noem, meer as te veel, helske (*informeel*), velerlei, rojaal, allermees, kwistig, oordadig, spandabel, uitspattig, buitensporig, ruim, ruimskoots, ryk, ryklik, aanmerklik, aansienlik, aardig, hooglopend
massaal, geweldig baie, ontelbaar, onmeetbaar, onmeetlik, onberekenbaar, onnoembaar, onnoemlik, onuitputlik, allemagtig, grenseloos, grensloos, kolossaal,

allemintig, mateloos, fameus, nameloos, oneindig, onhebbelik, ontsaglik, absoluut, groots, hoog, hemelhoog, hewig, hels, groot, grootskaals, grootskeeps, epidemies **besonder**, besonders, bomenslik, bowemenslik, danig, diep, dik, dubbel, dubbeld, fel, flink, gedug, gekonsentreer(d), gelaai, geweldig, ontsettend, goed, groterig, heel, hele, intens, intensief, kliphard, keihard, kniediep, oorstallig, pront, radikaal, rasend, sat, spesiaal, sterk, stewig, straf, uitbundig, verhewe, verregaande
s.nw. talrykheid, veelheid, meervoud, meervoudigheid, pluraliteit, menigte, mag der menigte, magdom, klomp, duisternis, grootmaat, oormaat, oordaad, konsentrasie, massa, massaliteit, wavrag, miernes, oneindigheid, onmeetlikheid, vermenigvuldiging, gros, berg, rits, reën, oorskot, oorstroming, skool, spul, swerm, swetterjoel, swetrioel, wemeling, wriemeling, toevloed, trop, wolk, boel, bolling, kaboedel, kaboel, keboedel, keboel, boksendais, kwinteljoen; massifikasie, massavorming **mensemassa**, skare, kitsskare, massa, optog, massa-optog, leër, leërskaar, leërskare, legioen, see, maalstroom, toestroming, konsentrasie, wemeling, miriade (*ongewoon*), norring (*ongewoon*), drukte, oormag, gepeupel, volk, volkrykheid, nasie **rojaliteit**, oordaad, spandabelrigheid, kwistigheid, buitensporigheid, uitspattigheid, vettigheid
bw. baie, altevol, baiekeer, baie keer, baiemaal, baie maal, uiters, onbeskryfbaar, onbeskryflik, donders (*plat*), fokken (*plat*), moers (*plat*), moeruit (*plat*), heeltemal, tot en met, dubbel en dwars, hoogs, alte, alteveel, besonder, besonders, besonderlik, bitterlik, derjare, nogal, seer, so, soseer, veel, des te meer, meer en meer, op sy meeste, op sy allermeeste, op sy beste, op sy allerbeste, oor
in die hoogste mate, met 'n hoë graad, aansienlik, danig, volop, driftig, volslae, besonder, intens, intensief, gedug, hewig, fel, vinnig, bitter, lelik, geweldig, met alle geweld, rasend, bomenslik, skandalig, barbaars, enorm, verdomp, ten seerste, uiters, hoogs, uitermate, vreeslik, erg, verskriklik, skromelik, ongenadig, ontsettend, allerverskrikliks, onberekenbaar,

oneindig, eindeloos, ongelooflik, iets ysliks, oorweldigend, vrek, bliksems (*plat*), moers (*plat*), moewies (*lekties*), fokken (*plat*), verduiwels (*plat*), hels (*plat*), heluit (*plat*), donders (*plat*), donners (*plat*)
in redelike mate, in 'n mate, tot 'n mate, nogal, nogals (*lekties, informeel*), taamlik, taamlik baie
ww. vermenigvuldig, vermeerder, massifiseer, verdubbel, aanteel, krioel, wemel, wriemel, oordóén, oorstelp, oorstroom, opskud, reën, swerm, toestroom, vul, kraak
telw. baie, talle, tientalle, honderde, duisende, derduisende, miljoene, miljuisende (*informeel*), ziljoene (*informeel*), heelwat, veel, verskeie
woorddeel hoog-, mega-, megalo-, oor-, super-, veel-
uitdr. male sonder tal; ad infinitum; en masse; te kus en te keur; die weduwee se kruik; Kretie en Pletie; met alle geweld; soos sand aan die see; ten seerste; tot oor die ore; 'n hele mondvol; 'n trop geld; opkom soos paddastoele; aanteel soos konyne; soos hare op 'n hond se rug; die land van melk en heuning; langs die vleispotte van Egipte sit

b. Betreklike hoeveelheid
105. Gelyke hoeveelheid
b.nw. gelyk, gelykwaardig, gelyktallig, ewe, dieselfde, ooreenkomend, eenders
bw. gelyk(e)lik, in 'n gelyke mate, ewe veel, vyftig-vyftig, ewemin, net so veel, net so min, eenders
s.nw. gelyke getal, gelyke hoeveelheid, ewe getal; gelykteken, gelykaanteken, is-gelyk-aan(-)teken
ww. gelykmaak, ewenaar
uitdr. so lank as wat dit breed is; ses van die een en 'n halfdosyn van die ander

106. Ongelyke hoeveelheid
b.nw. ongelyk, ongelyktallig, ongelykwaardig, onewe
s.nw. ongelyke getal, onewe getal

107. Meer
b.nw. meer, meerder(e), meeste, allermeeste, allergrootste, ..., maksimaal, menige, menigerlei, aanvullend, addisio-

neel, bykomend, ekstra, oorbelas, toegevoeg, toenemend, ougmentatief, inkrementeel, kumulatief, dubbel, dubbeld, duwweld, driedubbeld, vierdubbeld, drievoudig, tienvoudig, ..., ingeslote, ingesluit, oorwegend, oorweënd, ruim, supplementêr, taamlik

s.nw. meerderheid, die grootste gros, meerderheidsgroep, meerderheidsparty, maksimum, piek, ekstreem, paroksisme, merendeel, miriade, ruimheid

vermeerdering, styging, toename, toeneming, eskalasie, kwantumsprong, kumulasie, ougmentasie, ophoping, opstapeling, amplifikasie, bevolkingsontploffing, reproduksie, aanwas, toeslag, uitbreiding, oorbelasting, verbreding, verbreiding, verdubbeling, verhoging, vermenigvuldiging, maksimalisering, maksimering, verruiming, aanwins, proliferasie, inkrement

toevoeging, toevoegsel, byvoeging, byvoegsel, aanvulling, aanvulsel, addisie, assumpsie (toevoeging), supplement, aanhangsel, addendum, bylae

bw. asmede, bo (bowe), bowendien, daarbenewens, hierbenewens, hierby, hiermee, hoogstens, meer, meermaal, meermale, mees, nog, tegelyk, uiters, verreweg, voor, hoe langer hoe meer, des te meer, eens soveel, soveel te meer, meer en meer

ww. vermeerder, toeneem, eskaleer, kumuleer, ophoop, opstapel, aangroei, aanswel, eskaleer, verdubbel, vermenigvuldig, maksimaliseer, maksimeer, aanvul, verdriedubbel, ..., verviervoudig, ..., vergroot, verhoog, verruim, belaai, oorbelaai, groei, ophoop, oploop, redupliseer, reproduseer, aanwas, ingroei, insluit, intensiveer, invoeg, byvoeg, supplementeer, klim, styg, verbreed, verdiep

voors. in, newens, benewens, bo (bowe), daarenbowe

woorddeel meer-, oor-

108. Minder

b.nw. minder, minimaal, miniskuul, minste, kort, beperk, gereduseer(d), reduseerbaar, restriktief, begrens, gewoonweg, sinopties, slytend, summier

s.nw. minderheid, minimum, minoriteit, minste, beperking, beperktheid, gereduseerdheid, restriksie, drempel

vermindering, besnoeiing, beperking, aftrekking, inkorting, rantsoen, rantsoenering, reduksie

afname, slytasie, slyting, verflouing, verlaging, verslapping

bw. minstens, ten minste, op sy minste, louter, altans, slegs, alleen, alleenlik, enkel en alleen, man-alleen, blootweg, kortliks, baster, skaars, tewens, kortom, eindelik, ten slotte

ww. verminder, beperk, besnoei, snoei, begrens, afkry, aftrek, afbring, inkort, verlaag, rantsoeneer, reduseer, matig, verlig, versag, verslap, minimaliseer; afgaan, afneem, eb, daal, inkrimp, afvloei, leegloop, sak, slink, slyt, taan, val, verflou

woorddeel onder-

c. Deel en geheel
109. Alles

s.nw. alles, alle dinge, almal, algar (*verouderd*), alger (*verouderd*), elkeen, elk, iedereen, al twee, al die dinge, geheel 111, die hele kaboedel, die hele kaboel, die hele boksendais (*informeel*), die hele boksemdais (*informeel*), die hele sous, die hele sissewinkel, die hele spul, die hele lot, die lot, gevuldheid, invulling, invulsel, santekraam, totaal, volheid, volte

allesomvattendheid, alomvattendheid, universaliteit, algemeenheid, geheelbeeld

b.nw. **algeheel**, heel, geheel, totaal, toententaal (*informeel*), algenoegsaam, heel, hele, volledig, volkome, kompleet, volmaak, perfek, voltallig

vol, vol, gelykvol, propvol, stampvol, stikvol, tjokvol, tjok-en-blok (*informeel*), tjokkenblok (*informeel*), tot barstens toe vol, tot boordens toe vol, boorde(ns)vol, gevul(d)

allesomvattend, alomvattend, universeel, algemeen, allesinsluitend

ww. vul, volmaak, volpomp, volstop, ..., invul, vervul, drenk, prop, inprop, oprop, opstop, stop, toesit, toestop

bw. altesaam, altesame, saam, alles saam, alles bymekaar, almal bymekaar, heeltemal, al, volkome, geheel en al, totaal, toentental (*informeel*), algeheel, ten volle, in alle opsigte, volslae, absoluut, in optima forma *telw.* al(le), elk(e), albei, al drie, ...

uitdr. deur die bank; die alfa en die omega; glad en al; sak en pak; pens en pootjies; huitjie en muitjie; Jan, Piet en Klaas; Jan en alleman; kant en wal; Kretie en Pletie; met man en muis; tot oorlopens toe vol; tot barstens toe; tot die laaste sent; van stukkie tot brokkie; voor die voet; vir almal alles wees

110. Niks

s.nw. niks, nil, minder as niks, mahala, fokkol (*plat*), boggerol, bôggerol, (*Engels, plat*), boggherol, bôkkerol (*Engels, plat*), bokkerol (*Engels, plat*), habba (*lekties, informeel*), geen greintjie, geen duit, niemand, geen lewende siel, nul, geen steek nie, vakuum, leegte, holheid, holligheid, lediging, nullyn, nulstreep; kleinigheid, nietigheid 621

b.nw. **blanko**, gedaan, hol, hollerig, uitgeput, vakant, vry

leeg, leërig, dolleeg

ww. ledig, leegloop, leegmaak, leegstaan, ..., opraak, ruim, uitput, uitraak, uitgooi, uitpomp, uitsuig, uitsuie, ..., vrylaat

bw. niks, minder as niks, op, heeltemal op, opper as op, blank, niemandal (*ongewoon*), nie die minste nie, in vacuo

voors. sonder

telw. geen, g'n, nul

voegw. nóg ... nóg

uitdr. geen siertjie nie; in vacuo; geen jota (of tittel); kind nog kraai hê; nie kop of stert van iets uitmaak nie; daar kom boontjies van; daar sal niks van kom nie; daar sal dadels van kom; daar sal kaiings van kom; geen kat se kans nie; nie 'n klap werd nie; net so min as die man in die maan; geen steek nie; nie 'n vingerbreedte afwyk/toegee nie; niks kan uit niks kom/ontstaan nie; niks vir niks en baie vir 'n sikspens

111. Geheel

s.nw. **geheel**, eenheid, een-heid, totaliteit, aggregaat, ensemble, totaal, individu, indiwidu, vervollediging, geïntegreerdheid, integrasie, reïntegrasie, volledigheid, volmaaktheid, volmaakte, vervolmaking, globalisasie, globalisering

slotsom, oorsig, geheelbeeld, samevatting, opsomming, kompendium, sinopsis, sintese, kwintessens

b.nw. heel, hele, gans, ganske, godganselik, totaal, onverdeel(d), geïntegreer(d), volkome, volledig, volskaals, volmaak, volslae, volstrek, heelhuids, finaal, globaal, integraal, integrerend, kompleet, land(s)wyd, lankuit, ongeskonde, puur, radikaal, samehangend, sinteties, totalitêr, vol, voltallig

ww. heel, heelmaak, voltooi, konstrueer, opbou, saamstel, saamflans, aaneenflans, saambind, saamvoeg, ..., integreer, reïntegreer, vervolledig, vervolmaak, rekonstitueer, resumeer, saamvat, opsom

bw. heeltemal, geheel, geheel en al, toetentaal, allesins, ten enemale, in alle opsigte, in toto, kompleet, opsluit, op-en-top, per slot van rekening, skoon, volledigheidshalwe, voluit, dwarsdeur, sonder voorbehoud, ten volle, in optima forma; heeldag, heelnag, heelweek, heelpad, ...

woorddeel heel-, pan-, saam-, aaneen-

uitdr. van A tot Z; van kop tot toon/tone; (met) pens en pootjies; met geur en kleur; in extenso; in summa

112. Deel

s.nw. **deel**, deeltjie, partikel, gedeelte, voorste gedeelte, agterste gedeelte, middelste gedeelte, afdeling, komponent, hoofdeel, onderdeel, konstituent, part, toebehoorsel, toebehore (*meervoud*), onderverdeling, afdeling, module, bestanddeel, grondbestanddeel, ingrediënt, grondstof, boustof, boumateriaal, stuk, stukkie, kriesel, krieseltjie, fragment, fraksie, geleding, segment, segmentasie, seksie, sektor, besonderheid, besonderhede, hoofsaak, aspek, detail, faset, komplement, aandeel, leeueaandeel, hoeveelheid, kwota, klomp, meerderheid, minderheid, minoriteit, helfte, halfte, halwe, regterhelfte, linkerhelfte, regterkant, linkerkant, regtervleuel, linkervleuel, ..., kwart, agste, ..., persentasie, persentiel, kwintiel, paaiement, lid, lidmaat, spanlid, spanmaat, bloed (nuwe, ou bloed in 'n span), wederhelfte, moot, strook, hap, porsie, grein, korrel, krummel, klont, kluit, klodder, knipsel, skerf, skilfer, spaander, flarde, flardes, flenter, flenters, flerts, fraiing, rafel, toiing, toiinkie, uitskot, afval

verdeling, onderverdeling, kompartementalisering, geleding, geleedheid, skeiding, halvering, partisie, splitsing, uittreksel, versplintering, verbrokkeling
b.nw. gedeeltelik, fraksioneel, parsieel, geleed, eendelig, tweedelig, tiendelig, honderddelig, ..., seksioneel, modulêr, gesegmenteer(d), segmentaal, aspektueel, fragmentaries, gedetailleer(d), half, halfweg, komplementêr, korrelrig, krummelrig, skilferagtig, skilferig, klonterig, kluiterig, toiingrig, fraiingrig, relatief, gradueel, rudimentêr, segmentvormig, sentesimaal, tienpotig, isomeer, isomeries; deelbaar, verdeelbaar, splitsbaar, skeibaar
ww. deel, verdeel, opdeel, splits, split, segmenteer, skei, halveer, gelykop verdeel, indeel, herindeel, onderverdeel, kompartementaliseer, kompartementeer, versnipper, versplinter, verbrokkel, aftak, atomiseer, gradueer, uittrek
bw. deels, ten dele, deelsgewys, grotendeels, merendeels, onder andere, klompiesgewyse, paaiementsgewys(e), stukgewys(e), met stukkies en brokkies, stuk-stuk, stukkie vir stukkie, andersyds, origens, owerigens, verreweg, enersyds... andersyds, aan die een kant ... aan die ander kant
voors. daarvan
woorddeel deel-, semi-, demi-, -delig, -voudig, onder-, sub-
uitdr. met geur en kleur

113. Enkelvoudig
b.nw. enkelvoudig, eenvoudig, doodeenvoudig, ongekompliseerd, pasklaar, haploïed, homogeen, eenarmig, eensydig, unilateraal, allenig
s.nw. enkelvoudigheid, eenheid, een-heid, eenvoud, eenvoudigheid, ongekompliseerdheid, homogeniteit, vereenvoudiging
bw. net, opsy
ww. vereenvoudig, homogeniseer

114. Saamgesteld
b.nw. saamgestel(d), samegestel(d), saamgevoeg, ineengevoeg, meerdelig, driedelig, ..., meerledig, drieledig, ..., meervlakkig, veelvlakkig, vertak, meerhoofdig, driehoofdig, ..., meervoudig, drievoudig, ..., gelaag(d), gregaries, heterogeen, hibridies,

tweedubbel(d), tweeduwwel(d), ..., meerslagtig, tweeslagtig, ..., moeilik 654, kompleks, gekompliseer(d), ingewikkel(d) 654, dubbelsinnig, bymekaar, saamgevoeg, bymekaargevoeg
s.nw. samestelling, saamgesteldheid, samestellende dele (*meervoud*), samevoeging, ineenvoeging, heterogeniteit, hibried, hibride, hibriditeit, hibridisasie, meerdeligheid, driedeligheid, ..., netwerk, samestel, kompleks, kompleksiteit, gekompliseerdheid 654, ingewikkeldheid, besonderhede, dualisme, dubbelheid, dubbelsinnigheid
bw. saam
ww. saamstel, bou, opbou, monteer, inmekaarsit, bymekaarvoeg, saamvoeg, byeenvoeg, ineenvoeg, hibridiseer
woorddeel dubbel-, saam-

d. Te veel en te min
115. Genoeg
b.nw. genoeg, oorgenoeg, genoegsaam, alleen, toereikend, voldoende, adekwaat, ruimskoots, volop 104, meer as te veel
s.nw. toereikendheid, balans, voldoendheid, adekwaatheid
bw. in voldoende mate
ww. volstaan, rondkom, toereik, uitkom, daarlaat, binne perke bly
tw. so ja!
uitdr. met iets volstaan; wat genoeg is, is genoeg; genoeg is oorvloed

116. Te veel
b.nw. te veel, alte veel, veels te veel, glad(s) te veel, te veel om op te noem, meer as te veel, te baie, bietjie baie, oorvloedig, oorbodig, oorvolledig, oormatig, oortollig, botallig, orig, oorblywend, oordrewe, oordrywend, oordadig, buitensporig, oorhoeks, resterend
s.nw. **oorvloed**, oormaat, ekses, oormatigheid, oorbodigheid, oortolligheid, oordrewenheid, overdaad, oordaad, vermorsing, weelde, oorontwikkeling, oorgewig, ..., boel
surplus, oorblyfsel, oormaat, oorproduksie, oorskiet, res, residu, restant, oordrywing, oorvrag, toeslag, wrak
bw. gans, gansegaar, gans en gaar, te, totaal, heeltemal, boonop, glad, glads, ultra, oor
ww. oorproduseer, oorwoeker, oorvoed, ...,

oorbly, oordryf, oordrywe, te buite gaan, ooreis, oorhê, oorhou, oorlaat, oorskiet, opblaas, swelg, toevloei, vergeet
woorddeel hiper-, oor-, ultra-
uitdr. die perke oorskry; jou oorhoeks werk; jou teë drink/eet aan; swelg in oorvloed; te breed aanvoor; te ver gaan; 'n bietjie/baie meer afbyt as wat jy kan kou; te veel vir woorde

117. Te min
b.nw. te min, weinig, kort, onvolledig, ondervoorsien, onvoldoende, ontoereikend, ongenoegsaam, skamel, gebrekkig
s.nw. tekort 687, 690, gebrek, ondervoorsiening, ontoereikendheid, bietjie, gaping, agterstand, hiaat, leegte, leemte, lakune, skamelheid, gemis 65
ww. ontbreek, skort, te kort kom, tekort kom, tekortkom, te kort skiet, tekort skiet, tekortskiet, te kort doen, tekort doen, tekortdoen

H. BEREKENING
a. Meting
118. Vergelyking
s.nw. vergelyking, vergelykbaarheid, betrekking, komparatief, parallel, ooreenkoms, verskil, konfrontasie
b.nw. vergelykbaar, vergelykend, parallel, ooreenkomstig, verskillend
ww. vergelyk, 'n vergelyking tref, 'n vergelyking maak, opweeg, konfronteer, deurstaan
bw. so, sowel, vergelykenderwys, in vis-à-vis
voors. naas, teen, teenoor, in vergelyking met, vergeleke met, vergeleke by, met betrekking tot, in teenstelling met, in stryd met
uitdr. dis vinkel en koljander (die een is soos die ander)

119. Teenstelling
s.nw. teenstelling, teëstelling, teenoorgesteldheid 9, pool, opposisie, kontras, onverenigbaarheid, onversoenbaarheid, teenstrydigheid, antitese
b.nw. teenstellend, adversatief, teenoorgesteld, onverenigbaar, onversoenbaar, teenstrydig, uniek
ww. stel teenoor, kontrasteer, opponeer, afsteek

bw. daarenteë, daarenteen
voors. teenoor, daarteenoor, in teenstelling met
voegw. maar, dog
woorddeel para-
uitdr. sonder weerga

120. Onderskeid
s.nw. onderskeid 9, onderskeiding, verskil, kontras, herkenning, herkenbaarheid, identifikasie 129, diskriminasie
b.nw. onderskeibaar, onderskeidend, herkenbaar, kenbaar, identifiseerbaar, identifiserend, onderskeidelik, respektief
ww. onderskei, uitmekaar ken, herken, uitken, uitwys, eien, identifiseer, diskrimineer, kontrasteer
bw. respektiewelik, respektieflik
voors. ter onderskeiding van
uitdr. die skape van die bokke skei

121. Verwarring
s.nw. **verwarring** 11, verwardheid, deurmekaarspul, kraaines, warboel, chaos, ordeloosheid, gemors, wanorde 20, wanordelikheid, pandemonium, breekspul, fokop (plat), boggerop (Engels, plat), boggherop (Engels, plat), bokkerop (Engels, plat), knoeiery, knoeiwerk, knoeispul
anargie, chaos, wanorde, wanordelikheid, disharmonie 11, bandeloosheid, wetteloosheid, pandemonium, opskudding, furore, brouhaha, rumoer, oproer, rebellie, rewolusie, revolusie, verskrikking, malheid
twyfel 519, vertwyfeldheid, verwarring, verwardheid, onsekerheid, tweestryd, verbasing, verdwaasdheid, ontreddering, duisternis
b.nw. **verwarrend**, verward, deurmekaar, raaiselagtig, ordeloos, wanordelik, chaoties, twyfelagtig 519
verward, warkoppig, warhoofdig, deurmekaar, vertwyfeld, ontredder(d), onseker, verbaas, verdwaas(d)
bandeloos, wetteloos, anargisties, rewolusionêr, revolusionêr, teenrewolusionêr, teenrevolusionêr, kontrarewolusionêr, kontrarevolusionêr
ww. verwar, in verwarring bring, verwarring veroorsaak, verdwaas, knoei, droogmaak, verknoei, beknoei, deurmekaar

maak 20, deurmekaarkrap; verward wees, in 'n dwaal wees, deurmekaar wees, twyfel 519

uitdr. 'n Babelse verwarring; 'n miernes oopskop; deur die mis wees; deur die pis wees (*plat*)

122. Bereken
ww. bereken 703, reken, uitwerk, uitreken, vooruitreken, voorreken, verreken, bepaal, vooruitbepaal, tel 125, aftel, optel, aftrek, maal, deel, verdeel, onderverdeel, die vierkantswortel trek, meet 123, afmeet, opmeet, uitmeet, syfer, uitsyfer, versyfer, besyfer, skat 126, raam, beraam, bepaal, vasstel, afpeil, afsteek, begroot, afpaar, trek, raai, waardeer, valueer; beloop, bedra, uitmaak; standaardiseer, normeer, justeer, yk

s.nw. berekening, meting, afmeting, bepaling, verdeling, onderverdeling, versyfering, gradering, rekene, skatting 126, raming, beraming, waardasie, oogskatting, raaiwerk, raaiskoot, raaiery, waarskynlikheidsrekening, begroting, graadverdeling, rekenfout, rekenkunde; syfer, indekssyfer, statistiek, graad

waarde, waardasie, waardebepaling, valuasie, markwaarde, geldwaarde, inruilwaarde, verkoopwaarde, sigwaarde, klandisiewaarde, duurte, relatiewe waarde, persent, persentasie; prys 704, kosprys, fabrieksprys, groothandel(s)prys, kleinhandel(s)prys, winkelprys, markprys, inkoopprys, koopprys, koopsom, verkoopprys, verkoopsom, tarief, voorkeurtarief, insetprys, insitprys, rigprys, topprys, lopende prys, markprys, lopende koers, markkoers, billike prys, fantasieprys, intekenprys, kontrakprys, katalogus, pryslys, prysnotasie, prysnotering, pryskoers, prysbevriesing, prysverskil, minimum, maksimum, limiet; mark, prysbepaling, tariefoorlog, tarieweoorlog, tribuut

maat, metrieke maat, gewigsmaat, lengtemaat, hoogtemaat, ..., ondermaat, oormaat

rekenaar, sakrekenaar, optelmasjien, abakus, telraam, rekenlat, rekenliniaal, rekenmasjien, rekenboek, rekenraam, skuifliniaal, skuifpasser, meetinstrument, maatband, maatlint, maatlyn, meter, meteropnemer

standaardisasie, standaardisering, standaard, standaardomskrywing, standaardmaat, normering, norm, nullyn, nulstreep, yking, yker, ykmeester, ykgewig, ykmaat, ykgereedskap, ykwese, proefgewig

berekenaar, waardeerder, assessor, takseerder, taksateur, aanslaer, rekenmeester 703, boekhouer, ouditeur

b.nw. berekenbaar, rekenkundig, bepaalbaar, telbaar, verdeelbaar, meetbaar, geskat(te), begroot, begrote, metriek, geyk(te), gestandaardiseer(d)(e)

123. Meet
ww. meet, afmeet, opmeet, uitmeet, nameet, maat (mate) neem, peil, afpeil, aftree, kalibreer, grond, vasstel, bepaal, 'n maatstaf aanlê, justeer, landmeet, opneem, doseer, metriseer

bw. afgemete, grootliks

s.nw. meting, afmeting, opmeting, uitmeting, hoekmeting, bepaling, opname, peil, peiling, kalibrasie, vasstelling, afstandsbediening, graad, gradasie, dieptemeting, loding, lengtemeting, afstandsmeting, gewigsmeting, massameting, volumemeting, ..., dieptebepaling, lengtebepaling, gewigsbepaling, ..., landmetery, landmeting, skaalverdeling, hellingbepaling, bloedtelling; maatstaf, kriterium, standaard, verwysingspunt, verwysingsraamwerk, norm, yking; meetkunde, vlakmeetkunde, planimetrie, stereometrie, landmeetkunde, landmeter, meteropnemer, metrologie, metrologies, hidrometrie, oudiometrie, biometrie; opmetingsafdeling, opmetingsdiens

maat, metrieke maat, Britse maat, maateenheid, standaard, maatstaf, formaat, kaliber, standaardmaat, standaardgrootte, standaardlengte, standaardbreedte, ..., metrikasie, metrisering, herhalingsdesimaal, hoeveelheidsnaam, vektor

lengte, afstand, hoogte, breedte, dikte, lengte-eenheid, mikron, em, pika, millimeter, sentimeter, desimeter, meter, kilometer, dekameter, hektometer, duim, voet, voetmaat, jaart, myl, seemyl, roede, furlong, hand, stapel, kabellengte, steenworp, iron

diepte, vaam, vadem, watervlak

oppervlakte, vierkante voet, vierkante meter, ..., acre, acrevoet, akker, hektaar, morg, morgvoet, landmaat, grootsirkel, folioformaat, skryfblokformaat, A3-formaat, ...
volume, inhoud, massa, gewig, ons, pond, ton, kiloton, milligram, sentigram, gram, kilogram, dekagram, hektogram, koringmaat, sak, mud, mudsak, boesel, skepel, skepelmandjie, gallon, gelling, pint, milliliter, sentiliter, liter, desiliter, kiloliter, dekaliter, hektoliter, dosis, halfaam, dopmaat, okshoof, anker, fles, akkervoet
krag, krageenheid, arbeidseenheid, kilogramkrag, gram-sentimeter, gram-sentimetergrootte, newton, perdekrag
energie, watt, kilowatt, hektowatt, megawatt, joule
elektrisiteit, ohm, kilo-ohm, milliampère, ampère, ampèregetal, kilowatt, volt, millivolt, kilovolt, voltampère, farad, gauss, henry, coulomb, siemens, kilowatt-uur
tyd 37, sekonde, uur, parsek, megaparsek; myl per uur, kilometer per uur, mach, knoop
desibel, bel (geluidsterkte), foon, herz, megaherz
ligeenheid, kerskrag, kers, kerssterkte, diopter, stilb (helderheid), dioptrie
warmte-eenheid, graad, Celsius-graad, Fahrenheit-graad, kalorie, kilokalorie, pascal, kilopascal, baar, millibaar, kilobaar, kelvin, curie (radioaktiwiteit), kurie
meetinstrument, meter, ykinstrument; lengtemeter, liniaal, skuifliniaal, duimstok, maatstok, meetstok, meetlat, maatband, meetband, maatlyn, meetketting, meetkoord, meetlint, meetlood, meetlyn, meetsnoer, meetwiel, hoekmeter, afstand(s)meter, odometer, tageometer, tagimeter, siklometer, telemeter, tellurometer, landmetersketting, meetketting, maatbeker, maatemmer, maatfles, maatlepel, reflektometer, xilometer; vlaktemeter, planimeter; hoogtemeter, altimeter, hipsometer, skietlood, helling(s)meter, klinometer; dieptemeter, dieplood, meetlood, peillood, peilstok, sinklood, pelagoskoop; maatemmer, maatfles, maatglas, doseerlepel, doseerspuit, watermeter; digtheidsmeter, densimeter, dilatometer, piknometer; stralingsmeter, bolometer, solarimeter; spoedmeter, tagometer, gatsometer, machmeter, velometer; wattmeter, voltmeter; ligmeter, fotometer; termostaat, koorspen(netjie), kriometer, kriostaat, hittemeter, pirometer, piroskoop; drukmeter, drukkingsmeter, piësometer, banddrukmeter, lugdrukmeter, barometer; skaal, hidrometer, stereometer; ammeter, aërostaat, gasmeter, graadnet, oudiometer, radar, radarinstallasie, radarstasie, radartoestel, sensor, skaal, spanningsmeter, tribometer, stoommeter, waterpas, werplood, wys(t)er; metingstelsel, c.g.s.-stelsel, metrieke stelsel, Britse stelsel
b.nw. meetbaar, mensurabel, afgemete, onmeetbaar, metriek, metries, peilloos, rasionaal, telemetries, termies, longitudinaal
woorddeel milli-, senti-, deka-, kilo-, hekto-, mega-, termo-, hidro-, teli-, alti-

124. Weeg

ww. weeg, inweeg, oorweeg, afweeg
s.nw. gewig, standaardgewig, teengewig, gewigsgrens, massa, soortlike gewig, soortlike massa, tarra, watermassa, weegbalans, balans, weging, weegbaarheid, gewigloosheid, leeggewig; barologie, gewigsleer
weegskaal, skaal, trekskaal, veerskaal, kombuisskaal, babaskaal, weegbrug, weeghaak, unster, weegstoel; balk, hand, hefboom, juk, gewig, gewiggie, troois, juweliersgewig, skrupel, wyser
gewigsmaat, gewigseenheid, milligram, gram, kilogram, dekagram, ons, fynons, pond, ton, registerton, kwintaal, sentenaar, grein, avoirdupois, grammolekule, honderdponder, dooi(e)gewig, skaal, karaat, denier, talent
b.nw. weegbaar, onweegbaar, gewigloos, kwintaal, hiperbaries
uitdr. in die weegskaal wees; wik en weeg; geweeg en te lig bevind

125. Tel

ww. tel, aftel, optel, uittel, bytel, saamtel, natel, meetel, reken, bereken, uitreken, omreken, meereken, nareken, voorreken, verreken, syfer, versyfer, nasyfer, kodeer, interpreteer, invoer, justeer, kompileer, vertaal
s.nw. getal, syfer, telling, veranderlike, rekening, berekening, omrekening, syfe-

ring, versyfering, kodering, grootheid
teller, teller, telapparaat, telmasjien, rekenaar, rekenmasjien, telraam, abakus, kasregister, pedometer, treëteller
b.nw. getel(d), ongetel(d), telbaar, ontelbaar, talloos

126. Skat
ww. skat, estimeer, raam, beraam, takseer, reken, bepaal, opmaak, begroot, prys, waardeer, ag, evalueer, kos, indekseer, raai, gis, vermoed, dink
bw. ongeveer, omtrent, by benadering, na beraming, na skatting, na wat vermoed word, plus-minus, min of meer, enigermate, amper, ampertjies, so te sê, net-net, kortkop, bykans, byna, byna-byna, naaste(n)by, nagenoeg, sowat, 'n rapsie minder/meer as, om en by
s.nw. skatting, estimasie, raming, beraming, kosteraming, kosteberaming, kwotasie, kwotering, berekening, benadering, appresiasie, taks, taksering, taksasie, taksateur, indeksering, waardasie, waardebepaling, waardering, waardeerder, kosterekenaar, raai, raaiwerk, raaiery, gissing
b.nw. skatbaar, persentueel, duur, goedkoop
voors. na aan, teen
woorddeel naas-
uitdr. iemand/iets na waarde skat; waarde aan iets heg; waar jou skat is, daar sal jou hart wees

127. Tydbepaling
s.nw. **tyd** 37, tyd(s)verloop 37, tydstip, moment, oomblik, periode, tydperk, tydvak, tyd(s)gewrig, tydkring, tydsduur, datum, aanvangsdatum, sluitingsdatum, sperdatum, fotoperiode, fotoperiodisme, sekonde, mikrosekonde, minuut, uur, tienuur, twaalfuur, ..., dag, week(s)dag, naweekdag, vakansiedag 648, feesdag 851, Maandag, Dinsdag, Woensdag, ..., dagbreek, dageraad, daeraad, lumier, daglumier, rooidag, daglengte, môre, more, oggend, middag, voormiddag, middagbreedte, noen, namiddag, aand, nag, voornag, nanag, laatnag, ounag, hanekraai, sonsondergang, spitstyd, spitsuur, piektyd, skemeruur, skemeraand, skemerdag, skemertyd, slaaptyd, slapenstyd, week, dag-en-nagewening 270, lentenagewening, herfsnagewening, naweek, maand, kalendermaand, skrikkelmaand, Januarie, Februarie, Maart, ..., jaar, jaartelling, kalenderjaar, skrikkeljaar, leerjaar, akademiese jaar, skooljaar, kerkjaar, jaarkring, jaartal, jaarwisseling, Oujaar, Nuwejaar, Kerstyd, Kersfees, Paastyd, Paasfees, Paasnaweek, ultimo, kwartaal, semester, trimester, dekade, desennium, eeu, eeuwisseling, jaarhonderd, jaarduisend, seisoen 289, jaargety, lente, somer, herfs, winter, somer(s)dag, somer(s)aand, somermaand, somermôre, somermore, somer(s)oggend, somertyd, winter(s)dag, ..., sonsirkel, klokslag; tydhouer, tydopnemer **tydbepaling**, tydmeting, tydtoets, tydaanwysing, tydrekening, tydreëling, chronologie, kronologie, chronometrie 128, kronometrie, datering, predatering, postdatering **almanak**, kalender, dagwyser (*verouderd*), muurkalender, skeurkalender, verjaar(s)dagkalender, sakalmanak, kantooralmanak, staanalmanak, tydtafel, getytafel, tydkaart, idus; Gregoriaanse kalender, Juliaanse kalender, Romeinse kalender, Koptiese kalender, Islamitiese kalender, ...
b.nw. chronies, kronies, chronologies, kronologies, daags(e), daglange, dagoud, weekoud, jaaroud, somers, daagliks, daeliks, wekeliks, maandeliks, jaarliks, halfdaagliks, halfwekeliks, halfjaarliks, vroeg, laat, sewedaags, sesmaandeliks, sewejaarliks, sewejarig
ww. die tyd aangee, tyd hou, tyd opneem, klok, dateer, postdateer, terugdateer, predateer, voordateer, dagteken, verjaar
bw. voor, agter, oordag, oornag, sononder, sonop, teen sononder, teen volgende maand, anno, anno Domini, vandag, vanmôre, vanmore, vanoggend, vanmiddag, vanaand, môre, more, oormôre, oormore, ooroormôre, ooroormore, gister, eergister, naaseergister, smôrens, smorens, smiddae, vroegdag, vroegaand, laataand, snags, vandeesweek, vandeesmaand, vanjaar, vandeesjaar, volgende jaar, verlede jaar, ante meridiem, post meridiem, na ete, om agtuur, ..., teen sesuur, teen ses, ...
lw. deser
voors. op, teen, voor, na, gedurende, tydens, in die loop van, met ingang van
uitdr. die son staan laag; die son trek water;

klokslag vyfuur; ...; voor my tyd; in die vroegte; saam met die hoenders gaan slaap

128. Chronometer
s.nw. horlosie, oorlosie, polshorlosie, polsoorlosie, kwartshorlosie, kwartsoorlosie, digitale horlosie, digitale oorlosie, elektriese horlosie, elektriese oorlosie, outomatiese horlosie, outomatiese oorlosie, kombuishorlosie, kombuisoorlosie, radiumhorlosie, radiumoorlosie, sakhorlosie, sakoorlosie, slaghorlosie, slagoorlosie, uurglas, uurwerk, slingeruurwerk, tik-tak, wekker, radiowekker, chronometer, kronometer, chronometrie, kronometrie, chronograaf, kronograaf, chronoskoop, kronoskoop, stophorlosie, stopoorlosie, klok, staanhorlosie, staanoorlosie, hangklok, toringklok, koekoekklok, sonnewyser, sandlopertjie
horlosieonderdele, sekondewys(t)er, minuutwys(t)er, uurwys(t)er, datumwyser, horlosieketting, oorlosieketting, horlosieveer, oorlosieveer, pendule, slagveer, slagwerk, slinger, snekrat (horlosie), spiraalveer, tandrat, tandwiel, voorwerk, wys(t)er, wys(t)erplaat, anker, balans, glas, horlosieglas, oorlosieglas, klokkas, klokslag, klokstoel
horlosiemaker, oorlosiemaker, horoloog
b.nw. chronometries, kronometries
ww. gaan, staan, loop, opwen, opwin, voorloop, tyd verloor, tyd wen, tik, tik-tak, lui, wek

129. Bepaaldheid
b.nw. bepaald, bekend, identifiseerbaar, spesifiek, eiesoortig, uniek, duidelik 543, omlyn, positief, reg, korrek, akkuraat, juis, presies, eksak, noukeurig 612, sorgvuldig, minusieus, raak, sekuur, seker, helder, aksenawel (*verouderd*), vasgestel(d), gedetermineer(d), beslis, gewis, klinkend, nimlik, skerp, suiwer, stip, treffend, bestem, volledig, voltallig; bepalend, identifiserend, determinerend
s.nw. bepaaldheid, gespesifiseerdheid, bekendheid, identifiseerbaarheid, identiteit, eiesoortigheid, uniekheid, duidelikheid, akkuraatheid, juistheid, eksaktheid, presiesheid, presisie, noukeurigheid, sorgvuldigheid, sekerheid, gegewe, meesterplan, vastheid, beslistheid; bepaling, determinasie, vasstelling, omskrywing, beslissing, spesifikasie, stipulasie, stipulering, definisie, berekening, vooruitbepaling; determinant
bw. bepaald, bepaaldelik, stellig, sekerlik, apropos, juistement, kompleet, nou, veral, duidelikheidshalwe, heeltemal, op die nipper(tjie), op die sekonde, op die minuut, ten nouste
ww. bepaal, vasstel, determineer, identifiseer, omskryf, neerlê, beslis, spesifiseer, stipuleer, definieer, bereken, vestig, vooruitbepaal, destineer
uitdr. gewis en seker; volgens die letter van die wet

130. Onbepaaldheid
b.nw. onbepaald, ongedefinieer(d), onduidelik, onhelder, vaag, onseker, onakkuraat, inakkuraat, oneksak, ineksak, onnoukeurig, benaderd, geskat(te), onbekend 7, algemeen, globaal, flou, half, klein, moontlik, verwarrend, dubbelsinnig, onlogies, illogies, misleidend, verkeerd, foutief
s.nw. onbepaaldheid, vaagheid, onduidelikheid, imponderabilia, onsekerheid, onbekendheid, onnoukeurigheid, onakkuraatheid, grensgeval, randgeval, fout; iemand, 'n mens, so-en-so
benaderde waarde, benadering, approksimasie, geskatte waarde, skatting
bw. omtrent, ongeveer, rofweg, om en by, grofweg, byna, amper, hittete, feitlik (byna), nouliks, kwalik, by benadering, naaste(n)by, nagenoeg, ruweg, so te sê, sowat, min of meer, nerfskeel, net-net, omstreeks, pas, stryks, vervas, voetstoots, vrywel
ww. benader, afneem, kortkom, ontbreek, te kort skiet, tekort skiet, tekortskiet, approksimeer
uitdr. op ('n) nerf na; op die kantjie af; 'n ieder en 'n elk; 'n stuk of tien; dit was so hittete; dit was naelskraap

131. Geldeenheid
s.nw. munt, muntstuk, munteenheid, muntgeld, geld, kontant, kontantgeld, kleingeld, koper, kopergeld, pasgeld, pasmunt
geldstuk, muntstuk, munt, goudstuk, kopkant, kruis, legende, muntstempel,

omskrif, randskrif, kabelrand
geldstelsel, muntstelsel, munteenheid, geldeenheid, geldstandaard, goudstandaard, muntwaarde, inflasie, deflasie, stagflasie, goudreserwe, koers, goudvoorraad, goudprys, defleksie, devaluasie, deviesgeld, geldvoorraad, geldomloop, geldsirkulasie, gesigswaarde
geldsoort, muntspesie; papiergeld, geldnoot, noot, banknoot, biljet; geldmunt, goudstuk, silwermunt, silwerstuk, nikkelmunt, kopergeld, koperstuk; groot geld, kleingeld, sakgeld, spandeergeld, los geld; kriptogeld, kriptogeldstelsel, kriptogeldeenheid, Bitcoin, Ethereum, digitale geldeenheid
munt, muntmeester, pasmunt, muntgereedskap, muntmateriaal, proefmunt
numismatiek, penningkunde, muntkunde, numismatologie, numismatografie; numismatikus, numismaat, numismatoloog, numismatograaf
geldeenheid, monetêre eenheid (*Die klem val hier op die name van geldeenhede. Waar nodig, word die name van lande waar hierdie eenhede voorkom vermeld. Die lys maak nie aanspraak op volledigheid nie.*); cordoba (Nicaragua); daalder (*verouderd*), riksdaalder (*verouderd*), gulden (Nederland) (*verouderd*); dinar (Algerië); dollar; dragme (Griekeland); dubbeltjie; duit; dukaat; escudo (Portugal); euro, ecu; floryn (Nederland); frank; halfkroon; kroon (Noorweë); kwacha (Malawi); lek (Albanië); lew, lev (Bulgarye); lire (Italië); mark, markka (Finland); mark, pfennig (Duitsland); peseta, duro, escudo, reaal (Spanje); peso (Argentinië); peso (Colombië); piaster, peso, centavo (Mexiko); pond, sterling, pond sterling, sjieling; rand, sent; roebel, kopek (Rusland); roepee (Ceylon); sikkel; skelling; sol (Peru); solidus; spesie; stater; tael, renminbi, jao, jau, fen (China); talent; yen (Japan); zloty (Pole); oortjie, stuiwer, pennie, oulap, penning, tiekie, trippens, sikspens, sjieling, halfkroon, ghienie, pond
b.nw. gemunt, ongemunt, inflasionêr, inflasionisties, kontant, monetêr, numerêr, numismaties, penningkundig, baar (geld), gangbaar
ww. munt, 'n munt slaan, in omloop bring, demonetiseer, devalueer, revalueer, wissel, afstempel

b. Wiskundige berekening
132. Wiskunde
s.nw. wiskunde, matematika, matesis, suiwer wiskunde, toegepaste wiskunde, numeriese wiskunde, algebra 138, meetkunde 139, stelkunde, calculus, getalleleer, getalleteorie, versamelingsleer, rekenkunde, hoofrekene, hoofrekening, hoofrekenkunde, proefrekene, handelsrekene, infinitesimaalrekene, integraalrekene, kansleer, statistiek, wiskundige statistiek, geometrie; wiskundige, matematikus, meetkundige, stelkundige, rekenkundige, rekenmeester, statistikus
b.nw. wiskundig, matematies, rekenkundig, algebraïes, meetkundig, geometries
ww. reken, interpoleer, kollasioneer, reduseer

133. Getalle
telw. nul, nulpunt, zero, een, twee, drie, ..., tien, twaalf, dertien, veertien, ..., neëntien, negentien, twintig, dertig, veertig, ..., neëntig, negentig, honderd, eenhonderd, honderd-en-een, honderd en een, tweehonderd, tweehonderd-drie-en-twintig, tweehonderd drie en twintig, duisend, eenduisend, tweeduisend, tweeduisendeenhonderd, ..., honderdduisend, eenhonderdduisend, tweehonderdduisend, ..., miljoen, eenmiljoen, tweemiljoen, ..., biljoen, miljard, triljoen, kwadriljoen, kwadriljard, kwinteljoen, ziljoen (*informeel*); eerste, tweede, derde, vierde, ..., neënde, negende, elfde, twaalfde, ..., twintigste, dertigste, ..., neëntigste, negentigste, honderdste; agste, kwart, half, driekwart, een-derde, drie-agstes, ...; twaalf, dosyn, ses, halfdosyn, honderd-vier-en-veertig, honderd vier en veertig, gros, sewe, die volmaakte getal, dertien, die ongelukkige getal, astronomiese getal; beide, albei, al drie, al, elk; sommige, party, min, baie
s.nw. getal, getallereeks, syfer, syfergetal, rasionele getal, integer, hoofgetal, kardinaal, aantal, getal(s)waarde, numeriese waarde, heelgetal, heeltal, integrale getal, gelyke getal, ronde getal, ongelyke getal,

afgeronde getal, afgeronde syfer, desimale getal, desimale syfer, konstante, parameter, grondgetal, atoomgetal, priemgetal, reduksie, reduksiegetal, reduksietafel, hoeveelheid, totaal, groottotaal, res, resgetal, ranggetal; tweetal, drietal, twintigtal, honderdtal, ..., tweevoud, drievoud, ..., tweevoudigheid, dualiteit, drievoudigheid, ..., bis, dosyn, gros, reeks, grootheid
nommer, getal, syfer, getalteken, tafelnommer, telefoonnommer, straatnommer, ..., numero; numerologie
heelgetal, heeltal, getal, faktor, integer, veelvoud, drievoud, viervoud, grootste gemene deler, dubbeltal, ondeelbare getal
breuk, breukgetal, gewone breuk, noemer, teller, aks, desimale syfer, halwe, half, driekwart, een-derde, drie-agstes, ...
ledetal, sieletal, stemmetal, dodetal, oktaangetal, trillingsgetal, toeretal, toeretelling
b.nw. numeries, ordinaal, kardinaal, positief, reëel, rond, ewe, gelyk, onewe, ongelyk, romeins, sentesimaal, isomeries, statisties; heel, heeltallig, afgerond, dubbel, veelvoudig, tweevoudig, duaal, viervoudig, enkeltallig, meertallig, viertallig, vyftallig; gebroke, half, anderhalf
ww. tel, afrond, benader, vereenvoudig, isomeriseer
bw. tweedens, twee-twee, tripel, trippel
woorddeel mono-, bi-, desi-, senti-, hepta-

134. Getalstelsel
s.nw. getalstelsel, notasie, skaal, glyskaal, desimalisasie, desimaalstelsel, viertallige stelsel, vyftallige stelsel, sestallige stelsel, twaalftallige stelsel, sestigtallige stelsel, binêre stelsel, oktale stelsel, agtdelige stelsel, heksadesimale stelsel, desimaalteken, desimaalpunt, desimale punt, getal(s)-waarde, radiks
b.nw. desimaal, vierdelig, viertallig, sestallig, twaalftallig, sestigtallig, binêr, ternêr, oktaal, heksadesimaal

135. Verhouding
s.nw. verhouding, relasie, ratio, betrekking, verband, eweredigheid, gelyke verhouding, gelykheid, identiteit, omgekeerde verhouding, ongelykheid, verskil, proporsie, dimensie

b.nw. betreklik, relasioneel, gelyk, eweredig, identies, dieselfde, proporsioneel, ongelyk, verskillend
ww. in verhouding bring, in verhouding stel, gelykmaak
bw. na verhouding, in verhouding tot

136. Eweredigheid
s.nw. eweredigheid 8, 10, ewematigheid, rekenkundige eweredigheid, omgekeerde eweredigheid, reël, reëlmaat, reëlmatigheid, ooreenstemming, proporsionaliteit
b.nw. eweredig, ewematig, ooreenkomstig, ooreenstemmend, omgekeerd eweredig, reëlmatig, proporsioneel, pro rata, gelyk, homoloog
bw. na verhouding

137. Bewerking
s.nw. **bewerking**, hoofbewerking, berekening, rekene, hoofrekene, hoofrekening, hoofrekenkunde, herleiding, vereenvoudiging, veralgemening, wiskundige reël, wiskundige wet, aksioma, aksioom, werkstuk, probleem, vraagstuk, som, wiskundesom, oplossing, resultaat, antwoord, algoritme, mantisse, modulus, wiskundige algoritme, algoritmiese metode, statistiek, gelyktekenherleiding, statistikus, teken, gelykteken, gelykaanteken, is-gelyk-aan(-)teken, plusteken, min(us)teken, maalteken, vermenigvuldigteken, vermenigvuldigingsteken, deelteken, ongelykteken, wiskundige simbool, wiskundige veranderlike, funksie, veranderlike, faktorisasie
optelling, addisie, vermeerdering, som, optelsom, optelkolom, somtotaal, totaalbedrag, optelfout, optelmasjien, kasregister
aftrekking, aftrekgetal, aftrektal, minteken, minusteken, aftreksom, verskil, verskilsyfer, verskilgetal, res, resgetal, oorskot
vermenigvuldiging, multiplikasie, maal, maalteken, vermenigvuldigteken, vermenigvuldigingsteken, maalsom, langmaalsom, vermenigvuldigsom, vermenigvuldigingsom, faktor, keer, produk, tafel, veelvoud, vermenigvuldigingstafel
deling, deelsom, langdeelsom, deeltal, deelteken, deler, kwosiënt, res, resgetal,

benadering, afronding
vergelyking, vergelykbaarheid, vergelykbare elemente, vergelykbare vorme, vergelyking met wortelvorm, gelykheid, identiteit, vergelyking van die eerste, tweede, ... graad, magsvergelyking, vierdemagsvergelyking, vierkantsvergelyking, eksponensiële vergelyking
mag, graad, magsaanwyser, eksponent, vierkant, kwadraat, kubieke getal, die eerste, tweede, derde, ... mag, verheffing, magsverheffing, wortel, logaritme, log, logaritmetafel, koëffisiënt, eksponent
wortel, radiks, grondtal, grondgetal, wortelvorm, wortelgrootheid, wortelgetal, vierkantswortel, derdemag, derdemagswortel, wortelteken, wortelmagwyser, worteltrekking, wortel van vergelyking, wortelvoorwaarde
versameling, versamelingsleer, versamelingsteorie, eindige versameling, leë versameling, divergensie, divergerende versameling, alternerende versameling, versamelingsfunksie
grens, grenswaarde, limiet, eindigheid, oneindigheid, eindige grens, oneindige grens
b.nw. rekenkundig, algoritmies, logaritmies, statisties, herleibaar, plus, min, minus, veelvoudig, driedelig, skerp, vergelykbaar, vergelykend, vergelykenderwys, eindig, oneindig, leeg, divergerend, versamelingsteoreties
ww. bestaan, herlei, reken, vereenvoudig, optel, saamtel, tel, vermeerder, afneem, aftel, aftrek, verminder, verskil, maal, multipliseer, vermenigvuldig, deel, benader, afrond, gradueer, halveer, verhef, tot die eerste, tweede, derde, ... mag verhef, die wortel trek, vergelyk, 'n vergelyking oplos, divergeer, interpoleer, faktoriseer

138. Algebra
s.nw. **algebra**, stelkunde, algebraïese sisteem, algebraïese uitbreiding, algebraïese variëteit, algebraïsering, algebraïese getalle, algebraïese bewerking, vektoralgebra, calculus, modulus, faktor, kombinasie, kombinasieleer, permutasie, stelling, term, veelterm, veranderlike, reikwydte
algebraïese simbole, letters van die alfabet, alfabetletters, groter as, kleiner as, gelyk aan, ongelyk aan
b.nw. algebraïes, aritmeties, binomi(n)aal, binomies, gelyknamig, gelyksoortig, stelkundig
ww. reken

139. Meetkunde
s.nw. **meetkunde**, driehoeksmeting, trigonometrie, triangulasie, meetkunde van krommes, analitiese meetkunde, geometrie, ruimtemeetkunde, stereometrie
meetkundige begrippe, aksioma, aksioom, stelling, meetkundige stelling, hulpstelling, bewys, teorema, teken, meting, hoekmeting, driehoeksmeting, sinus, tangens, kotangens, kosinus, gelykheid, kongruensie; hoek, hoekpunt, skerphoek, reghoek, apeks, spitshoek, oksigoon, duikhoek, stomphoek, binnehoek, buitehoek, insidensiehoek, invalshoek, komplementêre hoek, komplement; lyn, hoeklyn, halveerlyn, puntelyn, raaklyn, mediaan, mediaanlyn, hoogte, hoogtelyn, apotema, sy, sy van 'n driehoek, reghoeksy, skuinssy, hipotenusa, katete, as, asimptoot, basis, bisektriks, heliks, kruis, kruispunt, lokus, parallel, parallelle lyn, transversaal, kromme, kromming, kurwe, perimeter, ruimte, ruimtemaat, aksis, intersep; omtrek, sirkelomtrek, radius, aksieradius, straal, aksiestraal, straalhoek, deursnee, diameter, middellyn, periferie, raaklyn, raakpunt, radiaal, koorde, segment, segmentasie, sekans, sektor, kwadrant, senterhaak, sikloïde, siklus, episiklus, konus; punt, puntjie, hoekpunt, raakpunt, snypunt, hoogtepunt, swaartepunt, apogee; as, x-as, y-as, lyn, parabool, hiperbool, koördinaatstelsel, ko-ordinaatstelsel, koördinaat, ko-ordinaat, x-koördinaat, x-ko-ordinaat, y-koördinaat, y-ko-ordinaat, ordinaat, perspektief, projeksie, projeksievlak, projeksielyn, projeksietekening, rushoekspiraal
meetkundige instrumente, passer, paster, skuifpasser, diktepasser, holpasser, krompasser, goniometer, graadboog, gradeboog, hoekmeter, tekendriehoek, tekenhaak, winkelhaak; meetkundige
meetkundige figure, figuur, konstruksie, oppervlakte, parallel, ruimte, keëlvlak, lyn, kromming, kurwatuur
hoek, reghoek, driehoek, boldriehoek, vierhoek, tetragoon, vyfhoek, pentagoon,

veelhoek, poligoon, ..., pentagram, heptagram, parallelogram, ruit, ruitpatroon, deltoïed, romboïed, rombus
sirkel, sirkelvorm, halfsirkel, grootsirkel, snysirkel, gelyke sirkel, konsentriese sirkels, prisma, keël, bol, sfeer, sferoïed, sferoïde, silinder
vierkant, vyfkant, seskant, ..., trapesium, trapesoïed, rombus
veelvlak, poliëder, vyfvlak, pentaëder, sesvlak, heksaëder, sewevlak, heptaëder, ..., prisma, prismoïed, romboëder, gelykte, helling, hellingsvlak, keëlvlak, raakvlak, snyvlak
b.nw. meetkundig, trigonometries, bilateraal, aksiaal, diagonaal, diametraal, sentraal, sentripetaal, gelykstandig, parallel, kongruent, ooreenkomstig, konstruktief, omgekeerd, tangensieel, hoeks, supplementêr, kromlynig, siklies, asiklies, perifeer, periferaal, periferies, segmentaal, segmentvormig, tweedimensioneel, driedimensioneel, driedimensionaal, parabolies, hiperbolies, perspektiwies, geometries, monoklien, monoklinies; veelhoekig, gelykhoekig, skerphoekig, driehoekig, trigonaal, vierhoekig, tetragonaal, vyfhoekig, pentagonaal, ..., pentagrammaties, heptagrammaties, rombies, romboïdaal, romboëdries; veelsydig, gelyksydig, ongelyksydig, gelykbenig; veelkantig, vierkantig, vyfkantig, trapesoïed; veelvlakkig, poliëdries, viervlakkig, vyfvlakkig, pentaëdries, sesvlakkig, heksaëdries, prismaties, prismoïdaal, prismavormig, piramidaal; sirkelvormig 446, sikloïed, sferies, sferoïdaal, sferoïed, hemisferoïdaal, hemisferies
ww. meet, trek, 'n sirkel trek, afsteek, konstrueer, beskryf, beskrywe, 'n hoek bepaal, projekteer, arseer, kongrueer, oreer, sentreer

I. VERANDERING
140. Verandering
s.nw. **verandering**, aanpassing, adaptasie, akklimatisasie, vormverandering, groei, ontwikkeling, ontwikkelingsgang, evolusie 0, ewolusie, evolusionêre ontwikkeling, ewolusionêre ontwikkeling, ontwikkeldheid, draai, swaai, swenk, omswaai, wysiging, modifikasie, omskepping, herskepping, herontwerp, omskakeling, amendement, emendasie, verbetering, hersiening, verfyning, opgradering, omkeer, ommekeer, inversie, metamorfose, gedaanteverwisseling, palingenese, metamorfisme, metamorfose, transformasie, wending, wendingspunt, keerpunt, peripetie, katastasis, kentering, omwenteling, paradigmaskuif, omwisseling, mutasie, mutant, mutasieleer, mutasieteorie, permutasie, transmutasie, oorgang, transposisie, wisseling, fluktuasie, skommeling, afwisseling, variasie, defleksie, verbastering, verwording, omsetting, vervorming, hergeboorte, we(d)ergeboorte, reïnkarnasie, regenerasie, hervorming, vernuwing, verbetering, opgradering, grensverskuiwing, omverwerping, rewolusie, revolusie, tegniese rewolusie, tegnologiese revolusie, opkoms, voortgang, progressie, progressiwiteit, degenerasie, agteruitgang, regressie, regressiwiteit, destabilisasie, komplikasie, destabilisasie, ontaarding, kataklisme, kriewelkrappers; andersheid, verskil, verskillendheid, vreemdheid, eksentrisiteit, nonkonformisme, nonkonformiteit; veranderlike, variabele
veranderlikheid 142, omkeerbaarheid, dinamiek, aanpasbaarheid, wisseling, afwisseling; onbestendigheid, onvastheid, wispelturigheid, onsekerheid, onstandvastigheid, wankelbaarheid, onbetroubaarheid
hervorming, verandering, verwerking, wysiging, aanpassing, hersiening, verfyning, vernuwing, verbetering, opgradering, herskepping, herontwerp, omskepping, we(d)ergeboorte, herbouing, heropbou, herstrukturering, modifisering, modifikasie, verbouing, ombouing, omskepping, transformasie, omvorming, herstel; hervormer, herskepper, herbouer, hemelbestormer, reformator
b.nw. **veranderd**, veranderbaar 142, metamorf(ies), beweeglik, progressief, regressief, we(d)ergebore, herbore, herskape, anders, anderste(r) (*informeel*), annerlik (*lekties*), onortodoks, ondogmaties, eksoties, vreemd, eksentriek, nonkonformisties
veranderlik 142, omkeerbaar, opgradeerbaar, variabel, veranderend, dinamies,

groeiend, wisselend, fluktuerend, afwisselend, ontwikkelend, opkomend, vernuwend, grensverskuiwend, progressief, regressief, rewolusionêr, revolusionêr, teenrewolusionêr, teenrevolusionêr, kontrarewolusionêr, kontrarevolusionêr; onbestendig, onvas, wispelturig, onseker, ongestadig, onstandvastig, onstabiel, wankelbaar, onbetroubaar

ww. **verander**, anders word, 'n verandering ondergaan, van gedaante verander, van koers verander, van gedagte verander, van standpunt verander, ..., aanpas, adapteer, akklimatiseer, geraak, kenter, kink, groei, verbeter 622, ontwikkel, die grens(e) verskuif, evolueer, ewolueer, omsit, muteer, metamorfoseer, reïnkarneer, regenereer, afwissel, varieer, fluktueer, skommel, ontpop, ontaard, verword, degenereer, styg, daal, toeneem, afneem; wysig, verander, anders maak, 'n verandering teweegbring, 'n verandering aanbring, 'n verandering instel, 'n verandering maak, aanpas, amendeer, emendeer, hersien, omsit, verbeter, verfyn, verwerk, destabiliseer
hervorm, herskep, herstruktureer, herbou, herontwerp, vernuwe, vernu, vernieu, modifiseer, opgradeer, verbou, ombou, uitbrei, omskep, omtower, transformeer, omkeer, omstel, omvorm, vervorm, regenereer, omwerk, verander, wysig, amendeer, emendeer, verbeter, hersien, verwerk, verfyn, perfekteer, aanpas, afwissel, wissel, varieer, herlei, kanselleer, transponeer, omdraai, omslaan, omspring, omswaai, omdop, omskakel, omwissel, deflekteer, verbaster, verplaas, vermeerder, verminder, verhoog, verlaag, vernou, verbreed, verleng, verkort, reduseer, degenereer, vooruitgaan, agteruitgaan, ontaard

bw. andersins, daarnatoe, mutatis mutandis, met die nodige verandering, met die nodige wysiging, anders

uitdr. die bakens versit; die borde (bordjies) verhang; die rolle omkeer; iets oor 'n ander boeg gooi; 'n ander deuntjie sing; van die os op die esel, van die os op die jas; dit gee die saak 'n ander aansien; dit gee die saak 'n ander kleur; nuwe here, nuwe wette; nuwe besems vee skoon; 'n ander liedjie sing; ('n) regsomkeer maak; 'n manteldraaier wees; 'n draadsitter wees; alles wil maak en breek; 'n ander toon aanslaan; vandag is nie gister nie; 'n gedaanteverwisseling ondergaan

141. Behoud
s.nw. behoud, voortbestaan, voortgang, status quo, voortduring, handhawing, bewaring, houvermoë, standhoudendheid, onveranderlikheid, blywendheid, standhouding, standvastigheid, volharding, instandhouding, berusting, katalisator, konserwatisme, konformisme, konformiteit, starheid; bewaarder, konservator, handhawer

b.nw. onveranderd, onveranderlik, blywend, standhoudend, steekhoudend, voortdurend, hou(d)baar, invariant, katalities, onverbiddelik, konserwatief, behoudend, konformisties, ortodoks, dogmaties, star, verstok

ww. behou, bly, behoue bly, nie verander nie, standhou, steekhou, standhoudend wees, standvastig wees, leef, lewe, voortgaan, voortduur, aanhou, aanhou werk, aanhou speel, ..., voortbestaan, volhard, fossileer; handhaaf, konformeer, die status quo handhaaf, bewaar, bevries, berus, bind, hooghou, onderhou, oorhou, ophou, stereotipeer, duur

uitdr. daar val nie aan te torring nie; in statu quo; voet by stuk hou; 'n wet van Mede en Perse

142. Veranderlikheid
b.nw. veranderlik 140, dinamies, los, variabel, wisselend, afwisselend, veranderbaar, omkeerbaar, uitwisselbaar, allomorf, beweeglik, wordende, onseker, onberekenbaar, onvas, onstabiel, instabiel, kameleonties, onstandvastig, wankelrig, wiebelrig, wikkelrig, lendelam, lamlendig, prekêr, onstewig, onbestendig, wisselvallig, ambulant, balsturig, grillig, labiel, ontplofbaar, temperamenteel, onvoorspelbaar, emosioneel, wispelturig, ongedurig, ongestadig, aflosbaar

s.nw. veranderlikheid 140, omkeerbaarheid, variabiliteit, dinamiek, variëteit, veranderlike, variabele, onvastheid, onstabielheid, onstabiliteit, instabiliteit, onbestendigheid, onstandvastigheid, onsekerheid, wisseling, afwisseling, uitwisse-

ling, wisselvalligheid, oorgangstoestand, labiliteit, ongestadigheid, ongedurigheid, grilligheid, wispelturigheid, onvoorspelbaarheid
ww. verander, varieer, wissel, uitwissel, aflos, wikkel, wiebel
uitdr. soos 'n voël op 'n tak; soos die weer wees; daar is 'n tyd om te kom en 'n tyd om te gaan

143. Bestendigheid
b.nw. bestendig, standhoudend, onveranderlik, onveranderbaar, konstant, permanent, blywend, invariabel, konsistent, stabiel, vas, geanker, veranker, gevestig, gewortel, onvernietigbaar, duursaam 625, onverbreekbaar, onverbreeklik, onherroeplik, strak, voldonge
aanhoudend 22, 40, 42, bestendig, voortdurend, konsoliderend
standvastig 812, betroubaar, bestendig, rotsvas, onwrikbaar, onwankelbaar, volhardend, tradisievas, getrou, hond(e)getrou, paalvas
s.nw. bestendigheid, standhoudendheid, onveranderlikheid, onveranderbaarheid, vastheid, konstante, konstantheid, permanensie, invariabiliteit, konsistensie, stabiliteit, stabilisasie, konsolidering, vastigheid, sekerheid, onherroeplikheid, duursaamheid
standvastigheid, bestendigheid, betroubaarheid, getrouheid, volharding, rotsvastheid, onwrikbaarheid, onwankelbaarheid, tradisievastheid
bw. altyd, almaardeur, altoos
ww. bestendig, bestendig maak, laat voortduur, voortsit, perpetueer, voortgang verseker, stabiliseer, veranker, bevestig, permanent maak, permanensie verseker, permanensie gee, konsolideer, stereotipeer, vestig, tot stand bring, grond, bind, bewaar, vasstaan, volhard, aanhou

144. Vervanging
s.nw. vervanging, substitusie, substituering, substituut, vervangbaarheid, ruil, ruiling, wisseling, uitwisseling, verwisseling, surrogaat, representasie, ekwivalent, vervangingsmiddel; verdringing, verplasing, verdrywing
plaasvervanging, verteenwoordiging, waarneming, plaasvervulling, subrogasie
plaasvervanger, verteenwoordiger, gedeputeerde, waarnemer, locum, locum tenens
b.nw. vervangbaar, vervangbaar, vervangend, subsidiêr, ruilbaar, uitruilbaar, wisselbaar, uitwisselbaar, vernieubaar, vernubaar, vernieude, vernude
plaasvervangend, waarnemend, verteenwoordigend, deputerend
ww. vervang, substitueer, uitruil, wissel, uitwissel, verwissel, aflos, ruil, verruil, omruil, verplaas, onderskuif, onderskuiwe, inboet, inval; verdring, verplaas, verdryf, uitwerk, onderkruip
iemand se plek inneem, instaan, deputeer, verteenwoordig, waarneem, aflos
voors. in plaas van, pleks, in die plek van, in stede van, in (die) naam van, te, teen, voor, namens, ter wille van
uitdr. in loco parentis; in nomine

J. BEWEGING
a. Beweging in die algemeen
145. Beweging
ww. beweeg, in beweging kom, gaan, aan die gang kom, aangaan, voortgaan, voortbeweeg, inbeweeg, uitbeweeg, wegbeweeg, ombeweeg, rondbeweeg, kom, nader, naderkom, naderbeweeg, aankom, gaan, vertrek, roer, verroer, rits, rondrits, moveer, staan, rondstaan, kruip, rondkruip, sluip, rondsluip, loop, rondloop, slenter, drentel, tou, treil, marsjeer, hardloop, draf, skiet, oor die aarde skiet, vloei, stroom, vliet, seil, swem, vaar, spring, rondspring, huppel, huppelspring, klim, klouter, val, styg, daal, neerdaal, rol, waai, swaai, inswaai, wegswaai, rondswaai, ..., kring, sirkuleer, saai, vinnig beweeg 228, stadig beweeg 229, ongelyk beweeg, hink, hinkepink, hinkendepink, hink en pink, hortel
in beweging bring, beweeg, maneuvreer, aktiveer, reaktiveer, innerveer, aan die gang hou, bring, neem, laat kom, stuur, sleep, insleep, wegsleep, rondsleep, ..., trek, intrek, wegtrek, rondtrek, ..., stoot, instoot, wegstoot, rondstoot, ..., stu, voortstu, dryf, drywe, du, voortdu, ruk, inruk, wegruk, rondruk, ..., skuif, inskuif, wegskuif, rondskuif, ..., versit, verplaas
s.nw. beweging, beweging, aksie, akti-

witeit, motoriek, mobiliteit, beweeglikheid, beweegbaarheid, liggaamsbeweging, armbeweging, handbeweging, kopbeweging, kniebeweging, dinamiek, dinamika, krag, innervasie, maksimum snelheid, roering, lopery, stanery, ..., gekruip, gedrentel, ..., trek, stoot, puls, peristaltiek, skuif, ruk, rukkerigheid, rukking, sirkulasie, vaart; perpetuum mobile, ewigdurende beweging, skynbeweging; onkeerbaarheid, onstuitbaarheid

bewegingsvryheid, vryheid van beweging, speling, beweegruimte, speelruimte, marge

aandrywing, stuwing, trekking, vervoer; krag, beweegkrag, dryfkrag, stukrag, trekkrag

voertuig 233, tuig, vaartuig 230, 233, vervoermiddel, ryding, rytuig 230, transportmiddel

b.nw. bewegend, selfbewegend, beweeglik, beweegbaar, mobiel, aktief, kineties, motories, gaande, roerend, rukkerig, hortend, horterig, stuwend, duwend, peristalties; onkeerbaar, onstuitbaar

uitdr. holderstebolder; hotterstebles; rooimiere hê; van bakboord na stuurboord stuur; hot en haar

146. Bewegingloosheid

ww. **staan**, stilstaan, bly staan, roerloos bly staan, anker, lamlê, rondstaan, rus, stagneer, verstar, wag

sit, gaan sit, stilsit, bly sit, plaasneem, jou plek inneem, jou sit kry, hurk, neerhurk, op jou hurke sit, kniel, neerkniel

lê, gaan lê, stillê, bly lê, jou lê kry

tot stilstand kom, rem, rem(me) aanslaan, vassteek, kloue in die grond steek, tot stilstand bring, basta, stop, stopsit, stuit, hou, ophou, inhou, teëhou, inhibeer, immobiliseer, aanhou, stilhou, indam, anker, markeer, stelp, tot bedaring bring

s.nw. **bewegingloosheid**, onbeweeglikheid, roerloosheid, stilstand, inaktiwiteit, immobiliteit, stagnasie, verstarring, pouse, rus, stagnering, stilte, stramheid, styfheid, styfte, vastheid, vastigheid

remming, stilstand, stremming, inhibering, bedaring, oponthoud, immobilisasie, immobilisering, stop, noodstop; rem, voetrem, traprem, handrem, remskoen, stoplig, stopplek, stopsein, stopstraat, stopstreep, stopteken

b.nw. bewegingloos, onbeweeglik, roerloos, immobiel, stil, doodstil, stokstil, botstil, leweloos, stilstaande, stasionêr, staties, onversetlik, onaktief, dadeloos, sedentêr, inhibitief, inhiberend, wagtend

tw. stop, hanou, honou, hokaai, hookhaai, hoekaai, hook, ho, stop die lorrie, wag 'n bietjie

uitdr. geen ooglid verroer nie; soos 'n soutpilaar staan; tot rus kom; in jou vier spore vassteek; viervoet vassteek; die pas markeer; op moeilikhede stuit; van sit en staan kom niks gedaan

147. Rigting

s.nw. **rigting**, kompasrigting, koers, lugkoers, grondkoers, ..., koerslyn, roete, hoofroete, reisroete, handelsroete, skeepvaartroete, ..., baan, kring, lyn, oriëntasie, oriëntering, oriëntasiepunt, vaart, beloop, wending, dwarste, dwarsbeweging, teenstroom, teenstroomtendensie, windrigting; rigtingvastheid, koersvastheid, rigtingverandering, koersverandering

rigtingwyser, rigtingaanwyser, padwys(t)er, padkaart, roetekaart, wegwyser, reisplan, reisprogram, gidsplan, baken, rigtingbaken, koersbaken, magneetnaald, pyl, windkous, windvaan, windwyser, kompas, radiokompas, poolster; gids, geleide, gidshond, leier, leidster, leidsman, leidsvrou, leidspersoon, toerleier, toerleidster, toergids

pad 149, weg, reisweg, kanaal, skeepvaartkanaal, waterweg, waterloop, verbindingskanaal, toevoerkanaal, afvoerkanaal, ..., geul, vaargeul, vaarwater, baan, leiding, kanalisering, grondleiding, leibaan, pyp, pypleiding, tweeduimpyp, T-pyp, vuilwaterpyp, waterslang, buis, gang, geut, flens, hewel, tregter, tregtermond, opening, uitloop

b.nw. gerig, rigtingvas, koersvas, rigtinghoudend, koershoudend, koersgerig, rigtinggewend, rigtingbepalend, selfrigtend, reguit, reglynig, longitudinaal, dwars, oustraal, suidelik, oostelik, noordelik, westelik, noordoostelik, ..., westelik; rigtingloos, koersloos

ww. 'n rigting inslaan, 'n koers inslaan, 'n

koers kies, rigting hou, koers hou, koers-hou, op koers bly, die spoor hou, die spoor volg, gelykrig, die stewe wend, gaan, gooi, hou, reghou, rig, aanstuur op, afstuur op, volg, tendeer, teregkom, tonnel, vestig, styg, daal; rig, lei, gelei, oplei, aflei, rond-lei, begelei, geleide doen, voorloop, op die spoor hou, die pad wys, die weg wys, aan die hand neem, op die spoor hou, stuur, voer, wys, rigting aandui, koers aandui, teregbring, teregwys, vestig, saamgaan, meegaan, saamloop, saamry, ..., roeteer, herroeteer

bw. heen, herwaarts, derwaarts, hierheen, hiernatoe, hiervandaan, hierlangs, daar-heen, daarnatoe, daarvandaan, daar-langs, soheen, soheentoe, soontoe, solangs, solanges, waarheen, waarna, waarna-toe, waarvandaan, waarlangs, agtertoe, vorentoe, langs, agterlangs, voorlangs, langs die kant, langs die kant langs, pad-langs, straatlangs, beidersyds, voor-deur, agterdeur, dwarsdeur, regdeur, reg-uit, reëlreg, voorwaarts, terugwaarts, ag-terwaarts, opwaarts, afwaarts, benede-waarts, huiswaarts, seewaarts, stad-waarts, ooswaarts, noordwaarts, ..., noord-oos, noordnoordoos, suid, suidoos, suid-suidoos, ..., in 'n noordelike rigting, in 'n suidelike rigting, ..., andersom, stroom-op, stroomaf, straatop, straataf, heuwelop, heuwelaf, bergop, bergaf, rond, links, hot, linksom, hotom, regs, haar, regsom, haarom

voors. in, oor, deur, om, teen, in ... in, uit ... uit, teen ... af, in ... af

uitdr. her en der; hot en haar; herwaarts en derwaarts

148. Van koers gaan

b.nw. rigtingloos, koersloos, verdwaal(d), rigtingbedonderd (*plat*), rigtingbedonnerd (*plat*), verlore, krom, labirinties, swer-wend, afgedwaal, verdool(d), misleidend, wendbaar

s.nw. koersverandering, wending, draai, dwaalweg, doolweg, dwaalspoor, veran-dering, variasie, verkeerde koers, deviasie-hoek, draaispil, omkeer, ommekeer, ken-tering

bw. sywaarts, links, regs, linksom, regsom

ww. van koers gaan, draai, afdraai, uit-draai, omdraai, swaai, uitswaai, omswaai, swenk, uitswenk, rigting verloor, koers verloor, jou rigting kwyt wees, jou koers kwyt wees, dwaal, verdwaal, verlore raak, wegraak, verdool, van die pad afraak, die pad verloor, afdwaal, afkeer, wyk, uitwyk, afwyk, verspoor, gier, keer, ontspoor, ont-stam, rondslinger, slinger, varieer; van koers dwing, afwend, keer, wegkeer, af-keer, voorkeer, weglei, aflei, mislei, pyp-kan, ontwyk, systap, fop

bw. weg, van koers af, die spoor byster

uitdr. die spoor byster raak; die koers kwytraak; 'n verkeerde koers inslaan

149. Pad

s.nw. pad, hoofpad, grootpad, nasiona-le pad, deurpad, dwarspad, kruispad, ver-bindingspad, sypad, dubbelpad, tolpad, kortpad, kronkelpad, ompad, afdraaipad, uitdraaipad, kringpad, wisselpad, verby-pad, slingerpad, uitsigpad, bergpad, kon-toerpad, plaaspad, transportpad, trekpad, straat, hoofstraat, dorpstraat, dwarsstraat, kruisstraat, voorstraat, agterstraat, een-rigtingstraat, doodloopstraat, cul-de-sac, winkelstraat, weg, heenweg, terugweg, hoofweg, snelweg, toegangsweg, deurweg, omweg, uitwykpad, tussenweg, uitweg, verbindingsweg, kringweg, kruisweg, oorweg, verkeersweg, waterweg, laan, dorpslaan, rylaan, singel, steeg, allee, deurtog, fietspad, pas, boulevard, pro-menade, tonnel, 'n blinde hoogte, wapad, woestynweg, roete, hoofroete, vervoer-roete, handelsroete

padnetwerk, straatnetwerk, straatnet, pad-vervoernetwerk, verkeersnet, verkeersnet-werk, infrastruktuur, verkeersaar, verkeers-agent, verkeersreëling, verkeersknoop, ver-keerslig, verkeerslyn, verkeersmiddel, ver-keersoutomaat

tolpad, tolweg, tolhek, tolbrug, tolstelsel, tolplaza, e-tolpad, e-tol, e-tolstelsel, tol-geld, e-tolbetaling, e-tolskuld, tolgrens

teerpad, teerstraat, sementpad, betonpad, steenpad, grondpad, gruispad, sandpad, hardepad, hobbelpad, sinkplaatpad, twee-spoorpad, 4x4-pad, 4x4-roete

voetpad, paadjie, sypaadjie, promenade, wandelpad, wandelpaadjie, stappaadjie, wandelroete, voetslaanpad, voetslaan-

roete, staproete, drentelpaadjie, duikweg, laning, laninkie
aansluiting, kruising, kruispunt, kruispad, kruisweg, interseksie, oorgang, oorloop, eiland, klawerbrug, verkeerseiland, wisselaar, verkeerswisselaar, verkeerslig, driesprong, vurk, T-aansluiting, verspringende aansluiting, skuinsaansluiting, Y-aansluiting, voetgangeroorgang, sebraoorgang, sebrastrepe, skolierpatrollie, inrit, keerweer, oprit, oprylaan, omleiding, brug, oorbrug, tonnel
dele van 'n pad, baan, rybaan, verkeersbaan, oppervlak, ryvlak, ryweg, binnebaan, drif, dubbelspoor, hek, helling, opdraand, opdraande, interseksie, sirkel, verkeersirkel, minisirkel, klawerbrug, knik, maanhaar, noute, omleiding, oorgang, oorloop, padskouer, rug, skouer, randsteen, sypaadjie, middelman, middelmannetjie, sperreling, fietspad, slaggat, spiraaldraai, spoor, straatbordjie, knikspoor, straatrand, S-draai, tweesprong, vaalstreep, spoedwal, verkeershobbel, boggel, vaartboggel, veeoorgang, valboom, vurk, tonnel, toegangstonnel
brug, padbrug, voertuigbrug, oorbrug, spoorbrug, spoorwegbrug, spooroorgang, vaste brug, spoelbrug, hoogwaterbrug, laagwaterbrug, baileybrug, ponton, pontonbrug, drywende brug, viaduk, enkelspanbrug, balkbrug, boogbrug, kabelbrug, rolbrug, hefbrug, hysbrug, ophaalbrug, kettingbrug, klawerbrug, wipbrug, valbrug, draaibrug, swaaibrug, hangbrug, laaibrug, oorgang, oorspanning, landhoof, pier, wandelpier, voetgangerbrug, voetgangeroorgang; pyler, pilaar, pilaarfondament, pylerfondament, landhoof, spanning, spanwydte, steg, syleuning, balans, hoof, dek, borswering
padteken, verkeersteken, reëlingsteken, padwys(t)er, roetewys(t)er, roeteaanwyser, padpredikant, roetebord, straatbordjie, katoog, vaste streep, sperstreep, versperder, chevron, stippelstreep, middelstreep, geel streep, rooi streep, voetgangeroorgang, sebrastreep, sebraoorgang, spooroorgang, spoorwegoorgang, stopteken, stopstraat, stopstreep, stoplyn, gevaarteken, verbodteken, snelheidsperk, snelheidsteken, snelheidsperkteken, toegeeteken, baanstreep,

verkeerslig, gebroke streep, gevaarteken, waarskuwingsteken, verbod, verbodteken, stilhouteken, stilhou-verbode(-)teken, padwyser
verkeer, padverkeer, motorverkeer, fietsverkeer, voetgangerverkeer; verkeersreëling, verkeersreël, verkeersregulasie, padgedrag, bestuursvernuf, volgafstand, remafstand
padbou, padaanleg, asfalt, baanbed, bestrating, deurgrawing, kei, klawerblad, lapbestrating, padmaker, padskraper, padwerker
padgebruiker, voertuigbestuurder, motorvoertuigbestuurder, motorbestuurder, vragmotorbestuurder, busbestuurder, motorfietsryer, fietsryer, padvark, voetganger, straatgans, bontloper
b.nw. begaanbaar, onbegaanbaar, gebaan, onpassabel, oorhoofs, blind
ww. loop, lei na, aansluit, deurloop, deursteek, doodloop; baan, teer, asfalteer, aanlê, macadamiseer, straat, uitstraat, bestraat, padbou, uitry, oorbrug, oorspan, oorwelf; reël, beheer, tot stilstand bring

150. Vorentoe
bw. vorentoe, voorwaarts, voort, vooruit, na vore, na die voorkant, verder, verderaan, aan, voor 85
ww. vorentoe beweeg 200
b.nw. voorwaarts, lokomotories
s.nw. beweging, voortbeweging

151. Agtertoe
bw. agtertoe, agteruit, na agter, tru, na die agterkant, terug, agterwaarts, rugwaarts, ruggelings, agterom, agteroor, agter 86
ww. agtertoe beweeg 201, agteruit beweeg, agteruit stoot, tru
b.nw. agterwaarts, regressief, retrogressief, ruggelings, retrograde, teruggaande, omgekeerd
s.nw. agteruitbeweging, agteruitgang, kreeftegang, retoer, retoerreis, retoerrit, weerkaatser, weerkaatsing, weerklank, weeromstuit, weerslag

152. Verby
bw. verby, langs, hierlangs, daarlangs, waarlangs, oor; vlak verby, rakelings
ww. verbybeweeg 208, verby beweeg,

verbygaan, verby gaan, ...
s.nw. verbygang
b.nw. verbygaande
voors. langs, verby
uitdr. heen en weer; wat verby is, is verby

153. Deur
bw. deur, deurheen, hierdeur, hier deur, daardeur, daar deur, waardeur, waar deur, dwarsdeur, ...
ww. deurbeweeg, deurdring, 'n pad baan deur, deurtrek, deurbars, deurstap, deurloop, deurhardloop, deurry, deurkruip, deurkom, deurgaan, deursak, deursteek, deurstraal, deursyfer, deursyg, deurval, ..., sif, syg; deurlaat, deurstoot, deursteek, deurstuur, deurvoer, dring, dryf, drywe, infiltreer, perkoleer, boor, sif, filtreer, syg
b.nw. deurdringbaar, permeabel, sifonies; ondeurdringbaar, dig, toe 453, syferdig, waterdig, weerbestand
s.nw. deurdringing, indringing, deurdringbaarheid, penetrasie, permeabiliteit, infiltrasie, perkolasie, perkolering, sifting, siftery, sifsel; filter, sandfilter, waterfilter, swembadfilter, ..., filtreermasjien, filtreerder, filtreerkan, filtreerdoek, sygdoek, filtreerpapier, sifon, perkolator, perkoleerder, perkoleermasjien, koffieperkoleerder, sif, sifter, sifmasjien, teesif, teesiffie, sandsif, grondsif, meelsif, trilsif, sifdoek

154. Vryf
ww. vryf 179, vrywe, bevryf, invryf, opvryf, afvryf, poleer 627, poets, deurvryf, aanvryf, smeer, insmeer, invet, streel, bestreel, betas, kielie, kittel, stryk, bestryk, aanstryk, skaaf, afskaaf, afskawe, glad skaaf, skraap, afskraap, skrap, skrop, skuur, afskuur, rasper, krap, bekrap, uitkrap, kras, bekras, skram, slyp, slyt, stywe, vee(g), uitvee, wis, uitwis, wegvaag, vly, aanvly, vyl, gladvyl, lek, belek, aflek, skoonlek, pars, woel, peuter, afpeuter, knaag, knibbel, knabbel, afslyt, erodeer, klou
s.nw. **vryfbeweging**, vrywery, gevryf, wrywing, streling, betasting, veeg, gekrap, geskuur, friksie, gekrabbel, krappery, instryk, lek, lekkery, gelek, woelery, ge-
woel, woelsug, gepeuter; skraapsel, skaafsel, smeersel, vylsel
skraper, skuurpapier, rasper, krapper, krapmes, vyl, skaaf, parslap, parsyster
b.nw. gevryf, strelend, krapperig, gekrap, geskuur, verslete, geslyt, klouerig, woelerig

155. Deurboor
ww. deurboor, boor, steek, deursteek, insteek, voorsteek, deurkry, dril, penetreer, perforeer, pik, pons, priem, prik, rysmier, zits
bw. dwarsdeur
s.nw. steek, prik, speld(e)prik, priem, penetrant, penetrasie, perforasie; boor, boormasjien, boorgereedskap, handboor, houtboor, staalboor, elektriese boor, drilboor, drukboor, hamerboor, klopboor, fretboor, krukboor, spiraalboor, swikboor, tapboor, omslag, omslagboor, verstelboor, waterboor, olieboor, perforeermasjien, els, naaiels; speld, kopspeld, koppiespeld, doekspeld, hoedespeld, veiligheidspeld, naald, perforeernaald, naainaald, naald, steek, kartelmoer, spyker, houtspyker, staalspyker, drukspyker, kopspyker, splitpen, tanding, boorpunt, krasser, speerpunt
b.nw. deurborend, geperforeer(d), gesteek, geprik, gepriem, priemend, deurpriemend
uitdr. deur murg en been gaan

156. Bo-oor
bw. oor, bo-oor, dwarsoor, oorheen, hieroor, daaroor, oor land, oor see, via, oorkant, na die oorkant, van die een kant na die ander kant, bolangs, bowaarts
ww. oorgaan 209, oorloop, oorgooi, oorhelp, ...
s.nw. oorgang 209
voors. dwarsoor
woorddeel oor-

157. Onderdeur
bw. onderdeur, daaronder, hieronder, benede
ww. onderdeur beweeg 210, onderdeur loop, onderdeur seil, onderdeur kruip, ...

158. Na bo
bw. na bo, boontoe, omhoog, opwaarts, hemelwaarts, bultop, bergop

ww. opgaan 211, opstyg, opklim, opvaar, ...
b.nw. hemelwaarts, opgaande, opkomende, opwaarts, verrese, gradueel
s.nw. styging 211
woorddeel op-

159. Na onder
bw. af, afwaarts, ondertoe, na onder, na benede, neer, omlaag, omver, ondertoe, vooroor, agteroor
ww. afgaan 212, daal, gly, val, afval, afklim, ...
b.nw. glad, gladderig, glipperig, glyerig, versonke, wipperig
s.nw. daling 212, val
woorddeel af-, in-, neer-
uitdr. bene in die lug lê; iemand onder stof loop; in die stof byt; met die grond kennis maak; met die aarde kennis maak; vier stewels in die lug lê; grond koop; soos 'n os neerslaan; hard met moeder aarde kennis maak

160. Omring
ww. omring, omsluit, omhein, ommuur, omskans, afskerm, omsingel, omsirkel, omlys, omsoom, omkant, omspan, omstrengel, omsit, lys, inlys, raam, omraam, rand, insluit, profileer, draai, hoepel, inkluister, insit, omvat, omvleuel, ringeleer, grens, begrens 63, afgrens, afsluit, afsny, keer, vaskeer, vasvang, afsonder, inperk, beleër, omhul, omgewe, omhels, toepak, toestaan
bw. rondom, om, omheen, hieromheen
s.nw. omringing, omsluiting, inperking, omsingeling, heining 63, omheining, doringdraadheining, paaltjieheining, houtheining, palissade, palissadeheining, plantheining, skans, omskansing, skerm, afskerming, lys, omlysting, lysting, grens, begrensing, dorpsgrens, land(s)grens, doringdraadkamp, draad, paalheining, raam, portretraam, profiel, rand, raster, rasterwerk
b.nw. begrens, ingeslote, ingesluit, geraam(d)
woorddeel om-

161. Bedek
ww. **bedek**, dek, toemaak, toedek, toedraai, toegooi, toegroei, toerol, toesmeer, toestop, toetrek, toeval, toewaai, toehou, dighou, hul, omhul, omswagtel, omspan, omwimpel, klee(d), omklee(d), oordek, omkors, inkrusteer, oorstroom, oortrek, pak, pantser, sluier, versluier, sluit, toebou, bedelwe, inbaker, inkalwer, inkapsel, inpak, inwikkel, omdraai, omsit, omslaan, verpak, bêre, voer, wikkel, omsluier
bestrooi, besaai, bepoeier, beplant, begroei, bestuif, bestuiwe
afwerk, verf, doodverf, vernis, lak, beplak, patineer, verguld, versilwer, verchroom, verlood, vernikkel, platineer, oorblaas, plateer, uitvoer, lambriseer, lamelleer, lamineer, maskeer, omfloers, behang, beslaan
versteek 540, wegsteek, verberg, moffel, wegmoffel, dighou, verbloem, versluier, verskuil, kamoefleer, masker, maskeer, geheim hou, bewimpel
s.nw. bedekking, dekking, oordekking, oordekte, toedekking, digting, digtingsmateriaal, dekgoed, dekdoek, deklaag, omhulling, omhulsel, versluiering, inkrustasie, korsvorming, omkorsting, integument (*ongewoon*), verpakking, involusie, voering, waas, wikkeling, windsel, kapsule, karos, kartonverpakking, karton, doos, kartondoos, boks, kas, houer, behouering, kokon, kombers, pantser, laerhulsel, lambrisering, lamellering, laminering, lampkap, kleding 745, omkleding, doilie, lap, materiaal, klap, flap, oorklap, sambreel, parasol, laag, skil, vel, sluier, masker, mombakkies
deksel, skroefdeksel, dop, doppie, skroefdop, kafdoppie, prop, skroefprop, stolp, klep, skuifklep, veiligheidsklep, sluier, sluitstuk, klap, flap, klapdeksel, valdeur, valluik, blad, plaat, foelie, gaas, omhulsel, huls, hulsel, plakpapier, oortrekpapier, oortreksel, omslag, pakgaring, paklinne, pakpapier, pakriem, paktou, oortreksel, foedraal, tjalie, seil, teerseil, grondseil, swagtel (*ongewoon*), koewerdoer (*verouderd*), koewertuur (*verouderd*), deklaag, dekriet
bekleding, bekleedsel, kleding, klerasie 745, klere, kleedjie
beskot, beslag, skort, afskorting, paneel, houtpaneel, paneelwerk, versilwering, verf, epoksi, onderlaag, vernis, muurbe-

dekking, muurpapier, muurtapyt, behangsel, muurbehangsel;
versteking, verberging, verbloeming 540, camouflage, kamoeflage, kamoeflering, masker, wegkruipery; verstekeling, wegkruiper
b.nw. bedek, oordek, oortrek, behang, beklee(d), bepoeier, beverf, ..., geverf, gepoeier, geplak, ..., vol, waserig, wasig, gemasker(d), gesluier, versluier(d), gekamoefleer, verbloem(d)
uitdr. onder die sluier van die nag; so dig soos 'n bottel brandewyn; iets toesmeer

162. Ontbloot
ww. ontbloot, kaal maak, blootlê, blootstel, blootgee, blootstaan, sigbaar maak, sigbaar word, laat sien, wys, uitwys, aandui, aantoon, toon, ooplaat, ooptrek, oopskop, ooplê, ontklee(d), uittrek, kaal uittrek, oopmaak, ooppak, oopskroef, oopsny, ..., uitpak, uithaal, uitlaai, skil, afskil, dop, afdop, peul, denudeer, put
ten toon stel, vertoon, wys, uitstal, etaleer
openbaar, openbaar maak, publiek maak, bekend maak, bekendmaak, aan die lig bring, onthul, ontsluier, ontmasker, aan die lig kom, laat blyk, uitlaat, verklap, uitlap, klik, verklik, verraai, uitblaker, piemp (*lekties, informeel*), uitsaai, uitsend, demonstreer, manifesteer
s.nw. ontbloting, blootstelling, blootlegging, sigbaarheid, deteksie, ontkleding, naaktheid, kaalheid, kaalte, kaalbeen, kaalrug, kaalgat (*plat*), kaalbas; naakloper, kaalloper, kaalnaeler, kaalholler, kaalbasloper, nudis; nudisme, naturisme, kaalbaskultus, nudis, naturis, nudistekamp, nudistekolonie
tentoonstelling, uitstalling, ekshibisie, vertoning, ekspo, eksposisie
openbaarmaking, openbaring, bekendmaking, bekendstelling, onthulling, ontmaskering, ontsluiering, verklapping, onverbloemdheid, blatantheid, flagrantheid, klaarblyklikheid, manifestasie
b.nw. ontbloot, bloot, onbedek, blootgestel, openlik, onprivaat, sigbaar, ongeklee, sonder klere, naak, nakend, poedelnaak, poedelnakend, moedernaak, moedernakend, kaal, vingerkaal, kaalkop, kaalhoofdig, kaalbas, kaalgat, gedekol-

leteer(d), openbaar, bekend, oop, overt, onverbloem(d), onvermom, gestroop, baar, blatant, flagrant, klaarblyklik; nudisties, naturisties
woorddeel oop-
uitdr. in Adamsgewaad; in Evasgewaad; in Adamspak; in Adamskleed; in paradyskleed; jou mond/bek verbypraat; die aap uit die mou laat; met die (hele) mandjie patats uitkom/vorendag kom; iets aan die groot klok hang

163. Draai
ww. draai, van rigting verander, van koers verander 148, wend, 'n draai maak, 'n draai vat, vrydraai, ronddraai, inmekaardraai, vasdraai, losdraai, oopdraai, toedraai, doldraai ('n moer ~), omdraai, gatomkeer (*plat*), gatomgooi (*plat*), omswaai, omsit, indraai, inswaai, opdraai, afdraai, terugdraai, terugswaai, uitdraai, uitswaai, swaai, swenk, rondrol, maal, rondmaal, slinger, rondslinger, wen, opwen, opwin, afwen, wring, verwring, verdraai, werwel, wiel, wiel(i)ewaai, dol, dolf, gier, kink, kinkel, kronkel, krul, skarnier, spiraal
in die rondte draai, wentel, roteer, tol, rondtol, rol, wielewaai, wieliewalie, rondomtalie, rondomtalie draai
talm 39, 226, 581, 587, draai, tyd versuim, draal
bw. om, hierom, daarom, hieromheen, daaromheen, terug, waarom, rond, spiraalsgewyse, rondomtalie, rondom, in die rondte, al in die rondte, om en om
s.nw. draai, draaibeweging, rigtingverandering, koersverandering, skerp draai, slap draai, wending, draaiing, jakkalsdraai, Kaapse draai, tweepuntdraai, driepuntdraai, U-draai, rotasie, wenteling, omwenteling, aswenteling, wenteling, wentelas, wentelsnelheid, wentelspoed, maling, kolking, kolk, draaikolk, winding, windsel, swagtel, wringing, wringkrag, wrywingskrag, kontorsie, swaai, swier, spiraal, kromming, krul, kinkel, kink, knik, verwringing; draaier, draaiwerk, draaiboor; draaideur, draaihek, draaistoel, draaitrap, draaibrug, draaistel
draai (in die pad), wye draai, skerp draai, kort draai, haarnaalddraai, S-draai, bog, straathoek, hoek, kronkel, kronkeling,

wentelbaan, draaipunt
wiel 230, 232, 233, motorwiel, karwiel, motorfietswiel, fietswiel, wawiel, skyfwiel, speekwiel, rat, tandrat, tandwiel, kamrat, kamwiel, spil, spoel, slinger, swingel, rol, roller, rolletjie, draaias, spiraalas
as, hoofas, vooras, agteras, motoras, wa-as, skroefas, spil, draaias, draaispil, spoel, bog, draagpunt, draagtap, dratap, klos, knik, koeëllaar, krans, laer, naaf, wielnaaf, naafband, naafbus, naafdop, naafvoering, velling
b.nw. draaiend, draaibaar, verdraai(d), regsdraaiend, rollend, wringend, aksiaal, deksiotroop
uitdr. jy kan jou skaars draai; jou draaie ken; met 'n draai kom/loop; 'n draai/draaie loop; in 'n nou draai kom; nie jou draai/draaie kry nie; 'n draai maak by iemand; die agterste draai kom met rok en kabaai; met draaie en swaaie loop; iemand om jou pinkie draai; iemand 'n rat voor die oë draai; esse gooi/kap

164. Reëlmatige beweging
ww. reëlmatig beweeg, balanseer, golf, dein, onduleer, unduleer, kronkel, krinkel, kartel, krink, swaai, ossilleer, slinger, skommel, wieg, sol, waggel, wikkel, wiegel, roer, omroer, wankel, swymel, trippel, trap, hobbel, huppel, skuifel, waai, wapper, wuif, skud, vibreer, beef, bewe, bibber, ril, tril, rittel, rittel en bewe, sidder, sidder en bewe, die ritteltit(s) kry, die bewerasie kry, flikker, fladder, wapper, dartel, slier, wrik, beier, bengel, dreun, dawer
bw. heen en weer, weer en weer, oor en oor, almaardeur, aanmekaar, aanhoudend, op en af, kwing-kwang
s.nw. reëlmatige beweging, reëlmaat 35, reëlmatigheid, ordelikheid, gereëldheid, golf, golwing, deining, ondulasie, undulasie, kronkel, kronkeling, krinkel, krinkeling, kartel, karteling, waggelgang, wiegeling, wipperigheid, hobbelry, wankeling, skuifeling, geskuifel, swaai, swaaislag, ossilasie, ossillering, heen-en-weer-beweging, slingerslag, slingerbeweging, skommeling, vibrasie, siddering, bewing, bewerasie, bibbering, rilling, ritteltit(s), trilling, slag (bv. van 'n horlosie), flikkering, fladdering, gefladder, geklapper, dreuning, dreungeluid, dawering
b.nw. reëlmatig 35, deinend, golwend, kronkelrig, lendelam, sidderend, sigsag, skuifelend, bewerig, bewend, bibberend, skommelrig, skommelend, trillerig, trillend, wankel, wankelrig, wankelend, wiebelrig, wipperig, flikkerend, dreunend, dawerend, periodiek, herhaaldelik, herhalend
woorddeel ge-, -end, -ing, -rig

165. Onreëlmatige beweging
ww. werskaf, wemel, kriewel, rusteloos wees, kriebel, krioel, leef, lewe, swerm, maal, warrel, dwarrel, fladder, wapper, grawe, wurm, inwurm, vroetel, peuter, rondpeuter, futsel, wroet, swaai, waai, wuif, ossilleer, woel, rondwoel, rondtas, omwoel, vaswoel, wriemel, wiebel, wiegel, wikkel, dril, spartel, spook, haspel, rol, rondrol, heen en weer beweeg, maal, rondmaal, rondtrap, kopspeel, kwispel, ruk, pluk, stamp, skud, rammel, friemel, slinger, aanslinger, rondslinger, spring, rondspring, op en af spring, stommel, swenk, dans, ronddans, dartel, huppel, hop, hobbel, bokspring, wip, beef, bewe, bibber, dril, ruk, bengel
bw. heen en weer
s.nw. onreëlmatige beweging, onreëlmatigheid 36, heen-en-weerdery, werskaffery, gedoente, woeling, gewoel, stadsgewoel, wemeling, wriemeling, maling, warreling, dwarreling, gedwarrel, gedraai, gedraaiery, gedrentel, gedrentelry, wiegeling, wikkelry, gewikkel, drillery, drilsel, drel, drelsel, swaai, swenk, swenking, ossillasie, ossillering, rustelooseheid, onrustigheid, onrus, ongedurigheid, woelsug, onstuimigheid, woestheid, gevroetel, vroetelry, sparteling, gefladder, bewerasie, bewing, bibberasie, spasma, trilling, ruk, rukking, rukkerigheid, geruk, rukkery, stamp, rammeling, turbulensie, huppelry, boksprong, dans, wuiwing, geruis, geraas, lawaai, rumoer, roes(e)moes, geroes(e)moes, gedreun, gedruis, herrie, miernes, warboel, pandemonium; woelwater, woelgees, vroetelkous, kriewelkop, kriewelkous, futselaar 652; verkeer, verkeersknoop, stadsverkeer, kongestie, piekuur, spitsuur

b.nw. onreëlmatig 36, beweeglik, aperiodies, aperiodiek, lewendig, lewend, woelerig, woelig, woelsiek, woelsugtig, rusteloos, onrustig, kriewelrig, kriebelrig, iewerig, ongedurig, driftig, doldriftig, onstuimig, turbulent, trillend, rukkerig, stamperig, stoterig, spasmodies, wikkelrig, wiebelrig, drillerig, bewend, bewerig, bibberend, malkop, onbesuis, dansend, dartelend, speels, wild, woes, wuiwend, lawaaierig, rumoerig, peripateties

uitdr. miere hê; rooimiere hê; miere in jou gat/hol hê (*plat*); met horte en stote; met rukke en stote; op spelde sit; nie 'n enkele minuut stilsit nie

166. Nader beweeg

ww. nader, naderbeweeg, nader beweeg, naderkom, nader kom, aankom, kom, tegemoetkom, tegemoet kom, teëkom, teenkom, nadergaan, nader gaan, tegemoetgaan, tegemoet gaan, afpyl, nabykom, naby kom, afkom op, aantref, tref
benader, nader, aankom na, afkom op, betrek, bekruip, besluip, bevlieg, bevlie(ë), naderbring, nader bring, aanbring, aantree, aandra, nadertrek, nader trek, aanhaal, aantrek, haal, inhaal, intrek, aansleep, insleep, inbring, binnetrek, inpalm, suig, suie
ontmoet, raakloop, saamkom, teëkom, teenkom, tegemoet loop, iemand op die lyf loop, in aanraking kom, aansluit by, vind, kry, aantref, tref, opspoor, optel, bymekaarkom
bw. nader, tegemoet, al hoe nader
s.nw. nadering, aankoms, aantrekking, aantrekkingskrag, suiging, suigkrag, attraksie
benadering, bevlieging, bekruiping
ontmoeting, rendezvous
b.nw. nader 69, naderend, aankomende, sentripetaal, middelpuntsoekend, aantreklik, aangetrokke
voors. na ... toe, tot, tot by, tot voor

167. Wegbeweeg

ww. wegbeweeg, weggaan, ophoepel, gaan, wegloop, weghardloop, wegdryf, wegswem, ..., heengaan, padgee, wyk, wegwyk, koers kry, koerskry, koers vat, koersvat, verdwyn, loop, trap, skoert, vertrek, verkas, waai (*informeel*), laat spat, laat spaander, ry, afgaan, afreis, in die pad val, trek, verhuis, wegtrek, verplaas word, migreer, immigreer, emigreer, ekspatrieer, vlug, op die vlug slaan, weghol, weghardloop, wegdraai, afdraai, wegwend, wend, uiteengaan, verlaat, uiteengroei, afsplits, afwyk, afraak, diffundeer, verstrooi, verstuif, verstuiwe; verwyder, wegneem, skei
bw. weg, hiervan, van hier af, hiervandaan, daarvandaan, vanmekaar, waarvan, heen, uitwaarts
s.nw. weggaan, wegbeweging, vertrek, aftog, heenreis, afreis, vlug, verhuising, verplasing, migrasie, immigrasie, emigrasie, ekspatriasie, landverhuising, vlug, afdraai, wending, diffusie, verstrooiing, boksprong, bokkesprong, verstuiwing; verwydering, skeiding
b.nw. diffuus, sentrifugaal, middelpuntvliedend, verstrooi, verstrooid
uitdr. opsy staan; die wyk neem; op die vlug slaan; jou uit die voete maak; maak dat jy wegkom; die hasepad kies

168. Saamkom

ww. saamkom, bymekaarkom, byeenkom, groepeer, klassifiseer, vergader, kongregeer, saamgaan, saambring, saamloop, saambly, saamdring, saamtrek, versamel, verenig, aansluit by, laer, laer trek, skaar, saamdrom, bondel, bol, kliek, saamkliek, konvergeer, saampak, saambondel, saamkoek, saamstroom, saamhou, saamval, saamsmelt, saamkleef, aankleef, aanmekaarkoek, aangroei, koppel, toepak, toesak, toedam, toestroom, aansluit, amalgameer, integreer, reïntegreer, vergroei, versmelt, laat saamsmelt, sinkretiseer, afpaar, jamboreer, ontmoet, swerm, afvloei, toevloei
sit, vassit, verbind, heg, plak, kleef, vaskleef, aankleef, aanmekaarkleef, koek, saamkoek, smelt, versmelt, saamsmelt, ineensmelt, ineenvloei, saamvloei, meng
bw. saam, tesaam, tesame, groepsgewys(e), en bloc, byeen, bymekaar, hieraan, langs mekaar, opmekaar, hand aan hand, sy aan sy, skouer aan skouer
s.nw. samekoms, konvergensie, samedromming, kliekery, saamkliekery, koekery, saamkoekery, kliek, toeloop, toestroming, samesmelting, versmelting, sin-

kretisme, massa, stroom, toestroming, toevloed, orde, klas, kategorie; vergadering, ledevergadering, volksvergadering, kongregasie, kongres, konferensie, simposium, kollokwium, colloquium, seminaar, webinaar, imbizo, indaba, tête à tête; organisasie, koöperasie, ko-operasie, maatskappy, sakeonderneming, vennootskap, genootskap, deelgenootskap, kompanjie, kompanie, bataljon, kolonne, troep, afdeling, vereniging, sosiëteit (*verouderd*), assosiasie, corps, klub, koterie; groep, groepering, geledere, kliek, garde, horde, leerskare, heerskare, heerskaar, bende, skare, skaar, gemeenskap; stoet, kavalkade, optog, prosessie, trop, kudde, skool, swerm, groep

versameling, prosessie, groep, groepering, groep(s)verband, groepvorming, klas, klassifikasie, knooppunt, kollektiwiteit, kompatibiliteit, kongestie, konglomeraat, konglomerasie, samesmelting, amalgamasie, integrasie, konvergensie, samesyn, stapel, stawel, stel, stelsel, stroom, toestroming, toevloed, toevloeiing

aanpaksel, neerslag, laag, presipitaat, afsetting, besinksel, agglomeraat, aggregasie, akkumulasie, agglutinasie, konglomeraat, konglomerasie, beslag (aanpaksel), organisme, pak, pakket, pakkie, sameraapsel, samesmelting, stapel, stawel, kluster, klos, tros, hoop, berg, bos, sak, bondel, bundel, stel

versamelplek, versamelgebied, versamelpunt, bymekaarkomplek, vergaderplek, vergaderlokaal, vergadersaal, saal, lokaal, kamer, vertrek, teater, ouditorium, konferensietafel, konferensiekamer, konferensiesentrum, rendezvous, aggregasie, akkumulasie, laer, skatkamer, skool, sentrum, depot, ruimte, area, gebou

b.nw. verenig, herenig, verenigbaar, verenigend, konvergent, gegroepeer, gebundel, gebondel, saamgebondel, geklassifiseer(d), geamalgameer(d), geïntegreer(d), geakkumuleer(d), gekonsentreer(d), klierkerig, kollektief, saamgepak, saamgehok, koöperatief, ko-operatief

169. Skei

ww. **skei**, uiteengaan, uitmekaargaan, uiteenloop, uiteenval, uiteenvlieg, uiteenbars, uitmekaarbars, uitmekaar bars, uiteendryf, uiteenspat, uitmekaarspat, uitmekaar spat, ..., versprei, distribueer, uitdeel, verdeel, uitreik, verstrooi, wegskeur, afsonder, disintegreer, desintegreer, verbrokkel, kraak, splyt, meegee, spat, in duie stort

uitmekaarmaak, uitmekaar maak, uitmekaarhaal, uitmekaar haal, skei, verdeel, skeur, uitmekaartrek, uitmekaar trek, sny, opsny, middeldeur sny

bw. uiteen, uitmekaar, vaneen

s.nw. skeiding, skeier, splitsing, splyting, verbrokkeling, verspreiding, distribusie, verdeling, verstrooiing, afsondering, disintegrasie, desintegrasie, kraak, skeur, skeuring

b.nw. apart, geskei, afsonderlik, los, onverenig, onverenigbaar, sentrifugaal, versprei(d), verstrooi(d), sporadies, gekraak, gevurk, geskeur

uitdr. hulle paadjies skei

170. Saambring

ww. **saambring**, bymekaarbring, byeenroep, saamroep, saamtrek, saamsleep, byeenbring, saamvoeg, bytrek, byhaal, aantrek, groepeer, klassifiseer, kategoriseer, verenig, herenig, unieer, unifiseer, laat saamsmelt, tot een maak, inskakel, intrek, betrek, opvorder, insleep, inbring, werf, opeendring, opeendryf, opeenjaag, opeenpak, opeenskuif, konsentreer, sentraliseer, konsolideer, kombineer, amalgameer, assosieer, paar, afpaar, vergaar, vergader, versamel, insamel, bymekaarmaak, inoes, kollekteer, invorder, opvang, absorbeer, opeenhoop, opraap, saamraap, rakel, oprakel, rondbring, saamdra, saamstel, saamhok, saampers, ophaal, opslaan, laai **pak**, saampak, stapel, stawel, opstapel, oppak, bondel, bundel, saambondel, saambundel, strengel, bank, bondel, hok, indeel, insamel, versamel, vergaar, vergader, kollekteer, berg, opberg, opbêre (*lekties*), opgaar, ophoop, oppot, bymekaarmaak, akkumuleer

kleef, aankleef, vasmaak, vasbind, aanmekaarbind, bind, knoop, verbind, inbind, konnekteer, voeg, saamvoeg, aanvoeg, aaneenvoeg, invoeg, sjor

bw. saam, tesaam, tesame

s.nw. versameling, seëlversameling, boekeversameling, prenteversameling, ..., groepering, menagerie, groepvorming, vereniging, aaneenskakeling, verbondenheid, verbinding, unifikasie, hereniging, inskakeling, inkorporasie, konsiderering, seleksie, keur, keuse, capita selecta, opsie, potpourri, mengelmoes, poespas, allegaartjie, verskeidenheid, allerlei, insameling, opbrengs, opbrings, voortbrengsel, voortbringsel, produksie, kolleksie, akkumulasie, ophoping, konsentrasie, opeenhoping, massa, agglomeraat, agglomerasie, aggregaat, aggregasie, kombinasie, kombo (*Engels*), komposisie, samestelling, stel, konjunksie, verbinding, konneksie, knoop, neksus, raamwerk, sentralisasie; hoop, pak, vrag, vragmotorvrag, lorrievrag, bakkievrag, sleepwavrag, stapel, stawel, bondel, bundel, mengsel, klomp
samehorigheid, eenheid, kohesie, koherensie, onafskei(d)baarheid, onafskeidelikheid, jukstaposisie; aantrekking, attraksie, aantrekkingskrag
organisasie, hooforganisasie, stutorganisasie, hulporganisasie, afdeling, vereniging, assosiasie, genootskap, deelgenootskap, maatskappy, stigting, instituut, klub, groep, groepering, eenheid, klas, kategorie, klassifikasie, kategorisering, seleksie, selektiwiteit
versamelaar, kollektant, stapelaar
versamelplek, pakplek, pakkamer, pakhuis, bêreplek, bergplek, opslagplek, opberging, opgaarbattery, opslagbak, depot, voorradedepot, opslagdepot, opslagruimte, skuur, voorradeskuur, opslagskuur, magasyn, loods, stoor, entrepot, bewaarplek
b.nw. onafskei(d)baar, onafskeidelik, verenig, herenig, saamgevoeg, gegroepeer, verbindend, verbonde, kompositories, komposisioneel, gesentraliseer(d), gekonsolideer(d), konsoliderend, gekonsentreer(d), inherent, uniaal, assosiatief, kollektief, akkumulatief, konjunktief, selektief, kohesief, samehorig

171. Verwyder
ww. verwyder, afbreek, losbreek, afhaal, afdraai, afhaak, uithaak, afkam, afklop, afkrap, afskuur, afpluk, afskei, afskeur, afskil, afsny, uitsny, afsteek, aftik, aftrap, aftrek, afwas, uitweek, uitwas, afspoel, afwerp, afkry, afneem, afpel, afskep, afskud, afskuif, afskuiwe, afkrummel; stroop, wegneem, ontneem, beneem, beroof, plunder, kaalpluk, kaalplunder, leegplunder, buit, steel
wegneem, vat, neem, lig, verwyder, verdring, wegbring, wegstuur, wegwerk, elimineer, wegtrek, wegkry, weggooi, wegwerp, wegvee, wegvaag, weglaat, supprimeer, afhaal, weghaal, verplaas, afsleep, afsonder, ostraseer, kastigeer, uithaal, uitkaf, uitskiet, ontwortel, uitwis, afsonder; konfiskeer, afneem, wegneem, onteien, eksproprieer, beslag lê op, in beslag neem, verbeurd verklaar, terugvorder, sekwestreer, likwideer, in geregtelike bewaring plaas, onder geregtelike bestuur plaas, nasionaliseer, vervreem, opeis
van mekaar skei, skei 169, separeer, ban, demonteer, ontbind, ontkoppel, ontdoen, ontkool, ontworstel, afstaan, uitsluit, vermy, afsonder, ontwyk, ontduik, eenkant hou
s.nw. verwydering, verdringing, eliminasie, wegwerping, verwerping, ontworteling, sny, snit, disjunksie; onteiening, konfiskasie, beslaglegging, sekwestrasie, likwidasie, nasionalisasie, vervreemding; stroping, ontneming, plundering, roof, diefstal
skeiding, skeibaarheid, apartheid, segregasie, afsonderlikheid, afsondering, separasie, ontbinding, ontbindbaarheid, ontkoppeling, afskeiding, verplasing, afstand, ostrasisme, uitsluiting, uitskakeling, dispersie, vermyding, ontwyking, ontduiking; kwarantyn, afsondering, inperking, ingrendeling, afgrendeling, grendeltydperk
b.nw. verwyder(d), afsonderlik, los, apart, skeibaar, geskei, gesegregeer, disjunktief, disjunk(te), verdronge, vermy(d)baar, besonders
woorddeel af-, ont-
uitdr. die skape van die bokke skei; die kaf van die koring skei; iemand uit die saal lig; uit die weg ruim

172. Vasmaak
ww. vasmaak, vassit, aansit, aanmekaarsit, verenig, bevestig, aanbring, skakel,

aanmekaarskakel, ..., aaneenbind, aaneenskakel, aanskakel, vasdruk, vaspen, vasstamp, aanlap, aanlas, aanlym, aanslaan, ..., aanvoeg, invoeg, saamflans, inmekaarflans, inmekaarpas, inmekaarsit, koppel, konnekteer, saamkoppel, saamvoeg, saamsmee, bylas, voeg, toevoeg, byvoeg, bymekaarvoeg, saamsmelt, saamgroei, sementeer, sjor, span, aansluit; verenig, kombineer, saamstel, byeenbring, saambring, snoer, saamsnoer, annekseer, amalgameer, saamsmelt, inkorporeer, assosieer, integreer, assimileer, konsolideer, absorbeer, een word, inlyf; saamgooi, meng, vermeng, versny; vassit, kleef, vaskleef, aankleef, vasraak

bind, vasbind, saambind, aanmekaarbind, inbind, verbind, ombind, ingord, heg, vasheg, aanmekaarheg, aanheg, saamheg, vastrek, vaswoel, knoop, vasknoop, aanmekaarknoop, aanknoop, saamknoop, vasknyp, vasknel, ryg, vasryg, aanmekaarryg, ketting, vasketting, aanmekaarketting, speld, vasspeld, aanmekaarspeld, kram, vaskram, aanmekaarkram, slaan, vasslaan, aanmekaarslaan, vasklop, spyker, vasspyker, aanmekaarspyker, klink, vasklink, aanmekaarklink, beklink, skroef, vasskroef, aanmekaarskroef, bout, vasbout, aanmekaarbout, vasdraai, aandraai, doldraai, oordraad draai, klamp, vasklamp, aanklamp, gord, aangord, vasgord, gespe, vasgespe, haak, aanhaak, vashaak, inhaak, vaslê, attasjeer, las, aanlas, aanmekaarlas, aaneenlas, inlas, aanmekaarvoeg, aaneenvoeg, saamvoeg, splits (toue), strik, vasstrik, string, agglutineer, sweis, vassweis, stuik, stuiksweis, sweissoldeer, soldeer, vassoldeer, spalk, aanmekaarspalk, span, weef, vasweef, aanlap, vaswerk, aanwerk, aanmekaarwerk, vasnaai, aannaai, aanmekaarnaai, inweef, verweef

plak, vasplak, aanmekaarplak, opeenplak, toeplak, aanplak, pleister, vaspleister, aanpleister, aanmekaarpleister, smeer, aansmeer, toesmeer, lym, vaslym, aanmekaarlym, aanlym, saamlym

bw. aaneen, inmekaar, opeen, blokvas

s.nw. aansluiting, saamsnoering, vereniging, samekoppeling, sementering, skakel, skakeling, aanknoping, aanknopingspunt, verbinding, verband, verbintenis, sameflansing, inlassing; assimilasie, eenwording, inlywing, samesmelting, aansluiting, inkorporasie, inkorporering, absorpsie, absorbering, konsolidasie, konsolidering

binding, verbinding, saambinding, bindsel, samevoeging, skakeling, aaneenskakeling, aansluiting, aaneensluiting, aaneenvoeging, samevoeging, saamsnoering, aaneensnoering, aanvoegsel, konneksie, konjunksie, saamflansing, aaneenryging, koppeling, aaneenkoppeling, hegting, aaneenhegting

hegting, hegplek, hegpunt, aanhegting, aanhegtingspunt, binding, knoop, knooppunt, strikknoop, wurgknoop, las, lasplek, laspunt, skroeflas, skroeftap, lakwerklas, stuiklas, naat, naatjie, voeg, skakel, string, stringel, sloer, snoer; knoop, skuifknoop, seemansknoop, kniehalterslag, strikknoop, stingelknoop, glyknoop, steek, kruissteek, kettingsteek, breisteek, stiksteek, soomsteek, rygsteek

hegmiddel, hegsel, hegstuk, hegting, tou, bindtou, geskenktou, garing, gare, bindgaring, bindgare, riem, jukriem, kniehalter, koord, wurgkoord, raffia, raffiatou, ketting, ankerketting, gordel, gespe, Velcro, velcro, klitsband, strik, strop, kruisband(e), draad, staaldraad, draadanker, anker, hoekanker; koppeling, kruiskoppeling, koppelarm, koppelpen, koppelrat, koppelstang, koppelstok, koppelstuk, klink, knip, veiligheidsknip, haak, motorhaak, sluitring, solusiespanhaak, spanpaal, woelhout, woeljuk, woelketting, woelpen; knoop, mousknoop, broeksknoop, drukknoop, rits, ritssluiter, ritssluiting, hakie-en-ogie, mansjetknoop, mansjetskakel; spyker, draadspyker, hegspyker, dikkopspyker, blinde spyker, duimspyker, skroef, staalskroef, houtskroef, dikkopskroef, tapskroef, skroefdraad, klinknael, bout, lasbout, moerbout, naafbout, oogbout, skroefbout, tap(s)bout, klinkbout, krambout, borgbout, jukbout, veerbout, moer, skroefmoer, sluitmoer, teenmoer, kartelmoer, klemmoer, borgmoer, dopmoer, krie(moer), karie, kroonmoer, drukknoop, duimdrukker, naald, speld, haakspeld, veiligheidspeld, knip-

speld, kop(pie)speld, skuifspeld, skotnael, knewel, splitpen, splytpen, spy, spie, waster, wasser; hegapparaat, hegarm, sleutel, moersleutel, skuifsleutel, soksleutel, dopsleutel, klamp, klem, klink, skroewedraaier, skroefdraaier, sweismasjien, sweisapparaat, soldeerlamp, soldeerapparaat, soldeersel, tang, tangsleutel
kleefmiddel, kleefpasta, hegmiddel, kleefstof, gom, epoksi, epoksigom, papiergom, houtgom, wondergom, lym, houtlym, rubberlym, hars, gluten, sement, slaksement; kleefband, maskeerband, kleeflint, cellotape (*Engels*), isoleerband
b.nw. aaneengeslote, saamgesnoer, verenig(d), geskakel, verbonde, verbandhoudend, saamgeflans; geassimileer(d), ingelyf, aaneengeslote, aangesluit, konsoliderend, geïnkorporeer, geabsorbeer; verbind, saamgebind, saamgevoeg, aaneengeskakel, aaneengeslote, vasgewerk, aaneengewerk, gekonnekteer(d), konjunktief, saamgeflans, aaneengeryg, aaneengevleg, gekoppel, geketting, vasgeketting; geheg, vasgeheg, gebind, vasgebind, verbind, geknoop, gestrik, vasgeskroef, vasgespyker, vasgesteek, gehaak, vasgehaak, geryg, vasgeryg, gekoppel, geplak, vasgeplak, gegom, vasgegom, gelym, vasgelym; klewerig, klouerig, lasbaar, onlosmaaklik, verbindend, verenig, onlosmaaklik verbonde, fiksatief, immanent

173. Losmaak
ww. **losmaak**, loskoppel, ontkoppel, uitmekaarmaak, uitmekaarhaal, demonteer, verdeel, ontrafel, uitrafel, disintegreer, torring, lostorring, uitmekaartorring, ontwar, uitpluis, breek 184, losbreek, uitmekaarbreek, afskei, stukkend breek, afpluk, uitmekaarpluk, uitpluk, sloop, aftakel, afbreek, skeur, skei, atomiseer, verstuif, verstuiwe, afbind, afbyt, afdraai, uitdraai, afhaak, afkook, afkoppel, afpel, afreën, afreent, afskakel, afskroef, afskroewe, afsnoer, afstel, afwaai
losgaan, breek, uitmekaarbreek, uitmekaarspat, stukkend breek, stukkend spat, disintegreer, meegee, skeur, skei, afskei; losgaan, losraak, loskom, losruk, losskud, losskiet, losspring, los staan, loshang
ontbind, ontknoop, uiteendryf, uiteenjaag, verdeel, strooi, verstrooi, sprei, versprei, distribueer, uitsaai, uitskakel, uitskuif; loslaat, bevry, vrymaak, vrystel, laat gaan, laat loop; losbreek, uitbreek, loskom, ontsnap, wegkom, wegbreek, skei, afskei, afstand doen van, bedank, jou bedanking indien
bw. uitmekaar
s.nw. **losmaking**, losmaking, ontkoppeling, verdeling, disjunksie, ontrafeling, ontwarring, loslating, ontknoping, skeiding, skeuring, afbraak, afbreking, sloping, aftakeling, vernietiging; loslating, bevryding, vrymaking, ontsnapping, skeiding, bedanking
ontbinding, ontknoping, afskeiding, afgeskeidene, afgeskeidenheid, verdeling, verspreiding, distribusie, verstrooiing
b.nw. los, losserig, lossies, onvas, gebreek, gedemonteer, uitmekaargehaal, uitmekaargebreek, ..., gesloop, afgetakel, afgebreek, ..., gedisintegreer(d), ontbind, verstrooi(d), vry, geskei, losliggend, disjunk, disjunktief, skeibaar, versprei(d)

174. Meng
ww. **meng**, vermeng, deurmekaarmeng, deurmekaarmaak, prosesseer, roer, deurmekaarroer, deurmekaargooi, deurstrengel, deursuur, deurvleg, deurwerk, omwerk, omwiel, saamgooi, versmelt, vervleg, verweef, deurweef, verwerk, verwikkel, saamrol, inwerk; inmekaargroei, inmekaarloop, inmekaarvloei, koek, vervloei, verwaai
roer, omroer, deurmekaarroer, meng, saammeng, vermeng, aanmaak, aanmeng, klits, klop, knee, knie, versny
kombineer, verenig, amalgameer, inkorporeer, konsolideer, hibridiseer, integreer, saamvoeg, inskakel, ineenskakel, bymekaarbring, assimileer, saamsmelt
sosialiseer, meng 790, sosiaal verkeer, saamwoon, saamleef, kohabiteer, saamgroei; kruis, verbaster, vermeng, hibridiseer
bw. gemiddeld, ineen, inmekaar
s.nw. **mengsel**, mengeling, vermenging, versmelting, vervlegting, fusie, vervloeiing, verwaaiing, konglomeraat, hibried, hibride, amalgaam, potpourri, mosaïek, verskeidenheid, versameling, aggregaat,

massa, hoop, ophoping, agglomeraat, mengelmoes, poespas, allegaartjie, hutspot, prut, pulp, rommel, rommel(a)ry, sameraapsel, sameskraapsel, pakkaas, pakkasie, pakkerasie, deurmekaarspul, deurmekaar spul, bontspul, santekraam, tjoutjou, versnyding, verwerking

menger, mengmasjien, koekmenger, klitser, voedselverwerker, mengbak, betonmenger, roerlepel, roerspaan

kombinasie, kombo (*Engels*), samesmelting, amalgamasie, inkorporasie, inkorporering, konsolidasie, assimilasie, integrasie, hibridisasie, hibriditeit

b.nw. gemeng(d), vervleg, geroer, roerbaar, vervloeiende, verwaai(d), verweef(d), verwikkel(d), deursnede, deurspek, integrerend, konsoliderend, hibridies

woorddeel mengel-

uitdr. van alles en nog wat

175. Insit

ww. insit, insteek, inbring, binnebring, inhaal, inlaat, binnelaat, instuur, binnestuur, insend, intrek, binnetrek, insleep, binnesleep, inlepel, inploeg, insmokkel, instoot, inhou, binnehou, absorbeer, verswelg, berg, verpak, wegbêre, weglê, wegsit, kelder, opbêre, opberg, oppot, pak, oppak, inpak, toepak, stoor, inbed, insuie, insuig, invoer, resorbeer, skep, steek, stop, suig, suie, bygooi, doop, drink, inkry, indien; inkom 206, binnekom, ingaan 206, binnegaan, inloop, binneloop, instap, binnestap, binnetree, inval, binneval, inskiet, inskuif, inskuiwe, instroom, binnestroom, ingraaf, ingrawe, infiltreer, indring, binnedring, indraai, ingroei

bw. binne, in, binnetoe, binnewaarts, na binne

s.nw. invoer, berging, opberging, verpakking, absorpsie, resorpsie, insluiting, bergplek, skuur, stoor; inkoms, binnekoms, ingang, binnevaart, instroming, infiltrasie, invloei, toevloei

b.nw. intrekbaar, intrusief, absorberend, resorberend

voors. in

woorddeel in-

176. Uithaal

ww. uithaal, ekstraheer, uitbring, uitneem, uitstuur, uittrek, uitpluk, uitgooi, uitboender, uitdra, uitkry, uitlaat, uitlig, uitpak, uitpik, opdiep, graaf, opgraaf, opgrawe, uitgraaf, uitgrawe, opvis, tap, uittap, hewel, lek, uitlek, skep, uitskep, uitblaas, uithaak, uithol, uitkaf, uitkap, uitknikker, uitkrap, uitpik, uitrol, uitsend, uitsit, uitskop, uitskuif, uitsny, uitsteek, uitstoot, uitstort, uitstrooi, afvoer, ontruim, evakueer, leegmaak, ledig, leegpomp, leegskep

bw. uit, buitentoe, na buite, uitwaarts

s.nw. uitgang, uitlaat, uitlaatgat, klep, uitlaatklep, poort, uitlaatpoort, afvoerpyp, uitlaatpyp; uitgang, uittog, eksodus, uitvloeiing, uitstorting, lediging, lekkasie, lek; opgrawing, uitgrawing, uitsnyding, uitwinning, uitskuiwing, uitsnyding, ontruiming, evakuasie, uitsetting, uitsettingsbevel

b.nw. uithaalbaar, uitgehaal, uitskuifbaar, uitgeskuif, afgevoer, uitgelaat, uitlaatbaar, lekkend, getrokke

voors. uit ... uit

woorddeel uit-, leeg-, ont-

177. Oopgaan

ww. **oopgaan**, open, oopval, oopspring, oopslaan, ..., oop wees, oopstaan, oopbly, ooplê, oophang, gaap, spalk, oopspalk, sper, oopsper

oopmaak, ontbloot, wys, sigbaar maak, blootlê, blootstel, onthul, open, oopstel, oopkry, oophou, ooplaat, oopbreek, oopdraai, oopruk, oopskuif, oopstoot, ooptrek, oopslaan, oopsluit, oopsny, oopspalk, kloof, klowe, lek, oopdraai, ontkurk, ontplooi, ontsluit, ontvou, skeur, groef, uitlug, uitslaan

s.nw. opening, uitgang, ingang, deur, venster, gaping, gat, krater, kier, kloof, gleuf, groef, spleet, skeur, skreef, mond, poort, hap, hiaat, lakune, leemte, holte, kykgat, lek, lekkasie, lekplek, lekkery, maas, nippel, oog, oopte, ponsgat, poortdeurtjie, porie, porositeit, put, spalk, vernouing; kurktrekker, botteloopmaker, blikoopmaker, bliksnyer, blikskêr; blootlegging, blootstelling, ontbloting, ontsluiting, ontplooiing, onthulling

b.nw. oop, geopen, oopgemaak, wawyd oop, ontsluit, ontgrendel, toeganklik,

ondig, ongekurk, gaterig, gapend, oopgewerk; ontbloot, blootgestel, onthul
woorddeel oop-

178. Toegaan
ww. toegaan, sluit (toegaan), toeraak, toe bly, op slot wees, toeklap, toeval, toeslaan, toegroei, verstop, verslik, verslyk, toeslik, toeslyk, verslib
toemaak, bedek, toedek, sluit (toemaak), afsluit, toetrek, die deur aan trek, toedruk, toeskuif, toeslaan, toegooi, toewerk, verseël, seël, toebind, afbind, toedraai, verpak, toespyker, toestrik, toegespe, toeryg, opryg, toeplak, lak, toeprop, prop, toestop, opstop, stop, toesmeer, toebuig, toedig, afdig, verdig, dig maak, toeskroef, kurk, afklap, bedelf, bedelwe, begrawe, begraaf, belê, beslaan, inbaker, inkapsel, knoop, krul, afkeer, aantrek, snoer, demp
sluit, toesluit, afsluit, uitsluit, ineensluit, inkerker, insluit, interneer, op slot hou, opsluit, toegrendel, toeknip, grendel
versper, sper, stop, barrikadeer, blokkeer, afsluit, toemaak, toegang belet, deurgang belet, ontoeganklik maak, belemmer, ommuur, omhein
s.nw. sluiting, verstopping, okklusie
versperring, padversperring, afsluiting, versperder, afsluiter, barrikade, grens, draad, doringdraad, draadversperring, versperringsdraad, muur, heining, draadheining, paalheining, staketsel, tralie, tralieheining, traliewerk, deur, hek, hekkie, heksluiter, hekwagter, doringdraadhek, plaashek, smoelneuker, smoelslaner, tuinhek, draaihek, traliehek, sperboom, sluitboom, afsluitboom, sluitpaal, hefboom, slagboom, slaghefboom, draaiboom, hinderpaal, sperketting, grendel, werwel, klap, klink, knip, knippie, valknip, veiligheidsknip, vensterknip, klamp, knoop, roef, beskot, skot, oorslag, skermplaat, rooster, sluitring, stopsel, verpakking, prop, kurk, kurkprop, swik, swikprop, klep, afsluitklep, valklep, kraan, stopkraan, afsluitkraan, waterkraan, tampon, tap
slot, deurslot, hangslot, beuelslot, dekselslot, kasslot, klinkslot, knipslot, kodeslot, kombinasieslot, tydslot, nagslot, veerslot, veiligheidslot, deurketting, slotmakery, slotmaker; baard (slot), bajonetsluiting, beuel, slothaak, slotkram, plaat, slotplaat, veer, springveer, tuimelaar, grendel, tong, sleutelgat, sleutelskild; sleutel, toegangsleutel, voordeursleutel, motorsleutel, knipsleutel, kontaksleutel, sleutelbord, sleutelbos, sleutelring, splitsring, passepartout
b.nw. toe 453, bottoe, pottoe, toeërig, toegemaak, geblokkeer(d), gesluit, geslote, toegesluit, selfsluitend, dig 453, potdig, waterdig, reëndig, lugdig, rookdig, stoomdig, begrens, ommuur, omhein, toegegooi, toegegroei, toegedraai, toegeknoop, toegepak, toegetrek, getralie, bedolwe, hermeties, toe, nou, nousluitend
woorddeel toe-
uitdr. agter slot en grendel; reg van toegang voorbehou

179. Glad maak
ww. glad maak, gladmaak, gelykmaak, afwerk, stryk, gladstryk, glad stryk, vryf 154, gladvryf, glad vryf, oopvryf, skaaf, gladskaaf, glad skaaf, gladskawe, glad skawe, gelykskaaf, gelykskawe, afskaaf, afskawe, afwerk, skuur, gladskuur, glad skuur, gelykskuur, afskuur, oopvou, uitvou, ontrimpel, ontvou, uitrol, afrol, gly, uitslaan, uitklop, duikklop
s.nw. gelykmaking, afwerking, strykwerk, strykery, skaafwerk, skawery, skuurwerk, skuurdery, ontvouing, duikklopwerk, duikklopper
skaaf, skaafmasjien, skuurder, skuurmasjien, skuurpapier, duikklophamer, strykyster, yster, stoomstrykyster
b.nw. glad 448, seepglad, gelyk, egalig, vlak, glibberig, glyerig
uitdr. so glad/gelyk soos 'n spieël; so glad soos seep; so glad soos 'n paling

180. Ongelyk maak
ww. ongelyk maak, vou, omvou, invou, instulp, uitvou, toevou, saamvou, deurvou, dubbelvou, inwikkel, plooi, beplooi, omplooi, gladplooi, inslaan, omslaan, kartel, golf, kronkel, keep, inkeep, kerf, inkerf, rimpel, verrimpel, frommel, verfrommel, kreukel, verkreukel, skrompel, verskrompel, flap, buig, verbuig, verkrom, verfomfaai, verfonkfaai
s.nw. ongelykheid 449, vou, instulping,

kartel, karteling, golf, golwing, haargolwing, keep, inkeping, kerf, inkerwing, rimpel, rimpeling, plooi, beplooidheid, broekplooi, rokplooi, rygplooi, flap, buig, buiging, kromming, frommel, kreukel, kreuk, verskrompeling

b.nw. ongelyk 449, rof, knopperig, hobbelrig, gevou, omgevou, ingevou, ..., voubaar, dubbel, dubbeld, duwweld, gerimpel(d), geplooi, beplooi(d), gekreukel, verkreukel, kreukelrig, kreukeltraag, kreukelvry, rimpelig, rimpelrig, golwend, gegolf, gekartel, verfrommel, opgefrommel, geduik, ingeduik

181. Raak

ww. raak, aanraak 495, in kontak kom, kontak maak, vat, tref, tas, betas, bevoel, beur, aandring, aanleun

druk, stoot teen, afdruk, opdruk, wegdruk, deurdruk, aandruk, toedruk, vasdruk 183, vaspen, vasval, neerdruk, onderdruk, saamdruk, platdruk, pers, inpers, saampers, uitpers, stoot, opstoot, afstoot, omstoot, omverstoot, terugstoot, stu, du, voortdu, 'n hupstootjie gee, stamp, vasstamp, pulseer, pomp, por, bots, bons, aanbons, skuif, opskuif, afskuif, inskuif, inmekaarskuif, verplaas, beur, dring, kneus, knyp 183, raak, vasry, omry, raakry, slaan 182, inslaan, skopslaan, aanslaan, moker, foeter, klop, vasklop, hamer, kap, tik, tref, skop teen, vasskop, knyp, afknyp, knip, afknip, bons, trap, vertrap, tree, vertree, hak, ram, skok, skud, rammel, ruk

bw. rakelings, skrylings, teenaan, hierteen, daarteen, waarteen

s.nw. aanraking 495, kontak, betasting, druk, drukking, samedrukking, saampersing, samepersing, impetus, raakvlak, raking, vertrapping, vertredingaanslag, aanstoot, aandrang, aanslag

b.nw. raak, gestamp, botsend, rakelings, raaklings, aantastelik, skokvas, skokbestand, skrams, terugstotend, verplaasbaar, verplaas(te)

voors. aan, teen, teenaan
uitdr. teen iets stuit

182. Slaan

ww. iets slaan, slaan, omslaan, inslaan, inhamer, oopslaan, inmekaarslaan, neerkap, neervel, omklink, tamboer, timmer, toedien, uitdryf, uitdrywe, uithamer, uitklop, vasslaan, verspaander, wegslaan, aankap, aanslaan, aantik, afpiets, afslaan, beuk, haal, hamer, kap, skop, terugkaats

iemand slaan, slaan, houe toedien, terugslaan, inmekaarslaan, blaker, moker, pak gee, 'n loesing gee, moer (*plat*), donder (*plat*), foeter, neuk (*plat*), opdons, opfoeter, opneuk (*plat*), opdonder (*plat*), opfok (*plat*), peper, inlê, timmer, klap, klits, klop, kneus, kwint, piets, raps, wiks, lamslaan, uitknikker, uitkwint, uitslaan, bles, blits, boender, boks, karnuffel, kasty, mishandel, neerkap, neervel, omslaan, omklink, oopslaan, pomp, takel, toetakel, bydam, sambok, gesel, striem; pak kry, 'n loesing kry, op jou donder kry (*plat*)

dreig, bedreig, intimideer, waarsku

straf, bestraf, slaan, pak gee, klop, slae gee, 'n drag slae gee, lyfstraf toedien/oplê, gesel, martel, tug, tugtig, afransel, uittrap, skel, uitskel, kasty, roskam, hokslaan, inja, injaag, touspring

s.nw. slag, stamp, stoot, dwarshou, gehamer, haal, gehamer, hamerhou, hamerslag, tik, tikkie, tikslag, swaardslag, sweepslag, handslag, klop, gekap, kappery, gekappery, perkussie, puls, pulsasie, impuls, skok, skokgolf; vuishou, vuisslag, opstopper, opneuker, mokerhou, mokerslag, handslag, handtastelikheid, nekslag, hou, kaphou, slaanhou, dryfhou, haal, treffer, voltreffer, klap, snotklap (*plat*), oorklap, oorkonkel, oorveeg, veeg, tik, tikkie, tikslag, stamp, stampery, gestamp, gestampery, stamphou, stoot, gestoot, gestotery, stootjie, hupstootjie, stootkrag, skop, geskop, skoppery, geskoppery, trap, vertrapping, tree; slae, pak, pak slae, loesing, raps, rapshou, lyfstraf, tameletjie (pak slae), kastyding, geseling; slaanmerk, haal, streep

slaanding, lat, rottang, plak, slaanriem, sweep, sweepstok, voorslag, voorslagriempie, peits, rysweep, horssweep, karsweep, langsweep, karwats, roede, sambok, aapstert, riem, platriem, taboes, gesel, kinderbeul, houtlepel

hamer, klouhamer, bolhamer, dryfhamer, klinkhamer, klinknaelhamer, kliphamer, klophamer, blokhamer, rubberhamer, smidshamer, duikklophamer, voorhamer, vyfpondhamer, vleishamer, hamersteel, hamerkop, hamerklou, byl, dryfyster, klopper, pomp, buffer, stamper, stampblok, drukker, drukmetode

uitdr. bont en blou slaan; deur die weerlig getref; die lat inlê; die sweep gee; iemand 'n bloedneus slaan; iemand 'n blou oog slaan; maer bokke dip; onder die besemstok steek; op iemand se tabernakel gee/speel; op jou/iemand se baadjie kry/gee; jou hand teen iemand lig; rottangolie gee; iemand moker; 'n voltreffer slaan; siepsop en braaiboud gee; iemand looi; tameletjie kry; 'n taai klap gee; die skrik op die lyf jaag; skrik aanjaag; die mes op iemand se keel sit; oor die vingers tik; oor die kole haal; met die plathand inlê; iemand aapstert gee; jou gatvelle brand (*plat*)

183. Gryp

ww. gryp, vasgryp, beetgryp, vergryp, beethê, kry, beetkry, neem, beetneem, pak, beetpak, aanpak, takel, betakel, toetakel, haak, vashaak, vat, raakvat, beetvat, doodvat, vasvat, vervat, raap, opraap, hou, vashou, houvas, vaskry, klou, vasklou, beklou, bandvat, klem, vasklem, beklem, omklem, wurg, knel, vasknel, beknel, omknel, vasklamp, druk, vasdruk, vaspen, saamdruk, vastrek, vaskeer, vang, verstrik, platdruk, pers, wring, aangryp, aanpak, aanvat, knyp, vasknyp, ruk, uitruk, pluk, uitpluk

bw. aanmekaar, vanmekaar

s.nw. **greep**, wurggreep, ingreep, intersepsie, klem, kopklem, kneep, knyp, knypie, vang, vangslag, vangskoot, opraapsel, druk, teendruk, stoot, teenstoot, ruk, houvas

klem, tang, knyptang, draadtang, haartangetjie, klouhamer, gaffel, vurk, drietandvurk, gryparm, gryphaak, grypklou, grypkraan, grypyster, haak, weerhaak, skroef, bankskroef, stelskroef, klemskroef, klem, staalklem, skroefklem, veerklem, klamp, klembeuel, knyphaak, knyper, klou, boorklou, keëlklou, duiwelsklou, duiwelsbek, balkhaak, pers, handpers, wals, walsmasjien, stoomwals

val, muisval(letjie), slagyster, vangstok, wip, strik, lokval, valstrik, vanggat, valkuil

greep, vatplek, vashouplek, handvatsel, handgreep, vingergreep, hef, hingsel, steel, kolf, skag, kruk, knop

b.nw. grypbaar, geknyp, geknel, gehaak, vas, vasgeskroef, genome, klouerig, vasgekeer, wringend

voors. teen

184. Breek

ww. **breek**, stukkend breek, oppak (*Engels, informeel*), tot niet gaan, kapot raak, kapot gaan, aan skerwe spat, afbreek, afbars, inmekaarstort, meegee, uiteenbars, uiteenspat, uiteenval, uiteenvlieg, disintegreer, desintegreer, verbrokkel, afbrokkel, krummel, verkrummel, afkrummel, verflenter, wegkalwe(r), ingee, inmekaarloop, inmekaarsak, inmekaarsit, knak, knik, ontplof, oopbreek, opbreek, skeur, splinter, splits, split, splyt, bars, uitbars, uitbreek, uitkalwe, uitkalwer, uitrafel, losbreek, losskeur, skeur, wegskeur, afskeur, afskilfer, deurbars, deurbreek, slyt, deurslyt, verslyt, afslyt, wegslyt, skif, roes, verroes, deurroes, verweer

laat breek, breek, afbreek, stukkend breek, stukkend maak, kapot maak, oopbreek, opbreek, deurbreek, knak, afknak, omknak, skeur, opskeur, verskeur, aan flarde skeur, flenters skeur, splits, split, splyt, versplinter, uitrafel, uitvreet, verflenter, skei, wegskeur, afskeur, afblaar, afbreek, afdop, afdraad, afklink, afknip, afknyp, afkry, afmaak, afnerf, afpik, afpluis, afslaan, inslaan, deurslaan, stukkend slaan, fynslaan, vasslaan, afskop, inskop, stukkend skop, afskoffel, deurhak, deurtrek, intrap, kap, kleinkry, kleinmaak, klief, kloof, klowe, knou, leer, ontpluim, ontrafel, pik, vryf, vrywe, rasper, pulwer, snipper, maal, fynmaal, sny, stukkend sny, afsny, deursny, kap, stukkend kap, fynkap, afkap, deurkap, afbeitel, verbreek, verbrysel, vergruis, fynmaak, vermorsel, verniel, vernietig, verpletter, verwoes, vertooing, fynstamp

bw. aan stukke, in stukke, tot niet, moer toe (*plat*), poer in sy moer (*plat*), katarras (*informeel*), middeldeur, aan flarde, uitmekaar, vanmekaar

s.nw. **breking**, afbreking, verbreking, breuk,

verbrokkeling, verbryseling, vergruising, verkrummeling, vermorseling, disintegrasie, desintegrasie, ontploffing, splitsing, splyting, uitbarsting, erupsie, uitbreking, uitkalw(er)ing, vernieling, verplettering, verskeuring, wegskeuring, versplintering, roes, slyting, verwering; breker, vernieler, vernielal, woestaard; vernielsug, vernielsugtigheid
stuk, flenter, vod, snipper, skerf, glasskerf, potskerf, skilfer, spleet, splint, splinter, toiings, toiinkies, vylsel, skaafsel, skraapsel, krummel, klont, kluit, gleuf, skeur, bars, windbarsie, haarbars, knak, knou; rommel, rommel(a)ry, rommelhoop, rommelterrein, rommelwerf
b.nw. stukkend 238, gebreek, afgebreek, gebroke, flenters, kapot, verflenter(d), gedaan, gehawend, voos, vodderig, morsaf, onherstelbaar, onklaar, disfunksioneel, gesplete, gestamp, rommel(r)ig, toiingrig, vertoiing, skilferagtig, skilferig, splinterig, versnipper(d), krummelrig, uitgemaak, uitgewerk, vernielagtig, vernielbaar, vernielsiek, vernielsugtig, verpletterend, verwoestend, ontplofbaar, eruptief, splytbaar, verwerend
uitdr. alles kort en klein slaan; buite werking; die hand aan iemand/iets slaan; geen steen op die ander laat nie; tot niet gaan

185. Sny
ww. sny, aansny, afsny, besny, insny, oopsny, oopvlek, opsny, uitsny, voorsny, transeer (*ongewoon*), keep, inkeep, kerf, kerwe, inkerf, uitkerf, afkerf, fynkerf, tand, uittand, krenelleer, knip, afknip, uitknip, deurknip, snipper, versnipper, fynsnipper, afskeer, skulp, uitskulp, kartel, afsit, skalpeer, lanseer, slag, uitslag, snoei, wegsny, uitsnoei, insnoei, knot, afknot, top, aftop
kap, afkap, vel, deurkap, fynkap, oopkap, uitkap, guillotineer, kloof, oopkloof, deurkloof, klief, deurklief, verdeel, splits, hak, afhak, beitel, afbeitel
saag, afsaag, afsae, deursaag, opsaag
s.nw. sny, snit, snyding, uitsnyding, insnyding, insisie, snee, snede, dwarssnit, dwarssnee, lengtesnit, langsnee, bars, geknip, knip, kap, versnippering, interseksie, keep, kartel, kerf, splyting, steek, vertanding; snysel, snit, knipsel, koerantknipsel, spaander, houtspaander, vesel, segment, houtkrul, skaafkrul, skaafsel, saagsel, snipper
mes, knipmes, sakmes, herneutermes, hernutermes, paddaslagter, pennemes, vleismes, voorsnyer, voorsnymes, voorsnystel, transeermes, transeerstel, groentemes, kaasmes, operasiemes, lanseermes, lanset, seis, sens, sekel, panga, kris, dolk, swaard, rapier; skêr, nopskêr, naelskêrtjie, naelknipper, naaldwerkskêr, draadskêr, blikskêr, draadknipper, knipper, kniptang; saag, skrynwerkersaag, houtsaag, metaalsaag, ystersaag, elektriese saag, masjiensaag, bandsaag, vleissaag, handsaag, tapsaag, voegsaag, figuursaag, kraansaag, kuilsaag, kromsaag, kroonsaag, treksaag, boomsaag, snoeisaag, ivoorsnyer; byl, houtbyl, kapmes, panga, guillotine, beitel, houtbeitel, groefbeitel, tandbeitel, gutsbeitel, koubeitel, houweel, dissel; hef, meshef, lem, meslem, saaglem, swaardlem, kling (swaard), papie, skaar, skede, messkede, skerpkant, span, steel, steelpunt, tand, verstekhaak, knip, kerfblok, strykriem
snyer, knipper, kapper, houtkapper, houthakker, saagoperateur
b.nw. besnede, besnee, deursnede, gekloof, skerp, skerpsnydend, snydend, tweesnydend

186. Maal
ww. maal (beweging), rondmaal, draai, ronddraai, wentel, kolk
maal (in 'n meul), maal, fynmaal, afmaal, fynmaak, stamp, verpulp, frommel
s.nw. maalbeweging, gemaal, malery, rondmalery, kolking, wenteling
meul, koffiemeul, vleismeul, worsmeul, watermeul(e), windmeul(e), hamermeul, rollermeul, saagmeul(e), houtsaagmeul(e), stampmeul(e), stoommeul, graanmeul, koringmeul, kafmeul, suikermeul, handmeul, trapmeul, tredmeul(e), stamper, meulklip, meulsteen, snuifstampblok, stamppot, vyselstamper, frees, freesmasjien
meulhuis, meulkap, draaikap, meulbalk, ysterbalk, agterbalk, rat, meulrat, emmerrat, skeprat, waterrat, wiek, meulwiek, meulklip, meulsteen, meelgat, meulsloot, klouyster, stamper, meulstamper

meulenaar
b.nw. gemaal, melerig, fyn, grof, semelrig

187. Reis
ww. reis, op reis gaan, 'n reis onderneem, 'n reis meemaak, rondreis, toer, rondtoer, afreis, terugreis, deurreis, bereis, meereis, saamreis, begewe, begeef, deurkruis, deurloop, deurry, oorstaan, oorsee gaan, oorklim, oorstap, pendel, kommuteer, rondtrek, swalk, swerf, swerwe, rondswerf
bw. in transito, oorsee
s.nw. **reis**, reisgeleentheid, rit, tog, reistog, groepreis, landreis, oorlandreis, motorrit, motorreis, motortog, treinrit, treinreis, vaart, seevaart, seereis, riviervaart, passaat, passasie, bootreis, bootvaart, bootrit, skeepsreis, skeep(s)vaart 221, seevaart, plesiervaart, nooiensvaart, lugreis, vliegtuigreis, vliegtuigrit, vliegtog, toer, staptoer, ekskursie, uitstappie, plesiertog, afreis, afvaart, heenreis, uitreis, enkelreis, heen-en-terugreis, heen-en-terug-reis, reisavontuur, wederreis, karavaan, karavaanvakansie, karavaantog, karavanserai, konvooi, rondreis, vakansiereis, safari, safarireis, safari-rit, studiereis, sabbatsreis, sakereis, inspeksiereis, pakkettoer, ontdekkingsreis, ontdekkingstog, ekspedisie, poolekspedisie, suidpoolekspedisie, kruistog, kruisvaart, segetog, triomftog, kaapvaart, omswerwing, migrasie, transmigrasie, trek, bedevaart, pelgrimsreis, pelgrimstog, swerftog, swerwery, rondswerwery; roete, roetekaart, bestemming, eindbestemming, deurrit, deurtog, transito, skof, reisafstand, stoot, dagreis, reistyd; reiservaring, bereidsheid, reisgenot, reislus, reissug, reiskoors, wanderlust, swerflus, swerfsug, swerfsiekte, swerwerslewe
toerisme, toerismebedryf, toeristebedryf, reisagent, reisagentskap, reisbiblioteek, reisburo; ekotoerisme, rugsaktoerisme, ervaringstoerisme, sekstoerisme, ramptoerisme, haaitoerisme; toeriste-attraksie, toeristeoord, vakansieoord
reisagent, toeroperateur, reisgeleide, reisgids, toergids, toerleier, reisouers, toerouers, reisvader, reismoeder, koerier
reisiger, medereisiger, reisgenoot, reisgesel, toggenoot, wêreldreisiger, ontdekkingsreisiger, toeris, toeristeverkeer, sakereisiger, saketoeris, ekotoeris, rugsaktoeris, sekstoeris, poolreisiger, rugsakreisiger, ruimtetoeris, passasier, transitopassasier, passasiersverkeer, pendelaar, reisgeselskap, toergeselskap, toergroep, toerlid, swerwer
reisbenodigdhede, reisartikel, bagasie, handbagasie, oor(gewig)bagasie, pakgoed, pakkaas, pakkasie, tas, reistas, koffer, reiskoffer, skeepskoffer, skeepskis, naweektas, handtas, handsak, drasak, reissak, knapsak, kleresak, valies, smuktas, ydelheidstas(sie), kajuittas, kajuitkoffer, hoedetas, trommel, reistrommel, reisrol, reisdeken, bagasiedraer, bagasietrollie, draagriem, drariem; bagasiebewys, bagasiebiljet, aanvaarding, biljet, geleibrief, reisdokument, pas, paspoort, visum, dagvisum, transitovisum, visa (*meervoud*), permit, verblyfpermit, verblyfsvergunning, werkpermit, dagboek, logboek, reisjoernaal, itinerarium, reisplan, reisprogram, roetekaart, brosjure, reisbrosjure, toeristebrosjure, reisgids, reisboek, reisbeskrywing, kaartjie, reiskaartjie, vliegtuigkaartjie, (in)stapkaartjie, treinkaartjie, padkos, passasiegeld, reisgeld, reisigerstjek, reiskoste, reistoelae, rygeld, rykoste
b.nw. bereis, berese, reisvaardig, reisend, rondreisend, reislustig, reisvoos, onderweg, padvaardig
tw. voorspoedige reis, goeie reis, bon voyage
uitdr. die pad vat; in die pad val; op die wapad wees; jou vervoeg by

188. Aankom
ww. aankom, kom, arriveer, opdaag, opduik, uitstiek (*lekties*), verskyn, te voorskyn kom, jou verskyning maak, jou bestemming bereik, aanland, aanbeland, grondvat, land, neerstryk, aan land gaan, vasmeer, inseil, binnevaar, intrek, bereik, beland, opdoem, opkom, aandraf, aanhardloop, aanklop, aanmeld, inteken, aanpeil, aanwaai, binnekom, binnery, binneloop, ..., afkom, betree, begroet, keer; besoek, besoek aflê, besoek bring aan, aangaan, aanry, aanloop, aankom, omkom by, oorbly, 'n draai maak, kuier, toef, vertoef; terugkom, teruggaan, terugkeer, terugreis, terugtrek, verseil, draai, omdraai,

omkeer, repatrieer, ontbied

s.nw. aankoms, aantog, koms, bereikbaarheid, verskyning, landing, aanloop, besoek; terugkoms, terugkeer, terugreis, terugtog, terugvaart, tuisvaart, tuisvlug, retoer, retoerreis, retoervlug, retoervaart, repatriasie; aankomeling, besoeker, gas, kuiergas, kuiermense (*meervoud*)

b.nw. aankomende, bereikbaar

uitdr. hier te lande

189. Wegbly

ww. **wegbly**, bly, uitbly, afwesig wees, stokkiesdraai, makeer
vermy, ontwyk, ontduik, wegskram, ontglip, ontsnap, koes

bw. weg, nie teenwoordig nie, uit

s.nw. **wegblyery**, wegblyaksie, afwesigheid, wegwees, stokkiesdraaiery
vermyding, vermy(d)baarheid, ontwyking, ontwykingsaksie, ontsnapping

b.nw. afwesig, absent, vermy(d)baar, ontwykend, elusief

uitdr. met Jan Tuisbly se karretjie ry

190. Vertrek

ww. vertrek, op vertrek staan, gaan, weggaan, ophoepel (*informeel*), waai (*informeel*), wegstuur, afreis, heenreis, wegreis, wegvaar, uitvaar, heenvaar, wegvlieg, opstyg, wegbreek, wegkom, 'n reis onderneem, op reis gaan, wegry, in die pad val, spat, laat spat, wegtrek (vertrek), skuif, skuiwe, 'n skuif maak, trek, wegtrek (verhuis), verhuis, emigreer, skei, uitgaan, verdwyn, verlaat, afskeid neem, jou losskeur van, wyk, wegwyk, uitwyk; wegloop, weghardloop, weghol, vlug, op die vlug slaan, skarrel, wegskarrel, wegraak, wyk, die wyk neem, glip, wegglip, padgee, verkas, skoert, laat spat, gat skoonmaak (*plat*), retireer; dros, wegdros, deserteer, vlug, op die vlug slaan, ontduik, glip, ontglip, ontwyk, vryspring, vermy, wegkruip, onderduik

bw. af, weg, voort

s.nw. vertrek, aftog, afreis, heenreis, uitvaart, heenvaart, trek, verhuising, emigrasie, skuif, skeiding, opmars, drostery, droster, ontduiking, vermyding, vlug, vertrekpunt, vertreksaal, vertrekdatum, vertrektyd, afskeid

b.nw. uitgaande, vermy(d)baar, vlugtend, voortvlugtend

tw. tat(t)a (*informeel*), totsiens, tot siens, tot wedersiens, vaarwel, we(d)erom, gaan jou goed, goed gaan, voorspoedige reis, tjeers (*Engels, informeel*), cheers (*Engels, informeel*), koebaai (*Engels, informeel*)

uitdr. die stof van jou voete afskud; die pad vat; in die pad val; die vaalpad kies; dis laaste sien van die blikkantien; in die niet versink; jou uit die voete maak; spore maak; met die noorderson vertrek; jou hoed vat (en loop); van die toneel verdwyn; (met) sak en pak; maak dat jy wegkom; die hasepad kies; jou bene dra; in die bos trap; die hakke lig; jou hakskene volg; die hiele lig; die hoed vasdruk; kluite kam; jou knieë dra; die loop neem; op loop sit; die rieme neerlê; die takke insit; die wêreld skeur; ysterklou in die grond slaan; laat waai; laat saai; laat spaander

191. Laat kom

ww. **laat kom**, ontbied, oproep, roep, inroep, opkommandeer, kommandeer, gelas, terugroep, aanroep, afroep, lok, aanlok, naderlok, inlok, bestel, aanvra, vra, nooi, uitnooi, uitvra, daag, uitdaag, dagvaar
aanbring, bring, saambring, meebring, haal, besorg, oorbring, oordra, aanry, aandra, aanhaal, aanja(ag), aankeer, aanneem, aanreik, aansleep, afgee, afhaal, apporteer, instuur, deurstuur, oorstuur, invoeg, oplaai, plaas, terugbesorg, terugbring, teruggee, terugkry, teruglei, terugplaas, terugstuur, terugvoer
invoer, importeer, inbring, aanvoer, introduseer, uitklaar, smokkel, insmokkel

s.nw. **oproep**, bestelling, uitnodiging, uitdaging, uitdager, dagvaarding; insender, insending, oordraer, teruggawe, besorging, terugbesorging; geadresseerde
invoer, invoerhandel, invoermark, invoerreg, import, importasie, smokkelary, smokkelry; doeane, klaring, uitklaring, aksyns, wynaksyns, invoerbelasting, aksynsbelasting, invoergoedere, invoere, invoerder, importeur, smokkelaar

192. Laat gaan

ww. **laat gaan**, stuur, instuur, uitstuur, sekondeer, wegstuur, aanstuur, jaag, wegjaag, send, versend 196, oorstuur, oorsend, verskeep, besorg, afsend, afstuur, wegvoer, meevoer, omstuur, rondstuur, saamstuur, agterlaat, uitlaat, ontvoer, afhou, afkeer, afwentel, wegdra, weggooi; oorslaan, vergeet, agterweë laat

neem, wegneem, wegbring, verwyder

verdryf, verdrywe, ja(ag), jae, verja(ag), uitja(ag), uitjae, wegja(ag), afja(ag), afjae, uitdryf, uitdrywe, wegdryf, wegdrywe, uitgooi, uitskop, uitstoot, uitwerp, verwerp, boender, uitboender, verban, verwilder, verwyder, voortdryf, voortdrywe, ostraseer, relegeer, verbied, skors

uitvoer, eksporteer, uitklaar

s.nw. versending, afsending, afvoer, verskeping, stuurwerkie, bode, stuurder, afleiding, wegvoering, omissie, vergeetagtigheid

verdrywing, verjaging, verwildering, balling, banneling, banvloek, verbanning, ontvoering, abduksie, ostrasisme, relegasie, uitdrywing, uitwyking, uitgewekene, uitwerping, verwerping, uitgeworpene, uitwerpeling, uitwinning, verworpene, verworpenheid, verwydering, verbod, skorsing, ekspulsie

uitvoer, eksport, uitvoerartikel, gouduitvoer, uitvoerder, uitvoeroorskot; doeane, klaring, uitklaring, uitvoerreg, uitvoerverbod; uitvoerder, eksporteur

b.nw. uitgeweke, verbanne, verworpe

tw. loop, kry koers, siejy, voert, voe(r)tsek, voetsek, skoert, fok(k)of (*plat*)

uitdr. van Pontius na Pilatus stuur; iemand van bakboord na stuurboord stuur; die deur wys

193. Vertraag

ww. vertraag, ophou 23, 146, 648, nie laat gaan nie, agterhou, teëhou, terughou, weerhou, binnehou, afhou van, keer, verhinder, inhibeer, inhou, uitstel, verlangsaam, rem, stuit, in die wiele ry; jou inhou, uitstel, draal, talm, sloer, draai, lank draai, jou tyd gebruik, tyd mors

s.nw. vertraging, oponthoud, terughouding, inhibering, weerhouding, verhindering, uitstel, verlangsaming, rem, talming, talmery, getalm, tydverkwisting

b.nw. traag, dralend, talmend, vertragend, inhibitief, inhiberend, opgehou, vertraag

194. Vervoer

ww. vervoer, karwei, transporteer, transport ry, versend 196, afsend, toesend, stuur, afstuur, wegstuur, bevrag, verskeep, oorskeep, verspoor, trok, krui(e), pak, verpak, afpak, behouer, laai, abba, afsit, belaai, oorbelaai, belas, oorbelas, bring, oorbring, neem, oorneem, inneem, oorsit, gaan, gooi, omry, rig, aanvoer, smokkel, insmokkel, uitsmokkel

s.nw. vervoer, transport, transportasie, karweiwerk, karweiding, transportry, transportryery, massatransport, massavervoer, versending, verskeping, spoorvrag, goedereverkeer, troepevervoer, stukgoedtoesending, transitovervoer, transitoverkeer

vervoerwese, vervoerdiens, transportdiens, pendeldiens, vervoer, handelsdiens, vervoeradministrasie, handelsroete, handelsweg, heen-en-weerdiens, heen-en-weer-diens, laaier, laaivermoë, laaibrief, manifes, vragmanifes, laaigeld, versendingskoste, vervoerkoste, vervoertarief, vragtarief, vraggeld, ryloon, ladingsbestuurder, voerman, kruier, vervoerklub, saamryklub; busvervoer, treinvervoer, skeepsvervoer, verskeping, lugvervoer, spoorvervoer, motorvervoer, passasiersvervoer, taxivervoer, uber, goederevervoer, vragvervoer, vragmotorvervoer, padvervoer, houervervoer, behouering; stasie, treinstasie, busterminus, busstasie, taxistaanplek, goedereloods, goederestasie, goederekantoor, pakhuis, doeanepakhuis, lughawe, hawe, laaihawe, laaikraal, laaiplatform, laaiplek, laaisteier, laaibrug, rolbaan

goedere, besending, vrag, lading, oorbelasting, houervrag, inlading, karvrag, kis, houer, wavrag, ballas

vervoermiddel, voertuig 230, 232, 233, 234, 235, 236

vervoerkontrakteur, karweier, transporteur, transportryer, versender, taxibestuurder, uberbestuurder; vervoeronderneming

b.nw. vervoerbaar, versendbaar, belasbaar, derdeklas, gelaai, bevrag

195. Deurgaan

ww. deurgaan 153, deurvoer, deurvervoer,

oorgaan, oorstap, oorsteek
s.nw. deurgang, oorgang, deurvoerhandel, transito, transitopassasier, deurvoerreg, deurverkeer

196. Versend
ww. versend, stuur 67, 192, aanstuur, afstuur, toestuur, wegstuur, sein, oorsein, telegrafeer 265
pos, versend, per pos stuur, e-pos, sms, whatsapp; seël, beseël, frankeer, aanteken, registreer, stempel, afstempel, bestempel, telegrafeer
bw. per pos, per kerende pos, per omgaande pos, per handpos; per adres
s.nw. versending, pos, telegraaf 265
poswese, posdiens, posterye, posunie, posverkeer, posverbinding, posversending
pos, landpos, slakkepos, lugpos, spoorpos, briefpos, e-pos, elektroniese pos, webpos, sms, whatsapp, spoedpos, slakkepos, pakketpos, aangetekende pos, binnepos, binnelandse pos, buitelandse pos, gemorspos, posstuk, brief, sendbrief, omsendbrief, epistel, geregistreerde brief, pakket, pakkie, poskaart, posorder, posstempel, stempel, posmerk, stempelmerk, stempelafdruk, seëlmerk, tjap (*informeel*), seël, posseël, lugposseël, lugposplakker, gedenkseël, driehoekposseël, portseël, posseëloutomaat, beseëling, poskode, adres, posgeld, postarief, port, porto, laatporto, frankeerwaarde, telegram, posorder, poswissel; posfilter, gemorsposfilter
poskantoor, hoofposkantoor, posspaarbank, posbus, briewebus, possak, postarief, poste restante, privaatsak, spoedbestelling, posbestelling; posmeester, posbeampte, posbode, posman, briewebesteller, bode, posdraer, koerier, renkoerier, ylbode, telegrambesteller, telegrafis; poswa, postrein, posboot, posduif
b.nw. gepos, geregistreer, aangeteken, gestempel, franko, gefrankeer(d), portvry, posvry

197. Te voet gaan
ww. loop, te voet gaan, voetslaan, rondloop, losloop, los loop, afloop, aanloop, voorloop, uiteenloop, stap, afstap, aanstap, voortstap, drafstap, stryk, aanstryk, stryk-loop, wandel, aanwandel, bewandel, paradeer, marsjeer, afmars, omloop, omverloop, oorloop, oorstap, trap, trappel, tree, betree, terugtree; slenter, drentel, kuier, aankuier, piekel, slof, sleepvoet, skuifel, waggel, boemel, strompel 198, hink, sluip, krui(e), aankruie, waad
hardloop, voorthardloop, weghardloop, nael, spaander, laat spaander, wikkel, loop, haal, pyl, yl, hol, voorthol, weghol, afhol, draf, drafstap, afdraf, trippel, trappel
kruip, wegkruip, sluip, wegsluip, op die tone loop, hande-viervoet loop, koes, koets, seil
bw. te voet, hande-viervoet, hande en vier voete
s.nw. stap, stappie, voetstap, wandeling, aandwandeling, staptog, wandeltog, mars, dagmars, nagmars, stryk, toer, trap, trappie, uitstappie, draffie, jakkalsdraffie, drafstap, naelloop, lopie, pas, stappas, looppas, drafpas, hardlooppas, paradepas, pasgang, gang, kronkelgang, tred, skrede, gekuier, geskuifel, ambulantisme; pedometer, treëteller
voetganger, stapper, voetslaner, wandelaar, straatgans, bontloper, drawwer, naelloper, hardloper, atleet; voetslaanklub, wandelklub
wandelstok, stok, stapstok, alpestok, kierie, wandelkierie, stapkierie, knopkierie, staf, kruk
b.nw. wandelend, skuifelend, hinkend, waggelend, trippelend, ambulant, kruipend
uitdr. met dapper en stapper; met snaar en stramboel; met apostelperde reis; rieme neerlê; 'n lyn sny

198. Strompel
ww. strompel, kreupel loop, kruppel loop, mank loop, hink, hinkepink, hinkendepink, hink-en-pink, hak(k)e-krukke, hak(k)e-krukke loop, hinkstap, hobbel, waggel, swaai, sukkel, aansukkel, voortsukkel, sukkelend loop, slof, skuifel, skuifelend loop, sleepvoet, struikel, wankel, op krukke loop, met krukke loop
bw. hande-viervoet, hinkepink, inmekaar
s.nw. strompeling, waggelry, waggelgang, waggelstappie, waggeling, sukkelstappie,

skuifelgang, hinkstap(pie), handgalop, struikeling, wankeling
kreupelheid, kruppelheid, hoepelbeen, horrelpoot, horrelvoet, horrelbeen
strompelaar, waggelaar, lomperd, tonetrapper, kreupele
b.nw. kreupel, kruppel, gebreklik, hinkend, hinkepink, hinkendepink, hinkende pinkende, mank, lendelam, strompelig, strompelend, skuifelend, sukkelend, sukkel-sukkel, waggelend, wankelend, struikelend
uitdr. seebene hê

199. Spring
ww. spring, rondspring, op en af spring, spring-spring, spring-spring beweeg, bokspring, oorspring, inspring, uitspring, uitskiet, terugspring, terugstuit, omspring, wegspring, bespring, wip, inwip, uitwip, opwip, opskiet, opvlieg, oorwip, terugwip, wip-wip, hop, bons, kink, rank, oprank, opslaan, huppel, dans, ronddans; verspring, hoogspring, paalspring, valskermspring, sweef, hangsweef
bw. sprongsgewyse, op en af, heen en weer, met een sprong
s.nw. spring, sprong, sysprong, bokkesprong, boksprong, bokspringery, hop, bons, wippery, op-en-af-springery, op-en-afspringery, op-en-af-wippery, op-en-af-wippery, pakaters, wipperigheid, gehuppel, huppeling, dans, kaperjol, kapriol; springkuns, hoogspring, verspring, paalspring, paalsprong, springhoogte, springer, valskermspring, valskerm, valskermspringer, sweef, swewer, sweefsprong, sweeftuig, hangsweef, hangswewer
b.nw. springerig, hopperig, huppelend, dansend, wippend, wipperig, baldadig

200. Vorentoe beweeg
ww. vorentoe beweeg 150, aangaan, aanloop, aanstoot, vorder, vorentoe loop, vorentoe ry, vooruitgaan, vooruitkom, vooruitstap, vooruithardloop, vooruitry, vooruitvlieg, vooruitvaar, ..., voorgaan, voorkom, voortgaan, voortbeweeg, voortstap, voortvlieg, voortvaar, voortry, ..., oorgaan, opskiet, voorsteek, verbysteek, eerste gaan, voor die ander gaan, vorentoe gaan, vooruitbeweeg, voortyl; vooruitstuur,

vooruitneem, vooruitbring, vooruitjaag, vooruitdryf; aandryf, aanja(ag), voorstoot, voortsleep, voortstu
bw. vorentoe, na vore, voorwaarts, vooruit, voort, verder
s.nw. vooruitbeweging, vordering, vooruitgang, progressie
b.nw. voorwaarts, lokomotories, progressief
tw. voorwaarts, voorwaarts mars, hup, laat waai
uitdr. jou voet voorsteek

201. Agtertoe beweeg
ww. agtertoe beweeg 151, agtertoe gaan, agtertoe loop, retireer, agteruitbeweeg, agteruitgaan, agteruitloop, agteruittree, agteruithardloop, agteruitry, agteruitvaar, agteruitstaan, ..., terugbeweeg, teruggaan, terugloop, terugry, terugvaar, terugtrek, terugwyk, ..., omdraai, omsit, omspring, steier, deins, terugdeins; agtertoe druk, agtertoe stoot, agtertoe stuur, agtertoe neem, agteruitdruk, agteruitstoot, terugdruk, terugstoot, terugneem, terugstuur, terugdwing, terugdring
bw. agtertoe, agteruit, agterwaarts, ruggelings
s.nw. terugtog, regressie
b.nw. regressief

202. Voor beweeg
ww. voor beweeg, voor wees, voor staan, voor kom, voor gaan, voor loop, voor ry, ..., voorafgaan, vooropgaan, vooruitgaan; lei 588, 590, 599, leiding gee, die leiding neem, voorgaan, voorloop, begelei, geleide doen, saamvoer, saamneem, die pad aanwys, die weg wys
bw. voor, vooraf, voorop
s.nw. voorhoede, spits, kop, hoof; voorloper, avant-garde, voortrekker; leidinggewende, leier, leidster, voorsitter, voorsitster, leidsman, leidsvrou, bevelvoerder, gids, voorloper
b.nw. voorste, voorafgaande; leidend, leidinggewend, voorsittend, avant-garde
voors. voor
uitdr. die voortou neem

203. Agterna kom
ww. agterna kom, agternakom, agterna

gaan, agternagaan, agterna loop, agternaloop, agterna draf, agternadraf, ..., agterna sit, agternasit, agterna snel, agternasnel, volg, agtervolg, aantou, agterna tou, agternatou, string, agterbly, agterraak, nasit, navolg, na-yl, skraap, spoorsny, 'n spoor volg, spoorhou, agterna stuur, agternastuur, agternajaag
bw. agterna
s.nw. agterstand, agterhoede, hakkejag, heksluiter, jaagtog, navolger, navolging, na-yling, stertjie; volging, volgeling, leerling, handlanger, onderdaan, kudde
b.nw. agterste, volgende
voors. agter
uitdr. op iemand se spoor wees; kort op iemand se hakke wees; die agterhoede dek

204. Aangaan by
ww. aangaan by, gaan na, aanry, begeef na, aankom by, aandoen, aanloop by, aanstap by, afstap, afklim, afkom, kom na, omkom by, oorkom, oorbly, oorlê, besoek 790, besoek bring, besoek aflê, uitstiek (*lekties*), op besoek gaan, besoek ontvang, kuier, inval by, inloer by, aansluip, rondgaan, rondkom, rondloop, teëkom, teenkom, tegemoetkom, opdaag, vertoef, verwyl, verskyn
bw. tegemoet, aan
s.nw. aankoms, koms, tegemoetkoming, rondgang, besoek, besoekie, kuier, heen-en-weertjie; aankomeling, besoeker, kuiergas
voors. by
uitdr. by iemand 'n draai maak; by iemand inloer; gesig wys

205. Weggaan van
ww. weggaan, gaan, in die pad val, die pad vat, vertrek 190, wegraak, wegloop, weghardloop, weghol, wegdraf, wegry, wegvaar, afreis, heengaan, heenglip, heengly, verkas, verhuis, trek, emigreer, loop, spore maak, waai, skoert, laat spat, wyk, die wyk neem, vlug, wegvlug, verdwyn, spoorloos verdwyn, wegdros, wegduik, wegkruip, onderduik, afskram; stuur, neem, wegstuur 192, wegneem, weghelp, verwyder, afkeer, weghou, afhou, wegjaag
bw. weg, vort
s.nw. vertrek, afreis, uittog, verhuising, trek, emigrasie; vlug, verdwyning, drostery, wegkruipery, onderduiking, wegkruiper, onderduiker
uitdr. jou van iemand af wend; oor die aarde saai; op loop sit; soos 'n groot speld verdwyn; die hasepad kies; laat spaander

206. Ingaan
ww. ingaan 175, binnegaan, binne(n)toe gaan, ..., binnewaarts gaan, ..., inkom 175, binnekom, inbly, binnebly, instap, binnestap, inloop, binneloop, intree, binnetree, intrap, binnetrap, indring, binnedring, binneloods, indraai, inklim, inkruip, inploeg, inroep, inskiet, insluip, instroom, binnestroom, insyfer, binnesyfer, invaar, binnevaar, inwaai, binnewaai, indonder, uitslaan, inwip, inwurm, ooplê, oopstel, open, reserveer, bespreek, besoek, toegang verkry, toegang hê; inlaat, binnelaat, toelaat, instuur, binnestuur, inneem, inbring, binnebring, inhaal, binnehaal, inlei, binnelei, invra, innooi, binnenooi, inroep, binneroep, indryf, insleep, binnesleep, inja(ag), binneja(ag), toegang verleen, oopstel
bw. in, binne, binne(n)toe, binnewaarts, na binne
s.nw. inkoms, binnekoms, intog, invaart, binnevaart, intrede, inval, inloop, inrit, ingang, toegang, toegangsdeur, opening, toeganklikheid, inkruipery, introduksie, irrupsie, passe-partout, deurgang; toegangsbewys, toegangskaartjie, kaartjie, ingangskaartjie, toegangsreg
b.nw. binneste, oop, openbaar, toeganklik; privaat, ontoeganklik
voors. in, binne, binne-in
woorddeel in-, binne-

207. Uitgaan
ww. uitgaan 176, verlaat, buite(n)toe gaan, ..., na buite gaan, buite gaan, uitkom 176, uitloop 176, uitstap, buite stap, uithardloop, uithol, peul, uitpeul, puil, uitpuil, uitklim, uitkom, uitkruip, uitlok, uitstroom, uitspring, uitstyg, uitwip, uitwyk, verskyn
bw. uit, buite(n)toe, na buite
s.nw. uitgang, uitloop, uitstroming, uittog, uitwyking, deurgang, opening
b.nw. buitenste, uitwaarts
voors. uit, buite

woorddeel uit-, buite-

208. Verbygaan
ww. verbygaan, verby gaan, verbykom, verby kom, verbybeweeg, verby beweeg, ..., passeer; verbylaat, verby laat, verbystuur, verby stuur, ...
bw. verby 152
s.nw. verbykomkans, verbyvlug, verbyvaart; verbyganger
b.nw. verbygaande, verbygegaan
voors. verby, verder as, verder dan, langs, langs ... verby, anderkant, tot anderkant

209. Oorgaan
ww. oorgaan, bo-oor beweeg, na die ander kant beweeg, oorkom, oorbeweeg, oorstap, oorloop, oorry, oorvlieg, oorvaar, oorroei, oorseil, oorkruip, oorsteek, oorklim, ..., klouter, oorklouter, oorwip, oordonder (*plat*), oorskry, oorbrug, skeer; oorneem, oorbring, oorstuur, oorhelp, oorjaag, oorgooi, oorpomp, oorhewel
bw. bo-oor 156
s.nw. oorgang, oorloop, oortog, oorvaart, oorbrugging; steg (leer), brug, voetbrug, hangbrug, padbrug, treinbrug; oorskryding
voors. oor, bo-oor, anderkant

210. Onderdeur gaan
ww. onderdeur gaan 157, onderdeur loop, kruip, onderdeur kruip, ..., klouter, seil; onderdeur jaag, onderdeur druk
s.nw. tonnel, duikweg
voors. onderdeur

211. Opgaan
ww. opgaan 158, boontoe gaan, opkom, boontoe kom, styg, opstyg, bokom, klim, opklim, bergklim, boontoe loop, boontoe klim, ..., uitklim, beklim, oorklim, klouter, opklouter, boontoe klouter, beklouter, bestyg, oploop, boontoe loop, opvlieg, boontoe vlieg, bobly; opbring, boontoe bring, opneem, boontoe neem, opstuur, boontoe stuur, opja(ag), opjae, hys, ophys, ophaal, optrek, optel, raap, opraap, lig
bw. op, boontoe 158
s.nw. **styging**, opstyging, levitasie, stygellips, stygsnelheid, klim, klimvermoë, opligting, heffing, verheffing, elevasie, opwelling, verrysenis; styghoek, klimhoek
hystoestel, hyser (hystoestel), hystoestel, hyskraan, kraan, bokkraan, kraanarm, kraanbaan, kraanbalk, kraanwa, wenas, windas, domkrag, roldomkrag, lugdomkrag, vurkhyser, hyser (hysbak), hysbak, dienshyser, mynhyser, hysbakbestuurder, hysbakkoker, hysbakskag, hyserbediener, hyserkuil, hyserput, hyserman, hyserskag, hefboom, katrol, takeling, takelwerk, takel, takelaar, takelblok, koevoet, rol, woer-woer
klimmery, geklouter, klim, klimtog, klimsport, bergklim, rotsklim, ysklim, bergklimsport, bergklimekspedisie, geklouter, opvaart, styging, opstyging, hemelvaart
klimapparaat, klimtoerusting, klimtoestel; leer, staanleer, skuifleer, trapleer, touleer, hangleer, katleer, brandleer, brandweerleer, plukleer, houtleer, aluminiumleer; trap, trappie, buitetrap, wenteltrap, brandtrap, soldertrap, buitetrap, stoeptrap, deurtrap, roltrap, trapstel, kleitrap, betontrap, marmertrap, houttrap; hyser, hysbak, hystoestel, hysblok, katrol, katrolblok, katrolstelsel, takel, takelwerk, tuig
bergklimtoerusting, klimtou, klimyster, sport, crampon, klimkram, spil, wig, rugsak, bergklimskoene, bergklimstewels
voors. teen ... op

212. Afgaan
ww. afgaan 159, ondertoe gaan, na benede gaan, daal, afdaal, neerdaal, geleidelik daal, sak, afsak, neersak, geleidelik sak, val, afval, afdonder (*plat*), neerval, neerslaan, neerdonder (*plat*), omslaan, omval, tiep (*Engels, informeel*), omtiep (*Engels, informeel*), kantel, omkantel, afstort, neerstort, tuimel, aftuimel, neertuimel, intuimel, afkom, ondertoe kom, na benede kom, afloop, afstap, afklim, klouter, afklouter, afglip, afgly, afkruip, afpiekel, afdryf, afdrywe, afry, afskuif, afskuiwe, afdrup, afdruppel, afdruip, duik, sink; tuimel 730, bol(le)makiesie slaan, duikel, buitel
afbring, afbring, afbuig, afdra, afdryf, afdrywe, afgooi, afja(ag), aflaat, neerlaat, aflei, aflig, afneem, afslinger, afsmyt, aftap, afwerp, afwikkel, afhaal, neerhaal, afhelp, afhou, afkry, afdruk, neersit, neerlê, omgooi, omsmyt, omkeer, omklits, omruk,

omtrek, omstoot, ...
land, neerdaal, neerstryk, neerkom, grondvat, op die grond beland
bw. af, afwaarts, ondertoe, na benede
s.nw. daling, afdaling, neerdaling, val, storting, neerstorting, ineenstorting, omkanteling, tuimeling, intuimeling, neerslag, afdrifsel, afdryfsel, afsaksel, afswaai, katabasis, sakking, versakking, versinking, versonkenheid, insakking, insinking; kanteling, kantelpunt; tuimeling, bol(le)makiesieslag, bol(le)makiesiesprong, duikeling, buiteling; afdraand, skuinste, helling, afloop
landing, neerstryking
b.nw. gevalle, neergevalle, besonke, gebukkend, katabaties

213. Rondgaan
ww. rondgaan, rondkom, rondbeweeg, rondtrek, rondloop, rondstap, rondry, rondvaar, rondvlieg, ronddryf, rondskuif, rondhardloop, rondhol, rondspring, rondrol, rondlê, rondsit, swerf, swerwe, rondswerf, rondswerwe, rondtrek, omswerf, omswerwe, rondval, rondskarrel, swerm, rondswerm, rondwoel, doelloos rondstap, rondhang, slampamper, drentel, ronddrentel, aandrentel, flenter, rondflenter, slenter, rondslenter, aanslenter, voortslenter, aankuier, draal, draai, draaie loop, doelloos rondloop, dwaal, ronddwaal, afdwaal, verdwaal, wegdwaal, dool, ronddool, rondsluip, spook, luier, rondluier, los loop, losloop, lusteloos rondstap, lanterfanter, leeglê, leegloop, flaneer, flankeer, jol, kaperjol, jakker, ke(r)jakker, baljaar, ravot, te kere gaan, tekere gaan, tekeregaan, rondjakker, rondrits, rondkuier, sirkel, rondsirkel, sirkuleer; rondstuur, rondbring, ronddra, rondskuif, rondstoot, rondjaag, in omloop bring, omdra, omstuur, sirkuleer
s.nw. rondgang, gedwaal, gedool, ..., rondlopery, rondstappery, drentelry, ..., swerftog, omswerwing, dwaalweg, doolweg, dwaalspoor, dwaling, odussee, odyssee, ronde, rondte, sirkelgang, kringloop
rondloper, slenteraar, drentelaar, drentelkous, lanterfanter, flaneur, dwaalgees, losloper, swerwer, swerfling, swerweling, nomade
b.nw. rondgaande, rondbewegend, swerwend, rondtrekkend, rondvarend, ..., dolend, nomadies
woorddeel rond-
uitdr. van bakboord na stuurboord stuur; hot en haar stuur; van Pontius na Pilatus stuur; van die hak op die tak spring; van die os op die jas; 'n swerwer bly 'n derwer

214. Dryf
ww. dryf, drywe, ronddryf, ronddrywe, aandryf, aandrywe, wegdryf, wegdrywe, saamdryf, dobber, bo bly, nie sink nie, vlot, vlot maak, spoel, afspoel, uitspoel, wegspoel, vloei, stroom, seil
s.nw. drywery, flottasie, roeiplank, drifsel, opdrifsel
b.nw. drywend, dobberend, vlottend

215. Swem
ww. swem, rondswem, aanswem, wegswem, dryf, drywe, vryslag swem, borsslag swem, rugslag swem, vlinderslag swem, onder die water swem, baai, waad, deurwaad, plas, duik, induik, duikel, vorentoe duik, agteroorduik, roei, watertrap, branderry; verdrink, versuip (*plat*)
s.nw. swem, swemsport, swemoefening, swemles, swemskool, slag, vryslag, borsslag, rugslag, rughaal, vlinderslag, wisselslag, syslag, haal; swempak, baaikostuum, baaibroek, eenstuk, tweestuk, bikini, baaipet, swempet, swemgordel, swemplank, swempoot; swembad, plonsbad, spa, swemgat, swemplek, baaiplek, dam; verdrinking, versuiping (*plat*)
duik, snorkelduik, diepseeduik, skuba, skubaduik; duikplank, duiksprong, duiksalto; duikapparaat, duikpak, natpak, duikbril, paddavoet, swemvoete, snorkel, snorkelpyp, duiklong, lugbottel, akwalong, dekompressiekamer, duikklok, reddingsboei, roeiplank
watermens, swemmer, swemster, baaier, waterrot; duiker, duikeling, diepseeduiker, paddaman, pêrelduiker, swemduiker, velduiker, vryduiker; drenkeling
b.nw. waadbaar

216. Ry
ww. ry, motorry, fietsry, vliegtuigry, deurry, inry, omry, afry, uitry, aanry, wegry, terugry, omverry, raakry, knipmesry, be-

delry, ryloop, duimry, toer, rol; reis, gaan; stuur, bestuur, dryf, beheer; vervoer, karwei, transporteer, aanry, wegry, wegbring, stuur; sleep, op sleeptou neem, wegsleep, aansleep, nadersleep, insleep

s.nw. ryery, rit, heenrit, terugrit, plesierrit, motorrit, vliegtuigrit, bootrit, verkeer, stadsverkeer, spitsverkeer, eenrigtingverkeer, lugverkeer, toer; ryer, fietsryer, motorryer, bestuurder, motorbestuurder, vragmotorbestuurder, padgebruiker, masjinis, vlieënier, loods, jokkie, ruiter, ryloper, duimryer, duimgooier; ryvaardigheid, rygedrag, verkeersgedrag

b.nw. rybaar

217. Motorry

ww. motorry, per motor reis, 'n motorrit onderneem; lisensieer

bestuur, beheer, 'n motor beheer, stuur, ry, draai, indraai, uitdraai, omdraai, tru stoot, terugstoot, agteruitry, bots, in 'n botsing betrokke raak, die pad byster raak, omslaan, 'n motor omkeer, knipmes, 'n botsing veroorsaak, die snelheidsperk oortree, aanskakel, aansit, afskakel, die masjien aanskakel, ratte koppel, (ratte) oorskakel, (ratte) verwissel, oprat, afrat, versnel, op snelheid kom, jou snelheid handhaaf, rem, verbysteek, verbyry, inhaal, toegee, voorrang geniet, ryvoorrang hê, stop, stilhou, parkeer, dubbel(d) parkeer, vrydraai, (laat) vryloop, (laat) luier, toet, toeter, die toeter blaas, die ligte aanskakel, (die ligte) domp, (die ligte) verdof; sleep, insleep, wegsleep, nadersleep

s.nw. motorrit, motorry, motorverkeer, vragmotorverkeer, ligte verkeer, swaar verkeer, spitsverkeer; ryvernuf, bestuursvernuf, padvernuf, ryvaardigheid, bestuursvaardigheid, rygenot, rygerief, padgedrag, padmaniere; beheer, stuurtraagheid, stuurvastheid, versnelling, oorskakeling, ratoorskakeling, verwisseling, ratverwisseling, ryvoorrang, padvoorrang, voorrang, padreg; botsing, ongeluk, verkeersongeluk, motorbotsing, motorongeluk, kop-aan-kop(-)botsing, kop-teen-kop(-)botsing, noodlottige botsing, noodlottige ongeluk, kettingbotsing, tref-en-trap(-)ongeluk, insleepdiens, sleepdiens, sleepkabel, sleeptou, noodwa; parkering, onderdakparkering, tolparkering, parkeerplek, parkeerterrein, parkade, parkeergarage, parkeermeter, parkeerstreep, parkeerskyf(ie), parkeergeld

lisensie, liksens (*lekties*), rybewys, leerlingrybewys, leerlinglisensie, ryskool; lisensie, liksens (*lekties*), motorlisensie, lisensieskyfie, lisensiehouer; padwaardigheid, padwaardigheidstoets, padwaardigheidsertifikaat, onpadwaardigheid

verkeersreëling, verkeersbeheer, verkeerswese, verkeersmiddel, verkeerskode, verkeersreëls, verkeersregulasies, padveiligheid, padveiligheidskode, verkeerspolisie, verkeersagent, verkeersbeampte, verkeerskonstabel, verkeersman, verkeersvrou, boetebessie, snelheidsbeheer, snelheidsgrens, spoedgrens, snelheidsbeperking, spoedbeperking, snelstrik, spoedstrik, gatsometer, verkeersoortreding, spoedoortreding, spoedboete, verkeersknoop, verkeersopeenhoping, bottelnek, verkeerstregter, verkeersbelemmering, padblokkade, stop-en-ry(-)beheerpunt, puntdiens, padteken 149

motoris, motorryer, motorbestuurder, chauffeur, insittende, jaer, renjaer, padvark, padbuffel

b.nw. gemotoriseer(d), stuurvas, stuurtraag; gelisensieer, padwaardig, onpadwaardig

218. Fietsry

ww. fietsry, fiets, rondfiets, trap, wheelie (*Engels, informeel*)

s.nw. fietsrit, fietstog, fietstoer, fietsren, fietsmarat(h)on, prettrap, fietsrysport, bandlek, lekkasie, fietswinkel, fietswerktuigkundige, fietsherstelwerk; motorfietsry, motorfietswedren, motorfietswerktuigkundige; fietsryer, fietser, motorfietsryer, motorfietsbestuurder, biker (*Engels, lekties*)

219. Perdry

ww. perdry, te perd gaan, bloots ry, opsaal, die teuels hou, 'n perd bestyg, afsaal, aftoom, aftuig, spoor, aanspoor, inhou, die teuels gee, galop, galoppeer, trippel, draf, stap

bw. bloots, te perd

s.nw. perdry, ruiterkuns, ryskool, rodeo,

rydier, ryperd, saalperd, Amerikaanse saalperd, skouperd, driegangperd, vyfgangperd, trippelaar, paradeperd, staatsieperd; gang, pasgang, driegang, vyfgang, kortgang, galop, kort galop, handgalop, trippel, trippelgang, draf, stap; saal 231, stang, spoor, trens, teuel, toom, leisel, stiebeuel, stiegriem, buikgord, sweep, rysweep

ruiter, perderuiter, jokkie, perdeafrigter, pikeur, ritmeester, agterryer

b.nw. berede, saalvas

uitdr. 'n perd die spore gee

220. Treinry

ww. treinry, met die trein ry, per trein ry, per spoor vervoer, 'n trein haal, 'n trein verpas, instap, uitklim, oorstap, oorklim, aansluit, stoom, instoom, uitstoom, voortstoom, rangeer, ontspoor

s.nw. trein 234, treinrit, enkelrit, retoerrit, treinverkeer, treinvervoer, spoorvervoer, spoorweg 234, spoorwegstelsel, spoorwegvervoer, passasiersvervoer, passasiersdiens, goederevervoer, goederediens, treinongeluk, treinramp, tremlyn, tremspoor, tremverkeer, verbinding, aansluiting, deurverbinding, vertraging, verbindingsweg, treinkaartjie, enkelkaartjie, retoerkaartjie, dagkaartjie, weekkaartjie, maandkaartjie, konsessie, treinrooster, spoorweggids, treintye, stasie, treinstasie, treinloods, rangeerwerf; masjinis 234, kondukteur, passasier, treinpassasier, pendelaar

221. Vaar

ww. **vaar**, op see gaan, ter see gaan, die anker lig, van wal steek, bevaar, afvaar, heenvaar, invaar, uitvaar, opvaar, aanvaar, voortvaar, voor die wind vaar, terugvaar, binnevaar, wegvaar, stoom, voortstoom, wegstoom, uitstoom, aanstoom, loods, inloods, deurloods, binneloods; dryf 214, voortdryf, voortdrywe, dobber 214

te water laat, vlot maak, lanseer

aan boord gaan, inskeep, aan boord laai, oorskeep, skeepgaan; aan land gaan, aan wal gaan, voet aan wal sit, meer, vasmeer, ontskeep, anker, vasanker, voor anker lê, sy anker sleep; kantel, omslaan, sink, skipbreuk ly, strand, op die rotse loop, vergaan

seil, afseil, binneseil, beseil, laveer, omseil, onder seile gaan, seile hys, seile span, seile na die wind span, seile inbind, seile reef, seile stryk, seilski, aanseil, jaaif, gier

roei, terugroei, pagaai, wrik

bw. aan boord, oorboord, aan land, seewaarts, landwaarts, lywaarts

s.nw. **skeep(s)vaart**, handelskeepvaart, seevaart, seewese, skeepvaartbedryf, seeverkeer, seehandel, seevervoer, seevaardy, skeepvaartkunde, seevaartkunde, seemanskuns, seewaardigheid, redery, skeepvaartlyn, skeepvaartmaatskappy, seevaartmaatskappy, veerdiens, passasiersdiens, seeversekering, koopvaardy, vloot, marine, passasiersvloot, handelsvloot, armada, skip 235, boot 235, pont, sloep, wrak, skeepswrak, veerdiens, seemoondheid, seeskool, skeepsagent, skeepsbewys, skeepseienaar, skeepsjoernaal, skeepspapiere, skeepsraad, skeepsreg, skeepsregister, skeepsrol

vaart 187, seevaart, lynvaart, stoomvaart, kusvaart, riviervaart, riviertog, rondvaart, deurvaart, omvaart, opvaart, afvaart, uitvaart, terugvaart, plesiervaart, skeep(s)vaart, skeepsreis, bootvaart, bootreis, bootrit, seilvaart, seiltog, seiljagvaart, seereis, seetog, aanvaring, binnevaart, invaart, koopvaart, kruistog, oortog, wedvaart, afloop, navigasie, landing, inskeping, ontskeping, kruisvermoë, stranding, seeramp, skeep(s)ramp, seeskade, kanteling, berging, skipbreuk, ballas, vrag, skeep(s)vrag, bestek, seebrief; tewaterlating; kielsog, kielwater, seesog, sog, sogwater, gang, diepgang, vaardiepte, waterlyn, plimsollmerk, waterplasing, slag, waterspoor, lysy, loefsy, loef, windkant, boei, lugboei, dryfboei, waterboei, merker, baken, ligbaken, dryfbaken, golfbreker, dagwag, nagwag, hondewag, vaarplan, peiling, sonpeiling, kruispeiling

hawe 235, aanlêplek, vasmeerplek, ankerplek, hawebekken, hawekom, getyhawe, tyhawe, getykom, dok, bassin, droogdok, sluisdeur, kaai, vragkaai, passasierskaai, houerkaai, houereindpunt, houerlaaibrug, behoueringslaaibrug, kaailaaibrug, kaaioprit, dryfdok, drywende dok, skeepswerf, hawewese, hawemuur, hawehoof, breekwater, golfbreker, hawelig, hawe-

kantoor, doeanegebou, meermas, meerpaal, meertou, meertros, hawegeld, sleephelling, skeepshelling, kaaihyskraan, toringhyskraan, drywende kraan, transitoskuur; hawemeester, hawekaptein, hawepolisie, haweloods, stuwadoor, hawearbeider
seilsport, seiljagsport, seiljag 235, seilboot 235, seilplank 235, seiljagklub
roeisport, roeiboot 235, pagaai, ryplank, spaan, roeispaan, roeiriem
vaarder, seevaarder, kommandeur, kommodoor, kaptein, skeepskaptein, gesagvoerder, kruisvaarder, seiljagvaarder, navigator, eerste offisier, adelbors, bootsman, loodsman, bemanning, bemanningslid, bevare seeman, matroos, seerot, skeepsmaat, bakmaat, pontman, veerman, seiljagvaarder, seilplankryer, seilplankvaarder, seilskiër; passasier, opvarende, medepassasier, skipbreukeling
b.nw. seevaartkundig, maritiem, bevaarbaar, onbevaarbaar, bevare, diepgaande, seilbaar, seilvaardig, veranker, binneboords, dwarsskeeps, seegaande, seewaardig

222. Vlieg
ww. vlieg, aanvlie(ë), aanvlieg, opvlieg, afvlieg, rondvlieg, invlieg, uitvlieg, wegvlieg, nadervlieg, seil, trek, sirkel, vlerke klap, klapwiek, fladder, sweef, swewe, dryf, drywe, swerm, inswerm, uitswerm, rondswerm, zoem, seil, skeer, stuif, stuiwe
vliegtuig ry, vlieg, aanvlieg, wegvlieg, rondvlieg, sweef, swewe, sweefvlieg, skeer, loods, deurloods, land, neerstryk, opstyg, styg, lanseer, vrydraai, sirkel, beman; valskermspring, vryval, duik
s.nw. vlug, vliegkuns, vlugbeplanning, vliegtyd, vlugtyd, vlieguur, vlugroete, vliegroete, vlughoogte, kruishoogte, hoogtegrens, kielvlak, kruispeiling, stygsnelheid, vlugsnelheid, kruissnelheid, mach, navigasie, vlugverbod
lugvaart 236, lugverkeer, lugvervoer, lugverbinding, lugbrug, handelslugvaart, lugdiens, lugvaartmaatskappy, redery, lugredery, lugmag, marinelugmag, toeristeklas, besigheidsklas, eerste klas, goue klas, silwerklas, lugvaartwet, lugvaartopleiding, vliegopleiding, vliegskool

ruimtevaart, astronoutiek, ruimtevlug, ruimtereis, maanvlug, maanreis, maanwandeling, lanseerbaan, vuurpyllanseerbasis, vuurpyllansering, maanlanding, ruimtevaarder, astronout, ruimteskip 236, pendeltuig 236, maantuig 236, ruimtekapsule 236
vliegkuns, vlug, lugreis, vliegreis, passasiersvlug, gelykvlug, oorlandvlug, verbyvlug, deurvlug, oefenvlug, rondvlug, solovlug, sweefvlug, sirkelvlug, skeervlug, glyvlug, dwarrelvlug, duikvlug, tolvlug, nadervlug, verkenningsvlug, wedvlug, toetsvlug, kamikase, kamikasevlug, kunsvlieg, kunsvlug, vliegtoertjie, vliegvertoning, vliegongeluk, vliegramp, vliegtuigongeluk, vliegtuigramp, aanloop, aapstert, opstyging, vertrek, landing, blindlanding, 'n blindelanding, naglanding, buiklanding, driepuntlanding, noodlanding, aërobatiek, klankgrens, vliegskou, lugvertoning; vliegsport, wedvlug, skermsweef, kunsvlieg, vliegwedren
vlugbemanning, vlieënier, vegvlieënier, helikoptervlieënier, ..., medevlieënier, loods, vliegtuigloods, navigator, vlugingenieur, boordtegnikus, kajuitbemanning, lugwaardin, kajuitkelner, vlieginstrukteur
lughawe, aanloopbaan, stygbaan, aanloopbaandrumpelmerker, aanloopbaanidentifikasie, aanloopbaan se eindligte, landingsbaan, landingsbrug, landingsplek, landingsterrein, landingsmerke, laaiblad, instandhoudingsloods, parkeerterrein, beheertoring, lugverkeer(s)leiding, lughawetoerusting, passasierstrappe, gronddiens, mobiele vliegtuigtrekker, landingstoestel, peilballon, radar, radarinstallasie, radarpos, radarstasie, radiobaken, windkous, vliegtuigloods; grondpersoneel, lughawepersoneel, lugverkeer(s)leier
lughawegebou, passasierseindpuntgebou, passasierseindpunt, eindpuntgebou, aankomssaal, binnelandse aankomssaal, buitelandse aankomssaal, vertreksaal, binnelandse vertreksaal, buitelandse vertreksaal, instapgang, paspoortbeheer, immigrasiebeheer, doeane, doeanebeheer, sekuriteitsbeheer, bagasie-area, bagasie-eindpunt, karousel, bagasievoerband, belastingvrye winkel, bagasietrollie, va-

lutatoonbank, inweegtoonbank
b.nw. dwarsskeeps, gevleuel, hoogvlieënd, onbeman(d), supersonies, tweemotorig; reisvaardig, vlugvlou, vlugtam, vlugvoos

223. Stuur
ww. stuur, bestuur, 'n motor bestuur, die stuur (vas)hou, afstuur, oorstuur, draai, ry, loods, deurloods, beheer, op koers hou, rig, korrel, lanseer
s.nw. stuur, stuurwiel, wiel, stuurstok, stuurstang, stuurhefboom, roer, rigtingroer, rolroer, helm, helmstok, stuuroutomaat, kontrole, stuurmeganisme, rigmeganisme, stuurstelsel, rigstelsel; bestuurder, motorbestuurder, motoris, vragmotorbestuurder, loods, vliegtuigloods, vlieënier, medevlieënier, hulpvlieënier, piloot, navigator, vlugingenieur, boordtegnikus, treinbestuurder, masjinis, treinloods, motorfietsryer, fietsryer, fietser, drywer, kardrywer, stuurmanskap, stuurvernuf, bestuur(s)vernuf, bestuur(s)kuns; bemanning, skeepsbemanning, vliegtuigbemanning, kajuitbemanning; stuurvastheid, stuurtraagheid, rigting, koers, deviasie, maneuver
b.nw. stuurvas, stuurtraag, stuurloos

b. Modaliteit van die beweging
224. Snelheid
s.nw. snelheid, spoed, vaart, pas, tempo, gang, voortgang, momentum; snelheidsmeting, spoedmeting, spoedmeter, snelheidsmeter, tagometer, spoedbeheer, gatsometer
ww. snelheid handhaaf, spoed handhaaf, pas handhaaf, meet, beheer, snelheid vermeerder, spoed vermeerder, versnel, snelheid verminder, spoed verminder, momentum behou

225. Vinnig
b.nw. vinnig, spoedig, gou, haastig, vlug, vlugtig, kursories, blitsvinnig, hipervinnig, blitsig, snel, bliksemsnel, blitssnel, hipersnel, pylsnel, supersonies, vlugvoetig, snelvoetig, ligvoetig, vinnig-vinnig, gejaag(d), ylings, onbesuis, geswind (*verouderd*), halsoorkop, hurry-scurry (*Engels, informeel*), hups, jagtig, ras, rats, rapat (*ongewoon*), fluks, pront, vlot, skielik, onverwags, plotseling, stuiwend, glyerig, snelwerkend; dringend, spoedeisend, naarstig, naarstiglik, naarstigtelik (*informeel*), urgent, akuut, brandend, voortvlugtig, zoemend; bespoedigend
s.nw. snelheid, snelheid, spoed, haas, haastigheid, vinnigheid, ratsheid, vlugheid, vlugvoetigheid, gejaag, gejaagdheid, gouigheid, drafstap, hardloop, hol, hondedraffie, drif, dringendheid, na-yling, oorhaastigheid, flits, gang, hyging, stuiwing, tempo, urgensie, verhaasting, voëlvlug; versnelling, akselerasie, presipitasie, snelheid, topsnelheid, vaart, snelheidsbeperking, snelheidsperk, snelheidsgrens, snelheidstoets, pasgang, jaagtog
jaer, jaagduiwel, spoedvraat, sneller, skarrelaar, pasganger
bw. gou, gou-gou, in die gouigheid, vinnig-vinnig, tjoeftjaf, dadelik, terstond, inderhaas, met haas, in aller yl, ylings, op 'n draffie, vluggies, metterhaas, kortom, meteens, plotseling, en passant, sito, sito-sito, terloops, voor, soos blits, soos weerlig, soos 'n vetgesmeerde blits, in dolle vaart, met spoed, doekvoet, presto, prestissimo (*musiek*), presto-presto, tjop-tjop (*informeel*), gou-kyk (*informeel*), holderstebolder
ww. gou maak, haas, ja, jaag, jae, afja(ag), uitja(ag), uitjae, snel, voortsnel, afsnel, skiet, voortskiet, afskiet, inskiet, uitskiet, yl, voortyl, ooryl, blits, hardloop 228, skarrel, gly, rits, zirts, skeer, spring, stuif, stuiwe, hyg, rep, tril, wip; bespoedig, versnel, verhaas
woorddeel blits-, jaag-
tw. woerts, komaan, toe nou, toenou, maak gou, roer jou, roer jou stert (*plat*), roer jou gat (*plat*)
uitdr. vlug van voet wees; die rieme neerlê; die wa voor die osse span; die wêreld skeur; in die verbygaan; dat die stof so staan; in rep en roer; jou litte roer; jou gat roer; korte mette maak; met bekwame spoed; met rasse skrede; ore in die nek; roer jou riete; soos met 'n towerslag; die grond brand onder my voete; hoe meer haas, hoe minder spoed; oop-en-toe aankom; haastig trou bring gou berou; as 'n mens 'n vrug ryp wil druk, word dit vrot; voor jy jou oë kan uitvee; voor jy kan mes sê; soos 'n pyl uit 'n boog

226. Stadig
b.nw. stadig, langsaam, tydsaam, traag, traerig, tragerig, tydverspillend, verwylend, dralend, dralerig, draaierig, vertraag, bedaard, talmend, talmerig, slepend, sleperig, dooierig, gevrek, bedaard, doodbedaard, rustig, loom, sloom, luiters, doodluiters, kruipend, luierend, luierig, luilekker, lomp, lomperig, log, teësinnig

s.nw. **traagheid**, langsaamheid, talmery, talming, temporisasie, gedraal, getalm, drentelry 229, gedrentel, drentelgang, gedrel, kruipgang, slakkegang, skilpaddraffie, gesleur, sleurwerk, gesloer, sloerdery, afname, trae aksie, stadige aksie
vertraging, verlangsaming, remming, matiging
drentelaar, drentelkous, sloerkous, harmansdrup, kruipsand, talmer, trapsoetjies, trapsuutjies

bw. stadigaan, stadigies, gaandeweg, bedaardweg, sonder haas, langsamerhand, stilaan (*verouderd*), algaande, mettertyd, met die tyd, geleidelik, allengs, stap vir stap, stapvoets, voetjie vir voetjie, suutjies, soetjies

ww. draal, draai, sloer, talm, temporiseer, aankruie, aankruip, aankuier, aanpiekel, aanruk, aanskuif, aansukkel, afneem, boemel, dool, drentel 229, krui(e), peuter, rem, ronddraai, sleur, suiker, sukkel 229, toef, treusel, voortsleep, voortsukkel
stadig maak, vertraag, verlangsaam, rem, ophou, matig

uitdr. lood in jou skoene hê; moenie so tydsgenoeg wees nie; ons suiker gou soontoe; op sy tyd; so stadig soos 'n skildpad; te laat wees vir jou eie begrafnis; op sy elf-en-dertigste iets doen; 'n stadige gans verloor/verbrou sy kans; 'n derde gelui wees; met verdrag; nie warm by die water kom nie; Rome is nie in een dag gebou nie; op nommer nege-en-neëntig; stadig oor die klippe; stadig maar seker; te stadig vir jou begrafnis wees; so stadig soos 'n trapsuutjies op 'n koue oggend; soos harmansdrup (op 'n koue oggend)

227. Werp
ww. gooi, raakgooi, pot (*informeel*), ingooi, uitgooi, weggooi, deurgooi, aangooi, rondgooi, omgooi, werp, uitwerp, terugwerp, smyt, neersmyt, rondsmyt, uitsmyt, wegsmyt, skiet, uitskiet, opskiet, wegskiet, saai, besaai, rondsaai, strooi, uitstrooi, rondstrooi, duiwel, moer, afmoer, uitmoer, wegmoer, bles, giet, keil, slinger, kaats, weerkaats, terugkaats

s.nw. gooi, gegooi, gooiwerk, gooiery, gooiafstand, gooier, lasso, kettie, slingervel, slinger, slingeraar, strooisel, worp; werpgoed, projektiel, vuurpyl, lansering, vuurpyllansering

b.nw. uitgeworpe, besaai, besaaid

228. Vinnig beweeg
ww. spoed, voortspoed, gatskoonmaak (*plat*), vlieg, ooplê, snel 225, voortsnel, aansnel, haas, oorhaas, jaag, afja(ag), aanskiet, heenskeer, najaag, wegspring, stuif, stuiwe, afstuif, afstuiwe, aanstuif, aanstuiwe, opskud, sny, pyl, glip, jakker, ke(r)jakker, ontloop, ooryl, zits, zoem; versnel, spoed optel
vinnig loop, afloop, aanstap, aanwikkel, naloop, doodloop, inloop, trap, vasloop
hardloop, uithardloop, inhardloop, afhardloop, weghardloop, hol, rondhol, afhol, uithol, inhol, weghol, draf, drafstap, deurdraf, laat spat, laat spaander, spaander, galop
storm, afstorm, bestorm, aanstorm, bevlie(ë), bevlieg, opja(ag), opjae
vlug, ontvlug, wegvlug, op die vlug slaan, op loop gaan

bw. oop-en-toe, op 'n draffie, draf-draf

s.nw. vinnige beweging, geloop, drawwery, gedraf, hardlopery, gehardloop, vlug; versnelling
stapper, drawwer, hardloper, atleet, naelloper, vlugteling, vlugvoetige

b.nw. vlugvoetig, voortvlugtig

tw. zits

uitdr. iemand loop 'n goeie stryk; laat trap; laat vat; laat spat; laat spaander; loop dat die stof so staan; loop dat jy klein word; loop vir die/'n vale; voet in die wind slaan; ysterklou in die grond slaan; die hasepad kies; jou knieë dra

229. Stadig beweeg
ww. stap, stadig stap, loop, wandel, aanwandel, voetslaan, te voet beweeg, drentel 226, drel, slenter, draai, draal, sleepvoet, strompel, hink, hinkstap, sukkel, aansuk-

kel, rondsukkel, rondluier, rondhang, lanterfanter, flaneer, dwaal, ronddwaal, slof, aanslof, kruip, skuifel, aarsel, talm; vertraag 193, spoed verlaag
bw. voetjie vir voetjie, op jou gemak
s.nw. stappie, hinkstappie, drentelry, gedrentel, drentelgang, kruipgang, geskuifel, slenter, geslenter, slentergang, slenterstap, geslof, sukkelgang, sukkeldraffie, hondedraffie, skilpaddraffie; draaier, draaikous, draler, slenteraar
b.nw. draaierig 226, dralerig, doodluiters, doodleuters (*lekties*), strompelend, hinkend, sukkelrig, sukkelend, slofferig, sleepvoetend
uitdr. voete sleep

c. Vervoermiddel
230. Rytuig
s.nw. **rytuig**, ryding, voertuig, vaartuig, gevaarte; kar, perdekar, donkiekar, bokkiekar, kapkar, tentkar, keb, bakkar, wipkar, faëton, kabriolet, spaaider, spaider, landauer, driewiel, kales (*verouderd*), kariljol (*ongewoon*), poskar; wa, skotskar, skamelkar, bokwa, ossewa, kakebeenwa, langwa, transportwa, togwa, veerwa, verewa, leerwa, kapwa, tentwa, waentjie; koets, praalkoets, hofkoets, poskoets, staatsiekoets, praalwa, karos (*verouderd*); trembus, trolliebus, omnibus, caisson, karavaan, woonwa; stootwa, stootwaentjie, kinderwa, kinderwaentjie, draagstoel, riksja, palankyn (Oosterse draagstoel), rolstoel, handkar, trollie, kruiwa, seepkiskar, slee, ysslee, toboggan, troika
rytuigonderdele, agterstel, onderstel, voorstel, as, wa-as, wiel, wawiel, voorwiel, agterwiel, voorwielnaaf, wielas, wielnaaf, luns, lunspen, lunsriem, speek, wielspeek, wielvelling, waband, wabuik, bok, bokbalk, kap, bokseil, tent, wakap, watent, rong, leerboom, skamel, skamelband, skamelbout, skamelplaat, disselboom, swingel, swingelhout, draaghout, drahout, osriem, skei, jukskei, disselhaak, disselpen, spatbord, voetplank, koetswerk, modderskerm, koggelstok, sweep 231, sweepstok, karwats, sweepkoker, langsweep, wakis, watersak
drywer, wadrywer, koetsier, touleier, riksja, voerman, wamaker, wamakery

b.nw. gebuffer, geveer, wangespoor(d)
ww. inspan, oorspan, dryf

231. Tuig
s.nw. **trekdier**, span, perd, handperd, saalperd, trekperd, remonteperd, hotperd, haarperd, os, trekos, agteros, vooros, hotvooros, haarvooros, naashotvooros, naashaarvooros, ..., pakdier, pakdonkie, pakperd, pakesel, pakmuil, pakos
toom, teuel, leisel, spanriem, spanpaal, leiriem, leitou, harnas, beuel, gareel, mondstuk, gebit, stang, trekstang, voorstang, vurkstang, leistang, balk (stang), leipen, leiveer, leiwiel, springriem, springteuel, oogklap, kopriem, kopteuel, kenriem, kenketting, trens, trenstoom, stiebeuel, stiebeuelklep, stiegriem, sterband, stertriem, stoter, strop, gord, buikgord, saal, dwarssaal, nierknyper, niertjiesaal, damesaal, paksaal, saalboog, saalboom, saalknop, saalboomknop, saalklap, saalkleedjie, skabrak, saaldroes, saalkussing, saalrug, saalsak, spoor
uitspanning, uitspanplek, koetsiershuis, waenhuis
sweep, voorslag, agterslag, rysweep, horssweep, koetsiersweep, karwats
ww. inspan, uitspan, omspan, opsaal, optuig, optoom, span, bespan, hoistaan, aanrol, toulei

232. Fiets
s.nw. **trapfiets**, fiets, ysterperd, elektriese fiets, e-fiets, rywiel, baaisiekel (*lekties, informeel*), baiesukkel (*skertsend*), martelpyp (*skertsend*), padfiets, mansfiets, damesfiets, kinderfiets, toerfiets, sportfiets, renfiets, resiesfiets, baanfiets, bergfiets, dikwielfiets, dunwielfiets, dikwiel, dunwiel, tjopper (*Engels*), tjopperfiets (*Engels*), chopper (*Engels*), chopperfiets (*Engels*), tandem, tandemfiets, tweepersoon(s)fiets, eenwieler, monofiets, driewiel, driewielfiets, skopfiets, trapkar
motorfiets, mouterbike (*Engels, lekties*), ysterperd, padfiets, kragfiets, superfiets, veldfiets, toerfiets, driewiel, driewielmotorfiets, bromponie, bromfiets, poegie (*informeel*), piskriek (*plat*), help-my-trap (*informeel*), stadsfiets, afleweringsfiets, transportfiets, kwadfiets, quadfiets,

kwadmotorfiets, syspan
fietsonderdele, raam, fietsraam, aluminiumraam, dwarspyp, dwarsstaaf, dwarsstang, kruisstang, nek, vurk, saal, saalpyp, modderskerm, handvatsel, stuur, stuurstang, wiel, fietswiel, wielband, as, naaf, velling, speek, wielspeek, binneband, tjoep (*Engels, informeel*), buiteband, buitebandklep, voorband, agterband, rem, voorrem, traprem, terugtraprem, agterrem, remkabel, remhefboom, remhandvatsel, remblok(kie), rat, tandrat, tandwiel, kamwiel, kamrat, klikrat, driespoed, rathefboom, ratwisselaar, ratkabel, ratstelsel, hoofrat, kettingrat, ratgroep, kombinasierat, grootrat, trapas, pedaal, trapper, klikpedaal, voetbandjie, voethaak, pedaalarm, ketting, kettinggids, kettingskerm, lig, voorlig, agterlig, koplamp, weerkaatser, dinamo, valhelm, rooster, karet, fietspomp, waterbottel, fietsklokkie; fietswinkel, fietsfabriek
b.nw. tweewielig
ww. fiets, fietsry, motorfietsry

233. Voertuig
s.nw. voertuig, vervoermiddel, rytuig, ryding (*informeel*), wiele (*informeel*), petrolaangedrewe voertuig, dieselaangedrewe voertuig, elektriese voertuig, nutsvoertuig, diensvoertuig, hibriede voertuig, hibried, hibride; hibridisasie, hibriditeit
motor, motorkar, voertuig, motorvoertuig, mouter (*lekties*), outomobiel, vuurwa, wiele (*informeel*), petrolmotor, dieselmotor, veteraanmotor, weeldemotor, prestigemotor, blitsmotor, sedan, sedanmotor, gesinsmotor, vierdeursedan, tweedeursedan, luikrug, luikrugmotor, sportmotor, koepee, kabriolet, afslaankapmotor, toermotor, stasiewa, sportnutsvoertuig, sportnuts, duinebesie, strandtjor, huurmotor, taxi, taxibus, minibustaxi, toek-toek, jeep, kaalkar, knortjor, tjor (*informeel*), tjorrie (*informeel*), skedonk (*informeel*), rammelkas, wrak, skorro-skorro (*lekties*), motorbus, bakkie, enkelkajuitbakkie, dubbelkajuitbakkie, insleepvoertuig, demonstrasiemodel; vierwielaangedrewe voertuig, viertrekvoertuig, viertrek, viertrekmodel, vier-by-vier, 4x4, vierwielaandrywing, viertrekaandrywing, 4x4-aandrywing, grondvryhoogte, invalshoek, vertrekhoek, oorsteekhoek, kantelhoek, kantelpunt, waaddiepte, hoëstrek, hoëstrekratkas, laestrek, laestrekratkas; renmotor, renstel, tydrenmotor, knortjor, stampkar, stampmotor
vragmotor, lorrie (*Engels*), meubelwa, kantelbak, kantelbakvragmotor, veetrok, motorvragwa, paneelwa, tenkwa, tenkvragmotor, voorhaker, perd, vragwa, bus, dubbeldekker, dubbeldekkerbus, eendekker, enkeldekker, enkeldekkerbus, motorbus, toerbus, skoolbus, ambulans, wipkar, kipkar, kanteltrok, kantelwa, molwa, sleepkar, sleepwa, stortwa, leunwa, platbaksleepwa, vangwa, polisiewa, bakkie, pantser, pantserwa, tenk
trekker, kruiptrekker, tuintrekker, plaastrekker, padskraper, stootskraper, roller
laaimasjien, laaikraan
onderdeel, bakwerk, bak, vooraansig, agteraansig, dak, sondak, skuifdak, terugvoudak, terugvoukap, motorkap, paneel, rooster, sierrooster, enjinkap, masjienkap, sypaneel, venster, syvenster, kleinvenstertjie, ruit, voorruit, agterruit, agterruitraam, ruitslinger, veiligheidsglas, windskerm, deur, deurslot, deurhandvatsel, binneste deurhandvatsel, deurknoppie, sluitknoppie, deurpilaar, embleem, wapen, motorembleem, motorwapen, buffer, stamper, stamperskoen, modderskerm, skerm, syskerm, hooflig, koplamp, mislig, soeklig, flikkerlig, trulig, stertlig, agterlig, remlig, stoplig, parkeerlig, wieldop, naafdop, modderklap, wielflap, lugdraad, antenne, treeplank, bagasiebak, bagasieruim, kis, karkis, karosserie, kattebak, bagasieruimvloer, bagasierak, nommerplaat, ruitveër, skermveër, skermwisser, ruitveërarm, ruitveërrubber, ruitveërblad, stroombelyning, stroomlyn, petroltenkdeksel, syspieël, deurspieël, buitespieël, aanboordrekenaar
onderstel, agterstel, as, chassis, veringstelsel, skokbreker, skokdemper, slagdemper, wiel, speekwiel, noodwiel, spaarwiel, reservewiel, band, voorband, agterband, buiteband, binneband, tjoep (*Engels, informeel*), straallaagband, staalgordelstraallaagband, staalgordel, spaarband, reserweband, loopvlakpatroon, straallaag, speek, wielband, wieldop, velling,

vellingflens, spoorbreedte, spoorwydte, sporing, binneband, stuurstelsel, stuurkolom, stuurwiel
binneafwerking, kajuit, stuur, stuurwiel, toeter, instrument(e)paneel, paneel, paneelbord, ritrekenaar, snelheidsmeter, spoedmeter, tagometer, toereteller, toeremeter, girometer, afstand(s)meter, odometer, ritmeester, siklometer, oliemeter, temperatuurmeter, brandstofmeter, alternatormeter, rigtingwyser, flikkerligskakelaar, verdofskakelaar, ruitveërskakelaar, rathefboom, ratwisselaar, hittebeheer, veiligheidsgordel, bekleedsel, bekleding, vinielbekleedsel, vinielbekleding, leerbekleedsel, truspieël, smukspieëltjie, horlosie, paneelkassie, paneelkissie, paneelvakkie, sonskerm, koppelaar, koppelaarpedaal, petrolpedaal, rem, rempedaal, nekstut, sitplek, armleuning, holrugsitplek, rugleuning, agtersitplek, gespe, sitplekgordel, veiligheidsgordel, voertuigalarm, voertuigopsporingstelsel, lugversorger, motorradio, voertuigradio
enjin, masjien, motor, petrolenjin, petrolmasjien, petrolmotor, dieselenjin, dieselmasjien, dieselmotor, aandrywingsturbine, kompressorturbine, turbo-aangejaagde enjin, turbodiesel, turboaanjaer, enjinblok, pakstuk, pakking; onderdeel, enjinonderdeel, masjienonderdeel; vergasser, karburateur, brandstofinspuiting, inspuiter, uitlaatspruitstuk, brandstofpyp, tenk, versneller, versnellerpedaal, versnelling, kompressor, brandstofpomp, petrolpomp, tenk, petroltenk, brandstoftenk, hulptenk, spaartenk; aansitter, selfaansitter, knormoer, solonoïed, solenoïde, magneet, magneto; battery, negatiewe pool, positiewe pool, seldeksel, batterydeksel, batterykas, bedrading, sekering; ontbranding, ontsteking, verbrandingskamer, ontbrandingskamer, ontstekingskas, ontstekingsklep, klepligter, kontaksleutel, vonkprop, vonkpropaansluiter, vonkpropwasser, vonkproppakstuk, vonkpropgaping, vonkontsteking, verdeler, vonkverdeler, klos, alternator, smoorklep, inlaatklep, uitlaatstelsel, uitlaatgasafvoer, uitlaatspruitstuk, uitlaatklep, uitlaatpyp, knaldemper, klankdemper, voorste pyp, uitlaatstert, uitlaatstertverlengstuk, spoedbeheer, spoedbeheerklep; silinder, suier, silinderkop, silinderkopdeksel, suierpen, suierring, suierslag, suierstang; krukas, nokas, bonokas, dubbele bonokas; olieaftapprop, oliebak, oliepan, oliefilter, lugfilter; ratstelsel, ratkas, outomatiese ratkas, rat, eerste rat, tweede rat, ..., laagste rat, hoogste rat, snelrat, versnellingsrat, snelgang, trurat, neutraal, neutrale rat, eerste versnelling, hoogste versnelling, truversnelling, ..., rathefboom, ratkierie, differensiaal, gangwissel, koppelaar, koppelaarplaat, oorskakeling; aandrywing, dryfas, ewenaar, tandrat, grootrat, kleinrat, kroonrat, kardanas, kardankoppeling; verkoeling, lugverkoeling, waterverkoeling, verkoeler, radiator, waaier, waaierband, waterpomp, verkoelerpyp, verkoelerdop; remstelsel, sluitweerremstelsel, sluitwerende remstelsel, ABS-remstelsel, rem, skyfrem, trommelrem, hidroliese rem, kragrem, ABS-rem, briek, rybriek, remas, remband, rempedaal, rempyp, skyf, suier, remskoen, remblok, remsool, remsuier, suier, remsilinder, remtrommel, remskyf, remvoering, remkussing, voetrem, traprem, veiligheidsrem, handrem, handremhefboom, remvloeistofreservoir
voertuigwerking, versnelling, topsnelheid, trekkrag, padhouvermoë, padvastheid, remafstand, brandstofverbruik
motorhawe, diensstasie, vulstasie, garage, werkswinkel, herstelwinkel, motorwassery, noodwa, pomp, petrolpomp, petroljoggie, pompjoggie, pomparea, duikuitklopper, hefbrug, herstelwa, vertroubaarheidsrit; diens, voertuigdiens, motordiens, smeerdiens, groot diens, diensinterval, wielbalansering, wielsporing, herstelwerk; brandstof, olie, motorolie, remvloeistof, koelmiddel, vriesweermiddel
motorhuis, parkade, parkeergarage, terminus
b.nw. gemotoriseer(d), petrolaangedrewe, dieselaangedrewe, hibridies, lugverkoel(d), waterverkoel(d), turboaangejaag, opgewarm, padvas, padwaardig, klopwerend, stroombelyn, wangespoor(d)
ww. dek, omstel, ontsteek, oorskakel, ontbrand, uitlaat, oorspring, rem, spoor, toet, toeter, uitklop, vrydraai, smeer, 'n motor diens; hibridiseer

234. Spoorweë

s.nw. spoorwegnetwerk, spoorwegnet, spoorwegstelsel, spoorwegmaatskappy, spoorwegdiens, treindiens, spoorverbinding, treinverbinding, tremdiens, ondergrondse spoorweg, moltreinstelsel, spoorvrag, rangeerwerk, spoorwegbrug

trein, treinstel, passasierstrein, salontrein, goederetrein, vragtrein, sneltrein, voorstedelike trein, ondergrondse trein, metro, metrotrein, houertrein, hospitaaltrein, moltrein, pantsertrein, boemeltrein, smalspoortrein, deurtrein, dieseltrein, stoomtrein, transporttrein, trem; lokomotief, tjoek-tjoek (*kindertaal*), stoomlokomotief, diesellokomotief, dieselelektriese lokomotief, dieselenjin, rangeerlokomotief, rangeerder, wisselenjin, baanruimer, baanskuiwer (lokomotief); wa, trok, treinwa, treintrok, spoorwa, passasierswa, koepee, goederetrok, goederewa, vragwa, kajuit, kompartement, slaapwa, eetwa, eetsalon, retirade, salon, salonwa, kaboes, oop goederewa, platwa, losserwa, lossertrok, remwa, veetrok, veewa, koeltrok, tenkwa, houertrok, houerwa, motorvoertuigwa, ertswa, ertstrok, seilbedekte goederewa, skameltrok, skamel, kolewa, toetrok, trollie

treinonderdele, as, rem, skokbreker, skokdemper, skoorsteen, stoomfluit, stoomketel, stoommeter, stootband, stootblok, stootkussing, tender, traprem, treeplank, trekstang, wabuik, wa-as, voetplaat, turboaanjaer, luginlaat, stuurkajuit, beheerpaneel, buffer, stamper, alternator, hoofgenerator, draaistelraam, traksiemotor, as, fluit, spilpen, ventilasiewaaier, verkoeler, watertenk, kompartement, skuifvenster, boonste slaapbank, onderste slaapbank, gang, eetsalon, kombuis, portaal

spoor, treinspoor, spoorlyn, spoorweg, hooflyn, voorstedelike lyn, voorstedelike spoor, sylyn, sytak, taklyn, dubbelspoor, smalspoor, spoorbreedte, spoorwydte, spoorbaan, hangspoor, hokspoor, wisselspoor, rangeerlyn, ringbaan, spoorwegaansluiting, spoorbrug, spooroorgangklok, spooroorgang, spoorwegknoop, spooroorgang met outomatiese hekke; rangeerwerk, rangeerlyn, rangeerskyf, rangeerwissel, rangeerterrein, rangeerwerf; spoorstaaf, spoorwegstaaf, bindplaat, spoorstaafrib, spoorlas, spoorstaaflas, spanstaaf, dwarslêer, spoorlêer, lêer, baan, baanstang, bindplaat, uitsetingsopening, lasplaatbout, moer, lasplaat, spooranker, puntstuk, trekstang, wisselplaat, glystoel, sluitspoor, keerspoorstaaf, teenwig, teenstuk, spoorboommeganisme; wissel, spoorwegwissel, drieslagwissel, driewegwissel, kruiswissel, handbeheerde wisselskakelaar, wisselslot, wisselstand, aansluitkas, verbindingskas, vertakkas, spooroorgangteken, spooroorgang, elektries verligte wisselsinjaal, wisseldraad, wisselmotor, afstandbeheerde wisselskakelaar; seinhuisie, seinpos, semafoor, seinpaal, seintoestel, sinjaal, wisselsinjaal, wisselsinjaalhefboom, baken; draaiskyf, draaistel

stasie, spoorwegstasie, passasierstasie, stasiegebou, terminus, halfwegstasie, halte, spoorweghalte, kopstasie, tremhalte, tremhuisie, bagasiekantoor, goederekantoor, goedereloods, goederestasie, goederedepot, laaikraal, kaartjiekantoor, stasiesaal, stasielokaal, kaartjieskantoor, kaartjietoonbank, inligtingskantoor, roosters, vertrektye, aankomstye, spoorwegkaart, besprekingsgebied, wagkamer, ruskamer, waghuis, wagkamer, vertragingskennisgewingbord, pakkieskantoor, bagasietoonbank, bagasiekantoor, bagasiesluitkas, perron, stasieperron, platform, stasieplatform, platformskuiling, voetbrug, duikweg, werf, rangeerterrein; seisoenkaartjie, spoorkaartjie, spoorwegkaartjie, spoorkoste, spoorweggids, spoorwegtarief, staangeld, tremgeld

spoorwegpersoneel, treinpersoneel, masjinis, stoker, kaartjiesinspekteur, treinkondukteur, kondukteur, konduktrise, guardjie (*lekties, informeel*), gaa'djie (*lekties, informeel*), laaimeester, leerlingmasjinis, lynwagter, oorwegwagter, portier, seinwagter, spoorwagter, stasiebeampte, stasiemeester, stasievoorman, trembestuurder, tremkondukteur, wisselwagter

ww. oorklim, rangeer, koppel, rem, verspoor, ontspoor

235. Skeepvaart

s.nw. skip, vaartuig, stoomboot, stoomskip,

passasiersboot, passasierskip, luukse boot, luukse skip, luukse passasiersboot, luukse passasierskip, lynboot, posboot, moederskip, susterskip, oefenskip, vragskip, vragboot, transportskip, vragvaarder, behoueringskip, houerskip, tenkskip, tenkboot, tenklandingskip, fabriekskip, hospitaalskip, atoomskip, depotskip, haweboot, kaapvaarder, kabelskip, kaper, kaperskip, roofskip, opleidingskip, opmetingskip, poolskip, raderboot, sleepboot, landingsvaartuig, snelboot, veerboot, pontboot, rivierboot, plesierboot, ysbreker; oorlogskip, slagskip, troepeskip, fregat, fregatskip, korvet, kruiser, duikbootjaer, torpedojaer, torpedoboot, kanonneerboot, mynlêer, mynveër, geleiskip, patrollieboot; duikboot, atoomduikboot, onderseeboot, U-boot, onbemande duikboot; motorboot, snelboot, skiboot, rubberboot, woonboot, huisboot, skeertuig, hidrotuig, vaporetto, waterponie; skuit, visserskuit, vissersboot, treiler, trekboot, trekskuit, snoekskuit, walvisvaarder, walvisskip; roeiboot, roeibootjie, skuit, skuitjie, bakkie, barkas, kano, gondel, kaïk, kajak, sampan, mokor(r)o, platboomskuit, veselglasboot, veselboot; seilskip, skoener, bark, galei, brik, skoenerbrik, brigantyn, trireem (*verouderd*), dhou, jonk, kaag, karveel, karaveel, kofskip, kotter, Marconi-kotter, tweemaster, viermaster, viermasseilskip; seiljag, jag, seilvaartuig, sloep, katamaran, seilboot, pinas, seilplank, seilski; vlot, pont, ponton, reddingsvlot

skeepsromp, romp, veselglasromp, rompsegment, bobou, bowebou, kiel, stabiliseerkiel, bolwerk, boeg, boegspriet, rib, ribbewerk, ribstuk, waterlyn, plimsollmerk, kimkiel

dek, bodek, voordek, agterdek, promenadedek, sloepdek, stormdek, dubbeldekker, pantserdek, deklading, motordek

voorstewe, voorkasteel, agterstewe, agterskip, kommandobrug, kommandotoring, brug, beheerdek, navigasiebrug, uitkyktoring, stuurboord, bakboord

kajuit, passasierskajuit, luukse kajuit, luukse suite, kapteinskwartiere, bemanningskwartiere, patryspoort, siekeboeg, skeepsruim, vragruim, vragruimopening, houerruim, houer, motorruim

takelwerk, skeepstouwerk, stag, takel, kabel, kabellengte, skot, vangriem, vangtou, want, werplyn, vlagtou, hystou

mas, besaan(s)mas, kruismas, grootmas, voormas, fokmas, paal, kroonsteng, bramsteng, mastou, gaffel, ra, mastop, mars, marsmas, marssteng, onderste mars, kraaines, spriet, wimpel, davit, kraanbalk

seil, grootseil, hoofseil, besaan, fok(ke)masseil, fokseil, gaffel, hoofkroonseil, bras, hoof boonste marsseil, voorste kroonseil, boonste voorste bramseil, onderste voorste bramseil, boonste voorste marsseil, jager, voorste kluiwerseil, middelste kluiwerseil, agterste kluiwerseil, binneste kluiwerseil, onderste voorste marsseil, voorseil, fokseil, hoof onderste marsseil, besaanseil, kruisseil, hoof laer bramseil, hoof boonste bramseil, raseil, gafseil, gaffelseil, latynseil, marsseil, reef, spinnaker, stagseil, stormseil, topseil, seil, seildoek, swelling, touwerk

enjin, enjinkamer, turbine, stoomturbine, gasturbine, ketel, ketelkamer, dryfas, skroef, skroefas, skroefratkas, enjinluginlaat

skeepstuig, afloopplank, ankerlig, peilstok, roeistok, rondhout, teerseil, skeepsvlag, wimpel, afloopplank, valreep, valreeptrap, noodleer, dekstoel, dok, harpuis, houer, kaapstander, kalfateraar, meertou, meertros, navigasietoestel, navigasie-instrument, teleskoop, sekstant, skeepskompas, radar, radarskandeerder, radioantenne, reddingsbootjie, reddingsgordel, reddingsboei, hysmasjien, vraghystoestel, windas, wenas, skoorsteen, mastoplig; duikboottoerusting, snorkeluitlaat, snorkel, snorkelinlaat, radarantenne, periskoop, brug, torpedokamer, torpedo, missielbuis, missiel, reaktor, reaktordek, masjienkamer, enjinkamer, turbine, stuurboordduikvin, agterste stabiliseervin, skroef, boonste roer, onderste roer

roer, boegroer, roerpen, roerpen, roertou, stuur, stuurstok, stuurinrigting, stuurrat, stuurstoel, stuurwiel, vin, stabiliseerder, stabiliseervin, boegvin

roeispaan, spaan, skeproeispaan, pagaai (*verouderd*), riem, roeiriem, roeidol, roeier, roeimik

anker, skeepsanker, dryfanker, katanker, veeranker, paddastoelanker, skottelanker, dubbelklou-anker, grypanker, ploeganker, steellose anker, dreg, ankerwindas, ankerwindaskompartement, ankertand, ankerblad, ankerpunt, ankerketting
skeepsein, maritieme sein, merker, boei, klokboei, noodsein, sirene, tydsein, keëlboei, keëlvormige boei, joon(boei), brulboei, tonboei, seeton, hoëbeeldvlakboei, vuurtoring
skeepslading, awery, ballas, verskeping, behouering, cherteparty, deklading, hawearbeider, haweverkeer, inskeping, konnossement, laairuim, lêdae, lêtyd, lêgeld, ontskeping, oorskeping, stuwasie, tonnemaat
skeepsbemanning, bemanning, bemanningslid, dagwag, gondelier, janmaat, kadet, kaptein, kapteinsrang, kommandeur, kommandoor, kommodoor, landrot, marineoffisier, marinestaf, marinier, matroos, seeliede, seelui, seeman, seemanskap, seevaarder, skeepsdokter, skeepsjonge, skeepskaptein, skeepsvolk, skipper, stuurlui, stuurman
hawe 221, hawewese, kushawe, binnelandse hawe, rivierhawe, binnehawe (deel van 'n hawe), getyhawe, tyhawe, vloedhawe, marinehawe, passasiershawe, goederehawe, laaihawe, uitvoerhawe, vryhawe, vissershawe, walvisstasie, dok, bassin, dryfdok, pier, kaai, vasmeerplek, hawemuur, hoof, hawehoof, landhoof, laaihoof, lanseerbasis, lanseerhelling, sleephelling, landingsbrug; hawetoerusting, laaikraan, laaimasjien, laaiplank, laaiplatform, laaisteier, steier, vuurtoring; hawekaptein, dokwerker, stuwadoor, stukgoedstuwadoor, kaaiwerker, kargadoor
ww. dek, deurloop, jol, neerlaat, vergaan, takel, stuur, tuig, optuig, anker, die anker neerlaat, die anker lig, vasmeer, bagger

236. Lugvaart
s.nw. **lugvaart**, burgerlugvaart, lugverkeer, lugvervoer; lugvaartmaatskappy, lugvaartagentskap, reisagentskap, lugredery, redery; vlug, chartervlug, pendelvlug, binnelandse vlug, oorsese vlug, alleenvlug, sleepvlug, sleeptouvlug, onbemande vlug; ruimtevaart, ruimtevlug, ruimtereis, maanreis
vliegtuig, skroefvliegtuig, straler, straalvliegtuig, makrostraler, passasierstraler, passasiersvliegtuig, lugbus, langafstandstraler, langafstandstraalvliegtuig, sakestraler, supersoniese straler, supersoniese vliegtuig, stratostraler, ligte vliegtuig, eenmotorige vliegtuig, mikrovliegtuig, mikroligtevliegtuig, vragvliegtuig, transportvliegtuig, tenkvliegtuig, kunsvliegtuig, aanvalsvliegtuig, straaljagter, vegvliegtuig, vegter, jagvliegtuig, kamikasevliegtuig, bomwerper, duikbomwerper, langafstandbomwerper, verkenningsvliegtuig, hefskroefvliegtuig, amfibiese vliegtuig, watervliegtuig, seevliegtuig, helikopter, tjopper (*Engels, informeel*) chopper (*Engels, informeel*), sweefvliegtuig, zeppelin, lugskip, ballon, lugballon, warmlugballon, ruimteskip, pendeltuig, maantuig, ruimtekapsule, kapsule, vuurpyl, ruimtestasie, ruimtelaboratorium, satelliet, mikrosatelliet, nanosatelliet, modelvliegtuig, hommeltuig, onbemande vliegtuig, sweeftuig, sweefskermtuig, sweefskerm
vliegtuigonderdele, vliegtuigromp, onderstel, wiel, vlerk, vlerkstruktuur, vlerkpunt, enjinmonteermas, enjinmonteerpiloon, verstelbare geometriese vlerk, deltavlerk, pylvlerk, spleetvlerk, vlerkvorm, agterrandklap, agterrand, stert, geïntegreerde sterteenheid, stertvorm, stertmontering, stertmontasie, navigasielig, landingslig, roer, rigtingsroer, hoogteroer, rolroer, horisontale stabiliseerder, stuur, stuurstang, stuurstok, stuurarm, stuurinrigting, spuitaandrywing, stralerturbine, turbine, ringvormige verbrandingskamer, uitlaatspuitstuk, uitlaatpyp, uitlaatstelsel, turbineblad, turbinekompressoras, verbrandingskamer, waaier, luginlaat, waaierblad, rotorlem, rotorblad, neuskeël, hooflandingsmeganisme, neuslandingsmeganisme, skroef, hefskroef, skroefblad, skietstoel, uitskietstoel, valskerm, vlugopnemer, vlugdata
instrumente, enjininstrumente, vlieginstrumente, beheerpaneel, rigtingroerpedaal, sentrale konsole, sentrale instrumentpaneel, weerradar, BHF-antenne,

beheerhefbome, outomatiese loodspaneel, stuurstok, machmeter, radiokompas, statoskoop

kajuit, passasierskajuit, vlugdek, stuurkajuit, vragruim, galei, kombuis

vlugbemanning, vliegtuigbemanning, loods, vlieënier, piloot, vegvlieënier, helikoptervlieënier, tjoppervlieënier (*Engels, informeel*), choppervlieënier (*Engels, informeel*), hulpvlieënier, medevlieënier, eerste offisier, navigator, boordtegnikus, vlugingenieur, kajuitbemanning, lugwaardin, reiswaardin, vlugkelner, grondpersoneel, grondbemanning, lugakrobaat, passasier, kaper, ballonvaarder, ruimtevaarder

2 Die stoflike wêreld

A. SKEPPING, LEWE EN DOOD

237. Voortbring

ww. voortbring, baar, geboorte skenk, voortplant, bevrug, verwek, opwek, bastardeer, basterdeer, bevoog, grootmaak, teel, oplewer, afwerp; kweek, verbou, teel, voortplant

skep, voortbring 0, skep, maak, oormaak, bou, opbou, aanmekaarsit, aanmekaartimmer, aanmekaarflans, ..., genereer, veroorsaak, laat ontstaan, die lig laat sien, daarstel, kreëer, vorm, formeer, vorm gee, gestalte gee aan, saamstel, grondves, grond, fundeer, fondeer, oprig, optrek, produseer 0, reproduseer, oorproduseer, konstrueer, fabriseer, prefabriseer, institueer, begin, tot stand bring, stig, in die lewe roep, op die been bring, floteer, organiseer, reorganiseer, aanlê, voorberei, uitlê, ontwerp, modelleer, komponeer, omskep, verwerk, uitdink, uitvind, ontgin, ontlok

ontstaan 0, begin, aankom, voortkom, verrys, tot stand kom, gestalte kry, groei, oplewer, afwerp

s.nw. geboorte, baring, verwekking, bevrugting, teling, kweking, verbouing

skepping, voortbrenging, totstandbrenging, kreasie, ontwikkeling, verwerking, stigting, aanstigting, oprigting, instelling, wording, opkoms, totstandkoming, grondlegging, vestiging, organisasie, vervaardiging, voorafvervaardiging, vorming, vormgewing, fabrikasie, prefabrikasie, fabrisering, produksie, produksielewering, massaproduksie, onderproduksie, oorproduksie, reproduksie, voortbrengsel, opbrengs, voortbrengs, oes, genese 0, genesis, antropogenese, oorsprong, oorsaak

skepsel, skepping, voortbringsel, voortbrengsel, opbrengsel, organisme, kreasie, maaksel, weergawe, makely (*ongewoon*), uitvindsel, uitvinding, werk, meesterwerk, meesterstuk, vrug, pennevrug, vrug op jou arbeid, geestesgoed, geesteskind, objek, voorwerp, ding, iets, produk, eindproduk, neweproduk, afvalproduk, artikel, artefak, nywerheidsproduk, fabrieksproduk, kunsproduk, plaasproduk, ..., kommoditeit, fabrieksartikel, fabrieksgoed, fabrieksware, goedere, ware, handelsware, fabrikaat, halffabrikaat, kind, kleintjie, bevoogde, hanskalf, hanskuiken, hanslam

skeppingskrag, skeppingsdrang, produktiwiteit, skeppingsvermoë, kreatiwiteit, vernuf, vakmanskap, deskundigheid, kundigheid, meesterskap, verbeeldingrykheid 512

skepper, vader, moeder, moer, stigter, ontwerper, uitvinder, organiseerder, insteller, grondlegger, grondlêer, vervaardiger, produsent, fabrikant, bouer, konstrukteur, modelleur, ontwikkelaar, oprigter, samesteller, verwerker, kunstenaar, tekenaar, masjientekenaar, skrywer, komponis, skilder, beeldhouer

institusie, fabriek, aanleg, fabrieksaanleg, proefaanleg

ontstaan 0, oerknal, oorsprong, begin 27, beginpunt, aanvang, wortel, bron, bronaar, kiem, totstandkoming, oorsaak 15

b.nw. skeppend, kreatief, verbeeldingryk 512, vormend, formatief, vormgewend, antropoïed, antropoïde, bebroei, gebore, geskape, mensgemaak, handgemaak, konstruktief, institusioneel, institutêr, oorspronklik, verskene, voorafvervaardig, wordend, produktief, gemaak, geskape, geskep, handgemaak, selfgemaak, gestruktureer(d), georganiseer(d)

uitdr. dit is nog in wording; te voorskyn bring; tot stand bring; die eerste lewenslig aanskou

238. Vernietig

ww. vernietig, verdelg, uitdelg, uitroei, annihileer, knak, te gronde rig, tot niet maak, nullifiseer, verpletter, vermorsel, verbrysel, verwoes, breek, opbreek, afbreek, afmaak, afslaan, stukkend slaan, afsnoer, skeur, stukkend skeur, verskeur, afskeur, sloop, verniel, beskadig, opdonder (*plat*), bedonder (*plat*), opfok (*plat*), opfoeter, opfoes, verfoes, saboteer, skade berokken, verrinneweer, oorrompel, uitwis, oblitereer, desimeer, doodkry, doodmaak 253, doodslaan, vermoor, dooddruk, doodbrand, brand, verbrand, afbrand, opblaas, tenietdoen, vermolm, fyndruk, stukkend druk, stukkend maal, verweer, verswelg, verteer, vertrap, vertree, aftakel, kelder, ondergraaf, ondergrawe, ondermyn, rysmier, fnuik, omvergooi, omverhaal, omverstoot, omverwerp, destabiliseer, ontwrig, kanker, ontwortel, afskaf, opdoek, kanselleer, skrap, deleatur, wegmaak, aborteer, (vrug) afdryf, afdrywe, suiwer, uitkrap, wegvaag, doodkrap, doodverf

vergaan, ontword, tot niet gaan, te gronde gaan, ten onder gaan, ondergaan, jou eie ondergang bewerkstellig, verdwyn, knak, tenietgaan, afval, bederf, verrot, ontbind, brand, verbrand, afbrand, uitraak, verroes, verweer, sterf 253, doodgaan, vrek, verdwyn, wegraak

bw. tot niet, moer toe (*plat*), in jou moer (*plat*), poer in sy moer (*plat*), moerland toe (*plat*), katarras (*informeel*), blikners

s.nw. vernietiging, verwoesting, destruksie, ablasie, afbreking, uitroeiing, uitdelging, verdelging, uitwissing, annihilasie, obliterasie, verplettering, tenietdoening, verswelging, sloping, vernieling, beskadiging, saakbeskadiging, verrinnewering, verrinnewasie, verskeuring, vertrapping, dood 250, doodslag, doodhou, moord, ontworteling, ondergrawing, likwidasie, ontbinding, sluiting, afskaffing, opdoeking, uitskakeling, sabotasie, verlamming, ontwrigting, keldering, afdrywing, aborsie; bederf, knou, knak, ondergang, verwering, roes, verroesting, ruïne, abortus, verderflikheid; skade, brandskade, vloedskade, ..., brekasie, breekskade, verlies, teenspoed, teëspoed; vernielsug, vandalisme

selfvernietiging, eie ondergang, selfondermyning, Trojaanse perd, selfverloëning, selfverraad

vernietiger, vandaal, vernielal, vernieler, verwoester, verdelger, uitdelger, woestaard, neklêer, aborteur, aborteuse, saboteur

b.nw. stukkend 184, vernietig, verwoes, uitgewis, kapot, beskadig, flenters, gebreek 184, opgedonder, opgefok (*plat*), onklaar, disfunksioneel

vernietigend, allesvernietigend, verpletterend, verskeurend, verterend, verwoestend, afbrekend, destruktief, skadelik, nadelig, onvoordelig, ongunstig, dodelik, benadelend; bederfbaar, bederflik, vernielbaar, verderflik, verlore, vernielagtig, ongedaan, abortief, antibioties; vernielsiek, vernielsugtig, vandalisties, subversief, ondermynend; selfvernietigend, selfverloënend, Trojaans

uitdr. iets in die kiem smoor; iets/iemand in die grond boor; iets/iemand te grond rig; iemand in die verderf stort; met die grond gelykmaak; met wortel en tak uitroei; van iemand wors maak; in die niet versink; die Trojaanse perd inbring

239. Voortplant

ww. voortplant, voortbring 237, die lewe skenk, kinders in die wêreld bring, voortkom, prokreëer, reproduseer, kloon, genereer, konsipieer, produseer; broei 370, uitbroei, inkubeer; teel, aanteel, voortteel, inteel, kruis, kruisteel, baster, verbaster, kloon; vermeerder, vermenigvuldig, versprei, kweek, aankweek

geslagsgemeenskap hê, kopuleer, seks hê, seksueel aktief wees, die seksdaad pleeg, beken, verwek, liefde maak, naai (*plat*), steek (*plat*), spyker (*plat*), fok (*plat*), rondfok (*plat*), stoot (*plat*), pomp (*plat*), fornikeer, hoereer, masturbeer, ejakuleer, saad skiet, saadskiet, kom, fyndraai (*plat*), bevrug; vry, rondvry, in die bolling vry, bevry, vlerksleep, aanlê, opsit, die hof maak, liefkoos, kafoefel (*informeel*), kattemaai (*informeel*), fornikeer, pollevink (*lekties*); kopuleer, paar, bevrug, impregneer

geslagsgemeenskap by diere en insekte, dek, paar, bevrug, verwek, saad skiet, saadskiet, hibridiseer

insemineer, kunsmatig insemineer, bevrug, kunsmatig bevrug

verwagtend wees, verwag, swanger wees, dragtig wees

geboorte skenk, gebore word, baar, kraam, beval (*ongewoon*), induseer, ontvang, verlos, 'n kind baar, die eerste lewenslig aanskou; kalf, kalwe, vul, lam, jong (*ongewoon*), lê; aborteer, die vrug afdryf; ontkiem

menstrueer, ovuleer, vloei

steriliseer, ontman, emaskuleer, kastreer
bw. in vitro, in vivo
s.nw. **voortplanting**, ontogenie, ontogenese, ontogenesis, antropogenese, antropogenesis, partenogenese, partogenesis, heterogenese, heterogenesis, spermatogenese, spermatogenesis, prokreasie, vermeerdering, reproduksie, reproduksievermoë, kloning, geslagsrypheid, aanteelt, inteelt, teling, diereteelt 368, veeteelt 369, voëlteelt 370, graadteling, rangteling, kloon; kruising, kruisteelt, hibridisasie, hibriditeit, kruisras, hibried, hibride, baster, basterdier, basterplant; oorerwing, erflikheid, oorerflikheid, erflikheidsleer, genetiek, genetika; generasie, geslag, ras, bloedras; vrugbaarheid, fertiliteit, nataliteit, onvrugbaarheid, infertiliteit; geboortesyfer, gesinsbeplanning, geboortebeperking, gesinsbeperking, bevolkingsontploffing
geslagsdrang, seksdrang, geslagsdrif, lus, lustigheid, belustheid, belustigheid, libido, potensie, impotensie, seksualiteit 374, speulsheid, spulsheid (*plat*), vryerigheid, vrylustigheid
geslagsdaad, seks 776, geslagtelike gemeenskap, geslagsgemeenskap, geslagsomgang, omgang, geslagsverkeer, geslagslewe, koïtus, coitus, fyndraai (*plat*), fokkery (*plat*), huweliksgemeenskap, foonseks, groepseks, slenterseks, kopulasie, koppeling, orgasme, ereksie, saadvloeiing, saadlossing, saaduitstorting, ejakulasie, ejakulaat, masturbasie, selfbevrediging, selfbevlekking, draadtrekkery (*plat*), vryery, vryasie, fornikasie, nimfomanie, seduksie, bevrugting, impregnasie, ontvangenis, verwekking, verkragting, anale seks, sodomie, bestialiteit; hoerery, hoereerdery, sekstoerisme; voorbehoeding, kontrasepsie, voorbehoedmiddel, kontrasepsiemiddel, voorbehoedpil, kondoom, effie (*plat*), vroulike kondoom, rubberdiafragma, veer, vaginale ring, binnebaarmoedertoestel, intra-uteriene toestel, voorbehoedinspuiting, oggend-daana-pil
sterilisasie, sterilisasie, steriliteit, impotensie, ontmanning, emaskulasie, kastrering, kastrasie, eunug
seksvoorligting, seksuologie; seksvoorligter, seksuoloog

minnaar, beminde, geliefde, minnares, seksmaat, paramour, vryer, rokjagter, vrouejagter, vrouegek, manjagter, mannejagter, casanova, maitresse, loslappie (*lekties*), bywyf, byvrou, houvrou
losbandige mens, losbandige man, losbandige vrou, flerrie, flirt, koket, verleier, prikkelprins, hings, verleidster, sekskat, sekskatjie, merrieperd (*kwetsend*), gesellin, courtisane, prikkelpop, skelmpie, loslappie (*lekties*), slet, sloerie, tert, hoereerder, hoer (*kwetsend*), hoervrou (*kwetsend*), prostituut, prostituee, sekswerker, straatvrou, dame van die nag, jentoe, jintoe, nagvrou, nagblom, foonsnol, snol, gigolo, katelknaap, koppelaar, sekslokvoël, betaalde vryer, straatman, nimfomaan, sekstoeris, sekspes, seksboelie, sodomieter; bordeel, gesellinklub, hoerhuis, rooiligdistrik, seksklub, koppelary
kunsmatige inseminasie, inseminasie, kunsmatige bevrugting, vrugbaarheidsbehandeling, in vitro-bevrugting, skenkerspermselle; spermdonor, donor, spermskenker, skenker; infertiliteitskliniek, spermbank
ovulasie, maandstonde, menstruasie, menopouse, oorgangsjare, oorgangsleeftyd, ouvrou
verwagting, swangerskap, konsepsie, ekstra-uteriene swangerskap, dratyd, draagtyd, drag, dragtigheid, dragtigheidsperiode, gestasie, inkubasie
geboorte, geboorteproses, bevalling, abnormale bevalling, kraam, partus, geboortedag, geboortepyn, barensnood, barenswee, barensweë, kontraksie, Braxton-Hicks-kontraksie, sametrekking, induksie, episiotomie, voorgeboortetoets, amniosentese, amniotiese vloeistof, sonar, inwendige sonar, Apgartoets, keisersnee, keisersnit, epidurale keisersnee, epiduraal, verlossing, instrumentbevalling, instrumentgeboorte, instrumentverlossing, tangverlossing, stuitverlossing, vrugwater, water, premature geboorte, voortydige geboorte, postume geboorte, misdrag, misgeboorte, miskraam, laktasie, laktasieperiode; naelstring, nawelstring, nageboorte, fetus, pasgeborene, speelkind, instrumentbaba; vrugafdrywing, aborsie, abortus; kraaminrigting, kraamafde-

ling, voorbereidingskamer, kraamkamer, kraambed, kraambesoek, verloskundige, ginekoloog, kraamverpleegster, kraamsuster, kraamvrou, vroedvrou, geboorteregister, kraamverlof

die geslagsdaad by diere en insekte, paring, paartyd, bevrugting, verwekking, impregnasie, ontvangenis, ritsigheid, saadlossing, sadduitstorting, natuurdrif, teeldrif, kastraat; geslagsdeel, saadsakkie, saadblasie, saadhouer, hibried, hibride, hibriditeit, hibridisasie

teeltyd, kalftyd, lam(mer)tyd, vultyd, stoetbul, stoetram, stoetskaap, dekhings, werpsel, worp, gebroed, gebroedsel, legsel

bestuiwing, kruisbestuiwing, allogamie, selfbestuiwing, windbestuiwing, bevrugting, kruisbevrugting, xenogamie, outogamie, selfbevrugting

b.nw. geslagtelik, eenslagtig, tweeslagtig, lewendbarend, vivipaar, ovipaar, ovivipaar, hibridies

geneties, erflik, oorerflik, oordraagbaar, ontogeneties, familiaal, genetiese ouer, biologiese ouer, oorerflike eienskap, genetiese eienskap, genetiese kwaal

seksueel, seksueel aktief, potent, broeis, lustig, wellustig, belustig, sexy (*Engels, informeel*), lus, vryerig, vrylustig, libidineus, hitsig, hittig, jags (*plat*), speuls (*plat*), spuls (*plat*), wulps, seksbehep, oorseksueel, nimfomanies, generatief, produktief, groeisaam, geslagtelik, erektiel, geslagsryp, vrugbaar, gekruis; onvrugbaar, impotent, steriel; aseksueel, geslagloos, ongeslagtelik

op hitte, paarlustig, loops, brons, bronstig, ritsig, speels, speuls, katools, geil, broeis, kloeks

swanger, verwagtend, in die ander tyd, in die moeilikheid, op die paal (*plat*), ekstra-uterien, ongebore, voorgeboortelik, prenataal, fetaal, gebore, pasgebore, vroeggebore, prematuur, voortydig, doodgebore, fetaal, lakties, verloskundig; dragtig, vol, lewendbarend

reproduktief, klonaal, klonies, bestuiwend, kruisbestuiwend, selfbestuiwend, allogaam, outogaam, selfbevrugtend

uitdr. die eerste lewenslig aanskou/sien; iewers gebore en getoë wees; in die/ter wêreld bring; 'n brood(jie) in die oond hê; op die paal wees (*plat*); die lewe skenk; 'n babatjie vang; 'n bobbejaantjie vang; die kar omgooi (miskraam); by 'n meisie aanlê; êrens anker gooi; vlerk sleep; 'n blou skeen kry; 'n bloutjie gee; jou hande nie tuishou nie; jou hoed êrens ophang; ogies/skaapogies vir iemand maak; iemand se skene word rooi; in iemand anders se slaai krap; iemand se hand in die as slaan; oor die onderdeur loer; opsit; vroeg ryp, vroeg vrot

240. Genealogie

s.nw. genealogie, geslagkunde, geslagsnaam, geslagstafel, geslagsregister, stamregister, stamboom, geslagsboom, stamboek

afkoms, gemengde afkoms, afstamming, herkoms, komvandaan (*lekties*), pedigree (*Engels, informeel*), stamboek, voorouerstaat, kwartierstaat, stamboom, stamverband, stamverwantskap, lyn, bloed, bloedlyn, bloedverwantskap, stamlyn, patrilinie, matrilinie, agtergrond, oorsprong, biotipe, desendensie, genotipe, nakomelingskap, homogenese, affiniteit, oorerwing, atavisme, bloedmenging, monohibride, monohibried, wesenstrek, karaktertrek, rasegtheid, raseienskap

geslag, familie 241, familielid, bloedverwant, sibbe, stam, tak, sylinie, generasie, ras, stamverwant, patriargie, matriargie; voorgeslag, voorvaders, oerouer, voorouer, voorsaat, assendent, voorvader, voormoeder, stamouers, stamvader, stammoeder, patriarg, matriarg, aartsvader, aartsmoeder, grootvader, grootmoeder, oorgrootouer, oorgrootvader, oorgrootmoeder, betoorgrootvader, betoorgrootmoeder, vader, moeder, stamhouer; nageslag, nasaat, afstammeling, nakomeling, afkomeling, desendent, kroos, nakroos, agnaat, kind, saad, spruit, telg, halfbloed, halfbroer, halfsuster, baster

evolusieleer 0, oorerflikheidsleer, ontwikkelingsleer, ewolusieleer; evolusie 0, ewolusie

b.nw. afkomstig, stamverwant, afstammend, herkomstig, patriliniêr, matriliniêr, matriliniaal, voorvaderlik, oorspronklik, genealogies, aangebore, ingebore, duursaam, atavisties, diploïed, haploïed, rasbewus, raseg, geslagtelik, dubbelgeslagtelik, halfslagtig, homogeneties, kenmerkend, inherent, kongenitaal, oorerfbaar, oorerflik

ww. afstam, stam, afkom, voortkom, voortspruit, oorerf, oorerwe, spruit

bw. aan vaderskant, aan moederskant, van huis uit

uitdr. dit sit in die bloed; 'n aardjie na sy vaartjie wees; bloed is dikker as water

241. Familie

s.nw. familie, uitgebreide familie, clan (*Engels*), gesin, enkelouergesin, huisgesin, familiekring, gesinskring, huiskring, kring, haard, huismense, huis, ouerhuis, huishouding, familiegroep, eenouergesin, pleeggesin, pleeghuis, bloed, bloedfamilie, skoonfamilie, verlangse familie, peetfamilie, verwantskap, aanverwantskap, verwantskapsband, verwantskapsbetrekking, verwantskapsverhouding, naverwantskap, desendensie, desendentfamilie, familiestruktuur, familieverband, gesinstruktuur, gesinsverband, filiasie, affiliasie, familie-affiliasie, gesinsaffiliasie, familievastheid, familieband

familiebetrekking, betrekking, familielid, gesinslid, bloedverwant, sibbe, huisgenoot, naasbestaande, nabestaande, naaste bloedverwant, verwant, naverwant, saat, nasaat, gesinshoof, ouer, kind, ouer-kind-verhouding, aangenome kind, ouerskap, pleegouer, pleegouerskap, vaderskap, paterniteit, moederskap, broederskap, broerskap, susterskap, kognaat, maag, maagskap, aanneming, adopsie

b.nw. familiaal, familievas, filiaal, verwant, aanverwant, naverwant, aangetroud, geparenteer(d), eie, bloedeie, verlangs, ver, half, naaste, aangeneem, aangenome

ww. in betrekking staan tot, affilieer, familie wees van, aantrou, ondertrou, vermaagskap, verswaer

bw. aan vaderskant, aan moederskant

uitdr. my eie vlees en bloed; vlees van my vlees; bloed kruip waar dit nie kan loop nie; die hemp is nader as die rok; elke huis het sy kruis; wat die naaste lê, moet die swaarste weeg

242. Ouers

s.nw. ouer, ouerpaar, enkelouer, grootmense (*meervoud*), paar, paartjie, mensepaar, egpaar, egliede (*meervoud*), man en vrou, grootouers (*meervoud*), skoonouers (*meervoud*), stiefouer, pleegouer, peetouer, peetjie, huisouers

ouerskap, ouerliefde, moederskap, vaderskap, leënes-sindroom; ouerloosheid; vaderlikheid, moederlikheid

man, eggenoot, gemaal, manlief, ouman (*soms kwetsend*), wederhelf, wederhelfte, huweliksmaat, lewensmaat, jukmaat, gade, konsort; pa, pappa, pappie, paps, vader, paterfamilias, pa'tjie, patriarg, ta, pa-goed (*lekties*), vaar, vaderlief, skoonpa, skoonvader, pleegvader, stiefpa, stiefvader, peetpa, peetvader, huisvader, weeshuisvader, wewenaar, wewenaarskap

vrou, eggenote, ouvrou (*soms kwetsend*), oulady (*Engels, informeel*), gemalin, wederhelf, wederhelfte, lewensmaat, huweliksmaat, jukmaat, jou beter helfte, gade, konsort; ma, mama, mamma, mammie, mams, moeder, moedertjie, moederlief, moer, ma-goed (*lekties*), skoonma, skoonmoeder, pleegmoeder, stiefmoeder, stiefma, peetma, peetmoeder, surrogaatmoeder, leenma, huismoeder, weeshuismoeder, koninginmoeder, huisvrou, weduwee, weduvrou, weduskap, weduweeskap

grootouer, senior, oumense, ouma, ouma-goed (*lekties*), oupa, oupa-goed (*lekties*), grootjie, ouma-grootjie, groutouma, grootmoeder, oupa-grootjie, grootoupa, grootvader, oorgrootouer, oorgrootmoeder, oorgrootvader, voorvader, voorvaders

voog, voogdes, voogdy, voogdyskap, wettige voog, gesinsvoog; pleegouers, pleegvader, pleegpa, pleegmoeder, pleegma

b.nw. ouerlik, ouerloos, vaderlik, moederlik, patriargaal, matriargaal, voorvaderlik

woorddeel groot-, oorgroot-, ooroor-

243. Kinders

s.nw. kind, kinders (*meervoud*), kinnerse (*meervoud, lekties*), mensekind, lieflingskind, troetelkind, kinta, spruit, langoor, kleintjie, kleinding, peuter, bloedjie, wig (*ongewoon*), telg, woelwater, nakind, nakomertjie, bog, kleuter, kuiken, piepkuiken, piekanien (*kwetsend*), snotneus, kannetjie, snuiter, eersgeborene, eersteling, oudste, jongste, laatlam, laatlammetjie, jongeling, jongmens, tiener, puber, adolessent, skoonkind, stiefkind, peetkind, wonderkind, buite-egtelike kind, voorkind, Saterdagskind, hoerkind (*kwetsend*), probleemkind, aangenome kind, pleegkind, wees, weeskind, wesie, straatkind, weggooikind; saad, afstammeling, nakomeling, nasaat; kroos, kleingoed, kleinspan, jongspan, jongelui, jongeliede, jeug, skooljeug, leerling, laerskoolleerling, hoërskoolleerling; tweeling, drieling, vierling, ...

baba, bybie (*Engels, lekties*), borsbaba, bottelbaba, babatjie, babetjie, kuiken, suigeling, suigling, wesentjie, babasussie, bababoetie

seun, seunskind, laaitie (*lekties, informeel*), jongeheer, jongetjie, jongetjieskind, knaap, knapie, tjokker, jongetjieskind (*lekties*), kannetjie, seuntjie, skoolseun, skoonseun, stiefseun, peetseun

meisiekind, dogter, meisie, meisietjie, juffie, juffertjie, skoolmeisie, skooldogter, skoondogter, stiefdogter, peetdogter

kleinkind, kindskind, kleindogter, kleinseun, agterkleinkind, agterkleindogter, agterkleinseun

babasorg, babaversorging, pajamadril; bababedjie, drabedjie, wiegie, drawiegie, kot, kampkot, babakombers, toedraaikombers, babadoek, weggooibare doek, weggooidoek, babapoeier, babastoeltjie, kinderstoeltjie, karstoeltjie, babaklere, bababottel, tietiebottel, ..., fopspeen, foppie (*informeel*), tiet, stootkarretjie, babakarretjie, stootwaentjie, babawaentjie, kampkot

kindersorg, crèche, kleuterskool, kinderopvoeding

b.nw. kinderloos, klein, aangeneem, aangenome, adoptief, bloedere, langorig, moederloos, natuurlik, oneg, wees, verwees

ww. kind wees, aanneem, adopteer, grootmaak

woorddeel kinder-

uitdr. nog groen koring op die land hê; van kindsbeen af; nog nat agter die ore wees; kind nog kraai hê; 'n aardjie na sy vaartjie; die eerste hoepel om die vaatjie; kinders soos orrelpype

244. Broer
s.nw. broer, broeder, gebroeders, bloedbroer, halfbroer, boet, boeta, boetie, bra (*lekties, informeel*), tweelingbroer, drielingbroer, infante, ouboet, ouboeta, kleinboet, kleinboeta, stamhouer, stiefbroer, swaer; broederskap, swaerskap

b.nw. broederlik

245. Suster
s.nw. suster, sus, ousus, ousie, titte, tietie, outit, kleinsus, sussie, tweelingsuster, infanta, halfsuster, skoonsuster, stiefsuster

b.nw. susterlik

246. Oom en tante
s.nw. oom, omie, oompie, grootoom, oud-oom, peetoom, stiefoom, peetoom; tante, tant, tannie, antie, groottante, peettante, stieftante, peettante

247. Neef, niggie
s.nw. neef, niggie, nig, susterskind, broerskind, kleinneef, kleinniggie, naneef, naniggie

248. Huwelik
s.nw. **huwelik**, huweliksband, huwelikstaat, huwelikslewe, getroude lewe, huweliksbootjie, getroude staat, eg, egverbintenis, egverbinding, egband, huweliksverbond, kinderhuwelik, studentehuwelik, proefhuwelik, skynhuwelik, dwanghuwelik, gedwonge huwelik, kitshuwelik, blitshuwelik, gerieflikheidshuwelik, pendelhuwelik, kerklike huwelik, burgerlike huwelik, gemengde huwelik, handskoenhuwelik; monogamie, bigamie, poligamie, veelwywery (*kwetsend*), poliginie, veelmannery, poliandrie, kakogamie, ongelukkige huwelik, poliamorie, misogamie, endogamie, introuery, eksogamie; monogamis, bigamis, poligamis, misogamis; troukoors, troulus; trouring, troupand

huweliksfees, bruilofsfees, huwelik, troue, troudag, troufees, trouery, bruilof, huweliksbevestiging, huweliksonthaal, bruilofsfees, biesbruilof, boerebruilof; troudag, huweliksherdenking, bruilofherdenking, silwerbruilof, goue bruilof, diamantbruilof

huweliksgeselskap, trougeselskap, bruidsgroep, gevolg, bruidspaar, paartjie, pasgetroudes, wittebroodspaar, bruid, bruidegom, aanstaande, verloofde, fiancé, fiancée, beminde, beste, gade, gemaal, jonggesel, jonggetroude, jongkêrel, jonkman, jonkvrou, juffrou, man, manlief, vrou, vroulief, wederhelf, strooijonker, strooimeisie, bruidsmeisie, blommemeisie, page, hofknaap, hofknapie, sleepdraer, ouers van die bruid, ouers van die bruidegom

huweliksgebruike, huweliksbemiddelaar, huweliksbeplanner, troubeplanner, huweliksaansoek, huweliksaanbod, jawoord, bruidskat, bruidsuitset, uitset, trousseau, lobola, lobôla, verloofde, verlowing, confetti, strooisel, troukoek, trougeskenk, troumotor, huweliksfees, huweliksonthaal, bruilofsfees, bruilofsonthaal, wittebrood, wittebroodsreis, huweliksreis, huweliksnag; huweliksaankondiging, huweliksuitnodiging, troukaartjie, huweliksformulier, huweliksgebod, huweliksberaad, huweliksvoorligting, huweliksgelofte, huweliksbelofte, troubelofte, huweliksgemeenskap, huweliksgoed, huweliksakte, huweliksregister, huweliksvoorwaarde(s), huweliksvoorwaardekontrak, huweliksreg, huweliksbevestiger, huweliksbeampte, huweliksburo

kohabitasie, konkubinaat, konkubine, koppelaar, maagd, maagdelikheid, oujongkêrel, vrygesel, oujongmeisie, oujongnooi, selibaat, vrygesel, langslewende

ongetroude, losloper, los hotnot (*uiters kwetsend en rassisties*), oujongkêrel, oujongnooi

egskeiding, skeiding, egbreuk, troubreuk, huweliksontbinding, egskeidingsbevel, skeibrief, egskeidingsgeding

buite die eg, buite-egtelike verhouding

b.nw. hubaar, getroud, jonggetroud, gekerk, gehuud, gewettig, verloof, maagdelik, manbaar, maritaal, morganaties, voorhuweliks, vooregtelik, nahuweliks, selibatêr, alleenlopend, ongetroud, ongehud, monogaam, poligaam, veelmannig, poliandries, misogaam, eksogaam, endogaam, geskei; buite-egtelik

ww. trou, hu, vrou vat, man vat, in die huwelik tree, in die eg tree, in die huwelik begewe, 'n huwelik aangaan, op trou staan, 'n huwelik voltrek, in die eg verbind, aantrou, introu, afhaak, aanteken, bevestig, ondertrou, nesskop, kohabiteer, koppel, vry na, vry met, 'n huweliksaanbod doen, die jawoord gee, ouers vra, verloof, verswaer, skei, van tafel en bed geskei wees, troubreuk pleeg, egbreuk pleeg, egbreek

uitdr. die strop om die nek kry/hê; onder die besemstok staan; hulle skapies bymekaar ja; hulle bokke deurmekaar ja; om 'n vrou se hand vra; onder gebooie staan; die gebooie laat loop; in die huweliksbootjie stap/klim; voor die kansel staan; sy ribbebeen kry; in/buite gemeenskap van goedere trou; nes skop; op die bakoond sit; op die rak sit; sy sit op die stoppelland; trou is nie perdekoop nie; hulle kombers is geskeur

249. Lewe

s.nw. lewe, bestaan, eksistensie, lewensteken, teken van lewe, lewendigheid, lewensbron, lewensvlam, lewensin, lewensonderhoud, lewensbehoud, selfbehoud, bloed, siel, anima, gees, belewing, besieldheid, besieling, sinlike lewe, lewenslus, lewenslustigheid, lewenskrag, lewenskragtigheid, lewensenergie, vitaliteit, animasie, lewensdrif, lewensaandrif, lewensdrang, lewensmoed, lewensgees, leefstyl, lewensap, lewenshonger, lewensdors, lewensvatbaarheid, leefbaarheid, lewensverwagting, bestaansreg; menselewe, dier(e)lewe, plantlewe; lewensomstandighede, lewenskuns, lewensreël, lewensgewoonte, lewensbeginsel, lewenspatroon, leefwyse, lewenswyse, lewenstandaard, lewensklimaat, lewenstyl, lewensdoel; alledaagse lewe, handel en wandel, dorpslewe, stadslewe, gesinslewe, familielewe, beroepslewe, hukwikslewe; lewenskets, lewensverhaal, curriculum vitae; onsterflikheid, immortaliteit; oorlewing, voortbestaan, oorlewingsdrang, lewenstryd

lewensloop, lewensgeskiedenis, lewensdae, lewensjare, lewensgang, beloop, beloop van die lewe, lewenspad, lewensweg, lewensbaan, lewensreis, leeftyd, lewenstyd, menseleeftyd, kringloop, lewensduur, lewensduurte, lewensfase, lewensiklus, bioritme, lang(s)lewendheid, lewenswandel, ontwikkelingsgang, ontwikkelings-

geskiedenis, ontwaking, opbloei, opbruising, opflikkering, oplewing, opstanding, wederopstanding, oorlewing, herlewing, herrysenis, herrysing, voortbestaan, lewenskans, 'n kans op lewe, lewenslot, toekoms, verlede, ontwikkelingsvermoë
lewende, langslewende, oorlewende, organisme, lewensvorm, lewende wese
biologie, natuurkunde 255, fisiologie, lewensleer, biogenese, biogenesis, biometrie, bionomie, biotika, biotomie, embriologie, ontogenie, organologie, ekologie
lewensbeskouing, lewensopvatting, lewensuitkyk, lewenskyk, kyk op die lewe, lewenshouding, lewensfilosofie, siening van die lewe, lewens- en wêreldbeskouing, wêreldbeskouing, lewensles
leefstyl, lewenstyl, leefwyse, lewenswyse, lewensgehalte, lewensvreugde; yuppie, jappie, pantsula, yuppiefikasie, jappiefikasie, yuppiegriep 413, jappiegriep
b.nw. lewend, lewend, lewendig, springlewendig, uitgespaar, lang(s)lewend, lewensvatbaar, lewegewend 251, herrese, verrese; lewenskragtig, kragtig, vitaal, energiek, dinamies, wakker, op en wakker, besiel(d), lewenslustig, aktief, flink, fris, fiks, gesond, hups, speels; biologies, biogeneties, organies, fisiologies, ekologies
lewensbeskoulik
ww. leef, lewe, gedy, asemhaal, voortbestaan, die lewe behou, die lewe bewaar, teer, herleef, herlewe, voortleef, voortlewe, vegeteer, grootword, deurleef, deurlewe, oorleef, oorlewe, skarrel (*om te oorleef*), opleef, oplewe, ontwaak, opbloei, opfleur, opflikker, opwek, hernieu, hernuwe, verrys, herrys, uit die dood opstaan, uitleef, uitlewe, beleef, belewe, meeleef, meelewe, verlewendig 251, lewe gee 251
woorddeel bio-, fisio-
uitdr. in die land van die lewendes wees; die wel en die wee; van die wieg tot die graf

250. Dood
s.nw. dood, sterfte, sterfgeval, oorlye, einde, graf, slaap, die ewige slaap, doodslaap, ewige rus, breindood, kliniese dood, selfdood, wiegdood, wiegiedood, wiegiesterfte, natuurlike dood, natuurlike sterfte, gewelddadige dood, gewelddadige sterfte, marteldood, abiose, genadedood 252, passiewe genadedood, aktiewe genadedood, eutanasie 252, heldedood, hongerdood, gasdood, gifdood, vergiftiging, genadedood, kruisdood, verkluiming, verplettering, versmagting, versmoring, suffokasie, verstikking, asfiksie, asfiksiasie, verdrinking, versuiping, waterdood, vuurdood, vlammedood, hellevaart, skyndood, vrekte; doderyk, skaduwee van die dood, hemel
sterfproses, oorlye, oorlyding, oorlyde, doodstryd, sterfbed, dood(s)bed, doodsengel, genadeslag 252, uiteinde, die laaste stuiptrekkings, stuiptrekking, uiterste, die laaste oomblikke, doodsroggel, doodsgeroggel, doodskreet, laaste asem, doodskaduwee, doodsklok, sterwensnood, doodsangs, doodslaap; doodstyding, doodsberig, doodsertifikaat, sterfsertifikaat, doodsbegeleiding, sterwensbegeleiding
sterflikheid, fataliteit, mortaliteit, sterftesyfer; dodeverering, dodekultus, dodeoffer
sterwensuur, sterfuur, sterfdag, dooddag (*lekties*)
dooie, dode, oorledene, ontslapene, sterfling, sterweling, gesneuwelde, gevallene, lyk, oorskot, stoflike oorskot, beendere, doodsbeendere, gebeente, geraamte, kadawer, mummie, karkas, kreng, zombie; dodemasker
outopsie, lykskouing, doodsondersoek, nadoodse ondersoek, nekropsie, rigor mortis, dekomposisie, ontbinding, praalbed, dodedans, dodelys, sterftefonds, lyk(s)huis, dodehuis, sterfhuis, sterfberig, nekrologie, nekromansie, nekromant, reeu
b.nw. leweloos, dood, morsdood, gestorwe, afgestorwe, bestorwe, uitgestorwe, oorlede, oorle, oorlee, vooroorlede, ontslape, saliger, wyle, halfdood, kisklaar, nadoods, postuum, nekrologies, nekromanties, noodlottig, obiit, sterflik, dodelik, verpletterend, verstikkend, afkop, glaserig, anorganies
ww. doodgaan, sterf, sterwe, te sterwe kom, beswyk, afsterf, afsterwe, afklop, vrek, aflê, gaan, voorgaan, wegval, ineenstort, die ewigheid inskiet, jou dood tegemoet gaan, die dood vind, die dood op die hals haal, nie oorleef nie, die lewe laat, jou

einde vind, heengaan, sag/stil heengaan, in die tuig sterwe, ontslaap, rus, slaap, ontval, val, sneuwel, omkom, verongeluk, jou lewe inboet, met jou lewe boet, verdrink, versuip, versmoor, verstik, versmag, verkluim, krepeer, inslaap, intree, ontbind, verdroog, verdroë, vergaan, tot niet gaan, tenietgaan, verpletter

bw. grafwaarts, bokveld toe, postuum
woorddeel nekr(o)-
uitdr. die laaste asem uitblaas; die laaste snik gee; bokveld toe wees/gaan; die ewige rus ingaan; die tydelike met die ewige verwissel; die gees gee; die oë sluit; na beter oorde verhuis; dis klaar met jou; dis klaar met kees; een voet in die graf hê; met een voet/been in die graf staan; in die sand byt; in extremis; in memoriam; met die dood worstel; met jou lewe betaal; onder die kluite; jou dae is getel; jou doppie het geklap; jou lewe verloor; (die) lepel in die dak steek; iemand is moerland toe (*plat*); tot hoër diens opgeroep word; tot stof terugkeer; vier stewels in die lug lê; tot jou vadere versamel word; obiit sine prole

251. In die lewe roep
ww. lewe gee, geboorte skenk 239, die lewe skenk, in die wêreld bring, voortbring 237, in die lewe roep 237, verwek, opwek, in aansyn roep, verlewendig, resussiteer, verkwik, besiel, opstaan, regenereer, herstel, herleef
s.nw. regenerasie, geboorte 239, reïnkarnasie, resussitasie, abiogenese, anabiose, verkwikking, besieling
b.nw. lewegewend, verkwikkend, besielend, redivivus

252. Doodmaak
ww. doodmaak, doodkry, doodslaan, vrekmaak, van kant maak, ombring, om die lewe bring, ter dood bring, van die lewe beroof, na die ander wêreld help, uit die weg ruim, bokveld toe stuur, noodlottig verwond, noodlottig beseer, manslag pleeg, genadedood toepas, eutanasie toepas, uitsit, teregstel, fusilleer, die doodstraf voltrek, die doodsvonnis voltrek, slag, afknak, afmaai, afmaak, vel, neervel, bevries, fumigeer, maai, skiet, stenig, uitdoof, uitwis, verdelg

jou lewe beëindig, selfdood toepas, selfmoord pleeg (*kwetsend*), jou eie lewe neem, 'n einde aan jou eie lewe maak, 'n einde aan alles maak
vermoor, moor, moord pleeg, uitmoor, afmaai, verdelg, uitdelg, van kant maak, doodskiet, vrekskiet, doodslaan, vrekslaan, doodskop, vrekskop, ..., iemand se harsings inslaan, elimineer, likwideer, annihileer, keelaf sny, keel afsny, onthoof, onthals, hang, ophang, verpletter, vermorsel, versmoor, verstik, versuip, verwurg, wurg, doodwurg, verdrink, vergas, vergiftig, vergewe, verkool
s.nw. doodslag, doding, manslag, genadedood, aktiewe genadedood, passiewe genadedood, eutanasie, doodsteek, bloedbad, bloedskuld, bloedstorting, bloedvergieting, slagting, hekatombe, bloedwraak, coup de grâce, fusillade, steniging, onthoofding; teregstelling
selfdood, selfdoding, selfdoodpoging, geassisteerde selfdood, selfmoord (*kwetsend*), selfmoordpoging (*kwetsend*), massaselfmoord, gesinselfmoord, rituele selfdood, rituele selfmoord (*kwetsend*), harakiri, kamikasi
moord, moordery, vermoording, moordaanslag, moordpoging, bloedbad, slagting, moord en doodslag, verdelging, uitdelging, moordparty, massamoord, pogrom, genoside, roofmoord, halsnoermoord, plaasmoord, sluipmoord, huurmoord, politieke moord, moordtoneel, doodsteek, vadermoord, moedermoord, kindermoord, gesinsmoord, koningsmoord, mesmoord, skêrmoord, ..., lynch, vergassing, verkoling, versmoring, verstikking, vergiftiging, asfiksiasie, asfiksie, versuiping, verwurging, uitdowing, onthoofding; bloedskuld, bloedwraak, moordkreet
moordenaar, moordenares, gesinsmoordenaar, massamoordenaar, moordbende, moordenaarsbende, sluipmoordenaar, huurmoordenaar, verdelger, uitdelger, koppesneller, beul; laksman
moordwapen, moordtuig, geweer 677, rewolwer 677, pistool 677, mes 678, gaskamer, gif, toksien, toksine, aas, gifaas, gifbeker, gifdrank, gifgas, gifpil, gifpyl, gifstof, vlieëgif, muskietgif, miergif, rottegif, ..., kiemdoder, bakterisied, malgif, sianied,

sianide, siaan, strignien, strignine, arseen, arsenikum, kurare, senuweegif, swamdoder, wolweboontjie; teengif, teëgif, teenliggaampie, antiliggaampie, slangbytmiddel
b.nw. moorddadig, ontsiel(d), toksies, verganklik, vergewe, verstikkend
uitdr. iemand die lewe beneem; iemand na die lewe staan; iemand uit die weg ruim; iemand uit die wêreld (uit) help; jou hande met bloed besoedel; om die lewe bring; die hand aan 'n lewe slaan

253. Begrafnis
s.nw. begrafnis, teraardebestelling, private begrafnis, staatsbegrafnis, verassing, kremasie, waterverassing, akwamasie, mummifiëring, mummifisering, begrafnisdiens, roudiens, doodsklok, begrafnisplegtigheid, begrafnisseremonie, roudiens, begrafnisdiens, begrafnisrede, grafrede, kondoleansie, rou, roubedryf, roudraer, roubeklag, roubrief, roudag, roukaart, roukamer, rouklag, roukleed, roukrans, roulint, routyd, kranslegging, stoet, begrafnisstoet, roustoet, lykstoet, lykswa, lyksmotor, praalbed, katafalk, waterbegrafnis
begrafnisritueel, begrafnisrite, doodstyding, dodemars, dodemis, dodeoffer, dood(s)bed, dood(s)kis, kis, dood(s)mare, doodsberig, doodskleed, lykwaak, dodewaak, staatsie, staatsiebed, staatsiekleed, begrafnisfees, begrafnismaaltyd
lyk(s)huis, dodehuis, krematorium
graf, rusplek, rusplaas, grafmonument, koepelgraf, praalgraf, watergraf, seemansgraf, familiegraf, kindergraf, keldergraf, tombe, sarkofaag, senotaaf, dolmen (Keltiese graf), kramat (Moslemgraf), grafsteen, serk, hoofsteen, marmersteen, graflegging, grafskrif, epitaaf, urn, grafkelder, grafspelonk, katakombe, krip, kript, kripta, mousoleum, mausoleum, piramide, trappiramide, hun(n)ebed, ossuarium, knekelhuis, massagraf; begraafplaas, rusplaas, kerkhof, familiekerkhof, plaaskerkhof, dodeakker, grafheuwel, nekropolis
begrafnisganger, rou(be)klaer, draer, slip(pe)draer
begrafnisonderneming, begrafnisfonds,
begrafnispolis, begrafnisboekie, begrafnisgeld, begrafnisgenootskap; begrafnisondernemer, ondernemer, lykbesorger, grafgrawer, grafmaker, grafsteenmaker
ww. begraaf, begrawe, ter aarde bestel, kremeer, lê, uitlê, kondoleer, rouklaag, uitlui, veras, balsem, mummifiseer, mummifieer
uitdr. die laaste eerbewys; na die laaste rusplek bring; ter ruste lê; iemand aan die skoot van die aarde toevertrou

B. MATERIE
a. Stof
254. Stof
s.nw. stof, grondstof, materie, vaste stof, vloeibare stof, gas, aërosol, substansie, molekule, molekuul, atoom, atoomkern, atoomgewig, atoommassa, alfadeeltjie, betadeeltjie, kwantumdeeltjie, element, ioon, anioon, katioon, chromatine, ferment, massa, monade, sel, stamsel, selkern, sitogenese, sitoplasma, ektoplasma, soöspoor, sperm, spermatosoön, weefsel, bindweefsel, stapelgoedere
stoflikheid, vleeslikheid, natuurlikheid, natuur, natuurstaat, ondermaanse, aardsheid, konkreetheid, selfstandigheid, beligaming, vergestalting, liggaamlikheid, tasbaarheid, aggregasie, aggregasietoestand, realiteit, wesenlikheid, onnatuur, onnatuurlikheid
fisika, atoomfisika, kernfisika, kwantumfisika, atomisme, atomistiek, sitologie; kwantumteorie
b.nw. stoflik, materieel, fisies, fisiek, tasbaar, konkreet, aards, wêrelds, ondermaans, liggaamlik, vleeslik, natuurlik, organies, anorganies, elementaal, atomies, molekulêr, makromolekulêr, korporeel, korpuskulêr, ru, selfstandig, substantief, gemaak, kunsmatig, sinteties, tydelik
ww. bestaan, beliggaam, konkretiseer, vergestalt, verpersoonlik, personifieer

255. Natuur
s.nw. natuur, natuurryk, diereryk, fauna 357, planteryk, flora 318, natuurlewe, natuurskoon, natuurlike hulpbronne, biosfeer, ekologie, ekosfeer, ekosisteem, biogenese, biogenesis, biodiversiteit, biodinamika, biomassa, bioom, mikrobioom, ha-

bitat, natuurlike habitat, natuurverskynsel, natuurwonder, natuurwet, natuurkrag, natuurmag, natuurfrats, natuurbeskouing, natuurbeskrywing; vrye natuur, buitelewe, buitelug

natuurmens, natuurvriend, natuurliefhebber, natuuraanbidder, natuurkind, buitemens; stroper, wildstroper

natuurwetenskappe 515, natuurkunde, natuurkennis, natuurstudie, natuurleer, stofleer, fisika, kernfisika, geofisika, koniologie, natuurfilosofie, natuurhistorie, reologie, biologie, mikrobiologie, biochemie, biometrie, bionomie, biogenealogie, fisiologie, elektrofisiologie, anatomie, genetika, biofisika, plantkunde, dierkunde, ekologie, aardwetenskap, geologie, geografie, geomorfologie, grondkunde, astrofisika, sterrekunde, wiskunde, toegepaste wiskunde, biomimiek

laboratorium, observatorium, museum, eksperiment, proef, apparaat

natuurwetenskaplike, natuurkundige, fisikus, kernfisikus, geofisikus, natuurhistorikus, natuurkenner

natuurbewaring, bewaring, omgewingsbewaring, omgewingsbewustheid, wildbewaring, waterbewaring, natuurbeskerming, ekologiebewaring, ekologiese balans, omgewingsimpak, omgewingsimpakstudie, natuurliefde, natuurreservaat, reservaat, natuurbewaringsgebied, park, natuurpark, wildtuin, wildpark, oorgrenspark, natuurtuin, botaniese tuin, biobank, natuurfonds, groen ekonomie, ekologiese voetspoor, koolstofvoetspoor, besoedelingsbeheer, rookbeheer, volhoubare ontwikkeling, ekologiese ontwikkeling, volhoubaarheid; herwinning, herwinningsaanleg, herwinningsveldtog, rehabilitasie, grondherwinning, grondrehabilitasie, plastiekherwinning, papierherwinning, glasherwinning, afvalherwinning, afvalverwerking, vullisverwerking; natuurbewaringsowerheid, natuurbewaarder, wildbewaarder, ekoloog; natuurskool, veldskool

natuurbewaringsaktivisme, bewaringsaktivisme, omgewingsaktivisme, klimaatsaktivisme; natuurbewaringsaktivis, bewaringsaktivis, omgewingsaktivis, klimaatsaktivis, groene, omgewingsdrukgroep, omgewingsvriend

natuurramp, ekologiese ramp, ekoverset, ekoprotes, ekovrees, omgewingsangs, omgewingstres, klimaatsverandering, klimaatsverskuiwing, klimaatsnoodtoestand, stropery, wildstropery, stroping, wildstroping, renosterstropery, renosterstroping, ..., droogte, water(s)nood, watersnood, watertekort, oorstroming, vloedramp, aardverwarming, aardverhitting, koolstofvoetspoor, koolstofemissie, koolstofbelasting, ontbossing, oorbevolking; bedreigde spesie, rooidatalys

besoedeling 628, grondbesoedeling, lugbesoedeling, waterbesoedeling, oseaanbesoedeling, seebesoedeling, kusbesoedeling; geraasbesoedeling, koolstofbesoedeling, ligbesoedeling, oliebesoedeling

b.nw. natuurkundig, natuurwetenskaplik, fisies, biologies, fisiologies, biometries, bionomies, biofisies, biogeneties, bioafbreekbaar, ekologies, natuurhistories, geofisies, osoonvriendelik, vloedgeteister; ekologies, ekologievriendelik, ekovriendelik, ekoslim, groen, herwinbaar

ww. ondersoek, demonstreer, eksperimenteer

woorddeel natuur-, bio-, fisiko-, fisio-

256. Skeikunde

s.nw. skeikunde 515, suiwer skeikunde, toegepaste skeikunde, analitiese skeikunde, sintetiese skeikunde, organiese skeikunde, anorganiese skeikunde, chemie, suiwer chemie, toegepaste chemie, organiese chemie, anorganiese chemie, biochemie, elektrochemie, fotochemie, stereochemie, iatrochemie, aktinochemie, petrochemie, forensiese chemie, polimeerwetenskap, metallurgie, sakkarimetrie, alchemie, fisika, atoomfisika, atoomleer, atoomteorie, skei- en natuurkunde, skeinat, skei-nat, natuur- en skeikunde, natskei (*lekties*), nat-skei (*lekties*)

skeikundige, chemikus, chemiese ingenieur, landbouskeikunde, analis, analitikus, metallurg, metallurgiese ingenieur

energie, warmte-energie, hitte-energie, stralingswarmte, ligenergie, elektriese energie, stralingsenergie, kinetiese energie, bewegingsenergie, potensiële energie, gestoorde energie, gravitasie-energie, chemiese energie, ionisasie-energie, hidroenergie, atoomenergie, kernenergie, atoomkrag, kernkrag, stoomenergie, volhoubare energie, hernubare energie, groen energie; elektrochemie, elektrolise, elektrode, anode, katode, ioon, anioon, katioon, pool, positiewe pool, negatiewe pool, oksidasie; energie-oordrag, oordrag, geleiding, geleier, goeie geleier, swak geleier, geleidingsbaan, energiebaan, konveksie, straling, konveksiestroom, warmtestraling, hittestraling, energie-omsetting, entropie; energiebron, bron, brandstof, oktaan; krag, aantrekkingskrag, middelpuntvliedende krag; puls, energiepuls, ultrasoniese puls, stuwing, elektriese stuwing

formule, struktuurformule, grammolekule, derivaat, atoomgewig, valensie, polivalensie, valensieteorie, affiniteit, verwantskap

atoom, isotoop, radio-isotoop, isotopie, atoomenergie, atoomgewig, atoomkrag, atoommassa, atoomreaktor, atoomsplitsing, kerndeling, kernfusie, dubbelbindingfase, fase-ewewig, kernkrag, kernreaksie, kernreaktor, reaktor, deeltjieversneller, atoomkern, kern, nukleus, proton, neutron, elektron, positron, megaton, kernbom, kernkragsentrale; radioaktiwiteit, dosimeter, dosismeter, stralingsmeter, geigerteller, curie, kurie

periodieke tabel

chemiese stof, chemiese element, chemikalieë, chemiese verbinding, chemiese oplossing, oplosmiddel, oplossing, derivaat, molekule, molekulêre verbinding, isometrie, isomeer, isomerie, polimeer, polimerie, monomeer, dimorf, dimorfie, dimorfisme, isomorf, isomorfie, isomorfisme, polimorf, polimorfie, polimorfisme, allotroop, allotropie, allotropisme, ioon, anioon, katioon; alkali, alkaloïed, alkaloïde, amine, alkielradikaal, aminosuur, ammonia, ammoniak, salammoniak, salmiak, aneurine, anhidride, argon, asetileen, oksi-asetileen, asetoon, barium, base, basis, blousuur, siaanwaterstof, siaankali, kalisout, chloried, chrisoliet, chromatine, feniel, groenvitrioel, halogeen, helium, helsteen, hidraat, hidride, houtalkohol, houtgees, metielalkohol, metanol, houtasyn, houtspiritus, houtsuur, indium, jodium, jood, jel, kalk, kaliumnitraat, salpeter, kaliumpermanganaat, kalomel, chloorkwik, karbide, karbied, karbohidraat, karbonaat, karoteen, karotine, kolloïde, kolloïdale stof, koolhidraat, koolstof, koolsuur, koolsuurgas, kooldioksied, kooldiokside, koolstofdioksied, koolstofdiokside, koolmonoksied, koolmonokside, koolstofmonoksied, koolstofmonokside, koolwaterstof, kopersulfaat, lantaan, loodsuiker, metaan, metaangas, heptaan, metalloïede, metiel, moederloog, natrium, natriumbikarbonaat, koeksoda, natriumkarbonaat, natron, wassoda, loog, loogas, natronloog, natriumhidroksied, bytsoda, natriumchloried, natriumchloride, sout, tafelsout, natriumnitraat, chili-salpeter, nitraat, sout van salpetersuur, uranaat, nitrogliserine, nitrogliserien, plofstof, springstof, okside, oksied, permanganaat, piridien, plutonium, salisiel, salisielsuur, salisielsout, salisilaat, salpeterigsuur, salpetersuur, seepsoda, potas, uraansuur, selenium, seleen, sianied, sianide, silikon, silika, kieselaarde, silisium, kieselsuur, silikaat, kieselsuursout, sink, sinkkarbonaat, sinkspaat, sirkonium, zirkonium, sirkoon, sol, solanien, soutsuur, soutsuurgas, sulfaat, swawelsuursout, sulfer, swael, swawel, sulfide, sulfied, sulfiet, sulfonamide, sulfonamied, suur, teensuur, suurstof, oksigeen (*ongewoon*), tritium, ureum, waterstof, swaarwaterstof, swaarwater, waterstofchloried, xilol, ystersulfaat, ystervitrioel, seepsoda, xantaat, xanteen, xantoon, serotonien, stearaat, steariensuur, tantalum, tantaal, tiamien

chemiese oplossing, chemiese proses, binding, verbinding, chemiese binding, chemiese verbinding, polimerisasie, affiniteit, assosiasie, distillaat, distillasie, filtraat, absorpsie, desorpsie, diffusie, harding, hidrering, hidrolise, karbonisasie, katalise, kettingreaksie, konsentraat, konsentrasie, kovalensie, kraakproses, neutralisasie, nitrasie, oksidasie, oksideermiddel, oksidase, oplosmiddel, oplossing, versadiging, versadigingspunt, chemiese reaksie, reaksie, reageermiddel, reagens, reaktant, reaktiwiteit, reduksie, reduksiemiddel, reduksieproses, respons, saturasie, smelting, smeltpunt, suspensie, sublimasie, titrasie, titrering, imbibisie, immersie, ionisasie, soutgehalte, soutoplossing, presipitaat, statika, transmutasie, valensie, halochromie; katalisator, presipitator, presipiteerder, distilleerder, inhibitor, inhibeermiddel

skeikundige apparaat, chemiese apparaat, apparatuur, baroskoop, indikatorpapier, katetometer, kwikbad, lakmoespapier, neerslagtenk, glasbuis, proefbuis, pipet, buret, reageerbuis, telbuis, reageerpapier, reduksieskaal, reduksievlam, retort, retortstaander, sakkarimeter, soutgehaltemeter, salinometer, smeltkroes, kroes, vakuumfles, vakuumpomp, dilatometer, klistron, bunsenbrander; laboratorium

skeikundige bewerking, skeikundige analise, ontleding, lakmoestoets, spektraalanalise, spektrale analise, chemiese analise

b.nw. skeikundig, chemies, biochemies, fotochemies, elektrochemies, petrochemies, fisies, atomies, metallurgies, toegepas, analities, sinteties, organies, anorganies; isotopies, molekulêr, makromolekulêr, isometries, isomeries, polimeries, dimorfies, isomorfies, allotropies, ionies, anionies, kationies, radioaktief, anhidries, bivalent, chromaties, diffuus, dioksies, gekonsentreer(d), verdun, halogenied, halogenies, halochroom, hidrogeen, hidrogenies, elektries, katodies, kolloïdaal, polivalent, termonukleêr, volhoubaar; oplosbaar, opgelos, wateroplosbaar, suur, suurvas, absorberend, katalities, reaktief, geneutraliseer(d), gereduseer(d), gesuspendeer(d), inhibitories, oksidatief

ww. reageer, verbind, polimeriseer, bind, oplos, diffundeer, oksideer, atomiseer, nitreer, jodeer, satureer, afskei, neerslaan, konsentreer, versadig, pipetteer; ontleed, analiseer, distilleer, indamp, ioniseer, kataliseer, hidrateer, hidreer, hidrogeneer, hidroliseer, karboniseer, neutraliseer, balanseer, dissosieer, kies, konsentreer, presipiteer, smelt, titreer, verkool

257. Meganika en tegnologie
s.nw. **meganika**, bewegingsleer, meganiese ingenieurswese, masjien(e)leer, dinamika, termodinamika, kinematika, kinesiologie, kinetiek, kinetika, tribologie, robotika, kragteleer, statika, bewegingswet

kragte, arbeid, arbeidsvermoë, belasting, kinematiek, krag, kragveld, momentum, swaartekrag, gravitasie, gravitasiewet, swaartekragveld, gravitasieveld, middelpuntvliedende krag, afstotingskrag, ewewydige kragte, torsie, trekspanning, trekvastheid, waterkrag, weerstand, weerstandsvermoë, wringkrag, wrywing, wrywingskrag, kraglewering, kragverbruik, kragverspilling, kragvermorsing, toeretal, toereteller, amplitude, swaartepunt, swaartelyn, ewewig, ewewigstoestand, ewewigspunt, ewewigsleer, weerstandstoets, kragmeting, kragmeter, dinamometer; kinetiese energie, energiebron, energievoorraad, energieverbruik, energievoorsiening, energiekrisis

beweging, reglynige beweging, veranderlike beweging, vertraagde beweging, kromlynige beweging, werking, ellipsoïde, ellipsoïed, aandrywing, dubbelaandrywing, binneverbranding, suierslag, toer, snelheid, maksimum snelheid, minimum snelheid, togsnelheid, enjinsnelheid, balans

stilstand, rus, inersie, statika, traagheid, weerstandslyn

meganisme, werktuig, arm, as, binnebrandmotor, binnegoed, druklugrem, dryfas, dryfveer, dryfwiel, dryfband, dryfkatrol, dryfketting, dryfrat, dryfriem, dryfstang, drywing, dwarshelling, flens, gelidenjin, ghries, gleufmasjien, hefboom, hoofas, inlaatklep, kamrat, kardankoppeling, kardantransmissie, kardanaandrywing, katrol, keerklep, keerplaat, kettingrat, kettingwiel, klepkamer, klepreëling, klepstoter, koppelas, krukas, leibalk, moer, moerbout, nok, raderwerk, rat, ratarm, ratwerk, reëlrat, robot, rollaer, rondsel, rotasie-as, seriemotor, servomeganisme, servomotor, skakelhefboom, skakelrat, skroefpers, slaglengte, slinger, slingeras, slingerwydte, sperrat, stelarm, stelmoer, stelskroef, steunpunt, suierpen, suierring, suierstang, tandrat, tandwiel, torsieveer, trapaansitter, traprem, turbinerotor, tweeslagenjin, tweeslagmasjien, veerbalans, versneller, versnellingsbak, versnellingskaal, versnellingsrat, vonkontsteking, vonkprop, vonkvanger, vonkverdeler, weerstandsklos, weerstandspoel,

weerstandsversterker, wenas, windas, kardanas
tegnologie, tegniek, tegnokrasie, inligtingstegnologie, rekenaartegnologie, digitale tegnologie, biotegnologie, mediese tegnologie, mikrotegnologie, ruimtevaarttegnologie, ..., nanotegnologie
outomatisasie, outomatisering, outomatiek, outomatisme, outomasie; outomaat
meganikus, werktuigkundige, ingenieur, meganiese ingenieur, elektrotegniese ingenieur, ..., tegnikus, tegnoloog, tegnokraat; tegnofiel, tegnosourus
b.nw. bewegend, beweeglik, dinamies, staties, inert, gemeganiseer(d), meganies, werktuigkundig, kinematies, kineties, koaksiaal, middelpuntvliedend, sentrifugaal, middelpuntsoekend, sentripetaal, termionies, termodinamies, weerstandbiedend, tegnologies, tegnies, tegnokraties, outomaties
ww. beweeg, aandryf, meganiseer, versnel, vertraag, belas, tot stilstand kom, artikuleer, graviteer, hef, ontkoppel

258. Hidroulika
s.nw. **hidroulika**, hidrodinamika, hidrologie, geohidrologie, hidrostatika, waterwerktuigkunde, waterplasing, waterdruk, druk, dampdruk, kompressie, opwaartse druk, stukrag, drukverval, kapillariteit, osmose, diffusie, filtrasie; gram-sentimeter; hidrostatiese balans, hidrouliese balans, hidrouliese ewewig, druktoets, dampmeter; hidroloog, geohidroloog, waterwerktuigkundige
hidrouliese pers, hidrouliese rem, hidrouliese brug, ..., kompressor, drukpomp, drukboor, waterpers, filter, kapillêre buis, haarbuis
b.nw. hidroulies, hidrodinamies, hidrologies, hidrostaties, kapillêr, osmoties
ww. dryf, drywe, sweef, swewe

259. Aërografie
s.nw. aërografie, lugbeskrywing, aërodinamika, aërologie, aëromeganika, aëronomie, aëroskopie, aërostatika, aërometrie, pneumatiek, aneroïde, barometer, weerglas, glas, kwik, skaal, barometerskaal, barometerbuis, barometerstand, barometriese gradiënt, gradiënt, doosbarometer, hewelbarometer, barograaf, baroskoop, aërometer, aëroskoop, aërostaat, osonometer, manometer, digtheid, drukgradiënt, drukking, druklug, drukoppervlakte, styging, stygsnelheid, golfstroom, indikateur, kandela, drukmeter, osmose; aërografis
b.nw. drukvas, hoog, laag, osmoties, pneumaties, barometries
ww. pomp, styg, sak

260. Warmteleer
s.nw. **warmteleer**, warmte, hitte 465, koue 466, verhitting, kookpunt, kooktemperatuur, kookhitte, afkoeling, bevriesing, vriespunt, nulpunt, straling, hittestraling, warmtestraling, stralingsdruk, stralingsenergie, stralingsewewig, uitstraling, radiasie, konveksie, konduksie, induksie, radiohitte, geleiding, warmtegeleier, leivermoë, uitsetting, uitsettingskoëffisiënt, uitsettingsverhouding, inkrimping, verdamping, evaporasie, verdampingsoppervlakte, verdampingspunt, verdampingshitte, verdampingstemperatuur, kondensasie, dou, doupunt, distillasie, rarefaksie, smelting, smeltpunt, hittegolf, golf, golflengte
temperatuur, somertemperatuur, wintertemperatuur, oggendtemperatuur, middagtemperatuur, aandtemperatuur, aanvoelbare temperatuur, voelbare temperatuur, kamertemperatuur, temperatuurskommeling, temperatuurstaat, temperatuurstyging, temperatuurverhoging, temperatuurdaling, temperatuurverskil, temperatuurwisseling, soortlike warmte
temperatuurmeting, temperatuurreëling, Celsius, Fahrenheit, termometergraad, termometerskaal, hittegraad, warmtegraad, joule, kilojoule, kalorie, gramkalorie, kalorimeter, kalorimetrie
termometer, digitale termometer, differensiaaltermometer, termostaat, warmtemeter, termograaf, termoskoop, bolometer, higrometer, koorspennetjie, kwikkolom, kwik
b.nw. atermies, smeltbaar, warm 465, koud 466
ww. verwarm, verhit, kook, smelt, uitstraal, indamp, verdamp, evaporeer, kondenseer, distilleer, afkoel, bevries

261. Magnetisme

s.nw. **magnetisme**, magnetisasie, aantrekking, gravitasie, elektromagnetisme, aardmagnetisme, biomagnetisme, ferromagnetisme, geomagnetisme, gravimetrie; aantrekkingskrag, magneetkrag, kraglyn, isodinamiese lyn, isoklien, isokline, isogoon, magnetiese veld, kragveld, magneetkrag, magnetiese veldsterkte, veldsterkte, poolsterkte, magnetiese invloed, deklinasie, demagnetisering, deviasie, defleksie, elektromagnetiese golf, golf, golflengte, foton, gauss, oersted, sentimeter-gram-sekonde-stelsel, CGS-stelsel, pool, polariteit, suidpool, noordpool, poolspanning, retentiwiteit, rigkrag
magneet, staafmagneet, hoefmagneet, elektromagneet, magneetnaald, magneetpool, magneetskyf, magneetyster, anker, magneetanker, armatuur, as, magnetiese as, magneetpool, laser, magneto, maser, ossillator, magnetometer, gravimeter, kompas, magnetiese kompas, skeepskompas, kompasnaald, naald, windroos; magnetiese stof, magnetiese materiaal, nie-magnetiese stof, nie-magnetiese materiaal

b.nw. magneties, nie-magneties, aardmagneties, biomagneties, elektromagneties, ferromagneties, galvanomagneties, gravimetries, isogonaal, isogonies, isoklinaal

ww. aantrek, magnetiseer, deklineer, demagnetiseer, graviteer

262. Elektrisiteit

s.nw. **elektrisiteit**, krag, harselektrisiteit, hidro-elektrisiteit, hidroëlektrisiteit, termoëlektrisiteit, magneto-elektrisiteit, statiese elektrisiteit, tribo-elektrisiteit, elektrostatika, elektrotegniek, elektron, elektronika, sonkrag, sonenergie, windkrag
elektriese krag, krag, koopkrag, elektriese energie, elektriese spanning, elektriese lading, positiewe lading, negatiewe lading, kragveld, veld, veldsterkte, elektriese kontak, kontakpunt, elektriese potensiaal, kapasiteit, elektriese kapasiteit, dra(ag)krag, elektrifisering, elektrifikasie, elektrisering, elektrisiteitsvoorsiening, kragvoorsiening, kraglewering, kragonderbreking, beurtkrag, elektrisiteitsverbruik, stroomverbruik, elektrisiteitstarief; kragbesparing, elektrisiteitsbesparing, dagligbesparing
elektriese stroom, kragstroom, stroom, stroombaan, oop stroombaan, geslote stroombaan, galvanisme, stroomgebied, stroomlewering, stroomverbruik, stroomverdeling, stroomspanning, stroomsterkte, hoofstroom, aanloopstroom, aftakstroom, aftakking, sterkstroom, gelykstroom, swakstroom, wisselstroom, grondstroom, aardstroom, kommutasie, kommutator, induksiestroom, induksie, induktansie, kapasitansie, reaktansie, stroombreker, stroomdraad, stroommeter, stroomwisselaar, baan, seriestroombaan, stroomkring, seriestroomkring, vonk, vonkbaan, vonkontlading, vonkinduktor, relê, relêstasie, relêstelsel, golf, golfbeweging, golflengte, skok, skokgolf, spanning, hoogspanning, laagspanning, poolspanning, aanloopspanning, gelykspanning, spanningsverskil, spanningsverlies, lading, weerstand, weerstandsvermoë, impedansie, skynweerstand, belasting, belading, klimming, oorbelading, elektrolise, polarisasie, kortsluiting, kragonderbreking, x-straal, röntgenstraal, x-straalapparaat, röntgenapparaat, x-straalfoto, x-straalplaat, röntgenfoto, tomografie
geleiding, leiding, ondergrondse leiding, bogrondse leiding, oorhoofse leiding, leivermoë, konduksie, konveksie, geleier, halfgeleier, konduktor, isolator, isolasie, induksie, impedansie, aardgeleiding, aarding, aardkontak, afleier, afsluiter, aftakker, afvoer, kontak, kontakbreker, kontakdoos, kontakprop, kontakpunt, kontakstop, koppelkontak, koppelkontakprop, vonkdraad, geleidingskakel, geleidraad, kragdraad, kragleiding, kragpaal, kragmas, kragpyler, kraglyn, transmissielyn, hoogspanningsdraad, hoogspanningskabel, veiligheidsdraad, verbindingsdraad, gloeidraad, kabel, elektriese kabel, aardkabel, ondergrondse kabel, oorhoofse kabel, hoofkabel, verbindingsmof, oorskakeling, kragprop, kragpunt, muurprop, resistor, sekering, smeltdraad, weerstandslyn, skakel, skakelaar, hoofskakelaar, serieskakelaar, verdofskakelaar, tuimelskakelaar, skakelbord, skakelsleutel, snoer, steekkontak,

steker, stekker, stopkontak, steekprop, inskakeling, isolasie, insulasie, isolator, isolering, weerstandsklos, weerstandspoel, weerstandsversterker
elektrode, aardelektrode, anode, katode, diode, sel, fotosel, pool, battery, poolklem, terminaal
generator, windgenerator, wisselstroomgenerator, akkumulator, alternator, transistor, dinamo, wisselstroomdinamo, laaier, windlaaier, transformator, ontwikkelaar, ossillator, kragopwekker, versterker, stroomverdeler, induksieklos, induksiemotor, solenoïed, solenoïde, sonkragpaneel
kragopwekking, opwekking, kragaanleg, kragbron, kraginstallasie, kragsentrale, sentrale, kragstasie, steenkoolkragstasie, laaispanning, laaisterkte, laaivermoë, sonkragaanleg, sonkragplaas, sonkragstasie, windlaaier, windturbine, windplaas, windkragstasie, gaskragstasie, dieselkragopwekking
elektrisiteitsmeting, weerstandstoets, ammeter, voltmeter, voltammeter, voltampèremeter, reometer, ossillograaf, pantograaf; ampère, ohm, coulomb, dine, gauss, siemens
elektriese apparaat, drukknop, drukkontak, dubbelpasstuk, dubbelskakelaar, gloeilamp 487, induksieklos, solenoïed, solenoïde, turbine, stator, turbinerotor, rotor, induksiemotor, induktor, kapasitor, kollektor, kommutator, kondensator, sok, prop, kragprop, kragpunt, muurprop, steekprop, steker, stekker, passtuk, prop, skakelaar, aan-af-skakelaar, hoofskakelaar, trapskakelaar, verdofskakelaar, dofskakelaar, dempskakelaar, uitskopskakelaar, oorskakelaar, tussenskakelaar, relê, relais, skakelbord, skakelsleutel, reostaat, relêstel, siklotron, sinchroton, insulator
elektrisiën, elektrotegnikus, tegnikus, elektriese ingenieur, elektrotegniese ingenieur, elektroniese ingenieur
b.nw. elektries, elektrostaties, elektrotegnies, diëlektries, fotoëlektries, hidroëlektries, hidro-elektries, elektrolities, elektronies, galvanies, katodies, laagfrekwent, nie-magneties, potensieel, termionies, weerstandbiedend, eenfasig, meerfasig
ww. elektrifiseer, bedraad, aanskakel, aansluit, laai, oorbelaai, aard, afgaan, afskakel, afslaan, afsluit, afsny, aftak, aftap, gelei, gelykrig, inskakel, isoleer, kommuteer, omskakel, omslaan, ontlaai, ontwikkel, oorskakel, opwek, skakel, skok, uitskakel, elektriseer
woorddeel elektro-, elektrisiteits-

263. Rekenaar en internet
s.nw. rekenaar, hardeware, komper (*ongewoon*), Turing-masjien, hoofraamrekenaar, mikrorekenaar, persoonlike rekenaar, draagbare rekenaar, skootrekenaar, notaboek, notaboekrekenaar, netboek, tablet, tabletrekenaar, e-boek, handrekenaar, palmrekenaar, handpalmrekenaar, tuisrekenaar, aanboordrekenaar, rekenoutomaat, rekenaarverwerker, verwerker, prosesor, prosesseerder, mikroverwerker, mikroprosessor, mikroprosesseerder, woordverwerker, onderrigrekenaar, sakrekenaar, sompompie (*skertsend*), rekenmasjien, merkleser, netwerk, rekenaarnetwerk, rekenaarsentrum, rekensentrum; rekenaardrukker, stippeldrukker, matriksdrukker, laserdrukker, lyndrukker, stipper; aanpasbaarheid
rekenaarwetenskap, rekenaartegnologie, informatika, mikroëlektronika, sibernetika, kibernetika, kubernetika, komperkunde (*ongewoon*), datawetenskap
rekenaaronderdele, hardeware, terminaal, rekenaarterminaal, werkstasie, afstandsterminaal, videoterminaal, teleterminaal, vertooneenheid, prosesseerder, verwerker, prosessor, makroverwerker, rekenaarskerm, raakskerm, aanraakskerm, skermbeskermer, monitor, aandrywer, skyfaandrywer, hardeskyfaandrywer, C-aandrywer, slapskyfaandrywer, starskyfaandrywer, CD-ROM, skyf, geformateerde skyf, rekenaarskyf, hardeskyf, eksterne hardeskyf, slapskyf, disket, rekenaardisket, stiffie, starskyf, laserskyf, geheuestokkie, USB-stokkie, geheuestafie, geheuestiffie, optiese skyf, wolk, wolkbergingstelsel, skyfspasie, bediener, netwerkbediener, sleutelbord, sleutel, moederbord, rekenaargrafika, grafika, grafikakaart, netwerkkaart, drukkerpoort, muis, muismat, muisknoppie, magneetband, magneetbandaandrywer, modem, vlokkie, re-

kenaarvlokkie, moederbord, VGA-kaart, kaartleser, optiese leser, USB-poort, USB-koppeling, USB-sok, rekenaarkamera, webkamera; geheue, geheuegreep, rekenaargeheue, bergingsgeheue, opbergingsgeheue, kerngeheue, aktiewe geheue, hoofgeheue, primêre geheue, sekondêre geheue, korttermyngeheue, verwerkergeheue, skyfgeheue, buffergeheue, buffer, cache, cachegeheue, RAM-geheue, willekeurige toegangsgeheue (*ongewoon*), virtuele geheue, geheuekaart, greep, kilogreep, megagreep, gigagreep, terragreep

draadlose tegnologie, draadlose verbinding, Bluetooth, Bluetooth-verbinding, draadlose muis, Bluetooth-muis

rekenaartaal, masjientaal, beheertaal, programmeertaal, programmeringstaal, Apl, Fortran, objektaal, Pascal, PL/I, hoëvlaktaal, laevlaktaal, BASIC, BASIC-instruksie, firmatuur

rekenaarprogrammatuur, programmatuur, sagteware, rekenaarpakket, pakket, rekenaarprogram, program, randapparatuur, bedryfstelsel, beheerprogram, bedryfsprogram, biblioteekprogram, hoëvlaktaalprogram, interpreteerprogram, vertaalprogram, woordverwerkingsprogram, dataverwerkingsprogram, databasis, databasisprogram, databasisprogrammatuur, databasisbestuurstelsel, sigblad, sigbladprogram, netwerkprogram, subprogram, WYSIWYG, WYSIWYG-program, rekenaarspeletjie, rekenaarvirus, virus, virusprogram, antivirusprogram, elektroniese pos, e-pos, elektronieseposadres, e-posadres, speltoetser, grammatikatoetser

rekenaarbewerking, komperbewerking (*ongewoon*), data, alfanumeriese data, data-oordrag, datatransmissie, dataversending, inligtingoordrag, dataverwerking, dataprosessering, dataherwinning, databeveiliging, databeheer, ..., programmering, multiprogrammering, sagteware-ontwikkeling, sagteware-ontwerp, multiprosessering, woordverwerking, kompilasie, datavaslegging, aftasting, ontleding, rekenaaropdrag, skermgreep, skermskoot, pieksel, pixel, beeldpunt, megapiksel, megapixel, piekselwaarde, pixelwaarde, formatering, digitalisering, digitisering,

digitale omskakeling, digitale formaat, emulasie, uitset, uitvoer, inset, invoer, rekenaarlopie, rekenspoed, prosesseerspoed, verwerkingspoed, aflaaispoed, oplaaispoed, databasis, rekord, register, bis, kilobis, bisverkeer, bisverlies, biswydte, pariteit, pariteitskontrole, pariteitsbeheer, wisselpunt, wisselpuntgetal, wisselpuntvoorstelling, wisselpuntveranderlike, vastepuntveranderlike, argument, funksie, subroetine, masjienkode, ASCI, ASCI-kode, rekenaarintelligensie, kunsmatige intelligensie; sekuriteit, rekenaarsekuriteit, kode, aanmelding, login (*Engels*), gebruikersnaam, login-naam (*Engels*), wagwoord, PIN, brandmuur (*ongewoon*), firewall (*Engels*); lêer, datalêer, rekenaarlêer, lêernaam, rugsteun, rugsteunkopie, rugsteunlêer, lêergids, subgids, lêerstelsel, rugsteunstelsel; koppelvlak, mens-masjien-koppelvlak; rekenaargebruiker, rekenaarfundi, rekenaarfoendi, operateur, rekenaaroperateur, programmeerder, programmeur, stelselontleder, sagteware-ontwikkelaar, sagteware-ontwerper; rekenaargebruik, rekenaargeletterdheid, rekenaardenke, rekenaarvaardigheid, datahanteringsvaardigheid, rekenaarvrees, rekenaarfobie

elektroniese netwerk, netwerk, lokale-areanetwerk, lokale-area-netwerk, LAN, internet, intranet, kuberruimte, internetverkeer, inligtingsnelweg, kubersnelweg, e-snelweg, inligtingstegnologie, informasietegnologie, internetsoektog, kubersoektog, internetkommunikasie 539, 568, kuberkommunikasie, internetverbinding, internetkoppeling, konnektiwiteit, Internet van Dinge, Internet van Goed, ADSL, asimmetriese digitale subskripsielyn, Wi-Fi, wi-fi, breëband, breëbandtegnologie, veseltegnologie, veselinternet, veselinternetnetwerk, veselnetwerk, netwerktoegangsbeheer, internetkabel, internetlyn, kabelverbinding, optiese vesel, veselverbinding, optieseveselkabel, bandwydte, roetering, roeteerder, hiperteks, internetprotokol, hiperteksoordragprotokol (HTTP), hiperteksmarkeertaal (HTML), hiperteksuitlegtaal (HTML), internetmisdaad, kubermisdaad, kuberteistering, kuberstrikroof, kuberoorlog, kuberfobie;

internetkafee, internetruimte; internetverslawing; internetgebruiker, internetontwerper, internetadministrateur, kuberkraker, internetdiensverskaffer, internetslaaf; dotcom, dotcom-maatskappy
virtuele realiteit, VR, skynwerklikheid, VR-ervaring, VR-program, VR-apparaat, VR-kopstuk, aangevulde realiteit, AR, AR-speletjie, avatar
wêreldwye web, WWW, webwerf, webtuiste, wiki, webadres, URL, uniforme hulpbronopspoorder, domein, domeinnaam, webwerfontwerp, webwerfargitektuur, webblad(sy), tuisblad, tuisknoppie, webwerfnavigasie, skakel, boekmerk, blog, weblog, webjoernaal, vlog, podsending, podsend, potgooi, kuberwinkel, webwerftoepassing, toep, app (*Engels*), kletsdiens, kletsforum, gespreksforum, soekenjin, soekprogram, soektog, internetsoektog, websoektog, soekgleuf, soekwoord, soekfrase, soekresultaat, webblaaier, webbediener, webleser, weblaaier, webpos, hipermedia, internetseminaar, webinaar, skype; webontwerper, webwerfontwerper, webwerfadministrateur, webwerfgebruiker, blogger, webjoernalis
internetdienste, aanlyn dienste, internetsake, e-sake, aanlyn bankdiens, internetbankdiens, elektroniese bankdiens, e-bank, aanlyn winkel, aanlyn registrasie, elektroniese betaling, internetbetaling, stroming, stromingsdiens; data, internetdata, swerfdata, databondel, data-aankoop
e-pos, elektroniese pos, e-posboodskap, webpos, e-posrekening, e-posadres, posbus, e-posposbus, inboks, uitboks, spam, gemorspos, spamfilter, spamverklikker, e-posontwerp, boodskapattribuut, e-poshandtekening, e-possinjatuur, verstuurde boodskap, ontvangde boodskap, adresveld, onderwerpveld, cc-veld, cc-adresveld, bcc-veld, bcc-adresveld, aanhangsel, aanhegsel, argief, e-posargief, phishing (*Engels*), uitvissing, uitvissingsboodskap; e-posgebruiker
rekenaarsekuriteit, internetsekuriteit, sekuriteitstelling, login (*Engels*), loginnaam (*Engels*), wagwoord, PIN (*Engels*), PIN-kode (*Engels*), toegangskode
b.nw. programmeerbaar, rekenariseerbaar, rekenaarmatig, gerekenariseer(d), rekenaargesteun(d), aanlyn, vanlyn, virtueel, digitaal
rekenaarvaardig, rekenaargeletterd
ww. rekenariseer, programmeer, rekenariseer, saamstel, verwerk, prosesseer, formateer, digitaliseer, digitiseer, emuleer, ontleed, insleutel, data vaslê, installeer, kopieer, rugsteun, aanteken, afteken, opgradeer, klik, kliek, aflaai, oplaai, aanmeld, inlog (*Engels*); (jou rekenaar) hang, piekseleer
die internet gebruik, soek, google, swerf, swerf op die internet, die internet verken, e-pos, 'n webwerf besoek, podsend
bw. intyds
woorddeel rekenaar-, mikro-, vastepunt-, internet-, kuber-, e-

264. Radio en televisie

s.nw. radio, draadloos, radiotoestel, radiostel, sender, radiosender, ontvanger, ontvangstoestel, uitsaaitoestel, hoëtroustel, gramradio, radiogram, platespeler, plaatspeler, grammofoon, grammofoonspeler, kassetspeler, bandspeler, CD-speler, walkman (*Engels*), laserspeler, MP3-speler, transistorradio, draradio, draagbare radio, horlosieradio, wekkerradio, radiowekker, bandopnemer, opnemer, seintoestel, tweerigtingradio, walkie-talkie (*Engels*), burgerbandradio, radioverbinding, blieper, roepradio, burgerband; antenne, radioantenne, opvangdraad, radiobuis, radiolamp, triode, transistor, radiokas, speelkop, spoel, luidspreker, stelknop, instelknop, volumeknop, versterker, draaitafel, platespelerarm
radioprogram, radio-opname, opname, loodsprogram, nuusprogram, nuusuitsending, radioverslag, versoekprogram, versoeknommer, sportprogram, sportjoernaal, kinderprogram, geselsradio, geselsprogram, radiorubriek, radiopraatjie, joernaalprogram, spesiale program, radioverhaal, hoorbeeld, hoorspel, radioberig, noodberig, direkte uitsending, heruitsending, reklameflits, sender, handelsender, radiogids, kanaal, bandopname, klankbeeld, omroep, radio-omroep, ontvangs, propaganda-uitsending, radiofoto, oorskakeling, verbinding, verbindingskanaal

radiowese, radiodiens, uitsaaiwese, uitsaaidiens, uitsaaistasie, radiostasie, uitsaaisentrum, uitsaaikorporasie, radionetwerk, sender, radiosender; radiokommunikasie, radionetwerk, radio-omroep, uitsending, radio-uitsending, koppeluitsending, transmissie, radiotransmissie, transmissielyn, uitsaaitoestel, ontvangs, radio-ontvangs, kortgolfontvanger, mediumgolfontvanger, ontvanger, ontvangstoestel, steursender, radiotegniek, radiotegnikus, kortgolfsender, baken, radiobaken, radiomas, radiosender, ateljee, radio-ateljee, opname-ateljee, nuusateljee, ..., studio, klankbeeld, radiosein, radiogolf, golflengte, kortgolf, kort golf, mediumgolf, medium golf, lang golf, gelykgolf, frekwensie, frekwensiemodulasie, radiosteurings, kontrolebank, steuring, storing, radiolisensie

televisie, beeldradio, TV, televisietoestel, televisieapparaat, draagbare televisie, draagbare televisiestel, kleurtelevisie, kassie, kykkassie, slimtelevisie, wyeskermtelevisie; skerm, televisieskerm, tv-skerm, beeldskerm, plasmaskerm, kykkas (*ongewoon*), monitor, buis, televisiebuis, luidspreker, antenne, televisieantenne, opvangdraad, aanpeiltoestel, aftasbaan, aftasstraal, afstandbeheer; televisiekamera, videokamera, videomasjien, kasset, videokasset, videoband

televisieprogram, loodsprogram, televisieopname, televisiemontage, montage, televisieflits, joernaalprogram, aktualiteitsprogram, oorgeklankte program, nuusuitsending, televisienuus, geskeduleerde program, televisierolprent, televisiereeks, situasiekomedie, sitkom, realiteitstelevisie, werklikheidstelevisie, realiteitsprogram, werklikheidsprogram, werklikheidsreeks, kykstof, beeldmateriaal, videoinsetsel, videomateriaal, televisiereklame, reklametelevisie, televisieadvertensie, reklameflits, uitsending, direkte uitsending, televisie-uitsending, voorafopname, heruitsending, kykweer, kanaal, televisiekanaal, oop kanaal, betaalkanaal, oorskakeling, verbinding, verbindingskanaal, oorklanking, oorklankingswerk

televisiediens, uitsaaiwese, uitsaaidiens, uitsaaistasie, televisienetwerk, studio, televisieateljee, nuusateljee, oorklankingsateljee, oorklankateljee, oorklankingsbank, vertaalbank, televisiestasie, uitsending, koppeluitsending, transmissie, transmissielyn, uitsaaitoestel, baken, televisiebaken, televisiesender, kabeltelevisie, betaaltelevisie, skotteltevisie, satelliettelevisie, satellietuitsending, satellietsender, televisietoring, televisiesein, televisiebeeld, beeld, roofkyk, roofkykery; televisieverslaggewer, televisieregisseur, programregisseur, oorklankingsregisseur, programaanbieder, nuusleser, kyker, televisiekyker, roofkyker

radar, radarinstallasie, radarpos, radarskerm, radarstasie, radaroperateur, radiopeiling, radiopeiler (instrument), radiopeiler (operateur)

aanbieder, uitsaaier, programaanbieder, radioaanbieder, televisieaanbieder, omroeper, omroepster, radio-omroeper, radio-omroepster, regisseur, programregisseur, klankoperateur, kommentator, radiokommentator, sportkommentator; luisteraar, radioluisteraar, televisiekyker, televisieslaaf, roofluisteraar, roofkyker

b.nw. radiotegnies, visueel, oorgeklank

ww. uitsaai, uitsend, transmitteer, beeldsaai, beeldsend, heruitsaai, opvang, opneem, oorklank, vertaal, oorskakel, inskakel, instem, omskakel, sein, isoleer, afstem, aftas, aanhê; radio luister, televisie kyk, roofluister, roofkyk

265. Telegraaf en telefoon
s.nw. telekommunikasie, telekommunikasiewese, telegraafdiens, telegraafwese, telegrafie, teleksdiens, fototelegrafie, beeldtelegrafie, radiotelegrafie, stenotelegrafie, radiotegniek, telefotografie

telegraaf, druktelegraaf, lyntelegraaf, elektriese telegraaf, teleks, teleksmasjien, teleksapparaat, faksimileemasjien, faksmasjien, diktograaf; seintoestel, seinontvanger, sender, seinsleutel, kabel, telegraafkabel, telegraaflyn, telegraafpaal, telegraafkantoor

telegram, kollekteertelegram, kollektelegram, spoedtelegram, kabelgram, fonogram, draadberig, telegramadres, telegramvorm, teleks, teleksberig, faksimilee, faks, telefaks, outotipe, radiofoto, telefoto

telegrafis, telegrambesteller, telegraafklerk, marconis, seiner
telefonie, telefoondiens, telefoonaansluiting, telefoonverbinding, radiotelefonie, verbinding, verbindingslyn, verbindingskanaal, telefoonnommer, telefoonlyn, lyn, landlyn, hooflyn, plaaslyn, inbelsentrum, telefoonsentrale, sentrale, skakelbord, telefoonkantoor, telefoonhokkie, telefoonhuurder, hulplyn; radiofonie, radiotelefonie, fotofonie, fototelefonie
telefoon, foon, telefoontoestel, binnetelefoon, huistelefoon, private telefoon, dienstelefoon, interkom, deurtelefoon, openbare telefoon, telefoonhokkie, slingertelefoon, plaastelefoon, skyftelefoon, drukknop, drukknoptelefoon, draadlose telefoon, koordlose telefoon, drafoon, selfoon, sel, slimfoon, radiotelefoon, radiofoon, satellietfoon, koptelefoon, beeldtelefoon, fotofoon, munttelefoon, tiekieboks, kaarttelefoon, telefoonantwoordmasjien, meeluisterapparaat; handstuk, gehoorstuk, horing, haak, mik, monitor, nommerskyf, skakelskyf, skyf, telefoonkoord, selfoonskerm, raakskerm, sleutelbord, selfoonkabel, herlaaikabel, oorfone (*meervoud*), simkaart, SIM-kaart, telefoonkaart, foonkaart, telefoonhokkie; telefoongeld, belgeld, langtiekie (*verouderd*), tiekieboks (*verouderd*), telefoonkaart, foonkaart, lugtyd, data, internetdata
selfoontegnologie, selfoonnetwerk, selfoondiensverskaffer, selfoondata, lugtyd, smishing (*Engels*), sms-uitvissing
telefoonoproep, oproep, selfoonoproep, kollekteeroproep, hooflynoproep, plaaslike oproep, interne oproep, internasionale oproep, oorsese oproep, noodoproep, telefoongesprek, internasionale lyn, hooflyn, landlyn, plaaslyn, selfoonlyn, aansluiting, verkeerde aansluiting, steurspraak, telefoonnommer, selfoonnommer, skakeltoon, luitoon, besettoon; boodskap, sms, whatsapp, teksboodskap, stemboodskap; telefonis, telefoniste, telefoonjuffrou, telefoongids
b.nw. telefonies, radiotelefonies, telegrafies, draadloos, koordloos, beset
ww. skakel, telefoneer, 'n oproep maak, lui, oplui, bel, deurbel, opbel, sms, whatsapp, telegrafeer, 'n telegram stuur, teleks, faks, aansluit, verbind, afbel, aflui, bel, deurkom, deurskakel, oorskakel, isoleer, kabel, faksimileer (*ongewoon*)

266. Akoestiek

s.nw. akoestiek, geluidsverspreiding, klankverspreiding, klankkwaliteit; akoestika, geluidsleer, foniek, oudiometrie, fonometrie, fonografie, monofonie, monofoniek, stereofonie, stereofoniek, kwadrofonie, kwadrofoniek, katafonie, katafoniek, eggoleer
klank, geluid 476, agtergrondgeluid, monoklank, stereoklank, toon, grondtoon, hooftoon, hoë toon, lae toon, botoon, ondertoon, formant, geraas, lawaai, klankgrens, resonansie, eggo, klankweerkaatsing, resonansieruimte, galm, emissie, gesuis, suising, geruis, agtergrondgeruis, ruising, akoestiek, klankgolf, geluidsgolf, golf, geluidsterkte, volume, amplitude, toonsterkte, toonhoogte, geluidspoor, mikrogolf, golfbeweging, golflengte, spektrum, klankbodem, trilling, trillingsduur, trillingsfrekwensie, trillingsgetal, trillingswydte, sonar, bel, gehoordrempel, interferensie, bandopname
klankapparaat, klankinstallasie, klankstelsel, audioapparaat, audiovisuele apparaat, luidspreker, luidsprekerstelsel, stereo, stereostel, stereospeler, versterker, klankversterker, mikrofoon, mikrofoonstelsel, handmikrofoon, lapelmikrofoon, megafoon, bandopnemer, kassetopnemer, diktafoon, dikteermasjien, diktograaf, afluisterapparaat, meeluisterapparaat, band, kasset, magneetband, dolby, fonograaf, klankbord, galmbord, geluiddemper, klankdigtheid, klankdigting, resonator, sirene, sonar, sonarboei, sonarstelsel, sonometer, kontrolebank, oudiometer, amplitudemeter, fonometer, fonoskoop, spektrograaf, spektrogram
akoestikus, klankoperateur
b.nw. akoesties, sonies, supersonies, ultrasonies, subsonies, hipersonies, monofonies, stereofonies, klankgetrou, klankdig, spektrografies, eggovry, galmvry, fonografies, fonometries
ww. moduleer, resoneer, opneem, op band neem, luister, eggo, galm

267. Optika
s.nw. optika, optiek, radiografie, radiologie, radioskopie, stereoskopie, fotometrie, fotochemie, spektrografie, spektroskopie, spektrometrie, dioptriek, spektrale analise, golfteorie, parallaks, parallaksfout, polarisasie
lig, straal, ligstraal, ligbundel, divergerende ligbundel, konvergerende ligbundel, ligkolom, straalbundel, ligstraalbundel, ligkring, halo, ligkrans, liggolf, ligbron, ligpunt, straling, stralingsewewig, uitstralingswarmte, radiasie, irradiasie, radioaktiwiteit, infrarooistraal, ultravioletstraal, alfastrale, betastrale, gammastrale, optiese eenhede 136, x-straal, röntgenstraal, weerkaatsing, terugkaatsing, refleksie, straalbuiging, straalbreking, diffraksie, ligbreking, refraksie, brekingshoek, dispersie, divergensie, parallaks, verskilsig, parallaksfout, skadu, skaduwee, skade, halfskaduwee, byskaduwee, penumbra, kernskaduwee, projeksie, foton, stilb, ligsnelheid, ligjaar
beeld, ligbeeld, beeltenis, spieëlbeeld, spieëling, skynbeeld, fata morgana, lugspieëling, newelbeeld, newelkring, mirasie, opgeefsel, diorama, nimbus, projeksie
spektrum, kleurspektrum, kleurebeeld, kleur 490, enkelvoudige kleur, monochromatiese kleur, polichromatiese kleur, monochromie, homochromie, polichromie, heterochromie, spektrogram, gammastraal, gesigslyn, straalhoek, grenshoek, invalshoek, uitvalshoek, hoofas, uitstralingspunt, kollimasie
lens, konvergerende lens, konkawe lens, divergerende lens, konvekse lens, monochromatiese lens, fotochromatiese lens, lensopening, objektief, kameralens, zoemlens, bril, brillens, brilglas, weerkaatser, reflektor, heliostaat, blende, anastigmaat, spieël, meniskus, prisma, vergrootglas, fokus, brandpunt
kyker, verkyker, teleskoop, spieëlteleskoop, spilteleskoop, radioteleskoop, helioskoop, kaleidoskoop, mikroskoop, elektronmikroskoop, oogglas, oogstuk, vergrootglas, bril 387, megaskoop, diopter, hidroskoop, x-straalapparaat, röntgenapparaat, spektroskoop, stereoskoop, stroboskoop, projeksiedoek, projeksielamp, projeksielantern, projeksieskerm, projektor 268, episkoop, reflektoskoop
ligmeter, diploskoop, heliograaf, heliograafdiens, heliografis, heliogram, kollimator, refraktormeter, sferometer, skynwerper, sonspieël, spektrograaf, spektrometer, spektroskoop, aktinograaf, aktinometer, radiometer, fotometer
b.nw. opties, spektraal, spektrografies, spektrometries, spektroskopies, stereoskopies, teleskopies, chromaties, achromaties, monochromaties, polichromaties, fotochromaties, heterochromaties, skynend, fluoresserend, stroboskopies, deursigtig, deurskynend, diafaan, dioptries, divergerend, konvergerend, konveks, konkaaf, konveks-konkaaf, fokaal, hidroskopies, mikroskopies, okulêr, radiaal, radioaktief, radiologies, radiometries, fotometries, infrarooi, ultraviolet, aktinies
ww. lig, belig, divergeer, konvergeer, fluoresseer, projekteer, heliografeer, inval, kollimeer, reflekteer, spieël, teleskopeer, terugkaats, weerkaats, aftas, fokus, fokusseer, instel

268. Fotografie en film
s.nw. fotografie, kleurfotografie, swart-en-witfotografie, mikrofotografie, makrofotografie, lugfotografie, telefotografie, flitsfotografie, kunsfotografie, handelsfotografie, onderwaterfotografie, kleinbeeldfotografie, telefotografie, chronofotografie, kronofotografie, stereofotografie, fototipie, fotolitografie, heliografie, heliolitografie, heliotipie, ligdruk, pigmentdruk, kooldruk, fotogrammetrie, videografie, solarisasie; opname, fotografiese opname, rolprentopname, rolprentkuns 752, televisieopname, video-opname, verfilming, binne-opname, buite-opname, voorafopname, nabyskoot, digbyopname, tydopname, beligting, projeksie
fotografietoerusting, fotografiese toerusting, fotografiese uitrusting, fotografietoestel; kamera, afnemer, towerlantern (*verouderd*), reflekslenskamera, enkellensreflekskamera, dubbellensreflekskamera, outomatiese kamera, miniatuurkamera, selfoonkamera, foonkamera, opmetingskamera, stereokamera, rolprentkamera, televisiekamera, videokamera,

flits, afstand(s)meter, beligting; driebeen, driepoot, statief; film, filmstrook, kleurfilm, swart-en-witfilm, rolfilm, kasset, filmkasset, videokasset, rolprentfilm, klankfilm, filmstrook; ontwikkelaar, vergrotingstoestel, versterker, filter, afdrukpapier, raster, rasterblok; projektor, skyfieprojektor, diaskoop, epidiaskoop, filmprojektor, rolprentprojektor, dataprojektor, truprojektor, oorhoofse projektor, projeksiedoek, projeksielamp, projeksielantern, projeksieskerm

kamera-onderdele, kamerakas, lens, kameralens, telefotolens, groothoeklens, wyehoeklens, zoemlens, lensafsluiting, lensopening, lenskap, sluiter, momentsluiter, sluitersnelheid, sluiterspoed, snelheid, diafragma, soeker

foto, kiekie, proef, kleurfoto, swart-en-witfoto, groepfoto, inlasfoto, nabyfoto, stilfoto, telefoto, hoëresolusie-foto, steelfoto, sluipfoto, selfie, tydopname, momentopname, radiofoto, fotomontage, fotobom, skuifie, skyfie, kleurskyfie, dia (*ongewoon*), negatief, positief, objektief, afdruk, reproduksie, vergroting, kabinetformaat, poskaartgrootte, rasterbeeld, rasterdruk, portret, raam, portretraam, fotogram, fotogravure, fotokopie, hologram, konterfeitsel (*verouderd*), mikrofiche, mikrofilm; pieksel, pixel, pikselwaarde, pixelwaarde

ontwikkeling, donkerkamer, ateljee, fotografiese ateljee, rolprentateljee, televisieateljee, studio, rolprentstudio, rolprentstel

fotograaf, amateurfotograaf, professionele fotograaf, beroepsfotograaf, persfotograaf, koerantfotograaf, kunsfotograaf, handelsfotograaf, kineas (*ongewoon*), videograaf, filmmaker, kameraman, operateur, paparazzo (*ongewoon*), paparazzi (*meervoud, die meer gebruiklike vorm*), steelfotograaf, kinematograaf

b.nw. fotografies, fotogenies, fotografeerbaar, onderontwikkeld, negatief, panchromaties, diapositief, fotomeganies

ww. fotografeer, afneem, kiek, verfilm, film, afdruk, reproduseer, kopieer, fotokopieer, inlas, instel, belig, oorbelig, onderbelig, ontwikkel, fikseer, portretteer, raam, projekteer, vertoon, piekseleer, solariseer

b. Heelal
269. Heelal
s.nw. heelal, kosmos, mikrokosmos, makrokosmos, universum, kosmiese stof, natuur; kosmografie, kosmologie; immanensie

aarde 272, aardbol, wêreld, firmament, halfrond, hemisfeer, horison, gesigseinder, einder, kim, noorderkim, suiderkim, oosterkim, westerkim, kimdiepte, kimduiking, asimut, uitspansel, hemel, suiderhemel, westerhemel, noorderhemel, oosterhemel, hemelruim, hemelgewelf, hemeltrans, trans, hemeldak, hemelboog, hemelbol, asuur, atmosfeer, troposfeer, tropopouse, stratosfeer, mesosfeer, ionosfeer, termosfeer, eksosfeer, astenosfeer, litosfeer, onderste mantel, boonste mantel, uitspansel, swerk, ruimte, buitenste ruimte

koördinaat, koördinaatstelsel, assestelsel, aarde se koördinaatstelsel, senit, apogee, hoogte, meridiaan, meridiaansirkel, middagkring, middaglyn, hoogte, meridiaanshoogte, hoogtelyn, poolshoogte, nadir, voetpunt, pool, noordpool, suidpool, poolshoogte, poolsirkel, lengtegraad, breedtegraad, parallel, ewenaar, ekwator, sonlyn, sonkeerkring, Kreefskeerkring, Steenbokskeerkring, episiklus; hemelkoördinaatstelsel, hemelstreek, afwyking, regte klimming, ascencio recta, noordelike parallaks, hemelpool, hemelhalfrond, suidelike hemelhalfrond, hemelmeridiaan, hemelewenaar, hemelekwator

kosmiese tyd, ligjaar, parsek, sterredag, sterremaand, sterrejaar, sideriese tyd, maanjaar, maanmaand, maansverandering, nuwemaan, opkoms, megaparsek

kosmograaf, kosmoloog

b.nw. kosmies, ekwatoriaal, ruimtelik, orbitaal, sideraal, sideries, parallakties; kosmografies, kosmologies; immanent

270. Hemelliggaam
s.nw. hemelliggaam, globe, ruimte, sfeer, hemel, hemelbol, hemelruim, hemelruimte, ruim, hemelstreek, hemelpool, sterrehemel, sterrestelsel, swart gat, sonstelsel, sonnestelsel, planetestelsel, aantrekkingskrag, amplitude, aandwydte, baan, omwenteling, rewolusie, revolusie, aswen-

teling, wentelas, omwentelingsas, wenteltelbaan, aardbaan, perihelium, afelium, wentelsnelheid, wentelspoed, omwentelingstyd, omwentelingsvlak, wentelvlug, perigeum, aardnabyheid, bol, newelvlek, okkultasie, penumbra, apeks, reënboog, oureool, korona, halo, ourora, aurora, aurora australis, suiderlig, aurora borealis, noorderlig, aurora polaris, poollig, horoskoop, horoskooptrekker

son, sonbaan, sonsopkoms, sonsondergang, somerson, winterson, oosterson, westerson, middagson, sonstilstand, sonstraal, fotosfeer, ligkring, chromosfeer, oureool, korona, ligkrans om die son, halo, eklips, verduistering, sonsverduistering, soneklips, gedeeltelike verduistering, algehele verduistering, sonspyker, sonvlek, parhelium, konveksiestreek, konveksiesone, konveksiearea, uitstralingsgebied, sonkern, filament, uitbarsting, sonuitbarsting, korreling, granulasie, kernskaduwee, penumbra, penumbraskaduwee, halfskaduwee

maan, maangestalte, maanskyn, ligkring, ligkring om die maan, halo, maankrater, eklips, verduistering, maaneklips, maansverduistering, volmaan, volle maan, halfmaan, halwe maan, sekelmaan, satelliet, korona, ligkrans om die maan, oureool, halo; maanstande, maanfases, fases van die maan, donkermaan, halfmaan, halwemaan, afnemende halfmaan, toenemende halfmaan, eerste kwartier, laaste kwartier, afnemende bol, toenemende bol, groeiende bol; mane van planete, Phobos, Deimos, Triton, Titan, Io, Europa, Ganymedes

planeet, dwergplaneet, planetoïed, byplaneet, asteroïde, konfigurasie, perihelium, satelliet; Mercurius, Venus, oggendster, môrester, aandster, Aarde, Mars, Jupiter, Saturnus, Uranus, Neptunus, Pluto

komeet, dwaalster; stert (van 'n komeet), roei, gasstert, stofstert, kop, newelkring, nukleus, kern

meteoriet, meteoor, vallende ster, meteoorreën, meteoorsteen, aëroliet, ystermeteoriet, meteoroïed, meteoroïde

ster, dubbelster, supernova, neutronster, newelster, leidster, poolster, noordster, Noordpoolster, Venus, oggendster, môrester, aandster, sentour, pulsar, swartdwerg, witdwerg, sterrestelsel, konstellasie, sterrekonstellasie, sterregroep, gesternte, sterrebeeld, galaksie, galaktika, melkweg, lensvormige sterrestelsel, lensvormige melkweg, dubbelbollige sterrestelsel, dubbelbollige melkweg, spiraalvormige sterrestelsel, spiraalvormige melkweg, staafspiraalsterrestelsel, diereriem, sodiak; sterreprag, sterrehemel, sterregewelf, sterreruim, sterrebaan, sterrereën

konstellasies van die noordelike hemelhalfrond, Pisces, Vis, Andromeda, Cassiopeia, Cetus, Walvis, Ram, Driehoek, Perseus, Taurus, Bul, Stier, Auriga, Koetsier, Camelopardalis, Kameelperd, Melkweg, Poolster, Ursa Minor, Klein Beertjie, Ursa Major, Groot Beer, Lynx, Rooikat, Kreef, Suidelike Waterslang, Leo, Leeu, Klein Leeutjie, Canes Venatici, Jaghonde, Virgo, Maagd, Serpens, Slang, Corona Borealis, Noorderkroon, Hercules, Ophiuchus, Slangdraer, Aquila, Arend, Sagitta, Pyl, Cygnus, Swaan, Harp, Draco, Draak, Delphinus, Dolfyn, Klein Perdjie, Pegasus, Lacerta, Akkedis, Cepheus

konstellasies van die suidelike hemelhalfrond, Aquarius, Waterdraer, Pisces Austrinus, Suidelike Vis, Octans, Oktant, Capricornus, Steenbok, Grus, Kraanvoël, Indus, Indiër, Sagittarius, Boogskutter, Skild, Serpens, Slang, Corona Australis, Suiderkroon, Telescopium, Teleskoop, Pavo, Pou, Apus, Paradysvoël, Ara, Altaar, Scorpius, Skerpioen, Lupus, Wolf, Triangulum Australe, Suiderdriehoek, Corvus, Kraai, Centaurus, Sentaur, Alpha Centauri, Groot Hond, Orion, Jagter, Eridanus, Rivier, Columba, Duif, Dorado, Goudvis, Sculptor, Beeldhouer, Tucana, Toekan

opkoms, ondergang, sononder, sonsondergang, poollig, sonop, sonshoogte, sonsopgang, sonstand, dag-en-nagewening, nagewening, ekwinoks, herfs-dag-en-nag-ewening, herfsnagewening, herfsekwinoks, lente-dag-en-nag-ewening, lentenagewening, lente-ekwinoks, wintersonstilstand, somersonstilstand, asweteling, fase, seisoen, jaargety, lente, somer, herfs, winter, sonsirkel, tydkring

b.nw. astraal, fotofiel, galakties, geostasionêr, geosiklies, heliosentries, radiant,

sterrekundig, stellêr, interstellêr, solêr, lunêr, planetêr, interplanetêr, galakties, ondermaans, sublunaries, eklipties
ww. opkom, ondergaan, wentel, verskiet, verduister, eklipseer

271. Kosmografie
s.nw. **kosmografie**, kosmologie, kosmogonie, ruimtekunde, astrofisika, geofisika, heliofisika, geostatika, sterrekunde, astronomie, radarsterrekunde, radioastronomie, astrofotometrie, sterrekykery
sterrewag, observatorium, planetarium; teleskoop, radioteleskoop, spilteleskoop, reflektor, spieëlteleskoop, refraktor, altasimut, astrolabium, helioskoop, sonkyker, oktant, sekstant, mikrometer, radiomikrometer, sterremeter, planetariumprojektor; planisfeer, planetekaart, sterrekaart
ruimtevaart, ruimtenavorsing, ruimtereisiger, ruimteskip, ruimtetuig, satelliet, ruimtelaboratorium, pendeltuig, ruimtevlug, pendelvlug
kosmoloog, kosmograaf, sterrekundige, astrofisikus, sterrekenner, sterrekyker
b.nw. kosmografies, kosmologies, kosmogonies, astronomies, astrofisies, geofisies, geosentries, teleskopies
ww. teleskopeer
woorddeel kosmo-, astro-

272. Aarde
s.nw. **aarde**, wêreld, aardbodem, bodem, aardbol, bol, aardryk, ondermaanse, moederaarde, terra firma, terra, aardgordel, geosfeer, halfrond, noordelike halfrond, suidelike halfrond, hemisfeer, noordelike hemisfeer, suidelike hemisfeer, biosfeer, geogenese, geofiel
aardkors, aardoppervlak(te), aardplaat, tektoniese plaat, aardlaag, stratum, litosfeer, kors, aardmassa, massa, aardas, aswenteling, nutasie, aardstraling, aardkern, barisfeer, buitenste kern, buitekern, binneste kern, binnekern, canyon, grond, grondbestanddeel, klont, klonter, klontjie, grondeienskap, bank, rotsbank, sandbank, stratifikasie, gronderosie, grondbewaring, grondherwinning, grondvrugbaarheid; geofisika, geologie 274, geografie 273, stratigrafie, pedologie

aardbol, halfrond, hemisfeer, noorderhalfrond, noordelike halfrond, noordelike hemisfeer, suidelike halfrond, suidelike hemisfeer, waterhalfrond, dagsy, dagkant, keerkring, keerkringsgordel, Kreefskeerkring, Noorderkeerkring, Steenbokskeerkring, Suiderkeerkring, graadnet, hoogte, hoogte bo seespieël, hoogtegraad, hoogtehoek, lengte, lengtegraad, longitude, lengteligging, lengtesirkel, lengteverskil, oosterlengte, westerlengte, breedte, breedtegraad, breedteligging, noorderbreedte, suiderbreedte, meridiaan, loksodroom, datumlyn, ewenaar, ekwator, pool, poolkring, poolsirkel, Noordpool, Suidpool, noordpoolsirkel, suidpoolsirkel
b.nw. aardkundig, aards, ondermaans, geografies, geologies, geofisies, geostrofies, bogronds, ondergronds, rustiek, telluries, longitudinaal, tektonies
woorddeel aard-
uitdr. die uithoeke van die aarde; in die skoot van die aarde; tot die uiterstes van die aarde gaan

273. Geografie
s.nw. **geografie**, aardrykskunde, bodemkunde, geofisika, geomorfologie, fisiografie, fisiese aardrykskunde, geognosie, geopolitiek, kartografie, geodesie, geoskopie, aardmeetkunde, geometrie, driehoeksmeting, omgewingsleer, orografie, oseanografie, soögeografie, antropogeografie, topografie, topologie; geograaf, aardrykskundige, kartograaf, oseanograaf, topograaf, geofisikus, geomorfoloog, omgewingskundige
geografiese gesteldheid, geografiese kenmerke, gravitasie, gradiënt, kontoer, reliëf, hoogreliëf, laagreliëf, halfreliëf, vasteland, kontinent, vastelandsplat, kontinentale plat, vastelandshang, kontinentale glooiing, kusgebied, binneland, platteland, berg, bergreeks, strandgebied, seevlak, kusvlak, seespieël, skiereiland, plato, platorand, hoëveld, hoogvlakte, dal, vallei, vlakte, depressie, depressiegebied, grondstreek, heide (grondstreek), sandstreek, sandvlakte, savanne, grasvlakte, steppe, skiervlakte, stiltegordel, reëngordel, somerreënvalgebied, somerreënvalstreek, winterreënvalgebied, winterreënvalstreek, koorsstreek, mala-

riastreek, korridor, hinterland, binneland, buiteland, anderland, begane grond, habitat, biotoop, grondstof, natuurwonder, bevolking, reservaat, natuurreservaat
kaart, landkaart, kontoerkaart, reliëfkaart, topografiese kaart, reënkaart, seekaart, inlaskaart, wandkaart, muurkaart, atlas, skoolatlas, seeatlas, graadnet, kartering, kartoteek, legende, skaal
b.nw. geografies, aardrykskundig, geofisies, geomorfologies, geopolities, ekwatoriaal, topografies, topologies, kartografies, gekarteer, ongekarteer, diluviaal, orografies, oseanografies, sonaal, intermontaan
ww. karteer, soneer, gordel, inkalwer, kontoer

274. Geologie
s.nw. geologie, aardkunde, agrogeologie, marinegeologie, geognosie, geomagnetisme, geomorfologie, fisiografie, geodesie, aardmeetkunde, geofisika, stratigrafie, geowetenskappe, aardwetenskappe, glasiologie, gletserkunde, tektoniek, seismologie, aardbewingsleer, geogenese, steenkunde 298, petrologie, litologie, petrografie, petrogenese; geoloog, aardkundige, aardwetenskaplike, geomorfoloog, geofisikus, marinegeoloog, rotskundige, steenkundige, petroloog, litoloog, seismoloog
geologiese tydperk, hooftydperk, era, tydperk, epog, Paleosoïese era, voorwêreld, Mesosoïese era, Senosoïese era, Pre-kambriumtydperk, Kambriumtydperk, Ordoviciumtydperk, Siluurtydperk, Devoontydperk, Karboontydperk, Permtydperk, Perm, Triastydperk, Juratydperk, Kryttydperk, Tersiêre tydperk, Paleogeen, Plioseen, Plioseentydperk, Kwartêre tydperk, Pleistoseen, Pleistoseentydperk, Ystydperk, interglasiale tydperk, Steentydperk, Ystertydperk, Bronstydperk, alluvium, jongste geologiese tydperk, Paleosoïkum, Paleoseense epog, Eoseense epog, Oligoseense epog, Mioseense epog, Plioseense epog, Pleistoseense epog, Antroposeense epog, Holoseense epog
geologiese formasie, afsetting, formasie, verstening, konkresie, ablasie, sedimentêre formasie, sedimentêre laag, gesteente, gesteentelaag, dekblad, oppervlakgesteente, gesmelte gesteente, lawa, vulkaniese gesteente, tragiet, effusie, effusiegesteente, effusiewe gesteente, metamorfiese gesteente, metamorfiese rotse, sedimentêre gesteente, drupsteen, riffelmerk, rots, rotslaag, rotsformasie, monoliet, gneis, sinkline, klip, klipbank, klipplaat, keerbank, klipformasie, intrusie, indringing, intrusiegesteente, intrusiewe gesteente, ekstrusie, ekstrusiegesteente, ekstrusiewe gesteente, lawa, magma, stolrots, stollingsgesteente, afsettingsgesteente, besinkingsgesteente, monoklinaal, basalt, basaltgesteente, basaltlaag, basaltiese laag, graniet, granietgesteente, granietlaag, granietiese laag, pegmatiet, gletser, moreen, kalamiet, kalk, drupkalk, kalkbank, grond, aarde, hardebank, ouklip, oubank, roesklip, dryfgrond, dryfsand, wilsand, welsand, wildesand, vlugsand, deurslag, moerasgrond, moerasagtige grond, slik, aansliksel, slib, slikgrond, aanslikgrond, modder, berg 277, bergformasie, bergvorming, plutonisme, plato, tafelland, grot, drupgrot, drupkelder, vuurspuwende berg, vulkaan 277, krater, kraterpyp, kratermeer, dal, dalvorming, hors, graben, trog in die aardkors, slenk, slenkdal, vallei, canyon, kom, kaar, vlakte, laagland, gradiënt, pyp, insnyding, keep, grondwater, watertafel, afloop, rivier 286, waterloop, waterval, meer, ondergrondse meer, see 283
argeologie, paleontologie, paleobiologie, paleobotanie, paleoklimatologie, paleosoölogie, ignologie; argeoloog, paleontoloog
argeologiese fonds, prehistoriese fonds, menhir, hun(n)ebed; fossiel, dierfossiel, igtioliet, visfossiel, plantfossiel, litofil, ignoliet, fossielspoor, spoorfossiel, fossilering, verstening, ossifikasie, fossielvindplek, fossielpark, fossielneerslag
aardbewing, aardbewingshaard, aardbewingsone, aardskok, voorskok, naskok, aardskudding, skudding, episentrum, hiposentrum, trilling, aardtrilling, bodemtrilling, trillingsduur, trillingsfrekwensie, trillingsgetal, trillingswydte, gletser, gletserwerking, vuurspuwende berg, vulkaan, aktiewe vulkaan, stil vulkaan, vulkaniese uitbarsting, geiser, aardstorting, grondstorting, grondverskuiwing, aard-

verskuiwing, versakking, insakking, sinkgat, tektoniese plaat, aardplaat; landwinning, landaanwinning, grondherwinning; Richterskaal, seismograaf, seismogram, seismometer
aarde, aardas, binnekern, binneste kern, buitekern, buitenste kern, aardkors, korsplaat, landplaat, skild, skildgebied, mantel, oseaankors, basaltiese laag, sima, kontinentale kors, kontinentale bank, aardgordel, aardplooi, aardgas
b.nw. geologies, geomorfologies, geotermies, geostaties, stratigrafies, tektonies, seismies, isoseismies, onderaards, sinklinaal, sonaal, artesies, glasiaal, interglasiaal, argeologies, prehistories, paleontologies, voorwêreldlik(s), alluviaal, neolities, eolities, paleolities, mesolities, intrusief, ekstrusief, monolities, tektonies, vuurspuwend
ww. afset, insak, afkalf, afkalwe(r), ossifiseer, versak, aanslik, aanslib, fossileer
woorddeel geo-, seismo-

275. Mynwese
s.nw. **myn**, goudmyn, silwermyn, steenkoolmyn, tinmyn, ystermyn, koolmyn, ..., oopgroefmyn, diamantmyn, delwery, diamantdelwery, spoeldelwery, steengroef, groef, soutmyn, soutpan, saline, sandkuil, kleigat; skag, mynskag, lugskag, ventilasieskag, myngat, prospekteergat, gang, myngang, dryfgang, rifgang, myntonnel, daling, ventilasietonnel, prospekteertonnel, galery, myngalery, mynhoop, mynkamp, mynkampong
minerale rykdom, grondstof, delfstof, edelmetaal, diamantgrond, diamantgruis, spoelgruis, diamantveld, diamantgroef, diamantpyp, goudaar, goudrif, goudveld, silweraar, koolaar, koollaag, leemgrond, rif, ertsdraende rif, dagsoom
mynwese, mynbou, mynbedryf, prospekteerdery, prospekteerwerk, bedryf, goudbedryf, steenkoolbedryf, ..., goudproduksie, gouduitvoer, goudwinning, delwerslisensie, ontginning, goudontginning, steenkoolontginning, aardgasontginning, skaliegasontginning, ..., winning, sianidering, ontkoling, hidrobreking
mynboupersoneel, mynboukundige, myningenieur, mynbaas, mynkaptein, skofbaas, mynwerker, myner, delwer, prospekteerder, zama-zama
mynboutoerusting, koekepan, laaikas, kooltrok, koolbak, mynhyser, skagtoring, skagtoerusting, mynlamp, veiligheidslamp
mynboukunde, metallurgie, metallurgiese ingenieurswese, myningenieurswese
b.nw. mynboukundig, ertsryk, goudryk, ysterryk, ..., diamanthoudend, ysterhoudend, ...
ww. ontgin, myn, delf, win, prospekteer, grawe, uitgrawe, uithaal, boor, afbou (mynwese), afgraaf, afgrawe, 'n skag sink, soutraap

276. Vasteland
s.nw. vasteland, kontinent, subkontinent, landmassa, wêrelddeel, wêreldstreek, bodem, aarde, wêreld, die ou wêreld, die nuwe wêreld, land, Eerstewêreldland, Derdewêreldland, binneland, binnewêreld, depressie, karstveld, kus, kusgebied, kusstreek, kusvlakte, die Ooste, die Weste, poolstreek, Suidpoolgebied, Noordpoolgebied, Amerika, Europa, Afrika, Antarktika, Australasië, ...
b.nw. vastelands, kontinentaal, binnelands, oorsees, Europees, Amerikaans, Antarkties, Westers, Oosters

277. Berg
s.nw. **berglandskap**, bergland, hoogland, hoogvlakte, bergreeks, bergketting, siërra, getande bergketting, gebergte, hooggebergte, kamgebergte, plooiingsgebergte, randgebergte, woudgebergte, rûens, rûensveld
berg, akropolis, kamberg, plooiberg, blokberg, dolomietberge, plato, mesa, tafelberg, tafelland, ysberg, heuwel, heuwellandskap, karstheuwel, hoogte, remhoogte, steilte, koppie, klipkoppie, bult, knop, bank, boggel, rant, rug, duin, sandduin, duingrond, hoop, stapel
berghang, helling, berghelling, plato, platorand, wand, bergwand, rotswand, krans, afgrond, klipkrans, bakkrans, heuweltop, voet, voet van die berg, uitloper, voorgebergte, voorheuwel, bergkom, nek, noute, pas, skouer, lys, rotslys, terras, terrasland, piek, bergpiek, kruin, bergkruin, rotskruin, top, bergtop, spits,

bergspits, uitloper, rug, kliprug, plooirug, antiklien, antiklinorium, plooidal, sinklien, rif, kam, berm (*ongewoon*), eskarp, breukeskarp, geut, ravine, gletser, voetheuwelgletser, piedmont-gletser, Piedmont-gletser, fluvioglasiale vlakte, gletserkaar, gletserkloof, ysskeur, gletsertong, gletsergaping, gletserafsetting, gletserpuin, moreen, laterale gletserpuin, symoreen, middelmoreen, binnemoreen, eindmoreen, grondmoreen, glooiing, glooiingspuin, talus, hangklip, hol, holkrans, vallei, kloof, ravyn, sloep, slenkdal, skeurvallei, skeurdal, skeur, rotsskeur, rotsspleet, rotsstorting, klip, klipsteen, rots, skots, rotsagtigheid, rotsbank, rotspunt, sinkgat, lawine, waterval, infrastruktuur **grot**, spelonk, kalksteengrot, karstgrot, seegrot, druipgrot, kelder, grotsaal, gang, droë galery, ondergrondse stroom, hewel, sifon, slukgat, verdwyngat, sinkput, sinkgat, kalsietafsetting, travertynterras, vloeisteen, druipsteen, stalagmiet, staande druipsteen, stalagtiet, hangende druipsteen; speleologie, speleoloog, grotbewoner, spelonkbewoner

vuurspuwende berg, vulkaan, aktiewe vulkaan, stil vulkaan, slapende vulkaan, rustende vulkaan, slykvulkaan, moddervulkaan, keël, krater, fumarole, rookgat, plaat, intrusieplaat, lakkoliet, dyk, magma, mengsel, magmakamer, lawa, lawastroom, lawalaag, aslaag, vulkaniese as, lawaplato, spuitbron, geiser, vulkaniese uitbarsting, vulkanisme, vulkanologie

b.nw. bergagtig, intermontaan, heuwelagtig, glooiend, rotsagtig, spelonkagtig, terrasvormig, vulkanies, vuurspuwend

uitdr. oor berg en dal, oor berge en in dale; so oud soos die berge; 'n berg van iets maak; van 'n berg 'n molshoop maak; berge versit; dis 'n berg van my skouers af; die verste berge is altyd die blouste

278. Vallei
s.nw. vallei, riviervallei, skeurvallei, duinevallei, laagland, laagte, laagtetjie, leegte, diepte, dal, dwarsdal, keteldal, sinkdal, canyon, kom, pan, prêrie, kloof, rotskloof, rivierkloof, bergkloof, ravyn, moot, trog, skeur, rotsskeur, kloofskeur, depressie
b.nw. laaggeleë, laagliggend

279. Moeras
s.nw. moeras, moerasland, moerasgrond, moerasturf, drasland, kanet, moerassigheid, moerasagtigheid, drassigheid, vleiagtige gebied, moddergat, modderpoel, modderas, slik, slyk, slikgrond, papperasie (*informeel*)
b.nw. moerassig, moerasagtig, drassig, vleiagtig, vleierig, slykerig
ww. verslyk, verslik, verslib, toeslyk, toeslik

280. Woestyn
s.nw. woestyn, woestyngebied, woesteny, halfwoestyn, dorre landstreek, kaal landstreek, sandwoestyn, sandvlakte, sandstreek, sandveld, sandgebied, bergwoestyn, rotswoestyn, rotsagtige woestyn, graswoestyn, grasvlakte, karooveld, toendra, steppe, savanne, pampa; sand, sandduin, sekelduin, barkaan, paraboolduin, komplekse duin, dwarsduin, lengteduin, bewegende duin, vaste duin, duineketting, duinereeks, soutpan, salina, plajameer, oase, woestynbewoner
b.nw. woestynagtig, karooagtig, dor, sanderig, klipperig, rotsagtig, kaal, onherbergsaam

281. Eiland
s.nw. eiland, kontinentale eiland, oseaniese eiland, koraaleiland, ringeiland, rotseiland, riviereiland, skiereiland, atol, eilandbewoner; eilandgroep, argipel, delta
b.nw. deltavormig, insulêr

282. Kus
s.nw. kus, kuslyn, kusstreek, suidkus, noordkus, ooskus, weskus, see, seekus, seevlak, seekant, kaap, landpunt, landtong, uitham, strand 283, strandhoof, oewer, landengte, ismus, golflyn, lit(t)orale sone, hoof, lagune, seestrand, strandgrot, strandmeer, strandmuur, uitkalwing, waaisand, rotsagtigheid
b.nw. rotsagtig, termaal, lit(t)oraal
ww. uitkalwe, uitkalwer

283. See
s.nw. **see**, die blou dam, oseaan, diepsee, oop see, binnesee, binnelandse see, koraalsee, ondersee, Poolsee, Suidpoolsee, Oos-

see, kuswater, territoriale water(s), straat, seestraat, seeweg, kanaal, seekanaal, baai, golf, bog, inham, fjord, seestroom, stormsee, stortsee, kabeljouwater, lagune, strandmeer

gety, getyamplitude, getyhoogte, getystand, getytafel, laagwater, laaggety, laagwaterlyn, hoogwater, hooggety, hoogty, hoogwaterlyn, hoogwaterpeil, peil, spring, springgety, vloedgety, dooie gety, eb, ebgety

seevlak, seespieël, seebodem, bodem, seebedding, seevloer, vastelandsplat, kontinentale plat, vastelandshang, kontinentale glooiing, kontinentale styging, kontinentale helling, oseaantrog, oseaanplaat, diepseevlakte, onderseeberg, seeberg, diepseeheuwel, onderseecanyon, seecanyon, trog, bank, rotsbank, sandbank, kalkbank, koraalbank, koraalrif, geul, sloep, kanaal, seekanaal, seearm, see-engte, seewater, skol (ys), skots (ys), smeltwaterrug (ys), seegat

strand, seestrand, voorstrand, vloedstrand, klipstrand, rotsstrand, swemstrand, sand, sandbank, sandduin, waaisand, spuitgat, koraalrif, binnekoraalrif

opdrifsel, seedrifsel, uitspoelsel, dryfhout

golf 287, seegolf, getygolf, fratsgolf, tsoenami, tsoenamie, tsunami, baar (ongewoon), brander, jobbel (ongewoon), joppel (ongewoon), jobbelsee, joppelsee, tjoppelsee, branding, deining, golwing, golfbeweging

b.nw. mariene, maritiem, ondersees, pelagies, abissaal

ww. spoel, dein, uitspoel, wegspoel, strand

bw. oorsee

woorddeel marine-

284. Bron

s.nw. bron, waterbron, warmwaterbron, warmbad, minerale bron, spa, fontein, syferfontein, springfontein, springbron, spuitfontein, kuil, waterkuil, put, waterput, artesiese put, artesiese bron, artesiese water, aar, wateraar, springaar, geiser, oliebron, olieveld, gasbron, gasveld, petroleumbron, petroleumveld, swawelbron, soutbron, soutwaterbron

oorsprong, bron, hoofbron, oerbron, begin, oerbegin, bronaar, beginpunt

b.nw. termaal

ww. ontspring, sy oorsprong hê

285. Watermassa

s.nw. see, oseaan, binnelandse see

meer, binnelandse meer, binnemeer, binnesee, bodem, duinmeer, karstmeer, kratermeer, strandmeer, lagune, varswatermeer, soutwatermeer, mensgemaakte meer, staande water

dam 288, opgaardam, vlei, rietvlei, kom, rivierkom, bekken, rivierbekken, moeras, pan, waterpan, soutpan; damwal, keerwal, sluis, damsluis, watersluis

watergat, gat, seekoe(i)gat, waterpoel, poel, poeletjie, waterplas, plas, visdam, vywer, voëldammetjie

b.nw. opgedam, toegedam, ingedam, staande

ww. opdam, afdam, indam, toedam, damgooi, walgooi, damskraap

286. Rivier

s.nw. rivier, rivierloop, grensrivier, getyrivier, tak, syrivier, sytak, takrivier, spruit, drif, stroom, maalstroom, sloep, loop, lopie, waterloop, kanaal, waterkanaal, ringkanaal, kanalisasie, gang, watergang, waterweg, grag, watergrag, vestinggrag, akwaduk, geut, sloot, dwarssloot, modersloot, sugsloot, syferwatersloot, rioolsloot, rioolpyp, rioolwaterpyp, sugpyp, riolering, sugriolering, uitvalwerke, rioolgat, kloaak, suggat, grip, grippie, voor, watervoor, sugvoor, donga, watergat, kolk, maalgat

benedeloop, boloop, oorsprong, opvanggebied, toeloop, bron, rivierbron, bog, rivierbog, rivierarm, stroomgebied, vaargeul, stroomversnelling, sameloop, konfluensie, waterval, katarak

mond, monding, riviermond, riviermonding, delta, rivierdelta, tregter, tregtermond, tregtermonding, estuarium, uitloop, uitmonding

oewer, rivieroewer, linkeroewer, regteroewer, oewergrond, wal, walkant, rivierwal, dwarswal, keerwal, waterkant, duin, rivierduin

bodem, rivierbed, rivierbedding, stroombed, stroombedding, geul, bodem, rivierbodem, loop, rivierloop, riviervallei,

vloedvlakte, bekken, rivierbekken, omaramba, droë loop, wadi
rivierwater, kanaalwater, slootwater, uitkeerwater, drekwater, vaarwater, watervlak, waterstand, rivierstand, stand van 'n rivier, waterpeil, waterskeiding
hidrologie, hidrografie, hidrograaf, hidrometer, hidrometrie, hidrosfeer
b.nw. deltavormig, hidrografies, hidrologies, vaarbaar, bevaarbaar
ww. loop, vloei, aftak, verdeel, uitmond, ontspring, saamloop, saamvloei, uitkeer, beek, kanaliseer, rioleer

287. Vloei
ww. **vloei**, invloei, toevloei, uitvloei, afvloei, terugvloei, wegvloei, vervloei, stroom, uitstroom, oorstroom, saamstroom, spoel, afspoel, aanspoel, omspoel, verspoel, loop, inloop, uitloop, afloop, wegloop, verloop, dein, dreineer, dryf, drywe, murmel, kabbel, kappel, swalp, klots, aanklots, rol, inundeer, irrigeer, afwater, dehidreer, ontwater
afloop, drup, afdrup, uitdrup, afdruppel, biggel, syfer, uitsyfer, sypel, uitsypel, lek, uitlek, stort, uitstort, spat, spuit, afdryf, afdrywe, indruppel, instroom, oorloop, oortap, opwel, skink, straal; drup, indrup, druppel, indruppel, bedruip, bedruppel, tap, giet, inundeer, oorhewel, vergiet
in vloed wees, giet, instroom, swalp, verloop, verswelg, stort, storm
bw. druppelgewyse, drupsgewyse
s.nw. **stroom**, waterstroom, onderstroom, sterkstroom, stroming, vloei, instroming, invloei, uitstroming, uitvloei, oorstroming, oorvloei, spoeling, vervloeiing, toevloeiing, watergang, straal, vloed, loop, waterloop, golf, golwing, golfbeweging, afloop, deining, sleurstroom, kolk, draaikolk, kabbeling, gekabbel, klotsing, geklots, branding, drif, dreineerbekken, dreineerkanaal, dreineringsdrif, spoelgrond, versnelling, inundasie, irrigasie
afloop, drup, druppel, waterdruppel, gedrup, afvoer, alluvium, instroming, lek, lekkasie, onderloop, oorloop, reën, reënstroom, spatsel, syferwater, verspoeling, dehidrasie
vloed, watervloed, stormvloed, stortvloed, toevloed, sondvloed, diluvium, maalstroom, vloedgolf, vloedwater, oorstroming, drif, eb, gety, kaskade, see, verswelging, wieling
golf 283, golfkam, golfkruin, golfbasis, trog, golfrug, golfslag, golflengte, golfamplitude, stilwatervlak, skuim, seeskuim; fluviometer
b.nw. diluviaal, vervloeiende, deinend, dreineerbaar, fluviaal, diluviaans, gietend, stromend, lopend, stilstaande, vloeiend, murmelend, kabbelend, klotsend

288. Waterstelsel
s.nw. **waterstelsel**, waterwerke (*meervoud*), watersisteem, watervoorsiening, watersekuriteit, watersekerheid, watergehalte
dam, plaasdam, gronddam, sementdam, betondam, leidam, opgaardam, rivierdam, opvangdam, vangdam, slikdam, slykdam, wendam, keerdam, studam, kofferdam, saaidam, reservoir, fontein, springfontein, gora, gorra, gorê, oog, put, putjie, puts, skag, kloaak
waterleiding, watertoevoer, watervoorsiening, sloot, watersloot, kapelsloot, watervoor, kanaal, waterkanaal, afvoerkanaal, leikanaal, leisloot, leivoor, leiwatervoor, leibeurt, leiding, leiwater, meulsloot, meulstroom, watermeul(e), dreineerkanaal, dreinering, pypleiding, waterpypleiding, aftakker, pyp, waterpyp, afvoerpyp, holpyp, sugpyp, T-pyp, suigpyp, rioolstelsel, rioleringstelsel, rioolpyp, besproeiing, besproeiingstelsel, waterslang, tuinslang, spuit, spuitstelsel, mikrospuit, mikrospuitstelsel, pomp, waterpomp, skroefpomp, sentrifugaalpomp, rotasiepomp, suigpomp, bakkiespomp, pomphuis, pompstasie, klep, pompklep, suigklep, hewel, sifon, swingel (van 'n put), kraan, waterkraan, kouewaterkraan, warmwaterkraan, stopkraan, toevoerkraan; fiskaal, waterfiskaal, waterwerker
wal, barrage, bekleding, dyk, hawehoof, kaai, keerwal, seebeer, seebreker, seehoof, seewering, waterkering, dolos
sluis, damsluis, kanaalsluis, skutsluis, inlaatsluis, uitlaatsluis, sluisdeur, sluishek, sluiswagter, valdeur
waterbesparing, waterherwinning, watersuiwering, watersuiweringsaanleg, ont-

souting, ontsoutingsaanleg, gryswater, gryswaterstelsel, opgaartenk, water(s)nood 464, waterskaarste, waterbesparingsmaatreël, waterbeperking, beurtwater; watersekerheid, droogte, waterbesoedeling
waterboukunde, dykbou, waterboukundige, waterwerker, siviele ingenieur, waterwyser, wateraanwyser
damboutoerusting, damskraper, damskrop
ww. water aanlê, opdam, opvang, toedam, afdam, indam, aftak, voorkeer, aansluit, aflei, afvoer, besproei, tap, intap, uittap, oortap, hewel, waterlei, natlei, natmaak, pomp, inpomp, uitpomp, oorpomp, leegpomp, uitbagger, inpolder, dreineer, drooglê

289. Klimaat
s.nw. klimaat, klimaatstoestand, weer(s)gesteldheid, gematigde klimaat, landklimaat, seeklimaat, oorgangsklimaat, klimaatstreek, klimaatgordel, vastelandsklimaat, hooglandklimaat, subtropiese klimaat, tropiese klimaat, Mediterreense klimaat, dalklimaat, subarktiese klimaat, poolse klimaat, klimaatsverandering, klimaatskommeling, klimaatsverskuiwing; klimaatgordel, subpolêre streek, pooltoendra, poolstreek, toendra, Mediterreense streek, steppe, grasvlakte, savanne, tropiese savanne, tropiese reënwoud, trope, subtrope; weerkunde 294, klimatologie, klimaatkunde, meteorologie
atmosfeer, troposfeer, tropopouse, stratosfeer, mesosfeer, termosfeer, ionosfeer, eksosfeer, hemelruimte, dampkring, lug, helder lug, skoon lug, koue lug, warm lug, oggendlug, aandlug, lentelug, somerlug, winterlug, seelug, front, koue front, warm front, okklusiefront, geokkludeerde front, statiese front, stasionêre front, frontale stelsel, hoogdrukgebied, hoëdrukgebied, hoogdruksel, sel van hoogdruk, laagdrukgebied, laedrukgebied, laagdruksel, sel van laagdruk, depressie, temperatuur, buitetemperatuur, binnetemperatuur, werklike temperatuur, aanvoelbare temperatuur, landtemperatuur, lugtemperatuur, seetemperatuur, temperatuurskommeling, temperatuurverskil, hittegolf, hittenewel, vogtigheid, humiditeit

weer, weerstoestand, weer(s)gesteldheid, weer(s)verwagting, weersomstandigheid, weerpatroon, weer(s)verandering, lenteweer, somerweer, sonskynweer, warm weer 465, herfsweer, najaarsweer, winterweer, koue weer 466, mooi weer, sondagsweer, slegte weer, reënweer, hondeweer, eendeweer, Kaapse weer, onweer, stormweer, swaarweer, bergwindtoestande (*meervoud*), landweer, kusweer, sonskyn, droogte 464, swoelheid, swoelte, reën, reënt (*lekties*), stuifreën, gietende reën, misreën, dou, doupunt, hael, kapok, sneeu, sneeureën, nat sneeu, drywende sneeu, front, temperatuur, humiditeit, isobaar, isoterm, isotermie, karoo, noodweer, onstuimigheid; weerverskynsel, weertoestand, El Niño, La Niña, El Niño-weerverskynsel, La Niña-weerverskynsel, Ensosiklus
seisoen, jaargety, tussenseisoen, seisoensverandering, seisoenswisseling, lente, voorjaar, voorsomer, somer, hoogsomer, midsomer, die hartjie van die somer, nasomer, vroegherfs, herfs, najaar, herfsdag, voorwinter, winter, wintertyd, midwinter, die hartjie van die winter, nawinter, hondsdae, oestyd, saaityd, planttyd, snoeityd
b.nw. klimatologies, seisoenaal, lenterig, lenteagtig, somerig, herfsagtig, herfstelik, winteragtig, reënerig, reënagtig, dor, droog, warm, snikheet, humied, tropies, subtropies, gematig(d), Mediterreens, koel, koelerig, koud, yskoud, klamkoud, onstuimig, stormagtig, rof, isotermaal, isotermies
ww. afloop, akklimatiseer, leng

290. Wind
s.nw. wind, windstreek, windgordel, hemelstreek, windstroom, windbui, windvlaag, winderigheid, bergwindtoestande (*meervoud*), windsnelheid, windsterkte, windrigting, windstilte
suidewind, suidoos, suidooster, suidoostewind, Kaapse dokter, suidwester, noordewind, oostewind, westewind, landwind, bergwind, seewind, seekwal, seebries, landaf wind, katabatiese wind, woestynwind, harmattan, poolwind, poolstroom, arktiese wind, reënwind,

moeson, moesonwind, stormwind, orkaan, sikloon, antisikloon, tifoon, tornado, werwelwind, draaiwind, dwarrelstroom, dwarrel, warrelwind, dwarrelwind, teenwind, rukwind, daalwind, stygwind, valwind, dwarswind, dwarsstroming, mistral, passaat, passaatwind, passaatgordel, warm wind, koel wind, koue wind, sagte wind, bries, briesie, sefier, sirokko, trek, ruising

lugstroom, lugstroming, lugvloei, lugbeweging, verwaaiing, lugverplasing, lugsirkulasie, lugtrilling, lugweerstand, windweerstand, lugdruk

ventilasie, ventilering, lugverskaffing, lugversorging, lugreëling, lugverversing, lugvervarsing, belugting, verlugting, ontwaseming; lugbesoedeling, lugvervuiling; luggat, lugopening, luginlaat, lugpyp, lugversorger, lugfilter, ventilator, lugventilator, ontwasemer

haan, weerhaan, windwyser, vaan, windvaan, vaantjie, windkous, windskerm, ventilator, waaier, toggat

windskade, rukwindskade, verwaaiing, waterhoos, watertuit, sandhoos, winderosie

b.nw. winderig, duf (duwwe), togtig, trekkerig, verwaai(d), windverwaai(d), windstil, aanlandig, landaf, katabaties, stormagtig, siklonaal, siklonies, antisiklonies, dwarrelend, lugtig, vars, koud

ww. **waai**, opsteek, woed, voortwoed, storm, tier, loei, ruis, suis, huil, oorwaai, wegwaai, blaas, suig, suie, dwarrel, uitwoed, bedaar, hoos, uitlug, verwaai, wegblaas, trek

ventileer, belug, deurlug, verlug, suiwer, ontwasem, filter; besoedel, vervuil

bw. wind af, windaf, wind op, windop

291. Wolk

s.nw. **wolk**, wolkbedekking, swerk, bewolkte lug, gedeeltelik bewolkte lug, verstrooide wolke, gesluierde lug, bewolkte weer, betrokke lug, betrokke weer, bank, wolkbank, wolklaag, wolkkolom; onweerwolk, onweerswolk, donderwolk, nimbus, nimbuswolk, cumulonimbus, reënwolk, nimbostratus, stapelwolk, cumulus, laagwolk, wolklaag, stratus, stratocumulus, altocumulus, lenticulariswolk, altostratus, sluierwolk, cirrostratus, cirrocumulus, vlieswolk, veerwolk, cirrus, skaapwolkies, yl wolkies, dwarrelwolk, miswolk, newelwolk; stofwolk, rookwolk, wierookwolk

mis, mistigheid, dynserigheid, misbank, miswolk, wasigheid, newel, newelbank, newellaag, newelwolk, neweligheid, reënmis, waas

b.nw. bewolk, betrokke, wolkerig, somber, donker, onbewolk, wolkloos, mistig, newelagtig, newelig, dynserig, waserig, wasig

ww. bewolk, betrek, opklaar, benewel, dwarrel, versluier

292. Water

s.nw. **water**, reënwater, neerslag, presipitasie, damwater, rivierwater, seewater, leiwater, kraanwater, gesuiwerde water, bottelwater, gebottelde water, gryswater, boorgatwater, sugwater, syferwater, dreineerwater; watervlak, waterspieël; waterkringloop, kondensasie, verdamping, evaporasie, neerslag, oppervlakafloop, transpirasie, infiltrasie, insyfering, sublimasie, sublimering

reën, reënval, neerslag, hemelwater, bui, reënbui, opvolgbui, jaloersbui, reënvlaag, reëntjie, reëndruppel, wolkbreuk, stormbui, stortbui, stortreën, slagreën, landsreën, landsreent, somerreën, somerreënval, winterreën, winterreënval, vriesreën, ysreën, moesonreën, tropiese reën, tropiese storm, stuiwing, stuifreën, misreën, misweer, motreën, motreent, druilreën, kiesa, kieza, sproeireën, stofreën, reliëfreën, bergreën, jakkalsreëntjie, afwisselende reën, aanhoudende reën, onafgebroke reën, nattigheid, reent (*lekties*); opvanggebied, somerreëngebied, somerreënvalgebied, winterreëngebied, winterreënvalgebied; reënmaand, reënseisoen

mis, misreën, mistigheid, digte mis, ligte mis, mistige weer

dou, môredou, doudruppel, jakkalsdou, ryp, rypmis, rypnewel

hael, haelbui, haelkorrel, haelsteen, ysreën, vriesreën, ys, yskristal, yskristalkolom, onreëlmatige kristal, plaatkristal, sterkristal, stellêre kristal, naaldkristal, ysgordel, ysbank, yslaag, ysafsetting, ysmassa

sneeu, nat sneeu, ysreën, smeltende sneeu, droë sneeu, jagsneeu, drifsneeu, hoë jagsneeu, hoë drifsneeu, waaisneeu, sneeureën, sneeuval, sneeuvlaag, sneeustorm, sneeustorting, sneeukleed, lawine, sneeuvlok, sneeukorrel, kapok, vriesweer, sneeujag, sneeugrens

b.nw. reënerig, reënagtig, rypvry, stuiwend, druilerig, mals, milde, mildelik

ww. reën, stort, neerstort, sous, natreën, natreent, stuif, stuiwe, stofreën, motreën, dou, bedou, drup, hael, kapok, ryp, doodryp, sneeu, toe-ys, uitwoed, uitreën, verdamp, evaporeer, kondenseer, syfer, insyfer, infiltreer

uitdr. jakkalsbruilof; jakkals trou met wolf se vrou; die weer sak toe; die sluise van die hemel het oopgegaan; dit reën katte en honde

293. Onweer

s.nw. onweer, onweersbui, onweerslug, gure weer, guurheid, storm, stormweer, stormagtigheid, stormbui, stormgeweld, stormwind, orkaan, sikloon, antisikloon, tifoon, tornado, werwelwind, werwelstorm, swaar weer, swaarweer, triestetigheid, triestigheid, triets(er)igheid, reënstorm, haelstorm, sneeustorm, hondeweer, swaar wolke, donder, donderslag, rommeling, donderweer, donderbui, donderstorm, weerlig, weerligstraal, bliksem, blits, bliksemslag, bliksemstraal, bolbliksem, bolblits, Sint Elmsvuur, Elmsvuur, dwarrelstorm, dwarrelwolkflits, mis, misbank, miskleed, miswolk, noodweer, sandstorm, stormklok, verspoeling, weer, weergesteldheid, weersgesteldheid; bliksemafleier, weerligafleier

b.nw. stormagtig, guur, onguur, siedend, onweeragtig, somber, mistig, toeërig, triest, triestig, triets(er)ig

ww. die storm bars, storm, sied, opsteek, onweer dreig, bliksem, blits, weerlig, toetrek, uitwoed, klaarmaak, ooptrek, verspoel, aflei

uitdr. deur die weer getref

294. Weerkunde

s.nw. **weerkunde**, meteorologie, klimatografie, klimatologie, aërologie, higroskopie, isometrie, klimatoterapie

weer 289, weer(s)gesteldheid, klimaat, weersomstandigheid, weerstoestand, weer(s)verandering

weerburo, weerdiens, weerkantoor, weerstasie, observatorium, reënmeting, weerkaart, weerwaak

weervoorspelling, weerberig, weer(s)verwagting, weerwaarskuwing, stormwaarskuwing

weerkaart, reënkaart, weerlesing, isoterm, isobaar, barometerdruk, windrigting, windsnelheid, hoogdrukstelsel, hoëdrukstelsel, stelsel van hoë druk, hoogdrukgebied, hoëdrukgebied, hoëdruksel, hoëdruksentrum, laagdrukstelsel, laedrukstelsel, laagdrukgebied, laedrukgebied, trog, trog van lae druk, laedruksentrum, seevlakdruk, barometriese tendens, drukverandering, stasiesirkel, temperatuur, lugtemperatuur, doupunttemperatuur, front, kouefront, koue front, warmfront, warm front, wolkbedekking, lugbedekking, reënval, neerslag, reënvalpatroon, neerslaggebied, spoortelling, stuifmeeltelling

weerkundige instrumente, klimatograaf, proefballon, weerballon, peilballon, weerkundesatelliet, weersatelliet, barometer, barograaf, weerglas, frontglas, aërometer, doumeter, drosometer, hidroskoop, hidrograaf, higrometer, higroskoop, reënmeter, pluviometer, udometer, vogtigheidsmeter, psigrometer, termometer, maksimum-en-minimumtermometer, sonskynmeter, heliograaf, heliometer, windmeter, haan, teodoliet, registreerapparaat, registreertoestel

weerkundige, meteoroloog, klimatoloog, weerkundige, weerkenner, weervoorspeller, weerprofeet, reënmaker

b.nw. weerkundig, meteorologies, klimatologies, barometries, higrometries

ww. meet, peil, registreer

c. Nie-lewende dinge
295. Delfstof

s.nw. **delfstof**, mineraal, grondstof, erts, spaat, element, mineraalafsetting, mineralerykdom, mineraalryk, delfstofryk

mineralogie, mineralografie, delfstofkunde, metallurgie, metaalkunde, metallografie, litologie, petrologie, petrografie, kristalkunde, kristallografie

mineraloog, metallurg, metallurgiese ingenieur
b.nw. minerale, mineraalhoudend, mineraalryk, mineralogies, metallurgies, metallografies, litologies, petrologies, petrografies, kristallografies, dimorf

296. Nie-metaal
s.nw. nie-metaal, nie-metallieke element, metalloïede; chloor, fluoor, fluoried, fosfor, kiesel, kinien, kinine, halogeen, spaat, stikstof, waterstof, suffer, sulfide, sulfied, swaelkwik, swawelkwik, swael, swawel, pypswawel, piriet, broom, bromium, jood, jodium, xenon, holspaat, chiastoliet, kruissteen, mika, nakriet, nefriet, niersteen, realgar, rutiel, sinkspaat, sinnaber, skapoliet, stibniet, zirkoon
b.nw. hidrogeen, hidrogenies, swaelagtig, swawelagtig, ...

297. Metaal
s.nw. metaal, aardmetaal, edelmetaal, onedele metaal, witmetaal, ferrometaal, allooi, halfmetaal, alkalimetaal, legering, legeringsmetaal, antimoon, gelouterde metaal, gegalvaniseerde metaal, metaalkoning, silikaat, laermetaal, magneet, magneetyster, erts, moeraserts, radioaktiewe metaal, curium, prometium, protaktinium; goud, fyngoud, witgoud, goudaar, gouddraad, gouderts, goudaarde, goudfoelie, bladgoud, goudlaag, goudstof, spoelgoud, staafgoud, stofgoud, klatergoud, silwer, sterlingsilwer, nieusilwer, bladsilwer, kwik, kwiksilwer, platina, platinum, palladium; nikkel, nikkelbrons, nikkelchroom, nikkelstaal, koper, geelkoper, messing, rooikoper, kopererts, malagiet, brons, mangaanbrons, yster, ysterspaat, gietyster, smee(d)yster, potyster, riffelyster, ru-yster, ruyster, ystererts, gloukoniet, groenaarde, sideriet, chrisoliet, ferrochroom, ferromagnesium, ferromangaan, staal, ru-staal, rustaal, mangaanstaal, gewalste staal, gietstaal, smee(d)staal, mangaan, mangaanerts, uraan, uranium, aluminium, aluminiumerts, chroom, lood, glitlood, loodglit, glit, teelood, sink, sinkallooi, magnesium, magnesiet, minerale magnesiumkarbonaat, magnesiumsilikaat, meerskuim, sepioliet, kalamyn(steen), galmei, sinksilikaat, riffelsink, tin, tinfoelie, blik, draad, kalium, bismut, natrium, litium, rubidium, sesium, piriet, markasiet, iridium, kadmium, kalsium, radium, kobalt, lantaan, rutenium, scheeliet, seoliet, sinter, sirkonium, stronsium, tallium, tantaal, tantaliet, titaan, titanium, torium, vanadium, tungsten, wolfram, blende, horingblende, hoornblende, molibdeen, osmium; afvalmetaal, skroot, scrap (*Engels, informeel*), skrootmetaal, skrootyster
dopverharding, harding, legering, fyngehalte, metaalglans, roes, ouroes, roesvlek
b.nw. metaalagtig, metalliek, goud, silwer, koper, ..., silweragtig, tinagtig, blikkerig, dopverhard, gewals, onedel, roesagtig, roesvry, roeswerend, roes(t)erig, galvanies
ww. verguld, versilwer, verlood, ..., legeer, verhard, wals, galvaniseer

298. Steen
s.nw. steen, gesteente, intrusie, intrusiegesteente, stollingsgesteente, afsetting, sediment, sedimentgesteente, verkalking, verstening, agglomeraat, gesteentepuin, gesteentelaag, dekblad, siersteen, xenoliet, karbonkel, klont, klonter, klontjie, kluit; steenkunde, kristallogenie, petrografie, petrogenese
verstening, konkresie, petrifikasie, plutonisme, dendroliet, dolomiet, jonasklip, ganggesteente, gangsteen, koraal, koraliet, obsidiaan, kool, steenkool, fossiel, petrefak, swerfsteen, xilol, xiloliet, houtgraniet, vingersteen, belemniet
edelsteen, edelgesteente, halfedelsteen, halfedelgesteente; diamant, gewaterde diamant, slenterdiamant, spoeldiamant, bloeddiamant, makkel, kanoentjie (*ongewoon*), paragon, robyn, saffier, karbonkel, smarag, agaat, akwamaryn, ametis, jaspis, melkjaspis, melksteen, sardis, galaktiet, jade, chalcedoon, kalsedoon, kornalyn, karneool, bloedsteen, heliotroop, katoog, blinker, tieroog, toermalyn, topaas, granaat, granaatsteen, melaniet, heliotroop, lasuliet, lasuur, lasuursteen, lapis lazuli, maansteen, oniks, sardoniks, opaal, wateropaal, goudopaal, turkoois, sirkoon, tanzaniet
albaster, albas, asbes, garingklip (*onge-*

woon), doekklip, blou-asbes, krosidoliet, asfalt, barnsteen, basalt, dioriet, diabasis, diabaas, doleriet, amaril, korund, gips, gipsaarde, glimmer, mika, horingblende, grafiet, potlooderts, graniet, granuliet, blouysterklip, blou graniet, noriet, kalk, kalkaarde, kalkgrond, kalkklip, kalksteen, stinkkalk, antrakoniet, kalkreet, druipsteen

kristallisasie, kristal, kristalklip, kristalliet, kristalvorm, korundkristal, marmer, marmersteen, kaolien, porseleinaarde, kwarts, kwartssteen, karngorm, lawa, lawa-as, leiklip, leisteen, marmoliet, meerskuim, niersteen, oker, uraanoksied, pikblende, uraanpikerts, uraniniet, pirokseen, porfier, porfiersteen, puim, puimsteen, kwarts, rooskwarts, seepsteen, speksteen, steatiet, serpentyn, serpentynsteen, siëniet, veldspaat, travertyn, talk, talksteen, valkoog, vuurklip, vuursteen, bariet, swaarspaat

klip, spoelklip, rolsteen, kaiingklip, kei, klei, lateriet, gruis, grint, marmergruis, rots, rotsblok, rotssteen, klipbank, rotsbank, nabank, naklip, aëroliet, meteoorsteen, vulkaniese klip, vulkaniese rots, amandelsteen, bantom, bandom, blinder, kooks, skalie, skilfersteen, skis, slak, slaksteen, sponssteen, ysterklip, amaril

grond, grint, kimberliet, blougrond, bauxiet, bouksiet, leem, leemgrond, kalkgrond, kleigrond, pypaarde, sandgrond; aarde, aardhoop, aardlaag, aardsoort

sand, duinsand, sandgrond, seesand, brulsand, dryfsand, sandklip, sandsteen, seepsteen, kiesel, kieselaarde, kieselsteen, silisium, sileks, silika, silikaat, vulkaniet

stof, stofdeeltjie, stuifaarde, stuifgrond, stuifsand

b.nw. steenagtig, stenerig, kristalagtig, kristalvormig, kristallyn, kristalloïed, kristalloïdaal, basaltagtig, basalties, gipsagtig, intrusief, kleierig, leemagtig, leiagtig, petrografies, sanderig, sedimentêr, xenolities, intrusief, ekstrusief, plutonies

ww. versteen, kristalliseer, petrifieer, petrifiseer, verkalk, fossileer

299. Brandstof

s.nw. brandstof, brandbare stof, verbrandbare stof, verbrandingstof; brandstofekonomie, brandstofdoeltreffendheid, brandstofverbruik, brandstofbesparing, brandstofvoorraad, brandstofsoort, brandstofvoorsiening

petrol, petroleum, loodarm petrol, loodvrye petrol, diesel, dieselien (*Engels, lekties*), brandstof, loodarm brandstof, loodvrye brandstof, vliegtuigbrandstof, metanol, triptaan, pentaan, olie, dieselolie, aardolie, ruolie, keroseen, paraffien, kragparaffien, lampolie, spiritus, brandspiritus, gas, vloeibare gas, petroleumgas, etaan, etaangas, etiel, etielalkohol, wyngees, fossielbrandstof; oliebron, oliefabriek, olieraffinadery, oliepers, petroleumbron, vulstasie; oktaangehalte, oktaangetal, hoë oktaan, lae oktaan

steenkool, antrasiet, glanskool, gruissteenkool, sintel, droes, houtskool, kool, koletjie, kooltjie, neutkool, kooks, briket; hout, braaihout, kaggelhout, fynhout, vuurmaakhout, vuurmaakgoed

b.nw

petrochemies, loodarm, loodvry

300. Sout

s.nw. sout, tafelsout, kombuissout, natriumchloried, natriumchloride, alkali, loogsout, aluin, sout van asynsuur, asetaat, beril, koolsuursout, bikarbonaat, blousteen, blouvitrioel, chloried, sout van fosforsuur, fosfaat, hoornblende, kainiet, kali, klipsweet, dassiepis, kwiksout, soda, wassoda, natriumkarbonaat, natron, bytsoda, natronloog, koeksoda, natriumbikarbonaat, salpeter, chili-salpeter, natriumnitraat, sout van salpetersuur, nitraat, potas, kaliumkarbonaat, sout van salisielsuur, salisilaat, salpeter, kaliumnitraat, helsteen, brandsteen, silwernitraat, soutgees, vlugtige soutstof, swawelsuursout, sulfaat, ystersulfaat, ystervitrioel, sulfiet, sulfonamide, sulfonamied, wynsteen, kaliumsout, wynsteensuur, soutoplossing

alkaliniteit, alkalisiteit, alkaliteit, saliniteit, soutgehalte, salinometer

soutafsetting, soutbron, soutkors, soutkuip, soutmeer, soutmyn, soutpan, soutraffinadery

soutmaker, soutmaker

b.nw. sout, soutagtig, souterig, salinies, alkalies, soutarm, brak *ww.* sout, sout raap

301. Metaalverwerking

s.nw. **metaalverwerking**, metaalbewerking, ertsbewerking, ysterertsbewerking, koperertsbewerking, ..., ysterwerk, staalwerk, tinwerk, laminering, legering, metaallegering, ysterlegering, metaalverharding, staalverharding, smelting, smeltery, ystersmeltery, metallisasie, metallisering, metallurgie, fusie, gietwerk, gietery, staalgietery, ystergietery, goudgietery, ..., granulasie, granulering, draadtrekkery, sweising, sweiswerk, soldeerwerk, pletwerk, platering, beslag, elektroplatering, elektrolitiese platering, elektrolitiese beslag; metaaluitputting, roes, verroesting, ysterokside, ysteroksied, magnetiet, magnetiese ysterokside, magnetiese ysteroksied, groenkoperroes, groenspaan, patina, metaalas, slak, metaalslak, ysterslak, staalslak, slakkewol

metaalindustrie, metaalbedryf, staalindustrie, ysterindustrie, staalbedryf, ysterbedryf, staalaanleg, ysteraanleg, staalfabriek, ysterfabriek, gietery, ystergietery, smeltery, staalsmedery

metaalmengsel, komposisie, allooi, alliasie, legering, metaallegering, goudlegering, nikkellegering, silwerlegering, loodlegering, amalgaam, spesie, blende, staalkaart

verwerkte metaal, bewerkte metaal, blad, draadwerk, foelie, gietsel, ru-staal, hardestaal, smee(d)staal, gietstaal, gegote staal, smeltstaal, staafstaal, temperstaal, lasstaal, gelamineerde staal, walsstaal, mangaanstaal, boustaal, bladyster, plaatyster, hoekyster, staafyster, profielyster, smee(d)yster, brandyster, gietyster, gegote yster, potyster, hoepelyster, ronde yster, gegalvaniseerde yster, rukoper, staafkoper, gietlood, staaflood, lamel, metaalwerk, sink, piouter, blik, glit, glitlood, klokspys; afvalmetaal, skroot, skrootmetaal, skrootyster, scrap (*Engels, informeel*)

metaalproduk, metaalware, ysterproduk, ysterware, staalproduk; metaalplaat, ysterplaat, staalplaat, ketelplaat, rolplaat, sinkplaat, golfplaat, bladmetaal, bladgoud, goudblad, bladlood, bladkoper, ..., foelie, tinfoelie, ysterfoelie, loodfoelie, silwerfoelie, staalblok; baar, balk, staalbalk, ysterbalk, ysterpaal, staaf, staalstaaf, goudstaaf, silwerstaaf, loodstaaf; draad, metaaldraad, staaldraad, ysterdraad, gouddraad, koperdraad, hakiesdraad, prikkeldraad, binddraad, sperdraad; kabel, ysterkabel, staalkabel, ketting, kabelketting, spanketting; metaalgaas, draadgaas, draadwerk, ogiesdraad; stang, mof, metaalmof, staalmof, beslag, hoepel, H-yster, T-yster, U-yster

metaalbedekking, verf, spuitverf, emalje, enemmel, brandverf, beslag, goudbeslag, silwerbeslag, koperbeslag

metaalwerker, metaalbewerker, staalwerker, gieter, tingieter, sweiser, blikslaer, slyper, plaatslyper, pletter, plateerder, elektroplateerder, smelter, metallurg

metaalwerkerstoerusting, bandsaag, beitel, hoogoond, kroes, smeltkroes, smeltoond, moffeloond, temperoond, gaaroond, brandoond, emaljeeroond, smeltpan, smeltbak, smeltpot, blaasbalk, blaaspyp, gietkas, gietblok, gietbrood, ysterbrood, gietpan, gietspaan, gietlepel, soldeerbout, soldeerlamp, soldeersel, soldeeryster, soldering, sweisapparaat, steekvlam, steekbeitel, steeksaag, tempermes, toetsnaald, toetssteen, wals, walsmasjien, draadjuk, woeljuk, draadtrekker, slypmasjien, slypmeul, pletmasjien, plethamer, pletmeule

b.nw. gegote, gelegeer, gelamineer(d), metallurgies, pletbaar, smeltvas

ww. bewerk, smelt, raffineer, suiwer, legeer, metalliseer, amalgameer, afklink, afpel, afskroef, afskroewe, beits, fels, galvaniseer, vulkaniseer, granuleer, hards, lamelleer, lamineer, set, sinter, soldeer, sweis, temper, roes, verroes, vasroes, wals, plet, platslaan, platpers, plateer, beslaan, elektroplateer, elektrolities plateer, elektrolities beslaan, verpleet

302. Smeewerk

s.nw. **smee(d)werk**, smidswerk, smidsambag, smedery, grofsmedery, goudsmedery, goudsmeekuns, silwersmedery, silwersmeekuns, ystersmedery, siersmedery, edelsmeewerk, filigraan, hoefsmedery, soldeerwerk, draaiwerk, goudslanery, verguldsel, versilwering, silwerwerk, versinking, inkrustasie, plettery, goudplettery, silwerplettery, fineer, fineerwerk,

las, lasplek, montering, monteerwerk
smidswinkel, smedery, grofsmedery, goudsmedery, goudsmidswinkel, silwersmedery, silwersmidswinkel, ystersmedery, hoefsmedery, gietery
smidstoerusting, smee(d)hamer, smidshamer, klinkhamer, beslaghamer, hoefhamer, voorhamer, planeerhamer, aambeeld, smidsbank, beslagtafel, beslagbok, smidstang, smeetang, hoefsmidstang, draadskêr, beitel, kolbeitel, koubeitel, draaibank, draaier, klink, klinkbout, klinknael, krombek, perdeyster, hoefyster, hoefbeslag, pons, spyker, tempermes, smidsoond, temperoond, smidshaard, smidsvuur, blaasbalk, soldeerbout, soldeersel
smidsware, koperwaar, koperwerk, goudbeslag, silwerbeslag, koperbeslag, plateerwerk
smid, smit, grofsmid, edelsmid, goudsmid, silwersmid, kopersmid, goudslaer, goudslaner, koperslaer, koperslaner, hoefsmid, kleinsmid, pletter, goudpletter, smidskneg, smidsjonge, ketelmaker, draaier, loodgieter
b.nw. smedig, smee(d)baar
ww. smee(d), temper, verguld, vernikkel, versilwer, versink, beslaan, slaan, planeer, wals, soldeer, draai, klem, pons, smelt, saamsmelt, inkrusteer, monteer

303. Steengroef
s.nw. groef, steengroef, kwarrie, ghwarrie, marmergroef, rotsbreker, steenbeitel, steenhouershamer, steenhouersbeitel, marmersaag; steengroefvoorman, steengroefwerker, marmersnyer, marmerslyper; gruis, steengruis, steenpuin, marmer, marmergruis, klei, sand

304. Steenbakkery
s.nw. **steenbakkery**, steenmakery, steenveld, steenoond, kleimeule, sementfabriek, teëlfabriek
steen, bousteen, baksteen, gebakte steen, rou steen, rousteen, klinker, klinkersteen, brandsteen, siersteen, fondamentsteen, randsteen, kleisteen, slaksteen, sementsteen, rifsteen, tufsteen, kalktufsteen, kraagsteen, lugsteen, leisteen, plaveisteen, deksteen, speksteen, kieselsteen, marmersteen, profielsteen, teël, vloerteël, kombuisteël, badkamerteël, stortteël, terracotta, terracottateël, kwarrieteël, dakteël, sementteël, sementdakteël, asbesteël, daklei, asbeslei, dakpan, asbespan; klei, steenklei, kleiaarde, verstening, vuurvastheid;
b.nw. rou, gebak, droog, vuurvas
ww. brand, bak, kleitrap, versteen, sinter

305. Pottebakkery
s.nw. **pottebakkery**, pottebakkerskuns, keramiekkuns, pottebakkersbedryf, erdewerkfabriek, porseleinfabriek, pottebakkerswinkel, pottebakkersateljee
pottebakkerstoerusting, pottebakkersgereedskap, diafragma, pottebakkerskyf, pottebakkerswiel, skopwiel, pottebakkersoond, verglaasoond, glasuuroond, moffeloond, klei, pottebakkersklei, potklei, porseleinaarde, terracotta, glasuur, tinglasuur, porseleinglasuur
pottebakkerswerk, erdewerk, keramiek, seramiek, keramiekwerk, steengoed, kleiwerk, glasuurwerk, bakwerk, faïence, porselein, kraakporselein, glasporselein, majolika, terracotta, terracottabeeld, plateel, plateelwerk, Delft, geglasuurde erdewerk, geglasuurde porselein
pottebakker, erdewerkkunstenaar, porseleinskilder
b.nw. keramies, gebak, bebak, geglasuur(d), verglaas(d)
ww. bak, knee, knie, brei, rol, gooi, verglaas, glasuur

306. Diamantslypery
s.nw. **diamantslypery**, slypery, diamantwassery, diamantsorteerdery, diamantindustrie, diamantnywerheid, diamanthandel, diamantmark, diamantproduksie; diamant, ongeslypte diamant, geslypte diamant, boordiamant, briljant, gewaterde diamant, faset, slypvlak
diamantslyper, diamantsnyer, diamantsetter
diamantboor, slypmeul, diamantmeul, diamantsaag, diamantgruis, diamantpoeier
b.nw. gewater(d)
ww. slyp, set, sny, poleer, was

307. Rubber en plastiek
s.nw. rubber, skuimrubber, sponsrubber, natuurlike rubber, kunsrubber, sintetiese rubber, gomlastiek, elastiek, eboniet; rubberboom, rubberplantasie, rubberproduk, rubberwiel, rubbersool, ...
plastiek, plastiekstof, makroplastiek, mikroplastiek, skuimplastiek, plastiekskuim, selluloïde, selluloïed, bakeliet, crêpe, sellofaan, formika, melamien, kunshars, polistireen, lateks, blinkleer, sintetiese stof, kunsstof, polimeerstof; plastiekproduk, plastiekbottel, plastieksak, plastiekbak, ...
b.nw. rubber, gomlastiekerig, elasties, plasties, termoplasties

308. Been
s.nw. been, tandbeen, horing, buffelhoring, renosterhoring, ..., keratien, keratine, seratien, seratine, ivoor, olifantstand, kunsivoor, beenporselein, beenmeel
b.nw. benig, benerig, beenderig, ivooragtig, horingagtig, horingrig

309. Glasbereiding
s.nw. glasbereiding, glasmakery, glasblasery, slypery, glasslypery, glasskildering, glasskilderwerk
glas, vensterglas, lamelglas, veiligheidsglas, matglas, melkglas, aktiniese glas, loodglas, diamantglas, kwartsglas, beenglas, rookglas, ruitglas, skerf, skerfglas, flintglas, smeltglas, spieëlglas, tripleksglas, meniskus, ysglas, mikaglas, mikaruit, Venesiese glas, kristal, halfkristal, kristalglas, glaskristal, loodkristal; glasmengsel, frit, glasuur, glasvesel, veselglas, glaswol
glasfabriek, slypery, glasslypery, glasindustrie, glashandel
glasmakersgereedskap, smeltkroes, smeltoond, verglaasoond, glasblaserspyp, glaspyp, glasvorm, gietvorm, koelbak, koeloond, glasmakershamer, glasmakersbeitel, punteertang, glassnyer, diamantsnyer, glasmeul
glaswerk, glasware, spieël, trasering, glasteël, glaspot, glasbeker, glasornament, ...
glasmaker, glasblaser, glasslyper, glasskilder, glaskramer
b.nw. glasagtig, geglasuur(d), verglaas(d)
ww. verglaas, glaseer, glasuur, blaas, inslyp, slyp

woorddeel glas-, glaas-

310. Vlegwerk
s.nw. vlegwerk, knoopwerk, macramé, mandjiewerk, bamboesvlegwerk, raffiawerk, filet, filetwerk, matwerk, matvlegwerk, netknopery; knoop, knoopplus, duiwelsklou, wrong; mandjie, mat, rietmat, matjiesgoed
tou, vlegtou, touvesel, riem, vlegriem, gras, vleggras, koord, vlegkoord, lyn, raffia, netraffia, alfagras, kaalgare, kaalgaring, kabelgare, kabelgaring
vlegter, matmaker, netknoper
ww. vleg, deurvleg, vasvleg, saamvleg, knoop, strengel, deurstrengel, takel, mat

311. Weefstof
s.nw. weefstof, weefsel, tekstiel, tekstielstof, tekstielware, tekstielgoedere, stof, goed, winterstof, wintergoed, somerstof, somergoed, fyngoed, kepergoed, keperstof, tabberdstof, tabberdgoed, gordynstof, gordyngoed, sonfilterstof, stoffasie, doek, dundoek, kledingstof, materiaal, rokmateriaal, pompadoer, gordynmateriaal, sonfilter, lamé, lanfer, floers, lap, laslap, reslap, lendedoek, rips, tyk, smirnaweefsel; binding, grein, tekstuur, skering, inslag, keper, pool, selfkant, rafelkant, vasel, vesel, draad, rafel, flenter, toiing, toiinkie, dessin
wol, fynwol, wolgoed, wolstof, halfwolstof, urinewol, piswol (*plat*), alpakka, angora, angorawol, astrakan(bont), chevron, sjevron, duffel, flennie, flanel, flanelet, gabardien, gabardine, kalamink, kalmink, kameelhaar, kamelot, kamwol, karsaai, kasjmier, kasmier, kassemier, kortwol, moreen, laken (*ongewoon*), lakense (*ongewoon*), lamawol, penswol, perdehaar, sybokhaar, saai, serge, sersje, sersjet, skotsbont, tartan, tweed, vilt, bouclé, moket; skeersel, loks
katoen, katoenstof, bombasyn, denim, chino, doerias, gabardien, gabardine, jute, kreton, moeselien, moesline, moeslien, nanking, organdie, organsa, pikee, popelien, popeline, sanel, satinet, sis, voersis, tarlatan, madras
kant, kantmateriaal, handgemaakte kant, masjiengemaakte kant, kloskant, naald-

kant, netkant, Brusselse kant, kantjie, chantilly, gaas, gaasdoek, gaasmateriaal, gaasweefsel, tulle, net
linne, linnegoed, linneweefsel, lynwaad (*ongewoon*), laken, lakengoed, lakenlinne, bafta, batis, damas, damasdoek, damaslinne, sirsakar, pelledoek, pellegoed, goiing, goiingsak, kaliko, kamerdoek, kakie, neteldoek, paklinne, seil, seildoek, bokseil
sy, systof, rou sy, halfsy, brokaat, goudbrokaat, chiffon, sjiffon, crêpe, krep, krip, crêpe-de-chine, filosel, moiré, satyn, taf, tafsy, tussorsy, sjantoeng, georgette
fluweel, ferweel, koord(jies)ferweel, koordfluweel, pluisfluweel, ribkoord, riffelferweel, veloer
pels, pelswerk, bewer, bewerpels, molvel, nerts, sabel
gedrukte materiaal, gedrukte katoen, batik, doerias, geblomde materiaal, bont, skotsbont, geruite materiaal, paisley
watte, karbolwatte
sintetiese stof, nylon, poliëster, rayon, orlon, kunssy, rekweefsel, reknylon, stokkinet, terilene, viskose, voile, prunel
tekstielnywerheid, tekstielbedryf, tekstielfabriek, materiaalwinkel, syindustrie, sykultuur
b.nw. duffelse, fibreus, ferwelerig, gaasagtig, naatloos, organdie, rafelrig, satynagtig, wollerig
ww. weef, brei, klos, kant klos, afpluis, batik, merceriseer, rafel

312. Spin
s.nw. **spinnery**, katoenspinnery, wolspinnery, handspinnery
spindraad, draad, spinsel, wol, chenille, sajet, wolgare, kaardwol, spinwol, hennep, hennepgare, hennepgaring, gare, garing, naaigare, naaigaring, naairiempie, sygare, sygaring, masjiengare, masjiengaring, kamgare, kamgaring, kabelgare, kabelgaring, kaalgaring, kaalgaar, kaalgare, kaardgare, kaardgaring, katoengare, katoengaring, breigare, breigaring, fyngare, fyngaring, sygare, sygaring, tongaring, sisal, vlas, vlasdraad, twyn, bol gare, bol garing, bol wol, kluwe (*ongewoon*)
spinstof, katoen, vlas, hennep, wol
spinwiel, spinnewiel, handwiel, twynwiel, garingwiel, spinmasjien, voorspinmasjien, spil, spinstok, spinrok (*ongewoon*), tol, tolletjie, klos, garingklos, haspel, garinghaspel, wolhaspel, haspelraam, kaard, kaarde, kaarder, wolkam, kammasjien, gang; spinner, spinster, fynspinner, grofspinner, goudspinner, garingspinner
spinfabriek, spinnery, garingfabriek, garingspinnery, wolfabriek, wolspinnery
ww. spin, haspel, kaard, uitkaard, skeer, pluis, uitpluis, kam, uitkam, afkam, klos

313. Weef
s.nw. **weefkuns**, wewery, katoenwewery, linnewewery, lakenwewery, lintwewery, ferweelwewery, jutwewery, weefindustrie, katoenindustrie, appretuur, kantklossery; geweefde materiaal, weefstof, weefsel, doek, lap, katoen, linne, tapisserie, dubbelbinding, inslag, skering, inslagdraad, skeringdraad, kettingdraad, nop, keper, selfkant, rafelkant, baan, reep
wewery, wewersfabriek
weefdraad, draad 311, nylondraad, chenille, tou, weeftou, weefgetou
weefapparaat, weeftoestel, weefstoel, gaasweefstoel, weefraam, klos, wewersklos, kantklostafel, kantkloskussing, wewerspoel, korf, skag, skietspoel, spoel, kalander, glansmasjien, skering, skeringdraad, inslag, inslagdraad
wewer, handwewer, skeerder, bandwewer, katoenwewer, katoendrukker; weefskool, wewersgilde
b.nw. driedraads, gekeper, gekeperd, gelykdradig, grofdradig, oopgewerk, teendraads, verweef
ww. weef, inweef, verweef, bind, kalander, kaard, appreteer, batik, keper, nop, rafel, pluis, afpluis, uitpluis

314. Leer
s.nw. **leer**, boleer, jugleer, riemleer, riem, riempie, rouriem, beesleer, bokleer, osleer, kalfsleer, varkleer, koedoeleer, gemsbokleer, krokodilleer, volstruisleer, ..., marokyn, marokynleer, saffiaan, fyn marokynleer, seemsleer, sagryn, sagrynleer, segrynsleer, sweedsleer, suède, skoenleer, soolleer, suigleer, lakleer, blinkleer, kunsleer, leerbekleding, perkament;

huid, vel, rouvel, beesvel, bokvel, kalfsvel, kalfshuid, osvel, perdevel, skaapvel, robvel, ...; leergoed, leerwerk, leerlap, leerdoek, leermateriaal, leerkledingstuk, leerbroek, leerbaadjie, leergordel, ..., leermeubel
leerlooiery, looiery, leerbereiding, leerbehandeling
leerlooierstoerusting, seninggare, seninggaring, snybank, gus, gustangetjie, tannien, tannine, looistof, looierskalk, leerkuil, looikuip, aluinkuip
leerlooier, looier, taner, leerkoper, saalmaker
ww. looi, sagmaak, nerf, nerwe, stryk

315. Papier
s.nw. papier, roupapier, skryfpapier, briefpapier, rofwerkpapier, notapapier, tekenpapier, drukpapier, afrolpapier, deurslagpapier, koolpapier, aftrekpapier, natrekpapier, aftryspapier, geskenkpapier, oortrekpapier, bruinpapier, plakpapier, muurpapier, glanspapier, fantasiepapier, houtpapier, ivoorpapier, kalkeerpapier, kardoespapier, kladpapier, vloeipapier, koerantpapier, kreukelpapier, rimpelpapier, sellofaan, sellofaanpapier, ryspapier, manillapapier, notepapier, bankpapier, silwerpapier, kalkeerpapier, reageerpapier, filtreerpapier, sneespapier, tabakpapier, suigpapier, vetpapier, gompapier, kleefpapier, bordpapier, verbandpapier, kalligrafiepapier, toiletpapier, skuurpapier, kleeflint, vlieëpapier, perkament, perkamentpapier, confetti, velyn, marokyn, marokynpapier, karton, riffelkarton, golfkarton, serpentine, paperas, afvalpapier, papirus; papierproduk, papier, karton, papiersak, kardoes, pak papier, riem
papierformaat, folio, foliopapier, kwarto, oktavo, mediaan, grootmediaan, kleinmediaan, imperiaal, memo, A4-formaat, A3-formaat
papierbladsy, bladsy, blad, vel, vel papier, folio, reep, katern, recto, verso, kantlyn, lyn, watermerk, papiermerk, perforasie
papierfabriek, papiermeule, papierhandel, papierwinkel
papierstof, houtpap, pulp, houtpulp, houtpapier, houtslyp(sel), houtvesel, houtweefsel, papierpap, papierwol, sellulose, papiermaché

papiermakersgereedskap, filagram, filigram, bleekaarde, bleikaarde, bleikklei, papiermeul, hollander, kalander, glansmasjien, perforeermasjien, perforeernaald
b.nw. papieragtig, veselagtig
ww. sny, pers, rol, satineer, perforeer, verglans
bw. recto, verso
uitdr. papier is geduldig

316. Hout
s.nw. hout, houtjie, beleghout, bitterhout, braaivleishout, brandhout, dryfhout, duighout, fineerhout, inleghout, kabinethout, kruishout, kuiphout, laaghout, tweelaaghout, drielaaghout, lamelhout, loofhout, mikhout, naaldhout, nekhout, onderhout, ouhout, nuwehout, papierhout, plank, houtplank, kasplank, kisplank, reihout, rondhout, skraaghout, timmerhout, veselbord, vlothout, wanhout, without, woelhout, wrakhout; houtwol, knobbel, knoes, knoets, knots, draad, grein, tekstuur, nerf, splint, vesel, jaarring, bas, skynbas, skors; houtkunde, xilologie, xiloteek
houtsoort, assegaaihout, bastergeelhout, berkehout, beukehout, dennehout, kwasdennehout, djati, dolfhout, doringhout, kameeldoringhout, doringkreupelhout, ebbe(n)hout, elshout, esse(n)hout, imbuia, embuia, greinhout, akkerhout, eikehout, geelhout, hardekool, loodhout, hardepeer, jarrahout, kalander, kamhout, kanferhout, kersiehout, kiaat(hout), kramhout, kreupelhout, kromhout, koramandelhout, lepelhout, mahoniehout, mingerhout, nieshout, notsing, ouhout, okkerneuthout, olienhout, oliewenhout, palissander(hout), peerhout, rooiesse(n)hout, rooihout, rooiivoorhout, saliehout, satynhout, sederhout, stinkhout, witstinkhout, swarthout, tambotiehout, vanwykshout, wilge(r)hout, ysterhout
houtproduksie, plantasie, dennehoutplantasie, woud, reënwoud, timmerwerf, houtboom, houtbedryf, houthandel; houthandelaar
houtverwerking, houtbewerking, houtbekleding, houtdistillasie, greinering, lambrisering, verspaandering, lamellering, laminering, wanhout, wankant, blok, blokkie, balk, balkie, kortling,

dwarsbalk, dwarshout, dwarspaal, kruisbalk, kruishout, lat, latwerk, plank, houtplank, kisplank, bord, spaanderbord, partikelbord, blokbord, fineer, fineerhout, bo-fineer, dekfineer, lamelbord, lamelhout, gelamelleerde hout, laaghout, multilaaghout, tweelaaghout, drielaaghout, gelamineerde hout, veselbord, hardebord, staf, stok, paal, kreosoot, kreosootpaal, teerpaal, houtpaal; houtwerk, skrynwerk, kabinetwerk, verstekwerk, voegwerk, saagwerk, skaafwerk, draaiwerk, belegsel, inlegwerk, belegwerk, beskot, verstekhoek, las, lasplek, verstek, versteklas, haaklas, haakliplas, sponning, groef, voeg, swaelstert, swaelstertvoeg, inlaatvoeg, verstekvoeg, hol-en-dolvoeg, skroeftap, tapvoeg, kruisverband, inlegblad, inleghou, krul, houtkrul, skaafkrul, skaafsel, spaander, splint, saagsel, saagmeel, houtafval; skrynwerker, timmerman, houtwerker, kabinetmaker, kastemaker, draaier, houtdraaier, houtkapper, houthakker, timmerwerker

houtwerkgereedskap, beits, karbolineum, beitel, houtbeitel, koubeitel, dekbeitel, ritsbeitel, holbeitel, boor, houtboor, elektriese boor, draaiboor, spiraalboor, dubbelspiraalboor, spitsboor, versinkboor, diktepasser, draaibank, draaier, glaspapier, guts, hamer, klouhamer, rondekophamer, blokhamer, slaghamer, klamp, houtklamp, C-klamp, klemblok, klembord, klemhaak, klemstuk, kruishout, meul, meule, moersleutel, oopspermoersleutel, rasper, reglet, reiskaaf, ritsyster, ruimer, saag, handsaag, elektriese saag, sirkelsaag, banksaag, draaisaag, skropsaag, spansaag, steeksaag, raamsaag, figuursaag, sleutelsaag, tapsaag, voegsaag, versteksaag, ystersaag, metaalsaag, saagbank, saagblok, saagbok, saagkuil, saagmeul, saagsetter, skaaf, skaafmasjien, roffel, roffelskaaf, riffelskaaf, rondskaaf, lysskaaf, profielskaaf, holskaaf, ojiefskaaf, puntskaaf, speekskaaf, reiskaaf, sponningskaaf, skropskaaf, verstekskaaf, verdiepskaaf, rasper, vyl, skuurder, skuurmasjien, skuurpapier, skaalplank, skroef, skroewedraaier, sterpuntskroewedraaier, kruispuntskroewedraaier, ratelskroewedraaier, slee (draaibank), snybank, spykerklou, stelskroef, duimskroef, stelskroef, verstelskroef, swaaihaak, swingel, tandsetter, timmerbok, verstekhaak, winkelhaak; spyker, hegspyker, paneelspyker, skroef, houtskroef, ovaalkopskroef, rondkopskroef

houtware, houtproduk, houtmeubel, houtkas, houtkis, houtraam, ...

b.nw. houtagtig, houterig, greinerig, dwarsdraads, regdraads, kapryp, haaks, geskaaf, gesaag, gelamelleer(d), gelamineer(d)

ww. saag, kap, droog, verhout, vermolm; bewerk, afpel, afskuur, beitel, boor, draai, greineer, groef, hamer, slaan, inslaan, inlê, inskulp, karbolineer, klem, kreosoteer, krul, lambriseer, las, omkap, omklink, rasper, rits, roffel, saag, skaaf, skuur, timmer, verpulp, verspaander, voeg, lamelleer, lamineer

d. Planteryk
317. Fisiologie

s.nw. fisiologie 255, 358, 515, biologie, geobiologie, radiobiologie, biodinamika, biogenese, bionika, biotomie, selleer, moment, momentum, simbiose, sinergisme, sinergie, parabiose, parasitisme

sel, stamsel, seldeling, selverdeling, selontwikkeling, mitose, transmutasie; selstof, selkern, nukleus, selvoeg, selwand, selweefsel, idioblas, filament, albumien, albumine, katalase, kreatien, kreatine, nukleïen, nukleïne, sellulose, seloom, sentriool, sentrosoom, sigoot

filogenese, filogenie, voortplanting, genotipe, atavisme, rasegtheid, baster, fotofiel, fototropie, fototropisme; phylum, klas, orde, familie, genus, geslag, spesie, soort; diereryk, planteryk, habitat, groeiwyse, groei, anabolisme, katabolisme

idioblas, homogamie, bloeding

bladgroen, chlorofil, sporofil, huidmondjie, stoma, fillotaksie, fillogeen, fillode, chrisofil, rickettsia, rickettsiabakterie, reinkultuur, alkaloïed, alkaloïde modifikasie, diatoom, korteks

b.nw. fisiologies, biologies, biogeneties, simbioties, parabioties, aëroob, alifaties, androgeen, atavisties, biseksueel, chromaties, gemeenslagtig, heterotroof, resessief, saprofaag, sellulêr, sinergisties, sier-

geties, sinergies, basaal, bederfbaar, bederflik, bevange, parasities, fototroop, fototropies
ww. aanteel, klassifiseer

318. Plant
s.nw. plant, plantegroei, inheemse plantegroei, endemiese plantegroei, uitheemse plantegroei, eksotiese plantegroei, flora, grondflora, vegetasie, vegetaal, groenigheid, groenerigheid, inheemse plant, endemiese plant, uitheemse plant, eksotiese plant, indringerplant, indringerspesie, hermafrodiet, tweeslagtige plant, soöfiet, dierplant, helofiet, moerasplant, halofiet, halofiel, geofiet, heterofiet, eenjarige plant, meerjarige plant, kormofiet, kriptogaam, opslagplant, opslag, onkruid
planteryk, bioom, plantbioom, duineveld, fynbos, fynruigte, karooveld, renosterveld, grasland, savanne, woud, woestynveld; phylum, klas, orde, familie, genus, spesie, nie-saadplant, nie-blomdraende plant, swam, fungus, varing, keëldraende plant, naaksadige plant, gimnosperm, saadplant, blomdraende plant, spermatofiet, angiosperm, bedeksadige, eensaadlobbige, monokotiel, eensaadlobbige plant, tweesaadlobbige, dikotiel, tweesaadlobbige plant
plantsoort, blomplant, bolplant, bolgewas, geraamteplant, soetwaterplant, vetplant, sukkulent, woekerplant, laatbloei, rankplant, rank, ranker, klimop, klimplant, kasplant, voedster, voedsterplant, nabloeier, kougoed, kandelaar, koelteboom, woudreus, lap, heining, haag, heg, laning, laninkie, kweperlaning, ..., doringwildernis, vervuiling, ruigte, kreupelbos, oerwoud, woud, dennewoud, ..., bos, dennebos, ..., parasiet, parasitiese plant, epifiet, saprofiet, skimmelplant, hidrofiet, waterplant, waterblommetjie, wateruintjie, ..., aërofiet, lugplant, fotofiel, fotofiet, ligplant, heliofiet, sonplant, holofiet, outofiet, halofiet, hermafrodiet, hermafroditisme, sporofiet, keëldraer, somerplant, somergewas, herfsplant, herfsgewas, winterplant, wintergewas, jaarplant, jaargewas, labiaat, xerofiet, grondbevolking, grondbedekker, onderhout, onderbos, ondergroei, ouhout, veselplant, tuinplant,
veldgewas, veldplant, varing, skaduplant, struik, struikgewas, sporeplant, snotterbel, peulplant, dwergplant, doringstruik, klimkruid, gewas, siergewas, sierplant, sierboom, saaiplant, saailing, saadplant, kruipplant, doringboom, krui, kruie, kruid, onkruid, kruidgewas, gras, riet, rietbos, waterriet, rietgras, pol, graspol, grassaad, halm, grashalm, spriet, grasspriet, biesie, papkuil, indringerplant, gifplant, gasheerplant, dwergsoort, dwergboom, stoel, steggie, stiggie, telg, inlêer, bol, blombol, lateks, tak, palmtak, dennetak, ..., kafdoppie, stronk, snoeisel, hawer, katoen, windskerm, heg, amarant, papirus, papierplant
blomsoort, blomvorm, kers, grafblom, skermblom
b.nw. plantaardig, kruidagtig, fitogeen, stokkerig, angiospoor, bedeksadig, bedeksporig, bladhoudend, bladwisselend, bodemstandig, doringloos, doringrig, naaksadig, eensaadlobbig, tweesaadlobbig, driesaadlobbig, dubbelblarig, groen, groenblywend, haarloos, harerig, harig, hermafrodities, kapryp, oorblywend, oorjarig, struikagtig, vegetatief, woldraend, xerofities, eenjarig, meerjarig; beplant, begroei, bebos, plantryk, bosryk, boomryk, boomloos
ww. groei, uitloop, vervuil; plant, beplant, pot, inlê

319. Wortel
s.nw. hoofwortel, penwortel, primêre wortel, sekondêre wortel, tersiêre wortel, kleiner sywortel, laterale wortel, wortelstelsel, bywortels, penwortelstelsel, veselige, bywortelstelsel, boomwortel, haarwortel, lugwortel, veselige wortel, veselwortel, wortelhaar, wortelvesel, worteldraad, wortelstok, risoom, suigwortel, bol, knol, wortelgroente, wortelgewas, bolgewas, bolplant, knolgewas, knolplant
b.nw. gewortel, wortelagtig
ww. wortel, wortel skiet, stoel

320. Stam
s.nw. stam, stomp, stompie, knoes, knoets, tak, sytak, skeut, loot, twyg, takkie, waterloot, bloeias, doringtak, lat, stok, stingel, steel, spruit, bas, dikbas, mikstok,

mik, jaarring, jaarkring, draer, onderstok, onderstam, draagstok, drahout, draaghout, doring, pendoring, okselknop, eindknop, stingelknoop, stingel, lit, stingellit, nodus, groeipunt, suier, vaatbundel, melk, melksap, houtvesel, houtweefsel, kambium, parenchiem, floëem, spinthout, deksiotroop, dichotomie, digotomie, stronk, mieliestronk, gladde stingel, growwe stingel, harige stingel, doringrige stingel, bros stingel, buigsame stingel, lugstingel, ondergrondse stingel, houtagtige stingel, kruidagtige stingel, regop stingel, horisontale stingel, slingerstingel, velskoenblaar, blomas, bloeias, blombodem

b.nw. getak, ongesteeld, regstammig, hoogstammig, laagstammig, knoetserig, kwasserig, kwasterig, basagtig, kruidagtig, basaf, basloos, digotomies, digotoom

ww. tak, vertak, stoel, aftak

321. Blaar
s.nw. blaar, gebladerte, foliasie, tabakblaar, halm, vyeblaar, ..., naald, dennenaald, roosblaar, uielof, kaffie, stingelblaar, vrugblaar, steunblad, steelblaartjie, blad, blaarskyf, bladskyf, bladnerf, nerf, hoofnerf, aar, nerwatuur, nervatuur, bladsteel, blaarsteel, petiool, skede, oksel, okselknop, knop, knoppie, oog, blaarknop, okselblaar, skudblaar, blarekroon, eenvoudige blaar, enkelvoudige blaar, saamgestelde blaar, dubbel-saamgestelde blaar, blaar met netwerk van are, blaar met parallelle are, afwisselende blaarrangskikking, teenoorgestelde blaarrangskikking, blare in kranse gerangskik, blaarrand, gladde rand, gelobde rand, gekartelde rand, gesaagde rand, diepgelobde rand, getande rand, blaarvorm, lynvormige blaar, veervormige blaar, spiesvormige blaar, hartvormige blaar, eiervormige blaar, ronde blaar, ovaalgeronde blaar, haar, baard, baardjie, kelkkaffie, stekel, doring, tweesaadlobbige blaar, druiweblaar

b.nw. bladwisselend, immergroen, altydgroen, loofryk, blaarwisselend, bladhoudend, doringagtig, gaafrandig, gegolf, geleed, gelob, gerib(d), gerimpel(d), gesplete, getand, geveer, gevurk, kaal

woorddeel blad-

322. Blom
s.nw. blom, blombodem, blomsteel, knop, blomknop, blomblaar, skudblaar, skudblad, omwindsel, kelk, blomkelk, kelkblare, blomkleed, blomkroon, blomdek, perigoon, kroon, kroonblaar, kroonblad, hofie, blomhofie, vrugbeginsel, hokkie, saaddoos, saadhuisie, saadkern, stamper, styl, stempel, meeldraad, helmdraad, helmknop, stuifmeel, pollen, nektar, vrugbekleedsel, saadomhulsel, bloeikolf, bloeiskede, stamperblom; blommeprag, blommeweelde, blommesee, blommegeur, blomtyd

bloeiwyse, krans, raseem, skerm, kolf, aarvormige bloeiwyse, saadpluim, saat

blomsoort, blomtipe, blomknop, oop blom, eenslagtige blom, manlike blom, vroulike blom, tweeslagtige blom, lenteblom, somerblom, herfsblom, winterblom, aandblom, struikblom, tuinblom, snyblom, bloeisel, perskebloeisel, ...

b.nw. blomryk, bloemryk, blomdraend, enkelblommig, dubbelblommig, kransstandig, onderstandig, getros

ww. blom, ontluik, oopgaan, bloei, in die bloei staan, bloeisels dra

323. Vrug
s.nw. vrug, saad, bessie, moer, aartappelmoer, keël, kegel, dop, vleis, stingel, vrugtesteeltjie, kelkblaar, kelkieblaar, pitvruggie, steenvruggie, blombodem, koord, mesokarp, epikarp, styl, klokhuis, pit, vrugtepit, perskepit, druiwepit, pampoenpit, ..., saadhuis, saadhuisie, kiemkrag, kiem, saadkern, saaddraer, saadkoek, saadkiem, saadknop, saadkorrel, saadlob, saadlys, saadmantel, saadpluim, saadpluis, doosvrug, saaddoos, saaddosie, saadbol, saadvlies, saadwol, saaisaad, saat, saadblom, saaddop, klep, huls, binnevrugmuurlaag, endokarp, kiemlob, kiemblaar, huisie, mieliesaat, albumen, bolster, bol, vrugbol, perikarp, siertjie, skyf, skyfie, huisie, sporangium, waas, vrugpluis, vrugknop, vrugkiem, swelling, sporofoor, sporedosie, spoor, skil, skede

vrug(te)soort 350, vrugte, steenvrug, steenvrugte, pitvrug, pitvrugte, vlesige pitvrug, vlesige vrug, vlesige vrugte, saamgestelde vlesige vrug, bessievrug, bessievrugte, sagtevrug, sagtevrugte, stamvrug, stamvrugte, boomvrug, boomvrugte, dopvrug, dopvrugte, blaasvrug, blaasvrugte, spoorvrug, spoorvrugte, splitsvrug, peulvrug, peulvrugte, peulgewas, peul, doosvrug, somervrug, somervrugte, wintervrug, wintervrugte, lentevrug, lentevrugte, herfsvrug, herfsvrugte, skynvrug, tropiese vrug, tropiese vrugte, sitrusvrug, sitrusvrugte, sitrus, tafelvrugte, droëvrugte

neut, grondboontjie, pinda, pindaneut, okkerneut, amandel, kasjoeneut, haselneut, pekanneut, pekan, kastaiing, kokosneut, klapperneut, kokeleko, paraneut, Brasiliaanse neut, pistachio, pistasie, pistachioneut, pistasieneut, pimperneut, groenamandel, dennepit, pienangneut, macadamia, makadamia, macadamianeut, makadamianeut

saad, anyssaad, sesamsaad, sesamesaad, sonneblomsaad, vlassaad, lynsaad, ...

droëvrugte, tutti frutti, rosyn, rosyntjie, hanepootrosyn, hanepootrosyntjie, trosrosyntjies (*meervoud*), trosrosyne (*meervoud*), stingelrosyne (*meervoud*), stingelrosyntjies, neut, okkerneut, kastaiing, pekanneut, haselneut, dennepit, dennebol, klapper, karkoer, bitter waatlemoen, kariebessie, duinebessie, skilpadbessie, dortelappel, bitterappel, sodomsappel, gifappeltjie, kalbas, akker, eikel (*verouderd*), kalabarboon, roosbottel, kwintappel, kolokwint, dopkoring, dopertjie, porslein, postelein, pienangboon

b.nw. vrugbaar, vrugbrengend, vrugdraend, onvrugbaar, ryp, halfryp, oorryp, volryp, boomryp, papryp, vrot, verrot, papvrot, saaddraend, saadloos, saploos, spoordraend, eenlobbig, enkellobbig, tweelobbig, dubbelkernig, meerhokkig, hokverdelend

ww. saadskiet, saai, dra, kiem, ontkiem, swel, ryp word, vrugte dra, fruktifieer, fruktifiseer

324. Plantlewe
s.nw. plantlewe, plantegroei, plant, blom 322, blomblaar, bloeisel, bloeiwyse, bloei, bloeityd, genese, genesis, heterogenese, heterogenesis, seldeling, meiose, meiosis, ontkieming, germinasie, vernalisasie, kiemplant, uitloopsel, uitloper, uitspruitsel, vertakking, weligheid, verleptheid, vermenging, verbastering, verplanting, voortbrenging, groei, diktegroei, fotosintese, fotonastie, tropisme, fototropie, fototropisme, isotroop, isotropie, isotropisme, heliotropie, heliotropisme, aërotropie, aërotropisme, hidrotropie, hidrotropisme, geotropie, geotropisme, vrugbaarheid, rypheid, drastok, drag, draagtyd, dratyd, tussengasheer, transpirasie, osmose, homogamie

plantsiekte, swam, swamsiekte, fungus, parasiet, virus, dwerggroei, gal, krulblaar, krulblaarsiekte, roes, witroes, laatroes, wingerdsiekte, vlamsiekte, vaalblaarsiekte, septoria, meeldou, wortelvrot, heksebesem, besemsiekte, geelvlek, bladskimmel, stuifbrand, rolblaar, druiwepes, filloksera, swartbrand, swartroes, blaarsiekte, skurfsiekte, vaalvrot, botritis, myt, plantluis, skurfsiekte

pes, wingerdluis, codlingmot, sprinkaanplaag, stronkboorder, mieliestamrusper, snywurm, kommandowurm, knoppieswurm, kalander, koringtor, plantluise

b.nw. welig, groen, immergroen, altydgroen, verlep, verwelk, sukkulent, vrugbaar, geil, onvrugbaar, rustend, geotroop, geotropies, fototroop, fototropies, heliotroop, heliotropies, isotroop, isotropies, anatroop, anatropies, kransstandig, kroonstandig, gelykstandig, ruderaal, bogtig (plante), homogaam, homogamies, heterogaam, heterogamies, kriptogaam, kriptogamies, sessiel, heterotroof, osmoties

ww. groei, vegeteer, ontkiem, spruit, ontspruit, uitspruit, opskiet, uitkom, uitstoel, wortel, wortelskiet, ineengroei, rank, tier, toegroei, transpireer, verflens, verlep, verwelk, welk, vermeng, vernaliseer, verplant, vertak, voortbring, fotosinteer

325. Plantkunde
s.nw. plantkunde, plantkennis, botanie, geobotanie, dendrografie, dendrologie, palinologie, briologie, fitologie, epifitologie, fitografie, fitopatologie, plantsiektekunde, mikologie, isotropie, natuurbewaring, natuurbeskerming

plantkundige, botanikus, fitoloog, dendroloog, brioloog, mikoloog *b.nw.* plantkundig, botanies, dendrologies, dendrografies, briologies, fitologies, fitografies, fitopatologies, mikologies, isotropies

326. Oerplant
s.nw. oerplant, bakterie, kokkus, streptokokkus, mikrobe, mikroörganisme, skimmel
b.nw. skimmelagtig

327. Tallusplant
s.nw. **tallusplant**, tallus, tallofiet
alg, paddaslyk, paddaslym
swam, fungus, muf, skimmel, spoorplant, swamspoor, buikswam, rakswam, slymswam, gissel, moederkoring, duiwelsnuif, ajoos, meeldou, trilswam, judasoor, roes, roesswam, ajosie, nambossie, duiwelsnuif, penseelswam, penseelskimmel, splytswam, skimmelplant, paddastoel, sampioen, kampernoelie, paddabrood, duiwelskos, slangkos, duiwelsbrood, wier, korsmos, diatoom, kelp, bruinwier, seebamboes

328. Mosplant
s.nw. mosplant, mos, veenmos, blaarmos, bladmos, mosgras, sardynkruid

329. Varing
s.nw. **varing**, swaardvaring, voëlnesvaring, platkatdoring, herthoringvaring, takbokvaring, perdestert, wolfsklou, boomvaring, vrouehaarvaring, nôienshaar, nooienshaar, skildvaring, veldvaring, swaardvaring, seweweeksvaring, nooienshaarvaring, stoffervaring, lansvaring, platkatdoring
saad, spoor, sporus, sporehopie, varingblaar, blaarvin, blaarsteel, ragis

330. Naaksadige
s.nw. **naaksadige**, naaksadige plant, gimnosperm, nie-blomdraende saadplant, keël, manlike keël, vroulike keël
dadel, dadelboom, dadelpalm, ivoorpalm, den, denneboom, broodboom, sikadee, welwitschia, naaldboom, sipres, konifeer

331. Boom
s.nw. **boom**, bladhoudende boom, bladwisselende boom, keëldraer, lowerryke boom, skaduboom, groot boom, woudreus, dwergboompie, bonsaiboompie, vrugteboom, sierboom, tuinboom; stam, boomstam, stomp, boomstomp, bas, boombas, binnebas, basweefsel, floëem, houtstraal, houtdraad, ring, jaarring, kernhout, spinthout, spinhout, kambium, teellaag, wortel, boomwortel, penwortel, kiemwortel, radikula, vlakwortel, lugwortel, wortelhaar, wortelhaarstreek, tak, boomtak, hooftak, sytak, blaar, loof, lower, boomblaar, kroon, boomkroon, top, boomtop
aarbeiboom, abiekwasboom, akasia, haak-en-steek, anaboom, assegaaiboom, asgaaiboom, Australiese vlamboom, baakhout, baobab, kalbasboom, belhambra, bergpruim, wildepruim, kaambessie, pruimbessie, berk, berkeboom, betelpalm, beuk, beukeboom, terblans, bloekom, bloekomboom, lowerbloekom, rooiblombloekom, boekenhout, rooiboekenhout, den, denneboom, spar, pynboom, lariksboom, larkeboom, Norfolkden, deodar, djati, doringboom, witdoringboom, soetdoring, soetdoringboom, apiesdoringboom, knoppiesdoringboom, karoodoringboom, kameeldoring, kameeldoringboom, vaaldoring, vaalkameeldoring, vaaldoringboom, witdoring, witdoringboom, kareedoringboom, kriedoring, kriedoringboom, naboom, haakdoringboom, hakiesdoring, swarthaak, wag-'n-bietjie, wag-'n-bietjieboom, lemoendoringboom, dwergmispel, silwerdwergmispel, eik, eikeboom, akkerboom, hulseik, kurkeik, silwereik, steeneik, esdoring, ahorn, esse(n)hout, rooiesse(n)hout, eugenia, fakkelboom, flambojantboom, garingboom, sisal, sisalboom, geelhoutboom, ouhout, rooiblaar, Henkel se geelhout, kalander, bastergeelhout, geeltuit, gomboom, granaatboom, hardekool, huilboerboon, huilboom, huilbos, huls, hulsboom, iep, olm, jakaranda, jakkalsbessie, jakkalsbessieboom, witmelkhout, witmelkhoutboom, jamboes, johannesbrood, johannesbroodboom, sprinkaanboom, karobboom, judasboom, kaalgraskafferboom (*uiters kwetsend en rassisties*), kafferpruim (*uiters kwetsend en rassisties*), kafferpruimboom (*uiters kwetsend en rassisties*), kaf-

ferdadel (*uiters kwetsend en rassisties*), kajapoetboom, kamassie, kamassieboom, kanferboom, kamferboom, kapokboom, karobboontjie, kasjoe, kastaiing, Kaapse kastaiing, kasterolieboom, kasuur, kershout, kershoutboom, kersieboom, kerseboom, kersboom, keurboom, geelkeurboom, keurtjie, keurtjieboom, kiaat, kiaatboom, dopperkiaat, kiepersol, waaiboom, sambreelboom, nooiensboom, kokerboom, boomaalwyn, kola, kolaboom, koorsboom, akasia, koraalboom, kremetartboom, lekkerbreek, mahonie, mahonieboom, maroelaboom, melkboom, melkhout, melkhoutboom, kreupelhout, mimosa, mirteboom, mirt, teemirt, mispel, naaldboom, nieshout, nieshoutboom, okkerneutboom, oleander, olien, olienhout, olienhoutboom, sandolien, sandolienhoutboom, olyf, olyfboom, sandolyf, sandolyfboom, palm, palmboom, palmet, ilalapalm, papajaboom, papino, papeto, peerboom, peperboom, pienang, pienangboom, piesangboom, pistachioboom, pistasieboom, plataan, plataanboom, populier, poplier, populierboom, silwerpopulier, wit populier, abeel, abele, vaderlandspopulier, vaarlandspopulier, trilpopulier, portjackson, portjacksonboom, raasblaarboom, rooi-els, rooi-ivoor, rooi-esse(n)hout, rooihout, mammoetboom, rooikrans, rooikransboom, rooikransbos, rooipeer, klipdoring, rooshout, rubberboom, saffraan, saffraanhout, saffraanboom, saffraanhoutboom, salie, saliehout, saliehoutboom, sambreelboom, sandelboom, sassafras, seder, Libanonseder, sering, seringboom, wildesering, wildeseringboom, silwerboom, witboom, sipres, sapree, vleisipres, vleisapree, bergsipres, jenewerboom, bergsapree, bobbejaankers, spekboom, stinkboom, stinkboontjie, stinkhout, witstinkhout, kamdebostinkhout, tamarind, tamarinde, tamarisk, tambotie, tipuana, trompetboom, tungolie, vanwykshout, vlier, vlierboom, vyeboom, wag-'n-bietjie, wag-'n-bietjieboom, wasboom, waspalm, waterboom, wattelboom, swartwattel, blouwattel, lierwattel, sederwattel, wildeamandel, wildeamandelboom, wildeperske, spe(e)khout, vaderlandsrooihout, wilg, wilger, wilgerboom, wilkerboom, knotwilg, blomwilg, treurwilg, katwilger, rooiblaar, rooibos, vaderlandswilg, vaarlandswilg, witels, witgatboom, matoppie, without, waterboom, wonderboom, worsboom, ysterpit
b.nw. boomryk, bebos, blywend, immergroen, bladhoudend, bladwisselend, skaduryk, skadugewend, loofryk, eensaadlobbig, tweesaadlobbig

332. Struik

s.nw. **struik**, struikgewas, tuinstruik, boomstruik, sierstruik, blomstruik 334, doringstruik, miniatuurstruik, potplant
struiksoort, akant, akelei, berberis, bokwiet, boekwiet, dansdoring, draaibos, draaibossie, duinebossie, ganna, gansbossie, gansiebossie, geelblombos, geelbos, g(h)narrabos, gharrabos, narrabos, haag, haagdoring, haak-en-steekbos, harpuisbos, haselaar, heester, hen-en-kuikens, henna, huilbos, jakkalsbos, jakkalspruim, bloupruim, namtarrie, jakkalstert, januariebossie, jute, kaalgaar, kaalgare, kaalgaring, kanferbos, kamferbos, vaalhout, wildekanferbos, wildekamferbos, vaalbos(sie), sieriehout, kapokbossie, karee, kareeboom, kareebos, karoobossie, katdoring, katbos, katoog, kawa, keiappel, kerriebos, klapperbos, klipdoring, kolkol, koordbossie, kouterbos, klaaslouwbos, kraalbos, kroton, kruidjie-roer-my-nie, kruidjie-roer-my-niet, maniok, kassawe, meelboom, masbos, meidoring, oondbossie, perdekop, pienangbossie, raasbessie, ghwarriebos, ghwarrie, rooikrans, rooikransbos, rooitou, saffraanbossie, seeroogbossie, slangbossie, soethout, soethoutbossie, spieëlplant, stinkbos, stinkblom, stinkolieblaar, stinkblaar, stinkolie, stinkolieboom, sysselbos, taaibos, tabakbos, telbossie, vaalbrak, brakbos, soutbos, vermeerbossie, veterbossie, wildegranaat, geelberggranaat, windmakerbos, witaarbossie, witbossie, withaak, wolbossie, wolfskruid, wolwekruid, monnikskap, wolwedoring
blomstruik, aalwyn, aalwee, makaalwyn, makaalwee, garingboom, ramenas, asalea, baardmannetjie, balroos, sneeubal, bauhinia, begonia, bergroos, skaamblom, blomperske, blomkweper, bobbejaanklou,

drolpeer, dwergblomgranaat, dwergverbleikblom, brunfelsia, flambou, mahemblom, frangipani, fuchsia, gardenia, garnaalblom, goudtrompet, impatiëns, jakobregop, fluitjiesbos, wildebesembos, jubelbessie, kamelia, kankerbossie, geelkeurtjie, gansie, gansiebossie, kalkoenbelletjie, kanferfoelie, kanna, ganna, kannabos, gannabos, bruinganna, fyntaaibos, kapkappertjie, kapkappie, kapokbossie, karmonk, katjiepiering, keiserskleed, kerriebos, keurbos, keurboom, keurtjie, keurtjieboom, kliproos, konfettibos, koraalbessie, koraalbos, kraanvoëlblom, strelitzia, krisantbos, magrietbos, krismisroos, hortensia, hortensie, Japanse roos, kruiskruid, lanferroos, lantana, laventel, magnolia, malva, pelargonium, oregondruif, ploegbreker, poinsettia, reseda, rooirabas, roos, roosboom, basterteeroos, floribunda-roos, garnette-roos, miniatuurroos, hoogstamroos, struikroos, rankroos-van-Saron, roosboom, roosmaryn, selonsroos, oleander, sesbania, skeefblom, grafblom, steekbossie, blombos, teebossie, verbena, sitroenverbena, veronika, bosveronika, vuur-op-die-dak, vyfvingerkruid, wasbessie

b.nw. struikagtig, immergroen, blomdraend, eensaadlobbig, tweesaadlobbig

333. Rankplant

s.nw. **rankplant**, ranker, klimplant, klimop **beesklouklimop**, bobbejaantou, slingerplant, purperwinde, bougainvillea, Chinese ranktrompet, heroutstrompet, houtroos, Japanse klimop, jasmyn, Chileense jasmyn, melkjasmyn, Madagaskarjasmyn, kanarieklimop, kanferfoelie, kamferfoelie, kannetjie, katklouklimop, klapklappertjie, klappertjie, klematis, koraalklimop, maramba, oupa-se-pyp, pampoenrank, pampoenstoel, platkatdoring, petrea, wildenaeltjie, platkatdorings, rankroos, rankwildevy, swiertrompet, Virginiese klimop, vuur-op-die-dak, wasplant, wildewingerd, wingerdplant, wisteria, bloureën, Zimbabwiese rankplant, betel

b.nw. rankerig, eensaadlobbig, tweesaadlobbig

334. Blomplant

s.nw. **blomplant**, blomstruik 332, blom, blomdraer, blomdraende plant

blomsoort, aandpypie, aasblom, aaskelk, affodil, afrikaner, afrikanertjie, stinkafrikaner, agapant, agretjie, anemoon, angelier, asblom, cineraria, aster, balseminie, bergaster, bobbejaantjie, bruid(s)blom, trots-van-franschhoek, bougainvillea, papierblom, dahlia, disa, doringvygie, edelweiss, flap, floks, floksie, fluweeltjie, foksia, freesia, fuchsia, gnasblom, gentiaan, gesiggie, gipskruid, gladiolus, gladiool, gousblom, gansogie, heuningblom, retzia, hibiskus, hibiskusblom, impatiëns, iris, ixia, jakobregop, japonika, kaaimansblom, kalkoentjie, kammetjie, kanol, kapokblom, kappertjie, kapper, kapkappertjie, karlienblom, kelkiewyn, klok, klokkie, kosmos, duiwel-in-die-bos, nooientjie-in-d(i)e-groen, klossie, kalossie, groenkalossie, koringblom, kraanvoëlblom, krisant, krismisroos, hortensie, hortensia, kruisblom, lelie, leliederdale, lelie van die dale, lupien, wolfsboontjie, Maartblom, Maartlelie, madeliefie, sjastamadeliefie, madonnalelie, magriet, margriet, malva, geranium, pelargonium, misblom, misbol, misryblom, moederkappie, monnikskappie, muurblom, naeltjie, nagblom, narsing, nemesia, oumakappertjie, oumakappie, orgidee, papawer, klaproos, passieblom, petunia, pimpernel, pioen, pioenroos, primula, pronk(-)ertjie, sier-ertjie, rooipypie, protea, koningsprotea, koninginprotea, suikerkan, skaamroos, heuningkoeksuikerbos, swaelsuikerbos, bruidsblom, ranonkel, ridderspoor, rododendron, roos, roosknop, seeroogblom, serruria, sewejaartjie, strooiblommetjie, immortelle, siklaam, siklamen, skaamblom, skyfblom, sneeuklokkie, sonkiel(tjie), jonkwil, sonneblom, strandroos, strelitzia, suurkanol, swaardlelie, tierlelie, tjienkerientjee, trewwa, uiltjie, varkblom, aronskelk, varkoor, varkensoor, verbena, vergeet-my-nietjie, veronika, viooltjie, vlamblom, soldaat, vuurlelie, vuurpyl, vygie, wasblom, windblom, windroos

335. Bolplant

s.nw. **bolplant**, affodil, narsing, freesia, gifbol, impalalelie, krokus, krulkop, lachenalia, klipbelletjie, lelie, olifantsoor, bob-

bejaanoor, soetemaling, soetamaling
knolplant, baro, baroe, kohlrabi, knolkool, raapkool, gatgai, tatgai, perdeklou, raaptol, uintjie, varkslaai, snotwortel

336. Vetplant
s.nw. vetplant, sukkulent, kaktus, kaktusplant, beeskloutjie, toontjies, haaskos, halfmens, kanniedood, karkei, koesnaatjie, kosnaatjie, loogbos, asbos, seepbos, noorsdoring, skilpadkos, stapelia, skoonma-se-tong, sanseveria, sambokplant, turksvy, kaalblaar, vetkruid, keiserskroon, vygie, bokbaaivygie, geelbokbaaivygie, ghaap (*lekties*), kambro (*lekties*), lewerplant, plakkie
b.nw. sukkulent

337. Veldplant
s.nw. **veldplant**, veldstruik, veldblom, veldblomstruik, veldblomplant, fynbos, fynbosplant, wilde plant, inheemse plant, uitheemse plant; inheemsheid
akkerwanie, akkelwanie, motwortel, muskusgras, tamboekiegras, alruin, altydbossie, amarillis, narsinglelie, baardsuikerbos, bels, belsbos, belskruie, bietou, boetebessie, disa, rooidisa, froetang, geelmagriet, ghaap, ghombos, hanekam, heide, winterheide, somerheide, pypiesheide, klokkiesheide, mielieheide, rooihaartjie, dwergheide, kêrkêrheide, pillansheide, veerheide, hangertjie, hop, hotnotskooigoed (*uiters kwetsend en rassisties*), hottentotsvy (*uiters kwetsend en rassisties*), hotnotsvy (*uiters kwetsend en rassisties*), kambro, kankerbossie, jantjieberend, kareedoring, kriedoring, kriebos, katnaels, koekemakranka, koekmakranka, kopiva, kreupelhout, mammakappie, moederkappie, melkpol, melkbol, vingerpol, narra, nenta, nentabossie, nerina, perdekapok, kapokblom, pisgoed, protea, koningsprotea, bergroos, vleiroos, groot suikerroos, aardroos, diastella, tolletjiesbos, vleigeelroos, berggeelroos, leucadendron, leucospermum, mimetes, geel kreupelhout, patrysbos, suikerbos, waboom, serruria, pypie, renosterbos, rooikwas, maartblom, skoensool, belladonna, belladonna-lelie, rooipop, rooistompie, rooitrewwa, ewwatrewwa, rooikappie, rosyntjiebos, sandharpuis, ounooibossie, armoedsbos, skaapbossie, karoobossie, skorkruid, slangbossie, sondou, speldekussing, spurrie, sporrie, sterretjie, suurknol, tontelblaarbossie, wildemalva, pietsnotjie, duikerwortel, maritzwater, snotwortel, t'koeibee (*lekties*), watsonia, rooipypie, teringbossie, welwitschia, kiesieblaar, ramnas, brandlelie
b.nw. inheems, eie aan, endemies, uitheems

338. Gras
s.nw. barlewietgras, kaalgras, biesies, biesie(s)gras, besembiesies, bewertjie, klokkiesgras, trilgras, bewertjies (*meervoud*), borselgras, bromgras, donsgras, fluweelgras, hartjiesgras, jakkalsgras, bietou, wilde witmagriet, jobskraaltjies, jobskraletjies, jobstrane, klits, klitsgras, kleefgras, klosgras, knapsakkerwel, knapsekêrel, muskusgras, pampasgras, silwergras, steekgras, stinkgras, suurgras, suurpol, koperdraadgras, tamboekiegras, restio, waaigras, watergras, vleigras, waterkokkewiet, kokkewietgras, bekertjiesgras; veevoer, tef, tefgras, klawer, klawergras, osgras, reddingsgras, haasgras, soetgras, rooigras, hawergras, raaigras, roggras, waaigras; kweek, fynkweek, kikoejoegras, buffelsgras, mannagras

339. Riet
s.nw. riet, restio, duineriet, fluitjiesriet, vleiriet, kanet, spaansriet, soetriet, vaderlandsriet, vaarlandsriet, waterriet, papkuil, rietfoelie, biesie
b.nw. eensaadlobbig, rietagtig, rieterig

340. Krui
s.nw. krui, kruid, kruidgewas, basielkruid, basiliekruid, basil, jakkalsgras, bietou, wildemagriet, kamille, kamyn, kapperkruid, karwy, kassie, kaneel, knoffel, knoflok, koljander, kruisement, laventel, marjolein, peperment, pipperment, roosmaryn, tiemie, tym

341. Waterplant
s.nw. amasonelelie, fonteinkruid, geelwateruintjie, lansblaar, lotus, palmiet, papirus, vleiblommetjie, vleilelie, water-

blommetjie, wateruintjie, waterhiasint, waterlelie, waterpapawer; seeplant, seegewas, seebamboes, seegras, seewier, alge, groenalge, bruinalge, rooialge, koraalagtige wiere, seeboontjie

342. Gifplant
s.nw. akkedisstert, alruin, bietou, bloedblom, dieffenbachia, duiwelsklou, duiwelsdoring, duiwelsnaels, kloudoring, geelboslelie, gewasghaap, gifbessie, inkbessie, knysnalelie, krimpsiektebos, maanblom, mielievrug, naboom, nardus, poeierkwas, rooimuur, seeroogblom, sikadee, broodboom, stinkblaar, tongblaar, tulp, varkstert, varswatervarkstert, wolwegif, boesmangif, boesmansgifboom, gifboom, wolweboontjie

343. Genesende plant
s.nw. agtdaegeneesbossie, alant, alruin, ajuin, mandragora, doodkruid, als, bitterals, wildeals, bitterhout, boegoe, daspisbos, dagga, hennep, douwurmbossie, duiwelsdrek, fenegriek, galbossie, kalmoes, karmedik, kerwelkesieblaar, kesieblaar, kiesieblaar, kasie, wildemalva, kopiva, langbeen, kinabossie, namie, olifantsvoet, perdebos, perdebossie, rabas, rooiwortel, slangwortel, swartstorm, tamaryn, toorkruid, valeriaan, balderjan, wortelboom, wynruit

344. Onkruid
s.nw. onkruid, pes, verpesting, vuilgoed, kanniedood, klits, indringer, indringerplant, blomonkruid, giftige onkruid, eetbare onkruid, parasiet, parasietplant, wortelparasiet, woekerplant; boetbossie, boetebossie, bog, bolderik, dodder, warkruid, drabok, dubbeltjie, duwweltjie, duwweltjiesdoring, gansvoet, hakea, jakkalskos, kakiebos, kakieklits, kankerroos, klaaslouwbossie, kouterbossie, klits, klitsgras, beesklits, stekelklits, donkieklits, regopklits, sterklits, kakieklits, klitsklawer, hondeklits, knapsekêrel, rondeklits, maretak, mistel, voëlent, voëllym, misbredie, nastergal, nagskade, netel, brandnetel, olieblaar, stinkblaar, rooiblom, mieliegif, satansbos, suidissel, seidissel, suring, steenboksuring, uintjiekweek,
uintjieskweek, wateruintjie, wewenaar, wiek, wilde-ertjie
b.nw. vervuil, verpes, ongewens
ww. vervuil, verpes, verdring, toegroei

345. Plantkwekery
s.nw. **plantkwekery**, plantteelt, teelt, teling, aanplanting, beplanting, verbouing, wisselbou, fitogenie, fitogenese, fitopatologie, waterkultuur, hidroponika, akwakultuur, kruisteelt, bevrugting, kunsmatige bevrugting, kruisbevrugting, enting, inokulasie, okulasie, saad, saailing, saaisel, saadwinning, saadteelt, haplont, steggie, aflêer, inlêer, afleier, saaityd, oorplanting, ontworteling, misgewas; plantkwekery, vetplantkwekery, boomkwekery, bonsaikwekery, blomkwekery 348; onkruidbestryding, insekbestryding, fungusbestryding

kweker, plantkweker, fitoloog
kwekery, kweekhuis, herbarium
groeistof, bemesting, mis, misstof, miskraal, mishoop, kompos, komposhoop, kompostering, groenbemesting, ghwano, guano, kunsmis, fosfaat, superfosfaat, landboukalk, kalkswael, kalias, beenmeel, beenfosfaat, slakkemeel, bloedmeel, spoorelement; spuitmiddel, sproeimiddel, insekdoder, insekgif, insektiside, insekpoeier, onkruiddoder

plantsiekte 324
b.nw. bebou, braak, wild, gekweek, geteel, plantaardig, fitologies, fitogeneties, akwaties, hidroponies, insekdodend, onkruiddodend
ww. **plant**, beplant, aanplant, kweek, aankweek, teel, kultiveer, verbou, aankom, aflê, afsnoei, bloei, fluit, okuleer
bemes, komposteer, besproei, bespuit, begiet

346. Landbougrond
s.nw. **grond**, landbougrond, humusgrond, humusaarde, humus, bladgrond, bladaarde, driesgrond, driesland, stuifsand, stuifaarde, aarde, teelaarde, teelgrond, terrein, terroir, oopte, grondvrugbaarheid, gronderosie, dorbank

plaas 354, spogplaas, boerdery, landgoed, veeplaas, beesplaas, volstruisplaas, saaiplaas, wynplaas, wingerdplaas, wynland-

goed, groenteplaas, rivierplaas, grensplaas, boereplaas, proefplaas; landery, land, saailand, saaigrond, ouland, braakland, braakveld, rysveld, graanland, hooiland, tabakland, terrasbou, terrasland, plantasie, denneplantasie, koffieplantasie, teeplantasie, ..., veepos, kraal, miskraal, mishoop
akker, akkerland, wenakker, dolland, dolgrond, saadakker, bedding, saadbedding, randakker, rand, terras, voor, leivoor, uitstrykvoor, holvoor, sloot, voortjie, grip, grippie, slootjie, sooi, gesaaide, akkerbou, park
braakland, oorlêland, ouland, ruveld, ruigte, woesteny, woestheid, wildernis
weiding, wei, weide, weiland, weiveld, grasveld, somerveld, winterveld, gras, grasvlakte, suurveld; wisselweiding, veldrus
tuin, bedding, blombedding, groentebedding, struikbedding, randakker, grasperk
b.nw. bebou, braak, vrugbaar, onvrugbaar, dor, humusryk, arm, bewerk, beblom
ww. bebou, ontgin, bewerk, kultiveer, bemes, ploeg, spit, omspit, dries, wied

347. Landbou

s.nw. landbou, landboubedryf, bedryf, landboubelange, landbou-ekonomie
landbouaktiwiteit, verbouing, boerdery, boerderybedrywighede, landbou, varswaterlandbou, soutwaterlandbou, saaiboerdery, graanboerdery, beesboerdery, suiwelboerdery, melkboerdery, melkery, skaapboerdery, groenteboerdery, vrugteboerdery, sitrusboerdery, wynboerdery, ..., bewaringslandbou, bewaringsboerdery, herlewingslandbou, herlewingsboerdery, organiese boerdery, biologiese boerdery, modelboerdery, bestaanslandbou, bestaansboerdery, herwinningsboerdery, roofbou, roofboerdery, kwekery, saadkwekery, aanplanting, weiding, beweiding, oorbeweiding, onderbeweiding, besproeiing, irrigasie, waterleiding, bemesting, snoeiery, snoeityd, inokulasie, onkruidbestuur, onkruiddoderpraktyk, rypskade
oes, opbrengs, opbrings, hoofoes, vangoes, rusoes, dekoes, oestyd, napluk, napluksel, naoes, misoes, groenteoes, vrugteoes, druiweoes, katoenoes, koringoes, koringjaar; aanplanting, gewas, landbougewas, kontantgewas
landboubenodighede 355, implement 355
landbouer, landman, agrariër, boer, boervrou, saaiboer, graanboer, beesboer, suiwelboer, melkboer, skaapboer, wynboer, hoenderboer, graanboer, tabakboer, wildboer, ..., kleinboer, deelboer, oewerboer, teeplanter, landbou-ekonoom, tjekboekboer
b.nw. landboukundig, agraries, arbeidsintensief, beplantbaar, ploegbaar, geploeg, saaibaar, terrasvormig
ww. boer, vooruitboer, agteruitboer
bewerk, grond bewerk, voorberei, grond voorberei, verbou, bebou, ploeg, omploeg, omploeë, onderploeg, onderploe(ë), inploeg, uitploeg, eg, grond breek, spit, omspit, uitspit, grawe, graaf, grou, afgrawe, afgraaf, uitgrawe, uitgraaf, begrawe, begraaf, dol, dolf, dolwe, wroet, skoffel, afskoffel, skoonmaak, onkruid uitroei, ontwortel, met wortel en tak uitroei, hark, afrand, operd, kontoer, terrasseer, rol, afrol, natlei, waterlei, irrigeer, bemes, kalk, inkuil, snoei, terugsnoei, uitdun, wei, bewei, oorbewei
plant, aanplant, inplant, verplant, oorplant, uitplant, inploeg, saai, oplei, inokuleer, okuleer, teel
oes, afoes, inoes, maai, insamel, inbring, pluk, sny, uitry, inpot, trap, koring trap, wan, uitwan
b.nw. landboukundig, agronomies

348. Blomkwekery

s.nw. blomkwekery, blomplaas (ongewoon), proteakwekery, proteaplaas, rooskwekery, dahliakwekery, orgideekwekery, angelierkwekery, ..., blombedding; bloemis, bloemiste, bloemistewinkel, blomwinkel, blomstalletjie
blomruiker, ruiker, bruidsruiker, strooimeisieruiker, handruiker(tjie), knoopsgatruiker, mansruiker, skouerruiker, gerf, blomgerf, boeket, rangskikking, blom(me)rangskikking, slingerblomme, blomslinger, krans, blomkrans, kiskrans, kerskrans, kersfeeskrans, snyblom, kunsblom, syblom, droë blomme, droë rangskikking; bloemistelint, draad, bloemistedraad, bloemisteskêr, blompot, vaas, blombak,

blomstaander, oasis
blomkweker, rooskweker, orgideekweker, ...; bloemis, bloemiste, blommerangskikker
ww. blomme doen, rangskik, insteek, draad, blomme draad

349. Bosbou
s.nw. bosbou, bosboubedryf, bosboukunde, boshuishoudkunde, boomteelt, arborikultuur, boskultuur; plantasie, bosland, woud, geboomte, boomkwekery, arboretum, boomaanplanting, bosaanplanting, enting, okulasie, snoeiery, snoeiwerk, snoeikuns
bosbouer, bosbounavorser, boswagter, boomkweker, snoeier
ww. bebos, blek, okuleer, afkap, vel (boom), ent

350. Vrugteverbouing
s.nw. vrugteverbouing, pomologie, vrugteboerdery, vrugteteelt, vrugtekwekery, vrugteplaas, vrugtehandel, vrugtebedryf, vrugtemark, vrugtewinkel, vrugteboord, lemoenboord, appelkoosboord, ..., vrugteboom, appelboom, lemoenboom, ..., vrugteoes, vrugtejaar, vrugtetyd, vrugtekweker
vrug 323, vlesige vrug, bessievrug, saamgestelde vlesige vrug, pitvrug, steenvrug, appelvrug, sitrusvrug, tropiese vrug, droë vrug, neut; skil, vrugteskil, vrugtevlees, pit, perskepit, lemoenpit, druiwepit, ...; pektose, pektien
vlesige vrugte, bessievrugte, bessie, aalbessie, swart(aal)bessie, appelliefie, appelliepie, bloubessie, bosbessie, aarbei, moerbei, framboos, framboosbessie, frambosebessie, braam, braambessie, wilde braambessie, kaambessie, kruisbessie, youngbessie (*Engels*), vy, groenvy, smirnavy, perdevy, suurvy, turksvy, doringturksvy, elandsvy, waatlemoen, spanspek, lemoenspanspek, laloentjie, leloentjie, granadilla, grenadella, druif, fransdruif, fransdruiwe, hanepoot, hanepootdruif, kristaldruif, steendruif, barlinka, akkerdruif, rosaki, rosyn, rosyntjie, korent, korint
pitvrugte, steenvrugte, perske, geelperske, lospitperske, gladdeperske, kaalperske, kaalgatperske, paweeperske, pawieperske, nektarien, elbertha, elberthaperske, appelkoos, veselperske, mango, dadel, olyf, kersie, pruim, bergpruim, pruimedant
appelvrugte, appel, peer, kalbaspeer, saffraanpeer, kweper, lukwart, loekwart
sitrusvrugte, lemoen, nawellemoen, naellemoen, valencia, soetlemoen, suurlemoen, nartjie, mandaryn, mandaryntjie, pomelo, kumkwat, koemkwat, pompelmoes, pampelmoes, pampelmoesie (*lekties*), pompe(l)moer(tjie) (*verouderd*), siter, sitroen, kinderkop, lemmetjie, jaroek, jaroep, jarok
tropiese vrugte, piesang, banana, granaat, persimmon, tamatiepruim, saronvrug, dadelpruim, Chinese persimmon, lietsjie, avokadopeer, advokadopeer, advokaatpeer, koejawel, turksvy, boereturksvy, papaja, papino, papeto, pynappel, veselperske, mango, kiwi, kiwivrug, lietsjie
droëvrugte, gedroogde vrug, droëperske, droëpeer, droëpruim, ..., prunel
neut, okkerneut, pekanneut, Brasiliaanse neut, kokeleko, paraneut, grondboontjie, pistasieneut, pimperneut, groenamandel, dennepit, amandel, kasjoeneut, haselneut, kastaiing, kokosneut
wynbou, wingerdbou, wynkunde, oenologie, wingerd, opleiwingerd, jongwingerd, wingerdstok, wynstok, kromhout (*skertsend*), edelvrot, druiweoes, wynoes, wynjaar, parstyd, kelder, wynkelder, proelokaal, wynproekelder, kuip, parskuip, parsbalie, trapbalie, perspomp, perspyp; mos, druiwesap, gisting, gistingsproses, veroudering, houtveroudering, wynproewerstoets; wynbouer, wynboer, wynmaker, keldermeester, bottelier, wynproewer, wynkenner
pomoloog, vrugtekundige, vrugteboer, vrugtekweker
b.nw. ryp, plukryp, oesgereed, pomologies, oenologies
ww. oes, pluk, pars, op die doppe laat lê, versny, veredel

351. Groenteverbouing
s.nw. groenteverbouing, groentekwekery, groenteteelt, aartappelkwekery, boontjiekwekery, ..., aartappelboerdery, boontjieboerdery, komkommerboerdery, ..., rysbou, groentemark, groentewinkel, groenteplaas

groente, blaargroente, steelgroente, vruggroente, blomgroente, saadgroente, bolgroente, knolgroente, wortelgroente, boontjieland, ertjieland, aartappelland, ..., rysland, ryspadie (*ongewoon*), tonnel, groentetonnel, boontjieplant, ertjieplant, ..., pampoenrank, koolkop, boontjiesaad, ertjiesaad, wortelsaad, ..., aartappelmoer
groentekweker, groenteboer, groenteman, groentevrou, groentesmous
blaargroente, andyvie, breëblaarandyvie, artisjokkelof, bindslaai, boerkool, krulkool, bronkors, bronslaai, kool, kopkool, groenkool, witkool, kropslaai, kopslaai, blaarslaai, molslaai, perdeblom, selderykool, Chinese kool, savojekool, savooikool, sigorei, witloof, Brusselse lof, skaapsuring, spinasie, spruitkool, Brusselse spruitjies, veldslaai, wingerdblaar, brusselslof
steelgroente, stingelgroente, aspersie, kardoen, rabarber, seldery, spinasiebeet, blaarbeet, vinkel
vruggroente, artisjok, agurkie, eiervrug, brinjal, komkommer, pampoen, boerpampoen, vroeëpampoen, herfspampoen, kalbaspampoen, slonspampoen, kromnekpampoen, korrelkoppampoen, murgpampoen, murgpampoentjie, murg-van-groente, courgette, vroeëpampoen, okra, gumbo, rissie, soetrissie, Peppadew, pikantrissie, skorsie, Hubbardskorsie, tamatie
blomgroente, blomkool, spruitkool, spruitjies, winterblomkool, broccoli, brokkoli
saadgroente, peulgroente, boon, boontjie, groenboontjie, boerboon, boerboontjie, stamboontjie, sojaboon, sojaboontjie, soja, boontjiespruite, ertjie, groen(e)ertjie, dwergertjie, mangetout-ertjie, lensie, mielie, groenmielie, springmielie, skietmielie, rys, ryskorrel
bolgroente, ui, piekelui, sprietui, groenui, grasui, uiegras, sierui, prei, salot, knoffel, bieslook
knolgroente, aartappel, ertappel, aartappelmoer, patat, kalbaspatat, artisjok, radys, knolradys, ramenas
wortelgroente, wortel, geelwortel, witwortel, peperwortel, beet, rooibeet, raap, koolraap, raapkool, radys, swart hawerwortel, hawerwortel, skorsenier, koolseldery, knolseldery
ww. plant, kweek, verbou

352. Graanverbouing
s.nw. graanverbouing, graanbou, graanboerdery, koringbou, koringboerdery, mielieboerdery, garsboerdery, graanland, koringland, mielieland, ..., saailand, stoppelland, dorsland, gesaaide(s), fyngesaaide(s), graanoes, koringoes, mielieoes, ...
graan, graankorrel, graanvlok, dorsgraan, koring, koringkorrel, koringaar, koringvlok, winterkoring, saaikoring, broodkoring, kaboekoring, dorskoring, spelt (koring), opslagkoring, tarwe (koring) (*ongewoon*), mout, giers, semels, gars, moutgars, sorghum, graansorghum, besemkoring, grootmanna (*verouderd*), doerra, mielie, mieliesaad, mieliepit, mieliekop, mieliestronk, mieliegruis, saadmielie, koringroesmielie, springmielie, skietmielie, stampmielie, rog, barlewiet, kaalgras, lusern, alfalfa, hooi, strooi, strooisel, strooihalm, kaf, bolster (*ongewoon*), pitvoer
stroper, stroopmasjien, jaagbesem, trapmasjien, dorsmasjien, trapvloer, silo, graansilo, kuiltoring, mied, koringmied, hooimied, opper, miedjie, gerf, baal, kafbaal; dorstyd, traptyd, hooityd
graanboer, koringboer, mielieboer
b.nw. grasagtig, stoppelig, stoppelrig
ww. verbou, plant, kweek, saai, oes, afoes, maai, afmaai, sny, stroop, dors, trap, slaan, uitslaan, win, wan, uitwan, baal, gaffel

353. Vlasteelt
s.nw. katoenverbouing, katoenteelt, katoenboerdery, vlasteelt, vlasboerdery, hennepteelt, katoenoes, roting
katoen, vlas, vlasgare, hennep, rottang
hekel, repel, vlaskam
b.nw. vlasagtig, katoenagtig, rottangagtig
ww. hekel, lynslaan, root

354. Plaas
s.nw. plaas 346, boereplaas, boerdery, hoewe, kleinhoewe, landgoed, veeplaas, veeboerdery, beesplaas, beesboerdery, skaapplaas, skaapboerdery, pluimveeplaas, pluimveeboerdery, volstruisplaas, volstruisboerdery, wynplaas, groenteplaas, vrugteplaas, koringplaas, wildplaas, wildboerdery, ..., kibboets, leningsplaas, paggrond
opstal, plaasopstal, plaashuis, werkers-

huis, werf, buitegebou, waenhuis, motorhuis, stoor, masjienstoor, gereedskapkamer, hok, hoenderhok, varkhok, stal, veestal, koeistal, perdestal, melkstal, kraal, skaapkraal, beeskraal, melkkraal, uitkeerkraal, dipkraal, miskraal, uitkeergang, skuur, graanskuur, hooiskuur, hooisolder, silo, dorsvloer, melkskuur, baan, droogbaan

355. Landbougereedskap
s.nw. **landbougereedskap**, landboubenodig(d)hede, landbouwerktuig, plaaswerktuig, implement, plaasimplement, plaastoerusting

masjinerie, trekker, dieseltrekker, kruiptrekker, wingerdtrekker, opraapmasjien, opraaplaaier, hyser, dorsmasjien, dorsbak, stroper, graanstroper, snydorsmasjien, snymasjien, trapmasjien, outomatiese baler, opraapbaalpers, selfbinder, misstrooier, kunsmisstrooier, oesmasjien, kuilvoeroesmasjien, saaimasjien, saaier, planter, saadplanter, grassnyer, grasmasjien, hooiwa, leerwa

ploeg, skaar, ploegskaar, rysterplank, rysterplaat, rysterbord, stert, ploegstert, skeurploeg, olifantploeg, molploeg, gansnekploeg, baberbekploeg, dolploeg, panbreker, diepbreker, tweevoorploeg, skottelploeg, kouter, kouterploeg, kouterwiel, beuel, eg, kapeg, roltandeg, roleg, wielskoffel, draaiskoffel, skoffeleg, skoffelploeg, grondbreker, ghrop, skotteleg, tandemskotteleg, skop, skopgraaf, skrop, damskrop, damskraper

graaf, skopgraaf, bakgraaf, skoffel, skoffelpik, pik, hark, vurk, vurktand, spitvurk, stalvurk, hooivurk, gaffel, hooigaffel, lem, panga, sekel, sens, seis, snoeimes, snoeiskêr, grasskêr, dorsvleël, dekspaan, saaisak, koringmaat, weesboom, skeerapparaat, skeerskêr, gustangetjie, gus, spuitapparaat, spuit, spuitkan, spuitfles, gifspuit, gieter, gieterkan, gieterkop, pomp, waterpomp, bakkiespomp, voëlverskrikker, wip, slagyster

356. Landbouwetenskap
s.nw. **landbouwetenskap**, landboukunde, agri-wetenskap, agronomie, akkerboukunde, hortologie, plantpatologie, teratologie, tuinboukunde, skaap- en wolkunde, landbouingenieurswese, landbou-ekonomie, landbouproefstasie, proefplaas, landbouskool, landboukollege, landboutentoonstelling

landbouwetenskaplike, landboukundige, agri-wetenskaplike, hortoloog, landbouingenieur, landbouadviseur, landbou-ekonoom

b.nw. landboukundig, agronomies

e. Diereryk
357. Dier
s.nw. **diereryk**, dierewêreld, fauna, dier, inheemse dier, uitheemse dier, grondbevolking, grondfauna, landdier, aardsgewemel, lugbevolking, lugfauna, waterbevolking, waterfauna, seebewoner, monotipe, hermafrodiet, hermafroditisme, tweeslagtige dier, dubbelslagtigheid, dubbeldoeldier, trassie, wilde dier, roofdier, predator, ongedierte, gedierte, ondier, monster, monsterdier, beesgasie, affère, affêring, wild, grootwild, kleinwild, trekwild, plaasdier, vee, grootvee, kleinvee, pluimvee, lasdier, pakdier, trekdier, trekgoed, jukdier, jukdraer, huisdier, troeteldier, rasegte dier, rasdier, opreggeteelde dier, opregte dier, graaddier, onopregte dier, pruldier, pelsdier, pantserdier, nagdier, parasiet, woekerdier, veelvraat, bakbees, soöfiet, dierplant, dierlikheid

dierklassifikasie, phylum, klas, orde, familie, genus, geslag, spesie, soort, eenselige, eensellige dier, protosoön, radiolarieë (*meervoud*), straaldiertjies, mikroskopiese diertjie, meersellige, meersellige dier, metasoön, ongewerwelde, ongewerwelde dier, invertebratum, weekdier, mollusk, sefalopode, geleedpotige, insek, diptera, ortoptera, kruipende insek, voetganger, voetgangerinsek, voetgangersprinkaan, vlieënde insek, wants, halfvleuelige insek, spinagtige, spinagtige dier, skaaldier, krustasee, veelpotige, veelpotige dier, arthropodum, neteldier, holtedier, holbewoner, gewerwelde, gewerwelde dier, vertebratum, vis, amfibie, reptiel, voël, gevoëlte, soogdier, primaat, omnivoor, alleseter, karnivoor, vleiseter, vleisvreter, mensvreter, herbivoor, planteter, plantvreter, fruktivoor, vrugte-eter, vrugte-

vreter, knaagdier, roofdier, jagdier, insektivoor, fitofaag, halofiel, soolganger, halfsoolganger, pagiderm, horingdraer
troeteldier, huisdier, huishond, skoothondjie, huiskat, troetelvark, troetelslang, ...; hondehok, hondemandjie, katmandjie, voëlhok, voëlkou(tjie), halsband(jie), leiband, leiriem, halter; troeteldierwinkel, hondekos, katkos
dierelewe, dierlewe, trop, diertrop, beestrop, olifanttrop, ..., kudde, beeskudde, skaapkudde, ..., swerm, swerm insekte, swerm voëls, voetgangerswerm, skool, instink, tropinstink, kudde-instink, kuddegees, oorlewingsinstink, winterrus, winterslaap, hibernasie, somerslaap; simbiose, parabiose, parasitisme
mannetjie, bul, buffelbul, koedoebul, olifantbul, ..., ram, skaapram, bokram, beer, varkbeer, mannetjiesvark, reun, haan, wyfie, moederdier, koei, buffelkoei, koedoekoei, olifantkoei, ..., ooi, skaapooi, bokooi, sog, varksog, teef, hen, kleintjie, kalf, kalfie, bulkalf, vers, verskalf, speenkalf, vul, vulletjie, lam, lammer, lammerskaap, lammetjie, lammertjie, ramlam, ooilam, welp, welpie, kuiken
dieresiekte 413
denkbeeldige dier, mitiese dier, draak, monster, monsterdier, eenoogmonster, seemonster, eenhoring, meermin, weerwolf, leviatan, feniks, griffioen, centaur, pegasus, siren, vampier, Hydra, Cerberus, Charibdis, Scylla, chimera, cyclops, nimf, Medusa
b.nw. dierlik, animaal, animalisties, beesagtig, grasetend, vleisetend, inseketend, wild, halfwild, mak, hondmak, instinkmatig, instinktief, monsteragtig, gewerwel(d), ongewerwel(d), pelsdraend, woldraend; tweeslagtig, dubbelslagtig, hermafrodities; simbioties, parabioties, parasities
ww. verdierlik, animaliseer, parasiteer, hiberneer

358. Dierkunde
s.nw. **fisiologie** 515, dierfisiologie, soölogie, soögrafie, dierkunde, faunistiek, dier(e)sielkunde, dier(e)psigologie, insek(te)kunde, insektologie, entomologie, herpetologie, slangkunde, ofiologie, igtiologie, igtiografie, voëlkunde, ornitologie, skulpkunde, konchologie, karsinologie, skaaldierkunde, parasitologie, parasietkunde, helmintologie, wurmkunde, biotomie, viviseksie
fisioloog, dierkundige, dierkenner, soöloog, insek(te)kundige, insektoloog, entomoloog, entomograaf, ofioloog, herpetoloog, viskundige, igtioloog, voëlkundige, voëlkenner, ornitoloog
b.nw. dierkundig, fisiologies, soölogies, entomologies, herpetologies, ofiologies, igtiologies, igtiografies, voëlkundig, parasitologies, helmintologies

359. Eensellige dier
s.nw. eensellige, eensellige diertjie, oerdiertjie, protosoön, ameba, amebe, amoeba, amoebe, slymdiertjie, afgietseldiertjie, infusiediertjie, infusorieë (*meervoud*), radiolarieë (*meervoud*), straaldiertjies, trilhaardiertjie, raderdiertjie, parasiet
b.nw. protosoïes

360. Spons
s.nw. spons, parasoön, sponsdier, kalkspons, soutwaterspons, horingspons; spongine, sponsholte, spongoseel
b.nw. sponsagtig

361. Insek
s.nw. **insek**, insecta, gogga, goggo (*kindertaal*), diptera, lepidoptera, hymenoptera, coleoptera, orthoptera, dictyoptera, aragnied, aragnoïed, blaarinsekte, netvlerkinsek
inseklewe, kokon, larwe, larvaal, papie, nimf, imago; insekbyt, vlooibyt, muskietbyt, bysteek, spinnekopbyt, skerpioenbyt; insekplaag, insekpes, insekverpesting
insekliggaam, skelet, huidskelet, huidgeraamte, uitwendige skelet, poot, insekpoot, insekbeen, gelede poot, bladpoot, tibia, tarsus, hak, klou, borsstuk, toraks, protoraks, mesotoraks, kopborsstuk, kefalotoraks, oog, enkelvoudige oog, saamgestelde oog, puntoog, mond, kaak, bokaak, mandibel, mandibula, onderkaak, maksilla, angel, gifangel, vlerk, insekvlerk, netvlerk, kremaster, spirakel, asemhalingsporie, lêboor, legboor, voeler, voelhoring, spriet, voelspriet, liptaster, palp, slakdop, slak-

huis, slakkehuis, spinnerak, web, spinneweb
vlieënde insek, vlieg, huisvlieg, aasvlieg, angelierknopvlieg, angeliervlieg, brommer, bloubrommer, beesbrommer, groenbrommer, vrugtevlieg, bessievlieg, braamvrugtevlieg, blindevlieg, tsetsevlieg, steekvlieg, perdevlieg, koringvlieg, roofvlieg, jagvlieg, stinkvlieg, vuurvlieg, vuurvliegie, glimkewer, pampoenvlieg, byvlieg, eendagsvlieg, pêrelvlieg, goudogie, bondeldraer, rotstertmaaier, hommelvlieg, sandvlieg, muggie, warmas, warmassie, doemdoempie, brandassie, galmuggie, swartmuggie, buffelvliegie, muskiet, huismuskiet, malariamuskiet, anofeles, geelkoorsmuskiet, by, heuningby, koninginby, werker, werkerby, hommel, hommelby, kabesie, jongby, koekoekby, blaarsnyerby, blaarknipper, malby, mokkaby, muskietby, mopanieby, perdeby, wesp, bembixwesp, bladwesp, galwesp, houtwesp, spinnekopjagter (wesp)
vlinder, naaldekoker, skoe(n)lapper, kapel, nagvlinder, mot, motby, silwermot, kodlingmot, appelmot, vrugtemot, aalwynmot, graanmot, karobmot, kleremot, lietsjiemot, maanmot, motvlieg, patatmot, pluimhaarmot, pylstert, pylstertmot, snuitmot, spookmot, tiermot, uilmot, vrugtesteekmot, vrugtesuigmot, wolmot
kriek, langasemkriek, tuinkriek, veldkriek, koningkriek, koringkriek, molkriek, kokkerot, kakkerlak, sprinkaan, tuinsprinkaan, treksprinkaan, dwergsprinkaan, hardedopsprinkaan, bruinsprinkaan, langasemsprinkaan, stinksprinkaan, platlyfsprinkaan, voetganger, sprinkaanswerm, huidjiehu, hottentotsgot (*uiters kwetsend en rassisties*), hotnotsgot (*uiters kwetsend en rassisties*), bidsprinkaan, stokinsek, reuse stokinsek, reuse-stokinsek, wandelende tak
kewer, tor, besie, aaskewer, toktokkie, stinkkewer, stinkgogga, stinkbesie, miskruier, miskewer, miskoekkewer, draaikewer, houtkewer, meubelkewer, houtboorder, breësnuitboorder, bamboesboorder, baskewer, beetkewer, bobbejaankewer, liewe(n)heersbesie, ons(e)liewe(n)heersbesie, skilpadjie, graanskilpadjie, oranjespikkelskilpadjie, halfmaantjie, skarabee, heilige kewer, mierkewer, oogpister, loopkewer, kooipister, sonbesie, sonkewer, spaansvlieg, CMR-kewer, dwaalkewer, goliatkewer, graanstinkbesie, lentekewer, olyfkewer, platkewer, plofkewer, rooskewer, skilpadkewer, skimmeljan (kewer), skuimbesie, snuitkewer, dennesnuitkewer, swartsnuitkewer, waterhondjie, skrywertjie, warrelkewer, waterjuffer, koringboud, glasmaker, waterloper
mier, miershoop, miernes, mierkoningin, blinkoesmier, fluweelmier, malmier, rooimier, swart mier, balbyter, wipstertmier, wipgatmier, bruinwipstertmier, rysmier, termiet
vlooi, hondevlooi, sandvlooi, onderhuidvlooi, strandvlooi, springstert, erdvlooi
luis, tampan, sandtampan, vlermuistampan, skildluis, grondluis, plantluis, blaarluis, bladluis, cochenille, dopluis, rooidopluis, kafdopluis, eikeplantluis, ertjieplantluis, mieleplantluis, groenluis, bosluis, blouboluis, skilpadbosluis, bontpootbosluis, duiwelluis, witluis, rooiluis, weeluis, wandluis, roofwants, myt, huismyt, oesmyt, bruinmyt, gortmyt, onderhuidse myt, roofmyt, rooimyt, spinmyt
spinnekop, gogga, tuinspinnekop, basspinnekop, bobbejaanspinnekop, langbeenspinnekop, langpootspinnekop, jan langpoot, hooiwa, knopiespinnekop, knoppiespinnekop, rooispinnekop, jagspinnekop, jaagspinnekop, tarantula, wolfspinnekop, haarskeerder, mierleeu, joerie, kiepie, kokkewiet, mierspinnekop, mollie, molletjie, reënspinnekop, saksspinnekop, eiersakspinnekop, skerpioenspinnekop, tasterpootspinnekop, versamelnesspinnekop, vioolspinnekop, webspinnekop, woestynspinnekop, skerpioen, waterskerpioen
wurm, ruspe(r), aalwurm, blaaraalwurm, afvalwurm, bolwurm, boomruspe, honderdpoot, huishonderdpoot, oorkruiper, oorwurm, duisendpoot, roltoe, reënwurm, s(j)ongololo, shongololo, kommandowurm, bloedsuier, draaiwurm, haarwurm, glimwurm, maaier, miswurm, meelwurm, sakwurm, snywurm, sywurm, syruspe; wurmparasiet, bilharzia, bankrotwurm, draadwurm, eierparasiet, ertjiekalander, ryskalander, lintwurm,

haakwurm, rondewurm, spoelwurm, speldewurm
slak, huisslak, tuinslak, peerslak, wingerdslak
vismot, silwervis(sie), fraiingstert
b.nw. koppotig, tienpotig, wurmagtig, skedelloos
ww. spin, steek

362. Skaaldier
s.nw. **skaaldier**, krustasee, kopborsstuk, kefalotoraks, borsstuk, toraks, rugdop, rugskild, karapaks, onderkaak, maksilla, bokaak, mandibel, mandibula, gelede oog, rostrum, poot, looppoot, roeipoot, roeiertjie, kaakpoot, knyper, kela, buik, buikstreek, abdomen, stert, telson, stertvoet
krap, varswaterkrap, seekrap, kluisenaarskrap, bruinrotskrap, spookkrap, swemmende krap, kreef, varswaterkreef, rivierkreef, seekreef, scampi, stekelkreef, garnaal, steurgarnaal, krewel, modderkrewel, kapper, kril, planktonkrefie; seeluis, seepok

363. Waterdier
s.nw. **waterdier**, amfibie
vis, seevis, soutwatervis, pelagiese vis, varswatervis, soetwatervis, beenvis, kraakbeenvis, roofvis, eetvis, hengelvis, lynvis, sportvis, vingerling; vin, stekelvin, rugvin, eerste rugvin, dorsale vin, tweede rugvin, stert, stertvin, anaalvin, buikvin, borsvin, sylyn, kieu, kief, brangieë (*meervoud*), kieudeksel, kiefdeksel, kieuspleet, kieuboog, kieudraad, kieukammetjie, kieuhark, halfkieu, asemhalingsgat (walvis), spuitgat (walvis), neusgat (walvis), skub, grom (ingewande), graat, visgraat, visbeentjie
seevis, blaasop, blaasoppie, baardman, belman, biskop, witbiskop, mosselkraker, sandbloue, beenbek, poenskop, dassie, kolstert, glasvis, heilbot, jakopewer, knorhaan, leervis, marlyn, bottervis, pampelmoes, pompelmoes, selakant, panga, dikbekkie, platvis, spiering, seeperdjie, springer, tienponder, stompneus, strepie, mooinooientjie, skol, varkbek, varkie, wildeperd, bontrok, loodsvis, seepaling, slangaal; eetvis, ansjovis, moggel, baars, briekwabaars, aartappelbaars, elf, galjoen, bandgaljoen, bastergaljoen, kraaibek, knorder, gespikkelde knorder, spiesknorder, grys knorder, geelbek, Kaapse salm, harder, suidelike harder, haring, haringvis, hottentotsvis, jandorie, geelstert, albakoor, halfkoord, tuna, geelvintuna, langvintuna, streeppenstuna, kabeljou, stompneuskabeljou, snapperkabeljou, kob, daga, kleinkabeljou, nondi, klipkabeljou, katonkel, knorhaan, koningvis, koningklipvis, koningklip, dorado, makriel, marsbanker, masbanker, pelser, sardyn, sardien, sardientjie, roman, rooi roman, rooibaardman, rooiharder, salm, baber, seebaber, wit seebaber, silwervis, doppie, skelvis, skotsman, slimjannie, snoek, steenbras, witsteenbras, rooisteenbras, tjortjor, varkie, janbruin, blouoog, tambryn, biskop, daeraad, steentjie, stokvis, stompneus, witstompneus, rooistompneus, tarbot, tong, tongvis; roofvis, kabeljou, marlyn, pylstert, pylstertvis, elektriese pylstert, rog, manta, vleet, vioolhaai, vioolvis, seeduiwel, saagvis, swaardvis, seilvis, monnikvis, barrakuda, kapteinvis, snoek, haai, withaai, grootwithaai, witdoodshaai, walvishaai, zambezihaai, duisterhaai, kortvin-mako, tierhaai, skeurtandhaai, blouvinhaai, vaalhaai, spierhaai, koeihaai, seskiefhaai, sebrahaai, hamerhaai, hamerkophaai, koperhaai, makohaai, tonynhaai, sandhaai, gevlekte sandhaai, sandkruiper, aashaai, seehond, hondshaai, see-engel, engelvis, seepaling, snoekpaling, heuningkoek-bontpaling, sidderaal, lamprei, prikvis; getypoelvis, klipvis, dikkop, band-dikkop, blennie, kamkopblennie, suigvis, klipsuier; jellievis, kwal, drilvis, ribkwal, seekwal, medusa, bloublasie
varswatervis, baars, stekelbaars, baber, barber, brasem, forel, salmforel, geelvis, karper, ghieliemientjie, slymvis, paling, rivierpaling, goudvis, goudvissie, pirana
manteldier, ongewerwelde seedier, rooi-aas, palprooi-aas
amfibie, amfibiese dier, padda, kikvors, paddavis, skurwepadda, brulpadda, reënpadda, groot reënpadda, janblom, donderpadda, blaasop, salamander, salamander, platanna
skulpdier, mollusk, weekdier, ongewerwelde, ongewerwelde dier, slak 361, water-

slak, seeslak, wulk, porseleinslak; naakslak; kauri, kouri, kourie, kinkhoring, nautilus, papiernautilusskulp, keëlskulp, marginaskulp, ploegskulp, ramshoringskulp, borrelvlotskulp, gesiggieskulp, kiton; alikreukel, tolskulp, tulbandskulp; oester, oestersskulp, katoog, mossel, hardedopmossel, sagtedopmossel, klipmossel, valsklipmossel, witmossel, swartmossel, kammossel, venusmossel, gapermossel, pypmossel, sleutelgatmossel, pantoffelmossel; perlemoen, perlemoer, klipkous, siffie, neriet
seekat, agarm, oktopus, inkvis, tjokka
seeanemoon, aktinie, seeroos, seekastaiing, seekomkommer, seester, slangster, veerster
koraal, koraaldier, sagte koraal, steenkoraal, horingkoraal; spons, seespons
seewurm, gesegmenteerde wurm, platwurm, bloedwurm, mosselwurm, rifwurm, waaierwurm
strandluis, strandvlooi
watersoogdiere, walvis 366, baleinwalvis, vinwalvis, tandwalvis, blouwalvis, gryswalvis, boggelrug, boggelrugwalvis, bultrugwalvis, noor(d)kaper, noor(d)kapper, noor(d)kaperwalvis, noor(d)kapperwalvis, snoetwalvis, stompneuswalvis, spermwalvis, spermaceti-walvis, potvis, kasjalot, loodswalvis, minkewalvis, narwal, moordvis, orka, dolfyn, bottelneusdolfyn, stompneus, gestreepte dolfyn, grys dolfyn, uurglasdolfyn, to(r)nyn, seevark, bruinvis, varkvis, rob, seehond, pelsrob, walrus, seeleeu, see-olifant, pikkewyn
b.nw. amfibies, haringagtig, skubvleuelig

364. Reptiel
s.nw. reptiel
slang, adder, bergadder, nagadder, pofadder, dikkopadder, horingslang, horingsmanslang, mamba, makoppa, groenmamba, swartmamba, kobra, geelkobra, geelslang, kapel, koperkapel, geelkapel, bruinkobra, bruinkapel, bakkop, bakkopslang, alligatorbakkop, alligatorbakkopslang, spoegkobra, swartslang, swartbakkop, swartspoegkobra, ratelslang, rinkhals, rinkhalsslang, boomslang, kousbandjie, molslang, luislang, anakonda, boa, boakonstriktor, grasslang, sandslang,

skaapsteker, spoegslang, waterslang, seeslang, voëlslang, kierieslang, voëlvreter; slangkop, giftand, gifbuis, gifklier, gifsakkie, gesplete tong, slangvel, sleepsel, slangbyt, slangbesweerder; slanggif, neurotoksiese gif, sitotoksiese gif, slangserum; vervelling
krokodil, alligator, kaaiman, moeraskrokodil, rivierkrokodil; krokodilvel, skub, krokodilstert
akkedis, dikdei, dikdeis, slangakkedis, karoohotnot (*uiters kwetsend en rassisties*), boomakkedis, ghekko, salamander 363, salmander 363, klipsalmander, koggelmander, koggelmannetjie, skurwejantjie, bloukopkoggelmander, ouvolk, kaaiman, iguana, geitjie, dikstertgeitjie, verkleurmannetjie, trapsoetjies, trapsuutjies, kameleon, likkewaan, waterlikkewaan
skilpad, karet, karetskilpad, bergskilpad, waterskilpad; skilpaddop, rugskild, ribskild, pigale skild, marginale skild, onderdop, bodop, horingskild, nekskild

365. Voël
s.nw. voël, landvoël, watervoël, riviervoël, loopvoël, waadvoël, steltvoël, steltloper, roofvoël, saadvreter, saadvretende voël, insekvreter, insekvretende voël, vrugtevreter, vrugtevretende voël, eendvoël, sangvoël, trekvoël, hokvoël, troetelvoël, troeteldiervoël, dodo; mannetjie, wyfie, mannetjiesvolstruis, wyfievolstruis, ..., poumannetjie, pouwyfie, ..., hen, haan, hoenderhaan, hoenderhen, kuiken, kiepie, lêhen, kapoen; krop, voormaag, snawel, voëlbek, lel, lelletjie, kam, hanekam, oorvou, ourikel, oogring, veer, dekveer, primêre dekveer, bostertdekveer, stertveer, stuurpen, penveer, vlerkpenveer, stertpen, stertpenveer, bladveer, rugveer, kontoerveer, donsveer, dons, swanedons, skag, rachis, kalmoes, veerskag, vlag, baard, vlerk, klou, voëlklou, arendklou; eier, kiemsel, dooiermembraan, vitellusmembraan, lugruimte (eier), dop, eierdop, dooieranker, chalaza, eiergeel, dooier, eierwit, albumien, albumen
saadvreter, saadvretende voël; duif, tortel, tortelduif, lagduif, kropduif, sierduif, pronkduif, bosduif, kransduif, rotsduif, waaierstertduif, waaierstert, rooibors-

duifie, rinkhalsduif, ringduif, posduif, namakwaduif, lemoenduif, baardmannetjie, flap, langstertflap, sakaboela, fret, kanarie, wilde kanarie, sierie, bergkanarie, bergpietjie, melba, mossie, rooibekkie, streepkoppie, sysie, swie, vink, goudgeelvink, swartkeelgeelvink, blouvinkie, paradysvinkie, wewer, bontrugwewer, bosmusikant, versamelvoël
vrugtevreter, vrugtevretende voël; parkiet, papegaai, loerie, knysnaloerie, kwêvoël, muisvoël, houtkapper, tinker, neushoringvoël, bromvoël, boskraai; suikerbekkie, suikervoël, jangroentjie
insekvreter, insekvretende voël; bokmakierie, kokkewiet, janpierewiet, janpiedewiet, pierewiet, piedewiet, bontrokkie, boomkruiper, boskruiper, bosvoël, groenpiet, breëbek, byvanger, byvreter, dassievoël, draaihals, fiskaal, janfiskaal, waterfiskaal, glasogie, glaasogie, kersogie, hoephoep, heuningvoël, tjêrtjêr, heuningwys(t)er, janfrederik, jantatara(t), lysternagtegaal, kakelaar, kalkoentjie, kapokvoël, katakoeroe, katakoerie, katlagter, klappertjie, klapklappie, klapklappertjie, kleinjantjie, klopkloppie, koester, kraai, witborskraai, kwêkwêvoël, kwikkie, kwikstert, kwikstertjie, laksman, laksmanvoël, fiskaallaksman, kanariebyter, rooiborslaksman, helmlaksman, spookvoël, langstertjie, bokmakierie, tjagra, pietmy-vrou, koekoek, koekoekie, diederikkie, meitjie, mooimeisie, lewerik, leeurik, lewerkie, knysnaloerie, bosloerie, vleieloerie, lyster, kliplyster, berglyster, dirkdirk, dirkdirkie, mees, grysmees, piet-tjou-tjou, neddikkie, neushoringvoël, bromvoël, boskraai, piek, renostervoël, sanger, bossanger, vleisanger, rietsanger, speg, spekvreter, karoospekvreter, japjappie, spreeu, stekelstert, stompstert, suikervoël, swael, swaeltjie, swawel, swaweltjie, windswael, tinktinkie, tiptol, willie, willietiptol, troupant, vlieëvanger, fiskaalvlieëvanger, visvanger, wagter, skaapwagter, klaasskaapwagter, wielewaal, wipstert
steltvoël, steltloper, waadvoël; dikkop, waterdikkop, drawwertjie, elsie, rooipootelsie, flamink, griet, hamerkop, teghwa(a)n, ibis, hadida, kiewiet, waterkiewiet, strandkiewiet, knoet, korhaan, kraanvoël, kwartelkoning, mahem, langtoon, fraiingtoon, lepelaar, ooievaar, nimmersat, pou, reier, riethaan, koningriethaan, rietreier, bosluisvoël, veereier, ruiter, kemphaan, skoorsteenveër, snip, goudsnip, poelsnip, strandloper(tjie), tobie, vleikuiken, wulp
seevoël, meeu, seemeeu, roofmeeu, albatros, malmok, stormmeeu, stormvoël, ork (*ongewoon*), malgas, kormorant, duiker, seeduiker, trekduiker, blou duiker, vaal duiker, zoempie, alk, basjan, jan-van-gent, nellie, reusenellie, sterretjie, strandlopertjie, tobie, swarttobie, swartoestervanger, bonttobie, pikkewyn
uil, horingsmanuil, naguil, nonnetjiesuil
roofvoël, aasvoël, gier, swartaasvoël, tjokkerbekaasvoël, witrugaasvoël, arend, adelaar, roofarend, witkruisarend, bruinarend, visarend, berghaan, kouvoël, tiervoël, dassievanger, lammervanger, lammergier, dwerghaantjie, krielhaantjie, valk, edelvalk, jagvalk, swerfvalk, visvalk, giervalk, hawik, sperwel, sperwer, jakkalsvoël, wespedief, wou, kraai, raaf, witborskraai, kraanvoël, mahem, ooievaar, maraboe, sprinkaanvoël, sekretarisvoël, slangvanger, slangvreter, slanghalsvoël, akkedisvalk, blouvalk, boomvalk, jagarend, slangarend; visvanger
loopvoël, fisant, kelkiewyn, kiwi, korhaan, kwartel, patrys, namakwapatrys, sandpatrys, swempie, pou, tarentaal, pêrelhoender, poelpetaan (*skertsend*), poelpetaat (*skertsend*), poelpetater (*skertsend*), emoe, volstruis
watervoël, reier, egret, paddavanger, hamerkop, flamink, ibis, pelikaan, paddavreter, swaan, gans, wildegans, berggans, kolgans, eend, wilde-eend, makou, bleshoender, waterhoender, langtoon, duiker
hoender, batteryhoender, werfhoender, slaghoender, lêhoender, weglêhoender, haan, veghaan, veghoender, hen, kloekhen, koekoek, koekoekhoender, leghorn, leghornhoender, kaalnekhoender, rooiboshoender, veerpoothoender, kapokkie, kapokhoendertjie, kapokhaan(tjie), kapokhen(netjie), bantam, kapoen, kalkoen; hoendereier, hoendervlerk, hoenderboud, wensbeentjie, geluksbeentjie
pou, veldpou, gompou
hokvoël, kouvoël, troetelvoël, troetel-

diervoël, parkiet, kokketiel, budjie, budgie, kanarie, papegaai, jako, kaketoe, kaketoea
b.nw. voëlagtig, duifagtig, raafagtig, ..., geveer, skubvlerkig, gevleuel
ww. voëlgedrag, vlieg, uitvlieg, opvlieg, sweef, swewe, klapwiek, uitkom, swerm, uitswerm, verveer, pronk, pik, eiers lê, broei
voëlgeluide, kwetter, kweel, sing, piep, krys, kakel, kekkel, tjilp, twiet

366. Soogdier
s.nw. soogdier, primaat, planteter, plantetende dier, graseter, herbivoor, herkouer, roofdier, karnivoor, vleiseter, buideldier; vee, grootvee, kleinvee; grootwild, kleinwild
primaat, aap, dwergaap, halfaap, mensaap, nagaap, resusaap, langarmaap, mandril, slingeraap, wolaap, magot, makaak, uilaap, bobbejaan, kees (*skertsend*), adoons (*skertsend*), sjimpansee, gorilla, orangoetang, oerangoetang, lemur
bees, skilderbees, os, skilderos, trekbees, jukos, agteros, vooros, naasagteros, naasvooros, vleisbees, mof, mofbees, bul, stier, koei, kalf, bulkalf, verskalf, melkdier, melkvee, melkbees, melkkoei, melkkalf, friesbees, jerseybees, afrikanerbees, bonsmarabees, damara, damarabees; melkpens, kleinpens, leb (maag), koutjie, herkoutjie
skaap, ram, koggelram, ooi, konkelooi, koggelooi, lam, lammer, lammetjie, lammertjie, merino, merinoskaap, dorper, dorperskaap, mof, mofskaap, swartkop, dormer, dormerskaap, persie, swartkopskaap, afrikanerskaap, vetstertskaap, dwergskaap, karakoel, karakoelskaap, horingsmanskaap
vark, ot, otjie, swyn, varkbeer, beer, varksog, sog, speenvark, spekvark, wildevark, bosvark, vlakvark
hoefdier, perd, hings, dekhings, reunperd, merrie, vul, hingsvul, merrievul, knol, ros, strydros, trekperd, skimmelperd, skimmel, witskimmel, rooiskimmel, blouskimmel, bleekvos, palomino, sweetvos, ponie, poon, Basoetoponie, muil, muilesel, esel, donkie, tor, langoor, perderas, lipizzaner; sebra, wilde perd, mustang, kameelperd, giraf(fe), kameelperdbul, kameelperdkoei,

kameel, skip van die woestyn, drommedaris, langnekkameel, lama; bles, hoef 397, hoefyster, hoefbal, hoefstraal 397, hoefganger
bok, bokram, ram, bokooi, ooi, boklam, kapater, kapaterbok, bokkapater, orrabok, melkbok, voorbok, leibok, boerbok, sybok, angora, angorabok
hond, brak, natneus, basterhond, basterbrak, steekbaard, steekbaardbrak, straathond, straatbrak, rondloperhond, huishond, gidshond, leihond, waghond, jaghond, apporteerhond, speurhond, skoothondjie, keffertjie, reun, reunhond, teef, teefhond, werpsel; Alsatian, wolfhond, bloedhond, bulhond, boel, boelhond, boerboel, chihuahua, worshond, dachshund, dachshond, dashond, dobermann, dobermann-pinscher, keeshond, kollie, kolliehond, malteser, maltese poedel, patryshond, pointer (*Engels*), Pekinees, Pekineeshondjie, pekinees, pekineeshondjie, poedel, poedelhond, Franse poedel, pronkrughond, leeuhond, rifrug, rifrughond, skaaphond, skippertjie, skipperke, sniphond, terriër, foksterriër, Ierse terriër, Staffordshire terriër, windhond, mop(s), mopshond, spanjoel, spanjoelhond, spaniel (*Engels*), dwergspanjoelhond, papillon, kooiker, weimaraner; wildehond, dingo, wolf, wolvin, prêriewolf, prêriehond, jutswolf, strandwolf, strandjut, strandjutwolf, jakkals, vos, silwerjakkals, silwervos, vaaljakkals, vaalhaarjakkals, nadroejakkals, rooijakkals, rooivos, bakoorjakkals, maanhaarjakkals, woestynjakkals, woestynvos, fennek, hiëna, weerwolf
wild, wildsoort, grootwild, kleinwild, roofdier, wildebees, wildsbok, wildebok, antiloop, waterdier, knaagdier; alpakkabok, lama, blesbok, bont(e)bok, buffel, bison, dwergbuffel, wildebees, blouwildebees, swartwildebees, hart(e)bees, vaalhart(e)bees, rooihart(e)bees, basterhart(e)bees, tsessebe, tsessebie, jak, knoros, brombees, dik-dik, duiker, rooiduiker, duikertjie, bloubokkie, eland, gasel, gemsbok, grysbok, hert, takbok, kariboe, rendier, takbokram, takbokooi, hinde, ibeks, impala, rooibok, klipspringer, klipbok, klipduiker, koedoe, koedoebul, koedoe-

koei, muskusdier, njala, basterkoedoe, oribie, oorbietjie, ree, reebok, ribbok, rooiribbok, vaalribbok, rietbok, springbok, steenbok, swartwitpens, waterbok, kringgat
groot wild, olifant, bosreus, woudreus, ronkedoor, renoster, swartrenoster, witrenoster, neushoring, tapir, seekoei, hippopotamus
beer, grysbeer, bruinbeer, ysbeer, wasbeer
roofdier, groot kat, wilde kat, leeu, leeumannetjie, leeuwyfie, leeuin, welp, welpie, leeuwelp, leeuwelpie, vuilbaard, maanhaarleeu, kraagmannetjie, tier, jaguar, panter, luiperd, jagluiperd, rooikat, tierboskat; kat, huiskat, Siamees
insekvretende dier, insekvreter, muishond, stinkmuishond, fret, meerkat, mierkat, graatjie, graatjiemeerkat, waaierstertmeerkat, ystervark, krimpvarkie, rolvarkie, rolystervarkie, stekelvarkie, miervreter, ratel, ietermago, ietermagô, ietermagog, skubdier, wesel, igneumon, hermelyn, sabeldier, marter, kommetjiesgatmuishond
knaagdier, muis, rietmuis, veldmuis, vaalveldmuis, springmuis, jerboa, wolmuis, chinchilla, tjintjalla, chinchillakonyn, tjintjillakonyn, nerts, rot, veldrot, rietrot, waterrot, dassierot, klipmuis, klaasneus, klaasneusmuis, olifantmuis, vlermuis, vrugtevlermuis, vampier, kalong, bloedsuier, mol, kruipmol, blindemol, vaalmol, malmokkie, marmot, marmotjie, hamster, lemming, eekhoring, dassie, das, haas, springhaas, kolhaas, berghaas, vlakhaas, doekvoet, konyn, bewer, muskeljaatkat, musseljaatkat, sivetkat
waterdier, seedier, walvis, narwal, dolfyn, to(r)nyn, rob, seehond, walrus, seebeer, seeperd, seeleeu, see-olifant, otter, seeotter, doejong; otter, waterbobbejaan, seekoei, waterbok
buideldier, buideldraer, roofbuideldier, plantetende buideldier, knaagbuideldier, buideldas, buidelhaas, buidelwolf, buidelhond, buidelrot, kangaroe, wallabie, koalabeer, buidelbeer, buideleekhoring, buidelmuis, buidelmol, buidelrot; buidel, buidelsak, buidelbeursie
voëlbekdier, snaweldier

b.nw. dierlik, wild, mak, veelhoewig, grasetend, vleisetend, inseketend, tieragtig, wolfagtig, varkagtig, ...

367. Oerdier
s.nw. koraal, koraaldiertjie
oerreptiel, sourus, souriër, dinosourus, dinosouriër, igtiosourus, igtiosouriër, brontosourus, brontosouriër, tirannosourus, tirannosouriër, allosourus, allosouriër, mosasourus, mosasouriër, eryops, trikeratops, trachodon, stegosourus, stegosouriër, plesiosourus, plesiosouriër, tegnosourus, tegnosouriër, pterodaktiel, pteranodon, souropode, iguanodon
oervis, dinichthys, igtiosourus, visakkedis, selakant
oervoël, archeopteryx, hesperornis
oersoogdier, megatherium, glyptodon, mastodon, mammoet, oeros, eohippus, mesohippus, sabeltand, sabeltandtier

368. Diereteelt
s.nw. diereteelt 369, dieretelery, lynteelt, aanteelt, natuurras, opregtheid, rasegtheid, vermenging, verbastering, geskiktheid, ongeskiktheid; teeldier, aanteelding, aanteelvee
skaaptelery 369, beestelery 369, voëltelery, ..., broeihok, broeitoom, teeltoom, oormerk, halfmaantjie, brandmerk
dierebeskerming, dieremishandeling, bewaring, natuurbewaring, diereherberg, dierehospitaal, dieretuin, menagerie, wildtuin, wildreservaat, terrarium, oceanarium, akwarium, aquaplaas, akwaplaas, vivarium
voer, kragvoer, kragvoedsel, ruvoer, somervoer, wintervoer, lek, dierelek, leksout, voerbak, voersak, voertrog, voerrak, voertregter, voergat, voergang, voertoring, voerkuil, voersilo, voerkamp, weiding, wisselweiding, lusern, lusernbaal, kafbaal, koringkafbaal, hawerpitbaal, garsbaal
teler, diereteler, temmer, dieretemmer, perdetemmer, leeutemmer, ..., sweep, stalmeester, stalkneg, staljonge, taksidermis, opstopper, diereliefhebber; dressuur, dressering, dresseerkuns, taksidermie
b.nw. dresseerbaar, mak, onbeheerbaar, ongeskik, ontembaar, tembaar, touwys, opreggeteel

ww. teel, aanteel, inteel, verbaster, vermeng, bevolk, hokslaan, stal, op stal hou, op stal staan, opstop, opvoer, ring, ringel, tem, dresseer

369. Veeteelt
s.nw. teelt, telery, diereteelt 368, veeteelt, lynteelt, inteelt, skaapteelt, skaaptelery 368, beesteelt, beestelery 368, bokteelt, boktelery, volstruisteelt, volstruistelery, pluimveeteelt, pluimveetelery, hoenderteelt, hoendertelery, ..., rasvee, rasegtheid, rasegte dier, volbloeddier, stamboekdier, stoet, stoetery, stoetvee, stoetbul, stoethings, stoetram, stamboekvee, stamboek, veestamboek, stamboom, teelvee, teeldier, fokdier (*plat*), teelram, teelooi, teelhings, ..., aanteelvee, aanteelding, aanteeldier, aanteelbees, ..., prulvee, prulbees, prulskaap, gusvee, gusbees, gusbok, gusooi, hamel, spanooi, vasmaakooi, konkelooi, tweelingooi, tweetandskaap, voorbok, judasbok, koggelram, koggelooi, rasegte vee; hansgoed, hansdier, hanslam, bakhans
veehandel, veemark, veetentoonstelling, veeskou, veiling, veeveiling, beesveiling, skaapveiling, wolveiling, skutverkoping, skut, skutloods
vee, grootvee, kleinvee, pluimvee, horingvee, veestapel, kudde, veekudde, beeskudde, trop, veetrop, trop vee, beestrop, skaaptrop, boktrop, wildtrop, uitkeervee, uitkeerskaap, trekvee, trekbees, trekskaap, jongvee, jongskaap, jongbok, jongbees, jongos, tollie, stalvee, skutvee, melkvee, melkkalf, skotvers, speenkalf, vleisdier, vleisbees, vleisskaap, slagdier, slagvee, slaggoed, slagbees, slagos, slagskaap, melkvee, melkdier, melkbees, melkkoei, melkbok, wolskaap
veeplaas, veeboerdery, beesplaas, beesboerdery, skaapplaas, skaapboerdery, varkboerdery, volstruisplaas, volstruisboerdery, wildplaas, wildboerdery, hoenderboerdery, wolplaas, wol, kemp, kortwol, wolbaal, trekpad
voer 368, veevoer, pluimveevoer, voergewas, graanvoer, kragvoer 368, kuilvoer, ruvoer 368, bloedmeel, veekoek, lynkoek, oliekoek, lek, soutlek, beeslek, lekblok, weiding, weiveld, soetveld, suurveld, bokveld, staning, staangeld, drinkplek, suiping, drinkgat, drinkbak, veepos
stal, koeistal, perdestal, skaapstal, kraal, veekraal, skaapkraal, beeskraal, kalwerkraal, uitkeerkraal, skutkraal, kamp, doringdraadkamp, beeskamp, skaapkamp, ramkamp, hok, kalwerhok, varkhok, ramhok, hoenderhok, aanteelhok, skeerhok, skeerstal, skeerskuur, skeerkraal, skeertyd, skeergeld, skeersel, uitkeergang, drukgang, manga, dip, dipstof, dipgat, diptenk, diphok, dipkraal, afdroogkraal
vangstok, tentakel, skaapskêr, dipstok, skamppaal, skuurpaal, stalvurk, neusring, gus, gustangetjie, stompoor, skutmerk, sweep, herderstaf, skaapwagterstaf
veeboer, beesboer, melkboer, skaapboer, bokboer, wolboer, varkboer, volstruisboer, hoenderboer, wildboer, trekboer, teler, veeteler, beesteler, skaapteler, ..., wolkweker, wolmakelaar, wolgradeerder, stalmeester, stalkneg, staljonge, herdersbevolking, herder, herderin, wagter, veeherder, veewagter, beesherder, beeswagter, skaapherder, skaapwagter, veeinspekteur, dipinspekteur
b.nw. gus, dresseerbaar
ww. aanhou, teel, aanteel, inteel, verbaster, vermeng, bevolk, hokslaan, stal, op stal hou, op stal staan, wei, laat wei, roepja, roepsek, voer, skeer, dip, skut, opstop, opvoer, ring, ringel, tem, dresseer, beslaan, inbreek, inhou, inry, kniehalter, knelter, kopspeel, koudlei, roskam

370. Voëlteelt
s.nw. voëlteelt, voëltelery, duiweteelt, duiwetelery, pluimveeteelt, pluimveetelery, pluimveeboerdery, hoenderteelt, hoendertelery, hoenderboerdery, volstruisboerdery; ornitologie, oölogie; broeivoël, broeihen, lêhen, broeimoeder; eier, neseier, broeisel, inkubasie, inkubasieperiode, broeityd
voëlhok, voëlkou, korf, nes, voëlnes, broeines, broeiplek, hoenderhok, hoenderkamp, volstruiskamp, hoenderdraad, steier, stellasie, fuik, broeikas, inkubator, broeimasjien
voëlsaad, saad, lêmeel, mieliegruis
pluimveeboer, hoenderboer, volstruisboer, voëlteler

b.nw. broeis, kloeks
ww. teel, broei, uitbroei, inkubeer

371. Suiwelbereiding
s.nw. **suiwelbereiding**, suiwelproduksie, melkproduksie, suiwelbedryf, suiwelindustrie, suiwelhandel, melkhandel, melkvee, melkdier
melkery (proses), pasteurisasie, ablaktasie, spening, staking van melkery, mastitis, uierontsteking
melkery (gebou), melkkamer, melkstal, melktyd, suiwelfabriek, melkfabriek, kaasfabriek, botterfabriek, melkwinkel, melkkiosk
melkmasjien, melkemmer, melkkan, roomkan, melktenk, melkstoeltjie, spantou, laktometer, laktoskoop, galaktometer, afskeier, roomafskeier, melkkoeler, roomkoeler, bottermasjien, bottervorm, botterspaan, melkdoek, kaasdoek, karringstaf, karringstok
suiwelproduk, suiwel 426, melk, beesmelk, koeimelk, bokmelk, bies, biesmelk, kolostrum, volroommelk, volmelk, afgeroomde melk, langlewemelk, rakmelk, UHT-melk, soetmelk, suurmelk, dikmelk, kês, kêsmelk, karringmelk, jogurt, stremmelk, poeiermelk, room, slagroom, crème, suurroom, crème fraîche, melksuiker, galaktose, melksuur, melkvet; kaas, soetmelkkaas, gouda, cheddar, camembert, edam, pecorino, bloukaas, blouskimmelkaas, roquefort, roquefortkaas, stilton, stiltonkaas, ricotta, ricottakaas, smeerkaas, roomkaas, maaskaas, weikaas, kaseïen, kaseïne, stremsel, leb, kaasstremsel, wei, kaaswei, gestremde melk, wrongel; botter, roombotter, plaasbotter, soutlose botter, kunsbotter, margarien, margarine, surplusbotter
alternatiewe suiwelproduk, sojamelk, klappermelk, moutmelk
b.nw. melkagtig, melkerig, melkryk, romerig, roomagtig, botteragtig, galakties
ww. melk, uitmelk, pasteuriseer, room, afroom, karring, afkarring, strem, sak, wrongel

372. Vissery
s.nw. **visteelt**, visplaas, salmplaas, forelplaas, visteelt, salmteelt, forelteelt, oesterteelt, perlemoenteelt, oesterkultuur, oesterkwekery
vissery, visserybedryf, vissersbedryf, visserymaatskappy, visfabriek, visindustrie, vishandel, viswinkel, viskwota, visvangkwota, hengelkwota
visvangs, vissery, hengelary, vangslag, vangs, snoekvangs, haringvangs, walvisvangs, kreefvangs, perlemoenvangs, mosselvangs, oestervangs, ..., lynvissery, seevissery, riviervissery, koraalvissery, visseisoen, snoekseisoen, spieshengel
aas, visaas, aaskop, rooi-aas, krewel, kunsvlieg, dollie
viswater, hengelplek, hengelwater, hengelparadys, vywer, visvywer, mosselbank, oesterbank, oesterbed
visser, visserman, hengelaar, oewerhengelaar, lynvisser, varswaterhengelaar, seehengelaar, spieshengelaar, harpoenier, walvisjagter, oestervisser, pêrelvisser, oesterkweker, duiker, kreefduiker, perlemoenduiker
visgereedskap, vissermansgereedskap, hengelgerei, visstok, katrol, viskatrol, visstokkatrol, kraaines, handlyn, vislyn, dryflyn, aaslyn, hoek, vishoek, weerhaak, vishaak, trens, staaltrens, nylontrens, sinker, sinklood, lood, vislood, dollie, dobber, vismes, oestermes, perlemoenmes, aasemmer; spiesgeweer, harpoen, harpoengeweer, duikpak, duikbril, snorkel, lugbottel, duikgewig, paddavoet, duiksak; net, visnet, ophaalnet, sleepnet, seën (visnet), treknet, treil, treilnet, skepnet, werpnet, kieunet, kiefnet, beursnet, stelnet, haringnet, vleet, fuik, visfuik, kreeffuik, kreefnet, oesternet; boot, opblaasboot, visboot, snoekboot, walvisboot, walvisjagter, roeispaan, dolpen, roeipen
b.nw. visryk
ww. visvang, hengel, lyngooi (*informeel*), lyn natmaak (*informeel*), dobber, dommel, harpoen, harpoeneer, trek, vis trek, treil, duik, aas uithaal

373. Jag
s.nw. **jag**, klopjag, jagveld, jaggebied, jaggrond, jagplaas, skietplaas, jagtersparadys, jagkamp, jaguitstappie, jagvakansie, jagsafari, trofeejag, grootwildjag, bokjag, leeujag, buffeljag, jakkalsjag, robbejag, walvis-

jag, ..., valkejag; wild, grootwild, kleinwild, buit, jagbuit, jagtrofee, jagtyd, jagpermit
jagtoerusting, geweer 677, jaggeweer, pyl en boog, jaghoring, jaglamp, skietlamp, skietlig, koplamp; jaghond, patryshond, setter, valkery
slagyster, klem, strik, valstrik, vanggat, wolfkuil, vanghok, wip, voëlwip, fuik, val, muisval, rotval, voëllym, voëlrek, kettie
jagter, skut, wildskut, boogjagter, valkenier, jagentoesias, nimrod, grootwildjagter, kleinwildjagter, beroepsjagter, professionele jagter, pelsjagter, jagmeester, jaggeselskap, jagparty, wilddief, wildstroper; jagterstaal, jagterslatyn, jaerslatyn
ww. jag, skiet, uitskiet, bekruip, voorlê, stroop

f. Mensheid
374. Mens
s.nw. mens, menslike wese, mens(e)gedaante, persoon, individu, mensekind, mensheid, menslike geslag, mens(e)geslag, homo sapiens, Adamsgeslag, aardbewoner, wêreldling, wêreldburger, wêreld, mensewêreld, grootmenswêreld, jongmenswêreld, kinderwêreld, siel, skepsel, medemens, naaste, ewemens, tydgenoot, natuurgenoot, inboorling, inboorlingras, wese, kreatuur, ding, volwassene, grootmens, kind, jongmens, jeug, baba, kasplant, mens(e)materiaal; primaat, aapmens, mensaap, hominied, hominide, antropoïed, antropoïde, diermens; gees, menslike gees, liggaam 377, menslike liggaam; menswaardigheid, menswees; menswording, inkarnasie, antropogenese, antropogenesis, antropomorfie, antroposofie, biometrie
onmens 813, monster, gedierte, woestaard 618, 779, wreedaard 779, 813, ding; ontmensliking, onmenslikheid 715, 779, depersonalisering
persoonlikheid, persoonlikheidstipe, temperament, sanguiniese temperament, choleriese temperament, melancholiese temperament, flegmatiese temperament; introvert, ekstrovert, ekstravert; introversie, ekstroversie; regterbreinmens, linkerbreinmens
geslag, gender, geslagsoriëntasie, genderoriëntasie, tipe, tiep, genderbinariteit, geslagsneutraliteit, genderneutraliteit, geslagstereotipe, genderstereotipe, geslagstereotipering, genderstereotipering, geslagsgelykheid, cis-gender-mens
seksualiteit, geslag, geslagtelikheid, geslagsbepaling, seks, sekse, man, vrou, seun, dogter, meisie, manlikheid, vroulikheid, seksualiteit, seksuele voorkeur, seksuele oriëntasie, biseksualiteit, heteroseksualiteit, hetero-normatiewe wêreld, heteroseksueel, straight mens (*Engels*), LGBTI-gemeenskap, homofilie, homoseksualiteit, homofiel, homoseksueel, homoseksuele persoon, homo, queer (*Engels, kwetsend*), queer mens (*Engels, kwetsend*), gay, gay man, moffie (*kwetsend*), verwyfdheid, fatsigheid, gay vrou, lesbiër, hermafroditisme, hermafrodiet, trassie (*kwetsend*), transseksualiteit, transgender, transvestiet, transvestisme, transvestisisme, travestie, transseksueel, fopdosser, ginandrie, ginandrisme, ginandromorfisme, panseksualiteit, panseksueel, a-seksualiteit; transfobie, homofobie, homofoob, LGBTI-regte
mensekennis, mensekenner
b.nw. menslik, menswaardig, medemenslik, tussenmenslik, individueel, ander, antropogeneties, antropoïed, antropomorf, antroposentries, egosentries; persoonlik, temperamenteel, sanguinies, choleries, melancholies, flegmaties; onpersoonlik, koel, saaklik, gedepersonaliseer
seksueel, geslagtelik, heteroseksueel, transseksueel, biseksueel, homoseksueel, gay, lesbies, skeef (*informeel, kwetsend*), androgien, hermafrodities, queer (*Engels, kwetsend*), straight (*Engels*), panseksueel, überseksueel, interseksueel, metroseksueel, manlik, mannerig, mannetjiesagtig, hanerig, vroulik, jonkvroulik, vrouagtig, verwyf(d), fatsig, homofilies, homofobies
onmenslik, monsteragtig
ww. mens wees, vermenslik, verpersoonlik
ontmenslik, depersonaliseer
bw. menslikerwys
woorddeel antropo-, homo-, hetero-
uitdr. 'n mens is maar 'n mens; van iemand 'n mens maak; 'n snaakse entjie mens

375. Man

s.nw. man, manspersoon, mannetjie, mansmens, metroman, adonis, adoons, spiertier, spierpaleis, prikkelprins, meneer, baas (*soms kwetsend*), monsieur, señor, heer, heerskap, ou, la(r)nie (*lekties, kwetsend*), kêrel, haan, snaar, ta, vent, eendstert, sinjeur (*ongewoon*), paai (*ongewoon*), ghoen (*ongewoon*), laventelhaan, laventelhaantjie, ou man, ouman, oukêrel, oubaas (*soms kwetsend*), toppie (*informeel*), outoppie (*informeel*), ou ballie (*informeel*), ouballie (*informeel*), ballie (*informeel*), outa (*kwetsend, moet liefs vermy word*), outata (*kwetsend, moet liefs vermy word*), oupa, jongman, jongkêrel, jongeheer, jonggesel, jongman, outjie, boikie (*lekties, soms kwetsend*), seun, seuntjie, kleinbaas (*soms kwetsend*), jongetjieskind (*lekties*), klong (*soms kwetsend*), klonkie (*soms kwetsend*), penkop, wewenaar, graswewenaar, sissie, janhen (*kwetsend*), homofiel, homoseksueel, homo (*kwetsend*), gay, moffie (*kwetsend*); chauvinis, seksis, vrouehater, misoginis; manlikheid, homoseksualiteit; hy, hom, homself

b.nw. manlik, mannetjiesagtig, managtig, seunsagtig, moffierig (*kwetsend*), homoseksueel, gay; chauvinisties

uitdr. hy kry al baard; mossie maar man; maljan onder die hoenders

376. Vrou

s.nw. vrou, vroulike persoon, vroutjie (*kwetsend*), vroulikheid, vroumens (*kwetsend*), vrouepersoon, vrouspersoon (*spottend*), mevrou, mevroutjie (*kwetsend*), miesies (*soms kwetsend*), nonna, eggenote, motjie (*lekties*), dame, madame, señora, dametjie (*soms kwetsend*), madam (*kwetsend*), kugel (*kwetsend*), prinses, mannin, tannie, tant, tante, ouma, oumies (*soms kwetsend*), meisie, boeremeisie, meisiekind, nooi, nôi, nooientjie, nôientjie, doedie (*verouderd, informeel*), goose (*Engels, lekties, informeel*), jongmeisie, jongnooi, nooi (*soms kwetsend*), kleinnooi (*soms kwetsend*), kleinmies (*soms kwetsend*), jongnôi, jongvrou, jongedame, mejuffrou, mejuffroutjie (*kwetsend*), juffrou, juffer, juffie (*kwetsend*), mademoiselle, señorita, dolla (*informeel*), flossie (*kwetsend*), pop (*kwetsend*), poplap (*kwetsend*), poppie (*kwetsend*), poppentjie (*lekties, dikwels kwetsend*), dogter, jongedogter, sjiksa (*soms kwetsend*), skone, skoonheid, nimf, amasone, flerrie, prikkelpop, sekskat, sekskatjie (*verkleining, kwetsend*), kwaadkat (*kwetsend*), hoer, prostituut, snol, koket, konkubine, houvrou, Delila, koei (*kwetsend*), goffel (*lekties, kwetsend*), grasweduwee, rabbedoe, robbedoe, suster, lesbiër, homoseksueel, homo (*kwetsend*), gay, let (*informeel, kwetsend*); vroulikheid, feminisme, vervrouliking, lesbiïsme, lesbianisme (*minder juis*); sy, haar, haarself; feminis, mannehater

b.nw. vroulik, meisierig, koketterig, onvroulik, lesbies, homoseksueel; feministies

uitdr. die swakker vat (*kwetsend*); 'n roos tussen dorings

g. Liggaam

377. Liggaam

s.nw. **liggaam**, soma, lyf, halflyf, voorlyf, agterlyf, corpus, figuur, gestalte, gestel, karkas, anatomie, fisionomie, pigmentasie; lyflikheid, liggaamlikheid; somatologie, ontleedkunde, antropometrie, sitologie

liggaamsdeel, ledemaat, holte, liggaamsholte, antrum, beurs (liggaamsholte), bank, oogbank, basis, kanaal, orgaan, pigment, vesel, vetlaag, vlies, follikel, weefsel

sel, stamsel, gameet, geslagsel, spermatofoor, spermatosoïed, spermatosoön, selkern, kernliggaampie, nukleolus, ribosoom, sentriool, lisosoom, mitochondrium, selwand, selmembraan, protoplasma, leukoplas(t), sitoplasma, chromosoom, X-chromosoom, Y-chromosoom, genoom, chromosoomtelling, kollageen, kollenchiem, vakuool, adhesie; desoksiribonukleïensuur, DNS, DNA (*Engels*)

weefsel, selweefsel, huidweefsel, klierweefsel, limfweefsel, senuweefsel, spierweefsel, beenweefsel, vetweefsel, bindweefsel

liggaamlikheid, gestalte, liggaamsgestalte, bou, liggaamsbou, liggaamshouding, postuur; liggaamsleeftyd, puberteit, adolessensie, rypingsjare, volwassenheid, oorgangsleeftyd, klimakterium, menopouse, bejaardheid

liggaamshouding, houding, postuur,

figuur, gestalte, liggaamsbou
b.nw. liggaamlik, lyflik, fisiek, afferent, deferent, astenies, endogeen, eksogeen, gebou, somaties, gepigmenteer(d), halfsydig, intern, eensellig, veelsellig, protoplasmaties, klimakteries
ww. 'n liggaamsposisie inneem, 'n posisie inneem, staan, lê, sit, oopkastrol lê, leun, aanleun

378. Senuwee
s.nw. senuweestelsel, sentrale senuweestelsel, outonome senustelsel, perifere senuweestelsel, simpatiese senustelsel, parasimpatiese senustelsel, sintuig
serebrum, grootharsings, serebellum, kleinharsings, medulla oblongata, verlengde rugmurg, corpus callosum, harsingbalk, hersenbalk, anterior kommisuur, dura mater van die rugmurg, optiese chiasma, oogsenukruising, pituïtêre klier, pons van Varolius, rugmurg, sagittale sinus, septum pellucidum, terminale filament, eindfilament, aksillêre senuwee, bragiale pleksus, armpleksus, digitale senuwee, vingersenuwee, femorale senuwee, dysenuwee, gluteale senuwee, huidsenuwee, iliogastriese senuwee, interkostale senuwee, tussenribsenuwee, iskiatiese senuwee, heupsenuwee, koksigeale senuwee, stuitjiesenuwee, kinestese, kinestesie, kraniale senuwee, harsingsenuwee, lumbale senuwee, mediane senuwee, muskulokutane senuwee, obturatorsenuwee, sluitspiersenuwee, peroneale senuwee, radiale senuwee, safenasesenuwee, sakrale senuwee, servikale pleksus, surale senuwee, kuitsenuwee, tibiale senuwee, ulnare senuwee, simpatiese senuwee, parasimpatiese senuwee, vagussenuwee, dwaalsenuwee, vaatsenuwee, vasomotoriese senuwee, ...
sintuig, gesig 499, gehoor 498, gevoel 493, reuk 497, smaak 496; gesigsenuwee, gehoorsenuwee, huidsenuwee, reuksenuwee, ...
senuwee, senuweebundel, dendriet, neuriet, ganglion, geleier, senudraad, neuron, refleks, refleksboog, senuweefsel, senuweeweefsel, senuweeknoop, sinaps
senuweetoestand, respons, responsie, senuweeagtigheid, gespannenheid, spanning, senuspanning, senuprikkeling, nerveusheid, nervositeit, stres, tensie, neurastenie, trekkings, spastisiteit, senutrekking, rilling, refleks, senurefleks, senuweerefleks, verwringing, neuropatologie 414, neurologie
b.nw. neuraal, neuralgies, neurastenies, neurologies, neuropaties, simpaties, parasimpaties; senuweeagtig, nerveus, gespanne, hooggespan, rillerig, gestres (*Engels, informeel*), opgetens (*Engels, informeel*)
ww. klappertand, ril, vertrek, verwring
woorddeel neuro-, senu-, senuwee-

379. Spier
s.nw. spier, spierstelsel, muskulatuur, spierbundel, gespierdheid, spiersametrekking, spierverslapping, miologie; dikvleis, biltong, spiervesel, vesel, spierweefsel, spiersak, spierskede, sening, band, spieraanhegting, ligament, tendon, pees, spierpees, peesknobbel, weivliesvet, vetweefsel, mioglobine, miosine, spierweefselpigment, kollageen

spiersoorte, kernspier, abduktor, abduktorspier, hefspier, ligspier, flexor, buigspier, lengtespier, teenspier, teenwerkende spier, saamwerkende spier, strekspier, trekspier, aftrekspier, ringspier, platspier, sluitspier, kringspier, sfinkter, bindspier, willekeurige spier, onwillekeurige spier; maagspier, buikspier, sespak (*informeel*), baarmoederspier, kaakspier, tongspier, vingerspier, indikator, gesigspier, lagspier, oogspier, orbicularis, oculi, orbikulêre spier van die oog, nekspier, sternokleidomastoïed, sternomastoïed, skouerspier, trapesius, deltoïed, borsspier, groot pektoraal, groot pektorale spier, pektoralis, rugspier, romboïed, armspier, boarmspier, biseps, bragialis, bragiaal, triseps, pronator, lang palmaar, lang palmare spier, kort palmaar, kort palmare spier, voorarmspier, ulnêre fleksor, beenspier, dyspier, laterale grootspier, vastus lateralis, mediale grootspier, vastus medialis, reguit dyspier, vastus intermedius, biseps van die dy, sartorius, sartoriusspier, kuitspier, gastroknemius, solius, voetspier, toonspier

spierdistrofie, spierstyfheid, spierverstywing, katalepsie, katapleksie, spierverslapping, tongspierverslapping, spierpyn,

kramp, spierkramp, fibrositis, miositis
b.nw. gespierd, lenig, seningrig, veselagtig, willekeurig, onwillekeurig
ww. saamtrek, verslap, kramp
woorddeel mio-

380. Gebeente
s.nw. gebeente, skelet, geraamte, beenstelsel, binneskelet, geleding, dekbeengeraamte, beendere, dolos, horingskild, huidgeraamte, huidskelet, graat
dele van die skelet, kopbeen, skedel, wangbeen, malaarbeen, zigoom, bokaak, maksilla, onderkaak, mandibel, mandibula, handgewrig, handwortel, carpus, karpus, middelhand, metacarpus, metakarpus, polsbeentjie, boarmbeen, opperarmbeen, humerus, speekbeen, radius, ellepyp, ulna, skouerblad, skapula, sleutelbeen, klavikula, voetwortel, tarsus, middelvoetbeen, metatarsus, toonbeen, lit, proksimale falanks, middelfalanks, distale falanks, kuitbeen, fibula, skeenbeen, tibia, knieskyf, patella, dybeen, femur, hakbeen, hakskeenbeen, koot (perd), kootbeen (perd), kroonbeen (perd), toonbeentjie, heiligbeen, kruisbeen, sakrale been, sakrum, heup, heupbeen, ilium, heupgewrig, stuitjie, stuitjiebeen, koksiks, rib, ribbebeen, swewende rib, vals rib, werwel 396, werwelbeen 396, as, aksis, werwelkolom, borsbeen, sternum
been, pyp, murgpyp, beenpyp, beensplinter, beenvesel, beensel, beenvlies, kraakbeen, ringkraakbeen, murg, merg, kapselband, kollageen, beenvorming
gewrig, bolgewrig, skarniergewrig, draaigewrig, koeëlgewrig, handgewrig, polsgewrig, spronggewrig (perd), gewrigsholte, gewrigskapsel, knok, knokkel, gewrigsknobbel, epifise, gewrigskoppeling, gewrigsband, potjie, bal, gewrigslym, gewrigsvloeistof, gewrigsvog, artikulasie
beendereleer, beenkunde, osteologie, ortopedie
b.nw. benig, artikulêr, geleed, knokk(er)ig, gewerwel(d), ongewerwel(d), spinaal, beenloos, femoraal; osteologies, ortopedies

381. Huid
s.nw. vel, huid, integument, membraan, vlies, pels, vag, leerhuid, dierevel, dierehuid, beesvel, skaapvel, ...; dikvel, dermis, onderhuid, hipodermis, epidermis, boonste laag van die vel, nekvel, veloppervlak, haar 382, deursigtige laag, stratum lucidum, melanosiet, huidspier, velspier, haarspiertjie, arrector pilli, epiteel, huidweefsel, bindweefsel, onderhuidse weefsel, vetweefsel, bloedvat, Pacini se liggaampies, Meissner se liggaampies, ampulla, slymvlies, porie, haarkant, harigheid, lel, lelletjie, lyn, plooi, rimpel, nerf, moesie, moet, vrat, vratjie, pigmentasievlek, blaas, blasie, waterblasie, bloedblasie, hoendervleis, stekel, horing, horingstof, dop, skulp, skub, skob, skild, skilfer, skaal (*ongewoon*), karet (skilpad), keratien, keratine, seratien, pagiderm, skag, swam, vervelling, albinisme, melanisme
velklier, huidklier, talkklier, vetklier, smeerklier, sweetklier, ekkriene sweetklier, sweetgaatjie, sweetporie
velkleur, huidkleur, albinisme, albino, kol, vlek, moedervlek, geboortemerk, geboortevlek, moesie, sproet, sonvlek, oumensvlek, pigment, pigmentasie, melanien, melanine, tatoeëring
b.nw. epidermies, hipodermies, blas, blosend, gebruin, songebruin, gevlek, gesproet, besproet, glad, plooiloos, rimpelloos, satynagtig, geplooi, rimpelig, rimpelrig, beskimmel, beskimmeld, dikhuidig, geskub, skubagtig, klam, skilferig, stekelhuidig, stoppelig, stoppelrig, onderhuids, subkutaan, tetanies, vratagtig, albinisties, melanisties
ww. vervel, afskilfer, afdop

382. Haar
s.nw. haar, menshaar, dierhaar, hondehaar, perdehaar, varkhaar, kameelhaar, ..., blonde haar, swart haar, bruin haar, ..., blondekop, brunet, swartkop, rooikop, ..., voshare, vaalhare, muishare, langhaar, steil hare, krulhare, steilheid, steekhaar, kroonhare, nekhare, ooghaar, oogwimper, wenkbrou, winkbrou, lyfhare, baard, baardjie, baardhaar, stoppel, baardstoppel, stekel, bakkebaard, luislere (*informeel*), saaidies (*Engels, informeel*), melkbaard, melkgesig, snor, moestas, hangsnor, druipsnor, weglêsnor, skaamhare

maanhaar, skimmel, blouskimmel, wol, wolhaar, steekhaar, kemp, perdestert, stertkwas, stertvlegsel
haarskag, haaropening, ostium, epidermikula, skors, korteks, haarmurg, medulla, haarwortel, follikel, haarfollikel, papil, haarspiertjie, arrector pilli, wortelskede, haarwortelskede, binneste wortelskede, buitenste wortelskede, haarskub, vesel, haarvesel, kapsule, melanien, melanine
veer, penveer, vlerkpenveer, stertveer, bladveer, skouerveer, rugveer, dekveer, kontoerveer, donsveer, dons, skagveer, nesvere; pen, skag, rachis, vlag, baard, kalmoes
kapsel, haarkapsel, haarmode, coiffure, haarstyl, haarsnit, haardrag, haredrag, vrouekapsel, manskapsel, tonsuur; bolla, knoes, knoets, paadjie, karteling, kartel, waterkartel, permanente karteling, polkahare, pommade, pompadoer (*verouderd*), vlegsel, stertvlegsel, poniestert, makasterkop, borselkop, poenskop, spoenskop, koenskop, mopkop, bossiekop, matraskop; haardroër, haarskêr, haarkapperskêr, kruller, krulpen, krulspeld, peroksied, perokside; salon, haarsalon, haarkappersalon, haarkapper, haarkapster
haardos, haarbos, boskasie, bosgasie, ghoemahare (*lekties*, *kwetsend*), kuif, haarkuif, sliert, korrelkop, kroeskop (*soms kwetsend*), kroontjie, krul, krulkop, krullebol, vlegsel, poniestert, bles, kaalkop, pruik, haarstuk, toupet, verharing
verharing, ontharing, vergrysing
b.nw. harig, harerig, haarloos, langharig, gegolf, welig, ruig, wit, blond, vlasblond, gekleur(d), blou (perd), grys, rooi, ..., witharig, swartharig, bruinharig, gekroes, kroes, kroeserig, krullerig, wollerig, siliêr, steil, kaal, bles, geveer, gepluim(d), veeragtig, weselbont
ww. verhaar, vergrys, grys word, afhaar, sny, kap, indraai, perm (*Engels, informeel*), kartel, kroes, mince (*lekties*), krul, kleur, onthaar, epileer

383. Nael
s.nw. nael, vingernael, toonnael, mensnael, diernael, katnael, hondenael, klou, voëlklou

naelmaantjie, lunula, naelmatrys, naelwortel, naelbed, sool, naelsool, naelliggaam, vry punt, eponigium, naelvelletjie, naelriempie
naelversorging, naelknipper, naelvyltjie, amarilstafie, naelskêrtjie, naellak, naellakverwyderaar; ingeskeurde nael, ingroeitoonnael

384. Kop
s.nw. kop, koppie, hoof, hofie, boonste verdieping, voorkop, agterkop, slaap, kruin, kuifkop, bossiekop, borselkop, poenskop, knopkop, kaalkop, bles, bleskop, pankop, witkop, swartkop, rooikop, doodskop, skedel 385, bol, helm, klapperdop, horing, bokhoring, horingdop, ramshoring, rimpel, tak, aapkop, perdekop, koedoekop, slangkop, ...
b.nw. kopaf, veelhoofdig, veelkoppig
ww. onthals, onthoof
bw. afkop
woorddeel hoof-

385. Skedel
s.nw. skedel, kranium, kopbeen, skedelbeen, wandbeen, pariëtale been, fontanel, kop 384, agterkop, oksipitale been, voorkop, frontale been, slaap, sfenoïdale been, skedelholte, skedelnaat, sagittale naat, kroonnaat, koronale naat, skubvormige naat, skwameuse naat, metopiese naat, agterkopnaat, lambdoïed(e) naat, skedelpunt, infraorbitale opening, infraorbitale foramen, mentale opening, mentale foramen, groot foramen, foramen magnum, pariëtale foramen, sinus, sinusholte, neusholte, nasale fossa, neusbeen, nasale been, oogholte, oogkas, gehoorgang, uitwendige gehoormeatus, wangbeen, jukbeen, sigomatiese been, voorkaak, onderkaak, mandibel, mandibula, bokaak, maksilla, harde verhemelte, sagte verhemelte, palatum, tandbeen, dentien, tandrif, alveolus, prognasie, prognatisme; kraniologie, skedelleer; horing, kroon, voelhoring, spriet, oogspriet, tentakel
brein, regterbrein, linkerbrein, harsings, harsingmassa, harspan, harslag, harsingpan, grootharsings, cerebrum, serebrum, kleinharsings, cerebellum, serebellum, korteks, harsingholte, harsingkamer, ven-

trikel, harsingkors, skors, harsingskors, harsingvlies, spermaceti (walvis), harsing-aanhangsel, hipofise, hipofisis, pynappel-klier, agterkwab
b.nw. serebraal, serebro-spinaal, bragise-faal, doligosefaal, gewei, kraniaal, lang-skedelig, prognaat, kefalies, sefalies; ge-horing, horingrig

386. Gesig
s.nw. gesig, aangesig, aanskyn, volmaan-gesig, tronie (*informeel*), bakkies (*informeel*), gevreet (*informeel*), uiterlik, snoet, smoel, profiel, trek, familietrek, uitdruk-king, prognasie, prognatisme; aapgesig, perdegesig, ...
voorhoof, voorkop, slaap, wang, wang-been, wangetjie, ken, kin, kennebak, kin-nebak, onderken, onderkin, kaak, kake-been, bokaak, bokakebeen, maksil, onder-kaak, onderkakebeen, mandibel, oog 387, ooghare, wenkbrou, winkbrou, wimper, neus 389, oor 388, mond, smoel, bek, eet-en-drinke, baard, baardjie, vol baard, vol-baard, bokbaard, ringbaard, stoppelbaard, bakkebaard, melkbaard, melkgesig, dons, snor, snorbaard, knewel, moestas, weg-lêsnor, hangsnor, plooi, gesigsplooi, lyn, lagplooi, kraaipoot, kraaipootplooi, rim-pel, lagrimpel, frons, kuiltjie, dimpel
gelaat, gelaatstrek, kleur, gelaatskleur, blos, sproet, moesie, vlek, gesigvlek, pro-fiel; uitdrukking, gesigsuitdrukking, ge-sigstrek, kyk
b.nw. besnede, besneë, fynbesnede, soel (gelaatskleur), wit, bleek, rooi, vaal, ver-rimpel(d), geplooi, grof, oop, bebaard, baardloos, stoppelrig, prognaat
ww. trek, vertrek, frons, plooi, tuit, uitstoot, stulp (lippe), 'n baard dra

387. Oog
s.nw. oog, gesigsorgaan, linkeroog, regter-oog, blouoog, flikkeroë (*meervoud*), uit-peuloë (*meervoud*), jakopeweroë (*meervoud*), onkleuroë (*meervoud*), katoog, spleetoog, valkoog, kraalogie, bloedbelope oog, glasoog, kunsoog
oogkas, kas, oogholte, oogkamer, oogap-pel, oogbol, oogblad, oogrand, oogrok, sklera, vaatvlies, choroïed, papil, kyker, lens, pupil, netvlies, retina, horingvlies, cornea, kornea, iris, reënboogvlies, bind-vlies, konjunktiva, blindevlek, oogvlies, iridium, wit, oogwit, wit van die oog, oog-vog, waterhumor, voorkamervog, hialien, hialine, oogspier, oogligament, suspenso-riese ligament, oogsenuwee, optiese senu-wee, traanklier, traanbuis, traansak, oog-lid, boonste ooglid, onderste ooglid, oogvlek, oogpêrel, wenkbrou, winkbrou, wimper, ooghaar
gesig, gesigsvermoë, bysiendheid, ver-siendheid, ooghoek, oogveld, sigveld, sig-baarheidsveld, perifere visie, oogknip, na-beeld, oogsiekte 413, astigmatisme, oog-ontsteking 413
bril, kykbril, leesbril, bifokale bril, don-kerbril, knypbril, oogglas, kontaklense, harde kontaklens, sagte kontaklense, weg-gooibare kontaklens, oogklap, oogbad; brillens, brilraam, brilarm
brilmaker, optisiën, optikus, oogkundige 416
b.nw. opties, belope, blind, dagblind, hol-ogig, skeelogig, groenogig, pienkogig, ..., astigmaties, bysiende, versiende
ww. tinteloog
bw. holoog, toe-oog, toe-oë

388. Oor
s.nw. oor, gehoororgaan, gehoor, bakoor, wawieloor, blomkooloor, langoor, flapoor
gehoorkanaal, uitwendige oor, buite-oor, ourikel, inwendige oor, oorholte, mid-deloor, binne-oor, gehoorbeentjie, hamer, aambeeld, stiebeuel, slakkehuis, koglea, cochlea, konga, vestibulum, labirint, oor-gang, oordrom, oortrommel, trommel-vlies, oorvlies, gehoorvlies, timpaan, tim-panum, gehoorvlieskas, trommelholte, mastoïde, mastoïed, oorsteentjie, otoliet, kogleêre senuwee, buis van Eustachius, keel-oorbuis, oorspier, oorsenuwee, oor-skulp, oorklap, oorbel, oorlob, lob, oorlel, lel, lelletjie
b.nw. afoor, labirinties, langorig
ww. toeslaan, spits, luister
uitdr. jou ore uitleen

389. Neus
s.nw. neus, reukorgaan, arendsneus, haak-neus, hawikneus, knopneus, langneus, pa-pegaaineus, spitsneus, puntneus, stomp-neus, wipneus, snawel, snoet, snuit, slurp,

proboskis
neusvleuel, neusgat, neusbrug, dorsum van die neus, neuswortel, neuspunt, neusholte, nasale fossa, neusskulp, nasale konga, neusbeen, kraakbeen, sinus, buis van Eustachius, nasofarinks, reuksenuwee, olfaktiese senuwee, reukvlies, slymvlies, olfaktiese membraan, reuksentrum, reukbrein, rinensefalon, reukbol, reukbulbus, olfaktiese bulbus, septum, middelskot, tussenskot, neusmangel, adenoïed, adenoïde, trilhaar
b.nw. olfakties, langneusig, stompneusig, ...
ww. ruik, snuif, snuiwe, snuit, opsnuif, opsnuiwe

390. Mond
s.nw. **mond**, spraakorgaan, eetorgaan, smoel (*informeel*), snater (*informeel*), gorrelgat (*informeel*), gorrel (*informeel*), bek, uittandmond, haasbek; bek, voëlbek, snawel, suigsnawel, snoet, angel, suier, kieu
monddeel, proboskis, mondhoek, lip, bolip, diklip, hanglip, kaak, onderkaak, bokaak, voorkaak, mandibel, mandibula, tong, tongblad, tongpunt, tongrand, tongriem, tongspier, tongwortel, verhemelte, gehemelte, monddak, harde verhemelte, palatum, sagte verhemelte, velum, palatoglossale boog, palatofaringale boog, gifklier, gifsakkie
tand 391, tandboog, dentale boog, tandkas
keel, keelgat, keelholte, keelopening, gorrel, gorrelpyp, sluk, slukderm, strot, strottehoof, stemspleet, glottis, kleintongetjie, huig, uvula, adamsappel, mangel, tonsil, slymvlies, smaakorgaan, smaakpapil, spraakkanaal, spraakorgaan, stem 482, stemband, stemlip, stemorgaan, stemspleet
flegma, fleim, fluim, gansstem, afonie
b.nw. mondelik(s), mondeling(s), oraal, diktong, diktongig, glottaal, uvulêr, velêr, palataal, aftand, gebek
ww. eet, vreet, proe, kou, herkou, blaas, stulp, suig, suie, praat, bulk, brul, piep, skree, snater, fluit

391. Tand
s.nw. **tand**, tandholte, tandvleis, tandivoor, dentine, dentien, tandbeen, tandweefsel, kroon, tandkroon, tandwortel, tandmurg, sement, sementum, tandsenuwee, emalje, tandemalje, tandglasuur, periodentale ligament, tandsenuopening, apikale foramen; dentisie
gebit, tandestel, haasbek, uittand, permanente tand, wisseltand, melktand, muistandjie, verstand(s)tand, verstandskies, voortand, snytand, oogtand, hoektand, kies, kiestand, maler, maaltand, molaar, voorkiestand; vals tand, implantaat, kunstand, vals gebit, kunsgebit, valstande (*meervoud*); slagtand, skeurkiestand, knaagtand, haaktand, giftand, draketand, balein
tandbederf, caries, (tand)karies, gat, tandsteen, plaak, vulling, stopsel
tandemuis, tandmuis
b.nw. dentaal, getand, kariës, karieus, tandeloos
ww. tande kry, tande wissel, tande kners, tande knars, knarsetand, byt, hap, kou, eet

392. Romp
s.nw. **romp**, torso, liggaam, lyf, bolyf, voorlyf, middellyf, middel, taille, talje, sy, linkersy, regtersy, onderlyf, agterlyf, lende, sitvlak, stert (*plat*), stêre (*plat*), boude (*plat*), bankies (*skertsend*), gat (*plat*) 402, agterstewe (*informeel*), poephol (*plat*), hol (*plat*)

393. Nek en skouer
s.nw. **nek**, nekkuil, norra(tjie), nekholte, keel, keelholte, farinks, keelgat, gorrel, gorrelgat, strot, keelknop, strottehoof, larinks, stemspleet, glottis, adamsappel, skildklier, nekslagaar, keelslagaar, keelspek, nekspek, keelvel, nekvel, nekspier, hals, kraag, halsbeen, halswerwel, atlas, kraakbeen; skaapnek, beesnek, koedoenek, voëlnek, hoendernek, ...
skouer, skof, hangskouers, skouergordel, skouerbeen, skouerblad, blad, bladbeen, sleutelbeen, boeg (perd), skildbeen (bees)
b.nw. nek-af, geskouer(d), breedgeskouer(d)

394. Bors
s.nw. **bors**, boesem, toraks, ribbekas, borskas, borsholte, borsstuk; borsmaat, borswydte
boesem, bors, mamma, buuste (*meervoud*), pram (*plat*), tet (*plat*), uier, borsklier,

melkklier, melkleier, melkbuis, borsbuis, borslimfbuis, melkgaatjie, speen, tepel, tiet

borsholte, borswand, ribbekas, rib, vals rib, swewende rib, sleutelbeen, borsspier, pektorale spier, pektoraal, pektoralis, borsbeen, borsplaat, midde(l)rif, mantelvlies, borsvlies, pleura, diafragma, hart

borsaandoening 413, borskwaal, borsvliesontsteking, pleuris, pleuritis

b.nw. kostaal, interkostaal, pektoraal, mammillêr, tepelvormig

395. Buik

s.nw. **buik**, abdomen, maag, pens, boepens, boekpens, bierpens, hangbuik, dikbuik; pens, blompens, tweede pens, kleinpens, blaarpens, grom (vis)

buikholte, abdomen, sy, flank, skoot, moederskoot, maag, maagdermkanaal, maagholte, maagklier, maagslot, maaguitgang, pilorus, maagslymvlies, maagsap, maagsuur, ensiem, pepsien, pepsine, buikvlies, peritoneum, maagspier, buikspier, pelvis, bekken, bassin, bekkengordel, bekkenholte, perineum, bilnaat, skaambeen, skaamberg, skaamheuwel, venusberg, venusheuwel, skaamhare, heup, heupbeen, ingewande

b.nw. buikig, abdominaal, ventraal

396. Rug

s.nw. **rug**, reguit rug, krom rug, boggel, boggelrug, kaalrug

ruggraat, werwelkolom, werwel, werwelbeen, rugwerwel, servikale werwel, torakale werwel, lendewerwel, lumbale werwel, eerste servikale werwel, atlas, tweede servikale werwel, stertwerwel, stuitbeen, stuitjie, stuitjiebeen, skaambeen, skaamberg, skaamheuwel, venusberg, venusheuwel, rugstring, rugspier, rugmurg, rugmurgkanaal, rugsenuwee, kruis, kruisbeen, lende

stert, agterent, agterwêreld, alie (*informeel*), agterstel, agterstewe, agterkant, bas, bankie, agterbankie, agterste, anus, gat (*plat*), gatkant (*plat*), hol (*plat*), poephol (*plat*), aars (*plat*); stert, perdestert, aapstert, varkstert, ..., krulstert, grypstert, sekelstert, kwispelstert, druipstert, wipstert, stompstert, waaierstert, stertkwas

b.nw. gewerwel(d), anaal, dorsaal, dorsiventraal, lumbaal, servikaal, holrug

ww. buig, swaai, kwispel

397. Ledemaat

s.nw. **ledemaat**, ekstremiteit, lit, arm, been, nek

arm, boarm, voorarm, onderarm, vangarm, boarmbeen, opperarmbeen, humerus, speekbeen, radius, ellepyp, spaakbeen, ulna, armholte, oksel, okselholte, kieliebak, biseps, elmboog, elmboogbeentjie, einabeentjie, gottabeentjie, gonnabeentjie, ogonnabeentjie, kieliebeentjie, verneukbeentjie, tinteltonnetjie, hand, regterhand, linkerhand, hotklou, hothand, handspier, muis, handrug, middelhand, metacarpus, metakarpus, handwortel, carpus, karpus, palm, handpalm, bal van die hand, pols, vuis, kaalvuis, ghoen, knuis, greep, bakhand, handgewrig, koot, kootjie, falanks, vinger, nael, naeltjie, naelwortel, halfmaantjie, maantjie, vingerpunt, vingertop, duim, duimpie, voorvinger, wysvinger, indeksvinger, duimpie-se-maat, middelvinger, langeraat, langman, ringvinger, fielafooi, pinkie, pieps-in-die-kooi, lit, vingerlit, vingerbeentjie, vingerkootjie, knok, knokkel, kneukel, knokkeleelt, klou, knyper, vlerk, vin, hotklou; regshandigheid, linkshandigheid, dubbelhandigheid, ambidekstrie, ambidekster

been, bakbeen, hoepelbeen, langbeen, stelt, sabelbeen, x-bene, voorbeen, voorpoot, agterbeen, agterpoot, voet, voetrug, voetboog, wreef, voetwreef, poot, hoef, hoefbal, hoefstraal, hoefyster, klou, kloutjie, kloupoot, grypklou, valskloutjie, byklou, swempoot, swemvlies, bal, voetwortel, tarsus, middelvoetbeen, metatarsus, sool, voetsool, spoor, voetspoor, hak, hiel, hakbeen, hakskeenbeen, hakskeen, achillie, hakskeensening, hakskeentendon, achillessening, agillessening, achillestendon, agillestendon, achillespees, agillespees, koot (perd), kootbeen (perd), kroonbeen (perd), toon, groottoon, kleintoontjie, toonbeen, lit, proksimale falanks, middelfalanks, distale falanks, kuitbeen, fibula, skeen, maermerrie, skeenbeen, tibia, skenkel, skinkel, knie, knieg, kniegewrig, kniekop, knieboog, knieskyf, patella, aankap-

knieë, waai, bobeen, dy, dybeen, femur, dyspier, binneboud, hamertoon
kunsmatige liggaamsdeel, kunsmatige ledemaat, kunsledemaat, prostese, prostesis, protese, protesis, kunsarm, kunsbeen, houtbeen, bioniese arm, bioniese been; prostetikus, prostetis
b.nw. dipteraal, drievoetig, potig, vierpotig, veelpotig, veelhoewig, langarmig, karpaal, interkarpaal, langvingerig, afbeen, benerig, benig, tweebenig, gevlerk, femoraal, prosteties, bionies, kneukelrig; regshandig, linkshandig, dubbelhandig, ambidekstries

398. Asemhalingsorgaan
s.nw. asemhalingsorgaan, asemhalingstelsel, lugweg, boonste lugweg, mond, mondholte, neus, neusholte, keel, keelholte, farinks, gorrel, gorrelpyp, strot, larinks, strottehoof, epiglottis, keelkleppie, strotklep, lugpyp, longpyp, tragea, trachea, borsholte, pleurale holte, borsvlies, pleura, long, lob, boonste lob, bo-kwab, middelste lob, midkwab, onderste lob, onderkwab, longvat, brongiool, brongieë, bronchi, terminaalbrongiool, linkerbrongus, regterbrongus, kardiale pleksus, diafragma, mantelvlies, longslagaar; boeklong, kieu, kief, kieudeksel, tragea, trachea, asemhalingsopening, lugsak, swemblaas
b.nw. bronchiaal, trageaal, pulmonaal

399. Bloedsomloop en limfstelsel
s.nw. **bloedsomloop**, vaatstelsel, bloedvatstelsel, limfstelsel, limfatiese stelsel
hart, abbahart, hartboesem, kamer, hartkamer, ourikel, voorkamer, atrium, ventrikel, ourikel, hartklep, mitraalklep, mitralisklep, mitrale klep, myterklep, trikuspedale klep, suigklep, diastole, diastoliese druk, sistole, sistoliese druk, pols, polsslag, euritmie, oorgeplante hart, kunshart, pasaangeër, gangmaker, hartspier, endokardium, epikardium, perikardium, hartsak, hartvlies
aar, vene, arterie, bloedva(a)tstelsel, aorta, aortaboog, stygende aorta, dalende aorta, hartaar, kroonaar, kransaar, slagaar, hoofslagaar, halsslagaar, karotis, carotis, jugularis, nekslagaar, superior vena cava, inferior vena cava, poortaar, intestinale hoofbloedvat, seliakbloedvat, polsaar, kroonslagaar, armslagaar, buikslagaar, dyslagaar, aartjie, vat, bloedvat, haarvat, haarbloedvat; aarwand, vaatwand, aarweefsel, vaatweefsel
limfklier, limfvat, limfbuis, limfsel, limfosiet, limfweefsel, limf, limfvog
b.nw. geaar, gestreep, intraveneus, kardinaal, vaskulêr, vasomotories, veneus, limfaties

400. Bloed en limf
s.nw. **bloed**, bloed, slagaarbloed, aarbloed, hartebloed, dooi(e)bloed, plasma, bloedplasma, binneplasma, bloedserum, bloedvloeistof, bloedwei, wei, bloedwater, bloedvog, bloedgroep, bloedliggaampie, hematosiet, hemosiet, bloedsel, witbloedliggaampie, witbloedsel, monosiet, leukosiet, rooibloedliggaampie, rooibloedsel, fibrien, fibrine, fibrinogeen, globulien, globuline, hematien, hematine, hemoglobien, hemoglobine, bloeddruk, bloedtelling, bloedsuiker, bloedtemperatuur, resusfaktor, antigene faktor, bloedalkohol, bloedstroom, bloedstraal, bloedklont, klonter, bloeding, bloedstorting, bloedsmeer, bloedkol, bloedvlek, bloedspoor, kongestie, stolling, bloedstolling, bloedsiekte 413, bloedkanker 413, bloedarmoede 413, ongans, bloedoortapping, bloedtransfusie, bloedoortappingsdiens, bloedbank; bloedkunde, hematologie, hematoloog
limf, limfvog, limfosiet, limfsel
b.nw. plasmies, plasmaties, bloederig, bloedig, warmbloedig, koudbloedig, poikilotermies, bloedryk, volbloedig, sanguinies, bloedarmoedig
ww. bloei, stol, bloedlaat

401. Spysverteringskanaal
s.nw. **spysverteringskanaal**, spysverteringstelsel, spysverteringsisteem, voedingskanaal, spysvertering, voedselinname, voedselopname, flatulensie
maagholte, binnegoed, binnewêreld, buik, abdomen, maag, pens, voormaag, blompens, tweede pens, kleinpens, blaarpens, netmaag, netvet, binnevet, leb, krop, grom (vis), maagslot, maaguitgang, pilorus, maagklier, membraan, skeil, mond, mondholte, tong, speekselklier, derm,

dermkanaal, slukderm, esofagus, pankreas, pankreasklier, alvleisklier, duodenum, twaalfvingerderm, dunderm, leëderm, nugterderm, jejunum, kronkelderm, ileum, dikderm, grootderm, kolon, stygende kolon, transverse kolon, dalende kolon, sigmoïedkolon, kartelderm, endelderm, lewer, milt, galblaas, blindederm, appendiks, rektum, anus, ners, nersderm, hol (*plat*), poephol (*plat*), gat (*plat*), kloaak, anale kanaal, anale sfinkter, allantoïs, ingewande, gwarragoed (*lekties, informeel*)
maagsap, maagsuur, pankreassap, ensiem, koënsiem, tripsine, gal, chyl, speeksel, spoeg, mondwater, chym, maagbry, spysbry, spyspap
b.nw. pankreaties, anaal, rektaal, hepaties
ww. inneem, opneem, verteer, maal

402. Afskeidings- en uitskeidingsorgane
s.nw. afskeidingsorgaan, afskeiding, klier, endokriene klier, buislose klier, eksokriene klier, smeerklier, opening
uitskeidingsorgaan, uitskeiding, uitskeidingsorgaan
alvleisklier, hipofise, pituïtêre klier, sweserik, timus(klier), vetderm, vetklier, talkklier, skildklier, tiroïde, tiroïed, tiroïedklier, byskildklier, paratiroïed, paratiroïedklier, slymklier, speekselklier, kropklier, prostaat, voorstanderklier, klier van die blaas, prostaatklier
dikderm, kolon, rektum, anus, ners, nersderm, gat (*plat*), hol (*plat*), poephol (*plat*), sfinkter; nier, nierbekken, linkernier, regternier, bynier, hilus van die nier, nieraar, renale arterie, renale vena, nierkorteks, nierskors, medulla, blaas, pisblaas, ureter, urineleier, pisleier (*plat*), uretra, urinekanaal, urinebuis, pisbuis (*plat*), penis 403, pister (*plat*), peester (*plat*), voël (*plat*), piel (*plat*), totter (*kindertaal*), tottertjie (*kindertaal*), totterman (*kindertaal*), tottermannetjie (*kindertaal*), sweetgat, sweetklier, sweetporie, traanklier
b.nw. klieragtig, endokrien, pituïtêr, rektaal, anaal
ww. ontlas 409, sweet, perspireer

403. Voortplantingsorgaan
s.nw. voortplantingsorgaan, geslagsorgaan, geslagsdeel, genitalieë, skaamdele, pudenda, geslagsklier, teelklier, gonade, geslag, geslagskenmerk; voortplanting, geslagsomgang, kopulasie, orgasme, saadstorting
manlike geslagsdeel, manlike geslagsorgaan, teelsak, skrotum, balsak, bal, testikel, testis, knater (*informeel*), ballas (*plat*), kloot, teelbal, saadbuis, saadleier, penis, lid, roede, skaamdeel, piel (*plat*), voël (*plat*), tril (*plat*), trul (*plat*), pister (*plat*), plesierspier (*plat*), pieper (*kindertaal*), pieperman (*kindertaal*), pieterman (*kindertaal*), pietermannetjie (*kindertaal*), piepermannetjie (*kindertaal*), fallus, voorhuid
vroulike geslagsdeel, vroulike geslagsorgaan, vrouedele (*meervoud*), pudende, skaamdele (*meestal meervoud*), skaamstreek, skaambeen, os pubis, skaamheuwel, venusheuwel, venusberg, skaamhare, moederskoot, baarmoeder, serviks, uterus, baarmoedernek, eierstok, ovarium, eierleier, Fallopiusbuis, saadbuis, saadleier, oviduk, skede, skaamspleet, skaamlippe, vagina, vulva, poes (*plat*), paddatjie (*plat*), klitoris, kittelaar (*plat*), maagdevlies, himen, seloom, nageboorte, plasenta, moederkoek, poeshare (*plat*); ovulasie; lêboor, ovipositor
geslagsel, gameet, sperm, saad, spermsel, spermatosoön, spermatofoor, spermatosoïed, eiersel, eisel, ovum, geslagschromosoom, genoom, kiemsel, saad, soöspoor, saaddiertjie, saadkern, saadsel, stuifmeel, kloon, follikel, geslagshormoon, eier, kalkoeneier, albumen, dooier, dooiersak, neet, vrug, vrugbeginsel, vrugkiem; spermtelling
b.nw. geslagtelik, genitaal, fallies, vaginaal, ovarieel, besnede, besneë, bevrug; geslagtelik, eenslagtig, tweeslagtig, lewendbarend, vivipaar, ovipaar, ovivipaar
ww. omgang hê, geslagsgemeenskap hê, kopuleer, fok (*plat*), naai (*plat*), paar, teel, ovuleer, saad skiet

404. Asemhaling
s.nw. asemhaling, respirasie, asemhalingsproses, asemhalingsorgaan 398, inaseming, inhalasie, uitaseming, ekspirasie, asem, adem, teug, asemteug, asemstoot,

wind, langasem, asemtekort, asemnood, benoudheid, aamborstigheid, bedompigheid, hikaanval, hikkery, hyging, snik, sug, gesnuif, hoes, stikkery, verstikking, aspirasie, mond-tot-mondasemhaling
b.nw. respiratories, ekspiratories, langademig, asemloos, bedompig, benoud, verstikkend, amegtig, kortasem, kort van asem, kortasemrig, uitasem, hygend, hees, heserig, hoeserig, aamborstig, asmaties
ww. asemhaal, diep asemhaal, vlak asemhaal, respireer, adem, inasem, inadem, inhaleer, aspireer, uitasem, uitadem, ekspireer, asem skep, lug skep, blaas, inblaas, uitblaas, deurblaas, gaap, hik, hyg, hoes, snuif, snuiwe, insnuif, roggel, stik, verstik, aspireer, wurg, swoeg, swoeë, snak, smoor, versmoor
bw. winduit
uitdr. 'n wind opbreek

405. Bloedsomloop
s.nw. bloed, mensebloed, bloedstelsel, bloedsomloop 399, omloop, sirkulasie, bloedsirkulasie, bloedtelling, bloedtemperatuur, cholesterol, kolesterol, galvet, hartklop, hartslag, palpitasie, pols, polsmaat, polsslag, pulsasie, drukpunt, diastole, diastool, diastoliese druk, sistole, sistool, sistoliese druk
b.nw. diastolies, sistolies, vaskulêr, konstruktief, koronêr, kloppend, polsend, pulserend, pulsatief, popelend
ww. vloei, loop, sirkuleer, ja, jaag, jae, klop, popel, pols, pulseer, palpiteer

406. Eet
ww. eet, inneem, gebruik, nuttig, geniet, spysig, konsumeer, weglê, wegsit, wegval, inkry, opeet, versadig, verorber, kafloop, ooreet, teëeet, verslind, swelg, verswelg, inswelg, inwerk, watertand, smul, smak, smag, jou eetlus bevredig, jou honger stil, die innerlike versterk, snoep, peusel, knibbel, min eet, verslank, dieet, mummel, afwurg, vreet, opvreet, aas, verfris, verteer; voed, voer, oorvoed, opvoer, soog, speen, laaf
kou, hap, afbyt, afeet, kluif, afkluif, afkluiwe, knaag, knae, knabbel, knibbel, afknaag, afkou, korrel, wei, bewei, afgraas (diere), herkou, knou, sluk, afsluk, insluk, versluk, binnehou, suig, suie, lek, aflek, oplek, uitlek, pik, oppik, afpik, proe, smaak
onthaal, banketteer, dineer, voorsit, kosgee, bedien, opdien, piekniek, proviandeer, rantsoeneer
honger, honger word, sterf van die honger, honger hê, verhonger, uithonger, vas
bw. langtand, teë
s.nw. voedselinname, voeding, konsumpsie, ete, etery, verslinding, kouery, proe, proeslag, proewery, smaak, smulsmaak, nasmaak, voorsmaak, knaery, geknaag, geknabbel, gepeusel, verswelging, verslukking, gastronomie, eetgewoonte, vegetarisme, veganisme, matigheid, oordaad, verfrissing, verkwikking, verkwiklikheid, versadiging; mond, mondjievol, hap, lek, kriesel, krieseltjie; eetstaking, eetversteuring, voedingstoornis, distrofie; dieetkunde, voedingsleer, voedselwetenskap, voedingswaarde
eetlus, aptyt, versadiging, snoepery, lekkerbekkigheid, lekkerbekkery, vraterigheid, vraatsug, gulsigheid, oormaat, bekoms, pika; eetluswekker, aptytwekker
eetplek 429, eetkamer, eetsaal, restaurant, restourant, braairestaurant, braairestourant, eetsalon, kafee, koffiehuis, koffiekroeg, hotel, koshuis, kosskool; onthaalplek, onthaalkamer, markee, markeetent, markies, markiestent
dieet, voedingsleer, diëtiek, dieetkunde, sitiologie, makrobiotiek, voedingsproses, voedingstof, voedingswaarde, vleisdieet, vrugtedieet, groentedieet, melkdieet, banting, banting-dieet, igtiofagie, kitsdieet, reinigingsdieet, detoksdieet, dieetaanvulling; voeding, voedingsproses, ondervoeding, oorvoeding, dwangvoeding, aarvoeding, onderhoud, lawing, laktasie, borsvoeding, soogvrou, voeder, voedster; vegetariër, veganis, fleksietariër, pesketariër, igtiofaag; dieetkundige, voedingskundige
kos, maaltyd 418, kougoed, kousel, koutjie, leksel, lekseltjie, piekniek
honger, hongerte, wolfshonger, hongersnood, hongerlyer, hongerstaking, hongerstaker
eter, alleseter, proewer, fynproewer, connoisseur, kosganger, tafelgenoot, tafelmaat, disgenoot, bakmaat, gastronoom, koskenner, gourmand, gourmet, lekker-

bek, smulpaap, epikuris, snoeperd, gulsigaard, vraat, veelvraat, vreetsak, kosganger, suigeling, suigling, karnivoor, vleiseter, herbivoor, planteter, graseter, grondeter, geofaag, knaagdier, mensvreter, menseter, kannibaal; vegetariër, veganis, fleksietariër; fynproewersgilde, fynproewersklub

b.nw. eetbaar, lekker, smullekker, watertand, watertandlekker, smaaklik, heerlik, geurig, yummie (*Engels, informeel*), oneetbaar, ongenietbaar, sleg, smaakloos; kosjer, halaal

vegetaries, fleksietaries, veganisties, vleisetend, karnivoor, herbivoor, plantetend

lekkerbekkig, uitgeëet, matig, snoep, snoeperig, gulsig, onversadigbaar, onversadelik, vraatsig, vraatsugtig, vraterig, happerig, vreterig, versadig, dik, vol, maagvol, knuppeldik, trommeldik, dikgevreet, teë, verfrissend, verkwik, gevoed, welgevoed, ondervoed; eetluswekkend, aptytwekkend, aptytlik, smaaklik, lekker, watertandlekker, vingerleklekker

honger, hongerig, peuselrig, uitgehonger(d), hongerdun, dood van die honger, onversadiglik

dieetkundig

uitdr. die innerlike versterk; die suikertand uittrek; dit laat jou mond water; dit streel die tong; jou bekoms eet; iemand die ore van die kop afeet; jou teë drink/eet aan; jou 'n boggel eet; jou trommeldik eet; met lang tande eet; sê groete aan die vrate; Skraalhans is vandag kok; swelg in oorvloed; van wind lewe; 'n hou eet; 'n stukkie gaan eet; jou mond nie aan iets sit nie; op jou nugter maag; dit smaak na meer

407. Drink

ww. drink, indrink, opdrink, afdrink, bedrink, saamdrink, leegdrink, ledig, leegmaak, jou dors les, jou dors stil, keel natmaak, toedrink, verdrink, wegslaan, suip, besuip, versuip, suig, suie, insuig, insuie, sluk, slurp, inslurp, opslurp, slobber, swelg, ingee, inkry, verfris, onthou; 'n heildronk drink, 'n heildronk instel, op iemand drink, op iemand se gesondheid drink, 'n glasie klink

dors wees, dors hê, smag, swymel, doodgaan van die dors

dronk wees, laveer, pierewaai, swael, swawel, geswael wees, gekoring wees; jou roes afslaap, tiep (*Engels, informeel*)

s.nw. drank 427, drankie, glasie (*informeel*), sopie, dop (*informeel*), loopdop (*informeel*), wyntjie (*informeel*), shooter (*Engels, informeel*), skopdop (*informeel*), voggies (*informeel*), teug, haal, lawing, dorslesser, lediging, heildronk, drinkwater 427, teewater, koeldrank 427, verfrissing, opfrissertjie, verversing, aptytwekker, lusmakertjie; drankverbruik, drinkery, dopstelsel, matigheid, onthouding

dors, brandende dors, nadors, droëbek, droëlewer

drankprobleem, drankvraagstuk, drankmisbruik, alkoholisme, drankduiwel, dronkaardswaansin, dranksug, roessuipery, wynsuipery, dronkenskap, dronkverdriet, dronkheid, hoenderkop, swymel, roes, intoksikasie, dipsomanie, delirium, horries, onttrekkingsimptome, jenewermoed, drankbestryding, drankverbod, drinkgelag, drinkgewoonte, drinklied, drinkparty; dronkbestuur, bloedalkohol, bloedalkoholvlak, bloedalkoholtoets; geheelonthouding

kroeg 429, bar (*Engels*), drinkplek, sjebien, drinkgat, oog, suipplek, dronknes; proewery, wynproeklub, bierproeklub, ...; wynproe, wynproewery, bierproe, bierproewery, ...

drinker, koffiedrinker, teedrinker, wyndrinker, bierdrinker, brandewyndrinker, whiskydrinker, spiritusdrinker, ..., alkoholverbruiker, dopsteker, proewer, proewery, wynproewer, bierproewer, ..., connoisseur, wynconnoisseur, wynkenner, aanbidder van Bacchus, wynversamelaar, babelaas, bacchant, bacchante, geleentheidsdrinker, gewoontedrinker; dranksugtige, alkoholis, dronkaard, dronklap, dronkie (*informeel*), suiplap (*informeel*), suiper (*informeel*), dronkasem, droëlewer, wynvlieg, wynsuiper, kroegvlieg, kroegloper, dipsomaan, dranksmokkelaar, drinkebroer; geheelonthouer, onthouer

b.nw. drinkbaar, nat, verfrissend, dors, dorstig, lesbaar, onlesbaar, dorslessend, dorsstillend

dronk, dronk, poepdronk (*plat*), smoordronk, stomdronk, stombesope, papdronk, stormdronk, swymeldronk, bedwelm(d), beskonke, aangeklam, aangekap, gedrink, gesuip, geswael, gerook, gekoring, gaar, vuurwarm, lekkerlyf, getrek, getik, besope, hoenderkop, lekker, lekkerlyf, onbekwaam, stukkend, sat, babelas, babelaas, babalaas, teë, vrolik, dranksugtig, nugter, onthoudend

tw. gesondheid, prosit, tjeers (*Engels, informeel*), cheers (*Engels*), tjorts (*informeel*)

uitdr. aan Bacchus offer; buite weste; die bottel aanspreek; die skoot hoog deur hê; hoog geskiet wees; hoog en laag trap; hoog in die takke wees; hoog met die boud wees; hoog veertien wees, hoog sestien wees; iemand kyk in die bottel; iemand onder die tafel drink; nie op een been kan staan nie; sap uit 'n lemoen suig; skapies aanja; iemand se tee was te sterk; twee rye spore loop; 'n stywe dop drink; die Boeing is al oor; op die waterkar wees

408. Spysvertering

s.nw. **spysvertering**, vertering, digestie, ingestie, metabolisme, stofwisseling, maagafskeiding, galafskeiding, peristalsis, peristaltiese beweging, peristaltiek, herkouery, herkoutjie

maagsap(pe), ensiem, koënsiem, suur, maagsuur, vetsuur, chyl, chym, diastase, maltase, pepsien, pepsine, gal

spysverteringsprobleem, slegte spysvertering, swak spysvertering, dispepsie, omgekrapte maag, los maag, goormaag, maagsiekte 413, maagseer, bloeiende maagseer, winderigheid, volstruismaag; maagmedisyne, laksatief

b.nw. verteerbaar, metabolies, peristalties, pepties, dispepties, gastries, winderig, goor

ww. verteer, voedsel inneem, voedsel opneem, akkordeer, herkou, slegte spysvertering hê

409. Afskeiding en uitskeiding

s.nw. **afskeiding**, uitskeiding, uitwerpsel, klierafskeiding, klieruitskeiding, kolostrum, moedersmelk, bies, adrenalien, adrenaline, aktien, allergeen, alvleissap, aminosuur, chyl, hormoon, goedvoelhormoon, endorfien, estrogeen, testosteroon, steroïed, steroïedhormoon, ensiem, urinedrywer, uriendrywer, feromoon, sekslokstof

uitskeiding, ontlasting, defekasie, veldtie (*informeel, 'n ~ doen*), veltie (*informeel, 'n ~ doen*), ekskresie, sekresie, uitwerpsel, stoelgang, skittery (*plat*), opelyf, faeces, fekaliëe, nagvuil, drek, nommer twee, tjorts (*informeel*), kak (*plat*), stront (*plat*), poep (*plat*), skyt (*plat*), skytery (*plat*), skittery (*plat*), drol (*plat*), kakka (*kindertaal*), akka (*kindertaal*), akkies (*kindertaal*), bollie (*kindertaal*) poef (*kindertaal*), poefie (*kindertaal*), foef (*kindertaal*), foefie (*kindertaal*), mis, pensmis, mishoop, miskoek, kraalmis, perdemis, beesmis, miskoek, misbol, perdedrol (*plat*), perdevy, hondedrol (*plat*), bokdrol (*plat*), bokdrolletjie, keutel, kuttel, muiskuttel, voëlmis, hoendermis, miswater, wind, skeet; urine, urien, diurese, water, nommer een, piepie (*plat*), pis (*plat*), pie (*plat*), pieps (*kindertaal*), piepsie (*kindertaal*), siebie (*kindertaal*), siewie (*kindertaal*), dassiepis, xantien, xantine, urinering; braking, brakery, vomering, kotsery, gekots, vomeersel, vermeersel, uitbraaksel, braaksel, kots; purgering, katarsis, purgasie, purgasiemiddel, kontinensie; slym, slymafskeiding, neusslym, snot (*plat*), bel, snotbel (*plat*), snotterbel (*plat*), drel; niesbui, niesery, hoes, gehoes, hoesbui, proes, geproes, oorwas, oorvog, serumen; speekselafskeiding, speeksel, mukus, spoeg, spoegsel, spuug, sputum, spuwing, fluim, fleim, kwyl, gekwyl, skuim, skuimbek; sweet, perspirasie, transpirasie, angssweet, sweetdruppel, sweetpêrel, sweethande (*meervoud*), sweetvoete (*meervoud*)

riool, riool, rioolvuil, huisriool, straatriool, rioolwater, effluent, rioolgas, rioolslyk; riolering, rioolpyp, rioolsloot, sugsloot, riooltenk, rioolplaas, rioolvragmotor, nagwa (*verouderd*), poeplorrie (*plat*), rioolpomp, rioolwatersuiwering, rioolverwydering, rioolstelsel, rioolwerk(e), rioleringstelsel, rioleringsaanleg

spoegbakkie, kwispedoor, sakdoek, snotdoek (*plat*)

b.nw. hormonaal, slymagtig, slymerig, drellerig, snotterig, speekselagtig, swetend, perspiratories, sweterig, besweet, inkontinent, winderig, klam, urinedrywend, uriendrywend, diureties, skatologies, fekaal, fekalies

ww. afskei, uitskei, uitlaat
sweet, perspireer, transpireer, uitsweet, uitwasem
spoeg, spuug, spu, kwyl, skuimbek, proes, snuit, nies
ontlas, ontlasting hê, stoelgang hê, 'n behoefte hê, toilet toe gaan, die kamer verlaat, 'n draaitjie loop, vuilmaak, broek losmaak, 'n bol maak (*plat*), kak (*plat*), bekak (*plat*), poep (*plat*), skyt (*plat*), beskyt (*plat*), kakka (*kindertaal*), akka (*kindertaal*), akkies (*kindertaal*), foef (*kindertaal*), foefie (*kindertaal*), poef (*kindertaal*), mis, afblaas, blaas, 'n wind los, 'n wind laat, besmet; braak, vomeer, naar word, kots, kokhals
urineer, urine passeer, water, water afslaan, piepie (*plat*), fluit (*plat*), pis (*plat*), pie (*plat*), pieps (*kindertaal*), wieps (*kindertaal*), wiepsie (*kindertaal*)
uitdr. diep in die kak wees (*plat*); in kakstraat wees (*plat*); in strontstraat wees (*plat*); klippe kak (*plat*); bo bont en onder vol stront (*plat*); soos 'n drol op 'n dreskas lyk (*plat*); daar is 'n drol in die drinkwater (*plat*); iemand perdedrolle vir vye/sitroene verkoop (*plat*); 'n poepie op 'n lappie (*plat*); teen die wind poep (*plat*); die stront spat (*plat*); die kak spat (*plat*); 'n stront wees (*plat*); 'n drol wees (*plat*); kak praat (*plat*); stront praat (*plat*); stront soek (*plat*); kak soek (*plat*)

410. Slaap
ww. slaap, vas slaap, lig slaap, sleg slaap, aan die slaap raak, teen die slaap stry, jou oë sluit, deurslaap, doedoe, kiep (*Engels, lekties*), gaan slaap, bed toe gaan, jou bed opsoek, gaan skuins lê, jou kop neerlê, wegsink in die slaap, versink, inklim, kruip, inkruip, onder die komberse kruip, rus, sluimer, insluimer, 'n uiltjie knip, dut, indut, 'n dutjie maak, 'n slapie maak, doesel, indoesel, dommel, indommel, wegdommel, visvang, knikkebol, sitslaap, soes, sus, wieg, inslaap, uitslaap, oornag, vernag, oorwinter, deurwaak, verslaap, doodslaap, soos 'n klip slaap; aan die slaap maak, aan die slaap sus, in die bed sit, bed toe stuur

wakker word, ontwaak, wakker skrik, opstaan, vroeg uit die vere wees, wakker bly, opbly, waak, opsit; wakker maak, opwek, wek, opklop, uit die slaap hou

s.nw. slaap, ligte slaap, diep slaap, lê, rus, nagrus, voornagslaap, nanagslaap, inkruipery, droomland, kammaland, sluimer, sluimering, insluimering, versinking, halfslaap, slaaptyd, slapenstyd, bedtoegaantyd, bedtyd, slapie, dutjie, sitslapie, siësta, middagslaap, middagslapie, middagdutjie, dommeling, oornagting, oorwintering, somerslaap, sandmannetjie, Klaas Vakie, hipnotiese slaap, katapleksie, narkose, ontwaking; vaak, vaakheid, slaperigheid, lomerigheid, slapeloosheid, insomnia, slaapwandeling, noktambulisme, somnambulisme, slaappratery, slaapsug

droom, dromerigheid, wensdroom, nagmerrie, angsdroom, droombeeld

slaapgoed, bed, slaapbank, slaapplek, beddegoed 96, kombers, laken, kussing, kopkussing, kussingsloop, slaapklere, pajama(s), slaapbroek, naghemp, nagrok, nagkabaai, slaapsak, kampbed, koppenent, voetenent, warmpan, warmsak, warmwaterbottel, warmwatersak; slaapmiddel 415, slaappil, soporatief; slaaptydstorie, slaapliedjie

slaper, slaapkop, slaapkous, laatslaper, vroegopstaner, doutrapper, dutter, sluimeraar, nagwolf, naguil, slaapwandelaar, sluipslaper, noktambulis, somnambulis, somnambuul, somnambule, slaappraten

b.nw. aan die slaap, slaperig, katswink, slaapdronk, narkoties, sluimerig, soeserig, vaak, vakerig, lomerig, dromerig, nugter, slaapwerend, slaaploos, slapeloos, wakker, slaapsugtig, sluimerend

tw. wel te ruste, lekker slaap, goeie nag

woorddeel nag-

uitdr. tot rus kom; jou ter ruste begeef; op jou kant gaan staan; 'n dooie hou slaap; 'n uiltjie knip; in die arms van Morpheus wees; droomland toe gaan; in die land van Klaas Vakie kom; jou ooglede word swaar; 'n gat in die dag slaap; die môrestond het goud in die mond; vroeg op die been wees; vroeg uit die vere wees; wakker skrik; wawyd wakker

h. Liggaamstoestand
411. Gesond
b.nw. **gesond**, kerngesond, blakend gesond, perdfris, pure perd, ongedeerd, ongeskonde, onverlet (*ongewoon*), blakend, bloesend, blosend, fleurig, hups, lewendig, lewenslustig, sterk, taf (*Engels, informeel*), immuun, antisepties, asepties, goed, heel, ongedeerd, herrese, koorsvry, beter, bekwaam

fiks, wedstrydfiks, stapfiks, hardloopfiks, ..., superfiks, flink, gespierd, goed gebou, fris, frisgebou, forsgebou, sterk, kragtig, robuus, atleties, lenig, lekkerlenig, soepel, loslit, loslittig, slaplittig, slap

geestesgesond, geestelik gesond, psigologies gesond

heilsaam, gesond, voordelig, voedsaam, voedend, kragtig, versterkend, genesend, geneeskragtig, helend, heelmakend

s.nw. gesondheid, blakende gesondheid, persoonlike gesondheid, volksgesondheid, skoolhigiëne, liggaamskondisie, kondisie, konstitusie, welstand, welsyn, blos, fleur, sterk gestel, immuniteit, groepsimmuniteit, kudde-immuniteit, immuniteitsrespons, fiksheid, robuustheid, sterkheid, sterkte, krag, loslittigheid, hupsheid, lewenslustigheid, beterskap, herrysenis, herstelling, asepsie, asepsis; gesondheidsleer

bw. gesondheidshalwe

ww. gesond wees, goeie gesondheid geniet, goedhou, gesond word, genees, aansterk, tot verhaal kom, herleef, herlewe, herrys, herstel, bekom, regkom, verbeter, vooruitgaan

uitdr. aan die beterhand wees; by/tot jou sinne kom; pure perd voel; so reg soos 'n roer; weer op die been wees

412. Siek
b.nw. **siek**, dodelik siek, doodsiek, ongesond, ongesteld, olik, onwel, krank, kranklik, getraumatiseer(d), getroumatiseer(d), traumaties, troumaties, posttraumaties, posttroumaties, kolel (*ongewoon*), ernstig, ernstig siek, dodelik siek, chronies siek, kronies siek, chronies, kronies, kwynend, klimakteries, kritiek, ongeneeslik, terminaal, terminaal siek, siekerig, sieklik, nie lekker nie, onlekker, sleg, bekwaald, aardig, arig, bedenklik, bedlêend, bedlêerig, lêerig, knieserig, klaerig, klaend, oes, oeserig, kroes, kroeserig, brandsiek, swak, swakkerig, kragteloos, benewel(d), bewerig, duiselig, dronk, dronkerig, pap, papperig, skimmelig, gedaan, kapot, blikners, bewusteloos, dikkop, disnis, kaduks, katswink, bedwelm(d), mislik, naar, besmet, smetterig, besmetlik, valerig, bleek, doodsbleek, bestorwe, flets, wit, amegtig, anemies, apoplekties, spasties, aansteeklik, oordraagbaar, akuut, simptomaties, voorsimptomaties, presimptomaties, postsimptomaties, asimptomaties, pieperig, hipochondries, hipokondries, seer, einaseer (*informeel*), lyfseer, pynlik, skrynerig (*verouderd*), ongemaklik

besmetlik, smetterig, aansteeklik, oordraagbaar, virulent, kwaadaardig

s.nw. **siekte** 413, indisposisie, siektetoestand, siekteverskynsel, kwaal, kranklikheid, krankheid, krankement (*informeel*), mankement (*informeel*), debiliteit, aandoening, ineensinking, ineenstorting, trauma, trouma, sindroom, olikheid, ongesteldheid, sieklikheid, ongesondheid, siekbed, siekerigheid, ongemak, dikkop, bedwelmdheid, bedwelming, beneweldheid, dronkheid, duiseling, disoriëntasie, benoudheid, benoudte, insinking, terugval, bewusteloosheid, koma, swakheid, swak gesondheid, 'n swak gestel, verswakking, verslegting, astenie, kragteloosheid, inanisie, lêerigheid, bleekheid, melkgesig, naarheid, narigheid, steuring; epidemie, pandemie, plaag, endemie

wond, skaafwond, skeurwond, skietwond, steekwond, snywond, sny, besering, gewas, kneusplek, knop, knobbel, bommel

pyn, hoofpyn 413, kopseer, koppyn, skeelhoofpyn, maagpyn, rugpyn, ..., senupyn, spierpyn, tandpyn, steekpyn, seer, seerheid, agonie, gevoeligheid, pyngevoel, pyngewaarwording, ongemak, ongemaklikheid; pyndrempel, pyndrumpel

siekteverloop, siekteproses, aanmaning, aanval, sindroom, simptoom, simptomebeeld, siektebeeld, simptomegroep, simptomekompleks, siekte-oorsaak, patogenese, patogenie, patogeen, indikasie, predisposisie, morbiditeit, ko(-)morbiditeit, onderliggende siekte, komplikasie, infeksie, besmetting, kontakbesmetting, druppelbesmetting, uitbreking, bondeluitbreking, aansteking, aansteeklikheid, oordrag, virusoordrag, verspreiding, virusverspreiding, kontakverspreiding, kontakopsporing, inkubasie, inkubasietydperk, krisis, sterwensuur, herstel, opflikkering, herrysenis, herrysing

aansteeklikheid, oordraagbaarheid, kwaadaardigheid, virulensie, oordrag, aansteking, soönotiese oordrag; aansteeklike siekte, oordraagbare siekte, soönotiese siekte, soönosis

sieke, pasiënt, buitepasiënt, kranke, lyer, siektelyer, geïnfekteerde, draer, siektedraer, virusdraer, pasiënt sero, kontakpersoon, vektor, verpleegde, geval, ongeval, beseerde, gewonde, swaargewonde, invalide, verlamde, serebraal-verlamde, parapleeg, kwadrupleeg, kwadripleeg, gestremde, downsindroomlyer, mongool (*verouderd, kwetsend*), hemelkind, gehoorgestremde, gesiggestremde, wrak, pilslukker (*informeel*), hipochondris, hipokondris, selfmutileerder; hartlyer, kankerlyer, artritislyer, melaatse, lepralyer, leproos, Alzheimerlyer, demensielyer, depressielyer, ..., diabeet, diabetikus, suikersiektelyer, bloeier; senuweelyer, senulyer, neuropaat, neurotikus, somnambuul; parapleeg, spastikus, epileptikus, kataleptikus; sielsieke, psigopaat, skisofreen, megalomaniak, boekegek, monomaan, bibliomaan, satiromaan, nimfomaan, kleptomaan, kleptomaniak, piromaan, piromaniak, ekshibisionis

bw. agteruit, swakkies

ww. siek word, inkonk (*informeel*), siek wees, chronies siek wees, kronies siek wees, terminaal siek wees, in 'n bedenklike toestand wees/lê, skeel, lê, bedlêend wees, 'n siekte onder lede hê, sieklik wees, 'n swak gestel hê, sleg voel, simpel voel, agteruitgaan, duisel, swymel, insink, kwyn, versleg, intuimel, knak, opgee, oorgee, inmekaarsak, ineenstort, ineensink, omkap, sterf 250, doodgaan, heengaan, wegsterf, braak, naar word, opgooi, kots, bloei, seerkry, pyn, seer hê, skok, sterre sien, stik, sukkel

siek maak, aantas, affekteer, aftakel, agteruitsit, opkeil, bederf, bedwelm, benewel, beseer, besmet, aansteek, traumatiseer

herstel, herleef, herrys, opflikker

uitdr. een voet in die graf hê; in onmag val; in swym val; jong osse inspan; op die afdraand wees; op jou laaste wees; so siek soos 'n hond; jou bors trek toe

413. Verskillende siektes

s.nw. siekte 412, indisposisie, mankement (*informeel*), krankement (*informeel*), krankheid, skeet, siekbed, trauma, trouma, ongeneeslikheid, krukkelys, virussiekte, modesiekte, geneeslike siekte, ongeneeslike siekte, terminale siekte, ongeneeslikheid, chroniese siekte, oorerflike siekte, ouderdomsiekte, ouderdomskwaal, gereatriese siekte, kwaadaardige siekte, kwaadaardige gewas, allergie, idiosinkrasie (allergie), endemiese siekte, familiekwaal, oorerflike siekte, genetiese kwaal, genetiese siekte, kindersiekte, koliek, bedryfsiekte, beroepsiekte, leefstylsiekte, idiopatie, heteropatie, infantilisme, hipertrofie, dilatasie, distorsie, distrofie, inokulasie, intoksikasie, knou, krankbed, metastase, metastasis, karsiekte, motorsiekte, treinsiekte, lugsiekte, seesiekte, nekrose, ondervoeding, wanvoeding, marasme, ongeskiktheid, onmag, ontwatering, uittering, verswakking, verswaktheid, wegsterwing, ouderdomswakte, papegaaisiekte, psittakose, residivis, sakke onder die oë, sindroom, smetstof, steatopigie, stigma, versaking, vrouesiekte, vuilsiekte, infeksiesiekte, besmetting, smet, selfbesmetting, verdikking, verstening, konkresie, samegroeiing, okklusie, verstopping, vernouing, stenose, spasma, besering, vergruising, verminking, ingroeisel, slangbyt, pyn, pyniging, steekpyn, spit (pyn), beswyming, swym, floute, bewusteloosheid, inanisie, hitte-uitputting, siekteverloop 412, siekteproses, inkubasie, uitsaaiing, verspreiding, virusoordrag, herstel, simptome, onttrekkingsimptome, geestesgesondheid 504, 505, ektopie, ineenstorting, totale ineenstorting, kollaps, prolaps, voedingstoornis, distrofie; siekteverlof; insidensie (van 'n siekte), voorkomssyfer, frekwensie, verspreiding, oordrag, aansteeklikheid; oor-

saak, oorsprong, kiem, siektekiem, virus, griepvirus, bakterie, skadelike bakterie, pesbakterie, peshaard, patogeen, karsinogeen, kankerverwekkende stof, kanker, kankersel, infeksie, kwaad; siektebeeld, siektesimptoom, siekteteken
skynsieke, voorgewende siekte, hipochondrie, hipokonders, ipekonders, piep, papelellekoors, aapstuipe, ritteltit(s)
allergie, hooikoors, laktose-intoleransie, laktose-onverdraagsaamheid, gluten-intoleransie, gluten-onverdraagsaamheid
kindersiektes, Duitse masels, rubella, rooihond, kinderpokke, kinderpokkies, waterpokkies, kinderverlamming, kinkhoes, kroep, kroephoes, masels, pampoentjies, parotitis (pampoentjies), rooihond, skarlakenkoors, skarlatina, polio, poliomiëlitis
ouderdom, gerontomorfie, gerontomorfose, oumenssiekte, progerie, pogeria, vroegbejaardheid
gebrek, liggaamsgebrek, gebreklikheid, mankheid, dwerg, dwergmannetjie, dwergras, dwergsoort, gebrek, gesplete verhemelte, haaslip, hoenderbors, hoepelbeen, klapvoet, holrug, imperfeksie, kretin, kretinisme, kreupele, kromte, kropmens, makrosefalie, downsindroom, Down se sindroom, mongolisme, olifantsiekte, polio, poliomiëlitis, spraakgebrek, waterhoof
koors, koorsigheid, koorssiekte, koorsaanval, hittekoors, koors, koorsrilling, stuipe, koorsstuipe, koorsdroom, koorsylhoofdigheid, koorsyling, kouekoors, kouevuur, kraambedkoors, maagkoors, ingewandkoors, geelkoors, maltakoors, bokkoors, miltkoors, miltsug, miltvuur, moeraskoors, papelellekoors, purperkoors, ruggraatkoors, rugmurgontsteking, rumatiekkoors, rumatiese koors, sinkingskoors, skarlakenkoors, skarlatina, rooivonk (*ongewoon*), spirillekoors, swartwaterkoors, tifoïde, tifus, tifuskoors, paratifus, papegaaisiekte, psittakose, wurmkoors, kelderkoors, keldersiekte
wond, verwonding, letsel, brandwond, snywond, opslagwond, koeëlwond, meswond, vleiswond, kopwond, beenwond, ..., besering, blessuur (*ongewoon*), seerplek, seerheid, veldseer, sarkoom, groeisel,

tuberkel, poliep, polipose, stamp, hou, kneus, kneusplek, kneusing, swelling, swelsel, geswel, geswollenheid, bobbel, bloedneus, blouoog, harsingskudding, hersenskudding, konkussie, hemorroïde, jeukbult, kallus, karbonkel, karkatjie, klierverwering, knobbel, knokkel, kors, kramp, krampaanval, krap, krukker, kwesplek, kwetsuur, moet, nodus, opgeefsel, pits(w)eer, puis, puisie, vetpuisie, putjie, neëoog, negeoog, steen, steenpuisie, rofie, roof, skram, skrapie, skryfkramp, skudding, sonbrand, sonsteek, steek, steekplek, toonknobbel, waterblaas, vriesbrand, nodule, litteken; seer, sweer, verswering, bedseer, abses, ulkus, ettersak, bloedsweer, bloedvin, bloedvint, vint, deurlêseer, bedseer, fibroom, fistel, pypsweer, kruipseer, pits(w)eer, sist, sistitis, sepsis, septisemie, uitslag, veluitslag, omloop, tinea; breuk, liesbreuk, diafragmabreuk, mantelvliesbreuk
infeksiesiekte, infeksie, besmetting, infeksiehaard, inflammasie, ontsteking, bakterie, bakteriële infeksie, virus, virusinfeksie, virusbesmetting, hopitaalkiem, salmonella, stafilokokkus, stafilokokke, troskiem, soönose; masels, pokke, pokkies, waterpokke, waterpokkies, melkpokkies, alastrim, amaas, witseerkeel, difterie; virus, virussiekte, verkoue, verkouentheid (*lekties*), verkouevirus, neusverkoue, sinusitis, griep, influensa, griepvirus, Swart Griep, Spaanse Griep, koronavirus, Kawasaki-sindroom, ebolavirus, verworwe immuniteitsgebreksindroom, retrovirale virus, retrovirus, vigs, vigsvirus, menslike immuniteitsgebreksvirus, MI-virus, MIV, herpes, herpesvirus, Marburgvirus, hondsdolheid, hondsdolheidvirus, pokke, pokkies, pok(ke)-epidemie, voëlgriep, papilloomvirus, menslike papilloomvirus, dengue, denguekoors, knokkelkoors, driedagsiekte; ontsteking, maagdermontsteking, maagvliesontsteking, ingewandskoors, maagkoors, tifoïed, tifoïedkoors, veselontsteking, katar, kliergeswel, klierontsteking, kliersiekte, water, watersug, edeem, hidropsie, miëlitis, paradentose, skrofulose, striktuur, struma, skildklierontsteking, vergroting van die skildklier, vaginitis; slaapsiekte, malaria, malaria-

koors, malariastreek, bilharzia, bilharziase, cholera, kolera; geslagsiekte, gonorree, herpes, sifilis; vergiftiging, toksikose, fyt, voedselvergiftiging, bloedvergiftiging, ptomaïenvergiftiging, loodvergiftiging, asbestose; besmetting, smetterigheid, sug, besmettingsbron, kiem, siektekiem, bakterie, virus, haakwurm, spoelwurm, jeuksiekte, kokkus, streptokokkus, streptokok, koorsblaar, pes, pessiekte, pestilensie, pesepidemie, pesgeval, peskiem, pesvirus, peslyer, rabies, rickettsiose, rondewurm, sproei, spru, swam, swamsiekte, tropiese siekte, vrotpootjie, elefantiase; builepes, Swart Dood, swart pes, bubonepes, buboniese pes, buboniese plaag, pasteurellose, rottepes; melaatsheid, lepra, gangreen, tuberkulose

bestralingsiekte, stralingsiekte, bestraling, straling, bestralingsindroom, radioaktiewe bestraling, radiasie, radioaktiwiteit, ioniserende bestraling; dosimeter, dosismeter, stralingsmeter

kanker, gewas, kankeragtige gewas, tumor, kankergeswel, goedaardige kanker, kwaadaardige kanker, goedaardige gewas, kwaadaardige gewas, sistemiese kanker, miksoom, karsinoom, limfoom, sarkoom, bloedkanker, leukemie, longkanker, maagkanker, velkanker, huidkanker, melanoom, melanose, swart kanker, swartsug, breinkanker, borskanker, klierkanker, prostaatkanker, servikale kanker, …, metastatiese kanker

velsiekte, huidaandoening, huidsiekte, dermatose, uitslag, erupsie, veluitslag, huiduitslag, jeukuitslag, help-my-krap (*informeel*), lekkerjeuk (*informeel*), lekkerkrap (*informeel*), jolliejeuk (*informeel*), fietels (*informeel*), netelroos, urticaria, urtikaria, bort, allergie, aknee, puisies, galbult, roos, ekseem, veltering, lupus, belroos, wondroos, erisipelas, gordelroos, vitiligo, leukoderma, zona, zoster, miksedeem, omloop, pellagra, ringwurm, sianose, blousug, pitiriase, skilfers, psoriase, psoriasis, kopvelontsteking, douwurm, kopluis, sweetuitslag, hitteuitslag, brandboudjies (*meervoud*), skurfte, veloorplanting, vervelling, winter(s)hande, winter(s)ore, winter(s)tone, winter(s)vingers, winter(s)voete, lewervlek, chloasma,

albinisme, melanisme, pagidermie, velverdikking, huidverdikking, dikhuidigheid, elefantiase; haarsiekte, trigose, haarverlies, alopesie

spiersiekte, spierkwaal, spierprobleme, aangesigsverlamming, atonie, atrofie, spieratrofie, spierdistrofie, fibrositis, katalepsie, kiespyn, klem in die kaak, kaakklem, mondklem, tetanus, tetanie, paraplegie, rumatiek, spastisiteit, starsug, paralise, verlamming, spierverlamming, gesig(s)verlamming, verstywing, spierverstywing, spierstyfheid, kramp, spierkramp, sintvitusdans, Sint Vitusdans, chorea, lamboud, lammie (*informeel*), fibrillasie, tendonitis

skeletsiekte, osteopatie, breuk, beenbreuk, spleetbreuk, splinterbreuk, skedelbreuk, fraktuur, infraksie, beenkanker, beenontsteking, gewrigsontsteking, artritis, osteoartritis, gewrigskoors, gewrigsverharding, gewrigsverstywing, aangesigspyn, beeneter, beenhonger, caries, osteoporose, brosbeen, verkalking, beenverkalking, ragitis, boggel, boggelrug, lordose, kromrug, hamertoon, hangskouer, apofise, uitgroeisel, benige uitgroeisel, bommel, prognasie, prognatisme, groeipyne, jig, jigaanval, jigknobbel, heupjig, iskias, voetjig, podagra, pootjie, kaakkramp, beenmurgontsteking, osteomiëlitis, rugpyn, rumatiek, seerrug, ruggraatverkromming, ruggraatkromming, skoliose, spondilitis, spina bifida, verswikking, X-bene, O-bene, X-hakke, horrelvoet, klompvoet, klapvoet; osteologie

hartsiekte, hartprobleem, hartkwaal, hartgebrek, hartaandoening, hartaanval, hartkramp, angina, angina pectoris, aritmie, hartkloppings, hartvergroting, hartverlamming, hartversaking, hartstilstand, lekhart, hartwater, hartverwydering, hartkloppens, tagikardie

bloedvatsiekte, angiopatie, vaatsiekte, vaataandoening, aarprobleem, aarbreuk, aarontsteking, flebitis, aarspat, aarsteen, aarswel, slagaargeswel, aarverdikking, slagaarverwyding, aarverkalking, aarverharding, slagaarverkalking, aarvernouing, vaatvernouing, aarverwyding, vaatverwyding, aarverstopping, trombose, aartrombose, slagaartrombose, kroon-

slagaartrombose, breintrombose, aneurisme, klont, bloedklont, trombus, embolus, embolisme, infark, iskemie, beroerte, apopleksie, arteriosklerose, aarverkalking, spataar, priapisme, vaatkramp
bloedsiekte, bloedstolling, hematoom, bloedgeswel, bloedbuil, bloeding, weefselbloeding, neusbloeding, nabloeding, bloedstorting, bloeiersiekte, hemofilie, bloeddiarree, parsie, persie, bloedparsie, bloedpersie, bloedsak, bloedswam, harsingbloeding, hipostase, leukopatie, bloedarmoede, bleeksiekte, bleeksug, leukopenie, leukositopenie, leukotomie, anemie, chlorose, bloedkanker, globulolise, lae bloeddruk, hipotensie, hoë bloeddruk, hipertensie, anoksemie, suurstofarmoede, blousug, sianose, cholesterol, kolesterol, borrelsiekte, duikersiekte, caissonsiekte, alkalivergiftiging, alkalose, alkalosis, bloedvergiftiging, toksemie, piëmie, porfirie, piroplasma, babesia, uremie
siektes van die asemhalingstelsel, verkoue, koue, verkouentheid, snotneus (*plat*), griep, griepaanval, griepepidemie, griepverkoue, griepvirus, lugweginfeksie, sinusitis, sinusontsteking, benoudebors, benoudheid, benoudte, gansstem, heesheid, heesstem, aamborstigheid, cara, hooikoors, hoes(t)ery, hoesbui, kramphoes, kroep, kroephoes, keelontsteking, keelseer, lugpypontsteking, faringitis, laringitis, tragitis, trageïtis, mangelontsteking, tonsilitis, toniese kramptonsilitis, slymberoerte, slymhoes, slymkoors, borskwaal, borsaandoening, longkwaal, longaandoening, longontsteking, dubbel(e)longontsteking, pneumonie, spelonksiekte, grotsiekte, longpypontsteking, brongitis, emfiseem, longemfiseem, borsvliesontsteking, longvliesontsteking, pleuris, pleuritis, longbloeding, pulmonale embolisme, longbreuk, asma, tering, longtering, longtuberkulose, myntering, longpes, ftisis, galoptering, koolmonoksiedvergiftiging, suurstofgebrek, versmoring, asfiksie, aspirasie, apnee, slaapapnee, slaapstoornis, stinkneus, rhinitis
siektes van die spysverteringskanaal, maagsiekte, maagkwaal, maagaandoening, maagontsteking, koliek, gastritis, maagdermontsteking, dermvliesontsteking, gastroënteritis, gastro-enteritis, duodenitis, maagseer, maagsweer, maagkanker, maagkatar, prikkelbaredermsindroom, maagkramp, maagpyn, slegte spysvertering, mislikheid, naarheid, vliegsiekte, indigestie, sooibrand, disfagie, odinofagie, pirosis, maagsuur, kater (*ongewoon*), dispepsie, diarree, appelkoossiekte, maagwerking(s), loopmaag, spuitpoep (*plat*), opbraaksel, beri-beri, berrie-berrie, skeurbuik, boepens, disenterie, amebedisenterie, amebiase, bloedpersie, bloeddiarree, geeuhonger, wolfshonger, hiperoreksie, geilsiek, goormaag, voedselvergiftiging, flatulensie, flatus, wind, winderigheid, trommelbuik, opblaassiekte, windsug, timpanites, hardlywigheid, kongestie, konstipasie, obstipasie, maaglyer, botulisme, triginose; mondsiekte, mondseer, stomatitis, tongontsteking, glossitis, mangeloperasie, tonsilektomie, miltsteek, vergroting van die milt, splenomegalie; lewersiekte, lewerontsteking, lewersug, geelsug, hepatitis, sirrose, lewersirrose, gal, galsiekte, acholie, galsteen, galkoliek, galsteenkoliek, galsug; ingewandsiekte, ingewandskoors, antraks, blindedermontsteking, appendisitis, tiflitis, dermkoliek, dermatitis, dermkramp, enteritis, dermontsteking, dikdermontsteking, kolitis, buikvliesontsteking, peritonitis, pankreatitis; diabetes (mellitus), suikersiekte, tipe 1-diabetes, tipe 2-diabetes
siektes van die afskeidingsisteem, kliersiekte, klierontsteking, klierkoors, skildkliergeswel, skildkliervergroting, struma, kliertering, water, watersug, hidropsie, ontwatering, dehidrasie, nierkwaal, niersiekte, nieraandoening, nierontsteking, nefritis, nefrose, piëlitis, nierbekkenontsteking, 'n wandelende nier, swerfnier, nefralgie, nierkoliek, nierpyn, graweel, graweelsteen, niersteen, nefriet, litiase, hematurie, rooiwater, bilharziose, blaasontsteking, enurese, enuresis, bednatmaak, pis-in-diekooi (*plat*), blaaskanker, kalbassies (*meervoud*), prostaatklierontsteking, prostaatkanker, prostaatvergroting, prostatitis, hemorroïed, hemorroïde, aambei(e), lipoom, vetgeswel, vetsug, obesiteit
siektes van die geslagsorgane, endometriose, erektiele disfunksie, vaginismus,

vaginisme, vaginitis
kragteloosheid, atrofie, atonie, ondervoeding, hongersnood, oorvoeding, hipertrofie, suikersiekte, sklerose
oogsiekte, oogkwaal, oogontsteking, traanoog, loopoog, oftalmie, seeroë, tragoom, netvliesontsteking, horingvliesontsteking, bindvliesontsteking, konjunktivitis, pienkoë, gloukoom, groenstaar, leukoom, groustaar, witstaar, witvlek, katarak, staar, pêrel, oogpêrel, skeelheid, skeeloog, strabisme, leepoog, siepoog, astigmatisme, dubbelsig, diachromasie, blindheid, dagblindheid, hemeralopie, nagblindheid, halfblindheid, hemianopsie, kleurblindheid, monochromasie, monochromatisme, achromasie, achromatisme, heteropsie, daltonisme, gesig(s)gestremdheid, retinis pigmentosa, retinaloslating, tonnelvisie; oogbesering, blouoog, poepoog (*plat*)
oorsiekte, doofheid, senudoofheid, gehoorgestremdheid, gehooraandoening, ooraandoening, oorpyn, oorontsteking, otitis, otosklerose, tinnitus
senuweesiekte, senusiekte, senuweekwaal, senukwaal, neurologiese versteuring, senuweespanning, senuspanning, gespannenheid, oorspanning, senuwee-aandoening, senuaandoening, senuwee-ineenstorting, senu-instorting, senuweeaanval, senuaanval, senuweeagtigheid, senuagtigheid, nerveusheid, nervositeit, senuweeswakte, senuswakte, senuweetoestand, senuweetoeval, senuweetrekkinge, senuweepyn, senupyn, neuralgie, neurastenie, neuritis, analgesie, analgie, neuroma, sklerose, anervie, anestesie, astenie, ataksie, duiseling, epilepsie, vallende siekte, Sint Vitusdans, chorea, Parkinson se siekte, Parkinsonsiekte, parkinsonsiekte, polio, poliomiëlitis, miëlitis, rugmurgontsteking, rugmurgtering, tabes dorsalis, sinkings, stuipe, spasma, stuiptrekking, trekkings, tensie, toeval, skok, senuskok, senuweeskok, slaapsiekte, slaapsug, somnambulisme, vaaksiekte, vaaksug, narkolepsie, tripanosomiase, tripanosoom, sproet, verwringing, anafilaksie, anafilaksis; neurologie, neuropatie, neuropatologie
siektes van die brein, beroerte, beroerteaanval, breinbloeding, trombose, breinkanker, breintumor, harsingskudding, konkussie, skedelbreuk, harsingontsteking, enkefalitis, ensefalitis, breinvliesontsteking, harsingvliesontsteking, meningitis, enkefalomeningitis, ensefalomeningitis, demensie, dementia, seniliteit, gerontisme, kranksinnigheid, depressie, maniese depressie, bipolêre depressie, Alzheimer se siekte, Alzheimers, hoofpyn, kopseer, koppyn, migraine, skeelhoofpyn, troshoofpyn, trosmigraine, koma, bewussynsverlies, breinfloute, vertigo, lighoofdigheid, duiseligheid, ylhoofdigheid, aandagafleibaarheid-hiperaktiwiteitsindroom, abasie, astasie, agnosie, disleksie, woordblindheid, leesblindheid, aleksie, afonie, afasie, agrafie, agrammatisme, outisme, Asperger se sindroom, Asperger-sindroom, Tourette-sindroom, fetale alkoholsindroom, FAS, fetale alkoholspektrumsindroom, fetale alkoholspektrum-afwyking, bewegingsiekte, karsiekte, seesiekte
geestessiekte 505, geestesaandoening, gemoedsversteuring, gemoedsteuring, gemoedstoornis, sielsiekte, persoonlikheidsafwyking, kranksinnigheid, swaksinnigheid, debiliteit, dislokasie, ontwrigting, geestelike ontwrigting, skisofrenie, gesplete persoonlikheid, psigopatie, delirium, delirium tremens, raserny, waansin, horries, kortgebakerdheid, dronkaardswaansin, ylhoofdigheid, yling, neerslagtigheid, droefgeestigheid, mistroostigheid, pessimisme, bedruktheid, melancholie, melankolie, gebrokehartsindroom, streskardiomiopatie, depressie, depressiwiteit, endogene depressie, eksogene depressie, bipolêre depressie, bipolêre steuring, maniese depressie, postnatale depressie, selfdood, selfmoord (*kwetsend*), ortoreksie, anoreksie, anorexia nervosa, bulimie, bulimia, vetsug, obesiteit, wolfshonger, geeuhonger, hiperoreksie, alkoholisme, dranksug, dipsomanie, akatalepsie, spanning, oorspannenheid, stres, hipertensie, posttraumatiese stres, posttroumatiese stres, posttroumatiese stresversteuring, posttroumatiese stresversteuring, posttraumatiese stresdisorder, posttroumatiese stresdisorder, PTSD, premenstruele spanningsindroom, PMS, hipoten-

sie, hipertonie, histerie, histerese, katalepsie, starsug, slaaploosheid, yuppiegriep, jappiegriep, kroniesemoegheidsindroom, hakkelaar, hakkelry, skok, bomskok, angstigheid, angsversteuring, vrees, fobie 768, manie, waan, grootheidswaansin, grootheidswaan, ekshibisionisme, megalomanie, geslagsdrif (man), satiromanie, satiriase, geslagsdrif (vrou), nimfomanie, psigoseksuele steuring, oedipuskompleks, oidipuskompleks, ekshibisionisme, kleptomanie, piromanie, aëromanie, melomanie, monomanie, bibliomanie, hipokonders, ipekonders, hipochondria, hipokondria, verbeeldingsiekte, aandagafleibaarheidsindroom, aandaggebreksindroom, mutilasie, mutilering, mishandelde-vrou-sindroom, selfmutilasie, selfmutilering, selfmutilerende gedrag, selfmutilasiesindroom, selfbesering, selfverminking, masochisme, nekrofilie, puerilisme, tantaluskwelling, obsessionisme, eggolalie

tandbederf, tandverrotting, tandpyn, tandsteek, tandsteen, tandabses, tandvleissiekte, tandvleisontsteking, piorree

dieresiektes, antraks, beenhonger, osteofagie, beesswart, bek-en-klouseer, mond-en-klouseer, bloutong, bokkoors, dikkop, domsiekte, draaisiekte, draaiwurm, droes, dronksiekte, gaapsiekte (hoenders), galkoors, gallamsiekte, geilsiekte, hoefkanker, straalkanker, hoendersiekte, leukose, hondesiekte, hondsdolheid, katgriep, longpes, longwurm, longwurmsiekte, hondsdolheid, jaagsiekte, kaalsiekte, kaaskop, klouseer, klousiekte, knoppiesvelsiekte, krimpsiekte, kropgeswel, lamkruis, lamsiekte, malbeessiekte, malkoeisiekte, malkopsiekte, mastitis, uierontsteking, melkkoors, miltvuur, miltsiekte, mok, moltenosiekte, muissiekte, nagana, nuwesiekte (perdesiekte), papies, perdesiekte, platwurm, lewerbot, rondewurm, runderpes, lupinose, slak, slenkdalkoors, sinkdalkoors, skeurdalkoors, slapsiekte, doerine, snotsiekte, spat (perde), spoelwurm, swartwater, varkgriep, varkpes, varkmasels, varkpapies, veesiekte, veepes, voëlgriep

plantsiektes 324, blouskimmel, dou, droëvrot, geelvlek, heuningdou, kroongal, kroonroes, laatroes, roes, roubandsiekte, sagtevrot, skimmel, skimmelsiekte, skimmelvergiftiging, skurfte, waaierblaar, waaierblaarvirus, wingerdluis, wingerdsiekte

b.nw. siek, sieklik, siekerig, krank, kranklik, patologies, psigosomaties, endemies, eksogeen, pandemies, epidemies, epidemiologies, kroeserig, mankoliek, aansteeklik, nie-aansteeklik, ernstig, ongeneeslik, terminaal, bevange, degeneratief, idiopaties, idiosinkraties, kragteloos, ongans (*ongewoon*), ongeskik, paralities, paraplegies, paraplekties, pootseer, sakkerig, toksies, vatbaar, vuisvoos, traumaties, posttraumaties; displasties, hipertrofies, kreupel, lam, mismaak, prognaat; hipotermies, koorsig, febriel, koorsdraend; gewond, verwond, nerfaf, nerf-af, opgehewe, geswel, geswolle, pimpel en pers, puisterig, poliepagtig, rou, seer, seerderig, sererig, vereeld, vereelt, eruptief, bloedbelope, kankeragtig, goedaardig, kwaadaardig, suppuratief, etterend; skurf; bedorwe, besmet, geswel, geswolle, giftig, vergiftig, vergewe, toksies, melaats, lepreus (*verouderd*), septies, sifilities, veneries, koleries, choleries, patogenies, viraal, karsinogenies, kankerverwekkend; anafilakties, ataksies, draaierig, duiselig, lighoofdig, ylhoofdig, flou, karsiek, motorsiek, treinsiek, lugsiek, seesiek, neuralgies, neurities, neuropaties, senuagtig, senuweeagtig, oorspanne; jigtig, podagreus, ragities, rumaties, mank; anemies, bloedarmoedig, bloederig, bloedig, bloedloos, diabeties, tromboties; viraal, retroviraal, infektief; asmaties, grieperig, hees, heserig, hoes(t)erig, kortasem, kortasemrig, uitasem, aamborstig, amegtig, teringagtig, tetanies, tifeus, verkoue, pulmonaal, teringagtig, tuberkuleus; dispepties, dorstig, hardlywig, inkontinent, mislik, weë (naar); watersugtig; blind, dagblind, halfblind, katarraal, kleurblind, nagblind, skeeloog; doof, dowerig, gehoorgestremd, hardhorend, hardhorig; boeglam, deliries, dissosiatief, hipertonies, hipotensief, epilepties, katalepties, kataleptileus, krampagtig, psigopatologies, dement, seniel, sielsiek, kranksinnig, skisofrenies, skoolsiek, manies, monomanies, monomaan

ww. siek wees, nie wel voel nie, olik wees;

siek word, verswak, uitteer, wegkwyn, dra, oorval, oordra, aansteek, besmet, infekteer, oorgee, residiveer, aantas; koors hê, koorsig wees, hoes, hoes en proes, blaf (hoes), nies, snuit, snotter, verstik, aspireer; pyn, pynig, wond, verwond, 'n wond toedien, vermink, mutileer, kwes, verbrand, deurlê, deurskaaf, beseer, oopval, kanker, knou, kramp, ontsteek, sweer, versweer, uitsweer, etter, kanker, voortkanker, swel, uitslaan, infekteer, ontsteek, uitsweet, vergewe, vergiftig; vervel, skimmel, vereelt; verstyf, verstywe, skeur, verrek, verlam, paraliseer, stuiptrek, fibrilleer; verkalk, vergruis, verswik, verstuit; bloei, doodbloei, versaak; konstipeer, vomeer, uitbraak, opbring, opgooi, 'n kat skiet (*informeel*), dehidreer, ontwater, uitsweet, ondervoed; verblind, traan; oorspan, duisel, hakkel, disponeer

uitdr. buite weste; deur die weerlig getref; jongosse inspan; jou bene swik; jou maag werk; jou oë traan; jou wond sweer; 'n padda in die keel hê; 'n weë smaak; 'n wond toedien; vol piep wees; af in die gat wees

414. Geneeskunde

s.nw. geneeskunde, mediese wetenskap, gesondheidswetenskap, geneeskuns, medikasie 415, medisyne 415, voorkomende geneeskunde, natuurgeneeskunde, volksgeneeskunde, geloofsgeneeskunde, histologie, biomagnetisme, frenologie, etiologie, toordoktery; gesondheidstoerisme, mediese toerisme

spesialiteit, spesialisasie, anestetika, arbeidsfisioterapie, chiropraktyk, chiropodie, chirurgie, mikrochirurgie, sleutelgatchirurgie, galvanochirurgie, plastiese chirurgie, hartchirurgie, torakschirurgie, neurochirurgie, breinchirurgie, gastrologie, splangnologie, dermatologie, endokrinologie, geriatrie, gerontologie, ginekologie, verloskunde, obstetrie, hematologie, homeopatie, homopatie, allopatie, huisartskunde, immunologie, interne geneeskunde, kardiologie, kardiografie, kardiometrie, onkologie, kerngeneeskunde, atoomheelkunde, miologie, neurologie, oftalmologie, oogheelkunde, oogsnykunde, optometrie, oorkunde, oorheelkunde, otiatrie, otologie, oudiologie, gehoorkunde, rinologie, neusheelkunde, laringologie, stomatologie, ortopedie, osteologie, trigologie, haarkunde, haaranalise, patologie, kliniese patologie, fitopatologie, psigopatologie, neuropatologie, forensiese patologie, regsgeneeskunde, pediatrie, kindergeneeskunde, proktologie, fisioterapie, refleksologie, psigiatrie, psigoterapie, psigologie, radiologie, radiografie, röntgenografie, röntgenfotografie, angiografie, tandheelkunde, odontologie, ortodonsie, mondchirurgie, mondhigiëne, logopedie, tropiese geneeskunde, urologie, venereologie, venerologie, sifilologie, virologie, simptomatologie, epidemiologie, spraakheelkunde, ortoëpie, paramediese sorg, ortotiek, sleutelgatchirurgie

gesondheidsorg, sorg, versorging, kindersorg, kreupelsorg, bejaardehulp, bejaardesorg, palliatiewe sorg, gesondheidsdiens, stadsgesondheidsdiens, gesondheidsoord, gesondheidsertifikaat, hospitaal 417, siekehuis, sorgeenheid, hoësorgeenheid, kliniek, hospice, hospies, hospitium, apteek, noodapteek, gesondheidswinkel, badplaas, higiëne, immuniteit, groepsimmuniteit, kudde-immuniteit

farmakologie, farmasie, farmaseutika, aptekerswese, farmakopee (boek), serologie

verpleegkunde, verpleging, tuisverpleging, kraamverpleging, kraambystand, siekesorg, siekeversorging, bejaardehulp, bejaardesorg, verpleegdiens

ondersoek, opvolgondersoek, konsultasie, ouskultasie, mediese ondersoek, inwendige ondersoek, elektroënkefalograaf, elektro-enkefalograaf, elektroënsefalograaf, elektro-ensefalograaf, elektroënkefalogram, elektro-enkefalogram, elektroënsefalogram, elektro-ensefalogram, elektrografie, elektrokardiograaf, elektrokardiogram, kardiologiese ondersoek, angiogram, lipogram, laparoskopie, kolonoskopie, gastroskopie, bariummaal, uroskopie, skandering, breinskandering, biopsie, ginekologiese ondersoek, mammogram, piëlogram, Paptoets, Papsmeer, Papservikssmeer, amniosentese, bloedtoets, cholesteroltoets, bloedsuikertoets, diabetestoets, nadoodse ondersoek, lykskouing;

X-straalondersoek, X-straal, X-straalfoto, röntgenondersoek, röntgenfoto, röntgenogram, angiogram; cholesteroltelling, cholesterolvlak, kankertelling, bloedtelling, suikertelling

genesing, natuurgenesing, geloofsgenesing, heling, geneeskundige behandeling, kuur, voorkomende behandeling, profilakse, simptomatiese behandeling, opvolgbehandeling, opvolgwerk, nabehandeling, nasorg, noodhulp, noodbehandeling, traumabehandeling, troumabehandeling, berading, traumaberading, troumaberading, sielkundige behandeling, psigoterapeutiese behandeling, psigoterapie, skokbehandeling, stimulasie, ruskuur, bedrus, biopsie, kardiogram, bloedsmeer, osteopatie, inspuiting, injeksie, inenting, vaksinasie, immunisasie, interferon, bloedoortapping, transfusie, hemostasie, binneaarse voeding, infusie, operasie, seksie, oogoperasie, ..., oorplanting, transplantasie, hartoorplanting, nierooplanting, leweroorplanting, stamseloorplanting, weefseloorplanting, ..., implantasie, implantaat, eksplantasie, omleiding, omleidingsoperasie, snit, chirurgiese snit, chirurgiese ingryping, appendektomie, splenektomie, splenotomie, mastektomie, lobotomie, insisie, insnyding, amputasie, botoks, botoksbehandeling, botoksinspuiting, invaginasie, instulping, aarlating, bloedlating, flebotomie, lumbale punksie, narkose, diatermie, hemostasie, bevalling, verlossing, kraamverlossing, tangverlossing, induksie, keisersnee, sterilisasie (onvrugbaar), histerektomie, hipnose, traksie, terapie, fisioterapie, fisioterapeutiese behandeling, massering, massage, palpasie, hartmassering, liposkulptuur, endermologie, arbeidsterapie, sonterapie, helioterapie, fototerapie, hidroterapie, waterbehandeling, chemoterapie, radioterapie, bestraling, stralingsterapie, straalbehandeling, stralebehandeling, straleterapie, immunoterapie, aktinoterapie, elektroterapie, skokterapie, elektrokonvulsie, elektrokonvulsieterapie, krioterapie, prostetiek, prostese, prostesis, protese, protesis, tandheelkundige diens, tandheelkundige behandeling, vulling, stopsel (tand), dieet, hongerkuur, verjongingskuur, vermaeringskuur, homeopatie, allopatie, wonderkuur, raat, boereraat, foniatrie, termoterapie, warmtebehandeling, akupunktuur, hipnotisme; ontsmetting, ontsmettingsdiens, disinfeksie, desinfeksie; doodsondersoek, nadoodse ondersoek, lykskouing, outopsie, nekropsie, seksie, disseksie, post mortem; diagnose, prognose, radiodiagnose, X-straaldiagnose

operasie, chirurgie, noodoperasie, hartoperasie, opehartoperasie, oogoperasie, breukoperasie, mangeloperasie, ..., oorplanting, orgaanoorplanting, hartoorplanting, nieroorplanting, leweroorplanting, ..., transplantasie, transplantaat, omleiding, hartomleiding, kolostomie, ileostomie, stoma, stomasakkie, knievervanging, heupvervanging, lobotomie, enterektomie, litotomie, histerektomie, tonsilektomie, trageotomie, appendektomie, ovariotomie, vasektomie, sterilisering, sterilisasie, prostatektomie, ..., geslagsverandering; steke (*meervoud*), sutuur

noodhulp, eerstehulp, noodbehandeling, noodprosedure, noodhulptegniek, nooddiens, Heimlich-maneuver, resussitasie, kardiopulmonêre resussitasie, mond-tot-mond(-)asemhaling, kunsmatige asemhaling, noodhulptas, eerstehulptassie, noodhulpkissie, eerstehulpkissie

pasiënt 412, dagpasiënt, hartoorplantingspasiënt, skenker, orgaanskenker, donor, ontvanger, kontakpersoon, bloedskenker, draer

dieregeneeskunde, veeartseny, veeartsenykunde, soötomie, soöterapie, mikrobiologie

b.nw. geneeskundig, heelkundig, anatomies, medies, paramedies, medisinaal, heelbaar, immuun, binneaars, biomagneties, chirurgies, operatief, klinies, histologies, patologies, kardiologies, oogheelkundig, ortopedies, dermatologies, ginekologies, verloskundig, hemosties, immunologies, neurologies, oftalmologies, onkologies, oogheelkundig, pediatries, geriatries, proktologies, radiologies, urologies, virologies, venerologies, logopedies, farmakologies, farmaseuties, serologies, infrarooi, narkoties, kosmeties, paramedies, patogeen, patogenies, profilakties, psigologies, psigoterapeuties, psigiatries, psigoanalities, diatermies, terapeuties,

fisioterapeuties, hidroterapeuties, aërobies, homeopaties, tandheelkundig, ortodonties, veterinêr, dierkundig, veeartsenykundig, ontleedkundig, gesout
ww. ondersoek, diagnoseer, prognotiseer, beklop, perkuteer, op die bors klop, met 'n stetoskoop ondersoek, ouskulteer, deurlig, met X-strale ondersoek, radiologies ondersoek, skandeer, 'n lykskouing uitvoer, dissekteer
genees, behandel, gesond maak, gesond kry, dokter, heel, remedieer, magnetiseer, praktiseer, spesialiseer, deurhaal, die pyn stil, fomenteer, bestraal, resussiteer, aarlaat, aderlaat, bloedlaat, bloeding stop, stelp (bloeding), tamponneer, ontsmet, disinfekteer, desinfekteer, suiwer, inspuit, inent, inokuleer, vaksineer, immuniseer, doseer, botoks (jou laat ~), oortap, bloed oortap, kateteriseer, punkteer, doodbind, doodbrand, kouteriseer, induseer, fisoterapeuties behandel, masseer, palpeer, hipnotiseer
opereer, 'n operasie uitvoer, sny, oopsny, lanseer, boor, trepaneer, invagineer, heg, set, afhaal, afsit, amputeer, oorplant, inplant, implanteer, eksplanteer, steriliseer (onvrugbaar), bloeding stop, bloeding stelp, kateriseer, tamponneer, ('n wond) toewerk, steke verwyder, verbind, aborteer; verdoof, narkose gee, anesteseer, narkotiseer
voorskryf, medisyne voorskryf, 'n dieet voorskryf, ..., resepteer
verpleeg, versorg, oppas, verbind

415. Geneesmiddel
s.nw. geneesmiddel, middel, medisyne, medisynemiddel, patente medisyne, voorgeskrewe medisyne, voorskrifmedisyne, generiese medisyne, skedulemiddel, skedulemedisyne, medikament, medikasie, heelmiddel, preparaat, remedie, geneesal, alheilmiddel, elikser, lewenseliksér, panasee, huismiddel, huismedisyne, raat, boereraat, moetie, muti, towermiddel, wondermiddel, doepa, dop, doppie, drank, druppel, antidoot, antidotum, antigeen, antiliggaampie, antitoksien, antitoksine, retrovirale middel, antiretrovirale middel, teenvigsmiddel, bad (behandeling), chemoterapie, helsteen, brand-
steen, insulien, insuline, jeukpoeier, oogdruppels, oogwater, oordruppels, serum, plasebo, antibiotika, probiotika; pil, tablet, kapsule, ouel, ampule, stroop, poeier, smeermiddel, smeergoed (*informeel*), smeersel (*informeel*), salf, liniment (*verouderd*), jel, olie, druppels (*meervoud*), binne-aarse medisyne, drup, velplakker, hormoonplakker, morfienplakker, inspuiting, binne-aarse inspuiting, onderhuidse inspuiting, subkutane inspuiting, binnespierse inspuiting, salfolie; Botoks, botoks; medisynebotteltjie, medisyneflessie, medisynedrupper; apteek, noodapteek, farmakopee (middels), farmakoteek, huisapteek, medisynekissie, noodhulptas
voorskrif, farmakologiese klassifikasie, farmakologiese werking, skedule, skeduleringstatus, indikasie, kontra-indikasie, doseervorm, dosering, dosis, oordosis, newe-effek, plasebo-effek, trooseffek
voedselaanvuller, tonikum, toniese middel, versterkmiddel, vitamien, vitamine, vitamienaanvulling, vitamienbruistablet, vitamien A, vitamien B, vitamien C, askorbiensuur, ...
spuitmiddel, doseermiddel, entstof, vaksine, vaksien
koorsmiddel, koorsweermiddel, koorswerende middel, aspirien, parasetamol, anti-inflammatoriese middel
pynstillende middel, pynmedisyne, pynstiller, pyndoder, pynpil, analgetikum, hoofpynpil, hoofpynpoeier, kajapoetolie, katjiepoetolie, salisien
kalmeermiddel, sedatief, paregoor, paregorie, bedaarmiddel, berustingsmiddel, stilmiddel; slaapmiddel, slaapdrank, slaappil, soporatief, hipnotikum, morfien, morfine, opiaat, digitalis, veronal, talidomied, laudanum, loudanum; narkotiese middel, narkotikum, anestetikum, verdowingsmiddel, novokaïen, chloroform, morfien, morfine, opiaat, stimulans, stimulant, depressant, barbituraat, antidepressant
opwekmiddel, kortisoon, reuksout, vlugsout
hartmiddel, hartmedisyne, hartpilletjie, adrenalien, adrenaline, digitalien, digitaline, histamine, bloeddrukpil, betablokker, hematogeen, hemostaat

maagmiddel, maagbitter, maagdruppels, magnesia, magnesiamelk, magnesiummelk, bitteraarde, purgeermiddel, purgatief, purgeerdrank, purgasiemiddel, purgasie, lakseermiddel, lakseerdrank, laksatief, epsomsout, tamarinde, kaskara, kasterolie, soetolie (purgeermiddel), krampdruppels, klisma, setpil, steekpil, enema, maagspoeling, lawement, dermspoeling, braakmiddel, vomeermiddel, vermeermiddel, vomitief, emetikum, antisuurmiddel, teensuurmiddel, teensuurmedisyne, teensuurtablet, vrugtesout, Engelse sout, bittersout, koeksoda, kalomel, namie, kremetart, wurmmiddel, wurmkruie, setpil, suppositorium

antibiotiese middel, antibiotikum, antibiotika, probiotika, breëspektrumantibiotikum, verkouemiddel, penisillien, penisilline, aspirien, aspirine, kodeïn, kodeïne, antihistamien, antihistamine, streptomisien, streptomisine, inhaleermiddel, niesmiddel, sweetmiddel, koorswerende middel, koorsmiddel, kinien, kinine

hoesmiddel, hoesdrank, hoesstroop, hoesmedisyne, hoestablet(tjie), pastil, hoespastil, hoesklontjie, suigtablet, suigklontjie

natuurlike medisyne, homeopatiese middel, homeopatie, dassiepis, krui, geneeskundige plant, kruidgewas, als, bitterals, wildeals, amara, boegoe, digitalis, haarlemmerolie, haarlemensis, duiwelsdrek, harmansdrup, dulsies, witdulsies, galbossie, groenamara, jamaikagemmer, kajapoetolie, katjiepoetolie, kalmoes, kalwerbossie, karmedik, kaskara, kasterolie, wonderolie, kerwel, kiesieblaar, kina, kinabossie, langbeen, kinabas, kinablaar, kinien, kinine, kloutjiesolie, knoffel, knoflok, kremetart, mentol, namie, rabas, salep, salie, sarsaparilla, seneblare, senna, spaansvlieg, swartstorm, tamarinde, tolbossie, wynruit, dagga-olie, kannabisolie, omega-3-vetsuur

ontsmettingsmiddel, antiseptiese middel, disinfeksiemiddel, ontsmettingsalf, antiseptiese salf, akriflavine, jodoform, jodiumtinktuur, joodtinktuur, kaliumpermanganaat, kreolien, kreoline, penisillien, penisilline, merkurochroom, permanganaat, salisielsuur, salpeter, tinktuur, condy(s)kristal, antiseptiese poeier, wondpoeier, formaldehied, formalien, versterkwater, sterkwater, monnikebalsem

salf, balsem, balsemkopiva, gliserien, gliserine, gliseriensalf, kruiesalf, kwiksalf, lanolien, lanoline, lanolienolie, lanolineolie, ruitersalf, sinksalf, sonbrandmiddel, sonskerm, sonbrandolie, sonbrandsalf, ontsmettingsalf, antiseptiese salf, antiseptiese pap, kataplasma, pappleister

geneeskundige apparaat 416, 417, inspuiting, inspuitingnaald, spuitnaald, koorspen, medisynedrupper, gesigmasker, gesigskerm

pleister, hegpleister, trekpleister, kleefpleister, defensiefpleister, kompres, verband, bindsel, doek, verbandlinne, windsel, swagtel, rolverband, drukverband, klemverband, kleefverband, rekverband, kruisverband, hangverband, slinger, slingerverband, draverband, draagverband, draagdoek, wondverband, skroefverband, noodverband, slangverband, slangbytverband, gips, gipsverband, spalk, spalking, beenspalk, armspalk, watte, wattepluisie, depper

b.nw. medisinaal, geneeskundig, geneeskragtig, voorgeskrewe, hoesstillend, tonies, pynstillend, kalmerend, narkoties, verdowend, verslawend, krampstillend, antibioties, anti-inflammatories, koorswerend, homeopaties, natuurlik, antisepties, ontsmettend, salwend, ondersteunend, giftig, gifwerend, koorsstillend

ww. voorskryf, inneem, toedien, doseer, indruppel, balsem, galvaniseer, klisteer, purgeer

416. Medikus

s.nw. medikus, geneesheer, dokter, praktisyn, arts, lyfarts, heelmeester, heler, huisdokter, huisarts, witjas, staatsdokter, staatsgeneesheer, distriksdokter, distriksgeneesheer, hofarts, skeepsdokter, skooldokter, sendelingdokter, diagnostikus, histoloog, klinikus, natuurgeneesheer, geloofsgeneser, geloofsgeneesheer, toordokter; perdedokter, kwak, kwaksalwer; doktersadvies, doktershande, konsultasie, doktersrekening, internskap

spesialis, snydokter, chirurg, plastiese chirurg, hartchirurg, beenchirurg, ortope-

diese chirurg, neurochirurg, breinchirurg, oogchirurg, mondchirurg, ..., narkotiseur, anestetikus, velspesialis, huidspesialis, dermatoloog, geriatris, geriater, gerontoloog, ginekoloog, vrouearts, verloskundige, obstetris, hematoloog, immunoloog, internis, breinspesialis, kardioloog, hartspesialis, gastroloog, laringoloog, kerngeneeskundige, atoomgeneeskundige, mioloog, neuroloog, senuweearts, gesigkundige, oogarts, oogspesialis, okulis, oftalmoloog, oogheelkundige, oogkundige, kontaklensspesialis, keelarts, oorneus-en-keel(-)spesialis, endokrinoloog, nierspesialis, nefroloog, onkoloog, ortopeed, ortopedis, ortotis, osteoloog, otoloog, patoloog, pediater, kinderarts, kinderspesialis, kinderdokter, radioloog, röntgenoloog, radiografis, radiografiste, röntgenografis, röntgenografiste, uroloog, venereoloog, veneroloog, sifiloloog, viroloog, epidemioloog, toksikoloog, chiropraktisyn, chiropodis
psigiater, sielkundige, psigoloog, kliniese sielkundige
tandarts, tandheelkundige, tandedokter, ortodont(is), tandetrekker (*informeel*), tandemaker, tandtegnikus, tandheelkundige assistent, ortodontis, periodontis, mondhigiënis
apteker, farmakoloog, farmaseut, pilledokter (*informeel*), pilledraaier (*informeel*)
terapeut, fisioterapeut, refleksoloog, arbeidsterapeut, hidroterapeut, psigoterapeut, masseur, masseuse, masseerder, masseerster
homeopaat, homopaat, kruiedokter, fisiater, allopaat
veearts, dierearts, staatsveearts
verpleegkundige 417, verpleër, verpleger, verpleegster, hospitaalverpleegster 417, hospitaalverpleër 417, dagverpleegster, kraamverpleegster, leerlingverpleegster, stafverpleegster, wyksverpleegster, verpleegsuster, suster, saalsuster, teatersuster, operasiesuster, matrone, hoofmatrone, dieetkundige, gesondheidsbeampte, gesondheidsinspekteur; paramedikus, ambulansman
spreekkamer, praktyk, dokterspraktyk, wagkamer
doktersinstrumente, geneeskundige apparaat 417, geneeskundige instrumente 417, mediese apparaat, dokterstas, stetoskoop, inspuiting, inspuitingnaald, koorspen, koorstermometer, bloeddrukmeter, keelspieël, neusspieël, peilstif, prop, sonde, ontleedmes, spatel, tongspatel, druppelaar, drupper, klisteerspuit, maagpomp, otoskoop, oorspieël, pulsimeter; tandartsstoel, tandheelkundige instrumente, tandboor, tandvullingsinstrument, inspuiting, suigapparaat

417. Hospitaal
s.nw. hospitaal, geneeskundige inrigting, hospitaalkompleks, staatshospitaal, privaathospitaal, kinderhospitaal, kliniek, geneeskundige kliniek, mediese kliniek, privaatkliniek, babakliniek, veldhospitaal, barak, weermagshospitaal, verpleeginrigting, sanatorium, gestig, psigiatriese inrigting, sielsieke-inrigting (*kwetsend*), kranksinnigegestig (*kwetsend*), herstellingsoord, hersteloord, gesondheidsoord, kraaminrigting, ortopediese hospitaal, ooghospitaal; saal, mansaal, vrouesaal, teater, operasieteater, operasiesaal, operasiekamer, snykamer, waakeenheid, noodeenheid, ongevalle, ongevalle-afdeling, waaksaal, waakkamer, intensiewe eenheid, intensiewesorgeenheid, hoësorgeenheid, traumaeenheid, troumaeenheid, trauma-afdeling, trouma-afdeling, X-straaleenheid, ontleedkamer, siekeboeg, siekekamer, aarbank, bloedbank; hospitalisering, hospitaalbehandeling, besoektyd
hospitaalpersoneel, superintendent, hospitaalhoof, dokter, hospitaaldokter, spesialis, chirurg, matrone, hoofmatrone, suster, stafverpleegster, verpleegsuster, verpleegster, verpleër, verpleger, verpleegstersuniform, verpleërsuniform, hospitaalverpleegster, hospitaalverpleër, saalsuster, operasiesuster, teatersuster, kraamsuster
hospitaaltoerusting, geneeskundige toerusting, geneeskundige apparaat, geneeskundige instrumente 416, mediese toerusting, mediese apparaat, mediese instrumente, hospitaalbed, hospitaallinne, medisynekas, medisynekissie, operasietafel, teatertafel, teaterinstrumente, operasiemes, snytafel, skedelboor, trepaan,

trepaneerboor, ontleedtafel, draagbaar, baar, trollie, teatertrollie, rystoel, stootstoel, sterilisator, hartlongmasjien, hartlong-masjien, hartmasjien, monitor, hartmonitor, longmasjien, respirator, ventilator, ysterlong, spirometer, asemtoetser, niermasjien, nierdialisemasjien, kardiograaf, elektrokardiograaf, EKG-masjien, kardioskoop, stralemeter, aktinometer, urinometer, tomograaf, ambulans, ambulansvliegtuig, hemostaat, proktoskoop, rektoskoop, X-straalapparaat, X-straalmasjien, radioskoop, röntgentoestel, röntgenapparaat, X-straalfoto, X-straal, X-straalplaat, röntgenfoto, röntgenogram, kateter, gesigmasker, kliniese masker, gesigskerm

b.nw. klinies, steriel

ww. hospitaliseer, opneem, ondersoek, behandel, opereer, verpleeg, besoek, steriliseer

i. Voedsel
418. Voeding

s.nw. voeding, kos, voedsel, eetgoed, ete en drinke, voedingstof, babavoeding, borsvoeding, bottelvoeding, kindervoeding, kunsmatige voeding, binneaarse voeding, buisvoeding, dwangvoeding; voedingswaarde, voedingskrag; voedingskema, voedingstelsel, voedingsorg

maaltyd, maal, ete, eetmaal, tafel, spyse, spys en drank, dis, gang, voorgereg, entree, hoofgereg, hoofgang, hoofdis, hoofskottel, nagereg, driegangmaaltyd, vyfgangmaaltyd, toespys, kos, cuisine, toekos, bykos, porsie, tradisionele ete, warm maal, warm ete, koue maal, koue ete, buffetete, aansitete, vleistafel, vistafel, voorsnyete, fondue, hutspot, rystafel, roerbraai, aartappelaand, teetafel, pannekoekaand, Kaapse gereg, Kaapse kos, Kaapse tafel, Maleise tafel, Maleise kos, Griekse ete, Griekse kos, potjiekos, braai, vleisbraai, straatbraai, spitbraai, wegneemete, kitsete, kitskos, gemorskos, wegneemvoedsel, snoepgereg, snoephappie, padkos, galgemaal, entrée

etensuur, etenstyd, eetuur, skaftyd (*verouderd*), skafuur (*verouderd*), ontbyt, brekfis (*Engels*), oggendete, oggendmaal, ag(t)uur (ontbyt), laatontbyt, noenontbyt, middagete, middagmaal, middaguur, twaalfuur, noenmaal, aandete, avondmaal (*verouderd*), koffietyd, teetyd, tienuur

feesmaal, onthaal, resepsie, noenmaal, vingerete, vingermaal, vingeronthaal, skemeronthaal, skemerkelkie, dinee, banket, banketmaal, banketete, gasmaal, sjampanjeontbyt, verjaar(s)dagete, verjaar(s)dagmaal, partytjie 793, verjaar(s)dagpartytjie, verwelkomingsete, verwelkomingspartytjie, teepartytjie, tuinpartytjie, huisinwyding, huisinwydingspartytjie, kombuistee, ooievaarspartytjie, afskeidsete, afskeidsmaal, bruilofsmaal, bruilofsfees, doopmaal, doopfees, Sondagmaal, Sondagete, Kersmaal, Kersete, Kerspartytjie; kampvuur, kampvuurete, braai, bring-en-braai, vleisbraai, hoenderbraai, visbraai, snoekbraai, spitbraai, asado, asadobraai, skottelbraai, roerbraai, piekniek, piekniekete

huishouding, resep 419, resepteboek 419, kookboek 419, kookkuns, kulinêre kuns, huishoudkunde, gastronomie

tafel, tafelgerei, eetgerei, tafelgereedskap, breekgoed 95, breekware, porseleinware, glasware, skottelgoed, messegoed, messe en vurke, grootlepel, opdienlepel, servet, spyskaart, tafelmat, tafelversiering, tafellinne, tafeldoek, tafelrangskikking, tafelbediening, dientafel 95, opdientafel 95, dranktafel 95, buffet 95

eetgas, ete(ns)gas, tafelgenoot, aansittende, disgenoot, gasheer, gasvrou, opskeploerder

spyskaart, menu, proespyskaart, gereg, hoofgereg, hors d'oeuvre, voorgereg, nagereg, bykos

b.nw. kulinêr, gastronomies, feestelik, gasvry, versier, koud, warm, gaar, kits, kitsklaar, kitsgaar

ww. dineer, aansit, bedien, serveer, opdien, opdis, opdra, voorsit, opskep, voordien, voorsny, dek, afdek, afneem, opskeploer, voorberei, opwarm, braai, spitbraai

bw. à la carte

uitdr. die ete staan op tafel; jou lyf aasvoël hou

419. Voedselbereiding

s.nw. voedselbereiding, kosmakery, bereiding, toebereiding, gebrou, kombuiswerk, kokery, kookwerk, braaiery, braai-

werk, bakkery, bakwerk, verkrummeling, versuikering, aanbrandsel, preservering; spysenieringsdiens, spyseniering, voedselvoorsiening, voedselbank, sopkombuis; **kookkuns**, fyn kookuns, kulinêre kuns, gastronomie, cuisine, haute cuisine, cordon bleu, tuiskookkuns; huishoudkunde, kookklas, koskursus, hotelskool
kombuis, kookskerm, kombuistoerusting 95, kombuisgereedskap, stoof, smoorstoof, braaistoof, oond, braaioond, bakoond, konveksieoond, mikrogolfoond, gasstoof, braaier, diepbraaier, diepvetbraaier, elektriese braaier, gasbraaier, weber, brander, gasbrander, rooster, broodrooster, vleisrooster, roker, stookgas, stookolie, kooktoestel, pan, pannekoekpan, oblietjiepan, oblietjieyster, koekpan, braaipan, elektriese braaipan, wok, pot, kastrol, drukkastrol, drukpot, snelkoker, stoompot, dubbelkoker, prutpot, kasserol, fonduestel, vergiettes, foelie, kapblok, karring, karringstaf, karringstok, maalklip, bak, soufflébak, skottel, ramekin, mengbak, menger, elektriese menger, verpulper, versapper, lepel, vurk, mes, vleismes, groentemes, slaplemmes, skuimspaan, spaan, houtspaan, botterspaan, sandlopertjie, voorskoot, rokvoorskoot, oorrok; foelie, tinfoelie, waspapier, bakpapier, kolwyntjiehouer, cupcakehouer (*Engels*), kleefplastiek, gladwrap (*Engels*)
bestanddeel, benodig(d)hede (*meervoud*), geursel, geurmiddel, kleurmiddel, preserveermiddel, konserveermiddel, puree, coulis, moes, mosterd, bouquet garni, salisielsuur; asyn, edik, druiweasyn, balsamiese asyn, balsemiekasyn, balsemieke asyn, kruieasyn, moutasyn, appelasyn; afkooksel, aftreksel, ekstrak, astrak, treksel, vleisaftreksel, vleisekstrak, biefekstrak, boeljan, sous, vleissous, sojasous, Worcestersous, marinade, braaisous, tamatiesous, blatjang, slaaisous, slaaiolie, vinaigrette; klapper, sago, tapioka, vermicelli; melk 371, botter, room 371, crème, suurroom, crème fraîche, margarien, margarine, melkpoeier, klappermelk; suiker witsuiker, geelsuiker, bruinsuiker, rietsuiker, strooisuiker, versiersuiker, vrugtesuiker, fruktose, beetsuiker, levulose, vlapoeier, glukose; olie, kookolie, sonne-

blomolie, olyfolie, saadolie, kanolaolie, prutolie, sesamolie, sojaolie, sojaboonolie, klapperolie, druiwepitolie, avokadoolie, lardeersel; meel, koringmeel, volkoringmeel, broodmeel, rogmeel, griesmeel, mieliemeel, polenta, koekmeel, meelblom, blom, semels, frommels, frummels, krummels, meelkrummels, paneermeel, gort, gars, styselmeel, kassawe; bakpoeier, koeksoda, kremetart, kakao; spesery, gemengde speserye (*meervoud*), sout, tafelsout, fynsout, fyn sout, growwe sout, seesout, knoffelsout, suurlemoensout, braaisout, braaispesery, peper, witpeper, rooipeper, cayennepeper, swartpeper, wonderpeper, Jamikapeper, piment (Jamikapeper), rissiepeper, pimiënto, neut, neut(e)dop, muskaat, neutmuskaat, foelie (neutmuskaat), kaneel, stokkaneel, naeltjie, kruinaeltjie, kerrie, borrie, masala, jamaikagemmer, paprika, kardemom, gemmer, koljander, danja, anys, pekel, saffraan, dukkah, komyn; krui, kruid, pypkaneel, tiemie, ment, peperment, pipperment, kruisement, gemmer, vinkel, salie, angelika, kardamom, roosmaryn, pieters(i)elie, rissie, rooirissie, brandrissie, piment (skerprissie), Peppadew, pikantrissie, peri-peri, piri-piri, marjolein, oreganum, orego, origo, lourierblare, suring, engelkruid, basilie, basiliekruid, basilikum, karie, karrie, kariemoer, engelwortel, karmonk, knoffel, knoflok, koningskruid, dragon, tarragon, angelika, kerwel; saad, karwysaad, koeksaad, papawersaad, kappertjiesaad, mosterdsaad; essens, vanielje, vanielje-ekstrak, vanielje-essens, lemoenessens, vrugte-essens; kleursel, kleurstof, cochenille, kosjeniel, tartrasien
resep, recepteboek, kookboek
kok, huiskok, koksmaat, sjef, bereider, spysenier, huishoudkundige
b.nw. gaar, halfgaar, al dente, medium, klaargaar, goedgaar, gekook, opgekook, halfgebak, hardgebak, gebraai, oondgebraai, potgebraai, gebak, brosgebraai, opgewarm(de), gebruin, gesouteer, gesoteer, aangebrand, gekrui, gekruid, gemarineer(d), gesout, gevul(d), ingemaak, rou, halfrou
ww. 'n maaltyd berei, voedsel berei, gaarmaak, koskook, kosmaak, kos gee, kook,

deurkook, afkook, lig kook, uitkook, oorkook, bak, deurbak, blind bak, rooster, braai, verbruin, skroei, verskroei, aanbrand, verbrand, toeskroei, vlakvetbraai, diepbraai, diepvetbraai, uitbraai, oondbraai, potbraai, panrooster, brosbraai, roerbraai, verwarm, laat afkoel, afhaar, bedek, bedruip, behoorlik meng, berei, bestrooi, bestuif, bind, blansjeer, deurgiet, fileer, flambé, fyn slaan, garneer, geur, glaseer, glasuur, gratineer, inblik, indoop, inkerf, insny, insuur, invou, invryf, kap, karameliseer, klaarmaak, klits, klop, knie, koaguleer, konsentreer, laat rys, laat trek, laat week, lardeer, meng, liggies meng, vermeng, marineer, neerslaan, omkors, opklop, opsit, paneer, pekel, posjeer, preserveer, prut, rasper, resepteer, rook, room, roux, rys, skif, skil, smeer, smoor, soteer, sous, sout, stoof, stoom, stowe, toeberei, toesmeer, trek, uitrol, uitrys, uitskei, uitvars, verdik, verdun, verglans, verhelder, verkil, verkoel, verkrummel, verpulp, versap, versuiker, vlam, week

kook, opsit, lig kook, blansjeer, deurkook, opkook, afkook, uitkook, prut, oorkook, posjeer, stoof, stowe, stoom, smoor, rook, bak, deurbak, blind bak, skroei, verskroei, aanbrand, verbrand, toeskroei, rooster, panrooster, braai, vlakvetbraai, diepbraai, diepvetbraai, uitbraai, oondbraai, potbraai, brosbraai, roerbraai, vlam, flambé (*ongewoon*), verwarm, laat afkoel, verkoel, verkil

voorberei, berei, toeberei, klaarmaak, prosesseer, roer, meng, vermeng, behoorlik meng, liggies meng, klits, opklits, klop, opklop, fyn slaan, granuleer, versap, verpulp, verkrummel, verdik, verdun, uitskei, bestrooi, versuiker, week, uitrol, deurgiet, smeer, toesmeer, afhaar, bedek, kap, laat rys, laat trek, laat week, trek, uitrys, uitvars, rys, invou, karameliseer, lardeer, omkors, koaguleer, inmaak, inblik, bind, skif, bestuif, knie, invryf, insuur, indoop, room, roux, neerslaan, resepteer, konsentreer, gratineer, paneer, fileer

marineer, garneer, bedruip, sout, geur, verhelder, sous, pekel, preserveer

versier, glaseer, verglans, glasuur

skil, afskil, afdop, uitdop, pel, rasper, inkerf, insny

bedien, opdien, voorsit, skep, opskep, inskep, aansit, uitnooi

420. Voedsel
s.nw. voedsel, voedselsoorte, kos, spys, eetding, eetgoed, proteïne, proteïen, koolhidraat, suiker, stysel, vet, mineraal, vleis, vis, pluimvee, groente, vrugte, vars vrugte, droëvrugte, gedroogde vrugte, suiwel, suiwelprodukte, peulgewasse, graankos, rukos, ruvoedsel, stapelkos, stapelvoedsel, gourmetkos, fynproewerskos, kragvoedsel, kragvoer, kruidenierswaren, blikkieskos, blikkiesgroente, blikkiesmelk, rantsoen, proviand, voorraad, mondprovisie, huiskos, restaurantkos, restaurantkos, boerekos, tradisionele kos, tradisionele gereg, geriefskos, gemorskos, lekkerny, peuselkos, peuselgoed, snoepgoed, nammies (*kindertaal*), nams (*kindertaal*), namnam (*kindertaal*), noodvoorraad; oorskiet, oorskietkos, oorskietgereg, brakkiesakkie, braksakkie

voedselgroep, proteïen, koolhidraat, vet, olie, vitamien, mineraal, kaseïen, albumien, gelatien, visproteïen

voedselsekerheid, voedselsekuriteit, voedselproduksie, voedselvoorsiening, voedselwaardeketting, voedselskaarste, voedselgebrek, voedseltekort

b.nw. voedsaam, voedend, gesond, ongesond, vitamienryk, proteïenryk, styselryk, vet, vetvry, vars, bederf, bederfbaar, substansieel, voorradig; halaal, kosjer

421. Vleis
s.nw. vleis, vleiskos, rooivleis, skaapvleis, lamsvleis, lammervleis, beesvleis, kalfsvleis, varkvleis, perdevleis, haasvleis, konynvleis, wild(s)vleis, bosvleis, pluimvee, hoendervleis, kalkoen

vleissnit, vleiskaart, boud, skaapboud, lamsboud, kalfsboud, beesboud, varkboud, ysbeen, eisbein, dy, wildsboud, braaiboud, agterkwart, rugstring, rugstuk, rib, voorrib, primarib, dikrib, platrib, ribbetjie, skaapribbetjie, lamsribbetjie, varkribbetjie, braairibbetjie, soutribbetjie, klaprib, klapstuk, ribfilet, lende, lendestuk, lendeskyf, kruis, lies, lieslap, dunlies, tjop, kotelet, lamstjop, lamskotelet, varktjop, varkkotelet, kalfskotelet, ribtjop,

dikribtjop, lendetjop, kruistjop, bladtjop, boudtjop, biefstuk, steak (*Engels*), beeshaas, filet, T-beenskyf, kruisskyf, bolo, skenkel, skinkel, skof, nek, tong, lewer, vet, hardevet, varkvet, netvet, niervet, spek, varkspek, reusel, varkreusel, reuselvet, kaiings, roostervleis, smoorvleis, worsvleis, soetvleis, murgbeen, sopvleis, stukkiesvleis, garingvleis, rafelvleis; pluimveesnit, bors, hoenderbors, witvleis, ..., karkas, hoenderkarkas, ..., dy, dytjie, hoenderdy, hoenderdytjie, ..., boud, boudjie, hoenderboudjie, ..., vlerk, vlerkie, hoendervlerkie, ...
verwerkte vleis, blikkiesvleis, maalvleis, rollade, rolpens, rolstuk, wors, boere(e)wors, beeswors, varkwors, lewerwors, metwors, droëwors, cabanossi, salami, Weense worsie, frankfurter, chorizo, sosys, andoelie, ham, Parmaham, prosciutto, pancetta, polonie, carpaccio, spek, pekelvleis, soutvleis, tasal, tesal, tesalletjie, souttong, boeljon; biltong, dikbiltong, garebiltong, garingbiltong, beesbiltong, volstruisbiltong, wildsbiltong, ..., droëwors; rookvleis, gerookte vleis, rookwors
vleisdis, vleisgereg, frikassee, frikkadel, andoelie, braaigereg, braaivleis, braad, wild(s)braad, gebraad, gelei (uitspr. sjelei), haksel, hasjee, hasjie, ham, sult, hoofkaas, kaiing, karmenaadjie, varkkarmenaadjie, sosatie, kebab, kabob, kabab, kebob, kluitjievleis, lewerpatee, lewersmeer
b.nw. dwarsdraads, vetterig, spekvet, maer, seningrig, taai, gelardeer(d), mals
ww. slag, kap, maal, inlê, marineer, sout, lardeer, ontbeen

422. Seekos
s.nw. seekos, vis, kreef, langoestien, perlemoen, perlemoer, oester, alikreukel, garnaal, steurgarnaal, seekat, calamari, krap, mossel, gapermossel; ansjovis, barber, bokkem, bokkom, elf, engelvis, forel, galjoen, geelstert, geelbek, harder, hotnot (*uiters kwetsend en rassisties*), hotnotsvis (*uiters kwetsend en rassisties*), hottentot (*uiters kwetsend en rassisties*), kabeljou, karper, kipper, gerookte southaring, klipkous, koningklip, koningklipvis, labberdaan, maasbanker, makriel, monkvis, seeduiwel, pekelharing, salm, sardyn, sardientjie, pelser, silwervis, skelvis, snoek, steenbras, stokvis, stompneus, tongvis, tuna, vier-en-sewentig; moot, vismoot, vismootjie, snoekmootjie, kuit, viskuit, steur, kaviaar, smoorvis, ingelegde sardyne, soutvis, pekelvis, vispastei, seekospotjie, visgereg, vis-en-chips, vis-entjips, vispakkie, paella, visparcel (*Engels, lekties*)

423. Slagter
s.nw. slagter, slagterskneg, charcutier, vilder, slagting, slagloon, slagtyd
slagtery, slaghuis, slagpale, abattoir, slagplaas, vleismark, vleistoonbank, vleishandel, vleisdelikatessenwinkel, vleisdeli, charcuterie
slagbank, slagbyl, slagmes, slagtersmes, slagtersblok, kapblok, saag, slagtersaag, slagterskaal, vleishak, roker, rookmasjien, worsderm, worsmasjien, worsmeul(e), vleismeul(e), worsfabriek
slagvee, slaggoed, slagskaap, slagbees, vleisvark, voervark, vleissnit 421, afval
viswinkel, vismark, visvangs, visserman, visterman, vismes
ww. slag, afslag, ontvel, vil, uitslag, opsny, opsaag, ontbeen, rook, wors maak, wors stop

424. Brood
s.nw. brood, gebak 426, bakkersbrood, witbrood, bruinbrood, growwebrood, volkoringbrood, saadbrood, semelbrood, boerbrood, hopbrood, potbrood, rogbrood, baguette, brioche, ciabatta, farina, kitka, pompernikkel, pumpernickel, ongesuurde brood, matso, gesuurde brood, soetsuurdeegbrood, skimmelbrood, naan, naanbrood, poppadom, poppadum, katkop (*informeel*), regeringsbrood, winkelbrood, tuisgebakte brood, gesondheidsbrood, Nagmaalsbrood; rolletjie, bolletjie, broodrolletjie, hamburgerrolletjie, paasbolletjie, stokbrood, baguette, rosyntjiebrood, korentebrood, korintebrood, suikerbrood, brosbrood, croissant, pita(brood), bagel (*Engels*), pretzel, krakeling, sout krakeling; crouton, croûton, kroton, grissini, broodstokkies
broodjie, toebroodjie, toebie (*informeel*), samie (*informeel*), oopbroodjie, uitsmyter,

hamtoebroodjie, kaastoebroodjie, konfyt=
toebroodjie, ..., roosterbrood, braaibrood(jie),
gesmeerde brood, hamburger, worsbrood=
jie, warmbrakkie (*informeel*), hotdog (*En=
gels, informeel*), bruschetta, tramezzini; sny,
bokwagtersny, skaapwagtersny, skaap=
wagterkap (*informeel*), veewagtersny, kors,
korsie, krummel, broodkrummel, kruim,
kruimel

b.nw. gebak, vars, varsgebak, degerig, klui=
terig, krummelrig, ingesuur, ongesuur,
hard gebak, lig gebak

ww. toebroodjies maak, sny, smeer

425. Bakker

s.nw. bakker, bakster, bakkerin, bakkers=
vrou, broodbakker, banketbakker, koek=
bakker, fynbakker, wafelbakker, bakkers=
kneg, deegmaker, deegknieër

bakkery, broodbakkery, banketbakkery,
koekbakkery, bakkerswinkel, broodwin=
kel, bakkersbedryf, bakkersgilde

bestanddele, deeg, beslag, brooddeeg,
soetsuurdeeg, koekdeeg, blaardeeg, fillo=
deeg, meel 419, fynmeel, meelbol, brood=
meel, koekmeel, boermeel, bruismeel, se=
mels, semelmeel, bakpoeier, suurdeeg,
suurdesem, gis, koeksoda; baksel; bak=
proses, gisting, gistingsproses

bakoond, oond, bakkersoond, rolstok,
kniemasjien, deegmasjien, deegroller,
broodplaat, broodpan, koekplaat, koek=
pan, broodblik, broodvorm, broodplank,
broodkis, broodmandjie

b.nw. gebak, varsgebak, ingesuur, onge=
suur, kniebaar, kneebaar, fleurig

ww. bak, uitbak, brood bak, koek bak,
knee, knie, deurknie, deeg rol, deeg uitrol,
insuur; fermenteer, gis, rys, uitrys

426. Kossoort, dis

s.nw. gereg, dis, kos, spys, nammies
(*kindertaal*), nams (*kindertaal*), godespys,
gourmetkos, fynproewerskos, fynproe=
wersdis, huiskos, restaurantkos, restou=
rantkos, boerekos, trooskos, tradisionele
kos, tradisionele gereg, hoofdis, hoof=
skottel, voorgereg, nagereg, gang, hors
d'oeuvre, stoofgereg, stowegereg, rooster=
gereg, oondgereg, smoorkos, smoor, buffet=
ete, smorgasbord, kruiekos, veldkos, weg=
neemete, wegneemkos, padkos, weg=
vattertjie, barakat (*lekties*), kitskos, ge=
morskos, lekkerny, peuselkos, snoepgereg,
happie, proeseltjie, versnapering, smul=
happie, verversing, snoephappie, southap=
pie, soutigheid, kanapee, canapé, aartap=
pelskyfie; konkoksie, brousel

vleis 421, vleisgereg 421, vleisdis, voorsny=
gereg, skaapvleis, beesvleis, wild(s)vleis,
osstert, rib, roltong, hoender, eend, alle=
gaartjie, maalvleis, maalvleisgereg, bobo=
tie, frikassee, frikkadel, koolfrikkadel,
wors, boerewors, braaiwors, droëwors,
varkwors, andoelie, blindevink, skilpad=
jie, canneloni, lasagne, moesaka, gelei,
roostergereg, braaigereg, braaivleis, braai=
hoender, braaiboud, braad, lamsbraad,
wild(s)braad, gebraad, roosterkuiken, tjop,
kotelet, biefstuk, wiener schnitzel, bief
stroganoff, ghoelasj, osso bucco, stowe,
tournedos, kasserol, denningvleis, draad=
jiesvleis, toutjiesvleis, haksel, hasjee,
hasjie, ham, jambon, polonie, boeliebief,
sult, vleisjellie, hoendermousse, hoofkaas,
kaiing, karmenaadjie, varkkarmenaadjie,
sosatie, kebab, kabob, kabab, kebob, saté,
kluitjievleis, aspiek, spek, silt, kerrievleis,
pienangvleis, stoofvleis, stowevleis, tama=
tievleis, tandoori-vleis, tandoori-hoender,
tikka, hoendertikka, lamsvleistikka, ra=
gout, pilaf, terrien, afval, kop-en-pootjies,
hoenderpote, walkie-talkies (*lekties, in=
formeel*), harslag, kannie, jakkalskos, bun=
ny chow (*Engels*), worsbroodjie, warm=
brakkie (*informeel*), hotdog (*Engels, in=
formeel*), hamburger, pattie (*Engels*), ham=
burgerpattie (*Engels*), maalvleispattie (*En=
gels*), hoenderpattie (*Engels*), smout, bil=
tong, carpaccio, wild(s)pastei

seekos 422, seekos-kasserol, vis 422, vis=
mootjie, visgereg, vis-en-tjips, vis-en-
chips, visvoorgereg, antipasto, snoek=
patee, snoekmousse, salmmousse, rol=
mops, haringfilette, skelvis, kerrievis,
piekelvis, kitsery, smoorvis, smoorsnoek,
visbobotie, vispastei, vis-kebab, tandoori-
vis, viskoekie, visfrikkadel, visvinger,
bokkoms, kreef, kreefkelkie, seekoskelkie,
langoestien, perlemoen, perlemoer, oester,
alikreukel, garnaal, steurgarnaal, gar=
naalkelkie, seekat, krap, mossel, gaper=
mossel, kaviaar, sushi, soesji, tempoera,
paella, makimono

eier, gebakte eier, roereier, omelet, kalfsoog, watereier, kandeel, gevulde eier, Benedicteiers (*meervoud*)
suiwel, melk, volmelk, volroommelk, laevetmelk, afgeroomde melk, vetvrye melk, room, kondensmelk, gekondenseerde melk, kaas, cheddar, cheddarkaas, gouda, goudakaas, soetmelkkaas, Edam, edam, Limburger, blouskimmelkaas, roquefort, roquefortkaas, camembert, Ementhal(er), groenkaas, brie, briekaas, gorgonzola, parmesaan, parmesaankaas, mozarella, mozarellakaas, maaskaas, gruyère, haloumi, mascarpone, feta, roomkaas, kaasbolletjies, bocconcini, haloumikaas, geprosesseerde kaas, proseskaas, karringmelk, jogurt, vrugtejogurt, maas, magou, kaasbord, melkkos, melksnysels, slinger-om-die-mond (*verouderd*); laktosevrye melk, plantgebaseerde melk, amandelmelk, klappermelk, kokosmelk, rysmelk, sojamelk
pasta, spaghetti, macaroni, lasagne, canneloni, skulppasta, fettucine, fettuccine, fettucini, ravioli, penne, linguini, gnocchi, zucchetti, carbonara, tetrazzini, tagliatelle, tortellini, chow mein, noedel, noedelgereg, strikkiepasta, farfalle, tahini
sop, soep, consommé, helder sop, boeljon, dik sop, puree, fluweelsop, roomsop, minestrone, warm sop, koue sop, gazpacho, groentesop, julienne, ertjiesop, boontjiesop, tamatiesop, sampioensoep, vichyssoise, hoendersop, vissop, chowder, vis-chowder, bisque, bisk, kerriesop, kluitjiesop, lensiesop, osstertsop
bredie, kerrie, kerriekos, korma, kerrie-en-rys, vindaloo, dhal, tamatiebredie, waterblommetjiebredie, groenboontjiebredie, koolbredie, uiebredie, ajuin, ghoelasj, potjiekos, hutspot, brijani, breyani, hoenderbrijani, tjou-tjou, ratatouille, ratjietoe, ravioli, risotto, pilou, ragoût, salmi
pastei, pasteitjie, wild(s)pastei, vleispastei, vleispasteitjie, herderspastei, hoenderpastei, hoenderpaai (*Engels, informeel*), hoenderpasteitjie, ouvrou-onder-die-kombers, kroket, samoesa, worsrolletjie; souttert, quiche, eiertert, groentetert, uietert, pampoentert, ...
peuselkos, peuselhappie, happie, southappie, soutigheidjies (*meervoud*), tapas, vingermaaltyd, biltonghappie, springmielies (*meervoud*), skietmielies (*meervoud*), kiepiemielies (*meervoud*), soethappie
kitskos, gemorskos; hamburger, worsbroodjie, hotdog (*Engels, informeel*), boereworsrol, boerie (*informeel*), worsrolletjie, skyfies, tjip (*Engels*), slap tjips
sous, langsous, sousie, bruinsous, witsous, mayonnaise, kruiesous, wynsous, roomsous, tamatiesous, chakalaka, tjakalaka, smoor, tamatiesmoor, uiesmoor, smoortjie, blatjang, atjar (*lekties*), ketjap (*lekties*), satésous, sambal, pesto, slaaisous, vinaigrette, soetolie, puree, groentepuree, vrugtepuree, coulis
bykos, toekos, groente, julienne, tjou-tjou, atjar, aartappel, kaboe-aartappel, gebluste aartappel, skyfie, aartappelskyfie, tjip (*Engels*), chips (*Engels*), slaptjips (*Engels*), slapchip (*Engels*), aartappelkrul, rys, witrys, geelrys, kerrierys, geelrosyntjierys, vandisierys, vendusierys, begrafnisrys, rysbrensie, ryskluitjie, rystebry, dolmade, boontjie, boon, boerboon, groenboontjie, sojaboontjie, pienangbone, doemba, bronkors, ertjie, groenertjie, splitertjie, hoemoes, eiervrug, gort, kalbaspatat, katjangboontjie, koekmakranka, koekemakranka, komkommer, kool, koolkop, koolraap, kopkool, lemoenpampoentjie, lensie, marog, stampkoring, mielie, stampmielies, maïs (*ongewoon*), mieliegruis, kaboemielie, sorghum, graansorghum, olyf, murgpampoen, murg-van-groente, pampoen, kalbaspampoen, kaboepampoen, pampoenkoekie, skorsie, patat, patatta, stoofpatat, wurgpatat, borriepatat, kaboepatat, pieters(i)elie, prei, sampioen, radys, sauerkraut, soufflé, stoofappel, stowe-appel, suikerbeet, suurkool, ui, uintjie, vroeëpampoen, waterblommetjie, waterkers, witwortel, pastinaak, wortel, peperwortel, teëhouer, braaibrood(jie), roosterkoek, tofoe, tofu, tamatiesmoor, uiesmoor (*Hoewel die enkelvoudsvorme hier konsekwent aangegee word, word talle van die disse in hierdie en ander afdelings benoem met verwysing na hulle meervoudsvorme. Tipiese voorbeelde: aartappelskyfies, groenboontjies, ryskluitjies, slaptjips, slaphakskeentjies, ens. Ons sal in sulke gevalle sê: "Kan ek vir jou nog skyfies aanbied?"*)

inlêkos, ingelegde groente, ingelegde ertjies (*meervoud*), ingelegde boontjies (*meervoud*), sousboontjies (*meervoud*), kerrieboontjies (*meervoud*), slaphakskeentjies (*meervoud*), ingelegde vrugte, ingelegde perskes (*meervoud*), kerrieperskes (*meervoud*), suurtjies (*meervoud*), piekels (*Engels, meervoud*)

slaai, groenslaai, kropslaai, kopslaai, slaaikrop, slaaikop, tamatie, tamatieslaai, koolslaai, gevulde tamatie, uieslaai, slaphakskeentjie, sambal, bronslaai, bronkors, waterkers, piekel, suurtjie, grasui, uiegras, avokado, avokadopeer

ontbytkos, pap, hawermout, mieliepap, stywepap, slappap, poetoepap, krummelpap, suurpap, koeskoes, graanvlok, graanvlokkies (*die dis, meervoud*), graankos, ontbytgraan, pofkoring, muesli, spek, spek en eier, eier, roereier, gebakte eier, geposjeerde eier, kalfsoog, omelet, spieëleier, joghurt, vrugtejogurt, Engelse ontbyt, kontinentale ontbyt

nagereg, dessert, poeding, basaarpoeding, kitspoeding, soetigheid, toekos (nagereg) (*ongewoon*), appelmoes, appelring, blanc-mange, doekpoeding, baklawa, gestoofde vrugte, compote, jellie, sjelei, selei, gelei (uitspr. sjelei), karamel, karamelpoeding, koekpoeding, koekstruif, trifle (*Engels*), struif, koekvla, room, roomys, draairoomys, sorbet, parfait, rolpoeding, roly-poly (*Engels*), ryspoeding, broodpoeding, doekpoeding, sagopoeding, sjokoladepoeding, souskluitjies, tapiokapoeding, vrugteslaai, pannekoek, crêpe, crêpe suzette, poffertjie, roompoffertjie

lekkergoed, lekkerny, happie, soethappie, bederfie (*informeel*), snoepgoed, snoepdingetjie, snoepery, soetgoed, soetigheid, lekker, lekkertjie, suiglekker, suikerklontjie, soetklontjie, suurklontjie, pepermint, pipperment, pepermentlekker, ouderlingsklontjie (*informeel*), leeslekker, suigstokkie, stokkielekker, lollie (*Engels*), bonbon, kougom, borrelgom, malvalekker, marsepein, mebos, fondant, noga, nouga, nougat, sjokolade, tjoklit (*Engels, informeel*), melksjokolade, likeursjokolade, sjokoladelekker, pralien, praline, fudge, paaseier, spookasem, ghoemahare (*lekties, soms kwetsend*), soethout, drop, droplekker, liekerisj (*Engels*), soethout, suikerappel, joep-joep, toffie, karamellekker, tameletjie, vrugtelekker, versuikerde vrugte, borssuiker, kierielekker (*lekties, informeel*), kandy, kandysuiker

konfyt, konfituur, konserf, jam, heelkonfyt, appelkooskonfyt, druiwekonfyt, korrelkonfyt, moskonfyt, frambooskonfyt, kafferwaatlemoenkonfyt (*uiters kwetsend en rassisties*), kafferwaterlemoenkonfyt (*uiters kwetsend en rassisties*), makataankonfyt, kweperkonfyt, lemoenkonfyt, marmelade, meboskonfyt, tjoutjoukonfyt, ..., heuning, stroop, gouestroop, lemoenstroop, framboosstroop

smeer, botter, grondboontjiebotter, pindakaas, toebroodjiesmeer, vissmeer, vleissmeer, lewersmeer, patee, lewerpatee, ganslewerpatee, pâté de foie gras, foie gras, vispatee, snoekpatee, viskuitpatee, taramasalata, tapenade, vleisekstrak, kaassmeer, perskesmeer, smeerperskes, appelkoossmeer

gebak 424, tuisgebak, fyngebak, brood 424, roosterbrood, roosterkoek, askoek, worsbroodjie, botterbroodjie, skon, muffin, beskuit, boer(e)beskuit, klinker (beskuit), beskuitjiebolletjie, mosbeskuit, mosbolletjie, karringmelkbeskuit, paasbolletjie, rosyntjiebrood, piesangbrood, makrol, makrolletjie, tempie, oliebol, doughnut (*Engels*), dounat (*Engels*), oliekoek, oblietjie, vetkoek, stormjaer, klinker (kluitjie), kluitjie, snysel; kleinkoekie, vormkoekie, koekie, plaatkoekie, flappertjie, soetkoekie, amandelkoekie, brownie, kol(le)wyntjie, koeksister, koesister, koesiester (*lekties*), bolla (*lekties*), botterkoekie, meringue, skuimpie, skuimkoekie, krakeling, brosbrood, Skotse brood, broskoek(ie), gemmerkoekie, spekulaas, klapperkoekie, dadelkoekie, dadelvinger, petit four, lamington, ystervarkie, Lamington, truffel, éclair; koek, roomkoek, korentekoek, vrugtekoek, krismiskoek, sponskoek, oondkoek, suikerbrood, peperkoek, krummelkoek, rolkoek, sandkoek, bruidskoek, troukoek, laagkoek, sjokoladekoek, lemoenkoek, wortelkoek, chiffonkoek; tert, roomtertjie, soesie, krummeltert, melktert, suikertertjie, skuimtertjie, meringuetert, framboostert, gemmertert, peperminttert, appeltert, brandewyntert, piesangtert, tipsietert (*Engels*), tipsytert (*Engels*), vlatert, ..., handtertjie; pannekoek, flensie, wafel, stroopwafel, poffertjie, roompoffertjie; deeg, koekdeeg, brooddeeg, suurdeeg, blaartertdeeg, kors, skilferkors, broskors, vulsel, tertvulsel, versiersel, versiersuiker

vrugte, tafelvrugte, eetvrugte, appel, appelkoos, appelliefie, appelliepie, pampelmoesie, pompe(l)moer(tjie) (*verouderd*), dadel, druif, tafeldruif, tafeldruiwe, uitvoerdruiwe, sultana, wyndruif, fronteljak, pontak, rieslingdruif, steendruif, chenin blanc, tros druiwe, natros, elandsvy, kafferwaterlemoen (*uiters kwetsend en rassisties*), kafferwaatlemoen (*uiters kwetsend en rassisties*), makataan, kiwi, kokosneut, korent, korint, kristaldruif, kruisbessie, kweper, lemoen, soetlemoen, nawel, nawellemoen, naellemoen, nartjie, pampelmoes, pompelmoes, suurlemoen, lemmetjie, pomelo, mandaryn, mango, veselperske, moerbei, murgpeer, noem-noem, noem-noembessie, papaja, peer, wurgpeer, persimmon, perske, piesang, pruim, suurpruim, tamatiepruim, pruimedant, pynappel, rosyn, rosyntjie, hanepootrosyn, spanspek, kanteloep, laloentjie, taaipit, taaipitperske, vy, suurvy, strandvy, waatlemoen

neut, grondboontjie, tokomana, dokomana, okkerneut, amandel, amandelneut, kasjoeneut, pekanneut

tradisionele gereg, tradisionele dis, tradisionele kos, Kaapse gereg, Maleise gereg, Kaaps-Maleise gereg, Italiaanse gereg, Griekse gereg, Mexikaanse gereg

Maleise gereg, nasi goreng, brijani, breyani, denningvleis, sabanangvleis, bobotie, pienang, wada, kerrie, Maleise kerrie, samoosa, roti, roeti, salomi

Italiaanse gereg, pasta, spaghetti, canneloni, lasagna, ..., pizza

Griekse gereg, moussaka, tsatsiki, tzatziki, souvlaki, spanakopita, saganaki, dolmadas, tsoureki, baklava, ...

Mexikaanse gereg, burritos, tortillas, chorizos, empanadas, enchilladas, nachos, tacos, doritos, guacamole, salsa, pita, pitabrood, ...

Portugese gereg, trinchado, espetada

b.nw. lekker, smullekker, aptytlik, heerlik, ryk, geil, vullend, jong, jonk, geposjeer(d), suikeragtig, ui(e)agtig, witagtig, tuisgemaak, tuisgebak

427. Drank

s.nw. drank, drinkgoed, ambrosia, ambrosyn, godedrank, nektar, nektar van die gode, laafdrank, laafnis; konkoksie, brousel; drankie, drinkding, dop (*informeel*), sopie, voggies (*informeel*), kap (*informeel*), ottermaklotter(tjie) (*lekties, informeel*)

koue drank, water, drinkwater, bronwater, spawater, koue water, yskaswater, yswater, mineraalwater, sodawater, spuitwater, suikerwater, koeldrank, gaskoeldrank, aanmaakkoeldrank, poeierkoeldrank, tuisgemaakte koeldrank, sportdrankie, energiedrankie, kola, koladrankie, lemoendrankie, kwas, lemoenkwas, limonade, gemmerlimonade, gemmerlim, gemmerbier, koringbier, sorbet, sap, vrugtesap, druiwesap, lemoensap, tamatiesap, smoothie (*Engels*), gladdejantjie, sjokoladedrankie, sjokolade, kakao, skommel, melkskommel, frappé, melk, koue melk, soetmelk, suurmelk, kalbasmelk, dikmelk, maas, karringmelk, klappermelk, droëmelk, ystee, yskoffie

warm drank, koffie, sawwelyf (*lekties, informeel*), 'n brandsel koffie, 'n treksel koffie, treksel, koffiepit, koffiesakkie, moer, koffiemoer, koffiewater, koffie-ekstrak, sigorei, kafeïen, kafeïne, koffieïen, koffieïne, sterk koffie, kitskoffie, poeierkoffie, moerkoffie, sakkiekoffie, boerekoffie, boeretroos, kafeïenvrye koffie, filterkoffie, espresso, espressokoffie, cappuccino, mokkakoffie, mokka, koringkoffie, tee, teeblare, sterk tee, flou tee, kasaterwater, tasaterwater, kamilletee, rooibostee, rooitee, rooi cappuccino, kruietee, heuningtee, chai, kookmelk, kakao; teepot, teesakkie, teesiffie, teewaentjie, koffiesakkie, koffiefilter, koffiepoeier, koffiekan, dompelkoffiepot, koffieperkoleerder

alkoholiese drank, alkohol, sterk drank, doringdraad, sopie, dop (*informeel*), doppie (*informeel*), snapsie (*informeel*), shooter (*informeel*), skopdop (*informeel*), aperitief, aptytwekker, lusmakertjie, opknappertjie, opwekkertjie, regmakertjie, kawa, skokiaan, mampoer, pons, grok, mengeldrank, skommeldrank; alkoholvrye drank

wyn, goeiewyn, edelwyn, jongwyn, tafelwyn, landgoedwyn, kelderwyn, veilingwyn, stookwyn, kromhoutsap, vrug van die wingerdstok, rooiwyn, rooi wyn, witwyn, wit wyn, droëwyn, droë wyn, dooswyn (*meestal skertsend*), grand cru, laatoeswyn, laatoes, edellaatoes, soetwyn, soet wyn, semisoetwyn, semisoet wyn, effesoetwyn, effesoet wyn, stein, steinwyn, rosé, klaret, bordeauxwyn, boergondiese wyn, retsina, mos, wynmos, vaaljapie, bessiewyn, appelwyn, sider, palmwyn, sjampanje, vonkelwyn, perlé, perléwyn, spritzer, skuimwyn, gefortifiseerde wyn, sjerrie, port, portwyn, dessertwyn, jerepigo, jerepiko, jeropigo, jeropiko, muskadel, rabatwyn; kultivar, wynkultivar, wyndruifkultivar, kultivarwyn, versnitwyn, alicante bouschet, bukettraube, cabernet franc, cabernet sauvignon, carignan, chardonnay, chenel, chenin blanc, steen, cinsaut, clairette blanche, clarette, clairette, petit blanc, colombar(d), gamay noir, gewürztraminer, grenache noir, hárslevelü, kerner, malbec, merlot, merlot noir, muscat d'alexandrie, muscat ottonel, muskadel, palomino, fransdruif, pinot noir, pinotage, pontak, raisin blanc, riesling, sauvignon blanc, blanc fumé, raisin blanc, sémillon, groendruif, shiraz, sultana, Tinta Barocca, Tinta das Baroccas, weisser riesling, Rhein riesling, Rheinriesling, Ryn riesling, Ryn-riesling, zinfandel, chianti; bokswyn, dooswyn, papsak; wyngeur, wynsmaak, boeket, neus

spiritualieë, sterk drank, hardehout, geraaswater (*skertsend*), raaswater (*skertsend*), lawaaiwater (*skertsend*), tiermelk (*skertsend*), versterkwater (*skertsend*), skokiaan, spiritus, konjak, brandewyn, branna(s) (*informeel*), arak, rabatbrandewyn, boegoebrandewyn, gemmerbrandewyn, kruiebrandewyn, naeltjiebrandewyn, kersiebrandewyn, rysbrandewyn, likeurbrandewyn, likeur, pepermentlikeur, kersielikeur, kirschwasser, whisk(e)y, snaps, jenewer, absint, advokaat, alantswyn, blits, witblits, vodka, wodka, rietblits, rietspiritus, tequila, absint, ryswyn, saki, rum,

daiquiri, piña colada, sake, saki, vermoet, margarita, skemerkelkie

bier, tapbier, lagerbier, pilsener, pils, moutbier, boetiekbier, vakmanbier, vlytbier, trappistebier, monnikebier, abdybier, moutdrank, moutekstrak, garsbier, hopbier, swartbier, stout (*Engels*), kruiebier, koringbier, sorghumbier, tjwala, kafferbier (*uiters kwetsend en rassisties*), sjimiaan; sespak

b.nw. alkoholies, beleë, drinkbaar, dronk, dronkerig, geesryk; droog, semi-soet, soet, brut, demi-sec, sec, vrugtig, volrond; alkoholvry

ww. maak, tee maak, koffie maak, koffie brand, maal, filtreer, skink, drink, suip, 'n kappie maak (*informeel*), 'n dop steek (*informeel*); gis, fermenteer, skuim

428. Drankbereiding

s.nw. bereiding, wynbereiding, wynmakery, alkohol, alkoholinhoud, alkoholgisting, parstyd, parskuip, druiweoes, gisting, fermentasie, gistingsproses, gis, moutery, ferment, gismiddel, gissel, karie, karrie, kariemoer, droesem, wynsteen, bottelering, veroudering, versnyding, beleënheid, rektifisering, distillering

wynkelder, koöperatiewe kelder, stokery, distilleerdery, brouery, bierbrouery, moutery, jenewerbrandery, bottelary, botteleringsaanleg

giskuip, kuip, gisbalie, gistenk, wynvat, biervat, brandewynvat, houtvat, wynkuip, tenk, wyntenk, staaltenk, wynpomp, brouketel, stookketel; kuipery, kuiper

drankhouer, bottel, koeldrankbottel, wynbottel, bierbottel, ..., wynfles, wynkraffie, wynkan, papsak

drankhandel, drankverkope, drankwinkel, wynkelder, wynwinkel, wynboetiek, drankhandelaar

wynmaker, keldermeester, wynkoper, wynproewer, wynhandelaar, distilleerder, stoker, brouer, bierbrouer, broumeester, bierhandelaar, botteleerder, bottelaar, garagiste, ondernemerswynmaker

ww. fortifiseer (wyn), gis, fermenteer, verouder, versny, rektifiseer, stook, distilleer, botteleer, brou, bier brou, jenewer brand

429. Eetplek, kroeg

s.nw. eetplek, restourant, restaurant, à la

carte-restourant, à la carte restaurant, braairestourant, braairestaurant, steak-eetplek (*Engels*), steakrestourant (*Engels*), steakrestaurant (*Engels*), seekosrestourant, seekosrestaurant, pizzeria, pizzaplek, trattoria, café-chantant, wegneemrestourant, wegneemrestaurant, kitskosrestourant, kitskosrestaurant, selfbedieningsrestourant, selfbedieningsrestaurant, eetkamer, eetsaal, kafee, padkafee, padstal, ruskamer, tingeltangel, kafeteria, teekamer, teetuin, koffiehuis, koffiekroeg, bistro, melkkafee, melksalon, sopkombuis, verversingsdiens, verversingswa; onthaalplek, onthaalkamer, markee, markeetent, markies, markiestent

hotel, vyfsterhotel, tweederangse hotel, gastehuis, herberg, dorpsherberg, losieshuis, losiesplek, koshuis, pension, karavanserai

kroeg, drinkplek, dameskroeg, matrooskroeg, kantien, taphuis, tapkamer, tappery, taverne, bierkroeg, biertuin, bierhuis, bodega, sluikkroeg, nagklub, sjebeen, sjebien, smokkelkroeg

hotelier, hotelbaas, hoteleienaar, herbergier, waard (*ongewoon*), restourateur, restaurateur, kafee-eienaar, kafee-eienares, kastelein, kroegbaas, kroegman, sommelier, barista, kelner, hoofkelner, wynkelner, maître d'hotel, kelnerin, kroegmeisie, skinker, uitsmyter

ww. eet, uiteet, dineer, konsumeer

430. Rook
s.nw. **rook**, tabakrook, twakrook, sigaretrook, sigaarrook, as, sigaretas, rookverbod
roker, sigaretroker, sigaarroker, pyproker, kettingroker, stoker, daggaroker, stoker, nie-roker, rokery, rookkamer
rookgoed, tabak, twak, stop, stopsel, tabaksap, nikotine, nikotien, pyptabak, winddroogtabak, blaartabak, kerftabak, boertabak, manilla, virginiese tabak, kanaster (tabak), roltabak, roltwak, rol, tabakrol, pruimtabak, pruimtwak, pruimpie, tabakpruimpie, dagga, rooidagga, pyp, langsteelpyp, kromsteelpyp, meerskuimpyp, kalbaspyp, vredespyp, kalumet (vredespyp), steel, pypsteel, pypkop, pypdoppie, pypdeursteker, tabaksak(kie), twaksak(kie), domper, filter, mondstuk, sigaret,

filtersigaret, skuif, skuifie, skyf, trek, stompie, sigaretstompie, toppie, topper, toppertjie, entjie (*lekties*), sigaretentjie (*lekties*), zol (*informeel*), daggazol (*informeel*), daggasigaret, nikotienstafie, doodskisspyker, gifpyl, sigaretaansteker, seroet, sigaar, sigarello, sigaaras, sigaardamp, sigaarkissie, pypolie, snuif, snuiftabak, snuifie, snuifdoos

tabakteelt, tabakboer, tabakfabriek, tabakland, tabakoes, tabakpapier, tabakpers, tabakplanter, tabakpot, tabaksaad, tabakwater

ww. rook, damp, 'n dampie slaan, uitrook, deurrook, aansteek, opsteek, trek, intrek, ringetjies blaas, as aftik, pruim, kou, snuif, snuiwe, suiwer

uitdr. aan 'n pyp trek; van jou mond 'n skoorsteen maak

C. EIENSKAPPE VAN DIE STOF
a. Dimensie
431. Afmeting
s.nw. afmeting, maat 123, mate, maateenheid 123, standaardmaat, middelmaat, tripelmaat, halfmaat, driekwartsmaat, grootte, lengte, lengtemaat, breedte, breedtemaat, diepte, dieptemaat, hoogte, hoogtemaat, vlaktemaat, oppervlaktemaat, ruimtemaat, kubieke maat, inhoudsmaat, proporsie, omvang, graad, verhouding, spesifikasie, formaat, sakformaat, folioformaat, ..., dimensie, eerste dimensie, tweede dimensie, derde dimensie, vierde dimensie, vyfde dimensie; dimensieformule, dimensievergelyking, dimensiebepaling, dimensieteorie

b.nw. groot 432, klein 433, hoog 436, laag 437, diep 437, vlak 437, ruimtelik, dimensioneel, dimensionaal, eendimensioneel, eendimensionaal, tweedimensioneel, tweedimensionaal, driedimensioneel, driedimensionaal, ..., proporsioneel, van bepaalde omvang, dimensieloos, gedronge, ongelykvormig, middelmatig, middelgroot, halflank, ..., nommerpas

ww. meet, afmeet, dimensioneer
woorddeel middel-, half-, halfslag-, -dimensioneel, -dimensionaal

432. Groot
b.nw. **groot**, groterig, middelgroot, lewens-

groot, ekstragroot, oorgroot, wondergroot, lywig 434, omvangryk, rojaal, enorm, yslik, tamaai, reusagtig, kolossaal, massaal, massief, giganties, siklopies, geweldig, ontsaglik, allemagtig, monumentaal, astronomies, makroskopies, immens, allemintig, moers (*plat*), ghoem (*lekties*), ghoema (*lekties*), titanies, mateloos, grenseloos, grensloos, grondeloos, stewig, solied, stoer, swaar, swaargebou, groot van gestalte, bonkig, grof, struis (*ongewoon*), grootskaals, grootskeeps, adellik, hiperbolies, hipertrofies, toenemend, voldrae
lank, lang, ellelank, ellelang, langerig, lank en skraal, gestrek, verleng(de), langwerpig, lank-uit, slank, rank, slungelagtig, rysig, opgeskote, uitgestrek
volwasse, uitgegroei, uitgevreet, volgroei(d), opgeskote, mondig, meerderjarig
s.nw. grootte, grootheid, omvang, omvangrykheid, yslikheid, reusagtigheid, massiwiteit, massaliteit, enormiteit, immensiteit, formaat, rojaliteit, soliditeit, grofheid, swaarte, stewigheid
lengte, armlengte, beenlengte, koplengte, slaglengte, voorlengte, ..., verlenging, slungel, hemelbesem
toename, toeneming, vergroting, vermeerdering, opbou, ontwikkeling, groei, groeikrag, rypwording, uitsetting, dilatasie, verdubbeling, kwantumsprong; vergrootglas, vergroter
volwassenheid, volwassene, wasdom, volgroeidheid, uitgegroeidheid, opgeskootheid, voldraenheid, volheid, voorlikheid (*lekties*)
('n) grootte, bakbees, bees, 'n bees van 'n ding, 'n bees van man, ..., reus, reusegestalte, kolos, kolossus, titan, berg, homp, knewel, knikker, knul, bielie, gevaarte
bw. op groot skaal, in groot maat
ww. groot wees, groot word, groei, opgroei, uitgroei, ontgroei, opkom, opskiet, ontwikkel, toeneem, vermeerder, verdubbel, uitbrei, uitdy, uitsit
vergroot, vermeerder, ontwikkel, opbou
lank wees, uitsteek, uitstaan, lank word, rek, uitrek, strek, uitstrek
verleng, rek, uitrek
woorddeel aller-, lengte-, makro-, maksi-, hiper-, olifants-
uitdr. so groot soos 'n reus; 'n hemelbesem; jou volle wasdom bereik; die kinderskoene uittrek; dit is so lank as wat dit breed is

433. Klein
b.nw. klein, piepklein, atomies, atomies klein, gering, onbeduidend, minimaal, miniskuul, miniem, diminutief, mikroskopies, infinitesimaal, miniatuur, halfwas, dwergagtig, lilliputterig, knap, beknop, delikaat, fyn, nietig, petieterig, beteuter(d), tingerig, tengerig, skraps, verpot, triets(er)ig, bevange, rudimentêr, agterlik, bekrompe, teer, onontwikkeld, onderontwikkeld
onvolwasse, jonk, jeugdig, onvolgroeid, klein van gestalte
kort, korterig, skraps, halflank, bukserig, dwergagtig, piknies, kort van gestalte, kortgat
s.nw. kleinheid, miniatuur, sakformaat, petieterigheid, tingerigheid, tengerigheid, fynheid, verpotheid, onbeduidendheid, triets(e)righeid, knapheid, beknoptheid, nanisme, kleinigheid, nietigheid, agterlikheid, bekrompenheid, onontwikkeldheid, onderontwikkeldheid, onderontwikkeling, onvolwassenheid, jeugdigheid, onvolgroeidheid
kortheid
afname, verkleining, verkorting, inkrimping, vermindering, inkorting, sametrekking, reduksie, afbou
kleintjie, atoom, diminutief, dwerg, dwergmannetjie, dwerggras, dwergsoort, pikkie, stoftrappertjie, stofpoepertjie (*informeel*), stompie, stompstert, tjokker, veergewig, spikkel, duimpie, klein duimpie, kortgat
ww. verklein, verkort, afkort, krimp, inkrimp, ineenkrimp, terugkrimp, verkrimp, saamtrek, slink, verdwerg, verkwyn, reduseer, afbou, besnoei
woorddeel baba-, mikro-, miniatuur-, mini-
uitdr. klein van persoon, maar groot van patroon; klein, maar getrain (*Engels, lekties*); iets kort en klein slaan; hardloop dat jy klein word

434. Breed
b.nw. breed, hemelsbreed, vingerbreed, voetbreed, wyd, uitgestrek, wyd uitgestrek, groot, uitgebrei(d), versprei, ruim

dik, dikkerig, vuisdik, vuistedik, vingerdik, volumineus, geswel, opgeswel, geswolle, dik geswel, opgehewe, geset, vet, vetterig, vetsugtig, korpulent, oorgewig, lywig, swaarlywig, diklywig, swaar van lyf, groot, groot van postuur, swaar 452, fris, lomp, plomp, vol van lyf, vol van figuur, breed gebou, breed in die lyf, bonkig, dikbuikig, gevul(d), rond en vet, moddervet, rond, mollig, vlesig

versprei(d), uitgestrooi, uitgesprei(d), uitgestrek

s.nw. breedte, duimbreedte, handbreedte, voetbreedte, skouerbreedte, padbreedte, baanbreedte, ..., breedheid, wydte, wydheid, ruimte, ruimheid, omvang, omtrek, ekstensie

dikte, draaddikte, dikheid, gesetheid, diklywigheid, swaarlywigheid, geswollenheid, vlesigheid, gevuldheid, dikmaag, diknek, dikpens, vet, vetsugtigheid, vettigheid, dikvet, pensvet, jeugvet, babavet, vetsug, korpulensie; dikkerd, diksak, dikgat (*plat*), vettie, vetsak, vetgat (*plat*), vaatjie, potjierol, pokkel, pokkeltjie

verbreding, verdikking, swelling, dilatasie, verwyding, verruiming; verspreiding, uitspreiding, uitstrooiing, uitkringeffek

bw. in die breedte, wawyd

ww. verbreed, verdik, verwyd, dilateer, opblaas, oppomp, uitrek

dik word, swel, vet word, stoel, uitstoel, uitsit, vervet, gewig aansit, gewig optel, jou aan die vet oorgee

versprei, sprei, uitsprei, uitkring, uitstrek, uitstrooi

uitdr. so vet soos 'n vark; 'n potjierol wees; vol van lyf wees; dit is net so breed as wat dit lank is; iets breed uitmeet; die breë weg bewandel; dik die duiwel/josie in wees; dik wees vir iemand; dik met mekaar wees

435. Smal
b.nw. smal, smallerig, nou, eng, knap, beknop, beperk, klein, knellend, beknel, beknellend, beklem, beklemmend, kloustrofobies

dun, dunnerig, dunnetjies, plankdun, vingerdun, papierdun, fyn, ragfyn, haarfyn, draderig, spigtig (*ongewoon*), dungeslyt, plat 72, platterig

maer, dun, lank, halflank, lenig, liertig, skraal, rietskraal, plankdun, rank, slank, lank en skraal, lank en lenig, slungelagtig, hongerdun, benerig, brandmaer, uitgeteer, uitgehonger(d), vervalle, tenger, tinger, tengerig, tingerig, seningrig

s.nw. smalte, smalheid, noute, nouheid, beknoptheid, engte, bottelnek; verenging, vernouing

dunheid, dunte, haarbreedte, draad, reep, tou, lyn, sliert, blaadjie, blad; verdunning

maerheid, slankheid, lenigheid, skraalte, skraalheid, tingerigheid, tengerigheid, soepelheid, seningrigheid, vervallenheid, uittering, vermaering, maer mens, maergat (*plat*), slangmens, slungel, skarminkel, speekbeen, spilbene, spook, geraamte, spykerbene, spykerbeentjies, tinktinkie, perdebylyfie; verslankingsmiddel, vermaeringsmiddel

ww. verdun, afdun, krimp, vernou, vereng, vermaer, uitteer, afval (maer word), wegkwyn

uitdr. daar sleg uitsien; net vel en been wees; soos 'n gees lyk; 'n wandelende geraamte; so dun soos 'n riet, so maer soos 'n riet; so maer soos 'n graat; so plat soos 'n pannekoek

436. Hoog
b.nw. hoog, kniehoog, skouerhoog, vensterhoog, dakhoog, toringhoog, hemelhoog, allerhoogs, helshoog, hoogliggend, verhewe, halfverhewe, groot 432, groterig, hooggaande, opgeskote 432

s.nw. hoogte, grondhoogte, hoogte bo seespieël, verhewen(d)heid, reliëf, menshoogte, ooghoogte, borshoogte, kophoogte, skouerhoogte, menshoogte, vensterhoogte, dakhoogte, klimming, hoogtelyn, vryhoogte, verhoging, bokerf, grootte 432, lengte 432, klimaks 622, niveau 588

hoë plek, hoogte, verhoging, verhewen(d)heid, verdieping, boonste verdieping, boonste vloer, dak, hoogste punt, bopunt, toppunt, steilte, bult 277, opdraand, steil opdraand, skerp opdraand, steil afdraand, skerp afdraand, helling, steil helling, skerp helling, afgrond, berg 277, bergspits, bergkruin, heuwelkruin, plato 277

bw. in die hoogte, hoër op, op kniehoogte, ..., boontoe, opwaarts, bo-op

ww. reik, uittroon, toring, tot aan die hemel

reik, die hoogte in skiet; verhoog, oprig
voors. op, bo-op
woorddeel hoog-, maksi-, rekord-
uitdr. tot aan die hemel reik; hoog gevlieg en laag geval; hoog en laag sweer; dit kan nie hoër of laer nie; hoog in die takke wees; te hoog vlieg

437. Laag
b.nw. laag, kort, plat 72, platterig, laaggeleë, laagliggend, onderaards
   diep, enkeldiep, kniediep, onderwater, ondergronds, grondeloos, peilloos
   vlak, ondiep, plat 72
s.nw. laagheid, laagte, diepte, vaardiepte, boordiepte, ondiepte, vlakheid, vlakte; verlaging
   laagtepunt, laagste punt, onderste punt, nadir; laagte, leegte, laagtetjie, insinking, vlakte, dal, vallei, grond, diepte, kom, kuil, afgrond, ravyn, kolk, verlaging, grondversakking, sinkdal
bw. grondlangs, langs die grond, op die grond, op die vloer, op grondvlak, op vloervlak, op die bodem, ver benede, ondertoe, afwaarts, naby die grond, naby die aarde, naby die oppervlak
ww. laag word, diep word, dieper word, insink, reik, sak, afsak, uitsak, uitvlak; verlaag, verdiep, uitdiep

438. Vorm
s.nw. vormlikheid, vorm, vormvastheid, fatsoen, gedaante, figuur, gestalte, gestaltenis, postuur, formaat, groot formaat, klein formaat, sakformaat, tafelformaat, folioformaat, kwartoformaat, ..., konfigurasie, struktuur, raamwerk, model, ontwerp, grondvorm, oervorm, argetipe, prototipe, matriks, tussenvorm, mutant, modulus, stelsel, gestel, profiel, meervormigheid, allomorfie, dimorfisme, welgevormdheid, welgeskapenheid, vormverskil, morfologie; vorming, vormgewing, skepping, modellering, afgietsel, fatsoenering, formattering, konfigurasie, formering, formasie, vormbaarheid, mutasie, vervorming, wanvorming, deformasie, formalisme; vormverandering, vormwisseling, metamorfose, gedaanteverwisseling, gedaanteverandering, gedaanteverskuiwing, transformasie, omvorming, omskepping, omsetting, herskepping, verandering, mutasie, permutasie, struktuurwysiging; blaarvorm, boogvorm, deltavorm, druppelvorm, hartvorm, kelkvorm, koepelvorm, kristalvorm, naaldvorm, niervorm, peervorm, pylvorm, ringvorm, roostervorm, ruitvorm, s-vorm, u-vorm, ..., saagvorm, sekelvorm, sirkelvorm, skildvorm, skulpvorm, skyfvorm, spiesvorm, stervorm, swaardvorm, tolvorm, tuitvorm, volvorm, waaiervorm, wigvorm, ...; formalisme, formalis
   vormloosheid, misvormdheid, wanvorm, wanvormigheid, wanstaltigheid, wangeskapenheid, wanverhouding
b.nw. gevorm(d), gefatsoeneer(d), vormbaar, vormend, vormlik, vormvas, morfologies, gelykvormig, eenders, eenvormig, blaarvormig, boogvormig, deltavormig, druppelvormig, hartvormig, kelkvormig, koepelvormig, kristalvormig, naaldvormig, niervormig, peervormig, pylvormig, ringvormig, roostervormig, ruitvormig, s-vormig, u-vormig, ..., saagvormig, sekelvormig, sirkelvormig, skildvormig, skulpvormig, igtiomorf, skyfvormig, spiesvormig, stervormig, swaardvormig, tolvormig, tuitvormig, volvormig, waaiervormig, wigvormig, meervormig, veelvormig, pluriform, allomorf, dimorf, drievormig, formeel, geskulp, haploïed, oblaat, saggitaal, sakkerig, struktureel, uiterlik, vormloos, amorf, welgevorm(d), welgeskape; formalisties
   vormloos, misvorm(d), wangevorm(d), wanvormig, wanstaltig, wanskapig, wangeskape
ww. vorm kry, vorm aanneem, 'n gedaante aanneem, gestalte kry, verander, van vorm verander, van gedaante verander, kristalliseer, uitkristalliseer; vorm, formeer, vorm gee, gestalte gee, formaliseer, skep, maak, voortbring, saamstel, bou, struktureer, konstrueer, fatsoeneer, ontwerp, modelleer, formateer, konfigureer, slyp, skaaf, giet, afgiet, 'n afgietsel maak; vervorm, deformeer, misvorm
woorddeel -vorm, -vormig

439. Punt
b.nw. puntig, gepunt, skerpgepunt, tweepuntig, driepuntig, ..., skerp 440, naald-

skerp, naaldvormig, spits, spitslopend, gespits, stekelig, stekelrig, gestekel(d), doringrig, doringagtig, getand, spiesvormig, spigtig (*ongewoon*), tolvormig, wigvormig, haaks, kantig

s.nw. punt, skerp punt, tip, tippie, top, toppunt, skerpte, stekel, gestekeldheid, horing, pen, doring, lemoendoring, pendoring, spiespunt, speerpunt, boorpunt, skêrpunt, naaldpunt, tongpunt, skedelpunt, rotspunt, piek, bergpiek, spits, bergspits, spitsheid, tand, tandestokkie, tandestoker, tanding, wig; penetrasie

stippel, stip, stippie, punt, dubbelpunt, kommapunt, nodus, snypunt, raakpunt, knooppunt, hoekpunt, kruispunt, aanrakingspunt, trefpunt

ww. punt, spits, stippel, stulp, uittand, haaks maak, skerp maak

440. Skerp
b.nw. skerp, skerperig, vlymskerp, naaldskerp, messkerp, skerpkantig, skerphoekig, puntig 439, gespits, naaldvormig, getand, snydend, skerpsnydend, tweesnydend, skerpgemaak, stekelrig, stekelig, swaardvormig, saggitaal

s.nw. skerpte, skerpheid, puntigheid, stekelrigheid

slypery, slypmeul, slypwiel, slypsteen, slypplank, slypbank, slyppoeier, slypsel, strykriem, wetsteen

ww. skerp wees, sny; skerpmaak, afslyp, opskerp, slyp, wet (*ongewoon*)

uitdr. dis 'n tweesnydende swaard

441. Stomp
b.nw. stomp, onskerp, stoets (*verouderd*); stroef, versuf, insulêr

s.nw. stompheid, versuftheid

ww. stomp maak, verstomp, versuf

442. Lyn
b.nw. lynvormig, lineêr, gelyn, belyn(d), gelinieer(d), ongelinieer(d), gestreep, streperig, afgekant, geaar, draadvormig, straalvormig

s.nw. lyn, vaste lyn, krom lyn, stippellyn, gebroke lyn, haarlyn, kantlyn, grondlyn, hoogtelyn, hoogwaterlyn, laagwaterlyn, kontoerlyn, kuslyn, buitelyn, boeglyn, booglyn, loglyn, raaklyn, puntlyn, mediaanlyn, nodus, snypunt, grenslyn, grens, skeidslyn, kleurlyn, kleurskeidslyn, belyning, liniëring, haal, streep, potloodstreep, inkstreep, pennestreep, aandagstreep, nulstreep, boulstreep, eindstreep, wenstreep, ligstreep, maatstreep, parkeerstreep, stopstreep, rangstreep, stofstreep, gestreeptheid, string, strook, smal strook, riem, reep, band, straal, draad, staaf, steng, spriet, pyp, draadvorm

bw. in lyn

ww. 'n lyn trek, belyn, linieer, streep, 'n streep trek, 'n streep maak, onderstreep, deurstreep, afkant, op een lyn bring, in lyn bring, omlyn

uitdr. iewers 'n lyn trek (die grense bepaal); 'n lyn in die sand trek; tussen die lyne lees

443. Reglynig
b.nw. reglynig, reg, lynreg, regop, penregop, kersregop, kiertsregop, orent, penorent, reguit, pylreguit, ongebuig, ongeboë, haaks, reghoekig, gelyk, loodreg, regstreeks, steil, strak

s.nw. lyn 139, reguit lyn, loodlyn, riglyn, reglynigheid, steilte, steilheid

liniaal, meetstok, meetlood, paslood, righoek, rigsnoer, rigstok, righout, skietlood, reghoek, winkelhaak, waterpas

bw. reguit, pylreguit, reëlreg

ww. reguit wees, haaks wees, reguit maak, reguit trek, rig, roei, regop staan maak

uitdr. so reg soos 'n roer

444. Krom
b.nw. krom, gekrom, sikloïed, krommerig, kromlynig, kromgetrek, gebuig, geboë, skeefgebuig, omgebuig, boogvormig, gewelf(d), skeef, windskeef, skeefgetrek, skeefgebuig, skeeflopend, skeefgroeiend, gedraai, verdraai(d), bakbogtig, gegolf, gekrul, ineengekrul, krullerig, sekelvormig, kronkelrig, kronkelagtig, s-vormig, sigsag, verwring, verwronge, skuins, hellend, oorgehel, gebuk, gebukkend, gebroke, verpot

s.nw. kromheid, kromming, kromte, krom lyn, kromme, kronkel, kronkeling, sigsaglyn, krul, kartel, karteling, kartellyn, boog, sirkelboog, gewelf, sirkel, kwartsirkel, kwadrant, halfsirkel, halfrond, kurwe, meander, bog, draai, U-draai, haar-

naalddraai, S-draai, gansnek, haakplek, knoes, knoets, sekelnek, sekelstert, hoefyster, elmboog, kurktrekker, sikloïde, slingerlyn, spiraal, spiraallyn, verbuiging, verkromming, verwringing, verwrongenheid
bw. kwing-kwang
ww. krom word, krom loop, ineenloop, krom sit, krom, krom maak, kromtrek, ..., buig, ombuig, afbuig, deurbuig, bak, baktrek, verwring, deklineer, knik, krink, krinkel, kronkel, krul, kartel, spiraal, buk, neerbuk, neig, nyg, omlê, hel, oorhel, ontspan, slinger, swiep, verspring; krom maak, skeef trek, buig, afbuig, skeef buig, ombuig, oorbuig, verbuig, krom buig, verwring

445. Oppervlak
b.nw. oppervlakkig, vlak, vlakkig, bolangs, vlakkerig, uitwendig, plat
s.nw. **oppervlak**, oppervlakte, aardoppervlak(te), grondoppervlak(te), vlak, area, buitenste vlak, boonste vlak, bokant, buitekant, sy, sykant, syvlak, grondvlak, watervlak, wateroppervlakte, waterspieël, heksaëder, keëlvlak, blad, spieël, spieëlvlak, oppervlakgrootte, grootte van die oppervlak, waterpas; gladde oppervlak, growwe oppervlak
area, oppervlak(te), gelykte, vlakte, grasvlakte, veld, grasveld, sportveld, ruimte, plein, voorplein, binneplein, dorpsplein, esplanade, piazza, meent, dorpsmeent, mark, dorpstuin
bw. op die oppervlak, aan die oppervlak, onder die oppervlak
ww. op die oppervlak verskyn, plat, afplat, platmaak, platdruk, platslaan, gelykmaak

446. Rond
b.nw. **rond**, gerond, volrond, koeëlrond, halfrond, kwartrond, sirkelvormig, sirkelrond, ovaal, ellipties, ellipsvormig, ringvormig, kringvormig, gekring, omkring, skyfvormig, wielvormig, vol, roosvormig, stervormig, waaiervormig; bolrond, bolvormig, gebal, sfeervormig, sferies, sferoïdaal, hemisferies, hemisferoïdaal, koeëlrond; silindervormig, silindries
bol, bolrond, bolhol, konveks, bikonveks, antiklinaal, gebult, bultagtig, bulterig, gestulp, koepelvormig, bobbelagtig, bobbelrig, sferoïdaal, rond, koeëlrond, gerond, gepof, pofferig, opgepof
holrond, hol, holbol, konkaaf, bikonkaaf, sinklinaal, konveks-konkaaf, gesonke, tregtervormig, geduik, ingeduik, gegleuf, gegroef, bekervormig, komvormig
s.nw. **rondheid**, ronding; sirkel 82, 444, sirkelvorm, kring, ring, skyf, halfrond, hoepel, kreng, laer, sfeer, sferoïde, sferoïed, wiel, fietswiel, motorwiel, ..., wawiel, waband, carrousel; ronde voorwerp, bal, krieketbal, netbalbal, tennisbal, ..., ballon, hemelbol, globe, blaas, blasie
bolrondheid, bobbel, bog, boggel, bol, dubbelbol, boog, sirkelboog, hemisfeer, hobbeltjie, knop, koepel, konveksiteit, uitstulping, pof
holrondheid, holte, gat, bak, dubbelhol, konkawiteit, duik, groef, kannelure, keep, kerf, kiel, kinkhoring, knikspoor, kom, kommetjie, laagtetjie, voor, put, kuil, dam
ww. **rond**, rond maak, afrond, bal, kring, omkring
bol, bal, bult, uitbult, bult maak, bobbel, hobbel, uitpeul, uitpuil, uitstulp, pof, uitpof, oppof, uitdruk
bak, bol, duik, 'n duik maak, induik, indeuk, indruk, sink, insink, versink, groef, kanneleer, keep, inkeep, skulp, uithol, uitklop, boor, uitboor, uitspoel

447. Hoekig
b.nw. hoekig, skerphoekig, oksigonaal, reghoekig, haaks 443, ortogonaal, skuinshoekig, veelhoekig, poligonaal, driehoekig, vierhoekig, vyfhoekig, pentagonaal, seshoekig, heksagonaal, sewehoekig, heptagonaal, ag(t)hoekig, oktogonaal, kantig, veelkantig, driekantig, vierkantig, vyfkantig, seskantig, heksaëdries, sewekantig, vyfpuntig, sespuntig, ..., deltavormig, ruitvormig, stervormig, skerp
s.nw. hoek, hoekigheid, reghoek, skerphoek, skuinshoek, veelhoek, driehoek, vierhoek, vyfhoek, pentagoon, seshoek, heksagoon, sewehoek, heptagoon, ag(t)hoek, oktogoon, dekagoon, veelvlak, veelkant, sesvlak, seskant, heksaëder, heptaëder, heptagram, ruit, delta, ster

448. Gelyk
b.nw. gelyk, vlak, plat, ongekreukel, kreu-

kelvry, ongerimpel, rimpelloos, afgerond, effe, glad, spieëlglad, seepglad, botterglad, egalig, egaal, glibberig, reg, satynagtig, gepolitoer, gepoleer, gepolys (*verouderd*), vergroot, vergrotende
s.nw. **gelykheid**, gladheid, gladdigheid, glibberigheid, tekstuur
skaaf 316, frees, freesmasjien, glansmasjien, kalander, roller, vyl, rasper, poleerder, poleermasjien, puimsteen
bw. gelykweg
ww. gelykmaak, gelykrol, gelykstamp, gelykstoot, skaaf, beskaaf, beskawe, gelykskaaf, platvee, platstryk, platslaan, gladmaak, stryk, gladstryk, bestryk, uitstryk, skraap, gladskraap, afskraap, gladvee, gladvryf, gladrol, platrol, uitrol, afstryk, afvlak, poleer, polys (*verouderd*), slyp, gladslyp, vyl, gladvyl, rasper, skuur, gladskuur

449. Ongelyk
b.nw. ongelyk, oneffe, onegaal, onegalig, grof, rof, ru, skurf, skurwerig, greinerig, korrelig, korrelrig, beplooi(d), kartelend, gekartel, kartelrig, riffelrig, rimpelig, rimpelrig, verrimpel(d), geriffel(d), gerimpel(d), gerib(d), hobbelrig, hobbelagtig, knopperig, draderig, gebult, rou, ruig, wollerig
s.nw. ongelykheid, onegaligheid, oneffenheid, greinerig, greinerigheid, grofheid, growwigheid, ruheid, skurfheid, skurfte, skurwigheid, korrel, korrelrigheid, kors, nodus, raal, beplooidheid, kartel, karteling, ribbel, riffel, riffeling, riffelrigheid, plooi, rimpel, rimpeling, verrimpeldheid, verrimpeling, tekstuur, voor, vou, kreukel
ww. ongelyk maak, kors, bekors, greineer, hobbel, kantel, kartel, korrels vorm, riffel, ribbel, rimpel, verrimpel, plooi, kreukel

450. Volume
b.nw. volumeus, volumetries, ruimtelik, kubiek
s.nw. volume, inhoud, kubieke inhoud, inhoudsruimte, omvang, kapasiteit, ruimte, afgeslote ruimte, volumeverandering, volume-eenheid, kubieke maat

b. Natuurkundige eienskappe
451. Lig
b.nw. **lig**, veerlig, liggewig, ondergewig, gewigloos; gering
maer 435, lig, dun, slank, fyn, ondergewig, anoreksies
gering, lig, maklik
s.nw. **ligtheid**, ondergewig, gewigsverlies, gewigsvermindering, ontlading
maerheid, fynheid, slankheid; verslanking, verslankingsdieet, verslankingskuur
ww. **lig weeg**, min weeg; lig maak, verlig, verslankingsmiddel, ontlaai, aflaai, die las verlig
maer word, maer maak, vermaer, verslank
uitdr. so lig soos 'n veertjie

452. Swaar
b.nw. **swaar**, gewigtig, loodswaar, topswaar, ondraagbaar, solied, gelaai, swaar gelaai, belas, swaar belas, oorbelaai, hiperbaries
swaarlywig, swaar, dik 104, log, lomp, lywig, oorgewig, gedamasseer(d), fris, grof, vet 434, groot 432, stewig
lastig, moeilik 654, belas
s.nw. **swaarte**, belasting, wielbelasting, gewig 124, ondergewig, oorgewig, ewewig, teenwig, bruto gewig, netto gewig, massa, tarra, soliditeit, soortlike gewig, druk, lugdruk, swaartekrag
swaarlywigheid, oorgewig, logheid, lompheid, lywigheid, grofheid; swaar persoon, grote, dikke, dikkerd, vettie, soustannie, pokkel
las, belasting, oorbelasting, lading, belading, oorlading, vrag, spoorvrag, lugvrag, wavrag, oorbagasie, oor(gewig)bagasie; vraghantering, laaivermoë, draagriem, drariem, laaibok, laaikraan, laaimasjien, laaiplank, laaisteier, laaiplek, laaiplatform, laaihawe
lastigheid, las, swarigheid, moeilikheid
ww. swaar wees, gewigtig wees, deursak, weeg, laai, oorlaai, oplaai, belaai, belas, oorbelas, beswaar, bevrag
uitdr. so swaar soos lood; wat die swaarste is, moet die swaarste weeg

453. Dig
b.nw. **dig**, gedronge, gekonsentreer(d),

kompak, saamgepers, geklem, beklem, gepak, konsistent, koherent, ruig, toegegroei, digbegroei

toe 178, bot toe, pottoe, dig, potdig, toegemaak, gesluit, gegrendel, ondeurganklik, ondeurdringbaar, waterdig, waterwerend, reëndig, klankdig, geluiddig, lugdig, stofdig, rookdig, branddig, stoomdig, bedek 161

s.nw. **digtheid**, densiteit, vastheid, vastigheid, kompaktheid, konsistensie, samedrukking, samepersing, sametrekking, gedrang, samedromming, adhesie, kohesie, spanning, trekspanning, trekvastheid, druk, drukspanning, kompressie; verdigting, verdigtingspunt, kondensasie, kondensasiepunt; digtheidsmeting, digtheidsmeter, densimeter, piknometer

ondeurdringbaarheid, digtheid, bedekking, toegedektheid; waterdigtheid, klankdigtheid, lugdigtheid, stofdigtheid, stoomdigtheid, ...; digting, waterdigting

bw. opeen

ww. dig maak, verdig, kondenseer, saamdruk, saampers, kompakteer, klem, vasklem, saamtrek; toemaak 178, sluit, toesluit, toetrek, toeskuif, ..., bedek 161

454. Nie dig nie

b.nw. nie dig nie, ondig, deurdringbaar, dun, dunnerig, dunnetjies, poreus, sponsagtig, fyn; oop 177, geopen, ontsluit, ontgrendel

s.nw. deurdringbaarheid, dunheid, lek, lekkasie, porie, poreusheid, porositeit, rarefaksie

ww. lek, deurlaat 153; open, oopmaak 177, oopdraai, oopskroef, ...

455. Hard

b.nw. hard, kliphard, klipsteenhard, keihard, ysterhard, staalhard, verhard, solied, ferm, stewig, rigied, star, styf, stokstyf, taai, sterk 457, 625, taf (*Engels, informeel*), gehard, horingagtig, horingrig, eelterig, vereeld, vereelt, heg, ondeurdringbaar, onbuigbaar, grof, korserig, korsterig, noors (*lekties*), strak, stram, strammerig, kwasterig, stug

s.nw. hardheid, vastheid, starheid, rigiditeit, stewigheid, stramheid, styfheid, stywigheid, stywerigheid, taaiheid, ondeurdringbaarheid, onbuigbaarheid, grofheid, stugheid, weerstandsvermoë; eelt, kors, verharding, verstywing, verstewiging; hardheidsmeting, skleroskoop

ww. hard maak, hard word, verhard, kors, bevries, vasskop, vastrap, versteen, verstyf, verstywe, styf maak, styf word, versterk 457, 625, verstewig

uitdr. so hard soos klip; so hard soos staal; so hard soos graniet

456. Sag

b.nw. sag, saggerig, sagterig, fluweelsag, doeksag, papsag, saf, sawwerig, safterig, doeksaf, papsaf, murf, week, pap, papperig, slap, slapperig, lenig, donsig, donsagtig, wollerig, fyn, lig, buigsaam, buigbaar, vormbaar, vervormbaar, plasties, elasties, rekbaar, handelbaar, mals, mollig, sakkerig, smedig, soepel, veerkragtig, verend

s.nw. sagtheid, slapheid, soepelheid, papheid, pappery, buigbaarheid, plastisiteit, elastisiteit, rekbaarheid, veerkrag, veerkragtigheid, vering, vormbaarheid, spankrag, papperasie

bw. sagkens

ww. versag, week, deurweek, vermurwe, vermurf, lenig, meegee, buig, veer; versag, sagmaak, week, deurweek

uitdr. so sag soos fluweel; so sag soos sy

457. Onbreekbaar

b.nw. onbreekbaar, sterk 104, 411, 625, taf (*Engels, informeel*), ystersterk, duursaam, stewig, solied, splintervry, onvreekbaar, onbreeklik, bedryfseker

s.nw. onbreekbaarheid, sterkte 104, 411, duursaamheid, taaiheid, stewigheid, kwaliteit, onbreeklikheid

ww. versterk, verstewig, fortifiseer, verhard 455

458. Breekbaar

b.nw. **breekbaar**, delikaat, fragiel, fyn, broos, poreus, swak 103, 412, 626, minderwaardig, van 'n swak kwaliteit, onaanvaarbaar, ondeugdelik, ondeugsaam, treurig, gaar, vodde (*informeel*), sag 456

korrelrig, korrelig, korrelagtig, krummelrig, bros, greinerig, gruiserig, gruisagtig, grinterig, poeierig, fyn, los, geraffineerd

s.nw. **breekbaarheid**, swakheid 103, 412, broosheid, fynheid, minderwaardigheid, onaanvaarbaarheid, treurigheid, ondeugdelikheid, ondeugsaamheid
korrel, krummel, gruis, gruiselemente, grein, grint, pulwer, poeier, stof; granulasie, granulering, raffineerdery, verbryseling, vergruising, verkrummeling, vermorseling, pulwerisering, poreusheid, porositeit
ww. breek 184, stukkend breek, te pletter val, stukkend val, korrel, krummel, verkrummel, roes; verbrysel, vermorsel, breek, vergruis, verkrummel, pulwer, pulweriseer, granuleer, forseer, verfyn, raffineer, vryf, vrywe

459. Vaste stof
s.nw. **vaste stof**, materie, aarde 274, grond, klip 274, steen 274, 298, gesteente, edelsteen 298, halfedelsteen 298, mineraal 295, metaal 297, edelmetaal 295, hout 316, ys 292, droëys, dryfys, pakys, blok, koek, klont, kluit, kluitjie, stolsel
koagulasie, verstening, stolling, verharding, verstywing, stremming, verdikking, bevriesing, samesmelting; vriespunt, stollingspunt
b.nw. vas, klonterig, kluiterig, koekerig, gestol, verstyf, gestrem, versteen, verdik, bevrore, verys
ww. klont, klonter, koaguleer, koek, stol, verstyf, verstywe, verdik, versteen, verys, vries, bevries, kondenseer

460. Vloeistof
s.nw. **vloeistof**, fluïdum, vog, sug, spoelsel, druppel, damp; water, vars water, seewater, harde water, brak water, sagte water, soetwater, kraanwater, drinkwater, kookwater, koffiewater, teewater, boorwater, damwater, pompwater, slootwater, rivierwater, bergwater, fonteinwater, welwater (*ongewoon*), spoelwater, syferwater, grondwater, terreinwater, kalkwater, mineraalwater, swaarwater, suurstofwater, soutwater, pekelwater; watertafel, waterwese, waterwyser, wiggelroede; sop 426, sap 427, vrugtesap 427, sous 426, sappigheid, drank 427; vloeibare gas, petrol, paraffien, keroseen, lampolie, terpentyn, terpentynolie, kragparaffien, bensien, bensine, spiritus, fenol, alkohol, metielalkohol, metanol, houtalkohol, houtgees, olie, ruolie; chemikalieë 256, anilien, aniline, asetoon; gif 252, spuitstof
vloeibaarheid, fluïditeit, emulsie, smelting, vloeiing, vervloeiing, vervlugtiging, verdunning, oplossing, verdun(nings)middel, oplosmiddel, smeltmiddel; vloeiwyse, vloeistroom, stroming, instroming, uitstroming, bruising, vloed, vloedwater, invloeiing, uitvloeiing, loop, inloop, uitloop, syfering, insyfering, uitsyfering, druppeling
b.nw. vloeibaar, vloeiend, vervloeiend, dun, dunnerig, dunnetjies, waterig, loperig, nat, sapperig, sappig, sapryk, sopperig, soeperig, oplosbaar, smeltbaar, stollingwerend; vloeiend, stromend, bruisend, syferend, druppelend, smeltend, ...
ww. vloei, invloei, uitvloei, loop, inloop, uitloop, afloop, stroom, instroom, uitstroom, afstroom, bruis, lek, uitlek, syfer, insyfer, uitsyfer, deursyfer, syg, deursyg, drup, druppel, smelt, afsmelt, emulgeer; besproei, ontdooi, oplos, verdun, vervloei, vervlugtig
woorddeel hidro-

461. Gas
s.nw. **gas**, gasmengsel, aërosol, aardgas, skaliegas, gifgas, plofgas, knalgas, oksied, okside, monoksied, monokside, dioksied, diokside; ammoniak, asetileen, oksiasetileen, butaan, butaangas, propaan, propaangas, fluoor, fluoorwaterstof, helium, koolsuur, steenkooldamp, steenkoolrook, koolmonoksied, koolmonokside, koolstofmonoksied, koolstofmonokside, koolsuurgas, kooldioksied, kooldiokside, koolstofdioksied, koolstofdiokside, koolstofemissie, uitlaatgas, verbrandingsgas, kwikdamp, laggas, metaan, metaangas, moerasgas, miasma, miasme, mosterdgas, myngas, nafta, neon, oktaan, petroleumgas, suurstof, suurstofgehalte, suurstofinhoud, osoon, osoonlaag, radon, rioolgas, rook, rookgas, siaan, soutsuurgas, steenkoolgas, stikgas, stoom, suurgas, waterdamp, watergas, waterstof, formaldehied
lug, lugstroom, lugvloei, lugbeweging, luglaag, bolug, buitelug, vars lug, berglug, seelug, landlug, skuim, sproei, wind 290,

bries, briesie, damp, pesdamp, peslug, walm, lugdeeltjie
gasbron, gasfabriek, gasarm, gasleiding, gasbuis, gaspyp, gaskraan, gasmeter, gasoond, gaslig, gasstoof, gasturbine, gasverwarmer, vaporisator, gasverbruik, gaskan, gaskannetjie, aërosolkannetjie
gasvorming, gasontwikkeling, oksidasie, oksidering, vlugtigheid, vaporisasie, verdamping, damp, gasdamp, petroldamp, dampdruk, dampspanning, walm, wasem, kondensaat, desorpsie, sublimaat, sublimasie, sublimering
gasproses, vergassing, osonisasie, aërasie; lugsuiwering, lugreëling
b.nw. gasagtig, gasserig, gasvry, vlugtig, eteries, rokerig, osoonvriendelik
ww. damp, rook, deurrook, skuim, stoom, blaas, aëreer, afsluit, opblaas, sublimeer, wasem, uitwasem, walm, verdamp, vaporiseer, verslaan, vergas, vervlieg, oksideer, osoniseer

462. Halfvloeibare stof
s.nw. **halfvloeibare stof**, pappery, pap, pasta, stroop, modder, slyk, slik, rioolslyk, rioolslik, rivierslyk, rivierslik, sug, pulp, skuim, waterskuim, seeskuim, seepskuim, skellakskuim, slym, drel; bitumen, jellie, gelatien, gelatine, jelatien, jelatine, gliserien, gliserine, gluten, heuningdou, kreosol, pik, sement, smeerkalk, stysel, styselglans, suikerstroop, vernis
pappery, papperasie, klewerigheid, taaiigheid, slymerigheid, vetterigheid, vettigheid, klodder, konsistensie, suspensie, viskositeit, taaivloeibaarheid, vloeibaarheidsgraad
salf, balsem, kruiesalf, lanolien, lanoline, wolvet, smeer, smeermiddel, smeerolie, smeersel
gom, lym, lak, hegmiddel, dekstrien, dekstrine, styselgom, dennegom, hars, gomhars, kopal, mastiek, mastik, mirre, voëllym
olie 299, ghries, teer, steenkoolteer, teerolie, teervernis, haarolie, smeerolie, kanferolie, katjiepoetolie, kajapoetolie, katoenolie, klapperneutolie, kokosolie, lynolie, makassarolie, mentol, muskaatolie, pepermentolie, naeltjieolie, olyfolie, palmolie, papawerolie, peperment, pepermentkanfer, traan, lewertraan, walvistraan
vet, botter, diervet, dierevet, plantvet, margarine, margarien, kakaobotter, kakaovet, was, byewas, kerswas, kersvet, stearine, stearien, vetsuur
smeerapparaat, smeergoed, smeermiddel, teerkwas, teerpot, teervat, gomstiffie, gomkwas, gompot
olie-industrie, olieraffinadery, oliehandel, tenkboot, tenkskip, tenkwa
b.nw. halfvloeibaar, gebonde, gestol, taaivloeibaar, taaivloeiend, viskeus, dik, pap, papperig, stroperig, taai, taaierig, modderagtig, modderig, slykerig, slikkerig, slymerig, drellerig, drillerig, glutineus, jellieagtig, klewerig, klouerig, lymagtig, lymerig, olieagtig, olierig, teeragtig, konsistent, rekbaar, reklik, seperig, seepagtig, troebelrig, traanagtig, vet, vetterig, volvet
ww. stol, verdik, saamkoek, flokkuleer, ineensmelt, kleef, vaskleef, klou, dril, skuim; smeer, aansmeer, insmeer, afsmeer, gom, vasgom, lym, vaslym, plak, aanplak, vasplak, lak, teer

463. Nat
b.nw. nat, natterig, papnat, sopnat, papsopnat, waternat, watersopnat, druipnat, kletsnat, deurnat, stofnat, week, deurweek, deurdrenk, klam, klammerig, vogtig, humied, vunsig, sweterig, waterryk, drassig (*ongewoon*), geslote, groen, suur, benatbaar, deurslagtig, hidrofilies, hidroskopies, higroskopies
s.nw. **natheid**, nattigheid, klimaat, vog, vogtigheid, voggehalte, voginhoud, deurslag, klamheid, klammigheid, vunsigheid, drassigheid, doupunt, lengtedal
benatting, onderdompeling, immersie, besproeiing, irrigasie, sprinkelbesproeiing, drupbesproeiing, mikrobesproeiing, doumeter, sprinkel, sprinkelaar, sproei, sproeimiddel, spuit, mikrospuit, spuitfles, spuitslang, tuinslang, waterpyp
ww. **water**, drup, spat, plas, stroom 460, spuit, sproei, sweet, deurslaan, syfer, deursyfer, damp, deurnat, natreën, natreent
benat, natgooi, natlei, waterlei, irrigeer, natmaak, sprinkel, besprinkel, sproei, besproei, spuit, bespuit, natspuit, bedruip, bevogtig, baai, drenk, deurdrenk, impregneer, dompel, indompel, onderdompel,

doop, indoop, week, deurweek, aanklam, deurtrek

uitdr. so nat soos 'n kat; nog nie nat of droog oor jou lippe gehad nie; nog nat agter die ore wees

464. Droog

b.nw. droog, kurkdroog, horingdroog, beendroog, winddroog, lugdroog, verdroog, drooggemaak, gedroog, uitgedroog, songedroog, afgedroog, dor, beendor, verdor, uitgedor, bar, aried, haai, haaikaal, kaal, verskroei, verskrompel(d), verrimpel(d), doods, onherbergsaam, waterloos, vogloos, saploos, dors, dorstig, voos, vogdig, vogvry, vogwerend

s.nw. droogheid, waterloosheid, water(s)nood, waterskaarste, droogte, dorheid, ariditeit, haaivlakte, verskrompeling, voosheid, dors, dorsheid, dorstigheid

verdroging, uitdroging, afdroging, drooglegging, verskroeiing, droging, vriesdroging

droëry, droogoond, droogskuur, droograk, droograam, droogkas, droër, droogmasjien

ww. droog word, verdroog, verdroë, verdor, uitdor, uitdroog, uitdro(ë), verskrompel, skroei, opdroog, opdroë; droog, droog maak, afdroog, afdroë, indroog, indroë, uitdroog, verdroog, drooglê, droogwring, uitwring, droogpers, uitpers

woorddeel droë-

465. Warm

b.nw. warm, broeiwarm, broeiend warm, lewenswarm, vuurwarm, geweldig warm, erg warm, versengend, vrek warm, rooi warm, witwarm, verhit, heet, snikheet, hittig, hitsig, bloedig, bloedig warm, gloeiend, gloeiend warm, kokend, kokend warm, skroeiend, skroeiend warm, siedend, siedend warm, vuurspuwend, sonnig, drukkend, drukkend warm, bedompig, benoud, humied, warmrig, halfwarm, effens warm, nie te warm nie, lou, lou warm, louerig, soel, swoel, knus, knussies, snoesig, somers; termaal, termies, termogeen, hittegewend, termogeneties, hittevas

s.nw. warmte, hitte, afvalwarmte, warmte-energie, warmtestraal, warmtestraling, stralingswarmte, stralingshitte, verbrandingswarmte, verbrandingshitte, kookpunt, smeltpunt, smelttemperatuur, hitte-energie, hittegraad, gloeihitte, smelthitte, smeltpunt, hittegolf, drukkende hitte, broeiende hitte, gloeiende hitte, humiditeit, soelheid, soelte, swoelte, bedompigheid, sonskyn, songloed, gloed, oggendgloed, middaggloed, somergloed, sonbad, sonbrand, sonaanbidding, sonaanbidder, benoudheid, benoudte, koors, koorsigheid, louheid; warmwater, kookwater, hittebars

verwarming, verhitting, versenging, verskroeiing, termogenese; verwarmingstoestel, verwarmer, gasverwarmer, elektriese verwarmer, paraffienverwarmer, olieverwarmer, oond, stoof, elektriese stoof, primus, primusstoof, spiritusstoof, gasstoof, oksi-asetileenparaffienstofie, smeulstoof, warmpan, houtoond, houtvuur, gasbrander, steenkoolbrander, kaggel, houtkaggel, straalkaggel, braaikaggel, konka, tonka, warmsak, warmwatersak, warmwaterbottel, warmwaterfles, teemus(sie)

vuur, houtvuur, petrolvuur, braaivleisvuur, kampvuur, kaggelvuur, smeulvuur, laervuur, wagvuur, brand, voorbrand, brandstrook, brandpad, beheerde brand, veldbrand, bosbrand, wegholbrand, vuurkolom, fakkel, fakkelstok, tjiesastok, vlam, vlammesee, vuurgordel, vuurgordyn, vuurpoel, vuursee, vuurstorm, inferno, vuurgloed, vuurkolom, gasvlam, vonk, vonkeling, sprankie, rook, rookkolom, rookmis, rookwolk, rooksuil, walm, rookwalm, konflagrasie, verassing, brandskade; vuurmaakplek, vleisbraaiplek

hittebeskerming, hittevastheid, hitteweerstand, hitteskild, sonskerm, markies, kaggelskerm, vatlappie, warmhandskoen, tafelmatjie

bw. knussies, warmpies

ww. warm word, lou word, gloei, kook, oorkook, prut, pruttel, smoor, straal, uitstraal, warmte uitstraal, hitte uitstraal, afgee, uitgee, warmte afgee, hitte afgee; sonbaai, die son opsoek, in die son lê, in die son bak, lê en bak (in die son), tan (*Engels, informeel*)

verwarm, verhit, warm hou, verseng, verskroei, kook, uitkook, bak, braai, blaak, blaker, rooster, smoor, stook, aan die brand steek, verbrand, veras

brand 238, in ligte laaie staan, afbrand, verbrand, verkool, veras, deurbrand, vasbrand, aan die brand raak, aan die brand slaan, blaker, vlam, vlam vat, opvlam, vlamme skiet, vonke skiet, ontvlam, vonk, vonkel, ontvonk, ontsteek, ontbrand, skroei, afskroei, smeul, gloei, ontgloei, flikker, glim, rook, deurrook

uitdr. dis so warm dat die kraaie eintlik gaap; die son staan stil; dit gaan warm; sake vir iemand warm maak; iemand na die warm plek stuur

466. Koud

b.nw. koud, kouerig, kil, klamkoud, yskoud, ysig, ysig koud, verys, bibberend, bibberkoud, bewend, skerp, rillerig, sidderend, snerpend, snerpend koud, bytend, bytend koud, nypend, nypend koud, snydend, bevrore, winteragtig, winters, blou van die koue, dood van die koue, styf van die koue, fris, grillerig, guur, koel, koelerig, skraal, verfrissend, atermies, ysvry; koulik, bewerig, verkluim(d); verkoel, bevries, bevrore

s.nw. **koudheid**, lae temperatuur, koue, kou, winterkoue, winterkou, kouerigheid, klamkoue, ysige koue, snerpende koue, nypende koue, koue weer, gure weer, kaggelweer, koue front, ysigheid, bewerasie, bibberasie, rilling, rittelt(s), vriespunt, grillerigheid, guurheid, kilte, killigheid, frisheid, koelte, koeltetjie, somerkoelte, oggendkoelte, oggendlug, aandkoelte, nagkoelte, aandlug; koulikheid

ys, yskristal, ysnaald, yskeël, dryfys, pakys, ysskots, skol, ysveld, ysvlakte, ysberg, gletser, droëys, kapok, ryp, winterryp, ysreën, sneeu, yskors; ysbreker, ysploeg

verkoeling, bevriesing, verfrissing, verkluiming; verkoelingsapparaat, koelkamer, yskas, koelkas, vrieskas, vrieshok, vriesbak, koelsak, yssak, yskis, ysmasjien, waaier, lugreëlaar, vriesmiddel, vriesstof

ww. **koud word**, afkoel, kapok, ryp, vries, vasvries, toevries, ys, vasys, toe-ys

koud kry, bewe, beef, bibber, gril, klappertand, ril, rittel, rittel en bewe, sidder, verkluim, die ritteltit(s) hê

verkoel, koel maak, afkoel, vries, bevries, diepvries, ontdooi, ontvries, ontys, verfris

woorddeel koel-

uitdr. hoendervel/hoendervleis kry; bewe soos 'n riet; die wind waai van die garsland af

467. Aansteek

ww. **aansteek**, die vuur aansteek, die stoof aansteek, die lig aansteek, aan die brand steek, opsteek, vuur opsteek, vuurmaak, vuurslaan, brand stig, aankry, stook, bestook, aanstook, verstook, aanblaas, brand, afbrand, verbrand, veras, skroei, afskroei, seng, afsmelt, berook, verteer, smoor

s.nw. **verbranding**, verbrandingsproses, ontbranding, selfontbranding, ontvlamming, ontvlammingspunt, verkoling, verassing, verstoking, beroking, brandgevaar, brandskade, brandstigting, piromanie

aansteker, sigaretaansteker, vuurhoutjie, mêtjie (*Engels, lekties*), vuurhoutjiedosie, vuurhoutjieboksie, flint, swael, swawel, lont, tontel, tontelblaar, tonteldoek, tonteldoos, vuurklip, vuursteen, vuurslag, vlamwerper

vuurmaker, stoker, brandstigter, piromaan

b.nw. onblusbaar, onuitblusbaar, ontvlambaar, brandend, gloeiend, warm, witwarm, smeulend, rokerig, rookloos, rookvry

468. Blus

ww. **blus**, doof, uitdoof, 'n brand bestry, doodmaak, doodspuit, vuurslaan, doodslaan, uitslaan, uittrap, smoor, doodblaas, uitblaas, snuit (kers), afsnuit (kers), domp

ophou brand, doodgaan, vrek, uitgaan, uitwaai, uitwoed

s.nw. **uitbranding**, verbranding; blussing, uitdowing, vuurvastheid

blusmiddel, brandblusapparaat, blusser, brandblusser, skuimblusser, doofpot, brandemmer, brandslang, brandleer

brandbestryding, brandbeheer, brandbeskerming, brandbeveiliging, brandbestuur; brandpad, brandgang, branddeur

brandweer, brandweerstasie, brandweerdepot, brandweerwa, brandalarm; brandweerman, brandweerhoof, brandbestryder, brandslaner

b.nw. geblus, uitgedoof, blusbaar, ongeblus, onuitblusbaar, vuurvas, onbrandbaar

469. Verwarmingstoestel
s.nw. verwarmingstoestel, verwarmingstelsel, stoof, eenplaatstoof, vierplaatstoof, ..., stoofplaat, warmskinkbord, oond, ooghoogteoond, konveksieoond, waaieroond, mikrogolfoond, rookvanger, termostaat, elektriese stoof, gasstoof, koolstoof, brander, gasbrander, oliebrander, ketel, warmwaterketel, koffieketel, dompelaar, dompelkoker, konfoor, konka, tonka, donkie, warmwatertoestel, warmwatersilinder, silinder, warmwaterstelsel, verwarmer, elektriese verwarmer, waaierverwarmer, asbesverwarmer, olieverwarmer, paraffienverwarmer, gasverwarmer, voetstoof, voetstofie, radiator; verwarming, verhitting, gasverwarming, gasverhitting, stoomverwarming, stoomverhitting, elektriese verwarming, sentrale verhitting, ondervloerse verhitting, plafonverwarming

herd, haard, vuurherd, haardstede, kaggel, houtkaggel, braaikaggel, losstaande kaggel, draaikaggel, kaggelpyp, kaggelrak, kaggelskerm, vuurskerm, kolebrander, kolestofie, ghellieblik (*lekties*), stookplek, vuuroond, fornuis (*ongewoon*), buiteoond, pizzaoond, donkie, skoorsteen, suiggat, trekgat, kaggeldeur, kaggelopening, kaggelmandjie, kolemandjie, asbak, asskottel, rookskerm, rooster, kaggelrooster, braaivleisplek, braaivleisrooster

stookgereedskap, kole-emmer, kaggelbesem, kaggelskop(pie), vuuryster, pook (*ongewoon*), blaasbalk

brandstof, hout, antrasiet, steenkool, petroleum, olie, gas, elektrisiteit

as, ashoop, roet, swartsel, sintel, slak, rook, kaggelrook

b.nw. roeterig, roetagtig

woorddeel warm-, vuur-

470. Smaak
s.nw. smaak, smaakvermoë, smaaksin, smaaksintuig, proesintuig, proevermoë, geur, geurigheid, smaaklikheid, smaaksensasie, dominante smaak, bysmaak, nasmaak; lekker smaak, slegte smaak, wansmaak, soet smaak, soetigheid, sout, sout smaak, soutigheid, suur smaak, surigheid, vrank smaak, bitter smaak

smaakloosheid, flouheid, lafheid

b.nw. smaaklik, smaakloos, flou, laf, sonder smaak, sonder geur

ww. smaak, proe

471. Smaaklik, lekker
b.nw. smaaklik, geurig, voortreflik, fantasties, salig, hemels, luswekkend, prikkelend, pikant, delikaat, fyn, aptytlik, aangenaam, genietlik, genotvol, heerlik, lekker, smullekker, vingerleklekker, tintelend, sappig, vars

gegeur(d), soet, soeterig, versuiker(d), suikersoet, stroopsoet, heuningsoet, suikeragtig, suikerig, suur, suurderig, soetsuur, sout, gesout, ingesout, soutagtig, souterig, gepekel, pekelrig, pekelagtig, gepiekel, siltig, salinies, salpeteragtig, sterk, gekrui, gekruid, kruierig, gespesery, speseryerig, gemarineer(d), gerook, rokerig, romerig, stroperig

s.nw. smaak 378, smaaklikheid, geurigheid, voortreflikheid, pikantheid, delikaatheid, genotvolheid, heerlikheid, lekkerte, lekkerny, delikatesse, lekkergoed, sappigheid, varsheid

geurmiddel 419, sout, peper, krui 419, kruid, spesery 419, suiker, vrugtesuiker, fruktose, levulose, marinade, aftreksel, vleisaftreksel, braaivleismarinade, hoendermarinade, sous, slaaisous, vleissous, groentesous

sout 419, soutigheid, tafelsout, growwe sout, pekel, pekelsout, soutkorrel, soutgehalte, insouting, ontsouting; soutpan, soutraffinadery, soutverpakking, soutwinning

soetigheid, soetheid, versoetingsmiddel, versoeting, versuikering, suikergehalte, suiker 419, wit suiker, bruinsuiker, strooisuiker, geraffineerde suiker, suikerkorrel, suikerklontjie, suikerriet, rietsuiker, sandsuiker, fruktose, sorbose, sukrose, druiwesuiker, dekstrose, glukose, garssuiker, moutsuiker, maltose, melksuiker, laktose, houtsuiker, xilose, saggarien, saggarine, sakkarien, sakkarine, stroop, heuning, suikerstroop, melasse, swartstroop; suikerfabriek, suikerraffinadery, suikermeul, suikerplantasie, suikerrietplantasie

ww. lekker smaak, lekker proe, heerlik smaak, heerlik proe, goed smaak, goed proe, soet smaak, sout smaak, sout word, soet word, suur word; smaak gee, geur, inlê, marineer, inmaak, konserveer, verduursaam, sout, sout gee, sout gooi, insout, pekel, piekel, ontsout, krui(e), spesery, speserye gee, met speserye besprinkel, suiker, versoet, versuiker

uitdr. dit laat jou mond water; dit smaak vorentoe; dit streel die tong

472. Smaakloos, sleg

b.nw. smaakloos, onsmaaklik, gagga (*kindertaal*), geurloos, ongegeur, ongekrui, ongespesery, sleg, soutloos, ongesout, laf, vrank, vrankerig, glaserig, skerp, sterk, branderig, suur, asynsuur, soetsuur, suursoet, suurvas, bitter, galbitter, galsterig, muf, mufferig, muffig, muwwerig, ransig, rens, renserig, rokerig, wrang, goor, goorderig, bederf, vrot, oud

s.nw. smaakloosheid, geurloosheid, soutloosheid, vrankheid, lafheid, suurheid, surigheid, suur smaak, bitterheid, bitter smaak, galsterigheid, galsterige smaak, mufheid, muffigheid, rooksmaak, wrang smaak, wrangheid; asyn, wynasyn, asynsuur, suur, barnsteensuur, boorsuur, appelsuur, soutsuur, soutgees, oksaalsuur, sitroensuur, wynsteen, bytmiddel, gal, edik

ww. sleg word, suur word, bitter word; sleg smaak, suur maak, aansuur, versuur, verslaan

473. Reuk

s.nw. reuk, ruik, lug, asem, geur, aroma, boeket, odeur, odorant, snuf, snuffie, snuif; reukloosheid; reukverdrywing, reukweerder, reukweermiddel, deodorant, reukwater, reukbal, reukflessie, reukstof, lugverfrisser; reuksintuig 497, neus

b.nw. ruikbaar, geurig, aromaties; reukloos, verskaal, verslaande

ww. ruik, snuif, opsnuif, snuffel, geur inasem, reuk inasem; ruik, lekker ruik, sleg ruik, 'n reuk afgee, 'n reuk versprei, 'n geur versprei; verslaan; reuk verdryf, deodoriseer

uitdr. daar hang 'n reuk/reukie in die lug; daar kleef 'n reukie aan

474. Welriekend

b.nw. welriekend, lekker, soet, fris, vars, geparfumeer(d), aromaties, geurig

s.nw. **welriekendheid**, geur, lekker geur, heerlike geur, aroma, boeket, neus (wyn), lekkerte

lekkerruikgoed, parfuum, parfumerie, toiletware 746, eau-de-cologne, laventelwater, reukwater, reukwerk, lekkerruikgoed, poeier, lekkerruikpoeier, seep, badseep, toiletseep, lekkerruikseep, deodorant, onderarmspuitgoed, naskeermiddel, muskus, muskusgeur, nardus, nardusgeur, roosmaryn, sitronella, blommegeur, rosegeur, roosolie, rooswater, rosegeur, sivet, badolie, wierook, wierookgeur, lugverfrisser

ww. lekker ruik, 'n lekker reuk versprei; parfumeer, balsem, vervars

475. Onwelriekend

b.nw. onwelriekend, stink, stinkerig, stinkend, sleg, onaangenaam, afstootlik, duf (duwwe), muf, mufferig, muffig, muwwerig, rokerig, walglik, vieslik, vrot, bedorwe, goor, vuil, sweterig

s.nw. **stank**, stank, stinkdamp, slegte reuk, slegte ruik, onaangename reuk, onaangename ruik, reukie, klank, klankie, mufheid, mufreuk, benoude reuk, vrot reuk, rooklug, rookreuk, roetlug, besoedelde lug, peslug, rookreuk, stofreuk, gasreuk, sweetreuk, urinereuk, piepiereuk, pisreuk (*plat*), poepreuk (*plat*), strontreuk (*plat*)

reukweerder, reukweermiddel, reukverdrywer, deodorant, stankverdrywer, lugverfrisser; stinkerd

ww. sleg ruik, stink, goor ruik, benoud ruik, 'n slegte reuk afgee; ontstank, ontreuk, stank verdryf

uitdr. (van) bo blink en (van) onder stink

476. Geluid

s.nw. **geluid**, klank, byklank 266, noot, weerklank, eggo, naklank, sameklank, geklank, galm, nagalm, weergalm, weergalming, toon, volume, stygende toon, stygende volume, crescendo, dalende toon, dalende volume; resonansie, infleksie, absorpsie, weerkaatsing, klankweerkaatsing, weerkaatser; geluidsgolf, klankgolf, geluidstrilling, klanktrilling, geluidsbron,

klankbron, geluidsterkte, klanksterkte, geluidsversterking, klankversterking, geluidsbesoedeling, klankbesoedeling
suisgeluid, suising, gesuis, suiseling, fluitgeluid, ruising, gesis, sisgeluid, piepgeluid, zoem, gezoem, zoemgeluid, geritsel, ritselgeluid, ritseling, ruising, geruis, ruisgeluid, kreun, gekreun, kreungeluid, dreun, dreungeluid, dreuning, rammel, gerammel, rammelgeluid, kabbeling, geknars, knarsgeluid, roffel, geroffel, roffelgeluid, klingelgeluid, rinkelgeluid, gekletter, klik, klikgeluid, geklik, klakgeluid, klik-klak(-)geluid, tik, tikgeluid, tik-tak, tik-tak(-)geluid, klapgeluid, knal, knalgeluid, plofgeluid, plofklank, gerommel, rommelgeluid, donder, dondergeluid, donderslag
lawaai, geraas, wangeluid, wanklank, rumoer, gerumoer, gerumoerdery, kabaal, herrie, gerinkink, 'n oorverdowende lawaai, 'n helse geraas, gejoel, moles, moleste, petalje, pandemonium, gedruis, roes(e)moes, geroesemoes, getier, orasie, oragie (*ongewoon*), hoe(i)haai, hohaai, haaihoei, gerug, knal, geknal, alarm; geraasbesoedeling, geraasvlak; geraasmaker, lawaaimaker, lawaaiwater, raasbek, rumoermaker
klanknabootsing, onomatopee; bê, mê, moe, woef, prrr, koer-koer, koekelekoe, tjiep-tjiep, wroem-wroem, boem, doef-doef, tikketak-tikketak, tjoek-tjoek, sjor-sjor, girts-girts, girts-garts, ..., pieng, kaplaks, kardoef; klanknabootsende name, bokmakierie, hoep-hoep, koekoek, piet-my-vrou, toktokkie, huidjiehu, tjienkerientjee, ewwa-trewwa, woer-woer; klankekspressie, klanksimboliek, klankskildering
b.nw. klinkend, holklinkend, hoorbaar, verneembaar, verstaanbaar, hard, luid, luidrugtig, luidkeels, oorverdowend, suisend, suiselig, ruisend, dreunend, lawaaierig, rumoerig, wanklinkend, wanluidend; sag, stil, gedemp, strelend, onhoorbaar, onverstaanbaar
ww. geluid maak, klink, opklink, helder klink, naklink, weerklink, eggo, resoneer, galm, nagalm, weergalm, weerkaats, inflekteer
suis, suisel, zoem, ruis, murmel, dreun, rammel, klater, rommel, roffel, kreun, knars, kners, knarsetand, kwiek, ritsel, sputter, sug, tik, tik-tak, kik, klik, klik-klak, klok, klingel, rinkel, plof, klots, kwaak, kwetter, kabbel, sis, piep, pieng, dreun, knal, klap, donder, ...
lawaai, lawaai maak, raas, geraas maak, rumoer, rumoer maak, te kere gaan, tekere gaan, tekeregaan, moles maak, galm, nagalm, weergalm, toet, toeter, knal, skree, tier, verdoof, verdowe, woed
bw. hardop, saggies
uitdr. die wind suis; moord en doodslag; my ore suis; 'n lawaai opskop; 'n baan opskop; 'n herrie opskop; lawaai dat hoor en sien vergaan

477. Stilte

s.nw. stilte, stilheid, stilligheid, doodse stilte, absolute stilte, onheilspellende stilte, grafstilte, swye, stilswye, swygsaamheid, kalmte, rus, rustigheid, herderslewe, uitdowing, wegsterwing
b.nw. stil, swygsaam, stillerig, tjoepstil, doodstil, morsdoodstil, grafstil, geluidloos, geluidvry, geluiddig, gedemp, geruisloos, bladstil, kalm, doodkalm, rustig, ademloos, doods, dowerig, afgrondelik, katvoet, klankloos, stom
ww. stil, stilbly, swyg, verstil, demp, wegsterf
bw. soetjies, suutjies, stilletjies, stilweg
tw. sjt, sjuut, bly stil
uitdr. jy kan 'n speld hoor val; so stil soos 'n muis; so stil soos die graf; katvoet loop

478. Welluidend

b.nw. welluidend, klankryk, klankvol, eufonies, skoonklinkend, harmonieus, harmonies, melodieus, chantant, melodies, liries, soet, soetklinkend, soetvloeiend, strelend, bekoorlik, mooi, helder, klokhelder, sonoor, duidelik, diep, rinkelend, rond, singbaar, sangerig, gelykluidend, gelykklinkend
s.nw. welluidendheid, klankrykheid, harmonie, konsonansie, sonoriteit, soetvloeiendheid, rinkeling, musiek 753, towerklank, vreugdekreet, vreugdelied, vreugdesang, trompetgeskal
ww. mooi klink, vloei, streel, harmonieer, opklink, klingel, rinkel, sing

479. Disharmonies
b.nw. disharmonies, wanklankig, wanluidend, dissonant, rasend, raserig, rumoerig, skreeuend, kakofonies, vals, glaserig, blikkerig, nagemaak

s.nw. wanklank, disharmonie, dissonansie, valsheid, kakofonie, roes(e)moes, geroesemoes, glaserigheid, lawaai, geraas, rasery, raserigheid, kattekonsert, bombarie, bombalie, harlaboerla (*ongewoon*), rumoer, rumoerigheid, straatlawaai, straatrumoer, rinkinkery, gehoer en rumoer, bohaai, hoe(i)haai, hohaai, haaihoei

ww. raas, 'n geraas maak, lawaai maak, lawaai opskop, 'n lawaai veroorsaak, rumoer, hoer en rumoer, rinkink, 'n bohaai maak, skree, skreeu

uitdr. 'n baan opskop; 'n keel opsit

480. Dowwe klank
b.nw. dof, dowwerig, dreunerig, donker, grof, laag, skor

s.nw. dofheid, dowwerigheid, dreuning, dreungeluid, dreunklank, donder, donderslag, geruis, ruising, gedruis, druising, flap, flapgeluid, plof, plofgeluid, geslof, slofgeluid, gebrul, brulgeluid, gebrom, bromgeluid, geknor, knorgeluid, grom, gromgeluid, gekraak, kraakgeluid, kraakstem, grofheid, rommeling, skorheid, sluiering, rammelgeluid, rammeling, roffelgeluid, geroffel, tromgeroffel, voetstap

bw. dofweg, saggies

ww. dreun, druis, ruis, gons, grom, brom, snor, donder, rammel, rommel, roffel, rol, ronk, kraak, flap, plof, puf, kik, klots, smak, knapper, knetter, kras, kerm, murmel, sluier, soef, spin

tw. pardoems, woeps

481. Skerp klank
b.nw. skerp, deurdringend, helder, helderklinkend, glashelder, hoog, hard, dawerend, luid, skril, snerpend, staccato, snydend, skreeuend, bloedstollend, dun, dunnerig, dunnetjies, piepend, kefferig, jillend, joelend, gillend, skel, skelklinkend, skelluidend, pynlik

s.nw. geklap, geklapper, geknars, geknetter, gekraak, gekras, gil, hoe(i)haai, hohaai, haaihoei, kabaal, klap, knak, dawering, piep, sirene, staccatostem, sketterstem, skelstem, skree, skreeu, slag, sweepslag, tingeling, tingelingeling, helderheid, dunheid, skelheid

ww. klap, knars, knetter, kletter, kraak, kras, knak, dawer, sis, piep, skree, skreeu, huil, skel, verskree, verskreeu, gil, skril, kef, jil, skater, sketter, lag, skaterlag, joel, gier, tingel, tinkel

uitdr. dit sny deur murg/merg en been; lawaai dat hoor en sien vergaan; skel soos 'n viswyf

482. Menslike geluid
ww. **praat**, uit, uiter, sê, jou stem laat hoor, klets, babbel, kekkel, brabbel, tater, mompel, prewel, fluister, hakkel, stotter, aarsel, roep, skree, skreeu, 'n keel opsit, gil, sing, neurie, fluit

hoes, proes, hoes en proes, nies, snuif, snuiwe, hik, smak, kners, tande kners, roggel, steun, kreun, steun en kreun, keel skoonmaak, keelskoonmaak, sug, 'n sug slaak, snork, gorrel, grom, poep (*plat*), 'n wind laat, 'n wind opbreek, kraak, huil, tjank, snik, lag

s.nw. **gepraat**, gebabbel, roep, geroep, roepery, skree, skreëry, skreeuery, gil, gegil, gillery, kreet, moordkreet, huilery, gehuil, snik, snikkery, gesnik, lag, laggie, gelag, laggery, sang, singery, geneurie, fluit, fluitery, gefluit

stem, manstem, vrouestem, damestem, kinderstem, praatstem, sangstem, piepstem, piepstemmetjie, skree(u)stem, ...; stentor, stentorstem, bas, basstem, bariton, tenoor, tenoorstem, sopraan, sopraanstem, alt, altstem, baritonstem, ...

liggaamlike geluid, klapgeluid, klapklank, keelgeluid, hoes, gehoes, hoesbui, proes, nies, niesbui, niesaanval, snuif, gesnuif, snuiwery, hik, gehik, hikkery, smak, fluit, fluitgeluid, tandeknersing, roggel, geroggel, doodsroggel, steun, sug, snork, reutel (*ongewoon*), gorrel, grom, poep (*plat*), wind, kraak, voetstap

b.nw. pratend, praterig, babbelend, fluisterend, hakkelend, stotterend, aarselend, skreeuend, gillend, laggend, singend, proes(t)erig, hoeserig, hikkend, knersend, tandeknersend, roggelend, snorkend, ...

483. Voëlgeluid

ww. fluit, roep, sing, tjilp, skree, skreeu, kwetter, kweel, kwinkeleer, tierelier, piep, kiep, kraai, kekkel, kloek (hoender), koer, roekoek (duif), brom, kir, kras (kraai), krys (kraai, meeu), gier (meeu), kwaak (eend, gans), snater (gans), blaas (gans, makou, eend), rol (kanarie), praat (papegaai), koel-koel (kalkoen), koeloe-koeloe (kalkoen) (*kindertaal*)

s.nw. fluit, gefluit, fluitgeluid, sang, getjilp, roep, galm, gekoer, duifgekoer, kir, gekir, gekweel, gekwetter, kras, gekras, gekrys, kwaak, kwakery, gekwaak, gesnater, gepraat, pratery

484. Diergeluid

ww. blaf, saamblaf, knor, kef, balk, blaas, blêr, bôgom, brom, grom, brul, bulk, gons, grou, huil, kekkel, kloek, kraai, krys, kwaak, lag (hiëna), loei, miaau, piep, roep, roggel, reutel, ronk, runnik, hinnik, proes, sis, skreeu, skree, snater, snor, snork, snuif, spin, steun, tjank, tjilp, tjirp, trompetter, zoem, striduleer

s.nw. dieretaal, fluit, gebrom, gebrul, geknor, getjank, grom, miaau, gemiaau, kategespin, knor, geknor, gekwaak, paddakonsert, paddakoor, gekrys, roep, runnik, gerunnik, proes, geproes, snork, gesnork, steun, gesteun, snorksteun, gesnuif, stridulasie, roggel, geroggel, tjank, getjank, zoem

485. Lig

b.nw. lig, nie donker nie, liggewend, fotogeen, vol lig, helder, kristalhelder, duidelik, sereen, blink, klaarlig, glansend, glinsterend, skitterend, stralend, uitstralend, glimmend, lumineus, fluoressent, fosfories, glorieus, tintelend, gloeiend, fel, skel, skreeuend, verblindend, oogverblindend, deurskynend, dof, onhelder, nie helder nie, gedemp, skemerig, skemeragtig, grou, vaal; belig, verlig, goed verlig, helder verlig

s.nw. lig, natuurlike lig, sirkadiese lig, onnatuurlike lig, kunsmatige lig, kunslig, halflig, elektriese lig, helder lig, dowwe lig, glimp, sereniteit, glans, skitterglans, satynglans, skittering, skitterlig, gloed, liggloed, stralegloed, glinstering, gloor, gloeiing, glimming, helderheid, helderte, verheldering, skerpte, skelheid, deurskynendheid, vlam, vonk, flonkering, flikkering, geflikker, flikkerlig, flikkerglans, naglans, nagloed, verflouing, flou lig, liggolf, ligstraal, straal, ligbundel, straalbundel, ligstreep, 'n band van lig, ligband, ligkolom, ligkol, ligstippel, ligstippie, ligkring, ligkrans, stralekrans, halo, ligspoor, ligeffek, ligsterkte, ligkrag, liguitstraling, straling, uitstraling, radiasie, uitstralingswarmte, luminessensie, bioluminessensie, fosforensie, fosforessensie, fluoressensie, straalpunt, uitstralingspunt, breking, ligbreking, ligstraalbreking, infleksie, refraksie, aktinisme

skynsel, skyn, spieëling, lugspieëling, mirage, mirasie, opgeefsel, afskynsel, weerkaatsing, weerglans, weerskyn(sel), weerspieëling, terugkaatsing, dwaallig, dwaalvuur; fotofobie, fotometer

natuurlike lig, daglig, dag, dagbreek, daeraad, bloute, daglumier, môrelig, môrerooi, môreskemering, môreson, môrestond, oggendlig, oggendskemering, oggendskemerte, aandlig, aandskemering, aandskemerte, skemerte, son, sonlig, sonstraal, songloed, sonuitstraling, uitstraling van die son, maan, maanskyn, blits, bliksem, bliksemstraal, weerlig, ster, sterlig, ourora, aurora, poollig, aurora polaris, noorderlig, aurora borealis, suiderlig, aurora australis, reënboog, dwaallig

beligting, verligting, ligeffek, onnatuurlike lig, kunslig, ligbron 267, 487, lig 267, 487, lamp 487, elektriese lig, elektriese beligting, vuurlig, fakkellig, kerslig, kaggellig, neonlig, neonbeligting, fluoressente lig, fluoressente beligting, kalklig

ww. skyn, deurskyn, lig gee, lig afgee, daag, lig, aflig, straal, uitstraal, lig uitstraal, afstraal, afspieël, skemer, deurskemer, val, deurval, blink, skitter, skitterblink, glans, glim, glimmer, glinster, gloei, gloor, flikker, vonk, vonkel, flonker, fluoresseer, fosforesseer, skroei, blaak, blaker, flits, blits, bliksem, weerkaats, terugkaats, reflekteer, weerspieël, die dag breek

belig, verlig, lig gee, beskyn, sigbaar maak, bestraal, verhelder, verflou; lig maak, aanskakel, aansteek, opsteek

woorddeel glacé-, helio-, knal-

486. Duisternis
b.nw. donker, halfdonker, skemerdonker, nagdonker, pikdonker, stikdonker, duister, halfduister, onverlig, ligloos, nagtelik, skemerig, skaduryk, skaduweeagtig, skaduagtig, sonloos, somber, benewel(d), obskuur, spelonkagtig, skimagtig, swart; verdonker

s.nw. donker, donkerte, donkerheid, stikdonkerte, nagdonkerte, duister, duisternis, duisterheid, afwesigheid van lig, somberte, nag, git, skemerte, skemerdonker, skemerdonkerte, skemeruur, skemering, oggendskemering, oggendskemerte, aandskemering, aandskemerte, skemerlig, skemer, vuilskemer, somberheid, skaduwee, skadu, skade, skadugebied, skadusone, skadusy, skadubeeld, slagskaduwee, kernskaduwee, silhoeët, skim, koelte, koeltetjie, mistigheid, beneweldheid, obskuriteit, dofheid; verdonkering, verduistering, versombering

ww. donker word, doodgaan, 'n skaduwee werp, die nag breek aan, die skemerte daal, die duisternis val, die son sak; donker maak, verdonker, verduister, versomber, verdof, doof, uitdoof, doodmaak, blus, doodslaan, snuit, afskakel, benewel

woorddeel nag-

uitdr. so donker soos die nag; so donker soos die hel; so donker dat jy jou hand nie voor jou oë kan sien nie

487. Ligbron
s.nw. **ligbron**, beligting, lig, lamp, lantern, elektriese lig, elektriese lamp, olielamp, paraffienlamp, gaslamp, gloeilamp, dagliggloeilamp, LED-gloeilamp, energiebesparende gloeilamp, gloeilig, ligbuis, buislig, fluoressente lig, neonlig, neonbuis, neonlamp, kamerlig, kombuislig, badkamerlig, ..., hanglig, hanglamp, staanlig, staanlamp, muurlig, muurlamp, leeslig, leeslamp, tafellig, tafellamp, studeerkamerlig, studeerkamerlamp, kollig, vallig, voetlig, traplig, binnelig, buitelig, koplig, koplamp, parkeerlig, parkeerlamp, agterlig, remlig, stoplig, flikkerlig, blitslig, toplig, karbiedlig, karbidelig, karbiedlamp, karbidelamp, magnesiumlamp, magnesiumlig, mynlig, mynlamp, soeklig, spreilig, onderwaterlig, swembadlig, veiligheidslig, veiligheidslamp, stormlamp, projeksielig, projeksielamp, projeksielantern, flits, flitslig, toorts, sonkraglantern, straatlig, straatlamp; ligkap, ligglas, gloeidraad, dempskakelaar, sok, ligsok, lampsok; weerkaatsing, refleksie, weerkaatser, reflektor, skynwerper

seinlig, seinlamp, seinlantern, vuurtoring, vuurtoringlig, ankerlig, hawelig, baken, ligbaken, bakenlig, verkeerslig

lamp, lantern, olielamp, olielantern, paraffienlamp, petrollamp, lamplig, kandelaar, kandelaber, kroonlamp, kroonlugter, kroonkandelaar, mynlamp, veiligheidslamp, skemerlamp, wonderlamp, lampion; lampbrander, lampglas, kap, lampkap, lampskerm, pit, lamppit, kousie, lampkousie

gaslamp, gaslig; gas, kousie, lampkousie, gaskousie, gaspit, kap

kers, vetkers, waskers, waterkers, kerslig, kandelaar, kandelaber; pit, kerspit, was, kerswas, blaker, kersblaker, snuiter, kerssnuiter; fakkel, flambou, fakkelstok; vuur, kampvuur, vuurlig

ww. brand, skyn, flikker, opflikker

488. Deurskynend
b.nw. deurskynend, diafaan, klaar, helder, glashelder, kristalhelder, kristalagtig, glaserig, deursigtig, transparant

s.nw. deurskynendheid, helderheid, klaarheid, glaserigheid, verheldering, deursigtigheid, transparantheid; glas, kristal, ruit, plastiek, transparant

ww. helder word, deurskyn, deurskynend word, verhelder, opklaar; helder maak, verhelder, ophelder

uitdr. so helder soos kristal

489. Ondeurskynend
b.nw. ondeurskynend, opaak, dof, dowwerig, onhelder, troebel, troebelrig, troewel, mat, aangeslaan, wasig, wolkerig, verdonker, vervaag(de), vuil, swart, ondeursigtig

s.nw. ondeurskynendheid, dofheid, verdoffing, verdowwing, vervaging, troebelheid, vertroebeling, verdonkering, vuilheid, wasigheid, ondeursigtigheid; matglas, melkglas

ww. dof word, ondeurskynend word, aanslaan, beslaan, verdof, vertroebel, vervaag; dof maak, verdof, troebel maak, vertroebel

490. Kleur
s.nw. kleur, primêre kleur, fundamentele kleur, sekondêre kleur, saamgestelde kleur, grondkleur, hoofkleur, volkleur, helder kleur, skitterkleur, monochromatiese kleur, spektrale kleur, achromatiese kleur, neutrale kleur, warm kleur, koue kleur, sagte kleur, pastelkleur, natuurkleur, natuurlike kleur, modekleur, askleur, doodskleur, halftint, halftoon, aanvullingskleur, komplementêre kleur, oorgangskleur, tussenkleur, wisselkleur, dioptriese kleur, entoptiese kleur, epoptiese kleur, kriptiese kleur, bokleur, buitekleur, oogkleur, reënboogkleur, psigedeliese kleur, pigment, kleurpigment, pigmentasie, onkleur, kleur(e)spektrum, kleurruimte, kaleidoskoop, kleurkaleidoskoop, kaleidoskoop van kleur(e), kleurespel, kleurskouspel, kleureprag, reënboog, reënboog van kleur(e), simboliese kleur, kleursimboliek; kleurversadiging, versadiging, chroma, chromatologie, monochromie, homochromie, polichromie, heterochromie; kleurleer, chromatiek, chromatologie

skakering, kleurskakering, nuanse, kleurnuanse, tint, kleurtint, toon, kleurtoon, helderheid, helderte, gloed, kleurwisseling, kleurekontras, kleureharmonie, koloriet

kleurstof, kleursel, verf, verfstof, verfware, verfpoeier, olieverf, waterverf, sproeiverf, spuitverf, kwikverf, lakmoes, lak, laksel, lakverf, vernis, lakvernis, lymverf, tempera, lakpolitoer, beits, beitsverf, kalk, kalkverf, witkalk, witlood, koolteer, oker, karoteen, karotine, omber, vermiljoen, menie, minie, rooiminie, rooibolus, magenta, saffraan, sitronien, sitronine, sepia, inkverf, smalt, blou glasuur, tinglasuur, majolika, naftaleen, xantien, xantine, swartsel, witsel, blousel, sikkatief, droogmaakmiddel; verfwerk, verwery, bleik, kwas, verfkwas, witkwas, klos, verfroller, verfblik, verfbak, verdunner, verfmerk, verfkontrakteur, verwer, vernisser, skilder, kunsskilder, porseleinskilder, brandskilder

b.nw. gekleur(d), kleurig, kleurryk, kleurvas, kleurreg, kleurgevoelig, chromaties, monochroom, monochromaties, homochroom, homochromaties, polichroom, polichromaties, heterochroom, heterochromaties, eenkleurig, tweekleurig, driekleurig, ..., veelkleurig, bont, bontkleurig, primêr, sekondêr, neutraal, donker, somber, dof, lig, effe, pastelkleurig, bleek, blakend, helder, helderkleurig, vrolik, warm, koud, blosend, hard, fel, skel, skreeuend, skril, sag, strelend, geskakeer(d), bedruk, geblom(d), gespikkel(d), gevlek, kakiebont, kaleidoskopies, prismaties, kleurloos

ww. 'n kleur hê, kleur kry, verkleur, van kleur verander, bleik, bleek, verbleik, verbleek, verlig, verdonker, blink, bloos, blou word, groen word, ..., afsteek, kleur afgee; kleur, inkleur, verf, verwe, beverf, oorverf, skilder, beskilder, vernis, beits, lak, wit, afwit, deuraar, iriseer, spikkel, skakeer, tint, temper, opdruk

491. Kleurloosheid
b.nw. kleurloos, ongekleur, ongeverf, achromaties, grys, vaal, valerig, vaalagtig, asvaal, grys, gryserig, vaalgrys, verskote, dof, mat, bleek, wit, bleekwit, witterig, vuilwit, verbleik, flets, doods, doodsbleek, anemies, haai, haaikaal

s.nw. kleurloosheid, achromatisme, vaalheid, gryserigheid, dofheid, bleekheid, melkgesig, doodskleur, doodsheid, verkleuring

ww. kleur verloor, kleur afgee, verkleur, bleik, bleek, verbleik, verbleek, verskiet; ontkleur, verf stroop, bleik, verbleik

492. Kleure
b.nw. swart, pikswart, gitswart, pikgitswart, pik-pikswart, koolswart, roetswart, lampswart, raafswart, vaalswart, matswart, dofswart, swartgrys

vaal, valerig, asvaal, muisvaal, grou, muisgrou, muiskleurig, rokerig, askleurig, leikleurig, grys, liggrys, donkergrys, gryserig, geelgrys, staalgrys, ysterkleurig, lood, loodgrys, spikkelgrys, pêrelgrys, silwergrys, silwer, chroom, blougrys

wit, witterig, blank, blanje (*ongewoon*), spierwit, sneeuwit, silwerwit, ivoor, ivoor-

wit, leliewit, lelieblank, melkwit, haelwit, marmerwit, marmerkleurig, franswit, blond, witblond, asblond, sjampanje, naaswit, eierdopwit, halfwit, vaalwit, vuilwit, bleek, bestorwe (bleek), room, roomkleurig, roomwit, vanielje, beige, opaliserend, amandel
blou, potblou, blouerig, ligblou, pastelblou, poeierblou, bababblou, helderblou, koningsblou, donkerblou, middernagblou, poublou, pruisiesblou, staalblou, kobaltblou, vlootblou, baftablou, berlynsblou, blouselblou, hemel(s)blou, asuur, lasuur, marineblou, ultramaryn, akwamaryn, opaalblou, saffier, saffierblou, saksiesblou, silwerblou, blougroen, denim
groen, heldergroen, grasgroen, smaraggroen, bottelgroen, donkergroen, olyf, olyfgroen, vaalgroen, liggroen, pastelgroen, turkoois, lemmetjie, lemmetjiegroen, seegroen, seladon, mintgroen, kopergroen, geelgroen, groengeel, pistagiogroen, grysgroen
geel, liggeel, goudgeel, kanariegeel, botergeel, mosterd, mosterdgeel, ivoorgeel, sitroengeel, saffraan, saffraangeel, amber, ambergeel, amberkleurig, goud, goudkleurig, donkergeel, geelbruin, geeloranje, oranje, oranjeagtig, oranjekleurig, oranjerooi, rooioranje, vermiljoen, perske
bruin, donkerbruin, sjokoladebruin, sepia, ligbruin, vaalbruin, goudbruin, koperkleurig, brons, gebrons, goudbrons, blas, kakie, kakiekleurig, molbruin, terracotta, taan, taankleurig, tanig, barnsteenkleurig, roesbruin, roeskleurig, rooibruin, oker
rooi, helderrooi, bloedrooi, vuurrooi, kersierooi, vermiljoen, fluweelrooi, granaatrooi, tamatierooi, skarlaken, skarlakenrooi, karmyn, karmynrooi, henna, donkerrooi, karmosyn, karmosynrooi, purperrooi, steenkleurig, koperrooi, ligrooi, bloesend, blosend, rooskleurig, ligroos, inkarnaat, wynkleurig, vermiljoen, koraal, koraalrooi, rosé, rosig, pienk, skokpienk, salm, cerise, pers, rooipers, persrooi, purper, heliotroop, magenta, violet, indigo, purper, mauve, roesrooi
maroen, wynrooi, boergondies, bordeaux, karmyn,
metaalkleurig, goud, goudkleurig, ougoud, roes, koper, brons, silwer, kobalt

bont, swartbont, witbont, rooibont, ..., hermelynbont, perlemoen, perlemoer, peper-en-sout, peper-en-sout(-)kleurig, geruit, spikkel, gespikkel(d), bespikkel, skilderbont, skimmel, blouskimmel
s.nw. kleur 267, ligte kleur, donker kleur, pastelkleur, effe kleur, skutkleur, lentekleur, reënboogkleur
swart kleur, swartheid, roetkleur, teerkleur
vaal kleur, vaalheid, vaalte, askleur, muiskleur, grondkleur, granietkleur, klipkleur, grys kleur, silwergrys kleur, metaalkleur, ysterkleur, loodkleur, staalkleur, silwerkleur, nikkelkleur
wit kleur, witheid, pêrelkleur, ivoorkleur, kalkkleur, roomkleur, sjampanjekleur, poeierkleur, sandkleur, porseleinkleur, waskleur, waterkleur
blou kleur, blouheid, bloute, hemelkleur, asuur, opaal, skemerkleur
groen kleur, groenheid, olyfkleur
geel kleur, geelheid, kanariekleur, boterkleur, kaaskleur, mosterdkleur, saffraankleur, appelkooskleur, perskekleur, lemoenkleur, nartjiekleur, heuningkleur, herfskleur
bruin kleur, bruinheid, houtkleur, koffiekleur, kakaokleur, kakiekleur, kaneelkleur, kastaiingkleur, beskuitkleur, goudkleur, koperkleur, bronskleur, modderkleur, terracottakleur, strooikleur, taankleur, roeskleur
rooi kleur, rooiheid, bloedkleur, kersiekleur, proteakleur, wynkleur, pruimkleur, vleiskleur, lewerkleur, rooskleur, salmkleur, purperkleur, vlamkleur, vuurkleur, waatlemoenkleur
bont kleur, bontheid, sout-en-peperkleur, perlemoenkleur
uitdr. so swart soos die nag; so swart soos roet; so wit soos sneeu; so rooi soos bloed; so rooi soos skarlaken; so blou soos die lug

D. SINTUIGLIKE WAARNEMING
493. Gevoeligheid
b.nw. gevoelig, sintuiglik, sensitief, sensories, sinesteties, sinlik, sinnelik, tergend; waarneembaar, waargenome, bemerkbaar, merkbaar, voelbaar; buitesintuiglik, transendentaal
s.nw. gevoel, gevoeligheid, sensitiwiteit, sintuiglikheid, sintuig, sin, sinlikheid, sinne-

likheid; waarneming, sintuiglike waarneming, sinestesie, aanvoeling, gewaarwording, sensasie, prikkel, voelbaarheid, sinsbedrog, sinsverbystering, sin(s)genot, hallusinasie; waarneembaarheid, ondervinding, waarnemingsvermoë
ww. waarneem, voel, aanvoel, merk, bemerk, gewaarword, ondervind, aandui, aangaan, aanroer, beken, beskou, bespeur, bestudeer, deurtintel, peil, raak

494. Gevoelloosheid en bedwelming
b.nw. gevoelloos, ongevoelig, dronk, smoordronk, papdronk, poepdronk (*plat*), bedwelm(d), gerook, psigedelies, verslaaf(d), middelafhanklik; bedwelmend, gewoontevormend, verslawend, hallusinêr, hallusinogeen

s.nw. gevoelloosheid, sinsverbystering, sinsbedrog, sinsbedrieëry, hallusinasie, bedwelmdheid, bedwelming, verdowing, intoksikasie, verslaafdheid, verslawing, dwelmverslawing, middelafhanklikheid, alkoholverslawing

dwelmgebruik, dwelmmisbruik, middelmisbruik, afhanklikheid, middelafhanklikheid, dwelmafhanklikheid, verslawing, middelverslawing, dwelmverslawing, narkomanie, morfienafhanklikheid, morfienverslawing, ..., morfinisme, onttrekkingsimptome, dwelmhandel, dwelmsmokkelary, dwelmtoer, dwelmroes; dwelmhuis, tikhuis; dwelmtoets, opkikkertoets

dwelm, dwelmmiddel, verdowingsmiddel, stimulant, opkikker, depressant, bedaarmiddel, berustingsmiddel, susmiddel, slaapmiddel, sedatief, hipnotikum, hallusinasiemiddel, hallusinogeen, sintetiese dwelm, snuifmiddel, poppers (*meervoud*), klubdwelm, partytjiedwelm; alkohol, dagga, daggaplant, klipdagga, perdedagga, velddagga, knopdagga, koppiesdagga, malkopdagga, stranddagga, aaptwak (*informeel*), boom (*lekties*), koelpatats (*lekties*), papegaaislaai (*lekties*), dwaalbos, ganja, madjat (*lekties*), marijuana, cannabis, kannabis, hasjisj, morfien, opiaat, opium, kokaïen, crack (*Engels*), heroïen, slaappil, amfetamien, tik, metamfetamien, gom, LSD, lisergiensuur-diëtielamied, Ecstasy-tablet, Mandrax-tablet; zol (*informeel*), daggazol (*in-*

formeel), spuitnaald, lollie (*Engels, informeel*), daggapyp

dwelmgebruiker, dwelmafhanklike, middelafhanklike, dwelmslaaf, dwelmverslaafde, junky (*Engels, informeel*), junkie (*Engels, informeel*), druggie (*Engels, informeel*), pilslukker (*informeel*), opiumroker, gomsnuiwer, daggaroker, morfinis, tikgebruiker, tikkop, tjoefkop, tjoefer, zombie; dwelmhandelaar, dwelmsmokkelaar, dwelmmuil

ww. begoël, begogel, hallusineer, bedwelm, bedrieg, verdoof, slaap, verslaaf

495. Tassin
s.nw. tassin(tuig), gevoelsin(tuig), gevoel, gevoeligheid, gevoelsensasie, tasgewaarwording, tasindruk, aanraking, tasting, betasting, palpasie, aantasting, voelery, gejeuk, gekriewel, jeuking, krieweling, kriebeling, wriemeling, tokkeling, voelbaarheid, manipulasie, manipulator, gevoelloosheid 494; tasorgaan, tasdraad, tashaar, vel 381, huid 381, huidsenuwee, voeler

b.nw. gevoelig, oorgevoelig, tastelik, tastend, taktiel, jeukerig, kielierig, kriewelrig, kriebelrig, ongevoelig, gevoelloos; tasbaar, voelbaar, onaangeroer(d)

ww. voel, raak, aanraak, tas, rondtas, bevoel, betas, palpeer, aftas, streel, bestryk, jeuk, kielie, kietel, kriewel, kriebel, wriemel, manipuleer, prikkel, roer, tip, tokkel, troetel

bw. voel-voel

496. Smaak
s.nw. smaak, smaaksin, smaaksintuig, proesintuig, smaakknoppie, smaakpapil, smaaksenuwee, proeslag, proewery, proewer, fynproewer 406

b.nw. smaaklik, smaakloos, lekker, geurig, sleg, ryk

ww. smaak, proe

497. Reuksintuig
s.nw. reuksintuig, reuksin, reukvermoë, ruikvermoë, neus, reukorgaan, reukklier, reuk 473, ruik, geur, reukloosheid

b.nw. olfaktories, fyn van reuk

ww. ruik, snuif, snuiwe, snuffel, besnuffel, opsnuif, opsnuiwe; lekker ruik, sleg ruik, aangenaam ruik, 'n reuk afgee *uitdr.* 'n krakie hê

498. Gehoor
s.nw. **gehoor**, gehoorsintuig, hoorvermoë, ouditiewe vermoë, akoestiek, gehoorafstand, gehoordrempel, gehoortoestel; hoorder, hoordares, toehoorder, luisteraar, luisterares

swak gehoor, gehoorgebrek, gehoorgestremdheid, doofheid, senudoofheid, geleidingsdoofheid, ketelmakersdoofheid, doofstomheid, hardhorendheid, amusie; dowe

gehoorapparaat, hoorbuis, hoorpyp, hoortoestel, bioniese oor

b.nw. horend, hoorbaar, verneembaar, klinkend, ouditief, oudiovisueel, doof, stokdoof, potdoof, dowerig, gehoorgestremd, doofstom

ww. **hoor**, aanhoor, goed hoor, skerp hoor, sleg hoor, doof word, jou gehoor verloor

luister, aanluister, beluister, strategies luister, verluister, toehoor, uithoor, afluister, meeluister, monitor, moniteer, opvang, verneem; liplees

verdoof, verdowe, afdemp

uitdr. die ore spits; die mure het ore; jou oor (uit)leen; lang ore hê; so doof soos 'n kwartel

499. Sien
s.nw. **gesig**, gesigvermoë, sienvermoë, kykvermoë, sig, sigkant, waarneming, waarnemingsvermoë

aanskouing, kyk, kykie, glimps, gekyk, staar, gestaar, starheid, geloer, geloerdery, gegluur, gegluurdery, besigtiging, blik, deurdringende blik, terugblik, deteksie, herkenning, perspektief, voëlperspektief, voëlvlug, oorsig, oorsigtelike beeld, gesigsbeeld; knip, geknip, geknipoog, oogwenk, oogwink

gesigskerpte, skerpsiendheid, adelaarsblik, arendsblik, arendsoog, argusoë, valkeblik, valkoog

blindheid, gesigsverlies, nagblindheid, sneeublindheid, gesigswakte, swaksiendheid, bysiendheid, versiendheid, kleurblindheid, achromasie, achromatisme, miopie, skeelheid, strabisme, skeeloog, nabeeld, sinsbedrog, verblinding, fotofobie, ligskuheid

optometrie 414, optometris, optrisiën; bril, leesbril, bifokale bril, knypbril, montuur, kontaklens, oogglas, monokel, sonbril, stofbril, motorbril, sneeubril, gidshond, leihond

kyker, toeskouer, waarnemer, observeerder; blinde, achromaat

kykplek, kyktoring, uitkyktoring, uitkyk, uitkykpunt, uitsigpunt, uitkykpos, waarnemingspos, uitkykplatform, loergat, kykgaatjie

gesigsveld, gesigskring, gesigshoek, gesigslyn, gesigseinder, kim, kimdiepte, kimduiking, uitsig, panorama, verskiet, verte

b.nw. **siende**, okulêr, visueel, glurend, alsiende, klaarsiende, skerpsiende, stip, strak, oorsigtelik

blind, stokblind, swaksiende, kleurblind, achromaties, dagblind, nagblind, sneeublind, bysiende, versiende, miopies, stiksiende, skeel, soetskeel

aanskoulik, ongesiens, oudiovisueel, bifokaal, binokulêr, makroskopies, onbesiens, onderskeidend, star

ww. **sien**, goed sien, sleg sien, met die blote oog sien, insien, uitsien, deursien, vooruitsien, gewaar, glimps, ontwaar (*verouderd*), raaksien, herken

kyk, toekyk, verkyk, stip kyk, opkyk, afkyk, inkyk, omkyk, terugkyk, bekyk, blik, gadeslaan, betrag, skou, beskou, aanskou, aankyk, aansien, besigtig, besien, dophou, uitcheck (*lekties, informeel*), waarneem, observeer, opneem, oplet, toesien, stip kyk, fikseer, aangaap, staar, aanstaar, vors, loer, beloer, afloer, koekeloer, gluur, aangluur, bespied, verspied, tuur, op die uitkyk wees; skeef kyk, skeel kyk

knip, knipoog, flikker, korrel (met die oog), mik (met die oog), nakyk, naoog, verglaas, jou oë neerslaan

blinddoek, blindeer, verblind

bw. oopoog, oopoë, sienderoë

tw. kyk, kyk net, siedaar, violà

uitdr. iets/iemand in die gesig kry; onder oë kry; 'n blik daarop werp; jou oë laat wei; so blind soos 'n mol

500. Sigbaarheid
s.nw. sigbaarheid, duidelikheid, opvallendheid, gesig, helderheid, helderte, verheldering, merkbaarheid, waarneembaar-

heid, aanskoubaarheid, verskyningsvorm, vertoning, vertoon, sigbaarstelling

b.nw. sigbaar 162, sienbaar, in sig, in die oog, duidelik, helder, merkbaar, bespeurbaar, waarneembaar, waargenome, aanskoubaar, onverberg, markant, sienlik, opvallend, ooglopend, opmerklik, frappant, ostensief, simptomaties

ww. sigbaar wees, in sig wees, sigbaar word, in sig kom, in sig bly, verskyn, te voorskyn kom, te voorskyn tree, na vore kom, na vore tree, oorhang, uitkom, uitsteek; sigbaar maak, te voorskyn haal, vertoon, verhelder, ophelder, oopmaak 177; sien 499, merk, aanskou, waarneem, opval

bw. in sig, in die oog, te siene

uitdr. in die oog lopend; so helder/klaar soos kristal; so duidelik soos daglig

501. Onsigbaarheid

s.nw. onsigbaarheid, verborgenheid, latentheid, onnaspeurbaarheid, duister, stilligheid, newelagtigheid, neweligheid, dynserigheid, onduidelikheid, onwaarneembaarheid, onopvallendheid, onopsigtelikheid

bedekking 161, versteking, verhulling, verberging, kamoeflering, vermomming, masker, maskering, mombakkies, wegkruipery; verstekeling, wegkruiper

b.nw. onsigbaar, onsienbaar, onwaarneembaar, onopsigtelik, onnaspeurbaar, versteek, weggesteek, verborge, latent, sluimerend, onmerkbaar, onopgemerk, ongemerk, blind, duister, dynserig, newelagtig, newelig, onduidelik, onopvallend, mikroskopies, virtueel

ww. onsigbaar wees, onsigbaar word, verdwyn, padgee, weggaan, ophoepel, waai (*informeel*), vergaan, ontglip, sluip, wegkruip, skuil, skuilgaan, skuilhou, ontgaan **onsigbaar maak**, wegsteek, versteek, verhul, buite sig hou, verberg, wegstop, versluier, bedek 161, toemaak, afskerm, maskeer, vermom, kamoefleer

bw. tersluiks, stilletjies, skelm, skelmpies, stiekem, stiekempies

uitdr. in die niet verdwyn; in die niet versink; in jou skulp kruip; oor die hoof sien; uit die gesig verloor

3 Die verstand

A. VERSTANDELIKE VERMOËNS
502. Verstand
s.nw. **verstand**, brein, harsings 385, breinkrag, breinkapasiteit, hoof, kop, intellek, verstandelike vermoë, verstandelikheid, verstandigheid, gawe, gees, geestesgawe, geestesvermoë, geesvermoë, geestelike werksaamheid, geesteswerksaamheid, denke 513, kognisie, dinkvermoë, denkvermoë, denkarbeid, denkkrag, dinkkrag, draadwerk

intelligensie, wysheid, geleerdheid, erudisie, slimheid, kenvermoë, skranderheid, genialiteit, briljantheid, beredeneerdheid, skerpsinnigheid, skerpheid, skerpte, skerpheid, gesonde verstand, goeie verstand, goeie kop, diepsinnigheid, diepgang, gewikstheid, sin, insig, epifanie, skerpsiendheid, deursig, begrip, begripsvermoë, denkvaardigheid, helderheid, heldersiendheid, clairvoyance, helderte, oordeelkundigheid, besonnenheid, raadsaamheid, verstandigheid, subtiliteit, redelikheid, diplomasie, openheid, deursigtigheid, glasnost, ruimheid, ruimgeestigheid, ruimte van gees, rypheid, gesofistikeerdheid, diskresie, finesse, flair, aanleg, veelsydigheid, lewenswysheid, sosiale intelligensie; verstandsontwikkeling, intellektuele ontwikkeling, opvoeding, studie, verruiming, verryking, geestesverryking; intelligensiepeil, intelligensiekwosiënt, verstandsouderdom, intelligensiemeting, verstandsmeting, intelligensietoets, verstandstoets, aanlegtoets

oordeelkundigheid, oordeel, oordeelsvermoë, oorwoënheid, weloorwoënheid, deurdagtheid, weldeurdagtheid

kennis, kundigheid, geleerdheid, wete, verstand, begrip, vakkennis, vakkundigheid, wetenskaplike kennis, saakkennis, algemene kennis, lewenskennis, talent, bekwaamheid, bedrewenheid, vaardigheid, vernuf, vernuftigheid, vindingrykheid; intelligentsia, breintrust; verlies aan kundigheid, breinkwyn (*informeel*), breindrein (*Engels*), breinerosie

slimmigheid, slimpraatjies (*meervoud*), slimstorie, gladheid, gladdigheid, streek, slinksheid, sluheid

intelligente persoon, slim persoon, slimmerd, slimjan, slimkop, slimmerik, slimkous, genie, wyse, wyse man, geleerde 515, akademikus, wetenskaplike, intelligentsia, kenner, kundige, boffin (*informeel*), fundi, foendi, guru, ghoeroe, meester, connoisseur, meester van sy/haar vak, bloukous, adep, mahatma, orakel, savant, idioot-savant

b.nw. **verstandelik**, geestelik, rasioneel, redelik, intellektueel, akademies, denkend, mentaal, serebraal, kognitief

intelligent, hiperintelligent, slim, briljant, geniaal, giftig (*lekties*), wys, skrander, begaaf(d), bekwaam, geleer(d), erudiet, beredeneer, skerp, skerpsinnig, vlug van begrip, deurdringend, verrykend, helder, helderdenkend, heldersiende, klaarsiende, verstandig, judisieus, besonne, blink, diepsinnig, oulik, ingenieus, ruim, ruimdenkend, redelik, subtiel, spitsvondig, gevat, bekkig, raak, gesofistikeerd

oordeelkundig, deurdag, weldeurdag, oorwoë, weloorwoë, diskreet, fyn, krities

opgevoed, opgelei, geskool(d), kundig, geleer(d), skrifgeleerd, gesofistikeerd, talentvol, knap, kloek, vindingryk, vernuftig, behendig, belowend, veelbelowend, veelsydig, alsydig, fynsinnig, oordeelkundig, raadsaam, diskresionêr, diplomaties

slu, slinks, geslepe, gewiks, glad, skelm, uitgeslaap, uitgeslape, uitgeleer(d), vorentoe

ww. dink, besin, beredeneer, bevat, leer, opskerp, vergeestelik, verredelik, verruim, verryk

bw. wyslik, redelikerwys, met reg

uitdr. by/tot jou sinne kom; dit sit vuisdik agter die ore; iemand is ouer as twaalf; nie onder 'n uil/kalkoen uitgebroei nie; so oud/slim soos die houtjie van die galg; jou kop is deur; vlug van begrip wees; 'n kop op jou lyf hê; meer verstand in jou pinkie hê as iemand anders in sy/haar hele lyf; nie van gister wees nie; nie vandag se kind wees nie; wie nie sterk is nie, moet slim wees; deur skade en skande word mens wys; nie op jou bek geval wees nie; slimpraatjies maak

503. Onverstandigheid
s.nw. klein verstand, idiotisme, idiosie, geestesgebrek, agterlikheid, swaksinnigheid, oligofrenie, beperktheid, vertraging, vertraagdheid, gestremdheid, verstandelike vertraagdheid, verstandelike gestremdheid, omgewingsgestremdheid, kranksinnigheid, malheid
onverstandigheid, gebrekkige kennis, onkundigheid, begripsverwarring, warkoppigheid, gebrek aan insig, gebrekkige insig, kortsigtigheid, feitedoofheid, feiteweerstandigheid, eenogigheid, tonnelvisie, redeloosheid, sinloosheid, insigloosheid, stommigheid, stommiteit, stompsinnigheid, bogtery, sotheid, sotlikheid, sotterny, sotskap, idiotery, swapestreek, gekkerny, gekheid, gekkigheid, gekkespul, gekkehuis, malheid, malligheid, naïwiteit, lawwigheid, malpraatjies, simpelheid, onwysheid, onnoselheid, dommigheid, domheid, oerdomheid, dwaasheid, stupiditeit, eselagtigheid, verstandeloosheid, sufferigheid, alleenwysheid, domastrantheid
onoordeelkundigheid, gebrekkige oordeel, onverstandigheid, indiskresie, onoorwoënheid, onnadenkendheid
kleingeestigheid, kleinlikheid, kleinburgerlikheid, bekrompenheid, verkramptheid, engheid, verstoktheid, verstardheid, kleinsieligheid, kinderagtigheid, onvolwassenheid, infantiliteit, puerilteit, puerilisme, liggeraaktheid
onverstandige persoon, swaksinnige, stompsinnige, idioot, blêrrie fool (*Engels, informeel*), imbesiel, moron, moroon, analfabeet, agterlike persoon, gek, allemansgek, dom ding, domkop, dommie (*informeel*), dwaas, dwaaskop, dommerik, stommerik, stommeling, stumper(d), ignoramus, sul, swaap, sot, proleet, proletedom, bobbejaan, aap, donkie, esel, uil, dikkop, skaap, skaapkop, koolkop, domoor, suffer(d), klipkop, semelkop, gaip, mamparra, japie, gans, gawie, kaaskop, ambraal (*ongewoon*), pampoen, pampoenkop, Jan Pampoen, klipsalmander, klipsteen, uilskuiken, hol (*plat*), poephol (*plat*), ghwar, gat (*plat*), pietsnot (*plat*), snotkop (*plat*), lafbek, robot, asjas, aspatat, askoek, warhoof, warkop, naïeweling, hierjy, hierjymens
b.nw. dom, onnosel, dig (*informeel*), stupid (*Engels, informeel*), dof (*informeel*), domonnosel, kliponnosel, aartsdom, oerdom, besimpeld, baar, dig, toe, toeërig, dof, dikkoppig, eselagtig, skaapagtig, redeloos, verstandeloos, misdeel(d), geesteloos, leeghoofdig, sinloos, agterlik, dwaas, simpel, betotteld, laf, gek, verspot, laggerig, lagwekkend, mal, sot, sotlik, idioterig, swaperig, onbenullig, agterstevoor, alleenwys, uitsinnig, stom, stomp, stompsinnig, botsinnig, suf, sufferig, traag van begrip, onbegaaf, talentloos, onervare, onkundig, onwys, onwetend, sonder kennis, sonder insig, ongeskool(d), onopgelei, onopgevoed, kortsigtig, eenogig, aweregs, naïef
onverstandig, onbesonne, ondeurdag, warkoppig, warhoofdig, onverskillig, dwaas, kortsigtig, feitedoof, feiteweerstandig, eenogig, redeloos, insigloos, sinloos, stom, stompsinnig, sot, sotlik, gek, naïef, laf, simpel, onwys, dom, onnosel, dwaas, dig (*informeel*), stupid (*Engels, informeel*), toe (*informeel*), eselagtig, alleenwys, domastrant, eiesinnig
onoordeelkundig, onverstandig, onoorwoë, onnadenkend, onkrities, newwermaaind (*Engels, lekties*), indiskreet
idioties, geestelik gestrem, verstandelik gestrem, omgewingsgestrem, vertraag, traag, swaksinnig, misdeel(d), onbedeel(d), agterlik, kranksinnig, mal
kleingeestig, eng, enggeestig, kleinlik, verkramp, bekrompe, krenterig, geborneer(d) (*ongewoon*), afgeslote, kleinburgerlik, kleinmenslik, kleinsielig, kinderagtig, infantiel, onvolwasse, pueriel, kleinmoedig, proletaries, bourgeois, parogiaal, kleinsteeds, verstok, verstar, kleinhartig, enghartig, liggeraak, liggevoelig, liggeroer
ww. onverstandig wees, beperk, verstok raak, verstar, fossileer, jou verstand verloor, suf, nie van die slimste wees nie, traag van begrip wees, nie (van) beter weet nie
bw. dwaaslik
uitdr. so dom soos 'n klip; so dom soos grond; jy het nie buskruit uitgevind nie;

nie die ABC ken nie; van jou sinne beroof wees; te dwaas om voor die duiwel te dans; nie verder kyk/dink/sien as wat jou neus lank is nie; jou kop raas; so toe soos 'n kleios se agterent, so toe soos 'n kleios se hol (*plat*), so toe soos 'n kleios se sweetgaatjies

504. Geestelike gesondheid
s.nw. **geestelike gesondheid**, geestesgesondheid 505, normaliteit, geestelike krag, geesteskrag, positiewe, ewewig, ekwilibrium, geestelike ewewig, mentale ewewig, geestesgesteldheid, verstandigheid, redelikheid, ewewigtigheid, gebalanseerdheid, intelligensie 502, kalmte, positiewe, volwassenheid

psigologiese toetsing, intelligensiemeting, verstandsmeting, intelligensietoetsing, intelligensiekwosiënt, IK, IK-toets, intelligensietoets, verstandstoets, aanlegtoets, aanlegtoetsing, psigometrie, psigometriese toetsing, psigometriese toets, psigometris

b.nw. geestesgesond, geestelik gesond, normaal, doodnormaal, verstandig, compos mentis, gebalanseer(d), ewewigtig, redelik, billik, intelligent, kalm, geestesverheffend, nugter, ruim, volwasse; psigometries

ww. by jou verstand wees, by jou volle verstand wees, tot besinning kom, tot verhaal kom; iemand tot sy/haar sinne bring

uitdr. teenwoordigheid van gees

505. Verstandstoornis
s.nw. agterstand, geestesgebrek, ongebalanseerdheid, simpelheid, onverstandigheid 503, delusie, versteurdheid, verstoordheid, sufheid, versuftheid, gestremdheid, vertraging, vertraagdheid, geestesgebrek, geestelike gestremdheid, geesteswakte, verstandsverbystering, verstandelike vertraagdheid, verstandelike gestremdheid, omgewingsgestremdheid, sosiale gestremdheid, gedragsteuring, gedragsteurnis, agterlikheid, swaksinnigheid, oligofrenie

geestesiekte 413, geesteskrankheid, sielsiekte, geestesgesondheid 504, psigose, abnormaliteit, verdwaasdheid, idiotisme, idiosie, imbesiliteit, kranksinnigheid, sielsiekte, malheid, mallerigheid, redeloosheid, maansiekte, kraak, streep, aberrasie, gekheid, besetenheid, raserny, demensie, fantasma, fantasmagorie, dolheid, skisofrenie, dementia praecox, katatonie, katatoniese skisofrenie, hebefrenie, hebefreniese skisofrenie, jeugkranksinnigheid, psigopatie, kwerulantisme, paranoia, paranoïese skisofrenie, hipokonders, hipochondria, hipochondrie, iepekonders (*informeel*), ipekonders (*informeel*), waan, waansin, manie, beheptheid, obsessie, fiksasie, fetisj, preokkupasie, sieklike drang, vervolgingswaan(sin), grootheidswaansin, megalomanie, monomanie, nimfomanie, bibliomanie, melomanie, dipsomanie, kleptomanie, piromanie, fobie 768, vrees, angs, histerie, infantilisme, kretinisme, outisme, verbeelding, verbeeldingsiekte, neurose, ineenstorting, senu-instorting, senuwee-ineenstorting, depressie, maniese depressie, melancholie, melankolie, amnesie, geheueverlies, breekpunt, obsessionisme

versteurde, verstoorde, psigoot, kranksinnige, berserker, besetene, waansinnige, maniak, skisofreen, psigopaat, paranoïkus, hipochondris, hipokondris, nimfomaan, kleptomaniak, kleptomaan, kropmens, kretin, agterlike mens, outis, outistiese persoon, neurotikus, neuroot, idioot, imbesiel, gek, malle, koolkop, afkophoender

gestig, psigiatriese inrigting, sielsiekegestig (*kwetsend*), kranksinnigegestig (*kwetsend*), malhuis (*kwetsend*), gekkehuis (*kwetsend*), groendakkies (*kwetsend*), dolhuis (*kwetsend*)

b.nw. geestelik swak, agterlik, baar, besimpeld, deurmekaar, ongebalanseer(d), redeloos, serebraal, dissosiatief, gestrem(d), vertraag(d), swak van gees, swaksinnig, versteur(d), verstoor(d), versuf, behep, halfwys, naatloos, simpel, sinneloos, betotteld

kranksinnig, mal, gek, stapelgek, ghagha (*informeel*), koekoes (*informeel*), bosbefok (*plat*), bossies (*informeel*), naatlos, mallerig, sielsiek, sertifiseerbaar, maansiek, getik, gestreep, abnormaal, idioties, psigoties, manies, waansinnig, besete, berserk, rasend, dol, dolsinnig, uitsinnig, skisofrenies, katatonies, hebefrenies, paranoïes, nimfomanies, psigopaties, hipochondries, hipo-

skisokondries, outisties, depressief, maniesdepressief, bevrees, beangs, histeries, neuroties, ontoerekeningsvatbaar
ww. verdwaas, verwar, verstomp, dol, dolf, haper, sertifiseer, verduister, versuf, breekpunt bereik
uitdr. 'n skroef los hê; getik wees; van lotjie getik wees; iemand het nie al sy/haar varkies in die hok nie; 'n krakie hê; van jou kop af wees; van jou trollie af wees; rondhardloop soos 'n afkophoender; nie goed wys wees nie; jou verstand verloor; van jou verstand af raak; van jou wysie af raak; 'n raps weghê; van jou sinne beroof wees; 'n klap van die windmeul weg hê; sag in die kop wees, saf in die kop wees; die ritteltit(s) kry

506. Belangstelling
s.nw. **belangstelling**, geïnteresseerdheid, interesse, opmerksaamheid, belesenheid, ingeligtheid, weetgierigheid, weetlus, weetlustigheid, agsaamheid, bewussyn, aandag 508, opspraak, behoedsaamheid, oplettendheid, noulettendheid, konsentrasie, bedagsaamheid, benieudheid, nuuskierigheid, vraagsug, bemoeisiekheid, inmengerigheid, origheid, opdringerigheid
interessantheid, wetenswaardigheid, belangwekkendheid, belang, belangrikheid, aktualiteit, opvallendheid
belangstellende, nuuskierige, agie, nuuskierige agie, langneus
b.nw. **belangstellend**, geïnteresseerd, belese, ingelig, welingelig, weetgierig, weetlustig, agsaam, noulettend, behoedsaam, opmerksaam, bedagsaam, diskresionêr, grootoog, kyklustig, orig, benieud, nuuskierig, vraagsugtig, neusinstekerig, bemoeisiek, opdringerig, inmengerig, agierig
interessant, wetenswaardig, opvallend, opmerklik, opsigtelik, belangrik, belangwekkend, aktueel, treffend, boeiend, pakkend, sentensieus
ww. **belangstel**, belang stel, belangstelling hê, belangstelling toon, blyke gee van belangstelling, aandag skenk 508, aangaan, aankweek, aanleer, bestudeer, opval
belangstelling kweek, belangstelling prikkel, belangstelling aanwakker, belangstelling gaande maak, belangstelling wek, aktueer, interesseer, boei, intrigeer, aandag trek, opspraak verwek, stof opskop
bw. interessantheidshalwe

507. Gebrek aan belangstelling
s.nw. gebrek aan belangstelling, ongeïnteresseerdheid, ongeërgdheid, belangeloosheid, onverskilligheid, agte(r)losigheid, nalatigheid, traak-my-nieagtigheid, sorgeloosheid, verveeldheid, vervelendheid, ennui, vervelerigheid, nonchalance, nonchalantheid, verveligheid
b.nw. ongeïnteresseerd, belangeloos, onverskillig, agte(r)losig, ongeërg(d), traak-my-nieagtig, gedagteloos, ongegeneerd, ongereken(d), blindelings, vaal, nonchalant, verveeld, vervelend, vervelig; onbelangrik, onbeduidend, onopvallend, onopsigtelik, lig opneem
ww. onverskillig wees, onverskillig staan, lig opneem, geen belangstelling toon nie, afmaak, jou aan niks steur nie, poer-poer (*informeel*); onderbeklemtoon, onderspeel, onderbelig, van geen belang wees nie, geen belangstelling wek nie
bw. agterstevoor, blindweg
tw. watewwer (*Engels, informeel*), whatewwer (*Engels, informeel*)
uitdr. dit kan my nie skeel nie; iets in die wind slaan; oor iets heen stap; jou gat aan iets afvee (*plat*)

508. Aandag
s.nw. **aandag** 506, aandagtigheid, soeklig, oplettendheid, noulettendheid, opmerksaamheid, attensie, skerpsiendheid, opspraak, konsentrasie, noukeurigheid, sorgvuldigheid, akkuraatheid, voorbedagtheid, vooruitsiendheid, bewussyn, bewustheid, selfbewussyn, selfbewustheid, bewuswording, belangstelling 506, geïnteresseerdheid, interesse, opvallendheid, fiksasie, inneming, inagname, inagneming, edifikasie, besinning, besonnenheid, nadenke, nadenkendheid, behoedsaamheid, wakkerheid, waaksaamheid, omsigtigheid, versigtigheid, agsaamheid, bedagsaamheid, sorgsaamheid, versigtigheid
bewusmaking, aandagtrekkery, aandagtrekking, profilering, bemarking, benadrukking
persepsie, waarneming, selfwaarneming,

observasie, appersepsie, gewaarwording, introspeksie, inspeksie, ontleding, registrasie; waarnemingsvermoë, opmerkingsvermoë; verspieding, spioenasie, spioenering, teenspioenasie

toesig, beheer, bewaking, inspeksie, kontrole, kontrolering

waarnemer, observator, observeerder, flaneur, toeskouer, omstander, inspekteur, inspektrise, kontroleur, superintendent, opsiener, opsigter, oppasser; verspieder, spioen, agent, teenagent, dubbelagent, speurder, speurhond

b.nw. aandagtig, aandagtiglik, verstandig, weldenkend, nadenkend, belangstellend, bedag, geïnteresseerd, oplettend, besonne, vasgenael, agsaam, noulettend, opmerksaam, attent, bedagsaam, sober, noukeurig, sorgvuldig, akkuraat, sekuur, presies, fyn, versigtig, oorversigtig, omsigtig, toesiende, waaksaam, wakker, behoedsaam, bewus, bewustelik, welbewus, terdeë bewus, selfbewus; opvallend, steurend, in-die-oog-lopend, opmerkenswaardig, bemerkbaar, waargenome

denkend, nadenkend, bedag, voorbedag, voorbedagtelik, deurdag, weldeurdag, oorwoë, weloorwoë, willekeurig, gepremediteer(d), berekend, moedswillig, opsetlik

ww. aandag skenk, aandag gee, notisie neem van, ag, ag gee, ag slaan op, fyn trap, in ag neem, in aanmerking neem, rekening hou met, bepaal, jou aandag bepaal by, toesien, toespits, jou aandag toespits op, skrutineer, fikseer, ingaan op, ontleed, bedag wees op, jou toelê op, met aandag volg, ondersoek, op die fynere punte let, dink 513, stilstaan, konsentreer, toelê, peins, te binne skiet, let op, oplet, opletloop

onder die aandag bring, die aandag vestig op, profileer, iemand se aandag hê, die aandag (van iemand) trek, aandag behou, aandag monopoliseer, aandag in beslag neem, die aandag aflei van, die aandag aftrek van, aantoon, konstateer, beklemtoon, benadruk, oorbeklemtoon, onderstreep, releveer, jou verdiep in, inleef, inlewe, steur, waarsku, maan, lastig val, obsedeer

onder die aandag kom, aandag trek, skemer, deurskemer, boei, opval, nuuskierig maak, benieu, belangstelling wek, opspraak verwek, stof opskop

waarneem, gewaarword, merk, opmerk, bemerk, bespeur, persipieer, opval, ontvang ('n sein ~), inspekteer, kontroleer, nagaan, nakyk, observeer, dophou, uitcheck (*lekties, informeel*), monitor, moniteer, registreer, klink, luister, ene ore wees, beluister, meeluister, sien, gewaar, ontwaar, vooruitsien, kyk, bekyk, uitkyk, omkyk, gadeslaan, in die oog kry, in die visier hê, lees, nuuskierig wees, voorlê, wag

bespied, verspied, loer, beloer, afloer, afluister, opskeploer (nuuskierig wees), afkyk, speur, spioeneer

toesig hou, oppas, waak, bewaak, 'n wakende oog hou, dophou, monitor, jou oog laat gaan oor, iets in die oog hou

bw. met aandag, met toegespitste aandag, met konsentrasie, versigtigheidshalwe, pastersteek, opsetlik, met voorbedagte rade, by nadere ondersoek, stap vir stap, ter sprake, stadigaan, katvoet

uitdr. ag slaan op iets; die mure het ore; die ore spits; gehoor gee aan; gerugte doen die rondte; in aanmerking kom; in die oog hou; in gedagte hou; in jou spoor trap; jou blind staar op iets; jou gedagtes hou by; nota bene; in oënskou neem; onder toesig staan/werk; in jou pasoppens; stadig oor die klippe; tande tel; teen beter wete; ter hand neem; wakker loop; willens en wetens; 'n goeie begrip het 'n halwe woord nodig; 'n oog in die seil hou; oë in jou kop hê; jou oë oophou; op jou hoede wees; katvoet loop; wakker slaap; jou kop in rat kry, jou gat in rat kry (*plat*)

509. Onoplettendheid

s.nw. onoplettendheid, gebrek aan aandag, onaandagtigheid, onopmerksaamheid, preokkupasie, gepreokkupeerdheid, onbewustheid, onderbewussyn, sorgeloosheid, stiksienigheid, onagsaamheid, onbedagtheid, ondeurdagtheid, onberedeneerdheid, onnadenkendheid, indiskreetheid, indiskresie, onbedagsaamheid, onbesonnenheid, onbekooktheid, willekeurigheid, onwillekeurigheid, dromerigheid, verstrooidheid, verstrooiing, versuftheid, beneweldheid, skemertoestand, stilswy(g)endheid,

gedagtevlug, ingedagtigheid
onverskilligheid, nalatigheid, agte(r)losigheid, onpresiesheid, onakkuraatheid, onnoukeurigheid, onsorgvuldigheid, onbesonnenheid, versuim, verwaarlosing, veron(t)agsaming, vergeetagtigheid, vergeterigheid, roekeloosheid, slordigheid, traakmy-nieagtigheid
onoplettende persoon, loskop, losbol, libertyn, suffer(d), slaapkous, slaapkop, blinde, blindemol, traak-my-nie, warkop, dromer, zombie
b.nw. **onoplettend**, onaandagtig, onbedag, ondeurdag, onagsaam, ingedagte, gepreokkupeer(d), onbesonne, onberade, onbekook, onnadenkend, onbedagsaam, indiskreet, onbewus, onderbewus, sorgeloos, klakkeloos, willekeurig, onwillekeurig, werktuiglik, ideomotories, psigomotories, masjinaal, verstrooi(d), afgelei, afgetrokke, benewel(d), dromerig, soeserig, suf, versuf, blind, afwesig, absent, stilswy(g)end
onverskillig, onbesonne, halsoorkop, nalatig, agte(r)losig, onpresies, onakkuraat, onnoukeurig, onsorgvuldig, stiksienig, vergeetagtig, vergeterig, onbesuis, indiskreet, blind, blindelings, roekeloos, wild, woes, slordig, traak-my-nieagtig
ww. **onoplettend wees**, nie aandag gee nie, nie aandag skenk nie, geen ag slaan op iets nie, in gedagtes versonke wees, ingedagte wees, preokkupeer, verstrooid wees, versuim, veron(t)agsaam, oorkyk, slaap, soes, suf
aandag aftrek, aandag aflei, verstrooi, versuf, benewel
bw. blindelings, aan die slaap
uitdr. agter jou neus aanloop; blindelings te werk gaan; die bos vanweë die bome nie sien nie; in die wind slaan; jou blind staar op iets; teen jou ooglede vaskyk; teen jou neus vaskyk; 'n verstrooide professor wees

510. Herinner
ww. **herinner**, in herinnering roep, onthou, memoriseer, laat dink aan, terugroep, in die gedagte terugroep, oproep, in die gedagte oproep, voor die gees roep, byval, herroep, ophaal, oprakel, aanhaal, terugdink, terugverlang, memoreer, onthou, terugvoer, heug; dink aan, gedenk bewaar **onthou**, herinner, jou geheue verfris, nie vergeet nie, in gedagte hou
bw. in menseheugenis, ter gedagtenis, gedagtig aan, pro memorie, in memoriam, ter nagedagtenis aan
s.nw. **herinnering**, gedagte, gedagtenis, nagedagtenis, geheue, geheuebeeld, heug(e)nis, heuglikheid, menseheugenis, reminissensie (*ongewoon*), piëteit, terugblik, terugflits, retrospeksie; herdenking, herdenkingsdag, herdenkingsjaar, herdenkingsviering, verering, tradisie
geheue, langtermyngeheue, korttermyngeheue, visuele geheue, verbale geheue, fotografiese geheue, geheue soos 'n olifant, onthouvermoë, denke, geheuewerk, mnemoniek, mnemotegniek
aandenking, gedagtenis (soewenier), soewenier, memento, memorabilia, relik, reliek, relikwie, memoire(s), memorieboek, monument
b.nw. onvergeetlik, gedagtig, gedenkwaardig, epogmakend, heuglik, indagtig, retrospektief, mnemonies, mnemotegnies
uitdr. die gedagte kom by 'n mens op, op die gedagte kom; die gedagtes laat gaan; in die gedagte roep; jou iets voor die gees roep; dit staan my voor; dood en begrawe; ou bene kou; ou wonde oopskeur; ou koeie uit die sloot haal; iets aan die vergetelheid ontruk; soos die dag van gister; vars in die geheue; voor oë hou; voor jou geestesoog

511. Vergeet
ww. vergeet, geheel en al vergeet, totaal vergeet, uit die geheue verloor, uit die herinnering verloor, nie onthou nie, ontgaan, ontglip, versuim, agterweë bly, agterweë laat, nalaat, uitlaat, verdryf, verdrywe, afleer, verleer, verroes, vervaag
s.nw. vergeetagtigheid, 'n swak geheue, 'n kort geheue, geheuestoornis, geheueverlies, amnesie, kindsheid, vergetelheid, verroesting, vervaging; vergeetal
b.nw. vergeetagtig, swak van geheue, deurmekaar, vergete, halfvergete
uitdr. aan die vergetelheid prysgee; die tel kwyt wees; in vergetelheid raak; kort van gedagte wees; uit die gedagte kry; uit die oog verloor; in die vergeetboek raak

512. Verbeelding
s.nw. **verbeelding**, verbeeldingswêreld,

kammaland, geeste(s)wêreld, 'n lewendige verbeelding, 'n ryk verbeelding, verbeeldingskrag, verbeelding(s)vermoë, verbeeldingrykheid, inbeelding, voorstelling, scenario, idee, geestesbeeld, visualisering, visualisasie, bepeinsing, ideaal, idealisering, idealiteit, utopie, versinsel, skynbeeld, hersenskim, illusie, illusionisme, dromery, dagdromery, begogeling, waan, waanbeeld, bedrog, selfbedrog, selfbegogeling, selfmisleiding, gekkeparadys, evokasie; realiteit, realisme; fiemies, nonsens, nonsies (*informeel*), ipekonders, hipochondria, hipochondrie, hipokonders, iepekonders, ipekonders

verbeeldingloosheid, gebrek aan kreatiwiteit, onoorspronklikheid, banaliteit, nikseggendheid, flouheid

geestesvervoering, sielsvervoering, geestesverrukking, sielsverrukking, ekstase, dromerigheid, droombeeld, droomgesig, visioen, verbeeldingsvlug, fantasie, fantasma, fantasmagorie, towerbeeld, illusie, hersenskim, chimera, wensdinkery, wensdenkery, droom, dagdroom, nagmerrie, skadubeeld, skynbeeld, spooksel, paramnesie, déjà-vu, déjà-vu-gevoel, inbeelding, ingebeeldheid, suggestie, suggestiwiteit, hallusinasie, hipnose, fantasiebeeld, lugkasteel; aanstellery, aanstellerigheid, aansittery, aanmatiging, waan, gewaandheid, verwaandheid

verbeeldingswêreld, verbeeldingswêreld, droomwêreld, sprokieswêreld, fantasiewêreld, fantasieverhaal, sprokie, sprokiesverhaal; wese, gestalte, fantasiegestalte, fantasiewese, sprokieskarakter, skim, spook, spookbeeld, fantoom (*ongewoon*), fee, feetjie, kabouter, nimf, bosnimf, heks, trol, reus, monster, weerwolf, draak, duiwel, eenhoring; towerfee, towerheks, ...

dromer, dagdromer, fantas, visioenêr, idealis, utopis, illusionis; realis

b.nw. verbeeldingryk, vol verbeelding, visioenêr, ingebeeld, kamma, kastig, kammakastig, kamstig, kamtig, kammalielies, ideaal, idealisties, utopies, utopisties, fantasties, chimeries, evokatief, illusionêr, imaginêr, gewaand, dromerig, droomverlore, hallusinêr, hipnoties, suggestief, vermeende

verbeeldingloos, fantasieloos, prosaïes, onoorspronklik, onkreatief, nikseggend, vaal, banaal, flou

ww. verbeel, voor die gees roep, iets voor jou geestesoog roep, indink, inbeeld, voorstel, visualiseer, peins, in die verbeelding sien, evokeer, jou verbeelding vrye teuels gee, vrye loop aan jou verbeelding gee, droom, dagdroom, mymer, in vervoering bring, lugkastele bou, fantaseer, konsipieer, idealiseer, suggereer, ingedagte wees, in gedagte versonke wees, sweef, swewe, vervoer, hallusineer; jou aanstel, aanmatig, aansit, waan, verwaand wees

B. GEESTESARBEID

513. Denke

s.nw. denke, konkrete denke, abstrakte denke, kreatiewe denke, kognisie, nadenke, nadenking, nadenkendheid, dinkery, dinkwerk, dinkvermoë, denkvermoë, kognitiewe vermoë, oordenking, kopkrap, kopkrappery, kopwerk, breingimnastiek (*soms negatief*), harsinggimnastiek (*soms negatief*), verstandspel (*soms negatief*), geestesarbeid, hoofarbeid, geesteslewe, geeskrag, geesteskrag, berekendheid, geestesverheffing, besieldheid, besieling, denkwyse, mentaliteit, belewenis, pragmatisme, rasionalisasie, nabetragting, refleksie, retrospeksie, terugblik, peinsing, gepeins, peinsery, bepeinsing, oorpeinsing, kontemplasie, premeditasie, bespiegeling, bespieëling, meditasie, mymery, gemymer, droom, beraad, oorweging, nadenking, weloorwoën(d)heid, nadenkendheid, nugter(e) denke, saaklikheid, insig 502, 527, 533, 543, heldersiendheid, clairvoyance, epifanie, teorie, hipotese, gedagtegang, gedagtestroom, gedagteloop, gedagtesamehang, gedagtereeks, denkpatroon, gedagtewisseling, gedagtewêreld, gedagtesfeer, gedagtekring, dampkring, inspraak, oorleg, gedagtewending, kopskuif, gedagtesprong, gissing, vermoede, spesmaas (*informeel*), verwagting, assosiasie, intuïsie, telepatie, hoofbrekens, hoofbrekings, gepieker, getob, verkniesing, kwelling, kwelgedagte

gedagte, grondgedagte, kerngedagte, los gedagte, gedagtegang, denkbeeld, gedagtebeeld, persepsie, nagedagte, oordenking, voorstelling, abstrakte voorstelling, beeld, konsep, konseptualisasie, konseptualise-

ring, konstruk, idee, nosie, sentensie, besef, ingewing, inval, gril, insig 502, 527, 533, 543, beginsel, kernbeginsel, kennis 515, begrip, wete, beterwete, inhoud, betekenis 541, sin, gees, aspek, beleid; denkwêreld, gedagtewêreld, ideëwêreld, ideëryk; geestesrigting, denkrigting, ideëleer, ideëverering
begrip, kernbegrip, grondbegrip, grondtrek, basisbegrip, abstrakte begrip, abstraksie
beskouing, opvatting, oorweging, sienwyse, gesigspunt, kyk, beeld, mening, oordeel, standpunt, filosofie 514, leefreël; mens(e)beskouing, lewensbeskouing, lewensopvatting, lewensfilosofie, wêreldbeskouing, wêreldbeeld
onnadenkendheid, onverstandigheid 503, gedagteloosheid
argumentasie 522, argumentering, argumenteerdery, argument, teenargument, redenasie, dispuut, betoog, samehangende betoog, standpunt, standpuntinname, mening, opinie, aanname, veronderstelling, assumpsie, presumasie, presumpsie, voor(ver)onderstelling, veronderstelde, verdediging van jou standpunt, bewys, bewysvoering, ondersteuning, gevolgtrekking, konklusie, aanbeveling; meningsverskil, rusie 532, twis, woordestryd
stof, stof tot nadenke, stelling, uitdinksel, geesteskind, bedenksel, punt, rasionaal, rede, standpunt, oogpunt, gesigspunt, posisie, oorsig, perspektief, voëlperspektief, hoofsaak, onderwerp, tema, hooflyn, voorwerp, objek, inval, invalshoek, uitgangspunt, gegewe, aanname, basis, premis, premisse, gemeengoed, gedeelde kennis, gemeenplaas, vraagstuk, leidraad
verstand, intellek, kop, begrip, denkvermoë, vermoë, intellektualisme, intellektualiteit, instink
denker 514, intellektueel, akademikus, wetenskaplike 514, verstandsmens, intellektualis, intelligentsia, geesgenoot, filosoof 514, teoretikus, dogmatikus, argumenteerder, mening(s)vormer, hemelbestormer, gedagteleser, telepaat, visionêr
b.nw. denkend, diepdenkend, nadenkend, deurdag, andersdenkend, geestelik, verstandig, beredeneerd, oorwoë, weloorwoë, nugter, saaklik, berekend, berekenend,

besiel(d), besielend, gedagteprikkelend, insiggewend, insigryk, sinvol, perspektiwies, beskouend, beskoulik, kontemplatief, retrospektief, filosofies, mymerend, peinsend, bespiegelend, intuïtief, veronderstelde, vermeende, putatief
onnadenkend, onverstandig, onbedagsaam
konsepsueel, konseptueel, prinsipieel, abstrak, inhoudelik, tematies
intellektueel, intellektualisties, mentaal, kognitief, verstandig, nugter, ingedagte 509, in gedagtes versonke, dromerig, afgetrokke, verstrooid, instinkmatig, instinktief
ww. dink, diep dink, nadink, diep nadink, in gedagtes verdiep wees, indink, vooruitdink, bedink, oordink, dink oor, besin, filosofeer, oorweeg, iets in oorweging neem, konsidereer, in oënskou neem, die gedagtes laat gaan oor, wik, wik en weeg, van gedagte verander, 'n kopskuif maak, ingaan op, jou verstand gebruik, jou verstand inspan, die intellek inspan, uitdink, uitbroei, bekook, uitwerk, besin, deurdink, beskou, betrag, kyk, insien, ken 535, besef, opvat, insig kry, insig verkry, assosieer, in verband bring, teoretiseer, 'n hipotese stel, hipotetiseer, abstraheer, rasionaliseer, raam, beraam, bereken, skat, gis, raai, 'n raaiskoot waag, vermoed, bespiegel, bespieël, onderstel, veronderstel, verwag, aanneem, aanvaar, peins, bepeins, oorpeins, napeins, kontempleer, premediteer, tob, pieker, maal, herkou, kwel, knies, mediteer, mymer, dagdroom, spekuleer, aanvoel
argumenteer, redeneer, beredeneer, van mening verskil, 'n argument stel, 'n argument aanvoer, 'n argument opper, 'n argument verdedig, 'n standpunt inneem, 'n standpunt huldig, 'n mening huldig, 'n punt maak, 'n aanname maak, presumeer, 'n gevolgtrekking maak, konkludeer, 'n argument opweeg, 'n argument weerlê, betwis 532
inhoud hê, beteken; inhoud gee, konsipieer, konseptualiseer, betekenis oordra, bedoel, meen, oordeel, in gedagte hê, van mening wees
in beraad neem, bestudeer
gedagtes oordra, betoog, betuig, stand-

punt inneem, suggereer

bw. argumentshalwe, apropos, met voorbedagte rade; sonder om te dink, botweg, plompweg

uitdr. die gedagte kom by 'n mens op; dit stem tot nadenke; in oorleg met; met oorleg doen; met 'n gedagte rondloop; na ryp(e) beraad; op die keper beskou; stof tot nadenke; jou woorde weeg; 'n kop op jou lyf hê

514. Wysbegeerte

s.nw. **wysbegeerte**, filosofie, beskouing, wysgerigheid, denkrigting, paradigma, paradigmaskuif; analitiese filosofie, godsdiensfilosofie, kultuurfilosofie, politieke filosofie, staatsfilosofie, taalfilosofie, taalanalitiese filosofie, hermeneutiek, natuurfilosofie, kultuurfilosofie, sosiale filosofie, regsfilosofie, skolastiek, eksistensialisme, eksistensiefilosofie, platonisme, neoplatonisme, moralisme, amoralisme, skeptisisme, sensualisme, animisme, spiritualisme, mentalisme, rasionalisme, irrasionalisme, objektivisme, subjektivisme, solipsisme, relativisme, positivisme, logiese positivisme, strukturalisme, poststrukturalisme, modernisme, postmodernisme, dekonstruksie, utilisme, utilitarisme, universalisme, nominalisme, humanisme, humanitarisme, idealisme, eklektisisme, holisme, antroposofie, antropologie, vitalisme, folklore, skeppingsteorie, spinozisme, kosmologie, wordingsleer, nihilisme; lewensfilosofie, lewensbeskouing, beskouing, denke, nadenke, nadenkendheid, nadenking, denkwyse

wetenskapsfilosofie, wetenskapsleer, metodologie

kennisleer, noëtiek, kennisteorie, kenteorie, begripsleer, begripsteorie, ideologie, logika, epistomologie, fenomenologie, metafisika, empirisme, ontologie, teodisee, estetika, estetiek, skoonheidsleer

godsdiensfilosofie, god(s)geleerdheid, teologie, eskatologie, monisme, deïsme, panteïsme, teosofie, dualisme, agnostisisme, ateïsme, kasuïstiek, gewetensleer, moraalteologie

sedeleer, sedekunde, moraal, moraliteit, morele filosofie, etos, etiek, beroepsetiek, deontologie, hedonisme, Stoïsisme, toegepaste etiek, moraalteologie, kasuïstiek

sielkunde 515, psigologie 515, behavio(u)risme, parapsigologie, massapsigologie, kinderpsigologie, kindersielkunde, sosiale psigologie, sosiale sielkunde, ontwikkelingspsigologie, ontwikkelingsielkunde, kliniese psigologie, kliniese sielkunde, voorligtingsielkunde, abnormale psigologie, abnormale sielkunde, persoonlikheidspsigologie, persoonlikheidsielkunde

wysgeer, wyse, filosoof 513, denker 513, dinker, akademikus, wetenskaplike 513, skolastikus, rasionalis, irrasionalis, positivis, sensualis, universalis, ideoloog, metafisikus, god(s)geleerde, teosoof, monis, deïs, panteïs, teïs, agnostikus, ateïs, moralis, kasuïs, sofis, hedonis, Stoïsyn, vitalis, sielkundige, psigoloog, kliniese sielkundige, kliniese psigoloog, utilitaris, utilis

rigting, denkrigting, terrein, sfeer, skool, stroming, beskouing, stelsel

b.nw. wysgerig, noëties, filosofies, beskoulik, bespiegelend, nadenkend, ondersoekend, spekulatief, subjektief, akademies, positivisties, skolasties, sofisties, solipsisties, skepties, twyfelsugtig, a(-)logies, utilisties, utilitaristies, universalisties, antroposentries, peripateties, astraal, holisties, ideologies, metafisies, teologies, teosofies, dualisties, monisties, teïsties, deïsties, panteïsties, agnosties, ateïsties, moreel, eties, moreel-eties, Stoïsyns, hedonisties, psigologies, sielkundig

ww. filosofeer, beskou, die filosofie huldig, nadink, spekuleer, bespiegel, bespieël, moraliseer

515. Wetenskap

s.nw. **wetenskap**, sfeer, terrein, veld, geesteswetenskap, sosiale wetenskap, menswetenskap, gedragswetenskap, natuurwetenskap, wiskundige wetenskap, handelswetenskap, toegepaste wetenskap, hulpwetenskap, deelwetenskap, filosofiese wetenskap, eksakte wetenskap, realia, ingenieurswetenskap, regswetenskap, toekomswetenskap, toekomskunde, futurologie, prognostiek, prognostika; vak, rigting, vakrigting, gebied, vakgebied, dissipline, vakdissipline, spesialiteit, geesteswetenskaplike vak, geesteswetenskaplike vakrigting, natuurwetenskaplike vak, natuurwetenskaplike vakrigting, ..., leervak, skoolvak, matriekvak, universiteitsvak, hoofvak, byvak, eerstejaarsvak, tweedejaarsvak, ..., sleepvak, eksamenvak, geheuevak; populêre wetenskap

wetenskapsbeoefening, wetenskaplike werk, navorsing, navorsingsmetodes, wetenskaplike navorsing, empiriese navorsing, kwantitatiewe navorsing, kwalitatiewe navorsing, literatuurondersoek, literatuurstudie, gevallestudie, navorsingsresultate, kennis 535, algemene kennis, vakkennis, vakkundigheid, kennisgenerering, kennisontwikkeling, spesialisasie, wetenskaplike literatuur, vakliteratuur, nie-fiksie, boek, vakboek, handboek, naslaanwerk, naslaanboek, vademekum, vademecum; leer, doktrine, sisteem, sistematiek, grondslag, benadering, teorie, hipotese, grondstelling, aanname, premis, premisse, gevolgtrekking, wetenskaplike metode, heuristiese metode, data, dataversameling, data-insameling, dataverwerking, data-ontginning, analise, toetsing, wetenskaplike toetsing, statistiese verwerking, beginsel, wetenskaplike beginsel, grondbeginsel, grondreël, grondbegrip, leerstelling, leerstelligheid, leerstelsel, wetenskaplike begrip, wetenskaplikheid

geesteswetenskap, wysbegeerte, filosofie, ideologie, ideëleer, lettere, literatuurwetenskap, literatuurteorie, taalwetenskap, taalkunde, linguistiek, Bybelkunde, godsdienswetenskap, teologie, kommunikasiewetenskap, kommunikasiekunde, kunste, beeldende kunste, diagrafie, uitvoerende kunste, kunswetenskap, kunsgeskiedenis

sosiale wetenskap, sosiologie, antropologie, volkekunde, Afrikastudie, Afrikanistiek, maatskaplike studie, maatskaplike werk, gedragswetenskap, gedragsleer, gedragstudie, sielkunde, psigologie, pedologie, kriminologie, politieke wetenskap, staat(s)kunde, staatsleer, staatswetenskap, politieke studie, geskiedenis, geskiedskrywing, geskiedeniswetenskap, historiografie, argeologie, kultuurwetenskap, kultuurgeskiedenis, museumkunde, museologie

regswetenskap, reg, regsgeleerdheid, regte, privaatreg, publiekreg, staatsreg, volkereg, inheemse reg, bewysreg, bewysleer, strafreg, handelsreg, administratiefreg, Romeinse reg

natuurwetenskap, chemie, organiese chemie, anorganiese chemie, analitiese chemie, fisiese chemie, radiochemie, biochemie, geochemie, chromatiek, chromatologie, biologie, mikrobiologie, plantbiologie, selbiologie, dierkunde, dier(e)biologie, radiobiologie, biometrie, fisiologie, mensfisiologie, anatomie, bewegingsleer, kallistenie, embriologie, virologie, dierfisiologie, soölogie, entomologie, aragnologie, nematologie, plantkunde, botanie, plantfisiologie, plantpatologie, hortologie, fisika, kernfisika, atoomfisika, vastetoestandfisika, kwantumfisika, spektrofisika, golweleer, elektromagnetisme, elektronika, elektrisiteitsleer, elektroanalise, elektrodinamika, meganika, genetika, sitogenetika, geografie, kartografie, stedelike studies, urbanologie, geomorfologie, kriologie, geologie, fisiese geologie, struktuurgeologie, geognostiek, geognosie, mineralografie, mineraaloptika, gemmologie, kristallografie, sedimentologie, geohidrologie, petrologie, stratigrafie, paleontologie, ekologie

wiskundige wetenskap, wiskunde, rekenkunde, toegepaste wiskunde, numeriese wiskunde, getalleleer, getalleteorie, algebra, meetkunde, statistiek, wiskundige statistiek, rekenaarwetenskap

handelswetenskap, ekonomie, bedryfsekonomie, vervoerekonomie, rekeningkunde, finansiële rekeningkunde, aktuariële wetenskap, rekenmeestersvak, bedryfsielkunde

toegepaste wetenskap, landbouwetenskap, veekunde, plantkunde, hortologie, akkerbou, weidingkunde, grondkunde, wingerdkunde, wynkunde, planologie; bosbouwetenskap, houtkunde, boskunde, natuurbewaring; ingenieurswetenskap, bedryfsingenieurswese, chemiese ingenieurswese, elektriese ingenieurswese, elektroniese ingenieurswese, meganiese ingenieurswese, metallurgiese ingenieurswese, siviele ingenieurswese; mediese wetenskap, geneeskunde, kliniese geneeskunde, kerngeneeskunde, patologie, anatomiese patologie, farmakologie, chi-

rurgie, torakschirurgie, plastiese chirurgie, neurochirurgie, neurologie, obstetrie, ginekologie, pediatrie, anestesiologie, oor-neus-en-keelkunde, oogheelkunde, dermatologie, sitiologie, ortopedie, urologie, radiologie; tandheelkunde, mondbiologie, ortodonsie, pedo-ortodonsie
wetenskaplike 514, vakkundige, vakgeleerde, vakgenoot, navorser, empirikus, geleerde, analis, analitikus, savant, savante, pandit; geesteswetenskaplike, filosoof, ideoloog, taalkundige, taalfilosoof, taalwetenskaplike, linguis, grammatikus, letterkundige, literatuurwetenskaplike, godsdienswetenskaplike, teoloog, sosiale wetenskaplike, sosioloog, volkekundige, antropoloog, Afrikanis, sielkundige, psigoloog, politieke wetenskaplike, geskiedkundige, historikus, kultuurhistorikus, argeoloog, museumkundige, museoloog; regsgeleerde, regswetenskaplike; natuurwetenskaplike, bioloog, chemikus, fisioloog, embrioloog, viroloog, soöloog, entomoloog, nematoloog, plantkundige, botanikus, hortoloog, plantpatoloog, genetikus, fisikus, kernfisikus, atoomfisikus, geograaf, kartograaf, stratigraaf, geoloog, paleontoloog; wiskundige, statistikus, rekenaarwetenskaplike; handelswetenskaplike, ekonoom, rekeningkundige; landbouwetenskaplike, hortoloog, grondkundige, weidingkundige, wingerdkundige, wynkundige; bosbouer, bosbouwetenskaplike; ingenieur; mediese wetenskaplike, geneeskundige 416; tandheelkundige 416
b.nw. wetenskaplik, vakkundig, dissiplinêr, geleer(d), ideologies, leerstellig, sistematies, teoreties, populêr-wetenskaplik, sosiaalwetenskaplik, natuurwetenskaplik
ww. teoretiseer, analiseer, sistematiseer, bevind, spesialiseer, dissiplineer, navors 19, 517, ondersoek, 'n wetenskap beoefen, jou vak beoefen
woorddeel -kunde, -isme

516. Soek

ww. soek, probeer vind, probeer kry, opsoek, uitsoek, met die hand uitsoek, rondsoek, grabbel, vroetel, rondval, deursoek, visenteer, snuffel, deursnuffel, uitsnuffel, fouilleer (*ongewoon*), afsoek, fynkam, naspeur, naspoor, agtervolg, die spoor volg, spoorsny, opspoor, selekteer
ondersoek, ondersoek doen na, ondersoek instel na, ingaan op, nagaan, verken, kyk, bekyk, besigtig, beskou, deurkyk, deurloop, deurskou, nakyk, besien, besnuffel, verken, eksploreer, inspekteer, ontleed, analiseer, ontsyfer, prosesseer, deurwerk, soeklees, ontrafel, uitrafel, uitpluis, napluis, peil, deurpeil, deurgrond, eksamineer, skrutineer, speur, naspeur, spioen, spioeneer
bestudeer, navors 517, deurvors, verdiep, deurgrond, deursien, insien, toets, besin, besink, in oënskou neem, onder die loep neem, toets, verifieer, verifiseer, kontroleer, oriënteer, keur, selekteer, uitsoek, monster, hersien, korrigeer
navraag doen, vra, navra, inligting vra, inligting inwin, interpelleer, rondvra, uitvra, invra, vasvra, pols, naaldsteek, ondervra, katkiseer, verneem, luister, rondluister, hoor, uithoor, raad vra, raadpleeg, konsulteer, wonder, gis, raai; informeer
bw. op soek
s.nw. gesoek, soekery, soeke, soektog, verkenning, verkenningstog, verkenningsdiens, klopjag, agtervolging, opsporing, rondvallery, gesnuffel, snuffelary, vroetelry
ondersoek, ondersoeking, detailondersoek, studie, detailstudie, voorondersoek, opinie-ondersoek, diepseeondersoek, besigtiging, verkenning, eksplorasie, analise, ontleding, proef, ontsyfering, ontrafeling, leidraad, speurwerk, speursin, naspeuring, speurtog, spioenasie, spioenering, peiling, beoordeling, deurgronding, inspeksie, visitasie, supervisie, kontrole, eksamen, eksaminering, kopkrap, kopkrappery, belangstelling, selfondersoek, selfanalise, selfbeoordeling; ondersoekbaarheid, deurgrondbaarheid, peilbaarheid, toetsbaarheid, kontroleerbaarheid
studie, navorsing, navorsingswerk, wetenskaplike ondersoek, empiriese navorsing, empiriese ondersoek, veldwerk, proef, proefondersoek, eksperiment, eksperimentele ondersoek, eksperimentele werk, besinning, beskouing, deurgronding, verdieping, vaslegging, analise, verifiëring, verifikasie, kontrole, kontrolering,

kontroleerwerk, toetsbaarheid, toets, toetsing, toetssteen, toetsaanleg, keuring, seleksie, monstering, korreksie, korreksiewerk, hersiening

vraagstuk, vraag, probleemvraag, ondersoeksvraag, navorsingsvraag, problematiek, probleem, probleemstelling, probleemgeval, strydvraag, grondvraag, twispunt, strydpunt, verskilpunt, geskil, kwessie, dilemma, kopkrapper, tameletjie, stelling, probleemoplossing

navraag, vraag, miljoendollarvraag, rondvraag, kwelvraag, interpellasie, ondervraging, herondervraging, katkisasie, raadpleging, konsultasie, konsult, disinformasie, inligtingonttrekking, inligtingsdiens, inligtingsburo, vraerubriek

raaiselagtigheid, raaisel, blokkiesraaisel, blokraaisel, woordraaisel, letterraaisel, logogrief, figuurraaisel, beeldraaisel, rebus, gissing, raaiskoot, raaislag, raaiwerk, raaiery, raming, beraming, skatting

soeker, snuffelaar, verkenner, wetenskaplike 515, navorser 515, ondersoeker, analis, analitikus, veldwerker, konsultant, ondervraer, speurder, privaatspeurder, spioen, werwer, personeelwerwer, koppesneller, soekgeselskap; beoordelaar, inspekteur, visitator

b.nw. soekend, ondersoekend, eksploratief, deurtastend, ingewonne, raaiselagtig, uitvraerig, onbeantwoord, onoorbrugbaar, probleemoplossend, vermis, vermiste

ondersoekbaar, ondersoekbaar, naspeurbaar, deurgrondbaar, peilbaar, kontroleerbaar, toetsbaar

uitdr. soek en jy sal vind; die soeklig werp op; iemand se spoor volg; in die duister tas; in die soeklig wees; op die spoor kom; op droë grond visvang; poolshoogte neem; jou voelers uitsteek; van Pontius na Pilatus stuur; 'n oop/ope vraag; aan 'n toets onderwerp; iemand aan die tande voel; op die keper beskou

517. Vind
ww. vind, kry, terugvind, uitkrap, uitsnuffel, uitkry, uitvis, opdiep, teëkom, opspoor, afkom op, ontdek, eksploreer, in die hande kry, aantref, raakloop, ontmoet, vaspen, sien, raaksien, gewaar, te siene kry, op die spoor kom, te hore kom, te voorskyn bring, te voorskyn haal; verskyn, opduik, voorkom, figureer, te voorskyn kom

bevind, uitvind, vasstel, bepaal, bewys, empiries bewys, aantoon, empiries aantoon, merk, opmerk, te wete kom, uitvis, navors, uitvors, deurgrond 516, agterkom, agterhaal, ontdek, uitdink, bedink, versin, verdig, oplos, uitrafel, rekonstrueer, naspeur, uitstryk, uitpieker, definieer, spesifiseer, beslis, stipuleer, diagnoseer

s.nw. vonds, ontdekking, eksplorasie, opsporing; verskyning, voorkoms

bevinding, vasstelling, deteksie, uitvinding, uitvindsel, bepaling, bewys, bewysvoering, navorsing, deurgronding, oplossing; ontdekker, uitvinder, langneus, uitvorser

b.nw. vindbaar, gevonde, empiries, vindingryk, wetenswaardig, eksploratief

uitdr. agter die waarheid kom; die lig sien; aan die lig bring; altyd raad weet; die spyker op die kop slaan; soek en jy sal vind

518. Glo
ww. glo, geloof hê, vertrou, aanvaar, as waar aanvaar, aanneem, dink, meen, sluk, besef, beskou, insien, nahou, skat, vermoed, voor(ver)onderstel

geloofwaardig wees, vertrouenswaardig wees; vertrou, staatmaak op, reken op, vertroue stel in, eerbaar ag, eerlik ag, betroubaar ag, getrou ag, opreg ag, sweer by

vermoed, dink 513, meen, voel, rondtas, in die donker rondtas, gis, raai, onderstel, veronderstel, vooronderstel, vooropstel, postuleer, aanneem, aanvaar, presumeer, presupponeer, verwag, as waarskynlik ag, as moontlik ag, suggereer, 'n spesmaas hê, verdink, agterdogtig wees

bw. ongetwyfeld, sonder twyfel, vir seker, beslis, definitief, weldeeglik, gedorie (verouderd), gedoriewaar (verouderd), vermoedelik, glo, skynbaar, blykbaar

s.nw. geloof, vaste geloof, gelowigheid, vertroue, vaste vertroue, geloofsvertroue, oortuiging, sekerheid 528, geloofsekerheid, geloofsoortuiging, standvastigheid, christelike geloof, volksgeloof, gevoel, voorgevoel

vals geloof, blinde geloof, bygeloof, liggelowigheid, goedgelowigheid; dwepery, fanatisme

vertroue, betroubaarheid, geloofwaardigheid, vertrouenswaardigheid, eerbaarheid, eerlikheid, fidusie; moreel, moraal, geesteskrag, vertroue, moed, koerasie, moedigheid, vasberadenheid, selfvertroue, selfversekerdheid, selfversekering
vermoede, spesmaas, tese, hipotese, werkhipotese, idee, konjektuur, konsepsie, persepsie, suggestie, outosuggestie, assumpsie, vooroordeel, denke, beskouing, besef, stelling, gestelde, postulaat, premis, premisse, aanname, veronderstelling, voor(ver)onderstelling, supposisie, presupposisie, presumasie; agterdog, agterdogtigheid, suspisie, verdenking, gebrek aan vertroue, wantroue, onsekerheid 519, twyfel 519
gelowige, aanhanger, volgeling, dissipel, apostel, meeloper; voorstander, pleitbesorger, kampvegter, voorvegter, vegter, stryder, strydvoerder, voorloper, aanhanger, bevorderaar, verdediger, yweraar, paladyn, advokaat, beskermer; bygelowige, dweper, dweepsieke, fanatikus, seloot, heethoof, geesdrywer, bittereinder
b.nw. gelowig, seker, geloofseker, vasberade, oortuig, standvastig, bygelowig, liggelowig, goedgelowig
vertrouenswaardig, betroubaar, geloofwaardig, eerbaar, eerlik
vermoedelik, hipoteties, konjekturaal, vooropgeset, stellig; agterdogtig, wantrouig, onseker, twyfelagtig
uitdr. buig of bars; die twyfel ophef; dit ly geen twyfel nie; gehoor gee aan; jou woord aanneem; met alle vertroue; voor die feit staan; 'n vooropgesette mening; jou kop op 'n blok sit; hoog en laag sweer

519. Twyfel
ww. twyfel, nie glo nie, in twyfel verkeer, in onsekerheid verkeer, betwyfel, iets in twyfel trek, vertwyfel, onseker wees, onseker voel, besluiteloos wees, aarsel, huiwer, huiwerig wees, huiwerig voel, weifel, wik en weeg, wankel, bedenkinge hê, bedenkinge koester, nie so mooi weet nie, op die draad sit, verwar, wonder; twyfel aan iets, dronkslaan, agterdogtig wees, met agterdog bejeën, verdink, wantrou
bw. aans, dalk, blykbaar, skynbaar, bes moontlik, miskien, besmoontlik, glo, seker, straks, strakkies

s.nw. **twyfel**, twyfelary, twyfeling, vertwyfeling, vertwyfeldheid, bedenking, skepsis, skeptisisme, twyfelsug, twyfelsiekte, onsekerheid, besluiteloosheid, wispelturigheid, huiwerigheid, huiwering, weifelagtigheid, weifelmoedigheid, wankelmoedigheid, wankeling, ongeloof, ongelowigheid, gebrek aan geloof, kleingelowigheid, swakgelowigheid, verwardheid, verwarring, inkoherensie, raaisel, relatiwiteit, donker; agterdog, agterdogtigheid, suspisie, verdenking, onbetroubaarheid, gebrek aan vertroue, wantroue, wankelmoedigheid
twyfelaar, skeptikus, ongelowige, ongelowige Thomas
b.nw. **twyfelend**, vertwyfeld, vol twyfel, onseker, twyfelmoedig, skepties, twyfelsugtig, twyfelsiek, ongelowig, kleingelowig, swakgelowig, agterdogtig, wantrouig, verward, ontredder(d), onmoedig, ontmoedig, weifelagtig, weifelmoedig, wankelend, wankelmoedig, tweestrydig, gepreokkupeer(d), inkoherent, huiwerend, huiwerig, halfhartig, aarselend, besluiteloos
twyfelagtig, ongelooflik, ongeloofwaardig, ongeloofbaar, onwaarskynlik, dubieus, bedenklik, onbetroubaar, agterdogwekkend, suspisieus, aanvegbaar, relatief, moontlik
uitdr. alles staan op los(se) skroewe; bedenkinge koester; daar bestaan twyfel; iemand se geloof in iets skok; iets in twyfel trek; in dubio; jou ore nie glo nie; jou kop in ongeloof skud; 'n ongelowige Thomas wees

520. Verwag
ww. **verwag**, te wagte wees, inwag, afwag, 'n afwagtende houding aanneem, in afwagting verkeer, opwag, voorsien, verlang na, uitsien, hoop, hoop hê, hoop koester, wens, begeer, spekuleer, in die vooruitsig stel, antisipeer, vermoed 518, veronderstel
verlang, begeer, hunker, smag, lus na, vra, smeek, bid, eis, opeis, aanspraak maak, aandring, vereis, benodig, nodig hê, nodig (*lekties*), verg, noodsaak
aan die verwagting voldoen, beantwoord aan die verwagting
bw. in afwagting van, na verwagting
s.nw. verwagting, toekomsverwagting, afwagting, hoop, geloof, vertroue, vooruit-

sig, inwagting, spekulasie, antisipasie, uitsig, potensiaal, potensialiteit, kans, belofte, waarskynlikheid, vermoede, veronderstelling

b.nw. verwag(te), langverwag(te), potensieel, gewens, spekulatief

uitdr. iets te wagte wees; oorspanne verwagtings

521. Verras wees

ww. **verras wees**, nie verwag nie, verbaas staan, verbyster wees, verbyster staan, verstom, vergaap
verras, beïndruk, oorweldig, oorrompel, oorval, onverwags doen, onverwags opdaag, onverwags te voorskyn kom, ..., verwonder, verbaas, verbyster, frappeer, oorbluf, verbluf, verbaas, uit die veld slaan, oorval, betrap, op heterdaad betrap, op heter daad betrap
onthuts, ontnugter, ontstel, uitslaan, verdwaas, verbouereer, verpletter, teleurstel; onthuts wees, teleurgesteld wees, versteld staan

bw. onverwags, onverhoeds, meteens, ineens, opeens, eensklaps, onvoorsiens, uit die bloute, teen die verwagting in, tot jou verbasing, mooitjies, sonder waarskuwing, skielik, plots, plotseling, toevallig, terloops, grootoog, oopmond, gedorie (*verouderd*), gedoriewaar (*verouderd*), wrintie, jou wrintie

s.nw. **verrassing**, heerlikheid, onverwagte plesier, onverwagse plesier, onverwagte geskenk, onverwagse geskenk, ..., opsienbarende saak, cause célèbre, meevallertjie, verwondering, verbaasdheid, verbasing, verstomming, konsternasie, sensasie, spraakloosheid, sprakeloosheid, verdwaasdheid, oorrompeling, verbystering, oorbluftheid, verbluftheid, verbluffing, perpleksiteit, verbouereerdheid
teleurstelling, ontsteltenis, ontstelling, versteldheid, ontnugtering, onthutsing, onthutstheid, skok, terugslag, gatslag (*plat*), ontsetting, verwarring, verbystering, verplettering, verraderlikheid
wonder, wonderwerk, bestiering, mirakel, fenomeen, gesig, paradoks

b.nw. **verwonder(d)**, verras, spraakloos, sprakeloos, dronkgeslaan, uit die veld geslaan, verbaas, stomverbaas, stom van verbasing, perpleks, uitgeboul (*informeel*), verbluf, grootogig, oopmond, verbyster(d), stomgeslaan, verstom(d), verbouereer(d); wonderlik, wonderbaarlik, verwonderend, mirakuleus, fenomenaal, verrassend, ongehoop, onverhoop, opsienbarend, gerugmakend, sensasioneel, sensasiewekkend, oorweldigend, oorrompelend, asemrowend, ongewoon, buitengewoon, ekstraordinêr, ongehoord, ongelooflik, ongeloofbaar, verbasend, verbasingwekkend, verstommend, verbluffend, oorbluffend, verbysterend, stuipagtig
onverwags, onverwagte, skielik, onvoorsien(s), terloops, onaangekondig, insidenteel
skokkend, teleurstellend, ontstellend, verwarrend, onthutsend, verraderlik, verpletterend, ontsettend, ongehoord; teleurgestel(d), ontsteld, versteld, onthuts, verbluf, verbyster, perpleks, verward

tw. gits, gaats, gats, goeiste, ha, haai, haaits, hé, hede, hene, henetjie, hedetjie, jene, jenetjie, jedetjie, hete, jissie, jislaaik, here, jirre, heretjie, jirretjie, jirregot (*lekties*), heits(a), hierts, magtie, magtig, mapstieks, allemapstieks, allamapstieks, maskas, mastig, mensig, né, nuh (*lekties, informeel*), nou, nou toe nou, verbrands, aits, aitsa, haits, haitsa, alliehallie, hoeliha, halliehoe, waddehel, waddejoos, ai toggie, eisj, eish, o griet, grote griet, kragtie, allakragtie, siedaar

uitdr. die asem wegslaan; die stuipe kry; dit sit my in die kooi; dit slaan my asem weg; iemand op heterdaad betrap; iemand onkant betrap; iemand die bene onder die lyf uitslaan; iemand die wind uit die seile neem; is Saul ook onder die profete?; jou oë nie kan glo nie; so by my kool; nie weet wat jou te wagte staan nie; skeef opkyk; jou mond hang oop; uit die veld slaan; uit die veld geslaan wees; uit die wolke val; die hande saamslaan, die hande inmekaar slaan

522. Redeneer

ww. **redeneer** 513, beredeneer, voortredeneer, wegredeneer, argumenteer, 'n argument opbou, 'n argument verdedig, 'n argument voer, 'n posisie verdedig, betoog, debatteer, redes aanvoer, postuleer, poneer, 'n saak uitmaak, 'n standpunt inneem, 'n stelling inneem, 'n standpunt verdedig, 'n stelling verdedig, bewys, bewys lewer, bewyse aanvoer, bewysgronde aanvoer, staaf, met argumente staaf, 'n standpunt bewys, filosofeer 513, bedink, bespreek, diskusseer, gesprek voer, abstraheer, veralgemeen, generaliseer, aflei, 'n afleiding maak, 'n gevolgtrekking maak, tot 'n gevolgtrekking kom, tot 'n gevolgtrekking geraak, konkludeer, deduktief argumenteer, induseer, induktief argumenteer, reduseer, rasionaliseer, teoretiseer, hipotetiseer, subsumeer, aanneem, veronderstel, 'n aanname maak, presupponeer, presumeer, in ag neem, vasredeneer, vaspraat, in 'n sirkel redeneer, besluit, berus; van standpunt verander, gatomkeer (*plat*), gatomgooi (*plat*)

oorreed, oortuig, beweeg, oorhaal, omhaal, ompraat, swaai, laat omswaai, van sienswyse laat verander

twis, redeneer, redekawel, redetwis, argumenteer, stry, stry en baklei, stry kry, hak-en-tak wees, afstry, opstry, uitbaklei, in die branding staan, in die branding kom

bw. gevolglik, derhalwe, dus, op dié wyse, op dié manier, so, hierdeur, hieromtrent, hieroor, met inagneming van, om hierdie rede, daarom, vanhier

s.nw. **redenasie** 513, redenering, rede, beredeneerdheid, argumentasie, argumenteerdery, argumentering, argument 513, dooddoener, logiese argument, sillogisme, sluitrede, betoog, denkoefening, debat, uitgangspunt, rasionaal, ratio, vertrekpunt, premis, premisse, aanname, assumpsie, presumpsie, presupposisie, veronderstelling, induksie, deduksie, term (van 'n argument), stelling (van 'n argument), gevolgtrekking, logiese gevolgtrekking, slotsom, konklusie, inferensie, afleiding, besluit, veralgemening, generalisering, subsumpsie, inagname, inagneming, hersiening van 'n argument, hersiening van 'n standpunt, omkeer, regsomkeer, bol(le)makiesie

standpunt, oogpunt, besprekingspunt, diskussiepunt, teorie, ponering, postulaat, stelling, grondstelling, steunpunt, grondtoon, grondreël, gegewe, data, beginsel, prinsipe, prinsiep, hoofbeginsel, kernbeginsel, grondbeginsel, aksioma, maksime, vertrekpunt, aanname; dooiepunt, impasse, doodloopstraat

oorreding, oortuiging, ompratery, argumentasie; oorredingskrag, oortuigingskrag, oorredingsmiddel, oorredingstrategie, retoriese strategie, logiese oorreding, logos, etos, patos

redeneerkuns, redeneervermoë, logika, dialektiek, filosofie, sofisme, sofistery, rasionalisme, rasionalisasie; redenaar, redeneerder, stryer, filosoof, logikus, dialektikus, sofis, rasionalis

dispuut, argument, woordestryd, redenasie, meningsverskil, geskil, geskilpunt, brandpunt, branding, twis, twisgesprek, twispunt, stryery, gestry, gestryery, twisgeskrif

b.nw. beredeneerd, induktief, deduktief, logies, prinsipieel, rasionalisties, rasioneel, reduseerbaar, sillogisties, sofisties, Sokraties, vooropgestel(d), betwisbaar, stryerig, hak-en-tak; oorredend, oortuigend

uitdr. in die lug skerm; jou vasloop teen iets; met woorde skerm; oor iets heen stap; oorhoops wees met iemand; haaks wees met iemand

523. Logies redeneer
ww. logies redeneer, logies dink, beredeneer, sin gee, baseer, die argument sluit, die argument klop, kophou

s.nw. logiese denkwyse, logiese argument, logiese redenasie, logika, sin, objektiwiteit, beredeneerdheid, heuristiek, konsekwensie, konsistensie, skietgoed, tabula rasa

b.nw. logies, beredeneerd, objektief, eksplisiet, helder, nugter, samehangend, koherent, konsekwent, steekhoudend, afdoende, formeel, heuristies, onbevooroordeeld, onbevange, onpartydig

524. Onlogies redeneer
ww. onlogies redeneer, illogies redeneer, onlogies argumenteer, illogies argumenteer, onlogies dink, illogies dink, rond en bont praat, deurmekaar praat, rondspring, divageer, vaspraat, onsin praat, deur jou nek praat, kleitrap, bontpraat, bontspring, strooi praat (*informeel*), stront praat (*plat*), kak praat (*plat*), swam (*ongewoon*), raaskal (*ongewoon*), wouel (*ongewoon*), yl, tier,

klets; vooropgesette idees hê, bevooroordeeld wees, preokkupeer

s.nw. onlogiese redenasie, illogiese redenasie, onlogiese redenering, vrouelogika (*kwetsend*), vroulike logika (*kwetsend*), illogiese redenering, onlogiese argument, illogiese argument, swak argument, valse redenasie, valse argument, paralogisme, onlogiese denke, illogiese denke, wardenke, warkoppigheid, wartaal, bontpratery, dom redenasie, dom argument, sirkelredenering, sirkelredenasie, ontersaaklike redenasie, ontersaaklike argument, ignoratio elenchi, drogrede, drogredenasie, drogredenering, sofistery, drogargument, drogwaarheid, sofisme, falsiteit, teenstrydigheid, kontradiksie, contradictio in terminis, inkonsekwensie, inkonsekwentheid, inkoherensie, divagasie, ongerymdheid, dwaalweg, doolweg, dwaalspoor; vooroordeel, bevooroordeel(d)heid, vooringenomenheid, vooropgesette idee, preokkupasie, partydigheid

dwaasheid, irrasionaliteit, stupiditeit, onverstand, onverstandigheid 536, onsin 538, onsinnigheid, flouiteit, bog, bogpratery, gekheid, nonsens, nonsies (*informeel*), bogstorie, onsinpraatjies, onsinpratery, dronkmanspraatjies (*meervoud*), dronkmanstories (*meervoud*), ouwywepraatjie (*kwetsend*), wywepraatjie (*kwetsend*), ouvroustorie (*kwetsend*), waansin, gerug, wilde gerug, skinderstorie, kaf, kafpraatjies (*meervoud*), kafpratery, kafstories (*meervoud*), twak, twakpraatjies (*meervoud*), snert, snertpraatjies (*meervoud*), larie (*ongewoon*), absurditeit, kak (*plat*), kakpraatjies (*meervoud, plat*), kakpratery (*plat*), stront (*plat*), strontpraatjies (*meervoud, plat*), strontpratery (*plat*), geklets, gekletsery, kletspraatjies (*meervoud*), lawwigheid, lawwe praatjies (*meervoud*), verspottigheid, verspotte praatjies (*meervoud*), verspotte argument, malheid, infantilisme, juvenilisme, malpraatjies (*meervoud*), malligheid, kranksinnigheid, kinderpraatjies (*meervoud*), fabel

praatjiesmaker, kletskous, lafbek, dwaas, warkop, bontprater, drogredenaar, kasuïs, sofis, fraseur; strooiprater, strontprater (*plat*), kakprater (*plat*), kakelaar, katlagter

b.nw. onlogies, illogies, a-logies, inkoherent, verwarrend, warkoppig, warhoofdig, inkonsekwent, teenstrydig, kontradiktories, simplisties, irrasioneel, ongerymd, onbillik; bevooroordeeld, partydig, vooringenome, gepreokkupeer(d)

dwaas, dwaaslik, dom, onnosel, gek, geklik, onredelik, onverstandig, onsinnig, idioties, simpel, laf, laggerig, lagwekkend, verspot, stuitig, stuitlik, kinderagtig, infantiel, mal, kranksinnig

woorddeel drog-

uitdr. altyd op dieselfde snaar speel; geen kop of stert uitmaak nie; dit raak kant nog wal; bog praat; met woorde speel; praatjies vir die vaak; twak verkoop; woorde uit verband ruk

525. Bewys

ww. bewys 517, staaf, bewys gee van, empiries bewys, eksperimenteel bewys, bewyse aanvoer, waarmaak, iets bo alle twyfel stel, dit ly geen twyfel, aantoon, aandui, wys, uitwys, laat sien, laat blyk, te kenne gee, empiries aantoon, eksperimenteel demonstreer, gronde aanvoer, bewysgronde aanvoer, redes aanvoer, beweegredes aanvoer, loënstraf, verkeerd bewys, betoon, bevestig, beaam, attesteer, bekragtig, konstateer, versterk, konfirmeer, onderskryf, sertifiseer, beëdig, toets, verifieer, verifiseer, grond, verantwoord, baseer; op goeie grond berus

argumenteer 522, beredeneer, betoog, bewys, staaf, met argumente staaf, aantoon, oorreed 522, oortuig, oorrompel, oorhaal, indoktrineer, verseker, motiveer, regverdig, ondersteun, getuig, aanhaal, siteer, sê, dokumenteer, waarmerk, sertifiseer

oorreed, oortuig, verseker, laat sien, laat glo, ompraat, oorhaal, omhaal, oorreed, beweeg, van standpunt laat verander, van mening laat verander, van sienswyse laat verander, bekeer

bw. bo alle twyfel, sonder twyfel; a priori, a posteriori, a fortiori; op die aangehaalde plek, loco citato (loc.cit., l.c.)

s.nw. bewys, teenbewys, afdoende bewys, stawing, demonstrasie, verifiëring, verifikasie, beredeneerdheid

bewysgrond, grond, hoofgrond, bewysrede, bestaansgrond, bestaansrede, be-

weeggrond, beweegrede, grondigheid, grondvereiste, lakmoestoets, getuienis, getuienisaflegging, toetsing, toetsbaarheid, motivering, blyk, testimonium, kontensie, argument, teenargument, hoofargument, apodiktiese argument, argumentasie, argumenteerdery, argumentering, aksioma, navorsingsbron, bronverwysing, bewysplaas, aanhaling, sitaat, maksime, motief, magwoord, magspreuk
bewysvoering, bewysleer, bewyslas, bewyskrag, oorreding, oorredingskrag, oortuiging, empirie, empirisme
bewysstuk, bewysmateriaal, data, empiriese gegewens, getuienis, dokument, bewysdokument, dokumentasie, dokumentering, mag(s)woord, dooddoener, strokie, dossier, bewys, kaartjie, koepon, depositobewys, inklaringsbewys, vaardigheidsbewys, opslagbewys, toegangsbewys, toegangskaartjie, depositostrokie, lisensie, motorlisensie, dranklisensie, koopbrief, kwytbrief, wissel, skatkiswissel, nasigwissel, vorm, vragbrief, kwitansie, duplikaatkwitansie, getuigskrif, verklaring, geskrewe verklaring, skriftelike verklaring, beëdigde verklaring, sertifikaat, diploma, oorkonde, handves, Hansard
getuie, ooggetuie, oorgetuie; argumenteerder
b.nw. bewese, gegrond, grondig, oortuigend, beredeneerd, gemotiveer(d), apodikties, deurslaggewend, afdoende, aksiomaties, deurslaande, gedokumenteer(d), gelisensieer, redegewend, toetsbaar
uitdr. dit sê niks; met vers en kapittel; vaste grond onder die voete hê; iets swart op wit hê

526. Weerlê
ww. weerlê, loënstraf, verkeerd bewys, teenargumente aanbied, betwis, weerspreek, teenspreek, ontken, aflag, weglag, diskrediteer, aanval, annuleer, respondeer, antwoord 556
bw. allesbehalwe
s.nw. weerlegging, teenredenasie, teenbetoog, teenargument, teenbewys, aanval, beswaar, reductio ad absurdum; weerlegbaarheid, ongegrondheid, swakheid, onbewysbaarheid
b.nw. weerlegbaar, weerlêbaar, elenkties, aanvegbaar, onbewese, onverantwoord, onverantwoordbaar, swak, ongegrond, ongefundeer(d), klakkeloos
uitdr. gate in 'n betoog hê

527. Oordeel
ww. **oordeel**, ag, reken, meen, van mening wees, die mening toegedaan wees, 'n mening huldig, 'n standpunt huldig, voel, dink, bedink, van gedagte wees, die gedagte huldig, in ag neem, verdiskonteer, in berekening bring, glo, opneem, opvat, beskou, redeneer, besin, beoordeel, objektiveer, oorweeg, besien, oordink, deurdink, oorlê *(ongewoon)*, beproef, takseer, insien, uitmaak, sê, afvra, skat, afmeet, afweeg, wik en weeg, bepaal, beslis, besluit, 'n besluit neem, konkludeer
beoordeel, 'n oordeel vel, 'n oordeel uitspreek, 'n maatstaf aanlê, bevind, 'n bevinding gee, 'n opinie uitspreek, evalueer, assesseer, revalueer, revalideer, waardeer, takseer, resenseer, kritiseer, approudiseer, veroordeel, afkeur, afwys, verwerp, afskryf, wegwys, verdoem, vonnis, 'n vonnis vel, uitspraak gee
verkeerd oordeel, misgis, vergis, misreken, mistas, misverstaan, verkeerd verstaan, 'n fout maak, 'n fout begaan, dit mis hê, die bal misslaan, dwaal, op 'n dwaalspoor wees, prejudiseer, prejudisieer
bw. altans, alte, myns insiens, onses insiens, syns insiens, na my oordeel, per slot van rekening
s.nw. **oordeel**, opinie, mening, stem, idee, denke, dunk, gedagte, oorwoë mening, Salomosoordeel, salomosoordeel, siening, sienswyse, visie, insig, standpunt, standpuntinname, meningsuiting, gesigspunt, oriëntasie, inagneming, verdiskontering, beskouing, opvatting, argument 539, 557, 558, redenasie, redenering, konsepsie, kontensie, oortuiging, intuïsie, kant (van die saak), sin, gees, tyd(s)gees, Zeitgeist, gees van die tyd, gesindheid, gevoel, advies, raad; norm, kriterium, maatstaf, verwysingspunt, verwysingsraamwerk, objektiwiteit, subjektiwiteit, lakmoestoets
beoordeling, oordeelsvermoë, taksering, evaluering, evaluasie, assessering, selfevaluering, selfassessering, revaluasie, revalidasie, besinning, beproewing, be-

proefdheid, berekening, gradering, onder-soek, opname, meningspeiling, meningsopname, opiniepeiling, opinie-ondersoek, gallupopname, kritiek, resensie, resensieartikel, resensie-eksemplaar, uitspraak, verdoeming, verwerping, afwysing, veroordeling, vonnis
besluit, onherroeplike besluit, eindoordeel, finale oordeel, bevinding, feitebevinding, beslissing, oorweging, gevolgtrekking, konklusie, inferensie, slotsom, uitspraak
verkeerde oordeel, vergissing, mistasting, misverstand, fout, dwaling, dwaalspoor, prejudisie, bevooroordeeldheid; foutgrens, foutmarge, foutspeling, toleransie, perk, limiet
beoordelaar, assessor, keurder, keurkomitee, keurraad, adviesliggaam, advieskomitee, evalueerder, kritikus, referent, resensent, kritikaster, apologeet; veroordeelde
b.nw. beslissend, beoordelend, verdiskonterend, beslis, onbeslis, oortuig, konklusief, insigryk, sinvol, waarderend, krities, hiperkrities, absoluut, deurdronge, objektief, subjektief, bevooroordeeld, doktrinêr, gesind, judisieus, retrospektief, toegedaan; beoordeelbaar, assesseerbaar, evalueerbaar, verdiskonteerbaar
tw. ja, a ja a, natuurlik, vanselfsprekend, nee, a nee a, ag nee wat
uitdr. die knoop deurhak; die skape van die bokke skei; die vierskaar span oor; gelyk hê; iemand op sy/haar baadjie takseer; na bevind van sake; in oënskou neem; op sig; per slot van rekening; soveel hoofde soveel sinne; myns insiens; tussen goed en kwaad onderskei; van gedagte verander; van gedagte wees; 'n oordeel vooruitloop; die Rubicon/Rubikon oorsteek

528. Bevestig
ww. bevestig, bevestigend antwoord, beaam, instem, instemmend antwoord, ja antwoord, konfirmeer, verseker, sertifiseer, beslis, benadruk, beklemtoon, onderstreep, bly by, aandring, insisteer, seël, die seël plaas op, beseël, bekragtig, formaliseer, waarborg, garandeer, bewys 525, 558, staaf, blyke gee van, waarmaak, versterk, sê, stel, beweer, 'n stelling maak, 'n bewering maak, kommentarieer, verklaar, 'n verklaring aflê, poneer, verdedig, vergewis, geen twyfel ly nie; blyk, blyk gee, dit skyn te wees, dit lyk vir my, dit smaak my (*lekties, informeel*), dit kom my voor, uitkom, aandui
sweer, 'n eed sweer, 'n eed aflê, beëdig, insweer, onder eed verklaar, plegtig verklaar, beken, erken, 'n bekentenis aflê, bely, bieg, betuig, toegee
bw. hoegenaamd (nie), enigsins, beslis, weldeeglik, vir seker, in elk geval, sowieso (*informeel*), sobyso (*informeel*), sobieso (*informeel*), ongetwyfeld, sonder twyfel, bo alle twyfel, met nadruk, met klem, eerlikwaar, op my eer, op my erewoord, regtig, rêrig, hoeka (*informeel*), juis, sekerlik, definitief, verseker, buitendien, sic, vervas, wel, ex cathedra, reeds
s.nw. bevestiging, instemming, konfirmasie, beslissing, verdediging, aandrang, sanksie, seël, beseëling, bekragtiging, versterking, klem, beklemtoning, nadruk, benadrukking, nadruklikheid, waarborg, garansie, palladium, pertinensie, handslag, bewys 558, stawing, getuienis, blyke, gegewe, bewering, stelling, verklaring, ponering, kommentaar, vergissing
sekerheid, stelligheid, leerstelligheid, dogmatisme, beslistheid, uitdruklikheid, versekering, vastheid, vastigheid, geloof, vaste geloof, waarheid 537; leerstelling, dogma 537, doktrine, dekreet, leer, vaste beginsel, vaste geloof, ideologie 795
erkenning, skulderkenning, verklaring, geskrewe verklaring, bekentenis, erkentenis, skuldbekentenis, konfessie, belydenis, skuldbelydenis, toegewing, bieg; tot 'n bekentenis bring, 'n erkenning afdwing
beëdiging, inswering, beëdigde verklaring, plegtige verklaring, deposisie
getuie, ooggetuie, oorgetuie, kommentator, beëdiger, vrederegter, ombudsman
b.nw. bevestigend, affirmatief, instemmend, pertinent, positief, seker, sekerheidshalwe, stellig, duidelik, eksplisiet, nadruklik, emfaties, uitdruklik, gewis, dogmaties, amptelik, besog, besonke, gewaarmerk, gewaarborg, gegarandeer
tw. ja, jip (*informeel*), jis (*informeel*), jis-ja (*informeel*), né, nuh (*lekties, informeel*), nou so (*lekties*), jawel, regtig, beslis, beslis ja, inderdaad, presies, ek sê mos, soos ek sê,

voorwaar, verseker, a ja a, natuurlik, vanselfsprekend, sonder twyfel
uitdr. wis en seker; jou vergewis van; voet by stuk hou

529. Ontken
ww. ontken, negativeer, nee sê, negeer, loën, aflag, weglag, betwis, teenspreek, teëspreek, teenkap, teëkap, repudieer, revokeer, revoseer, terugtrek, terugneem, jou woorde sluk, herroep, afsweer, intrek, kaveer
bw. nie, geensins, glad nie, allermins, hoegenaamd nie, op verre na nie, onder geen omstandighede nie, volstrek nie, nie in die minste nie, in der ewigheid nie, generlei
s.nw. ontkenning, neewoord, negasie, negativering, repudiasie, revokasie, teenspraak, teëspraak, intrekking, terugtrekking, herroeping
b.nw. ontkennend, negatief
tw. nee, naai (*lekties*), a nee a, aggenee
woorddeel on-, nie-, non-, in-, im-, il-, ir-, n-
uitdr. in teenspraak met; nie in die verste verte nie; om die dood nie; nooit as te/aste nimmer, nimmer as te/aste nooit

530. Voorbehou
ww. **voorbehou**, voorbehoud maak, stipuleer, bepaal, reguleer, vereis, verorden, beperk, binne perke hou, inperk, uitsluit, begrens, kwalifiseer, as voorwaarde stel, kondisioneer, reserveer, uitsonder, beding, aanneem, spekuleer, bedink, dien, indien
protesteer, protes aanteken, kla, beswaar maak, beswaar aanteken, objekteer, teenwerp, teëwerp, remonstreer, korrigeer
bw. met voorbehoud, bygesê, reservatis reservandes, behoudens, sonder voorbehoud, anders, desnoods, ingeval, casu quo, na, ook, per slot van rekening, so, op voorwaarde, voorwaardelik, met dien verstande, mutatis mutandis
s.nw. **voorbehoud**, voorwaarde, vereiste, voorvereiste, beperking, restriksie, reservasie, regulasie, reël, reëling, verordening, wet, verbod, kwalifikasie, kondisie, kondisionering, conditio sine qua non, diensvoorwaarde, klousule, stipulasie, stipulering, sine qua non, spekulasie, reserwe, uitsluiting, uitsondering, noodsaaklikheid
protes, beswaar, objeksie, eksepsie, teenbetoog, remonstransie, remonstrasie, kritiek 527, klagte
b.nw. voorwaardelik, onvoorwaardelik, kondisioneel, gekondisioneer(d), beperkend, restriktief, spekulatief, onderhewig, ongereken(d)
voors. newens, uitgenome
voegw. behalwe, behoudens, binne, bo (bowe), indien, ingeval, mits, ofskoon, tensy, hoewel
uitdr. vir die wis en die onwis; 'n agterdeur oophou

531. Saamstem
ww. **saamstem**, volmondig saamstem, saamgaan, saampraat, instem, instemming betuig, instemming betoon, dit eens wees met, akkoord gaan met, onderskryf, onderskrywe, vereenselwig, aanklank vind, aansluit by, ooreenstem, ooreenkom, afspreek, bevestig 525, 528, huldig, inslaan, neerlê, toetree, vooropstel, weet, beweer, glo
toegee, aanvaar, vir lief neem, berus, kop gee, kopgee, oorgee, swig, val, erken 528, konformeer, skik na, aansluit by, voldoen aan, raad aanvaar, raad aanneem
laat saamstem, oortuig 525, beweeg tot
bw. weliswaar
s.nw. instemming, vereenselwiging, eensgesindheid, eenparigheid, unanimiteit, ooreenstemming, toegewing, erkenning, erkentenis, konsent, toegif, toetreding, eenstemmigheid, solidariteit, akkoord, skikking, ooreenkoms, harmonie, onderlinge ooreenkoms, onderlinge begrip, konsensus, vergelyk, skikking, kompromis, kompromie, handegeklap, gemeengoed
b.nw. **eens**, eensgesind, gelykgesind, eenstemmig 8, instemmend, konsonant, eenparig, unaniem, eendragtig, eendragtiglik, eendersdenkend 8, enersdenkend, eensdenkend, harmonies, harmonieus, saamhorig, samehorig, solidêr, vreedsaam, vredig, liefdevol 776
solidêr, solidêr, geesverwant, onbestrede, onaantasbaar, onloënbaar
onkrities, kritiekloos
tw. stem, sela
uitdr. dit eens wees; een van sin wees; een

van hart en siel wees; gelyk hê; op dieselfde golflengte wees; 'n geskil besleg; kuddedier wees; die kuddementaliteit aankweek/openbaar; met die kudde saamgaan; massamens wees; jabroer wees; jou woorde sluk; die knie buig; die stryd gewonne gee

532. Betwis
ww. betwis 526, 529, 585, nie saamstem nie, bestry, kontesteer, bevraagteken, duiwelsadvokaat speel, betwyfel, in twyfel trek, nie aanvaar nie, redeneer 513, 522, 523, 524, 557, kommentarieer, objekteer 530, beswaar hê, beswaar maak, beswaar aanteken, remonstreer, protesteer, protes aanteken, betoog, demonstreer, te velde trek, opponeer, die stryd aansê, beveg, aanveg, in opstand kom, kapsie maak, verset, teengaan, teëgaan, teenstaan, teëstaan, teenstand bied, teëstand bied, boikot, teenpraat, teëpraat, teenspreek, teëspreek, weerspreek, teenstribbel, teëstribbel, teenwerp, teëwerp, argumenteer 513, 522, 523, 525, stry, opstry, stry kry, hak-en-tak wees, kibbel, knibbel, hare kloof, kaveer *(ongewoon)*, verwar
verwerp, afkeur, afwys, oordeel, kritiseer 527, 585, 666, 669, 827, sensureer, teenstaan, weier, verbied, veroordeel, veto, verloën, verseg
s.nw. betwisbaarheid, aanvegbaarheid, kontroverse, kontroversie, omstredenheid, bedenklikheid, twyfelagtigheid, verwerplikheid
beswaar, beswaarmakery, beswaarmaking, objeksie, protes, protestasie, beswaarskrif, gravamen (kerklike beswaarskrif), protesnota, protesvergadering, démarche, eksepsie, kapsie, remonstrasie, remonstransie, verset, versetaksie, betoging, betoogaksie, protesaksie, demonstrasie, boikot, obstruksie, obstruksionisme, kommentaar, teenspraak, teëspraak, teenstand, teëstand, teenstem, teenwerping, teëwerping, teenpratery, teëpratery, teenstribbeling, teëstribbeling, stribbeligheid, stribbeling, teenvoorstel, teenargument, opposisie, verwerping, kontroversie, betwyfeling, bedenking, verwarring, verwardheid
meningsverskil, redenasie, argumentasie 513, argumenteerdery, woordestryd, dispuut, geskil, rusie, rusiemakery, gestry,

stryery, stryerigheid, twis, twisgesprek, twissoekery, twisgierigheid, skoorsoekery, knibbelary, knibbelry, haarklowery, lettersiftery, muggesiftery, muggiesiftery, vittery
verwerping, afkeuring, kritiek 530, 585, sensuur, teenstand, weiering, veroordeling, veto, verloëning
beswaarmaker, protesteerder, beswaarmaker, teenstander, teëstander, opponent, weieraar, obstruksionis, boikotter, betoger, demonstrant, demonstreerder, kommentator, stryer, argumenteerder, teenprater, teëprater, rusiemaker, remonstrant, kontroversis, twisredenaar, duiwelsadvokaat, knibbelaar, vitter, haarklower, muggesifter, muggiesifter, lettersifter
b.nw. betwisbaar, aanvegbaar, betwyfelbaar, twyfelagtig, kontroversieel, omstrede, bestrede, bedenklik, dubieus, kwestieus, verdag, bevraagtekenbaar, verwerplik
oneens, verdeeld, gevoeglik, kontensieus, krities, andersdenkend, bevraagtekenend, apologeties, verward, stryerig, hak-en-tak, twissiek, teëpraterig, teenpraterig, knibbelrig, kibbelrig, stribbelig
uitdr. altyd die laaste woord wil hê; appèl aanteken; goed onder skoot wees

533. Verstaan
ww. verstaan, begryp, ('n goeie) begrip hê, begrip toon, begrip daag, snap, besef, insien, lees 562, insig hê, tot insig kom, insig kry, verklaar, grond, deurgrond, bevatlik maak, peil 516, uitmaak, ken 535, verantwoord, weet, ontsyfer, kleinkry, beethê, beetkry, inneem, vat, bevat, raakvat, raaksien, gewaar, gewaarword, deursien, neem, opneem, saamlees, sien, voel, volhou; aan die verstand bring, tot (beter) begrip bring, insig gee, tot (beter) insig bring
s.nw. verstaanbaarheid, begryplikheid, duidelikheid, verduideliking, begrip, bevatlikheid, peilbaarheid, deurgrondbaarheid, benul, besef, verklaring, verklaarbaarheid, insig, insiggewendheid, deursig, wysheid 502, epifanie, verstand, intellek, skerpsinnigheid, slimheid, kop, rede, oordeel, goeie oordeel, mentaliteit, greep, aanvoeling, openbaring, kennis 535
b.nw. verstaanbaar, begryplik, bevatlik,

peilbaar, deurgrondbaar, welbegrepe, grondig, insiggewend, verstandig, geleer(d)

uitdr. agter die kap van die byl kom; daar gaan vir my 'n lig op; die kloutjie by die oor bring; die spyker op die kop slaan; te verstaan; tussen die reëls lees; sien hoe iets inmekaar steek; weet hoe die hef in die vurk steek; iemand soos 'n boek lees

534. Nie verstaan nie

ww. nie verstaan nie, verkeerd verstaan, nie begryp nie, geen begrip hê nie, geen begrip toon nie, ontspoor, verwar, dronkslaan

bw. blindweg, onwetens

s.nw. wanbegrip, onbegrip, gebrek aan begrip, begripsverwarring, onwysheid, domheid, misverstand

b.nw. baar, bekrompe, bolangs, onbegrepe, onwetend, onwys, raaiselagtig, simplisties, snaaks

uitdr. dis bokant my vuurmaakplek; die klok hoor lui, maar nie weet waar die bel/klepel hang nie; dit gaan my verstand/begrip te bowe; dit sit my in die kooi; ek volg nie; geen benul van iets hê nie; geen kop of stert uitmaak nie; iets aan die stert beethê; die kluts kwytraak; nie die flouste begrip van iets hê nie; nie verder kyk/dink/sien as wat jou neus lank is nie; niks uit iets wys word nie; soveel daarvan weet as 'n kat van saffraan

535. Weet

ww. **weet**, wis, besef, ken, beken, onderken, kennis dra, kennis hê, bewus wees van, bekend wees met, ingelig wees, goed ken, deur en deur ken, van voor tot agter ken, beheers, verstaan 533, deurgrond, deurleef, deurlewe, meemaak, ondervind, ervaar, beleef, deurmaak, sleg ken

kennis neem, verneem, kennis opdoen, kennis kry, leer, bekwaam, familiariseer, hoor, te wete kom, tot die besef kom

onderskei, herken, uitken, analiseer, ontleed 516, 561

bw. na my wete, na die beste van my wete, sover ek weet, vir sover, vir sovêr, alles in ag genome

s.nw. **kennis** 502, 513, 515, 533, bekendheid, die bekende, ingeligtheid, parate kennis, feitekennis, algemene kennis, vakkennis, boek(e)kennis, mensekennis, sakekennis, veldkennis, selfkennis, voorkennis, voorwete, kundigheid, vakkundigheid, saakkundigheid, geleerdheid, boekgeleerdheid, boekwysheid, wete, besef, wysheid, lewenswysheid, wêreldwysheid, insig 502, 527, 543, insiggewendheid, bekwaamheid, kompetensie, bevoegdheid, begaafdheid, onderlegdheid, beterwete, belesenheid, verstand, bewussyn, verstandelike ontwikkeling, kennersblik, kennersoog, leerskool, verworwenheid, wetenskap 515, wetenskaplikheid, sekerheid; beterweterigheid, alwetendheid, veelwetery, skyngeleerdheid

kultuur, subkultuur, kultuurproduk, kultuurgoed, kultuurgoedere, kulturele rykdom, kultuurskat, kulturele besit, kultuurbesit, kultuurerfenis, geestesvoedsel, geestelike rykdom, geestelike besit, geestesgoed, geestesgoedere, geesteslewe, geeste(s)wêreld; gekultiveerdheid 788, kultuurpeil, kultuurprestasie, kultuurstryd, kultuurbewaring, erfenisbewaring, monumentesorg; kultuurlewe, kultuurkring, kulturele landskap, kultuurlandskap, kultuurbeweging, kultuurliggaam, kultuurvereniging, kultuurraad; museum, kultuurhistoriese museum, kunsmuseum, taalmuseum, ..., monument, vryheidsmonument, vrouemonument, taalmonument, ...

kennisverwerwing, kennisontwikkeling, verdieping, ondervinding, onderrig 559, opleiding 559, kennisoordrag, waarneming, ontleding, notisie, herkenning, introspeksie, kennismaking, kennisname, insae; kennistoetsing, vasvrawedstryd, vasvrakompetisie

opgevoede mens, beskaafde mens, ontwikkelde mens, geleerde mens, kultuurmens, kultuurdraer, geleerde, deskundige, spesialis, kenner, kundige, boffin (informeel), fundi, foendi, saakkundige, ekspert, wyse 502, ghoeroe, begaafde persoon, genie, feniks, fenomeen, wetenskaplike 515, leerling 559, student 559, beterweter, veelweter

b.nw. **kundig**, wêreldkundig, saakkundig, vakkundig, geleer(d), begaaf(d), geletterd, uitgeleer(d), volleerd, vroegryp, verstandig, wys, vroed (ongewoon), wêreldwys, belese, ingewy, ingelig, welingelig, deskundig, bekwaam, bevoeg(d), deurwinter(d), insiggewend, insigryk, onderleg, bedrewe, deurknee(d), au fait, wetenskaplik, doktoraal, professoraal, introspektief, vertroud, touwys, beskaaf(d), ontwikkel(d), gekultiveer(d), kultureel; beterweterig, alwetend, alleenwys, veelweterig

bekend, seker, gewis, kenbaar, veelgelese, onderskeidend, distinktief

uitdr. iets op die punte van jou vingers ken; op hoogte van sake wees; jou storie ken; van binne en buite ken; meester van jou vak wees; van iets meester wees; 'n wandelende ensiklopedie; 'n wandelende woordeboek; gewis en seker; hoe geleerder hoe verkeerder; iemand is sy/haar tyd vooruit; iemand touwys maak; jou skoolgeld betaal; onder die knie kry; verstand hê van iets; weet hoe die vurk in die hef steek; weet uit watter hoek die wind waai; weet waar die skoen druk

536. Nie weet nie

ww. **nie weet nie**, geen kennis van iets dra nie, geen idee van iets hê nie, onkundig wees

ignoreer, afleer, kleitrap

bw. raad-op

s.nw. **onkunde**, onkundigheid, ongeleerdheid, ongeletterdheid, analfabetisme, onnoselheid, onverstandigheid 524, onwysheid, duister, duisterheid, duisternis, onopgevoedheid, onontwikkeldheid, kultuurloosheid, bekrompenheid, onvermoë, inkompetensie, amateuragtigheid, dilettantisme, beterweterigheid

leek, onkundige, amateur, dilettant, japie, leeghoof, ignoramus, analfabeet

b.nw. onkundig, onnosel, ongeleer(d), onverstandig, ongeletterd, onwetend, onwys, bekrompe, beterweterig, blind, leeghoofdig, dik, halfgeleer(d), dilettanties, dilittanterig, ondeskundig, amateuragtig, duister, krenterig, onbewus, oppervlakkig, siende blind, onderontwikkeld, onopgevoed, kultuurloos, agterlik, vreemd, onbevoeg

uitdr. buite my wete; die skouers ophaal/optrek; ek kon dit nie ruik nie; van g'n sout of water weet nie; 'n vreemdeling in Jerusalem wees; van geen jota of tittel weet nie; jy moet nog die ABC daarvan leer; joos alleen weet; jou skoolgeld gaan terugvra; nugter weet; op onbekende terrein; soveel van iets weet as die man in die maan; soveel daarvan weet as 'n kat van saffraan; so min van iets weet as 'n aap van godsdiens; soveel van iets weet as 'n kraai van godsdiens; van die hele moord niks weet nie; van die prins geen kwaad weet nie; nie 'n A van 'n B ken nie; een blinde kan nie 'n ander blinde lei nie; terra incognita; die klok hoor lui, maar nie weet waar die bel/klepel hang nie

537. Waarheid

s.nw. **waarheid** 577, die volle waarheid, die nugtere waarheid, die ronde waarheid, die reine waarheid, die naakte waarheid, universele waarheid, grondwaarheid, truïsme, die naakte waarheid, die absolute waarheid, die uitgemaakte waarheid, dogma 528, doktrine

feit, bewese feit, voldonge feit, fait accompli, feitekennis, feitemateriaal, data, feitelikheid, daadsaak, werklikheid, wesen(t)likheid, konkreetheid, aktualiteit, realisme, waaragtigheid, sekerheid, gegewe, realiteit, realia, outentisiteit, stelligheid, vanselfsprekendheid, voor-die-hand-liggendheid, uitdruklikheid, vastheid, vastigheid, waarheidsin, geloofwaardigheid, ontwyfelbaarheid, onwrikbaarheid, uitdruklikheid, verabsolutering

werklikheid 1, konkreetheid, outentisiteit, outentiekheid, realiteit, lewensgetrouheid

korrektheid, juistheid, akkuraatheid, egtheid, onvervalstheid, presiesheid, eksaktheid, purisme, puris, klaarblyklikheid, saaklikheid

waarskynlikheid, potensiaal, potensie, potensieel, moontlikheid, kans, skynbaarheid, vergissing

bevestiging, bekragtiging, eed, ampseed

b.nw. **waar**, absoluut waar, geloofbaar, geloofwaardig, getrou, beëdig(d), gegrond, gewaarmerk, waaragtig, natuurlik, waarheid(s)getrou, onvervals, suiwer, vlek(ke)loos, bewysbaar, bona fide

feitelik, fakties, oortuig, onweerlegbaar, onwrikbaar, vasstaande, daadwerklik, ontwyfelbaar, onbetwyfelbaar, onbetwisbaar, paalvas, onomstootlik, onteenseglik,

vanselfsprekend, klaarblyklik, kenlik, kennelik, voor die hand liggend, uitdruklik, duidelik, klinkklaar, seker, doodseker, gewis, beslis, stellig, rondborstig, flagrant, naak, direk, objektief, absoluut, volstrek, tersaaklik, formeel
werklik, konkreet, outentiek, lewensgetrou, realisties, reëel, wesen(t)lik, saaklik
korrek, hiperkorrek, puristies, reg, doodreg, juis, akkuraat, suiwer, presies, eksak, fout(e)loos, foutvry, onfeilbaar, feilloos, positief
moontlik, waarskynlik, haalbaar, potensieel, vermoedelik, denklik, stogasties
ww. waar wees, vasstaan, geen twyfel ly nie, vanself spreek, die feite spreek vanself; moontlikhede inhou
waar maak, die waarheid praat, die waarheid vertel, iets in die reine bring, vergewis, die feite onder die oë sien, die waarheid agterhaal, die waarheid agterkom, beëdig, bevestig, instaan vir die waarheid, bewaarheid, verseker, dien, stempel, vermoed, jou aan die feite hou, by die feite bly, nie lieg nie, verabsoluteer
bw. waarlik, eerlikwaar, wrintie, jou wrintie, gedorie (*verouderd*), gedoriewaar (*verouderd*), kaalkop, padlangs, inderdaad, bepaald, bepaaldelik, sowaar, voorwaar, warempel, wraggies, wragtie, sweerlik, wel, regtig, rêrig, vir seker, verseker, vervas, juistement, allig, immers, insonderheid, in werklikheid, realiter (*ongewoon*), ipso facto
blykbaar, skynbaar, dalk, dalkies (*informeel*), dalkerhand (*lekties*), altemit(s), miskien, soms, somtyds
tw. jou waarlik, ja-nee, so by my kool, wragtig, wrintie, wrintig, wrintlik, jandorie, a ja a, natuurlik, sonder twyfel
uitdr. alle dinge gelyk synde; die spyker op die kop slaan; die twyfel ophef; dis nie altemit nie; dit spreek soos 'n boek; daarvoor kan 'n mens borg staan; die heilige/naakte waarheid; die waarheid wil nie gesê wees nie; dit klink soos 'n klok; dit ly geen twyfel nie; dit is die evangelie (in die kerk); dit is die heilige evangelie; waar daar 'n rokie is, is daar 'n vuurtjie; geen rook sonder vuur nie; dit so synde; gelyk hê; op stuk van sake; sonder twyfel; ten ene male; 'n ding by sy naam noem; al is die leuen ook hoe snel, die waarheid agterhaal hom wel

538. Dwaling
s.nw. onwaarheid, dwaling, dwaalspoor, dwaalweg, doolweg, dwaalbegrip, dwaalstorie, gerug, hoorsê, skinderstorie, skinderpraatjies (*meervoud*), aberrasie, mite, onegtheid, valsheid, vervalsing, verduistering, bedenksel, bedinksel, versinsel, feitedwaling, verdigsel, falsiteit, error facti, leuen, leuentaal, lieg, liegstorie, liegery, wolhaarstorie, wolhaarpraatjies (*meervoud*), slimstories (*meervoud*), slimpraatjies (*meervoud*), riemtelegram, vals nuus, klug, kluitjie, praatjies (*meervoud*), strontpraatjies (*plat, meervoud*), strontpratery (*plat*), kakpraatjies (*plat, meervoud*), kakpratery (*plat*), bollie (*informeel*), straatpraatjie, oordrywing, vergroting, verblinding, oëverblindery, verblindheid, selfverblinding, foppery, selfbedrog, selfbegogeling, gekkeparadys, bedrog, bedrieëry, kullery, kulwerk, kleuring, versuikering, bedrieglikheid, glimp, waan, waanbeeld, drogbeeld, spieëlbeeld, skim, spook, dwaallig, dwaalvuur, stupiditeit 524, hoorsêgetuienis

verkeerdheid, onjuistheid, ongegrondheid, inkorrektheid, dwaling, fout, mistykie (*Engels, informeel*), 'n ligte mistykie (*Engels, informeel*), denkfout, dinkfout, oordeelsfout, flater, faux pas, doodsonde, blaps, glips, glieps (*lekties*), foutjie, gogga, misstap, oortreding, misgreep, misslag, struikeling, feil (*ongewoon*), lapsus, taalfout, lapsus linguae, solesisme, lapsus memoriae, verbrouing, misverstand, wanopvatting, misvatting, mistasting, vergissing, misgissing, misrekening, wanvoorstelling, wanbegrip, swak oordeel, verwerplikheid, sofisme, sofistery; feilbaarheid

onsinnigheid, onsin, bog, bogtery, bogspul, bogstorie, bogpraatjies, bogpratery, snert, nonsens, nonsies (*informeel*), nonsenspratery, nonsenspraatjies, twak, twakpraatjies, die absurde, absurditeit, dwaasheid, gekheid, kaf, kafpraatjies, kafstories, kak (*plat*), kakpratery (*plat*), kakpraatjies (*plat*), stront (*plat*), strontpratery (*plat*), strontpraatjies (*plat*), sotterny, domheid, dwaasheid, belaglikheid, lawwe praatjies, wartaal, verwardheid, verwar-

ring, koeterwaals, onverstandigheid
onmoontlikheid, onwesenlikheid, onwerklikheid, irrealiteit, denkbeeld, denkbeeldigheid, fiksie, mite, illusie, bedrog
onsekerheid, betreklikheid, wankeling, vaagheid, gewaandheid, gerug, skyn, waan, waanbeeld, waandenkbeeld, idée fixe, dwangvoorstelling, illusie, delusie, hallusinasie, fantasie, masker, maskerspel, verwarring, verwardheid, ylhoofdigheid, deurmekaarspul, warboel, duister, duisternis, duisterheid
skyngeleerde, leuenprofeet, sofis, vervalser, valsaard, bedrieër, fopper, leuenaar, aartsleuenaar, liegbek, warhoof, warkop
b.nw. onwaar, vals, valslik, leuenagtig, frauduleus, oneg, versin(d) gefingeer(d), apokrief, ongelyk, onhistories, legendaries, romantiekerig, skools, sofisties
verkeerd, verkeerdelik, inkorrek, foutief, onjuis, skeef, gekleur(d), abusief; feilbaar
onsinnig, onverstandig, belaglik, dom, dwaas, gek, absurd, verward
onmoontlik, onwesenlik, onwerklik, denkbeeldig, fiktief, mities, imaginêr, illusionêr, bedrieglik, abnormaal, bonatuurlik, bowenatuurlik, ongelooflik, ongeloofbaar, ondenkbaar, onvoorstelbaar
onseker, twyfelagtig, dubieus, kwestieus, gewaand, denkbeeldig, skynbaar, oënskynlik, sogenaamd, sogenoemd, beweerde, vaag, betreklik, relatief, onbeslis, hipoteties, betwisbaar, ongegrond, oordrewe, oordrywend, verward, ylhoofdig, verwarrend, verblindend, bedrieglik, verwronge, verfoes(de), donker, duister
ww. onwaar wees, van die waarheid afwyk, fouteer, skyn, versin, verdig, lieg, leuens vertel, leuens oordra, liegstories oordra, onwaarhede verkondig, vervals, verduister
onsin praat, dwaal, bontspring, bontpraat, twak praat, stront praat (*plat*), kak praat (*plat*), slimpraatjies verkoop, slimstories verkoop, beusel, oordryf, oordrywe, aandik, vergroot, opblaas, kleur, versuiker
onseker wees, in onsekerheid verkeer, waan, in die waan verkeer, in die dwaling verkeer, vergis, misgis, dwaal, dwaalredeneer, in die dwaal wees, faal, feil, misverstaan, miskyk, misreken, mistas, verwar,

verward raak, in die war raak, deurmekaarraak, wankel, hallusineer, dronkslaan, skyn, struikel, verbrou, verfoes, verfomfaai, verfonkfaai, oortree
op 'n dwaalspoor bring, mislei, pypkan, bedrieg, verneuk, inloop, om die bos lei, aan die neus lei, belieg, verblind, fop, kul, flous, troef, bluf, mistifiseer, verwar, in die war bring, in die war stuur, deurmekaarmaak
bw. as 't ware, per abuis, ten onregte, bedrieglik, konsuis, kwansuis, sic, ad absurdum
woorddeel drog-, pseudo-
uitdr. buiten die waard reken; daar is geen woord van waar nie; die bal misslaan; die spoor byster wees/raak; die baba met die badwater uitgooi/weggooi, die kind met die badwater uitgooi/weggooi; die wa voor die osse span; iemand na die mond praat; iemand woorde in die mond lê; iets by die verkeerde ent beethê; in stryd met die waarheid; die waarheid spaar; die waarheid geweld aandoen; (met) spek skiet; lieg soos 'n tandetrekker; ten regte en ten onregte; uit die band spring; uit die lug gryp; van 'n muggie 'n olifant maak; 'n verkeerde perd opsaal/opklim; water in 'n mandjie probeer dra; 'n berg van 'n molshoop maak; 'n bok skiet; die kat aan die stert beethê

C. UITDRUKKING VAN DIE GEDAGTE

539. Kommunikeer
ww. kommunikeer, 'n boodskap oordra, sê, stel, voorsê, uitdruk, uit, uiter, uitkom met, noem, konstateer, aan die orde stel, te berde bring, meld, vermeld, melding maak van, iets te kenne gee, merk, opmerk, aanmerk, noem, opnoem, enumereer, gewag maak van, jou gedagtes uitdruk, uitdrukking gee aan jou gedagtes, uiting gee aan jou gedagtes, jou gedagtes inklee, praat 548, spreek, uitspreek, jou gedagtes uitspreek, mondeling(s) te kenne gee, onder woorde bring, verspreek, verpraat, saampraat, konfereer, roep, uitroep, aanroep, aanspreek, send, sinjaleer, inligting oordra, informeer, dissemineer, uitvaardig, formuleer, saamvat, opsom, ekserpeer, resumeer, formaliseer, iets laat blyk, blyke gee van, sinspeel, toon, betoon,

betuig, wys op, dui(e)

meedeel 551, meld, vermeld, memoreer, berig, inlig, van inligting voorsien, oriënteer, inlei, vertel, weet te vertel(le), oorvertel, navertel, skets, verhaal, opdis, verkondig, aankondig, bekend maak, bekendmaak, oordra, bedien (die Evangelie ~), notifiseer, uitroep, uitvaardig, promulgeer ('n wet ~), rapporteer, voorlê, bekend stel, bekendstel, aanmeld, indien, sirkuleer, versprei, uitdra, uitsaai, basuin, uitbasuin, uitblaker, rondbasuin, lanseer, refereer, sertifiseer, wys, aanwys, uitwys, toon, vertoon, aandui, aantoon, skryf, op skrif stel, aanteken, notuleer, afneem, publiseer, te boek stel, voorlig, maan, vermaan, waarsku, tereghelp, teregwys

bekend maak, bekendmaak, bekend stel, bekendstel, laat weet, introduseer, ontsluit, in kennis stel, kennis gee, verslag doen, verslag gee, verslag lewer, verslag voorlê, refereer, opdiep, oprakel, ontboesem, onthul, bootlê, verduidelik, uitspel, uitlê, eksponeer, ontbloot, ontplooi, ontsluier, ontmasker, demaskeer, jou blootgee, jou geheim blootgee, verklap, 'n geheim verklap, uitlaat, 'n geheim uitlaat, verklik, uitlap, klik, laat uitlek, iets verraai, oopvlek, vertroulik meedeel, influister, piemp (*lekties*)

openbaar, openbaar maak, afkondig, rugbaar maak, uitbring, ten toon stel, uitstal, uitstrooi, adverteer, uitbasuin, publisiteit gee 551, promulgeer, reklameer

woorde wissel, dialoog voer 548, gesprek voer, diskussie voer, diskusseer, gesels, praat, gedagtes wissel, bespreek, samesprekings voer, konfereer, debat voer, debatteer, redeneer, beredeneer; stry, twis, redeneer 522, 523, argumenteer, woorde wissel, polemiseer

swyg 540, verswyg, verhul

bevestig, bekragtig, konstateer, attesteer

verduidelik, omskryf, omskrywe, uiteensit, eksponeer, verklaar, uitspel, uitlê, interpreteer, tolk

benoem, 'n naam gee, doop, noem 550

bekend wees, heet, bekend staan, bekend word, rugbaar word, tot uiting kom, manifesteer, uitlek, oopgaan, deurskemer, deurskyn, heenwys, deursypel; ken, kennis neem, verneem

sleg kommunikeer, lelik praat, verspreek, verpraat, verbypraat, jou mond verbypraat, uitblaker, skimp, skinder, agter iemand se rug praat

bw. reguit, trompop, gladweg, ronduit, rondweg, vry-uit, openlik, in die openbaar; botweg, plompweg, sonder om te dink

s.nw. **kommunikasie**, verbale kommunikasie, nie-verbale kommunikasie, telekommunikasie, radiokommunikasie, disseminasie, verwysing, heenwysing, aanwysing, aanduiding, indikasie, verspreiding, verkondiging, opnoeming, opsomming, enumerasie, uiteensetting, omskrywing, oorbringing, oorbrenging, ontboeseming, onthulling, ontsluiering, voorligting, waarskuwing, vingerwysing, wenk, betoning, betoon, manifestasie, ekspressie, selfekspressie; kommunikasiesisteem, kommunikasiekanaal, nuusdiens, nuusagentskap, nuuskantoor, publisiteitsdiens, nuuskonferensie; kommunikasievaardigheid, kommunikasievermoë

boodskap, mededeling, uitdrukking, uiting, ekspressie, stelling, konstatering, bewering, uitlating, uitspraak, beleidsuitspraak, vermelding, verklaring, persverklaring, relaas, betoog, argumentasie, argumentering, redenasie, pleidooi, toespraak, rede, redevoering, meningsuiting, intreerede, afskeidsrede, tafelrede, lofrede, begrafnisrede, hekelrede, skimprede, eulogie, slotrede, orasie, lesing, voorlesing, voordrag, praatjie, radiopraatjie, bewoording, opmerking, aanmerking, aanmerkinkie, doodskoot, doodsteek, sinswending, sinspeling, verskuilde boodskap, subteks, navraag, rondvraag, klagte, klaaglied, klaery, treurmare

tematiek, tema, onderwerp, paradeperd, titel, inhoud

dialoog 548, gesprek 548, tweegesprek, geselsery, geselsie, gepraat, gepratery, palawer, diskussie 548, gedagtewisseling, bespreking, samespreking, tafelronde, vergadering, simposium, seminaar, webinaar, forum, gespreksforum, konferensie, kongres, indaba, beraad, spitsberaad, beraadslaging, ruggespraak, konsultasie, raadpleging, oorleg, oorlegpleging, kajuitraad, koukus, gekoukus, debat, debatvoering, beredenering, onderhoud, personderhoud,

radio-onderhoud, televisieonderhoud; woordewisseling, woordestryd, polemiek, twisgesprek, pennestryd, twis, stryery, gestry, woordetwis, argument, onderonsie, teregwysing, tereghelping; monoloog, alleenspraak, eenspraak
bekendmaking, bekendstelling, afkondiging, openbaring, openbaarmaking, mediavrystelling, mediakonferensie, persvrystelling, perskonferensie, notifikasie, verslaggewing, perskampanje, nuusverslaggewing, reportage, nuusreportage, fotoreportage, radioreportage, communiqué, tentoonstelling, uitstalling, reklame, advertensie, betoging, massabetoging, voorlegging, oorlegging, promulgasie, uitvaardiging, verklaring, persverklaring, mediaverklaring, inligting, nuus 551, 568, goeie nuus, slegte nuus, vals nuus, liegstorie, fopnuus, koerantnuus, televisienuus, wêreldnuus, nuuswaarde, tyding, goeie tyding, slegte tyding, jobstyding, mare (*ongewoon*), kennis, afvoer, inligtingafvoer
verduideliking, verklaring, omskrywing, uiteensetting, uitleg, interpretasie, vertaling, tolking 543
benoeming, benaming 550, naamgewing, doop
wankommunikasie, lelikpratery, verspreking, spoonerisme, verskrywing, geskinder, skindery, skinderpraatjies, skinderstorie, skimp, geskimp, skimpery, klikkery, geklik, klikstorie, fluisterkampanje, fluisterveldtog
kommunikasiemiddel 551, 568, kommunikasiemedium, kommunikasiesisteem, talige kommunikasie, taal 569, natuurlike taal, verbale kommunikasie, nie-verbale kommunikasie, interpersoonlike kommunikasie, geskrewe kommunikasie 563, skriftelike kommunikasie, geskryf, skrywery, geskrif, publikasie 565, 567, gesproke kommunikasie 548, mondelinge kommunikasie, pratery, gepratery, gepraat, dialoog, monoloog, visuele kommunikasie, grafika, fatiese kommunikasie, liggaamstaal, formele kommunikasie, informele kommunikasie, bedryfskommunikasie, besigheidskommunikasie, institusionele kommunikasie; geskrif, publikasie, telekommunikasie 265, pos 196, posstelsel, elektroniese kommunikasie 263, e-kommunikasie, masjienkommunikasie, rekenaarkommunikasie, rekenaartaal; kommunikasiewese
geskrif 565, skryfsel (*informeel*), epistel, dokument, publikasie, uitgawe, boek, boekwerk, boekdeel, volume, bundel, band, tydskrif, koerant, brosjure, biljet, strooibiljet, verslag, meerderheidsverslag, minderheidsverslag, jaarverslag, jaarberig, maandverslag, hofverslag, rapport, notule, memorandum, opgaaf, opgawe, manifes, getuigskrif, resumé, berig, persberig, persverklaring, persverslag, koerantberig, nuusberig, teenberig, flits, nuusflits, artikel, koerantartikel, tydskrifartikel, nuusartikel, opstel, referaat, kennisgewing, nota, advies, bewys, brief, nuusbrief, omsendbrief, omsendskrywe, sirkulêre, adviesbrief, adelbrief, aangifte, datastuk, datadokument, databasis, rekord, sertifikaat, lêer, oorsig, uittreksel, ekserp, sitaat, opsomming, sinopsis; sin, frase, paragraaf, formule, formalisme
kommunikeerder, kommunikator, spreker 548, verkondiger, prediker, skrywer 563, inleier, manifestant, adviseur, Jobsbode, polemikus, verslaggewer, persverslaggewer, nuusverslaggewer, misdaadverslaggewer, nuusagent, nuusbode, koerantman, joernalis, persman, persattaché, notulehouer, rapporteur, rapportryer, tolk, simultaantolk, tentoonsteller, verklaer, informant, polisie-informant, impimpi (*lekties*), fluitjieblaser, fluistervink, luistervink, klikker, verklikker, verklikbek, klikbek, waarskuwer, sikofant, klikspaan (*ongewoon*), skinderbek, skindertong, losbek, vuilbek, vuilspuiter, liegbek; mediator, fasiliteerder
internetkommunikasie 263, 568
b.nw. kommunikatief, verbaal, nie-verbaal, informatief, nuuswaardig, aanwysend, demonstratief, doelbewus, openhartig, reguit, direk, trompop, openbaar, publiek, overt, onverbloem(d), onverhole, naak, onbewimpel, onomwonde, profeties, monologies, dialogies
bekend, rugbaar, welbekend, wêreldkundig, kenbaar, kenlik, kennelik, gemeld, bogemeld, bowegemeld, genoemde, ondergenoemde
uitdr. aan die lig bring; aan die dag bring;

aan die groot klok hang; aan die kaak stel; die aap kom uit die mou; die aap uit die mou laat; die dood voor oë hou; die sluier (op)lig; die storie lê rond; die storie doen die rondte; die vinger op die wond lê; die wêreld instuur; dis nooit anders nie; dis wis en seker; dit is algemeen bekend; geen geheim daarvan maak nie; geen tyding, goeie tyding; iemand het geklap; iemand op iets attent maak; iemand se aandag vestig op iets; iemand te woord staan; iets op die baan bring; in die beste voue/voeë lê; jou (ware) kleur(e) wys; jou laat ken; met die deur in die huis val; met die hele mandjie/sak patats uitkom/vorendag kom; met wedersydse kennisgewing; nie onder stoele of banke wegsteek nie; iets onder iemand se aandag bring; onder voorbehoud meedeel; oop kaarte speel; iets op die lappe bring; met iets op die lappe kom; praatjies verkoop; jou mond verbrand; jou mond verbypraat; jou neus verbypraat; te voorskyn bring; vorendag/voor 'n dag kom; 'n oop brief; 'n oop geheim; 'n saak aanroer; 'n tippie van die sluier lig; 'n voëltjie hoor fluit; 'n wenk gee

540. Nie kommunikeer nie

ww. verswyg 549, **swyg** 549, **stilbly** 549, doodswyg, stilhou, terughou, onderdruk, verduister

geheim hou, dighou, 'n geheim van iets maak, bedek, verberg, verbloem, verdoesel, wegdoesel, wegpraat, verheimlik, bewimpel, toesmeer, sluier, versluier, hul, verhul, in petto hou, kamoefleer, vermom, verklee, maskeer, masker, versteek, wegsteek, wegstop, wegmoffel, valslik voorstel, bedrieg 538; jou verberg, wegkruip, skuilhou, op die agtergrond bly

bw. heimlik, in camera, in kamera, stilletjies, stilweg, bedektelik, incognito, in stilte, sonder woorde, sonder taal, met stilswye geslaan, onder, agterhoudend, steelsgewys, tersluiks, in vertroue, sub rosa, in obscuro

s.nw. stilswye, stilte, swye, swyging, stilstuipe

geheim, geheimenis, staatsgeheim, ampsgeheim, sakegeheim, beroepsgeheim, diensgeheim, fabrieksgeheim, hartsgeheim, verborgene, verborgenheid, masker, stilligheid, raaisel, geheimtaal, geheime taal, geheimspraak, onverklaarbaarheid, onverstaanbaarheid, onbegryplikheid, onpeilbaarheid, misterie, enigma, vertroulike saak, vertroulike kwessie, 'n saak van vertroue, vertrouensaak, vertrouenskwessie

geheimsinnigheid, duister, duisterheid, raaiselagtigheid, onverklaarbaarheid, onverstaanbaarheid, onbegryplikheid, onbekendheid, heimlikheid, geslotenheid, privaatheid, swygsaamheid 549, stilte

geheimhouding, verberging, verbloeming, verduistering, verheimliking, verkleding, verskansing, kamoeflage, camoeflage, rookskerm, dekmantel, verswyging 549, diskreetheid, diskresie, vertroulikheid, konfidensialiteit, kollusie

geheimsinnige persoon, enigma, spioen, diskrete persoon, mistikus

b.nw. sprakeloos, spraakloos, woordeloos, onverwoordbaar, stil, tjoepstil, stilswy(g)end, swy(g)end 549, stom, stomgeslaan, verstom(d)

geheim, vertroulik, konfidensieel, privaat, diskreet, verborge, verbloem(d), verhole, blou-blou, ongemerk, onopgemerk; ondergronds, heimlik, geslote, klandestien, gemasker(d); versweë, onuitgesproke

geheimsinnig, geheim(e)nisvol, swygsaam, duister, donker, onbekend, vreemd, wildvreemd, raaiselagtig, versluier, misterieus, enigmaties, esoteries, mistiek, misties, okkult, bonatuurlik, onverstaanbaar, onbegryplik, ondeurgrondbaar, onpeilbaar, wonderlik, wonderbaarlik, mirakelagtig, mirakuleus; agteraf, agterbaks, onderhands, skelm, skelmpies, steels, sydelings

uitdr. suinig met jou woorde wees; 'n man/vrou van min woorde wees; jy het jou tong ingesluk; met/tot stilswye geslaan wees; agter geslote deure; agter jou rug; daar sal geen haan na kraai nie; daar sit/skuil iets agter; die boer die kuns afvra; die vyfde kolonne; geen spoor laat nie; iemand voor die kop sien maar nie in die krop nie; iets agter iemand se rug doen; iemand in die duister laat; iets agteraf doen; in jou vuis lag; 'n moordkuil maak van jou hart; onder vier oë; swyg soos die graf; (dis) husse met (lang) ore; 'n geheim bewaar; 'n geslote boek; 'n sluier oor iets werp

541. Betekenisvolheid

s.nw. **betekenisvolheid**, sinrykheid, veelseggendheid, verreikendheid, insiggewendheid, relevansie, belang, belangrikheid, diepte, diepsinnigheid, diepgang, kern, kruks, crux (*ongewoon*), die kern van die saak, die kruks van die saak, kernagtigheid, oppervlakkigheid
betekenis, waarde, bedoeling, bedoelentheid (*lekties*), betekeniswaarde, semantiese waarde, denotasie, verwysing, sin, sinrykheid, begrip, inhoud, begripsinhoud, interpretasie, boodskap, implikasie, letterlike betekenis, werklike betekenis, grondbetekenis, figuurlike betekenis, figuurlike waarde, bybetekenis, emotiewe betekenis, emotiewe waarde, gevoelswaarde, konnotasie, strekking, beduidenis, duiding, ekspressiwiteit, algemeenheid, skakering, betekenisskakering, nuanse, betekenisnuanse, agtergrond, sinspeling, woordespel, woordspeling, toespeling, pointe, betekenisverandering; semantiek 570, betekenisleer
b.nw. betekenisvol, beduidend, veelbeduidend, andersduidend, tekenend, veelbetekenend, semanties, sinryk, diepsinnig, belangrik, relevant, saakmakend, veelseggend, ekspressief, insiggewend, sinvol, waardevol, bedoel(d), kernagtig, diep, oppervlakkig, kosmeties, pittig, pregnant, letterlik, figuurlik, emotief
ww. beteken, betekenis hê, betekenis kry, nuwe betekenis kry, sin maak, bedoel, beduie, betekenis oordra, aandui, wys, aanwys, verwys, adem, neerkom op, inhou, beloof, sê, te kenne gee, impliseer, sinspeel, teken, uitmaak, verstaan, verdiep, vervlak
uitdr. dit spreek boekdele; in die teken van iets staan; 'n toespeling maak op

542. Betekenisloosheid

s.nw. betekenisloosheid, waardeloosheid, sinloosheid, sinledigheid, holligheid, gemeenplaas, gemeenplasigheid, nuttelose kennis, ballas, retorika, retoriese uitspraak, frase, hol frase, irrelevansie, niksseggendheid, onbenulligheid, trivialiteit, oppervlakkigheid, raaiselagtigheid, onsin, snert, snertpraatjies (*meervoud*) 524, inaniteit
b.nw. betekenisloos, waardeloos, sinloos, sinledig, onbeduidend, niksbeduidend, niksbetekenend, niksseggend, leeg, holklinkend, irrelevant, onbenullig, onbelangrik, triviaal, beuselagtig, futiel, oppervlakkig, gemeenplasig, retories, raaiselagtig
ww. geen betekenis hê nie, niks sê nie; afmaak, trivialiseer 621, onderbeklemtoon, onderbelig, onderspeel, lig opneem
uitdr. geen sin hê nie; dis alles net (holklinkende) frases

543. Duidelik

b.nw. duidelik, kakduidelik (*plat*), helder, glashelder, verhelderend, eenvoudig, doodeenvoudig, begryplik, verstaanbaar, toeganklik, bevatlik, klaarblyklik, klinkklaar, klinkend, ooglopend, in die oog lopend, deursigtig, deurdringbaar, ondubbelsinnig, eksplisiet, onmiskenbaar, blatant, skerp, sprekend, saaklik, sober, voor die hand liggend, vanselfsprekend, oortuigend, onweerlegbaar, apodikties, aksiomaties, apert (*ongewoon*), evident, kenlik, kennelik, ensiklopedies, verklaarbaar, deurgrondbaar, insiggewend, populêr, populêrwetenskaplik, blykbaar, aanskoulik, bewus, konkreet, tasbaar, voelbaar, merkbaar, natuurlik, aards, vry van twyfel, on(be)twyfelbaar, nadruklik, bepaald, geaksentueerd
s.nw. **duidelikheid**, helderheid, helderte, skerpte, klaarblyklikheid, klaarheid, klarigheid, saaklikheid, ontwardheid, vanselfsprekendheid, toeganklikheid, verstaanbaarheid 533, begryplikheid, bevatlikheid, eenvoud, eenvoudigheid, simplisiteit, soberheid, aksioma, begrip, insig, insiggewendheid, verklaarbaarheid, lig, wysheid, stelligheid, nadruklikheid, geaksentueerdheid, beklemtoning, aksentuasie, gewisheid, uitsluitsel, betekenisvolheid 541, ondubbelsinnigheid, natuurlikheid, sigbaarheid, tasbaarheid, voelbaarheid, weergawe, weerspieëling
verduideliking, verheldering, opheldering, duiding, interpretasie, waninterpretasie, vereenduidiging, begripsbepaling, vertolking, verklaring, woordverklaring, begripsverklaring, behandeling, bespreking, oplossing, antwoord, beskrywing, definisie, omskrywing, noukeurige om-

skrywing, bepaling, uitleg, eksplikasie, uitlegging, teksuitleg, teksuitlegging, teksverklaring, teksverbetering, teksverwerking, uiteensetting, klaring, ontvouing, kommentaar, toeligting, annotasie, illustrasie, voorbeeld, toeligtende voorbeeld, voorligting, oorsetting, vertaling, vertaalburo, vertaalwerk, transliterasie, tolking, tolkwerk, simultaantolking, simultaantolkwerk, konferensietolking, fluistertolking, tolkdiens, popularisasie, manifestasie, vasstelling, versobering; rasionaal, regverdiging, motivering, raison d'être, rede, verduideliking, verskoning, ekskuus, verweer, verdediging

verduidelikende dokument, aantekening, verklarende aantekening, voetnoot, glossarium, glos, glossa, woordeboek 567, verklarende woordeboek, ensiklopedie, manifes, gids, handleiding, gebruiksaanwysing(s), vademecum, vademekum, vertaling

verduideliker, verklaarder, interpreteerder, uitlêer, teksuitlêer, vertolker, kommentator, politieke kommentator, manifestant, gids, vertaler, vertaaldiens, tolk, simultaantolk, fluistertolk, dragoman, modelleur, illustreerder

bw. duidelikheidshalwe, eenvoudigheidshalwe, eenvoudigweg, dit wil sê, natuurlikerwys, ronduit, rondweg, sekerlik, wellig, byvoorbeeld

ww. duidelik wees, voor die hand lê, vanself spreek, deurstraal, weerspieël, wys, manifesteer, uitkristalliseer

duidelik maak, verstaanbaar maak, verhelder, ophelder, aksentueer, beklemtoon, uitlig, bevestig; verduidelik, duidelik maak, toelig, ekspliseer, van toeligting voorsien, kommentarieer, kommentaar lewer, omskryf, omskrywe, verstaan, interpreteer, waninterpreteer, vereenduidig, vertolk, uitlê, uitspel, uiteensit, uitmaak, verklaar, ontsyfer, ontwar, ontvou, ophelder, konkretiseer, toelig, belig, opklaar, oplos, vaspen, vasstel, definieer, beskryf, behandel, bespreek, weergee, oorbring, oorsit, illustreer, modelleer, populariseer, inlig, voorlig, vertaal, terugvertaal, tolk, aanteken

rasionaliseer, regverdig, motiveer, verduidelik, verweer, verdedig

uitdr. die spyker op die kop slaan; die vinger op die wond lê; weet waar jy aan of af is; iemand iets aan die verstand bring; iemand soos 'n boek lees; om die waarheid te sê; so helder/klaar soos kristal; soos 'n paal bo water; dit spreek boekdele

544. Onduidelik

b.nw. onduidelik, nie duidelik nie, nie helder nie, onhelder, duister, vaag, obskuur, versluier(d), verborge, wollerig, wasig, dof, newelagtig, newelig, benewel(d), bedek, geheimsinnig 540, raaiselagtig, onseker, misterieus, verwarrend, verwardheid, algemeen, dubbelsinnig, meerduidig, misleidend, ambivalent, kripties, onverstaanbaar, moeilik verstaanbaar, moeilik te verstane, onbegryplik, ondeurgrondbaar, ondeurgrondelik, onpeilbaar, onherkenbaar, onnaspeurbaar, onoorbrugbaar, twyfelagtig, onbepaald, verdwaal(d), vervaag(de), ingewikkel(d), moeilik, kompleks, gekompliseer(d), saamgestel(d), meerledig

onhelder, onduidelik, ondeursigtig, ondeurgrond, troebel, mistig, dynserig, newelagtig, newelig, wasig, rokerig, besoedel, vuil, onsuiwer

s.nw. onduidelikheid, gebrek aan duidelikheid, onhelderheid, ondeursigtigheid, gebrek aan helderheid, vaagheid, vervaging, wollerigheid, neweligheid, newelagtigheid, dubbelsinnigheid, meerduidigheid, begripsverwarring, verwarring, verwardheid, misleiding, misleidendheid, distorsie, chaos, deurmekaarspul, steurnis, stoornis, onsekerheid, twyfelagtigheid, sinspeling, obskuriteit, anderding (*informeel*), dinges (*informeel*), raaiselagtigheid, raaisel, raaiskoot, raaislag, kopkrapper, kopkrap, kopkrappery, onverstaanbaarheid, onbegryplikheid, ondeurgrondbaarheid, ondeurgrondelikheid, onpeilbaarheid, kompleksiteit, ingewikkeldheid, gekompliseerdheid, saamgesteldheid, meerledigheid, kontorsie, waninterpretasie 543, wanvertolking, gerug, geheim 540, verborgenheid

onhelderheid, onduidelikheid, dofheid, waas, wasigheid, mis, mistigheid, newel, newelagtigheid, neweligheid, rokerigheid

bw. in obscuro, agterna

ww. onduidelik wees, nie te verstane wees nie, nie te begrype wees nie, blyk, deur-

skyn, skemer, sluimer
onduidelik maak, kompliseer, misverstaan, verkeerd verstaan, wanvertolk, verkeerd vertolk, sinspeel, verblind, verdraai, verduister, verfoes, vervaag
uitdr. daar is geen kop of stert van uit te maak nie; dit is Grieks vir my; daar is 'n skroef los; daar steek iets agter; deur die wind; in raaisels praat; jou kop verloor

545. Natuurlike teken
s.nw. **teken**, natuurlike teken, merk, beduidenis, sein, kenteken, kenmerk, hoofkenmerk, attribuut, onderskeidingsteken, herkenningsteken, herkenningsmerk, stempel, simbool, aanduiding, aanwyser, indikasie, simptoom, verskynsel, voorteken, voorbode, belofte (voorteken), omen; semiologie, semiotiek
gebaar, handgebaar, gebaretaal, vingertaal, vingerspraak, daktilogie, gestikulasie, lyftaal, liggaamstaal, liggaamshouding, knik, geknik, kopknik, blik, lonk (*ongewoon*), wink, wenk, oogwink, oogwenk, oogknip, gelaat, gesig, gelaatsuitdrukking, gesigsuitdrukking, skouerophaling; gebarespel, gebarekuns, mimiek, mimering, pantomimiek, pantomime, mimiekkunstenaar, mimikus
merk, kol, vlek, streep, lyn, krap, krapmerk, skraap, afdruksel, indruksel, prent, beeld, vingermerk, vingerafdruk, duimafdruk, ..., spoor, voetspoor, voetstap, hoefspoor, hoefmerk, sleepsel, sleepspoor, spikkelspoor, moet (*ongewoon*); daktiloskopie
b.nw. kenmerkend, kentekenend, spoorloos, wenkend, mimeties, mimies
ww. **'n teken gee**, teken, beteken, aandui, wys, aanwys, heenwys, verwys, simboliseer, 'n merk laat, 'n spoor laat, mimeer
gestikuleer, knik, met die kop knik, 'n knik gee, 'n kopknik gee, die kop skud, frons, knip, oogknip, met die oog knip, lonk (*ongewoon*), die wenkbroue lig, lag, glimlag, die gesig vertrek, 'n gesig trek, gebare met die hand maak, handgee, met die vinger wys, die skouers ophaal, wink, wenk, waai, met die hande waai, met die arms waai, toeswaai

546. Kunsmatige teken
s.nw. **teken**, kunsmatige teken, emotikon, ikoon, simbool 545, 547, 565, wonderteken, skandmerk, skandteken, stigma, brandmerk, emoji (*Engels*); semiologie, semiotiek
onderskeidingsteken, identifikasieteken, identifikasiemerk, identifiserende merk, herkenningsteken, kenteken, embleem, emblema, kenmerk, onderskeidende kenmerk, eienskap, onderskeidende teken, onderskeidingsmerk, onderskeidende merk, uitkenningsteken, uitkenningsmerk, rangteken, rangmerk, insinje, insignia, ster, streep, cachet, kasjet, memento, herinneringsteken, memento mori, spoor, keurmerk, stempel, tjap (*Engels, informeel*), waarborgstempel, waarborgteken, waarmerk, waarmerking, handelsmerk 701, logo, logogram, winkelmerk, fabrieksmerk, prent, tekening 759, skets, skildery 760, tatoeëring, tatoeëermerk, merk, merkteken, amaas
inligtingsteken, padteken 217, padverkeersteken, padwys(t)er, wegwyser, rigtingwyser, waarskuwingsteken
taalteken 565, skrifstelsel 565, skrif, skrifteken, alfabetiese skrif, letter 566, letterteken, alfabetletter, kode 565, rune, klankteken, begripsteken, ideografiese teken, ideogram, logogram, syfer, syferteken, numeriese teken, woord, sin, sinspreuk, kenspreuk, leus, leuse, motto, devies, wagwoord, morfeem, inskrywing, inskripsie, epigraaf, aantekening, opskrif, onderskrif; alfabet, a, b, c, ..., ypsilon; naam 550, eienaam, persoonsnaam, antroponiem, pleknaam, toponiem, diernaam, voëlnaam, produknaam, handelsnaam, naambord, naamplaat, naamstempel, naamtekening, handtekening, paraaf, ondergetekende
sein, handsein, gebaar, handgebaar, ligsein, flits, ligflits, vlagsein, seinvlag, fakkelsein, seinfakkel, veiligheidsein, verkeersein, seinfout, sinjaal, seintoestel, seinfakkel, seinbord, seinlantern, seinlig, seinspieël, semafoor, baken; seindiens, seinkantoor, seinstasie, seinpos, seingewer, seiner, seinkode, seinregister
bewysstuk, bewys, bewysstrokie, kasregisterbewys, inklaringsbewys, teenstrokie, teenblad, kantbewys, seël, herden-

kingseël, sertifikaat, diploma, akte, transportakte, kontrak, huurkontrak, indiensnemingskontrak, huwelikskontrak, huweliksvoorwaardekontrak, huweliksvoorwaardes, huweliksertifikaat, attestaat, huweliksregister, getuigskrif, testimonium
wapen, skild, wapenskild, blasoen, wapenbord, familiewapen, stadswapen, rykswapen, huisteken, huiswapen, huismerk, orde, ordewapen, ordeband, ordeketting, ordekruis, ordelint, ordeteken, seël, wapenseël, koninklike seël, burgerlike seël, ridderseël, ruiterseël, dekorasie, medalje, medaljon, oorlogsmedalje, penning, gedenkpenning, trofee, troefee
heraldiek, wapenkunde, heraldiese simbool, kruis, kabelkruis, grootkruis, hakekruis, swastika, skild, Gotiese skild, ruitvormige skild, ruitskild, ovaal skild, akkoladeskild, skildstuk, heroutstuk, skildhoof, skildvoet, dwarsbalk (heraldiek), paal (heraldiek), helm, skildhelm, helmteken, dekklede, wrong, skildhouer (heraldiek), wapenspreuk, faas, gaffel, kleur, heraldiese kleur, tinktuur; heraldikus, staatsheraldikus, heraldiese tekenaar, heraldiese kunstenaar, herout
vlag, landsvlag, handelsvlag, skeepsvlag, driekleur, vierkleur, vlagpaal, vlagtou, dundoek, vlagontwerp, vaandel, vendel (*ongewoon*), vaan, vaantjie, pennoen (*ongewoon*), banderol, wimpel, standaard, banier, blasoen, spandoek, kleure (*meervoud*), kokarde, staf, ampstaf, seremoniële staf, roede; halfmas, halfstok
gedenkteken, gedenksteen, grafsteen, graf, praalgraf, monument, boog, ereboog, triomfboog, poort, erepoort, triomfpoort, beeld, pagoda, standbeeld, beeldhouwerk, beeldwerk, beeldegroep, wasbeeld, wasmodel, wasafdruk, naald, gedenknaald, obelisk, suil, gedenksuil, triomfsuil, eresuil, gedenkplaat, kruis, grootkruis, megaliet
b.nw. **semioties**, semiologies, simbolies 547
gemerk, ongemerk, afgemerk, geteken, geïdentifiseer, identifiserend, gestempel, getatoeëer, gestreep, gelyn, belyn, bespikkel, dekoratief, geskakeer(d)
talig, taalkundig 570, alfabeties 565, skriftelik, alfameries, alfanumeries, numeries, sinspreukig

heraldies, gedeel(d), gekwartier(d), gekwartileer(d), gevierendeel, skildvormig
ww. **'n teken maak**, merk, markeer, merkteken, waarmerk, stempel, bestempel, tjap (*Engels, informeel*), afstempel, seël, beseël, teken, skilder, tatoeëer
skryf 565, op skrif stel, onderteken, parafeer
sein, 'n sein gee, oorsein, deursein, sinjaleer, wink, wuif
dokumenteer, bewys, beseël, verseël, sertifiseer, attesteer, formaliseer, onderskryf, onderskrywe

547. Simboliek
s.nw. **simboliek**, simbolisering, voorstelling, simboliese voorstelling, sinnebeeldige voorstelling, versinnebeelding, beelding, beliggaming, versinliking, afskaduwing, oneintlikheid, inkarnasie, menswording, vleeswording, towerwêreld, verbeelding, totaalbeeld, veksilologie; simboliek, simbolisme 749, simbolis, ikonologie
simbool, sinnebeeld, voorstelling, simboliese voorstelling, sinnebeeldige voorstelling, nasionale simbool, godsdienstige simbool, simbool van liefde, liefdesimbool, simbool van manlikheid, simbool van getrouheid, ..., teken 565, embleem, emblema, kenteken, logo, wapen, wapenskild 546, totem, ikoon, figuur, beeld, portret, skildery, afbeelding, afbeeldsel, idee, woord, letter 546
simboliese taal, figuurlike taal, beeldspraak 577, beelding, metaforiek, metafoor 577, allegorie, verpersoonliking, personifikasie, prosopopeia, sinekdogee 576, metonimie, metonimia, woord 573, letter 571
b.nw. simbolies, sinnebeeldig, beeldend, emblematies, figuratief, figuurlik, beeldsprakig, oordragtelik, metafories, kamma(kastig), kamtig, kamstig, kastig, kammalielies, oneintlik, deursnede
ww. simboliseer, as simbool dien, simbolies voorstel, versinnebeeld, sinnebeeldig voorstel, uitbeeld, verbeeld, afbeeld, aanskoulik voorstel, afskadu, personifieer, verpersoonlik, versinlik, verbeel

548. Praat
ww. **praat**, die stilswye verbreek, sê 539,

552, spreek, uit, uiter, artikuleer, uitdruk, uitspreek, uitpraat, uitbring, uitflap, uitkraam, onder woorde bring, in woorde uitdruk, bewoord, verwoord, stel, beweer, konstateer, noem, meld, vermeld, melding maak van, verskaf, verstrek, opmerk, aanmerk, opper, rep, gewag maak van, uitdrukking gee aan, bespreek, vertel, skets, skilder, navertel, oorvertel, rapporteer, verslag lewer, verslag doen van, aankondig, bekend maak, bekendmaak, bekend stel, bekendstel, openbaar, openbaar maak, attesteer, rep, verklap, verklik, uitlap, laat uitlek, aanmeld, afkondig, proklameer, openbaar maak, kennis gee van, te kenne gee, aanhaal, die woord voer, reguit praat, gesels, 'n praatjie maak, 'n praatjie aanknoop, 'n gesprek voer, gedagtes wissel, 'n dialoog voer, 'n monoloog voer, keuwel (*ongewoon*), saampraat, saamgesels, voorpraat, voorsê, inlepel, napraat, nasê, afpraat, bangpraat, doodpraat, argumenteer, teëkap, teëstribbel, teëwerp, herhaal, weer sê, oor en oor sê, verduidelik, inklee, 'n taal besig, 'n taal slaan (*informeel*), inlei, interpelleer, te woord staan, ('n toespraak) afsteek, opsê, resiteer, voordra, inkanteer, lees, voorlees, aflees

baie praat, praatlustig wees, aanhoudend praat, sonder ophou praat, uitwei, babbel, afbabbel, klets, praatjies maak, praatjies verkoop, vol praatjies wees, hanna-hanna (*informeel*), gons, kekkel, keuwel (*ongewoon*), pruttel, spreek, rammel, aframmel, afrits, brabbel, snater, kwetter, krompraat, maal, omhaal, swam, doodpraat, verpraat

lank praat, spreek, borduur, voortborduur, teem

hard praat, luidrugtig praat, jou sterk uitdruk, jou stem verhef, deklameer, dra, roep, uitroep, toeroep, afroep, dreun, bulder, uitbulder, brul, skreeu, verskree, verskreeu, beskreeu, doodskreeu, skel, uitskel, uitvaar teen, fulmineer, vloek, snou, toesnou, uitkraai, uitkraam, raas, tier, 'n lawaai maak, 'n lawaai opskop, rumoer, te kere gaan, tekere gaan, tekeregaan

sag praat, fluister, influister, toefluister, binnensmonds praat, mompel, prewel, brom, mopper, mor, mummel, murmel, prut, pruttel

goed praat, vlot praat, duidelik praat, jou stem (laat) dra, intoneer, moduleer, geartikuleerd wees, geartikuleerd praat, oreer, spreek

sleg praat, moeilik praat, swak artikuleer, jou woorde afbyt, hakkel, krompraat, lal, mompel, sleeptong praat, lispel, stamel, spreek-stamel, stotter, struikel, stok; onsin praat, kaf praat, kak praat (*plat*), stront praat (*plat*), beusel, gorrel, roggel, femel, radbraak, snou, toesnou, swets, vloek 820, ten hemele roep, boontoe roep, skinder 669; kla, brom, mor, mopper, teëpraat, tjommel, pruttel, teem, sanik, seur, vit, neul, kerm, moun (*Engels*)

bw. mondelings, by wyse van spreke, saggies

s.nw. spraak, spraakvermoë, spraakkuns, spraakgebruik, praat, praatvermoë, praatwerk, pratery, gepratery, voorpratery, voorsêery, napratery, gekekkel, kekkelry, kekkelary, kekkelpraatjie, praatstyl, manier van praat, spreektrant, tongwerk, taal, taalgebruik, taalbeheersing, uitdrukking, uitdrukkingsvermoë, uitspraak, diksie, infleksie, toon, stemtoon, stembuiging, uitdrukkingswyse, segswyse, idioom, volksidioom, styl, formele styl, informele styl, kanselstyl, ..., tongval, intonasie, intonasiepatroon, spraakgeluid, klank, spraakklank; spraakopleiding, spraakterapie, spraakbelemmering; spraakterapeut, spraakleraar

spraakhandeling, taalhandeling, taaldaad, kommunikasie, talige kommunikasie, uiting, ekspressie, uitdrukking, sin, verwoording, konstatering, stelling, bewering, vermelding, opmerking, aanmerking, aankondiging, afkondiging, kennisgewing, bekendstelling, bekendmaking, proklamasie, voorspelling, beskrywing, inkleding, verduideliking, bespreking, toeskrywing, bevestiging, toegewing, ontkenning, toestemming, teenkanting, dispuut, argumenteerdery, argumentering, teëwerping, tirade, suggestie, insinuasie, skimp, aanname, assumpsie, versoek, vraag, bevel, opdrag, verbod, advies, wenk, belofte, aanbod, apologie, gelukwensing, groet, dankbetuiging, wens, resitasie, voordrag, idioom, uitdrukking (idioom), volksidioom, volksuitdrukking, gesegde, seding, segoed, geyktheid; gesels, geselsery, gekletsery, geselsie, oor-en-weer-pratery, geselskap, gesprek 539, gesprekstoon, gespreksgeleentheid, praatkans, sêkans, dialoog, tweegesprek, samespraak, diskoers, diskussie 539, 557, gedagtewisseling, interpellasie; monoloog, alleenspraak, eenspraak; skrif 563, geskrif, skrywery, teks, glossolalie

stem, mensestem, manstem, meisiestem, kinderstem, hoë stem, lae stem, helder stem, sterk stem, growwe stem, fyn stemmetjie, wekstem, piepstem, kopstem, kraakstem, hees stem, gansstem, fluisterstem, lokstem, grafstem, sopraan, sopraanstem, alt, altstem, tenoor, tenoorstem, bariton, baritonstem, bas, basstem, stemomvang, stemregister

spraaksaamheid, praatlus, praatlustigheid, praatsug, loslippigheid, gladdigheid, gladheid; aanhoudende gepratery, gepratery, praatjiesmakery, praatjies, babbelry, gebabbel, kletsery, geklets, gonsery, gegons, kekkelry, gekekkel, kekkelary, gepruttel, rammelry, gerammel, gesnater, gekwetter, skertsery, geskerts, stortvloed (van woorde), woordestroom, woordevloed, monoloog, geskinder, skinderpraatjies, skinderstorie

slegpratery, swak artikulasie, hakkelry, krompratery, mompeling, gemompel, mompelry, sleeptong, lispel, gestotter; nonsenspratery, nonsens, nonsies (*informeel*), onsin, twak, onsinpratery, grootbekkigheid, gebasel (*ongewoon*), twakpratery, twakpraatjies, kafpratery, kafpraatjies, kafstories, snertpraatjies, sottepraatjies, kakpratery (*plat*), kakpraatjies (*plat*), strontpratery (*plat*), strontpraatjies (*plat*), glips, glieps (*lekties*), bekpraatjies, gegorrel, geroggel, gefemel, God(s)geklaag, god(s)geklag, radbraking, koeterwaals, gekakel, losbekkigheid; vloekery, gevloek, swetsery, geswets; klaery, godsgeklag, teëpratery, teenpratery, getjommel, geteem, temery, temerigheid, gesanik, geseur, seurdery, gekerm, vitterigheid

sprakeloosheid, woordarmoede, stomheid, swygsaamheid, verbluftheid, verbystering; stommeling

roep, geroep, uitroep, aanroep, jou stem verhef, skree, skreeu, geskreeu, getier, gedreun, gebulder, donderstem, geraas, lawaai, rumoer, rumoerigheid, rasery, geroes(e)moes, deklamasie, donder, donderpadda, omhaal, relletjie, roepende, uitroep, verstaanbaarheid; luidspreker, luidsprekerstelsel, megafoon, mikrofoon, mikrofoonstelsel

luidheid, luidrugtigheid, geskreeu, geskree, skreeuerigheid

fluistering, gefluister, gemompel, mompeling, geprewel, preweling, prewelry, gemor, prutsery, skorheid

welsprekendheid, geartikuleerdheid, elokusie, gevleuelde woord(e), retorika, seggingskrag, suiwer uitspraak, suiwer taalgebruik, goeie artikulasie, modulasie

gebrabbel, brabbeltaal, gehakkel, hakkelry, krompratery, mompeling, stamelry, stameling, gestotter, stottering, gekoer, spraakgebrek, spraakstoornis, spraakverwarring, spreekfout, wartaal, abrakadabra, haplologie, afasie, woordarmoede

spreker, spreekster, geleentheidspreker, prater, segspersoon, segsman, segsvrou, inleier, interpellant, verteller, vertolker, voordraer, voordragkunstenaar, herhaler; prater, babbelbek, babbelaar, babbelkous, flapuit (*ongewoon*), kekkelaar, kekkelbek, kletser, kletskous, pruttelkous, pruttelpot, langasem, praatkous, praatgraag, praatjiesmaker, malbaar (*ongewoon*), rammelaar, snaterbek, veelprater, losbek, woordekramer (*verouderd*); grootbek, lawaaibek, geraasgat, kakelaar, katlagter, deklarant; fluisteraar, mompelaar, prutselaar, kromprater, lispelaar, hakkelaar, stotteraar; brabbelaar, kromprater, nonsensprater, kakprater (*plat*), strontprater (*plat*), twakprater, strooiprater, grootbek, bekprater, vuilbek, vuilspuiter, skinderbek, skindertong, losbek; klaagkous, klabek, klagat (*plat*), mouner (*Engels, informeel*), moungat (*Engels, plat*), neulgat (*plat*), seurgat (*plat*), brompot, brombeer, mopperaar, temer, pruttelaar, tjommelaar

besprekingsgroep, gespreksgroep, diskussiegroep

b.nw. spraakkundig, spraakkunstig

mondeling, gesproke, oraal, verbaal, geartikuleerd, hoog, kortaf, sinspreukig, tweetalig, monologies, dialogies

spraaksaam, praterig, praatlustig, glad,

praatsiek, praatsugtig, woordryk, babbelrig, kletserig, loslippig, losbekkig
welsprekend, goed gebek, sprekend, welbespraak, deklamatories, verstaanbaar, spitsvondig, hartig, welsprekend
swygsaam 549, woordarm, soeperig, temerig
sag, binne(ns)monds, halfluid, hees, pruttelrig, salwend, skor, brommerig, fluisterend, sotto voce, mompelend, mopperend
hard, hardop, luid, luidkeels, luidrugtig, lawaaierig, raserig, rumoerig, skreeuend, skreeuerig
gebroke, gebrekkig, afgebroke, stotterend, toonloos, diktongerig, diktongig, diktong, geradbraak, grootbekkig, snouerig, vuil, woordarm; klaerig, pruttelrig, temerig, vitterig, kermerig, seurderig
uitdr. die mond vol hê van; die swye verbreek; iemand woorde in die mond lê; oor koeitjies en kalfies gesels; 'n toontjie laer sing; 'n voëltjie sing soos hy gebek is; die hoogste woord voer; 'n stuiwer in die armbeurs gooi; 'n ander geluid laat hoor; jou mond verbypraat; jou verstand af praat; land en sand aanmekaar praat; iemand praat 'n dooie jakkals aan die draf; iemand het 'n goeie mondwerk; nie op jou bek/tong geval wees nie; wel ter tale wees; nooit na 'n woord soek nie; 'n gladde bek/tong hê; iemand is swaar van tong; op 'n sagte toon; suinig met jou woorde wees; jou woorde kies; op 'n harde toon; uit jou beurt (uit) praat; in jou baard brom; struikel oor jou woorde; in die wind praat

549. Stilbly
ww. **stilbly**, doodstil bly, tjoepstil bly, nie praat nie, niks sê nie, jou bek hou, swyg, doodswyg, verstom, die stilswye bewaar, niks te sê hê nie, agterhou, bedek, jou spraak verloor, met stomheid geslaan word, jou stem kwyt wees, jou tong verloor, jou tong insluk, jou woorde sluk, jou inhou, stil wees
verswyg, stilhou, terughou, geheim hou, verberg, wegsteek
stilmaak, die stilswye oplê, die swye oplê, tot swye bring, afsny, muilband, die mond snoer, sensureer, smoor, onderdruk, sensor, sensoreer
bw. toemond

s.nw. stilswye, swye, stilswy(g)endheid, swygsaamheid, stilte, spraakloosheid, spraakeloosheid, woordeloosheid, ingetoënheid, ingekeerdheid, introversie, verswyging; muilband, spraakverbod, sensor
spraakverlies, stomheid, doofstomheid
swyger, sfinks, droëlewer, introvert; stomme, stom persoon, doofstomme, doofstom persoon
b.nw. swy(g)end, swygsaam, verstom(d), stomgeslaan, sprakeloos, spraakloos, ingetoë, introvert, stil, stilswy(g)end, versweë, stom, doofstom
tw. bly stil, hou jou mond, hou jou bek, hou jou snater, sjarrap
uitdr. die swye oplê; die woorde besterf/besterwe op jou lippe; jou tong verloor, jou tong insluk; jy sprak geen sprook nie; iemand kan nie boe of ba sê nie; iemand die mond snoer; met die mond vol tande sit; met 'n bek vol tande sit; nie kik of mik nie, nie 'n kik gee nie; swyg soos die graf; geen taal of tyding

550. Noem
ww. **noem**, opnoem, enumereer, benoem, betitel, tituleer, nommer, numereer; heet; 'n naam gee, vernoem, doop, verdoop; aanspreek, praat met, aanroep, roep, groet
bepaal, stipuleer, aangee, noukeurig aangee, aandui, aanwys, uitwys, wys, toon, aantoon, uitken, aankondig 539, 548, spesifiseer, definieer, afbaken, delimiteer, demarkeer, opteken, merk, aanmerk, afmerk, tabelleer, tabuleer, aanroer, ter sprake bring, te berde bring, praat oor, verwys na, noem, opnoem, meld, vermeld, melding maak van, bekend maak, bekendmaak, bekend stel, bekendstel, te kenne gee, rep, verklap, verklik, uitlap, aanstip, opdis, voorlê, indien, ophaal, aanhaal, opsom, nuanseer, betoon
bw. alias
s.nw. **benoeming**, benaming, vernoeming, betiteling, naamgewing, opnoeming, enumerasie; naamsverandering, metonomasia
bepaling, spesifikasie, omskrywing, definisie, stipulasie, stipulering, bekendstelling, aangawe, aanduiding, delimitasie, demarkasie, denominasie, identiteit, designatus

naam 546, eienaam, persoonsnaam, voornaam, doopnaam, mansnaam, seunsnaam, vrouenaam, meisienaam, familienaam, van, nooiensvan, noiensvan, agternaam, geslagsnaam, antroponiem, vadersnaam, patroniem, patronimikum, noemnaam, roepnaam, toenaam, troetelnaam, streelnaam, vleinaam, karrienaam, hipochorisme, hipokoristikon, hipokoristikum, bynaam, spotnaam, lalnaam, skimpnaam, skel(d)naam, fantasienaam, epiteton, alias, skuilnaam, pseudoniem, nom de plume, pen(ne)naam, pleknaam, toponiem, stadnaam, dorpsnaam, straatnaam, landnaam, streeknaam, diernaam, voëlnaam, produknaam, handelsnaam, saaknaam, soortnaam, massanaam, volksnaam, naambord, naamplaat, naamstempel; naamdraer, naamgenoot, genant, benoemde, naamgewer, naamkundige, onomastikus; naamkunde, onomastiek, literêre onomastiek, onomatologie, persoonsnaamkunde, antroponimie, pleknaamkunde, toponimie, onomastikon, naamlys, naamrol, nomenklatuur

naamloosheid, anonimiteit; dinges (*informeel*), dingesie (*informeel*), anderding (*informeel*), andergoed (*informeel*), watsenaam (*informeel*), hoesenaam (*informeel*), hoe-se-naam (*informeel*), hoesegoed (*informeel*), megafter (*informeel*), thingamajig (*Engels, informeel*), whatchamacallit (*Engels, informeel*), watsegoed (*informeel*), watsegoedsegeit (*informeel*), katoeter (*informeel*), kontrepsie (*informeel*), kantrapsie (*informeel*), dingemalêrie (*informeel*)

aanspreekvorm, aanspreking, aanroepvorm, titel, betiteling, titulatuur, ampstitel, eretitel, ampsnaam, rang, rangteken, rangnaam, voorletter

adres, huisadres, werksadres, vakansieadres, nommer, nommering, nommerplaat

b.nw. bepaald, spesifiek, bepaalbaar, kenmerkend, betrokke, genaamd, dusgenaamd, sogenaamd, sogenoemd, gelyknamig, ongelyknamig, getitel(d), titulêr, nominaal, onomasties, antroponimies, toponimies, hipochoristies, hipokoristies
onbepaald, naamloos, anoniem, incognito

551. Meedeel

ww. meedeel, mondeling(s) meedeel, kommunikeer, kommuniseer, inlig, informeer, inligting oordra, inligting verskaf, inligting voorsien, inligting deurgee, verstrek, inligting gee, uitstort, opgee, laat weet, verwittig, bekend maak, bekendmaak, aankondig, afkondig, konstateer, promulgeer, verkondig, meld, melding maak van, versprei, wêreldkundig maak, uitsaai, verslag doen van, verslag gee van, 'n verslag uitbring, 'n rapport uitbring, adviseer, in kennis stel, op die hoogte bring, op die hoogte stel, berig, berig bring, rapporteer, openbaar, openbaar maak, aan die lig bring, publiseer 566, vorendag kom met, voor die dag kom met, beskryf, beskrywe, stel, skets, teken, vertel 552, rondvertel, oorvertel, navertel, uitpak, uitstippel, omskryf, omskrywe, omstel, aanstip, aanteken, formuleer, uitroep, skree, uitskree, uitbasuin, voorsê, manifesteer; skriftelik meedeel, 'n brief skryf, korrespondeer, pos, bel, 'n oproep maak, e-pos, 'n e-pos stuur, stempos stuur, sms, 'n sms stuur, whatsapp, 'n whatsapp stuur

publisiteit gee, propagandeer, propageer, adverteer, reklame maak, reklameer

voorspel, 'n voorspelling maak, 'n voorspelling waag, vooruitsien, profeteer, waarsê, wiggel

s.nw. mededeling, bewering, uitspraak, predikasie, tyding, aankondiging, afkondiging, bekendmaking, verklaring, verwittiging, kommunikasie, interkommunikasie, kommunikasiemiddel, konstatering, deklarasie, betoog, demonstrasie, demonstrering, divinasie, manifestasie, referensie, obiter dictum

inligting, inligtingskapitaal, informasie, agtergrondinligting, inligtingbank, data, gegewens, materiaal, nuus, propaganda, publisiteit, feite, databank, dataverskaffing, dataverstrekking, datavoorsiening, dataversameling, databewaring, geheue, inligtingverwerking, dataverwerking, inligtingstorting, inligtingstegnologie 263, informasietegnologie 263; praatjies (*meervoud*), slimpraatjies (*meervoud*), slimstorie, hoorsê, gerug, wolhaarpraatjies, wolhaarstorie, liegstorie, skinderstorie, leuen 538, leuentaal

kommunikasiemiddel, boodskap, berig, nuus, bulletin, vrystelling, nuusvrystelling, nuusberig, tyding, bekendmaking, communiqué, missive, dépêche; publikasie 566, inligtingsdokument, nota, memorandum, memo, kennisgewing, koerantartikel, koerantberig, tydskrifartikel, rapport, skoolrapport, verslag, vorderingsverslag, opgawe, inligtingsopgawe, uiteensetting, omsendbrief, omsendskrywe, rondskrywe, sirkulêre, diensberig, diensbrief, korrespondensie, pos, brief, telegram, kabel, kabelgram, teleks, faks, faksimilee, outotipe, elektroniese pos, e-pos, staat, tabel
publisiteit, openbaarmaking, propaganda, advertensie, advertering, reklame, reklameveldtog, reklamekampanje, reklamemateriaal, reklamemiddel, reklametaal, advertensieflits, reklameflits, reklamefilm, reklamefoefie, televisieadvertensie, radioadvertensie, handelsadvertensie, handelsflits, reklamebord, reklameplaat, pamflet, plakkaat, biljet, voubiljet, pamflet, brosjure, propaganda, promosie, propagasie, advertensiewese, adverteerkunde; adverteerder, reklamemaker, reklameman, reklamevrou, advertensieskrywer, reklameskrywer, kopieskrywer, reklametekenaar, propagandis, publisiteitsagent, publisiteitsbeampte, publisiteitmaker; publisiteitsburo, publisiteitsagentskap, reklameburo, reklameagentskap
voorspelling, profesie, voorspooksel, waarsêery, waarsegging
boodskapper, bode, herout, informant, koerier, omroeper, deklarant, prediker, predikant, dominee, apostel, profeet, profetes, siener, waarsêer, waarsegster, sibille, nostradamus, wiggelaar, woordvoerder, spreekbuis, regeringswoordvoerder, spreker, spreekster, referent
b.nw. informatief, kommunikatief, populêr, populêrwetenskaplik, propagandisties, propageerbaar, profeties, prognosties, voorgemeld, voorsienbaar; publisiteitshonger, publisiteitsku
uitdr. moenie voorspooksels maak nie; onder voorbehoud meedeel; slimpraatjies verkoop

552. Vertel
ww. vertel 539, 548, 551, weet te vertel(le), rondvertel, rondbasuin, oorvertel, navertel, oorbring, oordra, oorlewer, opdis, verhaal, uitspin, uitpak, opdiep, vermeld, getuig, rondgaan, rondloop, aankom, beskryf, beskrywe, skets, skilder, aanlap, aanlas, sê, meedeel 551; stories vertel 538, lieg
s.nw. vertelling, vertelsel, oordrag, narratief, storie, oustorie, ouvroustorie, verhaal, verhaaltjie, relaas, volksvertelling, kinderstorie, slaaptydstorie, spookstorie, spookverhaal, anekdote, staaltjie, saga, sage, kroniek, epos, gelykenis, parabel, evangelie, roman, prosaverhaal, novelle, kortverhaal, allegorie, legende, liefdesverhaal, avontuurverhaal, spanningsverhaal, speurverhaal, riller, ridderverhaal, skeppingsverhaal, Bybelverhaal, Kersverhaal, reisverhaal, diereverhaal, vervolgverhaal, aflewering, episode, radioverhaal, hoorspel, radiodrama, radiovervolgverhaal, mite, fabel, feëverhaal, fantasie, fantasieverhaal, sprokie, tekenverhaal, strokiesprentverhaal, prentverhaal, jeugverhaal, kinderverhaal, apoloog, leerfabel, wonderverhaal, fiksie, joernaal, dagverhaal, praatjie, radiopraatjie, praatjies, liegpraatjies, liegstorie, wolhaarpraatjies, wolhaarstorie, stinkstorie, geskiedenis 515, geskiedskrywing 515, folklore, folkloristiek, smartlap, volksverhaal
gerug, los gerug, hardnekkige gerug, onbevestigde berig, verdigsel, versinsel, leuen, leuenverhaal, liegstorie, skinderstorie, skinderpraatjies, skindery
verteller, vertelster, storieverteller, storievertelster, verhaler
b.nw. verhalend, verhalenderwys, vertellend, epies, anekdoties, fabelagtig
uitdr. oustories vertel, oustories verkoop; 'n gerug doen die rondte; 'n storie loop rond; wyd en syd verkondig; versprei soos 'n veldbrand; los van tong wees; 'n toespraak vol superlatiewe

553. Behandel
ww. behandel, bespreek, oorweeg, bekyk, aanspreek, aanraak, aanroer, aansny, bepraat, dit hê oor, kommentarieer, kommentaar lewer oor, noem, opnoem, enumereer, te berde bring, ter sprake bring, voordra, voorlê, uitwei, ingaan op, stil-

staan by, uitstippel, aanstip, divageer, afwyk, van onderwerp verander, van koers verander, aansluit, skematiseer, afbaken, skets, skilder, beskryf, beskrywe, omskryf, omskrywe, karakteriseer, spesifiseer, op besonderhede ingaan, detailleer, opsom, parafraseer, omlyn, afbaken, verduidelik, belig, toelig, uiteensit, ontvou, uitlê, uitspel, verklaar, ekspliseer, populariseer, inspeel op, aansluit by, ondersoek **handel oor**, gaan oor, tot onderwerp hê

bw. volledigheidshalwe, met volle besonderhede, sonder omhaal van woorde, kortheidshalwe, kortliks, kortom, kortweg, in 'n neutedop, in nuce, nader, agterweë

s.nw. behandeling, bespreking, kommentaar, beskouing, oorweging, uiteensetting, uitleg, uitlegging, eksegese, eksplikasie, voorstelling, verduideliking, toeligting, verklaring, beskrywing, omskrywing, karakterisering, ondersoek, opname, oorsig, oorsigtelikheid, afskaduwing, opsomming, parafrase, aanloop, skema, detail, beskrywingspunt, uitweiding, wending, divagasie; verklaarder, verklaarster, kommentator, ondersoeker, toeligter

besprekingsgeleentheid, gesprek, tafelgesprek, tafelronde, kongres, simposium

besprekingsdokument, wetenskaplike publikasie, monografie, handboek, handleiding, aantekeninge (*meervoud*), notas (*meervoud*), klasnotas (*meervoud*), lesing, dissertasie, skripsie, mini-skripsie, proefskrif, doktorale proefskrif, verhandeling, kroniek, skets, kensskets, penskets, glos, glossa

uitvoerigheid, breedvoerigheid, uitgebreidheid, uitweiding, omhaal, omslag, omslagtigheid, langdradigheid, omhaal van woorde; bondigheid, kortheid, kortbegrip, beknoptheid, samevattendheid

b.nw. beskrywend, besproke, gekarakteriseer, karakteristiek, gespesifiseer, gedetailleer(d), afgebaken, kensketsend, duidelik, eksplisiet; breedvoerig, uitvoerig, uitgebrei(d), in besonderhede, omvattend, allesomvattend, veelomvattend, wydlopig, lywig, omslagtig, omstandig, langdradig, woordryk, breedsprakig; kort, bondig, kort en bondig, beknop, saaklik, saamgevat, opgesom, opsommend, kernagtig, pittig, oorsigtelik, lakoniek, onaangeroer(d)

554. Aanspreek

ww. aanspreek 539, aanroep, roep, afspreek

gesels, praat met, saampraat, 'n gesprek voer, konverseer, in 'n gesprek gewikkel wees, klets, praatjies maak, keuwel, babbel, kekkel, ginnegaap, 'n gesprek aanknoop, 'n gesprek begin, inval, uitblaker, die draad van 'n gesprek volg, 'n gesprek onderbreek, 'n gesprek afsluit, 'n gesprek beëindig, toespreek, 'n lesing gee, 'n voordrag lewer, redeneer, woorde wissel, redekawel

spreek, van aangesig tot aangesig spreek, te woord staan, sien, 'n onderhoud voer

s.nw. gesprek, diskoers, dialoog, diskussie 539, 557, gedagtewisseling, tweegesprek, tweespraak, geselsery, gepratery, geselsie, praatjie, kletspraatjies, geklets, gekekkel, gebabbel, alleenspraak; gesprekstaal, gesprekstoon, gespreksvorm, gespreksstruktuur

afspraak, konsultasie, raadpleging, beraadslaging, tête à tête, oorlegpleging, ruggespraak, bespreking

geselser, gespreksgenoot, aanspraak, aangesprokene, spreker, hoorder, toehoorder, geselskap, prater, babbelkous, babbelbek, babbelaar, kekkelbek, kekkelaar, kletskous, malbaar, flapuit

b.nw. dialogies, aangesproke, geselserig, kletserig, babbelrig

555. Vra

ww. vra, 'n vraag stel, uitvra, vis, uitvis, rondvra, rondvis, uithoor, jou afvra, ondervra, kruisvra, interrogeer, vrae afvuur, bombardeer, aandring, hekel, karring, raad vra, raadpleeg; versoek, 'n versoek rig, eis, aansoek doen, bid, smeek, bedel, bakhand staan; 'n versoekskrif indien, petisioneer, 'n petisie indien

bw. vraenderwys, vragenderwys, hoekom, waarom, waar, waarso (*informeel*), wanneer, waarna, waarnatoe, waartoe

s.nw. vraag, miljoendollarvraag, vraagstelling, vraaguiting, vraagsin, versoek, eis, wedervraag, weervraag, teenvraag, twisvraag, kwessie, kwelvraag, akademiese vraag, retoriese vraag, voorsê-vraag, uitvraging, rondvraag, rondvraging, kruisvraag, vraery, vraaggesprek, interpellasie, ondervraging, kruisondervraging, kruisverhoor, interrogasie, vraagpunt, vraagstuk, vraelys, vraeboog, vraestel, vraeboek, vraetyd, vraerubriek, meningspeiling, meningsopname; vraer, vraesteller, vraagsteller, vraagbaak; wat, wie, watsenaam (*informeel*), hoesenaam (*informeel*), hoe-se-naam (*informeel*), hoesegoed (*informeel*)

b.nw. interrogatief, vraend, ondervraend, ongevraag(d), retories; watter, wie se, wat se (*informeel*), waffer (*informeel*), hoeke (*informeel*)

tw. asseblief, asseblieftog, om vadersnaam, om liefdeswil, in vredesnaam, om vredeswil

uitdr. vra is vry (en weier daarby); deur vrae word mens wys; een gek kan meer vrae vra as wat 'n honderd wyses kan beantwoord; op droë grond visvang

556. Antwoord

ww. antwoord, beantwoord, 'n antwoord gee, geen antwoord skuldig bly nie, bevestigend antwoord, ontkennend antwoord, ontwykend antwoord, mondeling antwoord, skriftelik antwoord, reageer, respondeer, repliek lewer, repliseer, terugvoer gee, teëwerp, teenwerp, ingaan op; terugantwoord, terugskryf, terugsein, terugskakel, terugflits

nie beantwoord nie, 'n antwoord skuldig bly, onbeantwoord bly

s.nw. antwoord, 'n regte antwoord, 'n verkeerde antwoord, 'n reguit antwoord, 'n gevatte antwoord, 'n skewe antwoord, beantwoording, reaksie, respons, responsie, terugvoer, terugvoering, repliek, teenwoord, teëwerping, teenwerping, wederwoord, weerwoord, weerlegging, dupliek, tripliek, verdediging, doodskoot, kopskoot, uitsluitsel, vraagbaak; oplossing, verduideliking 543, 548, 553, verklaring; respondent

b.nw. gevat, onbeantwoord

uitdr. 'n draad vir elke naald hê; met jou mond vol tande staan

557. Diskussie

ww. bespreek 522, 543, 553, diskusseer, saampraat, 'n gesprek voer, gedagtes wissel, gesels 548, 554, behandel 543, 553, beredeneer, redeneer oor, bepraat, polemiseer, delibereer, onderhandel, in onderhandelinge tree, beraadslaag, raadpleeg, spreek, konsulteer, konfereer, vergader, fasiliteer, bearbei

debatteer, met iemand in debat tree, 'n debat open, disputeer, redekawel, twis, redetwis, hare kloof, bombardeer, doodpraat, skermutsel, 'n bekgeveg hou, 'n woordestryd voer

ter sprake bring, op die agenda plaas, ter tafel lê, opper, te berde bring, ter sprake bring, aan die orde stel, die onderwerp aansny, aanvoer, aanvoor, aanknoop, indien, voorlê, ingee, ('n voorstel) aanvaar, afdwaal, afstap, die agenda sluit

s.nw. diskussie, bespreking, dialoog, behandeling, samespreking, beraadslaging, oorleg, oorlegpleging, oorlegging, konsult, konsultasie, raad, raadpleging, raadgewing, ruggespraak, deliberasie, onderhandeling, onderhoud, tête à tête 168

debat, debatvoering, beredenering, dispuut, kwessie, alterkasie, twis, redetwis, redekaweling, argument, stryery, bekgeveg, onderonsie, woordetwis, woordewisseling, twisgesprek, polemiek, pennestryd, twisgeskryf, haarklowery, lettersiftery, muggesiftery, muggiesiftery, strydvraag, twisvraag

diskussiegeleentheid, gespreksgeleentheid, forum, gespreksforum, konferensie, konferensietafel, simposium, kongres, seminaar, webinaar, indaba, imbizo, palawer, beraad, spitsberaad, kajuitraad, koukus, colloquium, vergadering, raadsvergadering, ..., sitting, parlementsitting, ..., onderhandelinge, vredesonderhandelinge, dinkskrum

agenda, ordelys, sakelys, saak, voorstel, mosie, ordevoorstel, ordemosie, punt van orde, punt, dooie punt, spreekbeurt, sêkans

diskussievoerder, gespreksvoerder, diskussieleier, gespreksleier, debatteerder, debatvoeder, redenaar, bekvegter, prater, lettersifter

b.nw. onderhawig, redekundig, tematies

uitdr. op die tapyt bring; 'n gesprek in nuwe bane stuur; 'n lansie vir iemand breek

558. Redevoering

ww. die rede voer, die woord voer, die woord hê, die woord kry, spreek, toespreek, toespraak hou, optree, 'n rede lewer, oreer, betoog, 'n betoog voer, 'n betoog lewer, praat, vaspraat, 'n lesing gee, 'n lesing hou, 'n lesing aanbied, 'n praatjie gee, 'n praatjie lewer, 'n praatjie maak, diskusseer, konfereer, uitwei, peroreer, debatteer, preek, voorlees, voordra, opsê, deklameer, improviseer

s.nw. toespraak, rede, tafelrede, feesrede, gedenkrede, lofrede, geleentheidsrede, grafrede, voorsittersrede, presidentsrede, openingsrede, openingswoord, slotrede, slotwoord, sluitrede, narede, intreetoespraak, intreerede, intreelesing, strikrede, spotrede, spiets (*informeel*), heildronk, woord, betoog, lesing, voorlesing, hooflesing, seminaarlesing, praktiese lesing, les, klas, referaat, voorlegging, verslag, rapport, causerie, praatjie, radiopraatjie, preek, optrede, diktaat, tirade; skriftelike betoog, verhandeling, skripsie, tesis, proefskrif, opstel; redevoering, redenering, orasie, perorasie, debat, prediking, predikasie

inleiding, proloog, inhoud, hoofstelling, argument, argumentasie, hoofargument, sleutelargument, goeie argument, dooddoener, swak argument, aanname, premis, uitgangspunt, aanknopingspunt, gevolgtrekking, stelling, standpunt, standpuntinname, standpuntstelling, verdediging, standpuntverdediging, uitweiding, slot, slotgedagte, slotargument, klem, nadruk, nadruklikheid, bewys, bewysplaas, bewysvoering

voordragkuns, redekuns, redenaarskuns, redenaarstalent, redenaarsgawe, retoriek, retorika, welsprekendheid, seggingskrag

spreker, spreekster, woordvoerder, redenaar, debatteerder, debatvoerder, feesredenaar, seepkisredenaar, redekunstenaar, redevoerder, orator, debatvoerder, inleier, sekondant, retorikus, rederyker, rederykerskamer

verhoog, podium, sprekerspodium, kateder

b.nw. redekunstig, oratories, emfaties, retories, impromptu, nadruklik, welsprekend, gnomies

voegw. met ander woorde, overgesetsynde, overgeset synde

uitdr. argumentum ad hominem; jou nie laat gesê nie; uit die vuis praat; ex tempore; vir banke en stoele praat; 'n paar woorde sê; 'n hond uit 'n bos praat

559. Opvoeding en onderwys

s.nw. opvoeding, grootmaking, huisopvoeding, tuisopvoeding, skoolopvoeding, ontwikkeling, vorming, intellektuele vorming, lering, geletterdheid, inligtingsgeletterdheid, visuele geletterdheid, beeldgeletterdheid, geleerdheid, hooggeleerdheid, boekgeleerdheid, verfyning, verfyndheid, beskawing, beskaafdheid, veredeling, edelheid, afronding, afgerondheid, ontwikkelingspeil, ontwikkelingsvlak, opvoedingspeil, opvoedingsvlak, onderwysagterstand, leeragterstand, leerskool, oefenskool, inskerping, ingeskerptheid, skerpheid, geheuewerk, dissiplinering, dissipline; opvoedkunde, onderwys, pedagogiek, didaktiek, vakdidaktiek, ortodidaktiek, outodidaktiek, ...

opleiding 614, vakopleiding, beroepsopleiding, tegniese opleiding, personeelopleiding, indiensopleiding, voortgesette opleiding, skoling, tuisskoling

jeugwerk, jeugsorg, kindersorg; kinderoppaster, kinderoppasser, chaperone, au pair, duenna (*ongewoon*)

onderwys, onderrig, onderwysing, opleiding, skoling, voorligting, skoolonderrig, skoolonderwys, skoolopleiding, koëdukasie, proefonderrig, proefonderwys, vakonderrig, vakonderwys, taalonderrig, taalonderwys, wiskundeonderrig, wiskundeonderwys, rekenkundeonderwys, rekenonderwys, ..., kleuteronderrig, kleuteronderwys, kindertuin, kindertuinonderrig, kinderonderrig, kinderonderwys, volwasseneonderwys, voortgesette onderrig, voortgesette onderwys, kollegeonderrig, kollegeonderwys, kollegeopleiding, universiteitsonderrig, universiteitsonderwys, universiteitsopleiding, tersiêre onderwys, selfonderrig, selfopleiding, aanskouingsonderwys, aanskoulike onderwys, landbouonderwys, beroepsvoorligting, proefonderwys, remediërende onderwys, kontakonderrig, kontakonderwys, huisonderwys, huisonderrig, tuisonderrig, afstandsonderrig, afstandsonderwys, aanlyn onderrig, aanlyn onderwys, voortgesette onderrig, voortgesette onderwys, naskoolse opleiding, naskoolse onderrig, naskoolse onderwys, godsdiensonderrig, Sondagskool, Sondagskoolonderwys, Sondagskoolonderrig, kategese, katkisasie, kategismus, skoolgereedheid; metodiek, metodologie, onderrigmetodiek, onderwysmetodiek, vakmetodiek, metode, leermetode, leerwyse, montessorimetode, onderrigfilosofie, onderwysbevoegdheid, onderwyskrag; onderrigtaal, taal van onderrig, onderrigtaalbeleid, enkelmedium, enkelmediumonderwys, parallelmedium, parallmediumonderwys

kursusbeplanning, kurrikulering, sillabusontwikkeling, kursusontwikkeling; kurrikulum, sillabus, kursusraamwerk, akademiese program

vak, skoolvak, leervak, begripsvak, keusevak, universiteitsvak, voorgraadse vak, nagraadse vak, vakkursus, B.A.-vak, ingenieursvak, handelsvak; vakrigting, studierigting, studieveld, geesteswetenskappe, geesteswetenskaplike rigting, humaniora, sosiale wetenskappe, natuurwetenskappe, natuurwetenskaplike rigting, handelswetenskappe, handelsrigting, mediese wetenskappe, mediese rigting, liggaamlike opvoeding, jokkel (*verouderd*), teologie, admissie; vakvereniging

onderwysinrigting, onderwysinstansie, onderriginstansie, opleidingsinstansie, skool, openbare skool, staatskool, privaatskool, dorpskool, plaasskool, laerskool, laer skool, primêre skool, preprimêre skool, kleuterskool, sekondêre skool, hoërskool, hoër skool, gimnasium, meisieskool, seunskool, jongenskool, hoërmeisieskool, hoër meisieskool, hoërseunskool, hoër seunskool, parallel(medium)skool, multigraadskool, eenmanskool, tweemanskool, internaat, kerkskool, juvenaat, kloosterskool, tegniese skool, hoër tegniese skool, industrieskool, nywerheidskool, handelskool, landbouskool, huishou(d)skool, huisvlytskool, kookskool, Sondagskool, kunsskool, dansskool, toneelskool, sangskool, voorbereidingskool, afrondingskool, bewaarskool, doweskool, skool vir dowes, skool vir blindes, somerskool, winterskool, ryskool, seinskool, susterskool, verbeter(ing)skool, madrassa, madressa, normaalskool, inisiasieskool, stamskool, natuurskool, veldskool; tersiêre instansie, kollege, onderwyskollege, onderwyserskollege, opleidingskollege, normaalkollege, tegniese kollege, technikon, landboukollege, korrespondensiekollege, universiteit, universiteitskollege, residensiële universiteit, korrespondensie-universiteit, radio-universiteit, fakulteit, handelsfakulteit, ingenieursfakulteit, ..., kweekskool, teologiese skool, seminarie, seminarium, konservatorium, kampus, kollegekampus, universiteitskampus, satellietkampus; graad, standerd (*verouderd*), kindertuin, kindertuinklas, kindergarten, preprimêre klas, graad een, graad twee, ..., matriek, hulpklas; werkswinkel, slypskool, somerskool, winterskool; aanlynleeromgewing

b.nw. opvoedkundig, vormend, onderwyskundig, pedagogies, didakties, vakdidakties, ortodidakties, outodidakties, ...

opgevoed, gevorm, beskaaf(d), edel, verfyn(d), afgerond, gedissiplineer(d), geletterd, geleer(d), hooggeleer(d), gekwalifiseer(d), geskool(d), halfgeskool(d), opgelei, gekatkiseer(d), opvoedbaar, onopvoedbaar, baar, hardleers (*ongewoon*)

primêr, sekondêr, openbaar, universitêr, interuniversitêr, fakultêr, residensieel, voorgraads, nagraads

ww. opvoed, grootmaak, opbring (*Engels, informeel*), tot volwassenheid bring, lei, leer, verlig, insig gee, ontwikkel, geestelik ontwikkel, verstandelik ontwikkel, vorm, buig, skaaf, brei, beskaaf, inskerp, verfyn, afrond, veredel, verbeter, vooruithelp, aanhelp, ophef, iets by iemand aankweek, dissiplineer, inplant, beïnvloed

oplei, skool, afrig, onderrig, onderrig gee, onderwys, onderwys gee, instrueer, skoolhou, klasgee, les gee, doseer, voorlig, katkiseer, eksamineer, modereer, nasien, oorkyk, proef, proefonderwys gee, kwalifiseer, kurrikuleer

uitdr. iemand wegwys maak; iemand touwys maak; aan die voete van Gamaleël sit

560. Voorskoolse en naskoolse onderrig

s.nw. voorskoolse opleiding, voorskoolse onderrig, skoolplig, skoolpligtigheid, leerplig, skoolbesoek, skoolbywoning, skoolfonds, skoolgeld, leergeld, studiegeld, uniform, skooluniform
naskoolse opleiding, naskoolse onderrig, kollege-opleiding, kollege-onderrig, universiteitsopleiding, universiteitsonderrig
skooltyd, skooldag, periode, lesuur, lesing, lesingtyd, pouse, skoolpouse, speeltyd, skooljaar, leerjaar, akademiese jaar, klastyd, toetstyd, eksamentyd, bloktyd, studeertyd, semester, eerste semester, tweede semester, kwartaal, skoolkwartaal, eerste kwartaal, ..., vakansie, skoolvakansie, universiteitsvakansie, reses, Paasreses, Paasvakansie, verlof, studieverlof, sabbatsverlof, langverlof
skoolaktiwiteit, skoolwerk, klaswerk, klasaantekeninge, klasnotas, seminaarwerk, studie 561, hersiening, eksamenhersiening, eksamen, toets, toetsing, voertaal, voertaalkwessie, voertaalvraagstuk, voorligting, voorligtingsdiens, absensielys, presensielys, teenwoordigheidsregister, skoolkoerant, skoolblad, debat, skooldebat, debatsvereniging, redenaarsvereniging, skoolsport, ontgroening, doop, inlywing, inisiasie, oriëntering, binnemuurse aktiwiteit, buitemuurse aktiwiteit, skolierpatrollie; absensie, afwesigheid, bankery, klasbankery, skoolsiekte, stokkiesdraaiery; skoolbestuur, beheerliggaam, skoolraad, leerlingraad, ouervereniging, ouer-onderwysersvereniging
onderwysgebou 559, skool, skoolgebou, klas, klaskamer, laboratorium, mediasentrum, rekenaarkamer, tekenkamer, tekensaal, kunsklas, musiekklas, houtwerkkamer, houtwerkklas, werkkamer, saal, skoolsaal, gehoorsaal, biblioteek, skoolbiblioteek, skoolgrond, speelgrond, speelterrein, kollegebiblioteek; kollege 559, kollegegebou, universiteit 559, universiteitsgebou, lesingkamer, lesingsaal, seminaarkamer, groepklas, groepkamer, laboratorium, mediasentrum, biblioteek, universiteitsbiblioteek, vakbiblioteek
onderrigmateriaal, onderrigtoerusting, skoolmeubel, skoolbank, lessenaar, skoollessenaar, witbord, elektroniese witbord, interaktiewe witbord, swartbord, kryt, bordkryt, swartbordkryt, aanskouingsmateriaal, truprojektor, oorhoofse projektor, transparante, skyfieprojektor, rekenaar 263, skootrekenaar, palmrekenaar, e-boek, rekenaarprogrammatuur, abakus, rekenraam, telraam, kaart, landkaart, muurkaart, wandkaart; skryfbehoeftes, skoolboek, handboek, voorgeskrewe boek, voorgeskrewe werk, skoolhandboek, skryfboek, klasboek, klaswerkboek, kladwerkboek, potlood, pen, uitveër, liniaal
skooluniform, skoolbaadjie, kleurbaadjie, skoolhemp, skoolbroek, skoolrok, skooltrui, skoolwapen
leerder, leerling (*verouderd*), skolier, dagleerder, dagskolier, skoolleerder, skoolkind, skoolseun, skoolmeisie, klasmaat, laerskoolleerder, laerskoolkind, hoërskoolleerder, hoërskoolkind, skooljeug, matrikulant, matriek (leerling), matriekleerder, kadet, skoolkadet, nablyer, stokkiesdraaier, skoolverlater, Sondagskoolleerder, Sondagskoolkind, katkisant, kategeet, jaargenoot; leerlingraad, leerlingsraadslid, hoofseun, hoofmeisie, onderhoofseun, onderhoofmeisie, prefektuur, prefek, klasleier, klasleidster, monitor; oudleerling, alumnus
student, universiteitstudent, kollegestudent, technikonstudent, voorgraadse student, nagraadse student, eerstejaarstudent, eerstejaar, tweedejaarstudent, tweedejaar, ..., finalejaarstudent, magisterstudent, doktorale student, natuurwetenskappestudent, handelstudent, kweekskoolstudent, tokkelok, oudstudent, seminaris, alma mater, alumnus, vakleerling, klerkskap, vakleerlingskap, leerjonge, leerjongenskap; studenteleier, studenteraad, studenteraadslid, studenteraadsvoorsitter, studenteraadsvoorsitster, primarius, primaria, hoofstudent; oudstudent, alumnus
opvoedkundige, opvoeder, didaktikus, pedagoog; onderwyspersoneel, onderwyser, leerkrag, onnie (*informeel*), meneer, onderwyseres, juffrou, skooljuffrou, kinderjuffrou, hoofonderwyser, hoofonderwyseres, klasonderwyser, klasonderwyseres, vakonderwyser, vakonderwyseres, taalonderwyser, taalonderwyseres, spraak-

onderwyser, spraakonderwyseres, wiskundeonderwyser, wiskundeonderwyseres, ..., leerlingonderwyser, proefonderwyser, proefie (*informeel*), goewernante, skoolmeester, meester, leermeester, mentor, amanuensis, leraar, dansleraar, hoof, skoolhoof, visehoof, adjunkhoof, prinsipaal, viseprinsipaal, prinsipale, viseprinsipale, eksaminator, eksaminatrise, vraesteller, moderator, kringbestuurder, inspekteur, inspektrise, skoolinspekteur, skoolinspektrise, vakadviseur; kanselier, visekanselier, rektor, rektoraat, rektorskap, viserektor, dekaan, adjunkdekaan, studentedekaan, professor, besondere professor, uitgelese professor, hoogleraar, besondere hoogleraar, uitgelese hoogleraar, prof (*informeel*), proffie (*informeel*), medeprofessor, medehoogleraar, ereprofessor, socius, lektor, lektrise, senior lektor, senior lektrise, junior lektor, junior lektrise, dosent, dosentskap, dosentassistent, promotor, studieleier, navorser, vakgeleerde, vakkundige, vakgenoot, kamergeleerde, werkgemeenskap

onderwysprofessie, onderwysberoep, onderwysloopbaan, onderwyspos, universiteitspos, dosentskap, professoraat, leerstoel, medeprofessoraat, lektoraat, senior lektoraat, junior lektoraat, mentorskap, inspektoraat

skoolbestuur, beheerliggaam, skoolkomitee, skoolraad, bestuursraad, bestuursliggaam, administrasie, universiteitsowerheid, universiteitsraad, senaat, kampusbeheer

beurs, studiebeurs, jaarbeurs, merietebeurs, reisbeurs, sportbeurs, toekenning, studietoekenning, navorsingstoekenning, stipendium, stipendiaat, studiefonds, studielening; beurshouer

b.nw. skoolgaande, skoolpligtig, leerpligtig, skolasties, binnemuurs, buitemuurs, skoolsiek, studentikoos

meesteragtig, professoraal

voorskools, primêr, sekondêr, tersiêr, naskools

ww. skoolgaan, skool loop (*lekties*), klas loop, klasse bywoon, matrikuleer; na skool bly, nably, skoolsit, detensie sit, inhou, nahou; stokkiesdraai, skool bank, klas bank; doop, ontgroen

uitdr. hok toe gaan

561. Studeer

ww. leer, kennis opdoen, aanleer, byleer, studeer, 'n studie onderneem, voltyds studeer, deeltyds studeer, voorgraads studeer, nagraads studeer, kennis opdoen, jou bekwaam, swot (*informeel*), memoriseer, uit jou kop (uit) leer, resideer, bestudeer, ondersoek, navors, ontleed, analiseer, eksperimenteer, instudeer, inwerk, deurwerk, toelê, spesialiseer, bywerk, verbeter, verwerk, memoriseer, van buite leer, hersien, blok, deurblok, afstudeer

eksamen aflê, eksamen skryf, toets aflê, toets skryf, afkyk, afskryf, afskrywe, krip (*lekties*); 'n eksamen afneem, 'n toets afneem, eksaminator, assessor

slaag, promoveer, diplomeer, gradueer, 'n diploma verwerf, 'n graad verwerf, 'n graad behaal; druip, sak, nie slaag nie, pluk (*informeel*), dop

bw. met onderskeiding, cum laude, summa cum laude

s.nw. studie, studeerwerk, skoolstudie, skoolwerk, akademiese werk, akademie, boekwerk, leerwerk, vakstudie, voorgraadse studie, nagraadse studie, honneursstudie, magisterstudie, doktorale studie, spesialisasie, voorstudie, propedeuse (*ongewoon*), ondersoek, navorsing, analise, ontleding, eksperimentering, selfstudie, leerdery, swottery (*informeel*), geswot (*informeel*), lering, vaslegging, memorisering, memorisasie, hersiening, huiswerk, tuiswerk, verbetering, verdieping, studieverlof, studietyd, studiereis; oorbruggingsperiode, oorbruggingsjaar, oorbruggingsprogram; brugjaar, gapjaar (*Engels*)

leergierigheid, weetgierigheid, weetlus

student 560, voorgraadse student, nagraadse student, honneursstudent, magisterstudent, meesterstudent, meester, doktorstudent, doktorskandidaat, doktorale student, doktor, skolier 560, ondersoeker, analis, analitikus, navorser, kandidaat, eksamenkandidaat, primus, dux, duxleerling, duxstudent, graduandus, gegradueerde, graduatus, gediplomeerde, promovendus, promovenda, doktorandus, proponent, paranimf, druipeling; boekwurm, bleeksiel, nerd (*Engels*), vaalseun, boekevreter, lettervreter, bibliofiel, outodidak,

nagbraker; druip(e)ling; studentejare, studentetyd, studentelewe
les, klas, lesing, periode, klasperiode, lesingperiode, praktikum, tutoriaal, praktiese les, praktiese klas, seminaar, seminaarklas, webinaar, spreekles, taalles, leesles, konversasieles, wiskundeles, geskiedenisles, ..., klas, taalklas, taaloefening, taalpraktikum, steloefening, stelwerk, wiskundeklas, skeikundeklas, ..., aandklas, proefles, proefklas, lesing, hooflesing, letterkundelesing, wiskundelesing, geskiedenislesing, ..., leerstof, leergang, leerplan, sillabus, curriculum, kurrikulum, kursus, skoolkursus, universiteitskursus, graadkursus, taalkursus, wiskundekursus, geskiedeniskursus, sangkursus, ..., somerskool, winterskool, somerkursus, winterkursus, vakansiekursus, opfrissingskursus, opknappingskursus, werkswinkel, kortkursus, aanlyn kursus, groepwerk
toetsing, eksaminering, toets, invultoets, begripstoets, eksamen, skooleksamen, universiteitseksamen, staatseksamen, skriftelike eksamen, mondeling, mondelinge eksamen, oorgangseksamen, toelatingseksamen, tweetaligheidseksamen, proponentseksamen, tentamen, vakeksamen, hereksamen, her (*informeel*), vuurdoop, vuurproef, vraestel, toetsvraestel, eksamenvraestel, invulvraestel, maskervraestel, maskertoets, vraag, eksamenvraag, toetsvraag, kortvraag, langvraag, invulvraag, veelkeusevraag, veelvuldigekeusevraag, memorandum, toetsmemorandum, eksamenmemorandum, oefening, opstel, werkstuk, diktaat, seminaar, skripsie, verhandeling, proefskrif, dissertasie, tema, tese, titel, eindeksamen
uitslag, uitslae, voorlopige uitslag, finale uitslag, eksamenuitslag, slaagvereiste, slaagsyfer, druipsyfer, punt, slaagpunt, onderskeiding, onderskeidingspunt, sakpunt, druippunt, druipery, druipvak, puntetotaal, toetspunt, seminaarpunt, eksamenpunt, klaspunt, predikaat, predikaatpunt, jaarpunt, jaarsyfer, matriek, matrikulasie, matrikulasievrystelling, boer(e)matriek, puntelys, predikatedag; rapport, skoolrapport, verslag, skoolverslag, eksamenverslag, sertifikaat, skooleindsertifikaat, matrieksertifikaat, di-

ploma, graad, baccalaureus, baccalaureusgraad, honneurs, honneursgraad, magister, magistergraad, meestersgraad, doktorsgraad, doktoraat, eregraad, eredoktorsgraad, eredoktoraat, graadsertifikaat, lisensiaat; gradedag, gradeplegtigheid
b.nw. **akademies**, gestudeer(d), intellektueel, verstandelik, geleer(d), halfgeleer(d), aangeleer(d), voorgraads, nagraads, doktoraal, propedeuties (*ongewoon*)
leergierig, weetgierig, weetlustig, studieus, outodidakties, boekagtig, boekerig; alwetend, pedant, pedanties
geslaag(d), gematrikuleer(d), gediplomeer(d), gegradueer(d)
uitdr. met die neus in die boeke sit; iemand touwys maak

562. Lees
ww. **lees**, deurlees, saamlees, voorlees, inlees, aflees, teruglees, stiplees, naslaan, opsoek, nalees, oplees, herlees, verslind, stillees, deurloop, deurblaai, siteer; liplees
verstaan, lees, ontsyfer, insien, oorsien, sien
s.nw. **leeskuns**, leesvermoë, leesvaardigheid, lesery, verslinding, leesgewoonte, leeslus, leeshonger, leeswoede, leesles, leesoefening, leesmetode, leeswyse, hardoplees, hardopleesmetode, stillees, stilleesmetode, stiplees, stipleesmetode, begriplees, begripleesmetode, paragraaflees, paragraafleesmetode, tandemlees, tandemleesmetode, leesspoed, leestoon, leestrant, lesing, voorlesing, leestyd, leesbeurt, woordblindheid, leesblindheid, aleksie, disleksie; leesbaarheid, onleesbaarheid
leesstof, lektuur, prikkellektuur, verstrooiingslektuur, literatuur, letterkunde, leesmateriaal, leeswerk, geskrif, leesstuk, boek 565, 567, leesboek, storieboek, fiksie, nie-fiksie, koerant, tydskrif, gelesene
biblioteek, leeskamer, leessaal, leeshoekie, leestafel
leser, voorleser, boekwurm, leserspubliek, leeskring, leserskring, leesklub
b.nw. leesbaar, onleesbaar, lesenswaardig, veelgelese, ongelese; leeslustig, leeshonger
uitdr. met die neus in die boeke sit

563. Skryf
ww. **skryf**, skrywe, beskryf, beskrywe,

neerskryf, neerskrywe, pen, neerpen, na die pen gryp, krabbel, neerkrabbel, afskryf, afskrywe, opskryf, opskrywe, noteer, vaslê, aanstip, op skrif stel, skriftelik meedeel, skriftelik vaslê, op papier stel, opstel, saamstel, maak (gedigte ~), te boek stel, boekstaaf, opteken, aanteken, noteer, annoteer, tik, stenograveer, kodeer, invul, inskryf, inskrywe, inlys, registreer, oorskryf, oorskrywe, oorneem, oorbring, transkribeer, naskryf, naskrywe, uitskryf, uitskrywe, kopieer, inlas, interpoleer, terugskryf, terugskrywe, deurskryf, deurskrywe, korrespondeer, 'n brief skryf, briewe wissel, 'n briefwisseling onderhou, polemiseer, 'n polemiek voer, 'n pennestryd voer, adresseer, bewoord, onderteken, rugteken, betitel, 'n byskrif maak, dikteer, weglaat, uitlaat, skrap, klad
tik, aftik, belyn, deurstreep, onderstreep, aanstreep, deurhaal, krap, afkrap, graveer, punteer, inkras, grif, uitvee, skrap, radeer, rojeer
aaneenskryf, vas skryf, aanmekaarskryf, los skryf, drukskrif skryf, mooi skryf, skoon skryf, kalligrafeer, lelik skryf, slordig skryf, krap, krabbel, bekrap, bekrabbel, klad, kladder, sleg skryf, sleg skrywe, verskryf, verskrywe
s.nw. skrywery, skryfwerk, skryfproduk, skryfsel, geskryf, optekening, teboekstelling, vaslegging, transkripsie, tikwerk, stenotipie; skryffout, verskrywing, vingerfout, tikfout
bewoording, woorde, inhoud, diksie, inskrywing, weglating, opneming, geskrif 567, boek 565, 567
spelling, skryfwyse, spelwyse, spelmetode, spellingsisteem, dubbelspelling, wisselspelling, homograaf, heteroniem, homografie, heteronimie, vasskryf, losskryf, spelfout, spellingfout, skryffout, afskryffout, skryfwoede, diktee, speloefening, spellinghervorming; spelkontrole, spellingkontrole, spelreëls, spellys, woordelys, speltoetser, grammatikatoetser; spelvaardigheid, spelkuns, speloefening, spellingoefening, spelkompetisie, spellingkompetisie
skryfkuns 565, skryftalent, grafologie, kalligrafie
skrif 565, handskrif 565, skoonskrif, mooiskrywery, steilskrif, skuinsskrif, tikskrif, tikwerk, tikfout, skrapping, rojering, gekrap, gekrabbel, krabbel, krabbeling
skrywer 565
b.nw. skriftelik, geskrewe, ongeskrewe, beskrewe, beskryf, ingeskrewe, opgeteken, aangeteken, deskriptief, geteken, onderteken, getik, hiëroglifies, homografies, heteronimies
uitdr. die pen op papier sit; die pen opneem; te boek stel; 'n kruisie aan die balk maak; gekke en dwase skryf hulle name op deure en glase; papier is geduldig

564. Skryfbehoeftes
s.nw. skryfbehoeftes, skryfgereedskap, skryfgoed, kramery
pen, skryfpen, tekenpen, penpunt, inkpen, vulpen, balpunt, balpuntpen, bolpuntpen, rolpuntpen, filtpen, koki, kokipen, potlood, draaipotlood, vulpotlood, skuifpotlood, inkpotlood, tekenpotlood, tekenpen, stilograaf, stilograafpen, stilus, stif, stiffie, griffel, griffie, kryt, crayon, vetkryt, potloodkryt, kleurkryt, pastel, bordkryt, witkryt; ink, indiese ink, merkink, inkhervulling, inkbuis, inkpot, potloodskerpmaker
papier, skryfpapier, skryfblok, skryfboek, briefpapier, memopapier, aantekeningpapier, tikpapier, deurslag, deurslagpapier, koolpapier, kladpapier, papirus, katern, koevert, vensterkoevert, ruitkoevert, rekeningkoevert, biljet, kaart, poskaart, indekskaart, indekskaartjie, klapper (kaartjie), kaartjie, naamkaartjie, verjaar(s)dagkaartjie, kerskaartjie, presentkaartjie, ponskaart, ..., lêer, legger, omslag, voulêer, voulegger, kniplêer, dooslêer, konsertinalêer, portefeulje, protokol (omslag), indekskaart, indekssisteem, indeksstelsel, kaartsisteem, kaartstelsel, karton, wasvel, transparant, fiche, mikrofiche, lei
tikmasjien, woordverwerker, rekenaar 263, drukker, stippeldrukker, laserdrukker, elektroniese drukker, kopieermasjien, pantograaf, tekenaap, mikrograaf, kopieerder, skandeerder; sleutelbord, toetsbord, toets (tikmasjien, rekenaar), lint, tiklint, tikmasjienlint, koollint, spasiebalk, lettertoets, syfertoets, tabuleersleutel, tabuleertoets, roller, papiergeleier; tip-

pex, Tippex, flaterwater (*skertsend*)
knip, skuifspeld, papierklem, papierknip, speld, kop(pie)speld, drukspyker, duimspyker, kram, krammetjie, kramdrukker, krammasjien, krammetjiemasjien, krambinder, pons, ponssteek, briewemes, briefoopmaker, gom, kleefstof, kleefmiddel, lym, gluten, papiergom, gomstiffie, gomstokkie, pritt (*Engels*), kleeflint, cellotape (*Engels*), lak, gomlastiek, uitveër, wisser, veër, bordveër, stempel, rubberstempel, amptelike stempel, seël, amptelike seël, stempeltoestel, tjap (*informeel*), matrys, patrys, sjabloon, stensil
tas, briewetas, aktetas, saketas, boeketas, skooltas, portefeulje, rekenaartas
lessenaar, skryflessenaar, skryftafel, studeertafel, buro, skryfburo, lessenaarstoel, draaistoel
ww. skryf 563, skrywe, deurskryf, deurskrywe, druk, uitdruk, tik, deurslaan, klad, kladder, outografeer, pons
bw. in tweevoud, in duplo, in triplo

565. Skryfkuns
s.nw. skryfkuns 563, skoonskryfkuns, kalligrafie, stilografie, stenografie, snelskrif, ideografie, skrifkunde, handskrifkunde, handskrifontleding, konjektuur, kollasie, paleografie, xenografie, kriptografie; skryfkunde, kreatiewe skryfkunde, handskrifkunde, handskrifontleding, kriptologie

skryfwyse, skryfmanier, styl 576, skryfstyl, skryftrant, formele styl, informele styl, kanselarystyl, kanselarytaal, telegramstyl, skryftaal, skryfflus; stylleer, stilistiek; skryffout, verskrywing, haplografie

skryfwerk 563, skrywery, mooiskrywery, tikwerk, woordverwerking, teksverwerking, redigering, redaksie, hersiening, revisie, wysiging, bywerking, opdatering, proefleeswerk, verbetering, corrigendum, corrigenda, vertaling; prul, prulwerk, prulgeskrif, knolgeskrif

geskrif 563, geskrewe werk, teks, geskrewe teks, interteks, holograaf, manuskrip, berig, naberig, artikel, koerantartikel, tydskrifartikel, wetenskaplike artikel, rubriek, rapport, verslag, kennisgewing, notisie, memorandum, brief 563, vriendskaplike brief, sakebrief, omsendbrief, rondskrywe, rondskrif, aantekening, kriptogram, outograaf (geskrif), kattebelletjie, diktaat, lesing, causerie, legende, graffiti, invulling, invulsel, hersiene teks, hersiene weergawe, interpolasie, ondertekening, paperasse; boek 567, publikasie, boekdeel, bundel, band, volume, eksemplaar, kopie, druk, eerste druk, tweede druk, ..., werk, literêre werk, versamelde werk(e), leesboek, storieboek, biografie, outobiografie, leerboek, handboek, handleiding, wetenskaplike werk, monografie, dagboek, dagregister, memoire(s), nekrologie; vertaling, vertaalde werk, direkte vertaling, vrye vertaling, leenvertaling, literêre vertaling, oerteks, bronteks, doelteks, brontaal, doeltaal; skryfboek, aantekeningboek, kladboek, klaswerkboek, skryfblok, kantoorboek, joernaal, joernaalboek, kasboek, boekhouboek, kwitansieboek, faktuurboek, skryfbehoeftes 564; afskrif, kopie, duplikaat, afdruk, reproduksie (afskrif), fotokopie, fotostaat, faksimilee, faks, outotipe, eksemplaar, transkrip, duplikaat, triplikaat; reproduksie (proses), kopiëring, fotokopiëring, transkripsie, duplikasie, duplisering, dupliseermetode, dupliseertoestel, duplikator, fotokopieermasjien, faksimileemasjien, faksmasjien

dele van 'n geskrif, dele van 'n teks, teksbou, teksstruktuur, teks, paragraaf, paragrafering, paragraafindeling, titel, opskrif, hoof, hoofopskrif, subtitel, subopskrif, onderhoof, subhoof, paragraaftitel, paragraafopskrif, paragraafhoof, byskrif, onderskrif, inskrif, inskripsie, omskrif, randskrif, aantekening, kantaantekening, marginaliëe, renvooi, inlassing, bylae, glos, glossa, verklaring, verklarende aantekening, annotasie, glossarium, woordelys, indeks, blurb (*Engels*), blakerskrif, noot, voetnoot, naskrif, post scriptum, diagram, diagrammatiese voorstelling, staafdiagram, tertdiagram, kringdiagram, vloeidiagram, organogram, organigram, illustrasie, grafiek, kantlyn, marge, bladsynommer, sinjatuur; inhoud, woord, nommer, sin, volsin, anakoloet, asindeton, paragraaf, inleiding, inleidende paragraaf, slot, slotparagraaf, paragraafindeling

korrespondensie, briefwisseling, brief,

vriendskaplike brief, sakebrief, amptelike brief, skrywe, amptelike skrywe, missive, dankbrief, kettingbrief, klaagbrief, omsendbrief, omsendskrywe, nuusbrief, wisselbrief, e-pos 196, e-posbrief; skryfpapier 564, briefpapier, skryfblok, koevert 564, vensterkoevert, ruitkoevert, rekeningkoevert, amptelike koevert; adres, aanhef (brief), briefhoof, slot, handtekening, outograaf, sinjatuur; seël, posseël, posstempel, seëlversameling, posseëlversameling, filatelie, seëlversamelaar, posseëlversamelaar, filatelis, poswese

skrifstelsel, skrif 546, 563, 571, alfabet 571, alfabetiese skrif, arabiese skrif, romeinse skrif, ideografiese skrif, beeldskrif, spykerskrif, keilskrif, wigskrif, demotiese skrif, hiëratiese skrif, hiërogliewe, rune, rune-alfabet, rune-inskripsie, runeskrif, sillabeskrif, spieëlskrif, tekenskrif, lapidêre skrif, blindeskrif, braille(skrif), kode, snelskrif, stenografie, skrifbeeld, kodeks, kalligrafie, kakografie, tikskrif, druk, handskrifvervalsing; skrif, handskrif, hand, drukskrif, blokskrif, blokletters, lopende skrif, skoonskrif, netskrif, netjiese skrif, netjiese handskrif, sierskrif, kladskrif, kanselaryskrif, gekrap, gekrabbel, hanepoot, skrifvervalsing, grafologie
kode, skrifkode, syferkode, geheime kode, geheimskrif, morsekode, staafkode, strepieskode
teken, woord, woordteken, skrifteken, skryfteken, letterteken, punktuasietekens, leesteken 571, letter, karakter, simbool, skrifsimbool, syfer, syferteken, syfersimbool, taalteken, begripteken, klankteken, fonetiese teken, fonetiese skrif; letter, letterbeeld, lettervorm, drukletter, lettertipe, tipe, tiep, kleinletter, minuskel, hoofletter, majuskel, beginletter, unsiaal, unsiaalletter, klein hoofletter, blokletter, vet letter, vetdruk, kursiewe letter, kursiewe druk, kursief, skuinsdruk, romein, romeinse letter, romeinse teken, ronde letter, superskrif, subskrif, gotiese letter, gotiese teken, paragon (lettertipe), pêrelletter, sierletter, miniatuur, neerhaal (van 'n letter), afwaartse haal, opwaartse haal, been (van 'n letter), boog, sirkel, krul, illuminasie, monogram, piktogram, ideogram, ideografiese teken, ikoon, lyn, liniëring, streep, streek, pennestreek, haal, skuinsstreep, aandagstreep, uitroepteken, vraagteken, kappie, aksent(teken), gravis(teken), komma, kommapunt, punt, koppelteken, afstandskoppelteken, weglaatteken, afkappingsteken, afkappings-s, deelteken, afskeidingsteken, diarese, umlaut, trema, hakie, ronde hakie, parentese, blokhakie, krulhakie, asterisk, kruis, kruisie, dubbele kruis (#), hutsmerk, hutsteken, hutsetiket, kleiner-as-teken, groter-as-teken, tilde, nasaleringsteken (~), randteken, dollarteken, persentasieteken, ampersand (&), kopieregsimbool, plusteken, min(us)teken, plus-min(us)-teken, maalteken, deelteken (wiskunde), teenteken (@), kol, kolpunt, aandagkol, stip, stippel, stippie, reël, nuwe reël, alinea, regmerk, verkeerdmerk, ellipsteken, ellipsstippels

skrywer 563, skryfster, outeur, woordkunstenaar, outeurskap, opsteller, verslagskrywer, pen(ne)lekker, skoonskrywer, sierskrywer, kalligraaf, naamskilder, briefskrywer, korrespondent (brief), penmaat, penvriend, snelskrywer, stenograaf, naskrywer, kopiïs, skriba, skribent (ongewoon), prosaskrywer, prosaïs, prosateur, romanskrywer, romansier, kortverhaalskrywer, essayis, biograaf, prulskrywer, broodskrywer, digter, digteres, rympie(s)maker, rymelaar, biograaf, outobiograaf, kroniekskrywer, dramaturg, toneelskrywer, tragedieskrywer, draaiboekskrywer, kopieskrywer, skimskrywer, spookskrywer, pamflettis, korrespondent, briefskrywer, joernalis, joernaliste, koerantjoernalis, koerantskrywer, korrespondent (koerant), koerantkorrespondent, tydskrifjoernalis, rubriekskrywer, televisiejoernalis, opstelskrywer, opnemer, inboekeling, kompilator, kompileerder, reviseur, nekroloog, ondertekenaar, krabbelaar, tikker, tikster, tipiste, tikpoel, stenograaf, stenografiste, ponstikster; skrywerskap, skrywersnaam, skuilnaam; skryfskool, skrywerskool, skrywersgilde, skrywersvereniging; handskrifdeskundige, skrifkenner, skrifkundige, skrifuitlêer, grafoloog, skrifvervalser, paleograaf, xenograaf, handskrifvervalser

outeursreg, outeursregbeskerming, outeursregtoestemming, outeursreghouer;

tantième, tantieme, outeursgelde, outeursaandeel

b.nw. skriftelik, geskrewe, handgeskrewe, eiehandig, tekstueel, grafies, diagrammaties, stenografies, vas, lopend, los, alfabeties, outografies, holografies, biografies, outobiografies, ideografies, kalligrafies, kriptografies, paleografies, xenografies, alfabeties, foneties 572, sillabies 572, arabies, romeins, goties, hiëroglifies, demoties, hiëraties, runies, lapidêr

groot, inisiaal, unsiaal, klein, vet, vetgedruk, kursief, gekursiveer, skuins, skuinsgedruk, onderstreep, interlineêr

stilisties, formeel, styf, boekagtig, gedronge, informeel

ww. skryf, skryf 563, skrywe, kodeer, enkodeer, beskryf, uitskryf, oorskryf, dekodeer, ontsyfer, kennis gee, berig, berig gee, aanteken, invul, transkribeer, brailleer, paragrafeer, indekseer, linieer, belyn, vet druk, kursiveer, adapteer, illumineer, kollasioneer, interpoleer, onderteken, grafies voorstel, diagrammaties voorstel, illustreer, dupliseer, tripliseer, kopieer, fotokopieer

hersien, redigeer, versorg, redaksioneel versorg, proeflees, korrigeer, revideer, knip en plak, tippex, uittippex; hersien, wysig, bywerk, opdateer

566. Drukkuns

s.nw. drukkuns, boekdrukkuns, drukwerk, monotipe (drukwerk), linotipe (drukwerk), kleurdruk, kleurdrukwerk, vlakdruk, vlakdruktegniek, litografie, chromolitografie, steendruk, planografie, planografiese druk, planodruk, 3D-drukwerk, smout, smoutwerk, smoutdrukkery, wiegedruk, inkunabel, moerdruk

drukwerk, manuskrip, kopie, tekskopie, manuskripkopie, druk, boekmodel, drukmodel, formaatboek, proef, drukproef, skrywersproef, proefvel, galei, galeiproef, strookproef, bladsyproef, litografiese afdruk, afdruksel, misdruk, regstelling, corrigendum, korrigendum, erratum, drukfout, drukkersduiwel, roofdruk, kollasie, verlugting, illustrasie, fotomontage, drukkoste; eerste druk, tweede druk, ..., oplaag, eerste oplaag, tweede oplaag, ..., uitgawe, eerste uitgawe, tweede uitgawe, ..., hersiene uitgawe, verbeterde uitgawe, hardebanduitgawe, sagtebanduitgawe, voordruk, voorpublikasie, prepublikasie, nadruk, oordruk, herdruk, heruitgawe; verskyning, verskyningsdag, publikasiedatum, verskyningsdatum; kopiereg, drukverlof, imprimatur

publikasie, publikasietipe, boek 567, band, boekdeel, volume, uitgawe, leesboek, storieboek, roman, teksboek, bundel, versamelbundel, digbundel, handboek, leerboek, tafelbladpublikasie, koerant, oggendkoerant, aandkoerant, blad, dagblad, weekblad, naweekblad, Sondagkoerant, tydskrif, populêre tydskrif, vaktydskrif, verslag, tesis, proefskrif, eksemplaar, kopie, handleiding, lektuur, leesstof, literêre werk

drukmetode, vlakdruk, vlakdrukmetode, diepdruk, diepdrukmetode, hoogdruk, blindedruk, reliëfdruk, brailledruk, houtdruk, xilografie, xerografie, stippeldruk, glansdruk, glansdrukmetode, silwerdruk, negatiefdruk, stereotiepdruk, stereotipie, plaatletterdruk, fotokopie, reproduksie, reprografie, xerox, xeroxkopie, xeroxmetode, rotasiedruk, rotasiediepdruk, rotogravure, fotogravure, fotomeganiese (diep)drukmetode, fotomontage, fototipie, kleur(e)druk, tweekleurdruk, driekleurdruk, ..., stenochromie, kleurreproduksie, bronsdruk, silwerdruk, gouddruk, monotipe (metode), oliedruk, litografie, proefdruk, misdruk

setwerk, settery, setting, lettersettery, hersetting, oorsetting, setlyn, setsel, setfout, bladuitleg, tipografie, bladspieël, drukspieël, setspieël, bladvulling, wit, bladwit, wit spasie, lynspasie, loding, kantlyn, reglet, kolom, paragraaf, hangparagraaf, insnyding, insnyparagraaf, justering, kolofon, sinjatuur, vangwoord; lettertipe, tipe letter, lettersoort, font, letterfont, drukletter, boekletter, stokletter, reliëfletter, kleinletter, minuskel, onderkas, onderkasletter, hoofletter, kapitaal, majuskel, beginletter, unsiaal, unsiaalletter, hangletter, aanvangsletter, klein hoofletter, klein kapitaal, bo-kas, bo-kasletter, blokletter, vet letter, vetdruk, swartdruk, kursiewe letter, kursiewe druk, kursiefdruk, kursief, romein, romeinse letter, romeinse teken, ronde letter, superskrif, subskrif, gotiese letter, gotiese teken, fraktuur, fraktuurletter, koppelletter, ligatuur, paragon (lettertipe), pêrelletter, sierletter, stereotiep, lettergrootte, letterhoogte, punt, agtpuntletter, tienpuntletter, twaalfpuntletter, ..., miniatuur, mediaan; bladsyformaat, boekformaat, folio, folioformaat, grootfolio, grootfolioformaat, kleinfolio, kleinfolioformaat, kwarto, kwartoformaat, kwartyn, oktavo, oktavoformaat, handformaat, sakformaat, A4-formaat, A3-formaat, oblongformaat, plano, planoformaat

bindwerk, bindery, boekbindery, bindkuns; linnebindwerk, ringbindwerk, gombindwerk; buiteblad, hardeband, hardebandbuiteblad, sagteband, sagtebandbuiteblad, rug, boekrug, rugtitel, buitebladontwerp, titelblad, stofomslag, boekbeslag, boekskarnier, halfleer

redaksionele werk, redigering, redigeerwerk, redaksie, eindredaksie, taalversorging, proefleeswerk, proeflesery, nasienwerk, korreksie, korrigeerwerk, outeurskorreksie, revisie, hersiening, kastigering, kuising, corrigenda, drukfout, drukkersduiwel, setfout, proefleesfout, proefleessimbool, korreksieteken, stet, deleatur, primatur, invoeging, invoegteken, skrapping, skrapteken

drukkery, drukker, drukkersbaas, boekdrukkery, koerantdrukkery, tydskrifdrukkery, staatsdrukker, staatsdrukkery, handelsdrukker, handelsdrukkery, drukkeruitgewer, drukjaar; uitgewery, uitgewer, publiseerder, uitgewersbedryf, uitgewersfirma, uitgewersmaatskappy, boekuitgewer, koerantuitgewer, tydskrifuitgewer

drukkersapparaat, elektroniese drukker, stippeldrukker, fotodrukker, fotografiese drukker, pers, drukpers, rolpers, rol, handpers, timpaan, rotasiepers, stoompers, setmasjien, lettersetmasjien, elektroniese setter, elektroniese setmasjien, setgietmasjien, monotipe (masjien), linotipe (masjien), sethaak, haak, letterhaak, snymasjien, hektograaf, stensilmasjien, plaat, drukplaat, drukvorm, stempel, drukstempel, rubberstempel, matrys, stereotiep, stereotiepplaat; drukker, elektroniese drukker, rekenaardrukker, 3D-drukker, fotodrukker, stippeldrukker

drukkersmateriaal, drukpapier, drukink, drukkersink, spesie (setwerk), katern

drukker, drukkersassistent, drukkersjonge, redakteur, boekeredakteur, koerantredakteur, tydskrifredakteur, setter, lettersetter, masjiensetter, handsetter, xerograaf, litograaf, tipograaf, proefleser, korrektor, taalversorger, reprograaf, binder, boekbinder; redaksie, eindredaksie

b.nw. gedruk, persklaar, persgereed, drukgereed

xilografies, xerografies, fotomeganies, hektografies, litografies, reprografies

geset, tipografies, gespasieerd, ingesny, belyn, blank, blanko, klein, groot, vet, kursief, romeins, goties

redaksioneel

ww. druk, bedruk, afdruk, oordruk, herdruk, set, tipografeer, illustreer, litografeer, verlug, hektografeer, reproduseer, fotokopieer, afrol, kollasioneer, interfolieer; uitgee, die lig laat sien, publiseer, in druk laat verskyn, uitgee, uitreik, vrystel, vrygee, versprei, distribueer, redigeer 565, proeflees, nasien, verbeter, hersien 565, korrigeer, versorg, stilisties versorg, kastigeer, kuis, skrap, invoeg

set, spasieer, tipografeer, uitlê, opmaak, inspring, justeer, justifiseer, spasieer, stereotipeer, belyn, vet druk, kursiveer

redigeer, proeflees, korrigeer, reviseer

bind, inband, innaai, sny, insny

bw. in plano

567. Boek

s.nw. boek, geskrif, geskrewe werk, skrywe 563, publikasie, e-boek, luisterboek, werk, pennevrug, magnum opus, band, boekdeel, boekwerk, aflewering, volume, uitgawe, standaarduitgawe, standaardwerk, klassieke werk, feesuitgawe, spesiale uitgawe, hardeband, hardebandboek, hardebanduitgawe, sagteband, sagtebandboek, sagtebanduitgawe, slapband, slapbanduitgawe, slapbandboek, foliant, sakuitgawe, sakformaat, teksuitgawe, faksimilee, faksimilee-uitgawe, feesuitgawe, gedenkuitgawe, praguitgawe, luukse uitgawe, druk, eerste druk, tweede druk..., herdruk, eksemplaar, inspeksie-eksemplaar, vooreksemplaar, resensie-eksemplaar, proefeksem-

plaar, handeksemplaar, werkeksemplaar, outeurseksemplaar, skrywerseksemplaar, monsterboek, ruilboek, ruileksemplaar, bundel, versamelbundel, versamelwerk, album, kompendium, omnibus, omnibusuitgawe, trilogie, suksesboek, kroonboek, modelboek, snertboek, boekrol, rol, perkamentrol, palimpses, volksboek, oorkondeboek, kitaab (*Islam*), kitaap (*Islam*)
leesstof, leesmateriaal, leeswerk, lektuur, ontspanningslektuur, middelmootlektuur, snertlektuur, verstrooiingslektuur, literatuur, verhewe literatuur, letterkunde, africana
fiksie, letterkunde, leesboek, storieboek, literêre werk, roman, novelle, kortverhaalbundel, kroniek, joernaal, reisbeskrywing, reisverhaal, reisverhaalboek, reisjoernaal, bloemlesing, keurbundel, antologie, digbundel, versbundel, verseboek, gedigteboek, vervolgbundels, jeugboek, kinderboek, kinderverhaalboek, seunsboek, meisiesboek, prentjieboek, prentstrokie, strokiesprent, prentstrokieboek, strokiesprentboek, prenteverhaal
egodokument, biografie, outobiografie, memoire(s), dagboek
nie-fiksie, vakliteratuur, wetenskaplike werk, wetenskaplike geskrif, dissertasie, verhandeling, skripsie, proefskrif, monografie, akademiese boek, akademiese werk, vakboek, vakkundige werk, voorgeskrewe boek, voorgeskrewe werk, handboek, teksboek, handleiding, wegwyser, repertorium (boek), leerboek, taal(hand)boek, wetenskap(hand)boek, wiskunde(hand)boek, geskiedenis(hand)boek, ..., artikelbundel, feesbundel, festschrift, gedenkboek, gedenkbundel; amptelike publikasie, regeringspublikasie, amptelike regeringspublikasie, blouboek, staatskoerant, Hansard, jaarblad, jaarboek, jaarverslag, prospektus, ampsblad, gaset, annale, handves, memorandum, verslag, amptelike verslag, komiteeverslag, vorderingsverslag, rapport, voorlegging, traktaat, traktaatjie, biljet, stenogram, dokument; koffietafelboek, fotoboek, prenteboek, prentjieboek, tuinboek; Bybel, Bybelboek, die Woord, die Woord van God, Gods Woord, die Heilige Skrif, die Skrif, die Boek, skriftuur, die boeke van die Bybel, die Ou Testament, die Nuwe Testament, jeugbybel, kinderbybel, kanon, katene, kommentaar, kommentaarboek, preekbundel, Bybelstudiegids, psalmbundel, psalmboek, gesang(e)bundel, gesang(e)boek, psalm- en gesangbundel, psalm- en gesangboek, psalter (*ongewoon*), halleluja, hallelujaboek, hallelujabundel, kerkmusiekboek, koraalboek, gebedeboek, gebedebundel, formulierboek, Sondagskoolboek, katkisasieboek
naslaanboek, naslaanwerk, naslaanbron, ensiklopedie, vraagbaak, vraeboek, vademecum, vademekum, standaardwerk, naslaanregister, handleiding; woordeboek, leksikon, standaardwoordeboek, omvattende woordeboek, verklarende woordeboek, vertalende woordeboek, tweetalige woordeboek, meertalige woordeboek, handwoordeboek, sakwoordeboek, skoolwoordeboek, vakwoordeboek, terminologiewoordeboek, kunswoordeboek, musiekwoordeboek, biologiewoordeboek, rekenaarwetenskapwoordeboek, bosbouwoordeboek, ekonomiewoordeboek, sosiologiewoordeboek, ..., sinoniemwoordeboek, antoniemwoordeboek, tesourus, blokkiesraaiselwoordeboek, uitspraakwoordeboek, rymwoordeboek, retrogradewoordeboek, spreekwoordeboek, idioomwoordeboek, uitdrukkingwoordeboek, kollokasiewoordeboek, frasewoordeboek, fraseboek, slengwoordeboek, slangwoordeboek, sleurtaalwoordeboek, dialekwoordeboek, idiotikon, naamboek, eienaamwoordeboek, onomastikon, visuele woordeboek, geïllustreerde woordeboek, sinkroniese woordeboek, sinchroniese woordeboek, diakroniese woordeboek, diachroniese woordeboek, historiese woordeboek, etimologiese woordeboek, uitspraakwoordeboek, woordelys, vakwoordelys, verklarende woordelys, glossarium, konkordansie; woordeboekinskrywing, woordeboekartikel, lemma, trefwoord, leiwoord, sitaat, poëem; woordeboekmaker, leksikograaf; atlas, taalatlas, dialekatlas, wêreldatlas, streekatlas; wetboek, kode, oorkonde (regswese); telefoonboek, telefoongids, plakboek, prenteboek, album, fotoalbum, portretalbum, kookboek, reseptebook, almanak
skryfboek, aantekeningboek, notaboek,

kladboek, klaswerkboek, skrif, eksamenskrif, antwoordskrif, eksamenboek, antwoordboek, adresboek, sakboekie, dagboek, memorieboek (*ongewoon*), dagregister, register, afspraakboek, doktersboek, gasteboek, handelsboek, koopmansboek, boekhouboek, kasboek, joernaal, joernaalboek, rekeningboek
dele van 'n boek, inhoud, teks, grondteks, manuskrip, buiteblad, voorplat, agterplat, titelblad, titel, subtitel, ondertitel, onderhoof, deeltitel, rugtitel, inhoudsopgawe, bladwyser (inhoudsopgawe), voorwoord, voorrede, voorberig, opdrag, flapteks, skutteks, lokteks, bandteks, inskripsie, hoofstuk, kapittel, stuk, hoofstukopskrif, hoofstuktitel, epigraaf, hoof, opskrif, inleiding, inleidingshoofstuk, inleidingsartikel, prolegomena, slothoofstuk, slotartikel, artikel, paragraaf, inleidende paragraaf, inleidende deel, proloog, slotparagraaf, naberig, passasie, inleidende passasie, slotpassasie, vinjet, voetnootparagraaf, kruisverwysing, noot, voetnoot, bylae, addendum, appendiks, aanhangsel, supplement, indeks, register, saakregister, woordelys, klapper, naslaanregister, repertorium, katalogus, bibliografie, verwysings, bronnelys, aantekening, kanttekening, kantaantekening, kolofon, vangwoord, corrigenda, errata; blad, bladsy, pagina, paginering, blaadjie, inlasbladsy, teenblad, dekblad, skutblad, agterskutblad, titelbladsy, titelblad, titelplaat, ex libris, goudsnee (van 'n bladsy), frontispies, illustrasie, buiteblad, omslag, stofomslag, omslagontwerp, flap, band, aankleding, rug, kapitaalband, bladwyser (boekmerk), leeswyser
biblioteek, biblioteekdiens, biblioteekwese, vakbiblioteek, afdelingsbiblioteek, universiteitsbiblioteek, skoolbiblioteek, kinderbiblioteek, stadsbiblioteek, dorpsbibioteek, leesbiblioteek, uitleenbiblioteek, uitneembiblioteek, reisbiblioteek, rondreisende biblioteek, biblioteekbus, bewaarbiblioteek, leessaal, leeskamer, bewaarsaal, biblioteekrak, boekrak, raknommer, bon, boekbon, biblioteekkaartjie, boekversameling, boekery, ruilboekery, ruilboekerydiens, argief, staatsargief, ryksargief, argivalia, argiefstuk

boekhandel, uitgewery, uitgewersbedryf, uitgewersmaatskappy, boekwinkel, antikwariaat, boekantikwariaat, boekverkoping, kolportasie
boekmens, bibliograaf, bibliofiel, boekevriend, boekeliefhebber, boekegek, bibliomaan, bibliotekaris, bibliotekaresse, argivaris, boekhandelaar, uitgewer, boekesmous, kolporteur, antikwaar
b.nw. uitgegee, gepubliseer, verskene, pasverskene, persklaar, persgereed, gelese, inhoudelik, akademies, verklarend, diksionêr, kanoniek, supplementêr, tabellaries, gebonde, ingebonde, deurskote, bibliofiel, boekagtig
ww. 'n boek skryf, saamstel, kompileer, publiseer, uitgee, heruitgee, druk, die lig laat sien, aankondig, pagineer, paragrafeer, redigeer, kuis, kastigeer, blaai, omblaai, deurblaai, inkyk, naslaan, opsoek, inbind, deurskiet, oorslaan; uitkom, verskyn, die lig sien, 'n (lang/kort) raklewe hê; kolporteer

568. Media
s.nw. **media**, gedrukte media, drukmedia, uitsaaimedia, elektroniese media, digitale media, internetmedia, selfoonmedia, sosiale media, alternatiewe media; mediawese, mediabedryf, mediamaatskappy, mediagroep, mediawaghond, media-ombudsman; mediageleentheid, mediakonferensie, mediasirkus
perswese, pers, media, persmedia, koerantmedia, tydskrifmedia, dagbladpers, koerantpers, koerantwese, tydskrifpers, tydskrifwese, persgesprek, nasionale pers, die geel pers, sensasiepers, poniepers, sensuur, perssensuur, koerantbiblioteek, hemeroteek, mediateek; uitgewer, uitgewery, koerantuitgewer, koerantuitgewery, tydskrifuitgewer, tydskrifuitgewery;
koerantpers, koerant, papierkoerant, gedrukte koerant, digitale koerant, oggendkoerant, aandkoerant, blad, nuusblad, dagblad, oggendblad, môreblad, middagblad, aandblad, weekblad, naweekblad, naweekkoerant, Sondagblad, Sondagkoerant, poniekoerant, uitgawe, edisie, nommer, jaargang, vroeë uitgawe, vroeë edisie, oggenduitgawe, oggendedisie, middaguitgawe, middagedisie, laat uitgawe, laat

edisie, naweekuitgawe, naweekedisie, spesiale uitgawe, spesiale edisie, feesnommer, feesuitgawe, gedenkuitgawe, maandblad, handelsblad, nasionale koerant, streek(s)koerant, dorpskoerant, skoolkoerant, skoolblad, universiteitskoerant, universiteitsblad, studentekoerant, studenteblad, maatskappykoerant, gemeenteblad, gemeentekoerant, regeringsblad, regeringskoerant, staatsblad, staatskoerant, politieke koerant, partypolitieke koerant, partykoerant, partyblad, orgaan; streekdiens, sirkulasie, koerantsirkulasie, tydskrifsirkulasie; pamflet, biljet, voubiljet, handbiljet, strooibiljet, vlugskrif, brosjure **koerantuitleg**, tipografie, kolom, koerantkolom, kolomruimte, voorblad, binneblad, agterblad, hoofartikelblad, propagandablad, boekeblad, sportblad, berig, beriggewing, verslaggewing, artikel, subartikel, sub, koerantberig, koerantartikel, dagbladberig, dagbladartikel, hoofberig, hoofartikel, voorbladberig, voorbladartikel, nuusartikel, sportberig, sportartikel, aktuele berig, aktuele artikel, redaksionele artikel, redaksionele kommentaar, sensasieberig, weerberig, inlasberig, flits, flitsberig, nuusflits, sportflits, revue, oorsig, persoorsig, nuusoorsig, sportoorsig, weeroorsig, kommentaar, perskommentaar, koerantkommentaar, nuuskommentaar, sportkommentaar, rubriek, gereelde rubriek, meningsrubriek, sportrubriek, vraerubriek, kroniek, modenuus, radiogids, televisiegids, radio-en-televisiegids, propagandablad, spotprent, spotskrif, paskwil, skimpskrif, lasterskrif, smaadskrif, skotskrif (*verouderd*), verweerskrif, prikkellektuur, strokie, strokiesprent, strokiesverhaal, prentstrokie, persoonlike kolom, kennisgewing, huweliksberig, huweliksaankondiging, sterfberig, foto, koerantfoto, montage, fotomontage, fotoblad, supplement, voublad, byvoegsel, bylae, blokkiesraaisel, advertensie, handelsadvertensie, advertensieblad, advertensiebylae, advertensie-insetsel, knipsel, uitknipsel, koerantknipsel, knipseldiens; titel, kop (van 'n berig), kopstuk, opskrif, koerantopskrif, hoofopskrif, hofie, teks, kopie, koerantkopie; redaksiewerk, redigering, tipografie, uitleg, kolom, tabel,

tabelvorm, saktyd, komkommertyd
tydskrif, joernaal, tydskrifjoernaal, periodiek, weekblad, maandblad, kwartaalblad, revue, jaarblad, lyfblad, nuustydskrif, sporttydskrif, modetydskrif, kunstydskrif, modeblad (tydskrif), vakblad, vaktydskrif, populêre tydskrif, verbruikerstydskrif, spesialistydskrif
tydskrifartikel, aktuele artikel, modeartikel, verhaal, tydskrifverhaal, vervolgverhaal, feuilleton (*ongewoon*), rubriek, tydskrifrubriek, moderubriek, modeblad (rubriek), skoonheidsrubriek, tuinrubriek
uitsaaimedia, radio 264, radioprogram, televisie 264, televisieprogram
internetmedia, internetkommunikasie 263, 539, internet, webwerf, hipermedia; sosiale media, sosialemediaplatform, Facebook, Facebook-inskrywing, Facebook-tydlyn, Facebook-blad, Twitter, twiet, Twitter-voer, Twitterstorm, Instagram, Pinterest, inspirasiebord, ...
nuusmedia, nuusberig, nuusbulletin, nuusprogram, nuusrolprent, nuus 539, vals nuus, fopnuus, hoofnuus, voorbladnuus, aktuele nuus, plaaslike nuus, handelsnuus, sportnuus, brekende nuus, internasionale nuus, nasionale nuus, plaaslike nuus, televisienuus, koerantnuus
joernalistiek, joernalisme, koerantjoernalistiek, dagbladjoernalistiek, bedryfsjoernalistiek, wetenskapsjoernalistiek, ..., ondersoekende joernalistiek, vryskutwerk, pruljoernalistiek, riooljoernalistiek; joernalis, joernaliste, beroepsjoernalis, vryskutjoernalis, vryskut, verslaggewer, verslaggeefster, koerantjoernalis, koerantskrywer, koerantskryfster, koerantman, koerantvrou, beriggewer, beriggeefster, berigskrywer, persman, persvrou, nuusman, nuusvrou, artikelskrywer, korrespondent, nuuskorrespondent, streekskorrespondent, oorlogskorrespondent, rapporteur, publisis, rubriekskrywer, rubriekskryfster, tydskrifjoernalis; redaksie, hoofredaksie, dagredaksie, nagredaksie, nuusredaksie, sportredaksie, eindredaksie, redakteur, redaktrise, koerantredakteur, koerantredaktrise, tydskrifredakteur, tydskrifredaktrise, hoofredakteur, hoofredaktrise, assistentredakteur, assistentredaktrise, subredakteur, subre-

daktrise, sub, nuusredakteur, nuusredaktrise, moderedakteur, moderedaktrise, kosredakteur, kosredaktrise, boekeredakteur, boekeredaktrise, verhaalredakteur, verhaalredaktrise, sportredakteur, sportredaktrise, taalredakteur, taalredaktrise, fotograaf, persfotograaf, koerantfotograaf, nuusfotograaf, vryskutfotograaf, samesteller, koerantbestuurder, koerantbestuurderes, sirkulasiebestuurder, sirkulasiebestuurderes, tipograaf, setter; persgalery, perskaartjie, perskantoor, nuuskantoor, koerantkantoor, nagkantoor
mediagebruiker, koerantleser, tydskrifleser, intekenaar, luisteraar, radioluisteraar, televisiekyker, tv-kyker, tv-slaaf, sosialemediagebruiker, twieter, twitteraar, trol
b.nw. redaksioneel, joernalistiek, kroniekagtig, supplementêr, geabboneerd, persklaar
ww. publiseer, skryf, berig, verslag doen, redigeer, sub, klingel, tipografeer, adverteer, 'n advertensie plaas, die koerant laat sak; twiet, hertwiet, facebook; inteken

569. Taal
s.nw. taal, taalvorm, taalskat, tongval, medium, algemeenbeskaafde taal, algemeenbeskaafde vorm, skryftaal, spreektaal, geselstaal, voertaal, lingua franca, wêreldtaal, internasionale taal, landstaal, nasionale taal, amptelike taal, kultuurtaal, onderwystaal, skooltaal, godsdienstaal, moedertaal, huistaal, voorkeurtaal, eerste taal, tweede taal, vreemde taal, minderheidstaal, meerderheidstaal, omgangstaal, omgangstaalvariant, volkstaal, patois, taaleie, taalgebied, lewende taal, kreools, kreooltaal, pidgin, pidgintaal, reënboogtaal, dooie taal, oertaal, stamtaal, grondtaal, brontaal (vertaling), doeltaal (vertaling), gebaretaal, metataal; witmenstaal (*kwetsend*), witmanstaal (*kwetsend*), swart taal, Afrikataal, Europese taal, Oosterse taal; masjientaal, rekenaartaal, programmeertaal, programmeringstaal, beheertaal
taligheid, eentaligheid, tweetaligheid, meertaligheid, veeltaligheid, pluritaligheid, transtaligheid, diglossie, poliglossie; kodewisseling

taalgeografie, taalkaart, taalatlas
tale van die wêreld, taalverwantskap, taalfamilie, taalgroep, taaltak, dogtertaal, sustertaal, kentumtaal, centumtaal, satemtaal, agglutinerende taal, klemtaal, toontaal, Indo-Europees, Indo-Europese taal, Sanskrit, Germaans, Oergermaans, Protogermaans, Indo-Germaans, Indo-Germaanse taal, Romaans, Romaanse taal, Indo-Iranse taal, Indo-Irannese taal, Slawiese taal, Baltiese taal, Afrikataal, Oosterse taal, Asiatiese taal, Afro-Asiatiese taal, Afrikaans, Nederlands, Vlaams, Diets, Duits, Engels, die rooi taal, Frans, Spaans, Portugees, Maleis-Portugees, Italiaans, Latyn, potjieslatyn, kramerslatyn, Monnikelatyn (*Hierdie lys maak geen aanspraak op wetenskaplikheid of ensiklopediese volledigheid nie, maar wil slegs verteenwoordigend wees van die ongeveer 6 000 tale wat tans bestaan.*); Suid-Afrikaanse taal, Nguni-taal, Nguni, Sothotaal, Bantoetaal (*soms kwetsend*), Nguni-taalfamilie, Sotho-taalfamilie, Bantoetaalfamilie, Afrikaans, Engels, Zoeloe, Zulu, isiZulu, Xhosa, isiXhosa, Tswana, Setswana, Sotho, Sesotho, Suid-Sotho, Noord-Sotho, Sepedi, Sesotho sa Leboa, Ndebele, isiNdebele, Swazi, siSwati, Tsonga, Xitsonga, Venda, Tshivenda, Khoi, Santaal, /Xam, Nama, Fanagalo, Fanakalo, scamtho, isicamtho, flaaitaal, N|uu, !Xun, Birwa, Khwe (*Die gebruik van die suiwer Afrikaanse taalbenaming - teenoor die benaming met die voorvoegsel - word soms kwetsend ervaar.*)
variant, taalvariant, variëteit, taalvariëteit, standaardtaal, standaardvariant, standaardvariëteit, omgangstaal, dialek, geolek, streek(s)variant, streek(s)variëteit, streek(s)taal, streekspraak, gewestelike taal, gewestelike variant, volkstaal, patois, sosiolek, chronolek, kronolek, kindertaal, jongmenstaal, oumenstaal, taal van volwassenes, idiolek, kombuistaal; dialektologie, variasietaalkunde, dialekkaart, isofoon, isoglos; standaardisering, herstandaardisering, standaardisasie, normering
Afrikaanse variante, Standaardafrikaans, Niestandaardafrikaans, Omgangsafrikaans, Praatafrikaans, Suidwestelike Afrikaans, Kaaps, Kaapse Afrikaans, Afrikaaps,

Kleurlingafrikaans (*kwetsend*), gammattaal (*kwetsend*), Maleierafrikaans, Overbergse Afrikaans, Sandveldse Afrikaans, Noordwestelike Afrikaans, Noordwesafrikaans, Namakwalands, Namakwalandse Afrikaans, Oranjerivierafrikaans, Griekwa-Afrikaans, Oostelike Afrikaans, Oosgrensafrikaans, Oos-Kaapse Afrikaans, Transvaals, Swartafrikaans, Registerafrikaans, tsotsitaal (*kwetsend, verouderd*), scamtho, isicamtho, Fanagalo, Fanagalô, Fanakalo, Fanakalô

taalregister, register, groeptaal, kode, idioom, standaardtaal, standaardtaalregister, skryftaal, geskrewe taal, geskrewe register, omgangstaal, omgangstaalregister, vaktaal, vakterminologie, jargon, onderwystaal, onderrigtaal, handelstaal, kanseltaal, regstaal, wetstaal, groeptaal, mannetaal, vrouetaal, kindertaal, babataal, gesinstaal, orakeltaal, visserstaal, matroostaal, seemanstaal, skeepstaal, boewetaal, studentetaal, skolieretaal, skooltaal, rugbytaal, kriekettaal, netbaltaal, ..., sleng, slang, slengtaal, slangtaal, slengwoord, slangwoord, slenguitdrukking, slanguitdrukking, skoolsleng, skoolslang, studentesleng, studenteslang, skimptaal, wartaal, mengeltaal, argot, bargoens, diewetaal, straattaal, skollietaal, bendetaal, tronktaal, geheimtaal, flaaitaal, vloektaal, gekruide taal, kru taal, plat taal

taalvermoë, taalbeheersing, taalbeheer, langue, taalkennis, woordeskat, terminologie, taalgebruik, parole, spraakgebruik, taalgevoel, taalbewustheid, taaltrots, taalywer, stylleer, styl, taalstyl, stylaard, stylvorm, praatstyl, skryfstyl, spreekwyse, segswyse, uitdrukkingswyse, manier van praat, sêding, spraakwending, formele taal, boektaal, hoogdrawende taal, hiper-Afrikaans, super-Afrikaans, chauvinistiese Afrikaans, hiper-Engels, super-Engels, ..., informele taal, geselstaal, gesprekstaal, beeldspraak, goeie taalgebruik, swak taalgebruik, taalarmoede, taalbederf, taalfout, stylfout, stylsteuring, spelfout, praatfout, skryffout, brabbeltaal, koeterwaals, kramerslatyn (swak taalgebruik), Monnikelatyn, taalverryking, taalverarming; konteks, kontekstuele verskynsel

taaleie, eiegoed, purisme, taalpurisme, ontlening, woordontlening, leengoed, leenwoord, leenuitdrukking, anglisisme, anglisismevrees, afrikanisme, amerikanisme, gallisisme, germanisme, hebraïsme, latinisme, onafrikaansheid

taalverskynsel, taalkwessie, taalsuiwering, taalsuiwerheid, purisme, taalpurisme, letterknegtery, taalvermenging, anglisisme, anglisistiese taalgebruik, afrikanisme, amerikanisme, nederlandisme, hollandisme, germanisme, romanisme, latinisme, mengeltaal, akkulturasie, verengelsing, taalkontak, tweetaligheid, diglossie, poliglossie, kreolisering, pidginisering, taalbederf, taalbegrip, taaloefening, taallaboratorium, taalontwikkeling, taalhervorming, taalgroei, taalreël, taalwet

taalfout, skryffout, spelfout, spellingfout, formuleringsfout, denkfout, argaïsme, toutologie, pleonasme, solesisme (growwe taalfout), barbarisme, radbraking, geradbraakte taal, taalvermenging, anglisisme, afrikanisme, amerikanisme, germanisme, nederlandisme, gallisisme, hebraïsme, latinisme; taalgevoel, suiwerheid, taalsuiwerheid, purisme, taalpurisme, korrekte taalgebruik, suiwer taalgebruik

taalpolitiek, taalsosiologie, taalgeografie, taalgrens, taalbeplanning, taalbestuur, taalbeleid, taalplan, taalbevordering, taalstryd, taaldebat, taalforum, taalberaad, taalbeweging, taalideologie, taalgelykheid; taaldemografie, taalgemeenskap, primêre taalgemeenskap, sekondêre taalgemeenskap, taalkring, taalgebruiker, moedertaalspreker, tweedetaalspreker; voertaal, voertaalkwessie, voertaalvraagstuk, witmenstaal (*kwetsend*), swart taal, Europese taal; taalmonument, taaldag, taalviering

taalkenner, talekenner, taalgeleerde, taalwetenskaplike 515, 570, taalkundige 515, linguis, taalman, taalvrou, taalbeplanner, taalindoena, taalhervormer, taalsuiweraar, puris, taalpuris, taalstryder, taal-os, taalvitter

taalmens, taalgenoot, taakgebruiker, anglofiel, gallofiel, poliglot, spreker, moedertaalspreker, tweedetaalspreker, ander(s)talige, letterkneg, puris, taalpuris, woordsifter, taalvitter, taalbederwer

taalsentrum, taaleenheid, taallaboratorium, skryflaboratorium, skryfsentrum, leeslaboratorium, leessentrum
b.nw. **talig**, linguaal, buitetalig, ekstralinguaal, eentalig, tweetalig, drietalig, ..., meertalig, veeltalig, pluritalig, ander(s)talig, vreemdtalig, dialekties, isoglossies, gewestelik, diglotties, poliglotties, Afrikaanstalig, Afrikaanssprekend, Engelstalig, Engelssprekend, Franstalig, Franssprekend, Xhosasprekend, Zoeloesprekend, ..., kreools, spraakmakend, spreekwoordelik, terminologies, standaard, algemeenbeskaaf(d), lekties, dialekties, sosiolekties, geolekties, taalbewus, taalgevoelig; kontekstueel
gebruiklik, amptelik, taalvriendelik, suiwer, korrek, fout(e)loos, foutvry, hiperkorrek, puristies, anglisisties, verkeerd, onafrikaans, geradbraak, breedsprakig, bloemryk, blomryk, beeldsprakig, hoogdrawend
ww. 'n taal praat, 'n taal ken, suiwer, radbraak, ontleen, verafrikaans, verdiets, verengels, angliseer, germaniseer, romaniseer, kreoliseer, pidginiseer
uitdr. 'n wandelende woordeboek; glad met die bek; wel ter tale wees

570. Taalwetenskap
s.nw. **taalwetenskap**, linguistiek, taalkunde, algemene taalkunde, algemene taalwetenskap, algemene linguistiek, teoretiese taalkunde (~ taalwetenskap, ~ linguistiek), beskrywende taalkunde (~ taalwetenskap, ~ linguistiek), deskriptiewe taalkunde (~ taalwetenskap, ~ linguistiek), taalstudie, taalnavorsing, mikrolinguistiek, makrolinguistiek, filologie, glossologie, strukturele taalkunde (~ taalwetenskap, ~ linguistiek), generatiewe taalkunde (~ taalwetenskap, ~ linguistiek), pragmatiek, tekslinguistiek, tekswetenskap, tekskritiek, diskoersanalise, historiese taalkunde (~ taalwetenskap, ~ linguistiek), diachroniese taalkunde (~ taalwetenskap, ~ linguistiek), diakroniese taalkunde (~ taalwetenskap, ~ linguistiek), diachronie, diakronie, etimologie, sinchroniese taalkunde (~ taalwetenskap, ~ linguistiek), sinkroniese taalkunde (~ taalwetenskap, ~ linguistiek), sinchronie, sinkronie, kontrastiewe taalkunde (~ taalwetenskap, ~ linguistiek), vergelykende taalkunde (~ taalwetenskap, ~ linguistiek), tipologiese taalkunde (~ taalwetenskap, ~ linguistiek), antropologiese taalkunde (~ taalwetenskap, ~ linguistiek), biolinguistiek, rekenaartaalkunde, rekenaarlinguistiek, etnolinguistiek, wiskundige linguistiek, neurolinguistiek, psigolinguistiek, sosiolinguistiek, statistiese taalkunde (~ linguistiek), toegepaste taalkunde (~ taalwetenskap, ~ linguistiek), taalfilosofie, variasietaalkunde, dialektologie, dialekleer, dialekgeografie, dialektografie, taalgeografie, dialektiek, taalgeskiedenis, naamkunde, onomastiek, antroponimie, persoonsnaamkunde, toponimie, pleknaamkunde, terionimie, diernaamkunde, literêre naamkunde, literêre onomastiek, vertaalkunde, vertaalwetenskap, tolking, tolkwetenskap, forensiese linguistiek (~taalkunde)
grammatika, taalbeskrywing, woordgrammatika, sinsgrammatika, teksgrammatika, deskriptiewe grammatika, strukturele grammatika, kategoriale grammatika, teoretiese grammatika, formele grammatika, formalistiese grammatika, nondiskrete grammatika, lineêre grammatika, transformasionele grammatika, generatiewe grammatika, transformasioneel-generatiewe grammatika, kognitiewe grammatika, funksionele grammatika, relasionele grammatika, sistemiese grammatika, kasusgrammatika, vergelykende grammatika, universele grammatika
semasiologie, semiologie, semiotiek, semantiek 577, betekenisleer, woordsemantiek, woordbetekenisleer, leksikologie, sinonimiek, leksikografie, pragmatiek, deiksis, spraakkuns, spraakleer, sinsleer, sintaksis 576, ontleding, morfologie 575, klankleer, fonologie 572, fonetiek, geluidsleer, spraakkuns
Nederlandistiek, Neerlandistiek, Germanistiek, Anglistiek, Romanistiek
vertaling, vertaalkunde, vertaalwetenskap, vertaalteorie; direkte vertaling, vrye vertaling, vertaalde werk, vertaalde teks, leenvertaling; transliterasie; taalversorging, redigering, redigeerwerk, taalredigering, proefleeswerk
taalonderrig, taalonderwys, moeder-

taalonderrig, eerstetaalonderrig, tweedetaalonderrig, vreemdetaalonderrig, Afrikaansonderrig, Engelsonderrig, Xhosaonderrig, ..., taalreël, taalwet, spelling 563, spelreël, sisteemdwang, fouteanalise, taaloefening, taalklas, taallaboratorium **taaldiens**, taallaboratorium, taalburo, vakterminologiediens, vaktaalburo, vertaaldiens, taalversorgingsdiens
taalwetenskaplike, taalkundige, linguis, filoloog, teoretiese taalkundige, strukturele taalkundige, generatiewe taalkundige, beskrywende taalkundige, grammatikus, sintaktikus, semantikus, leksikale semantikus, leksikoloog, woordeskatkundige, naamkundige, onomastikus, leksikograaf, woordeboekmaker, woordeboekskrywer, terminoloog, morfoloog, fonoloog, fonetikus, dialektoloog, dialektikus, dialekgeograaf, dialektograaf, taalgeograaf, historiese taalkundige, etimoloog, Nederlandikus, Neerlandikus, Germanis, Anglisis, Anglis, Romanis, Latinis, vertaler, tolk, taaladviseur
b.nw. taalkundig, taalwetenskaplik, linguisties, psigolinguisties, sosiolinguisties, talig, grammaties, grammatikaal, deskriptief, beeldsprakig, generatief, leksikaal, leksikografies, leksikologies, etimologies, semioties, semasiologies, semanties, sintakties, morfologies, fonologies, foneties, diachronies, diakronies, diachroon, diakroon, sinchronies, sinkronies, sinchroon, sinkroon, puristies, lekties, dialekties, sosiolekties
ww. ontleed, genereer, suiwer, 'n taalreël oortree, versorg, redigeer, vertaal, translitereer, tolk

571. Skrif
s.nw. skrif 546, 563, 565, ortografie, skrifteken, letter, letterteken, skryfletter, grafeem, konsonant, klinker, konsonantletter, vokaal, medeklinker, vokaalletter, eerste letter, beginletter, eindletter, slotletter, kleinletter, hoofletter, grafeem, gewone letter, gotiese letter, arabiese letter, Hebreeuse letter, arabiese skrif, lettergreep, syfer, syferteken, Romeinse syfer, lettergreepverdeling
alfabet, abc, a, b, c, d, e, ..., Griekse alfabet, alfa, beta, gamma, delta, jota, omega

punktuasie, interpunksie, teken, leesteken 565, diakritiese teken, punt, komma, kommapunt, dubbelpunt, kolon, vraagteken, uitroepteken, aanhalingsteken, enkelaanhalingsteken, afkapping, afkappingsteken, apostroof, deelteken, umlaut, trema, kappie, kappieteken, sirkumfleks, klem, klemteken, aksent, aksentteken, gravis, gravisaksent, akuut, akuutaksent, acutus, cedille, tilde, koppelteken, verbindingsteken, afbrekingsteken, hakie, ronde hakie, parentese, krulhakie, akkolade, blokhakie, aandagstreep, gedagtestreep, skuins streep, solidus, gelykteken, gelykaanteken, is-gelyk-aan(-)teken, plusteken, min(us)teken, deelteken (wiskunde), maalteken, vermenigvuldigteken, vermenigvuldigingsteken, sterretjie, asterisk, en-teken, ampersand, kruis, kruisie, dubbele kruis, tittel, karakterstring, weglatingsteken, uitlaatteken, uitlatingsteken, karet (proeflees), verkortingsteken, kleiner-as-teken, groter-as-teken, paragraaf, spasie, alinea
b.nw. skriftelik, ortografies, diakrities, parenteties, eenlettergrepig, tweelettergrepig, ..., meerlettergrepig, veellettergrepig, inisiaal, homografies
ww. punktueer, interpungeer, paragrafeer, aaneenskryf, afkap, aksentueer

572. Uitspraak
s.nw. uitspraak, artikulasie, koartikulasie, fonasie, diksie, standaarduitspraak, uitspraakvariant, uitspraakvariasie, variante uitspraak, gebiedsuitspraak, dialektiese uitspraak, streek(s)uitspraak, spellinguitspraak; klankleer, uitspraakleer, fonologie, strukturele fonologie, segmentele fonologie, suprasegmentele fonologie, outosegmentele fonologie, generatiewe fonologie, natuurlike fonologie, sillabiese fonologie, metriese fonologie, prosodiese fonologie, historiese fonologie, historiese klankleer, dialekfonologie, fonetiek, artikulatoriese fonetiek, akoestiese fonetiek, eksperimentele fonetiek, uitspraakwoordeboek
klanksisteem, fonologiese sisteem, fonetiese sisteem, klankwet, klank, klanksegment, spraakklank, spraakgeluid, foneem, foon, allofoon, wisselklank, variant, alter-

nant, mutant, isofoon, vokaal, klinker, voorvokaal, agtervokaal, middelvokaal, lae vokaal, hoë vokaal, lang vokaal, kort vokaal, schwa, monoftong, diftong, tweeklank, triftong, drieklank, stamvokaal, stamklinker, reduksievokaal, svarabhaktivokaal, vokaalkaart, vokaalsisteem, vokalisme, halfvokaal, halfklinker, glyklank, glyer, konsonant, medeklinker, keelklank, sluitklank, ploffer, plofklank, eksplosief, okklusief, klapklank, klapper, klikklank, stembandeksplosief, stemspleeteksplosief, stembandklapper, glottisslag, frikatief, spirant, vernouingsklank, skuurklank, triller, trilklank, sisklank, sibilant, suigklank, sonant, sonorant, nasaal, nasale konsonant, neusklank, nasaalklank, suigklank, likwied, anterieure konsonant, labiaal, labiale konsonant, bilabiaal, bilabiale konsonant, dentale konsonant, tandklank, labiodentale konsonant, alveolaar, alveolêre konsonant, koronale konsonant, palatale konsonant, palataal, palato-alveolêre konsonant, velaar, velêre konsonant, uvulaar, affrikaat, lenis, fortis, oorgangsklank, rym, metrum, rymklank, rymwoord; klankkleur, stemhebbendheid, stemloosheid, nasaliteit, resonansie, sonoriteit, stemkwaliteit, stemtipe, bas, tenoor, sopraan, alt, skerp, skril, hoog, laag, diep, donker; spraakkanaal, spraaksisteem, spraakorgaan, mond, mondholte, neus, neusholte, resonansieruimte, lippe, tande, tandrif, alveolus, harde verhemelte, palatum, sagte verhemelte, velum, keelholte, sagittale streek, tong, tongpunt, tongstand

klankproses, klankwisseling, klankverskuiwing, fonologiese proses, fonetiese proses, morfonologiese proses, assimilasie, progressiewe assimilasie, regressiewe assimilasie, antisipatoriese assimilasie, vooruitwerkende assimilasie, terugwerkende assimilasie, nasaalassimilasie, nasalering, stemassimilasie, labialisasie, palatalisasie, palatalisering, assibilasie, dissimilasie, aspirasie, sandhi, rotasisme, skrapping, konsonantskrapping, aferese, aferesis, prokopee, apokopee, sinkopee, haplologie, invoeging, epentese, protesis, konsonantinvoeging, vokaalinvoeging, svarabhakti, paragoge, geminasie, konsonantverdubbeling, geminasie, metatese, metatesis, segmentpermutasie, klankverspringing, letterverspringing, letteromsetting, vokaalwisseling, ablaut, sametrekking, vokaalsametrekking, sinerese, vokaalbreking, diërese, klise, klisis, enklise, enklisis, proklise, proklisis, vokaalverhoging, vokaalverlaging, reduksie, reduksieproses, reduksietrap, vokaalreduksie, umlaut, ronding, vokaalronding, ontronding, vokaalontronding, okklusie, allofonie; polifonie; vokalisasie, vokalisering; verspreking, spoonerisme

sillabe, monosillabe, klankgreep, klankgroep, lettergreep, sillabebou, sillabestruktuur, sillabeverdeling, lettergreepverdeling, anlaut, sillabe-aanvang, inlaut, sillabekern, auslaut, sillabe-einde, koda, mora, oop sillabe, geslote sillabe, sillabiese verskynsel, sillabifikasie, sillabestruktuurwysiging, metrum, jambe, jambiese versmaat

prosodie, klemtoon, beklemtoning, aksentuasie, klem, aksent, nadruk, benadrukking, woordklem, woordaksent, sinsklem, sinsaksent, klemtoekenning, klemreël, klemverskuiwing, beginklem, beginaksent, eindklem, eindaksent, hoofklem, primêre klem, hoofaksent, byklem, sekondêre klem, oksitonon, oksitoon, toon, toonwysiging

b.nw. fonologies, foneties, fonies, homofoon, homofonies, isofonies, allofonies, morfonologies, artikulatories, akoesties, homofoon, vokalies, intervokalies, konsonanties, sonorant, likwied, lank, kort, hoog, laag, middel, eksplosief, okklusief, koronaal, anterieur, nasaal, labiaal, bilabiaal, dentaal, interdentaal, labiodentaal, alveolêr, palataal, palato-alveolêr, velêr, glottaal, gutturaal, frikatief, spiranties, geaspireer(d), assimilatories, geassimileer(d), antisipatories, vooruitwerkend, regressief, terugwerkend, gepalataliseer(d), stemhebbend, stemloos, gereduseer(d), gerond, ontrond, paragogies, metries, jambies, sillabies, monosillabies, bisillabies, disillabies, polisillabies, meersillabig, meerlettergrepig, veellettergrepig, oop (~ sillabe), geslote (~ sillabe), prosodies, beklemtoon(d), beklem(d), geaksentueer(d), nadruklik, emfaties, rymend, rymloos, tonies, protonies, toonloos, polifoon, epenteties

ww. uitspreek, praat, artikuleer, klank, resoneer, wysig, varieer, assimileer, labialiseer, nasaleer, palataliseer, aspireer, velariseer, stem gee, ontstem, rond, ontrond, verhoog, verlaag, reduseer, monoftongeer, diftongeer, versterk, invoeg, skrap, apokopeer, sinkopeer, prokopeer, verdubbel, gemineer, permuteer, sillabifiseer, beklem, beklemtoon, benadruk, aksentueer, rym, vokaliseer

573. Woordeskat

s.nw. woordeskat, woorderyk, leksikon, woordvoorraad, kernwoordeskat, randwoordeskat, terminologie, vakterminologie, ontlening, woordontlening, woordvorming, simpleks, simplekse woord, ongelede woord, kompleks, komplekse woord, gelede woord, samestelling, afleiding, meerfunksionaliteit, volksetimologie, kontaminasie, analogie; herkoms, afkoms, oorsprong, diachronie, diakronie, etimologie, taaleie, erfgoed, leengoed, leenwoord

woord, woordsoort, woordvorm, term, leksikale item, lekseem, boekwoord, formele woord, formele term, informele woord, informele term, volkswoord, volksterm, vakwoord, vakterm, terminologie, vakterminologie, modewoord, gonswoord, stopwoord, basterwoord, doeblet, holofrase, grondwoord, simpleks, kompleks, saamgestelde woord, afgeleide woord, samestelling, kompositum, geflekteerde woord, gevoelswoord, affektiese woord, klanknabootsing, klanknabootsende woord, onomatopee, klankekspressie, klanksimboliek, klankskildering, afkorting, abbreviatuur, akroniem, letterwoord, letternaam, syfernaam, eponiem, palindroom, alkantselfkantwoord (*informeel*), nuutskepping, neologisme, leenwoord, leengoed, wisselvorm, vloekwoord 574, 820, 829, vloektaal, ekspletief, retrologisme, hibried, hibride, hibriditeit

woordbetekenis, betekenis, leksikale waarde, semantiese waarde, woordinhoud, sinoniem, antoniem, teenoorgestelde, holoniem, meroniem, hiponiem, superordinaat, oorkoepelende term, paroniem, pantoniem, poliseem, polisemiese waarde, betekenisonderskeiding, homoniem, homofoon, homograaf, heteroniem; woordverhouding, betekenisverhouding, betekenisbetrekking, betekenisverwantskap, leksikale betrekking, sinonimie, sinonimiek, antonimie, antonimiek, teenoorgesteldheid, meronimie, hiponimie, paronimie, metonimia, eponimie, polisemie, homonimie, homofonie, homografie, heteronimie, katachrese, katachresis

idioom, idioomskat, idioomversameling, uitdrukking, idiomatiese verbinding, vaste uitdrukking, geykte uitdrukking, vaste verbinding, kollokasie, spreuk, spreekwoord, gesegde, sêding, sêgoed, uitdrukkingswyse, idiomatiek, volksuitdrukking, apologiese spreekwoord, kernspreuk, leenspreuk, leerspreuk, maksime, orakelspreuk, sinspreuk, wending, towerspreuk, wonderspreuk, towerformule, towerformulier, slagspreuk, mantra, motto, oorlogskreet, strydkreet, wapenspreuk, vergelyking

woordgebruik, woordkeuse, formulering, verkeerde woordkeuse, malapropisme, stopwoord, toutologie, eufemisme, tongknoper, tongbreker

b.nw. leksikaal, terminologies, simpleks, kompleks, etimologies, polisemies, homonimies, homofoon, homofonies, homografies, sinoniem, sinonimies, antoniem, antonimies, teenoorgesteld, komplementêr, hiponimies, superordinaat, paroniem, paronimies, eponimies, holofrasties, idiomaties, spreekwoordelik, geyk, vas, hibridies

574. Woordkategorie

s.nw. kategorie, woordkategorie, klas, woordklas, leksikale kategorie, hoof- leksikale kategorie, sintaktiese kategorie, semantiese kategorie, morfologiese kategorie, paradigma, leksikale paradigma, sintaktiese paradigma, semantiese paradigma, morfologiese paradigma, rededeel, woordklas

naamwoord, selfstandige naamwoord, substantief, nomen, soortnaam, soortnaamwoord, appellatief, abstrakte selfstandige naamwoord, abstraktum, stofnaam, stofnaamwoord, massanaamwoord, versamelnaam, hoeveelheidsnaam, maatnaam, maatnaamwoord, eienaam, eienaamverbleking, persoonsnaam, persoonseienaam, antroponiem, voornaam, doopnaam, noemnaam, roepnaam, bynaam, verkorte naam, lalnaam, mansnaam, vrouenaam, seunsnaam, meisienaam, familienaam, van, agternaam, patroniem, patronimikum, pleknaam, toponiem, produknaam, maandnaam, ..., substantivering; voornaamwoord, pronomen, provorm, persoonlike voornaamwoord, besitlike voornaamwoord, possessief, genitief, aanwysende voornaamwoord, demonstratief, wederkerende voornaamwoord, refleksief, refleksiewe voornaamwoord, wederkerige voornaamwoord, betreklike voornaamwoord, relatief voornaamwoord, vraende voornaamwoord, vraagwoord, onpersoonlike voornaamwoord, onbepaalde voornaamwoord, epiteton, pronominale epiteton, anafoor, antesedent, majestiteitsmeervoud, pluralis majestatis, royal plural (*Engels, informeel*)

naamval, kasus, casus, naamvalsvorm, kasusvorm, naamvalsuitgang, kasusuitgang, naamvalsmorfeem, kasusmorfeem, naamvalsuffiks, kasussuffiks, nominatief, genitief, datief, akkusatief, ablatief, instrumentalis, instrumentis, lokatief, vokatief, genus, woordgeslag, grammatikale geslag; semantiese rol, tematiese rol, agent, doener, instrument, onderganer, pasiënt, begunstigde, bevoordeelde, ontvanger, ervaarder, lokatief

geslag, genus, manlike geslag, vroulike geslag, onsydige geslag, onsydigheid, neutrale geslag, neutrum

getal, enkelvoud, singularis, meervoud, pluralis, dualis, meervoudsvorm, meervoudsuitgang, meervoudsmorfeem, meervoudsuffiks

werkwoord, verbum, gesegde, hoofwerkwoord, onoorganklike werkwoord, oorganklike werkwoord, transitiewe werkwoord, dubbeloorganklike werkwoord, oorganklikheid, transitiwiteit, onoorganklikheid, intransitiwiteit, wederkerende werkwoord, refleksiewe werkwoord, onskeibare werkwoord, skeibare werkwoord, deeltjiewerkwoord, partikelwerkwoord, setselwerkwoord, kousatief, kousatiewe werkwoord, kousaliteit, kousatiwiteit, faktitief, faktitiewe werkwoord, indikatief, frekwentatief, frekwentatiewe werkwoord, duratief, duratiewe werkwoord, optatief, konjunktief, aanvoegende wys(e), subjunktief, privatief, privatiewe werkwoord, inchoatief, inchoatiewe werkwoord, ingressief, ingressiewe werkwoord, irrealis, bedrywende vorm, aktief, aktiewe werkwoord, lydende vorm, passief, passiewe werkwoord, deiktiese werkwoord, koppelwerkwoord, kopula, verbuiging, vervoeging, deklinasie, konjugasie, verboë vorm, deelwoord, infinitief, partisipiaal, partisipium, gerundium, sterk werkwoord, swak werkwoord, teenwoordige deelwoord, verledeedeelwoord, sterk verledeedeelwoord, aoristus, aoris, modus, aspek, verbalisering; hulpwerkwoord, medewerkwoord, hulpwerkwoord van tyd, tydhulpwerkwoord, hulpwerkwoord van modaliteit, modale hulpwerkwoord, passiefwerkwoord, omskrywingswerkwoord, skakelwerkwoord, hendiadiswerkwoord, hortatief; tyd, tydvorm, teenwoordige tyd, presens, praesens, historiese presens, verlede tyd, onvoltooid verlede tyd, voltooid(e) verlede tyd, perfektum, perfek, preteritum, plusquamperfektum, perfektiwiteit, toekomende tyd, futurum

deeltjie, werkwoorddeeltjie, partikel, werkwoordpartikel

byvoeglike naamwoord, adjektief, attributiewe byvoeglike naamwoord, attributiewe adjektief, predikatiewe byvoeglike naamwoord, predikatiewe adjektief, trappe van vergelyking, stellende trap, vergelykende trap, vergrotende trap, komparatief, oortreffende trap, superlatief, maatadjektief

bywoord, adverbium, adjunk, bywoord van tyd (adverbium ~, adjunk ~), bywoord van plek (adverbium ~, adjunk ~), bywoord van wyse (adverbium ~, adjunk ~), bywoord van rede (adverbium ~ , adjunk ~), bywoord van middel (adverbium ~, adjunk ~), modale bywoord (~ adverbium, ~ adjunk), bywoord van graad (adverbium ~, adjunk ~), graadadjunk, graadwoord, graadbepaling, graadwoordkonstruksie, maatadjunk, sinsbywoord, sinsadjunk, disjunk

telwoord, getalswoord, kwantor, numeriese kwantor, hooftelwoord, rangtelwoord, onbepaalde telwoord, onbepaalde kwantor, eksistensiële kwantor, universele kwantor

setsel, voorsetsel, preposisie, agtersetsel, postposisie, alkantsetsel, sirkumposisie, groepvoorsetsel

voegwoord, verbindingswoord, neweskikkende voegwoord, neweskikker, konjunksie, redegewende voegwoord, teenstellende voegwoord, disjunktiewe voegwoord, disjunksie, korrelatiewe voegwoord, onderskikkende voegwoord, onderskikker

lidwoord, artikel, determineerder, bepaalde lidwoord, onbepaalde lidwoord

uitroep, interjeksie, stopwoord, vloekwoord, bastervloek, bastervloekwoord, kragterm, kragwoord, skel(d)woord

b.nw. kategoriaal, geklassifiseer(d), paradigmaties; naamwoordelik, substantiwies, nominaal, soortnaamwoordelik, abstrak, onomasties, patronimies, toponimies; voornaamwoordelik, pronominaal, persoonlik, onpersoonlik, bepaald, deikties, onbepaald, besitlik, aanwysend, demonstratief, wederkerend, refleksief, wederkerig, betreklik, vraend; nominatief, genitief, datief, akkusatief, lokatief, vokatief; manlik, vroulik, onsydig, neutraal, gemeenslagtig, enkelvoudig, meervoudig; werkwoordelik, verbaal, oorganklik, transitief, dubbeloorganklik, onoorganklik, intransitief, skeibaar, onskeibaar, aktief, statief, kousaal, kousatief, faktitief, indikatief, frekwentatief, duratief, optatief, konjunktief, privatief, inchoatief, ingressief, iteratief, bedrywend, aktief, lydend, passief, modaal, teen(s)woordig, perfektief, toekomend, sterk, swak; byvoeglik, adjektiwies, attributief, predikatief, bywoordelik, adverbiaal; voegwoordelik, preposisioneel; interjektief

ww. substantiveer, verbaliseer, verbuig, vervoeg, flekteer, klassifiseer

575. Woordvorming

s.nw. woordvorming, woordbou, woordafleiding, morfologie, woordvormingsproses, morfologiese proses, morfonologiese proses, woordvormingsreël, morfologiese reël, morfonologiese reël, samestelling (proses), reduplikasie (proses), samekoppeling, afleiding (proses), derivasie, samestellende afleiding (proses), substantiefvorming, substantivering, nominalisering, werkwoordvorming, verbalisering, adjektiefvorming, adjektivering, bywoordvorming, adverbialisering, reduplikasie, fleksie, defleksie, verbuiging, woordbuiging, woordverbuiging, vervoeging, woordvervoeging, deklinasie, konjugasie, verboë vorm, verbuigingsvorm, enkelvoud, singularis, enkelvoudsvorming, meervoud, pluralis, meervoudsvorming, verkleinwoord, diminutief, verkleining, diminutivering, verledetydsvorming, nuutskepping, neologisme, nieuvorming, analogie, proklise, proklisis, protesis, afkorting, akroniemvorming, reduksie, woordreduksie, morfologiese reduksie, truvorming, Rückbildung, inkorting, versmelting, sametrekking, volksetimologie, kinderetimologie, onomatopee, klanknabootsing, kontaminasie, verdraaiing, verspreking, spoonerisme

morfeem, allomorf, allomorfie, morfeemvariasie, stamallomorfie, affiksallomorfie, prefiksallomorfie, suffiksallomorfie, formans, morfeemstatus, morfeemgrens, morfeemkategorie, stam, stammorfeem, etimon, vrye stam, vrye stammorfeem, gebonde stam, gebonde stammorfeem, stamwoord, wortel, wortelmorfeem, wortelwoord, grondwoord, basis, afleidingsmorfeem, affiks, verbuigingsuitgang, verbuigingsmorfeem, fleksiemorfeem, voorvoegsel, afleidingsvoorvoegsel, prefiks, agtervoegsel, afleidingsagtervoegsel, suffiks, postmorfeem, uitgang, invoegsel, tangmorfeem, alkantvoegsel, meervoud, meervoudsvorm, meervoudsuitgang, meervoudsuffiks, meervoudsmorfeem, verkleiningsvorm, verkleiningsuitgang, verkleiningsuffiks, diminutief, diminutiefuitgang, diminutiefsuffiks, verbuigingsuitgang, verbuigingsuffiks, verledetydsuitgang, verledetydsuffiks, naamval, naamvalsuitgang, naamvalsuffiks, vervroulikingsuffiks, vervroulikingsagtervoegsel, emotiewe agtervoegsel, emotiewe suffiks, pejoratiewe suffiks, amelioratief, amelioratiefsuffiks, verbindingsmorfeem, bindmorfeem, verbindingsklank, voegsel, trappe van vergelyking, vergelykende trap, oortref-

fende trap, paramorfeem; morfeemstruktuur, morfeembetekenis
woord, woordvorm, woordbeeld, ongelede woord, simpleks, simplekse woord, ongeleedheid, gelede woord, kompleks, komplekse woord, saamgestelde woord, geleedheid, morfologiese struktuur, morfologiese valensie, morfologiese kategorie, samestelling (woord), bahuvrihi-samestelling, kompositum, afleiding (woord), derivaat, samestellende afleiding (woord), reduplikasie (woord), stapelvorm, neologisme, volksetimologie, volksetimologiese woord, afkorting, abbreviasie, akroniem, letterwoord, letternaam, letternaamwoord, letterklankwoord, analogon, analoog, anagram, onomatopee, palindroom
morfologie, morfonologie, woordvormingsleer
b.nw. morfologies, morfemies, morfonologies, enkelvoudig, simpleks, kompleks, saamgestel(d), samegestel(d), geredupliseer, afgelei, affigaal, affiksaal, suffigaal, suffiksaal, verboë, onverboë, verbuigbaar, diminutief, meervoudig, paragogies, proklities, onomatopeïes
ww. aflei, afstam, inflekteer, saamstel, vorm, bou, afkap, afkort, deklineer, kontamineer, redupliseer, singulariseer, substantiveer, verbaliseer, adjektiveer

576. Sinsbou en styl
s.nw. **sinsbou**, sinstruktuur, sintaktiese struktuur, sinskonstruksie, sinsvorm, stelsinstruktuur, vraagsinstruktuur, bevelsinstruktuur, passiefsinstruktuur, ..., sinsaanvang, sinskern, sinseinde, sintaktiese verbinding, kohesie, sintaktiese samehang, verbindbaarheid, valensie, sintaktiese valensie, volgorde, woordorde, woordskikking, neutrale volgorde, hoofsinvolgorde, onafhanklike volgorde, bysinvolgorde, afhanklike volgorde, inversie, inversievolgorde, hipallage, hiperbaton, volgordewysiging, volgordeverandering, omsetting, hiërargie, sintaktiese hiërargie
sinsontleding, sintaksis, sinsleer, strukturele sintaksis, generatiewe sintaksis, sintaktiese ontleding, fraseologie
sin, sinskonstruksie, sintagma, stel, sinstipe, sinsverband, neweskikkende verband, parataksis, aaneenskakelende sinsverband, onderskikkende verband, hipotaksis, apodosis, protasis, sinswending, neutrale sin, stelsin, vraagsin, algemene vraagsin, spesifieke vraagsin, eggovraagsin, bevelsin, imperatief, imperatiefsin, aktiefsin, aktiefkonstruksie, sin in die bedrywende vorm, passiefsin, passiefkonstruksie, sin in die lydende vorm, hoofsin, matrikssin, onafhanklike sin, bysin, ingebedde sin, ondergeskikte sin, afhanklike sin, klous, naamwoordelike bysin, naamwoordsin, onderwerpsin, voorwerpsin, gesegdesin, predikaatsin, byvoeglike bysin, betreklike bysin, relatiefsin, bywoordelike bysin, adjunksin, infinitiefsin, newegeskikte sin, neweskikkingskonstruksie, parentetiese sin, tussensin, splitsingskonstruksie, sleutelsin, volsin, gereduseerde sin, ellips, elliptiese konstruksie, sinsfragment, onvoltooide sin; direkte rede, indirekte rede; voorbeeldsin, poëem, sitaat
taalhandeling, stelling, implikasie, suggestie, vraag, retoriese vraag, bevel, versoek
kategorie 31, 33, 168, 170, sintaktiese kategorie, leksikale kategorie 574, woordkategorie, paradigma, konstruksie, frase, sinsnede, sinsdeel, sinstuk, sintaktiese konstruksie, sinskonstruksie, sintagma, konstituent, sinskonstituent, sinsfragment, endosentriese konstruksie, eksosentriese konstruksie, naamwoordgroep, naamwoordkonstruksie, naamwoordstuk, substantiefstuk, nominaalkonstruksie, werkwoordgroep, werkwoordkonstruksie, werkwoordstuk, hendiadis, verbale hendiadis, hendiadiskonstruksie, koppelwerkwoordkonstruksie, kopulakonstruksie, kopulapredikaat, adjektiefgroep, adjektiefkonstruksie, adjektiefstuk, byvoeglike bepaling, adjunk, bywoord, bywoordelike bepaling, bywoordelike frase, bywoordelike konstruksie, graadbepaling, bepaling van graad, graadwoordkonstruksie, setselgroep, voorsetselgroep, setselstuk, voorsetselstuk, preposisionele frase, voorsetselaanvulling, voorsetselpredikaat, agtersetselkonstruksie, groepvoorsetselkonstruksie, bepaling, voorbepaling, nabepaling, komplement, beperkende bepaling, nie-beperkende bepaling, bystelling, bystellende bepaling, appo-

sisie, apposisionele bepaling, apposisionele konstruksie, partitief, partitiefkonstruksie, partitiewe genitief, vraagwoordkonstruksie **sinsfunksie**, gesegde, predikaat, eenplekpredikaat, tweeplekpredikaat, drieplekpredikaat, argument, onderwerp, sinsonderwerp, subjek, voorwerp, objek, direkte voorwerp, direkte objek, indirekte voorwerp, indirekte objek, voorsetselvoorwerp, voorsetselobjek, preposisionele voorwerp, preposisionele objek, aanspreekvorm, aanspreking, vokatief, groetvorm, interjeksie, uitroep, tussenwerpsel; ergatiwiteit, ergatiewe taal

sintaktiese proses, sintaktiese reël, sintaktiese verskynsel, plasing, ordening, groepering, neweskikking, konjunksie, disjunksie, disjunktiewe neweskikking, korrelatiewe neweskikking, sinsvereniging, teenstelling, onderskikking, asindeton, asindetiese verbinding, omskrywing, passivering, ontkenning, negativering, sinkretisme, anaforiek, anaforiese verband, anaforiese ketting, anaforiese verbinding, anafoor, voornaamwoordelike anafoor, naamwoordelike anafoor, epitetiese anafoor, pronominale epiteton, nulanafoor, sinsanafoor, antesedent, pleonasme, ellips, elliptiese konstruksie, woorduitlating, prolepsis

stylleer, stilistiek, styloefening, stylaard, stylgroep, stylvorm, register, fraseologie; styl 565, uitdrukkingstyl, uitdrukkingswyse, segging, skryfstyl, praatstyl, trant, taal, taalgebruik, retoriek, formele styl, formele taalgebruik, formaliteit, saaklike styl, deftige styl, verhewe styl, hoogdrawende styl, geswolle styl, bombasme, kanselstyl, kanseltaal, kanselarystyl, boekerige styl, boekerige taal, boekagtige styl, boekagtige taalgebruik, gedronge styl, verhalende styl, verhaaltrant, koerantstyl, koeranttaal, briefstyl, brieftaal, blomryke styl, bloemryke styl, beeldryke styl, informele styl, informele taalgebruik, informaliteit, loslitstyl, loslit-Afrikaans, ligte trant, ongebonde styl, prosastyl, vertelstyl, verteltrant, telegramstyl; woordrykheid, woordevloed, woordestroom, woordepraal, breedsprakigheid, omhaal van woorde, verbositeit, retoriek

stylfiguur, metafoor, figuurlike taal, figuurlike taalgebruik, figuurlike betekenis, oneintlikheid, beeldspraak, beeld, beelding, uitbeelding, omskrywing, perifrase, vergelyking, troop, metonimie, metonimia, sinekdogee, ironie, ironisering, satire, satirisering, parodie, woordspeling, woordspel, tongknoper, tongbreker, paronomasie, paronomasia, omskrywing, sinspeling, toespeling, litotes, verpersoonliking, herhaling, woordherhaling, iterasie, diafora, anafoor, sinonimie, inversie, hiperbool, vergroting, oordrywing, eufemisme, verdraaiing, hipallagee, teenstelling, paradoks, antitese, antitesis, teenstrydigheid, oksimoron, polisindeton, asindeton, paralipsis, antiklimaks, batos, cliché, klankekspressie, klankskildering, onomatopee, antonomasia, antonomasie, anakoloet, zeugma, anafoor, weglating, ellips, parafrase, epifrase, metonomie

b.nw. sintakties, sintagmaties, kategoriaal, paradigmaties, endosentries, eksosentries, neweskikkend, newegeskik, paratakties, onderskikkend, ondergeskik, hipotakties, naamwoordelik, nominaal, werkwoordelik, verbaal, byvoeglik, substantief, adjektiwies, attributief, predikatief, bywoordelik, adverbiaal, preposisioneel, bedrywend, aktief, lydend, passief, voltooid, onvoltooid, bepalend, bystellend, apposisioneel, anafories, proleptics, sinkreties, toutologies, pleonasties, ellipties, funksioneel, ergatief, faties, hiperbaties, formeel, informeel, woord(e)ryk, breedsprakig

stilisties, formeel, styf, saaklik, deftig, verhewe, hoogdrawend, geswolle, bombasties, boekerig, boekagtig, gedronge, verhalend, vertellend, informeel, lig, ongebonde, blomryk, bloemryk, beeldryk, woordryk, breedsprakig, retories; metafories, figuurlik, beeldend, beeldsprakig, pikaresk, vergelykend, oneintlik, perifrasties, metonimies, oordragtelik, ironies, satiries, spottend, hiperbolies, eufemisties, paradoksaal, teenstrydig, klimaksaal, onomatopeïes, klanknabootsend, klankskilderend

ww. fraseer

577. Betekenis

s.nw. betekenis 541, semantiese waarde,

woordbetekenis, leksikale betekenis, leksikale waarde, sinsbetekenis, betekenisonderskeiding, polisemiese waarde, polisemie, begrip, inhoud, begripsinhoud, interpretasie, bedoeling, strekking, sin, eenduidigheid, dubbelsinnigheid, meerduidigheid, kongruensie, betekeniskongruensie, teenstelling, kontradiksie, betekenisgeheel, betekenisdeel, betekenisatoom, betekenismoment, betekeniskenmerk, semantiese kenmerk, betekenisspektrum, grondbetekenis, verwysing, referensiële betekenis, denotasie, deskriptiewe betekenis, deskriptiewe waarde, deskriptiewe betekenismoment, feitelike betekenis, ekstensionele betekenis, logiese betekenis, logika, logiese vorm, analitiese waarheid, sintetiese waarheid, objektiewe betekenis, kognitiewe betekenis, letterlike betekenis, figuurlike betekenis, disjunkte betekenis, disjunkte betekenistoepassing, metaforiese betekenis, metaforiese waarde, vraende betekenis, vraende betekenismoment, negatiewe betekenis, negatiewe betekenismoment, konnotasie, konnotatiewe betekenis, konnotatiewe betekenismoment, bybetekenis, stylwaarde, stilistiese waarde, stilistiese betekenis, paralipsis, betekenisaspek, betekenisfaset, betekenisopposisie, betekenisteenstelling, paradoks, betekenisparadoks, betekenisverruiming, betekenisbeperking; interpretasie, begrip, konteks, interpretatiewe reël; betekenisnetwerk, betekenisfamilie, woordfamilie, betekenisverhouding

interpretasie, herinterpretasie, reïnterpretasie, prosessering, betekenisbepaling, uitleg, betekenisuitleg, vertolking, verklaring, verduideliking, uiteensetting, dekonstruksie, betekenisdekonstruksie, parafrase, enkapsulering

figuurlike betekenis, figuur, stylfiguur 750, figuurlike taalgebruik, nie-letterlike taalgebruik, figuurlikheid, hiperbool, metonimie, metonimia, metafoor, lewende metafoor, dooie metafoor, metaforiese waarde, metaforiese betekenis, metaforiek, beeldspraak, disjunkte betekenis, oordragtelike betekenis, paralipsis

woordbetekenis, morfeembetekenis, leksikale betekenis, leksikale waarde, leksikale betekenismoment, woordinhoud, ensiklopediese betekenis, ensiklopediese kennis, ensiklopedisiteit, betekenisverklaring, woordverklaring, polisemie, polisemiese waarde, poliseem, betekenisonderskeiding, homonimie, homoniem, homofonie, homofoon, homograaf; etimologie, etimologiese betekenis, etimon; woordverhouding, betekenisverhouding, betekenisbetrekking, betekenisverwantskap, leksikale betrekking, semantiese veld, leksikale veld, woordveld, woordfamilie, sinonimie, sinonimiek, plesionimie, antonimie, antonimiek, teenoorgesteldheid, komplementariteit, meronimie, deel-geheel-verhouding, hiponimie, enkapsulering, betekenisenkapsulering, endonimie, sintagmatiese (leksikale) betrekking, kollokasie, paronimie, katachrese, katachresis, antonomasia, antonomasie, toutologie, pleonasme; sinoniem, plesioniem, antoniem, teenoorgestelde, holoniem, meroniem, hiponiem, superordinaat, oorkoepelende term, endoniem, eksoniem, paroniem

sinsbetekenis, sintagmatiese betekenis, sintagma, proposisie, proposisionele inhoud, proposisionele struktuur, tematiese struktuur, tema, topiek, topiekloosheid, ou inligting, rema, fokus, nuwe inligting, aspek, aspektiese waarde, aspektuele waarde, aspektiese betekenis, aspektuele betekenis, modaliteit, modale waarde, modale betekenis, deontiese modaliteit, epistemiese modaliteit, moontlikheid, noodsaaklikheid, tekstuele waarde, tekstuele betekenis, konteks, kontekstuele waarde, kontekstuele betekenis, pragmatiese betekenis, pragmatiese waarde, presupposisie, taalhandeling, taalhandelingswaarde, taalhandelingsbetekenis, lokusie, illokusie, perlokusie, bepaaldheid, bepaalde verwysing, onbepaaldheid, onbepaalde verwysing, aanwysende betekenis, deiktiese betekenis, aanwysende waarde, deiktiese waarde, aanwysende betekenismoment, deiktiese betekenismoment, anaforiek, kataforiek, anaforiese waarde, anaforiese verband, koreferensialiteit, grammatiese waarde, grammatiese betekenis, sintaktiese waarde, sintaktiese betekenis, emotiewe waarde,

emotiewe betekenis, emotiewe betekenismoment, gevoelswaarde, affek, affektiese waarde, implikasie, betekenisimplikasie, implikasieverskynsel, presupposisie, voor(ver)onderstelling, gevolgtrekking, logiese gevolgtrekking, samehang, samehangendheid, koherensie, kohesie
betekenisaard, betekenisvolheid, betekenisloosheid, betekenisverband, betekenisoorvleueling, betekenisverskil, betekenisverandering, betekenisverdigting
semiotiek, semasiologie, semiologie, betekenisleer, semantiek, onomasiologie, woordsemantiek 570, leksikale semantiek 570, leksikologie, leksikografie, sinsemantiek, pragmatiek, deiksis, semantiekteorie, strukturele semantiek, generatiewe semantiek, kognitiewe semantiek, historiese semantiek, etimologie
b.nw. semanties, semioties, semasiologies, semiologies, ensiklopedies, leksikologies, leksikografies, betekenisvol, betekenisloos, eenduidig, dubbelsinnig, meerduidig, meersinnig, veelsinnig, polisemies, deskriptief, denotatief, logies, ekstensioneel, objektief, kognitief, letterlik, woordelik(s), woord vir woord, verbatim, figuurlik, paradoksaal, toutologies, pleonasties, hiperbolies, metonimies, metafories, sinnebeeldig, simbolies, disjunkoordragtelik, konnotatief, emotief, pejoratief, interpretatief, parafrasties; leksikaal, polisemies, homonimies, sinoniem, sinonimies, teenoorgesteld, antoniem, antonimies, hiponimies, meronimies; sintagmaties, proposisioneel, tematies, aspekties, aspektueel, modaal, deonties, epistemies, pragmaties, kontekstueel, tekstueel, lokutief, illokutief, perlokutief, deikties, bepaald, onbepaald, aanwysend, demonstratief, anafories, katafories, koreferensieel
ww. beteken, betekenis hê 541, betekenis kry, nuwe betekenis kry, presupponeer, leksikaliseer, aandui, sê, verwys, benoem; interpreteer, herinterpreteer, reïnterpreteer, prosesseer, uitlê, vertolk, verklaar, verduidelik, uiteensit, dekonstrueer, onderskei

4 Die wil

A. KENMERKE VAN DIE WIL

578. Vrywillig
b.nw. vrywillig, vrywilliglik, gewillig, gewilliglik, spontaan, ongedwonge, ongeforseer(d), vryelik, heelhartig, heelhartiglik, vry, onbevange, voorbedag, voorbedagtelik, opsetlik, willekeurig, arbitrêr, fakultatief, stilswy(g)end, oogluikend
s.nw. vrywilligheid, vrye wil, eie wil, wil, vryheid, gewilligheid, ongedwongenheid, spontaneïteit, spontaniteit, spontaanheid, willekeur, willekeurigheid, onbevangenheid, beskikking, selfbeskikking, voorbedagtheid, disposisie, indeterminisme
vrywilliger
bw. uit vrye wil, met vrye wil, uit vrye beweging, uit eie beweging, vanself, op sigself, op jou eie, sonder dwang, op eie inisiatief, goedskiks, met voorbedagte rade, willens en wetens, doelbewus
ww. vry wees, iets vrywillig doen, iets uit (eie) vrye wil doen, wil, kan, mag, vrystaan, vrye spel hê, (self) beskik oor iets, na willekeur handel, spontaan optree, met voorbedagte rade optree, onbevange optree

579. Gedwonge
b.nw. gedwonge, noodgedwonge, geforseer(d), verplig, verpligtend, obligatories, noodgedronge, onontkombaar, onvermy(d)baar, onvermydelik, onafwendbaar, onontduikbaar, onontwykbaar, dwingend, noodsaaklik, onwillekeurig, outomaties, voorbeskik, voorbestem, voorgeskrewe, beslis, gebiedend, allerbelangrik(s), allernodigs, onontbeerlik, essensieel, noodsaaklik, absoluut noodsaaklik, noodwendig, onherroeplik; keuseloos, gekompromitteerd, kompromittant, kompromitterend
dwingend, bevelend, voorskriftelik, preskriptief, gebiedend, verpligtend
s.nw. dwang, gedwongendheid, dwangmiddel, dwangbevel, dwangmaatreël, dwanghuwelik, ..., verpligting, obligasie, verbintenis, verbond 607, 663, belofte, ooreenkoms, akkoord, kontrak, moet, noodsaaklikheid, onvermydelikheid, onontkombaarheid, onafwendbaarheid, onmisbaarheid, verstek, verstekopsie, vereiste, voorvereiste, druk, keurslyf, noodwendigheid, onherroeplikheid, drukgang, noodlot, predestinasie, predistinasieleer, beskikking, bestemming, lotsbestemming, voorbestemming, voorland, lotsbedeling, lotsbestel, fortuin, fatum, toeval, toevalligheid
beperking, inperking, sanksie, kwarantyn, grendeling, ingrendeling, afgrendeling, sluiting, isolasie, geïsoleerdheid; staat van inperking, staat van ingrendeling, grendeltydperk, grendelperiode
pressie, houvas, mag, oorwig, magsoorwig, band, invloed, gesag, outoriteit, beheer, opdrag, bevel, oorheersing, dominasie, magspel, druk, aandrang, sanksie, goedkeuring, ratifikasie, bekragtiging, bevestiging
dreigement, afdreiging, dreiging, afpersing, intimidasie, waarskuwing
bw. teen wil en dank, ondanks, nieteenstaande, of jy nou wil of nie, nolens volens, goedsmoeds, mooitjies, node
ww. dwing, forseer, dwang uitoefen op, iemand se vryheid aan bande lê, verplig, jou verplig voel, noop, jou genoop voel, noodsaak, dring, verbind, eis, vereis, afvorder, afdwing, bedwing, in bedwang hou, onder dwang hou, met dwang teweegbring, doem, druk, druk uitoefen op, onder druk plaas, onderdruk, opskroef, opskroewe, pers, afpers, indoktrineer, demp, ja, jaag, jae, inperk, beperk, sosiale afstand beoefen, kluister, isoleer, onder kwarantyn plaas, in kwarantyn hou, dreig, bedreig, afdreig, intimideer, oorheers, met geweld dwing, geweld gebruik; sonder keuse laat, kompromitteer, onder verpligting stel, obligeer, aandring
iets onder dwang doen, onder dwang verkeer, onder verpligting staan, moet, behoort, beter
voors. ten spyte van, in weerwil van
uitdr. aan die leiband loop; dit is jou voorland; teen heug en meug; iemand die wet voorskryf; willens en onwillens

580. Graag
b.nw. bereid, bereidwillig, bereidvaardig, gewillig 578, geredelik, goedwillig, dienswillig, heelhartig, hulpvaardig, behulpsaam, diensvaardig, diensbaar, gedienstig, inskiklik, welwillend, bedagsaam, sorgsaam, gretig, begerig, hartstogtelik, vurig, instinkmatig, uitgehonger(d), verlangend, geneig
s.nw. graagte, begeerte, hartsbegeerte, lus, behoefte, aandrang, sin, gewilligheid, goedwilligheid, bereidheid, bereidwilligheid, bereidvaardigheid, bereidverklaring, bedagsaamheid, sorgsaamheid, gretigheid, begerigheid, geredelikheid, inklinasie, disposisie, predileksie, roeping, hartstog, instink, neiging, tendensie, verlange, vokasie
bw. graag, dolgraag, sielsgraag, met graagte, met plesier, met genoeë, met liefde, met hart en siel, met oorgawe, goedskiks, liefs, veeleer, veelmeer, daarvoor te vinde, sonder besware
ww. aanvaar, vir lief neem, berus, begeer, verlang, hunker, wil, sal, tender, hel
uitdr. jou sin kry; met hart en siel

581. Teësinnig
b.nw. teësinnig, teensinnig, onwillig, onlustig, halfhartig, halfslagtig, weifelagtig, weifelmoedig, weifelend, huiwerig, aarselend, ongeneë, avers, gebonde, traag, traerig, tragerig, flou, lou, stadig, langsaam, tydsaam, talmend, talmerig, draaierig, slepend, steeks, lusteloos, lui, luierig, werksku, indolent, dood, dooierig, vadsig, futloos, gevrek, lyfwegstekerig, nie-ontvanklik, ongevraag(d), sielloos, hardkoppig, eiewys, eiesinnig, waanwys, steeks, skoorvoetend, sleepvoetend, uitstellerig, sloerderig
s.nw. teësin, teensin, teësinnigheid, teensinnigheid, aversie 775, traagheid, tydsaamheid, talmery, talming, talmer, halfhartigheid, halfheid, weifeling, weifelagtigheid 519, weifelmoedigheid, ongevraagdheid, onwil, onwilligheid, lusteloosheid, gevrektheid, sielloosheid, uitstelsleurwerk; lyfwegsteker, lyfwegstekery
bw. met teësin, met teensin, langtand, ongraag, sonder geesdrif, sonder oorgawe, met min belangstelling, teen jou sin, teen wil en dank, kwaadskiks, node, met afkeer, met weersin

ww. geen sin in iets hê nie, lyf wegsteek, weifel, talm, draai, draal, drel
voors. daarteë, nieteenstaande
uitdr. met lang tande; soos harmansdrup; jou voete sleep; kannie is dood van kruiwa stoot; iemand se lus raak op

582. Wilskrag
s.nw. wilskrag, wilskragtigheid, wil, wil van jou eie, ysere wil, geesteskrag, geeskrag, daadkrag, dryfkrag, deursettingsvermoë, perseverasie, koersvastheid, nougesetheid, volharding, volhardingsvermoë, volhouding, aanhouvermoë, dinamiek, vasberadenheid, gedetermineerdheid, veggees, resolusie, opset, bedoeling, bedoelentheid (*lekties*), doelgerigtheid, doelbewustheid, voorbedagte rade, daadwerklikheid, direktheid, nadruklikheid, selfvertroue, karakter, karaktervolheid, karaktersterkte, fut, energie, sterkte, staal, moed, guts (*Engels, informeel*), woema, oemf (*informeel*), siel, beslistheid, aplomb, standvastigheid, vastheid, vastigheid, stabiliteit, onwankelbaarheid, onwrikbaarheid, onverstoorbaarheid, taaiheid, selfgelding, selfbehoud, selfhandhawing
beheersing, beheerstheid, selfbeheersing, selfbedwang, selfdissipline, selfoorwinning, selfbeperking, sangfroid, volwassenheid, rypheid, besadigdheid, kalmte, rustigheid, vasbeslotenheid, onverstoorbaarheid, onversteurbaarheid, bedaardheid, geduld, geduldigheid, gelykmoedigheid, waardigheid, gelatenheid, lydsaamheid
koppigheid, hardkoppigheid, hardnekkigheid, eiegeregtigheid, obstinaatheid, eiesinnigheid, eiewysheid, dwarsheid, we(d)erstrewigheid, weerbarstigheid, weerspannigheid, styfhoofdigheid, halstarrigheid, hardgebaktheid, onversetlikheid, onbuigsaamheid, buierigheid, moedswilligheid, opsetlikheid, kwaadwilligheid, opstandigheid
iemand met wilskrag, 'n persoon van karakter, 'n man uit een stuk, bittereinder, kanniedood, vasbyter, tawwe tienie (*Engels, informeel*), tawwe koekie (*Engels, informeel*); klipkop, dwarstrekker, dwarskop, dwarsdrywer, styfkop
b.nw. karaktervas, karaktervol, sterk 625,

taf (*Engels, informeel*), sterk van persoonlikheid, beginselvas, koersvas, eerbaar, christelik, betroubaar, eersaam, ordentlik, proper (*ongewoon*), standvastig, vas, paalvas (*ongewoon*), deugsaam, konstant, volhardend, konsekwent, volgehoue, ambisieus, gedrewe (ambisieus), dinamies, doelgerig, beslis, ferm, onversteurbaar, onverstoorbaar, onwankelbaar, onwrikbaar, resoluut, daadkragtig, vasbeslote, vasberade, gedetermineer(d), nougeset, beslote (*ongewoon*), onversetlik, kompromisloos, kompromieloos, onbeweeglik, getrou, onvermurfbaar, onbuigsaam, ontoegeeflik, star, verbete, onverskrokke, energiek, taai

beheers(t), kalm, rustig, bedaard, geduldig, vredig, besadig(d), waardig, verfyn(d), volwasse, gelate, lydsaam, ingehoue, opgekrop, tembaar

doelbewus, bewustelik, wetende, doelgerig, voorbedag, daadwerklik, beslis, direk, trompop, uitdruklik, nadruklik, ferm, opsetlik, moedswillig, kwaadwillig, aspres, ekspres, aspris

hardkoppig, hardhoofdig, koppig, dwars, moeilik, buierig, steeks, weerstrewig, wederstrewig, weerbarstig, weerspannig, obstinaat, obsternaat, eiesinnig, eiewys, waanwys, eiegeregtig, styfhoofdig, styfkoppig, balsturig, orig, halsstarrig, hardnekkig, verhard, hardegat (*plat*), hardekoejawel, hardekop, hardekwas, hardgebak, doktrinêr, onversetlik, verhard, opstandig

ww. wilskrag toon, wilskrag aan die dag lê, beheers, selfbeheersing toon, selfbeheersing aan die dag lê, bedwing, inhou, staal, opkrop, vasstaan, standvastig bly, daarby bly, vasbeslote wees, volhard, volhou, aanhou, vasbyt, deurdruk, deurdryf, deurdrywe, deurvoer, voet by stuk hou, bemeester, vermeester

hardkoppig wees, jou eie kop volg, dwarstrek, teëstribbel, teenstribbel

bw. voorbedagtelik, bewustelik, met opset, wel wetende, met oorleg, met voorbedagte rade

uitdr. aanhouer wen; by iets staan of val; vas in jou skoene staan; daar sit staal in iemand; een stryk deur; ek laat my nie (ge)sê nie; g'n voetbreed wyk nie; hare op jou tande hê; jou eie sin volg; jou man staan;
nie op jou kop laat sit nie; nog stryk hou; op jou eie staan; op jou tande byt; so gesê so gedaan; spykers met koppe slaan; jou eie kop volg; jou woede bedwing

583. Willoosheid

b.nw. willoos, swak, swakkerig, karakterloos, geesloos, sielloos, ontsiel(d), onselfstandig, beginselloos, besluiteloos, onseker, weifelend, weifelagtig, weifelmoedig, twyfelmoedig, wankelmoedig, rigtingloos, papegaaiagtig, onvas, onvas van karakter, onberekenbaar, stuurloos, roerloos, futloos, dadeloos, wankelmoedig, wankelrig, onbeholpe, halfhartig, halfslagtig, onbeslis, week, weekhartig, lamsakkig, lamsakkerig, jansalieagtig, lamlendig, lendelam, lamsalig, ruggraatloos, onstandvastig, labiel, sawwerig, drellerig, saf, safterig, sawwerig, slaafs, kruiperig, serviel, papbroekig, papbroekerig, pateties, treurig, ellendig, hopeloos, pap, slap, slaperig, slapgat (*plat*), slapgatterig (*plat*), sleg, vrot, vrotsig, gevrek (*plat*), ingat (*plat*), inkoejawel, dekadent 623, sorgeloos, sorgloos, oppervlakkig, ligsinnig, lossinnig, laf, wuf

willekeurig, toevallig, onopsetlik, lukraak, inkonsekwent, subjektief, arbitrêr, eiesinnig, onvoorspelbaar, onbestendig, onbeheersbaar, onstabiel, onstandvastig, onbetroubaar, veranderlik, wispelturig, ongedurig, nukkerig, onbeheers(d), wisselend, kameleonties, beweeglik ('n ~ karakter), onbeheer(d), onverskillig, traak-my-nie-agtig

s.nw. willoosheid, wilswakte, karakterloosheid, sielloosheid, onselfstandigheid, onvastheid, onbetroubaarheid, onstandvastigheid, onsekerheid, hopeloosheid, patetiek, besluiteloosheid, twyfelmoedigheid, twyfelagtigheid, twyfelary, weifelagtigheid, weifelmoedigheid, wankelmoedigheid, futloosheid, slegtheid, slegtigheid, vrees, bangheid, slaafsheid, kruiperigheid, serviliteit, lamheid, lamlendigheid, lamsakkigheid, slapheid, slapte, slapgatheid (*plat*), slapgatgeit (*plat*), slapgatterigheid, slapgattigheid (*plat*), vrotsigheid, gevrektheid, dekadensie, oppervlakkigheid

willekeur, willekeurigheid, veranderlik-

heid, onbeheersbaarheid, ongedurigheid, wispelturigheid, traak-my-nieagtigheid, labiliteit, bui, gier, nuk, nukkerigheid, gril, kriewelkrappers
willose mens, karakterlose mens, nonentiteit, sleurmens, twyfelaar, weifelaar, swakkeling, naprater, jabroer, draadsitter, papegaai, marionet, ledepop, speelbal, lammeling, lamsak, lamsakgees, hen(d)sopper, vrotterd, futlose mens, sukkelaar, ploeteraar, trut, traak-my-nie, pateet, slapgat (*plat*), slappeling, katyf (*ongewoon*), slaaf, semelbroek, drelkous, druiloor, jandooi, janklaas, jansalie, jansaliegees, domkop, dwaas, drel, moegoe, mugu, moffie (*kwetsend*)
bw. sommerso, somaarso, losweg, swakkies
ww. willoos wees, sukkel, ploeter, saampraat, saamblaf, terugkrabbel, fluktueer, dool, slier, wiebel, twyfel, weifel; selfvertroue ondermyn, demoraliseer
uitdr. die vrekte hê; 'n regte Jan Salie wees; met alle winde waai; so veranderlik wees soos die wind; met die gety saamgaan; op twee stoele sit; saam met die swerm vlieg; vis nog vlees wees; 'n slaaf van jou eie gewoontes wees; nie vas op jou voete wees nie; van stryk wees; jou mantel na die wind draai; 'n manteldraaier wees

B. WILSDADE
584. Kies
ww. **kies**, uitkies, uitsoek, met die hand uitsoek, uitsonder, selekteer, sorteer, uitsorteer, 'n keuse uitoefen, 'n keuse maak, 'n keuse doen, jou keuse laat val op, keur, aan die hand doen, aan die hand gee, beoordeel, aanwys, uitvang, uitpik, aangryp, besluit 586, besluit op, 'n besluit neem, verkies, opteer, meer hou van, voorkeur gee aan, prioritiseer, aanklank vind, bo 'n ander kies, prefereer, uithou, reserveer, eenkant hou, opsy sit, aanneem, aanvaar, annekseer; uitken, uitwys, herken, onderken, identifiseer, onderskei, aanwys, aantoon, uitkies; neem, vat, gryp, aanneem, in die hande kry, aanvat; gee, toeken, toewys
wens, versoek, hoop, hoop hê, hoop koester, verlang, wil, verkies, prefereer, reik, verwag, vertrou, begeer, vurig begeer, hunker, smag, lus na, droom, uitsien, streef, voortrek

aanwys, uitwys, aanbeveel, rekommandeer, voorstel, benoem, nomineer, verkies (stem) 590, kies (stem), tot 'n amp (ver)kies, herkies, kant kies, party kies, instem, inhuldig, inseën, aanstel, in diens neem, werk gee, opdrag gee, emplojeer
bw. graag, na goeddunke, alternatiewelik, liewer(s), verkieslik, by voorkeur, ex parte, liewerster (*lekties*)
s.nw. **keuse**, keur, voorkeur, eerste keuse, tweede keuse, ..., goeie keuse, swak keuse, ingeslane weg, ingeslae weg, keuring, keurlys, kortlys, langlys, seleksie, kiesing, uitkiesing, verkiesing 795, besluit 586, besluitneming, goeddunke, uitsoekery, uitsoeking, verkieslikheid, uitsoekerigheid, selektiwiteit, lekkerbekkigheid, willekeur, willekeurigheid; keur, seleksie, capita selecta, voorseleksie, preseleksie, versameling, verskeidenheid, alternatief, opsie, voorkeur, voorrang, die beste, die room, uitverkorene, die beste plek, die beste posisie, ..., die eerste beste geleentheid, die eerste beurt, ..., prioriteit, preferensie, bekering, kruispad
vooroordeel, bevooroordeeldheid, vooropgesteldheid, 'n vooropgesette mening, prekonsepsie, vooringenomenheid, eensydigheid, partydigheid, bevoorregting, voortrekkery
wens, wensery, verlange, begeerte, droom, sin, drang, lus, ambisie, aspirasie, strewe, ideaal, graagte, versoek, wil 582, wilsbeskikking, wilsdaad, wilsinspanning, wilsuiting, volkswil, die wil van die mense, welbehae, welbehaaglikheid, voorkeur, hoop, wenslikheid
verkorene, uitverkorene, verkosene, uitverkosene
b.nw. **gekose**, verkose, uitverkose, verkore, uitverkore, geselekteer, verkieslik, preferent, desverkiesend, desverlangend, diskresionêr, oordeelkundig, uitsoekerig, kieskeurig, lekkerbekkig, ingeslae (~ weg), ingeslane (~ weg), selektief, alternatief, opsioneel, willekeurig
bevooroordeel(d), vooropgestel(d), vooropgeset, eensydig, unilateraal, partydig
wenslik, keurig, ambisieus, welbehaaglik, aanbevelenswaardig, aanbevole
aangewese, benoemde, geroepe, verkose, herkose, verkiesbaar, kiesbaar

uitdr. die voorrang hê; iemand voor 'n alternatief stel; jou eie sin volg; op die gedagte kom; van gedagte wees; op (by) 'n tweesprong; van gedagte verander; willens en wetens; jou oog op iets hê; iets tot elke prys begeer

585. Verwerp
ww. verwerp, teen iets wees, teen iets gekant wees, oordeel, veroordeel, dissosieer, distansieer, nie gedien wees met iets nie, afkeur, afwys, kritiseer, afskud, versaak, afsien van, uitsluit, 'n plan laat vaar, afwysend staan teenoor, ongeskik vind, opponeer, teenstaan, weerstaan, weerstand bied, verset, bestry, beveg, betwis, teenwerk, bekamp, teensit, stem teen, verbied, verhinder, verhoed, ontsê, veto, 'n veto uitbring, sensureer, sensor, onderdruk, boikot, nie ondersteun nie, die rug keer op, die rug draai op, die rug toekeer, verstoot, verban, in die ban doen, wegwys, weier, verseg, weggooi, wegwerp, afleer, afdank, afbetaal, aflê, bestraf

s.nw. verwerping, afkeur, afkeuring, beswaar, dissosiasie, kritiek, weerstand, teenstand, teenkanting, opposisie, teenstem, opposisiestem, afwysing, verbod, sensuur, veto, boikot, weiering, versaking, wegwerping, wegwysing, afdanking, aflegging, afbetaling, abstinensie; aktivis, renegaat

b.nw. verwerplik, afkeurenswaardig, verbode

voors. daarteen, daarteë

tw. nee, a nee a, moenie, watwou, watwo, dit sal die dag wees, not 'n dem (*Engels, informeel*), siejy

uitdr. van die hand wys; iets in die wind slaan

586. Beslis
ww. **beslis** 528, besluit, 'n besluit neem, 'n beslissing gee, tot 'n beslissing geraak, 'n beslissing vel, oordeel, 'n oordeel vel, vasstel, bepaal, vooruitbepaal, spesifiseer, stipuleer, kies, uitwys, uitmaak, voorneem, die beslissende stap doen, vaspen, beklink, forseer, vasstaan, van mening wees, die mening toegedaan wees

'n besluit bekend maak, 'n besluit bekendmaak, 'n beslissing bekend maak, 'n beslissing bekendmaak, dekreteer, noukeurig aangee

van besluit verander, jou bedink, van rigting verander, terugkrabbel

bw. met opset, aspres, aspris, ekspres, met die volle wete, voorbedagtelik, met voorbedagte rade, met voorbedagtheid, wetende, wel wetende, goedsmoeds, met alle geweld

s.nw. **beslistheid**, sekerheid, sterkte, stelligheid, duidelikheid, opset, standvastigheid, vasberadenheid, vasbeslotenheid, voorneme, resolusie, gedetermineerdheid, onwrikbaarheid, wilskragtigheid, fermheid, dinamiek, aandrang, naarstigheid, naarstiglikheid, geesdrif, geesdriftigheid, doelgerigtheid; finaliteit, onherroeplikheid, onveranderlikheid, onveranderbaarheid, onomkeerbaarheid, onstuitbaarheid; besliste optrede, beslissende optrede, blitzkrieg, daadkrag, moed 582, 767, mannemoed, moedigheid, vasberadenheid

beslissing, eindbeslissing, finale beslissing, besluit, finale besluit, komiteebesluit, raadsbesluit, ..., besluitvorming, besluitneming, uitspraak, einduitspraak, bewering, verklaring, mening, opinie, uitsluitsel, oordeel, bevinding, vasstelling, bepaling, stipulasie, stipulering, stap, bepaaldheid, raad, raadgewing, dekreet

rigtingverandering, koersverandering, ommekeer

b.nw. beslissend, beslis 582, 767, konklusief, ferm, bepaald, deurtastend, afdoende, rigoreus, verbete, dinamies, sober, uitgemaak, standvastig, vasberade, vasbeslote, gedetermineer(d), onwrikbaar, volhardend, resoluut, koersvas, naarstig, naarstiglik, naarstigtelik (*informeel*), geesdriftig, entoesiasties, opsetlik, doelbewus, doelgerig, bedag, voorbedag, bewustelik, positief, daadkragtig; onherroeplik, onveranderlik, onveranderbaar, onomkeerbaar, onstuitbaar, finaal

uitdr. by iets staan of val; die Rubicon/Rubikon oorsteek; die knoop deurhak; die koeël is deur die kerk; die teerling is gewerp; met vaste tred; jou kop op 'n blok lê; van voorneme wees; weet wat jou te doen staan

587. Aarsel
ww. aarsel 519, 617, twyfel 519, betwyfel, weifel, huiwer, huiwerig wees, terugdeins, onseker wees, besluiteloos wees, geen besluit kan neem nie, iets onbeslis laat, griesel, vassteek, jou bedink, kleingelowig wees, jou bedenkinge hê, nie so mooi weet nie, agteruitstaan, terugkrabbel, rondtas, talm, draai, sloer, draal, bedwing, wankel, wiebel

s.nw. aarseling, huiwering, huiwerigheid, twyfel, twyfelmoedigheid, vertwyfeling, onsekerheid, besluiteloosheid, talmery, talming, weifeling, weifelagtigheid, weifelmoedigheid, onbeslistheid, verwardheid, wankelmoedigheid, verwarring, argwaan, wantroue, agterdog, suspisie, negatiwiteit, negativisme, skeptisisme, kleingeloof, kleingelowigheid, onwennigheid, stryd, tweestryd, selfstryd, sielestryd, sielstryd, weifeling

twyfelaar, weifelaar, talmer

b.nw. huiwerig, huiwerend, aarselend, onbeslis, besluiteloos, vol twyfel, vertwyfeld, twyfelend, twyfelmoedig, onseker, talmerig, weifelend, weifelmoedig, talmend, kleingelowig, beteuter(d), onvas, dadeloos, dubieus, koersloos, kwestieus, veranderlik, onwennig, halfhartig, sonder geesdrif, langtand, lou, flou, flouerig, bangerig, bang, skoorvoetend, tweestrydig, wankel, wankelmoedig, wankelrig, wiebelrig

uitdr. geen raad weet nie; kleinkoppie trek; op twee gedagtes hink; op twee stoele sit; tussen twee vure wees; wik en weeg; op die draad sit; hink en pink; 'n ongelowige Thomas

C. UITOEFENING VAN DIE WIL
a. Gesag
588. Gesag hê
ww. gesag hê, gesag voer, heers, heerskappy voer, aan bewind wees, die bewind voer, die bewind hê oor, regeer, staatsgesag uitoefen, gesag uitoefen, bevel voer, beveel, rondbeveel, gelas, kommandeer, aanvoer, lei, leiding gee, leiding neem, aan die hoof staan, voor sit, beheer, baasspeel, hiet en gebied, rondorder (*Engels, informeel*), domineer, oorheers, jou gesag laat geld, mag uitoefen, aansê, voorsê, die hoogste woord voer, opdrag gee, bestuur, administreer, reël, organiseer, reguleer, toesig hou; die troon bestyg, gesag aanvaar, leiding aanvaar, die bewind neem, aan bewind kom; gesag oordra, volmag gee, delegeer, kommitteer, opdra

mag gee, beklee met mag, kroon

ondermyn, gesag ondermyn, ondergrawe, ondergraaf, in die wiele ry, bemoeilik, moeiliker maak, hinder, belemmer, strem, teëgaan, teengaan, teëstaan, teenstaan, teëwerk, teenwerk, weerstaan, weerstand bied, beveg, jou verset teen, in opstand kom, opstandig raak, struikelblokke in die weg lê, dwarsboom, fnuik, kortwiek, kniehalter, terroriseer, saboteer, omverwerp, omvergooi, kelder, keer, verhinder, bebodder (*informeel*), hinder, bodder (*informeel*), stuit, laat kantel ('n regering ~ ~), 'n staatsgreep uitvoer, 'n coup d'état uitvoer, onttroon, verslaan, oorwin

onderwerp, onderdanig maak, subordineer, bevoog, oorheers, in jou mag kry, beteuel, tem, oorweldig, onderdruk, onderkry, verkneg, verslaaf, dissiplineer, baasspeel, buig, vorm, temper, opvoed

in diens neem, werk gee, aanneem, aanstel

bw. van owerheidsweë, gebiedenderwys

s.nw. mag 616, 625, vrymag, oppermag, imperium, heerskappy, opperheerskappy, volmag, plenipotensie, gesag, hoër gesag, hoër mag, oppergesag, supremasie, staatsgesag, soewereine mag, soewereine gesag, soewereiniteit, soesereiniteit, susereiniteit, regeringsgesag, ryksgesag, politieke mag, militêre mag, militêre gesag, magsposisie, gesagsposisie, bevel, bevelvoering, dagbevel, dagorder, outoriteit, leiding, leierskap, primaat, primaatskap, koningskap, kroon, diktatuur, diktatorskap, hoofskap, meesterskap, voorsitterskap, baasskap, bevoegdheid, beheer, kontrole, toesig, seggenskap, mandaat, jurisdiksie, condominium, beskikking, beskikkingsreg, reg, eie reg, persoonlike reg, regsmag, regterlike mag, regsbevoegdheid 559, 806, prokurasie, charter, verantwoordelikheid, verantwoordbaarheid, bestuur, administrasie; magsbasis, gesagsbasis, magsposisie, invloedsfeer; koningsgesindheid, rojalisme, monargisme; magsverhouding, magsba-

lans, magsewewig, magswanbalans, **magsgevoel**, heerssug, magsbegeerte, magswellus, magsug
magsuitoefening, bevelvoering, beheer, magsaanvaarding, bewindsaanvaarding, kroning, troonbestyging, inhuldiging, oorheersing, dominasie, oorwinning, magskonsentrasie, magspel, magstryd, dwang, onderdrukking, suppressie, repressie, druk, verslawing, verslaafdheid, slawerny, slawehandel
ondermyning, magsondermyning, gesagsondermyning, ondergrawing, belemmering, teenstand, weerstand, opstand, verset, versetbeweging, dwarsboming, dwarsboming van die reg, terrorisme, sabotasie, omverwerping, magsoorname, magsgreep, staatsgreep, coup, coup d'état, staatskaping
magsliggaam, gesagsliggaam, gesagsweë (meervoud), staat, regstaat, polisiestaat, owerheid, outoriteit, regering, landsregering, nasionale regering, streek(s)regering, regeringsinstansie, goewerment, bewind, regime, derde mag, parlement, ambassade, konsulaat, administrasie, kommissie, raad, beheerraad, direksie, bestuur 590, bestuursliggaam, instansie, organisasie, prefektuur
hiërargie, rangorde, echelon, esjelon, rangstruktuur, leer, rangleer, rang, posisie, status, stand, klas, vlak, orde, niveau; hoogste rang, opperbevel, bevelsrang, senioriteit, laagste rang, junior, junior rang; militêre rang 591, offisier 591, stafoffisier 591, stafhoof, bevelvoerder 591
status, statuur, stand, klas, prestige, aansien, belangrikheid, vernaamheid, agting, geëerdheid, beroemdheid, faam, ereplek, voorgestoelte
maghebber, gesaghebber, gesaghebbende, volmaggewer, volmaghebber, heerser, koning 591, koningin, onderkoning, diktator, regeringshoof, president, presidente, opperheerser, opperhoof, opperheer, eerste minister, werkgewer, baas, grootbaas, grootkop, hoof, direkteur, direktrise, besturende direkteur, besturende direktrise, bestuurder, bestuurderes, winkelbestuurder, winkelbestuurderes, kantoorbestuurder, ..., grootmeester, bevelvoerder, kommissaris, hoofkommissaris, handelskommissaris, prokureur-generaal, leier, leidster,

meerdere, kop, kopstuk, groepleier, groepleidster, klasleier, klasleidster, versetleier, versetleidster, ..., voorsitter, voorsitster, korifee (ongewoon), voorganger, voorloper, voorman, voorperd, voorbok, ambassadeur, ambassadrise, konsul, konsul-generaal, gevolmagtigde, gesant, afgesant, gesantskap, plenipotensiaris, missionaris, chargé d'affaires, attaché, handelsattaché, legasie, gelastigde, saakgelastigde, gevolmagtigde, lashebber, lasnemer, mandataris, afgevaardigde, gekommitteerde, delegaat, gedelegeerde, delegasie, agent, prokurasiehouer; beheervraat; ondermyner, terroris, saboteur

b.nw. maghebbend, heersend, oorheersend, magtig, eiemagtig, volmagtig, afgevaardig, bevoeg(d), oppermagtig, gesaghebbend, verantwoordelik, verantwoordbaar, outoritêr, soewerein, soeserein, suserein, leidend, senior, voorste, hoogste, hiërargies, rangordelik, belangrik, geëer(d), beroemd, offisieel, koninklik, regaal, parlementêr, konsulêr, administratief; onderworpe, verslaaf(d); magsbehep, heerssugtig, magswellustig, terroristies

voors. kragtens, ingevolge, volgens, luidens

uitdr. aan bewind wees; die leisels in die hande neem; die teuels in die hande hê; die tou vat; die voortou neem; die roer in die hande hê; haan op jou eie mishoop wees; 'n meneer wees; ek het hom in die holligheid van my hand; iemand in die sak hê; op die knieë bring; sy dra die broek; jou gewig rondgooi; iemand met gesag beklee

589. Dien

ww. dien, bedien, diens lewer, diens doen, van diens wees, onderhou, bystaan, bystaan met diens, help, behulpsaam wees, hulp verleen, aan diens wees, in diens tree
onderdanig wees, gehoorsaam, onderworpe wees aan, onder iemand staan, onder iemand se heerskappy staan, aan iemand se genade oorgelewer wees, aanbid, eer
onderwerp, onderdanig maak, verslaaf, verkneg, afhanklik maak

s.nw. diens, bediening, dienslewering, gemeenskapsdiens, diensplig, diensaanvaarding, diensneming, indienstreding,

dienstyd, hulp, hulpverlening, versorging
onderdanigheid, onderhorigheid, onderworpenheid, subordinasie, ondergeskiktheid, gehoorsaamheid, inskiklikheid, geseglikheid (*verouderd*), nederigheid, volgsaamheid, gebondenheid, knegskap, slaafsheid, slawerny, juk, slawejuk, slawelewe
afhanklikheid, afhanklikheidsgevoel, afhanklikheidsbesef, onselfstandigheid, hulpbehoewendheid
onderhorige, onderdaan, onderdanige, mindere, werknemer, klerk, assistent, dienaar, skiewie (*informeel*), vasal, vasaal, lyfeiene, butler (*Engels*), bediende, tafelbediende, huisbediende, char (*lekties, soms kwetsend*), ousie (*soms kwetsend*), poetsvrou, skropvrou, kneg, onderworpene, slaaf, slavin, slawekind, aanbidder, afhanklike
b.nw. onderhorig, onderworpe, onderdanig, ondergeskik, gehoorsaam, gebonde, gekneg, verslaaf(d); diensbaar, dienstig, gediestig, dienswillig, diensvaardig, behulpsaam, hulpvaardig, inskiklik, dienspligtig; afhanklik, hulpbehoewend, onselfstandig, minderjarig
voors. onder, agter
uitdr. aan iemand se genade oorgelewer wees; iemand se voetveeg wees; voor iemand kruip; onder die pantoffelregering staan; die strop om die nek hê; niemand kan twee here (tegelyk) dien nie

590. Bestuur en regeer
ww. bestuur, wanbestuur, administreer, wanadministreer, beheer 599, 616, beheer uitoefen, aan die beheer staan, bedryf, bedrywe, lei 588, leiding neem, leiding gee, aanvoer, aan die hoof staan, voor sit, verteenwoordig, reguleer, rig, rigting gee aan, die rigting bepaal van, huishou, reël, skik, beskik, bestier, kontroleer, kontrole uitoefen, monitor, moniteer, toesien, toesig hou, behartig
regeer 588, gesag uitoefen, staatsgesag uitoefen, die land bestuur, aan bewind wees, die bewind voer, heers, heerskappy voer, bevel voer; politiek bedryf, verpolitiseer, institusionaliseer, demokratiseer, nasionaliseer, privatiseer, die gesag sentraliseer, desentraliseer, gesag afwentel, sit (die parlement ~), in sitting wees, debat voer (parlementêre ~ ~), 'n spreekbeurt neem, eerste lesing van 'n wetsontwerp hou, promulgeer ('n wet ~), afkondig ('n wet ~), interpelleer, 'n regering saamstel, 'n kabinet saamstel, 'n portefeulje hê, van portefeulje verander
bestuurshandelinge uitvoer, bestuurstake uitvoer, 'n saak afhandel, besluite neem, besluite uitvoer, besluite deurgee, aanstel, aanwys, aanspoor, motiveer, dryf, drywe, opdra, opdragte uitdeel, opdrag gee, werk gee, werk uitdeel, belaai, oorbelaai, oorbelas, delegeer, instrueer, aanskryf, beveel 588, bestuurstake oordra, bestuurstake opdra, bestuurstake gee, afvaardig, sekondeer, akkrediteer, betrek, toestemming gee, sanksioneer, bekragtig, formaliseer, amptelik maak, afgelas, ontbind, ontvoog, rasionaliseer, sentraliseer, beding, onderhandel, lobby (*Engels*), arbitreer, bestel; vergader, vergadering hou, sit, sitting hou, in sitting wees, in sessie wees, in komitee wees, koukus, samesprekings hou, beraadslaag, konfereer, kongregeer, byeenkom, bymekaarkom
verkiesing hou, verkiesing veg, benoem, nomineer, verkies (stem), kies (stem), tot 'n amp (ver)kies, herkies, kant kies, party kies, stem, jou stem uitbring, stemme verenig op, oorstem, instem, teenstem, 'n teenstem uitbring, stemme verdeel, 'n staking van stemme hê; ontkieser, stemreg ontneem
bw. ampshalwe, ex officio, ampsweë, van bestuurskant, van owerheidsweë, van staatsweë
s.nw. bestuur, wanbestuur, huisbestuur, openbare bestuur, openbare administrasie, besigheidsbestuur, besigheidsadministrasie, sakebestuur, landsbestuur, selfbestuur, veranderingsbestuur, administrasie (funksie), wanadministrasie, beheer, wanbeheer, oorbelasting, bestuursreg, seggenskap, regering 795, heerskappy, leiding, huishouding, reëling, verteenwoordiging; bestuursliggaam, bestuur (liggaam), beheerliggaam, hoofbestuur, middelvlakbestuur, dagbestuur, afdelingsbestuur, administrasie (liggaam), administratiewe afdeling, administratiewe sisteem, administratiewe masjinerie, administratiewe personeel, instelling, bestuurs-

instelling, direksie, direktoraat, raad, bestuursraad, beheerraad, staatsraad, provinsiale raad, streekraad, afdelingsraad, landraad, landbouraad, koringraad, mielieraad, melkraad, piesangraad, ..., oktrooiraad, nywerheidsraad, veiligheidsraad, stadsraad, dorpsraad, skoolraad, universiteitsraad, raad van ondersoek, adviesraad, huurraad, ..., komitee, bestuurskomitee, beheerkomitee, reëlingskomitee, skoolkomitee, regeringskomitee, parlementêre komitee, volksraadskomitee, senaatskomitee, staande komitee, ad hoc-komitee, ..., kommissie, regeringskommissie, staatskommissie, staatsdienskommissie, regskommissie, hoofdireksie, afvaardiging, instituut, sentrum, stigting, natuurstigting, sportstigting, ..., diens, gesondheidsdiens, landsdiens, streekdiens, ..., moderamen, moderatuur; kantoor, hoofkantoor, hoofkwartier, kantoorgebou, parlementsgebou, parlementshuis, regeringsgebou, administrasiegebou, registrateurskantoor, registrasiekantoor, akte(s)kantoor, ambassade, ambassadegebou, konsulaat, kanselary, raad(s)huis, raadsaal, raadskamer, komiteekamer, stadsaal, stad(s)huis, burgersentrum, munisipaliteit (gebou), munisipale kantoor, munisipale kantore, argief, staatsargief, regeringsargief, ryksargief, universiteitsargief, ...

staatsbestuur, staat(s)huishouding, gesag, oppergesag, opperbestuur, bewind, skrikbewind, regime, regering, regeringsorgaan, partyregering, veelpartyregering, nasionale regering, landsregering, landsbestuur, goewerment, provinsiale regering, condominium, regeringsbanke, regeringskringe, regeringsmasjien, owerheid, owerheidsweë, moondheid, supermoondheid, wêreldmoondheid, staat, regstaat, polisiestaat, staatsgesag, staatsektor, openbare sektor, administrasie, staatsadministrasie, landsadministrasie, staatsdiens, staatsinrigting, staatsinstelling, staatsliggaam, owerheidsinstelling, staatsorgaan, volksbestuur, paktregering, militêre regering, stratokrasie, selfregering, outonomie, imperium, wetgewende gesag, wetgewende mag, uitvoerende gesag, uitvoerende mag, parlement, huis, kamer, parlementêre kamer, eerste kamer, tweede kamer, ...,

hoërhuis, laerhuis, volksraad, senaat, grondwetskrywende vergadering, vaste komitee, parlementêre komitee, gesamentlike komitee, portefeuljekomitee, konstituante, partystelsel, regerende party, opposisie, opposisieparty, meerderheidsparty, minderheidsparty, partybestuur, partyleiding, koukus, partykoukus, junta, militêre junta, kabinet, skadukabinet, skimkabinet, ministersraad, ministerie, portefeulje, ministersportefeulje, bestuursportefeulje, departement, staatsdepartement, ambassade, konsulaat, kanselary, streek(s)regering, streeksbestuur, plaaslike regering, plaaslike bestuur, provinsialisme, kommunalisme, stadsbestuur, stadsowerheid, dorpsbestuur, stadsraad, munisipaliteit, afdelingsraad, streek(s)raad, streekdiensteraad; regeerbaarheid, onregeerbaarheid

regeringsamestelling, samestelling, samestelling van 'n regering, regeringsvorm 795, samestelling van 'n kabinet, hersamestelling, ontbinding, ontbinding van 'n regering, ontbinding van die parlement

beleid, bestuursbeleid, regeringsbeleid, staatsbeleid, politiek, politieke beleid, politieke stelsel, buitelandse beleid, binnelandse beleid, rassebeleid, ekonomiese beleid, handelsbeleid, monitêre beleid, gesondheidsbeleid, onderwysbeleid; beleidsdokument, beleidstuk, beleidsraamwerk, beleidstoepassing

staat(s)kunde, staat(s)huishoudkunde, staatsleer, handel, staatsreg, ekonomie, makro-ekonomie, mikro-ekonomie, staatskas, landskas, politiek, opposisiepolitiek, brood-en-botterpolitiek, realpolitiek, welvaartspolitiek, apartheidspolitiek, ekspansionisme, ekspansiepolitiek, kolonialisme, diplomasie, remskoenpolitiek, obstruksiepolitiek, volstruispolitiek, politiekery; statuut, konsepwet, wet, konsepwetsontwerp, wetsontwerp, bloudruk, witskrif, witboek, staatskoerant, staatsblad, Hansard, staatstuk, staatspapier, regulasie, beleid

ideologie 795

staatkundige proses, politieke proses, openbare deelname, openbaredeelnameproses, regering, verkiesing, verkiesingsproses, regeringsverandering; debat, parlementêre debat, blitsdebat, presidensiële debat, begrotingsdebat, interpellasie, interpellant, uitspraak, beleidsuitspraak; ontvoogding, bevryding, hervorming, reformasie, bemiddeling, onderhandeling, arbitrasie, tussenkoms, voorspraak, intervensie, intersessie, ingryping, inmenging, staatsinmenging, regeringsinmenging, sanksie (teenkanting), toestemming, goedkeuring, sanksie (goedkeuring), seël, rasionalisasie, regularisasie, regulering, deregulering, sentralisasie, desentralisasie, privatisering, dirigisme, registrasie, registrasiekoste, registrasiesertifikaat, beheer, toesig, supervisie, kontrole, kontrolering, instruksie, sanksionering, regeersug, staatshulp

verkiesing, eleksie, stemming, stemmery, verkiesingstryd, herkiesing, parlementêre verkiesing, algemene verkiesing, tussenverkiesing, presidentsverkiesing, volksraadsverkiesing, senaatsverkiesing, bestuursverkiesing, komiteeverkiesing, ..., blitsverkiesing, hoofdelike stemming, geslote stemming, geheime stemming, referendum, volkstemming, plebissiet; kiesstelsel, kiesplig, stemplig, ontkiesering; verkiesbaarheid, kandidatuur, kandidaat, teenkandidaat, kiesdistrik, stemdistrik, kieswyk, stemreg, vrouestemreg, stemplig, stembrief(ie), stembiljet, geslote stembrief(ie), stembus, stemlokaal, stemhokkie, stemburo, stemdag; stem, gewone stem, spookstem (verkiesing), posstem, geheime stem, liegstem, teenstem, opposisiestem, veto, vetostem, beslissende stem, meerderheidstem, minderheidstem, stemgetal, stemtotaal, stemmetal, stemregister, bevolkingsregister; kieser, stemgeregtigde, kiesgeregtigde, kieserskorps, kieskollege, elektoraat, kieserslys, stemvolk (*informeel*), stemvee (*soms kwetsend, informeel*); kiesbeampte, stemopnemer, stemteller

bestuurseenheid, ampsgebied, ressort, regsgebied, grondgebied, land, land(s)grens, moondheid, mag, wêreldmoondheid, wêreldmag, seemoondheid, imperium, ryk, wêreldryk, koninkryk, monargie, keiserryk, emiraat, sultanaat, sjeikdom, rykseenheid, ryksgebied, sowjet, sowjetrepubliek, gemenebes, gemenebes van state, statebond, statefamilie, staat, onafhanklike staat, eenheidstaat, federale staat, federasie, federasie van state, deelstaat, bondstaat, stadstaat, bufferstaat, satellietstaat, afhanklike staat, protektoraat, selfregerende gebied, selfregerende staat, kolonie, kroonkolonie, dominium, provinsie, intendantuur, hertogdom, aartshertogdom, graafskap, prinsdom, kroongebied, distrik, kanton, sone, stad, dorp, munisipaliteit, munisipale gebied, setel, parlementêre setel, volksraadsetel, munisipale setel

besigheidsbestuur, personeelbestuur, risikobestuur, dag-tot-dagbestuur, strategiese bestuur, kommunikasiebestuur; personeelbestuurder, risikobestuurder, kommunikasiebestuurder

bestuurshandeling, bestuurstaak, bestuursfunksie, leidinggewing, bestuursaangeleentheid, administratiewe taak, administratiewe opdrag, administratiewe aangeleentheid, saak, administratiewe saak, rompslomp, administratiewe rompslomp, landsake, komiteesake, akkreditasie; bestuurstrategie, bestuurstaak, omkeerstrategie

vergadering 168, bestuursvergadering, ledevergadering, algemene vergadering, jaarvergadering, spesiale vergadering, spoedvergadering, komiteevergadering, kommissievergadering, raadsvergadering, kabinetsvergadering, sitting, raadsitting, komiteesitting, parlementêre sitting, parlementsitting, staatswerksaamheid, sessie, koukus, koukusvergadering, samespreking, beraadslaging, beraad, spitsberaad, vredesberaad, imbizo, indaba, lekgotla, bosberaad, konferensie, kongres, konvensie, konvokasie, sinode 852, simposium, seminaar, forum, samekoms, byeenkoms 665, verdaging, reses

agenda, sakelys, dagorde, agendapunt, vergadering(s)prosedure, besluitneming, voorstel, sekondering, voorsteller, sekondant, besluit, regeringsbesluit, staatsbesluit, kabinetsbesluit, bestuursbesluit, direksiebesluit, raadsbesluit, komiteebesluit, ..., riglyn, riglynbesluit

amp, pos, bestuursamp, bestuurspos, regeringsamp, regeringspos, staatsamp, administratiewe pos, openbare pos, staats-

dienspos, amptenary, amptenaredom, burokrasie, administratiewe personeel, posisie, bestuursposisie, aanstelling, ampsvervulling, ampsperiode, ampstermyn, verkiesingstermyn, ampseed, septennaat, duumviraat, kurator, kuratorskap; ampsdraer, bestuurder 591, bestuurderes, hoofbestuurder, hoofbestuurslid, adjunkbestuurder, assistentbestuurder, takbestuurder, winkelbestuurder, toneelbestuurder, ..., administrateur 591, administratrise, sportadministrateur, ..., direkteur, direktrise, direkteurskap, superintendent, superintendent-generaal, leier, leidster, korifee (*ongewoon*), voorsitter, voorsitster, stoel, hoof 591, baas, grootkop, werkgewer, grootmeester, sleutelman, regeringshoof 591, regeerder, volksleier, partyleier, partylid, sweep, hoofsweep, partysweep, kabinetslid, minister, volksraadslid, senator, senaatslid, lid van die senaat, parlementslid, speaker, stafdraer, landsvader, volksvader, verteenwoordiger, regeringsverteenwoordiger, administrateur (regeringsamp), ombudsman, goewerneur, goewerneur-generaal, goewerneurskap, intendant, intendent, intendans, resident, raadslid, komiteelid, kommissielid, direkteur-generaal, prokureur-generaal, ouditeur-generaal, landmeter-generaal, regeringsverteenwoordiger, afgesant, afgevaardigde, chargé d'affaires, agent, arbiter, onderhandelaar, amptenaar, apparatsjik, burokraat, siviele amptenaar, bankamptenaar, regeringsamptenaar, regeringswoordvoerder, staatsamptenaar, kripvreter (*kwetsend, informeel*), munisipale amptenaar, burgemeester, stadsklerk, stadstesourier, stadsingenieur, stadsbeplanner, stadsuitlêer, waterfiskaal, bouinspekteur, sekunde (*ongewoon*), kontroleur, registrateur, adjunk, tweede-in-bevel, assistent, sekundus, sekretaris, sekretaresse, raadgewer, klerk, pen(ne)lekker (*skertsend*), beampte, hoofbeampte, majordomo, majordomus, doeanebeampte, polisiebeampte, hofmeester, opsiener, opsigter, bode, magasynmeester, stasiemeester, stasiebeampte, dispensier, ampsgenoot, aktebesorger
b.nw. bestuursmatig, besturend, leidend, administratief, burokraties, institusioneel, huishoudelik, departementeel, provinsiaal, interprovinsiaal, munisipaal, aangewese, afgevaardig, amptelik, offisieel, statutêr, geakkrediteer, nie-amptelik, half-amptelik, offisieus, publiek, siviel, openbaar, reglementêr, reëlbaar, reguleerbaar, beheerbaar, kontroleerbaar, raadgewend, rasioneel

staatkundig, staatshuishoudkundig, polities, verpolitiek, verpolitiseer(d), sosio-ekonomies, sosiaalekonomies, diplomatiek, outonoom, verteenwoordigend, representatief, ministerieel, sittend, regerend, bewindhebbend, selfregerend, regeerbaar, onregeerbaar, regeringsloos, vrymagtig, reformisties

beleidmatig, ideologies, monargaal, diktatoriaal, dinastiek, dinasties, aristokraties, outokraties, totalitêr, dominiaal, veelhoofdig, veelkoppig, oligargies, populisties, selfregerend, soewerein, onafhanklik, republikeins, nasionaal, demokraties, sosiaal-demokraties, sosialisties, kommunisties, parlementêr, onparlementêr, pluralisties, federaal, federalisties, konfederaal, konfederalisties, soeserein, imperiaal, imperialisties, provinsialisties, ekspansionisties, separatisties, tussentyds

verkose, herkose, stemgeregtig(d)

591. Gesaghebber
s.nw. gesaghebber, gesagvoerder, oppergesagvoerder, gesagsfiguur, gesag, gesagstruktuur, outoriteit, maghebbende, maghebber, kokkedoor, groot kokkedoor, grootkop, hooggeplaaste, hoogwaardigheidsbekleër, eminensie, magsmens, potentaat; militêre gesaghebber, militêre rang, kommandement, bevelhebber, bevelvoerder, gesagvoerder, stafhoof, stafoffisier, offisier, seeoffisier, admiraal, vise-admiraal, skoutadmiraal, skout-by-nag, onderadmiraal, generaal, kommandant-generaal, generaal-majoor, luitenant-generaal, brigadier, kolonel, kommandant, kommodoor, majoor, kaptein, luitenant, baasseeman, adjudant, adjudant-offisier, sersant-majoor, sammajoor (*informeel*), stafsersant, vlugsersant, sersant, sersantskap, korporaal, onderkorporaal, bevare seeman, manskap, troep; prefek, prefektuur

leierskap, leier, leidster, leidsman, leiersfiguur, leidende, hoofleier, groepleier, spanleier, kaptein (sport); voorbok, voorvatter, empirebouer (*Engels, negatief*), empaaierbouer (*Engels, negatief, skertsend*)
heerser, opperheerser, alleenheerser, heerseres, vors, grootvors, vredevors, vorstin, vorstehuis, vorstelikheid, koninklike, koning, koningin, majesteit, koninginmoeder, prins, kroonprins, prinses, prinsgemaal, koningskind, troonopvolger, koningshuis, regent, regentes, regentskap, koningkeiser, keiser, keiserin, caesar, mikado (Japan), khan (Turkye), khanaat, mogol, grootmogol, maharadja (Indië), maharani, mahatma, negus (Abessinië), sjah, sjeik, sjeg, sultan, sultane, sultanaat, emir, emiraat, tsaar, tsarina, tsarewitsj, triumvir, triumviraat, monarg, monargie, diktator, diktatorskap, outokraat, tiran, tirannie, tetrarg, viervors; troon, troonopvolging, troonsuksessie, troonsbestyging, troonsafstand, abdikasie; troonrede
staatslui, staatsliede, staatshoof, staatsman, staatsleier, regeringshoof, regeringsleier, regeerder, bewindhebber, opperbewindhebber, gesagvoerder, oppergesagvoerder, bewindvoerder, opperbewindvoerder, president, staatspresident, kanselier, rykskanselier, minister, eerste minister, premier, premierskap, senior minister, minister-president, onderminister, staatsekretaris, ministerie, goewerneur, goewerneur-generaal, kommissaris, kommissaris-generaal, seëlbewaarder, intendant, intendent, satraap, direkteur-generaal, departementshoof, prefek, sekunde, stamhoof, kaptein (~ van die stam), stamkaptein, hoofman, indoena, ringkop, owerste, raadsheer, diplomaat, ambassadeur, konsul, konsulaat, attaché, afgesant, gesant, afgesantskap, gesantskap, missionaris, saakgelastigde, chargé d'affaires, afgevaardigde, representant, representasie, gedeputeerde, deputaat, deputasie, verteenwoordiger, senator, senaatslid, senaatsverteenwoordiger, parlementêre verteenwoordiger, parlementslid, parlementariër, senior parlementslid, senior parlementariër, voorbanker, junior parlementslid, junior parlementariër, agterbanker, landsvader, landvoog, speaker, speakerstoel, sweep, hoofsweep, partysweep, resident, residentskap, residensie, partyleier, opposisieleier, burgemeester, onderburgemeester, stadsklerk, regter, regter-president, hoofregter, appèlregter, advokaat-generaal, prokureur-generaal, landdros, hooflanddros, magistraat, hoofamptenaar, senior amptenaar, stadhouer, stedehouer, mandaryn, pasja, hoofbeampte, senior beampte, voorman, stasievoorman, mandoor, slawedrywer, voog, voogdes
hoof, hoofskap, streekhoof, baas, grootbaas, mogol, grootmogol, skofbaas, spanbaas, heer, opperheer, olana, olanna, meester (baas), meesteres, werkgewer, direkteur, besturende direkteur, hoofdirekteur, adjunkdirekteur, direkteurskap, direktoraat, departementshoof, bestuurder, hoofbestuurder, medebestuurder, onderbestuurder, administrateur, rektor, viserektor, kanselier, visekanselier, skoolhoof, adjunkhoof, onderhoof, hoofonderwyser, hoofonderwyseres, vakhoof, onderwyser, onderwyseres, meester (onderwyser), hoofseun, hoofdogter, prefek, hawekaptein, hawemeester, skeepskaptein, skipper, rentmeester, voorman, hofmeester, instrukteur, taipan
kerkleier 852, kerklike leier, pous, kardinaal, eminensie, aartsbiskop, biskop, deken, domheer, moderator, predikant, dominee, eerwaarde
gesinshoof, huisvader, huisheer, huismoeder
regalia, ampsdrag, ampsgewaad, ampskleed, ampsketting, ampsmotor, ampswoning, ampstaf, rangteken, rangstreep
b.nw. gesaghebbend, heersend, magtig, opermagtig, maghebbend, opperste, hooggeplaas, outoritêr, baasspelerig, dominerend, outokraties, vorstelik, koninklik, majesteitlik, prinslik, keiserlik, monargaal, diktatoriaal, bewindhebbend, regerend, baasspelerig, presidensieel, ministerieel, protokollêr, diplomatiek, konsulêr, munisipaal, leidend, leidinggewend, afgevaardig, gedeputeer, besturend, administratief, administrerend
ww. gesag hê, gesag voer, aan bewind wees, regeer, heers, kommandeer, delegeer, representeer, administreer; lei, leiding gee;

voor vat, empire bou (*Engels, negatief*)
woorddeel hoof-, opper-, vise-, onder-, adjunk-
uitdr. aan die roer staan, aan die roer van sake staan, die roer in hande hê

592. Ondergeskikte
s.nw. ondergeskikte, ondergeskikte persoon, nonentiteit, mindere, pion, onderhorige, klaas, onderdaan, horige, burger, burgerlike, burgerlike persoon, landsburger, medeburger, landgenoot, vryburger, stemgeregtigde, agterbanker, dwarsbanker, manskap, troep, wag, ampswag; gevolg, entourage
dienaar, dienares, diensmaagd, diensmeisie, binnemeisie, bediende, skiewie (*informeel*), kamerheer, kamermeisie, kamenier, kamerbediende, lyfbediende, kamerling, howeling, hofdame, geselskapsdame, hofknaap, edelknaap, skildknaap, kajuitknaap, herdersknaap, hofnar, lakei, page, kneg, dienskneg, lyfeiene, lyfkneg, livreikneg, knegskap, slaaf, slavin, slawekind, galeislaaf, heloot, slawearbeid, slawediens, slawerny, verknegting
aanhanger, dissipel, apostel, volgeling, ondersteuner, rojalis, monargis, koningsgesinde
werknemer, diensnemer, huurling, personeel, dienspersoneel, adjunk, sekretaris, aide de camp, samewerker, assistent, medewerker, regterhand, hulpprediker, hulpleraar, hulpsekretaris, sekretaresse, hulpsekretaresse, amptenaar, staatsamptenaar, staatsdienaar, beampte, klerk, pen(ne)lekker (*skertsend*), keldermeester, koster, opsigter, bewaarder, deurwag, konservator, bode, diensbode, page, portier, nagportier, helper, medehelper, hulp, huishoudster, huishouer, bediende, kamerbediende, huisbediende, huishulp, poetsvrou, bagasiedraer, bywoner, ambagsman, vakman, vakarbeider, messelaar, skrynwerker, timmerman, loodgieter, verwer, skilder, arbeider, landarbeider, plaasarbeider, kontrakarbeider, werker, handlanger, faktotum, handwerker, handearbeider, tuinwerker, tuinkneg, stalkneg
hierjy, skiewie (*informeel*), vloermat, jabroer, speelpop, strooipop, instrument, vent

b.nw. ondergeskik, onderhorig, horig, dienswillig, afhanklik, inferieur, verkneg, knegs, onderdruk, verdruk, slaafs, honds
ww. ondergeskik maak, onderhorig maak, kneg, verkneg; ondergeskik wees, onderdanig wees, buig, neerbuig
uitdr. hiet en gebied; houtkappers en waterdraers/waterputters; waterdraer en houthak(k)er; in iemand se kloue kom; onder iemand staan

593. Vryheid
s.nw. vryheid, uhuru, oehoeroe, vryheidsgees, vryheidsin, vryheidsliefde, ongedwongenheid, persoonlike vryheid, burgerlike vryheid, eiemagtigheid, prerogatief, carte blanche, diskresie, vrymag, vrye teuels, onbeperktheid, vryheid van die pers, persvryheid, drukpersvryheid, mediavryheid, vryheid van spraak, spraakvryheid, vryeheid van meningsuiting, godsdiensvryheid, vryheid van aanbidding, handelingsvryheid, vryheid van beweging, vryheid van assosiasie, gewetensvryheid; vryheidstrewe, vryheidsug, vryheidstryd
ongebondenheid, onbevangenheid, verligtheid, liberalisme, individualisme, indiwidualisme, individualiteit, indiwidualiteit, onregsinnigheid, vrysinnigheid, vrydenkendheid, vrygeestigheid, vryheid van gees, vrymoedigheid, onbeskroomdheid, oopheid, openheid, openhartigheid, openlikheid, deursigtigheid, glasnost, willekeur, willekeurigheid; ongedissiplineerdheid, ordeloosheid, gebrek aan orde, ongebreideldheid, onbeheerstheid, onbeheersbaarheid, gebrek aan selfbeheersing, skaamteloosheid, gebrek aan skaamte, onbeskaamdheid, sedeloosheid, bandeloosheid, losbandigheid
bevryding, emansipasie, vrymaking, ontvoogding, vrylating, ontslag, borgtog, parool, dagparool, vryspraak, vryspreking, vrystelling, vrykoping, redding, uitredding, redder, ontheffing, ontsetting, verlossing, ontkoming, ontvlugting, ontsnapping, uitbreking, vrywaring, indemniteit
onafhanklikheid, onafhanklikheidsverklaring, onafhanklike staat, vrygewes, soewereiniteit, selfstandigheid, selfonderhoudendheid, outonomie 4, 590, selfbe-

stuur, selfregering 590, selfbeskikking, selfbeskikkingsreg, uhuru, oehoeroe, wilsbeskikking

vry(e) persoon, vryheid(s)liewende persoon; vrydenker 767, libertyn, vrye gees, vrygees, individualis, indiwidualis; losbol, los hotnot (*kwetsend*), joller (*informeel*), pierewaaier

b.nw. vry, vryheid(s)liewend, ongebonde, losklos, onverbonde, bevry, vrygemaak, vrygelaat, vrygestel, losgelaat, vrygespreek, geëmansipeer(d), onbeperk, onbelemmerd, ontslae, kwyt, ongedwonge, onbeperk

vrysinnig, vrydenkend, vrygeestig, ondogmaties, onbevange, verlig, onregsinnig, liberaal, liberalisties, individualisties, indiwidualisties, vrymoedig, onbeskroomd, oop, willekeurig; ongedissiplineer(d), ongeïnhibeerd, ordeloos, ongebreidel(d), onbeheers(d), skaamteloos, onbeskaam(d), sedeloos, bandeloos, losbandig

onafhanklik, independent, soewerein, selfstandig, selfstandiglik, selfonderhoudend, outonoom, selfregerend, selfbeskikkend, losklos

ww. vry wees, vry beweeg, botvier, vryheid neem, vry raak, vrykom, vryheid herwin, ontkom, ontvlug, ontsnap, ontglip, ontloop, ontval, ontskiet, ontkom, wegkom, ontspring (ontkom), uitbreek, losbreek, losruk, losskeur, ontgaan, afwerp, vryspring, vryhou, ontlaai, ontlas, kwytraak

bevry, vrymaak, vryheid gee aan, emansipeer, dekoloniseer, dekolonialiseer, vrylaat, op borgtog vrylaat, op parool vrylaat, loslaat, los, uitlaat, vrystel, vrysit, laat gaan, ontslaan, vryspreek, vryskeld, vryverklaar, vrykoop, uitkoop, afkoop, ontvoog, red, uitred, verlos, ontset, onthef, indemniseer

bw. gerus, vry(e)lik, sonder belemmering, uit die tronk, uit die gevangenis, uit aanhouding, op vrye voete

uitdr. vrye teuels gee; die hande vry hê; die juk afwerp; die bande verbreek; jou eie baas wees; jou eie meester wees; jou eie gang gaan; jou eie potjie krap; jou iets veroorloof; jou vrymaak van; kort hou; op jou eie pote staan; op vrye voet stel; van blaam suiwer; 'n vonnis opskort

594. Onvryheid

s.nw. onvryheid, gebrek aan vryheid, gebondenheid, beperking, beperktheid, afhanklikheid; vervolging, godsdiensvervolging; verbod, inperking 579, beperking, interdik, inperkingsbevel, aandklokreël, aandklok, inkomtyd

gevange(n)skap, gevangehouding, gevangeneming, uitlewering, gevangesetting, gevangenisstraf, detensie, aanhouding, bewaring, opsluiting, eensame opsluiting, alleenopsluiting, gevangenislewe, tronklewe, arres, arrestasie, huisarres, voorarres, hegtenis, inhegtenisneming, inhegtenisname, dwangarbeid, slawerny, slawelewe; boei, handboei, voetboei, voetblok, yster, ketting, dwangbuis, gevangenisklere, gevangenisdrag, gevangeniswa; gevangenisdiens, gevangeniswese, gevangenis, staatsgevangenis, tronk, tjoekie (*informeel*), mang (*lekties, informeel*), hok (*informeel*), aanhouplek, gevangenekamp, konsentrasiekamp, kamp, detensiekamp, detensiebarak, strafinrigting, strafkolonie, kerker, werkhuis, sel, tronksel, dodesel, mansel, vrouesel, polisiesel, hofsel, selstelsel, verbeter(ings)gestig, verbeter(ing)skool; lokval, strik, valstrik, lokvink

gevangene, staatsgevangene, prisonier, tronkvoël, gas van die staat, aangehoudene, arrestant, gearresteerde, verhoorafwagtende, geïnterneerde, bandiet, dwangarbeider, klipkapper, gyselaar, slaaf, slavin, slawekind; tronkbewaarder, sipier, proefbeampte

b.nw. gevang, gevange, vasgekeer, onvry, nie vry nie, gebonde, vas, vasgekluister, ingeperk, beperk

ww. vang, gevange neem, in die gevangenis werp, in die tronk gooi, arresteer, in arres neem, aanhou, binnehou, gevange hou, opsluit, toesluit, in bewaring neem, bewaak, inperk, bind, vryheid aan bande lê, boei, vasboei, vaskluister, gryp, betrap, verstrik, vasvang, in 'n hoek jaag, hang, kluister, onderdruk, oorgee, oorlewer, sit, skaak, uitdien, uitlewer, uitsit

uitdr. agter die tralies; agter slot en grendel; jou tyd uitdien

b. Aard van gesagsuitoefening
595. Streng
b.nw. **streng**, gestreng, rigied, rigoreus, Spartaans, oordrewe streng, ontoegeeflik, ontoeskietlik, oninskiklik, onbuigsaam, onverbiddelik, gedissiplineer(d), nougeset, kwaai, hard, hardvogtig, ongenadig, veeleisend, straf, kras, drasties, skerp, swaar, star, stoer, outyds, formeel, strik, outoritêr, despoties, tirranniek, drakonies, onredelik, klinies, presies, nadruklik, emfaties; formeel, styf

nadruklik, uitdruklik, emfaties, ferm, beslis, kragtig, onomwonde, kategories, duidelik, klinies, presies

s.nw. **strengheid**, dissipline, hardheid, rigiedheid, rigiditeit, stoerheid, starheid, hardvogtigheid, onbuigsaamheid, ontoegeeflikheid, ontoeskietlikheid, oninskiklikheid, onverbiddelikheid, onredelikheid, dwingelandy, tirannie, despotisme

nadruklikheid, emfase, fermheid, beslistheid, kragtigheid, duidelikheid, presiesheid

dwingeland, onderdrukker, tiran, despoot, diktator

ww. dissiplineer, opdreun, korthou, kortvat, bandvat, belet, tiranniseer

uitdr. die teuels kort hou; iemand uit jou sak skud; taai in die bek; met 'n harde hand regeer; met 'n swaar hand regeer; met 'n ysterhand/ystervuis regeer; die roede nie spaar nie; die leisels styf hou

596. Inskiklik
b.nw. **inskiklik**, skiklik, redelik, billik, buigsaam, soepel, aanpasbaar, plooibaar, reklik, toegeeflik, toegewend, toeskietlik, tegemoetkomend, akkommoderend, meegaande, simpatiek, welwillend, considererend, gemaklik, geduldig, verdraagsaam, lankmoedig, tolerant, lydsaam, vergewensgesind, ordentlik, sag, gewillig, vrywillig, bereidwillig, willig (*verouderd*), willigklik, handelbaar, soet; informeel, nie-formeel, gemaklik, loslit

swak, onderworpe, sedig

s.nw. **inskiklikheid**, redelikheid, buigsaamheid, soepelheid, aanpasbaarheid, plooibaarheid, toegeeflikheid, toegewendheid, toegewing, toeskietlikheid, tegemoetkomendheid, tegemoetkoming, kondone-

ring, kwytskelding, simpatie, welwillendheid, konsiderasie, geduld, lankmoedigheid, verdraagsaamheid, toleransie, lydsaamheid, sagtheid; informaliteit, loslittigheid, gemaklikheid

swakheid, slapheid, slapte, slapgatheid (*plat*), slapgatgeit (*plat*), onderworpenheid, sedigheid

bw. redelikerwys, met reg, met rede, billikerwys, billikheidshalwe, uit eie wil

ww. laat skiet, skiet gee, toegee, toelaat, iets oogluikend toelaat, oorsien, kondoneer, kwytskeld, instem, tegemoetkom, aanpas, tolereer, geduld gebruik, verskoon, berus, ontsien, konsidereer, spaar, verdra, verslap, neerbuig

uitdr. die teuels laat skiet; met 'n ligte hand regeer; Gods water oor Gods akker laat loop; iemand sy/haar sin gee; iemand in/na die oë kyk/sien; van die nood 'n deug maak

597. Gehoorsaam
b.nw. gehoorsaam, gehoorsamig (*lekties*), wetsgehoorsaam, gedissiplineer(d), soet, stroopsoet, dienswillig, gewillig 596, gedienstig, dienstig, inskiklik 596, bereidwillig, handelbaar, gedienstig en gedwee, gedwee, getroos, mak, murf, tam, onderdanig, ondergeskik 30, 589, onderworpe, volgsaam, ootmoedig, geseglik

s.nw. **gehoorsaamheid**, gehoorsaming, dissipline, gedissiplineerdheid, gewilligheid, dienswilligheid, inskiklikheid, getrouheid, volgsaamheid, makheid, onderdanigheid, ondergeskiktheid, onderworpenheid, berusting, ootmoed

onderwerping, subordinasie, onderdrukking, pantoffelregering, slawerny, tug 835, straf 835; jabroer, pantoffelheld, suikerklontjie, kruiper, slaaf

bw. mooitjies

ww. gehoorsaam, gehoor gee, berus, luister na, hoor, konformeer, skik na, kruip

uitdr. aan die leiband loop; na die oë kyk; jou laat gesê; na iemand anders se pype dans; onder die pantoffelregering staan; die knie buig; onder die tug staan

598. Ongehoorsaam
b.nw. **ongehoorsaam**, ongehoorsamig (*lekties*), onbedwingbaar, opstandig, we(d)er-

strewig, rebels, terroristies, weerbarstig, weerspannig, onregeerbaar, diknek, hardkoppig, obstinaat, obsternaat, styfhoofdig, styfkoppig, taaibekkig, ongeseglik, stout, stouterig, kwaaddoenerig, onhebbelik, ondeund, goddeloos, goddelooslik, dwars, dwarstrekkerig, koppig, woelig, veeleisend, balhorig, balsturig, bandeloos, toomloos

sondig 623, 779, 813, 820, boos, korrup, immoreel

onwettig, illegitiem, verbode, ontoelaatbaar, wetteloos, misdadig, rebels, oproerig, sedisieus, anargisties, terroristies

s.nw. ongehoorsaamheid, veron(t)agsaming, oortreding, stoutigheid, sonde, sondigheid, weerbarstigheid, kwaadwilligheid, teenstribbeling, teëstribbeling, woeling, gesagskrisis, gesagsprobleem, insubordinasie, teenpratery, teëpratery; burgerlike ongehoorsaamheid, openbare ongehoorsaamheid, opstand, oproer, opruiery

onwettigheid, illegitimiteit, wetteloosheid, misdadigheid, onregeerbaarheid, burgerlike ongehoorsaamheid, opstand, opstandigheid, onrus, oproer, opstootjie, muitery, petalje, wanorde, harlaboerla, verset, versetpleging, versetbeweging, weerstand, anargie, anargisme, sedisie, rebelsheid, rebellie, terreur, terrorisme

ongehoorsame persoon, oortreder, stouterd, stoutgat, duiweltjie, dwarskop, belhamel, misdadiger, rebel, opstandeling, onrussaaier, onrusstoker, oproermaker, oproerstoker, oproerling, versetstryder, versetleier, anargis, terroris

ww. ongehoorsaam wees, veron(t)agsaam, oortree, teenpraat, teëpraat, verset, versit, rebelleer, protesteer, in opstand kom, opstaan, verbrui, sonde doen

uitdr. die stang vasbyt; hoor is min; nie ore aan jou kop hê nie; taai in die bek wees; die versene teen die prikkels slaan; ek laat my nie (ge)sê nie; jou eie kop volg

c. Uitoefening van gesag
599. Gesag uitoefen

ww. gesag uitoefen, gesag voer, jou gesag laat geld, baasspeel, regeer, heers, heerskappy voer, lei, leiding gee, leiding neem, aanvoer, kommandeer, bevel voer, bestuur, beheer uitoefen, reël, organiseer, toesig hou, reguleer, verantwoordelikheid hê, verantwoordbaar wees, reglementeer, konstitueer, orde bewaar, orde handhaaf, dissiplineer, onderwerp, onderdanig maak, voorskryf, opvoed, sê, sanksioneer, ingryp, stappe doen, optree, toetas, vermag, besluite neem, beslissings neem, beslissings vel, baasraak, opdra, opdrag gee

beveel, gebied, baasspeel, oorheers, hiet en gebied, rondorder (*Engels, informeel*), gelas, ordonneer, eis, verlang, dwing, afdwing, afpers, bedwing, verorden, verordineer, verplig, uitvaardig ('n bevel ~), herroep ('n bevel ~)

s.nw. gesagsuitoefening, heerskappy, oorheersing, baasskap 588, meesterskap, mag, magsuiting, magsvertoon, magsbetoon, magsmisbruik, magshonger, magslus, magsposisie, magsfeer, mandaat, magtiging, sanksionering, volmag, jurisdiksie, bevoegdheid, regsbevoegdheid, regsmag, regterlike bevoegdheid, regterlike mag, magsbevoegdheid, houvas, gesag, outoriteit, beheer, verordening, kontrole, toesig, verantwoordelikheid 588, verantwoordbaarheid, invloed, invloedrykheid, seggenskap, beskikkingsreg, bestuur 590, aanvoering, leidinggewing, geweld 616, 618, 656, 667, dominasie, druk, dwang, ingryping, pressie, sanksie, charter, hamer (teken van mag of gesag); magstruktuur, gesagstruktuur, bevelstruktuur, bevelsraad, magskliek, geweldskliek, faksie, instansie, owerheid, bevelseenheid, hoofkwartier

bevel, order, bevelskrif, orderpapier, memorandum, teenbevel, dwangbevel, dagbevel, dagorder, lasbrief, mag(s)woord, direktief, fiat, opdrag, instruksie, imperatief, bestier (Gods ~), bewaring, eis, teeneis, bestelling, gebod, voorwaarde, diensvoorwaarde, maatreël, dwangmaatreël, oorgangsmaatreël, teenmaatreël, uitsonderingsmaatreël, veiligheidsmaatreël, ..., demper, voorskrif, ordonnansie, ordinansie, konsepordonnansie, verordening, edik, protokol, reël, reëling, besluit, regeringsbesluit, bepaling, wetsbepaling, uitsonderingsbepaling, reglement, regulasie, noodregulasie, noodmaatreël, wet, grondwet, konstitusie, dekreet, verbanningsdekreet, ...; opheffing, vrystelling, dispensasie

gesagvoerder 591, aanvoerder, bevel=
voerder 591, leier, leidster, baas, werk=
gewer, baasspeler, baasspelerige persoon,
kokkedoor, chargé d'affaires, opdragge=
wer, lasgewer, mandataris, mandator,
pressiegroep, teeneiser
b.nw. beherend, gebiedend, bevelend, im=
peratief, invloedryk, verpligtend, verant=
woordelik, protokollêr, uitvoerend, be=
voeg(d), verlangend, voorgeskrewe
uitdr. bo iemand staan; die baas speel; ie=
mand van 'n las kwyt; iemand die wet
voorskryf; iemand 'n stang in die bek sit;
in toom hou; na iemand se pype dans; op
iemand se kop sit; op las van

600. Onder bevel staan
ww. onder bevel staan, onder gesag staan,
dien, bedien, diens lewer aan, nakom, uit=
voer ('n bevel ~), volg, onderwerp, gehoor=
saam, gehoorsaam wees aan, gehoor gee,
luister na, opvolg
onder bevel plaas, onder bevel bring, dis=
siplineer 599, onderwerp 599
s.nw. onderdanigheid, gehoorsaamheid, on=
derworpenheid, bedwang, eerbiedigheid,
volgsaamheid, nakoming, uitvoering,
dienstigheid, gedienstigheid, dissipline;
onderdaan, volgeling, onderworpene
diens, dienswilligheid, diensbetoon, diens=
vaardigheid, diensverrigting, diensbode,
diensjaar, diensmotief, diensreëling, diens=
rooster, dienstermyn, dienstyd, diensure,
diensvoorwaarde
b.nw. onderdanig, ondergeskik, onder=
worpe aan, gehoorsaam, gedwee, dee=
moedig, volgsaam, geseglik, gedienstig,
dienstig, slaafs, junior, eerbiedig, nederig,
ootmoedig
diensvaardig, dienswillig, diensbaar,
dienstig
uitdr. gehoor gee aan; niks te sê hê nie

601. Toestemming gee
ww. toestemming gee, toestem, toestem=
ming verleen, permissie gee, permissie
verleen, instem, permitteer, sanksioneer,
lisensieer, goedkeur, goedvind, magtig,
outoriseer, seël, verseël, inwillig, inlaat,
vergun, veroorloof, toestaan, kondoneer,
kwytskeld, oorsien
toelaat, oorloof, veroorloof, oogluikend toelaat, laat begaan, carte blanche gee,
vrygee, vrystaan, duld, verdra, gedoog,
gedoë, laat deurgaan, laat begaan, gun
moontlik maak, bemoontlik 653, in staat
stel, in die geleentheid stel, bemagtig
s.nw. toestemming 826, permissie, verlof,
toelating, sanksionering, sanksie, instem=
ming, inwilliging, vergunning, konses=
sie, konsessionaris, goedkeuring, konsent,
jawoord, verlof, veroorlowing, sanksie,
magtiging, outorisasie, mandaat, oktrooi,
charter, seël, admissie, kondonering, kwyt=
skelding; rubberstempel, vrybrief, van=
selfsprekendheid
bemoontliking, instaatstelling, instaat=
steller, bemagtiger
toelaatbaarheid, toelating, permissiwi=
teit, veroorlowing
uitreiking, permit, vrybrief, verlofbrief,
sertifikaat, lisensie, motorlisensie, delwers=
lisensie, jaglisensie, ..., rybewys, pas, reis=
pas, reispermit, reisvergunning, paspoort,
visum, visa (*meervoud*), stempel, rubber=
stempel
b.nw. toestemmend, permissief, toelatend,
vergunnend, permitterend, instemmend,
magtigend, goedkeurend, oogluikend, ver=
draagsaam; geoorloof, veroorloof, toege=
laat, gelisensieer, toelaatbaar, aanvaar=
baar, inskiklik, duldbaar
uitdr. die groen lig kry; dit staan iemand
vry; 'n gebed verhoor; iemand sy/haar
gang laat gaan; jou iets veroorloof; jou seël
druk op; onder toesig staan

602. Verbied
ww. verbied 666, 'n verbod plaas op, 'n ver=
bod instel, belet, verhinder, verhoed, keer,
voorkom, veto, weerhou, beknel, inhibeer,
begrens, ontsê, uitsluit, afkeur, afwys,
blok, blokkeer, ekskommunikeer, stop,
stopsit, stuit, teëhou, teenhou, beperk,
strem, teëgaan, teengaan, onderdruk,
smoor, boei
s.nw. verbod 666, 801, verbieding, verbods=
bepaling, gebod, beperking, inkorting,
embargo, interdik, veto, vetoreg, prohibisie,
beletsel, onaanvaarbaarheid, ontoelaat=
baarheid, taboe, inhibisie, inhibering,
verhindering, voorkoming, weerhouding,
uitsluiting, ban, ekskommunikasie, muil=
band, begrensing, blokkade, onderdruk=

king, suppressie, vertrapping, vertreding; prohibisionis, onderdrukker

b.nw. verbode, ongeoorloof, ontoelaatbaar, ongemagtig, taboe, onaanvaarbaar, klandestien, onwettig, strafbaar, uitgeslote, afgekeur, afkeurenswaardig; verbiedend, belettend, prohibitief, belemmerend, inhibitief, inhiberend

uitdr. aan bande lê; iets in die ban doen; in die kiem smoor

D. WEDERKERIGE WILSDAAD
603. Voorstel

ww. voorstel, 'n voorstel maak, met 'n voorstel vorendag kom, 'n voorstel doen, 'n voorstel indien, 'n mosie indien, 'n voorstel sekondeer, 'n mosie sekondeer, aanbeveel, 'n aanbeveling maak, adviseer 638, advies gee, suggereer, 'n suggestie maak, aan die hand doen, aan die hand gee, 'n voorlegging maak, ter sprake bring, te berde bring, aanvoer, aangee, opgee

s.nw. **voorstel**, voorstel, teenvoorstel, teëvoorstel, proposisie, aanbod, teenaanbod, mosie, aanbeveling, suggestie, voorlegging, raad, advies 638, wenk, idee, plan, gedagte; skimp, sinspeling, toespeling, insinuasie, innuendo

voorsteller, sekondant, adviseur

b.nw. aanbevelenswaardig, aanbevole, raadgewend

604. Versoek

ww. **versoek**, 'n versoek rig, 'n beroep doen, 'n petisie indien, petisioneer, rekwestreer, aansoek doen, sollisiteer, nader, wend, bestel (versoek om te lewer), nooi, uitnooi, uitnodig (*verouderd*), vra, afvra, aanvra, bestel ('n huurmotor ~), aanklop, bid, verbid

smeek, afsmeek, besweer (plegtig smeek), pleit, afpleit, vrypleit, mooipraat, soebat, bearbei, afbid, bedel, afbedel, bakhand staan, neul, kerm, afkerm, opskeploer, klaploop (*ongewoon*)

eis, 'n eis instel, 'n eis indien, opeis, toe-eien, aandring, aanspraak maak, verlang, vorder, opvorder, rekwireer (*ongewoon*), kommandeer, opkommandeer, terugvra, terugeis, terugvorder, afdreig, afpers, dwing, afdwing, oorheers

bw. asseblief, bietjie

s.nw. **versoek**, versoeking, versoeknommer, versoekprogram, versoekskrif, voorlegging, petisie, verkiesingspetisie, memorie, rekwisisie, rekwes (*verouderd*), adres, postulaat, beroep, vraag, aanvraag, aansoek, applikasie, sollisitasie, pleidooi, bestelling, wens, begeerte, gebed, betoog, vertoog, mosie, voorstel, teenvoorstel, teëvoorstel, valbylmosie

smeking, smekery, smeekgebed, smeekbede, smeekskrif, pleit, pleidooi, pleitrede, pleitskrif, gesoebat, gekerm, kermery, geneul, neulery, bede, gebed, invokasie, gebedel, bedelary, bedelstaf, bakhandstanery

eis, teeneis, wedereis, opeising, aandrang, opvordering, terugvordering, opvraging, aanspraak, afdreiging

voorsteller, aanvraer, petisionaris, aansoeker, sollisitant, bedelaar, smekeling, kermkous, kermgat, neulkous, eiser

b.nw. dringend, smekend, eisend, opeisbaar, veeleisend

uitdr. jou tot iemand rig; jou tot iemand wend; op iets staan; ter tafel bring; ter tafel lê; 'n voetval doen; 'n voorstel doen

605. Aanvaar

ww. **aanvaar**, aksepteer, aanneem, ja sê, instem, saamstem, toestem, inwillig, toelaat, goedkeur, goedvind, goeddink, op 'n voorstel ingaan, 'n versoek toestaan; toegee, saamstem 531, vir lief neem, berus, neerlê, gewonne gee, onderwerp aan, aan 'n eis voldoen; in besit neem, neem

ooreenkom, saamstem, akkoord gaan, vereenselwig met, dit eens wees met, 'n kompromis aangaan, afspreek, skik, reël, reëlings tref; 'n ooreenkoms aangaan, 'n akkoord sluit, 'n verbintenis aangaan, 'n verdrag sluit

s.nw. **aanvaarding**, akseptasie, toestemming, konsent, instemming, inwilliging, vergunning, bewilliging, afspraak, ooreenkoms, verdrag, kontrak, skikking, akkoord, konsensus, toegewing, kompromis, kompromie, bepaling, konkordaat, konsepsie, konsessie, reëling, vereniging

aannemer, kontraktant, volgeling

b.nw. aanvaarbaar, aanneemlik, goed, fyn, akseptabel, aangenome, afgesproke, kontraktueel, bestaanbaar

tw. ja, jip (*informeel*), jis (*informeel*), jis-ja

(*informeel*), nes jy daar sê, nou so (*lekties*), net so, ditsem (*informeel*), ditsit (*informeel*), ja goed, goed so, afgesproke, tops, fyn, dankie, sjoekran (*lekties*), shukraan (*lekties*)

606. Weier
ww. weier 532, 585, nee sê, bedank vir, afwys, verwerp, afkeur, voorbehou, verseg, ontsê, van die hand wys ('n versoek ~), terugwys, terugverwys, afkry (van 'n plan, idee ~), nie toegee nie, afslaan, afsweer, besweer, afneem, afsê; hardnekkig weier, botweg weier, verseg, vasskop, steeks wees, koppig wees
bw. nee, nie
s.nw. weiering, ontkenning, negasie, neewoord, afkeuring, afwysing, voorbehoud, ontsegging, verwerping, verworpenheid, afdanking, steeksheid, koppigheid 582
b.nw. ontkennend, negatief, afwysend, afkeurend, weierend, steeks, koppig, doof, horende doof, onwillig, eiewillig, halstarrig, hardnekkig, hardekop, weerbarstig
tw. nee, moenie, stop dit, stoppit (*informeel*), haikôna, aikôna, watwou, watwo, dit sal die dag wees
uitdr. horende doof en siende blind wees; geen haarbreedte wyk nie; om die dood nie; vir geen geld ter wêreld nie

607. Beloof
ww. beloof, belowe, 'n belofte maak, 'n belofte doen, plegtig belowe, oormerk, 'n gelofte aflê, trou sweer, bind, verbind, hou aan, jou woord gee, sweer, onder eed verklaar, met 'n eed bekragtig, onderneem, instem, bewillig, afspreek, ooreenkom, tot 'n vergelyk kom, 'n vergelyk tref, 'n vergelyk aangaan, akkoord gaan, tot 'n akkoord kom, kontrakteer, 'n verdrag sluit, waarborg, borg staan, instaan, garandeer, sertifiseer, attesteer, verseker, as sekuriteit gee, borg, borg teken, as borg gee, as borg stel, verpand, as pand gee, in pand gee
bw. in oorleg met
s.nw. belofte, bindende belofte, plegtige belofte, gelofte, kloostergelofte, woord, erewoord, woord van eer, verbintenis, verpligting, afspraak, reëling, ooreenkoms, bindende ooreenkoms, kontrak, vergelyk, onderneming, toesegging, uitlowing, versekering, waarborg, sekuriteit, sekerheid, sertifisering, sertifikasie, borg, borgskap, pand, onderpand, verpanding, bloedbroederskap, verlowing, verlooftyd
eed, ampseed, verbondseed, vaandeleed, leeneed; eedaflegging, eedafneming
ooreenkoms, konsepooreenkoms, nywerheidsooreenkoms, bindende ooreenkoms, transaksie, modus vivendi, vergelyk, kontrak, koopkontrak, koopbrief, verkoopkontrak, dienskontrak, akte, verkoopakte, verdrag, vredesverdrag, sperverdrag, uitleweringsverdrag, ruilverdrag, ..., verdragstaat, konvensie, oorkonde, traktaat, vredestraktaat, akkoord, pakt, verbond, entente, entente cordiale, verband, bepaling, verbodsbepaling; artikel, klousule, punt, bepaling, fynskrif; kontraktant, kontrakteur, verpander, pandhouer
b.nw. bindend, verbindend, verbonde, kontraktueel, aangebode, gereserveer(d), onskendbaar, onverbreekbaar, onverbreeklik, verplig, verloof, votief
tw. top
uitdr. bokhorings maak; iemand aan sy/haar belofte hou

608. Jou woord hou
ww. woordhou, jou woord hou, by jou woord bly, jou woord gestand doen, onderneem, bind, aanhou, bevredig, 'n belofte nakom, 'n belofte hou, 'n belofte vervul, onder eed staan, die waarheid praat
bw. eerlikheidshalwe, eerlikwaar, in alle eerlikheid, sowaar as wragtig, regtig, regtigwaar, waarlikwaar
s.nw. eerlikheid, eerbaarheid 819, trou, getrouheid, standvastigheid, betroubaarheid, eerlike bedoelings, integriteit, regskapenheid, verantwoordelikheid, verantwoordbaarheid, deugsaamheid, deug, onderneming, vervulling, nakoming, regverdigheid, waarheid 537
b.nw. eerlik, waarheid(s)liewend, eerbaar 819, trou, getrou, betroubaar, onverbreekbaar, verantwoordelik, verantwoordbaar, regverdig, billik
uitdr. jou woord van eer; 'n man van sy woord; jou woord is evangelie; eerlik het 'n os geslag; eerlik soos die dag; so eerlik soos die dag lank is; so eerlik soos goud

609. Jou woord verbreek

ww. jou woord verbreek, teruggaan op jou woord, nie woord hou nie, jou belofte breek, terugneem, terugtree, terugtrek, terugkrabbel, 'n eed verbreek, repudieer; lieg 538, 815

s.nw. **eedbreuk**, eedskending, verbreking, bekpraatjies, valse beloftes, ydele beloftes, onbetroubaarheid, ontrouheid, oneerlikheid 538, 815, woordbreuk, meineed, kontrakbreuk, nietigverklaring, terugtrede, repudiasie

eedskender, eedbreker, meinedige persoon, woordbreker

b.nw. meinedig, oneerlik 538, 815, leuenagtig, ontrou, ongetrou, onbetroubaar

5 Handeling

A. EIENSKAPPE VAN DIE HANDELING

610. Ywerig
b.nw. **ywerig**, vol ywer, volywerig, fluks, vlytig, lus vir werk, werklustig, nywer (*ongewoon*), hardwerkend, arbeidsaam, werksaam, werkend, werkdadig, besig, bedrywig, druk, druk besig, doenig, aan die gang, aan die werk, aan't werk, aan die swoeg, aan't arbei(e), aan die spook, studieus, aktief, volhardend, toegewy(d), konsensieus 612, nougeset 612, geesdriftig, onvermoeid, energiek, lustig, lewenslustig, vol lewe, lewendig, vitaal, wakker, op en wakker, onverdrote (*ongewoon*), onverflou(d) (*ongewoon*), naarstig, naarstiglik, naarstigtelik (*informeel*), noeste, volhoudend, vurig, vol vuur, vuur en vlam, entoesiasties, dinamies, daadkragtig, daadlustig, kragdadig, lewenskragtig, iewerig (*ongewoon*), ambulant

ambisieus, vooruitstrewend, ondernemend, hoogvlieënd, suksesbehep, eersugtig

s.nw. **ywer**, ywerigheid, onvermoeide ywer, élan, woema, lus, werklus, animo, vlyt, vlytigheid, werk(s)vermoë, arbeidsvermoë, werkkrag, hardwerkendheid, bedrywigheid, doenigheid, volharding, toewyding, toegewydheid, konsensieusheid, energie, energiekheid, krag, lewenskrag, lewenskragtigheid, lustigheid, lewenslus, lewenslustigheid, vitaliteit, oemf (*informeel*), wakkerheid, wakkerte, entoesiasme, graagte, dinamiek, naarstigheid, naarstiglikheid, daadkrag, daadkragtigheid, kragdadigheid, veggees

ambisie, ondernemingsgees, ondernemerskap, pioniersgees, inisiatief, vooruitstrewendheid, aspirasie, strewe, drang

yweraar, voorslag, werkwillige, voorvatter, raakvatter, 'n besige by(tjie); ambisieuse persoon, hoogvlieër

bw. graag, kragdadiglik

ww. ywer, met ywer werk, toewy, opgaan in jou werk, swoeg, vlytig wees, werskaf, knutsel, geesdriftig raak, vlamvat

uitdr. arbeid adel; berge versit; dit ruik na die lamp; hande uit die mou steek; jou sout verdien; noeste vlyt; oor 'n boeg werk; jou gat in rat kry (*plat*)

611. Lui
b.nw. lui, luierig, laks, aartslui, luigat (*plat*), luigatterig (*plat*), slapgat (*plat*), luilekker, gemaksugtig, indolent, traag, onwillig, stadig, niksdoende, ledig, leeglêerig, nonaktief, sleg, kaksleg (*plat*), vrot, vrotsig, ingat (*plat*), inkoejawel (*informeel*), nikswerd, vadsig, lusteloos, loom, slaperig, gevrek, dooierig, lyfwegstekerig, druilerig, inert, jansalieagtig, bedlêerig, lakoniek, moeg 661, mat, lam, tam, lamlendig, lamsakkig, lamsakkerig, oorlams, werksku; werkloos 646

s.nw. **luiheid**, laksheid, slapgatheid (*plat*), slapgatgeit (*plat*), leeglopery, leeglêery, ledigheid, geluier, nonaktiwiteit, lanterfantery, vadsigheid, onaktiwiteit, inersie, niksdoen, niksdoenery, rus, rustigheid, gemaksug, gemaksugtigheid, loomheid, traagheid, moegheid, tamheid, lamheid, verlamming, matheid, slaperigheid, lusteloosheid, loomheid, lamlendigheid, lamsakkigheid, slegheid, slegtigheid, lyfwegstekery, vrotsigheid, luigatgeit (*plat*), luigattigheid (*plat*), werkskuheid, luilekkerland, lotusland; werkloosheid 646, diensopsegging

luiaard, luigat (*plat*), lui(e)lak, leeglêer, leegloper, niksdoener, lotuseter, lyfwegsteker, lediggänger, stoepsitter, huislêer, huissitter, straatloper, padloper, dagdief, lammeling, sleg, vrotterd, niksnut(s), nikswerd, slapgat (*plat*), slappeling, jandooi, jansaliegees, kalfakter, lanterfanter, miskoek, oliekoek, pietsnot

ww. lui wees, leeglê, niks doen nie, leegloop, luilak (*ongewoon*), agteruitsit, druil, lanterfant(er), kalfakter, rus, verluier, vertraag

uitdr. lyf wegsteek; die lyf spaar; gou by die bak, maar lui by die vak; die vrekte hê; Jan Salie; voete sleep; jou hand nie in koue water steek nie; son sak in die weste, luiaard op sy beste; iemand het van Koerland se vleis geëet; kannie is dood van kruiwa stoot; met jou hande gevou sit; sit en ballas bak (*plat*)

612. Noukeurig

b.nw. noukeurig, sorgvuldig, uitgewerk, konsensieus 610, nougeset 610, versigtig, omsigtig, lugtig, bedag, behoedsaam, waaksaam, besorg(d), ongerus, presies, reg, presies reg, heeltemal reg, doodreg, op die kop reg, korrek, juis, trefseker, eksie(-)perfeksie, fout(e)loos, foutvry, suiwer, akkuraat, pynlik akkuraat, vlek(ke)loos, eksak, sekuur, haarfyn, getrou, minusieus, pynlik presies, puristies, indringend, kieskeurig, puntenerig, punteneurig, tobberig, angsvallig, gepreokkupeer(d), pynlik, nougeset, toegewy(d), metodies, sistematies, ordelik, netjies, keurig, pront, punktueel, stip, oplettend, attent, nouletten, op en wakker, nousiende, sorgsaam, sorgdraend

s.nw. noukeurigheid, sorgvuldigheid, sorg, nasorg, besorgdheid, versigtigheid, noulettendheid, waaksaamheid, behoedsaamheid, inagneming, presiesheid, presisie, akkuraatheid, eksaktheid, korrektheid, juistheid, sekuurheid, getrouheid, kieskeurigheid, puntenerigheid, punteneurigheid, bemoeienis, gepreokkupeerdheid, preokkupasie, purisme, ongerustheid, kommer, nougesetheid, strengheid, dissipline, gedissiplineerdheid, toegewydheid, toewyding, metodiek, sistematiek, keurigheid, orde, ordelikheid, stiptheid, punktualiteit, prontheid, sorgsaamheid; hoeder, tobber, puris

bw. op die kop, in die kol, met sorg, kompleet, met mening, net, pastersteek, versigtigheidshalwe, katvoet

ww. sorg dra, fyn trap, sorg, sôre (*lekties*), toewy, behoort, hoed, inspekteer, kwyt, presiseer, korrigeer, tob, uithaal, vrees, vreet

uitdr. op jou hoede wees; iemand op sy/haar hoede stel; jou toespits op iets; op jou eie bene staan; van naatjie tot kousie; die naatjie van die kous wil weet; vol vuur wees; katvoet loop; wakker slaap

613. Onnoukeurig

b.nw. **onnoukeurig**, onakkuraat, inakkuraat, onpresies, onsorgvuldig, onordelik, ordeloos, verkeerd, inkorrek, foutief, onjuis, vals, onwaar

sorgeloos, sorgloos, sorgvry, nonchalant, onverskillig, agte(r)losig, agteloos, nalatig, onversigtig, onoplettend, onagsaam, onsorgvuldig, lusteloos, onversorg(d), onnet, slordig, slapgat (*plat*), bandeloos, sleg, traak-my-nieagtig

s.nw. **onnoukeurigheid**, onakkuraatheid, onpresiesheid, onordelikheid, ordeloosheid, traak-my-nieagtigheid, tekortkoming, gebrek, swakheid, defek, abnormaliteit, afwyking, onvolkomenheid, flop, vergissing, onjuistheid, inkorrektheid, fout 538, 623, flater, blaps, mistykie (*Engels, informeel*), faux pas, dwaling, misvatting, wanopvatting, misrekening, berekeningsfout, verkeerde berekening, valsheid, leuen, onwaarheid, feitedwaling, error facti; foutgrens 527, foutmarge

sorgeloosheid, onverskilligheid, laisser-faire, laissez-faire, laisser-aller, laissez-aller, nonchalance, traak-my-nieagtigheid, laat-maar-loop(-)houding, agte(r)losigheid, nalatigheid, onversigtigheid, onsorgvuldigheid, onoplettendheid, onagsaamheid, lusteloosheid, onversorgdheid, onnetheid, slordigheid, slonsigheid, verwaarlosing, versuim, laksheid, slapgatheid (*plat*), slapgatgeit (*plat*), bandeloosheid, sleg(t)heid, slegtigheid; slonskous, slodderkous, sleg

ww. jou nie bekommer nie, nie gepla wees nie (*informeel*), verwaarloos, nalaat, versuim, fouteer, opneuk (*plat*), opdons, opdonder (*plat*), slodder, vernalatig (*lekties*)

uitdr. 'n ligte mistykie maak (*Engels, informeel*); môre is nog 'n dag; van die een dag na die ander lewe

614. Bekwaam

b.nw. **bekwaam**, bevoeg(d), gekwalifiseer(d), kundig, deskundig, gesaghebbend, ingewyd, saakkundig, vakkundig, slim, geleerd, skrander, volleerd, wys, wêreldwys, straatwys, straatslim, vlug (van begrip), toegerus, onderleg, opgelei, geskool(d), professioneel, afgerig, opgewasse, ervare, ryk aan ondervinding, gemotiveer(d), gesofistikeer(d), vaardig, vernuftig, talentvol, talentryk, ingenieus, begaaf(d), veelsydig, deurwinterd(e), kompetent, gesout, knap, agtermekaar, meesterlik, behoorlik, proper, proper(se) (*Engels, lekties*), adekwaat, geskik, goed, uitstekend, reg, doodreg, voortreflik, hoogstaande, uitmuntend, eminent, volkome, volmaak, doeltreffend, trefseker, perfek, fout(e)loos, foutvry, feilloos, vlek(ke)loos, gebore ('n ~ onderwyser), aangewese, charismaties, sterk, kapabel, kranig, gesog, uitgesoek, uitgesogte, bomenslik, bowemenslik, geskik, nommerpas, sakpas, bruikbaar, gepas, geskape, roemryk, roemvol

handig, knaphandig, bedrewe, behendig, geoefen(d), rats, vlug, gekonfyt, prakties, oorlams, onfeilbaar

s.nw. **bekwaamheid**, aanleg, vermoë, kapasiteit, alvermoë, gawe, bevoegdheid, gekwalifiseerdheid, kwalifikasie, kundigheid, deskundigheid, gesag 616, 620, gesaghebbendheid, vakkundigheid, intelligensie, geleerdheid, wysheid, geskooldheid, opleiding, onderlegdheid, professionalisme, professionaliteit, opgewassenheid, ervaring, lewenservaring, ondervinding, motivering, gemotiveerdheid, gesofistikeerdheid, vaardigheid, knapheid, vernuf, vernuftigheid, talent, talentvolheid, predisposisie, verdienste, begaafdheid, kompetensie, meesterskap, meesterhand, perfeksie, foutloosheid, feilloosheid, doeltreffendheid, trefsekerheid, perfeksionisme, adekwaatheid, geskiktheid, voortreflikheid, gesogtheid, charisma, krag, leierskap 591, 616, gladheid

handigheid, knaphandigheid, bedrewenheid, behendigheid, tegniek, veelsydigheid, ratsheid, vlugheid, oorlamsheid

bekwame persoon, bevoegde persoon, gekwalifiseerde persoon, raakvatter, meester, vakkundige 515, doyen, doyenne, professioneel, professionalis, perfeksionis, uithaler, kunstenaar, baas, bobaas, diva, grande dame; talentjagter

bw. uitgeknip

ww. 'n aanleg hê, vertroud wees, in staat wees, raakvat, bekom, bokom, kwyt, prakseer, bedrewe wees; motiveer

uitdr. baie agter die rug hê; geroepe wees tot; iemand se hande staan vir niks verkeerd nie; jou sout werd wees; jou sout verdien; nie van gister wees nie; mans genoeg wees; met bekwame spoed; raad weet met; sonder weerga; jou plek vol staan; jou spore verdien; vir iets in die wieg gelê wees; die sout van die aarde

615. Onbekwaam

b.nw. **onbekwaam**, inkompetent, onbevoeg, onervare, onverstandig 503, onnadenkend, aweregs, ongeskool(d), ongekwalifiseer(d), onopgelei, onkundig, ongeleer(d), dom, dig (*informeel*), onnosel, ongeletterd, skools, onbeholpe, onbedrewe, ongeskik, onprofessioneel, swak, sleg, ondoeltreffend, onvolkome, onvolmaak, imperfek, feilbaar, sukkelend, sukkelrig, beteuter(d), bedremmeld, bogterig, sorgeloos, sorgloos 583, 613, 715, primitief, rou, groen, amateuragtig, pateties

onhandig, onbekwaam, gatoorkop (*informeel*), onbevoeg, amateuragtig, dilittanterig, vyfduims, agterstevoor, lomp, log, lummelagtig, links, ongekoördineer(d), sukkelrig, stuntelig (*verouderd*), oud en stuntelig, knoeierig, lamlendig, lamsakkerig, lamsakkig, labbe(r)lotterig, armsalig, hopeloos, impotent, onbedeel(d)

s.nw. **onbekwaamheid**, inkompetensie, onbevoegdheid, ondoeltreffendheid, onvermoë, inkapasiteit, onervarenheid, onnadenkendheid, ongeletterdheid 536, analfabetisme, ongeskooldheid, diskwalifikasie, onkundigheid, ongeleerdheid, domheid, onnoselheid, armsaligheid, onbeholpenheid, onbedrewenheid, amateuragtigheid, dilittantisme, ongeskiktheid, swakheid, sleg(t)heid, onvolkomenheid, onvolmaaktheid, imperfeksie, feilbaarheid, beteuterdheid, bedremmeldheid, patetiek, primitiwiteit

onhandigheid, lompheid, lummelagtigheid, sukkelry, lamlendigheid, lamsakkerigheid, lamsakkigheid, hopeloosheid, impotensie

onbekwame persoon, onhandige persoon, knoeier, lomperd, lummel, drommel, amateur, melkbaard, melkmuil, groentjie, groene, mamparra, domkop, dommerd, ignoramus, pampoen, pampoenkop, stommerik, stumper(d), suffer(d), sukkelaar, ploeteraar, trut, sul (*ongewoon*), ja(a)p

snoet, asjas, pietsnot (*plat*), askoek, miskoek, oliekoek, lamsak, slapgat (*plat*), slappeling, hen(d)sopper, pateet
bw. sommerso, somaarso, swakkies, swakweg, agterstevoor, agteruit
ww. **onbekwaam wees**, nie deug nie, knoei, kortskiet, te kort skiet, tekort skiet, tekortskiet, verhaspel
onbekwaam maak, diskwalifiseer, afdank
uitdr. bo jou kerf; bo jou vuurmaakplek; nie vir iets in die wieg gelê wees nie; jou slag verloor; in sy kinderskoene staan; nog nat agter die ore wees; iemand se kruit is nat; 'n ou trewwa; 'n ou twak; twee linkerhande hê; net duime wees

616. Magtig

b.nw. **magtig**, almagtig, volmagtig, vrymagtig, beherend, dominant, maghebbend, heersend, gesaghebbend, gesagdraend, vermoënd, almoënd, hoogmoënd, ontsagwekkend, groot, geweldig, swaar, gewigtig, sterk 625, kragtig, stewig, stabiel, belangrik, invloedryk, kragdadig, beslissend, omnipotent, bevoeg(d), dominerend, oorheersend, allesoorheersend, vreeswekkend
bemagtigend, magtigend, instaatstellend; instaatsteller
s.nw. **mag**, magtigheid, almag, almagtigheid, volmag, outorisasie, carte blanche, oormag, oorwig, magsoorwig, oorhand, meerderheid, gesag, krag, potensie (*verouderd*), sterkte, slaankrag, trefkrag, oemf (*informeel*), geweld, stewigheid, stabiliteit, vermoë, alvermoë, almoëndheid, bevoegdheid, gesaghebbendheid, belang, belangrikheid, gees, gewigtigheid, omnipotensie, beheer, jurisdiksie, leierskap 588, 591, dominansie, oorheersing, heerskappy, opperheerskappy, hegemonie, aansien, prestige, invloed, invloedrykheid, invloedsfeer, stempel, inspraak, seggenskap, medeseggenskap, impak, skop
magsuitoefening, magsvertoon, beheer, heerskappy, beïnvloeding
magtiging, bemagtiging, oktrooi, charter, mandaat, vergunning, goedkeuring, toestemming 601, verlof, permissie; permit 601, lisensie, pas, sertifikaat, verlofbrief, vrybrief, stempel, rubberstempel; patent, oktrooi, patentreg

maghebber, volmaggewer, volmaghebber, gesagvoerder 591, heerser 588, 591, kragman, kragvrou, kragmens, man van aansien, baie belangrike persoon, BBP, bouligbrigade, outoriteit, la(r)nie (*lekties*); oktrooihouer, patenthouer, mandaathouer
bw. met mag, by magte, met gesag, in staat
ww. **mag hê**, by magte wees, volmag hê, mag uitoefen, beheer, beheer hê, beheer uitoefen, jurisdiksie hê oor, domineer, oorheers, heers, in staat wees, invloed hê, invloed uitoefen, beïnvloed, 'n belangrike rol speel
mag gee, met mag beklee, magtig, magtiging verleen, outoriseer, met gesag beklee, bemagtig, aanwys, benoem, verkies, verlof gee, toestemming gee; in staat stel 653, bemagtig; patenteer
tw. amandla
uitdr. die botoon voer; die toon aangee; lang arms hê; met mag omgord; jou nie laat onderkry nie; nie met jou laat speel nie; jou stempel afdruk op; jou laat geld; jou gewig rondgooi

617. Magteloos

b.nw. magteloos 626, onmagtig, onkapabel, hulpeloos, kragteloos, impotent, onbekwaam 626, onvermoënd, afgeleef, swak 626, sleg, bankrot, benepe, beskimmel(d), beteuter(d), ontoerekenbaar
s.nw. magteloosheid, onmag, onmagtigheid, onvermoë, onvermoëndheid, impotensie, apraksie, magsverlies, bankrotskap, benepenheid, infamie; marionet, pion, miskoek, plaasjapie
bw. sonder gesag, sonder mag, nie by magte nie, nie in staat nie
ww. **magteloos wees**, onmagtig wees, nie in staat wees nie, agterbly, aarsel, jou blootgee
mag beperk, mag ontneem, kortwiek, lamslaan, vaspen
uitdr. lig in die broek wees; iemand se blus is uit; lam in die knieë wees; 'n nul op 'n kontrak wees; soos 'n vis op droë grond wees; gesig verloor; iemand se Engels is swak

618. Heftig

b.nw. **heftig**, hewig, plofbaar, hooglopend, hooggaande, intens, akuut, vinnig, haas-

tig, gejaag(d), jagtig, deeglik, behoorlik, doeltreffend 637, deurtastend, oorheersend 616, allesoorheersend, oorweldigend, oorrompelend, dominant, kragdadig, gedrewe 582, formidabel, gedug, dugtig, gretig, driftig, vurig, hartstogtelik, opgewonde, entoesiasties, geïnspireer(d), volbloed, geweldig, ontsaglik, groot, sterk 625, kragtig, swaar, streng, abrup, afgemete, proper, propper(s) (Engels, lekties)
onbeheer(s)baar, onbeheers(d), ongebreidel(d), onbedaarlik, onbedwingbaar, onbeteuel(d), toomloos, ondraaglik, buitensporig, oormatig, ekstremisties, woes, wild, verwilder(d), ontembaar, onstuimig, tierend, gewelddadig, gewelddadiglik, heftig, plofbaar, erg, yslik, rof, ru, onguur, onbehoue, grof, kras, heet, hittig, hitsig, heethoofdig, onbesonne, onverstandig, onbesuis, onverskillig, waaghalsig, roekeloos, gespanne, oorspanne, verbete, krampagtig, besete, rasend, verwoed, woedend, histeries, dweepsiek, dweperig, dweepagtig, fanatiek, fanaties, waansinnig, freneties, driftig, opvlieënd, onstabiel, instabiel, onbestendig, emosioneel, temperamenteel, temperamentvol, choleries, koleries
s.nw. heftigheid, hewigheid, plofbaarheid, intensheid, intensiteit, kragtigheid, krag, haas, haastigheid, spoed, hitte, deeglikheid, doeltreffendheid, dominansie, gedugtheid, entoesiasme, opbruising, opgewondenheid, vurigheid, hartstog, drif, drang, drywery, gedrewenheid, temperament, bevlieging, inspirasie, geïnspireerdheid
onbeheer(s)baarheid, onbeheerstheid, ondraaglikheid, buitensporigheid, oormatigheid, woestheid, onstuimigheid, wildheid, verwildering, geweld, brute geweld, gewelddadigheid, gewelddaad, ruheid, grofheid, onbehouenheid, krasheid, heethoofdigheid, onbesonnenheid, onverstandigheid, onverskilligheid, onbestendigheid, waaghalsigheid, roekeloosheid, spanning, gespannenheid, oorspannenheid, heftigheid, verbetenheid, fanatisme, ekstremisme, krampagtigheid, emosionaliteit, besetenheid, raserny, horries, woede 771, verwoedheid, gramskap, toorn, kwaadheid, kwaaigeit (informeel), vertoorndheid, histerie, dweepsiekheid, dweepsug, drif
heftige mens, bittereinder, vasbyter, kanniedood, jong Turk; heethoof, fanatikus, ekstremis, radikaal, eiesinnige mens, korrelkop, vuurvreter, Hun, woesteling, woestaard, desperado, wildewragtig, besetene, geweldenaar, dweper, dweepsieke, seloot, geesdrywer

bw. met mag, met mening, met mag en mening, met alle mag, met alle geweld, met mag en geweld, vir die vale(s), vurig(lik), bloots

ww. opbruis, woed, te kere gaan, tekere gaan, tekeregaan, te buite gaan, toespits, op die spits drywe, op hol raak, te ver gaan, eskaleer, opskud, versnel, dweep
verhewig, aanhits, dwing, forseer, oorspan, verwilder, betakel

uitdr. die kluts kwyt wees/raak; jou ewewig kwyt wees; nie al jou varkies op hok hê nie; jou te buite gaan; jou siel versondig

619. Kalm

b.nw. kalm, doodkalm, koel, komkommerkoel, rustig, gerus, bedaard, besadig(d), ingetoë, teruggetrokke, beskeie, vredig, matig, gematig(d), ewewigtig, gedissiplineer(d), gebalanseer(d), gelykmatig, gelykmoedig, onverstoorbaar, onversteurbaar, egaal, stabiel, bestendig, onberoerd, stemmig, sober, onbewoë, ongestoord, geduldig, vreedsaam, lydsaam, vredevol, geweldloos, sag, saggerig, sagterig, stil, stillerig, ontspanne, sereen, trankiel, gerus, houtgerus, houtpopgerus, lakoniek, aards, nugter, versigtig, alledaags, eenvoudig; oorgerus

sukkelend, lomp, beteuter(d), bedremmeld, pateties, sleg

s.nw. kalmte, selfbeheersing, bedaardheid, rustigheid, koelheid, besadigdheid, ingetoënheid, teruggetrokkenheid, beskeidenheid, vrede 668, vredigheid, matigheid, moderasie, gematigdheid, ewewig, ewewigtigheid, stabiliteit, balans, gebalanseerdheid, gelykmatigheid, gelykmoedigheid, rustigheid, stemmigheid, bedaardheid, soberheid, geduld, geduldigheid, selfdissipline, gelykmoedigheid, vreedsaamheid, lydsaamheid, sagtheid, tempering, ontspannenheid, onversteurbaarheid, onverstoorbaarheid, ongestoordheid, sereniteit, trankiliteit, gerustheid, versigtigheid, alledaagsheid

oorgerustheid, ongeërgdheid, lakonisme, gemaksone, geriefsone
timiditeit, gelatenheid, beteuterdheid, lompheid
bw. kalmpies, kalmweg, op jou gemak, bedaardweg, koelweg, perdgerus
ww. kalm wees, op jou gemak wees, kalmeer, bedaard wees, jou beheer, bedaar, kophou, geduld gebruik, uitwoed
rustig maak, kalmeer, tot bedaring bring, beteuel, die gemoedere kalmeer, die vrede herstel, stil, sus, matig, temper, versag
uitdr. ontspan die boude (*plat*); stop die lorrie; hokaai, stop die bus; so kalm soos 'n daggawalm

620. Belangrik
b.nw. belangrik 616, 622, 631, vernaam, belanghebbend, belangwekkend, betekenisvol 541, veelseggend, saakmakend, deurslaggewend, opsienbarend, kritiek, krities, klimakteries, deurslaande, verreikend, relevant, tersaaklik, geldig, aktueel, gewigtig, swaarwigtig, beduidend, honorêr, opperste, oorheersend, allesoorheersend, leidend, invloedryk, toonaangewend, hoogstaande, uitgesoek, amptelik, verantwoordelik, voldoende, afdoende
hoogwaardig, hooggeplaas, hoog, vooraanstaande, belangrik, vernaam, beroemd, gevier(d), uitgelese, deurlugtig, aansienlik, hoogaangeskrewe, hooggeskat, hooggewaardeer, eerbiedwaardig, hooggeëer(d), hooggeleer(d)
primêr, sentraal, basies, primitief, primordiaal, grondig, grondliggend, kardinaal, essensieel, prinsipieel, fundamenteel, wesen(t)lik, hoofsaaklik, oorwegend, oorweënd, ingrypend
opvallend, opmerklik, opsigtelik, sprekend, merkwaardig, noemenswaardig, meldenswaardig, vermeldenswaardig, prysenswaardig, groot, omvangryk, omvattend, volwaardig, gemerk, gemarkeer(d), prominent, voorop, voorste, agterste, boonste, ..., beduidend, betekenisvol, besonder(s), spesiaal
waardevol, werd, kosbaar, onvervangbaar, duur, peperduur, durabel, durabellik, besienswaardig, prysenswaardig, hoogaangeskrewe, meerwaardig, meerderwaardig, goed, besonder goed, uitstekend, prima, gangbaar, beter, beste
s.nw. belang, belangrikheid 616, 622, 631, eiebelang, groepsbelang, landsbelang, staatsbelang, nasionale belang, belangesfeer, gewigtigheid, gewig, betekenis, betekenisvolheid, iets van betekenis, waarde, aktualiteit, belangwekkendheid, veelseggendheid, tersaaklikheid, relevansie, meriete, grondigheid, formaat, grootheid, grotigheid, omvang, omvangrykheid, reikwydte, draagwydte, deurslaggewendheid, deurslag, verreikendheid
belangrike saak, belangrike aangeleentheid, hoofsaak, doodsake (*meervoud*), lewensbelangrike saak, lewensbelangrike aangeleentheid, opsienbarende saak, cause célèbre, belangrike oomblik, kritieke oomblik, kwessie, lewenskwessie, lewensvraag, pit, affêre, mylpaal
vernaamheid, belangrikheid, rang, hoë rang, gesag, posisie, hoë posisie, status, statuur, aansien, prestige, faam, roem, beroemdheid, eer, geëerdheid, agting, meriete, invloed, invloedrykheid, hoogwaardigheid, hoogheid, uitgelesenheid, hoogagting, eerbiedwaardigheid, hooggeleerdheid
basis, primitief, fondament, hoeksteen, voet, grondslag, grond, grondeienskap, grondtrek, grondwaarheid, grondbeginsel, grondreël, grondvereiste, kern, kerngedagte, kernpunt, kernvraag, kardinale punt, kruks, crux (*ongewoon*), die kruks van die saak, die kern van die saak, spil, sentrum, sleutel, sleutelbegrip, sleutelposisie, sleutelrol, hartaar, hartebloed
opvallendheid 506, opsigtelikheid, opmerklikheid, prominensie, reliëf, merkwaardigheid, allure, besienswaardigheid
waarde 622, 633, prys, geldwaarde, valuta, boekwaarde, tweedehandse waarde, gebruikswaarde, intrinsieke waarde, sigwaarde, durabelheid, durabiliteit, kleinood, kosbaarheid, skat, juweel, pêrel; waardeskaal, waardeoordeel, waardebepaling, waardasie, waardeskatting, waardevermeerdering, waardevermindering, oorskatting; waardesisteem, waardestelsel, waardebestel
baie belangrike persoon, BBP, blouligbrigade, hooggeplaaste, hoogwaardigheidsbekleër, hoogwaardigheidsbekleder, hoë-

lui, uitgelese geselskap, beroemde persoon, celeb (*Engels, informeel*), glansgans, 'n persoon van aansien, 'n persoon van rang, notabele, patrisiër, paragon, belanghebber, sleutelpersoon, sleutelfiguur

bw. van belang, van groot betekenis, veral, vernaam(lik), bepaaldelik, bepaaldelik, bo-al, bowe(n)al, bo alles, bomate, bomatig, grotendeels, ter sake

ww. van belang wees, betekenis hê, beteken, betekenisvol wees, sentraal staan, op die voorgrond staan, opval, gewig dra, swaar weeg, waarde hê, van waarde wees, die moeite werd wees, kos, aanswel

belangrik ag, betekenisvol ag, hoogag, waardeer, hoog aanslaan, aktualiseer, oorwaardeer, onderwaardeer, skat, oorskat, onderskat

belangrik maak, aktueer

woorddeel grond-, hoof-, kern-, opper-

uitdr. skering en inslag; die laaste maar nie die minste nie; les bes; dit weeg swaar; gewig heg aan; in die kalklig; in substansie; in tel wees; op die voorposte wees; 'n arend vang nie vlieë nie; die hoofrol speel; 'n man van gewig; 'n saak van gewig; 'n groot kanon; hoë bome vang die meeste wind

621. Onbelangrik

b.nw. onbelangrik 3, 30, 507, 542, betekenisloos, irrelevant, niksseggend, nietig, onbeduidend, gebrekkig, half, halfbakke, halfgebak, niksbeduidend, nietsbeduidend, niksbetekenend, onbenullig, peuterig, banaal, triviaal, oppervlakkig, kosmeties, futiel, beuselagtig, bogterig, bogtig, twakkerig, prullerig, prullig, gering, klein, nietig, swak, sleg, oes, oeserig, inferieur, leeg, laag; minagtend, verkleinerend, denigrerend

ondergeskik, minder belangrik, bykomstig, nominaal, sekondêr

onopvallend, onbeduidend, obskuur, vaag, subtiel, onopsigtelik, weggesteek, algemeen, alledaags, gewoon, doodgewoon, ordinêr, prosaïes

waardeloos, minderwaardig, nutteloos, nikswerd, niks werd nie, onwaardig, verstote

s.nw. onbelangrikheid 30, onbeduidendheid, onbenulligheid, niksbeduidendheid, beuselagtigheid, irrelevansie, betekenisloosheid, sinloosheid, gebrekkigheid, leegheid, alledaagsheid, ditjies en datjies

ondergeskiktheid, bykomstigheid, kleinigheid, kleinigheidjie, detail, subtiliteit, nietigheid, trivialiteit, oppervlakkigheid, terloopsheid, wies(i)ewasie, wissewassie, flouiteit, grap, 'n flou grap, niks, nulliteit, bysaak, randverskynsel, bagatel, bakatel, bog, nonsens, nonsies (*informeel*), snert, bogpratery, bogpraatjies, bogstories, vod, gemors, prul, prulgoed, prulvee, fantasieartikel, knutsel(a)ry, peuterwerk, spulletjie, onding

onopvallendheid, onopsigtelikheid, onbeduidendheid, obskuurheid, obskuriteit, vaagheid, algemeenheid, subtiliteit, alledaagsheid

waardeloosheid, minderwaardigheid, inferioriteit, onwaardigheid, nutteloosheid, waardevermindering, depresiasie, verlaging, reduksie; onderskatting, geringskatting, kleinering, verkleinering, belediging 829, tersydestelling, miskenning, verstotenheid, minagting, denigrasie

mindere, onderling, ondergeskikte, nonentiteit, nieteling, janklaas, janrap, jantoet, klungel, sukkelaar, teertou

bw. van weinig belang, van min waarde, sonder waarde, van nul en gener waarde, half-half, terloops

ww. van geen belang wees nie, waardeloos wees; in waarde verminder, depresieer; jou met onbenullighede besig hou, beusel, peuter, knutsel, treusel

onderskat, geringskat, geringag, kleineer, verkleineer, beledig 829, misken, negeer, minag, denigreer, tersyde stel, verlaag, afgradeer, afbreek, afbrokkel, afmaak, onderbeklemtoon, onderspeel, onderbelig, lig opneem, trivialiseer, aflag, weglag

uitdr. jou aandag nie werd wees nie; al ons kennis is stukwerk; daar steek niks in nie; niks om die lyf hê nie; die kool die sous nie werd wees nie; nie die moeite werd wees nie; nie die moeite loon nie; dit is tot daarnatoe; daar niks aan hê nie; dit is niks om oor huis toe te skryf nie; 'n droë bokkom/ bokkem wees; tweede viool speel; in die vergeetboek raak; 'n regte ou Jan Pampoen

622. Goed

b.nw. goed, nie sleg nie, beter, beste, goedsoortig, verdienstelik, skaflik, gangbaar, aanvaarbaar, aanneemlik, bevredigend, voldoende, toereikend, geskik, nommerpas, sakpas, goed genoeg, waardig, menswaardig, aksepteerbaar, akseptabel, bestaanbaar, gunstig, belowend, dankbaar, in orde, deugsaam, smet(te)loos, keurig, afgerond, behoorlik, geslaag(d), fyn, piekfyn, pragtig, bak (*informeel*), bakgat (*informeel*), cool (*Engels, informeel*), funky (*Engels, informeel*), kwaai (*lekties, informeel*), bemang (*lekties*), watwonders, waffers, klopdisselboom, voor die wind, op en wakker, skerp, effektief; gewens, wenslik, paslik, gepas, passend, gevoeglik, ideaal, aanbevelenswaardig, verstandig, raadsaam, gerade, nuttig, voordelig, betekenisvol 620, belangrik, waardevol, veelseggend, saakmakend; reg, doodreg, korrek, juis, foutloos, akkuraat, noukeurig

uitstekend, baie goed, puik, voortreflik, uitmuntend, uitnemend, hoogstaande, eminent, befok (*plat*), hoëgraads, skitterend, briljant, prysenswaardig, perfek, eksie-perfeksie, kookwater, wonderlik, volmaak, volkome, onverbeterlik, onverbeterbaar, onoortreflik, ongeëwenaar, weergaloos, sonder gelyke, sonder weerga, onvolprese, optimaal, opperbes, onskatbaar, onbetaalbaar, superieur, superlatief, verhewe, halfverhewe, subliem, manjifiek, fantasties, fabelagtig, merkwaardig, ongelooflik, meesterlik, groot, skouspelagtig, glansryk, fenomenaal, monumentaal, majestueus, magtig, groots, groos, grandioos, verheffend, geesverheffend, verhewe, magistraal, koninklik, majesteitlik, klassiek, onvergeetlik, idillies, onvergelyklik, onvergelykbaar, fameus, besienswaardig, uitgesoek, uitgesogte, uniek, spesiaal, uitsonderlik, besonder(s), buitengewoon, ekstraordinêr, ongewoon, ideaal, selek, begeerlik, begerenswaardig, mooi 743, utopies

gevorder(d), ontwikkel(d), gesofistikeer(d)
verbeterend, korreksioneel, verbeter(d), verbeterbaar, opgradeerbaar, opbouend, korrektief, verheffend, siel(s)verheffend, veredelend, hernubaar

eg, raseg, waseg, onbedorwe, onverdorwe, ongeskonde, vlek(ke)loos, goed, suiwer, onvermeng(d), ongerep, onvervals, onverbaster(d), gedeë, aards; sterk, stewig, solied, ferm, deugsaam, hartig; heel, ongeskonde, onbeskadig, intakt, mooi 743, edel, halfedel, veredelend, rein, gesond, fris

behoorlik, deeglik, doeltreffend, goed, konstruktief, vas, gevestig, grondig, afdoende, reg, korrek, hiperkorrek, fout(e)loos, foutvry, onberispelik, noukeurig, presies, afgedankste, skoon 627, rein, vlek(ke)loos, smet(te)loos, sindelik, gekuis

knap, goed, vaardig, bevoeg(d), deugdelik, toegewy(d), pligsgetrou, konsensieus, noulettend, fluks, flink, onverflou(d), slim, uitgelese; eerbaar, eerlik, opreg, edel, vroom, regskape; menswaardig, vriendelik, gaaf, goed en gaaf, innemend, goedgeaard, goedaardig, hoflik, aangenaam, welwillend, charismaties, gewild; opgevoed, ordentlik, voorbeeldig, beskaaf(d), fatsoenlik, onberispelik, onkreukbaar, smet(te)loos

s.nw. goedheid, goed, aanvaarbaarheid, aksepteerbaarheid, aanneemlikheid, skaflikheid, toereikendheid, gunstigheid, geskiktheid, verdienste, verdienstelikheid, deugsaamheid, keurigheid, afgerondheid, behoorlikheid, fynheid, skoonheid, prag, voorbeeldigheid, bevrediging, waardigheid, menswaardigheid, wenslikheid, paslikheid, gepastheid, gevoeglikheid, ideaal, aanbeveling, verstandigheid, raadsaamheid, geradenheid, nut, nuttigheid, voordeel, voordeligheid, pluspunt, betekenisvolheid, belang, belangrikheid, waarde, gehalte, karakter, cachet, kasjet, waardevolheid, veelseggendheid, gehalte, kwaliteit; korrektheid, juistheid, akkuraatheid, noukeurigheid; gehaltebeheer, kwaliteitsbeheer

voortreflikheid, forte, uitmuntendheid, uitnemendheid, briljantheid, perfektheid, perfeksie, perfeksionisme, perfeksionis, optimum, ideaal, idealis, idealisme, volmaaktheid, volkomenheid, wonderlikheid, onverbeterlikheid, ongeëwenaardheid, weergaloosheid, onvolpresenheid, merkwaardigheid, ongelooflikheid, uitsonderlikheid, wonder, wonderwerk, natuurwonder, grootsheid, skouspel, skouspelagtigheid, glansrykheid, ongelooflikheid, onvergeetlikheid, uniekheid, uitsonderlikheid, besonder(s)heid, buitengewoonheid, unisiteit, enig in sy soort, ongewoonheid, begeerlikheid, hoogtepunt, top, toppunt, topklas, superioriteit, sublimiteit, verhewen(d)heid, vlek(ke)loosheid, smet(te)loosheid; iets besonders, iets ongelooflikss, besienswaardigheid, bes(te), allerbeste, die voorste, nommer een, numero uno, meesterstuk, meesterwerk, model, voorbeeld, toonbeeld, ideaal, kanon(-s), kern, essensie, kwintessens, grondigheid, keur, koning, juweel, room, idille, feniks, die sout van die aarde; geesvervoering, geesverrukking

gevorderdheid, sofistikasie, gesofistikeerdheid, ontwikkeldheid

menswaardigheid, waardigheid, vriendelikheid, gaafheid, innemendheid, goedgeaardheid, goedaardigheid, hoflikheid, welwillendheid, charisma, gewildheid, uitgelesenheid, verhewen(d)heid; opvoeding, integriteit, onkreukbaarheid, ordentlikheid, voorbeeld, voorbeeldigheid, beskaafdheid, verfyndheid, fatsoenlikheid, onberispelikheid

egtheid, rasegtheid, suiwerheid, reinheid, onbedorwenheid, ongereptheid, onskendbaarheid, gehalte, meriete; welstand, voorspoed, voorspoedigheid, welvaart, heil, seën, gesondheid

deeglikheid, noukeurigheid, noulettendheid, korrektheid, juistheid, foutloosheid

vaardigheid, knapheid, bevoegdheid, vermoë, verfyndheid, finesse, oorleg, krag, sterkte, intelligensie, deug, deugdelikheid, uitmuntendheid, toewyding, toegewydheid, trou, getrouheid, pligsgetrouheid, pligsbesef

verbetering, lotsverbetering, meliorasie (*ongewoon*), ameliorasie, vernuwing, hernuwing, opgradering, opgang, opkoms, oplewing, opbloei, voortgang, ontwikkeling, progressie, opheffing, verheffing, verfyning, veredeling, sublimasie, vervolmaking, herstel, herstelpoging, herstelwerk, versiening, hersiening, hersteller, reparasie, reparasiewerk, onderhoud, onderhoudswerk, lapwerk, redres, restourasie, renovasie, regstelling, korreksie, rektifikasie, rektifisering, reformasie, rehabilitasie, verfrissing, opkikkering; korrektief, herstelmiddel, lapmiddel

hoogtepunt, klimaks, toppunt, glanspunt, kroon, kruin, kulminasie, akme, apogeum, summum

oorwinning, sege, triomf, seëviering, verowering, heerskappy, oorskaduwing, oormeestering, baasskap, oorwig, oormag, oorhand, sukses, welslae, prestasie, positiewe uitslag, goeie uitslag, gunstige uitslag, goeie gevolg, gunstige gevolg, positiewe gevolg, geslaagdheid, triomf, uitstyging, bemeestering, oorkoming

uitblinker, presteerder, toppresteerder, wenner, nommer een, numero uno, topfiguur, meester, grootmeester, kampioen, wêreldkampioen, wondermens, wonderkind, held, heldin, heldefiguur, heldedom, helderas

bw. reg, na behore, wel, geheel, terdeë, juistement, knussies, pastersteek, ryplik, eksieperfeksie

ww. **goed wees**, byval vind, in die smaak val, goedhou, skitter, presteer, uitblink, uitmunt, op jou stukke wees, gatskop (*plat*), uitstyg, uittroon, toewy, uitgroei, verbeter, appresieer, vooruitkom, vooruitstreef, vooruitbeur, opbloei, opklim, opskiet, opswaai, goed verloop, goed afloop, regkom, reghou

verbeter, appresieer, verbeteringe aanbring, korreksies aanbring, korrigeer, ontfout, opknap, opgradeer, heel, heelmaak, herstel, regmaak, fieks (*Engels, informeel*), opfieks (*Engels, informeel*), regkry, regruk, regstel, rektifiseer, repareer, lap, restoureer, renoveer, opbou, opdoen, remedieer, rehabiliteer, saneer, redresseer, suiwer, help, kalfater, kielhaal, nasien, versien, onderhou, hersien, hervorm, veredel, verfyn, verskerp, verhef, vervolmaak, perfekteer, vermeerder, verfris, opfris, ophef, verhef, opkikker, opluister, goedmaak, perfeksioneer, optimaliseer, normaliseer, goedvind

oorwin 684, wen, oorskadu, die oorhand kry, triomfeer, seëvier, wen, die oorwinning behaal, as oorwinnaar uit die stryd tree, verslaan, uitstof, stoomroller, iemand die loef afsteek, gatskop (*plat*), oortref, bemeester, oorkom, oormeester, onderkry, onder die knie kry, te bowe kom, baasraak

woorddeel uitsoek-, aller-, keur-, model-, pronk-

tw. goed, goed so, reg, reg so, sharp (*Engels, lekties*), alles reg, raait (*Engels, informeel*), raait-ou (*Engels, informeel*), righto (*Engels, informeel*), okei (*informeel*), okay (*informeel*), OK (*informeel*), orraait (*Engels, informeel*), in die haak, uitstekend, fantasties, ..., kief (*lekties, informeel*), kwa(a)ilappies (*lekties, informeel*), great (*Engels, informeel*), daar's hy

uitdr. des te beter; die kroon span; uit die boonste rakke; die toppunt van; niks te wense oorlaat nie; die stoutste verwagtinge oortref; dit spreek tot 'n mens; daar sit musiek in; so reg soos 'n roer; jou sout werd wees; die room afskep; in optima forma; jou bes doen/probeer; sonder klereskeur daarvan afkom; dit gaan klopdisselboom; op een lyn staan; sonder weerga; tot voorbeeld strek; vol goeie voornemens wees; jou brood op die waters werp; iets in die reine bring; 'n man uit een stuk; 'n nuwe (skoon) blaadjie omslaan; goeie wyn het geen uithangbord nodig nie; jou gat in rat kry (*plat*)

623. Sleg

b.nw. **sleg**, sleggerig, slegterig, slegter, slegste, vrot, vrotsig, ingat (*plat*), inkoejawel (*informeel*), kak (*plat*), kaksleg (*plat*), kakkerig (*plat*), ploertagtig, ploerterig, ploertig, hak-en-tak, derdegraads, derderangs, bedenklik, skokkend, grotesk, skandalig, skandelik, skreiend, godskreiend, ellendig, miserabel, hopeloos, reddeloos, ongewild, ondraaglik, ondraagbaar, erg, afskuwelik, vreeslik, allervreesliks, verskriklik, erg, hels, woes, gevaarlik, guur, grillerig, grieselig, grieselrig, skimmel, skimmelagtig, skimmelig, skurf, verwaarloos, verslons, vuil, onsindelik, liederlik, lelik 628, 744, verlate, godverlate, aantasbaar, aangetas, wanaangepas, onvolmaak

onaangenaam, sleg, aanstootlik, afstootlik, aaklig, onplesierig, ongenoeglik, troosteloos, lelik, goor, verskriklik, afgryslik, aardig, arig, arrig, weersinwekkend, haglik, guur, walglik, walgend, honds

beskadig, stukkend, nie heel nie, geskonde, defek, defektief, imperfek, geskend, onherstelbaar, reddeloos, ontsier, skeef, krom, krom en skeef, grof, verwronge, slap, sleg, stink, stinkend, verrot, vrot, verderflik, galsterig, muf, muwwerig, mufferig, muffig, ou(d)bakke (*ongewoon*), voos, bedorwe, vervalle, roesagtig, roes(t)erig, rommel(r)ig, onherstelbaar, gebroke, geradbraak, gehawend, verwaarloos, verslons, kaal, haai, haaikaal, minderwaardig, inferieur, bedroewend, bedroef, droewig, droewiglik, treurig, betreurenswaardig, bedenklik, skandelik, skandalig, skroomlik, skromelik, noodlottig, funes (*ongewoon*), swak, gering, min, karig, skraal, verswak, verwater(d), waardeloos, nutteloos, niks werd nie, onbruikbaar, aangetas; beskadigend, vernietigend, vernielagtig, korrosief, ontsierend, kwaadaardig, kankeragtig, verkwistend, verkwisterig

siek 412, sieklik, olik, sleg, bedenklik, ernstig siek, kritiek, sterwend, lydend, naar, mislik, oes, oeserig; hartseer, bedroef, droewig, droewiglik, droefgeestig

vals, valslik, oneg, onsuiwer, verbaster, minderwaardig, bespotlik, laf; verkeerd, inkorrek, foutief, fout (*ongewoon*), verkeerdelik, foutiewelik, misplaas, deurmekaar, skots (*ongewoon*), mis

onbevoeg, onbeholpe, lamlendig, hulpeloos, onkundig 536, 615, sleg, kaksleg (*plat*), ondoeltreffend, hopeloos, vrotsig, ingat, inkoejawel, beroerd, lui, slap, slapgat (*plat*), lamsakkerig, lamsakkig, lamsalig, futloos, armsalig, karakterloos, ruggraatloos, verslons, ellendig, miserabel, reddeloos, ontredder(d), onsalig, simpel, geesteloos, dom, onnosel, dig (*informeel*), toe (*informeel*), sielig, jammerlik, pateties, beklaenswaardig, meelywekkend, verwese, verwees, beteuter(d), bedremmeld, sukkelend, versukkel(d), agterlik, agtertangs (*lekties*)

onbetroubaar, sleg, twyfelagtig, agterbaks, dubieus, agterdogwekkend, suspisieus, problematies, gebrekkig, onvolledig, onvolkome, veranderlik, onsuiwer, foutief, bedrieglik, ontrou

onopgevoed, bedorwe, verloopte, verlope, oneerlik, oneerbaar, karakterloos, ruggraatloos, onbetroubaar, troueloos, korrup, vals, beginselloos, onedel, verwronge, sleg, boos, boosaardig, malisieus, goddeloos, goddelooslik, gruwelik, godsgruwelik, sondig, onsedelik, sedeloos, sinister, listig, duiwels, satanies, verderflik, verdorwe, verdoemenswaardig, verdoemlik, goedkoop, dekadent, immoreel, pervers, laag, veragtelik, onbeskaaf(d), baar, plat, platvloers, zef (*informeel*), laag-by-die-grond, banaal, vuilbekkig, vulgêr, smerig, barbaars, vernielsiek, vernielsugtig; onvriendelik 777, onbeskof, ongepoets, ongeskik, ongeleerd, naar, nors, kwaai, boos, humeurig, knorrig, grimmig, katterig, suur, stuurs, bars, honds, gemeen, laag, laag en gemeen, irriterend, sieltergend, kwetsend, krenkend, kwaadwillig, gevoelloos, vyandig, vyandiggesind, wreed, wreedaardig, gewelddadig, gewelddadiglik

s.nw. slegtheid, beroerdheid, kwaad, minderwaardigheid, inferioriteit, bederflikheid, reddeloosheid, haglikheid, lelikheid, skandelikheid, skandaligheid; fout 538, 613, glips, glieps (*lekties*), gogga, faux pas, fabrieksfout, defek, onbruikbaarheid, onvolmaaktheid, imperfeksie, tekortkoming, hapering, verkeerdheid, verkeerdigheid, misstand, reperkussie, skorting, onding, skadusy, skade, afbreuk, breuk, kraak, grofheid, vrot, vrotheid, voosheid, gebrek, verwrongenheid, misplaastheid, verhaspeling, leemte, leegte, gemors, fokop (*plat*), boggerop (*plat*), boggherop (*Engels, plat*), bokkerop (*Engels, plat*), kakspul (*plat*), mistykie (*Engels, informeel*), 'n ligte mistykie (*Engels, informeel*), krisis, knoeiery, knoeispul, brouspul, gebrou, konkel(a)ry, konkelspul, gekonkel, prul, prulwerk, getimmerte, rommel, rommel(a)ry, uitskot, nonsens, nonsies (*informeel*) snert, spul, wanaanpassing, wanaangepastheid

verslegting, agteruitgang, verslegtering, verergering, verswakking, verswaktheid, afbreuk, verwatering, insinking, malaise, daling, vermindering, verskraling, misbruik, vermorsing, verkwisting, verkwanseling, verhewiging, verswaring, slytasie, slyting, bederf, verrotting, verwering, korrosie, roes, verroesting, verrinnewering, verrinnewasie, rinnewering, rinnewasie, verwaarlosing, verwaarloosdheid, wantoestand, laagtepunt, dieptepunt, slordigheid, verslonstheid, verslonsing, skending,

skendery, ontsiering, verbastering, degenerasie, retrogradasie, skade, krenking, kontaminasie

slegmakery, aantasting, ondergrawing, verknoeiing, vernietiging, vernieling, vernielsug, vernielsugtigheid, beskadiging, knou, ondermyning, bedreiging, stigmatisering

onaangenaamheid, grilligheid, grieseligheid, grieselrigheid, goorheid, grofheid, guurheid; afsku, afkeer, kritiek, ongewildheid

siekte 412, 413, 626, mankement, naarheid, narigheid, goorheid, verkalking, kanker; troosteloosheid, hartseer, droefheid, bedroefdheid, droefgeestigheid, armsaligheid, hopeloosheid

onbetroubaarheid, ontrouheid, trouelooseid, slegtheid, valsheid, onegtheid, agterbaksheid, ploertestreek, onderduimsheid, geveinsdheid, veinsery, oneerlikheid, onopregtheid, bedrieglikheid, verraderlikheid, onwaarheid, leuen, bedrog, verneukery, verneukspul, swendelary, kullery, kulwerk, komplot

ondoeltreffendheid, gebrek aan effektiwiteit, slegtheid, simpelheid, wanbeheer, wanbestuur, ..., verslapping, verwaarlosing, agteruitgang, regressie, laagtepunt, verslonsdheid, verbrouing, vrotsigheid, slapgatheid (*plat*), slapgatgeit (*plat*), slapgattigheid (*plat*), lamsakkigheid, futlooseid, versukkeldheid, versukkeling

onopgevoedheid, swak opvoeding, skadusy, agterlikheid, geesteloosheid, ondeug, gemeenheid, onvriendelikheid, ongeskiktheid, onbeskoftheid, ongepoetstheid, ongeleerdheid, platvloersheid, ploertery, ploertigheid, haatlikheid, naarheid, narigheid, goorheid, vulgariteit, vulgêrheid, platheid, perversie, perversiteit, verwerplikheid, afgryslikheid; vervlakking, verwêreldliking, verval, vervallenheid, verwording, verwrongenheid, afskuwelikheid, slegtheid, slegtigheid, simpelheid, hebbelikheid, reddeloosheid, verdorwenheid, bedorwenheid, ontaarding, dekadensie, onsedelikheid, sedeloosheid, korrupsie, skande, skandaligheid, skandelikheid, stigmatisasie, stigma, misdadigheid 803

slegte mens, sleg mens, gespuis, addergespuis, addergeslag, addergebroedsel, blikskottel, blikslaer, niksnut(s), swernoot, swernoter, swerkater, vabond, aartsvabond, mamparra, drip, drel, jellievis, slapgat (*plat*), ploert, moegoe, mugu, skuim, misoes, vark, vuilgoed, vrotterd, vuilgat (*plat*), stront (*plat*), fokker (*plat*), bogger (*Engels, plat*), boggher (*Engels, plat*), bokker (*Engels, plat*), pes, drek, laelak, skurk, aartsskurk, boef, misdadiger 803, tsotsi, geweldenaar, aanrander, verkragter, moordenaar, moordenares, dief, lamsak 615, lammeling, jafel, japie, jafel, javel, gawie, lummel, hierjy, hierjymens, ghwar, gomtor, gomgat (*plat*), bullebak, pervert; beskadiger, vernietiger, vernieler, vernielal, rinneweerder, verwoester, skender, slonskous, slonsgat (*plat*), morrie; lammeling, lamsak, slapgat (*plat*), katyf (*ongewoon*), futlose mens, leegleër, luiaard, luilak, luigat (*plat*), jandooi, dagdief, huislêer, neklêer, leeghoof, pateet, nonentiteit, niksnuts, skepsel, vreksel, twak; leuenaar, liegbek, mooiweersvriend

bw. sommerso, somaarso, slegweg, effens

ww. **sleg wees**, skort, haper, makeer, skeel, nie deug nie, agterbly; sleg voel, siek wees 412, olik voel, griesel, gril; sleg lyk

versleg, sleg word, slegter word, agteruitgaan, afneem, terugsak, vererger, erger word, verhewig, agteruitboer, agteruitraak, agteruitvorder, verval, degenereer, verswak, swakker word, verslap, uitteer, bederf, vergaan, doodgaan 250, sterf 250, vrek 250, versink, insink, verdor, verdroog, uitteer, vrot, verrot, verroes, oproes, verkalk, kanker, voortkanker, afslyt, afroes, korrodeer, afbreek, ..., verword, ontaard, veragter, skeef loop, sleg verloop, sleg afloop, wanaanpas; nie slaag nie, faal, 'n gemors maak, knoei, bontvat, verbrou, verhaspel, opdons, opsnork (*informeel*), opfok (*plat*), verknoei, vermors, verkwis

sleg maak, vererger, verswak, verwater, degradeer, vervlak, beskadig, skend, knak, knou, ontsier, mismaak, fouteer, verbrou, knoei, beknoei, droogmaak, verknoei, knoeiwerk doen, verfoes, konfoes (*informeel*), verbroddel (*ongewoon*), verbrui (*ongewoon*), opfoeter (*informeel*), opdonder (*plat*), opfok (*plat*), verniel, verrinneweer, kontamineer, verbaster, verbeusel, verboemel, denatureer; teister, vergal, mishandel, molesteer, seermaak, toetakel, neuk (*plat*), donder (*plat*), opdonder (*plat*), opfok (*plat*), kwes, kwets, aanrand, verkrag, klap, skaaf, krap; aantas, ondergraaf, ondergrawe, ondermyn, korrupteer, korrumpeer, stigmatiseer, seermaak, krenk, bedreig, rysmier, invreet

telw. geen

woorddeel mis-

uitdr. aan jou is geen salf te smeer nie; al ons kennis is stukwerk; daar is 'n geurtjie aan; daar is 'n skroef los; dis benede jou; dis klaar met jou; dit by iemand verkerf; dit is uit die bose; fin de siècle; hond se gedagtes; iemand nie werd wees nie; iemand tot wanhoop bring; iets is nie pluis nie; in die pekel sit/wees; in jou glorie wees; 'n krakie hê; aan laer wal geraak; nie in iemand se skadu/skaduwee kan staan nie; soos 'n gees lyk; ten gronde gaan; dit gaan broekskeur; dit gaan doller as kop-af; veel te wense oorlaat; verswarende omstandighede; daar sit die haak; 'n witgepleisterde graf; daar sleg aan toe wees; benede alle kritiek wees; daar sleg uitsien

624. Gemiddeld

b.nw. **gemiddeld**, middelmatig, gematig(d), medium, gewoon, doodgewoon, ordinêr, eenvoudig, niks buitengewoons nie, niks snaaks nie, niks besonders nie, redelik, taamlik, so-so, goeterig (*informeel*), nie te sleg nie, houdbaar, draaglik, bestaanbaar, betreklik, half, halfslagtig, passabel

nie so goed nie, nie besonders nie, so-so, tweederangs, tweede klas, effentjies, flou, flouerig, medioker, sleggerig, vrotterig, kakkerig (*plat*)

s.nw. **gemiddeldheid**, middelmatigheid, gewoonheid, eenvoud, eenvoudigheid, medium, gemiddelde, redelikheid, deursnee; deursneemens, deursneeleser, deursneestudent, ...; deursneeprys

tweede klas, mediokriteit

bw. gewoonweg, heeltemal, nogal, nogals (*lekties, informeel*), so-so, komsie-komsa, kom-sie-kom-sa, kom-sie-kom-so, comme ci, comme ça (Frans)

ww. middelmatig wees, gemiddeld wees

woorddeel deurslag-

uitdr. tussen die boom en die bas; niks om

oor te kraai nie; niks om oor huis toe te skryf nie

625. Sterk

b.nw. sterk, ystersterk, taai, taf (*Engels, informeel*), rateltaai, seningtaai, onbreekbaar, stewig, solied, vas, duursaam, durabel, durabellik, onvernietigbaar, onverwoesbaar, robuus, hard, stabiel, konsoliderend

sterk van liggaam, sterk, sterk gebou, swaar gebou, kragtig, lewenskragtig, kragvol, taai, taf (*Engels, informeel*), gespier(d), fris, frisgebou, fors, breedgeskouer(d), stewig, uitgevreet, struis (*ongewoon*), stoer, robuus, herkulies, hups, veerkragtig, atleties, viriel, fiks, gesond, flink, manlik, mannetjiesagtig, onbedwingbaar, onvermoeibaar

sterk van gees, sterk, taf (*Engels, informeel*), standvastig, wilskragtig, geeskragtig, kragdadig, kloekmoedig, kloek, stoer, stoer van gees, ferm, vasberade, vasbeslote, onwrikbaar, onversetlik, gehard, manhaftig, dapper, moedig, manmoedig, sterkgevreet (*lekties*), sterkgevriet (*lekties*), onbedug, vreesloos, onverskrokke, kordaat, deurwinterd(e), intens, drasties, kranig, bestand, onoorwinlik, trefseker, bedryfseker; magtig 616, gesaghebbend

s.nw. sterkte, sterkheid, hardheid, taaiheid, stewigheid, vastheid, soliditeit, soliedheid, duursaamheid, durabelheid, durabiliteit, robuustheid, onbreekbaarheid, onvernietigbaarheid, stabielheid, stabiliteit, veerkrag, veerkragtigheid, konsolidering

krag, kragtigheid, reusekrag, brute krag, spankrag, sterkte, liggaamskrag, liggaamlike krag, blus, gô (*informeel*), skop (*informeel*), wonderkrag, taaiheid, staal, slaankrag, trefkrag, houvermoë, spierkrag, gespierdheid, fleur, frisheid, forsheid, stoerheid, viriliteit, robuustheid, veerkrag, veerkragtigheid, fiksheid, stamina, uithou(dings)vermoë, weerstand, weerstandsvermoë, gesondheid, flinkheid, manlikheid, onvermoeibaarheid, onbedwingbaarheid, inspanning, werkkrag, mannekrag, intensiteit, spanning, versterking, verstewiging; trekkrag, stootkrag, stukrag, wringkrag, dra(ag)krag

geesteskrag, krag, wilskrag, bestand, toleransie, toleransiegrens, mag, magtigheid, gesag, bevel, gesaghebbendheid, konsolidasie; moed, moedigheid, manmoedigheid, manhaftigheid, kordaatheid, dapperheid, vreesloosheid, onbedugtheid, onverskrokkenheid, koerasie, wilskrag, vasberadenheid, vasbeslotenheid, veggees, onwrikbaarheid, geloof, geloofsekerheid, vertroue, onversetlikheid, gehardheid, stoerheid, stoerheid van gees

sterk mens, sterkman, kragmens, kragman, kragvrou, amasone, atleet, vegter, stoeier, kanniedood, tawwe tienie (*Engels, informeel*), tawwe koekie (*Engels, informeel*), knul, bees, bielie, kragdier

bw. bankvas

ww. sterk wees, staal, sterk, toeneem, toeneem in sterkte, toeneem in krag

sterk maak, versterk, verstewig, verhard, stewig maak, styf maak, opbou, wortel, wortelskiet, bevestig, fortifiseer, verskans, stut, ondersteun, konsolideer, verhef, vermag; bemoedig, aanmoedig, ondersteun, onderskraag, bystaan

woorddeel veer-

uitdr. daar sit staal in iemand; jou man staan; met man en mag; so taai soos 'n ratel; murg in jou pype hê; gebou om te hou

626. Swak

b.nw. swak, swakkerig, nie sterk nie, kwesbaar, wondbaar, nietig, pieperig, pap, slap, lendelam, lamlendig, wankelrig, wiebelrig, wankelmoedig, verswak, prostraat, vervalle, afgeleef, gedaan, verlep, bouvallig, verslete, ineengestort, verrot, uitgedien(d), leweloos, minderwaardig, power, oes, nie goed nie, nie goed genoeg nie, treurig, amateuragtig, prullerig, prullig, knoeierig, bankrot; hoenderswak, swak, swakkerig, kragteloos, tengerig, tingerig, tenger, tinger, broos, petieterig, beteuter(d), flou, asvaal, delikaat, siek, ongesond 412, bedenklik, bekwaald, kreupel

magteloos 617, onmagtig, sonder gesag, nie by magte nie, onbekwaam, nie in staat nie, nietig, fyn, weerloos, delikaat, broos, teer, dadeloos, flou, berooid, apaties, ongeërg(d), onbetrokke, onverskillig, lamlendig, lamsakkerig, lamsakkig, ruggraatloos, karakterloos, papbroekig, papbroekerig, skrikkerig, bang, bangerig, banggat (*plat*), slap, slapgat (*plat*), power, vrot, beroerd, pateties, ontman, geëmaskuleer(d), futloos, gedaan, treurig, ellendig, ontaard, swak, kragteloos, pap, lusteloos, uitgeput, moeg 661, afgeleef, kaduks, kwynend, mankoliek, triets(er)ig; verswakkend, verlammend

s.nw. swakheid, swakte, kwesbaarheid, wondbaarheid, kragteloosheid, futloosheid, verswaktheid, nietigheid, pieperigheid, papheid, tengerheid, tengerigheid, tingerigheid, delikaatheid, broosheid, floute, siekte 412, 413, ongesondheid, bedenklikheid, tekortkoming, wankelrigheid, wiebelrigheid, ellendigheid, verval, wankelmoedigheid, vervallenheid, agteruitgang, versletenheid, slytasie, afgeleefdheid, minderwaardigheid, amateuragtigheid; swakheid, swakplek, kwesbaarheid, kwesplek, achilleshiel, agilleshiel

verswakking, slytasie, slyting, verlamming, ontsenuwing, enervasie, verslapping, verflouing, ontkragting, ontmanning, emaskulasie

magteloosheid, onmag, swakheid, onmagtigheid, onbekwaamheid, fynheid, weerloosheid, delikaatheid, broosheid, teerheid, dadeloosheid, lamlendigheid, lamsakkigheid, slapte, slapgatheid (*plat*), slapgatgeit (*plat*), treurigheid, kragteloosheid, mankoliekheid, triet(er)sigheid

swakkeling, verswakte, lamsak 615, lammeling, vrotterd, papbroek, papperd, pappeling, luiaard, ellendeling, nikswerd, niksnut(s), jansalie, duinetrapper, manteldraaier, pateet

bw. bietjie, swakkies

ww. swak wees, bloei, kwyn, omkap, verval, slyt, afslyt, uitslyt, verslap, verflou, verbleek, verminder, wiebel, wrik

verswak, verlam, lamslaan, ontwrig, ontsenu, enerveer, ontman, ontkrag, nullifiseer, emaskuleer

uitdr. so swak soos 'n lammetjie; 'n asem in die wind

627. Skoon

b.nw. skoon, silwerskoon, blinkskoon, kraakskoon, blink, helder, suiwer, wit, skitterwit, leliewit, blakend, blank, lelieblank, sindelik, kraaksindelik, net, netjies, kraaknetjies, versorg, proper (*ongewoon*), aan die kant, aan kant, reggepak, gewas, opgewas, afgewas, skoongewas, uitgespoel, skoongespuit, afgespuit, geskrop, skoongeskrop, afgeskrop, gevee, afgevee, skoongevee, gepoleer, gepolitoer, onberispelik, agtermekaar, keurig, adret, pynlik, fyn, geraffineerd, rein, vlek(ke)loos, onbevlek, vlekvry, vlekwerend, onbesmet, smet(te)loos, antisepties, steriel, gepasteuriseer(d), higiënies, sanitêr, kiemvry, vars, fris, puur

rein 622

s.nw. skoonheid, reinheid, netheid, netjiesheid, sindelikheid, onberispelikheid, versorgdheid, ordelikheid, verfyndheid, helderheid, helderte, higiëne, steriliteit, smet(te)loosheid, vlek(ke)loosheid

reiniging, reinigingsproses, skoonmakery, skoonmaak, skoonmaakproses, opruiming, opruimingswerk, vuilgoedverwydering, was, verfrissing, suiwering, suiweringsproses, ontsmetting, sanitasie, ablusie, sterilisasie, sterilisering, raffineerdery, verfyning, loutering, opknapping, versiening, waswerk, strykwerk, poetswerk, skropwerk, verfwerk

wassery, wasinrigting, reinigingsdiens, stadreiniging, vuilgoedverwyderingsdiens, straatreiniging, raffinadery, raffineerdery

wasgoed, skottelgoed, bleikgoed, strykgoed

skoonmaakgerei, poetsgerei, reinigingstoestel; lap, waslap, spons, handdoek, badhanddoek, gesighanddoek, strandhanddoek, handdoekrol, wasgoedlap, vadoek, vaatdoek (*ongewoon*), afdroogdoek, droogdoek, vloerlap, dweillap, poetslap, skoenlap, jammerlappie, vogdoekie, vensterlap, stoflap, stofdoek, afstofdoek, seemsleer; besem, vloerbesem, huisbesem, buitebesem, stofbesem, handbesem, kleinbesempie, rolbesem, veër, borsel, vloerborsel, skropborsel, tafelborsel, tapytborsel, matborsel, draadborsel, klereborsel, skoenborsel, skop, skoppie, oondskop, tafelskoppie, tapytklopper, stoffer, verestoffer, dweil, vloerdweil, spons, staalwol, potskraper, skuurpapier, poleerder, poetsmasjien, stofsuier; wasmasjien, outomatiese wasmasjien, wasoutomaat, dubbelbaliewasmasjien, wasbalie, droër, tuimeldroër; yster, strykyster, stoomstrykyster, parsyster, strykplank, strykbord, stryktafel, stryklaken, parslap; wasbak, bad, stortbad, afwasbak, spoelbak, balie, wasbalie, wastafel, wasplank, wasmandjie, wasgoedmandjie, wasbeker, waskom, wasskottel, wasgoeddraad, wasgoedpennetjie; vuilgoedemmer, vuilgoedbak, vuilgoeddrom, vuilgoedsak

skoonmaakmiddel, reinigingsmiddel, reiniger, steriliseerder, seep, seepbel, seepskuim, seepsop, seeppot, toiletseep, skoonheidseep, badseep, handeseep, karbolseep, boerseep, sjampoe, haarsjampoe, matsjampoe, hondesjampoe, ..., handreiniger, handsaniteerder, seepmiddel, seeppoeier, seepvlokkies, waspoeier, wasgoedmiddel, wasgoedpoeier, skottelgoedwasmiddel, skottelgoedwaspoeier, wassoda, bytsoda, bleikmiddel, bleik, bleekaarde, bleikaarde, bleikklei, vlekmiddel, vlekverwyderaar, stysel, styfmiddel, politoer, lakpolitoer, waks, vloerpolitoer, vloerwaks, skoenpolitoer, skoenwaks, skoenlak, motorpolitoer, motorwaks

gesondheidsleer

skoonmaker, wasvrou, poetsvrou, bediende, werksvrou, strykvrou, poetser, skoenpoetser, straatveër

ww. **skoonmaak**, reinig, skoonhou, aan (die) kant maak, versien, versorg, versôre, opruim, orden, louter, suiwer, wis, raffineer, ontsmet, disinfekteer, dip, ontluis, steriliseer, rioleer

was, afwas, opwas, uitwas, bad, stort, stortbad, sjampoe, spoel, uitspoel, afspoel, deurspoel, skoonspoel, spuit, afspuit, skoonspuit, spons, afspons, week, inweek, seep smeer, inseep, loog, inloog, uitloog, ontvlek, uitkook, stryk, pers, stoom, uitstoom, styf, stywe, droogskoonmaak

poleer, poets, blinkpoets, afpoets, polys (*ongewoon*), boen (poleer), vryf, vrywe, skoonvryf, skoonvrywe, afvryf, afvrywe, opvryf, opvrywe, blinkvryf, blinkvrywe, verglans

vee, afvee, uitvee, skoonvee, stof, afstof, uitstof, stofsuig, uitsuig, uitsuie, uitslaan, dweil, skrop, boen (skrop), skoonskrop, afskrop, skraap, skoonskraap, afskraap, skuur, skoonskuur, afskuur, gladskuur

uitdr. in die week sit; laat lê; op die bleik gooi; soos 'n splinternuwe sikspens; 'n mens kan van die vloer af eet

628. Vuil

b.nw. **vuil**, vuilerig, skynskoon, onsuiwer, smoeselig, onrein, onsindelik, ongewas, onfris, morsig, bevuil, vervuil, besoedel, smerig, liederlik, skandelik, vuig, skatologies, vieslik, vies, vieserig, varkerig, varkagtig, walglik, grillerig, goor, goorderig, naar, vrot, stink, stinkend, onwelriekend, slegruikend, benoud, kladderig, beklad, klewerig, klouerig, vetterig, besmet, smetterig, aangepak, aangeplak, gevlek, skimmel, skimmelagtig, skimmelig, swart, onhigiënies, stowwerig, stofferig, skurf, skurwerig, grieselig, grieselrig, weersinwekkend, afskuwelik, lelik 744, afgryslik, aanstootlik

onnet, deurmekaar, onordelik, wanordelik, chaoties, onversorg(d), verwaarloos, slordig, slonsig, liederlik, verslons, slonserig, slodderig, sliertig, flodderrig, toiingrig, vertoiing, vodderig, voddig, verfomfaai(d), verfonkfaai, stukkend 184, 238

onsuiwer, ongesuiwer(d), nie helder nie, onhelder, troebel, troewel, troebelrig, troewelrig, slykagtig, slykerig, modderig, moer(d)erig

s.nw. **vuilheid**, vuiligheid, vuil, onreinheid, skynskoonheid, onsuiwerheid, onsindelikheid, gemors, morsigheid, vervuiling, besoedeling 255, besoedelingsgevaar, besmetting, verpesting, smerigheid, smeerboel, liederlikheid, vieslikheid, viesheid, vieserigheid, varkerigheid, walglikheid, grillerigheid, vrot, stank, benoudheid, klewerigheid, vetterigheid, smetterigheid, smet, skurfte, skurfheid, skurwigheid, goorheid, grillerigheid, grieseligheid, grieselrigheid, afgryslikheid, afskuwelikheid, aanstootlikheid, skandelikheid, skandaligheid, vuigheid

vuilgoed, vuilis, vullis, huisvuil, huisvuilis, huisvullis, kombuisafval, tuinvuilis, tuinvullis, tuinafval, straatvuil, straatvuilis, straatvullis, industriële vuilis, industriële vullis, afval, afvalpapier, afvalhout, afvalmetaal, skroot, skrootmetaal, skrootyster, industriële afval, herwinbare afval, klad, kol, vetkol, vetvlek, vlek, bloedvlek, verfvlek, spatsel, blerts, spik-

kel, stippel, skimmel, stof, stofhoop, stof=
streep, roet, roetvlek, roetwolk, riool 409,
rioolvuil, effluent, industriële effluent,
roes, roesplek, skuim, vuilwater, slop,
slopwater, slik, slyk, aanpaksel, aanslag,
afsetting, besinksel, ketelsteen, moer,
droesem, scrap (*Engels, informeel*)
vuilgoedverwerking, vuilisverwerking,
vullisverwerking, afvalverwerking, vullis=
verwydering, vuilisverwydering; vuil=
goedhoop, vuilhoop, vuilishoop, vullis=
hoop, ashoop, stortingsterrein, tiep (*Engels,
informeel*), afvalhoop, rommelhoop, skroot=
werf, scrapjaart (*Engels, informeel*), vuil=
goedkar, vuilgoedwa, vulliswa, vuiliskar,
vulliskar, vuilgoedvragmotor, vuilgoedlor=
rie, vullislorrie, rioolplaas 409, riolerings=
aanleg, rioleringstelsel, rioleringspyp, rot=
tingsput, septiese tenk, syfertenk, slopem=
mer, vuilgoedemmer, vuilgoeddrom, vuilis=
bak, vullisbak, vullisblik, vuilgoedsak,
vullissak, vuilgoedblik, vullisblik
onnetheid, wanorde, wanordelikheid,
deurmekaarheid, onordelikheid, gemors,
chaos, onversorgdheid, verwaarlosing,
verwaarloosdheid, slordigheid, slonsig=
heid, verslonstheid, slonserigheid, slod=
derigheid, verslonsing, toiings, vertoiingd=
heid, vodde, liederlikheid, rottenes, stof=
nes, varkhok
onsuiwerheid, onhelderheid, troebelheid,
troebelrigheid, slyk, slik, slib, modder,
modderigheid, modderbad, grondsop, af=
saksel, afsetting, besinksel, drek, droesem
bevuiling, vervuiling, verontreiniging, be=
morsing, besoedeling
morsige persoon, rommelstrooier, mors=
jors, morspot, vark, morrie, sloerie, slof,
slons, slonskous, slonsgat (*plat*), slodder=
kous, flodderkous, flenterkous, flenterka=
tiera, lunsriem, teertou, teerputs, smeer=
poets, smeerpot, kanis
ww. vuil word, mors
vuil maak, bevuil, vervuil, mors, bemors,
stort, bevlek, klad, beklad, smeer, afsmeer,
besmeer, besoedel, verontreinig, gooi,
strooi, rondgooi, rondstrooi, slodder, ver=
flenter, verfomfaai, verslik, verslyk, toe=
slik, toeslyk, verslib
tw. sies, sie, siesa, gagga (*kindertaal*), ga(g)
(*kindertaal*), sies ga(g), poega

B. MIDDEL
629. Gebruik
s.nw. gebruik, aanwending, topgebruik,
benutting, utilisasie, benuttiging, hante=
ring, toepassing, toepasbaarheid, aanwen=
ding, bewerking, verwerking, sirkulasie,
hergebruik, herwinning, terugwinning,
hersirkulasie, metode, metodiek, taktiek,
belang, gebruiksfeer, nut 622, 633, 637,
waarde, voordeel, wins, diens, gebruiks=
aanwysing; verbruik, konsumpsie, binne=
verbruik, buiteverbruik; vervaldatum, rak=
leeftyd, raklewe
bruikbaarheid, nut 622, 633, 637, geskikt=
heid, gereedheid, waarde, deug, deug=
saamheid, deugdelikheid, voordeel, voor=
deligheid
misbruik, wangebruik, wanaanwending,
wantoepassing, verbrouing, brouwerk,
brousel, verknoeiing, prul, prulwerk, af=
skeepwerk, verspilling, verkwisting, ver=
morsing, onbruik
onbruikbaarheid, ondeugsaamheid, ondeug=
delikheid, ongeskiktheid, waardeloosheid,
nadeel, nadeligheid
gebruiksartikel, gebruiksitem, gebruiks=
voorwerp, toerusting, werktuig 630, im=
plement 630, stuk gereedskap 630, toestel
630, apparaat 630, instrument 630, fasi=
liteit, gerief, verbruikbare middel, ver=
bruiksgoedere, verbruikersgoedere, mate=
riaal, voorraad, ware, toebehoorsel, toebe=
hore (*meervoud*), hulpbron, hulpmiddel,
reserwe; middel, gebruiksmiddel, ver=
bruikbare middel, persoonlike middel
746, skoonmaakmiddel 627
gebruiker, hanteerder, verbruiker, konsu=
ment, eindgebruiker
b.nw. bruikbaar, aanwendbaar, nuttig 622,
633, 637, benutbaar, benuttigbaar, gebruik=
lik, toepaslik, toepasbaar, hanteerbaar,
beskikbaar, gereed, gereed vir gebruik,
gebruiksgereed, gebruiksklaar, bedryfs=
gereed, verbruikbaar, operasioneel, voor=
hande, gebruikersvriendelik, verbruikers=
vriendelik, beproef, geskik, nommerpas,
sakpas, gepas, dienlik, handig
onbruikbaar 623, 632, 634, nutteloos 623,
632, 634, onbenutbaar, ontoepaslik, on=
hanteerbaar, gebruikersonvriendelik, ver=
bruikersonvriendelik, onbeproef, nuut 53,
ongeskik, ondeugdelik, ondeugsaam, on=

gepas, ondienlik, onprakties
ww. gebruik, gebruik maak van, behelp, aanwend, benut, utiliseer, benuttig, nuttig, inspan, omgaan met, beskik oor, middele aanwend, verbruik, opgebruik, bestee, jou bedien van, hanteer, opereer, beproef, die kans waarneem, die geleentheid gebruik, van die geleentheid gebruik maak, die geleentheid waarneem, 'n uitweg soek, toepas, verwerk, ten dienste staan van, tot die beskikking wees van
nie gebruik nie, agterweë laat, uitspaar, laat braak lê, die geleentheid laat verbygaan, nie gebruik maak van nie, laat lê, oorslaan
misbruik, misbruik maak van, verkeerd gebruik, verkeerd toepas, verbrou, afskeep, verknoei, verbroddel, verspil, verkwis, vermors
bw. in gebruik, in usu (*in gebruik*), vir gebruik, in usum (*vir gebruik*), ten gebruike (*verouderd*); in werkende toestand, in orde, van nut, op, klaar, pelile (*lekties*)
voors. met, hiermee, daarmee, waarmee, met behulp van, deur middel van, per, deur, by, aan die hand van, vir die gebruik van
uitdr. alle seile bysit; die swaard voer; die pen voer, na die pen gryp; die yster smee terwyl dit warm is; mooiweer speel met iemand se goed; roei met die rieme wat jy het; jou laaste troef speel; met beide hande aangryp; die baan is skoon; iets op gang bring; alle paaie lei na Rome

630. Werktuig
s.nw. werktuig 629, tuig, implement, stuk gereedskap, gereedskap, gerei, stuk toerusting, toerusting, instrument, reëlaar, reguleerder, regulator, apparaat, apparatuur, randapparatuur, toestel, toebehore (*meervoud*)
werktuigkunde, meganika, meganiek, meganisme, meganisering, masjien, motor, implement, toestel, masjinerie, masjiengereedskap; elektriese masjien, elektriese motor, hidrouliese masjien, stoommasjien, stoomtoestel, stoomwerktuig, turbine, turbinemotor, straalmotor, straalturbine, stoomturbine, petrolmasjien, petrolmotor, dieselmasjien, dieselmotor, gasmotor, binnebrandmasjien, binnebrandmotor, viersilindermasjien, sessilindermasjien, agtsilindermasjien, dinamo, robot
gereedskap, houtwerkgereedskap 316, skrynwerkersgereedskap, bouersgereedskap 101, loodgietersgereedskap, metaalwerkgereedskap, tuingereedskap, landbougereedskap 355, ...; hamer 316, klouhamer, houthamer, blokhamer, rubberhamer, stoomhamer, klophamer, voorhamer, kliphamer, byl, houtbyl, handbyl, klipbyl; saag 316, handsaag, elektriese saag, houtsaag, skrynwerkersaag, ystersaag, kromsaag, tapsaag, boogsaag, steeksaag, boomsaag, spansaag, treksaag, kantelsaag, reepsaag, sirkelsaag, skropsaag, sleutelsaag, haasbeksaag, frees, freesmasjien, saagbank, saagblad, saagbok, saagsetter, saagtand; beitel 316, koubeitel, tapbeitel, rubeitel, haasbekbeitel; skroewedraaier, skroefdraaier; knyptang, kniptang, draadtang, bliksnyer, knipper, kraaibek, kraaibektang, krombek, krombektang, skerppunttang, duiwelsklou; boor 316, handboor, elektriese boor, houtboor, ysterboor, rotsboor, diamantboor, hamerboor, ratelboor, klopboor, slingerboor, omslag, ratelomslag, krukboor, rotasieboor, senterboor, spiraalboor, waterboor, ruimer; skaaf, houtskaaf, sponningskaaf, blokskaaf, hobbelskaaf, reiskaaf, riffelskaaf, roffelskaaf, roffel, rondskaaf, speekskaaf, skropskaaf, lysskaaf, skaafbeitel, skaafyster, skaafbank; rasper, vyl, houtvyl, ystervyl, hobbelvyl, skuurder, skuurmasjien, slypsteen, slypmeul, bogyster, skroefsnyer; sleutel, moersleutel, verstelbare moersleutel, skroefsleutel, ratelmoersleutel, pypsleutel, soksleutel, sok, kettingsleutel, aapstert, bobbejaansleutel, bobbejaan, bobbejaanklou; pons, ponsmasjien, dopper, dopyster; blaasbalk, blaaslamp, blaasvlam, sweisapparaat, sweismasjien, soldeerbout, lasbrander; wals, walsmasjien; graaf, skopgraaf, tuingraaf, vurk, tuinvurk, hark, koevoet, troffel, messeltroffel, kwas, verfkwas, lymkwas, sif, skudsif, skommelsif
toerusting, mediese toerusting, fotografietoerusting 268, kampeertoerusting, ...
apparaat, apparatuur, elektriese apparaat 262, rekenaarapparaat 263, kombuisapparaat 419, skeerapparaat, ...

instrument, elektroniese instrument, meetinstrument 123, musiekinstrument 756, mediese instrument, optiese instrument 267, martelinstrument, ...
toebehore, kameratoebehore 268, boortoebehore, ...
onderdele, masjienonderdele, motoronderdele; blok, masjienblok, masjienkamer, silinder, ontstekingskas, ontbrandingskamer, verbrandingsruimte; suier, suierring, suierstang, suierslag, suierpen; as, vooras, agteras, dryfas, krukas, kardanas, slingeras, dryfwiel; rat, eerste rat, tweede rat, ..., trurat, snelrat, kragrat; klep, ontstekingsklep, kopklep, uitlaatklep, reguleerklep, balklep, bolklep, sekerheidsklep, windklep, klepstang, klepsteel, klepgeleier; vergasser, karburateur, petroltenk, brandstofspuit; pyp, petrolpyp, waterpyp; verdeler, vonkverdeler, rotor, rotoras, klos, bedrading, vonkprop, vonkpropdraad, elektroniese ontsteking, kondensator; uitlaatpyp, knaldemper, inlaatpyp, inlaatslag; veer, bladveer, kronkelveer, skokbreker, spanveer; vliegwiel, giroskoop
meganisme, werking, aandrywing, dryfwerk, ratwerk, ratstelsel, transmissie, veerstelsel, uitlaatstelsel
werktuigkundige, meganikus, werker, houtwerker, draaier, skrynwerker, loodgieter, bouer, metaalwerker, passer en draaier, operateur, masjinis, monteur
b.nw. masjinaal, meganies, meganisties, outomaties, instrumenteel
ww. meganiseer, motoriseer, outomatiseer, installeer, monteer, masjineer

631. Nodig
b.nw
nodig, broodnodig, allernodigs, hoognodig, hoog(s) nodig, onontbeerlik, onmisbaar, noodsaaklik, gebiedend, gebiedend noodsaaklik, volstrek noodsaaklik, essensieel, wesen(t)lik, nooddruftig, urgent, pertinent, prakties, beter, belangrik 620, 622, gevraagd, doelmatig, tersaaklik, relevant, saaklik, toepaslik, gepas, paslik, afdoende, geskik, nommerpas, sakpas, noodwendig, voorradig; gebrekkig, behoeftig
s.nw. **nodigheid**, nodige, nood, behoefte 773, benodig(d)heid, onontbeerlikheid, onmisbaarheid, noodsaaklikheid, noodsaak, essensie, wesen(t)like, wesen(t)likheid, afdoendheid, pertinensie, belang, belangrikheid, doelmatigheid, tersaaklikheid, relevansie, toepaslikheid, gepastheid, geskiktheid, beswil; gebrek, skaarste, skaarsheid, tekortkoming, behoeftigheid, ontbering, nooddruf, nooddruftigheid, nood, nooddrang, urgensie, vereiste, noodgeval, penarie
behoefte, materiële behoefte, lewensbehoefte, kapitaalbehoefte, geestelike behoefte, middel, bestaansmiddel, lewensmiddel, onderhoud, onderhoudsmiddel, toerusting 630, uitrusting, voorraad, noodvoorraad, reservevoorraad, proviand, provisie, materiaal, grondstof; behoeftebepaling, behoefte-analise, behoefte-ontleding, behoeftepeil
verskaffing, bevoorrading, behoefteververvulling, vrystelling
behoeftige, arme 690, armlastige
ww. **nodig hê**, benodig, nodig (*lekties*), nodig ag, noodsaak, skort, behoef, kortkom, skeel, vereis, vra; ontbeer, ontbreek, mis, vermis
'n behoefte vervul, verskaf, gee 693, oorhandig, bied, aanbied, lewer, bring, stuur, laat kry, laat toekom, skenk, voorsien van, beskikbaar stel, beskikbaar maak, tot die beskikking stel, ter beskikking stel, toestaan, besorg, lewer, aflewer, toerus, uitrus, bevoorraad, proviandeer, voed, onderhou, aanbied
uitdr. as dit lyk na hoe; in petto; na behore; om den brode; in jou kraam pas; ter sake

632. Onnodig
b.nw. onnodig, oorbodig, oortollig, botallig, oorgenoeg, te veel, te baie, surplus, oorblywend, orig, nodeloos, ongevraag(d), irrelevant, ontbeerlik, onbruikbaar 54, 629, 634, ondienstig, nutteloos 54, 629, 634, leeg, ongewens, verlore
s.nw. onnodigheid, oorbodigheid, oortolligheid, ballas, aanhangsel, nodeloosheid, ongevraagdheid, ontbeerlikheid, onbruikbaarheid, nutteloosheid, ongewensdheid, verlorenheid, nulliteit, irrelevansie, leegheid, monnikewerk
bw. verniet
ww. nie nodig hê nie, geen nut aan hê nie,

geen nut insien nie, verniet werk, nie hond haar-af maak nie, jou die moeite spaar
uitdr. jou heil elders gaan soek; jou pêrels voor die swyne werp; jou asem mors; in die wind praat; dis soos water op 'n eend se rug; vir spek en boontjies, vir spek en bone; na 'n naald in 'n hooimied soek; wors in 'n hondehok soek; van 'n padda vere probeer pluk; daar sal dadels van kom; daar sal kaiings van kom; vir/teen die maan blaf; iemand kou op graniet; dis botter aan die galg gesmeer; dis botter op 'n warm klip; water na die see toe dra; op droë grond visvang; voor dooiemansdeur beland

633. Nuttig
b.nw. nuttig, bruikbaar, goed 622, waardevol, behoorlik, gunstig, voordelig, bevorderlik, heilsaam, weldadig, profytlik, batig, seminaal, dienlik, diensbaar, dienstig, doeltreffend, doelmatig, veeldoelig, geskik, ryp vir, handig, prakties, toepaslik, gepas, paslik, aangewese, voeglik, passend, pragmaties, onontbeerlik, raadsaam, gerade, gebode, instruktief, voegsaam, utilitêr, veelbelowend, rooskleurig, gunstig, verdienstelik, apropos, teleologies
s.nw. nut, nuttigheid, waarde, hulp, bruikbaarheid, heilsaamheid, weldadigheid, goedheid, dienlikheid, diensbaarheid, dienstigheid, doeltreffendheid, doelmatigheid, veeldoeligheid, geskiktheid, handigheid, toepaslikheid, gepastheid, paslikheid, toepasbaarheid, rypheid, gereedheid, onontbeerlikheid, raadsaamheid, geradenheid, gunstigheid, verdienstelikheid, utiliteit, nuttigheidsgraad, nuttigheidsleer, teleologie
voordeel, waarde, verdienste, bate, wins, profyt, profytmakery, gawe, belang, eiebelang, persoonlike belang, groepsbelang, belangesfeer, gerief, toedoen
bevoordeelde, begunstigde, belanghebbende, belangegroep, profiteur, genottrekker
bw. van nut, van waarde, apropos
ww. **nuttig wees**, van nut wees, nut hê, beantwoord aan sy doel, pas, gepas wees, baat, dien, vrugte afwerp, voordelig wees, tot jou voordeel strek, tot voordeel wees, goed te pas kom, nodig wees, benodig, nodig (*lekties*), behoef, beteken
bevoordeel, bevorder, dien, kontribueer, nut haal uit, voordeel trek, profiteer
voors. ten behoewe van
tw. cui bono
uitdr. dit bring iets in die sak; iets gerade ag; die ware Jakob; met jou talente woeker; (handig) te pas kom; van pas kom; tot jou beswil; tot jou reg kom; tot nut van

634. Nutteloos
b.nw. **nutteloos**, waardeloos, nikswerd, onbruikbaar, ondoelmatig, ondienstig, oneffektief, ineffektief, ongepas, ongeskik, oorbodig 632, verouderd, uitgedien(d), obsoleet, uitgewerk, afgeleef, stukkend 54, 184, 238, gedaan, uitgewerk, onklaar, onherstelbaar, voos, kapot, gaar, sleg 635, laks
vergeefs, tevergeefs, vrugteloos, nutteloos, hopeloos, onmoontlik, futiel, verniet, tydmors, verlore, ydel
s.nw. **nutteloosheid**, waardeloosheid, onbruikbaarheid, ongeskiktheid, ondienstigheid, ongepastheid, ondoelmatigheid, afgeleefdheid, nul, nulliteit
vrugteloosheid, nutteloosheid, oorbodigheid, nodeloosheid, monnikewerk, vergeefsheid, onmoontlikheid, hopeloosheid, futiliteit, verlorenheid
bw. van geen nut nie, sonder nut, van geen waarde nie, van nul en geen waarde nie, van nul en gener waarde nie, vergeefs, om sons, pertjoema
ww. nutteloos wees, tot niks lei nie, boemel
uitdr. al jou kruit verskiet hê; daar steek niks in nie; daar niks aan hê nie; praat tot jy blou is; vir spek en boontjies; water in 'n mandjie probeer dra; die vyfde wiel aan die wa; teen die wind poep (*plat*), teen die donderweer poep (*plat*); 'n nul op 'n kontrak wees, 'n ronde nul wees; van nul en gener waarde

635. Skadelik
b.nw. skadelik, nadelig, benadelend, verswakkend, beskadigend, vernielend, ongunstig, onvoordelig, sleg 633, swak 626, netelig, ondienstig, indifferent, passief, gevaarlik 656, boos, uit die bose, verderflik, verswakkend, vernietigend, ondermynend, afbrekend, dodelik, rampspoedig, rampsalig, teenspoedig, teëspoedig

s.nw. skadelikheid, nadeel, nadeligheid, onvoordeligheid, prejudisie
skade, stormskade, haelskade, vloed=skade, ..., verlies, terugslag, knou, teen=spoed, teëspoed, awery, koste, beskadiging, benadeling, waardevermindering, depre=siasie; beskadiging, vernieling, verwoes=ting, vernietiging

ww. skadelik wees, sleg wees
skade ly, ly, 'n stel aftrap, betaal, die gevolge dra
beskadig 458, breek 458, skaad, skade aanrig, skade berokken, skend, skade toe=bring, benadeel 683, prejudisieer, bederf, bekoop, bloedlaat, hinder, bodder (*in=formeel*), bebodder (*informeel*), verhinder, knou, 'n knou gee, knak, kniehalter, knelter

voors. ten koste van, tot nadeel van
uitdr. aan die kortste end trek/wees; jou vingers verbrand; in jou eie son staan; jou skepe agter jou verbrand; te kort doen; wolf skaapwagter maak; 'n spyker in sy doodskis slaan

636. Onskadelik
b.nw. onskadelik, skadeloos, onskuldig, nie gevaarlik nie, veilig 655, beteuter(d)
s.nw. onskadelikheid, skadeloosheid, on=skuldigheid, beteuterdheid; skadeloos=stelling, indemnifikasie, indemnisasie
ww. skadeloos stel, onskadelik stel, on=skadelik maak, indemnifiseer

C. DOEL
637. Doelgerigtheid en doelloosheid
s.nw. doel, hoofdoel, doeleinde, doelwit, doelstelling, oogmerk, oogwit (*ongewoon*), intensie, mikpunt, trefpunt, teiken, eind=doel, doelpunt, bestemming, destina=sie, voorland, einde, eindpunt, resultaat, eindresultaat, uiteinde, ontwerp, pro=gram, program van aksie, missie, bedoe=ling, bedoelentheid (*lekties*), bybedoeling, newebedoeling, goeie bedoeling, suiwer(e) bedoeling, slegte bedoeling, onsuiwer(e) bedoeling, beleid, beleidsrigting, beleids=uitspraak, strekking, tendens
doelgerigtheid, koersvastheid, vasbera=denheid, vasbeslotenheid, gedrewenheid, naarstigheid, naarstiglikheid, nastrewing, voorbedagtheid, stukrag, oorweging, in=tensie, opset, moedswil, wil 582, 584, denke 513, doelbewustheid, pertinensie, ideaal, strewe, vurige strewe, bejag, stre=wing, bereiking; strewer, nastrewer
beweegrede, rede, dryfveer, motief, by=motief, stukrag, oorweging, aanleiding, oorsaak 15, raamwerk
doelmatigheid, doeltreffendheid, effekti=witeit, diensbaarheid, rakleeftyd, nut, nut=tigheid, veeldoeligheid, toepaslikheid, uit=voerbaarheid, bruikbaarheid, bevredi=ging, bereikbaarheid
doelloosheid, koersloosheid, rigtingloos=heid, belangeloosheid, gebrek aan fokus, gedrel, apatie

b.nw. doelgerig, koersvas, voorbedag, voorbedagtelik, intensioneel, weloorwoë, beplan(d), programmaties, doelbewus, daadwerklik, kragdadig, vasberade, vas=beslote, gedetermineer(d), gedrewe, stand=vastig, onwrikbaar, onwankelbaar, wils=kragtig, volhardend, resoluut, geesdriftig 767, pertinent, naarstig 586, 610, naarstig=lik, opsetlik, moedswillig, aspres, aspris, ekspres, wetende, welwetende, tenden=sieus, bereikbaar, berekenbaar, bestem
doelmatig, doeltreffend 614, effektief, prakties, diensbaar, nuttig, veeldoelig, toe=paslik, toepasbaar, moontlik, werksaam, uitvoerbaar, bruikbaar, goed, bevredi=gend, gerade, afdoende
doelloos, koersloos, rigtingloos, ondeur=dag, kragteloos, belangeloos, ongefo=kus(d), apaties 626, 715, 774

ww. 'n doel stel, ten doel stel, 'n doel voor oë hê, ten doel hê, voorneem, van voor=neme wees, vol goeie voornemens wees, beoog, bedoel, bereken, bestem, mik, jou rig op, streef, strewe, nastreef, nastrewe, aanstuur, afstuur, neig, tendeer, dreig, wil 582, aandring, aandryf, ontwerp, bewerk, soek 516, rondskarrel, snuffel
jou doel bereik, jou doelwit bereik, die teiken tref, slaag, in jou doel slaag, die doel tref, teregkom, verkry, bereik, sukses be=haal, geluk, regkry, regkom, oorwin, 'n oorwinning behaal
doelloos wees, faal, misluk, nie slaag nie, jou doel mis; doelloos rondbeweeg, rond=staan, rondhang, drel, ronddrel
bw. met die oog op, ten einde, te dien einde, met 'n bepaalde doel voor oë, met die daad,

metterdaad, met opset, met voorbedagte rade, met voorbedagtheid, met mening, vas van plan, in werklikheid, in die praktyk, ad hoc, hiertoe, waartoe
voors. om, ter
voegw. omdat, daarom, sodat, deurdat, opdat
uitdr. nie om dowe (dowwe) neute iets doen nie; die mens wik, maar God beskik; iemand van bakboord na stuurboord stuur; in trek wees; swanger van idees; 'n soektog op tou sit; van Pontius na Pilatus stuur; vir kwaadgeld rondloop

638. Aanmoedig
ww. aanmoedig, aanspoor, motiveer, inspireer, aanpor, por, aanprys, rekommandeer, aktiveer, reaktiveer, prikkel, stimuleer, ontlok, bepraat, aanpraat, aanspreek, beweeg, besiel, begeester, dryf, drywe, aandryf, voortdryf, voortdrywe, aandring, manipuleer, aanvuur, aanwakker, inblaas, bemoedig, opbeur, onderskraag, moed inpraat, moed inboesem, steun, ondersteun, aanhelp; aanstig, instigeer, aansit, aanhits, ophits, opja(ag), opjae, aanja(ag), aanjae, oprui, opsteek, opstook, opsweep, aansteek, aanstook, naaldsteek, opdruk, opdryf, opdrywe, opwen, opwin, opblaas, opwarm
raad gee, van raad bedien, adviseer, advies gee, voorlig, aanbeveel, ter oorweging gee, aan die hand doen, voorstel, 'n wenk gee, aanraai, raai, raad verskuldig wees, inskerp, maan, vermaan, waarsku; raad ontvang, raad aanneem, raad volg, raad inwin
beïnvloed, invloed uitoefen, invloed hê, jou invloed laat geld, toutjies trek, 'n uitwerking hê op, nawerk, ompraat, oorreed 522, oorhaal, omhaal, bekeer, vorm, buig, oortuig, wysmaak, suggereer, inpraat, inprent, formeer, indoktrineer, breinspoel, bewerk, nader; verlei, in versoeking bring, versoek, tempteer, torring, verlok, weglok, wegrokkel, meesleep, meesleur, betower, bekoor, mesmeriseer, mesmeraais (Engels, lekties), hipnotiseer, korrupteer, korrumpeer; omkoop, koop, omkonkel, oorrompel
s.nw. aanmoediging, aansporing, motivering, aanwakkering, aanvuring, aanporring, hupstoot, inspirasie, dryfkrag, aktivering, prikkel, prikkelmiddel, stimulasie, stimulering, stimulus, stimulant, stimulans, aandrang, impuls, beweging, aanprysing, rekommandasie, besieling, begeestering, inskerping, manipulasie, bemoediging, onderskraging, opbeuring, moedversterking, beskerming, steun, ondersteuning, morele ondersteuning, rugsteun, rugsteuning, hulp, bystand, hulpvaardigheid, liefde 776, vertroosting, troos, trooswoorde; prestasie, prestasiegedrewenheid, prestasiegedrewe vergoeding; aanstigting, instigasie, aanhitsing, ophitsing, opstokery, opstoking, opswepery, opsweping, opruiing, oorrompeling
raad, raadgewing, advies, voorligting, berading, aanbeveling, voorstel, wenk, suggestie, oorweging, vermaning, aanmaning, waarskuwing, preek, preektoon, preektrant, oproep, wekroep, wekstem
invloed, beïnvloeding, toutjiestrekkery, uitwerking, nawerking, oorreding, oorredingsvermoë, oorredingskrag, oorredingskuns, oortuigingswerk, oortuiging, pressie, pressiegroep, sending, sendingwerk; beïnvloedbaarheid, oorreedbaarheid; invloedrykheid; invloed, gevolg, trefkrag, inwerking, effek; indoktrinasie, breinspoeling, verleiding, versoeking, temptasie, verlokking, bekoring, hipnose, hipnotisme, mesmerisme, korrupsie, omkopery; verleidbaarheid, omkoopbaarheid
adviseur, finansiële adviseur, regsadviseur, menslikehulpbronadviseur, leefstyladviseur, ..., konsultant, finansiële konsultant, regskonsultant, menslikehulpbronkonsultant, leefstylkonsultant, ..., ghoeroe, leefstylghoeroe, raadgewer, raadgeefster, berader, voorligter, raadsman, raadsvrou, konsulent, mentor, monitor, nestor (ongewoon), beïnvloeder, motiveringspreker; adviesgroep, advieskomitee, ondersteuningsnetwerk; verleier, verleidster, versoeker, opstoker, opruier, aanstoker, drukgroep
b.nw. aanbevelenswaardig, gewens, gerade, gebode, rekommandabel; stimulerend, besielend, opbeurend, inspirerend, begeesterend, bemoedigend, ondersteun-

end; gemotiveer(d), begeester(d)
opruiend, instigerend, oorrompelend
raadgewend, adviserend, invloedryk
verleidend, bekoorlik, verlokkend, verleidelik, hipnoties, mesmeriserend, betowerend; omkoopbaar, verleidbaar, korrup, gemesmeraais (*Engels, lekties*);
voors. op aanbeveling van, op aanstigting van
tw. komaan, toe nou, toenou, hup, hup-hup, sa
uitdr. agter iemand staan; daarop staan; die juiste toon tref; die sweep gee; iemand tot die daad beweeg; 'n hupstoot gee; aan iemand torring; onder iemand vuurmaak; tot spoorslag dien; weerklank vind

639. Ontmoedig
ww. ontmoedig, afraai, vermaan, demoraliseer, terneerdruk, moedeloos maak, neerslagtig maak, mismoedig maak, knak, breek, platslaan, verpletter, intimideer, ontsenu, bangmaak, afskrik, afblaas, afkonkel, afleer
s.nw. ontmoediging, repressie, suppressie, intimidasie, demoralisering, mismoed, mismoedigheid, moedeloosheid, inanimiteit, leweloosheid, onbesieldheid
b.nw. ontmoedigend, onbesiel(d), sieldodend, demoraliserend, gedemoraliseer(d), mismoedig, moedeloos

D. DIE HANDELING
a. Voorbereiding
640. Voorbereid
b.nw. voorberei(d), gereed, reg, klaar, bereid, oorgehaal, slaggereed, paraat, operasioneel, bruikbaar, gebruiksgereed, gebruiksklaar, beskikbaar, slaggereed, slagvaardig, toegerus, ryp
bereid 580, gewillig, inskiklik
bedag, voorbereid, waaksaam, wakker, op en wakker
beplan(d), voorgenome, gereël(d), geskeduleer(d), planmatig, metodies, georganiseer(d), ordelik, programmaties, geprogrammeer(d), organisatories, sistematies, stelselmatig, reëlmatig, sketsmatig, konsepsueel, konseptueel, takties, wetenskaplik
s.nw. voorbereiding, voorbereidsels, gereedmaking, beplanning, toebereiding, toebereidsels, sistematiek, reëlmaat, konsepsie, organisasie, organisasietalent, organisasievermoë, programmering; instruksie, voorligting, voorbereiding
gereedheid, voorbereidheid, slaggereedheid, paraatheid, beplanning, planmatigheid, stelselmatigheid, sistematiek, organisasie, georganiseerdheid, bereidheid, voorneme, afwagting, klarigheid, vaardigheid, oefening
plan, meesterplan, vyfjaarplan, ..., uitleg, uitlegging, voorskrif, resep, skedule, riglyn, rigsnoer, konsep, idee, raamwerk, skema, rooster, diensrooster, leerplan, sillabus, kurrikulum, curriculum, reëling, agenda, program, program van aksie, aksieplan, strategie, taktiek, werk(s)wyse, handel(s)wyse, manier van doen, opset, konsep, metode, metodiek, prosedure, logistiek, reël, grondreël, beginsel, grondbeginsel, beleid, sisteem, sistematiek, stelsel, organisasie, ontwerp, voorontwerp, voorstudie, projek; ordening, organisasie, organisering, sistematisering
skets, tekening, ontwerp, ontwerptekening, plan, bouplan, argiteksplan, ingenieursplan, sketsplan, tekenplan, grondplan, terreinplan, ..., skema, werkskema
beplanner, organiseerder, organisator, strateeg, logistikus, ontwerper, argitek, tekenaar, konstrukteur, planmaker, plannemaker, entrepreneur 701
bw. betyds, stap vir stap, stapsgewys, met oorleg, op die hoede
ww. gereed wees, gereed staan, oorgehaal staan, gereed hou, staal, voorbereid wees, voorbereiding(s) tref, klaarkry, klaarstaan, slaggereed wees
gereed maak, voorneem, van voorneme wees, gereed hou, reghou, aangord, gord, voorberei, toeberei, prepareer, programmeer, klaarmaak, pasmaak, instel, toerus, inrig, oefen
beplan, 'n plan maak, uitwerk, ontwerp, skets, teken, programmeer, konsipieer, reël, organiseer, inrig, uitlê, uitstippel, vooruitdink
orden, organiseer, sistematiseer
woorddeel ontwerp-, konsep-
uitdr. kant en klaar (staan); die lendene omgord; jou kruit droog hou; jou seile na die wind hang; jou tande slyp; vol goeie voornemens wees; voorbrand maak; op

jou hoede wees; in jou spoor trap; 'n boer maak 'n plan

641. Onvoorbereid
b.nw. **onvoorbereid**, nie gereed nie, onklaar, onvoorbedag, onreëlmatig, rou
onbeplan(d), onaangekondig, impromptu, proefondervindelik, onordelik, ordeloos, onsistematies, onwetenskaplik, ongeorganiseer(d), swak georganiseer(d), planloos, stelselloos, lukraak, wild
spontaan, instinktief, intuïtief, geïmproviseer(d), ondeurdag, onnadenkend, onvoorbedag, onberedeneerd, impulsief, oorhaastig, halsoorkop, blindelings, skielik, vinnig, haastig, spoedig, snel, onverwags, onverskillig, roekeloos, onbeheers(d), onbeheersbaar, wild
s.nw. **onvoorbereidheid**, onklaarheid, onbedagtheid, onreëlmatigheid, onvaardigheid, rouheid
swak voorbereiding, onbeplandheid, lukraakheid, planloosheid, onordelikheid, ongeorganiseerdheid, gebrek aan sisteem, gebrek aan sistematiek, stelselloosheid, gebrek aan metode, gebrek aan metodiek, onwetenskaplikheid, kaartehuis
spontaneïteit, spontaniteit, instink, intuïsie, impulsiwiteit, improvisasie, ondeurdagtheid, onbedagtheid, onberedeneerdheid, haas, haastigheid, oorhaastigheid, spoed, onverwagsheid, onverskilligheid, roekeloosheid, onbeheerstheid, onbeheersbaarheid, wildheid, frats, glips, glieps (*lekties*)
bw. onverwags, onverhoeds, sonder waarskuwing, in 'n oogwink, in 'n oogwenk, een-twee-drie, in 'n kits, dadelik, oombliklik, op die ingewing van die oomblik, onvoorsien(s), selfs, sommerso, somaarso, losweg
ww. nie gereed wees nie, onvoorbereid wees, swak voorberei, improviseer, vinnig 'n plan maak, ekstemporeer
uitdr. uit die mou skud; uit die vuis praat; ex tempore; dit sit nie in iemand nie; dit sit nie in jou broek nie; in die wilde weg; op goeie geluk af; op sand bou

642. Beproef
b.nw. **beproef**, getoets, geweeg, geëvalueer, probaat, gebaan, geslae, gelouter, proefhoudend
eksperimenteel, empiries, proefondervindelik, wetenskaplik, kontroleerbaar, beheerbaar
ondernemend, waaghalsig
s.nw. **beproefdheid**, gebaande weë, beproewing; geslaene
proefneming, poging, probeerslag, probeersel, eksperiment, proef, proeflopie, toetslopie, oefenlopie, voorproef, voorsmaak, steekproef, proefpersoon, proefkonyn, proeftyd, probasie, vuurdoop, vuurproef, waagstuk, waagspel, waaghals, toets, toetsing, eksaminering, evaluering, kontrole, kontrolegroep, ondersoek, navorsing
kriterium, norm, maatstaf, standaard, toets, prinsipe, verwysingspunt, verwysingsraamwerk
ondervinding, ervaring, belewing, belewenis; ondernemingsgees
ww. **beproef**, op die proef stel, die weg baan, proef, proe, probeer, traai (*Engels, lekties, informeel*), poog, 'n poging aanwend, trag, toepas, onderneem, toets, eksamineer, uittoets, kruistoets, ondersoek, aan ondersoek onderwerp, evalueer, beoordeel, in oënskou neem, eksperimenteer, ondersoek, navors, inspekteer, deurkyk, nagaan, kontroleer
beleef, belewe, deurleef, deurlewe, ondervind, waag
woorddeel proef-
uitdr. die proef deurstaan; die vuurproef deurstaan; die kans waag; wie nie waag nie, wen nie

643. Onbeproef
b.nw. onbeproef, ongetoets, nuut 53, nuwerwets, onwetenskaplik
s.nw. onbeproefdheid, onwetenskaplikheid
ww. nie beproef nie, onbeproef laat

b. Handelwyse

644. Handelwyse
s.nw. **handel(s)wyse**, wyse, werk(s)wyse, wyse van doen, wyse van optrede, gedragswyse, manier, manier van doen, manier van optree, leefwyse, lewenswyse, lewenswandel, gewoonte, gedragsgewoonte, gebruik, maniertjie, maniërisme, hebbelikheid, laai, streek, allure, houding, styl, toon,

trant, metode, metodiek, weg, pad, prosedure, procedé, modus, modus operandi, modus vivendi, tegniek, taktiek, benadering, hoedanigheid, gedrag, gedragspatroon, gedragslyn, gedragsreël, koers, rol, rolspel, flair (*Engels*), panache, opportunisme, afwyking, bokkesprong, boksprong **beleid**, standpunt, uitgangspunt, vertrekpunt, houding, koers, credo, oortuiging, kode, gedragskode, norm, rigsnoer, maatstaf, voorskrif, kanon, dogma, protokol, etiket, politiek, plan van aksie, plan van optrede, program, program van optrede, taktiek, beginsel, prinsipe, grondslag, kriterium, maatstaf, standaard, reël, aksioma, aksioom, grondreël, stelreël, formule, skema, sisteem, stelsel, proses, gebruik, formaliteit, praktyk

handel 645, handeling 645, gang, doen en late, toedoen, wandel, handel en wandel, optrede, loop, verloop, vordering, gebaar, veldtog, maneuver, manipulasie, aanpassing, kondisionering, gebrou; tegnologie 257, tegnokrasie

manipulator, tegnikus, tegnokraat, tegnoloog

b.nw. sodanig, dusdanig, hoedanig, metodies, gekondisioneer(d), takties, tegnies, tegnologies, tegnokraties, links, linkshandig, regs, regshandig, goed, sleg, vinnig, stadig, intensief, arbeidsintensief, baanbrekend, avontuurlik

ww. optree, metodies te werk gaan, jou (eie) gang gaan, begin, voortgaan, eindig, aanpas, kondisioneer, doen, gedra, jou aan die reëls hou, hou, maneuvreer, manipuleer, rig, vermag, verrig, wandel, wys

verander, aanpas, omspring

bw. aldus, also, anders, andersins, beswaarlik, bo (bowe), dito, ditto, dusdoende, so, sodanig, sodoende, dergelik, in dier voege, dieselfde, idem, op groot skaal, op klein skaal, hoe, hoedanig, volgenderwys(e), al-hondred-en-tien

voegw. dus

uitdr. dit was nie vir jou weggelê om; geen ander (uit)weg hê nie; iets op eie houtjie doen; jou eie potjie krap; met die maat waarmee jy meet sal vir jou gemeet word; op dieselfde lees geskoei

645. Handel

ww. handel, doen, iets te doen hê, begaan, verrig, uitrig, uitvoer, 'n taak verrig, 'n taak aanvaar, prakseer, stappe doen, pleeg, te werk gaan, begaan, optree, onderneem, behartig, waarneem, ageer, wy, betrokke wees by, 'n geleentheid gebruik, 'n geleentheid aangryp, begin 27, aanhou, aan die werk wees, aan die gang wees, op dreef wees, afspeel, tot stand kom, ophou 28, eindig, beëindig, voltooi 28, afhandel, vervul, improviseer, maneuvreer, skarrel, rondskarrel, speel, aktueer, aktualiseer, in dade omsit, die daad by die woord voeg, dala (~ wat jy moet) (*lekties*); werk, funksioneer, fungeer, opereer, in werking wees, in werkende toestand wees, loop, draai

werk, arbei, werk doen, verrig, werk verrig, werk hê, werksaam wees, jou dagtaak verrig, 'n pos beklee, 'n amp beklee, in die amp staan, 'n beroep beoefen, diens doen, 'n diens verrig, ageer, werskaf, woel, woel en werskaf, hard werk, sweet, swoeg, swoeg en sweet, sloof, afsloof, peuter, knutsel, vroetel, uitrig, uitvoer, iets te doen hê, werksaam wees, besig wees, bedrywig wees, jou besig hou met, beywer, beur, vorentoe beur, presteer, beoefen, uitoefen, boer, prakseer, bewerkstellig, teweegbring, teweeg bring, teregbring, tot stand bring; saamwerk, interakteer, sinergeer

bewerk, bearbei, uitwerk, ontwikkel, oplos, hanteer, bedryf, bedrywe, verantwoordelik wees, behartig, onderneem, beheer, sorg vir, versorg, belas wees, bedien, help 663, aanhelp, steun, ondersteun, onderskraag, behandel, toepas

werk verskaf, werk gee, opdrag gee, in diens neem, aanstel, 'n aanstelling gee, 'n aanstelling maak, 'n pos aanbied, emplojeer, benoem, verkies

bw. aan die gang, aan die werk, op dreef

s.nw. handeling, beoefening, uitoefening, uitvoer, uitvoering, afhandeling, verrigting; daad, maneuver, doenigheid, gedoe, gedoente, werk, werkie, opdrag, taak, taakstelling, dagtaak, lewenstaak, lewenswerk, onderneming, plig, verpligting, werksaamheid, selfwerksaamheid, bedrywigheid, werskaffery, rusteloosheid, drukte, aktiwiteit, aksie, optrede, operasie, sending, stap, onderneming, beweging 145, vrouebeweging, werk(s)vermoë, werkstempo, arbeidstempo, prestasie, werkprestasie, prestasievlak, hardwerkendheid, woeligheid, woelerigheid, woema, topprestasie, kragtoer; wisselwerking, interaksie, bewerking, bearbeiding, ontwikkeling, oplossing, hantering, bedryf, behartiging, onderneming, beheer, inwerkingstelling, inwerkingtreding, versorging, bediening, hulp 589, steun, behandeling, toepassing, hantering, prak(ke)sasie; funksionering, werking, nawerking; outomatiese handeling, outomatisme, onwillekeurige handeling, onwillekeurigheid

werk, werksaamheid, hoofwerk, voorwerk, buitewerk, binnewerk, mensewerk, handwerk, handewerk, kontrakwerk, arbeid, handearbeid, trekarbeid, sleurwerk, peuterwerk, huiswerk, huisvlyt, stukwerk, skofwerk, dinkwerk, kopwerk, opdrag, sending, acta (*ongewoon*), diens, dienslewering, diensorganisasie, aanddiens, nagdiens, dagdiens, hoekdiens, ..., diensbeurt, skof, plig 811, verpligting, taak, hooftaak, deeltaak, dagtaak, saak, beroep, loopbaan, bybaantjie, professie, nering, okkupasie (*ongewoon*), ambag, ambagswerk, ambagskap, vak, bedryf, besigheid, saak, lewensonderhoud, praktyk, mannekrag, aktiwiteit, opdrag, werkopdrag, bestek, werksbestek, werklas, werskaffery, werkery, moeite, inspanning, swoegery, geswoeg, swoegwerk, monnikewerk, hardepad, drukdoenery; werksgeleentheid, betrekking, pos, aanstelling, posisie, amp; werk(s)tyd, werkperiode, termyn, werk(s)dag, mandag, werk(s)week, vyfdagwerk(s)week, werk(s)uur, man-uur, sessie, werksessie, werkperiode, sitting, sittingstyd, sittingsduur, diens, diensbeurt, skof, werkbeurt, skiktyd; samewerking, spanwerk, groepwerk, interaksie, sinergie, sinergisme; werkywer, werkweerstand

arbeid, arbeidskrag, arbeidsproses, arbeidsaangeleentheid, arbeidswetgewing, werk(s)geleentheid, arbeidsgeleentheid

werkverskaffing, indiensneming, aanstelling, emplojering, benoeming, verkiesing

doener, dader, agent, beoefenaar, verrigter, werkverrigter, uitvoerder, werker, werkster, medewerker, mededader, medepligtige, trawant, professionele werker, professionele persoon, witboordjiewerker, witboordjie, blouboordjiewerker, blouboordjie, tegnikus, arbeider, arbeidsmag, handwerker, handearbeider, ambagsman, vakman, vakarbeider, mynwerker, trekarbeider, huurling, handlanger, dagloner, helper, nutsman, praktikus, jantjie-van-alles, woekeraar, presteerder, faktotum, hand, kneg, agterryer, hulp, huishulp, bediende, huisbediende, poetsvrou, tuinier, tuinman, tuinwerker, plaaswerker, plaasarbeider; werknemer, ondergeskikte, onderling, huurling, werkgewer, baas, kollega, werkkring, personeel, arbeidsmag, arbeidsgemeenskap; werkesel, werkslaaf, werkolis, ywerair, entoesias; peuteraar, knutselaar, draadsitter, niksdoener, luiaard, slapgat (*plat*)

professionele persoon, professie, dokter, tandarts, ingenieur, prokureur, advokaat, regter, sakepersoon, sakeleier, ekonoom, ouditeur, rekenmeester

ambagsman, ambagslui, bouer, skrynwerker, houtwerker, elektrisiën, loodgieter, skoenmaker, leerlooier, mynbouer

b.nw. handelend, doenig, doende, besig, druk, druk besig, woelig, woelerig, onledig, rusteloos, ywerig, fluks

werkend, in diens, geëmplojeer(d), werksaam, ambagtelik, selfwerksaam, hardwerkend, arbeidsaam, arbeidsintensief, werkbaar, outomaties, funksioneel, woelig; samewerkend, interaktief, sinergisties, sinergeties, sinergies

uitdr. te werk gaan; werk maak van iets; aan die gang wees; op dreef wees; die daad by die woord voeg; so gesê, so gedaan; jou van 'n taak kwyt; 'n man van die daad wees; berge versit; die geleentheid aangryp; geen rus of duurte hê nie; gevolg gee aan; hemel en aarde beweeg; iemand op die been bring/help; iemand se belange behartig; iemand 'n diens bewys; 'n taak op jou skouers neem; jou tot iets leen; op iemand se nommer druk; arbeid adel; sê en doen is twee verskillende dinge; 'n man van twaalf ambagte en dertien ongelukke

646. Nie handel nie

ww. nie handel nie, niks doen nie, niks te

doen hê nie, geen steek doen nie, stilsit, ledig wees, op jou gat sit (*plat*), stilstaan, stillê, agterweë (laat) bly, wag, afwag, 'n afwagtende houding aanneem, afskuif, afskuiwe, aflê, onttrek, leeglê, leegloop, lanterfant(er), rondslenter, kalfakter, rondstaan, rondhang, rondlê, ronddwaal, dool, rondleuter, hengel, rondloop, verveel, agterbly, vermy, ontwyk, omseil, oorslaan, verspeel, verluier, verdroom
rus, pouseer, vakansie hou
vergeet, nalaat, versuim, verwaarloos, veron(t)agsaam, negeer, ignoreer
ophou, basta, stop, eindig, uitskei, end kry, staak, tot stilstand kom, stilhou, onderbreek, stagneer
tot stilstand bring, beëindig, onaktief maak, inaktiveer, stil hou, inhou, terughou, vertraag, afhou, keer, weerhou, onthou, verhinder
nie werk hê nie, werkloos wees; afdank, aflê, skors, diens beëindig, pensioeneer, aftree
bw. agterweë, onverrigtersake
s.nw. onaktiwiteit, inaktiwiteit, passiwiteit, lydelikheid, niksdoen, nonaktiwiteit, traagheid, inersie, stilstand, stagnering, bewegingloosheid, ledigheid, luiheid, werkskuheid, wagtery, afwagting, onttrekking, nalating, omissie, rondhangery, leeglêery, leeglopery, lanterfantery, geslenter, dolery, verveling, verveeldheid, vervelendheid, verveligheid, vervelerigheid, ontwyking, vermyding
werkloosheid, afdanking, aflegging, diensbeëindiging, skorsing, pensioen, aftrede, werkloosheidsvraagstuk; werkloosheidsversekering, werkloosheidsfonds
werklose, afgedankte, leeglêer, leegloper, rondloper, ledigganger, luiaard, luigat (*plat*), slapgat (*plat*), lieplapper, dagdief, huislêer, boemelaar, houtpop, figurant; afgetredene, pensioenaris, pensioentrekker, gepensioeneerde
rus, stilte, kalmte, rustigheid, slapte; rustyd, verposing, ruspoos, ruskans, siësta, blaaskans, onderbreking, pouse, intermissie, reses, vakansie, vakansietyd
versuim, nalatigheid, agte(r)losigheid, vergeetagtigheid, vergeterigheid, verwaarlosing, veron(t)agsaming
einde, end, afloop, uiteinde, afsluiting, afhandeling, beëindiging, staking, stilstand, stagnasie
b.nw. onaktief, inaktief, nonaktief, passief, inert, ontwykend, lui, werksku, arbeidsku, leeglêerig, verveeld, vervelend, vervelig, vervelerig
nalatig, vergeetagtig, vergeterig, agte(r)losig
werkloos, afgedank, afgetree
stil, rustig, rustend, kalm
tw. hou op, stoppit (*Engels, informeel*), basta, kry end
uitdr. geen voet versit nie; geen poot versit nie; geen vinger verroer nie; jou arms vou; jou arms kruis; berus in 'n saak; Gods water oor Gods akker laat loop; die kat uit die boom kyk; iets op die lange baan skuiwe; die vrekte hê; 'n bok(ke)sprong uitvoer; wie nie werk nie sal nie eet nie; van hoop alleen kan 'n mens nie lewe nie; rus roes; ledigheid is die duiwel se oorkussing; praatjies vul geen gaatjies; blaffende honde byt nie

647. Voortgaan

ww. voortgaan 657, aanhou, bly, besig bly, volhou, aangaan, voortbestaan, voortleef, voortlewe, standhou, aanwikkel, verder gaan, aandruk, verder stap, verder ry, ..., aanhou stap, aanhou ry, ..., voortstap, voortry, ..., voortsit, kontinueer, voortwoeker, voortskry, voortsukkel, voortsleep, voortkanker, voorthelp, ..., handhaaf, vervolg, voortwerk, verder werk, deurwerk, deurdruk, uithou, deurdryf, deurdrywe, dryf, drywe, voortdryf, voortdrywe, deurhak, roetineer, staande hou
bw. aanmekaar, aaneen, sonder ophou, sonder onderbreking, sonder verposing, sonder pouse, sonder rus, sonder einde, sonder end, heeltyd, die hele tyd, steeds, altyd, deurentyd, gedurig, gedurigdeur, alewig, pal, herhaaldelik, telkens, telkemale, kort-kort, gladweg, verder
s.nw. voortgang, voortbeweging, voortskryding, duur, voortduring, aanhoudendheid, loop, beloop, voortsetting, voortbestaan, behoud, oorlewing 249, standhoudendheid, vervolg, vervolgdeel, vervolgklas, handhawing, volhoubaarheid, kontinuïteit, kontinuering, kontinuasie, roetine
deursettingsvermoë, uithou(dings)ver-

moë, volharding, volhardingsvermoë, onversteurbaarheid, onverstoorbaarheid, volhouding, aanhouvermoë, perseverasie, vasberadenheid, vasbeslotenheid, vasbyt (*informeel*), voortstryding, standvastigheid, stoïsisme, stoïsyn; geduld 582, monnikewerk

aanhouer, drywer, deurdrywer

b.nw. aanhoudend, onophoudelik, volgehoue, voortgaande, progressief, behoue, gedurig, voortdurend, almaardeur (*verouderd*), aanmekaar, chronies, kronies, onverpoos(d), langdurig, slepend, hardnekkig, terugkerend, wederkerend, herhaaldelik, herhaaldelik voorkomend, veelvoorkomend, eindeloos, oneindig, blywend, volhoubaar, diepgewortel, diepgesetel, ononderbroke, onafgebroke, kontinu, standhoudend, besig, druk

volhardend, standvastig, geduldig 619, 714, 778, onversteur(d), stoïsyns, volgehoue, vasberade, wilskragtig, gedetermineer(d), onversteurbaar, onverstoorbaar, vasbeslote, resoluut, beslis, onwrikbaar, onwankelbaar, verbete, hardnekkig

woorddeel voort-

tw. gaan so voort

uitdr. een stryk deur; nog stryk hou; geen gras onder jou voete laat groei nie; aanhouer wen; Rome is nie in een dag gebou nie

648. Onderbreek

ww. onderbreek, afbreek, opskort, uitstel, laat oorstaan, tot later skuif, temporiseer, oorslaan, oorstaan, vertoef, verdaag, prorogeer, in reses gaan, pouseer, verpoos, rus, sloer, vertraag, tyd mors, versuim, strem, inhibeer, skors, verbreek; met vakansie gaan, vakansie hou, met verlof gaan, verlof neem

ophou, basta, end kry, ophou werk, eindig, stop, afsluit, afsny, uitskei, afsien, afstap, uitval, tjaila (*informeel*), staak, sloerstaak, opskop, stagneer

beëindig, tot 'n einde bring, 'n einde maak aan, laat ophou, kortknip, afbreek, afsluit, termineer, klaarmaak, voltooi, voleindig, afskakel, laat staan, verdaag, stop, stopsit, ophef, afstel, uitlui, buite werking stel, immobiliseer, aborteer, afdank, aflê, skors, afskaf, opdoek, afsny, verbreek

s.nw. onderbreking, diensonderbreking, opskorting, moratorium, verdaging, interrupsie, diskontinuïteit, oponthoud, vertraging, inhibering, verwyl, uitstel, versuim, sloerdery, tydverkwisting, tydvermorsing, tydmorsery, verposing, rus; onderbreking, pouse, ruspouse, ruspoos, blaaskans, koffiepouse, teepouse, teetyd, verlof, verloftyd, langverlof, studieverlof, sabbatsverlof, siekteverlof, menslikheidsverlof, verpligte verlof, afkoelperiode, tuinmakersverlof, vakansie, vakansietyd, vakansiedag, somervakansie, Kersvakansie, wintervakansie, skoolvakansie, vakansieverlof, rustyd, reses, parlementêre reses, Paasreses, verdaging, prorogasie, prorogering

einde, end, stilstand, halt, stagnasie, stagnering, staking, sloerstaking, sitstaking; uitskeityd, looptyd, tjailatyd (*informeel*)

beëindiging, stopsetting, afstel, afsluiting, terminering, voltooiing, voleindiging, afskakeling, verdaging, opheffing, afskaffing, opdoeking, immobilisering, immobilisasie, verbreking, afdanking, aflegging, diensbeëindiging, skorsing

sloerkous, staker, sitstaker, sloerstaker, betoger, sitbetoger

b.nw. onderbroke, nie-deurlopend, intermitterend, diskontinu, geïnhibeer(d), inhibitief, inhiberend, onvoltooid, onklaar, onvolbrag, onaf, onafgewerk

uitdr. iets laat vaar; 'n saak laat (voort)sleep; iets op die lange baan skuif/skuiwe; die gees is gewillig, maar die vlees is swak; van uitstel kom afstel

649. Begin handel

ww. begin met, die eerste stap(e) doen, 'n begin maak, by die begin begin, afskop, oorgaan tot, aanhef, aanpak, aanvoor, van stapel stuur, op tou sit, inisieer, infaseer, die inisiatief neem, instel, aanknoop, in werking stel, aan die gang sit, aan die gang kry, aansit, daarstel, onderneem, begeef, aanlê, oprig, skep, kreëer, stig, in die lewe roep, open

begin 27, aanvang, 'n aanvang neem, aanbreek, breek, daag, van stapel loop, wegspring, wegval, afsit, afhaak, afspring, posvat

hervat, weer begin, van voor af begin, oor begin

bw. aanvanklik, van meet af aan, uit die staanspoor

s.nw. **begin** 27, daarstelling, onderneming, aanleg, oprigting, skepping, stigting, pionierswerk, baanbrekerswerk, opening, debuut, prelude, aanhef, aanpak, aanvoorwerk, ysbreker, ysbrekeraktiwiteit, inisiatief, ondernemingsgees, inwerkingstelling, infasering; beginpunt, beginplek, oorsprong, aanvang, kiem, wortel, eerste gedeelte, aanvangsgedeelte, afspringplek, inleiding, aanhef, voorwoord, woord vooraf, prelude; skepping 0, genesis 0, stigting

aanstalte(s), aanvang, aanhef

hervatting

beginner, beginneling, debutant, nuweling, baanbreker, pionier, volksplanter, stigter, stigterslid, promotor

b.nw. begonne, hernieude, hernude, ondernemend, baanbrekend

uitdr. iets op tou sit; iets van stapel stuur; die bal aan die rol sit; op dreef kom; die voortou neem; die eerste tree gee; die ys breek; die hande uit die moue steek; die hand aan die werk slaan; die hand aan die ploeg slaan; geen gras onder jou voete laat groei nie; goed begonne is half gewonne; die lendene omgord; die alfa en die omega

650. Voltooi

ww. **voltooi**, afsluit, beëindig 28, voleindig, tot 'n einde bring, ten einde bring, 'n einde maak aan, termineer, voltrek, volbring, volvoer, finaliseer, uitfaseer, 'n saak tot die uiterste dryf, afhandel, klaarmaak, klaarkry, gedaan kry, klaarspeel, afreken, werk afgee, afrond, afwerk, afdoen, afkry, afmaak, beklink, presteer, skoonskip maak, bewerkstellig, realiseer, verwesen(t)lik, vervul, verwerklik, aktueer, aktualiseer, vervolledig, verrig 645, uitvoer, teweegbring, ten uitvoer bring, teregbring, deurwerk, deurdraf, deurworstel, baasraak, gereed maak, gereedmaak

eindig, die einde bereik, tot 'n einde kom, afloop, klaarkom, klaar wees, ophou, uitskei, stop, tjaila (*lekties*), staak, verdaag, sluit, verstryk, verbygaan, uitwerk, verval

die einde nader, afneem, afwen

bw. eindelik, uiteindelik, ten slotte, ten besluite, ten einde laaste, einde ten laaste, ten laaste, oplaas, aan die einde, op die einde, op die ou end, afgeslote, na 'n kant toe, al, daarnatoe, half-half, klaarpraat, klaar, pelile (*lekties*)

s.nw. **voltooiing**, afsluiting, beëindiging 28, afloop, ontknoping, uitfasering, voleindiging, voleinding, voltrekking, volvoering, volbrenging, voldraenheid, gedane sake, tenuitvoerbrenging, tenuitvoerlegging, finalisering, afhandeling, afrekening, gereedheid, bewerkstelliging, realisasie, prestasie, verwesen(t)liking, verwerkliking, vervulling, vervollediging, uitvoering, verrigting, gereedmaking; voltooibaarheid, realiseerbaarheid, voltrekbaarheid, vervulbaarheid, uitvoerbaarheid; voltooiing, suksesvolle afhandeling, sukses, welslae, gunstige uitslag, goeie uitslag, gunstige afloop, geslaagdheid

einde, end, eindpunt, einde van die storie, slot, afloop, slottoneel, einde van die saak; uitslag, resultaat, uitvloeisel, voortvloeisel, uiteinde, gevolg, konsekwensie, uitwerking, effek

verrigter, uitvoerder, voltrekker, voleinder

b.nw. **klaar**, voltooi(d), afgehandel, gereed, afgerond, afgelope, afgeloop, gedaan, gedoen, afgedaan (*verouderd*), voltrokke, voleindig(de), eventueel, afgesluit, afgeslote, uitgefaseer(d), beklonke, voldrae, volbring, volbrag, uitgewerk, geslaag(d); voltooibaar, realiseerbaar, voltrekbaar, vervulbaar, uitvoerbaar

onvoltooid, onafgehandel, onvoltrokke, imperfek, halfklaar, onaf

tw. uit en gedaan, finish en klaar (*Engels, informeel*), wat klaar is, is klaar

uitdr. kant en klaar; die gordyn oor iets laat sak; gedane sake het geen keer nie; dis gedane sake; Ikabod oor iemand/iets skryf; korte mette maak; paal en perk stel aan; sy beslag kry; die alfa en die omega

651. Toesien

ww. **toesien**, sorg, sôre (*lekties*), sorg dra, fyn trap, sorg maak met, verseker, in ag neem, ag gee, ag slaan op, erns maak met, ter harte neem, jou plig doen, jou plig(te) nakom, toewy, bevredig, omsien, onderneem, verantwoordelikheid aanvaar, verantwoordelik wees, verantwoordbaar wees, behartig, doen 645, onder hande neem, belas met, belas wees met, beheer, bestuur 588, 590, beplan, organiseer, reël, waak oor, toesig hou, voorsien

voorsorg tref, vooruitloop, proaktief optree, voorkom

versorg, versôre *(lekties)*, oppas, kyk na, onderhou, in stand hou, in stand bly, ondersteun, ondersteuning verleen aan, steun, dra, stut, koester, vertroetel, bedien, voorsien, nagaan, regmaak, regruk, retoesjeer, bewaar, bewaak, waak

met sorg doen, met sorg bewerk, met sorg hanteer, sorgvuldig doen, sorgvuldig hanteer, ..., bevredigend doen, bevredigend hanteer, ...

bekommer, worry *(Engels, informeel)*, worrie *(Engels, informeel)*, kommer hê, kwel, besorg wees, sorg maak, ongerus wees, tob, pieker, knies, verknies; van sorge bevry

s.nw. sorg, sorgsaamheid, inagname, inagneming, onderneming, verantwoordelikheid, verantwoordbaarheid, voorsiening, voorsorg, voorsorgmaatreël, proaktiewe optrede

behartiging, hantering, versorging, organisasie, reëling(s), toesig, bestuur 588, 590

versorging, sorg, dagsorg, kindersorg, bejaardehulp, bejaardesorg, ..., oppassery, oppassing, vertroeteling, koestering, toesig, bewaking, bewaring, beveiliging, onderhoud, onderhoudskoste, onderhoudstoelaag, onderhoudstoelae, ..., instandhouding, instandhoudingskoste, onderhoudstoelaag, ..., ondersteuning, bewaring, bewaking, selfbehoud

sorgvuldigheid, sorgvuldige hantering, ..., versigtigheid, versigtige hantering, ..., noukeurigheid, noukeurige hantering, ..., noulettendheid, noulettende hantering, ..., behendigheid, behendige hantering, ..., kragtoer, tour de force, toewyding, toegewydheid, bevrediging

bekommernis, kommer, kommernis, bekommerdheid, worries *(Engels, informeel)*, sorg, besorgdheid, kwelling, gemoedskwelling, gekweldheid, hoofbrekens, onrus, onrustigheid, onsekerheid, angs 715, 768, eksistensiële angs, angst, vrees 715, 768, kwellery, getob, gepieker, tobbery, verkniesing; gemoedsrus, kommerloos-

heid, gerustheid, rustigheid, tevredenheid, sekerheid

versorger, oppasser, oppaster, bewaarder

b.nw. sorgsaam, verantwoordelik, instrumenteel, verantwoordbaar, oppassend, onderhoudspligtig, selfonderhoudend, selfgenoegsaam; sorgbehoewend

sorgvuldig, versigtig, behoedsaam, noukeurig, noulettend, behendig, toegewy(d), bevredigend

vooruitlopend, proaktief, voorkomend

bekommerd, kommervol, vol kommer, besorg(d), begaan, gekwel(d), gepla, onrustig, ongerus, onsekerheid, bevrees 768; kommerloos, gerus, rustig, tevrede, seker

uitdr. jou hand aan iets hou; iets ter harte neem; aan die krip staan; die honger buite die deur hou; siel en liggaam aanmekaar hou; sorg vir die dag van môre

652. Versuim

ww. versuim, in gebreke bly, verwaarloos, onversorg laat, geen sorg maak nie, ongedaan laat, fouteer, jou plig versuim, lyf wegsteek, nie in ag neem nie, veron(t)agsaam, negeer, links laat lê, uitstel, afstel, nalaat, vernalatig *(lekties)*, afskeep, afwater, sloer, talm, slof, agterraak, agterbly, agteruitgaan, agteruitboer, poer-poer *(informeel)*, aflê

verkeerd doen, verkeerd maak, verkeerd aanpak, verkeerd te werk gaan, fouteer, 'n fout begaan, verbrou, brou, bebrou, bederf, droogmaak, knoei, verknoei, beknoei, knoeiwerk doen, verongeluk, verkonkel, konfoes, verhaspel, opneuk *(plat)*, opdons *(informeel)*, opdonder *(plat)*, opfok *(plat)*, ploeter, voortploeter, poer-poer *(informeel)*, knutsel, prutsel, futsel, afbreek, flans, bederf, misluk, faal

s.nw. versuim, verwaarlosing, verwaarloosdheid, veron(t)agsaming, uitstel, negering, nalatigheid, laisser-faire, laissez-faire, laat-maar-loop(-)houding, lyfwegstekery, onverskilligheid, agte(r)losigheid, traak-my-nieagtigheid, laisser-aller, laissez-aller, vergeetagtigheid, afskeepwerk, afwatering, afbraak, afheid, ruheid, slegtigheid, slapgatheid *(plat)*, slapgatgeit *(plat)*, slapgatterigheid *(plat)*, slapgattigheid *(plat)*, slapheid, slordigheid, vergeterigheid

slegte werk, slordige werk, knoeiery, ge-

knoei, knoeiwerk, knoeispul, afskeep=
werk, gesukkel, sukkelry, gemors, kak=
spul (*plat*), fokop (*plat*), boggerop (*plat*)
623, woesteny, gebrou, brouwerk, gepeu=
ter, geploeter, konkelwerk, kladwerk,
knutselary, geknutsel, knutselwerk, brod=
delwerk, verhaspeling, sameflansing, mis=
lukking, fout 538, 613, 623, flater, glips
knoeier, luiaard 646, lyfwegsteker, lam=
sak, dagdief, sleg, sleghalter, sukkelaar,
ploeteraar, futselaar, poer-poerder, trut,
sukkel, drommel, javel, teertou, teerputs,
slonsgat (*plat*), slapgat (*plat*), wildewrag=
tig
b.nw. afskeperig, lui, lyfwegstekerig,
agte(r)losig, traak-my-nieagtig, vergeetag=
tig, vergeterig, knoeierig, sukkelrig, suk=
kelend, slordig, slapgatterig (*plat*), slapgat
(*plat*), rof, ru, onversorg(d), treurig, ver=
slons, toiingrig, verwilder(d)
uitdr. maar laat begaan; Gods water maar
oor Gods akker laat loop; iets in die wind
slaan; elke dag het genoeg aan sy eie
kwaad; iemand met 'n kluitjie in die riet
stuur; tot niet gaan; veel te wense (oor)
laat; vir wind en weer laat grootword; vir
wind en weer laat opgroei; die kar voor die
perde span; 'n treurige gesig; skipbreuk ly;
deur die mat val; son (sak) in die weste;
luiaard op sy beste; jou vingers verbrand

653. Maklik handel
b.nw. **maklik**, doodmaklik, nie moeilik nie,
voor die hand liggend, geredelik, gemak=
lik, doodgemaklik, ongedwonge, luiters,
doodluiters, doodleuters, probleemloos,
probleemvry, moeiteloos, moeitevry, naat=
loos, soomloos, gerieflik, loslit, loslittig,
lig, sag, vlot, glad, vloeiend, ongehinderd,
ongemoeid, ongedwonge, sistematies, een=
voudig, doodeenvoudig, ongekompliseerd,
ongekunsteld, elementêr, simplisties
moontlik, uitvoerbaar, doenlik, doenbaar,
lewensvatbaar, gebeurlik, denkbaar, haal=
baar, behaalbaar, toelaatbaar, prakties,
eventueel, potensieel; instaatstellend, be=
magtigend
s.nw. **maklikheid**, maklikheidsgraad, moei=
teloosheid, probleemloosheid, eenvoud, een=
voudigheid, ongekunsteldheid, ongekom=
pliseerdheid, ongesofistikeerdheid, gere=
delikheid, gemak, gemaklikheid, loslittig=
heid, gerief, gerieflikheid, ongedwongen=
heid, doodluitersheid
vergemakliking, vereenvoudiging, simpli=
fikasie, sisteem
kleinigheid, kinderspeletjies, maklike
werk, ligte werk, werkie, peuselwerk,
prulwerk, prutsery, skiktyd, sinekure,
sinekuur; prutselaar
moontlikheid, potensiaal, potensialiteit,
potensie (*verouderd*), denkbaarheid, voor=
uitsig, geleentheid, kans, ruimte, marge,
beweegruimte, speelruimte, bewegings=
vryheid, hoop, waarskynlikheid, uitvoer=
baarheid, doenlikheid, doenbaarheid, le=
wensvatbaarheid, haalbaarheid, toelaat=
baarheid, toelating; bemoontliking, in=
staatstelling, instaatsteller, bemagtiging
616
bw. sonder moeite, sonder inspanning, op
jou gemak, so ewe, geredelik, goedskiks,
allig, heel waarskynlik, lag-lag, speel-
speel, fluit-fluit, toe-oog, tjoeftjaf (*in=
formeel*), eenvoudigweg, pleinweg (*En=
gels, informeel*), plein en simpel (*Engels, in=
formeel*), eenvoudigheidshalwe
ww. **maklik wees**, voor die hand lê, maklik
doen, maklik handel, gemaklik wees, ge=
maksugtig wees, knutsel, prutsel
maklik maak, vergemaklik, vereenvoudig,
simplifiseer, roetineer
moontlik wees, kan, gaan
moontlik maak, bemoontlik, in staat stel,
toelaat, vergun, veroorloof, bemagtig, laat
gebeur, laat plaasvind
uitdr. daar is niks aan nie; met sewemyl=
laarse oor probleme stap; sonder slag of
stoot; toe-oë iets doen; op geoliede wiele
loop; soos 'n mes deur botter glip; in jou
skoot val; kinderspeletjies wees; binne jou
bereik wees; jou hande nie in koue water
hoef te steek nie; jy hoef nie 'n voet te ver=
sit nie; iets (gou) uit jou mou skud; maklik
praat; jou met beuselagtighede besig hou;
jou met kleinighede besig hou

654. Moeilik handel
b.nw. **moeilik**, moeisaam, moeitevol, moei=
tegewend, inspannend, veeleisend, herku=
lies, herculies, onhoudbaar, hard, klip=
hard, swaar, bedonderd (*plat*), bedon=
nerd (*plat*), bedroewend, blikners, straf,
stroef, beswarend, spannend, ongemak=

lik, knellend, lastig, netelig, benard, pynlik, delikaat, problematies, ingewikkel(d), kompleks, gekompliseer(d), gevorderd, verwarrend, arbitrêr 7, grillig, labirinties, duister, gevaarlik 623, 635, skrikwekkend, afskrikwekkend, katastrofies, katastrofaal, rampsalig; beperk, beperkend, belemmer(d) 63, belemmerend

onmoontlik, godsonmoontlik, onhaalbaar, onuitvoerbaar, ondoenlik, ondoenbaar, onbegonne, onoorbrugbaar, onhoudbaar, onrealisties, idealisties, utopies

swaarbelas, swaarbelaai, moeilik, sukkelend, hortend, afgesloof, asemloos, suur, teergevoelig, angsvallig

s.nw. moeilikheid, moeilike saak, moeilike aangeleentheid, probleem, probleemgeval, probleemsaak, randprobleem, kluif, knelpunt, knoop, kwessie, tameletjie, kopkrappery, verknorsing, penarie, fieks (*Engels, informeel*), Gordiaanse knoop, dikkedensie, affêre, affêring, deurmekaarspul, spektakel, katastrofe, ramp, duiwelswerk, verleentheid, komplikasie, ingewikkeldheid, verwikkeling, kompleks, kompleksiteit, labirint, ongemak, swaar, swaarkry, swarigheid, loutering, smeltkroes, beslommernis, beslommering, moeite, schlep (*informeel*), bemoeienis, inspanning, ergernis, ergerlikheid, hinderlikheid, hindernis, belemmernis, belemmering, irritasie, las, kruis, bagasie, sorg, teergevoeligheid, lastigheid, agterstand, nood, barensnood, beproewing, beproefdheid, onraad, gevaar 656; gesukkel, versukkeldheid

bestaanstryd 690, stryd om 'n bestaan, lewenstryd, bestaanskrisis, swaarkry, gesukkel, ontbering 690, versukkeldheid, gespartel, ellende, nood

moeilike werk, harde werk, baie werk, drukte, werkdrukte, werk(s)druk, swaar werk, gevorderde werk, gevorderdheid, sleurwerk, werskaffery, geswoeg, geswoeg en gesweet, monnikewerk, trawal, sloof, sloofwerk, beproewing, groot werk, reusewerk, groot taak, reusetaak, titane-arbeid, moeilike taak, heksetoer, berg, las, lastige werk, rompslomp, sukkelwerk, donkiewerk, stryd, slawearbeid, slawerny; impasse, geploeter, gehakketak

onmoontlikheid, godsonmoontlikheid, onmoontlike saak, onhaalbaarheid, onuitvoerbaarheid, ondoenlikheid, onbegonne taak, onbegonnenheid, onoorbrugbaarheid, onhoudbaarheid, gebrek aan realisme, idealisme; boikot, staking, sabotasie

probleemoplossing, ommekeer, handomkeer, handomdraai, handomswaai; eierdans

harde werker, goeie werker, werkesel, doener, dader, man van die daad, uitvoerder, atlas, swoeger, wenner, stryder, taalstryder, slaaf, slavin; sukkelaar, tobber, skarrelaar, stakker (*ongewoon*), agteros

bw. met groot moeite, sukkel-sukkel, met rukke en stote, hortend, hak(k)e-krukke, hak-en-tak, tot satwordens toe

ww. moeilik handel, moeilik wees, dit moeilik hê, in die moeilikheid wees, in die kak wees (*plat*), die kak spat (*plat*), moeilik werk, met moeite doen, swaar werk, swaarkry, vasloop, sukkel, aansukkel, aankarring, voortsukkel, opsukkel, opdonder (*plat*), probleme hê, skarrel, spartel, spook, spook en spartel, spartel en spook, 'n eierdans uitvoer, uitspook, wurg, hard werk, uithaal, uitvoer, uitrig, uitspring, toelê, trag, inspan, vingertrek, beur, voortbeur, swoeg, swoeë, bontstaan, bakstaan, sweet, slaaf, sloof, afsloof, afslowe, uitsloof, afslyt, swaar werk, knyp, knel

moeilik maak, moeiliker maak, moeite gee, moeilikheid veroorsaak, probleme veroorsaak, las gee, hinder, bodder (*informeel*), bebodder (*informeel*), verhinder, belemmer, bemoeilik, komplieer, ingewikkeld maak; moeilik laat werk, hard laat werk, dryf, moor, beproef, toegooi, toegooi onder die werk, laai

onmoontlik wees, die onmoontlike doen, onmoontlik maak, onuitvoerbaar maak, boikot 585, saboteer 588

moeilikheid te bowe kom, 'n probleem omseil, 'n probleem uit die weg ruim, 'n eierdans uitvoer

uitdr. makliker/gouer gesê as gedaan; baie myle lê tussen doen en sê; sê en doen is twee; dit is geen kinderspeletjies nie; bo jou vuurmaakplek wees; daar lê die knoop; dis 'n harde neut om te kraak; dit is buite jou bereik; dit is my oor; dit gaan boomskraap; dit was olie op die vuur; 'n doring in die oog; 'n doring in die vlees; 'n meulsteen om jou nek; jy is in jou verstand in; in 'n lastige parket; in die gedrang kom; in die knyp sit; in die nou sit; in die pekel sit; in diep water; jou neus oral insteek; swarigheid sien; 'n stap agteruit; (lelik) in die knyp wees/sit; bloed uit 'n klip tap; die beheer kwyt wees; die gort is gaar; die vuur aanblaas; dit sal jou suur bekom; geen raad meer weet nie; (skoenmaker) hou jou by jou lees; in die pekel wees/sit; in die sop wees; jou rieme styfloop; met die hande in die hare sit; met die rug teen die muur staan; planne in die war stuur; slapende honde wakkermaak; van Scylla na Charibdis gestuur word; 'n berg (probeer) versit; 'n stryd om lewe en dood; die bul by die horings pak; die spit afbyt; die stryd volhou; die vuur aan die skene hê; die wind van voor hê; dinge gebeur nie vanself nie; dit gaan bars; dit hotagter kry; dit ruik na die lamp; geen moeite ontsien nie; harde bene kou; hemel en aarde beweeg; jou geld in die sweet van jou aanskyn verdien; jou sout verdien; jou toespits op iets; kop bo water hou; meer afbyt as wat jy kan kou; met rukke/horte en stote; met stampe en stote; noustrop trek; onder werk begrawe wees; oor 'n boeg werk; soos 'n slaaf werk; te veel hooi op jou vurk hê/neem; te veel ysters in die vuur hê; werk dat die stof so staan; werk dat dit so klap; werk dat jy die kromme note haal; werk in die sweet van jou aanskyn; werk maak van iets; 'n naald in 'n hooimied probeer soek; 'n ongelyke stryd; hoër vlieg as wat jou vlerke lank is; met die beste wil in die wêreld; van 'n skilpad vere probeer pluk; kom tyd, kom raad; die Gordiaanse knoop deurhak; die Gordiaanse knoop deurkap; die weg berei; iemand se hart wen; iemand se liefde wen; 'n lansie vir iemand breek; jou gat sien (*plat*); jou rieme styfloop; die vet is in die vuur; die kak spat (*plat*); in die warm water beland

655. Veilig

b.nw. **veilig**, ongevaarlik, gevaarloos, gevaarvry, seker, beskerm(d), beskut, onbedreig, onaantasbaar, geborg, geborge, gerus, gedek, verseker, verassureer, bestand, skerfvas, splintervry, dig, koeëlvas, bomvas, bomvry, diefbestand, inbraakvry, diefdig

beveiligend, verdedigend, verdedigbaar, voorkomend, preventief, proaktief, versigtig, waaksaam, behoedsaam, paraat

s.nw. **veiligheid**, sekerheid, sekuriteit, geborgdheid, geborgenheid, onaantasbaarheid, onskendbaarheid, immuniteit, asiel, beskutting, gerustheid, heenkome, heil

waaksaamheid, hoede, behoedsaamheid, gereedheid, paraatheid, wakkerheid, oplettendheid

beveiliging, beskerming, bewaring, veilige bewaring, oppassery, berging, beskutting, verskansing, behoud, behoudenis, proteksie, asiel, verdediging, paraatheid, waak, bewaking, nagwaak, wagstanery, asiel, onderduiking, wegkruipery; veiligheidsmaatreël, sekerheidsmaatreël, veiligheidsoorweging, veiligheidswetgewing

redding, reddingsdaad, reddingswerk, reddingsaksie, menseredding, lewensredding, seeredding; uitkoms, uitkomste, uitweg, behoud

versekering, assuransie, dekking, allesomvattende versekering, volle versekering, sambreelversekering, lewensversekering, lewensdekking, langtermynversekering, langtermyndekking, korttermynversekering, korttermyndekking, derdeversekering, derdepartyversekering, ongevalleversekering, pensioenversekering, pensioen, werkloosheidsversekering, risikoversekering, traumaversekering, eiendomsversekering, huisversekering, motorversekering, haelversekering, mediese versekering, reisversekering, versekeringsfonds, steunfonds, sterftefonds, mediese fonds, annuïteitsfonds, oorversekering, onderversekering, awery (versekering), polis, versekeringspolis, assuransiepolis, lewenspolis, annuïteitspolis, termynpolis, uitkeerpolis, uitkeringspolis, derdepolis, eiendomspolis, huiseienaarspolis, noodfonds, versekeringspremie, versekeringstarief, borg, garansie, waarborg, agterborg, borgskap, borgtekening, sekuriteit, pand, onderpand, afkoopwaarde; versekeringswese, versekeringsmaatskappy, assuransiemaatskappy, versekeringsagent, versekeraar, versekerde, polishouer

beskutting, skuiling, skuilplek, skuilplaas, skuilkelder, wegkruipplek, toevlug, toevlugsoord, heenkome, asiel, toeverlaat (*ongewoon*), sekerheidsdorp, laer, walaer, fort, vesting, kasteel, toring, wagtoring, uitkyk, uitkyktoring, vuurtoring, veiligheidsinstallasie; bewaarplek, bewaarplaas, plek van bewaring, bewaarkamer, wagkamer, bêreplek, bergplek, kas, sluitkas, brandkas, kluis, brandkluis, bewaarskool

veiligheidsmeganisme, skerm, skut
veiligheidsdiens, veiligheidsagentskap, sekerheidsdiens, nooddiens, polisie 802, gattas (*lekties, meervoud*), pote (*lekties, meervoud*), polieste (*lekties*), polisiemag, veiligheidsmag, polisiediens, polisie-eenheid, onlus(te)eenheid, veiligheidspolisie, buurtwag, tuiswag, plaaswag, reddingsdiens, reddingspan; staatsveiligheid, staatsveiligheidsdiens, staatsveiligheidspolisie, spioenasie, spioenering, spioenasiediens, spioenasienetwerk, weermag 672
beskermer, beskermengel, skutsengel, beskermheilige, skutheilige, beveiliger, bewaker, monitor, bewaarder, tronkbewaarder, polisieman, poliesman (*lekties, informeel*), gatta (*lekties, informeel*), polisievrou, poliesvrou (*lekties, informeel*), konstabel, polisiekonstabel, poot (*lekties*), polisiereservis, veiligheidsagent, staatsveiligheidsagent, spioen, verdediger, voog, bevoogde, versekeraar, versekeringsagent, oppasser, hoeder, vaderhand, babawagter, babasitter, chaperone, wag, lyfwag, veiligheidswag, sekerheidswag, sekuriteitswag, buurtwag, tuiswag, karwag, motorwag, dagwag, nagwag, pretoriaan, hondewag, deurwag, deurwagter, portier, uitsmyter, poortwagter, toringwagter, wagter, veewagter, skaapwagter, beeswagter, wildwagter, wildbewaarder, redder, menseredder, lewensredder, reddingswerker; beskermling, protégé, protegée, versekerde, asielsoeker, onderduiker
bw. veiligheidshalwe, met veiligheid, sonder gevaar, buite gevaar, sekerheidshalwe
ww. veilig wees, geborge wees, geborge voel, skuil, skuilhou, skuilgaan, in veiligheid bly, wegkruip, onderduik, jou verberg, toevertrou
beveilig, beskut, skut, beskerm, hoed, behoed, verskans, omskans, laer trek, bewaak, die wag hou oor, wag staan, waak, patrolleer, verdedig, terugval, bewaar, bêre, berg, spaar

verseker, verassureer, assureer, herverseker, oorverseker, onderverseker, verskans, borg staan, waarborg, instaan vir
red, uitkoms bied, verlos, vrymaak
uitdr. agter slot en grendel; hoog en droog sit; onder 'n vrygeleide; 'n anker in jou lewe; 'n oog in die seil hou; aan 'n strooihalm vasklou; jy sal nie daarvan doodgaan nie; liewer bang Jan as dooie Jan; blaffende honde byt nie

656. Gevaarlik
b.nw. gevaarlik, lewensgevaarlik, dodelik gevaarlik, dodelik, onveilig, gevaarvol, gewaag(d), riskant, onrusbarend, kommerwekkend, sorgwekkend, alarmerend, alarmisties, angswekkend 715, angsaanjaend, vreesaanjaend, onheilspellend, smeulend, dreigend, bedreigend, skadelik, vernielend, benadelend, omineus, gewelddadig, wreed, wreedaardig, boosaardig, malisieus, kwaai, woedend, verwoed, vyandig, vyandiggesind, vernietigend, fataal, noodlottig
blootgestel, onbeskut, onbeskerm(d)
kritiek, akuut, ernstig, kwaai, erg, haglik, benard, sleg, ellendig, reddeloos, onredbaar, bedenklik
s.nw. gevaar, lewensgevaar, doodsgevaar, gevaargebied, gevaarlike toestand, gevaarlikheid, kruitvat, oorlogsgevaar, brandgevaar, gasgevaar, besoedelingsgevaar, ..., risiko, lewensrisiko, oorlogsrisiko, ..., onraad, geweld, gewelddadigheid, nood, doodsnood, noodtoestand, noodgeval, noodkreet, noodberig, noodoproep, noodsein, ramp, rampspoed, gewaagdheid, waagstuk, riskantheid
bedenklikheid, haglikheid, benardheid, slegtheid, ellende, ellendigheid, reddeloosheid, swarigheid
waarskuwing, vingerwysing, waarskuwingsisteem, alarm, vals alarm, alarmteken, noodberig, noodoproep, noodsein, noodroep, hulproep, hulpkreet, noodkreet; alarm, alarmtoestel, alarmstelsel, klokkie, voordeurklokkie, waarskuwingsklokkie, pienger; alarmis
ww. gevaar dreig, gevaar heers, dreig
in die gevaar begeef, in die gevaar begewe, blootstel, aan gevaar blootstel, blootstaan, gevaar loop, waag, riskeer, die

risiko dra, 'n risiko loop

waarsku, 'n waarskuwing gee, alarm maak, alarmeer, om hulp roep, om hulp skreeu/skree

tw. pasop, oppas

uitdr. op die gevaar af; op eie risiko; op gevaarlike terrein; daar is 'n slang in die gras; daar skuil 'n adder in die gras; iets is nie pluis nie; die swaard van Damokles hang oor jou hoof; in die nou; in extremis; met vuur speel; op gladde ys beweeg; 'n gevaarlike spel speel; tussen Scylla en Charibdis; tussen twee vure; die skrif is aan die muur; jy moet wakker slaap

657. Herhaal

ww. herhaal, weer gebeur, weer doen, herhaaldelik doen, oor en oor doen, weer en weer doen, baie doen, dikwels doen, itereer, reïtereer, herleef, oefen, jou toespits op, jou toelê op, beoefen, inoefen, repeteer, inspeel, aanleer, oordoen, oormaak, oorsê, oorvertel, oorlewer, rekapituleer, weer begin, hervat

nadoen, navolg, naboots, imiteer, simuleer, na-aap; napraat, nasê, naspeel, navertel, nateken, kalkeer, traseer, naskilder; kopieer, fotokopieer, afdruk, 'n afdruk maak, dupliseer, tripliseer, reproduseer, kloon

aanhou 647, voortgaan 647, volhou, volhard 647, toelê, wen

die gewoonte hê om, iets outomaties doen, gewoond raak, 'n gewoonte maak van, neig, gekondisioneer(d) wees, as 'n reël aanvaar, 'n tradisie volhou, verslaaf; leer, oplei, gewoond maak, 'n gewoonte vestig, 'n tradisie vestig, konvensionaliseer, kondisioneer, roetineer, outomatiseer

in swang kom, in swang wees, vestig, verstewig, inburger, blywend maak, permanensie gee, bestendig, bestendig maak, konsentreer, fokus, fikseer

in onbruik verval, verleer, verroes; afleer, ontleen

bw. herhaaldelik, telkens, telkemale, oor en oor, weer en weer, tot vervelens toe, dikwels, gereeld, op gereelde grondslag, reëlmatig, baie, baie keer, baiekeer, verskeie keer, verskeie kere, keer op keer, baie maal, baiemaal, meermale, menigmaal, dan, gewoonlik, weer, opnuut, van voor af, de novo, uitentreure (*verouderd*), na gewoonte, in gebruik, volgens gebruik, in swang, in die mode

s.nw. herhaling, herlewing, iterasie, reïterasie, oefening, beoefening, inoefening, repetisie, repetisiewerk, oorlewering, rekapitulasie, hervatting

nabootsing, navolging, epigonisme (*weinig gebruiklik*), namaking, namaaksel, imitasie, nagemaaktheid, simulasie, simulering, na-apery; napratery, natekening; kopie, fotokopie, afdruk, duplikaat, triplikaat, reproduksie, kloon

gewoonte, vaste gewoonte, die mag van die gewoonte, aanwen(d)sel, manier, maniertjie(s), hebbelikheid, affektasie, manïerisme, gril, laai, geit, gewoontes en geite, groef, manie, obsessie, roetine, siklus, neiging, vaste neiging, geneigdheid, reëlmaat, reël, vaste reël, reëlmatigheid, ongeskrewe reël, formaliteit, rituee, konvensie, wet, vaste wet, ongeskrewe wet, ordonnansie, verordening, gebruik, manier van doen, vaste gebruik, gevestigde gebruik, familiegebruik, tradisie, familietradisie, volkstradisie, volksgebruik(e), folklore, kultuur 535, kultuurgoedere, mode, hoogmode, smaak, tyd(s)gees; opleiding, kondisionering, roetinering, verslawing, verslaafdheid, konvensionalisering, perseverasie, outomatisasie, outomaat, outomaton

vestiging, verstewiging, inburgering, permanensie, bestendiging, konsentrasie, fokus, fiksasie

herhaler, gewoontedier, konvensionalis, beoefenaar, nabootser, navolger, na-aper, naprater, epigoon (*weinig gebruiklik*)

b.nw. herhaaldelik, herhaalde, herhalend, langdradig, iteratief, siklies, geroetineer(d), konvensioneel, ouderwets, ou(d)bakke (*ongewoon*); nie-herhalend

nageboots, nagemaak, aangeleer(d), gekopieer, gedupliseer, gereproduseer, stimulerend

gewoond, gewoontevormend, manies, obsessief, geneig, gebruiklik, tradisioneel, tradisievas, modieus, tradisiegetrou; ongewoond; opgelei, gekondisioneer(d), geroetineer(d), konvensioneel, outomaties, verslaaf(d), verslawend

woorddeel om-, oor-

uitdr. altyd dieselfde deuntjie sing; altyd op dieselfde snaar tokkel; altyd op dieselfde aambeeld hamer, altyd op dieselfde aambeeld slaan; baie laaie hê; in swang; op die ou trant; ouder gewoonte; oudergewoonte; 'n slaaf van jou gewoonte(s) wees; tot vervelens toe; tot satwordens toe; ad nauseam; tot walgens toe; volgens oorlewering; tydig en ontydig

658. Beroep

s.nw. beroep, beroepskeuse, professie, betrekking, loopbaan 645, carrière, okkupasie, pos, voltydse pos, permanente pos, tydelike pos, heeltydse pos, deeltydse pos, voldagpos, halfdagpos, voldagwerk, halfdagwerk, erepos, honorêre pos, posisie, topposisie, bestuursposisie, direkteurskap, aanstelling, jop, baantjie, hondebaantjie, bybaantjie, sinekure, sinekuur, luiaardspos, bekleding, posbekleding, amp, ampsbediening, ampsbekleding, funksie, hoedanigheid, ambag, vakmanskap, leerjongenskap, vak; onderwysberoep, mediese beroep, handelsberoep, regsberoep, ..., mediese professie, regsprofessie, ..., besigheid, onderneming, praktyk
arbeid, arbeidsveld, arbeidskrag, hoofarbeid, geskoolde arbeid, ongeskoolde arbeid, handearbeid, werk, permanente werk, tydelike werk, deeltydse werk, kantoorwerk, plaaswerk, harde werk, swaar werk, ligte werk, sagte werk, vryskutwerk, stukwerk, los werk, loswerk, werkie, loswerkies (*meervoud*), jop
bedryf, grootbedryf, kleinbedryf, arbeidsintensiewe bedryf, grensbedryf, vervaardigingsbedryf, tekstielbedryf, voedselbedryf, motorbedryf, nutsbedryf, diensbedryf, sleutelbedryf, industrie, grootindustrie, sleutelindustrie, nywerheid, nywerheidsektor, swaarnywerheid, tekstielnywerheid, motornywerheid, diensnywerheid, tuisnywerheid, huisnywerheid, sleutelnywerheid, fabriekswese, bankwese, handel, handelswese, handelsektor, handeldryf, handeldrywery, groothandel, groothandelsektor, groothandelbedryf, kleinhandel, kleinhandelsektor, privaatsektor, instelling, staatsinstelling, openbare instelling, staatsorgaan, staatsdiens, openbare diens, staatsektor, openbare sektor, onderwys, onderwyssektor, onderwysberoep, universiteitswese, landbou, landbousektor; maatskappy, firma, beherende maatskappy, sustermaatskappy, dogtermaatskappy, korporasie, beslote korporasie, filiaal, tak, takkantoor, saak, klein sake, grootsakesektor, kleinsakesektor; bedryfsorganisasie, bedryfsekonomie, bedryfsleer, bedryfsleiding, administrasie, bedryfsadministrasie, staatsadministrasie, bestuur, bedryfslewe, industrialisasie

ampsaanvaarding 659, indiensneming 659, aanstelling 659, werwing, ampsbediening, ampsbekleding, ampsvervulling, ampsverrigting, professionaliteit, vakmanskap, amateurisme, praktyk, beroepspraktyk; afdanking 660, diensbeëindiging 660; agentskap, indiensnemingsagentskap, indiensnemingsburo, werfburo, werwingsburo, agent, werfagent, werwingsagent, werwer, personeelwerwer, koppesneller, arbeidsburo, arbeidsdiens, inligtingsburo, inligtingsdiens, inligtingskantoor

werk(s)plek, werkomgewing, werkplaas, werkplaasinrigting, standplaas, kantoor, hoofkantoor, tak, takkantoor, navraagkantoor, navraekantoor, kantoorblok, kantoorgebou, winkel, fabriek, klerefabriek, tekstielfabriek, munisiefabriek, aanleg, fabrieksaanleg, toetsaanleg, proefaanleg, staalaanleg, werk(s)winkel, stasie, werkstasie, werkruimte, studeerkamer, ateljee, foto-ateljee, kunsateljee, basis, laboratorium, tegnopark, nywerheidspark
werk(s)omstandighede, werktoestand, beroepslewe, werk(s)lewe, werksituasie, werk(s)dag, kantoordag, werk(s)week, kantoorure (*meervoud*), kantoortyd, spreekuur, spreekure, skof, dagskof, nagskof, skofstelsel, oortyd, oorure, rooster, diensrooster, werkrooster, werkkaart, arbeidskaart, dienskaart, dienskontrak, arbeidsverhouding, werksekerheid, werksekuriteit, beroepsekuriteit, bestaansekerheid, bestaansbeveiliging, indiensopleiding, loopbaanontwikkeling, menslikehulpbronontwikkeling; menslike hulpbronne, menslikehulpbronafdeling, menslikehulpbronbestuurder, personeelbestuurder, menslikehulpbronbeampte, personeelbeampte;

werk(s)afbakening, werk(s)reservering
beroepsmens, professionele mens 645, sakeman, sakevrou, sakeleier, nyweraar, grootnyweraar, bedryfsleier, ondernemer, titularis, funksionaris, werknemer, broodwinner, koswinner, amptenaar, beampte, klerk, kantoorklerk, toonbankklerk, winkelklerk, bankklerk, personeelklerk, leerklerk, leerlingklerk, leerlingskap, sekretaris, sekretaresse, sekretariaat, assistent, winkelassistent, rakpakker, navorsingsassistent, plaasvervanger, bode, kantoorjonge; vakman, ambagsman 645, werker, witboordjiewerker, blouboordjiewerker, werk(s)man, werk(s)vrou, arbeider, kontrakarbeider, kontrakwerker, gasarbeider, trekarbeider, seisoenarbeider, fabrieksarbeider, plaasarbeider, dagloner, weekloner, stukwerker, loswerker, vryskut, vryskutwerker; ampstitel, ampstatus; visitekaartjie, besigheidskaartjie
personeel, dagpersoneel, nagpersoneel, aflospersoneel, permanente personeel, tydelike personeel, amptenary, werkkring, kader, kaderpersoneel, kaderleër, arbeidskolonie, arbeidsmark
werkgewer, baas, fabriekseienaar; bestuurder, hoofbestuurder, takbestuurder, streekbestuurder, direkteur, besturende direkteur, uitvoerende direkteur, voorsitter, voorsittende beampte, administrateur, administratrise, hoof, departementshoof, adjunk, adjunkhoof, visehoof, skoolhoof, inspekteur, skoolinspekteur, fabrieksinspekteur, voorman, bouvoorman, fabrieksvoorman, plaasvoorman, skofbaas; hoogwaardigheidsbekleër, waardigheidsbekleër, dignitaris, intendant, intendent, intendantuur, BBP, baie belangrike persoon, kokkedoor, hoë kokkedoor
vakbondwese, vakbond, vakbondorganisasie, vakunie, werknemersorganisasie, werknemersvereniging, professionele vereniging, aksiekomitee, vakverbond; staking, vakbondstaking, (on)wettige staking, arbeidsonrus; vakbondlid, vakbondverteenwoordiger, vakbondleier
b.nw. professioneel, beroepsmatig, loopbaangerig, ondernemend, voltyds, permanent, waarnemend, deeltyds, tydelik, amptelik, offisieel, nie-amptelik, openbaar, privaat, industrieel, arbeidsintensief, arbeidskragtig, kapitaalintensief, bestuursmatig, administratief, beherend
ww. aansoek doen (om 'n betrekking) 660, 'n betrekking aanvaar, 'n pos aanvaar, 'n amp beklee, in die amp staan, werk, praktiseer, administreer, bedryf, vervul, fungeer, funksioneer, waarneem, inval, inklok, uitval, uitklok, afdank
bw. van ampsweë, ampshalwe, ex officio
woorddeel beroeps-

659. Aanstelling

s.nw. aanstelling, indiensneming, werkverskaffing, emplojering, aanwysing, benoeming, partybenoeming, nominasie, nominasiedag, bevestiging, intrede, investituur; beroep 658; bevordering, verhoging, promovering
vakature, pos, beskikbare pos, betrekking, vakante pos, vakante betrekking, vakante werk, vakante amp
werksoekery, aansoek, applikasie, aansoekbrief, applikasiebrief, aansoekprosedure, kandidatuur, aanbeveling, getuigskrif, benoeming, groslys, kortlys, langlys, beroepskeuse, beroepsvoorligting, kwalifikasie; curriculum vitae, CV, cur.vit.
aansoeker, applikant, aansoekdoener, werksoeker, werkvraer, aspirant, kandidaat, postulant, sollisitant, benoemde, afgevaardigde, afgesant, voorganger; referent, onderhoudvoerder, werwer, koppesneller
b.nw. vakant, gevul, beskikbaar; beroepbaar, benoembaar, amptêloos, inaktief, afgevaardig, geëmplojeer(d)
ww. aanstel, werk gee, in diens neem, emplojeer, benoem, beroep, aanwys, besluit op, bevestig, inhuldig, instoot, installeer, nomineer, 'n groslys saamstel, verkies, instem, inseën; aanvaar, 'n aanstelling aanvaar, aanneem, in diens tree
bevorder, promoveer, verhoging gee, salarisverhoging gee; vorder, bevordering kry, verhoging kry, salarisverhoging kry
aansoek doen, applisseer, aanklop om werk, skiet (*informeel*), werk vra; vir 'n betrekking in aanmerking kom, as kandidaat beskikbaar wees, kwalifiseer

660. Ontslag

s.nw. ontslag, diensbeëindiging, uitdiensstelling, ontslaggewing, ontslagbevel, af-

danking, aflegging, ontheffing, afbetaling, ontsetting, afsetting, skorsing, ekspulsie, diskwalifikasie, demissie, demosie, degradering, uitfasering, rasionalisasie, rasionalisering, onttroning; ontslagreg
uittrede, uittreding, diensverlating, uitdienstreding, ontslagneming, bedanking, neerlegging van 'n amp, ampsneerlegging, demissie, emeritaat, aftrede, aftreding, vervroegde aftrede, pensioen, vervroegde pensioen, abdikasie, troonsafstand; afskeid, vertrek
uitgetredene, afgetredene, pensioenaris, gepensioeneerde, emeritus, emeritusprofessor
b.nw. afgedank, rustend, gewese, afgetree
ww. ontslaan, uit diens ontslaan, diens beëindig, uit diens stel, aflê, summier ontslaan, afdank, afbetaal, onthef, ontset, laat gaan, pos, uitskop, wegja, wegstuur, onttroon, afsit, uitfaseer, rasionaliseer, skors, demoveer, degradeer, diskwalifiseer, pensioneer
uittree, die diens verlaat, uit diens tree, ontslag neem, bedank, jou bedanking indien, 'n amp neerlê, pakket vat, aftree, die emeritaat aanvaar, op pensioen gaan, pensioen kry, pensioen trek, afstand doen van, abdikeer, abdiseer
woorddeel eks-, oud-
uitdr. die trekpas kry; in die pad steek; die trekpas gee; die goue handdruk kry

661. Vermoeidheid

s.nw. vermoeidheid, vermoeienis, vermoeiing, moegheid, oormoegheid, oorvermoeidheid, oorvermoeiendheid, afgematheid, tamheid, lamheid, uitputting, uitgeputheid, satheid, kragteloosheid, astenie, oorwerktheid, ooreising, oorspannenheid, oorspanning, enervasie, druk, oorlading, uitmergeling, aftakeling, verleptheid, versuftheid, versukkeldheid, vaak, lomerigheid, sufferigheid; zombie
b.nw. moeg, vermoei(d), doodmoeg, oormoeg, oorvermoeid, uitgeput, afgemat, mat, afgesloof, afgerem, afgetakel, afgetob, astenies, flou, stokflou, lam, tam, lam en tam, op, doodop, pap, pê (*informeel*), pootuit, disnis, sat, klaar, gedaan, kis (*informeel*), poegaai (*informeel*), kisboude (*informeel, meervoud*), lamboude (*informeel,* *meervoud*), oorhoeks, gaar, om, dood, halfdood, lomerig, kragteloos, lewensmoeg, lewensat, boeglam, kolel, berooid, pootseer, oorstuur(s), oorspanne, oorwerk, gebroke, rusteloos, suf, versuf, sufferig, versukkel(d), wesenloos
uitputtend, vermoeiend, oorvermoeiend, uitmergelend, slopend
ww. moeg wees, vermoei, moeg word, moeg raak, oorvermoei, kapot wees, kapot word, kapot raak, gedaan wees, gedaan word, gedaan raak, uitput, uitgeput word, uitgeput raak, kragteloos word, kragteloos raak, uitmergel, ooreis, oorlaai, oorspan, afsloof, sloof, uitsloof, sloop (*ongewoon*), afmat, afbeul, aftob, opleef, oplewe, verstomp, versuf
moeg maak, vermoei, uitmergel, aftakel, klaarmaak, kapot maak, gedaan maak, kragteloos maak, enerveer
bw. tot satwordens toe
uitdr. jou blus is uit; jou gô is uit; die snare te styf span; geen rus of duurte hê nie; jou oorhoeks werk; jou oor 'n mik werk; jou breek; jou gat af werk (*plat*); jou pê is uit; jou wind is uit

662. Rus

s.nw. rus, verposing, ontspanning, rekreasie, uitspanning, bedaring, stilligheid, stilstand, uitvlug, uitvluggie, onderbreking, respyt; tydkorting, tydverdryf, ledigheid 611, luiheid 611, leeglêery, niksdoenery, luigatgeit (*plat*)
ruskans, blaaskans, rustyd, rusperiode, ontspanningsperiode, rusdag, nagrus, slaap, slaaptyd, slapie, middagslapie, middagrus, siësta, vakansie, verlof, verlofperiode, langverlof, studieverlof, siekteverlof, kraamverlof, reses, pouse, ruspouse, teepouse, teetyd, tussenpoos, uitskeityd, uitvaltyd, huistoegaantyd, skaftyd, skafuur, etenstyd, etensuur, middaguur
vakansie, vakansietyd, somervakansie, wintervakansie, skoolvakansie, Paasvakansie, Kersvakansie, seevakansie, tuisblyvakansie
rusplek, ontspanplek, uitspanplek, oase, hawe, rushuis, ruskamer, rusoord, ruskamp, rusplaas, vakansieplek, vakansiehuis, vakansieoord, vakansieplaas, gasteplaas, spa, strandoord, strandplek, lido,

strandhuis, kampterrein, karavaanpark, staanplek, piekniekplek, piekniekterrein, luilekkerland, land van Kokanje, lotusland

vakansietoerusting, kamptoerusting, piekniektoerusting, karavaan, tent, gazebo, kampbed, kampstoel, kamptafel, opslaantafel, kampstofie, ..., koelsak, koelboks, piekniekkombers, piekniekmandjie, ..., sonsambreel, strandsambreel

vakansieganger, kampeerder, toeris

b.nw. rustig 226, rustend, uitgerus, vars, uitgeslaap, ledig, vry

ww. rus, tot rus kom, uitrus, ontspan, uitspan, afsaal, verpoos, pouseer, rustig word, rustig raak, asem skep, tjaila, verluier, vakansie hou, 'n blaaskansie neem, onderbreek, kampeer, piekniek, piekniek hou

rus gee, 'n blaaskansie gee, rustig stem

woorddeel vryaf-

uitdr. jou tweede wind kry; tot rus kom; tot verhaal kom; uitspan; met Jan Tuisbly se karretjie ry

c. Wedersydse handeling
663. Meedoen

ww. meedoen, saam doen, saamdoen, saamgaan, saamspan, saamleef, saamspeel, saamstaan, sinergeer, meewerk, saamwerk, samewerking gee, koöpereer, samewerking verkry, onderhandel, ondersteun, ondersteuning gee, steun gee, steun verkry, deelneem, deel hê aan, jou deel bydra, bydra, 'n bydrae lewer, 'n inset maak, 'n inset lewer, kontribueer, kragte saamsnoer, korroboreer, oor die weg kom, met iemand klaarkom, ooreenkom, 'n ooreenkoms bereik, ooreenstem, skik, resiproseer, sekondeer, partisipeer

help 589, 780, hulp gee, hulp verleen, van hulp wees, behulpsaam wees, hulpvaardig wees, deurhelp, deursien, uithelp, inspring, hand gee, 'n diens bewys, 'n diens lewer, reghelp, vooruithelp, begelei, meehelp, ophelp, afhelp, inhelp, oorhelp, ..., bystaan, bystand verleen, assisteer, steun, korroboreer, ondersteun, onderskraag, skraag, staande hou, stut, sterk, rugsteun, tegemoetkom, verlig, behandel, bemoeienis maak met, beskerm, verdedig, red, uitred, verlos

verenig, 'n eenheid vorm, inkorporeer, integreer, reïntegreer, saamsmelt, amalgameer, afvaardig, kombineer, saambind, saamvoeg, aansluit, lidmaatskap aanvaar

betrokke raak, betrokke wees, meemaak, ingryp, aansluit 665, toetree, bymekaarkom 666, inval, komplementeer, konformeer, konform

betrokke maak, betrek, koördineer, skakel, samewerking verkry, steun kry, steun verkry, steun trek, werf, werwe, bymekaarbring 665, unieer, unifiseer

bemoei, bemoeienis maak met, inmeng, jou inlaat met, opdring, opdwing, aanpellie (*informeel*), aanpêllie (*informeel*), ingryp, tussenbeide kom, inwurm, inwikkel, heul

bw. saam, eens, deur konsensus, uit een mond, sonder teenstem

s.nw. medewerking, meewerking, samewerking, koöperasie, ko-operasie, gesamentlike optrede, gesamentlike aksie, gesamentlike handeling, onderhandeling, deelname, partisipasie, spanwerk, spanpoging, groepwerk, vennootskap, deelneming, aandeel, leeueaandeel, bydrae, kontribusie, inset, toedoen, ooreenkoms, skikking, ooreenstemming, koördinasie, ko-ordinasie, koördinering, ko-ordinering, sinergie, sinergisme, harmonie 10

samewerkingsverband, samespanning, groep(s)verband, spanverband, spangees, partyverband, medeseggenskap, skakeling, skakelwerk, kontrak, kontraktuele verpligting, konvensie, bond, verbond, verdrag, ooreenkoms, entente, entente cordiale

betrokkenheid, gemoeidheid, verantwoordelikheid 588, ingryping, arbitrasie, toedoen, bemiddeling, voorspraak, intersessie, tussenkoms, ingryping, meelewing, meelewendheid, geïnteresseerdheid, toetrede, toetreding, aansluiting, koördinering, ko-ordinering, skakeling, werwing

hulp, hulpverlening, hulpvaardigheid, noodhulp, noodleniging, bystand, steun, ondersteuning, hupstootjie, finansiële ondersteuning, morele ondersteuning, ..., rugsteun, rugsteuning, sterking, stut, korroborasie, bystand, stywing, assistensie, diens, diensbetoon, dienslewering, onderhoud, versorging, guns, begeleiding, sorg,

onderskraging, meegevoel 713, 714, deelneming 714, tegemoetkomendheid, welwillendheid, geneentheid, toegeneentheid, goedgesindheid, gewilligheid, verligting, behandeling, beskerming, heenkome, toevlug, troos, bemoediging, aanmoediging, toeverlaat, verdediging, redding, uitredding, verlossing; hulpmiddel, hulpdiens, nutsdiens
samehorigheid 33, saambestaan, eenwording, eenheid, samesmelting, amalgamasie, inkorporering, integrasie, reïntegrasie, unie, unifikasie, vereniging, kombinasie, samehorigheidsgevoel, kollegialiteit, solidariteit, eendrag, eenstemmigheid, eensgesindheid, eenparigheid, unanimiteit, konsensus, voeling, verbintenis, verbinding, samehang, kohesie, hegtheid, harmonie 10, akkoord; byeenbrenging, vereniging 665, unifikasie 665, aggregasie, integrasie, reïntegrasie
sameswering, saamswering, samespanning, komplot, intrige, coup, coup d'état, kabaal, kollusie, medepligtigheid, komplisiteit
bemoeienis, bemoeiing, bemoeisug, tussenkoms, ingryping, inmenging, inmengery, opdringerigheid, heulery, samesweríng, saamswering
medewerker, kollega, vakgenoot, vennoot, stil(le) vennoot, deelhebber, genoot, deelgenoot, bondgenoot, gespreksgenoot, partygenoot, medestander, strydgenoot, medestryder, geloofsgenoot, bydraer, kontribuant, kollaborateur, kollaborator, deelnemer, partisipant, staatmaker, maat, spanmaat, makker, strydmakker, geallieerde, lotsgenoot, broer, wapenbroer, verteenwoordiger, afgesant, plaasvervanger, konformis, skakelbeampte; betrokkene, dramatis personae 752, eerste party, tweede party, derde party; trawant, samesweerder, medepligtige, mededader, meedoener, medeskuldige, naloper, komplotteur
helper, helpster, hulpverlener, medewerker, steunpilaar, steuntrekker, assistent, assistente, assistentbestuurder, assistentsekretaris, ..., regterhand, handlanger, arbeider 592, hulp, huishulp, bediende, kamerbediende, dagloner, lyfbediende, lakei, joggie, gholfjoggie, petroljoggie, ..., faktotum, huurling, hulpprediker, hulpleraar, hulponderwyser(es), hulpsekretaris, hulpsekretaresse, hulptroepe 672, sekondant, sekretaris, sekretaresse, aide de camp, adjunk, assessor, bakmaat, redder, verlosser
ondersteuner, juigkommando, juigbrigade
volgeling, aanhanger, dissipel, leerling, akoliet, sleepsel, beskermling, huurling, ondergeskikte, agterryer
span, rugbyspan, sokkerspan, netbalspan, hokkiespan, ..., werkspan, groep, afvaardiging, geselskap, ensemble, corps, kamp, vennootskap, koöperasie, ko-operasie, kartel, koalisie, alliansie, party, vereniging 168, 170, komitee, skakelkomitee, taakspan, unie, triargie, Gideonsbende
b.nw. gesamentlik, medewerkend, samewerkend, saamwerkend, harmonies, sinergisties, sinergeties, sinergies, assisterend, geallieer(d), wedersyds, resiprook, ooreenkomstig, kontraktueel, ooreenstemmend, gekoördineerd, geko-ordineerd, betrokke, gemoeid, verantwoordelik, meelewend, geïnteresseerd, heg, uniaal, medepligtig
behulpsaam, hulpvaardig, helpend, ondersteunend, begeleidend, onderskragend, versorgend, tegemoetkomend, welwillend, geneë, toegeneë, goedgesind, gewillig, getrou, gedienstig, plaasvervangend
samehorig, solidêr, verenig 168, 170, eendragtig, eenstemmig, eensgesind, gelykgesind, eenparig, unaniem, kohesief, koherent, solidêr, heg, kollegiaal, konformisties
bemoeisiek, inmengerig, opdringerig
voors. danksy, met behulp van
woorddeel same-, mede-
uitdr. hand bysit; baantjies vir boeties; by iemand staan; deur jou toedoen; die geledere sluit; goed staan vir iemand; hulle planne styf/stywe; iemand die hand reik; 'n hupstootjie gee; iemand op sleeptou neem; jou onder iemand se banier skaar; onder een kombers slaap; onder een sambreel boer; party trek vir iemand; soos een man; ter syde staan; tussenbei kom; tussenbeide tree; 'n hand in die spel hê; 'n lansie vir iemand breek; 'n sak sout saam met iemand opeet; hulle is kop in een mus; jou neus oral insteek

664. Terugstaan
ww. terugstaan, terugtree, terughou, jou

weerhou van, daarlaat, agteruitstaan, terugtrek, jou distansieer, iets verlaat, fok(k)of (*plat*), iets agterlaat, nie deelneem nie, uitsit, agterbly, afbly, afsydig wees, afsydig staan, jou afskei van, onbetrokke wees, nie betrokke wees nie, niks te doen hê met, nie met iets gemoeid wees nie, alleen laat, jou nie bemoei nie, vergeet, in die steek laat

alleen wees, alleen staan, afgesonderd wees, jou afsonder, vereensaam 792

bw. op jou eie

s.nw. **terugtrede**, onbetrokkenheid, ongemoeidheid, traak-my-nieagtigheid, ongebondenheid, afgeskeidenheid, neutraliteit, onsydigheid, separatisme, onafhanklikheid, selfstandigheid

alleenheid, afgesonder(d)heid, afsondering, verlating, verlatenheid, godverlatenheid, privaatheid, geïsoleerdheid, eensaamheid 792, apartheid; privaatheidskending

alleenloper, separatis

afhanklikheid, hulpeloosheid, hulpbehoewendheid

b.nw. **onbetrokke**, ongemoeid, traak-my-nieagtig, neutraal, nie-bydraend, separatisties, onafhanklik, onsydig, ongehinderd, skoorvoetend

alleen, allenig, alleenstaande, verlate, afgesonder(d), godverlate, privaat, geïsoleer(d), apart, eensaam

afhanklik, hulpeloos, hulpbehoewend, onverlet

voors. sonder

tw. los (my) uit, los (my) af, staan opsy, voe(r)tsek (*informeel*), fok(k)of (*plat*)

uitdr. jou eie gang gaan; op jou eie staan; dit traak jou nie; uit 'n ander man se vaarwater bly; nie jou neus in 'n ander man se sake steek nie; iemand aan sy/haar lot oorlaat; Gods water oor Gods akker laat loop; iemand met rus laat; in jou eie vet laat braai; kop uittrek; vir niemand terugstaan nie

665. Byeenkom

ww. **byeenkom**, bymekaarkom, saamkom, vergader, kongregeer, versamel, saamtrek, saamdrom, saamkliek, saamkoek, saamsmelt, affilieer, fraterniseer, assimileer, inskakel, kontak bewerkstellig, kontak maak, skakel, 'n afspraak maak, 'n afspraak inskryf, dagboek, koukus, koukus hou, beraadslaag, konfereer, vergader, vergadering hou, sit, sitting hou

byeenbring, saambring, saamsnoer, bymekaarbring, bymekaarmaak, byeenroep, saamroep, byeenhaal, byeentrek, saamsmelt, inlyf, assimileer, inskakel, aaneenskakel, patroneer; vergader, vergadering hou, koukus, koukus hou, kongres hou, saamroep, 'n vergadering belê, open, verdaag, 'n vergadering verdaag, konstitueer, 'n vergadering lei, voorsit, presideer, ter tafel bring, notuleer, voorstel, 'n mosie indien, sekondeer, aanbeveel, goedkeur

assosieer, affilieer, omgaan, saamgaan, saamkom, saamspan, bymekaarkom, bymekaarbring, 'n vennootskap aangaan, koöpereer 663, ko-opereer

dissosieer, afstig, vertak

aansluit, lid word, toetree, tot die geledere toetree; lid maak, lidmaatskap gee, lidmaatskap toeken, nomineer, verkies, instem, koöpteer, ko-opteer, werf, werwe

uittree, bedank; lidmaatskap beëindig, skrap, rojeer, skors, uitsluit

bw. in sitting, in sessie, in pleno

s.nw. **byeenkoms** 590, samekoms, vergadering, kongregasie, tête à tête, sameroeping, imbizo, indaba, lekgotla, rendezvous, reünie, re-unie, saamtrek, samedromming, massa, mensemassa, skare, spul, geselskap, kring, blok, horde, beweging, studentebeweging, jeugbeweging, versetbeweging, volksbeweging, vredesbeweging, korps, corps; samehorigheid 663, saamhorigheid, samehorigheidsgevoel

samesyn, saamwees, geselskap, geleentheid

assosiasie, alliansie, affiliasie, belang, byeenbrenging, aggregasie, organisasie, hooforganisasie, stutorganisasie; sakeonderneming, maatskappy, handelsmaatskappy, moedermaatskappy, dogtermaatskappy, sustermaatskappy, firma, kompanjie (*verouderd*), korporasie, beslote korporasie, sindikaat, konsortium, kartel, filiaal, genootskap, vennootskap 663; tak, plaaslike tak, oorsese tak, takkantoor, takwinkel, takonderneming, takaanleg, departement, afdeling, onderafdeling, vertakking, seksie

vereniging, sustersvereniging, beroepsvereniging, landbouvereniging, vakvereniging, debatsvereniging, vrouevereniging, studentevereniging, jongeliedevereniging, toneelvereniging, sportvereniging, ..., verenigingslewe, assosiasie, organisasie, komitee, bestuurskomitee, subkomitee, reëlingskomitee, ordekomitee, mosiekomitee, ..., kommissie, feeskommissie, raad, bestuursraad, konvokasie, werkgemeenskap, belangegroep, akademie, bond, vakbond, vakverbond, broederbond, broederskap, fraterniteit, sosiëteit (*verouderd*), patronaat, geselskap, toneelgeselskap, gilde, orde, handelsorde, klub, sportklub, jagklub, ..., kring, leeskring, ring, korps, corps, musiekkorps, kamer, sakekamer, handelskamer, kamer van koophandel, koöperasie, ko-operasie, korporasie, genootskap, landbougenootskap, unie, landbou-unie, tolunie, party, politieke party, fonds, ontwikkelingsfonds; tak, vertakking, kapittel
vergadering, komiteevergadering, bestuursvergadering, hoofbestuursvergadering, jaarvergadering, monstervergadering, spoedvergadering, noodvergadering, ..., byeenkoms, samekoms, beraad, hoofberaad, tafelronde, indaba, konvokasie, konferensie, vredeskonferensie, konvensie, kongres, vredeskongres, simposium, colloquium, seminaar, kollege, jamboree, konklaaf, landdag (*verouderd*), pitso, kgotla; sitting, sessie, opening, verdaging, konstituering, verrigting, verrigtinge (*meervoud*), vraetyd; agenda, sakelys, notule, mosie, voorstel, presensielys, presensie, teenwoordigheidsregister, reglement, kworum, vergadering(s)prosedure
lidmaatskap, gewone lidmaatskap, volle lidmaatskap, assosiaatlidmaatskap, erelidmaatskap, aansluiting, verkiesing, koopsie, ko-opsie, koöptasie, ko-optasie, inlywing, ledelys, ledetal, ledegeld, lidmaatskapgeld, lidmaatskapfooi, inskrywingsgeld, inskrywingsfooi, subskripsie, toetredingsgeld; beëindiging van lidmaatskap, bedanking, uittrede, uittreding, skorsing, skrapping, uitsluiting
lid, gewone lid, volle lid, assessorlid, assosiaatlid, addisionele lid, sekundus, sekunduslid, erelid, honorêre lid, komiteelid, raadslid, kerkraadslid, bestuurslid, gildelid, nie-lid; bestuurstelsel, bestuurstruktuur, hiërargie, bestuurshiërargie, bestuur, raad, bestuursraad, amp, bestuursamp, bestuurspos, voorsitter, voorsitster, erevoorsitter, voorsitterskap, voorsitterstoel, ondervoorsitter, visevoorsitter, president, presidente, erepresident, visepresident, presidium, moderator, deken, sameroeper, sameroepster, konvenor, assessor, sekretaris, sekretaresse, notulehouer, notulerende sekretaris, notulerende sekretaresse, penvoerder, tesourier, tesouriere, penningmeester, penningmeesteres, kwestor (*verouderd*), quaestor (*verouderd*), kwestuur, beskermheer, beskermvrou, gesant, kongresganger, konferensieganger, vennoot 663, firmant (*ongewoon*), kompanjon (*verouderd*), patronaat
vergaderplek, vergadersaal, vergaderkamer, komiteekamer, raadskamer, raadsaal, hoofkwartier, stadsaal, gildehuis, rendezvous
b.nw. samehorig, saamhorig, koöperatief, ko-operatief, korporatief, assosiatief, betrokke, departementeel, reglementêr

666. Verhinder
ww. **verhinder**, hinder, bodder (*informeel*), bebodder (*informeel*), moeite gee, pla, steur, versteur, verstoor, 'n steurnis wees, bemoei 663, inbreuk maak, 'n steurnis veroorsaak, 'n stoornis veroorsaak, lastig val, lol, verpes, vergal, bemoeilik, dit moeilik maak, moeilikheid veroorsaak, verkeerd beur, verhoed, belet, keer, voorkeer, onderskep, uitkeer, vaskeer, wegkeer, wegstoot, terughou, teëhou, belemmer, walgooi, damgooi, vertraag, teenhou, strem, rem, afrem, voorkom, ontlont, stop, stopsit, stuit, hokslaan, besweer, afweer, versper, blokkeer, ban, verban, neutraliseer, uitskakel, indam, dwarsboom, vastrap, ondermyn, ondergrawe, ondergraaf, in die wiele ry, verderf, verderwe, boikot, nie ondersteun nie, afsny, uitsluit, verbied, verwerp, verban, verstoot, die rug keer, die rug toekeer, die rug draai, staak, sloerstaak, betoog, beperk, bekamp, versondig, ontrief, verontrief, afhou, onder hou, kniehalter, knelter, hendikep (*Engels*), knot, befoeter, bedonder (*plat*), versuur, beneuk (*plat*), torring, peuter, saamsweer teen,

saamspan teen, afpers, afskrik
opponeer, teëstaan, teenstaan, verhinder, teenstand bied, beelde (be)storm, weerstaan, weerstand bied, teëgaan, teengaan, teësit, teensit, vasskop, teenwerk, verset, teëpraat, teenpraat, teëspreek, teenspreek, teëstribbel, teenstribbel, teëwerp, teenwerp, weerspreek, te velde trek teen, beswaar maak, beswaar aanteken, protesteer, protes aanteken, ontken, kritiseer, argumenteer, verskil, diskordant wees, rebelleer, betwis, stry teen, in stryd wees met, die stryd aansê, reageer, in opstand kom, opdreun, provokeer, provoseer, stribbel, veg teen 667, beveg, aanval 667; indruis
beskadig, skaad, skade berokken, skade aandoen, skade veroorsaak
bw. egter, tog, nogtans, darem, ten spyte van, ondanks, in weerwil van, desondanks, nieteenstaande, desnieteenstaande, ongeag, newwermaaind (*Engels, lekties*), nietemin, desnietemin, ewe(n)wel, nog, alhoewel, of, tog, al
s.nw. verhindering, keerwerk, voorkoming, terughouding, dwarsboming, stremming, remming, neutralisering, neutralisasie, uitskakeling, onderskepping, dwarsboming, versteuring, vertraging, vertragingsaksie, vertragingstaktiek, bemoeienis 663, bemoeiing 663, inbreuk, boikot, handelsboikot, uitsluiting, verbod, verwerping, verbanning, verstoting, betoging, staking, sloerstaking, sitstaking, spoorwegstaking, bemoeiliking, beperking, bekamping, belemmering, belemmernis, hindernis, hendikep (*Engels*), versondiging, ondermyning, ondergrawing, onrus, arbeidsonrus, onluste (*meervoud*), saamswering, sameswering, afpersing
hindernis, hinderpaal, hinderlikheid, skeidsmuur, remskoen, rem, ongemak, ongerief, oorlas, swarigheid, moeilikheid, steurnis, stoornis, lollery, verpesting, neukery (*plat*), moles, moleste, struikelblok, beletsel, impediment, belemmering, versperring, onderskepping, intersepsie, skade 238, skeuring, skisma (~ in 'n kerk), afskrikmiddel, teenmiddel, boei
teenstand, teëstand, opposisie, weerstand, resistensie, verset, teëkanting, teenkanting, teëwerking, teenwerking, teenpoging,

obstruksie, obstruksionisme, beeld(e)storm, beeldstormery, ondermyning, teëwig, teenwig, teëpratery, teenpratery, teëstribbeling, teenstribbeling, weerstrewing, we(d)erstrewigheid, teenstem, teëwerping, teenwerping, weerspreking, stryery, beswaar, beswaarmakery, protes, kritiek, ontkenning, argument, argumenteerdery, argumentasie, verskil, antagonisme, diskordansie, rebellie, stryd 667, reaksie, opstand, provokasie, muitery
teenstander, opponent, teëparty, teenparty, opposisie, die ander kant, mededinger, wedyweraar, konkurrent, rebel, stryer, argumenteerder, bemoeial, spelbederwer, spelbreker, betoger, sitbetoger, staker, sitstaker, stakingbreker, obstruksionis, onderskepper, antagonis, beeldstormer, provokateur, provo, reaksionêr, dissident, moesoek (*ongewoon*), moesoep (*ongewoon*), meerdere 588, vyand, vyandiggesinde, kwaadgesinde
b.nw. hinderlik, lastig, plaerig, lollerig, steurend, ontstemmend, ongemaklik, ongerieflik, voorkomend, preventief, terughoudend, remmend, teëpraterig, teenpraterig, resistent, teendraads, botsend, versteurend, beperkend, belemmerend, belemmer(d), geneutraliseer(d), afskrikwekkend, tergend, treiterend, ondermynend, ondergrawend, kwaadgesind
opponerend, gekant teen, adversatief, krities, andersdenkend, afsydig, diskordant, ondermynend, offensief, wederstrewig, weerstrewig, beneuk(s) (*plat*), provokerend, provokatief, obstruksionêr, reaksionêr, opstandig, skismatiek
voors. ten spyte van
woorddeel anti-, kontra-
uitdr. daar is 'n kinkel in die kabel; daar 'n stokkie voor steek; die byl aan die wortel(s) lê; die stang vasbyt; die vyfde kolonne; swarigheid sien; iemand die voet dwars sit; iemand die wind uit die seile neem; iemand na die lewe staan; iemand se boeke deurmekaar krap; iemand 'n stok in die wiel steek; iemand troef; iets die boom inslaan; in die weg staan; in die wiele ry; in iemand se slaai krap; in iemand se vaalwater/vaarwater kom; in weerwil van; van die wal in die sloot help; van stryk bring; 'n blok aan iemand se been wees; 'n

meulsteen om die nek; 'n wig dryf tussen

667. Stryd
s.nw. stryd, gewapende stryd, terrorismestryd, politieke stryd, rewolusie, revolusie, klassestryd, taalstryd, worstelstryd, konflik, persoonlike konflik, generasiekonflik, grenskonflik, konfliksituasie, konflagrasie, aktivisme, agitasie, opstand, oproer, muitery, weerstand, rebellie, opskudding, furore, brouhaha, onrus, vete, bloedvete, vendetta, skeuring, coup, teenkanting, inmenging, ingryping, intervensie; non-intervensie; strydpotensiaal, konflikpotensiaal
onenigheid, moeilikheid, probleem 516, 654, omwenteling, swarigheid, neukery (*plat*), nuk, onaangenaamheid 623, spanning, wrywing, parmantigheid, dwarstrekkery, dwarstrekkerigheid, nukkerigheid, opstandigheid, amok, onmin, onvrede, spanning, verdeeldheid, tweedrag, tweespalt, kwaaivriendskap, onversoenlikheid, haaksheid, disharmonie, diskordansie, vertroebeling, opskudding, oploop, vooroordeel, klassevooroordeel, naywer, jaloesie, jaloersheid, nagaandheid, heftigheid, onrustigheid, antagonisme, aggressie, gisting
politieke stryd, verset, militansie, militantheid, opstand, politieke opstand, struggle (*Engels, soms ook met 'n hoofletter*), aktivisme, politieke aktivisme, opruiery; versetsaksie, betoging, boikot, protes, protesaksie, optog, politieke optog, protesoptog, protesvergadering
strydlustigheid, strydlus, veglustigheid, veglus, veggees, vegtersgees, oorlogsmanie, oorlogpsigose, rewolusie, revolusie, kontrarewolusie, kontrarevolusie, rewolusionêre gees, revolusionêre gees, rebellie, rebelsheid, oproer, oproerigheid, onrus, opstokery, bakleierigheid, twisgierigheid, kwaadstekery, opstand, opstandigheid, onenigheid, oneensgesindheid, driftigheid, heftigheid, humeur, humeurigheid, verset, lydelike verset, vyandigheid, vyandelikheid
twis, broedertwis, familietwis, huismoles, rusie, rusiemakery, argumenteerdery, argumentering, woordewisseling, woordestryd, woordetwis, pennestryd, polemiek, teëspraak, teenspraak, teëpratery, teenpratery, redekaweling, redetwis, stryery, bekgeveg, struweling, moles, scène, standjie, gekibbel, kibbel(a)ry, kleinsieligheid, gehakketak, geharwar, meningsverskil, 'n verskil van mening, 'n verskil van opinie, botsende standpunt, misverstand 527, vergissing 527, kwessie, probleem, botsing, onderonsie, uitval, herrie, alterkasie, rel, relletjie, opskudding, bombarie (*ongewoon*), krakeel (*ongewoon*), geskel, skeltaal, skellery, kywery, rusverstoring, geskil, nywerheidsgeskil, arbeidsgeskil, grensgeskil, dispuut, geding, verskil, gaping, generasiegaping, vredesbreuk; twispunt, twisappel, twissaak, geskilpunt, verskilpunt, haakplek, dooie punt
wedywering, mededinging, emulasie, kompetisie, konkurrensie, opposisie
dreigement, skoorsoekery, skoorsoekerigheid, kwaadstokery, strydlustigheid, konfrontasie, uitdaging, rebellie, agitasie, opruiing, onrus, politieke onrus, oproer, oproerigheid, beroering, onluste (*meervoud*), opstand, opstandigheid, politieke opstand, volksopstand, insurreksie, verset, versetpleging, versetbeweging, staking 654, boikot 654, betoging 654, opskudding, konsternasie, noodtoestand, rewolusie, revolusie, paleisrewolusie, paleisrevolusie, rebellie, insurgensie, teeninsurgensie, tegnologiese rewolusie, tegnologiese revolusie, terrorisme, terreur, terrorisasie
gewelddadigheid, geweld, mishandeling, aggressie, aggressiwiteit, bakleierigheid, moles, afknouerigheid, aanranding, molestering, lyf(s)geweld, teistering, treitering, kastyding, marteling, martelary, mutilasie, mutilering, verminking, foltering, strydlus, strydlustigheid, veglus, veglustigheid, militantheid, oorlogsmanie, oorlogpsigose, boewery, misdadigheid; gewapende geweld, fisiese geweld, fisieke geweld, kuikenmoord, geweld teen vroue, vrouemishandeling, seksuele geweld, seksuele teistering, verkragting, aanranding, emosionele geweld, emosionele mishandeling, psigologiese geweld, psigologiese mishandeling, verbale geweld, belediging, skoolgeweld, kindergeweld, geweld teen kinders, gesinsgeweld, kindermishande-

ling, taxigeweld, bendegeweld, aanval, plaasaanval; gewelddaad, daad van geweld, misdaad, coup, coup de force, genadeslag, coup de grâce, staatsgreep, coup d'état, slag, hou, vuishou, vuisslag, opstopper, haakhou, hothou, klap, oorveeg, stamp, stoot, sweepslag

geveg, skyngeveg, tweegeveg, duel(le), stamgeveg, binnegeveg, faksiegeveg, straatgeveg, swaardgeveg, ruitergeveg, skermutseling, vegtery, vegparty, klopparty, bakleiery, mêlée, vuisgeveg, worsteling, worstelstryd, stoeiery, stoeigeveg, gestoei, spokery, gespook, gespartel, stoei 731, amateurstoei, spanstoei, handtastelikheid, slanery, vuisslanery, boks 731, boksgeveg, botsing, insident, onderonsie, ding, gemors, konsternasie, opskudding

oorlog, kryg (*verouderd*), krygvoering, krygsgeweld, gewapende stryd, wapengeweld, bloedvergieting, militêre aanslag, militêre botsing, skietoorlog, wêreldoorlog, wêreldbrand, konflagrasie, atoomoorlog, kernoorlog, koue oorlog, vryheidsoorlog, senu-oorlog, senuwee-oorlog, uitputtingsoorlog, burgeroorlog, boereoorlog, guerrillaoorlog, blitsoorlog, blitzkrieg, aanvallende oorlog, verdedigingsoorlog, verdelgingsoorlog, vernietigingsoorlog, duikbootoorlog, suksessie-oorlog, oorlog op land, lugoorlog, see-oorlog, ruimteoorlog, papieroorlog, godsdiensoorlog, heilige oorlog, djihad, jihad, handelsoorlog, tarieweoorlog

oorlogvoering, staat van oorlog, stryd, strydvoering, strategie, operasieplan, magsvertoon, magsbetoon, slaggereedheid, slagvaardigheid, strydbaarheid, slag, veldslag, seeslag, slagting, operasie, veldtog, kampanje, offensief, landoffensief, lugoffensief, ekspedisie, kruistog, maneuver, verowering, veroweringstog, aanval, grondaanval, lugaanval, lug-tot-grondaanval, stormloop, stormaanval, omsingeling, geveg, luggeveg, seegeveg, verdediging, hakkejag, linie, slaglinie, vuurlinie, vuurlyn, voorhoede, agterhoede, oorlogsdans, stelling, militêre stelling, guerrillataktiek; stratografie, oorlogsbeskrywing

strydperk, front, gevegsfront, slagveld, operasiegebied, operasiebasis, veld, stelling, arena, kamp

strydmag, strydmiddel, strydkragte (*meervoud*), weermag 672, mag, aanvalsmag

stryder, strydvoerder, medestryder, strydgenoot, strydmakker, wapenbroer, sekondant, kollaborator, kollaborateur, protagonis, vegter, voorvegter, voorstryder, skermutselaar, aggressor, agitator, berserker, aktivis, anti-apartheid(s)aktivis, suffrajet, antagonis, onrussaaier, onrusstoker, oproermaker, oproerstoker, rewolusionêr, revolusionêr, politieke stryder, versetvegter, versetstryder, anti-apartheidstryder, versetleier, struggleveteraan (*Engels*), hemelbestormer, terroris, rebel 767, mededinger, opponent, konkurrent, vyand, aartsvyand, landsvyand, soldaat 673, gesneuwelde, partisaan, guerrilla, guerrillavegter, vuisvegter, bokser 731, bakleier, swaardvegter, duellis, ridder, paladyn, kruisridder, kruisvaarder, strateeg, aanvaller, verdediger, geweldenaar, misdadiger, boosdoener, booswig, aanrander, molesteerder, messteker, mesvegter, moordenaar, moordenares, selfmoordenaar (*kwetsend*), skurk, boef, koppesneller

twister, stryer, argumenteerder, rusiemaker, bekvegter, twissoeker, twissoekerige mens, strydlustige mens, parmant, kemphaan (*ongewoon*), rusiesoeker, kwaadsteker, kwaadstoker, kwaadstigter, skoorsoeker, rusversteurder, moeilikheidmaker, moeilikheidsoeker, vredesteurder, kwaadgesinde, kwaaivriende (*meervoud*), onrussaaier, herriemaker, kapokhaantjie, woelgees, hardegat (*plat*), rebel, muiter

b.nw. strydlustig, strydend, vegtend, veglustig, bakleierig, antagonisties, vyandig 771, 779, vyandiggesind, oorlogsugtig, oorlogvoerend, oorlogmakend, militant, aktivisties, oproerig, opstokerig, konflikterend, handgemeen, handtastelik, hardhandig, aggressief, aanvallend, rewolusionêr, revolusionêr, teenrewolusionêr, teenrevolusionêr, kontrarewolusionêr, kontrarevolusionêr, terroristies, verdedigend, vyandelik, kwaadgesind, haatdraend, hatig, wrokkig, onversoenlik, kwaadwillig, dreigend, skoorsoekerig, uitdagend; slaggereed, slagvaardig, strydvaardig, strydbaar, operasioneel

onenig, oneens, disharmonies, proble-

maties, moeilik, onaangenaam, gespanne, onvredig, verdeeld, verskeur(d), haaks, oorhoop(s), naywerig, katterig, jaloers, nagaande, heftig, aggressief, sinister
twisgierig, twissoekerig, twissiek, skoorsoekerig, kibbelrig, stryerig, redekawelrig, redeneersiek, teëpraterig, teenpraterig, teësprekerig, teensprekerig, woelsiek, driftig, heftig, humeurig, kyfagtig, kyfsiek, viswywerig, viswyfagtig, skerp, bakleierig, strydlustig, haaks, oproerig, rebels, rebelsgesind, revolusionêr, rewolusionêr, opstandig, dwars, dwarstrekkerig, dwarsweg, we(d)erstrewig, weerbarstig, weerspannig, koppig 582, hardkoppig, styfhoofdig, eiewillig, eiesinnig, obstinaat, obsternaat, stroomop, botsend, balsturig, nukkerig, befoeter(d), beduiweld, beneuk(s) (*plat*), bedonderd (*plat*), bedonnerd (*plat*), hardekwas, kwasterig, hardegat (*plat*), onvergeeflik, haatdraend, parmantig, astrant, onrustig, ongedurig, frustrerend, ergerlik
wedywerend, mededingend, kompeterend, opponerend
gewelddadig, aggressief, bakleierig, afknouerig, militant, strydlustig, veglustig, aanvallend, misdadig
ww. twis, redekawel, redetwis, kibbel, knibbel, rusie maak, stry, krakeel (*ongewoon*), teëpraat, teëspreek, teenspreek, redeneer 513, 522, argumenteer 513, 522, kaveer, rusie kry, stry kry, twis kry, woorde wissel, woorde hê, woorde kry, in 'n woordewisseling betrokke raak, kap, terugkap, bots, in botsing kom, 'n botsing hê, haaks wees, vassit, uitbaklei, oorhoops wees, oorhoops lê, skoor soek, skel, uitvaar, raas, te kere gaan, tekere gaan, tekeregaan, kyf, bekyf, gis, fermenteer, fomenteer, verskil, 'n verskil van opinie hê, nie saamstem nie, met vrae bestook, met vrae bombardeer, teregwys, berispe, braai, roskam, afkam, skrobbeer
wedywer, meeding, kompeteer, probeer uitstof, ding, konkurreer, opponeer
dreig, bedreig, iemand soek, rusie soek, moeilikheid soek, skoorsoek, kwaad stook, strydlustig wees, konfronteer, uitdaag, rebelleer, voorlê, omsingel, bewapen, agiteer, oprui, opstook, tweedrag saai, verset, in verset kom

die stryd voer teen, worstel met, in 'n worstelstryd gewikkel wees, deurworstel, bestry, baklei, baklei soek, baklei kry, slaan, vuisslaan, haak, oopslaan, moker, foeter, opfok (*plat*), donder (*plat*), opdonder (*plat*), opdons (*informeel*), moer (*plat*), op jou moer kry (*plat*), op jou donder kry (*plat*), op jou moer gee (*plat*), skop, byt, stoei, handgemeen raak, handtastelik raak, worstel, in 'n worsteling gewikkel wees, in 'n worstelstryd gewikkel wees, kragte meet, skermutsel, spook, uitspook, toutrek, toutrekkery, boender, afreken, aanmekaarspring, bots, beetpak, slaags raak, terroriseer, teister, knou, afknou, mishandel, veg, uitveg, uitbaklei, duelleer, muit, aanval, aanrand, geweld aandoen, beveg, storm, bestorm, stormja, stormloop, bevlieg, bespring, takel, bydam, toedam, te lyf gaan, toeslaan, skiet, bestook, verset, versit, verdedig, terugslaan, 'n aanval afweer, 'n aanval afslaan
oorlog voer, oorlog maak, die wapen opneem, oorlog verklaar
protesteer, verset, betoog, toi-toi
bw. in onmin, hak-en-tak, al vegtende, slaags, gewapenderhand, handuit, aanvallenderwys
woorddeel krygs-
uitdr. jou vasloop teen iets; te kampe hê met; woorde kry/hê; woorde wissel; stry kry met iemand; van die een woord kom die ander; daar is donder in die lug; in teenspraak met; die stert wip; soos hond en kat lewe; oorhoop(s) met iemand wees; die stryd volhou; die swaard aangord; die vuur aanblaas; die vuurproef deurstaan; die wapens opneem; dit was olie op die vuur; in rep en roer; die poppe gaan dans; met iemand 'n potjie loop; haaks wees met iemand; moord en doodslag; na die swaard gryp; onder die wapens; op die oorlogspad; jou lewe duur verkoop; die versene teen die prikkels slaan; 'n stryd om lewe en dood; 'n ongelyke stryd; 'n titaniese stryd; 'n wig (in)dryf tussen; iemand oor die vingers tik

668. Vrede en versoening
s.nw. vrede, wêreldvrede, godsvrede, innerlike vrede, pais en vrede, pais en vree, skynvrede, vredestyd, vredesband, vreed-

saamheid, vredeliewendheid, harmonie, eensgesindheid, eenstemmigheid, vriendskap, vriendskaplikheid, koëksistensie, ko-eksistensie, eendrag, toenadering, pasifisme, pasifikasie, vredestigting, rus, rustigheid, berusting, kalmte, kalmheid, ongestoordheid, sereniteit, stilte, ongereptheid

versoening, versoeningspoging, konsiliasie, hereniging, rekonsiliasie, versoeningswerk, vredeswerk, tussenkoms, mediasie, bemiddeling, beslegting, geskilbeslegting, voorspraak, arbitrasie, intersessie, intervensie, vredesluiting, vredesonderhandeling, vredesinisiatief, vredesooreenkoms, vredesverdrag, nie-aanvalsverdrag, vredesmanifes, vredesaanbod, vrede-offer, vredesvoorstel, vredesbeweging, vredesmag, vredeskonferensie, vredeskongres, skietstilstand, wapenstilstand, ontwapening, skikking, konflikoplossing, konflikbeslegting, konflikresolusie; versoenbaarheid, versoenlikheid, konsilieerbaarheid, bemiddelbaarheid; versoeningskommissie, versoeningspolitiek

vredesteken, vredesvlag, witvlag, olyftak

onderhandeling, ooreenkoms, kompromis, kompromie, modus vivendi, skikking, vergelyk, verstandhouding

vredemaker, vredestigter, pasifis, gewetensbeswaarde, bemiddelaar, middelaar, arbiter, tussenganger, tussenpersoon, ombudsman, ombudsvrou, fasiliteerder, mediator, onderhandelaar

b.nw. **vreedsaam**, vredeliewend, vredesoekend, pasifisties, vredevol, nie-strydend, nie-oorlogvoerend, irenies, ordeliewend, versoeningsgesind, Christelik, sagmoedig, vergewensgesind, verdraagsaam, lankmoedig, vriendelik 622, genadig, versoenbaar, harmonieus, eenstemmig, eenparig, eendragtig, unaniem, rustig, vredig, kalm, ongestoord, ongesteurd, tevrede, ongerep

versoenbaar, konsilieerbaar, bemiddelbaar, beslegbaar; bemiddelend, intermediêr, arbitrerend, versoenend

ww. in vrede leef, vreedsaam wees, daar heers vrede, berus, kalm wees

vrede maak, vrede bewerkstellig, vrede stig, 'n vredesooreenkoms sluit, 'n vredesverdrag sluit, die wapens neerlê, vyandigheid uit die weg ruim, 'n geskil oplos, skik, 'n skikking bereik, tot 'n skikking kom, 'n saak in der minne skik, onderhandel, versoen, tot versoening bring, herenig, die vrede herstel, 'n vriendskap herstel, rekonsilieer, pasifiseer, laat ooreenkom, ooreenbring, bemiddel, tussenbeide kom, arbitreer, besleg, bylê, oorbrug, oplos, konsilieer, herenig, harmonieer, tot kalmte bring, tot kalmte maan

onderhandel, ooreenkom, ooreenstem, skik, 'n kompromis aangaan, akkommodeer

bw. in vrede, in pace, om vredeswil, in vredesnaam

uitdr. in rus en vrede leef; die strydbyl begrawe; die swaard in die skede steek; die vredespyp rook; die hand reik na; op dieselfde golflengte wees; toenadering soek; 'n brug slaan tussen twee partye; 'n kloof oorbrug; 'n geskil bylê

669. Aanval

ww. aanval, 'n aanval loods, storm, bestorm, opruk, voortruk, optrek, opmarsjeer, inval, 'n inval loods, binneval, indring, binnedring, uitval, uitruk, bestook, beleër, 'n staat van beleg verklaar, deurbreek, oorval, oorwin 684, kaap, agtervolg, 'n hakkejagoperasie uitvoer

aanrand, molesteer, bespring, betrek, bevlieg, takel, toetakel, bestorm, te lyf gaan, slaan 182, foeter, moker, met die vuiste bydam, bestook, skop, byt, oorrompel, knou

dreig, dreig om aan te val, daag, uitdaag, bedreig, intimideer, oorlog verklaar, 'n ultimatum stel, blootstel

ingraaf, ingrawe, ontplooi, infiltreer

kritiseer 527, kritiek uitoefen op, verdoem 527, berispe, roskam, skrobbeer, 'n skrobbering gee, met vrae bestook, met vrae bombardeer, afjak, slegsê, belaster, skinder, beskinder, kwaad praat, kwaad stook, beswadder, beskimp, spot, bespot, smaad, hoon, verneder 719, verkleineer, krenk, mortifiseer, affronteer, persifleer, skel 182, uitskel

bw. stormenderhand, aanvallenderwys

s.nw. aanval, aanvalshandeling, aanvallendheid, blitsaanval, onverwagse aanval, onverhoedse aanval, verrassingsaanval, verrassingslugaanval, see-aanval, ruiter-

aanval, skynaanval, syaanval, flankaanval, frontale aanval, selfmoordaanval, kamikaze-aanval, aanvalsfront, aanvalslinie, inval, invasie, infiltrasie, offensief, teenaanval, teëaanval, teenoffensief, opmars, krygstog, aanslag, bomaanslag, bombardement, beleg, beleëring, uitval, vastrapplek, deurbraak, oorwinning, kaping, agtervolging, hinderlaag, omsingeling, hakkejag
aanranding, molestering, molestasie, bevlieging
dreigement, uitdaging, ultimatum, aggressie, aggressiwiteit
kritiek 527, berisping, beswaddering, belastering, laster, lasterpraatjies, slegsêery, skinder, beskindering, skindery, skinderstorie, geskinder, skinderpraatjies, skinderveldtog, reputasieskade, verkleinering, beswaddering, kwaadpratery, kwaadstokery, vuilspuitery, beskimping, bespotting, spottery
aanvaller, aggressor, invaller, beleëraar, uitdager; kritiseerder, skinderbek, skindertong, kwaadsteker, kwaadstoker, kwaadstigter, kwaadprater, lasteraar, vuilspuiter, spotter; slagoffer, aangevallene
b.nw. aanvallend, dreigend, bedreigend, intimiderend, aggressief 667, uitdagend, offensief, krities, kritiserend, skindersiek, lasterlik, verkleinerend; geaffronteer(d), verneder(d)
uitdr. op jou agterpote wees; na die swaard gryp; die swaard uit die skede trek; op iemand toesak; die harnas aangord; met die skerpte van die swaard slaan; aanval is die beste verdediging; die vyand die volle laag gee; te lyf gaan; te velde trek teen

670. Verdedig
ww. **verdedig**, verweer, weer, teëstaan, teenstaan, teenstand bied, weerstaan, weerstand bied, verset 532, weerstreef, terugveg, terugbaklei, beveg, teësit, teensit, iemand verdedig, vir iemand opkom, vir iemand in die bres tree, terugdryf, terugja(ag), terugstoot, terugslaan, afweer, 'n aanval afweer, afwend, afkeer, afskud, afslaan, 'n aanval afslaan, afstuit, afskrik, bewaak, bewaar, skerm, beskerm, behoed, koes, koets, terugdeins
bewapen, die wapen opneem 667, verskans, beskut, beveilig, bolwerk, barrikadeer, pantser, palissadeer, afkamp, versterk, ingrawe, ingraaf, laer trek
weerloos wees, weerloos staan, jou blootstel
s.nw. **verdediging**, landsverdediging, selfverdediging, selfbehoud, teenstand, teëstand, weerstand, verweer, noodweer, sekuriteit, afweer, verset, gewapende verset, lydelike verset, weerstrewing, weerbaarheid, beskerming, beveiliging, dekking, bewaring
verdedigingsmiddel 671, verdedigingsnetwerk, weermag 672, polisie 655, 802, polisiemag, verdedigingspos, stelling, verdedigingstelling, verdedigingslinie, kwartier, hoofkwartier, kantonnement, grenspos, wagpos, agterhoede, front
verskansing 671, skans 671, versperring, versperringsdraad, bolwerk, barrikade, blokkade, fort, bastion, laer, blokhuis, loopgraaf, bewaarplek, bewaarkamer, versterking, versterkingsmiddel, camouflage, kamoeflage, rookgordyn, rookskerm
verdediger, weerbare persoon, beleërde, wag, brandwag, nagwag, grenswag, veiligheidswag 655, bewaarder, kampioen, kampvegter, pleitbesorger, kastelein, beskermer; teenstander 532, 666, 727
b.nw. verdedigend, defensief, weerbaar, verweerbaar, afwendbaar, verdedigbaar, werend, onaantasbaar
uitdr. buite skot bly; na die wapens gryp; die swaard aangord; met jou rug teen die muur veg; met hand en tand verdedig; met vuur verdedig; jou vel duur verkoop; op jou eie bene staan; op jou hoede wees; vir jouself skerm; iemand op sy/haar hoede stel; vir iemand in die bres tree; vir iemand 'n lansie breek; die handskoen vir iemand opneem; in die kryt tree vir iemand

671. Verdedigingsmiddel
s.nw. **verdedigingsmiddel** 670, weermiddel, verdedigingsnetwerk 670, verdedigingswerke, verdedigingsmag 672, bewapening 675, 676, 678, militêre toerusting 674
verskansing, fortifikasie, fortifisering, vestingbou; skans, versperring, draadversperring, houtversperring, betonversper-

ring, versperringsdraad, bolwerk, barrikade, skerm, staketsel, palissade 63, blokkade, vesting, fort, sperfort, bastion, kasteel, slot, slotbewaarder, slotvoog, burg, bergvesting, akropolis, sitadel, seevesting, laer, blokhuis, battery, loopgraaf, niemandsland, barak, bewaarplek, bewaarkamer; vestingwerk, vestingmuur, ringmuur, wal, wering, borswering, toring, wagtoring, poort, ingangspoort, uitvalspoort, voorwerk, skietgat, skietpoort, grag, loopgraaf
b.nw. versterk, verskans
ww. verdedig, verskans

672. Weermag

s.nw. **weermag**, leër, mag, leërmag, krygsmag, gewapende mag, veiligheidsmag, impi(e), kontingent, heerleër (Bybels), heer (Bybels), heerskaar (Bybels), heirleer (Bybels), heirskare (Bybels), volksleër, leërbende, leërskaar, leërskare, troepemag, oorlogsmag, strydmag, staande mag, beroepsleër, beroepsmag, burgermag, weermagsdiens, diens, landleër, landmag, lugmag, seemag, land- en seemag, spesiale magte, spesmagte, leërkorps, corps, korps, vrykorps, troepe, steuntroepe, hulptroepe, veldtroepe, valskermtroepe, paratroepe, pantsertroepe, stormtroepe, huurtroepe, troepemag, kommando, kommandotroepe, besettingsmag, verbindingstroepe, bondstroepe, taakmag, invalsleër, invalsmag, landingstroepe, sekerheidstroepe, skoktroepe, reserwemag, reserwe, reservistemag, milisie, rebellemag
leër, landmag, landleër, infanterie, voetvolk, kavallerie, ruitery, berede troepe, artillerie, ligte artillerie, swaar artillerie, veldartillerie, pantser, pantserdivisie, ystervuis, gemotoriseerde troepe, geniekorps, hulptroepe, mediese korps, ambulanskorps, musiekkorps; lugmag, lugvleuel; seemag, vloot, marine, oorlogsvloot, armada, eskadril, flottielje
militêre eenheid, kommandement, lugkommandement, admiraliteit, eenheid, divisie, brigade, bataljon, valskermbataljon, kommando, kompanie, vleuel, eskader, lugeskader, eskadron, afdeling, peloton, troep, piket, detasjement, legioen, vreemde(linge)legioen, kohort

kolonne, voetkolonne, kommando, skietkommando, voorhoede, avant-garde, agterhoede, leërtros (*verouderd*), falanks, gelid, flank, linkerflank, regterflank, vleuel, linkervleuel, regtervleuel
krygswese, krygsake, oorlogsake, krygsbeleid, strategie, militêre strategie, taktiek, militêre taktiek, krygstaktiek, lugtaktiek, seetaktiek, krygsplan, aanvalsplan, operasieplan, krygsreëls, gevegsreëls, logistiek, krygswetenskap, krygskunde, krygskuns, krygsdiens, militêre diens, dienspligstelsel, landsdiens, weermagsadministrasie, militarisasie, demilitarisasie, mobilisasie, demobilisasie, bevel, leërsterkte, front, frontlinie, linie, gevegslinie, krygsfront, operasiefront, stelling, gevegstelling, slagorde, operasie, militêre operasie, maneuver, militêre maneuver, oorlogsdaad, oorlogskreet, wapenkreet, strydkreet, alarmrol, dagorder
basis, weermagbasis, leërbasis, lugmagbasis, kwartier, hoofkwartier, leërhoofkwartier, lugmaghoofkwartier, vloothoofkwartier, ..., kommissariaat, garnisoen, regiment, regimentshoofkwartier, garnisoenstad, kamp, militêre kamp, opleidingskamp, weermagkamp, kaserne, barak, magasyn, wapenmagasyn, bivak, interneringskamp, krygsgevangenekamp
b.nw. militêr, paramilitêr, krygskundig, gemilitariseer, gedemilitariseer, militaristies, dienspligtig
ww. die wapen dra, in die weermag wees, diens doen, dienspligtig wees, marsjeer, salueer, mobiliseer, demobiliseer, inkwartier, detasjeer
woorddeel krygs-, wapen-, -geskut

673. Manskap

s.nw. **soldaat**, soldatelewe, manskap, manlike soldaat, vroulike soldaat, askari, kanonvoer, ystervreter, oorlogsheld, oorlogsheldin, troep, troepie, dienspligtige, weermagskwekeling, kwekeling, gewetensbeswaarde, beroepsoldaat, burgermaglid, vrywilliger, huursoldaat, pandoer, vegter, kryger, krygsman, gladiator, stormjaer, guerrilla, guerrillavegter, rebel, rebellesoldaat, rebellevegter, rebelleleier, partisaan, kader, kakie, tommie, kameraad, veteraan, oudstryder, oudgediende,

oudoffisier, reservis; krygsgevangene **voetsoldaat**, infanteris, infanteriesoldaat, skutter, musketier, fusillier, dragonder, artilleris, artilleriesoldaat, kanonnier, kavalleris, ruiter, berede soldaat, lansier, lansruiter, husaar, sappeur, geniesoldaat, verkenner, recce (*Engels*), valskermsoldaat, parasjutis, para, pontonnier, wag, garde (*verouderd*), grenadier, hellebaardier, janitsaar, samoerai, skout, seesoldaat, vlootsoldaat, seeman, seekadet, marinier, matroos, vlieënier, vegvlieënier, vegtervlieënier, vegvlieër, kapelaan, veldpredikant, ordonnans, wagmeester, kwartiermeester; kamikaze, kamikazevlieënier, selfmoordvlieënier, selfmoordbomaanvaller
rang, rangorde, militêre rang, militêre rangorde, hiërargie, bevelshiërargie, kommissariaat, offisier, lugmagoffisier, lugoffisier, seeoffisier, see-offisier, offisier van die wag, wagoffisier, offisiersrang, offisierskap, stafoffisier, onderoffisier, adjudant, adjudant-offisier, manskap; bevelvoerder, bevelhebber, krygsheer, kommandant, veldheer, veldheerstaf, imperator, indoena, owerste, stafhoof, adjudant, aide de camp; generaal, kommandant-generaal, luitenant-generaal, generaal-majoor, kolonelgeneraal, veggeneraal, maarskalk, veldmaarskalk, veldmaarskalkstaf, admiraal, viseadmiraal, skoutadmiraal, skout-bynag, brigadier, kolonel, luitenant-kolonel, kommandant, majoor, majoorskap, kaptein, kapteinsrang, luitenant, onder-luitenant, tweede luitenant, veldkornet, adelbors, vaandrig, leerlingoffisier, kandidaatoffisier, sersant-majoor, tamboermajoor, stafsersant, vlugsersant, sersant, sersantskap, bevare seeman, bombardier, korporaal, onderkorporaal, weerman, dragonder (*verouderd*), skildknaap, skildwag, wapendraer, agterryer
kommando 672, kompanie 672, garnisoen, patrollie, geledere, bemanning
ww. beman, posteer, rekwireer, uitklaar

674. Militêre uitrusting
s.nw. **uitrusting**, mondering, militêre uitrusting, gevegsuitrusting, velduitrusting, parade-uitrusting, wapenuitrusting 675, wapenrusting 675, toerusting
uniform, tenue, militêre uniform, militêre tenue, soldaatuniform, offisiersuniform, offisierstenue, onderoffisiersuniform, gewone uniform, klein tenue, parade-uniform, tuniek, gevegsuniform, gevegstenue, velduniform, veldtenue, camouflage, kamoeflage, kamoefleeruniform, uitstapuniform, seremoniële uniform, groot tenue; pet, helm, helmet (*Engels*), helmhoed, gevegshelm, helmbos, mus, bivakmus, gasmasker, epoulet, rangtekens, harnas, fondant, pantser, pantserhemp, malie, maliehemp, maliekolder, kamas, stewel, leërbed, leërtris, leërtros, patroonband, saalpak, veldbed, veldfles, blasoen
ww. uitrus, toerus

675. Militêre toerusting
s.nw. **bewapening**, wapenvervaardiging, wapenkunde, ballistiek
wapenuitrusting, wapenrusting, wapentuig, oorlogstuig, krygstuig, strydmiddels, oorlogsmateriaal, krygsmateriaal, wapen, aanvalswapen, verdedigingswapen, vuurwapen 676, geskut, grofgeskut, veldgeskut, vestinggeskut, handwapen, kernwapen, ammunisie, koeël, nitrogliserien, nitrogliserine, kruitpan, pantserplaat, harnas
militêre voertuig, militêre vaartuig; militêre vragmotor, troepedraer, kanon, kanonwa, lugafweerkanon, missieldraer, pantservoertuig, pantserwa, tenk, pantsertenk, artillerie; vegvliegtuig, bomwerper, helikopter, aanvalshelikopter, verkenningsvliegtuig, onbemande vliegtuig, hommeltuig; oorlogskip, vlootvaartuig, vlootskip, linieskip, korvet, slagskip, slagkruiser, artillerieskip, fregat, kruiser, torpedojaer, mynveër, mynlêer, vliegdekskip, duikboot, patrollieboot, pletterboot, amfibiese voertuig; veldambulans, veldkombuis, veldhospitaal, veldapteek, veldtoilet
arsenaal, wapenarsenaal, wapenopslagplek, wapenmagasyn, magasyn, wapenkamer, wapenkluis, kruitmagasyn, kruithuis, ammunisiefabriek, munisiefabriek, battery, ammunisiewa, munisiewa, opslagplek, ammunisieopslagplek, wapenopslagplek, cache
wapenkundige, wapendeskundige, wapensmid, geweersmid, ballistikus, wapenentoesias
b.nw. ballisties, gewapen, trefbaar

ww. bewapen, herbewapen, wapen, ontwapen
bw. gewapenderhand
uitdr. tot die tande gewapen

676. Vuurwapen
s.nw. **vuurwapen**, skietding, skietgoed, geweer, perkussiewapen, vlamwerper
geweer, kleingeweer, lang geweer, roer, kleinkalibergeweer, grootkalibergeweer, naaldgeweer, grendelgeweer, grendelslotgeweer, enkellaaier, mauser, Mauser, masjiengeweer, Bren-masjiengeweer, snelgeweer, outomatiese geweer, repeteergeweer, selflaaier, selflaaiende geweer, outomatiese snelgeweer, stengeweer, karabyn, handkarabyn, maxim, draaiskyfgeweer, radgeweer, diensgeweer, aanvalsgeweer, jaggeweer, grootwildgeweer, olifantgeweer, sportgeweer, skyfskietgeweer, enkelloopgeweer, dubbelloopgeweer, dubbelloop, tweeloop(geweer), haelgeweer, dubbelloophaelgeweer, pompaksiehaelgeweer, windbuks, windgeweer, propgeweer, pylgeweer; outydse geweer, voorlaaier, sanna, ousanna, ou sanna, musket, pangeweer, donderbusgeweer, donderbus, snaphaan, agterlaaier, doppie-agterlaaier, vuursteenslotgeweer, vuurroer
handwapen, pistool, outomatiese pistool, parabellumpistool, parabellum, selflaaier, selflaaiende pistool, snelvuurpistool, outomatiese snelvuurpistool, ACP-pistool, skyfskietpistool, windpistool, gaspistool, gifpistool, rewolwer; donderbuspistool, panpistool
kanon, afweerkanon, lugafweerkanon, negeponder, sestigponder, honderdponder, houwitser, pom-pom, mortier, bazooka, torpedo, torpedolanseerbuis, lanseerbuis, vuurpyl, vuurpyllanseerder; artillerie 672, veldartillerie, geskut, veldgeskut, swaargeskut, battery; waterkanon, vlamwerper
vuurwapenonderdele, geweeronderdele, kolf, geweerkolf, pistoolkolf, pistoolgreep, rewolwerkolf, rewolwergreep, geweerloop, pistoolloop, rewolwerloop, loopgroef, siel, geweermond, bek van 'n geweer, knaldemper, slot, geweerslot, grendel, geweergrendel, pistoolslot, grendelslot, agterlaaierslot, radslot, knakslot, oopknakslot, skuifslot, skuifblokslot, geweergrendel, skuifstuk, sluitstuk, geweerkamer, kamer, haan, hamer, slagpen, slagveer, sneller, trekker, haarsneller, snellerbeuel, snellerslot, veiligheidsknip, laaigat, sunder, sundgat, magasyn, geweermagasyn, visier, oop visier, gaatjievisier, skuifvisier, bladvisier, opslaanvisier, opslaanskuifvisier, stelvisier, opslaanstelvisier, horingvisier, klappievisier, teleskoopvisier, geweerteleskoop, geweerband; kanononderdele, kanonwa, kanononderstel, onderstel, affuit (kanon), kanonbedding, kanonplatform
ploftoestel, bom, negeponder, sestigponder, honderdponder, atoomwapen, atoombom, kernbom, A-bom, plutoniumbom, neutronbom, waterstofbom, H-bom, napalmbom, dinamietbom, fosforbom, skerfbom, fragmentasiebom, trosbom, dieptebom, tydbom, dieptemyn, briefbom, petrolbom, brandbom, pypbom, motorbom, selfmoordbom, gasbom, rookbom, traanbom, traangasbom, stinkbom, granaat, handgranaat, skerfgranaat, kartets, perkussiegranaat, missiel, projektiel, geleide missiel, ongeleide missiel, lugafweermissiel, lug-tot-grond-missiel, grond-tot-lug-missiel, langafstandmissiel, interkontinentale missiel, kernmissiel, plofkop, kernplofkop, torpedo, mortier, myn, landmyn, voertuigmyn, personeelmyn, antipersoneelmyn, kleefmyn, fopmyn, verneukmyn, bomwerper; plofkop, skrapnel, bomskerf, detonator; vuurwerk, klapper, pirotegniek; ontsteker, lont, tjiesastok
plofstof, springstof, dryfspringstof, brisante springstof, dinamiet, dinamietlading, geligniet, TNT, trinitrotoluene, lidiet, meliniet, plastiese plofstof, kordiet, kruit, buskruit
ammunisie, munisie, skerp ammunisie, geweerammunisie, koeël, patroon, rondte, lewendige rondte, dooie rondte, doppiepatroon, projektiel, bloubonntjie (koeël), geweerkoeël, geweerpatroon, rewolwerkoeël, rewolwerpatroon, pistoolkoeël, kanonkoeël, bolronde koeël, keëlpuntkoeël, keëlpuntpatroon, holpuntkoeël, dum-dum, dum-dum-koeël, platpuntkoeël, rondepuntkoeël, bandomkoeël, loskruitpatroon, haelgeweerkoeël, haelgeweer-

patroon, haelpatroon, hael, bokhael, patryshael, donshael; opslagkoeël, opslag skoot, dwaalkoeël; patroondop, doppie, slagdop, slagdoppie, knaldoppie, perkussiedoppie, slaghoedjie, koeëlpunt
kruit, buskruit, poeier, rooklose kruit, swartkruit, korrelkruit, balkruit, loskruit, donderkruit, slagkruit, kordiet, springstof, springlading, nitrogliserien, nitrogliserine, nitrosellulose
kaliber, boor
bandelier, draagriem, vuurwapensak, holster, koeëltas, laaistok, kruitfles, bajonet, deurtrekker
vuurwapendeskundige, plofstofdeskundige, pirotegnikus
b.nw. snelvurend, outomaties, ballisties, kanoniek
ww. skiet 677, vuur, afvuur, 'n skoot aftrek, afgaan, kets, klap, ontsteek, tjiesa (*lekties*), weier

677. Skiet
ww. skiet, beskiet, onder skoot neem, losbrand, blaas, blaker, blits, zits, pot (*informeel*), terugskiet, raak skiet, mis skiet, neerskiet, fusilleer, afskiet, plat skiet, platskiet, omskiet, wegskiet, wond, verwond, kwes, doodskiet, vrekskiet (*plat*), uitskiet, 'n skoot skiet, afvuur ('n skoot ~), vuur, 'n skoot aftrek, afknyp ('n skoot ~), 'n skoot los; knal, klap, fluit (koeëls ~), afgaan, opslaan, weier ('n vuurwapen ~)
kanonneer, lanseer, torpedeer, bombardeer, 'n bom gooi, laat ontplof, detoneer; ontplof
laai, ontlaai, ontlont, temper, aanlê, korrel, korrelvat, aangooi (korrel), mik, dooierus neem, rig, 'n kanon rig, onder skoot kry, oorhaal, span ('n geweer ~)
bw. onder skoot, binne skoot, buite skoot
s.nw. skoot, skot, geweerskoot, pistoolskoot, rewolwerskoot, geweerskoot, kolskoot, raakskoot, treffer, voltreffer, gelukskoot, blinde skoot, kopskoot, lyfskoot, skramskoot, rapsskoot, doodskoot, vuur, geweervuur, kleingeweervuur, snelvuur, spervuur, kruisvuur, kartelvuur, opslag, opslagkoeël, granaatvuur, kanonskoot, kanonvuur, grofgeskut, kanongebulder; slag, knal, ontploffing
ontploffing, detonasie, bomontploffing, dinamietontploffing; plofbaarheid, eksplosiwiteit
skietery, geskiet, skietgeveg, skietvoorval, verbyryskietery, skietwerk, sarsie, salvo, kanonnade, fusillade, bomaanslag, vuurwerk, korrel, dooierus; skietstaking
damp, kruitdamp, kruitreuk, kruitwolk, paddastoelwolk
ballistiek, lading, skootafstand, trefafstand, skootlyn, visierlyn, riglyn, gesigslyn, skootrigting, skootsbereik, skootsveld, trefkrag, trefsekerheid, trefwydte, koeëlsnelheid, loopsnelheid, lanseersnelheid, skoothoogte, lanseerhoogte, stygellips
geweersport 731, skyfskiet, teikenskiet, bisley, bisleyskiet, plaatskiet, ysterplaatskiet, silhoeëtskiet, praktiese pistoolskiet, kleiduifskiet, pieringskiet
skut, skutter, skerpskutter, sluipskut, sluipskutter, skieter, fusillier, dinamietskieter, karabinier, sappeur, artelleris, kanonnier, rigter, torpedis
skietbaan, skietterrein, lanseerbaan, lanseerhelling, lanseerbasis, skietoefening, skyf, teiken, skietlamp, skietlig
b.nw. skietvaardig, skietlustig, trefseker, oorgehaal, plofbaar, eksplosief

678. Ander wapens
s.nw. steekwapen, kapwapen, mes, knipmes, sakmes, herneutermes, hernuitermes, hernutermes, kapmes, panga, jagmes, slagtersmes, vleismes, duikmes, dolk, dolkmes, kris, stilet, stiletto, bajonet, swaard, geves (~ van 'n swaard), ereswaard, seremoniële swaard, steekswaard, skermswaard, kromswaard, sabel, eresabel, sabelhou, sabelband, sabelriem, rapier, degen, skermdegen, floret, samoeraiswaard, hoefangel
byl, strydbyl, tomahawk, hellebaard
spies, werpspies, oorlogspies, spiespunt, speer, speerpunt, lans, drietand, assegaai, asgaai, kort assegaai, steekassegaai, banderilla
boog, pyl-en-boog, handboog, grootboog, kruisboog, pyl, gifpyl, werppyl, pylpunt, koker, pylkoker, pylskoot, slinger, slingervel, rekker, kettie (*informeel*), boemerang
strydwa, gevegsvoertuig, stormram, ram-

mei, werptuig

mesvegter, swaardvegter, skermmeester, spiesgooier, spiesdraer, lansier, boogskutter, kruisboogskutter, slingeraar

ww. steek, lem (*lekties*), kap, sny, skerm, met die swaard veg, die swaard trek, pareer, sabel, die boog span, boogskiet

uitdr. tot die tande gewapen; met stokke en swaarde; te vuur en te swaard

679. Mobilisering

s.nw. mobilisering, mobilisasie, mobilisasieplan, mobilisasiestrategie, mobiliteit, monstering, monsteringsparade, formasie, opstelling, rekrutering, keuring, werwing, werfstelsel, bewapening; demobilisasie

diens, diensneming, diensaanvaarding, militêre diens, grensdiens, diensplig, loting, dienspligstelsel, lotingstelsel, milisieplig, weermagplig, weerplig, burgermagdiens, konskripsie, vrystelling; diensbeëindiging, uitklaring, desersie, diensweiering

rekruut, dienspligtige, loteling, vrywilliger, werwer, werfagent, werfoffisier, diensweieraar, gewetensbeswaarde, oorloper, voortvlugtige, droster, deserteur

b.nw. gemobiliseer, gedemobiliseer, dienspligtig, milisiepligtig, weerpligtig, voortvlugtig

ww. mobiliseer, opkommandeer, oproep, oproep vir diensplig, bewapen, rekruteer, werf, werwe, demobiliseer, uitklaar, vrystel, vryloop, wegloop, deserteer, dros, wegdros, AWOL (*Engels, informeel*)

uitdr. onder wapens staan

680. Militêre aksie

s.nw. militêre aksie, offensief, militêre offensief, militêre oefening, kommando, veldoefening, konvooi, wapenoefening, skietoefening, militêre maneuver, maneuver, beweging, militêre beweging, besetting, vrygeleide, militêre parade, opstelling, aantrede, slaglinie, slagorde, voorhoede, voorpos, wapenskou, wapenskouing; parade, paradegrond, drilparade, oefengrond, oefenkamp, oefenterrein, skietbaan, monsterplek, militêre skool, krygskool, militêre akademie, krygsakademie, valskermskool, artillerieskool, skietskool, vliegskool

mars, opmars, deurmars, dagmars, nagmars, parade, parademars, verbymars, défilé, défilémars, defileermars, dril, drilwerk, driloefening, drilsisteem, marspas, paradepas, looppas, stadige pas, gelid, bevel, marsbevel, militêre bevel, saluut, instruksie

parade, militêre parade, revue, oggendparade, siekparade, wagparade, skietparade, taptoe, militêre taptoe, vaandelparade, vaandelwyding, oggendsaluut, aandsaluut, oggendsinjaal, reveille, aandsinjaal, vaandel, standaard

aanvoering, bevel, order, dagorder, leiding, instruksie, inspeksie

verkenning, lugverkenning, kusverkenning, verkenningstog, verspieding, bespieding, patrollering, patrollie

wagstaan, wagparade, wagwoord, waghuis, wagpos, voorpos, wagtoring, werdakomitee, wagbeurt, wagdiens

militêre straf, arres, vuurpeloton, fusillade, strafparade, strafdril, pakdril, provoos, strafekspedisie

drilmeester, drilsersant, bevelvoerder 591, vaandeldraer, wag, dagwag, nagwag, brandwag, puntwag, grenswag, skildwag, hekwag, erewag, wagter, offisier van die wag, verkenner, verspieder, verkenningskorps, voorhoede, rapportryer, sluippatrollie, voorryer, arrestant

b.nw. mobiel, défilé

tw. voorwaarts mars, oop orde mars, rig op die regter flank, rig op die linker flank, markeer die pas, stadige pas mars, halt, linksom, linksomkeer, regsom, regsomkeer, omkeer, aandag, op die plek rus, herstel, werda

ww. op kommando gaan, maneuvreer, bivakkeer, oefen, opstel, saamtrek, presenteer, kamoefleer, konvooi ry, begelei, gelei, iemand geleide doen, beset, ontset, omsingel, beveel, kommandeer, monster

paradeer, inspekteer, marsjeer, verby marsjeer, dril, voete stamp, aantree, uittree, uitval, defileer, die pas hou, die pas markeer, omkeer, swenk, die pas herstel, afrig

aanvoer, beveel, bevel voer, kommandeer, lei, dril, monster, inspekteer

verken, op verkenning gaan, bespied, verspied, patrolleer

wagstaan, waghou, op wag wees

bw. in gelid, in oop orde, in geslote orde, onder 'n vrygeleide

d. Resultaat
681. Resultaat
s.nw. resultaat 16, 28, 637, 650, 682, goeie resultaat, swak resultaat, einde 28, 637, 650, uiteinde, uitslag, goeie uitslag 682, swak uitslag, afloop, uitkoms, vrug, produk, gevolg, konsekwensie, effek, newe-effek, uitvloeisel, voortvloeisel, uitwerking, mikpunt, antwoord, nadraai, nasleep, nawerking, aggregaat
ww. resultate verkry, resultate kry 682, slaag 682, volg, tot gevolg hê, spruit uit, voortvloei
bw. gevolglik 522, met die resultaat, derhalwe, bygevolg, dientengevolge, as gevolg daarvan

682. Slaag
ww. slaag, sukses behaal, suksesvol wees, welslae behaal, gatskop (*plat*), resultate kry 681, resultate behaal, goeie resultate behaal, geluk, regkry, regkom, goed vaar, goed doen, bedissel (*ongewoon*), jou doel bereik, jou doelwit bereik, jouself verwesen(t)lik, jou ideale verwesen(t)lik, deurkom, deurbreek, dit maak, bo uitkom, bo kom, bobly, skoonskip maak, 'n slag slaan, meeval, skitter, voltooi 28, 645, tot stand bring, tot stand kom; goed afloop, goed gaan, geluk, resultate oplewer, sukses oplewer
oorwin 684, wen 684, 'n oorwinning behaal, bemeester, baasraak, oortref, onder die knie kry, te bowe kom, die oorhand kry oor, verslaan, klop, oormeester, triomfeer, seëvier; oplos, 'n uitweg vind, 'n uitweg bied, red
vorder, vordering maak, vooruitgaan, vooruitkom, vooruitgang maak, vooruitbeur, vooruitboer, vooruitstreef, verbeter, beter word, voortgaan, aangaan, opkom, wen, floreer, welvarend wees, groei, bloei, opbloei, uitbrei, gedy, uitdy, ontwikkel, toeneem 107, styg 107
bevoordeel 633, begunstig, voortrek, ondersteun, vooruithelp, aanhelp, seën
bw. bo (bowe), orrelstryk, vorentoe, punt in die wind
s.nw. sukses, reusesukses, welslae, suksesverhaal, resultaat 681, positiewe resultaat, goeie uitslag 681, gunstige uitslag, voordelige uitslag, goeie gevolg, positiewe gevolg, gunstige gevolg, welslae, trefsekerheid, geslaagdheid, vrugbaarheid, verwesen(t)liking, selfverwesen(t)liking, doel 637, doelbereiking, doelwitbereiking, deurbraak, kwantumsprong, goedheid, slag, geluk 714, gelukskoot, vloekskoot, vloek, gelukslag, meevallertjie, geluksgodin, fortuin
oorwinning 684, triomf, sege, bemeestering, seëviering, ekspansionisme, ekspansiepolitiek; prys, eerste prys, boerpot, bonanza; oplossing, uitweg, uitkoms, redding, behoud
vordering, vooruitgang, vooruitstrewendheid, voorspoed, voorspoedigheid, heil, heilstaat, verbetering, voortgang, welstand, welvaart, welvarendheid, welsyn, groei, bloei, bloeityd, opbloei, rypwording, uitbreiding, ekspansie, ontwikkeling, verheffing, toename 107, styging 107
bevoordeling, begunstiging, ondersteuning, hulp 589, seën, seëning
wenner, oorwinnaar, uitblinker, presteerder, toppresteerder, kampioen, uithaler, vasbyter (*informeel*), gelukskind, geluksvoël, Sondagskind, doring, ramkat, baas, bobaas, haan, bielie, baaswerker, baasspeler, baasvegter, baaskok, ...
b.nw. suksesvol, geslaag(d), voorspoedig, welvarend, goed, beter, uitstekend, vrugbaar, onfeilbaar, trefseker, gaande, gelukkig, geseën(d), oorwinnend, triomfantelik, seëvierend, ekspansief, ekspansionisties
uitdr. die paal haal; die oorwinning behaal; die toets deurstaan; daar heelhuids van afkom; op jou voete te lande kom; met vlieënde vaandels (slaag); die teiken tref; die kroon span; die Gordiaanse knoop deurhak/deurkap; dit goed/gelukkig tref; van geluk kan spreek; dit ver bring; geluk by die ongeluk; goed op weg wees; iemand se ster gaan op; in die botter val; met jou neus in die botter val; met jou gat in die botter val (*plat*); meer geluk as wysheid; oor die bult wees; 'n trappie vorentoe vorder; oor die hond se rug wees; op die been kom; op rose loop; jou weg vind; van geluk spreek; voor die wind; dit gaan punt in die wind; dit gaan op 'n jakkalsdraffie; 'n rekord slaan

683. Misluk

ww. misluk, nie slaag nie, faal, te kort skiet, tekort skiet, tekortskiet, mis, misloop, deur die mat val, strand, skeef loop, sleg afloop, op 'n fiasko uitloop, flop (*informeel*), teëspoed hê, teenspoed hê, teëspoed kry, teenspoed kry, skipbreuk ly, teëloop, verongeluk, uitval, sleg uitval, terugval, teëval, 'n stel aftrap, druip 561, dop 561, sak, bankrot speel 687, uitboer
verloor 685, ondergaan, uitval, uitsak, laaste kom, uitgeskakel word, geëlimineer word, oorwin word 685, die onderspit delf, verslaan word, oortref word, 'n neerlaag ly
nie vorder nie, geen vordering toon nie, agterbly, agterraak, agteruitgaan, agteruitboer, 'n agterstand opbou, uitboer, vasval, vassit, vasdraai, vasbrand, vasloop, sleg verloop, wurg, sukkel, kleitrap, doem, teleurstel
opgee, moed opgee, kapituleer, los, prysgee, laat staan, laat vaar
benadeel, bederf, iemand se kanse bederf, verydel, smoor, fnuik, terugsit, boikot, bedrieg, ondergrawe, ondergraaf, ongeluk oor iemand bring, saboteer, skaad, kwaad aandoen, leed aandoen, skade berokken, skade aandoen, tekortdoen, tekort doen, te kort doen, verongeluk, tot 'n val bring, elimineer, torpedeer, 'n nekslag toedien, die genadeslag toedien, skok, beproef, afskeep, dobbel, boemerang
bw. per ongeluk, mis, tot oormaat van ramp, ongelukkiglik
s.nw. mislukking, gemors, boggerop (*plat*) 623, kakspul (*plat*), misoes, fiasko, debakel, affêre, affêring, spektakel, deurmekaarspul, ineenstorting, val, ondergang 238, 685, teenspoed, teëspoed, katastrofe, kalamiteit, skipbreuk, ruïne, teleurstelling, jammer, jammerte, teleurstelling, teleurgesteldheid, verderf, dikkedensie, wederwaardighede (*meervoud*), druipery, rampspoed, rampspoedigheid, rampsaligheid, beproewing, armsaligheid, bedroefdheid, hopeloosheid, besoeking, kruis, kwaad, slag, nekslag, gatslag (*plat*), skok, nood, plaag, tragiese einde, ongeluk, ongelukkigheid, motorongeluk, trefen-trap(-)ongeluk, kop-aan-kop(-)botsing, kop-teen-kop(-)botsing, treinongeluk, on-geval, ramp, treinramp, natuurramp, gevaar 654, 656, onheil, ongeluksdag, onheilsdag, onheilsnag, maer jare
verlies, ne(d)erlaag 685, ondergang, verloorslag, slag, gatslag (*plat*), nekslag, genadeslag, skipbreuk, val; skade, nadeel, debiet, bankrotskap 687
gebrek aan vordering, gesukkel, sukkelry, worsteling, worstelstryd, agteruitgang, verslegting, agteruitboerdery, teruggang, ineenstorting, insinking, verslapping, afname, verwording, verval, aftakeling, resessie, teëspoed, teenspoed, moeilikheid, trawal, terugslag, gatslag (*plat*), knou, teëslag, teenslag, Sisifusarbeid, sisifusarbeid, terugsetting, terugval, val, teëvaller, teenvaller, agterstand
kapitulasie, prysgawe
benadeling, verydeling, duiwelswerk, genadeslag
mislukkeling, ongeluksvoël, ongelukskind, verloorder, amateur, sukkelaar, misoes, trut, teleurstelling, windeier, pateet, swartskaap, doem(e)ling, Jona, jammeraar, druip(e)ling, doppeling, onheilsvoël, onweersvoël, ongeluksbode
b.nw. onvoorspoedig, rampspoedig, rampsalig, katastrofies, katastrofaal, teëspoedig, teenspoedig, ongelukkig, swak, sleg 623, 717, ellendig, power, oes, minderwaardig, treurig, amateuragtig, pateties, miserabel, armsalig, vrotsig, beroerd, belaglik, hopeloos, haglik, jammerlik, godsjammerlik, teleurstellend, betreurenswaardig, droewiglik, bedroef 623, hartverskeurend, hartbrekend, ondraaglik, heilloos, aaklig, gedoem, doemwaardig, sukkelend, ongedaan, onverrig; skadelik, nadelig, bankrot
noodlottig, fataal, verderflik, tevergeefs
mismoedig, miserabel, bedroef 623, 717, teleurgestel(d)
tw. wee, o wee, ag, aag, aggenee
uitdr. deur die mat val; die pot mis sit; aan die kortste ent trek; aan laer wal geraak; dit het afgespring; met leë hande terugkeer; dit hotagter kry; die onheil het hulle getref; soos 'n kaartehuis in duie stort; die wind van voor kry; jou vasloop teen iets; jou moses teëkom; harde bene kou; geen hond haaraf maak nie; dit gaan nie op nie; klei trap; bloed sweet; meer afbyt as wat jy kan kou; daar sal niks van teregkom

nie; tussen die hand en die mond val die pap op die grond; die rotte verlaat die sinkende skip; dit nie ruik nie; donker wolke; iemand het al beter dae geken; iemand se ster verbleek; duur leergeld/skoolgeld betaal; in die stof byt; in tamatiestraat; in 'n dikkedensie beland; op jou neus kyk; 'n ware Jona wees; die kreeftegang gaan; jou eie graf grawe; jy lyk 'n mooi aap; jou eie keel afsny; jou jas is in die wiel; jou kop bo water hou; na die vleispotte van Egipte verlang; jou rieme styfloop; op die rand van die afgrond staan; jou twak is nat; van die wal in die sloot help; (met) die kous op (oor) die kop stuur; jou gat sien (*plat*); aan jou gat gebyt raak; boedel oorgee; jou turf sit; jou naam krater maak; jou naam gat maak (*plat*); jou naam toffie maak

684. Oorwin

ww. **oorwin**, 'n oorwinning behaal, as oorwinnaar uit die stryd tree, oorwen (*ongewoon*), wen, skoonskip maak, uitstof, klop, oorskadu, koudsit, kleinkry, seëvier, segevier, triomfeer, kafdraf, kafloop, 'n loesing gee, gatskop (*plat*), opkeil, sagmaak, onderwerp, onderkry, die oorhand kry, verower, inneem, uitlig, oorval, uitdelg, verslaan 588, oorweldig, oorrompel, stoomroller, oortref, baasraak, oormeester, vermeester, oorman, uitklop, uitboul, uitoorlê, troef, oortroef, oortroewe, skaak, voorspring, beheer, beheers, oorheers, bobly, onderdruk; herwin, herower

bemeester, oorwin, wen, onder die knie kry, te bowe kom, oorkom, deurworstel, oorwoeker, beheer, onder beheer kry, kleinkry, aanleer 561

s.nw. **oorwinning**, klinkende oorwinning, wegholoorwinning, loesing, triomf, sege, seëviering, verowering, veroweringstog, oorhand, oorskaduwing, oorrompeling, kuikenmoord, oorwig, uitklophou, inname, coup 588, coup d'état, onderdrukking, submissie, uitlewering, verdelging, uitdelging, wins, baasskap, heerskappy 588; herowering; skynoorwinning, Pyrrhusoorwinning, pyrrhusoorwinning; kampioenskap, eerste prys, louere, trofee, triomfboog, segepraal, seëpraal, segevuur, segekroon, ..., segetog, triomftog, oorwinningstog, oorwinnaarsrondte, oorlogsbuit, V-teken

bemeestering, oormeestering, beheer, oorheersing, oorkoming, sukses

oorwinnaar, oorwinnares, oorweldiger, veroweraar, wenner, kampioen, kampioene, victor ludorum, victrix ludorum, bobaas, onderdrukker, verdelger, uitdelger, koppesneller

b.nw. **triomfantelik**, oorwinnend, oorweldigend, seëvierend, segepralend, seëpralend; oorwonne, herwonne

onoorwinlik, onoorwonne, onoortroffe, onoorkomelik, onoorkoomlik

uitdr. by verstek wen; die oorhand kry/hê; die vyand verslaan; iemand is jou oor; iemand in die skadu/skaduwee stel; iemand op sy/haar bas gee; iemand op sy/haar baadjie gee; iemand op sy/haar kop gee; iemand die onderspit laat delf; iemand se baard kap; iemand uit die saal lig; iemand se tier wees; iemand stukkend loop; iemand troef; met iemand klaarspeel; met iemand die vloer vee; tot 'n val bring; ten onder bring; 'n aanval afslaan; iemand se kop is deur; te bowe kom; van 'n toestand meester wees; iemand om jou vinger draai; oor iemand baasspeel; iemand die loef afsteek

685. Oorwin word

ww. **verloor**, oorwin word, oortref word, uitgeskakel word, verslaan word, onderwerp word, oorrompel word, val, tot 'n val kom, tot oorgawe gedwing word, die wapens neerlê, 'n ne(d)erlaag ly, sneuwel 250, beswyk 250

terugval, retireer, wyk, terugwyk, padgee, terugstaan, terugtree, swig, oorgee, hen(d)sop (*informeel*), toegee, gehoor gee, jou onderwerp, kapituleer 683

s.nw. **ne(d)erlaag**, totale ne(d)erlaag, oorrompeling, oorgawe, submissie, val, ondergang, omverwerping, vernedering, klap, knou 623, 635, 667, onttroning, berusting 597, 668, 714, verlies 687, terugslag 683, 687, 719, ineenstorting 683, totale ineenstorting, mislukking 652, 683, debakel, fiasko 683

terugval, terugtog, retirering, kapitulasie, oorgawe, hen(d)soppery, onderwerping

verloorder, verloorkant, verloorspan, oorwonne, hen(d)sopper, krygsgevangene

b.nw. oorwonne, onderworpe, verslane, oorwinlik, bekaf

uitdr. die onderspit delf; ten onder gaan; die stryd gewonne gee; handdoek ingooi; die aftog blaas; die wyk neem; nie by/vir iemand kan kers vashou nie; swig voor die aanval; jou kop stamp; te bowe gaan

6 Ekonomiese lewe

A. BESIT

686. Aanwins

s.nw. aanwins, gewin, verkryging, besit, besitname, inbesitname, inbesitneming, toe-eiening, inbeslagneming, inbeslaglegging, beslaglegging, transaksie, kooptransaksie, aanskaffing, aankoop, paniekaankoop, inkoop, koop, kopie, geldmakery, profytmakery, winsmakery, winsneming, eksploitasie, insameling, geldinsameling, fondsinsameling, opsporing, vonds, winning, verwerwing, erflating 693, erfgoed, nalatenskap, aflewering, herwinning, terugwinning, besparing, spaarprogram, investering, belegging; verkry(g)baarheid; vonds, optelding, optelgoed

verdienste, hoofverdienste, byverdienste, inkomste, inkome, bruto inkomste, netto inkomste, bedryfsinkomste, belasbare inkomste, inkomstepotensiaal, inkomsteverspreiding, inkomstekategorie, inkomstegroep, persoonlike inkomste, nasionale inkomste, nasionale inkome, staatsinkomste, maatskappy-inkomste, salaris, topsalaris, salariskerf, salarisinkrement, topkerf, salarisskaal, salarisreëling, soldy, besoldiging, loon, standaardloon, werk(s)loon, dagloon, weekloon, maandloon, stukloon, maakloon, hongerloon, loonskaal, loongaping, gasie, vergoeding, beloning, salarisaanpassing, loonaanpassing, salarisverhoging, loonverhoging, loongeskil, loonooreenkoms, byvoordeel, honorarium, ekstra, ekstratjie, fooi, fooitjie, tip (*Engels*), remunerasie, kompensasie, restitusie, alimentasie, outeursregte, tantième, tantieme, prysgeld, jaargeld, lewenslange jaargeld, erfgeld, erflating, rente 700, rente-inkomste, rente-opbrengs, renteverdienste

pensioen, ouderdomspensioen, oumenspensioen, pensioengeld, annuïteit, aftreegeld; pensioenfonds, annuïteitsfonds, pensioenskema, aftreefonds

belegging, investering, langtermynbelegging, korttermynbelegging, aandelebelegging, bate, bateklas, beleggingsportefeulje, portefeulje, aandeleportefeulje, aandelefonds, aandelemark, geldmark; beleggingsbestuur, batebestuur

opbrengs, opbrings, bruto opbrengs, netto opbrengs, voordeel, bruto voordeel, netto voordeel, vrug, oes, ontvangste, bruto ontvangste, netto ontvangste, rendement, kapitaalvorming, kapitalisering, kapitalisasie, oorkapitalisasie, bate, bates en laste, geldelike posisie, finansiële posisie, beursie, boedel, boerpot, goudmyn; surplus, oorskot, ooraanbod

wins, gewin, aanwins (groei), waardevermeerdering, appresiasie, groei, winsgewendheid, profyt, profytlikheid, bruto wins, netto wins, suiwer wins, groothandelwins, kleinhandelwins, kapitaalwins, uitkeerbare wins, winssyfer, winsaandeel, aandeel in die wins, winssaldo, marge, winsmarge, winsgrens, winsspeling, winsdrempel, woekerwins, winsuitkering, winsdeling, winsverdeling, opbrengsvermoë, winsvermoë, winsbejag, belegging, rente, renteverdienste, rente-opbrengs, enkelvoudige rente, saamgestelde rente, samegestelde rente, daggeld, jaarrente, jaargeld, lyfrente, lewenslange jaargeld, annuïteit, spaarrente, woekerrente, rentekoers, langtermynkoers, korttermynkoers, dagkoers, beleggingskoers, spaarkoers, rendementkoers, rentevoet, rentekoersmarge, rentekoersspeling, rentebewys, rentebrief, dividend, tussentydse dividend, voorlopige dividend, aandeledividend, diskonto, diskontokoers, diskontovoet, bonus, uitkeerbonus, vakansiebonus, kapitaalvorming, kapitaalgroei, kapitaalverhoging, persentasie, EBIDTA, Ebidta

voordeligheid, gunstigheid, voordeel, byvoordeel, aanwins (voordeel), winsgewendheid, rendabiliteit, rentabiliteit, waarde, markwaarde, verkoopwaarde, produktiwiteit, sakeklimaat, ekonomiese klimaat

winsbejag, winsoogmerk, winsmotief, winssug, sug na rykdom, gewin, eiegewin,

woekering, woekerwins, woekersug, eksploitasie, baatsug, gierigheid, geldgierigheid, geldsug, geldgogga, hebsug, heblus, hebsugtigheid
geldmaker, profiteur, woekeraar, winssoeker, gewinsoeker, winsjagter, fortuinsoeker, skatgrawer, geluksoeker, salaristrekker, salarisman, loontrekker, broodwinner, koswinner, begunstigde, verkry(g)er, belegger, beleêr, investeerder, aandelehouer, rentenier, lyfrentenier; adviseur, konsultant, makelaar, fondsbestuurder, batebestuurder, portefeuljebestuurder
b.nw. winsgewend, betalend, lonend, profytlik, rendabel, renderend, winslewerend, winsskeppend, lukratief, waardevermeerderend, kapitaalkragtig, rentedraend, voordelig, gunstig, batig, vrugbaar, vrugbrengend, vrugdraend, produktief, prolifiek, marginaal, nie-winsgewend, renteloos, rentevry
ingewonne, herwonne, verkreë, verkry(g)baar, verworwe, bruto, netto
winssoekend, winsstrewend, besitlik, gierig, hebsugtig, heblustig, baatsugtig, geldgierig, woekersugtig, gryperig, snoep, gulsig, vraatsig, vraatsugtig, selfsugtig, suinig 692, 773, skraapsugtig
ww. verkry, kry 696, ontvang, in ontvangs neem, bekom, inbring, inoes, inpalm, behelp, jouself voorsien van, inwin, verwerf, verwerwe, aanskaf, koop 704, aankoop, inkoop, vind, in die hande kry, in besit neem, besit, toe-eien, in beslag neem, beslag lê op, beset, verower, 'n transaksie deurvoer, floteer, geld maak, profyt maak, wins maak, wins neem, wen, 'n slag slaan, behaal, binnehaal, investeer, woeker, geld maak, geld in, geld insamel, kapitaliseer, oorkapitaliseer, opspoor, neem 694, terugneem 694, approprieer, herwin, terugwen, agterhaal, 'n verlies agterhaal, produseer, oes, skraap, gelykspeel, oorhou, trek, spaar, bespaar, belê, wegbêre, erf, vererf, vererwe
verdien, byverdien, geld verdien, 'n verdienste hê, 'n inkomste hê, 'n salaris ontvang, 'n salaris trek, pensioen kry, pensioen trek, erf, 'n erflating ontvang, beërf, beërwe, voordeel trek, die voordeel hê van, profiteer, geld maak, wins neem,

woekerwins neem
groei, in waarde toeneem, appresieer, groter word, bloei, floreer, 'n wins toon, winsgewend wees, profytlik wees, rendeer, rente oplewer, rente afwerp, 'n opbrengs lewer, inbring, oplewer, baat
op winsbejag uit wees, gierig wees, uitbuit, eksploiteer, woeker
bw. met winsoogmerk, sonder winsoogmerk; quid pro quo, as teenprestasie
uitdr. as my skip kom; broodgebrek ly; dit val iemand te beurt; kopers trek; pro domo; ten goede kom; wins slaan uit; winste afwerp; 'n prys trek; geld wat stom is, maak reg wat krom is; die geldgogga het hom gebyt; optelgoed is hougoed, optelgoed is jakkalskos

687. Verlies

s.nw. verlies, geldverlies, finansiële verlies, persoonlike verlies, kapitaalverlies, kapitaalvlug, nadeel, skade, persoonlike skade, bedryfskade, bedryfsuitgawe, waardevermindering, devaluasie, depresiasie, dooie kapitaal, swak belegging, debiet, nadelige saldo, tekort, bankrotskap, insolvensie, faillisement (*ongewoon*), boedeloorgawe, verval, agteruitgang, terugslag, teëspoed, teenspoed 635, 683, 717, terugsetting, verbeuring, afstanddoening, awery, armoede 690; sakeredding, besigheidsredding, sakereddingsplan
onteiening, likwidasie, sekwestrasie, besitsontneming, besitsonttrekking, grondonteiening, landonteiening, grondrestitusie, grondbesetting, plaasbesetting, grondgrypery, beslaglegging, konfiskasie, konfiskering, terugvordering; grondbesetter, plaasbesetter
skuld 697, 711, geldelike verpligting, skuldlas, langertermynskuld, korttermynskuld, opgehoopte skuld, slegte skuld, oninbare skuld, afgeskrewe skuld; skuldinvordering, skuldvakansie, skuldamnestie; skuldenaar, skuldeiser, skuldinvorderaar
resessie, ekonomiese resessie, slapte, ekonomiese slapte, handelslapte, ruïnasie, inflasie, inflasiekoers, deflasie, stagflasie
sanksie, handelsanksie, ekonomiese sanksie, ekonomiese strafmaatreël, onproduktiwiteit
verloorder, bankroetier; likwidateur

b.nw. verlore, weg, spoorloos, vermis, kwyt, verbeurd, bankrot, insolvent, faljiet (*ongewoon*), afskryfbaar, vervreembaar, kapot, swak, renteloos, onvrugbaar, onproduktief, teenproduktief, kontraproduktief; verliesmakend, marginaal, inflasionêr, inflasionisties

ww. verloor, 'n verlies ly, skade ly, benadeel word, tot jou nadeel strek, geruïneer word/raak, bankrot speel/raak, inboet, verwed, kwytraak, ontval, verbeur, versterf, versterwe; laat wegraak, kwytraak, verlê, vermis, tot niet gaan; depresieer, agteruitgaan, waarde verloor, in waarde verminder, devalueer; agteruitboer, uitboer, niks oplewer nie, gelykspeel, te gronde gaan, bankrot speel, bankrot gaan, die onderspit delf; verspil, verkwis, mors, vermors, verlore laat gaan, deurbring, verkwansel, verwed, verbeusel, verboemel, verbras, vertreursel; prysgee, afgee, opgee, afstaan, afstand doen van, afsien van, opsê, laat, laat vaar, los, laat los, verbeur, vervreem, derf, derwe, offer, afskaf, tot niet maak, ophef, afskryf, verlies afskryf

onteien, likwideer, sekwestreer, bankrot verklaar, insolvent verklaar, verbeurd verklaar, afneem, beslag lê op, konfiskeer, sanksioneer, sanksies toepas, belas, ruïneer, kelder, afskryf, afskrywe, afgee, afstaan

skuld 711, skuld maak, skuld aangaan, skuld betaal, skuld invorder

bw. agterweë, soek

uitdr. dis neusie verby; dis laaste sien van die blikkantien; dis 'n skade in die boedel; aan laer wal geraak; iemand se son het ondergegaan (terwyl dit nog dag was); van iets verstoke wees; tussen die hand en die mond val die pap op die grond; soos mis voor die son verdwyn; soos 'n groot speld verdwyn; tot niet gaan; deur die vingers laat glip

688. Besit

s.nw. besit, privaat besit, private besit, openbare besit, vermoë, alleenbesit

besitting, goed, goedjies, goeters, parafernalia, wêreldsgoed, kommoditeit, bestaansmiddele, lewensmiddel, goedere, gebruiksgoedere, verbruiksgoedere, eiendom, vaste eiendom, vasgoed, onroerende eiendom, roerende eiendom, roerende goed, losgoed, vervreembare eiendom, pand, bate, netto bates, vaste bate, roerende bate, tasbare bate, bedryfsbate, geldbate, harde bate, kapitaalbate, likiede bate, likwiede bate, reserwebate, bevrore bate, gemeengoed, gemenegoed, allemansgoed, belang, belange, aandeel, onderaandeel, aandeelblok, fortuin, skat; verryking

boedel, erflating, erfgoed, erfstuk, patrimonium, vruggebruik, usufructus; boedelbeskrywing, boedelregte, boedelgelde

eiendom, privaat eiendom, private eiendom, staatseiendom, staatsgrond, kondominium, vaste eiendom, eiendomstitel, titelakte, deeltitel, grond, grondgebied, grondbesit, grootgrondbesit, grondbrief, landbesit, serwituut, eiendomsmark, huismark, woongaping; herverdeling van rykdom, herverdeling van grond, eiendomseis, grondeis, grondhonger

vermoë, geldelike vermoë, finansiële vermoë, finansiële posisie, geldelike posisie, hand, patrimonium, rykdom, welvaart, welvarendheid, welgesteldheid, rykmansbestaan, weeldelewe, sukses 622, 650, 682, vooruitgang 682, welslae 682, welsyn, voorspoed, voorspoedigheid, vermoëndheid, vooruitgang, solvensie, solventskap, solvabiliteit, fortuin, skat, boedel; ginikoëffisiënt, inkomstegaping

kapitaal, kapitaalbesit, grootkapitaal, witmonopoliekapitaal (*kwetsend*), kapitaalgoedere, reële kapitaal, beginkapitaal, handelskapitaal, aandelekapitaal, aandelekapitaalrekening, vaste kapitaal, bedryfskapitaal, waarborgkapitaal, dooie kapitaal, risikokapitaal, waagkapitaal, geld, geldmiddele, geldbesit, kontant, kontantgeld, harde kontant, kontantvloei, kontant op hande, kassa, kasgeld, kleinkas, waarborggeld, kassaldo, balans, bankbalans, saldo, banksaldo, 'n batige saldo, krédietsaldo, tussensaldo, surplussaldo, devies, deviesebesit, geldvraag, 'n bedrag geld, 'n aardige bedrag, som, 'n aardige som, rand(e) en sent(e), los geld, groot geld, kleingeld, fondse (*meervoud*), belegging 686, vaste belegging, beleggingsportefeuille, belang; kapitalisering, kapitalisasie, oorkapitalisasie

aandeel, voorkeuraandeel, aandelepak

ket, aandele-uitgifte, aandeelblok, aandeleportefeulje, aandeleprys, aandele-indeks, aandeletransaksie, obligasie, bonusobligasie
lening, daglening, langtermynlening, korttermynlening, aandelelening, gereedheidslening, gedekte lening, oorvolskrewe lening, beurs, fonds, waarborgfonds, pensioenfonds, ...
beursie 84, beurs, portefeulje, tjekboek, geldsak, geldkoffer, geldtrommel, kas, geldkas, geldlaai, kasregister, brandkas, brandkluis, bussie, geldbussie, spaarbussie, spaarvark(ie), skatkis, skatkamer, skatkelder
inventaris, register, kadaster, balans, bankbalans, banksaldo; inventarisasie, bestekopname, notariële beskrywing, notariële stuk, notariële akte, grosse, eiendomsregister, eiendomsakte, grondakte, grondbrief, kadaster, kadastrale beskrywing
besit(s)reg, eienaarskap, huiseienaarskap, besitsdrang, materialisme, hebsug 686, 692, hebsugtigheid, geldsug 692, grypsug
besitter, eienaar, eienares, mede-eienaar, grondeienaar, grondbesitter, grootgrondbesitter, grondbaron, landbesitter, landeienaar, landheer, perseelhouer, belanghebber, kapitalis, ryke, rykaard, miljoenêr, multimiljoenêr, miljardêr, aandeelhouer, baas, huisbaas, huisheer, huurbaas, mynbaas, materialis, geldwolf, beswaarde, fiduciarius, vruggebruiker; finansier, tesourier, tesouriere, tesourier-generaal, tesourie, notaris, notarisskap, boedelbeskrywer, boedelberedderaar, boedelbesorger, eksekuteur, eksekutrise, oordraggewer, regverkrygende, aandelemakelaar, aandele-analis
geldgod, Mammon
b.nw. besittend, besitlik, ryk 689, vermoënd, veelvermoënd, welvarend, bemideld, welgesteld, welaf, vet, bedeeld, goed bedeeld, ryklik bedeeld, goed toebedeel, goed daaraan toe, patrimoniaal, voorspoedig, vooruitgaande, verrykend, ekspansionêr, ekspansionisties
stoflik, roerend, onroerend, vas, gemeen, geldelik, finansieel, notarieel
materialisties, hebsugtig 692, geldsugtig, grypsugtig
my, myne, jou, joune, joue, sy, syne, haar, hare, ons, ons s'n, julle, julle s'n, hulle, hulle s'n, u, u s'n, uwe, s'n
ww. besit, hê, in besit wees van, in besit hê, in besit hou, hou, aanhou, behoort, hoort, toebehoort, aandeel hê in, aandele hê, aandele hou, aandele besit, beskik, tot jou beskikking hê, behou, in besit bly, berus, geniet
belê 686, 692, spaar 692, deponeer, inlê, trek, geld trek, kapitaliseer, oorkapitaliseer, verryk, vooruitgaan, besit neem
inventariseer, registreer, noteer, grosseer
voors. se, van, ten bate van
uitdr. hawe en goed; die vet van die aarde; in geld swem; 'n aardige stuiwer verdien; op jou vet teer; mens moenie al jou eiers in een mandjie pak nie; mens moenie al jou geld op een kaart sit nie; 'n mens kan van wind alleen nie lewe nie; geld wat stom is, maak reg wat krom is; met sak en pak aankom/vertrek

689. Ryk

b.nw. ryk 688, skatryk, skat-skatryk, stinkryk, welgesteld 688, welaf, welvarend 688, vet, vermoënd, veelvermoënd, gegoed, gesete, bemiddeld, bedeeld, goed bedeeld, ryklik bedeeld, goed toebedeel, goed daaraan toe, voorspoedig, verrykend, kapitaalkragtig, koopkragtig, kredietwaardig, parvenuagtig, bevoorreg, gefortuneer(d), weelderig, windmakerig, spoggerig, braggerig (Engels, informeel), brêkerig (Engels, informeel), la(r)nie (lekties, informeel), plutokraties
s.nw. rykdom, welvaart, welvarendheid, welgesteldheid 688, vermoëndheid, gegoedheid, voorspoed, windmakerigheid, kapitaalkrag, kapitaalkragtigheid, koopkrag, kredietwaardigheid, parvenu; fortuin 688, skat 688, weelde, weelderigheid, weeldeartikel, prag, prag en praal, majesteit, goud; herverdeling van rykdom
kapitalisering, kapitalisasie, oorkapitalisasie, appresiasie, verryking
rykaard, ryke, rykmanskind, gegoede, welgestelde, 'n vermoënde persoon, kapitalis, rentenier, miljoenêr, multi-miljoenêr, biljoenêr, magnaat, mynmagnaat, oliemagnaat, ..., grondbaron, geldadel, wind-

maker, geldgat (*plat*), stralerjakker, plutokraat; plutokrasie, geldmag

ww. rondkom, 'n goeie bestaan voer, in eie behoeftes voorsien, jou geld verdien, geld maak, ryk word, verryk, ryk maak, kapitaliseer, van jou rente leef, rentenier, oorkapitaliseer

uitdr. daar goed in sit; daar warmpies in sit; daar dik in sit; dit goed hê; dit ruim hê; 'n stywe beurs hê; in die geld swem; in goud swem; 'n man van middele wees; jou skapies op die droë hê; op jou binnevet leef; jou brood verdien

690. Arm

b.nw. **arm**, brandarm, doodarm, bloedarm, straatarm, dikgelap (*lekties*), besitloos, nie-besittende, geldloos, onbemiddeld, berooid, gebrekkig, platsak, armlastig, armoedig, onbedeel(d), misdeel(d), verarm(d), karig, skamel, skraal, skraps, boomskraal, maer, skunnig, smalletjies, kaal, kaalgat (*plat*), armsalig, treurig, miserabel, ellendig, beklaenswaardig, haglik, power, toiingrig, vervalle, sjofel, behoeftig, noodlydend, nooddruftig, hulpbehoewend, sorgbehoewend, sorglik, benepe, hulpeloos, haweloos, hongerig, hongerdun, proletaries, eenvoudig, beskeie, Spartaans, subekonomies, derdewêrelds, agtergestel(d), agtergeblewe, minderbevoorreg

bankrot 687, 711, insolvent, gelikwideer, agterstallig

s.nw. **armoede**, bloedarmoede, armoedigheid, onvermoëndheid, nood, nooddruf, nooddruftigheid, onbemiddeldheid, gebrek, gebrekkigheid, broodgebrek, geldgebrek, geldloosheid, geldnood, skaarste, geldskaarste, tekort, geldtekort, finansiële tekort, sukkelbestaan, armlastigheid, pouperisme, behoefte, behoeftigheid, hulpbehoewendheid, sorgbehoewendheid, onvermoëndheid, haglikheid, nooddrif, hulpeloosheid, armsaligheid, treurigheid, miserabelheid, misère, swaarkry, ontbering, ellende, ellendigheid, haweloosheid, misdeeldheid, vervallenheid, sjofelheid, skraalte, karigheid, honger, hongerte, hongersnood, moeilikheid, penarie, beskeidenheid, agtergesteldheid, agtergeblewenheid; verarming, agteruitgang; armoedestryd, bestaanstryd 654, lewenstryd; armoedegrens, bestaansgrens

bedelary, bedelstaf, bestaansekonomie, genadebrood

bankrotskap 687, 711, insolvensie, liwidasie, ruïnasie, verarming, uitmergeling

arme, armlastige, noodlydende, pouper, bedelaar, boemelaar, bergie, daklose, rondloper, katyf, hongerlyer, proletariër, proletariaat, agtergestelde, agtergeblewene, minderbevoorregte, straatkind

ww. arm wees, in armoede leef, armoede ly, gebrek ly, gebrek hê, ingord, sonder verdienste wees, in die verleentheid wees, dinge ontbeer, geen geld hê nie, platsak wees, skarrel (*om te oorleef*), verarm, verval, proletariseer

bedel, om aalmoese vra, afbedel, tot die bedelstaf geraak, bakhand staan

verarm, ruïneer, uitmelk, uitmergel, uitskud, in ellende dompel, uitsuig, afpers

uitdr. so arm soos 'n kerkmuis; so arm soos Job; droë brood eet; in forma pauperis; kop bo water hou; nood leer bid; nie 'n duit hê nie; 'n kaal jakkals; so kaal soos 'n rot; van die hand in die tand lewe; sleg daaraan toe wees; van brood en water leef; 'n leë beurs hê; dit smal hê; dit nie breed hê nie; genadebrood eet; van genadebrood lewe; kind nog kraai hê; geld groei nie op my rug nie; dit gaan boomskraap

B. GEBRUIK

691. Spandeer

ww. spandeer, uitgee, geld uitgee, bestee, uitbestee, geld bestee, uitlewe, uitleef, geld in iets steek, geld aanwend, inploeg, koop 704, betaal 708, die onkoste dra, koste bestry, koste verhaal, bekostig, wegmaak; kos

geld mors, vermors, verspil, verkwis, verkwansel, vergooi, spandabelrig wees, deurbring, uitlewe, uitleef, verbeusel, verboemel, verbras, verspeel

***s.nw.* uitgawe**, voorsiene uitgawe, onvoorsiene uitgawe, persoonlike uitgawe, kapitaaluitgawe, bedryfsuitgawe, staatsuitgawe, besteding, aanbesteding, verbruiksbesteding, verbruikersbesteding, staatsbesteding, oorbesteding, onderbesteding, aanwending, uitbetaling; koste, vaste koste, onkoste, vaste onkoste, indirekte koste, insetkoste, bedryfskoste, vervoerkoste, herstelkoste, reparasiekoste,

prys, verkoopprys, koopprys, kleinhandel(s)prys, groothandel(s)prys, kosprys, herverkoopprys, herverkoopwaarde, intekenprys, ..., bekostiging
geldmorsery, geldmors, vermorsing, kwistigheid, verkwisting, geldverkwisting, verspilling, geldverspilling, vrygewigheid, spandabelrigheid, oordaad, overdaad (*informeel*), verkwanseling
verkwister, deurbringer, hoogvlieër
b.nw. kwistig, vergote, verkwistend, verkwisterig, vrygewig; duur, goedkoop, kosbaar
uitdr. diep in jou sak kyk; geld deur jou vingers laat glip; jou rieme breed sny; jou vir 'n ander uittrek; mooiweer speel met iemand se goed; van 'n ander man se vel breë rieme sny; breë rieme uit 'n ander se leer sny; jou geld laat rol; jou geld brand 'n gat in jou sak; vandag vermorsing, môre verknorsing; vandag verteer, môre ontbeer; van die hand in die tand lewe; 'n oop beurs hê; geld moet rol; geld is rond; 'n vrou dra meer uit met 'n lepel as 'n man inbring met 'n skepel; alles aan jou bas hang; die pot verteer; soos 'n prins lewe; soos 'n koning lewe; jou geld in die water gooi; nie die waarde van geld ken nie

692. Spaar
ww. spaar, nie uitgee nie, in die bank sit, in die spaarbussie sit, wegsit, wegbêre, weglê, opsysit, belê 686, 688, 699, investeer, opspaar, opgaar, oppot, pot, uitspaar, bespaar, besnoei, onkoste bestry, uitgawes bestry, beperk, inkort, inkrimp, bekrimp, afbring, koste afbring, verminder, koste verminder, beperk, ekonomies wees, ekonomies te werk gaan, besuinig, knibbel, suinig wees; verseker, assureer, verassureer, reserveer; klaploop
bw. suinigies
s.nw. spaarsaamheid, spaarsamigheid, spaarsin, besparing, kostebesparing, onderbesparing, beperking, kostebeperking, besuiniging, besuinigingsmaatreël, besnoeiing, inkorting, inkrimping, vermindering, ekonomie 701, ekonomiese leefwyse, karigheid
spaargeld, belegging, investering, kapitaalbelegging, langtermynbelegging, korttermynbelegging, verbandbelegging, beleggingsfonds, beleggingsgeld, trustgeld, obligasie, bonusobligasie, winsobligasie, effekte, eiendomseffekte, reserwe, reserwefonds, reserwekapitaal, neseier
spaarplan, fonds, spaarfonds, beleggingsplan, beleggingsfonds, trust, trustfonds, trustakte, effektetrust, effektetrustfonds, begrafnisfonds, annuïteit, aftree-annuïteit, assuransie, versekering, versekeringsdekking, lewensversekering, korttermynversekering, langtermynversekering, konsessie, spaarboekie, spaarbankboekie, spaarbank, posspaarbank, spaarrekening, spaarpoel, poel, spaarvereniging, spaarklub, stokvel, spaarkas, spaarbus(sie), spaarpot, spaarvark(ie), noodfonds
geldsug, hebsug, hebsugtigheid, gierigheid, geldgierigheid, geldbejag, gelddors, knibbelary, knibbelry, goudkoors, goudsug, suinigheid, inhaligheid, vrekkerigheid, vrekkigheid, onmedeelsaamheid, skraapsug, skraapsugtigheid, parsimonie
spaarder, spaarsame persoon, deposant, deponeerder, belegger, belêer, investeerder, trustee, medetrustee
knibbelaar, vrek, gierigaard, skraalhans, geldduiwel, geldwolf, haai, parasiet, klaploper
b.nw. spaarsaam, spaarsamig, ekonomies, suinig, vreksuinig, onmededeelsaam, inhalig, vrekkerig, vrekagtig, skraapsugtig, hebsugtig, gierig, geldgierig, gryperig, kibbelrig, knibbelrig, krenterig, karig
uitdr. 'n appeltjie vir die dors bewaar; die rieme dun sny; liewer aldag wat as eendag sat; jou bottertande uittrek; elke sent omkeer/omdraai; wie die kleine nie eer nie, is die grote nie werd nie; jou ingord; die gordel stywer trek; die tering na die nering sit; op iemand teer

693. Gee
ww. gee, weggee, oormaak, wegdoen met, afstaan, afgee (afstaan), in die besit stel van, laat kry, laat toekom, bewillig, instoot, instop
oorhandig, aangee, ter hand gee, in die hand gee, in die hand stop, ter hand stel, oordra, aanreik, oorgee, deurgee, krediteer, oorlewer, uitlewer, oorreik, toereik, oorlaat, verleen, aflewer, lewer, besorg, indien, inlewer, inhandig, laat kry, afgee,

voorlê, voorsien, bevoordeel, kontribueer, bydra, 'n bydrae maak, sorg, sôre, versorg, steun, borg, finansier, subsidieer, sedeer, inbetaal, deponeer, stort, leen, 'n lening gee, geld skiet, geld voorskiet, haak, voor= haak, bruikleen, tegemoetkom, belê, in= steek

befonds, finansier

teruggee, terugbetaal, met rente terug= betaal, restitueer, remitteer, oormaak, re= habiliteer, terugbring, terugneem, terug= stuur, kwytskeld 710

uitdeel, verdeel, toebedeel, rondgee, uit= reik, versprei, distribueer, bewillig, stuur, afstuur, pos, toesend, besorg, konsinjeer, verskaf, lewer, uitlewer, bedien, trakteer, toedien, toebring, toeken

skenk, present gee, gratis gee, verniet gee, kontribueer, begiftig, begunstig, bevoor= deel, toewys aan

afstaan, afstand doen van, oordra, los, laat los, laat staan, laat gaan, laat vaar, ontslae raak van, opgee, afgee, inboet, offer, opof= fer, 'n offer bring, prysgee, ontbeer, weg= doen met, neerlê, immoleer, offer, sedeer

toevertrou, toewys, toedeel, toebedeel, toebeskik, toemeet

toebring (lof ~), bewys (eer ~), betuig (eer ~), vereer, betoon

inligting gee, verstrek, meedeel, sê 482, 539, uit 482, uiter 482, oorlewer, opgee, aan die hand doen

bied, aanbied, presenteer, beskikbaar stel, ter beskikking stel, beskikbaar maak, beskikbaar hou, verleen, toeken, allokeer, toestaan, verskaf, offer, gun, toewy

oplewer, lewer, voortbring, produseer, ge= nereer, veroorsaak, laat ontstaan, skep, maak, tot stand bring, in die lewe roep, die lig laat sien, afwerp, opbring

nalaat, bemaak, oormaak, tot erfgenaam benoem, legateer, testeer

s.nw. gawe, teruggawe, gif, skenking, bonus, bewilliging, toelae, gratifikasie, afslag, korting

oorhandiging, oordrag, oorgawe, devolu= sie, dewolusie, terhandstelling, inbesit= stelling, uitlewering, verlening, aflewe= ring, lewering, uitreiking, besorging, af= gifte (*meervoud*), versending, toesending, indiening, inlewering, inhandiging, voor= legging, voorsiening, beskikbaarstelling,

bevoordeling, kontribusie, bydrae, sorg, versorging, steun 638, ondersteuning 638, onderskraging, behuisingsfonds, groei= fonds, subsidiëring, betaling, ex gratia= betaling, inbetaling, oorbetaling, sessie, deposito, storting, belasting, taks, voor= skot, korttermynvoorskot, lening, bruik= leen, belegging, kredietnemer, krediet= buro; ontvangs 696, konsinjasie 696

befondsing, skarebefondsing, finansie= ring, langtermynfinansiering, korttermyn= finansiering, oorbruggingsfinansiering, per= soonlike finansiering, huurkoopfinansie= ring, besigheidsfinansiering, sakefinansie= ring, leningsfinansiering, huisfinansie= ring, eiendomsfinansiering, motorfinan= siering, skarefinansiering, ballonfinansie= ring, befondsingskapitaal, donasie, borg, borgskap, saadgeld, subsidie, lening 699, korttermynlening, langtermynlening, huis= lening, krediet 699, finansieringsmaat= skappy 700

teruggawe, terugbetaling, paaiement, bal= lonpaaiement, restitusie, herstel, rehabili= tasie, kwytskelding, retribusie, grasietyd= perk

verdeling, verspreiding, distribusie, dis= tribuering, verskaffing, lewering, toeken= ning, toewysing, toedeling, toediening

geskenk, verjaar(s)daggeskenk, Kersge= skenk, present, verjaar(s)dagpresent, Kers= present, kado, gawe, gif, toegif, pasella, pasellatjie, verrassing, soewenier, donasie, bydrae, liefdegawe, toewysing, toelae, skenking, begunstiging, voordeel, voor= deligheid, bevoordeling, aalmoes

afstanddoening, prysgawe, prysgewing, verlies, ontbering, offergawe, offerte, toe= wyding; vrygewigheid, mededeelsaam= heid, goedgunstigheid, ruimhartigheid, milddadigheid, gulheid, opoffering, offer= vaardigheid, rojaliteit

aanbod, teenaanbod, aanbieding, presen= tasie, beskikbaarheid, verskaffing, voor= siening, beskikbaarstelling, toekenning, allokasie, offer, toewyding, guns

oplewering, produksie, skepping, oor= saak, veroorsaking, kousaliteit, kousati= witeit

nalatenskap, erflating, erfenis, erfporsie, erfdeel, erfgoed, erfgeld, erfstuk, erfplaas, bemaking, testasie, wil, laaste (uiterste) wilsbeskikking, oormaking, legaat, legasie, boedel, bestorwe boedel, boedelafstand, fideicommissum, fideikommis, boedelskeiding, testament, wedersydse testament, lewende testament, kodisil, sessie, transport, transportakte, erfreg, erfpag

gewer, geër, skenker, donateur, kontribuant, distribuant, verskaffer, bemaker, erflater, testateur, testatrise, legator, sedent, sessionaris, deponent, deposant, finansier, grootfinansier, borg; eksekuteur, eksekutrise, geregtelike eksekuteur, testamentêre eksekuteur

ontvanger, begunstigde, prelegataris, konsinjataris, erfgenaam, fideicommissarius

b.nw. **vrygewig**, mededeelsaam, meedeelsaam, ruim, ruimhartig, mild, milddadig, mildelik, gul, gulhartig, groothartig, grootgeestig, opofferend, offervaardig, rojaal, goedgeefs, ex gratia

beskore, voordelig, geborg, versorg

beskikbaar, aangebode

testamentêr, intestaat, vervreembaar, fideikommissêr

uitdr. dis saliger om te gee as om te ontvang; iemand aan iets help; iemand 'n hupstootjie gee; Kersvader speel; Sinterklaas speel; in een pot gooi; te goede hou; baantjies vir boeties; 'n oop hand hê; hoe kaler, hoe rojaler

694. Neem

ww. **neem**, ontneem, wegneem, afneem, beslag lê op, beneem, besit, besit neem van, toe-eien, usurpeer, vat, gaps (*informeel*), deps (*informeel*), (geld) afhandig maak, afrokkel, inpalm, uitbuit, afvang, insluk, inlyf, inneem, uitneem, saamneem, terugneem; haal, weghaal, ophaal, afhaal, terughaal; in die hande kry, gryp, vasgryp, weggryp, afgryp, teruggryp, eksploiteer, pak, beetpak, aanpak, raap, wegraap, ontworstel; steel 695, beroof 695, beroof van, ontroof, afpers, uitmergel, uitsuig

konfiskeer, beslag lê op, wegneem, afneem, ontneem, approprieer, vervreem, onteien, eksproprieer, aliëneer, sekwestreer 687, likwideer 687, terugneem, verbeurd verklaar, herower, beset, okkupeer, annekseer, onttrek, pand, verpand, prysmaak

s.nw. **besitneming**, besitname, herowering, inbeslagneming, toe-eiening, inname, afname, okkupasie, inlywing, verowering, onttrekking, afrokkeling, diefstal 695, berowing 695, ontworsteling, usurpasie, uitbuiting, uitbuitery, eksploitasie, afpersing, chantage

konfiskasie, beslaglegging, inbeslagneming, appropriasie, toe-eiening, besitsontneming, besitsonttrekking, onteiening, sekwestrasie, likwidasie, verbeurdverklaring, nasionalisering, terugvordering, terugname

nemer, besitnemer, gaarder, usurpeerder, eksploitant, veroweraar, onteienaar, uitbuiter 695; prooi, slagoffer, verloorder 696

uitdr. iemand jou pinkie gee, dan vat hy/sy jou hele hand; in troebel water vis

695. Steel

ww. steel, besteel, roof, beroof, ontroof, diefstal pleeg, 'n rooftog onderneem, neem 694, wegneem 694, vat, wegvat, gryp, raap, wegraap, vaslê, skaai (*informeel*), deps (*informeel*), gaps (*informeel*), ontvoer, skaak, onderskep, verduister, stroop, plunder, buitmaak, wegdra, plagiaat pleeg, plagieer; bedrieg 538, uitbuit

s.nw. **diefstal**, diewery, stelery, diewestreek, grypkultuur, roof, ontrowing, rowery, sakkerollery, strandroof, veediefstal, veeroof, ontvoering, menseroof, seeroof, vrybuitery, rooftog, inbraak, huisbraak, skaking, stroping, plundering, plundery, buitmakery, verwoesting, bedrog, stellionaat, ontvreemding, vervalsing, verduistering, geldverduistering, uitbuitery, plagiaat, letterdiefstal, letterdiewery; steeksleutel, roofskip, seerowerskip

rooftog, transitorooftog, diefstal, strooptog, plundertog, plunderveldtog, razzia (*ongewoon*), bankroof, inbraak, skaking

kleptomanie, steelsug, roofsug, roofgierigheid, stroopsug

dief, rower, transitorower, misdadiger, boef, booswig, skelm, steler, nemer, sluipdief, kruipdief, klouterdief, grypdief, sakkeroller, tasdief, winkeldief, struikrower, veedief, perdedief, kinderdief, inbreker, stranddief, strandjutter, wrakrower, seerower, boekanier (seerower) (*verouderd*), vrybuiter, kleptomaan, kleptomaniak, verduisteraar, ontvoerder, skaker, kaper, stroper, plunderaar, bedrieër, boerebedrieër, uitbuiter, bloedsuier, afperser, vampier, vervalser, plagiaris, letterdief; onderwêreld, bende, diewebende, roofbende, rowerbende, rowernes, stroopbende, stroopparty

b.nw. diefagtig, roofagtig, roofgierig, roofsugtig

uitdr. rot en kaal steel; lang vingers hê; jou hande nie afhou van 'n ander se goed nie; wie een maal steel, is altyd 'n dief; geleentheid maak die dief; die deler is so goed as die steler; voete kry

696. Ontvang

ww. ontvang, in ontvangs neem, betaling ontvang, aksepteer, inkom, kry 686, herkry, oploop, hê 688, present kry, te danke hê aan, erf, 'n erflating ontvang, beërf, beërwe, versterf, versterwe

aanneem, aanvaar, aksepteer, 'n wissel aksepteer, 'n lening opneem

s.nw. ontvangs 686, akseptasie, konsinjasie 686, ingebruikname, ingebruikneming, aanname

ontvangste, inkomste 686, verdienste 686, salaris 686, gasie, gratifikasie, rente 686, rente-opbrengs, daggeld, obligasierente, opbrengs, wins 686, onmiddellik opvraagbare geld

nalatenskap 693, erflating 693, erfporsie 693, erfgoed 693, patrimonium, kindsdeel, kindsgedeelte, boedel 693, erfreg, eersgeboortereg, primogenituur, majoraat, versterwing, versterfreg, herediteit, suksessie, suksessieregte, vruggebruik, vrugreg

ontvanger, begunstigde, begiftigde, akseptant, donataris, gaarder, trekker, salaristrekker, erfgenaam, legataris, sessionaris

b.nw. verkry(g)baar, bekombaar, herkrybaar, winsgewend, rentedraend, rentegewend, erflik, herediter, patrimoniaal, ingekome

uitdr. jou volle deel kry; genadebrood eet; van genadebrood lewe; in troebel water vis

697. Verlies ly

ww. verlies ly 687, verloor, skade ly, laat wegraak, iets kwyt wees, kwytraak, benadeel word

nie kry nie, verbeur, inboet, afskryf, afskrywe, afsien van

s.nw. verlies 687, netto verlies, skade, debiet, nadelige saldo, tekort, skuld, oninbare skuld, afgeskrewe skuld, agterstallige skuld, agterstallige rekening, koste, uitgawe

b.nw. verlore 687, onverkrygbaar, skaars, agterstallig

uitdr. aan die kortste end trek; aan die agterspeen suig/drink; dit kan jy maar op jou maag skryf (en met jou hemp doodvee); jy sal dit nooit ruik nie; jy kan jou hoed maar agternagooi

698. Behou

ww. behou, hou, vashou, vasklem, spaar 686, 692, bespaar, opspaar, opgaar, ophoop, terughou, agterweë hou, bewaar, in bewaring neem, behoed, beskerm, konserveer, onterf, onterwe

s.nw. behoud, terughouding, retensie, retensiegeld, retensiereg, bewaring, beskerming, konservasie, onterwing, selfsug, selfsugtigheid, suinigheid 692

b.nw. selfsugtig, suinig 692, stiksuinig, snoep, stiefmoederlik

uitdr. vir jouself skerm

699. Leen

ww. leen aan, uitleen, 'n lening gee, 'n lening toestaan, 'n lening uitskryf, 'n verband gee, 'n verband uitskryf, 'n verband toestaan, voorskiet, finansier 693, bruikleen; laat gebruik, beskikbaar stel; blokkeer (bates ~)

leen van, 'n lening neem, 'n lening aangaan, krediteer, geld opneem, verpand, 'n verband neem, 'n verband aangaan, 'n verband uitneem, 'n voorskot vra, 'n voorskot kry, as 'n voorskot bekom, oortrek, 'n rekening oortrek, 'n oortrekkingsfasiliteit reël, 'n oortrekking hê, 'n oortrokke rekening hê, huurkoop, 'n huurkoop aangaan

belê, vas belê, vassit, investeer, herkapitaliseer, woeker, aandele koop, aandele hê, bank, spaar 692

s.nw. lening, korttermynlening, langtermynlening, middeltermynlening, wentellening, gebonde lening, gebonde krediet, geldlening, persoonlike lening, persoonslening, staatslening, banklening, bougenootskaplening, daglening, onmiddellik opvraagbare lening, gedekte lening, oorvolskrewe lening, geleende geld, sublening, obligasielening, goudlening, finansiering 693, huurkoop, huurkoopfinansiering, huurkooptransaksie, huurkoopkontrak, voorskot, voorskotbetaling, voorskotgeld, voorskotbedrag, leengoed, leningsbevoegdheid, leningsfonds, leenreg, leendiens, leningsrente, rentekoers 686, lening(s)koers, uitleenkoers, langtermynkoers, leningskuld 711, leningstilstand, moratorium, verband, verbandlening, huisverband, eiendomsverband, langtermynverband, hipoteek, geregtelike verband, geregtelike hipoteek, rentelose verband, stilswyende verband, verbandakte, hipoteekakte, verbanddokument, hipoteekdokument, verbandbrief, hipoteekbrief, verbandobligasie, verbandkoste, verbandrente, verbandkoers, verbandtermyn, woeker, pag, huurpag, verpagting, pageiendom, bruikleen

kredietfasiliteit, krediet, oop krediet, kredietlyn, bankkrediet, wentelkrediet, deurlopende krediet, selfaanvullende krediet, bevrore krediet, diskontokrediet, oortrekking, oortrekkingsfasiliteit, oortrokke rekening, bankoortrekking, oortrokke bankrekening, akkommodasie (kredietfasiliteit), bankdekking, finansiering, bankfinansiering, huurkoop, huurkoopkrediet, sekuriteit, pand, pandhouery, pandbrief, hipoteek, kredietnota, kredietperk, kredietplafon, kredietbeperking, kredietsaldo

kredietwaardigheid, laat-maar-loop(-)houding, kredietinflasie

belegging, geldbelegging, kapitaalbelegging, eiendomsbelegging, investering, beleggingsopbrengs, opbrengs, totale opbrengs, beleggingsfonds, beleggingsportefeulje, deposito, bankdeposito, effekte, eiendomseffekte, effektetrust, eiendomstrust, staatseffekte, woekergeld, woekerhandel, woekerpot, woekersug

leningsinstelling 700, bank 700, verbandbank, huurkoopbank, hipoteekbank, pandjieshuis, pandjieswinkel

lener, verbandnemer, hipoteeknemer, huurkoper; verbandhouer, hipoteekhouer

b.nw. verskuldig 711, kredietwaardig

700. Bank

s.nw. finansiële instelling, bankinstelling, monetêre bankinstelling, bankgroep, bankgenootskap, finansieringsinstelling, finansieringsmaatskappy, leningsinstansie, leningsinstelling, beleggingsinstansie, beleggingsmaatskappy, bank, bankwese, sentrale bank, staatsbank, reserwebank, algemene bank, handelsbank, geregistreerde handelsbank, spaarbank, posspaarbank, kredietbank, leningsbank, leenbank, voorskotbank, huurkoopbank, aksepbank, aksepfirma, sirkulasiebank, note-uitgiftebank, notebank, uitgiftebank, emissiebank, verrekeningsbank, filiaalbank, diskontobank, diskonteringsbank, wisselbank, bougenootskap, bouvereniging, verbandbank, hipoteekbank, landbank, nywerheidsbank, kitsbank, outomatiese tellermasjien, OTM, outobank, geldoutomaat, bankoutomaat, betaalmuur, kontantoutomaat, kontantmasjien, kleingeldmasjien

bankagentskap, bankkantoor, tak, takkantoor, banktak

bankwese, internasionale bankwese, monetêre bankwese, bankbedryf, bankstelsel

bankdiens, bankfasiliteit, finansiële diens, elektroniese bankdiens, internetbankdiens, aanlyn diens, e-bank

bankrekening, tjekrekening, trekkingsrekening, lopende rekening, ope rekening, gesamentlike rekening, spaarrekening, leningsrekening, kredietrekening, kredietkaartrekening, oortrokke rekening, aangepaste rekening, transmissierekening, beleggingsrekening, valutarekening, aansuiweringsrekening, toewysingsrekening, appropriasierekening, verdelingsrekening, distribusierekening, baterekening, eiendomsrekening, rekening, rekeningstaat; bankkaart, debietkaart, kredietkaart, slimkaart

rente, rente-opbrengs, rente-inkomste, renteverdienste, rentewins, renteverlies, opgelope rente, tjekrente, spaarrente, beleggingsrente, jaargeld, lyfrente, dividend, winsaandeel, bonusdividend, premie, bonus, leningsrente, rentelas, agterstallige rente, renteskuld, boete (rente); renteberekening, renteverhoging, renteverlaging, rentestyging, rentedaling; rentekoers, lae rentekoers, hoë rentekoers, rentevoet, geldmarkrentekoers, diskontokoers, diskontovoet, bankkoers, oortrekkingskoers, lening(s)koers, uitleenkoers, primakoers, prima-uitleenkoers, bankaksepkoers, BA-koers, rentelas, spaarkoers, beleggingskoers, bankkrediet 699, kredietbevriesing, rentelose geld

bankstaat, balansstaat, verkorte balansstaat, maandstaat, kwartaalstaat, jaarstaat, finansiële jaarstaat, saldo, batige saldo, nadelige saldo, banksaldo, dagsaldo, teensaldo, debietsy, debietkant, kredietsy, kredietkant

banktransaksie, transaksie, elektroniese transaksie, onttrekking, trekking, inbetaling, oorbetaling, elektroniese oorbetaling, belegging, spaarboekie, tjekboek, tjek, persoonlike tjek, kontanttjek, getekende tjek, banktjek, bankgewaarborgde tjek, toonbanktjek, los tjek, blanko tjek, gekruiste tjek, gekanselleerde tjek, geëndosseerde tjek, vooruitgedateerde tjek, geweierde tjek, verouderde tjek, vervalste tjek, tjekblad, tjekblaadjie, tjekteenblad, ondertekening, handtekening, proefhandtekening, endossement, rugtekening, bankwissel, bankkoste, bankgeld, bankkapitaal, bankwaarborg, bankgaransie, bankaksep, bankwissel, aftrekking, aftrekorder, debietorder

bankpersoneel, bankier, bestuur, hoofbestuur, topbestuur, middelvlakbestuur, junior bestuur, bankbestuurder, takbestuurder, streekbestuurder, streekhoofbestuurder, hoofbestuurder, algemene hoofbestuurder, kredietbestuurder, leningsbestuurder, bestuursassistent, rekenmeester, kosterekenmeester, hoofrekenmeester, onderrekenmeester, bankamptenaar, bankklerk, fakturis, faktuurklerk, kassier, kashouer (ongewoon), teller, bankteller, bankagent, krediteur, finansier 688, geldskieter, voorskieter, hipoteekhouer, hipotekaris, pandgewer, verpagter; beleggingsbestuurder, beleggingskonsultant, beleggingsanalis, analis, woekeraar, woekerhandelaar, belegger, depositaris

bankkliënt, kliënt, rekeninghouer, aandeelhouer, deposant, deponeerder, depositeur, trekker, investeerder, lener, verband-

nemer, pandhouer, pandnemer

ww. bank, deponeer, onttrek, belê, spaar, 'n tjek keer, 'n tjek stop, 'n tjek kruis, vooruit dateer, antedateer, later dateer, postdateer, rugteken, 'n tjek endosseer, 'n tjek kanselleer, verwys na trekker

701. Handel en ekonomie

s.nw. **handel**, handel en nywerheid, handelsverkeer, handeldryf, handeldrywery, verhandeling, aankope, verkope, verkwanseling, gesmous, smousery, koophandel, ruilhandel, ruilery, vryhandel, internasionale handel, wêreldhandel, valutahandel, groothandel, kleinhandel, geldhandel, invoerhandel, uitvoerhandel, alleenhandel, kommissiehandel, tussenhandel, termynhandel, binnehandel, deurvoerhandel, woekerhandel, windhandel, monopolie, monopolisasie, spekulasie; onwettige handel, sluikhandel, swarthandel, smokkelhandel, smokkelbedryf, smokkelary, smokkelry, swartmark, grysmark

handelswêreld, handelskringe, sakewêreld, sakewese, sakelewe, sakebelange, besigheidsbelange, finansiële belange, handelsaangeleentheid, handelsgeleentheid, sakegeleentheid

ekonomie, landsekonomie, wêreldekonomie, markekonomie, vryemarkekonomie, monetêre ekonomie, bestaansekonomie, township-ekonomie, kasi-ekonomie, ekonomiese toestand, ekonomiese groei, groeikoers, ekonomiese groeikoers, groeipunt, ekonomiese groeipunt, konjunktuur, opwaartse konjunktuur, hoogkonjunktuur, oorverhitte ekonomie, oorverhitting (ekonomie), afwaartse konjunktuur, resessie, ekonomiese resessie, depressie, ekonomiese depressie, handelslapte, handelsverslapping, malaise, ekonomiese krisis, inflasie, wegholinflasie, hiperinflasie, inflasiespiraal, inflasionistiese praktyk, ingevoerde inflasie, inflasionêre uitwerking, inflasiekoers, deflasie, stagflasie, handelsbalans, betalingsbalans, handelsoorskot, handelstekort, bruto binnelandse produk, BBP, handelsbetrekking, industrialisasie, ekonomiese indeks, indeks, handelsindeks, prysindeks 704, ekonomiese aanwyser, sakeklimaat, ekonomiese tendens,

ekonomiese ewewig, ekonomiese krag, markkrag, markfaktore, sakevertroue, sakevertroue-indeks, volhoubaarheid, volhoubare ekonomie
bedryf, handelsaak 707, saak, handelsonderneming, onderneming, groep, handelsgroep, kartel, handelskartel, sindikaat, besigheidsindikaat, vennootskap, handelsbedryf, invoerbedryf, invoerhandel, invoerbeheer, invoerverbod, invoerbeperking, invoerreg, invoerkwota, uitvoerbedryf, uitvoerhandel, sleutelbedryf, vervaardigingsbedryf, vervaardigingsektor, kleinhandelsbedryf, groothandelsbedryf, weeldebedryf, bankbedryf 700, bankwese 700, makelary, veehandel, veebedryf, wynhandel, wynbedryf, klerebedryf, kosbedryf, voedselbedryf, voedselhandel, motorbedryf, motorhandel, boekhandel, boekebedryf, gilde, houtbedryf, houthandel, wapenhandel, munisiehandel, landboubedryf, slawehandel
handelsaktiwiteit, sake-aktiwiteit, transaksie, handelstransaksie, aandeletransaksie, kooptransaksie, verkooptransaksie, dumping (*Engels*), dumpingsreg (*Engels*), handelstog, faktorering, handelsvoorkeur, prys, prysbepaling, prysvasstelling, prysreëling, valorisasie, prysbeheer, prysstyging, prysdaling, prysverhoging, prysooreenkoms, prysklas, paniekprys, plafonprys, groothandel(s)prys, kleinhandel(s)prys, omset, wins, oorwins, orderbrief, sakebrief, sakereis, sakebesoek, handelsvergunning, konsessie, handelskonsessie, oktrooi, handelsoktrooi, monopolie, handelsverkeer, handelsbetrekking, handelsverbod, handelskrediet, handelsnuus, handelsaangeleentheid, handelsiklus, sakesiklus
ruilhandel, ruilstelsel, ruiling, ruilery, ruil, inruiling, ruiltransaksie, ruilooreenkoms, ruilverdrag, wisselhandel, ruilboekhandel, ruilmiddel, ruilartikel, ruilvoet, ruilwaarde
sakeplan, besigheidsplan, bedryfsplan, handelsplan, handelsregte, sakeregte, charter, prospektus, handelsblad, maatskappypublikasie
sakeredding, sakeredding, besigheidsredding, sakereddingsplan; bankrotskap 687
handelsmerk, tophandelsmerk, handelsnaam, logo, handelsmerkbewustheid, merkartikel, merkproduk
reklame, advertensie, reklamemaatskappy, advertensiemaatskappy, reklamebedryf, bekendstelling, propaganda, sluikreklame; bemarking, bemarkingsplan, bemarkingstrategie, bemarkingsagentskap, bemarkingsagent
ekonomiese stelsel, vrymarkekonomie, vryemarkstelsel, vryhandel, kapitalisme, geleide kapitalisme, kommersialisme, industrialisme, industrialisasie, merkantilisme, proteksionisme, sosialistiese ekonomie, sosialistiese stelsel, sosialisme, kommunisme, Marxisme, Leninisme, fisiokratisme, fisiokrasie, monopolie, monopolisasie, handelsmonopolie, monopolistiese stelsel, staatsmonopolie, antimonopolistiese beleid, oligopolie, homeopolie, heteropolie, monopsonie, nasionalisering, genasionaliseerde bedryf, amettalisme, nominalisme
geldwese, geldsake, geldstelsel, finansies, finansiewese, persoonlike finansies, staatsfinansies, staatsrekening, skatkisrekening, geldomset, geldvoorraad, geldreserwe, kapitaal 688, kapitaalgroei, kapitaalaanwas, kapitaalbehoeftes, geldskaarste, geldkrisis, staatsgeld, staatsfinansies, skatkis, skatkisbiljet, skatkisorder, geldwissel, wisselkoers, goudstandaard
handelsliggaam, handelskamer, kamer van koophandel, sakekamer, handelsvereniging, saak, besigheid, handelsaak, handelsbesigheid, maatskappy, handelsmaatskappy, beherende maatskappy, beheermaatskappy, moedermaatskappy, beheerde maatskappy, deelnemende maatskappy, filiaal, volfiliaal, koppelmaatskappy, korporasie, beslote korporasie, geslote korporasie, firma, handelsfirma, handelsvennootskap, handelsentrum, handelshuis, sindikaat, handelsindikaat, buitelandse sindikaat, makelaarsfirma, makelary, wisselkantoor, infrastruktuur, maatskappyreg
mark, marksektor, markfaktore, markkrag, kopersmark, verkopersmark, swartmark, markaandeel, markopname; marksegment, nismark, handelsmark, kleinhandel(s)mark, groothandel(s)mark, geldmark,

kapitaalmark, buitelandse geldmark, binnelandse geldmark, diskontomark, diskontobedryf, termynmark, wêreldmark, internasionale mark, uitvoermark, invoermark, in-en-uitvoer, binnelandse mark, goudmark, aandelemark, produktemark, motormark, vleismark, veemark, veevandisie, veevendusie, groentemark, vlooimark, snuffelmark, informele mark
handelsmiddel, ruilmiddel, produk, handelsproduk, handelsware, handelsartikel, kleinhandelsartikel, groothandelsartikel, verbruiksgoedere, verbruikersgoedere, handelstuk, kommoditeit, handelskommoditeit, koopware, smousgoed, negosiegoed, termyngoedere, kontrabande, sluikgoed, smokkelware; prys 705, pryskaartjie, strepieskode, verpakking
handelaar, groothandelaar, kleinhandelaar, tussenhandelaar, tussenpersoon, wynhandelaar, motorhandelaar, diamanthandelaar, woekerhandelaar, ..., koopman (*verouderd*), diamantkoper, diamantsmous, smous, venter, straatsmous, groentesmous, groenteventer, vrugtesmous, vrugteventer, lappiesmous, verkoper, koper, klant, kliënt, handelskommissaris, agent, handelsagent, kommissie-agent, faktoor (*ongewoon*), handelsreisiger; sluikhandelaar, smokkelaar, smokkelbende; sakereder
sakeman, sakevrou, besigheidsmens, besigheidsman, besigheidsvrou, entrepreneur, ondernemer, sakeleier, bedryfsleier, vennoot, handelsvennoot, sakevennoot, woekeraar, makelaar, spekulant, daalspekulant, spekulateur, wisselaar, wisselmakelaar, proteksionis; entrepreneurskap, ondernemerskap
finansiële deskundige, finansiële adviseur, finansman, ekonoom, handelsekonoom, bedryfsekonoom, bankekonoom, vervoerekonoom, markontleder, sakereddingspraktisyn, sakereddingspesialis
finansier, bankier 700, tesourier, kassier, geldwisselaar
verbruiker, kliënt, klant, koper, verbruikerspubliek; verbruikersvertroue, verbruikersregte, verbruikersbeskerming, verbruikersraad, verbruikersbeskermingsvereniging, verbruikerswet, verbruikerswetgewing

handelswetenskap 515, ekonomie, bedryfsekonomie, nywerheidsekonomie, handelsreg, rekeningkunde, bedryfsielkunde, sakekennis, marknavorsing, handelswetgewing
b.nw. handeldrywend, ekonomies, monetêr, geldelik, finansieel, kommersieel, merkantiel, wisselbaar, inwisselbaar, uitwisselbaar, spekulatief, gepatenteer(d), inflasionêr, inflasionisties, deflasionisties, deflasionêr, geïndustrialiseer(d), entrepreneuries, ondernemend, markgerig, volhoubaar; Marxisties, Leninisties, sosialisties, kommunisties, kapitalisties, fisiokraties, monopolisties, genasionaliseer(d)
ww. handel dryf, handel, verhandel, verkoop, verkwansel, smous, koop 686, inkoop, aankoop, pryse vasstel, valoriseer, bestel, afbestel, uitvoer, invoer, voorsien, oorvoorsien, ondervoorsien, wins maak, woeker, kommersialiseer, industrialiseer, konkurreer, aksepteer, monopoliseer, dump (*Engels*), 'n saak bedryf, 'n besigheid bedryf, floteer, noteer, spekuleer, onderhandel, swendel, smokkel, bemark
ruil, verruil, omruil, inruil, wissel, omwissel, verwissel, uitwissel
finansier, begroot
bw. met volmag, met winsoogmerk
woorddeel beroeps-, bemarkings-, bestuurs-, handels-, -sektor

702. Beurs
s.nw. beurs, effektebeurs, aandelebeurs, handelsbeurs
beursaktiwiteit, effektehandel, aandelehandel, effektemark, aandelemark, notering, beursnotering, effektebeursnotering, prysnotering, eindnotering, effektebeursverrekening, prysbeweging, stygende mark, bulmark, bulfase, stygsentiment, dalende mark, beermark, beerfase, daling, daalsentiment, ineenstorting, instorting, koers 686, geldkoers, koersbepaling, koersnotering, koersberekening, koersverandering, koersskommeling, koersstyging, koersverbetering, koersdaling, koersverskil, verkope, kortverkoop, regteuitgifte (*meervoud*), premie, opgeld, pari, pariteit, depressie, beursindeks, indeks van alle aandele, goudindeks, finansiële indeks, industriële indeks

genoteerde maatskappy, ondermaatskappy, onderhorige maatskappy
aandeel, ekwiteit, uitgereikte aandeel, meerderheidsaandeel, verhandelbare aandeel, genoteerde aandeel, gewone aandeel, nywerheidsaandeel, finansiële aandeel, voorkeuraandeel, preferente aandeel, goedgekeurde aandeel, aandeelblok, goedgekeurde effekte, prima aandeel, prima effekte, verhandelde aandeel, verhandelbare aandeel, subskripsieaandeel, groei-aandeel, groei-effekte, pakket, aandelepakket, portefeulje, aandeleportefeulje, aandeletransaksie, aandele-uitgifte, aandeletoekenning, aandeelverdeling, aandeelsplitsing, aandeleregister, aandele-indeks, aandeleprys; aandelesertifikaat, depositosertifikaat
mark 701, geldmark, effektemark, aandelemark, jaarmark, jaarbeurs, weekmark, buitelandse mark, devies, devieseverkeer, deviesebesit, deviesebeheer, deviesebeperking, valuta
beursspekulant, kleinspekulant, beursmakelaar, aandelemakelaar, aandelehandelaar, effektehandelaar, aandele-analis, beurskenner, stygspekulant, daalspekulant, koersafdrywer, koersopdrywer; belegger, beleër, investeerder, aandeelhouer, beherende aandeelhouer
ww. aandele koop, aandele verkoop, aandele hou, bo pari verkoop, onder pari verkoop

703. Boekhou
ww. boekhou, inskryf, inskrywe, inboek, opskryf, opskrywe, pos, boek, oorboek, 'n grootboekinskrywing maak, 'n kasboekinskrywing maak, 'n joernaalboekinskrywing maak, goedskryf, oorvolteken, boeke byhou, krediteer, debiteer, balanseer, die balans opmaak, 'n balans oorbring, 'n saldo oorbring, afsluit, sluit, rekonsilieer, saldeer, ouditeer
begroot, 'n begroting opstel, 'n begroting indien, beraam, 'n beraming maak
bereken, reken, 'n rekening opmaak, faktureer, optel, aftrek, natel, kontroleer, die balans opmaak, die balans bepaal, balanseer
bw. à pari
s.nw. boekhouding, dubbelboekhouding, boeking, inboeking, grootboekinskrywing, kasboekinskrywing, joernaalboekinskrywing, oudit, ouditering, aktuariële ondersoek, interne ouditering, eksterne ouditering, bestuursoudit, jaarlikse oudit, tussenoudit, leefstyloudit, begroting, vaste begroting, jaarlikse begroting, kapitaalbegroting, begrotingspos, begrotingsrede, begrotingswet, raming, rekenfout, rekenskap, rekenwese, rekenmeesterskap, rekenpligtigheid, rekeningkunde, kosterekeningkunde, beheer, boekjaar, bedryfsjaar, belastingjaar, termyn, finansiële termyn
staat, weekstaat, maandstaat, kwartaalstaat, jaarstaat, balansstaat, gekonsolideerde balansstaat, staat van inkomstes en uitgawes, inkomste-en-uitgawestaat, inkomstestaat, gekonsolideerde inkomstestaat, uitgawestaat, bankstaat, rekeningstaat, betaalstaat, staat van bates en laste, bate-las-verhouding, ladingstaat; rekening, inkomsterekening, uitgawerekening, grootboekrekening, kasboekrekening, kasrekening, kontantrekening, kleinkasrekening, kapitaalrekening, bedryfsrekening, begrotingsrekening, jaarrekening, invoerrekening, uitvoerrekening, wins-en-verlies(-)rekening, daalrekening, aangepaste rekening, reserwerekening, distribusierekening, boedelrekening
boekhouboek, boek, grootboek, debiteuregrootboek, kasboek, joernaal, joernaalboek, kleinkasboek, dagboek, duplikaatboek, inkopeboek, inkoopboek, voorradeboek, faktuurboek, kwitansieboek, rekenboek, rekeningboek, klapper, kredietsy, debietsy, kredietkolom, debietkolom, boekhoumasjien, kasregister
balans, slotbalans, proefbalans, voordelige balans, bates oor laste, bates en laste, activa, agio, bankbalans, betalingsbalans, saldo, batige saldo, tegoed, nadelige saldo, banksaldo, spaarsaldo, oortrekkingsaldo, rekeningsaldo, saldo op rekening, saldo verskuldig, leningsaldo, verbandsaldo, aanvangsaldo, grootboeksaldo, jaareindsaldo, surplussaldo, reserwesaldo, tussensaldo, saldo oorgebring, saldo oorgedra, saldo afgedra, tekort, kastekort, verlies, verliespos, banksaldo, totaal, som, hoofsom, totaalbedrag, item, konto, pos, kontrapos, diverse, boekwaarde, boekjaar,

diensjaar
boekhouer, rekenmeester, groeprekenmeester, kosterekenmeester, geoktrooieerde rekenmeester, rekenmeestersfirma, ouditeur, ouditeur-generaal, aktuaris, kassier, kashouer, rentmeester
b.nw. rekenkundig, boekhoukundig, aktuarieel, berekenbaar, rekenpligtig, beswaar(d), oordraagbaar, batig, nadelig
uitdr. balans opmaak; die tering na die nering sit; iemand se boeke hou

704. Koop
ww. **koop**, aanlyn koop, inkopies doen, aanskaf, bekom, 'n koop aangaan, 'n transaksie beklink, konsumeer, aankoop, inkoop, opkoop, huurkoop, bêrekoop, wagkoop, uitkoop, afkoop, eerstehands koop, tweedehands koop, op skuld koop, die koop toeslaan, oorneem, spandeer, uitgee, betaal 708
beding, 'n goeie prys beding, afslag vra, kibbel, knibbel, bie, bieë, onderbie, onderbied
'n aanbod maak, 'n koopkontrak sluit, bestel, vooruitbestel, vooraf bestel, 'n bestelling plaas, aanlyn bestel
beraam, die koste beraam, kwoteer, begroot
s.nw. **aankoop**, inkoop, inkopies (*meervoud*), kopery, konsumpsie, huurkoop, bêrekoop, kanskoop, roukoop, koopkontrak, koopbrief, koopakte, voorkoopreg, redhibisie; koop, 'n goeie koop, 'n slegte koop, kopie, winskoop, winskopie, bêrekopie
aanbod, bod, bot, bestelling, order
beraming, kwotasie, kwotering, begroting
koopprys, prys 708, eenheidsprys, koste, eenheidskoste, onkoste, bedrag, tarief, aankoopprys, aanskafprys, koopsom, koopbedrag, verkoopprys, gemerkte prys, insetprys, maksimum prys, minimum prys, grootmaatprys, reserweprys, uitverkoping(s)prys, kontantprys, prys voor belasting, prys na belasting, groothandel(s)prys, kosprys, kleinhandel(s)prys, vraagprys, winkelprys, rakprys, smousprys, markprys, aankoopprys, verkoopprys, afkoopwaarde, afkoopprys, afslag, kontantafslag, afslagprys, nominale prys, spotprys, korting, kontantkorting, toeslag, toeslagprys, 'n plaas se prys, verbruikersprys; waarde, geldwaarde, handelswaarde, koopwaarde, verkoopwaarde, markwaarde, nominale waarde, pariwaarde, toonwaarde; betaling 708; prysverhoging, prysverlaging, prysverskil, prysbeheer, prysbevriesing, prysindeks
pryslys, katalogus, pryskatalogus, brosjure, kopersgids
kooplus, koopsiekte, koopkoors, koopsug, kooplus, koopwoede, koopkrag, koopdruk
koper, kontantkoper, klant, klandisie, kliënt, kliënteel, verbruiker, verbruikerspubliek
b.nw. **bekostigbaar**, koopbaar, billik, geabboneerd, redhibitories
kooplustig, spandabel, spandabelrig, koopmal
uitdr. aftel koop; iets op iemand toeslaan; 'n kat in die sak koop; goedkoop (koop) is duurkoop

705. Verkoop
ww. **verkoop**, verhandel, handel dryf, van die hand sit, verdiskonteer, afstaan, afset, aflewer, uitverkoop, opruim, afsmeer, uit die hand verkoop, tweedehands verkoop, voetstoots verkoop, kwansel, verkwansel, smous, sjaggel, sjagger, bemark, vent, uitvent, veil, opveil, uitveil, vendusie hou, vandisie hou, kolporteer, omsit, in geld omsit, realiseer, likwideer, vervreem, prostitueer
te koop aanbied, bemark, adverteer, uitstal, vertoon
die prys bepaal, prys, die prys verhoog, die prys laai, die prys verlaag, afslag gee, afslag aanbied, teen 'n afslag verkoop, afslaan
'n bestelling neem, 'n bestelling aanvaar, aflewer, bedien, help
s.nw. **verkoop**, verkope, verhandeling, handeldrywery, verkwanseling, voorverkoop, voorverkope, alleenverkoop, koppelverkoop, kolportasie, geldmakery, tegeldemaking (*ongewoon*), verruiling, realisasie, vervreemding, likwidasie, afset
verkoping, restantverkoping, skutverkoping, rommelverkoping, opruiming, boedelverkoping, uitverkoping, uitverkoop, someruitverkoping, someropruiming, winteruitverkoping, aanbieding, promosie, uit-

stalling, bemarking; verkooptegniek, verkoopbaarheid, vraag, vraag en aanbod, aanvraag, aftrek
veiling, opveiling, boedelveiling, geregtelike veiling, kunsveiling, wynveiling, veeveiling, motorveiling, ..., veilingsblok, vendusie, vandisie, bankrotveiling, bankrotvendusie, kykdag
bediening, selfbediening, bestelling, aflewering
prys 704, verkoopprys, reserweprys, kontantaanbod, afslag, afslagprys, korting, diskonto, pryskaartjie, pryslys 704, koste, onkoste, tarief, kommissie, kommissiekoste
verkoper, verkoopster, verkoopspersoon, verkoopsman, verkoopsvrou, verkoopsdame, handelaar, verhandelaar, koopman, agent, verteenwoordiger, verkoopsagent, handelsreisiger, eiendomsagent, huisagent, motoragent, winkelier, winkelbaas, winkelbestuurder, verkoopsbestuurder, vloerbestuurder, klerk, verkoopsklerk, toonbankklerk, toonbankassistent, winkelklerk, winkelmeisie, winkelassistent, winkelassistente, besteljonge, leweransier, kolporteur, smous, rondreisende handelaar, ruilhandelaar, straathandelaar, straatverkoper, lappiesmous, boekesmous, kramer, marskramer, venter, groenteventer, groenteman, visventer, bemarker, afslaer
b.nw. verkoopbaar, verhandelbaar, bemarkbaar, gesog, vervreem(d)baar
bw. by verkoop, by herverkoop

706. Verhuur
ww. verhuur, in huur gee, te huur aanbied, te huur wees, afverhuur, onderverhuur, bruikhuur, huur opsê, vooruitbespreek, verpag, onderverpag; huur van, onderhuur
s.nw. verhuring, huur, onderverhuring, onderhuur, huishuur, woonstelhuur, kamerhuur, termynhuur, bruikhuur, huurgeld, huursom, huurprys, huurwaarde, huurpaaiement, huistoelaag, huurloon, huurkontrak, huurtermyn, huurtydperk, huurtyd, huuropsegging, sleutelgeld, pag, huurpag, mynpag, pageiendom, paggrond, pagreg, pagsom, rekognisie, rekonie, rekognisiegeld, rekoniegeld
verhuurder, huurder, onderverhuurder, onderhuurder, huisbaas, huisheer, hospita, pagter
woorddeel huur-

707. Handelsaak
s.nw. handelsaak 701, onderneming, handelsonderneming, maatskappy, rakmaatskappy, publieke maatskappy, private maatskappy, handelsmaatskappy, versekeringsmaatskappy, mediamaatskappy, ..., besigheid, firma, saak, diensverskaffer, eenmansaak, sakeperseel, maatskappygroep, groep van maatskappye, handelsgroep, supermarkgroep, mediagroep, ..., konsortium, korporasie, beslote korporasie, vennootskap; maatskappystigting, demutualisering, privatisering
winkel, internetwinkel, e-winkel, aanlyn winkel, stadswinkel, dorpswinkel, plaaswinkel, algemene handelaar, kettingwinkel, eenstopwinkel, eenstop, kruidenierswarewinkel, kruidenierswinkel, koswinkel, delikatessewinkel, delikatessen, deli (*informeel*), verbruikerskoöperasie, verbruikersko-operasie, koöperasie, ko-operasie, koöperasiewinkel, ko-operasiewinkel, negosiewinkel (*verouderd*), smouswinkel, pandjieswinkel, pandjieshuis, spaza, spazawinkel, huiswinkel, opwipwinkel, slaghuis, slagtery, melkery, melkkafee, melksalon, bakkery, koekwinkel, tuisbedryfwinkel, tuisbedryf (winkel), groentewinkel, supermark, superette, versingsdiens, warehuis, apteek, tabakwinkel, klerewinkel, klerasiewinkel, boetiek, uitruster, dameskerewinkel, damesboetiek, modewinkel, manskerewinkel, snyerswinkel, hoedewinkel, skoenwinkel, skoenmakery, juwelierswinkel, geskenkwinkel, selfbedieningswinkel, selfdienwinkel, selfhelpwinkel, fabriekswinkel, uitskotwinkel, afslagwinkel, meubelwinkel, porseleinwinkel, boekwinkel, boekhandel, ruilboekery, antikwariaat, musiekwinkel, musiekhandel, sportwinkel, fietswinkel, speelgoedwinkel, ysterwarewinkel, doen-dit-selfwinkel, verfwinkel, rommelwinkel, seksewinkel, pornografiewinkel, pornowinkel, seksboetiek, smokkelhuis; winkelgroep, tak, winkeltak, filiaal, franchise
winkelsentrum, inkoopsentrum, inkopie-

sentrum, sentrum, winkelkompleks, winkelgalery, winkelhal, hipermark, hiperama, handelsentrum, emporium, verbruikerskoöperasie, verbruikersko-operasie, sakekompleks, kompleks, handelstad
kafee, padkafee, hawekafee, stasiekafee, inrykafee, aanrykafee, lekkergoedwinkel, snoepwinkel, restourant 429, restaurant 429, koffiewinkel, koffiehuis, teekamer, koffiekroeg
mark 701, straatmark, stapelmark, kosmark, groentemark, vleismark, kleremark, handwerkmark, voddemark, basaar, kerkbasaar, skoolbasaar, kermis
stal, stalletjie, winkeltjie, padstal, padstalletjie, basaarstalletjie, basaartafel, verkooptafel, kostalletjie, koeldrankstalletjie, vrugtestalletjie, klerestalletjie, ..., opwipstalletjie, opwipkosstalletjie, opwipklerestalletjie, ..., kiosk, kraam, kraampie, verkoopkraam, verkoopkraampie, koeldrankkraampie, snoepwinkel, snoepie, verversingswa, penswinkeltjie (*informeel*)
pakhuis, stoor, pakstoor, winkelstoor, voorraadkamer, voorraadstoor, koelkamer, koelstoor, pakkamer, pakskuur, paksolder
toonbank, winkeltoonbank, kasregister, geldkas, toonkamer, uitstalvenster, uitstalkas, vertoonkas, uitstalling, vensteruitstalling, winkeluitstalling, trollie, winkeltrollie, winkelwaentjie, winkelpop, kruideniersafdeling, kosafdeling, klereafdeling, paskamer, aanpaskamer, aantrekkamer, meubelafdeling, speelgoedafdeling, rekeningafdeling, reklameafdeling, navraagkantoor, navraekantoor
handelsproduk, handelsitem, handelsware, verkoopware, verbruikersitem, luukse item, luukse, negosie (*verouderd*), negosieware (*verouderd*), negosiegoed (*verouderd*), kommoditeit, verkoopsartikel, goed, smousgoed, voorraad, voorraad(s)opname, omset; smokkelware, smokkelgoed
winkelier, handelaar 705, kruidenier, uitruster, boekhandelaar, antikwaar, apteker, slagter, tabakhandelaar, klerk, winkelklerk, winkelassistent, winkelassistente, rakpakker, verkoop(s)dame, reklamebeampte, reklamepraktisyn, reklametekenaar, uitstaller, étaleur; klandisie, klant, winkelklant
ww. 'n winkel open, 'n maatskappy stig,

demutualiseer, privatiseer, bedien, verkoop 705, agter die toonbank staan, oor die toonbank verkoop

708. Betaal
ww. betaal, kontant betaal, duur betaal, dit kos baie, dit kos groot geld, baie betaal, goedkoop betaal, min betaal, geld gee, in klinkende munt betaal, per tjek betaal, met 'n kredietkaart betaal, in paaiemente betaal, afreken, opdok, hoes (*informeel*), vereffen, verreken, delg, die koste bestry, voldoen, goedmaak, honoreer, voluit betaal, volstort, volteken, opbetaal, bybetaal, bekostig, terugbetaal, oorbetaal, inbetaal, stort, inkasseer, inklaar, vooruitbetaal, retineer, saam betaal, saammaak, bestee 691
afbetaal, aflos, skuld aflos, 'n rekening aflos, vereffen, afwerk, delg, skulde delg, uitdelg, aansuiwer
betaling vra, op betaling aandring, aanmaan, aanslaan vir, op rekening gee, 'n rekening stuur, te staan kom op, invorder, afvorder, inkry, inkasseer, inbetaal
beloon, vergoed, uitbetaal, diskonteer, kompenseer, restitueer, uitkeer, besoldig, salarieer, gee, subsidieer
betaal word, betaling kry, uitkry, salaris ontvang, verdien 686
weier om te betaal, deshonoreer
bw. in natura, in paaiemente, paaiementsgewys(e), in kontant, op koste van, op die rekening van, vir die rekening van, ten laste van, tot las van, op afbetaling, op skuld
s.nw. betaling, afrekening, vereffening, verrekening, rentebetaling, diskontering, voldoening, bekostiging, kostebestryding, bybetaling, inbetaling, storting, inkassasie, inkassering, inning, oorbetaling, oordrag, vooruitbetaling, voorafbetaling, terugbetaling, teruggawe, retribusie, oorbetaling, remise, inklaring, afbetaling, delging 711, skulddelging 711, skuldafbetaling, uitdelging, aflossing, skuldaflossing, aansuiwering, amortisasie, amortisering, wanbetaling 711, likwidering, likwidasie, kwyting (*ongewoon*), skadevergoeding, skadevordering; betaalstelsel, betalingstelsel, betalingswyse, betaalwyse, betalingsvoorwaarde, betaaltermyn, afloster-

myn, betaaldag, keerdatum, vervaldatum, vervaldag
beloning, vergoeding, uitbetaling, besol=diging, salariëring, remunerasie, kompensasie, restitusie, uitkering, diskonto, bankdiskonto, voorskot, agterskot, alimentasie; salaris 686, soldy, loon 686, dagloon 686, standaardloon, daggeld (loon), honora=rium, vergoeding, beloning 686, beurs (studie), pensioen 655, annuïteit
uitstel van betaling, respyt, betaalvakan=sie, wanbetaling, deshonorering
invordering, skuldvordering, aanmaning
faktuur, kwitansie, strokie, kontantstrokie, kasregisterstrokie, betaalstrokie, advies, kwytbrief (*ongewoon*), betaalstaat 703
rekening, lopende rekening, winkelre=kening, kosrekening, brandstofrekening, doktersrekening, aptekersrekening, konto (*ongewoon*), rekeningstaat
bedrag, som, geldbedrag, geldsom, lompsom, enkelbedragbetaling, faktuurbe=drag, kasregisterbedrag, koopbedrag, ver=skuldigde bedrag, skuld 711, gewetensgeld, doktersgeld, hospitaalgeld, wasgeld, toe=gangsgeld, toegangsprys, hekgeld, intree=geld, toetredingsgeld, ledegeld, handgeld, leergeld, skoolfonds, skoolgeld, leges (*ongewoon*), daggeld, hawegeld, dokgeld, laaigeld, ladingskoste, lêgeld, berglôon, staangeld, koste, bokoste, administratiewe bokoste, bedryfskoste, verblyfkoste, ry=koste, vervoerkoste, transportkoste, spoorkoste, spoorwegtarief, versendings=koste, verskepingskoste, onderhouds=koste, herstelkoste, regskoste, uitgawe, tol, tolgeld, huurtol, paaiement, premie, ter=mynbetaling, prys 704, hoë prys, groot geld, duur prys, lae prys, min geld, goed=koop prys, kleinhandel(s)prys, vloerprys, groothandel(s)prys, reserweprys, rigprys, tarief 704, dokterstarief, houertarief, ver=voertarief, heffing, fooi, heffingsfooi, kurkgeld, kommissie, kommissiekoste, re=tensiegeld, boete; waarde, geldwaarde, vervangingswaarde, boekwaarde
betaalmiddel 709, geld 709, kontant, kon=tantgeld, tjek, tjekboek, kredietkaart, geskenkbewys, betalingsbewys; subsidie, staatsubsidie, staatsteun, toelae, toelaag, staatstoelae, staatstoelaag, onderhouds=toelae, onderhoudstoelaag, huisgeld, huis=toelae, huistoelaag, verblyftoelae, verblyf=toelaag, papgeld, kruideniersgeld, kosgeld, petrolgeld, sakgeld, skeergeld, bloedgeld, wissel, bankwissel, sigwissel, kortsigwis=sel, termynwissel, datawissel, wisselbrief, wisseldiskonto, diskontopapier, diskon=tokrediet, aftrekorder, handelspapier, ver=handelbare papier, promesse, skuldbrief, verhandelbare skuldbrief, skuldbewys, kredietbrief, order, betaalorder, skatkisor=der, fonds, delgingsfonds, heffingsfonds
betaler, wanbetaler, vereffenaar, uitdelger, trekker, jaargeldtrekker, toonder, betaal=meester, wisselborg, invorderaar, reke=ninghouer
b.nw. betaalbaar, vooruitbetaalbaar, ver=effenbaar, aflosbaar, inbaar, invorderbaar, hefbaar, diskonteerbaar, vervreem(d)baar, solvent, likied, likwied, insolvent, illikied, illikwied
goedkoop, spotgoedkoop, billik, betaal=baar, bekostigbaar, laag (prys), hanteer=baar
duur, peperduur, durabel, durabellik, luuks, luuksueus, onbetaalbaar duur, on=betaalbaar, onbekostigbaar, hoog (prys), buitensporig, buitensporig hoog
uitdr. die hand (diep) in die sak steek; dit vat aan 'n man se sak; met baar geld betaal; kak of betaal is die wet van Trans=vaal (*plat*); 'n gat toestop; goedkoop (koop) is duurkoop; dis botter by die vis; die gelag betaal; die vel oor die ore trek; iemand se huid afstroop; iemand ruk; op jou binne=vet leef; geld groei nie op my rug nie

709. Betaalmiddel
s.nw. betaalmiddel, wettige betaalmiddel, fondse, kapitaal 688, ruilmiddel, geld, geld=middel, moola (*lekties*), kontant 688, 708, kontantgeld, kitskontant, kontantvloei, dekkingsgeld, fidusêre geld, geldstelsel 131, 701, sakgeld, kruideniersgeld, toelae, huis=toelae, daggeld, weekgeld, maandgeld, ver=dienste 686, salaris 686, vergoeding, loon 686, groot geld, kleingeld, kopergeld, sil=wergeld, papiergeld, noot, banknoot, vyf=randnoot, vyftigrandnoot, ..., geldstuk 131, munt 131, muntstuk, rand, tiensentmunt=stuk, tiensentmunt, tiensentstuk, vyftig=sentmuntstuk, vyftigsentmunt, vyftig=sentstuk, vyfrandmuntstuk, vyfrandmunt,

vyfrandstuk, ..., bewaargeld, bloedgeld, gewetensgeld, kapitaal 688, vlottende kapitaal, bedryfskapitaal, goud, goudstuk, fonds, fiche, tjek, persoonlike tjek, banktjek, gewaarborgde tjek, bankgewaarborgde tjek, toondertjek, betaalde tjek, wissel, skatkiswissel, skatkisbiljet, handelswissel, poswissel, order, posorder, betaalorder, aftrekorder, kaart, bankkaart, debietkaart, kredietkaart, petrokaart, winkelkaart, plastiekgeld (*informeel*), koophulp, koophulpkaart, lojaliteitskaart, bewys, geskenkbewys, bewysstrokie, koopbewys, reisigerstjek, reiswissel, reistoelae, bêrekoop; kriptogeld 131

valuta, harde valuta, bestendige valuta, binnelandse valuta, buitelandse valuta, valutabeheer, wisselkoers, ruilvoet, koerswaarde, ruilwaarde, omrekening van valuta; geldeenheid 131, rand, finansiële rand, kommersiële rand, dollar, pond, euro, ...

ww. kleinmaak, geld kleinmaak

710. Kosteloosheid

s.nw. kosteloosheid, afslag, korting, handelskorting, refaksie, rabat, kwytskelding, remissie, lae prys, goedkoop prys, billike prys, spotprys

b.nw. gratis, vry, kosvry, rentevry, verniet, komplimentêr, kosteloos, billik, goedkoop, spotgoedkoop

ww. kwytskeld, afslaan, afslag gee, korting gee, afkom, afkry, afja(ag), afknibbel, kondoneer, (die prys probeer) afding, (pryse) afhou

bw. verniet, pertjoema (*informeel*), vir niks, sonder betaling, pro Deo

uitdr. vir 'n appel en 'n ei; gratis, vry en verniet

711. Skuld

s.nw. skuld, betaalbare skuld, lopende skuld, vlottende skuld, opeisbare skuld, leningskuld 699, verpligting, finansiële verpligting, las, skuld(e)las, geldelike las, debiet, rentelas, renteskuld, uitstaande skuld, onverhaalbare skuld, onverhaalbare vordering, oninbare skuld, slegte skuld, boekskuld, tekort, geldelike tekort, kastekort, kontantvloeiprobleem, buitelandse skuld, binnelandse skuld, staatskuld, landskuld, persoonlike skuld, nie-betaling, agterstalligheid, agterstallige bedrag, uitstaande bedrag, onbetaalde bedrag, agterstallige skuld, agterstallige betaling, agterstallige huur, agterstand, bankrotskap, insolvensie, faillisement, boete, skuldlas; lening, persoonlike lening, daglening, onmiddellik opvraagbare lening, obligasielening, huislening, verband, verbandlening, oortrekking, oortrokke fasiliteit, krediet, kredietgeriewe, bankkrediet, handelskrediet, kredietgradering, kredietbeperking, kredietsaldo, voorskot, bankvoorskot, rekening 708, konto 708, **rekening**, rekeningstaat, skuldadvies, aangepaste rekening, debitering

skuldbrief, verhandelbare skuldbrief, skuldbewys, skuldbekentenis

aanmaning, betaalaanmaning, aanskrywing, skuldaanskrywing, skuldkennisgewing, skuldmededeling, aanmaningsbrief, maanbrief

invordering, terugvordering, vordering, skuldvordering, regres, sekwestrasie, sekwestrasiebevel, likwidasie, likwidasiebevel, betaaldatum, vervaldatum, vervaltyd, vervaldag; afbetaling, delging, skulddelging, uitdelging, vereffening, verrekening, aflossing, skuldaflossing, verbandaflossing, aansuiwering, skuldaansuiwering, amortisasie, amortisering, likwidering, likwidasie, moratorium, uitstel, kwytskelding van skuld; afbetalingstelsel, paaiement, maandelikse paaiement, delgingspaaiement, aflossingspaaiement, premie, afbetaling; verskuldiging, skuldvernuwing, skulderkenning, skuldvergelyking

skuldenaar, debiteur, obligant, leninghouer, verbandnemer, losser, vonnisskuldenaar, beswaarde, wanbetaler

skuldeiser, preferente skuldeiser, krediteur, verbandhouer, verbandskuldeiser, verhaler, likwidateur, vonnisskuldeiser

b.nw. verskuldig, skuldig, betaalbaar, agterstallig, onbetaald, onvoldaan, uitstaande, oortyds, oninbaar, oortrokke, passief, insolvent, bankrot; afgelos, betaald, kiets

ww. skuld, skuld hê, verskuldig wees, in die skuld wees, in die skuld sit, in die skuld staan (by iemand), in die skuld raak, finansiële verpligtinge hê, onbetaald laat, agter-

stallig wees, dishonoreer, 'n verband kanselleer, 'n verband rojeer, 'n verband opvra
skuld aangaan, skuld maak, jou in die skuld steek, met skuld beswaar, belaai, belas, oorbelas, jou verbind, op rekening koop, oortrek, 'n lening aangaan, 'n lening uitneem, 'n verband uitneem, verhipotekeer; op rekening verkoop, iemand skuld gee, iemand krediet gee, krediet toestaan, krediteer, opskryf, opskrywe
debiteer, 'n rekening stuur, aanslaan, aanmaan, 'n aanmaning stuur, aanskryf, aanskrywe, 'n aanskrywing stuur, kennis gee
invorder, terugvorder, vorder, opvorder, verhaal, sekwestreer, likwideer, afskryf, afskrywe, skuld kwytskeld, skuld vryskeld; afbetaal, delg, skuld delg, vereffen, verreken, aflos, aansuiwer, amortiseer
bw. op skuld, op rekening, op afbetaling

712. Belasting
s.nw. belasting, direkte belasting, indirekte belasting, voorlopige belasting, dubbelbelasting, omsetbelasting, ad valorembelasting, uitgestelde belasting, belastinglas, las, belastingdruk, oorbelasting, blokkruiping, superbelasting, spitsbelasting, taks, heffing, geldheffing, heffingsfooi, persoonlike belasting, hoofbelasting, hoofgeld, kopbelasting, inkomstebelasting, boedelbelasting, boedelgeld, suksesiebelasting, koopbelasting, verkoop(s)belasting, algemene verkoop(s)belasting, belasting op toegevoegde waarde, BTW, verbruiksbelasting, byvoordelebelasting, belasting op byvoordele, weeldebelasting, wynbelasting, maatskappy(e)belasting, bedryfsbelasting, omsetbelasting, vendeuregte, vermaaklikheidsbelasting, eiendomsbelasting, grondbelasting, munisipale belasting, stadsbelasting, dorpsbelasting, belasting op verbeterings, straatbelasting, hondebelasting, motorbelasting, vervoerbelasting, padbelasting, tol, tolgeld, tolbelasting, herereg, oordragbelasting, eiendomsreg, registrasiekoste, seëlbelasting, seëlgelde, seëlreg, inkomsteseël, huurtol, aksynsbelasting, aksyns, syns (*ongewoon*), invoerbelasting, invoerreg, kaaigeld, klaring, doeane, doeanebelasting, doeaneregte, staatsinkomste, inkomste uit belastings, belastingopbrengs, oorlogsbelasting, aksynsreg; belastingoplegging, oplegging, belastingooreenkoms; belasbaarheid, belastingpligtigheid, skatpligtigheid

belastingindiening, belastingopgawe, belastingopgaaf, ongawe, opgaaf, nulopgawe, belastingvorm, belastingaanslag, aanslag, heffing, spaarheffing, korting, belastingkorting, belastingtoeslag, belastingvoordeel, remissie, kinderkorting, skatting, tribuut (*ongewoon*), skattingshof, belastingvrystelling, vrystelling van belasting, belastingkwytskelding, belastingaanpassing, belastingvermyding, belastingontduiking, voorkeurtarief, belastingtabel, belastingkoers, belastingvoet, belasbare inkomste 686, belastingterugbetaling; belastingjaar, fiskale jaar, jaar van belasting, jaar van belastingpligtigheid, belastingwet, aksynswet, belastingsake, belastingmaatreël, belastinginvordering, belastingrekening; belastingbetaling, belastingdelging, lopende betaalstelsel; belastingvorm, belastingaanslag, belastingseël

belastinggaarder, gaarder, ontvanger van inkomste, ontvanger, Jan Taks, belastingamptenaar, fiskus, doeanebeampte, doeaneamptenaar, fiskaal, pagter (*verouderd*), tolbeampte, tollenaar, belastingadministrasie

belastingbetaler, belastingpligtige, beswaarde, fiduciarius, belastingontduiker; belastingdeskundige, belastingkonsultant

belastingkantoor, inkomstekantoor, aksynskantoor, fiskus, ontvangskantoor, tolhek, tolhuis, tolmuur

b.nw. belastingpligtig, fiskaal, belasbaar, skatpligtig, tolpligtig, synsbaar; belastingvry, tolvry, onbelas

ww. belas, belasting vra, belastings hef, beswaar, oplê, invorder, vrykoop; 'n belastingaanslag indien, belasting betaal, belasting ontduik, oorbelas

bw. voor belasting, na belasting

uitdr. betaal aan die koning wat die koning toekom

7 Gevoelens

A. GEVOELSLEWE

713. Gevoel

s.nw. gevoel, gevoelte (*informeel*), gevoelente (*informeel*), aanvoeling, gevoeligheid, reseptiwiteit, positiewe gevoel, negatiewe gevoel, voorgevoel, lusgevoel, affek, gevoelswaarde, gevoelstoestand, gevoelskwessie, gevoelentheid (*informeel*), emosie, emosionele toestand, opwelling, emosionele opwelling, sentiment, ondervinding, gesteldheid, geestesgesteldheid, geestelike gesteldheid, sielkundige gesteldheid, psigologiese gesteldheid, disposisie, geestesgesondheid, geestelike gesondheid, gemoedstoestand, gemoed, gemoedstemming, bui, ingesteldheid, stemming, vakansiestemming, atmosfeer, meegevoel, simpatie 714, medely(d)e, pligsgevoel, natuurgevoel, skoonheidsgevoel 743, kunsgevoel 747, taalgevoel; geaardheid, wese, gees, siel, diepgang, anima, aura, uitstraling, sin, ondertoon, klimaat, sfeer, beroering, beweging, hartsnaar, wil, hart, hartklop, animus; indruk, totaalindruk, impressie, instink, effek, totaaleffek, impuls, konnotasie, uitdrukking, gevoelsuitdrukking, gevoelsuiting, sentiment, gemoedsuiting, gemengde gevoelens, onsekere gevoel; bewussyn 506, 508, bewustheid, sensasie, gewaarwording, ervaring, prikkel, prikkeling, atmosfeer, gees, gemoed, gemoedslewe, siel, toon, sentiment, emosie, stemming, gemoedstemming, gemoedsaard, gesteldheid, ingesteldheid, gemoedsgesteldheid, emosionele gesteldheid, sielkundige gesteldheid, psigologiese gesteldheid, instelling, houding, bui, luim, gevoelsuiting, uiting van gevoel, gemoedsuiting, gemoedsaandoening, dramatiese ervaring, kopfok (*plat*)

gevoelswêreld, gevoelslewe

gevoelsuiting, gevoelsoordrag, gemoedsuiting, projeksie, opwelling, uitstorting, uitbarsting, emosionele uitbarsting, sentiment

inspirasie, inspirering, inboeseming, aanmoediging, ophitsing, aanhitsing, aanvuring, verrukking, opwinding, opskudding, beroering, sensasie, drang 773

temperament, predisposisie, innerlike, wese, drif, aard, karakter, karaktertrek, natuur, gees, gemoed, siel, inbors, diepgang, gevoelslewe

gevoelsmens, gevoelswese, blikskottel, blikslaer, blikskater, opstoker, yweraar

b.nw. gevoelig 714, reseptief, sensitief, toegeneë, begaan, affektief

ww. voel, aanvoel, ondervind, ervaar, deurmaak, deurgaan, beleef, belewe, deurleef, geniet, verduur, deurstaan, ken, ly, smaak, sien, hoor, aanhoor, gewaarword, bewus word van, onder die indruk van iets wees, deurvoel, wel, opwel, tintel, popel, verduur, meevoel, ontroer word deur, oorkom

uiting gee aan jou gevoel, jou gevoelens lug, uitbars, ontboesem, ontbrand, ontdooi, ontgloei, afreageer

raak, aanraak, tref, 'n indruk maak, tot iemand se gemoed spreek, stem, meevoer, meesleep, beweeg, roer, ontroer, verteder, vermurf, vermurwe, prikkel, aanhits, ophits, opstook, aanvoel; iemand laat goed voel, emosioneel ondersteun, simpatiseer, meegevoel betoon, aanmoedig, bemoedig, verbly, bly maak, gelukkig maak, verheug, plesier, plesier gee, hoop gee, inspireer, begeester, besiel, opwek, magnetiseer, galvaniseer, beïndruk, imponeer, inboesem; iemand laat sleg voel, op iemand se gevoel speel, afkraak, iemand emosioneel afkraak, afbreek, iemand emosioneel afbreek, hartseer maak, krenk, seermaak, beledig, ontmoedig, irriteer, opstook, skok, krap, iemand se geduld op die proef stel, op iemand se senuwees werk, ontstel, ontstem, omkrap, verontrus, onthuts, grief

bw. knussies, vurig(lik)

uitdr. die soet en die suur van die lewe; die stuipe kry; hoendervel kry; hoendervleis kry; so geduldig soos Job; Job se geduld en Salomo se wysheid; jou gemoed lug/uitstort; maagvol wees; gatvol wees (*plat*); siek en sat wees; genoeg hê

714. Positiewe gevoel

s.nw. positiewe gevoel, goeie bui, lekker bui, entoesiasme, opwinding, drif, geesdrif, begeestering, passie, geïnspireerdheid, besieling, besieldheid, hartstog, vlam, gloed, warmte, vuur, vurigheid, inspirasie, muse, prikkeling, tinteling, ywer 610, gloed, verrukking, aandoenlikheid, aandoenlike, patos, flikkering, flikker, positiewe emosie, katarsis, tevredenheid, sereniteit, stemmigheid, bedaardheid, sedigheid, besadigdheid, beskeidenheid, teruggetrokkenheid, ingetoënheid, swygsaamheid, geduld, Jobsgeduld, toegeneentheid, vriendelikheid 776, vermurwing, teerheid, vertedering, ontroering

gevoeligheid, sensitiwiteit, ontvanklikheid, fyngevoeligheid, fynsinnigheid, teergevoeligheid, fynbesnaardheid, broosheid, delikaatheid, sagtheid, saggeaardheid, sagmoedigheid, sagsinnigheid, toegeeflikheid, weekheid, weekhartigheid, jammerte, jammerhartigheid, deernis, besorgdheid, simpatie, meewarigheid, goedheid, goedhartigheid, barmhartigheid, ontferming, welwillendheid, meegevoel, medely(d)e, deelneming, Christelikheid, menslikheid, mensliewendheid, vriendelikheid 776, warmte, hoflikheid, beleefdheid, takt, taktvolheid, diplomasie, omsigtigheid, bedagsaamheid, innemendheid, teerheid, liefde 776, liefdevolheid 776, lieftalligheid, sentiment, sentimentaliteit, emosie, emosioneelheid, emosionaliteit, oorgevoeligheid, hipergevoeligheid, hooggestemdheid, kortgebondenheid, piep, pieperigheid, kleinserigheid, kwesbaarheid, ligeraaktheid; kwesplek, swakplek, achilleshiel

blydskap 718, blyheid, blymoedigheid, vreugde, gemoedelikheid, tevredenheid 651, 713

aandoenlikheid, aandoening, gevoelvolheid, vertedering, verruklikheid, verrukking, sinsverrukking, vervoering, sinsvervoering, treffendheid, trefkrag, tinteling, inspirasie, besieling, verinnerliking

kalmte, gemoedskalmte, gemoedsrus, vrede, gemoedsvrede, ataraksie, gerustheid, rustigheid, berusting, ontspannenheid, nugterheid, diepgang, beheerstheid, beheersing, selfbeheersing, onversteurbaarheid, onverstoorbaarheid, ongestoordheid, onbekommerdheid, onbesorgdheid, sorg(e)loosheid, lakonisme, sereniteit, bedaardheid, besadigdheid, flegma, stoïsisme, stabiliteit, gelykmoedigheid, gelykmatigheid, ongeërgdheid, nonchalance, verdraagsaamheid, verdraaglikheid, lydsaamheid, toleransie, vreedsaamheid, geduld, jobsgeduld, lankmoedigheid, saggeaardheid, ingetoënheid

gevoelsmens, gemoedsmens, entoesias, jammerhart, sentimentalis, tjankbalie, smartvraat, senubol, senuweebol, senuwee-orrel, senulyer, senuweelyer, wipstert, hardegat (*plat*), heethoof, vuurvreter, korrelkop, maniak, fanatikus, dweper, dweepsieke

b.nw. gevoelig, affektief, sensitief, responsief, ontvanklik, gevoelvol, romanesk, innig, fyn, fyngevoelig, teergevoelig, fynbesnaar(d), fyngemaak, fynsinnig, fyntjies, kies (fyngevoelig), broos, delikaat, sag, saggeaard, sagmoedig, sagsinnig, toegeeflik, week, weekhartig, jammerhartig, deernisvol, deernishebbend, begaan, besorg(d), sorgsaam, simpatiek, meewarig, goedhartig, barmhartig, ontfermend, welwillend, gepla (*informeel*), deelnemend, meevoelend, empaties, mensliewend, vriendelik 778, hoflik, beleef(d), Christelik, taktvol, diplomaties, omsigtig, bedagsaam, innemend, teer, liefdevol 776, liefderik, lieftallig, romanties 776, sentimenteel, emosioneel, aangetrokke; gelykmatig, gelykmoedig, goed geluim, goedgehumeur(d), gestem, besnaard, sielkundig, psigologies, geestelik, tevrede, sereen, stemmig, gematig(d), bedaard, diepsinnig, sedig, besadig(d), stigtelik, beskeie, stil, stillerig, swygsaam, teruggetrokke, terughoudend, ingetoë, in jouself gekeer, katarties; gevoelvol, stemmingsvol, aandoenlik, hemels, klinkend, indrukwekkend, ongelooflik, aangrypend, roerend, ontroerend, hartroerend, verruklik, treffend, tintelend, popelend, inspirerend, besielend

bly 718, blymoedig, goed gestem(d), vreugdevol, gemoedelik, tevrede, opgewek

aandoenlik 713, gevoelvol, sielvol, ontroerend, roerend, aangrypend, nostalgies, hartroerend, verruklik, treffend, tintelend, meevoerend, inspirerend, besielend, traumaties

kalm, kalmpies, doodkalm, rustig, gerus, houtgerus, doodgerus, perdgerus, ontspanne, koelkop, nugter, onversteurbaar, onverstoorbaar, ongestoord, onbekommerd, kommerloos, onbesorg(d), sorgloos, sorgeloos, lakoniek, probleemloos, onbeswaar(d), sereen, stil, bedaard, besadig(d), stemmig, flegmaties, stoïsyns, gelykmoedig, gelykmatig, luiters, doodluiters, doodleuters, ongeërg(d), nonchalant, verdraagsaam, verdraaglik, lydsaam, tolerant, vreedsaam, vredevol, vredig, geduldig, lankmoedig, sag, saggeaard, sagsinnig, ingetoë

opgewonde, geesdriftig, begeester(d), entoesiasties, lustig, lewenslustig, lewendig, pulserend, gretig, besiel(d), hartstogtelik, borrelend, onblusbaar, warm, gloedvol, gloeiend, geïnspireer(d), inspirerend, ywerig, vitaal, naarstig, naarstiglik, heelhartig, hartstogtelik, passievol, ekstaties, eufories, vurig, vuur en vlam, ywerig, volywerig, voortvarend

ww. gevoelig wees, sensitief wees, fyngevoelig wees, jou iets aantrek, aantreklik wees (*lekties*), medely(d)e hê, medely(d)e betoon, simpatie hê, simpatiseer, ontferm, omgee, bekommer, kwel, mopper, mor

ontroer, vervoer, aangryp, geesdriftig raak, vlamvat, aanvuur, besiel, galvaniseer, animeer, agiteer, irriteer, erger, hinder, 'n las wees, las gee, verpes, onthuts, ontstel, ontstig, verinnig, verteder

verbly, bly wees, blymoedig wees, verheug, geduldig wees, duld, aansien, meegevoer raak

kalm wees, kalmeer, bedaar, berus, onbekommerd wees, slaap, verdra, verduur, gedoog, tolereer, verdraagsaam wees, duld, geduldig wees, geduld gebruik; temper, tem, tot bedaring bring, laat bedaar, kalmeer, tot rus bring, iemand afkoel, koudlei, sus, troos 716, vertroos, opbeur, bemoedig, moed inpraat, met moed besiel, paai, bevredig, tevrede stel

begeester, begeesterd wees, pulseer, besiel

bw. met gevoel, fyntjies, met vreugde, met passie, vurig(lik), bliksems (*plat*), druipstert

uitdr. in vervoering raak; 'n warm hart hê; behep wees met 'n gedagte; lyk of die kraaie jou kos afgeneem het, lyk of die honde jou kos afgeneem het; met 'n stok kan aanvoel; te moede; op iemand se senuwees werk; op jou senuwees hê; op spelde sit; tot trane beweeg; vurige kole op iemand se hoof hoop; 'n berg van iemand se skouers af; 'n gevoelige snaar (aan)raak; 'n teer punt; 'n teer/tere saak; fyn van nerf wees; vol ipekonders wees

715. Negatiewe gevoel

s.nw. negatiewe gevoel, verontrusting, onrusbarendheid, onthutsing, onthutstheid, ontsteltenis, ontstemdheid, irritasie, ergerlikheid, hinderlikheid, las, lastigheid, frustrasie, ontstigting, verpesting, verskrikking, skrikwekkendheid, angswekkendheid, trauma, trouma, gruwelikheid, afgryslikheid, afskuwelikheid, aakligheid, walging, weersin; slegte bui, nukkerigheid, buierigheid, wispelturigheid, koppigheid, eiesinnigheid, befoeterdheid, kriewelkrappers, humeur, humeurigheid, onbeheersbaarheid, drif, driftigheid, uitbarsting, drifbui, agitasie, paroksisme, gril, luim, luimigheid, kapries, caprice, woede 618, 771, woedeaanval, vloermoer, konsternasie, verbystering, opskudding, melodrama, opslag, opstokery, opstoking, negatiewe emosie, katapleksie, gemoedsteuring, gemoedsteurnis, kompleks, kwint, sieklike gevoel, dweepsug, ontsteltenis, verontrusting, ongeduld 771, onrus, spanning, tensie, storm, stuwing, skok, skokgolf

gevoelloosheid, ongevoeligheid, apatie, gedagteloosheid, sielloosheid, doodsheid, sinisme, onverskilligheid, traak-my-nieagtigheid, besimpeldheid, afgestomptheid, botheid, lusteloosheid, futloosheid, letargie, inanimiteit, leweloosheid, wesenloosheid, onbesieldheid, gedweënheid, skaamte, skugterheid, skuheid, inkennigheid, bedeesdheid, teruggetrokkenheid, gelatenheid, stemmigheid, sedigheid, preutsheid, afgetrokkenheid, verstoktheid, ongeërgdheid, onbetrokkenheid, steriliteit, dikvelligheid, taktloosheid, onbedagsaamheid, onvriendelikheid, kilheid, liefdeloosheid, harteloosheid, onbarmhartigheid, hardheid, hardvogtigheid, onbuigsaamheid, rigorisiteit, rigorisme, gestrengheid, onbewoënheid, onmenslikheid, inhumaniteit, koelbloedigheid, gewetenloosheid, meedoënloosheid, genadeloosheid, ongemanierdheid, wreedheid, wreedaardigheid; desensitasie, desensitering, desensibilisasie, sinsverbystering, afstomping, verdowing, vervreemding, verharding, verdoffing, verdowwing, repressie, onderdrukking

swaarmoedigheid 719, beswaardheid, morbiedheid, morbiditeit, labiliteit, hartseer 623, 717, 719, weemoed, weemoedigheid, huilerigheid, tranerigheid, nostalgie, ontroering, ontevredenheid, ontsteltenis, ontsetting, trauma, trouma

senuweeagtigheid, senuagtigheid, senuwees (*meervoud*), nerveusheid, nervositeit (*ongewoon*), gespannenheid, spanning, senuspanning, senuweespanning, prikkelbaarheid, kriewelrigheid, kleinserigheid, ongedurigheid, rusteloosheid, onrustigheid, neurose, manie, vrees 768, angs 768, beangstheid, eksistensiële angs, angst, angstigheid, bevreesdheid, skrikkerigheid

wispelturigheid, impulsiwiteit, veranderlikheid, instink, onstabiliteit, gebrek aan stabiliteit, onsekerheid, onstandvastigheid, onvastheid, wankelrigheid, wankelmoedigheid, besieling, entoesiasme, warmte, warmbloedigheid, vuur, vurigheid, passie, hartstog, ongeduld, ongedurigheid, ongestadigheid, onstuimigheid, drif, voortvarendheid, heethoofdigheid, heftigheid, dweperigheid, dweepsiekte, dweepsugtigheid, fanatisme, liggeraaktheid, humeur, humeurigheid, opvlieëndheid, nuk, nukkerigheid, hitsigheid, besetenheid, woede 771, verbolgenheid

flegmatikus, sinikus, stoïsyn, sfinks, waspop, blikskottel, primadonna, dweper, dweepsieke, senubol, senuweebol

b.nw. gevoelloos, ongevoelig, emosieloos, apaties, doods, onontvanklik, gelate, indifferent, serebraal, gedagteloos, toonloos, sielloos, sinies, onverskillig, traak-my-nieagtig, besimpeld, afgestomp, stomp, bot, dom 503, lusteloos, suf, futloos, lam, lamlendig, letargies, wesenloos, gedwee, skaam, skugter, sku, inkennig, bedees(d), onvrymoedig, teruggetrokke, stemmig, stil, sedig, preuts, afgetrokke, asosiaal, verstok, droog, ongeërg(d), ongegeneerd, onbetrokke, doof, dikvellig, taktloos, onbedagsaam, onsimpatiek, onvriendelik 777, 779, koel, kil, koud, koudbloedig, liefdeloos, harteloos, onbarmhartig, afknouerig, hard, hardvogtig, onbuigsaam, rigoristies, gehard, onbewoë, onmenslik, inhumaan, koelbloedig, gewete(n)loos, meedoënloos, genadeloos, ongemanierd, wreed, wreedaardig

oorgevoelig, oorsensitief, hipergevoelig, hipersensitief, hooggestem(d), pieperig, kleinserig, fiefierig (*informeel*), effentjies, kwesbaar, kwetsbaar, liggeraak, liggevoelig, fyngeraak, fyngesnaar(d) (*ongewoon*), liggeroer, prikkelbaar, aantreklik (liggeraak) (*lekties*); traumaties, troumaties, posttraumaties, posttroumaties

buierig, ontsteld, ontstem(d), verbyster(d), geïrriteerd, gatvol (*plat*), prikkelbaar, kriewelrig, rusteloos, iewerig, nukkerig, humeurig, opvlieënd, gramstorig, oplopend, bars, onrustig, onbeteuel, onbeheers(d), onbeheersbaar, driftig, kwaad, woedend, siedend, beneuk(s) (*plat*), bedonderd (*plat*), bedonderd (*plat*), befok (*plat*), kortaf, knorrig, luimig, grillig, rillerig, kwasterig, krapperig, kortgebaker(d), kortgebonde, koppig 582, eiesinnig, nors, onvriendelik 623, 777, stuurs, ongeduldig, ongemaklik, melodramaties, liggeraak, liggevoelig, liggeroer, fynbesnaar(d), fyngeraak, fyngevoelig, korselig, dweepsiek, dweepagtig, dweperig, sopperig, pateties, moedeloos, kataplekties, sleg geluim; ontstellend 714, ontstigtend, onstigtelik, irriterend 714, ergerlik 714, hinderlik 714, frustrerend; irriterend, ergerlik, hinderlik, lastig, plaerig, frustrerend, ontstigtend, ontstigtelik, verpestend, ontstellend, onthutsend, verontrustend, onrusbarend, ontstemmend, ontsettend, skokkend, vreeslik, verskriklik, skrikwekkend, angswekkend, vreesaanjaend, angsaanjaend, vreeswekkend, skrikaanjaend, skrikbarend, ysingwekkend, afgryslik, afskuwelik, aaklig, walglik, weersinwekkend, horribaal (*informeel*), gruwelik, sinister, onheilspellend, verbysterend, hartverskeurend, senutergend, senuweetergend, sieltergend

temperamenteel, temperamentvol, impulsief, willekeurig, wispelturig, aansitterig, veranderlik, instinkmatig, instinktief, onstabiel, onseker, onstandvastig, onvas, wankelrig, wankelmoedig, besluiteloos, weifelagtig, twyfelmoedig, besielend, besiel(d), entoesiasties, warm, warmbloedig, gloeiend, brandend, voortvarend, passievol, hartstogtelik, ongeduldig, ongedurig, ongestadig, wipperig, driftig, vurig, heethoofdig, fanaties, fanatiek, dweperig, onderstebo, liggeraak, sanguinies, geagiteer(d), bedonderd (*plat*), befok (*plat*), bebliksem(d) (*plat*), bliksems (*plat*), humeurig, gehumeur(d), opvlieënd, oplopend, gramstorig, heftig, heet, hitsig, hittig, stormagtig, onstuimig, besete, kwaad 771, verbolge 771

swaarmoedig 719, beswaar(d), morbied, labiel, emosioneel, hartseer 623, 717, 719, huilerig, tranerig, aangedaan, ontroer(d), bewoë, sleg, aardig, naar, beroerd, op, blikners, ontevrede, ontsteld, ontset

senuweeagtig, senuagtig, nerveus, ongemaklikheid, skrikkerig, gespanne, hooggespan, hooggespanne, gestres (*Engels, informeel*), opgetens (*Engels, informeel*), prikkelbaar, kriewelrig, geagiteerd, ongedurig, nukkerig, iewerig (*ongewoon*), rusteloos, onrustig, manies, neuroties, bevange, bangerig, bang 768, beangs, bevrees

ww. gevoelloos wees, geen gevoel hê nie, geen gevoel toon nie, ontdaan; ongevoelig maak, desensiteer, desensibiliseer, verdof, verdoof, verdowe, verhard, verkoel, afstomp, verstomp, vervreem, afsterf, afsterwe, afkoel, afknou, opdons, iemand se gevoelens seermaak

ontstel, ontsteld wees, ontstem, ontstem(d) wees, bekommer, bekommerd wees, verontrus, onthuts wees, ontstig, jou iets aantrek, jou opwen, opwin, gevoelens opkrop, gevoelens laat oplaai, gevoelens laat opvlam, irriteer, geïrriteerd wees, stook, kook, warm word, ontvlam, jou geduld verloor, ongeduldig wees, fermenteer, broei, op loop sit, te kere gaan, tekere gaan, tekeregaan, ril, daar koud van word, dweep, knies, verknies, in jouself gekeer(d) wees, ingetoë wees

senuweeagtig wees, dit op jou senuwees hê, kriewel, kriebel, gespanne wees, aan spanning ly, aan senuspanning ly

bw. so ewe, jou waarlik, katarras (*informeel*), moer toe (*plat*), in jou moer in (*plat*)

tw. gits, gaats, gats, goeiste, hé, hede, hene, henetjie, hedetjie, jene, jenetjie, jedetjie, hete, jissie, jislaaik, here, jirre, heretjie, jirretjie, heits(a), hierts, magtie, magtig, mapstieks, allemapstieks, allamapstieks, maskas, mastig, né, nou, verbrands, waddehel, waddejoos, ai toggie, eisj, eish, nuh (*lekties, informeel*), ag, aag, ag vader (tog), o ga(a)ts, o wee, o fok (*plat*), o donder (*plat*), o shit (*plat*), aggenee, aggeja, kragtie, allakragtie, vaderons, my liewe vader, vadertjie tog, liewe hemel

uitdr. 'n dik vel hê; 'n dik huid hê; koudbloedig wees; 'n hart van klip hê; dit kan my nie skeel nie; dit laat my koud; geen oog hê vir iets nie; g'n spier vertrek nie; senuwees van staal hê; koelkop wees; dit vat soos dit kom; jou iets getroos; dit gee my 'n kramp; dit gee my 'n pyn; dit gee my maagwerkings; 'n hol kol op jou maag hê

B. VREUGDE EN DROEFHEID
716. Genot

s.nw. **genot**, genieting, genietlikheid, genotlikheid, plesier, plesierigheid, aangenaamheid, lekker, lekkerte, lekkerkry, lekkerheid, heerlikheid, saligheid, verkwiklikheid, behae, behaaglikheid, welstand, voorspoed, welbehae, welbehaaglikheid, welgevalligheid, tevredenheid 720, bevrediging, satisfaksie, genoeë, genoeglikheid, vergenoegdheid, verkwikking, geluk 682, geluksaligheid, saligheid, vrede, opgewondenheid, opwinding, vreugde 718, blydskap 718, opgewektheid, blymoedigheid, sielsgenot, vrolikheid, euforie, verrukking, verruklikheid, vervoering, fassinasie, lus, verlustiging, mondaniteit, sin(s)genot, sinlike genot, sin(ne)likheid, sensuele genot, seksuele genot

genotsug, genotsiekte, genotsiekheid, hedonisme, plesiersoekery, sin(ne)likheid, epikurisme

plesierigheid, geselligheid, vermaak 722, ligte vermaak, ernstige vermaak, vermaaklikheid, jolyt, pret, pretmakery, kaperjolle (*meervoud*), kapriolle (*meervoud*), kaskenades (*meervoud*), partytjie, fees, jool, uitvluggie

uitbundigheid, uitgelatenheid, lawwig

heid, verspottigheid, oordadigheid, baldadigheid 718, brassery, wellus, wellustigheid
gemak, gerief, gerieflikheid, aangenaamheid, vergemakliking, rus, rustigheid, moeiteloosheid, probleemloosheid
vertroosting, troos, trooswoord, konsolasie, bemoediging, verblyding, opvroliking, opkikkering, verligting, paaiery, lafenis, laafnis, lawing, verligting, versoeting
plesiersoeker, genotsoeker, pretsoeker, plesiermaker, pretmaker, sportsmaker (*informeel*), maltrap, trooster, vertrooster
b.nw. aangenaam, lekker, heerlik, smaaklik, delikaat, soet, mooi 743, pragtig, lieflik 743, nie onaardig nie, smaakvol, goed 622, uitstekend, skitterend, manjifiek, groots, vleiend, sag, salig, genotvol, genietlik, genotlik, genoeglik, plesierig 722, behaaglik, welbehaaglik, eufories, weldadig, gevallig, welgevallig, welkom, verblydend, hartverblydend, vermaaklik, onderhoudend, interessant, gesellig, verkwikkend, verkwiklik, sielsverkwikkend, verwarmend, hartverwarmend, strelend, salwend, troostend, vertroostend, troosvol, gemaklik, gerieflik, moeiteloos, probleemloos
gelukkig 718, opgewonde, bly 718, vreugdevol, opgewek, blymoedig, vrolik, uitbundig, uitgelate, baldadig 718, tevrede, getroos, troosryk, vergenoegd
genotsugtig, genotsoekend, hedonisties, epikuristies, epikuries, genotsiek, wellustig, sin(ne)lik
ww. geniet, plesier hê, plesier maak, plesier smaak, genot smaak, behae skep, genoegdoening smaak, genoeë hê, genoeë smaak, bevrediging hê, bevrediging smaak, tevrede wees, tevredenheid smaak, voldoening smaak, dit goed hê, bly wees, jubel, lekkerkry, verlekker, daar pret aan hê, verlustig, baljaar, uitkap, jol, ke(r)jakker, bras
behaag, behae, bly maak, verbly, plesier, plesier gee, vermaak, opvrolik, vervrolik, verkwik, opkikker, veraangenaam, vergemaklik, makliker maak, tevrede stel, tevredenheid gee, voldoening gee, bevredig, bevrediging gee, fassineer, liefhê 776, liefde betoon, liefde bewys
opbeur, troos, vertroos, moed gee, bemoedig, aanmoedig, moed inpraat, met moed besiel, hoop gee, hoopvol maak, ondersteun, onderskraag, smart lenig, begrip toon, liefde bewys, laaf, lawe, streel, sus, paai, verlig, mitigeer
bw. gemakshalwe
tw. jippie 718, sjoe, soe
uitdr. die wel en die wee; dit geval my; so gelukkig soos 'n vis in die water; so gelukkig soos 'n vark in die modder; soos 'n koning lewe; hemel op aarde hê; hoe meer siele hoe meer vreugde; die genoeëns van die lewe smaak; met jou gat in die botter val (*plat*); meer geluk as wysheid; lekker is maar 'n vinger lank; balsem in die wond gooi; die pil verguld; jou verlekker in; 'n pak van my hart af; 'n sug van verligting

717. Lyding

s.nw. lyding, leed, beproewing, bedroefdheid, beproefdheid, swaar, swaarkry, swarigheid, gesukkel, ellende, lewenselende, loutering, smeltkroes, misère, moeite, haglikheid, ontbering, pyn, seer, seerheid, skok, ontsteltenis, onaangenaamheid, onplesierigheid, treurigheid, gebrokenheid, wrangheid, ongeluk, ongelukkigheid, knyp, knelpunt, nood, noodruftigheid, armsaligheid, juk, kruis, doring, gal, hel, hondelewe, teëspoed, teenspoed, somberheid, kwelling, moeilikheid, lastigheid, verknorsing, probleem, sorg, naarheid, narigheid, aakligheid, afgryslikheid, afskuwelikheid

liggaamlike lyding, verminking, mutilasie, mutilering, foltering, marteling, martelary, martelaarskap, ongemak, ongemaklikheid; seer (pyn), seerheid, gevoeligheid, pyn, liggaamspyn, spierpyn, rugpyn, tandpyn, spanningspyn, hoofpyn, migraine, steek, steekpyn, geboortepyn, napyn, naweë, siekte 412, 413, besering, seer (seerplek), seerplek, sweer, buil, puisie, blaar, bloedblaar, koorsblaar, blaas, bloedblaas, wond, wondplek, snywond, steekwond, koeëlwond

geestelike lyding, sielelyding, geestelike leed, leed, sieleleed, sielsleed, seer, sielepyn, smart, sielsmart, lydensbeker, wêreldsmart, Weltschmerz, wroeging, sielewroeging, sielswroeging, hartseer 719, verdrietigheid, droefheid 719, droewigheid, droefnis, droefgeestigheid, verdriet, verdrietlikheid, sielsverdriet, weemoed,

weemoedigheid, weedom, melancholie, melankolie, verlange, heimwee, verslaen(t)heid, gebrokenheid, swaarmoedigheid, morbiditeit, morbiedheid, somberheid, trietsigheid, triestigheid, triesterigheid, bedruktheid, terneergedruktheid, mismoedigheid, mismoed, bejammering, rou, grief, verskeurdheid, wrangheid, ongeluk, ongelukkigheid, teleurstelling, teleurgesteldheid, spyt, ontnugtering, verleentheid, ongemak, spanning, senuspanning, ondraaglikheid, sorge, kommer, bekommernis, kommernis, bekommerdheid, worries (*Engels, informeel*), kwelling, ontsteltenis, gemoedstryd, swarigheid, beswaardheid, negatiwiteit, probleem, geestelike probleem, sielkundige probleem, psigologiese probleem, sieleaandoening, nood, nooddruf, nooddruftigheid nood, sielenood, sielsnood, knaging, verkropping, swaarhoofdigheid, obsessie 773, masochisme; treitering, teistering, kastyding
rampspoed, rampspoedigheid, ramp, gatslag (*plat*), persoonlike ramp, humanitêre ramp, natuurramp, ekologiese ramp, droogteramp, katastrofe, kalamiteit, noodtoestand, wêreldramp, armageddon, apokalips; rampgebied, gevaargebied; ramphulp, rampbestuur, rampfonds
onaangenaamheid, verbittering, versuring, pyniging, marteling, martel(a)ry, teistering, treitering, foltering, kastyding, vermakerigheid
ongeluksvoël, ongelukskind, ongeluksprofeet, slagoffer, prooi, stommeling, sukkelaar, masochis, smartvraat, martelaar, martelares; ongeluksbode, pretbederwer, doemprofeet, jobstrooster
b.nw. lydend, arm, armsalig, beproef(d), teëspoedig, teenspoedig, besog, bedroë, sleg, erg sleg, ellendig, treurig, drommels (*informeel*), miserabel, ineengedoke, ineengedronge, haglik, jammerlik, erbarmlik, klaend, bedroewend, deer, deerlik, beklaaglik, beklaenswaardig, swaarbelas, swaarbelaai, nooddruftig, gebroke, wrang, ongelukkig, ontsteld, gekwel(d), onaangenaam, onplesierig, somber, pynlik, seer, skrynerig (*verouderd*), mensonterend, mensonwaardig
ontstellend, sorgwekkend, sorgbarend, sorglik, skokkend, hartbrekend, hartverskeurend, onaangenaam, ongevallig, onsalig, teleurstellend, teleurgesteld, swaar, bitter, hard, knellend, onuithoudbaar, ondraaglik, ondraagbaar, onuitstaanbaar, verdoemend, doemwaardig, afgryslik
smartlik, smartvol, smartloos, wroegend, sielswroegend, sielpynigend, ongelukkig, hartseer 719, bedroef 719, droewig, droefgeestig, verdrietig, verdrietlik, huilerig, treurig, treurend, weemoedig, melancholies, melankolies, melancholiek, melankoliek, neerslagtig, terneergedruk, mismoedig, moedeloos, moedverlore, pessimisties, depressief, morbied, verslae, gebroke, swaarmoedig, swaarhoofdig, swartgallig, somber, triets(er)ig, triestig, triest, bedruk, negatief, af, bekaf, naargeestig, desolaat, teleurgesteld, ontnugter, verleë, bekommerd, ontsteld, beswaar(d), griewend, skrynend, wrang, obsessioneel, masochisties
siek, ernstig siek, olik, sieklik, ongesond, bedlêend, lydend, sterwend, seer, seerderig, sererig, pynlik, skrynend, skerp, gevoelig, ongemaklik, lastig
rampspoedig, rampsalig, katastrofaal, katastrofies, apokalipties
ww. ly, swaarkry, smart ervaar, ontbeer, ontbering verduur, ellende verduur, in ellende verkeer, geen plesier aan iets hê nie, sukkel, sorge hê, bekommer, worry (*Engels, informeel*), worrie (*Engels, informeel*), verkommer (*ongewoon*), kwel, dit swaar hê, dit hard hê, dra, tors (*ongewoon*), verduur, verdra, duld, uithou, uitstaan, opkrop, verkrop, deurstaan, gedoë, gedoog, ondergaan, 'n stel aftrap, suf, rou, seerkry, sterre sien
siek wees, pyn ly, bloei, bedlêend wees, seer hê
lyding veroorsaak, teister, treiter, beproef, irriteer, pla, kwel, sukkel met, bodder (*informeel*), bebodder (*informeel*), tart, tormenteer, tempteer, afhaal, grief, neerslagtig maak, droewig stem, bedruk, teleurstel, vergal, lastig val 666, vervolg, versuur, bejammer, kasty, pynig, afpynig, skryn, skok, beseer, knel, knou, knyp, knaag, knae, kanker, slaan, bestook, wond, verwond, aanrand, verskeur, karnuffel, striem, martel, folter, gesel, verbitter
tw. eina, oef, sjoe, soe, ouch (*Engels*)
uitdr. bitter trane stort; die bitter kelk

drink; 'n bitter beker moet ledig; die lydensbeker tot op die bodem toe ledig; dit opdraand hê; tot oormaat van ramp; gebuk gaan onder 'n swaar las; hel op aarde hê; in die pekel sit/wees; in sak en as sit; jou kruis dra; elke huis het sy kruis; jou rieme styfloop; jou gat sien (*plat*); jou sorge daaroor maak; nie graag in iemand se skoene staan nie; iemand se beker is vol; tot die bitter einde; wrange spot; 'n bitter pil om te sluk; dit laat 'n wrang smaak; 'n doring in die vlees; 'n doring in die oog; iemand se lewe versuur/vergal; Pandora se kis, Pandora-kis, Pandora se boks

718. Blydskap

s.nw. blydskap, blyheid, lewensblyheid, blymoedigheid, blygeestigheid, vreugde, vreug, vreugdevolheid, jubilasie, ekstase, verrukking, sielevreugde, geestesverrukking, sielsverrukking, geestesvervoering, eksultasie, opgetoënheid, vrolikheid, opgeruimdheid, opgewektheid, spontaneïteit, spontaniteit, sonnigheid, vriendelikheid, goedgehumeurdheid, gemoedelikheid, opgewondenheid, geesdrif, geesdriftigheid, lus, lustigheid, hartelus, entoesiasme, plesier, plesierigheid, prettigheid, lekkerkry, heuglikheid, joligheid, jubellied, jubelkreet, jubbelfees, lighartigheid, humor, hilariteit, toilethumor, galgehumor, juiging, uitbundigheid, opvroliking, opwinding, lewe, lewendigheid, lewenslus, lewenslustigheid, lewenskrag, lewenskragtigheid, vitaliteit, joie de vivre, geanimeerdheid, animo, oplewing, uitgelatenheid, baldadigheid, opkikkering, pretlustigheid, geamuseerdheid; pret, plesier, jolyt, vermaak
geluk, lewensgeluk, huweliksgeluk, skyngeluk, heil, sieleheil, geluksgodin, gelukkigheid, onbesorgdheid, behae, behaaglikheid, welbehaaglikheid, genoeglikheid, saligheid, geluksaligheid, welgeluksaligheid, welstand, welsyn, geseëndheid, ingenomenheid, opgetoënheid, vergenoegdheid, tevredenheid, bevrediging, satisfaksie, onbesorgdheid, sorgeloosheid, optimisme, gerustheid; gelukslag, gelukskoot, vloekskoot, vloek, bonanza, fortuin, paradys, eldorado
pretmaker, maltrap, gelukskind, geluksoeker, optimis

b.nw. bly, lewensbly, sielsbly, vol van blydskap, dankiebly, dankievaderbly, vaderdankiebly, oorstelp, oorstelp van vreugde, vreugdevol, stralend, ekstaties, opgetoë, verheug, gaande, blymoedig, blymoedig gestem, blygeestig, blyhartig, vrolik, opgeruimd, opgewek, lustig, kleurig, joviaal, spontaan, fleurig, sonnig, juigend, vriendelik 776, vrindelik (*verouderd*), goedgehumeur(d), goedgeluim, gemoedelik, opgewonde, geesdriftig, entoesiasties, positief, plesierig, prettig, jolig, lighartig, uitbundig, lewendig, lewenslustig, geesdriftig, geanimeerd, uitgelate, baldadig, malkop, pretlustig, geamuseer(d)
gelukkig, dolgelukkig, sielsgelukkig, salig, geluksalig, welgeluksalig, geseën(d), ingenome, opgetoë, vergenoeg(d), tevrede, welgemoed, welsalig, kommerloos, kommervry, onbesorg(d), onbeswaar(d), sorgeloos, vry van sorge, optimisties, gerus
verblydend, hemels, heuglik, tintelend, feestelik, flikkerblink
ww. verbly, vrolik wees, verkneukel, verkneuter, verheug, verlustig, lag, juig, jubel, vreugdekrete aanhef, jubileer, straal, tintel
gelukkig wees, in jou skik wees, in 'n goeie bui wees
gelukkig maak, geluk bring, verbly, vreugde bring, plesier, opvrolik, opwek, opgewonde maak, opkikker, opfleur
bw. in vervoering, knussies, goedsmoeds
tw. hiep-hiep-hoera, hoera, hoerê, hosanna, jippie, bingo (*Engels*), sjoe, soe, eureka, skote Petoors
uitdr. geluk by die ongeluk; na reën kom daar sonskyn; in die wolke wees; in jou noppies wees; skote Petoors; uit jou vel spring; in die sewende hemel wees; elke dag het genoeg aan sy eie kwaad; wie die laaste lag, lag die lekkerste

719. Hartseer

s.nw. hartseer, huilerigheid, tranerigheid, tranedal, bedroefdheid, droefheid, droewigheid, droef(e)nis, droefgeestigheid, bewoënheid, verdriet, verdrietigheid, verdrietlikheid, weemoed, weemoedigheid, harteleed, hartewee, patos, treurigheid, treurnis, triestigheid, triets(er)igheid, somberte, bedruktheid, bejammering, selfbejammering, jammerdal, ontroering, seer,

smart, sielesmart, smartlikheid, wêreld-smart, Weltschmerz, rou, roubeklag, krokodiltrane
gehuil, huilery, tranedal, tranevloed, waterwerke, traan, geween, getjank, tjankery, skreëry, skreeuery, snik, rou snik, gejammer, gekerm, geklaag, gesanik, kreun, neulery, kreet, noodkreet, hulpkreet, gil, gegil, gillery, hartseer, treurigheid, droefgeestigheid; klaaglied, klaagsang, jeremiade
ongeluk (ongelukkigheid), ongelukkigheid, vreugdeloosheid, bitterheid, bitterte (*lekties*), moedeloosheid, moedverlorenheid, mismoed, mismoedigheid, mistroostigheid, miserabelheid, terneergedruktheid, neerslagtigheid, terneergeslaenheid, swaarmoedigheid, swartgalligheid, swaartillendheid (*ongewoon*), gebrokenheid, melancholie, melankolie, melancholiek(er)igheid, melankoliek(er)igheid, troosteloosheid, somberheid, wroeging, sielewroeging, sielswroeging, kwelsug, gekweldheid, pessimisme, défaitisme, desperaatheid, wanhoop, wanhopigheid, uitsigloosheid, depressie, versteurdheid, versteuring, morbiedheid, morbiditeit, swaarhoofdigheid, skaamte, kommer, bekommernis 651, 717, bekommerdheid, slegte luim, ontnugtering, frustrasie, ontevredenheid 721, ontsteltenis, ontstemming, ontstemdheid, misnoeë, misnoegdheid, teleurstelling, verergdheid, nukkerigheid, befoeterdheid
leed, lyding 717, pyn, pynlikheid, ellende, jammer, jammerte, smart, nood, misère, neerdrukkendheid, haglikheid, kommer, bekommernis, kommernis, teleurstelling, teleurgesteldheid, kwelling, gemoedskwelling, teenspoed, teëspoed, slag, terugslag, teenslag, teëslag, rampspoed, tragedie, tragiek, katastrofe, kataklisme, noodlot, onheil, onheilsdag, onheilsnag, skok, ramp, persoonlike ramp, natuurramp, rampspoed, rampspoedigheid, rampsaligheid, verlies, skade, beskadiging, ongeluk, motorongeluk, verkeersongeluk, treinongeluk, ongeval, besering, siekte 412, die einde van die wêreld
lasdraer, ongeluksvoël, onheilsvoël, pessimis, melancholikus, melankolikus, melancholis, melankolis

skreebalie, skreeubalie, tjankbalie, grensbalie, jammeraar, neulkous, neulpot, skreeubek, skreebek
b.nw. hartseer 717, bedroef(d), diepbedroef(d), bewoë, ontroosbaar, verdrietig, verdrietlik, droewig, droef, droefgeestig, droewiglik, seer, klaaglik, aangedaan, smartlik 717, smartryk, huilend, huilerig, tranerig, betraan(d), treurig, treurig gestem, geroer, ontroer, diep geraak, triest, triestig, triets(er)ig, lusteloos, diepbewoë
huilerig, huilend, tjankerig, tjankend, wenend, snikkend, betraan(d), hartseer, droefgeestig, treurig, grenserig, tranerig, klaaglik, neulerig, pruilerig
ongelukkig, doodongelukkig, vreugdeloos, afgehaal, bedruk, bekaf, swaarmoedig, swartgallig, bitter, moedeloos, moedverlore, mismoedig, mistroostig, beswaar(d), miserabel, erbarmlik, beklaenswaardig, beklaaglik, grys, terneergedruk, neerslagtig, terneergeslae, naargeestig, gebroke, onderstebo, gekwel(d), tobberig, tragies, knieserig, ontroosbaar, wroegend, sielswroegend, naar, somber, pateties, pessimisties, negatief, défaitisties, desperaat, wanhopig, plat, platgeslaan, geknak, gekrenk, aangekap, gekwets, seergemaak, te na gekom, verneder, gegrief, melancholies, melankolies, melancholiek, melancholiekerig, melankoliek, melankoliekerig, troosteloos, uitsigloos, depressief, swaarhoofdig, bekommerd, kommerlik, kommervol, swaartillend (*ongewoon*), morbied, desolaat, kwynend, gebroke, ontnugter, gefrustreer(d), ontevrede 721, onvergenoeg(d), misnoeg(d), vies, ontstem(d), teleurgestel(d), nukkerig, befoeter(d), dikmond, dikbek (*informeel*), beneuk(s) (*plat*), betjoings (*informeel*), betjoiings (*informeel*), betjoinks (*informeel*), betjoiinks (*informeel*), klaerig, klaend, brommerig, brommend
bedroewend, treurig, hartverskeurend, lydend, skrynend, navrant, neerdrukkend, desperaat, teëspoedig, teenspoedig, rampspoedig, haglik, rampsalig, katastrofaal, katastrofies, kataklismies, noodlottig, vernietigend, omineus, onheilspellend, skokkend
ww. hartseer wees, bedroef wees, treur, betreur, knies, verknies, rou, huil, trane stort

ongelukkig wees, ongeluk ken, ongeluk smaak, ly 717, kla, simpel voel, terneergedruk wees, neerslagtig wees, opgee, moed opgee, kwyn, wegkwyn, teleurstel
bedroef, tot trane beweeg, tot trane dryf, ongelukkig maak, ongelukkig stem, terneerdruk, ontmoedig, grief, steur, versteur, verstoor, skok
huil, snot en trane huil, uithuil, ween, beween, in trane uitbars, trane stort, snik, snotter, tjank, grens, treur, betreur, rouklaag, weeklaag, lamenteer, jeremieer, jammer, bejammer, kerm, neul, kreun, knarsetand, skree, skreeu, gil
uitdr. 'n knop in die keel kry; jou begrafnisgesig ophê; nie in die stemming wees vir iets nie; net die donker sy raaksien; dwars in die krop steek; in sak en as sit; op moedverloor se vlakte sit; op jou neus kyk; soos 'n uil op 'n kluit sit; stukkend voel; my hart bloei; dit breek my hart; krokodiltrane huil

720. Tevredenheid
s.nw. **tevredenheid**, satisfaksie, geluk 718, vreugde 718, genoeë, vergenoegdheid, ingenomenheid, bevrediging, behae, behaaglikheid, rus, rustigheid, gerustheid 619, 714, gemoedsrus, sielsrus, sielerus, sieletroos, sielevrede, onversteurdheid, onverstoordheid, konsolasie, voldaanheid, voldoening; selftevredenheid, selfgenoegsaamheid, selfingenomenheid, selfbehae, selfbehaaglikheid, selfbevrediging, selfvoldoening, selfvoldaanheid, selfvergenoegdheid
tevredestelling, gerusstelling, bevrediging, vertroosting, verademing, paaiery, inagname, inagneming, selfverwesenliking
b.nw. **tevrede**, bly 718, weltevrede, vergenoeg(d), ingenome, opgetoë, bevredig, gelukkig 718, behaaglik, getroos, gedien, voldaan, selfvoldaan, onversteurd, vredig; selftevrede, selfgenoegsaam, selfingenome, selfbehaaglik, selfvoldaan, selfvergenoegd; rustig, gerus 619, 714, gerusgestel, gesus, gepaai
bevredigend, goed, aanvaarbaar, aanneemlik, voldoende, toereikend, bevredigbaar
ww. **tevrede wees**, geen klagtes hê nie, alles hê wat jou hart begeer, tevredenheid hê, tevredenheid smaak, satisfaksie hê, satisfaksie smaak, genoeë neem, jou laat welgeval, aanstaan, in jou skik wees, ingenome wees, behae skep, behaag, behae
tevrede stel, tevredenheid gee, bevredig, beval, bevrediging gee, tot tevredenheid stem, 'n wens vervul, plesier 718, behaag, voldoen, voldoening gee, gelukkig maak 718, verbly 718, gerusstel, kalmeer, troos 716, vertroos, paai, in ag neem, konsidereer
bw. in jou skik, in jou noppies, in jou element, graag, in stille berusting
uitdr. die regte snaar (aan)raak; dit val in my smaak; dit geval my; die Kaap is weer Hollands; in jou skik wees; in jou noppies wees; ploeg met die osse wat jy het; vrede met iets hê; in die wolke wees

721. Ontevredenheid
s.nw. **ontevredenheid**, onvergenoegdheid, misnoeë, misnoegdheid, ennui, onbehaaglikheid, onvoldaanheid, bejammering, selfbejammering, negatiwiteit, bitterheid, bitterte (*lekties*), ongelukkigheid 719, omgekraptheid, wrewelligheid, moerigheid (*plat*), moer(d)erigheid (*plat*), bedonderdheid (*plat*), bedonnerdheid (*plat*), kieskeurigheid, uitgevreetheid, ontnugtering, teleurstelling, teleurgesteldheid, frustrasie, gefrustreerdheid, ontsteltenis, ontsteldheid, ontstemdheid, ontstemming, moedeloosheid, beswaardheid, gekweldheid, kwelling, sielskwelling, iesegrimmigheid, rusteloosheid
grille, fiemies, draadwerk, neukery(e) (*informeel*), kwelsug, kwerulantisme, krapperigheid, kriewelkrappers, kriebelkrabbers, eienaardighede (*meervoud*)
klag, beswaar, gemoedsbeswaar, gekla, gekanker, geknor, jeremiade, jammerdal, gemompel, gemor, gebrom, gesanik, sanikery, prutsery, gepruttel, sug, weeklag, jammerklag, klaagtoon; klaagbrief, klagbrief, klagskrif, klagstuk, kliklyn, klagtekantoor, ombudsman
onaanvaarbaarheid, onaanneemlikheid, ontoereikendheid
klaer, klaagster, klakous, kermkous, kermgat (*plat*), seurkous, morpot, moaner (*Engels, informeel*), moangat (*Engels, informeel*), kwerulant, jammeraar, lolpot, foutsoeker, neulpot, neulgat (*plat*), saniker, sanikpot, knorpot, prutselaar, pruttelaar,

pruttelkous, pruttelpot, smartvraat, doemprofeet, iesegrim

b.nw. ontevrede, onbevredig, onvergenoeg(d), onvoldaan, bitter, spytig, ongelukkig 719, bedroewend, omgekrap, misnoeg(d), onbehaaglik, teleurgesteld 717, teleurstellend, wrewelig, kieskeurig, uitgeëet, uitgevreet (*informeel*), gesteur(d), gestoor(d), afgehaal, ontnugter, moedeloos, gefrustreer(d), klaaglik, beklaaglik, ontsteld 719, ontstem(d), bedruk, dikbek (*informeel*), dikmond, beswaar(d), negatief, keelvol, sat, siek en sat, gatvol (*plat*), peuterig, pruttelrig, klaagsiek, neulerig, sanikerig, seurderig, iewerig (*ongewoon*), rusteloos

vol grille, krapperig, vol stront (*plat*), vol fiemies, iesegrimmig, sagrynig, moerig (*plat*), bemoerd (*plat*), moer(d)erig (*plat*), bedonderd (*plat*), bedonnerd (*plat*), die moer in (*plat*), de moer in (*plat*), die donder in (*plat*), de donder in (*plat*), die donner in (*plat*), de donner in (*plat*)

onbevredigend, onaanvaarbaar, onaanneemlik, onvoldoende, ontoereikend

ww. ontevrede wees, nie met iets gediend wees nie, geen genoeë neem met iets nie, mishaag, teleurstel, verkwalik, protesteer, kaveer, appelleer, kla, bekla(ag), beklae, betreur, murmureer, jeremieer, kerm, neul, jammer, jammerklaag, weeklaag, sanik, mor, mopper, tjommel, prut, sug, steun

ontevrede maak, omkrap, teleurstel

bw. tot my spyt

tw. flip (*informeel*), flippit (*informeel*), shit (*Engels, informeel*), eisj, eish, fokkit (*plat*), fok, verdomp, a nee a, nooit as te nimmer, kry koers

uitdr. hier te kort en daar te lank; steen en been kla; vol kak wees (*plat*); vol pis wees (*plat*); stof opjaag; ten hemel(e) skrei/roep; daar is 'n skroef los; ek kan dit nie veel nie; galopstuipe kry; met die stert tussen die bene; 'n bloutjie loop

722. Humor

s.nw. humor, galgehumor, toilethumor, volkshumor, grap, kwinkslag, Aprilgrap, grappigheid, snaaksigheid, lagwekkendheid, geestigheid, pikanterie, boutade, boetade, komieklikheid, kostelikheid, gevatheid, pittigheid, bekkigheid, lakonisme, gees, luim, luimigheid, belaglikheid, verspotheid, verspottigheid, bespotlikheid, harlekinade, apery, jillery, joligheid, jool, kaperjol, kapriol, rinkinkery, komedie, klug, klugspel, klugtigheid, parodie, burleske, kinderagtigheid, sotterny, sottigheid, spektakel, gekheid, geklikheid, gekkerny, gekskeerdery, hanswors(t)ery, manewales (*meervoud*), streke (*meervoud*), perkate (*lekties, meervoud*), kaskenade(s), simpelheid, dwaasheid, onnoselheid, lafheid, lawwigheid, origheid, malligheid, malheid, dolheid, eienaardigheid, koddigheid, potsierlikheid, lagwekkende

humorsin, sin vir humor

skerts, skertsery, geskerts, hansworsery, kattekwaad, streek, kwajongstreek, jongenstreek, poets, stuitigheid, guitigheid, skalksheid, ondeundheid, onhebbelikheid, gruwel, gruwelikheid, stoutigheid, tergery, terglustigheid, treitery, treitering, temptasie, vermakerigheid, plaery, plaagsug, pestery, spot, gespot, spottery, gespottery, spotterny, spotlus, spotsug, spotnaam, spotprent, uittarting, hekeling, koggel(a)ry

lag, gelag, lagbui, laggery, hilariteit, laglus, lagsiekte, skaterlag, geskater, skimplag, snuiflaggie, hoeslag, hiklag, spotlag, hoonlag, koggellag, grynslag, grimas, grimlag, grim, kekkellag, geggellag, giggel, giggelry, giggellag, giggellaggie, giggelrigheid, ginnegapery, gejuig, juiging, toejuiging, ovasie, juigtoon, gejubel, jubelkreet, jubellied

grapmaker, grapjas, maltrap, humoris, komediant, nar, hanswors, harlekyn, vermaker, sinjeur, skertser, platjie, spotter, spotvoël, uilspieël, kalant, ka(r)nallie, vabond, aartsvabond, vagebond (*ongewoon*), klipsteen, rakker, kaartman, kaartmannetjie, asjas, abjater, duiweltjie, verpesting, aapstert, niksnut(s), onnut, terggees, treiteraar, koggelaar, plaaggees, plagees, skoorsoeker, swernoot, swernoter, swerkater, ondeug, satanskind, gek, Aprilgek, karikatuur, lagger, giggelaar

b.nw. humoristies, snaaks, skreeusnaaks, skreesnaaks, snaakserig, lagwekkend, grapperig, grappig, komies, amusant, vermaaklik, geestig, geesryk, pikant, klugtig, burlesk, parodies, luimig, kostelik, gevat, puntig, pittig, bekkig, lakoniek, jolig 718, jillerig, belaglik, verspot, bespotlik, kinderagtig, gek, geklik, dwaas, mal, onnosel, laf, orig, besimpeld, simpel, eienaardig, koddig, komieklik, potsierlik, malkop, gemoedelik

stuitig, katools, stuitlik, guitig, speels, skalks, ondeund, onhebbelik, gruwelik, stout, stouterig, skertsend, tergend, terglustig, tergerig, vermakerig, spottend, spotterig, plaagsiek, plaerig, plaaglustig, kwelsiek, verpestend

laggend, laggerig, laglustig, lagsiek, glimlaggend, grinnikend, giggelrig, juigend, goedlags

ww. snaaks wees, gekskeer, grappies maak, grap, gatskeer (*plat*), skerts, jil, joel, korswel, korswil, verspot wees, skewebek trek; jou humorsin behou

terg, têre, tempteer, treiter, skoorsoek, pes, verpes, pla, koggel, tantaliseer, versondig, vertoorn, uitkoggel, uitlag, uittart, spot, die spot dryf, karikaturiseer, opwek, verlewendig

rinkink, rits

lag, skaterlag, skater, skater van die lag, uitskater, kraai, kraai van die lag, jou slap lag, doodlag, toelag, aanlag, uitlag, spotlag, skimplag, runnik, proes, proeslag, uitproes, grinnik, giggel, ginnegaap, glimlag, meesmuil, grimlag, gryns, grynslag, verkneukel, verkneuter, jubel, jubileer, juig

bw. drogies, skertsenderwys(e), vir die grap, spottenderwys, lag-lag, laggenderwys

tw. pê, hê, hoera, hoerê

uitdr. die draak steek; iemand vir die gek hou; iemand 'n poppentjie teken (*lekties*); iemand 'n poets bak; iemand se siel uittrek; iemand se siel versondig; vol dinge wees; jou 'n boggel/papie/skapie lag; in jou vuis lag; jou siek lag

723. Erns

s.nw. erns, serieusheid, dodelike erns, sedigheid, stemmigheid, soberheid, strakheid, Sondagsgesig, swaarmoedigheid, somberheid, heiligheid; versobering, verstrakking, versombering

b.nw. ernstig, serieus, doodernstig, gewigtig, stemmig, sober, nugter, gematig(d), ewewigtig, sedig, vreugdeloos, swaarmoedig, somber, humorloos, heilig; ernsmakend, versoberend, matigend

ww. iets ernstig opneem, as ernstig beskou, erns maak met iets, kop toe vat (*informeel*), verinnerlik, versomber, verstrak, jou humorsin verloor

bw. met erns, in alle erns, in volle erns, in dodelike erns, sonder grappies

tw. helaas

uitdr. alle grappies op 'n stokkie; nie met jou laat speel nie; die gemoed skiet vol; die oë skiet vol trane; jou lot bekla(ag)/beklae; 'n keel opsit; 'n knop in die keel kry

C. VERMAAK

724. Vermaak en ontspanning

s.nw. vermaak, aanlyn vermaak, virtuele vermaak, kindervermaak, volwasse vermaak, tuisvermaak, ligte vermaak, vermaaklikheid, afleiding, ontspanning, rekreasie, tydverdryf, vryetydsbesteding, stokperdjie, liefhebbery, pret, sports (*informeel*), manewales (*meervoud*), kaperjol, kaskenades (*meervoud*), plesier 718, aardigheid, sport, rekreasiesport, toertjie, goëltoertjie, oëverblindery; vermaaklikheidsbedryf, vermaaklikheidswaarde

vryetydsbesteding, ontspanning, ontspanningsaktiwiteit, avontuur, avontuuraktiwiteit; kuier, partytjie, paartie (*Engels, informeel*), fees, piekniek, kampering; teater, konsert, opvoering, uitvoering, filmvertoning, fliek (*informeel*), sirkus, televisie, dans, kaartspel; avontuur, awentuur, avontuuraktiwiteit, reksprong, bungy (*Engels*), bungysprong (*Engels*), bungee (*Engels*), bungeesprong (*Engels*), bergklim, ysklim, abseil, witwaterroei, witwatervaart, haaihokduik, haaihokduikbedryf, haaiduik

vermaakplek, restourant, restaurant, teater, filmteater, fliek (*informeel*), moewie (*lekties, informeel*), klub, dansklub, disko, nagklub, vermaaklikheidsplek, vermaaklikheidsoord, rekreasieterrein, rekreasiegebied, rekreasiepark, speelpark, speelterrein, piekniekterrein, piekniekplek, kampeerterrein, kuierplek, uitspanplek, lusoord, sportterrein, sportklub, rugbyklub, netbalklub, tennisklub, ..., oefenterrein, motorklub, vliegklub, skietklub, kameraklub, skaakklub, brugklub, geselskapklub

plesiermaker, plesiersoeker, pretmaker, kampeerder, piekniekganger, sportmens, sportman, sportvrou, avonturier, awenturier, partytjieganger, partytjiedier, kuiergas
vermaker, kunstenaar, vermaakkunstenaar, vermaaklikheidskunstenaar, vermaaklikheidster, musiekkunstenaar, verhoogkunstenaar, komediant, skerpskertser, grapjas, walgwors, nar, hanswors
b.nw. vermaaklik, prettig, pretlustig, amusant, aangenaam, gesellig, onderhoudend, ontspanne, ontspannend, avontuurlik, huislik, sosiaal
ww. vermaak, vermaak verskaf, plesier, plesier verskaf, plesier gee, genot verskaf, amuseer, verlustig; ontspan, rekreëer, pret hê, pret maak, sports maak (*informeel*), kuier, saamkuier, feesvier, partytjie hou, paartie (*Engels, informeel*), paartie hou (*Engels, informeel*), joel, jool, dans, speel, piekniek, piekniek hou, kampeer; fliek, fliek kyk, televisie kyk, fuifkyk; speletjies speel, kaartspeel; bungy spring, bungee spring, bergklim, abseil
tw. balke toe, kappityt (*lekties, informeel*)

725. Verveling
s.nw. **verveling**, verveeldheid, vervelendheid, ennui, ongeselligheid, gekwyl, monotoon, gefemel
verveligheid, eentonigheid, saaiheid, doodsheid, vaalheid, droogheid, flouheid, 'n afgesaagde onderwerp, slentergang
femelaar, peuteraar, 'n droë bokkom, 'n droë bokkem, semelknoper, droëlewer, bleeksiel, jansalie, jandooi, japie
b.nw. vervelend, vervelig, vervelerig, doodvervelig, oninteressant, vaal, eentonig, eenselwig, langdradig, uitgerek, omslagtig, afgesaag, saai, knaend, temerig 548, sieldodend, geesdodend, holrug, holruggery, alledaags, ordinêr, prosaïes, oud, flou, dood, dooierig, doods, leweloos, futloos, geesteloos, slaapwekkend, droog, dor, houterig, soutloos, laf, ou(d)bakke (*ongewoon*), oudertous (*lekties*), taai, druilerig, uitgekuier, verveeld, opgeskeep, lusteloos
ww. verveel, verveeld wees, vegeteer, sanik, semel, seur, teem, druil, femel, torring, vergal
uitdr. tot vervelens toe; ad nauseam; tot walgens toe; altyd op dieselfde snaar tokkel/speel; dit hang my by die keel uit; met jou siel onder die arm rondloop; aan iemand torring

726. Spel en sport
Die artikels oor spel en sport gee nie voor om volledig te wees nie, maar gee slegs 'n oorsig oor die terminologie.
s.nw. **spel**, speletjie, kansspel, opelugspel, vernufspel, puntespel, waagspel, kaartspel
speelterrein, speelgrond, speelplek, speelruimte
oefening, liggaamlike oefening, liggaamsoefening, kragoefening, aërobiese oefening, opwarmingsoefening, joga (oefeninge), tai chi
sport, amateursport, amateurisme, amateursokker, amateurrugby, amateurboks, amateurstoei, ..., beroepsport, professionele sport, professionalisme, beroepsokker, beroepsrugby, beroepsboks, beroepstoei, ..., buitemuurse sport, binnemuurse sport, buitemuurse tennis, buitemuurse netbal, ..., binnemuurse tennis, binnemuurse netbal, ..., somersport, wintersport, spansport; sportsoort, balsport, kontaksport, gevegsport, watersport, seiljagsport, lugsport, bergklimsport, perdesport, rensport, motorsport, renmotorsport, vegkuns, gevegskuns, skietkuns, e-sport, yssport; tweekamp, duatlon, driekamp, triatlon, vierkamp, vyfkamp, pentatlon, seskamp, sewekamp, tienkamp, dekatlon
speelwyse, reëls, spelreëls
sportwêreld, sportkringe (*meervoud*), kamp, sportkamp, sportseisoen, sportadministrasie, sportvereniging, sportstigting, kliniek, sportkliniek; sportadministrateur, promotor, sportpromotor, bokspromotor, stoeipromotor, sportman, sportvrou, sportheld, sportbeoefenaar, sportentoesias, amateur, beroepspeler, professionele sportman, professionele sportvrou, titelhouer, kampioen, wêreldkampioen; speler, sokkerspeler, rugbyspeler, tennisspeler, tennisspeelster, netbalspeler, netbalspeelster, ..., baasspeler, atleet, gimnas, ryer, joggie, jogi (jogabeoefenaar), spanmaat, maat, speelmaat, oefenmaat; span,

tuisspan, internasionale span, toerspan, toetsspan, nasionale span, provinsiale span, streekspan, dorpspan, skoolspan, seunspan, meisiespan, manspan, vrouespan, A-span, B-span, eerste span, tweede span, spanlid, spanspeler, spanspeelster, eerstespanspeler, eerstespanspeelster, tweedespanspeler, tweedespanspeelster, A-spanspeler, A-spanspeelster, uithalerspeler, uithalerspeelster, finalis, kaptein, kapteine, onderkaptein, onderkapteine, voorspeler, voorspeelster, agterspeler, agterspeelster, reserwe, reserwespanlid; afrigter, breier; sportmanskap, sportmangees; sportmalheid, sportmanie

sporttoerusting, bal, rugbybal, sokkerbal, tennisbal, krieketbal, netbalbal, hokkiebal, muurbalballetjie, bofbalbal, pluim (pluimbal), kolf, krieketkolf, stok, hokkiestok, raket, tennisraket, tafeltennisraket, muurbalraket, pluimbalraket, kopskerm, helm, valhelm, knieskerm, knieskut, beenskerm, beenskut, handskoen, sportklere, sportkleure

sportterrein, sportgronde (*meervoud*), sportgebied, stadion, sportstadion, rugbystadion, sokkerstadion, tennisstadion, oefengrond, oefenterrein, arena, gimnasium, veld, sportveld, tuisveld, speelveld, rugbyveld, sokkerveld, hokkieveld, ..., baan, atletiekbaan, renbaan, fietsbaan, sintelbaan, ..., hippodroom; veld, baanoppervlak, wenstreep, wenpaal, kantlyn, grenslyn, halflyn, doellyn, doelhok, doelpale, doelring

sportprestasie, ranglys, rangleer, punteleer, oorwinning, reeksoorwinning, verlies; kampioen, kampioenspan, wenner, wenspan, rekordhouer, rekordbreker, rekordslaner, speler van die wedstryd, speler van die reeks, victor ludorum, victrix ludorum

b.nw. baldadig, krank, professioneel, speels, sportief, sportmal

ww. speel, saamspeel, 'n speletjie speel, deelneem, aan 'n sport deelneem, 'n sport beoefen, die span haal, meeding, uitdaag, oefen; baljaar, ke(r)jakker, ravot

bw. spelenderwys, speelsgewyse, speelspeel

uitdr. 'n rekord slaan/breek/verbeter; 'n Titaniese stryd

727. Kompetisie

s.nw. kompetisie, uitklopkompetisie, sportkompetisie, rugbykompetisie, tenniskompetisie, ..., danskompetisie, spelkompetisie, boereworskompetisie, ...

wedstryd, tuiswedstryd, sportwedstryd, marat(h)onwedstryd, hoofwedstryd, voorwedstryd, vertoonwedstryd, oefenwedstryd, internasionale wedstryd, toetswedstryd, toets, toetsreeks, nasionale wedstryd, provinsiale wedstryd, afloswedstryd, ronde, rondte, eerste ronde, eerste rondte, tweede ronde, tweede rondte, ..., finale, finale ronde, finale rondte, finaal, eindronde, eindrondte, eindstryd, eindwedstryd, halfeindronde, halfeindrondte, halfeindstryd, semifinaal, semifinale wedstryd, kwarteindronde, kwarteindrondte, kwarteindstryd, uitklopwedstryd, spel, stel, nommer, uitdun, uitdunwedstryd, uitdunloop, uitdunwedren, voorgeewedstryd, voorgeewedren, spannommer, spanwedloop, proefwedstryd, proewe (*meervoud*), proef, wedloop, marat(h)on, kermesse, olimpiade, spele, wedloop, naelwedloop, ren, wedren, naelren, tydren, resies, reisies, swemwedstryd, gala, swemgala, regatta, roeiwedstryd, kampioenskap, kampioenskappe, internasionale kampioenskap, internasionale kampioenskappe, provinsiale kampioenskap, provinsiale kampioenskappe, toernooi, internasionale toernooi, provinsiale toernooi, kampioenskapstoernooi, sportfees, interskool, interskole, interskolebyeenkoms, intervarsity, sportvertoning; loslootjie

aanvang, afskop, afslaan, verloop, speeltyd, rustyd, halftyd, uitskeityd, eindfluitjie, beseringstyd, spel, samespel, agterspel, voorspel, beweging, aanval, verdediging, voorsprong, agterstand, tydopname

punte, punt, puntetelling, puntestand, telling, eindtelling, uitskeitydtelling, punte vir, punte teen, wedstrydpunt, strafpunt, drie, doel, doelskop, strafskop, strafhou, strafgooi, telkaart, puntekaart, telbord, uitslag, sportuitslag, wenpunt, wendoel, wendrie, wenhou

oorwinning, oortuigende oorwinning, loesing, kafferpak (*uiters kwetsend en rassisties*), verlies, wenner, verloorder, wenspan, verloorspan

beker, trofee, wisseltrofee, wisselbeker,

uitdaagbeker, skild
rekord, wêreldrekord, toerrekord, provinsiale rekord, persoonlike beste, voorgee, voorgif, hendikep (*Engels*)
deelnemer, speler 726, reserwe, reserwespeler, beseerde, beseerde speler, aanvaller, verdediger, span 726, opponent, teenstander, teenparty, teëparty, kampioen, kampioene, rekordhouer, finalis, wenspan, kampioenspan, verloorspan
skeidsregter, hulpskeidsregter, televisieskeidsregter, lynregter, kampioen, afsitter, arbiter, teller, tellinghouer, kommentator, sportkommentator, rugbykommentator, krieketkommentator, tenniskommentator, ...; fluitjie, skeidsregtersfluitjie, beslissing, lynbeslissing, geelkaart, rooikaart
toeskouer, sportkyker, ondersteuner, skare, kaartjiehouer, kaartjie, seisoenkaartjie, toejuiging, uitjouery
b.nw. onbeslis, skeidsregterlik, verdedigend, kompeterend
ww. speel, 'n wedstryd speel, wen, pak gee, verloor, pak kry, gelykop speel, gelykspeel, gelykop eindig, deurdring, uitspeel, tot die volgende rond(t)e deurdring, afskop, aanval, verdedig, meeding, uitdaag
woorddeel halfeind-

728. Balsporte
s.nw. balsport, balspel, bal, speelbal, oefenbal, wedstrydbal, balbesit, hou; rugby, sokker, krieket, bofbal, sagtebal, tennis, tafeltennis, tenniset, pluimbal, muurbal, strandtennis, dektennis, lacrosse, netbal, korfbal, basketbal, handbal, vlugbal, gholf, kroukie, polo, rolbal, boules, ruiterbal
b.nw. aanvallend, verdedigend, onkant, speelbaar

1. Rugby
s.nw. **rugby**, hardlooprugby, tienmanrugby, sewesrugby, raakrugby, touchrugby (*Engels*), touchies (*Engels, informeel*), voetbal, Amerikaanse voetbal, rugbywedstryd, rugbytoer, rugbytoernooi, sewestoernooi
rugbyspeler, voetbalspeler, agterhoede (rugby), agterlyn, skakel, skrumskakel, losskakel, driekwart, senter, binnesenter, buitesenter, linkersenter, regtersenter, vleuel, linkervleuel, regtervleuel, heelagter, voorspeler, vaste voorspeler, vaste manne, losvoorspeler, lostrio, voorryman, stut, vaskop, vaskopvoorryman, vaskopstut, loskop, loskopvoorryman, loskopstut, haker, slot, slotvoorspeler, flank, flankvoorspeler, kantman, vaskopflank, loskopflank, linkerflank, regterflank, agsteman, reserwe, baljagter; skeidsregter, grensregter, lynregter
rugbyveld, middellyn, middelkolletjie, kwartlyn, twee-en-twintigmeterlyn, vyfmeterlyn, tienmeterlyn, vyftienmeterlyn, doellyn, doodlyn, hoek, hoekvlag, grenslyn, kantlyn, doelpale, dwarslat, kwartgebied, doelgebied
toerusting, rugbystewel, voetbalstewel, rugbybroekie, rugbytrui, skrummasjien, rugbybal
voorspel, voorspelerspel, voorspelerbeweging, voorspelerstormloop, dryfspel, dryfbeweging, losgemaal, lynstaan, lynstaanspel, skrum, losskrum, vaste skrum, hupstootjie, losspel, vaste spel, haakwerk, agterspel, agter(lyn)beweging, hardloopkans, swenklopie, dartellopie, skêrbeweging, fopbeweging, laagvat, hoogvat, vasvat, plettervat, skopwerk, skoppery, lynskop, hoekskop, stelskop, skepdoel, skepskop, doelskop, vervyfskop, strafskop, strafdoel, skopskoen (*figuurlik*), skoonvang, speelkant, steelkant, drie, traai (*Engels, lekties, informeel*), oorstootdrie, wendrie, strafdrie, fasespel, vaste spel, losspel, aangee, vorentoeaangee
ww. aanval, verdedig, hardloop, systap, pypkan, dryf, drywe, vorentoe dryf, inklim, oorgaan, stoot, oorstoot, duik, tekkel (*Engels, informeel*), têkkel (*Engels, informeel*), tackle (*Engels, informeel*), loop, laagvat, vasvat, plettervat, doodvat, lak, dribbel, die bal dra, aangee, laat loop, vorentoe aangee, die bal afneem, druk, 'n drie druk, dooddruk, skop, inskop, afskop, skepskop, vervyf, oorskop, uitskop, hoog skop, opvolg, skrum, spring, lynstaanspring, haak, uithaak, 'n vaskop wen, die bal beheer, wegbreek, deurbreek, deurgaan, opvolg, aanslaan, onkant speel, obstruksie pleeg

2. Sokker
s.nw. **sokker**, sokkerwedstryd, sokkertoer-

nooi

sokkerspeler, voorspeler, agterspeler, verdediger, middelspeler, middelveldspeler, regterbuitespeler, linkerbuitespeler, regterbinnespeler, linkerbinnespeler, regterskakel, linkerskakel, regteragterspeler, linkeragterspeler, middelvoorspeler, middelagterspeler, doelwagter; skeidsregter, lynregter

sokkerveld, middellyn, middelkolletjie, halflyn, grenslyn, kantlyn, strafskopgebied, strafskopmerk, doel, doelhok, doelgebied, strafhoek, korthoek, langhoek; strafskop

sokkertoerusting, sokkerbal, sokkerstewel, sokkertrui

ww. aanval, verdedig, skop, dribbel, 'n doel skop, 'n doel aanteken, die bal ingooi, 'n korthoek neem, 'n langhoek neem

3. Krieket

s.nw. krieket, meerdagkrieket, eendagkrieket, aksiekrieket, kriekettoernooi, krieketwedstryd

krieketspeler, kolwer, aanvangskolwer, middelordekolwer, lae-ordekolwer, stertkantkolwer, oornagkolwer, nagwag, naguil, nie-uit-nie-kolwer, bouler, aanvangsbouler, snelbouler, blitsbouler, mediumsnelbouler, naatbouler, draaibouler, draaier, draaibalbouler, swaaibalbouler, wegbreker, bybreker, wegbreekbouler, bybreekbouler, veldwerker; skeidsregter, regbyskeidsregter, witjas

krieketveld, baanblad, krieketblad, kolfblad, kolfkampie, paaltjie, krieketpaaltjie, pen, wegpen, bypen, middelpen, balkie, dwarsbalkie, kolfstreep, stonkstreep, boulstreep, buiteveld

kriekettoerusting, krieketbal, kolf, krieketkolf, kriekethandskoen, beenskut, armskut, onderarmskut, krieketpet, kriekethelm, skermpet (krieket)

krieketspel, kolfwerk, kolfbeurt, kolfposisie, opvolgbeurt, boulwerk, boulbeurt, draaibal, draaibalboulwerk, wegbreker, wegbreekbal, bybreker, bybreekbal, vinnige bal, naatbal, opslagbal, goëlbal, volbal, streepbal, yorker, los bal, wydloper, foutbal, voetfout, balpeutery, boulontleding, lopie, loslopie, bylopie, lopietempo, lopiegemiddelde, kolfgemiddelde, hou,

dryfhou, kaphou, haakhou, verdedigende hou, grenshou, vier, ses, veldwerk, stonkkans, driekuns, beurtoorwinning, vangkans; veldplasing, aanvallende veldplasing, verdedigende veldplasing, beenkant, bykant, wegkant, paaltjiewagter, regagter, glip, glipveldwerker, eerste glip, tweede glip, derde glip, derdeman, derdemangrens, punt, gangetjie, dekpunt, ekstra dekpunt, halfweg, diephalfweg, halfby, diephalfby, langby, langbyvoor, middebaan, middebaangrens, regby, diepregby, kortby, vlakby, skerpby, diepskerpby, diepby, diepbygrens, valk

ww. kolf, blok, 'n verdedigende hou speel, slaan, dryf, haak, kap, vir 'n ses slaan, 'n grenshou slaan, boul, uitboul, uitknikker, uitkry, 'n paaltjie neem, kort boul, wyd boul, veldwerk doen, vang, uitvang, stonk, been-voor-paaltjie betrap, uithardloop, uitgee, merkie vra, verklaar, 'n beurt verklaar

4. Tennis

s.nw. tennis, tenniswedstryd, pot, strooppot, valbylpot, ontknopingspot, stel, spel, tennistoernooi, tenniskampioenskappe; tennis, tafeltennis, pingpong, tenniset, minitennis, strandtennis

tennisspeler, tennisspeelster, enkelspelspeler, dubbelspelspeler, dubbelspelmaat, dubbelsmaat, afslaner; skeidsregter, lynregter, netregter, voetfoutregter, baljoggie

tennisbaan, pluimbalbaan, enkelbaan, dubbelbaan, enkelbaanstrepe, dubbelbaanstrepe, tremspore, net, tennisnet, afslaanlyn, middelmerk, afslaanblok, afslaanbaan, linkerafslaanbaan, regterafslaanbaan, voorbaan, agterbaan, tafeltennisblad, tafeltennisnet

tennistoerusting, raket, tennisraket, tafeltennisraket, spaan, tafeltennisspaan, pluimbalraket, houtraamraket, staalraamraket, aluminiumraket, tennisbal, tafeltennisballetjie, pluim, pluimbalpluim, tennisskoen, tekkie

enkelspel, enkelspelwedstryd, enkels (*meervoud, informeel*), dubbelspel, dubbelspelwedstryd, dubbels (*meervoud, informeel*), afslaan, voorarmhou, voorhand(hou), dwarshou, dwarsbaanhou, dwarsbaanvoorarmhou, dwarsbaanrughand-

hou, skephou, valhou, vlughou, verbyhou, handrughou, rughandhou, rughou, kishou, wenhou, stroop (tennis), strooppot, stroopstel, voetfout, dubbelfout, breekpunt, stelpunt, wedstrydpunt
ww. slaan, afslaan, dien, uitslaan

5. Netbal
s.nw. netbal, netbalwedstryd, netbaltoernooi
netbalspeelster, netbalspeler, doel, hoofdoel, hulpdoel, aanvallende vleuel, verdedigende vleuel, senter, verdediger, hoofdoelverdediger, doelverdediger, hulpverdediger, hulpdoelverdediger
netbalbaan, netbalring, sentersirkel, senterderdelyn, doelsirkel, doelsirkellyn, senterderde, doelderde
netbaltoerusting, netbalbal, netbalskoene, netbalrokkie

6. Hokkie
s.nw. hokkie, yshokkie, rollemhokkie; hokkiewedstryd, hokkietoernooi, hokkietoerusting, hokkiestok, hokkiebal, beenskerm, hokkieskoen
hokkiespeler, hokkiespeelster, doelwagter, linkeragterspeler, regteragterspeler, skakel, linkerskakel, middelskakel, regterskakel, middelvoor, linkersneller, regtersneller, linkervleuel, regtervleuel
hokkieveld, hokkiebaan, doelhok, doelsirkel, sestienmeterlyn, kwartlyn, halflyn, strafmerk
hou, sestienmeterhou, strafslag, vryslaan, trustok, trustokhou, hoek, korthoek, langhoek

7. Bofbal
s.nw. bofbal, bofbalwedstryd, bofbaltoernooi
bofbalspeler, kolwer, gooier, bouler, vanger, veldwerker, eerste bof, tweede bof, derde bof, tuisbof
bofbalveld, eerste bof, tweede bof, derde bof, tuisbof, binneveld, middelveld, buiteveld
bofbaltoerusting, toerusting, bofbalkolf, bofbalbal, kolfhelm, kolfhandskoen, skeenskerm, knieskerm, borsskerm, bofbalmasker, keelskerm
kolfbeurt, gooibeurt

8. Gholf
s.nw. gholf, putjiespel, syferspel, gholftoernooi, pro-am-toernooi, putjiespeltoernooi, gholfklub; set-set, setspel
gholfspeler, gholfspeelster, nulspeler, voorgeespeler, setspeler, gholfjoggie
gholfbaan, skoonveld, bof, afslaanbof, sukkelveld, ruveld, setperk, putjie, sandkuil
gholftoerusting, gholfstok, dryfhout, drywer, eenhout, tweehout, driehout, ..., dryfyster, halfyster, setter, setstok, setyster, sandyster, kuilstok, tweeyster, drieyster, vieryster, vyfyster, ..., gholfbal, gholfsak, gholfkarretjie
afslaan, bofhou, dryfhou, naderhou, set, sethou, setwerk, sandhou, kortspel, strafhou, syfer, baansyfer, voëltjie, arend, albatros
ww. afslaan, slaan, set, 'n naderhou speel, 'n voëltjie aanteken, syfer behaal

9. Rolbal
s.nw. rolbal, oumensalbasters (*informeel*)
rolbaltoerusting, rolbal, rolbalbal, teikenbal, witte, kietie, rolbalmatjie, rolbalskoene

729. Atletiek
s.nw. atletiek, atletiekbyeenkoms, atletiekkampioenskappe, atletieknommer, baannommer, veldnommer
atletiekbaan, atletiekterrein, tartanbaan, binnebaan, buitebaan, pylvak, wenstreep, wenpaal, wegspring, wegspringblokke
atletiektoerusting, atletiekdrag, atletiekklere, atletiekbroekie, atletiekfrokkie, atletiekskoen, hardloopskoen, spykerskoen, wegspringblokke, skyf, werpskyf, diskus, gewig, spies, hamer, hoogspringpale, dwarslat, paalspringtoerusting, paal, springpaal, springstok, hekkie, stophorlosie
atletieknommer, baannommer, hardloopnommer, naelloop, middelafstand, langafstand, ultralangafstand, marat(h)on, marat(h)onwedloop, ultramarat(h)on, landloop, veldloop, veldwedloop, pretloop, pretdraf, pas, hekkies, hekkiesloop, aflos, afloswedloop, hindernis, hinderniswedloop, hinderniswedstryd, veldnommer, verspring, hoogspring, paalspring, driesprong, diskus, diskusgooi, skyfwerp, ge-

wigstoot, hamergooi, spiesgooi, tweekamp, driekamp, ...
atleet, baanatleet, veldatleet, naelloper, middelafstandatleet, langafstandatleet, pasaangeër, landloper, marat(h)onatleet, marat(h)onloper, hekkiesloper, hekkiesatleet, hindernisatleet, hoogspringer, verspringer, driesprongatleet, diskusgooier, skyfwerper, gewigstoter, hamergooier, spiesgooier, tweekampatleet, driekampatleet, ..., drawwer, hardloper, pretloper, pretdrawwer, prethardloper
ww. hardloop, draf, gooi, werp, spring

730. Gimnastiek

s.nw. **gimnastiek**, massagimnastiek, watergimnastiek, heilgimnastiek, seilgimnastiek, akrogimnastiek, akrobatiek, aërobatiek, aërobiese dans, gimnastiekvertoning, gimnastiekuitvoering, gimnastrade, gimnastiekkampioenskappe, gimnastiekvereniging; gim, gimtrim, oefening, liggaamlike oefening, aërobiese oefening
gimnastieksaal, oefensaal, trimpark, gimnastiekmat, perd, beulperd, balk, rekstok, trapbrug, trampolien, sweefstok, trapees, sweefrek, wipmat, springplank, springmat; gimnastiekuitrusting
gimnastiekoefening, aërobiese oefening, trimoefening, toertjie, gimnastiektoertjie, vloeroefening, balkoefening, sprong, springoefening, strekoefening, tuimeloefening, handstand, kopstand, hyshang, wip, sprong, skêrsprong, bol(le)makiesie, bol(le)makiesiesprong, bol(le)makiesieslag, tuimeling, duikeling, buiteling, salto, vooroorsalto, agteroorsalto, dubbele salto
gimnas, heilgimnas, vloergimnas, akrobaat, arties, sweefakrobaat, sweefarties, sweefstokarties
b.nw. gimnasties, gimnasiaal, akrobaties, trim
ww. spring, tuimel, bol(le)makiesie slaan, duikel, buitel, dans, swaai

731. Gevegsport

s.nw. **gevegsport**, (Oosterse) gevegskuns, geveg, titelgeveg, worsteling, stoeigeveg, stoeiery, boksgeveg, vuisgeveg, karategeveg, judogeveg, skietgeveg, stiergeveg, gevegstoernooi, stoeiwedstryd, stoeitoernooi, bokstoernooi, karatetoernooi, judotoernooi; gewigsklas, gewigkategorie, bantamgewig, veergewig, vlieggewig, liggewig, weltergewig, middelgewig, ligswaargewig, swaargewig, superswaargewig
stoei, stoeikuns, amateurstoei, beroepstoei, professionele stoei, rofstoei, greep, stoeigreep, kopklem, val, volstruisskop; stoeikryt
boks, amateurboks, beroepsboks, professionele boks, skopboks, hou, haakhou, hothou, opstopper, uitklophou; bokskryt, krytvloer, hoekpaal, krythoekpaal; bokshandskoen, boksstewel, boksbroekie, slaansak (boks)
Oosterse gevegskuns, judo, karate, joejitsoe, kung fu, ninjoetsoe, aikido; karate, karatepak, karateskool, dojo; judo, judopak
skerm, skermsport, skermkuns, skermles, swaardgeveg, skermkunswapens, degen, skermdegen, floret, rapier, swaard, sabel, skermhandskoen, skermmasker, skermbaadjie, borsleer, elmboogskerm
skiet, skietkuns, skyfskiet, teikenskiet, bisley, prysskiet, pistoolskiet, praktiesepistoolskiet, boogskiet, jag 373, kol, kolskoot, skut
vegter, stoeier, amateurstoeier, beroepstoeier, professionele stoeier, veergewig, veergewigstoeier, weltergewig, weltergewigstoeier, middelgewig, middelgewigstoeier, ligswaargewig, ligswaargewigstoeier, swaargewig, swaargewigstoeier, stoeispan; bokser, amateurbokser, beroepsbokser, professionele bokser, muskietgewig, muskietgewigbokser, kapokgewig, kapokgewigbokser, veergewig, veergewigbokser, bantamgewig, bantamgewigbokser, weltergewig, weltergewigbokser, middelgewig, middelgewigbokser, kruisergewig, kruisergewigbokser, ligswaargewig, ligswaargewigbokser, swaargewig, swaargewigbokser, boksspan; karateka, judoka; swaardvegter, skermmeester; skut, geweerskut, pistoolskut, skutter, boogskutter; stiervegter, matador, toreador, torero, pikador
b.nw. vuisvoos
ww. veg, stoei, worstel, slaan, uitslaan, uitklop, uittel, haak, skerm (boks), skerm (met wapens), skiet

732. Watersport
s.nw. swem, vryslag, borsslag, rugslag, syslag, kruipslag, vlinderslag, swembad, olimpiese swembad
duik, duikslag
diepseeduik, swemduik, snorkelduik, skubaduik, duikpak, snorkel, duikbril, paddavoet, gewiggordel, duiklong, duikhorlosie
waterpolo, waterpoloswembad
branderry, golfry, plankry, branderplank, gierplank, branderroei
skisport, ski, waterski, enkelski, dubbelski, springski, figuurski, sneeuski
seil, seilsport, seiljagvaart, seiljag 235, seiljagregatta, seilwedstryd, seilplankry, seilplank, valskermseil
roeisport, kanovaart, roeiklub
swemmer, swemster, duiker, duikplankduiker, platformduiker, snorkelduiker, diepseeduiker, skubaduiker, waterpolospeler, branderplankryer, vlieërplankry, vlieërplankryer, seiljagvaarder, seilplankryer, roeier, waterskiër

733. Lugsport
s.nw. vlieg, vliegsport, kompetisievlieg, wedvlug, vliegtuig 236; sweef, sweeftuig, hangsweef, vlerksweef, hangsweeftuig, vlerksweeftuig, valskermsweef, hangswewer, vlerkswewer, valskermswewer; valskermspring, valduik, vryval, valskermspringer, valskerm, hoofvalskerm, gidsvalskerm, reserwevalskerm, valskermtou

734. Perdesport
s.nw. perdesport, perderen, perdewedren, perderesies, wedrenbyeenkoms, perdespring, hinderniswedren, gimkana, dressuur; jokkie, renperd

735. Fietsrysport
s.nw. fietsrysport, fietsry, baanry, baanwedren, padwedren, fietsrymarat(h)on, fietstoer; fiets 232, renfiets, baanfiets, padfiets, bergfiets; fietsryer, fietser, naelryer, padryer, bergfietsryer; fietsbroek, fietsrybroek, fietsryhelm, fietsryhemp

736. Skaatssport
s.nw. skaatssport, skaats, rolskaats, rollemskaats, knielskaats, ysskaats, figuurskaats, sierskaats, spoedskaats, ski, sneeuski, sneeuskaats, skitoernooi, slalom; baan, skaatsbaan, rolskaatsbaan, ysskaatsbaan, ysbaan, sneeubaan; skaatstoerusting, skaats, skaatsplank, knielplank, ysskaats, figuurskaats, yshokkieskaats, spoedskaats, ski, skipak, skibril, skistewel; skaatser, rolskaatser, ysskaatser, figuurskaatser, sierskaatser, spoedskaatser, skiër, skiloper
ww. skaats, rolskaats, ysskaats, ski, skaatsplank ry, knielplank ry

737. Motorsport
s.nw. motorsport, motorren, motorwedren, produksiemotorwedren, tydren, uithouren, stampmotorwedren, motorfietswedren; renmotor, tydrenmotor, stampmotor, hitstjor; renjaer, tydrenjaer, stampmotorjaer, motorfietsrenjaer
ww. ry, jaag, uitdaag, dice (*Engels, informeel*)

738. Biljart en snoeker
s.nw. biljart, snoeker, seriestoot, karambool, bandstoot, misstoot, vierstoot, vyfstoot, ...; biljarttafel, snoekertafel, biljartstok, snoekerstok, keu, biljartbal, snoekerbal

739. Geselskapspele
s.nw. geselskapspel, spel, speletjie, pot, potjie, gelukspel, kansspel, pandspel, groepspeletjie, rekenaarspeletjie, kaartspel 740, kinderspel 741; veerpyltjies (spel), veerpyltjie, veerpyltjiebord, pyltjiebord, pyltjiesgooi, bakatel, bagatel, ringgooi, spykerbord, spykertafel, jukskei, keelspel, kegelspel, keëlbaan, kegelbaan, keël, kegel, kennetjie, vingerbord, sjoelbak, ringtennis, pensteek, penstekery, ringsteek, ridderspel, skattejag; bakspel, triktrak, bordspel, dambord, damskyf, domino, skaak, skaakspel, skaakpot, skaaktoernooi, skaakbord, koning, koningin, biskop, ruiter, perd, kasteel, pion, skuif, teenskuif, teenset, rokade, gambiet, skaakspeler; woordspel, woordspeletjie, charade, lettergreepraaisel, logogrief, blokkiesraaisel, woordbouspeletjie, krabbel, scrabble (*Engels*); kopkrapper, sudoku; blindemol, bok, bok-bok, spaansbok, sakloop, sakresies, sakslaan, vingertrek
dobbelspel, dobbelary, dobbel, dobbelsteen, dice (*Engels, informeel*), dobbelstuk,

dobbelgeld, back-gammon, roelet, roulette, poker, baccarat, dobbelmasjien; dobbelaar, croupier, kroepier
b.nw. mat, skaakmat
ww. speel, dobbel, skuif, skuiwe, stoot, skaak, rokeer

740. Kaartspel
s.nw. kaartspel, pot; brug, rummy, poker, faro, klawerjas, bingo, kanasta, canasta, baccarat, omber, pandoer, solitêr, solitaire (*Engels*), patience (*Engels*), tarot; kaartspeler, brugspeler, blindeman, oophand, pokerspeler, ...
kaart, speelkaart, 'n pak kaarte, hartens, hartensaas, hartensheer, hartensvrou, hartensboer, harteboer, ruite(ns), ruite(ns)aas, ruite(ns)heer, ruite(ns)vrou, ruite(ns)boer, diamante, klawer, klaweraas, klawerheer, klawervrou, klawerboer, skoppens, skoppensaas, skoppensheer, skoppensvrou, skoppensboer, aas, koning, heer, koningin, vrou, boer, jas, troef, troefkaart, vreetkaart, tarotkaart; speeltafel, casino
ww. kaartspeel, speel, uitspeel, naspeel, skommel, deel, uitdeel, sny, beken, doebleer (brug), redoebleer (brug), oortroef, oortroewe, renonseer

741. Kinderspel
s.nw. speelding, speelgoed, kinderspeelgoed, speeldoos, speeltuig, speelhok; pop, poppentjie (*lekties*), lappop, porseleinpop, houtpop, babapop, slaappop, teddie, teddiebeer, popgoed, poprokkie, popbed, speelgoedmannetjie, popsoldaatjie, speelgoedsoldaatjie, speelgoeddiertjie, kleios, kleiperd, dolos; speelgoedmotortjie, speelgoedvragmotor, speelgoedtrekker, speelgoedkarretjie, speelgoedtrein, speelgoedvliegtuig, modelmotortjie, modeltreintjie, ...; tol, klimtol, jo-jo, woer-woer, bal 726, speelbal, rubberbal, rugbybal, sokkerbal, tennisbal, netbalbal, strandbal, frisbee; springtou, springriem; speelgoedgeweer, propgeweer, popgeweertjie, watergeweer, waterpistool, rek, rekker, kettie, katapult, kleilat; albaster, ghoen; speelraam, klimraam, swaai, skoppelmaai, skoppermaai, wipplank, glyplank, rondomtalie, malemeule, carrousel, hobbelperd, hoepel, stelt, steltloper; legkaart, boublokkies,
klei; rammelaar, ratel, ratelaar, stootring; elektroniese speletjie, rekenaarspeletjie, videospeletjie
kinderspel, kinderspeletjie, aan-aan, frot, frotspel, abdol, ablou, ablouman, albaster, alie (*informeel*), tjakkie-tjakkie, kransie, ambraal, aspaai, blikaspaai, blindemannetjie, blindemol(letjie), bol(le)makiesie, derdemannetjie, eenbeentjie, haas-en-hond, harlekyn, hasie, hasie-oor, kat-en-muis, kennetjie, kleilat, klip-klip, knikker, knikkertjie, malieklip, maliespel, malie, pampoenspook, skoeloelie, skuitjiegooi, koei-en-kalf(ie), waterpasgooi, tik-tak-tol, tjoekie, toktokkie, tol, tolgooi, vroteier, wegkruipertjie, wiel(i)ewalie, warmpatat, dokter-dokter, skool-skool, huis-huis, ...; uittelrympie
speelplek, speelkamer, speelpark
ww. speel, ke(r)jakker, popspeel, aftel, blok, hink, hoepel, inkleur, touspring, riemspring, skommel

742. Dans
s.nw. danskuns, dans, gedans, danspassie, jakkalsdraffie, dansnommer, dansduiwel; danslus
dansparty, bal, dansbal, kostuumbal, opskop, sokkie, sokkiejol, bokjol, rave (*Engels*), danskompetisie; dansplek, danssaal, disko, dansinstituut
danssoort, moderne dans, tradisionele dans, volksdans, volkspele, moderne dans, boeredans, langarmdans, sakkiesakkie, baldans, pas de deux, lyndans, solodans, groepdans, rondedans, kontradans, koordans, aërobiese dans, oorlogsdans, gumbootdans (*Engels*), sluierdans, rituele dans, seremoniële dans, dodedans, dansoefening; ballet, balletdans, bolero, boogie-woogie, briekdans, buikdans, calypso, cancan, charleston, csardas, czardas, fakkeldans, fandango, figuurdans, flamenko, fokstrot, gavotte, geisja, gigue, habanera, hip-hop, horrelpyp, kaboeki, kadriel, klopdans, kotiljon, kotiljons, kwêla, lansers, masurka, menuet, minuet, padika, pavane, wals, vastrap, polka, tiekiedraai, polonaise, polonys, pantsula, riel, rieldans, ritteldans, rinkhalsdans, kinkeldans, ruk-en-pluk, ruk-en-rol, rock 'n' roll (*Engels*), rock (*Engels*),

twist (*Engels*), bop (*Engels*), jive (*Engels*), rumba, salsa, samba, sarabande, tarantella, seties, tango, tarantella, toi-toi, toyi-toyi, paaldans, buikdans, ontkleedans
danspas, tempo, dansritme, pirouette
danser, beroepsdanser, voordanser, danseres, dansmaat, dansgroep, rei, muurblom, balletdanser, balletdanseres, ballerina, ballerino, go-go-danser, go-go-danseres, volksdanser, rieldanser, wikkeldanser, wikkeldanseres, ritteldanser, buikdanser, ontkleedanseres, ...
ww. dans, ronddans, skoffel, skuifel, uitkap, voordans, 'n dansie maak, vir 'n dansie vra, agteropskop, gatswaai (*plat*), kwêla, wals, die baan open, pirouetteer

D. SKOONHEID
743. Mooi
b.nw. mooi, pragtig, lieflik, fraai, aanskoulik, wondermooi, wonderskoon, betowerend, fantasties, fabelagtig, asemrowend, asembenemend, subliem, spoggerig, glansend, goed 622, uitstekend, eersteklas, eersterangs, voortreflik, meesterlik, skitterend, uitstaande, besonders, keurig, esteties, sprokiesagtig, feëriek, grasieus, sierlik, artistiek, kunstig, swierig, weelderig, skilderagtig, Arkadies, pikturaal, pittoresk, tekenagtig, oulik, ougat (*informeel*), poenankies (*lekties*), hemels, hartverheffend, hartversterkend, verruk, verruklik, onweerstaanbaar, verloklik, heerlik, meesterlik, spiekeries (*Engels, informeel*)
aantreklik, aansienlik, aanvallig, bevallig, welgevallig, mooi, popmooi, beeldmooi, pragtig, skoon, beeldskoon, betowerend, fraai, ooglik, oulik, ougat (*informeel*), skatlik, skattig, lief, allerliefs, dierbaar, fraai, fleurig, fyn, besnede, besneë, klassiek, welgeskape, welgevorm(d), gebou (*informeel*), bekoorlik, sjarmant, deftig, grênd (*Engels, informeel*), la(r)nie (*lekties*), sjiek, antieksjiek, elegant, mondain, modieus, byderwets, funky (*Engels, informeel*), kunstig, aanloklik, verleidelik, verlokkend, uitlokkend, prikkelend, sensueel, sexy (*Engels, informeel*); lieftallig, liefies, beminlik, minsaam, gaaf, innemend, ordentlik, beskaaf(d), welopgevoed, goedgemanierd, sjarmant, bedagsaam, vriendelik 778

eenvoudig, ongekunsteld, natuurlik, paslik, passend, gepas, reg, juis, kolel (*ongewoon*), aangenaam, presentabel, piekfyn, keurig, smaakvol, skoon, skoonskynend, rein, versorg, fatsoenlik, onberispelik
grootskaals, grootskeeps, groot 432, reusagtig 432, monumentaal, manjifiek, majestueus, groots, groos, weids, gloriëryk, glorieus, ryk, deftig, elegant, weelderig, indrukwekkend, luuks, luuksueus imposant, imponerend, besienswaardig, skouspelagtig, luisterryk, feëriek, statig, plegstatig, trots, grandioos, koninklik, majesteitlik, magtig, pontifikaal, pompeus, pralerig, plegtig, plegmatig
s.nw. skoonheid, wonderskoonheid, mooiheid, mooiigheid, wondermooiheid, aanskoulikheid, veraanskouliking, prag, betowering, asemrowendheid, spoggerigheid, glans, voortreflikheid, besondersheid, attraksie, aardigheid, keur, keurigheid, finesse, sprokiesagtigheid, attraksie, besienswaardigheid, sprokieswêreld, towerwêreld, sublimasie, sublimiteit, grasie, sierlikheid, kunstigheid, swier, swierigheid, flair (*Engels*), panache, weelde, weelderigheid, weeldeartikel, skilderagtigheid, natuurskoon, verrukking, verruklikheid, onweerstaanbaarheid, heerlikheid, meesterlikheid; verfraaiing, versiering 745
aantreklikheid, aansienlikheid, aanvalligheid, bevalligheid, welgevalligheid, beeldskoonheid, onweerstaanbaarheid, betowering, magnetisme, mojo, fraaiheid, fraaiigheid, skatlikheid, skattigheid, welgeskapenheid, bekoorlikheid, sjarme, sjarmantheid, elegansie, sjiekheid, modieusheid, panache, byderwetsheid, verleidelikheid, verloklikheid, sensualiteit; lieftalligheid, beminlikheid, minsaamheid, gaafheid, innemendheid, ordentlikheid, beskaafdheid, welopgevoedheid, goedgemanierdheid, hoflikheid, hartlikheid, warmte, sjarme, charisma, bedagsaamheid, vriendelikheid 778; skoonheid (persoon), skone, adonis, 'n beeld van 'n mens, 'n beeld van 'n vrou, 'n beeld van 'n man, skoonheidsgevoel, skoonheidsin, skoonheidskompetisie, koningin, skoonheidskoningin, joolkoningin, visioen
eenvoud, ongekunsteldheid, natuurlik-

heid, paslikheid, keurigheid, smaakvolheid, reinheid, versorging, versorgdheid, onberispelikheid, fatsoenlikheid, betaamlikheid

praal, prag en praal, vertoon, pragstuk, vertoonstuk, glans, grasie, glorierykheid, glorie, gloor, gloria, luister, grootsheid, skouspel, skouspelagtigheid, statigheid, plegstatigheid, majesteit, weidsheid, deftigheid, elegansie, luukse, weelde, weelderigheid, weeldeartikel, swier, swierigheid, indrukwekkendheid, plegtigheid, plegmatigheid

estetikus, stilis, versierder, binnenshuise versierder; estetika, estetiek

bw. soos 'n splinternuwe sikspens, sonder weerga, fraaitjies, fyntjies

ww. mooi wees, pryk, praal, glans, skitter; bekoor, betower, bewonder, flatteer, sjarmeer

mooi maak, verfraai, versier 745, veraanskoulik, stileer

woorddeel blom-, prag-

uitdr. 'n lus vir die oog; dit streel die ore; 'n oulap se rooi maak mooi; die by wat die lekker heuning maak, steek seer; in die donker is alle katte grou

744. Lelik

b.nw. lelik, skreeulelik, skreelelik, onooglik, onaardig, aaklig, afskuwelik, afgryslik, afstootlik, weersinwekkend, vreeslik, verskriklik, verbysterend, gruwelik, grusaam, ontstellend, onthutsend, skrikwekkend, vreesaanjaend, angswekkend, angsaanjaend, horribaal (*informeel*), yslik, ontsierend, onesteties, misvorm(d), mismaak, wanskape, wanstaltig, abnormaal, gebreklik, gedrogtelik, verwronge, monsteragtig, monstrueus, grotesk, makaber, vormloos, potsierlik, afsigtelik, grou, grillerig, rillerig, grieselig, naar, walglik, mislik, goor, goorderig, morsig, smerig, smaakloos, onsmaaklik, hels, sleg

onaantreklik, lelik, skreeulelik, onaansienlik, onbekoorlik, onelegant, onopgesmuk, mismaak, seksloos

ongemanierd, onaangenaam, onvriendelik 777, onbeskof, onsmaaklik, onmenslik, heksagtig, hekserig, aanstootlik, hinderlik, vulgêr, obseen, skatologies, onwelvoeglik, onbetaamlik, laag, gemeen, laaghartig, veragtelik, verfoeilik, onbehoorlik, vals

onnatuurlik, gemaak, nagemaak, kunsmatig, geaffekteer(d), gekunstel(d), teatraal, gedwonge, gemaniëreerd, verwronge

s.nw. lelikheid, onooglikheid, onaardigheid, mismaaktheid, aakligheid, afskuwelikheid, afsku, afgryse, afgryslikheid, afstootlikheid, weersin, weersinwekkendheid, verskrikking, misvormdheid, wanskapenheid, wanstaltigheid, abnormaliteit, gebreklikheid, groteskheid, monsteragtigheid, monstruositeit, monstrum (*ongewoon*), onding, potsierlikheid, grillerigheid, walging, walglikheid, onsmaaklikheid; skending, skendery, ontsiering

onaantreklikheid, onaansienlikheid, onbekoorlikheid, onelegantheid, mismaaktheid; ongemanierdheid, onaangenaamheid, onbeskoftheid, onsmaaklikheid, onmenslikheid, aanstoot, aanstootlikheid, vulgariteit, obseniteit, onwelvoeglikheid, onbetaamlikheid, gemeenheid, veragtelikheid, valsheid

mismaaksel, gedrog, gogga, voëlverskrikker, heks, lelikerd, dierasie, misbaksel, misgewas, mamparra, bakbees, spektakel, monstruositeit, monster, spook

onnatuurlikheid, nagemaaktheid, gemaaktheid, gekunsteldheid, geaffekteerdheid, affektasie

ww. lelik wees, lelik word, verlep, verwelk; skend, mismaak, beklad, deformeer, ontluister, ontsier, verfomfaai, verfonkfaai

uitdr. so lelik soos die nag; al dra 'n aap 'n goue ring, hy bly maar nog 'n lelike ding

745. Versier

ww. versier, mooimaak, dekoreer, verfraai, opmaak, gesig opmaak, titivate (*Engels, informeel*), tittewyt (*Engels, informeel*), tooi, optooi, sier, opluister, opvrolik, smuk, opsmuk, ornamenteer, versierings aanbring, versiersels aanbring, dekorasies aanbring, festoeneer, aantreklik maak, opskik, opknap, opkikker, herstel, versien, optakel, behang, beslaan, omboor, raam, uitplak, beplak, beklee(d), stoffeer, siseleer, verf, skilder, beits, inskulp, indraai, garneer, adoniseer

aantrek, klee, verklee, aanklee, mooi aantrek, uitvat, fyn uitvat, opdress (*Engels, le-*

kties), dos, uitdos, optof, optooi, in die mode wees, die mode volg, uit die mode wees, uit die oude doos wees, aanpas

naaldwerk doen, handwerk doen, naai, stik, opstik, aanstik, vasstik, soom insit, vaswerk, aanwerk, aanheg, aannaai, ryg, vasryg, inryg, lostrek, lostorring, omboor, omkap, lap, stop, steek, steke vermeerder, steke afgooi, knip, uitknip, uitsny, plooi, brei, borduur, hekel, applikeer, kantklos, smok, watteer; ontwerp, skep

s.nw. verfraaiing, versiering, opvroliking, optooiing, ornamentasie, ornamentering, dekor, dekorasie, dekorering, kunswerk, kunsstuk, objet d'art, vertoon, praalvertoon, binnehuisversiering, blomkuns, blomsierkuns, blomversiering, blom(me)rangskikking, festoen, guirlande, gierlande, slinger (blomme), blomslinger, ikebana, houtsnee, houtsneewerk, goudsnee, goudsneewerk, skarabee, muurversiering, ornamentiek; versierkuns, sierkuns, scenografie, ornamentiek

versiering, versiersel, siersel, dekorasie, sieraad, pronkstuk, optooisel, fantasie, roset, smukwerk, blinker, geskenkpapier, versierpapier, tierlantyntjie, snuistery, galanterieë, galantereware, fieterjasies, versierinkies, siergoedjies, opsmuksel, patroon, op-en-afpatroon, ruitpatroon, blaarpatroon, ..., motief, versiermotief, arabesk, band, bies, rand, randversiering, galon, omboorsel, passement, blom, bessiewas, perlemoen, perlemoer, skulp, skulpwerk, krans, rosekrans, lourierkrans, faïence, inlegwerk, inlegsel, belegsel, inkrustasie, garnering, garnituur, garneersel

huisversiering, muurversiering, muurbehangsel, tapisserie, wandversiering, verf, verfwerk, plakpapier, paneelwerk, houtpaneel, mosaïekwerk, mosaïekversiering, fries, mat, tapyt, wandtapyt, draperie, skildery 760, afdruk, wapenskild, wapenbord, beslag, koperbeslag, goudbeslag, ornament, tossel, fasade, fronton

klere, klerasie, kleredrag, kleding, kledy, kledingstuk, drag, formele drag, informele drag, volksdrag, uitrusting, gewaad, kleed, josefskleed, skepping, modedrag, modeklere, ontwerpersklere, civvies (*Engels, informeel*), uniform, skooldrag, mondering, tooisel, optooisel, kostuum, kerkklere, netjiese klere, Sondag(s)klere, kisklere, aandklere, aanddrag, trouklere, rouklere, begrafnisklere, somerklere, somerdrag, winterklere, winterdrag, slenterdrag, slenterklere, informele klere, mansklere, vroueklere, kinderklere, babaklere, sportklere, sportdrag, stapklere, swemklere; klerestyl, modestyl, décolleté

mode, hoogmode, couture, haute couture, smaak, modegier, mansmode, damesmode, vrouemode, kindermode, somermode, wintermode; modeparade, modevertoning; modeontwerper, couturier, modemaker, modemaakster, model, mannekyn, supermodel; modepop, modeslaaf, modegek, fat; modesug, modesiekte

kledingstuk, mou, hempsmou, baadjiemou, jasmou, rokmou, driekwartmou, halfmou, pofmou, kapmou, epouletmou, raglan, raglanmou, kraag, bokraag, opslaankraag, spreikraag, matrooskraag, borssluier, skaamborsie, harlekynkraag, Peter Pan-kraag, rolkraag, polokraag, hals, halslyn, nek, V-hals, punthals, skilpadhals, boordjie, hempsboordjie, lapel, baadjielapel, jaslapel, puntlapel, pyp, broekspyp, lyf, romp, bors, borsstuk, sak, baadjiesak, broeksak, hempsak, geldsakkie, sysak, knoopsgat, epoulet, naat, pylnaat, borspylnaat, plooi, mesplooi, platplooi, stolpplooi, stapplooi, uitskopplooi, konsertinaplooi, pant, voorpant, agterpunt, rugpant, voering, slip, rokslip, gulp, gulpsluiting

vroueklere, vrouedrag, damesdrag, baadjiepak, broekpak; kraamdrag, kraamrok

mansklere, mansdrag, pak, manspak, tweestukpak, driestukpak, Sondag(s)pak, kispak, aandpak, dubbelborspak, krawat, das, strikdas

rok, hemprok, hempbloesrok, jasrok, slooprok, skederok, skedetabberd, sonrok, voorskootrok, oorslaanrok, plooirok, plooitjiesrok, tuniekrok, aandrok, trourok, dooprok, ..., jurk, tabberd, tuniek, kaftan, boerka, burka, burqa; hals, rokhals, mou, rokmou

romp, regaf romp, skederomp, oorslaanromp, Skotse romp, geplooide romp, nousluitende romp, midiromp, miniromp, broekrok, culotte, sarong, geerromp, gegeerde romp, balletrompie, tutu

hemp, langmouhemp, kortmouhemp,

kraaghemp, boordjiehemp, dashemp, oopnekhemp, kakiehemp, Madibahemp, bloes, top (*Engels*), toppie (*Engels*), oorslaanbloes, T-hemp, oorbloes, matrooshemp, bostuk; hempsmou, hempspant, hempsak, bosak, hempsknoop, kraag, hempskraag, boordjie, hempsboordjie, mouboordjie
trui, oortrektrui, knooptrui, toeknooptrui, oopknooptrui, rolkraagtrui, skilpadhalstrui, matrooshalstrui, langmoutrui, kortmoutrui, moulose trui
baadjie, sportbaadjie, enkelborsbaadjie, dubbelborsbaadjie, blazer (*Engels*), snyersbaadjie, loodsbaadjie, matroosbaadjie, leerbaadjie, skaapvelbaadjie, jakkie, jekker, windjekker, kappiebaadjie, hoodie (*Engels*), onderbaadjie; kraag, baadjiekraag, lapel, baadjielapel, slip, baadjieslip, baadjiesak, bosak, binnesak
jas, reënjas, winter(s)jas, driekwartjas, motorjas, leerjas, duffeljas, parka, mantel, skouermantel, pelerienmantel, poncho, oorjas, falie, kimono
broek, langbroek, flanelbroek, kortbroek, slenterbroek, chino, chinobroek, denimbroek, klinknaelbroek, jean(s), jannas (*meervoud, informeel*), leerbroek, velbroek, kakiebroek, spykerbroek, noupypbroek, spanbroek, leggings (*Engels*), klokbroek, wyepypbroek, pofbroek, sambalbroek, kardoesbroek, Bermuda-kortbroek, Bermuda, kniebroek, s(j)oebroekie, amperbroekie, dungaree, werkbroek, oorbroek; gulp
serp, syserp, wolserp, sjaal, tjalie, stola, skouerdoek, pasjmina, slendang, doek, kopdoek, nekdoek, bandana, sakdoek, snotdoek (*plat*), das, stropdas, strikdas
gordel, lyfband, belt (*Engels*), kruisbande (*meervoud*), gord, seintuur, koordband
nagklere, slaapklere, slaappak, pajama(s), pajamabroek, pajamahemp, slaapbroek, nagrok, nagkabaai (*lekties*), négligé, kamerjas, kamerjapon, kimono
onderklere, onderkleding, onderkledingstuk, ondergoed, vormdrag, vormkledingstuk, onderbroek, lang onderbroek, broekie, bikini-(onder)broekie, pantie (*Engels, informeel*), tanga, deurtrekker, bloomer (*Engels, verouderd*), onderrok, frokkie, onderhemp, onderlyfie, kamisool, lyf-

pak, lyfkous, bra, brassière, korset, kous, lang kous, gholfkous, nylonkous, sykous, broekiekous, dykous, visnetkous, kousbroekie, sokkie, kort sokkie, enkelsokkie
hooftooisel, hoofbedekking, hoed, kerkhoed, pildooshoed, breërandhoed, strooihoed, panama, panamahoed, sonhoed, keil, pluiskeil, pluishoed, hardebolkeil, stetson, sombrero, katot, pet, kalot, kadot, jarmoelka, skedelmus, fes, fez, koefia, kofia, mus, pelsmus, balaklawa, bivakmus, kappie, garnisoenpet, flaphoed, slaprandhoed, donkiebrekfis (*informeel*), laphoed, floppie (*lekties, informeel*), sluier, bruidsluier, medora, masker, mombakkies; bol, rand, hoedrand; hoedemaker, hoedemaakster
handskoen, aandhandskoen, moffie, kneukelhandskoen
skoeisel, skoengoed (*lekties*), voetgoed (*lekties*), skoen, manskoen, dameskoen, toerygskoen, veterskoen, insteekskoen, aanglipskoen, kerkskoen, hofskoen, hoëhakskoen, high polfaai (*Engels, lekties*), plathakskoen, platformskoen, puntskoen, slenterskoen, vel(d)skoen, vellies (*meervoud*), rampatjaan, rampatjanie, mokassin, sportskoen, oefenskoen, stapskoen, stewel, enkelstewel, stapstewel, perdrystewel, seilskoen, tekkie, tennisskoen, sandaal, plakkie, flip-flop (*informeel*), sloffie, pantoffel, balletskoen; bostuk, sool, skoensool, binnesool, hak, polvy (*verouderd*), veter, skoenveter, skoenriem (*verouderd*); skoenmaker
werk(s)klere, kantoordrag, kantoorklere, tuinklere, uniform, militêre drag, militêre uniform, oorpak, oorbroek, werkbroek, dungaree, stofjas, voorskoot 419
oefenklere, gimklere, sportklere, oefenbroek, oefenhemp, t-hemp, oefenskoene, sweetpak, sweetpakbroek, sweetpaktop, sweetband, oefenskoen, sportskoen, tekkie, sportsokkies, oefensokkies, leotard
swemklere, swemdrag, swembroek, swempak, baaibroek, baaikostuum, cozzie (*lekties, informeel*), tweestuk, bikini, bikinibostuk, bikinibroekie, tanga, deurtrekker
isolasieklere, isolasiepak, oorpak, oorskoen, gesigmasker, handskoen, oorjas,

oorhemp, oorbroek
naaldwerk, kunsnaaldwerk, kleremakery, handwerk, stikwerk, borduurwerk, lintborduurwerk, hardangerwerk, breiwerk, hekelwerk, appliek, appliekwerk, kantkloswerk, kantklossery, kerspitwerk, kruissteekwerk, smokwerk, laslapwerk, kwilt, lapwerk, stopwerk; steek, soomsteek, voorsteek, agtersteek, kettingsteek, kruissteek, omkapsteek, alkantsteek, sigsag, sigsagsteek, ankersteek, appliksteek, borduursteek, rygsteek, opnaaisel, rygdraad, patroon, rokpatroon, broekpatroon, ..., patroonontwerp, patroonboek; naald, rygnaald, stopnaald, beennaald, grootoognaald, skuifnaald, speld, kop(pie)speld, vingerhoed, vingerling, naaimasjien, omkapmasjien, maatband, maatlint, garing, gare, garetolletjie, borduurgaring, borduurgare, stopgare, stopgaring, watteersel, Velcro, velcro, klitsband; breiwerk, breinaald, breimasjien, breiwol, stopwol; kleremaker, kleremaakster, naaister, modemaker, naaldwerker, naaldwerkster, snyer; gelapte klere
sieraad, lyfsieraad, kosbaarheid, kleinood, harekam, haarband, kapselband, diadeem, haarknippie, lint, haarlint, kopdoek, tiara, tulband, hooftooisel, tooisel, strik, agraaf, juweliersware, juweel, kroon, kroonjuwele, pêrel, ring, seëlring, pinkiering, kysring, trouring, verloofring, diamantring, goue ring, silwer ring, armband, halssnoer, snoer, pêrelhalssnoer, pêrelsnoer, diamanthalssnoer, koraal, kraal, kraaltjie, string, 'n string pêrels, 'n string krale, ketting, kettinkie, halsketting, hanger, hangertjie, boa, borsspeld, kamee, roset, medaljon, horlosieketting, oorlosieketting, veiligheidspeld, gespe, gordelgespe, spang (*ongewoon*), oorbel, oorbelletjie, aanknipoorbel, krabbe(r)tjie, krawwetjie, oorkrabbe(r)tjie, oorkrawwetjie, oorhangertjie, oorring, ooryster, tongknopie, boeket, guirlande, blom, troupand, mansjet, mansjetknoop, dasspeld
mooimaakgoed 746, skoonheidsproduk, toilet 746, grimering, grimeermiddel, blosser, gesigmasker, verbloemer, onderlaag, maskara, oogskadu, lipstiffie, lipsalf, lipomlyner, lippotlood, naellak, naelverf, naelvernis; kapsel, makasterkop, haarlok,

haarvlegsel, haarwrong
versierder, versierkunstenaar, sierkunstenaar, binnehuisversierder, blommerangskikker, bloemis, bloemiste
lyfkuns, tatoeëring, lyfprieming (*ongewoon*), lyfjuwele
b.nw. versierd, mooi 743, mooigemaak, versierend, dekoratief, ornamenteel, flambojant (*soms negatief*), figuratief, gefigureer, geblom(d), geglaseer, geglasuur(d), geruit, kameeagtig, satynagtig
aangetrek, geklee, aangeklee, uitgevat, fyn uitgevat, opgedress (*Engels, lekties*), gegroom (*Engels, lekties*), opgetof, uitgedos, opgetooi, sjiek, slentersjiek, modieus, modebewus, opgesmuk, gepoeier en gepaint (*Engels, informeel*), spoggerig, formeel, informeel, modemal, fatsig, fatterig, modesiek
handgemaak, masjiengemaak, handgeborduur, masjiengeborduur, pasklaar; gelap, dikgelap

746. Persoonlike versorging
s.nw. persoonlike versorging, versorging, liggaamlike versorging, liggaamlike higiëne, persoonlike higiëne, velsorg, velversorging, haarsorg, haarversorging, grimering, manikuur, pedikuur, laserbehandeling, haarverwydering, aromaterapie; salon, skoonheidsalon, haarsalon, haarkapper, barbier, masseersalon, spa
bad(s)kamer 94, badartikel, toiletpapier, kakpapier (*plat*)
toiletartikel, toiletbenodighede, toiletware, kramery, waslap, spons, handdoek, badhanddoek, gastehanddoek, gesighanddoek, papiersakdoek, sneesdoekie, snesie, tissue (*Engels*), tiesjoe (*Engels, informeel*), tampon, sanitêre doekie, tandeborsel, tandepasta, mondspoelmiddel, tandevlos, tandestokkie, manikuurstel, naelknipper, naelskêrtjie, naelborsel, naelvyltjie, amarilstokkie, amarilstafie, amarilvyltjie, kam, haarkam, harekam, fynkam, borsel, haarborsel, haardroër, seep, toiletseep, badseep, badsoda, badsout, badskuim, badolie, seepskuim, sjampoe, haarsjampoe, medisinale sjampoe, haarmiddel, haarolie, haarlak, haarnet, skeergoed, skeerapparaat, skeermes, elektriese skeermes, skeerkwas, skeerroom, skeerseep, skeerbakkie, voetskraper,

voetkrapper
skoonheidsmiddel, kosmetiekmiddel, kosmetiese middel, kosmetiek, grimeermiddel, grimering, grimeersel, stiffie, lipstiffie, blos, rouge, maskara, oogmaskara, oogskaduwee, naellak, naelpoets, naelsmeer, naelverf, naelvernis, cutex (*Engels*), naellakverwyderaar, lekkerruikgoed (*informeel*), parfuum, parfumerie, reukwater, eau de cologne, oliekolonie (*informeel*), laventel, reukweerder, sweetweerder, olie, roosolie, attar, haarolie, makassarolie, room, koue room, velroom, nagroom, handeroom, gesigroom, vogroom, pommade, poeier, gesigpoeier, blanketsel, lyfpoeier, strooipoeier, talk, talkum, talkpoeier, talkumpoeier, voetpoeier, skoenpoeier, verbloemer, verbloemerstiffie, wenkbroupotlood
haarsalon, barbier, barbierswinkel; haarkappery, kapsel, haarkapsel, coiffure, haarstyl, karteling, kartel, haargolwing, golwing, permanente golwing, ligstreep (*Engels*), polkahare, bolla, knoes, knoets, kondee (*verouderd*); haarskêr, haarkapperskêr, kruller, haarkruller, krulpen, krulspeld, krultang, haardroër, haarspuit, sproeimiddel, spuitfles
versorger, grimeerder, grimeur, kosmetis, manikuris, pedikuris; haarkapper, haarkapster, kapper, dameshaarkapper, manshaarkapper, barbier, haarsnyer, haresnyer, haarknipper, hareknipper, friseur, stileerder, haarstileerder, coiffeur
b.nw. kosmeties, geparfumeer(d), gestileerd
ww. bad, was, sjampoe, stort, skeer, afskeer, wegskeer, grimeer, opmaak, parfumeer, kap, sny, uitdun, laat doen, kam, golf (hare), friseer (hare), manikuur, stileer

747. Styl en smaak
s.nw. **styl**, stilering, stylvolheid, goeie styl, gesofistikeerdheid, gedistingeerdheid
smaak, goeie smaak, eklektiese smaak, smaakvolheid, oordeel, goeie oordeel, verfyndheid, verfyning; kunssmaak, kunsgevoel, gevoel vir kuns, kunssin, kunssinnigheid, aftrek, allure; kunskennis, kunsbeskouing, kunsvaardigheid, kunsgenieting, kunsgenot
b.nw. **stylvol**, gesofistikeer(d), gedistingeer(d)

smaakvol, mooi 743, verheffend, aptytlik, esteties, kunstig, kunssinnig, artistiek, artisties, fyn, eklekties
ww. smaak hê, kunssmaak hê
bw. met smaak, fyntjies

748. Gebrek aan styl en smaak
s.nw. **styloosheid**, gebrek aan styl, ongesofistikeerdheid, onverfyndheid
gebrek aan smaak, swak smaak, kitsch, onverfynde smaak, onverfyndheid, barbaarsheid, onopgevoedheid 623, platvloersheid, wansmaak, afsku; filistyn, barbaar
b.nw. **stylloos**, ongesofistikeerd
smaakloos, onverfyn(d), kommin (*Engels, slengtaal*), common (*Engels*), zef (*informeel*), platvloers, barbaars, ongemanierd, onopgevoed, oordadig
ww. geen smaak hê nie, nie 'n goeie oordeel hê nie

749. Kuns
s.nw. **kuns**, kunsvorm, groot kuns, abstrakte kuns, moderne kuns, eksperimentele kuns, volkskuns, gemeenskapskuns, sierkuns, handelskuns, grafiese kuns, grafiese ontwerp, handwerk, kinderkuns, kinderwerk, prulwerk, kitsch; motief, tegniek, kunstegniek, styl; kunswaardering, kunskritiek, liefde vir die kuns, dilettantisme, dilettant, kunsliefhebber, kunskenner, kunskritikus, kunshistorikus, kunshandelaar
kunsvorm, literêre kuns, letterkunde, woordkuns, skryfkuns, romankuns, kortverhaalkuns, kortkuns, digkuns; uitvoerende kuns, toneelkuns, teaterkuns, dramakuns, rolprentkuns, mimiek, mimiekkuns, musiekkuns, sangkuns, opera, operette, musiekblyspel, ballet, moderne dans, dans 742; skone kunste, beeldende kuns, skilderkuns, vlekkuns, tagisme, tekenkuns, graveerkuns, beeldsnykuns, houtsnykuns, houtsneekuns, xilogliptiek, houtdruk, xilografie, sierkuns, découpage, beeldhoukuns, beeldhouwerk, landskapkuns, ontwerpkuns, juwelierskuns, boukuns
kunswetenskap, kunsgeskiedenis, kunsfilosofie, kunsteorie
kunsgeskiedenis, kunsperiode, primitiewe kuns, Griekse kuns, Romeinse kuns,

Romaanse kuns, ..., klassieke, renaissance, humanisme, barok, rococo
kunsrigting, rigting, kunsskool, skool, humanisme, idealisme, simbolisme, realisme, neorealisme, konstruktivisme, funksionalisme, illusionisme, surrealisme, naturalisme, klassisisme, klassisme, neoklassisme, romantiek, neoromantiek, impressionisme, ekspressionisme, romantisisme, rococo, rokoko, minimalisme, modernisme, Art Deco, Art Nouveau, sensitivisme, verisme, soömorfisme, kubisme, dadaïsme, futurisme; humanis, simbolis, surrealis, naturalis, klassisis, romantikus, impressionis, ekspressionis, romantisis, modernis, kubis, dadaïs, futuris
kunswerk, kunsvoorwerp, kunsstuk, objet d'art, kunsskat, kunsversameling, antiek, skepping, kunsproduk, museumstuk, meesterstuk, meesterwerk, komposisie, stemmingsbeeld, oeuvre; juvenilia
kunstigheid, kunssinnigheid, skeppingsvermoë, skeppingsdrang, kreatiwiteit, talent, kunstalent, kunsvaardigheid, virtuositeit, kunstenaarshand; kunsnywerheid, kunsvlyt, handwerk, handewerk
kunsmuseum, museum, museum vir skone kunste, ryksmuseum, opelugmuseum, galery, kunsgalery, kunsuitstalling, kunstentoonstelling, vernissage
kunstenaar, kunstenares, meester, kunsmeester, diva, primadonna, skepper, sierkunstenaar, arties, avant-garde, virtuoos; kunstenaarskap, kunstenaarslewe; skilder, skilderes, figuurskilder, landskapskilder, grafiese ontwerper, handelskunstenaar, beeldhouer, beeldhoudster, xilograaf, houtsnyer, landskapkunstenaar, woordkunstenaar, skrywer, skryfster, musikant, komponis; kunsliefhebber, esteet, kunsversamelaar, kunskoper, kunssinnige, kenner, kunskenner, kritikus, kunskritikus, kunskring, kunswêreld; talentjagter
ateljee, kunsateljee, studio, kunsstudio
b.nw. kunssinnig, kunstig, artistiek, skeppend, kreatief, gestileerd, kunshistories, oorspronklik, derivatief, dilettanties, ritmies, renaissansisties, abstrak, modern, eksperimenteel, idealisties, naturalisties, impressionisties, realisties, surrealisties, romanties, veristies, kubisties, dadaïsties, futuristies; onartistiek, kitsch, kitscherig

ww. kuns beoefen, skep, voortbring, modelleer, weergee, kritiseer

750. Letterkunde
s.nw. letterkunde, lettere, literatuur, lektuur, leesstof, bellettrie, volksletterkunde, volksliteratuur, wêreldletterkunde, wêreldliteratuur, klassieke, klassieke letterkunde, moderne letterkunde, epiek, mitologie, mitologisering, middelmootlektuur; boektreffer, trefferroman
skryfwerk, pennevrug, jeugwerk, juvenilia, redaksiewerk, redigering, skryfskool
literêre genre, genre, fiksie, nie-fiksie, gedig 751, digkuns 751, verhaalkuns, kortverhaalkuns, prosa, prosakuns, prosawerk, romankuns, romanliteratuur, roman, verhaal 552, storie 552, prysroman, trefferroman, sleutelroman, roman à clef, avontuurroman, spanningsroman, ridderroman, misdaadroman, speurroman, kriminele roman, krimi (*informeel*), liefdesroman, romanza, prikkelroman, hygroman, intrigeroman, familieroman, diereroman, grensroman, grensprosa, grensliteratuur, politieke roman, geskiedkundige roman, historiese roman, strekkingsroman, tendensroman, saga, sage, sagaliteratuur, sageliteratuur, riller, wetenskapsfiksie, humoristiese literatuur, humoreske, satiriese roman, novelle, kortprosa, kortkuns, kortverhaal, essay, biografie, outobiografie, lewensbeskrywing, lewenskets, pornografie, joernaal, dagverhaal, reisroman, reisverhaal, reisbeskrywing, reisjoernaal, reisboek, sprokie, drama, opstel, epistolografie, brieweliteratuur, fotoverhaal, prenteverhaal, strokiesverhaal, strokies
verhaal 552, narratief, verhaaltjie, storie 552, kinderstorie, slaaptydstorie, spookstorie, vertelling, vertelsel, volksvertelling, skets, saga, sage, dieresage, kroniek, epos, evangelie, roman, prosaverhaal, novelle, kortverhaal, allegorie, legende, liefdesverhaal, jeugverhaal, intrige, intrigeroman, grensverhaal, pastorale, avontuurverhaal, speurverhaal, riller, ridderverhaal, skeppingsverhaal, Bybelverhaal, Kersverhaal, reisverhaal, diereverhaal, jagverhaal, gelykenis, parabel, mite, fabel, feëverhaal,

fantasie, fantasieverhaal, teratologie, sprokie, dieresprokie, vervolgverhaal, radioverhaal, hoorspel, radiodrama, radiovervolgverhaal, anekdote, staaltjie, spotskrif, smartlap
teks, interteks, subteks, romanteks, dramateks, verhaal, storie, verhaalstruktuur, verhaallyn, storielyn, tema, leitmotiv, tematiese struktuur, tematologie, geraamte, agtergrond, stramien, aanloop, proloog, ontplooiing, klimaks, antiklimaks, ontknoping, epiloog, narede, dénouement, verwikkeling, wending, dialoog, karakter, hoofkarakter, held, heldin, protagonis, antagonis, antiheld, karakterisering, karaktersekts, karakteruitbeelding, karakterbeelding, eksposisie, vinjet
literêre werk, werk, geskrif, geleentheidstuk, wetenskaplike werk, wetenskaplike geskrif, boek 567, trefferboek, trefferroman, blitsverkoper, storieboek, leesboek, roman, novelle, bundel, verhaalbundel, kortverhaalbundel, digbundel 751, bloemlesing, album, versalbum, siklus, tetralogie
literêre teorie, letterkunde, letterkundige teorie, literêre studie, literatuurstudie, literatuurwetenskap, literatuurgeskiedenis, tematologie, dekonstruksie
literêre kritiek, kritiek, resensie, resensieartikel; kritikus, literêre kritikus, resensent, literêre resensent, lettersifter
letterkundige, literator, literêre figuur, bellettris, dertiger, sestiger, tagtiger, woordkunstenaar, woordkunstenares, skrywer, skryfster, medeskrywer, outeur, mede-outeur, prosaïs, romanskrywer, romanskryfster, romansier, verhaler, tragedieskrywer, epikus, novellis, kortverhaalskrywer, kortverhaalskryfster, essayis, satirikus, digter, digteres, dramaturg, hekelskrywer, veelskrywer, poligraaf, broodskrywer, prulskrywer, prulskryfster, joernalis, joernaliste, korrespondent, koerantskrywer, rubriekskrywer, redakteur, redaktrise, redaksie, stilis; skuilnaam, pseudoniem
b.nw. letterkundig, literêr, bellettristies, klassiek, modern, mitologies, literêr-teoreties
verhalend, romanesk, dramaties, episodies, dramaturgies, novellisties, humoristies, biografies, pornografies, redaksioneel

ww. skryf, skrywe, die pen opneem, na die pen gryp, skets, uitbeeld, saamstel, te boek stel, op skrif stel, dramatiseer, karakteriseer, adapteer, verwater, personifieer, ironiseer, satiriseer, parodieer, stileer, redigeer, suiwer, resenseer, ekspurgeer, bespreek, dekonstrueer, eksponeer

751. Digkuns

s.nw. digkuns, verskuns, versleer, digkunde, muse, poësie, poëtiek, epiese poësie, stemmingspoësie, elegie, elegiese poësie, allegoriese poësie, ekfrastiese poësie, volkspoësie, heldepoësie, ridderpoësie, skaldepoësie, natuurpoësie, liriese poësie, liriek, rymkuns
digbundel, versbundel, verseboek, bloemlesing
gedig, vers, beginvers, slotvers, strofe, stansa, refrein, versbou, versifikasie, verstegniek, digtrant, versreël, gedigreël, invokasie, nasang, kwatryn, oktaaf, sekstet, tersine
digsoort, verssoort, digvorm, versvorm, digtrant, gedig, vers, siklus, gedigsiklus, verssiklus, sikliese vers, sonnet, sonnetkrans, klinkdig, rondeel, triolet, distigon, tristigon, kwatryn, haikoe, gnome, pentameter, heksameter, heptameter, keerdig, keergedig, jaardig, laaggedig, geleentheidsgedig, geleentheidsvers, lofgedig, lofdig, ode, lierdig, liriese gedig, himne, ditirambe, heldelied, prysgedig, epos, epiese gedig, epiese vers, diere-epos, idille, herdersdig, pastorale, stemmingsgedig, stemmingsvers, rapsodie, madrigaal, minnedig, liefdesgedig, liefdesvers, romanse, elegiese gedig, elegiese vers, elegie, klaaggedig, klaagdig, treurdig, klaagsang, treursang, palissandryn, roudig, aleksandryn, kanto, heffingsvers, leerdig, didaktiese gedig, strekkingsvers, kreefdig, retrograde gedig, naamdig, naamvers, onomastikon, akrostigon, lettervers, puntdig, epigram, skimpdig, satire, satiriese vers, satiriese gedig, hekeldig, hekelvers, spotdig, sneldig, pantoen, Maleise volksvers, versie, knittelvers, rympie, rymsel, kinderrympie, uittelrympie, bakerrympie, tergrympie, limeriek
versritme, ritme, ritmiek, versmaat, klankmaat, metrum, prosodie, heffing, ligte hef-

fing, swaar heffing, versvoet, jambe, amfibrag, tripelmaat, trimeter, pentameter, heksameter, heptameter, anapes, daktiel, daktilus, trogee, spondee, sesuur, insnyding, enjambement, skandering

rym, rymklank, rymwoord, stoplap, assonansie, klinkerrym, alliterasie, stafrym, slagrym, beginrym, eindrym, endrym, slotrym, middelrym, dubbelrym, kettingrym, slepende rym, halfrym, wisselrym, keerrym, gebroke rym, kreupelrym, vrye vers, rymdwang

digterskap, digterlikheid, digtersiel, digwerk, inspirasie, digterlike inspirasie, muse, digterlike vryheid

digter, digteres, poëet (*soms sarkasties*), volksdigter, puntdigter, toneeldigter, sprokiesdigter, fabeldigter, lierdigter, hekelskrywer, hekeldigter, klinkdigter, psalmis, hofdigter, skald, rymdigter, rymkletser, versie(s)maker, rympie(s)maker, rymelaar, pruldigter, poëtaster, lekedigter, gnomedigter, limeriekdigter, limeriekskrywer, liedjieskrywer, liedjiesdigter, prysdigter, pryssanger, imbongi, lofsanger

voordragkunstenaar, voordraer, opsêer, rymelaar, skald; voordrag

b.nw. **digterlik**, poëties, digkundig, siklies, epies, elegies, allegories, satiries, idillies, metries, jambies, tweevoetige, drievoetig, ..., pentametries, heksametries, ritmies, prosodies, daktilies, spondeïes, trogeïes, gnomies, rymend, rymloos, allitererend, anapesties

ondigterlik, apoëties

ww. dig, rym, berym, allitereer, assoneer, enjambeer, versifiseer, rympies maak, skandeer

752. Toneel- en rolprentkuns

s.nw. **toneelwese**, toneelkuns, verhoogkuns, voordragkuns, rolprentkuns, toneel, amateurtoneel, beroepstoneel, tienertoneel, teater, amateurteater, beroepsteater, tuisteater, drama, dramakuns, dramatiek, dramatiese kuns, dramaturgie, dramakunde; toneelkritiek, toneelkritikus, toneelresensie, toneelresensent

drama, toneelstuk, eenbedryf, dramaproduksie, verhoogstuk, verhoogwerk, verhoogproduksie, dramaliteratuur, toneelliteratuur, dramateks, toneelteks, draaiboek, speeldrama, skets, leesdrama, skouspel, sensasiestuk, kostuumstuk, geleentheidstuk, spektakelstuk, sukses(toneel)stuk, analitiese drama, sosiodrama, liturgiese drama, antifoon, versdrama, monodrama, karakterstuk, blyspel, melodrama, tragedie, treurspel, treurtoneel, mirakelspel, abele spel, misteriespel, komedie, komediestuk, komediespel, tragikomedie, revue, klugspel, klug, allegorie, sinnespel, sotternie, saterspel, harlekinade, herderspel, samespraak, tweespraak, alleenspraak, monoloog, kykspel, maskerspel, gebarespel, mimiek, toneelmimiek, pantomime, pantomimiek, kabaret, hoorbeeld, hoorspel, voordrag, voorlesing, vaudeville, musikale toneelstuk, musical (*Engels*), buikspraak, buiksprekery, buiksprekerskuns; handeling, intrige, ontknoping, scenario, proloog, wending, peripetie, katastasis

optrede, produksie, virtuele produksie, aanlyn produksie, vertoning, show (*Engels, informeel*), spel, toneelspel, vertolking, dramatisering, repertoire, regie, toneelregie, rolprentregie, televisieregie, spelleiding, rolverdeling, dramatis personae, spellesing, repetisie, repetisiewerk, kleedrepetisie, kostuumrepetisie, kostumering, choreografie, mise-en-scène, toneelinrigting, scenografie, perspektiefskildering, dekor, horisondoek, agterdoek, voorgrond, agtergrond, panorama, siklorama, toneelvoorstelling, toneelaanwysing, toneelskikking, toneelverandering, toneelwisseling, toneeleffek, kalklig

toneelstuk, toneelproduksie, stuk, drama, dramaproduksie, verhoogstuk, verhoogproduksie, opvoering, toneelopvoering, opelugopvoering, eenakter, tweeakter, drieakter, trilogie, tetralogie, voorspel, tussenspel, naspel, première, gala-opvoering, gala-aand, voorvertoning, soirée, konsert, konsertstuk, variété, verskeidenheidskonsert, voordrag, program, konsertprogram, opvoerreg

bedryf, scène, eerste bedryf, tweede bedryf, ..., hoofbedryf, slotbedryf, toneel, eerste toneel, tweede toneel, ..., proloog, slottoneel, naspel, draaitoneel, tablo, tableau vivant, tafereel, dialoog, tersyde, peripetie, katastasis, keerpunt

toneelbenodigdhede, dekor, toneeldekor, toneeldekorasie, coulisse, rekwisiet, kostuum, toneelkostuum, garderobe
rolprentkuns, kinematografie, animasie, silwerdoek, rolprentbedryf, rolprentwese, rolprent, rolprentproduksie, film, fliek (*informeel*), moewie (*lekties, informeel*), klankrolprent, klankfilm, klankprent, klankfilm, stilprent, stilrolprent, kleurrolprent, kleurprent, swart-en-witrolprent, hoofprent, voorprent, lokfilm, lokprent, lokettreffer, televisierolprent, televisiereeks, tv-reeks, televisieserie, tv-serie, televisieprogram, rolprentdrama, filmdrama, film noir, sepie, soapie (*Engels, informeel*), riller, aksierolprent, aksiefilm, western (*Engels*), western-rolprent (*Engels*), skop-skiet-en-donder(-)rolprent (*informeel*), skop-skiet-en-donder(-)fliek (*informeel*), skiet-skop-en-donder(-)fliek (*informeel*), cowboyfilm (*Engels, informeel*), pornofilm, seksfilm, rolprentkomedie, filmkomedie, tranetrekker, tekenfilm, tekenprent, animasiefilm, animasierolprent, nuusfilm, dokumentêre film, dokumentêre rolprent, dokumentêr, dokkie (*informeel*), dokudrama, montasie, vertoning, rolprentvertoning, filmvertoning, filmoteek, filmjoernaal, draaiboek, klankbaan; trefferfilm, trefferreeks
rolverdeling, rolbesetting, dramatis personae, rol, personasie, hoofrol, titelrol, held, heldin, heldefiguur, protagonis, antagonis, antiheld, heldedom, helderas, byrol, agtergrondspeler, figurant, ekstra
toneelwêreld, toneelkringe (*meervoud*), toneelspeler, speler, toneelspeelster, verhoogkunstenaar, verhoogkunstenares, akteur, aktrise, ster, rolprentster, filmster, rolprentakteur, filmakteur, rolprentaktrise, filmaktrise, sepiester, pornoster, primadonna, beroepspeler, beroepspeelster, beroepsakteur, beroepsaktrise, amateurspeler, amateurspeelster, hoofrol, hoofrolspeler, hoofrolspeelster, hoofspeler, hoofspeelster, byspeler, byspeelster, vertolker, komediespeler, komediant, hanswors, pierrot, pierrette, voordragkunstenaar, mimiekkunstenaar, mimikus, pantomimis, buikspreker, toneelgroep, toneelgeselskap, repertoiregeselskap, troep, rei, spreekkoor, rolprentgeselskap, regisseur, uitvoerende regisseur, regisseuse, toneelregisseur, rolprentregisseur, rolprentvervaardiger, filmmaker, kineas, televisieregisseur, spelleier, spelleidster, produksiesekretaresse, dramaturg, dramaskrywer, tragikus, draaiboekskrywer, teksskrywer, toneelbestuurder, souffleur, souffleuse, impresario, compère, choreograaf, koreograaf, operateur, beligtingsmeester, beligtingsman, beligtingsingenieur, klankoperateur, kostumier, toneelmeester, rekwisietemeester, animasiekunstenaar, grimeerkunstenaar; toneelnaam, akteursnaam; toneelganger, teaterganger, rolprentganger, fliekganger
poppespel, poppekas, marionettekas, marionet(te)spel, marionet, handpop, draadpop, stokpop, vingerpop, poppemeester, poppespeler, marionetteur, marionetspeler
teater, skouburg, staatskouburg, amfiteater, opelugteater, verhoog, podium, estrade, speeltoneel, voorverhoog, proscenium, beligting, kollig, spreilig, verhooglig, voetlig, gordyn, toneelgordyn, verhooggordyn, skerm, orkesput, ouditorium, toneelsaal, stalles (*meervoud*), parterre (*ongewoon*), parket, galery; rolprentteater, bioskoop, fliek (teater) (*informeel*), inryteater, inrybioskoop, veldfliek (*informeel*), veldbioskoop
teaterganger, teaterbesoeker, bioskoopganger, fliekganger, fliekvlooi, filmkyker, fliekkyker
b.nw. dramaties, toneelmatig, speelbaar, teatraal, tragies, komies, tragikomies, komieklik, histrionies, improvisatories, pantomimies, rolvas, woordvas
ww. toneelspeel, speel, onderspeel, oorspeel, optree, vertolk, 'n rol speel, 'n rol vertolk, die hoofrol speel, debuteer, voordra, opsê, lees, repeteer, voorsê, souffleer, opstap, exit
dramatiseer, opvoer, op die planke bring, aanbied, voorstel, uitbeeld, aanpas, adapteer, film, verfilm, vertoon, draai, laat draai, oorklank, monteer, regisseer, enseneer, onder spelleiding staan
regisseer, regie behartig, choreografeer, kostumeer, repeteer
'n toneelstuk skryf, 'n draaiboek skryf
bw. tersy(d)e
uitdr. deus ex machina

753. Musiek

s.nw. musiek, musiekgenre, wêreldmusiek, plaaslike musiek, absolute musiek, abstrakte musiek, figurale musiek, mensurale musiek, evokatiewe musiek, treurmusiek, sekulêre musiek, klassieke musiek, barokmusiek, opera, operamusiek, koraalmusiek, koormusiek, balletmusiek, toneelmusiek, kamermusiek, salonmusiek, pastorale, pastorale musiek, kerkmusiek, gewyde musiek, gospelmusiek, beeldende musiek, hoorspelmusiek, dansmusiek, marsmusiek, optogmusiek, aubade, oubade, eremusiek, serenade, serenademusiek, programmusiek, radiomusiek, agtergrondmusiek, moderne musiek, popmusiek, boem-boem-musiek, doef-doef-musiek, rock and roll (*Engels*), rock 'n' roll (*Engels*), rock (*Engels*), ruk-en-rol, ruk-en-pluk (*informeel*), folk-rock (*Engels*), country-rock (*Engels*), indie, punk-rock (*Engels*), punk (*Engels*), punkmusiek (*Engels*), soul (*Engels*), soulmusiek (*Engels*), blues (*Engels*), rythm and blues (*Engels*), R&B (*Engels*), folk (*Engels*), folkmusiek (*Engels*), country (*Engels*), countrymusiek (*Engels*), country en westernmusiek (*Engels*), jazz, jazzmusiek, tradisionele jazz, koeljazz, hitsjazz, pantsula, reggae (*Engels*), reggaemusiek (*Engels*), Dixieland, diskomusiek, rave (*Engels*), ravemusiek (*Engels*), techno (*Engels*), technomusiek (*Engels*), trance (*Engels*), trancemusiek (*Engels*), rap, rapmusiek, rymklets, hip-hop, trom-en-bas, kwaito, ghoema, ghoemamusiek, kwela, kwêla, kwelamusiek, kwêlamusiek, tradisionele musiek, volksmusiek, boer(e)musiek, elektroniese musiek, elektrofoniese musiek, gesinkopeerde musiek, harmonie, disharmonie, musiekkultuur, melomanie; klaviermusiek, fluitmusiek, vioolmusiek, kitaarmusiek, ...; treffer, treffermusiek, trefferdeuntjie

musiekwetenskap, musiekleer, algemene musiekleer, musikologie, musiekstudie, musiekkunde, musiekgeskiedenis, historiese musiekwetenskap, vergelykende musiekwetenskap, musieketnologie, musiekargeologie, musiekpsigologie, musieksosiologie, musiekteorie, harmonieleer, vormleer, tonologie, orkesografie, himnologie, agogiek, musiekliteratuur, musieknavorsing, musiekkritiek; musiekopvoeding, musiekwaardering, musiekopleiding, musiekonderrig, musiekonderwys, musiekpedagogiek, musiekles, solfametode, solfamusiek, musiekskool, konservatorium, musiekakademie, musiekklas, musiekkamer, musiekbiblioteek

bladmusiek, bladlees, musiekdiktaat, partituur, grootpartituur, orkespartituur, sangpartituur; amusie, noteblindheid

musiektekens, notasie, musieknotasie, noteskrif, nootteken, nootsimbool, gestreepte noot, tabulatuur, musieklyn, balk, notebalk, notebalknotasie, balkskrif, sleutel, musieksleutel, sleutelteken, c-sleutel, f-sleutel, g-sleutel, solosleutel, diskantsleutel, bassleutel, mol, bémol, molteken, dubbelmol, A-mol, A-mol majeur, A-mol mineur, A-kruis, A-kruis majeur, A-kruis mineur, A-dubbelmol, A-dubbelkruis, A-mol majeur, A-mol mineur, ..., renvooi, unisoon, sekunde, terts, kleinterts, grootterts, kwart, kwint, septiem, oktet, apoggiatura, mordent, boog, koppelboog, aksent, arpeggio, rusteken, sela, ruspunt, verkortingsteken, verhogingsteken, chroma, herhalingsteken, herhaalteken, hersteltteken, kruis, dubbelkruis, twee-twee-tyd, drie-vier-tyd, vier-vier-tyd, musiekboek, musiekpapier, musiekblad, notepapier, tablatuur

musieknoot, sangnoot, noot, nootnaam, notereeks, beginnoot, endnoot, fundamentele noot, gekruisde noot, verhoogde noot, oplossingsnoot, gidsnoot, deurgangsnoot, brugnoot, heelnoot, halfnoot, halwe noot, kwartnoot, agstenoot, sestiendenoot, eenstreepnoot, tweestreepnoot, rus, halwe rus, agste-rus, sestienderus, arpeggio, drieklank, triool, sameklank, sekwens, solfanotasie, solmisasie, do, re, me, fa, sol, la, ti

toon, toontrap, toonsoort, toongeslag, toonaard, aardsvreemde toonaard, toonsterkte, stygende toon, crescendo, dalende toon, decrescendo, toonwaarde, mensuur, toonafstand, heffing, toonheffing, toonopvolging, toonval, toonmeter, toonleer, toonladder, toonskaal, gamma, majeurtoonleer, majeurtoonladder, groottertstoonleer, groottertstoonladder, mineurtoonleer, mineurtoonladder, kleintertstoonleer, kleintertstoonladder, diatoniese toonleer, pentatoniese toonleer, agttonige toonleer, oktotoniese toonleer, twaalftonige toonleer, duodesimale toonleer, paralleltoonleer, toonskaal, scala, toonomvang, diapason, interval, kwint, kruiskwint, oktaaf, grootoktaaf, kleinoktaaf, onderoktaaf, diskant, toontrap, kontrapunt, tonaliteit, politonaliteit, chromatiek, timbre, klankkleur; toonsoort, toongeslag, hooftoonsoort, hooftoonaard, diatoniese toon, stamtoon, heel toon, halwe toon, dis, hooftoon, grondtoon, dominant, tonika, middeltoon, tussentoon, ondertoon, bytoon, eerste toontrap, negende toontrap, none, terts, majeur, majeurtoonsoort, groot terts, majeurakkoord, mineur, mineurtoonsoort, afgeleë toonsoort, klein terts, akkoord, grondakkoord, deurgangsakkoord, brugakkoord, a-akkoord, b-akkoord, c-akkoord, ..., oktaaf, bo-oktaaf, tremolo, tremulant, triltoon

maat, maatslag, tydmaat, tempo, maatstreep, ritme, ritmiek, kadans, tweeslagmaat, drieslagmaat, tripelmaat, vierslagmaat, interval, chroma, chromatiese interval, chromatiek; metronoom, metrometer, maatstok

dinamiek, dinamiese teken, klanksterkte, luidheid, hardheid

musiekversameling, plateversameling, platebiblioteek, diskoteek, disko, fonoteek; speellys; diskotekaris, platejoggie, disk jockey (*Engels*), DJ (*Engels*)

musiekwetenskaplike, musikoloog, himnoloog, musiekkenner, musiekliefhebber, musiekentoesias, melomaan; musikant 755

b.nw. musikaal, melodies, liries, himnies, harmoniek, harmonieus, harmonies, disharmonies, ritmies, tonaal, tonies, atonaal, diatonies, chromaties, intermediêr, kontrapuntaal, figuraal

ww. musiseer, musiek maak, musiek ken, musiek skryf

bw. più (meer), mezzo (half), larghissimo (baie stadig), largo (stadig), larghetto, adagio (stadig), adagietto (nie so stadig nie), adagio ma non troppo (nie te stadig nie), lento (stadig), lamento (klaend), lamentoso (klaend), dolente (droewig), dolendo (droewig), doloroso (droewig), mesto (droewig), lacrimoso (wenend), pesante (swaar), ritenuto (stadiger), ritardando (stadiger), rallentando (stadiger), andante (matig), andantino (vinniger of stadiger as andante), moderato (matig), scherzo (skertsend), scherzando (lighartig), scherzoso (lighartig), scherzino, scherzetto, allegretto (taamlik opgewek, vinnig), allegro (opgewek, vinnig), allegro assai (baie opgewek), allegro molto (baie opgewek), allegro moderato (matig opgewek), allegrissimo (baie vinnig), allegro vivace (opgewek en lewendig), allegro con fuoco (opgewek en vurig), più mosso (vinniger), più tosto (ietwat vinniger), accelerando (vinniger), affrettando (vinnig versnellend), presto (vinnig), prestissimo (uiters vinnig), tremolo, vibrato, pizzicato (getokkel), forte (hard), fortissimo (baie hard), tutta la forza (met al die krag), tutte le corde (met al die snare), tutti (alles), poco forte (effens hard), mezzo forte (half hard), forte-piano (hard-sag), mezzo piano (half sag), più forte (harder), vigoroso (lewenslustig), impetuoso (onstuimig), imperioso (gebiedend), furioso (rasend), ardente (vurig), animato (geanimeerd), con anima (met besieling), con bravura (met glans), deliberato (beslis), determinato (beslis), con brio (met geesdrif), con spirito (met geesdrif), con vito (lewendig), crescendo (toenemend in toonsterkte), kressendo, decrescendo (afnemend in toonsterkte), sforzando (forserend), rinforzando (versterkend), calando (afnemend in tempo), diminuendo (afnemend in toonsterkte), perdendo (verlorend), morendo (wegsterwend), poco (bietjie), poco à poco (bietjie-vir-bietjie), piano (sag), pianino ('n bietjie sag), pianissimo (baie sag), più piano (sagter), calmato (kalm), bisbigliando (fluisterend), cantabile (sangerig), cantando (singend), grazioso (grasieus), affettuoso (ontroerend), amabile (liefdevol), amoroso (liefdevol), con amore (met liefde), passionato (passievol), appasionato (hartstogtelik), caldo (warm), con calore (met warmte), espressivo (uitdrukkingsvol), con affetto (met ontroering), delicato (delikaat), rubato (variasie), sotto voce (met gedempte stem), dolce (soet), da capo (van die begin af), maestoso (majestieus), pomposo (met prag en praal), sostenuto (gedrae),

tenuto (gerek), continuo (aanhoudend)
woorddeel musiek-

754. Komposisie
s.nw. komposisie, toonsetting, beryming, verwerking, bewerking, setting, transkripsie, transposisie, orkestrasie, instrumentasie, klankskildering, repertoire
musiekstuk, komposisie, musiek 753, studie, opus, libretto, koloratuur, geleentheidstuk, kapries, caprice, simfonie, concerto, konsert, ensemble, suite, opera, operette, kantate, musiekdrama, etude, étude, sonate, vioolsonate, sonatine, toccata, serenade, chanson, kanon, rapsodie, divertimento, rondo, requiem, koraal, koraalmusiek, fuga, fugato, ballade, madrigaal, fantasie, fantasia, pastorale, nokturne, naglied, capriccio, scherzo, menuet, pavane, masurka, polka, polonaise, polonys, wals, mars, parademars, treurmars, dodemars, potpourri, quodlibet, kontrapunt, klavierstuk, kitaarstuk, vioolstuk, ...; duet, trio, terset, kwartet, kwintet, sekstet, septet, oktet; melodie, harmonie, wysie, danswysie, kenwysie, klingel
beweging, passasie, introduksie, ouverture, prelude, preludium, voorspel, voorslag, interlude, interludium, intermezzo, tussenspel, diludium, kadans, kadens, cadenza, finale, naspel, slotakkoord, largo, adagio, andante, allegro, allegretto, party, partisie, orkesparty, obligaat, solo, soloparty, aria, tenoorparty, glissando, leitmotiv, motief, tema, variasie, variasie op 'n tema
komponis, musikant, musikus, maestro, librettis, rapsodis, toonsetter, verwerker, toondigter, liedjieskrywer
b.nw. filharmonies, harmonies 10, musikaal
ww. komponeer, verwerk, berym, instrumenteer, orkestreer, simfonieer, toonset, transponeer, dut, harmoniseer, improviseer

755. Uitvoering
s.nw. uitvoering, musiekuitvoering, musiekproduksie, revue, konsert, galakonsert, extravaganza, ekstravaganza, promenadekonsert, middagkonsert, aandkonsert, serenade, musiekaand, somerkonsert, opelugkonsert, simfoniekonsert, simfonie, strykkonsert, vioolkonsert, klavierkonsert, fluitkonsert, tripelkonsert, boeremusiekkonsert, popkonsert, jazzkonsert, rockkonsert, musiekfees, sangfees, popfees, jazzfees, show (*Engels, informeel*), interpretasie, begeleiding, orkesbegeleiding, klavierbegeleiding, toegif, encore; musiek, konsertstuk, verhoogstuk, nommer, musieknommer, sangnommer, instrumentale nommer, orkesnommer, glansnommer, toegifnommer, versoeknommer, spel, klavierspel, vioolspel, snarespel, kitaarspel, ..., orreluitvoering, klavieruitvoering, kitaaruitvoering, ...; skouburg, konsertsaal, odeon, verhoogkuns
harmoniëring, harmonie, sinkopasie, sinkopee, fanfare, ad libitum, diskordansie, diskordant, dissonansie, wanklank, aanslag, arpeggio, spiccato, toon 753, toonkleur
musiekgeselskap, musiekkorps, operageselskap, orkes, simfonie-orkes, stadsorkes, radio-orkes, kamerorkes, konsort, strykorkes, strykkwartet, strykkwintet, blaasorkes, slagorkes, perkussie-orkes, jazzorkes, poporkes, popgroep, band (*Engels*), rockband (*Engels*), boereorkes, duet, duo, trio, terset, kwartet, kwintet, sekstet, septet, oktet, kombo, koor 757, sanggroep 757; orkesformasie, oudisie
verhoogkunstenaar, musikus, musikant, straatmusikant, solis, soliste, begeleier, begeleidster, virtuoos, instrumentalis, instrumentis, klavierspeler, orrelis, orreliste, stryker, violis, violiste, kontrabas, basvioolspeler, tjellis, tjelliste, blaser, fluitspeler, fluitblaser, fluitis, trompetspeler, klarinettis, trombonis, kitaarspeler, baskitaarspeler, dromslaner, dromspeler, tromslaner, tromspeler, trommelslaner, timpanis, keteltromspeler, tamboer, poukenis, poukslaner, klokkenis, klok(ke)speler, beiaardier, klaviersolis, sanger 757, sangeres 757, maestro, dirigent, orkesdirigent, koordirigent, gasdirigent, konsertmeester, orkesmeester, orkesleier, interpreteerder; dirigeerstok
konsertganger, operaganger
b.nw. orkestraal, instrumenteel, sangerig, vyfstemmig, sesstemmig, ..., instrumentaal, toonvas, welluidend, melodies,

diskordant, dissonant

ww. musiek maak, musiseer, speel, be=
speel, saamspeel, voorspeel, begelei, slaan,
aanslaan, stryk, blaas, fraseer, interpre=
teer, improviseer, intoneer, moduleer, fan=
taseer, kietel, kwint, moduleer, rus, diri=
geer, lei

bw. a cappella, sonder begeleiding

756. Musiekinstrument

s.nw. musiekinstrument, instrument; mu=
sikant, instrumentalis, instrumentis
klawerinstrument, klawerbordinstrument,
klavier, piano, pianoforte, forte-piano,
honkietonkklavier, blikklavier, staankla=
vier, regopklavier, dwergklavier, pianino,
vleuelklavier, vleuel, groot vleuelklavier,
konsertvleuel(klavier), dwergvleuelklavier,
elektriese klavier, klawerbord, sleutelbord,
orrel, pyporrel, kerkorrel, huisorrel, elek=
troniese orrel, orgatron, waterorrel, harmo=
nium, serfyn, traporrel, musiekie, trap=
musiekie, klavesimbel, klavichord, vir=
ginaal, Italiaanse virginaal, spinet, akkor=
deon, trekklavier, pensklavier, flottina,
konsertina, psalmpompie (*skertsend*), har=
monika, glasharmonika, melodika, mbira,
vingerharp, duimharp, duimklavier; kla=
vierspeler, klavierspeelster, pianis, pianiste,
klaviersolis, orrelis, orreliste
klavieronderdeel, klavierkas, musiek=
staander, klawerbord, toetsbord, klavia=
tuur, stom klaviatuur, klawer, toets, wit
klawer, swart klawer, klaweraksie, hamer,
tangent, klaviersnaar, stemskroef, druk=
staaf, pedaal, trapper, harde pedaal, sagte
pedaal, sostenutopedaal; orrelonderdeel,
pypwerk, pyp, orrelpyp, baspyp, figurant,
labiaalpyp, blaasbalk, windkas, windbuis,
windklep, klawerbord, toetsbord, klavia=
tuur, verdeelde klawerbord, verdeelde kla=
viatuur, klawer, toets, pedaalklawerbord,
orrelpuntklawer, swelpedaal, orrelregister,
diapason, registerknop, drukknop
snaarinstrument, strykinstrument, tok=
kelinstrument; viool, altviool, viola, altvi=
ola, kontrabas, basviool, gamba, dwerg=
gamba, tjello, dwergtjello, lier; kitaar,
ghitaar, Engelse kitaar, Spaanse kitaar,
Hawaiïese kitaar, sessnaarkitaar, twaalf=
snaarkitaar, elektriese kitaar, kitara, ban=
jo, mandolien, mandoline, ramkie, ram=
kietjie, ukelele, luit, lier, balalaika, harp,
eolusharp, windharp, psalter, siter, buis=
siter, ghoera, stonthol, stontol; stryker, vio=
lis, violiste, kontrabas, basvioolspeler,
tjellis, tjelliste, harpenaar, harpenis, harp=
speler, kitaarspeler, baskitaarspeler
vioolonderdeel, klankkas, klankbodem,
klankbord, nek, greep, stempen, stem=
skroef, kam, vioolkam, snaar, vioolsnaar,
strykstok; kitaaronderdeel, klankkas,
klankbodem, klankbord, klankopening,
klankgat, kitaarnek, kitaarbalk, stempen,
stemskroef, snaar, kitaarsnaar, staalsnaar,
nylonsnaar, dermsnaar, katderm, G-snaar,
E-snaar, cantino, kwint, plektrum (kitaar),
tokkelaar (plektrum)
blaasinstrument, houtblaasinstrument,
koperblaasinstrument, trompet, klaroen,
korttrompet, dwergtrompet, Bach-trom=
pet, kornet, tromboon, skuiftrompet, alt=
tromboon, beuel, tuba, kontrabastuba,
Franse horing, klarinet, altklarinet, sak=
sofoon, saxofoon, baritonsaksofoon, ho=
ring, bashoring, sakshoring, saksbeuel,
saxhoring, saxbeuel, alpehoring, wald=
horing, jaghoring, ramshoring, franse ho=
ring, sjofar, fagot, kontrafagot, hobo, alt=
hobo, Engelse horing, baritonhobo, fluit,
basfluit, dwarsfluit, blokfluit, altblokfluit,
herdersfluit, skalmei, calamus, flageolet,
piccolo, penniefluitjie, panfluit, rietfluit,
bamboesfluit, mirliton, mondfluitjie, bek=
fluitjie, mondharmonika, oktaaffluitjie,
kwelafluit, kwêlafluit, doedelsak, Skotse
doedelsak, horrelpyp, harmonika, glas=
harmonika, ocarina, basuin, trompie, sjo=
far, vuvuzela; blaser, koperblaser, trom=
petspeler, trompetblaser, tromboonspeler,
klarinettis, horingblaser, horingspeler,
hoboïs, hobospeler
mondstuk, demper, toondemper, sour=
dine, sordino
slaginstrument, konkussie-instrument,
slagwerk, trom, drom, bastrom, basdrom,
tenoortrom, tenoordrom, bongotrom,
bongodrom, bokaaltrom, bokaaldrom,
snaartrom, snaardrom, keteltrom, ketel=
drom, timpani, pouk, timpano, tamboer,
tamboeryn, simbaal, klokkespel, kariljon,
beiaard, glockenspiel, altglockenspiel,
klok, klokkie, ghong, aambeeld, bekken
(slaginstrument), xilofoon, metallofoon,

xilo-metallofoon, ghoema, ghoematrom, ghomma, marimba, djembe, djembetrom, djembedrom, Orff-instrument, driehoek, triangel, kastanjet, klepper; bel, bengel (klok), klepel; tromspeler, tamboerslaner, poukenis, poukslaner, beiaardier, beiaardierskuns, klokkenis
elektrofoon, klaviatuurelektrofoon, sintetiseerder, woer-woer
musiekdoos, musiekdosie, speeldoos, blêrkas, jukebox (*Engels, informeel*), draaiorrel, pianola, pianista (outomatiese klavier), fonograaf, grammofoon, grammofoonspeler, grammofoonnaald, gramradio, radio, hoëtroustel, ghetto blaster (*Engels, kwetsend, informeel*), draaitafel, kassetspeler, kompak(te)skyfspeler, CD-speler, mp3-speler, oorfone (*meervoud*); plaat, langspeelplaat, langspeler, kortspeelplaat, kortspeler, grammofoonplaat, kompak(te)skyf, cd
stemvurk, stemyster, stemhoring, stemvurkklavier, stemstang
b.nw. instrumentaal, bespeelbaar, pianisties, sewesnarig, tiensnarig, tweesnarig
ww. speel, bespeel, blaas, fluit, stryk, viool speel, kitaar speel, tokkel, slaan, roffel, tamboer, stem, instem, snaar, besnaar, bespan

757. Sang
s.nw. sang, sangkuns, psalmodie, kanto, canto, volksang, sangoefening, solfège, solfeggio, solmisasie, vokalisme, vokalisasie; sangskool, sangakademie, sangopleiding, sangkursus, sangles
lied, sang, voorsang, gesang, sangnommer, sangstuk, monodie, wysie, sangwysie, volksang, volkswysie, volksliedjie, melodie, opera, aria, ouverture, pastorale, rapsodie, ballade, ballade-opera, villanelle, kantate, kerkkantate, koraal, koraalgesang, koraalkantate, koraalmusiek, koorlied, beurtsang, antifoon, kabaretlied(jie), chanson, luisterlied(jie), poplied(jie), countryliedjie (*Engels*), ..., treffer, trefferliedjie, vreugdelied, vreugdesang, jubellied, triomflied, oorwinningslied, strydlied, klaaglied, klaagsang, treurlied, treursang, môrelied, aubade, oggendlied, serenade, aandlied, naglied, feeslied, kerksang, kerklied, kerkgesang, motet, kantiek (*ongewoon*), psalm, psalmgesang, himne, halleluja, hallelujalied, gospellied, Kerslied, dankgesang, danklied, loflied, lofsang, pryslied, pryssang, ditirambe, volkslied, nasionale lied, vredeslied, strugglelied (*Engels*), liefdeslied, minnelied, madrigaal, wiegelied, wiegeliedjie, siembamba, slaapliedjie, slampamperliedjie, welkomslied, drinklied, oeslied, straatliedjie, straatwysie, studentelied, gondellied, ghoemalied, ghommalied, moppie, klingel; liriek, vers, koeplet, melisme
sanguitvoering, sangkonsert, konsert, variété, gesang, solo, solosang, koloratuur, koorsang, reisang, beurtsang, kanon, kettingsang, rondelied, teësang, mensurale sang, opera, opera-aand, operette, a cappella-sang; sangfees, sangaand, sangwedstryd, musiekprogram, treffersparade, rasie, sangoefening
sangstem, stem, stemomvang, stembereik, sopraan, mezzosopraan, falsetto, alt, alto, alto lirico, kontralto, contralto, tenoor, liriese tenoor, heldetenoor, bariton, bas-bariton, bas, buffo-bas, basso profundo, eerste stem, tweede stem, diskant, derde stem; stemomvang, tessitura, tessituur, register, intonasie, intonasiepatroon, toonvastheid, goeie stem, sterk stem, vals stem, falset, kopstem; eenstemmigheid, eentonigheid, monotonie, meerstemmigheid, veelstemmigheid, meertonigheid, veeltonigheid, polifonie, melismatiese draai, stemglyding, karienkel (*lekties*)
sangkunstenaar, sanger, vokalis, singer, voorsanger, voorsinger, solosanger, solis, tenoor, tenoorsanger, bariton, baritonsanger, bas, castrato, sangeres, kantatrise, diva, sopraan, mezzosopraan, alt, koloratuursangeres, koloratuursopraan, konsertsanger, konsertsangeres, operasanger, operasangeres, soubrette, kantor, koorsanger, koorsangeres, koorlid, kabaretkunstenaar, kabaretsanger, minnesanger, minstreel, troebadoer, jongleur, neuriesanger, sniksanger, kreunsanger, jodelsanger, popsanger, popsangeres, rocksanger, rocker (*informeel*), folksanger, countrysanger, bluessanger, rapsanger, rapper, rymkletser, kletsrymer, skerpskertser, hip-hop-kunstenaar, soulsanger,

beroepsanger, chanteur, chanteuse, lof=sanger, pryssanger, imbongi; operaster, popster, rockster, ...
sanggeselskap, koor, rei, mannekoor, dameskoor, kinderkoor, seunskoor, meisieskoor, monnikekoor, nonnekoor, operageselskap, operakoor, a cappella-koor, duet, duo, tweesang, trio, kwartet, kwintet, sekstet, septet, oktet, koorknaap, koorleier, korifee, sangmeester, rasieleier
b.nw. vokaal, melodies, sangryk, sangerig, meerstemmig, veelstemmig, tweestemmig, meertonig, veeltonig, polifoon, eentonig, monotoon, kontrapuntaal, nootvas, toonvas, vals
ww. sing, 'n lied aanhef, uit volle bors sing, uitsing, besing, toesing, voorsing, saamsing, harmoniseer, psalmodieer, intoneer, neurie, slampamper, jodel, kwinkeleer, kweel, koer, tril, dreun, brom, brul, kletsrym (*Engels rap*), dreunsing, noot hou, een noot hou, vals sing
bw. van die wysie af, a cappella, sonder begeleiding, sotto voce

758. Beeldende kuns
s.nw. beeldende kuns, beeldhoukuns, beeldhouwerk, skilderkuns, tekenkuns, fotografie 268, grafiese kuns, grafiese ontwerp, handelskuns, houtsnykuns, graveerkuns, punteerkuns, tapisserie, tapisseriewerk, appliekwerk, applikatuur, batik, rommelkuns, ikonografie, chrisografie, perspektief, perspektiefleer; kunsskool, kunsakademie, atelje, kunsateljee
beelding, afbeelding, uitbeelding, voorstelling, allegorie, komposisie, beeld, beeldhouwerk, gesnede beeld, gelykenis, figuur, naakfiguur, skildery, portret, portretskildery, tekening, skets, graveerwerk, replika, afgietsel, reliëf, hoogreliëf, piëta
b.nw. beeldend, ikonografies, besnede, besneë, gesnede, perspektiwies, figuraal
ww. afbeeld, uitbeeld, voorstel, weergee, naboots, verbeeld, afskadu, beeldhou, uitbeitel, skilder, afskilder, teken, 'n tekening maak, skets, 'n skets maak, afteken, nateken, oorteken, graveer, punteer

759. Tekenkuns
s.nw. tekenkuns, tekene, diagrafie, ontwerpkuns, stereografie, stilografie, kartering, kartografie, tekenmetode, tekenles, tekenmeester, tekenonderwyser, tekenskool
tekenwerk, tekening, skets, ets, prent, tekenprent, inkleurprent, vryhandtekening, potloodtekening, potloodskets, pentekening, pensskets, pen-en-inktekening, pen-en-wastekening, houtskooltekening, pasteltekening, profieltekening, silhoeët, perspektieftekening, rotstekening, sjabloondruk, spotprent, karikatuur, strokie, strokiesverhaal, illustrasie, natekening, ontwerp, ontwerptekening, delineasie, lyntekening, plan, grondplan, terreinplan, kontoer, kontoertekening, diagram 565, figuur, skema, tekenskrif, tekenvoorbeeld; aansig, vooraansig, syaansig, bo-aansig, onderaansig, kontoer, krabbel, omtrek
tekenbehoeftes, tekengereedskap, tekeninstrument, potlood, pen, tekenpen, stiffie, tekenstif, kryt, waskryt, tekenkryt, inkleurkryt, crayon, inkleurpotlood, pastel, houtskool, ink, tekenink, verf, sepia, sjabloon, pantograaf, mikrograaf, liniaal, tekendriehoek, passer, skerppuntpasser, veerpasser, krompasser, verdeelpasser, tekenhaak, tekenpapier, natrekpapier, tekenboek, sketsboek, tekendoos, tekenaap, tekentafel, tekenbank, tekenbord, tekenplank, tekenlei, tekenkamer, tekensaal
tekenaar, karikaturis, kartograaf, konstrukteur, spotprenttekenaar
b.nw. sketsmatig, tekenagtig, grafies, stereografies, diagrammaties
ww. teken, inteken, nateken, traseer, afteken, skets, afskets, krabbel, delinieer, uitstippel, aftrek, natrek, kalkeer, inkleur, stippel, karteer, ontwerp, stileer, arseer

760. Skilderkuns
s.nw. skilderkuns, figuratiewe skilderkuns, stilleweskilderkuns, genreskilderkuns, abstrakte skilderkuns, ekspressionisme, post-ekspressionisme, impressionisme, post-impressionisme, pointillisme, luminisme, animisme, kubisme, dadaïsme; kunsskool, kunsakademie, skilderskool, skilderakademie; kunsgalery, skilderymuseum, pinakoteek
skildering, genre, doekskildering, muurskildering, rotsskildering, scenografie, perspektiefskildering, agterskilderwerk, aksieskilderwerk, skildertegniek, penseel=

werk, olieverfskildering, waterverfskildering, stereochromie, polichromie, pointillisme, impasto, tachisme, alla prima, nat-in-natskilderwerk, sifdruk, syskermdruk, kerografie, serografie, wasskilderkuns, brandskildering

skildery, skilderstuk, skilderwerk, studie, doek, olieverfskildery, waterverfskildery, akwarel, fresko, pastel, pastelskildery, pasteltekening, muurskildery, wandskildery, gewelfskildery, gewelfskildering, rotsskildery, portret, selfportret, studie, naakstudie, landskap, toneel, tafereel, tablo, panorama, siklorama, diptiek, tweeluik, triptiek, drieluik, poliptiek, veelluik, altaarstuk, monumentale skildery, panorama, siklorama, stillewe, allegorie, allegoriese skildery, madonnaskildery, diorama, tondo, replika, reproduksie, kopie, namaaksel, oleografie; grondlaag, grondtoon, grondverf, agtergrond, voorgrond, chiaroscuro, kleurmenging, collage, ikoon, ikon, krakeluur, paneel

skildersgereedskap, doek, skilderdoek, raam, esel, skilderesel, kwas, skilderkwas, penseel, skilderpenseel, skildermes, paletmes, spatel, verf, skilderverf, olieverf, pastel, pastelverf, tempera, waterverf, sianiet, palet, skilderspalet, model, plamuur, plamuursel, skildermodel

skilder, skilderes, toneelskilder, landskapskilder, kleurskilder, koloris, pointillis, kopiïs, pastelskilder, lakskilder, glasskilder, portretskilder, portrettis, hofskilder, huisskilder, letterskilder

b.nw. skilderagtig, panoramies, pikturaal, figuratief, ekspressionisties, impressionisties, reproduseerbaar, tonaal, polichroom

ww. skilder, afskilder, naskilder, byskilder, pointilleer, verf, verwe, doodverf, grondeer, kopieer, portretteer, raam, reproduseer, retoesjeer, polichromeer

761. Graveerkuns
s.nw. **graveerkuns**, gravure, gliptiek, etskuns, outotipie, radeerkuns, diepdruk, houtsnykuns, houtsneekuns, houtsnywerk, houtsneewerk, houtgravure, linosnee, linoleumsnee, isografie, lyngravure, niëllo, kopergravure, galvanografie, sinkografie, swartkuns, akwatint, litografie, steendrukkuns, steendruk, reënboogdruk, irisdruk, rotogravure, granulering, greinering

graveerwerk, gravure, ets, etswerk, droënaaldets, isogram, lyngravure, stippelgravure, houtsnee, houtgravure, intaglio, intaglioreliëf, steengravure, metaalgravure, staalgravure, kopergravure, koperets, sinkgravure, glasskildering, kamee, kameereliëf, isogram, graveertegniek, graveerstyl, breëlyngraveerstyl

graveermasjien, radeermessie, radeernaald, graveernaald, etsnaald, graveerstif, graveermes, koperdrukpers, etspers, etsbad, etsplaat, litografiese plaat, litografiese steen, litografiese ink, litografiese kryt

graveerder, graveur, houtgraveur, metaalgraveur, kopergraveur, glasskilder

ww. graveer, ingraveer, ets, inets, afets, radeer, sny, uitsny, grif, ingrif, steek, kartel, granuleer, greineer, inslyp, opwarm

762. Inlegwerk
s.nw. **inlegwerk**, legwerk, gliptiek, draaiwerk, dryfwerk, ivoorwerk, ivoorsnykuns, marqueterie, mosaïek, intarsia

draaibank, draaiboor, beitel, draaibeitel, steekbeitel, polsstok, taster

draaier, kunsdraaier, houtdraaier, ivoordraaier

b.nw. gedraai, gedrewe, gedamasseer(d)

ww. inlê, draai, beitel, bosseleer, siseleer, damasseer

763. Beeldhoukuns
s.nw. **beeldhoukuns**, figuurbeeldhoukuns, portretbeeldhoukuns, reliëfbeeldhoukuns, komposisiebeeldhoukuns, skulptuur, boetseerwerk, boetseerkuns, reliëfwerk, goudwerk, papier maché

beeldhouery, beeldgietery, boetsering, model, gipsmodel, gipsbeeld, gipsafdruk; gips, modelleerklei, modelleerplank, beitel, boetseerstok, gipsvorm

beeldhouwerk, beeld, standbeeld, monoliet, wasbeeld, panoptikum, afbeeldsel, reliëf, basreliëf, hoogreliëf, haut-reliëf, laagreliëf, akroterion, akroterium, kariatide, sfinks, kopbeeld, borsbeeld, torso, afgietsel, gipsafgietsel

beeldhouer, beeldhoueres, beeldhouster

b.nw. beeldhoukunstig, beelderig

ww. beeldhou, boetseer, beitel, uitbeitel,

kap, modelleer, set

764. Boukuns
s.nw. boukuns, argitektuur, ontwerp, argitektoniese ontwerp, binnehuisargitektuur, binne(ns)huise argitektuur, binne(ns)huise ontwerp, binne(ns)huise versiering, konstruksie 97, struktuur
boustyl, orde, klassieke boustyl, gotiek, gotiese boustyl, vroeë gotiek, neogotiek, spitsboogstyl, renaissancestyl, barok, rococo, ogiefstyl, Victoriaanse boustyl, Kaaps-Hollandse boustyl, flambojante boustyl, tudorboustyl, moderne boustyl, ...
boumeester, bouer 97, argitek 97
b.nw. argitektonies, konstruktief, flambojant, ogivaal, struktureel
ww. bou, struktureer

E. HOOP EN WANHOOP
765. Hoop
s.nw. hoop, 'n sprankie hoop, hoopvolheid, optimisme, vertroue 520, 769, vaste vertroue, geloof 518, 842, belofte, wens, verwagting, toekomsverwagting, vooruitsig, afwagting, verlange, begeerte 580, 584, 773, vooruitsig, moontlikheid, waarskynlikheid, voorspieëling, besieldheid, besieling, opbeuring, blydskap 718, ydele hoop
aanmoediging, aansporing, bemoediging, opbeuring, moedversterking
b.nw. hoopvol, afwagtend, besiel(d), positief, optimisties, idealisties, bly 718, blymoedig 718
hoopgewend, bemoedigend, versterkend
ww. hoop, hoop hê, hoopvol wees, hoop koester, vertrou, vas vertrou, glo, vas glo, verwag, afwag, wens, verlang, begeer, voorspieël
hoop gee, aanmoedig, besiel, beloof, belowe, verwagtings wek, opbeur
bw. hopelik, met (groot) verwagting
uitdr. die blink kant bo hou; die hoop beskaam nie; elke donker wolk het 'n silwer/goue randjie; jou kop bo water hou; dit is te hope; kastele in die lug bou; lugkastele bou; jou huis op sand bou

766. Wanhoop
s.nw. wanhoop, wanhopigheid, radeloosheid, krampagtigheid, moedeloosheid, mismoedigheid, mismoed, negatiwiteit, negativisme, pessimisme, skepsis, skeptisisme, verslaen(t)heid, vertwyfeling, demoralisasie, gedemoraliseerdheid, troosteloosheid, terneergedruktheid, swartgalligheid, somberte, neerslagtigheid, teleurstelling, teleurgesteldheid, desperaatheid, desperasie, disillusie, frustrasie, verlorenheid, hopeloosheid, reddeloosheid, onbesieldheid, lewensmoegheid, verplettering, verpletterdheid, moedverlorenheid, inanimiteit, leweloosheid, smart 719, wêreldsmart, Weltschmerz, ashoop, wanhoopskreet, god(s)gekla(a)g, wanhoopsdaad, wanhoopspoging
ontmoediging, demoralisering, inhibering, jobstroos (ongewoon)
wanhopige, verlorene, ongeluksvoël, teëvaller; jobstrooster
b.nw. wanhopig 768, radeloos, krampagtig, moedeloos, mismoedig, verslae, vertwyfeld, gedemoraliseer(d), terneergedruk, neerslagtig, jammerlik, godsjammerlik, troosteloos, swartgallig, pessimisties, depressief, verlore, bitter, grou, naargeestig, sielig, teleurgestel(d), teleurstellend, desperaat, gefrustreer(d), bekaf, bedroë, bekaaid, berooid, drommels, verlore, hopeloos, reddeloos, lewensmoeg, verpletter, moedverlore, smartlik, wesenloos
ontmoedigend, verpletterend, demoraliserend, teleurstellend
ww. wanhoop, bekla(ag), beklae, opskop, moed opgee, moed verloor
ontmoedig, besoek, disillusioneer, ontgogel, frustreer, lamslaan, ontnugter, teëval, teleurstel, verpletter, vertwyfel
bw. raad-op, uit wanhoop, uit frustrasie
uitdr. jou kop laat hang; boedel oorgee; die hande wring; die stryd gewonne gee; die wêreld het vir jou te smal geword; iets laat vaar; in die put wees/sit; af in die gat wees; op moedverloor se vlakte (sit); in wanhoop verval; met die gebakte pere sit; op jou neus kyk; my moed sak/sink in my skoene; nil desperandum; op die ashoop sit; spoke opja(ag)/sien; tou opgooi; 'n bloutjie loop; 'n sug slaak; iemand tot wanhoop dryf/bring

F. MOED EN VREES
767. Moed

s.nw. moed, mannemoed, leeuemoed, oormoed, moedigheid, manmoedigheid, manhaftigheid, heldemoed, heldhaftigheid, koenheid, dapperheid, braafheid, hart, heroïsme, heroïek, onversaagdheid, ridderlikheid, vreesloosheid, onbevreesdheid, onverskrokkenheid, waagmoed, waagmoedigheid, koerasie, kordaatheid, parmantigheid, kloekmoedigheid, kloekheid, roekeloosheid, gewaagdheid, doodsveragting, koelbloedigheid, stoutmoedigheid, vermetelheid, verwaandheid
durf, pit, durfkrag, sterkte, krag, innerlike krag, selfversekerdheid, selfvertroue, selfversekering, selfwaarde, die moed van jou oortuiging, gemak, gemaklikheid, vrymoedigheid, vryheid, vrydenkendheid, vrygeestigheid, vrysinnigheid, doelgerigtheid, daadkrag, dryfkrag, ambisie, vasberadenheid, vasbeslotenheid, deursettingsvermoë, uithou(dings)vermoë, weerbaarheid, doelbewustheid, sangfroid, optimisme 765, hoop 765
inisiatief, ondernemingsgees, ondernemingsin, baanbrekerswerk, grensverskuiwing
bemoediging, besieling, versterking, moedinpratery, opbeuring
avontuur, awentuur, kragtoer, kordaatstuk, heldedaad, waagspel, waagstuk, waagtoertjie
dapper persoon, held, heldin, oorlogsheld, avonturier, awenturier, voorvegter, kavalier, ridder, waaghals, rebel, individualis, vrydenker, vrygees, vrye gees, libertyn, baanbreker, visionêr, voorloper, jukskeibreker, maverick (*Engels*), kansvatter, durfal, leeu, parmant, haantjie, kapokhaantjie, cowboy (*Engels*), derduiwel, rowwe jek (*informeel*), desperado, optimis 765, moedige persoon; heldeverering, heldedom
b.nw. moedig, oormoedig, onbevrees(d), vreesloos, arg(e)loos, heldhaftig, manhaftig, manmoedig, koen, dapper, braaf, heroïes, onverskrokke, sterkgevreet (*lekties*), sterkgevriet (*lekties*), leeuagtig, onversaagd, ridderlik, herkulies, waagmoedig, avontuurlik, parmantig, kordaat, ondernemend, baanbrekend, grensverskuiwend, vrydenkend, vrygeestig, libertyns, vrysinnig, ondogmaties, onortodoks, kloekmoedig, kloek, onverskillig, roekeloos, waaghalsig, waagsaam, gewaag(d), gedurf, uitdagend, doodsveragtend, koelbloedig, stoutmoedig, vermetel, verwaand, astrant, befoeter(d), beneuk(s) (*plat*), mal
sterk, gelykmoedig, blymoedig 718, kranig, selfverseker(d), onbeskroomd, onvervaard, rustig, gerus, vrymoedig, doelgerig, beslis, vasberade, vasbeslote, resoluut, verbete, flink, wakker, op-en-wakker, wilskragtig, geeskragtig, lewenslustig, lewenskragtig, lewendig, geesdriftig, optimisties 765, volhardend, ywerig, onverdrote (*ongewoon*), ondernemend, doelbewus, weerbaar, wakker, hondstaai, optimisties 765; parmantig, hardekoejawel, hardekop, hardekwas, hardgebak, hardegat (*plat*)
bemoedigend, besielend, versterkend, opbeurend, opheffend

ww. moed hê, moed skep, moed kry, nie skroom nie, geen vrees ken nie, skrik vir niks, pal staan, durf, aandurf, uithou, standhou, onderneem, inisiatief neem; waag, 'n stap waag, 'n kans waag, 'n kans vat, riskeer, trotseer, 'n risiko neem, die risiko loop, die gevaar loop
bemoedig, aanmoedig, moed gee, opwek, besiel, gerusstel, opbeur, por, sterk, tempteer

bw. stormenderhand, sonder skroom, met mag en mening

uitdr. geen vrees ken nie; geen gevaar ken nie; nie 'n bang haar op jou kop hê nie; alles op die spel plaas; die stoute skoene aantrek; wie nie waag nie, wen nie; 'n sprong waag; die swaard aangord; die tou styf trek; onder die oë sien; jou man staan; mossie maar man; nie stuit vir die duiwel nie; murg in jou pype hê; op eie risiko; die bul by die horings pak; vol vuur wees; carpe diem; wakker loop; agter iemand staan; iemand 'n riem onder die hart steek

768. Vrees

s.nw. vrees, bevreesdheid, vreesbevangenheid, vreesagtigheid, bangheid, doodsvrees, angs, beangstheid, angstoestand, doodsangs, sterwensangs, sielsangs, lewensangs, bestaansangs, angstigheid, angsneurose, angssweet, angsbevangen-

heid, angsvalligheid, eksistensiële angs, angst, timiditeit, benepenheid, vrees en bewing, skrupule (*ongewoon*), benoudheid, benoudte, ongerustheid, onrustigheid, onrus, verontrusting, beroering, verbystering, paniek, paniekerigheid, paniekbevangenheid, bevangenheid, wildeweghol (*informeel*), wildewegholstuipe (*informeel*), ontsteltenis, bewerasie, bibberasie, papellekoors, stres, skrik, verskriktheid, skrikkerigheid, skroomhartigheid, versteldheid, lafhartigheid, papbroekigheid, papbroekerigheid, lamsakkigheid, kleinmoedigheid, kleinserigheid, agonie, rilling, siddering, ritteltit(s), aapstuipe, apiestuipe, horries, horriepiep, piep; ontsag 830
fobie, hoogtevrees, akrofobie, dieptevrees, batofobie, hipsofobie, engtevrees, noutevrees, kloustrofobie, ruimtevrees, pleinvrees, agorafobie, watervrees, hidrofobie, bloedvrees, hemafobie, hematofobie, nagvrees, noktifobie, mens(e)vrees, antropofobie, demofobie, xenofobie 787, islamofobie, gamofobie, aragnofobie, fonofobie, neofobie, triskaidekafobie, verhoogvrees, toneelkoors, spanning, tribulasie
vreesuiting, angskreet, angsgil, gil, angsskreeu, angssweet, gejammer
vreesaanjaging, vreeslikheid, vrese, skrikaanjaging, skrikaanjaer, skrikaanjaendheid, angswekkendheid, verskrikking, verskriklikheid, vervaarlikheid, grieseligheid, grieselrigheid, riller, afgryse, afgryslikheid, afskuwelikheid, ontsetting, verontrusting, onrusbarendheid, bedreiging, gevaar 656, skrikbewind, intimidasie, senu-oorlog, terreur, terrorisasie, terrorisme, terrorismestryd; spookagtigheid, skrikbeeld, spookbeeld, spookgestalte, bangmaker, spook, spookgedaante, gees, vuurgees, gedrog, paaiboelie, intimideerder, Antjie Somers, tokkelossie, tokkelos, medusahoof, bangmaakstorie, spookstorie, terroris
ontsteltenis, skok, bekommernis 651, 717, 719, bekommerdheid, kommer, ongerustheid, onrustigheid, angs, gemoedsangs, moedeloosheid, mismoedigheid, wanhoop 766, wanhopigheid, radeloosheid, troosteloosheid, verslaen(t)heid, geslaenheid, ontreddering, terneergedruktheid, neerslagtigheid, depressiwiteit, pessimisme, défaitisme, weekheid, kleinmoedig-

heid, lafhartigheid
skaamte, skaamheid, skigtigheid, inkennigheid, eenkennigheid, skuheid, skroom, skroomvalligheid, skroomhartigheid, mens(e)vrees, verwardheid, verbouereerdheid, vervaardheid
bangbroek, bangerik, banggat (*plat*), lafaard, papbroek, pappert, pessimis, senubol, senuweebol
b.nw. bang, doodbang, skytbang (*plat*), bangerig, bevrees(d), vreesagtig, vreesbevange, bevange, beangs, angstig, angsvol, angsvallig, verskrik, versteen van (die) skrik, vaalverskrik, vaal van die skrik, skrikkerig, souerig, skigtig, bedug, beklem(d), paniekerig, paniekbevange, panies, fobies, kloustrofobies, benoud, doodbenoud, vervaard, verbysterd, gespanne, gestres (*Engels, informeel*), spanningsvol, stresvol, besorg(d), bekommerd, onrustig, (ver)ontrus, lugtig, lafhartig, flouhartig, skroomhartig, skroomvallig, papbroekig, papbroekerig, kleinmoedig, lamsakkig, lamsakkerig, lamlendig, kleinserig, kleinmenslik, kleinburgerlik, kleinsielig, benepe, versigtig, katvoet
bloedstollend, jammerlik
vreesaanjaend, angsaanjaend, vreeswekkend, angswekkend, beangstigend, gevrees(d), bangmakend, vreeslik, allervreesliks, verskriklik, skrikaanjaend, skrikbarend, afskrikwekkend, vervaarlik, beklemmend, sinister, onheilspellend, sieal, spookagtig, spokerig, grieselig, grieselrig, rillerig, guur, onguur, grimmig, aaklig, afgryslik, afskuwelik, gruwelik, godsgruwelik, grusaam, ysingwekkend, ontsagwekkend, ontsaglik, ontsettend, ontstellend, beklemmend, klemmend, skokkend, huiweringwekkend, bekommerenswaardig, verontrustend, onrusbarend, benouend, deprimerend, senutergend, senuweetergend, intimiderend, duiselingwekkend, verbysterend, verbluffend, gevaarlik, lewensgevaarlik, dreigend, terroristies, boos, makaber, naar, rillerig
ontsteld, geskok, oorstuur(s), senuagtig, senuweeagtig, gespanne, gestres (*Engels, informeel*), opgetens (*Engels, informeel*), bekommerd, gekwel(d), benoud, doodsbenoud, ongerus, geslae, bedug, verward, verbouereer(d), konfuus, vervaard, verbluf,

verbyster(d), troosteloos, verslae, versteld, moedeloos 766, neerslagtig 766, verwese, wesenloos, bewerig, verdwaal, depressief, pessimisties, defaitisties, weerloos
skaam, verleë, skugter, inkennig, eenkennig, geslote, sku, sku(w)erig, kopsku, menssku, beskroomd, skroomvallig, skroomhartig, beteuter(d), bedremmeld, verward, verbouereerd, vervaard
ww. **bang wees**, vrees, bevrees wees, paap (*informeel*), vrees koester, beangs wees, ontstel, bewe, bewe van (die) angs, bibber, rittel, rittel en bewe, die ritteltit(s) kry, sidder, sidder en bewe, sidder van die angs, skrik, terugskrik, opskrik, verbleek, paniekbevange wees, ril, gril, griesel, terugdeins, terugstuit, huiwer, skroom
bangmaak, vrees inboesem, bangpraat, beangstig, skrikmaak, verskrik, beklem, benou, verontrus, demoraliseer, ontwrig, intimideer, terroriseer, deprimeer, verbyster, verlam, ontdaan, oordonder, oorval, boelie, pynig, verbouereer
ontstel, skok, verbyster, bekommer 651, 717, kwel, knies, verknies
skaam, skaam wees, inkennig wees, beteuterd staan, nie op jou gemak wees nie, skroom, skroomvallig wees
bw. uit vrees, met angs, knypstert
tw. magtie, magtig, nou, genugtig, god, gods, gotta, gonna, ha, hede, hene, hete, hierts, here, heretjie, jitte, jittetjie, o griet, grote griet
uitdr. die (aap)stuipe kry; jou naels byt/kou; die hande wring; jou hart vashou; my hart klop in my keel; my keel trek toe; hoendervel/hoendervleis kry; bloed sweet; in angssweet/koue sweet uitslaan; jou buite weste skrik; jou boeglam skrik; 'n duisend dode sterf; vasgenael staan van die skrik; iemand voorstoot; in die pekel wees/sit; in jou skulp kruip; nie durf kik of mik nie; moenie voorspooksels maak nie; liewer bang Jan as dooie Jan; op hete kole sit; op spelde sit; so bang soos die duiwel vir 'n slypsteen; spoke sien; jou hart sit in jou broek; vir 'n blaas (met) ertjies op loop sit; die asem wegslaan; iemand die skrik op die lyf ja; iemand skrik aanjaag; iemand die stuipe op die lyf ja; met die stert tussen die bene (terugkeer); druipstert wees; die ore laat hang; my moed sak in my skoene

769. Vertroue
s.nw. **vertroue** 765, kinderlike vertroue, geloof 842, kinderlike geloof, onwrikbare geloof, geloofsvertroue, geloofsekerheid, sekerheid, waarborg, vertroulikheid, konfidensialiteit, vertrouensposisie, vertroubaarheid, betroubaarheid, inbors, onkreukbaarheid, saak van vertroue, verantwoordelikheid, verantwoordelikheidsin, verantwoordbaarheid, vertrouensplig
selfvertroue, selfversekering, selfversekerdheid, selfwaarde, geesteskrag, aplomb, moedigheid 767
vertrouensfiguur, vertroueling, vertrouenspersoon, staatmaker, steunpilaar, vriend 776
b.nw. vertrouend, goedvertrouend, gelowig, goedgelowig, niksvermoedend, seker, betroubaar, vertroubaar, vertrouenswaardig, verantwoordbaar, fidusiêr, verantwoordelik, bo (alle) verdenking, geloofwaardig, eerlik, eerbaar, onkreukbaar, edel, opreg van karakter, konfidensieel, toegewy(d), vertroud, solied, moedig
ww. vertrou, vertroue hê, glo, seker wees, reken op, toevertrou, betrou, toebetrou, staatmaak, steun, oortuig, waarborg
bw. met vertroue, met sekerheid, van edel inbors
uitdr. jou verlaat op; op iemand reken; iemand se oor hê; op jou woord afgaan; te goeder trou; wolf skaapwagter maak; 'n sak sout saam met iemand opeet

770. Wantroue
s.nw. **wantroue**, wantrouigheid, gebrek aan vertroue, vertrouensgebrek, mistroue (*ongewoon*), agterdog, agterdogtigheid, argwaan, verdenking, ongeloof 843, ongelowigheid 843, twyfel, twyfelagtigheid, weifeling, onsekerheid, gebrek aan sekerheid, suspisie, lugtigheid, negatiwiteit, negativisme, skeptisisme, skepsis, sinisme, presumpsie
onbetroubaarheid, ongeloofwaardigheid, bedenklikheid, oneerlikheid, bedrieëry, agterdogtigheid, suspisieusheid, bedrieglikheid, verdagtheid, beskimmeldheid, glibberigheid, ontrouheid
verdagmaking, verdagmakery, diskrediet, alarm, kwaadstekery, kwaadstigtery,

kwaadstokery, kwaadpratery, kwaadsprekery, kwaaddenkendheid, kwaadwilligheid

verdagte, skeptikus, kompromittant, wantrouesaaier, tweegesig, tweegatjakkals, janusgesig, gladdejantjie; verdagmaker, verdagsaaier, kwaadspreker, kwaadprater, kwaadstigter, kwaadwillige

b.nw. wantrouig, mistrouig (*ongewoon*), agterdogtig, suspisieus, argwanend, ongelowig, lugtig, onoortuig, onseker, huiwerig, aarselend, vol twyfel, twyfelend, vertwyfeld, twyfelmoedig, twyfelagtig, twyfelsugtig, weifelend, skepties, sinies, skisofrenies, skrikkerig, versigtig, terughoudend

onbetroubaar, onvertroubaar, ontrou, dislojaal, ongeloofwaardig, ongeloofbaar, agterdogwekkend, agterdogtig, suspisieus, problematies, kwestieus, verdag, verdagmakend, twyfelagtig, betwyfelbaar, dubieus, bedenklik, bedremmeld, veranderlik, wispelturig, onbestendig, onstandvastig, onstabiel, bedug, glibberig, kameleonties, oneerlik, verraderlik, huigelagtig, troueloos, bedrieglik, onopreg; kompromittant, kompromitterend

kwaadstekerig, kwaadpraterig, kwaadsprekerig, kwaadwillig, kwaadstokerig, kwaaddenkend

ww. wantrou, wantroue koester, agterdogtig wees, agterdog koester, suspisie hê, twyfel, in twyfel trek, verdink, vermoed, iets daaragter soek, bekommer, alarmeer

verdag maak, afgaan, diskrediteer, in diskrediet bring, beswadder, kladder, kompromitteer, veragter, kwaadsteek, kwaadstook, kwaadpraat, kwaadspreek; agterdog wek, argwaan wek

uitdr. daar is 'n reukie aan; die snuf in die neus kry; hond se gedagte kry; iemand skeef aankyk; iemand swartsmeer; iemand se naam beklad/slegmaak

G. GRAMSKAP EN SAGMOEDIGHEID
771. Gramskap

s.nw. gramskap, woede, blinde woede, verwoedheid, padwoede, ontstokenheid, toorn, toornigheid, vertoorndheid, furie, boosheid 779, kwaad, kwaadheid, kwaaiheid, kwaaiigheid, raserny, gramstorigheid, grimmigheid, vieserigheid, viesheid, wrewel, wreweligheid, wrewelrigheid, wreweling, ergernis, verergdheid, ergerlikheid, verontwaardiging, gesteurdheid, gebelgdheid, verbolgenheid, nyd, besetenheid, animositeit, aggressie, aggressiwiteit, opgewondenheid, tweedrag

uiting van woede, uitbarsting, woedeaanval, vloermoer, tirade, getier, galbrakery, rusie 667, relletjie, onderonsie, uitval, toeval, geskellery, skeltaal, skel(d)naam, skel(d)woord, vloek 548, 777, 820, vloekwoord, gevloek, vloekery, swetsery, geswets, aapstuipe, apiestuipe, bobbejaanstuipe, geskree, geskreeu, geknor, gegrom, gebrom, brommery, heftigheid, toornigheid

humeurigheid, humeur, opvlieëndheid, vinnigheid, befoeterdheid, knorrigheid, buierigheid, slegte bui, slegte stemming, oplopendheid, omgekraptheid, kortgebondenheid, krapperigheid, grimmigheid, gramstorigheid, moerigheid (*plat*), moer(d)erigheid (*plat*), bedonderdheid (*plat*), bedonnerdheid (*plat*), raserny, onvergenoegdheid, ongenoeë, drif, drifbui, nukkerigheid, nuk, gril, geit, gier, irritasie, geïrriteerdheid, prikkelbaarheid, liggeraaktheid, geraaktheid, gevoeligheid, bevlieging, wipperigheid, kleinserigheid, kleinsieligheid, kleingeestigheid, ontstemdheid, ontstemming, ontsteltenis, verbitterdheid, verdrietlikheid, gevoelloosheid, dikmond, diklippigheid, woestheid

agitasie, verbittering, versuring, versteurdheid, versteuring, versondiging

laspos, moeilikheidmaker, verpester, kankeraar, kwelgees, terggees, bliksem (*plat*), donder (*plat*), vabond, aartsvabond, aanstigter, aanstoker, berserker, besetene, woestaard, woesteling

iesegrim, brombeer, knorpot, grompot, hanglip, dikbek, dikbekkie, draak, paaiboelie, boeman (*ongewoon*), geitjie, rissiepit, drifkop, wipstert, wipgat (*plat*), hardegat (*plat*), kwaaitjie (*informeel*), kapokhaantjie, kwaaivriende (*meervoud*)

b.nw. kwaad, baie kwaad, smoorkwaad, briesend kwaad, woedend kwaad, siedend kwaad, boos, boosaardig, briesend, woedend, rasend, rasend van woede, siedend, siedend van woede, ontstoke, billik ontstoke, ontstem(d), gepikeer(d), ergerlik, vererg(d), moerig (*plat*), moer(d)erig (*plat*), bemoerd (*plat*), die joos in, die josie in, die moer in (*plat*), de moer in (*plat*), die donder in (*plat*), de donder in (*plat*), die donner in (*plat*), de donner in (*plat*), die hel in (*plat*), die hoenders in, die swernoot in, dik, vies, vieserig, sat, siek en sat, wrewelig, keelvol, gatvol (*plat*), grimmig, gramstorig, kortgebonde, kortgebaker(d), heetgebaker(d), toornig, verontwaardig, vertoorn(d), omgekrap, gebelg, verbolge, vulkanies, vuurwarm, besete, vyandig, vyandiggesind, skaamkwaad

humeurig, sleggehumeurd, opvlieënd, oplopend, buierig, beduiweld, kwaai, kwaad, grimmig, gramstorig, befoeter(d), bekonkel(d), bedonderd (*plat*), bedonnerd (*plat*), driftig, opgewonde, vinnig, kortaf, kortgebaker(d), kort van draad, geïrriteerd, afgebete, draakagtig, drakerig, wipperig, kleingeestig, kleinsielig, kleinserig, snouerig, prikkelbaar, iesegrimmig, knorrig, gevoelig, kwasterig, krapperig, ongedurig, iewerig, kriewelrig, greinerig, nukkerig, vol nukke, beneuk(s) (*plat*), nurks, liggeraak, geraak, skaamkwaad, pruilerig, verontwaardig, gebelg(d), dikmond, dikbek, diklip, diklippig, verbitter(d), verdrietlik, sanguinies

verdomde, verditste, verdatste, vergalste, fokken (*plat*), verbrande

lastig, hinderlik, plaerig, bemoeisiek, moeilik, moeilikheidsoekerig, balhorig, tergsiek, terglustig, treiterend, muitsiek

ww. kwaad wees, boos wees, woedend wees, slange vang, die moer in wees (*plat*), vertoorn, toornig word, sied van woede, buite jouself wees van woede, vervies, vererg, erger, jou bloedig vererg, jou moer strip (*plat*), warm word, opstuif, opstuiwe, fulmineer, verbitter

raas, skel, jou sterk uitdruk, skree, skreeu, snou, vloek, uitvloek, vervloek, swets, kef, tier, uitvaar, slegsê, uitkak (*plat*), gal braak, gal afgaan, te velde trek teen, met iemand se gal werk, uitpak, uithaal, opruk, opswel, opvlam, afblaas, stoom afblaas, opbruis, skuimbek, bobbel, brom, knor, grom, blaak (van woede), bevlieg, bevlie(ë), toebyt

humeurig wees, 'n humeur hê, uit jou humeur wees, jou humeur verloor, prikkelbaar wees, opwip, opvlieënd raak, opvlieg, kortgebaker wees, vererg, mor, mopper

kwaad maak, kwaad stook, aanstook, krap, irriteer, omkrap, verontwaardig, onthuts, ontstig, steur, versteur, verstoor, vertoorn, argwaan wek, versondig, versuur, verbitter, lastig wees, verskree, verskreeu

bw. in woede, kwaadweg, kwaad-kwaad, die moer in (*plat*), kortweg, tot satwordens toe, skimpenderwys

tw. in hemelsnaam, om/in vadersnaam, om godswil, deksels, verbrands, jou bliksem, jou blikskottel, wat de hel, waddehel, wat de joos, waddejoos, wat de ongeluk

uitdr. die josie in wees; billik ontstoke wees; buite jou sinne wees; die duiwel in wees; die bliksem in wees (*plat*); die moer in wees (*plat*); die hel in wees (*plat*); die donder in wees (*plat*); my bloed kook; die aapstuipe kry; dit hang my by die keel uit; hoog die hoenders in wees; in toorn ontsteek; die versene teen die prikkel slaan; fyn van nerf; hulle stryk nie; niks met iemand uit te waai hê nie; iemand skeef aankyk; iemand stukkend kyk; iets teen iemand hê; in ongenade wees; nie langs een vuur sit nie; in onguns wees; jou iemand se ongenoeë op die hals haal; 'n moordkuil maak van jou hart; op jou agterpote staan; gou op jou perdjie wees; vol geite wees; vol stront wees (*plat*); jou warm maak vir iets; jou bloedig vererg; uit jou humeur wees; warm word onder die kraag; met die verkeerde voet uit die bed klim; 'n steen des aanstoots; dit steek my dwars in die krop; op iemand se tone trap; ten hemel(e) skrei; vol wees vir iemand; jou pen in gal doop; so kwaad ek kan slange vang; so kwaad soos 'n geitjie

772. Sagmoedigheid

s.nw. sagmoedigheid, saggeaardheid, sagaardigheid, sagsinnigheid, sagtheid, vreedsaamheid 668, minsaamheid 776, gemoedelikheid, goedhartigheid, geduld, geduldigheid, lankmoedigheid, inskiklikheid, gevoeligheid, teergevoeligheid, teerhartigheid, skaamheid, stilheid

sagmoedige persoon, sagmoedige, sagmoedige Neelsie, stille, lam, babatjie; bliksemafleier

b.nw. sagmoedig, sag, saggeaard, sagaardig, sagsinnig, lieftallig, minsaam, vreedsaam, welwillend, vriendelik 714, 776, 778, gemoedelik, gevoelig, goedhartig, gul, lankmoedig, inskiklik, geduldigheid, mild, mildelik, murf, skaam, soet, stil, stillerig, teer, teerhartig, teergevoelig

ww. **sagmoedig wees**, sag wees, sluk, inskiklik wees, geduld gebruik

tot bedaring bring, die vrede bewaar, skiet gee

bw. sagkens

uitdr. soetbroodjies bak; so sag soos 'n lam wees; iemand kan nie 'n vlieg kwaad aandoen nie; 'n klein hartjie hê

H. LIEFDE EN HAAT
773. Begeerte

s.nw. **begeerte**, 'n brandende begeerte, hartsbegeerte, sielsbegeerte, aandrang, begerigheid, behoefte, sin, sinnigheid, wil, verlange, hartsverlange, sielsverlange, heimwee, wens, hartewens, droom, desideratum, wenslikheid, graagte, hunkering, gehunker, soeke, jag, gemis, wensery, smagting, versmagting, sug, versugting, lus, hartelus, honger, dors, koors, manie, nostalgie, verwagting, bevlieging, neiging, geneigdheid, inklinasie, behae, ambisie, roeping, ywer, ywerigheid; wenslys, verlanglys, bucketlist (*Engels*), emmerskoplys, kluitklaplys

drang, innerlike drang, drif, kompulsie, gretigheid, koorsagtigheid, koorsigheid, intoksikasie, dromerigheid, sin(ne)likheid, belustheid, hitsigheid, hyging, kortgebakerdheid

aantrekking, aantrekkingskrag, prikkel, aantreklikheid, gesogtheid, begeerlikheid, bekoring, bekoorlikheid, verleidelikheid, onweerstaanbaarheid, verleiding, verlokking, verloklikheid; lokmiddel, aanloksel, trekpleister, attraksie, magneet, mag

gierigheid, suinigheid 692, behaagsug, hebsug, hebsugtigheid, heerssug, bejag, winsbejag, benyding, gulsigheid, vraatsug, parsimonie

obsessie, beheptheid, koorsigheid, fetisj, fetisjisme, manie, fiksasie; fetisjis

voldoening, vervulling, versadiging, ingenomenheid, tevredenheid

hoogvlieër, hongerige

b.nw. **begerig**, die ene begeerte, langgehoopte, verwag(te), langverwag(te), behoeftig, aangetrokke, geneig, gretig, gretiglik, goedgretig, begerig, verlekkerd, verlangend, hunkerend, reikhalsend, dromend, dromerig, nostalgies, hoopvol, honger, dors, dorstig, koorsagtig, smagtend, hartstogtelik, versot, betotteld, lus, belus, belustig, vurig, hitsig, inkontinent (*ongewoon*), kompulsief, ambisieus, hoogvlieënd, ywerig 610, geesdriftig, entoesiasties, heerssugtig, onversadigbaar, onversadiglik, onversadelik, onlesbaar, manies, behep, obsessief, leergierig, leersaam, leeslustig, gierig, hebsugtig, heerssugtig, skraapsugtig, gulsig, vraatsugtig, vraterig, inhalig, suinig 686, sin(ne)lik

ingenome 720, tevrede 720, voldaan, vervul(d), versadig

aanloklik, aantreklik, begeerlik, gesog, bekoorlik, onweerstaanbaar, benydenswaardig, beny(d)baar, verleidelik, verleidend, verlokkend, verloklik, betowerend, behaaglik, gewens, wenslik

ww. **begeer**, wens, hoop, verlang, verwag, uitsien, vooruitsien, nie kan weerstaan nie, hunker na, reikhals (*ongewoon*), droom van, dagdroom, versug, lus, lus hê, smag, versmag, watertand, honger na, dors na, hyg na, snak na, sug, ja, jaag, jae, najaag, naloop, jeuk, dol, dolf, aas, aspireer, beny

verlang, hartstogtelik verlang, terugverlang, hunker na

lok, uitlok, verlok, dare (*Engels, informeel*), uitdaag, tart, uittart, aanlok, aanlonk, aantrek, beval, aanstaan, tantaliseer, verlei, betower, bekoor, behaag, behae

voldoening smaak, versadig, tevredenheid kry, bevredig word, bevrediging kry, meer as genoeg hê van

bw. graag, gretiglik, vuriglik, hartstogtelik, hopelik

uitdr. sin in iets of iemand hê; trek kry in iets of iemand; dit laat jou mond water; trek in iets hê; bek lek en stert swaai; van begeerte brand; die koors is hoog; jou beval/geval; 'n voorliefde vir iets hê; jou hart op iets sit; jou tande slyp; jou verlekker in; groen van jaloesie wees; die geel baadjie aan hê; Nabot se wingerd; as die gees vaardig word oor hom; as ek my sonde nie ontsien nie

774. Onverskilligheid
s.nw. onverskilligheid, belangeloosheid, lusteloosheid, gebrek aan belangstelling, indolensie, antipatie, apatie, gevoelloosheid, nonchalantheid, ongeërgdheid, afsydigheid, skouerophaling, traak-my-nieagtigheid, laat-maar-loop(-)houding, oppervlakkigheid

b.nw. onverskillig, belangeloos, lusteloos, indolent, apaties, nonchalant, ongeërg(d), onbelangstellend, nie geïnteresseerd nie, afsydig, onwenslik, skouerophalend, traak-my-nieagtig, gevoelloos, oppervlakkig, seksloos

ww. onverskillig wees, onverskillig staan, geen belang daarby hê nie, geen trek in iets hê nie, min gepla wees (*informeel*), opdons, optrek, poer-poer

uitdr. ek traak nie; geen snars/sners omgee nie; jou nie beval/geval nie

775. Weersin
s.nw. weersin, teensin, teësin, teensinnigheid, teësinnigheid, antipatie, afkeer, afkerigheid, wrewel, wreweligheid, wreweling, wrok, haat 777, selfhaat, aversie, renons, hekel, verpesting, verfoeiing, afsku, verafskuwing, afgryse, walging, toorn 771

vervreemding, verwydering, aliënasie, distansiëring, dissosiasie

weersinwekkendheid, aanstootlikheid, onaantreklikheid, haatlikheid, mislikheid, afskuwelikheid, afgryslikheid, gruwel, gruwelikheid, abominasie, grusaamheid, walglikheid, verskrikking, yslikheid

b.nw. afkerig, teensinnig, teësinnig, avers, aardig, geblaseerd, haatdraend, hatig, onvergenoeg(d), ongeneë, wars

weersinwekkend, aanstootlik, banaal, afstootlik, afstotend, stuitend, aaklig 744, verskriklik, afskuwelik, afskuwekkend, abominabel, gruwelik, afgryslik, mislik, walglik, grieselig, grieselrig, grusaam, allervreesliks, horribaal (*informeel*), haatlik, yslik, bar, onaantreklik, onbegeerlik

ww. gru, gril, ril, walg, haat, stuit, verafsku, verag, verfoei

weersin wek, afkerig maak, afskrik, aanstoot gee, vervreem, die lus ontneem

distansieer, dissosieer, vervreem, aliëneer, verwyder

bw. teë, met teensin, met teësin

tw. sies, ga(g), gagga (*kindertaal*), oef, poe, poega

uitdr. dit stuit my teen die bors; 'n hekel aan iets hê; 'n broertjie dood hê aan iets; sat wees van iets; horribile dictu; horribile visu; iemand taai sê; iemand die rug toekeer/toedraai; jou neus vir iets optrek; laat dit staan; vol wees vir iemand; gatvol wees (*plat*)

776. Liefde en vriendskap
s.nw. liefde, liefdeslewe, menseliefde, verliefdheid, verliefderigheid, aanbidding, verafgoding, romantiek, danigheid, liefdevolheid, liefderikheid, wederliefde, kalwerliefde, jongensliefde, vrye liefde, seksuele liefde, geslagsliefde, ouerliefde, moederliefde, moederhart, moedersorg, vaderliefde, vaderhart, vadertrots, kinderliefde, oedipuskompleks, oidipuskompleks, broederliefde, susterliefde, platoniese liefde, naasteliefde, piëteit, geneentheid, toegeneentheid, sorgsaamheid, vertroeteling, koestering, sagmoedigheid, teerheid, adorasie, aanbidding, respek, agting, estimasie, eerbiedigheid; liefdesverhouding, verhouding, liefdesband, liefdesdrama, liefdesteleurstelling; selfliefde, narsisme, narcisme, narsissisme, narcissisme, selfverheerliking, idiolatrie, selfvergoding, selfverafgoding, selfbewondering; liefdeslewe, begeerte, seksuele begeerte, seksdrang, geslagsdrif, libido, sensualiteit, erotiek, erotisme, homoërotiek, homo-erotiek, seks 239, veilige seks, geslagsgemeenskap, geslagsomgang, masturbasie, sekslewe, sin(ne)likheid, seksualiteit 239, heteroseksualiteit, biseksualiteit, homoseksualiteit, lesbianisme; pedofilie, pederastie, sodomie, soöfilie

liefdeswaansin, verliefdheidswaansin, erotomanie, nimfomanie, hiperseksualiteit, sekshonger

liefdesbetoon, liefdesblyk, liefdesgebaar, liefdesuiting, liefdesbetuiging, liefdesverklaring, liefdesbewys, beminning, liefdeservaring, liefdesgevoel, liefdestaal, liefdeswoord, troetelwoord, troetelnaam, liefdesverlange, liefdespyn, liefdesmart, liefdesleed, liefdesdrif, liefdesvuur, liefdesvlam, liefdesgloed, hartstog, hartstogtelikheid, passie, teerhartigheid, verkleefdheid, verknogtheid, toenadering, hofmakery, intimiteit, liefkosing, liefkosery, vryery, vryasie, geknuffel, gekafoefel (*informeel*), amourette (*ongewoon*), flirtasie, vrybrief, liefdesbrief, minnebrief, liefdesnes(sie), vryplek, opsitkers, omhelsing, soen, soenery, klapsoen, kus, tongsoen, piksoen, liefdemakery, seks, seksuele liefde, seksuele verkeer, geslagtelike verkeer, geslagsomgang 239, geslagsgemeenskap, groepseks; erotika, seksobjek, seksvoorwerp, sekshulpmiddel, seksspeelding, vibrator, dildo

verowering, verleiding, verlokking, aantrekkingskrag, seksuele aantrekkingskrag, beminlikheid, populariteit, trekpleister, persona grata

vriendskap, vriendskaplikheid, kameraadskap, kameraderie, naasteliefde, verknogtheid, gehegtheid, verkleefdheid, vriendelikheid, toegeneentheid, geneentheid, toenadering, dierbaarheid, warmte, innigheid, intimiteit, sagaardigheid, sagmoedigheid, liefderikheid, teerhartigheid, simpatie, sorgsaamheid, vertroeteling, koestering, toewyding, tegemoetkomendheid, gemeensaamheid, familiariteit, gemoedelikheid, hartlikheid, gulheid, gulhartigheid, gasvryheid, kollegialiteit, beleefdheid, hoflikheid, vertroulikheid, vertrouensverhouding, vriendskapsverhouding, vriendskapsbetrekking, bromanse (*ongewoon*), verbroedering; sielsverwantskap, sielsgenootskap

vriendskapsbetoon, vriendskapsbetuiging, verering, heldeverering, idolatrie, rekonsiliasie, amnestie, asiel

verhouding, liefdesverhouding, liefdesbetrekking, driehoek(s)verhouding, driehoekige verhouding, romanse, blitsromanse, platoniese verhouding, verlowing, huwelik 248, huweliksband; vriendskap, vriendskapsverhouding, vriendskapsbetrekking

geliefde, beminde, minnaar, minnares, bywyf, huweliksmaat, bes(te), verloofde, kys (*informeel*), kêrel, ou, outjie, jongetjie, berk (*sleng*), veroweraar, nooi, noi, noientjie, nooientjie, meisie, aster, stuk, stukkie, liefling, liefie, liefste, dierbaarste, hartjie, hartedief, hartediefie, hartlief, hartlam, hart, skat, skatlam, skattebol, pop, soetlief,

ghantang (*lekties*), tjerrie (*Engels, informeel*), ding, dier, bok, lam, ooilam, gogga, romantikus, vryer, paartjie, liefdespaartjie, huwelikspaar, mensepaar; jongensgek, vrouegek, meisiegek, don juan, casanova, flerrie, flirt, seksbom, sekskat, sekskatjie, erotomaan, seksmaniak, nimfomaan, gigolo, seksmaniak, masturbeerder, draadtrekker (*plat*), hoer, eskort, sodomieter; narsis, narsissis, narcissis; homoseksueel 374, homo, gay, lesbiër; homofiel, pedofiel, pederas, sodomiet, soöfiel

vriend, vriendin, boesemvriend, boesemvriendin, dik vriende (*meervoud*), maat, maatjie, kornuit, amigo (*informeel*), amice (*ongewoon*), pel (*informeel*), pêl (*informeel*), pellie (*informeel*), pêllie (*informeel*), tjom (*informeel*), tjommie (*informeel*), tjomma (*informeel*), china (*lekties, informeel*), gabba (*lekties, informeel*), bra (*lekties, informeel*), brasse (*lekties, meervoud, informeel*), sielsvriend, geesgenoot, sielsgenoot, kameraad, bloedbroer, familievriend, gesinsvriend, huisvriend, jeugvriend, kindervriend, makker, lotsgenoot, vertroude, vertroueling, vertrouensman, dissipel, metgesel, gesel, alter ego, gunsteling, held, heldin, idool, allemansvriend; vriendekring, vriendskapskring, tweemanskap, driemanskap, ..., vriendskapsband, vriendskapsbetrekking, aanhang

gunsteling, oogappel, witbroodjie, pa se kind, ma se kind, masekin (*lekties*)

b.nw. verlief, dolverlief, smoorverlief, tot oor jou ore verlief, verliefderig, liefies, liefdevol, liefderik, liefderyk, liefie-liefie, liefie-diefie, teer, aangetrokke, getrokke, danig, gek na, versot, beenaf, platonies, romanties, verloof, gekys (*informeel*), hartstogtelik, intiem, verkleef, amoreus, vryerig, sin(ne)lik, warm, soenerig, speels, iewerig, katools, seksbehep, libidineus, sexy (*informeel*) 743, sensueel 743, eroties, seksueel, heteroseksueel, biseksueel, homoseksueel, lesbies, pederasties, narsisties, narsissisties, narcisties, narcissisties

beminlik, minsaam, minlik, dierbaar, gelief(d), geliefkoosde, populêr, verleidelik, verleidend

vriendelik, bevriend, vriendskaplik, amikaal, oorvriendelik, boetie-boetie, danig, geheg, verknog, innig, intiem, onafskeidelik, onskeibaar, verkleef, dik (*informeel*), kameraadskaplik, broederlik, gaaf, goedgesind, toegeneë, toegedaan, ruimhartig, groothartig, sagmoedig, saggeaard, sagaardig, teer, teerhartig, liefdevol, liefderik, simpatiek, bedagsaam, welwillend, tegemoetkomend, behulpsaam, hulpvaardig, sorgsaam, familiêr, familiaar, gemeensaam, warm, warmhartig, hartlik, gul, gulhartig, gasvry, kollegiaal, beleef(d), hoflik, sielsverwant, sielsgenootlik

ww. liefhê, bemin, min, liefkry, smoorverlief wees, brand van liefde, dol op iemand wees, tot oor jou ore verlief wees, hartstogtelik bemin, aanbid, verafgod, verafgood, adoreer, aanhang, aankleef, verknog wees aan iemand, kys (*informeel*), uitneem, opsit, romantiseer, verower, verloof, respekteer, eerbiedig, vertroetel, koester, toewy

liefde betoon, aanvly, omhels, die arms slaan om, om die hals val, iemand aan die bors druk, 'n druk(kie) gee, soen, piksoen, flankeer, streel, troetel, koester, liefkoos, minnekoos (*ongewoon*), lepellê, vry, bok (vry), afvry, aanlê, vlerksleep, die hof maak, gemeenskap hê, liefde maak, seks hê, naai (*plat*), spyker (*plat*), masturbeer, draadtrek (*plat*), kafoefel (*informeel*), kattemaai (*informeel*), verlei, verlok

vriende wees, omgee, hou van, aanhang, familiariseer, bande smee, fraterniseer, aanklank vind, verbroeder, kollegiaal omgaan, koester, vertroetel, pamperlang, piep, oppiep, verpiep, rekonsilieer; vriende maak, toenadering soek, aanpellie (*informeel*), aanpêllie (*informeel*)

bw. uit liefde, met liefde, hand aan hand, handjie-handjie, liefie-liefie, liefie-diefie, uit vriendskap, ter wille, ter wille van, met oop arms

woorddeel lief-, liefdes-, minne-

uitdr. liefde is blind; blou skene kry; jou skene word rooi; by 'n nooi aankap; gek oor iets/iemand wees; iemand se hart steel; jou hart verloor; jou verslinger aan; jou latjiebeen hou by 'n meisie; jou kop is vol muisneste; ogies maak; 'n ogie hê op iemand; oor die onderdeur loer; skaapogies gooi; voetjie-voetjie speel; 'n ou bok lus soms jong blare; veel oorhê vir iemand; oor die weg kom met iemand; op goeie voet wees/staan met iemand; hulle is twee karperde; soos Dawid en Jonathan; een van hart (en een van siel) wees; die lug suiwer; in der minne skik

777. Haat en onvriendelikheid

s.nw. haat, selfhaat, haatlikheid, hatigheid, haatdraendheid, klassehaat, rassehaat, mensehaat, mannehaat, vrouehaat, misoginie, anti-Semitisme, anti-semitisme, Jodehaat, misantropie, misogenie, nyd, nydigheid, jaloesie, afguns, animositeit, gramskap, venyn, venynigheid, gif, giftigheid, toksisiteit, gemeenheid, bitsigheid, snedigheid, skerpte, skerpheid, snipperigheid, afknouerigheid, geniepsigheid, grief, wrewel, wreweligheid, gegriefdheid, misnoeë 721, misnoegdheid 721, onvergenoegdheid, bitterheid, wrok, wrokkigheid, odium, wraak 784, wraaklus, wraaklustigheid, wraaksug, wraakgierigheid, grimmigheid, woede 771, toorn 771, boosaardigheid 779, ongeduld, vyandskap, vyandigheid, vyandelikheid, vyandiggesindheid, vyandige gesindheid, konflik, vendetta, vete, bloedvete, familievete, twis, broedertwis, familietwis, stryd 667, strydlustigheid, strydlus, veglustigheid, bakleierigheid, toornigheid, antagonisme, aggressie, aggressiwiteit, onversoenlikheid, onversoenbaarheid, onversetlikheid, onwelwillendheid, hardvogtigheid, wreedheid, gevoelloosheid, harteloosheid, liefdeloosheid, onchristelikheid, onenigheid, tweespalt, meningsverskil, disharmonie, kwaad, kwaadwilligheid, kwaadgesindheid, kwaadstokery, stry, stryery, bakleiery, twisgierigheid, twissoekery, twissoekerigheid, weersin, afkeer, afkerigheid, verfoeiing, afsku, verafskuwing, renons, bittere (*lekties*); liefdeloosheid, onbemin(d)heid, onbeminlikheid, vervreemding, vervreemdheid

onvriendelikheid, onaangenaamheid, afsydigheid, skynvriendskap, koudheid, koelheid, kilheid, ysigheid, starheid, stuursheid, stugheid, stroefheid, norsheid, bitterheid, bitterbekkigheid (*informeel*), verbitterdheid, verbittering, onvergenoegdheid, ongeduld 714, kortgebakerdheid, abruptheid, ergerlikheid, knorrigheid, nukkerigheid, naarheid, bombasme

785, sarkasme, snedigheid, snipperigheid, antagonisme, belediging, ongevoeligheid, ongeërgdheid, gevoelloosheid, harteloosheid, onbeleefdheid, onhoflikheid, ongeskiktheid, onbeskoftheid, ongemanierdheid, vertroebeling, gespannenheid
onpopulariteit, impopulariteit, ongewildheid, afstootlikheid, haatlikheid
vloek 548, 820, vloekwoord, gevloek, vloekery, bastervloekwoord, bastervloek, geswets, swetsery, 'n onvriendelike woord, die angel in jou woorde, skimpskeut, skimpskoot, skelwoord, skeltaal, geskel, gesnou, steek, kwaadstekery
mensehater, misantroop, misogenis, mannehater, vrouehater, skynvriend, teenparty, teëparty, teenstander, teëstander, kwaadgesinde, kwaaivriende (*meervoud*), vyand, geswore vyand, aartsvyand, persoonlike vyand, staatsvyand, doodsvyand, vyand tot die dood toe, allemansvyand, persona non grata, donder (*plat*), bliksem (*plat*), aanstigter, kwaadstigter, kwaadsteker, kwaadstoker, aanstoker, antagonis, vyandiggesinde, aggressor, moeilikheidsoeker, sondesoeker, kripbyter, onvriendelike mens, bombas 785, suurgesig, suurknol, suurpruim, drol (*plat*), snip, skimper, jobstrooster
b.nw. hatig, haatlik, haatdraend, odieus, nydig, jaloers, afgunstig, venynig, giftig, toksies, afknouerig, gemeen, geniepsig, afkerig, wrewelig, wrewelrig, gegrief, misnoeg(d), onvergenoeg(d), bitter, wrokkig, wraaklustig, wraakgierig, wraaksugtig, bloeddorstig, woedend 771, toornig 771, ongeduldig, vyandig, vyandelik, vyandiggesind, anti-semities, strydlustig, veglustig, kwaai, bakleierig, antagonisties, aggressief, onversoenlik, onversoenbaar, verdeeld, onenig, onwelwillend, hardvogtig, hard, wreed, onmenslik, onchristelik, genadeloos, meedoënloos, onversetlik, intransigent, onsimpatiek, hardhartig, onbarmhartig, gevoelloos, ongevoelig, liefdeloos, harteloos, kwaad, kwaadwillig, venynig, boosaardig, malisieus, kwaadgesind, twisgierig, twissoekerig, konflikterend, dwarstrekkerig, dwars, we(d)erstrewig, weerspannig 667; liefdeloos, gehaat, onbemin(d), onbeminlik, vervreem(d)

onvriendelik, onaangenaam, koud, yskoud, koel, kil, ysig, star, stuurs, stug, nors, noors, bot, stoets, asosiaal, afsydig, stief, stiefmoederlik, afgetrokke, ongeërg(d), terughoudend, bitter, verbitterd, misnoeg(d), onvergenoeg(d), ongeneë, suur, abrup, grimmig, ergerlik, knorrig, buierig, nukkerig, nurks, iesegrimmig, stekelig, stekelrig, bars, kortaf, kortgebaker(d), heetgebaker(d), bruusk, buffelagtig, brutaal 779, 792, nukkerig, naar, goor, lelik, snaaks, sarkasties, snydend, venynig, bitsig, bits, snedig, skerp, snipperig, bekkig, kwetsend, antagonisties, beledigend, stief, onsimpatiek, ongevoelig, gevoelloos, harteloos, onbeleef(d), onhoflik, ongeskik, ongemanierd, onbeskof, ongepoets, onopgevoed, onbeskaaf(d)
onpopulêr, impopulêr, afstootlik, haatlik, aanstootlik
bw. arig, kortweg, skimpenderwys
ww. haat, haat dra, haat koester, pes, nydig wees, 'n wrok koester, liefdeloos optree, iemand vyandig wees, vyandig staan teenoor, 'n vyandige houding inneem, in vyandskap leef, kwaaivriende wees, pik, baklei, mishaag, vervloek, verafsku, beledig
onvriendelik wees, erger, afjak, afstoot, toesnou, afsnou, iemand bars aanspreek, knor, blaf, grom, aangluur, verfoei
uitdr. geswore vyande; dit by iemand verkerf; soos water en vuur; tot bloedens toe; 'n wrok koester; iemand/iets haat soos die pes; iets teen iemand hê; iemand nie kan veel nie; die pik op iemand lê; die angel in jou woorde; iemand laat staan; iemand skuins aankyk; 'n dik bek hê; lyk soos 'n opgeblaasde padda; 'n skerp tong hê; 'n suur gesig

778. Goedaardigheid
s.nw. goedaardigheid, goedheid, goedertierenheid, goedgunstigheid, goedhartigheid, groothartigheid, grootmoedigheid, verdraagsaamheid, vergewensgesindheid, vredeliewendheid, toegeeflikheid, tegemoetkoming, tegemoetkomendheid, begenadiging, goedmoedigheid, goedgesindheid, edelmoedigheid, bonhomie, ordentlikheid, maniere (*meervoud*), goeie maniere (*meervoud*), manierlikheid, welwillend-

heid, welmenendheid, bereidwilligheid, bereidvaardigheid, diensvaardigheid, dienswilligheid, offervaardigheid, hulpvaardigheid, behulpsaamheid, ruimhartigheid, onselfsugtigheid, selfloosheid, vrygewigheid, onbaatsugtigheid, opoffering, selfopoffering, genade, ontferming, Christelikheid, meegevoel, simpatie, empatie, deernis, bewoënheid, jammer, jammerte, jammerhartigheid, mededoë, meedoë, medely(d)e, erbarming, meewarigheid, meelewendheid, mensliewendheid, medemenslikheid, ubuntu, hulpvaardigheid, barmhartigheid, altruïsme, humaniteit, filantropie, filantropisme, humanisme, sieleadel, verhewen(d)heid, idealisme, charisma, paternalisme, provinsialisme

goedgeaardheid, vriendelikheid 776, geneentheid, toegeneentheid, genaakbaarheid, liefdevolheid, saggeaardheid, sagaardigheid, sagmoedigheid, sagsinnigheid, sagtheid, lydsaamheid, gasvryheid, hartlikheid, gulheid, innigheid, gevoeligheid, deernis, belangstelling, begrip, meelewing, simpatie, empatie, kompassie, goedigheid, opregtheid

weldaad, 'n goeie daad, goeie werke, guns, gunsbewys, diens, liefde(s)diens, liefdesdaad, liefde(s)werk, liefdesorg, liefdadigheid, liefdadigheidswerk 780, liefdadigheidsdiens, welsyn 780, diens, wederdiens, gemeenskapsdiens, barmhartigheidswerk, barmhartigheidsdiens, steun, ondersteuning, genade, genadegawe, begenadiging, amnestie, beskerming, proteksie, wens, seënwens, seënbede, heilwens, goeie wense, beste wense, gelukwensing, gelukwense, felisitasie, groet 790, groete, vriendelike groete

weldoener, mensevriend, 'n mens-mens (*informeel*), filantroop, (barmhartige) Samaritaan, aalmoesenier, helper, jammerhart, altruïs, humanis, protégé, protégée, beskermer, beskermengel, paternalis

b.nw. goed 622, goedaardig, goedertieren, goedgunstig, goedhartig, groothartig, grootmoedig, edelmoedig, grootgeestig, verdraagsaam, tolerant, geduldig, gelykmoedig, gelykmatig, lankmoedig, lydsaam, lydelik, vergewensgesind, vredeliewend, vredesoekend, vredevol, toegeeflik, toeskietlik, inskiklik, tegemoetkomend, goedmoedig, goedgesind, reggesind, welwillend, welmenend, weldadig, bereidwillig, bereidvaardig, diensvaardig, dienswillig, gewillig, offervaardig, hulpvaardig, behulpsaam, ruimhartig, vrygewig, milddadig, kwistig, onselfsugtig, onbaatsugtig, opofferend, selfopofferend, selfloos, genadig, goedgeaard, vriendelik 776, geneë, toegeneë, genaakbaar, gelief(d), veelgelief(d), minlik, liefdevol 776, minsaam, saggeaard, sagmoedig, sagsinnig, gasvry, hartlik, gul, gulhartig, gulweg, innig, sensitief, begrypend, belangstellend, gevoelig, simpatiek, empaties, meelewend, deernisvol, deernishebbend, meewarig, medely(d)end, begaan, bewoë, jammer, jammerhartig, menslik, doodmenslik, mensliewend, medemenslik, goedig, barmhartig, altruïsties, humaan, humanitêr, humanisties, filantropies, verhewe, edelmoedig, edel, adellik, nobel, heilig, idealisties, paternalisties, provinsialisties

ww. goed doen, goed wees, weldoen, weldaad bewys, vriendelik wees 776, iets vir iemand oorhê, gun, tegemoetkom, begenadig, genadig wees, genade betoon, amnestie verleen, duld, geduldig wees, geduld beoefen, begrip toon, begryp, vergewe, toegee, vrede soek, ontferm, vermurf, vermurwe, pamperlang, piep, beskerm, belangstel, belang stel, aandag gee, aandag skenk, meeleef, simpatiseer, simpatie toon, simpatiek wees, medely(d)e hê met, troos, vertroos, bemoedig, moed inpraat, met moed besiel, gerusstel, opbeur, help, ondersteun, onderskraag, bystaan, 'n guns doen, 'n guns bewys, begunstig, dien, diensbaar wees, 'n diens lewer, opoffer, gelukwens, gelukwense oordra, felisiteer, komplimenteer, 'n kompliment gee, seën, seënwense oordra, groet, groete bring, beste wense oordra, goeie wense oordra

bw. op 'n mooi manier, mooitjies, goedsmoeds, saggies

voors. ter wille van

uitdr. iemand met oop arms ontvang; rose op iemand se pad gooi; die kastaiings vir 'n ander uit die vuur krap; genade vind in iemand se oë; iemand met rus laat; leef en laat leef; iets oorhê vir 'n ander; doen aan ander wat jy aan jouself gedoen wil hê; vir iemand deur die vuur loop; in 'n ander se lief en leed deel; 'n oop hand hê; uit jou pad gaan vir iemand; dit gaan jou goed; laat dit goed gaan; hou jou haaks; mooi loop

779. Boosaardigheid

s.nw. boosheid 813, die bose, boosaardigheid, onheil, duiwelswerk, duiwelsraad, duiwelstreek, duiwelswaan, slegtheid, euwel, ondeug, kwaad, kwaadaardigheid, sonde 846, sondigheid, pekelsonde, goddeloosheid, godslasterlikheid, onheiligheid, verwording, ontaarding, verwerplikheid, skandaligheid, skandaal, skanddaad, lasterlikheid, verdorwenheid, morele agteruitgang, perversie, perversiteit, sedeloosheid, onsedelikheid, sedebederf, onbehoorlikheid, verval, sedelike verval, vervallenheid, immoraliteit, dekadensie, losbandigheid, permissiwiteit, woestheid, ruheid, barbarisme, barbaarsheid, grusaamheid, monsteragtigheid, gruwel, gruweldaad, abominasie, gruwelhede, woede 771, verwoedheid, strydlustigheid, strydlus, geweld, brute geweld, gewelddadigheid, geweldpleging, gewelddaad, verwoesting, moles, moleste, moordlus, moord, geveg 667, straatgeveg, bakleiery 667, klopparty, misdadigheid 803, snoodheid, misdaad 803, wandaad, oortreding, roof, vrybuitery, konkelwerk, gekonkel, konkel(a)ry, bedrog, uitbuitery, wanpraktyk, misdryf, vergryp, misstap, vervalsing, korrupsie, wangedrag, laakbare gedrag, swak gedrag, afkeurenswaardige gedrag, affêre, affêring, spektakel, monstruositeit, monstrum
benadeling, aantasting, skending, ontheiliging, ontwyding, miskenning, laster, belastering, knou, uitbuiting, uitbuitery, onderkruiping, verwensing, vervloeking, verdoeming, kwaadstekery, kwaadstokery, treitering, treitery, tarting, uittarting, tergery, terglustigheid, vermakerigheid, plaagsug, plaery, pestery, provokasie, moedswilligheid, sabotasie, ondergrawing, ondermyning, dwarsboming, verydeling, boikot, misleiding, omverwerping, teenstand 532, 588, 666, 667, belemmering, vervolging, vervolgingsgees, vervolgsug, verdrukking, heksejag, inkwisisie, agtervolging, klopjag, onderdrukking, verdrukking, suppressie, magsvergryp, tirannie, vertrapping, mishandeling, verstoting, verdringing, verworpenheid, teistering, dreiging, dreigement, bedreiging, intimidasie, vendetta, vete, bloedvete, familievete, twis, vyandskap 777, wraak, wraakneming, wraakgedagtes, aanranding, molestasie, venyn, venynigheid, kleingeestigheid, wreedheid, wreedaardigheid, brutaliteit, polisiebrutaliteit, sadisme
onbarmhartigheid, onmenslikheid, gevoelloosheid, harteloosheid, hardvogtigheid, hardheid, inhumaniteit, brutaliteit, minagting, meedoënloosheid, onverdraagsaamheid, intoleransie, ongeduld 777, oplopendheid, onbeskoftheid 777, ontoegeeflikheid
jaloesie, jaloersheid, afguns, nagaandheid, naywer, ywersug, leedvermaak, nyd 777, gemeenheid, kleinsieligheid, kleingeestigheid, kwaadwilligheid, sinisme; selfsug, selfsugtigheid, egoïsme, eiebelang, baatsug, eiebaat, hebsugtigheid, hebsug 686, suinigheid 686, 692, onmededeelsaamheid, gierigheid
boosaard, woestaard, woesteling, cowboy (Engels), rowwe jek (informeel), barbaar, ghwar (informeel), proleet, proletedom, Hun, sabreur (ongewoon), addergebroedsel, monster, onmens, ondier, kwaaddoener, boosdoener, booswig, skurk, misdadiger 803, rower, vrybuiter, konkelaar, skelm, deurtrapte skelm, werfetter (plat), bedrieër, vervalser, uitbuiter, verwoester, geweldenaar, gewelddoener, wreedaard, sadis, aanrander, molesteerder, kindermolesteerder, pedofiel 776, vroueslaner, beul, vrouebeul, moordenaar, moordenares, twissoeker, kemphaan, vuurvreter, ystervreter, treiteraar, sinikus, duiwel, duiwelskind, derduiwel, skobbejak, skarminkel, vloeksel, vloeksteen, skorriemorrie, vabond, blikskottel, blikslaer, pes, pestilensie, peskop, helsem (informeel), helleveeg, xantippe, klits, bliksem (plat), moerskont (plat), fokker (plat), vreugdebederwer, aanstigter, aanstoker, kwaadstoker, kwaadstigter, kwaadsteker, moeilikheidsoeker, sondesoeker, konkelaar, provokateur, draadtrekker, provo, saboteur, rusversteurder, parmant, kruidjie-roer-my-nie(t), tierwyfie, tierkat, vark, hond, swynhond,

buffel, padbuffel, padvark, barbaar, heiden, heidin, tiran, onderdrukker, verdrukker, vervolger, inkwisiteur
slagoffer, verdrukte, verworpeling, verworpene, paria
b.nw. boos, boosaardig, malisieus, kwaadaardig, wangunstig, duiwels, duiwelagtig, sataniese, satans, diabolies, demonies, satanisties, monsteragtig, monstrueus, ongebreidel(d), sinister, onheilspellend, vreesaanjaend 768, skrikwekkend 768, sleg 623, sleggeaard, snood (*ongewoon*), onheilig, sondig, godslasterlik, goddeloos, goddelooslik, verwerplik, pestilent, verderflik, dekadent, skandalig, skandaleus, onbetaamlik, onbehoorlik, losbandig, permissief, onsedelik, vervalle, aanstootlik, afstootlik, skokkend, skreiend, obseen, immoreel, onkuis, pervers, woes, ru, rof, grof, bruut, barbaars, brutaal, gruwelik, godsgruwelik, abominabel, uit die bose, grusaam, gewelddadig, verwoed, verwoestend, moorddadig, moordgierig, moordlustig, misdadig, berug, fameus, veelbesproke; verdomde, verduiwelde, vervlakste, fokken (*plat*)
kwaadwillig, vyandig 777, vyandiggesind, onderdrukkend, verdrukkend, vervolgend, vervolgsugtig, vervolgsiek, inkwisitoriaal, dreigend, bedreigend, strydlustig, tartend, tergend, tergerig, terglustig, vermakerig, orig, provokerend, verpestend, pestilent, venynig, wreed, wreedaardig, tiranniek, sadisties, kwaadsprekend, lasterend, lasterlik
onbarmhartig, onmenslik, gevoelloos 777, bars, befoeter(d), dwars, dwarsweg, bekonkel(d), bedonderd (*plat*), bedonnerd (*plat*), onverskillig, harteloos 777, hardvogtig 777, hard, fel, hardhartig, inhumaan, ongenaakbaar, onvermurfbaar, onversetlik, onsimpatiek, wreed, meedoënloos, onverdraagsaam, intolerant, ongeduldig 777, oplopend, genadeloos, ongenadig, sonder genade, suinig, onmededeelsaam, onbillik, onvriendelik 777, haatdraend 777, haatlik 777, gemeen, brutaal, minagtend, oneerbiedig, eerbiedloos, moedswillig, onbehulpsaam, ontoegeeflik, ongeduldig, driftig, choleries, koleries
jaloers, afgunstig, geel, nagaande, nayrerig, ywersugtig, kanniekoenie (*ongewoon*),

leedvermakerig, nydig, gemeen, kwaadwillig, kleinlik, kleinsielig, kleinmenslik, kleingeestig, katterig, sinies; selfsugtig, egoïsties, baatsugtig
verworpe, verstoot, verlate, vervreemd, vriendeloos, desolaat
ww. boos wees, boosaardig wees, moreel agteruitgaan, sedelik verval, oortree, swak gedra, wangedra, misdra, aanja(ag) (*informeel*), kwaad doen, misdaad pleeg 803, konkel, bemoeilik, aanstook, aanvang, verwoes; valslik voordoen, personeer, vervals, namaak, verdraai
kwaad aandoen, iemand sonde aandoen, benadeel, skaad, skade aandoen, skade berokken, tekortdoen, tekort doen, te kort doen, veron(t)reg, onreg aandoen, aantas, skend, ontheilig, misken, laster, belaster, beswadder, valslik beskuldig, skinder, beskinder, verwens, vervloek, verdoem, knou, uitbuit, onderkruip, grief, provokeer, provoseer, ringeloor, treiter, pes, tart, pla, terg, têre, vermaak, saboteer, ondergrawe, ondergraaf, ondermyn, dwarsboom, boikot, verydel, mislei, bedrieg, inloop, omverwerp, belemmer, vervolg, agtervolg, onderdruk, oordonder, verdruk, vertrap, mishandel, brutaliseer, misbruik, verstoot, verdring, verwerp, teister, tiranniseer, dreig, bedreig, intimideer, bevlieg, bevlie(ë), onttroon, iemand leed aandoen, iemand leed berokken, seermaak, wond, kwes, kwets, aanrand, molesteer, martel, folter, korrupteer, perverteer, skandaliseer
onbarmhartig wees, ongenadig wees, geen genade ken nie, negeer, afskeep, verstoot, iemand soos 'n hond behandel, brutaliseer
beny, misgun, jaloers wees
sleg behandel word
bw. sonder gevoel, kwaadwilliglik, met kwade bedoelings, brutaalweg
tw. verdomp, vervlaks, wee
uitdr. donkerwerk is konkelwerk; kwaad stook; daar is 'n slang in die gras; altyd verkeerd beur; jou wreek op iemand; ek sal jou kry; kort van draad wees; iemand skeef/skeel aankyk; op jou agterpote wees; jou nie laat vermaak nie; iemand die rug toekeer; te kort doen; verteer word van jaloesie; woorde kry/hê; 'n rol speel; 'n slang aan die boesem koester; 'n wig dryf

tussen; na bloed dors; sout in die wonde vryf

780. Hulpbetoon

s.nw. hulpbetoon, hulpbetoning, hulp 663, hulpvaardigheid, behulpsaamheid, steun, onderskraging, bystand, ondersteuning, onderstand, diens, barmhartigheidsdiens, barmhartigheidswerk, liefdadigheidswerk, liefde(s)diens, liefde(s)werk, dienslewering, hulpdiens, ondersteuning, ondersteuningswerk, ondersteuningsdiens, bystand, sorg, versorging, mediese versorging, verpleging 414, noodleniging, droogtehulp, alimentasie, siekebesoek, opheffing, opheffingswerk **maatskaplike sorg**, maatskaplike werk, maatskaplike hulpbetoon, welsynswerk, welsyn, volkswelsyn, sosiale werk, sosiale diens, arm(e)sorg, bestaansorg, kindersorg, kinderwelsyn, jeugsorg, bejaardesorg, bejaardehulp, kreupelsorg, pleegsorg, voorsorg, liefdadigheid; fonds, siekefonds, voorsorgfonds, noodlenigingsfonds, noodfonds, noodlening, toelae, maatskaplike toelae, welsynstoelae, kindertoelae, subsidie, maatskaplike subsidie, geldinsameling, kollekte, kollektelys, armbus, bydrae, aalmoes, gawe, liefdadigheidsbydrae, liefdadigheidsgawe; welsynstaat, arm(e)bestuur

versorgingsinstelling, inrigting, gestig, versorgingsoord, versorgingsentrum, toevlugsoord, hospice, hospies, hospitium, tehuis, ouetehuis, kinderhuis, kindertehuis, weeshuis, rehabilitasiesentrum, welsynsorganisasie, liefdadigheidsinstelling; sorgeenheid, siekeboeg, hoësorgafdeling **maatskaplike werker**, maatskaplike werkster, sosiale werker, sosiale werkster, welsynswerker, welsynswerkster, welsynsbeampte, sieketrooster, verpleegster, verpleër, verpleger, versorger, helper 663, vrywilliger; adviesgroep, advieskomitee, ondersteuningsnetwerk, hulporganisasie **hulpbehoewende**, hulpbehoewende persoon, vondeling, voogdykind, weeskind, pleegkind

b.nw. hulpbehoewend, sorgbehoewend, armlastig, hulpvaardig 589, 663, behulpsaam, barmhartig, benefisieel, noodlenigend

ww. ondersteun, ondersteuning gee, ondersteuning bied, diens lewer, bystand gee, bystand verleen, subsidieer, help 663, hulp verleen, hulp betoon, bedeel, begunstig, benefisieer, ophef, bydra, lenig

voors. ten behoewe van

781. Dankbaarheid

s.nw. dankbaarheid, erkentlikheid, erkentenis, erkenning, waardering, dank, dankbetoon, dankbetuiging, bedanking, dankwoord, danksegging, dankbewys, dankbrief, danklied

b.nw. dankbaar, dankbaarbly, dankiebly, vaderdankiebly, bevoorreg, verskuldig, erkentlik, waarderend

ww. bedank, dankie sê, dank betuig, danksê, waardering betuig, jou erkentlikheid betuig, 'n woord van dank spreek, jou sterre dank

bw. met dank, met waardering, uit waardering, uit erkentlikheid

tw. dankie, baie dankie, goddank, dankietog, sjoekran (*lekties*), shukraan (*lekties*), trammakassie (*lekties*)

uitdr. jou hoed agterna gooi; stof tot dankbaarheid hê

782. Ondankbaarheid

s.nw. ondankbaarheid, ondank, onerkentlikheid; kermkous, kermgat (*plat*) 721

b.nw. ondankbaar, onerkentlik

ww. ondankbaar wees, bekla(ag), beklae, tjommel, kla, mor, kerm

uitdr. stank vir dank; goed met kwaad vergeld; jou pêrels voor die swyne werp; ondank is wêreldsloon; 'n profeet word nooit in sy eie land geëer nie ; kermkous, kermgat (*plat*) 721

783. Vergifnis

s.nw. vergifnis, vergiffenis, vergewing, kwytskelding, genade, genadebetoon, grasie, pardon, remissie, beklag

vergewensgesindheid, vergeeflikheid, genade

b.nw. vergeeflik, vergewensgesind, genadig, begenadiging

ww. vergewe, vergeef, begenadig, genadig wees, genade skenk, kwytskeld, straf kwytskeld, grasie verleen, remitteer, kondoneer, amnestie verleen, klemensie verleen; om genade pleit, genade vra, genade

ontvang
tw. ekskuus, pardon, genade, oeps (*informeel*), sorrie (*informeel*), sorry (*Engels, informeel*)
uitdr. deur die vingers sien; 'n streep daardeur trek

784. Wraaksug
s.nw. wraak, weerwraak, bloedwraak, wraakgierigheid, wraaklus, wraaksug, wraaksugtigheid, wraaklustigheid, wrok, wrokkigheid, wraakgevoelens, wrewel, wraakneming, vergelding, vergeldingsmaatreël, wraakmaatreël, vergeldingstap, wedervergelding, onvergewensgesindheid, smaad, smadelikheid, haat 777, haatdraendheid 777, nemesis, retribusie, afrekening, agitasie, bloedvete, vendetta, vete, bloedhond, bloubaard
b.nw. wraakgierig, wraaksugtig, wraaklustig, wrokkig, wrewelig, wrewelrig, sleggesind, smadelik, onvergeeflik, onvergewensgesind
ww. wreek, wraak neem, wraak sweer, wraak koester, betaal, terugbetaal, vergeld(e), terugslaan, terugkap, agiteer, belaer, smaad
bw. uit wraak
uitdr. iemand teer en veer; met iemand afreken; 'n aksie teen iemand hê; 'n appeltjie met iemand te skil hê; 'n oog vir 'n oog en 'n tand vir 'n tand; met/in gelyke munt terugbetaal

785. Hoogmoed
s.nw. **trots**, trotsheid, persoonlike trots, selfwaarde, selfgevoel, eiewaarde, familietrots, selfversekerdheid, selfversekering, waardigheid, fierheid, selfvertroue, afronding, afgerondheid, gepoleerdheid, ambisie
  hoogmoed, hoogmoedigheid, hovaardigheid, hovaardy, hoogdrawendheid, pompositeit, patronisering, meerderwaardigheid, meerwaardigheid, meerderwaardigheidsgevoel, meerwaardigheidsgevoel, meerderwaardigheidskompleks, styfheid, styfte, ysigheid, snobisme, snobberigheid, onbeskeidenheid, oormoed, valse trots, verwaandheid, egoïsme, egotisme, eiedunk, eiewaan, eiebelang, verwatenheid, opgeblasenheid, voortvarendheid, voorbarigheid, arrogansie, selfversekerdheid, selfversekering, selfvoldaanheid, selfvoldoening, oorskatting, selfoorskatting, selfgenoegsaamheid, selfbehae, selftevredenheid, verheffing, selfverheffing, eieliefde, affektasie, selfbewustheid, verbeelding, vertoon, vertoonsug, geswollenheid, bombasme, roemsug, gekunsteldheid, ydelheid, ydeltuitery, spoggerigheid, spoggery, spogtery, opskeppery, swierigheid, mondaniteit, pronkery, ostentasie, pronkerigheid, pronksug, pralery, praalsug, roemgierigheid, roemlustigheid, aanstellerigheid, geaffekteerdheid, pose, ploertery, ploertestreek, windmakerigheid, braggerigheid (*Engels, informeel*), brêkerigheid (*Engels, informeel*), windgatgeit (*informeel*), wintiegeit (*informeel*), grootdoenerigheid, grootdoenery, afshowerigheid (*Engels, informeel*), pretensie, grootheidswaan, grootheidswaansin, megalomanie, selfverheerliking, selfbewondering, idiolatrie, selfvergoding, selfverafgoding
  pedanterie, pedantheid, waanwysheid, wysneusigheid, skoolmeesteragtigheid, dogmatisme, aanmatiging, grootpratery, grootspraak, grootbek, grootbekkigheid, bluf, bluffery
  hoogmoedige persoon, trotsaard, hoogheid, snob, snobis, primadonna, ploert, grootmeneer, grootkop, lord (*Engels*), grootdoener, madam, juffertjie, hoogvlieër, megalomaniak, grootprater, grootbek, druktemaker, voorbarige mens, meneertjie, haantjie, krielhaantjie, wyshoof, wysneus, weetal, pedant, egoïs, egotis, windmaker, blinkstefaans, blinkjan, mandoor, windlawaai, windsak, windeier, ploert, windbuks, bombas, raasbek, blaasbalk, blaaskaak, aanstellerige persoon, poseur, naamsmous, ydeltuit, spogter, spogger, windgat (*plat*), brag-gat (*Engels, plat*), brêkgat (*Engels, plat*), pronker, swierbol, laventelhaan, laventelhaantjie, pierewaaier
b.nw. **trots**, waardig, fier, gereserveer(d), gepoleerd, afgerond, opgevoed
  hoogmoedig, hooghartig, hovaardig, patroniserend, pontifikaal, snobisties, opgeblase, bombasties, blasé, geswolle, hoogdrawend, pompeus, styf, arrogant, meer-

derwaardig, neerbuigend, minagtend, versmadend, selfvoldaan, selfbehaaglik, eie-ekkerig, selfgenoegsaam, selftevrede, verwaand, verwate, onbeskeie, oormoedig, voortvarend, voorbarig, voor op die wa, rammetjie-uitnek (*informeel*), aanmatigend, vermetel, opdringerig, astrant, parmantig, skaamteloos, onbeskaam(d), ploertig, ploerterig, ploertagtig, spoggerig, spogterig, opskepperig, braggerig (*Engels, informeel*), brêkerig (*Engels, informeel*), windmakerig, grootdoenerig, onbeskeie, hanerig, windgat (*plat*), wintie (*informeel*), swierig, ydel, ydellik, gekunsteld), mondain, vertonerig, ostentatief, pronkerig, praalsugtig, aanstellerig, êtepetête (*informeel*), roemsugtig, roemgierig, afshowerig (*Engels, informeel*), la(r)nie (*lekties, informeel*), neusoptrekkerig, geaffekteer(d), aanstellerig, presieus, pretensieus, vol pretensie, bestudeer(d), selfbewus

pedanties, pedant, skoolmeesteragtig, aanmatigend, wysneusig, dogmaties, doktrinêr, grootbekkig, grootsprakig, grootpraterig, blufferig

ww. hooghou, trots wees, beroem, jou roem op, spog, verhef, snoef (*ongewoon*), pretendeer, voorgee, paradeer, poseer, praal, pronk, uithang, uitstal, afshow (*Engels, informeel*)

grootpraat, verhovaardig, opblaas, bluf, neerkyk, neersien, sketter, patroniseer, dogmatiseer, aanmatig

bw. met trots, sonder skroom

woorddeel groot-, pronk-

uitdr. 'n hoë toon aanslaan; as dikmelk kaas word; baie bek hê; jy dink jy's kaas; dis alles wind; graag in die voorgestoelte wees; iemand nie ag nie; iemand uit die hoogte aankyk; met jou neus in die lug loop; jakkals prys sy eie stert; op jag na eer; jou bors uitstoot; jou eie beuel blaas; te groot vir jou skoene wees; 'n opgeblaasde padda; opgeblase wees; al die wysheid in pag hê; net bek wees; jou bek rek; as niet kom tot iet (ken iet sigselwe niet); jy hou jou hans, jy is hans

786. Nederigheid

s.nw. nederigheid, beskeidenheid, ingetoënheid, ootmoed, ootmoedigheid, verootmoediging, deemoed, selfverloëning, bedeesdheid, teruggetrokkenheid, swygsaamheid, skroom, skroomvalligheid, skroomhartigheid, beskroomdheid, skaamheid, inkennigheid, beskimmeldheid, bedeesdheid, skugterheid, skuheid, minderwaardigheid, minderwaardigheidskompleks, minderwaardigheidsgevoel, selfvernedering, skaamte, onderdanigheid 589

eenvoud, eenvoudigheid, aardsheid, pretensieloosheid, soberheid; vereenvoudiging, versobering

vernedering, verkleinering, kleinering, geringskatting, miskenning, minagting, selfvernedering, verootmoediging, beskaming, verleentheid, onderwerping, onderworpenheid, onderdanigheid

b.nw. nederig, beskeie, laag-by-die-grond, ootmoedig, deemoedig, ingetoë, bedaard, besadig(d), stemmig, bedees(d), stil, teruggetrokke, terughoudend, swygsaam, onvrymoedig, skroomvallig, skroomhartig, beskroomd, skaam, skamerig, inkennig, selfbewus, beskimmeld, skimmel, verskimmel, skigtig, beteuter(d), bedees(d), skugter, sku, sku(w)erig, minderwaardig, verneder(d)

eenvoudig, aards, pretensieloos, sober; versoberend

verneder(d), beskaam(d), onderwerpe, onderdanig; vernederend, beskamend, onderwerpend

ww. verneder, verootmoedig, beskaam, bloos, onderdoen, skroom

vereenvoudig, versober

skaam maak, beskaam, skaam laat voel, verleë maak, in die verleentheid bring, embarrasseer, verneder, verkleineer, kleineer, klein maak, minag, geringskat, misken, te na kom, spot, bespot, die spot dryf, belaglik maak, vir die gek hou, 'n gek laat voel

bw. in alle nederigheid, met beskeidenheid, in alle beskeidenheid, met ootmoed, met respek, sonder pretensie, sonder eiewaan, knypstert

uitdr. met die hoed in die hand na iemand gaan; 'n toontjie laer sing; jou oë uit jou kop uit skaam; in die grond sink van skaamte

8 Gemeenskap

A. SOSIALE LEWE
787. Samelewing

s.nw. samelewing, maatskappy, gemeenskap, mensegemeenskap, sosiale orde, mensdom, mensheid, mensegeslag, Adamsgeslag, volk, volksbegrip, volksbelang, nasie, reënboognasie, wêreld, eie wêreld, buitewêreld, vreemde, eerste wêreld, tweede wêreld, derde wêreld, land, antropogenese 0, volksplanting, verwestering, beskawing, kultuur 535, kultuurgoedere (*meervoud*), Westerse kultuur, Oosterse kultuur, ..., generasie, geslag, kultuurgroep, akkulturasie, kultuurvermenging, transkulturasie; globalisasie, globalisering, internasionalisering; volkekunde, antropologie, etnografie, etnologie; volkekundige, antropoloog, etnoloog

lae van die samelewing, sosiale stratifikasie, klas, sosiale klas, ekonomiese klas, sosio-ekonomiese klas, heersersklas, orde, sosiale orde, politieke orde, groep, sosiale groep, ekonomiese groep, stand 796, 797, 798, stratum, sektor, gemeenskapsektor, sfeer, sosiale sfeer, kaste, kastestelsel, klaslose samelewing; laer klas, werkersklas, proletariaat, middelklas, burgerstand, bourgeoisie, laer middelklas, hoër middelklas, hoër klas, elite, aristokrasie, blou bloed, heersende klas, oligargie, laer stand, middelstand, hoër stand, adelstand; bevoorregting, bevoordeling, agtergesteldheid, marginalisering, marginalisasie, gemarginaliseerdheid, benadeling, diskriminasie, bevoorregte groep, agtergestelde groep, gemarginaliseerde groep, benadeelde groep, gediskrimineerde groep, bevoordeelde groep

groep, groepering, groep(s)verband, groepsidentiteit, groepsgebondenheid, groepsbewussyn, groepsgees, etniese groep, rassegroep, kultuurgroep, taalgroep, taalgemeenskap, godsdiensgroep, familie 241, gesin, familieverband, gesinsverband, familiegebondenheid, linie, geslag, generasie, geslagslyn, nasate, dinastie, stam, stameenheid, stamstelsel, stamverband, stamgebondenheid, nomadestam, bevolkingsgroep, volk, volksgroep, volksgemeenskap, nasie, nasiebou, nasiediens, nasiegees, nasietrots, staat; nasionaliteit, Suid-Afrikaanse nasionaliteit, Britse nasionaliteit, Amerikaanse nasionaliteit, ..., Suid-Afrikaner, Brit, Amerikaner, Nederlander, Hollander, Kaaskop (*kwetsend*), Fransman, Duitser, Namibiër, Asiaat, Chinees, ...; Suid-Afrikaner, Engelsman, Ingelsman (*lekties*), Rooinek (*kwetsend*), soutpiel (*plat, kwetsend*), soutie (*kwetsend*), Boerejood; amerikanisasie, afrikanisasie, Afrosentrisme, Eurosentrisme (*soms negatief*); groepsgrens, kultuurgrens, taalgrens, Boereworsgordyn, ystergordyn, bamboesgordyn; samelewing, samelewingsdinamika, gemeenskap, heimat, boesem, samehorigheid, saamhorigheid, samehorigheidsgevoel, saamhorigheidsgevoel, gemeenskapslewe, gemeenskapsbelang, groepsbelang, landsbelang, gemeenskapsin, beskawing 788

ras, menseras, ras(se)groep, rasgemeenskap, hoofras, heersersras, etniese groep, etnisiteit, kultuurgroep, volk, oervolk, blanke ras, Kaukasiese ras, Negroïde ras, Negroïede ras, Mongoloïde ras, Mongoloïede ras, ..., rassuiwerheid, rasvermenging, rassevermenging, veelrassigheid, rassediversiteit, rasseskeiding, rassebetrekking, kleurgrens, kleurskeidslyn, raseie, rasseklassifikasie, rasse-indeling, rasseaangeleentheid, rassebetrekking, etnosentrisme; blanke, nie-blanke, anderskleurige (*kwetsend*), wit mens, witmens, witvel (*kwetsend*), witte (*kwetsend*), witnerf (*kwetsend*), whitey (*kwetsend*), duusman (*verouderd, lekties, kwetsend*), diesman (*verouderd, kwetsend*), dysman (*lekties, kwetsend*), duusvolk (*verouderd, kwetsend*), diesvolk (*verouderd, kwetsend*), Afrikaner (*soms kwetsend*), boer (*kwetsend*), rockspider (*Engels, kwetsend*), bruin mens (*soms kwetsend*), bruinmens (*soms kwetsend*), kleurling (*soms kwetsend*), gammat (*kwetsend, taboe*), hotnot (*uiters kwetsend en rassisties, taboe*), Hottentot (*kwetsend, taboe*), Griekwa, swart mens (*kwetsend*), swartmens (*kwetsend*), Bantoe (*verouderd, kwetsend, taboe*), Afrikaan, darkie (*Engels, kwetsend, taboe*), swarte (*kwetsend*), Kaffer, kaffer (*uiters kwetsend en rassisties, taboe*), swartnerf (*uiters kwetsend en rassisties, taboe*), Nguni, Sotho, Basotho, Tswana, Tsonga, Venda, Sjangaan, Khoi-Khoi(n), Khoi-San, San, San-mense, Eerste Mense, Eerste Nasie, eerstenasiemense, Boesman (*kwetsend*), Nama, Damara, Indiër, Asiaat, Islamiet, Moslem, moslem, Moesliem, moesliem, Maleier (*soms kwetsend*), Slams (*kwetsend*), koelie (*uiters kwetsend en rassisties, taboe*), baster (*kwetsend*), Rehoboth-Baster, Baster (*soms kwetsend*), mulat (*kwetsend*), mulatto (*kwetsend*), volk (plaaswerkers) (*kwetsend*), volkies (plaaswerkers) (*kwetsend*); (*Die volgende aansprekings se gebruik kan kwetsend ervaar word deur die gebruiker op wie dit afgedwing word*), baas, oubaas, kleinbaas, miesies, oumies, kleinmies, nooi, ounooi, kleinnooi

rassisme, rassediskriminasie, rassevooroordeel, rassepolitiek, rassevraagstuk, rassekwessie, rasseverhouding, die k-woord, die h-woord, rassehaat, xenofobie, islamifobie, vreemdelingehaat, rassegevoel, rassestryd, rasse-onluste, rassebotsing, rassestorm, rasseherrie, rassesensitiwiteit, rasseonverdraagsaamheid, rassekwota; rassegenoot, rassis, rassehater, vreemdelingehater, xenofoob

generasie, jong generasie, ou generasie, generasie X, generasie Y, generasie Z, milleniër, generasiegaping, baby boomers, baby boomer-generasie

sosiale dinamika, sosialisering, bevolkingsdinamika, sosiale verandering, sosiale ingenieurswese

segregasie, apartheid, anti-apartheid, afsonderlike ontwikkeling, swart bewussyn, integrasie, onafhanklikheid, afhanklikheid, kolonialisme, demokrasie, federalisme, konfederalisme, kommunisme, sosialisme, nasionalisering; anti-apartheidsbeweging, swartbewussynsbeweging

patriotisme, vaderlandsliefde, Afrikanisme, panafrikanisme, Panafrikanisme, anglofilie, Engelsgesindheid, chauvinisme, jingoïsme, frankofilie, russofilie, russomanie, negrofilie, xenofilie, xenomanie, Pan-Amerikanisme, pangermanisme, panslavisme, anglofobie, gallofobie, russofobie, negrofobie, xenofobie; patriot; chauvinis, jingo, anglofiel, kakie, hanskakie, verraaier, landsverraaier, joiner, judasboer, hen(d)sopper, kommunis (*soms kwetsend*), kommie (*informeel, kwetsend*), frankofiel, xenofiel, xenomaniak

omgewing, milieu, leefmilieu, bodem, land, vaderland, bakermat, patria, heimat, moederland, stamland, grond, stamgrond, geboortegrond, erfgrond, geboorteland, geboortestad, geboortedorp, geboorteplek, woonplek, hawe, werk(s)plek, woon- en werkplek, dorp, stad, kommune, buurt, woonbuurt, agterbuurt, ghetto, sakebuurt, sakedeel, stedelike gebied, platteland, binneland, buiteland, vreemde

bevolking, populasie, mense, publiek, algemene publiek, breë publiek, bevolkingsdigtheid, bevolkingsontploffing, oorbevolking, bevolkingsyfer, bevolkingstatistiek, biostatika, geboortesyfer, geboorteregister, geboorteregistrasie, bevolkingsregister, bevolkingsregistrasie, sensus, volkstelling, bevolkingsverspreiding

burgerskap, nasionaliteit, staatsburgerskap, inheemsheid, wêreldburgerskap, vreemdelingskap, vreemdelingstatus, uitheemsheid; burgerregte, burgerlike vryheid, burgerlike ongehoorsaamheid

burger, medeburger, staatsburger, landsburger, wêreldburger, lid, bevolkingslid, landgenoot, landsman, landseun, landsaat, volksgenoot, vaderlander, stamlid, stamgenoot, rasgenoot, inwoner, bewoner, boorling, inboorling, outogtoon, outochtoon, ingesetene, nedersetter, stedeling, kosmopoliet, dorpenaar, plattelander, binnelander, patriot, vreemdeling, buitelander, immigrant, emigrant, vreemdeling, allogtoon, allochtoon; gemeenskapsmens, gemeenskapsleier

sosiale wetenskap, maatskaplike wetenskap, volkekunde, antropologie, etnologie, etnografie, volkskunde, kultuurkunde, folklore, sosiologie, antropososiologie, samelewingsdinamika, demografie; volkekundige, antropoloog, etnoloog, etnograaf, sosioloog, demograaf, volkskundige, folkloris

b.nw. gemeenskaplik, samehorig, saamhorig, groepbewus, sosiaal, eie, volks, nasionaal, nasionaalbewus, nasionaagesind, supranasionaal, supra-nasionaal, multinasionaal, binnelands, inlands, buitelands, vreemd, volksvreemd, uitheems, internasionaal, globaal, burgerlik, ingeburger, vaderlands, patrioties, vaderlandsliewend, jingoïsties

klasbewus, klasgevoelig, proletaries, adellik, aristokraties; rasbewus, rassig, veelrassig, nie-rassig, rassisties, nie-rassisties; bevoorreg, agtergestel(d), marginaal, gemarginaliseer(d), benadeel(d), diskriminerend

bevolk, dunbevolk, dunbewoon, digbevolk, oorbevolk

sosiologies, maatskaplik, volkekundig, antropologies, etnies, etnologies, etnografies, demografies, volkskundig, Afrosentries, Eurosentries (*soms negatief*)

ww. groepeer, integreer, segregeer, bevolk, ontvolk, aard, daarstel, akklimatiseer, nasionaliseer, verwesters, afrikaniseer, romaniseer, akkompanjeer; globaliseer, internasionaliseer; bevoorreg, benadeel, marginaliseer, uitskuif, uitrangeer, na die kantlyn verskuif

bw. vandaan, hiervandaan, daarvandaan, waarvandaan, vanwaar, hiernatoe, daarnatoe, soontoe, in die vreemde, uit die vreemde

788. Beskawing

s.nw. beskawing, beskaafdheid, beskawingspeil, sivilisasie (*ongewoon*), kultuur 535, kultuurgoedere (*meervoud*), inbors, fatsoenlikheid, lewenskwaliteit, kwaliteit, opvoeding, opgevoedheid, welopgevoedheid, maniere (*meervoud*), goeie maniere (*meervoud*), manierlikheid, ordentlikheid, welvoeglikheid; beskawing, verfyning, veredeling, ontwikkeling, gemeenskapsontwikkeling, gemeenskapsbou, naturalisasie, repatriasie, kolonialisasie, kolonialisering, akkulturasie, bekering, dekolonisasie

gekultiveerdheid, waardigheid, verfyndheid, gesofistikeerdheid, lewenstyl, stylvolheid, keurigheid, elegansie 743

stigting, volksplanting, nedersetting, kolonie

beskaafde mens, kultuurmens, ontwikkelde mens, bon vivant; beskawer, ontwikkelaar, opvoeder, setlaar, nedersetter, kolonialis, kolonis

b.nw. beskaaf(d) 791, fynbeskaaf(d), menslik, ontwikkel(d), opgevoed, fynopgevoed, welopgevoed, ordentlik, verlig, beginselvas, welvoeglik, christelik, behoudend, bodemvas, sosiaal

gekultiveer(d), waardig, gesofistikeer(d), fyn, verfyn(d), fynbeskaaf(d), gedistingeer(d), stylvol, keurig, elegant; gekolonialiseer(d), koloniaal

ww. beskaaf, beskaaf, beskawe, ontwikkel, siviliseer (*ongewoon*), verfyn, opvoed, beweeg, akkultureer, naturaliseer, repatrieer

uitdr. van goeie inbors wees

789. Onbeskaafdheid

s.nw. onbeskaafdheid, onopgevoedheid, onmanierlikheid, ongemanierdheid, onontwikkeldheid, onderontwikkeling, primitiwiteit, ruheid, onverfyndheid, onbehouenheid, boersheid, baarheid, wildheid, woestheid, barbaarsheid, barbarisme, bestialiteit

barbaar, onopgevoede mens, agteraf mens, hoipolloi, gepeupel, ruwe mens, primitiewe mens, filistyn, natuurmens, natuurkind, nomade

isolasionis, kluisenaar, askeet, anachoreet, afgeskeidene, alleenloper, hermiet, randeier, randfiguur, verworpene, verworpeling, verstoteling, swartskaap

b.nw. onbeskaaf(d), onontwikkeld, onderontwikkeld, onmanierlik, ongemanierd, primitief, agterlik, agteraf, onopgevoed, ongeskool(d), onverfyn(d), ongeletterd, ru, onbehoue, boers, wild, woes, filistynagtig, sleggeaard, barbaars

afgesonder(d), verlate, desolaat, verwees, verwese, asosiaal, afgeslote, privaat, eensaam, alleen, stok(siel)alleen, moedersielalleen, alleenlopend, allenig, vreemd, wêreldvreemd, isolasionisties, verworpe

ww. afsonder, inkluister, isoleer, kruip, skuil, skuilgaan, skuilhou

bw. in 'n natuurstaat, man-alleen

uitdr. jou aan die wêreld onttrek; in jou dop

gekruip wees; in jou skulp kruip; sonder aanspraak wees; 'n vreemdeling in Jerusalem wees

790. Sosiale betrekking
s.nw. sosiale betrekking, sosiale struktuur, gemeenskap 787, betrekking, familiebetrekking, huismense, familiekring, gesinskring, verhouding, konneksie, kontak, persoonlike verhouding, sosiale verhouding, vriendskap, vriendskapsverhouding, band, vriendskapsband, liefdesverhouding, driehoek(s)verhouding, buurskap, buurskapsverhouding, verstandhouding, akkommodasie, sosialisering
verkeer, sosiale verkeer, interpersoonlike verkeer, omgang, sosiale omgang, sosialisering, assosiasie, assosiëring, gesellige verkeer, samesyn, saamwees, geselskap, kameraadskap, kontak, sosiale kontak, aanraking, kommunikasie 539, oor-en-weerpratery, interkommunikasie, gesprek, konversasie, onderonsie, uitnodiging, invitasie, ontmoeting, rendezvous, opwagting, kennismaking, bekendstelling, introduksie, inburgering, ontvangs, resepsie, oudiënsie
vriendekring, kenniskring, intieme kring, kennis, vriend 776, vriendin, boesemvriend, boesemvriendin, maat, kameraad, pel (*informeel*), pêl (*informeel*), gabba (*informeel*), bra (*lekties, informeel*), alter ego, buurman, buurvrou, kollega
besoek, welwillendheidsbesoek, teenbesoek, roetinebesoek, huisbesoek, hospitaalbesoek, krankebesoek, visite (*ongewoon*), spreekuur, kuier, kuiertjie, gekuier, kuiery, samesyn, oorkoms, oornagting, partytjie, fees 793, onthaal, traktasie (*ongewoon*), traktement (*verouderd*); gasheer, gasvrou, hospita, besoeker, gas, kuiergas, kuiermense (*meervoud*), ete(ns)gas, koffiegas, teegas, slaapgas, oornaggas, gasteboek
toegeneentheid, geneentheid, vriendskap, vriendskaplikheid, kameraadskap, kameraderie, vriendelikheid, gasvryheid, hartlikheid, toeganklikheid, gulheid, gulhartigheid 776, warmte, guns, liefde 776; onvriendelikheid 777, ongasvryheid
groet, groetery, groete, groetwoord, liefdegroete, soen, soengroet, nagsoen, kus, handkus, omhelsing, handdruk, vuisgroet, verwelkoming, welkomsgroet, welkomswoord, welkomsrede, welkomslied, wuiwing, elmbooggroet; afskeid, vaarwel, afskeidsgroet, afskeidsuur, afskeidsmaal

b.nw. sosiaal, gemeenskaplik, vriendelik, vriendskaplik, interpersoonlik, persoonlik, gasvry, warm, manierlik, toeganklik, taktvol; onvriendelik, ongasvry, taktloos; ontuis
welkom, wuiwend; ongeleë, ongenooi(d), opdringerig, onwelkom

ww. 'n verhouding aanknoop, 'n betrekking aanknoop, relasies aanknoop met, in aanraking kom, bekend word met iemand, kontak maak, kontak opneem, bekendstel, bekend stel, in verbinding tree, nader, inskakel, aansluit, verbroeder, omgaan, verkeer, sosiaal verkeer, sosialiseer, meng, rondgaan, rondleuter, ontmoet, raakloop, voorstel, presenteer, kommunikeer, kommuniseer, gesels, konverseer, onderhandel; vermy, afskryf, afskrywe, afsterf, afsterwe, verstoot, afstoot, afmaak, afsny
nooi, uitnooi, vra, uitvra, oornooi, oorvra, binnenooi, innooi, binnevra, invra, binnehaal, inlaat, huisves, hospitaliseer, hospiteer, onthaal, vergas, ontvang, trakteer, uitneem, skiet (*informeel*), stiek (*informeel*); 'n uitnodiging aanvaar, 'n uitnodiging aanneem
besoek, 'n besoek bring, kuier, 'n kuiertjie maak, opsoek, kom na, gaan na, oorkom, aangaan by, aankom by, aanloop by, aanklop by, jou opwagting maak by, uitstiek (*lekties*), inloer, aandoen, 'n draai maak by, inval, inwaai, oorwaai, oorwip, aanry, oorbly, oornag, oorslaap, oorlê, afpak, afsaal, deurbring, inburger
groet, begroet, dagsê, bladsteek, bladskud, die hand gee, 'n handdruk gee, soengroet, omhels, omarm, omvou, druk, verwelkom, welkom heet, welkom sê, afskeid neem, totsiens sê, nagsê, afsien, wegsien, waai, wuif, aanspreek, noem roep, aanroep

tw. goeiedag, gegroet, groetnis, groete, liefdegroete, dag, dagsê, vat vyf, salaam, sjalom, sjaloom, môre, more, goeiemôre, goeiemore, goeiemiddag, goeienaand, naand, naandsê, nag, goeienag, hallo, aweh (*lekties, informeel*), awê (*lekties, informeel*), jis (*informeel*), jis-jis (*informeel*), jis-ja (*in-*

formeel), hoesit (*informeel*), howzit (*Engels, lekties*), hoe's dinge (*informeel*), heita (*informeel*), heitou (*informeel*), heit(s), saluut, welkom, tot siens, totsiens, tot weersiens, tot wedersiens, koebaai (*Engels, informeel*), tat(t)a (*informeel*), tot wederom, we(d)erom, gaan jou goed, beste wense, mooi bly, vaarwel

uitdr. met Jan (en) alleman omgaan; Piet, Paul en Klaas; 'n allemansvriend wees; hulle is bakmaats; sê my met wie jy omgaan, en ek sê jou wie jy is; iemand nie aankyk nie; iemand op 'n afstand hou; 'n sekere afstand bewaar; iemand se drumpel deurtrap; by iemand afpak; die rondte van vader Cloete maak; met Jan Tuisbly se karretjie ry; hoe staan die lewe; iemand tuis tref; my deur staan vir jou oop; die hoed lig

791. Sosiaal

b.nw. **sosiaal**, mensliewend, aangetrokke, toegeneë, gasvry, gaaf, vriendelik 776, gesellig, huislik, knus, gemoedelik, natuurlik, ongekunsteld, joviaal, goedhartig, gulhartig, warm, hoflik, inskiklik, welwillend, wellewend, urbaan, onderhoudend, sjarmant, attent, gewild, sprankelend, plesierig, hups, sportief, seremonieel

beleef(d), hiperbeleef(d), hoflik, galant, sjarmant, bedagsaam, gaaf, vriendelik 776, 778, ordentlik, goed gemanierd, goedgemanierd, fyn gemanierd, fyngemanierd, fyn, verfyn(d), gekultiveer(d), beskaaf(d) 788, 812, fynbeskaaf(d), welvoeglik, korrek, menslik, wellewend, ontwikkel(d), opgevoed, fynopgevoed, welopgevoed, gesofistikeer(d), gedistingeer(d), delikaat, diplomaties, beskeie

s.nw. **mensliewendheid**, aangetrokkenheid, intimiteit, toegeneentheid, toenadering, gasvryheid, gaafheid, vriendskap, vriendelikheid 776, geselligheid, gesellige verkeer, sosialisering, gemoedelikheid, jovialiteit, goedhartigheid, gulhartigheid, warmte, inskiklikheid, welwillendheid, sjarme, wellewendheid, urbaniteit, plesierigheid, seremonie, etiket, hofetiket, hoofsheid, gewildheid; fees 793, ysbreker, ysbrekeraktiwiteit

beleefdheid, hoflikheid, galantheid, galanterie, bedagsaamheid, ordentlikheid, goeie maniere, welopgevoedheid, fatsoenlikheid, verfyndheid, gekultiveerdheid, beskaafdheid 788, opvoeding, opgevoedheid, korrektheid, dekorum, distinksie, gesofistikeerdheid, gedistingeerdheid, delikaatheid, diplomasie, beskeidenheid, ongekunsteldheid

heer, gentleman, jintelman (*verouderd*), kavalier, dame

bw. vir die geselligheid, vir die lekkerte, knussies, beleefdheidshalwe, welvoeglikheidshalwe

ww. sprankel, gesellig wees, gedra, goed gedra, korrek optree, jou fatsoenlik gedra, beleefdheid betoon, goed klaarkom met, goed oor die weg kom met, toenadering soek, die ys breek, sosialiseer

uitdr. oor koeitjies en kalfies gesels

792. Asosiaal

b.nw. **asosiaal**, gereserveer(d), hoogdrawend, hoogmoedig 785, ongesellig, ongemaklik, stram, strak, stug, houterig, star, stroef, styf, koud, hoekig, kantig, knaks, stokkerig, afgeslote, onbeholpe, onnadenkend, ongewild, rassisties, seksisties

eensaam, alleen, allenig, op jou eentjie, verlate, eenkant, asketies, geslote, afgesonder(d), geïsoleer(d), wêreldvreemd

ongemanierd, sleggemanierd, onmanierlik, onbeleef(d), onhoflik, ongeskik, onbeskof, ongepoets, snedig, ongeaard, ongeleerd, ongegeneerd, ongesjeneerd, honds, onvriendelik 777, onopgevoed, indelikaat, opgeskeep, onbeskaam(d), skaamteloos, onbehoorlik, onfatsoenlik, onhebbelik, onguur, onwelvoeglik, onsmaaklik, onverkwiklik, bedoosd (*lekties, plat*), kru, varkerig, onvoegsaam, wild, woes, rof, ru, onbehoue, grof, bruut, boers, brutaal, hardgebak, hardekop, hardekwas, hardegat (*plat*), hardekoejawel, parmantig, vrypostig, vatterig, opdringerig, kontant, gemeensaam, wys, impertinent, onbeskeie, indringerig, indiskreet

s.nw. **ongeselligheid**, ongemaklikheid, stramheid, strakheid, houterigheid, starheid, stugheid, strakheid, stroefheid, afstand, afstandigheid, hoogmoed 785, hoogmoedigheid, onbeholpenheid, onnadenkendheid, ontaktvolheid, taktloosheid, ongewildheid

eensaamheid, alleenheid, allenigheid, verlatenheid, afsondering, afgeskeidenheid, sosiale afstand, isolasie, geïsoleerdheid, insulasie, isolement, isolasionisme, geslotenheid, afgeslotenheid, askese, asketisme, kluisenaarskap, kluisenaarslewe, afgesonder(d)heid, verworpenheid, wêreldvreemdheid, wêreldversaking; vereensaming

slegte maniere, swak maniere, onbeleefdheid, onhoflikheid, ongemanierdheid, onmanierlikheid, ongeskiktheid, onbeskoftheid, ongepoetstheid, onvriendelikheid, snedigheid, onopgevoedheid, onbeskaamdheid, skaamteloosheid, onbehoorlikheid, onhebbelikheid, ongeaardheid, onguurheid, onwelvoeglikheid, onsmaaklikheid, onfatsoenlikheid, vatterigheid, onverkwiklikheid, kruheid, grofheid, ruheid, onbehouenheid, woestheid, varkerigheid, brutaliteit, boersheid, onvoegsaamheid, parmantigheid, snaaksigheid, vrypostigheid, indiskresie, indringerigheid, opdringerigheid, gemeensaamheid, impertinensie, onbeskeidenheid

vooroordeel, vooringenomenheid, eensydigheid, kantkiesery, diskriminasie, voortrekkery, vreemdelingehaat, xenofobie, rassisme 787, rassediskriminasie, chauvinisme, seksisme, geslagsdiskriminasie, ouderdomsdiskriminasie

asosiale persoon, enkeling, alleenloper, buitestander, outsider (*Engels*), randfiguur, randeier, vreemdeling, onbekende, eenkantmens, swerwer, kluisenaar, askeet, misantroop; randeier, sfinks, draak, ghwar (*informeel*), urk (*informeel*), trut (*informeel*), doos (*plat*), ongemanierde persoon, ongeskikte persoon, jukskeibreker, woestaard, woesteling, ja(a)psnoet, takhaar, knul, klungel, bees, vark, korrelkop, indringer

ww. vereensaam, afsonder, in afsondering gaan, afskei, afsluit; geen maniere hê nie, jou snaaks hou, kaveer, afhaal, indring, opdring, opdwing, aanpellie (*informeel*), aanpêllie (*informeel*), opskeep, opgeskeep wees, krul, kyf 667, bekyf, nafluit

bw. botweg, plompweg, sonder maniere, bruutweg

uitdr. dit traak jou nie; iemand kan nie pruim sê nie; 'n kluisenaarsbestaan voer; iemand die rug toekeer; vol krupsies wees; sonder om te blik of te bloos; vol snare wees; voor op die wa wees

793. Fees

s.nw. fees, feesviering, feestelikheid, feesvreugde, jolyt, festiwiteit, fiësta, feestyd, feesseisoen, feesgety, feesdag, feesgeleentheid, glansgeleentheid, extravaganza, ekstravaganza, geleentheid, geselligheid, herdenking, herdenkingsfees, jubileum, jubelfees, jubeljaar, vreugdefees, eeufees, eeufeesviering, halfeeufees, kwarteeufees, lustrum, lustrumfees, familiefees, geboortefees, doopfees, verjaar(s)dagfees, verjaar(s)dag, jaardag, geboortedag, geboortedagviering, mondigwording, naamdag, lentefees, somerfees, huweliksfees, bruilofsfees, huweliksherdenking, diamantbruilof, silwerbruilof, goue bruilof, verlowingsfees, kroningsfees, kroning, kroningsplegtigheid, inhuldiging, inwydingsfees, inwyding, inougurasie, openingsdag, openingsplegtigheid, onthulling, hoeksteenlegging, inisiasie, inisiasieplegtigheid, promosieplegtigheid, offerfees, sportfees, blommefees, tuinfees, kultuurfees, taalfees, musiekfees, sangfees, popfees, kuns(te)fees, toneelfees, filmfees, wynfees, voedselfees, voedsel-en-wynfees, oesfees, oesaffees, festyn, fête

feesgeleentheid, geleentheid, seremonie, plegtigheid, karnaval, jool, studentejool, basaar, kerkbasaar, skoolbasaar, kermis, skoolkermis, boeredag, gala, galageleentheid, funksie, partytjie, party, onthaal, soirée, geselligheid, skemerpartytjie, skemeronthaal, verjaar(s)dagpartytjie, verjaardagparty, smulparty, verlowingspartytjie, verlowingsfees, kombuistee, ooievaarstee, ramparty, haneparty, henneparty, dansparty, danspartytjie, huisparty, huispartytjie, daknatmaak, daknatmaakpartytjie, makietie, opskop, jollifikasie, jol, jollery, sokkie, sokkiejol, fuifparty, fuif, gefuif, fuiwery, brasparty, boemelparty, swelgparty, bacchanaal, bacchanalieë, saturnalieë (*meervoud*), orgie, maskerbal, maskerade, feesmaal, noenmaal, banket; partygees, partytjiegees; feesterrein, kuierplek, boerplek, aangaanplek

optog, karnavaloptog, jooloptog, parade,

intog, triomftog, prosessie, kavalkade, stoet, sierwa, praalkoets, praalwa, fakkeloptog, fakkelloop, fakkeldraer, trompoppies
feesnommer, feesprogram, seremoniemeester, geleentheidspreker, koningin, joolkoningin, jubelaris, Kersboom, vreugdevuur, vuurpyl, vuurreën, vuurwerk
feesganger, feesvierder, partytjieganger, partytjiedier, gas, partytjiegas, jubilaris, eregas, ete(ns)gas, aansitter; feesdirekteur, feesdeelnemer, rasieleier, trompoppie
b.nw. feestelik, seremonieus, plegtig, stemmig, luisterryk, glansryk, deftig, inouguraal, inougureel, beestelik, vrolik, opgewek, jolig, plesierig, uitgelate, uitbundig, vreugdevol, orgiasties
ww. feesvier, fees hou, vier, fêteer (*ongewoon*), herdenk, gedenk, selebreer, inhuldig, inougureer, inwy, onthul, jubileer, partytjie hou, verjaar, jolyt hou, jolig wees, joel, uitkap, jol (*informeel*), baljaar, solemniseer (*ongewoon*); fuif, kattemaai, rinkink, ravot, rondjakker, ke(r)jakker, te kere gaan, mal gaan (*informeel*)
tw. gesondheid, gesondheid in die rondheid, prosit, balke toe
uitdr. in rep en roer

794. Sosiale struktuur
s.nw. sosiale struktuur, sosiale stratifikasie 787, klas, stand 796, 797, 798, kaste, groep, groepering
patriargaat, patrilinie, patrimonium, matriargaat, matrilinie, moederreg, feodale stelsel, feodalisme, feodaliteit, leenstelsel, leenwese, leenplig; leengoed, erfleen
ritueel, rite, sede
leenheer, lyfeiene
b.nw. patriargaal, patriliniêr, patrilineêr, patrilokaal, patrimoniaal, matriargaal, matriliniêr, matrilineêr, matrilineaal, matrilokaal, allodiaal, feodaal, leenroerig

795. Staat en politiek
s.nw. staatstruktuur, staatkundige struktuur, regering (struktuur) 590, goewerment (*verouderd*), regeringstruktuur, regeringskringe, regeringsmasjien, regeringsmasjinerie, landsregering, selfregering, meerderheidsregering, koalisieregering, regeringskoalisie, koalisie, regering van nasionale eenheid, eenheidstaat, eenpartystelsel, owerheid, staat, staatsmasjinerie, gesag, mag, staatsgesag, oppergesag, gesagdraende liggaam, landsbestuur, staatsadministrasie, staatshuishouding, landsadministrasie, burokrasie, amptenaredom, staatsdiens, staatsinrigting, staatsdepartement, wetgewende gesag, uitvoerende mag, uitvoerende gesag, plaaslike regering, plaaslike bestuur, munisipaliteit, stadsraad, afdelingsraad, streek(s)regering, regime, bewind, bewindhebber, maghebber, magselite, establishment, orde; staat, lidstaat, ledestaat, selfregerende staat, moondheid, garnisoenstaat, soewereiniteit; nieregeringsorganisasie, NRO
staatsvorm, staatsbestel, regeringsvorm, regeringstelsel, regeringsbestel, bestel, owerheidsbestel, beleidsrigting, beweging, monargie, monargale regeringstelsel, absolute monargie, konstitusionele monargie, koningshuis, koningskap, regentskap, dinastie, vorstedom, keiserskap, imperium, diktatuur, outokrasie, absolutisme, totalitêre regering, totalitarisme, aristokrasie, alleenheerskappy, diargie, tweemanskap, driemanskap, troika, triumviraat, tetrargie, heptargie, heterargie, oligargie, demokrasie, volksdemokrasie, volksregering, konstitusionele demokrasie, sosiaal-demokrasie, liberale demokrasie, timokrasie, republikanisme, republiek, demokratiese republiek, konstitusionele republiek, volksrepubliek, republiek van die mense, federale republiek, federalisme, federasie, konfederalisme, konfederasie, gemenebes, korporatisme, sowjetsisteem, sowjet, statebond, statefamilie, koalisie, koalisieregering, regeringskoalisie, paktregering, parlementêre stelsel, Westminsterstelsel, eenkamerstelsel, tweekamerstelsel, driekamerstelsel, tweepartystelsel, veelpartystelsel, blok, magsblok, politieke blok, ekonomiese blok, militêre blok, imperialisme, outargie, outarkie, gerontokrasie, oglokrasie, junta, militêre junta, ideokrasie, teokrasie, xenokrasie; soewereiniteit, soesereiniteit, oorheersing, selfbeskikking, selfregering, selfbestuur, outonomie, partystaatstelsel, eenheidstaat, eenpartystaat, tweeparty-

staat, meerderheidsregering, eenkamerparlement, tweekamerparlement, ..., Westminster-stelsel, magsdeling, sentralisasie, desentralisasie, kolonialisasie, kolonialisering, afwenteling van gesag, devolusie van mag, tussenregering, tussentydse regering, oorgangsregering, interregnum; piesangrepubliek
staatkundige proses, regering (handeling); beleid, beleidsvorming, beleidsrigting
ideologie, politieke ideologie, denkrigting, politieke filosofie, politieke rigting, determinisme, positivisme, pragmatisme, politieke determinisme, ideokrasie, teokrasie, demokrasie, populêre demokrasie, volksdemokrasie, konsosiasie, pluralisme, kulturele pluralisme, federalisme, konfederalisme, nasionalisme, integrasie, apartheid, afsonderlike ontwikkeling, apartheidsbeleid, beleid van afsonderlike ontwikkeling, postapartheid, segregasie, separatisme, partisie, konstitusionalisme, republikanisme, populisme, sosiaal-demokrasie, kapitalisme, nasionaal-sosialisme, Nazisme, Naziïsme, sosialisme, demokratiese sosialisme, Afrika-sosialisme, revisionisme, kommunisme, Marxisme, Leninisme, Stalinisme, Bolsjevisme, Bolsjewisme, radikalisme, imperialisme, internasionalisme, kolonialisme, neo-kolonialisme, Pan-Afrikanisme, alleenheerskappy, absolutisme, despotisme, diktatuur, outoritarisme, totalitarisme, paternalisme, feudalisme, kollektivisme, solidarisme, nihilisme, anargie, radikalisme, sindikalisme, liberalisme, vrysinnigheid, neoliberalisme, konserwatisme, demagogie, obskurantisme, klerikalisme, fascisme, neofascisme, militarisme, diskriminasie; demokratisering, nasionalisasie, kolonisasie, integrasie, afskeiding, sesessie
politiek, politiekery (*negatief*), politikastery (*negatief*), metapolitiek, mikropolitiek, magspolitiek, regeringspolitiek, partypolitiek, rassepolitiek, roofpolitiek, nasionale politiek, internasionale politiek, stedelike politiek, metropolitaanse politiek, vergelykende politiek; politieke denke, politieke filosofie, politieke proses, politieke verandering, verpolitisering, parogialisme, sekularisasie, sekularisme, modernisasie; mag, politieke mag, gedelegeerde mag, selfbeskikking, oorheersing, swart mag, swart bewussyn, oorname, magsoorname, kolonisering, kolonialisering; magsverlies, dekolonisering, dekolonialisering
party, politieke party, regerende party, koalisieparty, opposisieparty, opposisie, meerderheidsparty, meerderheidsgroep, minderheidsparty, minderheidsgroep, splinterparty, splintergroep, boereparty, belangegroep, partytak, partykongres, partyorganisasie, partypolitiek; partystruktuur, dagbestuur, partyvoorsitter, partysekretaris, koukus, partykoukus, partylid, partyganger
verkiesing, parlementsverkiesing, blitsverkiesing, tussenverkiesing, driehoekverkiesing, eleksie, stemming, volkstemming, referendum, verkiesingsdag, stemdag, verkiesingsagent, verkiesingsleuse, verkiesingsmanifes, kieserslys, kiesafdeling, setel, meerderheid, tweederdemeerderheid, volstrekte meerderheid
staatkundige, staatsman, volksman, koning, vors, despoot, diktator, president, eerste minister, minister, kabinetslid, kabinetsminister, regeringslid, parlementslid, kamerlid, senaatslid, volksraadslid, amptenaar, staatsamptenaar, ampsbekleër, ampsbekleder, burokraat, funksionaris, politikus, politikaster; demokraat, republikein, monargis, imperialis, kolonialis, fascis, sosiaal-demokraat, sosialis, kommunis, Marxis, Leninis, Bolsjewiek, Bolsjewis, sosialis, revisionis, kollektivis, konserwatiewe, regse, verkrampte, liberalis, linkse, kafferboetie (*uiters kwetsend en rassisties, taboe*), pluralis, integrasionis, populis, feminis, obskurantis, anargis, nihilis, reaksionêr, sindikalis, radikaal, radikalis, terroris, demagoog, oglokraat, volksopruier; ideoloog, filosoof, politieke filosoof, politikus, demokraat, federalis, koalisionis, pluralis, sosialis, kommunis, pragmatis, absolutis, imperialis, separatis
staatsleer, staatswetenskap, staat(s)kunde, politieke wetenskap, politieke studie, politieke filosofie, politieke teorie
b.nw. staatkundig, regerend, selfregerend, outonoom, gesagdraend, administratief, burokraties, uitvoerend, wetgewend, plaas-

lik, federaal, konfederaal, konfederalisties
ideologies, demokraties, konsosiatief, pluralisties, pluraal, nasionalisties, republikeins, populisties, sosiaal-demokraties, kapitalisties, nasionaal-sosialisties, nazisties, sosialisties, kommunisties, anti-kommunisties, Marxisties, anti-marxisties, bolsjevisties, bolsjewisties, radikaal, imperiaal, kolonialisties, Pan-Afrikanisties, monargisties, despoties, diktatoriaal, outoritaristies, outoritêr, totalitêr, paternalisties, feodaal, allodiaal, kollektivisties, demagogies, nihilisties, anargisties, liberaal, liberalisties, vrysinnig, verlig, links, linksgesind, konserwatief, verkramp, regs, regsgesind, radikaal, links-radikaal, regs-radikaal, ekstremisties, reaksionêr, fascisties, feministies, militaristies, ideokraties, teokraties

polities, politiek, apolities, partypolities

ww. regeer 588, 590, administreer, sentraliseer, desentraliseer, koloniseer, dekoloniseer, dekolonialiseer, konfedereer, sosialiseer; omverwerp, ontsetel, 'n magsgreep uitvoer, oorheers

B. SOSIALE STAND
796. Stand
s.nw. **stand** 787, hoë stand, lae stand, adelstand, burgerlike stand, klas, sosiale klas, sosio-ekonomiese klas, sosio-maatskaplike klas, stratum, sosiale stratum, sosio-ekonomiese stratum, kaste, kastestelsel, kring, niveau, plek, rang, status, sosio-ekonomiese status, prestige, aansien, vernaamheid, belangrikheid, statuur, faam, agting, estimasie, eerbiedwaardigheid, roem, beroemdheid

sosiale stratifikasie, stratifikasie, sosiale struktuur, gelykheid, ongelykheid, maatskaplike gelykheid, maatskaplike ongelykheid, egalisme, egalitarisme

statusbewustheid, klas(se)bewustheid, statussimbool, standverskil, standvooroordeel, klas(se)verskil, klassevooroordeel, klassehaat, klassestryd, voorrang, sjibbolet, afkoms

verhoging, verlaging

b.nw. statusbewus, geboortig, eerbiedwaardig

ww. gelykstel, egaliseer, verlaag, afdaal, verhoog, bevorder, arriveer

voors. benede, bo (bowe)
woorddeel klasse-, sosio-
uitdr. die voorrang hê; jou stand ophou

797. Hoër stand
s.nw. **hoër stand** 787, elite, heersende klas

adel, adelstand, adeldom, nobiliteit, noblesse, blou bloed, landadel, geldadel, ryksadel, aristokrasie, graafskap, hertogdom, koninkryk, prinsdom, ridderstand, ridderorde, ridderskap, vorstebloed

adellike, aristokraat, hooggeborene, edelgeborene, edelman, edelvrou, hoogheid, koning, koningin, vors, keurvors, vorstin, begum, radja, prins, prinses, prins-regent, keurprins, keurprinses, infanta, infante, lord (*Engels*), graaf, gravin, markgraaf, markgravin, landgraaf, burggraaf, burggravin, markies, markiesin, hertog, hertogin, aartshertog, groothertog, baron, barones, baronet, ridder, kavalier, ridderkruis, ridderlint, ridderorde, ridderslag, heer, sir (*Engels*), dame, lady (*Engels, soms ook spottend bedoel*), landheer, landjonker, patrisiër, grondbesitter, don, donna, ef(f)endi

b.nw. adellik, nobel, edel, hoofs, hoog, hooggebore, aristokraties, getitel(d), graaflik, hertogelik, patrisies, koninklik, majesteitlik, regaal, prinslik, rojalisties, ridderlik, elitisties

ww. adel, van hoë inbors wees, van hoë afkoms wees; tot die adelstand verhef, tot ridder slaan

uitdr. blou bloed hê; met 'n goue lepel in jou mond gebore wees

798. Laer stand
s.nw. **lae stand**, arbeidersklas, werkersklas, proletariaat, boerestand; onvermoëndheid

middelstand 787, middelklas, besittersklas, volk, burgery, burgerstand, bourgeoisie, handelsklas, patrisiër, grondbesitter, grootgrondbesitter, bevoorregte stand

laaggeborene, die gewone man, die man op straat, alleman, proletariër, proleet, plebejer, pleb, volksman, volksvrou, boer, boerin, boheem, sigeuner, sigeunerin, janrap, sandtrapper, statussoeker

b.nw. **onadellik**, burgerlik, bourgeois, deftig, patrisies

laaggebore, laag, proletaries, boers, eenvoudig, onvermoënd, onaansienlik

ww. van lae afkoms wees, proletariseer
uitdr. Jan Rap en sy maat; Kretie en Pletie; Jan Alleman; Piet, Paul en Klaas

799. Beroemd
b.nw. beroemd, wydberoemd, wêreldberoemd, befaam(d), groot, hoog, fameus, roemryk, roemvol, veelgeprese, glansryk, glorieryk, glorievol, glorieus, legendaries, vermaard, wydvermaard, illuster, geëer(d), hooggeëer(d), eerbiedwaardig, deurlugtig, hoogaangeskrewe, hooggeskat, hooggewaardeer, hooggeag, gevier(d), gereken(d), agbaar, gesien(e), vorstelik, aristokraties, aansienlik, uitgelese, belangrik, invloedryk, vernaam, vooraanstaande, hooggeplaas, hoogwaardig, edel, edelagbaar, eerwaarde, hoogeerwaarde, weleerwaarde, prominent, gedistingeer(d), bekend, goedbekend, welbekend, wêreldbekend

eergierig, eersoekerig, eersoekend, eersugtig

s.nw. beroemdheid, roem, wêreldberoemdheid, roemrykheid, faam, befaamdheid, vermaardheid, geëerdheid, hooggeëerdheid, deurlugtigheid, onderskeiding, glorie, gloor, gloria, glorietyd, glorierykheid, glorifikasie, grootheid, status, statuur, hoogaangeskrewenheid, hoogheid, waardigheid, hoogwaardigheid, eerbiedwaardigheid, gesienheid, vorstelikheid, uitgelesenheid, aansien, prestige, respek, belang, belangrikheid, invloed, invloedrykheid, vernaamheid, hooggeplaasdheid, reputasie, prominensie, prominentheid, populariteit, naam, notoriëteit, notoriteit, bekendheid, wêreldbekendheid

'n beroemde persoon, glanspersoonlikheid, selebriteit, celeb (*Engels*), aristokraat, majesteit, hoogwaardigheidsbekleër, hoogwaardigheidsbekleder, hooggeplaaste, topfiguur, topmens, vooraanstaande, 'n vooraanstaande persoon, 'n persoon van naam, ikoon, grootkop, grootman, grote, 'n man van gewig, bekende, 'n bekende figuur; windgat (*plat*), 'n hoë hol (*plat*)

eer, eerbewys, ereblyk, huldeblyk, huldebetoning, eerbetoon, hoogagting, verheerliking, akklamasie, salutasie, toejuiging, apoteose, apoteosis, dekorasie, errol, prys, ereprys, erepenning, ereteken, medalje, eremedalje, eregraad, erekleure, eresaluut
erepersoon, ereburger, erepresident, erevoorsitter, ...

eergierigheid, eersoekerigheid, eersug, ambisie, verwronge ambisie, skewe ambisie
bw. bo (bowe)
ww. onderskei, opgang maak, aansien hê, aansien verwerf, naam maak; populariseer, aansien, dekoreer, huldig, kroon, prys, verheerlik, glorifieer, toejuig
uitdr. hoog aangeskrewe staan; jou spore verdien; 'n groot aanloop hê; die hoogste bome vang die meeste wind; wie eerste is, sal laaste wees

800. Onbekend
b.nw. onbekend, vreemd, wildvreemd, roemloos, onberoemd, nederig 600, 786, obskuur, onbenullig, ongekend
s.nw. onbekendheid, vreemdheid 34, wildvreemdheid, onberoemdheid, nederigheid, obskuriteit, onbenulligheid
onbekende, vreemdeling
uitdr. iemand van sy/haar voetsuk stoot; 'n man van toet; onbekend maak onbemind; 'n man van toet, (was hy beter dan was hy goed)

C. REG EN GEREGTIGHEID
801. Wet
s.nw. wetgewing, wetlikheid, strafwetgewing, konsepwetgewing, wetsvoorstel, wetswysiging, hersiening, grondwethersiening, wysigingswetsontwerp, wetsvoorskrif, verordening, uitvaardiging, afskaffing, abolisie, abrogasie, toetsingsreg, obstruksie, obstruksionisme, trefwydte, krag, onskendbaarheid, geldigheid, validiteit, abrogasie, ongeldigverklaring, interpretasie, wetsinterpretasie, wetsgehoorsaamheid 802, wetsgehoorsaming 802, wetsverkragting 803, wetsoortreding 803
regsisteem, regswese, die reg, wetgewende gesag, wetgewende liggaam, legislatuur; regte, regswetenskap 515, kriminologie

wet, konsepwet, wetsontwerp, ontwerpwet, wysigingswet, wysigingswetsontwerp, tweeslagtige wetsontwerp, statuut, statute, kode, kodifikasie, ordonnansie, verordening, regulasie, bepaling, statutêre bepaling, reglement, reg, voorreg, charter, reël, stelreël, rigsnoer, voorskrif, wetsvoorskrif, bevel, wetlike bevel, gebod, verbod, teruggangsverbod; aanhef, konsiderans, considerans, klousule, artikel, wetsartikel, grondwetartikel, subartikel, gewetensartikel, gewetensklousule, wetsbepaling, oorgangsbepaling, term; grondwet, konstitusie, landswet, staatswet, strafwet, magtigingswet, kinderwet, ongevallewet, arbeidswet, handelswetgewing, verbruikerswet, hou-jou(-)bek wet, ontugwet, sedewet, fabriekswet, begrotingswet, bankwet, maatskappyewet, oktrooiwet, patentwet, woekerwet, verdedigingswet, kieswet, prag-en-praal(-)wet, jagwet, noodwet, verkeerswet, padkode, drankwet, ...; wetboek, strafwetboek, corpus juris

wetgewer, wetmaker, obstruksionis

b.nw. wetgewend, legislatief, wetlik, grondwetlik, reglementêr, statutêr, wettig 802, onwettig 803, geldig, immuun, inaktief, onskendbaar; regswetenskaplik, kriminologies

ww. uitvaardig, verorden, verordineer, bekragtig, indien, deurloods, ratifiseer, reglementeer, implementeer, beskryf, beskrywe, kodeer, kodifiseer, ontwerp, amendeer, ophef, afskaf, abrogeer, ongeldig verklaar, invalideer

uitdr. 'n wet van Mede en Perse; my woord is wet

802. Wette gehoorsaam

ww. wette gehoorsaam, gehoorsaam, wetsgehoorsaam wees, nakom

wette toepas, vervolg, dagvaar, in hegtenis neem, in hegtenis neem, arresteer, vang, gevange neem, aanhou, polisieer

s.nw. wetsgehoorsaamheid, gehoorsaamheid, nakoming, wetsgehoorsaming, regsbewussyn, regsaanspreeklikheid, aanspreeklikheid

wetstoepassing, polisiëring, inhegtenisneming, arrestasie, arres, vervolging, ondersoek, polisieondersoek, polisiepatrollie, patrollie, patrollering, patrolliewerk, klopjag, polisieklopjag, bewaking, polisiebewaking, inhegtenisname, aanhouding, nagrond(t)e, ondervraging, leuenverklikker, poligraaf, leuenverklikkertoets, klikkertoets, valstrik, padversperring, spoedperk, spoedlokval, dagvaarding, forensiese ondersoek, vingerafdruk, identikit, uitkenningsparade, lykskouing

polisie, polieste (*lekties*), pote (*meervoud, kwetsend*), gereg 808, geregsdienaar, polisiemag, taakmag, misdaadeenheid, moorden-roofeenheid, blitspatrollie, onlus(te)eenheid, onlus(te)polisie, berede polisie, voetpolisie, speurdiens, speurtak, uniformtak, veiligheidspolisie, veiligheidsdiens, veiligheidsmag, geheime polisie, hawepolisie, spoorwegpolisie, verkeerspolisie; polisiestasie, polisiekantoor, aanklagkantoor, blitspatrolliemotor, vangwa, polisiewa, polisiehond, polisiegeleide

wetstoepasser, geregsdienaar, dienaar van die gereg, polisiebeampte, poot (*kwetsend*), diender (*verouderd*), gendarme, polisieman, poliesman (*lekties*), polisievrou, poliesvrou (*lekties*), agent, veiligheidsagent, veiligheidspolisieman, veiligheidspolisievrou, spioen, offisier, polisieoffisier, kommissaris, kommissaris van polisie, polisiekommissaris, generaal, brigadier, kolonel, kommandant, majoor, kaptein, polisiekaptein, luitenant, sersant, polisiesersant, konstabel, polisiekonstabel, speurder, polisiespeurder, ondersoekbeampte, ondervraer, informant, polisieinformant, verklikker, verkeersbeampte, verkeersagent, verkeersman, verkeersvrou, bloubaadjie (verkeersman), boetebessie, wag, nagwag, brandwag, veldwagter, vervolger, lykskouer, patoloog

b.nw. wettig, wetlik, wetties, toepaslik, aanhangig, geregtelik, forensies; wetsgehoorsaam, gehoorsaam, aanspreeklik

803. Wette oortree

ww. die wet oortree, oortree, verbreek, die wet verbreek, skend, jou aan 'n oortreding skuldig maak, verkrag, vertrap, vertree, daagstel, onteer, oorgaan, oorskry, resideveer, suborneer, korrupteer, fouteer

'n misdaad pleeg, moor, vermoor, moord pleeg, oortree, aanrand, molesteer, vermink, mutileer, aanval, verkrag, ontvoer, mishandel, teister, roof, beroof, steel, besteel, smokkel, onwettig betree, plunder, vandaliseer, saboteer, bedrieg, korrupteer, afpers, meineed pleeg, vervals, laster

kriminaliseer, strafbaar maak

s.nw. oortreding, ernstige oortreding,

fout 538, indiskresie, wetsoortreding, wetsmisbruik, wetsontduiking, geregsontduiking, kriminele oortreding, crimen, crimen injuria, siviele oortreding, verkeersoortreding, wetsverbreking, wetskending, skending, skendery, oorskryding, wetsoorskryding, regsverdraaiing, regsversuim, regsverydeling, dwarsboming, dwarsboming van die gereg, obstruksie, misdadigheid, jeugmisdadigheid, delinkwensie, aandadigheid, medepligtigheid, subornasie, delik(te), sabotasie, wanbedryf, derogasie, ongehoorsaamheid, wetsongehoorsaamheid, hubris, burgerlike ongehoorsaamheid; burgerlike vryheid, immuniteit

misdaad 623, kriminaliteit, kriminele daad, kriminele oortreding, wandaad, misdryf, misstap, vergryp, oortreding, kriminele daad, onwettige daad, geweldsmisdaad, halsmisdaad, seksuele misdaad, eiendomsmisdaad, witboordjiemisdaad, georganiseerde misdaad, handelsmisdaad, ekonomiese misdaad, jeugmisdaad, misdaad teen die staat, misdaad teen die mensdom; misdaadwêreld, onderwêreld; misdaadkultuur, geweldskultuur, bendekultuur

geweldsmisdaad, geweld, geweldpleging, openbare geweld, taxigeweld, halsmisdaad, moord, gesinsmoord, plaasmoord, plaasaanval, manslag, strafbare manslag, aanranding, marteling, foltering, molestering, molestasie, verminking, mutilasie, mutilering, aanval, verkragting, ontvoering, menseroof, maagderoof, mishandeling, vrouemishandeling, gendergeweld, kindermishandeling, teistering, laster, naamskending, crimen injuria, kannibalisme, mensvretery, antropofagie; losprys, losgeld, vrykoopgeld

seksuele misdaad, seksuele oortreding, geslagsmisdaad, verkragting, seksuele teistering, onsedelikheid, openbare onsedelikheid, ontug, bloedskande, prostitusie, pedofilie

eiendomsmisdaad, roof, roof met verswarende omstandighede, struikroof, struikrowery, huisroof, winkelroof, diefstal, winkeldiefstal, motordiefstal, veediefstal, stelery, sakkerollery, inbraak, huisbraak, onwettige betreding, saakbeskadiging, kwaadwillige saakbeskadiging, vandalisme, plundery, buitery, brandstigting, sabotasie, smokkelary, smokkelry, smokkelhandel, kaartmisdaad, kaartbedrog, identiteitsdiefstal, identiteitsroof, identiteitsbedrog, kubermisdaad 263, afpersing, chantage, vervalsing, kaping, motorkaping, vliegtuigkaping

witboordjiemisdaad, bedrog, korrupsie, falsiteit, falsitas, wanpraktyk, wanbedryf, handelsmisdaad, ekonomiese misdaad, geldwassery, geldverduistering, tjekbedrog, kaartbedrog, wisselruitery, omkopery, vuilgewin; omkoopgeld, gunsloon, baksjisj, swyggeld

georganiseerde misdaad, bendemisdaad, bendegeweld, bendebedrywighede, mafiabedrywighede

slagofferlose misdaad, meineed, dwelmmisbruik, dwelmhandel, dwelmbesit, prostitusie

misdaad teen die staat, sameswering, saamswering, verraad, landsverraad, meineed, korrupsie, staatskaping, openbare wangedrag

misdaad teen die mensdom, menseregtevergrype, menseregteskending, oorlogsmisdaad, volksmoord, genoside, slawerny, slawehandel, slawedrywery, mensehandel, menseroof, apartheid, gedwonge verskuiwing, marteling

misdaadbestryding, misdaadvoorkoming, misdaadbestryder, polisie 655, 802

oortreder, wetsoortreder, skender, wetskender, verdagte, skuldige, dader, misdadiger, krimineel, gewoontemisdadiger, reeksmisdadiger, residivis, jeugmisdadiger, rampokker, bendelid, gangster (*Engels, lekties*), tsotsi, halsmisdadiger, moordenaar, moordenares, reeksmoordenaar, seriemoordenaar, ontvoerder, prostituut, pedofiel, kannibaal, menseter, mensvreter, geweldenaar, aanrander, verkragter, vroueverkragter, manneverkragter, kinderverkragter, reeksverkragter, usurpator, rower, dief, winkeldief, kleptomaan, motordief, veedief, grypdief, sakkeroller, kaper, inbreker, saboteur, vandaal, plunderaar, buiter, brandstigter, smokkelaar, bedrieër, vuilgewinsoeker, vervalser, molesteerder, ontvoerder, kannibaal, teisteraar, lasteraar, identiteitsrower, identiteitsdief, witboordjiemisdadiger, geldwasser, handelsmisdadiger, omkoper, dwelmhandelaar, dwelmsmous, dwelmmuil, verraaier, landsverraaier, vyfde kolonne, vyfdekolonner, joiner, renegaat, hanskakie, hensopper, ondermyner, ondergrawer, landsvyand, staatskaper, oorlogsmisdadiger, volksmoordenaar; bende 695, rampokkerbende, mafia, sindikaat, misdaadsindikaat

b.nw. wederregtelik, misdadig, krimineel, delinkwent, onwettig, strafbaar, strafwaardig, onkonstitusioneel, inkonstitusioneel, skuldig, korrup, ongehoorsaam 598, mafia-agtig; kriminologies

uitdr. aan die verkeerde kant van die wet staan/beland; eie reg gebruik

804. Regverdig

b.nw. **regverdig**, reg, legitiem, geregverdig(d), bona fide, geregtig, objektief, billik, redelik, onbevooroordeeld, onpartydig; regmatig, geregverdig, gegrond, verantwoord

eerlik, regskape, waarheid(s)liewend, regverdig, reg, deugsaam, goed

s.nw. **regverdigheid**, reg, geregtigheid, reg en geregtigheid, regsekerheid, regsgevoel, regsgrond, legitimiteit, legitimasie, objektiwiteit, billikheid, onbevooroordeeldheid, onpartydigheid, regsgelykheid, gelykheid voor die reg, geslagsgelykheid

regstelling, regstellende aksie, restitusie, redres, reparasie, regmatigheid, redelikheid

reg, wetlike reg, wetlike voorreg, prerogatief, aanspraak, voorreg, mensereg, burgerreg, woonreg, verblyfreg

bw. regverdigheidshalwe, regverdiglik, fair en square (*Engels, informeel*), redelikerwys(e), billikerwys, billikheidshalwe, redelikerwys, tereg, met reg, na regte, regtens, volgens die reg, volgens wet, sonder aansiens des persoons

ww. **regverdig wees**, regverdig handel, regverdig behandel, redresseer, jou regte ken

regverdig, verantwoord, motiveer, goedpraat, verskoon, verdedig, in die gelyk stel, wettig

uitdr. die doel heilig die middele

805. Onregverdig

b.nw. onregverdig, onbillik, onredelik, onregmatig, regsongeldig, insulêr, partydig, bevooroordeeld, vooringenome, redeloos, verdraai(d), benadelend; ongeregtig, wederregtelik, oneerlik 623, 813

s.nw. **onregverdigheid**, onbillikheid, onredelikheid, onregmatigheid, regsongeldigheid, redeloosheid, verdraaidheid, kontorsie, partydigheid, partyskap, nepotisme, begunstiging, vooroordeel, bevooroordeeldheid, onderskeid, vooringenomenheid, diskriminasie 792; ongeregtigheid, onreg, wederregtelikheid, oneerlikheid 623, 813, regsversuim

verontregting, benadeling, verdraaiing, voortrekkery

bw. onregverdiglik, ten onregte, valslik, op 'n onregverdige wyse

ww. onregverdig wees, onregverdig behandel, veron(t)reg, 'n onreg aandoen, onbillik wees, onbillik behandel, benadeel, verongeluk, voortrek, partytrek, bevoordeel, begunstig, onregverdiglik bevoordeel, onregverdiglik begunstig, die reg verdraai, aanmatig, valslik beskuldig

806. Wettig

b.nw. wettig, wettiglik, wetmatig, gewettig, legitiem, legaal, konstitusioneel, grondwetlik, statutêr, kanoniek, bindend, geregverdig(d), regsgeldig, regskragtig, regmatig, billik, bevoeg(d), regsbevoeg(d), gekwalifiseer(d), geprivilegieer(d), geregtig, gelykgeregtig, regverdig

s.nw. **wettigheid**, wetmatigheid, gewettigdheid, legitimiteit, legaliteit, wetlikheid, grondwetlikheid, regskrag, gelding, regsgeldigheid, regskragtigheid, regmatigheid, bevoegdheid, regsbevoegdheid, jurisdiksie, kompetensie, gekwalifiseerdheid, sanksie, geregtigheid, beregtiging, gelykberegtiging

wettiging, legalisasie, regverdiging, justifikasie, goedkeuring, geregtelike goedkeuring, bekragtiging, geregtelike bekragtiging, homologasie, sanksie, sanksionering, bevoegdverklaring

reg voor die wet, reg 804, 808, mensereg, groepsregte (*meervoud*), privaatreg, persoonlikheidsregte (*meervoud*), eiendomsreg, usus, servituut, serwituut, sukses siereg, voorkoopreg, terugkoopreg, vrugreg, alleenreg, kopiereg, outeursreg, leenreg, deurvoerreg, waterreg, weireg, voorreg, privilegie, voorkeur, prioriteit, vergunning, konsessie, oktrooi, oktrooireg, immuniteit, gebruiksreg; klag, klagte, klagskrif, klagstaat, klagstuk, eis, teeneis, rekonvensie

reghebbende, regsbevoegde persoon, regsbevoegde, regspersoon, klaer, klaagster, aangeklaagde, aanklaer 808, legitimaris, gekommitteerde

bw. volgens die reg, volgens wet, regtens, regverdiglik, met reg, na regte, tereg, by voorkeur

ww. **wettig**, wettig maak, ratifiseer, legaliseer, homologeer, justifiseer, goedkeur, goedvind, bekragtig, legitimiseer, gelykberegtig, regte toeken, regte verleen, bevoorreg, prioritiseer, oktrooieer, sanksioneer, regverdig, 'n presedent stel

reg hê, aanspraak hê op, aanspraak maak op, alle regte voorbehou, eis, opeis, die reg opeis, kla, 'n klag indien, 'n klag lê

uitdr. die naaste aan die vuur sit; gee aan die keiser wat die keiser toekom

807. Onwettig

b.nw. onwettig, wetteloos, wederregtelik, ongewettig(d), verbode, illegitiem, illegaal, onwetlik, onjuridies, ongrondwetlik, onkonstitusioneel, onregmatig, strafbaar, misdadig 803, ongerymd, ongeldig, onbevoeg(d), regsonbevoeg(d), onwaardig, onaanvaarbaar

s.nw. onwettigheid, illegitimiteit, illegaliteit, wetteloosheid, ongerymdheid, onregmatigheid, ongeldigheid, invaliditeit, invalidasie, nietigverklaring, onaanvaarbaarheid, regsverkragting, regsonbevoegdheid, strafbaarheid, sameskoling, sameswering, saamswering, sameweerder, sluipslaper, bedrog, falsitas, oortreding

bw. teen die wet, onsereg, ten onregte, buite jou bevoegdheid, ultra vires

ww. **geen reg hê nie**, buite jou bevoegdheid gaan, jou bevoegdheid oorskry, die reg verkrag, oortree, wetteloos optree, 'n misdaad begaan

ongeldig maak, ongeldig verklaar, invalideer, geldigheid bevraagteken, regsgeldigheid bevraagteken, regte ontneem

808. Regswese

s.nw. **regswese**, gereg 802, regstelsel, regsbedeling, regsgebied, regsmag, regbank, bank, justisie, regsmiddel, regsgoedere, regsorde, regskode, regskrag, regsoewereiniteit, regsopvatting, regterstoel

reg, regsgeleerdheid, regswetenskap, wet(s)geleerdheid, regsleer, jurisprudensie, regte, jura, regsfilosofie, regsgeskiedenis, Romeinse reg, Romeins-Hollandse reg, fundamentele reg, kanonieke reg, strafreg, jus criminale, mensereg, menseregte, prosesreg, aksiereg, strafprosesreg, privaatreg, jus privatum, burgerlike reg, siviele reg, jus civile, publieke reg, publiekreg, gemene reg, jus commune, staatsreg, volkereg, jus gentium, inheemse reg, gewoontereg, sterfreg, halsreg, arbeidsreg, handelsreg, bestuursreg, verbintenisreg, erfreg, suksessiereg, erfopvolgreg, huweliksreg, jus mariti, intellektuelegoedere-reg, landsreg, strandreg, seereg, verkeersreg, lugvaartreg, skeepsreg, oorlogsreg

regspleging, strafregpleging, regsplig, regspraak, judikatuur, regspraktyk, regshandeling, regshulp, regsaak, geding 809, hofgeding 809, twisgeding, regsprosedure, regskwessie, regsvraag, regsadvies, beregting, gelykberegting, beregtiging, gelykberegtiging, bereddering, regsbeginsel, regsbegrip, regsbewussyn, regsdwaling, regsposisie, posisie voor die reg, aanspreeklikheid, perempsie, swygreg, regsvordering, petisie, verteenwoordiging, regsverteenwoordiging, representasie, opdrag, aksie, regsaksie, inhegtenisname, strafproses, hofsitting, tribunaal, vervolging, regsvervolging, aanklag, vonnis, appèl, bewys, bewyslas, bewysleer, alibi, beswaring, versagting, versagtende omstandighede, mitigasie, dispensasie, prevarikasie, animus, bodeveiling, baljuveiling, huweliksvoorwaardekontrak, huweliksvoorwaardes, spoliasie, spoliasiebevel; vervolging, strafvervolging, vonnis, voorlopige vonnis, namtissement, opgeskorte vonnis, straf 809, boete, gevangenisstraf, gevangenisstraf, gevangeniswese, inhegtenisneming, aanhouding, gyselreg, lasbrief, hofbevel, bevel, geregtelike bevel, aanhoudingsbevel, injunksie, interdik, hofinterdik, bevelskrif, habeas corpus, rehabilitasiebevel, gyselingsbevel, opsluitingsbevel, kostebevel, hofkoste, skademaat, skuldbeslag, skulderkenning; regstaal, regsterm

hof, koort (*Engels, lekties*), tribunaal, hoër hof, laer hof, wêrelddhof, geregshof, hooggeregshof, hof van justisie, appèlhof, strafhof, distrikshof, streekhof, landdroshof, landdroskantoor, magistraatshof, magistraatskantoor, hof vir klein sake, rondgaande hof, kinderhof, jeughof, gelykheidshof, kamerhof, hersieningshof, skattingshof, waarderingshof, nywerheidshof, grondeisehof, krygshof, waterhof, volkshof, boendoehof, straathof, kangaroehof, fophof; hofstoet, hofprosessie; staat, verdediging, teenparty, teëparty; regshulpburo, regsbystand

regsberoep, regslui, regsmense, regspan, regsgeleerde, wet(s)geleerde, regspraktisyn, regsverteenwoordiger, regsman, regsvrou, juris, regter, regterskap, strafregter, halsregter, hoofregter, regter-advokaat, regter-president, appèlregter, waterregter, waterfiskaal, kadi, wethouer, landdros, magistraat, vrederegter, advokatuur, advokatery, advokaat, senior advokaat, advokaat-generaal, aanklaer, openbare aanklaer, staatsadvokaat, kroonvervolger, advokaat vir die verdediging, pro Deo-advokaat, ondervraer, balie, sybalie, prokureur, prokureursorde, prokureursfirma, prokureur-generaal, assessor, jurielid, jurie, juriebank, juriediens, saakwaarnemer, beredderaar, huweliksbevestiger, huweliksbeampte, registrateur, griffier, meester, meester van die hof, weesheer (*verouderd*), bode, bode van die hof, balju, regsadviseur, saakgelastigde, geregsamptenaar, geregsbode, wetkenner; regstudent, student in die regte; regspraktyk, wetspraktyk, prokureurspraktyk, balie, advokatebalie

regspersoon, regspersoonlikheid, kliënt, komparant, applikant, eiser, dager, getuie, aangeklaagde, gedaagde, beskuldigde, skuldenaar, delegaat, verwese skuldenaar, sedent

b.nw. regskundig, wet(s)geleerd, geregtelik, juridies, juristies, judisieel, judisiêr, justisieel, regterlik, regsgeleerd, regswetenskaplik, privaatregtelik, strafregtelik, krimineel, gemeenregtelik, volkeregtelik, beregbaar, aksionabel, verdedigbaar, verdedigend, aanspreeklik, versagtend, beswarend, verswarend, geswore, pleitsiek

ww. bereg, regspreek, beredder, aankla, daag, voor die hof daag, verdedig, verteenwoordig, representeer, appelleer, skuldig pleit, getuig, ondervra 809, kruisvra, mitigeer, rekuseer

bw. regtens, regtens en feitelik, jure et facto, volgens die reg, van regsweë, de facto, de novo, de jure, ex jure, ipso jure, infra dignitatem, per stirpes, sub judice, sub rosa, pro amico, pro bono

woorddeel regs-

809. Regsgeding

s.nw. regsgeding, geding, hofgeding, hofsaak, saak, toetssaak, verhoorsaak, prima facie-saak, strafsaak, strafgeding, moordsaak, aanrandsaak, aanrandingsaak, lastersaak, appèlsaak, armmansgeding, skynhofsaak, regsgeskil, hofsitting, tribunaal, tugsaak, proses, hofproses, regsproses, regstappe (*meervoud*), litigasie, regsbevoegdheid, handelingsbevoegdheid; pleitsug

vervolging, prosekusie, litigeerwerk, prosedeerwerk, dagvaarding, daging, subpoena, sitasie, sommasie

hofsitting, sitting, sessie, hofsessie, strafsitting, verhoor, getuieverhoor, verskyning, hofverskyning, nie-verskyning, verstek, verstekopsie, inswering, klag, aanklag, klagstaat, klagskrif, klagstuk, pleit, pleitrede, aanklaerstelling, ondervraging, herondervraging, inkwisisie, kruisverhoor, kruisondervraging, kruisvraag, getuienis, skriftelike getuienis, dokumentêre getuienis, oorkonde, deskundige getuienis, prima facie-getuienis, opiniegetuienis, omstandigheidsgetuienis, hoorsêgetuienis, bewys, inkriminerende getuienis, inkriminerende materiaal, inkriminerende bewys, bewysvoering, bewyslas, bewysleer, alibi, waterdigte alibi, verdediging, pro Deo-verdediging, verweer, pleit, teenpleit, bekentenis, skuldbekentenis, skulderkenning, geskilpunt, regspunt, beswaring, verswaring, verswarende omstandighede, versagting, versagtende omstandighede, mitigasie, opsomming, repliek, replikasie

hof, hofgebou, hofsaal, hofkamer, hoflokaal, kamer, getuiebank
hofstukke, prosesstuk, pleitstuk, hofpleitstuk, dossier, rol, hofrol, bewysstuk, register, strafregister, hofverslag
uitspraak, oordeel, oordeelvelling, veroordeling, skuldigbevinding, skuld, skuldvergelyking, skuldvernuwing, veroordeling, vonnis, vonnisoplegging, strafoplegging, verstekvonnis, opgeskorte vonnis, summiere vonnis, straf, gevangenisstraf, tronkstraf, langtermyngevangenisstraf, korttermyngevangenisstraf, lewenslange gevangenisstraf, doodstraf, terdoodveroordeling, appèl, vryspraak, vryspreking, kwytskelding, borgtog, borgtogvoorwaarde
regter 808, appèlregter, assessor, landdros, magistraat, jurie, jurielid, advokaat, staatsadvokaat, aanklaer, staatsaanklaer, prosedeerder, advokaat vir die verdediging, pro Deo-advokaat, litigant, litigeerder, curator ad litem, regspan, regslui 808, regsmense 808, hofverslaggewer, hofkunstenaar
aangeklaagde, beklaagde, beskuldigde, respondent, skuldige, medepligtige, aandadige, veroordeelde, getuie, staatsgetuie, omstandigheidsgetuie, ooggetuie, deskundige getuie; veroordeelde, terdoodveroordeelde

b.nw. geregtelik, vervolgbaar, aksionabel, beëdigde, handelingsbevoeg, handelingsonbevoeg; pleitsiek, pleitsugtig
ww. die hof sit, die hof is in sitting, die hof verdaag
'n klag indien, 'n klag aanhangig maak, aankla, vervolg, prosedeer, 'n saak maak teen, iemand voor die hof daag, dagvaar, sommeer, siteer, 'n ondersoek instel; voor die hof verskyn, verskyn, teregstaan, voorkom, voor die (ge)reg gedaag word
regspraak voer, bereg, verhoor, litigeer, vervolg, prosedeer, insweer, beëdig, getuig, getuienis voer, ondervra, kruisverhoor, onder kruisverhoor neem, kruisvra, kruisondervra, getuienis lei, verdedig, pleit, skuldig pleit, beken, skuld beken, onskuldig pleit, pleit om versagting, versagtende omstandighede aanvoer, vrypleit, 'n alibi hê, 'n alibi verskaf, appelleer, bewys, bo alle twyfel bewys
uitspraak lewer, uitspreek, veroordeel, vonnis, 'n vonnis oplê, 'n vonnis vel, summier vonnis, 'n boete oplê, ter dood veroordeel, 'n vonnis opskort, vryspreek, vryskeld, vryverklaar, op borgtog vrylaat, borg betaal, borgtog betaal
bw. in causa, sub judice, in forma pauperis, prima facie, pro Deo, quid pro quo, in camera, op borgtog
woorddeel regs-, hof-

9 Moraal

A. GEWETE
810. Gedrag
s.nw. gedrag, optrede, handeling, handel, wandel, lewenswandel, handel en wandel, doen en late, gedragspatroon
gedragswyse, handel(s)wyse, houding, lewenshouding, gesindheid, leefwyse, lewenswyse, manier, manier van doen, benadering, benaderingswyse; gedragsreël, gedragskode; geaardheid, karakter, aangesig, bona fides, moraal, moraliteit 811
ww. gedra, doen, handel, optree, bewandel, betaam, 'n houding inneem

811. Gewete
s.nw. gewete, die stem van die gewete, gewetensplig, 'n skoon gewete 814, 'n rein gewete, 'n skuldige gewete 815, konsensie (*verouderd*), gewetensvryheid, gewete(n)saak, gewetensvraag, gewetenskonflik, gewetenswroeging, siel, roepstem, innerlike besef, innerlike stem, inbors, karakter, eerbaarheid, eergevoel, eergevoeligheid, etos, rekenskap, aanspreeklikheid, verantwoordbaarheid, grondbeginsel
moraliteit, moralisme, morele waarde, moraal, moreel, etiek, etiese norm, etiese standaard, etos, lewensbeskouing, wêreldbeskouing, lewens- en wêreldbeskouing, sedes, mores, sedelikheid, ordentlikheid, integriteit, opregtheid, eerlikheid 608, 814, eerbaarheid, standvastigheid, voorbeeldigheid, fatsoenlikheid, dissipline, selfdissipline; sedeles, sedepreek, sedespreuk, vermaning, moralisering, moralisasie, sedeleer; immoraliteit, onsedelikheid
plig, verpligting, pligpleging, pligvervulling, ereskuld, ouerplig, vaderplig, moederplig, ampsplig, verantwoordelikheid, medeverantwoordelikheid, verantwoordelikheidsbesef, verantwoordelikheidsgevoel, verantwoordelikheidsin, verantwoordbaarheid, trou, getrouheid, pligsgetrouheid, betroubaarheid, deugdelikheid, toewyding, toegewydheid, stoffasie, doeltreffendheid; verpligting, verbintenis, onderneming; pligsversuim, pligsversaking, onverantwoordelikheid, ontrouheid, onbetroubaarheid, ondoeltreffendheid, gebrek aan toewyding
rigoris, sedemeester, gewetensmens
b.nw. moreel, sedelik, voorbeeldig, eties, standvastig, rotsvas, integer, eerlik, eerbaar, eergevoelig, opreg, rigoreus; amoreel, immoreel, onsedelik
verplig, pligmatig, obligatories, verbindend, verbonde, verantwoordelik, medeverantwoordelik, aanspreeklik; getrou, trou, pligsgetrou, betroubaar, vertroubaar, toegewy(d), konsensieus, deugdelik, geroetineer(d), deeglik, doeltreffend, flink, fluks, knap, voorbeeldig
onverantwoordelik, onbetroubaar, ontrou, onaanspreeklik, ontoerekenbaar, ontoerekeningsvatbaar
ww. volgens jou gewete handel, 'n skoon gewete hê, na jou gewete luister, iets op jou gewete hê, iets rus swaar op jou gewete, jou gewete pla jou, jou gewete sus
jou plig doen, 'n verpligting aanvaar, verplig wees, (jou plig) betrag, toewy, verantwoordelikheid aanvaar, bind, kwyt, opneem, verantwoord, moraliseer
bw. gewetenshalwe, pligshalwe
uitdr. 'n goeie gewete is 'n sagte oorkussing; iets vir jou rekening neem; jou van 'n taak kwyt; op iemand se weg lê; weet wat jou te doen staan

812. Goeie gedrag
s.nw. goeie gedrag, goedheid, goedaardigheid 778, goedgeaardheid, deugsaamheid, deugdelikheid, stigtelikheid, 'n goeie voorbeeld, eerbaarheid, regverdigheid, opregtheid, voortreflikheid, groothartigheid, barmhartigheid 778, beleefdheid 791, respek, selfrespek, bedagsaamheid, vriendelikheid 776, hoflikheid, wellewendheid, welwillendheid, urbaniteit, edelmoedigheid, ridderlikheid, gevoeligheid 713, 714
beskaafdheid, verfyndheid, fynheid, geraffineerdheid, opgevoedheid, regskapenheid, ordentlikheid, fatsoenlikheid, goeie

maniere, goedgemanierdheid, ontwikkeling
onbesprokenheid, onberispelikheid, waardigheid, lofwaardigheid, verhewen(d)heid, welvoeglikheid, moraliteit, moraal, moreel, morele waardes, morele standaarde, betaamlikheid, stigtelikheid, smet(te)loosheid, sedelikheid, kuisheid, reinheid, eerbaarheid, eerlikheid, 'n skoon gewete, integriteit, beginselvastheid, onkreukbaarheid, rotsvastheid, standvastigheid, onwankelbaarheid, onwrikbaarheid, regskapenheid, sedigheid, heiligheid; verheffing, siel(s)verheffing, stigting, heiliging, saligmaking, sielesorg, moralisasie
getrouheid 811, pligsgetrouheid, pligsbesef, pligsgevoel, gedissiplineerdheid, prestasie
geestesadel, modelmens, aristokraat, gentleman, jintelman, heer, ware heer, dame, ridder, heilige, moralis, 'n goeie voorbeeld, rolmodel, presteerder
b.nw. goed, goedaardig, goedgeaard, goedgeefs, deugsaam, deugdelik, stigtelik, eerbaar, regverdig, opreg, christelik, voortreflik, behoorlik, solied, bestendig, ferm, groothartig, barmhartig, beleef(d) 791, respekvol, bedagsaam, billik, gevoelig, innig, hoflik, wellewend, welwillend, urbaan, edelmoedig, ridderlik
verheffend, siel(s)verheffend, siel(s)verkwikkend, sielstrelend, stigtelik, veredelend, saligmakend, moraliserend
beskaaf(d), hiperbeskaaf(d), opgevoed, fynopgevoed, wel opgevoed, welopgevoed, verfyn(d), fyn, ontwikkel(d), regskape, fatsoenlik, ordentlik, welvoeglik, stigtelik, manierlik, gemanierd, goed gemanierd, goedgemanierd, wel gemanierd, welgemanierd, aristokraties
onbesproke, onberispelik, karaktervas, waardig, lofwaardig, verhewe, ordentlik, fatsoenlik, welvoeglik, eerbaar, eerlik, integer, beginselvas, onkreukbaar, rotsvas, standvastig, onwankelbaar, onwrikbaar, regskape, betaamlik, welvoeglik, oorbaar, moreel, smet(te)loos, sedelik, welvoeglik, kuis, rein, godsdienstig, heilig, sedig
getrou, pligsgetrou, gedissiplineer(d)
ww. goed gedra, goed doen, goedhou, reghou, nakom, gedra, betaam, adel, presteer, jou plig doen

veredel, verhef, teregbring, humaniseer, regverdig, heilig
bw. beleefdheidshalwe, ordentlikheidshalwe
tw. met permissie, met respek
uitdr. die goeie weg bewandel; die koninklike weg bewandel; daar steek iets in iemand; in jou spoor trap

813. Swak gedrag
s.nw. swak gedrag, wangedrag, wanpraktyk, wanprestasie, verlorenheid, slegte gewoonte, swak maniere, slegte maniere, onverfyndheid, ongemanierdheid 792, onmanierlikheid, platvloersheid, ellendigheid, miserabelheid, bedenklikheid, karakterloosheid, ruggraatloosheid, ongedissiplineerdheid, tugteloosheid (verouderd), onordelikheid, futloosheid, lamlendigheid, vrotsigheid 623, lamsakkigheid, onedelheid, ploertery, ploertigheid, ondeug, skyndeug, twyfelagtigheid, laagheid, laaghartigheid, lelikheid, onfatsoenlikheid, onkiesheid, gemeenheid, harteloosheid 777, gevoelloosheid 777, aanstellerigheid, aanstellery, affektasie, beheptheid, stoutheid, stoutigheid, onsedigheid, ongehoorsaamheid, onhebbelikheid, ondeundheid, stuitigheid, gekskeerdery, geit, gewoontes en geite, baldadigheid, balhorigheid, rumoerigheid, verspotheid, verspottigheid, lawwigheid, besimpeldheid, hanswors(t)ery, kaskenades, streke (meervoud), manewales, geklikheid, perkate (lekties, meervoud)
bedorwenheid, selfsugtigheid 779, behaagsug, verwenning, gierigheid 779, materialisme, gekunsteldheid, wêreldsheid, verwêreldliking, selfgesentreerdheid, egoïsme, egosentrisme, egosentrisiteit
boosheid, boosaardigheid, slegtheid, slegtigheid, vuigheid, arglistigheid, listigheid, valsheid, sluheid, skelmstreek, skelmagtigheid, oneerlikheid 805, 820, oneerbaarheid 820, eerloosheid, gewetenloosheid, Machiavellisme, machiavellisme, infamie, gemeenheid, goorheid, onaangenaamheid, ploertery, ploertestreek, venyn, venynigheid, koelbloedigheid, gewelddadigheid, geweldpleging, geweld, gewelddaad, molestasie, ontaarding, onaanvaarbaarheid, satanswerk, bestialiteit, barbarisme, bar-

baarsheid, gruwelikheid, gruwel, gruweldaad, abominasie, gruwelhede, heksebrousel, heksekooksel, heksekabaal, gril, grilligheid, misdaad 803, 822, misdadigheid 803, 822, skurkagtigheid, skurkery, skurkestreek, berugtheid, bedrog, bedrogspul, korrupsie, koruptheid, laster, lasterlikheid, skande, skandaligheid, skanddaad, skandkleed (*figuurlik*), onwelvoeglikheid, sedeloosheid, losbandigheid, onfatsoenlikheid, vulgariteit, vulgêrheid, ongepoetstheid, ongeskiktheid, goddeloosheid, verdorwenheid, god(s)gekla(a)g, vuilheid, smerigheid, onreinheid, perversiteit, perversie, immoraliteit, dekadensie, onsedelikheid, ontug, ontugtigheid, sonde, fuifparty, kyfparty, fornikasie, orgie, seksorgie, sekskapade, bacchanaal, bacchanalieë, rinkinkery, rumoer, rumoerigheid, relletjie, moles, moleste, molesmakery, stoutheid, stoutigheid, ondeundheid, kwajongstreek, befoeterdheid, beneuktheid, beduiweldheid, woede, woedeaanval, vloermoer, drifbui, duiwelsdiens, duiwelstreek, duiwelswaan, demonomanie, beterweterigheid, grootpratery, grootbekkigheid, bekpraatjies, vloektaal, gekruide taal; aanstoot, afjak; verslegting, verslegtering, verdierliking, verlokking, verpesting; amoraliteit, amoralisme

tekortkoming, swakheid, gebrek, euwel, kwaad, sonde, kainsmerk, kainsteken, misdaad 822, komplot

pligsversuim 811, ampsversuim, ongedissiplineerdheid, ongebondenheid, wangedrag

slegte mens, sleg mens (*informeel*), ondeug, verlorene, gevallene, sleg, sleghalter, pateet, lamsak, hen(d)sopper, luiaard, slapgat (*plat*), stinkerd, ghwar, drel, drelkous, leeglêer, slampamper, straatloper, ongemanierde mens, ploert, onverfynde mens, vark, teertou, smeerlap, padvark, charlatan, niksnut(s), misgewas, lieplapper, kreatuur, vuilgoed, vuilis, vullis, drol (*plat*), lelikerd, ka(r)nallie, rakker, ja(a)psnoet, pes, maaifoedie, maaifoerie, swernoot, swernoter, swerkater, vloeksel, vloeksteen, bliksem (*plat*), donder (*plat*), fokker (*plat*), moerskont (*plat*), werfetter (*plat*), kwajong, tor, vreksel, vrotvel, helleveeg, belhamel, skepsel, ellendeling, skobbejak, hondsvot, skuim, skollie, skorriemorrie, duiwel, satan, sater, demoon, duiwelskind, satanskind, Belialskind, onmens, monster, gedrog, ding, beesgasie, beeskasie, uitvaagsel, losbandige mens, nagbraker, nagloper, rumoermaker, gewoontedrinker, dronklap, dronkie (*informeel*), suiplap, bacchant, bacchante, immoralis, skarminkel, misdadiger 803, gewoontemisdadiger, skurk, boef, boosdoener, booswig, skelm, aartsskelm, tater, geweldenaar, wreedaard, bloubaard, bloedsuier, menseter, mensvreter, kannibaal, galgaas, barbaar, bees, beer, buffel, boelie, boeman, bakbees, feeks, furie, heks, geit, geitjie, maniak, seksmaniak, koket, los vrou, tang, hoer 239, foonsnol, bloedskender, bekprater, beterweter, materialis, gierigaard, wêreldling, rykmanskind, bedorwe brok(kie), enfant terrible; gepeupel, gespuis, gebroedsel, addergebroedsel, bende

b.nw. sleg 623, sleggeaard, sleggerig, slegterig, skromelik, skroomlik, betreurenswaardig, jammerlik, ellendig, miserabel, bedenklik, erg, verlore, afgedwaal, die spoor byster, handuit, verloop, karakterloos, ruggraatloos, lamlendig, futloos, vrot, vrotsig 623, lamsakkig, lamsakkerig, beroerd, pateties, swak, ongedissiplineer(d), tugteloos (*verouderd*), onordelik, slap, drellerig, lui, laks, slapgat (*plat*), onedel, ondeugsaam, ondeugdelik, goedkoop, onverfyn(d), ongemanierd, sleggemanierd, platvloers, gelykvloers, ru, grof, onfatsoenlik, ploertig, ploerterig, ploertagtig, ongebonde, laag, laaghartig, lelik, ongeskik, ongepoets, ploertagtig, ploerterig, ploertig, vulgêr, onaangenaam, onverkwiklik, onkies, onaanvaarbaar, ongehoord, beroerd ('n beroerde mens), katterig, giftig, bekkig, grootbekkig, vuilbekkig, gemeen, geniepsig, harteloos, laaghartig, gevoelloos, arrogant, vermetel, hovaardig 785, astrant, beterweterig, aanstellerig, egoïsties, egosentries, selfgesentreerd, behep, geaffekteer(d), aanstellerig, êtepetête (*informeel*), bestudeer(d), bedorwe, diepbedorwe, gekunstel(d), verwen, selfsugtig, gierig 773, behaagsugtig, behaagsiek, materialisties, wêrelds, mondain, wêreldlik, wêreld(s)gesind, stout, stouterig, ongehoorsaam 598, onhebbelik, kwaaddoenerig, goddeloos, goddelooslik, onsedig, ondeund, stuitig, stuitlik, baldadig, balhorig, balsturig, rof, gek, mal, mallerig, rumoerig, befoeter(d), beneuk(s) (*plat*), beduiweld, bedonderd (*plat*), bedonnerd (*plat*), bebliksem(d) (*plat*), befok (*plat*), verspot, belaglik, besimpeld, bespotlik, verbrande, verdomde 771, verduiwels, verduiweld, hels, hand uit; verdomde, vervlakste, verduiwelde, fokken (*plat*)

boos 779, boosaardig, malisieus, sleg, stout, stouterig, oneerlik, oneerbaar, eerloos, gewetenloos, Machiavelliaans, machiavelliaans, vals, huigelagtig, gluipend, gluiperig, vol bedrog, arglistig, listig, slu, infaam, gemeen, laag, vuig, goor, goorderig, gedegenereer, beestelik, barbaars, venynig, gewelddadig, wreed 715, wreedaardig, koelbloedig, onmenslik, onheilig, gruwelik, godgruwelik, abominabel, haatlik, hekserig, heksagtig, duiwels, duiwelagtig, satanies, satans, demonies, diabolies, goddeloos, skreiend, godskreiend, godvergete, vervloek, misdadig 822, skurkagtig, berug, fameus, veelbesproke, skelm, agterbaks, lasterlik, hemeltergend, skandelik, skandalig, skandaleus, laakbaar, veragtelik, ontaard, verdorwe, verword, verderflik, korrup, onwelvoeglik, onfatsoenlik, skabreus, wanvoeglik, grillerig, grillig, skurf, vuil, liederlik, vieslik, vulgêr, smerig, varkerig, varklik, onrein, pervers, dekadent, aanstootlik, afstootlik, orgiasties, immoreel, amoreel, onsedelik, sedeloos, losbandig, sinlik, sinnelik, ontugtig, skendig, onnatuurlik, sondig, verlore, vervalle

ww. jou sleg gedra, misdra, misgaan, moles maak, swak gedrag openbaar, aangaan, te buite gaan, te kere gaan, tekere gaan, tekeregaan, vergeet (jy het jouself ~), handuit ruk, hand uitruk, versleg, bederf, begaan, swak gewoontes openbaar, kortskiet, jou plig versuim, versuim, bebrou, bak en brou, faal, leeglê, slampamper, aanstel, verwêreldlik; kattemaai, rinkink, rondjakker, ke(r)jakker, lawaai, 'n oorlas wees, 'n oorlas van jouself maak, te kere gaan, rumoer, hoer en rumoer, fornikeer

boos wees, laag daal, 'n verlede hê, struikel, val, diep val, sondig, besondig, in sonde leef, ontaard, afdwaal, skandaliseer, perverteer, verderf, verderwe, afbreek, rumoer, rinkink, rits, skollie, koketteer

bw. gewelddadiglik

tw. deksels, verdomp, verduiwels, vervlaks, vervloeks

uitdr. jakkals verander van hare, maar nie van snare/streke; 'n vrot appel in die mandjie steek die ander aan; meng jou met die semels, dan vreet die varke jou; die spoor byster wees/raak; die spoor kwytraak; van die regte pad afdwaal; die verkeerde pad volg; vroeg ryp, vroeg vrot; die stem van die gewete stilmaak; jou gewete sus; die stang vasbyt; dit kom niemand te pas nie; gekke en dwase skryf hulle name op deure en glase; goed met kwaad vergeld; hulle is kop in een mus; iemand geweld aandoen; in sy/haar swakheid aantas; kortgebaker wees; iemand se boekie is vol; vol bestellings wees; 'n bok skiet; 'n kainsmerk/kainsteken dra; 'n ou twak; 'n swak hê vir iets

814. Eerlik

b.nw. eerlik, doodeerlik, eg, eerbaar 812, 819, eervol, waarheid(s)liewend, waarheid(s)getrou, gewetensgetrou, gewetensvry, integer, onbedrieglik, onkreukbaar, onomkoopbaar, openhartig, openlik, reguit, onverbloem(d), ongeveins(d), volmondig, opreg, reg, reggeaard, regsinnig, regskape, regverdig 804, billik, deugsaam 812, deugdelik, beginselvas, bona fide, kinderlik, trou, getrou 816, betroubaar, hartgrondig, onskuldig, skuldloos

s.nw. eerlikheid, waarheidsin, sin vir die waarheid, waarheidsliefde, eerbaarheid, eerlike bedoelings, gewetensgetrouheid, 'n skoon gewete, integriteit, onkreukbaarheid, onomkoopbaarheid, openhartigheid, openlikheid, ongeveinsdheid, rondborstigheid, opregtheid, reggeaardheid, regsinnigheid, regskapenheid, deugsaamheid, beginselvastheid, korrektheid, kinderlikheid, egtheid, trou, goeie trou, getrouheid 816, lojaliteit, onskuld, skuldloosheid; gewete, gewetensbeswaar, gemoedsbeswaar

waarheidsoeker, gewetensbeswaarde

bw. eerlikheidshalwe, eerlikwaar, ronduit, prontuit, rondborstig, ruiterlik, rondweg, gladweg, te goeder trou, sonder bedrog, bona fide

ww. eerlik wees, reg laat geskied

uitdr. so eerlik as wat die dag lank is; nie doekies omdraai nie; om die waarheid te sê; oop kaarte speel; 'n oop gesig; uit die mond van die suigeling (kom die waarheid)

815. Oneerlik

b.nw. oneerlik, eerloos, leuenagtig, ongeloofbaar, gewetenloos 813, Machiavelliaans, machiavelliaans, oneg, nagemaak, dubbelhartig, huigelagtig, skynheilig, hipokrities, ontrou 817, onbetroubaar, onvertroubaar, onopreg, onregverdig, onbillik, skrifgeleerd, slim, slinks, slu, arglistig, listig, listiglik, deurtrap, uitgeleer(d), oorlams, agterbaks, agterhoudend, vals, bedrieglik, korrup, verraderlik, geslepe, onderduims, onderlang(e)s, konkelend, konkelrig, skelm, aartsskelm, skelmagtig, skelmpies, gewiks, diefagtig, langvingerig, kleptomanies, inkruiperig, skurkagtig, misdadig 803

s.nw. **oneerlikheid**, eerloosheid 813, leuenagtigheid, distorsie, verdraaiing, wanvoorstelling, verwringing, skewe beeld, ongeloofbaarheid, gewetenloosheid, Machiavellisme, machiavellisme, 'n skuldige gewete, onegtheid, bedrog 818, korrupsie, huigelagtigheid, geveinsdheid 818, dissimulasie, vermomming, huigelary, ontrou, ontrouheid 817, onbetroubaarheid, dubbelhartigheid, onopregtheid, onregverdigheid, onbillikheid, slinksheid, sluheid, arglistigheid, listigheid, oorlamsheid, deurtraptheid, agterbaksheid, gewikstheid, onderduimsheid, valsheid, bedrieglikheid, verraderlikheid, geslepenheid, misdadigheid 803

leuen 818, geliegery, liegstorie, onwaarheid, huigelary, huigelagtigheid, huigeltaal, gefemel, femelary, inkruipery, lippediens, lippetaal, veinsery, bedrog, bedrieëry

oneerlike mens, valsaard, leuenaar 818, skelm, aartsskelm, kalant, vabond, vagebond, swendelaar, verneuker, fopper, kuller, misdadiger, boef, skurk, dief, kleptomaan, kleptomaniak, opligter, konkelaar, bedrieër 818, verraaier, joiner, rugsteker, judasbok, huigelaar, geveinsde, tweegesig, janusgesig, tweegatjakkals, hen(d)sopper

bw. valslik, te kwader trou, mala fide

ww. oneerlik wees, lieg 818, belieg, leuens vertel, voorgee, pretendeer, huigel, veins, femel, inkruip, knoei, bedrieg, verneuk, inloop, bedonder (*plat*), befok (*plat*), vermom, kul, flous, pypkan, fop, om die bos lei, mislei, troef, omwimpel, bluf, met 'n slenter vang, konkel, bekonkel, verraai, ondergrawe, ondergraaf, onderkruip, uitoorlê

uitdr. donkerwerk is konkelwerk; by die agterdeur inkruip; daar het suursap deurgeloop; die gewete sus; die kat in die donker knyp; dis nie om die hondjie nie, maar om die halsbandjie; in die beste voue/voeë lê; jakkalsdraaie maak/gooi; 'n Janusgesig hê; kop in een mus wees; lang vingers hê; met 'n ander se kalwers ploeg; mooiweer speel met iemand; met/uit twee monde praat; jou aand- en môrepraatjies stem nie ooreen nie; uit jou duim suig; oorloop van vriendelikheid; sand in die oë strooi; 'n rat voor die oë draai; 'n wolf in skaapsklere; 'n deurgestoke kaart

816. Getrouheid

s.nw. **getrouheid**, trou, huwelikstrou, belofte, huweliksbelofte, vertroue 769, blinde vertroue, blinde trou, lojaliteit, vertroubaarheid, vertrouenswaardigheid, betroubaarheid, eerbaarheid 769, onkreukbaarheid, pligsgetrouheid 811, nougesetheid, noukeurigheid, noulettendheid, volharding 767, voorbeeldigheid

vertroulikheid, konfidensialiteit, privaatheid

vertroueling, vertrouenspersoon, vertroude, lojalis, rots

b.nw. **getrou**, hondgetrou, trou, lojaal, betroubaar, vertroubaar, vertrouenswaardig, eerbaar 769, 811, 812, onkreukbaar, bona fide, pligsgetrou 811, nougeset, noukeurig, noulettend, gunstig, volhardend 767, voorbeeldig

vertroulik, konfidensieel, geheim, persoonlik, intiem, privaat

ww. **trou bly**, trou sweer, trou belowe, belowe, beloof, 'n belofte maak, 'n belofte gestand doen, jou woord hou, jou woord gestand doen, by jou woord bly, sweer, volhard

vertrou 769, vertroulik hanteer, jou verlaat op, staat maak, verlaat
bw. te goeder trou
uitdr. niemand kan twee here dien nie; getroud wees met 'n beginsel

817. Ontrouheid

s.nw. ontrouheid, ontrou, infideliteit, dislojaliteit, gebrek aan lojaliteit, trouelooosheid, denunsiasie, onbetroubaarheid 623, 770, 815, versaking, valsheid, oneerlikheid 815, verraderlikheid, bedrieglikheid, argeloosheid, onnoukeurigheid
troubreuk, verraad, verloëning, verraaiing, hoogverraad, landsverraad, Judasstreek, meineed
trouelose persoon, verraaier, rugsteker, landsverraaier, kollaborateur, hanskakie, hen(d)sopper, quisling, oorloper, joiner, judasboer, Judas, afgevallene, klikbek, fluistervink, fluitjieblaser, impimpi (*lekties*)
b.nw. ontrou, ongetrou, dislojaal, afvallig, onbetroubaar, troueloos, vals, oneerlik 815, bedrieglik 820, verraderlik, meinedig, perfide, sedisieus, arg(e)loos, onnoukeurig, newwermaaind (*Engels, lekties*)
ww. versaak, afskeep, afval, deserteer, oorgaan, oorloop, verloën, verraai, influister, piemp (*lekties*)
uitdr. iemand onder die bus gooi

818. Bedrieg

ww. bedrieg, verneuk (*informeel*), beneuk, verkul, kul, kierang (*informeel*), inloop, bevark (*informeel*), bedonder (*plat*), befok (*plat*), uitvang, vang, uitoorlê, toetrap, toetrek, vastrek, beetkry, beetneem, verstrik, pier (*ongewoon*), koudlei, bluf, begoël, begogel, om die bos lei, mislei, onder die verkeerde indruk bring, inkruip, verlei, flous, pypkan, fop, troef, bedot, liemaak (*informeel*), blinddoek, dupeer, fingeer (*ongewoon*), mistifiseer, toesit, swendel, omwimpel, omloop, onderskuif, onderskuiwe, ondergraaf, ondergrawe, onderkruip, ondermyn, vervals, falsifieer, falsifiseer
huigel, veins, maak asof, jou dom hou, jou onnosel hou, voordoen, voorgee, pretendeer, voorwend, femel, kwesel
lieg, belieg, vaslieg, loslieg, leuens vertel, onwaarheid praat, onwaarhede verkondig, die waarheid verkrag, die waarheid geweld aandoen, jok, spekskiet, 'n kluitjie bak, 'n kluitjie vertel, kluitjies verkoop, stories vertel, stories verkoop, versin, verdig, fabriseer, verdraai, verdoesel, verbloem, verwring, aandik, wysmaak, verblind, mislei
bedrieg word, onderdeurspring, bedroë daarvan afkom, dupeer
bw. agteraf, stilletjies, skelmpies, stiekem, stiekempies, heimlik
s.nw. bedrog, bedrieëry, bedrogspul, bedrogsaak, gesigsbedrog, persoonsbedrog, boerebedrog, verneukery, boereverneukery, falsitas, dolus, verneukspul, kierang, kullery, kulwerk, verkulling, misleiding, verleiding, delusie, foppery, swendelary, swendelry, swendel, jakkalsdraai, jakkalsstreek, geslepenheid, ondergrawing, onderkruiping, ondermyning, vervalsing, falsifikasie, nabootsing, namaaksel, onegtheid, skelmstuk, skelmstreek, skelmspul, bluf, blufspel, bluffery, set, slenter, slenterslag, strikvraag, konkelwerk, konkel(a)ry, gekonkel, konkelspul, listigheid, onderduimsheid, wedstrydknoeiery, advokatery, advokatestreek, verraad, Judaskus, onderkruiping, knoeiery, geknoei, knoeiwerk, kwaksalwery, streek, verbloeming, oëverblindery, oëverblinding, mooidoenery, charade; piramideskema, ponziskema; strik, valstrik, lokval
huigelagtigheid, huigelary, gehuigel, huigeltaal, inkruiperigheid, inkruipery, geveinsdheid, veinsery, bedrieglikheid, dissimulasie, onegtheid, skynheiligheid, skyn, skyndeug, vroomheid, skynvroomheid, pretensie, voorwendsel, gefemel, femelary, kweselary, hipokrisie, fariseïsme, hipokrisie, dubbelhartigheid, onopregtheid; tekortdoening, krokodiltrane
leuen, onwaarheid, valsheid, kluitjie, noodleuen, witleuen, valse verklaring, versinsel, verdigsel, klug, klugspel, storie, fiksie, lieg, liegstorie, liegpraatjies, jok, jokstorie, jokkery, gejok, gejokkery, onsin, nonsens, nonsies (*informeel*), bog, fabrikasie, fabel, mite, hokus-pokus, kakstorie (*plat*), duimsuiery, dwaalspoor, mistifikasie, mistifisering, falsifikasie, verdraaiing, distorsie, verdraaidheid, kontorsie, skyn; skynsiekte, skynverhoor, skynvriendskap, …

bedrieër, verneuker, boerebedrieër, boereverneuker, Judas, swendelaar, wedstrydknoeier, glyjakkals, onderkruiper, tweegesig, janusgesig, jakkals, tweegatjakkals, tweestertjakkals, skynvriend, verkleurmannetjie, misleier, gladdejantjie, valsaard, vervalser, falsaris, namaker, valsmunter, charlatan, knoeier, kwaksalwer, swernoot, swernoter, swerkater; huigelaar, geveinsde, veinsaard, veinser, hipokriet, pilaarbyter, femelaar, kwesel, klipchristen, witgepleisterde graf, fariseër, manteldraaier, mooiweersvriend; leuenaar, aartsleuenaar, woordbreker, liegbek (*informeel*), jokker, spekskieter, kontorsionis; dupe, horingdraer

b.nw. bedrieglik, onderduims, onderlang(e)s, agteraf, slinks, slu, glibberig, glad, skelm, uitgeslape, geslepe, verraderlik, listig, listiglik, verleidend, misleidend, inkruiperig, vals, valslik, frauduleus, bedek, huigelagtig, hipokrities, geveins(d), skynheilig, voorgewend, vroom, oneg, toneelagtig, leuenagtig, mities, fabelagtig, verdraai(d), versinbaar

bedroë, gedupeer

uitdr. 'n wolf in skaapsklere; jou nette span; aan die neus lei; 'n rat voor die oë draai; die vel oor die ore trek; iemand op 'n dwaalspoor lei; dit sweem na bedrog; iemand 'n streep trek; iemand aan die neus lei; iemand 'n gat in die kop praat; iemand iets diets maak; iemand iets op die mou speld; iemand op sleeptou hou; iemand 'n bril opsit; iemand 'n poets bak; iemand oogklappe aansit; jou voordoen as; die beste voet voorsit; met/uit twee monde praat; 'n moordkuil van jou hart maak; mooi/wit broodjies bak; 'n rol speel; vet om die oë smeer; 'n deurgestoke kaart; met spek skiet; 'n bok skiet; van hoor en sê lieg 'n mens veel; kluitjies bak/verkoop; met loskruit skiet; die waarheid spaar; die waarheid geweld aandoen; al is die leuen ook hoe snel, die waarheid agterhaal hom wel; siende blind wees; aan die slaap wees; in die strik beland/loop; in die val beland; jou 'n kat in die sak koop

819. Eerbaar

b.nw. eerbaar, eergevoelig, geag, beginselvas, karaktervas 812, koersvas, standvastig, beslis, onwrikbaar, onwankelbaar, welopgevoed, betroubaar 769, 811, 816, getrou, pligsgetrou, nougeset, vasberade, vasbeslote, gedetermineer(d), moreel, goed 622, onbedorwe, onbevlek, sedelik, welvoeglik, betaamlik, smet(te)loos, rein, kuis, maagdelik, fatsoenlik, voeglik, voegsaam, verhewe, edel, halfedel, edelmoedig, groot, grootmoedig, diep, godsalig, matig, ordentlik, regverdig, billik, beskaaf(d), hoflik, vriendelik 776, gaaf, innig, gemanierd, goed gemanierd, goedgemanierd, wel opgevoed, welopgevoed, ongeveins(d), sedig, inkennig

s.nw. eerbaarheid, eergevoel, eergevoeligheid, beginselvastheid, karaktervastheid 812, koersvastheid, vasberadenheid, vasbeslotenheid, standvastigheid, betroubaarheid 769, 811, 816, onbedorwenheid, moraal, moraliteit, integriteit, sedelikheid, welvoeglikheid, betaamlikheid, reinheid, kuisheid, maagdelikheid, fatsoenlikheid, suiwerheid, smet(te)loosheid, edelheid, edelmoedigheid, verhewen(d)heid, grootheid, grootmoedigheid, diepte, ordentlikheid, balans, regverdigheid, billikheid, beskaafdheid, welopgevoedheid, hoflikheid, vriendelikheid 776, innigheid, gaafheid, goeie maniere, ongeveinsdheid, sedigheid, inkennigheid, ingetoënheid; morele opbou, morele steun, sedelike opbou, stigting, geestelike stigting, edifikasie (*verouderd*)

adel 797, adeldom, geestesadel

bw. welvoeglikheidshalwe, ordentlikheidshalwe

ww. betaam, tot jou eer strek, voeg, suiwer

uitdr. jou belofte gestand doen, jou eer gestand doen, jou woord gestand doen

820. Oneerbaar

b.nw. oneerbaar, eerloos 813, 815, oneerlik 813, 815, bedrieglik 818, gewetenloos 813, 815, sleg, verkeerd, sondig, immoreel, amoreel, ontrou, troueloos, beginselloos, teuelloos, karakterloos 813, futloos, korrup, laag, laaghartig, onvoegsaam, verregaande, ordeloos, losbandig, bandeloos, breidelloos, tomeloos, ongebreidel(d), onbeheers(d), onbeheersbaar, onbedwonge, diepgesonke, verdorwe, verword, versleg, verrot, vuil, besmetlik, aanstootlik, afstootlik, laakbaar, skreiend, skokkend, bebliksem(d) (*plat*), verfoeilik, infaam, listig, listiglik, arglistig, duister, gemeen, skunnig, kwetsend, skandalig, skandelik, skandaleus, skaamteloos, verwaand, aandagtrekkerig, ekshibisionisties, dierlik, varkagtig, varkerig, ongepas, stout 813, stouterig, onsedig, skynsedig, skynvroom, oppervlakkig, lig, ligsinnig, lossinnig, onstigtelik, wuf, twyfelagtig, onsuiwer, onnet, liederlik, smerig, ongesond, onduldbaar, ondraaglik, onhoudbaar

sinnelik, sinlik, vleeslik, sensueel, sedeloos, onbetaamlik, onbehoorlik, los, dekadent, pervers, hedonisties, onterend, blasfemisties, onsedelik, sedebederwend, onkuis, ontugtig, promisku, wellustig, sibarities, pederasties, owerspelig, pornografies, wulps, seksbehep, pervers, hitsig, geil, wild, jags (*plat*), suggestief, ekshibisionisties, verleidend, uitspattig, uitspattend, obseen, onwelvoeglik 813, onbehoorlik, skurf, skunnig

s.nw. oneerbaarheid, oneer, eerloosheid 813, 815, oneerlikheid, slegtheid, verkeerdheid, sonde, immoraliteit, amoraliteit, laaghartigheid, beginselloosheid, karakterloosheid 813, futloosheid, bedrog 818, korrupsie, ongebondenheid, boewery 822, rampokkery, misdaad 822, skelmstuk, duister, duisternis, duisterheid, klad, bandeloosheid, breidelloosheid, losbandigheid, onbeheersbaarheid, verwildering, oppervlakkigheid, verwording, verrotting, verderf, verdorwenheid, dierlikheid, verdierliking, onbehoorlikheid, onbetaamlikheid, ongepastheid, onvoegsaamheid, ergernis, ergerlikheid, verregaandheid, aanstootlikheid, afstootlikheid, listigheid, arglistigheid, bedrieëry, bedrieglikheid, ontrouheid, gewetenloosheid 815, skande, skandaligheid, skandmerk, skandkleed (*figuurlik*), skaamteloosheid, aandagtrekkery, aandagtrekkerigheid, ekshibisionisme, skaamte, stigma, stoutheid, stoutigheid, ligsinnigheid, onsedigheid, onstigtelikheid, onnetheid, liederlikheid, smerigheid, ondraaglikheid, onhoudbaarheid, onsuiwerheid, skunnigheid, skurfheid, twyfelagtigheid

vuil taal, vloektaal, swetstaal, obsene taal, straattaal, weermagtaal, kasernetaal, vloek, vloekwoord, bastervloek, bastervloekwoord, gevloek, vloekery, swets, swetswoord, geswets, swetsery, skel(d)woord, kragwoord, verwensing, vervloeking, blasfemie, blasfemiese uitdrukking, godslasterlike woord, godslasterlike uitdrukking, drieletterwoord, taboewoord, plat woord, plat uitdrukking, skel(d)woord, uitskelwoord, skuins woord, skuins uitdrukking

sinlikheid, sinnelikheid, sensualiteit, sensualisme, losheid, dekadensie, perversiteit, perversie, hedonisme, onsedelikheid, onkuisheid, ontug, ontugtigheid, sedeloosheid, sedebederf, skanddaad, promiskuïteit, verleiding, seduksie, luste, wellus, wellustigheid, fornikasie, hoerery, owerspeligheid, veelmannery, veelwywery, deflorasie, bloedskande, inses, wulpsheid, seksbeheptheid, prostitusie, bloedskender, pedofilie, pederastie, sodomie, bestialiteit, pornografie, vuilskrywery, ekshibisionisme, uitspattigheid, obseniteit, onwelvoeglikheid 813, onbehoorlikheid, skurfheid, suggestiwiteit

oneerbare mens, eerlose mens, immoralis, bedrieër 818, charlatan, skorriemorrie 779, 813, trut (*informeel*), urk (*informeel*), doos (*plat*), maaifoedie, maaifoerie, vuilgoed, smeerlap, smeerkanis, hond, vark, swynhond, stront (*plat*), gomtor, addergebroedsel, misdadiger 822, wellusteling, sensualis, sibariet, owerspeelster, owerspeler, egbreker, verlei(d)er, verleidster, koket, seksbom, konkubine, konkubinaat, slet, sloerie, snol, foonsnol, prostituut 239, prostituee, courtisane, hoer 239, straatvrou, jentoe, intoe, hoereerder, koppelaar, pornograaf, vuilskrywer, vuilspuiter, vuilprater, vuilbek, vloekbek, sodomiet, pedofiel, pederas

bw. tersluiks

ww. oneerbaar optree, sondig, diep sink, dwaal, afdwaal, verrot, skande maak, verwilder, bedrieg 818, bedrog pleeg, bevark, demoraliseer, skandaliseer, stigmatiseer

lelik praat, vloek 829, swets, skel, vuil taal gebruik

verlei, aanrand, verkrag, onteer, defloreer, ontmaagd, hoer, hoereer, prostitueer, fornikeer

Hier word 'n alfabetiese lys van slegs die mees gebruiklike vloekwoordelike uitdrukkings gegee. Almal is voorbeelde van plat taal.

o vader, ag vader, beblieksemd, befoeter(d), biedêm, bleddie, blêddie, blerrie, blêrrie, blerriewil, blêrriewil, blessit, blessitwil, blienkien, bliksem, bliksems(e), bliksemswil, bloemen, bogger, boggher, bogger dit, boggher dit, boggerof, boggherof, boggerôl, boggherol, boggerop, boggherop, bollie, dêm, dêmmit, dêmmitse, dessit(se), dessitôl, dessitwil, dit-en-datse, donder, bedonderd, bedonnerd, donderswil, donnerswil, donderwetter, bedonder, doos, etter, flippen, fok, befok, fok jou, fok weet, fokken, frieken, fokkenwil, fokkit, fokôl, fokop, fokker, o fok, opfok, gat, gaai, gatkruip, gatlek, gits, god, gods, gonna, gotta, gonnatjie, gottatjie, hels, heluit, hene, here, jirre, heretjie, jirretjie, jesus, jessis, jou gat, jou hol, kak, a-a, akka, akkie, akkies, kak aanjaag, kak droogmaak, kak praat, kak skiet, kak verkoop, uitkak, volkak, koek, o koek, kont, maai, maaifoedie, magtig, magtag, maggies, allamagtig, allamagtag, allemagtig, moer, moer-uit, moerig, moers, moerse, moerskont, opmoer, neuk, beneuk, pie, piep, piepie, pieps, wie, wie-wie, wieps, pis, poe, poef, poep, poephol, poes, skyt, volskyt, stront, vader weet, fok weet, verdomde, verdomp, vervloeks, waaragtig, wragtig, wragtag, wraggies, werfetter, wetter

uitdr. 'n doring in die vlees wees; 'n steen des aanstoots wees; die swartskaap; iemand geweld aandoen; in die skande steek; in skande leef; in troebel water vis; jou gewete beswaar; die gewete sus; jou beginsels oorboord gooi; van twyfelagtige sedes; 'n klad op jou naam; 'n reputasie hê; vloek soos 'n matroos

821. Onskuldig
b.nw. onskuldig, doodonskuldig, skuldeloos, blaamloos, sondeloos, vlek(ke)loos, skotvry, onbevlek, ongerep, kinderlik, naïef, eenvoudig, goedmoedig, regverdig 804, 812, 819, onbedorwe, sober 723

s.nw. **onskuld**, kinderlike onskuld, onskuldigheid, sonder skuld, sondeloosheid, vlek(ke)loosheid, blaamloosheid, regverdigheid, soberheid, ongereptheid, onbedorwenheid, naïwiteit, eenvoud, kinderlikheid, goedmoedigheid, goedpratery; verontskuldiging, verskoning, vryspraak, vryspreking

onskuldige, naïeweling, kind, kinderhart, regverdige

ww. geen skuld hê nie, 'n skoon gewete hê, verontskuldig, van alle blaam onthef; bevry, verskoon, vryspreek, vryverklaar, goedpraat; skuld op jou neem

uitdr. van geen kwaad weet nie; 'n skoon lei hê; jou hande in onskuld was; ek het jou niks gemaak nie

822. Skuldig
b.nw. skuldig, skuldhebbend, skulddraend, aanspreeklik, verantwoordelik, toerekeningsvatbaar, medepligtig, putatief, besmet, sondig, strafbaar, misdadig, kwaaddoenerig, krimineel, heilloos, goddeloos

skaam, verleë, selfbewus, geëmbarrasseer(d), boetvaardig, jammer, skaamrooi

s.nw. skuld, skuldigheid, skuld(e)las, blaam, gewete, skuldige gewete, gewetenswroeging 823, sielewroeging, skuldgevoel, aanspreeklikheid, verantwoordelikheid, medepligtigheid, komplisiteit, strafbaarheid, misdaad, misdadigheid; skuldbelydenis 823, bieg, skuldbekentenis, veroordeling

skaamte, verleentheid

fout, groot fout, growwe fout, flater, glips, glipsie, glieps (*lekties*), faux pas, blaps, versuim, misstap, verbrouing, vergryp, oortreding, wangedrag, gruwel, wreedheid, snoodheid

sonde, die bose, goddeloosheid 846, sondeskuld, sondelas, ongeregtigheid, doodsonde, pekelsonde, erfsonde, erfsmet, val, sondeval, euwel, onheil, kwaad

misdaad 803, onwettige daad, kriminele daad, kriminaliteit, wandaad, misdryf, wanbedryf, misstap, misslag, skelmstuk, skelmstreek, boewery, rampokkery, skurkery, gekroek (*informeel*), kroekery (*informeel*), gruweldaad, gruwelhede, halsmisdaad, oortreding, kriminele oortreding, verkeersoortreding, euwel, euweldaad, skande, skandaal, skanddaad, stoutigheid, kattekwaad, moles; moord, doodslag, manslag, aanranding, moleste-

ring, roof, diefstal, bedrog, laster, ontug, owerspel, ...
skuldige, skuldenaar, dader, medeskuldige, medepligtige, mededader, sondebok, kwaaddoener, skobbejak, boosdoener, booswig, kwajong, molesmaker, sondaar, misdadiger, skurk, boef, kroek (*informeel*), gewoontemisdadiger, oorlogsmisdadiger, dief, rower, aanrander, moordenaar, moordenares, skelm, bedrieër, lasteraar, veroordeelde, verworpeling, deugniet, rakker, vabond, niksnut(s), kwajong, ka(r)nallie, swernoot, swernoter, swerkater, werfetter, hierjy, hierjymens
kriminoloog, kriminalis; kriminologie, kriminalistiek
bw. mea culpa
ww. **skuldig maak**, kwaad doen, 'n misdaad pleeg, jou skuldig maak aan 'n vergryp, skuld, val, tot 'n val kom, struikel, sondig, besondig, fouteer, kleitrap, verbrou, oortree, vergryp, faal, skuldig wees, skuld dra, skuld aan iets hê, skuld aanvaar, dit op jou gewete hê, 'n skuldige gewete hê, skuld beken
veroordeel 825, 827, 832, 835
uitdr. dit lê aan iemand; oor die tou trap; 'n kainsmerk/kainsteken dra; baie op jou boekie hê; die hennetjie wat die eerste gekekkel het, het die eier gelê; as jy self agter die deur staan, soek jy 'n ander ook daar; as die skoen jou pas, trek hom aan; op heter daad betrap; baie op jou kerfstok hê; bloed aan jou hande hê

823. Berou
b.nw. berouvol, jammer, boetvaardig, penitent, spytig; bekeer(d), we(d)ergebore
s.nw. **berou**, naberou, galgberou, spyt, jammer, jammerte, leedwese, verwyt, selfverwyt, penitensie, skuld 822, skuldbesef, sondebesef, bekentenis, skuldbekentenis, skulderkenning, wroeging, gewetenswroeging, gewete, slegte gewete, gewetensangs, geesteswroeging, geesteskwelling, sielewroeging, sielswroeging, selfkritiek, mortifikasie, selfverloëning, selfversaking, selfkastyding, selfveragting; inkeer, selfinkeer, bekering, we(d)ergeboorte
belydenis, skuldbelydenis, bieg, erkentenis, bekentenis, skuldbekentenis, boetedoening, biegboete; vergifnis, vergewing

boeteling, penitent, bekeerling
bw. met spyt, tot my spyt, spytig
ww. berou, berou hê, spyt, spyt hê, spyt kry, wroeg, beken, erken, bieg, bely, boet, boete doen, bekeer, tot bekering kom, tot inkeer kom
tw. dit spyt my, jammer, ekskuus, ekskuus tog, sorrie (*informeel*), sorry (Engels, *informeel*)
uitdr. dit sal hom suur bekom; duur te staan kom; lang trane huil; iets met die dood bekoop; jou hand in eie boesem steek; jou hare uit jou kop trek; jou hoof laat hang (van skaamte); die ou mens aflê, Adam aflê; die ou Adam aflê

824. Onboetvaardigheid
b.nw. onboetvaardig, onbekeerlik, onberouvol, hardnekkig, krenterig, verkramp, verstok, volhardend
s.nw. onboetvaardigheid, verharding, verhardheid, verenging, verkrampte, sondaar
bw. sonder berou
ww. vereng, verhard
uitdr. volhard in die kwaad; jou hart verhard; iemand in die kwaad sterk

B. GEDRAGSBEOORDELING
825. Beoordeling
s.nw. **beoordeling**, oordeel, oordeelvelling, gedragsbeoordeling, keuring, uitspraak, beslissing, bevinding, opinie, mening, oorwoë mening, sienswyse, standpunt 527, 558, kritiek, resensie, goedkeuring 826, afkeur 827, afkeuring 827
reputasie, naam, aansien, beeld, uitstraling, beelduitstraling, indruk; reputasiebestuur, beeldbestuur, reputasieskade 827
beoordelaar, kritikus, resensent; reputasiespesialis, beeldpoetser, spindokter, kopdraaier, reputasiebestuurder
b.nw. **beoordelend**, oordelend, krities, krities ingestel, ondersoekend, goedkeurend, veroordelend, afkeurend
uitstralend, beeldbouend
ww. **oordeel**, 'n oordeel vel, 'n oordeel uitspreek, uitspraak gee, beoordeel, 'n oordeel vorm, krities ingestel wees, 'n opinie gee, 'n opinie uitspreek, bevind, meen, 'n mening gee, kritiseer, resenseer, bevind, 'n bevinding gee, dink, voel, beskou, van

oordeel wees, goedkeur 826, afkeur 827, veroordeel

reputasie opbou, 'n beeld opbou, 'n beeld uitstraal, 'n beeld wek, 'n beeld skep, beïndruk, 'n indruk maak, 'n indruk wek, 'n indruk skep

826. Goedkeur

ww. goedkeur, goedvind, goed oordeel, positief beoordeel, 'n positiewe oordeel vel, 'n positiewe oordeel uitspreek, in orde vind, bevredigend vind, voldoende vind, dit vind byval, tevrede wees, aansien, goedstaan, goeddink, toestaan, lisensieer, onderskryf, onderskrywe, ratifiseer, sertifiseer, stempel, seën, verwelkom, handhaaf, verhef, sublimeer

komplimenteer, prys, bekroon, loof, lof hê, vol lof wees, lof uitspreek, iemand se lof verkondig, bewonder, jou bewondering uitspreek, adoreer, eer, vereer, ophemel, opvysel, roem, verheerlik, verhef, gelukwens, felisiteer, toejuig, hande klap, approudiseer

goedkeuring vra, goedkeuring soek, goedkeuring vind, 'n positiewe beeld uitdra, 'n positiewe beeld uitstraal

bw. in honorem

s.nw. goedkeuring, goeddunke, byval, instemming, welbehae, keuring, aanvaarding, sertifisering, sertifikaat, lisensie, magtiging, toestemming, verlof, sanksie, vergunning, aanbeveling, bekragtiging, bevestiging, approbasie, ratifikasie, ondersteuning, verheffing, sublimering, seën, vaderseën, seëning, verwelkoming, agting, estimasie, gewildheid, glorie, gloor

kompliment, pluimpie, gelukwensing, felisitasie, ophemeling, opvyseling, lof, lofuiting, lofrede, lofdig, loflied, lofpsalm, ophef, verheerliking, apoteose, apoteosis, agting, estimasie, eerbied, respek, bewondering, idealisering, verering, aanbidding, verafgoding, verheerliking, adulasie, prys, prysing, aanprysing, waardering, erkenning, erkentlikheid, getuigskrif, huldebetuiging, huldeblyk, lofgedig, lofgesang, commendatio, kommendasie, rekommandasie, akklamasie, toejuiging, ovasie, staande ovasie, applous, luide applous, gejuig, juiging, juigkreet, feesgejuig, handeklap, handeklappery; juigkommando, juigbrigade

reputasie, goeie reputasie, positiewe beeld, objektiewe beeld

b.nw. goed 622, deugdelik 622, 811, deugsaam, bevredigend, aanvaarbaar, aanneemlik, aanneembaar, geloofwaardig, geloofbaar, aanbevelenswaardig, aanbevelingswaardig, wonderlik, bewonderenswaardig, eerbaar 812, lofwaardig, loflik, lieflik, verheffend, welbehaaglik, gloeiend, agbaar, agtenswaardig, roemwaardig, roemryk, gedenkwaardig, opspraakwekkend, epogmakend, onberispelik, prysenswaardig, geprys, geprese, veelgeprese, volprese, gewild, gesog, besog

goedkeurend, tevrede, erkentlik; goedgekeur, gelisensieer(d), gesertifiseer, geratifiseer, geseën(d), gesanksioneer, aanbevole

komplimenterend, erkentlik, geprese, volprese

voors. op aanbeveling van

tw. net so, presies, ditsem, nes jy daar sê, goed so, mooi so, welgedaan, magtie, magtig, bravo, olé, eksieperfeksie, kwaai (*lekties, informeel*), kwaailappies (*lekties, informeel*), geluk, slamat (*lekties*)

uitdr. op 'n voetstuk plaas; hoog opgee van/oor; wierook toeswaai; jou dit laat welgeval; jou seël druk op; jou seëning daaraan gee; lof toeswaai; 'n mosie van vertroue

827. Afkeur

ww. afkeur, veroordeel, negatief beoordeel, 'n negatiewe oordeel vel, 'n negatiewe oordeel uitspreek, onaanvaarbaar vind, ongeskik vind, ongeskik verklaar, 'n bedenking opper, bevraagteken, aanmerk, ongeskik vind, ongeskik verklaar, op die gebreke wys, afwys, verwerp, van die hand wys, uitgooi, relegeer, afkraak, verdoem, veroordeel, vervloek, verwens, verketter, ekskommunikeer, agterstel, kondemneer, kritiseer, kritiek uitspreek, bekritiseer, foutvind, foutvind met alles, laak, afkeur(ing) te kenne gee, misnoeë te kenne gee, misprys, hekel, deurloop, deurloop onder kritiek, onderdeurloop, teenstaan, teëstaan, kap, teenkap, terugkap, aanval, sensureer, die rug draai op, die rug

keer op, die rug toekeer, ignoreer, konfronteer, tereghelp, peper, braai
bevooroordeeld wees, geringskat, onderskat
verneder, verkleineer, kleineer, klein maak, neerhaal, versmaai, versmaad, verdoem, verguis, slegsê, slegmaak, afkraak, afkam, spot, bespot, bespotlik maak, geringskat, geringag, onderskat, misken, minag, beskaam
berispe, betig, betugtig, aanspreek, aanpraat, katkiseer, tot orde roep, skrobbeer, 'n skrobbering gee, pak, aanpak, aanval, waarsku, optrek, grootoë maak, bestraf, teregwys, tot orde roep, kap, kapittel, kastigeer, uitvaar, slegsê, uitkak (*plat*), afkraak, afkam, 'n aanmerking maak, verwyt, kwalik neem, verkwalik, murmureer, knor, brom, afhaal, vastrap, vasvat, voorkry, kortvat, maan, vermaan, roskam, insê, invryf, invlieg, invaar, inklim, insout, inpeper, uittrap, uitkryt, uitskel, uitvreet, uitjou, seën (spottend), kla
'n negatiewe reputasie hê, 'n negatiewe beeld uitstraal, 'n skewe beeld uitstraal
bw. dikstem, teë
s.nw. afkeur, afkeuring, afkeer, veroordeling, afwysing, weiering, verkettering, negatiewe oordeel, miskenning, denunsiasie, ekskommunikasie, kondemnasie, verkettering, berispelikheid, anatema, verwensing, veragting, selfveragting, minagting, onaanvaarbaarheid, ongewildheid, versmading, verwerping, verwerplikheid, teensin, teësin, teensinnigheid, teësinnigheid, misnoeë, misnoegdheid, antipatie, renons, weersin, afsku, verpesting, warsheid, krasheid, haat, selfhaat, kritiek, selfkritiek, opbouende kritiek, afbrekende kritiek, positiewe kritiek, negatiewe kritiek, skerp kritiek, harde woorde, onnodige kritiek, foutvinderigheid, foutvindery, vitterigheid, haarklowery, lettersiftery, muggiesiftery, muggesiftery, diatribe, selfkritiek, selfverwyt, wroeging, beswaar, teëstand, teenstand, swarigheid, blaam, skuld 822, sensuur, sensurering, konfrontasie, teregwysing, tereghelping, vingerwysing, korreksie, verbanning
vooroordeel, vooropgesette mening, prekonsepsie, eensydigheid, vooringenomenheid, ongeldige kritiek, ongeregverdigde kritiek, onredelike kritiek, onregverdigheid 805
berisping, bestraffing, betigting, skrobbering, knor, waarskuwing, aantyging, tenlastelegging, vermaning, teregwysing, beswaarmaking, verwyt, toespeling, steek, klap, murmurering, aanmerking, verwyt, waarskuwing, klag, klagte, klaagbrief, les, sedeles, moralisering, moralisasie, preek, predikasie, boetpredikasie, preektrant, sedepreek
negatiewe reputasie, negatiewe beeld, skewe beeld, slegte reputasie, reputasieskade
beoordelaar, kritikus, kritikaster, haarklower, vitter, muggiesifter, muggesifter, lettersifter, versmader, sedemeester, sedepredikant, klaer, klaagster, foutsoeker, kla(ag)kous, sensor, hekelaar; verworpene, verworpeling
b.nw. afkeurenswaardig, swak, sleg, onaanvaarbaar, onwenslik, ongewild, verwerplik, laakbaar, misprese, berispelik, opspraakwekkend, ergerlik, ontstigtelik, verpestend, verfoeilik, gemeen, laag, onhoflik, onbeleef(d), oneerbiedig, lelik, verskriklik, vreeslik, aaklig, aanstootlik, afstootlik, veragtelik, bedorwe, verwen, skandelik 813, goddeloos, sondig 822, grillerig, siek
krities, afkeurend, veroordelend, vitterig, foutvinderig, puntenerig, kras, negatief, misnoeg(d), afwysend, verwytend, neerhalend, sat, teë, teësinnig, teensinnig, vermanend, onredelik, vyandig
verworpe, afgekeur, versmade
verdomde, verditste, verdatste, vergalste, fokken (*plat*), verbrande
tw. sies, ga, gagga (*kindertaal*), gag (*kindertaal*), sies ga(g), sie, magtig, magtie, maskas, gang, oef, poe, poega, watwou, watwo
uitdr. aan jou is geen salf te smeer nie; die banvloek uitspreek oor iets; die splinter in 'n ander se oog raaksien, maar nie die balk in jou eie oog nie; die beste stuurlui staan aan wal; voor jou eie deur vee; die dood voor oë hou; die wind van voor kry; dit by iemand verkerf; ek is daarop teë; swarigheid sien; iemand iets onder die neus vryf; die vinger op die wond lê; iemand kaalkop die waarheid sê; iemand 'n afjak gee; iemand op sy/haar nommer sit; iemand taai

sê; 'n appeltjie met iemand te skil hê; in jou graf omdraai; oor die kole haal; oor die vingers tik; voor die kop gooi; les opsê; die leviete voorlees; die les lees; les laat opsê; teen heug en meug; onder die voorslag laat deurloop; onder sensuur staan; onder vuur kom; op jou kop kry; iemand se kop was; iemand se ore was; iemand se ywer blus; tot satwordens toe; wys waar Dawid die wortels gegrawe het; met die vinger wys na iemand

828. Vlei

ww. vlei, komplimenteer 826, bewierook, mooipraat, versuiker, aai, beaai, pamperlang, flatteer (*ongewoon*), flikflooi, kruip, inkruip, aanpellie (*informeel*), aanpêllie (*informeel*), lek, gatkruip (*plat*), gatlek (*plat*)

s.nw. **vleiery**, vleierigheid, vleitaal, vleipraatjies, kompliment 826, versuikering, bewieroking, heuningkwas, mooipratery, flikflooiery, geflikflooi, witvoetjiesoekery, inkruipery, kruipery, mooiigheid, oëdienery, oëdiens, rugkloppery, soetsappigheid

vleier, sikofant, oëdienaar, rugklopper, meeprater, jabroer, witvoetjiesoeker, mooiprater, flikflooier, gunssoeker, rugkrapper, allemansvriend, kruiper, gatkruiper (*plat*), gatlekker (*plat*), slip(pe)draer

b.nw. vleiend, gevlei, aangeplak, soetsappig, stroperig, kruiperig, inkruiperig, gatkruiperig (*plat*)

uitdr. die heuningkwas gebruik; heuning/stroop om die mond smeer; stroop om die mond smeer; hoog opgee van/oor; iemand oor die perd tel; mooi/wit broodjies bak; beklek en stertswaai; mooiweer speel met iemand; na 'n guns vry; witvoetjie soek; iemand na die mond praat; iemand se gat lek (*plat*)

829. Beledig

ww. **beledig**, slegsê, slegmaak, te na kom, afkam, striem, afkraak 827, aftakel, afhaal, afjak, skend, iemand se naam skend, aantas, iemand se naam aantas, benadeel, bekonkel, bekook, verneder 827, krenk, grief, kwets, verkleineer 827, kleineer, affronteer, aanmerkings maak, betittel, vit, bedil, fluister, smaad, smaal, hoon, hoonlag, vertroebel, vergiftig, skel 827, uitskel, vloek, uitvloek, swets

beskinder, skinder, swartsmeer, beklad, beswadder, beskimp, kwaadpraat, kwaadspreek, laster, belaster, kritiseer 827, bekritiseer

bw. skimpenderwys, smalenderwys

s.nw. **belediging**, slegsêery, afjak, aanstoot, affront, affrontasie, affrontering, agterklap, aanmerking, smeerpraatjies, smeerveldtog, swartsmeerdery, belastering, beswaddering, vertroebeling, benadeling, kalumnie (*ongewoon*), defamasie, klad, bekladding, naamskending, eerskending, eerskennis, persoonlikheidskrenking, persoonlikheidskending, moddergooiery, benadeling, vertroebeling, kritiek 827, uitstrooisel, smaad, smadelikheid, verguising, verkleinering 827, kleinering, afkraking, afkrakery, geringskatting, neerhaling, kletspraatjies, skellery, uitskellery, skeltaal, skel(d)naam, vloek 548, 573, 574, 820, vervloeking, uitvloekery, anatema, gevloek, vloekery, geswets, swetsery

beskindering, skindery, geskinder, skinderstorie, skinderpraatjies, skindersiekte, storie, verdagmaking, kwaadpratery, kwaadsprekery, kwaadstekery, kwaadstokery, straatpraatjies, losbekkigheid, wolhaarpraatjies, wywepraatjie, ouwywepraatjies, laster, lastering, lasterkampanje, lastertaal, lasterpraatjies, beskimping, skimpery, geskimp, skimp, skimpskeut, skimpskoot, skimptaal, skimpwoord, skimpnaam; lasterskrif, skimpskrif, smaadskrif, skotskrif

belediger, lasteraar, lasterbek, lastertong, nuusdraer, skinderaar, skindertong, skinderbek, kwaadstigter, kwaadstoker, kwaadsteker, moddergooier, vuilbek, vuilspuiter, skimper, kekkelbek, kekkelaar, kletskous, praatjiesmaker, snip

b.nw. beledigend, kwaadsprekend, lasterlik, aanstootlik, beswadderend, lasterend, verdagmakend, affronterend, kwetsend, krenkend, skindersiek, smadelik, smalend, bitsig, brutaal, griewend, hemeltergend, honend, snipperig, neerbuigend, neerhalend, afbrekend, minagtend 831, paternalisties, verkleinerend, vernederend 831, mensonterend, swart; geaffronteer(d), gesteur(d), gestoor(d), verguis, ge= pikeer(d)

uitdr. iemand in die gesig vat; iemand in die gesig slaan; 'n klap in iemand se gesig; iemand in sy/haar eer (aan)tas; iemand se naam beklad; agter iemand se rug praat; iemand (se naam) beswadder; iemand stink sê; iemand deur die modder trek/ sleep; iemand se goeie naam deur die mod= der sleep; iemand swartsmeer; jou eie nes bevuil; jou ore uitleen; 'n verwyt slinger

830. Eerbiedig

ww. **eerbiedig**, eerbied hê vir, respekteer, respek hê, respek koester, ag, hoogag, hoog ag, agting hê, agting koester, met ag= ting bejeën, hoogskat, waardeer, waarde= ring hê, liefhê 776, bemin 776, huldig, eer, vereer, eer bewys, eer betoon, eer aandoen, bewonder, aanbid 776, adoreer, prys 834, ophemel, loof, verafgo(o)d, verheerlik, op= sien na, opkyk na, ontsag hê, vrees

konsidereer, in ag neem, ontsien

eerbied afdwing, respek afdwing, im= poneer, indruk maak, beïndruk, hoë aan= sien geniet, hoogaangeskrewe wees, jou reputasie gestand doen, gesag afdwing, vrees inboesem

bw. met eerbied, eerbiediglik, met agting, honoris causa, met ontsag, benede my waardigheid

s.nw. **eerbiediging**, agting, respek, hoog= agting, hoogskatting, waardering, goed= keuring 826, erkenning, erkentlikheid, liefde 776, verering, hulde, huldiging, hul= debetoning, eerbetoon, eerbetoning, be= wondering, aanbidding, adorasie, lofui= ting, lofrede, eulogie, akkolade, lofpry= sing, ophemeling, verheerliking, idealise= ring, verafgoding, kniebuiging, knieval, ontsag, vrees, konsiderasie, inagneming

inagname, inagneming, konsiderasie

aansien, naam, reputasie, eer, eerbied= waardigheid, waardigheid, agbaarheid, onbesprokenheid, eerbaarheid, respekta= biliteit, hoogaangeskrewenheid, edelheid 819, integriteit, status, faam, beroemdheid, roem, selfagting, selfbesef, selfrespek

'n man van faam, 'n vrou van aansien, hoogedele, hoogheid; vereerder

b.nw. **eerbiedig**, eerbiedvol, eerbiedigend, vol eerbied, hoogagtend, respekvol, re= spekterend, waarderend, vererend, vol ontsag, konsidererend, nederig 786, vre= send, vreesagtig

eerbiedwaardig, gerespekteer(d), respek= tabel, agbaar, agtenswaardig, waardig, on= besproke, hooggeag, vooraanstaande, hoogstaande, geëer(d), hooggeëer(d), ver= naam, belangrik, gereken(d), gesien(e), heilig

uitdr. 'n hoë dunk van iemand hê; die hoed vir iemand afhaal; iemand hoog skat; met alle respek gesê; 'n goeie naam is goud werd

831. Minag

ww. **minag**, verag, beledig 829, hoon 669, 829, hoonlag, neersien op, smaal, smaad, versmaad, hoon, grief, krenk, kwes, kwets, wond, verkleineer, kleineer, kleinmaak, verklein, afkraak, verneder 827, misken, verstoot

bespot, spot, die spot dryf met, bespotlik maak, ironiseer, satiriseer, gekskeer, vir die gek hou, belaglik maak, travesteer, hekel, persifleer, koggel, uitkoggel, jou, uitjou, lag, uitlag, spotlag, skewebek trek, treiter, terg 722, têre, tempteer, tart, uittart, pla, pes, skimp, skerts, korswil, korswel, grap, grappe maak, gekskeer

in die skande steek, te na kom, kompro= mitteer, verdag maak, brandmerk

bw. smalenderwys, spottenderwys, skim= penderwys

s.nw. **minagting**, veragting, verlaging, mis= kenning, verguising, smaad, smadelik= heid, versmading, affront, affrontasie, hoon, hoonlag, skamperheid, gejou, uit= jouery, krenking, kwetsing, verneder= ing, selfvernedering, verkleinering, ver= werping, verstoting, skellery, uitskellery, skel(d)woord, skel(d)naam, skeltaal, in= vektief, bitsigheid

spot, bespotting, spottery, gespot, spot= terny, hekeling, hekelry, travestie, lag, lag= gery, gelaggery, uitlaggery, spotlag, hoon, hoonlag, hoongelag, grap, gegrapmakery, gegrap, skertsery, geskerts, geskertsery, terglustigheid, goddeloosheid, impiëteit, tergery, treitering, treitery, tarting, uittar= ting, koggel(a)ry, oneerbiedigheid, beledi= ging 829, persiflage, skimp, skimpery, skimpskeut, skimpskoot, skimpwoord, skimptaal, paskwil, satire, ironie, ironisering, sarkasme, sinisme; spotlus, spotsug, terglus; spotrede, spotprent, spotnaam, hekelskrif, hekelrede, skimpnaam, skimpskrif

onwaardigheid, verwerplikheid, verfoeilikheid, berugtheid, eerloosheid 813, 815, klad, skandvlek, skandmerk, kainsmerk, stigma, smet

verworpeling, verstoteling, verskoppeling, swartskaap, vabond, karikatuur

spotter, spotvoël, belediger 829, satirikus, koggelaar, hekelaar, grapmaker, grapjas, uilspieël, harlekyn, platjie, terggees, poetsbakker, treiteraar, vabond, ka(r)nallie, skimper, sinikus, versmader

b.nw. minagtend, neerhalend, persoonlik, vermakerig, vernederend, verkleinerend, krenkend, kwetsend, griewend, honend, skamper, smalend

spottend, beledigend 829, oneerbiedig, goddeloos, grapperig, sardonies, sinies, skepties, wrang, sarkasties, bytend, bitsig, skerp, snydend, ironies, satiries; spotlustig, spotsiek, spotterig, terglustig, tergerig, tergsiek

bespotlik, verspot, laf, onwaardig, verwerplik, veragtelik, verfoeilik, berug, eerloos 813, 815, verstote, verworpe, verguis

tw. ha, haaits, wê

uitdr. jou neus vir iets optrek; 'n klap in iemand se gesig; iemand in sy/haar eer tas; 'n klad op iemand se naam; die draak steek; iemand vir die gek hou; iemand 'n poppentjie teken (*lekties*); iemand se been trek; persoonlikhede kwytraak; tong uitsteek vir iemand; wrange spot; iemand se siel uittrek; iemand se siel versondig

832. Beskuldig

ww. beskuldig, valslik beskuldig, blameer, die skuld gee, die skuld op iemand pak, ten laste lê, inkulpeer, verkla, aankla, 'n klag indien, 'n klag aanhangig maak, beskuldigings inbring, 'n saak aan die polisie oorlewer, 'n saak by die polisie aangee, aanpraat, aanspreek, betig 835, reghelp, striem, veroordeel 527, 827, aanskryf, inkulpeer (*ongewoon*), inkrimineer, demoniseer, insinueer, aantyg, 'n aantyging maak, ten laste lê, verantwoordelik hou, aanspreeklik hou, skuld aan iemand toeskryf, skuld aan iemand toeskrywe, toedig, toereken, imputeer (*ongewoon*), verwyt, 'n verwyt slinger, wyt, kritiseer 827, bekritiseer

betrap, op heter daad betrap, vang, vaskeer, aankeer

beskuldig word, die skuld dra, skuld beken, skuld bely, skuld aanvaar, skuldig wees

s.nw. beskuldiging, telastelegging, klaglegging, selfbeskuldiging, teenbeskuldiging, skuld, blaam, klag, klagte, aanklag, aanklaging, tenlastelegging, inkulpasie, denunsiasie, berisping 835, aantyging, bewering, kwaadwillige beskuldiging, valse beskuldiging, imputasie, insinuasie, inkriminering, inkriminasie, demonisering, innuendo, verwyt, selfverwyt, kritiek 827, selfkritiek, protes, foutsoekery, verdenking, suspisie, agterdog, agterdogtigheid, wantroue 770; skuldaanvaarding, skuldbelydenis, boetpredikasie, skuldigbevinding, veroordeling, verswarende omstandighede, toerekeningsvatbaarheid, beswaarskrif

beskuldigde, skuldige, aangeklaagde, beklaagde, gedaagde, belhamel 813, sondebok, swartskaap

aanklaer, aanklaagster, klaer, klaagster, verklaer

b.nw. toerekenbaar, toerekeningsvatbaar, aangeklaagde, aangeskrewe, aangeskryf, aangeskrywe, skuldig 822, aksionabel, suspisieus

uitdr. die blaam op iemand werp; iemand iets voor die kop gooi; iemand iets onder die neus vrywe; 'n appeltjie met iemand te skil hê; die eerste steen/klip gooi; die skuld op iemand skuif; die splint in 'n ander se oog raaksien; die swartskaap; op die swart lys wees; skuld op 'n ander gooi

833. Verontskuldig

ww. verontskuldig, skuld ontken, goedpraat, vergoe(i)lik, goedmaak, plooi, verbloem, regverdig, justifiseer, verantwoord, rekenskap gee, voorgee, verskoning maak, verskoning aanteken, apologie aanteken; verdedig, bepleit, pleit vir

verskoon, 'n verskoning aanvaar, 'n verskoning aanneem, 'n apologie aanneem, ekskuseer, verekskuseer, oor die hoof sien, goedmaak, grasie verleen, vergewe, vergeef, vergifnis skenk, kondoneer, vryspreek, vrystel, kwytskeld, ontsien, spaar, laat vryspring, laat gaan

s.nw. verontskuldiging, veronskuldiging, skuldontkenning, vergoeiliking, vergoeliking, goedpratery, regverdiging, justifikasie, verantwoording, rekenskap, verskoning, apologie, ekskuus; verdediging, verweer, voorspraak, voorbidding, pleidooi, pleit, bepleiting, verweerskrif, onskuldigbevinding, versagtende omstandighede, grond, voorwendsel, dekmantel, uitvlug, agterdeur, preteks, storie, jakkalsdraai, ontsnapping

verskoning, vergifnis, vergewensgesindheid, kondonering, vryspraak, kwytskelding

onskuldige, verweerder, verweerderes, verdediger

b.nw. verontskuldigend, verdedigend, apologeties, verdedigbaar, verhaalbaar, geregverdig(d)

uitdr. jou hande in onskuld was; iemand die voordeel van die twyfel gee

834. Beloon

ww. beloon, vereer 826, 830, honoreer, prys, aanprys, 'n prys gee, toeken, 'n prys toeken, seën, aanmoedig, kroon, vergoed, vergeld(e), afreken, kompenseer, begunstig, 'n guns bewys, salarieer 686, betaal 708, terugbetaal; beloon word, verdien

s.nw. beloning, vergoeding, prys, eerste prys, tweede prys, ..., aanmoedigingsprys, troosprys, aanprysing, akkolade, eerbewys, aanmoediging, salaris 686, loon 686, teenprestasie; prestasie, prestasiegedrewenheid, prestasiegedrewe vergoeding; prys, boekprys, geldprys, ..., pryspenning, medalje, trofee, troefee, toekenning, beurs, stipendium, prystoekenning, prysuitdeling, kroning

pryswenner, presteerder

b.nw. verdiend, welverdiend; prestasiegedrewe

uitdr. iets dubbel en dwars verdien; die arbeider is sy loon werd

835. Bestraf

ww. straf, bestraf, straf gee, straf oplê, berispe, betig, voorkry, arresteer, tug, tugtig, betugtig, onder tug bring, raas met, raas gee, kapittel, tot orde roep, vermaan 827, raas, raas gee, uitvreet, uittrap, skel, uitskel 827, uitkryt, invlieg, kap, teregwys 827, korrigeer, dissiplineer, beheer, onderwerp 684, vasvat, vastrap, kortvat, bandvat, afreken, afransel, ransel, skrobbeer, 'n skrobbering gee, roskam, striem, slaan, slae gee, pak gee, lyfstraf gee, lyfstraf toedien, looi, uitlooi, streep, piets, raps, klits, wiks, uitwiks, kwint, krink, opkeil, veroordeel 527, 827, vonnis, 'n vonnis gee, 'n vonnis oplê, aanslaan, penaliseer, beboet, 'n boete gee, 'n boete oplê, hok, inhok, inperk, interneer, opsluit, tronkstraf gee, tronkstraf oplê, gevangenis toe stuur, gevangenisstraf oplê, inkerker, mishandel, pynig, martel, kastigeer, kasty, mortifiseer, besoek, folter, gesel, kielhaal, die doodstraf oplê, hang, ophang, teregstel, galg toe stuur, onthoof, onthals, dekapiteer, guillotineer, fusilleer, kruisig, verban, deporteer, diskwalifiseer, sensureer

straf kry, gestraf word, bestraf word, straf verdien, straf verduur, deurloop, haarlaat, dit ontgeld, verbykom, boet, vir jou sonde boet, onderdeurloop, spring, bokspring, betaal, raas kry, pak kry, riemspring, inbly, skoolsit, tronkstraf kry, tronk toe gaan, verban word, gediskwalifiseer word, onder sensuur staan

s.nw. bestraffing, straf, strafbepaling, strafwerk, strafvervolging, strafvoltrekking, straftoemeting, strafoefening, dissipline, dissiplinering, berisping, betigting, kastigasie, tug, tugtiging, betugtiging, kerktug, skrobbering, diskwalifikasie, voëlvryverklaring, vergelding, retribusie, vergeldingstap, vergeldingsdaad, vergeldingsoptrede, wraak 784, wraakneming; strafbaarheid, strafskuldigheid, kriminaliteit 822

straf, strafmaatreël, vonnis, strafoplegging, vonnisoplegging, doemvonnis, tronkstraf, selstraf, hardepad, internering, huisarres, kamerarres, kasernearres, lyfstraf, slae, pak, pak slae, afranseling, streepsuiker, siepsop-en-braaiboud (*informeel*), sieps-en-braaiboud (*informeel*), bastonnade, hou, raps, kastyding, marteling, martel(a)ry, martelstraf, geseling, doodstraf, doodsvonnis, halsstraf, teregstelling, onthoofding, vuurpeloton, fusillering, vuurdood, kruisiging, boete, boetegeld, dwangsom, boetedoening, aflaat, verbanning, ban, banvloek, deportasie, inperking, sensuur, gevangeneming, arres, arrestasie; strafmaatreël, tugmaatreël, tugmiddel

selfbestraffing, selfkastyding, flagellasie; flagellant

strafinrigting, strafkolonie, verbeter(ing)skool, gevangenis, tronk, kerker, sel, tronksel, dodesel, galg, skavot, guillotine, valbyl, valmes, lat, rottang, kweperlat, roede, striem, strop, karwats, kats, gesel, knuppel, kruis, kruishout, marteltuig, pynbank, folterbank, martelkamer, skandmuur, skandpaal, folterpaal, foltertuig; tronkbewaarder, sipier, tugmeester, tugkomitee

veroordeelde, doem(e)ling, martelaar, martelares, gevangene, prisonier, tronkvoël; laksman, beul, skerpregter (*ongewoon*)

b.nw. strafbaar, bestrafbaar, skuldig 822, strafskuldig, strafwaardig, ingeperk, striemend, voëlvry; strafloos, straffeloos, onstrafbaar

uitdr. die gelag betaal; aan die pen ry; boontjie kry sy loontjie; jou verdiende loon kry; jou vet sal braai; iemand se kierankies/kurankies sal braai; onder vuur kom; op jou kop kry; rottang proe; tameletjie kry; duur betaal; die lat inlê; iemand bloots ry; iemand die horrelpyp laat dans; iemand op sy baadjie gee; iemand voëlvry verklaar; maer bokke dip; onder die voorslag laat deurloop; rottangolie gee; voor stok kry; iemand die kop was; iemand roskam; oor die kole haal; oor die vingers tik; die leviete voorlees; die les lees; les laat opsê; sout in die wonde vryf

10 Godsdiens

A. DIE BONATUURLIKE

836. Bonatuurlik

b.nw. bonatuurlik, bowenatuurlik, boaards, boweaards, bowêrelds, buitewêrelds, onaards, bomenslik, bowemenslik, onnatuurlik, buitengewoon, goddelik, engelagtig, hemelagtig, onsterflik, onliggaamlik, onstoflik, stoffeloos, immaterieel, geestelik, psigies, heldersiende, spiritueel, bosin(ne)lik, magies, misties, misterieus, okkult, kabbalisties, spookagtig, spokerig, spiritualisties, transendentaal, metafisies, wonderbaar, wonderbaarlik, wonderlik, mirakelagtig, mirakuleus, makaber, sinister, duister, onheilspellend 715, 768, geheimsinnig

s.nw. **bonatuurlikheid**, boaardsheid, boweaardsheid, onaardsheid, spookagtigheid, bomenslikheid, goddelikheid, vergoddeliking, engelagtigheid, verborgenheid, onnatuurlikheid, buitengewoonheid, onsterflikheid, onstoflikheid, immaterialiteit, gees, geestelikheid, psige, spiritualiteit, duisternis, wonderwerk, mirakel, teken, wonder, wonderteken, wonderbaarlikheid, wonderlikheid, wonderwerk, godswonder, wonderdaad, heldersiendheid, clairvoyance, profesie, glossolalie, waarsêery, magie, witmagie, swartmagie, okkultisme, fetisjisme, towery, toordery, towerkuns, toorkuns, duiwelskuns, satanisme, swartkuns, nigromansie, nekromansie, vampirisme, heksery, voedoeïsme **towenaar** 844, duiwelskunstenaar, nekromant, spiritualis

bonatuurlike wese, engel, duiwel, spook 838, gees 838, vampier, heks

ww. vergeestelik, vergoddelik, verewig, besweer, profeteer, betoor, oproep, transendeer

uitdr. met die helm gebore wees

837. God

s.nw. **god** 855, God, Maker, Skepper, opperwese, goddelike wese, avatar, halfgod, godheid, goddelikheid, verbondsgod, verlosser, godsmag, goddelike mag, hoër mag, hoër gesag, godsgerig, afgod, gees, abba, almag, almagtigheid, omnipotensie, alvermoë, alwysheid, alwetendheid, voorsienigheid, alomteenwoordigheid, godsbestel, ewigheid, heiligheid, gewydheid, godsbegrip

godsryk, goderyk, hemel, hemelryk, hiernamaals, nirwana

menswording

b.nw. goddelik, christelik, drie-enig, heilig, almagtig, alomteenwoordig, alleenwys, alwetend, almoënd, alsiende, gewyd, numineus, verrese; onheilig, ongewyd, profaan

ww. vereer, aanbid, loof, prys

woorddeel Gods-, aller-

838. Gees

s.nw. **geeste(s)wêreld**, geesteryk, geestedom, gees, goeie gees, slegte gees, aardgees, aardmannetjie, berggees, kabouter, gnoom, gnome, lugnimf, silfiede, sukkubus, gedaante, god 837, halfgod, engel, engelekoor, aartsengel, engel van God, beskermengel, skutsengel, hemelbode, doodsengel, wraakengel, gerub, seraf, hemeling, spook, dwaalgees, kwelgees, kwelduiwel, kwelspook, poltergees, poltergeist, dwaallig, dwaalvuur, skim, fantoom, skimmeryk, skrikbeeld, chimera, hersenskim, droombeeld, skadubeeld, waandenkbeeld

duiwel, duiwelse wese, duiwelin, duiwelsgedaante, demon, bose gees, nikker, inkubus, droes, duiweltjie, satan, Satan, gevalle engel, aartsengel, vors van die gevalle engele, vors van die duisternis, Mammon, Beëlsebub, Beëlsebul, Lucifer, Belial, Azazel; paaiboelie, Asmannetjie, Bokbaard, Bokhorinkies, Damoen, Drietoon, Joos, Josie, Oupa Langoor, Swart Piet, Vuilbaard

satanisme, demonisme, satansaanbidding, duiwel(s)aanbidding, invokasie, séance, evokasie; satanis, satansaanbidder, duiwelaanbidder; demonologie, duiwelkunde; demonoloog

beswering, banning, uitbanning, dui-

weluitdrywing, uitdrywing, eksorsisme, exorsisme, duiwelbeswering; eksorsis
b.nw. bonatuurlik 836, goddelik 837, duiwels, demonies, sataniese, satans, diabolies, spookagtig, hersenskimmig, skimagtig, besete
ww. van die duiwel besete wees, ban, besweer, uitdryf, oproep, aanbid

839. Hiernamaals
s.nw. hiernamaals, die anderkant van die graf, die ander wêreld, doderyk, dood, oordeel, oordeelsdag, die volheid van die tyd, sanktifikasie, wêreldgerig
hemel, hemelpoort, heerlikheid, hemelse heerlikheid, hemelryk, koninkryk van die hemele, die hoogste hemel, die nuwe hemel, hemelkring, hemelstad, hemelland, hemelboog, die Vader se huis, Vaderhuis, saligheid, ewige lewe, sielerus, paradys, die sewende hemel, nirwana, empireum; hemeling, salige, geluksalige, heilige; hagiografie, hagiologie, hagiograaf, hagioloog
hel, warmplek, verderf, verderfenis, verdoemenis, die ewige verdoemenis, onderwêreld, benedewêreld, doderyk, koninkryk van die duisternis, Hades, afgrond, duisternis, vagevuur, vaevuur, inferno, jammerpoel, verdoeming
b.nw. hemels, salig, saligmakend, geluksalig, heerlik, heilig, hels, verderflik, duister; hagiografies, hagiologies
ww. salig wees, salig maak, sanktifiseer, hel toe gaan, hel toe stuur, verdoem
bw. in die volheid van die tyd, in patria

B. GODSDIENSBEOEFENING
840. Godsdiens
s.nw. godsdiens 855, religie, godsverering, uiterlike godsdiens, staatsgodsdiens, heersende godsdiens, wêreldgodsdiens, godsbegrip, godsdiensbegrip, godsdiensopvatting, godsdiensbeskouing, godsdienstigheid, religiositeit, piëtisme, ekumene, godsdiensdispuut, godsdienstwis, godsdiensoorlog, godsdiensvryheid, vryheid van godsdiens
godsdiensbeoefening, godsdiensritueel, huisgodsdiens, huiskerk, huisaltaar, kerkgang, kerkbywoning, erediens 848, kerkdiens, biduur, belydenis, geloofsbelydenis, vas, vastyd, vastetyd; kerk 853, sinagoge,

tempel, moskee, masjet, moederkerk, dogterkerk, susterkerk, staatskerk, volkskerk, wykskerk, gelowiges, gemeente, kerkgemeente, moedergemeente, dogtergemeente, sustergemeente, parogie, kerkgroep, kerkgenootskap, kerkverband, denominasie, geloofsverband, ekumene, ekumenisiteit
teologie 842, godsdienswetenskap, godsgeleerdheid, Bybelkunde, geloofsleer, godsdiensgeskiedenis
godsdiensbeoefenaar, Christen, Christin, Christenmens, Christelike mens, godsdienstige mens, ketter, ateïs, gelowige, piëtis; Christen, Katoliek, papis, Anglikaan, Baptis, Metodis, Jood, Mohammedaan, ..., bokryer, dopper, gatjieponder; hervormer, kerkhervormer, godsdienshervormer, reformator
b.nw. godsdienstig, religieus, Christelik, christelik, sekulêr, ortodoks, heterodoks, humanitêr, Katoliek, Rooms-Katoliek, pousgesind, paaps, paapsgesind, Anglikaans, Mohammedaans, ..., patriargaal, ekklesiasties, ekumenies, kerklik, gemeentelik, parogiaal, klerikaal, ketters, hervormend, reformatories
ww. dien, aanbid, bid, bely, kniel, kruis slaan, vas, die vas breek, hervorm, reformeer
uitdr. gemeenskap van die heiliges; Deo gratias; Deo volente

841. Leer
s.nw. leer 842, geloofsleer, leerstelling 842; dwaalleer, kettery, bigotterie, aanvegting, anatema, sekte, sektarisme, beeldediens, ritualisme, gnostisisme, gnostiek, verwêreldliking, astrologie, sinkretisme, samesmelting, skeuring, kerkskeuring, skisma
leraar 852, dwaalleraar, gnostikus, ritualis, dissident, skismatikus
b.nw. leerstellig; ongodsdienstig, agodsdienstig, areligieus, onbybels, ketters, andersdenkend, gnosties, apokrief, sinkreties, sektaries, skismatiek, ritualisties, ketters

842. Geloof
s.nw. geloof, sterk geloof, vaste geloof, swak geloof, gelowigheid, geloofslewe, oor-

tuiging, geloofsoortuiging, sekerheid, geloofsekerheid, geloofskrag, krag, geesteskrag, moreel, moraal, vertroue, geloofsvertroue, sterkte, vastigheid, vastigheid van geloof, onwrikbaarheid, belydenis, credo, geloofsbelydenis, belydenis van geloof, geloofsverklaring, konfessie, bieg, geloofsdaad, gewete(n)saak, gewetensvryheid, vryheid van gewete, geloofsvryheid, heilsbegeerte, heilsverwagting, hoop, heilsbelofte, heilsdaad, heilswerking, saligheid, godsaligheid, verlossing, verlossingsplan, genade, genadegawe, begenadiging, teïsme, monoteïsme, bekering, inkeer, besinning, geloofsoorgawe, oorgawe aan God, kwiëtisme, ortodoksie, heterodoksie, regsinnigheid, waangeloof, wangeloof, panteïsme, bygelowigheid 844, ongelowigheid 844, ateïsme; soter, verlosser, redder

kerstening, verlossingswerk, apostolaat, geloofsgenesing, bekering, inkeer, we(d)ergeboorte, palingenese

geloofsartikel, waarheid, geloofswaarheid, leer, kerkleer, leerstelling, geloofsleerstelling, dogma, doktrine, kategumeen, grondbeginsel, leerstuk, wet, Gods wet, Tien Gebooie, gebod, dekaloog, leerstelsel, leerstelligheid, fundamentalisme, heilsgeskiedenis, heilsleer, heilsverkondiging, heilswaarheid, godsbegrip, versoening, soendood, versoeningsdood, soenoffer, versoeningsoffer, soenbloed, versoeningsbloed, openbaring, openbaringsleer, uitverkiesingsleer, leer van die uitverkiesing, predestinasie, predestinasieleer

godsdienstige geskrif, Woord, Woord van God, Gods Woord, Skrif, Heilige Skrif, kanselbybel, familiebybel, naslaanbybel, Verklarende Bybel, kinderbybel, prentebybel, sakbybel, konkordansie, tantra, belydenisskrif; grondteks, kanon, boek, boeke van die Bybel, Bybelboek, Ou Testament, Nuwe Testament, Blye Boodskap, Pentateug, Evangelie, sendbrief, apokriewe boeke, apokriewe boeke van die Bybel, apokriewe, apokrifa; skriftuur, skriftuurplaas, vers, teks, teksvers, perikoop; Tenakh, Torah, Talmoed, Koran, Qur'an, Qoeraan, Quraan, Vedas, Brahmanas, Oepanisjads, Bhagavad Gita, Tripitaka

Bybelverhaal, bybelse geskiedenis, skepping 0, skeppingsverhaal, genesis, grondlegging, skeppingsdag, paradys, die boom van kennis, die boom van lewe, sondvloed, ark, Noag se ark, die toring van Babel, plaag, paasmaal, pasga, paaslam, uittog, Beloofde Land, diaspora, verstrooiing, manna, klaaglied, profesie, profetiese woorde, voorspelling, evangelie, sinoptiese evangelie, blye boodskap, bergpredikasie, bergprediking, saligspreking, gelykenis, kruisiging, Golgota, opstanding, voorbeskikking, voorbestemming, uitverkiesing, wedergeboorte, openbaring, teofanie, apokalips, apokalipsis

god(s)geleerdheid 837, teologie, teologiese studie, kerkleer, kanoniek, dogmatiek, dogmatologie, ekklesiologie, eksegese, skrifuitleg, skrifverklaring, uitlegkunde, hermeneutiek, teodisee, heilsleer, christologie, homeletiek, soteriologie, apologetiek, patristiek, diakoniologie, kategetiek, liturgiek, sendingwetenskap, missiologie, kerkreg, ireniek, Bybelstudie, Bybelklas, Bybelkring, Bybelstudiegroep

teoloog, god(s)geleerde, skrifkenner, Bybelkenner, Bybelkundige, biblis, godsdienswetenskaplike, Ou-Testamentikus, Nuwe-Testamentikus, dogmatikus, sendingwetenskaplike, eksegeet

gelowige, geloofsgenoot, uitverkorene, bely(d)er, bekeerling, neofiet, proseliet, teïs, monoteïs, volgeling, dissipel, apologeet, fundamentalis, kerkganger, kerkmens, gemeentelid, ateïs

b.nw. gelowig, reggelowig, seker, regsinnig, regverdig, onuitblusbaar, salig, godsalig, Christelik, christelik, voorbeskik, voorbestem, uitverkore, wetties, ortodoks, heterodoks, konfessioneel, skriftuurlik, Ou-Testamenties, Nuwe-Testamenties, Nieu-Testamenties, we(d)ergebore, patristies, spiritueel, voorchristelik, soteries

teologies, dogmaties, dogmatologies, ekklesiologies, eksegeties, kategeties, liturgies, leerstellig, fundamentalisties, wetties, hermeneuties, kerkregtelik, Bybels, skriftuurlik, evangelies, Paulinies, Johanneïes, Bybelvas, apokalipties

ww. glo, geloof hê, 'n geloof aanvaar, geloofsbelydenis aflê, jou geloof bely, jou bekeer

kersten, bekeer, konverteer, proselitiseer,

verchristelik, katoliseer, konfirmeer, begenadig, predestineer, roem, teologiseer
tw. as God wil, insja'Allah

843. Ongeloof
s.nw. **ongeloof**, onverskilligheid, skyngeloof, kwasigeloof, onchristelikheid, twyfel 770, agterdog 770, wantroue
ongelowigheid, kleingelowigheid, geloofsverandering, geloofsversaking, apostasie, sektarisme, verloëning, godloëning, verval, afvalligheid, blasfemie, materialisme, naturalisme, natuuraanbidding, stofaanbidding, modernisme, vrydenkery, vrymesselary, skeptisisme, skepsis, sinisme, fatalisme, rasionalisme, irreligiositeit, agodsdienstigheid, goddeloosheid, agnostisisme, paganisme, ateïsme, heidendom, heidenland, duisternis, verwêreldliking
ongelowige, kleingelowige, twyfelaar, twyfelmoedige, geloofsversaker, apostaat, skynchristen, naamchristen, mondchristen, hubris, sektariër, godloënaar, renegaat, vrydenker, libertyn, naturalis, natuuraanbidder, skeptikus, skeptisis, rasionalis, afvallige, afgodedienaar, afgodeaanbidder, agnostikus, paganis, ateïs, heiden, heidin, kafier (*Islam*), infidel
b.nw. ongelowig, kleingelowig, vertwyfeld, twyfelagtig, twyfelsugtig, wantrouig, onoortuig, onverskillig, goddeloos, onchristelik, afvallig, onchristelik, ongodsdienstig, irreligieus, agodsdienstig, materialisties, naturalisties, rasionalisties, onkerklik, antikerklik, skepties, sinies, agnosties, paganisties, ateïsties, heidens
ww. afvallig raak, jou geloof verloor, afdwaal, twyfel
uitdr. die breë weg

844. Bygeloof
s.nw. **bygeloof**, bygelowigheid, superstisie, volksbygeloof, onkunde, fatalisme, wonderland
gees 838, goeie gees, bose gees, beskermgees, genius, bosgees, berggees, luggees, watergees, werkgees, dwaalgees, poltergees, poltergeist, kwelgees, kwelspook, kwelduiwel, gedaante, spook 838, spookgestalte, spookgedaante, spooksel, spokery, spookhuis, duiwel, skim, fantom, fantoom, weerwolf, fee, feetjie, nimf, seenimf, elf, kabouter
toorkuns, towerkuns, towery, toordery, getoordery, towerslag, toorkrag, towerkrag, mojo, towerspel, towerwêreld, magie, fantasmagorie, goëlkuns, goëlery, oëverblindery, kulkuns, kultoertjie, hokus-pokus, waarsêery, waarsegging, chiromansie, handwaarsêery, heldersiendheid, paragnosie, helm, droomverklaring, droomuitleg, swartkuns, duiwelskuns, heksery, heksedans, heksejag, heksesabbat, spokery, gespook, geomansie, teomansie, nekromansie, nigromansie, séance, okkultisme, sjamanisme, spiritisme, geesverskyning, geestebeswering, reïnkarnasie, sielsverhuising, transmigrasie; toorgoed, towergoed, toormiddel, towermiddel, toordrank, towerdrank, doepa, paljas, towerkruid, witaarbossie, towerstaf, toorhoutjie, toorstokkie, toorfluit, toorboek, heksebesem, hekseketel, dolos, gelukbringer, talisman, handlyn, wiggelroede, wonderlamp; toorformule, towerformule, toorspreuk, towerspreuk, toorwoord, towerwoord, inkantasie, teken, omen, spookstorie, gruwelstorie
towenaar 836, towernaar, toornaar, towenares, magiër, medium, heks, toorheks, heksegebroed, heksemeester, sigeuner, goëlaar, goëlkunstenaar, kulkunstenaar, jongleur, sjamaan, siener, waarsêer, waarsegster, nostradamus, fortuinverteller, fortuinvertelster, kristalkyker, handleser, chiromant, clairvoyant, geomant, astroloog, sterrewiggelaar, wiggelaar, waterwyser, dolosgooier, geluksmens, gelukskind, Sondagskind
bygelowige, fatalis, spiritis
b.nw. **bygelowig**, superstisieus, fatalisties, spiritisties
getoor, feëriek, fantasmagories, magies, heldersiende, spiritisties, spiritualisties, okkult, spokerig, spookagtig, skimagtig, duiwels
ww. bygelowig wees; toor, tower, wegtoor, betower, goël, toertjies maak, handlees, waarsê, jongleer, wiggel, spook, beheks

845. Godsvrug
s.nw. **godsdienstigheid**, godsdienssin, godsvrug, godvrugtigheid, deug 622, heil, Christelikheid, vroomheid, smet(te)loosheid, pië=

teit, heiligheid, kerkisme, mistiek, mistisisme, kabbalisme, kabbala, geheimleer
geveinsdheid, veinsery, skynvroomheid, skynheiligheid, huigelary 818, kweselary, fariseïsme, femelary, bedrog 818, valsheid
geloofslewe 842, geloofsywer, bekering, reiniging, ontsondiging, aanneming, saligmaking, redding, verlossing, seën, heiliging, Sondagsheiliging, heiligmaking, genadetyd, stigting, godsdiens, godsdiensbeoefening, Bybelstudie, stiltetyd, godsdiensoefening, huisgodsdiens, huisaltaar, diens
godsdienstige persoon, gelowige, geloofsheld, vrome, bekeerling, seloot, pelgrim, mistikus, kabbalis, dienskneg, diensmaagd, fariseër, kwesel, skynvrome
b.nw. godsdienstig, religieus, godvresend, godvrugtig, godgegewe, Christelik, geestelik, gebenedy (*ongewoon*), heilig, stigtelik, vroom, piëtisties, kerkisties, kerklik, kerks, salwend, sondeloos, smet(te)loos, misties, mistiek
geveins(d), skynheilig, skynvroom, vals
ww. dien, prys, aanbid, loof, bevestig, bekeer, tot bekering kom, reinig, ontsondig, kwesel, skuld bely

846. Goddeloosheid
s.nw. ongodsdienstigheid, irreligiositeit, godloosheid, impiëteit, agnostisisme, ateïsme; sekularisasie, sekularisme, verwêreldliking; geloofsvervolging, godsdiensvervolging
goddeloosheid, sonde, sondeskuld, sondelas, sondigheid, smet, sondesmet, bederf, verderf, godslastering, heiligskennis, skynheiligheid 845, duiwelaanbidding, besetenheid, ontheiliging, verontheiliging, ontwyding, beeldestormery, beeldebestorming, beeldestorm, ikonoklasme, verwêreldliking, vloektaal, vloekwoord 820, 829, grootwoord, spot, blasfemie, profaniteit, profanasie
sondaar, sondares, sondige mens, goddelose, ontheiliger, godlose mens, dwaas, skynheilige, ketter, duiwelsdienaar, duiwelaanbidder, Belialskind, godslasteraar, ikonoklas(t), beeldbestormer, beeldbreker, beeldvernieler, antichris, ateïs, heiden, heidin, infidel
b.nw. ongodsdienstig, irreligieus, godvergete, godverlate, indifferent, kerkloos, kerklos, sondig 822, goddeloos 822, immoreel 820, godslasterlik, ikonoklasties, profaan, blasfemies, dwaas, skynheilig, duiwels, onheilig, afgodies, agnosties, ateïsties, heidens
ww. sondig, diep sink, in sonde leef, ontheilig, verontheilig, ontwy, verloën, laster, vloek 820, 829, die Here se naam ydellik gebruik, boontoe vloek, profaneer, die spot dryf, sensureer; verwêreldlik, sekulariseer
bw. sonder God
tw. verdomp, godsverdomme, verduiwels, vervloekte, deksels, dêmmit
uitdr. jou aan god nog gebod steur

847. Gebed
s.nw. gebed, bede, gebedstyd, gebedsgeleentheid, gebedsbeurt, kettinggebed, Onse Vader, paternoster, oggendgebed, môregebed, aandgebed, voorbidding, voorbede, toebidding, seënbede, dankgebed, danksegging, lofgebed, loflied, psalm, lofpsalm, gesang, lofgesang, himne, halleluja, hosanna, doksologie, fadjer (*Islam*), isjaai (*Islam*), salaah (*Islam*), soeboeg (*Islam*), sombaing (*Islam*), wieter (*Islam*), do'a maak (*Islam*), whaktoe (*Islam*), magrieb (*Islam*), koenoet (*Islam*), litanie (*Rooms-Katoliek*), antifoon (*Rooms-Katoliek*), rosekrans (*Rooms-Katoliek*), ave (*Rooms-Katoliek*), Ave Maria (*Rooms-Katoliek*), offisie (*Rooms-Katoliek*), breviergebed (*Rooms-Katoliek*), heilbede, openingsgebed, introïtus, slotgebed, tafelgebed, seën, skietgebed, noodgebed, smeekgebed, smeekbede, nagwaak, vigilie
aanbidding, kniewerk, uitstorting, selfaanbidding, voorbidding, toebidding, oordenking, gebedsgeleentheid, biduur, bidstond, gebedsuur, biddag, bedevaart, pelgrimsreis, pelgrimstog; gebedsverhoring; gebedsmatjie, moesla (*Islam*)
bidder, aanbidder, voorbidder, voorganger
ww. bid, die naam van die Here aanroep, tot die troon van die Here nader in gebed, voorbid, voorgaan, voorgaan in gebed, saambid, toebid, afbid, afsmeek, bieg, danksê, kniel, uitstort, verbid
tw. amen, hosanna
uitdr. nood leer bid

848. Kerklike bediening

s.nw. **bediening**, kerklike bediening, tentmakersbediening

kerkdiens, diens, erediens, kerk, aanbidding 847, oggenddiens, aanddiens, oggendkerk, aandkerk, middernagdiens, kinderdiens, jeugdiens, wykskerk, wydingsdiens, Nagmaalsviering, Nagmaalsdiens, Pinksterdiens, Kersdiens, Kersfeesdiens, Paasdiens, Paasviering, nabetragtingsdiens, dankdiens, dankseggingsdiens, gedenkdiens, huweliksdiens, begrafnisdiens, roudiens, opwekkingsdiens, reinigingsdiens, mis, hoofmis, requiem, vespers (*normaalweg meervoud*), biduur, biduurdiens, wyksbiduur, kerktyd, Sondagskool, godsdiensoefening 845, preek, intreepreek, proefpreek, kategismuspreek, politieke preek, djoemoea (*Islam*)

liturgie, ritueel, rite, rituaal, seremonie, votum, seëngroet, kerkmusiek, kerksang, kerklied, psalm, gesang, psalmodie, psalmgesang, psalms en gesange, halleluja, hallelujalied, lofpsalm, lofsang, Te Deum, introïtus, introïtuslied, slotsang, slotgesang, nasang, naspel, geloofsbelydenis, prediking 849, preek, bediening, gebed 847, introïtusgebed, wydingsgebed, wywater, dankgebed, slotgebed, offergawe, gawe, dankoffer, kollekte, silwerkollekte, deurkollekte, spesiale kollekte, kollektebord, kollektebus, offer, offerande, offerdier, offertorium (Rooms-Katoliek), eerste gelui, tweede gelui

Bybel, kanselbybel, psalmboek, gesang(e)boek, psalter, hallelujaboek, gebedeboek

predikant 852, liturg, ouderling, diaken, koster, kerkganger, offeraar

b.nw. ritueel, liturgies

ww. in die bediening staan, kerk hou, preek, 'n boodskap lewer, kerk toe gaan, aanbid, bid, 'n gebed doen, sing, psalmodieer, gebooie opgee

849. Prediking

s.nw. **prediking**, prekery, predikasie, boetpredikasie, verkondiging, Woordverkondiging, geloofsverkondiging, bediening, preekbeurt, preek, leerrede, kanselrede, oggendpreek, aandpreek, kinderpreek, kinderdiens, jeugpreek, jeugdiens, kategismuspreek, politieke preek, geleentheidspreek, feespreek, intreepreek, proefpreek, leesdiens, teks, Bybelteks, teksvers, tekswoord, vers, teksgedeelte, perikoop, saligspreking, bieg, wyding, konsekrasie, gewydheid, verordening, insetting, altaar, preekstyl, preektrant, preektoon, homiletiek;

evangelisasie, evangelisasiewerk, bediening, versoeningswerk, sending, sendingaksie, sendingwerk, sendingarbeid, kerugma, sendinggenootskap, sendingpos, sendingstasie, straatwerk, godsdiensonderrig, Bybelonderrig, Bybelklas, Sondagskool, Sondagskoolklas, kategese, katkisasie, katkisasieklas, aanneming, boer(e)matriek (*informeel*), huisbesoek, hospitaalbesoek, hospitaalbearbeiding, nywerheidsbediening, hand(e)oplegging, geloofsgenesing

predikant 852, dominee, herder, sieleherder, prediker 852, evangelis, hulpprediker, lekeprediker, straatprediker, leraar, lerares, hulpleraar, hulplerares, wyksleraar, wykslerares, kapelaan, weermagkapelaan, polisiekapelaan, evangeliedienaar, eerwaarde, pastoor, pastor, priester, priesteres, vader, monseigneur, pater, deken, aartsdeken, offisiant, biskop 852, aartsbiskop, kardinaal, pous, rabbi, ghoeroe, imam, chatieb, gatiep, geestelike, sendeling, missionaris, sendingwerker, sendingwerkster, straatwerker, apostel, dissipel, ouderling, ouderlingsvrou, diakonie, diaken, diakones, diakensvrou, altaardienaar, koster, kosterin, orrelis, orreliste, kerkorrelis; predikamp

b.nw. gewyd, sakraal, heilig, kanoniek, kerugmaties

ww. bearbei, arbei, evangeliseer, sendingwerk doen, aanneem, bekeer, leer, preek, predik, die Woord bedien, die Evangelie bedien, immoleer, wy, konsekreer, solemniseer, offer, opoffer, orden, ordineer, salf, salwe, seën, offisieer

850. Sakrament

s.nw. sakrament, heilige sakrament, formulier; doop, kinderdoop, grootdoop, volwassenedoop, onderdompeling, doopbediening, doopdiens, doopplegtigheid, doopbelofte, doopgelofte, doopformulier, doopgetuie, doopregister, doopseel, doper, wederdoper, doopouers, dopeling, doopbriefie, doopnaam, doopbak, doopkleertjies, dooprok; Nagmaal, Heilige Nagmaal, eucharistie, Nagmaalsdiens, Nagmaalsviering, Nagmaalsformulier, transsubstansiasie, kommunie, interkommunie, Nagmaal(s)tafel, tafel, die tafel van die Here, Nagmaal(s)beker, Nagmaal(s)wyn, Nagmaal(s)brood, hostie, ouel, Nagmaal(s)ganger, kerksilwer; huwelik, huweliksformulier, huweliksgebod, huweliksdiens, troue, huweliksbevestiging, huweliksmis; mis, heilige mis; bieg, skuldbelydenis, konfessie, skuldvergewing, absolusie, geloofsbelydenis, konfirmasie, biegvader; wyding, wydingsdiens, wydingsplegtigheid, handoplegging; begrafnis, begrafnisdiens, teraardebestelling, verassing, roudiens, dodemis

b.nw. sakramenteel, eucharisties, konfessioneel

ww. uitvoer, 'n sakrament bedien, 'n formulier voorhou, doop, die Nagmaal bedien, 'n huwelik voltrek, bieg, absolusie gee, konfirmeer, wy, verorden, offisieer

851. Godsdienstige fees

s.nw. godsdienstige fees, religieuse fees, kerkfees, godsdienstige vakansiedag, godsdienstige feesdag, dankfees, feesdag, vigilie; christelike fees, Kersfees, Kerstyd, Kersmis, Krismis (*informeel*), Advent, Adventisme, Kersnag, Kersdag, Tweede Kersdag, Paasfees, Pase, Pasga, Goeie Vrydag, Paassondag, Paasmaandag, Hemelvaart, Hemelvaartdag, Pinkster, Pinksterfees, Hervormingsfees, Hervormingsondag, Epifanie, Palmsondag, Aswoensdag; Joodse fees, Judaïese fees, Rosj HaShana, Jom Kippoer, Yom Kippur, Soekot, Sukkot, Chanoeka, Chanukah, Hanukkah, Purim, Pesach, Shmini Atzeret, Simchat Torah, Tish'a B'av, ...; Moslem-fees, Ramadan, Labarang, Eid, Eid ul Fitr, Eid al Fitr, Eid ul Adha, Eid al Adha, Hajj, ...; Hindoefees, Maha Shivarati, Holi, Raksha Bandham, Janmashtami, Ganesh Chaturthi, Navaratri, Dussehra; Buddhistiese fees, Mahayana Nuwe Jaar, Chinese Nuwe Jaar, Theravada Nuwe Jaar, Nirwana, Nirwana-dag, Magha Puja-dag, Vesak, Buddha-dag, Obon, Dharma-dag, Bodhi-dag

tw. seëngroet, Geseënde Kersfees, Eid Moebarak

852. Geestelike

s.nw. **heilige**, heiligdom, beskermheilige, geestelike, skrifgeleerde, godsman, man van God, gesant van God, godsgesant, profeet, nabi, gesalfde, gelegitimeerde, kerkleier, kerkvader, kerkvoog, patriarg, kerkvors, hoogwaardigheidsbekleër, hoogwaardigheidsbekleder; kanonisasie, heiligverklaring

prediker, hulpprediker, lekeprediker, predikant, predikantsvrou, pastoriemoeder, pastoriepaar, leraar, hulpleraar, lerares, dominee, dominus, liturg, bedienaar, verkondiger, homileet, herder, kapelaan, weermagkapelaan, veldpredikant, polisiekapelaan, hofkapelaan, konsulent, proponent, eerwaarde, hoogeerwaarde, pastoor, pastoorsvrou, pastor, pastoraat, priester, offisiant, presbiter, priester, hoëpriester, hoëpriesteres, priesterskap, priesterorde, priesterdom, pater, monseigneur, kanunnik, domheer, prelaat, prelaatskap, ab, biskop, aartsbiskop, bisdom, aartsbisdom, episkopaat, vikaris, vikariaat, suffragaan, deken, aartsdeken, primaat, primaatskap, kardinaal, konklaaf, kamerling, pous, pousskap, pousdom, majordomo, majordomus, moruti; afgodspriester, Baälpriester, druïde, sjamaan, sonpriester

orde, kloosterorde, geestelike orde, bedelorde, monnikeorde, nonneorde; kloosterling, kloosterbroeder, ordebroeder, monnik, ab, abdis, kloostervader, lekebroer, lekebroeder, oblaat, postulant, kloostersuster, suster, non, nonnetjie, neofiet, neofietnon, novise, novisiaat, lekesuster, begyn, owerste, moeder-owerste, kloostermoeder, frater

kerkamp, offisie, kerkraad, swartspan (*informeel*), kerkraadslid, ouderling, ouderlingsamp, ouderlingskap, presbiter, diaken, diakones, diaken(s)amp, diakonaat, diakenskap, koorleier, sangleier, voorsinger, kantor, orrelis, kerkorrelis, koster, kosterin, tempeldienaar, misdienaar, akoliet, skriba, skriba-kassier, scriba synodi, aktuarius, actuarius, assessor, saakgelastigde, nuntius, nunsiatuur, raadgewer, nestor, prior, priores, godsadvokaat, gemeentelid, lidmaat, belydende lidmaat, dooplidmaat, kerkkoor, koorlid, kapittel, domkapittel,

episkopaat, muezzin, muedzin, bilaal
kerklike gewaad, toga, predikantstoga, priesterkleed, monnikskleed, monnikspy, py, soutane, nonnegewaad, nonnekleed, kardinaalsmus, biskopsmus, myter
kerkstruktuur, sinode, streeksinode, konsilie, klassis, ring, kerk, staatskerk, moederkerk, dogterkerk, susterkerk, filiaalkerk, gemeente, moedergemeente, wyk, bisdom, diosees, aartsbisdom, pousdom, kerkregering, teokrasie
kerkbestuur, kerkregering, kerkorde, kerkreg, kerkwet, kerkvergadering, kerkraadsvergadering, ringsitting, ringkommissie, ringbesluit, kerklidmaatskap, sertifikaat van lidmaatskap, attestaat, tug, kerklike tug, sensuur, kerklike sensuur, ban

b.nw. geestelik, heilig, gelegitimeer, hoogwaardig, klerikaal, klassikaal, herderlik, pastoraal, priesterlik, hoëpriesterlik, patriargaal, episkopaal, pouslik, pontifikaal, diosesaan, jesuïeties, teokraties, kerklik, sinodaal

ww. benoem, beroep, legitimeer, bevestig, abdiseer, sekulariseer, kanoniseer, heilig verklaar, verketter

853. Kerkgebou

s.nw. **kerkgebou**, skip, beuk, hoofskip, dwarsbeuk, dwarsskip, transep, sybeuk, syskip, kruisbeuk, galery, koor, koorgalery, triforium, oksaal, apsis, voorportaal, atrium, voorgalery, narteks, baldakyn, kansel, preekstoel, kateder, bank, kerkbank, ouderlingsbank, diakensbank, voorhang, voorhangsel, baptisterium, doopvont, vont, ikonostase, altaar, soenaltaar, offeraltaar, altaartafel, orrel, kerkorrel, kerkklok, vesper, vesperklok, skryn, grafkelder, krip, kript, kripta, ikoon, ikonostase, kruis, kruisbeeld, relikwie, reliek, konsistorie, konsistoriekamer, sakristie, kerktoring, kloktoring, campanile, kerkhuis, kerkkantoor, kerksaal, pastorie, kerkhof, klooster, abdy, nonneklooster, priory, begynhof, refter

kerk, godshuis, heiligdom, stadskerk, dorpskerk, kruiskerk, koepelkerk, domkerk, biskoplike kerk, munster, kapittelkerk, katedraal, hallekerk, basilika, basiliek, abdy, abdykerk, kapel, kloosterkerk, tempel, sinagoge, tabernakel, moskee

C. GODSDIENSTE

854. Godsdienste

s.nw. **godsdienstige groepering**, godsdienskategorie, godsdienstige pluralisme, godsdiensfilosofie, naturalisme, monisme, teïsme, monoteïsme, deïsme, politeïsme, panteïsme, alloteïsme, paganisme, agnostisisme, ateïsme, post-teïsme; unitariese godsdienste, trinitariese godsdienste; godsdiensgroep, denominasie, sekte

Abrahamitiese godsdienste, Judaïsme, Christelike godsdiens, Christendom, Islam, ...

Christelike godsdiens, Christendom, Christelike geloof, Christengeloof, godsdiens van die Christene, protestantisme, protestantse godsdiens, Calvinisme, Hervormde godsdiens, Roomse godsdiens, Katolisisme, Rooms-Katolisisme, katolisiteit, pousdom, papedom, subjektiewe godsdiens, ortodokse godsdiens, Anglikanisme, Baptisme, Messiaanse Christendom, adventisme, Lutheranisme, Pinksterbeweging, Presbiterianisme, Mormonisme, Metodisme; verlossing, verlossingswerk, beskikking, lyding, lydensgeskiedenis, lydensweek, passie, passiespel, kruisiging, kruis, kruisweg, kruisbeeld, kruiswoorde, soendood, opstanding, opstanding uit die dood, wedergeboorte, inkarnasie, menswording, vleeswording, verrysenis, hemelvaart, wederkoms, wederopstanding, vergoddeliking, deïfikasie, menswording, God, Jesus, Christus, Jesus Christus, Messias, Heilige Gees, Drie-enigheid, Drie-eenheid; Christen, Rooms-Katoliek, Katoliek, Anglikaan, Baptis, Metodis, Presbiteriaan, protestant, calvinis, puritein, Mormoon, dopper, gatjieponder, bokryer

Judaïsme, Jodedom, Sionisme, besnydenis, barmitswa, batmitswa, gebedsriem, Sabbat, sabbat, sabbatsviering, sabbatsjaar, Poerim, Chanoeka, Jom Kippoer, Paasfees, pasga, sinagoge, tempel, die Allerheiligste, sanctum, sanctorum, tabernakel, menora, ster van Dawid, ark, ark van die verbond, verbondsark, altaar, brandaltaar, reukaltaar, brandoffer, reukoffer, toonbrode, Talmoed, kabbala, Torah, Jahweh, Messias; Jood, Hebreër, Sionis, rabbi, rabbyn, rabbinaat, priester, priesteres, hoëpriester, hoëpriesteres, ower-

priester, talmoedis, kabbalis, kantor, besnedene, nasireër, onbesnedene
Islam, Mohammedanisme, Islamisme, Pan-Islamisme, Soennisme, Sjiïsme, Ahmadiyya, Nasie van Islam, Soefisme, Volks-Islam, Allah, Mohammed, moskee, mihrab, poewassa, koewassa, shahadah, fadjer, fajr, salaah, salat, vas, haj, jihad, salaam, slamat, Koran, wette van Mohammed, Sjaria, sjaria, sjari'a, fatwa, hadj, gadj; Mohammedaan, Moslem, Islamiet, kafir, kadi, derwisj, ghoeroe, imam, hadjie, hadji, moefti, mufti, grootmoefti, grootmufti, kalief, kalifa, califa, kalifaat, molla, ajatolla, sjeg, sjeik, fakir, kadi, goedjadji, gatiep, chatieb, rasoel
Indiese gelowe, Boeddhisme, Boeddhistiese godsdiens, Boeddhistiese filosofie, Zen, Zen-Boeddhisme, Hindoeïsme, Volks-Hindoeïsme, Hare Krishna, Brahmanisme, karmanisme, karma, nirwana, samsara, moksha, Boeddha, Ishvara, Brahma, Vishnu, Shiva, Brahman, Krishna; Boeddhis, Dalai Lama, Boeddhistiese monnik, Boeddhistiese priester, Hindoe
Asiatiese godsdiens, Sjintoeïsme, Konfusianisme, Taoïsme
esoteriese gelowe, mistisisme, spiritisme, natuurreligie, okkultisme, paganisme, Sciëntologie, teosofie, Vrymesselary, New Age, tradisionele godsdiens, animistiese godsdiens, Rastafarianisme; voorvaderaanbidding, voorvadergees, voedoeïsme; spiritis, Vrymesselaar, Rastafariër, Rastaman, Rasta
afgodediens, veelgodedom, veelgodery, politeïsme, afgod, idolatrie, idool, Baäldiens, totemisme, totem, totemdier, totempaal, beeldediens, xilolatrie, natuurgodsdiens, natuurdiens, natuuraanbidding, natuurlike godsdiens, sonaanbidding, maanaanbidding, dier(e)verering, dier(e)aanbidding, animisme, animalisme, soömorfisme, soölatrie, vuuraanbidding, humanitarisme, sjamanisme, fetisj, kettery, ketterjag, panteïsme, ateïsme, teratisme; afgodedienaar, politeïs, sonaanbidder, Baäldienaar, natuuraanbidder, diereaanbidder, animis, sonaanbidder, ketter, ateïs, heiden, heidin, towenaar, waarsêer 551, 844, toordokter, sangoma, ofiet, slangaanbidder

duiwelaanbidding, Satanisme, diabolisme, duiwelverering, duiwelskuns, duiwel 838, Satan, gevalle engel, bose gees, duiwelstreke, duiwelagtigheid, sataniese ritueel, toordery, toorkuns, voedoe, voedoeïsme, boosheid; duiwelaanbidder, satanis, duiweldienaar, satansaanbidder
sekte, Jehova se Getuies, Adventiste, Sewendedagadventiste; sektariër, Jehova, Jehovasgetuie, Adventis, Sewendedagadventis
kultus, kultusbeweging, terafim; kultusfiguur, kultusleier
b.nw. interkerklik, gereformeer(d), Rooms-Katoliek, puriteins, sektaries, Israelities, Hebreeus, semities, anti-semities, besnede, onbesnede, halaal, kosjer, rabbinaal, rabbyns, Islamities, Islams, Mohammedaans, Moslemities, Moslems, Boeddhisties, afgodies, animisties, ketters, ateïsties; duiwels, satanies
ww. hervorm, islamiseer

855. Gode

s.nw. teognosie, teogonie, teologie, teosofie
godedom, algodedom, afgodedom, god 837, godin, God 837, afgod, halfgod, ondergod, huisgod, geluksgodin, beskermengel, bosgod, faun, sanggod, seegod, songod, watergod, ..., godheid, goddelikheid, godsmag, goddelike mag, hoër mag, hoër gesag, gees, alomteenwoordigheid, almagtigheid, omnipotensie, hemeling, held, heldin, heldefiguur, helderas, monster, Leviatan, nimf, bosnimf, waternimf, najade, sirene, meermin, sentour, sikloop, duiwel, demon, demoon, furie; tuiste van die gode, Olimpus, onderwêreld, Hades, hel; verafgoding, vergoddeliking, vergoding, apoteose, apoteosis; godespys, godedrank, ambrosia, valhalla, nirwana
Abrahamitiese gode, God, Heer, Here, Here God, God Almagtig, die Almagtige, almagtige God, Allerhoogste, allerhoogste God, Opperwese, Verbondsgod, Elohim, Jehova, Jahve, Jahwe(h), Vader, Hemelse Vader, Hemelvader, Abba, abba, Skepper, Skepperheer, Voorsienigheid, Hoërhand, die Here van die leërskare, die alfa en die omega, Jesus, Jesus Christus, Christus, Christuskind, Seun van God, Seun, Lam

van God, Seun van die Mens, Messias, Heiland, Meester, Saligmaker, Redder, Verlosser, Vredevors, Immanuel, Emmanuel, Heilige Gees, Gees, Drie-eenheid, drie-enige God, Triniteit, Allah
Griekse gode, Romeinse god (*Hierdie lys maak nie aanspraak op volledigheid nie. Waar Griekse en Romeinse name van gode voorkom, volg die Romeinse naam op die Griekse naam.*) Iare, Adonis, Aiolos, Eolus, Aeolus, god van die winde, Afrodite, Aphrodite, Venus, godin van die liefde, Agilles, Achilles, Apollo, Phoibos, Foibos, Phoebus, Andromeda, Ariadne, Artemis, Diana, godin van die maan, jaggodin, Athena, Minerva, godin van die wysheid, Atlas, Ares, Mars, oorlogsgod, krygsgod, god van oorlog, Dionusius, Dionisius, Bacchus, Bakchos, Discordia, Morfeus, Eris, godin van tweedrag, Eros, Amor, god van die liefde, Hades, god van die onderwêreld, Pluto, Hera, Juno, hemelgodin, godin van die huwelik, Helios, songod, Hefaistos, Hephaistos, god van vuur, Hermes, Merkurius, Mercurius, boodskapper van die gode, Narsissus, Nemesis, Pan, herdersgodheid, Pegasus, Persefone, Prometeus, Prometheus, Poseidon, Neptunus, god van die see, Jupiter, oppergod, dondergod, god van die donder, Kastor (seun van Zeus), Poludeuses (seun van Zeus), Dioskure (seuns van Zeus), Olimpos, Jupiter Capitolinus, vestinggod, sater, Muse
Germaanse gode, Aegir, Asen, Frei, Freya, Freyr, Frigga, Hela, Hodur, Irmin, Isis, Odin, Wotan, Wodan, Thor, Donar, Tyr
Hindoegode, Agni, Avatars, Boeddha, Brahma, Indra, Krisjna, Manoe, Siwa, Trimoerti, Visjnoe
Egiptiese gode, Amon, Anubis, Apis, Hor, Horus, Isis, Osiris, Ra, Re, Rahab, Serapis
Siriese gode, Assiriese god, Aramese god, Fenisiese god, Adrammelek, Anammelek, Asima, Asjera, Assur, Astarte, Atargatis, Tartak, Baäl, Baäl-Berit, Baäl-Peor, Baäl-Sebub, Beëlsebul, Dagon, Ea, Gad, Kemos, Mardoek, Marduk, Bel, Meni, Milkom, Molek, Nebo, Nergal, Nibgas, Nisrok, Refan, Rimmon, Hadad, Hadad-Rimmon, Sukkot-Benot
mitiese god
b.nw. Goddelik, goddelik, mitologies, mities, sibillyns

Indeks: inleiding

Die indeks moet nie beskou word as 'n alfabetiese lys van al die leksikale items (woorde, woordgroepe, vaste uitdrukkings, ens.) wat in die tesourusgedeelte voorkom nie. Die indeks is 'n hulpmiddel wat die soektog na leksikale items vergemaklik. Om die indeks te vereenvoudig, word stamverwante woorde dikwels weggelaat. Iemand wat dus 'n woord soos *afkerigheid* wil naslaan ten einde 'n ander meer gepaste woord te vind, sal *afkerigheid* nie in die indeks vind nie, maar wel die vorm *afkerig*. Deur laasgenoemde na te slaan, sal die gebruiker dan wel *afkerigheid* onder die selfstandige naamwoorde in die tesourusgedeelte vind.

Hierdie vereenvoudiging geld nie net vir afleidings soos *afkerigheid* nie, maar ook vir sommige samestellings. Die woord *afleweringsfiets* sal byvoorbeeld nie in die indeks te vinde wees nie, maar *fiets* wel. Deur *fiets* na te slaan, vind mens dan wel *afleweringsfiets* en ander aanverwante leksikale items in die tesourusgedeelte.

Die indeksinskrywings het 'n bepaalde formaat. Die leksikale item wat nageslaan word, word vet gedruk. Hierdie item word dan gevolg deur een of meer syfers wat verwys na die tesourusartikel of -artikels waarin die betrokke item voorkom. Waar meer as een tesourusartikel ter sprake is, word die syfer aangevul deur die titels van die artikels. Hierdie titels bevat sleutelwoorde of -frases wat 'n aanduiding gee van die betekenisvelde waarin die leksikale item kan optree en verskaf sodoende leidrade oor die betekenisse van die leksikale item wat in die verskillende tesourusartikels ter sprake is. In hierdie opsig kan die indeks beskou word as 'n kriptiese verklarende woordeboek. Neem as voorbeeld die woord *diepte*, wat in die indeks die volgende inskrywing sal hê:

diepte
123 Meet
278 Vallei
431 Afmeting
437 Laag
541 Betekenisvolheid
819 Eerbaarheid

Uit hierdie indeksinskrywing kan die gebruiker reeds aflei dat die woord 'n veelheid van betekenisse het, o.a. 'n metingsbetekenis, 'n soort vallei, 'n afmeting, iets wat met laagheid te make het, die metaforiese diepte van betekenisvolheid, en een of ander vorm van eerbaarheid (ook metafories). Sodoende word die gebruiker gelei na daardie betekenisveld waar hy of sy op soek kan gaan na sinvolle alternatiewe vir die betrokke woord.

Spellingvariante (wisselvorme) word nie in alle gevalle in die indeks opgeneem nie. Dit mag dus gebeur dat 'n gebruiker wat 'n leksikale item soek wat byvoorbeeld met *ch-* of *k-* gespel word, die item slegs onder *c* sal aantref.

Vaste uitdrukkings word, ter wille van ruimtelike oorwegings, nie in die indeks opgeneem nie.

Indeks

A
a cappella
 755 Uitvoering
 757 Sang
a fortiori 525
a ja a
 527 Oordeel
 528 Bevestig
 537 Waarheid
à la carte restaurant 429
à la carte 418
à la 10
a nee a
 527 Oordeel
 529 Ontken
 585 Verwerp
 721 Ontevredenheid
à pari 703
a posteriori
 25 Dit wat volg
 525 Bewys
a priori
 24 Dit wat voorafgaan
 525 Bewys
a(-)logies 514
aag
 683 Misluk
 715 Negatiewe gevoel
aai 828
a-akkoord 753
aaklig
 623 Sleg
 683 Misluk
 715 Negatiewe gevoel
 744 Lelik
 768 Vrees
 775 Weersin
 827 Afkeur
aalbessie 350
aalmoes
 693 Gee
 780 Hulpbetoon
aalmoesenier 778
aalwurm 361
aalwyn 332
aalwynmot 361
aambeeld
 302 Smeewerk
 388 Oor
aambeeld 756
aambei(e) 413
aamborstig
 404 Asemhaling
 413 Verskillende siektes
aamborstigheid
 404 Asemhaling
 413 Verskillende siektes

aan
 22 Kontinuïteit
 150 Vorentoe
 181 Raak
 204 Aangaan by
aan't arbei(e) 610
aan't werk 610
aan-aan 741
aan-af-skakelaar 262
aanbeland 188
aanbesteding 691
aanbeur 22
aanbeveel
 584 Kies
 603 Voorstel
 638 Aanmoedig
 665 Byeenkom
aanbevelenswaardig
 584 Kies
 603 Voorstel
 622 Goed
 638 Aanmoedig
 826 Goedkeur
aanbeveling
 513 Denke
 603 Voorstel
 622 Goed
 638 Aanmoedig
 659 Aanstelling
 826 Goedkeur
aanbid
 589 Dien
 776 Liefde en vriendskap
 830 Eerbiedig
 837 God
 838 Gees
 840 Godsdiens
 845 Godsvrug
 848 Kerklike bediening
aanbidding
 776 Liefde en vriendskap
 826 Goedkeur
 830 Eerbiedig
 847 Gebed
 848 Kerklike bediening
aanbied
 631 Nodig
 693 Gee
 752 Toneel- en rolprentkuns
aanbieder 264
aanbieding
 693 Gee
 705 Verkoop

aanblaas 467
aanbod
 548 Praat
 603 Voorstel
 693 Gee
 704 Koop
aanbons 181
aanboordrekenaar
 233 Voertuig
 263 Rekenaar en internet
aanbou 97
aanbouing 97
aanbousel
 91 Gebou
 97 Bou
aanbrand 419
aanbrandsel 419
aanbreek
 27 Begin
 649 Begin handel
aanbring
 166 Nader beweeg
 172 Vasmaak
 191 Laat kom
aand
 37 Tydruimte
 127 Tydbepaling
aandadigheid 803
aandag skenk
 506 Belangstelling
 508 Aandag
 778 Goedaardigheid
aandag trek
 506 Belangstelling
 508 Aandag
aandag
 506 Belangstelling
 508 Aandag
 680 Militêre aksie
aandagkol 565
aandagstreep
 442 Lyn
 565 Skryfkuns
 571 Skrif
aandagtig 508
aandagtrekkerig 820
aandagtrekkery
 508 Aandag
 820 Oneerbaar
aandblad 568
aandblom 322
aanddrag 745
aandeel
 112 Deel
 663 Meedoen

 688 Besit
 702 Beurs
aandeelhouer
 688 Besit
 700 Bank
 702 Beurs
aandelebelegging 686
aandelebeurs 702
aandeledividend 686
aandelefonds 686
aandelehandel 702
aandelehandelaar 702
aandelehouer 686
aandelemakelaar
 688 Besit
 702 Beurs
aandelemark
 686 Aanwins
 701 Handel en ekonomie
 702 Beurs
aandeleportefeulje
 686 Aanwins
 688 Besit
 702 Beurs
aandele-uitgifte
 688 Besit
 702 Beurs
aandenking 510
aandete 418
aandgebed 847
aandhandskoen 745
aandik
 538 Dwaling
 818 Bedrieg
aandkerk 848
aandklas 561
aandklere 745
aandklok 594
aandklokreël 594
aandkoelte 466
aandkoerant
 566 Drukkuns
 568 Media
aandlied 757
aandlig 485
aandlug
 289 Klimaat
 466 Koud
aandoen
 204 Aangaan by
 790 Sosiale betrekking
aandoening
 412 Siek
 714 Positiewe gevoel
aandoenlik 714
aandoenlikheid 714
aandpak 745

475

aandpreek 849
aandpypie 334
aandra
  166 Nader beweeg
  191 Laat kom
aandraai 172
aandraf 188
aandrang
  181 Raak
  528 Bevestig
  579 Gedwonge
  580 Graag
  586 Beslis
  604 Versoek
  638 Aanmoedig
  773 Begeerte
aandrentel 213
aandring
  17 Noodsaak
  181 Raak
  520 Verwag
  528 Bevestig
  555 Vra
  579 Gedwonge
  604 Versoek
  637 Doelgerigtheid en doelloosheid
  638 Aanmoedig
aandrok 745
aandruk
  181 Raak
  647 Voortgaan
aandryf
  17 Noodsaak
  200 Vorentoe beweeg
  214 Dryf
  257 Meganika en tegnologie
  637 Doelgerigtheid en doelloosheid
  638 Aanmoedig
aandrywer 263
aandrywing
  145 Beweging
  233 Voertuig
  257 Meganika en tegnologie
  630 Werktuig
aandsak 84
aandsinjaal 680
aandskemering
  485 Lig
  486 Duisternis
aandskof 37
aandster 270
aandui
  162 Ontbloot
  493 Gevoeligheid
  525 Bewys
  528 Bevestig
  539 Kommunikeer
  541 Betekenisvolheid
  545 Natuurlike teken

  550 Noem
  577 Betekenis
aandurf 767
aandwydte 270
aaneen
  22 Kontinuïteit
  35 Reëlmaat
  40 Langdurig
  172 Vasmaak
  647 Voortgaan
aaneenbind 172
aaneenflans 111
aaneengeryg 172
aaneengeskakel
  6 Betrekking
  172 Vasmaak
aaneengeslote
  6 Betrekking
  69 Naby
  172 Vasmaak
aaneengesluit 69
aaneengevleg 172
aaneengewerk 172
aaneenheg 21
aaneenhegting 172
aaneenkoppeling 172
aaneenlas 172
aaneenlopend 22
aaneenryging 172
aaneenskakel
  21 Opeenvolging
  22 Kontinuïteit
  172 Vasmaak
  665 Byeenkom
aaneenskakeling 170
aaneenskryf 563
aaneenskryf 571
aaneensluiting 172
aaneensnoering 172
aaneenvoeg
  170 Saambring
  172 Vasmaak
aangaan
  6 Betrekking
  22 Kontinuïteit
  37 Tydruimte
  40 Langdurig
  145 Beweging
  188 Aankom
  200 Vorentoe beweeg
  493 Gevoeligheid
  506 Belangstelling
  647 Voortgaan
  682 Slaag
  813 Swak gedrag
aangaande 6
aangaap 499
aangawe 550
aangebode
  607 Beloof
  693 Gee
aangebore
  3 Bestaanswyse

  240 Genealogie
aangebou 91
aangebrand 419
aangedaan
  715 Negatiewe gevoel
  719 Hartseer
aangee
  550 Noem
  603 Voorstel
  693 Gee
  728 Balsporte
aangehoudene 594
aangekap
  407 Drink
  719 Hartseer
aangeklaagde
  806 Wettig
  808 Regswese
  809 Regsgeding
  832 Beskuldig
aangeklam 407
aangeklee 745
aangelap 20
aangelê 61
aangeleer(d)
  2 Nie-bestaan
  561 Studeer
  657 Herhaal
aangenaam
  471 Smaaklik, lekker
  622 Goed
  716 Genot
  724 Vermaak en ontspanning
  743 Mooi
aangeneem
  241 Familie
  243 Kinders
aangenome
  241 Familie
  243 Kinders
  605 Aanvaar
aangepak 628
aangeplak
  628 Vuil
  828 Vlei
aangesien 15
aangesig
  94 Dele van 'n eiendom
  386 Gesig
  810 Gedrag
aangesigspyn 413
aangesigsverlamming 413
aangeskryf 832
aangeslaan 489
aangeslote 6
aangesluit
  6 Betrekking
  172 Vasmaak
aangesproke 554
aangesprokene 55
aangetas 623

aangeteken
  196 Versend
  563 Skryf
aangetekende pos 196
aangetrek 745
aangetrokke
  166 Nader beweeg
  714 Positiewe gevoel
  773 Begeerte
  776 Liefde en vriendskap
  791 Sosiaal
aangetroud 241
aangevallene 669
aangevange 27
aangewese
  584 Kies
  590 Bestuur en regeer
  614 Bekwaam
  633 Nuttig
aangifte 539
aanglipskoen 745
aangluur
  499 Sien
  777 Haat en onvriendelikheid
aangooi
  227 Werp
  677 Skiet
aangord
  172 Vasmaak
  640 Voorbereid
aangrensend
  69 Naby
  82 Rondom
  87 Aan die kant
aangroei
  107 Meer
  168 Saamkom
aangryp
  183 Gryp
  584 Kies
  714 Positiewe gevoel
aangrypend 714
aanhaak 172
aanhaal
  166 Nader beweeg
  191 Laat kom
  510 Herinner
  525 Bewys
  548 Praat
  550 Noem
aanhaling 525
aanhalingsteken 571
aanhang 776
aanhanger
  518 Glo
  592 Ondergeskikte
  663 Meedoen
aanhangig 802
aanhangsel
  5 Onselfstandigheid
  107 Meer

263 Rekenaar en
  internet
567 Boek
632 Onnodig
aanhê 264
aanhef
27 Begin
565 Skryfkuns
649 Begin handel
801 Wet
aanheg
172 Vasmaak
745 Versier
aanhegsel 263
aanhegting 172
aanhelp
15 Oorsaak
559 Opvoeding en
  onderwys
638 Aanmoedig
645 Handel
682 Slaag
aanhits
15 Oorsaak
618 Heftig
638 Aanmoedig
713 Gevoel
aanhoor
498 Gehoor
713 Gevoel
aanhou
22 Kontinuïteit
37 Tydruimte
40 Langdurig
141 Behoud
143 Bestendigheid
146 Beweginglooshied
369 Veeteelt
582 Wilskrag
594 Onvryheid
608 Jou woord hou
645 Handel
647 Voortgaan
657 Herhaal
688 Besit
802 Wette gehoorsaam
aanhoudend
8 Dieselfde
22 Kontinuïteit
35 Reëlmaat
40 Langdurig
42 Altyd
55 Periodiek
143 Bestendigheid
164 Reëlmatige
  beweging
647 Voortgaan
aanhouding
594 Onvryheid
802 Wette gehoorsaam
808 Regswese
aanhoudingsbevel 808
aanhouer 647

aanhouplek 594
aanja(ag)
191 Laat kom
200 Vorentoe beweeg
638 Aanmoedig
779 Boosaardigheid
aankap 182
aankapknieë 397
aankarring 654
aankeer
191 Laat kom
832 Beskuldig
aankla
808 Regswese
809 Regsgeding
832 Beskuldig
aanklaer
806 Wettig
808 Regswese
809 Regsgeding
832 Beskuldig
aanklag
808 Regswese
809 Regsgeding
832 Beskuldig
aanklagkantoor 802
aanklam 463
aanklamp 172
aanklank vind
531 Saamstem
584 Kies
776 Liefde en
  vriendskap
aankleding
19 Orde
567 Boek
aanklee
95 Huisraad
745 Versier
aankleef
168 Saamkom
170 Saambring
172 Vasmaak
776 Liefde en
  vriendskap
aanklop
188 Aankom
604 Versoek
659 Aanstelling
790 Sosiale betrekking
aanknoop
27 Begin
172 Vasmaak
557 Diskussie
649 Begin handel
aanknopingspunt
27 Begin
172 Vasmaak
558 Redevoering
aankom
16 Gevolg
145 Beweging
166 Nader beweeg

188 Aankom
237 Voortbring
345 Plantkwekery
552 Vertel
aankomeling
188 Aankom
204 Aangaan by
aankomende
25 Dit wat volg
51 Toekoms
166 Nader beweeg
188 Aankom
aankoms
166 Nader beweeg
188 Aankom
204 Aangaan by
aankomssaal 222
aankondig
539 Kommunikeer
548 Praat
550 Noem
551 Meedeel
567 Boek
aankoop
686 Aanwins
701 Handel en ekonomie
704 Koop
aankoopprys 704
aankruie
197 Te voet gaan
226 Stadig
aankry 467
aankuier
197 Te voet gaan
213 Rondgaan
226 Stadig
aankweek
239 Voortplant
345 Plantkwekery
506 Belangstelling
aankyk 499
aanland 188
aanlandig 290
aanlap
172 Vasmaak
552 Vertel
aanlas
97 Bou
172 Vasmaak
552 Vertel
aanlê
27 Begin
61 Plek
66 Plasing
149 Pad
237 Voortbring
239 Voortplant
649 Begin handel
677 Skiet
776 Liefde en
  vriendskap
aanleer
506 Belangstelling

561 Studeer
657 Herhaal
684 Oorwin
aanleg
66 Plasing
91 Gebou
92 Deftige, belangrike of
  groot gebou
237 Voortbring
502 Verstand
614 Bekwaam
649 Begin handel
658 Beroep
aanlegtoets
502 Verstand
504 Geestelike
  gesondheid
aanleidend 15
aanleiding
15 Oorsaak
637 Doelgerigtheid en
  doelloosheid
aanlêplek 221
aanleun
181 Raak
377 Liggaam
aanliggend
14 Navolging
69 Naby
aanlok
191 Laat kom
773 Begeerte
aanloklik
743 Mooi
773 Begeerte
aanlonk 773
aanloop
15 Oorsaak
27 Begin
188 Aankom
197 Te voet gaan
200 Vorentoe beweeg
204 Aangaan by
222 Vlieg
553 Behandel
750 Letterkunde
790 Sosiale betrekking
aanloopbaan 222
aanloopspanning 262
aanloopstroom 262
aanluister 498
aanlym 172
aanlyn 263
aanmaak 174
aanmaan
708 Betaal
711 Skuld
aanmaning
412 Siek
638 Aanmoedig
708 Betaal
711 Skuld

477

aanmatig
512 Verbeelding
785 Hoogmoed
805 Onregverdig
aanmatigend 785
aanmatiging
512 Verbeelding
785 Hoogmoed
aanmekaar
22 Kontinuïteit
35 Reëlmaat
40 Langdurig
164 Reëlmatige beweging
183 Gryp
647 Voortgaan
aanmekaarbind
170 Saambring
172 Vasmaak
aanmekaarheg 172
aanmekaarknoop 172
aanmekaarkoek 168
aanmekaarkram 172
aanmekaarlas
21 Opeenvolging
172 Vasmaak
aanmekaarplak 172
aanmekaarryg 172
aanmekaarsit
172 Vasmaak
237 Voortbring
aanmekaarskryf 563
aanmekaarspring 667
aanmekaarvoeg 172
aanmekaarwerk 172
aanmeld
188 Aankom
263 Rekenaar en internet
539 Kommunikeer
548 Praat
aanmerk
539 Kommunikeer
548 Praat
550 Noem
827 Afkeur
aanmerking
539 Kommunikeer
548 Praat
827 Afkeur
829 Beledig
aanmerklik 104
aanmoedig
15 Oorsaak
625 Sterk
638 Aanmoedig
713 Gevoel
716 Genot
765 Hoop
767 Moed
834 Beloon
aanmoediging
638 Aanmoedig

663 Meedoen
713 Gevoel
765 Hoop
834 Beloon
aanname
513 denke
515 Wetenskap
518 Glo
522 Redeneer
548 Praat
558 Redevoering
696 Ontvang
aanneem
191 Laat kom
243 Kinders
513 Denke
518 Glo
522 Redeneer
530 Voorbehou
584 Kies
588 Gesag hê
605 Aanvaar
659 Aanstelling
696 Ontvang
849 Prediking
aanneembaar 826
aanneemlik
605 Aanvaar
622 Goed
720 Tevredenheid
826 Goedkeur
aanneming
241 Familie
845 Godsvrug
849 Prediking
aanpak
27 Begin
183 Gryp
649 Begin handel
694 Neem
827 Afkeur
aanpaksel
168 Saamkom
628 Vuil
aanpas
140 Verandering
596 Inskiklik
644 Handelwyse
745 Versier
752 Toneel- en rolprentkuns
aanpasbaarheid
140 Verandering
263 Rekenaar en internet
596 Inskiklik
aanpassing
140 Verandering
644 Handelwyse
aanpeil 188
aanpeiltoestel 264
aanpêllie
663 Meedoen

776 Liefde en vriendskap
792 Asosiaal
828 Vlei
aanpiekel 226
aanplant
345 Plantkwekery
347 Landbou
aanpor 638
aanpraat
638 Aanmoedig
827 Afkeur
832 Beskuldig
aanprys
638 Aanmoedig
834 Beloon
aanprysing
638 Aanmoedig
826 Goedkeur
834 Beloon
aanraai 638
aanraak
181 Raak
495 Tassin
553 Behandel
713 Gevoel
aanraakskerm 263
aanraking
69 Naby
181 Raak
495 Tassin
790 Sosiale betrekking
aanrand
623 Sleg
667 Stryd
669 Aanval
717 Lyding
779 Boosaardigheid
803 Wette oortree
820 Oneerbaar
aanranding
667 Stryd
669 Aanval
779 Boosaardigheid
803 Wette oortree
822 Skuldig
aanreik
191 Laat kom
693 Gee
aanrig
15 Oorsaak
16 Gevolg
aanroep
191 Laat kom
539 Kommunikeer
548 Praat
550 Noem
554 Aanspreek
790 Sosiale betrekking
aanroer
493 Gevoeligheid
550 Noem
553 Behandel

aanrol 231
aanruk 226
aanry
188 Aankom
191 Laat kom
204 Aangaan by
216 Ry
790 Sosiale betrekking
aansê 588
aansien
499 Sien
588 Gesag hê
616 Magtig
620 Belangrik
714 Positiewe gevoel
796 Stand
799 Beroemd
825 Beoordeling
826 Goedkeur
830 Eerbiedig
aansienlik
104 Baie
620 Belangrik
743 Mooi
799 Beroemd
aansienlikheid 743
aansig 759
aansit
172 Vasmaak
217 Motorry
418 Voeding
419 Voedselbereiding
512 Verbeelding
638 Aanmoedig
649 Begin handel
aansitter 233
aansitterig 715
aanskaf
686 Aanwins
704 Koop
aanskakel
172 Vasmaak
217 Motorry
262 Elektrisiteit
485 Lig
aanskou
499 Sien
500 Sigbaarheid
aanskoubaarheid 500
aanskouing 499
aanskoulik
499 Sien
543 Duidelik
743 Mooi
aanskoulikheid 743
aanskryf
590 Bestuur en regeer
711 Skuld
832 Beskuldig
aanskrywing 711
aanskuif
37 Tydruimte
67 Verplasing

aanteken

226 Stadig
aanskyn
2 Nie-bestaan
94 Dele van 'n eiendom
386 Gesig
aanslaan
172 Vasmaak
181 Raak
182 Slaan
489 Ondeurskynend
708 Betaal
711 Skuld
728 Balsporte
755 Uitvoering
835 Bestraf
aanslag
181 Raak
628 Vuil
669 Aanval
712 Belasting
755 Uitvoering
aansleep
166 Nader beweeg
191 Laat kom
216 Ry
aanslenter 213
aanslik 274
aansliksel 274
aanslinger 165
aanslof 229
aansluit
6 Betrekking
8 Dieselfde
10 Harmonie
26 Begeleiding
69 Naby
149 Pad
166 Nader beweeg
168 Saamkom
172 Vasmaak
220 Treinry
262 Elektrisiteit
265 Telegraaf en telefoon
288 Waterstelsel
531 Saamstem
553 Behandel
663 Meedoen
665 Byeenkom
790 Sosiale betrekking
aansluiting
149 Pad
172 Vasmaak
220 Treinry
265 Telegraaf en telefoon
663 Meedoen
665 Byeenkom
aansmeer
172 Vasmaak
462 Halfvloeibare stof
aansnel 228

aansny
185 Sny
553 Behandel
aansoek doen
555 Vra
604 Versoek
658 Beroep
659 Aanstelling
aansoek
604 Versoek
659 Aanstelling
aanspoel 287
aanspoor
219 Perdry
590 Bestuur en regeer
638 Aanmoedig
aansporing
638 Aanmoedig
765 Hoop
aanspraak
554 Aanspreek
604 Versoek
804 Regverdig
aanspreek
539 Kommunikeer
550 Noem
553 Behandel
554 Aanspreek
638 Aanmoedig
790 Sosiale betrekking
827 Afkeur
832 Beskuldig
aanspreeklik
802 Wette gehoorsaam
808 Regswese
811 Gewete
822 Skuldig
aanspreeklikheid
802 Wette gehoorsaam
808 Regswese
811 Gewete
822 Skuldig
aanspreekvorm
550 Noem
576 Sinsbou en styl
aanstaan
720 Tevredenheid
773 Begeerte
aanstaande
25 Dit wat volg
51 Toekoms
248 Huwelik
aanstaar 499
aanstalte(s) 649
aanstap
22 Kontinuïteit
197 Te voet gaan
228 Vinnig beweeg
aansteek
15 Oorsaak
412 Siek
413 Verskillende siektes
430 Rook

467 Aansteek
485 Lig
638 Aanmoedig
aansteeklik
15 Oorsaak
412 Siek
413 Verskillende siektes
aansteker 467
aanstel
584 Kies
588 Gesag hê
590 Bestuur en regeer
645 Handel
659 Aanstelling
813 Swak gedrag
aanstellerig
785 Hoogmoed
813 Swak gedrag
aanstellerigheid
512 Verbeelding
785 Hoogmoed
813 Swak gedrag
aanstellery
512 Verbeelding
813 Swak gedrag
aanstelling
590 Bestuur en regeer
645 Handel
658 Beroep
659 Aanstelling
aansterk 411
aanstig
15 Oorsaak
638 Aanmoedig
aanstigter
771 Gramskap
777 Haat en onvriendelikheid
779 Boosaardigheid
aanstigting
15 Oorsaak
237 Voortbring
638 Aanmoedig
aanstip
550 Noem
551 Meedeel
553 Behandel
563 Skryf
aanstons 51
aanstook
467 Aansteek
638 Aanmoedig
771 Gramskap
779 Boosaardigheid
aanstoot
181 Raak
200 Vorentoe beweeg
744 Lelik
813 Swak gedrag
829 Beledig
aanstootlik
623 Sleg
628 Vuil

744 Lelik
775 Weersin
777 Haat en onvriendelikheid
779 Boosaardigheid
813 Swak gedrag
820 Oneerbaar
827 Afkeur
829 Beledig
aanstorm 228
aanstreep 563
aanstryk
97 Bou
154 Vryf
197 Te voet gaan
aanstuif 228
aanstuur op 147
aanstuur
192 Laat gaan
196 Versend
637 Doelgerigtheid en doelloosheid
aansuiwer
708 Betaal
711 Skuld
aansukkel
198 Strompel
226 Stadig
229 Stadig beweeg
654 Moeilik handel
aansuur 472
aanswel
107 Meer
620 Belangrik
aansyn
1 Bestaan
64 Aanwesigheid
aantal
102 Hoeveelheid
133 Getalle
aantas
412 Siek
413 Verskillende siektes
623 Sleg
779 Boosaardigheid
829 Beledig
aantasbaar 623
aantastelik 181
aantasting
495 Tassin
623 Sleg
779 Boosaardigheid
aanteel
104 Baie
239 Voortplant
317 Fisiologie
368 Diereteelt
369 Veeteelt
aanteelvee
368 Diereteelt
369 Veeteelt
aanteken
196 Versend

479

248 Huwelik
263 Rekenaar en internet
539 Kommunikeer
543 Duidelik
551 Meedeel
563 Skryf
565 Skryfkuns
aantekening
543 Duidelik
546 Kunsmatige teken
565 Skryfkuns
567 Boek
aantekeningboek
565 Skryfkuns
567 Boek
aantog 188
aantoon
162 Ontbloot
508 Aandag
517 Vind
525 Bewys
539 Kommunikeer
550 Noem
584 Kies
aantree
166 Nader beweeg
680 Militêre aksie
aantreeorde 21
aantref
166 Nader beweeg
517 Vind
aantrek
166 Nader beweeg
170 Saambring
178 Toegaan
261 Magnetisme
745 Versier
773 Begeerte
aantrekkamer
94 Dele van 'n eiendom
707 Handelsaak
aantrekking
166 Nader beweeg
170 Saambring
261 Magnetisme
773 Begeerte
aantrekkingskrag
166 Nader beweeg
170 Saambring
256 Skeikunde
261 Magnetisme
270 Hemelliggaam
773 Begeerte
776 Liefde en vriendskap
aantreklik
166 Nader beweeg
715 Negatiewe gevoel
743 Mooi
773 Begeerte
aantreklikheid
743 Mooi

773 Begeerte
aantrou
241 Familie
248 Huwelik
aantyg 832
aantyging
827 Afkeur
832 Beskuldig
aanvaar
221 Vaar
513 Denke
518 Glo
531 Saamstem
580 Graag
584 Kies
605 Aanvaar
659 Aanstelling
696 Ontvang
aanvaarbaar
601 Toestemming gee
605 Aanvaar
622 Goed
720 Tevredenheid
826 Goedkeur
aanvaarding
187 Reis
605 Aanvaar
826 Goedkeur
aanval
412 Siek
526 Weerlê
666 Verhinder
667 Stryd
669 Aanval
727 Kompetisie
728 Balsporte
803 Wette oortree
827 Afkeur
aanvallend
667 Stryd
669 Aanval
728 Balsporte
aanvaller
667 Stryd
669 Aanval
727 Kompetisie
aanvallig 743
aanvalligheid 743
aanvalsmag 667
aanvalsplan 672
aanvalsvliegtuig 236
aanvalswapen 675
aanvang
15 Oorsaak
27 Begin
237 Voortbring
649 Begin handel
727 Kompetisie
779 Boosaardigheid
aanvangsaldo 703
aanvangsdatum 127
aanvangsgedeelte
27 Begin

649 Begin handel
aanvangstadium 27
aanvanklik
27 Begin
649 Begin handel
aanvat
27 Begin
183 Gryp
584 Kies
aanvegbaar
519 Twyfel
526 Weerlê
532 Betwis
aanvegting 841
aanverwant
6 Betrekking
8 Dieselfde
241 Familie
aanverwantskap
8 Dieselfde
10 Harmonie
241 Familie
aanvly
154 Vryf
776 Liefde en vriendskap
aanvoel
493 Gevoeligheid
513 Denke
713 Gevoel
aanvoeling
493 Gevoeligheid
533 Verstaan
713 Gevoel
aanvoer
191 Laat kom
194 Vervoer
557 Diskussie
588 Gesag hê
590 Bestuur en regeer
599 Gesag uitoefen
603 Voorstel
680 Militêre aksie
aanvoerder
14 Navolging
599 Gesag uitoefen
aanvoering
599 Gesag uitoefen
680 Militêre aksie
aanvoor
27 Begin
557 Diskussie
649 Begin handel
aanvoorslag 27
aanvoorwerk 649
aanvra
191 Laat kom
604 Versoek
aanvraag
604 Versoek
705 Verkoop
aanvraer 604

aanvul
10 Harmonie
107 Meer
aanvullend 107
aanvulling 107
aanvuring
638 Aanmoedig
713 Gevoel
aanvuur
638 Aanmoedig
714 Positiewe gevoel
aanwakker 638
aanwas
62 Grensloosheid
107 Meer
aanwend 629
aanwending
629 Gebruik
691 Spandeer
aanwerk
172 Vasmaak
745 Versier
aanwesig
1 Bestaan
64 Aanwesigheid
aanwesige 64
aanwesigheid
1 Bestaan
64 Aanwesigheid
aanwikkel
228 Vinnig beweeg
647 Voortgaan
aanwins
107 Meer
686 Aanwins
aanwys
539 Kommunikeer
541 Betekenisvolheid
545 Natuurlike teken
550 Noem
584 Kies
590 Bestuur en regeer
616 Magtig
659 Aanstelling
aanwysend
539 Kommunikeer
574 Woordkategorie
577 Betekenis
aanwysing
539 Kommunikeer
659 Aanstelling
aap
366 Soogdier
503 Onverstandigheid
aapagtig 14
aapmens 374
aapstert
182 Slaan
222 Vlieg
396 Rug
630 Werktuig
722 Humor

aapstuipe
  413 Verskillende siektes
  768 Vrees
  771 Gramskap
aaptwak 494
aar
  284 Bron
  321 Blaar
  399 Bloedsomloop en limfstelsel
aarbei 350
aarbeiboom 331
aarbreuk 413
aard
  3 Bestaanswyse
  8 Dieselfde
  31 Soort
  262 Elektrisiteit
  713 Gevoel
  787 Samelewing
aardbewing 274
aardbewingsleer 274
aardbewoner 374
aardbodem
  61 Plek
  272 Aarde
aardbol
  269 Heelal
  272 Aarde
aarde
  61 Plek
  269 Heelal
  272 Aarde
  274 Geologie
  276 Vasteland
  298 Steen
  346 Landbougrond
  459 Vaste stof
aardgas
  274 Geologie
  461 Gas
aardgees 838
aardgeleiding 262
aardgordel
  272 Aarde
  274 Geologie
aardig
  104 Baie
  412 Siek
  623 Sleg
  715 Negatiewe gevoel
  775 Weersin
aardigheid
  724 Vermaak en ontspanning
  743 Mooi
aarding 262
aardkabel 262
aardkors
  272 Aarde
  274 Geologie
aardkunde 274

aardlaag
  272 Aarde
  298 Steen
aardmagnetisme 261
aardmannetjie 838
aardmassa 272
aardmetaal 297
aardoppervlak(te)
  272 Aarde
  445 Oppervlak
aardplaat
  272 Aarde
  274 Geologie
aardplooi 274
aardroos 337
aardryk 272
aardrykskunde 273
aards
  41 Kortstondig
  254 Stof
  272 Aarde
  543 Duidelik
  619 Kalm
  622 Goed
  786 Nederigheid
aardsgewemel 357
aardsheid
  254 Stof
  786 Nederigheid
aardskudding 274
aardstraling 272
aardstroom 262
aardverskuiwing 274
aardverwarming 255
aardwetenskap 255
aarlating 414
aarontsteking 413
aarprobleem 413
aars 396
aarsel
  229 Stadig beweeg
  482 Menslike geluid
  519 Twyfel
  587 Aarsel
  617 Magteloos
aarselend
  11 Disharmonie
  482 Menslike geluid
  519 Twyfel
  581 Teësinnig
  587 Aarsel
  770 Wantroue
aarspat 413
aarsteen 413
aarswel 413
aartappel
  351 Groenteverbouing
  426 Kossoort, dis
aartappelbaars 363
aartappelboerdery 351
aartappelkrul 426
aartappelskyfie 426
aartrombose 413

aartsbiskop
  591 Gesaghebber
  849 Prediking
  852 Geestelike
aartsdeken
  849 Prediking
  852 Geestelike
aartsdom 503
aartsengel 838
aartshertog 797
aartsleuenaar
  538 Dwaling
  818 Bedrieg
aartslui 611
aartsskelm
  813 Swak gedrag
  815 Oneerlik
aartsskurk 623
aartsvabond
  623 Sleg
  722 Humor
  771 Gramskap
aartsvader
  54 Oud
  240 Genealogie
aartsvyand
  667 Stryd
  777 Haat en onvriendelikheid
aarverdikking 413
aarverharding 413
aarverkalking 413
aarvernouing 413
aarverstopping 413
aarverwyding 413
aarvoeding 406
aas
  252 Doodmaak
  372 Vissery
  406 Eet
  740 Kaartspel
  773 Begeerte
aasblom 334
aashaai 363
aaskelk 334
aaskewer 361
aaskop 372
aaslyn 372
aasvlieg 361
aasvoël 365
ab 852
abakus
  94 Dele van 'n eiendom
  122 Bereken
  125 Tel
  560 Voorskoolse en naskoolse onderrig
abasie 413
abattoir 423
abba
  194 Vervoer
  837 God
  855 Gode

abbahart 399
abdikasie
  591 Gesaghebber
  660 Ontslag
abdis 852
abdiseer
  660 Ontslag
  852 Geestelike
abdol 741
abdomen
  362 Skaaldier
  395 Buik
  401 Spysverteringskanaal
abdominaal 395
abduksie 192
abduktorspier 379
abdy 853
abdybier 427
abeel 331
aberrasie
  505 Verstandstoornis
  538 Dwaling
abiekwasboom 331
abiogenese
  0 Ontstaan
  251 In die lewe roep
abiose 250
abissaal 283
abjater 722
ablaktasie 371
ablasie
  238 Vernietig
  274 Geologie
ablou 741
ablusie 627
ablusiegeriewe 89
abnormaal
  34 Vreemdheid
  36 Onreëlmatigheid
  505 Verstandstoornis
  538 Dwaling
  744 Lelik
abnormaliteit
  34 Vreemdheid
  36 Onreëlmatigheid
  505 Verstandstoornis
  613 Onnoukeurig
  744 Lelik
abolisie 801
A-bom 676
abominasie
  775 Weersin
  779 Boosaardigheid
  813 Swak gedrag
aborsie
  238 Vernietig
  239 Voortplant
aborteer
  238 Vernietig
  239 Voortplant
  414 Geneeskunde
  648 Onderbreek

abortus
238 Vernietig
239 Voortplant
abrakadabra 548
abrogasie 801
abrup
7 Betrekkingloosheid
618 Heftig
777 Haat en onvriendelikheid
abseil 724
absensie
65 Afwesigheid
560 Voorskoolse en naskoolse onderrig
absent
65 Afwesigheid
189 Wegbly
509 Onoplettendheid
absenteer 65
absenteïsme 65
absentisme 65
abses 413
absint 427
absolusie 850
absolutisme 795
absoluut
4 Selfstandigheid
6 Betrekking
17 Noodsaak
104 Baie
109 Alles
527 Oordeel
537 Waarheid
absorbeer
170 Saambring
172 Vasmaak
175 Insit
absorpsie
172 Vasmaak
175 Insit
256 Skeikunde
476 Geluid
ABS-rem 233
abstinensie 585
abstraheer
513 Denke
522 Redeneer
abstrak
513 Denke
574 Woordkategorie
749 Kuns
absurd
34 Vreemdheid
538 Dwaling
absurditeit
524 Onlogies redeneer
538 Dwaling
abusief 538
accelerando 753
Achilles 855
achilleshiel
626 Swak

714 Positiewe gevoel
achillestendon 397
acholie 413
achromasie
413 Verskillende siektes
499 Sien
achromaties
267 Optika
491 Kleurloosheid
499 Sien
achromatisme
413 Verskillende siektes
491 Kleurloosheid
499 Sien
acre 123
acta 645
activa 703
actuarius 852
acutus 571
ad absurdum 538
ad hoc 637
ad infinitum
40 Langdurig
62 Grensloosheid
104 Baie
ad interim 41
ad libitum 755
ad nauseam
657 Herhaal
725 Verveling
ad rem 6
adagietto 753
adagio 753
adagio ma non troppo 753
Adamboustyl 94
adamsappel
390 Mond
393 Nek en skouer
Adamsgeslag
374 Mens
787 Samelewing
adapteer
10 Harmonie
140 Verandering
565 Skryfkuns
750 Letterkunde
752 Toneel- en rolprentkuns
addendum
5 Onselfstandigheid
107 Meer
567 Boek
adder 364
addergebroedsel
623 Sleg
779 Boosaardigheid
813 Swak gedrag
820 Oneerbaar
addergeslag 623
addergespuis 623
addisie
107 Meer

137 Bewerking
addisioneel
5 Onselfstandigheid
107 Meer
adekwaat
115 Genoeg
614 Bekwaam
adel
797 Hoër stand
812 Goeie gedrag
819 Eerbaar
adelaar 365
adelaarsblik 499
adelbors
221 Vaar
673 Manskap
adeldom
797 Hoër stand
819 Eerbaar
adellik
432 Groot
778 Goedaardigheid
787 Samelewing
797 Hoër stand
adelstand
787 Samelewing
796 Stand
797 Hoër stand
adem
404 Asemhaling
541 Betekenisvolheid
ademloos 477
adenoïde 389
adep 502
adhesie
377 Liggaam
453 Dig
adjektief 574
adjektiefkonstruksie 576
adjektiefvorming 575
adjektivering 575
adjudant
591 Gesaghebber
673 Manskap
adjudant-offisier
591 Gesaghebber
673 Manskap
adjunk
574 Woordkategorie
576 Sinsbou en styl
590 Bestuur en regeer
592 Ondergeskikte
658 Beroep
663 Meedoen
adjunkbestuurder 590
adjunkdekaan 560
adjunkdirekteur 591
adjunkhoof
560 Voorskoolse en naskoolse onderrig
591 Gesaghebber
658 Beroep

administrasie
560 Voorskoolse en naskoolse onderrig
588 Gesag hê
590 Bestuur en regeer
658 Beroep
administrateur
590 Bestuur en regeer
591 Gesaghebber
658 Beroep
administratief
588 Gesag hê
590 Bestuur en regeer
591 Gesaghebber
658 Beroep
795 Staat en politiek
administratiefreg 515
administreer
588 Gesag hê
590 Bestuur en regeer
591 Gesaghebber
658 Beroep
795 Staat en politiek
admiraal
591 Gesaghebber
673 Manskap
admiraliteit 672
admissie
559 Opvoeding en onderwys
601 Toestemming gee
adolessensie
53 Nuut en jonk
377 Liggaam
adolessent
52 Ouderdom
53 Nuut en jonk
243 Kinders
adonis
375 Man
743 Mooi
Adonis 855
adoniseer 745
adoons
366 Soogdier
375 Man
adopsie 241
adopteer 243
adorasie
776 Liefde en vriendskap
830 Eerbiedig
adoreer
776 Liefde en vriendskap
826 Goedkeur
830 Eerbiedig
Adrammelek 855
adrenalien
409 Afskeiding en uitskeiding
415 Geneesmiddel
adres
64 Aanwesigheid

afdop

88 Posisie
196 Versend
550 Noem
565 Skryfkuns
604 Versoek
adresboek 567
adresseer 563
adresveld 263
adret 627
ADSL 263
A-dubbelkruis 753
A-dubbelmol 753
adulasie 826
Advent 851
adventief
  36 Onreëlmatigheid
  61 Plek
adventisme 854
adverbiaal
  574 Woordkategorie
  576 Sinsbou en styl
adverbialisering 575
adverbium 574
adversatief
  119 Teenstelling
  666 Verhinder
adverteer
  539 Kommunikeer
  551 Meedeel
  568 Media
  705 Verkoop
adverteerder 551
advertensie
  539 Kommunikeer
  551 Meedeel
  568 Media
  701 Handel en ekonomie
advertensiemaat-
  skappy 701
advertensieskrywer 551
advertensiewese 551
advies
  527 Oordeel
  539 Kommunikeer
  548 Praat
  603 Voorstel
  638 Aanmoedig
  708 Betaal
adviesgroep
  638 Aanmoedig
  780 Hulpbetoon
adviseer
  551 Meedeel
  603 Voorstel
  638 Aanmoedig
advokaat
  427 Drank
  518 Glo
  645 Handel
  808 Regswese
  809 Regsgeding
advokadopeer 350
advokatebalie 808

advokatery
  808 Regswese
  818 Bedrieg
Aegir 855
Aeolus 855
aërasie 461
aërobatiek
  222 Vlieg
  730 Gimnastiek
aërobies 414
aërodinamika 259
aërofiet 318
aërografie 259
aëroliet
  270 Hemelliggaam
  298 Steen
aërologie
  259 Aërografie
  294 Weerkunde
aëromanie 413
aëromeganika 259
aërometer
  259 Aërografie
  294 Weerkunde
aëronomie 259
aëroob 317
aëroskoop 259
aërosol
  254 Stof
  461 Gas
aërotropie 324
aërotropisme 324
af
  159 Na onder
  190 Vertrek
  212 Afgaan
  717 Lyding
afasie
  413 Verskillende siektes
  548 Praat
afbabbel 548
afbaken
  63 Begrensdheid
  550 Noem
  553 Behandel
afbars 184
afbedel
  604 Versoek
  690 Arm
afbeeld
  547 Simboliek
  758 Beeldende kuns
afbeelding
  14 Navolging
  547 Simboliek
  758 Beeldende kuns
afbeeldsel
  547 Simboliek
  763 Beeldhoukuns
afbeen 397
afbeitel
  184 Breek
  185 Sny

afbel 265
afbestel 701
afbetaal
  585 Verwerp
  660 Ontslag
  708 Betaal
  711 Skuld
afbetaling
  585 Verwerp
  660 Ontslag
  708 Betaal
  711 Skuld
afbeul 661
afbid
  604 Versoek
  847 Gebed
afbind
  173 Losmaak
  178 Toegaan
afblaas
  409 Afskeiding en uitskeiding
  639 Ontmoedig
  771 Gramskap
afbly 664
afbou
  275 Mynwese
  433 Klein
afbraak
  98 Afbreek
  173 Losmaak
  652 Versuim
afbrand
  238 Vernietig
  465 Warm
  467 Aansteek
afbreek
  98 Afbreek
  171 Verwyder
  173 Losmaak
  184 Breek
  238 Vernietig
  621 Onbelangrik
  623 Sleg
  648 Onderbreek
  652 Versuim
  713 Gevoel
  813 Swak gedrag
afbrekend
  238 Vernietig
  635 Skadelik
  829 Beledig
afbreking
  97 Bou
  173 Losmaak
  184 Breek
  238 Vernietig
afbrekingsteken 571
afbreuk 623
afbring
  108 Minder
  212 Afgaan
  692 Spaar

afbrokkel
  184 Breek
  621 Onbelangrik
afbuig
  212 Afgaan
  444 Krom
afbyt
  173 Losmaak
  406 Eet
afdaal
  212 Afgaan
  796 Stand
afdak 94
afdank
  585 Verwerp
  615 Onbekwaam
  646 Nie handel nie
  648 Onderbreek
  658 Beroep
  660 Ontslag
afdanking
  585 Verwerp
  606 Weier
  646 Nie handel nie
  648 Onderbreek
  658 Beroep
  660 Ontslag
afdek
  95 Huisraad
  418 Voeding
afdeling
  5 Onselfstandigheid
  19 Orde
  30 Hiërargie
  112 Deel
  168 Saamkom
  170 Saambring
  665 Byeenkom
  672 Weermag
afdelingsraad
  590 Bestuur en regeer
  795 Staat en politiek
afdemp 498
afdig 178
afdoen 650
afdoende
  523 Logies redeneer
  525 Bewys
  586 Beslis
  620 Belangrik
  622 Goed
  631 Nodig
  637 Doelgerigtheid en doelloosheid
afdonder
  77 Onder, onderkant, ondertoe
  212 Afgaan
afdop
  162 Ontbloot
  184 Breek
  381 Huid
  419 Voedselbereiding

afdraad 184
afdraai
  148 Van koers gaan
  163 Draai
  167 Wegbeweeg
  171 Verwyder
  173 Losmaak
afdraand
  73 Skuins
  212 Afgaan
afdreig
  579 Gedwonge
  604 Versoek
afdreiging
  579 Gedwonge
  604 Versoek
afdroog 464
afdruip 212
afdruk
  14 Navolging
  181 Raak
  212 Afgaan
  268 Fotografie en film
  565 Skryfkuns
  566 Drukkuns
  657 Herhaal
  745 Versier
afdruksel
  545 Natuurlike teken
  566 Drukkuns
afdrup
  212 Afgaan
  287 Vloei
afdruppel
  212 Afgaan
  287 Vloei
afdryf
  212 Afgaan
  287 Vloei
afdryfsel 212
afdrywing 238
afdwaal
  36 Onreëlmatigheid
  148 Van koers gaan
  213 Rondgaan
  557 Diskussie
  813 Swak gedrag
  820 Oneerbaar
  843 Ongeloof
afdwing
  17 Noodsaak
  579 Gedwonge
  599 Gesag uitoefen
  604 Versoek
afeet 406
afeindig 28
afelium 270
aferese 572
afets 761
affek
  577 Betekenis
  713 Gevoel
affektasie
  657 Herhaal

  744 Lelik
  785 Hoogmoed
  813 Swak gedrag
affekteer
  15 Oorsaak
  412 Siek
affektief
  713 Gevoel
  714 Positiewe gevoel
affère
  20 Wanorde
  44 Gebeure in tyd
  357 Dier
  620 Belangrik
  654 Moeilik handel
  683 Misluk
  779 Boosaardigheid
afferent 377
affettuoso 753
affigaal 575
affiks 575
affiliasie
  10 Harmonie
  241 Familie
  665 Byeenkom
affilieer
  10 Harmonie
  241 Familie
  665 Byeenkom
affiniteit
  8 Dieselfde
  240 Genealogie
  256 Skeikunde
affirmatief 528
affodil
  334 Blomplant
  335 Bolplant
affrettando 753
affrikaat 572
affront
  829 Beledig
  831 Minag
affrontasie
  829 Beledig
  831 Minag
affronteer
  669 Aanval
  829 Beledig
  831 Minag
affuit 676
afgaan
  108 Minder
  159 Na onder
  167 Wegbeweeg
  212 Afgaan
  262 Elektrisiteit
  676 Vuurwapen
  677 Skiet
  770 Wantroue
afgebete 771
afgebreek
  173 Losmaak
  184 Breek

afgebroke 548
afgedaan 650
afgedankste 622
afgedroog 464
afgedwaal
  148 Van koers gaan
  813 Swak gedrag
afgee
  16 Gevolg
  191 Laat kom
  465 Warm
  687 Verlies
  693 Gee
afgehaal
  719 Hartseer
  721 Ontevredenheid
afgehandel 650
afgekant 442
afgekeur
  602 Verbied
  827 Afkeur
afgelas 590
afgeleë 68
afgeleef
  54 Oud
  617 Magteloos
  626 Swak
  634 Nutteloos
afgeleefdheid
  54 Oud
  626 Swak
  634 Nutteloos
afgelei
  16 Gevolg
  509 Onoplettendheid
  575 Woordvorming
afgeloop
  50 Verlede
  650 Voltooi
afgelope
  46 Vroeër
  50 Verlede
  650 Voltooi
afgelos 711
afgemat 661
afgemerk
  63 Begrensdheid
  546 Kunsmatige teken
afgemete
  123 Meet
  618 Heftig
afgerem 661
afgerig 614
afgerond
  102 Hoeveelheid
  133 Getalle
  448 Gelyk
  559 Opvoeding en
    onderwys
  622 Goed
  650 Voltooi
  785 Hoogmoed
afgesaag 725

afgesant
  588 Gesag hê
  590 Bestuur en regeer
  591 Gesaghebber
  659 Aanstelling
  663 Meedoen
afgeskeidene
  173 Losmaak
  789 Onbeskaafdheid
afgeskeidenheid
  173 Losmaak
  664 Terugstaan
  792 Asosiaal
afgeskrop 627
afgeslete 54
afgesloof
  654 Moeilik handel
  661 Vermoeidheid
afgeslote
  503 Onverstandigheid
  650 Voltooi
  789 Onbeskaafdheid
  792 Asosiaal
afgesluit
  63 Begrensdheid
  650 Voltooi
afgesonder(d)
  68 Ver
  664 Terugstaan
  792 Asosiaal
  789 Onbeskaafdheid
afgesonder(d)heid
  68 Ver
  664 Terugstaan
  792 Asosiaal
afgesproke 605
afgespuit 627
afgestomp 715
afgestorwe 250
afgetakel
  173 Losmaak
  661 Vermoeidheid
afgetob 661
afgetredene
  54 Oud
  646 Nie handel nie
  660 Ontslag
afgetree
  54 Oud
  646 Nie handel nie
  660 Ontslag
afgetrokke
  509 Onoplettendheid
  513 Denke
  715 Negatiewe gevoel
  777 Haat en
    onvriendelikheid
afgevaardig
  588 Gesag hê
  590 Bestuur en regeer
  591 Gesaghebber
  659 Aanstelling
afgevaardigde
  588 Gesag hê

590 Bestuur en regeer
591 Gesaghebber
659 Aanstelling
afgevallene 817
afgevoer 176
afgiet 438
afgietsel
  14 Navolging
  438 Vorm
  758 Beeldende kuns
  763 Beeldhoukuns
afgietseldiertjie 359
afgifte 693
afglip 212
afgly 212
afgod
  837 God
  854 Godsdienste
  855 Gode
afgodedienaar
  843 Ongeloof
  854 Godsdienste
afgodediens 854
afgodies
  846 Goddeloosheid
  854 Godsdienste
afgodspriester 852
afgooi 212
afgraaf
  275 Mynwese
  347 Landbou
afgraas 406
afgradeer 621
afgrawe
  275 Mynwese
  347 Landbou
afgrendeling
  171 Verwyder
  579 Gedwonge
afgrens
  63 Begrensdheid
  160 Omring
afgrond
  277 Berg
  436 Hoog
  437 Laag
  839 Hiernamaals
afgrondelik 477
afgryp 694
afgryse
  744 Lelik
  768 Vrees
  775 Weersin
afgryslik
  623 Sleg
  628 Vuil
  715 Negatiewe gevoel
  717 Lyding
  744 Lelik
  768 Vrees
  775 Weersin
afguns
  777 Haat en

    onvriendelikheid
  779 Boosaardigheid
afgunstig
  777 Haat en
    onvriendelikheid
  779 Boosaardigheid
afhaak
  171 Verwyder
  173 Losmaak
  248 Huwelik
  649 Begin handel
afhaal
  171 Verwyder
  191 Laat kom
  212 Afgaan
  414 Geneeskunde
  694 Neem
  717 Lyding
  792 Asosiaal
  827 Afkeur
  829 Beledig
afhaar
  382 Haar
  419 Voedselbereiding
afhak 185
afhandel
  645 Handel
  650 Voltooi
afhandeling
  645 Handel
  646 Nie handel nie
  650 Voltooi
afhang
  5 Onselfstandigheid
  15 Oorsaak
  26 Begeleiding
  30 Hiërargie
  77 Onder, onderkant,
    ondertoe
afhanklik
  5 Onselfstandigheid
  15 Oorsaak
  26 Begeleiding
  30 Hiërargie
  589 Dien
  592 Ondergeskikte
  664 Terugstaan
afhanklike
  5 Onselfstandigheid
  589 Dien
afhanklikheid
  5 Onselfstandigheid
  6 Betrekking
  30 Hiërargie
  494 Gevoelloosheid en
    bedwelming
  589 Dien
  594 Onvryheid
  664 Terugstaan
  787 Samelewing
**afhanklikheids-
besef** 589
**afhanklikheids-
gevoel** 589

afheid 652
afhel 73
afhelp
  212 Afgaan
  663 Meedoen
afhou
  77 Onder, onderkant,
    ondertoe
  192 Laat gaan
  205 Weggaan van
  212 Afgaan
  646 Nie handel nie
  666 Verhinder
afja(ag)
  192 Laat gaan
  212 Afgaan
  225 Vinnig
  228 Vinnig beweeg
  710 Kosteloosheid
afjak
  669 Aanval
  777 Haat en
    onvriendelikheid
  813 Swak gedrag
  829 Beledig
afkalwe(r) 274
afkam
  171 Verwyder
  312 Spin
  667 Stryd
  827 Afkeur
  829 Beledig
afkamp
  63 Begrensdheid
  670 Verdedig
afkant
  97 Bou
  442 Lyn
afkantboor 101
afkap
  184 Breek
  185 Sny
  349 Bosbou
  571 Skrif
  575 Woordvorming
afkappings-s 565
afkappingsteken
  565 Skryfkuns
  571 Skrif
afkarring 371
afkeer
  148 Van koers gaan
  178 Toegaan
  192 Laat gaan
  205 Weggaan van
  623 Sleg
  670 Verdedig
  775 Weersin
  777 Haat en
    onvriendelikheid
  827 Afkeur
afkerf 185
afkerig
  775 Weersin

  777 Haat en
    onvriendelikheid
afkerm 604
afkeur
  527 Oordeel
  532 Betwis
  585 Verwerp
  602 Verbied
  606 Weier
  825 Beoordeling
  827 Afkeur
afkeurenswaardig
  585 Verwerp
  602 Verbied
  827 Afkeur
afkeuring
  532 Betwis
  585 Verwerp
  606 Weier
  825 Beoordeling
  827 Afkeur
afklap 178
afklim
  159 Na onder
  204 Aangaan by
  212 Afgaan
afklink
  184 Breek
  301 Metaalverwerking
afklop
  171 Verwyder
  250 Dood
afklouter 212
afkluif 406
afknaag 406
afknak
  184 Breek
  252 Doodmaak
afknibbel 710
afknip
  181 Raak
  184 Breek
  185 Sny
afknot 185
afknou
  667 Stryd
  715 Negatiewe gevoel
afknouerig
  667 Stryd
  715 Negatiewe gevoel
  777 Haat en
    onvriendelikheid
afknyp
  181 Raak
  184 Breek
  677 Skiet
afkoel
  260 Warmteleer
  466 Koud
  715 Negatiewe gevoel
afkoelperiode 648
afkom
  166 Nader beweeg

afkoms

188 Aankom
204 Aangaan by
212 Afgaan
240 Genealogie
517 Vind
710 Kosteloosheid
afkoms
240 Genealogie
573 Woordeskat
796 Stand
afkomstig
15 Oorsaak
16 Gevolg
240 Genealogie
afkondig
539 Kommunikeer
548 Praat
551 Meedeel
590 Bestuur en regeer
afkondiging
539 Kommunikeer
548 Praat
551 Meedeel
afkonkel 639
afkook
173 Losmaak
419 Voedselbereiding
afkooksel 419
afkoop
593 Vryheid
704 Koop
afkoopprys 704
afkoopwaarde
655 Veilig
704 Koop
afkop
250 Dood
384 Kop
afkophoender 505
afkoppel 173
afkort
433 Klein
575 Woordvorming
afkorting
573 Woordeskat
575 Woordvorming
afkou 406
afkraak
713 Gevoel
827 Afkeur
829 Beledig
831 Minag
afkrap
171 Verwyder
563 Skryf
afkruip 212
afkrummel
171 Verwyder
184 Breek
afkry
108 Minder
171 Verwyder
184 Breek

212 Afgaan
606 Weier
650 Voltooi
710 Kosteloosheid
afkyk
499 Sien
508 Aandag
561 Studeer
aflaai
263 Rekenaar en internet
451 Lig
aflaaispoed 263
aflaat
212 Afgaan
835 Bestraf
aflag
526 Weerlê
529 Ontken
621 Onbelangrik
aflê
250 Dood
345 Plantkwekery
585 Verwerp
646 Nie handel nie
648 Onderbreek
652 Versuim
660 Ontslag
aflêer 345
afleer
511 Vergeet
536 Nie weet nie
548 Praat
562 Lees
585 Verwerp
639 Ontmoedig
657 Herhaal
aflegging
585 Verwerp
646 Nie handel nie
648 Onderbreek
660 Ontslag
aflei
16 Gevolg
147 Rigting
148 Van koers gaan
212 Afgaan
288 Waterstelsel
293 Onweer
522 Redeneer
575 Woordvorming
afleiding
16 Gevolg
192 Laat gaan
522 Redeneer
573 Woordeskat
575 Woordvorming
724 Vermaak en ontspanning
afleier
262 Elektrisiteit
345 Plantkwekery
aflek
154 Vryf

406 Eet
aflewer
631 Nodig
693 Gee
705 Verkoop
aflewering
552 Vertel
567 Boek
686 Aanwins
693 Gee
705 Verkoop
aflig
212 Afgaan
485 Lig
afloer
499 Sien
508 Aandag
afloop
16 Gevolg
28 Einde
37 Tydruimte
73 Skuins
197 Te voet gaan
212 Afgaan
221 Vaar
228 Vinnig beweeg
274 Geologie
287 Vloei
289 Klimaat
460 Vloeistof
646 Nie handel nie
650 Voltooi
681 Resultaat
afloopplank 235
aflopend 73
aflos
142 Veranderlikheid
144 Vervanging
708 Betaal
711 Skuld
729 Atletiek
aflosbaar
142 Veranderlikheid
708 Betaal
aflospersoneel 658
aflossing
708 Betaal
711 Skuld
aflostermyn 708
afloswedloop 729
afloswedstryd 727
aflui 265
afluister
498 Gehoor
508 Aandag
afluisterapparaat 266
aflyn 63
afmaai
252 Doodmaak
352 Graanverbouing
afmaak
184 Breek
238 Vernietig

252 Doodmaak
507 Gebrek aan belangstelling
542 Betekenisloosheid
621 Onbelangrik
650 Voltooi
790 Sosiale betrekking
afmaal 186
afmars 197
afmat 661
afmeet
63 Begrensdheid
122 Bereken
123 Meet
431 Afmeting
527 Oordeel
afmerk
63 Begrensdheid
550 Noem
afmeting
122 Bereken
123 Meet
431 Afmeting
afmoer
77 Onder, onderkant, ondertoe
227 Werp
afname
108 Minder
226 Stadig
433 Klein
683 Misluk
694 Neem
afneem
103 Min
108 Minder
130 Onbepaaldheid
137 Bewerking
140 Verandering
171 Verwyder
212 Afgaan
226 Stadig
268 Fotografie en film
418 Voeding
539 Kommunikeer
606 Weier
623 Sleg
650 Voltooi
687 Verlies
694 Neem
afneig 73
afnemer 268
afnerf 184
afoes
347 Landbou
352 Graanverbouing
afonie
390 Mond
413 Verskillende siektes
afoor 388
afpaal 63
afpaar
122 Bereken

168 Saamkom
170 Saambring
afpak
194 Vervoer
790 Sosiale betrekking
afpeil
122 Bereken
123 Meet
afpel
171 Verwyder
173 Losmaak
301 Metaalverwerking
316 Hout
afpen 63
afperk 63
afpers
579 Gedwonge
599 Gesag uitoefen
604 Versoek
666 Verhinder
690 Arm
694 Neem
803 Wette oortree
afpeuter 154
afpiekel 212
afpiets 182
afpik
184 Breek
406 Eet
afplat 445
afpleister 99
afpleit 604
afpluis
184 Breek
311 Weefstof
313 Weef
afpluk
171 Verwyder
173 Losmaak
afpoets 627
afpraat 548
afpyl 166
afpynig 717
afraai 639
afraak 167
aframmel 548
afrand
82 Rondom
347 Landbou
afrandsel 82
afransel
182 Slaan
835 Bestraf
afrat 217
afreageer 713
afreën 173
afreis
28 Einde
167 Wegbeweeg
187 Reis
190 Vertrek
205 Weggaan van

afreken
650 Voltooi
667 Stryd
708 Betaal
834 Beloon
835 Bestraf
afrem 666
africana 567
afrig
559 Opvoeding en
  onderwys
680 Militêre aksie
Afrika 276
Afrikaan 787
Afrikaans 569
Afrikaaps 569
afrikaner 334
Afrikaner 787
afrikanerbees 366
afrikanerskaap 366
afrikanertjie 334
Afrikanis 515
afrikaniseer 787
afrikanisme 569
Afrikanisme 787
Afrikanistiek 515
Afrika-sosialisme 795
Afrikastudie 515
Afrikataal 569
afrit 94
afrits 548
Afro-Asiatiese taal 569
Afrodite 855
afroep
191 Laat kom
548 Praat
afroes 623
afrokkel 694
afrol
179 Glad maak
347 Landbou
566 Drukkuns
afrolpapier 315
afrond
102 Hoeveelheid
133 Getalle
137 Bewerking
446 Rond
559 Opvoeding en
  onderwys
650 Voltooi
afronding
102 Hoeveelheid
137 Bewerking
559 Opvoeding en
  onderwys
785 Hoogmoed
afrondingskool 559
afroom 371
Afrosentries 787
afry
212 Afgaan
216 Ry

afsaag
97 Bou
185 Sny
afsaal
219 Perdry
662 Rus
790 Sosiale betrekking
afsak
212 Afgaan
437 Laag
afsaksel
212 Afgaan
628 Vuil
afsê 606
afseil 221
afsend
192 Laat gaan
194 Vervoer
afset
274 Geologie
705 Verkoop
afsetting
168 Saamkom
274 Geologie
298 Steen
628 Vuil
660 Ontslag
afsettingsgesteente 274
afshow 785
afshowerig 785
afshowerigheid 785
afsien
648 Onderbreek
790 Sosiale betrekking
afsien van
585 Verwerp
687 Verlies
697 Verlies ly
afsienbaar
51 Toekoms
63 Begrensdheid
afsienbaarheid
51 Toekoms
63 Begrensdheid
afsigtelik 744
afsit
185 Sny
194 Vervoer
414 Geneeskunde
649 Begin handel
660 Ontslag
afsitter 727
afskaaf
154 Vryf
179 Glad maak
afskadu
547 Simboliek
758 Beeldende kuns
afskaduwing
14 Navolging
547 Simboliek
553 Behandel

afskaf
28 Einde
238 Vernietig
648 Onderbreek
687 Verlies
801 Wet
afskakel
173 Losmaak
217 Motorry
262 Elektrisiteit
486 Duisternis
648 Onderbreek
afskeep
629 Gebruik
652 Versuim
683 Misluk
779 Boosaardigheid
817 Ontrouheid
afskeepwerk
629 Gebruik
652 Versuim
afskeer
185 Sny
746 Persoonlike
  versorging
afskei
171 Verwyder
173 Losmaak
256 Skeikunde
409 Afskeiding en
  uitskeiding
792 Asosiaal
afskeid
28 Einde
190 Vertrek
660 Ontslag
790 Sosiale betrekking
afskeid neem
190 Vertrek
790 Sosiale betrekking
afskeiding
171 Verwyder
173 Losmaak
402 Afskeidings- en
  uitskeidingsorgane
409 Afskeiding en
  uitskeiding
795 Staat en politiek
afskeidingsorgaan 402
afskeidingsteken 565
afskeidsgroet
28 Einde
790 Sosiale betrekking
afskeidsmaal
418 Voeding
790 Sosiale betrekking
afskeidsrede 539
afskeidsuur 790
afskeidswoord 28
afskeier 371
afskep 171
afskerm
63 Begrensdheid

160 Omring
501 Onsigbaarheid
afskets 759
afskeur
171 Verwyder
184 Breek
238 Vernietig
225 Vinnig
677 Skiet
afskil
162 Ontbloot
171 Verwyder
419 Voedselbereiding
afskilder
758 Beeldende kuns
760 Skilderkuns
afskilfer
184 Breek
381 Huid
afskoffel
184 Breek
347 Landbou
afskop
184 Breek
649 Begin handel
727 Kompetisie
728 Balsporte
afskort 63
afskorting
94 Dele van 'n eiendom
161 Bedek
afskraap
154 Vryf
448 Gelyk
627 Skoon
afskram 205
afskrif
14 Navolging
565 Skryfkuns
afskrik
639 Ontmoedig
666 Verhinder
670 Verdedig
775 Weersin
afskrikmiddel 666
afskrikwekkend
654 Moeilik handel
666 Verhinder
768 Vrees
afskroef
173 Losmaak
301 Metaalverwerking
afskroei
465 Warm
467 Aansteek
afskrop 627
afskryf
527 Oordeel
561 Studeer
563 Skryf
687 Verlies
697 Verlies ly
711 Skuld

790 Sosiale betrekking
afskryffout 563
afsku
623 Sleg
744 Lelik
748 Gebrek aan styl en smaak
775 Weersin
777 Haat en onvriendelikheid
827 Afkeur
afskud
171 Verwyder
585 Verwerp
670 Verdedig
afskuif
171 Verwyder
181 Raak
212 Afgaan
646 Nie handel nie
afskuins
73 Skuins
97 Bou
afskuiwe 171
afskuur
97 Bou
154 Vryf
171 Verwyder
179 Glad maak
316 Hout
627 Skoon
afskuwekkend 775
afskuwelik
623 Sleg
628 Vuil
715 Negatiewe gevoel
744 Lelik
768 Vrees
775 Weersin
afskuwelikheid
623 Sleg
628 Vuil
715 Negatiewe gevoel
717 Lyding
744 Lelik
768 Vrees
775 Weersin
afskynsel
14 Navolging
485 Lig
afslaan
182 Slaan
184 Breek
238 Vernietig
262 Elektrisiteit
606 Weier
670 Verdedig
705 Verkoop
710 Kosteloosheid
727 Kompetisie
728 Balsporte
afslaanbaan 728
afslaanblok 728

afslaanbof 728
afslaankapmotor 233
afslaanlyn 728
afslaantafel 95
afslaer 705
afslag
423 Slagter
693 Gee
704 Koop
705 Verkoop
710 Kosteloosheid
afslagprys
704 Koop
705 Verkoop
afslagwinkel 707
afsleep 171
afslinger 212
afsloof
645 Handel
654 Moeilik handel
661 Vermoeidheid
afsluit
28 Einde
63 Begrensdheid
160 Omring
178 Toegaan
262 Elektrisiteit
461 Gas
648 Onderbreek
650 Voltooi
703 Boekhou
792 Asosiaal
afsluitboom 178
afsluiter
178 Toegaan
262 Elektrisiteit
afsluiting
28 Einde
178 Toegaan
646 Nie handel nie
648 Onderbreek
650 Voltooi
afsluitklep 178
afsluitkraan 178
afsluk 406
afslyp 440
afslyt
154 Vryf
184 Breek
623 Sleg
626 Swak
654 Moeilik handel
afsmeek
604 Versoek
847 Gebed
afsmeer
462 Halfvloeibare stof
628 Vuil
705 Verkoop
afsmelt
460 Vloeistof
467 Aansteek
afsmyt 212

afsnel 225
afsnoei 345
afsnoer
173 Losmaak
238 Vernietig
afsnou 777
afsnuit 468
afsny
160 Omring
171 Verwyder
184 Breek
185 Sny
262 Elektrisiteit
549 Stilbly
648 Onderbreek
666 Verhinder
790 Sosiale betrekking
afsoek 516
afsonder
32 Enkeling
68 Ver
160 Omring
169 Skei
171 Verwyder
789 Onbeskaafdheid
792 Asosiaal
afsonderlik
13 Verskeidenheid
32 Enkeling
169 Skei
171 Verwyder
afspeel
44 Gebeure in tyd
645 Handel
afspieël 485
afsplits 167
afspoel
171 Verwyder
214 Dryf
287 Vloei
627 Skoon
afspons 627
afspraak
554 Aanspreek
605 Aanvaar
607 Beloof
afspraakboek 567
afspreek
531 Saamstem
554 Aanspreek
605 Aanvaar
607 Beloof
afspring 649
afspringplek 649
afspuit 627
afstaan
171 Verwyder
687 Verlies
693 Gee
705 Verkoop
afstam
240 Genealogie
575 Woordvorming

488

afvalwarmte

afstammeling
53 Nuut en jonk
240 Genealogie
243 Kinders
afstamming 240
afstand
9 Verskillend of teenoorgesteld
62 Grensloosheid
68 Ver
123 Meet
171 Verwyder
792 Asosiaal
afstandbeheer 264
afstanddoening
687 Verlies
693 Gee
afstand doen van
173 Losmaak
660 Ontslag
687 Verlies
693 Gee
afstandigheid 792
afstandsbediening 123
afstandskoppelteken 565
afstand(s)meter
123 Meet
233 Voertuig
268 Fotografie en film
afstandsmeting 123
afstandsonderrig 559
afstandsonderwys 559
afstandsterminaal 263
afstap
197 Te voet gaan
204 Aangaan by
212 Afgaan
557 Diskussie
648 Onderbreek
afsteek
9 Verskillend of teenoorgesteld
11 Disharmonie
63 Begrensdheid
119 Teenstelling
122 Bereken
139 Meetkunde
171 Verwyder
490 Kleur
afstel
28 Einde
173 Losmaak
648 Onderbreek
652 Versuim
afstem 264
afstempel
131 Geldeenheid
196 Versend
546 Kunsmatige teken
afsterf
28 Einde
250 Dood

715 Negatiewe gevoel
790 Sosiale betrekking
afstig 665
afstof 627
afstomp 715
afstoot
181 Raak
777 Haat en onvriendelikheid
790 Sosiale betrekking
afstootlik
475 Onwelriekend
623 Sleg
744 Lelik
775 Weersin
777 Haat en onvriendelikheid
779 Boosaardigheid
813 Swak gedrag
820 Oneerbaar
827 Afkeur
afstorm 228
afstort 212
afstotend 775
afstotingskrag 257
afstraal 485
afstroom 460
afstry 522
afstryk 448
afstudeer 561
afstuif 228
afstuit 670
afstuur
147 Rigting
192 Laat gaan
194 Vervoer
196 Versend
223 Stuur
637 Doelgerigtheid en doelloosheid
693 Gee
afswaai 212
afsweer
529 Ontken
606 Weier
afsydig
666 Verhinder
774 Onverskilligheid
777 Haat en onvriendelikheid
aftak
112 Deel
262 Elektrisiteit
286 Rivier
288 Waterstelsel
320 Stam
aftakel
98 Afbreek
173 Losmaak
238 Vernietig
412 Siek
661 Vermoeidheid
829 Beledig

aftakeling
98 Afbreek
173 Losmaak
661 Vermoeidheid
683 Misluk
aftakker
262 Elektrisiteit
288 Waterstelsel
aftand 390
aftap
212 Afgaan
262 Elektrisiteit
aftas
264 Radio en televisie
267 Optika
495 Tassin
aftasbaan 264
aftasstraal 264
aftasting 263
afteken
14 Navolging
263 Rekenaar en internet
758 Beeldende kuns
759 Tekenkuns
aftel
102 Hoeveelheid
122 Bereken
125 Tel
137 Bewerking
741 Kinderspel
aftik
171 Verwyder
563 Skryf
aftob 661
aftog
167 Wegbeweeg
190 Vertrek
aftoom 219
aftop 185
aftrap 171
aftrede
646 Nie handel nie
660 Ontslag
aftree
123 Meet
646 Nie handel nie
660 Ontslag
aftree-annuïteit 692
aftreefonds 686
aftreeoord 89
aftrek
96 Slaapplek
102 Hoeveelheid
103 Min
108 Minder
122 Bereken
137 Bewerking
171 Verwyder
703 Boekhou
705 Verkoop
747 Styl en smaak
759 Tekenkuns

aftrekgetal 137
aftrekking
108 Minder
137 Bewerking
700 Bank
aftrekorder
700 Bank
708 Betaal
709 Betaalmiddel
aftrekpapier 315
aftreksel
419 Voedselbereiding
471 Smaaklik, lekker
aftreksom 137
aftrekspier 379
aftrektal 137
aftryspapier 315
aftuig 219
aftuimel
77 Onder, onderkant, ondertoe
212 Afgaan
afvaar 221
afvaardig
590 Bestuur en regeer
663 Meedoen
afvaardiging
590 Bestuur en regeer
663 Meedoen
afvaart
187 Reis
221 Vaar
afval
77 Onder, onderkant, ondertoe
112 Deel
159 Na onder
212 Afgaan
238 Vernietig
423 Slagter
426 Kossoort, dis
435 Smal
628 Vuil
817 Ontrouheid
afvaldagha 100
afvalherwinning 255
afvalhoop 628
afvallig
817 Ontrouheid
843 Ongeloof
afvalmateriaal 98
afvalmetaal
297 Metaal
301 Metaalverwerking
628 Vuil
afvalpapier
315 Papier
628 Vuil
afvalproduk 237
afvalverwerking
255 Natuur
628 Vuil
afvalwarmte 465

489

afvalwurm 361
afvang 694
afvee 627
afverhuur 706
afvlak 448
afvlieg 222
afvloei
  108 Minder
  168 Saamkom
  287 Vloei
afvoer
  16 Gevolg
  176 Uithaal
  192 Laat gaan
  262 Elektrisiteit
  287 Vloei
  288 Waterstelsel
  539 Kommunikeer
afvoerkanaal
  147 Rigting
  288 Waterstelsel
afvoerpyp
  176 Uithaal
  288 Waterstelsel
afvorder
  579 Gedwonge
  708 Betaal
afvra
  527 Oordeel
  604 Versoek
afvry 776
afvryf
  154 Vryf
  627 Skoon
afvuur
  676 Vuurwapen
  677 Skiet
afwaai 173
afwaarts
  147 Rigting
  159 Na onder
  212 Afgaan
  437 Laag
afwag
  40 Langdurig
  51 Toekoms
  520 Verwag
  646 Nie handel nie
  765 Hoop
afwagtend
  51 Toekoms
  57 Vroeg
  765 Hoop
afwagting
  51 Toekoms
  520 Verwag
  640 Voorbereid
  646 Nie handel nie
  765 Hoop
afwas
  171 Verwyder
  627 Skoon
afwasbak 627

afwater
  287 Vloei
  652 Versuim
afwatering 652
afweeg
  124 Weeg
  527 Oordeel
  666 Verhinder
  670 Verdedig
afweerkanon 676
afwen
  163 Draai
  650 Voltooi
afwend
  148 Van koers gaan
  670 Verdedig
afwendbaar 670
afwentel 192
afwerk 161
afwerk
  179 Glad maak
  650 Voltooi
  708 Betaal
afwerkgereedskap 101
afwerking
  97 Bou
  179 Glad maak
afwerklaag 99
afwerp
  171 Verwyder
  212 Afgaan
  237 Voortbring
  593 Vryheid
  693 Gee
afwesig
  2 Nie-bestaan
  65 Afwesigheid
  189 Wegbly
  509 Onoplettendheid
afwikkel 212
afwissel
  13 Verskeidenheid
  140 Verandering
afwisselend
  13 Verskeidenheid
  21 Opeenvolging
  23 Onderbreking
  140 Verandering
  142 Veranderlikheid
afwit
  97 Bou
  490 Kleur
afwurg 406
afwyk
  9 Verskillend of
    teenoorgesteld
  11 Disharmonie
  36 Onreëlmatigheid
  73 Skuins
  148 Van koers gaan
  167 Wegbeweeg
  553 Behandel
afwykendheid
  9 Verskillend of

    teenoorgesteld
  34 Vreemdheid
  36 Onreëlmatigheid
afwyking
  9 Verskillend of
    teenoorgesteld
  11 Disharmonie
  34 Vreemdheid
  36 Onreëlmatigheid
  269 Heelal
  613 Onnoukeurig
  644 Handelwyse
afwys
  527 Oordeel
  532 Betwis
  585 Verwerp
  602 Verbied
  606 Weier
  827 Afkeur
afwysend
  606 Weier
  827 Afkeur
afwysing
  527 Oordeel
  585 Verwerp
  606 Weier
  827 Afkeur
ag gee
  508 Aandag
  651 Toesien
ag nee wat 527
ag slaan
  508 Aandag
  651 Toesien
ag
  126 Skat
  508 Aandag
  527 Oordeel
  683 Misluk
  715 Negatiewe gevoel
  830 Eerbiedig
ag(t)hoek 447
ag(t)uur 418
agaat 298
agapant 334
agarm 363
agastoof 95
agbaar
  799 Beroemd
  826 Goedkeur
  830 Eerbiedig
agdaegeneesbossie 343
ageer 645
agenda
  557 Diskussie
  590 Bestuur en regeer
  640 Voorbereid
  665 Byeenkom
agendapunt 590
agent
  15 Oorsaak
  508 Aandag
  574 Woordkategorie

  588 Gesag hê
  590 Bestuur en regeer
  645 Handel
  658 Beroep
  701 Handel en ekonomie
  705 Verkoop
  802 Wette gehoorsaam
agentskap 658
agglomeraat
  168 Saamkom
  170 Saambring
  174 Meng
  298 Steen
agglutinasie 168
agglutineer 172
aggregaat
  111 Geheel
  170 Saambring
  174 Meng
  681 Resultaat
aggregasie
  168 Saamkom
  170 Saambring
  254 Stof
  663 Meedoen
  665 Byeenkom
aggressie
  667 Stryd
  669 Aanval
  771 Gramskap
  777 Haat en
    onvriendelikheid
aggressief
  667 Stryd
  669 Aanval
  777 Haat en
    onvriendelikheid
agie 506
agierig 506
Agilles 855
agilleshiel 626
agillespees 397
agillessening 397
agio 703
agitasie
  667 Stryd
  715 Negatiewe gevoel
  771 Gramskap
  784 Wraaksug
agitator 667
agiteer
  667 Stryd
  714 Positiewe gevoel
  784 Wraaksug
agnaat 240
Agni 855
agnosie 413
agnosties
  514 Wysbegeerte
  843 Ongeloof
  846 Goddeloosheid
agnostisisme
  514 Wysbegeerte

843 Ongeloof
846 Goddeloosheid
854 Godsdienste
agodsdienstig
841 Leer
843 Ongeloof
agogiek 753
agonie
412 Siek
768 Vrees
agorafobie 768
agraaf 745
agrafie 413
agrammatisme 413
agraries 347
agretjie 334
agri-wetenskap 356
agrogeologie 274
agronomie 356
agronomies
347 Landbou
356 Landbouwetenskap
agsaam
506 Belangstelling
508 Aandag
agste
112 Deel
133 Getalle
agsteman 728
agstenoot 753
agste-rus 753
agte(r)losig
507 Gebrek aan
belangstelling
509 Onoplettendheid
613 Onnoukeurig
646 Nie handel nie
652 Versuim
agteloos 613
agtenswaardig
826 Goedkeur
830 Eerbiedig
agter
21 Opeenvolging
25 Dit wat volg
58 Laat
61 Plek
86 Agter
127 Tydbepaling
151 Agtertoe
203 Agterna kom
589 Dien
agter(lyn)beweging 728
agteraan
25 Dit wat volg
86 Agter
agteraansig
94 Dele van 'n eiendom
233 Voertuig
agteraf
86 Agter
540 Nie kommunikeer
nie

789 Onbeskaafdheid
818 Bedrieg
agteras
163 Draai
630 Werktuig
agterbaan 728
agterbaks
540 Nie kommunikeer
nie
623 Sleg
813 Swak gedrag
815 Oneerlik
agterbalk 186
agterband
232 Fiets
233 Voertuig
agterbanker
591 Gesaghebber
592 Ondergeskikte
agterbankie 396
agterbeen 397
agterblad 568
agterbly
50 Verlede
64 Aanwesigheid
203 Agterna kom
617 Magteloos
623 Sleg
646 Nie handel nie
652 Versuim
664 Terugstaan
683 Misluk
agterboog 94
agterborg 655
agterbuurt
90 Omgewing
787 Samelewing
agterdek 235
agterdeur
94 Dele van 'n eiendom
147 Rigting
833 Verontskuldig
agterdoek 752
agterdog
518 Glo
519 Twyfel
587 Aarsel
770 Wantroue
832 Beskuldig
843 Ongeloof
agterdogtigheid
518 Glo
519 Twyfel
770 Wantroue
832 Beskuldig
agtereen 25
agtereenvolgend
21 Opeenvolging
25 Dit wat volg
agtereenvolgens
21 Opeenvolging
25 Dit wat volg
agterend 86

agterent
86 Agter
396 Rug
agtergeblewe 690
agtergeblewenheid 690
agtergestel(d)
690 Arm
787 Samelewing
agtergesteldheid
690 Arm
787 Samelewing
agtergewel 94
agtergrond
3 Bestaanswyse
15 Oorsaak
86 Agter
240 Genealogie
541 Betekenisvolheid
750 Letterkunde
752 Toneel- en
rolprentkuns
760 Skilderkuns
agtergrondgeluid 266
agtergrondgeruis 266
agtergrondinligting 551
agtergrondmusiek 753
agterhaal
517 Vind
686 Aanwins
agterhoede
25 Dit wat volg
203 Agterna kom
667 Stryd
670 Verdedig
672 Weermag
728 Balsporte
agterhou
193 Vertraag
549 Stilbly
agterhoudend
540 Nie kommunikeer
nie
815 Oneerlik
agterin 86
agterkant
86 Agter
396 Rug
agterkants(t)e 86
agterklap 829
agterkleinkind 243
agterkom 517
agterkop
384 Kop
385 Skedel
agterkopnaat 385
agterkwab 385
agterkwart 421
agterlaaier 676
agterlaat 192
agterlangs
86 Agter
147 Rigting
agterlig
232 Fiets

233 Voertuig
487 Ligbron
agterlik
93 Beskeie gebou
433 Klein
503 Onverstandigheid
505 Verstandstoornis
536 Nie weet nie
623 Sleg
789 Onbeskaafdheid
agterlyf
377 Liggaam
392 Romp
agterlyn
86 Agter
728 Balsporte
agtermekaar
19 Orde
21 Opeenvolging
614 Bekwaam
627 Skoon
agtermiddag 37
agterna
25 Dit wat volg
47 Later
51 Toekoms
86 Agter
203 Agterna kom
544 Onduidelik
agternaam
550 Noem
574 Woordkategorie
agternadoen 14
agternagaan 203
agternakom
25 Dit wat volg
203 Agterna kom
agternaloop
14 Navolging
25 Dit wat volg
203 Agterna kom
agternalopery 14
agternasit
14 Navolging
25 Dit wat volg
203 Agterna kom
agterom
86 Agter
151 Agtertoe
agteroor
72 Plat
86 Agter
151 Agtertoe
159 Na onder
agteroorduik 215
agteroorsalto 730
agterop
74 Op
86 Agter
agteropskop 742
agteros
58 Laat
231 Tuig

agterplaas

366 Soogdier
654 Moeilik handel
agterplaas
  86 Agter
  94 Dele van 'n eiendom
agterplat 567
agterpoot 397
agterpunt 745
agterraak
  203 Agterna kom
  652 Versuim
  683 Misluk
agterryer
  219 Perdry
  645 Handel
  663 Meedoen
  673 Manskap
agtersetsel 574
agterskilderwerk 760
agterskip 235
agterskot 708
agterskutblad 567
agterslag 231
agterspel
  727 Kompetisie
  728 Balsporte
agterspeler
  629 Spel en sport
  728 Balsporte
agterstallig
  690 Arm
  697 Verlies ly
  711 Skuld
agterstand
  58 Laat
  117 Te min
  203 Agterna kom
  505 Verstandstoornis
  654 Moeilik handel
  683 Misluk
  711 Skuld
  727 Kompetisie
agterste
  28 Einde
  86 Agter
  203 Agterna kom
  396 Rug
  620 Belangrik
agtersteek 745
agterstel
  86 Agter
  230 Rytuig
  233 Voertuig
  396 Rug
  827 Afkeur
agterstevoor
  9 Verskillend of teenoorgesteld
  503 Onverstandigheid
  507 Gebrek aan belangstelling
  615 Onbekwaam
agterstewe
  235 Skeepvaart

392 Romp
396 Rug
agterstoep 94
agterstraat 149
agtertangs 623
agtertoe
  86 Agter
  147 Rigting
  151 Agtertoe
  201 Agtertoe beweeg
agteruit
  151 Agtertoe
  201 Agtertoe beweeg
  412 Siek
  615 Onbekwaam
agteruitbeweeg 151
agteruitboer
  347 Landbou
  623 Sleg
  652 Versuim
  683 Misluk
  687 Verlies
agteruitdruk 201
agteruitgaan
  140 Verandering
  201 Agtertoe beweeg
  412 Siek
  623 Sleg
  652 Versuim
  683 Misluk
  687 Verlies
agteruitgang
  140 Verandering
  151 Agtertoe
  623 Sleg
  626 Swak
  683 Misluk
  687 Verlies
  690 Arm
agteruitraak 623
agteruitry
  201 Agtertoe beweeg
  217 Motorry
agteruitsit
  412 Siek
  611 Lui
agteruitstaan
  201 Agtertoe beweeg
  587 Aarsel
  664 Terugstaan
agteruitvorder 623
agterveld
  61 Plek
  90 Omgewing
agtervoegsel 575
agtervolg
  14 Navolging
  25 Dit wat volg
  203 Agterna kom
  516 Soek
  669 Aanval
  779 Boosaardigheid

agtervolging
  14 Navolging
  25 Dit wat volg
  516 Soek
  669 Aanval
  779 Boosaardigheid
agterwaarts
  147 Rigting
  151 Agtertoe
  201 Agtertoe beweeg
agterweë
  553 Behandel
  646 Nie handel nie
  687 Verlies
agterwêreld 396
agterwiel 230
agtiende-eeus 45
agting
  588 Gesag hê
  620 Belangrik
  776 Liefde en vriendskap
  796 Stand
  826 Goedkeur
  830 Eerbiedig
agtpuntletter 566
agurkie 351
Ahmadiyya 854
ahorn 331
aide de camp
  592 Ondergeskikte
  663 Meedoen
  673 Manskap
aikido 731
Aiolos 855
ajatolla 854
ajoos 327
ajuin
  343 Genesende plant
  426 Kossoort, dis
akademie
  561 Studeer
  665 Byeenkom
akademies
  502 Verstand
  514 Wysbegeerte
  561 Studeer
  567 Boek
akant 332
akasia 331
akatalepsie 413
akelei 332
akka
  409 Afskeiding en uitskeiding
  820 Oneerbaar
Akkedis 270
akkedis 364
akkedisstert 342
akkedisvalk 365
akkelwanie 337
akker
  123 Meet

323 Vrug
346 Landbougrond
akkerboom 331
akkerbou
  346 Landbougrond
  515 Wetenskap
akkerboukunde 356
akkerdruif 350
akkerhout 316
akkerland 346
akkervoet 123
akkerwanie 337
akkies
  409 Afskeiding en uitskeiding
  820 Oneerbaar
akklamasie
  799 Beroemd
  826 Goedkeur
akklimatiseer
  140 Verandering
  289 Klimaat
  787 Samelewing
akkolade
  571 Skrif
  830 Eerbiedig
  834 Beloon
akkoladeskild 546
akkommodasie
  89 Blyplek
  699 Leen
  790 Sosiale betrekking
akkommodeer
  89 Blyplek
  668 Vrede en versoening
akkommoderend 596
akkompanjeer 787
akkoord
  8 Dieselfde
  10 Harmonie
  531 Saamstem
  579 Gedwonge
  605 Aanvaar
  607 Beloof
  663 Meedoen
  753 Musiek
akkordeer
  10 Harmonie
  408 Spysvertering
akkordeon 756
akkreditasie 590
akkulturasie
  569 Taal
  787 Samelewing
  788 Beskawing
akkumulasie
  168 Saamkom
  170 Saambring
akkumulator 262
akkuraat
  129 Bepaaldheid
  508 Aandag
  537 Waarheid

492

alfa

612 Noukeurig
622 Goed
akkusatief 574
akme
28 Einde
622 Goed
aknee 413
akoestiek
266 Akoestiek
498 Gehoor
akoesties
266 Akoestiek
572 Uitspraak
akoliet
663 Meedoen
852 Geestelike
akriflavine 415
akrobaat 730
akrobatiek 730
akrofobie 768
akroniem
573 Woordeskat
575 Woordvorming
akropolis
277 Berg
671 Verdedigingsmiddel
akrostigon 751
akroterion
94 Dele van 'n eiendom
763 Beeldhoukuns
A-kruis majeur 753
A-kruis mineur 753
A-kruis 753
aks
103 Min
133 Getalle
akselerasie 225
aksenawel 129
aksent
565 Skryfkuns
571 Skrif
572 Uitspraak
753 Musiek
aksentteken 571
aksentueer
543 Duidelik
571 Skrif
572 Uitspraak
aksepbank 700
akseptabel
605 Aanvaar
622 Goed
akseptant 696
akseptasie
605 Aanvaar
696 Ontvang
aksepteer
605 Aanvaar
696 Ontvang
701 Handel en ekonomie
aksiaal
139 Meetkunde
163 Draai

aksidenteel 18
aksie
145 Beweging
645 Handel
808 Regswese
aksiefilm 752
aksiekomitee 658
aksiekrieket 728
aksieplan 640
aksieradius 139
aksiereg 808
aksierolprent 752
aksieskilderwerk 760
aksiestraal 139
aksioma
137 Bewerking
139 Meetkunde
522 Redeneer
525 Bewys
543 Duidelik
644 Handelwyse
aksionabel
808 Regswese
809 Regsgeding
832 Beskuldig
aksis
83 In die middel
139 Meetkunde
380 Gebeente
aksyns
191 Laat kom
712 Belasting
aksynsbelasting
191 Laat kom
712 Belasting
aksynskantoor 712
aksynsreg 712
aksynswet 712
akte
546 Kunsmatige teken
607 Beloof
aktebesorger 590
akte(s)kantoor 590
aktetas
84 Houer
564 Skryfbehoeftes
akteur 752
aktief
145 Beweging
249 Lewe
574 Woordkategorie
576 Sinsbou en styl
610 Ywerig
aktiefkonstruksie 576
aktiefsin 576
aktien 409
aktinie 363
aktinies 267
aktinisme 485
aktinochemie 256
aktinograaf 267
aktinometer
267 Optika

417 Hospitaal
aktinoterapie 414
aktiveer
145 Beweging
638 Aanmoedig
aktivis
585 Verwerp
667 Stryd
aktivisme 667
aktiwiteit
145 Beweging
645 Handel
aktualiseer
53 Nuut en jonk
620 Belangrik
645 Handel
650 Voltooi
aktualiteit
1 Bestaan
3 Bestaanswyse
49 Hede
53 Nuut en jonk
506 Belangstelling
537 Waarheid
620 Belangrik
aktualiteitsprogram 264
aktuarieel 703
aktuaris 703
aktuarius 852
aktueel
1 Bestaan
49 Hede
53 Nuut en jonk
506 Belangstelling
620 Belangrik
aktueer
506 Belangstelling
620 Belangrik
645 Handel
650 Voltooi
akupunktuur 414
akuut
225 Vinnig
412 Siek
571 Skrif
618 Heftig
656 Gevaarlik
akuutaksent 571
akwaduk 286
akwakultuur 345
akwalong 215
akwamaryn
298 Steen
492 Kleure
akwamasie 253
akwaplaas 368
akwarel 760
akwarium 368
akwaties 345
akwatint 761
al
50 Verlede
102 Hoeveelheid

109 Alles
133 Getalle
650 Voltooi
666 Verhinder
al(le) 109
alant 343
alantswyn 427
alarm
94 Dele van 'n eiendom
476 Geluid
656 Gevaarlik
770 Wantroue
alarmeer
656 Gevaarlik
770 Wantroue
alarmis 656
alarmisties 656
alastrim 413
albakoor 363
albas 298
albaster
298 Steen
741 Kinderspel
albatros
365 Voël
728 Balsporte
albei
102 Hoeveelheid
109 Alles
133 Getalle
albinisme
381 Huid
413 Verskillende siektes
albino 381
album
21 Opeenvolging
567 Boek
750 Letterkunde
albumen
323 Vrug
365 Voël
403 Voortplantings-
orgaan
albumien
317 Fisiologie
365 Voël
420 Voedsel
alchemie 256
aldaar 61
aldag 42
al dente 419
aldeur 40
aldus 644
aleer 46
aleksandryn 751
aleksie
413 Verskillende siektes
562 Lees
alewig
42 Altyd
647 Voortgaan
alfa
0 Ontstaan

493

alfaam

571 Skrif
alfaam
  84 Houer
  102 Hoeveelheid
alfabet
  546 Kunsmatige teken
  565 Skryfkuns
  571 Skrif
alfabeties
  19 Orde
  546 Kunsmatige teken
  565 Skryfkuns
alfabetiseer 19
alfabetletter 546
alfadeeltjie 254
alfagras 310
alfalfa 352
alfameries 546
alfanumeries 546
alfanumeriese data 263
alfastrale 267
alfresco 80
alg 327
algaande
  47 Later
  226 Stadig
algar 109
alge 341
algebra
  132 Wiskunde
  138 Algebra
  515 Wetenskap
algebraïes
  132 Wiskunde
  138 Algebra
algeheel 109
algemeen
  3 Bestaanswyse
  7 Betrekkingloosheid
  109 Alles
  130 Onbepaaldheid
  544 Onduidelik
  621 Onbelangrik
algemeenbeskaaf(d) 569
algemeenbeskaafde taal 569
algemeenheid
  7 Betrekkingloosheid
  109 Alles
  541 Betekenisvolheid
  621 Onbelangrik
algenoegsaam 109
alger 109
algodedom 855
algoritme 137
algoritmies 137
alheilmiddel 415
alhier
  61 Plek
  69 Naby
alhoewel 666
alias 550
alibi
  808 Regswese

809 Regsgeding
alicante bouschet 427
alie 396
aliëneer
  694 Neem
  775 Weersin
alifaties 317
alikreukel
  363 Waterdier
  422 Seekos
  426 Kossoort, dis
alimentasie
  686 Aanwins
  708 Betaal
  780 Hulpbetoon
alinea
  565 Skryfkuns
  571 Skrif
aljimmers 42
alk 365
alkali
  256 Skeikunde
  300 Sout
alkalies 300
alkalimetaal 297
alkaliniteit 300
alkalivergiftiging 413
alkaloïde modifikasie 317
alkaloïed
  256 Skeikunde
  317 Fisiologie
alkalosis 413
alkant 87
alkantselfantwoord 573
alkantsetsel 574
alkantsteek 745
alkantvoegsel 575
alkielradikaal 256
alklaps
  40 Langdurig
  42 Altyd
alkohol
  427 Drank
  428 Drankbereiding
  460 Vloeistof
  494 Gevoelloosheid en bedwelming
alkoholgisting 428
alkoholinhoud 428
alkoholis 407
alkoholisme
  407 Drink
  413 Verskillende siektes
alkoholverslawing 494
alkoholvry 427
alkoof 94
alkoofbed 95
alla prima 760
Allah
  854 Godsdienste
  855 Gode

allamagtag 820
allamapstieks
  521 Verras wees
  715 Negatiewe gevoel
allantoïs 401
alle 102
alledaags
  35 Reëlmaat
  55 Periodiek
  619 Kalm
  621 Onbelangrik
  725 Verveling
alledaagsheid
  619 Kalm
  621 Onbelangrik
allee 149
alleen
  4 Selfstandigheid
  103 Min
  108 Minder
  115 Genoeg
  664 Terugstaan
  789 Onbeskaafdheid
  792 Asosiaal
alleenbesit 688
alleenhandel 701
alleenheerser 591
alleenheerskappy 795
alleenheid
  4 Selfstandigheid
  664 Terugstaan
  792 Asosiaal
alleenlik 108
alleenlopend
  248 Huwelik
  789 Onbeskaafdheid
alleenloper
  32 Enkeling
  664 Terugstaan
  789 Onbeskaafdheid
  792 Asosiaal
alleenopsluiting 594
alleenreg 806
alleenspraak
  539 Kommunikeer
  548 Praat
  554 Aanspreek
  752 Toneel- en rolprentkuns
alleenstaande
  103 Min
  664 Terugstaan
alleenverkoop 705
alleenvlug 236
alleenwys
  503 Onverstandigheid
  535 Weet
  837 God
allegaartjie
  170 Saambring
  174 Meng
  426 Kossoort, dis

allegorie
  547 Simboliek
  552 Vertel
  750 Letterkunde
  752 Toneel- en rolprentkuns
  758 Beeldende kuns
  760 Skilderkuns
allegretto
  753 Musiek
  754 Komposisie
allegrissimo 753
allegro
  753 Musiek
  754 Komposisie
allegro assai 753
allegro con fuoco 753
allegro moderato 753
allegro molto 753
allegro vivace 753
allemagtig
  104 Baie
  432 Groot
  820 Oneerbaar
alleman 798
allemansgek 503
allemansgoed 688
allemansvriend
  776 Liefde en vriendskap
  828 Vlei
allemansvyand 777
allemintig
  104 Baie
  432 Groot
allengs
  47 Later
  226 Stadig
allenig
  4 Selfstandigheid
  113 Enkelvoudig
  664 Terugstaan
  789 Onbeskaafdheid
  792 Asosiaal
aller 31
allerbelangrik(s)
  17 Noodsaak
  579 Gedwonge
allerbeste 622
allereers 27
allergeen 409
allergie 413
allergrootste 107
allerhande 13
allerhoogs 436
Allerhoogste 855
allerlaas 28
allerlaaste 28
allerlei
  13 Verskeidenheid
  170 Saambring
allerliefs 743
allermees 104

alwetend

allermeeste 107
allermins
  103 Min
  529 Ontken
allerminste 103
allernaas(te) 69
allernodigs
  17 Noodsaak
  579 Gedwonge
  631 Nodig
allersyds 87
alleruiterste 63
allerverskrikliks 104
allervreesliks
  623 Sleg
  768 Vrees
  775 Weersin
allerweë
  8 Dieselfde
  88 Posisie
alles
  13 Verskeidenheid
  109 Alles
allesbehalwe 526
alleseter
  357 Dier
  406 Eet
allesins 111
allesinsluitend 109
allesomvattend
  109 Alles
  553 Behandel
allesoorheersend
  616 Magtig
  618 Heftig
  620 Belangrik
allesvernietigend 238
alliansie
  663 Meedoen
  665 Byeenkom
alliasie 301
allig
  537 Waarheid
  653 Maklik handel
alligator 364
alligatorbakkop 364
alliterasie 751
allochtoon 787
allodiaal
  794 Sosiale struktuur
  795 Staat en politiek
allofonie 572
allofonies 572
allofoon 572
allogamie 239
allokasie 693
allomorf
  142 Veranderlikheid
  438 Vorm
  575 Woordvorming
allooi
  3 Bestaanswyse
  297 Metaal

301 Metaalverwerking
allopatie 414
allosourus 367
alloteïsme 854
allotropies 256
allotropisme 256
allure
  3 Bestaanswyse
  620 Belangrik
  644 Handelwyse
  747 Styl en smaak
alluvium
  274 Geologie
  287 Vloei
alma mater 560
almaardeur
  8 Dieselfde
  22 Kontinuïteit
  37 Tydruimte
  42 Altyd
  143 Bestendigheid
  164 Reëlmatige beweging
  647 Voortgaan
almag
  616 Magtig
  837 God
almagtig
  616 Magtig
  837 God
almal
  102 Hoeveelheid
  109 Alles
almanak
  127 Tydbepaling
  567 Boek
almelewe 42
almoënd
  616 Magtig
  837 God
a-logies
  11 Disharmonie
  524 Onlogies redeneer
alom
  62 Grensloosheid
  88 Posisie
alomteenwoordig
  64 Aanwesigheid
  837 God
alomvattend 109
alomvattendheid 109
alopesie 413
aloue 54
alpakka 311
alpakkabok 366
alpehoring 756
alpestok 197
Alpha Centauri 270
alreeds 50
alruin
  337 Veldplant
  342 Gifplant
  343 Genesende plant

als
  343 Genesende plant
  415 Geneesmiddel
Alsatian 366
alsiende
  499 Sien
  837 God
also 644
alsydig
  87 Aan die kant
  502 Verstand
  572 Uitspraak
  757 Sang
Altaar 270
altaar
  849 Prediking
  853 Kerkgebou
  854 Godsdienste
altaardienaar 849
altaarstuk 760
altaartafel 853
altans
  108 Minder
  527 Oordeel
altasimut 271
altblokfluit 756
alte min 103
alte veel
  104 Baie
  116 Te veel
alte
  4 Selfstandigheid
  104 Baie
  527 Oordeel
altemit(s) 537
alter ego
  8 Dieselfde
  776 Liefde en vriendskap
  790 Sosiale betrekking
alterkasie
  557 Diskussie
  667 Stryd
alternant 572
alternatief 584
alternatiewelik
  21 Opeenvolging
  584 Kies
alternator
  233 Voertuig
  234 Spoorweë
  262 Elektrisiteit
alterneer 13
altesaam 109
alteveel 104
altevol 104
altglockenspiel 756
althobo 756
altimeter 123
altklarinet 756

alto lirico 757
alto 757
altocumulus 291
altoos
  42 Altyd
  143 Bestendigheid
altostratus 291
altruïsme 778
altruïsties 778
altstem
  482 Menslike geluid
  548 Praat
alttromboon 756
altviola 756
altviool 756
altwee 109
altyd
  22 Kontinuïteit
  40 Langdurig
  42 Altyd
  143 Bestendigheid
  647 Voortgaan
altydbossie 337
altyddeur
  22 Kontinuïteit
  42 Altyd
  55 Periodiek
altyddurend
  40 Langdurig
  42 Altyd
altydgroen
  321 Blaar
  324 Plantlewe
aluin 300
aluinkuip 314
aluminium 297
aluminiumerts 297
aluminiumleer 211
aluminiumraam-
venster 94
aluminiumraket 728
alumnus 560
alveolaar 572
alveolêr 572
alveolus
  385 Skedel
  572 Uitspraak
alvermoë
  614 Bekwaam
  616 Magtig
  837 God
alvleisklier
  401 Spysverterings-
kanaal
  402 Afskeiding- en uitskeidingsorgane
alvleissap 409
alvorens
  46 Vroeër
  85 Voor
alwaar 61
alwetend
  535 Weet

561 Studeer
837 God
alwysheid 837
Alzheimers 413
amaas
  413 Verskillende siektes
  546 Kunsmatige teken
amabile 753
amalgaam
  174 Meng
  301 Metaalverwerking
amalgamasie
  168 Saamkom
  174 Meng
  663 Meedoen
amalgameer
  168 Saamkom
  170 Saambring
  172 Vasmaak
  174 Meng
  301 Metaalverwerking
  663 Meedoen
amandel
  323 Vrug
  350 Vrugteverbouing
  426 Kossoort, dis
  492 Kleure
amandelkoekie 426
amandelmelk 426
amandelneut 426
amandelsteen 298
amandla 616
amanuensis 560
amara 415
amarant 318
amaril 298
amarillis 337
amarilstafie
  383 Nael
  746 Persoonlike versorging
amasone
  376 Vrou
  625 Sterk
amasonelelie 341
amateur
  536 Nie weet nie
  615 Onbekwaam
  629 Spel en sport
  683 Misluk
amateuragtig
  536 Nie weet nie
  615 Onbekwaam
  626 Swak
  683 Misluk
amateurboks
  629 Spel en sport
  731 Gevegsport
amateurfotograaf 268
amateurisme
  629 Spel en sport
  658 Beroep
amateurspeler 752

amateursport 629
amateurteater 752
ambag
  645 Handel
  658 Beroep
ambagskap 645
ambagsman
  592 Ondergeskikte
  645 Handel
  658 Beroep
ambassade
  588 Gesag hê
  590 Bestuur en regeer
ambassadegebou 590
ambassadeur
  588 Gesag hê
  591 Gesaghebber
amber 492
ambergeel 492
amberkleurig 492
ambidekster 397
ambisie
  584 Kies
  610 Ywerig
  767 Moed
  773 Begeerte
  785 Hoogmoed
  799 Beroemd
ambisieus
  582 Wilskrag
  584 Kies
  610 Ywerig
  773 Begeerte
ambivalent
  11 Disharmonie
  544 Onduidelik
ambraal
  503 Onverstandigheid
  741 Kinderspel
ambrosia
  427 Drank
  855 Gode
ambulans
  233 Voertuig
  417 Hospitaal
ambulanskorps 672
ambulansman 416
ambulant
  142 Veranderlikheid
  197 Te voet gaan
  610 Ywerig
ameba 359
amebedisenterie 413
amebiase 413
amegtig
  404 Asemhaling
  412 Siek
  413 Verskillende siektes
ameliorasie 622
amelioratief 575
amen 847
amendeer
  140 Verandering

801 Wet
Amerika 276
Amerikaner 787
amerikanisasie 787
amerikanisme 569
ametis 298
amettalisme 701
ameublement 95
amfetamien 494
amfibie
  357 Dier
  363 Waterdier
amfibrag 751
amfiteater 752
amfoor 95
amfora
  84 Houer
  95 Huisraad
amice 776
amigo 776
amikaal 776
amine 256
aminosuur
  256 Skeikunde
  409 Afskeiding en uitskeiding
ammeter
  123 Meet
  262 Elektrisiteit
ammoniak
  256 Skeikunde
  461 Gas
ammunisie
  675 Militêre toerusting
  676 Vuurwapen
amnesie
  505 Verstandstoornis
  511 Vergeet
amnestie
  776 Liefde en vriendskap
  778 Goedaardigheid
amniosentese
  239 Voortplant
  414 Geneeskunde
amoeba 359
amok 667
A-mol 753
A-mol majeur 753
A-mol mineur 753
Amon 855
Amor 855
amoralisme
  514 Wysbegeerte
  813 Swak gedrag
amoraliteit
  813 Swak gedrag
  820 Oneerbaar
amoreel
  811 Gewete
  813 Swak gedrag
  820 Oneerbaar
amoreus 776

amorf 438
amoroso 753
amortisasie
  708 Betaal
  711 Skuld
amourette 776
amp
  590 Bestuur en regeer
  645 Handel
  658 Beroep
  665 Byeenkom
amper
  51 Toekoms
  69 Naby
  126 Skat
  130 Onbepaaldheid
amperbroekie 745
ampère
  123 Meet
  262 Elektrisiteit
ampersand
  565 Skryfkuns
  571 Skrif
ampertjies 126
amplifikasie 107
amplitude
  257 Meganika en tegnologie
  266 Akoestiek
  270 Hemelliggaam
ampsaanvaarding 658
ampsbediening 658
ampsbekleding 658
ampsblad 567
ampsdraer 590
ampsdrag 591
ampseed
  537 Waarheid
  590 Bestuur en regeer
  607 Beloof
ampsgeheim 540
ampsgenoot 590
ampsgewaad 591
ampshalwe
  590 Bestuur en regeer
  658 Beroep
ampsnaam 550
ampsneerlegging 660
ampsperiode 590
ampsplig 811
ampstaf
  546 Kunsmatige teken
  591 Gesaghebber
ampstatus 658
ampstermyn 590
ampstitel
  550 Noem
  658 Beroep
ampstyd 38
ampsverrigting 658
ampsversuim 813
ampsvervulling
  590 Bestuur en regeer

Anglis

658 Beroep
ampswoning
  89 Blyplek
  92 Deftige, belangrike of
    groot gebou
  591 Gesaghebber
amptelik
  528 Bevestig
  569 Taal
  590 Bestuur en regeer
  620 Belangrik
  658 Beroep
amptelike taal 569
amptenaar
  590 Bestuur en regeer
  592 Ondergeskikte
  658 Beroep
  795 Staat en politiek
amptenaredom
  590 Bestuur en regeer
  795 Staat en politiek
amptenary
  590 Bestuur en regeer
  658 Beroep
ampule 415
ampulla 381
amputasie 414
amusant
  722 Humor
  724 Vermaak en
    ontspanning
amusie
  498 Gehoor
  753 Musiek
anaal
  396 Rug
  401 Spysverterings-
    kanaal
  402 Afskeidings- en
    uitskeidingsorgane
anabiose 251
anabolisme 317
anaboom 331
anachoreet 789
anachronisme
  44 Gebeure in tyd
  45 Geskiedenis
anafilaksie 413
anafoor
  574 Woordkategorie
  576 Sinsbou en styl
anaforiek
  576 Sinsbou en styl
  577 Betekenis
anagram 575
anakoloet
  565 Skryfkuns
  576 Sinsbou en styl
anakonda 364
anakronisme
  44 Gebeure in tyd
  45 Geskiedenis
analfabeet
  503 Onverstandigheid

536 Nie weet nie
analfabetisme
  536 Nie weet nie
  615 Onbekwaam
analgesie 413
analgetikum 415
analgie 413
analis
  256 Skeikunde
  515 Wetenskap
  516 Soek
  561 Studeer
  700 Bank
analise
  515 Wetenskap
  516 Soek
  561 Studeer
analiseer
  256 Skeikunde
  515 Wetenskap
  516 Soek
  535 Weet
  561 Studeer
analitikus
  256 Skeikunde
  515 Wetenskap
  516 Soek
  561 Studeer
analogie
  8 Dieselfde
  573 Woordeskat
  575 Woordvorming
analogon
  3 Bestaanswyse
  575 Woordvorming
analoog
  3 Bestaanswyse
  8 Dieselfde
  10 Harmonie
  78 Parallel
  575 Woordvorming
Anammelek 855
anapes 751
anargie
  20 Wanorde
  121 Verwarring
  598 Ongehoorsaam
  795 Staat en politiek
anargis
  598 Ongehoorsaam
  795 Staat en politiek
anargisties
  20 Wanorde
  121 Verwarring
  598 Ongehoorsaam
  795 Staat en politiek
anastigmaat 267
anatema
  827 Afkeur
  829 Beledig
  841 Leer
anatomie
  255 Natuur

377 Liggaam
515 Wetenskap
anatroop 324
andante
  753 Musiek
  754 Komposisie
andantino 753
ander
  9 Verskillend of
    teenoorgesteld
  374 Mens
anderdag
  46 Vroeër
  50 Verlede
  51 Toekoms
anderdagmôre 51
anderding
  1 Bestaan
  544 Onduidelik
  550 Noem
andergoed 550
anderhalf 133
anderkant
  61 Plek
  64 Aanwesigheid
  87 Aan die kant
  88 Posisie
  208 Verbygaan
  209 Oorgaan
anderland 273
andermaal 55
anders
  9 Verskillend of
    teenoorgesteld
  11 Disharmonie
  13 Verskeidenheid
  34 Vreemdheid
  36 Onreëlmatigheid
  140 Verandering
  530 Voorbehou
  644 Handelwyse
andersdenkend
  513 Denke
  532 Betwis
  666 Verhinder
  841 Leer
andersduidend 541
andersheid
  9 Verskillend of
    teenoorgesteld
  11 Disharmonie
  34 Vreemdheid
  36 Onreëlmatigheid
  140 Verandering
andersins
  140 Verandering
  644 Handelwyse
anderskleurige 787
andersom
  9 Verskillend of
    teenoorgesteld
  147 Rigting
andersoortig 9

anderste(r)
  9 Verskillend of
    teenoorgesteld
  11 Disharmonie
  13 Verskeidenheid
  34 Vreemdheid
  36 Onreëlmatigheid
  140 Verandering
andersyds
  6 Betrekking
  9 Verskillend of
    teenoorgesteld
  112 Deel
ander(s)talig 569
ander(s)talige 569
andervolks 34
andoelie
  421 Vleis
  426 Kossoort, dis
androgeen 317
androgien 374
Andromeda
  270 Hemelliggaam
  855 Gode
andyvie 351
anekdote
  552 Vertel
  750 Letterkunde
anekdoties 552
anemie 413
anemies
  412 Siek
  413 Verskillende siektes
  491 Kleurloosheid
anemoon 334
aneroïde 259
anervie 413
anesteseer 414
anestesie 413
anestesiologie 515
anestetika 414
anestetikum 415
anestetikus 416
aneurine 256
aneurisme 413
angel
  361 Insek
  390 Mond
angelier 334
angelierknopvlieg 361
angeliervlieg 361
angelika 419
angina 413
angina pectoris 413
angiografie 414
angiogram 414
angiopatie 413
angiosperm 318
angiospoor 318
Anglikaan
  840 Godsdiens
  854 Godsdienste
Anglis 570

angliseer 569
Anglisis 570
anglisisme 569
anglisismevrees 569
Anglistiek 570
anglofiel
   569 Taal
   787 Samelewing
anglofilie 787
anglofobie 787
angora
   311 Weefstof
   366 Soogdier
angs
   505 Verstandstoornis
   651 Toesien
   715 Negatiewe gevoel
   768 Vrees
angsaanjaend
   656 Gevaarlik
   715 Negatiewe gevoel
   744 Lelik
   768 Vrees
angsbevangenheid 768
angsdroom 410
angskreet 768
angsneurose 768
angssweet
   409 Afskeiding en uitskeiding
   768 Vrees
angst
   651 Toesien
   715 Negatiewe gevoel
   768 Vrees
angstigheid
   413 Verskillende siektes
   715 Negatiewe gevoel
   768 Vrees
angsvallig
   612 Noukeurig
   654 Moeilik handel
   768 Vrees
angsversteuring 413
angsvol 768
angswekkend
   656 Gevaarlik
   715 Negatiewe gevoel
   744 Lelik
   768 Vrees
anhidride 256
aniline 460
anima
   249 Lewe
   713 Gevoel
animaal 357
animaliseer 357
animalisme 854
animasie
   249 Lewe
   752 Toneel- en rolprentkuns

animato (geanimeerd) 753
animeer 714
animis 854
animisme
   514 Wysbegeerte
   760 Skilderkuns
   854 Godsdienste
animo
   610 Ywerig
   718 Blydskap
animositeit
   771 Gramskap
   777 Haat en onvriendelikheid
animus
   713 Gevoel
   808 Regswese
anioon
   254 Stof
   256 Skeikunde
anker
   123 Meet
   128 Chronometer
   146 Beweginglooshed
   172 Vasmaak
   221 Vaar
   235 Skeepvaart
   261 Magnetisme
ankerketting
   172 Vasmaak
   235 Skeepvaart
ankerlig
   235 Skeepvaart
   487 Ligbron
ankermuur 94
ankerplek 221
ankerpunt 235
ankersteek 745
ankerwindas 235
anlaut 572
annale
   45 Geskiedenis
   567 Boek
anneks 94
annekseer
   172 Vasmaak
   584 Kies
   694 Neem
annerlik
   9 Verskillend of teenoorgesteld
   11 Disharmonie
   13 Verskeidenheid
   34 Vreemdheid
   36 Onreëlmatigheid
   140 Verandering
annihileer
   238 Vernietig
   252 Doodmaak
anno Domini 127
anno 127
annotasie
   543 Duidelik

565 Skryfkuns
annuïteit
   686 Aanwins
   692 Spaar
   708 Betaal
annuïteitsfonds
   655 Veilig
   686 Aanwins
annuleer 526
anode
   256 Skeikunde
   262 Elektrisiteit
anofeles 361
anoksemie 413
anomalie 36
anoniem 550
anoreksie 413
anorexia nervosa 413
anorganies
   250 Dood
   254 Stof
   256 Skeikunde
ansjovis
   363 Waterdier
   422 Seekos
antagonis
   666 Verhinder
   667 Stryd
   750 Letterkunde
   752 Toneel- en rolprentkuns
   777 Haat en onvriendelikheid
antagonisme
   666 Verhinder
   667 Stryd
   777 Haat en onvriendelikheid
antagonisties
   667 Stryd
   777 Haat en onvriendelikheid
Antarktika 276
ante meridiem 127
antedateer
   46 Vroeër
   700 Bank
antenne
   233 Voertuig
   264 Radio en televisie
anterieur 572
antesedent
   24 Dit wat voorafgaan
   574 Woordkategorie
   576 Sinsbou en styl
anti-apartheid 787
anti-apartheid(s)aktivis 667
anti-apartheidsbeweging 787
anti-apartheidstryder 667
antibioties
   238 Vernietig

415 Geneesmiddel
antibiotikum 415
antichris 846
antidepressant 415
antidoot 415
antie 246
antiek
   54 Oud
   749 Kuns
antieksjiek 743
antifoon
   752 Toneel- en rolprentkuns
   757 Sang
   847 Gebed
antigeen 415
antiheld
   750 Letterkunde
   752 Toneel- en rolprentkuns
antihistamien 415
anti-inflammatories 415
antikerklik 843
antikiteit 54
antiklien 277
antiklimaks
   576 Sinsbou en styl
   750 Letterkunde
antiklinaal 446
antiklinorium 277
anti-kommunisties 795
antikwaar
   54 Oud
   567 Boek
   707 Handelsaak
antikwariaat
   54 Oud
   567 Boek
   707 Handelsaak
antikwiteit 54
antiliggaampie
   252 Doodmaak
   415 Geneesmiddel
antiloop 366
antimakassar 95
anti-marxisties 795
antimoon 297
antipasto 426
antipatie
   774 Onverskilligheid
   775 Weersin
   827 Afkeur
antipersoneelmyn 676
antipode 9
antiretrovirale middel 415
anti-semities
   777 Haat en onvriendelikheid
   854 Godsdienste
anti-semitisme
   777 Haat en onvriendelikheid

appendisitis

854 Godsdienste
antisepties
  411 Gesond
  415 Geneesmiddel
  627 Skoon
antisikloon
  290 Wind
  293 Onweer
antisipasie
  57 Vroeg
  520 Verwag
antisipeer
  24 Dit wat voorafgaan
  46 Vroeër
  57 Vroeg
  520 Verwag
antisuurmiddel 415
antitese
  9 Verskillend of teen=
    oorgesteld
  119 Teenstelling
  576 Sinsbou en styl
antitoksien 415
antivirusprogram 263
Antjie Somers 768
antologie 567
antoniem
  573 Woordeskat
  577 Betekenis
**antoniemwoorde=
boek** 567
antonimie
  573 Woordeskat
  577 Betekenis
antonomasia
  576 Sinsbou en styl
  577 Betekenis
antrakoniet 298
antraks 413
antrasiet
  299 Brandstof
  469 Verwarmingstoestel
antropofagie 803
antropofobie 768
antropogenese
  0 Ontstaan
  237 Voortbring
  239 Voortplant
  374 Mens
  787 Samelewing
antropogeografie 273
antropoïde
  237 Voortbring
  374 Mens
antropologie
  514 Wysbegeerte
  515 Wetenskap
  787 Samelewing
antropometrie 377
antropomorf 374
antroponiem
  546 Kunsmatige teken
  550 Noem

574 Woordkategorie
antroponimie
  550 Noem
  570 Taalwetenskap
antroposentries
  374 Mens
  514 Wysbegeerte
antroposofie
  374 Mens
  514 Wysbegeerte
antroposiologie 787
antrum 377
antwoord
  137 Bewerking
  526 Weerlê
  543 Duidelik
  556 Antwoord
  681 Resultaat
antwoordboek 567
antwoordskrif 567
Anubis 855
anus
  396 Rug
  401 Spysverterings=
    kanaal
  402 Afskeidings- en
    uitskeidingsorgane
anys 419
anyssaad 323
aoris 574
aorta 399
apart
  169 Skei
  171 Verwyder
  664 Terugstaan
apartement 89
apartheid
  171 Verwyder
  664 Terugstaan
  787 Samelewing
  795 Staat en politiek
  803 Wette oortree
apartheidsbeleid 795
apartheidspolitiek 590
apatie
  637 Doelgerigtheid en
    doelloosheid
  715 Negatiewe gevoel
  774 Onverskilligheid
apaties
  626 Swak
  637 Doelgerigtheid en
    doelloosheid
  715 Negatiewe gevoel
  774 Onverskilligheid
apeks
  94 Dele van 'n eiendom
  139 Meetkunde
  270 Hemelliggaam
aperig 14
aperiodiek
  56 Selde
  165 Onreëlmatige

    beweging
aperitief 427
apert 543
apery
  14 Navolging
  722 Humor
Apgartoets 239
Aphrodite 855
apiesdoringboom 331
apiestuipe
  768 Vrees
  771 Gramskap
apikale foramen 391
Apis 855
Apl 263
aplomb
  582 Wilskrag
  769 Vertroue
apnee 413
apodikties
  525 Bewys
  543 Duidelik
apodosis 576
apoëties 751
apofise 413
apogee
  76 Bo, bokant, boontoe
  139 Meetkunde
  269 Heelal
apogeum
  28 Einde
  622 Goed
apoggitura 753
apokalips
  717 Lyding
  842 Geloof
apokalipties
  717 Lyding
  842 Geloof
apokopee 572
apokrief
  538 Dwaling
  841 Leer
apokriewe 842
apokrifa 842
apolities 795
Apollo 855
apologeet
  527 Oordeel
  842 Geloof
apologeties
  532 Betwis
  833 Verontskuldig
apologie
  548 Praat
  833 Verontskuldig
apoloog 552
apopleksie 413
apoplekties 412
apostaat 843
apostel
  14 Navolging
  25 Dit wat volg

  518 Glo
  551 Meedeel
  592 Ondergeskikte
  849 Prediking
apostolaat 842
apostroof 571
apotema 139
apoteose
  799 Beroemd
  826 Goedkeur
  855 Gode
app 263
apparaat
  255 Natuur
  629 Gebruik
  630 Werktuig
apparatsjik 590
apparatuur
  256 Skeikunde
  630 Werktuig
appasionato 753
appel
  350 Vrugteverbouing
  426 Kossoort, dis
appèl
  808 Regswese
  809 Regsgeding
appelasyn 419
appelboom 350
appèlhof 808
appelkoos
  350 Vrugteverbouing
  426 Kossoort, dis
appelkooskleur 492
appelkooskonfyt 426
appelkoossiekte 413
appelkoossmeer 426
appellatief 574
appelleer
  721 Ontevredenheid
  808 Regswese
  809 Regsgeding
appelliefie
  350 Vrugteverbouing
  426 Kossoort, dis
appelmoes 426
appelmot 361
appèlregter
  591 Gesaghebber
  808 Regswese
  809 Regsgeding
appelring 426
appèlsaak 809
appelsuur 472
appeltert 426
appelvrug 350
appelwyn 427
appendektomie 414
appendiks
  401 Spysverterings=
    kanaal
  567 Boek
appendisitis 413

appersepsie 508
appliek 745
appliekwerk
  745 Versier
  758 Beeldende kuns
applikant
  659 Aanstelling
  808 Regswese
applikasie
  604 Versoek
  659 Aanstelling
applikatuur 758
appliseer 659
approudiseer
  527 Oordeel
  826 Goedkeur
applous 826
apporteer 191
apporteerhond 366
apposisie 576
appresiasie
  126 Skat
  686 Aanwins
  689 Ryk
appresieer
  622 Goed
  686 Aanwins
appretuur 313
approbasie 826
approksimasie 130
appropriasie 694
approprieer
  686 Aanwins
  694 Neem
apraksie 617
April 37
Aprilgek 722
Aprilgrap 722
aprioristies 24
apropos
  6 Betrekking
  129 Bepaaldheid
  513 Denke
  633 Nuttig
apsis 853
apteek
  414 Geneeskunde
  415 Geneesmiddel
  707 Handelsaak
apteker
  416 Medikus
  707 Handelsaak
aptekerswese 414
aptyt 406
aptytlik
  406 Eet
  426 Kossoort, dis
  471 Smaaklik, lekker
  747 Styl en smaak
aptytwekkend 406
aptytwekker
  406 Eet
  407 Drink

  427 Drank
Apus 270
aquaplaas 368
Aquarius 270
Aquila 270
AR 263
Ara 270
A-raamhuis 91
arabesk 745
arabies 565
arabiese skrif
  565 Skryfkuns
  571 Skrif
aragnied 361
aragnofobie 768
aragnoïed 361
aragnologie 515
arak 427
Aramese god 855
arbei
  645 Handel
  849 Prediking
arbeid
  257 Meganika en tegnologie
  645 Handel
  658 Beroep
arbeider
  592 Ondergeskikte
  645 Handel
  658 Beroep
  663 Meedoen
arbeidershuis
  89 Blyplek
  93 Beskeie gebou
arbeidersklas 798
arbeiderswoning
  91 Gebou
  93 Beskeie gebou
arbeidsaam
  610 Ywerig
  645 Handel
arbeidsaangeleentheid 645
arbeidsburo 658
arbeidseenheid 123
arbeidsfisioterapie 414
arbeidsgeleentheid 645
arbeidsgemeenskap 645
arbeidsgeskil 667
arbeidsintensief
  347 Landbou
  644 Handelwyse
  645 Handel
  658 Beroep
arbeidskaart 658
arbeidskolonie 658
arbeidskrag
  645 Handel
  658 Beroep
arbeidsku 646
arbeidsmag 645
arbeidsmark 658

arbeidsonrus
  658 Beroep
  666 Verhinder
arbeidsreg 808
arbeidsterapie 414
arbeidsveld 658
arbeidsverhouding 658
arbeidsvermoë
  257 Meganika en tegnologie
  610 Ywerig
arbeidswet
  645 Handel
  801 Wet
arbeidswetgewing
  645 Handel
  801 Wet
arbiter
  590 Bestuur en regeer
  668 Vrede en versoening
  727 Kompetisie
arbitrasie
  590 Bestuur en regeer
  663 Meedoen
  668 Vrede en versoening
arbitrêr
  7 Betrekkingloosheid
  11 Disharmonie
  578 Vrywillig
  583 Willoosheid
  654 Moeilik handel
arbitrerend 668
arboretum 349
arborikultuur 349
archeopteryx 367
ardente 753
area
  61 Plek
  64 Aanwesigheid
  89 Blyplek
  90 Omgewing
  168 Saamkom
  445 Oppervlak
areligieus 841
arena
  629 Spel en sport
  667 Stryd
Arend 270
arend
  365 Voël
  728 Balsporte
arendsblik 499
arendsneus 389
arendsoog 499
Ares 855
arg(e)loos
  767 Moed
  817 Ontrouheid
argaïes 54
argaïsme 569
argaïsties 54
argeloosheid 817

argeologie
  54 Oud
  274 Geologie
  515 Wetenskap
argetipe
  31 Soort
  54 Oud
  438 Vorm
argetipies 31
argief
  45 Geskiedenis
  263 Rekenaar en internet
  567 Boek
  590 Bestuur en regeer
argiefstuk 567
argipel 281
argitek
  97 Bou
  640 Voorbereid
  764 Boukuns
argitektonies
  97 Bou
  764 Boukuns
argitektuur
  94 Dele van 'n eiendom
  97 Bou
  764 Boukuns
argitraaf 94
argivalia 567
argivaris
  45 Geskiedenis
  567 Boek
arglistig
  813 Swak gedrag
  815 Oneerlik
  820 Oneerbaar
argon 256
argot 569
argument
  11 Disharmonie
  263 Rekenaar en internet
  513 Denke
  522 Redeneer
  525 Bewys
  527 Oordeel
  539 Kommunikeer
  557 Diskussie
  558 Redevoering
  576 Sinsbou en styl
  666 Verhinder
argumentasie
  513 Denke
  522 Redeneer
  525 Bewys
  532 Betwis
  539 Kommunikeer
  558 Redevoering
  666 Verhinder
argumenteer
  513 Denke
  522 Redeneer

asemtekort

525 Bewys
532 Betwis
539 Kommunikeer
548 Praat
666 Verhinder
667 Stryd
argumentshalwe 513
**argumentum ad homi-
  nem** 558
argusoë 499
argwaan wek
  770 Wantroue
  771 Gramskap
argwaan
  587 Aarsel
  770 Wantroue
aria
  754 Komposisie
  757 Sang
Ariadne 855
ariditeit 464
aried 464
arig
  93 Beskeie gebou
  412 Siek
  623 Sleg
  777 Haat en
    onvriendelikheid
aristokraat
  797 Hoër stand
  799 Beroemd
  812 Goeie gedrag
aristokrasie
  787 Samelewing
  795 Staat en politiek
  797 Hoër stand
aristokraties
  590 Bestuur en regeer
  787 Samelewing
  797 Hoër stand
  799 Beroemd
  812 Goeie gedrag
aritmeties 138
aritmie 413
ark
  54 Oud
  842 Geloof
  854 Godsdienste
arkade 94
Arkadies 743
arkadies 90
arm
  94 Dele van 'n eiendom
  95 Huisraad
  103 Min
  257 Meganika en
    tegnologie
  346 Landbougrond
  397 Ledemaat
  690 Arm
  717 Lyding
arm(e)bestuur 780
arm(e)sorg 780

armada
  221 Vaar
  672 Weermag
armageddon 717
armatuur 261
armband 745
armbeweging 145
armbus 780
arme
  631 Nodig
  690 Arm
armholte 397
armlastig
  690 Arm
  780 Hulpbetoon
armlengte 432
armleuning
  95 Huisraad
  233 Voertuig
armmansgeding 809
armoede
  687 Verlies
  690 Arm
armoedegrens 690
armoedestryd 690
armoedig
  93 Beskeie gebou
  103 Min
  690 Arm
armoedsbos 337
armoire 95
armpleksus 378
armsalig
  615 Onbekwaam
  623 Sleg
  683 Misluk
  690 Arm
  717 Lyding
armsaligheid
  615 Onbekwaam
  623 Sleg
  683 Misluk
  690 Arm
  717 Lyding
armskut 728
armslagaar 399
armspalk 415
armspier 379
aroma
  473 Reuk
  474 Welriekend
aromaterapie 746
aromaties
  473 Reuk
  474 Welriekend
aronskelk 334
arpeggio
  753 Musiek
  755 Uitvoering
arres
  594 Onvryheid
  680 Militêre aksie
  802 Wette gehoorsaam

835 Bestraf
arrestant
  594 Onvryheid
  680 Militêre aksie
arrestasie
  594 Onvryheid
  802 Wette gehoorsaam
  835 Bestraf
arrig 623
arriveer
  188 Aankom
  796 Stand
arrogant
  785 Hoogmoed
  813 Swak gedrag
arseen 252
arseer
  139 Meetkunde
  759 Tekenkuns
arsenaal 675
AR-speletjie 263
Art Deco 749
Art Nouveau 749
artefak 237
artelleris 677
Artemis 855
arterie 399
arteriosklerose 413
artesies 274
arthropodum 357
arties
  730 Gimnastiek
  749 Kuns
artikel
  32 Enkeling
  237 Voortbring
  539 Kommunikeer
  565 Skryfkuns
  567 Boek
  568 Media
  574 Woordkategorie
  607 Beloof
  801 Wet
artikelbundel 567
artikulasie
  380 Gebeente
  572 Uitspraak
artikuleer
  257 Meganika en
    tegnologie
  548 Praat
  572 Uitspraak
artikulêr 380
artillerie
  672 Weermag
  675 Militêre toerusting
  676 Vuurwapen
artillerieskool 680
artilleriesoldaat 673
artilleris 673
artisjok 351
artistiek
  743 Mooi

747 Styl en smaak
749 Kuns
artritis 413
artritislyer 412
arts 416
as
  37 Tydruimte
  83 In die middel
  139 Meetkunde
  163 Draai
  230 Rytuig
  232 Fiets
  233 Voertuig
  234 Spoorweë
  257 Meganika en
    tegnologie
  261 Magnetisme
  272 Aarde
  380 Gebeente
  430 Rook
  469 Verwarmingstoestel
  630 Werktuig
asado 418
asalea 332
asbak 469
asbes 298
asbesdak 94
asbeslei 304
asbessement 100
asbesteël 304
asbestose 413
asbesverwarmer 469
asblom 334
asblond 492
asbos 336
ascencio recta 269
ASCI 263
ASCI-kode 263
a-seksualiteit 374
aseksueel 239
asem
  404 Asemhaling
  473 Reuk
asembenemend 743
asemhaal
  249 Lewe
  404 Asemhaling
asemhalingsorgaan
  398 Asemhalingsorgaan
  404 Asemhaling
asemhalingsporie 361
asemloos
  404 Asemhaling
  654 Moeilik handel
asemnood 404
asemrowend
  521 Verras wees
  743 Mooi
asemskep
  404 Asemhaling
  662 Rus
asemstoot 404
asemtekort 404

asemteug 404
Asen 855
asepsie 411
asepties 411
asetaat 300
asetileen
  256 Skeikunde
  461 Gas
asetoon
  256 Skeikunde
  460 Vloeistof
asfalt
  149 Pad
  298 Steen
asfalteer 149
asfaltteël 100
asfaltvloer 94
asfiksiasie
  250 Dood
  252 Doodmaak
asfiksie
  250 Dood
  252 Doodmaak
  413 Verskillende siektes
ashoop
  469 Verwarmingstoestel
  628 Vuil
  766 Wanhoop
Asiaat 787
asiel
  655 Veilig
  776 Liefde en
    vriendskap
asielsoeker 655
asiklies
  55 Periodiek
  139 Meetkunde
Asima 855
asimmetries
  9 Verskillend of
    teenoorgesteld
  11 Disharmonie
  36 Onreëlmatigheid
asimptomaties 412
asimptoot 139
asimut 269 Heelal
asindeton
  565 Skryfkuns
  576 Sinsbou en styl
asjas
  503 Onverstandigheid
  615 Onbekwaam
  722 Humor
Asjera 855
askari 673
askeet
  789 Onbeskaafdheid
  792 Asosiaal
askese 792
asketies 792
askleur
  490 Kleur
  492 Kleure

askoek
426 Kossoort, dis
503 Onverstandigheid
615 Onbekwaam
askorbiensuur 415
aslaag 277
asma 413
Asmannetjie 838
asmaties
  404 Asemhaling
  413 Verskillende siektes
asmede
  8 Dieselfde
  48 Gelyktydig
  107 Meer
asnog 50
asosiaal
  715 Negatiewe gevoel
  777 Haat en
    onvriendelikheid
  789 Onbeskaafdheid
  792 Asosiaal
aspaai 741
A-span 629
aspatat 503
aspek
  112 Deel
  513 Denke
  574 Woordkategorie
  577 Betekenis
aspekties 577
aspektueel
  112 Deel
  577 Betekenis
Asperger-sindroom 413
aspersie 351
aspiek 426
aspirant 659
aspirasie
  404 Asemhaling
  413 Verskillende siektes
  572 Uitspraak
  584 Kies
  610 Ywerig
aspireer
  404 Asemhaling
  413 Verskillende siektes
  572 Uitspraak
  773 Begeerte
aspirien 415
aspris
  582 Wilskrag
  586 Beslis
  637 Doelgerigtheid en
    doelloosheid
asseblief
  555 Vra
  604 Versoek
assegaai 678
assegaaiboom 331
assegaaihout 316
assendent 240
assesseer 527

assessering 527
assessor
  122 Bereken
  527 Oordeel
  561 Studeer
  663 Meedoen
  665 Byeenkom
  808 Regswese
  809 Regsgeding
  852 Geestelike
assestelsel 269
assibilasie 572
assimilasie
  172 Vasmaak
  174 Meng
  572 Uitspraak
assimileer
  12 Eenvormigheid
  172 Vasmaak
  174 Meng
  572 Uitspraak
  665 Byeenkom
assisteer 663
assistensie 663
assistent
  589 Dien
  590 Bestuur en regeer
  592 Ondergeskikte
  658 Beroep
  663 Meedoen
assistentbestuurder
  590 Bestuur en regeer
  663 Meedoen
assistentredakteur 568
assistentsekretaris 663
assisterend 663
asskottel 469
assonansie 751
assoneer 751
assosiaatlidmaat-
  skap 665
assosiasie
  1 Bestaan
  6 Betrekking
  168 Saamkom
  170 Saambring
  256 Skeikunde
  513 Denke
  665 Byeenkom
  790 Sosiale betrekking
assosiatief
  170 Saambring
  665 Byeenkom
assosieer
  170 Saambring
  172 Vasmaak
  513 Denke
  665 Byeenkom
assumpsie
  107 Meer
  513 Denke
  518 Glo
  522 Redeneer

548 Praat
Assur 855
assuransie
  655 Veilig
  692 Spaar
assureer
  655 Veilig
  692 Spaar
Astarte 855
astasie 413
astenie
  412 Siek
  413 Verskillende siektes
  661 Vermoeidheid
astenies
  377 Liggaam
  661 Vermoeidheid
astenosfeer 269
aster
  334 Blomplant
  776 Liefde en
    vriendskap
asterisk
  565 Skryfkuns
  571 Skrif
asteroïde 270
astigmaties 387
astigmatisme
  387 Oog
  413 Verskillende siektes
astraal
  270 Hemelliggaam
  514 Wysbegeerte
astrak 419
astrakan 311
astrant
  667 Stryd
  767 Moed
  785 Hoogmoed
  813 Swak gedrag
astrofisika
  255 Natuur
  271 Kosmografie
astrologie 841
astroloog 844
astronomie 271
astronomies
  271 Kosmografie
  432 Groot
astronout 222
astronoutiek 222
asuur
  269 Heelal
  492 Kleure
asvaal
  491 Kleurloosheid
  492 Kleure
  626 Swak
aswenteling
  163 Draai
  270 Hemelliggaam
  272 Aarde
Aswoensdag 851

asyn
 419 Voedselbereiding
 472 Smaakloos, sleg
asynsuur 472
ataksie 413
ataraksie 714
Atargatis 855
atavisme
 240 Genealogie
 317 Fisiologie
ateïs
 514 Wysbegeerte
 840 Godsdiens
 842 Geloof
 843 Ongeloof
 846 Goddeloosheid
 854 Godsdienste
ateïsme
 514 Wysbegeerte
 842 Geloof
 843 Ongeloof
 846 Goddeloosheid
 854 Godsdienste
ateljee
 264 Radio en televisie
 268 Fotografie en film
 658 Beroep
 749 Kuns
 758 Beeldende kuns
atermies
 260 Warmteleer
 466 Koud
Athena 855
atjar 426
atlant 94
atlas
 273 Geografie
 393 Nek en skouer
 396 Rug
 567 Boek
 654 Moeilik handel
Atlas 855
atleet
 197 Te voet gaan
 228 Vinnig beweeg
 625 Sterk
 629 Spel en sport
 729 Atletiek
atletiek 729
atletiekbaan
 629 Spel en sport
 729 Atletiek
atletiekterrein 729
atletiektoerusting 729
atleties
 411 Gesond
 625 Sterk
atmosfeer
 269 Heelal
 289 Klimaat
 713 Gevoel
atol 281
atomies
 254 Stof

 256 Skeikunde
 433 Klein
atomiseer
 112 Deel
 173 Losmaak
 256 Skeikunde
atonaal 753
atonie 413
atoom
 254 Stof
 256 Skeikunde
 433 Klein
atoombom 676
atoomduikboot 235
atoomenergie 256
atoomfisika
 254 Stof
 256 Skeikunde
 515 Wetenskap
atoomgeneeskun=
  dige 416
atoomgetal 133
atoomgewig
 254 Stof
 256 Skeikunde
atoomheelkunde 414
atoomkern
 254 Stof
 256 Skeikunde
atoomkrag 256
atoomleer 256
atoommassa
 254 Stof
 256 Skeikunde
atoomoorlog 667
atoomreaktor 256
atoomsplitsing 256
atoomteorie 256
atoomtydperk 45
atoomwapen 676
atrium
 94 Dele van 'n eiendom
 399 Bloedsomloop en
  limfstelsel
 853 Kerkgebou
atrofie 413
attaché
 588 Gesag hê
 591 Gesaghebber
attar 746
attasjeer 172
attensie 508
attent
 508 Aandag
 612 Noukeurig
 791 Sosiaal
attestaat
 546 Kunsmatige teken
 852 Geestelike
attesteer
 525 Bewys
 539 Kommunikeer
 546 Kunsmatige teken

 548 Praat
 607 Beloof
attiek 94
attraksie
 166 Nader beweeg
 170 Saambring
 743 Mooi
 773 Begeerte
attributief
 574 Woordkategorie
 576 Sinsbou en styl
attribuut
 3 Bestaanswyse
 545 Natuurlike teken
au fait 535
au pair 559
aubade
 753 Musiek
 757 Sang
audioapparaat 266
Augustus 37
aula 94
aura 713
Auriga 270
aurora
 270 Hemelliggaam
 485 Lig
aurora australis
 270 Hemelliggaam
 485 Lig
aurora borealis
 270 Hemelliggaam
 485 Lig
aurora polaris
 270 Hemelliggaam
 485 Lig
auslaut 572
austraal 88
Australasië 276
avant-garde
 202 Voor beweeg
 672 Weermag
 749 Kuns
avatar
 263 Rekenaar en
  internet
 837 God
Avatars 855
ave 847
Ave Maria 847
avers
 581 Teësinnig
 775 Weersin
aversie
 581 Teësinnig
 775 Weersin
avoirdupois 124
avokado 426
avokado-olie 419
avokadopeer
 350 Vrugteverbouing
 426 Kossoort, dis
avondmaal 418

avonturier
 724 Vermaak en
  ontspanning
 767 Moed
avontuur
 724 Vermaak en
  ontspanning
 767 Moed
avontuurlik
 644 Handelwyse
 724 Vermaak en
  ontspanning
 767 Moed
avontuurverhaal
 552 Vertel
 750 Letterkunde
awê 790
aweh 790
aweregs
 9 Verskillend of
  teenoorgestelde
 503 Onverstandigheid
 615 Onbekwaam
awery
 235 Skeepvaart
 635 Skadelik
 655 Veilig
 687 Verlies
AWOL 679
Azazel 838

B
baadjie 745
baadjiepak 745
baai
 215 Swem
 283 See
 463 Nat
baaier 215
baaierd 20
baaikostuum
 215 Swem
 745 Versier
baaisiekel 232
baakhout 331
baal 352
Baäl 855
Baäl-Berit 855
Baäldiens 854
Baäl-Peor 855
Baälpriester 852
Baäl-Sebub 855
baan
 94 Dele van 'n eiendom
 147 Rigting
 149 Pad
 234 Spoorweë
 262 Elektrisiteit
 270 Hemelliggaam
 313 Weef
 354 Plaas
 629 Spel en sport
 736 Skaatssport

baanatleet 729
baanbed 149
baanblad 728
baanbreedte 434
baanbrekend
  644 Handelwyse
  649 Begin handel
  767 Moed
baanbreker
  649 Begin handel
  767 Moed
baanbrekerswerk
  649 Begin handel
  767 Moed
baanfiets
  232 Fiets
  735 Fietsrysport
baannommer 729
baanoppervlak 629
baanruimer 234
baanry 735
baanskuiwer 234
baanstang 234
baanstreep 149
baansyfer 728
baantjie 658
baanwedren 735
baar
  0 Ontstaan
  16 Gevolg
  123 Meet
  131 Geldeenheid
  162 Ontbloot
  237 Voortbring
  239 Voortplant
  283 See
  301 Metaalverwerking
  417 Hospitaal
  503 Onverstandigheid
  505 Verstandstoornis
  534 Nie verstaan nie
  559 Opvoeding en onderwys
  623 Sleg
baard
  178 Toegaan
  321 Blaar
  365 Voël
  382 Haar
  386 Gesig
baardjie
  321 Blaar
  382 Haar
  386 Gesig
baardman 363
baardmannetjie
  332 Struik
  365 Voël
baardstoppel 382
baardsuikerbos 337
baarheid 789
baarlik 1
baarmoeder 403

baars 363
baas
  375 Man
  588 Gesag hê
  590 Bestuur en regeer
  591 Gesaghebber
  599 Gesag uitoefen
  614 Bekwaam
  645 Handel
  658 Beroep
  682 Slaag
  688 Besit
  787 Samelewing
baaskok 682
baasraak
  599 Gesag uitoefen
  622 Goed
  650 Voltooi
  682 Slaag
  684 Oorwin
baasseeman 591
baasskap
  588 Gesag hê
  599 Gesag uitoefen
  622 Goed
  684 Oorwin
baasspeel
  588 Gesag hê
  599 Gesag uitoefen
baasspeler
  599 Gesag uitoefen
  629 Spel en sport
  682 Slaag
baat
  633 Nuttig
  686 Aanwins
baatsug
  686 Aanwins
  779 Boosaardigheid
baba
  52 Ouderdom
  53 Nuut en jonk
  243 Kinders
  374 Mens
bababed 96
babablou 492
bababoetie 243
bababottel
  84 Houer
  243 Kinders
babadogtertjie 53
babaklere
  243 Kinders
  745 Versier
babakliniek 417
babalaas 407
babapop 741
babaseuntjie 53
babasorg 243
babasussie 243
babataal 569
babatjie
  53 Nuut en jonk

  243 Kinders
  772 Sagmoedigheid
babavet 434
babavoeding 418
babbel
  482 Menslike geluid
  548 Praat
  554 Aanspreek
babbelaar
  548 Praat
  554 Aanspreek
babbelbek
  548 Praat
  554 Aanspreek
babbeljoentjie 95
babbelkous
  548 Praat
  554 Aanspreek
babbelrig
  548 Praat
  554 Aanspreek
babbelry 548
Babel 20
babelaas 407
baber 363
baberbekploeg 355
babesia 413
baby boomers 787
baccalaureus 561
baccalaureusgraad 561
baccarat
  739 Geselskapspele
  740 Kaartspel
bacchanaal
  793 Fees
  813 Swak gedrag
bacchanalieë
  793 Fees
  813 Swak gedrag
bacchant
  407 Drink
  813 Swak gedrag
Bacchus 855
Bach-trompet 756
back-gammon 739
bad
  94 Dele van 'n eiendom
  415 Geneesmiddel
  627 Skoon
  746 Persoonlike versorging
badartikel 746
badhanddoek
  627 Skoon
  746 Persoonlike versorging
bad(s)kamer 94
badolie
  474 Welriekend
  746 Persoonlike versorging
badplaas
  94 Dele van 'n eiendom

  414 Geneeskunde
badseep
  474 Welriekend
  627 Skoon
  746 Persoonlike versorging
badskuim 746
badsoda 746
badsout 746
bafta 311
baftablou 492
bagasie
  187 Reis
  654 Moeilik handel
bagasiedraer
  187 Reis
  592 Ondergeskikte
bagasiekoffer 84
bagasierak 233
bagasieruim 233
bagasietas 84
bagasietrollie
  187 Reis
  222 Vlieg
bagatel
  621 Onbelangrik
  739 Geselskapspele
bagel 424
bagger 235
baguette 424
bahuvrihi-samestelling 575
baie
  55 Periodiek
  102 Hoeveelheid
  104 Baie
  133 Getalle
  657 Herhaal
baiekeer
  22 Kontinuïteit
  55 Periodiek
  104 Baie
  657 Herhaal
baiemaal
  22 Kontinuïteit
  55 Periodiek
  104 Baie
  657 Herhaal
baiesukkel 232
baileybrug 149
bainmarie 95
bajonet
  676 Vuurwapen
  678 Ander wapens
bak
  84 Houer
  233 Voertuig
  304 Steenbakkery
  305 Pottebakkery
  419 Voedselbereiding
  425 Bakker
  444 Krom
  446 Rond

balspel

465 Warm
622 Goed
bakatel
  621 Onbelangrik
  739 Geselskapspele
bakbeen 397
bakbees
  357 Dier
  432 Groot
  744 Lelik
  813 Swak gedrag
bakbogtig 444
bakboord
  87 Aan die kant
  235 Skeepvaart
Bakchos 855
bakeliet 307
baken
  147 Rigting
  221 Vaar
  234 Spoorweë
  264 Radio en televisie
  487 Ligbron
  546 Kunsmatige teken
bakenlig 487
bakermat
  27 Begin
  61 Plek
  787 Samelewing
bakerrympie 751
bakgat 622
bakgeut 94
bakgraaf 355
bakhand 397
bakhand staan
  555 Vra
  604 Versoek
  690 Arm
bakhans 369
bakkar 230
bakkebaard
  382 Haar
  386 Gesig
bakker 425
bakkersbedryf 425
bakkersbrood 424
bakkersgilde 425
bakkersoond 425
bakkerswinkel 425
bakkery
  419 Voedselbereiding
  425 Bakker
  707 Handelsaak
bakkie
  84 Houer
  233 Voertuig
  235 Skeepvaart
bakkies 386
bakkiespomp
  288 Waterstelsel
  355 Landboug ereedskap
bakkievrag 170
b-akkoord 753

bakkopslang 364
bakkrans 277
baklava 426
baklei
  667 Stryd
  777 Haat en
    onvriendelikheid
bakleierig
  667 Stryd
  777 Haat en
    onvriendelikheid
bakleierigheid
  667 Stryd
  777 Haat en
    onvriendelikheid
bakleiery
  11 Disharmonie
  667 Stryd
  777 Haat en
    onvriendelikheid
  779 Boosaardigheid
bakmaat
  221 Vaar
  406 Eet
  663 Meedoen
BA-koers 700
bakoond
  419 Voedselbereiding
  425 Bakker
bakoor 388
bakoorjakkals 366
bakpapier 419
bakpoeier
  419 Voedselbereiding
  425 Bakker
baksel 425
baksjisj 803
bakspel 739
bakstaan 654
baksteen
  100 Boumateriaal
  304 Steenbakkery
bakterie
  326 Oerplant
  413 Verskillende siektes
bakterisied 252
baktrek 444
bakvissie 53
bakwerk
  233 Voertuig
  305 Pottebakkery
  419 Voedselbereiding
bal
  380 Gebeente
  397 Ledemaat
  403 Voortplantings
    orgaan
  446 Rond
  629 Spel en sport
  728 Balsporte
  741 Kinderspel
  742 Dans
balaklawa 745

balalaika 756
balans
  8 Dieselfde
  10 Harmonie
  35 Reëlmaat
  115 Genoeg
  124 Weeg
  128 Chronometer
  149 Pad
  257 Meganika en
    tegnologie
  619 Kalm
  688 Besit
  703 Boekhou
  819 Eerbaar
balanseer
  8 Dieselfde
  164 Reëlmatige
    beweging
  256 Skeikunde
  703 Boekhou
balansstaat
  700 Bank
  703 Boekhou
balbesit 728
balbyter 361
baldadig
  199 Spring
  629 Spel en sport
  716 Genot
  718 Blydskap
  813 Swak gedrag
baldadigheid
  716 Genot
  718 Blydskap
  813 Swak gedrag
baldakyn
  95 Huisraad
  853 Kerkgebou
baldans 742
balderjan 343
balein 391
baleinwalvis 363
balhorig
  598 Ongehoorsaam
  771 Gramskap
  813 Swak gedrag
balie
  84 Houer
  627 Skoon
  808 Regswese
baljaar
  213 Rondgaan
  629 Spel en sport
  716 Genot
  793 Fees
baljagter 728
baljoggie 728
balju 808
balk
  94 Dele van 'n eiendom
  124 Weeg
  231 Tuig

301 Metaalverwerking
316 Hout
484 Diergeluid
730 Gimnastiek
753 Musiek
balke toe
  724 Vermaak en
    ontspanning
  793 Fees
balklep 630
balkoefening 730
balkon 94
balkskrif 753
ballade
  754 Komposisie
  757 Sang
ballas
  194 Vervoer
  221 Vaar
  235 Skeepvaart
  403 Voortplantings
    orgaan
  542 Betekenisloosheid
  632 Onnodig
ballasmandjie 84
ballerina 742
ballet
  742 Dans
  749 Kuns
balletdanser 742
balletmusiek 753
balletskoen 745
ballie
  54 Oud
  375 Man
balling 192
ballistiek
  675 Militêre toerusting
  677 Skiet
ballisties
  675 Militêre toerusting
  676 Vuurwapen
ballon
  236 Lugvaart
  446 Rond
ballonfinansiering 693
ballonvaarder 236
balpeutery 728
balpuntpen 564
balroos 332
balsak 403
balsamiese asyn 419
balsem
  253 Begrafnis
  415 Geneesmiddel
  462 Halfvloeibare stof
  474 Welriekend
balsemiekasyn 419
balsemieke asyn 419
balseminie 334
balsemkopiva 415
balspel 728

balsport
629 Spel en sport
728 Balsporte
balsturig
142 Veranderlikheid
582 Wilskrag
598 Ongehoorsaam
667 Stryd
813 Swak gedrag
Baltiese taal 569
balustrade 94
bamboesboorder 361
bamboesfluit 756
bamboesgordyn 787
bamboesvlegwerk 310
ban
171 Verwyder
602 Verbied
666 Verhinder
835 Bestraf
838 Gees
852 Geestelike
banaal
512 Verbeelding
621 Onbelangrik
623 Sleg
775 Weersin
banana 350
band
21 Opeenvolging
82 Rondom
233 Voertuig
266 Akoestiek
379 Spier
442 Lyn
539 Kommunikeer
565 Skryfkuns
566 Drukkuns
567 Boek
579 Gedwonge
745 Versier
755 Uitvoering
790 Sosiale betrekking
bandana 745
band-dikkop 363
banddrukmeter 123
bandelier 676
bandeloos
121 Verwarring
593 Vryheid
598 Ongehoorsaam
613 Onnoukeurig
820 Oneerbaar
banderilla 678
banderol 546
bandgaljoen 363
bandiet 594
bandom 298
bandomkoeël 676
bandopname
264 Radio en televisie
266 Akoestiek
bandopnemer
264 Radio en televisie

266 Akoestiek
bandsaag
185 Sny
301 Metaalverwerking
bandstoot 738
bandteks 567
bandvat
183 Gryp
595 Streng
835 Bestraf
bandwewer 313
bandwydte 263
bang
587 Aarsel
626 Swak
715 Negatiewe gevoel
768 Vrees
bangbroek 768
bangerig
587 Aarsel
626 Swak
715 Negatiewe gevoel
768 Vrees
banggat
626 Swak
768 Vrees
bangheid
583 Willoosheid
768 Vrees
bangmaak
639 Ontmoedig
768 Vrees
bangmaakstorie 768
bangmakend 768
bangmaker 768
bangpraat
548 Praat
768 Vrees
banier 546
banjo 756
bank
95 Huisraad
170 Saambring
272 Aarde
277 Berg
283 See
291 Wolk
377 Liggaam
699 Leen
700 Bank
808 Regswese
853 Kerkgebou
bankagent 700
bankagentskap 700
bankaksep 700
bankamptenaar
590 Bestuur en regeer
700 Bank
bankbalans
688 Besit
703 Boekhou
bankbedryf
700 Bank

701 Handel en ekonomie
bankbestuurder 700
bankdekking 699
bankdeposito 699
bankdiens 700
bankekonoom 701
bankery 560
banket
418 Voeding
793 Fees
banketbakker 425
banketbakkery 425
banketete 418
banketmaal 418
banketteer 406
bankfasiliteit 700
bankfinansiering 699
bankgaransie 700
bankgenootskap 700
bankgroep 700
bankie
95 Huisraad
396 Rug
bankier
700 Bank
701 Handel en ekonomie
bankies 392
bankkaart
700 Bank
709 Betaalmiddel
bankklerk
658 Beroep
700 Bank
bankkliënt 700
bankkoers 700
bankkoste 700
bankkrediet
699 Leen
700 Bank
711 Skuld
banklening 699
banknoot
131 Geldeenheid
709 Betaalmiddel
bankoortrekking 699
bankoutomaat 700
bankrekening 700
bankroetier 687
bankroof 695
bankrot
617 Magteloos
626 Swak
683 Misluk
687 Verlies
690 Arm
711 Skuld
bankrotskap
617 Magteloos
683 Misluk
687 Verlies
690 Arm
701 Handel en ekonomie
711 Skuld

bankrotveiling 705
bankrotvendusie 705
bankrotwurm 361
banksaag 316
banksaldo
688 Besit
700 Bank
703 Boekhou
bankskaaf 101
bankskroef 183
bankstaat
700 Bank
703 Boekhou
bankteller 700
banktjek
700 Bank
709 Betaalmiddel
bankvas 625
bankvoorskot 711
bankwaarborg 700
bankwese
658 Beroep
700 Bank
701 Handel en ekonomie
bankwissel
700 Bank
708 Betaal
banneling 192
banning 838
bantam 365
bantamgewig 731
banting-dieet 406
bantom 298
banvloek
192 Laat gaan
835 Bestraf
baobab 331
Baptis 840
Baptisme 854
baptisterium 853
bar
464 Droog
775 Weersin
barak
91 Gebou
417 Hospitaal
671 Verdedigingsmiddel
672 Weermag
barakat 426
barbaar
748 Gebrek aan styl en smaak
779 Boosaardigheid
789 Onbeskaafdheid
813 Swak gedrag
barbaars
104 Baie
623 Sleg
748 Gebrek aan styl en smaak
779 Boosaardigheid
789 Onbeskaafdheid
813 Swak gedrag

batofobie

barbaarsheid
  748 Gebrek aan styl en
    smaak
  779 Boosaardigheid
  789 Onbeskaafdheid
  813 Swak gedrag
barbarisme
  569 Taal
  779 Boosaardigheid
  789 Onbeskaafdheid
  813 Swak gedrag
barber
  363 Waterdier
  422 Seekos
barbier 746
barbituraat 415
barensnood
  239 Voortplant
  654 Moeilik handel
barenswee 239
bargoens 569
bariet 298
baring
  0 Ontstaan
  237 Voortbring
barisfeer 272
barista 429
bariton
  482 Menslike geluid
  548 Praat
  757 Sang
baritonhobo 756
baritonsaksofoon 756
baritonsanger 757
baritonstem
  482 Menslike geluid
  548 Praat
barium 256
bariummaal 414
bark 235
barkaan 280
barkas 235
barlewiet 352
barlewietgras 338
barlinka 350
barmhartig
  714 Positiewe gevoel
  778 Goedaardigheid
  780 Hulpbetoon
  812 Goeie gedrag
barmhartigheidsdiens
  778 Goedaardigheid
  780 Hulpbetoon
barmitswa 854
barnsteen 298
barnsteenkleurig 492
barnsteensuur 472
barnsteenvernis 100
baro 335
barograaf
  259 Aërografie
  294 Weerkunde
barok
  749 Kuns

764 Boukuns
barokmusiek 753
barologie 124
barometer
  123 Meet
  259 Aërografie
  294 Weerkunde
barometerdruk 294
barometerskaal 259
baron 797
baronet 797
baroskoop
  256 Skeikunde
  259 Aërografie
barrage 288
barrakuda 363
barrikade
  63 Begrensdheid
  178 Toegaan
  670 Verdedig
  671 Verdedigingsmiddel
bars
  184 Breek
  185 Sny
  623 Sleg
  715 Negatiewe gevoel
  777 Haat en
    onvriendelikheid
  779 Boosaardigheid
bas
  316 Hout
  320 Stam
  331 Boom
  396 Rug
  482 Menslike geluid
  548 Praat
  572 Uitspraak
  757 Sang
basaal 317
basaar
  707 Handelsaak
  793 Fees
basaarpoeding 426
basaarstalletjie 707
bas-af 320
basagtig 320
basalt
  274 Geologie
  298 Steen
basaltlaag 274
bas-bariton 757
basdrom 756
base 256
baseer
  523 Logies redeneer
  525 Bewys
basfluit 756
bashoring 756
BASIC 263
basielkruid 340
basies
  17 Noodsaak
  27 Begin

620 Belangrik
basil 340
basilie 419
basiliek
  91 Gebou
  92 Deftige, belangrike of
    groot gebou
  853 Kerkgebou
basiliekruid
  340 Krui
  419 Voedselbereiding
basilika
  91 Gebou
  92 Deftige, belangrike of
    groot gebou
  853 Kerkgebou
basilikum 419
basis
  27 Begin
  77 Onder, onderkant,
    ondertoe
  94 Dele van 'n eiendom
  139 Meetkunde
  256 Skeikunde
  377 Liggaam
  513 Denke
  575 Woordvorming
  620 Belangrik
  658 Beroep
  672 Weermag
basisbegrip 513
basjan 365
basketbal 728
baskewer 361
baskitaarspeler
  755 Uitvoering
  756 Musiekinstrument
basloos 320
Basoetoponie 366
Basotho 587
baspyp 756
basreliëf 763
bassin
  221 Vaar
  235 Skeepvaart
  395 Buik
bassleutel 753
basso profundo 757
basspinnekop 361
basstem
  482 Menslike geluid
  548 Praat
basta
  146 Beweginglooshied
  646 Nie handel nie
  648 Onderbreek
bastardeer 237
baster
  108 Minder
  239 Voortplant
  240 Genealogie
  317 Fisiologie
  787 Samelewing

basterbrak 366
basterdeer 237
basterdier 239
bastergaljoen 363
bastergeelhout
  316 Hout
  331 Boom
basterhart(e)bees 366
basterhond 366
basterkoedoe 366
basterplant 239
basterteeroos 332
bastervloek
  574 Woordkategorie
  777 Haat en
    onvriendelikheid
  820 Oneerbaar
bastervloekwoord
  574 Woordkategorie
  777 Haat en
    onvriendelikheid
  820 Oneerbaar
basterwoord 573
bastion
  670 Verdedig
  671 Verdedigingsmiddel
bastonnade 835
bastrom 756
basuin
  539 Kommunikeer
  756 Musiekinstrument
basviool 756
basvioolspeler
  755 Uitvoering
  756 Musiekinstrument
bataljon 672
bate
  633 Nuttig
  686 Aanwins
  688 Besit
batebestuur 686
bateklas 686
bate-las-verhouding 703
baterekening 700
bates en laste
  686 Aanwins
  703 Boekhou
bates oor laste 703
batig
  633 Nuttig
  686 Aanwins
  703 Boekhou
batige saldo
  700 Bank
  703 Boekhou
batik
  311 Weefstof
  313 Weef
  758 Beeldende kuns
batiljon 168
batis 311
batmitswa 854
batofobie 768

batos 576
battery
  233 Voertuig
  262 Elektrisiteit
  671 Verdedigingsmiddel
  675 Militêre toerusting
  676 Vuurwapen
batteryhoender 365
bauhinia 332
bauxiet 298
bazooka 676
BBP
  616 Magtig
  620 Belangrik
  658 Beroep
  701 Handel en ekonomie
bcc-adresveld 263
bê 476
beaai 828
beaam
  525 Bewys
  528 Bevestig
beampte
  590 Bestuur en regeer
  592 Ondergeskikte
  658 Beroep
beangs
  505 Verstandstoornis
  715 Negatiewe gevoel
  768 Vrees
beangstig 768
beantwoord aan 10
beantwoord 556
bearbei
  557 Diskussie
  604 Versoek
  645 Handel
  849 Prediking
bebaard 386
bebak 305
bebliksem(d)
  715 Negatiewe gevoel
  813 Swak gedrag
  820 Oneerbaar
bebodder
  588 Gesag hê
  635 Skadelik
  654 Moeilik handel
  666 Verhinder
  717 Lyding
beboet 835
bebos
  318 Plant
  331 Boom
  349 Bosbou
bebou
  97 Bou
  345 Plantkwekery
  346 Landbougrond
  347 Landbou
bebroei 237
bebrou
  652 Versuim

  813 Swak gedrag
bed
  95 Huisraad
  96 Slaapplek
  410 Slaap
bedaag 54
bedaar
  290 Wind
  619 Kalm
  714 Positiewe gevoel
bedaard
  10 Harmonie
  226 Stadig
  582 Wilskrag
  619 Kalm
  714 Positiewe gevoel
  786 Nederigheid
bedaardheid
  10 Harmonie
  582 Wilskrag
  619 Kalm
  714 Positiewe gevoel
bedaardweg
  226 Stadig
  619 Kalm
bedaarmiddel
  415 Geneesmiddel
  494 Gevoelloosheid en bedwelming
bedag
  508 Aandag
  586 Beslis
  612 Noukeurig
  640 Voorbereid
bedags 37
bedagsaam
  506 Belangstelling
  508 Aandag
  580 Graag
  714 Positiewe gevoel
  743 Mooi
  776 Liefde en vriendskap
  791 Sosiaal
  812 Goeie gedrag
bedank
  173 Losmaak
  660 Ontslag
  665 Byeenkom
  781 Dankbaarheid
bedanking
  173 Losmaak
  660 Ontslag
  665 Byeenkom
  781 Dankbaarheid
bedaring
  146 Beweginglooosheid
  662 Rus
beddegoed
  95 Huisraad
  96 Slaapplek
  410 Slaap

bedding
  94 Dele van 'n eiendom
  346 Landbougrond
bede
  604 Versoek
  847 Gebed
bedeel 780
bedeeld
  688 Besit
  689 Ryk
bedees(d)
  715 Negatiewe gevoel
  786 Nederigheid
bedek
  61 Plek
  161 Bedek
  178 Toegaan
  419 Voedselbereiding
  453 Dig
  501 Onsigbaarheid
  540 Nie kommunikeer nie
  544 Onduidelik
  549 Stilbly
  818 Bedrieg
bedekking
  161 Bedek
  453 Dig
  501 Onsigbaarheid
bedeksadige 318
bedeksporig 318
bedektelik 540
bedel
  555 Vra
  604 Versoek
  690 Arm
bedelary
  604 Versoek
  690 Arm
bedelf 178
bedelorde 852
bedelry 216
bedelstaf
  604 Versoek
  690 Arm
bedelwe
  161 Bedek
  178 Toegaan
bedenking
  519 Twyfel
  532 Betwis
bedenklik
  412 Siek
  519 Twyfel
  532 Betwis
  623 Sleg
  626 Swak
  656 Gevaarlik
  770 Wantroue
  813 Swak gedrag
bedenklikheid
  532 Betwis
  626 Swak

  656 Gevaarlik
  770 Wantroue
  813 Swak gedrag
bedenksel
  513 Denke
  538 Dwaling
bed-en-ontbyt 89
bederf
  20 Wanorde
  238 Vernietig
  412 Siek
  420 Voedsel
  472 Smaakloos, sleg
  623 Sleg
  635 Skadelik
  652 Versuim
  683 Misluk
  813 Swak gedrag
  846 Goddeloosheid
bederfbaar
  41 Kortstondig
  238 Vernietig
  317 Fisiologie
  420 Voedsel
bederfie 426
bederflik
  238 Vernietig
  317 Fisiologie
bederflikheid 623
bedevaart
  187 Reis
  847 Gebed
bedien
  406 Eet
  418 Voeding
  419 Voedselbereiding
  539 Kommunikeer
  589 Dien
  600 Onder bevel staan
  645 Handel
  651 Toesien
  693 Gee
  705 Verkoop
  707 Handelsaak
bedienaar 852
bediende
  589 Dien
  592 Ondergeskikte
  627 Skoon
  645 Handel
  663 Meedoen
bediendekamer 94
bediener 263
bediening
  589 Dien
  645 Handel
  705 Verkoop
  848 Kerklike bediening
  849 Prediking
bedil 829
beding
  530 Voorbehou
  590 Bestuur en regeer

bedryfslewe

704 Koop
bedink
513 Denke
517 Vind
522 Redeneer
527 Oordeel
530 Voorbehou
bedinksel 538
bedissel 682
bedkas 96
bedlamp 95
bedlêend
412 Siek
717 Lyding
bedlêerig
412 Siek
611 Lui
bednatmaak 413
bedoel
513 Denke
541 Betekenisvolheid
637 Doelgerigtheid en doelloosheid
bedoel(d)
17 Noodsaak
541 Betekenisvolheid
bedoelentheid
541 Betekenisvolheid
582 Wilskrag
637 Doelgerigtheid en doelloosheid
bedoeling
17 Noodsaak
541 Betekenisvolheid
577 Betekenis
582 Wilskrag
637 Doelgerigtheid en doelloosheid
bedolwe 178
bedompig
404 Asemhaling
465 Warm
bedompigheid
404 Asemhaling
465 Warm
bedonder
20 Wanorde
238 Vernietig
666 Verhinder
815 Oneerlik
818 Bedrieg
820 Oneerbaar
bedonderd
654 Moeilik handel
667 Stryd
715 Negatiewe gevoel
721 Ontevredenheid
771 Gramskap
779 Boosaardigheid
813 Swak gedrag
820 Oneerbaar
bedonderdheid
721 Ontevredenheid

771 Gramskap
bedoosd 792
bedorwe
413 Verskillende siektes
475 Onwelriekend
623 Sleg
813 Swak gedrag
827 Afkeur
bedorwe brok(kie) 813
bedorwenheid
623 Sleg
813 Swak gedrag
bedot 818
bedou 292
bedra 122
bedraad
97 Bou
262 Elektrisiteit
bedrading
233 Voertuig
630 Werktuig
bedrag
704 Koop
708 Betaal
bedreig
182 Slaan
579 Gedwonge
623 Sleg
667 Stryd
669 Aanval
779 Boosaardigheid
bedreigend
656 Gevaarlik
669 Aanval
779 Boosaardigheid
bedreiging
623 Sleg
768 Vrees
779 Boosaardigheid
bedremmeld
615 Onbekwaam
619 Kalm
623 Sleg
768 Vrees
770 Wantroue
bedrewe
535 Weet
614 Bekwaam
bedrewenheid
502 Verstand
614 Bekwaam
bedrieër
538 Dwaling
695 Steel
779 Boosaardigheid
803 Wette oortree
815 Oneerlik
818 Bedrieg
820 Oneerbaar
822 Skuldig
bedrieëry
538 Dwaling
770 Wantroue

815 Oneerlik
818 Bedrieg
820 Oneerbaar
bedrieg
494 Gevoelloosheid en bedwelming
538 Dwaling
540 Nie kommunikeer nie
683 Misluk
695 Steel
779 Boosaardigheid
803 Wette oortree
815 Oneerlik
818 Bedrieg
820 Oneerbaar
bedrieglik
538 Dwaling
623 Sleg
770 Wantroue
815 Oneerlik
817 Ontrouheid
818 Bedrieg
820 Oneerbaar
bedrink 407
bedroë
717 Lyding
766 Wanhoop
818 Bedrieg
bedroef
103 Min
623 Sleg
683 Misluk
717 Lyding
719 Hartseer
bedroef(d) 719
bedroefdheid
623 Sleg
683 Misluk
717 Lyding
719 Hartseer
bedroewend
623 Sleg
654 Moeilik handel
717 Lyding
719 Hartseer
721 Ontevredenheid
bedrog
512 Verbeelding
538 Dwaling
623 Sleg
695 Steel
779 Boosaardigheid
803 Wette oortree
807 Onwettig
813 Swak gedrag
815 Oneerlik
818 Bedrieg
820 Oneerbaar
822 Skuldig
845 Godsvrug
bedrogsaak 818
bedrogspul
813 Swak gedrag

818 Bedrieg
bedruip
287 Vloei
419 Voedselbereiding
463 Nat
bedruk
490 Kleur
566 Drukkuns
717 Lyding
719 Hartseer
721 Ontevredenheid
bedruktheid
413 Verskillende siektes
717 Lyding
719 Hartseer
bedruppel 287
bedrus 414
bedryf
275 Mynwese
347 Landbou
590 Bestuur en regeer
645 Handel
658 Beroep
701 Handel en ekonomie
752 Toneel- en rolprentkuns
bedryfsadmini-strasie 658
bedryfsbate 688
bedryfsbelasting 712
bedryfseker
457 Onbreekbaar
625 Sterk
bedryfsekonomie
515 Wetenskap
658 Beroep
701 Handel en ekonomie
bedryfsgereed 629
bedryfsiekte 413
bedryfsielkunde
515 Wetenskap
701 Handel en ekonomie
bedryfsingenieurs-wese 515
bedryfsinkomste 686
bedryfsjaar 703
bedryfsjoernalistiek 568
bedryfskade 687
bedryfskapitaal
688 Besit
709 Betaalmiddel
bedryfskommunika-sie 539
bedryfskoste
691 Spandeer
708 Betaal
bedryfsleer 658
bedryfsleiding 658
bedryfsleier
658 Beroep
701 Handel en ekonomie
bedryfslewe 658

509

bedryfsorganisasie 658
bedryfsplan 701
bedryfsprogram 263
bedryfsrekening 703
bedryfstelsel 263
bedryfsuitgawe
  687 Verlies
  691 Spandeer
bedrywe
  590 Bestuur en regeer
  645 Handel
bedrywend
  574 Woordkategorie
  576 Sinsbou en styl
bedrywig 610
bedrywigheid
  610 Ywerig
  645 Handel
bedseer 413
bedsitkamer 94
bedsprei
  95 Huisraad
  96 Slaapplek
bedstyl 95
bedtyd
  38 Tydgebruik
  410 Slaap
bedug
  768 Vrees
  770 Wantroue
beduidend
  541 Betekenisvolheid
  620 Belangrik
beduidenis
  541 Betekenisvolheid
  545 Natuurlike teken
beduie 541
beduiwel 20
beduiweld
  667 Stryd
  771 Gramskap
  813 Swak gedrag
bedwang 600
bedwelm
  412 Siek
  494 Gevoelloosheid en bedwelming
bedwelm(d)
  407 Drink
  412 Siek
  494 Gevoelloosheid en bedwelming
bedwelmdheid
  412 Siek
  494 Gevoelloosheid en bedwelming
bedwelmend 494
bedwelming
  412 Siek
  494 Gevoelloosheid en bedwelming
bedwing
  579 Gedwonge

582 Wilskrag
587 Aarsel
599 Gesag uitoefen
beëdig
  525 Bewys
  528 Bevestig
  537 Waarheid
  809 Regsgeding
beëdig(d)
  528 Bevestig
  537 Waarheid
  809 Regsgeding
beef
  164 Reëlmatige beweging
  165 Onreëlmatige beweging
  466 Koud
beëindig
  23 Onderbreking
  28 Einde
  645 Handel
  646 Nie handel nie
  648 Onderbreek
  650 Voltooi
beëindiging
  28 Einde
  646 Nie handel nie
  648 Onderbreek
  650 Voltooi
beek 286
beeld
  14 Navolging
  264 Radio en televisie
  267 Optika
  513 Denke
  545 Natuurlike teken
  546 Kunsmatige teken
  547 Simboliek
  576 Sinsbou en styl
  758 Beeldende kuns
  763 Beeldhoukuns
  825 Beoordeling
beeldbestuur 825
beeldbouend 825
beeldbreker 846
beeldebestorming 846
beeldediens
  841 Leer
  854 Godsdienste
beeldegroep 546
beeldenaar 14
beeldend
  14 Navolging
  547 Simboliek
  576 Sinsbou en styl
  758 Beeldende kuns
beeldende kuns
  749 Kuns
  758 Beeldende kuns
beeldestorm 846
beeldgeletterdheid 559
beeldgietery 463

beeldhou
  758 Beeldende kuns
  763 Beeldhoukuns
beeldhouer
  749 Kuns
  763 Beeldhoukuns
beeldhoukuns
  749 Kuns
  758 Beeldende kuns
  763 Beeldhoukuns
beeldhouwerk
  546 Kunsmatige teken
  749 Kuns
  758 Beeldende kuns
  763 Beeldhoukuns
beelding
  547 Simboliek
  576 Sinsbou en styl
  758 Beeldende kuns
beeldmateriaal 264
beeldmooi 743
beeldpoetser 825
beeldpunt 263
beeldraaisel 516
beeldradio 264
beeldryke styl 576
beeldsaai 264
beeldskerm 264
beeldskoon 743
beeldskrif 565
beeldsnykuns 749
beeldspraak
  547 Simboliek
  569 Taal
  576 Sinsbou en styl
  577 Betekenis
beeldsprakig
  547 Simboliek
  569 Taal
  570 Taalwetenskap
  576 Sinsbou en styl
beeldtelefoon 265
beeldtelegrafie 265
beelduitstraling 825
beeldvernieler 846
Beëlsebul
  838 Gees
  855 Gode
beeltenis
  14 Navolging
  267 Optika
been
  308 Been
  380 Gebeente
  397 Ledemaat
beenaf 776
beenbek 363
beenbreuk 413
beenchirurg 416
beendere
  250 Dood
  380 Gebeente
beendereleer 380

beendor 464
beendroog 464
beeneter 413
beenfosfaat 345
beenglas 309
beenhonger 413
beenkanker 413
beenkant 728
beenkunde 380
beenlengte 432
beenloos 380
beenmeel
  308 Been
  345 Plantkwekery
beenmurg-ontsteking 413
beennaald 745
beenontsteking 413
beenoud 54
beenporselein 308
beenpyp 380
beensel 380
beenskerm
  629 Spel en sport
  728 Balsporte
beenskut
  629 Spel en sport
  728 Balsporte
beenspalk 415
beenspier 379
beensplinter 380
beenstelsel 380
beenverkalking 413
beenvesel 380
beenvis 363
beenvlies 380
beenvorming 380
beenweefsel 377
beenwond 413
beer
  94 Dele van 'n eiendom
  357 Dier
  366 Soogdier
  813 Swak gedrag
beërf
  686 Aanwins
  696 Ontvang
beerfase 702
beermark 702
beërwe
  686 Aanwins
  696 Ontvang
bees
  366 Soogdier
  432 Groot
  625 Sterk
  792 Asosiaal
  813 Swak gedrag
beesbiltong 421
beesboer
  347 Landbou
  369 Veeteelt

beesboerdery
  347 Landbou
  354 Plaas
  369 Veeteelt
beesboud 421
beesbrommer 361
beesgasie
  357 Dier
  813 Swak gedrag
beeshaas 421
beesherder 369
beeskasie 813
beesklits 344
beesklouklimop 333
beeskloutjie 336
beeskudde
  357 Dier
  369 Veeteelt
beesleer 314
beeslek 369
beesmelk 371
beesmis 409
beesnek 393
beesplaas
  346 Landbougrond
  354 Plaas
  369 Veeteelt
beesswart 413
beesteelt 369
beestelery 369
beestelik
  793 Fees
  813 Swak gedrag
beestrop
  357 Dier
  369 Veeteelt
beesveiling 369
beesvel
  314 Leer
  381 Huid
beesvleis
  421 Vleis
  426 Kossoort, dis
beeswagter
  369 Veeteelt
  655 Veilig
beeswors 421
beet 351
beetgryp 183
beethê
  183 Gryp
  533 Verstaan
beetkewer 361
beetkry
  183 Gryp
  533 Verstaan
  818 Bedrieg
beetneem
  183 Gryp
  818 Bedrieg
beetpak
  183 Gryp
  667 Stryd
  694 Neem

beetsuiker 419
beetvat 183
befaam(d) 799
befaamdheid 799
befoeter
  20 Wanorde
  666 Verhinder
befoeter(d)
  667 Stryd
  719 Hartseer
  767 Moed
  771 Gramskap
  779 Boosaardigheid
  813 Swak gedrag
  820 Oneerbaar
befoeterdheid
  715 Negatiewe gevoel
  719 Hartseer
  771 Gramskap
  813 Swak gedrag
befok
  622 Goed
  715 Negatiewe gevoel
  813 Swak gedrag
  815 Oneerlik
  818 Bedrieg
  820 Oneerbaar
befomfaai 20
befonds 693
befondsing 693
befonkfaai 20
begaaf(d)
  502 Verstand
  535 Weet
  614 Bekwaam
begaafdheid
  535 Weet
  614 Bekwaam
begaan
  645 Handel
  651 Toesien
  713 Gevoel
  714 Positiewe gevoel
  778 Goedaardigheid
  813 Swak gedrag
begaanbaar 149
begeef
  187 Reis
  649 Begin handel
begeer
  520 Verwag
  580 Graag
  584 Kies
  765 Hoop
  773 Begeerte
begeerlik
  622 Goed
  773 Begeerte
begeerlikheid
  622 Goed
  773 Begeerte
begeerte
  580 Graag

  584 Kies
  604 Versoek
  765 Hoop
  773 Begeerte
  776 Liefde en
    vriendskap
begeester
  638 Aanmoedig
  713 Gevoel
  714 Positiewe gevoel
begeester(d)
  638 Aanmoedig
  714 Positiewe gevoel
begeestering
  638 Aanmoedig
  714 Positiewe gevoel
begelei
  14 Navolging
  26 Begeleiding
  147 Rigting
  202 Voor beweeg
  663 Meedoen
  680 Militêre aksie
  755 Uitvoering
begeleidend
  14 Navolging
  26 Begeleiding
  663 Meedoen
  755 Uitvoering
begenadig
  778 Goedaardigheid
  783 Vergifnis
  842 Geloof
begenadiging
  778 Goedaardigheid
  783 Vergifnis
  842 Geloof
begerenswaardig 622
begerig
  580 Graag
  773 Begeerte
begerigheid
  580 Graag
  773 Begeerte
begewe 187
begiet 345
begiftig 693
begiftigde 696
begin
  0 Ontstaan
  15 Oorsaak
  27 Begin
  50 Verlede
  237 Voortbring
  284 Bron
  644 Handelwyse
  645 Handel
  649 Begin handel
beginaksent 572
beginjare 27
beginkapitaal 688
beginklem 572

beginletter
  565 Skryfkuns
  566 Drukkuns
  571 Skrif
beginlyn 27
beginneling 649
beginnend 27
beginner
  27 Begin
  649 Begin handel
beginnoot 753
beginplek
  27 Begin
  649 Begin handel
beginpunt
  27 Begin
  237 Voortbring
  284 Bron
  649 Begin handel
beginrym 751
beginsel
  17 Noodsaak
  35 Reëlmaat
  513 Denke
  515 Wetenskap
  522 Redeneer
  640 Voorbereid
  644 Handelwyse
beginselloos
  20 Wanorde
  583 Willoosheid
  623 Sleg
  820 Oneerbaar
beginselvas
  19 Orde
  582 Wilskrag
  788 Beskawing
  812 Goeie gedrag
  814 Eerlik
  819 Eerbaar
beginselvastheid
  812 Goeie gedrag
  814 Eerlik
  819 Eerbaar
beginstadium 27
begintyd 27
beginvers 751
begoël
  494 Gevoelloosheid en
    bedwelming
  818 Bedrieg
begogeling 512
begonia 332
begonne
  27 Begin
  649 Begin handel
begraaf
  178 Toegaan
  253 Begrafnis
  347 Landbou
begraafplaas 253
begrafnis
  253 Begrafnis

850 Sakrament
begrafnisboekie 253
begrafnisdiens
  253 Begrafnis
  848 Kerklike bediening
  850 Sakrament
begrafnisfees 253
begrafnisfonds
  253 Begrafnis
  692 Spaar
begrafnisganger 253
begrafnisklere 745
**begrafnisonderne-
  ming** 253
**begrafnisplegtig-
  heid** 253
begrafnispolis 253
begrafnisrede
  253 Begrafnis
  539 Kommunikeer
begrafnisritueel 253
begrafnisrys 426
begrafnisstoet 253
begrawe
  178 Toegaan
  253 Begrafnis
  347 Landbou
begrens
  63 Begrensdheid
  82 Rondom
  108 Minder
  160 Omring
  178 Toegaan
  530 Voorbehou
  602 Verbied
begrensing
  63 Begrensdheid
  160 Omring
  602 Verbied
begrip
  502 Verstand
  513 Denke
  533 Verstaan
  541 Betekenisvolheid
  543 Duidelik
  577 Betekenis
  778 Goedaardigheid
begriplees 562
begripsbepaling 543
begripsinhoud
  541 Betekenisvolheid
  577 Betekenis
begripsleer 514
begripsteken 546
begripsteorie 514
begripstoets 561
begripsvak 559
begripsverklaring 543
begripsvermoë 502
begripsverwarring
  503 Onverstandigheid
  534 Nie verstaan nie
  544 Onduidelik

begripteken 565
begroei
  161 Bedek
  318 Plant
begroet
  188 Aankom
  790 Sosiale betrekking
begroot
  122 Bereken
  126 Skat
  701 Handel en ekonomie
  703 Boekhou
  704 Koop
begroting
  122 Bereken
  703 Boekhou
  704 Koop
begrotingsdebat 590
begrotingspos 703
begrotingsrede 703
begrotingsrekening 703
begrotingswet
  703 Boekhou
  801 Wet
begryp
  33 Samehorigheid
  533 Verstaan
  778 Goedaardigheid
begryplik
  533 Verstaan
  543 Duidelik
begryplikheid
  533 Verstaan
  543 Duidelik
begum 797
begunstig
  682 Slaag
  693 Gee
  778 Goedaardigheid
  780 Hulpbetoon
  805 Onregverdig
  834 Beloon
begunstigde
  574 Woordkategorie
  633 Nuttig
  686 Aanwins
  693 Gee
  696 Ontvang
begunstiging
  682 Slaag
  693 Gee
  805 Onregverdig
begyn 852
begynhof 853
behaag
  716 Genot
  720 Tevredenheid
  773 Begeerte
behaaglik
  716 Genot
  720 Tevredenheid
  773 Begeerte

behaagsiek 813
behaagsug
  773 Begeerte
  813 Swak gedrag
behaal 686
behaalbaar 653
behae
  716 Genot
  718 Blydskap
  720 Tevredenheid
  773 Begeerte
behalwe
  34 Vreemdheid
  36 Onreëlmatigheid
  530 Voorbehou
behandel
  414 Geneeskunde
  417 Hospitaal
  543 Duidelik
  553 Behandel
  557 Diskussie
  645 Handel
  663 Meedoen
behandeling
  543 Duidelik
  553 Behandel
  557 Diskussie
  645 Handel
  663 Meedoen
behang
  161 Bedek
  745 Versier
behangsel
  95 Huisraad
  161 Bedek
behartig
  590 Bestuur en regeer
  645 Handel
  651 Toesien
behartiging
  645 Handel
  651 Toesien
behavio(u)risme 514
beheer
  149 Pad
  216 Ry
  217 Motorry
  223 Stuur
  224 Snelheid
  508 Aandag
  579 Gedwonge
  588 Gesag hê
  590 Bestuur en regeer
  599 Gesag uitoefen
  616 Magtig
  645 Handel
  651 Toesien
  684 Oorwin
  703 Boekhou
  835 Bestraf
beheerdek 235
beheerhefbome 236
beheerkomitee 590

beheerliggaam
  560 Voorskoolse en
    naskoolse onderrig
  590 Bestuur en regeer
beheerpaneel
  234 Spoorweë
  236 Lugvaart
beheerprogram 263
beheerraad
  588 Gesag hê
  590 Bestuur en regeer
beheers
  535 Weet
  582 Wilskrag
  684 Oorwin
beheers(t) 582
beheers(t)heid
  582 Wilskrag
  714 Positiewe gevoel
beheersing
  582 Wilskrag
  714 Positiewe gevoel
beheertaal
  263 Rekenaar en
    internet
  569 Taal
beheertoring 222
beheervraat 588
beheks 844
behelp
  629 Gebruik
  686 Aanwins
behels 83
behendig
  502 Verstand
  614 Bekwaam
  651 Toesien
behendigheid
  614 Bekwaam
  651 Toesien
behep
  505 Verstandstoornis
  773 Begeerte
  813 Swak gedrag
beheptheid
  505 Verstandstoornis
  773 Begeerte
  813 Swak gedrag
beherend
  599 Gesag uitoefen
  616 Magtig
  658 Beroep
behoed
  655 Veilig
  670 Verdedig
  698 Behou
behoedsaam
  506 Belangstelling
  508 Aandag
  612 Noukeurig
  651 Toesien
  655 Veilig

behoedsaamheid
506 Belangstelling
508 Aandag
612 Noukeurig
655 Veilig
behoef
631 Nodig
633 Nuttig
behoefte
580 Graag
631 Nodig
690 Arm
773 Begeerte
behoefte-analise 631
behoeftebepaling 631
behoefte-ontleding 631
behoeftepeil 631
behoeftevervulling 631
behoeftig
631 Nodig
690 Arm
773 Begeerte
behoeftige 631
behoeftigheid
631 Nodig
690 Arm
behoorlik
614 Bekwaam
618 Heftig
622 Goed
633 Nuttig
812 Goeie gedrag
behoort
5 Onselfstandigheid
17 Noodsaak
33 Samehorigheid
579 Gedwonge
612 Noukeurig
688 Besit
behou
141 Behoud
688 Besit
698 Behou
behoud
141 Behoud
647 Voortgaan
655 Veilig
682 Slaag
698 Behou
behoudend
141 Behoud
788 Beskawing
behoudenis 655
behoudens
34 Vreemdheid
530 Voorbehou
behoue bly 141
behoue 647
behouer
84 Houer
194 Vervoer
behouering
84 Houer
161 Bedek

194 Vervoer
235 Skeepvaart
behoueringskip 235
**behouerings-
laaibrug** 221
behuis 97
behuising
64 Aanwesigheid
89 Blyplek
behuisingsfonds 693
behulpsaam
580 Graag
589 Dien
663 Meedoen
776 Liefde en
   vriendskap
778 Goedaardigheid
780 Hulpbetoon
behulpsaamheid
778 Goedaardigheid
780 Hulpbetoon
beiaard 756
beiaardier
755 Uitvoering
756 Musiekinstrument
beide
102 Hoeveelheid
133 Getalle
beiderlei 13
beidersyds
87 Aan die kant
147 Rigting
beier 164
beige 492
beïndruk
521 Verras wees
713 Gevoel
825 Beoordeling
830 Eerbiedig
beïnvloed
15 Oorsaak
559 Opvoeding en
   onderwys
616 Magtig
638 Aanmoedig
beïnvloeding
616 Magtig
638 Aanmoedig
beitel
101 Bouersgereedskap
185 Sny
301 Metaalverwerking
302 Smeewerk
316 Hout
630 Werktuig
762 Inlegwerk
763 Beeldhoukuns
beits
301 Metaalverwerking
316 Hout
490 Kleur
745 Versier
beitsverf 490

bejaard
52 Ouderdom
54 Oud
bejaarde 54
bejaardesorg
54 Oud
414 Geneeskunde
651 Toesien
780 Hulpbetoon
bejaardheid
52 Ouderdom
54 Oud
377 Liggaam
bejag
637 Doelgerigtheid en
   doelloosheid
773 Begeerte
bejammer
717 Lyding
719 Hartseer
721 Ontevredenheid
bejammering
717 Lyding
719 Hartseer
721 Ontevredenheid
bejeën 44
bek
84 Houer
94 Dele van 'n eiendom
386 Gesig
390 Mond
bekaaid 766
bekaf
685 Oorwin word
717 Lyding
719 Hartseer
766 Wanhoop
bekak 409
bekamp
585 Verwerp
666 Verhinder
bekeer
525 Bewys
638 Aanmoedig
823 Berou
842 Geloof
845 Godsvrug
849 Prediking
bekeerling
823 Berou
842 Geloof
845 Godsvrug
beken
239 Voortplant
493 Gevoeligheid
528 Bevestig
535 Weet
740 Kaartspel
809 Regsgeding
823 Berou
bekend staan 539
bekend stel
539 Kommunikeer

548 Praat
550 Noem
790 Sosiale betrekking
bekend
129 Bepaaldheid
162 Ontbloot
535 Weet
539 Kommunikeer
799 Beroemd
bekende 799
bekendheid
129 Bepaaldheid
535 Weet
799 Beroemd
bekendmaak
162 Ontbloot
539 Kommunikeer
548 Praat
550 Noem
551 Meedeel
bekendstel
539 Kommunikeer
548 Praat
550 Noem
790 Sosiale betrekking
bekendstelling
162 Ontbloot
539 Kommunikeer
548 Praat
550 Noem
701 Handel en ekonomie
790 Sosiale betrekking
bek-en-klouseer 413
bekentenis
528 Bevestig
809 Regsgeding
823 Berou
beker
84 Houer
95 Huisraad
727 Kompetisie
bekering
584 Kies
788 Beskawing
823 Berou
842 Geloof
845 Godsvrug
bekerlappie 95
bekertjiesgras 338
bekervormig 446
bekfluitjie 756
bekgeveg
557 Diskussie
667 Stryd
bekis 99
bekisting 100
bekken
285 Watermassa
286 Rivier
395 Buik
756 Musiekinstrument
bekkengordel 395
bekkenholte 395

bekkig
502 Verstand
722 Humor
777 Haat en onvriendelikheid
813 Swak gedrag

bekla(ag)
721 Ontevredenheid
766 Wanhoop
782 Ondankbaarheid

beklaagde
809 Regsgeding
832 Beskuldig

beklaaglik
717 Lyding
719 Hartseer
721 Ontevredenheid

beklad
628 Vuil
744 Lelik
829 Beledig

bekladding 829

beklaenswaardig
623 Sleg
690 Arm
717 Lyding
719 Hartseer

beklag 783

bekleding
161 Bedek
233 Voertuig
288 Waterstelsel
658 Beroep

beklee(d)
161 Bedek
745 Versier

beklem
183 Gryp
435 Smal
453 Dig
572 Uitspraak
768 Vrees

beklemmend
435 Smal
768 Vrees

beklemtoning
528 Bevestig
543 Duidelik
572 Uitspraak

beklemtoon
508 Aandag
528 Bevestig
543 Duidelik
572 Uitspraak

beklim 211

beklink
172 Vasmaak
586 Beslis
650 Voltooi

beklop 414
beklou 183
beklouter 211
beknel
183 Gryp

435 Smal
602 Verbied

beknoei
121 Verwarring
623 Sleg
652 Versuim

beknop
433 Klein
435 Smal
553 Behandel

bekom
411 Gesond
614 Bekwaam
686 Aanwins
704 Koop

bekommer
651 Toesien
714 Positiewe gevoel
715 Negatiewe gevoel
717 Lyding
768 Vrees
770 Wantroue

bekommerd
651 Toesien
717 Lyding
719 Hartseer
768 Vrees

bekommerenswaardig 768

bekommernis
651 Toesien
717 Lyding
719 Hartseer
768 Vrees

bekoms 406

bekonkel
20 Wanorde
815 Oneerlik
829 Beledig

bekonkel(d)
771 Gramskap
779 Boosaardigheid

bekook
513 Denke
829 Beledig

bekoop 635
bekoor
638 Aanmoedig
743 Mooi
773 Begeerte

bekoorlik
478 Welluidend
638 Aanmoedig
743 Mooi
773 Begeerte

bekoring
638 Aanmoedig
773 Begeerte

bekors 449
bekostig
691 Spandeer
708 Betaal

bekostigbaar
704 Koop
708 Betaal

bekostiging
691 Spandeer
708 Betaal

bekpraatjies
548 Praat
609 Jou woord verbreek
813 Swak gedrag

bekprater
548 Praat
813 Swak gedrag

bekrabbel 563
bekragtig
525 Bewys
528 Bevestig
539 Kommunikeer
590 Bestuur en regeer
801 Wet
806 Wettig

bekragtiging
528 Bevestig
537 Waarheid
579 Gedwonge
806 Wettig
826 Goedkeur

bekrap
154 Vryf
563 Skryf

bekras 154
bekrimp 692
bekritiseer
827 Afkeur
829 Beledig
832 Beskuldig

bekrompe
433 Klein
503 Onverstandigheid
534 Nie verstaan nie
536 Nie weet nie

bekrompenheid
433 Klein
503 Onverstandigheid
536 Nie weet nie

bekroon 826
bekruip
166 Nader beweeg
373 Jag

bekvegter
557 Diskussie
667 Stryd

bekvelder 90
bekwaald
412 Siek
626 Swak

bekwaam
411 Gesond
502 Verstand
535 Weet
614 Bekwaam

bekyf
667 Stryd
792 Asosiaal

bekyk
499 Sien
508 Aandag
516 Soek
553 Behandel

bel
94 Dele van 'n eiendom
123 Meet
265 Telegraaf en telefoon
266 Akoestiek
409 Afskeiding en uitskeiding
551 Meedeel
756 Musiekinstrument

belaai
107 Meer
194 Vervoer
452 Swaar
590 Bestuur en regeer
711 Skuld

belading
262 Elektrisiteit
452 Swaar

belaer 784
belaglik maak
786 Nederigheid
831 Minag

belaglik
538 Dwaling
683 Misluk
722 Humor
813 Swak gedrag

beland 188
belang
506 Belangstelling
541 Betekenisvolheid
616 Magtig
620 Belangrik
622 Goed
629 Gebruik
631 Nodig
633 Nuttig
665 Byeenkom
688 Besit
799 Beroemd

belange 688
belangegroep
633 Nuttig
665 Byeenkom
795 Staat en politiek

belangeloos
507 Gebrek aan belangstelling
637 Doelgerigtheid en doelloosheid
774 Onverskilligheid

belangende 6
belangesfeer
620 Belangrik
633 Nuttig

belanghebber
620 Belangrik
688 Besit

belangrik
17 Noodsaak
92 Deftige, belangrike of groot gebou
506 Belangstelling
541 Betekenisvolheid
588 Gesag hê
616 Magtig
620 Belangrik
622 Goed
631 Nodig
799 Beroemd
830 Eerbiedig
belangstel 506
belangstellend
506 Belangstelling
508 Aandag
778 Goedaardigheid
belangstelling
506 Belangstelling
508 Aandag
516 Soek
778 Goedaardigheid
belangwekkend
506 Belangstelling
620 Belangrik
belangwekkendheid
506 Belangstelling
620 Belangrik
belas
194 Vervoer
257 Meganika en tegnologie
452 Swaar
687 Verlies
711 Skuld
712 Belasting
belasbaar
194 Vervoer
712 Belasting
belaster
669 Aanval
779 Boosaardigheid
829 Beledig
belastering
669 Aanval
779 Boosaardigheid
829 Beledig
belasting
257 Meganika en tegnologie
262 Elektrisiteit
452 Swaar
693 Gee
712 Belasting
belastingaanslag 712
belastingamptenaar 712
belastingbetaler 712
belastinggaarder 712
belastinginvordering 712
belastingjaar
703 Boekhou

712 Belasting
belastingkorting 712
belastinglas 712
belastingontduiking 712
belastingopgaaf 712
belastingpligtig 712
belastingvorm 712
belastingvry 712
belê
178 Toegaan
686 Aanwins
688 Besit
692 Spaar
693 Gee
699 Leen
700 Bank
beledig
621 Onbelangrik
713 Gevoel
777 Haat en onvriendelikheid
829 Beledig
831 Minag
beledigend
777 Haat en onvriendelikheid
829 Beledig
831 Minag
beledigiing
621 Onbelangrik
667 Stryd
777 Haat en onvriendelikheid
829 Beledig
831 Minag
beleë
54 Oud
427 Drank
beleef
249 Lewe
535 Weet
642 Beproef
713 Gevoel
beleef(d)
714 Positiewe gevoel
776 Liefde en vriendskap
791 Sosiaal
812 Goeie gedrag
beleefdheid
714 Positiewe gevoel
776 Liefde en vriendskap
791 Sosiaal
812 Goeie gedrag
beleefdheidshalwe
791 Sosiaal
812 Goeie gedrag
beleënheid
54 Oud
428 Drankbereiding
beleër
160 Omring

669 Aanval
beleër
686 Aanwins
692 Spaar
702 Beurs
beleërde 670
beleg 669
belegger
686 Aanwins
692 Spaar
700 Bank
702 Beurs
belegging
686 Aanwins
688 Besit
692 Spaar
693 Gee
699 Leen
700 Bank
beleggingsfonds
692 Spaar
699 Leen
beleggingskoers
686 Aanwins
700 Bank
beleggingsportefeulje
686 Aanwins
688 Besit
699 Leen
beleghout 316
belegsel
316 Hout
745 Versier
belegwerk 316
beleid
513 Denke
590 Bestuur en regeer
637 Doelgerigtheid en doelloosheid
640 Voorbereid
644 Handelwyse
795 Staat en politiek
beleidmatig 590
beleidsdokument 590
beleidsraamwerk 590
beleidsrigting
637 Doelgerigtheid en doelloosheid
795 Staat en politiek
beleidsuitspraak
539 Kommunikeer
590 Bestuur en regeer
637 Doelgerigtheid en doelloosheid
belek 154
belemmer
63 Begrensdheid
178 Toegaan
588 Gesag hê
654 Moeilik handel
666 Verhinder
779 Boosaardigheid
belemmer(d)
63 Begrensdheid

654 Moeilik handel
666 Verhinder
belemmerend
63 Begrensdheid
602 Verbied
654 Moeilik handel
666 Verhinder
belemmering
63 Begrensdheid
588 Gesag hê
654 Moeilik handel
666 Verhinder
779 Boosaardigheid
belemniet 298
belese
506 Belangstelling
535 Weet
belet
595 Streng
602 Verbied
666 Verhinder
beletsel
602 Verbied
666 Verhinder
belettend 602
belewenis
513 Denke
642 Beproef
belewing
249 Lewe
642 Beproef
belgeld 265
belhambra 331
belhamel
598 Ongehoorsaam
813 Swak gedrag
832 Beskuldig
Belial 838
Belialskind
813 Swak gedrag
846 Goddeloosheid
belieg
538 Dwaling
815 Oneerlik
818 Bedrieg
belig
267 Optika
268 Fotografie en film
485 Lig
543 Duidelik
553 Behandel
beliggaam 254
beliggaming
254 Stof
547 Simboliek
beligting
268 Fotografie en film
485 Lig
487 Ligbron
752 Toneel- en rolprentkuns
belladonna 337
bellettrie 750

bellettris 750
bellettristies 750
belman 363
beloer
　499 Sien
　508 Aandag
belofte
　520 Verwag
　545 Natuurlike teken
　548 Praat
　579 Gedwonge
　607 Beloof
　765 Hoop
　816 Getrouheid
beloning
　686 Aanwins
　708 Betaal
　834 Beloon
beloof
　541 Betekenisvolheid
　607 Beloof
　765 Hoop
　816 Getrouheid
beloon
　708 Betaal
　834 Beloon
beloop
　21 Opeenvolging
　44 Gebeure in tyd
　122 Bereken
　147 Rigting
　249 Lewe
　647 Voortgaan
belope 387
belowe
　607 Beloof
　765 Hoop
　816 Getrouheid
belowend
　502 Verstand
　622 Goed
belroos 413
belsbos 337
belskruie 337
belt 745
belug 290
belugting 290
beluister
　498 Gehoor
　508 Aandag
belus 773
belustheid
　239 Voortplant
　773 Begeerte
belustig
　239 Voortplant
　773 Begeerte
belustigheid 239
bely
　528 Bevestig
　823 Berou
　840 Godsdiens
belydenis
　528 Bevestig

　823 Berou
　840 Godsdiens
　842 Geloof
belydenisskrif 842
belyn
　442 Lyn
　546 Kunsmatige teken
　563 Skryf
　565 Skryfkuns
　566 Drukkuns
bemaak 693
bemagtig
　601 Toestemming gee
　616 Magtig
　653 Maklik handel
bemagtigend
　616 Magtig
　653 Maklik handel
bemaking 693
beman
　222 Vlieg
　673 Manskap
bemang 622
bemanning
　221 Vaar
　223 Stuur
　235 Skeepvaart
　673 Manskap
bemark
　701 Handel en ekonomie
　705 Verkoop
bemarkbaar 705
bemarking
　508 Aandag
　701 Handel en ekonomie
　705 Verkoop
bembixwesp 361
bemeester
　582 Wilskrag
　622 Goed
　682 Slaag
　684 Oorwin
bemeestering
　622 Goed
　682 Slaag
　684 Oorwin
bemerk
　493 Gevoeligheid
　508 Aandag
bemerkbaar
　493 Gevoeligheid
　508 Aandag
bemes
　345 Plantkwekery
　346 Landbougrond
　347 Landbou
bemiddel 668
bemiddelaar 668
bemiddelbaar 668
bemiddelbaarheid 668
bemiddeld
　688 Besit
　689 Ryk

bemiddelend 668
bemiddeling
　590 Bestuur en regeer
　663 Meedoen
　668 Vrede en versoening
bemin
　776 Liefde en
　　vriendskap
　830 Eerbiedig
beminde
　239 Voortplant
　248 Huwelik
　776 Liefde en
　　vriendskap
beminlik
　743 Mooi
　776 Liefde en
　　vriendskap
beminlikheid
　743 Mooi
　776 Liefde en
　　vriendskap
beminning 776
bemoedig
　625 Sterk
　638 Aanmoedig
　713 Gevoel
　714 Positiewe gevoel
　716 Genot
　767 Moed
　778 Goedaardigheid
bemoedigend
　638 Aanmoedig
　765 Hoop
　767 Moed
bemoediging
　638 Aanmoedig
　663 Meedoen
　716 Genot
　765 Hoop
　767 Moed
bemoei
　663 Meedoen
　666 Verhinder
bemoeial 666
bemoeienis
　612 Noukeurig
　654 Moeilik handel
　663 Meedoen
　666 Verhinder
bemoeiing
　663 Meedoen
　666 Verhinder
bemoeilik
　588 Gesag hê
　654 Moeilik handel
　666 Verhinder
bemoeisiek
　506 Belangstelling
　663 Meedoen
　771 Gramskap
bemoeisug 663

bemoerd
　721 Ontevredenheid
　771 Gramskap
bémol 753
bemoontlik
　601 Toestemming gee
　653 Maklik handel
bemoontliking
　601 Toestemming gee
　653 Maklik handel
bemors 628
bemorsing 628
benadeel
　635 Skadelik
　683 Misluk
　779 Boosaardigheid
　787 Samelewing
　805 Onregverdig
　829 Beledig
benadelend
　238 Vernietig
　635 Skadelik
　656 Gevaarlik
　805 Onregverdig
benadeling
　683 Misluk
　779 Boosaardigheid
　787 Samelewing
　805 Onregverdig
　829 Beledig
benader
　130 Onbepaaldheid
　133 Getalle
　137 Bewerking
　166 Nader beweeg
benadering
　126 Skat
　130 Onbepaaldheid
　137 Bewerking
　166 Nader beweeg
　515 Wetenskap
　644 Handelwyse
　810 Gedrag
benaderingswyse 810
benadruk
　508 Aandag
　528 Bevestig
　572 Uitspraak
benadrukking
　508 Aandag
　528 Bevestig
　572 Uitspraak
benaming
　539 Kommunikeer
　550 Noem
benard
　654 Moeilik handel
　656 Gevaarlik
benat 463
benatbaar 463
benatting 463
bende
　168 Saamkom

beperktheid

695 Steel
803 Wette oortree
813 Swak gedrag
bendegeweld
667 Stryd
803 Wette oortree
bendetaal 569
benede
61 Plek
77 Onder, onderkant, ondertoe
157 Onderdeur
796 Stand
benedeloop 286
benedewaarts 147
benedewêreld 839
Benedicteiers 426
beneem
65 Afwesigheid
171 Verwyder
694 Neem
benefisieel 780
benefisieer 780
benepe
617 Magteloos
690 Arm
768 Vrees
benepenheid
617 Magteloos
768 Vrees
benerig
308 Been
397 Ledemaat
435 Smal
beneuk
666 Verhinder
818 Bedrieg
820 Oneerbaar
beneuk(s)
666 Verhinder
667 Stryd
715 Negatiewe gevoel
719 Hartseer
767 Moed
771 Gramskap
813 Swak gedrag
benewel
291 Wolk
412 Siek
486 Duisternis
509 Onoplettendheid
benewel(d)
412 Siek
486 Duisternis
509 Onoplettendheid
544 Onduidelik
beneweldheid
412 Siek
486 Duisternis
509 Onoplettendheid
benewens
36 Onreëlmatigheid
107 Meer

bengel
164 Reëlmatige beweging
165 Onreëlmatige beweging
756 Musiekinstrument
benieu 508
benieud 506
benieudheid 506
benig
308 Been
380 Gebeente
397 Ledemaat
benodig
520 Verwag
631 Nodig
633 Nuttig
benodig(d)hede 419
benodig(d)heid 631
benoem
539 Kommunikeer
550 Noem
577 Betekenis
584 Kies
590 Bestuur en regeer
616 Magtig
645 Handel
659 Aanstelling
852 Geestelike
benoembaar 659
benoemde
550 Noem
584 Kies
659 Aanstelling
benoeming
539 Kommunikeer
550 Noem
645 Handel
659 Aanstelling
benoorde 88
benou 768
benoud
404 Asemhaling
465 Warm
628 Vuil
768 Vrees
benoudebors 413
benoudheid
404 Asemhaling
412 Siek
413 Verskillende siektes
465 Warm
628 Vuil
768 Vrees
benoudte
412 Siek
413 Verskillende siektes
465 Warm
768 Vrees
benouend 768
bensien 460
benul 533
benut 629

benutbaar 629
benuttig 629
benuttigbaar 629
benuttiging 629
benutting 629
beny
773 Begeerte
779 Boosaardigheid
beny(d)baar 773
benydenswaardig 773
benyding 773
beoefen
645 Handel
657 Herhaal
beoefenaar
645 Handel
657 Herhaal
beoefening
645 Handel
657 Herhaal
beoog 637
beoordeel
527 Oordeel
584 Kies
642 Beproef
825 Beoordeling
beoordelaar
516 Soek
527 Oordeel
825 Beoordeling
827 Afkeur
beoordelend
527 Oordeel
825 Beoordeling
beoordeling
516 Soek
527 Oordeel
825 Beoordeling
bepaal
63 Begrensdheid
122 Bereken
123 Meet
126 Skat
129 Bepaaldheid
508 Aandag
517 Vind
527 Oordeel
530 Voorbehou
550 Noem
586 Beslis
bepaalbaar
122 Bereken
550 Noem
bepaald
129 Bepaaldheid
537 Waarheid
543 Duidelik
550 Noem
574 Woordkategorie
577 Betekenis
586 Beslis
bepaaldelik
129 Bepaaldheid

537 Waarheid
620 Belangrik
bepaaldheid
63 Begrensdheid
129 Bepaaldheid
577 Betekenis
586 Beslis
bepalend
17 Noodsaak
129 Bepaaldheid
576 Sinsbou en styl
bepaling
17 Noodsaak
63 Begrensdheid
122 Bereken
123 Meet
129 Bepaaldheid
517 Vind
543 Duidelik
550 Noem
576 Sinsbou en styl
586 Beslis
599 Gesag uitoefen
605 Aanvaar
607 Beloof
801 Wet
bepeins 513
bepeinsing
512 Verbeelding
513 Denke
beperk
63 Begrensdheid
103 Min
108 Minder
435 Smal
503 Onverstandigheid
530 Voorbehou
579 Gedwonge
594 Onvryheid
602 Verbied
654 Moeilik handel
666 Verhinder
692 Spaar
beperkend
17 Noodsaak
63 Begrensdheid
530 Voorbehou
654 Moeilik handel
666 Verhinder
beperking
17 Noodsaak
63 Begrensdheid
103 Min
108 Minder
530 Voorbehou
579 Gedwonge
594 Onvryheid
602 Verbied
666 Verhinder
692 Spaar
beperktheid
63 Begrensdheid

108 Minder
503 Onverstandigheid
594 Onvryheid
beplak
161 Bedek
745 Versier
beplan
19 Orde
640 Voorbereid
651 Toesien
beplan(d)
17 Noodsaak
637 Doelgerigtheid en doelloosheid
640 Voorbereid
beplanner 640
beplanning
17 Noodsaak
640 Voorbereid
beplant
161 Bedek
318 Plant
345 Plantkwekery
bepleister
97 Bou
99 Messel
bepleit 833
bepleiting 833
beplooi 180
beplooi(d)
180 Ongelyk maak
449 Ongelyk
beplooidheid
180 Ongelyk maak
449 Ongelyk
bepoeier 161
bepraat
553 Behandel
557 Diskussie
638 Aanmoedig
beproef
527 Oordeel
629 Gebruik
642 Beproef
654 Moeilik handel
683 Misluk
717 Lyding
beproefdheid
527 Oordeel
642 Beproef
654 Moeilik handel
717 Lyding
beproewing
527 Oordeel
642 Beproef
654 Moeilik handel
683 Misluk
717 Lyding
beraad
513 Denke
539 Kommunikeer
557 Diskussie
590 Bestuur en regeer

665 Byeenkom
beraadslaag
557 Diskussie
590 Bestuur en regeer
665 Byeenkom
beraadslaging
539 Kommunikeer
554 Aanspreek
557 Diskussie
590 Bestuur en regeer
beraam
122 Bereken
126 Skat
513 Denke
703 Boekhou
704 Koop
berader 638
berading
414 Geneeskunde
638 Aanmoedig
beraming
122 Bereken
126 Skat
516 Soek
704 Koop
berberis 332
bêre
19 Orde
161 Bedek
655 Veilig
beredder
19 Orde
808 Regswese
beredderaar 808
bereddering 808
berede 219
beredeneer
502 Verstand
513 Denke
522 Redeneer
523 Logies redeneer
525 Bewys
539 Kommunikeer
557 Diskussie
beredeneerd
502 Verstand
513 Denke
522 Redeneer
523 Logies redeneer
525 Bewys
beredeneerdheid
502 Verstand
522 Redeneer
523 Logies redeneer
525 Bewys
beredenering
539 Kommunikeer
557 Diskussie
bereg
19 Orde
808 Regswese
809 Regsgeding
beregbaar 808

beregtiging
806 Wettig
beregtiging 808
beregting 808
berei 419
bereid
55 Periodiek
580 Graag
640 Voorbereid
bereider 419
bereidheid
580 Graag
640 Voorbereid
bereiding
419 Voedselbereiding
428 Drankbereiding
bereidvaardig
580 Graag
778 Goedaardigheid
bereidvaardigheid
580 Graag
778 Goedaardigheid
bereidverklaring 580
bereidwillig
580 Graag
596 Inskiklik
597 Gehoorsaam
778 Goedaardigheid
bereidwilligheid
580 Graag
778 Goedaardigheid
bereik
69 Naby
188 Aankom
637 Doelgerigtheid en doelloosheid
bereikbaar
69 Naby
188 Aankom
637 Doelgerigtheid en doelloosheid
bereikbaarheid
69 Naby
188 Aankom
637 Doelgerigtheid en doelloosheid
bereiking 637
bereis 187
bereisdheid 187
bereken
102 Hoeveelheid
122 Bereken
125 Tel
129 Bepaaldheid
513 Denke
637 Doelgerigtheid en doelloosheid
703 Boekhou
berekenaar 122
berekenbaar
122 Bereken
637 Doelgerigtheid en doelloosheid

703 Boekhou
berekend
508 Aandag
513 Denke
berekenend 513
berekening
122 Bereken
125 Tel
126 Skat
129 Bepaaldheid
137 Bewerking
527 Oordeel
berekeningsfout 613
bêrekoop
704 Koop
709 Betaalmiddel
bêrekopie 704
bêreplek
94 Dele van 'n eiendom
170 Saambring
655 Veilig
berese 187
berg
61 Plek
104 Baie
168 Saamkom
170 Saambring
175 Insit
273 Geografie
274 Geologie
277 Berg
432 Groot
436 Hoog
654 Moeilik handel
655 Veilig
bergadder 364
bergaf 147
bergagtig 277
bergaster 334
berge versit
277 Berg
610 Ywerig
645 Handel
bergfiets
232 Fiets
735 Fietsrysport
bergformasie 274
berggans 365
berggebied 61
berggeelroos 337
berggees
838 Gees
844 Bygeloof
berghaan 365
berghaas 366
berghang
73 Skuins
277 Berg
berghelling
73 Skuins
277 Berg
berghut 93
bergie 690

besemkoring

berging
  175 Insit
  221 Vaar
  655 Veilig
bergingsgeheue 263
bergkanarie 365
bergketting 277
bergklim
  211 Opgaan
  724 Vermaak en ontspanning
bergklimsport
  211 Opgaan
  726 Spel en sport
bergkloof 278
bergkom 277
bergkruin
  277 Berg
  436 Hoog
bergland 277
bergloon 708
berglug 461
berglyster 365
bergop
  147 Rigting
  158 Na bo
bergpiek
  277 Berg
  439 Punt
bergpietjie 365
bergplek
  94 Dele van 'n eiendom
  170 Saambring
  175 Insit
  655 Veilig
bergprediking 842
bergpruim
  331 Boom
  350 Vrugteverbouing
bergreeks
  273 Geografie
  277 Berg
bergreën 292
bergroos
  332 Struik
  337 Veldplant
bergsipres 331
bergskilpad 364
bergspits
  277 Berg
  436 Hoog
  439 Punt
bergvesting 671
bergwind 290
bergwindtoestande
  289 Klimaat
  290 Wind
bergwoestyn 280
beri-beri 413
berig
  539 Kommunikeer
  551 Meedeel
  565 Skryfkuns

  568 Media
beriggewer 568
beriggewing 568
berigskrywer 568
beril 300
berispe
  667 Stryd
  669 Aanval
  827 Afkeur
  835 Bestraf
berispelik 827
berispelikheid 827
berisping
  669 Aanval
  827 Afkeur
  832 Beskuldig
  835 Bestraf
berk
  331 Boom
  776 Liefde en vriendskap
berkehout 316
berlynsblou 492
berm 277
Bermuda-kortbroek 745
beroem 785
beroemd
  588 Gesag hê
  620 Belangrik
  799 Beroemd
beroemdheid
  588 Gesag hê
  620 Belangrik
  796 Stand
  799 Beroemd
  830 Eerbiedig
beroep
  604 Versoek
  645 Handel
  658 Beroep
  659 Aanstelling
  852 Geestelike
beroepbaar 659
beroepsakteur 752
beroepsanger 757
beroepsboks
  629 Spel en sport
  731 Gevegsport
beroepsdanser 742
beroepsekuriteit 658
beroepsetiek 514
beroepsfotograaf 268
beroepsgeheim 540
beroepsiekte 413
beroepsjagter 373
beroepsjoernalis 568
beroepskeuse
  658 Beroep
  659 Aanstelling
beroepslewe
  249 Lewe
  658 Beroep
beroepsmag 672

beroepsmens 658
beroepsokker 629
beroepsoldaat 673
beroepspeler
  629 Spel en sport
  752 Toneel- en rolprentkuns
beroepsport 629
beroepspraktyk 658
beroepsrugby 629
beroepsteater 752
beroepstoei 629
beroepsvoorligting
  559 Opvoeding en onderwys
  659 Aanstelling
beroerd
  623 Sleg
  626 Swak
  683 Misluk
  715 Negatiewe gevoel
  813 Swak gedrag
beroering
  20 Wanorde
  667 Stryd
  713 Gevoel
  768 Vrees
beroerte 413
berokken 16
beroof
  171 Verwyder
  694 Neem
  695 Steel
  803 Wette oortree
berooid
  626 Swak
  661 Vermoeidheid
  690 Arm
  766 Wanhoop
berou 823
berouvol 823
berrie-berrie 413
berserk 505
berserker
  505 Verstandstoornis
  667 Stryd
  771 Gramskap
berug
  779 Boosaardigheid
  813 Swak gedrag
  831 Minag
berugtheid
  813 Swak gedrag
  831 Minag
berus
  6 Betrekking
  15 Oorsaak
  16 Gevolg
  141 Behoud
  522 Redeneer
  531 Saamstem
  580 Graaf
  596 Inskiklik

  597 Gehoorsaam
  605 Aanvaar
  668 Vrede en versoening
  688 Besit
  714 Positiewe gevoel
berusting
  141 Behoud
  597 Gehoorsaam
  668 Vrede en versoening
  685 Oorwin word
  714 Positiewe gevoel
berustingsmiddel
  415 Geneesmiddel
  494 Gevoelloosheid en bedwelming
berym
  751 Digkuns
  754 Komposisie
beryming 754
bes(te)
  622 Goed
  776 Liefde en vriendskap
besaai
  161 Bedek
  227 Werp
besaan 235
besaanseil 235
besadig(d)
  582 Wilskrag
  619 Kalm
  714 Positiewe gevoel
  778 Goedaardigheid
besadigdheid
  619 Kalm
  714 Positiewe gevoel
  778 Goedaardigheid
beseël
  196 Versend
  528 Bevestig
  546 Kunsmatige teken
beseëling
  196 Versend
  528 Bevestig
beseer
  412 Siek
  413 Verskillende siektes
  717 Lyding
beseerde
  412 Siek
  727 Kompetisie
besef
  513 Denke
  518 Glo
  533 Verstaan
  535 Weet
beseil 221
besem
  95 Huisraad
  627 Skoon
besembiesies 338
besemkas 95
besemkoring 352

besemsiekte

besemsiekte 324
besending 194
besering
  412 Siek
  413 Verskillende siektes
  717 Lyding
  719 Hartseer
beseringstyd
  38 Tydgebruik
  727 Kompetisie
beset
  39 Tydverlies
  64 Aanwesigheid
  265 Telegraaf en telefoon
  680 Militêre aksie
  686 Aanwins
  694 Neem
besete
  505 Verstandstoornis
  618 Heftig
  715 Negatiewe gevoel
  771 Gramskap
  838 Gees
besetene
  505 Verstandstoornis
  618 Heftig
  771 Gramskap
besetenheid
  505 Verstandstoornis
  618 Heftig
  715 Negatiewe gevoel
  771 Gramskap
  846 Goddeloosheid
besetting
  64 Aanwesigheid
  680 Militêre aksie
besettingsmag 672
besettoon 265
besie 361
besiel
  251 In die lewe roep
  638 Aanmoedig
  713 Gevoel
  714 Positiewe gevoel
  765 Hoop
  767 Moed
besiel(d)
  249 Lewe
  513 Denke
  714 Positiewe gevoel
  715 Negatiewe gevoel
  765 Hoop
besielend
  251 In die lewe roep
  513 Denke
  638 Aanmoedig
  714 Positiewe gevoel
  715 Negatiewe gevoel
  767 Moed
besieling
  249 Lewe
  251 In die lewe roep

513 Denke
638 Aanmoedig
714 Positiewe gevoel
715 Negatiewe gevoel
765 Hoop
767 Moed
besien
  499 Sien
  516 Soek
  527 Oordeel
besienswaardig
  92 Deftige, belangrike of groot gebou
  620 Belangrik
  622 Goed
  743 Mooi
besienswaardigheid
  92 Deftige, belangrike of groot gebou
  620 Belangrik
  622 Goed
  743 Mooi
besig
  610 Ywerig
  645 Handel
  647 Voortgaan
besigheid
  645 Handel
  658 Beroep
  701 Handel en ekonomie
  707 Handelsaak
besigheidsbelange 701
besigheidsbestuur 590
besigheidsindikaat 701
besigheidsklas 222
besigheidskommunika-sie 539
besigheidsmens 701
besigheidsredding
  687 Verlies
  701 Handel en ekonomie
besigtig
  499 Sien
  516 Soek
besigtiging
  499 Sien
  516 Soek
besimpeld
  503 Onverstandigheid
  505 Verstandstoornis
  715 Negatiewe gevoel
  722 Humor
  813 Swak gedrag
besin
  502 Verstand
  513 Denke
  516 Soek
  527 Oordeel
besing 757
besink 516
besinkingsgesteente 274
besinksel
  168 Saamkom

628 Vuil
besinning
  508 Aandag
  516 Soek
  527 Oordeel
  842 Geloof
besit
  686 Aanwins
  688 Besit
  694 Neem
besitlik
  574 Woordkategorie
  686 Aanwins
  688 Besit
  694 Neem
besitloos 690
besitname
  686 Aanwins
  694 Neem
besitnemer 694
besitneming 694
besit(s)reg 688
besitsdrang 688
besitsontneming
  687 Verlies
  694 Neem
besitsonttrekking
  687 Verlies
  694 Neem
besittersklas 798
besitting 688
beskaaf
  448 Gelyk
  559 Opvoeding en onderwys
  788 Beskawing
beskaaf(d)
  535 Weet
  559 Opvoeding en onderwys
  622 Goed
  743 Mooi
  788 Beskawing
  791 Sosiaal
  812 Goeie gedrag
  819 Eerbaar
beskaafdheid
  559 Opvoeding en onderwys
  622 Goed
  743 Mooi
  788 Beskawing
  791 Sosiaal
  812 Goeie gedrag
  819 Eerbaar
beskaam
  786 Nederigheid
  827 Afkeur
beskaam(d) 786
beskadig
  20 Wanorde
  238 Vernietig
  623 Sleg

635 Skadelik
666 Verhinder
beskadiging
  238 Vernietig
  623 Sleg
  635 Skadelik
  719 Hartseer
beskamend 786
beskawing
  559 Opvoeding en onderwys
  787 Samelewing
  788 Beskawing
beskawingspeil 788
beskeidenheid
  103 Min
  619 Kalm
  690 Arm
  714 Positiewe gevoel
  786 Nederigheid
  791 Sosiaal
beskeie
  103 Min
  619 Kalm
  690 Arm
  714 Positiewe gevoel
  786 Nederigheid
  791 Sosiaal
beskerm
  655 Veilig
  663 Meedoen
  670 Verdedig
  698 Behou
  778 Goedaardigheid
beskerm(d) 655
beskermengel
  655 Veilig
  778 Goedaardigheid
  838 Gees
  855 Gode
beskermer
  518 Glo
  655 Veilig
  670 Verdedig
  778 Goedaardigheid
beskermgees 844
beskermheer 665
beskermheilige
  655 Veilig
  852 Geestelike
beskerming
  638 Aanmoedig
  655 Veilig
  663 Meedoen
  670 Verdedig
  698 Behou
  778 Goedaardigheid
beskermling
  655 Veilig
  663 Meedoen
beskermvrou 665
beskiet 677
beskik
  19 Orde

besoek

590 Bestuur en regeer
629 Gebruik
688 Besit
beskikbaar
  64 Aanwesigheid
  629 Gebruik
  640 Voorbereid
  659 Aanstelling
  693 Gee
beskikbaarstelling 693
beskikking
  19 Orde
  578 Vrywillig
  579 Gedwonge
  588 Gesag hê
  854 Godsdienste
beskikkingsreg
  588 Gesag hê
  599 Gesag uitoefen
beskilder 490
beskimmeld
  381 Huid
  617 Magteloos
  786 Nederigheid
beskimmeldheid
  770 Wantroue
  786 Nederigheid
beskimp
  669 Aanval
  829 Beledig
beskimping
  669 Aanval
  829 Beledig
beskinder
  669 Aanval
  779 Boosaardigheid
  829 Beledig
beskindering
  669 Aanval
  829 Beledig
beskonke 407
beskore 693
beskot
  94 Dele van 'n eiendom
  161 Bedek
  178 Toegaan
  316 Hout
beskou
  493 Gevoeligheid
  499 Sien
  513 Denke
  514 Wysbegeerte
  516 Soek
  518 Glo
  527 Oordeel
  825 Beoordeling
beskouend 513
beskouing
  513 Denke
  514 Wysbegeerte
  516 Soek
  518 Glo
  527 Oordeel

553 Behandel
beskoulik
  513 Denke
  514 Wysbegeerte
beskreeu 548
beskrewe 563
beskroomd
  768 Vrees
  786 Nederigheid
beskryf
  139 Meetkunde
  543 Duidelik
  551 Meedeel
  552 Vertel
  553 Behandel
  563 Skryf
  565 Skryfkuns
  801 Wet
beskrywing
  543 Duidelik
  548 Praat
  553 Behandel
beskrywingspunt 553
beskuit 426
beskuitjiebolletjie 426
beskuldig 832
beskuldigde
  808 Regswese
  809 Regsgeding
  832 Beskuldig
beskuldiging 832
beskut
  655 Veilig
  670 Verdedig
beskutting 655
beskyn 485
beskyt 409
beslaan
  61 Plek
  161 Bedek
  178 Toegaan
  301 Metaalverwerking
  302 Smeewerk
  369 Veeteelt
  489 Ondeurskynend
  745 Versier
beslag lê
  171 Verwyder
  686 Aanwins
  687 Verlies
  694 Neem
beslag
  94 Dele van 'n eiendom
  161 Bedek
  301 Metaalverwerking
  425 Bakker
  745 Versier
beslagbok 302
beslaghamer 302
beslaglegging
  171 Verwyder
  686 Aanwins
  687 Verlies

694 Neem
beslagtafel 302
besleg 668
beslegbaar 668
beslegting 668
beslis
  17 Noodsaak
  129 Bepaaldheid
  517 Vind
  518 Glo
  527 Oordeel
  528 Bevestig
  537 Waarheid
  579 Gedwonge
  582 Wilskrag
  586 Beslis
  595 Streng
  647 Voortgaan
  767 Moed
  819 Eerbaar
beslissend
  527 Oordeel
  586 Beslis
  616 Magtig
beslissing
  129 Bepaaldheid
  527 Oordeel
  528 Bevestig
  586 Beslis
  727 Kompetisie
  825 Beoordeling
beslistheid
  129 Bepaaldheid
  528 Bevestig
  582 Wilskrag
  586 Beslis
  595 Streng
beslommering 654
beslommernis 654
beslote 582
besluip 166
besluit
  28 Einde
  522 Redeneer
  527 Oordeel
  584 Kies
  586 Beslis
  590 Bestuur en regeer
  599 Gesag uitoefen
  659 Aanstelling
besluiteloos
  11 Disharmonie
  519 Twyfel
  583 Willoosheid
  587 Aarsel
  715 Negatiewe gevoel
besluiteloosheid
  11 Disharmonie
  519 Twyfel
  583 Willoosheid
  587 Aarsel
besluitneming
  584 Kies

586 Beslis
590 Bestuur en regeer
besluitvorming 586
besmeer 628
besmet
  409 Afskeiding en uitskeiding
  412 Siek
  413 Verskillende siektes
  628 Vuil
  822 Skuldig
besmetlik
  412 Siek
  820 Oneerbaar
besmetting
  412 Siek
  413 Verskillende siektes
  628 Vuil
besmoontlik 519
besnaar 756
besnaard 714
besnede
  185 Sny
  386 Gesig
  403 Voortplantingsorgaan
  743 Mooi
  758 Beeldende kuns
  854 Godsdienste
besnedene 854
besnoei
  103 Min
  108 Minder
  433 Klein
  692 Spaar
besnoeiing
  108 Minder
  692 Spaar
besnuffel
  497 Reuksintuig
  516 Soek
besny 185
besnydenis 854
besoedel
  290 Wind
  544 Onduidelik
  628 Vuil
besoedeling
  255 Natuur
  628 Vuil
besoedelingsbeheer 255
besoedelingsgevaar
  628 Vuil
  656 Gevaarlik
besoek
  188 Aankom
  204 Aangaan by
  206 Ingaan
  417 Hospitaal
  766 Wanhoop
  790 Sosiale betrekking
  835 Bestraf

besoeker
188 Aankom
204 Aangaan by
790 Sosiale betrekking
besoeking 683
besoektyd 417
besog
528 Bevestig
717 Lyding
826 Goedkeur
besoldig 708
besoldiging
686 Aanwins
708 Betaal
besonder
3 Bestaanswyse
34 Vreemdheid
36 Onreëlmatigheid
104 Baie
besonder(s)
620 Belangrik
622 Goed
besonderhede
112 Deel
114 Saamgesteld
besonderheid
32 Enkeling
112 Deel
besonderlik
34 Vreemdheid
36 Onreëlmatigheid
104 Baie
besonders
34 Vreemdheid
36 Onreëlmatigheid
104 Baie
171 Verwyder
743 Mooi
besondersheid
34 Vreemdheid
36 Onreëlmatigheid
622 Goed
743 Mooi
besondig
813 Swak gedrag
822 Skuldig
besonke
212 Afgaan
528 Bevestig
besonne
502 Verstand
508 Aandag
besonnenheid
502 Verstand
508 Aandag
besope 407
besorg
16 Gevolg
191 Laat kom
192 Laat gaan
631 Nodig
693 Gee

besorg(d)
612 Noukeurig
651 Toesien
714 Positiewe gevoel
768 Vrees
besorgdheid
612 Noukeurig
651 Toesien
714 Positiewe gevoel
besorging
191 Laat kom
693 Gee
bespaar
686 Aanwins
692 Spaar
698 Behou
bespan
231 Tuig
756 Musiekinstrument
besparing
686 Aanwins
692 Spaar
bespeel
755 Uitvoering
756 Musiekinstrument
bespeur
493 Gevoeligheid
508 Aandag
bespied
499 Sien
508 Aandag
680 Militêre aksie
bespieding 680
bespieël
513 Denke
514 Wysbegeerte
bespieëling 513
bespiegel
513 Denke
514 Wysbegeerte
bespiegelend
513 Denke
514 Wysbegeerte
bespiegeling 513
bespikkel
492 Kleure
546 Kunsmatige teken
bespoedig
46 Vroeër
225 Vinnig
bespoedigend 225
bespot
669 Aanval
786 Nederigheid
827 Afkeur
831 Minag
bespotlik
103 Min
623 Sleg
722 Humor
813 Swak gedrag
831 Minag
bespotting
669 Aanval

831 Minag
bespreek
206 Ingaan
522 Redeneer
539 Kommunikeer
543 Duidelik
548 Praat
553 Behandel
557 Diskussie
750 Letterkunde
bespreking
539 Kommunikeer
543 Duidelik
548 Praat
553 Behandel
554 Aanspreek
557 Diskussie
**besprekingsdoku-
ment** 553
besprekingsgroep 548
besprekingspunt 522
bespring
199 Spring
667 Stryd
669 Aanval
besprinkel 463
besproei
288 Waterstelsel
345 Plantkwekery
460 Vloeistof
463 Nat
besproeiing
288 Waterstelsel
347 Landbou
463 Nat
besproet 381
besproke 553
bespuit
345 Plantkwekery
463 Nat
bessie
323 Vrug
350 Vrugteverbouing
bessievlieg 361
bessiewas 745
bessiewyn 427
bestaan
1 Bestaan
4 Selfstandigheid
137 Bewerking
249 Lewe
254 Stof
bestaanbaar
1 Bestaan
605 Aanvaar
622 Goed
624 Gemiddeld
bestaande
1 Bestaan
49 Hede
bestaansangs 768
bestaansbeveiliging 658
bestaansboerdery 347

bestaansekerheid 658
bestaansekonomie
690 Arm
701 Handel en ekonomie
bestaansgrens 690
bestaansgrond
1 Bestaan
15 Oorsaak
525 Bewys
bestaanskrisis 654
bestaanslandbou 347
bestaansrede
1 Bestaan
15 Oorsaak
525 Bewys
bestaansreg 249
bestaanstryd
654 Moeilik handel
690 Arm
bestaanswyse 3
bestand
625 Sterk
655 Veilig
bestanddeel
112 Deel
419 Voedselbereiding
beste wense
778 Goedaardigheid
790 Sosiale betrekking
beste
248 Huwelik
620 Belangrik
622 Goed
besteding 691
bestee
629 Gebruik
691 Spandeer
708 Betaal
besteel
695 Steel
803 Wette oortree
bestek
37 Tydruimte
97 Bou
100 Boumateriaal
221 Vaar
645 Handel
bestel
191 Laat kom
590 Bestuur en regeer
604 Versoek
701 Handel en ekonomie
704 Koop
795 Staat en politiek
bestelling
191 Laat kom
599 Gesag uitoefen
604 Versoek
704 Koop
705 Verkoop
bestem
17 Noodsaak
129 Bepaaldheid

betaamlik

637 Doelgerigtheid en doelloosheid
bestemming
16 Gevolg
187 Reis
579 Gedwonge
637 Doelgerigtheid en doelloosheid
bestempel
196 Versend
546 Kunsmatige teken
bestendig
12 Eenvormigheid
40 Langdurig
42 Altyd
143 Bestendigheid
619 Kalm
657 Herhaal
812 Goeie gedrag
bestendigheid
12 Eenvormigheid
40 Langdurig
143 Bestendigheid
bestialiteit
239 Voortplant
789 Onbeskaafdheid
813 Swak gedrag
820 Oneerbaar
bestier
590 Bestuur en regeer
599 Gesag uitoefen
bestiering 521
bestook
467 Aansteek
667 Stryd
669 Aanval
717 Lyding
bestorm
228 Vinnig beweeg
667 Stryd
669 Aanval
bestorwe
250 Dood
412 Siek
492 Kleure
bestraal
414 Geneeskunde
485 Lig
bestraat
97 Bou
149 Pad
bestraf
182 Slaan
585 Verwerp
827 Afkeur
835 Bestraf
bestrafbaar 835
bestraffing
827 Afkeur
835 Bestraf
bestraling
413 Verskillende siektes
414 Geneeskunde

bestralingsiekte 413
bestralingsindroom 413
bestrating 149
bestrede 532
bestreel 154
bestrooi
161 Bedek
419 Voedselbereiding
bestry
532 Betwis
585 Verwerp
667 Stryd
bestryk
99 Messel
154 Vryf
448 Gelyk
495 Tassin
bestudeer
493 Gevoeligheid
506 Belangstelling
513 Denke
516 Soek
561 Studeer
bestudeer(d)
785 Hoogmoed
813 Swak gedrag
bestuif
161 Bedek
419 Voedselbereiding
bestuiwend 239
bestuiwing 239
besturend
590 Bestuur en regeer
591 Gesaghebber
bestuur
590 Bestuur en regeer
216 Ry
217 Motorry
223 Stuur
588 Gesag hê
590 Bestuur en regeer
599 Gesag uitoefen
651 Toesien
658 Beroep
665 Byeenkom
700 Bank
bestuurder
216 Ry
223 Stuur
588 Gesag hê
590 Bestuur en regeer
591 Gesaghebber
658 Beroep
bestuur(s)kuns 223
bestuur(s)vernuf 223
bestuursaangeleentheid 590
bestuursamp
590 Bestuur en regeer
665 Byeenkom
bestuursbesluit 590
bestuurshandeling 590
bestuurshiërargie 665

bestuursinstelling 590
bestuursliggaam
560 Voorskoolse en naskoolse onderrig
588 Gesag hê
590 Bestuur en regeer
bestuursmatig
590 Bestuur en regeer
658 Beroep
bestuurspos
590 Bestuur en regeer
665 Byeenkom
bestuursraad
560 Voorskoolse en naskoolse onderrig
590 Bestuur en regeer
665 Byeenkom
bestuursreg
590 Bestuur en regeer
808 Regswese
bestuursvergadering
590 Bestuur en regeer
665 Byeenkom
bestuursvernuf
149 Pad
217 Motorry
bestyg 211
besuide 88
besuinig 692
besuiniging 692
besuinigingsmaatreël 692
besuip 407
beswaar aanteken
530 Voorbehou
532 Betwis
666 Verhinder
beswaar
452 Swaar
526 Weerlê
530 Voorbehou
532 Betwis
585 Verwerp
666 Verhinder
712 Belasting
721 Ontevredenheid
827 Afkeur
beswaar(d)
703 Boekhou
715 Negatiewe gevoel
717 Lyding
719 Hartseer
721 Ontevredenheid
beswaarde
688 Besit
711 Skuld
712 Belasting
beswaardheid
715 Negatiewe gevoel
717 Lyding
721 Ontevredenheid
beswaarlik 644
beswaarmaker 532

beswaarmakery
532 Betwis
666 Verhinder
beswaarskrif
532 Betwis
832 Beskuldig
beswadder
669 Aanval
770 Wantroue
779 Boosaardigheid
829 Beledig
beswarend
654 Moeilik handel
808 Regswese
beswaring
808 Regswese
809 Regsgeding
besweer
604 Versoek
606 Weier
666 Verhinder
836 Bonatuurlik
838 Gees
besweet 409
beswil 631
beswyk
250 Dood
685 Oorwin word
beswyming 413
besyde 87
besyfer 122
beta 571
betaal
635 Skadelik
691 Spandeer
704 Koop
708 Betaal
784 Wraaksug
834 Beloon
835 Bestraf
betaalbaar
708 Betaal
711 Skuld
betaald 711
betaalkanaal 264
betaalmeester 708
betaalmiddel
708 Betaal
709 Betaalmiddel
betaalstelsel 708
betaalstrokie 708
betaaltelevisie 264
betaaltermyn 708
betaalvakansie 708
betaalwyse 708
betaam
810 Gedrag
812 Goeie gedrag
819 Eerbaar
betaamlik
812 Goeie gedrag
819 Eerbaar

523

betaamlikheid
743 Mooi
812 Goeie gedrag
819 Eerbaar
betablokker 415
betadeeltjie 254
betakel
183 Gryp
618 Heftig
betalend 686
betaler 708
betaling
693 Gee
704 Koop
708 Betaal
betalingsbalans
701 Handel en ekonomie
703 Boekhou
betalingsbewys 708
betas
154 Vryf
181 Raak
495 Tassin
betasting
154 Vryf
181 Raak
495 Tassin
betastrale 267
beteken
513 Denke
541 Betekenisvolheid
545 Natuurlike teken
577 Betekenis
620 Belangrik
633 Nuttig
betekenis
513 Denke
541 Betekenisvolheid
573 Woordeskat
577 Betekenis
620 Belangrik
betekenisaard 577
betekenisaspek 577
betekenisatoom 577
betekenisbepaling 577
betekenisbeperking 577
betekenisbetrekking
573 Woordeskat
577 Betekenis
betekenisdekonstruksie 577
betekenisfaset 577
betekenisimplikasie 577
betekeniskenmerk 577
betekenisleer
541 Betekenisvolheid
570 Taalwetenskap
577 Betekenis
betekenisloos
542 Betekenisloosheid
577 Betekenis
621 Onbelangrik
betekenisloosheid
542 Betekenisloosheid

577 Betekenis
621 Onbelangrik
betekenismoment 577
betekenisnetwerk 577
betekenisnuanse 541
betekenisonderskeiding
573 Woordeskat
577 Betekenis
betekenisoorvleueling 577
betekenisspektrum 577
betekenisuitleg 577
betekenisverandering
541 Betekenisvolheid
577 Betekenis
betekenisverband 577
betekenisverdigting 577
betekenisverhouding
573 Woordeskat
577 Betekenis
betekenisverklaring 577
betekenisverruiming 577
betekenisverskil 577
betekenisverwantskap
573 Woordeskat
577 Betekenis
betekenisvol
541 Betekenisvolheid
577 Betekenis
620 Belangrik
622 Goed
betekenisvolheid
541 Betekenisvolheid
543 Duidelik
577 Betekenis
620 Belangrik
622 Goed
betekeniswaarde 541
betel 333
betelpalm 331
beter
411 Gesond
579 Gedwonge
620 Belangrik
622 Goed
631 Nodig
682 Slaag
beterskap 411
beterwete
513 Denke
535 Weet
beterweter
535 Weet
813 Swak gedrag
beterwetig
535 Weet
536 Nie weet nie
813 Swak gedrag
beteuel
588 Gesag hê
619 Kalm
beteuter(d)
433 Klein

587 Aarsel
615 Onbekwaam
617 Magteloos
619 Kalm
623 Sleg
626 Swak
636 Onskadelik
768 Vrees
786 Nederigheid
beteuterdheid
615 Onbekwaam
619 Kalm
636 Onskadelik
betig
827 Afkeur
832 Beskuldig
835 Bestraf
betigting
827 Afkeur
835 Bestraf
betitel
550 Noem
563 Skryf
betiteling 550
betittel 829
betjoings
11 Disharmonie
719 Hartseer
betjoinks
11 Disharmonie
719 Hartseer
betoger
532 Betwis
648 Onderbreek
666 Verhinder
betoging
532 Betwis
539 Kommunikeer
666 Verhinder
667 Stryd
beton 100
betonbewapening 97
betonfondament 94
betoning 539
betonkonstruksie 94
betonmenger
101 Bouersgereedskap
174 Meng
betonoerwoud 90
betonpad 149
betonvloer 94
betoog
513 Denke
522 Redeneer
525 Bewys
532 Betwis
539 Kommunikeer
551 Meedeel
558 Redevoering
604 Versoek
666 Verhinder
667 Stryd

betoon
525 Bewys
539 Kommunikeer
550 Noem
693 Gee
betoor 836
betotteld
503 Onverstandigheid
505 Verstandstoornis
773 Begeerte
betower
638 Aanmoedig
743 Mooi
773 Begeerte
844 Bygeloof
betowerend
638 Aanmoedig
743 Mooi
773 Begeerte
betraan(d) 719
betrag
499 Sien
513 Denke
betrap
521 Verras wees
594 Onvryheid
832 Beskuldig
betree
188 Aankom
197 Te voet gaan
betref 6
betreffende 6
betrek
6 Betrekking
64 Aanwesigheid
166 Nader beweeg
170 Saambring
291 Wolk
590 Bestuur en regeer
663 Meedoen
669 Aanval
betrekking
6 Betrekking
10 Harmonie
118 Vergelyking
135 Verhouding
241 Familie
645 Handel
658 Beroep
659 Aanstelling
790 Sosiale betrekking
betrekkingloos 7
betrekkingloosheid 7
betreklik
6 Betrekking
135 Verhouding
538 Dwaling
574 Woordkategorie
624 Gemiddeld
betreklikheid
6 Betrekking
538 Dwaling

bevoeg(d)

betreur
719 Hartseer
721 Ontevredenheid
betreurenswaardig
623 Sleg
683 Misluk
813 Swak gedrag
betrokke
6 Betrekking
291 Wolk
550 Noem
663 Meedoen
665 Byeenkom
betrokkene
6 Betrekking
663 Meedoen
betroubaar
143 Bestendigheid
518 Glo
582 Wilskrag
608 Jou woord hou
769 Vertroue
811 Gewete
814 Eerlik
816 Getrouheid
819 Eerbaar
betugtig
827 Afkeur
835 Bestraf
betugtiging 835
betuig
513 Denke
528 Bevestig
539 Kommunikeer
693 Gee
betwis
513 Denke
526 Weerlê
529 Ontken
532 Betwis
585 Verwerp
666 Verhinder
betwisbaar
522 Redeneer
532 Betwis
538 Dwaling
betwyfel
519 Twyfel
532 Betwis
587 Aarsel
betwyfelbaar
532 Betwis
770 Wantroue
betyds
38 Tydgebruik
57 Vroeg
59 Geleë
640 Voorbereid
beuel
178 Toegaan
231 Tuig
355 Landbougereedskap
756 Musiekinstrument

beuk
182 Slaan
331 Boom
853 Kerkgebou
beukeboom 331
beukehout 316
beul
252 Doodmaak
779 Boosaardigheid
835 Bestraf
beulperd 730
beur
181 Raak
645 Handel
654 Moeilik handel
beurs
84 Houer
377 Liggaam
560 Voorskoolse en
 naskoolse onderrig
688 Besit
702 Beurs
708 Betaal
834 Beloon
beursie
84 Houer
686 Aanwins
688 Besit
beursindeks 702
beursmakelaar 702
beursnet 372
beursnotering 702
beurt
21 Opeenvolging
59 Geleë
beurtelings 23
beurtkrag 262
beurtoorwinning 728
beurtsang 757
beurtwater 288
beusel
39 Tydverlies
538 Dwaling
548 Praat
621 Onbelangrik
beuselagtig
542 Betekenisloosheid
621 Onbelangrik
bevaar 221
bevaarbaar
221 Vaar
286 Rivier
beval
239 Voortplant
720 Tevredenheid
773 Begeerte
bevallig 743
bevalligheid 743
bevalling
239 Voortplant
414 Geneeskunde
bevange
317 Fisiologie

413 Verskillende siektes
433 Klein
715 Negatiewe gevoel
768 Vrees
bevare 221
bevark
818 Bedrieg
820 Oneerbaar
bevat
61 Plek
83 In die middel
502 Verstand
533 Verstaan
bevatlik
533 Verstaan
543 Duidelik
bevatlikheid
533 Verstaan
543 Duidelik
beveel 17 Noodsaak
beveel
588 Gesag hê
590 Bestuur en regeer
599 Gesag uitoefen
680 Militêre aksie
beveg
532 Betwis
585 Verwerp
588 Gesag hê
666 Verhinder
667 Stryd
670 Verdedig
beveilig
655 Veilig
670 Verdedig
beveiligend 655
beveiliger 655
beveiliging
651 Toesien
655 Veilig
670 Verdedig
bevel
548 Praat
576 Sinsbou en styl
579 Gedwonge
588 Gesag hê
599 Gesag uitoefen
625 Sterk
672 Weermag
680 Militêre aksie
801 Wet
808 Regswese
bevelend
579 Gedwonge
599 Gesag uitoefen
bevelhebber
591 Gesaghebber
673 Manskap
bevelsin 576
bevelskrif
599 Gesag uitoefen
808 Regswese
bevelsrang 588

bevelstruktuur 599
bevelvoerder
202 Voor beweeg
588 Gesag hê
591 Gesaghebber
599 Gesag uitoefen
673 Manskap
680 Militêre aksie
bevelvoering 588
beverf
161 Bedek
490 Kleur
bevestig
143 Bestendigheid
172 Vasmaak
248 Huwelik
525 Bewys
528 Bevestig
531 Saamstem
537 Waarheid
539 Kommunikeer
543 Duidelik
625 Sterk
659 Aanstelling
845 Godsvrug
852 Geestelike
bevestigend
528 Bevestig
537 Waarheid
548 Praat
bevestiging
659 Aanstelling
826 Goedkeur
bevind
61 Plek
64 Aanwesigheid
515 Wetenskap
517 Vind
527 Oordeel
825 Beoordeling
bevinding
517 Vind
527 Oordeel
586 Beslis
825 Beoordeling
bevlek 628
bevlieg
166 Nader beweeg
228 Vinnig beweeg
667 Stryd
669 Aanval
771 Gramskap
779 Boosaardigheid
bevlieging
166 Nader beweeg
618 Heftig
669 Aanval
771 Gramskap
773 Begeerte
bevoeg(d)
535 Weet
588 Gesag hê
599 Gesag uitoefen

525

bevoegdheid

614 Bekwaam
616 Magtig
622 Goed
806 Wettig
bevoegdheid
535 Weet
588 Gesag hê
599 Gesag uitoefen
614 Bekwaam
616 Magtig
622 Goed
806 Wettig
bevoegdverklaring 806
bevoel
181 Raak
495 Tassin
bevogtig 463
bevolk
90 Omgewing
368 Diereteelt
369 Veeteelt
787 Samelewing
bevolking
90 Omgewing
273 Geografie
787 Samelewing
bevolkingsdigtheid 787
bevolkingsdinamika 787
bevolkingsgroep 787
bevolkingslid 787
bevolkingsontploffing
107 Meer
239 Voortplant
787 Samelewing
bevolkingsregister
590 Bestuur en regeer
787 Samelewing
bevolkingsyfer 787
bevoog
237 Voortbring
588 Gesag hê
bevoogde
237 Voortbring
655 Veilig
bevoordeel
633 Nuttig
682 Slaag
693 Gee
805 Onregverdig
bevoordeelde
574 Woordkategorie
633 Nuttig
bevoordeling
682 Slaag
693 Gee
787 Samelewing
bevooroordeel(d)
524 Onlogies redeneer
527 Oordeel
584 Kies
805 Onregverdig
bevooroordeeldheid
524 Onlogies redeneer

527 Oordeel
584 Kies
805 Onregverdig
bevoorraad 631
bevoorrading 631
bevoorreg
689 Ryk
781 Dankbaarheid
787 Samelewing
806 Wettig
bevoorregting
584 Kies
787 Samelewing
bevorder
633 Nuttig
659 Aanstelling
796 Stand
bevorderaar 518
bevordering 659
bevorderlik 633
bevraagteken
532 Betwis
827 Afkeur
bevrag
194 Vervoer
452 Swaar
bevredig
608 Jou woord hou
651 Toesien
714 Positiewe gevoel
716 Genot
720 Tevredenheid
bevredigend
622 Goed
637 Doelgerigtheid en
   doelloosheid
651 Toesien
720 Tevredenheid
826 Goedkeur
bevrediging
622 Goed
637 Doelgerigtheid en
   doelloosheid
651 Toesien
716 Genot
718 Blydskap
720 Tevredenheid
bevrees
505 Verstandstoornis
651 Toesien
715 Negatiewe gevoel
bevrees(d) 768
bevreesdheid
715 Negatiewe gevoel
768 Vrees
bevriend 776
bevries
141 Behoud
252 Doodmaak
260 Warmteleer
455 Hard
459 Vaste stof
466 Koud

bevriesing
260 Warmteleer
459 Vaste stof
466 Koud
bevrug
237 Voortbring
239 Voortplant
403 Voortplantings-
   orgaan
bevrugting
237 Voortbring
239 Voortplant
345 Plantkwekery
bevry
173 Losmaak
239 Voortplant
593 Vryheid
821 Onskuldig
bevryding
173 Losmaak
590 Bestuur en regeer
593 Vryheid
bevryf 154
bevuil 628
bevuiling 628
bewaak
508 Aandag
594 Onvryheid
651 Toesien
655 Veilig
670 Verdedig
bewaar
141 Behoud
143 Bestendigheid
510 Herinner
651 Toesien
655 Veilig
670 Verdedig
698 Behou
bewaarbiblioteek 567
bewaarder
141 Behoud
592 Ondergeskikte
651 Toesien
655 Veilig
670 Verdedig
bewaargeld 709
bewaarheid 537
bewaarkamer
94 Dele van 'n eiendom
655 Veilig
670 Verdedig
671 Verdedigingsmiddel
bewaarplaas
61 Plek
94 Dele van 'n eiendom
655 Veilig
bewaarplek
61 Plek
170 Saambring
655 Veilig
670 Verdedig
671 Verdedigingsmiddel

bewaarskool
559 Opvoeding en
   onderwys
655 Veilig
bewaker 655
bewaking
508 Aandag
651 Toesien
655 Veilig
802 Wette gehoorsaam
bewandel
197 Te voet gaan
810 Gedrag
bewapen
97 Bou
667 Stryd
670 Verdedig
675 Militêre toerusting
679 Mobilisering
bewapening
97 Bou
671 Verdedigingsmiddel
675 Militêre toerusting
679 Mobilisering
bewapeningstaal 100
bewaring
141 Behoud
255 Natuur
368 Diereteelt
594 Onvryheid
599 Gesag uitoefen
651 Toesien
655 Veilig
670 Verdedig
698 Behou
bewaringsaktivis 255
bewaringsaktivisme 255
bewaringsboerdery 347
bewaringslandbou 347
bewe
164 Reëlmatige
   beweging
165 Onreëlmatige
   beweging
466 Koud
768 Vrees
beweeg
67 Verplasing
145 Beweging
257 Meganika en
   tegnologie
522 Redeneer
525 Bewys
531 Saamstem
638 Aanmoedig
713 Gevoel
788 Beskawing
beweegbaar 145
beweegbaarheid 145
beweeggrond 525
beweegkrag 145
beweeglik
140 Verandering

526

bibberend

142 Veranderlikheid
145 Beweging
165 Onreëlmatige
  beweging
257 Meganika en
  tegnologie
583 Willoosheid
beweegrede
  15 Oorsaak
  525 Bewys
  637 Doelgerigtheid en
    doelloosheid
beweegruimte
  145 Beweging
  653 Maklik handel
beween 719
beweer
  528 Bevestig
  531 Saamstem
  548 Praat
bewegend
  145 Beweging
  257 Meganika en
    tegnologie
beweging
  145 Beweging
  150 Vorentoe
  257 Meganika en
    tegnologie
  638 Aanmoedig
  645 Handel
  665 Byeenkom
  680 Militêre aksie
  713 Gevoel
  727 Kompetisie
  754 Komposisie
  795 Staat en politiek
beweginloos 146
beweginloosheid
  146 Beweginloosheid
  646 Nie handel nie
bewegingsenergie 256
bewegingsiekte 413
bewegingsleer
  257 Meganika en
    tegnologie
  515 Wetenskap
bewegingsvryheid
  145 Beweging
  653 Maklik handel
bewegingswet 257
bewei
  347 Landbou
  406 Eet
beweiding 347
bewend
  164 Reëlmatige
    beweging
  165 Onreëlmatige
    beweging
  466 Koud
bewer
  311 Weefstof

366 Soogdier
bewerasie
  164 Reëlmatige
    beweging
  165 Onreëlmatige
    beweging
  466 Koud
  768 Vrees
bewerig
  164 Reëlmatige
    beweging
  165 Onreëlmatige
    beweging
  412 Siek
  466 Koud
  768 Vrees
bewering
  528 Bevestig
  539 Kommunikeer
  548 Praat
  551 Meedeel
  586 Beslis
  832 Beskuldig
bewerk
  15 Oorsaak
  301 Metaalverwerking
  316 Hout
  346 Landbougrond
  347 Landbou
  637 Doelgerigtheid en
    doelloosheid
  638 Aanmoedig
  645 Handel
bewerking
  137 Bewerking
  629 Gebruik
  645 Handel
  754 Komposisie
bewerkstellig
  15 Oorsaak
  645 Handel
  650 Voltooi
bewerpels 311
bewertjie 338
bewese 525
bewieroking 828
bewierook 828
bewillig
  607 Beloof
  693 Gee
bewilliging
  605 Aanvaar
  693 Gee
bewimpel
  161 Bedek
  540 Nie kommunikeer
    nie
bewind
  588 Gesag hê
  590 Bestuur en regeer
  795 Staat en politiek
bewindhebbend
  590 Bestuur en regeer

591 Gesaghebber
bewindhebber
  591 Gesaghebber
  795 Staat en politiek
**bewindsaanvaar≈
  ding** 588
bewindvoerder 591
bewing
  164 Reëlmatige
    beweging
  165 Onreëlmatige
    beweging
bewoë
  715 Negatiewe gevoel
  719 Hartseer
  778 Goedaardigheid
bewolk 291
bewonder
  743 Mooi
  826 Goedkeur
  830 Eerbiedig
**bewonderens≈
  waardig** 826
bewondering
  826 Goedkeur
  830 Eerbiedig
bewoner
  64 Aanwesigheid
  89 Blyplek
  787 Samelewing
bewoning
  64 Aanwesigheid
  89 Blyplek
bewoon 64
bewoord
  548 Praat
  563 Skryf
bewoording
  539 Kommunikeer
  563 Skryf
bewus
  508 Aandag
  543 Duidelik
bewusmaking 508
bewussyn
  506 Belangstelling
  508 Aandag
  535 Weet
  713 Gevoel
bewussynsverlies 413
bewustelik
  508 Aandag
  582 Wilskrag
  586 Beslis
bewusteloos 412
bewusteloosheid
  412 Siek
  413 Verskillende siektes
bewustheid
  508 Aandag
  713 Gevoel
bewuswording 508
bewys
  139 Meetkunde

513 Denke
517 Vind
522 Redeneer
525 Bewys
528 Bevestig
539 Kommunikeer
546 Kunsmatige teken
558 Redevoering
709 Betaalmiddel
808 Regswese
809 Regsgeding
bewysbaar 537
bewysdokument 525
bewysgrond 525
bewyskrag 525
bewyslas
  525 Bewys
  808 Regswese
  809 Regsgeding
bewysleer
  515 Wetenskap
  525 Bewys
  808 Regswese
  809 Regsgeding
bewysmateriaal 525
bewysplaas
  525 Bewys
  558 Redevoering
bewysrede 525
bewysreg 515
bewysstrokie
  546 Kunsmatige teken
  709 Betaalmiddel
bewysstuk
  525 Bewys
  546 Kunsmatige teken
  809 Regsgeding
bewysvoering
  513 Denke
  517 Vind
  525 Bewys
  558 Redevoering
  809 Regsgeding
beywer 645
Bhagavad Gita 842
BHF-antenne 236
bibber
  164 Reëlmatige
    beweging
  165 Onreëlmatige
    beweging
  466 Koud
  768 Vrees
bibberasie
  165 Onreëlmatige
    beweging
  466 Koud
  768 Vrees
bibberend
  164 Reëlmatige
    beweging
  165 Onreëlmatige
    beweging

466 Koud
bibberkoud 466
bibliofiel
  561 Studeer
  567 Boek
bibliograaf 567
bibliografie 567
bibliomaan
  412 Siek
  567 Boek
bibliomanie
  413 Verskillende siektes
  505 Verstandstoornis
biblioteek
  560 Voorskoolse en naskoolse onderrig
  562 Lees
  567 Boek
biblioteekdiens 567
biblioteekprogram 263
biblioteekwese 567
biblis 842
bid
  520 Verwag
  555 Vra
  604 Versoek
  840 Godsdiens
  847 Gebed
  848 Kerklike bediening
bidet 94
bidsprinkaan 361
bidstond 847
biduur
  840 Godsdiens
  847 Gebed
  848 Kerklike bediening
bie 704
bied
  631 Nodig
  693 Gee
biedêm 820
bief stroganoff 426
biefekstrak 419
biefstuk
  421 Vleis
  426 Kossoort, dis
bieg
  528 Bevestig
  822 Skuldig
  823 Berou
  842 Geloof
  847 Gebed
  849 Prediking
  850 Sakrament
biegboete 823
biegvader 850
bielie
  432 Groot
  625 Sterk
  682 Slaag
bier 427
bierbeker
  84 Houer

  95 Huisraad
bierbrouery 428
bierdrinker 407
bierhandelaar 428
bierhuis 429
bierkroeg 429
bierpens 395
bierproe 407
biertuin 429
biervat 428
bies
  371 Suiwelbereiding
  409 Afskeiding en uitskeiding
  745 Versier
biesbruilof 248
biesie
  318 Plant
  339 Riet
biesie(s)gras 338
bieslook 351
biesmelk 371
bietjie
  41 Kortstondig
  103 Min
  117 Te min
  604 Versoek
  626 Swak
bietjie-bietjie 103
bietjies-bietjies 103
bietou
  337 Veldplant
  338 Gras
  340 Krui
  342 Gifplant
bifokaal 499
bigamis 248
biggel 287
bigotterie 841
bikarbonaat 300
bikbeitel 101
biker 218
bikini
  215 Swem
  745 Versier
bikonkaaf 446
bikonveks 446
bilaal 852
bilabiaal 572
bilateraal
  8 Dieselfde
  87 Aan die kant
  139 Meetkunde
bilharzia
  361 Insek
  413 Verskillende siektes
biljart 738
biljartkamer 94
biljet
  131 Geldeenheid
  187 Reis
  539 Kommunikeer
  551 Meedeel

  564 Skryfbehoeftes
  567 Boek
  568 Media
biljoen 133
biljoenêr 689
billik
  504 Geestelike gesondheid
  596 Inskiklik
  608 Jou woord hou
  704 Koop
  708 Betaal
  710 Kosteloosheid
  804 Regverdig
  806 Wettig
  812 Goeie gedrag
  814 Eerlik
  819 Eerbaar
billikerwys
  596 Inskiklik
  804 Regverdig
billikheid
  804 Regverdig
  819 Eerbaar
billikheidshalwe
  596 Inskiklik
  804 Regverdig
bilnaat 395
biltong
  379 Spier
  421 Vleis
  426 Kossoort, dis
bind
  14 Navolging
  141 Behoud
  143 Bestendigheid
  170 Saambring
  172 Vasmaak
  256 Skeikunde
  313 Weef
  419 Voedselbereiding
  566 Drukkuns
  594 Onvryheid
  607 Beloof
  608 Jou woord hou
  811 Gewete
binddraad 301
bindend
  607 Beloof
  806 Wettig
binder 566
bindery 566
bindgare 172
binding
  172 Vasmaak
  256 Skeikunde
  311 Weefstof
bindkuns 566
bindmorfeem 575
bindplaat 234
bindsel
  172 Vasmaak
  415 Geneesmiddel

bindspier 379
bindtou 172
bindvlies 387
bindvliesontsteking 413
bindweefsel
  254 Stof
  377 Liggaam
  381 Huid
bindwerk 566
binêr 134
bingo
  718 Blydskap
  740 Kaartspel
binne
  46 Vroeër
  61 Plek
  81 Binne
  83 In die middel
  175 Insit
  206 Ingaan
  530 Voorbehou
binne(n)ste 81
binne(n)stebuite 9
binne(n)toe 206
binneaars 414
binneafwerking 233
binnebaan
  149 Pad
  729 Atletiek
binnebaarmoedertoestel 239
binneband
  232 Fiets
  233 Voertuig
binnebly
  81 Binne
  206 Ingaan
binneboud 397
binnebrandmasjien 630
binnebrandmotor
  257 Meganika en tegnologie
  630 Werktuig
binnebring
  81 Binne
  175 Insit
  206 Ingaan
binnedeur
  81 Binne
  94 Dele van 'n eiendom
binnedring
  175 Insit
  206 Ingaan
  669 Aanval
binnegaan
  81 Binne
  175 Insit
  206 Ingaan
binnegeveg 667
binnegoed
  257 Meganika en tegnologie
  401 Spysverterings

kanaal
binnehaal
  206 Ingaan
  686 Aanwins
  790 Sosiale betrekking
binnehandel 701
binnehoek 139
binnehof 94
binnehou
  175 Insit
  193 Vertraag
  406 Eet
  594 Onvryheid
binnehuisargitektuur
  97 Bou
  764 Boukuns
binnehuisversierder 745
binnehuisversiering 745
binne-in
  81 Binne
  206 Ingaan
binneja(ag) 206
binnekant
  61 Plek
  81 Binne
binnekern
  83 In die middel
  272 Aarde
  274 Geologie
binnekom
  81 Binne
  175 Insit
  188 Aankom
  206 Ingaan
binnekoms
  175 Insit
  206 Ingaan
binnekoraalrif 283
binnekort 51
binnelaat
  175 Insit
  206 Ingaan
binneland
  273 Geografie
  276 Vasteland
  787 Samelewing
binnelands
  81 Binne
  276 Vasteland
  787 Samelewing
binnelei
  26 Begeleiding
  206 Ingaan
binnelig 487
binneloods
  206 Ingaan
  221 Vaar
binneloop
  81 Binne
  175 Insit
  188 Aankom
  206 Ingaan
binnemeer 285

binnemoreen 277
binnemuur 94
binnemuurs
  81 Binne
  560 Voorskoolse en
    naskoolse onderrig
binnenooi
  206 Ingaan
  790 Sosiale betrekking
binnenshuis 81
binne(ns)monds 548
binne-oor 388
binneplein
  61 Plek
  94 Dele van 'n eiendom
  445 Oppervlak
binnerand 82
binneruim
  61 Plek
  81 Binne
binneruimte 61
binnery 188
binnesak 745
binnesee
  283 See
  285 Watermassa
binneskelet 380
binnesleep
  175 Insit
  206 Ingaan
binnesool 745
binnespasie 81
binnestad 90
binnestap
  175 Insit
  206 Ingaan
binneste 206
binnestroom
  175 Insit
  206 Ingaan
binnetemperatuur 289
binnetoe
  81 Binne
  175 Insit
binnevaar
  188 Aankom
  206 Ingaan
  221 Vaar
binnevaart
  175 Insit
  206 Ingaan
  221 Vaar
binneval
  175 Insit
  669 Aanval
binneveermatras 96
binneveld 728
binneverbranding 257
binnevet 401
binnewaarts
  87 Aan die kant
  175 Insit
  206 Ingaan

binnewêreld
  276 Vasteland
  401 Spysverterings-
    kanaal
binokulêr 499
binomi(n)aal 138
binomies 138
bioafbreekbaar 255
biobank 255
biochemie
  255 Natuur
  256 Skeikunde
  515 Wetenskap
biodinamika
  255 Natuur
  317 Fisiologie
biodiversiteit 255
biofisies 255
biofisika 255
biogenealogie 255
biogenese
  0 Ontstaan
  249 Lewe
  255 Natuur
  317 Fisiologie
biogeneties
  249 Lewe
  255 Natuur
  317 Fisiologie
biograaf 565
biografie
  565 Skryfkuns
  567 Boek
  750 Letterkunde
biografies
  565 Skryfkuns
  750 Letterkunde
biolinguistiek 570
biologie
  249 Lewe
  255 Natuur
  317 Fisiologie
  515 Wetenskap
biologies
  249 Lewe
  255 Natuur
  317 Fisiologie
biologiewoordeboek 567
bioloog 515
bioluminessensie 485
biomagneties
  261 Magnetisme
  414 Geneeskunde
biomagnetisme
  261 Magnetisme
  414 Geneeskunde
biomassa 255
biometrie
  52 Ouderdom
  123 Meet
  249 Lewe
  255 Natuur
  374 Mens

  515 Wetenskap
biomimiek 255
bionies 397
bionika 317
bionomie
  249 Lewe
  255 Natuur
bioom
  255 Natuur
  318 Plant
biopsie 414
bioritme 249
biosfeer
  255 Natuur
  272 Aarde
bioskoop
  91 Gebou
  752 Toneel- en
    rolprentkuns
biostatika 787
biotegnologie 257
biotika 249
biotipe 240
biotomie
  249 Lewe
  317 Fisiologie
  358 Dierkunde
biotoop 273
bipolêr 9
Birwa 569
bis
  133 Getalle
  263 Rekenaar en
    internet
bisar 34
bisbigliando 753
bisdom 852
biseksualiteit
  374 Mens
  776 Liefde en
    vriendskap
biseksueel
  317 Fisiologie
  374 Mens
  776 Liefde en
    vriendskap
bisektriks 139
biseps
  379 Spier
  397 Ledemaat
bisillabies 572
bisk 426
biskop
  363 Waterdier
  591 Gesaghebber
  739 Geselskapspele
  849 Prediking
  852 Geestelike
biskopsmus 852
bisley
  677 Skiet
  731 Gevegsport
bismut 297

bison 366
bisque 426
bistro 429
bisverkeer 263
bisverlies 263
biswydte 263
Bitcoin 131
bits 777
bitsig
  777 Haat en
    onvriendelikheid
  829 Beledig
  831 Minag
bitter
  103 Min
  104 Baie
  472 Smaakloos, sleg
  717 Lyding
  719 Hartseer
  721 Ontevredenheid
  766 Wanhoop
  777 Haat en
    onvriendelikheid
bitteraarde 415
bitterals
  343 Genesende plant
  415 Geneesmiddel
bitterappel 323
bitterbekkigheid 777
bittereinder
  518 Glo
  582 Wilskrag
  618 Heftig
bitterheid
  472 Smaakloos, sleg
  719 Hartseer
  721 Ontevredenheid
  777 Haat en
    onvriendelikheid
bitterhout
  316 Hout
  343 Genesende plant
bitterlik 104
bittersout 415
bitterte
  719 Hartseer
  721 Ontevredenheid
  777 Haat en
    onvriendelikheid
bitumen 462
bivak 672
bivakkeer 680
bivakmus
  674 Militêre uitrusting
  745 Versier
bivalent 256
bizar
  34 Vreemdheid
  36 Onreëlmatigheid
blaadjie
  435 Smal
  567 Boek
blaai 567

blaak
  465 Warm
  485 Lig
  771 Gramskap
blaam
  822 Skuldig
  827 Afkeur
  832 Beskuldig
blaamloos 821
blaamloosheid 821
blaar
  321 Blaar
  331 Boom
  717 Lyding
blaaraalwurm 361
blaarbeet 351
blaardeeg 425
blaargroente 351
blaarinsekte 361
blaarknipper 361
blaarluis 361
blaarmos 328
blaarpens
  395 Buik
  401 Spysverterings-
    kanaal
blaarsiekte 324
blaarslaai 351
blaarsnyerby 361
blaartabak 430
blaartertdeeg 426
blaarvin 329
blaarvorm
  321 Blaar
  438 Vorm
blaarvormig 438
blaarwisselend 321
blaas
  290 Wind
  309 Glasbereiding
  381 Huid
  390 Mond
  402 Afskeidings- en
    uitskeidingsorgane
  404 Asemhaling
  409 Afskeiding en
    uitskeiding
  446 Rond
  461 Gas
  483 Voëlgeluid
  484 Diergeluid
  677 Skiet
  717 Lyding
  755 Uitvoering
  756 Musiekinstrument
blaasbalk
  301 Metaalverwerking
  302 Smeewerk
  469 Verwarmingstoestel
  630 Werktuig
  756 Musiekinstrument
  785 Hoogmoed
blaasinstrument 756

blaaskaak 785
blaaskanker 413
blaaskans
  646 Nie handel nie
  648 Onderbreek
  662 Rus
blaaslamp 630
blaasontsteking 413
blaasop 363
blaasorkes 755
blaaspyp 301
blaasvlam 630
blaasvrug 323
blad
  76 Bo, bokant, boontoe
  95 Huisraad
  161 Bedek
  301 Metaalverwerking
  315 Papier
  321 Blaar
  393 Nek en skouer
  435 Smal
  445 Oppervlak
  566 Drukkuns
  567 Boek
  568 Media
bladaarde 346
bladbeen 393
bladgoud
  297 Metaal
  301 Metaalverwerking
bladgroen 317
bladgrond 346
bladhoudend
  318 Plant
  321 Blaar
  331 Boom
bladkoper 301
bladlees 753
bladlood 301
bladluis 361
bladmetaal 301
bladmos 328
bladmusiek 753
bladpoot 361
bladsak 84
bladsilwer 297
bladskimmel 324
bladskud 790
bladspieël 566
bladsteek 790
bladstil 477
bladsy
  315 Papier
  567 Boek
bladsyformaat 566
bladsynommer 565
bladsyproef 566
bladtjop 421
bladuitleg 566
bladveer
  365 Voël
  382 Haar

  630 Werktuig
bladvisier 676
bladvulling 566
bladwesp 361
bladwisselend
  318 Plant
  321 Blaar
  331 Boom
bladwit 566
bladwyser 567
bladyster 301
blaf
  413 Verskillende siektes
  484 Diergeluid
  777 Haat en
    onvriendelikheid
blakend
  411 Gesond
  490 Kleur
  627 Skoon
blaker
  182 Slaan
  465 Warm
  485 Lig
  487 Ligbron
  677 Skiet
blakerskrif 565
blameer 832
blanc fumé 427
blanc-mange 426
blanje 492
blank
  110 Niks
  492 Kleure
  566 Drukkuns
  627 Skoon
blanke 787
blanketsel 746
blanko
  110 Niks
  566 Drukkuns
blansjeer 419
blaps
  538 Dwaling
  613 Onnoukeurig
  822 Skuldig
blas
  381 Huid
  492 Kleure
blasé 785
blaser
  755 Uitvoering
  756 Musiekinstrument
blasfemie
  820 Oneerbaar
  843 Ongeloof
  846 Goddeloosheid
blasfemies 846
blasfemisties 820
blasie
  381 Huid
  446 Rond

bloedbroer

blasoen
  546 Kunsmatige teken
  674 Militêre uitrusting
blatant
  162 Ontbloot
  543 Duidelik
blatjang
  419 Voedselbereiding
  426 Kossoort, dis
blazer 745
blêddie 820
bleek
  386 Gesig
  412 Siek
  490 Kleur
  491 Kleurloosheid
  492 Kleure
bleekaarde
  315 Papier
  627 Skoon
bleekheid
  412 Siek
  491 Kleurloosheid
bleeksiekte 413
bleeksiel
  561 Studeer
  725 Verveling
bleeksug 413
bleekvos 366
bleekwit 491
bleik
  490 Kleur
  491 Kleurloosheid
  627 Skoon
bleikaarde
  315 Papier
  627 Skoon
bleikgoed 627
bleikklei
  315 Papier
  627 Skoon
bleikmiddel 627
blek 349
blende
  267 Optika
  301 Metaalverwerking
blennie 363
blêr 484
blêrkas 756
blêrrie 820
blêrriewil 820
blerts 628
bles
  182 Slaan
  227 Werp
  366 Soogdier
  382 Haar
  384 Kop
blesbok 366
bleshoender 365
bleskop 384
blessit 820
blessitwil 820

blessuur 413
blienkien 820
blieper 264
blik
  84 Houer
  297 Metaal
  301 Metaalverwerking
  499 Sien
  545 Natuurlike teken
blikaspaai 741
blikkantien 84
blikkerig
  297 Metaal
  479 Disharmonies
blikkiesdorp 90
blikkiesdorper 90
blikkieskos 420
blikkiesvleis 421
blikklavier 756
blikners
  238 Vernietig
  412 Siek
  654 Moeilik handel
  715 Negatiewe gevoel
blikoopmaker 177
bliksem
  293 Onweer
  485 Lig
  771 Gramskap
  777 Haat en
    onvriendelikheid
  779 Boosaardigheid
  813 Swak gedrag
  820 Oneerbaar
bliksemafleier
  293 Onweer
  772 Sagmoedigheid
bliksems
  104 Baie
  714 Positiewe gevoel
  715 Negatiewe gevoel
  820 Oneerbaar
bliksemslag 293
bliksemsnel 225
bliksemstraal
  293 Onweer
  485 Lig
bliksemswil 820
blikskater 713
blikskêr
  177 Oopgaan
  185 Sny
blikskottel
  84 Houer
  623 Sleg
  713 Gevoel
  715 Negatiewe gevoel
  779 Boosaardigheid
blikslaer
  301 Metaalverwerking
  623 Sleg
  713 Gevoel
  779 Boosaardigheid

bliksnyer
  177 Oopgaan
  630 Werktuig
blind
  149 Pad
  387 Oog
  413 Verskillende siektes
  499 Sien
  501 Onsigbaarheid
  509 Onoplettendheid
  536 Nie weet nie
blinddoek
  499 Sien
  818 Bedrieg
blindederm 401
blindedermont-
  steking 413
blindedruk 566
blindeer 499
blindelings
  507 Gebrek aan
    belangstelling
  509 Onoplettendheid
  641 Onvoorbereid
blindeman 740
blindemannetjie 741
blindemol
  366 Soogdier
  509 Onoplettendheid
  739 Geselskapspele
  741 Kinderspel
blinder
  94 Dele van 'n eiendom
  298 Steen
blindeskrif 565
blindevink 426
blindevlek 387
blindevlieg 361
blindheid
  413 Verskillende siektes
  499 Sien
blinding
  94 Dele van 'n eiendom
  95 Huisraad
blindweg
  507 Gebrek aan
    belangstelling
  534 Nie verstaan nie
blink
  485 Lig
  490 Kleur
  502 Verstand
  627 Skoon
blinker
  298 Steen
  745 Versier
blinkjan 785
blinkleer
  307 Rubber en plastiek
  314 Leer
blinkoesmier 361
blinkpoets 627
blinkskoon 627

blinkstefaans 785
blinkvryf 627
blits
  182 Slaan
  225 Vinnig
  293 Onweer
  427 Drank
  485 Lig
  677 Skiet
blitsaanval 669
blitsbouler 728
blitsdebat 590
blitshuwelik 248
blitsig
  41 Kortstondig
  225 Vinnig
blitslig 487
blitsmotor 233
blitsoorlog 667
blitspatrollie 802
blitsromanse 776
blitssnel 225
blitsverkiesing
  590 Bestuur en regeer
  795 Staat en politiek
blitsverkoper 750
blitsvinnig
  41 Kortstondig
  225 Vinnig
blitzkrieg
  586 Beslis
  667 Stryd
bloed
  240 Genealogie
  241 Familie
  249 Lewe
  400 Bloed en limf
  405 Bloedsomloop
bloedalkohol
  400 Bloed en limf
  407 Drink
bloedalkoholtoets 407
bloedarm 690
bloedarmoede
  400 Bloed en limf
  413 Verskillende siektes
  690 Arm
bloedarmoedig
  400 Bloed en limf
  413 Verskillende siektes
bloedbad 252
bloedbank
  400 Bloed en limf
  417 Hospitaal
bloedbelope 413
bloedblaar 717
bloedblaas 717
bloedblasie 381
bloedblom 342
bloedbroederskap 607
bloedbroer
  244 Broer
  776 Liefde en
    vriendskap

531

bloedbuil 413
bloeddiamant 298
bloeddiarree 413
bloeddorstig 777
bloeddruk 400
bloeddrukmeter 416
bloeddrukpil 415
bloedeie 241
bloedere 243
bloederig
  400 Bloed en limf
  413 Verskillende siektes
bloedfamilie 241
bloedgeld
  708 Betaal
  709 Betaalmiddel
bloedgeswel 413
bloedgroep 400
bloedhond
  366 Soogdier
  784 Wraaksug
bloedig
  400 Bloed en limf
  413 Verskillende siektes
  465 Warm
bloeding
  317 Fisiologie
  400 Bloed en limf
  413 Verskillende siektes
bloedjie
  53 Nuut en jonk
  243 Kinders
bloedjonk 53
bloedkanker
  400 Bloed en limf
  413 Verskillende siektes
bloedkleur 492
bloedklont
  400 Bloed en limf
  413 Verskillende siektes
bloedlaat
  400 Bloed en limf
  414 Geneeskunde
  635 Skadelik
bloedlyn 240
bloedmeel
  345 Plantkwekery
  369 Veeteelt
bloedmenging 240
bloedmin 103
bloedneus 413
bloedoortapping
  400 Bloed en limf
  414 Geneeskunde
bloedpersie 413
bloedplasma 400
bloedras 239
bloedrooi 492
bloedsak 413
bloedsel 400
bloedserum 400
bloedsiekte
  400 Bloed en limf

  413 Verskillende siektes
bloedsirkulasie 405
bloedskande
  803 Wette oortree
  820 Oneerbaar
bloedskender
  813 Swak gedrag
  820 Oneerbaar
bloedskenker 414
bloedskuld 252
bloedsmeer
  400 Bloed en limf
  414 Geneeskunde
bloedsomloop
  399 Bloedsomloop en limfstelsel
  405 Bloedsomloop
bloedspoor 400
bloedsteen 298
bloedstollend
  481 Skerp klank
  768 Vrees
bloedstolling
  400 Bloed en limf
  413 Verskillende siektes
bloedstorting
  252 Doodmaak
  400 Bloed en limf
  413 Verskillende siektes
bloedsuier
  361 Insek
  366 Soogdier
  695 Steel
  813 Swak gedrag
bloedsuiker 400
bloedsuikertoets 414
bloedswam 413
bloedsweer 413
bloedtelling
  123 Meet
  400 Bloed en limf
  405 Bloedsomloop
  414 Geneeskunde
bloedtoets 414
bloedtransfusie 400
bloedvat
  381 Huid
  399 Bloedsomloop en limfstelsel
bloedvergieting
  252 Doodmaak
  667 Stryd
bloedvergiftiging 413
bloedverwant
  240 Genealogie
  241 Familie
bloedvete
  667 Stryd
  777 Haat en onvriendelikheid
  779 Boosaardigheid
  784 Wraaksug
bloedvint 413

bloedvlek
  400 Bloed en limf
  628 Vuil
bloedvrees 768
bloedweinig 103
bloedwraak
  252 Doodmaak
  784 Wraaksug
bloedwurm 363
bloei
  322 Blom
  324 Plantlewe
  345 Plantkwekery
  400 Bloed en limf
  412 Siek
  413 Verskillende siektes
  626 Swak
  682 Slaag
  686 Aanwins
  717 Lyding
bloeias 320
bloeier 412
bloeisel
  322 Blom
  324 Plantlewe
bloeityd
  37 Tydruimte
  324 Plantlewe
  682 Slaag
bloeiwyse
  322 Blom
  324 Plantlewe
bloekomboom 331
bloemen 820
bloemis
  348 Blomkwekery
  745 Versier
bloemistewinkel 348
bloemlesing
  567 Boek
  750 Letterkunde
  751 Digkuns
bloemryk
  322 Blom
  569 Taal
  576 Sinsbou en styl
bloes 745
bloesend
  411 Gesond
  492 Kleure
blog 263
blogger 263
blok
  90 Omgewing
  97 Bou
  316 Hout
  459 Vaste stof
  561 Studeer
  602 Verbied
  630 Werktuig
  665 Byeenkom
  728 Balsporte
  741 Kinderspel

  795 Staat en politiek
blokberg 277
blokbord 316
blokfluit 756
blokhakie
  565 Skryfkuns
  571 Skrif
blokhamer
  182 Slaan
  316 Hout
  630 Werktuig
blokhuis
  91 Gebou
  670 Verdedig
  671 Verdedigingsmiddel
blokkade
  602 Verbied
  670 Verdedig
  671 Verdedigingsmiddel
blokkeer
  178 Toegaan
  602 Verbied
  666 Verhinder
  699 Leen
blokkiesraaisel
  516 Soek
  568 Media
  739 Geselskapspele
blokkiesraaiselwoordebook 567
blokkiesvloer 94
blokkruiping 712
blokletter
  565 Skryfkuns
  566 Drukkuns
blokskaaf 630
blokskrif 565
bloktyd
  38 Tydgebruik
  560 Voorskoolse en naskoolse onderrig
blokvas 172
blom
  322 Blom
  324 Plantlewe
  334 Blomplant
  419 Voedselbereiding
  745 Versier
blom(me)rangskikking
  348 Blomkwekery
  745 Versier
blombak 348
blombedding
  94 Dele van 'n eiendom
  346 Landbougrond
  348 Blomkwekery
blomblaar
  322 Blom
  324 Plantlewe
blombodem
  320 Stam
  322 Blom
  323 Vrug

blombol 318
blombos 332
blomdraend
  322 Blom
  332 Struik
blomdraer 334
blomgerf 348
blomgroente 351
blomhofie 322
blomkelk 322
blomkool 351
blomkooloor 388
blomkrans 348
blomkuns 745
blomkwekery
  345 Plantkwekery
  348 Blomkwekery
blomkweper 332
blommefees 793
blommegeur
  322 Blom
  474 Welriekend
blommemeisie 248
blommesee 322
blomonkruid 344
blompens
  395 Buik
  401 Spysverterings-
    kanaal
blomperske 332
blomplant
  318 Plant
  334 Blomplant
blompot
  84 Houer
  95 Huisraad
  348 Blomkwekery
blomryk
  322 Blom
  569 Taal
  576 Sinsbou en styl
blomslinger
  348 Blomkwekery
  745 Versier
blomsoort
  318 Plant
  322 Blom
  334 Blomplant
blomstruik
  94 Dele van 'n eiendom
  332 Struik
  334 Blomplant
blomtuin 94
blomwilg 331
blomwinkel 348
blond
  382 Haar
  492 Kleure
blondekop 382
bloomer 745
bloos
  490 Kleur
  786 Nederigheid

bloot 162
blootgee 162
blootgestel
  162 Ontbloot
  177 Oopgaan
  656 Gevaarlik
blootlê
  162 Ontbloot
  177 Oopgaan
  539 Kommunikeer
blootlegging
  162 Ontbloot
  177 Oopgaan
bloots
  219 Perdry
  618 Heftig
blootstaan
  162 Ontbloot
  656 Gevaarlik
blootstel
  162 Ontbloot
  177 Oopgaan
  656 Gevaarlik
  669 Aanval
blootstelling
  162 Ontbloot
  177 Oopgaan
blootweg 108
blos
  386 Gesig
  411 Gesond
  746 Persoonlike
    versorging
blosend
  381 Huid
  411 Gesond
  490 Kleur
  492 Kleure
blosser 745
blou 492
blou-asbes 298
bloubaadjie 802
bloubaard
  784 Wraaksug
  813 Swak gedrag
bloubessie 350
bloublasie 363
blou-blou 540
bloubokkie 366
blouboontjie 676
blouboordjiewerker
  645 Handel
  658 Beroep
bloubosluis 361
bloubrommer 361
bloudruk
  97 Bou
  590 Bestuur en regeer
blougroen 492
blougrond 298
blougrys 492
blouheid 492
bloukaas 371

bloukopkoggel-
  mander 364
bloukous 502
blouligbrigade
  616 Magtig
  620 Belangrik
blouoog
  363 Waterdier
  387 Oog
  413 Verskillende siektes
bloupruim 332
bloureën 333
blousel 490
blouselblou 492
blouskimmel
  366 Soogdier
  382 Haar
  413 Verskillende siektes
  492 Kleure
blouskimmelkaas
  371 Suiwelbereiding
  426 Kossoort, dis
blousteen 300
blousug 413
blousuur 256
bloute
  485 Lig
  492 Kleure
bloutong 413
blouvalk 365
blouvinhaai 363
blouvinkie 365
blouvitrioel 300
blouwalvis 363
blouwattel 331
blouwildebees 366
blouysterklip 298
blues 753
bluessanger 757
Bluetooth 263
Bluetooth-muis 263
Bluetooth-
  verbinding 263
bluf
  538 Dwaling
  785 Hoogmoed
  815 Oneerlik
  818 Bedrieg
blufferig 785
bluffery
  785 Hoogmoed
  818 Bedrieg
blufspel 818
blurb 565
blus
  99 Messel
  468 Blus
  486 Duisternis
  625 Sterk
blusbaar 468
blusmiddel 468
blusser 468
blussing 468

bly
  40 Langdurig
  42 Altyd
  51 Toekoms
  64 Aanwesigheid
  89 Blyplek
  141 Behoud
  189 Wegbly
  647 Voortgaan
  714 Positiewe gevoel
  716 Genot
  718 Blydskap
  720 Tevredenheid
  765 Hoop
blydskap
  714 Positiewe gevoel
  716 Genot
  718 Blydskap
  765 Hoop
blygeestig 718
blygeestigheid 718
blyhartig 718
blyheid
  714 Positiewe gevoel
  718 Blydskap
blyk
  2 Nie-bestaan
  525 Bewys
  528 Bevestig
  544 Onduidelik
blykbaar
  2 Nie-bestaan
  518 Glo
  519 Twyfel
  537 Waarheid
  543 Duidelik
blyke 528
blykens 6
blymoedig
  714 Positiewe gevoel
  716 Genot
  718 Blydskap
  765 Hoop
  767 Moed
blymoedigheid
  714 Positiewe gevoel
  716 Genot
  718 Blydskap
blyplek
  61 Plek
  89 Blyplek
blyspel 752
blywend
  8 Dieselfde
  38 Tydgebruik
  40 Langdurig
  42 Altyd
  141 Behoud
  143 Bestendigheid
  331 Boom
  647 Voortgaan
bo
  21 Opeenvolging

boa

30 Hiërargie
46 Vroeër
74 Op
76 Bo, bokant, boontoe
107 Meer
644 Handelwyse
682 Slaag
796 Stand
boa
364 Reptiel
745 Versier
boaan 76
bo-aansig
97
759
boaards 836
boaardsheid 836
boakonstriktor 364
bo-al 620
boarm 397
bobaas
614 Bekwaam
682 Slaag
684 Oorwin
bobbejaan
366 Soogdier
503 Onverstandigheid
630 Werktuig
bobbejaankers 331
bobbejaankewer 361
bobbejaanklou
332 Struik
630 Werktuig
bobbejaansleutel 630
**bobbejaanspinne-
kop** 361
bobbejaanstuipe 771
bobbejaantjie 334
bobbejaantou 333
bobbel
413 Verskillende siektes
446 Rond
771 Gramskap
bobeen 397
bobly
76 Bo, bokant, boontoe
211 Opgaan
682 Slaag
684 Oorwin
bobotie 426
bobou
76 Bo, bokant, boontoe
94 Dele van 'n eiendom
97 Bou
235 Skeepvaart
bocconcini 426
bod 704
bodder
588 Gesag hê
635 Skadelik
654 Moeilik handel
666 Verhinder
717 Lyding

bode
192 Laat gaan
196 Versend
551 Meedeel
590 Bestuur en regeer
592 Ondergeskikte
658 Beroep
808 Regswese
bodega 429
bodek 235
bodem
61 Plek
75 Onder
77 Onder, onderkant, ondertoe
272 Aarde
276 Vasteland
283 See
285 Watermassa
286 Rivier
787 Samelewing
bodemgesteldheid 61
bodemkunde 273
bodemloos 84
bodemstandig 318
bodemtrilling 274
bodemvas 788
bodeur 94
bodeveiling 808
Bodhi-dag 851
bodop 364
bodorp
61 Plek
90 Omgewing
Boeddha
854 Godsdienste
855 Gode
Boeddhisme 854
Boeddhisties 854
boedel
686 Aanwins
688 Besit
693 Gee
696 Ontvang
boedelafstand 693
boedelbelasting 712
boedelberedderaar 688
boedelbesorger 688
boedelgeld 712
boedeloorgawe 687
boedelrekening 703
boedelveiling 705
boef
623 Sleg
667 Stryd
695 Steel
813 Swak gedrag
815 Oneerlik
822 Skuldig
boeg
235 Skeepvaart
393 Nek en skouer
boeglam
413 Verskillende siektes

661 Vermoeidheid
boeglyn 442
boegoe
343 Genesende plant
415 Geneesmiddel
boegoebrandewyn 427
boegroer 235
boegspriet 235
boei
221 Vaar
235 Skeepvaart
506 Belangstelling
508 Aandag
594 Onvryheid
602 Verbied
666 Verhinder
boeiend 506
boek
515 Wetenskap
539 Kommunikeer
562 Lees
563 Skryf
565 Skryfkuns
566 Drukkuns
567 Boek
703 Boekhou
750 Letterkunde
842 Geloof
boek(e)kennis 535
boekagtig
561 Studeer
565 Skryfkuns
567 Boek
576 Sinsbou en styl
boekanier 695
boekantikwariaat 567
boekbeslag 566
boekbinder 566
boekbindery 566
boekbon 567
boekdeel
539 Kommunikeer
565 Skryfkuns
566 Drukkuns
567 Boek
boekdrukkery 566
boekdrukkuns 566
boekebedryf 701
boekeblad 568
boekegek
412 Siek
567 Boek
boekeliefhebber 567
boekenhout 331
boekeredakteur
566 Drukkuns
568 Media
boekerig
561 Studeer
576 Sinsbou en styl
boekery 567
boekesmous
567 Boek

705 Verkoop
boeket
348 Blomkwekery
427 Drank
473 Reuk
474 Welriekend
745 Versier
boeketas 564
boekeversameling 170
boekevreter 561
boekgeleerdheid
535 Weet
559 Opvoeding en onderwys
boekhandel
567 Boek
701 Handel en ekonomie
707 Handelsaak
boekhou 703
boekhouboek
565 Skryfkuns
567 Boek
703 Boekhou
boekhouding 703
boekhouer
122 Bereken
703 Boekhou
boekletter 566
boeklong 398
boekprys 834
boekrak
95 Huisraad
567 Boek
boekrol 567
boekskuld 711
boekstaaf 563
boektaal 569
boekuitgewer 566
boekwaarde
620 Belangrik
703 Boekhou
708 Betaal
boekwerk
539 Kommunikeer
561 Studeer
567 Boek
boekwiet 332
boekwinkel
567 Boek
707 Handelsaak
boekwurm
561 Studeer
562 Lees
boekwysheid 535
boel
20 Wanorde
104 Baie
116 Te veel
boelhond 366
boelie
768 Vrees
813 Swak gedrag
boeliebief 426

bok

boeljon
  419 Voedselbereiding
  421 Vleis
  426 Kossoort, dis
boem 476
boeman
  771 Gramskap
  813 Swak gedrag
boem-boem-musiek 753
boemel
  197 Te voet gaan
  226 Stadig
  634 Nutteloos
boemelaar
  646 Nie handel nie
  690 Arm
boemelparty 793
boemeltrein 234
boemerang
  678 Ander wapens
  683 Misluk
boen 627 Skoon
boender
  182 Slaan
  192 Laat gaan
  667 Stryd
boendoe
  61 Plek
  68 Ver
boendoehof 808
bo-ent
  76 Bo, bokant, boontoe
  94 Dele van 'n eiendom
boepens
  395 Buik
  413 Verskillende siektes
boer
  347 Landbou
  645 Handel
  740 Kaartspel
  787 Samelewing
  798 Laer stand
boer(e)beskuit 426
boer(e)matriek
  561 Studeer
  849 Prediking
boer(e)musiek 753
boerboel 366
boerbok 366
boerboon
  351 Groenteverbouing
  426 Kossoort, dis
boerbrood 424
boerdery
  346 Landbougrond
  347 Landbou
  354 Plaas
boere(e)wors 421
boerebedrieër
  695 Steel
  818 Bedrieg
boerebedrog 818
boeredag 793

boeredans 742
boeredorp 90
Boerejood 787
boerekoffie 427
boerekos
  420 Voedsel
  426 Kossoort, dis
boeremeisie 376
boeremusiekkonsert 755
boereoorlog 667
boereraat
  414 Geneeskunde
  415 Geneesmiddel
boerestand 798
boeretroos 427
boereturksvy 350
boereverneuker 818
boereverneukery 818
boerewors 426
Boereworsgordyn 787
boereworsrol 426
boergondies 492
boerie 426
boerka 745
boerkool 351
boermeel 425
boerpampoen 351
boerplek 793
boerpot
  682 Slaag
  686 Aanwins
boers
  789 Onbeskaafdheid
  792 Asosiaal
  798 Laer stand
boerseep 627
boersheid
  789 Onbeskaafdheid
  792 Asosiaal
boervrou 347
boesel 123
boesem
  394 Bors
  787 Samelewing
boesemvriend
  776 Liefde en vriendskap
  790 Sosiale betrekking
boesmangif 342
boesmansgifboom 342
boet
  244 Broer
  823 Berou
  835 Bestraf
boetade 722
boetbossie 344
boete
  700 Bank
  708 Betaal
  711 Skuld
  808 Regswese
  835 Bestraf

boetebessie
  217 Motorry
  337 Veldplant
  802 Wette gehoorsaam
boetebossie 344
boetedoening
  823 Berou
  835 Bestraf
boetegeld 835
boeteling 823
boetie-boetie 776
boetiek 707
boetiekbier 427
boetpredikasie
  827 Afkeur
  832 Beskuldig
  849 Prediking
boetseer 763
boetseerkuns 763
boetvaardig
  822 Skuldig
  823 Berou
boewery
  667 Stryd
  820 Oneerbaar
  822 Skuldig
boewetaal 569
bof 728
bofbal 728
bofbalspeler 728
bofbaltoernooi 728
bofbaltoerusting 728
bofbalveld 728
bofbalwedstryd 728
boffin
  502 Verstand
  535 Weet
bog
  53 Nuut en jonk
  94 Dele van 'n eiendom
  163 Draai
  243 Kinders
  283 See
  286 Rivier
  344 Onkruid
  444 Krom
  446 Rond
  524 Onlogies redeneer
  538 Dwaling
  621 Onbelangrik
  818 Bedrieg
bogemeld 539
bogenoemde 24
boggel
  149 Pad
  277 Berg
  396 Rug
  413 Verskillende siektes
  446 Rond
boggelrug
  363 Waterdier
  396 Rug
  413 Verskillende siektes

boggelrugwalvis 363
bogger
  623 Sleg
  820 Oneerbaar
boggerof 820
boggerol
  110 Niks
  820 Oneerbaar
boggerop
  20 Wanorde
  121 Verwarring
  623 Sleg
  652 Versuim
  683 Misluk
  820 Oneerbaar
bogkind 53
bôgom 484
bogpraatjies
  524 Onlogies redeneer
  538 Dwaling
  621 Onbelangrik
bogpratery
  524 Onlogies redeneer
  538 Dwaling
  621 Onbelangrik
bogronds
  74 Op
  272 Aarde
bogsnuiter 53
bogspul 538
bogstorie
  524 Onlogies redeneer
  538 Dwaling
  621 Onbelangrik
bogterig
  53 Nuut en jonk
  615 Onbekwaam
  621 Onbelangrik
bogtery
  503 Onverstandigheid
  538 Dwaling
bogtig
  324 Plantlewe
  621 Onbelangrik
bogyster 630
bohaai 479
boheem 798
boikie 375
boikot
  532 Betwis
  585 Verwerp
  654 Moeilik handel
  666 Verhinder
  667 Stryd
  683 Misluk
  779 Boosaardigheid
bo-in 76
bok
  101 Bouersgereedskap
  230 Rytuig
  366 Soogdier
  739 Geselskapspele
  776 Liefde en vriendskap

bokaak
361 Insek
362 Skaaldier
380 Gebeente
385 Skedel
386 Gesig
390 Mond
bokaal 84
bokaaldrom 756
bokakebeen 386
bokant
74 Op
76 Bo, bokant, boontoe
445 Oppervlak
bo-kas 566
bo-kasletter 566
bokbaaivygie 336
bokbaard 386
Bokbaard 838
bokbalk 230
bokboer 369
bok-bok 739
bokdrol 409
bokerf 436
bokhoring 384
Bokhorinkies 838
bokjol 742
bokkapater 366
bokkem 422
bokker 623
bokkesprong
167 Wegbeweeg
199 Spring
644 Handelwyse
bokkiekar 230
bokkietafel 95
bokkom 422
bokkoms 426
bokkoors 413
bokleer 314
bokmakierie
365 Voël
476 Geluid
bokmelk 371
bokom
211 Opgaan
614 Bekwaam
bokoste 708
bokram
357 Dier
366 Soogdier
bokryer
840 Godsdiens
854 Godsdienste
boks
84 Houer
161 Bedek
182 Slaan
667 Stryd
731 Gevegsport
bokseil
230 Rytuig
311 Weefstof

boksendais 104
boksgeveg
667 Stryd
731 Gevegsport
bokspring
165 Onreëlmatige beweging
199 Spring
835 Bestraf
bokspringery 199
boksprong
165 Onreëlmatige beweging
167 Wegbeweeg
199 Spring
644 Handelwyse
bokstoernooi 731
bokswyn 427
bokteelt 369
bokwa 230
bo-kwab 398
bokwagtersny 424
bokwiet 332
bol
82 Rondom
139 Meetkunde
168 Saamkom
270 Hemelliggaam
272 Aarde
318 Plant
319 Wortel
323 Vrug
384 Kop
446 Rond
745 Versier
bol(le)makiesie
522 Redeneer
730 Gimnastiek
741 Kinderspel
bol(le)makiesieslag
212 Afgaan
730 Gimnastiek
bol(le)makiesiesprong
212 Afgaan
730 Gimnastiek
bolaken
76 Bo, bokant, boontoe
95 Huisraad
96 Slaapplek
156 Bo-oor
445 Oppervlak
534 Nie verstaan nie
bolbliksem 293
bolblits 293
bolderik 344
boldriehoek 139
boleer 314
bolero 742
bolgewas
318 Plant
319 Wortel
bolgewelf 94

bolgewrig 380
bolgroente 351
bolhamer 182
bolhol 446
bolig 94
bolip 390
bolklep 630
bolla
382 Haar
426 Kossoort, dis
746 Persoonlike versorging
bolletjie 424
bollie
409 Afskeiding en uitskeiding
524 Onlogies redeneer
538 Dwaling
820 Oneerbaar
bolling 104
bolo 421
bolometer
123 Meet
260 Warmteleer
boloop 286
bolplant
318 Plant
319 Wortel
335 Bolplant
bolpuntpen 564
bolrond 446
Bolsjewisme 795
bolsjewisties 795
bolster
323 Vrug
352 Graanverbouing
bolug 461
bolvormig 446
bolwerk
235 Skeepvaart
670 Verdedig
671 Verdedigingsmiddel
bolwurm 361
bolyf 392
bom 676
bomaanslag
669 Aanval
677 Skiet
bomatig 620
bombalie 479
bombardeer
555 Vra
557 Diskussie
677 Skiet
bombarie
479 Disharmonies
667 Stryd
bombas
777 Haat en onvriendelikheid
785 Hoogmoed
bombasme
777 Haat en

onvriendelikheid
785 Hoogmoed
bombasties
576 Sinsbou en styl
785 Hoogmoed
bombasyn 311
bomenslik
36 Onreëlmatigheid
104 Baie
614 Bekwaam
836 Bonatuurlik
bommel
412 Siek
413 Verskillende siektes
bomontploffing 677
bomskok 413
bomvas 655
bomvry 655
bomwerper
236 Lugvaart
675 Militêre toerusting
676 Vuurwapen
bon vivant 788
bon voyage 187
bon 567
bona fide
537 Waarheid
804 Regverdig
814 Eerlik
816 Getrouheid
bonanza
682 Slaag
718 Blydskap
bonatuurlik
34 Vreemdheid
538 Dwaling
540 Nie kommunikeer nie
836 Bonatuurlik
838 Gees
bonbon 426
bond
663 Meedoen
665 Byeenkom
bondel
168 Saamkom
170 Saambring
bondeldraer 361
bondeluitbreking 412
bondgenoot 663
bondig 553
bondigheid 553
bondstaat 590
bongodrom 756
bonhomie 778
bonkig
432 Groot
434 Breed
bonokas 233
bonormaal 34
bons
181 Raak
199 Spring

bonsaikwekery 345
bonsmarabees 366
bont
  13 Verskeidenheid
  311 Weefstof
  490 Kleur
  492 Kleure
bont(e)bok 366
bontheid
  13 Verskeidenheid
  492 Kleure
bontkleurig 490
bontloper
  149 Pad
  197 Te voet gaan
bontpootbosluis 361
bontpraat
  524 Onlogies redeneer
  538 Dwaling
bontprater 524
bontpratery 524
bontrok 363
bontrokkie 365
bontrugwewer 365
bontspring
  524 Onlogies redeneer
  538 Dwaling
bontspul 174
bontstaan 654
bonttobie 365
bontvat 623
bonus
  686 Aanwins
  693 Gee
  700 Bank
bonusdividend 700
bonusobligasie
  688 Besit
  692 Spaar
boodskap
  265 Telegraaf en telefoon
  539 Kommunikeer
  541 Betekenisvolheid
  551 Meedeel
boodskapattribuut 263
boodskapper 551
boog
  444 Krom
  446 Rond
  546 Kunsmatige teken
  565 Skryfkuns
  678 Ander wapens
  753 Musiek
boogbrug 149
boogie-woogie 742
boogjagter 373
booglyn 442
boogsaag 630
boogskiet
  678 Ander wapens
  731 Gevegsport
Boogskutter 270

boogskutter
  678 Ander wapens
  731 Gevegsport
boogvenster 94
boogvorm 438
boogvormig
  438 Vorm
  444 Krom
bo-oktaaf 753
boom
  331 Boom
  494 Gevoelloosheid en bedwelming
boomaalwyn 331
boomaanplanting 349
boomakkedis 364
boomhuis 91
boomkruiper 365
boomkwekery
  345 Plantkwekery
  349 Bosbou
boomloos 318
boomruspe 361
boomryk
  318 Plant
  331 Boom
boomsaag
  185 Sny
  630 Werktuig
boomskraap
  103 Min
  690 Arm
boomslang 364
boomstruik 332
boomvalk 365
boomvaring 329
boomvrug 323
boon
  351 Groenteverbouing
  426 Kossoort, dis
boonop 116
boonste
  76 Bo, bokant, boontoe
  620 Belangrik
boontjie
  351 Groenteverbouing
  426 Kossoort, dis
boontjiesop 426
boontjiespruite 351
boontoe
  74 Op
  76 Bo, bokant, boontoe
  158 Na bo
  211 Opgaan
  436 Hoog
bo-oor
  61 Plek
  156 Bo-oor
  209 Oorgaan
bo-op
  61 Plek
  74 Op
  436 Hoog

boor
  101 Bouersgereedskap
  153 Deur
  155 Deurboor
  275 Mynwese
  316 Hout
  414 Geneeskunde
  446 Rond
  630 Werktuig
  676 Vuurwapen
boorde(ns)vol 109
boordiepte 437
boordjie 745
boordjiehemp 745
boordtegnikus
  222 Vlieg
  223 Stuur
  236 Lugvaart
boorgatwater 292
boorgereedskap 155
boorling
  53 Nuut en jonk
  787 Samelewing
boorsuur 472
boorwater 460
boos
  598 Ongehoorsaam
  623 Sleg
  635 Skadelik
  768 Vrees
  771 Gramskap
  779 Boosaardigheid
  813 Swak gedrag
boosaard 779
boosaardig
  623 Sleg
  656 Gevaarlik
  771 Gramskap
  777 Haat en onvriendelikheid
  779 Boosaardigheid
  813 Swak gedrag
boosdoener
  667 Stryd
  779 Boosaardigheid
  813 Swak gedrag
  822 Skuldig
boosheid
  771 Gramskap
  779 Boosaardigheid
  813 Swak gedrag
  854 Godsdienste
booswig
  667 Stryd
  695 Steel
  779 Boosaardigheid
  813 Swak gedrag
  822 Skuldig
boot
  221 Vaar
  372 Vissery
bootreis
  187 Reis

  221 Vaar
bootsman 221
bootvaart
  187 Reis
  221 Vaar
bop 742
bopunt 436
bord
  84 Houer
  95 Huisraad
  316 Hout
bordeaux 492
bordeauxwyn 427
bordeel 239
bordes 94
bordkryt
  560 Voorskoolse en naskoolse onderrig
  564 Skryfbehoeftes
bordpapier 315
bordspel 739
borduur
  548 Praat
  745 Versier
borduurwerk 745
bordveër 564
borg
  607 Beloof
  655 Veilig
  693 Gee
borgbout 172
borgmoer 172
borgskap
  607 Beloof
  655 Veilig
  693 Gee
borgtekening 655
borgtog
  593 Vryheid
  809 Regsgeding
borrelend 714
borrelgom 426
borrelsiekte 413
borrie 419
borriepatat 426
bors
  394 Bors
  421 Vleis
  745 Versier
borsaandoening
  394 Bors
  413 Verskillende siektes
borsbaba 243
borsbeeld 763
borsbeen
  380 Gebeente
  394 Bors
borsbuis 394
borsel
  627 Skoon
  746 Persoonlike versorging
borselgras 338

537

borselkop
382 Haar
384 Kop
borsholte
394 Bors
398 Asemhalingsorgaan
borshoogte 436
borskanker 413
borskas 394
borskwaal
394 Bors
413 Verskillende siektes
borsleer 731
borspylnaat 745
borsskerm 728
borsslag
215 Swem
732 Watersport
borssluier 745
borsspeld 745
borsspier
379 Spier
394 Bors
borsstuk
361 Insek
362 Skaaldier
394 Bors
745 Versier
borssuiker 426
borsvin 363
borsvlies
394 Bors
398 Asemhalingsorgaan
borsvliesontsteking
394 Bors
413 Verskillende siektes
borsvoeding
406 Eet
418 Voeding
borswering
149 Pad
671 Verdedigingsmiddel
bort 413
bos
168 Saamkom
318 Plant
bosak 745
bosbefok 505
bosberaad 590
bosbessie 350
bosbou 349
bosboubedryf 349
bosbouwetenskap 515
bosbrand 465
bosduif 315
bosgasie 382
bosgees 844
bosgod 855
boshuishoudkunde 349
boskraai 365
boskruiper 365
bosloerie 365
bosluis 361

bosluisvoël 365
bosmusikant 365
bosnimf
512 Verbeelding
855 Gode
bosolder 94
bosreus 366
bossanger 365
bosseleer 762
bossiekop
382 Haar
384 Kop
bossies 505
bostruktuur 76
bostuk
76 Bo, bokant, boontoe
745 Versier
bosvark 366
bosveronika 332
bosvleis 421
bosvoël 365
boswagter 349
bot
704 Koop
715 Negatiewe gevoel
777 Haat en
  onvriendelikheid
botallig
116 Te veel
632 Onnodig
botanie
325 Plantkunde
515 Wetenskap
botanikus
325 Plantkunde
515 Wetenskap
botoks
414 Geneeskunde
415 Geneesmiddel
botoon 266
botritis 324
bots
11 Disharmonie
181 Raak
217 Motorry
667 Stryd
botsend
9 Verskillend of
  teenoorgesteld
11 Disharmonie
181 Raak
666 Verhinder
667 Stryd
botsing
11 Disharmonie
217 Motorry
667 Stryd
botsinnig 503
botstil 146
bottel
84 Houer
102 Hoeveelheid
428 Drankbereiding

bottelary 428
bottelbaba 243
botteleer 428
bottelgroen 492
bottelier 350
bottelnek
217 Motorry
435 Smal
bottelneusdolfyn 363
botteloopmaker 177
bottelvoeding 418
bottelwater 292
botter
371 Suiwelbereiding
419 Voedselbereiding
426 Kossoort, dis
462 Halfvloeibare stof
botterbak 84
botterbroodjie 426
bottergeel 492
botterglad 448
botterkleur 492
botterkoekie 426
botterspaan
371 Suiwelbereiding
419 Voedselbereiding
bottervis 363
bottoe 178
botulisme 413
botvier 593
botweg
513 Denke
539 Kommunikeer
792 Asosiaal
bou
61 Plek
97 Bou
114 Saamgesteld
237 Voortbring
377 Liggaam
438 Vorm
575 Woordvorming
764 Boukuns
boublokkies 741
bouclé 311
boud 421
boude 392
boudoir 94
bouer
97 Bou
237 Voortbring
630 Werktuig
645 Handel
764 Boukuns
bouersgereedskap
101 Bouersgereedskap
630 Werktuig
bougainvillea
333 Rankplant
334 Blomplant
bougenootskap 700
bougrond 99
bouinspekteur 590

bouksiet 298
boukuns
97 Bou
749 Kuns
764 Boukuns
boul 728
boulbeurt 728
bouler 728
boules 728
boulevard
90 Omgewing
149 Pad
boulstreep
442 Lyn
728 Balsporte
boumateriaal 97
boumeester 764
bouplan
97 Bou
640 Voorbereid
bourgeois
503 Onverstandigheid
798 Laer stand
bourgeoisie
787 Samelewing
798 Laer stand
boustof 112
boustyl
94 Dele van 'n eiendom
97 Bou
764 Boukuns
bout 172
boutade 722
bouval 93
bouvallig
93 Beskeie gebou
626 Swak
bouvereniging 700
bovermelde 24
bowaarts 156
bowe(n)al
17 Noodsaak
620 Belangrik
boweaards 836
bowe-aardsheid 836
bowebou
235 Skeepvaart
94 Dele van 'n eiendom
97 Bou
bowendien 107
bowêrelds
bra
244 Broer
745 Versier
776 Liefde en
  vriendskap
790 Sosiale betrekking
braad
421 Vleis
426 Kossoort, dis
braaf 767
braafheid 767
braai
418 Voeding

breekbaarheid

419 Voedselbereiding
465 Warm
667 Stryd
827 Afkeur
braaiboud
  421 Vleis
  426 Kossoort, dis
braaibrood(jie)
  424 Brood
  426 Kossoort, dis
braaier 419
braaiery 419
braaigereg
  421 Vleis
  426 Kossoort, dis
braaihout 299
braaikaggel
  94 Dele van 'n eiendom
  465 Warm
  469 Verwarmingstoestel
braaipan
  84 Houer
  95 Huisraad
  419 Voeselbereiding
braairestaurant
  406 Eet
  429 Eetplek, kroeg
braairibbetjie 421
braaivleis
  421 Vleis
  426 Kossoort, dis
braaivleisplek 469
braaiwors 426
braak
  345 Plantkwekery
  346 Landbougrond
  409 Afskeiding en uitskeiding
  412 Siek
braakland 346
braakmiddel 415
braaksel 409
braakveld 346
braam 350
braambessie 350
braamvrugtevlieg 361
brabbel
  482 Menslike geluid
  548 Praat
brabbelaar 548
brabbeltaal
  548 Praat
  569 Taal
brag-gat 785
braggerig
  689 Ryk
  785 Hoogmoed
bragiaal 379
bragiale pleksus 378
bragisefaal 385
Brahma
  854 Godsdienste
  855 Gode

Brahman 854
Brahmanas 84
braille 565
brailledruk 566
brailleer 565
brak
  300 Sout
  366 Soogdier
brakbos 332
brakery 409
brakkiesakkie 420
bramsteng 235
brand
  238 Vernietig
  304 Steenbakkery
  465 Warm
  467 Aansteek
  487 Ligbron
brandalarm 468
brandaltaar 854
brandarm 690
brandassie 361
brandbeheer 468
brandbeskerming 468
brandbestryder 468
brandbestryding 468
brandbestuur 468
brandbeveiliging 468
brandblusser 468
brandbom 676
brandboudjies 413
branddeur
  94 Dele van 'n eiendom
  468 Blus
branddig 453
brandemmer 468
brandend
  225 Vinnig
  467 Aansteek
  715 Negatiewe gevoel
brander
  283 See
  419 Voedselbereiding
  469 Verwarmingstoestel
branderig 472
branderplank 732
branderplankryer 732
branderroei 732
branderry
  215 Swem
  732 Watersport
brandewyn 427
brandewyndrinker 407
brandewynglas 95
brandewyntert 426
brandgevaar
  467 Aansteek
  656 Gevaarlik
branding
  83 In die middel
  283 See
  287 Vloei
  522 Redeneer

brandkas
  655 Veilig
  688 Besit
brandkluis
  655 Veilig
  688 Besit
brandleer
  211 Opgaan
  468 Blus
brandlelie 337
brandmaer 435
brandmerk
  368 Diereteelt
  546 Kunsmatige teken
  831 Minag
brandmuur
  94 Dele van 'n eiendom
  263 Rekenaar en internet
brandnetel 344
brandoffer 854
brandpad
  465 Warm
  468 Blus
brandpunt
  83 In die middel
  267 Optika
  522 Redeneer
brandrissie 419
brandsiek 412
brandskade
  238 Vernietig
  465 Warm
  467 Aansteek
brandskilder 490
brandskildering 760
brandslaner 468
brandslang 468
brandspiritus 299
brandsteen
  300 Sout
  304 Steenbakkery
  415 Geneesmiddel
brandstigter
  467 Aansteek
  803 Wette oortree
brandstigting
  467 Aansteek
  803 Wette oortree
brandstof
  233 Voertuig
  256 Skeikunde
  299 Brandstof
  469 Verwarmingstoestel
brandstofverbruik
  233 Voertuig
  299 Brandstof
brandstofvoorraad 299
brandstrook 465
brandtrap
  94 Dele van 'n eiendom
  211 Opgaan
brandverf 301

brandwag
  670 Verdedig
  680 Militêre aksie
  802 Wette gehoorsaam
brandweer 468
brandweerman 468
brandweerstasie 468
brandweerwa 468
brandwond 413
brandyster 301
brangieë 363
branna(s) 427
bras
  235 Skeepvaart
  716 Genot
brasem 363
brasparty 793
brasse 776
brassery 716
brassière 745
bravo 826
Braxton-Hicks-kontraksie 239
bredie 426
breë publiek 787
breëband 263
breëbandtegnologie 263
breëbek 365
breëblaarandyvie 351
breed 434
breedheid 434
breedsprakig
  553 Behandel
  569 Taal
  576 Sinsbou en styl
breedsprakigheid 576
breedte
  123 Meet
  272 Aarde
  431 Afmeting
  434 Breed
breedtegraad
  78 Parallel
  88 Posisie
  269 Heelal
  272 Aarde
breedtemaat 431
breedvoerig 553
breedvoerigheid 553
breek
  27 Begin
  173 Losmaak
  184 Breek
  238 Vernietig
  458 Breekbaar
  635 Skadelik
  639 Ontmoedig
  649 Begin handel
breekbaar
  95 Huisraad
  458 Breekbaar
breekbaarheid 458

breekgoed
95 Huisraad
418 Voeding
breekpunt
20 Wanorde
505 Verstandstoornis
728 Balsporte
breekskade 238
breekspul 121
breekware 418
breekwater 221
breëlyngraveerstyl 761
breërandhoed 745
breësnuitboorder 361
breëspektrumantibiotikum 415
brei
305 Pottebakkery
311 Weefstof
559 Opvoeding en onderwys
745 Versier
breidelloos 820
breidelloosheid 820
breier 62
breigaring 312
brein
385 Skedel
502 Verstand
breinaald 745
breinbloeding 413
breinchirurg 416
breinchirurgie 414
breindood 250
breindrein 502
breinerosie 502
breinfloute 413
breingimnastiek 513
breinkanker 413
breinkapasiteit 502
breinkrag 502
breinkwyn 502
breinskandering 414
breinspesialis 416
breinspoel 638
breinspoeling 638
breintrombose 413
breintrust 502
breintumor 413
breinvliesontsteking 413
breisteek 172
breiwerk 745
brekasie 238
breker 184
brekfis 418
breking
184 Breek
485 Lig
brekingshoek 267
breuk
5 Onselfstandigheid
102 Hoeveelheid
133 Getalle

184 Breek
413 Verskillende siektes
623 Sleg
breukdeel
5 Onselfstandigheid
102 Hoeveelheid
breukeskarp 277
breukgetal
102 Hoeveelheid
133 Getalle
breukoperasie 414
breviergebed 847
breyani 426
brie 426
brief
196 Versend
539 Kommunikeer
551 Meedeel
565 Skryfkuns
briefbom 676
briefoopmaker 564
briefpapier
315 Papier
564 Skryfbehoeftes
565 Skryfkuns
briefpos 196
briefskrywer 565
briefstyl 576
brieftaal 576
briefwisseling 565
briek 233
briekaas 426
briekdans 742
briekwabaars 363
bries
290 Wind
461 Gas
briesend 771
briesie
290 Wind
461 Gas
briewebesteller 196
briewebus 196
brieweliteratuur 750
briewemes 564
brigade 672
brigadier
591 Gesaghebber
673 Manskap
802 Wette gehoorsaam
brigantyn 235
brijani 426
brik 235
briket 299
bril
267 Optika
387 Oog
499 Sien
briljant
306 Diamantslypery
502 Verstand
622 Goed

briljantheid
502 Verstand
622 Goed
bring
26 Begeleiding
67 Verplasing
145 Beweging
191 Laat kom
194 Vervoer
631 Nodig
bring-en-braai 418
brinjal 351
brioche 424
briologie 325
brioloog 325
Brit 787
broccoli 351
broddelwerk 652
broeder 244
broederbond 665
broederliefde 776
broederlik
244 Broer
776 Liefde en vriendskap
broederskap
241 Familie
244 Broer
665 Byeenkom
broedertwis
667 Stryd
777 Haat en onvriendelikheid
broedsel 53
broei
239 Voortplant
365 Voël
370 Voëlteelt
715 Negatiewe gevoel
broeihok 368
broeikas 370
broeis
239 Voortplant
370 Voëlteelt
broeisel 370
broeiwarm 465
broek 745
broekiekous 745
broekpak 745
broekrok 745
broer
244 Broer
663 Meedoen
broerskap 241
broerskind 247
brok 5
brokaat 311
brokkie 5
brokkoli 351
brom
480 Dowwe klank
483 Voëlgeluid
484 Diergeluid

548 Praat
757 Sang
771 Gramskap
827 Afkeur
bromanse 776
brombeer
548 Praat
771 Gramskap
brombees 366
bromfiets 232
bromgeluid 480
bromgras 338
bromium 296
brommend 719
brommer 361
brommerig
548 Praat
719 Hartseer
brommery 771
bromponie 232
brompot 548
bromvoël 365
bron
15 Oorsaak
27 Begin
237 Voortbring
256 Skeikunde
284 Bron
286 Rivier
bronaar
15 Oorsaak
27 Begin
237 Voortbring
284 Bron
bronchi 398
brongitis 413
bronkors
351 Groenteverbouing
426 Kossoort, dis
bronnelys 567
bronnestudie 45
brons
239 Voortplant
297 Metaal
492 Kleure
bronsdruk 566
bronskleur 492
bronslaai
351 Groenteverbouing
426 Kossoort, dis
bronstig 239
Bronstydperk 274
brontaal
565 Skryfkuns
569 Taal
bronteks 565
brontosouriër 367
bronverwysing 525
bronwater 427
brood
424 Brood
426 Kossoort, dis
broodbakkery 425

broodblik 425
broodboom
   330 Naaksadige
   342 Gifplant
broodbord 95
brooddeeg
   425 Bakker
   426 Kossoort, dis
**brood-en-
botterpolitiek** 590
broodgebrek 690
broodkoring 352
broodmes 95
broodnodig
   17 Noodsaak
   631 Nodig
broodpoeding 426
broodrolletjie 424
broodskrywer
   565 Skryfkuns
   750 Letterkunde
broodweinig 103
broodwinkel 425
broodwinner
   658 Beroep
   686 Aanwins
broom 296
broos
   458 Breekbaar
   626 Swak
   714 Positiewe gevoel
broosheid
   458 Breekbaar
   626 Swak
   714 Positiewe gevoel
bros 458
brosbeen 413
brosbraai 419
brosbraai 419
brosbrood
   424 Brood
   426 Kossoort, dis
brosjure
   187 Reis
   539 Kommunikeer
   551 Meedeel
   568 Media
   704 Koop
broskors 426
brou
   428 Drankbereiding
   652 Versuim
brouer 428
brouery 428
brouhaha
   44 Gebeure in tyd
   121 Verwarring
   667 Stryd
brouketel 428
broumeester 428
brousel
   426 Kossoort, dis
   427 Drank

   629 Gebruik
brouwerk
   629 Gebruik
   652 Versuim
brownie 426
brug
   149 Pad
   209 Oorgaan
   235 Skeepvaart
   740 Kaartspel
brugakkoord 753
brugjaar 561
brugnoot 753
brugspeler 740
bruid 248
bruid(s)blom 334
bruidegom 248
bruidskoek 426
bruidsruiker 348
bruikbaar
   614 Bekwaam
   629 Gebruik
   633 Nuttig
   637 Doelgerigtheid en
      doelloosheid
   640 Voorbereid
bruikbaarheid
   629 Gebruik
   633 Nuttig
   637 Doelgerigtheid en
      doelloosheid
bruikhuur 706
bruikleen
   693 Gee
   699 Leen
bruilof 248
bruilofherdenking 248
bruilofsfees
   248 Huwelik
   418 Voeding
   793 Fees
bruilofsmaal 418
bruilofsonthaal 248
bruin 492
bruinalge 341
bruinarend 365
bruinbeer 366
bruinbrood 424
bruinganna 332
bruinharig 382
bruinkobra 364
bruinmyt 361
bruinpapier 315
bruinrotskrap 362
bruinsous 426
bruinsprinkaan 361
bruinsuiker
   419 Voedselbereiding
   471 Smaaklik, lekker
bruinvis 363
bruinwier 327
bruinwipstertmier 361
bruis 460

bruisend 460
bruising 460
bruismeel 425
brul
   390 Mond
   484 Diergeluid
   548 Praat
   757 Sang
brulboei 235
brulgeluid 480
brulpadda 363
brulsand 298
brunet 382
brunsfelsia 332
bruschetta 424
Brusselse kant 311
Brusselse lof 351
Brusselse spruitjies 351
brusselslof 351
brut 427
brutaal
   777 Haat en
      onvriendelikheid
   779 Boosaardigheid
   792 Asosiaal
   829 Beledig
brutaalweg 779
brutaliseer 779
brutaliteit
   779 Boosaardigheid
   792 Asosiaal
bruto 686
bruusk 777
bruut
   779 Boosaardigheid
   792 Asosiaal
bruutweg 792
BTW 712
bubonepes 413
bucketlist 773
budgie 365
buffel
   366 Soogdier
   779 Boosaardigheid
   813 Swak gedrag
buffelagtig 777
buffeljag 373
buffelsgras 338
buffelvliegie 361
buffer
   63 Begrensdheid
   182 Slaan
   233 Voertuig
   234 Spoorweë
   263 Rekenaar en
      internet
buffergeheue 263
buffersone 63
bufferstaat 590
buffet
   95 Huisraad
   418 Voeding
buffetete
   418 Voeding

   426 Kossoort, dis
buffo-bas 757
bui
   292 Water
   583 Willoosheid
   713 Gevoel
buidel 366
buidelbeer 366
buidelbeursie
   84 Houer
   366 Soogdier
buideldas 366
buideldier 366
buierig
   582 Wilskrag
   715 Negatiewe gevoel
   771 Gramskap
buierigheid
   582 Wilskrag
   715 Negatiewe gevoel
   771 Gramskap
buig
   73 Skuins
   180 Ongelyk maak
   396 Rug
   444 Krom
   456 Sag
   559 Opvoeding en
      onderwys
   588 Gesag hê
   592 Ondergeskikte
   638 Aanmoedig
buigbaar 456
buigbaarheid 456
buiging 180
buigsaam
   456 Sag
   596 Inskiklik
buigsaamheid 596
buik
   362 Skaaldier
   395 Buik
   401 Spysverterings-
      kanaal
buikdans 742
buikgord
   219 Perdry
   231 Tuig
buiklanding 222
buikslagaar 399
buikspier
   379 Spier
   395 Buik
buikspraak 752
buikspreker 752
buikstreek 362
buikswam 327
buikvliesontsteking 413
buil 717
builepes 413
buis
   147 Rigting
   264 Radio en televisie

buislig 487
buissiter 756
buisvoeding 418
buit
  171 Verwyder
  373 Jag
buite
  80 Buite
  207 Uitgaan
buiteband
  80 Buite
  232 Fiets
  233 Voertuig
buiteblad
  80 Buite
  566 Drukkuns
  567 Boek
buitebladontwerp 566
buitedeur 94
buitedistrik 90
buite-egtelik 248
buitegebou
  80 Buite
  91 Gebou
  94 Dele van 'n eiendom
  354 Plaas
buitehoek 139
buitehuisie 94
buitekamer
  80 Buite
  89 Blyplek
  94 Dele van 'n eiendom
buitekant
  2 Nie-bestaan
  61 Plek
  80 Buite
  445 Oppervlak
buitekern
  272 Aarde
  274 Geologie
buitekleur 490
buitel
  212 Afgaan
  730 Gimnastiek
buitelaat 80
buiteland
  273 Geografie
  787 Samelewing
buitelander
  34 Vreemdheid
  80 Buite
  787 Samelewing
buitelands
  34 Vreemdheid
  80 Buite
  787 Samelewing
buitelewe 255
buitelig 487
buiteling
  212 Afgaan
  730 Gimnastiek
buitelug
  80 Buite

255 Natuur
461 Gas
buitelyn
  63 Begrensdheid
  82 Rondom
  442 Lyn
buitemens 255
buitemuur 94
buitemuurs 560
buiten
  34 Vreemdheid
  36 Onreëlmatigheid
buitendien 528
buitengewoon
  34 Vreemdheid
  36 Onreëlmatigheid
  521 Verras wees
  622 Goed
  836 Bonatuurlik
buitengewoonheid
  34 Vreemdheid
  622 Goed
  836 Bonatuurlik
buitenissig 34
buitenissigheid 34
buitenshuis 80
buitensporig
  104 Baie
  116 Te veel
  618 Heftig
  708 Betaal
buitensporigheid
  104 Baie
  618 Heftig
buitenste
  80 Buite
  207 Uitgaan
buitentoe
  80 Buite
  176 Uithaal
buiten(s)tyds
  37 Tydruimte
  60 Ongeleë
buiteoond
  95 Huisraad
  469 Verwarmingstoestel
buite-opname 268
buitepasiënt 412
buiter 803
buiterand
  63 Begrensdheid
  82 Rondom
buitery 803
buitesenter 728
buitesintuiglik 493
buitestander
  80 Buite
  792 Asosiaal
buitestedelik 61
buitetalig 569
buitetrap 211
buiteveld 728
buitewêreld 787

buitewêrelds 836
buitewerk 645
buitewyk 61
buitmaak 695
buitmakery 695
buk
  73 Skuins
  444 Krom
bukettraube 427
bukserig 433
Bul 270
bul
  357 Dier
  366 Soogdier
bulder 548
bulfase 702
bulhond 366
bulimia 413
bulk
  390 Mond
  484 Diergeluid
bullebak 623
bulletin 551
bulmark 702
bult
  73 Skuins
  277 Berg
  436 Hoog
  446 Rond
bulterig 446
bultrugwalvis 363
bundel
  168 Saamkom
  170 Saambring
  539 Kommunikeer
  565 Skryfkuns
  566 Drukkuns
  567 Boek
  750 Letterkunde
bundu
  61 Plek
  68 Ver
bungalow 89
bungee 724
bungeesprong 724
bunny chow 426
bunsenbrander 256
bure 90
buret 256
burg 671
burgemeester
  590 Bestuur en regeer
  591 Gesaghebber
burger
  592 Ondergeskikte
  787 Samelewing
burgerband 264
burgerlik
  787 Samelewing
  798 Laer stand
burgerlike 592
burgerlugvaart 236
burgermag 672

burgermagdiens 679
burgermaglid 673
burgeroorlog 667
burgerreg 804
burgerregte 787
burgersentrum 590
burgerskap 787
burgerstand
  787 Samelewing
  798 Laer stand
burgery
  90 Omgewing
  798 Laer stand
burggraaf 797
burka 745
burlesk 722
burleske 722
buro
  92 Deftige, belangrike of groot gebou
  95 Huisraad
  564 Skryfbehoeftes
burokraat
  590 Bestuur en regeer
  795 Staat en politiek
burokrasie
  590 Bestuur en regeer
  795 Staat en politiek
burokraties
  590 Bestuur en regeer
  795 Staat en politiek
burqa 745
burritos 426
bus 233
busbestuurder 149
buskruit 676
butaangas 461
butler 589
buurman
  90 Omgewing
  790 Sosiale betrekking
buurskap 790
buurt
  61 Plek
  64 Aanwesigheid
  89 Blyplek
  90 Omgewing
  787 Samelewing
buurtbewoner 90
buurtwag 655
buuste 394
by
  61 Plek
  64 Aanwesigheid
  204 Aangaan by
  361 Insek
  629 Gebruik
bybaantjie
  645 Handel
  658 Beroep
bybedoeling 637
bybehorend
  5 Onselfstandigheid

cachegeheue

30 Hiërargie
Bybel
567 Boek
848 Kerklike bediening
Bybelklas
842 Geloof
849 Prediking
Bybelkunde
515 Wetenskap
840 Godsdiens
bybetaal 708
bybetaling 708
bybetekenis
541 Betekenisvolheid
577 Betekenis
bybie
52 Ouderdom
53 Nuut en jonk
243 Kinders
bybreekbal 728
bybreekbouler 728
bydam
182 Slaan
667 Stryd
byderhand 64
byderwets
27 Begin
49 Hede
53 Nuut en jonk
743 Mooi
byderwetsheid
53 Nuut en jonk
743 Mooi
bydra
15 Oorsaak
663 Meedoen
693 Gee
780 Hulpbetoon
bydrae
663 Meedoen
693 Gee
780 Hulpbetoon
byeen
33 Samehorigheid
69 Naby
byeenbrenging
663 Meedoen
665 Byeenkom
byeenbring
170 Saambring
172 Vasmaak
665 Byeenkom
byeenkom
33 Samehorigheid
168 Saamkom
590 Bestuur en regeer
665 Byeenkom
byeenkoms
590 Bestuur en regeer
665 Byeenkom
byeenroep
170 Saambring
byeentrek 665

byeenvoeg 114
byewas 462
bygebou 94
bygeloof
518 Glo
844 Bygeloof
bygelowig
518 Glo
844 Bygeloof
bygelowige
518 Glo
844 Bygeloof
bygelowigheid
842 Geloof
844 Bygeloof
bygesê 530
bygevolg
16 Gevolg
681 Resultaat
bygooi 175
byhaal 170
bykans 126
bykant 728
byklank 476
byklem 572
byklou 397
bykomstig
5 Onselfstandigheid
30 Hiërargie
621 Onbelangrik
bykomstigheid
5 Onselfstandigheid
621 Onbelangrik
bykos
418 Voeding
426 Kossoort, dis
byl
182 Slaan
185 Sny
630 Werktuig
678 Ander wapens
bylae
107 Meer
565 Skryfkuns
567 Boek
568 Media
bylas 172
bylê 668
byleer 561
bylopie 728
bymekaar
33 Samehorigheid
114 Saamgesteld
168 Saamkom
bymekaarbring
170 Saambring
174 Meng
663 Meedoen
665 Byeenkom
bymekaargevoeg 114
bymekaarkom
166 Nader beweeg
168 Saamkom

590 Bestuur en regeer
663 Meedoen
665 Byeenkom
bymekaarkomplek 168
bymekaarmaak
170 Saambring
665 Byeenkom
bymekaartel 102
bymekaarvoeg
114 Saamgesteld
172 Vasmaak
bymotief
15 Oorsaak
637 Doelgerigtheid en doelloosheid
byna
126 Skat
130 Onbepaaldheid
bynaam
550 Noem
574 Woordkategorie
byna-byna 126
bynier 402
bypen 728
byplaneet 270
byrol 752
bysaak 621
bysiende
387 Oog
499 Sien
bysiendheid
387 Oog
499 Sien
bysin 576
byskaduwee 267
byskilder 760
byskildklier 402
byskrif 565
bysmaak 470
byspeler 752
bystaan
589 Dien
625 Sterk
663 Meedoen
778 Goedaardigheid
bystand
638 Aanmoedig
663 Meedoen
780 Hulpbetoon
bysteek 361
bystel 5
bystellend 576
bystelling 576
byt
391 Tand
667 Stryd
669 Aanval
bytel
102 Hoeveelheid
125 Tel
bytend
466 Koud
831 Minag

bytmiddel 472
bytoon 753
bytrek 170
bytsoda
256 Skeikunde
300 Sout
627 Skoon
byvak 515
byval
510 Herinner
826 Goedkeur
byvanger 365
byverdien 686
byverdienste 686
byvlieg 361
byvoeg
107 Meer
172 Vasmaak
byvoeglik
574 Woordkategorie
576 Sinsbou en styl
byvoeglike naam-woord 574
byvoegsel
5 Onselfstandigheid
107 Meer
568 Media
byvoorbeeld
3 Bestaanswyse
35 Reëlmaat
543 Duidelik
byvoordeel 686
byvoordelebelasting 712
byvreter 365
byvrou 239
bywerk
561 Studeer
565 Skryfkuns
bywerking 565
bywoner 592
bywonershuis 93
bywoning 64
bywoon 64
bywoord
574 Woordkategorie
576 Sinsbou en styl
bywortels 319
bywyf
239 Voortplant
776 Liefde en vriendskap

C

c.g.s.-stelsel 123
C-aandrywer 263
cabanossi 421
cabernet franc 427
cabernet sauvignon 427
cache
263 Rekenaar en internet
675 Militêre toerusting
cachegeheue 263

cachet
 3 Bestaanswyse
 546 Kunsmatige teken
 622 Goed
cadenza 754
caesar 591
café-chantant
 91 Gebou
 429 Eetplek, kroeg
caisson 230
caissonsiekte 413
c-akkoord 753
calamari 422
calamus 756
calando 753
calculus
 132 Wiskunde
 138 Algebra
caldo 753
califa 854
calmato 753
calvinis 854
Calvinisme 854
calypso 742
Camelopardalis 270
camembert
 371 Suiwelbereiding
 426 Kossoort, dis
camoeflage
 540 Nie kommunikeer nie
 161 Bedek
 670 Verdedig
 674 Militêre uitrusting
campanile
 94 Dele van 'n eiendom
 853 Kerkgebou
canapé 426
canasta 740
cancan 742
Canes Venatici 270
cannabis 494
canneloni 426
cantabile 753
cantando 753
cantino 756
canto 757
canyon
 272 Aarde
 274 Geologie
 278 Vallei
capita selecta
 170 Saambring
 584 Kies
cappuccino 427
capriccio 754
caprice
 715 Negatiewe gevoel
 754 Komposisie
Capricornus 270
cara 413
carbonara 426

caries
 391 Tand
 413 Verskillende siektes
carignan 427
carotis 399
carpaccio
 421 Vleis
 426 Kossoort, dis
carpe diem 767
carpus
 380 Gebeente
 397 Ledemaat
carrière 658
carrousel
 446 Rond
 741 Kinderspel
carte blanche
 593 Vryheid
 616 Magtig
casanova
 239 Voortplant
 776 Liefde en vriendskap
casino
 91 Gebou
 740 Kaartspel
Cassiopeia 270
castrato 757
casu quo 530
casus 574
cause célèbre
 521 Verras wees
 620 Belangrik
causerie
 558 Redevoering
 565 Skryfkuns
cayennepeper 419
cc-adresveld 263
cd 756
CD-ROM 263
CD-speler
 264 Radio en televisie
 756 Musiekinstrument
cedille 571
celeb
 620 Belangrik
 799 Beroemd
cellotape
 172 Vasmaak
 564 Skryfbehoeftes
Celsius 260
Celsius-graad 123
centaur 357
Centaurus 270
centavo 131
centumtaal 569
Cepheus 270
Cerberus 357
cerebellum 385
cerebrum 385
cerise 492
Cetus 270
CGS-stelsel 261

chai 427
chaise longue 95
chakalaka 426
chalaza 365
chalcedoon 298
chalet
 91 Gebou
 92 Deftige, belangrike of groot gebou
Chanoeka
 851 Godsdienstige fees
 854 Godsdienste
chanson
 754 Komposisie
 757 Sang
chantage
 694 Neem
 803 Wette oortree
chantant 478
chanteur 757
chantilly 311
chaos
 20 Wanorde
 121 Verwarring
 544 Onduidelik
 628 Vuil
chaoties
 20 Wanorde
 121 Verwarring
 628 Vuil
chaperone
 26 Begeleiding
 559 Opvoeding en onderwys
 655 Veilig
char 589
charade
 739 Geselskapspele
 818 Bedrieg
charcuterie 423
charcutier 423
chardonnay 427
chargé d'affaires
 588 Gesag hê
 590 Bestuur en regeer
 591 Gesaghebber
 599 Gesag uitoefen
Charibdis 357
charisma
 614 Bekwaam
 622 Goed
 743 Mooi
 778 Goedaardigheid
charismaties
 614 Bekwaam
 622 Goed
charlatan
 813 Swak gedrag
 818 Bedrieg
 820 Oneerbaar
charleston 742
charter
 588 Gesag hê

 599 Gesag uitoefen
 601 Toestemming gee
 616 Magtig
 701 Handel en ekonomie
 801 Wet
chartervlug 236
chassis 233
chatieb
 849 Prediking
 854 Godsdienste
chauffeur 217
chauvinis
 375 Man
 787 Samelewing
chauvinisme
 787 Samelewing
 792 Asosiaal
cheddar
 371 Suiwelbereiding
 426 Kossoort, dis
cheers
 190 Vertrek
 407 Drink
chemie
 256 Skeikunde
 515 Wetenskap
chemies 256
chemikalieë
 256 Skeikunde
 460 Vloeistof
chemikus
 256 Skeikunde
 515 Wetenskap
chemoterapie
 414 Geneeskunde
 415 Geneesmiddel
chenel 427
chenille
 312 Spin
 313 Weef
chenin blanc
 426 Kossoort, dis
 427 Drank
cherteparty 235
chevron
 149 Pad
 311 Weefstof
chianti 427
chiaroscuro 760
chiastoliet 296
chiffon 311
chiffonkoek 426
chihuahua 366
chili-salpeter
 256 Skeikunde
 300 Sout
chimera
 357 Dier
 512 Verbeelding
 838 Gees
china 776
chinchilla 366
chinchillakonyn 366

chino
  311 Weefstof
  745 Versier
chips 426
chiromansie 844
chiromant 844
chiropodie 414
chiropodis 416
chiropraktisyn 416
chiropraktyk 414
chirurg
  416 Medikus
  417 Hospitaal
chirurgie
  414 Geneeskunde
  515 Wetenskap
chloasma 413
chloor 296
chloorkwik 256
chloried
  256 Skeikunde
  300 Sout
chlorofil 317
chloroform 415
chlorose 413
cholera 413
choleries
  374 Mens
  413 Verskillende siektes
  618 Heftig
  779 Boosaardigheid
cholesterol
  405 Bloedsomloop
  413 Verskillende siektes
cholesteroltelling 414
cholesteroltoets 414
cholesterolvlak 414
chopper
  232 Fiets
  236 Lugvaart
chorea 413
choreograaf 752
choreografeer 752
choreografie 752
chorizo 421
chorizos 426
choroïed 387
chow mein 426
chowder 426
chrisofil 317
chrisografie 758
chrisoliet
  256 Skeikunde
  297 Metaal
christelik
  582 Wilskrag
  668 Vrede en versoening
  714 Positiewe gevoel
  788 Beskawing
  812 Goeie gedrag
  837 God
  840 Godsdiens
  842 Geloof
  845 Godsvrug

christologie 842
Christus 854
Christus 855
chroma
  490 Kleur
  753 Musiek
chromatiek
  490 Kleur
  515 Wetenskap
  753 Musiek
chromaties
  256 Skeikunde
  267 Optika
  317 Fisiologie
  490 Kleur
  753 Musiek
chromatine
  254 Stof
  256 Skeikunde
chromatologie
  490 Kleur
  515 Wetenskap
chromolitografie 566
chromosfeer 270
chromosoom 377
chromosoomtelling 377
chronies
  22 Kontinuïteit
  40 Langdurig
  42 Altyd
  127 Tydbepaling
  412 Siek
  647 Voortgaan
chronofotografie 268
chronograaf 128
chronografie 45
chronolek 569
chronologie
  21 Opeenvolging
  45 Geskiedenis
  127 Tydbepaling
chronologies
  21 Opeenvolging
  37 Tydruimte
  45 Geskiedenis
  127 Tydbepaling
chronometer 128
chronometrie
  127 Tydbepaling
  128 Chronometer
chronoskoop 128
chroom
  297 Metaal
  492 Kleure
chyl
  401 Spysverterings-
    kanaal
  408 Spysvertering
  409 Afskeiding en
    uitskeiding
chym
  401 Spysverterings-
    kanaal
  408 Spysvertering

ciabatta 424
cineraria 334
cinsaut 427
circa 37
cirrocumulus 291
cirrostratus 291
cirrus 291
cis-gender-mens 374
civvies 745
clairette blanche 427
clairette 427
clairvoyance
  502 Verstand
  513 Denke
  836 Bonatuurlik
clan 241
clarette 427
cliché 576
CMR-kewer 361
cochenille
  361 Insek
  419 Voedselbereiding
cochlea 388
codlingmot 324
coiffure
  382 Haar
  746 Persoonlike
    versorging
coiffeur 746
coitus 239
coleoptera 361
collage 760
colloquium
  168 Saamkom
  557 Diskussie
  665 Byeenkom
colombar(d) 427
Columba 270
commendatio 826
common 748
communiqué
  539 Kommunikeer
  551 Meedeel
compère 752
compos mentis 504
compote 426
con affetto 753
con amore 753
con anima 753
con bravura 753
con brio 753
con calore 753
con spirito 753
con vito 753
concerto 754
conditio sine qua
    non 530
condominium
  588 Gesag hê
  590 Bestuur en regeer
condy(s)kristal 415
confetti
  248 Huwelik

315 Papier
connoisseur
  406 Eet
  407 Drink
  502 Verstand
considerans 801
consommé 426
continuo 753
contradictio in
    terminis 524
contralto 757
cool
  49 Hede
  53 Nuut en jonk
  622 Goed
cordoba 131
cordon bleu 419
cornea 387
Corona Australis 270
Corona Borealis 270
corps
  168 Saamkom
  663 Meedoen
  665 Byeenkom
  672 Weermag
corpus callosum 378
corpus juris 801
corpus 377
corrigenda
  565 Skryfkuns
  566 Drukkuns
  567 Boek
Corvus 270
cottage 89
coulis
  419 Voedselbereiding
  426 Kossoort, dis
coulisse 752
coulomb
  123 Meet
  262 Elektrisiteit
country en western-
    musiek 753
country 753
countrymusiek 753
country-rock 753
coup d'état
  588 Gesag hê
  663 Meedoen
  667 Stryd
  684 Oorwin
coup de force 667
coup de grâce
  252 Doodmaak
  667 Stryd
coup
  588 Gesag hê
  663 Meedoen
  667 Stryd
  684 Oorwin
courgette 351
courtisane
  239 Voortplant
  820 Oneerbaar

couture 745
couturier 745
cowboy
  767 Moed
  779 Boosaardigheid
cowboyfilm 752
cozzie 745
crack 494
crampon 211
crayon
  564 Skryfbehoeftes
  759 Tekenkuns
crèche 243
credo
  644 Handelwyse
  842 Geloof
crème fraîche
  371 Suiwelbereiding
  419 Voedselbereiding
crème
  371 Suiwelbereiding
  419 Voedselbereiding
crêpe suzette 426
crêpe
  307 Rubber en plastiek
  311 Weefstof
  426 Kossoort, dis
crêpe-de-chine 311
crescendo
  476 Geluid
  753 Musiek
crimen 803
crimen injuria 803
croissant 424
croupier 739
crouton 424
crux
  541 Betekenisvolheid
  620 Belangrik
csardas 742
c-sleutel 753
cui bono 633
cuisine
  418 Voeding
  419 Voedselbereiding
cul-de-sac 149
culotte 745
cum 26
cum laude 561
cumulonimbus 291
cumulus 291
cupcakehouer 419
cur.vit. 659
curator ad litem 809
curie
  123 Meet
  256 Skeikunde
curium 297
curriculum vitae
  249 Lewe
  659 Aanstelling
curriculum
  561 Studeer

  640 Voorbereid
cutex 746
CV 659
cyclops 357
Cygnus 270
czardas 742

D

da capo 753
daad 645
daadkrag
  582 Wilskrag
  586 Beslis
  610 Ywerig
  767 Moed
daadkragtig
  582 Wilskrag
  586 Beslis
  610 Ywerig
daadlustig 610
daadsaak
  1 Bestaan
  537 Waarheid
daadwerklik
  1 Bestaan
  537 Waarheid
  582 Wilskrag
  637 Doelgerigtheid en doelloosheid
daag
  27 Begin
  51 Toekoms
  191 Laat kom
  485 Lig
  649 Begin handel
  669 Aanval
  808 Regswese
daagliks
  22 Kontinuïteit
  35 Reëlmaat
  37 Tydruimte
  40 Langdurig
  51 Toekoms
  55 Periodiek
  127 Tydbepaling
daagstel 803
daai 68
daal
  77 Onder, onderkant, ondertoe
  103 Min
  108 Minder
  140 Verandering
  145 Beweging
  147 Rigting
  159 Na onder
  212 Afgaan
daalder 131
daalrekening 703
daalsentiment 702
daalspekulant
  701 Handel en ekonomie
  702 Beurs

daalwind 290
daar
  15 Oorsaak
  37 Tydruimte
  61 Plek
  64 Aanwesigheid
  68 Ver
  88 Posisie
daaragter 86
daarbenede 77
daarbenewens 107
daarbinne 81
daarbo 76
daarbuite 80
daardeur 153
daardie 68
daarenbowe 107
daarenteen
  9 Verskillend of teenoorgesteld
  119 Teenstelling
daarheen
  88 Posisie
  147 Rigting
daarlaat
  115 Genoeg
  664 Terugstaan
daarlangs
  64 Aanwesigheid
  87 Aan die kant
  147 Rigting
  152 Verby
daarmee 629
daarna
  25 Dit wat volg
  37 Tydruimte
  47 Later
daarnaas 69
daarnatoe
  140 Verandering
  147 Rigting
  650 Voltooi
  787 Samelewing
daarom
  15 Oorsaak
  16 Gevolg
  163 Draai
  522 Redeneer
  637 Doelgerigtheid en doelloosheid
daaromheen
  82 Rondom
  163 Draai
daaronder
  75 Onder
  157 Onderdeur
daaroor
  74 Op
  156 Bo-oor
daarop
  37 Tydruimte
  50 Verlede
  74 Op

daaropvolgend
  21 Opeenvolging
  25 Dit wat volg
  37 Tydruimte
  47 Later
daarso 61
daarstel
  237 Voortbring
  649 Begin handel
  787 Samelewing
daarteë
  61 Plek
  73 Skuins
  581 Teësinnig
  585 Verwerp
daarteen
  69 Naby
  181 Raak
  585 Verwerp
daarteenoor
  9 Verskillend of teenoorgesteld
  119 Teenstelling
daartoe 16
daaruit 16
daarvan 112
daarvandaan
  15 Oorsaak
  16 Gevolg
  37 Tydruimte
  67 Verplasing
  88 Posisie
  147 Rigting
  167 Wegbeweeg
  787 Samelewing
daarvolgens 6
daarvoor
  15 Oorsaak
  37 Tydruimte
  61 Plek
  85 Voor
dachshond 366
dadaïsme
  749 Kuns
  760 Skilderkuns
dadel
  330 Naaksadige
  350 Vrugteverbouing
  426 Kossoort, dis
dadelboom 330
dadelik
  49 Hede
  51 Toekoms
  225 Vinnig
  641 Onvoorbereid
dadelkoekie 426
dadeloos
  146 Bewegingloosheid
  583 Willosheid
  587 Aarsel
  626 Swak
dadelpalm 330
dadelpruim 350

damskraap

dadelvinger 426
dader
  645 Handel
  654 Moeilik handel
  803 Wette oortree
  822 Skuldig
dae lank 40
daeliks
  22 Kontinuïteit
  35 Reëlmaat
  51 Toekoms
  55 Periodiek
  127 Tydbepaling
daeraad
  46 Vroeër
  57 Vroeg
  127 Tydbepaling
  363 Waterdier
  485 Lig
dag
  37 Tydruimte
  127 Tydbepaling
  485 Lig
  790 Sosiale betrekking
daga 363
dagbestuur
  590 Bestuur en regeer
  795 Staat en politiek
dagblad
  566 Drukkuns
  568 Media
dagbladjoernalis-
  tiek 568
dagbladpers 568
dagblind
  387 Oog
  413 Verskillende siektes
  499 Sien
dagboek
  187 Reis
  565 Skryfkuns
  567 Boek
  665 Byeenkom
  703 Boekhou
dagbreek
  127 Tydbepaling
  485 Lig
dagdief
  611 Lui
  623 Sleg
  646 Nie handel nie
  652 Versuim
dagdiens 645
dagdromer 512
dagdromery 512
dagdroom
  512 Verbeelding
  513 Denke
  773 Begeerte
dag-en-nagewening
  127 Tydbepaling
  270 Hemelliggaam
dager 808

dagga
  343 Genesende plant
  430 Rook
  494 Gevoelloosheid en
    bedwelming
dagga-olie 415
daggaroker
  430 Rook
  494 Gevoelloosheid en
    bedwelming
daggasigaret 430
daggazol
  430 Rook
  494 Gevoelloosheid en
    bedwelming
daggeld
  686 Aanwins
  696 Ontvang
  708 Betaal
  709 Betaalmiddel
dagha
  99 Messel
  100 Boumateriaal
daging 809
dagkaartjie 220
dagkant
  94 Dele van 'n eiendom
  272 Aarde
dagkoers 686
daglange 127
daglengte 127
daglening
  688 Besit
  699 Leen
  711 Skuld
daglig
  37 Tydruimte
  57 Vroeg
  485 Lig
dagligbesparing 262
dagliggloeilamp 487
dagloner
  645 Handel
  658 Beroep
  663 Meedoen
dagloon
  686 Aanwins
  708 Betaal
daglumier
  37 Tydruimte
  127 Tydbepaling
  485 Lig
dagmars
  197 Te voet gaan
  680 Militêre aksie
Dagon 855
dagorde 590
dagorder
  588 Gesag hê
  599 Gesag uitoefen
  672 Weermag
  680 Militêre aksie
dagoud
  53 Nuut en jonk

  127 Tydbepaling
dagparool 593
dagpasiënt 414
dagpersoneel 658
dagredaksie 568
dagregister
  565 Skryfkuns
  567 Boek
dagreis 187
dagsaldo 700
dagsê 790
dagskof
  37 Tydruimte
  658 Beroep
dagskolier 560
dagsoom 275
dagsorg 651
dagsy 272
dagtaak 645
dagteken
  50 Verlede
  127 Tydbepaling
dag-tot-dagbestuur 590
dagvaar
  191 Laat kom
  802 Wette gehoorsaam
  809 Regsgeding
dagvaarding
  191 Laat kom
  802 Wette gehoorsaam
  809 Regsgeding
dagverhaal
  552 Vertel
  750 Letterkunde
dagverpleegster 416
dagvisum 187
dagwag
  221 Vaar
  235 Skeepvaart
  655 Veilig
  680 Militêre aksie
dahlia 334
dahliakwekery 348
daiquiri 427
dak
  94 Dele van 'n eiendom
  233 Voertuig
  436 Hoog
dakbedekking 94
dakgewel 94
dakhoog 436
dakhoogte 436
dakkamer 94
daklig 95
dakloos 89
daklose 690
daklys 94
daknatmaak 793
dakprieel 94
daktiel 751
daktilogie 545
daktiloskopie 545
daktilus 751

daktuin 94
dakvenster 94
dakvors 94
dakwoning 89
dal
  273 Geografie
  274 Geologie
  278 Vallei
  437 Laag
dala 645
daling
  159 Na onder
  212 Afgaan
  275 Mynwese
  623 Sleg
  702 Beurs
dalk
  519 Twyfel
  537 Waarheid
dalkerhand 537
dalkies 537
dalklimaat 289
daltonisme 413
dalvorming 274
dam
  215 Swem
  285 Watermassa
  288 Waterstelsel
  446 Rond
damara 366
Damara 787
damarabees 366
damasdoek 311
damasseer 762
dambord 739
dame
  376 Vrou
  791 Sosiaal
  797 Hoër stand
  812 Goeie gedrag
dame van die nag 239
damesaal 231
damesboetiek 707
damesdrag 745
damesfiets 232
damesklerewinkel 707
dameskoen 745
dameskoor 757
dameskroeg 429
damesmode 745
damgooi
  285 Watermassa
  666 Verhinder
Damoen 838
damp
  430 Rook
  460 Vloeistof
  461 Gas
  463 Nat
  677 Skiet
dampdruk
  258 Hidroulika
  461 Gas
dampkring
  289 Klimaat
  513 Denke
dampmeter 258
dampspanning 461
damskraap 285

547

damskraper
288 Waterstelsel
355 Landbougereedskap
damwal 285
damwater
292 Water
460 Vloeistof
dan
51 Toekoms
657 Herhaal
danig
104 Baie
776 Liefde en vriendskap
danigheid 776
danja 419
dank 781
dankbaar
622 Goed
781 Dankbaarheid
dankbaarbly 781
dankbaarheid 781
dankbetoon 781
dankbetuiging
548 Praat
781 Dankbaarheid
dankbrief
565 Skryfkuns
781 Dankbaarheid
dankdiens 848
dankfees 851
dankgebed
847 Gebed
848 Kerklike bediening
dankgesang 757
dankie
605 Aanvaar
781 Dankbaarheid
dankiebly
718 Blydskap
781 Dankbaarheid
dankietog 781
dankievaderbly 718
danklied
757 Sang
781 Dankbaarheid
dankoffer 848
danksê
781 Dankbaarheid
847 Gebed
danksegging
781 Dankbaarheid
847 Gebed
danksy 663
dankwoord 781
dans
165 Onreëlmatige beweging
199 Spring
724 Vermaak en ontspanning
730 Gimnastiek
742 Dans

749 Kuns
dansbal 742
dansdoring 332
dansduiwel 742
danser 742
danskompetisie
727 Kompetisie
742 Dans
danskuns 742
dansmusiek 753 Musiek
dansparty
742 Dans
793 Fees
danspassie 742
danssaal 91
dansskool 559
danswysie 754
dapper
625 Sterk
767 Moed
dapperheid
625 Sterk
767 Moed
darem 666
dartel
164 Reëlmatige beweging
165 Onreëlmatige beweging
dartelend 165
das
366 Soogdier
745 Versier
dashond 366
daspisbos 343
dassie
363 Waterdier
366 Soogdier
dassiepis
300 Sout
409 Afskeiding en uitskeiding
415 Geneesmiddel
dassierot 366
dassievanger 365
dasspeld 745
data
263 Rekenaar en internet
265 Telegraaf en telefoon
515 Wetenskap
522 Redeneer
525 Bewys
537 Waarheid
551 Meedeel
databank 551
databasis
263 Rekenaar en internet
539 Kommunikeer
databasisbestuurstelsel 263

databasisprogram 263
databewaring 551
databondel 263
datadokument 539
data-insameling 515
dataleêr 263
data-ontginning 515
data-oordrag 263
dataprojektor 268
dataprosessering 263
datastuk 539
dataversameling
515 Wetenskap
551 Meedeel
dataverskaffing 551
dataverwerking
263 Rekenaar en internet
515 Wetenskap
551 Meedeel
dataverwerkingsprogram 263
datawetenskap 263
datawissel 708
dateer
51 Toekoms
127 Tydbepaling
datief 574
datum 127
datumlyn 272
datumwyser 128
davit 235
dawer
164 Reëlmatige beweging
481 Skerp klank
dawerend
164 Reëlmatige beweging
481 Skerp klank
dawering
164 Reëlmatige beweging
481 Skerp klank
de facto
1 Bestaan
808 Regswese
de jure 808
de novo
657 Herhaal
808 Regswese
debakel
20 Wanorde
683 Misluk
685 Oorwin word
debat
522 Redeneer
539 Kommunikeer
557 Diskussie
558 Redevoering
560 Voorskoolse en naskoolse onderrig
590 Bestuur en regeer

debatsvereniging
560 Voorskoolse en naskoolse onderrig
665 Byeenkom
debatteer
522 Redeneer
539 Kommunikeer
557 Diskussie
558 Redevoering
debatteerder
557 Diskussie
558 Redevoering
debatvoerder
557 Diskussie
558 Redevoering
debiet
683 Misluk
687 Verlies
697 Verlies ly
711 Skuld
debietkaart
700 Bank
709 Betaalmiddel
debietkant 700
debietkolom 703
debietorder 700
debietsy
700 Bank
703 Boekhou
debiliteit
412 Siek
413 Verskillende siektes
debiteer
703 Boekhou
711 Skuld
debiteur 711
debutant 649
debuteer 752
debuut 649
décolleté 745
découpage 749
decrescendo 753
deduksie 522
deduktief 522
deeg
425 Bakker
426 Kossoort, dis
deegknieër 425
deeglik
618 Heftig
622 Goed
811 Gewete
deeglikheid
618 Heftig
622 Goed
deel
5 Onselfstandigheid
30 Hiërargie
102 Hoeveelheid
112 Deel
122 Bereken
137 Bewerking
740 Kaartspel

dekoloniseer

deelboer 347
deel-geheel-verhou-
  ding 577
deelgenoot
  8 Dieselfde
  663 Meedoen
deelgenootskap
  168 Saamkom
  170 Saambring
deelhebber 663
deelneem
  629 Spel en sport
  663 Meedoen
deelnemend 714
deelnemer
  663 Meedoen
  727 Kompetisie
deelneming
  663 Meedoen
  714 Positiewe gevoel
deels 112
deelsgewys 112
deelsom 137
deelstaat 590
deeltaak 645
deeltal 137
deelteken
  137 Bewerking
  565 Skryfkuns
  571 Skrif
deeltitel
  567 Boek
  688 Besit
deeltjie
  5 Onselfstandigheid
  112 Deel
  574 Woordkategorie
deeltjieversneller 256
deeltjiewerkwoord 574
deeltyds
  41 Kortstondig
  658 Beroep
deelwetenskap 515
deelwoord 574
deemoed 786
deemoedig
  600 Onder bevel staan
  786 Nederigheid
deer 717
deerlik 717
deernis
  714 Positiewe gevoel
  778 Goedaardigheid
deernishebbend
  714 Positiewe gevoel
  778 Goedaardigheid
deernisvol
  714 Positiewe gevoel
  778 Goedaardigheid
deesdae 49
défaitisme
  719 Hartseer
  768 Vrees

défaitisties
  719 Hartseer
  768 Vrees
defamasie 829
defek
  613 Onnoukeurig
  623 Sleg
defekasie 409
defektief 623
defensief 670
defensiefpleister 415
deferent 377
défilé 680
defileer 680
defileermars 680
défilémars 680
definieer
  129 Bepaaldheid
  517 Vind
  543 Duidelik
  550 Noem
definisie
  129 Bepaaldheid
  543 Duidelik
  550 Noem
definitief
  518 Glo
  528 Bevestig
deflasie
  131 Geldeenheid
  687 Verlies
  701 Handel en ekonomie
defleksie
  131 Geldeenheid
  140 Verandering
  261 Magnetisme
  575 Woordvorming
deflekteer 140
deflorasie 820
deformeer
  438 Vorm
  744 Lelik
deftig
  576 Sinsbou en styl
  743 Mooi
  793 Fees
  798 Laer stand
deftige styl 576
degen
  678 Ander wapens
  731 Gevegsport
degenerasie
  140 Verandering
  623 Sleg
degeneratief 413
degenereer
  140 Verandering
  623 Sleg
degradeer
  623 Sleg
  660 Ontslag
dehidrasie
  287 Vloei

413 Verskillende siektes
dehidreer
  287 Vloei
  413 Verskillende siektes
deifikasie 854
deiksis
  570 Taalwetenskap
  577 Betekenis
deikties
  574 Woordkategorie
  577 Betekenis
deiktiese betekenis 577
Deimos 270
dein
  164 Reëlmatige
    beweging
  283 See
  287 Vloei
deinend
  164 Reëlmatige
    beweging
  287 Vloei
deining
  164 Reëlmatige
    beweging
  283 See
  287 Vloei
deins 201
deïs 514
deïsme
  514 Wysbegeerte
  854 Godsdienste
déjà-vu 512
dek
  94 Dele van 'n eiendom
  95 Huisraad
  97 Bou
  149 Pad
  161 Bedek
  233 Voertuig
  235 Skeepvaart
  239 Voortplant
  418 Voeding
dekaan 560
dekade
  37 Tydruimte
  127 Tydbepaling
dekadensie
  583 Willoosheid
  623 Sleg
  779 Boosaardigheid
  813 Swak gedrag
  820 Oneerbaar
dekadent
  583 Willoosheid
  623 Sleg
  779 Boosaardigheid
  813 Swak gedrag
  820 Oneerbaar
dekagoon 447
dekagram
  123 Meet
  124 Weeg

dekaliter 123
dekaloog 842
dekameter 123
dekapiteer 835
dekatlon 629
dekbeengeraamte 380
dekbeitel 316
dekblad
  274 Geologie
  298 Steen
  567 Boek
dekdoek 161
deken
  95 Huisraad
  96 Slaapplek
  591 Gesaghebber
  665 Byeenkom
  849 Prediking
  852 Geestelike
dekgoed 161
dekgras
  94 Dele van 'n eiendom
  100 Boumateriaal
dekhings
  239 Voortplant
  366 Soogdier
dekking
  161 Bedek
  655 Veilig
  670 Verdedig
dekkingsgeld 709
dekklede 546
deklaag 161
deklading 235
deklamasie 548
deklamatories 548
deklameer
  548 Praat
  558 Redevoering
deklarant
  548 Praat
  551 Meedeel
deklarasie 551
deklinasie
  261 Magnetisme
  574 Woordkategorie
  575 Woordvorming
deklineer
  261 Magnetisme
  444 Krom
  575 Woordvorming
dekmantel
  540 Nie kommunikeer
    nie
  833 Verontskuldig
dekodeer 565
dekoes 347
dekolonialiseer
  593 Vryheid
  795 Staat en politiek
dekoloniseer
  593 Vryheid
  795 Staat en politiek

549

dekomposisie

dekomposisie 250
dekompressiekamer 215
dekonstrueer
  577 Betekenis
  750 Letterkunde
dekonstruksie
  514 Wysbegeerte
  577 Betekenis
  750 Letterkunde
dekor
  95 Huisraad
  745 Versier
  752 Toneel- en
    rolprentkuns
dekorasie
  95 Huisraad
  546 Kunsmatige teken
  745 Versier
  799 Beroemd
dekoratief
  546 Kunsmatige teken
  745 Versier
dekoreer
  745 Versier
  799 Beroemd
dekorum 791
dekpunt 728
dekreet
  528 Bevestig
  586 Beslis
  599 Gesag uitoefen
dekreteer 586
dekriet
  94 Dele van 'n eiendom
  161 Bedek
deksel
  84 Houer
  161 Bedek
deksels
  771 Gramskap
  813 Swak gedrag
  846 Goddeloosheid
deksiotroop
  163 Draai
  320 Stam
deksteen 304
dekstoel
  95 Huisraad
  235 Skeepvaart
dekstrien 462
dekstrose 471
dektennis 728
dekveer
  365 Voël
  382 Haar
deleatur
  238 Vernietig
  566 Drukkuns
delegaat
  588 Gesag hê
  808 Regswese
delegasie 588
delegeer
  588 Gesag hê

590 Bestuur en regeer
591 Gesaghebber
deler 137
delf 275
delfstof
  275 Mynwese
  295 Delfstof
Delft 305
delg
  708 Betaal
  711 Skuld
delging
  708 Betaal
  711 Skuld
deli 707
deliberasie 557
deliberato 753
delibereer 557
delicato 753
delik(-te) 803
delikaat
  433 Klein
  458 Breekbaar
  471 Smaaklik, lekker
  626 Swak
  654 Moeilik handel
  714 Positiewe gevoel
  716 Genot
  791 Sosiaal
delikaatheid
  471 Smaaklik, lekker
  626 Swak
  714 Positiewe gevoel
  791 Sosiaal
delikatesse 471
delikatessen 707
Delila 376
delimitasie
  63 Begrensdheid
  550 Noem
delimiteer
  63 Begrensdheid
  550 Noem
delineasie 759
deling 137
delinieer 759
delinkwensie 803
delinkwent 803
deliries 413
delirium tremens 413
delirium
  407 Drink
  413 Verskillende siektes
Delphinus 270
delta
  61 Plek
  281 Eiland
  286 Rivier
  447 Hoekig
  571 Skrif
deltavlerk 236
deltavorm 438

deltavormig
  281 Eiland
  286 Rivier
  438 Vorm
  447 Hoekig
deltoïed
  139 Meetkunde
  379 Spier
delusie
  505 Verstandstoornis
  538 Dwaling
  818 Bedrieg
delwer 275
delwerslisensie
  275 Mynwese
  601 Toestemming gee
dêm 820
demagnetiseer 261
demagnetisering 261
demagogie 795
demagogies 795
demagoog 795
démarche 532
demarkasie
  63 Begrensdheid
  550 Noem
demarkeer
  63 Begrensdheid
  550 Noem
demaskeer 539
demensie
  413 Verskillende siektes
  505 Verstandstoornis
demensielyer 412
dement 413
dementia praecox 505
demilitarisasie 672
demi-sec 427
demissie 660
dêmmit
  820 Oneerbaar
  846 Goddeloosheid
demobilisasie
  672 Weermag
  679 Mobilisering
demobiliseer
  672 Weermag
  679 Mobilisering
demofobie 768
demograaf
  90 Omgewing
  787 Samelewing
demografie
  90 Omgewing
  787 Samelewing
demografies 787
demokraat 795
demokrasie
  787 Samelewing
  795 Staat en politiek
demokraties
  590 Bestuur en regeer
  795 Staat en politiek

demokratiseer 590
demokratisering 795
demolisie 98
demon
  838 Gees
  855 Gode
demonetiseer 131
demonies
  779 Boosaardigheid
  813 Swak gedrag
  838 Gees
demoniseer 832
demonisering 832
demonisme 838
demonologie 838
demonoloog 838
demonomanie 813
demonstrant 532
demonstrasie
  525 Bewys
  532 Betwis
  551 Meedeel
demonstratief
  539 Kommunikeer
  574 Woordkategorie
  577 Betekenis
demonstreer
  162 Ontbloot
  255 Natuur
  532 Betwis
demonstreerder 532
demonstrering 551
demonteer
  171 Verwyder
  173 Losmaak
demoon
  813 Swak gedrag
  855 Gode
demoralisasie 766
demoraliseer
  583 Willoosheid
  639 Ontmoedig
  768 Vrees
  820 Oneerbaar
demoraliserend
  639 Ontmoedig
  766 Wanhoop
demoralisering
  639 Ontmoedig
  766 Wanhoop
demosie 660
demoties 565
demotiese skrif 565
demoveer 660
demp
  178 Toegaan
  477 Stilte
  579 Gedwonge
demper
  599 Gesag uitoefen
  756 Musiekinstrument
dempskakelaar
  262 Elektrisiteit

dermkoliek

487 Ligbron
demutualiseer 707
demutualisering 707
den
  330 Naaksadige
  331 Boom
denatureer 623
dendriet 378
dendrografie 325
dendrografies 325
dendroliet 298
dendrologie 325
dendrologies 325
dendroloog 325
dengue 413
denguekoors 413
denier 124
denigrasie 621
denigreer 621
denigrerend 621
denim
  311 Weefstof
  492 Kleure
denimbroek 745
denkarbeid 502
denkbaar 653
denkbaarheid 653
denkbeeld
  2 Nie-bestaan
  513 Denke
  538 Dwaling
denkbeeldig
  2 Nie-bestaan
  538 Dwaling
denke
  502 Verstand
  510 Herinner
  513 Denke
  514 Wysbegeerte
  518 Glo
  527 Oordeel
  637 Doelgerigtheid en doelloosheid
denkend
  502 Verstand
  508 Aandag
  513 Denke
denker
  513 Denke
  514 Wysbegeerte
denkfout
  538 Dwaling
  569 Taal
denkkrag 502
denklik 537
denkoefening 522
denkpatroon 513
denkrigting
  513 Denke
  514 Wysbegeerte
  795 Staat en politiek
denkvaardigheid 502
denkvermoë
  502 Verstand

513 Denke
denkwêreld 513
denkwyse
  513 Denke
  514 Wysbegeerte
dennebol 323
denneboom
  330 Naaksadige
  331 Boom
dennebos 318
dennehout 316
dennesnuitkewer 361
dennewoud 318
denningvleis 426
denominasie
  31 Soort
  550 Noem
  840 Godsdiens
  854 Godsdienste
denotasie
  541 Betekenisvolheid
  577 Betekenis
denotatief 577
dénouement
  16 Gevolg
  750 Letterkunde
densimeter
  123 Meet
  453 Dig
densiteit 453
dentaal
  391 Tand
  572 Uitspraak
dentien
  385 Skedel
  391 Tand
dentisie 391
denudeer 162
denunsiasie
  817 Ontrouheid
  827 Afkeur
  832 Beskuldig
Deo gratias 840
Deo volente 840
deodar 331
deodorant
  473 Reuk
  474 Welriekend
  475 Onwelriekend
deodoriseer 473
deonties 577
deontologie 514
departement
  5 Onselfstandigheid
  590 Bestuur en regeer
  665 Byeenkom
departementeel
  590 Bestuur en regeer
  665 Byeenkom
departementshoof
  591 Gesaghebber
  658 Beroep
dépêche 551

depersonaliseer 374
depersonalisering 374
deponeer
  688 Besit
  693 Gee
  700 Bank
deponeerder
  692 Spaar
  700 Bank
deponent 693
depopulasie 90
deportasie
  67 Verplasing
  835 Bestraf
deporteer
  67 Verplasing
  835 Bestraf
deposant
  692 Spaar
  693 Gee
  700 Bank
deposisie 528
depositaris 700
depositeur 700
deposito
  693 Gee
  699 Leen
depositobewys 525
depositosertifikaat 702
depositostrokie 525
depot
  168 Saamkom
  170 Saambring
depper 415
depresiasie
  621 Onbelangrik
  635 Skadelik
  687 Verlies
depresieer
  621 Onbelangrik
  687 Verlies
depressant
  415 Geneesmiddel
  494 Gevoelloosheid en bedwelming
depressie
  273 Geografie
  276 Vasteland
  278 Vallei
  289 Klimaat
  413 Verskillende siektes
  505 Verstandstoornis
  701 Handel en ekonomie
  702 Beurs
  719 Hartseer
depressief
  505 Verstandstoornis
  717 Lyding
  719 Hartseer
  766 Wanhoop
  768 Vrees
depressiegebied 273
depressielyer 412

depressiwiteit
  413 Verskillende siektes
  768 Vrees
deprimeer 768
deprimerend 768
deps
  694 Neem
  695 Steel
deputaat 591
deputasie 591
deputeer 144
deputerend 144
derde
  21 Opeenvolging
  133 Getalle
  137 Bewerking
derdegraads 623
derdeklas 194
derdemag 137
derdemagswortel 137
derdeman 728
derdemannetjie 741
derdepartyversekering 655
derdepolis 655
derderangs 623
Derdewêreldland 276
derdewêrelds 690
derduisende 104
derduiwel
  767 Moed
  779 Boosaardigheid
deregulering 590
derf 687
dergelik
  3 Bestaanswyse
  8 Dieselfde
  644 Handelwyse
derhalwe
  15 Oorsaak
  16 Gevolg
  522 Redeneer
  681 Resultaat
derivaat
  256 Skeikunde
  575 Woordvorming
derivasie
  14 Navolging
  575 Woordvorming
derivatief 749
derjare 104
derm 401
dermate 102
dermatitis 413
dermatologie
  414 Geneeskunde
  515 Wetenskap
dermatologies 414
dermatoloog 416
dermatose 413
dermis 381
dermkanaal 401
dermkoliek 413

551

dermkramp 413
dermontsteking 413
dermspoeling 415
dermvliesontsteking 413
derogasie 803
dertien 133
dertig 133
dertiger 750
derwaarts 147
derwe 687
derwisj 854
des te beter 622
des te meer
  104 Baie
  107 Meer
desbetreffend 6
dese en gene 1
Desember 37
desendensie
  240 Genealogie
  241 Familie
desendent 240
desendentfamilie 241
desennium 127
desensibilisasie 715
desensibiliseer 715
desensitasie 715
desensiteer 715
desensitering 715
desentralisasie
  590 Bestuur en regeer
  795 Staat en politiek
desentraliseer
  590 Bestuur en regeer
  795 Staat en politiek
deser dae 49
deser 127
desersie 679
deserteer
  190 Vertrek
  679 Mobilisering
  817 Ontrouheid
deserteur 679
desgelyks 8
deshonoreer 708
desibel 123
desideratum 773
designatus 550
desiliter 123
desimaal 134
desimaalpunt 134
desimaalstelsel 134
desimaalteken 134
desimalisasie 134
desimaliseer 102
desimeer 238
desimeter 123
desinfeksie 414
desinfekteer 414
desintegrasie
  169 Skei
  184 Breek
desintegreer
  169 Skei

184 Breek
desjare 46
deskriptief
  563 Skryf
  570 Taalwetenskap
  577 Betekenis
deskundig
  535 Weet
  614 Bekwaam
deskundige 535
deskundigheid
  237 Voortbring
  614 Bekwaam
desnieteenstaande 666
desnietemin 666
desnoods 530
desoksiribonukleïensuur 377
desolaat
  717 Lyding
  719 Hartseer
  779 Boosaardigheid
  789 Onbeskaafdheid
desondanks 666
desorganisasie 20
desorganiseer 20
desorpsie
  256 Skeikunde
  461 Gas
desperaat
  719 Hartseer
  766 Wanhoop
desperaatheid
  719 Hartseer
  766 Wanhoop
desperado
  618 Heftig
  767 Moed
desperasie 766
despoot
  595 Streng
  795 Staat en politiek
despoties
  595 Streng
  795 Staat en politiek
despotisme
  595 Streng
  795 Staat en politiek
dessert 426
dessertbord
  84 Houer
  95 Huisraad
dessertlepel 95
dessertmes 95
dessertvurk 95
dessertwyn 427
dessin 311
dessit(se) 820
dessitôl 820
dessitwil 820
destabilisasie
  140 Verandering
  238 Vernietig

destabiliseer
  140 Verandering
  238 Vernietig
destinasie 637
destineer
  17 Noodsaak
  129 Bepaaldheid
destruksie 238
destruktief 238
destyds
  45 Geskiedenis
  46 Vroeër
  50 Verlede
desverkiesend 584
desverlangend 584
detail
  32 Enkeling
  112 Deel
  553 Behandel
  621 Onbelangrik
detailleer
  32 Enkeling
  553 Behandel
detailondersoek 516
detasjeer 672
detasjement 672
deteksie
  162 Ontbloot
  499 Sien
  517 Vind
detensie 594
detensiebarak 594
determinant 129
determinasie 129
determinato 753
determineer 129
determineerder 574
determinerend 129
determinisme 795
detoksdieet 406
detonasie 677
detonator 676
detoneer 677
deug
  608 Jou woord hou
  622 Goed
  629 Gebruik
  845 Godsvrug
deugdelik
  622 Goed
  811 Gewete
  812 Goeie gedrag
  814 Eerlik
  826 Goedkeur
deugdelikheid
  622 Goed
  629 Gebruik
  811 Gewete
  812 Goeie gedrag
deugniet 822
deugsaam
  582 Wilskrag
  622 Goed

804 Regverdig
812 Goeie gedrag
814 Eerlik
826 Goedkeur
deur
  61 Plek
  94 Dele van 'n eiendom
  147 Rigting
  153 Deur
  177 Oopgaan
  178 Toegaan
  233 Voertuig
  629 Gebruik
deuraar 490
deurbak 419
deurbars
  153 Deur
  184 Breek
deurbel 265
deurbeweeg 153
deurblaai
  562 Lees
  567 Boek
deurblaas 404
deurblok 561
deurboor 155
deurborend 155
deurbraak
  669 Aanval
  682 Slaag
deurbrand 465
deurbreek
  184 Breek
  669 Aanval
  682 Slaag
  728 Balsporte
deurbring
  38 Tydgebruik
  687 Verlies
  691 Spandeer
  790 Sosiale betrekking
deurbringer 691
deurbuig 444
deurdag
  502 Verstand
  508 Aandag
  513 Denke
deurdagtheid 502
deurdat
  15 Oorsaak
  637 Doelgerigtheid en doelloosheid
deurdink
  513 Denke
  527 Oordeel
deurdraf
  228 Vinnig beweeg
  650 Voltooi
deurdrenk 463
deurdring
  153 Deur
  543 Duidelik
  727 Kompetisie

deursteek

deurdringbaar
  153 Deur
  454 Nie dig nie
  543 Duidelik
deurdringbaarheid
  153 Deur
  454 Nie dig nie
deurdringend
  481 Skerp klank
  502 Verstand
deurdringing 153
deurdronge 527
deurdruk
  181 Raak
  582 Wilskrag
  647 Voortgaan
deurdryf
  582 Wilskrag
  647 Voortgaan
deurdrywer 647
deurentyd
  55 Periodiek
  647 Voortgaan
deurgaan
  44 Gebeure in tyd
  153 Deur
  195 Deurgaan
  713 Gevoel
  728 Balsporte
deurgaande 35
deurgaans
  35 Reëlmaat
  55 Periodiek
deurgang
  195 Deurgaan
  206 Ingaan
  207 Uitgaan
deurgangsakkoord 753
deurgangsnoot 753
deurgee 693
deurgrawing 149
deurgrendel 94
deurgrond
  516 Soek
  517 Vind
  533 Verstaan
  535 Weet
deurgrondbaar
  516 Soek
  533 Verstaan
  543 Duidelik
deurgrondbaarheid
  516 Soek
  533 Verstaan
deurgronding
  516 Soek
  517 Vind
deurhaal
  414 Geneeskunde
  563 Skryf
deurhak
  184 Breek
  647 Voortgaan

deurheen
  55 Periodiek
  153 Deur
deurhelp 663
deurkap
  184 Breek
  185 Sny
deurklief 185
deurkloof 185
deurknip 185
deurkollekte 848
deurkom
  153 Deur
  265 Telegraaf en telefoon
  682 Slaag
deurkruis
  62 Grenslooshied
  187 Reis
deurkyk
  516 Soek
  642 Beproef
deurlaat
  153 Deur
  454 Nie dig nie
deurlê 413
deurleef
  249 Lewe
  535 Weet
  642 Beproef
  713 Gevoel
deurlêseer 413
deurlig 414
deurloods
  221 Vaar
  222 Vlieg
  223 Stuur
  801 Wet
deurloop
  149 Pad
  153 Deur
  187 Reis
  235 Skeepvaart
  516 Soek
  562 Lees
  827 Afkeur
  835 Bestraf
deurlopend
  22 Kontinuïteit
  42 Altyd
deurlug 290
deurlugtig
  620 Belangrik
  799 Beroemd
deurlugtigheid 799
deurmaak
  535 Weet
  713 Gevoel
deurmekaar
  11 Disharmonie
  13 Verskeidenheid
  20 Wanorde
  121 Verwarring

  505 Verstandstoornis
  511 Vergeet
  623 Sleg
  628 Vuil
deurmekaarheid 628
deurmekaarmaak
  20 Wanorde
  121 Verwarring
  174 Meng
  538 Dwaling
deurmekaarspul
  13 Verskeidenheid
  20 Wanorde
  121 Verwarring
  174 Meng
  538 Dwaling
  544 Onduidelik
  654 Moeilik handel
  683 Misluk
deurnat 463
deurpad 149
deurpeil 516
deurpilaar 233
deurpriemend 155
deurreis 187
deurrit 187
deurrook
  430 Rook
  461 Gas
  465 Warm
deurry
  153 Deur
  187 Reis
  216 Ry
deursak
  153 Deur
  452 Swaar
deursein 546
deursettingsvermoë
  582 Wilskrag
  647 Voortgaan
  767 Moed
deursien
  499 Sien
  516 Soek
  533 Verstaan
  663 Meedoen
deursig
  502 Verstand
  533 Verstaan
deursigtig
  267 Optika
  488 Deurskynend
  543 Duidelik
deursigtigheid
  488 Deurskynend
  502 Verstand
  593 Vryheid
deurskakel 265
deurskemer
  485 Lig
  508 Aandag
  539 Kommunikeer

deurskiet 567
deurskote 567
deurskou 516
deurskryf
  563 Skryf
  564 Skryfbehoeftes
deurskyn
  485 Lig
  488 Deurskynend
  539 Kommunikeer
  544 Onduidelik
deurskynend
  267 Optika
  485 Lig
  488 Deurskynend
deurskynendheid
  485 Lig
  488 Deurskynend
deurslaan
  184 Breek
  463 Nat
  564 Skryfbehoeftes
deurslaande
  525 Bewys
  620 Belangrik
deurslaap 410
deurslag
  274 Geologie
  463 Nat
  564 Skryfbehoeftes
  620 Belangrik
deurslaggewend
  525 Bewys
  620 Belangrik
deurslaggewendheid 620
deurslagpapier
  315 Papier
  564 Skryfbehoeftes
deurslagtig 463
deurslot
  178 Toegaan
  233 Voertuig
deurslyt 184
deursnede
  174 Meng
  185 Sny
  547 Simboliek
deursnee
  139 Meetkunde
  624 Gemiddeld
deursneemens 624
deursneeprys 624
deursneestudent 624
deursnuffel 516
deursoek 516
deurspek 174
deurstaan
  118 Vergelyking
  713 Gevoel
  717 Lyding
deursteek
  149 Pad

153 Deur
155 Deurboor
deurstraal
153 Deur
543 Duidelik
deurstreep
442 Lyn
563 Skryf
deurstrengel
174 Meng
310 Vlegwerk
deurstuur
153 Deur
191 Laat kom
deursuur 174
deursyfer
153 Deur
460 Vloeistof
463 Nat
deursyg
153 Deur
460 Vloeistof
deursypel 539
deurtastend
516 Soek
586 Beslis
618 Heftig
deurtelefoon 265
deurtintel 493
deurtog
149 Pad
187 Reis
deurtrap
211 Opgaan
815 Oneerlik
deurtraptheid 815
deurtrek
153 Deur
184 Breek
463 Nat
deurtrekker
676 Vuurwapens
745 Versier
deurvaart 221
deurval
153 Deur
485 Lig
deurverbinding 220
deurverkeer 195
deurvervoer 195
deurvleg
174 Meng
310 Vlegwerk
deurvlug 222
deurvoel 713
deurvoer
153 Deur
195 Deurgaan
582 Wilskrag
deurvoerhandel
195 Deurgaan
701 Handel en ekonomie
deurvoerreg
195 Deurgaan

806 Wettig
deurvors 516
deurvou 180
deurvryf 154
deurwaad 215
deurwaak 410
deurwag
592 Ondergeskikte
655 Veilig
deurweef 174
deurweek
456 Sag
463 Nat
deurweg 149
deurwerk
174 Meng
516 Soek
561 Studeer
647 Voortgaan
650 Voltooi
deurwinter(d) 535
deurwinterd(e)
614 Bekwaam
625 Sterk
deurworstel
650 Voltooi
667 Stryd
684 Oorwin
deus ex machina 752
devaluasie
131 Geldeenheid
687 Verlies
devalueer
131 Geldeenheid
687 Verlies
deviasie
36 Onreëlmatigheid
223 Stuur
261 Magnetisme
devies
546 Kunsmatige teken
688 Besit
702 Beurs
deviesgeld 131
devolusie 693
Devoontydperk 274
dhal 426
dhou 235
dia 268
diabaas 298
diabeet 412
diabetes (mellitus) 413
diabetestoets 414
diabeties 413
diabetikus 412
diabolies
779 Boosaardigheid
813 Swak gedrag
838 Gees
diabolisme 854
diachromasie 413
diachronie
45 Geskiedenis

570 Taalwetenskap
573 Woordeskat
diachronies
45 Geskiedenis
570 Taalwetenskap
diadeem 745
diafaan
267 Optika
488 Deurskynend
diafora 576
diafragma
268 Fotografie en film
305 Pottebakkery
394 Bors
398 Asemhalingsorgaan
diafragmabreuk 413
diagnose 414
diagnoseer
414 Geneeskunde
517 Vind
diagnostikus 416
diagonaal
79 Dwars
139 Meetkunde
diagrafie
515 Wetenskap
759 Tekenkuns
diagram
565 Skryfkuns
759 Tekenkuns
diagrammaties
565 Skryfkuns
759 Tekenkuns
diaken
848 Kerklike bediening
849 Prediking
852 Geestelike
diakoniologie 842
diakrities 571
dialek 569
dialekatlas 567
dialekfonologie 572
dialekgeograaf 570
dialekgeografie 570
dialekkaart 569
dialektiek 522
dialekties 569
dialektikus
522 Redeneer
570 Taalwetenskap
dialektograaf 570
dialektografie 570
dialektologie
569 Taal
570 Taalwetenskap
dialektoloog 570
dialekwoordeboek 567
dialogies
539 Kommunikeer
548 Praat
554 Aanspreek
dialoog
539 Kommunikeer

548 Praat
554 Aanspreek
557 Diskussie
750 Letterkunde
752 Toneel- en rolprentkuns
diamant
298 Steen
306 Diamantslypery
diamantboor
306 Diamantslypery
630 Werktuig
diamantbruilof
248 Huwelik
793 Fees
diamantdelwery 275
diamante 740
diamantglas 309
diamanthalssnoer 745
diamanthandelaar 701
diamantring 745
diamantsnyer
306 Diamantslypery
309 Glasbereiding
diamantveld 275
diameter 139
diametraal
9 Verskillend of teenoorgesteld
139 Meetkunde
Diana 855
diapason
753 Musiek
756 Musiekinstrument
diapositief 268
diarese 565
diargie 795
diarree 413
diaskoop 268
diaspora 842
diastase 408
diastella 337
diastole
399 Bloedsomloop en limfstelsel
405 Bloedsomloop
diastolies 405
diatermie 414
diatermies 414
diatonies 753
diatoom
317 Fisiologie
327 Tallusplant
diatribe 827
dice
737 Motorsport
739 Geselskapspele
dichotomie 320
dictyoptera 361
didaktiek 559
didakties 559
didaktikus 560

diepsinnigheid

diederdae
  45 Geskiedenis
  50 Verlede
diederikkie 365
diederjare
  45 Geskiedenis
  50 Verlede
diedertyd
  45 Geskiedenis
  50 Verlede
dieet
  406 Eet
  414 Geneeskunde
dieetaanvulling 406
dieetkunde 406
dieetkundige
  406 Eet
  416 Medikus
dief
  623 Sleg
  695 Steel
  803 Wette oortree
  815 Oneerlik
  822 Skuldig
diefagtig
  695 Steel
  815 Oneerlik
diefbestand 655
diefdig 655
dieffenbachia 342
diefstal
  171 Verwyder
  694 Neem
  695 Steel
  803 Wette oortree
  822 Skuldig
diefwering 94
diegene 1
diekant 87
diëlektries 262
dien
  530 Voorbehou
  537 Waarheid
  589 Dien
  600 Onder bevel staan
  633 Nuttig
  728 Balsporte
  778 Goedaardigheid
  840 Godsdiens
  845 Godsvrug
dienaangaande 6
dienaar
  589 Dien
  592 Ondergeskikte
diender 802
dienlik
  629 Gebruik
  633 Nuttig
dienlikheid 633
dienluik 94
dienooreenkomstig 6
diens
  233 Voertuig

589 Dien
590 Bestuur en regeer
600 Onder bevel staan
629 Gebruik
645 Handel
663 Meedoen
672 Weermag
679 Mobilisering
778 Goedaardigheid
780 Hulpbetoon
845 Godsvrug
848 Kerklike bediening
diensaanvaarding
  589 Dien
  679 Mobilisering
diensbaar
  580 Graag
  589 Dien
  600 Onder bevel staan
  633 Nuttig
  637 Doelgerigtheid en doelloosheid
diensbaarheid
  633 Nuttig
  637 Doelgerigtheid en doelloosheid
diensbedryf 658
diensbeëindiging
  646 Nie handel nie
  648 Onderbreek
  658 Beroep
  660 Ontslag
  679 Mobilisering
diensberig 551
diensbetoon
  600 Onder bevel staan
  663 Meedoen
diensbeurt 645
diensbode
  592 Ondergeskikte
  600 Onder bevel staan
diensbrief 551
diensgeheim 540
diensgeweer 676
dienshyser 211
diensinterval 233
diensjaar
  600 Onder bevel staan
  703 Boekhou
dienskaart 658
dienskneg
  592 Ondergeskikte
  845 Godsvrug
dienskontrak
  607 Beloof
  658 Beroep
dienslewering
  589 Dien
  645 Handel
  663 Meedoen
  780 Hulpbetoon
diensmaagd
  592 Ondergeskikte

845 Godsvrug
diensmeisie 592
diensmotief 600
diensnemer 592
diensneming
  589 Dien
  679 Mobilisering
diensnywerheid 658
diensonderbreking 648
diensopsegging 611
diensorganisasie 645
dienspersoneel 592
diensplig
  589 Dien
  672 Weermag
  679 Mobilisering
dienspligstelsel
  672 Weermag
  679 Mobilisering
dienspligtig
  589 Dien
  672 Weermag
  679 Mobilisering
dienspligtige
  673 Manskap
  679 Mobilisering
diensrooster
  600 Onder bevel staan
  640 Voorbereid
  658 Beroep
diensstasie 233
dienstelefoon 265
dienstermyn 600
dienstig
  589 Dien
  597 Gehoorsaam
  600 Onder bevel staan
  633 Nuttig
dienstigheid
  600 Onder bevel staan
  633 Nuttig
dienstyd
  589 Dien
  600 Onder bevel staan
diensvaardig
  580 Graag
  589 Dien
  600 Onder bevel staan
  778 Goedaardigheid
diensvaardigheid
  600 Onder bevel staan
  778 Goedaardigheid
diensverlating 660
diensverrigting 600
diensverskaffer 707
diensvoertuig 233
diensvoorwaarde
  530 Voorbehou
  599 Gesag uitoefen
  600 Onder bevel staan
diensweieraar 679
diensweiering 679
dienswillig
  580 Graag

589 Dien
592 Ondergeskikte
597 Gehoorsaam
600 Onder bevel staan
778 Goedaardigheid
dienswilligheid
  597 Gehoorsaam
  600 Onder bevel staan
  778 Goedaardigheid
dienswoning 89
dientafel
  95 Huisraad
  418 Voeding
dientengevolge
  15 Oorsaak
  681 Resultaat
diep
  68 Ver
  104 Baie
  431 Afmeting
  437 Laag
  478 Welluidend
  541 Betekenisvolheid
  572 Uitspraak
  819 Eerbaar
diepbedorwe 813
diepbedroef(d) 719
diepbewoë 719
diepbreker 355
diepby 728
diepbygrens 728
diepdenkend 513
diepdruk
  566 Drukkuns
  761 Graveerkuns
diepdrukmetode 566
diepgaande 221
diepgang
  221 Vaar
  502 Verstand
  541 Betekenis
  713 Gevoel
  714 Positiewe gevoel
diepgesetel 647
diepgesonke 820
diepgewortel 647
diephalfby 728
diephalfweg 728
dieplood 123
diepregby 728
diepsee 283
diepseeduik
  215 Swem
  732 Watersport
diepseeheuwel 283
diepseevlakte 283
diepsinnig
  502 Verstand
  541 Betekenisvolheid
  714 Positiewe gevoel
diepsinnigheid
  502 Verstand
  541 Betekenisvolheid

555

diepskerpby 728
diepte
  123 Meet
  278 Vallei
  431 Afmeting
  437 Laag
  541 Betekenisvolheid
  819 Eerbaar
dieptebepaling 123
dieptebom 676
dieptemaat 431
dieptemeting 123
dieptemyn 676
dieptepunt 623
dieptevrees 768
diepvries
  95 Huisraad
  466 Koud
dier
  357 Dier
  776 Liefde en vriendskap
dier(e)aanbidding 854
dier(e)biologie 515
dier(e)lewe 249
dier(e)verering 854
dierasie
  4 Selfstandigheid
  36 Onreëlmatigheid
  744 Lelik
dierbaar
  743 Mooi
  776 Liefde en vriendskap
dierbaarheid 776
dierbaarste 776
diereaanbidder 854
dierearts 416
dierebeskerming 368
diere-epos 751
dieregeneeskunde 414
dierehospitaal 368
dierehuid 381
dierelewe 357
dieremishandeling 368
diereriem 270
diereroman 750
diereryk
  255 Natuur
  317 Fisiologie
  357 DierDier
dieresage 750
diërese 572
dieresiekte 357
dieresprokie 750
dieretaal 484
diereteelt
  239 Voortplant
  368 Diereteelt
  369 Veeteelt
dieretuin 368
diereverhaal
  552 Vertel

750 Letterkunde
dierewêreld 357
dierfisiologie
  358 Dierkunde
  515 Wetenskap
dierfossiel 274
dierkunde
  255 Natuur
  358 Dierkunde
  515 Wetenskap
dierlik
  357 Dier
  366 Soogdier
  820 Oneerbaar
dierlikheid
  357 Dier
  820 Oneerbaar
diermens 374
diernaam
  546 Kunsmatige teken
  550 Noem
diernaamkunde 570
dierplant
  318 Plant
  357 Dier
diersielkunde 358
diertrop 357
diesel 299
dieselaangedrewe 233
dieselenjin
  233 Voertuig
  234 Spoorweë
dieselfde
  8 Dieselfde
  10 Harmonie
  105 Gelyke hoeveelheid
  135 Verhouding
  644 Handelwyse
dieselkragopwekking 262
diesellokomotief 234
dieselmasjien
  233 Voertuig
  630 Werktuig
dieselmotor
  233 Voertuig
  630 Werktuig
dieselolie 299
dieseltrekker 355
diesman 787
diesulke(s) 8
diesvolk 787
diëtiek 406
Diets 569
diewebende 695
diewery 695
diewestreek 695
diewetaal 569
differensiaal 233
differensiaaltermometer 260
differensiasie 9
differensieer 9

diffraksie 267
diffundeer
  167 Wegbeweeg
  256 Skeikunde
diffusie
  167 Wegbeweeg
  256 Skeikunde
  258 Hidroulika
diffuus
  167 Wegbeweeg
  256 Skeikunde
difterie 413
diftong 572
diftongeer 572
dig
  69 Naby
  153 Deur
  178 Toegaan
  453 Dig
  503 Onverstandigheid
  615 Onbekwaam
  623 Sleg
  655 Veilig
  751 Digkuns
digbegroei 453
digbevolk 787
digbundel
  566 Drukkuns
  567 Boek
  750 Letterkunde
  751 Digkuns
digby 69
digbyopname 268
digestie 408
dighou
  161 Bedek
  540 Nie kommunikeer nie
digitaal 263
digitalien 415
digitalis 415
digitaliseer 263
digitalisering 263
digitiseer 263
digitisering 263
digkunde 751
digkundig 751
digkuns
  749 Kuns
  750 Letterkunde
  751 Digkuns
diglossie 569
diglotties 569
dignitaris 658
digotomie 320
digotomies 320
digotoom 320
digsoort 751
digteby 69
digter
  565 Skryfkuns
  750 Letterkunde
  751 Digkuns

digterlik 751
digterlikheid 751
digtersiel 751
digterskap 751
digtheid
  259 Aërografie
  453 Dig
digtheidsmeter
  123 Meet
  453 Dig
digtheidsmeting 453
digting
  161 Bedek
  453 Dig
digtingsmateriaal 161
digtrant 751
digvorm 751
dik
  42 Altyd
  104 Baie
  406 Eet
  434 Breed
  452 Swaar
  462 Halfvloeibare stof
  536 Nie weet nie
  771 Gramskap
  776 Liefde en vriendskap
dikbas 320
dikbek
  719 Hartseer
  721 Ontevredenheid
  771 Gramskap
dikbekkie 363
dikdei 364
dikderm
  401 Spysverteringskanaal
  402 Afskeidings- en uitskeidingsorgane
dikdermontsteking 413
dik-dik 366
dikgat 434
dikgelap
  690 Arm
  745 Versier
dikgevreet 406
dikheid 434
dikhuidig 381
dikhuidigheid 413
dikke 452
dikkedensie
  20 Wanorde
  654 Moeilik handel
  683 Misluk
dikkerd
  434 Breed
  452 Swaar
dikkerig 434
dikkop
  363 Waterdier
  365 Voël
  412 Siek

413 Verskillende siektes
503 Onverstandigheid
dikkopadder 364
dikkoppig 503
diklip
390 Mond
771 Gramskap
diklippig 771
diklippigheid 771
diklywig 434
diklywigheid 434
dikmelk
371 Suiwelbereiding
427 Drank
dikmond
719 Hartseer
721 Ontevredenheid
771 Gramskap
diknek
434 Breed
598 Ongehoorsaam
dikotiel 318
dikrib 421
diksak 434
diksie
548 Praat
563 Skryf
572 Uitspraak
diksionêr 567
dikstem 827
dikstertgeitjie 364
diktaat
558 Redevoering
561 Studeer
565 Skryfkuns
diktafoon 266
diktator
588 Gesag hê
591 Gesaghebber
595 Streng
795 Staat en politiek
diktatoriaal
590 Bestuur en regeer
591 Gesaghebber
795 Staat en politiek
diktatorskap
588 Gesag hê
591 Gesaghebber
diktatuur
588 Gesag hê
795 Staat en politiek
dikte
123 Meet
434 Breed
diktee 563
diktegroei 324
diktepasser
139 Meetkunde
316 Hout
diktograaf
265 Telegraaf en telefoon
266 Akoestiek

diktong
390 Mond
548 Praat
diktongerig 548
diktongig
390 Mond
548 Praat
dikvellig 715
dikvelligheid 715
dikvet 434
dikvleis 379
dikwels
22 Kontinuïteit
37 Tydruimte
55 Periodiek
657 Herhaal
dikwielfiets 232
dilatasie
413 Verskillende siektes
432 Groot
434 Breed
dilateer 434
dilatometer
123 Meet
256 Skeikunde
dildo 776
dilemma 516
dilettant
536 Nie weet nie
749 Kuns
dilettanterig
536 Nie weet nie
615 Onbekwaam
dilettanties
536 Nie weet nie
749 Kuns
dilettantisme
536 Nie weet nie
615 Onbekwaam
749 Kuns
diludium 754
diluviaal
273 Geografie
287 Vloei
diluviaans 287
diluvium 287
dimensie
135 Verhouding
431 Afmeting
dimensiebepaling 431
dimensieloos 431
dimensieteorie 431
**dimensie-
vergelyking** 431
dimensionaal 431
dimensioneel 431
dimensioneer 431
diminuendo 753
diminutief
433 Klein
575 Woordvorming
diminutiefsuffiks 575
diminutivering 575

dimorf
256 Skeikunde
295 Delfstof
438 Vorm
dimorfie 256
dimorfies 256
dimorfisme
256 Skeikunde
438 Vorm
dimpel 386
dinamiek
140 Verandering
142 Veranderlikheid
145 Beweging
582 Wilskrag
586 Beslis
610 Ywerig
753 Musiek
dinamies
140 Verandering
142 Veranderlikheid
249 Lewe
257 Meganika en tegnologie
582 Wilskrag
586 Beslis
610 Ywerig
dinamiet 676
dinamietontploffing 677
dinamietskieter 677
dinamika
145 Beweging
257 Meganika en tegnologie
dinamo
232 Fiets
262 Elektrisiteit
630 Werktuig
dinamometer 257
dinar 131
dinastie
787 Samelewing
795 Staat en politiek
dinastiek 590
dinasties 590
dine 262
dinee 418
dineer
406 Eet
418 Voeding
429 Eetplek, kroeg
ding
1 Bestaan
4 Selfstandigheid
32 Enkeling
237 Voortbring
374 Mens
667 Stryd
776 Liefde en vriendskap
813 Swak gedrag
dingemalêrie 550

dinges
1 Bestaan
544 Onduidelik
550 Noem
dingo 366
dinichthys 367
dink
126 Skat
502 Verstand
508 Aandag
513 Denke
518 Glo
527 Oordeel
825 Beoordeling
dinker 514
dinkery 513
dinkfout 538
dinkkrag 502
dinkskrum 557
dinkvermoë
502 Verstand
513 Denke
dinkwerk
513 Denke
645 Handel
dinosourus 367
Dinsdag
37 Tydruimte
127 Tydbepaling
diode 262
diokside 461
dioksies 256
Dionisius 855
diopter
123 Meet
267 Optika
dioptrie 123
dioptriek 267
dioptries 267
diorama
267 Optika
760 Skilderkuns
dioriet 298
diosees 852
diosesaan 852
Dioskure 855
dip
369 Veeteelt
627 Skoon
dipgat 369
dipkraal
354 Plaas
369 Veeteelt
diploïed 240
diploma
525 Bewys
546 Kunsmatige teken
561 Studeer
diplomaat 591
diplomasie
502 Verstand
590 Bestuur en regeer
714 Positiewe gevoel

791 Sosiaal
diplomatiek
  590 Bestuur en regeer
  591 Gesaghebber
diplomaties
  502 Verstand
  714 Positiewe gevoel
  791 Sosiaal
diplomeer 561
diploskoop 267
dipsomaan 407
dipsomanie
  407 Drink
  413 Verskillende siektes
  505 Verstandstoornis
diptera
  357 Dier
  361 Insek
dipteraal 397
diptiek 760
direk
  6 Betrekking
  49 Hede
  51 Toekoms
  537 Waarheid
  539 Kommunikeer
  582 Wilskrag
direksie
  588 Gesag hê
  590 Bestuur en regeer
direkteur
  588 Gesag hê
  590 Bestuur en regeer
  591 Gesaghebber
  658 Beroep
direkteur-generaal
  590 Bestuur en regeer
  591 Gesaghebber
direkteurskap
  590 Bestuur en regeer
  591 Gesaghebber
  658 Beroep
direktheid
  51 Toekoms
  582 Wilskrag
direktief 599
direktoraat
  590 Bestuur en regeer
  591 Gesaghebber
dirigeer 755
dirigent 755
dirigisme 590
dirkdirkie 365
dis
  418 Voeding
  426 Kossoort, dis
  753 Musiek
disa
  334 Blomplant
  337 Veldplant
Discordia 855
disenterie 413
disfagie 413

disfunksioneel
  184 Breek
  238 Vernietig
disgenoot
  406 Eet
  418 Voeding
disharmonie
  11 Disharmonie
  121 Verwarring
  479 Disharmonies
  667 Stryd
  753 Musiek
  777 Haat en onvriendelikheid
disharmonies
  11 Disharmonie
  479 Disharmonies
  667 Stryd
  753 Musiek
dishonoreer 711
disillabies 572
disillusie 766
disillusioneer 766
disinfeksie 414
disinfeksiemiddel 415
disinfekteer
  414 Geneeskunde
  627 Skoon
disinformasie 516
disintegrasie
  169 Skei
  173 Losmaak
  184 Breek
disintegreer
  169 Skei
  173 Losmaak
  184 Breek
disjunk
  173 Losmaak
  574 Woordkategorie
  577 Betekenis
disjunksie
  171 Verwyder
  173 Losmaak
  574 Woordkategorie
  576 Sinsbou en styl
disjunktief
  171 Verwyder
  173 Losmaak
disk jockey 753
diskant
  753 Musiek
  757 Sang
disket 263
disko
  724 Vermaak en ontspanning
  742 Dans
  753 Musiek
diskoers
  548 Praat
  554 Aanspreek
diskoersanalise 570

diskomusiek 753
diskonteer 708
diskonteerbaar 708
diskontering 708
diskontinu
  23 Onderbreking
  648 Onderbreek
diskontinuïteit 648
diskonto
  686 Aanwins
  705 Verkoop
  708 Betaal
diskontokoers
  686 Aanwins
  700 Bank
diskontomark 701
diskontovoet
  686 Aanwins
  700 Bank
diskordansie
  666 Verhinder
  667 Stryd
  755 Uitvoering
diskordant
  666 Verhinder
  755 Uitvoering
diskoteek 753
diskotekaris 753
diskrediet 770
diskrediteer
  526 Weerlê
  770 Wantroue
diskreet
  32 Enkeling
  502 Verstand
  540 Nie kommunikeer nie
diskreetheid 540
diskrepansie
  9 Verskillend of teenoorgesteld
  11 Disharmonie
diskresie
  502 Verstand
  540 Nie kommunikeer nie
  593 Vryheid
diskresionêr
  502 Verstand
  506 Belangstelling
  584 Kies
diskriminasie
  120 Onderskeid
  787 Samelewing
  792 Asosiaal
  795 Staat en politiek
  805 Onregverdig
diskrimineer
  120 Onderskeid
  787 Samelewing
diskus 729
diskusgooi 729
diskusseer
  522 Redeneer

539 Kommunikeer
557 Diskussie
558 Redevoering
diskussie
  539 Kommunikeer
  548 Praat
  554 Aanspreek
  557 Diskussie
diskussiegroep 548
diskussieleier 557
diskussiepunt 522
diskussievoerder 557
diskwalifikasie
  615 Onbekwaam
  660 Ontslag
  835 Bestraf
diskwalifiseer
  615 Onbekwaam
  660 Ontslag
  835 Bestraf
disleksie
  413 Verskillende siektes
  562 Lees
dislojaal
  770 Wantroue
  817 Ontrouheid
dislojaliteit 817
dislokasie 413
disnis
  412 Siek
  661 Vermoeidheid
disorganisasie 20
disorganiseer 20
disoriëntasie 412
dispensasie
  599 Gesag uitoefen
  808 Regswese
dispensier 590
dispepsie
  408 Spysvertering
  413 Verskillende siektes
dispepties
  408 Spysvertering
  413 Verskillende siektes
dispersie
  171 Verwyder
  267 Optika
displasties 413
disponeer 413
disposisie
  3 Bestaanswyse
  578 Vrywillig
  580 Graag
  713 Gevoel
disproporsie 11
disproporsioneel 11
disputeer 557
dispuut
  11 Disharmonie
  513 Denke
  522 Redeneer
  532 Betwis
  548 Praat

557 Diskussie
667 Stryd
disseksie
  19 Orde
  414 Geneeskunde
dissekteer
  19 Orde
  414 Geneeskunde
dissel 185
disselboom 230
disseminasie 539
dissemineer 539
dissertasie
  553 Behandel
  561 Studeer
  567 Boek
dissident
  666 Verhinder
  841 Leer
dissimilasie 572
dissimulasie
  815 Oneerlik
  818 Bedrieg
dissipel
  518 Glo
  592 Ondergeskikte
  663 Meedoen
  776 Liefde en vriendskap
  842 Geloof
  849 Prediking
dissipline
  515 Wetenskap
  559 Opvoeding en onderwys
  595 Streng
  597 Gehoorsaam
  600 Onder bevel staan
  612 Noukeurig
  811 Gewete
  835 Bestraf
dissiplineer
  515 Wetenskap
  559 Opvoeding en onderwys
  588 Gesag hê
  595 Streng
  599 Gesag uitoefen
  600 Onder bevel staan
  835 Bestraf
dissiplinêr 515
dissiplinering
  559 Opvoeding en onderwys
  835 Bestraf
dissonansie
  11 Disharmonie
  479 Disharmonies
  755 Uitvoering
dissonant
  11 Disharmonie
  479 Disharmonies
  755 Uitvoering

dissosiasie
  585 Verwerp
  775 Weersin
dissosiatief
  413 Verskillende siektes
  505 Verstandstoornis
dissosieer
  256 Skeikunde
  585 Verwerp
  665 Byeenkom
  775 Weersin
distansie 68
distansieer
  585 Verwerp
  775 Weersin
distansiëring 775
distigon 751
distillaat 256
distillasie
  256 Skeikunde
  260 Warmteleer
distilleer
  256 Skeikunde
  260 Warmteleer
  428 Drankbereiding
distilleerder
  256 Skeikunde
  428 Drankbereiding
distilleerdery 428
distillering 428
distinksie 791
distinktief 535
distorsie
  413 Verskillende siektes
  544 Onduidelik
  815 Oneerlik
  818 Bedrieg
distribuant 693
distribueer
  169 Skei
  173 Losmaak
  566 Drukkuns
  693 Gee
distribuering 693
distribusie
  169 Skei
  173 Losmaak
  693 Gee
distribusierekening
  700 Bank
  703 Boekhou
distrik
  61 Plek
  90 Omgewing
  590 Bestuur en regeer
distriksgeneesheer 416
distrikshof 808
distrofie
  406 Eet
  413 Verskillende siektes
dit 1
dit-en-datse 820

ditirambe
  751 Digkuns
  757 Sang
ditjies en datjies 621
dito 644
ditsem
  605 Aanvaar
  826 Goedkeur
ditsit 605
ditsy 9
ditto 644
diurese 409
diureties 409
diva
  614 Bekwaam
  749 Kuns
  757 Sang
divagasie
  524 Onlogies redeneer
  553 Behandel
divageer
  524 Onlogies redeneer
  553 Behandel
divan 95
divergeer
  9 Verskillend of teenoorgesteld
  11 Disharmonie
  137 Bewerking
  267 Optika
divergensie
  9 Verskillend of teenoorgesteld
  11 Disharmonie
  137 Bewerking
  267 Optika
divergerend
  9 Verskillend of teenoorgesteld
  11 Disharmonie
  137 Bewerking
  267 Optika
divers
  9 Verskillend of teenoorgesteld
  13 Verskeidenheid
  703 Boekhou
diverse 9
diversifiseer 13
diversiteit 13
divertimento 754
dividend
  686 Aanwins
  700 Bank
divinasie 551
divisie
  5 Onselfstandigheid
  30 Hiërargie
  672 Weermag
Dixieland 753
djati
  316 Hout
  331 Boom

djembedrom 756
djihad 667
djoemoea 848
DNA 377
DNS 377
do 753
dobbel
  18 Toeval
  683 Misluk
  739 Geselskapspele
dobbelaar
  18 Toeval
  739 Geselskapspele
dobbelary
  18 Toeval
  739 Geselskapspele
dobbelspel
  18 Toeval
  739 Geselskapspele
dobber
  214 Dryf
  221 Vaar
  372 Vissery
dobberend 214
dobbering 9
dobermann 366
dodder 344
dode 250
dodeakker 253
dodedans
  250 Dood
  742 Dans
dodehuis
  250 Dood
  253 Begrafnis
dodelik
  238 Vernietig
  250 Dood
  635 Skadelik
  656 Gevaarlik
dodemars
  253 Begrafnis
  754 Komposisie
dodemis
  253 Begrafnis
  850 Sakrament
doderyk
  250 Dood
  839 Hiernamaals
dodesel
  594 Onvryheid
  835 Bestraf
dodetal
  102 Hoeveelheid
  133 Getalle
doding 252
dodo 365
doeane
  191 Laat kom
  192 Laat gaan
  222 Vlieg
  712 Belasting
doeaneamptenaar 712

doeanebeampte
590 Bestuur en regeer
712 Belasting
doebleer 740
doeblet 573
doedelsak 756
doedie 376
doedoe 410
doef-doef 476
doef-doef-musiek 753
doejong 366
doek
  311 Weefstof
doek
  313 Weef
  415 Geneesmiddel
  745 Versier
  760 Skilderkuns
doekklip 298
doekpoeding 426
doeksaf 456
doeksag 456
doekskildering 760
doekspeld 155
doekvoet
  225 Vinnig
  366 Soogdier
doel
  637 Doelgerigtheid en doelloosheid
  682 Slaap
  727 Kompetisie
  728 Balsporte
doelbereiking 682
doelbewus
  539 Kommunikeer
  578 Vrywillig
  582 Wilskrag
  586 Beslis
  637 Doelgerigtheid en doelloosheid
  767 Moed
doelbewustheid
  582 Wilskrag
  637 Doelgerigtheid en doelloosheid
  767 Moed
doeleinde 637
doelgebied 728
doelgerig
  582 Wilskrag
  586 Beslis
  637 Doelgerigtheid en doelloosheid
  767 Moed
doelgerigtheid
  582 Wilskrag
  586 Beslis
  637 Doelgerigtheid en doelloosheid
  767 Moed
doelhok
  629 Spel en sport

728 Balsporte
doelloos 637
doelloosheid 637
doellyn
  629 Spel en sport
  728 Balsporte
doelmatig
  631 Nodig
  633 Nuttig
  637 Doelgerigtheid en doelloosheid
doelmatigheid
  631 Nodig
  633 Nuttig
  637 Doelgerigtheid en doelloosheid
doelpale
  629 Spel en sport
  728 Balsporte
doelpunt 637
doelskop
  727 Kompetisie
  728 Balsporte
doelstelling 637
doeltaal
  565 Skryfkuns
  569 Taal
doelteks 565
doeltreffend
  614 Bekwaam
  618 Heftig
  622 Goed
  633 Nuttig
  637 Doelgerigtheid en doelloosheid
  811 Gewete
doeltreffendheid
  614 Bekwaam
  618 Heftig
  633 Nuttig
  637 Doelgerigtheid en doelloosheid
  811 Gewete
doelwit 637
doelwitbereiking 682
doem
  17 Noodsaak
  579 Gedwonge
  683 Misluk
doemba 426
doemdoempie 361
doem(e)ling
  683 Misluk
  835 Bestraf
doemprofeet
  717 Lyding
  721 Ontevredenheid
doemvonnis 835
doemwaardig
  683 Misluk
  717 Lyding
doen
  15 Oorsaak

644 Handelwyse
645 Handel
651 Toesien
810 Gedrag
doenbaar 653
doenbaarheid 653
doen-dit-selfwinkel 707
doener
  574 Woordkategorie
  645 Handel
  654 Moeilik handel
doenig
  610 Ywerig
  645 Handel
doenigheid
  610 Ywerig
  645 Handel
doenlik 653
doenlikheid 653
doepa
  415 Geneesmiddel
  844 Bygeloof
doer
  61 Plek
  68 Ver
doerias 311
doerine 413
doerra 352
doesel 410
dof
  480 Dowwe klank
  485 Lig
  489 Ondeurskynend
  490 Kleur
  491 Kleurloosheid
  503 Onverstandigheid
  544 Onduidelik
dofheid
  480 Dowwe klank
  486 Duisternis
  489 Ondeurskynend
  491 Kleurloosheid
  544 Onduidelik
dofskakelaar 262
dofswart 492
dofweg 480
dog 119
dogma
  528 Bevestig
  537 Waarheid
  644 Handelwyse
  842 Geloof
dogmatiek 842
dogmaties
  141 Behoud
  528 Bevestig
  785 Hoogmoed
  842 Geloof
dogter
  53 Nuut en jonk
  243 Kinders
  374 Mens
  376 Vrou

dogtergemeente 840
dogterkerk
  840 Godsdiens
  852 Geestelike
dogterkind 53
dogtermaatskappy
  658 Beroep
  665 Byeenkom
dogtertaal 569
doilie
  95 Huisraad
  161 Bedek
dojo 731
dok
  221 Vaar
  235 Skeepvaart
dokkie 752
dokomana 426
doksologie 847
dokter
  414 Geneeskunde
  416 Medikus
  417 Hospitaal
  645 Handel
doktersadvies 416
doktor 561
doktoraal
  535 Weet
  561 Studeer
doktoraat 561
doktorandus 561
doktorsgraad 561
doktorstudent 561
doktrine
  515 Wetenskap
  528 Bevestig
  537 Waarheid
  842 Geloof
doktrinêr
  527 Oordeel
  582 Wilskrag
  785 Hoogmoed
dokudrama 752
dokument
  525 Bewys
  539 Kommunikeer
  567 Boek
dokumentasie 525
dokumenteer
  525 Bewys
  546 Kunsmatige teken
dokumentêr 752
dokumentering 525
dokwerker 235
dol
  163 Draai
  347 Landbou
  505 Verstandstoornis
  773 Begeerte
dolby 266
dolce 753
doldraai
  163 Draai

172 Vasmaak
doldriftig 165
dolend 213
dolendo 753
dolente 753
doleriet 298
dolery 646
dolf
  163 Draai
  347 Landbou
  505 Verstandstoornis
  773 Begeerte
dolfhout 316
Dolfyn 270
dolfyn
  363 Waterdier
  366 Soogdier
dolgelukkig 718
dolgraag 580
dolgrond 346
dolheid
  505 Verstandstoornis
  722 Humor
dolhuis 505
doligosefaal 385
dolk
  185 Sny
  678 Ander wapens
dolla 376
dolland 346
dollar
  131 Geldeenheid
  709 Betaalmiddel
dollarteken 565
dolleeg 110
dollie 372
dolliwarie 20
dolmade 426
dolmen 253
dolomiet 298
dolomietberge 277
doloroso 753
dolos
  288 Waterstelsel
  380 Gebeente
  741 Kinderspel
  844 Bygeloof
dolosgooier 844
dolpen 372
dolploeg 355
dolsinnig 505
dolus 818
dolverlief 776
dom
  503 Onverstandigheid
  524 Onlogies redeneer
  538 Dwaling
  615 Onbekwaam
  623 Sleg
  715 Negatiewe gevoel
domastrant 503
domastrantheid 503

domein
  61 Plek
  263 Rekenaar en internet
domeinnaam 263
domheer
  591 Gesaghebber
  852 Geestelike
domheid
  89 Blyplek
  503 Onverstandigheid
  534 Nie verstaan nie
  538 Dwaling
  615 Onbekwaam
dominansie
  616 Magtig
  618 Heftig
dominant
  616 Magtig
  618 Heftig
  753 Musiek
dominasie
  579 Gedwonge
  588 Gesag hê
  599 Gesag uitoefen
dominee
  551 Meedeel
  591 Gesaghebber
  849 Prediking
  852 Geestelike
domineer
  76 Bo, bokant, boontoe
  588 Gesag hê
  616 Magtig
dominerend
  591 Gesaghebber
  616 Magtig
dominiaal
  61 Plek
  590 Bestuur en regeer
dominium
  61 Plek
  590 Bestuur en regeer
domino 739
dominus 852
domisilie
  64 Aanwesigheid
  89 Blyplek
domkapittel 852
domkerk 853
domkop
  503 Onverstandigheid
  583 Willoosheid
  615 Onbekwaam
domkrag 211
dommel
  372 Vissery
  410 Slaap
dommeling 410
dommerd 615
dommerik 503
dommie 503
dommigheid 503

domonnosel 503
domoor 503
domp 468
dompel 463
dompelaar
  95 Huisraad
  469 Verwarmingstoestel
dompelkoffiepot
  95 Huisraad
  427 Drank
dompelkoker 469
domper 430
domsiekte 413
don 797
don juan 776
Donar 855
donasie 693
donataris 696
donateur 693
donder
  182 Slaan
  293 Onweer
  476 Geluid
  480 Dowwe klank
  548 Praat
  623 Sleg
  667 Stryd
  771 Gramskap
  777 Haat en onvriendelikheid
  813 Swak gedrag
  820 Oneerbaar
donderbui 293
donderbus 676
dondergeluid 476
dondergod 855
donderkruit 676
donderpadda
  363 Waterdier
  548 Praat
donders 104
donderslag
  293 Onweer
  476 Geluid
  480 Dowwe klank
donderstem 548
donderstorm 293
donderswil 820
donderweer 293
donderwetter 820
donderwolk 291
donga 286
donkerblou 492
donkerbril 387
donkerbruin 492
donkergeel 492
donkergroen 492
donkergrys 492
donkerheid 486
donkerkamer 268
donkermaan 270
donkerrooi 492
donkerte 486

donkie
  366 Soogdier
  469 Verwarmingstoestel
  503 Onverstandigheid
donkiebrekfis 745
donkiekar 230
donkieklits 344
donkiewerk 654
donna 797
donners 104
donnerswil 820
donor
  239 Voortplant
  414 Geneeskunde
dons
  365 Voël
  382 Haar
  386 Gesig
donsagtig 456
donsgras 338
donshael 676
donsig 456
donskombers 96
donsmatras 96
donsveer
  365 Voël
  382 Haar
dood
  28 Einde
  238 Vernietig
  250 Dood
  581 Teësinnig
  661 Vermoeidheid
  725 Verveling
  839 Hiernamaals
dood(s)bed
  250 Dood
  253 Begrafnis
doodbind 414
doodblaas 468
doodbloei 413
doodbrand
  238 Vernietig
  414 Geneeskunde
dooddag 250
dooddoener
  522 Redeneer
  558 Redevoering
dooddruk
  238 Vernietig
  728 Balsporte
doodgaan
  238 Vernietig
  250 Dood
  412 Siek
  468 Blus
  486 Duisternis
  623 Sleg
doodgebore 239
doodgewoon
  621 Onbelangrik
  624 Gemiddeld
doodhou 238

dood(s)kis
84 Houer
253 Begrafnis
doodkrap 238
doodkruid 343
doodkry
238 Vernietig
252 Doodmaak
doodlag 722
doodloop
149 Pad
228 Vinnig beweeg
doodloopstraat
149 Pad
522 Redeneer
doodluiters
226 Stadig
229 Stadig beweeg
653 Maklik handel
714 Positiewe gevoel
doodlyn 728
doodmaak
238 Vernietig
252 Doodmaak
468 Blus
486 Duisternis
doodmare 253
doodop 661
doodpraat
548 Praat
557 Diskussie
doodreg
537 Waarheid
612 Noukeurig
614 Bekwaam
622 Goed
doodryp 292
doods
464 Droog
477 Stilte
491 Kleurloosheid
715 Negatiewe gevoel
725 Verveling
doodsake 620
doodsangs
250 Dood
768 Vrees
doodsbeendere 250
doodsbegeleiding 250
doodsberig
250 Dood
253 Begrafnis
doodsengel
250 Dood
838 Gees
doodsertifikaat 250
doodsgeroggel 250
doodsgevaar 656
doodsheid
491 Kleurloosheid
715 Negatiewe gevoel
725 Verveling
doodskaduwee 250

doodskiet
252 Doodmaak
677 Skiet
doodskleed 253
doodskleur
490 Kleur
491 Kleurloosheid
doodsklok
28 Einde
250 Dood
253 Begrafnis
doodskoot
539 Kommunikeer
556 Antwoord
677 Skiet
doodskop
252 Doodmaak
384 Kop
doodskreet 250
doodskreeu 548
doodslaan
238 Vernietig
252 Doodmaak
468 Blus
486 Duisternis
doodslaap
250 Dood
410 Slaap
doodslag
238 Vernietig
252 Doodmaak
822 Skuldig
dood(s)mare 253
doodsnikke 28
doodsnood 656
doodsonde
538 Dwaling
822 Skuldig
doodsondersoek
250 Dood
414 Geneeskunde
doodspuit 468
doodsroggel
250 Dood
482 Menslike geluid
doodsteek
252 Doodmaak
539 Kommunikeer
doodstil
146 Beweginglooshied
477 Stilte
doodstraf
809 Regsgeding
835 Bestraf
doodstryd 250
doodstyding
250 Dood
253 Begrafnis
doodsveragtend 767
doodsvonnis 835
doodsvrees 768
doodsvyand 777

doodswyg
540 Nie kommunikeer nie
549 Stilbly
doodvat
183 Gryp
728 Balsporte
doodverf
161 Bedek
238 Vernietig
760 Skilderkuns
doodwurg 252
doof
413 Verskillende siektes
468 Blus
486 Duisternis
498 Gehoor
606 Weier
715 Negatiewe gevoel
doofheid
413 Verskillende siektes
498 Gehoor
doofpot 468
doofstom
498 Gehoor
549 Stilbly
doofstomme 549
dooi(e)bloed 400
dooi(e)gewig 124
dooie 250
dooiepunt 522
dooier
365 Voël
403 Voortplantingsorgaan
dooierig
226 Stadig
581 Teësinnig
611 Lui
725 Verveling
dooierus 677
dool
213 Rondgaan
226 Stadig
583 Willoosheid
646 Nie handel nie
doolhof 20
doolweg
148 Van koers gaan
213 Rondgaan
524 Onlogies redeneer
538 Dwaling
doop
175 Insit
463 Nat
539 Kommunikeer
550 Noem
560 Voorskoolse en naskoolse onderrig
850 Sakrament
doopfees
418 Voeding
793 Fees

doopformulier 850
dooplidmaat 852
doopmaal 418
doopnaam
550 Noem
574 Woordkategorie
850 Sakrament
dooprok
745 Versier
850 Sakrament
doopseel 850
doopvont 853
doos
84 Houer
161 Bedek
792 Asosiaal
820 Oneerbaar
doosbarometer 259
dooslêer 564
doosvrug 323
dooswyn 427
dop
161 Bedek
162 Ontbloot
323 Vrug
365 Voël
381 Huid
407 Drink
415 Geneesmiddel
427 Drank
561 Studeer
683 Misluk
dopeling 850
dop-ertjie 323
dophou
499 Sien
508 Aandag
dopkoring 323
dopluis 361
dopmaat 123
dopmoer 172
doppeling 683
dopper
630 Werktuig
840 Godsdiens
854 Godsdienste
dopperkiaat 331
doppie
84 Houer
161 Bedek
363 Waterdier
415 Geneesmiddel
427 Drank
676 Vuurwapen
doppie-agterlaaier 676
dopsleutel 172
dopsteker 407
dopverharding 297
dopvrugte 323
dopyster 630
dor
280 Woestyn
289 Klimaat

draai

346 Landbougrond
464 Droog
725 Verveling
Dorado 270
dorado 363
dorbank 346
dorheid 464
doring
  320 Stam
  321 Blaar
  439 Punt
  682 Slaag
  717 Lyding
doringagtig
  321 Blaar
  439 Punt
doringboom
  318 Plant
  331 Boom
doringdraad
  178 Toegaan
  427 Drank
doringhout 316
doringkreupelhout 316
doringloos 318
doringrig
  318 Plant
  439 Punt
doringstruik
  318 Plant
  332 Struik
doringturksvy 350
doringvygie 334
doringwildernis 318
doritos 426
dormerskaap 366
dorp
  61 Plek
  89 Blyplek
  90 Omgewing
  590 Bestuur en regeer
  787 Samelewing
dorpeling
  64 Aanwesigheid
  90 Omgewing
dorpenaar
  64 Aanwesigheid
  90 Omgewing
  787 Samelewing
dorperskaap 366
dorps
  61 Plek
  90 Omgewing
dorpsaanleg 90
dorpsbewoner
  64 Aanwesigheid
  90 Omgewing
dorpsgawie 90
dorpsjapie 90
dorpslewe 249
dorpsmeent 445
dorpsmens
  64 Aanwesigheid

  90 Omgewing
dorpsraad 590
dorpstraat 149
dors
  352 Graanverbouing
  407 Drink
  464 Droog
  773 Begeerte
dorsaal 396
dorsale vin 363
dorsbak 355
dorsgraan 352
dorsheid 464
dorsiventraal 396
dorskoring 352
dorsland 352
dorslessend 407
dorslesser 407
dorsmasjien
  352 Graanverbouing
  355 Landbougereedskap
dorsstillend 407
dorstig
  407 Drink
  413 Verskillende siektes
  464 Droog
  773 Begeerte
dorsvleël 355
dorsvloer 354
dortelappel 323
dos 745
doseer
  102 Hoeveelheid
  123 Meet
  414 Geneeskunde
  415 Geneesmiddel
  559 Opvoeding en onderwys
doseerlepel 123
doseermiddel 415
doseerspuit 123
doseervorm 415
dosent 560
dosimeter
  256 Skeikunde
  413 Verskillende siektes
dosis
  102 Hoeveelheid
  123 Meet
  415 Geneesmiddel
dosismeter
  256 Skeikunde
  413 Verskillende siektes
dossier
  525 Bewys
  809 Regsgeding
dosyn 133
dotcom 263
dotcom-maatskappy 263
dou
  260 Warmteleer
  289 Klimaat
  292 Water

  413 Verskillende siektes
douche 94
doudruppel 292
doughnut 426
doumeter
  294 Weerkunde
  463 Nat
dounat 426
doupunt
  260 Warmteleer
  289 Klimaat
  463 Nat
doutrapper 410
douvoordag 57
douwurm 413
douwurmbossie 343
dowe 498
dowerig
  413 Verskillende siektes
  477 Stilte
  498 Gehoor
Down se sindroom 413
downsindroom 413
dowwerig
  480 Dowwe klank
  489 Ondeurskynend
doyen
  54 Oud
  614 Bekwaam
dra
  323 Vrug
  413 Verskillende siektes
  548 Praat
  651 Toesien
  717 Lyding
dra(ag)krag
  262 Elektrisiteit
  625 Sterk
draad
  6 Betrekking
  160 Omring
  172 Vasmaak
  178 Toegaan
  297 Metaal
  301 Metaalverwerking
  311 Weefstof
  312 Spin
  313 Weef
  316 Hout
  348 Blomkwekery
  435 Smal
  442 Lyn
draadanker 172
draadberig 265
draadborsel 627
draadgaas 301
draadheining
  63 Begrensdheid
  178 Toegaan
draadjiesvleis 426
draadloos
  264 Radio en televisie
  265 Telegraaf en

    telefoon
draadpop 752
draadsitter
  583 Willoosheid
  645 Handel
draadskêr
  185 Sny
  302 Smeewerk
draadtang
  101 Bouersgereedskap
  183 Gryp
  630 Werktuig
draadtrek 776
draadtrekker
  301 Metaalverwerking
  776 Liefde en vriendskap
  779 Boosaardigheid
draadtrekkery
  239 Voortplant
  301 Metaalverwerking
draadversperring
  178 Toegaan
  671 Verdedigingsmiddel
draadwerk
  301 Metaalverwerking
  502 Verstand
  721 Ontevredenheid
draadwurm 361
draagbaar 417
draagdoek 415
draaghout
  230 Rytuig
  320 Stam
draaglik 624
draagpunt 163
draagriem
  84 Houer
  187 Reis
  452 Swaar
  676 Vuurwapen
draagstoel 230
draagtyd
  239 Voortplant
  324 Plantlewe
draagverband 415
draagwydte 620
draai
  39 Tydverlies
  140 Verandering
  148 Van koers gaan
  160 Omring
  163 Draai
  186 Maal
  188 Aankom
  193 Vertraag
  213 Rondgaan
  217 Motorry
  223 Stuur
  226 Stadig
  229 Stadig beweeg
  302 Smeewerk
  316 Hout

444 Krom
581 Teësinnig
587 Aarsel
645 Handel
752 Toneel- en
   rolprentkuns
762 Inlegwerk
draaias 163
draaibal 728
draaibalbouler 728
draaibalboulwerk 728
draaibank
   101 Bouersgereedskap
   302 Smeewerk
   316 Hout
   762 Inlegwerk
draaibeitel 762
draaibeweging 163
draaiboek 752
draaiboekskrywer
   565 Skryfkuns
   752 Toneel- en
      rolprentkuns
draaiboom 178
draaiboor
   163 Draai
   316 Hout
   762 Inlegwerk
draaibos 332
draaibrug
   149 Pad
   163 Draai
draaideur
   94 Dele van 'n eiendom
   163 Draai
draaier
   163 Draai
   229 Stadig beweeg
   302 Smeewerk
   316 Hout
   630 Werktuig
   728 Balsporte
   762 Inlegwerk
draaierig
   226 Stadig
   229 Stadig beweeg
   413 Verskillende siektes
   581 Teësinnig
draaigewrig 380
draaihals 365
draaihek
   163 Draai
   178 Toegaan
draaiing 163
draaikewer 361
draaikolk
   163 Draai
   287 Vloei
draaikous 229
draailas 163
draaiorrel 756
draaipotlood 564
draaipunt 163

draairoomys 426
draaisaag 316
draaisiekte 413
draaiskyf 234
draaiskyfgeweer 676
draaispil
   148 Van koers gaan
   163 Draai
draaistel
   163 Draai
   234 Spoorweë
draaistoel
   95 Huisraad
   163 Draai
   564 Skryfbehoeftes
draaitafel
   264 Radio en televisie
   756 Musiekinstrument
draaitrap
   94 Dele van 'n eiendom
   163 Draai
draaiwerk
   163 Draai
   302 Smeewerk
   316 Hout
   762 Inlegwerk
draaiwind 290
draaiwurm
   361 Insek
   413 Verskillende siektes
Draak 270
draak
   357 Dier
   512 Verbeelding
   771 Gramskap
   792 Asosiaal
draakagtig 771
draal
   39 Tydverlies
   163 Draai
   193 Vertraag
   213 Rondgaan
   226 Stadig
   229 Stadig beweeg
   581 Teësinnig
   587 Aarsel
drabalk
   94 Dele van 'n eiendom
   100 Boumateriaal
drabedjie 243
drabok 344
Draco 270
draderig
   435 Smal
   449 Ongelyk
draer
   253 Begrafnis
   320 Stam
   412 Siek
   414 Geneeskunde
draf
   145 Beweging
   197 Te voet gaan

219 Perdry
228 Vinnig beweeg
729 Atletiek
drafoon 265
drafpas 197
drafstap
   197 Te voet gaan
   225 Vinnig
   228 Vinnig beweeg
drag
   239 Voortplant
   324 Plantlewe
   745 Versier
dragme 131
dragoman 543
dragon 419
dragonder 673
dragtig 239
dragtigheid 239
drahout
   230 Rytuig
   320 Stam
drakerig 771
draketand 391
drakonies 595
dralend
   193 Vertraag
   226 Stadig
draler 229
dralerig
   226 Stadig
   229 Stadig beweeg
drama
   44 Gebeure in tyd
   750 Letterkunde
   752 Toneel- en
      rolprentkuns
dramakunde 752
dramakuns
   749 Kuns
   752 Toneel- en
      rolprentkuns
dramaliteratuur 752
dramaproduksie 752
dramaskrywer 752
dramateks
   750 Letterkunde
   752 Toneel- en
      rolprentkuns
dramatiek 752
dramaties
   44 Gebeure in tyd
   750 Letterkunde
   752 Toneel- en
      rolprentkuns
dramatis personae
   663 Meedoen
   752 Toneel- en
      rolprentkuns
dramatiseer
   750 Letterkunde
   752 Toneel- en
      rolprentkuns

dramaturg
   565 Skryfkuns
   750 Letterkunde
   752 Toneel- en
      rolprentkuns
dramaturgie 752
dramaturgies 750
drang
   584 Kies
   610 Ywerig
   618 Heftig
   713 Gevoel
   773 Begeerte
drank
   407 Drink
   415 Geneesmiddel
   427 Drank
   460 Vloeistof
drankbuffet 95
drankduiwel 407
drankhandel 428
drankhandelaar 428
drankhouer 428
drankie
   407 Drink
   427 Drank
drankkabinet 95
dranklisensie 525
drankmisbruik 407
dranksmokkelaar 407
dranksug
   407 Dink
   413 Verskillende siektes
dranksugtig 407
dranksugtige 407
drankverbod 407
drankverbruik 407
drankwet 801
drankwinkel 428
drapeer 95
drapeerbaar 95
drapeersel 95
draperie 745
draradio 264
drariem
   84 Houer
   187 Reis
   452 Swaar
drasak
   84 Houer
   187 Reis
drasland 279
drassig
   279 Moeras
   463 Nat
drassigheid
   279 Moeras
   463 Nat
drasties
   595 Streng
   625 Sterk
drastok 324

dratyd
  239 Voortplant
  324 Plantlewe
drawiegie 243
drawwer
  197 Te voet gaan
  228 Vinnig beweeg
  729 Atletiek
drawwertjie 365
dreg 235
dreig
  51 Toekoms
  182 Slaan
  579 Gedwonge
  637 Doelgerigtheid en
    doelloosheid
  656 Gevaarlik
  667 Stryd
  669 Aanval
  779 Boosaardigheid
dreigement
  579 Gedwonge
  667 Stryd
  669 Aanval
  779 Boosaardigheid
dreigend
  51 Toekoms
  656 Gevaarlik
  667 Stryd
  669 Aanval
  768 Vrees
  779 Boosaardigheid
dreiging
  579 Gedwonge
  779 Boosaardigheid
dreineer
  287 Vloei
  288 Waterstelsel
dreineerwater 292
dreinering 288
drek
  409 Afskeiding en
    uitskeiding
  623 Sleg
  628 Vuil
drekwater 286
drel
  165 Onreëlmatige
    beweging
  229 Stadig beweeg
  409 Afskeiding en
    uitskeiding
  462 Halfvloeibare stof
  583 Willoosheid
  623 Sleg
  637 Doelgerigtheid en
    doelloosheid
  813 Swak gedrag
drelkous
  583 Willoosheid
  813 Swak gedrag
drellerig
  409 Afskeiding en
    uitskeiding

462 Halfvloeibare stof
583 Willoosheid
813 Swak gedrag
drelsel 165
drempel
  94 Dele van 'n eiendom
  108 Minder
drenk
  109 Alles
  463 Nat
drenkeling 215
drentel
  145 Beweging
  197 Te voet gaan
  213 Rondgaan
  226 Stadig
  229 Stadig beweeg
drentelaar
  213 Rondgaan
  226 Stadig
drentelgang
  226 Stadig
  229 Stadig beweeg
drentelkous
  213 Rondgaan
  226 Stadig
drentelpaadjie 149
drentelry
  213 Rondgaan
  226 Stadig
  229 Stadig beweeg
dresseer
  368 Diereteelt
  369 Veeteelt
dresseerkuns 368
dressuur
  368 Diereteelt
  734 Perdesport
dreun
  164 Reëlmatige
    beweging
  476 Geluid
  480 Dowwe klank
  548 Praat
  757 Sang
dreungeluid
  164 Reëlmatige
    beweging
  476 Geluid
  480 Dowwe klank
dreuning
  164 Reëlmatige
    beweging
  476 Geluid
  480 Dowwe klank
dreunsing 757
dribbel 728
drie
  102 Hoeveelheid
  133 Getalle
  727 Kompetisie
  728 Balsporte
drieakter 752

driebeen 268
driedaags 40
driedagoud 53
driedagsiekte 413
driedelig
  114 Saamgesteld
  137 Bewerking
driedimensionaal
  139 Meetkunde
  431 Afmeting
driedimensioneel
  139 Meetkunde
  431 Afmeting
driedraads 313
driedubbeld 107
Drie-eenheid
  854 Godsdienste
  855 Gode
drie-enig 837
driegang 219
driegangmaaltyd 418
driehoek
  139 Meetkunde
  447 Hoekig
  756 Musiekinstrument
driehoekig
  139 Meetkunde
  447 Hoekig
driehoekposseël 196
driehoek(s)verhouding
  776 Liefde en
    vriendskap
  790 Sosiale betrekking
driehoeksmeting
  139 Meetkunde
  273 Geografie
driehoofdig 114
driekamerstelsel 795
driekamp
  629 Spel en sport
  729 Atletiek
driekantig
  87 Aan die kant
  447 Hoekig
drieklank
  572 Uitspraak
  753 Musiek
driekuns 728
driekwart
  133 Getalle
  728 Balsporte
drieledig 114
drieletterwoord 820
drieling 243
drieluik 760
driemanskap
  776 Liefde en
    vriendskap
  795 Staat en politiek
driepoot 268
driepuntdraai 163
driepuntlanding 222
driesgrond 346

driesland 346
drietal
  102 Hoeveelheid
  133 Getalle
drietalig 569
Drietoon 838
drie-vier-tyd 753
driewiel
  230 Rytuig
  232 Fiets
driewielfiets 232
driewielmotorfiets 232
drif
  149 Pad
  225 Vinnig
  286 Rivier
  287 Vloei
  618 Heftig
  713 Gevoel
  714 Positiewe gevoel
  715 Negatiewe gevoel
  771 Gramskap
  773 Begeerte
drifbui
  715 Negatiewe gevoel
  771 Gramskap
  813 Swak gedrag
drifkop 771
drifsel 214
drifsneeu 292
driftig
  104 Baie
  165 Onreëlmatige
    beweging
  618 Heftig
  667 Stryd
  715 Negatiewe gevoel
  771 Gramskap
  779 Boosaardigheid
dril
  155 Deurboor
  165 Onreëlmatige
    beweging
  462 Halfvloeibare stof
  680 Militêre aksie
drilboor 155
drillerig
  165 Onreëlmatige
    beweging
  462 Halfvloeibare stof
drilsel 165
drilvis 363
drilwerk 680
dring
  17 Noodsaak
  153 Deur
  181 Raak
  579 Gedwonge
dringend
  17 Noodsaak
  225 Vinnig
  604 Versoek

565

dringendheid
17 Noodsaak
225 Vinnig
drink
175 Insit
407 Drink
427 Drank
drinkbaar
407 Drink
427 Drank
drinkbeker 84
drinkding 427
drinkebroer 407
drinker 407
drinkgat
369 Veeteelt
407 Drink
drinkgelag 407
drinkgewoonte 407
drinklied
407 Drink
757 Sang
drinkwater
407 Drink
427 Drank
460 Vloeistof
drip 623
droëbek 407
droef 719
droef(e)nis 719
droefgeestig
623 Sleg
717 Lyding
719 Hartseer
droefgeestigheid
413 Verskillende siektes
623 Sleg
717 Lyding
719 Hartseer
droefheid
623 Sleg
717 Lyding
719 Hartseer
droëlewer
407 Drink
549 Stilbly
725 Verveling
droënaaldets 761
droër
95 Huisraad
464 Droog
627 Skoon
droëry 464
droes
299 Brandstof
413 Verskillende siektes
838 Gees
droesem
428 Drankbereiding
628 Vuil
droëvrot 413
droëvrugte
323 Vrug
350 Vrugteverbouing

droewig
623 Sleg
717 Lyding
719 Hartseer
droewigheid
717 Lyding
719 Hartseer
droewiglik
623 Sleg
683 Misluk
719 Hartseer
droëwors
421 Vleis
426 Kossoort, dis
drogargument 524
drogbeeld 538
drogies 722
drogrede 524
drogredenaar 524
drogredenasie 524
drol
409 Afskeiding en uitskeiding
777 Haat en onvriendelikheid
813 Swak gedrag
drolpeer 332
drom
84 Houer
756 Musiekinstrument
dromer
509 Onoplettendheid
512 Verbeelding
dromerig
410 Slaap
509 Onoplettendheid
512 Verbeelding
513 Denke
773 Begeerte
dromery 512
drommedaris 366
drommel
615 Onbekwaam
652 Versuim
drommels
717 Lyding
766 Wanhoop
dronk
407 Drink
412 Siek
427 Drank
494 Gevoelloosheid en bedwelming
dronkaard 407
dronkaardswaansin
407 Drink
413 Verskillende siektes
dronkasem 407
dronkbestuur 407
dronkenskap 407
dronkgeslaan 521
dronkie
407 Drink

813 Swak gedrag
dronklap
407 Drink
813 Swak gedrag
dronkmanspraatjies 524
dronknes 407
dronkslaan
20 Wanorde
519 Twyfel
534 Nie verstaan nie
538 Dwaling
dronkverdriet 407
droog
289 Klimaat
304 Steenbakkery
316 Hout
427 Drank
464 Droog
715 Negatiewe gevoel
725 Verveling
droogbaan 354
droogdoek 627
droogdok 221
drooglê
288 Waterstelsel
464 Droog
droogmaak
121 Verwarring
623 Sleg
652 Versuim
droogmaakmiddel 49
droogskoonmaak 627
droogte
255 Natuur
288 Waterstelsel
289 Klimaat
464 Droog
droogtehulp 780
droogteramp 717
droom
410 Slaap
512 Verbeelding
513 Denke
584 Kies
773 Begeerte
droombeeld
410 Slaap
512 Verbeelding
838 Gees
droomgesig 512
droomland 410
droomuitleg 844
droomverlore 512
droomwêreld 512
droplekker 426
dros
65 Afwesigheid
67 Verplasing
190 Vertrek
679 Mobilisering
drosdy 91
drosometer 294

droster
190 Vertrek
679 Mobilisering
drostery
190 Vertrek
205 Weggaan van
druggie 494
druïde 852
druif
350 Vrugteverbouing
426 Kossoort, dis
druil
611 Lui
725 Verveling
druilerig
292 Water
611 Lui
725 Verveling
druiloor 583
druilreën 292
druip
561 Studeer
683 Misluk
druip(e)ling
561 Studeer
683 Misluk
druipery
561 Studeer
683 Misluk
druipgrot 277
druipnat 463
druipstert
396 Rug
714 Positiewe gevoel
druis 480
druising 480
druiweasyn 419
druiwekonfyt 426
druiwemandjie 84
druiweoes
347 Landbou
350 Vrugteverbouing
428 Drankbereiding
druiwepitolie 419
druiwesap
350 Vrugteverbouing
427 Drank
druk
17 Noodsaak
181 Raak
183 Gryp
258 Hidroulika
452 Swaar
453 Dig
564 Skryfbehoeftes
565 Skryfkuns
566 Drukkuns
567 Boek
579 Gedwonge
588 Gesag hê
599 Gesag uitoefen
610 Ywerig
645 Handel

dubieus

647 Voortgaan
661 Vermoeidheid
728 Balsporte
790 Sosiale betrekking
drukboor
155 Deurboor
258 Hidroulika
drukdoenery 645
drukfout 566
drukgang
369 Veeteelt
579 Gedwonge
drukgereed 566
drukgradiënt 259
drukgroep 638
drukjaar 566
drukkend 465
drukker
182 Slaan
564 Skryfbehoeftes
566 Drukkuns
drukkersapparaat 566
drukkersduiwel 566
drukkersink 566
drukker-uitgewer 566
drukkery 566
drukking
181 Raak
259 Aërografie
drukkingsmeter 123
drukknoop 172
drukknop
262 Elektrisiteit
265 Telegraaf en
  telefoon
756 Musiekinstrument
drukknoptelefoon 265
drukkuns 566
drukletter
565 Skryfkuns
566 Drukkuns
drukmedia 568
drukmetode
182 Slaan
566 Drukkuns
drukpers 566
drukpot
84 Houer
95 Huisraad
419 Voedselbereiding
drukproef 566
drukpunt 405
drukskrif 565
drukspanning 453
drukspieël 566
drukspyker
155 Deurboor
564 Skryfbehoeftes
drukte
104 Baie
645 Handel
654 Moeilik handel
druktelegraaf 265

drukverband 415
drukverlof 566
drukvorm 566
drukwerk 566
drumpel 94
drup
287 Vloei
292 Water
415 Geneesmiddel
460 Vloeistof
463 Nat
drupbesproeiing 463
drupgrot 274
drupkelder 274
druppel
103 Min
287 Vloei
415 Geneesmiddel
460 Vloeistof
druppelaar 416
druppelbesmetting 412
druppelgewyse
103 Min
287 Vloei
druppelvorm 438
drupper 416
drupsgewyse
103 Min
287 Vloei
dryf
17 Noodsaak
145 Beweging
153 Deur
214 Dryf
215 Swem
216 Ry
221 Vaar
222 Vlieg
230 Rytuig
258 Hidroulika
287 Vloei
590 Bestuur en regeer
638 Aanmoedig
647 Voortgaan
654 Moeilik handel
728 Balsporte
dryfas
233 Voertuig
235 Skeepvaart
257 Meganika en
  tegnologie
630 Werktuig
dryfbaken 221
dryfband 257
dryfbeweging 728
dryfboei 221
dryfdok
221 Vaar
235 Skeepvaart
dryfhou
182 Slaan
728 Balsporte
dryfhout
283 See

316 Hout
728 Balsporte
dryfkrag
145 Beweging
582 Wilskrag
638 Aanmoedig
767 Moed
dryflyn 372
dryfrat 257
dryfriem 257
dryfsand
274 Geologie
298 Steen
dryfspel 728
dryfveer
15 Oorsaak
257 Meganika en
  tegnologie
637 Doelgerigtheid en
  doelloosheid
dryfwerk
630 Werktuig
762 Inlegwerk
dryfys
459 Vaste stof
466 Koud
drywend 214
drywer
223 Stuur
230 Rytuig
647 Voortgaan
728 Balsporte
drywery
214 Dryf
618 Heftig
drywing 257
du
145 Beweging
181 Raak
duaal 133
dualis 574
dualisme
114 Saamgesteld
514 Wysbegeerte
dualisties
7 Betrekkingloosheid
9 Verskillend of
  teenoorgesteld
11 Disharmonie
514 Wysbegeerte
dualiteit 133
duatlon 629
dubbel
104 Baie
107 Meer
133 Getalle
180 Ongelyk maak
dubbelaandrywing 257
dubbelagent 508
dubbelbaan 728
dubbelbed
95 Huisraad
96 Slaapplek

dubbeld
104 Baie
107 Meer
180 Ongelyk maak
dubbeldekker
233 Voertuig
235 Skeepvaart
dubbelfout 728
dubbelganger 8
dubbelgeslagtelik 240
dubbelhandig 397
dubbelhandigheid 397
dubbelhartig 815
dubbelhartigheid
815 Oneerlik
818 Bedrieg
dubbelkajuitbakkie 233
dubbelkantig 87
dubbelkoker
84 Houer
419 Voedselbereiding
dubbelkruis 753
dubbellensrefleks-
  kamera 268
dubbelloopgeweer 676
dubbelloophael-
  geweer 676
dubbelmol 753
dubbeloorganklik 574
dubbelpad 149
dubbelpasstuk 262
dubbelpunt
439 Punt
571 Skrif
dubbelrym 751
dubbels 728
dubbelsig 413
dubbelsinnig
114 Saamgesteld
130 Onbepaaldheid
544 Onduidelik
577 Betekenis
dubbelsinnigheid
114 Saamgesteld
544 Onduidelik
577 Betekenis
dubbelslagtig 357
dubbelslagtigheid 357
dubbelspel 728
dubbelspelling 563
dubbelster 270
dubbeltal 133
dubbeltjie
131 Geldeenheid
344 Onkruid
dubbelverdieping
91 Gebou
92 Deftige, belangrike of
  groot gebou
dubieus
519 Twyfel
532 Betwis

538 Dwaling
587 Aarsel
623 Sleg
770 Wantroue
duel(le) 667
duelleer 667
duellis 667
duenna 559
duet
754 Komposisie
755 Uitvoering
757 Sang
duf(duwwe)
290 Wind
475 Onwelriekend
duffel 311
duffeljas 745
dugtig 618
dui
6 Betrekking
539 Kommunikeer
duidelik
129 Bepaaldheid
478 Welluidend
485 Lig
500 Sigbaarheid
528 Bevestig
537 Waarheid
543 Duidelik
553 Behandel
595 Streng
duidelikheid
129 Bepaaldheid
500 Sigbaarheid
533 Verstaan
543 Duidelik
586 Beslis
595 Streng
duidelikheidshalwe
129 Bepaaldheid
543 Duidelik
duiding
541 Betekenisvolheid
543 Duidelik
Duif 270
duif 365
duifgekoer 483
duig 84
duighout 316
duik
73 Skuins
212 Afgaan
215 Swem
222 Vlieg
372 Vissery
446 Rond
728 Balsporte
732 Watersport
duikboot
235 Skeepvaart
675 Militêre toerusting
duikbootoorlog 667
duikbril
215 Swem

372 Vissery
732 Watersport
duikel
212 Afgaan
215 Swem
730 Gimnastiek
duikeling
212 Afgaan
215 Swem
730 Gimnastiek
duiker
215 Swem
365 Voël
366 Soogdier
372 Vissery
732 Watersport
duikersiekte 413
duikertjie 366
duikerwortel 337
duikhoek 139
duikklop 179
duikklophamer
179 Glad maak
182 Slaan
duikklopper 179
duikklopwerk 179
duiklong
215 Swem
732 Watersport
duikpak
215 Swem
372 Vissery
732 Watersport
duikplank 215
duikplankduiker 732
duikvlug 222
duikweg
149 Pad
210 Onderdeur gaan
234 Spoorweë
duim
123 Meet
397 Ledemaat
duimafdruk 545
duimbreedte 434
duimdrukker 172
duimharp 756
duimklavier 756
duimpie
397 Ledemaat
433 Klein
duimpie-se-maat 397
duimry 216
duimryer 216
duimspyker
172 Vasmaak
564 Skryfbehoeftes
duimstok 123
duimsuiery 818
duin
277 Berg
286 Rivier
duinebesie 233

duinebessie 323
duinebossie 332
duineriet 339
duinetrapper 626
duineveld 318
duisel
412 Siek
413 Verskillende siektes
duiselig
412 Siek
413 Verskillende siektes
duiseligheid 413
duiseling
412 Siek
413 Verskillende siektes
duiselingwekkend 768
duisend 133
duisende 104
duisendjarig 40
duisendpoot 361
duisendvoudig 104
duister
486 Duisternis
501 Onsigbaarheid
536 Nie weet nie
538 Dwaling
540 Nie kommunikeer nie
544 Onduidelik
654 Moeilik handel
820 Oneerbaar
836 Bonatuurlik
839 Hiernamaals
duisterheid
486 Duisternis
536 Nie weet nie
538 Dwaling
540 Nie kommunikeer nie
820 Oneerbaar
duisternis
104 Baie
121 Verwarring
486 Duisternis
536 Nie weet nie
538 Dwaling
820 Oneerbaar
836 Bonatuurlik
839 Hiernamaals
843 Ongeloof
duit
103 Min
131 Geldeenheid
Duits 569
Duitse masels 413
duiwehok 89
duiwel
227 Werp
512 Verbeelding
779 Boosaardigheid
813 Swak gedrag
836 Bonatuurlik
838 Gees

844 Bygeloof
854 Godsdienste
855 Gode
duiwelaanbidder
838 Gees
846 Goddeloosheid
854 Godsdienste
duiwelaanbidding
838 Gees
846 Goddeloosheid
854 Godsdienste
duiwelbeswering 838
duiweldienaar 854
duiwel-in-die-bos 334
duiwelluis 361
duiwels
623 Sleg
779 Boosaardigheid
813 Swak gedrag
838 Gees
844 Bygeloof
846 Goddeloosheid
854 Godsdienste
duiwelsadvokaat 532
duiwelsbek 183
duiwelsbrood 327
duiwelsdiens 813
duiwelsdoring 342
duiwelsdrek
343 Genesende plant
415 Geneesmiddel
duiwelskind
779 Boosaardigheid
813 Swak gedrag
duiwelsklou
183 Gryp
310 Vlegwerk
342 Gifplant
630 Werktuig
duiwelskos 327
duiwelskuns
836 Bonatuurlik
844 Bygeloof
854 Godsdienste
duiwelsnaels 342
duiwelsnuif 327
duiwelsraad 779
duiwelstreek
779 Boosaardigheid
813 Swak gedrag
duiwelswaan
779 Boosaardigheid
813 Swak gedrag
duiwelswerk
654 Moeilik handel
683 Misluk
779 Boosaardigheid
duiweltjie
598 Ongehoorsaam
722 Humor
838 Gees
duiweluitdrywing 838
duiweteelt 370

dukaat 131
dukkah 419
duld
  601 Toestemming gee
  714 Positiewe gevoel
  717 Lyding
  778 Goedaardigheid
dulsies 415
dum-dum-koeël 676
dump 701
dumping 701
dumpingsreg 701
dun
  435 Smal
  451 Lig
  454 Nie dig nie
  460 Vloeistof
  481 Skerp klank
dunbevolk 787
dunderm 401
dundoek
  311 Weefstof
  546 Kunsmatige teken
dungaree 745
dungeslyt 435
dunheid
  435 Smal
  454 Nie dig nie
  481 Skerp klank
dunk 527
dunlies 421
dunnerig
  435 Smal
  454 Nie dig nie
  460 Vloeistof
  481 Skerp klank
dunnetjies
  103 Min
  435 Smal
  454 Nie dig nie
  460 Vloeistof
  481 Skerp klank
dunte 435
dunwielfiets 232
duo
  102 Hoeveelheid
  755 Uitvoering
  757 Sang
duodenitis 413
duodenum 401
dupe 818
dupeer 818
dupleks
  89 Blyplek
  91 Gebou
dupliek 556
duplikaat
  12 Eenvormigheid
  14 Navolging
  565 Skryfkuns
  657 Herhaal
duplikasie 565

dupliseer
  12 Eenvormigheid
  14 Navolging
  565 Skryfkuns
  657 Herhaal
dupliseermetode 565
duplisering 565
durabel
  620 Belangrik
  625 Sterk
  708 Betaal
durabelheid
  620 Belangrik
  625 Sterk
durabellik
  620 Belangrik
  625 Sterk
  708 Betaal
durabiliteit
  620 Belangrik
  625 Sterk
duratief 574
durend 22
durf 767
durfal 767
durfkrag 767
duro 131
dus
  16 Gevolg
  522 Redeneer
  644 Handelwyse
dusdanig
  3 Bestaanswyse
  8 Dieselfde
  644 Handelwyse
dusdoende 644
dusgenaamd 550
duskant 87
Dussehra 851
dusver 50
dut
  410 Slaap
  754 Komposisie
duumviraat 590
duur
  22 Kontinuïteit
  37 Tydruimte
  40 Langdurig
  42 Altyd
  92 Deftige, belangrike of groot gebou
  141 Behoud
  620 Belangrik
  647 Voortgaan
  691 Spandeer
  708 Betaal
duursaam
  42 Altyd
  143 Bestendigheid
  240 Genealogie
  457 Onbreekbaar
  625 Sterk
duursaamheid
  143 Bestendigheid

  457 Onbreekbaar
  625 Sterk
duurte
  22 Kontinuïteit
  122 Bereken
duvet 96
duwend 145
duwweld
  107 Meer
  180 Ongelyk maak
duwweltjie 344
duwweltjiesdoring 344
duxleerling 561
dwaal
  148 Van koers gaan
  213 Rondgaan
  229 Stadig beweeg
  527 Oordeel
  538 Dwaling
  820 Oneerbaar
dwaalbegrip 538
dwaalbos 494
dwaalgees
  213 Rondgaan
  838 Gees
  844 Bygeloof
dwaalkewer 361
dwaalkoeël 676
dwaalleer 841
dwaallig
  485 Lig
  538 Dwaling
  838 Gees
dwaalredeneer 538
dwaalsenuwee 378
dwaalspoor
  148 Van koers gaan
  213 Rondgaan
  524 Onlogies redeneer
  527 Oordeel
  538 Dwaling
  818 Bedrieg
dwaalster 270
dwaalstorie 538
dwaalvuur
  485 Lig
  538 Dwaling
  838 Gees
dwaalweg
  148 Van koers gaan
  213 Rondgaan
  524 Onlogies redeneer
  538 Dwaling
dwaas
  503 Onverstandigheid
  524 Onlogies redeneer
  538 Dwaling
  583 Willoosheid
  722 Humor
  846 Goddeloosheid
dwaasheid
  503 Onverstandigheid
  524 Onlogies redeneer

  538 Dwaling
  722 Humor
dwaaskop 503
dwaaslik
  503 Onverstandigheid
  524 Onlogies redeneer
dwaling
  213 Rondgaan
  527 Oordeel
  538 Dwaling
  613 Onnoukeurig
dwang
  17 Noodsaak
  579 Gedwonge
  588 Gesag hê
  599 Gesag uitoefen
dwangarbeid 594
dwangbevel
  579 Gedwonge
  599 Gesag uitoefen
dwangbuis 594
dwangmaatreël
  579 Gedwonge
  599 Gesag uitoefen
dwangmiddel 579
dwangsom 835
dwangvoeding
  406 Eet
  418 Voeding
dwarrel
  165 Onreëlmatige beweging
  290 Wind
  291 Wolk
dwarreling 165
dwarrelstorm 293
dwarrelstroom 290
dwarrelwind 290
dwars
  79 Dwars
  147 Rigting
  582 Wilskrag
  598 Ongehoorsaam
  667 Stryd
  777 Haat en onvriendelikheid
  779 Boosaardigheid
dwarsbalk
  94 Dele van 'n eiendom
  316 Hout
  546 Kunsmatige teken
dwarsbanker 592
dwarsbeuk 853
dwarsboming
  588 Gesag hê
  666 Verhinder
  779 Boosaardigheid
  803 Wette oortree
dwarsboom
  588 Gesag hê
  666 Verhinder
  779 Boosaardigheid

dwarsdeur
22 Kontinuïteit
40 Langdurig
111 Geheel
147 Rigting
153 Deur
155 Deurboor
dwarsdraads
316 Hout
421 Vleis
dwarsdrywer 582
dwarsfluit 756
dwarsheid 582
dwarshou
182 Slaan
728 Balsporte
dwarshout 316
dwarskop
582 Wilskrag
598 Ongehoorsaam
dwarsleer 234
dwarsoor
79 Dwars
156 Bo-oor
dwarspaal 316
dwarspad 149
dwarssnit
79 Dwars
185 Sny
dwarsstraat 149
dwarste
79 Dwars
147 Rigting
dwarstrek 582
dwarstrekker 582
dwarstrekkerig
598 Ongehoorsaam
667 Stryd
777 Haat en onvriendelikheid
dwarstrekkery 667
dwarsweg
87 Aan die kant
667 Stryd
779 Boosaardigheid
dwarswind 290
dweep
618 Heftig
715 Negatiewe gevoel
dweepagtig
618 Heftig
715 Negatiewe gevoel
dweepsieke
518 Glo
618 Heftig
714 Positiewe gevoel
dweepsug
618 Heftig
715 Negatiewe gevoel
dweil
95 Huisraad
627 Skoon
dwelm 494

dwelmafhanklikheid 494
dwelmhandel
494 Gevoelloosheid en bedwelming
803 Wette oortree
dwelmhandelaar
494 Gevoelloosheid en bedwelming
803 Wette oortree
dwelmmiddel 494
dwelmmisbruik
494 Gevoelloosheid en bedwelming
803 Wette oortree
dwelmmuil
494 Gevoelloosheid en bedwelming
803 Wette oortree
dwelmslaaf 494
dwelmsmokkelary 494
dwelmtoets 494
dwelmverslawing 494
dweper
518 Glo
618 Heftig
715 Positiewe gevoel
dweperig
618 Heftig
715 Negatiewe gevoel
dwepery
518 Glo
618 Heftig
715 Negatiewe gevoel
dwerg
413 Verskillende siektes
433 Klein
dwergaap 366
dwergagtig 433
dwerggroei 324
dwergmannetjie
413 Verskillende siektes
433 Klein
dwergsoort
318 Plant
413 Verskillende siektes
433 Klein
dwing
17 Noodsaak
579 Gedwonge
599 Gesag uitoefen
604 Versoek
618 Heftig
dwingeland 595
dwingelandy 595
dwingend
17 Noodsaak
579 Gedwonge
dy
397 Ledemaat
421 Vleis
dybeen
380 Gebeente

397 Ledemaat
dyk
277 Berg
288 Waterstelsel
dynserig
291 Wolk
501 Onsigbaarheid
544 Onduidelik
dyspier
379 Spier
397 Ledemaat

E
Ea 855
eau de cologne
474 Welriekend
746 Persoonlike versorging
eb
108 Minder
283 See
287 Vloei
e-bank
263 Rekenaar en internet
700 Bank
ebbe(n)hout 316
Ebidta 686
e-boek
263 Rekenaar en internet
560 Voorskoolse en naskoolse onderrig
567 Boek
ebolavirus 413
eboniet 307
echelon
19 Orde
588 Gesag hê
éclair 426
Ecstasy-tablet 494
ecu 131
edam
371 Suiwelbereiding
426 Kossoort, dis
edeem 413
edel
559 Opvoeding en onderwys
622 Goed
769 Vertroue
778 Goedaardigheid
797 Hoër stand
799 Beroemd
819 Eerbaar
edelagbaar 799
edelgeborene 797
edelgesteente 298
edelheid
559 Opvoeding en onderwys
819 Eerbaar
830 Eerbiedig

edelknaap 592
edellaatoes 427
edelman 797
edelmetaal
275 Mynwese
297 Metaal
459 Vaste stof
edelmoedig
778 Goedaardigheid
812 Goeie gedrag
819 Eerbaar
edelmoedigheid
778 Goedaardigheid
812 Goeie gedrag
819 Eerbaar
edelsmeewerk 302
edelsmid 302
edelsteen
298 Steen
459 Vaste stof
edelvalk 365
edelvrot 350
edelvrou 797
edelweiss 334
edelwyn 427
edifikasie
508 Aandag
819 Eerbaar
edik
419 Voedselbereiding
472 Smaakloos, sleg
599 Gesag uitoefen
edisie 568
eed
537 Waarheid
607 Beloof
eedaflegging 607
eedbreker 609
eedbreuk 609
eedskender 609
eedskending 609
eekhoring 366
eelt 455
eelterig 455
een noot hou 757
een op 'n keer 21
een stryk deur
22 Kontinuïteit
582 Wilskrag
647 Voortgaan
een
102 Hoeveelheid
133 Getalle
eenakter 752
eenarmig 113
eenbedryf 752
eenbeentjie 741
eend
365 Voël
426 Kossoort, dis
eendagsvlieg
41 Kortstondig
361 Insek

eerbaar

eend(e)bekboor 101
eend(e)bektang 101
eendelig 112
eenders
  8 Dieselfde
  10 Harmonie
  12 Eenvormigheid
  105 Gelyke hoeveelheid
  438 Vorm
eendersdenkend
  8 Dieselfde
  531 Saamstem
eendersheid
  8 Dieselfde
  10 Harmonie
  12 Eenvormigheid
eendersklinkend
  8 Dieselfde
  10 Harmonie
eendersluidend 8
eendeweer 289
eendimensionaal 431
eendimensioneel 431
eendrag
  10 Harmonie
  663 Meedoen
  668 Vrede en versoening
eendragtig
  531 Saamstem
  663 Meedoen
  668 Vrede en versoening
eendstert 375
eenduidig 577
eenduidigheid 577
eendvoël 365
eenfasig 262
eenheid
  32 Enkeling
  111 Geheel
  113 Enkelvoudig
  170 Saambring
  663 Meedoen
  672 Weermag
eenheidsprys 704
eenheidstaat
  590 Bestuur en regeer
  795 Staat en politiek
eenhoring
  357 Dier
  512 Verbeelding
eenjarig 318
eenjarige 52
eenkamerhuis 89
eenkamerstelsel 795
eenkant
  65 Afwesigheid
  68 Ver
  87 Aan die kant
  792 Asosiaal
eenkantmens 792
eenkants(t)e 87
eenkeer 46
eenkennig 768

eenkennigheid 768
eenkleurig 490
eenlettergrepig 571
eenling 32
eenlobbig 323
eenmaal 46
eenmalig
  44 Gebeure in tyd
  56 Selde
eenmansaak 707
eenmanskool 559
eenmanswoonstel
  89 Blyplek
  91 Gebou
eenogig 503
eenogigheid 503
eenoogmonster 357
eenouergesin 241
eenparig
  8 Dieselfde
  33 Samehorigheid
  531 Saamstem
  663 Meedoen
  668 Vrede en versoening
eenparigheid
  8 Dieselfde
  10 Harmonie
  33 Samehorigheid
  531 Saamstem
  663 Meedoen
eenpartystelsel 795
eenrigtingstraat 149
eenrigtingverkeer 216
eens
  10 Harmonie
  33 Samehorigheid
  46 Vroeër
  531 Saamstem
  663 Meedoen
eensaadlobbig
  318 Plant
  331 Boom
  332 Struik
  333 Rankplant
  339 Riet
eensaam
  664 Terugstaan
  789 Onbeskaafdheid
  792 Asosiaal
eensaamheid
  4 Selfstandigheid
  664 Terugstaan
  792 Asosiaal
eensdenkend
  8 Dieselfde
  531 Saamstem
eensellig 377
eensellige
  357 Dier
  359 Eensellige dier
eenselwig
  8 Dieselfde
  10 Harmonie

  725 Verveling
eensgesind
  8 Dieselfde
  33 Samehorigheid
  531 Saamstem
  663 Meedoen
eensgesindheid
  8 Dieselfde
  10 Harmonie
  33 Samehorigheid
  531 Saamstem
  663 Meedoen
  668 Vrede en versoening
eensklaps
  41 Kortstondig
  521 Verras wees
eensklinkend 8
eenslag 46
eenslagtig
  239 Voortplant
  403 Voortplantingsorgaan
eensluidend 8
eensoortig
  8 Dieselfde
  10 Harmonie
eenspraak
  539 Kommunikeer
  548 Praat
eenstemmig
  8 Dieselfde
  33 Samehorigheid
  531 Saamstem
  663 Meedoen
  668 Vrede en versoening
eenstemmigheid
  10 Harmonie
  33 Samehorigheid
  531 Saamstem
  663 Meedoen
  668 Vrede en versoening
  757 Sang
eenstopwinkel 707
eenstreepnoot 753
eenstryk 22
eenstuk 215
eensydig
  87 Aan die kant
  113 Enkelvoudig
  584 Kies
eensydigheid
  584 Kies
  792 Asosiaal
  827 Afkeur
eentaligheid 569
eentjie 4
eentonig
  12 Eenvormigheid
  725 Verveling
  757 Sang
eentonigheid
  12 Eenvormigheid
  725 Verveling

  757 Sang
een-twee-drie 641
eenuur 37
eenvormig
  8 Dieselfde
  10 Harmonie
  12 Eenvormigheid
  438 Vorm
eenvoud
  113 Enkelvoudig
  543 Duidelik
  624 Gemiddeld
  653 Maklik handel
  743 Mooi
  786 Nederigheid
  821 Onskuldig
eenvoudig
  113 Enkelvoudig
  543 Duidelik
  619 Kalm
  624 Gemiddeld
  653 Maklik handel
  690 Arm
  743 Mooi
  786 Nederigheid
  798 Laer stand
  821 Onskuldig
eenvoudigheid
  113 Enkelvoudig
  543 Duidelik
  624 Gemiddeld
  653 Maklik handel
  786 Nederigheid
eenvoudigheidshalwe
  543 Duidelik
  653 Maklik handel
eenvoudigweg
  543 Duidelik
  653 Maklik handel
eenwieler 232
eenwording
  172 Vasmaak
  663 Meedoen
eer
  85 Voor
  589 Dien
  620 Belangrik
  799 Beroemd
  826 Goedkeur
  830 Eerbiedig
eerbaar
  518 Glo
  582 Wilskrag
  608 Jou woord hou
  622 Goed
  769 Vertroue
  811 Gewete
  812 Goeie gedrag
  814 Eerlik
  816 Getrouheid
  819 Eerbaar
  826 Goedkeur

eerbaarheid
518 Glo
608 Jou woord hou
811 Gewete
812 Goeie gedrag
814 Eerlik
816 Getrouheid
819 Eerbaar
830 Eerbiedig
eerbetoon
799 Beroemd
830 Eerbiedig
eerbewys
799 Beroemd
834 Beloon
eerbiedig
600 Onder bevel staan
776 Liefde en
   vriendskap
830 Eerbiedig
eerbiedloos 779
eerbiedvol 830
eerbiedwaardig
620 Belangrik
796 Stand
799 Beroemd
830 Eerbiedig
eerbiedwaardigheid
620 Belangrik
796 Stand
799 Beroemd
830 Eerbiedig
eerdat 85
eerder 57
eergevoel
811 Gewete
819 Eerbaar
eergevoelig
811 Gewete
819 Eerbaar
eergierig 799
eergierigheid 799
eergister
46 Vroeër
50 Verlede
127 Tydbepaling
eerlik
518 Glo
608 Jou woord hou
622 Goed
769 Vertroue
804 Regverdig
811 Gewete
812 Goeie gedrag
814 Eerlik
eerlikheid
518 Glo
608 Jou woord hou
811 Gewete
812 Goeie gedrag
814 Eerlik
eerlikheidshalwe
608 Jou woord hou

814 Eerlik
eerlikwaar
528 Bevestig
537 Waarheid
608 Jou woord hou
814 Eerlik
eerloos
813 Swak gedrag
815 Oneerlik
820 Oneerbaar
831 Minag
eerloosheid
813 Swak gedrag
815 Oneerlik
820 Oneerbaar
831 Minag
eers 27
eersaam 582
eersdaags 51
eersgeboortereg 696
eersgeborene 243
eersgenoemde 24
eerskending 829
eerskennis 829
eerskomende
25 Dit wat volg
51 Toekoms
eersoekend 799
eersoekerig 799
eersoekerigheid 799
eerste
21 Opeenvolging
24 Dit wat voorafgaan
27 Begin
133 Getalle
eerstehands 53
eerstehulp 414
eerstejaar
27 Begin
560 Voorskoolse en
   naskoolse onderrig
eerstejaarsvak 515
eersteklas 743
eersteling 243
eerstenasiemense 787
eerstens 27
eersterangs 743
eersug 799
eersugtig
610 Ywerig
799 Beroemd
eersvolgende
25 Dit wat volg
51 Toekoms
eertyds 46
eervol 814
eerwaarde
591 Gesaghebber
799 Beroemd
849 Prediking
852 Geestelike
eet
390 Mond

391 Tand
406 Eet
429 Eetplek, kroeg
eetbaar 406
eetding 420
eet-en-drinke 386
eetgerei 418
eetgewoonte 406
eetgoed
418 Voeding
420 Voedsel
eetkamer
94 Dele van 'n eiendom
406 Eet
429 Eetplek, kroeg
eetkamerstel 95
eetlus 406
eetluswekkend 406
eetluswekker 406
eetmaal 418
eetplek
61 Plek
406 Eet
429 Eetplek, kroeg
eetsaal
406 Eet
429 Eetplek, kroeg
eetsalon
234 Spoorweë
406 Eet
eetservies 95
eetstaking 406
eetuur 418
eetversteuring 406
eetvis 363
eetvrugte 426
eetwa 234
eeu
37 Tydruimte
127 Tydbepaling
eeufees 793
eeuwisseling 127
ef(f)endi 797
efemeer 41
effe
103 Min
448 Gelyk
490 Kleur
effek
16 Gevolg
638 Aanmoedig
650 Voltooi
681 Resultaat
713 Gevoel
effekte
692 Spaar
699 Leen
effektebeurs 702
effektief
1 Bestaan
622 Goed
637 Doelgerigtheid en
   doelloosheid

effens
103 Min
623 Sleg
effentjies
103 Min
624 Gemiddeld
715 Negatiewe gevoel
effluent
409 Afskeiding en
   uitskeiding
628 Vuil
effusie 274
effusiegesteente 274
e-fiets 232
eg
248 Huwelik
347 Landbou
355 Landbougereedskap
622 Goed
814 Eerlik
egaal
448 Gelyk
619 Kalm
egalig
8 Dieselfde
10 Harmonie
179 Glad maak
448 Gelyk
egaliseer 796
egalisme
10 Harmonie
796 Stand
egalitarisme
10 Harmonie
796 Stand
egband 248
egbreek 248
egbreker 820
egbreuk 248
eggenoot 242
eggenote 242
eggo
266 Akoestiek
476 Geluid
eggolalie 413
eggoleer 266
eggovry 266
egliede 242
ego 32
egodokument 567
egoïsme
779 Boosaardigheid
785 Hoogmoed
813 Swak gedrag
egoïsties
779 Boosaardigheid
813 Swak gedrag
egosentries
374 Mens
813 Swak gedrag
egosentrisme 813
egotis 785
egotisme 785

eklipties

egpaar 242
egret 365
egskeiding 248
egskeidingsbevel 248
egter 666
egtheid 537
egtheid
  622 Goed
  814 Eerlik
egverbintenis 248
Eid 851
Eid al Adha 851
Eid al Fitr 851
Eid Moebarak 851
Eid ul Adha 851
Eid ul Fitr 851
eie
  3 Bestaanswyse
  241 Familie
  787 Samelewing
eiebaat 779
eiebelang
  620 Belangrik
  633 Nuttig
  779 Boosaardigheid
  785 Hoogmoed
eiedunk 785
eie-ekkerig 785
eiegeregtig 582
eiegeregtigheid 582
eiegewin 686
eiegoed 569
eiehandig
  4 Selfstandigheid
  565 Skryfkuns
eieliefde 785
eiemagtig 588
eien
  3 Bestaanswyse
  120 Onderskeid
eienaam
  546 Kunsmatige teken
  550 Noem
  574 Woordkategorie
eienaar 688
eienaardig
  3 Bestaanswyse
  11 Disharmonie
  34 Vreemdheid
  36 Onreëlmatigheid
  722 Humor
eienaardigheid
  3 Bestaanswyse
  9 Verskillend of teenoorgesteld
  11 Disharmonie
  34 Vreemdheid
  36 Onreëlmatigheid
  722 Humor
eienaarskap 688
eiendom 688
eiendomsagent 705
eiendomsakte 688

eiendomsbelasting 712
eiendomseffekte
  692 Spaar
  699 Leen
eiendomsfinan-
  siering 693
eiendomsmark 688
eiendomsreg
  712 Belasting
  806 Wettig
eiendomstitel 688
eiendomstrust 699
eiendomsverband 699
eiendomsver-
  sekering 655
eiening 3
eienskap
  3 Bestaanswyse
  546 Kunsmatige teken
eier
  365 Voël
  370 Voëlteelt
  403 Voortplantings-
    orgaan
  426 Kossoort, dis
eierdans 654
eierleier 403
eierparasiet 361
eiersakspinnekop 361
eiersel 403
eierstok 403
eiervrug
  351 Groenteverbouing
  426 Kossoort, dis
eiesinnig
  503 Onverstandigheid
  581 Teësinnig
  582 Wilskrag
  583 Willoosheid
  667 Stryd
  715 Negatiewe gevoel
eiesinnigheid
  582 Wilskrag
  715 Negatiewe gevoel
eiesoortig
  3 Bestaanswyse
  31 Soort
  129 Bepaaldheid
eiesoortigheid
  3 Bestaanswyse
  31 Soort
  129 Bepaaldheid
eietyds 49
eiewaan 785
eiewaarde 785
eiewillig
  606 Weier
  667 Stryd
eiewys
  581 Teësinnig
  582 Wilskrag
eiewysheid 582
eikeboom 331

eikehout 316
eikel 323
eikeplantluis 361
eiland
  61 Plek
  149 Pad
  281 Eiland
eilandbewoner
  64 Aanwesigheid
  281 Eiland
eina 717
einabeentjie 397
einaseer 412
eindaksent 572
eindbeslissing 586
eindbestemming 187
einddinge 28
einddoel 637
einde
  16 Gevolg
  28 Einde
  63 Begrensdheid
  86 Agter
  250 Dood
  637 Doelgerigtheid en doelloosheid
  646 Nie handel nie
  648 Onderbreek
  650 Voltooi
  681 Resultaat
eindeksamen 561
eindelik
  28 Einde
  108 Minder
  650 Voltooi
eindeloos
  40 Langdurig
  62 Grensloosheid
  104 Baie
  647 Voortgaan
einder 269
eindfilament 378
eindfluitjie 727
eindgebruiker 629
eindig
  16 Gevolg
  28 Einde
  63 Begrensdheid
  137 Bewerking
  644 Handelwyse
  645 Handel
  646 Nie handel nie
  648 Onderbreek
  650 Voltooi
eindigend 28
eindigheid
  28 Einde
  137 Bewerking
eindklem 572
eindknop 320
eindletter 571
eindmoreen 277
eindnotering 702

eindoordeel 527
eindproduk 237
eindpunt
  16 Gevolg
  28 Einde
  63 Begrensdheid
  637 Doelgerigtheid en doelloosheid
  650 Voltooi
eindpuntgebou 222
eindredaksie
  566 Drukkuns
  568 Media
eindresultaat
  16 Gevolg
  637 Doelgerigtheid en doelloosheid
eindronde
  28 Einde
  727 Kompetisie
eindrym 751
eindstreep 442
eindstryd 727
eindtyd 28
einduitspraak 586
eindwedstryd 727
einste 8
eintlik 1
eis
  17 Noodsaak
  520 Verwag
  555 Vra
  579 Gedwonge
  599 Gesag uitoefen
  604 Versoek
  806 Wettig
eisbein 421
eisel 403
eisend 604
eiser
  604 Versoek
  808 Regswese
eish
  521 Verras wees
  715 Negatiewe gevoel
  721 Ontevredenheid
ejakulaat 239
ejakulasie 239
ejakuleer 239
ek
  1 Bestaan
  32 Enkeling
ekfrastiese poësie 751
EKG-masjien 417
ekklesiasties 840
ekklesiologie 842
ekklesiologies 842
eklekties 747
eklektisisme 514
eklips 270
eklipseer 270
eklipties 270

573

ekologie
61 Plek
249 Lewe
255 Natuur
515 Wetenskap
ekologiebewaring 255
ekologies
249 Lewe
255 Natuur
ekologievriendelik 255
ekoloog 255
e-kommunikasie 539
ekonomie
515 Wetenskap
590 Bestuur en regeer
692 Spaar
701 Handel en ekonomie
ekonomies
692 Spaar
701 Handel en ekonomie
ekonomiewoorde-
boek 567
ekonoom
515 Wetenskap
645 Handel
701 Handel en ekonomie
ekoprotes 255
ekosfeer
61 Plek
255 Natuur
ekosisteem
61 Plek
255 Natuur
ekoslim 255
ekotoeris 187
ekotoerisme 187
ekoverset 255
ekovrees 255
ekovriendelik 255
eksak
129 Bepaaldheid
537 Waarheid
612 Noukeurig
eksaktheid
129 Bepaaldheid
537 Waarheid
612 Noukeurig
eksamen
516 Soek
560 Voorskoolse en
naskoolse onderrig
561 Studeer
eksamenboek 567
eksamenskrif 567
eksaminator
560 Voorskoolse en
naskoolse onderrig
561 Studeer
eksamineer
516 Soek
559 Opvoeding en
onderwys
642 Beproef

eksaminering
561 Studeer
642 Beproef
ekseem 413
eksegeet 842
eksegese
553 Behandel
842 Geloof
eksegeties 842
eksekuteur
688 Besit
693 Gee
eksemplaar
1 Bestaan
3 Bestaanswyse
8 Dieselfde
565 Skryfkuns
566 Drukkuns
567 Boek
eksentriek
34 Vreemdheid
36 Onreëlmatigheid
140 Verandering
eksentriekeling 36
eksentriekheid 34
eksentrisiteit
34 Vreemdheid
36 Onreëlmatigheid
140 Verandering
eksepsie
530 Voorbehou
532 Betwis
eksepsioneel 36
ekserp 539
ekserpeer 539
ekses 116
ekshibisie 162
ekshibisionis 412
ekshibisionisme
413 Verskillende siektes
820 Oneerbaar
ekshibisionisties 820
eksieperfeksie
612 Noukeurig
622 Goed
826 Goekkeur
eksisteer 1
eksistensialisme 514
eksistensie
1 Bestaan
249 Lewe
eksistensieel 1
eksklusief 34
eksklusiwiteit 34
ekskommunikasie
602 Verbied
827 Afkeur
ekskommunikeer
602 Verbied
827 Afkeur
ekskresie 409
ekskursie 187
ekskuus
543 Duidelik

783 Vergifnis
823 Berou
833 Verontskuldig
eksodus 176
eksogaam 248
eksogamie 248
eksogeen
377 Liggaam
413 Verskillende siektes
eksoniem 577
eksorsis 838
eksorsisme 838
eksosentries 576
eksosfeer
269 Heelal
289 Klimaat
eksoties
34 Vreemdheid
80 Buite
140 Verandering
ekspansie 682
ekspansief 682
ekspansiepolitiek
590 Bestuur en regeer
682 Slaag
ekspansionêr 688
ekspansionisme
590 Bestuur en regeer
682 Slaag
ekspansionisties
590 Bestuur en regeer
682 Slaag
688 Besit
ekspat 67
ekspatriasie
67 Verplasing
167 Wegbeweeg
ekspatrieer
67 Verplasing
167 Wegbeweeg
ekspedisie
187 Reis
667 Stryd
eksperiment
255 Natuur
516 Soek
642 Beproef
eksperimenteel
642 Beproef
749 Kuns
eksperimenteer
255 Natuur
561 Studeer
642 Beproef
ekspert 535
ekspirasie 404
ekspiratories 404
ekspireer 404
eksplantasie 414
eksplanteer 414
ekspletief 573
eksplikasie
543 Duidelik

553 Behandel
ekspliseer
543 Duidelik
553 Behandel
eksplisiet
523 Logies redeneer
528 Bevestig
543 Duidelik
553 Behandel
eksploitant 694
eksploitasie
686 Aanwins
694 Neem
eksploiteer
686 Aanwins
694 Neem
eksplorasie
516 Soek
517 Vind
eksploratief
516 Soek
517 Vind
eksploreer
516 Soek
517 Vind
eksplosief
572 Uitspraak
677 Skiet
eksplosiwiteit 677
ekspo 162
eksponeer
539 Kommunikeer
750 Letterkunde
eksponent 137
eksport 192
eksporteer 192
eksposisie
162 Ontbloot
750 Letterkunde
ekspres
582 Wilskrag
586 Beslis
637 Doelgerigtheid en
doelloosheid
ekspressie
539 Kommunikeer
548 Praat
ekspressief 541
ekspressionisme
749 Kuns
760 Skilderkuns
ekspressionisties 760
ekspressiwiteit 541
eksproprieer
171 Verwyder
694 Neem
ekspulsie
192 Laat gaan
660 Ontslag
ekspurgeer 750
ekstase
512 Verbeelding
718 Blydskap

emblema

ekstasies
  714 Positiewe gevoel
  718 Blydskap
ekstemporeer 641
ekstensie 434
ekstensief 62
ekstensioneel 577
eksterieur 80
ekstern 80
ekstra
  5 Onselfstandigheid
  107 Meer
  686 Aanwins
  752 Toneel- en
    rolprentkuns
ekstraheer 176
ekstrak 419
ekstralinguaal 569
ekstraordinêr
  34 Vreemdheid
  521 Verras wees
  622 Goed
ekstraterritoriaal 80
ekstratjie 686
ekstra-uterien 239
ekstravagant 36
ekstravaganza
  755 Uitvoering
  793 Fees
ekstravert 374
ekstreem 107
ekstremis 618
ekstremisme 618
ekstremisties
  618 Heftig
  795 Staat en politiek
ekstremiteit
  63 Begrensdheid
  397 Ledemaat
ekstroversie 374
ekstrovert 374
ekstrusie 274
ekstrusief
  274 Geologie
  298 Steen
ekstrusiegesteente 274
eksultasie 718
ektopie 413
ektoplasma 254
ekumene
  61 Plek
  840 Godsdiens
ekumenies 840
ekumenisiteit 840
ekwator
  269 Heelal
  272 Aarde
ekwatoriaal
  269 Heelal
  273 Geografie
ekwilibrium
  10 Harmonie
  504 Geestelike

gesondheid
ekwinoks 270
ekwiteit 702
ekwivalensie
  8 Dieselfde
  10 Harmonie
ekwivalent
  8 Dieselfde
  10 Harmonie
  144 Vervanging
El Niño 289
élan 610
eland 366
elandsvy
  350 Vrugteverbouing
  426 Kossoort, dis
elastiek 307
elasties
  307 Rubber en plastiek
  456 Sag
elastisiteit 456
elberthaperske 350
elders
  61 Plek
  65 Afwesigheid
eldorado 718
elefantiase 413
elegansie
  743 Mooi
  788 Beskawing
elegant
  743 Mooi
  788 Beskawing
elegie 751
elegies 751
eleksie
  590 Bestuur en regeer
  795 Staat en politiek
elektoraat 590
elektries
  256 Skeikunde
  262 Elektrisiteit
elektrifikasie 262
elektrifiseer 262
elektrifisering 262
elektriseer 262
elektrisering 262
elektrisiteit
  123 Meet
  262 Elektrisiteit
  469 Verwarmingstoestel
elektrisiteitsvoorsien-
  ing 262
elektroanalise 515
elektrochemie 256
elektrode
  256 Skeikunde
  262 Elektrisiteit
elektrodinamika 515
elektroënkefalo-
  graaf 414
elektroënkefalo-
  gram 414

elektrofisiologie 255
elektrofoon 756
elektrografie 414
elektrokardiograaf
  414 Geneeskunde
  417 Hospitaal
elektrokardiogram 414
elektrokonvulsie 414
elektrolise
  256 Skeikunde
  262 Elektrisiteit
elektromagneet 261
elektromagnetisme
  261 Magnetisme
  515 Wetenskap
elektron
  256 Skeikunde
  262 Elektrisiteit
elektronies 262
elektronika
  262 Elektrisiteit
  515 Wetenskap
elektronmikroskoop 267
elektrotegniek 262
elektrotegnies 262
element
  254 Stof
  295 Delfstof
elementaal
  27 Begin
  254 Stof
elementêr
  27 Begin
  653 Maklik handel
elenkties 526
elevasie 211
elf
  363 Waterdier
  422 Seekos
  844 Bygeloof
elikser 415
eliminasie 171
elimineer
  171 Verwyder
  252 Doodmaak
  683 Misluk
elite
  787 Samelewing
  797 Hoër stand
elk
  109 Alles
  133 Getalle
elk(e)
  102 Hoeveelheid
  109 Alles
elkaar 6
elkeen 109
ellelang 432
ellende
  654 Moeilik handel
  656 Gevaarlik
  690 Arm
  717 Lyding

  719 Hartseer
ellendeling
  626 Swak
  813 Swak gedrag
ellendig
  583 Willoosheid
  623 Sleg
  626 Swak
  656 Gevaarlik
  683 Misluk
  690 Arm
  717 Lyding
  813 Swak gedrag
ellendigheid
  626 Swak
  656 Gevaarlik
  690 Arm
  813 Swak gedrag
ellepyp
  380 Gebeente
  397 Ledemaat
ellips 576
ellipsoïde 257
ellipsstippels 565
ellipsteken 565
ellipsvormig 446
ellipties
  446 Rond
  576 Sinsbou en styl
elmboog
  397 Ledemaat
  444 Krom
elmboogbeentjie 397
elmbooggroet 790
elmboogskerm 731
Elmsvuur 293
Elohim 855
elokusie 548
els 155
elshout 316
elsie 365
elusief 189
em 123
emalje
  301 Metaalverwerking
  391 Tand
emansipasie 593
emansipeer 593
emaskulasie
  239 Voortplant
  626 Swak
emaskuleer
  239 Voortplant
  626 Swak
embargo 602
embarrasseer 786
embleem
  233 Voertuig
  546 Kunsmatige teken
  547 Simboliek
emblema
  546 Kunsmatige teken
  547 Simboliek

emblematies 547
embolisme 413
embrio
　15 Oorsaak
　27 Begin
embriologie
　249 Lewe
　515 Wetenskap
embuia 316
emendasie 140
emendeer 140
Ementhal(er) 426
emeritaat 660
emeritus 660
emetikum 415
emfase
　528 Bevestig
　558 Redevoering
　572 Uitspraak
　595 Streng
emfaties
　528 Bevestig
　558 Redevoering
　572 Uitspraak
　595 Streng
emfiseem 413
emigrant
　67 Verplasing
　787 Samelewing
emigrasie
　67 Verplasing
　167 Wegbeweeg
　190 Vertrek
　205 Weggaan van
emigreer
　67 Verplasing
　167 Wegbeweeg
　190 Vertrek
　205 Weggaan van
eminensie 591
eminent
　614 Bekwaam
　622 Goed
emir 591
emiraat
　61 Plek
　590 Bestuur en regeer
　591 Gesaghebber
emissie 266
emissiebank 700
Emmanuel 855
emmer
　84 Houer
　102 Hoeveelheid
emmerskoplys 773
emoe 365
emoji 546
emosie
　713 Gevoel
　714 Positiewe gevoel
emosieloos 715
emosionaliteit
　11 Disharmonie

618 Heftig
714 Positiewe gevoel
emosioneel
　11 Disharmonie
　142 Veranderlikheid
　618 Heftig
　714 Positiewe gevoel
　715 Negatiewe gevoel
emotief
　541 Betekenisvolheid
　577 Betekenis
emotikon 546
Empaaier 61
empaaierbouer 591
empanadas 426
empatie 778
empaties
　714 Positiewe gevoel
　778 Goedaardigheid
empire 61
empirebouer 591
empireum 839
empirie 525
empiries
　517 Vind
　642 Beproef
empirikus 515
empirisme
　514 Wysbegeerte
　525 Bewys
emplojeer
　584 Kies
　645 Handel
　659 Aanstelling
emplojering
　645 Handel
　659 Aanstelling
emporium 707
emulasie
　14 Navolging
　263 Rekenaar en
　　internet
　667 Stryd
emuleer
　14 Navolging
　263 Rekenaar en
　　internet
emulgeer 460
emulsie 460
enchilladas 426
encore 755
end
　16 Gevolg
　28 Einde
　63 Begrensdheid
　86 Agter
　646 Nie handel nie
　648 Onderbreek
　650 Voltooi
endelderm 401
endemie 412
endemies
　337 Veldplant

413 Verskillende siektes
endermologie 414
endnoot 753
endogaam 248
endogamie 248
endogeen 377
endokardium 399
endokarp 323
endokrien 402
endokrinologie 414
endokrinoloog 416
endometriose 413
endoniem 577
endonimie 577
endorfien 409
endosentries 576
endossement 700
endrym 751
enduit
　16 Gevolg
　28 Einde
enema 415
enemmel 301
energie
　123 Meet
　256 Skeikunde
　582 Wilskrag
　610 Ywerig
energiebaan 256
energiebron
　256 Skeikunde
　257 Meganika en
　　tegnologie
energiedrankie 427
energiek
　249 Lewe
　582 Wilskrag
　610 Ywerig
energiekrisis 257
energieverbruik 257
energievoorsiening 257
enerlei 8
eners
　8 Dieselfde
　10 Harmonie
enersyds 6
enervasie
　626 Swak
　661 Vermoeidheid
enerveer
　626 Swak
　661 Vermoeidheid
enfant terrible 813
eng
　435 Smal
　503 Onverstandigheid
engel
　836 Bonatuurlik
　838 Gees
engelagtig 836
engelagtigheid 836
engelkruid 419
Engels 569

Engelsman 787
engelvis
　363 Waterdier
　422 Seekos
engelwortel 419
enggeestig 503
enghartig 503
engheid 503
engte 435
engtevrees 768
enig
　1 Bestaan
　3 Bestaanswyse
　36 Onreëlmatigheid
enige 13
enigeen
　1 Bestaan
　13 Verskeidenheid
enigerlei
　1 Bestaan
　13 Verskeidenheid
enigermate
　102 Hoeveelheid
　126 Skat
enigiemand
　1 Bestaan
　13 Verskeidenheid
enigiets
　1 Bestaan
　13 Verskeidenheid
enigma 540
enigmaties 540
enigsins
　103 Min
　528 Bevestig
enigste 32
enjambeer 751
enjambement 751
enjin
　233 Voertuig
　235 Skeepvaart
enkapsuleer 82
enkapsulering
　82 Rondom
　577 Betekenis
enkefalitis 413
enkefalomeningitis 413
enkel 32
enkelbaan 728
enkelbed
　95 Huisraad
　96 Slaapplek
enkelbedragbetaling 708
enkeldiep 437
enkele 103
enkeling
　32 Enkeling
　792 Asosiaal
enkelkajuitbakkie 233
enkelkamer 94
enkellaaier 676
enkellensrefleks-
　kamera 268

enkellobbig 323
enkelmedium 559
enkelouer 242
enkelouergesin 241
enkelspel 728
enkelverdieping-
 gebou 91
enkelvoud
 574 Woordkategorie
 575 Woordvorming
enkelvoudig
 113 Enkelvoudig
 574 Woordkategorie
 575 Woordvorming
enkelvoudigheid 113
enklave
 61 Plek
 90 Omgewing
enklise 572
enkodeer 565
ennui
 507 Gebrek aan
  belangstelling
 721 Ontevredenheid
 725 Verveling
enorm
 104 Baie
 432 Groot
enormiteit 432
ensceneer 752
ensefalitis 413
ensefalomeningitis 413
ensemble
 111 Geheel
 663 Meedoen
 754 Komposisie
ensiem
 395 Buik
 401 Spysverterings-
  kanaal
 408 Spysvertering
 409 Afskeiding en
  uitskeiding
ensiklopedie
 543 Duidelik
 567 Boek
ensiklopedies
 543 Duidelik
 577 Betekenis
Enso-siklus 289
ensovoorts 102
ent
 68 Ver
 86 Agter
 349 Bosbou
entablement 94
entente cordiale
 607 Beloof
 663 Meedoen
entente
 607 Beloof
 663 Meedoen
enterektomie 414

enteritis 413
enting
 345 Plantkwekery
 349 Bosbou
entiteit 4
entjie
 68 Ver
 430 Rook
entoesias
 645 Handel
 714 Positiewe gevoel
entoesiasme
 610 Ywerig
 618 Heftig
 714 Positiewe gevoel
 715 Negatiewe gevoel
 718 Blydskap
entoesiasties
 586 Beslis
 610 Ywerig
 618 Heftig
 714 Positiewe gevoel
 715 Negatiewe gevoel
 718 Blydskap
 773 Begeerte
entomograaf 358
entomologie
 358 Dierkunde
 515 Wetenskap
entomoloog
 358 Dierkunde
 515 Wetenskap
entourage
 25 Dit wat volg
 61 Plek
 592 Ondergeskikte
entree 418
entrepot 170
entrepreneur
 640 Voorbereid
 701 Handel en ekonomie
entrepreneuries 701
entrepreneurskap 701
entresol 94
entropie 256
entstof 415
enumerasie
 539 Kommunikeer
 550 Noem
enumereer
 539 Kommunikeer
 550 Noem
 553 Behandel
enurese 413
eo ipso 15
eohippus 367
eolities 274
Eolus 855
eolusharp 756
Eoseense epog 274
epentese 572
epenteties 572
epidemie 412

epidemies
 104 Baie
 413 Verskillende siektes
epidemiologie 414
epidemiologies 413
epidemioloog 416
epidermies 381
epidermikula 382
epidermis 381
epidiaskoop 268
epiduraal 239
epiek 750
epies
 552 Vertel
 751 Digkuns
epifanie
 502 Verstand
 513 Denke
 533 Verstaan
 851 Godsdienstige fees
epifiet 318
epifise 380
epifitologie 325
epifrase 576
epiglottis 398
epigonisme 657
epigoon 657
epigraaf
 546 Kunsmatige teken
 567 Boek
epigram 751
epikardium 399
epikarp 323
epikuries 716
epikuris 406
epikurisme 716
epikuristies 716
epikus 750
epileer 382
epilepsie 413
epilepties 413
epileptikus 412
epiloog 750
episentrum 274
episiklus
 139 Meetkunde
 269 Heelal
episiotomie 239
episkoop 267
episkopaal 852
episkopaat 852
episode
 44 Gebeure in tyd
 552 Vertel
episodes 750
epistel
 196 Versend
 539 Kommunikeer
epistemies 577
epistolografie 750
epistomologie 514
epitaaf 253
epiteel 381

epiteton
 550 Noem
 574 Woordkategorie
epog
 44 Gebeure in tyd
 274 Geologie
epogmakend
 510 Herinner
 826 Goedkeur
epoksi
 161 Bedek
 172 Vasmaak
eponiem 573
eponigium 383
eponimie 573
eponimies 573
e-pos
 196 Versend
 263 Rekenaar en
  internet
 551 Meedeel
 565 Skryfkuns
epos
 552 Vertel
 750 Letterkunde
 751 Digkuns
epoulet
 674 Militêre uitrusting
 745 Versier
epsomsout 415
era
 37 Tydruimte
 274 Geologie
erbarming 778
erbarmlik
 717 Lyding
 719 Hartseer
erdewerk 305
erdvlooi 361
ereblyk 799
ereburger 799
erediens
 840 Godsdiens
 848 Kerklike bediening
eredoktorsgraad 561
eregas 793
erekleure 799
ereksie 239
erektiel 239
erelidmaatskap 665
êrens 61
erepresident
 665 Byeenkom
 799 Beroemd
ereskuld 811
ereteken 799
eretitel 550
erewag 680
erewoord 607
erf
 61 Plek
 94 Dele van 'n eiendom
 686 Aanwins

696 Ontvang
erfenis 693
erfenisbewaring 535
erfgeld
  686 Aanwins
  693 Gee
erfgenaam
  693 Gee
  696 Ontvang
erfgoed
  573 Woordeskat
  686 Aanwins
  688 Besit
  693 Gee
  696 Ontvang
erflating
  686 Aanwins
  688 Besit
  693 Gee
  696 Ontvang
erflik
  3 Bestaanswyse
  239 Voortplant
  696 Ontvang
erflikheidsleer 239
erfpag 693
erfporsie
  693 Gee
  696 Ontvang
erfreg
  693 Gee
  696 Ontvang
  808 Regswese
erfsonde 822
erfstuk
  688 Besit
  693 Gee
erg
  104 Baie
  618 Heftig
  623 Sleg
  656 Gevaarlik
  813 Swak gedrag
ergatief 576
erger
  714 Positiewe gevoel
  771 Gramskap
  777 Haat en onvriendelikheid
ergerlik
  667 Stryd
  715 Negatiewe gevoel
  771 Gramskap
  777 Haat en onvriendelikheid
  827 Afkeur
ergerlikheid
  654 Moeilik handel
  715 Negatiewe gevoel
  771 Gramskap
  777 Haat en onvriendelikheid
  820 Oneerbaar

ergernis
  654 Moeilik handel
  771 Gramskap
  820 Oneerbaar
Eridanus 270
Eris 855
erisipelas 413
erken
  528 Bevestig
  531 Saamstem
  823 Berou
erkenning
  528 Bevestig
  531 Saamstem
  781 Dankbaarheid
  826 Goedkeur
  830 Eerbiedig
erkentenis
  528 Bevestig
  531 Saamstem
  781 Dankbaarheid
  823 Berou
erkentlik
  781 Dankbaarheid
  826 Goedkeur
erkentlikheid
  781 Dankbaarheid
  826 Goedkeur
  830 Eerbiedig
erns 723
ernstig
  412 Siek
  413 Verskillende siektes
  656 Gevaarlik
  723 Erns
erodeer 154
Eros 855
erotiek 776
eroties 776
erotika 776
erotomanie 776
errata 567
erratum 566
error facti
  538 Dwaling
  613 Onnoukeurig
ertjie
  351 Groenteverbouing
  426 Kossoort, dis
ertjiekalander 361
ertjieplantluis 361
ertjiesop 426
erts
  295 Delfstof
  297 Metaal
ertsbewerking 301
ertsryk 275
erudiet 502
erudisie 502
erupsie
  184 Breek
  413 Verskillende siektes
eruptief
  184 Breek

  413 Verskillende siektes
ervaar
  535 Weet
  713 Gevoel
ervare 614
ervaring
  614 Bekwaam
  642 Beproef
  713 Gevoel
ervaringstoerisme 187
eryops 367
e-sake 263
escudo 131
esdoring 331
esel
  366 Soogdier
  503 Onverstandigheid
  760 Skilderkuns
eselagtig 503
eselagtigheid 503
esjelon
  19 Orde
  588 Gesag hê
eskader 672
eskadril 672
eskadron 672
eskalasie
  107 Meer
  618 Heftig
eskaleer
  107 Meer
  618 Heftig
eskarp 277
eskatologie 514
eskort
  26 Begeleiding
  776 Liefde en vriendskap
esofagus 401
esoteries 540
espetada 426
esplanade
  61 Plek
  445 Oppervlak
espressivo 753
espresso 427
essay 750
essayis
  565 Skryfkuns
  750 Letterkunde
esse(n)hout
  316 Hout
  331 Boom
essens 419
essensie
  4 Selfstandigheid
  17 Noodsaak
  622 Goed
  631 Nodig
essensieel
  17 Noodsaak
  4 Selfstandigheid
  579 Gedwonge

  620 Belangrik
  631 Nodig
establishment 795
esteet 749
estetiek
  514 Wysbegeerte
  743 Mooi
esteties
  743 Mooi
  747 Styl en smaak
estetika
  514 Wysbegeerte
  743 Mooi
estimasie
  126 Skat
  776 Liefde en vriendskap
  796 Stand
  826 Goedkeur
estimeer 126
estrade 752
estrogeen 409
estuarium 286
et alia 102
etaangas 299
étage 94
étalage 94
etaleer 162
étaleur 707
ete
  406 Eet
  418 Voeding
ete(ns)gas
  418 Voeding
  790 Sosiale betrekking
  793 Fees
etenstafel 95
etenstyd
  37 Tydruimte
  38 Tydgebruik
  418 Voeding
  662 Rus
etensuur
  418 Voeding
  662 Rus
êtepetête
  785 Hoogmoed
  813 Swak gedrag
eter 406
eteries 461
Ethereum 131
etiek
  514 Wysbegeerte
  811 Gewete
etielalkohol 299
eties
  514 Wysbegeerte
  811 Gewete
etiket
  644 Handelwyse
  791 Sosiaal
etimologie
  570 Taalwetenskap

573 Woordeskat
577 Betekenis
etimologies
570 Taalwetenskap
573 Woordeskat
etimoloog 570
etimon
575 Woordvorming
577 Betekenis
etiologie 414
etlike 13
etnies 787
etnisiteit 787
etnograaf 787
etnografie 787
etnografies 787
etnolinguistiek 570
etnologie 787
etnologies 787
etnoloog 787
etnosentrisme 787
e-tol 149
e-tolpad 149
etos
514 Wysbegeerte
522 Redeneer
811 Gewete
ets
759 Tekenkuns
761 Graveerkuns
etskuns 761
etter
413 Verskillende siektes
820 Oneerbaar
etterend 413
ettersak 413
etude 754
eucharistie 850
eucharisties 850
eufemisme
573 Woordeskat
576 Sinsbou en styl
eufemisties 576
eufonies 478
euforie 716
eufories
714 Positiewe gevoel
716 Genot
eugenia 331
eulogie
539 Kommunikeer
830 Eerbiedig
eunug 239
eureka 718
euritmie 399
euro
131 Geldeenheid
709 Betaalmiddel
Europa
270 Hemelliggaam
276 Vasteland
Eurosentries 787

eutanasie
250 Dood
252 Doodmaak
euwel
779 Boosaardigheid
813 Swak gedrag
822 Skuldig
euweldaad 822
evakuasie 176
evakueer 176
evaluasie 527
evalueer
126 Skat
527 Oordeel
642 Beproef
evalueerder 527
evaluering
527 Oordeel
642 Beproef
evangelie
552 Vertel
750 Letterkunde
842 Geloof
Evangelie 842
evangeliedienaar 849
evangelies 842
evangelis 849
evangelisasie 849
evangeliseer 849
evaporasie
260 Warmteleer
292 Water
evaporeer
260 Warmteleer
292 Water
eventualiteit 44
eventueel
28 Einde
47 Later
650 Voltooi
653 Maklik handel
evident 543
evokasie
512 Verbeelding
838 Gees
evokatief 512
evokeer 512
evolueer
0 Ontstaan
140 Verandering
evolusie
0 Ontstaan
140 Verandering
240 Genealogie
evolusieleer
0 Ontstaan
240 Genealogie
evolusieteorie 0
evolusionêr 0
evolusionis 0
evolusionisme 0
evolusionisties 0

ewe
105 Gelyke hoeveelheid
133 Getalle
ewe(n)wel 666
ewebeeld
8 Dieselfde
14 Navolging
eweknie 8
ewemaat
8 Dieselfde
35 Reëlmaat
ewematig
8 Dieselfde
35 Reëlmaat
78 Parallel
136 Eweredigheid
ewematigheid
8 Dieselfde
35 Reëlmaat
136 Eweredigheid
ewemens 374
ewemin 105
ewenaar
105 Gelyke hoeveelheid
233 Voertuig
269 Heelal
272 Aarde
ewenas 8
eweneens 8
eweredig
8 Dieselfde
10 Harmonie
35 Reëlmaat
135 Verhouding
136 Eweredigheid
eweredigheid
8 Dieselfde
10 Harmonie
35 Reëlmaat
135 Verhouding
136 Eweredigheid
eweseer 8
eweso 8
ewewig
10 Harmonie
257 Meganika en
 tegnologie
452 Swaar
504 Geestelike
 gesondheid
619 Kalm
ewewigsleer 257
ewewigspunt 257
ewewigstoestand 257
ewewigtig
8 Dieselfde
10 Harmonie
12 Eenvormigheid
504 Geestelike
 gesondheid
619 Kalm
723 Erns
ewewydig 78

ewewydigheid 78
ewig
40 Langdurig
42 Altyd
ewigdurend
40 Langdurig
42 Altyd
ewige rus 250
ewigheid
40 Langdurig
42 Altyd
837 God
ewiglik
40 Langdurig
42 Altyd
e-winkel 707
ewolueer
0 Ontstaan
140 Verandering
ewolusie
0 Ontstaan
140 Verandering
240 Genealogie
ewolusieleer
0 Ontstaan
240 Genealogie
ewolusionêr 0
ewwa-trewwa
337 Veldplant
476 Geluid
ex cathedra 528
ex gratia 693
exit 752
ex jure 808
ex libris 567
ex officio
590 Bestuur en regeer
658 Beroep
exorsisme 838
ex parte 584
ex post facto 25
ex tempore
558 Redevoering
641 Onvoorbereid
extravaganza
755 Uitvoering
793 Fees

F
fa 753
faal
538 Dwaling
623 Sleg
637 Doelgerigtheid en
 doelloosheid
652 Versuim
683 Misluk
813 Swak gedrag
822 Skuldig
faam
588 Gesag hê
620 Belangrik
796 Stand

799 Beroemd
830 Eerbiedig
faas 546
fabel
  524 Onlogies redeneer
  552 Vertel
  750 Letterkunde
  818 Bedrieg
fabelagtig
  36 Onreëlmatigheid
  552 Vertel
  622 Goed
  743 Mooi
  818 Bedrieg
fabriek
  92 Deftige, belangrike of groot gebou
  237 Voortbring
  658 Beroep
fabrieksaanleg
  92 Deftige, belangrike of groot gebou
  237 Voortbring
  658 Beroep
fabrieksfout 623
fabriekskip 235
fabrieksmerk 546
fabrieksproduk 237
fabrieksprys 122
fabrieksware 237
fabriekswese 658
fabriekswinkel 707
fabrikaat
  31 Soort
  237 Voortbring
fabrikant 237
fabrikasie
  237 Voortbring
  818 Bedrieg
fabriseer
  237 Voortbring
  818 Bedrieg
fabuleus 36
Facebook 568
fadjer
  847 Gebed
  854 Godsdienste
faeces 409
faëton 230
fagot 756
Fahrenheit 260
Fahrenheit-graad 123
faïence
  305 Pottebakkery
  745 Versier
faikonta 36
faillisement
  687 Verlies
  711 Skuld
fair en square 804
fait accompli
  1 Bestaan
  537 Waarheid

fajr 854
fakir 854
fakkel
  465 Warm
  487 Ligbron
fakkelboom 331
fakkeldans 742
fakkeldraer 793
fakkellig 485
fakkeloptog 793
faks
  265 Telegraaf en telefoon
  551 Meedeel
  565 Skryfkuns
faksie 599
faksiegeveg 667
faksimilee
  14 Navolging
  265 Telegraaf en telefoon
  551 Meedeel
  565 Skryfkuns
  567 Boek
faksimileemasjien
  265 Telegraaf en telefoon
  565 Skryfkuns
faksimileer 265
faksimilee-uitgawe 567
faksmasjien
  265 Telegraaf en telefoon
  565 Skryfkuns
fakties
  1 Bestaan
  537 Waarheid
faktitief 574
faktoor 701
faktor
  15 Oorsaak
  133 Getalle
  137 Bewerking
  138 Algebra
faktorering 701
faktorisasie 137
faktoriseer 137
faktotum
  592 Ondergeskikte
  645 Handel
  663 Meedoen
faktureer 703
fakturis 700
faktuur 708
faktuurboek
  565 Skryfkuns
  703 Boekhou
fakultatief 578
fakulteit 559
falanks
  397 Ledemaat
  672 Weermag
falie 745

faljiet 687
fallies 403
Fallopiusbuis 403
fallus 403
falsaris 818
falset 757
falsetto 757
falsifieer 818
falsifikasie 818
falsifiseer 818
falsitas
  803 Wette oortree
  807 Onwettig
  818 Bedrieg
falsiteit
  524 Onlogies redeneer
  538 Dwaling
  803 Wette oortree
fameus
  104 Baie
  622 Goed
  779 Boosaardigheid
  799 Beroemd
  813 Swak gedrag
familiaal
  239 Voortplant
  241 Familie
familiaar 776
familiariseer
  535 Weet
  776 Liefde en vriendskap
familiariteit 776
familie
  19 Orde
  31 Soort
  240 Genealogie
  241 Familie
  317 Fisiologie
  318 Plant
  357 Dier
  787 Samelewing
familieband 241
familiebetrekking
  241 Familie
  790 Sosiale betrekking
familiefees 793
familiegebonden-
heid 787
familiekring
  241 Familie
  790 Sosiale betrekking
familiekwaal 413
familielid
  240 Genealogie
  241 Familie
familienaam
  550 Noem
  574 Woordkategorie
familiêr 776
familieroman 750
familietradisie 657
familietrek
  3 Bestaanswyse

386 Gesig
familietrots 785
familietwis
  667 Stryd
  777 Haat en onvriendelikheid
familievas 241
familievete
  777 Haat en onvriendelikheid
  779 Boosaardigheid
familiewapen 546
familiewoning 91
Fanagalo 569
fanatiek
  618 Heftig
  715 Negatiewe gevoel
fanaties
  618 Heftig
  715 Negatiewe gevoel
fanatikus
  518 Glo
  618 Heftig
  714 Positiewe gevoel
fanatisme
  518 Glo
  618 Heftig
  715 Negatiewe gevoel
fandango 742
fanfare 755
fantas 512
fantaseer
  512 Verbeelding
  755 Uitvoering
fantasia 754
fantasie
  512 Verbeelding
  538 Dwaling
  552 Vertel
  745 Versier
  750 Letterkunde
  754 Komposisie
fantasieloos 512
fantasienaam 550
fantasieprys 122
fantasieverhaal
  512 Verbeelding
  552 Vertel
  750 Letterkunde
fantasiewêreld 512
fantasma
  505 Verstandstoornis
  512 Verbeelding
fantasmagorie
  505 Verstandstoornis
  512 Verbeelding
  844 Bygeloof
fantasmagories 844
fantasties
  2 Nie-bestaan
  36 Onreëlmatigheid
  471 Smaaklik, lekker
  512 Verbeelding

fenomeen

622 Goed
743 Mooi
fantom 844
fantoom
512 Verbeelding
838 Gees
844 Bygeloof
farad 123
farfalle 426
farina 424
faringitis 413
farinks
393 Nek en skouer
398 Asemhalingsorgaan
fariseër
818 Bedrieg
845 Godsvrug
fariseïsme
818 Bedrieg
845 Godsvrug
farmakologie
414 Geneeskunde
515 Wetenskap
farmakologies 414
farmakoloog 416
farmakopee
414 Geneeskunde
415 Geneesmiddel
farmakoteek 415
farmaseut 416
farmaseuties 414
farmaseutika 414
farmasie 414
faro 740
FAS 413
fasade 94
fascis 795
fascisme 795
fascisties 795
fase
37 Tydruimte
270 Hemelliggaam
fase-ewewig 256
faset
112 Deel
306 Diamantslypery
fasig 37
fasigheid 37
fasiliteer 557
fasiliteerder
539 Kommunikeer
668 Vrede en versoening
fasiliteit 629
fasade 745
fassie 100
fassinasie 716
fassineer 716
fat 745
fata 18
fataal
656 Gevaarlik
683 Misluk
fatalis 844

fatalisme
843 Ongeloof
844 Bygeloof
fatalisties 844
fataliteit 250
fata morgana 267
faties 576
fatsig
374 Mens
745 Versier
fatsigheid 374
fatsoen 438
fatsoeneer 438
fatsoenlik
622 Goed
743 Mooi
812 Goeie gedrag
819 Eerbaar
fatsoenlikheid
622 Goed
743 Mooi
788 Beskawing
791 Sosiaal
811 Gewete
812 Goeie gedrag
819 Eerbaar
fatterig 745
fatum
18 Toeval
579 Gedwonge
fatwa 854
faun 855
fauna
255 Natuur
357 Dier
faunistiek 358
fauteuil 95
faux pas
538 Dwaling
613 Onnoukeurig
623 Sleg
822 Skuldig
febriel 413
Februarie
37 Tydruimte
127 Tydbepaling
federaal
590 Bestuur en regeer
795 Staat en politiek
federalis 795
federalisme
787 Samelewing
795 Staat en politiek
federalisties 590
federasie
590 Bestuur en regeer
795 Staat en politiek
fee
512 Verbeelding
844 Bygeloof
feeks 813
feëriek
743 Mooi

844 Bygeloof
fees
716 Genot
724 Vermaak en
  ontspanning
790 Sosiale betrekking
791 Sosiaal
793 Fees
feesbundel 567
feesdag
127 Tydbepaling
793 Fees
851 Godsdienstige fees
feesganger 793
feesgejuig 826
feesgeleentheid 793
feesgety 793
feeslied 757
feesmaal
418 Voeding
793 Fees
feesprogram 793
feesrede 558
feesseisoen 793
feestelik
418 Voeding
718 Blydskap
793 Fees
feestelikheid 793
feestyd 793
feesvier
724 Vermaak en
  ontspanning
793 Fees
feesviering 793
feetjie
512 Verbeelding
844 Bygeloof
feëverhaal
552 Vertel
750 Letterkunde
feil 538
feilbaar
538 Dwaling
615 Onbekwaam
feilbaarheid
538 Dwaling
615 Onbekwaam
feilloos
537 Waarheid
614 Bekwaam
feilloosheid 614
feit
1 Bestaan
537 Waarheid
feitebevinding 527
feitedoof 503
feitedoofheid 503
feitedwaling
538 Dwaling
613 Onnoukeurig
feitekennis
535 Weet

537 Waarheid
feitelik
1 Bestaan
537 Waarheid
feitelikheid 537
feitemateriaal 537
feiteweerstandig 503
feiteweerstandig-
  heid 503
feitlik 130
fekaal 409
fekalieë 409
fel
104 Baie
485 Lig
490 Kleur
779 Boosaardigheid
felisitasie
778 Goedaardigheid
826 Goedkeur
felisiteer
778 Goedaardigheid
826 Goedkeur
fels 301
femel
548 Praat
725 Verveling
815 Oneerlik
818 Bedrieg
femelaar
725 Verveling
818 Bedrieg
femelary
815 Oneerlik
818 Bedrieg
845 Godsvrug
feminis
376 Vrou
795 Staat en politiek
feminisme 376
feministies
376 Vrou
795 Staat en politiek
femoraal
380 Gebeente
397 Ledemaat
femur
380 Gebeente
397 Ledemaat
fen 131
fenegriek 343
feniel 256
feniks
357 Dier
535 Weet
622 Goed
Fenisiese god 855
fennek 366
fenol 460
fenomeen
36 Onreëlmatigheid
521 Verras wees
535 Weet

581

fenomenaal
  521 Verras wees
  622 Goed
fenomenologie 514
fenotipe 3
feodaal
  794 Sosiale struktuur
  795 Staat en politiek
feodalisme 794
feodaliteit 794
ferm
  455 Hard
  582 Wilskrag
  586 Beslis
  595 Streng
  622 Goed
  625 Sterk
  812 Goeie gedrag
ferment
  254 Stof
  428 Drankbereiding
fermentasie 428
fermenteer
  425 Bakker
  427 Drank
  428 Drankbereiding
  667 Stryd
  715 Negatiewe gevoel
fermheid
  586 Beslis
  595 Streng
feromoon 409
ferrochroom 297
ferromagnesium 297
ferromagneties 261
ferromagnetisme 261
ferromangaan 297
ferrometaal 297
fertiliteit 239
ferweel 311
ferweelwewery 313
ferwelerig 311
fes 745
festiwiteit 793
festoen 745
festoeneer 745
festschrift 567
festyn 793
feta 426
fetaal 239
fête 793
fêteer 793
fetisj
  505 Verstandstoornis
  773 Begeerte
  854 Godsdienste
fetisjis 773
fetisjisme
  773 Begeerte
  836 Bonatuurlik
fettuccine 426
fetus 239
feudalisme 795

feuilleton 568
fez 745
fiancé 248
fiancée 248
fiasko
  20 Wanorde
  683 Misluk
  685 Oorwin word
fiat 599
fibreus 311
fibrien 400
fibrillasie 413
fibrilleer 413
fibrine 400
fibroom 413
fibrositis
  379 Spier
  413 Verskillende siektes
fibula
  380 Gebeente
  397 Ledemaat
fiche
  564 Skryfbehoeftes
  709 Betaalmiddel
fideikommis 693
fiduciarius
  688 Besit
  712 Belasting
fidusie 518
fidusiêr 769
fiefierig 715
fieks
  622 Goed
  654 Moeilik handel
fielafooi 397
fiemies
  512 Verbeelding
  721 Ontevredenheid
fier 785
fierheid 785
fiësta 793
fietels 413
fieterjasies 745
fiets
  218 Fietsry
  232 Fiets
  735 Fietsrysport
fietser
  218 Fietsry
  223 Stuur
  735 Fietsrysport
fietspad 149
fietsry
  216 Ry
  218 Fietsry
  232 Fiets
  735 Fietsrysport
fietsryer
  149 Pad
  216 Ry
  218 Fietsry
  223 Stuur
  735 Fietsrysport

fietsrysport
  218 Fietsry
  735 Fietsrysport
fietstoer
  218 Fietsry
  735 Fietsrysport
fietsverkeer 149
fietswiel
  163 Draai
  232 Fiets
  446 Rond
fietswinkel
  218 Fietsry
  232 Fiets
  707 Handelsaak
figuraal
  753 Musiek
  758 Beeldende kuns
figurant
  646 Nie handel nie
  752 Toneel- en
    rolprentkuns
  756 Musiekinstrument
figuratief
  547 Simboliek
  745 Versier
  760 Skilderkuns
figureer 517
figuur
  35 Reëlmaat
  70 Oriëntasie
  139 Meetkunde
  377 Liggaam
  438 Vorm
  547 Simboliek
  577 Betekenis
  758 Beeldende kuns
  759 Tekenkuns
figuurbeeldhoukuns 763
figuurdans 742
figuurlik
  541 Betekenisvolheid
  547 Simboliek
  576 Sinsbou en styl
  577 Betekenis
figuurlikheid 577
figuurraaisel 516
figuursaag
  185 Sny
  316 Hout
figuurskaats 736
figuurski 732
figuurskilder 749
fiks
  249 Lewe
  411 Gesond
  625 Sterk
fiksasie
  505 Verstandstoornis
  508 Aandag
  657 Herhaal
  773 Begeerte
fiksatief 172

fikseer
  268 Fotografie en film
  499 Sien
  508 Aandag
  657 Herhaal
fiksheid
  411 Gesond
  625 Sterk
fiksie
  2 Nie-bestaan
  538 Dwaling
  552 Vertel
  562 Lees
  567 Boek
  750 Letterkunde
  818 Bedrieg
fiktief
  2 Nie-bestaan
  538 Dwaling
filagram 315
filament
  270 Hemelliggaam
  317 Fisiologie
filantroop 778
filantropie 778
filantropies 778
filantropisme 778
filatelie 565
filatelis 565
fileer 419
filet
  310 Vlegwerk
  421 Vleis
filetwerk 310
filharmonies 754
filiaal
  241 Familie
  658 Beroep
  665 Byeenkom
  701 Handel en ekonomie
  707 Handelsaak
filiaalbank 700
filiaalkerk 852
filiasie 241
filigraan 302
filigram 315
filistyn
  748 Gebrek aan styl en
    smaak
  789 Onbeskaafdheid
filistynagtig 789
fillode 317
fillodeeg 425
fillogeen 317
filloksera 324
fillotaksie 317
film noir 752
film
  268 Fotografie en film
  752 Toneel- en
    rolprentkuns
filmfees 793
filmjoernaal 752

flebitis

filmkasset 268
filmkyker 752
filmmaker
  268 Fotografie en film
  752 Toneel- en rolprentkuns
filmoteek 752
filmprojektor 268
filmster 752
filmteater 724
filmvertoning
  724 Vermaak en ontspanning
  752 Toneel- en rolprentkuns
filogenese 317
filogenie 317
filologie 570
filoloog 570
filosel 311
filosofeer
  513 Denke
  522 Redeneer
filosofie
  513 Denke
  514 Wysbegeerte
  515 Wetenskap
  522 Redeneer
filosofies
  513 Denke
  514 Wysbegeerte
filosoof
  513 Denke
  514 Wysbegeerte
  515 Wetenskap
  522 Redeneer
  795 Staat en politiek
filter
  153 Deur
  258 Hidroulika
  268 Fotografie en film
  290 Wind
  430 Rook
filterkoffie 427
filtersigaret 430
filtpen 564
filtraat 256
filtrasie 258
filtreer
  153 Deur
  427 Drank
filtreerder 153
finaal
  28 Einde
  111 Geheel
  586 Beslis
  727 Kompetisie
finale
  28 Einde
  727 Kompetisie
  754 Komposisie

finalis
  629 Spel en sport
  727 Kompetisie
finaliseer 650
finalisering 650
finaliteit
  28 Einde
  586 Beslis
finansieel
  688 Besit
  701 Handel en ekonomie
finansier
  688 Besit
  693 Gee
  699 Leen
  700 Bank
  701 Handel en ekonomie
finansiering
  693 Gee
  699 Leen
finansierings-maatskappy
  693 Gee
  700 Bank
finansies 701
fineer
  302 Smeerwerk
  316 Hout
finesse
  502 Verstand
  622 Goed
  743 Mooi
fingeer 818
fiool 84
firewall 263
firma
  658 Beroep
  665 Byeenkom
  701 Handel en ekonomie
  707 Handelsaak
firmament 269
firmant 665
firmatuur 263
fisant 365
fisiater 416
fisiek
  254 Stof
  377 Liggaam
fisies
  254 Stof
  255 Natuur
  256 Skeikunde
fisika
  254 Stof
  255 Natuur
  256 Skeikunde
  515 Wetenskap
fisikus
  255 Natuur
  515 Wetenskap
fisiografie
  273 Geografie
  274 Geologie

fisiokrasie 701
fisiokraties 701
fisiokratisme 701
fisiologie
  249 Lewe
  255 Natuur
  317 Fisiologie
  358 Dierkunde
  515 Wetenskap
fisiologies
  249 Lewe
  255 Natuur
  317 Fisiologie
  358 Dierkunde
fisioloog
  358 Dierkunde
  515 Wetenskap
fisionomie 377
fisioterapeut 416
fisioterapeuties 414
fisioterapie 414
fiskaal
  288 Waterstelsel
  365 Voël
  712 Belasting
fiskaallaksman 365
fiskaalvlieëvanger 365
fiskus 712
fistel 413
fitofaag 357
fitogeen 318
fitogenese 345
fitogeneties 345
fitogenie 345
fitografie 325
fitografies 325
fitologie 325
fitologies 345
fitoloog
  325 Plantkunde
  345 Plantkwekery
fitopatologie
  325 Plantkunde
  345 Plantkwekery
  414 Geneeskunde
fjord 283
flaaitaal 569
fladder
  164 Reëlmatige beweging
  165 Onreëlmatige beweging
  222 Vlieg
fladdering 164
flagellant 835
flagellasie 835
flageolet 756
flagrant
  162 Ontbloot
  537 Waarheid
flagrantheid 162
flair
  502 Verstand

  644 Handelwyse
  743 Mooi
flambé 419
flambojant
  745 Versier
  764 Boukuns
flambojantboom 331
flambou
  332 Struik
  487 Ligbron
flamenko 742
flamink 365
flaneer
  213 Rondgaan
  229 Stadig beweeg
flanel 311
flanelbroek 745
flanelet 311
flaneur
  213 Rondgaan
  508 Aandag
flank
  87 Aan die kant
  94 Dele van 'n eiendom
  395 Buik
  672 Weermag
  728 Balsporte
flankeer
  213 Rondgaan
  776 Liefde en vriendskap
flankvoorspeler 728
flans 652
flap
  161 Bedek
  180 Ongelyk maak
  334 Blomplant
  365 Voël
  480 Dowwe klank
  567 Boek
flaphoed 745
flapoor 388
flappertjie 426
flapteks 567
flapuit
  548 Praat
  554 Aanspreek
flarde 112
flater
  538 Dwaling
  613 Onnoukeurig
  652 Versuim
  822 Skuldig
flaterwater 564
flatteer
  743 Mooi
  828 Vlei
flatulensie
  401 Spysverterings-kanaal
  413 Verskillende siektes
flatus 413
flebitis 413

flebotomie

flebotomie 414
flegma
  390 Mond
  714 Positiewe gevoel
flegmaties
  12 Eenvormigheid
  374 Mens
  714 Positiewe gevoel
flegmatikus 715
fleim
  390 Mond
  409 Afskeiding en uitskeiding
fleksie 575
fleksietariër 406
fleksietaries 406
flekteer 574
flennie 311
flens
  147 Rigting
  257 Meganika en tegnologie
flensie 426
flenter
  112 Deel
  184 Breek
  213 Rondgaan
  311 Weefstof
flenterkatiera 628
flenterkous 628
flenters
  112 Deel
  184 Breek
  238 Vernietig
flerrie
  239 Voortplant
  376 Vrou
  776 Liefde en vriendskap
flerts 112
fles
  84 Houer
  123 Meet
flets
  412 Siek
  491 Kleurloosheid
fleur
  53 Nuut en jonk
  411 Gesond
  625 Sterk
fleurig
  53 Nuut en jonk
  411 Gesond
  425 Bakker
  718 Blydskap
  743 Mooi
flexor 379
fliek
  724 Vermaak en ontspanning
  752 Toneel- en rolprentkuns
fliekganger 752

fliekvlooi 752
flikflooi 828
flikflooier 828
flikflooiery 828
flikker
  164 Reëlmatige beweging
  465 Warm
  485 Lig
  487 Ligbron
  499 Sien
  714 Positiewe gevoel
flikkerblink 718
flikkerend 164
flikkerglans 485
flikkering
  164 Reëlmatige beweging
  485 Lig
  714 Positiewe gevoel
flikkerlig
  233 Voertuig
  485 Lig
  487 Ligbron
flikkeroë 387
flink
  104 Baie
  249 Lewe
  411 Gesond
  622 Goed
  625 Sterk
  767 Moed
  811 Gewete
flinkheid 625
flint 467
flintglas 309
flip 721
flip-flop 745
flippen 820
flippit 721
flirt
  239 Voortplant
  776 Liefde en vriendskap
flirtasie 776
flits
  225 Vinnig
  268 Fotografie en film
  485 Lig
  487 Ligbron
  539 Kommunikeer
  546 Kunsmatige teken
  568 Media
flitsberig 568
flitsfotografie 268
flitslig 487
flodder 99
flodderkous 628
flodderrig 628
floëem
  320 Stam
  331 Boom
floers 311

flokkuleer 462
floks 334
flonker 485
flonkering 485
flop
  613 Onnoukeurig
  683 Misluk
flora
  255 Natuur
  318 Plant
floreer
  682 Slaag
  686 Aanwins
floret
  678 Ander wapens
  731 Gevegsport
floryn 131
flossie 376
floteer
  237 Voortbring
  686 Aanwins
  701 Handel en ekonomie
flottasie 214
flotteer 27
flottielje 672
flottina 756
flou
  130 Onbepaaldheid
  413 Verskillende siektes
  470 Smaak
  512 Verbeelding
  581 Teësinnig
  587 Aarsel
  624 Gemiddeld
  626 Swak
  661 Vermoeidheid
  725 Verveling
flouerig
  587 Aarsel
  624 Gemiddeld
flouhartig 768
flouheid
  470 Smaak
  512 Verbeelding
  725 Verveling
flouiteit
  524 Onlogies redeneer
  621 Onbelangrik
flous
  538 Dwaling
  815 Oneerlik
  818 Bedrieg
floute
  413 Verskillende siektes
  626 Swak
fluïditeit 460
fluïdum 460
fluim
  390 Mond
  409 Afskeiding en uitskeiding
fluister
  482 Menslike geluid

  548 Praat
  829 Beledig
fluisteraar 548
fluisterend
  482 Menslike geluid
  548 Praat
fluistering 548
fluisterkampanje 539
fluisterstem 548
fluistertolking 543
fluistervink
  539 Kommunikeer
  817 Ontrouheid
fluit
  234 Spoorweë
  345 Plantkwekery
  390 Mond
  409 Afskeiding en uitskeiding
  482 Menslike geluid
  483 Voëlgeluid
  484 Diergeluid
  677 Skiet
  756 Musiekinstrument
fluitblaser 755
fluitery 482
fluit-fluit 653
fluitis 755
fluitjie 727
fluitjieblaser
  539 Kommunikeer
  817 Ontrouheid
fluitjiesbos 332
fluitjiesriet 339
fluitketel 84
fluitkonsert 755
fluitmusiek 753
fluitplek 94
fluitspeler 755
fluks
  225 Vinnig
  610 Ywerig
  622 Goed
  645 Handel
  811 Gewete
fluktuasie
  9 Verskillend of teenoorgesteld
  140 Verandering
fluktueer
  9 Verskillend of teenoorgesteld
  13 Verskeidenheid
  140 Verandering
  583 Willoosheid
fluoor
  296 Nie-metaal
  461 Gas
fluoresseer
  267 Optika
  485 Lig
fluoressensie 485
fluoressent 485

formalisme

fluoresserend 267
fluoried 296
flus
  50 Verlede
  51 Toekoms
flussies
  50 Verlede
  51 Toekoms
fluviaal 287
fluvioglasiale vlakte 277
fluviometer 287
fluweel 311
fluweelgras 338
fluweelmier 361
fluweelrooi 492
fluweelsag 456
fluweelsop 426
fluweeltjie 334
fnuik 20 Wanorde
fnuik
  238 Vernietig
  588 Gesag hê
  683 Misluk
fobie
  413 Verskillende siektes
  505 Verstandstoornis
  768 Vrees
foedraal
  84 Houer
  161 Bedek
foef 409
foefie 409
foelie
  161 Bedek
  301 Metaalverwerking
  419 Voedselbereiding
foendi
  502 Verstand
  535 Weet
foeter
  182 Slaan
  667 Stryd
  669 Aanval
Foibos 855
foie gras 426
fok
  239 Voortplant
  403 Voortplantings-
    orgaan
  721 Ontevredenheid
  820 Oneerbaar
fokaal 267
fokdier 369
fokken
  104 Baie
  771 Gramskap
  779 Boosaardigheid
  813 Swak gedrag
  820 Oneerbaar
  827 Afkeur
fokkenwil 820
fokker
  623 Sleg

  779 Boosaardigheid
  813 Swak gedrag
  820 Oneerbaar
fokkery 239
fokkit
  721 Ontevredenheid
  820 Oneerbaar
fok(k)of
  192 Laat gaan
  664 Terugstaan
fokkol 110
fokmas 235
fok(ke)masseil 235
fokop
  20 Wanorde
  121 Verwarring
  623 Sleg
  652 Versuim
  820 Oneerbaar
fokseil 235
foksia 334
foksterriër 366
fokstrot 742
fokus
  267 Optika
  577 Betekenis
  657 Herhaal
fokusseer 267
foliant 567
foliasie 321
folio
  315 Papier
  566 Drukkuns
folioformaat
  123 Meet
  431 Afmeting
  438 Vorm
  566 Drukkuns
folk 753
folklore
  514 Wysbegeerte
  552 Vertel
  657 Herhaal
  787 Samelewing
folkloris 787
folkloristiek 552
folkmusiek 753
folk-rock 753
follikel
  377 Liggaam
  382 Haar
  403 Voortplantings-
    orgaan
folter
  717 Lyding
  779 Boosaardigheid
  835 Bestraf
folterbank 835
foltering
  667 Stryd
  717 Lyding
  803 Wette oortree
folterpaal 835

foltertuig 835
fomenteer
  414 Geneeskunde
  667 Stryd
fonasie 572
fondament
  77 Onder, onderkant,
    ondertoe
  94 Dele van 'n eiendom
  99 Messel
  620 Belangrik
fondamentsteen 304
fondant
  426 Kossoort, dis
  674 Militêre uitrusting
fondeer 237
fonds
  665 Byeenkom
  688 Besit
  692 Spaar
  708 Betaal
  709 Betaalmiddel
  780 Hulpbetoon
fondsbestuurder 686
fondsinsameling 686
fondue 418
fonduestel 419
foneem 572
fonetiek
  570 Taalwetenskap
  572 Uitspraak
foneties
  565 Skryfkuns
  570 Taalwetenskap
  572 Uitspraak
fonetikus 570
foniatrie 414
foniek 266
fonies 572
fonofobie 768
fonograaf
  266 Akoestiek
  756 Musiekinstrument
fonografie 266
fonografies 266
fonogram 265
fonologie
  570 Taalwetenskap
  572 Uitspraak
fonologies
  570 Taalwetenskap
  572 Uitspraak
fonoloog 570
fonometer 266
fonometrie 266
fonometries 266
fonoskoop 266
fonoteek 753
font 566
fontanel 385
fontein
  284 Bron
  288 Waterstelsel

fonteinkruid 341
fonteinwater 460
fooi
  686 Aanwins
  708 Betaal
fooitjie 686
foon
  123 Meet
  265 Telegraaf en
    telefoon
  572 Uitspraak
foonkamera 268
foonseks 239
foonsnol
  239 Voortplant
  813 Swak gedrag
  820 Oneerbaar
fop
  148 Van koers gaan
  538 Dwaling
  815 Oneerlik
  818 Bedrieg
fopbeweging 728
fopdosser 374
fophof 808
fopmyn 676
fopnuus
  539 Kommunikeer
  568 Media
fopper
  538 Dwaling
  815 Oneerlik
foppery
  538 Dwaling
  818 Bedrieg
fopspeen 243
forel
  363 Waterdier
  422 Seekos
forelteelt 372
forensies 802
formaat
  123 Meet
  431 Afmeting
  432 Groot
  438 Vorm
  620 Belangrik
formaatboek 566
formaldehied
  415 Geneesmiddel
  461 Gas
formalien 415
formalis 438
formaliseer
  438 Vorm
  528 Bevestig
  539 Kommunikeer
  546 Kunsmatige teken
  590 Bestuur en regeer
formalisme
  2 Nie-bestaan
  438 Vorm
  539 Kommunikeer

formalisties 438
formaliteit
  576 Sinsbou en styl
  644 Handelwyse
  657 Herhaal
formans 575
formant 266
formasie
  274 Geologie
  438 Vorm
  679 Mobilisering
formateer
  263 Rekenaar en internet
  438 Vorm
formatering
  263 Rekenaar en internet
  438 Vorm
formatief 237
formeel
  438 Vorm
  523 Logies redeneer
  537 Waarheid
  565 Skryfkuns
  576 Sinsbou en styl
  595 Streng
  745 Versier
formeer
  15 Oorsaak
  237 Voortbring
  438 Vorm
  638 Aanmoedig
formering 438
formidabel 618
formika 307
formule
  35 Reëlmaat
  256 Skeikunde
  539 Kommunikeer
  644 Handelwyse
formuleer
  539 Kommunikeer
  551 Meedeel
formulering 573
formuleringsfout 569
formulier
  35 Reëlmaat
  850 Sakrament
formulierboek 567
fornikasie
  239 Voortplant
  813 Swak gedrag
  820 Oneerbaar
fornikeer
  239 Voortplant
  813 Swak gedrag
  820 Oneerbaar
fornuis 469
fors 625
forseer
  17 Noodsaak
  458 Breekbaar

579 Gedwonge
586 Beslis
618 Heftig
forsgebou 411
forsheid 625
fort
  655 Veilig
  670 Verdedig
  671 Verdedigingsmiddel
forte
  622 Goed
  753 Musiek
forte-piano
  753 Musiek
  756 Musiekinstrument
fortifikasie 671
fortifiseer
  428 Drankbereiding
  457 Onbreekbaar
  625 Sterk
fortifisering 671
fortis 572
fortissimo 753
Fortran 263
fortuin
  579 Gedwonge
  682 Slaag
  688 Besit
  689 Ryk
  718 Blydskap
fortuinsoeker 686
fortuinverteller 844
forum
  61 Plek
  539 Kommunikeer
  557 Diskussie
  590 Bestuur en regeer
fosfaat
  300 Sout
  345 Plantkwekery
fosfor 296
fosforbom 676
fosforensie 485
fosforesseer 485
fosforessensie 485
fosfories 485
fossiel
  54 Oud
  274 Geologie
  298 Steen
fossielbrandstof 299
fossielneerslag 274
fossileer
  141 Behoud
  274 Geologie
  298 Steen
  503 Onverstandigheid
fossilering 274
foto
  268 Fotografie en film
  568 Media
fotoalbum 567
foto-ateljee 658

fotochemie
  256 Skeikunde
  267 Optika
fotochromaties 267
fotodrukker 566
fotoëlektries 262
fotofiel
  270 Hemelliggaam
  317 Fisiologie
  318 Plant
fotofiet 318
fotofobie
  485 Lig
  499 Sien
fotofonie 265
fotogeen 485
fotogenies 268
fotograaf
  268 Fotografie en film
  568 Media
fotografeer 268
fotografie
  268 Fotografie en film
  758 Beeldende kuns
fotogravure
  268 Fotografie en film
  566 Drukkuns
fotokopie
  14 Navolging
  268 Fotografie en film
  565 Skryfkuns
  566 Drukkuns
  657 Herhaal
fotokopieer
  268 Fotografie en film
  565 Skryfkuns
  566 Drukkuns
  657 Herhaal
fotolitografie 268
fotomeganies
  268 Fotografie en film
  566 Drukkuns
fotometer
  123 Meet
  267 Optika
  485 Lig
fotometrie 267
fotomontage
  268 Fotografie en film
  566 Drukkuns
  568 Media
foton
  261 Magnetisme
  267 Optika
fotonastie 324
fotoperiode 127
fotoreportage 539
fotosel 262
fotosfeer 270
fotosinteer 324
fotosintese 324
fotostaat
  14 Navolging

565 Skryfkuns
fototelefonie 265
fototelegrafie 265
fototerapie 414
fototipie
  268 Fotografie en film
  566 Drukkuns
fototroop
  317 Fisiologie
  324 Plantlewe
fototropie
  317 Fisiologie
  324 Plantlewe
fototropies
  317 Fisiologie
  324 Plantlewe
fototropisme
  317 Fisiologie
  324 Plantlewe
fotoverhaal 750
fouilleer 516
fout
  130 Onbepaaldheid
  527 Oordeel
  538 Dwaling
  613 Onnoukeurig
  623 Sleg
  652 Versuim
  803 Wette oortree
  822 Skuldig
fout(e)loos
  537 Waarheid
  569 Taal
  612 Noukeurig
  614 Bekwaam
  622 Goed
foutbal 728
fouteer
  538 Dwaling
  613 Onnoukeurig
  623 Sleg
  652 Versuim
  803 Wette oortree
  822 Skuldig
foutgrens
  527 Oordeel
  613 Onnoukeurig
foutief
  130 Onbepaaldheid
  538 Dwaling
  613 Onnoukeurig
  623 Sleg
foutiewelik 623
foutloosheid
  614 Bekwaam
  622 Goed
foutmarge
  527 Oordeel
  613 Onnoukeurig
foutsoeker
  721 Ontevredenheid
  827 Afkeur
foutsoekery 832

funksioneel

foutspeling 527
foutvind 827
foutvinderig 827
foutvinderigheid 827
foutvindery 827
foutvry
  537 Waarheid
  569 Taal
  612 Noukeurig
  614 Bekwaam
  622 Goed
foyer 94
fraai 743
fraaiheid 743
fraaiigheid 743
fraaitjies 743
fragiel 458
fragment 112
fragmentaries 112
fragmentasiebom 676
fraiing 112
fraiingrig 112
fraiingstert 361
fraiingtoon 365
fraksie
  5 Onselfstandigheid
  112 Deel
fraksioneel
  5 Onselfstandigheid
  112 Deel
fraktuur
  413 Verskillende siektes
  566 Drukkuns
fraktuurletter 566
framboos 350
framboosbessie 350
frambooskonfyt 426
framboosstroop 426
framboostert 426
franchise 707
frangipani 332
frank 131
frankeer 196
frankeerwaarde 196
frankfurter 421
franko 196
frankofiel 787
frankofilie 787
Frans 569
fransdruif
  350 Vrugteverbouing
  427 Drank
franswit 492
frappant 500
frappé 427
frappeer 521
frase
  539 Kommunikeer
  542 Betekenisloosheid
  576 Sinsbou en styl
fraseboek 567
fraseer
  576 Sinsbou en styl

755 Uitvoering
fraseologie 576
fraseur 524
frasewoordeboek 567
frater 852
fraterniseer
  665 Byeenkom
  776 Liefde en vriendskap
fraterniteit 665
frats 641
fratsgolf 283
frauduleus
  538 Dwaling
  818 Bedrieg
frees
  186 Maal
  448 Gelyk
  630 Werktuig
freesia
  334 Blomplant
  335 Bolplant
freesmasjien
  186 Maal
  448 Gelyk
  630 Werktuig
fregat
  235 Skeepvaart
  675 Militêre toerusting
Frei 855
frekwensie
  55 Periodiek
  264 Radio en televisie
  413 Verskillende siektes
frekwensie-modulasie 264
frekwent 55
frekwentatief 574
freneties 618
frenologie 414
fresko 760
fret
  365 Voël
  366 Soogdier
fretboor 155
Freya 855
Freyr 855
frieken 820
friemel 165
fries
  94 Dele van 'n eiendom
  745 Versier
friesbees 366
frieslys 94
Frigga 855
frikassee
  421 Vleis
  426 Kossoort, dis
frikatief 572
frikkadel
  421 Vleis
  426 Kossoort, dis
friksie 154

fris
  53 Nuut en jonk
  249 Lewe
  411 Gesond
  434 Breed
  452 Swaar
  466 Koud
  474 Welriekend
  622 Goed
  625 Sterk
  627 Skoon
frisbee 741
friseer 746
friseur 746
frisgebou
  411 Gesond
  625 Sterk
frisheid
  466 Koud
  625 Sterk
frit 309
froetang 337
frokkie 745
frommel
  180 Ongelyk maak
  186 Maal
frommels 419
frons
  386 Gesig
  545 Natuurlike teken
front
  85 Voor
  94 Dele van 'n eiendom
  289 Klimaat
  294 Weerkunde
  667 Stryd
  670 Verdedig
  672 Weermag
frontaal 85
frontaansig
  85 Voor
  94 Dele van 'n eiendom
fronteljak 426
frontglas 294
frontispies
  94 Dele van 'n eiendom
  567 Boek
frontlinie 672
fronton
  94 Dele van 'n eiendom
  745 Versier
frotspel 741
fruktifieer 323
fruktifiseer 323
fruktivoor 357
fruktose
  419 Voedselbereiding
  471 Smaaklik, lekker
frummels 419
frustrasie
  715 Negatiewe gevoel
  719 Hartseer
  721 Ontevredenheid

766 Wanhoop
frustreer
  20 Wanorde
  766 Wanhoop
frustrerend
  667 Stryd
  715 Negatiewe gevoel
f-sleutel 753
ftisis 413
fuchsia
  332 Struik
  334 Blomplant
fudge 426
fuga 754
fugato 754
fuif 793
fuifkyk 724
fuifparty
  793 Fees
  813 Swak gedrag
fuik
  370 Voëlteelt
  372 Vissery
  373 Jag
fuiwery 793
fulmineer
  548 Praat
  771 Gramskap
fumarole 277
fumigeer 252
fundamentalis 842
fundamentalisme 842
fundamentalisties 842
fundamenteel
  4 Selfstandigheid
  17 Noodsaak
  620 Belangrik
fundeer 237
fundi
  502 Verstand
  535 Weet
funes 623
fungeer
  645 Handel
  658 Beroep
fungus
  318 Plant
  324 Plantlewe
  327 Tallusplant
fungusbestryding 345
funksie
  137 Bewerking
  263 Rekenaar en internet
  658 Beroep
  793 Fees
funksionalisme 749
funksionaris
  658 Beroep
  795 Staat en politiek
funksioneel
  576 Sinsbou en styl
  645 Handel

587

funksioneer
645 Handel
658 Beroep
funksionering 645
funky
49 Hede
53 Nuut en jonk
622 Goed
743 Mooi
furie
771 Gramskap
813 Swak gedrag
855 Gode
furioso 753
furlong 123
furore
121 Verwarring
667 Stryd
fusie
174 Meng
301 Metaalverwerking
fusillade
252 Doodmaak
677 Skiet
680 Militêre aksie
fusilleer
252 Doodmaak
677 Skiet
835 Bestraf
fusillering 835
fusillier
673 Manskap
677 Skiet
fut 582
futiel
542 Betekenisloosheid
621 Onbelangrik
634 Nutteloos
futiliteit 634
futloos
581 Teësinnig
583 Willoosheid
623 Sleg
626 Swak
715 Negatiewe gevoel
725 Verveling
813 Swak gedrag
820 Oneerbaar
futloosheid
583 Willoosheid
623 Sleg
626 Swak
715 Negatiewe gevoel
813 Swak gedrag
820 Oneerbaar
futon 95
futsel
165 Onreëlmatige beweging
652 Versuim
futselaar
165 Onreëlmatige beweging

652 Versuim
futuris 749
futurisme 749
futuristies
51 Toekoms
749 Kuns
futurologie
51 Toekoms
515 Wetenskap
futuroloog 51
futurum 574
fyn
186 Maal
433 Klein
435 Smal
451 Lig
454 Nie dig nie
456 Sag
458 Breekbaar
471 Smaaklik, lekker
502 Verstand
508 Aandag
605 Aanvaar
622 Goed
626 Swak
627 Skoon
714 Positiewe gevoel
743 Mooi
747 Styl en smaak
788 Beskawing
791 Sosiaal
812 Goeie gedrag
fynbakker 425
fynbeskaaf(d)
788 Beskawing
791 Sosiaal
fynbesnaar(d)
714 Positiewe gevoel
715 Negatiewe gevoel
fynbesnede 386
fynbos
318 Plant
337 Veldplant
fyndraai 239
fyndruk 238
fyngaring 312
fyngebak 426
fyngemanierd 791
fyngeraak 715
fyngevoelig
714 Positiewe gevoel
715 Negatiewe gevoel
fynheid
433 Klein
451 Lig
458 Breekbaar
622 Goed
626 Swak
812 Goeie gedrag
fynkam
516 Soek
746 Persoonlike versorging

fynkap
184 Breek
185 Sny
fynkweek 338
fynmaak
184 Breek
186 Maal
fynopgevoed
788 Beskawing
791 Sosiaal
812 Goeie gedrag
fynproewer
406 Eet
496 Smaak
fynsinnig
502 Verstand
714 Positiewe gevoel
fynskrif 607
fynsnipper 185
fynstamp 184
fyntjies
714 Positiewe gevoel
743 Mooi
747 Styl en smaak
fyntuin 94
fyt 413

G
g'n 110
ga(g)
628 Vuil
775 Weersin
827 Afkeur
gaaf
622 Goed
743 Mooi
776 Liefde en vriendskap
791 Sosiaal
819 Eerbaar
gaafheid
622 Goed
743 Mooi
791 Sosiaal
819 Eerbaar
gaafrandig 321
gaai 820
gaan
24 Dit wat voorafgaan
83 In die middel
128 Chronometer
145 Beweging
147 Rigting
167 Wegbeweeg
190 Vertrek
194 Vervoer
205 Weggaan van
216 Ry
250 Dood
653 Maklik handel
gaande
44 Gebeure in tyd
145 Beweging

682 Slaag
718 Blydskap
gaandeweg
22 Kontinuïteit
44 Gebeure in tyd
47 Later
226 Stadig
gaap
177 Oopgaan
404 Asemhaling
gaapsiekte 413
gaar
54 Oud
407 Drink
418 Voeding
419 Voedselbereiding
458 Breekbaar
634 Nutteloos
661 Vermoeidheid
gaarder
694 Neem
696 Ontvang
712 Belasting
gaarmaak 419
gaaroond 301
gaas
161 Bedek
311 Weefstof
gaasagtig 311
gaasdeur 94
gaasdoek 311
gaasweefstoel 313
gaatjievisier 676
gaats
521 Verras wees
715 Negatiewe gevoel
gabardien 311
gabba
776 Liefde en vriendskap
790 Sosiale betrekking
Gad 855
gade
242 Ouers
248 Huwelik
gadeslaan
499 Sien
508 Aandag
gadj 854
gaffel
183 Gryp
235 Skeepvaart
352 Graanverbouing
355 Landbougereedskap
546 Kunsmatige teken
gaffelseil 235
gagga
472 Smaakloos, sleg
628 Vuil
775 Weersin
827 Afkeur
gaip 503

gasbron

gal
  324 Plantlewe
  401 Spysverterings-
    kanaal
  408 Spysvertering
  413 Verskillende siektes
  472 Smaakloos, sleg
  717 Lyding
gala
  727 Kompetisie
  793 Fees
gala-aand 752
galafskeiding 408
galageleentheid 793
galakonsert 755
galaksie 270
galakties
  270 Hemelliggaam
  371 Suiwelbereiding
galaktiet 298
galaktika 270
galaktometer 371
galaktose 371
galant 791
galanterie 791
galanterieware 745
galantheid 791
galbitter 472
galblaas 401
galbossie
  343 Genesende plant
  415 Geneesmiddel
galbrakery 771
galbult 413
galei
  235 Skeepvaart
  236 Lugvaart
  566 Drukkuns
galeiproef 566
galery
  94 Dele van 'n eiendom
  275 Mynwese
  749 Kuns
  752 Toneel- en
    rolprentkuns
  853 Kerkgebou
galg 835
galgaas 813
galgberou 823
galgehumor
  718 Blydskap
  722 Humor
galgemaal 418
galjoen
  363 Waterdier
  422 Seekos
galkoliek 413
galkoors 413
gallamsiekte 413
gallisisme 569
gallofiel 569
gallofobie 787
gallon 123

gallupopname 527
galm
  266 Akoestiek
  476 Geluid
  483 Voëlgeluid
galmbord
  94 Dele van 'n eiendom
  266 Akoestiek
galmei 297
galmuggie 361
galmvry 266
galon 745
galop
  219 Perdry
  228 Vinnig beweeg
galoppeer 219
galoptering 413
galsiekte 413
galsteen 413
galsterig
  472 Smaakloos, sleg
  623 Sleg
galsug 413
galvanies
  262 Elektrisiteit
  297 Metaal
galvaniseer
  297 Metaal
  301 Metaalverwerking
  415 Geneesmiddel
  713 Gevoel
  714 Positiewe gevoel
galvanisme 262
galvanochirurgie 414
galvanografie 761
galvanomagneties 261
galvet 405
galwesp 361
gamay noir 427
gamba 756
gambiet 739
gameet
  377 Liggaam
  403 Voortplantings-
    orgaan
gamma
  571 Skrif
  753 Musiek
gammastraal 267
gamofobie 768
Ganesh Chaturthi 851
gang
  21 Opeenvolging
  44 Gebeure in tyd
  94 Dele van 'n eiendom
  147 Rigting
  197 Te voet gaan
  219 Perdry
  221 Vaar
  224 Snelheid
  225 Vinnig
  234 Spoorweë
  275 Mynwese

  277 Berg
  286 Rivier
  312 Spin
  418 Voeding
  426 Kossoort, dis
  644 Handelwyse
  827 Afkeur
gangbaar
  131 Geldeenheid
  620 Belangrik
  622 Goed
gangetjie 728
ganggesteente 298
gangkas 95
ganglion 378
gangmaker 399
gangreen 413
gangsteen 298
gangster 803
gangwissel 233
ganja 494
gannabos 332
gans
  111 Geheel
  365 Voël
  503 Onverstandigheid
gansbossie 332
gansegaar 116
gansie 332
ganske 111
gansnek 444
gansnekploeg 355
gansogie 334
ganssstem
  390 Mond
  413 Verskillende siektes
  548 Praat
gansvoet 344
Ganymedes 270
gapend 177
gapermossel
  363 Waterdier
  422 Seekos
  426 Kossoort, dis
gaping
  23 Onderbreking
  117 Te min
  177 Oopgaan
  667 Stryd
gaps
  694 Neem
  695 Steel
garage
  94 Dele van 'n eiendom
  233 Voertuig
garagiste 428
garandeer
  528 Bevestig
  607 Beloof
garansie
  528 Bevestig
  655 Veilig
garde
  168 Saamkom

  673 Manskap
gardenia 332
garderobe
  94 Dele van 'n eiendom
  752 Toneel- en
    rolprentkuns
gare
  172 Vasmaak
  312 Spin
  745 Versier
gareel 231
garing
  172 Vasmaak
  312 Spin
  745 Versier
garingbiltong 421
garingboom
  331 Boom
  332 Struik
garingklip 298
garingspinnery 312
garingvleis 421
garnaal
  362 Skaaldier
  422 Seekos
  426 Kossoort, dis
garnaalblom 332
garnaalkelkie 426
garneer
  419 Voedselbereiding
  745 Versier
garneersel 745
garnering 745
garnisoen
  672 Weermag
  673 Manskap
garnisoenstaat 795
garnituur 745
gars
  352 Graanverbouing
  419 Voedselbereiding
garsbier 427
garsboerdery 352
garssuiker 471
gas
  64 Aanwesigheid
  89 Blyplek
  188 Aankom
  254 Stof
  299 Brandstof
  461 Gas
  469 Verwarmingstoestel
  487 Ligbron
  790 Sosiale betrekking
  793 Fees
gasarbeider 658
gasbraaier 419
gasbrander
  419 Voedselbereiding
  465 Warm
  469 Verwarmingstoestel
gasbron
  284 Bron

461 Gas
gasdirigent 755
gasel 366
gaset 567
gasfabriek 461
gasheer
 418 Voeding
 790 Sosiale betrekking
gasie
 686 Aanwins
 696 Ontvang
gaskoeldrank 427
gaskragstasie 262
gaslamp
 95 Huisraad
 487 Ligbron
gasmasker 674
gasmengsel 461
gasmeter
 123 Meet
 461 Gas
gasontwikkeling 461
gasoond
 95 Huisraad
 461 Gas
gasstoof
 95 Huisraad
 419 Voedselbereiding
 461 Gas
 465 Warm
 469 Verwarmingstoestel
gasteboek
 567 Boek
 790 Sosiale betrekking
gastehuis
 89 Blyplek
 91 Gebou
 429 Eetplek, kroeg
gastries 408
gastritis 413
gastro-enteritis 413
gastroknemius 379
gastrologie 414
gastroloog 416
gastronomie
 406 Eet
 418 Voeding
 419 Voedselbereiding
gastronoom 406
gastroskopie 414
gasturbine
 235 Skeepvaart
 461 Gas
gasveld 284
gasverwarmer
 461 Gas
 465 Warm
 469 Verwarmingstoestel
gasverwarming 469
gasvry
 418 Voeding
 461 Gas
 776 Liefde en

 vriendskap
 778 Goedaardigheid
 790 Sosiale betrekking
 791 Sosiaal
gasvryheid
 776 Liefde en
  vriendskap
 778 Goedaardigheid
 790 Sosiale betrekking
 791 Sosiaal
gasvryheidsbedryf 89
gat
 84 Houer
 89 Blyplek
 93 Beskeie gebou
 177 Oopgaan
 285 Watermassa
 391 Tand
 392 Romp
 396 Rug
 401 Spysverterings-
  kanaal
 402 Afskeidings- en
  uitskeidingsorgane
 446 Rond
 503 Onverstandigheid
 820 Oneerbaar
gaterig 177
gatgai 335
gatiep
 849 Prediking
 854 Godsdienste
gatjieponder
 840 Godsdiens
 854 Godsdienste
gatkant
 86 Agter
 396 Rug
gatkruip
 820 Oneerbaar
 828 Vlei
gatkruiper 828
gatkruiperig 828
gatlek
 820 Oneerbaar
 828 Vlei
gatlekker 828
gatomgooi
 163 Draai
 522 Redeneer
gatomkeer
 163 Draai
 522 Redeneer
gatoorkop 615
gats
 521 Verras wees
 715 Negatiewe gevoel
gatskeer 722
gatskoonmaak 228
gatskop
 622 Goed
 682 Slaag
 684 Oorwin

gatslag
 521 Verras wees
 683 Misluk
 717 Lyding
gatsometer
 123 Meet
 217 Motorry
 224 Snelheid
gatswaai 742
gatta 655
gatvol
 715 Negatiewe gevoel
 721 Ontevredenheid
 771 Gramskap
gauss
 123 Meet
 261 Magnetisme
 262 Elektrisiteit
gavotte 742
gawe
 502 Verstand
 614 Bekwaam
 633 Nuttig
 693 Gee
 780 Hulpbetoon
 848 Kerklike bediening
gawie
 27 Begin
 503 Onverstandigheid
 623 Sleg
gay
 374 Mens
 375 Man
 376 Vrou
 776 Liefde en
  vriendskap
gazebo
 94 Dele van 'n eiendom
 662 Rus
gazpacho 426
geaar
 399 Bloedsomloop en
  limfstelsel
 442 Lyn
geaard 3
geaardheid
 3 Bestaanswyse
 713 Gevoel
 810 Gedrag
geabboneerd
 568 Media
 704 Koop
geabsorbeer 172
geadresseerde 191
geaffekteer(d)
 744 Lelik
 785 Hoogmoed
 813 Swak gedrag
geaffekteerdheid
 744 Lelik
 785 Hoogmoed
geaffronteer(d)
 669 Aanval

 829 Beledig
geag 819
geagiteer(d) 715
geakkrediteer 590
geakkumuleer(d) 168
geaksentueer(d)
 543 Duidelik
 572 Uitspraak
geaksentueerdheid 543
geallieer(d)
 6 Betrekking
 663 Meedoen
geamalgameer(d) 168
geamuseer(d) 718
geamuseerdheid 718
geanimeer 718
geanimeerdheid 718
geanker 143
geartikuleerd 548
geartikuleerdheid 548
geaspireer(d) 572
geassimileer(d)
 172 Vasmaak
 572 Uitspraak
gebaan
 149 Pad
 642 Beproef
gebaar
 545 Natuurlike teken
 546 Kunsmatige teken
 644 Handelwyse
gebabbel
 482 Menslike geluid
 548 Praat
 554 Aanspreek
gebak
 304 Steenbakkery
 305 Pottebakkery
 419 Voedselbereiding
 424 Brood
 425 Bakker
 426 Kossoort, dis
gebal 446
gebalanseer(d)
 8 Dieselfde
 10 Harmonie
 78 Parallel
 504 Geestelike
  gesondheid
 619 Kalm
gebalanseerdheid
 10 Harmonie
 78 Parallel
 504 Geestelike
  gesondheid
 619 Kalm
gebarekuns 545
gebarespel
 545 Natuurlike teken
 752 Toneel- en
  rolprentkuns
gebaretaal
 545 Natuurlike teken

gedaante

569 Taal
gebasel 548
gebed
  604 Versoek
  847 Gebed
  848 Kerklike bediening
gebedeboek
  567 Boek
  848 Kerklike bediening
gebedel 604
gebedsgeleentheid 847
gebedsriem 854
gebeente
  250 Dood
  380 Gebeente
gebek 390
gebelg(d) 771
gebelgdheid 771
gebenedy 845
gebergte 277
gebeur 44
gebeure 44
gebeurlik
  44 Gebeure in tyd
  653 Maklik handel
gebeurlikheid 44
gebeurtenis 44
gebeurtenisvol 44
gebied
  17 Noodsaak
  61 Plek
  64 Aanwesigheid
  89 Blyplek
  90 Omgewing
  515 Wetenskap
  599 Gesag uitoefen
gebiedend
  4 Selfstandigheid
  17 Noodsaak
  579 Gedwonge
  599 Gesag uitoefen
  631 Nodig
gebiedenderwys 588
gebind 172
gebit
  231 Tuig
  391 Tand
gebladerte 321
geblaseerd 775
geblokkeer(d) 178
geblom(d)
  490 Kleur
  745 Versier
geblus 468
gebod
  17 Noodsaak
  599 Gesag uitoefen
  602 Verbied
  801 Wet
  842 Geloof
gebode
  633 Nuttig
  638 Aanmoedig

geboë
  73 Skuins
  444 Krom
gebonde
  462 Halfvloeibare stof
  567 Boek
  581 Teësinnig
  589 Dien
  594 Onvryheid
gebondel 168
gebondenheid
  589 Dien
  594 Onvryheid
geboomte 349
geboorte
  0 Ontstaan
  15 Oorsaak
  27 Begin
  237 Voortbring
  239 Voortplant
  251 In die lewe roep
geboortedagviering 793
geboortegrond 787
geboorteland
  61 Plek
  787 Samelewing
geboorteregister
  239 Voortplant
  787 Samelewing
geboortesyfer
  239 Voortplant
  787 Samelewing
geboortevlek 381
gebore
  3 Bestaanswyse
  27 Begin
  237 Voortbring
  239 Voortplant
  614 Bekwaam
geborg
  655 Veilig
  693 Gee
geborgdheid 655
geborge 655
geborgenheid 655
geborneer(d) 503
gebou
  61 Plek
  91 Gebou
  168 Saamkom
  377 Liggaam
  743 Mooi
gebouekompleks
  91 Gebou
  92 Deftige, belangrike of groot gebou
gebraad
  421 Vleis
  426 Kossoort, dis
gebraai 419
gebrabbel 548
gebreek
  173 Losmaak

184 Breek
238 Vernietig
gebrek
  2 Nie-bestaan
  103 Min
  117 Te min
  413 Verskillende siektes
  613 Onnoukeurig
  623 Sleg
  631 Nodig
  690 Arm
  813 Swak gedrag
gebrekkig
  103 Min
  117 Te min
  548 Praat
  621 Onbelangrik
  623 Sleg
  631 Nodig
  690 Arm
gebrekkigheid
  621 Onbelangrik
  690 Arm
gebreklik
  198 Strompel
  744 Lelik
gebreklikheid
  413 Verskillende siektes
  744 Lelik
gebroed 239
gebroeders 244
gebroedsel
  53 Nuut en jonk
  239 Voortplant
  813 Swak gedrag
gebroke
  133 Getalle
  184 Breek
  444 Krom
  548 Praat
  623 Sleg
  661 Vermoeidheid
  717 Lyding
  719 Hartseer
gebrokehartsin-droom 413
gebrokenheid
  717 Lyding
  719 Hartseer
gebrom
  480 Dowwe klank
  484 Diergeluid
  721 Ontevredenheid
  771 Gramskap
gebrons 492
gebrou
  419 Voedselbereiding
  623 Sleg
  644 Handelwyse
  652 Versuim
gebruik
  38 Tydgebruik
  406 Eet

  629 Gebruik
  644 Handelwyse
  657 Herhaal
gebruiker 629
gebruikersnaam
  3 Bestaanswyse
  263 Rekenaar en internet
gebruikersonvriende-lik 629
gebruikersvriende-lik 629
gebruiklik
  35 Reëlmaat
  569 Taal
  629 Gebruik
  657 Herhaal
gebruiksaanwysing
  543 Duidelik
  629 Gebruik
gebruiksartikel 629
gebruiksfeer 629
gebruiksgereed
  629 Gebruik
  640 Voorbereid
gebruiksgoedere 688
gebruiksreg 806
gebruikswaarde 620
gebruin
  381 Huid
  419 Voedselbereiding
gebrul
  480 Dowwe klank
  484 Diergeluid
gebuffer 230
gebuig
  444 Krom
  73 Skuins
gebuk 444
gebukkend
  212 Afgaan
  444 Krom
gebulder 548
gebult
  446 Rond
  449 Ongelyk
gebundel 168
gedaagde
  808 Regswese
  832 Beskuldig
gedaan
  54 Oud
  110 Niks
  184 Breek
  412 Siek
  626 Swak
  634 Nutteloos
  650 Voltooi
  661 Vermoeidheid
gedaante
  2 Nie-bestaan
  36 Onreëlmatigheid
  438 Vorm

591

838 Gees
844 Bygeloof
gedaanteverander-
  ing 438
gedaantever-
  skuiwing 438
gedaanteverwisseling
  140 Verandering
  438 Vorm
gedagte
  510 Herinner
  513 Denke
  527 Oordeel
  603 Voorstel
gedagtegang 513
gedagtekring 513
gedagteleser 513
gedagteloop 513
gedagteloos
  507 Gebrek aan
    belangstelling
  715 Negatiewe gevoel
gedagteloosheid
  513 Denke
  715 Negatiewe gevoel
gedagtenis 510
gedagtesfeer 513
gedagtesprong 513
gedagtestreep 571
gedagtestroom 513
gedagtevlug 509
gedagtewending 513
gedagtewêreld 513
gedagtewisseling
  513 Denke
  539 Kommunikeer
  548 Praat
  554 Aanspreek
gedagtig 510
gedamasseer(d)
  452 Swaar
  762 Inlegwerk
gedeë 622
gedeelte
  5 Onselfstandigheid
  102 Hoeveelheid
  112 Deel
gedeeltelik 112
gedegenereer 813
gedek 655
gedekolleteer(d) 162
gedelegeerde 588
gedemilitariseer 672
gedemobiliseer 679
gedemonteer 173
gedemoraliseer(d)
  639 Ontmoedig
  766 Wanhoop
gedemp
  476 Geluid
  477 Stilte
  485 Lig
gedenk
  510 Herinner

793 Fees
gedenkbundel 567
gedenkseël 196
gedenksteen 546
gedenkteken 546
gedenkuitgawe
  567 Boek
  568 Media
gedenkwaardig
  510 Herinner
  826 Goedkeur
gedepersonaliseer 374
gedeporteer 67
gedeputeer 591
gedeputeerde
  144 Vervanging
  591 Gesaghebber
gedetailleer(d)
  112 Deel
  553 Behandel
gedetermineer(d)
  129 Bepaaldheid
  582 Wilskrag
  586 Beslis
  637 Doelgerigtheid en
    doelloosheid
  647 Voortgaan
  819 Eerbaar
gedetermineerdheid
  582 Wilskrag
  586 Beslis
gediend 720
gedienstig
  580 Graag
  589 Dien
  597 Gehoorsaam
  600 Onder bevel staan
  663 Meedoen
gedierte
  4 Selfstandigheid
  357 Dier
  374 Mens
gedifferensieer(d) 9
gedifferensieerdheid 9
gedig
  750 Letterkunde
  751 Digkuns
gedigteboek 567
geding
  667 Stryd
  808 Regswese
  809 Regsgeding
gediplomeer(d) 561
gediplomeerde 561
gedisintegreer(d) 173
gedissiplineer(d)
  19 Orde
  559 Opvoeding en
    onderwys
  595 Streng
  597 Gehoorsaam
  619 Kalm
  812 Goeie gedrag

gedissiplineerdheid
  597 Gehoorsaam
  612 Noukeurig
  812 Goeie gedrag
gedistingeer(d)
  788 Beskawing
  747 Styl en smaak
  791 Sosiaal
  799 Beroemd
gedistingeerdheid
  747 Styl en smaak
  791 Sosiaal
gedoe 645
gedoë
  601 Toestemming gee
  717 Lyding
gedoem 683
gedoente
  4 Selfstandigheid
  20 Wanorde
  36 Onreëlmatigheid
  165 Onreëlmatige
    beweging
  645 Handel
gedokumenteer(d) 525
gedomisilieer(d) 64
gedoog
  601 Toestemming gee
  714 Positiewe gevoel
  717 Lyding
gedool 213
gedorie
  518 Glo
  521 Verras wees
  537 Waarheid
gedoriewaar
  518 Glo
  521 Verras wees
  537 Waarheid
gedra
  644 Handelwyse
  791 Sosiaal
  810 Gedrag
  812 Goeie gedrag
gedraai
  165 Onreëlmatige
    beweging
  444 Krom
  762 Inlegwerk
gedraaiery 165
gedraal 226
gedrag
  644 Handelwyse
  810 Gedrag
gedragsbeoordeling 825
gedragsgewoonte 644
gedragskode
  644 Handelwyse
  810 Gedrag
gedragsleer 515
gedragslyn 644
gedragspatroon
  644 Handelwyse

810 Gedrag
gedragsreël
  644 Handelwyse
  810 Gedrag
gedragsteuring 505
gedragsteurnis 505
gedragswetenskap 515
gedragswyse
  644 Handelwyse
  810 Gedrag
gedrang 453
gedrel
  226 Stadig
  637 Doelgerigtheid en
    doelloosheid
gedrentel
  145 Beweging
  165 Onreëlmatige
    beweging
  226 Stadig
  229 Stadig beweeg
gedrentelry 165
gedreun
  165 Onreëlmatige
    beweging
  548 Praat
gedrewe
  582 Wilskrag
  618 Heftig
  637 Doelgerigtheid en
    doelloosheid
  762 Inlegwerk
gedrewenheid
  618 Heftig
  637 Doelgerigtheid en
    doelloosheid
gedrink 407
gedrog
  744 Lelik
  768 Vrees
  813 Swak gedrag
gedrogtelik 744
gedronge
  431 Afmeting
  453 Dig
  565 Skryfkuns
  576 Sinsbou en styl
gedroog 464
gedruis
  165 Onreëlmatige
    beweging
  476 Geluid
  480 Dowwe klank
gedruk 566
gedrup 287
gedug
  104 Baie
  618 Heftig
gedugtheid 618
geduik
  180 Ongelyk maak
  446 Rond

geesteswetenskappe

geduld
  582 Wilskrag
  596 Inskiklik
  619 Kalm
  647 Voortgaan
  714 Positiewe gevoel
  772 Sagmoedigheid
geduldig
  582 Wilskrag
  596 Inskiklik
  619 Kalm
  647 Voortgaan
  714 Positiewe gevoel
  778 Goedaardigheid
geduldigheid
  582 Wilskrag
  619 Kalm
  772 Sagmoedigheid
gedupeer 818
gedupliseer 657
gedurende
  48 Gelyktydig
  127 Tydbepaling
gedurf 767
gedurig
  22 Kontinuïteit
  35 Reëlmaat
  40 Langdurig
  42 Altyd
  55 Periodiek
  647 Voortgaan
gedurigdeur 647
gedwaal 213
gedwarrel 165
gedwee
  597 Gehoorsaam
  600 Onder bevel staan
  715 Negatiewe gevoel
gedwonge
  579 Gedwonge
  744 Lelik
gedwongendheid 579
gedy
  249 Lewe
  682 Slaag
gee
  3 Bestaanswyse
  584 Kies
  631 Nodig
  693 Gee
  708 Betaal
geëer(d)
  588 Gesag hê
  799 Beroemd
  830 Eerbiedig
geëerdheid
  588 Gesag hê
  620 Belangrik
  799 Beroemd
geëkspatrieer 67
geëkspatrieerde 67
geel
  492 Kleure

779 Boosaardigheid
geelbek
  363 Waterdier
  422 Seekos
geelberggranaat 332
geelblombos 332
geelbokbaaivygie 336
geelbos 332
geelbruin 492
geelgroen 492
geelgrys 492
geelhout 316
geelhoutboom 331
geelkaart 727
geelkapel 364
geelkeurboom 331
geelkeurtjie 332
geelkobra 364
geelkoors 413
geelkoorsmuskiet 361
geelkoper 297
geelmagriet 337
geeloranje 492
geelperske 350
geelrosyntjierys 426
geelslang 364
geelstert
  363 Waterdier
  422 Seekos
geelsug 413
geelsuiker 419
geeltuit 331
geelvintuna 363
geelvis 363
geelvlek
  324 Plantlewe
  413 Verskillende siektes
geelwateruintjie 341
geelwortel 351
geëmansipeer(d) 593
geëmaskuleer(d) 626
geëmbarrasseer(d) 822
geëmplojeer(d)
  645 Handel
  659 Aanstelling
geen
  110 Niks
  623 Sleg
geensins
  43 Nooit
  529 Ontken
geër 693
geerromp 745
gees
  3 Bestaanswyse
  32 Enkeling
  36 Onreëlmatigheid
  249 Lewe
  374 Mens
  502 Verstand
  513 Denke
  527 Oordeel
  616 Magtig

713 Gevoel
722 Humor
768 Vrees
836 Bonatuurlik
837 God
838 Gees
844 Bygeloof
855 Gode
geesdodend 725
geesdrif
  586 Beslis
  714 Positiewe gevoel
  718 Blydskap
geesdriftig
  586 Beslis
  610 Ywerig
  637 Doelgerigtheid en doelloosheid
  714 Positiewe gevoel
  718 Blydskap
  767 Moed
  773 Begeerte
geesdrywer
  518 Glo
  618 Heftig
geesgenoot
  513 Denke
  776 Liefde en vriendskap
geeskrag
  513 Denke
  582 Wilskrag
geeskragtig
  625 Sterk
  767 Moed
geesloos 583
geesryk
  427 Drank
  722 Humor
geestebeswering 844
geestedom 838
geestelik
  502 Verstand
  513 Denke
  714 Positiewe gevoel
  836 Bonatuurlik
  845 Godsvrug
  852 Geestelike
geestelike
  849 Prediking
  852 Geestelike
geestelikheid 836
geesteloos
  503 Onverstandigheid
  623 Sleg
  725 Verveling
geesteryk 838
geestesaandoening 413
geestesadel
  812 Goeie gedrag
  819 Eerbaar
geestesarbeid 513
geestesbeeld 512

geestesgawe 502
geestesgebrek
  503 Onverstandigheid
  505 Verstandstoornis
geestesgesond
  411 Gesond
  504 Geestelike gesondheid
geestesgesondheid
  413 Verskillende siektes
  504 Geestelike gesondheid
  505 Verstandstoornis
  713 Gevoel
geestesgesteldheid
  504 Geestelike gesondheid
  713 Gevoel
geestesgoed
  237 Voortbring
  535 Weet
geestesiekte 505
geesteskind
  237 Voortbring
  513 Denke
geesteskrag
  504 Geestelike gesondheid
  513 Denke
  518 Glo
  582 Wilskrag
  625 Sterk
  769 Vertroue
  842 Geloof
geesteskrankheid 505
geesteskwelling 823
geesteslewe
  513 Denke
  535 Weet
geestesrigting 513
geestessiekte 413
geestesverheffend 504
geestesverheffing 513
geestesvermoë 502
geestesverrukking
  512 Verbeelding
  718 Blydskap
geestesverryking 502
geestesvervoering
  512 Verbeelding
  718 Blydskap
geestesvoedsel 535
geesteswakte 505
geeste(s)wêreld
  512 Verbeelding
  535 Weet
  838 Bonatuurlik
geesteswerksaam­heid 502
geesteswetenskap 515
geesteswetenskap­like 515
geesteswetenskappe 559

geesteswroeging 823
geestig 722
geestigheid 722
geesverheffend 622
geesvermoë 502
geesverrukking 622
geesverskyning 844
geesvervoering 622
geesverwant 531
geeuhonger 413
gefatsoeneer(d) 438
gefemel
  548 Praat
  725 Verveling
  815 Oneerlik
  818 Bedrieg
gefigureer 745
gefingeer(d) 538
gefladder
  164 Reëlmatige beweging
  165 Onreëlmatige beweging
geflikflooi 828
geflikker 485
gefluister 548
gefluit
  482 Menslike geluid
  483 Voëlgeluid
geforseer(d) 579
gefortifiseerde wyn 427
gefortuneer(d) 689
gefrankeer(d) 196
gefrustreer(d)
  719 Hartseer
  721 Ontevredenheid
  766 Wanhoop
gefrustreerdheid 721
gefuif 793
gegarandeer 528
gegeur(d) 471
gegewe
  1 Bestaan
  32 Enkeling
  129 Bepaaldheid
  513 Denke
  522 Redeneer
  528 Bevestig
  537 Waarheid
gegewens 551
geggellag 722
gegil
  482 Menslike geluid
  719 Hartseer
geglaseerd 745
geglasuur(d)
  305 Pottebakkery
  309 Glasbereiding
  745 Versier
gegleuf 446
gegluur 499
gegluurdery 499
gegoed 689

gegoedheid 689
gegolf
  180 Ongelyk maak
  321 Blaar
  382 Haar
  444 Krom
gegom 172
gegons 548
gegooi 227
gegorrel 548
gegote 301
gegradeer 30
gegradueer(d) 561
gegradueerde 561
gegrap 831
gegrapmakery 831
gegrendel 453
gegrief
  719 Hartseer
  777 Haat en onvriendelikheid
gegriefdheid 777
gegroef 446
gegroepeer
  168 Saamkom
  170 Saambring
gegroet 790
gegrom 771
gegrond
  16 Gevolg
  525 Bewys
  537 Waarheid
  804 Regverdig
gehaak
  172 Vasmaak
  183 Gryp
gehaat 777
gehakkel 548
gehakketak
  654 Moeilik handel
  667 Stryd
gehalte 622
gehaltebeheer 622
gehamer 182
gehard
  455 Hard
  625 Sterk
  715 Negatiewe gevoel
gehardheid 625
geharwar
  20 Wanorde
  667 Stryd
gehawend
  184 Breek
  623 Sleg
geheel
  1 Bestaan
  4 Selfstandigheid
  109 Alles
  111 Geheel
  622 Goed
geheel en al
  109 Alles

  111 Geheel
geheelbeeld
  109 Alles
  111 Geheel
geheelonthouding 407
geheelonthouer 407
geheg
  33 Samehorigheid
  172 Vasmaak
  776 Liefde en vriendskap
gehegtheid
  33 Samehorigheid
  776 Liefde en vriendskap
geheim hou
  161 Bedek
  540 Nie kommunikeer nie
  549 Stilbly
geheim
  540 Nie kommunikeer nie
  544 Onduidelik
  816 Getrouheid
geheim(e)nisvol 540
geheimenis 540
geheimhouding 540
geheimleer 845
geheimsinnig
  540 Nie kommunikeer nie
  544 Onduidelik
  836 Bonatuurlik
geheimsinnigheid 540
geheimskrif 565
geheimtaal
  540 Nie kommunikeer nie
  569 Taal
gehemelte 390
geheue
  263 Rekenaar en internet
  510 Herinner
  551 Meedeel
geheuekaart 263
geheuestoornis 511
geheueverlies
  505 Verstandstoornis
  511 Vergeet
geheuewerk
  510 Herinner
  559 Opvoeding en onderwys
gehik 482
gehoer en rumoer 479
gehoes
  409 Afskeiding en uitskeiding
  482 Menslike geluid
gehoor gee
  508 Aandag

  518 Glo
  597 Gehoorsaam
  600 Onder bevel staan
  685 Oorwin word
gehoor
  64 Aanwesigheid
  378 Senuwee
  388 Oor
  498 Gehoor
gehooraandoening 413
gehoorafstand
  68 Ver
  498 Gehoor
gehoorapparaat 498
gehoordrempel
  266 Akoestiek
  498 Gehoor
gehoorgang 385
gehoorgebrek 498
gehoorgestremd
  413 Verskillende siektes
  498 Gehoor
gehoorgestremde 412
gehoorgestremdheid
  413 Verskillende siektes
  498 Gehoor
gehoorkunde 414
gehoorsaal 560
gehoorsaam
  14 Navolging
  589 Dien
  597 Gehoorsaam
  600 Onder bevel staan
  802 Wette gehoorsaam
gehoorsaamheid
  589 Dien
  597 Gehoorsaam
  600 Onder bevel staan
  802 Wette gehoorsaam
gehoorsamig 597
gehoorsaming 597
gehoorsenuwee 378
gehoorsintuig 498
gehoorstuk 265
gehoortoestel 498
gehoring 385
gehug
  61 Plek
  90 Omgewing
gehuggie
  61 Plek
  89 Blyplek
  90 Omgewing
gehuigel 818
gehuil
  482 Menslike geluid
  719 Hartseer
gehuisves 64
gehumeur(d) 715
gehunker 773
gehuppel 199
gehuud 248
geïdentifiseer 546

gekunsteldheid

geigerteller 256
geil
  239 Voortplant
  324 Plantlewe
  426 Kossoort, dis
  820 Oneerbaar
geilsiek 413
geïmproviseer(d) 641
geïndustrialiseer(d) 701
geïnfekteerde 412
geïnhibeer(d) 648
geïnkorporeer
  33 Samehorigheid
  172 Vasmaak
geïnspireer(d)
  618 Heftig
  714 Positiewe gevoel
geïnspireerdheid
  618 Heftig
  714 Positiewe gevoel
geïntegreer(d)
  111 Geheel
  168 Saamkom
geïntegreerdheid 111
geïnteresseerd
  506 Belangstelling
  508 Aandag
  663 Meedoen
geïnteresseerdheid
  506 Belangstelling
  508 Aandag
  663 Meedoen
geïnterneerde 594
geirriteerd
  715 Negatiewe gevoel
  771 Gramskap
geïrriteerdheid 771
geiser
  94 Dele van 'n eiendom
  274 Geologie
  277 Berg
  284 Bron
geisja 742
geïsoleer(d)
  32 Enkeling
  664 Terugstaan
  792 Asosiaal
geïsoleerdheid
  579 Gedwonge
  664 Terugstaan
  792 Asosiaal
geit
  657 Herhaal
  771 Gramskap
  813 Swak gedrag
geitjie
  364 Reptiel
  771 Gramskap
  813 Swak gedrag
gejaag 225
gejaag(d)
  225 Vinnig
  618 Heftig

gejammer
  719 Hartseer
  768 Vrees
gejeuk 495
gejoel 476
gejok 818
gejokkery 818
gejou 831
gejubel 722
gejuig
  722 Humor
  826 Goedkeur
gek
  503 Onverstandigheid
  505 Verstandstoornis
  524 Onlogies redeneer
  538 Dwaling
  722 Humor
  813 Swak gedrag
gekafoefel 776
gekakel 548
gekamoefleer 161
gekanker 721
gekap 182
gekappery 182
gekarakteriseer 553
gekarteer 273
gekartel
  180 Ongelyk maak
  449 Ongelyk
gekatkiseer(d) 559
gekekkel
  548 Praat
  554 Aanspreek
gekeper 313
gekerk 248
gekerm
  548 Praat
  604 Versoek
  719 Hartseer
geketting 172
gekheid
  503 Onverstandigheid
  505 Verstandstoornis
  524 Onlogies redeneer
  538 Dwaling
  722 Humor
gekibbel 667
gekir 483
gekkehuis
  503 Onverstandigheid
  505 Verstandstoornis
gekkeparadys
  512 Verbeelding
  538 Dwaling
gekkerny
  503 Onverstandigheid
  722 Humor
gekkespul 503
gekkigheid 503
gekla 721
geklaag 719
geklank 476

geklap 481
geklapper
  164 Reëlmatige beweging
  481 Skerp klank
geklassifiseer(d)
  33 Samehorigheid
  168 Saamkom
  574 Woordkategorie
geklee 745
geklem 453
geklets
  524 Onlogies redeneer
  548 Praat
  554 Aanspreek
gekletsery
  524 Onlogies redeneer
  548 Praat
gekletter 476
gekleur(d)
  382 Haar
  490 Kleur
  538 Dwaling
geklik
  476 Geluid
  539 Kommunikeer
geklik
  524 Onlogies redeneer
  722 Humor
geklikheid
  722 Humor
  813 Swak gedrag
gekloof 185
geklots 287
geklouter 211
geknaag 406
geknabbel 406
geknak 719
geknal 476
gekneg 589
geknel 183
geknip
  185 Sny
  499 Sien
geknoei
  652 Versuim
  818 Bedrieg
geknoop 172
geknor
  480 Dowwe klank
  484 Diergeluid
  721 Ontevredenheid
  771 Gramskap
geknuffel 776
geknutsel 652
gekolonialiseer(d) 788
gekommitteerde
  86 Agter
  588 Gesag hê
  806 Wettig
gekompliseer(d)
  114 Saamgesteld
  544 Onduidelik

654 Moeilik handel
gekompliseerdheid
  114 Saamgesteld
  544 Onduidelik
gekompromitteerd 579
gekondisioneer(d)
  530 Voorbehou
  644 Handelwyse
  657 Herhaal
gekonfyt 614
gekonkel
  623 Sleg
  779 Boosaardigheid
  818 Bedrieg
gekonnekteer(d) 172
gekonsentreer(d)
  104 Baie
  168 Saamkom
  170 Saambring
  256 Skeikunde
  453 Dig
gekonsolideer(d) 170
gekoördineerd 663
gekoring 407
gekose 584
gekrabbel
  154 Vryf
  563 Skryf
  565 Skryfkuns
gekrap
  154 Vryf
  563 Skryf
  565 Skryfkuns
gekrenk 719
gekruide taal
  569 Taal
  813 Swak gedrag
gekruis
  79 Dwars
  239 Voortplant
gekrys
  483 Voëlgeluid
  484 Diergeluid
gekskeer
  722 Humor
  831 Minag
gekskeerdery
  722 Humor
  813 Swak gedrag
gekultiveer(d)
  535 Weet
  788 Beskawing
  791 Sosiaal
gekultiveerdheid
  535 Weet
  788 Beskawing
  791 Sosiaal
gekunstel(d)
  744 Lelik
  785 Hoogmoed
  813 Swak gedrag
gekunsteldheid
  744 Lelik

785 Hoogmoed
813 Swak gedrag
gekursiveer 565
gekwalifiseer(d)
  559 Opvoeding en
  onderwys
  614 Bekwaam
  806 Wettig
gekwartileer(d) 546
gekwel(d)
  651 Toesien
  717 Lyding
  719 Hartseer
  768 Vrees
gekweldheid
  651 Toesien
  719 Hartseer
  721 Ontevredenheid
gekwets 719
gekys 776
gelaai
  104 Baie
  194 Vervoer
  452 Swaar
gelaat
  386 Gesig
  545 Natuurlike teken
gelaatskleur 386
gelaatstrek 386
gelaatsuitdrukking 545
gelag
  482 Menslike geluid
  722 Humor
gelamineer(d)
  301 Metaalverwerking
  316 Hout
gelap 745
gelas
  17 Noodsaak
  191 Laat kom
  588 Gesag hê
  599 Gesag uitoefen
gelastigde 588
gelate
  582 Wilskrag
  715 Negatiewe gevoel
gelatenheid
  582 Wilskrag
  619 Kalm
  715 Negatiewe gevoel
gelatien
  420 Voedsel
  462 Halfvloeibare stof
geld
  131 Geldeenheid
  688 Besit
  708 Betaal
  709 Betaalmiddel
geldadel
  689 Ryk
  797 Hoër stand
geldbate 688
geldbejag 692

geldbelegging 699
gelddors 692
geldduiwel 692
geldeenheid
  131 Geldeenheid
  709 Betaalmiddel
geldelik
  688 Besit
  701 Handel en ekonomie
geldgat 689
geldgebrek 690
geldgierig
  686 Aanwins
  692 Spaar
geldgierigheid
  686 Aanwins
  692 Spaar
geldhandel 701
geldig
  620 Belangrik
  801 Wet
gelding 806
geldinsameling
  686 Aanwins
  780 Hulpbetoon
geldkas
  688 Besit
  707 Handelsaak
geldkrisis 701
geldmag 689
geldmakery
  686 Aanwins
  705 Verkoop
geldmark
  686 Aanwins
  701 Handel en ekonomie
  702 Beurs
geldmorsery 691
geldmunt 131
geldnood 690
geldomset 701
geldoutomaat 700
geldsake 701
geldskaarste 690
geldskieter 700
geldstandaard 131
geldstelsel
  131 Geldeenheid
  701 Handel en ekonomie
  709 Betaalmiddel
geldstuk
  131 Geldeenheid
  709 Betaalmiddel
geldsug
  686 Aanwins
  688 Besit
  692 Spaar
geldsugtig 688
geldtekort 690
geldverduistering
  695 Steel
geldverkwisting 691

geldverlies 687
geldvoorraad
  131 Geldeenheid
  701 Handel en ekonomie
geldvraag 688
geldwaarde
  122 Bereken
  620 Belangrik
  704 Koop
  708 Betaal
geldwassery 803
geldwolf
  688 Besit
  692 Spaar
geledere
  168 Saamkom
  673 Manskap
geleding
  112 Deel
  380 Gebeente
geleë
  59 Geleë
  61 Plek
  64 Aanwesigheid
geleed
  112 Deel
  321 Blaar
  380 Gebeente
geleedheid
  112 Deel
  575 Woordvorming
geleedpotige 357
geleënheid 59
geleëntheid
  44 Gebeure in tyd
  59 Geleë
  61 Plek
  653 Maklik handel
  665 Byeenkom
  793 Fees
geleëntheidspreker
  548 Praat
  793 Fees
geleëntheidsrede 558
geleëntheidstuk
  750 Letterkunde
  752 Toneel- en
  rolprentkuns
  754 Komposisie
geleer(d)
  502 Verstand
  515 Wetenskap
  533 Verstaan
  535 Weet
  559 Opvoeding en
  onderwys
  561 Studeer
  614 Bekwaam
geleerde
  502 Verstand
  515 Wetenskap
  535 Weet
geleerdheid
  502 Verstand

535 Weet
559 Opvoeding en
  onderwys
614 Bekwaam
gelegeer 301
gelegitimeer 852
gelegitimeerde 852
geleide
  14 Navolging
  147 Rigting
geleidelik
  22 Kontinuïteit
  35 Reëlmaat
  47 Later
  226 Stadig
geleiding
  256 Skeikunde
  260 Warmteleer
  262 Elektrisiteit
geleidingsdoofheid 498
geleier
  256 Skeikunde
  262 Elektrisiteit
  378 Senuwee
geletterd
  535 Weet
  559 Opvoeding en
  onderwys
geletterdheid 559
gelid
  21 Opeenvolging
  672 Weermag
  680 Militêre aksie
gelief(d)
  776 Liefde en
  vriendskap
  778 Goedaardigheid
geliefde
  239 Voortplant
  776 Liefde en
  vriendskap
geliefkoosde 776
geliegery 815
geligniet 676
gelikwideer 690
gelinieer(d) 442
gelling 123
gelob 321
gelofte 607
geloof
  518 Glo
  520 Verwag
  528 Bevestig
  625 Sterk
  765 Hoop
  769 Vertroue
  842 Geloof
geloofbaar
  537 Waarheid
  826 Goedkeur
geloofsartikel 842
geloofsbelydenis
  840 Godsdiens

596

gelykstandig

842 Geloof
848 Kerklike bediening
850 Sakrament
geloofsdaad 842
geloofseker 518
geloofsekerheid
518 Glo
625 Sterk
769 Vertroue
842 Geloof
geloofsgeneesheer 416
geloofsgenesing
414 Geneeskunde
842 Geloof
849 Prediking
geloofsgenoot
663 Meedoen
842 Geloof
geloofsheld 845
geloofsleer
840 Godsdiens
841 Leer
geloofsoortuiging
518 Glo
842 Geloof
geloofsverband 840
geloofsverklaring 842
geloofsversaker 843
geloofsversaking 843
geloofsvertroue
518 Glo
769 Vertroue
842 Geloof
geloofsvervolging 846
geloofsvryheid 842
geloofwaardig
518 Glo
537 Waarheid
769 Vertroue
826 Goedkeur
geloofwaardigheid
518 Glo
537 Waarheid
gelouter 642
gelowig
518 Glo
769 Vertroue
842 Geloof
gelowige
518 Glo
840 Godsdiens
842 Geloof
845 Godsvrug
geluid
266 Akoestiek
476 Geluid
geluiddig
453 Dig
477 Stilte
geluidloos 477
geluidsbesoedeling 476
geluidsgolf
266 Akoestiek
476 Geluid

geluidsleer
266 Akoestiek
570 Taalwetenskap
geluidsterkte
266 Akoestiek
476 Geluid
geluidsversterking 476
geluidvry 477
geluier 611
geluk
637 Doelgerigtheid en
doelloosheid
682 Slaag
716 Genot
718 Blydskap
720 Tevredenheid
826 Goedkeur
gelukbringer 844
gelukkig
682 Slaag
716 Genot
718 Blydskap
720 Tevredenheid
geluksalig
718 Blydskap
839 Hiernamaals
geluksaligheid
716 Genot
718 Blydskap
geluksbeentjie 365
geluksgodin
682 Slaag
718 Blydskap
855 Gode
gelukskind
682 Slaag
718 Blydskap
844 Bygeloof
gelukskoot
18 Toeval
677 Skiet
682 Slaag
718 Blydskap
gelukslag
682 Slaag
718 Blydskap
geluksmens 844
geluksoeker
686 Aanwins
718 Blydskap
gelukspel 739
geluksvoël 682
gelukwens
778 Goedaardigheid
826 Goedkeur
gelukwense 778
gelukwensing
548 Praat
778 Goedaardigheid
826 Goedkeur
gelyk
8 Dieselfde
10 Harmonie

12 Eenvormigheid
48 Gelyktydig
72 Plat
78 Parallel
105 Gelyke hoeveelheid
133 Getalle
135 Verhouding
136 Eweredigheid
179 Glad maak
443 Reglynig
448 Gelyk
gelyk(e)lik 105
gelykaanteken
105 Gelyke hoeveelheid
137 Bewerking
571 Skrif
gelykbenig 139
gelykberegtig 806
gelykberegtiging
806 Wettig
808 Regswese
gelykblywend
8 Dieselfde
12 Eenvormigheid
gelykdenkend 8
gelyke 8
gelykelik 8
gelykenis
8 Dieselfde
10 Harmonie
552 Vertel
750 Letterkunde
758 Beeldende kuns
842 Geloof
gelykerwys(e) 8
gelykgeregtig 806
gelykgesind
8 Dieselfde
531 Saamstem
663 Meedoen
gelykgolf 264
gelykheid
8 Dieselfde
10 Harmonie
12 Eenvormigheid
72 Plat
78 Parallel
135 Verhouding
137 Bewerking
139 Meetkunde
448 Gelyk
796 Stand
gelykheidshof 808
gelykhoekig 139
gelykklinkend
8 Dieselfde
10 Harmonie
478 Welluidend
gelyklopend
48 Gelyktydig
78 Parallel
gelykluidend
8 Dieselfde

10 Harmonie
478 Welluidend
gelykmaak
8 Dieselfde
72 Plat
98 Afbreek
105 Gelyke hoeveelheid
135 Verhouding
179 Glad maak
445 Oppervlak
448 Gelyk
gelykmakend 8
gelykmaking 179
gelykmatig
8 Dieselfde
10 Harmonie
12 Eenvormigheid
619 Kalm
714 Positiewe gevoel
778 Goedaardigheid
gelykmatigheid
8 Dieselfde
10 Harmonie
12 Eenvormigheid
619 Kalm
714 Positiewe gevoel
gelykmoedig
10 Harmonie
12 Eenvormigheid
619 Kalm
714 Positiewe gevoel
767 Moed
778 Goedaardigheid
gelykmoedigheid
10 Harmonie
582 Wilskrag
619 Kalm
714 Positiewe gevoel
gelyknamig
8 Dieselfde
138 Algebra
550 Noem
gelykop 8
gelykrig
147 Rigting
262 Elektrisiteit
gelyksoortig
8 Dieselfde
12 Eenvormigheid
33 Samehorigheid
138 Algebra
gelyksoortigheid
10 Harmonie
12 Eenvormigheid
33 Samehorigheid
gelykspanning 262
gelykspeel
686 Aanwins
687 Verlies
727 Kompetisie
gelykstandig 139
324 Plantlewe

597

sgelykstel
  12 Eenvormigheid
  796 Stand
gelykstroom 262
gelyksydig 139
gelyktallig
  8 Dieselfde
  105 Gelyke hoeveelheid
gelykte
  139 Meetkunde
  445 Oppervlak
gelykteken
  105 Gelyke hoeveelheid
  137 Bewerking
  571 Skrif
gelyktekenherleiding 137
gelyktydig 48
gelyktydigheid 48
gelykvlug 222
gelykvormig
  8 Dieselfde
  10 Harmonie
  12 Eenvormigheid
  438 Vorm
gelykvormigheid
  8 Dieselfde
  10 Harmonie
  12 Eenvormigheid
gelykwaardig
  8 Dieselfde
  10 Harmonie
  105 Gelyke hoeveelheid
gelykwaardigheid
  8 Dieselfde
  10 Harmonie
gemaal
  242 Ouers
  248 Huwelik
gemak
  94 Dele van 'n eiendom
  653 Maklik handel
  716 Genot
  767 Moed
gemak(s)huisie 94
gemaklik
  596 Inskiklik
  653 Maklik handel
  716 Genot
gemakshalwe 716
gemaksone 619
gemakstoel 95
gemaksug 611
gemaksugtig 611
gemanierd
  812 Goeie gedrag
  819 Eerbaar
gemaniëreerd 744
gemarginaliseer(d) 787
gemarginaliseerdheid 787
gemarkeer(d) 620

gemasker(d)
  161 Bedek
  540 Nie kommunikeer nie
gematig(d)
  103 Min
  289 Klimaat
  619 Kalm
  624 Gemiddeld
  714 Positiewe gevoel
  723 Erns
gematrikuleer(d) 561
gemeen
  35 Reëlmaat
  623 Sleg
  688 Besit
  744 Lelik
  777 Haat en onvriendelikheid
  779 Boosaardigheid
  813 Swak gedrag
  820 Oneerbaar
  827 Afkeur
gemeengoed
  513 Denke
  531 Saamstem
  688 Besit
gemeenheid
  623 Sleg
  744 Lelik
  777 Haat en onvriendelikheid
  779 Boosaardigheid
  813 Swak gedrag
gemeenplaas
  513 Denke
  542 Betekenisloosheid
gemeenplasig 542
gemeenplasigheid 542
gemeenregtelik 808
gemeensaam
  776 Liefde en vriendskap
  792 Asosiaal
gemeensaamheid
  776 Liefde en vriendskap
  792 Asosiaal
gemeenskap
  26 Begeleiding
  33 Samehorigheid
  90 Omgewing
  168 Saamkom
  787 Samelewing
  790 Sosiale betrekking
gemeenskaplik
  26 Begeleiding
  787 Samelewing
  790 Sosiale betrekking
gemeenskapsbelang
  33 Samehorigheid
  787 Samelewing
gemeenskapsbou 788

gemeenskapsdiens
  589 Dien
  778 Goedaardigheid
gemeenskapsdinamiek 90
gemeenskapsin
  33 Samehorigheid
  787 Samelewing
gemeenskapskuns 749
gemeenskapsleier 787
gemeenskapslewe 787
gemeenskapsmens 787
gemeenskapsontwikkeling 788
gemeenslagtig
  317 Fisiologie
  574 Woordkategorie
gemeente
  61 Plek
  90 Omgewing
  840 Godsdiens
  852 Geestelike
gemeentelid
  842 Geloof
  852 Geestelike
gemeentelik
  61 Plek
  840 Godsdiens
gemenebes
  33 Samehorigheid
  590 Bestuur en regeer
  795 Staat en politiek
gemenegoed 688
gemerk
  546 Kunsmatige teken
  620 Belangrik
gemesmeraais 638
gemiddeld
  174 Meng
  624 Gemiddeld
gemiddelde 624
gemiddeldheid 624
geminasie 572
gemineer 572
gemis
  117 Te min
  65 Afwesigheid
  773 Begeerte
gemmer 419
gemmerbier 427
gemmerbrandewyn 427
gemmerkoekie 426
gemmerlimonade 427
gemmologie 515
gemoed 713
gemoedelik
  714 Positiewe gevoel
  718 Blydskap
  722 Humor
  772 Sagmoedigheid
  791 Sosiaal
gemoedelikheid
  714 Positiewe gevoel

  718 Blydskap
  772 Sagmoedigheid
  776 Liefde en vriendskap
  791 Sosiaal
gemoedsaandoening 713
gemoedsangs 768
gemoedsbeswaar
  721 Ontevredenheid
  814 Eerlik
gemoedskalmte 714
gemoedskwelling
  651 Toesien
  719 Hartseer
gemoedslewe 713
gemoedsmens 714
gemoedsrus
  651 Toesien
  714 Positiewe gevoel
  720 Tevredenheid
gemoedstemming 713
gemoedsteuring
  413 Verskillende siektes
  715 Negatiewe gevoel
gemoedstoornis 413
gemoedstryd 717
gemoedsuiting 713
gemoedsvrede 714
gemoeid 663
gemoeidheid 663
gemors
  20 Wanorde
  121 Verwarring
  621 Onbelangrik
  623 Sleg
  628 Vuil
  652 Versuim
  667 Stryd
  683 Misluk
gemorskos
  418 Voeding
  420 Voedsel
  426 Kossoort, dis
gemorspos
  196 Versend
  263 Rekenaar en internet
gemorsposfilter 196
gemotiveer(d)
  525 Bewys
  614 Bekwaam
  638 Aanmoedig
gemotoriseer(d)
  217 Motorry
  233 Voertuig
gemsbok 366
gemsbokleer 314
genaakbaar 778
genaakbaarheid 778
genaamd 550
genade
  778 Goedaardigheid
  783 Vergifnis

geologies

842 Geloof
genadebrood 690
genadedood
  250 Dood
  252 Doodmaak
genadegawe
  778 Goedaardigheid
  842 Geloof
genadeloos
  715 Negatiewe gevoel
  777 Haat en
    onvriendelikheid
  779 Boosaardigheid
genadeslag
  250 Dood
  667 Stryd
  683 Misluk
genadetyd 845
genadig
  668 Vrede en versoening
  778 Goedaardigheid
  783 Vergifnis
genant 550
genasionaliseer(d) 701
gendarme 802
gender 374
genderbinariteit 374
gendergeweld 803
genderneutraliteit 374
genderoriëntasie 374
genderstereotipe 374
genealogie 240
genealogies 240
geneë
  663 Meedoen
  778 Goedaardigheid
geneentheid
  663 Meedoen
  776 Liefde en
    vriendskap
  778 Goedaardigheid
  790 Sosiale betrekking
geneesal 415
geneesheer 416
geneeskragtig
  411 Gesond
  415 Geneesmiddel
geneeskunde
  414 Geneeskunde
  515 Wetenskap
geneeskundig
  414 Geneeskunde
  415 Geneesmiddel
geneeskundige 515
geneesmiddel 415
geneig
  580 Graag
  657 Herhaal
  773 Begeerte
geneigdheid
  657 Herhaal
  773 Begeerte
generaal
  591 Gesaghebber

673 Manskap
802 Wette gehoorsaam
generaal-majoor
  591 Gesaghebber
  673 Manskap
generaliseer
  31 Soort
  522 Redeneer
generasie
  52 Ouderdom
  239 Voortplant
  240 Genealogie
  787 Samelewing
generasiegaping
  667 Stryd
  787 Samelewing
generasiekonflik 667
generatief
  0 Ontstaan
  239 Voortplant
  570 Taalwetenskap
generator 262
genereer
  237 Voortbring
  239 Voortplant
  570 Taalwetenskap
  693 Gee
generlei 529
genese
  0 Ontstaan
  27 Begin
  237 Voortbring
  324 Plantlewe
genesing 414
genesis
  0 Ontstaan
  27 Begin
  237 Voortbring
  324 Plantlewe
  649 Begin handel
  842 Geloof
geneties 239
genetika
  239 Voortplant
  255 Natuur
  515 Wetenskap
genetikus 515
geneuk 20
geneutraliseer(d)
  256 Skeikunde
  666 Verhinder
geniaal 502
genialiteit 502
genie
  502 Verstand
  535 Weet
geniekorps 672
geniepsig
  777 Haat en
    onvriendelikheid
  813 Swak gedrag
geniet
  406 Eet

688 Besit
713 Gevoel
716 Genot
genieting 716
genietlik
  471 Smaaklik, lekker
  716 Genot
genitaal 403
genitief 574
genius 844
genoeë
  716 Genot
  720 Tevredenheid
genoeg 115
genoeglik 716
genoeglikheid
  716 Genot
  718 Blydskap
genoegsaam 115
genoom
  377 Liggaam
  403 Voortplantings-
    orgaan
genoot
  8 Dieselfde
  663 Meedoen
genootskap
  168 Saamkom
  170 Saambring
  665 Byeenkom
genoside
  252 Doodmaak
  803 Wette oortree
genot 716
genotipe
  31 Soort
  240 Genealogie
  317 Fisiologie
genotlik 716
genotlikheid 716
genotsiek 716
genotsiekte 716
genotsoekend 716
genotsoeker 716
genotsug 716
genotsugtig 716
genotvol
  471 Smaaklik, lekker
  716 Genot
genre
  31 Soort
  750 Letterkunde
  760 Skilderkuns
gentiaan 334
gentleman
  791 Sosiaal
  812 Goeie gedrag
gentrifikasie 90
gentrifiseer 90
genuanseer(d) 13
genugtig 768
genus
  31 Soort

317 Fisiologie
318 Plant
357 Dier
574 Woordkategorie
geobiologie 317
geobotanie 325
geochemie 515
geodesie
  273 Geografie
  274 Geologie
geoefen(d) 614
geofaag 406
geofiel 272
geofiet 318
geofisies
  255 Natuur
  271 Kosmografie
  272 Aarde
  273 Geografie
geofisika
  255 Natuur
  271 Kosmografie
  272 Aarde
  273 Geografie
  274 Geologie
geofisikus
  255 Natuur
  273 Geografie
  274 Geologie
geogenese
  272 Aarde
  274 Geologie
geognosie
  273 Geografie
  274 Geologie
  515 Wetenskap
geognostiek 515
geograaf
  273 Geografie
  515 Wetenskap
geografie
  255 Natuur
  272 Aarde
  273 Geografie
  515 Wetenskap
geografies
  272 Aarde
  273 Geografie
geohidrologie
  258 Hidroulika
  515 Wetenskap
geohidroloog 258
geolek 569
geolekties 569
geologie
  255 Natuur
  272 Aarde
  274 Geologie
  515 Wetenskap
geologies
  272 Aarde
  274 Geologie

geoloog
274 Geologie
515 Wetenskap
geomagnetisme
261 Magnetisme
274 Geologie
geomansie 844
geomant 844
geometrie
132 Wiskunde
139 Meetkunde
273 Geografie
geometries
132 Wiskunde
139 Meetkunde
geomorfologie
255 Natuur
273 Geografie
274 Geologie
515 Wetenskap
geomorfologies
273 Geografie
274 Geologie
geomorfoloog
273 Geografie
274 Geologie
geoorloof 601
geopolitiek 273
geopolities 273
georden(d)
8 Dieselfde
19 Orde
21 Opeenvolging
georganiseer(d)
19 Orde
30 Hiërargie
237 Voortbring
640 Voorbereid
georgette 311
geosentries 271
geosfeer 272
geosiklies 270
geoskopie 273
geostasionêr 270
geostaties 274
geostatika 271
geostrofies 272
geotermies 274
geotroop 324
geotropie 324
geotropies 324
geotropisme 324
geowetenskappe 274
gepaai 720
gepaard 26
gepaardgaande 26
geparfumeer(d)
474 Welriekend
746 Persoonlike versorging
gepas
59 Geleë
614 Bekwaam
622 Goed

629 Gebruik
631 Nodig
633 Nuttig
743 Mooi
gepasteuriseer(d) 627
gepastheid
622 Goed
631 Nodig
633 Nuttig
gepatenteer(d) 701
gepekel 471
gepensioeneerde
646 Nie handel nie
660 Ontslag
gepeupel
104 Baie
789 Onbeskaafdheid
813 Swak gedrag
gepiekel 471
gepieker
513 Denke
651 Toesien
gepigmenteer(d) 377
gepikeer(d)
771 Gramskap
829 Beledig
gepla
651 Toesien
714 Positiewe gevoel
geploeter
652 Versuim
654 Moeilik handel
gepoleer
448 Gelyk
627 Skoon
gepoleerd 785
gepoleerdheid 785
gepremediteer(d) 508
gepreokkupeer(d)
509 Onoplettendheid
519 Twyfel
524 Onlogies redeneer
612 Noukeurig
gepreokkupeerdheid
509 Onoplettendheid
612 Noukeurig
geprese
826 Goedkeur
826 Goedkeur
geprivilegieer(d) 806
geraak
140 Verandering
771 Gramskap
geraaktheid 771
geraamte
94 Dele van 'n eiendom
250 Dood
380 Gebeente
435 Smal
750 Letterkunde
geraamteplant 318
geraas
165 Onreëlmatige beweging

266 Akoestiek
476 Geluid
479 Disharmonies
548 Praat
geraasbesoedeling
255 Natuur
476 Geluid
geraasgat 548
geraasmaker 476
geraasvlak 476
geraaswater 427
geradbraak
548 Praat
569 Taal
623 Sleg
gerade
622 Goed
633 Nuttig
637 Doelgerigtheid en doelloosheid
638 Aanmoedig
geradenheid
622 Goed
633 Nuttig
geraffineerd
458 Breekbaar
627 Skoon
geranium 334
geratifiseer 826
geredelik
580 Graag
653 Maklik handel
geredelikheid
580 Graag
653 Maklik handel
gereduseer(d)
108 Minder
256 Skeikunde
572 Uitspraak
gereed
629 Gebruik
640 Voorbereid
650 Voltooi
gereedheid
629 Gebruik
633 Nuttig
640 Voorbereid
650 Voltooi
655 Veilig
gereedmaak 650
gereedmaking
640 Voorbereid
650 Voltooi
gereedskap 630
gereël(d) 640
gereeld
8 Dieselfde
19 Orde
35 Reëlmaat
55 Periodiek
657 Herhaal
gereeldheid
35 Reëlmaat

55 Periodiek
164 Reëlmatige beweging
gereformeer(d) 854
gereg
418 Voeding
426 Kossoort, dis
802 Wette gehoorsaam
808 Regswese
geregistreer 196
geregsamptenaar 808
geregsdienaar 802
geregshof 808
geregsontduiking 803
geregtelik
802 Wette gehoorsaam
808 Regswese
809 Regsgeding
geregtig
804 Regverdig
806 Wettig
geregtigheid
804 Regverdig
806 Wettig
geregverdig(d)
804 Regverdig
806 Wettig
833 Verontskuldig
gerei 630
gereken(d)
799 Beroemd
830 Eerbiedig
gerekenariseer(d) 263
gereserveer(d)
607 Beloof
785 Hoogmoed
792 Asosiaal
gerespekteer(d) 830
gerf
348 Blomkwekery
352 Graanverbouing
geriater 416
geriatrie 414
geriatries 414
geriatris 416
gerib(d)
321 Blaar
449 Ongelyk
gerief
59 Geleë
94 Dele van 'n eiendom
629 Gebruik
633 Nuttig
653 Maklik handel
716 Genot
gerief(s)huisie 94
gerieflik
59 Geleë
653 Maklik handel
716 Genot
gerieflikheidshuwelik 248

geriefskos 420
geriefsone 619
gerig 147
gering
  103 Min
  433 Klein
  451 Lig
  621 Onbelangrik
  623 Sleg
geringag
  621 Onbelangrik
  827 Afkeur
geringheid
  63 Begrensdheid
  103 Min
geringskat
  621 Onbelangrik
  786 Nederigheid
  827 Afkeur
geringskatting
  621 Onbelangrik
  786 Nederigheid
  829 Beledig
gerinkink 476
Germaans 569
Germanis 570
germaniseer 569
germanisme 569
Germanistiek 570
germinasie 324
geroepe 584
geroesemoes
  165 Onreëlmatige beweging
  476 Geluid
  479 Disharmonies
  548 Praat
geroetineer(d)
  19 Orde
  657 Herhaal
  811 Gewete
geroffel
  476 Geluid
  480 Dowwe klank
geroggel
  482 Menslike geluid
  484 Diergeluid
  548 Praat
gerommel 476
gerond
  446 Rond
  572 Uitspraak
geronties 52
gerontisme 413
gerontokrasie 795
gerontologie
  54 Oud
  414 Geneeskunde
gerontoloog
  54 Oud
  416 Medikus
gerontomorfie 413
gerontomorfose 413

gerook
  407 Drink
  471 Smaaklik, lekker
  494 Gevoelloosheid en bedwelming
gerub 838
gerug
  476 Geluid
  524 Onlogies redeneer
  538 Dwaling
  544 Onduidelik
  551 Meedeel
  552 Vertel
gerugmakend 521
geruis
  165 Onreëlmatige beweging
  266 Akoestiek
  476 Geluid
  480 Dowwe klank
geruisloos 477
geruit
  492 Kleure
  745 Versier
gerundium 574
gerus
  593 Vryheid
  619 Kalm
  651 Toesien
  655 Veilig
  714 Positiewe gevoel
  718 Blydskap
  720 Tevredenheid
  767 Moed
gerusstel
  720 Tevredenheid
  767 Moed
  778 Goedaardigheid
gerusstelling 720
gerustheid
  619 Kalm
  651 Toesien
  655 Veilig
  714 Positiewe gevoel
  718 Blydskap
  720 Tevredenheid
geryg 172
gesaaide
  346 Landbougrond
  352 Graanverbouing
gesag
  579 Gedwonge
  588 Gesag hê
  590 Bestuur en regeer
  591 Gesaghebber
  599 Gesag uitoefen
  614 Bekwaam
  616 Magtig
  620 Belangrik
  625 Sterk
  795 Staat en politiek
gesagdraend
  616 Magtig

  795 Staat en politiek
gesaghebbend
  588 Gesag hê
  591 Gesaghebber
  614 Bekwaam
  616 Magtig
  625 Sterk
gesaghebbendheid
  614 Bekwaam
  616 Magtig
  625 Sterk
gesaghebber
  588 Gesag hê
  591 Gesaghebber
gesagsbasis 588
gesagsfiguur 591
gesagskrisis 598
gesagsliggaam 588
gesagsondermyning 588
gesagsposisie 588
gesagstruktuur
  591 Gesaghebber
  599 Gesag uitoefen
gesagsuitoefening 599
gesagsweë 588
gesagvoerder
  221 Vaar
  591 Gesaghebber
  599 Gesag uitoefen
  616 Magtig
gesalfde 852
gesamentlik
  26 Begeleiding
  663 Meedoen
gesang
  757 Sang
  847 Gebed
  848 Kerklike bediening
gesang(e)boek
  567 Boek
  848 Kerklike bediening
gesanik
  548 Praat
  719 Hartseer
  721 Ontevredenheid
gesanksioneer 826
gesant
  588 Gesag hê
  591 Gesaghebber
  665 Byeenkom
gesantskap
  588 Gesag hê
  591 Gesaghebber
geseën(d)
  682 Slaag
  718 Blydskap
  826 Goedkeur
gesegde
  548 Praat
  573 Woordeskat
  574 Woordkategorie
  576 Sinsbou en styl

geseglik
  597 Gehoorsaam
  600 Onder bevel staan
gesegmenteer(d) 112
gesel
  26 Begeleiding
  182 Slaan
  717 Lyding
  776 Liefde en vriendskap
  835 Bestraf
geseling
  182 Slaan
  835 Bestraf
gesellig
  716 Genot
  724 Vermaak en ontspanning
  791 Sosiaal
geselligheid
  716 Genot
  791 Sosiaal
  793 Fees
gesellinklub 239
gesels
  539 Kommunikeer
  548 Praat
  554 Aanspreek
  557 Diskussie
  790 Sosiale betrekking
geselserig 554
geselsery
  539 Kommunikeer
  548 Praat
  554 Aanspreek
geselskap
  26 Begeleiding
  548 Praat
  554 Aanspreek
  663 Meedoen
  665 Byeenkom
  790 Sosiale betrekking
geselskapspel 739
geselsprogram 264
geselstaal 569
gesentraliseer(d) 170
gesentreer 29
gesertifiseer 826
geset
  35 Reëlmaat
  434 Breed
  566 Drukkuns
gesete
  74 Op
  689 Ryk
gesien(e)
  799 Beroemd
  830 Eerbiedig
gesig
  61 Plek
  378 Senuwee
  386 Gesig
  387 Oog

499 Sien
500 Sigbaarheid
521 Verras wees
545 Natuurlike teken
gesiggestremde 412
gesig(s)gestremd-
heid 413
gesiggie 334
gesiggieskulp 363
gesigmasker
  415 Geneesmiddel
  417 Hospitaal
  745 Versier
gesigpoeier 746
gesigroom 746
gesigsbedrog 818
gesigsbeeld 499
gesigseinder
  269 Heelal
  499 Sien
gesigsenuwee 378
gesigslyn
  267 Optika
  499 Sien
  677 Skiet
gesigspier 379
gesigspunt
  513 Denke
  527 Oordeel
gesigsuitdrukking
  386 Gesig
  545 Natuurlike teken
gesigsveld 499
gesig(s)verlamming 413
gesigsverlies 499
gesigsvermoë
  387 Oog
  499 Sien
gesigswaarde 131
gesin
  241 Familie
  787 Samelewing
gesinchroniseer(d) 48
gesind 527
gesindheid
  527 Oordeel
  810 Gedrag
gesinkroniseer(d) 48
gesinsaffiliasie 241
gesinsbeperking 239
gesinsbeplanning 239
gesinselfmoord 252
gesinsgeweld 667
gesinshoof
  241 Familie
  591 Gesaghebber
gesinskamer 94
gesinskring
  241 Familie
  790 Sosiale betrekking
gesinslewe 249
gesinsmoord
  252 Doodmaak

803 Wette oortree
gesinstaal 569
gesinstruktuur 241
gesinsverband
  241 Familie
  787 Samelewing
gesinsvriend 776
gesitueer(d)
  64 Aanwesigheid
  66 Plasing
geskakeer(d)
  13 Verskeidenheid
  490 Kleur
  546 Kunsmatige teken
geskape
  3 Bestaanswyse
  237 Voortbring
  614 Bekwaam
geskeduleer(d)
  19 Orde
  640 Voorbereid
geskei
  169 Skei
  171 Verwyder
  173 Losmaak
  248 Huwelik
geskenk 693
geskenkbewys
  708 Betaal
  709 Betaalmiddel
geskenkpapier
  315 Papier
  745 Versier
geskenkwinkel 707
geskied 44
geskiedenis
  44 Gebeure in tyd
  45 Geskiedenis
  50 Verlede
  54 Oud
  515 Wetenskap
  552 Vertel
geskiedenisboek 45
geskiedenisfilosofie 45
geskiedeniswetenskap
  45 Geskiedenis
  515 Wetenskap
geskiedkundig 45
geskiedkundige
  45 Geskiedenis
  515 Wetenskap
geskiedskrywer 45
geskiedskrywing
  45 Geskiedenis
  515 Wetenskap
  552 Vertel
geskik
  59 Geleë
  614 Bekwaam
  622 Goed
  629 Gebruik
  631 Nodig
  633 Nuttig

geskiktheid
  368 Diereteelt
  614 Bekwaam
  622 Goed
  629 Gebruik
  631 Nodig
  633 Nuttig
geskil
  11 Disharmonie
  516 Soek
  522 Redeneer
  532 Betwis
  667 Stryd
geskilpunt
  522 Redeneer
  667 Stryd
  809 Regsgeding
geskonde 623
geskool(d)
  502 Verstand
  559 Opvoeding en
  onderwys
  614 Bekwaam
geskrif
  539 Kommunikeer
  548 Praat
  562 Lees
  563 Skryf
  565 Skryfkuns
  567 Boek
  750 Letterkunde
geslaag(d)
  561 Studeer
  622 Goed
  650 Voltooi
  682 Slaag
geslaagdheid
  622 Goed
  650 Voltooi
  682 Slaag
geslae
  642 Beproef
  768 Vrees
geslag
  31 Soort
  239 Voortplant
  240 Genealogie
  317 Fisiologie
  357 Dier
  374 Mens
  403 Voortplantings-
  orgaan
  574 Woordkategorie
  787 Samelewing
geslagloos 239
geslagsboom 240
geslagschromosoom 403
geslagsdaad 239
geslagsdeel
  239 Voortplant
  403 Voortplantings-
  orgaan

geslagsdiskrimina-
sie 792
geslagsdrang 239
geslagsdrif
  239 Voortplant
  776 Liefde en
  vriendskap
geslagsel
  377 Liggaam
  403 Voortplantings-
  orgaan
geslagsgelykheid
  374 Mens
  804 Regverdig
geslagsgemeenskap
  239 Voortplant
  776 Liefde en
  vriendskap
geslagshormoon 403
geslagsiekte 413
geslagsliefde 776
geslagslyn 787
geslagsmisdaad 803
geslagsnaam
  240 Genealogie
  550 Noem
geslagsomgang
  239 Voortplant
  403 Voortplantings-
  orgaan
  776 Liefde en
  vriendskap
geslagsorgaan 403
geslagsoriëntasie 374
geslagsregister 240
geslagsryp 239
geslagstereotipe 374
geslagstipe 31
geslagsverandering 414
geslagsverkeer 239
geslagtelik
  239 Voortplant
  240 Genealogie
  374 Mens
  403 Voortplantings-
  orgaan
geslepe
  502 Verstand
  815 Oneerlik
  818 Bedrieg
gesleur 226
gesloer 226
geslote
  178 Toegaan
  463 Nat
  540 Nie kommunikeer
  nie
  768 Vrees
  792 Asosiaal
geslotenheid
  540 Nie kommunikeer
  nie
  792 Asosiaal

gesluier 161
gesneuwelde
  250 Dood
  667 Stryd
gesofistikeerd
  622 Goed
  502 Verstand
  614 Bekwaam
  747 Styl en smaak
  788 Beskawing
  791 Sosiaal
gesofistikeerdheid
  502 Verstand
  614 Bekwaam
  622 Goed
  747 Styl en smaak
  788 Beskawing
  791 Sosiaal
gesog
  614 Bekwaam
  705 Verkoop
  773 Begeerte
  826 Goedkeur
gesogtheid
  614 Bekwaam
  773 Begeerte
gesond
  249 Lewe
  411 Gesond
  420 Voedsel
  622 Goed
  625 Sterk
gesondheid
  407 Drink
  411 Gesond
  622 Goed
  625 Sterk
  793 Fees
gesondheids-
  beampte 416
gesondheidsbeleid 590
gesondheidsdiens
  414 Geneeskunde
  590 Bestuur en regeer
gesondheidsertifi-
  kaat 414
gesondheidshalwe 411
gesondheids-
  inspekteur 416
gesondheidsleer
  411 Gesond
  627 Skoon
gesondheidsoord
  414 Geneeskunde
  417 Hospitaal
gesondheidsorg 414
gesondheids-
  toerisme 414
gesondheids-
  wetenskap 414
gesonke 446
gesout
  414 Geneeskunde

419 Voedselbereiding
471 Smaaklik, lekker
614 Bekwaam
gespanne
  378 Senuwee
  618 Heftig
  667 Stryd
  715 Negatiewe gevoel
  768 Vrees
gespannenheid
  378 Senuwee
  413 Verskillende siektes
  618 Heftig
  715 Negatiewe gevoel
  777 Haat en
    onvriendelikheid
gespe
  172 Vasmaak
  233 Voertuig
  745 Versier
gesplete
  184 Breek
  321 Blaar
gesprek
  539 Kommunikeer
  548 Praat
  553 Behandel
  554 Aanspreek
  790 Sosiale betrekking
gespreksforum
  263 Rekenaar en
    internet
  539 Kommunikeer
  557 Diskussie
gespreksgenoot
  554 Aanspreek
  663 Meedoen
gespreksleier 557
gesprekstaal
  554 Aanspreek
  569 Taal
gesprekstoon
  548 Praat
  554 Aanspreek
gespreksvorm 554
gespreksvoerder 557
gespuis
  623 Sleg
  813 Swak gedrag
gestadig 55
gestadig(d)heid 55
gestalte
  70 Oriëntasie
  377 Liggaam
  438 Vorm
  512 Verbeelding
gestaltenis 438
gestasie 239
gestasioneer 64
gestel
  377 Liggaam
  438 Vorm
gesteldheid
  3 Bestaanswyse

713 Gevoel
gestem 714
gestig
  417 Hospitaal
  505 Verstandstoornis
  780 Hulpbetoon
gestikulasie 545
gestikuleer 545
gestileerd
  746 Persoonlike
    versorging
  749 Kuns
gestrem(d) 505
gestremde 412
gestremdheid
  503 Onverstandigheid
  505 Verstandstoornis
gestreng 595
gestrengheid 715
gestres
  378 Senuwee
  715 Negatiewe gevoel
  768 Vrees
geswael 407
geswind 225
geswolle
  413 Verskillende siektes
  434 Breed
  576 Sinsbou en styl
  785 Hoogmoed
geswollenheid
  413 Verskillende siektes
  434 Breed
  785 Hoogmoed
getal
  102 Hoeveelheid
  125 Tel
  133 Getalle
  574 Woordkategorie
getalleleer
  132 Wiskunde
  515 Wetenskap
getalleteorie
  132 Wiskunde
  515 Wetenskap
getalstelsel 134
getalsterkte 102
getalswoord 574
getalteken 133
getal(s)waarde
  133 Getalle
  134 Getalstelsel
getik
  11 Disharmonie
  407 Drink
  505 Verstandstoornis
  563 Skryf
getimmerte
  20 Wanorde
  91 Gebou
  93 Beskeie gebou
  623 Sleg
getjou-tjou 20

getraumatiseer(d) 412
getrek 407
getrokke
  176 Uithaal
  776 Liefde en
    vriendskap
getrou
  19 Orde
  35 Reëlmaat
  42 Altyd
  55 Periodiek
  143 Bestendigheid
  537 Waarheid
  582 Wilskrag
  608 Jou woord hou
  612 Noukeurig
  663 Meedoen
  811 Gewete
  812 Goeie gedrag
  814 Eerlik
  816 Getrouheid
  819 Eerbaar
getroud 248
getrouheid
  143 Bestendigheid
  597 Gehoorsaam
  608 Jou woord hou
  612 Noukeurig
  622 Goed
  811 Gewete
  812 Goeie gedrag
  814 Eerlik
  816 Getrouheid
getuie
  525 Bewys
  528 Bevestig
  808 Regswese
  809 Regsgeding
getuiebank 809
getuienis
  525 Bewys
  528 Bevestig
  809 Regsgeding
getuieverhoor 809
getuig
  525 Bewys
  552 Vertel
  808 Regswese
  809 Regsgeding
getuigskrif
  525 Bewys
  539 Kommunikeer
  546 Kunsmatige teken
  659 Aanstelling
  826 Goedkeur
gety
  283 See
  287 Vloei
getygolf 283
getyhawe
  221 Vaar
  235 Skeepvaart
getykom 221

geul
147 Rigting
283 See
286 Rivier
geur
419 Voedselbereiding
470 Smaak
471 Smaaklik, lekker
473 Reuk
474 Welriekend
497 Reuksintuig
geurig
406 Eet
471 Smaaklik, lekker
473 Reuk
474 Welriekend
496 Smaak
geurloos 472
geurmiddel
419 Voedselbereiding
471 Smaaklik, lekker
geursel 419
geut
94 Dele van 'n eiendom
147 Rigting
277 Berg
286 Rivier
gevaar
654 Moeilik handel
656 Gevaarlik
683 Misluk
768 Vrees
gevaargebied
656 Gevaarlik
717 Lyding
gevaarlik
623 Sleg
635 Skadelik
654 Moeilik handel
656 Gevaarlik
768 Vrees
gevaarloos 655
gevaarte
36 Onreëlmatigheid
230 Rytuig
432 Groot
gevaarteken 149
geval
14 Navolging
412 Siek
gevalle 212
gevallene
250 Dood
813 Swak gedrag
gevallestudie 515
gevallig 716
gevange 594
gevange(n)skap 594
gevangehouding 594
gevangene
594 Onvryheid
835 Bestraf

gevangeneming
594 Onvryheid
835 Bestraf
gevangenis
594 Onvryheid
835 Bestraf
gevangenisdiens 594
gevangenisstraf
594 Onvryheid
808 Regswese
809 Regsgeding
gevangeniswese
594 Onvryheid
808 Regswese
gevarieer(d) 13
gevarieerdheid 13
gevat
502 Verstand
556 Antwoord
722 Humor
gevatheid 722
geveg
667 Stryd
731 Gevegsport
779 Boosaardigheid
gevegsfront 667
gevegskuns 629
gevegsport
629 Spel en sport
731 Gevegsport
gevegstenue 674
gevegsuitrusting 674
geveins(d)
818 Bedrieg
845 Godsvrug
geveinsde
815 Oneerlik
818 Bedrieg
geveinsdheid
623 Sleg
815 Oneerlik
818 Bedrieg
845 Godsvrug
gevestig
64 Aanwesigheid
89 Blyplek
143 Bestendigheid
622 Goed
gevier(d)
620 Belangrik
799 Beroemd
gevierendeel 546
gevlei 828
gevoeglik
532 Betwis
622 Goed
gevoel
378 Senuwee
493 Gevoeligheid
495 Tassin
518 Glo
527 Oordeel
713 Gevoel

gevoelente 713
gevoelentheid 713
gevoelig
493 Gevoeligheid
495 Tassin
713 Gevoel
714 Positiewe gevoel
717 Lyding
771 Gramskap
772 Sagmoedigheid
778 Goedaardigheid
812 Goeie gedrag
gevoeligheid
412 Siek
493 Gevoeligheid
495 Tassin
713 Gevoel
714 Positiewe gevoel
717 Lyding
771 Gramskap
772 Sagmoedigheid
778 Goedaardigheid
812 Goeie gedrag
gevoelloos
494 Gevoelloosheid en bedwelming
495 Tassin
623 Sleg
715 Negatiewe gevoel
774 Onverskilligheid
777 Haat en onvriendelikheid
779 Boosaardigheid
813 Swak gedrag
gevoelloosheid
494 Gevoelloosheid en bedwelming
495 Tassin
715 Negatiewe gevoel
771 Gramskap
774 Onverskilligheid
777 Haat en onvriendelikheid
779 Boosaardigheid
813 Swak gedrag
gevoelsensasie 495
gevoelsin(tuig) 495
gevoelskwessie 713
gevoelslewe 713
gevoelsmens
713 Gevoel
714 Positiewe gevoel
gevoelsuiting 713
gevoelswaarde
541 Betekenisvolheid
577 Betekenis
713 Gevoel
gevoelswêreld 713
gevoelswoord 573
gevoelvol 714
gevoelvolheid 714
gevolg
16 Gevolg

25 Dit wat volg
28 Einde
248 Huwelik
592 Ondergeskikte
638 Aanmoedig
650 Voltooi
681 Resultaat
gevolglik
16 Gevolg
522 Redeneer
681 Resultaat
gevolgtrekking
513 Denke
515 Wetenskap
522 Redeneer
527 Oordeel
558 Redevoering
577 Betekenis
gevolmagtigde 588
gevorderd
54 Oud
622 Goed
654 Moeilik handel
gevreet 386
gevrek
226 Stadig
581 Teësinnig
583 Willoosheid
611 Lui
gevrektheid
581 Teësinnig
583 Willoosheid
gewaad 745
gewaag(d)
656 Gevaarlik
767 Moed
gewaagdheid
656 Gevaarlik
767 Moed
gewaand
512 Verbeelding
538 Dwaling
gewaandheid
512 Verbeelding
538 Dwaling
gewaar
499 Sien
508 Aandag
517 Vind
533 Verstaan
gewaarmerk
528 Bevestig
537 Waarheid
gewaarword
493 Gevoeligheid
508 Aandag
533 Verstaan
713 Gevoel
gewaarwording
493 Gevoeligheid
508 Aandag
713 Gevoel
gewals 297

gewapen 675
gewapenderhand
　667 Stryd
　675 Militêre toerusting
gewas
　318 Plant
　347 Landbou
　412 Siek
　413 Verskillende siektes
　627 Skoon
gewasghaap 342
geweer
　252 Doodmaak
　373 Jag
　676 Vuurwapen
geweerskut 731
geweersmid 675
geweersport 677
geweervuur 677
gewei 385
gewel 94
geweld
　599 Gesag uitoefen
　616 Magtig
　618 Heftig
　656 Gevaarlik
　667 Stryd
　779 Boosaardigheid
　803 Wette oortree
　813 Swak gedrag
geweldak 94
gewelddaad
　618 Heftig
　667 Stryd
　779 Boosaardigheid
　813 Swak gedrag
gewelddadig
　618 Heftig
　623 Sleg
　656 Gevaarlik
　667 Stryd
　779 Boosaardigheid
　813 Swak gedrag
gewelddadigheid
　618 Heftig
　656 Gevaarlik
　667 Stryd
　779 Boosaardigheid
　813 Swak gedrag
gewelddadiglik
　618 Heftig
　623 Sleg
　813 Swak gedrag
gewelddoener 779
geweldenaar
　618 Heftig
　623 Sleg
　667 Stryd
　779 Boosaardigheid
　803 Wette oortree
　813 Swak gedrag
geweldig
　104 Baie

　432 Groot
　616 Magtig
　618 Heftig
geweldloos 619
geweldpleging
　779 Boosaardigheid
　803 Wette oortree
　813 Swak gedrag
geweldskliek 599
geweldskultuur 803
geweldsmisdaad 803
gewelf
　94 Dele van 'n eiendom
　444 Krom
gewelfskildering 760
gewelfskildery 760
gewelfvenster 94
gewelhuis 91
gewens
　520 Verwag
　622 Goed
　638 Aanmoedig
　773 Begeerte
gewer 693
gewerwel(d)
　357 Dier
　380 Gebeente
　396 Rug
gewes 61
gewese
　50 Verlede
　54 Oud
　660 Ontslag
geweste 61
gewestelik
　61 Plek
　569 Taal
gewete
　811 Gewete
　814 Eerlik
　822 Skuldig
　823 Berou
gewete(n)loos 715
gewete(n)saak
　811 Gewete
　842 Geloof
gewetenloos
　813 Swak gedrag
　815 Oneerlik
　820 Oneerbaar
gewetenloosheid
　715 Negatiewe gevoel
　813 Swak gedrag
　815 Oneerlik
　820 Oneerbaar
gewetensangs 823
gewetensartikel 801
gewetensbeswaar 814
gewetensbeswaarde
　668 Vrede en versoening
　673 Manskap
　679 Mobilisering
　814 Eerlik

gewetensgeld
　708 Betaal
　709 Betaalmiddel
gewetensgetrou 814
gewetensgetrouheid 814
gewetenshalwe 811
gewetensklousule 801
gewetenskonflik 811
gewetensleer 514
gewetensplig 811
gewetensvraag 811
gewetensvry 814
gewetensvryheid
　593 Vryheid
　811 Gewete
　842 Geloof
gewetenswroeging
　811 Gewete
　822 Skuldig
　823 Berou
gewettig
　248 Huwelik
　806 Wettig
gewig
　123 Meet
　124 Weeg
　452 Swaar
　620 Belangrik
　729 Atletiek
gewigloos
　124 Weeg
　451 Lig
gewigsbepaling 123
gewigseenheid 124
gewigsgrens 124
gewigsklas 731
gewigsmaat
　122 Bereken
　124 Weeg
gewigsmeting 123
gewigstoot 729
gewigstoter 729
gewigsverlies 451
gewigtig
　452 Swaar
　616 Magtig
　620 Belangrik
　723 Erns
gewigtigheid
　616 Magtig
　620 Belangrik
gewiks
　502 Verstand
　815 Oneerlik
gewikstheid
　502 Verstand
　815 Oneerlik
gewild
　622 Goed
　791 Sosiaal
　826 Goedkeur
gewildheid
　622 Goed

geworteld

　791 Sosiaal
　826 Goedkeur
gewillig
　578 Vrywillig
　580 Graag
　596 Inskiklik
　597 Gehoorsaam
　640 Voorbereid
　663 Meedoen
　778 Goedaardigheid
gewilligheid
　578 Vrywillig
　580 Graag
　597 Gehoorsaam
　663 Meedoen
gewilliglik 578
gewin 686
gewinsoeker 686
gewirwar 20
gewis
　129 Bepaaldheid
　528 Bevestig
　535 Weet
　537 Waarheid
gewisheid 543
gewoon
　35 Reëlmaat
　621 Onbelangrik
　624 Gemiddeld
gewoond
　35 Reëlmaat
　657 Herhaal
gewoonheid 624
gewoonlik
　22 Kontinuïteit
　35 Reëlmaat
　36 Onreëlmatigheid
　55 Periodiek
　657 Herhaal
gewoonte
　35 Reëlmaat
　55 Periodiek
　644 Handelwyse
　657 Herhaal
gewoontedier 657
gewoontedrinker
　407 Drink
　813 Swak gedrag
gewoontemisdadiger
　803 Wette oortree
　813 Swak gedrag
　822 Skuldig
gewoontereg 808
gewoontevormend
　494 Gevoelloosheid en bedwelming
　657 Herhaal
gewoonweg
　108 Minder
　624 Gemiddeld
gewortel
　143 Bestendigheid
　319 Wortel

605

gewrig 380
gewrigskoors 413
gewrigskoppeling 380
gewrigsontsteking 413
gewrigsverharding 413
gewrigsverstywing 413
gewrigsvog 380
gewronge 36
gewürztraminer 427
gewyd
  837 God
  849 Prediking
gewydheid
  837 God
  849 Prediking
geyk
  54 Oud
  122 Bereken
  573 Woordeskat
geyktheid 548
ghaap
  336 Vetplant
  337 Veldplant
ghagha
  11 Disharmonie
  505 Verstandstoornis
ghantang 776
gharrabos 332
ghekko 364
ghellieblik 469
ghetto
  90 Omgewing
  787 Samelewing
ghetto blaster 756
ghieliemientjie 363
ghienie 131
ghitaar 756
ghoelasj 426
ghoem 432
ghoema
  432 Groot
  753 Musiek
  756 Musiekinstrument
ghoemahare
  382 Haar
  426 Kossoort, dis
ghoemalied 757
ghoemamusiek 753
ghoematrom 756
ghoen
  375 Man
  397 Ledemaat
  741 Kinderspel
ghoera 756
ghoeroe
  502 Verstand
  535 Weet
  638 Aanmoedig
  849 Prediking
  854 Godsdienste
gholf 728
gholfspeler 728
gholfstok 728

gholftoernooi 728
gholftoerusting 728
ghombos 337
ghomma 756
ghommalied 757
ghong 756
ghries
  257 Meganika en tegnologie
  462 Halfvloeibare stof
ghrop 355
ghwano 345
ghwar
  503 Onverstandigheid
  623 Sleg
  779 Boosaardigheid
  792 Asosiaal
  813 Swak gedrag
ghwarrie
  303 Steengroef
  332 Struik
ghwarriebos 332
Gideonsbende 663
gids
  14 Navolging
  147 Rigting
  202 Voor beweeg
gids
  21 Opeenvolging
  543 Duidelik
gidshond
  147 Rigting
  366 Soogdier
  499 Sien
gidsnoot 753
gidsplan 147
gier
  148 Van koers gaan
  163 Draai
  221 Vaar
  365 Voël
  481 Skerp klank
  483 Voëlgeluid
  583 Willoosheid
  771 Gramskap
gierig
  686 Aanwins
  692 Spaar
  773 Begeerte
  813 Swak gedrag
gierigaard
  692 Spaar
  813 Swak gedrag
gierigheid
  686 Aanwins
  692 Spaar
  773 Begeerte
  779 Boosaardigheid
  813 Swak gedrag
gierlande 745
gierplank 732
giers 352
giervalk 365

giet
  227 Werp
  287 Vloei
  438 Vorm
gietblok 301
gietbrood 301
gieter
  94 Dele van 'n eiendom
  301 Metaalverwerking
  355 Landbougereedskap
gietery
  301 Metaalverwerking
  302 Smeewerk
gietgeut 101
gietlood
  101 Bouersgereedskap
  301 Metaalverwerking
gietstaal
  297 Metaal
  301 Metaalverwerking
gietvorm 309
gietwerk 301
gietyster
  297 Metaal
  301 Metaalverwerking
gif
  252 Doodmaak
  460 Vloeistof
  693 Gee
  777 Haat en onvriendelikheid
gifaas 252
gifangel 361
gifappeltjie 323
gifbeker 252
gifbessie 342
gifbol 335
gifboom 342
gifdood 250
gifdrank 252
gifgas
  252 Doodmaak
  461 Gas
gifpil 252
gifpistool 676
gifplant 318
gifpyl
  252 Doodmaak
  430 Rook
  678 Ander wapens
gifspuit 355
gifstof 252
giftig
  413 Verskillende siektes
  415 Geneesmiddel
  502 Verstand
  777 Haat en onvriendelikheid
  813 Swak gedrag
gigagreep 263
giganties 432
giggel 722
giggelaar 722

giggellag 722
giggelrig 722
gigolo
  239 Voortplant
  776 Liefde en vriendskap
gigue 742
gil
  481 Skerp klank
  482 Menslike geluid
  719 Hartseer
  768 Vrees
gilde
  665 Byeenkom
  701 Handel en ekonomie
gillend
  481 Skerp klank
  482 Menslike geluid
gillery
  482 Menslike geluid
  719 Hartseer
gim 730
gimkana 734
gimnas
  629 Spel en sport
  730 Gimnastiek
gimnasium
  559 Opvoeding en onderwys
  629 Spel en sport
gimnastiek 730
gimnastiekkampioenskappe 730
gimnastiektoertjie 730
gimnastiekuitrusting 730
gimnasties 730
gimnastrade 730
gimnosperm
  318 Plant
  330 Naaksadige
gimtrim 730
ginandrie 374
ginandrisme 374
ginandromorfisme 374
ginds 61
ginekologie
  414 Geneeskunde
  515 Wetenskap
ginekologies 414
ginekoloog
  239 Voortplant
  416 Medikus
gini-koëffisiënt 688
ginnegaap
  554 Aanspreek
  722 Humor
ginnegapery 722
gips
  100 Boumateriaal
  298 Steen
  415 Geneesmiddel
  763 Beeldhoukuns

gipsafdruk 763
gipskruil 334
gipsverband 415
gipsvorm 763
giraf(fe) 366
girometer 233
giroskoop 630
girts-garts 476
gis
  126 Skat
  425 Bakker
  427 Drank
  428 Drankbereiding
  513 Denke
  516 Soek
  518 Glo
  667 Stryd
giskuip 428
gissing
  126 Skat
  513 Denke
  516 Soek
gister
  46 Vroeër
  50 Verlede
  127 Tydbepaling
gisteraand 50
gistermiddag 50
gistermôre 50
gisternag 50
gisteroggend 50
gisting
  350 Vrugteverbouing
  425 Bakker
  428 Drankbereiding
  667 Stryd
gistingsproses
  350 Vrugteverbouing
  425 Bakker
  428 Drankbereiding
git 486
gits
  521 Verras wees
  715 Negatiewe gevoel
  820 Oneerbaar
gitswart 492
glaasogie 365
glad
  116 Te veel
  159 Na onder
  179 Glad maak
  381 Huid
  448 Gelyk
  502 Verstand
  548 Praat
  653 Maklik handel
  818 Bedrieg
gladdejantjie
  427 Drank
  770 Wantroue
  818 Bedrieg
gladdeperske 350
gladderig 159

gladderigheid
  159 Na onder
  448 Gelyk
gladdigheid
  448 Gelyk
  502 Verstand
  548 Praat
gladheid
  448 Gelyk
  502 Verstand
  548 Praat
  614 Bekwaam
gladiator 673
gladiolus 334
gladmaak
  179 Glad maak
  448 Gelyk
gladrol 448
glads 116
gladweg
  539 Kommunikeer
  647 Voortgaan
  814 Eerlik
gladwrap 419
glans
  485 Lig
  743 Mooi
glansdruk 566
glansdrukmetode 566
glansend
  485 Lig
  743 Mooi
glansgans 620
glansgeleentheid 793
glanskool 299
glansmasjien
  313 Weef
  315 Papier
  448 Gelyk
glanspapier 315
glanspersoonlikheid 799
glanspunt 622
glansryk
  92 Deftige, belangrike of groot gebou
  622 Goed
  793 Fees
  799 Beroemd
glas
  84 Houer
  95 Huisraad
  128 Chronometer
  259 Aërografie
  309 Glasbereiding
  488 Deurskynend
glasagtig 309
glasbereiding 309
glasbladstoof 95
glasblaser 309
glasblaserspyp 309
glasblasery 309
glasbuis 256

glasdeur 94
glaseer
  309 Glasbereiding
  419 Voedselbereiding
glaserig
  250 Dood
  472 Smaakloos, sleg
  479 Disharmonies
  488 Deurskynend
glaserigheid
  479 Disharmonies
  488 Deurskynend
glasfabriek 309
glashandel 309
glashelder
  481 Skerp klank
  488 Deurskynend
  543 Duidelik
glasiaal 274
glas-in-lood 94
glasiologie 274
glasmkersgereedskap 309
glasnost
  502 Verstand
  593 Vryheid
glasogie 365
glasoog 387
glaspapier 316
glasporselein 305
glasskilder
  309 Glasbereiding
  760 Skilderkuns
  761 Graveerkuns
glasskildering
  309 Glasbereiding
  761 Graveerkuns
glasskilderwerk 309
glasuur
  305 Pottebakkery
  309 Glasbereiding
  419 Voedselbereiding
glasvesel 309
glasvis 363
gletser
  274 Geologie
  277 Berg
  466 Koud
gletserafsetting 277
gletserkunde 274
gleuf
  177 Oopgaan
  184 Breek
glibberig
  179 Glad maak
  448 Gelyk
  770 Wantroue
  818 Bedrieg
glibberigheid
  448 Gelyk
  770 Wantroue
glieps
  538 Dwaling

  548 Praat
  623 Sleg
  641 Onvoorbereid
  822 Skuldig
glim
  465 Warm
  485 Lig
glimkewer 361
glimlag
  545 Natuurlike teken
  722 Humor
glimlaggend 722
glimmend 485
glimmer
  298 Steen
  485 Lig
glimming 485
glimp
  485 Lig
  538 Dwaling
glimps 499
glimwurm 361
glinster 485
glinsterend 485
glinstering 485
glip
  190 Vertrek
  228 Vinnig beweeg
  728 Balsporte
glipperig 159
glips
  538 Dwaling
  548 Praat
  623 Sleg
  641 Onvoorbereid
  652 Versuim
  822 Skuldig
gliptiek
  761 Graveerkuns
  762 Inlegwerk
glipveldwerker 728
gliserien
  415 Geneesmiddel
  462 Halfvloeibare stof
gliserienalf 415
glissando 754
glit
  297 Metaal
  301 Metaalverwerking
glitlood
  297 Metaal
  301 Metaalverwerking
glo
  518 Glo
  519 Twyfel
  527 Oordeel
  531 Saamstem
  765 Hoop
  769 Vertroue
  842 Geloof
globaal
  111 Geheel
  130 Onbepaaldheid

787 Samelewing
globaleposisionering-
  stelsel 88
globalisasie
  111 Geheel
  787 Samelewing
globaliseer 787
globalisering
  111 Geheel
  787 Samelewing
globe
  270 Hemelliggaam
  446 Rond
globulien 400
globulolise 413
glockenspiel 756
gloed
  465 Warm
  485 Lig
  490 Kleur
  714 Positiewe gevoel
gloedvol 714
gloei
  465 Warm
  485 Lig
gloeidraad
  262 Elektrisiteit
  487 Ligbron
gloeiend
  465 Warm
  467 Aansteek
  485 Lig
  714 Positiewe gevoel
  715 Negatiewe gevoel
  826 Goedkeur
gloeihitte 465
gloeiing 485
gloeilamp
  262 Elektrisiteit
  487 Ligbron
gloeilig 487
glokaal 63
glokalisasie 63
glokalisering 63
glooiend
  73 Skuins
  277 Berg
  73 Skuins
glooiingshoek 73
glooiingspuin 277
gloor
  485 Lig
  743 Mooi
  799 Beroemd
  826 Goedkeur
gloria
  743 Mooi
  799 Beroemd
glorie
  743 Mooi
  799 Beroemd
  826 Goedkeur

glorieryk
  743 Mooi
  799 Beroemd
glorierykheid
  743 Mooi
  799 Beroemd
glorietyd 799
glorieus
  485 Lig
  743 Mooi
  799 Beroemd
glorievol 799
glorifieer 799
glorifikasie 799
glos
  543 Duidelik
  553 Behandel
  565 Skryfkuns
glossa
  543 Duidelik
  553 Behandel
  565 Skryfkuns
glossarium
  543 Duidelik
  565 Skryfkuns
  567 Boek
glossitis 413
glossolalie
  548 Praat
  836 Bonatuurlik
glossologie 570
glottaal
  390 Mond
  572 Uitspraak
glottis
  390 Mond
  393 Nek en skouer
glottisslag 572
gloukoniet 297
gloukoom 413
gluipend 813
gluiperig 813
glukose
  419 Voedselbereiding
  471 Smaaklik, lekker
gluten
  172 Vasmaak
  462 Halfvloeibare stof
  564 Skryfbehoeftes
gluten-intoleransie 413
glutineus 462
gluur 499
gly
  225 Vinnig
glyer 572
glyerig
  159 Na onder
  179 Glad maak
  225 Vinnig
glyjakkals 818
glyklank 572
glyknoop 172
glyplank 741

glyptodon 367
glyskaal 134
glystoel 234
glyvlug 222
g(h)narrabos 332
gnasblom 334
gneis 274
gnocchi 426
gnome
  751 Digkuns
  838 Gees
gnomedigter 751
gnomies
  558 Redevoering
  751 Digkuns
gnoom 838
gnostiek 841
gnosties 841
gnostikus 841
gnostisisme 841
gô 625
gobelin 95
god
  768 Vrees
  820 Oneerbaar
  837 God
  838 Gees
  854 Godsdienste
  855 Gode
goddank 781
goddelik
  836 Bonatuurlik
  837 God
  838 Gees
  855 Gode
goddelikheid
  836 Bonatuurlik
  837 God
  855 Gode
goddeloos
  598 Ongehoorsaam
  623 Sleg
  779 Boosaardigheid
  813 Swak gedrag
  822 Skuldig
  827 Afkeur
  831 Minag
  843 Ongeloof
  846 Goddeloosheid
goddeloosheid
  779 Boosaardigheid
  813 Swak gedrag
  822 Skuldig
  831 Minag
  843 Ongeloof
  846 Goddeloosheid
goddelooslik
  598 Ongehoorsaam
  623 Sleg
  779 Boosaardigheid
  813 Swak gedrag
goddelose 846
godedom 855

godedrank
  427 Drank
  855 Gode
goderyk 837
godespys
  426 Kossoort, dis
  855 Gode
godganselik 111
godgegewe 845
godgruwelik 813
godheid
  837 God
  855 Gode
godin 855
godloënaar 843
godloëning 843
godloosheid 846
gods 768 Vrees
gods
  768 Vrees
  820 Oneerbaar
godsadvokaat 852
godsalig
  819 Eerbaar
  842 Geloof
godsaligheid 842
godsbegrip
  837 God
  840 Godsdiens
  842 Geloof
godsbestel 837
godsdiens
  840 Godsdiens
  845 Godsvrug
godsdiensbegrip 840
godsdiensbeoefening
  840 Godsdiens
  845 Godsvrug
godsdiensbeskou-
  ing 840
godsdiensfilosofie
  514 Wysbegeerte
  854 Godsdienste
godsdiensgeskie-
  denis 840
godsdiensgroep
  787 Samelewing
  854 Godsdienste
godsdienshervor-
  mer 840
godsdiensoefening
  845 Godsvrug
  848 Kerklike bediening
godsdiensonderrig
  559 Opvoeding en
    onderwys
  849 Prediking
godsdiensoorlog
  667 Stryd
  840 Godsdiens
godsdiensopvatting 840
godsdienssin 845

godsdienstig
812 Goeie gedrag
840 Godsdiens
845 Godsvrug
godsdienstigheid
840 Godsdiens
845 Godsvrug
godsdienstwis 840
godsdiensvervolging
594 Onvryheid
846 Goddeloosheid
godsdiensvryheid
593 Vryheid
840 Godsdiens
godsdienswetenskap
515 Wetenskap
840 Godsdiens
godsgeleerdheid 840
god(s)gekla(a)g
548 Praat
766 Wanhoop
813 Swak gedrag
god(s)geleerde
514 Wysbegeerte
842 Geloof
god(s)geleerdheid
514 Wysbegeerte
842 Geloof
godsgerig 837 God
godsgruwelik
623 Sleg
768 Vrees
779 Boosaardigheid
godsjammerlik
683 Misluk
766 Wanhoop
godskreiend
623 Sleg
813 Swak gedrag
godslastering 846
godslasterlik
779 Boosaardigheid
846 Goddeloosheid
godslasterlikheid 779
godsmag
837 God
855 Gode
godsman 852
godsonmoontlik 654
godsonmoontlikheid 654
godsryk 837
godsverdomme 846
godsvrede 668
godsvrug 845
godswonder
36 Onreëlmatigheid
836 Bonatuurlik
godvergete
813 Swak gedrag
846 Goddeloosheid
godverlate
623 Sleg

664 Terugstaan
846 Goddeloosheid
godverlatenheid 664
godvresend 845
godvrugtig 845
godvrugtigheid 845
goed
95 Huisraad
104 Baie
311 Weefstof
411 Gesond
605 Aanvaar
614 Bekwaam
620 Belangrik
622 Goed
633 Nuttig
637 Doelgerigtheid en doelloosheid
644 Handelwyse
682 Slaag
688 Besit
707 Handelsaak
716 Genot
720 Tevredenheid
743 Mooi
778 Goedaardigheid
804 Regverdig
812 Goeie gedrag
819 Eerbaar
826 Goedkeur
goedaardig
413 Verskillende siektes
622 Goed
778 Goedaardigheid
812 Goeie gedrag
goedaardigheid
622 Goed
778 Goedaardigheid
812 Goeie gedrag
goedbekend 799
goeddink
605 Aanvaar
826 Goedkeur
goeddunke
584 Kies
826 Goedkeur
goedere
194 Vervoer
237 Voortbring
688 Besit
goederedepot 234
goederediens 220
goederehawe 235
goederekantoor
194 Vervoer
234 Spoorweë
goedereloods
91 Gebou
194 Vervoer
234 Spoorweë
goederestasie
194 Vervoer
234 Spoorweë

goederetrein 234
goederevervoer
194 Vervoer
220 Treinry
goedertieren 778
goedertierenheid 778
goedgaar 419
goedgeaard
622 Goed
778 Goedaardigheid
812 Goeie gedrag
goedgeaardheid
622 Goed
778 Goedaardigheid
812 Goeie gedrag
goedgeefs
693 Gee
812 Goeie gedrag
goedgehumeur(d)
714 Positiewe gevoel
718 Blydskap
goedgehumeurdheid 718
goedgekeur 826
goedgelowig
518 Glo
769 Vertroue
goedgelowigheid 518
goedgeluim 718
goedgemanierd
743 Mooi
791 Sosiaal
812 Goeie gedrag
819 Eerbaar
goedgemanierdheid
743 Mooi
812 Goeie gedrag
goedgesind
663 Meedoen
776 Liefde en vriendskap
778 Goedaardigheid
goedgesindheid
663 Meedoen
778 Goedaardigheid
goedgretig 773
goedgunstig 778
goedgunstigheid
693 Gee
778 Goedaardigheid
goedhartig
714 Positiewe gevoel
772 Sagmoedigheid
778 Goedaardigheid
791 Sosiaal
goedhartigheid
714 Positiewe gevoel
772 Sagmoedigheid
778 Goedaardigheid
791 Sosiaal
goedheid
622 Goed
633 Nuttig
682 Slaag

714 Positiewe gevoel
778 Goedaardigheid
812 Goeie gedrag
goedhou
411 Gesond
622 Goed
812 Goeie gedrag
goedig 778
goedigheid 778
goedjadji 854
goedkeur
601 Toestemming gee
605 Aanvaar
665 Byeenkom
806 Wettig
825 Beoordeling
826 Goedkeur
goedkeurend
601 Toestemming gee
825 Beoordeling
826 Goedkeur
goedkeuring
579 Gedwonge
590 Bestuur en regeer
601 Toestemming gee
616 Magtig
806 Wettig
825 Beoordeling
826 Goedkeur
830 Eerbiedig
goedkoop
126 Skat
623 Sleg
691 Spandeer
708 Betaal
710 Kosteloosheid
813 Swak gedrag
goedlags 722
goedmaak
622 Goed
708 Betaal
833 Verontskuldig
goedmoedig
778 Goedaardigheid
821 Onskuldig
goedmoedigheid
778 Goedaardigheid
821 Onskuldig
goedpraat
804 Regverdig
821 Onskuldig
833 Verontskuldig
goedpratery
821 Onskuldig
833 Verontskuldig
goedskiks
578 Vrywillig
580 Graag
653 Maklik handel
goedskryf 703
goedsmoeds
579 Gedwonge
586 Beslis

718 Blydskap
778 Goedaardigheid
goedsoortig 622
goedstaan 826
goedvertrouend 769
goedvind
  601 Toestemming gee
  605 Aanvaar
  622 Goed
  806 Wettig
  826 Goedkeur
goedvoelhormoon 409
goedwillig 580
goedwilligheid 580
goeiedag 790
goeiemiddag 790
goeienaand 790
goeienag 790
goeiewyn 427
goeiste
  521 Verras wees
  715 Negatiewe gevoel
goël 844
goëlaar 844
goëlbal 728
goëlery 844
goëlkuns 844
goëlkunstenaar 844
goëltoertjie 724
goeterig 624
goeters
  1 Bestaan
  688 Besit
goewerment
  588 Gesag hê
  590 Bestuur en regeer
  795 Staat en politiek
goewernante 560
goewerneur
  590 Bestuur en regeer
  591 Gesaghebber
goffel 376
gogga
  361 Insek
  538 Dwaling
  623 Sleg
  744 Lelik
  776 Liefde en vriendskap
goggo 361
go-go-danser 742
goiing 311
goiingmat 95
goiingsak 84
golf
  164 Reëlmatige beweging
  180 Ongelyk maak
  260 Warmteleer
  261 Magnetisme
  262 Elektrisiteit
  266 Akoestiek
  283 See

287 Vloei
746 Persoonlike versorging
golfbeweging
  262 Elektrisiteit
  266 Akoestiek
  283 See
  287 Vloei
golfkarton 315
golflengte
  260 Warmteleer
  261 Magnetisme
  262 Elektrisiteit
  264 Radio en televisie
  266 Akoestiek
  287 Vloei
golfplaat 301
golfry 732
golfstroom 259
golfteorie 267
Golgota 842
goliatkewer 361
golweleer 515
golwend
  164 Reëlmatige beweging
  180 Ongelyk maak
golwing
  164 Reëlmatige beweging
  180 Ongelyk maak
  283 See
  287 Vloei
  746 Persoonlike versorging
gom
  172 Vasmaak
  462 Halfvloeibare stof
  494 Gevoelloosheid en bedwelming
  564 Skryfbehoeftes
gombindwerk 566
gomboom 331
gomgat 623
gomhars 462
gomlastiek
  307 Rubber en plastiek
  564 Skryfbehoeftes
gompapier 315
gompou 365
gomsnuiwer 494
gomstiffie
  462 Halfvloeibare stof
  564 Skryfbehoeftes
gomstokkie 564
gomtor
  623 Sleg
  820 Oneerbaar
gonade 403
gondel 235
gondelier 235
gondellied 757
goniometer 139

gonna
  768 Vrees
  820 Oneerbaar
gonnabeentjie 397
gonnatjie 820
gonorree 413
gons
  480 Dowwe klank
  484 Diergeluid
  548 Praat
gonswoord 573
gooi
  66 Plasing
  147 Rigting
  194 Vervoer
  227 Werp
  305 Pottebakkery
  628 Vuil
  729 Atletiek
gooiafstand
  68 Ver
  227 Werp
goor
  408 Spysvertering
  472 Smaakloos, sleg
  475 Onwelriekend
  623 Sleg
  628 Vuil
  744 Lelik
  777 Haat en onvriendelikheid
  813 Swak gedrag
goorderig
  472 Smaakloos, sleg
  628 Vuil
  744 Lelik
  813 Swak gedrag
goorheid
  623 Sleg
  628 Vuil
  813 Swak gedrag
goormaag
  408 Spysvertering
  413 Verskillende siektes
gops(e)
  61 Plek
  90 Omgewing
gopserig 93
gora 288
gord
  172 Vasmaak
  231 Tuig
  640 Voorbereid
  745 Versier
gordel
  82 Rondom
  172 Vasmaak
  273 Geografie
  745 Versier
gordelroos 413
Gordiaanse knoop 654
gording 94

gordyn
  95 Huisraad
  752 Toneel- en rolprentkuns
gordyngoed 311
gordynmateriaal 311
gorê 288
gorgonzola 426
gorilla 366
gorra 288
gorrel
  390 Mond
  393 Nek en skouer
  398 Asemhalingsorgaan
  482 Menslike geluid
  548 Praat
gorrelgat
  390 Mond
  393 Nek en skouer
gorrelpyp
  390 Mond
  398 Asemhalingsorgaan
gort
  419 Voedselbereiding
  426 Kossoort, dis
gortmyt 361
gospellied 757
gospelmusiek 753
gotiek
  565 Skryfkuns
  566 Drukkuns
  764 Boukuns
gotta
  768 Vrees
  820 Oneerbaar
gottabeentjie 397
gottatjie 820
gou
  41 Kortstondig
  225 Vinnig
goud
  297 Metaal
  492 Kleure
  689 Ryk
  709 Betaalmiddel
gouda
  371 Suiwelbereiding
  426 Kossoort, dis
goudaar
  275 Mynwese
  297 Metaal
goudaarde 297
goudbedryf 275
goudbeslag
  301 Metaalverwerking
  302 Smeewerk
  745 Versier
goudbrokaat 311
goudbrons 492
goudbruin 492
gouddraad
  297 Metaal
  301 Metaalverwerking

grandioos

gouddruk 566
gouderts 297
goudfoelie 297
goudgeel 492
goudgeelvink 365
goudgietery 301
goudindeks 702
goudkleur 492
goudlening 699
goudmark 701
goudmyn
  275 Mynwese
  686 Aanwins
goudogie 361
goudopaal 298
goudpletter 302
goudplettery 302
goudprys 131
goudreserwe 131
goudsmedery 302
goudsnee
  567 Boek
  745 Versier
goudsneewerk 745
goudsnip 365
goudstandaard
  131 Geldeenheid
  701 Handel en ekonomie
goudstof 297
goudstuk
  131 Geldeenheid
  709 Betaalmiddel
goudsug 692
goudveld 275
Goudvis 270
goudvis 363
gouestroop 426
gou-gou
  41 Kortstondig
  225 Vinnig
gouigheid
  41 Kortstondig
  225 Vinnig
gou-kyk 225
gourmand 406
gourmet 406
gourmetkos
  420 Voedsel
  426 Kossoort, dis
gousblom 334
GPS 88
graad
  122 Bereken
  123 Meet
  137 Bewerking
  431 Afmeting
  559 Opvoeding en onderwys
  561 Studeer
graadadjunk 574
graadbepaling
  574 Woordkategorie
  576 Sinsbou en styl

graadboog
  88 Posisie
  139 Meetkunde
graaddier 357 Dier
graadkursus 561
graadnet
  123 Meet
  272 Aarde
  273 Geografie
graadsertifikaat 561
graadteling 239
graadwoord 574
graaf
  94 Dele van 'n eiendom
  101 Bouersgereedskap
  176 Uithaal
  347 Landbou
  355 Landbougereedskap
  630 Werktuig
  797 Hoër stand
graafskap
  61 Plek
  590 Bestuur en regeer
  797 Hoër stand
graag
  580 Graag
  584 Kies
  610 Ywerig
  720 Tevredenheid
  773 Begeerte
graagte
  580 Graag
  584 Kies
  610 Ywerig
  773 Begeerte
graan 352
graanboer
  347 Landbou
  352 Graanverbouing
graanboerdery
  347 Landbou
  352 Graanverbouing
graanbou 352
graankos
  420 Voedsel
  426 Kossoort, dis
graanmeul 186
graanmot 361
graanskilpadjie 361
graanskuur 354
graansorghum
  352 Graanverbouing
  426 Kossoort, dis
graanstinkbesie 361
graanstroper 355
graanverbouing 352
graanvlok
  352 Graanverbouing
  426 Kossoort, dis
graanvoer 369
graat
  363 Waterdier
  380 Gebeente

graatjiemeerkat 366
grabbel 516
grabbelsak 84
graben 274
gradasie 123
gradeboog 139
gradedag 561
gradeer 19
gradeplegtigheid 561
gradering
  19 Orde
  122 Bereken
  527 Oordeel
gradiënt
  259 Aërografie
  273 Geografie
  274 Geologie
graduandus 561
graduatus 561
gradueel
  22 Kontinuïteit
  112 Deel
  158 Na bo
gradueer
  112 Deel
  137 Bewerking
  561 Studeer
graf
  250 Dood
  253 Begrafnis
  546 Kunsmatige teken
grafblom
  318 Plant
  332 Struik
grafeem 571
graffiti 565
grafgrawer 253
grafiek 565
grafies
  565 Skryfkuns
  759 Tekenkuns
grafiet 298
grafika
  263 Rekenaar en internet
  539 Kommunikeer
grafikakaart 263
grafkelder
  253 Begrafnis
  853 Kerkgebou
grafologie
  3 Bestaanswyse
  563 Skryf
  565 Skryfkuns
grafoloog 565
grafrede
  253 Begrafnis
  558 Redevoering
grafskrif 253
grafspelonk 253
grafsteen
  253 Begrafnis
  546 Kunsmatige teken

grafstem 548
grafstil 477
grafstilte 477
grafwaarts 250
grag
  286 Rivier
  671 Verdedigingsmiddel
gram
  123 Meet
  124 Weeg
gram(m)adoelas
  61 Plek
  68 Ver
gramkalorie 260
grammaties 570
grammatika 570
grammatikaal 570
grammatikatoetser
  263 Rekenaar en internet
  563 Skryf
grammatikus
  515 Wetenskap
  570 Taalwetenskap
grammofoon
  264 Radio en televisie
  756 Musiekinstrument
grammofoonplaat 756
grammofoonspeler
  264 Radio en televisie
  756 Musiekinstrument
grammolekule
  124 Weeg
  256 Skeikunde
gramradio
  264 Radio en televisie
  756 Musiekinstrument
gram-sentimeter
  123 Meet
  258 Hidroulika
gramskap
  618 Heftig
  771 Gramskap
  777 Haat en onvriendelikheid
gramstorig
  715 Negatiewe gevoel
  771 Gramskap
gramstorigheid 771
granaat
  298 Steen
  350 Vrugteverbouing
  676 Vuurwapen
granaatboom 331
granaatrooi 492
granaatsteen 298
granaatvuur 677
granadilla 350
grand cru 427
grand finale 28
grande dame 614
grandioos
  622 Goed

743 Mooi
graniet
  274 Geologie
  298 Steen
granietkleur 492
granulasie
  270 Hemelliggaam
  301 Metaalverwerking
  458 Breekbaar
granuleer
  301 Metaalverwerking
  419 Voedselbereiding
  458 Breekbaar
  761 Graveerkuns
granulering
  301 Metaalverwerking
  458 Breekbaar
  761 Graveerkuns
granuliet 298
grap
  621 Onbelangrik
  722 Humor
  831 Minag
grapjas
  722 Humor
  724 Vermaak en ontspanning
  831 Minag
grapmaker
  722 Humor
  831 Minag
grapperig
  722 Humor
  831 Minag
grappig 722
grappigheid 722
gras
  310 Vlegwerk
  318 Plant
  346 Landbougrond
grasagtig 352
grasdak 94
grasetend
  357 Dier
  366 Soogdier
graseter
  366 Soogdier
  406 Eet
grasgroen 492
grasie
  38 Tydgebruik
  743 Mooi
  783 Vergifnis
grasietydperk 693
grasieus 743
grasland 318
grasmasjien 355
grasperk
  94 Dele van 'n eiendom
  346 Landbougrond
graspol 318
grassaad 318

grasskêr 355
grasslang 364
grassnyer
  94 Dele van 'n eiendom
  355 Landbougereedskap
grasspriet 318
grasui
  351 Groenteverbouing
  426 Kossoort, dis
grasveld
  346 Landbougrond
  445 Oppervlak
grasvlakte
  273 Geografie
  280 Woestyn
  289 Klimaat
  346 Landbougrond
  445 Oppervlak
grasweduwee 376
graswewenaar 375
graswoestyn 280
gratifikasie
  693 Gee
  696 Ontvang
gratineer 419
gratis 710
gravamen 532
graveer
  563 Skryf
  758 Beeldende kuns
  761 Graveerkuns
graveerder 761
graveerkuns
  749 Kuns
  758 Beeldende kuns
  761 Graveerkuns
graveermasjien 761
graveerwerk
  758 Beeldende kuns
  761 Graveerkuns
graveur 761
gravimeter 261
gravimetrie 261
gravimetries 261
gravin 797
gravis
  565 Skryfkuns
  571 Skrif
gravisaksent 571
gravitasie
  257 Meganika en tegnologie
  261 Magnetisme
  273 Geografie
gravitasie-energie 256
gravitasieveld 257
gravitasiewet 257
graviteer
  257 Meganika en tegnologie
  261 Magnetisme
gravure 761

grawe
  165 Onreëlmatige beweging
  275 Mynwese
  347 Landbou
graweelsteen 413
grazioso 753
greep
  102 Hoeveelheid
  183 Gryp
  263 Rekenaar en internet
  397 Ledemaat
  533 Verstaan
  731 Gevegsport
  756 Musiekinstrument
gregaries 114
grein
  103 Min
  112 Deel
  124 Weeg
  311 Weefstof
  316 Hout
  458 Breekbaar
greineer
  316 Hout
  449 Ongelyk
  761 Graveerkuns
greinerig
  316 Hout
  449 Ongelyk
  458 Breekbaar
  771 Gramskap
greintjie 103
grenache noir 427
grenadella 350
grenadier 673
grênd 743
grendel
  178 Toegaan
  676 Vuurwapen
grendelgeweer 676
grendeling 579
grendelperiode 579
grendeltydperk
  171 Verwyder
  579 Gedwonge
grens
  16 Gevolg
  28 Einde
  58 Laat
  63 Begrensdheid
  69 Naby
  82 Rondom
  137 Bewerking
  160 Omring
  178 Toegaan
  442 Lyn
  719 Hartseer
grensbalie 719
grensbedryf 658
grensbeheer 63
grensbeskerming 63

grensbewoner 64
grensdiens 679
grensdorp
  63 Begrensdheid
  90 Omgewing
grensdraad
  63 Begrensdheid
  94 Dele van 'n eiendom
grens(e)loos
  62 Grensloosheid
  104 Baie
  432 Groot
grenserig 719
grensgebied 63
grensgeskil
  63 Begrensdheid
  667 Stryd
grensgeval 130
grenshou 728
grenskonflik
  63 Begrensdheid
  667 Stryd
grenslinie 63
grensliteratuur 750
grensloosheid 62
grenslyn
  63 Begrensdheid
  442 Lyn
  629 Spel en sport
  728 Balsporte
grenspos
  63 Begrensdheid
  670 Verdedig
grensprosa 750
grensregter 728
grensroman 750
grensverskuiwend
  140 Verandering
  767 Moed
grensverskuiwing
  140 Verandering
  767 Moed
grenswaarde 137
grenswag
  670 Verdedig
  680 Militêre aksie
gretig
  580 Graag
  618 Heftig
  714 Positiewe gevoel
  773 Begeerte
gretigheid
  580 Graag
  773 Begeerte
gretiglik 773
grief
  713 Gevoel
  717 Lyding
  719 Hartseer
  777 Haat en onvriendelikheid
  779 Boosaardigheid

829 Beledig
831 Minag
Griekwa 787
Griekwa-Afrikaans 569
griep 413
griepepidemie 413
griepverkoue 413
griepvirus 413
griesel
  103 Min
  587 Aarsel
  623 Sleg
  768 Vrees
grieselig
  623 Sleg
  628 Vuil
  744 Lelik
  768 Vrees
  775 Weersin
grieseligheid
  623 Sleg
  628 Vuil
  768 Vrees
grieselrig
  623 Sleg
  628 Vuil
  768 Vrees
  775 Weersin
grieselrigheid
  623 Sleg
  628 Vuil
  768 Vrees
grieseltjie 103
griesmeel 419
griet 365
griewend
  717 Lyding
  829 Beledig
  831 Minag
grif
  563 Skryf
  761 Graveerkuns
griffel 564
griffie 564
griffier 808
griffioen 357
gril 466 Koud
gril
  513 Denke
  583 Willoosheid
  623 Sleg
  657 Herhaal
  715 Negatiewe gevoel
  768 Vrees
  771 Gramskap
  775 Weersin
  813 Swak gedrag
grille 721
grillerig
  466 Koud
  623 Sleg
  628 Vuil
  744 Lelik

813 Swak gedrag
827 Afkeur
grillerigheid
  466 Koud
  623 Sleg
  628 Vuil
  744 Lelik
grillig
  142 Veranderlikheid
  654 Moeilik handel
  715 Negatiewe gevoel
  813 Swak gedrag
grilligheid
  142 Veranderlikheid
  813 Swak gedrag
grim 722
grimas 722
grimeer 746
grimeerkunstenaar 752
grimeermiddel
  745 Versier
  746 Persoonlike
    versorging
grimeersel 746
grimering
  745 Versier
  746 Persoonlike
    versorging
grimeur 746
grimlag 722
grimmig
  623 Sleg
  768 Vrees
  771 Gramskap
  777 Haat en
    onvriendelikheid
grimmigheid
  771 Gramskap
  777 Haat en
    onvriendelikheid
grinnik 722
grinnikend 722
grint
  298 Steen
  458 Breekbaar
grinterig 458
grintspat 99
grip
  286 Rivier
  346 Landbougrond
grissini 424
groef
  177 Oopgaan
  275 Mynwese
  303 Steengroef
  316 Hout
  446 Rond
  657 Herhaal
groei
  107 Meer
  140 Verandering
  237 Voortbring
  317 Fisiologie

318 Plant
324 Plantlewe
432 Groot
682 Slaag
686 Aanwins
groei-aandeel 702
groei-effekte 702
groeiend 140
groeifonds 693
groeikoers 701
groeikrag 432
groeipunt
  320 Stam
  701 Handel en ekonomie
groeipyne 413
groeisaam 239
groeisel 413
groeistof 345
groeiwyse 317
groen
  255 Natuur
  318 Plant
  324 Plantlewe
  463 Nat
  492 Kleure
  615 Onbekwaam
groenaarde 297
groenalge 341
groenamandel
  323 Vrug
  350 Vrugteverbouing
groenamara 415
groenbemesting 345
groenboontjie
  351 Groenteverbouing
  426 Kossoort, dis
groenboontjiebredie 426
groenbrommer 361
groendakkies 505
groendruif 427
groene
  255 Natuur
  615 Onbekwaam
groenertjie
  351 Groenteverbouing
  426 Kossoort, dis
groengeel 492
groenkaas 426
groenkalossie 334
groenkool 351
groenkoperroes 301
groenluis 361
groenmamba 364
groenmielie 351
groenogig 387
groenpiet 365
groenslaai 426
groenspaan 301
groenstaar 413
groente
  351 Groenteverbouing
  420 Voedsel
  426 Kossoort, dis

groentebedding
  94 Dele van 'n eiendom
  346 Landbougrond
groenteman
  351 Groenteverbouing
  705 Verkoop
groentemark
  351 Groenteverbouing
  701 Handel en ekonomie
  707 Handelsaak
groentemes
  95 Huisraad
  185 Sny
  419 Voedselbereiding
groenteplaas
  346 Landbougrond
  351 Groenteverbouing
  354 Plaas
groentepuree 426
groenterasper 95
groentesop 426
groenteventer
  701 Handel en ekonomie
  705 Verkoop
groenteverbouing 351
groentewinkel
  351 Groenteverbouing
  707 Handelsaak
groentjie
  27 Begin
  615 Onbekwaam
groenui 351
groenvitriool 256
groenvy 350
groep
  3 Bestaanswyse
  19 Orde
  21 Opeenvolging
  31 Soort
  33 Samehorigheid
  168 Saamkom
  170 Saambring
  663 Meedoen
  701 Handel en ekonomie
  787 Samelewing
  794 Sosiale struktuur
groepbewus 787
groepeer
  19 Orde
  31 Soort
  168 Saamkom
  170 Saambring
  787 Samelewing
groepering
  19 Orde
  31 Soort
  33 Samehorigheid
  168 Saamkom
  170 Saambring
  576 Sinsbou en styl
  787 Samelewing
  794 Sosiale struktuur

groepfoto 268
groepleier
  588 Gesag hê
  591 Gesaghebber
groepreis 187
groepsbelang
  620 Belangrik
  633 Nuttig
  787 Samelewing
groepsbewussyn 787
groepseks
  239 Voortplant
  776 Liefde en vriendskap
groepsgebied 90
groepsgebondenheid 787
groepsgees 787
groepsgewys(e) 168
groepsgrens 787
groepsidentiteit 787
groepsimmuniteit
  411 Gesond
  414 Geneeskunde
groepspeletjie 739
groepsregte 806
groeptaal 569
groep(s)verband
  168 Saamkom
  663 Meedoen
  787 Samelewing
groepvoorsetsel 574
groepvorming
  33 Samehorigheid
  168 Saamkom
  170 Saambring
groepwerk
  10 Harmonie
  561 Studeer
  645 Handel
  663 Meedoen
groet
  28 Einde
  548 Praat
  550 Noem
  778 Goedaardigheid
  790 Sosiale betrekking
groete
  778 Goedaardigheid
  790 Sosiale betrekking
groetery 790
groetnis 790
groetvorm 576
groetwoord 790
grof
  186 Maal
  386 Gesig
  432 Groot
  449 Ongelyk
  452 Swaar
  455 Hard
  480 Dowwe klank
  618 Heftig

  623 Sleg
  779 Boosaardigheid
  792 Asosiaal
  813 Swak gedrag
grofdradig 313
grofgeskut
  675 Militêre toerusting
  677 Skiet
grofheid
  432 Groot
  449 Ongelyk
  452 Swaar
  455 Hard
  480 Dowwe klank
  618 Heftig
  623 Sleg
  792 Asosiaal
grofsmedery 302
grofsmid 302
grofweg 130
grok 427
grom
  363 Waterdier
  395 Buik
  401 Spysverteringskanaal
  480 Dowwe klank
  482 Menslike geluid
  484 Diergeluid
  771 Gramskap
  777 Haat en onvriendelikheid
gromgeluid 480
grompot 771
grond
  15 Oorsaak
  61 Plek
  89 Blyplek
  99 Messel
  123 Meet
  143 Bestendigheid
  237 Voortbring
  272 Aarde
  274 Geologie
  298 Steen
  346 Landbougrond
  437 Laag
  459 Vaste stof
  525 Bewys
  533 Verstaan
  620 Belangrik
  688 Besit
  787 Samelewing
  833 Verontskuldig
grondaanval 667
grondakkoord 753
grondakte 688
grondbaron
  688 Besit
  689 Ryk
grondbedekker 318
grondbeginsel
  19 Orde

  35 Reëlmaat
  515 Wetenskap
  522 Redeneer
  620 Belangrik
  640 Voorbereid
  811 Gewete
  842 Geloof
grondbegrip
  513 Denke
  515 Wetenskap
grondbelasting 712
grondbemanning 236
grondbesetter 687
grondbesetting 687
grondbesit
  61 Plek
  688 Besit
grondbesitter
  688 Besit
  797 Hoër stand
  798 Laer stand
grondbesoedeling 255
grondbestanddeel
  112 Deel
  272 Aarde
grondbetekenis
  541 Betekenisvolheid
  577 Betekenis
grondbevolking
  318 Plant
  357 Dier
grondbewaring 272
grondboontjie
  323 Vrug
  350 Vrugteverbouing
  426 Kossoort, dis
grondboontjiebotter 426
grondbreker 355
grondbrief 688
grondeer 760
grondeienaar 688
grondeienskap
  3 Bestaanswyse
  272 Aarde
  620 Belangrik
grondeis 688
grondeisehof 808
grondeloos
  432 Groot
  437 Laag
gronderosie
  272 Aarde
  346 Landbougrond
grondgebied
  61 Plek
  590 Bestuur en regeer
  688 Besit
grondgedagte 513
grondgetal
  133 Getalle
  137 Bewerking
grondgrypery 687
grondhervorming 61

grondherwinning
  255 Natuur
  272 Aarde
  274 Geologie
grondhonger
  61 Plek
  688 Besit
grondhoogte 436
grondig
  1 Bestaan
  525 Bewys
  533 Verstaan
  620 Belangrik
  622 Goed
grondigheid
  525 Bewys
  620 Belangrik
  622 Goed
grondkleur
  490 Kleur
  492 Kleure
grondkoers 147
grondkunde
  255 Natuur
  515 Wetenskap
grondkundige 515
grondlaag
  77 Onder, onderkant, ondertoe
  760 Skilderkuns
grondlangs 437
grondlêer
  27 Begin
  237 Voortbring
grondlegging
  27 Begin
  237 Voortbring
  842 Geloof
grondleiding 147
grondliggend
  15 Oorsaak
  17 Noodsaak
  620 Belangrik
grondluis 361
grondlyn
  94 Dele van 'n eiendom
  442 Lyn
grondmoreen 277
grondonteiening 687
grondoorsaak 15
grondoppervlak 445
grondpad 149
grondpersoneel
  222 Vlieg
  236 Lugvaart
grondplan
  97 Bou
  640 Voorbereid
  759 Tekenkuns
grondreël
  35 Reëlmaat
  515 Wetenskap
  522 Redeneer

620 Belangrik
640 Voorbereid
644 Handelwyse
grondrehabilitasie 255
grondrestitusie 687
grondseil 161
grondslag
  27 Begin
  515 Wetenskap
  620 Belangrik
  644 Handelwyse
grondstelling
  515 Wetenskap
  522 Redeneer
grondstof
  112 Deel
  254 Stof
  273 Geografie
  275 Mynwese
  295 Delfstof
  631 Nodig
grondstorting 274
grondstreek 273
grondstroom 262
grondtaal 569
grondtal 137
grondteks
  567 Boek
  842 Geloof
grondtoon
  266 Akoestiek
  522 Redeneer
  753 Musiek
  760 Skilderkuns
grond-tot-lug-missiel 676
grondtrek
  3 Bestaanswyse
  513 Denke
  620 Belangrik
grondvat
  188 Aankom
  212 Afgaan
grondverdieping 94
grondvereiste
  525 Bewys
  620 Belangrik
grondverf 760
grondversakking 437
grondverskuiwing 274
grondves
  27 Begin
  237 Voortbring
grondvesting 27
grondvlak
  77 Onder, onderkant, ondertoe
  94 Dele van 'n eiendom
  445 Oppervlak
grondvloer 94
grondvorm
  3 Bestaanswyse
  35 Reëlmaat

438 Vorm
grondvraag 516
grondvrugbaarheid
  272 Aarde
  346 Landbougrond
grondvryhoogte 233
grondwaarheid
  537 Waarheid
  620 Belangrik
grondwater
  274 Geologie
  460 Vloeistof
grondwet
  599 Gesag uitoefen
  801 Wet
grondwetlik
  801 Wet
  806 Wettig
grondwetlikheid 806
grondwoord
  573 Woordeskat
  575 Woordvorming
groos
  622 Goed
  743 Mooi
Groot Beer 270
groot
  62 Grensloosheid
  92 Deftige, belangrike of groot gebou
  104 Baie
  431 Afmeting
  432 Groot
  434 Breed
  436 Hoog
  452 Swaar
  565 Skryfkuns
  566 Drukkuns
  616 Magtig
  618 Heftig
  620 Belangrik
  622 Goed
  743 Mooi
  799 Beroemd
  819 Eerbaar
grootbaas
  588 Gesag hê
  591 Gesaghebber
grootbek
  548 Praat
  785 Hoogmoed
grootbekkig
  548 Praat
  785 Hoogmoed
  813 Swak gedrag
grootbekkigheid
  548 Praat
  785 Hoogmoed
  813 Swak gedrag
grootboek 703
grootboog 678
grootbord 84
grootderm 401

grootdoener 785
grootdoenerig 785
grootdoenerigheid 785
grootdoenery 785
grootdoop 850
grootgeestig
  693 Gee
  778 Goedaardigheid
grootgrondbesit 688
grootgrondbesitter
  688 Besit
  798 Laer stand
groothandel
  658 Beroep
  701 Handel en ekonomie
groothandelbedryf 658
groothandel(s)mark 701
groothandel(s)prys 701
groothandelsartikel 701
groothandel(s)prys 704
groothandelsbedryf 701
groothandelsektor 658
grootharsings
  378 Senuwee
  385 Skedel
groothartig
  693 Gee
  776 Liefde en vriendskap
  778 Goedaardigheid
  812 Goeie gedrag
groothartigheid
  778 Goedaardigheid
  812 Goeie gedrag
grootheid
  62 Grensloosheid
  125 Tel
  133 Getalle
  432 Groot
  620 Belangrik
  799 Beroemd
  819 Eerbaar
grootheidswaan
  413 Verskillende siektes
  785 Hoogmoed
grootheidswaansin
  413 Verskillende siektes
  505 Verstandstoornis
  785 Hoogmoed
groothertog 797
groothoeklens 268
grootindustrie 658
grootjie
  54 Oud
  242 Ouers
grootkalibergeweer 676
grootkapitaal 688
grootkop
  588 Gesag hê
  590 Bestuur en regeer
  591 Gesaghebber
  785 Hoogmoed
  799 Beroemd

grootkruis 546
grootliks
  103 Min
  123 Meet
grootmaak
  237 Voortbring
  243 Kinders
  559 Opvoeding en onderwys
grootmaat 104
grootmaatprys 704
grootman 799
grootmanna 352
grootmas 235
grootmediaan 315
grootmeester
  588 Gesag hê
  590 Bestuur en regeer
  622 Goed
grootmeneer 785
grootmens 374
grootmense 242
grootmenswêreld 374
grootmoeder
  54 Oud
  240 Genealogie
  242 Ouers
grootmoedig
  778 Goedaardigheid
  819 Eerbaar
grootmoedigheid
  778 Goedaardigheid
  819 Eerbaar
grootmoefti 854
grootmogol 591
grootnyweraar 658
grootogig 521
grootoog
  506 Belangstelling
  521 Verras wees
grootoom 246
grootouer 242
grootouers 242
grootouma 242
grootoupa 242
grootpad 149
grootpartituur 753
grootpraat 785
grootprater 785
grootpraterig 785
grootpratery
  785 Hoogmoed
  813 Swak gedrag
groottrat
  232 Fiets
  233 Voertuig
groots
  104 Baie
  622 Goed
  716 Genot
  743 Mooi
grootseil 235

rootsheid
  622 Goed
  743 Mooi
grootskaals
  104 Baie
  432 Groot
  743 Mooi
grootskeeps
  104 Baie
  432 Groot
  743 Mooi
grootspraak 785
grootsprakig 785
groottante 246
grootte
  62 Grensloosheid
  431 Afmeting
  432 Groot
  436 Hoog
grootterts 753
groottertstoonleer 753
groottoon 397
groottotaal 133
grootvader
  54 Oud
  240 Genealogie
  242 Ouers
grootvee
  357 Dier
  366 Soogdier
  369 Veeteelt
grootvors 591
grootvurk 95
grootwild
  357 Dier
  366 Soogdier
  373 Jag
grootwildjag 373
grootwildjagter 373
grootwithaai 363
grootwoord 846
grootword 249
grootwordjare 53
gros
  104 Baie
  133 Getalle
groslys 659
grosse 688
grosseer 688
grot
  93 Beskeie gebou
  274 Geologie
  277 Berg
grote griet
  521 Verras wees
  768 Vrees
grote
  452 Swaar
  799 Beroemd
grotendeels
  112 Deel
  620 Belangrik

groter-as-teken
  565 Skryfkuns
  571 Skrif
groterig
  62 Grensloosheid
  104 Baie
  432 Groot
  436 Hoog
grotesk
  623 Sleg
  744 Lelik
groteskheid 744
grotsiekte 413
grou
  347 Landbou
  484 Diergeluid
  485 Lig
  492 Kleure
  744 Lelik
  766 Wanhoop
groustaar 413
growwebrood 424
growwigheid 449
gru 775
gruis
  100 Boumateriaal
  298 Steen
  303 Steengroef
  458 Breekbaar
gruispad 149
Grus 270
grusaam
  744 Lelik
  768 Vrees
  775 Weersin
  779 Boosaardigheid
grusaamheid
  775 Weersin
  779 Boosaardigheid
gruwel
  722 Humor
  775 Weersin
  779 Boosaardigheid
  813 Swak gedrag
  822 Skuldig
gruweldaad
  779 Boosaardigheid
  813 Swak gedrag
  822 Skuldig
gruwelhede
  779 Boosaardigheid
  813 Swak gedrag
  822 Skuldig
gruwelik
  623 Sleg
  715 Negatiewe gevoel
  722 Humor
  744 Lelik
  768 Vrees
  775 Weersin
  779 Boosaardigheid
  813 Swak gedrag
gruwelikheid
  715 Negatiewe gevoel

  722 Humor
  775 Weersin
  813 Swak gedrag
gruwelstorie 844
gruyère 426
gryns 722
grynslag 722
gryp
  183 Gryp
  584 Kies
  594 Onvryheid
  694 Neem
  695 Steel
grypanker 235
grypdief
  695 Steel
  803 Wette oortree
gryperig
  686 Aanwins
  692 Spaar
grypkultuur 695
grypsug 688
grypsugtig 688
grys
  54 Oud
  382 Haar
  491 Kleurloosheid
  492 Kleure
  719 Hartseer
grysaard 54
grysbeer 366
grysbok 366
gryserig
  491 Kleurloosheid
  492 Kleure
grysgroen 492
grysheid 54
gryskop
  52 Ouderdom
  54 Oud
grysmark 701
grysmees 365
gryswalvis 363
gryswater
  288 Waterstelsel
  292 Water
gryswaterstelsel 288
guacamole 426
guano 345
guerrilla
  667 Stryd
  673 Manskap
guerrillaoorlog 667
guerrillavegter
  667 Stryd
  673 Manskap
guillotine
  185 Sny
  835 Bestraf
guillotineer
  185 Sny
  835 Bestraf
guirlande 745

guitig 722
guitigheid 722
gul
  693 Gee
  772 Sagmoedigheid
  776 Liefde en
    vriendskap
  778 Goedaardigheid
gulden 131
gulhartig
  693 Gee
  776 Liefde en
    vriendskap
  778 Goedaardigheid
  791 Sosiaal
gulhartigheid
  776 Liefde en
    vriendskap
  790 Sosiale betrekking
  791 Sosiaal
gulheid
  693 Gee
  776 Liefde en
    vriendskap
  778 Goedaardigheid
  790 Sosiale betrekking
gulp 745
gulsig
  406 Eet
  686 Aanwins
  773 Begeerte
gulsigaard 406
gulsigheid
  406 Eet
  773 Begeerte
gulweg 778
gumbo 351
gumbootdans 742
gun
  601 Toestemming gee
  693 Gee
  778 Goedaardigheid
guns
  663 Meedoen
  693 Gee
  778 Goedaardigheid
  790 Sosiale betrekking
gunsbewys 778
gunssoeker 828
gunsteling 776
gunstig
  59 Geleë
  622 Goed
  633 Nuttig
  686 Aanwins
  816 Getrouheid
gunstigheid
  59 Geleë
  622 Goed
  633 Nuttig
  686 Aanwins
gunter 68
guru 502

haatdraend

gus
314 Leer
355 Landbougereedskap
369 Veeteelt
gusbees 369
gusbok 369
gusooi 369
gustangetjie
314 Leer
355 Landbougereedskap
369 Veeteelt
gusvee 369
guts 316
gutturaal 572
guur
293 Onweer
466 Koud
623 Sleg
768 Vrees
guurheid
293 Onweer
466 Koud
623 Sleg
gwarragoed 401
gyselaar 594
gyselingsbevel 808
gyselreg 808

H

ha
521 Verras wees
768 Vrees
831 Minag
haag
318 Plant
332 Struik
haai
363 Waterdier
464 Droog
491 Kleurloosheid
521 Verras wees
623 Sleg
692 Spaar
haaihoei
476 Geluid
479 Disharmonies
481 Skerp klank
haaihokduik 724
haaikaal
464 Droog
491 Kleurloosheid
623 Sleg
haaits
521 Verras wees
831 Minag
haaivlakte 464
haak
172 Vasmaak
183 Gryp
265 Telegraaf en telefoon
566 Drukkuns
667 Stryd

693 Gee
728 Balsporte
731 Gevegsport
haakdoringboom 331
haak-en-steek 331
haakhou
667 Stryd
728 Balsporte
731 Gevegsport
haakliplas 316
haakneus 389
haakplek
444 Krom
667 Stryd
haaks
19 Orde
316 Hout
439 Punt
443 Reglynig
447 Hoekig
667 Stryd
haaksheid 667
haakspeld 172
haaktand 391
haakwerk 728
haakwurm
361 Insek
413 Verskillende siektes
haal
166 Nader beweeg
182 Slaan
191 Laat kom
197 Te voet gaan
215 Swem
407 Drink
442 Lyn
565 Skryfkuns
694 Neem
haalbaar
537 Waarheid
653 Maklik handel
haalbaarheid 653
haan
94 Dele van 'n eiendom
290 Wind
294 Weerkunde
357 Dier
365 Voël
375 Man
676 Vuurwapen
682 Slaag
haantjie
767 Moed
785 Hoogmoed
haar
147 Rigting
321 Blaar
376 Vrou
381 Huid
382 Haar
688 Besit
haaragter 86
haarband 745

haarbars 184
haarbloedvat 399
haarborsel 746
haarbos 382
haarbreedte 435
haarbuis 258
haard
64 Aanwesigheid
94 Dele van 'n eiendom
241 Familie
469 Verwarmingstoestel
haardos 382
haardrag 382
haardroër
382 Haar
746 Persoonlike versorging
haardstede
89 Blyplek
94 Dele van 'n eiendom
469 Verwarmingstoestel
haarfyn
435 Smal
612 Noukeurig
haargolwing
180 Ongelyk maak
746 Persoonlike versorging
haarkapper
382 Haar
746 Persoonlike versorging
haarkappersalon 382
haarkapsel
382 Haar
746 Persoonlike versorging
haarkapster
382 Haar
746 Persoonlike versorging
haarklower
532 Betwis
827 Afkeur
haarklowery
532 Betwis
557 Diskussie
827 Afkeur
haarlaat 835
haarlemensis 415
haarlemmerolie 415
haarloos
318 Plant
382 Haar
haarlyn 442
haarnaalddraai
163 Draai
444 Krom
haarnaasagter 86
haarnaasvoor 85
haarom 147
haarsalon
382 Haar

746 Persoonlike versorging
haarself 376
haarsiekte 413
haarsjampoe
627 Skoon
746 Persoonlike versorging
haarskag 382
haarskeerder 361
haarskêr
382 Haar
746 Persoonlike versorging
haarsnit 382
haarsnyer 746
haarsorg 746
haarstuk 382
haarstyl
382 Haar
746 Persoonlike versorging
haarvat 399
haarverlies 413
haarvlegsel 745
haarvoor 85
haarvooros 231
haarwrong 745
haarwurm 361
haas
51 Toekoms
225 Vinnig
228 Vinnig beweeg
366 Soogdier
618 Heftig
641 Onvoorbereid
haasbek
390 Mond
391 Tand
haas-en-hond 741
haasgras 338
haaskos 336
haaslip 413
haastig
41 Kortstondig
225 Vinnig
618 Heftig
641 Onvoorbereid
haastigheid
225 Vinnig
618 Heftig
641 Onvoorbereid
haasvleis 421
haat
775 Weersin
777 Haat en onvriendelikheid
784 Wraaksug
827 Afkeur
haatdraend
667 Stryd
775 Weersin
777 Haat en onvriendelikheid

617

haatdraendheid

779 Boosaardigheid
haatdraendheid
  777 Haat en
    onvriendelikheid
  784 Wraaksug
haatlik
  775 Weersin
  777 Haat en
    onvriendelikheid
  779 Boosaardigheid
  813 Swak gedrag
haatlikheid
  623 Sleg
  775 Weersin
  777 Haat en
    onvriendelikheid
habanera 742
habba 110
habeas corpus 808
habitasie 89
habitat
  89 Blyplek
  255 Natuur
  273 Geografie
  317 Fisiologie
habitué 89
habitueel
  22 Kontinuïteit
  35 Reëlmaat
habitus 3
had 50
Hadad 855
Hadad-Rimmon 855
Hades
  839 Hiernamaals
  855 Gode
hadida 365
hadj 854
hadji 854
hael
  289 Klimaat
  292 Water
  676 Vuurwapen
haelbui 292
haelgeweer 676
haelkorrel 292
haelskade 635
haelsteen 292
haelstorm 293
haelversekering 655
haelwit 492
hagiograaf 839
hagiografie 839
hagiografies 839
hagiologie 839
hagiologies 839
hagioloog 839
haglik
  623 Sleg
  656 Gevaarlik
  683 Misluk
  690 Arm
  717 Lyding

719 Hartseer
haglikheid
  623 Sleg
  656 Gevaarlik
  690 Arm
  717 Lyding
  719 Hartseer
haikoe 751
haikōna 606
haits 521
haitsa 521
haj 854
Hajj 851
hak
  181 Raak
  185 Sny
  361 Insek
  397 Ledemaat
  745 Versier
hak(k)e-krukke
  198 Strompel
  654 Moeilik handel
hakbeen
  380 Gebeente
  397 Ledemaat
hakea 344
hakekruis 546
hak-en-tak
  522 Redeneer
  532 Betwis
  623 Sleg
  654 Moeilik handel
  667 Stryd
haker 728
hakie
  565 Skryfkuns
  571 Skrif
hakie-en-ogie 172
hakiesdoring 331
hakiesdraad 301
hakkejag
  203 Agterna kom
  667 Stryd
  669 Aanval
hakkel
  413 Verskillende siektes
  482 Menslike geluid
  548 Praat
hakkelaar
  413 Verskillende siektes
  548 Praat
hakkelry
  413 Verskillende siektes
  548 Praat
haksel
  421 Vleis
  426 Kossoort, dis
hakskeen 397
hal 94
halaal
  406 Eet
  420 Voedsel
  854 Godsdienste

half
  112 Deel
  130 Onbepaaldheid
  133 Getalle
  241 Familie
  621 Onbelangrik
  624 Gemiddeld
halfaam
  84 Houer
  102 Hoeveelheid
  123 Meet
halfaap 366
halfbakke 621
halfblindheid 413
halfbloed 240
halfbroer
  240 Genealogie
  244 Broer
halfby 728
halfdagwerk 658
halfdonker 486
halfdood
  250 Dood
  661 Vermoeidheid
halfdosyn 133
halfedel
  622 Goed
  819 Eerbaar
halfedelgesteente 298
halfeeu 37
halfeeufees 79
halfeindronde 727
halfgaar 419
halfgebak
  419 Voedselbereiding
  621 Onbelangrik
halfgeleer(d)
  536 Nie weet nie
  561 Studeer
halfgeleier 262
halfgod
  837 God
  838 Gees
  855 Gode
halfhartig
  519 Twyfel
  581 Teësinnig
  583 Willoosheid
  587 Aarsel
halfheid 581
halfjaarliks
  37 Tydruimte
  55 Periodiek
  127 Tydbepaling
halfkieu 363
halfklaar 650
halfklinker 572
halfkoord 363
halfkoppie 102
halfkroon 131
halflank
  431 Afmeting
  433 Klein

435 Smal
halfleer 566
halflyn
  629 Spel en sport
  728 Balsporte
halfmaan 270
halfmas 546
halfmens 336
halfpad
  29 Middel
  69 Naby
halfreliëf 273
halfrond
  82 Rondom
  269 Heelal
  272 Aarde
  444 Krom
  446 Rond
halfrym 751
halfsaaldak 94
halfsirkel
  139 Meetkunde
  444 Krom
  82 Rondom
halfskaduwee
  267 Optika
  270 Hemelliggaam
halfslagtig
  240 Genealogie
  581 Teësinnig
  583 Willoosheid
  624 Gemiddeld
halfslyt 54
halfsoolganger 357
halfstok 546
halfsuster
  240 Genealogie
  245 Suster
halfsy 311
halfte 112
halftyd 727
halfuur 37
halfvleuelige insek 357
halfvokaal 572
halfwas 433
halfweg
  29 Middel
  69 Naby
  112 Deel
  728 Balsporte
halfwys 505
hallekerk
  91 Gebou
  853 Kerkgebou
halleluja
  567 Boek
  757 Sang
  847 Gebed
  848 Kerklike bediening
hallelujaboek
  567 Boek
  848 Kerklike bediening
hallelujalied
  757 Sang

848 Kerklike bediening
halliehoe 521
hallo 790
hallusinasie
   493 Gevoeligheid
   494 Gevoelloosheid en
     bedwelming
   512 Verbeelding
   538 Dwaling
hallusinasiemiddel 494
hallusineer
   494 Gevoelloosheid en
     bedwelming
   512 Verbeelding
   538 Dwaling
hallusinêr
   494 Gevoelloosheid en
     bedwelming
   512 Verbeelding
hallusinogeen 494
halm
   318 Plant
   321 Blaar
halo
   267 Optika
   270 Hemelliggaam
   485 Lig
halochromie 256
halochroom 256
halofiel
   318 Plant
   357 Dier
halofiet 318
halogeen
   256 Skeikunde
   296 Nie-metaal
halogenied 256
halogenies 256
haloumikaas 426
hals
   393 Nek en skouer
   745 Versier
halsband(jie) 357
halsgewel 94
halslyn 745
halsmisdaad
   803 Wette oortree
   822 Skuldig
halsmisdadiger 803
halsnoermoord 252
halsoorkop
   225 Vinnig
   509 Onoplettendheid
   641 Onvoorbereid
halsreg 808
halsregter 808
halsslagaar 399
halssnoer 745
halsstarrig
   582 Wilskrag
   606 Weier
halsstarrigheid
   582 Wilskrag

   606 Weier
halsstraf 835
halt
   648 Onderbreek
   680 Militêre aksie
halte 234
halter 357
halveer
   103 Min
   112 Deel
   137 Bewerking
halveerlyn 139
halvering 112
halwe
   112 Deel
   133 Getalle
halwemaan 270
halwerweë 29
ham
   421 Vleis
   426 Kossoort, dis
hamburger
   424 Brood
   426 Kossoort, dis
hamburgerpattie 426
hamburgerrolletjie 424
hamel 369
hamer
   101 Bouersgereedskap
   181 Raak
   182 Slaan
   316 Hout
   388 Oor
   599 Gesag uitoefen
   630 Werktuig
   676 Vuurwapen
   729 Atletiek
   756 Musiekinstrument
hamerboor
   101 Bouersgereedskap
   155 Deurboor
   630 Werktuig
hamergooi 729
hamergooier 729
hamerhaai 363
hamerhou 182
hamerkop
   182 Slaan
   365 Voël
hamerkophaai 363
hamermeul 186
hamerslag 182
hamertoon
   397 Ledemaat
   413 Verskillende siektes
hamster 366
hand
   123 Meet
   124 Weeg
   397 Ledemaat
   565 Skryfkuns
   645 Handel
   688 Besit

hand(e)oplegging 849
hand(e)wasbak 94
handbagasie 187
handbal 728
handbesem 627
handbeweging 145
handboei 594
handboek
   515 Wetenskap
   553 Behandel
   560 Voorskoolse en
     naskoolse onderrig
   565 Skryfkuns
   566 Drukkuns
   567 Boek
handboog 678
handboor
   101 Bouersgereedskap
   155 Deurboor
   630 Werktuig
handbreedte 434
handbyl 630
handdoek
   627 Skoon
   746 Persoonlike
     versorging
handdruk 790
handearbeid
   645 Handel
   658 Beroep
handearbeider
   592 Ondergeskikte
   645 Handel
handegeklap
   531 Saamstem
   826 Goedkeur
handeklappery 826
handel
   590 Bestuur en regeer
   644 Handelwyse
   645 Handel
   658 Beroep
   701 Handel en ekonomie
   810 Gedrag
handelaar
   701 Handel en ekonomie
   705 Verkoop
   707 Handelsaak
handelbaar
   456 Sag
   596 Inskiklik
   597 Gehoorsaam
handeldryf
   658 Beroep
   701 Handel en ekonomie
handeldrywery
   658 Beroep
   701 Handel en ekonomie
   705 Verkoop
handeling
   644 Handelwyse
   645 Handel
   752 Toneel- en

     rolprentkuns
   810 Gedrag
handelingsbevoeg 809
handelingsonbe-
   voeg 809
handelingsvryheid 593
handelsaak
   701 Handel en ekonomie
   707 Handelsaak
handelsaangeleent-
   heid 701
handelsadvertensie
   551 Meedeel
   568 Media
handelsanksie 687
handelsartikel 701
handelsattaché 588
handelsbalans 701
handelsbank 700
handelsbeleid 590
handelsberoep 658
handelsbeurs 702
handelsbevoegd-
   heid 809
handelsboikot 666
handelsekonoom 701
handelsektor 658
handelsentrum
   701 Handel en ekonomie
   707 Handelsaak
handelsfakulteit 559
handelsflits 551
handelsgeskiedenis 45
handelsgroep
   701 Handel en ekonomie
   707 Handelsaak
handelskrediet
   701 Handel en ekonomie
   711 Skuld
handelskuns
   749 Kuns
   758 Beeldende kuns
handelskunstenaar 749
handelslapte
   687 Verlies
   701 Handel en ekonomie
handelsmaatskappy
   665 Byeenkom
   701 Handel en ekonomie
   707 Handelsaak
handelsmark 701
handelsmerk
   546 Kunsmatige teken
   701 Handel en ekonomie
handelsmerk-
   bewustheid 701
handelsmisdaad 803
handelsmisdadiger 803
handelsnaam
   31 Soort
   546 Kunsmatige teken
   550 Noem
   701 Handel en ekonomie

handelsonderneming

handelsonderneming
701 Handel en ekonomie
707 Handelsaak
handelsoorlog 667
handelsoorskot 701
handelsreg
515 Wetenskap
701 Handel en ekonomie
808 Regswese
handelsreisiger
701 Handel en ekonomie
705 Verkoop
handelsrekene 132
handelsroete
147 Rigting
149 Pad
194 Vervoer
handelstaal 569
handelstad
90 Omgewing
707 Handelsaak
handelstekort 701
handelsvak 559
handelsvennoot 701
handelsvennootskap 701
handelsverbod 701
handelsvloot 221
handelsware
237 Voortbring
701 Handel en ekonomie
707 Handelsaak
handelswêreld 701
handelswese 658
handelswetenskap
515 Wetenskap
701 Handel en ekonomie
**handelswetenskap-
like** 515
**handelsweten-
skappe** 559
handelswetgewing
701 Handel en ekonomie
801 Wet
handelswissel 709
handel(s)wyse
640 Voorbereid
644 Handelwyse
810 Gedrag
handeroom 746
handeseep 627
hande-viervoet
197 Te voet gaan
198 Strompel
handewerk
645 Handel
749 Kuns
handgalop
198 Strompel
219 Perdry
handgebaar
545 Natuurlike teken
546 Kunsmatige teken
handgee 545

handgemaak
237 Voortbring
745 Versier
handgemeen 667
handgeskrewe 565
handgewrig
380 Gebeente
397 Ledemaat
handgranaat 676
handgreep 183
handhaaf
141 Behoud
647 Voortgaan
826 Goedkeur
handhawer 141
handhawing
141 Behoud
647 Voortgaan
handig
614 Bekwaam
629 Gebruik
633 Nuttig
handigheid
614 Bekwaam
633 Nuttig
handjievol 103
handkar 230
handkarabyn 676
handkus 790
handlanger
97 Bou
203 Agterna kom
592 Ondergeskikte
645 Handel
663 Meedoen
handlees 844
handleiding
543 Duidelik
553 Behandel
565 Skryfkuns
566 Drukkuns
567 Boek
handleser 844
handlyn
372 Vissery
844 Bygeloof
handmeul 186
handomdraai
41 Kortstondig
654 Moeilik handel
handomkeer
41 Kortstondig
654 Moeilik handel
handomswaai
41 Kortstondig
654 Moeilik handel
handoplegging 850
handpalm 397
handpalmrekenaar 263
handperd 231
handpers
183 Gryp
566 Drukkuns

handpop 752
handreiniger 627
handrekenaar 263
handrem
146 Beweginglooseid
233 Voertuig
handrughou 728
handruiker(tjie) 348
handsaag
101 Bouersgereedskap
185 Sny
316 Hout
630 Werktuig
handsak
84 Houer
187 Reis
handsaniteerder 627
handsein 546
handskoen
629 Spel en sport
745 Versier
handskoenhuwelik 248
handskrif
563 Skryf
565 Skryfkuns
**handskrifdes-
kundige** 565
handskrifkunde 565
handslag
182 Slaan
528 Bevestig
handstand 730
handtas
84 Houer
187 Reis
handtastelik 667
handtastelikheid
182 Slaan
667 Stryd
handtekening
546 Kunsmatige teken
565 Skryfkuns
700 Bank
handtertjie 426
handuit
667 Stryd
813 Swak gedrag
handvatsel
84 Houer
183 Gryp
232 Fiets
handves
525 Bewys
567 Boek
handvol 103
handwapen
675 Militêre toerusting
676 Vuurwapens
handwerk
645 Handel
745 Versier
749 Kuns
handwerker
592 Ondergeskikte

645 Handel
handwewer 313
handwoordeboek 567
handwortel
380 Gebeente
397 Ledemaat
hanebalk 94
hanebalkdak 94
hanekam
337 Veldplant
365 Voël
hanekraai 127
haneparty 793
hanepoot
350 Vrugteverbouing
565 Skryfkuns
hanepootrosyn
323 Vrug
426 Kossoort, dis
hanerig
374 Mens
785 Hoogmoed
hanetree 69
hang
73 Skuins
76 Bo, bokant, boontoe
77 Onder, onderkant, ondertoe
252 Doodmaak
594 Onvryheid
835 Bestraf
hangar 91
hangbrug
149 Pad
209 Oorgaan
hangbuik 395
hanger
95 Huisraad
745 Versier
hangertjie
95 Huisraad
337 Veldplant
745 Versier
hangkas
94 Dele van 'n eiendom
95 Huisraad
hangleer 211
hangletter 566
hanglig 487
hanglip
390 Mond
771 Gramskap
hangmat 96
hangparagraaf 566
hangslot
94 Dele van 'n eiendom
178 Toegaan
hangsnor
382 Haar
386 Gesig
hangsweef
199 Spring
733 Lugsport

harmonies

hangsweeftuig 733
hangswewer
  199 Spring
  733 Lugsport
hangverband 415
hanna-hanna 548
hanou 146
Hansard
  525 Bewys
  567 Boek
  590 Bestuur en regeer
hansgoed 369
hanskakie
  787 Samelewing
  803 Wette oortree
  817 Ontrouheid
hanskalf 237
hanslam 369
hanswors
  722 Humor
  724 Vermaak en
    ontspanning
  752 Toneel- en
    rolprentkuns
hanswors(t)ery
  722 Humor
  813 Swak gedrag
hanteer
  629 Gebruik
  645 Handel
hanteerbaar
  629 Gebruik
  708 Betaal
hantering
  629 Gebruik
  645 Handel
  651 Toesien
Hanukkah 851
hap
  103 Min
  112 Deel
  177 Oopgaan
  391 Tand
  406 Eet
haper
  505 Verstandstoornis
  623 Sleg
hapering 623
haplografie 565
haploïed
  113 Enkelvoudig
  240 Genealogie
  438 Vorm
haplologie
  548 Praat
  572 Uitspraak
haplont 345
happie
  103 Min
  426 Kossoort, dis
harakiri 252
hard
  71 Regop

  455 Hard
  476 Geluid
  481 Skerp klank
  490 Kleur
  548 Praat
  595 Streng
  625 Sterk
  654 Moeilik handel
  715 Negatiewe gevoel
  717 Lyding
  777 Haat en
    onvriendelikheid
  779 Boosaardigheid
hardangerwerk 745
hardeband
  566 Drukkuns
  567 Boek
hardebandboek 567
hardebank 274
hardebolkeil 745
hardebord
  100 Boumateriaal
  316 Hout
hardedopmossel 363
hardedopsprinkaan 361
hardegat
  582 Wilskrag
  667 Stryd
  714 Positiewe gevoel
  767 Moed
  771 Gramskap
  792 Asosiaal
hardehout 427
hardekoejawel
  582 Wilskrag
  767 Moed
  792 Asosiaal
hardekool
  316 Hout
  331 Boom
hardekop
  582 Wilskrag
  606 Weier
  767 Moed
  792 Asosiaal
hardekwas
  582 Wilskrag
  667 Stryd
  767 Moed
  792 Asosiaal
hardepad
  149 Pad
  645 Handel
  835 Bestraf
hardepeer 316
harder
  363 Waterdier
  422 Seekos
hardeskyf 263
hardeware 263
hardgebak
  419 Voedselbereiding
  582 Wilskrag

  767 Moed
  792 Asosiaal
hardhandig 667
hardhartig
  777 Haat en
    onvriendelikheid
  779 Boosaardigheid
hardheid
  455 Hard
  595 Streng
  625 Sterk
  715 Negatiewe gevoel
  753 Musiek
  779 Boosaardigheid
hardhoofdig 582
hardhorend 413
hardhorendheid 498
hardhorig 413
harding
  256 Skeikunde
  297 Metaal
hardkoppig
  581 Teësinnig
  582 Wilskrag
  598 Ongehoorsaam
  667 Stryd
hardleers 559
hardloop
  145 Beweging
  197 Te voet gaan
  225 Vinnig
  228 Vinnig beweeg
  728 Balsporte
  729 Atletiek
hardloopfiks 411
hardloopskoen 729
hardloper
  197 Te voet gaan
  228 Vinnig beweeg
  729 Atletiek
hardlywig 413
hardlywigheid 413
hardnekkig
  40 Langdurig
  582 Wilskrag
  606 Weier
  647 Voortgaan
  824 Onboetvaardigheid
hardop
  476 Geluid
  548 Praat
hardoplees 562
hardopleesmetode 562
hards 301
hardvogtig
  595 Streng
  715 Negatiewe gevoel
  777 Haat en
    onvriendelikheid
  779 Boosaardigheid
hardvogtigheid
  595 Streng
  715 Negatiewe gevoel

  777 Haat en
    onvriendelikheid
  779 Boosaardigheid
hardwerkend
  610 Ywerig
  645 Handel
hardwerkendheid
  610 Ywerig
  645 Handel
Hare Krishna 854
hare 688
harig
  318 Plant
  382 Haar
harigheid 381
haring 363
haringfilette 426
haringvangs 372
hark
  94 Dele van 'n eiendom
  347 Landbou
  355 Landbougereedskap
  630 Werktuig
harlaboerla
  20 Wanorde
  479 Disharmonies
  598 Ongehoorsaam
harlekinade
  722 Humor
  752 Toneel- en
    rolprentkuns
harlekyn
  722 Humor
  741 Kinderspel
  831 Minag
harlekynkraag 745
harmansdrup
  226 Stadig
  415 Geneesmiddel
harmattan 290
harmonie
  8 Dieselfde
  10 Harmonie
  478 Welluidend
  531 Saamstem
  663 Meedoen
  668 Vrede en versoening
  753 Musiek
  754 Komposisie
  755 Uitvoering
harmonieer
  10 Harmonie
  478 Welluidend
  668 Vrede en versoening
harmoniek 753
harmonieleer 753
harmonies
  10 Harmonie
  478 Welluidend
  531 Saamstem
  663 Meedoen
  753 Musiek
  754 Komposisie

harmonieus
8 Dieselfde
10 Harmonie
478 Welluidend
531 Saamstem
668 Vrede en versoening
753 Musiek
harmonika 756
harmoniseer
754 Komposisie
757 Sang
harmonium 756
harnas
231 Tuig
674 Militêre uitrusting
675 Militêre toerusting
Harp 270
harp 756
harpenis 756
harpoen 372
harpoengeweer 372
harpoenier 372
harpspeler 756
harpuis 235
harpuisbos 332
harpuisvernis 100
hars
172 Vasmaak
462 Halfvloeibare stof
harselektrisiteit 262
harsingbloeding 413
harsinggimnastiek 513
harsingontsteking 413
harsingpan 385
harsings
385 Skedel
502 Verstand
harsingskudding 413
harsingvlies 385
harsingvlies-
ontsteking 413
harslag
385 Skedel
426 Kossoort, dis
hárslevelü 427
harspan 385
hart
29 Middel
83 In die middel
394 Bors
399 Bloedsomloop en
limfstelsel
713 Gevoel
767 Moed
776 Liefde en
vriendskap
hart(e)bees 366
hartaandoening 413
hartaanval 413
hartaar
399 Bloedsomloop en
limfstelsel
620 Belangrik

hartbeeshuis 93
hartbrekend
683 Misluk
717 Lyding
hartchirurg 416
hartebloed
400 Bloed en limf
620 Belangrik
harteboer 740
hartedief 776
harteleed 719
harteloos
715 Negatiewe gevoel
777 Haat en
onvriendelikheid
779 Boosaardigheid
813 Swak gedrag
harteloosheid
715 Negatiewe gevoel
777 Haat en
onvriendelikheid
779 Boosaardigheid
813 Swak gedrag
hartelus
718 Blydskap
773 Begeerte
hartens 740
hartewee 719
hartewens 773
hartgebrek 413
hartgrondig 814
hartig
548 Praat
622 Goed
hartjiesgras 338
hartklop
405 Bloedsomloop
713 Gevoel
hartkloppings 413
hartkramp 413
hartkwaal 413
hartlam 776
hartland 61
hartlief 776
hartlik
776 Liefde en
vriendskap
778 Goedaardigheid
hartlikheid
776 Liefde en
vriendskap
778 Goedaardigheid
790 Sosiale betrekking
hartlongmasjien 417
hartlyer 412
hartlyn 83
hartmasjien 417
hartmiddel 415
hartmonitor 417
hartomleiding 414
hartoorplanting 414
hartoperasie 414
hartroerend 714

hartsak 399
hartsbegeerte
580 Graag
773 Begeerte
hartseer
623 Sleg
715 Negatiewe gevoel
717 Lyding
719 Hartseer
hartsgeheim 540
hartslag 405
hartsnaar 713
hartspesialis 416
hartspier 399
hartstilstand 413
hartstog
580 Graag
618 Heftig
714 Positiewe gevoel
715 Negatiewe gevoel
776 Liefde en
vriendskap
hartstogtelik
580 Graag
618 Heftig
714 Positiewe gevoel
715 Negatiewe gevoel
773 Begeerte
776 Liefde en
vriendskap
hartsverlange 773
hartverblydend 716
hartvergroting 413
hartverheffend 743
hartverlamming 413
hartversaking 413
hartverskeurend
683 Misluk
715 Negatiewe gevoel
717 Lyding
719 Hartseer
hartversterkend 743
hartverwarmend 716
hartverwydering 413
hartvlies 399
hartvorm 438
hartwater 413
harwar 20
haselaar 332
haselneut
323 Vrug
323 Vrug
350 Vrugteverbouing
hasie 741
hasie-oor 741
hasjee
421 Vleis
426 Kossoort, dis
hasjisj 494
haspel
165 Onreëlmatige
beweging
312 Spin

haspelraam 312
hatig
667 Stryd
775 Weersin
777 Haat en
onvriendelikheid
haute couture 745
haute cuisine 419
haut-reliëf 763
hawe
194 Vervoer
221 Vaar
235 Skeepvaart
662 Rus
787 Samelewing
hawehoof
221 Vaar
235 Skeepvaart
288 Waterstelsel
hawekaptein
221 Vaar
235 Skeepvaart
591 Gesaghebber
haweloos 690
haweloosheid 690
hawemeester
221 Vaar
591 Gesaghebber
hawemuur
221 Vaar
235 Skeepvaart
hawer 318
hawergras 338
hawermout 426
hawerwortel 351
hawestad 90
hawik 365
hawikneus 389
hé 521
hê
688 Besit
696 Ontvang
715 Negatiewe gevoel
722 Humor
hebbelikheid
623 Sleg
644 Handelwyse
657 Herhaal
hebefrenie 505
hebefrenies 505
heblus 686
heblustig 686
hebraïsme 569
hebsug
686 Aanwins
688 Besit
692 Spaar
773 Begeerte
779 Boosaardigheid
hebsugtig
686 Aanwins
688 Besit
692 Spaar

heiden

773 Begeerte
hebsugtigheid
686 Aanwins
688 Besit
692 Spaar
773 Begeerte
779 Boosaardigheid
hede
49 Hede
521 Verras wees
715 Negatiewe gevoel
768 Vrees
hedendaags
49 Hede
53 Nuut en jonk
hedetjie
521 Verras wees
715 Negatiewe gevoel
hedonis 514
hedonisme
514 Wysbegeerte
716 Genot
820 Oneerbaar
hedonistie
514 Wysbegeerte
716 Genot
820 Oneerbaar
heel
104 Baie
109 Alles
111 Geheel
133 Getalle
411 Gesond
414 Geneeskunde
622 Goed
heelagter 728
heelal 269
heelbaar 414
heeldag 111
heelgetal 133
heelhartig
578 Vrywillig
580 Graag
714 Positiewe gevoel
heelhartiglik 578
heelhuids 111
heelkundig 414
heelmaak
111 Geheel
622 Goed
heelmiddel 415
heelnag 111
heelnoot 753
heelpad 111
heelparty 104
heeltal 133
heeltallig 133
heeltemal
104 Baie
109 Alles
111 Geheel
116 Te veel
129 Bepaaldheid

624 Gemiddeld
heeltyd
40 Langdurig
42 Altyd
647 Voortgaan
heelwat
13 Verskeidenheid
104 Baie
heen en weer
152 Verby
164 Reëlmatige
  beweging
165 Onreëlmatige
  beweging
199 Spring
heen
147 Rigting
167 Wegbeweeg
heen-en-terugreis 187
**heen-en-weer-bewe-
  ging** 164
heen-en-weerdery 165
heen-en-weertjie
41 Kortstondig
204 Aangaan by
heengaan
28 Einde
167 Wegbeweeg
205 Weggaan van
250 Dood
412 Siek
heenkome
89 Blyplek
655 Veilig
663 Meedoen
heenreis
167 Wegbeweeg
187 Reis
190 Vertrek
heenweg 149
heenwys
6 Betrekking
14 Navolging
539 Kommunikeer
545 Natuurlike teken
heenwysing
14 Navolging
539 Kommunikeer
heer
375 Man
591 Gesaghebber
672 Weermag
740 Kaartspel
791 Sosiaal
797 Hoër stand
812 Goeie gedrag
Heer 855
heerlik
406 Eet
426 Kossoort, dis
471 Smaaklik, lekker
716 Genot
743 Mooi

839 Hiernamaals
heerlikheid
471 Smaaklik, lekker
521 Verras wees
716 Genot
743 Mooi
839 Hiernamaals
heers
588 Gesag hê
590 Bestuur en regeer
591 Gesaghebber
599 Gesag uitoefen
616 Magtig
heersend
1 Bestaan
49 Hede
588 Gesag hê
591 Gesaghebber
616 Magtig
heerser
588 Gesag hê
591 Gesaghebber
616 Magtig
heersersklas 787
heerskaar 168 Saamkom
672 Weermag
heerskap 375
heerskappy
588 Gesag hê
590 Bestuur en regeer
599 Gesag uitoefen
616 Magtig
622 Goed
684 Oorwin
heerskare 168
heerssug
588 Gesag hê
773 Begeerte
heerssugtig
588 Gesag hê
773 Begeerte
hees
404 Asemhaling
413 Verskillende siektes
548 Praat
heester 332
heet
465 Warm
539 Kommunikeer
550 Noem
618 Heftig
715 Negatiewe gevoel
heetgebaker(d)
771 Gramskap
777 Haat en
  onvriendelikheid
heethoof
518 Glo
618 Heftig
714 Positiewe gevoel
heethoofdig
618 Heftig
715 Negatiewe gevoel

heethoofdigheid
618 Heftig
715 Negatiewe gevoel
hef
183 Gryp
185 Sny
257 Meganika en
  tegnologie
Hefaistos 855
hefbaar 708
hefboom
124 Weeg
178 Toegaan
211 Opgaan
257 Meganika en
  tegnologie
hefbrug
149 Pad
233 Voertuig
heffing
211 Opgaan
708 Betaal
712 Belasting
751 Digkuns
753 Musiek
heffingsfooi
708 Betaal
712 Belasting
heffingsvers 751
hefskroef 236
hefskroefvliegtuig 236
hefspier 379
heftig
618 Heftig
667 Stryd
715 Negatiewe gevoel
heftigheid
618 Heftig
667 Stryd
715 Negatiewe gevoel
771 Gramskap
heg
168 Saamkom
172 Vasmaak
318 Plant
414 Geneeskunde
455 Hard
663 Meedoen
hegapparaat 172
hegemonie 616
hegmiddel
172 Vasmaak
462 Halfvloeibare stof
hegpleister 415
hegplek 172
hegstuk 172
hegtenis 594
hegting 172
heide
273 Geografie
337 Veldplant
heiden
779 Boosaardigheid

843 Ongeloof
846 Goddeloosheid
854 Godsdienste
heidendom 843
heidenland 843
heidens
  843 Ongeloof
  846 Goddeloosheid
heil
  622 Goed
  655 Veilig
  682 Slaag
  718 Blydskap
  845 Godsvrug
Heiland 855
heilbede 847
heilbot 363
heildronk
  407 Drink
  558 Redevoering
heilgimnastiek 730
heilig
  723 Erns
  778 Goedaardigheid
  812 Goeie gedrag
  830 Eerbiedig
  837 God
  839 Hiernamaals
  845 Godsvrug
  849 Prediking
  852 Geestelike
heiligbeen 380
heiligdom
  61 Plek
  852 Geestelike
  853 Kerkgebou
Heilige Gees
  854 Godsdienste
  855 Gode
Heilige Skrif 842
heilige
  812 Goeie gedrag
  839 Hiernamaals
  852 Geestelike
heiligheid
  723 Erns
  812 Goeie gedrag
  837 God
  845 Godsvrug
heiliging
  812 Goeie gedrag
  845 Godsvrug
heiligmaking 845
heiligskennis 846
heilloos
  683 Misluk
  822 Skuldig
heilsaam
  411 Gesond
  633 Nuttig
heilsaamheid 633
heilsleer 842

heilswerking 842
heilwens 778
heimat 61
heimat
  90 Omgewing
  787 Samelewing
Heimlich-maneuver 414
heimlik
  540 Nie kommunikeer nie
  818 Bedrieg
heimwee
  717 Lyding
  773 Begeerte
heining
  63 Begrensdheid
  94 Dele van 'n eiendom
  160 Omring
  178 Toegaan
  318 Plant
heipaal 94
heit(s) 790
heita 790
heitou 790
heits(a)
  521 Verras wees
  715 Negatiewe gevoel
hek
  94 Dele van 'n eiendom
  149 Pad
  178 Toegaan
hekatombe 252
hekel
  353 Vlasteelt
  555 Vra
  745 Versier
  775 Weersin
  827 Afkeur
  831 Minag
hekelaar
  827 Afkeur
  831 Minag
hekeldig 751
hekeldigter 751
hekeling
  722 Humor
  831 Minag
hekelrede
  539 Kommunikeer
  831 Minag
hekelry 831
hekelskrif 831
hekelskrywer
  750 Letterkunde
  751 Digkuns
hekelvers 751
hekelwerk 745
hekkie
  178 Toegaan
  729 Atletiek
hekkies 729
hekkiesatleet 729
hekkiesloop 729

heks
  512 Verbeelding
  744 Lelik
  813 Swak gedrag
  836 Bonatuurlik
  844 Bygeloof
heksadesimaal 134
heksaëder
  139 Meetkunde
  445 Oppervlak
  447 Hoekig
heksaëdries
  139 Meetkunde
  447 Hoekig
heksagonaal 447
heksagoon 447
heksagtig
  744 Lelik
  813 Swak gedrag
heksameter 751
heksebesem
  324 Plantlewe
  844 Bygeloof
heksebrousel 813
heksedans 844
heksejag
  25 Dit wat volg
  779 Boosaardigheid
  844 Bygeloof
heksekabaal 813
hekseketel
  20 Wanorde
  84 Houer
  844 Bygeloof
heksemeester 844
hekserig
  744 Lelik
  813 Swak gedrag
heksery
  836 Bonatuurlik
  844 Bygeloof
heksesabbat
  20 Wanorde
  844 Bygeloof
hektaar 123
hektograaf 566
hektografeer 566
hektografies 566
hektogram 123
hektoliter 123
hektometer 123
hektowatt 123
hel
  73 Skuins
  444 Krom
  580 Graag
  717 Lyding
  839 Hiernamaals
  855 Gode
Hela 855
helaas 723
held
  622 Goed

750 Letterkunde
752 Toneel- en rolprentkuns
767 Moed
776 Liefde en vriendskap
855 Gode
heldedaad 767
heldedom
  622 Goed
  752 Toneel- en rolprentkuns
  767 Moed
heldedood 250
heldefiguur
  622 Goed
  752 Toneel- en rolprentkuns
  855 Gode
heldemoed 767
helder
  129 Bepaaldheid
  478 Welluidend
  481 Skerp klank
  485 Lig
  488 Deurskynend
  490 Kleur
  500 Sigbaarheid
  502 Verstand
  523 Logies redeneer
  543 Duidelik
  627 Skoon
helderas
  622 Goed
  752 Toneel- en rolprentkuns
  855 Gode
helderdenkend 502
helderheid
  481 Skerp klank
  485 Lig
  488 Deurskynend
  490 Kleur
  500 Sigbaarheid
  502 Verstand
  543 Duidelik
  627 Skoon
heldersiende
  502 Verstand
  513 Denke
  836 Bonatuurlik
  844 Bygeloof
heldersiendheid
  502 Verstand
  513 Denke
  836 Bonatuurlik
  844 Bygeloof
helderte
  485 Lig
  490 Kleur
  500 Sigbaarheid
  502 Verstand
  543 Duidelik

hennep

627 Skoon
heldeverering
  767 Moed
  776 Liefde en
    vriendskap
heldhaftig 767
heldhaftigheid 767
hele
  104 Baie
  109 Alles
  111 Geheel
helend 411
heler 416
helfte 112
helikopter
  236 Lugvaart
  675 Militêre toerusting
heliks 139
heling 414
heliofiet 318
heliofisika 271
heliograaf
  267 Optika
  294 Weerkunde
heliografie 268
heliografis 267
heliogram 267
heliolitografie 268
heliometer 294
Helios 855
heliosentries 270
helioskoop
  267 Optika
  271 Kosmografie
helioterapie 414
heliotipie 268
heliotroop
  298 Steen
  324 Plantlewe
  492 Kleure
heliotropie 324
heliotropies 324
heliotropisme 324
helium
  256 Skeikunde
  461 Gas
hellebaard 678
hellebaardier 673
hellend 444
hellevaart 250
helleveeg
  779 Boosaardigheid
  813 Swak gedrag
helling
  73 Skuins
  139 Meetkunde
  149 Pad
  212 Afgaan
  277 Berg
  436 Hoog
hellingbepaling 123
hellinghoogte 73
helling(s)meter 123

hellingsvlak 139
helm
  223 Stuur
  384 Kop
  546 Kunsmatige teken
  629 Spel en sport
  674 Militêre uitrusting
  844 Bygeloof
helmdraad 322
helmintologie 358
helmintologies 358
helmknop 322
helmlaksman 365
helmstok 223
helofiet 318
heloot 592
help
  15 Oorsaak
  589 Dien
  622 Goed
  645 Handel
  663 Meedoen
  705 Verkoop
  778 Goedaardigheid
  780 Hulpbetoon
helper
  592 Ondergeskikte
  645 Handel
  663 Meedoen
  778 Goedaardigheid
  780 Hulpbetoon
help-my-krap 413
help-my-trap 232
hels
  104 Baie
  623 Sleg
  744 Lelik
  813 Swak gedrag
  820 Oneerbaar
  839 Hiernamaals
helsem 779
helske 104
helsteen
  256 Skeikunde
  300 Sout
  415 Geneesmiddel
heluit
  104 Baie
  820 Oneerbaar
hemafobie 768
hematien 400
hematofobie 768
hematogeen 415
hematologie
  400 Bloed en limf
  414 Geneeskunde
hematoloog
  400 Bloed en limf
  416 Medikus
hematoom 413
hematosiet 400
hematurie 413
hemel
  61 Plek

250 Dood
269 Heelal
270 Hemelliggaam
837 God
839 Hiernamaals
hemelagtig 836
hemelbed
  95 Huisraad
  96 Slaapplek
hemelbesem 432
hemelbestormer
  140 Verandering
  513 Denke
  667 Stryd
hemel(s)blou 492
hemelbode 838
hemelbol
  269 Heelal
  270 Hemelliggaam
  446 Rond
hemelewenaar 269
hemelgewelf 269
hemelhoog
  104 Baie
  436 Hoog
hemeling
  838 Gees
  839 Hiernamaals
  855 Gode
hemelkind 412
hemelliggaam 270
hemelmeridiaan 269
hemelpool
  269 Heelal
  270 Hemelliggaam
hemelpoort 839
hemelruim
  269 Heelal
  270 Hemelliggaam
hemelruimte
  269 Heelal
  270 Hemelliggaam
  289 Klimaat
hemelryk
  837 God
  839 Hiernamaals
hemels
  471 Smaaklik, lekker
  714 Positiewe gevoel
  718 Blydskap
  743 Mooi
  839 Hiernamaals
hemelsbreed 434
hemelstreek
  269 Heelal
  270 Hemelliggaam
  290 Wind
hemeltergend
  813 Swak gedrag
  829 Beledig
hemeltrans 269
hemelvaart
  211 Opgaan

854 Godsdienste
Hemelvader 855
hemelwaarts
  76 Bo, bokant, boontoe
  158 Na bo
hemeralopie 413
hemeroteek 568
hemianopsie 413
hemisfeer
  269 Heelal
  272 Aarde
  446 Rond
hemisferies
  139 Meetkunde
  446 Rond
hemisferoïdaal
  139 Meetkunde
  446 Rond
hemofilie 413
hemoglobien 400
hemorroïde 413
hemosiet 400
hemostaat
  415 Geneesmiddel
  417 Hospitaal
hemostasie 414
hemp 745
hempbloesrok 745
hemprok 745
hen
  357 Dier
  365 Voël
hen(d)sop 685
hen(d)sopper
  583 Willoosheid
  615 Onbekwaam
  685 Oorwin word
  787 Samelewing
  813 Swak gedrag
  815 Oneerlik
  817 Ontrouheid
hendiadis 576
hendiadiswerk-
  woord 574
hendikep
  666 Verhinder
  727 Kompetisie
hene
  521 Verras wees
  715 Negatiewe gevoel
  768 Vrees
  820 Oneerbaar
hen-en-kuikens 332
hengel
  372 Vissery
  646 Nie handel nie
hengelaar 372
hengelary 372
henna
  332 Struik
  492 Kleure
hennep
  312 Spin

343 Genesende plant
353 Vlasteelt
henneparty 793
hennepgaring 312
hennepteelt 353
henry 123
hensopper 803
hepaties 401
hepatitis 413
Hephaistos 855
heptaan 256
heptaëder
   139 Meetkunde
   447 Hoekig
heptagonaal 447
heptagoon 447
heptagram
   139 Meetkunde
   447 Hoekig
heptameter 751
heptargie 795
her 561
Hera 855
heraldiek 546
heraldikus 546
herbarium 345
herberg
   89 Blyplek
   429 Eetplek, kroeg
herbergier 429
herbivoor
   357 Dier
   366 Soogdier
   406 Eet
herbore 140
herbou
   97 Bou
   140 Verandering
herbouing
   97 Bou
   140 Verandering
Hercules 270
herd
   94 Dele van 'n eiendom
   469 Verwarmingstoestel
herdenk 793
herdenking
   510 Herinner
   793 Fees
herder
   14 Navolging
   369 Veeteelt
   849 Prediking
   852 Geestelike
herdersdig 751
herdersfluit 756
herdersgodheid 855
herdersknaap 592
herderslewe 477
herderspastei 426
herderspel 752
herdruk
   566 Drukkuns

567 Boek
here
521 Verras wees
715 Negatiewe gevoel
768 Vrees
820 Oneerbaar
herediteit
3 Bestaanswyse
696 Ontvang
herehuis
89 Blyplek
92 Deftige, belangrike of groot gebou
hereksamen 561
herenig
168 Saamkom
170 Saambring
668 Vrede en versoening
hereniging
170 Saambring
668 Vrede en versoening
herereg 712
heretjie
521 Verras wees
715 Negatiewe gevoel
768 Vrees
820 Oneerbaar
herewoning
89 Blyplek
92 Deftige, belangrike of groot gebou
herfs
37 Tydruimte
127 Tydbepaling
270 Hemelliggaam
289 Klimaat
herfs-dag-en-nag-ewening 270
herfsekwinoks 270
herfsgewas 318
herfskleur 492
herfsnagewening
127 Tydbepaling
270 Hemelliggaam
herfspampoen 351
herfstelik
54 Oud
289 Klimaat
herfstyd 37
hergeboorte 140
hergebruik 629
herhaal
44 Gebeure in tyd
548 Praat
55 Periodiek
657 Herhaal
herhaaldelik
22 Kontinuïteit
40 Langdurig
42 Altyd
55 Periodiek
164 Reëlmatige beweging

647 Voortgaan
657 Herhaal
herhaalteken 753
herhalend
164 Reëlmatige beweging
657 Herhaal
herhaler
548 Praat
657 Herhaal
herhaling
55 Periodiek
576 Sinsbou en styl
657 Herhaal
herindeel 112
herinner 510
herinnering 510
herinterpretasie 577
herinterpreteer 577
herkapitaliseer 699
herken
3 Bestaanswyse
120 Onderskeid
499 Sien
535 Weet
584 Kies
herkenning
3 Bestaanswyse
120 Onderskeid
499 Sien
535 Weet
herkies
584 Kies
590 Bestuur en regeer
herkiesing 590
herkoms
27 Begin
240 Genealogie
573 Woordeskat
herkomstig
15 Oorsaak
27 Begin
240 Genealogie
herkose
584 Kies
590 Bestuur en regeer
herkou
390 Mond
406 Eet
408 Spysvertering
513 Denke
herkoutjie
366 Soogdier
408 Spysvertering
herkulies
625 Sterk
654 Moeilik handel
767 Moed
herlaaikabel 265
herleef
249 Lewe
251 In die lewe roep
411 Gesond

412 Siek
657 Herhaal
herlei
137 Bewerking
140 Verandering
herlewe
249 Lewe
411 Gesond
herlewing
249 Lewe
657 Herhaal
hermafrodiet
318 Plant
357 Dier
374 Mens
hermafrodities
318 Plant
357 Dier
374 Mens
hermafroditisme
318 Plant
357 Dier
374 Mens
hermelyn 366
hermelynbont 492
hermeneutiek
514 Wysbegeerte
842 Geloof
hermeneuties 842
Hermes 855
hermeties 178
hermiet 789
herneuter 95
herneutermes
185 Sny
678 Ander wapens
hernieu
53 Nuut en jonk
249 Lewe
hernieude
53 Nuut en jonk
649 Begin handel
hernubaar
53 Nuut en jonk
622 Goed
hernude
53 Nuut en jonk
649 Begin handel
hernuwing
53 Nuut en jonk
622 Goed
heroïek 767
heroïen 494
heroïes 767
heroïsme 767
herontwerp
53 Nuut en jonk
140 Verandering
heropbou 140
herorden 21
herordening 21
herout
546 Kunsmatige teken

551 Meedeel
herower
 684 Oorwin
 694 Neem
herowering
 684 Oorwin
 694 Neem
herpes 413
herpesvirus 413
herpetologie 358
herpetologies 358
herpetoloog 358
herrese
 249 Lewe
 411 Gesond
herrie
 165 Onreëlmatige
  beweging
 476 Geluid
 667 Stryd
herriemaker 667
herroep
 510 Herinner
 529 Ontken
 599 Gesag uitoefen
herroeping 529
herroeteer 147
herrys
 71 Regop
 249 Lewe
 411 Gesond
 412 Siek
herrysenis
 249 Lewe
 411 Gesond
 412 Siek
herrysing
 249 Lewe
 412 Siek
hersenskim
 2 Nie-bestaan
 512 Verbeelding
 838 Gees
hersenskimmig
 2 Nie-bestaan
 838 Gees
hersien
 53 Nuut en jonk
 140 Verandering
 516 Soek
 561 Studeer
 565 Skryfkuns
 566 Drukkuns
 622 Goed
hersiening
 140 Verandering
 516 Soek
 560 Voorskoolse en
  naskoolse onderrig
 561 Studeer
 565 Skryfkuns
 566 Drukkuns
 622 Goed

 801 Wet
hersieningshof 808
hersirkulasie 629
herskape 140
herskep
 53 Nuut en jonk
 140 Verandering
herskepping
 53 Nuut en jonk
 140 Verandering
 438 Vorm
herstandaardisering 569
herstel
 140 Verandering
 251 In die lewe roep
 411 Gesond
 412 Siek
 413 Verskillende siektes
 622 Goed
 680 Militêre aksie
 693 Gee
 745 Versier
herstelkoste
 691 Spandeer
 708 Betaal
hersteloord 417
herstelteken 753
herstelwerk
 233 Voertuig
 622 Goed
herstruktureer 140
herstrukturering 140
hert 366
herthoringvaring 329
hertog 797
hertogdom
 590 Bestuur en regeer
 797 Hoër stand
hertwiet 568
heruitgawe 566
heruitsending 264
hervat
 649 Begin handel
 657 Herhaal
hervatting
 53 Nuut en jonk
 649 Begin handel
 657 Herhaal
herverkoopwaarde 691
hervestig 67
hervorm
 53 Nuut en jonk
 140 Verandering
 622 Goed
 840 Godsdiens
 854 Godsdienste
hervormer
 140 Verandering
 840 Godsdiens
hervorming
 140 Verandering
 590 Bestuur en regeer
Hervormingsfees 851

herwaarts 147
herwin
 684 Oorwin
 686 Aanwins
herwinbaar 255
herwinning
 255 Natuur
 629 Gebruik
 686 Aanwins
herwinnings-
 boerdery 347
herwinningsveldtog 255
herwonne
 684 Oorwin
 686 Aanwins
herz 123
heserig
 404 Asemhaling
 413 Verskillende siektes
hesperornis 367
hete
 521 Verras wees
 715 Negatiewe gevoel
 768 Vrees
heterargie 795
heterochromaties
 267 Optika
 490 Kleur
heterochromie
 267 Optika
 490 Kleur
heterochroom 490
heterodoks
 840 Godsdiens
 842 Geloof
heterofiet 318
heterogaam 324
heterogeen
 9 Verskillend of
  teenoorgesteld
 13 Verskeidenheid
 114 Saamgesteld
heterogenese
 239 Voortplant
 324 Plantlewe
heterogeniteit
 9 Verskillend of
  teenoorgesteld
 13 Verskeidenheid
 114 Saamgesteld
heteromorf 9
heteroniem
 563 Skryf
 573 Woordeskat
heteronimie
 563 Skryf
 573 Woordeskat
heteropatie 413
heteropolie 701
heteropsie 413
heteroseksualiteit
 374 Mens
 776 Liefde en

  vriendskap
heteroseksueel
 374 Mens
 776 Liefde en
  vriendskap
heterotroof
 317 Fisiologie
 324 Plantlewe
hetsy 34
heug 510
heug(e)nis 510
heuglik
 510 Herinner
 718 Blydskap
heuglikheid
 510 Herinner
 718 Blydskap
heul 663
heulery 663
heuning
 426 Kossoort, dis
 471 Smaaklik, lekker
heuningblom 334
heuningby 361
heuningdou
 413 Verskillende siektes
 462 Halfvloeibare stof
heuningkoek-bont-
 paling 363
heuningkoekmuur 94
heuningkoeksuiker-
 bos 334
heuningkwas 828
heuningsoet 471
heuningtee 427
heuningvoël 365
heup
 380 Gebeente
 395 Buik
heupbeen
 380 Gebeente
 395 Buik
heupjig 413
heupvervanging 414
heuristiek 523
heuristies 523
heuwel 277
heuwelaf 147
heuwelagtig 277
heuwellandskap 277
heuwelop 147
hewel
 147 Rigting
 176 Uithaal
 277 Berg
 288 Waterstelsel
hewig
 104 Baie
 618 Heftig
hewigheid 618
hiaat
 23 Onderbreking
 117 Te min

177 Oopgaan
hialien 387
hiatus 23
hibernasie 357
hiberneer 357
hibiskus 334
hibridies
  114 Saamgesteld
  174 Meng
  233 Voertuig
  239 Voortplant
  573 Woordeskat
hibridisasie
  114 Saamgesteld
  174 Meng
  233 Voertuig
  239 Voortplant
  573 Woordeskat
hibridiseer
  114 Saamgesteld
  174 Meng
  233 Voertuig
  239 Voortplant
hibriditeit
  114 Saamgesteld
  174 Meng
  233 Voertuig
  239 Voortplant
  573 Woordeskat
hibried
  114 Saamgesteld
  174 Meng
  233 Voertuig
  239 Voortplant
  573 Woordeskat
hidraat 256
hidreer 256
hidrering 256
hidrobreking 275
hidrodinamies 258
hidrodinamika 258
hidro-elektries 262
hidro-elektrisiteit 262
hidrofobie 768
hidrogeen
  256 Skeikunde
  296 Nie-metaal
hidrograaf
  286 Rivier
  294 Weerkunde
hidrografie 286
hidrolise 256
hidroliseer 256
hidrologie
  258 Hidroulika
  286 Rivier
hidrometer
  123 Meet
  286 Rivier
hidrometrie
  123 Meet
  286 Rivier
hidroponies 345

hidroponika 345
hidropsie 413
hidrosfeer 286
hidroskoop
  267 Optika
  294 Weerkunde
hidrostaties 258
hidrostatika 258
hidroterapie 414
hidrotropie 324
hidrotropisme 324
hidrotuig 235
hidroulies 258
hidroulika 258
hiel 397
hiëna 366
hiep-hiep-hoera 718
hier
  61 Plek
  64 Aanwesigheid
  69 Naby
  88 Posisie
hieraan
  6 Betrekking
  168 Saamkom
hieragter 86
hiërargie
  30 Hiërargie
  576 Sinsbou en styl
  588 Gesag hê
  665 Byeenkom
  673 Manskap
hiëraties 565
hierbenewens 107
hierby 107
hierdeur
  15 Oorsaak
  153 Deur
  522 Redeneer
hierdie 69
hierheen
  88 Posisie
  147 Rigting
hierjy
  503 Onverstandigheid
  592 Ondergeskikte
  623 Sleg
  822 Skuldig
hierjymens
  503 Onverstandigheid
  623 Sleg
  822 Skuldig
hierlangs
  87 Aan die kant
  147 Rigting
  152 Verby
hiermee
  6 Betrekking
  107 Meer
  629 Gebruik
hierna 47
hiernaas 69
hiernamaals
  837 God

  839 Hiernamaals
hiernatoe
  147 Rigting
  787 Samelewing
hierneffens 69
hiëroglief 565
hiëroglifies
  563 Skryf
  565 Skryfkuns
hierom
  15 Oorsaak
  16 Gevolg
  163 Draai
hieromheen
  82 Rondom
  160 Omring
  163 Draai
hieromtrent
  6 Betrekking
  69 Naby
  522 Redeneer
hieroor
  15 Oorsaak
  74 Op
  156 Bo-oor
  522 Redeneer
hierso 61
hierteen
  6 Betrekking
  69 Naby
  181 Raak
hierteenoor
  9 Verskillend of teenoorgesteld
  85 Voor
hiertoe
  16 Gevolg
  637 Doelgerigtheid en doelloosheid
hierts
  521 Verras wees
  715 Negatiewe gevoel
  768 Vrees
hiervan
  6 Betrekking
  167 Wegbeweeg
hiervandaan
  67 Verplasing
  88 Posisie
  147 Rigting
  167 Wegbeweeg
  787 Samelewing
hiervoor
  16 Gevolg
  85 Voor
hiet en gebied
  588 Gesag hê
  592 Ondergeskikte
  599 Gesag uitoefen
higiëne
  414 Geneeskunde
  627 Skoon
higiënies 627

higrometer
  260 Warmteleer
  294 Weerkunde
higroskoop 294
higroskopie 294
higroskopies 463
hik
  404 Asemhaling
  482 Menslike geluid
hiklag 722
hilariteit
  718 Blydskap
  722 Humor
himen 403
himne
  751 Digkuns
  757 Sang
  847 Gebed
himnologie 753
himnoloog 753
hinde 366
hinder
  588 Gesag hê
  635 Skadelik
  654 Moeilik handel
  666 Verhinder
  714 Positiewe gevoel
hinderlaag 669
hinderlik
  666 Verhinder
  715 Negatiewe gevoel
  744 Lelik
  771 Gramskap
hinderlikheid
  654 Moeilik handel
  666 Verhinder
  715 Negatiewe gevoel
hindernis
  63 Begrensdheid
  654 Moeilik handel
  666 Verhinder
  729 Atletiek
hinderpaal
  178 Toegaan
  666 Verhinder
Hindoe 854
Hindoe-fees 851
Hindoeïsme 854
hings
  239 Voortplant
  366 Soogdier
hingsel
  84 Houer
  183 Gryp
hink
  145 Beweging
  197 Te voet gaan
  198 Strompel
  229 Stadig beweeg
  741 Kinderspel
hinkend
  197 Te voet gaan
  198 Strompel

229 Stadig beweeg
hinkendepink
  145 Beweging
  198 Strompel
hink-en-pink
  145 Beweging
  198 Strompel
hinkepink
  145 Beweging
  198 Strompel
hinkstap
  198 Strompel
  229 Stadig beweeg
hinnik 484
hinterland
  61 Plek
  273 Geografie
hipallagee 576
hiperama 707
hiperbaries
  124 Weeg
  452 Swaar
hiperbaties 576
hiperbaton 576
hiperbeleef(d) 791
hiperbeskaaf(d) 812
hiperbolies
  139 Meetkunde
  432 Groot
  576 Sinsbou en styl
  577 Betekenis
hiperbool
  139 Meetkunde
  576 Sinsbou en styl
  577 Betekenis
hipergevoelig 715
hipergevoeligheid 714
hiperkorrek
  537 Waarheid
  569 Taal
  622 Goed
hipermark 707
hipermedia 263
hipermedia 568
hiperoreksie 413
hipersonies 266
hiperteks 263
hiperteksmarkeertaal (HTML) 263
hiperteksoordragprotokol (HTTP) 263
hiperteksuitlegtaal (HTML) 263
hipertensie 413
hipertonie 413
hipertrofie 413
hipervinnig 225
hip-hop
  742 Dans
  753 Musiek
hipnose
  414 Geneeskunde
  512 Verbeelding

638 Aanmoedig
hipnoties
  512 Verbeelding
  638 Aanmoedig
hipnotikum
  415 Geneesmiddel
  494 Gevoelloosheid en bedwelming
hipnotiseer
  414 Geneeskunde
  638 Aanmoedig
hipnotisme
  414 Geneeskunde
  638 Aanmoedig
hipochondria
  413 Verskillende siektes
  505 Verstandstoornis
  512 Verbeelding
hipochondries
  412 Siek
  505 Verstandstoornis
hipochondris
  412 Siek
  505 Verstandstoornis
hipochorisme 550
hipochoristies 550
hipodermies 381
hipodermis 381
hipofise
  385 Skedel
  402 Afskeidings- en uitskeidingsorgane
hipokonders
  413 Verskillende siektes
  505 Verstandstoornis
  512 Verbeelding
hipokondries
  412 Siek
  505 Verstandstoornis
hipokriet 818
hipokrities
  815 Oneerlik
  818 Bedrieg
hiponiem
  573 Woordeskat
  577 Betekenis
hiponimie
  573 Woordeskat
  577 Betekenis
hiposentrum 274
hipostase 373
hipotaksis 576
hipoteek 699
hipotensie 413
hipotenusa 139
hipotermies 413
hipotese
  513 Denke
  515 Wetenskap
  518 Glo
hipoteties
  518 Glo
  538 Dwaling

hipotetiseer
  513 Denke
  522 Redeneer
hippodroom 629
hippopotamus 366
hipsofobie 768
hipsometer 123
histamine 415
histerektomie 414
histerie
  413 Verskillende siektes
  505 Verstandstoornis
  618 Heftig
histologie 414
histologies 414
histoloog 416
historie 45
histories
  1 Bestaan
  45 Geskiedenis
historikus
  45 Geskiedenis
  515 Wetenskap
historiograaf 45
historiografie
  45 Geskiedenis
  515 Wetenskap
historioloog 45
historisiteit
  1 Bestaan
  45 Geskiedenis
historisme 45
histrionies 752
hitsig
  239 Voortplant
  465 Warm
  618 Heftig
  715 Negatiewe gevoel
  773 Begeerte
  820 Oneerbaar
hitsigheid
  715 Negatiewe gevoel
  773 Begeerte
hitsjazz 753
hitstjor 737
hitte
  260 Warmteleer
  465 Warm
  618 Heftig
hittegolf
  260 Warmteleer
  289 Klimaat
  465 Warm
hittegraad
  260 Warmteleer
  465 Warm
hittekoors 413
hittemeter 123
hittenewel 289
hittestraling
  256 Skeikunde
  260 Warmteleer
hittete 130

hitte-uitputting 413
hitteuitslag 413
hittevas 465
hittevastheid 465
hitteweerstand 465
hittig
  239 Voortplant
  465 Warm
  618 Heftig
  715 Negatiewe gevoel
hobbel
  164 Reëlmatige beweging
  165 Onreëlmatige beweging
  198 Strompel
  446 Rond
  449 Ongelyk
hobbelagtig 449
hobbelpad 149
hobbelperd 741
hobbelrig
  180 Ongelyk maak
  449 Ongelyk
hobo 756
hoboïs 756
Hodur 855
hoe(i)haai
  476 Geluid
  479 Disharmonies
  481 Skerp klank
hoëbeeldvlakboei 235
hoed
  612 Noukeurig
  655 Veilig
  745 Versier
hoedanig
  3 Bestaanswyse
  644 Handelwyse
hoedanigheid
  3 Bestaanswyse
  644 Handelwyse
  658 Beroep
hoeder
  612 Noukeurig
  655 Veilig
hoedetas 187
hoedewinkel 707
hoëdigtheidsbehuising 89
hoëdrukgebied
  289 Klimaat
  294 Weerkunde
hoëdruksel 294
hoëdruksentrum 294
hoëdrukstelsel 294
hoef
  17 Noodsaak
  366 Soogdier
  397 Ledemaat
hoefangel 678
hoefdier 366
hoefkanker 413

hoefmagneet

hoefmagneet 261
hoefmerk 545
hoefsmedery 302
hoefsmid 302
hoefyster
  302 Smeewerk
  366 Soogdier
  397 Ledemaat
  444 Krom
hoegenaamd 528
hoëgraads 622
hoëhakskoen 745
hoek
  61 Plek
  139 Meetkunde
  163 Draai
  372 Vissery
  447 Hoekig
  728 Balsporte
hoeka
  50 Verlede
  528 Bevestig
hoekaai 146
hoeke 555
hoekerf 61
hoekhuis 91
hoekig
  447 Hoekig
  792 Asosiaal
hoekigheid 447
hoekkas 95
hoeklyn 139
hoekmeter
  123 Meet
  139 Meetkunde
hoekmeting
  123 Meet
  139 Meetkunde
hoekom 555
hoekpaal
  63 Begrensdheid
  94 Dele van 'n eiendom
  731 Gevegsport
hoeks 139
hoekskop 728
hoeksteen
  94 Dele van 'n eiendom
  620 Belangrik
hoekvlag 728
hoeliha 521
hoëlui 620
hoemoes 426
hoender
  365 Voël
  426 Kossoort, dis
hoenderboer
  347 Landbou
  369 Veeteelt
  370 Voëlteelt
hoenderboerdery
  369 Veeteelt
  370 Voëlteelt
hoenderbrijani 426

hoendereier 365
hoenderhaan 365
hoenderhen 365
hoenderhok
  354 Plaas
  369 Veeteelt
  370 Voëlteelt
hoenderkop 407
hoenderpastei 426
hoenderteelt
  369 Veeteelt
  370 Voëlteelt
hoepel
  82 Rondom
  160 Omring
  301 Metaalverwerking
  446 Rond
  741 Kinderspel
hoepelbeen
  198 Strompel
  397 Ledemaat
  413 Verskillende siektes
hoephoep 365
hoëpriester
  852 Geestelike
  854 Godsdienste
hoer
  239 Voortplant
  376 Vrou
  776 Liefde en
    vriendskap
  813 Swak gedrag
  820 Oneerbaar
hoera
  718 Blydskap
  722 Humor
hoereer
  239 Voortplant
  820 Oneerbaar
hoereerder
  239 Voortplant
  820 Oneerbaar
hoerery
  239 Voortplant
  820 Oneerbaar
Hoërhand 855
hoerhuis
  91 Gebou
  239 Voortplant
hoerkind 243
hoervrou 239
hoërhuis 590
hoërskool 559
hoërskoolleerder 560
hoes
  404 Asemhaling
  409 Afskeiding en
    uitskeiding
  413 Verskillende siektes
  482 Menslike geluid
  708 Betaal
hoesdrank 415

hoeseer
  6 Betrekking
  102 Hoeveelheid
hoeserig
  404 Asemhaling
  482 Menslike geluid
hoesit 790
hoesklontjie 415
hoeslag 722
hoesmedisyne 415
hoësorgeenheid
  414 Geneeskunde
  417 Hospitaal
hoëstrek 233
hoëstrekratkas 233
hoëtroustel
  264 Radio en televisie
  756 Musiekinstrument
hoeveel 102
hoeveelheid
  102 Hoeveelheid
  112 Deel
  133 Getalle
hoeveelste 21
hoëveld 273
hoëvlaktaal 263
hoëvlaktaalprogram 263
hoewe 354
hoewel 530
hof
  91 Gebou
  92 Deftige, belangrike of
    groot gebou
  808 Regswese
  809 Regsgeding
hofarts 416
hofbevel 808
hofdame 592
hofdigter 751
hofetiket 791
hofgebou
  92 Deftige, belangrike of
    groot gebou
  809 Regsgeding
hofgeding
  808 Regswese
  809 Regsgeding
hofie
  322 Blom
  384 Kop
  568 Media
hofinterdik 808
hofknaap
  248 Huwelik
  592 Ondergeskikte
hofkoets 230
hofkunstenaar 809
hoflik
  622 Goed
  714 Positiewe gevoel
  776 Liefde en
    vriendskap
  791 Sosiaal

  812 Goeie gedrag
  819 Eerbaar
hoflikheid
  622 Goed
  714 Positiewe gevoel
  743 Mooi
  776 Liefde en
    vriendskap
  791 Sosiaal
  812 Goeie gedrag
  819 Eerbaar
hoflokaal 809
hofmakery 776
hofproses 809
hofsaak 809
hofsaal 809
hofsel 594
hofsitting
  808 Regswese
  809 Regsgeding
hofskilder 760
hofverskyning 809
hofverslag
  539 Kommunikeer
  809 Regsgeding
hofverslaggewer 809
hohaai
  476 Geluid
  479 Disharmonies
  481 Skerp klank
hoipolloi 789
hoistaan 231
hok
  89 Blyplek
  91 Gebou
  93 Beskeie gebou
  170 Saambring
  354 Plaas
  369 Veeteelt
  594 Onvryheid
  835 Bestraf
hokaai 146
hokkie
  93 Beskeie gebou
  322 Blom
  728 Balsporte
hokkiespeler 728
hokkiestok
  629 Spel en sport
  728 Balsporte
hokkieveld
  629 Spel en sport
  728 Balsporte
hokkiewedstryd 728
hokslaan
  182 Slaan
  368 Diereteelt
  369 Veeteelt
  666 Verhinder
hokspoor 234
hokus-pokus
  818 Bedrieg
  844 Bygeloof

hokvoël 365
hol
　110 Niks
　197 Te voet gaan
　225 Vinnig
　228 Vinnig beweeg
　277 Berg
　392 Romp
　396 Rug
　401 Spysverterings-
　　kanaal
　402 Afskeidings- en
　　uitskeidingsorgane
　446 Rond
　503 Onverstandigheid
holderstebolder
　20 Wanorde
　145 Beweging
　225 Vinnig
holheid 110
holisme 514
holisties 514
holklinkend
　476 Geluid
　542 Betekenisloosheid
holkrans 277
hollander 315
Hollander 787
hollandisme 569
hollerig 110
holligheid
　110 Niks
　542 Betekenisloosheid
holmuur 94
holofiet 318
holofrase 573
holofrasties 573
hologig 387
holograaf 565
holografies 565
hologram 268
holoniem
　573 Woordeskat
　577 Betekenis
holoog 387
Holoseense epog 274
holrond 446
holrondheid 446
holrug
　54 Oud
　396 Rug
　413 Verskillende siektes
　725 Verveling
holte
　61 Plek
　177 Oopgaan
　377 Liggaam
　446 Rond
hom 375
homeletiek 842
homeopaat 416
homeopatie
　414 Geneeskunde

　415 Geneesmiddel
homeopaties
　414 Geneeskunde
　415 Geneesmiddel
homeopolie 701
homileet 852
homiletiek 849
hominied 374
hommelby 361
hommeltuig
　236 Lugvaart
　675 Militêre toerusting
hommelvlieg 361
homo sapiens 374
homo
　374 Mens
　375 Man
　376 Vrou
　776 Liefde en
　　vriendskap
homochromaties 490
homochromie
　267 Optika
　490 Kleur
homochroom 490
homo-erotiek 776
homofiel
　374 Mens
　375 Man
　776 Liefde en
　　vriendskap
homofilie 374
homofilies 374
homofobie 374
homofobies 374
homofonie
　573 Woordeskat
　577 Betekenis
homofonies
　572 Uitspraak
　573 Woordeskat
homofoob 374
homofoon
　572 Uitspraak
　573 Woordeskat
　577 Betekenis
homogaam 324
homogamie
　317 Fisiologie
　324 Plantlewe
homogeen
　12 Eenvormigheid
　33 Samehorigheid
　113 Enkelvoudig
homogenese 240
homogeneties 240
homogeniseer
　12 Eenvormigheid
　113 Enkelvoudig
homogeniteit
　12 Eenvormigheid
　33 Samehorigheid
　113 Enkelvoudig

homograaf
　563 Skryf
　573 Woordeskat
　577 Betekenis
homografie
　563 Skryf
　573 Woordeskat
homografies
　563 Skryf
　571 Skrif
　573 Woordeskat
homologasie 806
homologeer 806
homoloog
　8 Dieselfde
　10 Harmonie
　12 Eenvormigheid
　136 Eweredigheid
homoniem
　573 Woordeskat
　577 Betekenis
homonimie
　573 Woordeskat
　577 Betekenis
homonimies
　573 Woordeskat
　577 Betekenis
homopaat 416
homopatie 414
homoseksualiteit
　374 Mens
　375 Man
　776 Liefde en
　　vriendskap
homoseksueel
　374 Mens
　375 Man
　376 Vrou
　776 Liefde en
　　vriendskap
homosentries
　8 Dieselfde
　29 Middel
homp
　102 Hoeveelheid
　432 Groot
homself 375
hond
　366 Soogdier
　779 Boosaardigheid
　820 Oneerbaar
hond(e)getrou 143
hond(s)getrou
　143 Bestendigheid
　816 Getroudheid
hondebaantjie 658
hondebelasting 712
hondedraffie
　225 Vinnig
　229 Stadig beweeg
hondedrol 409
hondehaar 382
hondehok
　89 Blyplek

　357 Dier
hondeklits 344
hondekos 357
hondelewe 717
hondemandjie 357
honderd 133
honderddelig 112
honderdduisend 133
honderde 104
honderdpoot 361
honderdvoudig
　102 Hoeveelheid
　104 Baie
hondesiekte 413
hondesjampoe 627
hondeweer
　289 Klimaat
　293 Onweer
hondmak 357
honds
　592 Ondergeskikte
　623 Sleg
　792 Asosiaal
hondsdolheid 413
hondshaai 363
hondstaai 767
hondsvot 813
honend
　829 Beledig
　831 Minag
honger
　406 Eet
　690 Arm
　773 Begeerte
hongerdood 250
hongerdun
　406 Eet
　435 Smal
　690 Arm
hongerig
　406 Eet
　690 Arm
hongerkuur 414
hongerloon 686
hongerlyer
　406 Eet
　690 Arm
hongersnood
　406 Eet
　413 Verskillende siektes
　690 Arm
hongerstaking 406
hongerte
　406 Eet
　690 Arm
honkietonkklavier 756
honneursgraad 561
honorarium
　686 Aanwins
　708 Betaal
honoreer
　708 Betaal
　834 Beloon

honorêr 620
honoris causa 830
honou 146
hoodie 745
hoof
  85 Voor
  32 Enkeling
  149 Pad
  202 Voor beweeg
  235 Skeepvaart
  282 Kus
  384 Kop
  502 Verstand
  560 Voorskoolse en naskoolse onderrig
  565 Skryfkuns
  567 Boek
  588 Gesag hê
  590 Bestuur en regeer
  591 Gesaghebber
  620 Belangrik
  658 Beroep
hoofargument
  525 Bewys
  558 Redevoering
hoofartikel 568
hoofartikelblad 568
hoofbeampte
  590 Bestuur en regeer
  591 Gesaghebber
hoofbestuur
  590 Bestuur en regeer
  700 Bank
hoofbestuurder
  590 Bestuur en regeer
  591 Gesaghebber
  658 Beroep
  700 Bank
hoofbewerking 137
hoofbrekens
  513 Denke
  651 Toesien
hoofdelik 32
hoofgereg 418
hoofkwartier
  590 Bestuur en regeer
  599 Gesag uitoefen
  665 Byeenkom
  670 Verdedig
  672 Weermag
hoofletter
  565 Skryfkuns
  566 Drukkuns
  571 Skrif
hoofopskrif
  565 Skryfkuns
  568 Media
hoofpad 149
hoofpunt
  30 Hiërargie
  83 In die middel
hoofpyn
  412 Siek

413 Verskillende siektes
717 Lyding
hoofraamrekenaar 263
hoofredaksie 568
hoofredakteur 568
hoofregter
  591 Gesaghebber
  808 Regswese
hoofrekene
  132 Wiskunde
  137 Bewerking
hoofrekening 137
hoofrekenkunde
  132 Wiskunde
  137 Bewerking
hoofroete
  147 Rigting
  149 Pad
hoofrol 752
hoofrolspeler 752
hoofs 797
hoofsaak
  112 Deel
  513 Denke
  620 Belangrik
hoofsaaklik 620
hoofsheid 791
hoofsin 576
hoofskap
  588 Gesag hê
  591 Gesaghebber
hoofstad 90
hoofstedelik 90
hoofstuk
  45 Geskiedenis
  567 Boek
hoofsweep
  590 Bestuur en regeer
  591 Gesaghebber
hooftooisel 745
hooftoonaard 753
hooftoonsoort 753
hoog
  76 Bo, bokant, boontoe
  104 Baie
  259 Aërografie
  431 Afmeting
  436 Hoog
  481 Skerp klank
  548 Praat
  572 Uitspraak
  620 Belangrik
  708 Betaal
  797 Hoër stand
  799 Beroemd
hoogaangeskrewe
  620 Belangrik
  799 Beroemd
hoogaangeskrewenheid
  799 Beroemd
  830 Eerbiedig
hoogag
  620 Belangrik

830 Eerbiedig
hoogagtend
  620 Belangrik
  830 Eerbiedig
hoogagting
  799 Beroemd
  830 Eerbiedig
hoogbou
  91 Gebou
  97 Bou
hoogdrawend
  569 Taal
  576 Sinsbou en styl
  785 Hoogmoed
  792 Asosiaal
hoogdrawendheid 785
hoogdruk 566
hoogdrukgebied
  289 Klimaat
  294 Weerkunde
hoogdruksel 289
hoogdrukstelsel 294
hoogedele 830
hoogeerwaarde
  799 Beroemd
  852 Geestelike
hooggeag
  799 Beroemd
  830 Eerbiedig
hooggebore 797
hooggeborene 797
hooggeëer(d)
  620 Belangrik
  799 Beroemd
  830 Eerbiedig
hooggeleer(d)
  559 Opvoeding en onderwys
  620 Belangrik
hooggeleerdheid
  559 Opvoeding en onderwys
  620 Belangrik
hooggeplaas
  591 Gesaghebber
  620 Belangrik
  799 Beroemd
hooggeplaasdheid 799
hooggeplaaste
  591 Gesaghebber
  620 Belangrik
  799 Beroemd
hooggeregshof 808
hooggeskat
  620 Belangrik
  799 Beroemd
hooggespan
  378 Senuwee
  715 Negatiewe gevoel
hooggespanne 715
hooggestem(d) 715
hooggestemdheid 714
hooggety 283

hooggewaardeer
  620 Belangrik
  799 Beroemd
hooghartig 785
hoogheid
  620 Belangrik
  785 Hoogmoed
  797 Hoër stand
  799 Beroemd
  830 Eerbiedig
hooghou
  141 Behoud
  785 Hoogmoed
hoogkonjunktuur 701
hoogland 277
hooglandklimaat 289
hoogleraar 560
hoogliggend 436
hooglopend
  104 Baie
  618 Heftig
hoogmode
  53 Nuut en jonk
  657 Herhaal
  745 Versier
hoogmoed
  785 Hoogmoed
  792 Asosiaal
hoogmoedig
  785 Hoogmoed
  792 Asosiaal
hoogmoedigheid
  785 Hoogmoed
  792 Asosiaal
hoogmoënd 616
hoognodig
  17 Noodsaak
  631 Nodig
hoogoond 301
hoogreliëf
  273 Geografie
  758 Beeldende kuns
  763 Beeldhoukuns
hoogs 104
hoogskat 830
hoogskatting 830
hoogsomer 289
hoogspanning 262
hoogspring
  199 Spring
  729 Atletiek
hoogstaande
  614 Bekwaam
  620 Belangrik
  622 Goed
  830 Eerbiedig
hoogstamroos 332
hoogstens 107
hoogte
  68 Ver
  123 Meet
  139 Meetkunde
  269 Heelal

hortjie(s)blinding

272 Aarde
277 Berg
431 Afmeting
436 Hoog
hoogtegraad 272
hoogtegrens 222
hoogtehoek 272
hoogtelyn
  139 Meetkunde
  269 Heelal
  436 Hoog
  442 Lyn
hoogtemaat
  122 Bereken
  431 Afmeting
hoogtemeter 123
hoogtepunt
  28 Einde
  139 Meetkunde
  622 Goed
hoogteroer 236
hoogtevrees 768
hoogverraad 817
hoogvlakte
  273 Geografie
  277 Berg
hoogvlieënd
  222 Vlieg
  610 Ywerig
  773 Begeerte
hoogvlieër
  610 Ywerig
  691 Spandeer
  773 Begeerte
  785 Hoogmoed
hoogwaardig
  620 Belangrik
  799 Beroemd
  852 Geestelike
hoogwaardigheid
  620 Belangrik
  799 Beroemd
**hoogwaardigheids-
bekleër**
  591 Gesaghebber
  620 Belangrik
  658 Beroep
  799 Beroemd
  852 Geestelike
hoogwater 283
hoogwaterbrug 149
hoogwaterlyn
  283 See
  442 Lyn
hooi 352
hooikoors 413
hookhaai 146
hool 93
hoon
  669 Aanval
  829 Beledig
  831 Minag
hoongelag 831

hoonlag
  722 Humor
  829 Beledig
  831 Minag
hoop
  168 Saamkom
  170 Saambring
  174 Meng
  277 Berg
  520 Verwag
  584 Kies
  653 Maklik handel
  765 Hoop
  767 Moed
  773 Begeerte
  842 Geloof
hoopgewend 765
hoopvol
  765 Hoop
  773 Begeerte
hoopvolheid 765
hoor
  498 Gehoor
  516 Soek
  535 Weet
  597 Gehoorsaam
  713 Gevoel
hoorbaar
  476 Geluid
  498 Gehoor
hoorbeeld
  264 Radio en televisie
  752 Toneel- en
    rolprentkuns
hoorbuis 498
hoorder
  498 Gehoor
  554 Aanspreek
hoornblende
  297 Metaal
  300 Sout
hoorsê
  538 Dwaling
  551 Meedeel
hoorsêgetuienis
  538 Dwaling
  809 Regsgeding
hoorspel
  264 Radio en televisie
  552 Vertel
  750 Letterkunde
  752 Toneel- en
    rolprentkuns
hoorspelmusiek 753
hoort
  33 Samehorigheid
  688 Besit
hoortoestel 498
hoorvermoë 498
hoos 290
hop
  165 Onreëlmatige
    beweging

  199 Spring
  337 Veldplant
hopbier 427
hopbrood 424
hope 13
hopelik
  765 Hoop
  773 Begeerte
hopeloos
  583 Willoosheid
  615 Onbekwaam
  623 Sleg
  634 Nutteloos
  683 Misluk
  766 Wanhoop
hopeloosheid
  583 Willoosheid
  615 Onbekwaam
  623 Sleg
  634 Nutteloos
  683 Misluk
  766 Wanhoop
hopitaalkiem 413
Hor 855
horde
  20 Wanorde
  168 Saamkom
  665 Byeenkom
horend 498
horing
  265 Telegraaf en
    telefoon
  308 Been
  381 Huid
  384 Kop
  385 Skedel
  439 Punt
  756 Musiekinstrument
horingagtig
  308 Been
  455 Hard
horingblaser 756
horingblende
  297 Metaal
  298 Steen
horingdraer
  357 Dier
  818 Bedrieg
horingdroog 464
horingkoraal 363
horingoud 54
horingrig
  308 Been
  385 Skedel
  455 Hard
horingskild
  364 Reptiel
  380 Gebeente
horingslang 364
horingsmanskaap 366
horingsmanslang 364
horingsmanuil 365
horingspeler 756

horingspons 360
horingstof 381
horingvee 369
horingvisier 676
horingvlies 387
**horingvliesont-
steking** 413
horison 269
horisondoek 752
horisontaal 72
horlosie
  128 Chronometer
  233 Voertuig
horlosiemaker 128
horlosieradio 264
hormoon 409
hormoonplakker 415
horoloog 128
horoskoop 270
horrelbeen 198
horrelpyp
  742 Dans
  756 Musiekinstrument
horrelvoet
  198 Strompel
  413 Verskillende siektes
horribaal
  715 Negatiewe gevoel
  744 Lelik
  775 Weersin
horribile dictu 775
horribile visu 775
horriepiep 768
horries
  407 Drink
  413 Verskillende siektes
  618 Heftig
  768 Vrees
hors d'oeuvre
  418 Voeding
  426 Kossoort, dis
hors 274
horssweep
  182 Slaan
  231 Tuig
hortatief 574
hortel 145
hortend
  145 Beweging
  654 Moeilik handel
hortensia
  332 Struik
  334 Blomplant
horterig 145
hortjie
  94 Dele van 'n eiendom
  95 Huisraad
hortjie(s)blinder
  94 Dele van 'n eiendom
  95 Huisraad
hortjie(s)blinding
  94 Dele van 'n eiendom
  95 Huisraad

hortologie

hortologie
  356 Landbouwetenskap
  515 Wetenskap
hortoloog
  356 Landbouwetenskap
  515 Wetenskap
Horus 855
hosanna
  718 Blydskap
  847 Gebed
hospice
  89 Blyplek
  414 Geneeskunde
  780 Hulpbetoon
hospita
  706 Verhuur
  790 Sosiale betrekking
hospitaal
  91 Gebou
  414 Geneeskunde
  417 Hospitaal
hospitaalbesoek
  790 Sosiale betrekking
  849 Prediking
hospitaliseer
  417 Hospitaal
  790 Sosiale betrekking
hospitalisering 417
hospiteer 790
hospitium
  89 Blyplek
  414 Geneeskunde
  780 Hulpbetoon
hostel 89
hostie 850
hot 147
hotagter 86
hotdog
  424 Brood
  426 Kossoort, dis
hotel
  89 Blyplek
  91 Gebou
  406 Eet
  429 Eetplek, kroeg
hotelier 429
hothand 397
hothou
  667 Stryd
  731 Gevegsport
hotkant 87
hotklou 397
hotnaasagter 86
hotnaasvoor 85
hotom 147
hotterstebles 145
hotvoor 85
hou
  2 Nie-bestaan
  64 Aanwesigheid
  83 In die middel
  89 Blyplek
  102 Hoeveelheid

  146 Beweginglooshied
  147 Rigting
  182 Slaan
  183 Gryp
  413 Verskillende siektes
  644 Handelwyse
  667 Stryd
  688 Besit
  698 Behou
  728 Balsporte
  731 Gevegsport
  835 Bestraf
hou(d)baar 141
houdbaar 624
houding
  2 Nie-bestaan
  70 Oriëntasie
  377 Liggaam
  644 Handelwyse
  713 Gevoel
  810 Gedrag
houer
  84 Houer
  161 Bedek
  194 Vervoer
  235 Skeepvaart
houerskip 235
houervervoer 194
hou-jou-bek-wet 801
houplek 89
hout
  299 Brandstof
  316 Hout
  459 Vaste stof
  469 Verwarmingstoestel
houtalkohol
  256 Skeikunde
  460 Vloeistof
houtasyn 256
houtbedryf
  316 Hout
  701 Handel en ekonomie
houtbewerking 316
houterig
  316 Hout
  725 Verveling
  792 Asosiaal
houterigheid 792
houtgees
  256 Skeikunde
  460 Vloeistof
houtgerus
  619 Kalm
  714 Positiewe gevoel
houtgraveur 761
houtgravure 761
houthakker
  185 Sny
  316 Hout
houthandel
  316 Hout
  701 Handel en ekonomie
houthuis
  89 Blyplek

  91 Gebou
  93 Beskeie gebou
houtkapper
  185 Sny
  316 Hout
  365 Voël
houtplank 316
houtproduk 316
houtproduksie 316
houtskool
  299 Brandstof
  759 Tekenkuns
houtskooltekening 759
houtsnee
  745 Versier
  761 Graveerkuns
houtsneekuns
  749 Kuns
  761 Graveerkuns
houtsoort 316
houtware 316
houtwerk 316
houtwerker
  316 Hout
  630 Werktuig
  645 Handel
houvas
  183 Gryp
  579 Gedwonge
  599 Gesag uitoefen
houvermoë
  141 Behoud
  625 Sterk
houvrou
  239 Voortplant
  376 Vrou
houweel 185
houwitser 676
hovaardig
  785 Hoogmoed
  813 Swak gedrag
hovaardigheid 785
hovaardy 785
howeling 592
howzit 790
hu 248
hubaar 248
Hubbardskorsie 351
hubris
  803 Wette oortree
  843 Ongeloof
huid
  314 Leer
  381 Huid
  495 Tassin
huidaandoening 413
huidig 49
huidjiehu
  361 Insek
  476 Geluid
huidkanker 413
huidsenuwee
  378 Senuwee

  495 Tassin
huidspesialis 416
huidspier 381
huiduitslag 413
huidverdikking 413
huidweefsel
  377 Liggaam
  381 Huid
huig 390
huigel
  815 Oneerlik
  818 Bedrieg
huigelaar
  815 Oneerlik
  818 Bedrieg
huigelagtig
  770 Wantroue
  813 Swak gedrag
  815 Oneerlik
  818 Bedrieg
huigelagtigheid
  815 Oneerlik
  818 Bedrieg
huigelary
  815 Oneerlik
  818 Bedrieg
  845 Godsvrug
huigeltaal
  815 Oneerlik
  818 Bedrieg
huil
  290 Wind
  481 Skerp klank
  482 Menslike geluid
  484 Diergeluid
  719 Hartseer
huilboerboon 331
huilboom 331
huilbos
  331 Boom
  332 Struik
huilend 719
huilerig
  715 Negatiewe gevoel
  717 Lyding
  719 Hartseer
huilery
  482 Menslike geluid
  719 Hartseer
huis
  61 Plek
  64 Aanwesigheid
  89 Blyplek
  91 Gebou
  241 Familie
  590 Bestuur en regeer
huisarres
  594 Onvryheid
  835 Bestraf
huisarts 416
huisartskunde 414
huisbaas
  688 Besit

706 Verhuur
huisbesoek
790 Sosiale betrekking
849 Prediking
huisbraak
695 Steel
803 Wette oortree
huisdokter 416
huiseienaar
64 Aanwesigheid
89 Blyplek
huisgenoot 241
huisgesin 241
huisgodsdiens
840 Godsdiens
845 Godsvrug
huishou 590
huishou(d)skool 559
huishoudelik 590
huishouding
241 Familie
418 Voeding
590 Bestuur en regeer
huishoudkunde
418 Voeding
419 Voedselbereiding
huishoudster 592
huishulp
592 Ondergeskikte
645 Handel
663 Meedoen
huislik
91 Gebou
724 Vermaak en
  ontspanning
791 Sosiaal
huismense
241 Familie
790 Sosiale betrekking
huismoles 667
huisraad 95
huisriool 409
huissitter
64 Aanwesigheid
611 Lui
huisves
64 Aanwesigheid
790 Sosiale betrekking
huisvesting
64 Aanwesigheid
89 Blyplek
huiwer
519 Twyfel
587 Aarsel
768 Vrees
huiwerend
519 Twyfel
587 Aarsel
huiwerig
11 Disharmonie
519 Twyfel
581 Teësinnig
587 Aarsel
770 Wantroue

huiwerigheid
11 Disharmonie
519 Twyfel
587 Aarsel
huiwering
11 Disharmonie
519 Twyfel
587 Aarsel
huiweringwekkend 768
hul
1 Bestaan
161 Bedek
540 Nie kommunikeer
  nie
hulde 830
huldebetoning
799 Beroemd
830 Eerbiedig
huldebetuiging 826
huldeblyk
799 Beroemd
826 Goedkeur
huldig
531 Saamstem
799 Beroemd
830 Eerbiedig
hulp
589 Dien
592 Ondergeskikte
633 Nuttig
638 Aanmoedig
645 Handel
663 Meedoen
682 Slaag
780 Hulpbetoon
hulpbehoewend
589 Dien
664 Terugstaan
690 Arm
780 Hulpbetoon
hulpbehoewende 780
hulpbehoewendheid
589 Dien
664 Terugstaan
690 Arm
hulpbetoning 780
hulpbetoon 780
hulpbron 629
hulpdiens
663 Meedoen
780 Hulpbetoon
hulpdoelverdediger 728
hulpeloos
617 Magteloos
623 Sleg
664 Terugstaan
690 Arm
hulpeloosheid
664 Terugstaan
690 Arm
hulpklas 559
hulpkreet
656 Gevaarlik

719 Hartseer
hulpleraar
592 Ondergeskikte
663 Meedoen
849 Prediking
852 Geestelike
hulplyn 265
hulpmiddel
629 Gebruik
663 Meedoen
hulporganisasie
170 Saambring
780 Hulpbetoon
hulproep 656
hulpstelling 139
hulpvaardig
580 Graag
589 Dien
663 Meedoen
776 Liefde en
  vriendskap
778 Goedaardigheid
780 Hulpbetoon
hulpvaardigheid
638 Aanmoedig
663 Meedoen
778 Goedaardigheid
780 Hulpbetoon
hulpverlener 663
hulpverlening
589 Dien
663 Meedoen
hulpwerkwoord 574
huls
161 Bedek
323 Vrug
331 Boom
hulsboom 331
hulseik 331
hulsel 161
humaan 778
humaniora 559
humanis
749 Kuns
778 Goedaardigheid
humaniseer 812
humanisme
514 Wysbegeerte
749 Kuns
778 Goedaardigheid
humanisties 778
humanitarisme
514 Wysbegeerte
854 Godsdienste
humaniteit 778
humanitêr
778 Goedaardigheid
840 Godsdiens
humerus
380 Gebeente
397 Ledemaat
humeur
667 Stryd

715 Negatiewe gevoel
771 Gramskap
humeurig
623 Sleg
667 Stryd
715 Negatiewe gevoel
771 Gramskap
humeurigheid
667 Stryd
715 Negatiewe gevoel
771 Gramskap
humiditeit
289 Klimaat
465 Warm
humied
289 Klimaat
463 Nat
465 Warm
humor
718 Blydskap
722 Humor
humoreske 750
humoris 722
humoristies
722 Humor
750 Letterkunde
humorloos 723
humorsin 722
humus 346
Hun
618 Heftig
779 Boosaardigheid
hun(n)ebed
253 Begrafnis
274 Geologie
hunker
520 Verwag
580 Graag
hunkering 773
huppel
145 Beweging
164 Reëlmatige
  beweging
165 Onreëlmatige
  beweging
199 Spring
huppelend 199
huppeling 199
huppelspring 145
hups
225 Vinnig
249 Lewe
411 Gesond
625 Sterk
791 Sosiaal
hupstoot 638
hupstootjie
182 Slaan
663 Meedoen
728 Balsporte
hurk 146
husaar 673

hut
89 Blyplek
91 Gebou
93 Beskeie gebou
hutsmerk 565
hutspot
13 Verskeidenheid
174 Meng
418 Voeding
426 Kossoort, dis
hutsteken 565
huur
89 Blyplek
706 Verhuur
huurder
64 Aanwesigheid
89 Blyplek
706 Verhuur
huurgeld 706
huurhuis 91
huurkontrak
546 Kunsmatige teken
706 Verhuur
huurkoop
699 Leen
704 Koop
huurkooptransaksie 699
huurkoper 699
huurling
592 Ondergeskikte
645 Handel
663 Meedoen
huurloon 706
huurmoord 252
huurmoordenaar 252
huurpag
699 Leen
706 Verhuur
huursoldaat 673
huurtermyn 706
huurtol
708 Betaal
712 Belasting
huurtroepe 672
huurtydperk 706
huurwoning 91
huwelik
248 Huwelik
776 Liefde en vriendskap
850 Sakrament
huweliksaanbod 248
huweliksband
248 Huwelik
776 Liefde en vriendskap
huweliksbeplanner 248
huweliksbevestiger
248 Huwelik
808 Regswese
huweliksbevestiging
248 Huwelik

850 Sakrament
huweliksbootjie 248
huweliksfees
248 Huwelik
793 Fees
huweliksformulier
248 Huwelik
850 Sakrament
huweliksgebod
248 Huwelik
850 Sakrament
huweliksherdenking
248 Huwelik
793 Fees
huweliksmaat
242 Ouers
776 Liefde en vriendskap
huwelikspaar 776
huweliksreg
248 Huwelik
808 Regswese
huweliksregister
248 Huwelik
546 Kunsmatige teken
huweliksreis 248
huweliksvoorwaarde 248
huweliksvoorwaardekontrak
248 Huwelik
546 Kunsmatige teken
808 Regswese
hy
1 Bestaan
375 Man
Hydra 357
hyg
225 Vinnig
404 Asemhaling
hygend 404
hyging
225 Vinnig
404 Asemhaling
hygroman 750
hymenoptera 361
hys 211
hysbak 211
hysblok 211
hysbrug 149
hyser
211 Opgaan
355 Landbougereedskap
hyshang 730
hyskraan
101 Bouersgereedskap
211 Opgaan
hysmasjien
101 Bouersgereedskap
235 Skeepvaart
H-yster 301
hystoestel 211

I
Iare 855
iatrochemie 256
ibeks 366
ibid 8
ibidem 8
ibis 365
id 1
id-boekie 3
id-dokument 3
ideaal
512 Verbeelding
584 Kies
622 Goed
637 Doelgerigtheid en doelloosheid
idealis
512 Verbeelding
622 Goed
idealiseer 512
idealisering
512 Verbeelding
826 Goedkeur
830 Eerbiedig
idealisme
514 Wysbegeerte
622 Goed
654 Moeilik handel
749 Kuns
778 Goedaardigheid
idealisties
512 Verbeelding
654 Moeilik handel
749 Kuns
765 Hoop
778 Goedaardigheid
idealiteit 512
idée fixe 538
idee
512 Verbeelding
513 Denke
518 Glo
527 Oordeel
547 Simboliek
603 Voorstel
640 Voorbereid
ideëel 2
ideëleer
513 Denke
515 Wetenskap
ideëryk 513
ideëwêreld 513
idem
8 Dieselfde
644 Handelwyse
identiek 8
identiekheid 8
identies
8 Dieselfde
135 Verhouding
identifikasie
3 Bestaanswyse
8 Dieselfde

120 Onderskeid
identifikasiemerk 546
identifikasiemiddel 3
identifikasieteken 546
identifiseer
3 Bestaanswyse
8 Dieselfde
120 Onderskeid
129 Bepaaldheid
584 Kies
identifiseerbaar
3 Bestaanswyse
120 Onderskeid
129 Bepaaldheid
identifiseerbaarheid 129
identifiserend
3 Bestaanswyse
120 Onderskeid
129 Bepaaldheid
546 Kunsmatige teken
identifiserende merk 546
identikit 802
identiteit
3 Bestaanswyse
8 Dieselfde
129 Bepaaldheid
135 Verhouding
137 Bewerking
550 Noem
identiteitsbedrog 803
identiteitsbewys 3
identiteitsboekie 3
identiteitsdiefstal 803
identiteitsdokument 3
identiteitskaart 3
identiteitsroof 803
ideografie 565
ideografies 565
ideogram
546 Kunsmatige teken
565 Skryfkuns
ideokrasie 795
ideokraties 795
ideologie
514 Wysbegeerte
515 Wetenskap
528 Bevestig
590 Bestuur en regeer
795 Staat en politiek
ideologies
514 Wysbegeerte
515 Wetenskap
590 Bestuur en regeer
795 Staat en politiek
ideoloog
514 Wysbegeerte
515 Wetenskap
795 Staat en politiek
ideomotories 509
idille
622 Goed
751 Digkuns

immobiliteit

idillies
622 Goed
751 Digkuns
idioblas 317
idiolatrie
776 Liefde en vriendskap
785 Hoogmoed
idiolek 569
idiomatiek 573
idiomaties 573
idioom
548 Praat
569 Taal
573 Woordeskat
idioomwoordeboek 567
idioot
503 Onverstandigheid
505 Verstandstoornis
idioot-savant 502
idiopatie 413
idiopaties 413
idiosie
503 Onverstandigheid
505 Verstandstoornis
idiosinkrasie
3 Bestaanswyse
413 Verskillende siektes
idiosinkraties
3 Bestaanswyse
413 Verskillende siektes
idioterig 503
idiotery 503
idioties
503 Onverstandigheid
505 Verstandstoornis
524 Onlogies redeneer
idiotikon 567
idiotisme
503 Onverstandigheid
505 Verstandstoornis
id-kaart 3
idolatrie
776 Liefde en vriendskap
854 Godsdienste
idool
776 Liefde en vriendskap
854 Godsdienste
idus 127
ieder 32
iedereen
32 Enkeling
109 Alles
iemand
1 Bestaan
130 Onbepaaldheid
iep 331
iepekonders
505 Verstandstoornis
512 Verbeelding
iesegrim
721 Ontevredenheid

771 Gramskap
iesegrimmig
721 Ontevredenheid
771 Gramskap
777 Haat en onvriendelikheid
ietermago 366
iets
1 Bestaan
103 Min
237 Voortbring
ietsie 103
ietwat 102
iewerig
165 Onreëlmatige beweging
610 Ywerig
715 Negatiewe gevoel
721 Ontevredenheid
771 Gramskap
776 Liefde en vriendskap
iewers 88
iglo 93
igneumon 366
ignoliet 274
ignologie 274
ignoramus
503 Onverstandigheid
536 Nie weet nie
615 Onbekwaam
ignoratio elenchi 524
ignoreer
536 Nie weet nie
646 Nie handel nie
827 Afkeur
igtiofaag 406
igtiofagie 406
igtiografie 358
igtiografies 358
igtioliet 274
igtiologie 358
igtiologies 358
igtioloog 358
igtiomorf 438
igtiosourus 367
iguana 364
iguanodon 367
IK 504
ikebana 745
ikon 760
ikonografie 758
ikonografies 758
ikonoklas(t) 846
ikonoklasme 846
ikonoklasties 846
ikonologie 547
ikonostase 853
ikoon
546 Kunsmatige teken
547 Simboliek
565 Skryfkuns
760 Skilderkuns

799 Beroemd
853 Kerkgebou
IK-toets 504
ilalapalm 331
ileostomie 414
ileum 401
ilium 380
illegaal 807
illegaliteit 807
illegitiem
598 Ongehoorsaam
807 Onwettig
illegitimiteit
598 Ongehoorsaam
807 Onwettig
illikied 708
illikwied 708
illogies
11 Disharmonie
20 Wanorde
130 Onbepaaldheid
524 Onlogies redeneer
illokusie 577
illokutief 577
illuminasie 565
illumineer 565
illusie
512 Verbeelding
538 Dwaling
illusionêr
512 Verbeelding
538 Dwaling
illusionis 512
illusionisme
512 Verbeelding
749 Kuns
illuster 799
illustrasie
543 Duidelik
565 Skryfkuns
566 Drukkuns
567 Boek
759 Tekenkuns
illustreer
543 Duidelik
565 Skryfkuns
566 Drukkuns
illustreerder 543
imaginêr
512 Verbeelding
538 Dwaling
imago 361
imam
849 Prediking
854 Godsdienste
imbesiel
503 Onverstandigheid
505 Verstandstoornis
imbesiliteit 505
imbibisie 256
imbizo
168 Saamkom
557 Diskussie

590 Bestuur en regeer
665 Byeenkom
imbongi
751 Digkuns
757 Sang
imbuia 316
imitasie
14 Navolging
657 Herhaal
imiteer
14 Navolging
657 Herhaal
immanensie
3 Bestaanswyse
81 Binne
269 Heelal
immanent
3 Bestaanswyse
81 Binne
172 Vasmaak
269 Heelal
Immanuel 855
immaterieel
2 Nie-bestaan
836 Bonatuurlik
immens
62 Grensloosheid
432 Groot
immensiteit
62 Grensloosheid
432 Groot
immer 42
immermeer 42
immers
15 Oorsaak
537 Waarheid
immersie
256 Skeikunde
463 Nat
immigrant
34 Vreemdheid
67 Verplasing
787 Samelewing
immigrasie
67 Verplasing
167 Wegbeweeg
immigrasiebeampte 67
immigrasiebeleid 67
immigreer
67 Verplasing
167 Wegbeweeg
imminent 51
immobiel 146
immobilisasie
146 Beweginglooshied
648 Onderbreek
immobiliseer
146 Beweginglooshied
648 Onderbreek
immobilisering
146 Beweginglooshied
648 Onderbreek
immobiliteit 146

637

immoleer
693 Gee
849 Prediking
immoralis
813 Swak gedrag
820 Oneerbaar
immoraliteit
779 Boosaardigheid
811 Gewete
813 Swak gedrag
820 Oneerbaar
immoreel
598 Ongehoorsaam
623 Sleg
779 Boosaardigheid
811 Gewete
813 Swak gedrag
820 Oneerbaar
846 Goddeloosheid
immortaliteit 249
immortelle 334
immunisasie 414
immuniseer 414
immuniteit
411 Gesond
414 Geneeskunde
655 Veilig
803 Wette oortree
806 Wettig
immuniteitsrespons 411
immunologie 414
immunologies 414
immunoloog 416
immunoterapie 414
immuun
411 Gesond
414 Geneeskunde
801 Wet
impak 616
impala 366
impalalelie 335
impasse
522 Redeneer
654 Moeilik handel
impasto 760
impatiëns
332 Struik
334 Blomplant
impedansie 262
impediment 666
imperatief
576 Sinsbou en styl
599 Gesag uitoefen
imperfek
615 Onbekwaam
623 Sleg
650 Voltooi
imperfeksie
413 Verskillende siektes
615 Onbekwaam
623 Sleg
imperiaal
315 Papier

590 Bestuur en regeer
795 Staat en politiek
imperialis 795
imperialisme 795
imperialisties 590
imperioso 753
imperium
588 Gesag hê
590 Bestuur en regeer
795 Staat en politiek
impertinensie 792
impertinent 792
impetuoso 753
impetus 181
impi(e) 672
impiëteit
831 Minag
846 Goddeloosheid
impimpi
539 Kommunikeer
817 Ontrouheid
implantaat
391 Tand
414 Geneeskunde
implantasie 414
implanteer 414
implement
347 Landbou
355 Landbougereedskap
629 Gebruik
630 Werktuig
implementeer 801
implikasie
16 Gevolg
541 Betekenisvolheid
576 Sinsbou en styl
577 Betekenis
implikasiever-
skynsel 577
impliseer
33 Samehorigheid
541 Betekenisvolheid
implisiet 33
imponderabilia 130
imponeer
713 Gevoel
830 Eerbiedig
imponerend 743
impopulariteit 777
impopulêr 777
import 191
importasie 191
importeer 191
importeur 191
importuniteit 60
importuun 60
imposant
92 Deftige, belangrike of
 groot gebou
743 Mooi
impotensie
239 Voortplant
615 Onbekwaam

617 Magteloos
impotent
239 Voortplant
615 Onbekwaam
617 Magteloos
impregnasie 239
impregneer
239 Voortplant
463 Nat
impresario 752
impressie 713
impressionis 749
impressionisme
749 Kuns
760 Skilderkuns
impressionisties
749 Kuns
760 Skilderkuns
imprimatur 566
impromptu
558 Redevoering
641 Onvoorbereid
improvisasie 641
improvisatories 752
improviseer
558 Redevoering
641 Onvoorbereid
645 Handel
754 Komposisie
755 Uitvoering
impuls
182 Slaan
638 Aanmoedig
713 Gevoel
impulsief
641 Onvoorbereid
715 Negatiewe gevoel
impulsiwiteit
641 Onvoorbereid
715 Negatiewe gevoel
imputasie 832
imputeer 832
in absentia 65
in camera
540 Nie kommunikeer
 nie
809 Regsgeding
in casu 6
in causa 809
in dubio 519
in duplo
8 Dieselfde
564 Skryfbehoeftes
in extenso 111
in extremis
250 Dood
656 Gevaarlik
in forma pauperis
690 Arm
809 Regsgeding
in futurum 51
in honorem 826
in loco parentis 144

in medias res 83
in memoriam
250 Dood
510 Herinner
in natura 708
in nomine 144
in nuce 553
in obscuro
540 Nie kommunikeer
 nie
544 Onduidelik
in optima forma
109 Alles
111 Geheel
622 Goed
in pace 668
in patria 839
in perpetuum
40 Langdurig
42 Altyd
in persona 32
in petto 631
in plano 566
in pleno 665
in situ
61 Plek
88 Posisie
in statu quo 141
in summa 111
in toto 111
in usu 629
in usum 629
in vacuo 110
in vitro
80 Buite
239 Voortplant
in vivo
81 Binne
239 Voortplant
in
61 Plek
81 Binne
88 Posisie
107 Meer
147 Rigting
175 Insit
206 Ingaan
inadekwaat 11
inadekwaatheid 11
inadem 404
inaggenome 15
inagname
508 Aandag
522 Redeneer
651 Toesien
720 Tevredenheid
inagname 830
inagneming
508 Aandag
522 Redeneer
527 Oordeel
612 Noukeurig
651 Toesien

720 Tevredenheid
830 Eerbiedig
inakkuraat
130 Onbepaaldheid
613 Onnoukeurig
inaktief
646 Nie handel nie
659 Aanstelling
801 Wet
inaktiwiteit
146 Beweginglooshed
639 Ontmoedig
646 Nie handel nie
inanimiteit
715 Negatiewe gevoel
766 Wanhoop
inanisie
412 Siek
413 Verskillende siektes
inaniteit 542
inasem 404
inaseming 404
inbaar 708
inbaker
161 Bedek
178 Toegaan
inbed 175
inbeeld 512
inbeelding 512
inbegrepe 33
inbegryp 33
inbelsentrum 265
inbesitname 686
inbesitneming 686
inbesitstelling 693
inbeslaglegging 686
inbeslagneming
686 Aanwins
694 Neem
inbetaal
693 Gee
708 Betaal
inbetaling
693 Gee
700 Bank
708 Betaal
inbind
170 Saambring
172 Vasmaak
567 Boek
inboedel 95
inboesem 713
inboeseming 713
inboet
144 Vervanging
687 Verlies
693 Gee
697 Verlies ly
inboorling
374 Mens
787 Samelewing
inbors
3 Bestaanswyse

713 Gevoel
769 Vertroue
788 Beskawing
811 Gewete
inbou 97
inbraak
695 Steel
803 Wette oortree
inbreker
695 Steel
803 Wette oortree
inbreuk 666
inbring
26 Begeleiding
81 Binne
166 Nader beweeg
170 Saambring
175 Insit
191 Laat kom
206 Ingaan
347 Landbou
686 Aanwins
inburger
81 Binne
657 Herhaal
790 Sosiale betrekking
inchoatief
15 Oorsaak
27 Begin
574 Woordkategorie
incognito
540 Nie kommunikeer nie
550 Noem
indaba
168 Saamkom
539 Kommunikeer
557 Diskussie
590 Bestuur en regeer
665 Byeenkom
indeel
19 Orde
31 Soort
112 Deel
170 Saambring
indeks
21 Opeenvolging
565 Skryfkuns
567 Boek
701 Handel en ekonomie
indekseer
126 Skat
565 Skryfkuns
indekssyfer 122
indeksvinger 397
indelikaat 792
indeling
19 Orde
31 Soort
indemnifikasie 636
indemnifiseer 636
indemnisasie 636
indemniseer 593

indemniteit 593
independent 593
inderdaad
1 Bestaan
15 Oorsaak
528 Bevestig
537 Waarheid
inderhaas
41 Kortstondig
225 Vinnig
indertyd
46 Vroeër
50 Verlede
indeterminisme 578
indeuk 446
indie 753
indien
175 Insit
530 Voorbehou
539 Kommunikeer
550 Noem
557 Diskussie
693 Gee
801 Wet
indiensneming
645 Handel
658 Beroep
659 Aanstelling
indiensopleiding
559 Opvoeding en onderwys
658 Beroep
indienstreding 589
in-die-oog-lopend 508
Indiese gelowe 854
indifferent
635 Skadelik
715 Negatiewe gevoel
846 Goddeloosheid
indigeen 81
indigestie 413
indigo 492
indikasie
412 Siek
415 Geneesmiddel
539 Kommunikeer
545 Natuurlike teken
indikatief 574
indink
512 Verbeelding
513 Denke
indirek 6
indiskreet
503 Onverstandigheid
509 Onoplettendheid
792 Asosiaal
indiskresie
503 Onverstandigheid
509 Onoplettendheid
792 Asosiaal
803 Wette oortree
indisposisie
412 Siek

413 Verskillende siektes
indium 256
individu
32 Enkeling
111 Geheel
374 Mens
individualis
32 Enkeling
593 Vryheid
767 Moed
individualiseer 32
individualisme
32 Enkeling
593 Vryheid
individualisties
32 Enkeling
593 Vryheid
individualiteit
3 Bestaanswyse
32 Enkeling
593 Vryheid
individuasie 32
individueel
32 Enkeling
374 Mens
individueer 32
indoena
591 Gesaghebber
673 Manskap
indoesel 410
Indo-Europees 569
Indo-Germaans 569
indoktrinasie 638
indoktrineer
15 Oorsaak
525 Bewys
579 Gedwonge
638 Aanmoedig
indolent
581 Teësinnig
611 Lui
774 Onverskilligheid
indommel 410
indompel 463
indonder 206
Indra 855
indraai
163 Draai
175 Insit
206 Ingaan
217 Motorry
382 Haar
745 Versier
indring
81 Binne
175 Insit
206 Ingaan
669 Aanval
792 Asosiaal
indringend 612
indringer
344 Onkruid
792 Asosiaal

indringerig 792
indringerigheid 792
indringing
  153 Deur
  274 Geologie
indrink 407
indruis 666
indruk
  446 Rond
  713 Gevoel
  825 Beoordeling
indrukwekkend
  92 Deftige, belangrike of groot gebou
  714 Positiewe gevoel
  743 Mooi
induksie
  239 Voortplant
  260 Warmteleer
  262 Elektrisiteit
  414 Geneeskunde
  522 Redeneer
induksiestroom 262
induktansie 262
induktief 522
Indus 270
induseer
  239 Voortplant
  414 Geneeskunde
  522 Redeneer
industrialisasie
  658 Beroep
  701 Handel en ekonomie
industrialiseer 701
industrialisme 701
industrie 658
industrieel 658
indut 410
ineen 174
ineengedoke 717
ineengedronge 717
ineengekrul 444
ineengerol 72
ineengestort 626
ineengevoeg 114
ineengroei 324
ineenkrimp 433
ineens 521
ineensink 412
ineensinking 412
ineensluit 178
ineenstort
  250 Dood
  412 Siek
ineenstorting
  20 Wanorde
  212 Afgaan
  412 Siek
  413 Verskillende siektes
  505 Verstandstoornis
  683 Misluk
  685 Oorwin word
  702 Beurs

ineenvoeg 114
ineenvoeging 114
ineffektief 634
ineksak 130
inent 414
inenting 414
inersie
  257 Meganika en tegnologie
  611 Lui
  646 Nie handel nie
inert
  257 Meganika en tegnologie
  611 Lui
  646 Nie handel nie
inets 761
infaam
  813 Swak gedrag
  820 Oneerbaar
infamie
  617 Magteloos
  813 Swak gedrag
infanta 245 Suster
  797 Hoër stand
infante
  244 Broer
  797 Hoër stand
infanterie 672
infanteris 673
infantiel
  53 Nuut en jonk
  503 Onverstandigheid
  524 Onlogies redeneer
infantilisme
  53 Nuut en jonk
  413 Verskillende siektes
  505 Verstandstoornis
  524 Onlogies redeneer
infantiliteit 503
infark 413
infaseer
  27 Begin
  649 Begin handel
infasering
  27 Begin
  649 Begin handel
infeksie
  412 Siek
  413 Verskillende siektes
infekteer 413
inferensie
  522 Redeneer
  527 Oordeel
inferieur
  30 Hiërargie
  592 Ondergeskikte
  621 Onbelangrik
  623 Sleg
inferioriteit
  621 Onbelangrik
  623 Sleg

inferno
  465 Warm
  839 Hiernamaals
infertiliteit 239
infertiliteitskliniek 239
infidel
  843 Ongeloof
  846 Goddeloosheid
infideliteit 817
infiltrasie
  153 Deur
  175 Insit
  292 Water
  669 Aanval
infiltreer
  153 Deur
  175 Insit
  292 Water
  669 Aanval
infiniteit
  40 Langdurig
  62 Grensloosheid
infinitesimaal
  103 Min
  433 Klein
infinitief 574
inflammasie 413
inflasie
  131 Geldeenheid
  687 Verlies
  701 Handel en ekonomie
inflasiekoers
  687 Verlies
  701 Handel en ekonomie
inflasionêr
  131 Geldeenheid
  687 Verlies
  701 Handel en ekonomie
inflasionisties
  131 Geldeenheid
  687 Verlies
  701 Handel en ekonomie
infleksie
  476 Geluid
  485 Lig
  548 Praat
inflekteer
  476 Geluid
  575 Woordvorming
influensa 413
influister
  539 Kommunikeer
  548 Praat
  817 Ontrouheid
informaliteit
  576 Sinsbou en styl
  596 Inskiklik
informant
  539 Kommunikeer
  551 Meedeel
  802 Wette gehoorsaam
informasie 551
informasietegnologie
  263 Rekenaar en

  internet
  551 Meedeel
informatief
  539 Kommunikeer
  551 Meedeel
informatika 263
informeel
  565 Skryfkuns
  576 Sinsbou en styl
  596 Inskiklik
  745 Versier
informeer
  516 Soek
  539 Kommunikeer
  551 Meedeel
infra dignitatem 808
infraksie 413
infrarooi
  267 Optika
  414 Geneeskunde
infrastruktuur
  77 Onder, onderkant, ondertoe
  149 Pad
  277 Berg
  701 Handel en ekonomie
infusie 414
infusiediertjie 359
ingaan op
  508 Aandag
  513 Denke
  516 Soek
  553 Behandel
  556 Antwoord
ingaan
  81 Binne
  175 Insit
  206 Ingaan
ingaande 27
ingang
  27 Begin
  94 Dele van 'n eiendom
  175 Insit
  177 Oopgaan
  206 Ingaan
ingangskaartjie 206
ingat
  583 Willoosheid
  611 Lui
  623 Sleg
ingebeeld
  2 Nie-bestaan
  512 Verbeelding
ingebeeldheid 512
ingebruikname 696
ingebruikneming 696
ingeburger 787
ingedagte
  509 Onoplettendheid
  513 Denke
ingee
  184 Breek
  407 Drink

557 Diskussie
ingekeerdheid 549
ingelig
  506 Belangstelling
  535 Weet
ingeligtheid
  506 Belangstelling
  535 Weet
Ingelsman 787
ingelyf 172
ingemaak 419
ingenieur
  97 Bou
  257 Meganika en tegnologie
  515 Wetenskap
  645 Handel
ingenieursplan 640
ingenieurswetenskap 515
ingenieus
  502 Verstand
  614 Bekwaam
ingenome
  718 Blydskap
  720 Tevredenheid
  773 Begeerte
ingenomenheid
  718 Blydskap
  720 Tevredenheid
  773 Begeerte
ingeperk
  63 Begrensdheid
  594 Onvryheid
  835 Bestraf
ingerig 95
ingesetene 787
ingeskape 3
ingeskerptheid 559
ingeskrewe 563
ingeslae 584
ingeslane 584
ingeslote
  33 Samehorigheid
  63 Begrensdheid
  107 Meer
  160 Omring
ingesluit
  33 Samehorigheid
  63 Begrensdheid
  107 Meer
  160 Omring
ingesteldheid 713
ingestie 408
ingetoë
  549 Stilbly
  619 Kalm
  714 Positiewe gevoel
  786 Nederigheid
ingetoënheid
  549 Stilbly
  619 Kalm
  714 Positiewe gevoel

786 Nederigheid
819 Eerbaar
ingeval 530
ingevolge
  16 Gevolg
  588 Gesag hê
ingewande
  395 Buik
  401 Spysverteringskanaal
ingewandsiekte 413
ingewikkel(d)
  114 Saamgesteld
  544 Onduidelik
  654 Moeilik handel
ingewikkeldheid
  114 Saamgesteld
  544 Onduidelik
  654 Moeilik handel
ingewing 513
ingewonne
  516 Soek
  686 Aanwins
ingewortel(d) 81
ingewy 535
ingewyd 614
ingord
  172 Vasmaak
  690 Arm
ingraveer 761
ingrediënt 112
ingrendeling
  171 Verwyder
  579 Gedwonge
ingressief 574
ingroeisel 413
ingroeitoonnael 383
ingryp
  599 Gesag uitoefen
  663 Meedoen
ingrypend 620
ingryping
  590 Bestuur en regeer
  599 Gesag uitoefen
  663 Meedoen
  667 Stryd
inhaal
  24 Dit wat voorafgaan
  166 Nader beweeg
  175 Insit
  206 Ingaan
  217 Motorry
inhalasie 404
inhaleer 404
inhalig
  692 Spaar
  773 Begeerte
inham 283
inhandig 693
inhandiging 693
inhardloop 228
inhê 83

inheems
  81 Binne
  90 Omgewing
  337 Veldplant
inheemsheid
  81 Binne
  90 Omgewing
  337 Veldplant
  787 Samelewing
inhegtenisname
  594 Onvryheid
  802 Wette gehoorsaam
  808 Regswese
inhegtenisneming
  594 Onvryheid
  802 Wette gehoorsaam
  808 Regswese
inherent
  3 Bestaanswyse
  6 Betrekking
  33 Samehorigheid
  170 Saambring
  240 Genealogie
inhibeer
  63 Begrensdheid
  146 Beweginglosheid
  193 Vertraag
  602 Verbied
  648 Onderbreek
inhibeermiddel 256
inhiberend
  63 Begrensdheid
  146 Beweginglosheid
  193 Vertraag
  602 Verbied
  648 Onderbreek
inhibering
  63 Begrensdheid
  146 Beweginglosheid
  193 Vertraag
  602 Verbied
  648 Onderbreek
  766 Wanhoop
inhibisie 602
inhibitief
  63 Begrensdheid
  146 Beweginglosheid
  193 Vertraag
  602 Verbied
  648 Onderbreek
inhibitor 256
inhok
  63 Begrensdheid
  835 Bestraf
inhol 228
inhou
  83 In die middel
  146 Beweginglosheid
  175 Insit
  193 Vertraag
  219 Perdry
  369 Veeteelt
  541 Betekenisvolheid

560 Voorskoolse en naskoolse onderrig
582 Wilskrag
646 Nie handel nie
inhoud
  83 In die middel
  102 Hoeveelheid
  123 Meet
  450 Volume
  513 Denke
  539 Kommunikeer
  541 Betekenisvolheid
  558 Redevoering
  563 Skryf
  565 Skryfkuns
  567 Boek
  577 Betekenis
inhoudelik
  513 Denke
  567 Boek
inhoudsmaat
  83 In die middel
  102 Hoeveelheid
  431 Afmeting
inhoudsopgawe
  83 In die middel
  567 Boek
inhoudsruimte 450
inhuldig
  584 Kies
  659 Aanstelling
  793 Fees
inhuldiging
  588 Gesag hê
  793 Fees
inhumaan
  715 Negatiewe gevoel
  779 Boosaardigheid
inhumaniteit
  715 Negatiewe gevoel
  779 Boosaardigheid
inisiaal
  27 Begin
  565 Skryfkuns
  571 Skrif
inisiasie
  560 Voorskoolse en naskoolse onderrig
  793 Fees
inisiatief
  14 Navolging
  27 Begin
  610 Ywerig
  649 Begin handel
  767 Moed
inisieel 27
inisieer
  27 Begin
  649 Begin handel
injeksie 414
injunksie 808
ink
  564 Skryfbehoeftes

759 Tekenkuns
inkantasie 844
inkanteer 548
inkapasiteit 615
inkarnaat 492
inkarnasie
 374 Mens
 547 Simboliek
 854 Godsdienste
inkas
 97 Bou
 99 Messel
inkassasie 708
inkasseer 708
inkassering 708
inkbessie 342
inkeer
 823 Berou
 842 Geloof
inkennig
 715 Negatiewe gevoel
 768 Vrees
 786 Nederigheid
 819 Eerbaar
inkennigheid
 715 Negatiewe gevoel
 768 Vrees
 786 Nederigheid
 819 Eerbaar
inkerker
 63 Begrensdheid
 178 Toegaan
 835 Bestraf
inklaar 708
inklaring 708
inklaringsbewys
 525 Bewys
 546 Kunsmatige teken
inkleding 548
inklee 548
inkleur
 490 Kleur
 741 Kinderspel
 759 Tekenkuns
inklim
 206 Ingaan
 410 Slaap
 728 Balsporte
 827 Afkeur
inklinasie
 73 Skuins
 580 Graag
 773 Begeerte
inklok 658
inkluis 33
inkluister
 63 Begrensdheid
 160 Omring
 789 Onbeskaafdheid
inklusief 33
inkoejawel
 583 Willoosheid
 611 Lui

 623 Sleg
inkohatief
 15 Oorsaak
 27 Begin
inkoherensie
 7 Betrekkingloosheid
 11 Disharmonie
 20 Wanorde
 519 Twyfel
 524 Onlogies redeneer
inkoherent
 7 Betrekkingloosheid
 11 Disharmonie
 20 Wanorde
 519 Twyfel
 524 Onlogies redeneer
inkohesie
 7 Betrekkingloosheid
 11 Disharmonie
 20 Wanorde
inkohesief
 7 Betrekkingloosheid
 11 Disharmonie
 20 Wanorde
inkome 686
inkommer 34
inkompetensie
 536 Nie weet nie
 615 Onbekwaam
inkompetent 615
inkomste
 686 Aanwins
 696 Ontvang
inkomstebelasting 712
inkomstekantoor 712
inkomsterekening 703
inkomsteseël 712
inkomstestaat 703
inkongruensie 9
inkongruent 9
inkonk 412
inkonsekwensie 524
inkonsekwent
 7 Betrekkingloosheid
 11 Disharmonie
 20 Wanorde
 36 Onreëlmatigheid
 524 Onlogies redeneer
 583 Willoosheid
inkonsekwentheid
 7 Betrekkingloosheid
 11 Disharmonie
 524 Onlogies redeneer
inkonstitusioneel 803
inkontinent
 409 Afskeiding en uitskeiding
 413 Verskillende siektes
 773 Begeerte
inkoop
 686 Aanwins
 701 Handel en ekonomie
 704 Koop

inkoopboek 703
inkoopprys 122
inkopies 704
inkopiesentrum 707
inkorporasie
 33 Samehorigheid
 170 Saambring
 172 Vasmaak
 174 Meng
inkorporeer
 14 Navolging
 33 Samehorigheid
 172 Vasmaak
 174 Meng
 663 Meedoen
inkorporering
 33 Samehorigheid
 172 Vasmaak
 174 Meng
 663 Meedoen
inkorrek
 538 Dwaling
 613 Onnoukeurig
 623 Sleg
inkorrektheid
 538 Dwaling
 613 Onnoukeurig
inkort
 63 Begrensdheid
 108 Minder
 692 Spaar
inkorting
 108 Minder
 433 Klein
 575 Woordvorming
 602 Verbied
 692 Spaar
inkpen 564
inkpotlood 564
inkras 563
inkrement 107
inkrementeel 107
inkriminasie 832
inkrimineer 832
inkriminering 832
inkrimp
 63 Begrensdheid
 108 Minder
 433 Klein
 692 Spaar
inkrimping
 260 Warmteleer
 433 Klein
 692 Spaar
inkruip
 206 Ingaan
 410 Slaap
 815 Oneerlik
 818 Bedrieg
 828 Vlei
inkruiperig
 815 Oneerlik
 818 Bedrieg
 828 Vlei

inkruiperigheid 818
inkruipery
 206 Ingaan
 410 Slaap
 815 Oneerlik
 818 Bedrieg
 828 Vlei
inkrustasie
 161 Bedek
 302 Smeewerk
 745 Versier
inkrusteer
 161 Bedek
 302 Smeewerk
inkry
 175 Insit
 406 Eet
 407 Drink
 708 Betaal
inkubasie
 239 Voortplant
 370 Voëlteelt
 412 Siek
 413 Verskillende siektes
inkubeer
 239 Voortplant
 370 Voëlteelt
inkubus 838
inkulpasie 832
inkulpeer 832
inkunabel 566
inkvis 363
inkwisisie
 25 Dit wat volg
 779 Boosaardigheid
 809 Regsgeding
inkwisiteur 779
inkwisitoriaal 779
inlander 81
inlands
 81 Binne
 787 Samelewing
inlaut 572
inlê
 182 Slaan
 316 Hout
 318 Plant
 421 Vleis
 471 Smaaklik, lekker
 688 Besit
 762 Inlegwerk
inleef 508
inlêer
 318 Plant
 345 Plantkwekery
inlees 562
inlegsel 745
inlegwerk
 316 Hout
 745 Versier
 762 Inlegwerk
inlei
 26 Begeleiding

206 Ingaan
539 Kommunikeer
548 Praat
inleiding
  27 Begin
  558 Redevoering
  565 Skryfkuns
  567 Boek
  649 Begin handel
inleier
  539 Kommunikeer
  548 Praat
  558 Redevoering
inlêkos 426
inlewer 693
inlewering 693
inlig
  539 Kommunikeer
  543 Duidelik
  551 Meedeel
inligting
  539 Kommunikeer
  551 Meedeel
inligtingonttrekking 516
inligtingoordrag 263
inligtingsburo
  516 Soek
  658 Beroep
inligtingsera 45
**inligtingsgeletterd-
heid** 559
inligtingskapitaal 551
inligtingsnelweg 263
inligtingstegnologie
  257 Meganika en tegnologie
  263 Rekenaar en internet
  551 Meedeel
inligtingsteken 546
inligtingsverwerking 551
inlog 263
inloog 627
inloop
  81 Binne
  175 Insit
  206 Ingaan
  228 Vinnig beweeg
  287 Vloei
  460 Vloeistof
  538 Dwaling
  779 Boosaardigheid
  815 Oneerlik
  818 Bedrieg
inlui 27
inlyf
  172 Vasmaak
  665 Byeenkom
  694 Neem
inlys
  160 Omring
  563 Skryf

inlywing
  172 Vasmaak
  560 Voorskoolse en naskoolse onderrig
  665 Byeenkom
  694 Neem
inmaak
  84 Houer
  419 Voedselbereiding
  471 Smaaklik, lekker
inmekaar
  172 Vasmaak
  174 Meng
  198 Strompel
inmekaarflans 172
inmekaargroei 174
inmekaarpas 172
inmekaarsak
  184 Breek
  412 Siek
inmekaarsit
  114 Saamgesteld
  172 Vasmaak
  184 Breek
inmekaarslaan 182
inmekaarstort 184
inmeng 663
inmengerig
  506 Belangstelling
  663 Meedoen
inmengerigheid 506
inmengery 663
inmenging
  590 Bestuur en regeer
  663 Meedoen
  667 Stryd
inmiddels 48
inname
  684 Oorwin
  694 Neem
innemend
  622 Goed
  714 Positiewe gevoel
  743 Mooi
innemendheid
  622 Goed
  714 Positiewe gevoel
  743 Mooi
innerlik 81
innerlike 713
innervasie 145
innerveer 145
innig
  714 Positiewe gevoel
  776 Liefde en vriendskap
  778 Goedaardigheid
  812 Goeie gedrag
  819 Eerbaar
innigheid
  776 Liefde en vriendskap
  778 Goedaardigheid

  819 Eerbaar
innovasie 53
innoverend 53
innuendo
  603 Voorstel
  832 Beskuldig
inoefen 657
inoefening 657
inoes
  170 Saambring
  347 Landbou
  686 Aanwins
inokulasie
  345 Plantkwekery
  347 Landbou
  413 Verskillende siektes
inokuleer
  347 Landbou
  414 Geneeskunde
inouguraal 793
inougurasie 793
inougureel 793
inougureer 793
inpalm
  166 Nader beweeg
  686 Aanwins
  694 Neem
inpas 33
inpeper 827
inperk
  63 Begrensdheid
  160 Omring
  530 Voorbehou
  579 Gedwonge
  594 Onvryheid
  835 Bestraf
inperking
  63 Begrensdheid
  160 Omring
  171 Verwyder
  579 Gedwonge
  594 Onvryheid
  835 Bestraf
inperkingsbevel 594
inplof 98
inpraat 638
inprent 638
inrig
  19 Orde
  95 Huisraad
  640 Voorbereid
inrigting
  89 Blyplek
  95 Huisraad
  97 Bou
  780 Hulpbetoon
inruil 701
inruiling 701
inruim 65
inrybioskoop 752
inrykafee 707
inryteater 752
insae 535

insake 6
insamel
  170 Saambring
  347 Landbou
insameling
  170 Saambring
  686 Aanwins
insê 827
insecta 361
inseën
  584 Kies
  659 Aanstelling
insek
  357 Dier
  361 Insek
insek(te)kunde 358
insekbestryding 345
insekdodend 345
insekdoder 345
inseketend
  357 Dier
  366 Soogdier
insektivoor 357
insektologie 358
insektoloog 358
inseminasie 239
insemineer 239
insend 175
insender 191
insending 191
inses 820
inset
  18 Toeval
  27 Begin
  263 Rekenaar en internet
  663 Meedoen
insetting 849
insgelyks 8
insidensie
  44 Gebeure in tyd
  413 Verskillende siektes
insident
  44 Gebeure in tyd
  667 Stryd
insidenteel
  5 Onselfstandigheid
  18 Toeval
  30 Hiërargie
  44 Gebeure in tyd
  521 Verras wees
insien
  499 Sien
  513 Denke
  516 Soek
  518 Glo
  527 Oordeel
  533 Verstaan
  562 Lees
insiggewend
  513 Denke
  533 Verstaan
  535 Weet

insiggewendheid

541 Betekenisvolheid
543 Duidelik
insiggewendheid
533 Verstaan
535 Weet
541 Betekenisvolheid
543 Duidelik
insigloos 503
insigloosheid 503
insignia 546
insigryk
513 Denke
527 Oordeel
535 Weet
insinje 546
insink
412 Siek
437 Laag
446 Rond
623 Sleg
insinking
212 Afgaan
412 Siek
437 Laag
623 Sleg
683 Misluk
insinuasie
548 Praat
603 Voorstel
832 Beskuldig
insinueer 832
insisie
185 Sny
414 Geneeskunde
insja'Allah 842
inskakel
81 Binne
170 Saambring
174 Meng
262 Elektrisiteit
264 Radio en televisie
665 Byeenkom
790 Sosiale betrekking
inskakeling
170 Saambring
262 Elektrisiteit
inskeep 221
inskerp
559 Opvoeding en onderwys
638 Aanmoedig
inskerping
559 Opvoeding en onderwys
638 Aanmoedig
inskiklik
580 Graag
589 Dien
596 Inskiklik
597 Gehoorsaam
601 Toestemming gee
640 Voorbereid
772 Sagmoedigheid

778 Goedaardigheid
791 Sosiaal
inskiklikheid
589 Dien
596 Inskiklik
597 Gehoorsaam
772 Sagmoedigheid
791 Sosiaal
inskrif 565
inskripsie
546 Kunsmatige teken
565 Skryfkuns
567 Boek
inskryf
563 Skryf
703 Boekhou
inskrywing
546 Kunsmatige teken
563 Skryf
inslaap
250 Dood
410 Slaap
inslag
3 Bestaanswyse
311 Weefstof
313 Weef
insleutel 263
insluimer 410
insluimering 410
insluit
33 Samehorigheid
63 Begrensdheid
82 Rondom
107 Meer
160 Omring
178 Toegaan
insluiting
33 Samehorigheid
175 Insit
insnyparagraaf 566
insolvensie
687 Verlies
690 Arm
711 Skuld
insolvent
687 Verlies
690 Arm
708 Betaal
711 Skuld
insomnia 410
insouting 471
inspan
230 Rytuig
231 Tuig
629 Gebruik
654 Moeilik handel
inspannend 654
inspanning
625 Sterk
645 Handel
654 Moeilik handel
inspeel 657

inspeksie
508 Aandag
516 Soek
680 Militêre aksie
inspeksie-eksemplaar 567
inspekteer
508 Aandag
516 Soek
612 Noukeurig
642 Beproef
680 Militêre aksie
inspekteur
508 Aandag
516 Soek
560 Voorskoolse en naskoolse onderrig
658 Beroep
inspektoraat 560
inspirasie
618 Heftig
638 Aanmoedig
713 Gevoel
714 Positiewe gevoel
751 Digkuns
inspireer
15 Oorsaak
638 Aanmoedig
713 Gevoel
inspirerend
638 Aanmoedig
714 Positiewe gevoel
inspraak
513 Denke
616 Magtig
inspring
199 Spring
566 Drukkuns
663 Meedoen
inspuit 414
inspuiting
414 Geneeskunde
415 Geneesmiddel
416 Medikus
instaan
144 Vervanging
607 Beloof
655 Veilig
instaatstellend
616 Magtig
653 Maklik handel
instaatsteller
601 Toestemming gee
616 Magtig
653 Maklik handel
instaatstelling
601 Toestemming gee
653 Maklik handel
instabiel
142 Veranderlikheid
618 Heftig
instabiliteit 142
installasie 97

installeer
64 Aanwesigheid
97 Bou
263 Rekenaar en internet
630 Werktuig
659 Aanstelling
instandhouding
141 Behoud
651 Toesien
instansie
588 Gesag hê
599 Gesag uitoefen
insteekskoen 745
instel
267 Optika
268 Fotografie en film
640 Voorbereid
649 Begin handel
instelknop 264
insteller 237
instelling
237 Voortbring
590 Bestuur en regeer
658 Beroep
713 Gevoel
instem
264 Radio en televisie
528 Bevestig
531 Saamstem
584 Kies
590 Bestuur en regeer
596 Inskiklik
601 Toestemming gee
605 Aanvaar
607 Beloof
659 Aanstelling
665 Byeenkom
756 Musiekinstrument
instemmend
528 Bevestig
531 Saamstem
601 Toestemming gee
instemming
528 Bevestig
531 Saamstem
601 Toestemming gee
605 Aanvaar
826 Goedkeur
instigasie 638
instigeer
15 Oorsaak
638 Aanmoedig
instigerend 638
instink
357 Dier
513 Denke
580 Graag
641 Onvoorbereid
713 Gevoel
715 Negatiewe gevoel
instinkmatig
357 Dier

513 Denke
580 Graag
715 Negatiewe gevoel
instinktief
357 Dier
513 Denke
641 Onvoorbereid
715 Negatiewe gevoel
institueer 237
institusie 237
institusionaliseer 590
institusioneel
237 Voortbring
590 Bestuur en regeer
institutêr 237
instituut
170 Saambring
590 Bestuur en regeer
instromingsbeheer 67
instrueer
559 Opvoeding en onderwys
590 Bestuur en regeer
instruksie
590 Bestuur en regeer
599 Gesag uitoefen
640 Voorbereid
680 Militêre aksie
instrukteur 591
instruktief 633
instrument
574 Woordkategorie
592 Ondergeskikte
629 Gebruik
630 Werktuig
756 Musiekinstrument
instrumentaal
755 Uitvoering
756 Musiekinstrument
instrumentalis
574 Woordkategorie
755 Uitvoering
756 Musiekinstrument
instrumentasie 754
instrumentbaba 239
instrumenteel
630 Werktuig
651 Toesien
755 Uivoering
instrumenteer 754
instrumentis
574 Woordkategorie
755 Uitvoering
756 Musiekinstrument
instudeer 561
instulp 180
insubordinasie 598
insulasie
262 Elektrisiteit
792 Asosiaal
insulator 262
insulêr
281 Eiland
441 Stomp

805 Onregverdig
insulien 415
insurgensie 667
insuur
419 Voedselbereiding
425 Bakker
insweer
528 Bevestig
809 Regsgeding
inswelg 406
inswering
528 Bevestig
809 Regsgeding
intaglio 761
intaglioreliëf 761
intakt 622
intarsia 762
inteel
239 Voortplant
368 Diereteelt
369 Veeteelt
inteelt
239 Voortplant
369 Veeteelt
inteendeel 9
integer
133 Getalle
811 Gewete
812 Goeie gedrag
814 Eerlik
integraal 111
integraalrekene 132
integrasie
111 Geheel
168 Saamkom
174 Meng
663 Meedoen
787 Samelewing
795 Staat en politiek
integrasionis 795
integreer
111 Geheel
168 Saamkom
172 Vasmaak
174 Meng
663 Meedoen
787 Samelewing
integrerend
111 Geheel
174 Meng
integriteit
608 Jou woord hou
622 Goed
811 Gewete
812 Goeie gedrag
814 Eerlik
819 Eerbaar
830 Eerbiedig
integument
161 Bedek
381 Huid
inteken
188 Aankom

568 Media
759 Tekenkuns
intekenaar 568
intellek
502 Verstand
513 Denke
533 Verstaan
intellektualis 513
intellektualisme 513
intellektualisties 513
intellektualiteit 513
intellektueel
502 Verstand
513 Denke
561 Studeer
intellektuelegoederereg 808
intelligensie
502 Verstand
504 Geestelike gesondheid
614 Bekwaam
622 Goed
intelligensiekwosiënt 502 Verstand
504 Geestelike gesondheid
intelligent
502 Verstand
504 Geestelike gesondheid
intelligentsia
502 Verstand
513 Denke
intendans 590
intendant
590 Bestuur en regeer
591 Gesaghebber
658 Beroep
intendantuur
590 Bestuur en regeer
658 Beroep
intendent
590 Bestuur en regeer
591 Gesaghebber
658 Beroep
intens
104 Baie
618 Heftig
625 Sterk
intensheid 618
intensie 637
intensief
104 Baie
644 Handelwyse
intensiewesorgeenheid 417
intensioneel 637
intensiteit
618 Heftig
625 Sterk
intensiveer 107
interafhanklik 30

interafhanklikheid
6 Betrekking
30 Hiërargie
interaksie
10 Harmonie
645 Handel
interakteer
10 Harmonie
645 Handel
interaktief
10 Harmonie
645 Handel
interdentaal 572
interdik
594 Onvryheid
602 Verbied
808 Regswese
interessant
506 Belangstelling
716 Genot
interessantheid 506
interessantheidshalwe 506
interesse
506 Belangstelling
508 Aandag
interesseer 506
interferensie 266
interferon 414
interfolieer 566
interglasiaal 274
interieur
81 Binne
94 Dele van 'n eiendom
95 Huisraad
interim 37
interjeksie
574 Woordkategorie
576 Sinsbou en styl
interkalasie 81
interkarpaal 397
interkerklik 854
interkom 265
interkommunie 850
interkommunikasie
551 Meedeel
790 Sosiale betrekking
interkostaal 394
interlude 754
intermediêr
83 In die middel
668 Vrede en versoening
753 Musiek
intermezzo 754
intermissie
37 Tydruimte
646 Nie handel nie
intermitteer 55
intermitterend
55 Periodiek
56 Selde
648 Onderbreek

intermontaan
273 Geografie
277 Berg
intern
81 Binne
377 Liggaam
internaat 559
internasionaal 787
internasionaliseer 787
internasionalisering 787
internasionalisme 795
interneer
63 Begrensdheid
178 Toegaan
835 Bestraf
internering 835
internet
263 Rekenaar en internet
568 Media
internetbankdiens
263 Rekenaar en internet
700 Bank
internetdata
263 Rekenaar en internet
265 Telegraaf en telefoon
internetdienste 263
internetkafee 263
internetkommunikasie
263 Rekenaar en internet
539 Kommunikeer
568 Media
internetkoppeling 263
internetmisdaad 263
internetsekuriteit 263
internetslaaf 263
internetsoektog 263
internetverbinding 263
internetverkeer 263
internetverslawing 263
internis 416
internskap 416
interpellant
548 Praat
590 Bestuur en regeer
interpellasie
516 Soek
548 Praat
555 Vra
590 Bestuur en regeer
interpelleer
516 Soek
548 Praat
590 Bestuur en regeer
interpersoonlik 790
interplaneter 270
interpolasie 565
interpoleer
132 Wiskunde

137 Bewerking
563 Skryf
565 Skryfkuns
interponeer
81 Binne
83 In die middel
interpretasie
539 Kommunikeer
541 Betekenisvolheid
543 Duidelik
577 Betekenis
755 Uitvoering
801 Wet
interpretatief 577
interpreteer
125 Tel
539 Kommunikeer
543 Duidelik
577 Betekenis
755 Uitvoering
interpreteerder
543 Duidelik
755 Uitvoering
interprovinsiaal
90 Omgewing
590 Bestuur en regeer
interpunksie 571
interregionaal 90
interregnum 795
interrogasie 555
interrogatief 555
interrogeer 555
interrupsie 648
interseksie
79 Dwars
149 Pad
185 Sny
intersep 139
intersepsie
183 Gryp
666 Verhinder
intersessie
590 Bestuur en regeer
663 Meedoen
668 Vrede en versoening
interskole 727
interstedelik 90
interstellêr 270
interteks
565 Skryfkuns
750 Letterkunde
interuniversitêr 559
interval
37 Tydruimte
44 Gebeure in tyd
753 Musiek
intervarsity 727
intervensie
590 Bestuur en regeer
667 Stryd
668 Vrede en versoening
intervokalies 572
intestaat 693

intiem
776 Liefde en vriendskap
816 Getrouheid
intimidasie
579 Gedwonge
639 Ontmoedig
768 Vrees
779 Boosaardigheid
intimideer
182 Slaan
579 Gedwonge
639 Ontmoedig
669 Aanval
768 Vrees
779 Boosaardigheid
intimideerder 768
intimiderend
669 Aanval
768 Vrees
intimiteit
776 Liefde en vriendskap
791 Sosiaal
intog
27 Begin
206 Ingaan
793 Fees
intoksikasie
407 Drink
413 Verskillende siektes
494 Gevoelloosheid en bedwelming
773 Begeerte
intoleransie 779
intolerant 779
intonasie
548 Praat
757 Sang
intonasiepatroon
548 Praat
757 Sang
intoneer
548 Praat
755 Uitvoering
757 Sang
intranet 263
intransigent 777
intransitief 574
intrap
27 Begin
184 Breek
206 Ingaan
intrapslag 27
intraveneus 399
intrede
27 Begin
206 Ingaan
659 Aanstelling
intree
27 Begin
206 Ingaan
250 Dood

intreerede
539 Kommunikeer
558 Redevoering
intrek
64 Aanwesigheid
145 Beweging
166 Nader beweeg
170 Saambring
175 Insit
188 Aankom
430 Rook
529 Ontken
intrekking 529
intrige
663 Meedoen
750 Letterkunde
752 Toneel- en rolprentkuns
intrinsiek
4 Selfstandigheid
81 Binne
intrinsiekheid 4
intro 27
introduksie
27 Begin
206 Ingaan
754 Komposisie
790 Sosiale betrekking
introduseer
27 Begin
191 Laat kom
539 Kommunikeer
introïtus
847 Gebed
848 Kerklike bediening
introspeksie
508 Aandag
535 Weet
introspektief 535
introu 248
introversie
374 Mens
549 Stilby
introvert
374 Mens
549 Stilby
intrusie
274 Geologie
298 Steen
intuimel
212 Afgaan
412 Siek
intuimeling 212
intuïsie
513 Denke
527 Oordeel
641 Onvoorbereid
intuïtief
513 Denke
641 Onvoorbereid
intussen 48
intyds
48 Gelyktydig

57 Vroeg
263 Rekenaar en
   internet
inundasie 287
inundeer 287
invaar
206 Ingaan
221 Vaar
827 Afkeur
invaginasie 414
invagineer 414
inval
8 Dieselfde
27 Begin
144 Vervanging
175 Insit
204 Aangaan by
206 Ingaan
267 Optika
513 Denke
554 Aanspreek
658 Beroep
663 Meedoen
669 Aanval
790 Sosiale betrekking
invalidasie 807
invalide 412
invalideer
801 Wet
807 Onwettig
invaliditeit 807
invaller 669
invalshoek
139 Meetkunde
233 Voertuig
267 Optika
513 Denke
invalsmag 672
invariabel 143
invariabiliteit 143
invariant 141
invasie 669
invektief 831
inventaris
21 Opeenvolging
688 Besit
inventarisasie 688
inventariseer 688
inversie
9 Verskillend of
   teenoorgesteld
140 Verandering
576 Sinsbou en styl
invert 9
invertebratum 357
investeer
686 Aanwins
692 Spaar
699 Leen
investeerder
686 Aanwins
692 Spaar
700 Bank

702 Beurs
investering
686 Aanwins
692 Spaar
699 Leen
investituur 659
invitasie 790
invlieg
222 Vlieg
827 Afkeur
835 Bestraf
invloed
15 Oorsaak
16 Gevolg
579 Gedwonge
599 Gesag uitoefen
616 Magtig
620 Belangrik
638 Aanmoedig
799 Beroemd
invloedryk
599 Gesag uitoefen
616 Magtig
620 Belangrik
638 Aanmoedig
799 Beroemd
invloedrykheid
599 Gesag uitoefen
616 Magtig
620 Belangrik
638 Aanmoedig
799 Beroemd
invloedsfeer
588 Gesag hê
616 Magtig
invoegsel 575
invoegteken 566
invoer
27 Begin
125 Tel
175 Insit
191 Laat kom
263 Rekenaar en
701 Handel en ekonomie
invoering 27
invokasie
604 Versoek
751 Digkuns
838 Gees
involusie 161
invorder
170 Saambring
708 Betaal
711 Skuld
712 Belasting
invou
180 Ongelyk maak
419 Voedselbereiding
invra
206 Ingaan
516 Soek
790 Sosiale betrekking

invreet 623
invryf
154 Vryf
419 Voedselbereiding
827 Afkeur
invul
109 Alles
563 Skryf
565 Skryfkuns
inwaai
206 Ingaan
790 Sosiale betrekking
inwag 520
inwendig 81
inwerk
16 Gevolg
174 Meng
406 Eet
561 Studeer
inwerkingstelling
645 Handel
649 Begin handel
inwerkingtreding 645
inwikkel
6 Betrekking
161 Bedek
180 Ongelyk maak
663 Meedoen
inwillig
601 Toestemming gee
605 Aanvaar
inwilliging
601 Toestemming gee
605 Aanvaar
inwin 686
inwoner
64 Aanwesigheid
89 Blyplek
787 Samelewing
inwoning
64 Aanwesigheid
89 Blyplek
inwoon
64 Aanwesigheid
89 Blyplek
inwurm
165 Onreëlmatige
   beweging
206 Ingaan
663 Meedoen
inwy 793
inwyding 793
Io 270
ionies 256
ionisasie 256
ioniseer 256
ionosfeer
269 Heelal
289 Klimaat
ioon
254 Stof
256 Skeikunde

ipekonders
413 Verskillende siektes
505 Verstandstoornis
512 Verbeelding
ipso facto
1 Bestaan
537 Waarheid
ipso jure 808
ireniek 842
irenies 668
iridium
297 Metaal
387 Oog
iris
334 Blomplant
387 Oog
irisdruk 761
iriseer 490
Irmin 855
iron 123
ironie
576 Sinsbou en styl
831 Minag
ironies
576 Sinsbou en styl
831 Minag
ironiseer
750 Letterkunde
831 Minag
ironisering
576 Sinsbou en styl
831 Minag
irradiasie 267
irrasionalis 514
irrasionalisme 514
irrasionaliteit 524
irrasioneel 524
irrealis 574
irrealiteit
2 Nie-bestaan
538 Dwaling
irreëel 2
irrelevansie
542 Betekenisloosheid
621 Onbelangrik
632 Onnodig
irrelevant
542 Betekenisloosheid
621 Onbelangrik
632 Onnodig
irreligieus
843 Ongeloof
846 Goddeloosheid
irreligiositeit
843 Ongeloof
846 Goddeloosheid
irrigasie
287 Vloei
347 Landbou
463 Nat
irrigeer
287 Vloei
347 Landbou

463 Nat
irritasie
  654 Moeilik handel
  715 Negatiewe gevoel
  771 Gramskap
irriteer
  713 Gevoel
  715 Negatiewe gevoel
  717 Lyding
  771 Gramskap
irriterend
  623 Sleg
  715 Negatiewe gevoel
is-gelyk-aan(-)teken
  105 Gelyke hoeveelheid
  137 Bewerking
  571 Skrif
Ishvara 854
isicamtho 569
Isis 855
isjaai 847
iskemie 413
iskias 413
Islam 854
Islamiet
  787 Samelewing
  854 Godsdienste
islamifobie 787
islamofobie 768
ismus 282
isobaar
  289 Klimaat
  294 Weerkunde
isochronies 8
isochronisme 40
isochroon 8
isofoon
  569 Taal
  572 Uitspraak
isoglos 569
isoglossies 569
isogonaal 261
isogoon 261
isografie 761
isogram 761
isoklien 261
isoklinaal 261
isokronies 8
isokronisme 40
isolasie
  262 Elektrisiteit
  579 Gedwonge
  792 Asosiaal
isolasionis 789
isolasionisme 792
isolasionisties 789
isoleer
  32 Enkeling
  262 Elektrisiteit
  264 Radio en televisie
  265 Telegraaf en telefoon
  579 Gedwonge
  789 Onbeskaafdheid

isoleerband 172
isolement 792
isomeer
  112 Deel
  256 Skeikunde
isomerie 256
isomeries
  112 Deel
  133 Getalle
  256 Skeikunde
isometrie
  256 Skeikunde
  294 Weerkunde
isomorf 256
isomorfisme 256
isoseismies 274
isoterm
  289 Klimaat
  294 Weerkunde
isotoop 256
isotopie 256
isotroop 324
item
  32 Enkeling
  703 Boekhou
iterasie
  576 Sinsbou en styl
  657 Herhaal
itereer 657
itinerarium 187
ivoor
  308 Been
  492 Kleure
ivoorkleur 492
ivoorpalm 330
ivoorpapier 315
ivoorsnykuns 762
ivoorwit 492
ixia 334

J
ja
  25 Dit wat volg
  192 Laat gaan
  225 Vinnig
  405 Bloedsomloop
  527 Oordeel
  528 Bevestig
  579 Gedwonge
  605 Aanvaar
  773 Begeerte
jaag
  25 Dit wat volg
  192 Laat gaan
  225 Vinnig
  228 Vinnig beweeg
  405 Bloedsomloop
  579 Gedwonge
  737 Motorsport
  773 Begeerte
jaagbesem 352
jaagduiwel 225
jaagsiekte 413

jaagspinnekop 361
jaagtog
  203 Agterna kom
  225 Vinnig
jaaif 221
jaar
  37 Tydruimte
  52 Ouderdom
  127 Tydbepaling
jaarblad
  567 Boek
  568 Media
jaarboek
  45 Geskiedenis
  567 Boek
jaargang 568
jaargenoot
  48 Gelyktydig
  52 Ouderdom
  560 Voorskoolse en naskoolse onderrig
jaargety
  37 Tydruimte
  127 Tydbepaling
  270 Hemelliggaam
  289 Klimaat
jaargewas 318
jaarkring
  127 Tydbepaling
  320 Stam
jaarliks
  22 Kontinuïteit
  37 Tydruimte
  40 Langdurig
  55 Periodiek
  127 Tydbepaling
jaarmark 702
jaarring
  316 Hout
  320 Stam
  331 Boom
jaart
  94 Dele van 'n eiendom
  123 Meet
jaartal
  52 Ouderdom
  127 Tydbepaling
jaartelling
  37 Tydruimte
  127 Tydbepaling
jaarwisseling 127
jabroer
  583 Willoosheid
  592 Ondergeskikte
  597 Gehoorsaam
  828 Vlei
jade 298
jaer
  217 Motorry
  225 Vinnig
jafel 623
jag
  235 Skeepvaart

373 Jag
731 Gevegsport
773 Begeerte
jagarend 365
jagbuit 373
jagdier 357
jager 235
jaggodin 855
jaghond
  366 Soogdier
  373 Jag
Jaghonde 270
jaghoring 756
jagluiperd 366
jagmes 678
jags
  239 Voortplant
  820 Oneerbaar
jagsneeu 292
jagspinnekop 361
Jagter 270
jagter 373
jagtig
  225 Vinnig
  618 Heftig
jaguar 366
jagvalk 365
jagverhaal 750
jagvlieg 361
Jahwe(h) 855
jak 366
jakaranda 331
jakkals
  366 Soogdier
  818 Bedrieg
jakkalsbessieboom 331
jakkalsbos 332
jakkalsbruilof 292
jakkalsdou 292
jakkalsdraai
  163 Draai
  818 Bedrieg
  833 Verontskuldig
jakkalsdraffie
  197 Te voet gaan
  742 Dans
jakkalsgras
  338 Gras
  340 Krui
jakkalskos
  344 Onkruid
  426 Kossoort, dis
jakkalspruim 332
jakkalsreëntjie 292
jakkalsstert 332
jakkalsstreek 818
jakkalsvoël 365
jakker
  213 Rondgaan
  228 Vinnig beweeg
jako 365
jakobregop
  332 Struik

334 Blomplant
jakopewer 363
jakopeweroë 387
jaloers
  667 Stryd
  777 Haat en
    onvriendelikheid
  779 Boosaardigheid
jaloersheid
  667 Stryd
  779 Boosaardigheid
jaloesie
  667 Stryd
  777 Haat en
    onvriendelikheid
  779 Boosaardigheid
jam 426
jamaikagemmer
  415 Geneesmiddel
  419 Voedselbereiding
jambe
  572 Uitspraak
  751 Digkuns
jamboes 331
jambon 426
jamboree 665
jamboreer 168
Jamikapeper 419
jammer
  683 Misluk
  719 Hartseer
  721 Ontevredenheid
  778 Goedaardigheid
  822 Skuldig
  823 Berou
jammeraar
  683 Misluk
  719 Hartseer
  721 Ontevredenheid
jammerdal
  719 Hartseer
  721 Ontevredenheid
jammerhart
  714 Positiewe gevoel
  778 Goedaardigheid
jammerhartig
  714 Positiewe gevoel
  778 Goedaardigheid
jammerklaag 721
jammerklag 721
jammerlappie 627
jammerlik
  623 Sleg
  683 Misluk
  717 Lyding
  766 Wanhoop
  768 Vrees
  813 Swak gedrag
jammerpoel 839
jammerte
  683 Misluk
  714 Positiewe gevoel
  719 Hartseer

778 Goedaardigheid
823 Berou
janblom 363
janbruin 363
jandooi
  583 Willoosheid
  611 Lui
  623 Sleg
  725 Verveling
jandorie
  363 Waterdier
  537 Waarheid
ja-nee
  1 Bestaan
  537 Waarheid
janfiskaal 365
janfrederik 365
jangroentjie 365
janhen 375
janitsaar 673
janklaas
  583 Willoosheid
  621 Onbelangrik
janmaat 235
Janmashtami 851
jannas 745
janpiedewiet 365
janpierewiet 365
janrap
  621 Onbelangrik
  798 Laer stand
jansalie
  583 Willoosheid
  626 Swak
  725 Verveling
jansalieagtig
  583 Willoosheid
  611 Lui
jansaliegees
  583 Willoosheid
  611 Lui
jantatara(t) 365
jantjieberend 337
jantjie-van-alles 645
jantoet 621
januariebossie 332
janusgesig
  770 Wantroue
  815 Oneerlik
  818 Bedrieg
jan-van-gent 365
jao 131
japie
  503 Onverstandigheid
  536 Nie weet nie
  623 Sleg
  725 Verveling
japjappie 365
japonika 334
jappie 249
jappiefikasie 249
jappiegriep
  249 Lewe

413 Verskillende siektes
ja(a)psnoet
  53 Nuut en jonk
  615 Onbekwaam
  792 Asosiaal
  813 Swak gedrag
japtrap 41
jargon 569
jarig 52
jarmoelka 745
jaroek 350
jaroep 350
jarok 350
jarrahout 316
jas
  740 Kaartspel
  745 Versier
jasmyn 333
jaspis 298
jasrok 745
jau 131
javel
  623 Sleg
  652 Versuim
jawel 528
jawoord
  248 Huwelik
  601 Toestemming gee
jazz 753
jazzkonsert 755
jazz-orkes 755
jean(s) 745
jedetjie
  521 Verras wees
  715 Negatiewe gevoel
jeens 6
jeep 233
Jehova
  854 Godsdienste
  855 Gode
Jehovasgetuie 854
jejunum 401
jekker 745
jel
  256 Skeikunde
  415 Geneesmiddel
jelatien 462
jellie
  426 Kossoort, dis
  462 Halfvloeibare stof
jellieagtig 462
jellievis
  363 Waterdier
  623 Sleg
jene
  521 Verras wees
  715 Negatiewe gevoel
jenetjie
  521 Verras wees
  715 Negatiewe gevoel
jenewer 427
jenewerboom 331
jenewerbrandery 428

jenewermoed 407
jentoe
  239 Voortplant
  820 Oneerbaar
jerboa 366
jeremiade
  719 Hartseer
  721 Ontevredenheid
jeremieer
  719 Hartseer
  721 Ontevredenheid
jeropiko 427
jerseybees 366
jesuïeties 852
Jesus
  854 Godsdienste
  855 Gode
jeug
  52 Ouderdom
  53 Nuut en jonk
  243 Kinders
  374 Mens
jeugbeweging 665
jeugboek 567
jeugdiens
  848 Kerklike bediening
  849 Prediking
jeugdig
  53 Nuut en jonk
  433 Klein
jeugdige 53
jeugjare
  52 Ouderdom
  53 Nuut en jonk
jeugmisdaad 803
jeugmisdadiger 803
jeugmisdadigheid 803
jeugsorg
  559 Opvoeding en
    onderwys
  780 Hulpbetoon
jeugverhaal
  552 Vertel
  750 Letterkunde
jeugwerk
  559 Opvoeding en
    onderwys
  750 Letterkunde
jeuk
  495 Tassin
  773 Begeerte
jeukbult 413
jeukerig 495
jeukpoeier 415
jeuksiekte 413
jig 413
jihad
  667 Stryd
  854 Godsdienste
jil
  481 Skerp klank
  722 Humor
jillery 722

jingo 787
jingoïsme 787
jingoïsties 787
jintelman
  791 Sosiaal
  812 Goeie gedrag
jintoe
  239 Voortplant
  820 Oneerbaar
jip
  528 Bevestig
  605 Aanvaar
jippie
  716 Genot
  718 Blydskap
jirre
  521 Verras wees
  715 Negatiewe gevoel
  820 Oneerbaar
jis
  528 Bevestig
  605 Aanvaar
  790 Sosiale betrekking
jis-ja
  528 Bevestig
  605 Aanvaar
  790 Sosiale betrekking
jislaaik
  521 Verras wees
  715 Negatiewe gevoel
jissie
  521 Verras wees
  715 Negatiewe gevoel
jits 41
jitte 768
jive 742
jobbel 283
jobbelsee 283
jobsgeduld 714
jobskraaltjies 338
jobstrane 338
jobstroos 766
jobstrooster
  717 Lyding
  766 Wanhoop
  777 Haat en
    onvriendelikheid
jobstyding 539
Jodedom 854
jodeer 256
jodel 757
jodium
  256 Skeikunde
  296 Nie-metaal
jodiumtinktuur 415
jodoform 415
joejitsoe 731
joel
  481 Skerp klank
  722 Humor
  724 Vermaak en
    ontspanning
  793 Fees

joep-joep 426
joerie 361
joernaal
  552 Vertel
  565 Skryfkuns
  567 Boek
  568 Media
  703 Boekhou
  750 Letterkunde
joernaalboek
  565 Skryfkuns
  567 Boek
  703 Boekhou
joernaalprogram 264
joernali
  539 Kommunikeer
  565 Skryfkuns
  568 Media
  750 Letterkunde
joernalistiek 568
joga 629
joggellatei 94
joggie
  629 Spel en sport
  663 Meedoen
jogi 629
jogurt
  371 Suiwelbereiding
  426 Kossoort, dis
johannesbroodboom 331
joie de vivre 718
joiner
  787 Samelewing
  803 Wette oortree
  815 Oneerlik
  817 Ontrouheid
jo-jo 741
jok 818
jokkel 559
jokkie
  216 Ry
  219 Perdry
  734 Perdesport
jokstorie 818
jol
  213 Rondgaan
  235 Skeepvaart
  716 Genot
  793 Fees
jolig
  718 Blydskap
  722 Humor
  793 Fees
joligheid
  718 Blydskap
  722 Humor
joller 593
jollery 793
jolliejeuk 413
jollifikasie 793
jolyt
  716 Genot
  718 Blydskap

  793 Fees
jonasklip 298
jong
  239 Voortplant
  426 Kossoort, dis
jongeliede
  53 Nuut en jonk
  243 Kinders
jongeling
  52 Ouderdom
  243 Kinders
jongelui
  53 Nuut en jonk
  243 Kinders
jongensgek 776
jonggesel 248
jonggesel 375
jongkêrel
  53 Nuut en jonk
  248 Huwelik
  375 Man
jongleer 844
jongleur
  757 Sang
  844 Bygeloof
jongman
  53 Nuut en jonk
  375 Man
jongmeisie
  53 Nuut en jonk
  376 Vrou
jongmens
  53 Nuut en jonk
  243 Kinders
  374 Mens
jongmenstaal 569
jongslede 51
jongspan 243
jonk
  52 Ouderdom
  53 Nuut en jonk
  235 Skeepvaart
  426 Kossoort, dis
  433 Klein
jonkheid
  52 Ouderdom
  53 Nuut en jonk
jonkmanskas 95
jonkwil 334
jood
  256 Skeikunde
  296 Nie-metaal
Jood
  840 Godsdiens
  854 Godsdienste
joodtinktuur 415
jool
  716 Genot
  722 Humor
  724 Vermaak en
    ontspanning
  793 Fees
joon 235

Joos 838
jop 658
joppel 283
joppelsee 283
josefskleed 745
Josie 838
jota 571
joule
  123 Meet
  260 Warmteleer
joviaal
  718 Blydskap
  791 Sosiaal
jovialiteit 791
jubel
  716 Genot
  718 Blydskap
  722 Humor
jubelaris 793
jubelbessie 332
jubelfees
  718 Blydskap
  793 Fees
jubelkreet
  718 Blydskap
  722 Humor
jubellied
  718 Blydskap
  722 Humor
  757 Sang
jubilaris 793
jubilasie 718
jubileer
  718 Blydskap
  722 Humor
  793 Fees
jubileum 793
Judaïsme 854
Judas
  817 Ontrouheid
  818 Bedrieg
judasboer
  787 Samelewing
  817 Ontrouheid
judasbok
  369 Veeteelt
  815 Oneerlik
judasboom 331
Judaskus 818
judasoor 327
Judasstreek 817
judikatuur 808
judisieel 808
judisiêr 808
judisieus
  502 Verstand
  527 Oordeel
judo 731
judoka 731
juffer
  53 Nuut en jonk
  376 Vrou
juffrou
  53 Nuut en jonk

kabaretlied(jie)

248 Huwelik
376 Vrou
560 Voorskoolse en naskoolse onderrig
jugleer 314
jugularis 399
juig
718 Blydskap
722 Humor
juigend
718 Blydskap
722 Humor
juigkommando
663 Meedoen
826 Goedkeur
juis
59 Geleë
129 Bepaaldheid
528 Bevestig
537 Waarheid
612 Noukeurig
622 Goed
743 Mooi
juistement
129 Bepaaldheid
537 Waarheid
622 Goed
juistheid
129 Bepaaldheid
537 Waarheid
612 Noukeurig
622 Goed
juk
94 Dele van 'n eiendom
124 Weeg
589 Dien
717 Lyding
jukdier 357
jukdraer 357
jukebox 756
jukmaat 242
jukskei
230 Rytuig
739 Geselskapspele
jukskeibreker
767 Moed
792 Asosiaal
jukstaponeer 87
jukstaposisie
87 Aan die kant
170 Saambring
julienne 426
junior
5 Onselfstandigheid
30 Hiërargie
52 Ouderdom
53 Nuut en jonk
588 Gesag hê
600 Onder bevel staan
junkie 494
Juno 855
junta
590 Bestuur en regeer

795 Staat en politiek
Jupiter Capitolinus 855
Jupiter
270 Hemelliggaam
855 Gode
jura 808
Juratydperk 274
jure et facto 808
juridies 808
jurie
808 Regswese
809 Regsgeding
juris 808
jurisdiksie
588 Gesag hê
599 Gesag uitoefen
616 Magtig
806 Wettig
jurisprudensie 808
juristies 808
jurk 745
jus civile 808
jus commune 808
jus criminale 808
jus gentium 808
jus mariti 808
jus privatum 808
justeer
122 Bereken
123 Meet
125 Tel
566 Drukkuns
justering 566
justifikasie
806 Wettig
833 Verontskuldig
justifiseer
566 Drukkuns
806 Wettig
833 Verontskuldig
justisie 808
justisieel 808
jute
311 Weefstof
332 Struik
jutswolf 366
juvenaat 559
juvenale 53
juveniel 53
juvenilia
749 Kuns
750 Letterkunde
juvenilisme
53 Nuut en jonk
524 Onlogies redeneer
juweel
620 Belangrik
622 Goed
745 Versier
juwelierskuns 749
juweliersware 745
juweliersinkel 707

K
kaag 235
kaai
221 Vaar
235 Skeepvaart
288 Waterstelsel
kaaiman 364
kaaimansblom 334
kaaiwerker 235
kaak
361 Insek
386 Gesig
390 Mond
kaakklem 413
kaakpoot 362
kaakspier 379
kaal
162 Ontbloot
280 Woestyn
321 Blaar
382 Haar
464 Droog
623 Sleg
690 Arm
kaalbas 162
kaalbaskultus 162
kaalbasloper 162
kaalblaar 336
kaalgaar
312 Spin
332 Struik
kaalgat
162 Ontbloot
690 Arm
kaalgatperske 350
kaalgras
338 Gras
352 Graanverbouing
kaalheid 162
kaalholler 162
kaalkar 233
kaalkop
162 Ontbloot
382 Haar
384 Kop
537 Waarheid
kaalnaeler 162
kaalnekhoender 365
kaalpluk 171
kaalplunder 171
kaalrug
162 Ontbloot
396 Rug
kaalsiekte 413
kaalte 162
kaalvuis 397
kaambessie
331 Boom
350 Vrugteverbouing
kaap
282 Kus
669 Aanval
Kaaps 569

kaapstander 235
kaapvaarder 235
kaapvaart 187
kaar 274
kaard
312 Spin
313 Weef
kaardgare 312
kaart
88 Posisie
273 Geografie
560 Voorskoolse en naskoolse onderrig
564 Skryfbehoeftes
709 Betaalmiddel
740 Kaartspel
kaartbedrog 803
kaartehuis 641
kaartjie
187 Reis
206 Ingaan
525 Bewys
564 Skryfbehoeftes
727 Kompetisie
kaartleser 263
kaartlesing 88
kaartman 722
kaartmisdaad 803
kaartspeel
724 Vermaak en ontspanning
740 Kaartspel
kaartspel
629 Spel en sport
739 Geselskapspele
740 Kaartspel
kaartspeler 740
kaarttelefoon 265
kaas
371 Suiwelbereiding
426 Kossoort, dis
kaasbolletjies 426
kaasbord
95 Huisraad
426 Kossoort, dis
kaasfabriek 371
kaaskleur 492
kaaskop
413 Verskillende siektes
503 Onverstandigheid
Kaaskop 787
kaaswei 371
kaats 227
kabaal
476 Geluid
481 Skerp klank
663 Meedoen
kabab 421 Vleis
426 Kossoort, dis
kabaret 752
kabaretkunstenaar 757
kabaretlied(jie) 757

651

kabaretsanger 757
kabbala
  845 Godsvrug
  854 Godsdienste
kabbalis
  845 Godsvrug
  854 Godsdienste
kabbalisme 845
kabbalisties 836
kabbel
  287 Vloei
  476 Geluid
kabbeling
  287 Vloei
  476 Geluid
kabel
  235 Skeepvaart
  262 Elektrisiteit
  265 Telegraaf en telefoon
  301 Metaalverwerking
  551 Meedeel
kabelgare
  310 Vlegwerk
  312 Spin
kabelgram
  265 Telegraaf en telefoon
  551 Meedeel
kabeljou
  363 Waterdier
  422 Seekos
kabelkruis 546
kabelrand 131
kabeltelevisie 264
kabelverbinding 263
kabesie 361
kabinet
  94 Dele van 'n eiendom
  95 Huisraad
  590 Bestuur en regeer
kabinetformaat 268
kabinetmaker 316
kabinetslid
  590 Bestuur en regeer
  795 Staat en politiek
kabinetsminister 795
kabinetsvergadering 590
kabob
  421 Vleis
  426 Kossoort, dis
kaboe-aartappel 426
kaboedel 104
kaboeki 742
kaboekoring 352
kaboel 104
kaboemielie 426
kaboepampoen 426
kaboepatat 426
kaboes 234
kabouter
  512 Verbeelding

  838 Gees
  844 Bygeloof
kabriolet
  230 Rytuig
  233 Voertuig
kadans
  753 Musiek
  754 Komposisie
kadaster 688
kadawer 250
kadens 754
kader
  658 Beroep
  673 Manskap
kadet
  235 Skeepvaart
  560 Voorskoolse en naskoolse onderrig
kadi
  808 Regswese
  854 Godsdienste
kadmium 297
kado 693
kadot 745
kadriel 742
kaduks
  412 Siek
  626 Swak
kaf
  352 Graanverbouing
  524 Onlogies redeneer
  538 Dwaling
kafbaal
  352 Graanverbouing
  368 Diereteelt
kafdopluis 361
kafdoppie
  161 Bedek
  318 Plant
kafdraf 684
kafee
  91 Gebou
  406 Eet
  429 Eetplek, kroeg
  707 Handelsaak
kafeïen 427
kafeteria 429
kaffie 321
kafier 843
kafir 854
kafkaesk 34
kafloop
  406 Eet
  684 Oorwin
kafoefel
  239 Voortplant
  776 Liefde en vriendskap
kafpraatjies
  524 Onlogies redeneer
  538 Dwaling
  548 Praat
kafpratery
  524 Onlogies redeneer

  538 Dwaling
  548 Praat
kafstories
  524 Onlogies redeneer
  538 Dwaling
  548 Praat
kaftan 745
kaggel
  94 Dele van 'n eiendom
  465 Warm
  469 Verwarmingstoestel
kaggelhout 299
kaggelskerm
  465 Warm
  469 Verwarmingstoestel
kaggelvuur 465
kaggelweer 466
kaia
  89 Blyplek
  91 Gebou
  93 Beskeie gebou
kaiing
  421 Vleis
  426 Kossoort, dis
kaiingklip 298
kaiings 421
kaik 235
kainiet 300
kainsmerk
  813 Swak gedrag
  831 Minag
kainsteken 813
kajak 235
kajapoetboom 331
kajapoetolie
  415 Geneesmiddel
  462 Halfvloeibare stof
kajuit
  233 Voertuig
  234 Spoorweë
  235 Skeepvaart
  236 Lugvaart
kajuitbemanning
  222 Vlieg
  223 Stuur
  236 Lugvaart
kajuitkelner 222
kajuitraad
  539 Kommunikeer
  557 Diskussie
kajuittas 187
kak
  409 Afskeiding en uitskeiding
  524 Onlogies redeneer
  538 Dwaling
  623 Sleg
  820 Oneerbaar
kakao
  419 Voedselbereiding
  427 Drank
kakaobotter 462
kakaoklewer 492

kakaovet 462
kakduidelik 543
kakebeen 386
kakebeenwa 230
kakel 365
kakelaar
  365 Voël
  524 Onlogies redeneer
  548 Praat
kaketoe 365
kaketoea 365
kakhuis 94
kakie
  311 Weefstof
  492 Kleure
  673 Manskap
  787 Samelewing
kakiebont 490
kakiebos 344
kakiebroek 745
kakiehemp 745
kakiekleur 492
kakieklits 344
kakka 409
kakkerig
  623 Sleg
  624 Gemiddeld
kakkerlak 361
kakofonie 479
kakogamie 248
kakografie 565
kakpraatjies
  524 Onlogies redeneer
  538 Dwaling
  548 Praat
kakprater
  524 Onlogies redeneer
  548 Praat
kakpratery
  524 Onlogies redeneer
  538 Dwaling
  548 Praat
kaksleg
  611 Lui
  623 Sleg
kakspul
  623 Sleg
  652 Versuim
  683 Misluk
kakstorie 818
kaktus 336
kalabarboon 323
kalamiet 274
kalamink 311
kalamiteit
  683 Misluk
  717 Lyding
kalamyn 297
kalander
  313 Weef
  315 Papier
  316 Hout
  324 Plantlewe

331 Boom
448 Gelyk
kalant
  722 Humor
  815 Oneerlik
kalbas 323
kalbasboom 331
kalbasmelk 427
kalbaspampoen
  351 Groenteverbouing
  426 Kossoort, dis
kalbaspatat
  351 Groenteverbouing
  426 Kossoort, dis
kalbaspeer 350
kalbaspyp 430
kalbassies 413
kaleidoskoop
  267 Optika
  490 Kleur
kaleidoskopies 490
kalender 127
kalenderjaar
  37 Tydruimte
  127 Tydbepaling
kalendermaand
  37 Tydruimte
  127 Tydbepaling
kales 230
kalf
  239 Voortplant
  357 Dier
  366 Soogdier
kalfakter
  611 Lui
  646 Nie handel nie
kalfater 622
kalfsleer 314
kalfsoog 426
kalfsvleis 421
kalftyd 239
kali 300
kalias 345
kaliber
  31 Soort
  123 Meet
  676 Vuurwapen
kalibrasie 123
kalibreer 123
kalief 854
kalifa 854
kalifaat 854
kaliko 311
kalisout 256
kalium 297
kaliumkarbonaat 300
kaliumnitraat
  256 Skeikunde
  300 Sout
kaliumpermanganaat
  256 Skeikunde
  415 Geneesmiddel
kalk
  99 Messel

256 Skeikunde
274 Geologie
298 Steen
347 Landbou
490 Kleur
kalkaarde 298
kalkbank
  274 Geologie
  283 See
kalkeer
  657 Herhaal
  759 Tekenkuns
kalkeerpapier 315
kalkgips 100
kalkgrond 298
kalkkleur 492
kalkklip 298
kalklaag 99
kalklig
  485 Lig
  752 Toneel- en
    rolprentkuns
kalkoen
  365 Voël
  421 Vleis
kalkoentjie 334
kalkreet 298
kalksement 100
kalkspons 360
kalksteen 298
kalksteengrot 277
kalkswael 345
kalkwater 460
kalligraaf 565
kalligrafeer 563
kalligrafie
  563 Skryf
  565 Skryfkuns
kalligrafiepapier 315
kallistenie 515
kallus 413
kalm
  10 Harmonie
  477 Stilte
  504 Geestelike
    gesondheid
  582 Wilskrag
  619 Kalm
  646 Nie handel nie
  668 Vrede en versoening
  714 Positiewe gevoel
kalmeer
  619 Kalm
  714 Positiewe gevoel
  720 Tevredenheid
kalmeermiddel 415
kalmerend 415
kalmink 311
kalmoes
  343 Genesende plant
  365 Voël
  382 Haar
  415 Geneesmiddel

kalmte
  10 Harmonie
  477 Stilte
  504 Geestelike
    gesondheid
  582 Wilskrag
  619 Kalm
  646 Nie handel nie
  668 Vrede en versoening
  714 Positiewe gevoel
kalomel
  256 Skeikunde
  415 Geneesmiddel
kalong 366
kalorie
  123 Meet
  260 Warmteleer
kalorimeter 260
kalorimetrie 260
kalossie 334
kalot 745
kalsedoon 298
kalsietafsetting 277
kalsium 297
kalumet 430
kalumnie 829
kalwerbossie 415
kalwerliefde 776
kam
  277 Berg
  312 Spin
  365 Voël
  746 Persoonlike
    versorging
  756 Musiekinstrument
kamas 674
kamassieboom 331
kamberg 277
kambium
  320 Stam
  331 Boom
Kambriumtydperk 274
kambro
  336 Vetplant
  337 Veldplant
kamee
  745 Versier
  761 Graveerkuns
kameeagtig 745
kameel 366
kameeldoringboom 331
kameeldoringhout 316
kameelhaar
  311 Weefstof
  382 Haar
Kameelperd 270
kameelperd 366
kameereliëf 761
kameleon 364
kameleonties
  142 Veranderlikheid
  583 Willoosheid
  770 Wantroue

kamelia 332
kamelot 311
kamenier 592
kamer
  94 Dele van 'n eiendom
  168 Saamkom
  399 Bloedsomloop en
    limfstelsel
  590 Bestuur en regeer
  665 Byeenkom
  676 Vuurwapen
  809 Regsgeding
kamera 268
kameraad
  673 Manskap
  776 Liefde en
    vriendskap
  790 Sosiale betrekking
kameraadskap
  776 Liefde en
    vriendskap
  790 Sosiale betrekking
kameraadskaplik 776
kameraderie
  776 Liefde en
    vriendskap
  790 Sosiale betrekking
kameraklub 724
kameralens
  267 Optika
  268 Fotografie en film
kameraman 268
kamerarres 835
kamerbediende
  592 Ondergeskikte
  663 Meedoen
kamerdoek 311
kamergeleerde 560
kamerheer 592
kamerhuur 706
kamerjapon 745
kamerjas 745
kamerlid 795
kamerlig 487
kamerling
  592 Ondergeskikte
  852 Geestelike
kamermaat 64
kamermeisie 592
kamermusiek 753
kamerorkes 755
kamerpot 84
kamertemperatuur 260
kamferboom 331
kamferbos 332
kamferfoelie 333
kamgaring 312
kamgebergte 277
kamhout 316
kamikase 222
kamikasevliegtuig 236
kamikasevlug 222

kamille 340
kamilletee 427
kamisool 745
kamkopblennie 363
kamma
  2 Nie-bestaan
  512 Verbeelding
  547 Simboliek
kammakastig 512
kammaland
  410 Slaap
  512 Verbeelding
kammalielies
  512 Verbeelding
  547 Simboliek
kammasjien 312
kammetjie 334
kammossel 363
kamoeflage
  161 Bedek
  540 Nie kommunikeer nie
  670 Verdedig
  674 Militêre uitrusting
kamoefleer
  161 Bedek
  501 Onsigbaarheid
  540 Nie kommunikeer nie
  680 Militêre aksie
kamoeflering
  161 Bedek
  501 Onsigbaarheid
kamp
  64 Aanwesigheid
  89 Blyplek
  369 Veeteelt
  594 Onvryheid
  629 Spel en sport
  663 Meedoen
  667 Stryd
  672 Weermag
kampanje 667
kampbed
  96 Slaapplek
  410 Slaap
  662 Rus
kampeer
  64 Aanwesigheid
  662 Rus
  724 Vermaak en ontspanning
kampeerder
  662 Rus
  724 Vermaak en ontspanning
kampeerterrein
  89 Blyplek
  724 Vermaak en ontspanning
kampering
  64 Aanwesigheid
  724 Vermaak en ontspanning
kampernoelie 327
kampioen
  622 Goed
  629 Spel en sport
  670 Verdedig
  682 Slaag
  684 Oorwin
  727 Kompetisie
kampioenskap
  684 Oorwin
  727 Kompetisie
kampioenskaps-toernooi 727
kampioenspan
  629 Spel en sport
  727 Kompetisie
kampkot 243
kamptoerusting 662
kampus 559
kampvegter
  518 Glo
  670 Verdedig
kampvuur
  418 Voeding
  465 Warm
  487 Ligbron
kampvuurete 418
kamrat
  163 Draai
  232 Fiets
  257 Meganika en tegnologie
kamstig
  512 Verbeelding
  547 Simboliek
kamtig
  512 Verbeelding
  547 Simboliek
kamwiel
  163 Draai
  232 Fiets
kamwol 311
kamyn 340
kan
  84 Houer
  578 Vrywillig
  653 Maklik handel
kanaal
  147 Rigting
  264 Radio en televisie
  283 See
  286 Rivier
  288 Waterstelsel
  377 Liggaam
kanaalsluis 288
kanaalwater 286
kanalisasie 286
kanaliseer 286
kanalisering 147
ka(r)nallie
  722 Humor
  813 Swak gedrag
  822 Skuldig
  831 Minaag
kanapee 426
kanarie 365
kanariebyter 365
kanariegeel 492
kanarieklimop 333
kanasta 740
kanaster
  84 Houer
  430 Rook
kandeel 426
kandela 259
kandelaar
  318 Plant
  487 Ligbron
kandelaber 487
kandidaat
  561 Studeer
  590 Bestuur en regeer
  659 Aanstelling
kandidaatoffisier 673
kandidatuur
  590 Bestuur en regeer
  659 Aanstelling
kandy 426
kandysuiker 426
kaneel
  340 Krui
  419 Voedselbereiding
kaneelkleur 492
kanet
  279 Moeras
  339 Riet
kanferboom 331
kanferbos 332
kanferfoelie
  332 Struik
  333 Rankplant
kanferhout 316
kanferkis 84
kanferolie 462
kangaroe 366
kangaroehof 808
kanis 628
kanker 238 Vernietig
  413 Verskillende siektes
  623 Sleg
  717 Lyding
kankeraar 771
kankeragtig
  413 Verskillende siektes
  623 Sleg
kankerbossie
  332 Struik
  337 Veldplant
kankergeswel 413
kankerlyer 412
kankerroos 344
kanna 332
kannabis 494
kannabisolie 415
kannabas 332
kanneleer 446
kannelure
  94 Dele van 'n eiendom
  446 Rond
kannetjie
  243 Kinders
  333 Rankplant
kannibaal
  406 Eet
  803 Wette oortree
  813 Swak gedrag
kannibalisme 803
kannie 426
kanniedood
  336 Vetplant
  344 Onkruid
  582 Wilskrag
  618 Heftig
  625 Sterk
kanniekoenie 779
kano 235
kanoentjie 298
kanol 334
kanola-olie 419
kanon
  35 Reëlmaat
  622 Goed
  567 Boek
  644 Handelwyse
  675 Militêre toerusting
  676 Vuurwapen
  754 Komposisie
  757 Sang
  842 Geloof
kanoniek
  35 Reëlmaat
  567 Boek
  676 Vuurwapen
  806 Wettig
  842 Geloof
  849 Prediking
kanonisasie 852
kanoniseer 852
kanonnade 677
kanonneer 677
kanonneerboot 235
kanonnier
  673 Manskap
  677 Skiet
kanonvoer 673
kanonwa
  675 Militêre toerusting
  676 Vuurwapen
kanovaart 732
kans
  18 Toeval
  59 Geleë
  520 Verwag
  537 Waarheid
  653 Maklik handel
kansel 853
kanselary 590

kanselaryskrif 565
kanselarystyl
  565 Skryfkuns
  576 Sinsbou en styl
kanselarytaal 565
kanselier
  560 Voorskoolse en
    naskoolse onderrig
  591 Gesaghebber
kanselleer
  140 Verandering
  238 Vernietig
kanselrede 849
kanselstyl
  548 Praat
  576 Sinsbou en styl
kanseltaal
  569 Taal
  576 Sinsbou en styl
kansspel
  629 Spel en sport
  739 Geselskapspele
kansvatter 767
kant
  61 Plek
  63 Begrensdheid
  82 Rondom
  87 Aan die kant
  88 Posisie
  311 Weefstof
  527 Oordeel
kantaantekening
  565 Skryfkuns
  567 Boek
kantate
  754 Komposisie
  757 Sang
kantbewys 546
kanteel 94
kantel
  212 Afgaan
  221 Vaar
  449 Ongelyk
kantelbak 233
kantelhoek 233
kanteling
  76 Bo, bokant, boontoe
  212 Afgaan
  221 Vaar
kanteloep 426
kantelpunt
  212 Afgaan
  233 Voertuig
kantelraam 94
kantelvenster 94
kantelwa 233
kantiek 757
kantien
  84 Houer
  429 Eetplek, kroeg
kantig
  439 Punt
  447 Hoekig
  792 Asosiaal

kantkiesery 792
kantklos 745
kantklossery
  313 Weef
  745 Versier
kantlyn
  315 Papier
  442 Lyn
  565 Skryfkuns
  566 Drukkuns
  629 Spel en sport
  728 Balsporte
kantman 728
kanto
  751 Digkuns
  757 Sang
kanton 590
kantonnement 670
kantoor
  91 Gebou
  94 Dele van 'n eiendom
  590 Bestuur en regeer
  658 Beroep
kantoorbestuurder 588
kantoordag 658
kantoorgebou
  91 Gebou
  92 Deftige, belangrike of
    groot gebou
  590 Bestuur en regeer
  658 Beroep
kantoorklerk 658
kantoorwerk 658
kantor
  757 Sang
  852 Geestelike
  854 Godsdienste
kantrapsie 550
kanttekening 567
kanunnik 852
kaolien 298
kap
  94 Dele van 'n eiendom
  95 Huisraad
  97 Bou
  181 Raak
  184 Breek
  185 Sny
  230 Rytuig
  316 Hout
  382 Haar
  419 Voedselbereiding
  421 Vleis
  427 Drank
  487 Ligbron
  667 Stryd
  678 Ander wapens
  728 Balsporte
  746 Persoonlike
    versorging
  763 Beeldhoukuns
  827 Afkeur
  835 Bestraf

kapabel 614
kapasitansie 262
kapasiteit
  262 Elektrisiteit
  450 Volume
  614 Bekwaam
kapasitor 262
kapater 366
kapblok
  419 Voedselbereiding
  423 Slagter
kapel
  91 Gebou
  361 Insek
  364 Reptiel
  853 Kerkgebou
kapelaan
  673 Manskap
  849 Prediking
  852 Geestelike
kaper
  235 Skeepvaart
  236 Lugvaart
  695 Steel
  803 Wette oortree
kaperjol
  716 Genot
  722 Humor
  724 Vermaak en
    ontspanning
kaperskip 235
kaphou
  182 Slaan
  728 Balsporte
kapillariteit 258
kapillêr 258
kaping
  669 Aanval
  803 Wette oortree
kapitaal
  566 Drukkuns
  688 Besit
  701 Handel en ekonomie
  709 Betaalmiddel
kapitaalband 567
kapitaalbelegging
  692 Spaar
  699 Leen
kapitaalgroei
  686 Aanwins
  701 Handel en ekonomie
kapitaalkragtig
  686 Aanwins
  689 Ryk
kapitaalkragtigheid 689
kapitaalmark 701
kapitaalvlug 687
kapitaalvorming 686
kapitaalwins 686
kapitalis
  688 Besit
  689 Ryk
kapitalisasie
  686 Aanwins

688 Besit
689 Ryk
kapitaliseer
  686 Aanwins
  688 Besit
  689 Ryk
kapitalisme
  701 Handel en ekonomie
  795 Staat en politiek
kapitalisties
  701 Handel en ekonomie
  795 Staat en politiek
kapittel
  567 Boek
  665 Byeenkom
  827 Afkeur
  835 Bestraf
  852 Geestelike
kapittelkerk 853
kapitulasie
  683 Misluk
  685 Oorwin word
kapituleer
  683 Misluk
  685 Oorwin word
kapkappertjie
  332 Struik
  334 Blomplant
kapkar 230
kaplaks 476
kapmes
  185 Sny
  678 Ander wapens
kapoen 365
kapok
  289 Klimaat
  292 Water
  466 Koud
kapokblom
  334 Blomplant
  337 Veldplant
kapokboom 331
kapokbossie 332
kapokgewig 731
kapokhaantjie
  667 Stryd
  767 Moed
  771 Gramskap
kapokhoendertjie 365
kapot
  184 Breek
  238 Vernietig
  412 Siek
  634 Nutteloos
  687 Verlies
kappel 287
kapper
  185 Sny
  334 Blomplant
  362 Skaaldier
  746 Persoonlike
    versorging

kapperkruid 340
kappertjie 334
kappertjiesaad 419
kappie
  565 Skryfkuns
  571 Skrif
  745 Versier
kappiebaadjie 745
kappityt 724
kapries
  715 Negatiewe gevoel
  754 Komposisie
kapriol
  199 Spring
  722 Humor
kapriolle 716
kapryp
  316 Hout
  318 Plant
kapsel
  382 Haar
  745 Versier
  746 Persoonlike
    versorging
kapsie 532
kapstok 95
kapstyl 94
kapsule
  84 Houer
  161 Bedek
  236 Lugvaart
  382 Haar
  415 Geneesmiddel
kaptein
  221 Vaar
  235 Skeepvaart
  591 Gesaghebber
  629 Spel en sport
  673 Manskap
  802 Wette gehoorsaam
kapteinsrang
  235 Skeepvaart
  673 Manskap
kapteinvis 363
kapwa 230
kapwapen 678
kar 230
karaat 124
karabinier 677
karabyn 676
karaf 84
karakoel 366
karakter
  3 Bestaanswyse
  32 Enkeling
  565 Skryfkuns
  582 Wilskrag
  622 Goed
  713 Gevoel
  750 Letterkunde
  810 Gedrag
  811 Gewete
karakterbeelding 750

karaktereienskap 3
karakteriseer
  3 Bestaanswyse
  553 Behandel
  750 Letterkunde
karakteriserend 3
karakterisering
  553 Behandel
  750 Letterkunde
karakteristiek
  3 Bestaanswyse
  31 Soort
  553 Behandel
karakterloos
  583 Willoosheid
  623 Sleg
  626 Swak
  813 Swak gedrag
  820 Oneerbaar
karakterloosheid
  583 Willoosheid
  813 Swak gedrag
  820 Oneerbaar
karakterskets 750
karaktersterkte 582
karaktertrek
  3 Bestaanswyse
  240 Genealogie
  713 Gevoel
karaktervas
  582 Wilskrag
  812 Goeie gedrag
  819 Eerbaar
karaktervol 582
karaktervolheid 582
karambool 738
karamel 426
karameliseer 419
karamellekker 426
karamelpoeding 426
karapaks 362
karate 731
karategeveg 731
karateka 731
karavaan
  89 Blyplek
  187 Reis
  230 Rytuig
  662 Rus
karavaanpark
  89 Blyplek
  662 Rus
karavaantog 187
karavanserai
  187 Reis
  429 Eetplek, kroeg
karaveel 235
karba 84
karbeel 94
karbeelhuis 93
karbied 256
karbiedlamp 487
karbohidraat 256

karbolineer 316
karbolineum 316
karbolseep 627
karbolwatte 311
karbonaat 256
karbonisasie 256
karboniseer 256
karbonkel
  298 Steen
  413 Verskillende siektes
Karboontydperk 274
karburateur
  233 Voertuig
  630 Werktuig
kardamom 419
kardanas
  233 Voertuig
  257 Meganika en
    tegnologie
  630 Werktuig
kardankoppeling
  233 Voertuig
  257 Meganika en
    tegnologie
kardinaal
  133 Getalle
  399 Bloedsomloop en
    limfstelsel
  591 Gesaghebber
  620 Belangrik
  849 Prediking
  852 Geestelike
kardinaalsmus 852
kardiograaf 417
kardiografie 414
kardiogram 414
kardiologie 414
kardioloog 416
kardiometrie 414
kardoef 476
kardoen 351
kardoes
  84 Houer
  315 Papier
kardoesbroek 745
kareeboom 332
kareedoring 337
kareedoringboom 331
karet
  232 Fiets
  364 Reptiel
  381 Huid
  571 Skrif
karetskilpad 364
kargadoor 235
kariatide
  94 Dele van 'n eiendom
  763 Beeldhoukuns
kariboe 366
karie
  172 Vasmaak
  419 Voedselbereiding
  428 Drankbereiding

kariebessie 323
kariemoer
  419 Voedselbereiding
  428 Drankbereiding
karienkel 757
kariës 391
karieus 391
karig
  103 Min
  623 Sleg
  690 Arm
  692 Spaar
karigheid
  103 Min
  690 Arm
  692 Spaar
karikaturis 759
karikaturiseer 722
karikatuur
  722 Humor
  759 Tekenkuns
  831 Minag
kariljol 230
kariljon 756
karkas
  250 Dood
  377 Liggaam
  421 Vleis
karkatjie 413
karkei 336
karkoer 323
karlienblom 334
karma
  18 Toeval
  719 Hartseer
  854 Godsdienste
karmanisme 854
karmedik
  343 Genesende plant
  415 Geneesmiddel
karmenaadjie
  421 Vleis
  426 Kossoort, dis
karmonk
  332 Struik
  419 Voedselbereiding
karmosyn 492
karmyn
  492 Kleure
  492 Kleure
karnaval 793
karneool 298
karngorm 298
karnivoor
  357 Dier
  366 Soogdier
  406 Eet
karnuffel
  182 Slaan
  717 Lyding
karobboom 331
karobmot 361
karoo 289

karooagtig 280
karoobossie
  332 Struik
  337 Veldplant
karoodoringboom 331
karoospekvreter 365
karooveld
  280 Woestyn
  318 Plant
karos
  96 Slaapplek
  161 Bedek
  230 Rytuig
karosserie 233
karoteen
  256 Skeikunde
  490 Kleur
karotis 399
karousel 222
karpaal 397
karper
  363 Waterdier
  422 Seekos
karpus
  380 Gebeente
  397 Ledemaat
karrie
  419 Voedselbereiding
  428 Drankbereiding
karrienaam 550
karring
  371 Suiwelbereiding
  419 Voedselbereiding
  555 Vra
karringmelk
  371 Suiwelbereiding
  426 Kossoort, dis
  427 Drank
karringmelkbeskuit 426
karsaai 311
karsiekte 413
karsinogeen 413
karsinogenies 413
karsinologie 358
karsinoom 413
karstgrot 277
karstheuwel 277
karstmeer 285
karstoeltjie 243
karstveld 276
karsweep 182
karteer
  273 Geografie
  759 Tekenkuns
kartel
  164 Reëlmatige beweging
  180 Ongelyk maak
  185 Sny
  382 Haar
  444 Krom
  449 Ongelyk
  663 Meedoen

  665 Byeenkom
  701 Handel en ekonomie
  746 Persoonlike versorging
  761 Graveerkuns
kartelderm 401
kartelend 449
karteling
  164 Reëlmatige beweging
  180 Ongelyk maak
  382 Haar
  444 Krom
  449 Ongelyk
  746 Persoonlike versorging
kartelrig 449
kartering
  273 Geografie
  759 Tekenkuns
kartets 676
kartograaf
  273 Geografie
  515 Wetenskap
  759 Tekenkuns
kartografie
  273 Geografie
  515 Wetenskap
  759 Tekenkuns
kartografies 273
karton
  84 Houer
  161 Bedek
  315 Papier
  564 Skryfbehoeftes
kartondoos
  84 Houer
  161 Bedek
kartoteek 273
karveel 235
karwag 655
karwats
  182 Slaan
  230 Rytuig
  231 Tuig
  835 Bestraf
karwei
  67 Verplasing
  194 Vervoer
  216 Ry
karweiding 194
karweier 194
karwy 340
karwysaad 419
kas
  84 Houer
  95 Huisraad
  161 Bedek
  387 Oog
  655 Veilig
  688 Besit
kasarm
  91 Gebou
  93 Beskeie gebou

kasaterwater 427
kasboek
  565 Skryfkuns
  567 Boek
  703 Boekhou
kaseïen
  371 Suiwelbereiding
  420 Voedsel
kaserne 672
kasernetaal 820
kasie 343
kasjalot 363
kasjet
  3 Bestaanswyse
  546 Kunsmatige teken
  622 Goed
kasjmier 311
kasjoe 331
kasjoeneut
  323 Vrug
  350 Vrugteverbouing
  426 Kossoort, dis
kaskade 287
kaskara 415
kaskenades
  716 Genot
  722 Humor
  724 Vermaak en ontspanning
  813 Swak gedrag
kasmier 311
kasplant
  318 Plant
  374 Mens
kasregister
  125 Tel
  137 Bewerking
  688 Besit
  703 Boekhou
  707 Handelsaak
kasrekening 703
kassa 688
kassawe
  332 Struik
  419 Voedselbereiding
kassemier 311
kasserol
  84 Houer
  419 Voedselbereiding
  426 Kossoort, dis
kasset
  94 Dele van 'n eiendom
  264 Radio en televisie
  266 Akoestiek
  268 Fotografie en film
kassetspeler
  264 Radio en televisie
  756 Musiekinstrument
kassie
  264 Radio en televisie
  340 Krui
kassier
  700 Bank

  701 Handel en ekonomie
  703 Boekhou
kastaiing
  323 Vrug
  331 Boom
  350 Vrugteverbouing
kastaiingkleur 492
kastanjet 756
kaste
  787 Samelewing
  794 Sosiale struktuur
  796 Stand
kasteel
  89 Blyplek
  92 Deftige, belangrike of groot gebou
  655 Veilig
  671 Verdedigingsmiddel
  739 Geselskapspele
kastekort
  703 Boekhou
  711 Skuld
kastelein
  429 Eetplek, kroeg
  670 Verdedig
kasterolie 415
kasterolieboom 331
kastestelsel
  787 Samelewing
  796 Stand
kastig
  512 Verbeelding
  547 Simboliek
kastigasie 835
kastigeer
  171 Verwyder
  566 Drukkuns
  567 Boek
  827 Afkeur
  835 Bestraf
kastigering 566
kastraat 239
kastrasie 239
kastreer 239
kastrol
  84 Houer
  95 Huisraad
  419 Voedselbereiding
kasty
  182 Slaan
  717 Lyding
  835 Bestraf
kastyding
  182 Slaan
  667 Stryd
  717 Lyding
  835 Bestraf
kasualisme 18
kasualistiek 18
kasualiteit 18
kasueel 18
kasuïs
  514 Wysbegeerte

524 Onlogies redeneer
kasuïstiek 514
kasus 574
kasusgrammatika 570
kasusmorfeem 574
kasuur 331
kat 366
katabasis 212
katabaties
  212 Afgaan
  290 Wind
katabolisme 317
katachrese
  573 Woordeskat
  577 Betekenis
katachresis
  573 Woordeskat
  577 Betekenis
katafalk 253
katafonie 266
katafoniek
  266 Akoestiek
  577 Betekenis
katafories 577
kataklisme
  140 Verandering
  719 Hartseer
kataklismies 719
katakoerie 365
katakombe 253
katalase 317
katalepsie
  379 Spier
  413 Verskillende siektes
katalepties 413
kataleptikus 412
katalisator
  141 Behoud
  256 Skeikunde
katalise 256
kataliseer 256
katalities
  141 Behoud
  256 Skeikunde
katalogiseer 19
katalogisering 19
katalogus
  21 Opeenvolging
  122 Bereken
  567 Boek
  704 Koop
katamaran 235
katanker 235
kataplasma 415
katapleksie
  379 Spier
  410 Slaap
  715 Negatiewe gevoel
kataplekties 715
katapult 741
katar 413
katarak
  286 Rivier

413 Verskillende siektes
katarraal 413
katarras
  184 Breek
  238 Vernietig
  715 Negatiewe gevoel
katarsis
  409 Afskeiding en uitskeiding
  714 Positiewe gevoel
katarties 714
katastasis
  44 Gebeure in tyd
  140 Verandering
  752 Toneel- en rolprentkuns
katastrofaal
  654 Moeilik handel
  683 Misluk
  717 Lyding
  719 Hartseer
katastrofe
  44 Gebeure in tyd
  654 Moeilik handel
  683 Misluk
  717 Lyding
  719 Hartseer
katastrofies
  654 Moeilik handel
  683 Misluk
  717 Lyding
  719 Hartseer
katatonie 505
katatonies 505
katbos 332
katderm 756
katdoring 332
kateder
  558 Redevoering
  853 Kerkgebou
katedraal
  91 Gebou
  92 Deftige, belangrike of groot gebou
  853 Kerkgebou
kategeet 560
kategese
  559 Opvoeding en onderwys
  849 Prediking
kategetiek 842
kategeties 842
kategismus 559
kategoriaal
  31 Soort
  574 Woordkategorie
  576 Sinsbou en styl
kategorie
  3 Bestaanswyse
  6 Betrekking
  19 Orde
  31 Soort

33 Samehorigheid
168 Saamkom
170 Saambring
574 Woordkategorie
576 Sinsbou en styl
kategories 595
kategoriseer
  3 Bestaanswyse
  19 Orde
  30 Hiërargie
  31 Soort
  170 Saambring
kategorisering
  3 Bestaanswyse
  19 Orde
  30 Hiërargie
  31 Soort
  170 Saambring
kategumeen 842
katel
  95 Huisraad
  96 Slaapplek
katelknaap 239
katene 567
kater 413
kateriseer 414
katern
  315 Papier
  564 Skryfbehoeftes
  566 Drukkuns
katete 139
kateter 417
kateteriseer 414
katetometer 256
katgriep 413
katioon
  254 Stof
  256 Skeikunde
katjangboontjie 426
katjiepiering 332
katjiepoetolie
  415 Geneesmiddel
  462 Halfvloeibare stof
katkisant 560
katkisasie
  516 Soek
  559 Opvoeding en onderwys
  849 Prediking
katkiseer
  516 Soek
  559 Opvoeding en onderwys
  827 Afkeur
katklouklimop 333
katkop 424
katlagter
  365 Voël
  524 Onlogies redeneer
  548 Praat
katnaels 337
katode
  256 Skeikunde

262 Elektrisiteit
katodies
  256 Skeikunde
  262 Elektrisiteit
katoen
  311 Weefstof
  312 Spin
  313 Weef
  318 Plant
  353 Vlasteelt
katoenagtig 353
katoenboerdery 353
katoengaring 312
katoenolie 462
katoenstof 311
katoenwewery 313
katoeter 550
Katoliek
  840 Godsdiens
  854 Godsdienste
katoliseer 842
katonkel 363
katoog
  149 Pad
  298 Steen
  332 Struik
  363 Waterdier
  387 Oog
katools
  239 Voortplant
  722 Humor
  776 Liefde en vriendskap
katot 745
katrol
  211 Opgaan
  257 Meganika en tegnologie
  372 Vissery
kats 835
katspoegie 103
katswink
  410 Slaap
  412 Siek
kattebak 233
kattebelletjie 565
kattekonsert 479
kattekwaad
  722 Humor
  822 Skuldig
kattemaai
  239 Voortplant
  776 Liefde en vriendskap
  793 Fees
  813 Swak gedrag
katterig
  623 Sleg
  667 Stryd
  779 Boosaardigheid
  813 Swak gedrag
katvoet
  477 Stilte

kennis

508 Aandag
612 Noukeurig
768 Vrees
katwilger 331
katyf
583 Willoosheid
623 Sleg
690 Arm
kauri 363
kavalier
767 Moed
791 Sosiaal
797 Hoër stand
kavalkade
21 Opeenvolging
168 Saamkom
793 Fees
kavallerie
672 Weermag
673 Manskap
kaveer
529 Ontken
532 Betwis
667 Stryd
721 Ontevredenheid
792 Asosiaal
kaviaar
422 Seekos
426 Kossoort, dis
kawa
332 Struik
427 Drank
Kawasaki-sindroom 413
ke(r)jakker
213 Rondgaan
228 Vinnig beweeg
629 Spel en sport
716 Genot
keb 230
kebab
421 Vleis
426 Kossoort, dis
keboedel 104
keel
390 Mond
393 Nek en skouer
398 Asemhalingsorgaan
keël
139 Meetkunde
277 Berg
323 Vrug
330 Naaksadige
739 Geselskapspele
keelarts 416
keëldraer
318 Plant
331 Boom
keelgat
390 Mond
393 Nek en skouer
keelholte
390 Mond
393 Nek en skouer

398 Asemhalingsorgaan
572 Uitspraak
keelklank 572
keelontsteking 413
keel-oorbuis 388
keelopening 390
keelseer 413
keelskerm 728
keelskoonmaak 482
keelslagaar 393
keelspek
393 Nek en skouer
739 Geselskapspele
keelspieël 416
keëlvlak
139 Meetkunde
445 Oppervlak
keelvol
721 Ontevredenheid
771 Gramskap
keep
180 Ongelyk maak
185 Sny
274 Geologie
446 Rond
keer
84 Houer
137 Bewerking
148 Van koers gaan
160 Omring
188 Aankom
193 Vertraag
588 Gesag hê
602 Verbied
646 Nie handel nie
666 Verhinder
keerdatum 708
keergedig 751
keerheining 63
keerkring 272
keerpunt
44 Gebeure in tyd
140 Verandering
752 Toneel- en rolprentkuns
keerrym 751
keersy 86
keertyd 38
keerwal
285 Watermassa
286 Rivier
288 Waterstelsel
keerweer 149
keerwerk 666
kees 366
keeshond 366
kef
481 Skerp klank
484 Diergeluid
771 Gramskap
kefalies 385
kefalotoraks
361 Insek

362 Skaaldier
keffertjie 366
kegel
323 Vrug
739 Geselskapspele
kegelspel 739
kei
149 Pad
298 Steen
keiappel 332
keihard
104 Baie
455 Hard
keil
227 Werp
745 Versier
keilskrif 565
keiser 591
keiserlik 591
keiserryk
61 Plek
590 Bestuur en regeer
keiserskleed 332
keiserskroon 336
keisersnee
239 Voortplant
414 Geneeskunde
keisteen 94
kekkel
365 Voël
482 Menslike geluid
483 Voëlgeluid
484 Diergeluid
548 Praat
554 Aanspreek
kekkelaar
548 Praat
554 Aanspreek
829 Beledig
kekkelary 548
kekkelbek
548 Praat
554 Aanspreek
829 Beledig
kekkellag 722
kekkelpraatjie 548
kekkelry 548
kela 362
kelder
94 Dele van 'n eiendom
175 Insit
238 Vernietig
277 Berg
350 Vrugteverbouing
588 Gesag hê
687 Verlies
keldergraf 253
keldering 238
kelderkoors 413
keldermeester
350 Vrugteverbouing
428 Drankbereiding
592 Ondergeskikte

keldersiekte 413
kelderverdieping 94
kelim 95
kelk
84 Houer
95 Huisraad
322 Blom
kelkiewyn
334 Blomplant
365 Voël
kelkvorm 438
kelkvormig 438
kelner 429
kelp 327
kelvin 123
Kemos 855
kemp
369 Veeteelt
382 Haar
kemphaan
365 Voël
667 Stryd
779 Boosaardigheid
ken
386 Gesig
513 Denke
533 Verstaan
535 Weet
539 Kommunikeer
713 Gevoel
kenbaar
120 Onderskeid
535 Weet
539 Kommunikeer
kenketting 231
ken(ne)lik
537 Waarheid
539 Kommunikeer
543 Duidelik
kenmerk
3 Bestaanswyse
545 Natuurlike teken
546 Kunsmatige teken
kenmerkend
3 Bestaanswyse
31 Soort
240 Genealogie
545 Natuurlike teken
550 Noem
kennebak 386
kenner
502 Verstand
535 Weet
749 Kuns
kennersblik 535
kennersoog 535
kennetjie
739 Geselskapspele
741 Kinderspel
kennis
502 Verstand
513 Denke
515 Wetenskap

kennisgewing

533 Verstaan
535 Weet
539 Kommunikeer
790 Sosiale betrekking
kennisgewing
539 Kommunikeer
548 Praat
551 Meedeel
565 Skryfkuns
568 Media
kenniskring 790
kennisleer 514
kennismaking
535 Weet
790 Sosiale betrekking
kennisname 535
kennisontwikkeling
515 Wetenskap
535 Weet
kennisoordrag 535
kennisteorie 514
kennisverwerwing 535
kenriem 231
kenskets 553
kensketsend
3 Bestaanswyse
31 Soort
553 Behandel
kenspreuk 546
kenteken
3 Bestaanswyse
545 Natuurlike teken
546 Kunsmatige teken
547 Simboliek
kenteorie 514
kenter 140
kentering
140 Verandering
148 Van koers gaan
kentumtaal 569
kenvermoë 502
kenwysie 754
keper
311 Weefstof
313 Weef
keperstof 311
keramiek 305
keramiekkuns 305
keramies 305
keratien
308 Been
381 Huid
kêrel
53 Nuut en jonk
375 Man
776 Liefde en vriendskap
kerf
180 Ongelyk maak
185 Sny
446 Rond
kerfblok 185
kerftabak 430

kerjakker
741 Kinderspel
793 Fees
813 Swak gedrag
kerk
91 Gebou
92 Deftige, belangrike of groot gebou
840 Godsdiens
848 Kerklike bediening
852 Geestelike
853 Kerkgebou
kerkamp 852
kerkbasaar
707 Handelsaak
793 Fees
kerkdiens
840 Godsdiens
848 Kerklike bediening
kerker
594 Onvryheid
835 Bestraf
kêrkêrheide 337
kerkfees 851
kerkgesang 757
kerkgeskiedenis 45
kerkhistorikus 45
kerkhof
253 Begrafnis
853 Kerkgebou
kerkisme 845
kerkisties 845
kerkjaar 127
kerkkantate 757
kerkleier
591 Gesaghebber
852 Geestelike
kerklik
840 Godsdiens
845 Godsvrug
852 Geestelike
kerklos 846
kerkmens 842
kerkmusiek
753 Musiek
848 Kerklike bediening
kerkmusiekboek 567
kerkorrel
756 Musiekinstrument
853 Kerkgebou
kerkraad 852
kerkreg
842 Geloof
852 Geestelike
kerks 845
kerkskeuring 841
kerktug 835
kerkvader 852
kerkverband 840
kerm
480 Dowwe klank
548 Praat
604 Versoek

719 Hartseer
721 Ontevredenheid
782 Ondankbaarheid
kermerig 548
kermery 604
kermesse 727
kermgat
604 Versoek
721 Ontevredenheid
782 Ondankbaarheid
kermis
707 Handelsaak
793 Fees
kermisbed 96
kermkous
604 Versoek
721 Ontevredenheid
782 Ondankbaarheid
kern
29 Middel
81 Binne
83 In die middel
256 Skeikunde
270 Hemelliggaam
541 Betekenisvolheid
620 Belangrik
622 Goed
kernagtig
541 Betekenisvolheid
553 Behandel
kernagtigheid 541
kernbeginsel
35 Reëlmaat
513 Denke
522 Redeneer
kernbegrip 513
kernbom
256 Skeikunde
676 Vuurwapen
kerndeling 256
kernenergie 256
kerner 427
kernfisika
254 Stof
255 Natuur
515 Wetenskap
kernfisikus
255 Natuur
515 Wetenskap
kernfusie 256
kerngedagte
513 Denke
620 Belangrik
kerngeheue 263
kerngeneeskunde
414 Geneeskunde
515 Wetenskap
kerngeneeskundige 416
kerngesond 411
kernhout 331
kernkrag 256
kernkragsentrale 256
kernmissiel 676

kernoorlog 667
kernpunt
29 Middel
83 In die middel
620 Belangrik
kernreaksie 256
kernreaktor 256
kernskaduwee
267 Optika
270 Hemelliggaam
486 Duisternis
kernspreuk 573
kernvraag 620
kernwapen 675
kernwoordeskat 573
kerografie 760
keroseen
299 Brandstof
460 Vloeistof
kerrie
419 Voedselbereiding
426 Kossoort, dis
kerriebos 332
kerrie-en-rys 426
kerriekos 426
kerrierys 426
kerrievleis 426
kers
123 Meet
318 Plant
487 Ligbron
kersblaker 487
kersboom 331
Kersboom 793
Kersdag 851
Kersfees
127 Tydbepaling
851 Godsdienstige fees
kersfeeskrans 348
kershoutboom 331
kersie 350
kersieboom 331
kersiebrandewyn 427
kersiehout 316
kersiekleur 492
kersielikeur 427
kersierooi 492
kerskaartjie 564
kerskrag 123
Kerslied 757
kerslig
485 Lig
487 Ligbron
kersogie 365
kerspitwerk 745
kersregop
71 Regop
443 Reglynig
kerssterkte 123
kersten 842
kerstening 842
Kerstyd
127 Tydbepaling

851 Godsdienstige fees
Kersvakansie
  648 Onderbreek
  662 Rus
kersvars 53
Kersverhaal
  552 Vertel
  750 Letterkunde
kerswas
  462 Halfvloeibare stof
  487 Ligbron
kerugma 849
kerugmaties 849
kerwel
  415 Geneesmiddel
  419 Voedselbereiding
kês 371
kesieblaar 343
kêskuiken 53
kêsmelk 371
ketel
  84 Houer
  95 Huisraad
  235 Skeepvaart
  469 Verwarmingstoestel
keteldal 278
keteldrom 756
ketelkamer
  235 Skeepvaart
  302 Smeewerk
ketelmakersdoof=
  heid 498
ketelplaat 301
ketelsteen 628
keteltrom 756
ketjap 426
kets 676
ketter
  840 Godsdiens
  846 Goddeloosheid
  854 Godsdienste
ketterjag 854
ketters
  840 Godsdiens
  841 Leer
  854 Godsdienste
kettery
  841 Leer
  854 Godsdienste
kettie
  227 Werp
  373 Jag
  678 Ander wapens
  741 Kinderspel
ketting
  21 Opeenvolging
  172 Vasmaak
  232 Fiets
  301 Metaalverwerking
  594 Onvryheid
  745 Versier
kettingbotsing 217
kettingbrief 565

kettingdraad 313
kettinggebed 847
kettingreaksie
  21 Opeenvolging
  256 Skeikunde
kettingroker 430
kettingrym 751
kettingsaag 101
kettingsteek
  172 Vasmaak
  745 Versier
kettingwinkel 707
keu 738
keur
  170 Saambring
  516 Soek
  584 Kies
  622 Goed
  743 Mooi
keurboom
  331 Boom
  332 Struik
keurbos 332
keurder 527
keurig
  584 Kies
  612 Noukeurig
  622 Goed
  627 Skoon
  743 Mooi
  788 Beskawing
keurigheid
  612 Noukeurig
  622 Goed
  743 Mooi
  788 Beskawing
keuring
  516 Soek
  584 Kies
  679 Mobilisering
  825 Beoordeling
  826 Goedkeur
keurlys 584
keurraad 527
keurslyf 579
keurtjie
  331 Boom
  332 Struik
keurvors 797
keuse
  170 Saambring
  584 Kies
keuseloos 579
keutel 409
keuwel
  548 Praat
  554 Aanspreek
kewer 361
kgotla 665
khan 591
Khoi 569
Khoi-Khoi(n) 787
Khoi-San 787

kiaat
  316 Hout
  331 Boom
kibbel
  532 Betwis
  667 Stryd
  704 Koop
kibbel(a)ry 667
kibbelrig
  532 Betwis
  667 Stryd
  692 Spaar
kibboets 354
kibernetika 263
kief
  363 Waterdier
  398 Asemhalingsorgaan
  622 Goed
kiefnet 372
kiek 268
kiekie 268
kiel
  94 Dele van 'n eiendom
  235 Skeepvaart
  446 Rond
kielhaal
  622 Goed
  835 Bestraf
kielie
  154 Vryf
  495 Tassin
kieliebak 397
kielierig 495
kielsog 221
kielvlak 222
kielwater 221
kiem
  15 Oorsaak
  27 Begin
  237 Voortbring
  323 Vrug
  413 Verskillende siektes
  649 Begin handel
kiemblaar 323
kiemdoder 252
kiemplant 324
kiemsel
  365 Voël
  403 Voortplantings=
    orgaan
kiemvry 627
kiep
  410 Slaap
  483 Voëlgeluid
kiepersol 331
kiepie
  361 Insek
  365 Voël
kiepiemielies 426
kier 177
kierang 818
kierie 197
kierielekker 426

kierieslang 364
kiertsregop
  71 Regop
  443 Reglynig
kies
  256 Skeikunde
  391 Tand
  584 Kies
  590 Bestuur en regeer
  714 Positiewe gevoel
kiesa 292 Water
kiesafdeling 795
kiesbaar 584
kiesel
  296 Nie-metaal
  298 Steen
kieselaarde
  256 Skeikunde
  298 Steen
kieselsteen
  298 Steen
  304 Steenbakkery
kieser 590
kieserskorps 590
kieserslys
  590 Bestuur en regeer
  795 Staat en politiek
kiesieblaar
  337 Veldplant
  343 Genesende plant
  415 Geneesmiddel
kieskeurig
  584 Kies
  612 Noukeurig
  721 Ontevredenheid
kieskeurigheid
  612 Noukeurig
  721 Ontevredenheid
kieskollege 590
kiesstelsel 590
kiestand 391
kieswet 801
kietel
  495 Tassin
  755 Uitvoering
kietie 728
kiets 711
kieu
  363 Waterdier
  390 Mond
  398 Asemhalingsorgaan
kieunet 372
kiewiet 365
kieza 292
kik
  476 Geluid
  480 Dowwe klank
kikoejoegras 338
kikvors 363
kil
  466 Koud
  715 Negatiewe gevoel
  777 Haat en
    onvriendelikheid

kilheid
715 Negatiewe gevoel
777 Haat en
  onvriendelikheid
killigheid 466
kilobaar 123
kilobis 263
kilogram
123 Meet
124 Weeg
kilogreep 263
kilojoule 260
kiloliter 123
kilometer 123
kilo-ohm 123
kilopascal 123
kilowatt 123
kilowatt-uur 123
kilte 466
kim
269 Heelal
499 Sien
kimberliet 298
kimdiepte
269 Heelal
499 Sien
kimduiking
269 Heelal
499 Sien
kimono 745
kin 386
kina 415
kinabas 415
kinablaar 415
kinabossie
343 Genesende plant
415 Geneesmiddel
kind
53 Nuut en jonk
237 Voortbring
240 Genealogie
241 Familie
243 Kinders
374 Mens
821 Onskuldig
kinderagtig
53 Nuut en jonk
503 Onverstandigheid
524 Onlogies redeneer
722 Humor
kinderagtigheid
53 Nuut en jonk
503 Onverstandigheid
722 Humor
kinderarts 416
kinderboek 567
kinderbybel
567 Boek
842 Geloof
kinderdae 53
kindergarten 559
kindergeweld 667
kinderhospitaal 417

kinderhuis 780
kinderjare
52 Ouderdom
53 Nuut en jonk
kinderkamer 94
kinderkuns 749
kinderliefde 776
kinderlik
53 Nuut en jonk
814 Eerlik
821 Onskuldig
kinderlikheid
53 Nuut en jonk
814 Eerlik
821 Onskuldig
kinderloos 243
kindermishandeling
667 Stryd
803 Wette oortree
kindermolesteerder 779
kindermoord 252
kinderonderwys 559
kinderoppasser 559
kinderpraatjies 524
kinderrympie 751
kinders 243
kindersiekte 413
kindersorg
243 Kinders
414 Geneeskunde
559 Opvoeding en
  onderwys
651 Toesien
780 Hulpbetoon
kinderspeelgoed 741
kinderspel
739 Geselskapspele
741 Kinderspel
kinderspeletjie 741
kinderspeletjies 653
kinderspesialis 416
kinderstem
482 Menslike geluid
548 Praat
kinderstorie
552 Vertel
750 Letterkunde
kindertaal 569
kindertehuis 780
kindertuin 559
kindertyd 53
kindervriend 776
kinderwelsyn 780
kinderwêreld 374
kinderwet 801
kinds 54
kindsheid
54 Oud
511 Vergeet
kineas
268 Fotografie en film
752 Toneel- en
  rolprentkuns

kinema 91
kinematiek 257
kinematies 257
kinematika 257
kinematograaf 268
kinematografie 752
kinesiologie 257
kinestese 378
kinestesie 378
kinetiek 257
kineties
145 Beweging
257 Meganika en
  tegnologie
kinetika 257
kinien
296 Nie-metaal
415 Geneesmiddel
kink
140 Verandering
163 Draai
199 Spring
kinkel 163
kinkeldans 742
kinkhoes 413
kinkhoring
363 Waterdier
446 Rond
kinnebak 386
kinta 243
kiosk 707
kipkar 233
kipper 422
kir 483
kirschwasser 427
kis
84 Houer
95 Huisraad
194 Vervoer
233 Voertuig
253 Begrafnis
661 Vermoeidheid
kisboude 661
kishou 728
kispak 745
kitaab 567
kitaar 756
kitaarmusiek 753
kitaarspel 755
kitaarspeler
755 Uitvoering
756 Musiekinstrument
kitara 756
kiton 363
kits
41 Kortstondig
418 Voeding
kitsbank 700
kitsch
748 Gebrek aan styl en
  smaak
749 Kuns

kitscherig 749
kitsdieet 406
kitsery 426
kitsete 418
kitshuwelik 248
kitsklaar 418
kitskoffie 427
kitskos
418 Voeding
426 Kossoort, dis
kitskosrestaurant 429
kitspoeding 426
kittel 154
kittelaar 403
kiwi
350 Vrugteverbouing
365 Voël
426 Kossoort, dis
kla
530 Voorbehou
548 Praat
719 Hartseer
721 Ontevredenheid
782 Ondankbaarheid
806 Wettig
827 Afkeur
klaagbrief
565 Skryfkuns
721 Ontevredenheid
827 Afkeur
klaaggedig 751
klaagkous 548
klaaglied 539
klaaglied
719 Hartseer
757 Sang
842 Geloof
klaaglik
719 Hartseer
721 Ontevredenheid
klaagsang
719 Hartseer
751 Digkuns
757 Sang
klaagsiek 721
klaagtoon 721
klaar
28 Einde
488 Deurskynend
629 Gebruik
640 Voorbereid
650 Voltooi
661 Vermoeidheid
klaarblyklik
162 Ontbloot
537 Waarheid
543 Duidelik
klaarblyklikheid
162 Ontbloot
537 Waarheid
543 Duidelik
klaargaar 419

klaploper

klaarheid
488 Deurskynend
543 Duidelik
klaarkom 650
klaarkry
28 Einde
640 Voorbereid
650 Voltooi
klaarlig 485
klaarmaak
28 Einde
293 Onweer
419 Voedselbereiding
640 Voorbereid
648 Onderbreek
650 Voltooi
661 Vermoeidheid
klaarpraat
28 Einde
650 Voltooi
klaarsiende
499 Sien
502 Verstand
klaarspeel 650
klaarstaan 640
Klaas Vakie 410
klaas 592
klaasneusmuis 366
klaasskaapwagter 365
klabek 548
klad
563 Skryf
564 Skryfbehoeftes
628 Vuil
820 Oneerbaar
829 Beledig
831 Minag
kladboek
565 Skryfkuns
567 Boek
kladder
563 Skryf
564 Skryfbehoeftes
770 Wantroue
kladderig 628
kladpapier
315 Papier
564 Skryfbehoeftes
kladskrif 565
kladwerk 652
kladwerkboek 560
klaend
412 Siek
717 Lyding
719 Hartseer
klaer
721 Ontevredenheid
806 Wettig
827 Afkeur
832 Beskuldig
klaerig
412 Siek
548 Praat

719 Hartseer
klaery
539 Kommunikeer
548 Praat
klag
721 Ontevredenheid
806 Wettig
809 Regsgeding
827 Afkeur
832 Beskuldig
klagat 548
klagbrief 721
klagskrif
721 Ontevredenheid
806 Wettig
809 Regsgeding
klagstaat
806 Wettig
809 Regsgeding
klagstuk
721 Ontevredenheid
806 Wettig
809 Regsgeding
klagte
530 Voorbehou
539 Kommunikeer
806 Wettig
827 Afkeur
832 Beskuldig
klagtekantoor 721
klakgeluid 476
klakkeloos
509 Onoplettendheid
526 Weerlê
klakous 721
klam
381 Huid
409 Afskeiding en uitskeiding
463 Nat
klamkoud
289 Klimaat
466 Koud
klamkoue 466
klammerig 463
klammigheid 463
klamp
94 Dele van 'n eiendom
101 Bouersgereedskap
172 Vasmaak
178 Toegaan
183 Gryp
316 Hout
klandestien
540 Nie kommunikeer nie
602 Verbied
klandisie
704 Koop
707 Handelsaak
klank
266 Akoestiek
475 Onwelriekend

476 Geluid
548 Praat
572 Uitspraak
klankapparaat 266
klankbaan 752
klankbeeld 264
klankbesoedeling 476
klankbodem
266 Akoestiek
756 Musiekinstrument
klankbord
266 Akoestiek
756 Musiekinstrument
klankbron 476
klankdemper 233
klankdig
266 Akoestiek
453 Dig
klankdigtheid
266 Akoestiek
453 Dig
klankdigting 266
klankekspressie
476 Geluid
573 Woordeskat
576 Sinsbou en styl
klankfilm
268 Fotografie en film
752 Toneel- en rolprentkuns
klankgetrou 266
klankgolf
266 Akoestiek
476 Geluid
klankgreep 572
klankgrens
222 Vlieg
266 Akoestiek
klankie 475
klankinstallasie 266
klankkas 756
klankkleur
572 Uitspraak
753 Musiek
klankkwaliteit 266
klankleer
570 Taalwetenskap
572 Uitspraak
klankloos 477
klankmaat 751
klanknabootsend 576
klanknabootsing
476 Geluid
573 Woordeskat
575 Woordvorming
klankoperateur
264 Radio en televisie
266 Akoestiek
752 Toneel- en rolprentkuns
klankprent 752
klankryk 478
klankrykheid 478

klanksegment 572
klanksimboliek
476 Geluid
klanksimboliek
476 Geluid
573 Woordeskat
klanksisteem 572
klankskilderend 576
klankskildering
476 Geluid
573 Woordeskat
576 Sinsbou en styl
754 Komposisie
klankstelsel 266
klanksterkte
476 Geluid
753 Musiek
klankteken
546 Kunsmatige teken
565 Skryfkuns
klanktrilling 476
klankverskuiwing 572
klankverspreiding 266
klankverspringing 572
klankversterker 266
klankversterking 476
klankvol 478
klankweerkaatsing
266 Akoestiek
476 Geluid
klankwet 572
klankwisseling 572
klant
701 Handel en ekonomie
704 Koop
707 Handelsaak
klap
161 Bedek
178 Toegaan
182 Slaan
476 Geluid
481 Skerp klank
623 Sleg
667 Stryd
676 Vuurwapen
677 Skiet
685 Oorwin word
827 Afkeur
klapdeur 94
klapgeluid
476 Geluid
482 Menslike geluid
klapklank
482 Menslike geluid
572 Uitspraak
klapklappertjie
333 Rankplant
365 Voël
klaploop
604 Versoek
692 Spaar
klaploper 692

663

klapper
323 Vrug
419 Voedselbereiding
564 Skryfbehoeftes
567 Boek
572 Uitspraak
676 Vuurwapen
703 Boekhou
klapperbos 332
klapperdop 384
klapperkoekie 426
klappermelk
371 Suiwelbereiding
419 Voedselbereiding
426 Kossoort, dis
427 Drank
klapperneut 323
klapperneutolie 462
klappertand
378 Senuwee
466 Koud
klappertjie
333 Rankplant
365 Voël
klappievisier 676
klaprib 421
klaproos 334
klapsoen 776
klapstoel 95
klapvoet 413
klapwiek
222 Vlieg
365 Voël
klaret 427
klarigheid
543 Duidelik
640 Voorbereid
klarinet 756
klarinettis
755 Uitvoering
756 Musiekinstrument
klaring
191 Laat kom
192 Laat gaan
543 Duidelik
712 Belasting
klaroen 756
klas
3 Bestaanswyse
19 Orde
30 Hiërargie
31 Soort
33 Samehorigheid
168 Saamkom
170 Saambring
317 Fisiologie
318 Plant
357 Dier
558 Redevoering
560 Voorskoolse en naskoolse onderrig
561 Studeer
574 Woordkategorie

588 Gesag hê
787 Samelewing
794 Sosiale struktuur
796 Stand
klas(se)bewustheid 796
klas(se)verskil 796
klasbankery 560
klasbewus 787
klasboek 560
klasgee 559
klaskamer 560
klasleier
560 Voorskoolse en naskoolse onderrig
588 Gesag hê
klasnotas
553 Behandel
560 Voorskoolse en naskoolse onderrig
klasonderwyser 560
klaspunt 561
klasseer
19 Orde
30 Hiërargie
31 Soort
33 Samehorigheid
klasseerder 31
klassehaat
777 Haat en onvriendelikheid
796 Stand
klassering
19 Orde
31 Soort
33 Samehorigheid
klassestryd
667 Stryd
796 Stand
klassevooroordeel
667 Stryd
796 Stand
klassiek
622 Goed
743 Mooi
750 Letterkunde
klassieke
749 Kuns
750 Letterkunde
klassifikasie
19 Orde
31 Soort
33 Samehorigheid
168 Saamkom
170 Saambring
klassifikasiestelsel 31
klassifiseer
3 Bestaanswyse
19 Orde
30 Hiërargie
31 Soort
33 Samehorigheid
35 Reëlmaat
168 Saamkom

170 Saambring
317 Fisiologie
574 Woordkategorie
klassifiseerder 31
klassifisering 31
klassikaal 852
klassis 852
klassisis 749
klassisisme 749
klassisme 749
klaswerkboek
560 Voorskoolse en naskoolse onderrig
565 Skryfkuns
567 Boek
klater 476
klatergoud 297
klavesimbel 756
klaviatuur 756
klaviatuurelektrofoon 756
klavichord 756
klavier 756
klavierbegeleiding 755
klavierkonsert 755
klaviermusiek 753
klavieronderdeel 756
klaviersolis
755 Uitvoering
756 Musiekinstrument
klavierspeler
755 Uitvoering
756 Musiekinstrument
klavieruitvoering 755
klavikula 380
klawer
338 Gras
740 Kaartspel
756 Musiekinstrument
klaweraas 740
klawerblad 149
klawerboer 740
klawerbord 756
klawerbrug 149
klawergras 338
klawerheer 740
klawerinstrument 756
klawerjas 740
klawervrou 740
kleding
161 Bedek
745 Versier
kledingstof 311
kledingstuk 745
kledy 745
klee(d)
95 Huisraad
161 Bedek
745 Versier
kleed
95 Huisraad
745 Versier
kleedkamer 94

kleedrepetisie 752
kleef
168 Saamkom
170 Saambring
172 Vasmaak
462 Halfvloeibare stof
kleefband 172
kleefgras 338
kleeflint
172 Vasmaak
315 Papier
564 Skryfbehoeftes
kleefmiddel
172 Vasmaak
564 Skryfbehoeftes
kleefmyn 676
kleefpapier 315
kleefplastiek 419
kleefstof
172 Vasmaak
564 Skryfbehoeftes
kleefverband 415
klei
99 Messel
298 Steen
303 Steengroef
304 Steenbakkery
305 Pottebakkery
741 Kinderspel
kleiduifskiet 677
kleierig 298
kleigat 275
kleigrond 298
keilat 741
kleim 61
kleimeule 304
kleimuur 94
Klein Beertjie 270
klein
53 Nuut en jonk
103 Min
130 Onbepaaldheid
243 Kinders
431 Afmeting
433 Klein
435 Smal
565 Skryfkuns
566 Drukkuns
621 Onbelangrik
kleinbedryf 658
kleinbeeldfotografie 268
kleinboer 347
kleinboet 244
kleinbordjie 84
kleinburgerlik
503 Onverstandigheid
768 Vrees
kleinburgerlikheid 503
kleinding 243
kleindogter 243
kleindorps 61
kleineer
621 Onbelangrik
786 Nederigheid

klerk

827 Afkeur
829 Beledig
831 Minag
kleiner-as-teken
  565 Skryfkuns
  571 Skrif
kleinering
  621 Onbelangrik
  786 Nederigheid
  829 Beledig
kleinfolio 566
kleingeestig
  503 Onverstandigheid
  771 Gramskap
  779 Boosaardigheid
kleingeestigheid
  503 Onverstandigheid
  771 Gramskap
  779 Boosaardigheid
kleingeld
  131 Geldeenheid
  688 Besit
  709 Betaalmiddel
kleingeloof 587
kleingelowig
  519 Twyfel
  587 Aarsel
  843 Ongeloof
kleingelowige 843
kleingelowigheid
  519 Twyfel
  587 Aarsel
  843 Ongeloof
kleingeweer 676
kleingeweervuur 677
kleingoed
  53 Nuut en jonk
  243 Kinders
kleinhandel
  658 Beroep
  701 Handel en ekonomie
kleinhandelaar 701
kleinhandel(s)prys
  122 Bereken
  691 Spandeer
  701 Handel en ekonomie
  704 Koop
  708 Betaal
kleinhandelsartikel 701
kleinhandelsbedryf 701
kleinhandelsektor 658
kleinhandelwins 686
kleinharsings
  378 Senuwee
  385 Skedel
kleinhartig 503
kleinheid 433
kleinhoewe
  61 Plek
  354 Plaas
kleinhuisie 94
kleinigheid
  103 Min

110 Niks
433 Klein
621 Onbelangrik
653 Maklik handel
kleinigheidjie 621
kleinjantjie 365
kleinkalibergeweer 676
kleinkas 688
kleinkasboek 703
kleinkasrekening 703
kleinkind 243
kleinkoekie 426
kleinkry
  184 Breek
  533 Verstaan
  684 Oorwin
kleinletter
  565 Skryfkuns
  566 Drukkuns
  571 Skrif
kleinlik
  503 Onverstandigheid
  779 Boosaardigheid
kleinlikheid 503
kleinmaak
  184 Breek
  709 Betaalmiddel
  831 Minag
kleinmaat 103
kleinmediaan 315
kleinmenslik
  503 Onverstandigheid
  768 Vrees
  779 Boosaardigheid
kleinmoedig
  503 Onverstandigheid
  768 Vrees
kleinneef 247
kleinniggie 247
kleinoktaaf 753
kleinood
  620 Belangrik
  745 Versier
kleinpens
  366 Soogdier
  395 Buik
  401 Spysverterings-
    kanaal
kleinsakesektor 658
Kleinsaterdag 37
kleinserig
  715 Negatiewe gevoel
  768 Vrees
  771 Gramskap
kleinserigheid
  714 Positiewe gevoel
  768 Vrees
  771 Gramskap
kleinseun 243
kleinsielig
  503 Onverstandigheid
  667 Stryd
  768 Vrees

771 Gramskap
779 Boosaardigheid
kleinsieligheid
  503 Onverstandigheid
  667 Stryd
  768 Vrees
  771 Gramskap
  779 Boosaardigheid
kleinsmid 302
kleinspan 243
kleinsteeds 503
kleinsus 245
kleinterts 753
kleintertstoonleer 753
kleintjie
  52 Ouderdom
  53 Nuut en jonk
  237 Voortbring
  243 Kinders
  357 Dier
  433 Klein
kleintongetjie 390
kleintoontjie 397
kleintyd 53
kleinvee
  357 Dier
  366 Soogdier
  369 Veeteelt
kleinvurkie 95
kleinwild
  357 Dier
  366 Soogdier
  373 Jag
kleinwildjagter 373
kleioond 95
kleios 741
kleisteen
  100 Boumateriaal
  304 Steenbakkery
kleitrap
  211 Opgaan
  304 Steenbakkery
  524 Onlogies redeneer
  536 Nie weet nie
  683 Misluk
  822 Skuldig
kleivloer 94
kleiwerk 305
klem
  172 Vasmaak
  183 Gryp
  302 Smeewerk
  316 Hout
  373 Jag
  453 Dig
  528 Bevestig
  558 Redevoering
  571 Skrif
  572 Uitspraak
klematis 333
klembeuel 183
klemblok 316

klemmend
  63 Begrensdheid
  768 Vrees
klemtaal 569
klemteken 571
klemtoekenning 572
klemtoon 572
klemverband 415
klep
  161 Bedek
  176 Uithaal
  178 Toegaan
  288 Waterstelsel
  323 Vrug
  630 Werktuig
klepel 756
klepper 756
klepreëling 257
kleptomaan
  412 Siek
  505 Verstandstoornis
  695 Steel
  803 Wette oortree
  815 Oneerlik
kleptomaniak
  412 Siek
  505 Verstandstoornis
  695 Steel
  815 Oneerlik
kleptomanie
  413 Verskillende siektes
  505 Verstandstoornis
  695 Steel
kleptomanies 815
klerasie
  161 Bedek
  745 Versier
klerasiewinkel 707
klere
  161 Bedek
  745 Versier
klerebedryf 701
klereborsel 627
kleredrag 745
klerekas 95
kleremaker 745
kleremakery 745
kleresak
  84 Houer
  187 Reis
klerestyl 745
klerewinkel 707
klerikaal
  840 Godsdiens
  852 Geestelike
klerikalisme 795
klerk
  589 Dien
  590 Bestuur en regeer
  592 Ondergeskikte
  658 Beroep
  705 Verkoop
  707 Handelsaak

klerkskap 560
klets
　482 Menslike geluid
　524 Onlogies redeneer
　548 Praat
　554 Aanspreek
kletsdiens 263
kletser 548
kletserig
　548 Praat
　554 Aanspreek
kletsery 548
kletsforum 263
kletskous
　524 Onlogies redeneer
　548 Praat
　554 Aanspreek
　829 Beledig
kletsnat 463
kletspraatjies
　524 Onlogies redeneer
　554 Aanspreek
　829 Beledig
kletsrym 757
kletsrymer 757
kletter 481
kleur
　267 Optika
　382 Haar
　386 Gesig
　490 Kleur
　492 Kleure
　538 Dwaling
　546 Kunsmatige teken
kleur(e)druk 566
kleur(e)spektrum 490
kleurblind
　413 Verskillende siektes
　499 Sien
kleurblindheid
　413 Verskillende siektes
　499 Sien
kleurdruk 566
kleurebeeld 267
kleureharmonie 490
kleurekontras 490
kleurfilm 268
kleurfoto 268
kleurfotografie 268
kleurgevoelig 490
kleurgrens 787
kleurig
　490 Kleur
　718 Blydskap
kleuring 538
kleurloos
　490 Kleur
　491 Kleurloosheid
kleurloosheid 491
kleurmenging 760
kleurmiddel 419
kleurpigment 490
kleurreproduksie 566

kleurrolprent 752
kleurryk 490
kleursel
　419 Voedselbereiding
　490 Kleur
kleursimboliek 490
kleurskakering 490
kleurskeidslyn 787
kleurskouspel 490
kleurspektrum 267
kleurstof
　419 Voedselbereiding
　490 Kleur
kleurtelevisie 264
kleurtint 490
kleurtoon 490
kleurvas 490
kleurversadiging 490
kleuter
　52 Ouderdom
　53 Nuut en jonk
　243 Kinders
kleuterjare
　52 Ouderdom
　53 Nuut en jonk
kleuteronderwys 559
kleuterskool
　243 Kinders
　559 Opvoeding en onderwys
klewerig
　172 Vasmaak
　462 Halfvloeibare stof
　628 Vuil
klewerigheid
　462 Halfvloeibare stof
　628 Vuil
klief
　184 Breek
　185 Sny
kliek
　33 Samehorigheid
　168 Saamkom
　263 Rekenaar en internet
kliekerig 168
kliekerigheid 33
kliekery 168
kliënt
　700 Bank
　701 Handel en ekonomie
　704 Koop
　808 Regswese
kliënteel 704
klier 402
klierafskeiding 409
kliergeswel 413
klierkanker 413
klierkoors 413
klierontsteking 413
kliersiekte 413
kliertering 413
klik
　162 Ontbloot

　263 Rekenaar en internet
　476 Geluid
　539 Kommunikeer
klikbek
　539 Kommunikeer
　817 Ontrouheid
klikker 539
klikkertoets 802
klikkery 539
klik-klak 476
klikklank 572
kliklyn 721
klikstorie 539
klim
　107 Meer
　145 Beweging
　211 Opgaan
klimaat
　289 Klimaat
　294 Weerkunde
　463 Nat
　713 Gevoel
klimaatgordel 289
klimaatsaktivis 255
klimaatsaktivisme 255
klimaatskommeling 289
klimaatstoestand 289
klimaatstreek 289
klimaatsverandering
　255 Natuur
　289 Klimaat
klimaatsverskuiwing
　255 Natuur
　289 Klimaat
klimaks
　28 Einde
　436 Hoog
　622 Goed
　750 Letterkunde
klimakteries
　377 Liggaam
　412 Siek
　620 Belangrik
klimakterium 377
klimatograaf 294
klimatografie 294
klimatologie
　289 Klimaat
　294 Weerkunde
klimatologies
　289 Klimaat
　294 Weerkunde
klimatoloog 294
klimatoterapie 294
klimhoek 211
klimkruid 318
klimming
　262 Elektrisiteit
　436 Hoog
klimop
　318 Plant
　333 Rankplant

klimraam 741
klimsport 211
klimtog 211
klimtol 741
klimtou 211
klingel
　476 Geluid
　478 Welluidend
　568 Media
　754 Komposisie
　757 Sang
kliniek
　91 Gebou
　414 Geneeskunde
　417 Hospitaal
　629 Spel en sport
klinies
　414 Geneeskunde
　417 Hospitaal
　595 Streng
klinikus 416
klink
　172 Vasmaak
　178 Toegaan
　302 Smeewerk
　476 Geluid
　508 Aandag
klinkdig 751
klinkdigter 751
klinkend
　129 Bepaaldheid
　476 Geluid
　498 Gehoor
　543 Duidelik
　714 Positiewe gevoel
klinker
　100 Boumateriaal
　304 Steenbakkery
　426 Kossoort, dis
　571 Skrif
　572 Uitspraak
klinkerrym 751
klinkersteen
　100 Boumateriaal
　304 Steenbakkery
klinkhamer
　182 Slaan
　302 Smeewerk
klinkklaar
　537 Waarheid
　543 Duidelik
klinknael
　172 Vasmaak
　302 Smeewerk
klinknaelbroek 745
klinometer 123
klip
　274 Geologie
　277 Berg
　298 Steen
　459 Vaste stof
klipbank
　274 Geologie

klub

298 Steen
klipbeitel 101
klipbok 366
klipchristen 818
klipdagga 494
klipdoring
  331 Boom
  332 Struik
klipduiker 366
kliphamer
  182 Slaan
  630 Werktuig
kliphard
  104 Baie
  455 Hard
  654 Moeilik handel
kliphuis 91
klipkleur 492
klip-klip 741
klipkop
  503 Onverstandigheid
  582 Wilskrag
klipkous
  363 Waterdier
  422 Seekos
kliplyster 365
klipmossel 363
klipmuis 366
kliponnosel 503
klipperig 280
klipplaat 274
klipriool 94
kliproos 332
kliprug 277
klipsalmander
  364 Reptiel
  503 Onverstandigheid
klipspringer 366
klipsteen
  277 Berg
  503 Onverstandigheid
  722 Humor
klipsteenhard 455
klipsuier 363
klipsweet 300
klipvis 363
klisis 572
klisma 415
klisteer 415
klisteerspuit 416
klistron 256
klitoris 403
klits
  174 Meng
  182 Slaan
  338 Gras
  344 Onkruid
  419 Voedselbereiding
  779 Boosaardigheid
  835 Bestraf
klitsband
  172 Vasmaak
  745 Versier

klitser
  95 Huisraad
  174 Meng
klitsgras
  338 Gras
  344 Onkruid
klitsklawer 344
kloaak
  286 Rivier
  288 Waterstelsel
  401 Spysverterings-
    kanaal
klodder
  112 Deel
  462 Halfvloeibare stof
kloek
  483 Voëlgeluid
  484 Diergeluid
  502 Verstand
  625 Sterk
  767 Moed
kloekmoedig
  625 Sterk
  767 Moed
kloeks
  239 Voortplant
  370 Voëlteelt
klok
  127 Tydbepaling
  128 Chronometer
  334 Blomplant
  476 Geluid
  756 Musiekinstrument
klok(ke)speler 755
klokbroek 745
klokhelder 478
klokkas 128
klokkenis
  755 Uitvoering
  756 Musiekinstrument
klokkespel 756
klokkie
  94 Dele van 'n eiendom
  334 Blomplant
  656 Gevaarlik
  756 Musiekinstrument
klokkiesgras 338
klokkiesheide 337
klokslag
  127 Tydbepaling
  128 Chronometer
klokspys 301
kloktoring 853
klomp
  104 Baie
  112 Deel
  170 Saambring
klompe 13
klompie 103
klompvoet 413
klonaal 239
kloning 239
klont
  112 Deel

184 Breek
272 Aarde
298 Steen
413 Verskillende siektes
459 Vaste stof
klonter
  272 Aarde
  298 Steen
  400 Bloed en limf
  459 Vaste stof
klonterig
  112 Deel
  459 Vaste stof
kloof
  68 Ver
  177 Oopgaan
  184 Breek
  185 Sny
  277 Berg
  278 Vallei
kloofskeur 278
kloofspaandak 94
kloon
  239 Voortplant
  403 Voortplantings-
    orgaan
  657 Herhaal
klooster
  91 Gebou
  853 Kerkgebou
kloosterkerk 853
kloosterling 852
kloosterorde 852
kloosterskool 559
kloot 403
klop
  97 Bou
  174 Meng
  181 Raak
  182 Slaan
  405 Bloedsomloop
  419 Voedselbereiding
  682 Slaag
  684 Oorwin
klopboor
  155 Deurboor
  630 Werktuig
klopdans 742
klopdisselboom 622
klophamer
  182 Slaan
  630 Werktuig
klopjag
  373 Jag
  516 Soek
  779 Boosaardigheid
  802 Wette gehoorsaam
klopkloppie 365
klopparty
  667 Stryd
  779 Boosaardigheid
klopper
  94 Dele van 'n eiendom

182 Slaan
klos
  82 Rondom
  163 Draai
  168 Saamkom
  233 Voertuig
  311 Weefstof
  312 Spin
  313 Weef
  490 Kleur
  630 Werktuig
kloset 94
klosgras 338
kloskant 311
klossie
  94 Dele van 'n eiendom
  334 Blomplant
klots
  287 Vloei
  476 Geluid
  480 Dowwe klank
klou
  154 Vryf
  183 Gryp
  361 Insek
  365 Voël
  383 Nael
  397 Ledemaat
  462 Halfvloeibare stof
kloudoringgeelbos-
lelie 342
klouerig
  154 Vryf
  172 Vasmaak
  183 Gryp
  462 Halfvloeibare stof
  628 Vuil
klouhamer
  182 Slaan
  183 Gryp
  316 Hout
  630 Werktuig
klous 576
klousiekte 413
kloustrofobie 768
kloustrofobies
  435 Smal
  768 Vrees
klousule
  530 Voorbehou
  607 Beloof
  801 Wet
klouter
  145 Beweging
  209 Oorgaan
  210 Onderdeur gaan
  211 Opgaan
  212 Afgaan
klouterdief 695
kloutjiesolie 415
klub
  91 Gebou
  168 Saamkom

170 Saambring
665 Byeenkom
724 Vermaak en ontspanning
klubdwelm 494
klubhuis 91
klug
36 Onreëlmatigheid
538 Dwaling
722 Humor
752 Toneel- en rolprentkuns
818 Bedrieg
klugspel
36 Onreëlmatigheid
722 Humor
752 Toneel- en rolprentkuns
818 Bedrieg
klugtig
36 Onreëlmatigheid
722 Humor
klugtigheid 722
kluif
406 Eet
654 Moeilik handel
kluis
94 Dele van 'n eiendom
655 Veilig
kluisenaar
789 Onbeskaafdheid
792 Asosiaal
kluisenaarskap 792
kluisenaarskrap 362
kluisenaarslewe 792
kluister
579 Gedwonge
594 Onvryheid
kluit
112 Deel
184 Breek
298 Steen
459 Vaste stof
kluiterig
112 Deel
424 Brood
459 Vaste stof
kluitjie
426 Kossoort, dis
459 Vaste stof
538 Dwaling
818 Bedrieg
kluitjievleis
421 Vleis
426 Kossoort, dis
kluitklaplys 773
klungel
621 Onbelangrik
792 Asosiaal
kluster 168
kluwe 312
knaag
154 Vryf

406 Eet
717 Lyding
knaagbuideldier 366
knaagdier
357 Dier
366 Soogdier
406 Eet
knaap
53 Nuut en jonk
243 Kinders
knabbel
154 Vryf
406 Eet
knaend
40 Langdurig
725 Verveling
knaery 406
knaging 717
knak
184 Breek
238 Vernietig
412 Siek
481 Skerp klank
623 Sleg
635 Skadelik
639 Ontmoedig
knaklas 94
knaks 792
knakslot 676
knal
476 Geluid
677 Skiet
knaldemper
233 Voertuig
630 Werktuig
676 Vuurwapen
knap
103 Min
433 Klein
435 Smal
502 Verstand
614 Bekwaam
622 Goed
811 Gewete
knaphandig 614
knaphandigheid 614
knapheid
433 Klein
614 Bekwaam
622 Goed
knapie
53 Nuut en jonk
243 Kinders
knapsak
84 Houer
187 Reis
knapsekêrel
338 Gras
344 Onkruid
knars
476 Geluid
481 Skerp klank

knarsetand
391 Tand
476 Geluid
719 Hartseer
knater 403
knee
174 Meng
305 Pottebakkery
425 Bakker
kneep 183
kneg
589 Dien
592 Ondergeskikte
645 Handel
knegs 592
knegskap
589 Dien
592 Ondergeskikte
knekelhuis 253
knel
183 Gryp
654 Moeilik handel
717 Lyding
knellend
435 Smal
654 Moeilik handel
717 Lyding
knelpunt
654 Moeilik handel
717 Lyding
knelter
369 Veeteelt
635 Skadelik
666 Verhinder
kners
476 Geluid
482 Menslike geluid
knetter
480 Dowwe klank
481 Skerp klank
kneukel 397
kneukelhandskoen 745
kneukelrig 397
kneus
181 Raak
182 Slaan
413 Verskillende siektes
kneusing 413
kneusplek
412 Siek
413 Verskillende siektes
knewel
172 Vasmaak
386 Gesig
432 Groot
knibbel
154 Vryf
406 Eet
532 Betwis
667 Stryd
692 Spaar
704 Koop

knibbelaar
532 Betwis
692 Spaar
knibbelary
532 Betwis
692 Spaar
knibbelrig
532 Betwis
692 Spaar
knibbelry
532 Betwis
692 Spaar
knie
174 Meng
305 Pottebakkery
397 Ledemaat
419 Voedselbereiding
425 Bakker
kniebroek 745
kniebuiging 830
kniediep
104 Baie
437 Laag
knieg 397
kniegewrig 397
kniehalter
172 Vasmaak
369 Veeteelt
588 Gesag hê
635 Skadelik
666 Verhinder
kniehoog 436
kniekop 397
kniel
146 Beweginglooshied
840 Godsdiens
847 Gebed
knielplank 736
knielskaats 736
knies
513 Denke
651 Toesien
715 Negatiewe gevoel
719 Hartseer
768 Vrees
knieserig
412 Siek
719 Hartseer
knieskerm
629 Spel en sport
728 Balsporte
knieskut 629
knieskyf
380 Gebeente
397 Ledemaat
knieval 830
knievervanging 414
knik
149 Pad
163 Draai
184 Breek
444 Krom
545 Natuurlike teken

knysnalelie

knikkebol 410
knikker
  432 Groot
  741 Kinderspel
knikkertjie 741
knikspoor
  149 Pad
  446 Rond
knip en plak 565
knip
  172 Vasmaak
  178 Toegaan
  181 Raak
  185 Sny
  499 Sien
  545 Natuurlike teken
  564 Skryfbehoeftes
  745 Versier
knipleêr 564
knipmes
  95 Huisraad
  185 Sny
  217 Motorry
  678 Ander wapéns
knipmesry 216
knipoog 499
knipper
  94 Dele van 'n eiendom
  185 Sny
  630 Werktuig
knippie
  103 Min
  178 Toegaan
knipsel
  5 Onselfstandigheid
  103 Min
  112 Deel
  185 Sny
  568 Media
knipseldiens 568
knipspeld 172
kniptang
  185 Sny
  630 Werktuig
knittelvers 751
knobbel
  316 Hout
  412 Siek
  413 Verskillende siektes
knoei
  121 Verwarring
  615 Onbekwaam
  623 Sleg
  652 Versuim
  815 Oneerlik
knoeibou 97
knoeibouer 97
knoeier
  615 Onbekwaam
  652 Versuim
  818 Bedrieg
knoeierig
  615 Onbekwaam
  626 Swak

  652 Versuim
knoeiery
  121 Verwarring
  623 Sleg
  652 Versuim
  818 Bedrieg
knoeispul
  121 Verwarring
  623 Sleg
  652 Versuim
knoeiwerk
  121 Verwarring
  652 Versuim
  818 Bedrieg
knoes
  316 Hout
  320 Stam
  382 Haar
  444 Krom
  746 Persoonlike
    versorging
knoet 365
knoets
  316 Hout
  320 Stam
  382 Haar
  444 Krom
  746 Persoonlike
    versorging
knoetserig 320
knoffel
  340 Krui
  351 Groenteverbouing
  415 Geneesmiddel
  419 Voedselbereiding
knoffelsout 419
knoflok
  340 Krui
  415 Geneesmiddel
  419 Voedselbereiding
knok
  380 Gebeente
  397 Ledemaat
knokk(er)ig 380
knokkel
  380 Gebeente
  397 Ledemaat
  413 Verskillende siektes
knokkeleelt 397
knokkelkoors 413
knol
  319 Wortel
  366 Soogdier
knolgeskrif 565
knolgewas 319
knolgroente 351
knolplant
  319 Wortel
  335 Bolplant
knolradys 351
knolseldery 351
knoop
  123 Meet

  170 Saambring
  172 Vasmaak
  178 Toegaan
  310 Vlegwerk
  654 Moeilik handel
knooppunt
  30 Hiërargie
  168 Saamkom
  172 Vasmaak
  439 Punt
knoopsgat 745
knoopsgatruiker 348
knooptrui 745
knoopwerk 310
knop
  183 Gryp
  277 Berg
  321 Blaar
  412 Siek
  446 Rond
knopdagga 494
knopiespinnekop 361
knopkierie 197
knopkop 384
knopneus 389
knopperig
  180 Ongelyk maak
  449 Ongelyk
knoppiesdoring-
  boom 331
knoppiespinnekop 361
knoppiesvelsiekte 413
knoppieswurm 324
knor
  484 Diergeluid
  771 Gramskap
  777 Haat en
    onvriendelikheid
  827 Afkeur
knorder 363
knorgeluid 480
knorhaan 363
knormoer 233
knorpot
  721 Ontevredenheid
  771 Gramskap
knorrig
  623 Sleg
  715 Negatiewe gevoel
  771 Gramskap
  777 Haat en
    onvriendelikheid
knorrigheid
  771 Gramskap
  777 Haat en
    onvriendelikheid
knortjor 233
knotwilg 331
knot
  63 Begrensdheid
  185 Sny
  666 Verhinder
knots 316

knou
  184 Breek
  238 Vernietig
  406 Eet
  413 Verskillende siektes
  623 Sleg
  635 Skadelik
  667 Stryd
  669 Aanval
  683 Misluk
  685 Oorwin word
  717 Lyding
  779 Boosaardigheid
knuis 397
knul
  432 Groot
  625 Sterk
  792 Asosiaal
knuppel 835
knuppeldik 406
knus
  465 Warm
  791 Sosiaal
knussies
  465 Warm
  622 Goed
  713 Gevoel
  718 Blydskap
  791 Sosiaal
knutsel
  610 Ywerig
  621 Onbelangrik
  645 Handel
  652 Versuim
  653 Maklik handel
knutselaar 645
knutsel(a)ry
  621 Onbelangrik
  652 Versuim
knutselwerk 652
knyp
  181 Raak
  183 Gryp
  654 Moeilik handel
  717 Lyding
knypbril
  387 Oog
  499 Sien
knyper
  183 Gryp
  362 Skaaldier
  397 Ledemaat
knypie
  103 Min
  183 Gryp
knypstert
  768 Vrees
  786 Nederigheid
knyptang
  101 Bouersgereedskap
  183 Gryp
  630 Werktuig
knysnalelie 342

knysnaloerie 365
ko(-)morbiditeit 412
koagulasie 459
koaguleer
   419 Voedselbereiding
   459 Vaste stof
koaksiaal 257
koalabeer 366
koalisie
   663 Meedoen
   795 Staat en politiek
koalisieparty 795
koalisieregering 795
koalisionis 795
koartikulasie 572
kob 363
kobalt
   297 Metaal
   492 Kleure
kobaltblou 492
kobra 364
koda 572
koddig
   36 Onreëlmatigheid
   722 Humor
koddigheid 722
kode
   3 Bestaanswyse
   263 Rekenaar en
      internet
   546 Kunsmatige teken
   565 Skryfkuns
   567 Boek
   569 Taal
   644 Handelwyse
   801 Wet
kodeer
   125 Tel
   563 Skryf
   565 Skryfkuns
   801 Wet
kodeïne 415
kodeks 565
kodering 125
kodewisseling 569
kodifikasie 801
kodifiseer
   19 Orde
   801 Wet
kodifisering 19
kodisil 693
kodlingmot 361
koebaai
   190 Vertrek
   790 Sosiale betrekking
koedoe 366
koëdukasie 559
koeël
   675 Militêre toerusting
   676 Vuurwapens
koeëlgewig 380
koeëllaar 163
koeëlrond 446

koeëlvas 655
koeëlwond
   413 Verskillende siektes
   717 Lyding
koëffisiënt 137
koefia 745
koei
   357 Dier
   366 Soogdier
   376 Vrou
koei-en-kalf(ie) 741
koeihaai 363
koeimelk 371
koeistal
   354 Plaas
   369 Veeteelt
koejawel 350
koek
   168 Saamkom
   174 Meng
   426 Kossoort, dis
   459 Vaste stof
   820 Oneerbaar
koekbakker 425
koekbakkery 425
koekblik 84
koekbord 84
koekelekoe 476
koekeloer 499
koekemakranka
   337 Veldplant
   426 Kossoort, dis
koekepan 275
koekerasie 20
koekerig 459
koekery 168
koekmakranka
   337 Veldplant
   426 Kossoort, dis
koekmeel
   419 Voedselbereiding
   425 Bakker
koekmenger
   95 Huisraad
   174 Meng
koekoek
   365 Voël
   476 Geluid
koekoekby 361
koekoekhoender 365
koekoekie 365
koekoekklok 128
koekoes
   11 Disharmonie
   505 Verstandstoornis
koekpan
   84 Houer
   95 Huisraad
   419 Voedselbereiding
   425 Bakker
koekpoeding 426
koeksaad 419

koëksisteer
   1 Bestaan
   69 Naby
   668 Vrede en versoening
koëksistensie
   1 Bestaan
   69 Naby
   668 Vrede en versoening
koëksistensieel 1
koeksister 426
koeksoda
   256 Skeikunde
   300 Sout
   415 Geneesmiddel
   419 Voedselbereiding
   425 Bakker
koekstruif 426
koektrommel 84
koekvaatjie 84
koekvla 426
koekvurkie 95
koekwinkel 707
koel
   10 Harmonie
   289 Klimaat
   374 Mens
   466 Koud
   619 Kalm
   715 Negatiewe gevoel
   777 Haat en
      onvriendelikheid
koelbloedig
   715 Negatiewe gevoel
   767 Moed
   813 Swak gedrag
koelbloedigheid
   715 Negatiewe gevoel
   767 Moed
   813 Swak gedrag
koelboks 662
koeldrank
   407 Drink
   427 Drank
koeldrankbottel
   84 Houer
   428 Drankbereiding
koeldrankglas
   84 Houer
   95 Huisraad
koeldrankstalletjie 707
koelerig
   289 Klimaat
   466 Koud
koelheid
   619 Kalm
   777 Haat en
      onvriendelikheid
koeljazz 753
koelkamer
   466 Koud
   707 Handelsaak
koelkas
   95 Huisraad

   466 Koud
koelkop
   10 Harmonie
   714 Positiewe gevoel
koelmiddel 233
koeloond 309
koelpatats 494
koelsak
   466 Koud
   662 Rus
koelstoor 707
koelte
   466 Koud
   486 Duisternis
koelweg 619
koemkwat 350
koen 767
koenheid 767
koenoet 847
koënsiem
   401 Spysverterings=
      kanaal
   408 Spysvertering
koenskop 382
koepee
   233 Voertuig
   234 Spoorweë
koepel
   94 Dele van 'n eiendom
   446 Rond
koepeldak 94
koepelvenster 94
koepelvorm 438
koepelvormig 446
koeplet 757
koepon 525
koer
   483 Voëlgeluid
   757 Sang
koerant
   539 Kommunikeer
   562 Lees
   566 Drukkuns
   568 Media
koerantartikel
   539 Kommunikeer
   551 Meedeel
   565 Skryfkuns
   568 Media
koerantberig
   539 Kommunikeer
   551 Meedeel
   568 Media
koerantdrukkery 566
koerantjoernalis
   565 Skryfkuns
   568 Media
koerantjoernalis=
   tiek 568
koerantkorrespon=
   dent 565
koerantleser 568
koerantman
   539 Kommunikeer

kol

568 Media
koerantmedia 568
koerantnuus
  539 Kommunikeer
  568 Media
koerantpapier 315
koerantpers 568
koerantredakteur
  566 Drukkuns
  568 Media
koerantskrywer
  565 Skryfkuns
  568 Media
  750 Letterkunde
koerantstyl 576
koeranttaal 576
koerantuitgewer
  566 Drukkuns
  568 Media
koerantuitleg 568
koerantwese 568
koerasie
  518 Glo
  625 Sterk
  767 Moed
koerier
  187 Reis
  196 Versend
  551 Meedeel
koer-koer 476
koers
  131 Geldeenheid
  147 Rigting
  223 Stuur
  644 Handelwyse
  702 Beurs
koersbepaling 702
koersdaling 702
koersgerig 147
koershou 147
koerskry 167
koersloos
  147 Rigting
  148 Van koers gaan
  587 Aarsel
  637 Doelgerigtheid en doelloosheid
koersnotering 70
koersskommeling 702
koersstyging 702
koersvas
  147 Rigting
  582 Wilskrag
  586 Beslis
  637 Doelgerigtheid en doelloosheid
  819 Eerbaar
koersvastheid
  147 Rigting
  582 Wilskrag
  637 Doelgerigtheid en doelloosheid

819 Eerbaar
koersvat 167
koersverandering
  147 Rigting
  148 Van koers gaan
  163 Draai
  586 Beslis
  702 Beurs
koerswaarde 709
koes
  189 Wegbly
  197 Te voet gaan
  670 Verdedig
koesiester 426
koesister 426
koeskoes 426
koesnaatjie 336
koester
  365 Voël
  651 Toesien
  776 Liefde en vriendskap
koestering
  651 Toesien
  776 Liefde en vriendskap
koeterwaals
  538 Dwaling
  548 Praat
  569 Taal
koets
  197 Te voet gaan
  230 Rytuig
  670 Verdedig
koetsier 230
Koetsier 270
koevert
  564 Skryfbehoeftes
  565 Skryfkuns
koevoet
  101 Bouersgereedskap
  211 Opgaan
  630 Werktuig
koewassa 854
koewerdoer 161
koewertuur 161
koffer
  84 Houer
  187 Reis
kofferdam 288
kofferplafon 94
koffie 327
koffiebeker 84
koffiedrinker 407
koffiehuis
  406 Eet
  429 Eetplek, kroeg
  707 Handelsaak
koffieëen 427
koffiekan
  84 Houer
  427 Drank
koffiekleur 492

koffiekonfoor 84
koffiekoppie
  84 Houer
  95 Huisraad
koffiekroeg
  406 Eet
  429 Eetplek, kroeg
  707 Handelsaak
koffiemasjien 95
koffiemeul
  95 Huisraad
  186 Maal
koffiemoer 427
koffieperkoleerder
  153 Deur
  427 Drank
koffiepoeier 427
koffiepot
  84 Houer
  95 Huisraad
koffiewinkel 707
kofia 745
kofskip 235
koggel
  722 Humor
  831 Minag
koggel(a)ry
  722 Humor
  831 Minag
koggelaar
  722 Humor
  831 Minag
koggellag 722
koggelmander 364
koggelooi
  366 Soogdier
  369 Veeteelt
koggelram
  366 Soogdier
  369 Veeteelt
koggelstok 230
koglea 388
kognaat 241
kognisie
  502 Verstand
  513 Denke
kognitief
  502 Verstand
  513 Denke
  577 Betekenis
kohabitasie 248
kohabiteer
  89 Blyplek
  174 Meng
  248 Huwelik
koherensie
  6 Betrekking
  170 Saambring
  577 Betekenis
koherent
  6 Betrekking
  453 Dig
  523 Logies redeneer

  663 Meedoen
kohesie
  6 Betrekking
  33 Samehorigheid
  170 Saambring
  453 Dig
  576 Sinsbou en styl
  577 Betekenis
  663 Meedoen
kohesief
  6 Betrekking
  170 Saambring
  663 Meedoen
kohlrabi 335
kohort 672
koïnsidensie 48
koïtus 239
kok 419
kokaïen 494
kokarde 546
kokeleko
  323 Vrug
  350 Vrugteverbouing
kokend 465
koker
  84 Houer
  678 Ander wapens
kokerboom 331
koket
  239 Voortplant
  376 Vrou
  813 Swak gedrag
  820 Oneerbaar
koketteer 813
koketterig 376
kokhals 409
koki 564
kokkedoor
  591 Gesaghebber
  599 Gesag uitoefen
  658 Beroep
kokkerot 361
kokketiel 365
kokkewiet
  361 Insek
  365 Voël
kokkewietgras 338
kokkus
  326 Oerplant
  413 Verskillende siektes
kokon
  161 Bedek
  361 Insek
kokosmelk 426
kokosneut
  323 Vrug
  350 Vrugteverbouing
  426 Kossoort, dis
kokosolie 462
koksiks 380
kol
  64 Aanwesigheid
  381 Huid

671

545 Natuurlike teken
565 Skryfkuns
628 Vuil
731 Gevegsport
kol(le)wyntjie 426
kola
331 Boom
427 Drank
kolaboom 331
kolebrander 469
kole-emmer 469
kolel
412 Siek
661 Vermoeidheid
743 Mooi
kolemandjie 469
kolera 413
koleries
413 Verskillende siektes
618 Heftig
779 Boosaardigheid
kolesterol
405 Bloedsomloop
413 Verskillende siektes
kolf
183 Gryp
322 Blom
629 Spel en sport
676 Vuurwapen
728 Balsporte
kolfbeurt 728
kolfblad 728
kolfkampie 728
kolfwerk 728
kolgans 365
kolhaas 366
koliek 413
kolitis 413
koljander
340 Krui
419 Voedselbereiding
kolk
163 Draai
186 Maal
286 Rivier
287 Vloei
437 Laag
kolking
163 Draai
186 Maal
kolkol 332
kollaborateur
663 Meedoen
667 Stryd
817 Ontrouheid
kollaborator
663 Meedoen
667 Stryd
kollageen
377 Liggaam
379 Spier
380 Gebeente
kollaps 413

kollasie
565 Skryfkuns
566 Drukkuns
kollasioneer
132 Wiskunde
565 Skryfkuns
566 Drukkuns
kollateraal 87
kollega
645 Handel
663 Meedoen
790 Sosiale betrekking
kollege
559 Opvoeding en onderwys
560 Voorskoolse en naskoolse onderrig
665 Byeenkom
kollegeopleiding 559
kollegestudent 560
kollegiaal
663 Meedoen
776 Liefde en vriendskap
kollegialiteit
663 Meedoen
776 Liefde en vriendskap
kolleksie
21 Opeenvolging
102 Hoeveelheid
170 Saambring
kollektant 170
kollekte
780 Hulpbetoon
848 Kerklike bediening
kollekteer 170
kollekteeroproep 265
kollekteertelegram 265
kollektelys 780
kollektief
26 Begeleiding
168 Saamkom
170 Saambring
kollektivis 795
kollektivisme 795
kollektivisties 795
kollektiwiteit
26 Begeleiding
168 Saamkom
kollektor 262
kollenchiem 377
kolliehond 366
kollig
95 Huisraad
487 Ligbron
752 Toneel- en rolprentkuns
kollimasie 267
kollimator 267
kollimeer 267
kolloïdaal 256
kolloïde 256

kollokasie
573 Woordeskat
577 Betekenis
kollokwium 168
kollusie
540 Nie kommunikeer nie
663 Meedoen
kolofon
566 Drukkuns
567 Boek
kolokwint 323
kolom
94 Dele van 'n eiendom
566 Drukkuns
568 Media
kolon
401 Spysverteringskanaal
402 Afskeidings- en uitskeidingsorgane
571 Skrif
kolonel
591 Gesaghebber
673 Manskap
802 Wette gehoorsaam
koloniaal 788
kolonialis
788 Beskawing
795 Staat en politiek
kolonialisasie
788 Beskawing
795 Staat en politiek
kolonialisering
788 Beskawing
795 Staat en politiek
kolonialisme
590 Bestuur en regeer
787 Samelewing
795 Staat en politiek
kolonialisties 795
kolonie
590 Bestuur en regeer
788 Beskawing
kolonis 788
kolonisasie 795
koloniseer 795
kolonisering 795
kolonnade 94
kolonne
168 Saamkom
672 Weermag
kolonoskopie 414
koloratuur
754 Komposisie
757 Sang
koloratuursangeres 757
koloriet 490
koloris 760
kolos 432
kolossaal
92 Deftige, belangrike of groot gebou

104 Baie
432 Groot
kolossus 432
kolostomie 414
kolostrum
371 Suiwelbereiding
409 Afskeiding en uitskeiding
kolportasie
567 Boek
705 Verkoop
kolporteer
567 Boek
705 Verkoop
kolporteur
567 Boek
705 Verkoop
kolpunt 565
kolskoot
677 Skiet
731 Gevegsport
kolstert 363
kolwer 728
kom
44 Gebeure in tyd
51 Toekoms
69 Naby
84 Houer
145 Beweging
166 Nader beweeg
188 Aankom
239 Voortplant
274 Geologie
278 Vallei
285 Watermassa
437 Laag
446 Rond
koma
412 Siek
413 Verskillende siektes
komaan
225 Vinnig
638 Aanmoedig
kombers
95 Huisraad
96 Slaapplek
161 Bedek
410 Slaap
kombinasie
138 Algebra
170 Saambring
174 Meng
663 Meedoen
kombinasieleer 138
kombinasieslot
94 Dele van 'n eiendom
178 Toegaan
kombineer
170 Saambring
172 Vasmaak
174 Meng
663 Meedoen

kompanjie

kombo
170 Saambring
174 Meng
755 Uitvoering
kombuis
94 Dele van 'n eiendom
234 Spoorweë
236 Lugvaart
419 Voedselbereiding
kombuisafval 628
kombuisstel 95
kombuistaal 569
kombuistee
418 Voeding
793 Fees
kombuistoerusting 419
kombuiswerk 419
komediant
722 Humor
724 Vermaak en ontspanning
752 Toneel- en rolprentkuns
komedie
722 Humor
752 Toneel- en rolprentkuns
komediespeler 752
komeet 270
komende
25 Dit wat volg
47 Later
komieklik
36 Onreëlmatigheid
722 Humor
752 Toneel- en rolprentkuns
komieklikheid
36 Onreëlmatigheid
722 Humor
komies
36 Onreëlmatigheid
722 Humor
752 Toneel- en rolprentkuns
komitee
590 Bestuur en regeer
663 Meedoen
665 Byeenkom
komiteebesluit
586 Beslis
590 Bestuur en regeer
komiteekamer
590 Bestuur en regeer
665 Byeenkom
komiteelid
590 Bestuur en regeer
665 Byeenkom
komiteevergadering
590 Bestuur en regeer
665 Byeenkom
komkommer
351 Groenteverbouing

426 Kossoort, dis
komkommer-
boerdery 351
komkommerkoel 619
komkommertyd 568
komma
565 Skryfkuns
571 Skrif
kommandant
591 Gesaghebber
673 Manskap
802 Wette gehoorsaam
kommandeer
191 Laat kom
588 Gesag hê
591 Gesaghebber
599 Gesag uitoefen
604 Versoek
680 Militêre aksie
kommandement
591 Gesaghebber
672 Weermag
kommandeur
221 Vaar
235 Skeepvaart
kommando
672 Weermag
673 Manskap
680 Militêre aksie
kommandobrug 235
kommandoor 235
kommandotroepe 672
kommandowurm
324 Plantlewe
361 Insek
kommapunt
439 Punt
565 Skryfkuns
571 Skrif
kommendasie 826
kommentaar
528 Bevestig
532 Betwis
543 Duidelik
553 Behandel
567 Boek
568 Media
kommentarieer
528 Bevestig
532 Betwis
543 Duidelik
553 Behandel
kommentator
264 Radio en televisie
528 Bevestig
532 Betwis
543 Duidelik
553 Behandel
727 Kompetisie
kommer
612 Noukeurig
651 Toesien
717 Lyding

719 Hartseer
768 Vrees
kommerlik 719
kommerloos
651 Toesien
714 Positiewe gevoel
718 Blydskap
kommernis
651 Toesien
717 Lyding
719 Hartseer
kommersialiseer 701
kommersialisme 701
kommersieel 701
kommervol
651 Toesien
719 Hartseer
kommervry 718
kommerwekkend 656
kommetjie
84 Houer
446 Rond
kommetjiesgatmuis-
hond 366
kommie 787
kommin 748
kommissariaat
672 Weermag
673 Manskap
kommissaris
588 Gesag hê
591 Gesaghebber
802 Wette gehoorsaam
kommissie
588 Gesag hê
590 Bestuur en regeer
665 Byeenkom
705 Verkoop
708 Betaal
kommissiehandel 701
kommissiekoste
705 Verkoop
708 Betaal
kommitteer 588
kommode 95
kommoditeit
237 Voortbring
688 Besit
701 Handel en ekonomie
707 Handelsaak
kommodoor
221 Vaar
235 Skeepvaart
591 Gesaghebber
kommunaal 26
kommunalisme 590
kommune
64 Aanwesigheid
787 Samelewing
kommunie 850
kommunikasie
539 Kommunikeer
548 Praat

551 Meedeel
790 Sosiale betrekking
kommunikasie-
kanaal 539
kommunikasie-
kunde 515
kommunikasie-
medium 539
kommunikasiemiddel
539 Kommunikeer
551 Meedeel
kommunikasiesis-
teem 539
kommunikasie-
vaardigheid 539
kommunikasiewese 539
kommunikasie-
wetenskap 515
kommunikatief
539 Kommunikeer
551 Meedeel
kommunikator 539
kommunikeer
539 Kommunikeer
551 Meedeel
790 Sosiale betrekking
kommunis
787 Samelewing
795 Staat en politiek
kommuniseer
551 Meedeel
790 Sosiale betrekking
kommunisme
701 Handel en ekonomie
787 Samelewing
795 Staat en politiek
kommunisties
590 Bestuur en regeer
701 Handel en ekonomie
795 Staat en politiek
kommutasie
21 Opeenvolging
262 Elektrisiteit
kommutatief 21
kommutator 262
kommuteer
21 Opeenvolging
187 Reis
262 Elektrisiteit
kompak 453
kompak(te)skyf 756
kompak(te)
skyfspeler 756
kompakteer 453
kompaktheid 453
kompanie
168 Saamkom
672 Weermag
673 Manskap
kompanjie
30 Hiërargie
168 Saamkom
665 Byeenkom

kompanjon 665
komparant 808
komparatief
　118 Vergelyking
　574 Woordkategorie
kompartement 234
kompartementaliseer
　19 Orde
　112 Deel
kompartementalisering 112
kompartementeer
　19 Orde
　112 Deel
kompas
　88 Posisie
　147 Rigting
　261 Magnetisme
kompaslesing 88
kompasnaald 261
kompasnoorde 88
kompasrigting 147
kompassie 778
kompatibiliteit 168
kompendium
　111 Geheel
　567 Boek
kompensasie
　686 Aanwins
　708 Betaal
kompenseer
　708 Betaal
　834 Beloon
komper 263
komperbewerking 263
komperkunde 263
kompeteer 667
kompetensie
　535 Weet
　614 Bekwaam
　806 Wettig
kompetent 614
kompeterend
　667 Stryd
　727 Kompetisie
kompetisie
　667 Stryd
　727 Kompetisie
kompetisievlieg 733
kompilasie 263
kompilator 565
kompileer
　125 Tel
　567 Boek
kompileerder 565
kompleet
　109 Alles
　111 Geheel
　129 Bepaaldheid
　612 Noukeurig
kompleks
　89 Blyplek
　91 Gebou
　92 Deftige, belangrike of groot gebou
　114 Saamgesteld
　544 Onduidelik
　573 Woordeskat
　575 Woordvorming
　654 Moeilik handel
　707 Handelsaak
　715 Negatiewe gevoel
kompleksiteit
　114 Saamgesteld
　544 Onduidelik
　654 Moeilik handel
komplement
　112 Deel
　139 Meetkunde
　576 Sinsbou en styl
komplementariteit 577
komplementeer 663
komplementêr
　112 Deel
　573 Woordeskat
komplikasie
　140 Verandering
　412 Siek
　654 Moeilik handel
kompliment
　826 Goedkeur
　828 Vlei
komplimenteer
　778 Goedaardigheid
　826 Goedkeur
　828 Vlei
komplimentêr 710
komplimenterend 826
kompliseer
　544 Onduidelik
　654 Moeilik handel
komplisiteit
　663 Meedoen
　822 Skuldig
komplot
　623 Sleg
　663 Meedoen
　813 Swak gedrag
komplotteur 663
komponeer
　237 Voortbring
　754 Komposisie
komponent
　5 Onselfstandigheid
　112 Deel
komponis
　237 Voortbring
　749 Kuns
　754 Komposisie
kompos 345
komposhoop 345
komposisie
　170 Saambring
　301 Metaalverwerking
　749 Kuns
　754 Komposisie
　758 Beeldende kuns
komposisiebeeldhoukuns 763
komposisioneel 170
kompositories 170
kompositum
　573 Woordeskat
　575 Woordvorming
komposteer 345
kompostering 345
kompres 415
kompressie
　258 Hidroulika
　453 Dig
kompressor
　233 Voertuig
　258 Hidroulika
kompromie
　531 Saamstem
　605 Aanvaar
　668 Vrede en versoening
kompromieloos 582
kompromis
　531 Saamstem
　605 Aanvaar
　668 Vrede en versoening
kompromisloos 582
kompromittant
　579 Gedwonge
　770 Wantroue
kompromitteer
　579 Gedwonge
　770 Wantroue
　831 Minag
kompromitterend
　579 Gedwonge
　770 Wantroue
kompulsie 773
kompulsief 773
koms
　188 Aankom
　204 Aangaan by
komsie-komsa 624
kom-sie-kom-sa 624
kom-sie-kom-so 624
komvandaan 240
komvenster 94
komvormig 446
komyn 419
konchologie 358
kondee 746
kondemnasie 827
kondemneer 827
kondensaat 461
kondensasie
　260 Warmteleer
　292 Water
　453 Dig
kondensasiepunt 453
kondensator
　262 Elektrisiteit
　630 Werktuig
kondenseer
　260 Warmteleer
　292 Water
　453 Dig
　459 Vaste stof
kondensmelk 426
kondisie
　3 Bestaanswyse
　17 Noodsaak
　411 Gesond
　530 Voorbehou
kondisioneel
　17 Noodsaak
　530 Voorbehou
kondisioneer
　530 Voorbehou
　644 Handelwyse
　657 Herhaal
kondisionering
　530 Voorbehou
　644 Handelwyse
　657 Herhaal
kondoleansie 253
kondoleer 253
kondominium 688
kondoneer
　596 Inskiklik
　601 Toestemming gee
　710 Kosteloosheid
　783 Vergifnis
　833 Verontskuldig
kondonering
　596 Inskiklik
　601 Toestemming gee
　833 Verontskuldig
kondoom 239
konduksie
　260 Warmteleer
　262 Elektrisiteit
kondukteur
　220 Treinry
　234 Spoorweë
konduktor 262
konfederaal
　590 Bestuur en regeer
　795 Staat en politiek
konfederalisme
　787 Samelewing
　795 Staat en politiek
konfederalisties
　590 Bestuur en regeer
　795 Staat en politiek
konfederasie 795
konfedereer 795
konfereer
　539 Kommunikeer
　557 Diskussie
　558 Redevoering
　590 Bestuur en regeer
　665 Byeenkom
konferensie
　168 Saamkom
　539 Kommunikeer
　557 Diskussie
　590 Bestuur en regeer

konkelaar

665 Byeenkom
konferensieganger 665
konferensiesentrum 168
konfessie
  528 Bevestig
  842 Geloof
  850 Sakrament
konfessioneel
  842 Geloof
  850 Sakrament
konfettibos 332
konfidensialiteit
  540 Nie kommunikeer nie
  769 Vertroue
  816 Getrouheid
konfidensieel
  540 Nie kommunikeer nie
  769 Vertroue
  816 Getrouheid
konfigurasie
  270 Hemelliggaam
  438 Vorm
konfigureer 438
konfirmasie
  528 Bevestig
  850 Sakrament
konfirmeer
  525 Bewys
  528 Bevestig
  842 Geloof
  850 Sakrament
konfiskasie
  171 Verwyder
  687 Verlies
  694 Neem
konfiskeer
  171 Verwyder
  687 Verlies
  694 Neem
konfiskering 687
konfituur 426
konflagrasie
  465 Warm
  667 Stryd
konflik
  667 Stryd
  777 Haat en onvriendelikheid
konflikbeslegting 668
konflikpotensiaal 667
konflikresolusie 668
konfliksituasie 667
konflikterend
  667 Stryd
  777 Haat en onvriendelikheid
konfluensie 286
konfoes
  20 Wanorde
  623 Sleg
  652 Versuim

konfoor
  84 Houer
  469 Verwarmingstoestel
konform
  8 Dieselfde
  10 Harmonie
  12 Eenvormigheid
  663 Meedoen
konformasie
  8 Dieselfde
  10 Harmonie
  12 Eenvormigheid
  33 Samehorigheid
konformeer
  8 Dieselfde
  10 Harmonie
  12 Eenvormigheid
  141 Behoud
  531 Saamstem
  597 Gehoorsaam
  663 Meedoen
konformering 12
konformis
  10 Harmonie
  12 Eenvormigheid
  663 Meedoen
konformisme
  8 Dieselfde
  33 Samehorigheid
  141 Behoud
konformisties
  8 Dieselfde
  10 Harmonie
  12 Eenvormigheid
  33 Samehorigheid
  141 Behoud
  663 Meedoen
konformiteit
  8 Dieselfde
  10 Harmonie
  12 Eenvormigheid
  33 Samehorigheid
  141 Behoud
konfrontasie
  118 Vergelyking
  667 Stryd
  827 Afkeur
konfronteer
  118 Vergelyking
  667 Stryd
  827 Afkeur
Konfusianisme 854
konfusie 20
konfuus 768
konfyt 426
konga 388
kongenitaal 240
kongestie
  165 Onreëlmatige beweging
  168 Saamkom
  400 Bloed en limf
  413 Verskillende siektes

konglomeraat
  168 Saamkom
  174 Meng
konglomerasie 168
kongregasie
  168 Saamkom
  665 Byeenkom
kongregeer
  168 Saamkom
  590 Bestuur en regeer
  665 Byeenkom
kongres
  168 Saamkom
  539 Kommunikeer
  553 Behandel
  557 Diskussie
  590 Bestuur en regeer
  665 Byeenkom
kongresganger 665
kongrueer
  8 Dieselfde
  10 Harmonie
  139 Meetkunde
kongruensie
  8 Dieselfde
  10 Harmonie
  139 Meetkunde
  577 Betekenis
kongruent
  8 Dieselfde
  10 Harmonie
  139 Meetkunde
konifeer 330
koning
  588 Gesag hê
  591 Gesaghebber
  622 Goed
  739 Geselskapspele
  740 Kaartspel
  795 Staat en politiek
  797 Hoër stand
koningin
  588 Gesag hê
  591 Gesaghebber
  739 Geselskapspele
  740 Kaartspel
  743 Mooi
  793 Fees
  797 Hoër stand
konginby 361
konginmoeder
  242 Ouers
  591 Gesaghebber
koninginprotea 334
koningkeiser 591
koningklip
  363 Waterdier
  422 Seekos
koningkriek 361
koningriethaan 365
koningsblou 492
koningsgesinde 592
koningsgesindheid 588

koningshuis
  591 Gesaghebber
  795 Staat en politiek
koningskap
  588 Gesag hê
  795 Staat en politiek
koningskruid 419
koningsmoord 252
koningsprotea
  334 Blomplant
  337 Veldplant
koningvis 363
koninklik
  588 Gesag hê
  591 Gesaghebber
  622 Goed
  743 Mooi
  797 Hoër stand
koninklike 591
koninkryk
  61 Plek
  590 Bestuur en regeer
  797 Hoër stand
koniologie 255
konjak 427
konjekturaal 518
konjektuur
  518 Glo
  565 Skryfkuns
konjugasie
  574 Woordkategorie
  575 Woordvorming
konjunk 6
konjunksie
  170 Saambring
  172 Vasmaak
  574 Woordkategorie
  576 Sinsbou en styl
konjunktief
  170 Saambring
  172 Vasmaak
  574 Woordkategorie
konjunktiva 387
konjunktivitis 413
konjunktuur
  3 Bestaanswyse
  701 Handel en ekonomie
konka
  84 Houer
  465 Warm
  469 Verwarmingstoestel
konkaaf
  267 Optika
  446 Rond
konkawiteit 446
konkel
  779 Boosaardigheid
  815 Oneerlik
konkel(a)ry
  623 Sleg
  779 Boosaardigheid
  818 Bedrieg
konkelaar
  779 Boosaardigheid

675

815 Oneerlik
konkelend 815
konkelooi
366 Soogdier
369 Veeteelt
konkelrig 815
konkelspul
623 Sleg
818 Bedrieg
konkelwerk
652 Versuim
779 Boosaardigheid
818 Bedrieg
konklaaf
665 Byeenkom
852 Geestelike
konkludeer
513 Denke
522 Redeneer
527 Oordeel
konklusie
16 Gevolg
513 Denke
522 Redeneer
527 Oordeel
konklusief
527 Oordeel
586 Beslis
konkoksie
426 Kossoort, dis
427 Drank
konkomitansie 1
konkomitant 1
konkomiteer 26
konkordaat 605
konkordansie
10 Harmonie
21 Opeenvolging
567 Boek
842 Geloof
konkordant 10
konkreet
100 Boumateriaal
254 Stof
537 Waarheid
543 Duidelik
konkreetheid
254 Stof
537 Waarheid
konkresie
274 Geologie
298 Steen
413 Verskillende siektes
konkretiseer
254 Stof
543 Duidelik
konkubinaat
248 Huwelik
820 Oneerbaar
konkubine
248 Huwelik
376 Vrou
820 Oneerbaar

konkurreer
667 Stryd
701 Handel en ekonomie
konkurrensie 667
konkurrent
666 Verhinder
667 Stryd
konkussie 413
konneksie
6 Betrekking
170 Saambring
172 Vasmaak
790 Sosiale betrekking
konnekteer
6 Betrekking
170 Saambring
172 Vasmaak
konnektiwiteit 263
konnossement 235
konnotasie
541 Betekenisvolheid
577 Betekenis
713 Gevoel
konnotatief 577
konsekrasie 849
konsekreer 849
konsekutief 21
konsekwensie
10 Harmonie
16 Gevolg
523 Logies redeneer
650 Voltooi
681 Resultaat
konsekwent
8 Dieselfde
10 Harmonie
19 Orde
21 Opeenvolging
35 Reëlmaat
523 Logies redeneer
582 Wilskrag
konsekwentheid
10 Harmonie
35 Reëlmaat
konsensie 811
konsensieus
610 Ywerig
612 Noukeurig
622 Goed
811 Gewete
konsensieusheid 610
konsensus
8 Dieselfde
10 Harmonie
531 Saamstem
605 Aanvaar
663 Meedoen
konsent
531 Saamstem
601 Toestemming gee
605 Aanvaar
konsentraat 256
konsentrasie
104 Baie

170 Saambring
256 Skeikunde
506 Belangstelling
508 Aandag
657 Herhaal
konsentrasiekamp 594
konsentreer
170 Saambring
256 Skeikunde
419 Voedselbereiding
508 Aandag
657 Herhaal
konsentries 83
konsep
513 Denke
640 Voorbereid
konsepooreenkoms 607
konsepordonnansie 599
konsepsie
27 Begin
239 Voortplant
518 Glo
527 Oordeel
605 Aanvaar
640 Voorbereid
konsepsueel
513 Denke
640 Voorbereid
konseptualisasie 513
konseptualiseer 513
konseptualisering 513
konseptueel
513 Denke
640 Voorbereid
konsepwet
590 Bestuur en regeer
801 Wet
konsepwetgewing 801
konsepwetsontwerp 590
konserf 426
konsert
724 Vermaak en
  ontspanning
752 Toneel- en
  rolprentkuns
754 Komposisie
755 Uitvoering
757 Sang
konsertganger 755
konsertgebou 91
konsertina 756
konsertinahek 94
konsertinaleër 564
konsertinaplooi 745
konsertmeester 755
konsertprogram 752
konsertsaal 755
konsertsanger 757
konsertstuk
752 Toneel- en
  rolprentkuns
755 Uitvoering
konservasie 698

konservator
141 Behoud
592 Ondergeskikte
konservatorium
559 Opvoeding en
  onderwys
753 Musiek
konserveer
471 Smaaklik, lekker
698 Behou
konserveermiddel 419
konserwatief
141 Behoud
795 Staat en politiek
konserwatisme
141 Behoud
795 Staat en politiek
konsessie
220 Treinry
601 Toestemming gee
605 Aanvaar
692 Spaar
701 Handel en ekonomie
806 Wettig
konsessionaris 601
konsiderans 801
konsiderasie
596 Inskiklik
830 Eerbiedig
konsidereer
513 Denke
596 Inskiklik
720 Tevredenheid
830 Eerbiedig
konsidererend
596 Inskiklik
830 Eerbiedig
konsiliasie 668
konsilie 852
konsilieer 668
konsilieerbaar 668
konsilieerbaarheid 668
konsinjasie
693 Gee
696 Ontvang
konsinjataris 693
konsinjeer 693
konsipieer
239 Voortplant
512 Verbeelding
513 Denke
640 Voorbereid
konsistensie
42 Altyd
143 Bestendigheid
453 Dig
462 Halfvloeibare stof
523 Logies redeneer
konsistent
40 Langdurig
42 Altyd
143 Bestendigheid
453 Dig

kontinu

462 Halfvloeibare stof
konsistorie 853
konskripsie 679
konsolasie
716 Genot
720 Tevredenheid
konsolidasie
172 Vasmaak
174 Meng
625 Sterk
konsolideer
143 Bestendigheid
170 Saambring
172 Vasmaak
174 Meng
625 Sterk
konsoliderend
143 Bestendigheid
170 Saambring
172 Vasmaak
174 Meng
625 Sterk
konsolidering
143 Bestendigheid
170 Saambring
172 Vasmaak
174 Meng
625 Sterk
konsonansie 478
konsonant
531 Saamstem
571 Skrif
572 Uitspraak
konsonanties 572
konsonantletter 571
konsort
242 Ouers
755 Uitvoering
konsortium
665 Byeenkom
707 Handelsaak
konsosiasie
1 Bestaan
795 Staat en politiek
konsosiatief 795
konstabel
655 Veilig
802 Wette gehoorsaam
konstant
8 Dieselfde
12 Eenvormigheid
19 Orde
40 Langdurig
42 Altyd
143 Bestendigheid
582 Wilskrag
konstante
133 Getalle
143 Bestendigheid
konstantheid
35 Reëlmaat
42 Altyd
143 Bestendigheid

konstateer
508 Aandag
525 Bewys
539 Kommunikeer
548 Praat
551 Meedeel
konstatering
539 Kommunikeer
548 Praat
551 Meedeel
konstellasie 270
konsternasie
521 Verras wees
667 Stryd
715 Negatiewe gevoel
konstipasie 413
konstipeer 413
konstituante 590
konstitueer
599 Gesag uitoefen
665 Byeenkom
konstituent
5 Onselfstandigheid
112 Deel
576 Sinsbou en styl
konstituering 665
konstitusie
411 Gesond
599 Gesag uitoefen
801 Wet
konstitusionalisme 795
konstitusioneel 806
konstrueer
0 Ontstaan
97 Bou
111 Geheel
139 Meetkunde
237 Voortbring
438 Vorm
konstruk 513
konstruksie
0 Ontstaan
91 Gebou
94 Dele van 'n eiendom
97 Bou
139 Meetkunde
576 Sinsbou en styl
764 Boukuns
konstrukteur
97 Bou
237 Voortbring
640 Voorbereid
759 Tekenkuns
konstruktief
0 Ontstaan
139 Meetkunde
237 Voortbring
405 Bloedsomloop
622 Goed
764 Boukuns
konstruktivisme 749
konsuis 538
konsul
588 Gesag hê

591 Gesaghebber
konsulaat
588 Gesag hê
590 Bestuur en regeer
591 Gesaghebber
konsulent
638 Aanmoedig
852 Geestelike
konsulêr
588 Gesag hê
591 Gesaghebber
konsul-generaal 588
konsult
516 Soek
557 Diskussie
konsultant
516 Soek
638 Aanmoedig
686 Aanwins
konsultasie
414 Geneeskunde
416 Medikus
516 Soek
539 Kommunikeer
554 Aanspreek
557 Diskussie
konsulteer
516 Soek
557 Diskussie
konsumeer
406 Eet
429 Eetplek, kroeg
704 Koop
konsument 629
konsumpsie
406 Eet
629 Gebruik
704 Koop
kont 820
kontak
69 Naby
181 Raak
262 Elektrisiteit
790 Sosiale betrekking
kontakbesmetting 412
kontakbreker 262
kontaklens
387 Oog
499 Sien
kontakonderrig 559
kontakopsporing 412
kontakpersoon
412 Siek
414 Geneeskunde
kontakpunt 262
kontaksleutel
178 Toegaan
233 Voertuig
kontaksport 629
kontakstop 262
kontakverspreiding 412
kontaminasie
573 Woordeskat

575 Woordvorming
623 Sleg
kontamineer
575 Woordvorming
623 Sleg
kontant
131 Geldeenheid
688 Besit
708 Betaal
709 Betaalmiddel
792 Asosiaal
kontantaanbod 705
kontantafslag 704
kontantgeld
131 Geldeenheid
688 Besit
708 Betaal
709 Betaalmiddel
kontantgewas 347
kontantkoper 704
kontantkorting 704
kontantprys 704
kontantrekening 703
kontantstrokie 708
kontantvloei
688 Besit
709 Betaalmiddel
kontantvloei-
probleem 711
konteks
6 Betrekking
569 Taal
577 Betekenis
kontekstueel
6 Betrekking
569 Taal
577 Betekenis
kontemplasie 513
kontemplatief 513
kontempleer 513
kontemporêr
48 Gelyktydig
49 Hede
53 Nuut en jonk
kontensie
525 Bewys
527 Oordeel
kontensieus 532
konterfeitsel 268
kontesteer 532
kontinensie
103 Min
409 Afskeiding en
 uitskeiding
kontinent
273 Geografie
276 Vasteland
kontinentaal 276
kontingent 672
kontinu
22 Kontinuïteit
35 Reëlmaat
40 Langdurig

677

647 Voortgaan
kontinuasie
  22 Kontinuïteit
  647 Voortgaan
kontinueer
  22 Kontinuïteit
  647 Voortgaan
kontinuering 647
kontinuïteit
  22 Kontinuïteit
  40 Langdurig
  647 Voortgaan
konto
  703 Boekhou
  708 Betaal
  711 Skuld
kontoer
  273 Geografie
  347 Landbou
  759 Tekenkuns
kontoerkaart 273
kontoerlyn 442
kontoerpad 149
kontoertekening 759
kontorsie
  163 Draai
  544 Onduidelik
  805 Onregverdig
  818 Bedrieg
kontorsionis 818
kontra 9
kontrabande 701
kontrabas
  755 Uitvoering
  756 Musiekinstrument
kontrabastuba 756
kontradans 742
kontradiksie
  524 Onlogies redeneer
  577 Betekenis
kontradiktories 524
kontrafagot 756
kontra-indikasie 415
kontrak
  546 Kunsmatige teken
  579 Gedwonge
  605 Aanvaar
  607 Beloof
  663 Meedoen
kontrakarbeider
  592 Ondergeskikte
  658 Beroep
kontrakbreuk 609
kontrakprys 122
kontraksie 239
kontraktant
  605 Aanvaar
  607 Beloof
kontrakteer 607
kontrakteur
  97 Bou
  607 Beloof

kontraktueel
  605 Aanvaar
  607 Beloof
  663 Meedoen
kontrakwerk 645
kontrakwerker 658
kontralto 757
kontrapos 703
kontraproduktief 687
kontrapunt
  753 Musiek
  754 Komposisie
kontrapuntaal
  753 Musiek
  757 Sang
kontrarevolusie 667
kontrarevolusionêr
  121 Verwarring
  140 Verandering
  667 Stryd
kontras
  9 Verskillend of
    teenoorgesteld
  11 Disharmonie
  119 Orde
  120 Onderskeid
kontrasepsie 239
kontrasepsiemiddel 239
kontrasteer
  9 Verskillend of
    teenoorgesteld
  11 Disharmonie
  119 Teenstelling
  120 Onderskeid
kontrasterend 9
kontrastief 9
kontrei 61
kontrepsie
  36 Onreëlmatigheid
  550 Noem
kontrêr 9
kontribuant
  663 Meedoen
  693 Gee
kontribueer
  633 Nuttig
  663 Meedoen
  693 Gee
kontribusie
  663 Meedoen
  693 Gee
kontrole
  223 Stuur
  508 Aandag
  516 Soek
  588 Gesag hê
  590 Bestuur en regeer
  599 Gesag uitoefen
  642 Beproef
kontroleer
  508 Aandag
  516 Soek
  590 Bestuur en regeer

  642 Beproef
  703 Boekhou
kontroleerbaar
  516 Soek
  590 Bestuur en regeer
  642 Beproef
kontroleerbaarheid 516
kontroleerwerk 516
kontrolegroep 642
kontrolering
  508 Aandag
  516 Soek
  590 Bestuur en regeer
kontroleur
  508 Aandag
  590 Bestuur en regeer
kontroverse 532
kontroversie 532
kontroversieel 532
kontroversis 532
konus 139
konveks
  267 Optika
  446 Rond
konveksie
  256 Skeikunde
  260 Warmteleer
  262 Elektrisiteit
konveksiearea 270
konveksieoond
  95 Huisraad
  419 Voedselbereiding
  469 Verwarmingstoestel
konveksiestroom 256
konveksiteit 446
konvenor 665
konvensie
  590 Bestuur en regeer
  607 Beloof
  657 Herhaal
  663 Meedoen
  665 Byeenkom
konvensionalis 657
konvensionaliseer 657
konvensionalisering 657
konvensioneel
  54 Oud
  657 Herhaal
konvergeer
  168 Saamkom
  267 Optika
konvergensie 168
konvergent 168
konvergerend 267
konvers 9
konversasie 790
konverseer
  554 Aanspreek
  790 Sosiale betrekking
konversie 9
konverteer 842
konvokasie
  590 Bestuur en regeer

665 Byeenkom
konvooi
  187 Reis
  680 Militêre aksie
konyn 366
konynvleis 421
kooi
  89 Blyplek
  95 Huisraad
  96 Slaapplek
kooigoed
  95 Huisraad
  96 Slaapplek
kooiker 366 Soogdier
kooipister 361 Insek
kook
  260 Warmteleer
  419 Voedselbereiding
  465 Warm
  715 Negatiewe gevoel
kookboek
  418 Voeding
  419 Voedselbereiding
  567 Boek
kookeiland 95
kookkuns
  418 Voeding
  419 Voedselbereiding
kookolie 419
kookplaat 95
kookpunt
  260 Warmteleer
  465 Warm
kooks
  298 Steen
  299 Brandstof
kookskerm 419
kookskool 559
kooktoestel
  94 Dele van 'n eiendom
  419 Voedselbereiding
kool
  298 Steen
  299 Brandstof
koolaar 275
koolbredie 426
kooldioksied
  256 Skeikunde
  461 Gas
kooldruk 268
koolfrikkadel 426
koolhidraat
  256 Skeikunde
  420 Voedsel
koolkop
  351 Groenteverbouing
  426 Kossoort, dis
  503 Onverstandigheid
  505 Verstandstoornis
koollaag 275
koollint 564

koolmonoksied
  256 Skeikunde
  461 Gas
koolmonoksied=
  vergiftiging 413
koolmyn 275
koolpapier
  315 Papier
  564 Skryfbehoeftes
koolraap
  351 Groenteverbouing
  426 Kossoort, dis
koolseldery 351
koolslaai 426
koolstof 256
koolstofbelasting 255
koolstofbesoedeling 255
koolstofdioksied
  256 Skeikunde
  461 Gas
koolstofemissie
  255 Natuur
  461 Gas
koolstofmonoksied
  256 Skeikunde
  461 Gas
koolstofvoetspoor 255
koolstoof
  95 Huisraad
  469 Verwarmingstoestel
koolsuur
  256 Skeikunde
  461 Gas
koolsuurgas
  256 Skeikunde
  461 Gas
koolsuursout 300
koolwaterstof 256
koop
  638 Aanmoedig
  686 Aanwins
  691 Spandeer
  701 Handel en ekonomie
  704 Koop
koopakte 704
koopbedrag
  704 Koop
  708 Betaal
koopbelasting 712
koopbewys 709
koopbrief
  525 Bewys
  607 Beloof
  704 Koop
koöperasie
  168 Saamkom
  663 Meedoen
  665 Byeenkom
  707 Handelsaak
koöperasiewinkel 707
koöperatief
  168 Saamkom
  665 Byeenkom

koöpereer
  663 Meedoen
  665 Byeenkom
koophandel 701
koopkontrak
  607 Beloof
  704 Koop
koopkoors 704
koopkrag
  262 Elektrisiteit
  689 Ryk
  704 Koop
kooplus 704
koopman
  701 Handel en ekonomie
  705 Verkoop
koopprys
  122 Bereken
  691 Spandeer
  704 Koop
koöpsie 665
koopsiekte 704
koopsom
  122 Bereken
  704 Koop
koöptasie 665
koöpteer 665
kooptransaksie
  686 Aanwins
  701 Handel en ekonomie
koopware 701
koopwoede 704
koor
  755 Uitvoering
  757 Sang
  853 Kerkgebou
koord
  172 Vasmaak
  310 Vlegwerk
  323 Vrug
koord(jies)ferweel 311
koordans 742
koordbossie 332
koordfluweel 311
koördinaat
  88 Posisie
  139 Meetkunde
  269 Heelal
koördinaatstelsel
  139 Meetkunde
  269 Heelal
koördinasie 663
koördineer
  21 Opeenvolging
  663 Meedoen
koördinering 663
koordirigent 755
koorgalery 853
koorknaap 757
koorleier
  757 Sang
  852 Geestelike
koorlid
  757 Sang

  852 Geestelike
koormusiek 753
koors
  413 Verskillende siektes
  465 Warm
  773 Begeerte
koorsagtig 773
koorsagtigheid 773
koorsang 757
koorsanger 757
koorsblaar
  413 Verskillende siektes
  717 Lyding
koorsboom 331
koorsdroom 413
koorsig 413
koorsigheid
  413 Verskillende siektes
  465 Warm
  773 Begeerte
koorsmiddel 415
koorspen
  415 Geneesmiddel
  416 Medikus
koorssiekte 413
koorsstuipe 413
koorstermometer 416
koorsweermiddel 415
koorswerend 415
koorsyling 413
koort 808
koos 84
koot
  380 Gebeente
  397 Ledemaat
kop
  32 Enkeling
  76 Bo, bokant, boontoe
  202 Voor beweeg
  270 Hemelliggaam
  384 Kop
  385 Skedel
  502 Verstand
  513 Denke
  533 Verstaan
  568 Media
  588 Gesag hê
kop(pie)speld
  155 Deurboor
  172 Vasmaak
  564 Skryfbehoeftes
  745 Versier
kop-af 384
kopal 462
kopbeeld 763
kopbeen
  380 Gebeente
  385 Skedel
kopbelasting 712
kopborsstuk
  361 Insek
  362 Skaaldier
kopdoek 745

kopek 131
koper
  131 Geldeenheid
  297 Metaal
  492 Kleure
  701 Handel en ekonomie
  704 Koop
koperbeslag
  301 Metaalverwerking
  302 Smeewerk
  745 Versier
koperblaas=
  instrument 756
koperblaser 756
koperdraadgras 338
kopererts 297
koperets 761
kopergeld
  131 Geldeenheid
  709 Betaalmiddel
kopergraveur 761
kopergravure 761
kopergroen 492
koperhaai 363
koperkapel 364
koperkleur 492
koperslaner 302
kopersmark 701
kopersmid 302
kopersulfaat 256
koperwerk 302
kopery 704
kopfok 713
kopgee 531
kophoogte 436
kophou
  523 Logies redeneer
  619 Kalm
kopie
  565 Skryfkuns
  566 Drukkuns
  568 Media
  657 Herhaal
  686 Aanwins
  704 Koop
  760 Skilderkuns
kopieer
  263 Rekenaar en
    internet
  268 Fotografie en film
  563 Skryf
  565 Skryfkuns
  657 Herhaal
  760 Skilderkuns
kopieerder 564
kopieermasjien 564
kopiereg
  566 Drukkuns
  806 Wettig
kopiëring 565
kopieskrywer
  551 Meedeel
  565 Skryfkuns

679

kopiïs
565 Skryfkuns
760 Skilderkuns
kopiva
337 Veldplant
343 Genesende plant
kopkant
85 Voor
131 Geldeenheid
kopklem
183 Gryp
731 Gevegsport
kopknik 545
kopkool
351 Groenteverbouing
426 Kossoort, dis
kopkrap
513 Denke
516 Soek
544 Onduidelik
kopkrapper
516 Soek
544 Onduidelik
739 Geselskapspele
kopkrappery
513 Denke
516 Soek
544 Onduidelik
654 Moeilik handel
kopkussing
96 Slaapplek
410 Slaap
koplaag
94 Dele van 'n eiendom
99 Messel
koplamp
232 Fiets
233 Voertuig
373 Jag
487 Ligbron
koplengte 432
kopluis 413
koppel
18 Toeval
168 Saamkom
172 Vasmaak
234 Spoorweë
248 Huwelik
koppelaar
233 Voertuig
239 Voortplant
248 Huwelik
820 Oneerbaar
koppelary 239
koppelboog 753
koppeling
172 Vasmaak
239 Voortplant
koppelkontakprop 262
koppelletter 566
koppelteken
565 Skryfkuns
571 Skrif

koppeltoto 18
koppeluitsending 264
koppelvlak 263
koppelwerkwoord 574
koppenent
96 Slaapplek
410 Slaap
koppesneller
252 Doodmaak
516 Soek
658 Beroep
659 Aanstelling
667 Stryd
684 Oorwin
koppie
84 Houer
95 Huisraad
102 Hoeveelheid
277 Berg
384 Kop
koppiesdagga 494
koppig
582 Wilskrag
598 Ongehoorsaam
606 Weier
667 Stryd
715 Negatiewe gevoel
koppigheid
582 Wilskrag
606 Weier
715 Negatiewe gevoel
koppotig 361
koppyn
412 Siek
413 Verskillende siektes
kopseer
412 Siek
413 Verskillende siektes
kopskerm 629
kopskoot
556 Antwoord
677 Skiet
kopsku 768
kopskuif 513
kopslaai
351 Groenteverbouing
426 Kossoort, dis
kopspeel
165 Onreëlmatige
beweging
369 Veeteelt
kopstem
548 Praat
757 Sang
kopstuk
76 Bo, bokant, boontoe
96 Slaapplek
568 Media
588 Gesag hê
koptelefoon 265
Koptiese kalender 127
kopula 574

kopulasie
239 Voortplant
403 Voortplantings-
orgaan
kopuleer
239 Voortplant
403 Voortplantings-
orgaan
kopwerk
513 Denke
645 Handel
kopwond 413
koraal
298 Steen
363 Waterdier
367 Oerdier
492 Kleure
745 Versier
754 Komposisie
757 Sang
koraalbessie 332
koraalboek 567
koraalboom 331
koraalbos 332
koraaldier 363
koraaleiland 281
koraalgesang 757
koraalkantate 757
koraalmusiek
753 Musiek
754 Komposisie
757 Sang
koraalrif 283
koraalrooi 492
koraalsee 283
koraalvissery 372
koraliet 298
koramandelhout 316
Koran
842 Geloof
854 Godsdienste
korbeel 94
korbeelhuis 93
kordaat
625 Sterk
767 Moed
kordaatheid
625 Sterk
767 Moed
kordaatstuk 767
kordiet 676
kordon
21 Opeenvolging
63 Begrensdheid
82 Rondom
korealisme 1
korealiteit 1
koreferensieel 577
korent
350 Vrugteverbouing
426 Kossoort, dis
korentebrood 424
korentekoek 426

koreograaf 752
korf
84 Houer
313 Weef
370 Voëlteelt
korfbal 728
korffles 84
korhaan 365
korifee
588 Gesag hê
590 Bestuur en regeer
757 Sang
koring 352
koringbier 427
koringblom 334
koringboerdery 352
koringboud 361
koringkriek 361
koringmeel 419
koringmeul 186
koringmied 352
koringplaas 354
koringroesmielie 352
koringtor 324
koringvlieg 361
koringvlok 352
korint
350 Vrugteverbouing
426 Kossoort, dis
korintebrood 424
korma 826
kormofiet 318
kormorant 365
kornalyn 298
kornea 387
kornet 756
kornuit 776
korona 270
koronaal 572
koronavirus 413
koronêr 405
korporaal
591 Gesaghebber
673 Manskap
korporasie
658 Beroep
665 Byeenkom
701 Handel en ekonomie
707 Handelsaak
korporatief 665
korporatisme 795
korporeel
1 Bestaan
254 Stof
korps
665 Byeenkom
672 Weermag
korpulensie 434
korpulent 434
korpuskulêr 254
korrek
129 Bepaaldheid
537 Waarheid

569 Taal
612 Noukeurig
622 Goed
791 Sosiaal
korreksie
516 Soek
566 Drukkuns
622 Goed
827 Afkeur
korreksieteken 566
korreksiewerk 516
korreksioneel 622
korrektheid
537 Waarheid
612 Noukeurig
622 Goed
791 Sosiaal
814 Eerlik
korrektief 622
korrektor 566
korrel
103 Min
112 Deel
223 Stuur
406 Eet
449 Ongelyk
458 Breekbaar
499 Sien
677 Skiet
korrelaat 6
korrelasie 6
korrelatief 6
korreleer 6
korrelerend 6
korrelig
449 Ongelyk
458 Breekbaar
korreling 270
korrelkonfyt 426
korrelkop
382 Haar
618 Heftig
714 Positiewe gevoel
792 Asosiaal
korrelkruit 676
korrelrig
112 Deel
449 Ongelyk
458 Breekbaar
korreltjie 103
korrelvat 677
korrespondeer
10 Harmonie
551 Meedeel
563 Skryf
korrespondensie
551 Meedeel
565 Skryfkuns
korrespondent
565 Skryfkuns
568 Media
750 Letterkunde
korridor
94 Dele van 'n eiendom

273 Geografie
korrigeer
516 Soek
530 Voorbehou
565 Skryfkuns
566 Drukkuns
612 Noukeurig
622 Goed
835 Bestraf
korrigendum 566
korroborasie 663
korroboreer 663
korrodeer 623
korrosie 623
korrosief 623
korrumpeer
623 Sleg
638 Aanmoedig
korrup
598 Ongehoorsaam
623 Sleg
638 Aanmoedig
803 Wette oortree
813 Swak gedrag
815 Oneerlik
820 Oneerbaar
korrupsie
623 Sleg
638 Aanmoedig
779 Boosaardigheid
803 Wette oortree
813 Swak gedrag
815 Oneerlik
820 Oneerbaar
korrupteer
623 Sleg
638 Aanmoedig
779 Boosaardigheid
803 Wette oortree
kors
272 Aarde
413 Verskillende siektes
424 Brood
426 Kossoort, dis
449 Ongelyk
455 Hard
korselig 715
korserig 455
korset 745
korsie 424
korsmos 327
korsplaat 274
korsterig 455
korsvorming 161
korswel
722 Humor
831 Minag
kort
41 Kortstondig
108 Minder
117 Te min
433 Klein
437 Laag

553 Behandel
572 Uitspraak
kortaf
41 Kortstondig
548 Praat
715 Negatiewe gevoel
771 Gramskap
777 Haat en
onvriendelikheid
kortasem
404 Asemhaling
413 Verskillende siektes
kortasemrig
404 Asemhaling
413 Verskillende siektes
kortbegrip 553
kortbroek 745
kortby
69 Naby
728 Balsporte
korteks
317 Fisiologie
382 Haar
385 Skedel
kortendag 50
korterig 433
kortgang 219
kortgat 433
kortgebaker(d)
715 Negatiewe gevoel
771 Gramskap
777 Haat en
onvriendelikheid
kortgebakerdheid
413 Verskillende siektes
773 Begeerte
777 Haat en
onvriendelikheid
kortgebonde
715 Negatiewe gevoel
771 Gramskap
kortgolf 264
kortgolfontvanger 264
kortgolfsender 264
kortheid
433 Klein
553 Behandel
kortheidshalwe 553
korthoek 728
korthou 595
korting
693 Gee
704 Koop
705 Verkoop
710 Kosteloosheid
712 Belasting
kortisoon 415
kortknip
23 Onderbreking
648 Onderbreek
kortkom
130 Onbepaaldheid
631 Nodig

kortkop 126
kortkuns
749 Kuns
750 Letterkunde
kortkursus 561
kortliks
108 Minder
553 Behandel
kortlys
584 Kies
659 Aanstelling
kortmouhemp 745
kortmoutrui 745
kortom
108 Minder
225 Vinnig
553 Behandel
kortpad 149
kortprosa 750
kortsigtig 503
kortsigtigheid 503
kortskiet
615 Onbekwaam
813 Swak gedrag
kortsluiting 262
kortspeelplaat 756
kortspel 728
kortstondig 41
kortstondigheid 41
korttermyn 41
korttermynbelegging
686 Aanwins
692 Spaar
korttermyngeheue
263 Rekenaar en
internet
510 Herinner
korttermynlening
688 Besit
693 Gee
699 Leen
korttermynversekering
655 Veilig
692 Spaar
korttrompet 756
kortvat
595 Streng
827 Afkeur
835 Bestraf
kortverhaal
552 Vertel
750 Letterkunde
kortverhaalkuns 750
kortverkoop 702
kortvin-mako 363
kortweg
41 Kortstondig
553 Behandel
771 Gramskap
777 Haat en
onvriendelikheid
kortwiek
20 Wanorde

63 Begrensdheid
588 Gesag hê
617 Magteloos
korund 298
korvet
235 Skeepvaart
675 Militêre toerusting
kos
126 Skat
406 Eet
418 Voeding
420 Voedsel
426 Kossoort, dis
620 Belangrik
691 Spandeer
kosbaar
620 Belangrik
691 Spandeer
kosbaarheid
620 Belangrik
745 Versier
kosbedryf 701
kosgee 406
koshuis
89 Blyplek
406 Eet
429 Eetplek, kroeg
koshuisbewoner 89
koshuisbrak 89
kosinus 139
kosjeniel 419
kosjer
406 Eet
420 Voedsel
854 Godsdienste
koskenner 406
kosmaak 419
kosmark 707
kosmetiek 746
kosmeties
414 Geneeskunde
541 Betekenisvolheid
621 Onbelangrik
746 Persoonlike versorging
kosmetis 746
kosmies 269
kosmogonie 271
kosmogonies 271
kosmograaf
269 Heelal
271 Kosmografie
kosmografie
269 Heelal
271 Kosmografie
kosmografies
269 Heelal
271 Kosmografie
kosmologie
269 Heelal
271 Kosmografie
514 Wysbegeerte

kosmologies
269 Heelal
271 Kosmografie
kosmoloog
269 Heelal
271 Kosmografie
kosmopoliet 787
kosmos
61 Plek
269 Heelal
334 Blomplant
kosnaatjie 336
kosprys 122
kosprys
691 Spandeer
704 Koop
kosredakteur 568
kosskool 406
kostaal 394
kostalletjie 707
koste
635 Skadelik
691 Spandeer
697 Verlies ly
704 Koop
705 Verkoop
708 Betaal
kostebestryding 708
kostebevel 808
kostelik 722
kostelikheid 722
kosteloos 710
kosteloosheid 710
koster
592 Ondergeskikte
848 Kerklike bediening
849 Prediking
852 Geestelike
kosteraming 126
kosterekenaar
100 Boumateriaal
126 Skat
kosterekeningkunde 703
kostumeer 752
kostumering 752
kostumier 752
kostuum
745 Versier
752 Toneel- en rolprentkuns
kostuumbal 742
koswinkel 707
koswinner
658 Beroep
686 Aanwins
kosyn 94
kot
96 Slaapplek
243 Kinders
kotangens 139
kotelet
421 Vleis
426 Kossoort, dis

koterie 168
kothuis
89 Blyplek
91 Gebou
kotiljon 742
kots
409 Afskeiding en uitskeiding
412 Siek
kotter 235
kou
89 Blyplek
390 Mond
391 Tand
406 Eet
430 Rook
466 Koud
koubeitel
185 Sny
302 Smeewerk
316 Hout
630 Werktuig
koud
260 Warmteleer
289 Klimaat
290 Wind
418 Voeding
466 Koud
490 Kleur
715 Negatiewe gevoel
777 Haat en onvriendelikheid
792 Asosiaal
koudbloedig
400 Bloed en limf
715 Negatiewe gevoel
koudheid
466 Koud
777 Haat en onvriendelikheid
koudlei
369 Veeteelt
714 Positiewe gevoel
818 Bedrieg
koudsit 684
koue
260 Warmteleer
413 Verskillende siektes
466 Koud
kouefront 294
kouekoors 413
kouerig 466
kouerigheid 466
kouevuur 413
kougoed
318 Plant
406 Eet
kougom 426
koukus
539 Kommunikeer
557 Diskussie
590 Bestuur en regeer
665 Byeenkom

795 Staat en politiek
koulik 466
koulikheid 466
kourie 363
kous 745
kousaal
15 Oorsaak
574 Woordkategorie
kousaliteit
15 Oorsaak
574 Woordkategorie
693 Gee
kousatief 574
kousatiwiteit
574 Woordkategorie
693 Gee
kousbandjie 364
kousbroekie 745
kousel 406
kousie 487
kouter
95 Huisraad
355 Landbougereedskap
kouterbos 332
kouterbossie 344
kouteriseer 414
kouterploeg 355
koutjie
366 Soogdier
406 Eet
kouvoël 365
kovalensie 256
kraag
393 Nek en skouer
745 Versier
kraaghemp 745
kraagmannetjie 366
kraagsteen
94 Dele van 'n eiendom
100 Boumateriaal
304 Steenbakkery
Kraai 270
kraai
365 Voël
483 Voëlgeluid
484 Diergeluid
722 Humor
kraaibek
363 Waterdier
630 Werktuig
kraaines
20 Wanorde
121 Verwarring
235 Skeepvaart
372 Vissery
kraaipoot 386
kraak
104 Baie
169 Skei
480 Dowwe klank
481 Skerp klank
482 Menslike geluid
505 Verstandstoornis

krans

623 Sleg
kraakbeen
  380 Gebeente
  389 Neus
  393 Nek en skouer
kraakbeenvis 363
kraakgeluid 480
kraaknetjies 627
kraaknuut 53
kraakporselein 305
kraaksindelik 627
kraakskoon 627
kraakstem
  480 Dowwe klank
  548 Praat
kraal
  89 Blyplek
  346 Landbougrond
  354 Plaas
  369 Veeteelt
  745 Versier
kraalbos 332
kraalmis 409
kraalogie 387
kraam
  239 Voortplant
  707 Handelsaak
kraamafdeling 239
kraambedkoors 413
kraamdrag 745
kraaminrigting
  239 Voortplant
  417 Hospitaal
kraampie 707
kraamsuster
  239 Voortplant
  417 Hospitaal
kraamverlof
  239 Voortplant
  662 Rus
kraamverlossing 414
kraamverpleegster
  239 Voortplant
  416 Medikus
kraan
  94 Dele van 'n eiendom
  178 Toegaan
  211 Opgaan
  288 Waterstelsel
Kraanvoël 270
kraanvoël 365
kraanvoëlblom
  332 Struik
  334 Blomplant
kraanwater
  292 Water
  460 Vloeistof
krabbe(r)tjie 745
krabbel
  563 Skryf
  739 Geselskapspele
  759 Tekenkuns
krabbelaar 565

krabbeling 563
kraffie
  84 Houer
  95 Huisraad
krag
  123 Meet
  145 Beweging
  256 Skeikunde
  257 Meganika en tegnologie
  262 Elektrisiteit
  411 Gesond
  610 Ywerig
  614 Bekwaam
  616 Magtig
  618 Heftig
  622 Goed
  625 Sterk
  767 Moed
  801 Wet
  842 Geloof
kragaanleg 262
kragbesparing 262
kragbron 262
kragdadig
  610 Ywerig
  616 Magtig
  618 Heftig
  625 Sterk
  637 Doelgerigtheid en doelloosheid
kragdadigheid 610
kragdadiglik 610
kragdraad 262
krageenheid 123
kragfiets 232
kraginstallasie 262
kraglewering
  257 Meganika en tegnologie
  262 Elektrisiteit
kraglyn
  261 Magnetisme
  262 Elektrisiteit
kragman
  616 Magtig
  625 Sterk
kragmens
  616 Magtig
  625 Sterk
kragmeter 257
kragmeting 257
kragonderbreking 262
kragopwekking 262
kragparaffien
  299 Brandstof
  460 Vloeistof
kragpunt 262
kragpyler 262
kragsentrale 262
kragstasie 262
kragteleer 257
kragteloos
  412 Siek

413 Verskillende siektes
617 Magteloos
626 Swak
637 Doelgerigtheid en doelloosheid
661 Vermoeidheid
kragteloosheid
  412 Siek
  413 Verskillende siektes
  626 Swak
  661 Vermoeidheid
kragtens
  15 Oorsaak
  588 Gesag hê
kragterm 574
kragtie
  521 Verras wees
  715 Negatiewe gevoel
kragtig
  249 Lewe
  411 Gesond
  595 Streng
  616 Magtig
  618 Heftig
  625 Sterk
kragtoer
  645 Handel
  651 Toesien
  767 Moed
kragveld
  257 Meganika en tegnologie
  261 Magnetisme
  262 Elektrisiteit
kragverbruik 257
kragvoedsel
  368 Diereteelt
  420 Voedsel
kragvoer
  368 Diereteelt
  369 Veeteelt
  420 Voedsel
kragvol 625
kragvoorsiening 262
kragvrou
  616 Magtig
  625 Sterk
kragwoord
  574 Woordkategorie
  820 Oneerbaar
krakeel 667
krakeling
  424 Brood
  426 Kossoort, dis
krakeluur 760
kram
  172 Vasmaak
  564 Skryfbehoeftes
kramat 253
krambinder 564
krambout 172
kramdrukker 564
kramer 705

kramerslatyn 569
kramery
  564 Skryfbehoeftes
  746 Persoonlike versorging
krammasjien 564
krammetjie 564
krammetjiemasjien 564
kramp
  379 Spier
  413 Verskillende siektes
krampagtig
  413 Verskillende siektes
  618 Heftig
  766 Wanhoop
krampagtigheid
  618 Heftig
  766 Wanhoop
krampdruppels 415
kraniaal 385
kranig
  614 Bekwaam
  625 Sterk
  767 Moed
kraniologie 385
kranium 385
krank
  412 Siek
  413 Verskillende siektes
  629 Spel en sport
krankbed 413
kranke 412
krankebesoek 790
krankement
  412 Siek
  413 Verskillende siektes
krankheid
  412 Siek
  413 Verskillende siektes
kranklik
  412 Siek
  413 Verskillende siektes
kranklikheid 412
kranksinnig
  413 Verskillende siektes
  503 Onverstandigheid
  505 Verstandstoornis
  524 Onlogies redeneer
kranksinnigegestig
  417 Hospitaal
  505 Verstandstoornis
kranksinnigheid
  413 Verskillende siektes
  503 Onverstandigheid
  505 Verstandstoornis
  524 Onlogies redeneer
krans
  82 Rondom
  163 Draai
  277 Berg
  322 Blom
  348 Blomkwekery
  745 Versier

kransaar 399
kransduif 365
kransie 741
kranslegging 253
kransstandig
  322 Blom
  324 Plantlewe
krap
  154 Vryf
  362 Skaaldier
  413 Verskillende siektes
  422 Seekos
  426 Kossoort, dis
  545 Natuurlike teken
  563 Skryf
  623 Sleg
  713 Gevoel
  771 Gramskap
krapmerk 545
krapperig
  154 Vryf
  715 Negatiewe gevoel
  721 Ontevredenheid
  771 Gramskap
krapperigheid
  721 Ontevredenheid
  771 Gramskap
krappery 154
kras
  154 Vryf
  480 Dowwe klank
  481 Skerp klank
  483 Voëlgeluid
  595 Streng
  618 Heftig
  827 Afkeur
krasheid
  618 Heftig
  827 Afkeur
krat 84
krater
  177 Oopgaan
  274 Geologie
  277 Berg
kratermeer
  274 Geologie
  285 Watermassa
krawat 745
kreasie
  36 Onreëlmatigheid
  237 Voortbring
kreatief
  237 Voortbring
  749 Kuns
kreatien 317
kreatiwiteit
  237 Voortbring
  749 Kuns
kreatuur
  1 Bestaan
  4 Selfstandigheid
  32 Enkeling
  374 Mens

  813 Swak gedrag
krediet
  693 Gee
  699 Leen
  711 Skuld
kredietburo 693
kredietfasiliteit 699
kredietgradering 711
kredietkaart
  700 Bank
  708 Betaal
  709 Betaalmiddel
kredietplafon 699
kredietrekening 700
kredietsaldo
  688 Besit
  699 Leen
  711 Skuld
kredietsy
  700 Bank
  703 Boekhou
kredietwaardig
  689 Ryk
  699 Leen
kredietwaardigheid
  689 Ryk
  699 Leen
krediteer
  693 Gee
  699 Leen
  703 Boekhou
  711 Skuld
krediteur
  700 Bank
  711 Skuld
kreëer
  237 Voortbring
  649 Begin handel
Kreef 270
kreef
  362 Skaaldier
  422 Seekos
  426 Kossoort, dis
kreefdig 751
kreefkelkie 426
Kreefskeerkring
  269 Heelal
  272 Aarde
kreeftegang 151
kreet
  482 Menslike geluid
  719 Hartseer
kremasie 253
kremaster 361
krematorium 253
kremeer 253
kremetart
  415 Geneesmiddel
  419 Voedselbereiding
kremetartboom 331
krenelleer 185
kreng
  250 Dood

  446 Rond
krenk
  623 Sleg
  669 Aanval
  713 Gevoel
  829 Beledig
  831 Minag
krenkend
  623 Sleg
  829 Beledig
  831 Minag
krenking
  623 Sleg
  831 Minag
krenterig
  503 Onverstandigheid
  536 Nie weet nie
  692 Spaar
  824 Onboetvaardigheid
kreolien 415
kreoliseer 569
kreolisering 569
kreools 569
kreooltaal 569
kreosol 462
kreosoot 316
kreosoteer 316
krep 311
krepeer 250
kressendo 753
kretin
  413 Verskillende siektes
  505 Verstandstoornis
kretinisme
  413 Verskillende siektes
  505 Verstandstoornis
kreton 311
kreuk 180
kreukel
  180 Ongelyk maak
  449 Ongelyk
kreukelpapier 315
kreukelrig 180
kreukelvry
  180 Ongelyk maak
  448 Gelyk
kreun
  476 Geluid
  482 Menslike geluid
  719 Hartseer
kreunsanger 757
kreupel
  198 Strompel
  413 Verskillende siektes
  626 Swak
kreupelbos 318
kreupele
  198 Strompel
  413 Verskillende siektes
kreupelhout
  316 Hout
  331 Boom
  337 Veldplant

kreupelrym 751
kreupelsorg
  414 Geneeskunde
  780 Hulpbetoon
krewel
  362 Skaaldier
  372 Vissery
krie(moer) 172
kriebel
  165 Onreëlmatige
    beweging
  495 Tassin
  715 Negatiewe gevoel
kriebeling 495
kriebelkrabbers 721
kriebelrig
  165 Onreëlmatige
    beweging
  495 Tassin
kriebos 337
kriedoring
  331 Boom
  337 Veldplant
kriek 361
krieket 728
krieketbal
  446 Rond
  629 Spel en sport
  728 Balsporte
krieketkolf
  629 Spel en sport
  728 Balsporte
krieketpaaltjie 728
krieketspeler 728
kriekettoerusting 728
krieketveld 728
krielhaantjie
  365 Voël
  785 Hoogmoed
kriesel
  103 Min
  112 Deel
  406 Eet
kriewel
  165 Onreëlmatige
    beweging
  495 Tassin
  715 Negatiewe gevoel
krieweling 495
kriewelkop 165
kriewelkous 165
kriewelkrappers
  36 Onreëlmatigheid
  140 Verandering
  583 Willoosheid
  715 Negatiewe gevoel
  721 Ontevredenheid
kriewelrig
  165 Onreëlmatige
    beweging
  495 Tassin
  715 Negatiewe gevoel
  771 Gramskap

kriewelrigheid 715
kril 362
krimi 750
kriminalis 822
kriminaliseer 803
kriminalistiek 822
kriminaliteit
  803 Wette oortree
  822 Skuldig
  835 Bestraf
krimineel
  803 Wette oortree
  808 Regswese
  822 Skuldig
kriminologie
  515 Wetenskap
  801 Wet
  822 Skuldig
kriminologies
  801 Wet
  803 Wette oortree
kriminoloog 822
krimp
  103 Min
  433 Klein
  435 Smal
krimpsiekte 413
krimpsiektebos 342
krimpvarkie 366
kring
  82 Rondom
  145 Beweging
  147 Rigting
  241 Familie
  446 Rond
  665 Byeenkom
  796 Stand
kringbestuurder 560
kringdiagram 565
kringgat 366
kringloop
  44 Gebeure in tyd
  55 Periodiek
  213 Rondgaan
  249 Lewe
kringpad 149
kringspier 379
kringvormig 446
kringweg 149
krink
  164 Reëlmatige
    beweging
  444 Krom
  835 Bestraf
krinkel
  164 Reëlmatige
    beweging
  444 Krom
krinkeling 164
krioel
  104 Baie
  165 Onreëlmatige
    beweging
kriologie 515

kriometer 123
kriostaat 123
krioterapie 414
krip
  84 Houer
  253 Begrafnis
  311 Weefstof
  561 Studeer
  853 Kerkgebou
kripbyter 777
kript
  253 Begrafnis
  853 Kerkgebou
kripta
  253 Begrafnis
  853 Kerkgebou
kripties 544
kriptogaam
  318 Plant
  324 Plantlewe
kriptogeld
  131 Geldeenheid
  709 Betaalmiddel
kriptogeldeenheid 131
kriptogeldstelsel 131
kriptografie 565
kriptogram 565
kriptologie 565
kripvreter 590
kris
  185 Sny
  678 Ander wapens
krisant 334
krisantbos 332
Krishna 854
krisis
  412 Siek
  623 Sleg
kriskras 20
Krismis 851
krismiskoek 426
krismisroos
  332 Struik
  334 Blomplant
kristal
  298 Steen
  309 Glasbereiding
  488 Deurskynend
kristalagtig
  298 Steen
  488 Deurskynend
kristalbal 51
kristalbalkyker 51
kristaldruif
  350 Vrugteverbouing
  426 Kossoort, dis
kristalglas
  95 Huisraad
  309 Glasbereiding
kristalhelder
  485 Lig
  488 Deurskynend
kristalklip 298

kristalkunde 295
kristalkyker 844
kristalliet 298
kristallisasie 298
kristalliseer
  298 Steen
  438 Vorm
kristallogenie 298
kristallografie
  295 Delfstof
  515 Wetenskap
kristalloïdaal 298
kristalloïed 298
kristalvorm
  298 Steen
  438 Vorm
kristalvormig
  298 Steen
  438 Vorm
kriterium
  35 Reëlmaat
  123 Meet
  527 Oordeel
  642 Beproef
  644 Handelwyse
kritiek
  17 Noodsaak
  412 Siek
  527 Oordeel
  530 Voorbehou
  532 Betwis
  585 Verwerp
  620 Belangrik
  623 Sleg
  656 Gevaarlik
  666 Verhinder
  669 Aanval
  750 Letterkunde
  825 Beoordeling
  827 Afkeur
  829 Beledig
  832 Beskuldig
kritiekloos 531
krities
  502 Verstand
  527 Oordeel
  532 Betwis
  620 Belangrik
  666 Verhinder
  669 Aanval
  825 Beoordeling
  827 Afkeur
kritikaster
  527 Oordeel
  827 Afkeur
kritikus
  527 Oordeel
  749 Kuns
  750 Letterkunde
  825 Beoordeling
  827 Afkeur
kritiseer
  527 Oordeel
  532 Betwis

585 Verwerp
666 Verhinder
669 Aanval
749 Kuns
825 Beoordeling
827 Afkeur
829 Beledig
832 Beskuldig
kroeg
  407 Drink
  429 Eetplek, kroeg
kroegloper 407
kroegvlieg 407
kroek
  89 Blyplek
  93 Beskeie gebou
  822 Skuldig
kroekery 822
kroep 413
kroephoes 413
kroepier 739
kroes
  84 Houer
  256 Skeikunde
  301 Metaalverwerking
  382 Haar
  412 Siek
kroeserig
  382 Haar
  412 Siek
  413 Verskillende siektes
kroeskop 382
kroket 426
krokodil 364
krokodilleer 314
krokodiltrane
  719 Hartseer
  818 Bedrieg
krokus 335
krom
  73 Skuins
  148 Van koers gaan
  444 Krom
  623 Sleg
krombek
  302 Smeewerk
  630 Werktuig
kromgetrek 444
kromheid 444
kromhout
  316 Hout
  350 Vrugteverbouing
kromhoutsap 427
kromlynig
  139 Meetkunde
  444 Krom
kromme
  139 Meetkunde
  444 Krom
krommerig 444
kromming
  139 Meetkunde
  163 Draai

180 Ongelyk maak
444 Krom
krompasser
139 Meetkunde
759 Tekenkuns
krompraat 548
komprater 548
krompratery 548
kromrug 413
kromsteelpyp 430
kromte
413 Verskillende siektes
444 Krom
kromtrek 444
kroniek
45 Geskiedenis
552 Vertel
553 Behandel
567 Boek
568 Media
750 Letterkunde
kroniekskrywer
45 Geskiedenis
565 Skryfkuns
kronies
22 Kontinuïteit
40 Langdurig
42 Altyd
127 Tydbepaling
412 Siek
647 Voortgaan
**kroniesemoegheid-
sindroom** 413
kroning
588 Gesag hê
793 Fees
834 Beloon
kroningsplegtigheid 793
kronkel
163 Draai
164 Reëlmatige
 beweging
180 Ongelyk maak
444 Krom
kronkelagtig 444
kronkelderm 401
kronkelgang 197
kronkeling
163 Draai
164 Reëlmatige
 beweging
444 Krom
kronkelpad 149
kronkelrig
164 Reëlmatige
 beweging
444 Krom
kronkelveer 630
kronofotografie 268
kronograaf 128
kronografie 45
kronolek 569
kronologie
45 Geskiedenis

127 Tydbepaling
kronologies
21 Opeenvolging
37 Tydruimte
45 Geskiedenis
127 Tydbepaling
kronometer 128
kronometrie
127 Tydbepaling
128 Chronometer
kronoskoop 128
kroon
76 Bo, bokant, boontoe
131 Geldeenheid
322 Blom
331 Boom
385 Skedel
391 Tand
588 Gesag hê
622 Goed
745 Versier
799 Beroemd
834 Beloon
kroonaar 399
kroonbeen
380 Gebeente
397 Ledemaat
kroonblaar 322
kroonblad 322
kroonboek 567
kroongal 413
kroongebied 590
kroongewelf 94
kroonhare 382
kroonjuwele 745
kroonkandelaar 487
kroonkolonie 590
kroonlamp 487
kroonlugter 487
kroonlys 94
kroonprins 591
kroonroes 413
kroonslagaar 399
**kroonslagaartrom-
bose** 413
kroonvervolger 808
kroos
240 Genealogie
243 Kinders
krop
365 Voël
401 Spysverterings-
 kanaal
kropduif 365
kropgeswel 413
kropmens
413 Verskillende siektes
505 Verstandstoornis
kropslaai
351 Groenteverbouing
426 Kossoort, dis
krosidoliet 298

krot
89 Blyplek
93 Beskeie gebou
krot(te)buurt 90
krotbewoner
64 Aanwesigheid
90 Omgewing
krothuis 89
kroton
332 Struik
424 Brood
kroukie 728
kru 792
kruheid 792
krui
318 Plant
340 Krui
415 Geneesmiddel
419 Voedselbereiding
471 Smaaklik, lekker
krui(e)
194 Vervoer
197 Te voet gaan
226 Stadig
kruid
318 Plant
340 Krui
419 Voedselbereiding
471 Smaaklik, lekker
kruidagtig
318 Plant
320 Stam
kruidenier 707
kruidenierskas 95
kruideniersware 420
kruidenierswinkel 707
kruidgewas
318 Plant
340 Krui
415 Geneesmiddel
kruidjie-roer-my-nie(t)
332 Struik
779 Boosaardigheid
kruie 318
kruieasyn 419
kruiebier 427
kruiebrandewyn 427
kruiedokter 416
kruiekos 426
kruier 194
kruiesalf
415 Geneesmiddel
462 Halfvloeibare stof
kruietee 427
kruik 84
kruim 424
kruimel 424
kruin
74 Op
76 Bo, bokant, boontoe
277 Berg
384 Kop
622 Goed

kruinaeltjie 419
kruip
145 Beweging
197 Te voet gaan
210 Onderdeur gaan
229 Stadig beweeg
410 Slaap
597 Gehoorsaam
789 Onbeskaafdheid
828 Vlei
kruipdief 695
kruipend
197 Te voet gaan
226 Stadig
kruiper
597 Gehoorsaam
828 Vlei
kruiperig
583 Willoosheid
828 Vlei
kruiperigheid 583
kruipery 828
kruipgang
226 Stadig
229 Stadig beweeg
kruipmol 366
kruipplant 318
kruipsand 226
kruipseer 413
kruipslag 732
kruiptrekker
233 Voertuig
355 Landbougereedskap
kruis
79 Dwars
131 Geldeenheid
139 Meetkunde
174 Meng
239 Voortplant
396 Rug
421 Vleis
546 Kunsmatige teken
565 Skryfkuns
571 Skrif
654 Moeilik handel
683 Misluk
717 Lyding
753 Musiek
835 Bestraf
853 Kerkgebou
854 Godsdienste
kruisbande 745
kruisbeeld
853 Kerkgebou
854 Godsdienste
kruisbeen
380 Gebeente
396 Rug
kruisbessie
350 Vrugteverbouing
426 Kossoort, dis
kruisbestuiwend 239
kruisbestuiwing 239

kruisbeuk 853
kruisbevrugting
  239 Voortplant
  345 Plantkwekery
kruisboog
  94 Dele van 'n eiendom
  678 Ander wapens
kruisdood 250
kruiselings 79
kruisement
  340 Krui
  419 Voedselbereiding
kruiser
  235 Skeepvaart
  675 Militêre toerusting
kruisergewig 731
kruisergewigbokser 731
kruishoogte 222
kruisie
  565 Skryfkuns
  571 Skrif
kruisig 835
kruisiging
  835 Bestraf
  842 Geloof
  854 Godsdienste
kruising
  79 Dwars
  149 Pad
  239 Voortplant
kruiskerk 853
kruisondervra 809
kruisondervraging
  555 Vra
  809 Regsgeding
kruispad
  149 Pad
  584 Kies
kruispeiling
  221 Vaar
  222 Vlieg
kruispunt
  139 Meetkunde
  149 Pad
  439 Punt
kruispuntskroewe‑
  draaier 316
kruisskyf 421
kruissnelheid 222
kruisteel 239
kruisteelt
  239 Voortplant
  345 Plantkwekery
kruistog
  187 Reis
  221 Vaar
  667 Stryd
kruisvaarder
  221 Vaar
  667 Stryd
kruisvaart 187
kruisverband
  99 Messel

316 Hout
415 Geneesmiddel
kruisverhoor
  555 Vra
  809 Regsgeding
kruisverwysing 567
kruisvra
  555 Vra
  808 Regswese
  809 Regsgeding
kruisvraag
  555 Vra
  809 Regsgeding
kruisweg
  149 Pad
  854 Godsdienste
kruit 676
kruitvat 656
kruiwa 230
kruk
  95 Huisraad
  183 Gryp
  197 Te voet gaan
krukas
  233 Voertuig
  257 Meganika en tegnologie
  630 Werktuig
krukkelys 413
krukker 413
kruks
  541 Betekenisvolheid
  620 Belangrik
krul
  163 Draai
  178 Toegaan
  316 Hout
  382 Haar
  444 Krom
  565 Skryfkuns
  792 Asosiaal
krulblaar 324
krulblaarsiekte 324
krulhakie
  565 Skryfkuns
  571 Skrif
krulhare 382
krulkool 351
krulkop
  335 Bolplant
  382 Haar
kruller
  382 Haar
  746 Persoonlike versorging
krullerig
  382 Haar
  444 Krom
krulpen
  382 Haar
  746 Persoonlike versorging
krultang 746

krummel
  103 Min
  112 Deel
  184 Breek
  424 Brood
  458 Breekbaar
krummelrig
  112 Deel
  184 Breek
  424 Brood
  458 Breekbaar
kruppel 198
kruppelheid 198
krustasee
  357 Dier
  362 Skaaldier
kry
  166 Nader beweeg
  183 Gryp
  517 Vind
  686 Aanwins
  696 Ontvang
kryg 667
kryger 673
krygsgeskiedenis 45
krygsgevangene
  673 Manskap
  685 Oorwin word
krygsgevangene‑
  kamp 672
krygsgod 855
krygshof 808
krygskool 680
krygskunde 672
krygskundig 672
krygsmag 672
krygstuig 675
krygswese 672
krygswetenskap 672
krygvoering 667
krys
  365 Voël
  483 Voëlgeluid
  484 Diergeluid
kryt
  560 Voorskoolse en naskoolse onderrig
  564 Skryfbehoeftes
  759 Tekenkuns
Kryttydperk 274
kuberfobie 263
kuberkommuni‑
  kasie 263
kuberkraker 263
kubermisdaad
  263 Rekenaar en internet
  803 Wette oortree
kubernetika 263
kuberoorlog 263
kuberruimte 263
kubersnelweg 263

kubersoektog 263
kuberteistering 263
kuberwinkel 263
kubiek 450
kubis 749
kubisme
  749 Kuns
  760 Skilderkuns
kubisties 749
kudde
  168 Saamkom
  203 Agterna kom
  357 Dier
  369 Veeteelt
kuddegees 357
kudde-immuniteit
  411 Gesond
  414 Geneeskunde
kudde-instink 357
kugel 376
kuier
  188 Aankom
  197 Te voet gaan
  204 Aangaan by
  724 Vermaak en ontspanning
  790 Sosiale betrekking
kuiergas
  188 Aankom
  204 Aangaan by
  724 Vermaak en ontspanning
  790 Sosiale betrekking
kuierplek
  61 Plek
  724 Vermaak en ontspanning
  793 Fees
kuif 382
kuifkop 384
kuiken
  53 Nuut en jonk
  243 Kinders
  357 Dier
  365 Voël
kuikenmoord
  667 Stryd
  684 Oorwin
kuil
  284 Bron
  437 Laag
  446 Rond
kuilsaag 185
kuilstok 728
kuiltjie 386
kuiltoring 352
kuilvoer 369
kuip
  350 Vrugteverbouing
  428 Drankbereiding
kuiper 428
kuipery 428
kuiphout 316

kuis
566 Drukkuns
567 Boek
812 Goeie gedrag
819 Eerbaar
kuisheid
812 Goeie gedrag
819 Eerbaar
kuising 566
kuit 422
kuitbeen
380 Gebeente
397 Ledemaat
kuitspier 379
kul
538 Dwaling
815 Oneerlik
818 Bedrieg
kulinêr 418
kulkuns 844
kulkunstenaar 844
kullery
538 Dwaling
623 Sleg
818 Bedrieg
kulminasie
28 Einde
622 Goed
kulmineer 28
kultivar 427
kultivarwyn 427
kultiveer
345 Plantkwekery
346 Landbougrond
kultureel 535
kultus 854
kultusfiguur 854
kultusleier 854
kultuur
535 Weet
657 Herhaal
787 Samelewing
788 Beskawing
kultuurbesit 535
kultuurbewaring 535
kultuurdraer 535
kultuurfees 793
kultuurfilosofie 514
kultuurgeskiedenis
45 Geskiedenis
515 Wetenskap
kultuurgoed 535
kultuurgoedere
535 Weet
657 Herhaal
787 Samelewing
788 Beskawing
kultuurgrens 787
kultuurgroep
33 Samehorigheid
787 Samelewing
kultuurhistorikus
45 Geskiedenis

515 Wetenskap
kultuurkring 535
kultuurlewe 535
kultuurloos 536
kultuurloosheid 536
kultuurmens
535 Weet
788 Beskawing
kultuurpeil 535
kultuurskat 535
kultuurstryd 535
kultuurtaal 569
kultuurvereniging 535
kultuurvermenging 787
kultuurwetenskap 515
kulwerk
538 Dwaling
623 Sleg
818 Bedrieg
kumkwat 350
kumulasie 107
kumulatief 107
kumuleer 107
kundig
502 Verstand
535 Weet
614 Bekwaam
kundige
502 Verstand
535 Weet
kundigheid
237 Voortbring
502 Verstand
535 Weet
614 Bekwaam
kung fu 731
kuns 749
kuns(te)fees 793
kunsakademie
758 Beeldende kuns
760 Skilderkuns
kunsateljee
658 Beroep
749 Kuns
758 Beeldende kuns
kunsbeskouing 747
kunsblomme 348
kunsbotter 371
kunsfilosofie 749
kunsgalery
749 Kuns
760 Skilderkuns
kunsgebit 391
kunsgeskiedenis
515 Wetenskap
749 Kuns
kunsgevoel
713 Gevoel
747 Styl en smaak
kunshandelaar 749
kunshars 307
kunshart 399
kunshistories 749

kunshistorikus 749
kunskenner 749
kunskennis 747
kunskritiek 749 Kuns
kunskritikus 749
kunsledemaat 397
kunsliefhebber 749
kunsmatig
254 Stof
744 Lelik
kunsmis 345
kunsmuseum
535 Weet
749 Kuns
kunsperiode 749
kunsproduk
237 Voortbring
749 Kuns
kunsrigting 749
kunssin 747
kunssinnig
747 Styl en smaak
749 Kuns
kunssinnigheid
747 Styl en smaak
749 Kuns
kunsskat 749
kunsskilder 490
kunsskool 559
kunsskool
749 Kuns
758 Beeldende kuns
760 Skilderkuns
kunssmaak 747
kunsstof 307
kunsstuk
745 Versier
749 Kuns
kunssy 311
kunstalent 749
kunstand 391
kunste 515
kunstegniek 749
kunstenaar
237 Voortbring
614 Bekwaam
724 Vermaak en
  ontspanning
749 Kuns
kunstenaarskap 749
kunstentoonstelling 749
kunstig
743 Mooi
747 Styl en smaak
749 Kuns
kunstigheid
743 Mooi
749 Kuns
kunsvlyt 749
kunsvorm 749
kunswerk
745 Versier
749 Kuns

kunswetenskap
515 Wetenskap
749 Kuns
kurare 252
kurator 590
kuratorskap 590
kurie
123 Meet
256 Skeikunde
kuriositeit 36
kurk
84 Houer
178 Toegaan
kurkdroog 464
kurkeik 331
kurkgeld 708
kurktrekker
177 Oopgaan
444 Krom
kurrikuleer 559
kurrikulering 559
kurrikulum
559 Opvoeding en
  onderwys
561 Studeer
640 Voorbereid
kursief
565 Skryfkuns
566 Drukkuns
kursiveer
565 Skryfkuns
566 Drukkuns
kursories 225
kursus 561
kursusbeplanning 559
kurwatuur 139
kurwe
139 Meetkunde
444 Krom
kus
276 Vasteland
282 Kus
776 Liefde en
  vriendskap
790 Sosiale betrekking
kusbesoedeling 255
kusgebied
61 Plek
273 Geografie
276 Vasteland
kuslyn
282 Kus
442 Lyn
kussing
96 Slaapplek
410 Slaap
kussingsloop
95 Huisraad
410 Slaap
kusstreek
276 Vasteland
282 Kus
kusvaart 221

kuttel 409
kuur 414
kwa(a)ilappies 622
kwaad
  413 Verskillende siektes
  623 Sleg
  683 Misluk
  715 Negatiewe gevoel
  771 Gramskap
  777 Haat en
    onvriendelikheid
  779 Boosaardigheid
  813 Swak gedrag
  822 Skuldig
kwaadaardig
  412 Siek
  413 Verskillende siektes
  623 Sleg
  779 Boosaardigheid
kwaadaardigheid
  412 Siek
  779 Boosaardigheid
kwaaddenkend 770
kwaaddenkendheid 770
kwaaddoener
  779 Boosaardigheid
  822 Skuldig
kwaaddoenerig
  598 Ongehoorsaam
  813 Swak gedrag
  822 Skuldig
kwaadgesind
  666 Verhinder
  667 Stryd
  777 Haat en
    onvriendelikheid
kwaadgesinde
  666 Verhinder
  667 Stryd
  777 Haat en
    onvriendelikheid
kwaadheid
  618 Heftig
  771 Gramskap
kwaadkat 376
kwaadpraat
  770 Wantroue
  829 Beledig
kwaadprater
  669 Aanval
  770 Wantroue
kwaadpratery
  669 Aanval
  770 Wantroue
  829 Beledig
kwaadskiks 581
kwaadsteek 770
kwaadsteker
  667 Stryd
  669 Aanval
  777 Haat en
    onvriendelikheid
  779 Boosaardigheid

  829 Beledig
kwaadstekery
  667 Stryd
  770 Wantroue
  777 Haat en
    onvriendelikheid
  779 Boosaardigheid
  829 Beledig
kwaadstigter
  667 Stryd
  669 Aanval
  770 Wantroue
  777 Haat en
    onvriendelikheid
  779 Boosaardigheid
  829 Beledig
kwaadstoker
  667 Stryd
  669 Aanval
  777 Haat en
    onvriendelikheid
  779 Boosaardigheid
  829 Beledig
kwaadstokery
  667 Stryd
  669 Aanval
  770 Wantroue
  777 Haat en
    onvriendelikheid
  779 Boosaardigheid
  829 Beledig
kwaadweg 771
kwaadwillig
  582 Wilskrag
  623 Sleg
  667 Stryd
  770 Wantroue
  777 Haat en
    onvriendelikheid
  779 Boosaardigheid
kwaadwillige 770
kwaadwilligheid
  582 Wilskrag
  598 Ongehoorsaam
  770 Wantroue
  777 Haat en
    onvriendelikheid
  779 Boosaardigheid
kwaai
  595 Streng
  622 Goed
  623 Sleg
  656 Gevaarlik
  771 Gramskap
  777 Haat en
    onvriendelikheid
  826 Goedkeur
kwaaigeit 618
kwaaiheid 771
kwaaiigheid 771
kwaaitjie 771
kwaaivriende
  667 Stryd

  771 Gramskap
  777 Haat en
    onvriendelikheid
kwaaivriendskap 667
kwaak
  476 Geluid
  483 Voëlgeluid
  484 Diergeluid
kwaal 412
kwacha 131
kwadfiets 232
kwadraat 137
kwadrant
  61 Plek
  82 Rondom
  88 Posisie
  139 Meetkunde
  444 Krom
kwadriljard 133
kwadriljoen 133
kwadripleeg 412
kwadrofonie 266
kwadrofoniek 266
kwadrupleeg 412
kwaito 753
kwajong
  813 Swak gedrag
  822 Skuldig
kwajongstreek
  722 Humor
  813 Swak gedrag
kwak 416
kwaksalwer
  416 Medikus
  818 Bedrieg
kwal 363
kwalifikasie
  17 Noodsaak
  530 Voorbehou
  614 Bekwaam
  659 Aanstelling
kwalifiseer
  530 Voorbehou
  559 Opvoeding en
    onderwys
  659 Aanstelling
kwalik
  103 Min
  130 Onbepaaldheid
kwaliteit
  3 Bestaanswyse
  457 Onbreekbaar
  622 Goed
  788 Beskawing
kwaliteitsbeheer 622
kwansel 705
kwansuis 538
kwantifiseer 102
kwantitatief 102
kwantiteit 102
kwantor 574
kwantum 102
kwantumdeeltjie 254

kwantumfisika
  254 Stof
  515 Wetenskap
kwantumsprong
  107 Meer
  432 Groot
  682 Slaag
kwantumteorie 254
kwarantyn
  171 Verwyder
  579 Gedwonge
kwarrie 303
kwarrieteël 304
kwart
  112 Deel
  133 Getalle
  753 Musiek
kwartaal
  37 Tydruimte
  127 Tydbepaling
  560 Voorskoolse en
    naskoolse onderrig
kwartaalliks 55
kwartaalstaat
  700 Bank
  703 Boekhou
kwarteeufees 793
kwarteindronde 727
kwarteindstryd 727
kwartel 365
Kwartêre tydperk 274
kwartet
  754 Komposisie
  755 Uitvoering
  757 Sang
kwartgebied 728
kwartier
  37 Tydruimte
  670 Verdedig
  672 Weermag
kwartiermeester 673
kwartlyn 728
kwartnoot 753
kwarto
  315 Papier
  566 Drukkuns
kwartoformaat
  438 Vorm
  566 Drukkuns
kwartrond 446
kwarts 298
kwartshorlosie 128
kwartsirkel
  82 Rondom
  444 Krom
kwartssteen 298
kwartyn 566
kwas
  101 Bouersgereedskap
  427 Drank
  490 Kleur
  630 Werktuig
  760 Skilderkuns

kwasdennehout 316
kwasserig 320
kwasterig
  320 Stam
  455 Hard
  667 Stryd
  715 Negatiewe gevoel
  771 Gramskap
kwatryn 751
kweek
  237 Voortbring
  239 Voortplant
  338 Gras
  345 Plantkwekery
  351 Groenteverbouing
  352 Graanverbouing
kweekhuis 345
kweekskool 559
kweel
  365 Voël
  483 Voëlgeluid
  757 Sang
kwekeling 673
kweker 345
kwekery
  237 Voortbring
  345 Plantkwekery
  347 Landbou
kwêkwêvoël 365
kwel
  513 Denke
  651 Toesien
  714 Positiewe gevoel
  717 Lyding
  768 Vrees
kwela
  742 Dans
  753 Musiek
kwelafluit 756
kwelamusiek 753
kwelduiwel
  838 Gees
  844 Bygeloof
kwelgedagte 513
kwelgees
  771 Gramskap
  838 Gees
  844 Bygeloof
kwellery 651
kwelling
  513 Denke
  651 Toesien
  717 Lyding
  719 Hartseer
  721 Ontevredenheid
kwelsiek 722
kwelspook
  838 Gees
  844 Bygeloof
kwelsug
  719 Hartseer
  721 Ontevredenheid
kwelvraag
  516 Soek

  555 Vra
kweper
  350 Vrugteverbouing
  426 Kossoort, dis
kweperkonfyt 426
kweperlat 835
kwerulant 721
kwerulantisme
  505 Verstandstoornis
  721 Ontevredenheid
kwes
  413 Verskillende siektes
  623 Sleg
  677 Skiet
  779 Boosaardigheid
  831 Minag
kwesbaar
  53 Nuut en jonk
  626 Swak
  715 Negatiewe gevoel
kwesbaarheid
  626 Swak
  714 Positiewe gevoel
kwesel
  818 Bedrieg
  845 Godsvrug
kweselary
  818 Bedrieg
  845 Godsvrug
kwesplek
  413 Verskillende siektes
  626 Swak
  714 Positiewe gevoel
kwessie
  516 Soek
  555 Vra
  557 Diskussie
  620 Belangrik
  654 Moeilik handel
  667 Stryd
kwestieus
  532 Betwis
  538 Dwaling
  587 Aarsel
  770 Wantroue
kwestor 665
kwestuur 665
kwets
  623 Sleg
  779 Boosaardigheid
  829 Beledig
  831 Minag
kwetsend
  623 Sleg
  777 Haat en
    onvriendelikheid
  820 Oneerbaar
  829 Beledig
  831 Minag
kwetsuur 413
kwetter
  365 Voël
  476 Geluid

  483 Voëlgeluid
  548 Praat
kwêvoël 365
kwiek 476
kwiëtisme 842
kwik
  259 Aërografie
  260 Warmteleer
  297 Metaal
kwikbad 256
kwikdamp 461
kwikkie 365
kwiksalf 415
kwiksilwer 297
kwiksout 300
kwikstert 365
kwilt 745
kwing-kwang
  164 Reëlmatige
    beweging
  444 Krom
kwinkeleer
  483 Voëlgeluid
  757 Sang
kwinkslag 722
kwint
  182 Slaan
  715 Negatiewe gevoel
  753 Musiek
  755 Uitvoering
  756 Musiekinstrument
  835 Bestraf
kwintaal 124
kwintappel 323
kwinteljoen
  104 Baie
  133 Getalle
kwintessens
  111 Geheel
  622 Goed
kwintet
  754 Komposisie
  755 Uitvoering
  757 Sang
kwintiel 112
kwispedoor 409
kwispel
  165 Onreëlmatige
    beweging
  396 Rug
kwistig
  104 Baie
  691 Spandeer
  778 Goedaardigheid
kwistigheid
  104 Baie
  691 Spandeer
kwitansie
  525 Bewys
  708 Betaal
kwits 10
kworum 665
kwosiënt 137

kwota
  102 Hoeveelheid
  112 Deel
kwotasie
  126 Skat
  704 Koop
kwoteer 704
kwotering
  126 Skat
  704 Koop
kwyl 409
kwyn
  412 Siek
  626 Swak
  719 Hartseer
kwynend
  412 Siek
  626 Swak
  719 Hartseer
kwyt
  593 Vryheid
  612 Noukeurig
  614 Bekwaam
  687 Verlies
  811 Gewete
kwytbrief
  525 Bewys
  708 Betaal
kwyting 708
kwytraak
  593 Vryheid
  687 Verlies
  697 Verlies ly
kwytskeld
  596 Inskiklik
  601 Toestemming gee
  693 Gee
  710 Kosteloosheid
  783 Vergifnis
  833 Verontskuldig
kwytskelding
  596 Inskiklik
  601 Toestemming gee
  693 Gee
  710 Kosteloosheid
  783 Vergifnis
  809 Regsgeding
  833 Verontskuldig
kyf
  667 Stryd
  792 Asosiaal
kyfparty 813
kyfsiek 667
kyk
  386 Gesig
  499 Sien
  508 Aandag
  513 Denke
  516 Soek
kyker
  264 Radio en televisie
  267 Optika
  387 Oog
  499 Sien

kykie 499
kykkas 264
kyklustig 506
kykstof 264
kykvermoë 499
kys 776
kykweer 264
kywery 667 Stryd

L

La Niña 289
la 753
la(r)nie
  375 Man
  689 Ryk
  743 Mooi
  785 Hoogmoed
laaf
  406 Eet
  716 Genot
laafdrank 427
laafnis
  427 Drank
  716 Genot
laag
  21 Opeenvolging
  72 Plat
  161 Bedek
  168 Saamkom
  259 Aërografie
  431 Afmeting
  437 Laag
  480 Dowwe klank
  572 Uitspraak
  621 Onbelangrik
  623 Sleg
  708 Betaal
  744 Lelik
  798 Laer stand
  813 Swak gedrag
  820 Oneerbaar
  827 Afkeur
laag-by-die-grond
  623 Sleg
  786 Nederigheid
laagdrukgebied
  289 Klimaat
  294 Weerkunde
laagdruksel 289
laagdrukstelsel 294
laaggebore 798
laaggeborene 798
laaggedig 751
laaggeleë
  278 Vallei
  437 Laag
laaggety 283
laaghartig
  744 Lelik
  813 Swak gedrag
  820 Oneerbaar
laaghartigheid
  813 Swak gedrag

  820 Oneerbaar
laagheid
  437 Laag
  813 Swak gedrag
laaghout 316
laagkoek 426
laagland
  274 Geologie
  278 Vallei
laagliggend
  278 Vallei
  437 Laag
laagreliëf
  273 Geografie
  763 Beeldhoukuns
laagsgewys 21
laagspanning 262
laagte
  72 Plat
  278 Vallei
  437 Laag
laagtepunt
  437 Laag
  623 Sleg
laagvat 748
laagwater 283
laagwaterlyn
  283 See
  442 Lyn
laai
  170 Saambring
  194 Vervoer
  262 Elektrisiteit
  452 Swaar
  644 Handelwyse
  654 Moeilik handel
  657 Herhaal
  677 Skiet
laaibrug
  149 Pad
  194 Vervoer
laaier
  194 Vervoer
  262 Elektrisiteit
laaigeld
  194 Vervoer
  708 Betaal
laaihawe
  194 Vervoer
  235 Skeepvaart
  452 Swaar
laaimasjien
  233 Voertuig
  235 Skeepvaart
  452 Swaar
laaimeester 234
laaiplatform
  194 Vervoer
  235 Skeepvaart
  452 Swaar
laaistok
  71 Regop
  676 Vuurwapen

  820 Oneerbaar
laaitie 243
laak 827
laakbaar
  813 Swak gedrag
  820 Oneerbaar
  827 Afkeur
laan
  90 Omgewing
  149 Pad
laas 50
laasgenoemde 24
laaslede 50
laaste
  28 Einde
  50 Verlede
laastelik 28
laastens 28
laat
  16 Gevolg
  47 Later
  58 Laat
  127 Tydbepaling
  687 Verlies
laataand
  37 Tydruimte
  127 Tydbepaling
laatherfs 37
laatkommer 58
laatlam 243
laatlammetjie
  53 Nuut en jonk
  243 Kinders
laatlente 37
laat-maar-loop(-)houding
  613 Onnoukeurig
  652 Versuim
  699 Leen
  774 Onverskilligheid
laatmiddag 37
laatnag 127
laatoes 427
laatoeswyn 427
laatslaper 410
laatsomer 37
laatte 58
laatwinter 37
Labarang 851
labbe(r)lotterig 615
labberdaan 422
labiaal 572
labiaat 318
labialisasie 572
labialiseer 572
labiel
  11 Disharmonie
  142 Veranderlikheid
  583 Willoosheid
  715 Negatiewe gevoel
labiliteit
  11 Disharmonie
  142 Veranderlikheid
  583 Willoosheid
  715 Negatiewe gevoel

labiodentaal 572
labirint
  388 Oor
  654 Moeilik handel
labirinties
  148 Van koers gaan
  388 Oor
  654 Moeilik handel
laboratorium
  255 Natuur
  256 Skeikunde
  560 Voorskoolse en naskoolse onderrig
  658 Beroep
Lacerta 270
lachenalia 335
lacrimoso 753
lacrosse 728
lading
  194 Vervoer
  262 Elektrisiteit
  452 Swaar
  677 Skiet
lady 797
laedrukgebied
  289 Klimaat
  294 Weerkunde
laedruksentrum 294
laedrukstelsel 294
laekostebehuising 89
laelak 623
laer
  30 Hiërargie
  89 Blyplek
  163 Draai
  168 Saamkom
  446 Rond
  655 Veilig
  670 Verdedig
  671 Verdedigingsmiddel
laerhuis 590
laerskool 559
laerskoolleerder 560
laestrek 233
laestrekratkas 233
laevetmelk 426
laevlaktaal 263
laf
  470 Smaak
  472 Smaakloos, sleg
  503 Onverstandigheid
  524 Onlogies redeneer
  583 Willoosheid
  623 Sleg
  722 Humor
  725 Verveling
  831 Minag
lafaard 768
lafbek
  503 Onverstandigheid
  524 Onlogies redeneer
lafenis 716

lafhartig 768
lafhartigheid 768
lafheid
　470 Smaak
　472 Smaakloos, sleg
　722 Humor
lag
　481 Skerp klank
　482 Menslike geluid
　484 Diergeluid
　545 Natuurlike teken
　718 Blydskap
　722 Humor
　831 Minag
lagbui 722
lagduif 365
lagerbier 427
laggas 461
laggend
　482 Menslike geluid
　722 Humor
laggenderwys 722
laggerig
　503 Onverstandigheid
　524 Onlogies redeneer
　722 Humor
laggery
　482 Menslike geluid
　722 Humor
　831 Minag
laglus 722
lagplooi 386
lagrimpel 386
lagsiek 722
lagsiekte 722
lagune
　282 Kus
　283 See
　285 Watermassa
lagwekkend
　503 Onverstandigheid
　524 Onlogies redeneer
　722 Humor
laisser-aller
　613 Onnoukeurig
　652 Versuim
laisser-faire
　613 Onnoukeurig
　652 Versuim
lak
　161 Bedek
　178 Toegaan
　462 Halfvloeibare stof
　490 Kleur
　564 Skryfbehoeftes
　728 Balsporte
lakei
　592 Ondergeskikte
　663 Meedoen
laken
　95 Huisraad
　96 Slaapplek
　311 Weefstof

　410 Slaap
lakkoliet 277
lakleer 314
lakmoes 490
lakmoespapier 256
lakmoestoets
　256 Skeikunde
　525 Bewys
　527 Oordeel
lakoniek
　553 Behandel
　611 Lui
　619 Kalm
　714 Positiewe gevoel
　722 Humor
lakonisme
　619 Kalm
　714 Positiewe gevoel
　722 Humor
lakpolitoer
　490 Kleur
　627 Skoon
laks
　611 Lui
　634 Nutteloos
　813 Swak gedrag
laksatief
　408 Spysvertering
　415 Geneesmiddel
laksel 490
laksheid
　611 Lui
　613 Onnoukeurig
laksman
　252 Doodmaak
　365 Voël
　835 Bestraf
laktasie
　239 Voortplant
　406 Eet
laktometer 371
laktose 471
laktose-intoleransie 413
laktoskoop 371
lakune
　23 Onderbreking
　117 Te min
　177 Oopgaan
lakverf 490
lakvernis 490
lal 548
lalnaam
　550 Noem
　574 Woordkategorie
laloentjie
　350 Vrugteverbouing
　426 Kossoort, dis
lam
　239 Voortplant
　357 Dier
　366 Soogdier
　413 Verskillende siektes
　611 Lui

　661 Vermoeidheid
　715 Negatiewe gevoel
　772 Sagmoedigheid
　776 Liefde en
　　vriendskap
lama 366
lamboud 413
lamboude 661
lambriseer
　161 Bedek
　316 Hout
lambrisering
　161 Bedek
　316 Hout
lamé 311
lamel 301
lamelbord 316
lamelglas 309
lamelhout 316
lamelleer
　161 Bedek
　301 Metaalverwerking
　316 Hout
lamellering
　161 Bedek
　316 Hout
lamenteer 719
lamento 753
lamentoso 753
lamheid
　583 Willoosheid
　611 Lui
　661 Vermoeidheid
lamineer
　161 Bedek
　301 Metaalverwerking
　316 Hout
laminering
　161 Bedek
　316 Hout
　426 Kossoort, dis
Lamington 426
lamlê 146
lamlendig
　142 Veranderlikheid
　583 Willoosheid
　611 Lui
　615 Onbekwaam
　623 Sleg
　626 Swak
　715 Negatiewe gevoel
　768 Vrees
　813 Swak gedrag
lamlendigheid
　583 Willoosheid
　611 Lui
　615 Onbekwaam
　626 Swak
　813 Swak gedrag
lammeling
　583 Willoosheid
　611 Lui
　623 Sleg

　626 Swak
lammer
　357 Dier
　366 Soogdier
lammergier 365
lammervanger 365
lammie 413
lamp
　95 Huisraad
　485 Lig
　487 Ligbron
lampetbeker
　84 Houer
　94 Dele van 'n eiendom
lamplig 487
lampolie
　299 Brandstof
　460 Vloeistof
lamprei 363
lamsak
　583 Willoosheid
　615 Onbekwaam
　623 Sleg
　626 Swak
　652 Versuim
　813 Swak gedrag
lamsakgees 583
lamsakkerig
　583 Willoosheid
　611 Lui
　615 Onbekwaam
　623 Sleg
　626 Swak
　768 Vrees
　813 Swak gedrag
lamsakkig
　583 Willoosheid
　611 Lui
　615 Onbekwaam
　623 Sleg
　626 Swak
　768 Vrees
　813 Swak gedrag
lamsakkigheid
　583 Willoosheid
　611 Lui
　615 Onbekwaam
　623 Sleg
　626 Swak
　768 Vrees
　813 Swak gedrag
lamsalig
　583 Willoosheid
　623 Sleg
lamsboud 421
lamsiekte 413
lamskotelet 421
lamslaan
　182 Slaan
　617 Magteloos
　626 Swak
　766 Wanhoop
lamsribbetjie 421

langsaamheid

lamstjop 421
lamsvleis 421
lamsvleistikka 426
LAN 263
land
  33 Samehorigheid
  61 Plek
  90 Omgewing
  188 Aankom
  212 Afgaan
  222 Vlieg
  276 Vasteland
  346 Landbougrond
  590 Bestuur en regeer
  787 Samelewing
landadel 797
landaf 290
landauer 230
landbank 700
landbesit 688
landbou
  347 Landbou
  658 Beroep
landboubedryf
  347 Landbou
  701 Handel en ekonomie
landbou-ekonomie
  347 Landbou
  356 Landbouwetenskap
landbou-ekonoom
  347 Landbou
  356 Landbouwetenskap
landbouer 347
landbougereedskap
  355 Landbougereedskap
  630 Werktuig
landbougewas 347
landbougrond 346
landboukollege
  356 Landbouwetenskap
  559 Opvoeding en onderwys
landboukunde 356
landboukundig
  347 Landbou
  356 Landbouwetenskap
landboukundige 356
landbouskool
  356 Landbouwetenskap
  559 Opvoeding en onderwys
landboutentoonstelling 356
landbouvereniging 665
landbouwetenskap
  356 Landbouwetenskap
  515 Wetenskap
landbouwetenskaplike
  356 Landbouwetenskap
  515 Wetenskap
landdros
  591 Gesaghebber
  808 Regswese

  809 Regsgeding
landdroshof 808
landdroskantoor
  91 Gebou
  808 Regswese
landeienaar 688
landelik
  61 Plek
  90 Omgewing
landelikheid
  61 Plek
  90 Omgewing
landengte 282 Kus
landery 346
landgenoot
  592 Ondergeskikte
  787 Samelewing
landgoed
  61 Plek
  346 Landbougrond
  354 Plaas
landgoedwyn 427
land(s)grens
  63 Begrensdheid
  160 Omring
  590 Bestuur en regeer
landheer
  688 Besit
  797 Hoër stand
landhoof
  149 Pad
  235 Skeepvaart
landing
  188 Aankom
  212 Afgaan
  221 Vaar
  222 Vlieg
landingsbaan 222
landingsterrein 222
landjonker 797
landkaart
  88 Posisie
  273 Geografie
  560 Voorskoolse en naskoolse onderrig
landleër 672
landloop 729
landlyn 265
landmag 672
landmassa 276
landmeetkunde 123
landmeter 123
landmetery 123
landmeting 123
landmyn 676
landnaam 550
landonteiening 687
landreis 187
landrot
  64 Aanwesigheid
  235 Skeepvaart
landsaat 787
landsake 590

landsbelang
  620 Belangrik
  787 Samelewing
landsbestuur
  590 Bestuur en regeer
  795 Staat en politiek
landsburger
  592 Ondergeskikte
  787 Samelewing
landsekonomie 701
landskap
  61 Plek
  760 Skilderkuns
landskapkuns 749
landskapkunstenaar 749
landskapsargiktektuur 61
landskapsargitek
  61 Plek
  97 Bou
landskapskilder
  749 Kuns
  760 Skilderkuns
landskapsontwerp 94
landsreg 808
landsregering
  588 Gesag hê
  590 Bestuur en regeer
  795 Staat en politiek
landstaal 569
landstreek
  61 Plek
  90 Omgewing
landsvader 54
landsverraad
  803 Wette oortree
  817 Ontrouheid
landsverraaier
  787 Samelewing
  803 Wette oortree
  817 Ontrouheid
landsvlag 546
landsvyand
  667 Stryd
  803 Wette oortree
landswet 801
landverhuising
  67 Verplasing
  167 Wegbeweeg
landvoog 591
landwaarts 221
land(s)wyd
  62 Grensloosheid
  111 Geheel
lanfer 311
lanferroos 332
lang
  68 Ver
  432 Groot
langademig 404
langafstand 729
langafstandatleet 729
langarmaap 366

langarmdans 742
langasem
  404 Asemhaling
  548 Praat
langbeen
  343 Genesende plant
  397 Ledemaat
  415 Geneesmiddel
langbeenspinnekop 361
langbroek 745
langdeelsom 137
langdradig
  40 Langdurig
  553 Behandel
  657 Herhaal
  725 Verveling
langdurend 40
langdurig
  22 Kontinuïteit
  40 Langdurig
  647 Voortgaan
langeraat 397
langerig
  40 Langdurig
  432 Groot
langertermynskuld 687
langlewemelk 371
lang(s)lewend 249
lang(s)lewendheid 249
langlys
  584 Kies
  659 Aanstelling
langmaalsom 137
langmouhemp 745
langmoutrui 745
langneus
  389 Neus
  506 Belangstelling
  517 Vind
langneusig 389
langoestien
  422 Seekos
  426 Kossoort, dis
langoor
  243 Kinders
  366 Soogdier
  388 Oor
langorig
  243 Kinders
  388 Oor
langs
  61 Plek
  78 Parallel
  87 Aan die kant
  147 Rigting
  152 Verby
  208 Verbygaan
langsaam
  22 Kontinuïteit
  40 Langdurig
  226 Stadig
  581 Teësinnig
langsaamheid
  40 Langdurig

226 Stadig
langsaan
  61 Plek
  87 Aan die kant
langsamerhand
  22 Kontinuïteit
  47 Later
  226 Stadig
langslewende
  248 Huwelik
  249 Lewe
langsous 426
langspeelplaat 756
langspeler 756
langstertflap 365
langsweep
  182 Slaan
  230 Rytuig
langtand
  406 Eet
  581 Teësinnig
  587 Aarsel
langtermyn 40
langtermynbelegging
  686 Aanwins
  692 Spaar
**langtermynfinan-
  siering** 693
langtermyngeheue 510
langtermynkoers
  686 Aanwins
  699 Leen
langtermynlening
  688 Besit
  693 Gee
  699 Leen
langtermynversekering
  655 Veilig
  692 Spaar
langtiekie 265
langtoon 365
langue 569
langverlof
  560 Voorskoolse en
    naskoolse onderrig
  648 Onderbreek
  662 Rus
langverwag(te)
  40 Langdurig
  51 Toekoms
  520 Verwag
  773 Begeerte
langvingerig
  397 Ledemaat
  815 Oneerlik
langvintuna 363
langvraag 561
langwerpig 432
lanie 616
laning
  21 Opeenvolging
  149 Pad
  318 Plant

lank
  40 Langdurig
  68 Ver
  432 Groot
  435 Smal
  572 Uitspraak
lankal
  45 Geskiedenis
  46 Vroeër
  50 Verlede
lanklaas 46
lankmoedig
  596 Inskiklik
  668 Vrede en versoening
  714 Positiewe gevoel
  772 Sagmoedigheid
  778 Goedaardigheid
lankmoedigheid
  596 Inskiklik
  714 Positiewe gevoel
  772 Sagmoedigheid
lank-uit
  111 Geheel
  432 Groot
lanolien
  415 Geneesmiddel
  462 Halfvloeibare stof
lans 678
lansblaar 341
lanseer
  185 Sny
  221 Vaar
  222 Vlieg
  223 Stuur
  414 Geneeskunde
  539 Kommunikeer
  677 Skiet
lanseerbaan
  222 Vlieg
  677 Skiet
lanseerbasis
  235 Skeepvaart
  677 Skiet
lanseerhelling
  235 Skeepvaart
  677 Skiet
lansers 742
lanset 185
lansier
  673 Manskap
  678 Ander wapens
lansvaring 329
lantaan
  256 Skeikunde
  297 Metaal
lantana 332
lanterfanter
  39 Tydverlies
  213 Rondgaan
  229 Stadig beweeg
  611 Lui
  646 Nie handel nie

lanterfantery
  611 Lui
  646 Nie handel nie
lantern 487
lap
  61 Plek
  161 Bedek
  311 Weefstof
  313 Weef
  318 Plant
  622 Goed
  627 Skoon
  745 Versier
lapa 93
laparoskopie 414
lapbestrating 149
lapel 745
lapelmikrofoon 266
laphoed 745
lapidêr 565
lapmiddel 622
lappieskombers
  13 Verskeidenheid
  96 Slaapplek
lappiesmous
  701 Handel en ekonomie
  705 Verkoop
lappop 741
lapservet 95
lapsus 538
lapwerk
  622 Goed
  745 Versier
lardeer
  419 Voedselbereiding
  421 Vleis
lardeersel 419
larghetto 753
larghissimo 753
largo
  753 Musiek
  754 Komposisie
larie 524
lariksboom 331
laringitis 413
laringologie 414
laringoloog 416
larinks
  393 Nek en skouer
  398 Asemhalingsorgaan
larkeboom 331
larvaal 361
larwe 361
las
  21 Opeenvolging
  172 Vasmaak
  302 Smeewerk
  316 Hout
  452 Swaar
  654 Moeilik handel
  711 Skuld
  712 Belasting
  715 Negatiewe gevoel

lasagne 426
lasbrief
  599 Gesag uitoefen
  808 Regswese
lasdier 357
lasdraer 719
laser 261
laserbehandeling 746
laserdrukker
  263 Rekenaar en
    internet
  564 Skryfbehoeftes
laserskyf 263
laserspeler 264
lasgewer 599
lashebber 588
laslap 311
laslapkombers
  13 Verskeidenheid
  96 Slaapplek
laslapwerk 745
lasnemer 588
lasplek
  172 Vasmaak
  302 Smeewerk
  316 Hout
laspos 771
lasso 227
laster
  669 Aanval
  779 Boosaardigheid
  803 Wette oortree
  813 Swak gedrag
  822 Skuldig
  829 Beledig
  846 Goddeloosheid
lasteraar
  669 Aanval
  803 Wette oortree
  822 Skuldig
  829 Beledig
lasterbek 829
lasterend
  779 Boosaardigheid
  829 Beledig
lastering 829
lasterkampanje 829
lasterlik
  669 Aanval
  779 Boosaardigheid
  813 Swak gedrag
  829 Beledig
lasterlikheid
  779 Boosaardigheid
  813 Swak gedrag
lasterpraatjies
  669 Aanval
  829 Beledig
lastersaak 809
lasterskrif
  568 Media
  829 Beledig
lastertaal 829

lastertong 829
lastig
  60 Ongeleë
  452 Swaar
  654 Moeilik handel
  666 Verhinder
  715 Negatiewe gevoel
  717 Lyding
  771 Gramskap
lastigheid
  452 Swaar
  654 Moeilik handel
  715 Negatiewe gevoel
  717 Lyding
lasuliet 298
lasuur
  298 Steen
  492 Kleure
lat
  182 Slaan
  316 Hout
  320 Stam
  835 Bestraf
latei 94
lateks
  307 Rubber en plastiek
  318 Plant
latenstyd 58
latent 501
latentheid 501
later
  25 Dit wat volg
  47 Later
  51 Toekoms
  58 Laat
lateraal 87
lateriet 298
laterig 58
Latinis 570
latinisme 569
latrine 94
Latyn 569
laudanum 415
laveer
  221 Vaar
  407 Drink
laventel
  332 Struik
  340 Krui
  746 Persoonlike versorging
laventelhaan
  375 Man
  785 Hoogmoed
laventelwater 474
lawa
  274 Geologie
  277 Berg
  298 Steen
lawaai
  165 Onreëlmatige beweging
  266 Akoestiek

  476 Geluid
  479 Disharmonies
  548 Praat
  813 Swak gedrag
lawaaibek 548
lawaaierig
  20 Wanorde
  165 Onreëlmatige beweging
  476 Geluid
  548 Praat
lawaaimaker 476
lawaaiwater
  427 Drank
  476 Geluid
lawa-as 298
lawalaag 277
lawaplato 277
lawe 716
lawement 415
lawine
  277 Berg
  292 Water
lawing
  406 Eet
  407 Drink
  716 Genot
lawwigheid
  503 Onverstandigheid
  524 Onlogies redeneer
  716 Genot
  722 Humor
  813 Swak gedrag
lê
  61 Plek
  64 Aanwesigheid
  66 Plasing
  72 Plat
  146 Bewegingloosheid
  239 Voortplant
  253 Begrafnis
  377 Liggaam
  410 Slaap
  412 Siek
leb
  366 Soogdier
  371 Suiwelbereiding
  401 Spysverterings- kanaal
Lebanonseder 331
lêboor
  361 Insek
  403 Voortplantings- orgaan
ledegeld
  665 Byeenkom
  708 Betaal
ledekant 96
ledemaat
  377 Liggaam
  397 Ledemaat
ledetal
  133 Getalle

  665 Byeenkom
ledevergadering
  168 Saamkom
  590 Bestuur en regeer
LED-gloeilamp 487
ledig
  110 Niks
  176 Uithaal
  407 Drink
  611 Lui
  662 Rus
ledigheid
  611 Lui
  646 Nie handel nie
  662 Rus
lediging
  110 Niks
  176 Uithaal
  407 Drink
leed
  717 Lyding
  719 Hartseer
leëderm 401
leedvermaak 779
leedvermakerig 779
leedwese 823
  1 Bestaan
  64 Aanwesigheid
  141 Behoud
  165 Onreëlmatige beweging
  249 Lewe
leefbaarheid 249
leefkamer 94
leefmilieu 787
leefreël 513
leefruimte 61
leefstyl 249
leefstyladviseur 638
leefstylkompleks 89
leefstyllandgoed 89
leefstyloudit 703
leefstylsiekte 413
leeftyd
  38 Tydgebruik
  52 Ouderdom
  54 Oud
  249 Lewe
leeftydsgenoot 52
leeftydsgroep 52
leefwêreld 61
leefwyse
  249 Lewe
  644 Handelwyse
  810 Gedrag
leeg
  62 Grensloosheid
  65 Afwesigheid
  110 Niks
  137 Bewerking
  542 Betekenisloosheid
  621 Onbelangrik
  632 Onnodig

leegheid
  621 Onbelangrik
  632 Onnodig
leeghoof
  536 Nie weet nie
  623 Sleg
leeghoofdig
  503 Onverstandigheid
  536 Nie weet nie
leeglê
  213 Rondgaan
  611 Lui
  646 Nie handel nie
  813 Swak gedrag
leeglêer
  611 Lui
  623 Sleg
  646 Nie handel nie
  813 Swak gedrag
leeglêery
  611 Lui
  646 Nie handel nie
  662 Rus
leegloop
  108 Minder
  110 Niks
  213 Rondgaan
  611 Lui
  646 Nie handel nie
leegloper
  611 Lui
  646 Nie handel nie
leeglopery
  611 Lui
  646 Nie handel nie
leegte
  23 Onderbreking
  65 Afwesigheid
  110 Niks
  117 Te min
  278 Vallei
  437 Laag
  623 Sleg
leek 536
leem 298
leemgrond
  275 Mynwese
  298 Steen
leemte
  23 Onderbreking
  117 Te min
  177 Oopgaan
  623 Sleg
leen 693
leendiens 699
leengoed
  569 Taal
  573 Woordeskat
  699 Leen
  794 Sosiale struktuur
leenreg
  699 Leen
  806 Wettig

leenspreuk 573
leenstelsel 794
leenuitdrukking 569
leenvertaling
  565 Skryfkuns
  570 Taalwetenskap
leenwoord
  569 Taal
  573 Woordeskat
leepoog 413
leer
  184 Breek
  211 Opgaan
  314 Leer
  502 Verstand
  515 Wetenskap
  528 Bevestig
  535 Weet
  559 Opvoeding en onderwys
  561 Studeer
  588 Gesag hê
  657 Herhaal
  841 Leer
  842 Geloof
  849 Prediking
leër
  104 Baie
  672 Weermag
lêer
  72 Plat
  234 Spoorweë
  263 Rekenaar en internet
  539 Kommunikeer
  564 Skryfbehoeftes
leeragterstand 559
leerbaadjie
  314 Leer
  745 Versier
leërbasis 672
leerbekleding 314
leerbekleedsel 233
leërbende 672
leerbereiding 314
leerboek
  565 Skryfkuns
  566 Drukkuns
  567 Boek
leerbroek
  314 Leer
  745 Versier
leerder 560
leergang 561
lêergids 263
leergierig
  561 Studeer
  773 Begeerte
leergoed 314
leërhoofkwartier 672
leerhuid 381
leërig
  62 Grensloosheid

110 Niks
lêerig
  72 Plat
  412 Siek
lêerigheid
  72 Plat
  412 Siek
leerjaar
  127 Tydbepaling
  560 Voorskoolse en naskoolse onderrig
leerkrag 560
leerling
  203 Agterna kom
  243 Kinders
  535 Weet
  560 Voorskoolse en naskoolse onderrig
  663 Meedoen
leerlinglisensie 217
leerlingraad 560
leerlingrybewys 217
leerlingskap 658
leerlooier
  314 Leer
  645 Handel
leerlooierstoerusting 314
leërmag 672
leermeester 560
lêernaam 263
leerplan
  561 Studeer
  640 Voorbereid
leerplig 560
leerpligtig 560
leerrede 849
leërskaar
  104 Baie
  672 Weermag
leërskare
  104 Baie
  168 Saamkom
  672 Weermag
leerskool
  535 Weet
  559 Opvoeding en onderwys
leerspreuk 573
leerstellig
  515 Wetenskap
  841 Leer
  842 Geloof
leerstelligheid
  515 Wetenskap
  528 Bevestig
  842 Geloof
leerstelling
  515 Wetenskap
  528 Bevestig
  841 Leer
  842 Geloof
lêerstelsel 263

leervak
  515 Wetenskap
  559 Opvoeding en onderwys
leervis 363
leerwerk
  314 Leer
  561 Studeer
lees
  508 Aandag
  533 Verstaan
  548 Praat
  562 Lees
  752 Toneel- en rolprentkuns
leesbaar 562
leesbaarheid 562
leesblindheid
  413 Verskillende siektes
  562 Lees
leesboek
  562 Lees
  565 Skryfkuns
  566 Drukkuns
  567 Boek
  750 Letterkunde
leesbril
  387 Oog
  499 Sien
leesgewoonte 562
leeshonger 562
leeskamer
  94 Dele van 'n eiendom
  562 Lees
  567 Boek
leeskring
  562 Lees
  665 Byeenkom
leeslaboratorium 569
leeslamp
  95 Huisraad
  487 Ligbron
leesles
  561 Studeer
  562 Lees
leeslus 562
leeslustig
  562 Lees
  773 Begeerte
leesmateriaal
  562 Lees
  567 Boek
leessaal
  562 Lees
  567 Boek
leesspoed 562
leesstof
  562 Lees
  566 Drukkuns
  567 Boek
  750 Letterkunde
leesteken
  565 Skryfkuns

571 Skrif
leesvaardigheid 562
leeswerk
  562 Lees
  567 Boek
Leeu 270
leeu
  366 Soogdier
  767 Moed
leeuagtig 767
leeueaandeel
  112 Deel
  663 Meedoen
leeuemoed 767
leeuhond 366
leeurik 365
leeutemmer 368
legaal 806
legaat 693
legalisasie 806
legaliseer 806
legaliteit 806
legasie
  588 Gesag hê
  693 Gee
legataris 696
legateer 693
legator 693
legeer
  297 Metaal
  301 Metaalverwerking
lêgeld
  235 Skeepvaart
  708 Betaal
legendaries
  36 Onreëlmatigheid
  538 Dwaling
  799 Beroemd
legende
  131 Geldeenheid
  273 Geografie
  552 Vertel
  565 Skryfkuns
  750 Letterkunde
legering
  297 Metaal
  301 Metaalverwerking
legeringsmetaal 297
leges 708
legger 564
leghorn 365
legio 104
legioen
  104 Baie
  672 Weermag
legislatief 801
legislatuur 801
legitiem
  804 Regverdig
  806 Wettig
legitimaris 806
legitimasie 804
legitimeer 852

lelletjie

legitimiseer 806
legitimiteit
  804 Regverdig
  806 Wettig
legkaart 741
lehen
  365 Voël
  370 Voëlteelt
lehoender 365 Voël
lei
  14 Navolging
  85 Voor
  94 Dele van 'n eiendom
  147 Rigting
  559 Opvoeding en onderwys
  564 Skryfbehoeftes
  588 Gesag hê
  590 Bestuur en regeer
  591 Gesaghebber
  599 Gesag uitoefen
  680 Militêre aksie
  755 Uitvoering
leiband 357
leibeurt 288
leidak 94
leidam 288
leidend
  202 Voor beweeg
  588 Gesag hê
  590 Bestuur en regeer
  591 Gesaghebber
  620 Belangrik
leidende 591
leiding
  14 Navolging
  147 Rigting
  262 Elektrisiteit
  288 Waterstelsel
  588 Gesag hê
  590 Bestuur en regeer
  680 Militêre aksie
leidinggewend
  202 Voor beweeg
  591 Gesaghebber
leidinggewende 202
leidinggewing
  14 Navolging
  590 Bestuur en regeer
  599 Gesag uitoefen
leidraad
  513 Denke
  516 Soek
leidsman
  14 Navolging
  147 Rigting
  202 Voor beweeg
  591 Gesaghebber
leidspersoon
  14 Navolging
  147 Rigting
leidster
  14 Navolging

147 Rigting
202 Voor beweeg
270 Hemelliggaam
588 Gesag hê
590 Bestuur en regeer
591 Gesaghebber
599 Gesag uitoefen
leidsvrou
  14 Navolging
  147 Rigting
  202 Voor beweeg
leier
  14 Navolging
  147 Rigting
  202 Voor beweeg
  588 Gesag hê
  590 Bestuur en regeer
  591 Gesaghebber
  599 Gesag uitoefen
leiersfiguur 591
leierskap
  588 Gesag hê
  591 Gesaghebber
  614 Bekwaam
  616 Magtig
leihond
  366 Soogdier
  499 Sien
leiklip 298
leisel
  219 Perdry
  231 Tuig
leisteen
  298 Steen
  304 Steenbakkery
leitmotiv
  750 Letterkunde
  754 Komposisie
leivermoë
  260 Warmteleer
  262 Elektrisiteit
leivoor
  288 Waterstelsel
  346 Landbougrond
leiwater
  288 Waterstelsel
  292 Water
leiwatervoor 288
lek
  103 Min
  131 Geldeenheid
  154 Vryf
  176 Uithaal
  177 Oopgaan
  287 Vloei
  368 Diereteelt
  369 Veeteelt
  406 Eet
  454 Nie dig nie
  460 Vloeistof
  828 Vlei
lekblok 369
lekebroeder 852

lekedigter 751
lekeprediker
  849 Prediking
  852 Geestelike
lekgotla
  590 Bestuur en regeer
  665 Byeenkom
lekhart 413
lekkasie
  176 Uithaal
  177 Oopgaan
  218 Fietsry
  287 Vloei
  454 Nie dig nie
lekker
  406 Eet
  407 Drink
  426 Kossoort, dis
  471 Smaaklik, lekker
  474 Welriekend
  496 Smaak
  716 Genot
lekkerbek 406
lekkerbekkery 406
lekkerbekkig
  406 Eet
  584 Kies
lekkerbekkigheid
  406 Eet
  584 Kies
lekkergoed
  426 Kossoort, dis
  471 Smaaklik, lekker
lekkergoedwinkel 707
lekkerjeuk 413
lekkerkrap 413
lekkerkry
  716 Genot
  718 Blydskap
lekkerlyf 407
lekkerny
  420 Voedsel
  426 Kossoort, dis
  471 Smaaklik, lekker
lekkerruikgoed
  474 Welriekend
  746 Persoonlike versorging
lekkerruikpoeier 474
lekkerruikseep 474
lekkerte
  471 Smaaklik, lekker
  474 Welriekend
  716 Genot
lekplek 177
lekseem 573
leksel
  103 Min
  406 Eet
leksikaal
  570 Taalwetenskap
  573 Woordeskat
  577 Betekenis

leksikaliseer 577
leksikograaf
  567 Boek
  570 Taalwetenskap
leksikografie
  570 Taalwetenskap
  577 Betekenis
leksikografies
  570 Taalwetenskap
  577 Betekenis
leksikologie
  570 Taalwetenskap
  577 Betekenis
leksikologies
  570 Taalwetenskap
  577 Betekenis
leksikoloog 570
leksikon
  567 Boek
  573 Woordeskat
lekties
  569 Taal
  570 Taalwetenskap
lektoraat 560
lektuur
  562 Lees
  566 Drukkuns
  567 Boek
  750 Letterkunde
lel
  365 Voël
  381 Huid
  388 Oor
lelie
  334 Blomplant
  335 Bolplant
lelieblank
  492 Kleure
  627 Skoon
leliederdale 334
leliewit
  492 Kleure
  627 Skoon
lelik
  104 Baie
  623 Sleg
  628 Vuil
  744 Lelik
  777 Haat en onvriendelikheid
  813 Swak gedrag
  827 Afkeur
lelikerd
  744 Lelik
  813 Swak gedrag
lelikheid
  623 Sleg
  744 Lelik
  813 Swak gedrag
lelikpratery 539
lelletjie
  365 Voël
  381 Huid

388 Oor
leloentjie 350
lem
  185 Sny
  355 Landbougereedskap
  678 Ander wapens
lemma 567
lemmetjie
  350 Vrugteverbouing
  426 Kossoort, dis
  492 Kleure
lemmetjiegroen 492
lemmetjiesdraad 94
lemming 366
lemoen
  350 Vrugteverbouing
  426 Kossoort, dis
lemoenboom 350
lemoendoringboom 331
lemoendrankie 427
lemoenduif 365
lemoenessens 419
lemoenkleur 492
lemoenkoek 426
lemoenkonfyt 426
lemoenpampoentjie 426
lemoensap 427
lemoenspanspek 350
lemoenstroop 426
lemur 366
lende
  392 Romp
  396 Rug
  421 Vleis
lendedoek 311
lendelam
  54 Oud
  95 Huisraad
  142 Veranderlikheid
  164 Reëlmatige beweging
  198 Strompel
  583 Willoosheid
  626 Swak
lendeskyf 421
lendewerwel 396
lener
  699 Leen
  700 Bank
leng 289
lengte
  123 Meet
  272 Aarde
  431 Afmeting
  432 Groot
  436 Hoog
lengtedal 463
lengtegraad
  88 Posisie
  269 Heelal
  272 Aarde
lengtemaat
  122 Bereken

431 Afmeting
lengtemeter 123
lengtemeting 123
lengtesirkel 272
lenig
  379 Spier
  411 Gesond
  435 Smal
  456 Sag
  780 Hulpbetoon
lening
  688 Besit
  693 Gee
  699 Leen
  711 Skuld
lening(s)koers
  699 Leen
  700 Bank
leningsbank 700
leningskuld
  699 Leen
  711 Skuld
leningsrekening 700
leningstilstand 699
Leninis 795
Leninisme
  701 Handel en ekonomie
  795 Staat en politiek
lenis 572
lens
  267 Optika
  268 Fotografie en film
  387 Oog
lensie
  351 Groenteverbouing
  426 Kossoort, dis
lensiesop 426
lensopening
  267 Optika
  268 Fotografie en film
lente
  37 Tydruimte
  127 Tydbepaling
  270 Hemelliggaam
  289 Klimaat
lente-ekwinoks 270
lentenagewening
  127 Tydbepaling
  270 Hemelliggaam
lentetyd 37
lenteweer 289
lenticulariswolk 291
lento 753
Leo 370
leotard 745
lepel
  95 Huisraad
  102 Hoeveelheid
  419 Voedselbereiding
lepelaar 365
lepellê 776
lepidoptera 361
lêplek 61

lepra 413
lepralyer 412
lepreus 413
leproos 412
leraar
  560 Voorskoolse en naskoolse onderrig
  841 Leer
  849 Prediking
  852 Geestelike
lering
  559 Opvoeding en onderwys
  561 Studeer
lesbianisme
  376 Vrou
  776 Liefde en vriendskap
lesbiër
  374 Mens
  376 Vrou
  776 Liefde en vriendskap
lesbies
  374 Mens
  376 Vrou
  776 Liefde en vriendskap
lesenswaardig 562
leser 562
leserspubliek 562
lesing
  539 Kommunikeer
  553 Behandel
  558 Redevoering
  560 Voorskoolse en naskoolse onderrig
  561 Studeer
  562 Lees
  565 Skryfkuns
lesingsaal 560
lesingtyd 560
lessenaar
  95 Huisraad
  560 Voorskoolse en naskoolse onderrig
  564 Skryfbehoeftes
lessenaarlamp 95
lessenaarstoel 564
lesuur 560
let 376
letargie 715
letargies 715
letsel 413
letter
  546 Kunsmatige teken
  547 Simboliek
  565 Skryfkuns
  571 Skrif
letterbeeld 565
letterdief 695
letterdiefstal 695
lettere
  515 Wetenskap

750 Letterkunde
letterfont 566
lettergreep
  571 Skrif
  572 Uitspraak
lettergreepraaisel 739
lettergreepverdeling
  571 Skrif
  572 Uitspraak
lettergrootte 566
letterklankwoord 575
letterkneg 569
letterknegtery 569
letterkunde
  562 Lees
  567 Boek
  749 Kuns
  750 Letterkunde
letterkundig 750
letterkundige
  515 Wetenskap
  750 Letterkunde
letterlik
  541 Betekenisvolheid
  577 Betekenis
letternaam
  573 Woordeskat
  575 Woordvorming
letteromsetting 572
letterraaisel 516
lettersetter 566
lettersettery 566
lettersiftery
  532 Betwis
  557 Diskussie
  827 Afkeur
letterskilder 760
lettersoort 566
letterteken
  546 Kunsmatige teken
  565 Skryfkuns
  571 Skrif
lettertipe
  565 Skryfkuns
  566 Drukkuns
lettervers 751
lettervorm 565
lettervreter 561
letterwoord
  573 Woordeskat
  575 Woordvorming
leucadendron 337
leucospermum 337
leuen
  538 Dwaling
  551 Meedeel
  552 Vertel
  613 Onnoukeurig
  623 Sleg
  815 Oneerlik
  818 Bedrieg
leuenaar
  538 Dwaling

623 Sleg
815 Oneerlik
818 Bedrieg
leuenagtig
538 Dwaling
609 Jou woord verbreek
815 Oneerlik
818 Bedrieg
leuenprofeet 538
leuentaal
538 Dwaling
551 Meedeel
leuenverklikker 802
**leuenverklikker-
toets** 802
leukemie 413
leukoderma 413
leukoom 413
leukopatie 413
leukopenie 413
leukoplas(t) 377
leukose 413
leukosiet 400
leukositopenie 413
leukotomie 413
leun
73 Skuins
377 Liggaam
leunstoel 95
leuse 546
lev 131
leviatan 357
Leviatan 855
levitasie 211
levulose
419 Voedselbereiding
471 Smaaklik, lekker
lewe
1 Bestaan
64 Aanwesigheid
141 Behoud
165 Onreëlmatige
  beweging
249 Lewe
718 Blydskap
lewegewend
249 Lewe
251 In die lewe roep
leweloos
146 Beweginglooshied
250 Dood
626 Swak
725 Verveling
leweloosheid
639 Ontmoedig
715 Negatiewe gevoel
766 Wanhoop
lewend
165 Onreëlmatige
  beweging
249 Lewe
lewendbarend
239 Voortplant

403 Voortplantings-
  orgaan
lewende 249
lewendig
1 Bestaan
165 Onreëlmatige
  beweging
249 Lewe
411 Gesond
610 Ywerig
714 Positiewe gevoel
718 Blydskap
767 Moed
lewendigheid
249 Lewe
718 Blydskap
lewensangs 768
lewensat 661
lewensbehoefte 631
lewensbehoud 249
lewensbelangrik 17
lewensbeskouing
249 Lewe
513 Denke
514 Wysbegeerte
811 Gewete
lewensbeskrywing 750
lewensbly 718
lewensblyheid 718
lewensbron 249
lewensdekking 655
lewensdoel 249
lewensdrang 249
lewensduur 249
lewenselikser 415
lewensellende 717
lewensenergie 249
lewenservaring 614
lewensfase 249
lewensfilosofie
249 Lewe
513 Denke
514 Wysbegeerte
lewensgang 249
lewensgees 249
lewensgehalte 249
lewensgeluk 718
lewensgeskiedenis
45 Geskiedenis
249 Lewe
lewensgetrou 537
lewensgevaarlik
656 Gevaarlik
768 Vrees
lewensgroot 432
lewenshouding
249 Lewe
810 Gedrag
lewensin 249
lewensjare 249
lewenskennis 502
lewenskets
249 Lewe

750 Letterkunde
lewenskrag
249 Lewe
610 Ywerig
718 Blydskap
lewenskragtig
249 Lewe
610 Ywerig
625 Sterk
767 Moed
lewenskragtigheid
249 Lewe
610 Ywerig
718 Blydskap
lewenskuns 249
lewenskwaliteit 788
lewenslank 40
lewensles 249
lewensloop 249
lewenslus
249 Lewe
610 Ywerig
718 Blydskap
lewenslustig
249 Lewe
411 Gesond
610 Ywerig
714 Positiewe gevoel
718 Blydskap
767 Moed
lewenslustigheid
249 Lewe
411 Gesond
610 Ywerig
718 Blydskap
lewensmaat 242
lewensmiddel
631 Nodig
688 Besit
lewensmoeg
661 Vermoeidheid
766 Wanhoop
lewensopvatting
249 Lewe
513 Denke
lewenspolis 655
lewensredding 655
lewenstaak 645
lewenstandaard 249
lewenstryd
249 Lewe
654 Moeilik handel
690 Arm
lewenstyl
249 Lewe
788 Beskawing
lewensuitkyk 249
lewensvatbaar
249 Lewe
653 Maklik handel
lewensverwagting 249
lewensvraag 620
lewensvreugde 249

lewenswandel
249 Lewe
644 Handelwyse
810 Gedrag
lewenswerk 645
lewenswyse
249 Lewe
644 Handelwyse
810 Gedrag
lewenswysheid
502 Verstand
535 Weet
lewer
401 Spysverterings-
  kanaal
421 Vleis
631 Nodig
693 Gee
leweransier 705
lewerbot 413
lewerik 365
lewerontsteking 413
leweroorplanting 414
lewerpatee
421 Vleis
426 Kossoort, dis
lewerplant 336
lewersiekte 413
lewersirrose 413
lewersmeer
421 Vleis
426 Kossoort, dis
lewersug 413
lewervlek 413
LGBTI-gemeenskap 374
LGBTI-regte 374
liasseer 19
liassering 19
liberaal
593 Vryheid
795 Staat en politiek
liberalis 795
liberalisme
593 Vryheid
795 Staat en politiek
liberalisties
593 Vryheid
795 Staat en politiek
libertyn
509 Onoplettendheid
593 Vryheid
767 Moed
843 Ongeloof
libidineus
239 Voortplant
776 Liefde en
  vriendskap
libido
239 Voortplant
776 Liefde en
  vriendskap
librettis 754
libretto 754

lid
32 Enkeling
112 Deel
403 Voortplantings-
  orgaan
665 Byeenkom
787 Samelewing
liddiet 676
lidmaat
112 Deel
852 Geestelike
lidmaatskap 665
lido 662
lidstaat 795
lidwoord 574
lied 757
liederlik
623 Sleg
628 Vuil
813 Swak gedrag
820 Oneerbaar
liederlikheid
628 Vuil
820 Oneerbaar
liedjiesdigter 751
liedjieskrywer
751 Digkuns
754 Komposisie
lief 743
liefdadigheid
778 Goedaardigheid
780 Hulpbetoon
liefdadigheidswerk
778 Goedaardigheid
780 Hulpbetoon
liefde
638 Aanmoedig
714 Positiewe gevoel
776 Liefde en
  vriendskap
790 Sosiale betrekking
830 Eerbiedig
liefde(s)diens
778 Goedaardigheid
780 Hulpbetoon
liefdegawe 693
liefdeloos
715 Negatiewe gevoel
777 Haat en
  onvriendelikheid
liefdeloosheid
715 Negatiewe gevoel
777 Haat en
  onvriendelikheid
liefdemakery 776
liefderik
714 Positiewe gevoel
776 Liefde en
  vriendskap
liefdesband 776
liefdesgebaar 776
liefdesgedig 751
liefdeslewe 776

liefdeslied 757
liefdesroman 750
liefdesteleurstelling 776
liefdesverhaal
552 Vertel
750 Letterkunde
liefdesverhouding
776 Liefde en
  vriendskap
790 Sosiale betrekking
liefdesverklaring 776
liefdesvuur 776
liefdevol
531 Saamstem
714 Positiewe gevoel
776 Liefde en
  vriendskap
778 Goedaardigheid
liefdevolheid
714 Positiewe gevoel
776 Liefde en
  vriendskap
778 Goedaardigheid
liefde(s)werk
778 Goedaardigheid
780 Hulpbetoon
liefhê
716 Genot
776 Liefde en
  vriendskap
830 Eerbiedig
liefhebbery 724
liefie 776
liefies
743 Mooi
776 Liefde en
  vriendskap
liefkoos
239 Voortplant
776 Liefde en
  vriendskap
liefkosing 776
liefkry 776
lieflik
716 Genot
743 Mooi
826 Goedkeur
liefling 776
lieflingskind 243
liefs 580
liefste 776
lieftallig
714 Positiewe gevoel
743 Mooi
772 Sagmoedigheid
lieftalligheid
714 Positiewe gevoel
743 Mooi
lieg
538 Dwaling
552 Vertel
609 Jou woord verbreek
815 Oneerlik

818 Bedrieg
liegbek
538 Dwaling
539 Kommunikeer
623 Sleg
818 Bedrieg
liegery 538
liegpraatjies
552 Vertel
818 Bedrieg
liegstem 590
liegstorie
538 Dwaling
539 Kommunikeer
551 Meedeel
552 Vertel
815 Oneerlik
818 Bedrieg
liekerisj 426
liemaak 818
lieplapper
646 Nie handel nie
813 Swak gedrag
lier 756
lierdig 751
lierdigter 751
liertig 435
lierwattel 331
lies 421
liesbreuk 413
lieslap 421
lietsjie 350
liewer(s) 584
liewerster 584
lig
95 Huisraad
103 Min
171 Verwyder
211 Opgaan
232 Fiets
267 Optika
451 Lig
456 Sag
485 Lig
487 Ligbron
490 Kleur
543 Duidelik
576 Sinsbou en styl
653 Maklik handel
820 Oneerbaar
ligament 379
ligatuur 566
ligbaken
221 Vaar
487 Ligbron
ligbeeld 267
ligbesoedeling 255
ligblou 492
ligbreking
267 Optika
485 Lig
ligbron
267 Optika

485 Lig
487 Ligbron
ligbruin 492
ligbundel
267 Optika
485 Lig
ligdruk 268
ligenergie 256
ligflits 546
liggaam
374 Mens
377 Liggaam
392 Romp
liggaamlik
254 Stof
377 Liggaam
liggaamlikheid
254 Stof
377 Liggaam
liggaamsbeweging 145
liggaamsbou 377
liggaamsdeel 377
liggaamsgebrek 413
liggaamshouding
70 Oriëntasie
377 Liggaam
545 Natuurlike teken
liggaamskondisie 411
liggaamskrag 625
liggaamsoefening 629
liggaamstaal
539 Kommunikeer
545 Natuurlike teken
liggeel 492
liggelowig 518
liggelowigheid 518
liggeraak
503 Onverstandigheid
715 Negatiewe gevoel
771 Gramskap
liggeraaktheid
503 Onverstandigheid
714 Positiewe gevoel
715 Negatiewe gevoel
771 Gramskap
liggeroer
503 Onverstandigheid
715 Negatiewe gevoel
liggevoelig
503 Onverstandigheid
715 Negatiewe gevoel
liggewig
451 Lig
731 Gevegsport
liggies 103
ligging
61 Plek
64 Aanwesigheid
66 Plasing
88 Posisie
liggolf
267 Optika
485 Lig

liggroen 492
liggrys 492
lighartig 718
lighartigheid 718
lighoofdig 413
lighoofdigheid 413
ligjaar
  267 Optika
  269 Heelal
ligkolom
  267 Optika
  485 Lig
ligkrans
  267 Optika
  485 Lig
ligkring
  267 Optika
  270 Hemelliggaam
  485 Lig
ligloos 486
ligmeter
  123 Meet
  267 Optika
ligpunt 267
ligrooi 492
ligsein 546
ligsinnig
  583 Willoosheid
  820 Oneerbaar
ligstippel 485
ligstraal
  267 Optika
  485 Lig
ligstreep
  442 Lyn
  485 Lig
  746 Persoonlike versorging
ligswaargewig 731
ligtheid 451
ligvoetig 225
likeur 427
likeurbrandewyn 427
likeurglas 84
likeursjokolade 426
likied 708
likkewaan 364
liksens 217
likwidasie
  171 Verwyder
  238 Vernietig
  687 Verlies
  694 Neem
  705 Verkoop
  708 Betaal
  711 Skuld
likwidateur
  687 Verlies
  711 Skuld
likwideer
  171 Verwyder
  252 Doodmaak
  687 Verlies

  694 Neem
  705 Verkoop
  711 Skuld
likwidering
  708 Betaal
  711 Skuld
likwied
  572 Uitspraak
  708 Betaal
lilliputterig 433
Limburger 426
limeriek 751
limeriekdigter 751
limf
  399 Bloedsomloop en limfstelsel
  400 Bloed en limf
limfaties 399
limfklier 399
limfoom 413
limfosiet
  399 Bloedsomloop en limfstelsel
  400 Bloed en limf
limfsel
  399 Bloedsomloop en limfstelsel
  400 Bloed en limf
limfvog
  399 Bloedsomloop en limfstelsel
  400 Bloed en limf
limfweefsel
  377 Liggaam
  399 Bloedsomloop en limfstelsel
limiet
  38 Tydgebruik
  58 Laat
  63 Begrensdheid
  122 Bereken
  137 Bewerking
  527 Oordeel
limonade 427
lineêr 442
lingua franca 569
linguaal 569
linguini 426
linguis
  515 Wetenskap
  569 Taal
  570 Taalwetenskap
linguistiek
  515 Wetenskap
  570 Taalwetenskap
liniaal
  123 Meet
  443 Reglynig
  560 Voorskoolse en naskoolse onderrig
  759 Tekenkuns
linie
  667 Stryd

  672 Weermag
  787 Samelewing
linieer
  442 Lyn
  565 Skryfkuns
liniëring
  442 Lyn
  565 Skryfkuns
liniment 415
linkerbreinmens 374
linkerhand 397
linkerkant
  87 Aan die kant
  112 Deel
links
  87 Aan die kant
  147 Rigting
  148 Van koers gaan
  615 Onbekwaam
  644 Handelwyse
  795 Staat en politiek
linksgesind 795
linkshandig
  397 Ledemaat
  644 Handelwyse
linksom
  147 Rigting
  148 Van koers gaan
  680 Militêre aksie
linksomkeer 680
links-radikaal 795
linne
  95 Huisraad
  311 Weefstof
  313 Weef
linnegoed
  95 Huisraad
  311 Weefstof
linnewewery 313
linosnee 761
linotipe 566
lint
  564 Skryfbehoeftes
  745 Versier
lintborduurwerk 745
lintwurm 361
lip 390
lipizzaner 366
liplees
  498 Gehoor
  562 Lees
lipogram 414
lipomlyner 745
lipoom 413
liposkulptuur 414
lippediens 815
lippetaal 815
lippotlood 745
lipsalf 745
lipstiffie
  745 Versier
  746 Persoonlike versorging

liptaster 361
lire 131
liriek
  751 Digkuns
  757 Sang
liries
  478 Welluidend
  753 Musiek
lisensiaat 561
lisensie
  217 Motorry
  525 Bewys
  601 Toestemming gee
  616 Magtig
  826 Goedkeur
lisensieer
  217 Motorry
  601 Toestemming gee
  826 Goedkeur
lisergiensuur-diëtelamied 494
lisosoom 377
lispel 548
lispelaar 548
listig
  623 Sleg
  813 Swak gedrag
  815 Oneerlik
  818 Bedrieg
  820 Oneerbaar
listigheid
  813 Swak gedrag
  815 Oneerlik
  818 Bedrieg
  820 Oneerbaar
listiglik
  815 Oneerlik
  818 Bedrieg
  820 Oneerbaar
lit
  320 Stam
  380 Gebeente
  397 Ledemaat
lit(t)oraal 282
litanie 847
liter 123
literator 750
literatuur
  562 Lees
  567 Boek
  750 Letterkunde
literatuurgeskiedenis 750
literatuurondersoek 515
literatuurstudie
  515 Wetenskap
  750 Letterkunde
literatuurteorie 515
literatuurwetenskap
  515 Wetenskap
  750 Letterkunde
literatuurwetenskaplike 515

literêr 750
litiase 413
litigant 809
litigasie 809
litigeer 809
litium 297
litofil 274
litograaf 566
litografeer 566
litografie
　566 Drukkuns
　761 Graveerkuns
litografies 566
litologie
　274 Geologie
　295 Delfstof
litologies 295
litoloog 274
litosfeer
　269 Heelal
　272 Aarde
litotes 576
litotomie 414
litteken 413
liturg
　848 Kerklike bediening
　852 Geestelike
liturgie 848
liturgiek 842
liturgies
　842 Geloof
　848 Kerklike bediening
livreikneg 592
liwidasie 690
lob
　388 Oor
　398 Asemhalingsorgaan
lobola 248
lobotomie 414
loco citato 525
locum tenens 144
locum 144
loding
　123 Meet
　566 Drukkuns
loef 221
loefsy 221
loei
　290 Wind
　484 Diergeluid
loekwart 350
loën 529
loënstraf
　525 Bewys
　526 Weerlê
loer
　499 Sien
　508 Aandag
loerie 365
loesing
　182 Slaan
　684 Oorwin
　727 Kompetisie

lof 826
lofgedig
　751 Digkuns
　826 Goedkeur
loflied
　757 Sang
　826 Goedkeur
　847 Gebed
loflik 826
lofprysing 830
lofrede
　539 Kommunikeer
　558 Redevoering
　826 Goedkeur
　830 Eerbiedig
lofsang
　757 Sang
　848 Kerklike bediening
lofsanger
　751 Digkuns
　757 Sang
lofuiting
　826 Goedkeur
　830 Eerbiedig
lofwaardig
　812 Goeie gedrag
　826 Goedkeur
log
　137 Bewerking
　226 Stadig
　452 Swaar
　615 Onbekwaam
logaritme 137
logboek 187
loggia 94
logheid 452
logies
　19 Orde
　522 Redeneer
　523 Logies redeneer
　577 Betekenis
logika
　514 Wysbegeerte
　522 Redeneer
　523 Logies redeneer
　577 Betekenis
logikus 522
login 263
login-naam 263
logistiek
　640 Voorbereid
　672 Weermag
logistikus 640
loglyn 442
logo
　546 Kunsmatige teken
　547 Simboliek
　701 Handel en ekonomie
logogram 546
logogrief
　516 Soek
　739 Geselskapspele
logopedie 414

logopedies 414
logos 522
lojaal 816
lojalis 816
lojaliteit
　814 Eerlik
　816 Getrouheid
lok
　15 Oorsaak
　191 Laat kom
　773 Begeerte
lokaal
　61 Plek
　63 Begrensdheid
　88 Posisie
　90 Omgewing
　91 Gebou
　168 Saamkom
lokale-area-netwerk 263
lokalisasie 63
lokaliseer
　64 Aanwesigheid
　66 Plasing
lokalisering
　63 Begrensdheid
　66 Plasing
lokaliteit
　61 Plek
　64 Aanwesigheid
　66 Plasing
　88 Posisie
lokatief 574
loket 94
lokettreffer 752
lokfilm 752
lokmiddel 773
lokomotief 234
lokomotories
　150 Vorentoe
　200 Vorentoe beweeg
loks 311
loksodroom 272
lokstem 548
lokteks 567
lokus
　61 Plek
　139 Meetkunde
lokusie 577
lokutief 577
lokval
　183 Gryp
　594 Onvryheid
　818 Bedrieg
lokvink 594
lol 666
lollerig 666
lollery 666
lollie
　426 Kossoort, dis
　494 Gevoelloosheid en bedwelming
lolpot 721
lomerig
　410 Slaap

　661 Vermoeidheid
lomerigheid
　410 Slaap
　661 Vermoeidheid
lomp
　226 Stadig
　434 Breed
　452 Swaar
　615 Onbekwaam
　619 Kalm
lomperd
　198 Strompel
　615 Onbekwaam
lomperig 226
lompheid
　452 Swaar
　615 Onbekwaam
　619 Kalm
lompsom 708
lonend 686
long 398
longaandoening 413
longbloeding 413
longbreuk 413
longemfiseem 413
longitude 272
longitudinaal
　123 Meet
　147 Rigting
　272 Aarde
longkanker 413
longkwaal 413
longmasjien 417
longontsteking 413
longpes 413
longpypontsteking 413
longslagaar 398
longtering 413
longtuberkulose 413
longvat 398
longvliesontsteking 413
longwurmsiekte 413
lonk 545
lont
　467 Aansteek
　676 Vuurwapen
lood
　297 Metaal
　372 Vissery
　492 Kleure
loodarm 299
loodfoelie 301
loodgieter
　97 Bou
　302 Smeewerk
　592 Ondergeskikte
　630 Werktuig
　645 Handel
loodgietersgereed-
　skap 630
loodgieterswerk 97
loodglas 309
loodglasvenster 94

loodglit 297
loodgrys 492
loodhout 316
loodkleur 492
loodkristal 309
loodlegering 301
loodlyn 443
loodreg
  71 Regop
  443 Reglynig
loods
  91 Gebou
  170 Saambring
  216 Ry
  221 Vaar
  222 Vlieg
  223 Stuur
  236 Lugvaart
loodsbaadjie 745
loodsman 221
loodsprogram 264
loodstaaf 301
loodsuiker 256
loodsvis 363
loodswalvis 363
loodvergiftiging 413
loodvry 299
loof
  331 Boom
  826 Goedkeur
  830 Eerbiedig
  837 God
  845 Godsvrug
loofhout 316
loofryk
  321 Blaar
  331 Boom
loog
  256 Skeikunde
  627 Skoon
loogas 256
loogbos 336
loogsout 300
looi
  314 Leer
  835 Bestraf
looier 314
looiery 314
looikuip 314
loom
  226 Stadig
  611 Lui
loomheid
  226 Stadig
  611 Lui
loon
  686 Aanwins
  708 Betaal
  709 Betaalmiddel
  834 Beloon
loongaping 686
loongeskil 686
loonooreenkoms 686

loonskaal 686
loontrekker 686
loonverhoging 686
loop
  21 Opeenvolging
  44 Gebeure in tyd
  62 Grensloosheid
  128 Chronometer
  145 Beweging
  149 Pad
  167 Wegbeweeg
  192 Laat gaan
  197 Te voet gaan
  205 Weggaan van
  229 Stadig beweeg
  286 Rivier
  287 Vloei
  405 Bloedsomloop
  460 Vloeistof
  644 Handelwyse
  645 Handel
  647 Voortgaan
  728 Balsporte
loopbaan
  645 Handel
  658 Beroep
loopbaanontwik-
  keling 658
loopdop 407
loopgraaf
  670 Verdedig
  671 Verdedigingsmiddel
loopkewer 361
loopmaag 413
loopoog 413
looppas
  197 Te voet gaan
  680 Militêre aksie
loops 239
looptyd
  37 Tydruimte
  38 Tydgebruik
  648 Onderbreek
loopvoël 365
loot
  18 Toeval
  320 Stam
lopend
  287 Vloei
  565 Skryfkuns
loper 95
lopie
  197 Te voet gaan
  286 Rivier
  728 Balsporte
lopietempo 728
lord
  785 Hoogmoed
  797 Hoër stand
lordose 413
lorrie 233
los
  7 Betrekkingloosheid

  142 Veranderlikheid
  169 Skei
  171 Verwyder
  173 Losmaak
  458 Breekbaar
  565 Skryfkuns
  593 Vryheid
  683 Misluk
  687 Verlies
  693 Gee
  820 Oneerbaar
losbandig
  593 Vryheid
  779 Boosaardigheid
  813 Swak gedrag
  820 Oneerbaar
losbandigheid
  593 Vryheid
  779 Boosaardigheid
  813 Swak gedrag
  820 Oneerbaar
losbek
  539 Kommunikeer
  548 Praat
losbekkig 548
losbekkigheid
  548 Praat
  829 Beledig
losbol
  509 Onoplettendheid
  593 Vryheid
losbrand 677
losbreek
  171 Verwyder
  173 Losmaak
  184 Breek
  593 Vryheid
loseer 64
loseerder 64
losgaan 173
losgeld 803
losgemaal 728
losgoed 688
losheid
  7 Betrekkingloosheid
  820 Oneerbaar
losieshuis
  91 Gebou
  89 Blyplek
  429 Eetplek, kroeg
losklos 593
loskop
  509 Onoplettendheid
  728 Balsporte
loskopflank 728
loskopstut 728
loskopvoorryman 728
loskruit 676
loskruitpatroon 676
loslaat
  173 Losmaak
  593 Vryheid
loslappie 239

loslieg 818
loslippig 548
loslippigheid 548
loslit
  411 Gesond
  596 Inskiklik
  653 Maklik handel
loslit-Afrikaans 576
loslitstyl 576
loslittig
  411 Gesond
  653 Maklik handel
loslittigheid
  411 Gesond
  596 Inskiklik
  653 Maklik handel
losloop
  197 Te voet gaan
  213 Rondgaan
loslootjie 727
losloper
  213 Rondgaan
  248 Huwelik
loslopie 728
losprys 803
losser 711
lossinnig
  583 Willoosheid
  820 Oneerbaar
losskakel 728
losskeur
  184 Breek
  593 Vryheid
losskryf 563
losspel 728
losstaande
  4 Selfstandigheid
  5 Onselfstandigheid
  7 Betrekkingloosheid
lostrio 728
losvoorspeler 728
losweg
  583 Willoosheid
  641 Onvoorbereid
loswerk 658
loswerker 658
lot 18
loteling 679
lotery 18
lotgeval 18
loting
  18 Toeval
  679 Mobilisering
lotingstelsel 679
lotsbedeling
  18 Toeval
  579 Gedwonge
lotsbestel 579
lotsbestemming
  18 Toeval
  579 Gedwonge
lotsgenoot
  663 Meedoen

776 Liefde en
  vriendskap
lotsverbetering 622
lotsverbondenheid 6
lotus 341
lotuseter 611
lotusland
  611 Lui
  662 Rus
lou
  465 Warm
  581 Teësinnig
  587 Aarsel
loudanum 415
louere 684
louheid 465
lourierblare 419
lourierkrans 745
louter
  108 Minder
  627 Skoon
loutering
  627 Skoon
  654 Moeilik handel
  717 Lyding
louwarm 465
lower 331
LSD 494
Lucifer 838
lug
  61 Plek
  96 Slaapplek
  289 Klimaat
  461 Gas
  473 Reuk
lugaanval 667
lugafweerkanon
  675 Militêre toerusting
  676 Vuurwapen
lugafweermissiel 676
lugakrobaat 236
lugballon 236
lugbesoedeling
  255 Natuur
  290 Wind
lugbeweging
  290 Wind
  461 Gas
lugbottel
  215 Swem
  372 Vissery
lugbrug 222
lugdeeltjie 461
lugdiens 222
lugdig
  178 Toegaan
  453 Dig
lugdigtheid 453
lugdomkrag 211
lugdraad 233
lugdroog 464
lugdruk
  290 Wind

452 Swaar
lugdrukmeter 123
lugfilter
  233 Voertuig
  290 Wind
luggees 844
lughawe
  194 Vervoer
  222 Vlieg
luginlaat
  234 Spoorweë
  236 Lugvaart
  290 Wind
lugkasteel 512
lugkommandement 672
luglaag 461
lugmag
  222 Vlieg
  672 Weermag
lugmagbasis 672
lugmagoffisier 673
lugnimf 838
lugoffensief 667
lugopening 290
lugplant 318
lugpos 196
lugpyp
  290 Wind
  398 Asemhalingsorgaan
lugpypontsteking 413
lugredery
  222 Vlieg
  236 Lugvaart
lugreëlaar 466
lugreëling
  290 Wind
  461 Gas
lugreis
  187 Reis
  222 Vlieg
lugruim 61
lugsak 398
lugsiek 413
lugsiekte 413
lugsirkulasie 290
lugskip 236
lugspieëling
  267 Optika
  485 Lig
lugsport 629
lugstroom
  290 Wind
  461 Gas
lugsuiwering 461
lugtemperatuur
  289 Klimaat
  294 Weerkunde
lugtig
  290 Wind
  612 Noukeurig
  768 Vrees
  770 Wantroue
lugtigheid 770

lugtyd 265
lugvaart
  222 Vlieg
  236 Lugvaart
lugvaartmaatskappy
  222 Vlieg
  236 Lugvaart
lugvaartreg 808
lugverbinding 222
lugverfrisser
  473 Reuk
  474 Welriekend
  475 Onwelriekend
lugverkeer
  216 Ry
  222 Vlieg
  236 Lugvaart
lugverkeer(s)leiding 222
lugverkeer(s)leier 222
lugverkoeling 233
lugversorger
  233 Voertuig
  290 Wind
lugversorging 290
lugvervoer
  194 Vervoer
  222 Vlieg
  236 Lugvaart
lugvervuiling 290
lugvloei
  290 Wind
  461 Gas
lugvrag 452
lugwaardin
  222 Vlieg
  236 Lugvaart
lugweerstand 290
lugweg 398
lugweginfeksie 413
lugwortel
  319 Wortel
  331 Boom
lui
  128 Chronometer
  265 Telegraaf en
    telefoon
  581 Teësinnig
  611 Lui
  623 Sleg
  646 Nie handel nie
  652 Versuim
  813 Swak gedrag
luiaard
  611 Lui
  623 Sleg
  626 Swak
  645 Handel
  646 Nie handel nie
  652 Versuim
  813 Swak gedrag
luid
  476 Geluid
  481 Skerp klank

  548 Praat
luidens
  6 Betrekking
  14 Navolging
  588 Gesag hê
luidheid
  548 Praat
  753 Musiek
luidkeels
  476 Geluid
  548 Praat
luidrugtig
  476 Geluid
  548 Praat
luidspreker
  264 Radio en televisie
  266 Akoestiek
  548 Praat
luier 213
luierend 226
luierig
  226 Stadig
  581 Teësinnig
  611 Lui
luigat
  611 Lui
  623 Sleg
  646 Nie handel nie
luigatgeit
  611 Lui
  662 Rus
luigatterig 611
luigattigheid 611
luiheid
  611 Lui
  646 Nie handel nie
  662 Rus
luik 94
luikrugmotor 233
luilak
  611 Lui
  623 Sleg
luilekker
  226 Stadig
  611 Lui
luilekkerland
  611 Lui
  662 Rus
luim
  713 Gevoel
  715 Negatiewe gevoel
  722 Humor
luimig
  715 Negatiewe gevoel
  722 Humor
luimigheid
  715 Negatiewe gevoel
  722 Humor
luiperd 366
luis 361
luislang 364
luislere 382

luister
  266 Akoestiek
  388 Oor
  498 Gehoor
  508 Aandag
  516 Soek
  743 Mooi
luisteraar
  264 Radio en televisie
  498 Gehoor
  568 Media
luisterboek 567
luisterlied(jie) 757
luisterryk
  743 Mooi
  793 Fees
luistervink 539
luit 756
luitenant
  591 Gesaghebber
  673 Manskap
  802 Wette gehoorsaam
luiters
  226 Stadig
  653 Maklik handel
  714 Positiewe gevoel
luitoon 265
lukraak
  18 Toeval
  583 Willoosheid
  641 Onvoorbereid
lukratief 686
lukwart 350
lumbaal 396
lumier 127
luminessensie 485
lumineus 485
luminisme 760
lummel
  615 Onbekwaam
  623 Sleg
lummelagtig 615
lummelagtigheid 615
lunêr 270
luns 230
lunspen 230
lunsriem
  230 Rytuig
  628 Vuil
lunula 383
lupien 334
lupinose 413
Lupus 270
lupus 413
lus
  239 Voortplant
  580 Graag
  584 Kies
  610 Ywerig
  716 Genot
  718 Blydskap
  773 Begeerte

lusern
  352 Graanverbouing
  368 Diereteelt
lushof
  92 Deftige, belangrike of groot gebou
  94 Dele van 'n eiendom
lusmakertjie
  407 Drink
  427 Drank
lusoord 724
luste 820
lusteloos
  581 Teësinnig
  611 Lui
  613 Onnoukeurig
  626 Swak
  715 Negatiewe gevoel
  719 Hartseer
  725 Verveling
  774 Onverskilligheid
lusteloosheid
  581 Teësinnig
  611 Lui
  613 Onnoukeurig
  715 Negatiewe gevoel
  774 Onverskilligheid
lustig
  239 Voortplant
  610 Ywerig
  714 Positiewe gevoel
  718 Blydskap
lustigheid
  239 Voortplant
  610 Ywerig
  718 Blydskap
lustrum
  37 Tydruimte
  793 Fees
lustrumfees 793
luswekkend 471
Lutheranisme 854
luttel 103
luuks
  92 Deftige, belangrike of groot gebou
  708 Betaal
  743 Mooi
luukse
  707 Handelsaak
  743 Mooi
luuksueus
  92 Deftige, belangrike of groot gebou
  708 Betaal
  743 Mooi
ly
  635 Skadelik
  713 Gevoel
  717 Lyding
  719 Hartseer
lydelik 778
lydelikheid 646

lydend
  574 Woordkategorie
  576 Sinsbou en styl
  623 Sleg
  717 Lyding
  719 Hartseer
lydensbeker 717
lydensgeskiedenis 854
lydensweek 854
lyding
  717 Lyding
  719 Hartseer
  854 Godsdienste
lydsaam
  582 Wilskrag
  596 Inskiklik
  619 Kalm
  714 Positiewe gevoel
  778 Goedaardigheid
lydsaamheid
  582 Wilskrag
  596 Inskiklik
  619 Kalm
  714 Positiewe gevoel
  778 Goedaardigheid
lyf
  377 Liggaam
  392 Romp
  745 Versier
lyfarts 416
lyfband 745
lyfbediende
  592 Ondergeskikte
  663 Meedoen
lyfblad 568
lyfeiene
  589 Dien
  592 Ondergeskikte
  794 Sosiale struktuur
lyf(s)geweld 667
lyfhare 382
lyfjuwele 745
lyfkneg 592
lyfkous 745
lyfkuns 745
lyflik 377
lyflikheid 377
lyfpak 745
lyfpoeier 746
lyfprieming 745
lyfrente
  686 Aanwins
  700 Bank
lyfseer 412
lyfstraf
  182 Slaan
  835 Bestraf
lyftaal 545
lyfwag 655
lyfwegsteker
  581 Teësinnig
  611 Lui
  652 Versuim

lyfwegstekerig
  581 Teësinnig
  611 Lui
  652 Versuim
lyfwegstekery
  581 Teësinnig
  611 Lui
  652 Versuim
lyk
  2 Nie-bestaan
  250 Dood
lykbesorger 253
lyk(s)huis
  250 Dood
  253 Begrafnis
lykskouer 802
lykskouing
  250 Dood
  414 Geneeskunde
  802 Wette gehoorsaam
lykstoet 253
lykswa 253
lykwaak 253
lym
  172 Vasmaak
  462 Halfvloeibare stof
  564 Skryfbehoeftes
lyn
  21 Opeenvolging
  63 Begrensdheid
  139 Meetkunde
  147 Rigting
  240 Genealogie
  265 Telegraaf en telefoon
  310 Vlegwerk
  315 Papier
  381 Huid
  386 Gesig
  435 Smal
  442 Lyn
  443 Reglynig
  545 Natuurlike teken
  565 Skryfkuns
lynbeslissing 727
lynboot 235
lynch 252
lyndans 742
lyndraad 63
lyndrukker 263
lyngravure 761
lynolie 462
lynreg 443
lynregter
  727 Kompetisie
  728 Balsporte
lynskop 728
lynslaan 353
lynspasie 566
lynstaan 728
lynteelt
  368 Diereteelt

lyntekening

369 Veeteelt
lyntekening 759
lyntelegraaf 265
lynvaart 221
lynvis 363
lynvisser 372
lynvissery 372
lynwaad 311
Lynx 270
lys
  21 Opeenvolging
  82 Rondom
  94 Dele van 'n eiendom
  95 Huisraad
  160 Omring
  277 Berg
lyster 365
lysternagtegaal 365
lysting 160
lysy 221
lywaarts 221
lywig
  432 Groot
  434 Breed
  452 Swaar
  553 Behandel

M
ma 242
maag
  241 Familie
  395 Buik
  401 Spysverterings-
    kanaal
maagaandoening 413
maagbitter 415
maagd 248
Maagd 270
maagdelik
  248 Huwelik
  819 Eerbaar
maagdelikheid
  248 Huwelik
  819 Eerbaar
maagdermont-
  steking 413
maagderoof 803
maagdevlies 403
maagdruppels 415
maagholte
  395 Buik
  401 Spysverterings-
    kanaal
maagkanker 413
maagkatar 413
maagklier
  395 Buik
  401 Spysverterings-
    kanaal
maagkoors 413
maagkwaal 413
maaglyer 413
maagontsteking 413

maagpyn
  412 Siek
  413 Verskillende siektes
maagsap
  395 Buik
  401 Spysverterings-
    kanaal
  408 Spysvertering
maagseer
  408 Spysvertering
  413 Verskillende siektes
maagskap 241
maagslot
  395 Buik
  401 Spysverterings-
    kanaal
maagspier
  379 Spier
  395 Buik
maagspoeling 415
maagsuur
  395 Buik
  401 Spysverterings-
    kanaal
  408 Spysvertering
  413 Verskillende siektes
maagsweer 413
maagvliesont-
  steking 413
maagwerking(s) 413
maai
  252 Doodmaak
  347 Landbou
  352 Graanverbouing
  820 Oneerbaar
maaier 361
maaifoedie
  813 Swak gedrag
  820 Oneerbaar
maak
  0 Ontstaan
  31 Soort
  237 Voortbring
  427 Drank
  438 Vorm
  693 Gee
maakloon 686
maaksel
  0 Ontstaan
  237 Voortbring
maal
  102 Hoeveelheid
  122 Bereken
  137 Bewerking
  163 Draai
  165 Onreëlmatige
    beweging
  184 Breek
  186 Maal
  401 Spysverterings-
    kanaal
  418 Voeding
  421 Vleis

  427 Drank
  513 Denke
  548 Praat
maalbeweging 186
maalgat 286
maalklip 419
maalsom 137
maalstroom
  104 Baie
  286 Rivier
  287 Vloei
maaltand 391
maalteken
  137 Bewerking
  565 Skryfkuns
  571 Skrif
maaltyd
  406 Eet
  418 Voeding
maalvleis
  421 Vleis
  426 Kossoort, dis
maalvleisgereg 426
maalvleispattie 426
maan
  270 Hemelliggaam
  485 Lig
  508 Aandag
  539 Kommunikeer
  638 Aanmoedig
  827 Afkeur
maanaanbidding 854
maanblom 342
maand
  37 Tydruimte
  127 Tydbepaling
Maandag
  37 Tydruimte
  127 Tydbepaling
maandblad 568
maandeliks
  22 Kontinuïteit
  37 Tydruimte
  40 Langdurig
  55 Periodiek
  127 Tydbepaling
maandgeld 709
maandloon 686
maandstonde 239
maaneklips 270
maangestalte 270
maanhaar
  149 Pad
  382 Haar
maanhaarjakkals 366
maanhaarleeu 366
maanjaar 269
maanmot 361
maanreis
  222 Vlieg
  236 Lugvaart
maansiek 505
maansiekte 505

maanskyn
  270 Hemelliggaam
  485 Lig
maansverduistering 270
maantuig
  222 Vlieg
  236 Lugvaart
maanwandeling 222
maar
  9 Verskillend of
    teenoorgesteld
  119 Teenstelling
maarskalk 673
Maart
  37 Tydruimte
  127 Tydbepaling
Maartblom 334
maartblom 337
Maartlelie 334
maas
  177 Oopgaan
  426 Kossoort, dis
  427 Drank
maasbanker 422
maaskaas
  371 Suiwelbereiding
  426 Kossoort, dis
maat
  8 Dieselfde
  102 Hoeveelheid
  122 Bereken
  123 Meet
  431 Afmeting
  629 Spel en sport
  663 Meedoen
  753 Musiek
  776 Liefde en
    vriendskap
  790 Sosiale betrekking
maatband
  122 Bereken
  123 Meet
  745 Versier
maatbeker 123
maateenheid
  123 Meet
  431 Afmeting
maatemmer 123
maatglas 123
maatlepel 123
maatlint
  122 Bereken
  745 Versier
maatlyn
  122 Bereken
  123 Meet
maatnaamwoord 574
maatreël 599
maatskaplik 787
maatskappy
  33 Samehorigheid
  90 Omgewing
  168 Saamkom

mag(s)woord

170 Saambring
658 Beroep
665 Byeenkom
701 Handel en ekonomie
707 Handelsaak
787 Samelewing
maatskappyewet 801
maatskappyreg 701
maatslag 753
maatstaf
  35 Reëlmaat
  123 Meet
  527 Oordeel
  642 Beproef
  644 Handelwyse
maatstok
  123 Meet
  753 Musiek
maatstreep
  442 Lyn
  753 Musiek
macadamia 323
macadamiseer 149
macaroni 426
mach
  123 Meet
  222 Vlieg
machiavelliaans
  813 Swak gedrag
  815 Oneerlik
machiavellisme
  813 Swak gedrag
  815 Oneerlik
machmeter
  123 Meet
  236 Lugvaart
macramé 310
Madagaskarjasmyn 333
madam
  376 Vrou
  785 Hoogmoed
madame 376
madeliefie 334
mademoiselle 376
Madibahemp 745
madjat 494
madonnalelie 334
madras 311
madrassa 559
madrigaal
  751 Digkuns
  754 Komposisie
  757 Sang
maer
  421 Vleis
  435 Smal
  451 Lig
  690 Arm
maergat 435
maerheid
  435 Smal
  451 Lig
maermerrie 397

maestoso 753
maestro
  754 Komposisie
  755 Uitvoering
mafia 803
mag
  137 Bewerking
  578 Vrywillig
  579 Gedwonge
  588 Gesag hê
  590 Bestuur en regeer
  599 Gesag uitoefen
  616 Magtig
  625 Sterk
  667 Stryd
  672 Weermag
  773 Begeerte
  795 Staat en politiek
magasyn
  170 Saambring
  672 Weermag
  675 Militêre toerusting
  676 Vuurwapen
magasynmeester 590
magdom 104
magenta
  490 Kleur
  492 Kleure
maggies 820
Magha Puja-dag 851
maghebbend
  588 Gesag hê
  591 Gesaghebber
  616 Magtig
maghebbende 591
maghebber
  588 Gesag hê
  591 Gesaghebber
  616 Magtig
  795 Staat en politiek
magie
  836 Bonatuurlik
  844 Bygeloof
magiër 844
magies
  836 Bonatuurlik
  844 Bygeloof
magister 561
magistergraad 561
magisterstudent
  560 Voorskoolse en
    naskoolse onderrig
  561 Studeer
magistraal 622
magistraat
  591 Gesaghebber
  808 Regswese
  809 Regsgeding
magistraatshof 808
magma
  274 Geologie
  277 Berg
magmakamer 277

magnaat 689
magneet
  233 Voertuig
  261 Magnetisme
  297 Metaal
  773 Begeerte
magneetband 266
magneetkrag 261
magneetnaald
  147 Rigting
  261 Magnetisme
magneetpool 261
magnesia 415
magnesiet 297
magnesium 297
magnesiumlamp 487
magneties 261
magnetiet 301
magnetisasie 261
magnetiseer
  261 Magnetisme
  414 Geneeskunde
  713 Gevoel
magnetisme
  261 Magnetisme
  743 Mooi
magneto
  233 Voertuig
  261 Magnetisme
magnetometer 261
magnolia 332
magnum opus 567
ma-goed 242
magot 366
magou 426
magrieb 847
magriet 334
magrietbos 332
magsaanvaarding 588
magsbalans 588
magsbasis 588
magsbegeerte 588
magsbetoon
  599 Gesag uitoefen
  667 Stryd
magsbevoegdheid 599
magsblok 795
magsdeling 795
magselite 795
magsewewig 588
magsfeer 599
magsgreep 588
magskliek 599
magsmisbruik 599
magsondermyning 588
magsoorname
  588 Gesag hê
  795 Staat en politiek
magsoorwig
  579 Gedwonge
  616 Magtig
magspel
  579 Gedwonge

  588 Gesag hê
magspolitiek 795
magsposisie
  588 Gesag hê
  599 Gesag uitoefen
magstruktuur 599
magstryd 588
magsug 588
magsuitoefening
  588 Gesag hê
  616 Magtig
magsvergryp 779
magsverhouding 588
magsverlies
  617 Magteloos
  795 Staat en politiek
magsvertoon
  599 Gesag uitoefen
  616 Magtig
  667 Stryd
magswellus 588
magswellustig 588
magtag 820
magteloos
  617 Magteloos
  626 Swak
magteloosheid
  617 Magteloos
  626 Swak
magtie
  521 Verras wees
  715 Negatiewe gevoel
  768 Vrees
  826 Goedkeur
  827 Afkeur
magtig
  521 Verras wees
  588 Gesag hê
  591 Gesaghebber
  601 Toestemming gee
  616 Magtig
  622 Goed
  625 Sterk
  715 Negatiewe gevoel
  743 Mooi
  768 Vrees
  820 Oneerbaar
  826 Goedkeur
  827 Afkeur
magtigend
  601 Toestemming gee
  616 Magtig
magtigheid
  616 Magtig
  625 Sterk
magtiging
  599 Gesag uitoefen
  601 Toestemming gee
  616 Magtig
  826 Goedkeur
mag(s)woord
  525 Bewys
  599 Gesag uitoefen

707

Maha Shivarati 851
mahala
  103 Min
  110 Niks
maharadja 591
maharani 591
mahatma
  502 Verstand
  591 Gesaghebber
Mahayana Nuwe
  Jaar 851
mahem 365
mahemblom 332
mahonieboom 331
mahoniehout 316
mais 426
maisonnet
  89 Blyplek
  91 Gebou
maître d'hotel 429
maitresse 239
majesteit
  591 Gesaghebber
  689 Ryk
  743 Mooi
  799 Beroemd
majesteitlik
  62 Grensloosheid
  92 Deftige, belangrike of groot gebou
  591 Gesaghebber
  622 Goed
  743 Mooi
  797 Hoër stand
majestiteitsmeer-
  voud 574
majestueus
  62 Grensloosheid
  92 Deftige, belangrike of groot gebou
  622 Goed
  743 Mooi
majeur 753
majeurtoonleer 753
majolika
  305 Pottebakkery
  490 Kleur
majoor
  591 Gesaghebber
  673 Manskap
  802 Wette gehoorsaam
majoraat 696
majordomo
  590 Bestuur en regeer
  852 Geestelike
majordomus
  590 Bestuur en regeer
  852 Geestelike
majuskel
  565 Skryfkuns
  566 Drukkuns
mak
  357 Dier

366 Soogdier
368 Diereteelt
597 Gehoorsaam
makaak 366
makaalwee 332
makaber
  744 Lelik
  768 Vrees
  836 Bonatuurlik
makadamia 323
makassarolie
  462 Halfvloeibare stof
  746 Persoonlike versorging
makasterkop
  382 Haar
  745 Versier
makataan 426
makataankonfyt 426
makeer
  189 Wegbly
  623 Sleg
makelaar
  686 Aanwins
  701 Handel en ekonomie
makelary 701
makely 237
maker 0
makheid 597
makietie 793
makimono 426
makkel 298
makker
  663 Meedoen
  776 Liefde en vriendskap
maklik
  451 Lig
  653 Maklik handel
makohaai 363
makoppa 364
makou 365
makriel
  363 Waterdier
  422 Seekos
makrofotografie 268
makrokosmos 269
makrol 426
makromolekulêr
  254 Stof
  256 Skeikunde
makrosefalie 413
makroskopies
  432 Groot
  499 Sien
makrostraler 236
makroverwerker 263
maksil 386
maksilla
  361 Insek
  362 Skaaldier
  380 Gebeente
  385 Skedel

maksimaal 107
maksimaliseer 107
maksimalisering 107
maksime
  522 Redeneer
  525 Bewys
  573 Woordeskat
maksimeer 107
maksimering 107
maksimum
  107 Meer
  122 Bereken
mal
  11 Disharmonie
  503 Onverstandigheid
  505 Verstandstoornis
  524 Onlogies redeneer
  722 Humor
  767 Moed
  813 Swak gedrag
mala fide 815
malaarbeen 380
malagiet 297
malaise
  623 Sleg
  701 Handel en ekonomie
malapropisme 573
malaria 413
malariamuskiet 361
malariastreek
  273 Geografie
  413 Verskillende siektes
malbaar
  548 Praat
  554 Aanspreek
malbec 427
malbeessiekte 413
malby 361
Maleier 787
Maleierafrikaans 569
Maleis-Portugees 569
maler 391
malery 186
malgas 365
malheid
  121 Verwarring
  503 Onverstandigheid
  505 Verstandstoornis
  524 Onlogies redeneer
  722 Humor
malhuis 505
malie
  674 Militêre uitrusting
  741 Kinderspel
malieklip 741
maliekolder 674
maling
  163 Draai
  165 Onreëlmatige beweging
malisieus
  623 Sleg
  656 Gevaarlik

777 Haat en onvriendelikheid
779 Boosaardigheid
813 Swak gedrag
malkoeisiekte 41
malkop
  165 Onreëlmatige beweging
  718 Blydskap
  722 Humor
malkopdagga 494
malkopsiekte 413
malle 505
mallemeule 741
mallerig
  505 Verstandstoornis
  813 Swak gedrag
mallerigheid 505
malligheid
  503 Onverstandigheid
  524 Onlogies redeneer
  722 Humor
malmier 361
malmok 365
malpraatjies
  503 Onverstandigheid
  524 Onlogies redeneer
mals
  292 Water
  421 Vleis
  456 Sag
maltakoors 413
maltase 408
malteser 366
maltose 4/1
maltrap
  716 Genot
  718 Blydskap
  722 Humor
malva
  332 Struik
  334 Blomplant
malvalekker 426
mama 242
mamba 364
mamma
  242 Ouers
  394 Bors
mammakappie 337
mammie 242
mammilêr 394
mammoet 367
mammoetboom 331
mammogram 414
Mammon
  688 Besit
  838 Gees
mamparra
  503 Onverstandigheid
  615 Onbekwaam
  623 Sleg
  744 Lelik
mampoer 427

mams 242
man
  242 Ouers
  248 Huwelik
  374 Mens
  375 Man
managtig 375
man-alleen
  103 Min
  108 Minder
  789 Onbeskaafdheid
manbaar 248
mandaat
  588 Gesag hê
  599 Gesag uitoefen
  601 Toestemming gee
  616 Magtig
mandaathouer 616
mandaryn
  350 Vrugteverbouing
  426 Kossoort, dis
  591 Gesaghebber
mandaryntjie 350
mandataris
  588 Gesag hê
  599 Gesag uitoefen
mandator 599
mandibel
  361 Insek
  362 Skaaldier
  380 Gebeente
  385 Skedel
  386 Gesig
  390 Mond
mandibula
  361 Insek
  362 Skaaldier
  380 Gebeente
  385 Skedel
  390 Mond
mandjie
  84 Houer
  310 Vlegwerk
mandolien 756
mandoor
  591 Gesaghebber
  785 Hoogmoed
mandragora 343
Mandrax-tablet 494
mandril 366
maneuver
  223 Stuur
  644 Handelwyse
  645 Handel
  667 Stryd
  672 Weermag
  680 Militêre aksie
maneuvreer
  145 Beweging
  644 Handelwyse
  645 Handel
  680 Militêre aksie
manewales
  722 Humor

724 Vermaak en
  ontspanning
813 Swak gedrag
mang 594
manga 369
mangaan 297
mangaanbrons 297
mange tout-ertjie 351
mangel 390
mangelontsteking 413
mango
  350 Vrugteverbouing
  426 Kossoort, dis
manhaftig
  625 Sterk
  767 Moed
manhaftigheid
  625 Sterk
  767 Moed
maniak
  505 Verstandstoornis
  714 Positiewe gevoel
  813 Swak gedrag
manie
  413 Verskillende siektes
  505 Verstandstoornis
  657 Herhaal
  715 Negatiewe gevoel
  773 Begeerte
manier
  3 Bestaanswyse
  644 Handelwyse
  657 Herhaal
  810 Gedrag
maniere
  778 Goedaardigheid
  788 Beskawing
maniërisme
  644 Handelwyse
  657 Herhaal
manierlik
  790 Sosiale betrekking
  812 Goeie gedrag
manierlikheid
  778 Goedaardigheid
  788 Beskawing
manies
  413 Verskillende siektes
  505 Verstandstoornis
  657 Herhaal
  715 Negatiewe gevoel
  773 Begeerte
manies-depressief 505
manifes
  194 Vervoer
  539 Kommunikeer
  543 Duidelik
manifestant
  539 Kommunikeer
  543 Duidelik
manifestasie
  162 Ontbloot
  539 Kommunikeer

543 Duidelik
551 Meedeel
manifesteer
  162 Ontbloot
  539 Kommunikeer
  543 Duidelik
  551 Meedeel
manikuris 746
manikuur 746
manilla 430
manillapapier 315
maniok 332
manipulasie
  495 Tassin
  638 Aanmoedig
  644 Handelwyse
manipulator
  495 Tassin
  644 Handelwyse
manipuleer
  495 Tassin
  638 Aanmoedig
  644 Handelwyse
manjagter 239
manjifiek
  92 Deftige, belangrike of
    groot gebou
  622 Goed
  716 Genot
  743 Mooi
mank
  198 Strompel
  413 Verskillende siektes
mankement
  412 Siek
  413 Verskillende siektes
  623 Sleg
mankoliek
  413 Verskillende siektes
  626 Swak
manlief
  242 Ouers
  248 Huwelik
manlik
  374 Mens
  375 Man
  574 Woordkategorie
  625 Sterk
manlikheid
  374 Mens
  375 Man
  625 Sterk
manmoedig
  625 Sterk
  767 Moed
manmoedigheid
  625 Sterk
  767 Moed
manna 842
mannagras 338
mannehaat 777
mannehater
  376 Vrou

777 Haat en
  onvriendelikheid
mannejagter 239
mannekoor 757
mannekrag
  625 Sterk
  645 Handel
mannekyn 745
mannemoed
  586 Beslis
  767 Moed
mannetjie
  53 Nuut en jonk
  357 Dier
  365 Voël
  375 Man
mannetjiesagtig
  374 Mens
  375 Man
  625 Sterk
manneverkragter 803
mannin 376
Manoe 855
manometer 259
mansdrag 745
mansel 594
mansjet 745
mansjetknoop
  172 Vasmaak
  745 Versier
manskap
  591 Gesaghebber
  592 Ondergeskikte
  673 Manskap
mansklere 745
manslag
  252 Doodmaak
  803 Wette oortree
  822 Skuldig
mansmens 375
mansmode 745
mansnaam
  550 Noem
  574 Woordkategorie
manspak 745
manspersoon 375
manstem
  482 Menslike geluid
  548 Praat
manta 363
mantel
  94 Dele van 'n eiendom
  274 Geologie
  745 Versier
manteldier 363
manteldraaier
  626 Swak
  818 Bedrieg
mantelvlies
  394 Bors
  398 Asemhalingsorgaan
mantelvliesbreuk 413
mantisse 137

mantra 573
manuskrip
  565 Skryfkuns
  566 Drukkuns
  567 Boek
maplotter 64
mapstieks
  521 Verras wees
  715 Negatiewe gevoel
maraboe 365
maramba 333
marasme 413
marat(h)on
  727 Kompetisie
  729 Atletiek
marat(h)onatleet 729
marat(h)onwedloop 729
Marburgvirus 413
marconis 265
Mardoek 855
mare 539
maretak 344
margarien
  371 Suiwelbereiding
  419 Voedselbereiding
  462 Halfvloeibare stof
margarita 427
marge
  9 Verskillend of teenoorgesteld
  82 Rondom
  145 Beweging
  565 Skryfkuns
  653 Maklik handel
  686 Aanwins
marginaal
  82 Rondom
  103 Min
  686 Aanwins
  687 Verlies
  787 Samelewing
marginalieë 565
marginalisasie 787
marginaliseer 787
marginalisering 787
marginaskulp 363
margriet 334
marijuana 494
marimba 756
marinade
  419 Voedselbereiding
  471 Smaaklik, lekker
marine
  221 Vaar
  672 Weermag
marineblou 492
marineer
  419 Voedselbereiding
  421 Vleis
  471 Smaaklik, lekker
marinegeologie 274
marinegeoloog 274

marinier
  235 Skeepvaart
  673 Manskap
marionet
  583 Willoosheid
  617 Magteloos
  752 Toneel- en rolprentkuns
marionet(te)spel 752
marionetteur 752
maritaal 248
maritiem
  221 Vaar
  283 See
maritzwater 337
marjolein
  340 Krui
  419 Voedselbereiding
mark
  122 Bereken
  131 Geldeenheid
  445 Oppervlak
  701 Handel en ekonomie
  702 Beurs
  707 Handelsaak
markant 500
markasiet 297
markee
  406 Eet
  429 Eetplek, kroeg
markeer
  146 Beweginglosheid
  546 Kunsmatige teken
markekonomie 701
markgraaf 797
markies 406
markies
  95 Huisraad
  429 Eetplek, kroeg
  465 Warm
  797 Hoër stand
markiestent
  406 Eet
  429 Eetplek, kroeg
markka 131
markkoers 122
markkrag 701
marknavorsing 701
markopname 701
markprys
  122 Bereken
  704 Koop
marksegment 701
markwaarde
  122 Bereken
  686 Aanwins
  704 Koop
marlyn 363
marmelade 426
marmer
  298 Steen
  303 Steengroef
marmerkleurig 492

marmerwit 492
marmoliet 298
marmot 366
maroelaboom 331
maroen 492
marog 426
marokyn
  314 Leer
  315 Papier
marokynleer 314
marokynpapier 315
marqueterie 762
mars
  197 Te voet gaan
  235 Skeepvaart
  680 Militêre aksie
  754 Komposisie
Mars
  270 Hemelliggaam
  855 Gode
marsbanker 363
marsepein 426
marsjeer
  145 Beweging
  197 Te voet gaan
  672 Weermag
  680 Militêre aksie
marskramer 705
marsmusiek 753
marsseil 235
marssteng 235
martel
  182 Slaan
  717 Lyding
  779 Boosaardigheid
  835 Bestraf
martel(a)ry
  667 Stryd
  717 Lyding
  835 Bestraf
martelaar
  717 Lyding
  835 Bestraf
martelaarskap 717
marteldood 250
marteling
  667 Stryd
  717 Lyding
  803 Wette oortree
  835 Bestraf
martelkamer 835
martelstraf 835
marter 366
Marxis 795
Marxisme
  701 Handel en ekonomie
  795 Staat en politiek
Marxisties
  701 Handel en ekonomie
  795 Staat en politiek
mas 235
masala 419
masbanker 363

masbos 332
mascarpone 426
masels 413
maser 261
masiet 840
masjien
  233 Voertuig
  630 Werktuig
masjiengaring 312
masjiengeweer 676
masjienkamer
  235 Skeepvaart
  630 Werktuig
masjienkap 233
masjienkommuni-kasie 539
masjienonderdeel 233
masjientaal
  263 Rekenaar en internet
  569 Taal
masjinaal
  509 Onoplettendheid
  630 Werktuig
masjineer 630
masjinerie
  355 Landbougereedskap
  630 Werktuig
masjinis
  216 Ry
  220 Treinry
  223 Stuur
  234 Spoorweë
  630 Werktuig
maskara
  745 Versier
  746 Persoonlike versorging
maskas
  521 Verras wees
  715 Negatiewe gevoel
  827 Afkeur
maskeer
  161 Bedek
  501 Onsigbaarheid
  540 Nie kommunikeer nie
maskeerband 172
masker
  161 Bedek
  501 Onsigbaarheid
  538 Dwaling
  540 Nie kommunikeer nie
  745 Versier
maskerade 793
maskerbal 793
maskering 501
maskerspel
  538 Dwaling
  752 Toneel- en rolprentkuns
maskervraestel 561

masochis 717
masochisme
  413 Verskillende siektes
  717 Lyding
masochisties 717
massa
  102 Hoeveelheid
  104 Baie
  123 Meet
  124 Weeg
  168 Saamkom
  170 Saambring
  174 Meng
  254 Stof
  272 Aarde
  452 Swaar
  665 Byeenkom
massaal
  104 Baie
  432 Groot
massabetoging 539
massage 414
massagraf 253
massaliteit
  104 Baie
  432 Groot
massamoord 252
massanaam 550
massanaamwoord 574
massaproduksie 237
masseer 414
masseerder 416
masseersalon 746
massering 414
masseur 416
masseuse 416
massief
  92 Deftige, belangrike of groot gebou
  432 Groot
massifikasie 104
massifiseer 104
massiwiteit 432
mastektomie 414
masti(e)k
  100 Boumateriaal
  462 Halfvloeibare stof
mastig
  521 Verras wees
  715 Negatiewe gevoel
mastitis
  371 Suiwelbereiding
  413 Verskillende siektes
mastodon 367
mastoïed 388
mastop 235
mastou 235
masturbasie
  239 Voortplant
  776 Liefde en vriendskap
masturbeer
  239 Voortplant

776 Liefde en vriendskap
masturbeerder
  239 Voortplant
  776 Liefde en vriendskap
masurka
  742 Dans
  754 Komposisie
mat
  95 Huisraad
  310 Vlegwerk
  489 Ondeurskynend
  491 Kleurloosheid
  611 Lui
  661 Vermoeidheid
  739 Geselskapspele
  745 Versier
matador 731
mate 431
mateloos
  104 Baie
  432 Groot
matematies 132
matematika 132
matematikus 132
materiaal
  161 Bedek
  311 Weefstof
  551 Meedeel
  629 Gebruik
  631 Nodig
materialis
  688 Besit
  813 Swak gedrag
materialisme
  688 Besit
  813 Swak gedrag
  843 Ongeloof
materialisties
  688 Besit
  813 Swak gedrag
  843 Ongeloof
materie
  254 Stof
  459 Vaste stof
materieel
  1 Bestaan
  254 Stof
matesis 132
matglas
  309 Glasbereiding
  489 Ondeurskynend
matheid 611
matig
  103 Min
  108 Minder
  226 Stadig
  406 Eet
  619 Kalm
  819 Eerbaar
matigheid
  103 Min

406 Eet
407 Drink
619 Kalm
matiging
  103 Min
  226 Stadig
matjieshuis 89
matoppie 331
matras 96
matraskop 382
matriarg
  54 Oud
  240 Genealogie
matriargaal
  242 Ouers
  794 Sosiale struktuur
matriargaat 794
matriargie 240
matriek
  559 Opvoeding en onderwys
  560 Voorskoolse en naskoolse onderrig
  561 Studeer
matrieksertifikaat 561
matriks 438
matrikulant 560
matrikulasie 561
matrikuleer 560
matrilineêr
  240 Genealogie
  794 Sosiale struktuur
matrilinie 240
matrone
  416 Medikus
  417 Hospitaal
matroos
  221 Vaar
  235 Skeepvaart
  673 Manskap
matroostaal 569
matrys
  564 Skryfbehoeftes
  566 Drukkuns
matso 424
matswart 492
matwerk 310
mauser 676
mausoleum 253
mauve 492
maverick 767
maxim 676
mayonnaise 426
mbira 756
mê 476
me 753
mea culpa 822
meander 444
mebos 426
meboskonfyt 426
medalje
  546 Kunsmatige teken
  799 Beroemd

834 Beloon
medaljon
  546 Kunsmatige teken
  745 Versier
medeburger
  592 Ondergeskikte
  787 Samelewing
mededader
  645 Handel
  663 Meedoen
  822 Skuldig
mededeelsaam 693
mededeelsaamheid 693
mededeling
  539 Kommunikeer
  551 Meedeel
mededingend 667
mededinger
  666 Verhinder
  667 Stryd
mededinging 667
mededoë 778
medeklinker
  571 Skrif
  572 Uitspraak
medely(d)e
  713 Gevoel
  714 Positiewe gevoel
  778 Goedaardigheid
medemens 374
medemenslik
  374 Mens
  778 Goedaardigheid
medemenslikheid 778
medepligtig
  663 Meedoen
  822 Skuldig
medepligtige
  645 Handel
  663 Meedoen
  809 Regsgeding
  822 Skuldig
medepligtigheid
  663 Meedoen
  803 Wette oortree
  822 Skuldig
medereisiger 187
medeseggenskap
  616 Magtig
  663 Meedoen
medeskuldige
  663 Meedoen
  822 Skuldig
medestander 663
medestryder
  663 Meedoen
  667 Stryd
medeverantwoordelik 811
medeverantwoordelikheid 811
medevlieënier
  222 Vlieg

223 Stuur
236 Lugvaart
medewerkend 663
medewerker
  592 Ondergeskikte
  645 Handel
  663 Meedoen
medewerking 663
medewerkwoord 574
media 568
mediaan
  139 Meetkunde
  315 Papier
  566 Drukkuns
mediaanlyn
  139 Meetkunde
  442 Lyn
mediabedryf 568
mediagebruiker 568
mediagroep
  568 Media
  707 Handelsaak
mediakonferensie
  539 Kommunikeer
  568 Media
mediamaatskappy
  568 Media
  707 Handelsaak
media-ombudsman 568
mediasentrum 560
mediasie 668
mediasirkus 568
mediateek 568
mediator
  539 Kommunikeer
  668 Vrede en versoening
mediaverklaring 539
mediavryheid 593
mediavrystelling 539
mediawaghond 568
mediawese 568
medies 414
medikament 415
medikasie
  414 Geneeskunde
  415 Geneesmiddel
medikus 416
medioker 624
mediokriteit 624
medisinaal
  414 Geneeskunde
  415 Geneesmiddel
medisyne
  414 Geneeskunde
  415 Geneesmiddel
medisynekissie
  95 Huisraad
  415 Geneesmiddel
  417 Hospitaal
medisynemiddel 415
meditasie 513
mediteer 513
medium
  419 Voedselbereiding

569 Taal
624 Gemiddeld
844 Bygeloof
mediumgolf 264
mediumgolfvanger 264
medora 745
medulla
  382 Haar
  402 Afskeidings- en uitskeidingsorgane
medulla oblongata 378
Medusa 357
medusa 363
medusahoof 768
mee 26
meebring
  15 Oorsaak
  17 Noodsaak
  191 Laat kom
meedeel
  539 Kommunikeer
  551 Meedeel
  552 Vertel
  693 Gee
meedeelsaam 693
meeding
  629 Spel en sport
  667 Stryd
  727 Kompetisie
meedoë 778
meedoen 663
meedoener 663
meedoënloos
  715 Negatiewe gevoel
  777 Haat en onvriendelikheid
  779 Boosaardigheid
meedoënloosheid
  715 Negatiewe gevoel
  779 Boosaardigheid
meegaan
  8 Dieselfde
  147 Rigting
  26 Begeleiding
meegaande
  26 Begeleiding
  596 Inskiklik
meegee
  169 Skei
  173 Losmaak
  184 Breek
  456 Sag
meegevoel
  663 Meedoen
  713 Gevoel
  714 Positiewe gevoel
  778 Goedaardigheid
meehelp 663
meel
  419 Voedselbereiding
  425 Bakker
meelblom 419

meelbol 425
meelboom 332
meeldou
  324 Plantlewe
  327 Tallusplant
meeleef
  249 Lewe
  778 Goedaardigheid
meelewend
  663 Meedoen
  778 Goedaardigheid
meelewendheid
  663 Meedoen
  778 Goedaardigheid
meelewing
  663 Meedoen
  778 Goedaardigheid
meeloper 518
meeluister
  498 Gehoor
  508 Aandag
meeluisterapparaat
  265 Telegraaf en telefoon
  266 Akoestiek
meelwurm 361
meelywekkend 623
meemaak
  535 Weet
  663 Meedoen
meen
  513 Denke
  518 Glo
  527 Oordeel
  825 Beoordeling
meent 445
meeprater 828
meer
  107 Meer
  221 Vaar
  274 Geologie
  285 Watermassa
meerdaags 40
meerdelig 114
meerdeligheid 114
meerdere
  588 Gesag hê
  666 Verhinder
meerderheid
  107 Meer
  112 Deel
  616 Magtig
  795 Staat en politiek
meerderheidsgroep
  107 Meer
  795 Staat en politiek
meerderheidsparty
  107 Meer
  590 Bestuur en regeer
  795 Staat en politiek
meerderheidsregering 795
meerderheidstaal 569

meerderheidstem 590
meerderheidsverslag 539
meerderjarig
  432 Groot
  52 Ouderdom
  53 Nuut en jonk
meerderjarigheid
  52 Ouderdom
  53 Nuut en jonk
meerderwaardig
  620 Belangrik
  785 Hoogmoed
meerderwaardigheid 785
meerderwaardigheidsgevoel 785
meerderwaardigheidskompleks 785
meerduidig
  544 Onduidelik
  577 Betekenis
meerduidigheid
  544 Onduidelik
  577 Betekenis
meereis 187
meereken 125
meerfasig 262
meerfunksionaliteit 573
meergebied 61
meerjarig 318
meerkat 366
meerledig
  114 Saamgesteld
  544 Onduidelik
meerledigheid 544
meerlettergrepig
  571 Skrif
  572 Uitspraak
meermaal
  55 Periodiek
  107 Meer
meermale
  22 Kontinuïteit
  55 Periodiek
  107 Meer
  657 Herhaal
meermin
  357 Dier
  855 Gode
meersellige 357
meersillabig 572
meersinnig 577
meerskuim
  297 Metaal
  298 Steen
meerskuimpyp 430
meerslagtig 114
meerstemmig 757
meerstemmigheid 757
meertalig 569
meertaligheid 569
meertallig 133

meld

meertonig 757
meertonigheid 757
meervlakkig 114
meervormig 438
meervoud
  104 Baie
  574 Woordkategorie
  575 Woordvorming
meervoudig
  104 Baie
  114 Saamgesteld
  574 Woordkategorie
meervoudsmorfeem
  574 Woordkategorie
  575 Woordvorming
meervoudsuitgang
  574 Woordkategorie
  575 Woordvorming
meervoudsvorm
  574 Woordkategorie
  575 Woordvorming
meervoudsvorming 575
meerwaardig
  620 Belangrik
  785 Hoogmoed
meerwaardigheid 785
meerwaardigheids-
  gevoel 785
mees
  107 Meer
  365 Voël
mees(t)al
  35 Reëlmaat
  55 Periodiek
meesleep
  26 Begeleiding
  638 Aanmoedig
  713 Gevoel
meesleur 638
meesmuil 722
meeste 107
meestendeels 55
meestentyds 55
meester
  502 Verstand
  560 Voorskoolse en
    naskoolse onderrig
  561 Studeer
  591 Gesaghebber
  614 Bekwaam
  622 Goed
  749 Kuns
  808 Regswese
Meester 855
meesterbouer 97
meesteres 591
meesterhand 614
meesterlik
  614 Bekwaam
  622 Goed
  743 Mooi
meesterplan
  129 Bepaaldheid

  640 Voorbereid
meestersgraad 561
meesterskap
  237 Voortbring
  588 Gesag hê
  599 Gesag uitoefen
  614 Bekwaam
meesterstudent 561
meesterstuk
  237 Voortbring
  622 Goed
  749 Kuns
meesterwerk
  237 Voortbring
  622 Goed
  749 Kuns
meet
  83 In die middel
  102 Hoeveelheid
  122 Bereken
  123 Meet
  139 Meetkunde
  224 Snelheid
  294 Weerkunde
  431 Afmeting
meetbaar
  122 Bereken
  123 Meet
meetband 123
meetel 125
meetinstrument
  122 Bereken
  123 Meet
  630 Werktuig
meetkunde
  123 Meet
  132 Wiskunde
  139 Meetkunde
  515 Wetenskap
meetkundig
  132 Wiskunde
  139 Meetkunde
meetkundige
  132 Wiskunde
  139 Meetkunde
meetlat 123
meetlint 123
meetlood
  123 Meet
  443 Reglynig
meetlyn 123
meetsnoer 123
meetstok
  123 Meet
  443 Reglynig
meetwiel 123
meeu 365
meeval 682
meevallertjie
  521 Verras wees
  682 Slaag
meevoel 713

meevoer
  192 Laat gaan
  713 Gevoel
meevoerend 714
meewarig
  714 Positiewe gevoel
  778 Goedaardigheid
meewarigheid
  714 Positiewe gevoel
  778 Goedaardigheid
meewerk 663
meewerking
  18 Toeval
  663 Meedoen
megafoon
  266 Akoestiek
  548 Praat
megagreep 263
megaherz 123
megaliet 546
megalomaniak
  412 Siek
  785 Hoogmoed
megalomanie
  413 Verskillende siektes
  505 Verstandstoornis
  785 Hoogmoed
meganiek 630
meganies
  257 Meganika en
    tegnologie
  630 Werktuig
meganika
  257 Meganika en
    tegnologie
  515 Wetenskap
  630 Werktuig
meganikus
  257 Meganika en
    tegnologie
  630 Werktuig
meganiseer
  257 Meganika en
    tegnologie
  630 Werktuig
meganisering 630
meganisme
  257 Meganika en
    tegnologie
  630 Werktuig
meganisties 630
megaparsek
  123 Meet
  269 Heelal
megapieksel 263
megaskoop 267
megatherium 367
megaton 256
megawatt 123
Mei 37
meidoring 332
meinedig
  609 Jou woord verbreek

  817 Ontrouheid
meineed
  609 Jou woord verbreek
  803 Wette oortree
  817 Ontrouheid
meiose 324
meisie
  53 Nuut en jonk
  243 Kinders
  374 Mens
  376 Vrou
  776 Liefde en
    vriendskap
meisiegek 776
meisiekind
  53 Nuut en jonk
  243 Kinders
  376 Vrou
meisiekoor 757
meisienaam
  550 Noem
  574 Woordkategorie
meisiespan 629
meisiestem 548
Meissner se liggaam-
  pies 381
meitjie 365
mejuffrou
  53 Nuut en jonk
  376 Vrou
mekaar 6
melaats 413
melaatse 412
melaatsheid 413
melamien 307
melanien
  307 Rubber en plastiek
  381 Huid
  382 Haar
melaniet 298
melanisme
  381 Huid
  413 Verskillende siektes
melanisties 381
melankolie
  413 Verskillende siektes
  505 Verstandstoornis
  717 Lyding
  719 Hartseer
melankoliek
  717 Lyding
  719 Hartseer
melankolies
  717 Lyding
  719 Hartseer
melanoom 413
melanose 413
melanosiet 381
melasse 471
melba 365
meld
  539 Kommunikeer
  548 Praat

meldenswaardig

550 Noem
551 Meedeel
meldenswaardig 620
mêlée
  20 Wanorde
  667 Stryd
meliniet 676
meliorasie 622
melisme 757
melk
  320 Stam
  371 Suiwelbereiding
  419 Voedselbereiding
  426 Kossoort, dis
  427 Drank
melkbaard
  53 Nuut en jonk
  382 Haar
  386 Gesig
  615 Onbekwaam
melkbees
  366 Soogdier
  369 Veeteelt
melkboer
  347 Landbou
  369 Veeteelt
melkbok
  366 Soogdier
  369 Veeteelt
melkbol 337
melkboom 331
melkdier
  366 Soogdier
  369 Veeteelt
  371 Suiwelbereiding
melkery
  347 Landbou
  371 Suiwelbereiding
  707 Handelsaak
melkgesig
  382 Haar
  386 Gesig
  412 Siek
  491 Kleurloosheid
melkhandel 371
melkhoutboom 331
melkjasmyn 333
melkjaspis 298
melkkoei
  366 Soogdier
  369 Veeteelt
melkkoors 413
melkkos 426
melkmasjien 371
melkmuil 615
melkpoeier 419
melkpokkies 413
melkpol 337
melksjokolade 426
melkskommel 427
melksnysels 426
melkstal
  354 Plaas

371 Suiwelbereiding
melksuiker
  371 Suiwelbereiding
  471 Smaaklik, lekker
melktand 391
melktert 426
melkvee
  366 Soogdier
  369 Veeteelt
  371 Suiwelbereiding
Melkweg 270
melodie
  754 Komposisie
  757 Sang
melodies
  478 Welluidend
  753 Musiek
  755 Uitvoering
  757 Sang
melodieus
  10 Harmonie
  478 Welluidend
melodika 756
melodrama
  715 Negatiewe gevoel
  752 Toneel- en
    rolprentkuns
melodramaties 715
melomaan 753
melomanie
  413 Verskillende siektes
  505 Verstandstoornis
  753 Musiek
membraan
  381 Huid
  401 Spysverterings-
    kanaal
memento mori 546
memento
  510 Herinner
  546 Kunsmatige teken
memo
  315 Papier
  551 Meedeel
memoire(s)
  510 Herinner
  565 Skryfkuns
  567 Boek
memopapier 564
memorabilia 510
memorandum
  539 Kommunikeer
  551 Meedeel
  561 Studeer
  565 Skryfkuns
  567 Boek
  599 Gesag uitoefen
memoreer
  510 Herinner
  539 Kommunikeer
memorie 604
memorieboek
  510 Herinner

567 Boek
memorisasie 561
memoriseer
  510 Herinner
  561 Studeer
memorisering 561
menagerie
  170 Saambring
  368 Diereteelt
meneer
  375 Man
  560 Voorskoolse en
    naskoolse onderrig
meneertjie 785
meng
  168 Saamkom
  172 Vasmaak
  174 Meng
  419 Voedselbereiding
  790 Sosiale betrekking
mengbak
  174 Meng
  419 Voedselbereiding
mengblad 101
mengeldrank 427
mengeling 174
mengelmoes
  170 Saambring
  174 Meng
mengeltaal 569
menger
  95 Huisraad
  174 Meng
  419 Voedselbereiding
mengsel
  170 Saambring
  174 Meng
  277 Berg
menhir 274
Meni 855
menie 490
menige
  13 Verskeidenheid
  102 Hoeveelheid
  104 Baie
  107 Meer
menigeen 102
menigerlei
  104 Baie
  107 Meer
menigmaal
  22 Kontinuïteit
  55 Periodiek
  657 Herhaal
menigte 104
menigvuldig 104
mening
  513 Denke
  527 Oordeel
  586 Beslis
  825 Beoordeling
meningitis 413
meningsopname
  555 Vra

527 Oordeel
meningspeiling
  555 Vra
  527 Oordeel
meningsrubriek 568
meningsuiting
  527 Oordeel
  539 Kommunikeer
meningsverskil
  9 Verskillend of
    teenoorgesteld
  513 Denke
  522 Redeneer
  532 Betwis
  667 Stryd
  777 Haat en
    onvriendelikheid
mening(s)vormer 513
meniskus
  267 Optika
  309 Glasbereiding
menopouse
  239 Voortplant
  377 Liggaam
menora 854
mens
  32 Enkeling
  374 Mens
mens(e)beskouing 513
mens(e)gedaante 374
mens(e)geslag
  374 Mnes
  787 Samelewing
mensaap
  366 Soogdier
  374 Mens
mensdom 787
mensehaat 777
mensehandel 803
menseheugenis 510
mensekenner 374
mensekennis
  374 Mens
  535 Weet
mensekind
  243 Kinders
  374 Mens
menselewe 249
menseliefde 776
mensemassa
  104 Baie
  665 Byeenkom
mens(e)materiaal 374
mensepaar
  242 Ouers
  776 Liefde en
    vriendskap
menseras 787
menseredder 655
menseredding 655
mensereg
  804 Regverdig
  806 Wettig

808 Regswese
menseregte 808
menseregte-
skending 803
menseregtever-
grype 803
menseroof
  695 Steel
  803 Wette oortree
menseter
  406 Eet
  803 Wette oortree
  813 Swak gedrag
mens(e)vrees 768
mensevriend 778
mensewêreld 374
mensfisiologie 515
mensgemaak 237
mensheid
  374 Mens
  787 Samelewing
menshoogte 436
mensig 521
mensliewend
  714 Positiewe gevoel
  778 Goedaardigheid
  791 Sosiaal
mensliewendheid
  714 Positiewe gevoel
  778 Goedaardigheid
  791 Sosiaal
menslik
  374 Mens
  778 Goedaardigheid
  788 Beskawing
  791 Sosiaal
menslikehulpbron-
afdeling 658
menslikerwys 374
menslikheid 714
menslikheidsverlof 648
mens-masjien-koppel-
vlak 263
mensonterend
  717 Lyding
  829 Beledig
mensonwaardig 717
menssku 768
menstruasie 239
menstrueer 239
mensurabel 123
mensurale musiek 753
mensvreter
  357 Dier
  406 Eet
  803 Wette oortree
  813 Swak gedrag
mensvretery 803
menswaardig
  374 Mens
  622 Goed
menswaardigheid
  374 Mens

622 Goed
menswees
  3 Bestaanswyse
  374 Mens
menswetenskap 515
menswording
  374 Mens
  547 Simboliek
  837 God
  854 Godsdienste
ment 419
mentaal
  502 Verstand
  513 Denke
mentalisme 514
mentaliteit
  513 Denke
  533 Verstaan
mentol
  415 Geneesmiddel
  462 Halfvloeibare stof
mentor
  560 Voorskoolse en
    naskoolse onderrig
  638 Aanmoedig
mentorskap 560
menu 418
menuet
  742 Dans
  754 Komposisie
merceriseer 311
Mercurius
  270 Hemelliggaam
  855 Gode
merendeel(s)
  107 Meer
  112 Deel
merg 380
meridiaan
  269 Heelal
  272 Aarde
meridiaanshoogte 269
meridiaansirkel 269
meridionaal 88
meriete
  620 Belangrik
  622 Goed
merietebeurs 560
meringue 426
meringuetert 426
merinoskaap 366
merk
  493 Gevoeligheid
  500 Sigbaarheid
  508 Aandag
  517 Vind
  539 Kommunikeer
  545 Natuurlike teken
  546 Kunsmatige teken
  550 Noem
merkantiel 701
merkantilisme 70

merkartikel 701
merkbaar
  493 Gevoeligheid
  500 Sigbaarheid
  543 Duidelik
merker
  221 Vaar
  235 Skeepvaart
merkink 564
merkleser 263
merkteken
  546 Kunsmatige teken
  546 Kunsmatige teken
merkurochroom 415
merkwaardig
  36 Onreëlmatigheid
  56 Selde
  620 Belangrik
  622 Goed
merkwaardigheid
  36 Onreëlmatigheid
  56 Selde
  620 Belangrik
  622 Goed
merlot 427
meroniem
  573 Woordeskat
  577 Betekenis
meronimie
  573 Woordeskat
  577 Betekenis
meronimies 577
merrie 366
mes
  95 Huisraad
  185 Sny
  252 Doodmaak
  419 Voedselbereiding
  678 Ander wapens
mesa 277
mesmeraais 638
mesmeriseer 638
mesmeriserend 638
mesmerisme 638
mesohippus 367
mesokarp 323
mesolities 274
mesosfeer
  269 Heelal
  289 Klimaat
Mesosoïese era 274
mesotoraks 361
mesplooi 745
messegoed
  95 Huisraad
  418 Voeding
messel
  97 Bou
  99 Messel
messelaar
  97 Bou
  99 Messel
  592 Ondergeskikte

messelaarmortel 99
messelary 97
messelkalk 100
messelklei 100
messeltroffel
  101 Bouersgereedskap
  630 Werktuig
messelwerk
  97 Bou
  99 Messel
Messias
  854 Godsdienste
  855 Gode
messing 297
mesto 753
mesvegter
  667 Stryd
  678 Ander wapens
meswond 413
met
  26 Begeleiding
  48 Gelyktydig
  629 Gebruik
metaal
  297 Metaal
  459 Vaste stof
metaalagtig 297
metaalbedryf 301
metaalgraveur 761
metaalgravure 761
metaalkleur 492
metaalkunde 295
metaallegering 301
metaalproduk 301
metaalsaag
  185 Sny
  316 Hout
metaaluitputting 301
metaalverharding 301
metaalverwerking 301
metaalwerk 301
metaan
  256 Skeikunde
  461 Gas
metaangas
  256 Skeikunde
  461 Gas
metabolies 408
metabolisme 408
metacarpus
  380 Gebeente
  397 Ledemaat
metafisies
  514 Wysbegeerte
  836 Bonatuurlik
metafisika 514
metafisikus 514
metafoor
  547 Simboliek
  576 Sinsbou en styl
  577 Betekenis
metaforiek
  547 Simboliek

577 Betekenis
metafories
  547 Simboliek
  576 Sinsbou en styl
  577 Betekenis
metakarpus
  380 Gebeente
  397 Ledemaat
metalliek 297
metallisasie 301
metalliseer 301
metallisering 301
metallofoon 756
metallografie 295
metallografies 295
metalloïede
  256 Skeikunde
  296 Nie-metaal
metallurg
  256 Skeikunde
  295 Delfstof
  301 Metaalverwerking
metallurgie
  256 Skeikunde
  275 Mynwese
  295 Delfstof
  301 Metaalverwerking
metallurgies
  256 Skeikunde
  295 Delfstof
  301 Metaalverwerking
metamfetamien 494
metamorf(ies) 140
metamorfisme 140
metamorfose
  140 Verandering
  438 Vorm
metamorfoseer
  53 Nuut en jonk
  140 Verandering
metanol
  256 Skeikunde
  299 Brandstof
  460 Vloeistof
metapolitiek 795
metasoön 357
metastase 413
metataal 569
metatarsus
  380 Gebeente
  397 Ledemaat
metatese 572
metdat 48
meteen 48
meteens
  225 Vinnig
  521 Verras wees
meteoor 270
meteoorreën 270
meteoorsteen
  270 Hemelliggaam
  298 Steen
meteoriet 270

meteorologie
  289 Klimaat
  294 Weerkunde
meteorologies 294
meteoroloog 29
meter
  122 Bereken
  123 Meet
meteropnemer
  122 Bereken
  123 Meet
metgesel
  26 Begeleiding
  776 Liefde en
    vriendskap
metiel 256
metielalkohol
  256 Skeikunde
  460 Vloeistof
meting
  122 Bereken
  123 Meet
  139 Meetkunde
metingstelsel 123
metode
  559 Opvoeding en
    onderwys
  629 Gebruik
  640 Voorbereid
  644 Handelwyse
metodiek
  559 Opvoeding en
    onderwys
  612 Noukeurig
  629 Gebruik
  640 Voorbereid
  644 Handelwyse
metodies
  19 Orde
  612 Noukeurig
  640 Voorbereid
  644 Handelwyse
Metodis
  840 Godsdiens
  854 Godsdienste
Metodisme 854
metodologie
  514 Wysbegeerte
  559 Opvoeding en
    onderwys
metonimia
  547 Simboliek
  573 Woordeskat
  576 Sinsbou en styl
  577 Betekenis
metonimie
  547 Simboliek
  576 Sinsbou en styl
  577 Betekenis
metonimies
  576 Sinsbou en styl
  577 Betekenis
metonomasia 550

metonomie 576
metriek
  122 Bereken
  123 Meet
metries
  123 Meet
  572 Uitspraak
  751 Digkuns
metrikasie 123
metriseer 123
metrisering 123
metro 234
metrologie 123
metrologies 123
metroman 375
metrometer 753
metronoom 753
metropolis 90
metropolitaans 90
metropool
  61 Plek
  90 Omgewing
metroseksueel 374
metrotrein 234
metrum
  572 Uitspraak
  751 Digkuns
metterdaad
  1 Bestaan
  637 Doelgerigtheid en
    doelloosheid
metterhaas 225
mettertyd
  40 Langdurig
  44 Gebeure in tyd
  47 Later
  226 Stadig
meubel 95
meubeleer 95
meubelering 95
meubelkewer 361
meubelwinkel 707
meubileer 95
meubilering 95
meublement 95
meul
  186 Maal
  316 Hout
meule 316
meulenaar 186
meulsteen 186
mevrou 376
mezzanine 94
mezzo 753
mezzo forte 753
mezzo piano 753
mezzosopraan 757
miaau 484
miasma 461
middag 127
middagblad 568
middagete 418
middagmaal 418

middagrus 662
middagslaap 410
middaguitgawe 568
middaguur
  37 Tydruimte
  418 Voeding
  662 Rus
midde(l)rif 394
middebaan 728
middebaangrens 728
midde-in 83
middel
  29 Middel
  83 In die middel
  392 Romp
  415 Geneesmiddel
  572 Uitspraak
  629 Gebruik
  631 Nodig
middelaar 668
middelafhanklik 494
middelafhanklike 494
middelafhanklikheid 494
middelafstand 729
middelafstandatleet 729
middelbaan 29
middeldeel 29
middeldeur
  94 Dele van 'n eiendom
  184 Breek
middeleeue 45
middeleeus 45
middelfalanks
  380 Gebeente
  397 Ledemaat
middelgedeelte 83
middelgewig 731
middelgroot
  431 Afmeting
  432 Groot
middelhand
  380 Gebeente
  397 Ledemaat
middeljare 52
middeljarig 52
middeljarige 52
middelklas
  787 Samelewing
  798 Laer stand
middelklasbuurt 90
middelkolletjie 728
middellyf 392
middellyn
  29 Middel
  83 In die middel
  139 Meetkunde
  728 Balsporte
middelmaat 431
middelman 149
middelmatig
  431 Afmeting
  624 Gemiddeld

minagtend

middelmatigheid 624
middelmisbruik 494
middelmootlektuur
  567 Boek
  750 Letterkunde
middelmoreen 277
middeloor 388
middelordekolwer 728
middelpen
  29 Middel
  728 Balsporte
middelpunt
  29 Middel
  83 In die middel
middelpuntsoekend
  29 Middel
  83 In die middel
  166 Nader beweeg
  257 Meganika en tegnologie
middelpuntvliedend
  29 Middel
  83 In die middel
  167 Wegbeweeg
  257 Meganika en tegnologie
middelrym 751
middelsegment 83
middelstand
  787 Samelewing
  798 Laer stand
middelste
  29 Middel
  83 In die middel
middelstreep 149
middelstuk 83
middeltoon 753
middelveld 728
middelveldspeler 728
middelverslawing 494
middelvinger
  29 Middel
  397 Ledemaat
middelvlakbestuur 590
middelvoetbeen
  380 Gebeente
  397 Ledemaat
middelvokaal 572
middelvoor 728
middernagblou 492
middernagdiens 848
middernagson 270
middestad 90
midiromp 745
midkwab 398
midsomer 289
midwinter 289
mied 352
mielie
  351 Groenteverbouing
  352 Graanverbouing
  426 Kossoort, dis
mielieboerdery 352

mieliegruis
  352 Graanverbouing
  370 Voëlteelt
  426 Kossoort, dis
mielieheide 337
mieliemeel 419
mieliepap 426
mielieplantluis 361
mieliestamrusper 324
mieliestronk 320
miëlitis 413
mier 361
mierkat 366
mierkewer 361
mierkoningin 361
mierleeu 361
miernes
  89 Blyplek
  104 Baie
  165 Onreëlmatige beweging
  361 Insek
miershoop
  89 Blyplek
  361 Insek
miervreter 366
migraine
  413 Verskillende siektes
  717 Lyding
migrasie
  67 Verplasing
  167 Wegbeweeg
  187 Reis
migreer
  67 Verplasing
  167 Wegbeweeg
mihrab 854
mik
  265 Telegraaf en telefoon
  320 Stam
  499 Sien
  637 Doelgerigtheid en doelloosheid
  677 Skiet
mika
  296 Nie-metaal
  298 Steen
mikado 591
mikaglas 309
mikaruit
  94 Dele van 'n eiendom
  309 Glasbereiding
mikologie 325
mikologies 325
mikoloog 325
mikpunt
  637 Doelgerigtheid en doelloosheid
  681 Resultaat
mikrobe 326
mikrobesproeiing 463
mikrobiologie
  255 Natuur
  414 Geneeskunde
  515 Wetenskap
mikrobioom 255
mikrochirurgie 414
mikro-eenheid 89

mikrofiche
  268 Fotografie en film
  564 Skryfbehoeftes
mikrofilm 268
mikrofoon
  266 Akoestiek
  548 Praat
mikrofoonstelsel
  266 Akoestiek
  548 Praat
mikrofotografie 268
mikrogolf 266
mikrogolfoond
  95 Huisraad
  419 Voedselbereiding
  469 Verwarmingstoestel
mikrograaf
  564 Skryfbehoeftes
  759 Tekenkuns
mikrokosmos 269
mikroligtevliegtuig 236
mikron 123
mikroörganisme 326
mikroprosesseerder 263
mikrorekenaar 263
mikrosekonde 127
mikroskoop 267
mikroskopies
  267 Optika
  433 Klein
  501 Onsigbaarheid
mikrospuit
  288 Waterstelsel
  463 Nat
mikrotegnologie 257
mikroverwerker 263
mikrovliegtuig 236
miksedeem 413
miksoom 413
mikstok 320
mild
  693 Gee
  772 Sagmoedigheid
milddadig
  693 Gee
  778 Goedaardigheid
milddadigheid 693
mildelik
  292 Water
  693 Gee
  772 Sagmoedigheid
milieu
  61 Plek
  787 Samelewing
milisie 672
militansie 667
militant 667
militantheid 667
militarisasie 672
militarisme 795
militaristies
  672 Weermag
  795 Staat en politiek

militêr 672
miljard 133
miljardêr 688
miljoen 133
miljoendollarvraag
  516 Soek
  555 Vra
miljoene 104
miljoenêr
  688 Besit
  689 Ryk
miljuisende 104
Milkom 855
milleniêr 787
millennium 37
milli-ampère 123
millibaar 123
milligram 123
milliliter 123
millimeter 123
millivolt 123
milt 401
miltkoors 413
miltsiekte 413
miltsteek 413
miltsug 413
miltvuur 413
mimeer 545
mimering 545
mimetes 337
mimeties
  14 Navolging
  545 Natuurlike teken
mimiek
  545 Natuurlike teken
  749 Kuns
  752 Toneel- en rolprentkuns
mimiekkunstenaar
  545 Natuurlike teken
  752 Toneel- en rolprentkuns
mimies 545
mimikus
  545 Natuurlike teken
  752 Toneel- en rolprentkuns
mimosa 331
min
  56 Selde
  103 Min
  133 Getalle
  137 Bewerking
  623 Sleg
  776 Liefde en vriendskap
minag
  621 Onbelangrik
  786 Nederigheid
  827 Afkeur
  831 Minag
minagtend
  621 Onbelangrik

minagting

779 Boosaardigheid
785 Hoogmoed
829 Beledig
831 Minag
minagting
  621 Onbelangrik
  779 Boosaardigheid
  786 Nederigheid
  827 Afkeur
  831 Minag
minaret 94
minder 108
minderbevoorreg 690
minderbevoorregte 690
mindere
  5 Onselfstandigheid
  589 Dien
  592 Ondergeskikte
  621 Onbelangrik
minderheid
  103 Min
  108 Minder
  112 Deel
minderheidsgroep 795
minderheidsparty
  590 Bestuur en regeer
  795 Staat en politiek
minderheidstaal 569
minderheidstem 590
minderheidsverslag 539
minderjarig
  52 Ouderdom
  53 Nuut en jonk
  589 Dien
minderjarigheid
  52 Ouderdom
  53 Nuut en jonk
minderwaardig
  5 Onselfstandigheid
  458 Breekbaar
  621 Onbelangrik
  623 Sleg
  626 Swak
  683 Misluk
  786 Nederigheid
minderwaardigheid
  458 Breekbaar
  621 Onbelangrik
  623 Sleg
  626 Swak
  786 Nederigheid
minderwaardigheids-gevoel 786
minderwaardigheids-kompleks 786
mineraal
  295 Delfstof
  420 Voedsel
  459 Vaste stof
mineraalafsetting 295
mineraaloptika 515
mineraalryk 295
mineraalwater
  427 Drank

460 Vloeistof
mineralerykdom 295
mineralogie 295
mineralogies 295
mineralografie
  295 Delfstof
  515 Wetenskap
mineraloog 295
Minerva 855
minestrone 426
mineur 753
mineurtoonleer 753
mineurtoonsoort 753
mingerhout 316
minheid 103
miniatuur
  433 Klein
  565 Skryfkuns
  566 Drukkuns
miniatuurkamera 268
miniatuurroos 332
miniatuurstruik 332
minibustaxi 233
minie 490
miniem 433
minimaal
  103 Min
  108 Minder
  433 Klein
minimaliseer
  103 Min
minimalisme
  103 Min
  749 Kuns
minimalisties 103
minimiseer
  105 Min
  108 Minder
minimum
  103 Min
  108 Minder
  122 Bereken
miniromp 745
minisirkel 149
mini-skripsie 553
miniskuul
  108 Minder
  433 Klein
minister
  590 Bestuur en regeer
  591 Gesaghebber
  795 Staat en politiek
ministerie
  590 Bestuur en regeer
  591 Gesaghebber
ministerieel
  590 Bestuur en regeer
  591 Gesaghebber
minister-president 591
ministersporte-feulje 590
minitennis 728

minkewalvis 363
minlik
  776 Liefde en vriendskap
  778 Goedaardigheid
minnaar
  239 Voortplant
  776 Liefde en vriendskap
minnares
  239 Voortplant
  776 Liefde en vriendskap
minnebrief 776
minnedig 751
minnekoos 776
minnelied 757
minnesanger 757
minoriteit
  52 Ouderdom
  53 Nuut en jonk
  108 Minder
  112 Deel
minsaam
  743 Mooi
  772 Sagmoedigheid
  776 Liefde en vriendskap
  778 Goedaardigheid
minsaamheid
  743 Mooi
  772 Sagmoedigheid
minste 108
minstens 108
minstreel 757
min(us)teken
  137 Bewerking
  565 Skryfkuns
  571 Skrif
mintgroen 492
minuet 742
minus 137
minusieus
  129 Bepaaldheid
  612 Noukeurig
minuskel
  565 Skryfkuns
  566 Drukkuns
minuut
  37 Tydruimte
  127 Tydbepaling
miologie
  379 Spier
  414 Geneeskunde
mioloog 416
miopie 499
miopies 499
Mioseense epog 274
miosine 379
miositis 379
mirakel
  36 Onreëlmatigheid
  521 Verras wees

836 Bonatuurlik
mirakelagtig
  540 Nie kommunikeer nie
  836 Bonatuurlik
mirakelspel 752
mirakuleus
  521 Verras wees
  540 Nie kommunikeer nie
  836 Bonatuurlik
mirasie
  267 Optika
  485 Lig
miriade
  104 Baie
  107 Meer
mirliton 756
mirre 462
mirteboom 331
mis
  291 Wolk
  292 Water
  293 Onweer
  345 Plantkwekery
  409 Afskeiding en uitskeiding
  544 Onduidelik
  623 Sleg
  631 Nodig
  683 Misluk
  848 Kerklike bediening
  850 Sakrament
misantroop
  777 Haat en onvriendelikheid
  792 Asosiaal
misantropie 777
misbaksel 744
misbank
  291 Wolk
  293 Onweer
misblom 334
misbredie 344
misbruik
  623 Sleg
  629 Gebruik
  779 Boosaardigheid
misdaad
  667 Stryd
  779 Boosaardigheid
  803 Wette oortree
  813 Swak gedrag
  820 Oneerbaar
  822 Skuldig
misdaadbestryding 803
misdaadeenheid 802
misdaadkultuur 803
misdaadroman 750
misdaadsindikaat 803
misdaadverslag-gewer 539

misdaadvoor-
koming 803
misdaadwêreld 803
misdadig
  598 Ongehoorsaam
  667 Stryd
  779 Boosaardigheid
  803 Wette oortree
  807 Onwettig
  813 Swak gedrag
  815 Oneerlik
  822 Skuldig
misdadiger
  598 Ongehoorsaam
  623 Sleg
  667 Stryd
  695 Steel
  779 Boosaardigheid
  803 Wette oortree
  813 Swak gedrag
  815 Oneerlik
  820 Oneerbaar
  822 Skuldig
misdadigheid
  598 Ongehoorsaam
  623 Sleg
  667 Stryd
  779 Boosaardigheid
  803 Wette oortree
  813 Swak gedrag
  815 Oneerlik
  822 Skuldig
misdeel(d)
  503 Onverstandigheid
  690 Arm
misdeeldheid 690
misdienaar 852
misdra
  779 Boosaardigheid
  813 Swak gedrag
misdruk 566
misdryf
  779 Boosaardigheid
  803 Wette oortree
  822 Skuldig
mise-en-scène 752
miserabel
  623 Sleg
  683 Misluk
  690 Arm
  717 Lyding
  719 Hartseer
  813 Swak gedrag
miserabelheid
  690 Arm
  719 Hartseer
  813 Swak gedrag
misère
  690 Arm
  717 Lyding
  719 Hartseer
misgaan 813
misgeboorte 239

misgewas
  345 Plantkwekery
  744 Lelik
  813 Swak gedrag
misgis
  527 Oordeel
  538 Dwaling
misgissing 538
misgreep 538
misgun 779
mishaag
  721 Ontevredenheid
  777 Haat en
    onvriendelikheid
mishandel
  182 Slaan
  623 Sleg
  667 Stryd
  779 Boosaardigheid
  803 Wette oortree
  835 Bestraf
mishandelde-vrou-
sindroom 413
mishandeling
  667 Stryd
  779 Boosaardigheid
  803 Wette oortree
mishoop
  345 Plantkwekery
  346 Landbougrond
  409 Afskeiding en
    uitskeiding
misken
  9 Verskillend of
    teenoorgesteld
  621 Onbelangrik
  779 Boosaardigheid
  786 Nederigheid
  827 Afkeur
  831 Minag
miskenning
  621 Onbelangrik
  779 Boosaardigheid
  786 Nederigheid
  827 Afkeur
  831 Minag
miskewer 361
miskien
  519 Twyfel
  537 Waarheid
miskleed 293
miskoek
  409 Afskeiding en
    uitskeiding
  611 Lui
  615 Onbekwaam
  617 Magteloos
miskraam 239
miskruier 361
miskyk 538
mislei
  148 Van koers gaan
  538 Dwaling

  779 Boosaardigheid
  815 Oneerlik
  818 Bedrieg
misleidend
  130 Onbepaaldheid
  148 Van koers gaan
  544 Onduidelik
  818 Bedrieg
misleiding
  544 Onduidelik
  779 Boosaardigheid
  818 Bedrieg
mislig 233
mislik
  412 Siek
  413 Verskillende siektes
  623 Sleg
  744 Lelik
  775 Weersin
mislikheid
  413 Verskillende siektes
  775 Weersin
misloop 683
misluk
  637 Doelgerigtheid en
    doelloosheid
  652 Versuim
  683 Misluk
mislukkeling 683
mislukking
  652 Versuim
  683 Misluk
  685 Oorwin word
mismaak
  11 Disharmonie
  413 Verskillende siektes
  623 Sleg
  744 Lelik
mismaaksel 744
mismaaktheid
  11 Disharmonie
  744 Lelik
mismoed
  639 Ontmoedig
  717 Lyding
  719 Hartseer
  766 Wanhoop
mismoedig
  639 Ontmoedig
  683 Misluk
  717 Lyding
  719 Hartseer
  766 Wanhoop
mismoedigheid
  639 Ontmoedig
  717 Lyding
  719 Hartseer
  766 Wanhoop
  768 Vrees
misnoeë
  719 Hartseer
  721 Ontevredenheid
  777 Haat en

    onvriendelikheid
  827 Afkeur
misnoeg(d)
  719 Hartseer
  721 Ontevredenheid
  777 Haat en
    onvriendelikheid
  827 Afkeur
misnoegdheid
  719 Hartseer
  721 Ontevredenheid
  777 Haat en
    onvriendelikheid
  827 Afkeur
misoes
  347 Landbou
  623 Sleg
  683 Misluk
misogaam 248
misogamie 248
misogamis 248
misogenie 777
misoginie 777
mispel 331
misplaas
  66 Plasing
  623 Sleg
misplaastheid
  66 Plasing
  623 Sleg
misprese 827
misprys 827
misreën
  289 Klimaat
  292 Water
misreken
  527 Oordeel
  538 Dwaling
misrekening
  538 Dwaling
  613 Onnoukeurig
misryblom 334
missie 637
missiel
  235 Skeepvaart
  676 Vuurwapen
missiologie 842
missionaris
  588 Gesag hê
  591 Gesaghebber
  849 Prediking
missive
  551 Meedeel
  565 Skryfkuns
misslag
  538 Dwaling
  822 Skuldig
misstand 623
misstap
  538 Dwaling
  779 Boosaardigheid
  803 Wette oortree
  822 Skuldig
misstof 345

mistas
527 Oordeel
538 Dwaling
mistasting
527 Oordeel
538 Dwaling
mistel 344
misterie 540
misteriespel 752
misterieus
540 Nie kommunikeer nie
544 Onduidelik
836 Bonatuurlik
mistiek
540 Nie kommunikeer nie
845 Godsvrug
misties
540 Nie kommunikeer nie
836 Bonatuurlik
845 Godsvrug
mistifikasie 818
mistifiseer
538 Dwaling
818 Bedrieg
mistifisering 818
mistig
291 Wolk
293 Onweer
544 Onduidelik
mistigheid
291 Wolk
292 Water
486 Duisternis
544 Onduidelik
mistikus
540 Nie kommunikeer nie
845 Godsvrug
mistisisme
845 Godsvrug
854 Godsdienste
mistral 290
mistroostig 719
mistroostigheid
413 Verskillende siektes
719 Hartseer
mistroue 770
mistrouig 770
mistykie
538 Dwaling
613 Onnoukeurig
623 Sleg
misvatting
538 Dwaling
613 Onnoukeurig
misverstaan
527 Oordeel
538 Dwaling
544 Onduidelik
misverstand
527 Oordeel

534 Nie verstaan nie
538 Dwaling
667 Stryd
misvloer 94
misvorm(d)
438 Vorm
744 Lelik
misvormdheid
438 Vorm
744 Lelik
misweer 292
miswolk
291 Wolk
293 Onweer
miswurm 361
mite
538 Dwaling
552 Vertel
750 Letterkunde
818 Bedrieg
mities
538 Dwaling
818 Bedrieg
855 Gode
mitigasie
808 Regswese
809 Regsgeding
mitigeer
716 Genot
808 Regswese
mitochondrium 377
mitologie 750
mitologies
750 Letterkunde
855 Gode
mitologisering 750
mitose 317
mitraalklep 399
mits 530
mitsdien 15
MIV 413
MI-virus 413
mnemoniek 510
mnemonies 510
mnemotegniek 510
mnemotegnies 510
moaner 721
moangat 721
mobiel
145 Beweging
680 Militêre aksie
mobilisasie
672 Weermag
679 Mobilisering
mobilisasieplan 679
mobilisasiestrategie 679
mobiliseer
672 Weermag
679 Mobilisering
mobilisering 679
mobiliteit
145 Beweging
679 Mobilisering

modaal
574 Woordkategorie
577 Betekenis
modaliteit
3 Bestaanswyse
577 Betekenis
modder
274 Geologie
462 Halfvloeibare stof
628 Vuil
modderas 279
modderbad 628
moddergat 279
moddergooier 829
moddergooiery 829
modderig
462 Halfvloeibare stof
628 Vuil
modderkleur 492
modderkrewel 362
modderskerm
230 Rytuig
232 Fiets
233 Voertuig
moddervet 434
moddervulkaan 277
mode
53 Nuut en jonk
657 Herhaal
745 Versier
modebewus 745
modeblad 568
modedrag 745
modegek 745
modegier
53 Nuut en jonk
745 Versier
modegril 53
modeklere 745
modekleur 490
model
3 Bestaanswyse
31 Soort
35 Reëlmaat
438 Vorm
622 Goed
745 Versier
760 Skilderkuns
763 Beeldhoukuns
modelleer
3 Bestaanswyse
35 Reëlmaat
237 Voortbring
438 Vorm
543 Duidelik
749 Kuns
763 Beeldhoukuns
modelleerklei 763
modellering 438
modelleur
237 Voortbring
543 Duidelik
modelmens 812

modem 263
modemaakster 745
modemaker 745
modemal 745
modeontwerper 745
modeparade 745
modepop 745
moderamen 590
moderasie
103 Min
619 Kalm
moderato 753
moderator
560 Voorskoolse en naskoolse onderrig
591 Gesaghebber
665 Byeenkom
moderatuur 590
moderedakteur 568
modereer 559
modern
49 Hede
53 Nuut en jonk
749 Kuns
750 Letterkunde
modernis 749
modernisasie
53 Nuut en jonk
795 Staat en politiek
moderniseer 53
modernisme
514 Wysbegeerte
749 Kuns
843 Ongeloof
modernisties 53
modesiekte
413 Verskillende siektes
745 Versier
modeslaaf 745
modestyl 745
modevertoning 745
modewinkel 707
modewoord 573
modieus
49 Hede
53 Nuut en jonk
657 Herhaal
743 Mooi
745 Versier
modifikasie 140
modifiseer
53 Nuut en jonk
140 Verandering
modifisering 140
modulasie 548
module
35 Reëlmaat
112 Deel

moduleer
  266 Akoestiek
  548 Praat
  755 Uitvoering
modulêr 112
modulus
  137 Bewerking
  138 Algebra
  438 Vorm
modus
  574 Woordkategorie
  644 Handelwyse
modus operandi 644
modus vivendi
  607 Beloof
  644 Handelwyse
  668 Vrede en versoening
moe 476
moed
  518 Glo
  582 Wilskrag
  586 Beslis
  625 Sterk
  767 Moed
moedeloos
  639 Ontmoedig
  715 Negatiewe gevoel
  717 Lyding
  719 Hartseer
  721 Ontevredenheid
  766 Wanhoop
  768 Vrees
moedeloosheid
  639 Ontmoedig
  719 Hartseer
  721 Ontevredenheid
  766 Wanhoop
  768 Vrees
moeder
  237 Voortbring
  240 Genealogie
  242 Ouers
moederaarde 272
moederbord 263
moederdier 357
moedergemeente
  840 Godsdiens
  852 Geestelike
moederhart 776
moederkappie
  334 Blomplant
  337 Veldplant
moederkerk
  840 Godsdiens
  852 Geestelike
moederland
  61 Plek
  787 Samelewing
moederlief 242
moederliefde 776
moederlik 242
moederlikheid 242
moederloog 256

moederloos 243
moedermaatskappy
  665 Byeenkom
  701 Handel en ekonomie
moedermoord 252
moedernaak 162
moeder-owerste 852
moederplig 811
moedersielalleen 789
moederskap
  241 Familie
  242 Ouers
moederskip 235
moederskoot
  395 Buik
  403 Voortplantings-
    orgaan
moedersmelk 409
moedersorg 776
moederstad 90
moedertaal 569
moedertaalonderrig 570
moedertaalspreker 569
moedig
  625 Sterk
  767 Moed
  769 Vertroue
moedigheid
  518 Glo
  586 Beslis
  625 Sterk
  767 Moed
  769 Vertroue
moedinpratery 767
moedswil 637
moedswillig
  508 Aandag
  582 Wilskrag
  637 Doelgerigtheid en
    doelloosheid
  779 Boosaardigheid
moedswilligheid
  582 Wilskrag
  779 Boosaardigheid
moedverlore
  717 Lyding
  719 Hartseer
  766 Wanhoop
moedverlorenheid
  719 Hartseer
  766 Wanhoop
moedversterking
  638 Aanmoedig
  765 Hoop
moefti 854
moeg
  611 Lui
  626 Swak
  661 Vermoeidheid
moegheid
  611 Lui
  661 Vermoeidheid

moegoe
  583 Willoosheid
  623 Sleg
moeilik
  114 Saamgesteld
  452 Swaar
  544 Onduidelik
  582 Wilskrag
  654 Moeilik handel
  667 Stryd
  771 Gramskap
moeilikheid
  20 Wanorde
  452 Swaar
  654 Moeilik handel
  666 Verhinder
  667 Stryd
  683 Misluk
  690 Arm
  717 Lyding
moeilikheidmaker
  667 Stryd
  771 Gramskap
moeilikheidsoeker
  667 Stryd
  777 Haat en
    onvriendelikheid
  779 Boosaardigheid
moeilikheidsoekerig 771
moeisaam 654
moeite
  645 Handel
  654 Moeilik handel
  717 Lyding
moeitegewend 654
moeiteloos
  653 Maklik handel
  716 Genot
moeiteloosheid
  653 Maklik handel
  716 Genot
moeitevol 654
moeitevry 653
moenie
  585 Verwerp
  606 Weier
moer
  172 Vasmaak
  182 Slaan
  227 Werp
  234 Spoorweë
  237 Voortbring
  242 Ouers
  257 Meganika en
    tegnologie
  323 Vrug
  427 Drank
  628 Vuil
  667 Stryd
  820 Oneerbaar
moer(d)erig
  628 Vuil
  721 Ontevredenheid
  771 Gramskap

moer(d)erigheid
  628 Vuil
  721 Ontevredenheid
  771 Gramskap
moeras
  279 Moeras
  285 Watermassa
moerasagtig 279
moerasagtigheid 279
moerasgrond
  274 Geologie
  279 Moeras
moeraskoors 413
moeraskrokodil 364
moerasland 279
moerasplant 318
moerassig 279
moerassigheid 279
moerbei
  350 Vrugteverbouing
  426 Kossoort, dis
moerig
  721 Ontevredenheid
  771 Gramskap
  820 Oneerbaar
moerigheid
  721 Ontevredenheid
  771 Gramskap
moerkoffie 427
moers
  104 Baie
  432 Groot
  820 Oneerbaar
moerskont
  779 Boosaardigheid
  813 Swak gedrag
  820 Oneerbaar
moersleutel
  172 Vasmaak
  316 Hout
  630 Werktuig
moes 419
moesaka 426
moeselien 311
moesie
  381 Huid
  386 Gesig
moesla 847
moesliem 787
Moesliem 787
moeslien 311
moesoek 666
moeson 290
moesonreën 292
moesonwind 290
moestas
  382 Haar
  386 Gesig
moestuin 94
moet
  17 Noodsaak
  381 Huid
  413 Verskillende siektes

545 Natuurlike teken
579 Gedwonge
moetie 415
moewie
  724 Vermaak en ontspanning
  752 Toneel- en rolprentkuns
moewies 104
mof
  301 Metaalverwerking
  366 Soogdier
mofbees 366
moffel 161
moffeloond
  301 Metaalverwerking
  305 Pottebakkery
mofskaap 366
moggel 363
mogol 591
Mohammed 854
Mohammedaan
  840 Godsdiens
  854 Godsdienste
Mohammedaans
  840 Godsdiens
  854 Godsdienste
Mohammedanisme 854
moiré 311
mojo
  743 Mooi
  844 Bygeloof
mok 413
mokassin 745
moker
  181 Raak
  182 Slaan
  667 Stryd
  669 Aanval
mokerhou 182
mokerslag 182
moket 311
mokka 427
mokkaby 361
mokkakoffie 427
mokor(r)o 235
moksha 854
mol
  366 Soogdier
  753 Musiek
molaar 391
Molek 855
molekule
  254 Stof
  256 Skeikunde
molekulêr
  254 Stof
  256 Skeikunde
molekulêre verbinding 256
molekuul 254
moles
  20 Wanorde
  476 Geluid

666 Verhinder
667 Stryd
779 Boosaardigheid
813 Swak gedrag
822 Skuldig
molesmaker 822
molesmakery 813
molestasie
  669 Aanval
  779 Boosaardigheid
  803 Wette oortree
  813 Swak gedrag
moleste
  20 Wanorde
  476 Geluid
  666 Verhinder
  779 Boosaardigheid
  813 Swak gedrag
molesteer
  623 Sleg
  669 Aanval
  779 Boosaardigheid
  803 Wette oortree
molesteerder
  667 Stryd
  779 Boosaardigheid
  803 Wette oortree
molestering
  667 Stryd
  669 Aanval
  803 Wette oortree
  822 Skuldig
molibdeen 297
molkriek 361
molla 854
mollie 361
mollig
  434 Breed
  456 Sag
mollusk
  357 Dier
  363 Waterdier
molsgat 89
molslang 364
molteken 753
moltenosiekte 413
moltrein 234
mombakkies
  161 Bedek
  501 Onsigbaarheid
  745 Versier
moment
  37 Tydruimte
  41 Kortstondig
  127 Tydbepaling
  317 Fisiologie
momentaan 41
momenteel 41
momentopname 268
momentsluiter 268
momentum
  224 Snelheid
  257 Meganika en

    tegnologie
  317 Fisiologie
mompel
  482 Menslike geluid
  548 Praat
mompelaar 548
mompelend 548
mompeling 548
mompelry 548
monade 254
monarg 591
monargaal
  590 Bestuur en regeer
  591 Gesaghebber
monargie
  61 Plek
  590 Bestuur en regeer
  591 Gesaghebber
  795 Staat en politiek
monargis
  592 Ondergeskikte
  795 Staat en politiek
monargisme 588
monargisties 795
mond
  177 Oopgaan
  286 Rivier
  361 Insek
  386 Gesig
  390 Mond
  398 Asemhalingsorgaan
  401 Spysverterings-
    kanaal
  406 Eet
  572 Uitspraak
mondain
  743 Mooi
  785 Hoogmoed
  813 Swak gedrag
mondaniteit
  716 Genot
  785 Hoogmoed
mondchirurg 416
mondchirurgie 414
mondchristen 843
monddak 390
monddeel 390
mondelik(s) 390
mondeling
  548 Praat
  561 Studeer
mondeling(s) 390
mond-en-klouseer 413
mondering
  674 Militêre uitrusting
  745 Versier
mondfluitjie 756
mondharmonika 756
mondhigiëne 414
mondhigiënis 416
mondhoek 390
mondholte
  398 Asemhalingsorgaan

401 Spysverterings-
  kanaal
572 Uitspraak
mondig
  52 Ouderdom
  53 Nuut en jonk
  432 Groot
mondigheid
  52 Ouderdom
  53 Nuut en jonk
mondigwording
  53 Nuut en jonk
  793 Fees
monding 286
mondjie 103
mondjievol
  103 Min
  406 Eet
mondklem 413
mondprovisie 420
mondseer 413
mondspoelmiddel 746
mondstuk
  231 Tuig
  430 Rook
  756 Musiekinstrument
mond-tot-mond(-)asemhaling
  404 Asemhaling
  414 Geneeskunde
monetêr
  131 Geldeenheid
  701 Handel en ekonomie
mongolisme 413
mongool 412
monis 514
monisme
  514 Wysbegeerte
  854 Godsdienste
monisties 514
moniteer
  498 Gehoor
  508 Aandag
  590 Bestuur en regeer
monitor
  14 Navolging
  263 Rekenaar en internet
  264 Radio en televisie
  265 Telegraaf en telefoon
  417 Hospitaal
  498 Gehoor
  508 Aandag
  590 Bestuur en regeer
  638 Aanmoedig
  655 Veilig
monkvis 422
monnik 852
monnikebalsem 415
monnikebier 427

Monnikelatyn 569
monnikeorde 852
monnikewerk
  632 Onnodig
  634 Nutteloos
  645 Handel
  647 Voortgaan
  654 Moeilik handel
monnikskappie 334
monnikvis 363
monochromasie 413
monochromaties
  267 Optika
  490 Kleur
monochromatisme 413
monochromie
  267 Optika
  490 Kleur
monochroom 490
monodie 757
monodrama 752
monofiets 232
monofonie 266
monofoniek 266
monofonies 266
monoftong 572
monoftongeer 572
monogaam 248
monogamie 248
monogamis 248
monografie
  553 Behandel
  565 Skryfkuns
  567 Boek
monogram 565
monohibride 240
monokel 499
monoklien 139
monoklinaal 274
monoklinies 139
monokotiel 318
monoksied 461
monoliet
  94 Dele van 'n eiendom
  274 Geologie
  763 Beeldhoukuns
monolities
  8 Dieselfde
  274 Geologie
monologies
  539 Kommunikeer
  548 Praat
monoloog
  539 Kommunikeer
  548 Praat
  752 Toneel- en rolprentkuns
monomaan
  412 Siek
  413 Verskillende siektes
monomanie
  413 Verskillende siektes
  505 Verstandstoornis

monomeer 256
monopolie 701
monopolisasie 701
monopoliseer 701
monopolisties 701
monopsonie 701
monosiet 400
monosillabe 572
monoteïs 842
monoteïsme
  842 Geloof
  854 Godsdienste
monotipe
  357 Dier
  566 Drukkuns
monotonie 757
monotoon
  12 Eenvormigheid
  725 Verveling
  757 Sang
monseigneur
  849 Prediking
  852 Geestelike
monsieur 375
monster
  3 Bestaanswyse
  357 Dier
  374 Mens
  512 Verbeelding
  516 Soek
  680 Militêre aksie
  744 Lelik
  779 Boosaardigheid
  813 Swak gedrag
  855 Gode
monsteragtig
  357 Dier
  374 Mens
  744 Lelik
  779 Boosaardigheid
monsteragtigheid
  744 Lelik
  779 Boosaardigheid
monsterdier 357
monstering
  516 Soek
  679 Mobilisering
monstervergadering 665
monstrueus
  744 Lelik
  779 Boosaardigheid
monstrum
  744 Lelik
  779 Boosaardigheid
monstruositeit
  744 Lelik
  779 Boosaardigheid
montage
  264 Radio en televisie
  568 Media
montasie 752
montasiegebou 91

monteer
  114 Saamgesteld
  302 Smeewerk
  630 Werktuig
  752 Toneel- en rolprentkuns
monteerwerk 302
montering 302
montessorimetode 559
monteur 630
montuur 499
monument
  510 Herinner
  535 Weet
  546 Kunsmatige teken
monumentaal
  432 Groot
  622 Goed
  743 Mooi
mooi
  478 Welluidend
  622 Goed
  716 Genot
  743 Mooi
  745 Versier
  747 Styl en smaak
mooidoenery 818
mooiigheid
  743 Mooi
  828 Vlei
mooiklinkend 10
mooimaakgoed 745
mooimeisie 365
mooinooientjie 363
mooipraat
  604 Versoek
  828 Vlei
mooiprater 828
mooipratery 828
mooiskrywery
  563 Skryf
  565 Skryfkuns
mooitjies
  521 Verras wees
  579 Gedwonge
  597 Gehoorsaam
  778 Goedaardigheid
mooiweersvriend
  623 Sleg
  818 Bedrieg
moola 709
moondheid
  590 Bestuur en regeer
  795 Staat en politiek
moontlik
  1 Bestaan
  2 Nie-bestaan
  130 Onbepaaldheid
  519 Twyfel
  537 Waarheid
  637 Doelgerigtheid en doelloosheid
  653 Maklik handel

moontlikheid
  51 Toekoms
  537 Waarheid
  577 Betekenis
  653 Maklik handel
  765 Hoop
moor
  252 Doodmaak
  654 Moeilik handel
  803 Wette oortree
moord
  238 Vernietig
  252 Doodmaak
  779 Boosaardigheid
  803 Wette oortree
  822 Skuldig
moordaanslag 252
moordbende 252
moorddadig
  252 Doodmaak
  779 Boosaardigheid
moordenaar
  252 Doodmaak
  623 Sleg
  667 Stryd
  779 Boosaardigheid
  803 Wette oortree
  822 Skuldig
moord-en-roof-eenheid 802
moordery 252
moordgierig 779
moordkreet
  252 Doodmaak
  482 Menslike geluid
moordlus 779
moordlustig 779
moordpoging 252
moordsaak 809
moordtoneel 252
moordtuig 252
moordvis 363
moot
  112 Deel
  278 Vallei
  422 Seekos
mop 95
mop(s) 366
mopanieby 361
mopkop 382
mopper
  548 Praat
  714 Positiewe gevoel
  721 Ontevredenheid
  771 Gramskap
mopperaar 548
mopperend 548
moppie 757
mopshond 366
mor
  548 Praat
  714 Positiewe gevoel
  721 Ontevredenheid

723

771 Gramskap
782 Ondankbaarheid
mora 572
moraal
  514 Wysbegeerte
  518 Glo
  810 Gedrag
  811 Gewete
  812 Goeie gedrag
  819 Eerbaar
  842 Geloof
moraalteologie 514
moralis
  514 Wysbegeerte
  812 Goeie gedrag
moralisasie
  811 Gewete
  812 Goeie gedrag
  827 Afkeur
moraliseer
  514 Wysbegeerte
  811 Gewete
moralisering
  811 Gewete
  827 Afkeur
moralisme
  514 Wysbegeerte
  811 Gewete
moraliteit
  514 Wysbegeerte
  810 Gedrag
  811 Gewete
  812 Goeie gedrag
  819 Eerbaar
moratorium
  648 Onderbreek
  699 Leen
  711 Skuld
morbiditeit
  412 Siek
  715 Negatiewe gevoel
  717 Lyding
  719 Hartseer
morbied
  715 Negatiewe gevoel
  717 Lyding
  719 Hartseer
morbiedheid
  715 Negatiewe gevoel
  717 Lyding
  719 Hartseer
mordent 753
môre
  51 Toekoms
  127 Tydbepaling
  790 Sosiale betrekking
moreel
  514 Wysbegeerte
  518 Glo
  811 Gewete
  812 Goeie gedrag
  819 Eerbaar
  842 Geloof

moreel-eties 514
moreen
  274 Geologie
  277 Berg
  311 Weefstof
môregloed 57
môrelig 485
morendo 753
môre-oormôre 51
mores 811
morfeem
  546 Kunsmatige teken
  575 Woordvorming
morfeembetekenis
  575 Woordvorming
  577 Betekenis
morfemies 575
Morfeus 855
morfien
  415 Geneesmiddel
  494 Gevoelloosheid en bedwelming
morfienafhanklikheid 494
morfienplakker 415
morfienverslawing 494
morfinis 494
morfinisme 494
morfologie
  438 Vorm
  570 Taalwetenskap
  575 Woordvorming
morfologies
  438 Vorm
  570 Taalwetenskap
  575 Woordvorming
morfoloog 570
morfonologie 575
morfonologies
  572 Uitspraak
  575 Woordvorming
morg 123
morganaties 248
morgvoet 123
Mormonisme 854
Mormoon 854
moro(o)n 503
morpot 721
morrie
  623 Sleg
  628 Vuil
mors
  628 Vuil
  687 Verlies
morsaf 184
morsdood 250
morsdoodstil 477
morsekode 565
morsig
  20 Wanorde
  628 Vuil
  744 Lelik
morsjors 628

morspot 628
mortaliteit 250
mortel 99
mortier 676
mortifikasie 823
mortifiseer
  669 Aanval
  835 Bestraf
moruti 852
mos
  328 Mosplant
  350 Vrugteverbouing
  427 Drank
mosaïek
  174 Meng
  762 Inlegwerk
mosaïekversiering 745
mosaïekwerk 745
mosasourus 367
mosbeskuit 426
mosbolletjie 426
mosgras 328
mosie
  557 Diskussie
  603 Voorstel
  604 Versoek
  665 Byeenkom
moskee
  91 Gebou
  840 Godsdiens
  853 Kerkgebou
  854 Godsdienste
moskonfyt 426
moslem 787
Moslem
  787 Samelewing
  854 Godsdienste
mosplant 328
mossel
  363 Waterdier
  422 Seekos
  426 Kossoort, dis
mosselbank
  89 Blyplek
  372 Vissery
mosselkraker 363
mosselwurm 363
mossie 365
mosterd
  419 Voedselbereiding
  492 Kleure
mosterdgas 461
mosterdgeel 492
mosterdsaad 419
mostertkleur 492
mot 361
motby 361
motel 89
motet 757
motief
  15 Oorsaak
  525 Bewys
  637 Doelgerigtheid en

doelloosheid
  745 Versier
  749 Kuns
  754 Komposisie
motiveer
  525 Bewys
  543 Duidelik
  590 Bestuur en regeer
  614 Bekwaam
  638 Aanmoedig
  804 Regverdig
motivering
  525 Bewys
  543 Duidelik
  614 Bekwaam
  638 Aanmoedig
motiveringspreker 638
motjie 376
motor
  233 Voertuig
  630 Werktuig
motorbedryf
  658 Beroep
  701 Handel en ekonomie
motorbestuurder
  149 Pad
  216 Ry
  217 Motorry
  223 Stuur
motorbom 676
motorboot 235
motordief 803
motordiefstal 803
motordiens 233
motorfiets 232
motorfietsry
  218 Fietsry
  232 Fiets
motorfietsryer
  149 Pad
  218 Fietsry
  223 Stuur
motorfietswedren
  218 Fietsry
  737 Motorsport
motorfinansiering 693
motorhandel 701
motorhandelaar 701
motorhawe 233
motorhuis
  94 Dele van 'n eiendom
  233 Voertuig
  354 Plaas
motoriek 145
motories 145
motoris
  217 Motorry
  223 Stuur
motoriseer 630
motorkaping 803
motorkar 233
motorlisensie
  217 Motorry

525 Bewys
601 Toestemming gee
motornywerheid 658
motoronderdele 630
motorongeluk
   217 Motorry
   683 Misluk
   719 Hartseer
motorreis 187
motorrit
   187 Reis
   216 Ry
   217 Motorry
motorry
   216 Ry
   217 Motorry
motorryer
   216 Ry
   217 Motorry
motorsiek 413
motorsiekte 413
motorsport
   629 Spel en sport
   737 Motorsport
motortog 187 Reis
motorverkeer
   149 Pad
   217 Motorry
motorvoertuig 233
motorwag 655
motorwedren 737
motorwiel
   163 Draai
   446 Rond
motorwoning 89
motreën 292
motto
   546 Kunsmatige teken
   573 Woordeskat
motvlieg 361
motwortel 337
mou 745
mouboordjie 745
mousknoop 172
mousoleum 253
moussaka 426
mout 352
moutasyn 419
moutbier 427
moutdrank 427
moutekstrak 427
moutery 428
moutgars 352
moutmelk 371
moutsuiker 471
moveer 145
mozarella 426
mozarellakaas 426
MP3-speler
   264 Radio en televisie
   756 Musiekinstrument
mud 123
mudsak 123

muedzin 852
muesli 426
muezzin 852
muf
   54 Oud
   327 Tallusplant
   472 Smaakloos, sleg
   475 Onwelriekend
   623 Sleg
mufferig
   472 Smaakloos, sleg
   475 Onwelriekend
   623 Sleg
muffig
   472 Smaakloos, sleg
   475 Onwelriekend
   623 Sleg
muffin 426
mufheid
   54 Oud
   472 Smaakloos, sleg
   475 Onwelriekend
mufti 854
muggesifter
   532 Betwis
   827 Afkeur
muggesiftery
   532 Betwis
   557 Diskussie
   827 Afkeur
mugu
   583 Willoosheid
   623 Sleg
muil 366
muilband
   549 Stilbly
   602 Verbied
muilesel 366
muis 263
muis
   366 Soogdier
   397 Ledemaat
muisgrou 492
muishond 366
muiskuttel 409
muismat 263
muissiekte 413
muisval 373
muisvoël 365
muit 667
muiter 667
muitery
   598 Ongehoorsaam
   666 Verhinder
   667 Stryd
muitsiek 771
mukus 409
mulat 787
mulatto 787
multilateraal 87
multimiljoenêr 688
multinasionaal 787
multiplikasie 137

multipliseer 137
mummel
   406 Eet
   548 Praat
mummie 250
mummifiseer 253
mummifisering 253
munisie 676
munisiefabriek
   658 Beroep
   675 Militêre toerusting
munisipaal
   590 Bestuur en regeer
   591 Gesaghebber
munisipaliteit
   90 Omgewing
   590 Bestuur en regeer
   795 Staat en politiek
munster 853
munt
   131 Geldeenheid
   709 Betaalmiddel
munteenheid 131
muntgeld 131
muntmeester 131
muntspesie 131
muntstelsel 131
muntstempel 131
muntstuk
   131 Geldeenheid
   709 Betaalmiddel
munttelefoon 265
muntwaarde 131
murasie
   93 Beskeie gebou
   98 Afbreek
murf
   456 Sag
   597 Gehoorsaam
   772 Sagmoedigheid
murg 580
murgbeen 421
murgpampoen
   351 Groenteverbouing
   426 Kossoort, dis
murgpeer 426
murgpyp 380
murg-van-groente
   351 Groenteverbouing
   426 Kossoort, dis
murmel
   287 Vloei
   476 Geluid
   480 Dowwe klank
   548 Praat
murmelend 287
murmureer
   721 Ontevredenheid
   827 Afkeur
murmurering 827
mus
   674 Militêre uitrusting
   745 Versier

muscat d'alexandrie 427
muscat ottonel 427
muse
   714 Positiewe gevoel
   751 Digkuns
Muse 855
museologie 515
museoloog 515
museum
   91 Gebou
   255 Natuur
   535 Weet
   749 Kuns
museumkunde 515
museumkundige 515
museumstuk
   54 Oud
   749 Kuns
musical 752
musiek
   478 Welluidend
   753 Musiek
   754 Komposisie
   755 Uitvoering
musiekakademie 753
musiekbiblioteek 753
musiekblyspel 749
musiekboek 753
musiekdoos 756
musiekdrama 754
musiekentoesias 753
musieketnologie 753
musiekfees
   755 Uitvoering
   793 Fees
musiekgenre 753
musiekgeselskap 755
musiekgeskiedenis 753
musiekie 756
musiekinstrument
   630 Werktuig
   756 Musiekinstrument
musiekkamer 753
musiekkenner 753
musiekklas
   560 Voorskoolse en naskoolse onderrig
   753 Musiek
musiekkritiek 753
musiekkultuur 753
musiekkunde 753
musiekkuns 749
musiekleer 753
musiekles 753
musiekliteratuur 753
musieknommer 755
musieknoot 753
musieknotasie 753
musiekonderrig 753
musiekproduksie 755
musiekskool 753
musiekstudie 753
musiekstuk 754

musiekteorie 753
musiekuitvoering 755
musiekversameling 753
musiekwaardering 753
musiekwetenskap 753
musiekwetenskap-like 753
musiekwinkel 707
musikaal
  10 Harmonie
  753 Musiek
  754 Komposisie
musikant
  749 Kuns
  753 Musiek
  754 Komposisie
  755 Uitvoering
  756 Musiekinstrument
musikologie 753
musikoloog 753
musikus
  754 Komposisie
  755 Uitvoering
musiseer
  753 Musiek
  755 Uitvoering
muskaat 419
muskaatolie 462
muskadel 427
muskeljaatkat 366
musket 676
musketier 673
muskiet 361
muskietby 361
muskietbyt 361
muskietgewig 731
muskietgif 252
muskietnet 95
muskulatuur 379
muskus 474
muskusdier 366
muskusgeur 474
muskusgras
  337 Veldplant
  338 Gras
musseljaatkat 366
mustang 366
mutant
  140 Verandering
  438 Vorm
  572 Uitspraak
mutasie
  67 Verplasing
  140 Verandering
  438 Vorm
mutasieleer 140
mutasieteorie 140
mutatis mutandis
  140 Verandering
  530 Voorbehou
muteer 140
muti 415

mutilasie
  413 Verskillende siektes
  667 Stryd
  717 Lyding
  803 Wette oortree
mutileer
  413 Verskillende siektes
  803 Wette oortree
mutilering
  413 Verskillende siektes
  667 Stryd
  717 Lyding
  803 Wette oortree
muur
  63 Begrensdheid
  94 Dele van 'n eiendom
  178 Toegaan
muurbal 728
muurbedekking
  94 Dele van 'n eiendom
  95 Huisraad
  161 Bedek
muurbehangsel
  95 Huisraad
  161 Bedek
  745 Versier
muurblom
  334 Blomplant
  742 Dans
muurkas
  94 Dele van 'n eiendom
  95 Huisraad
muurlig
  95 Huisraad
  487 Ligbron
muurlys 94
muurpapier
  94 Dele van 'n eiendom
  95 Huisraad
  161 Bedek
  315 Papier
muurprop 262
muurskildery 760
muurtapyt 161
muurteël 100
muwwerig
  472 Smaakloos, sleg
  475 Onwelriekend
  623 Sleg
my 688
myl 123
mylpaal 620
mymer
  512 Verbeelding
  513 Denke
mymerend 513
mymery 513
myn
  275 Mynwese
  676 Vuurwapen
mynbaas
  275 Mynwese
  688 Besit

mynbedryf 275
mynbou 275
mynbouer 645
mynboukunde 275
mynboutoerusting 275
myne 688
myner 275
myngalery 275
myngas 461
mynhoop 275
mynhyser
  211 Opgaan
  275 Mynwese
myningenieur 275
myningenieurswese 275
mynkamp 275
mynkaptein 275
mynlamp
  275 Mynwese
  487 Ligbron
mynlêer
  235 Skeepvaart
  675 Militêre toerusting
mynmagnaat 689
mynpag 706
mynskag 275
myntering 413
mynveër
  235 Skeepvaart
  675 Militêre toerusting
mynwerker
  275 Mynwese
  645 Handel
mynwese 275
myt
  324 Plantlewe
  361 Insek
myter 852
myterklep 399

N
N|uu 569
na
  6 Betrekking
  8 Dieselfde
  12 Eenvormigheid
  25 Dit wat volg
  37 Tydruimte
  47 Later
  51 Toekoms
  86 Agter
  127 Tydbepaling
  530 Voorbehou
ná
  6 Betrekking
  8 Dieselfde
  12 Eenvormigheid
  47 Later
na-aap
  14 Navolging
  657 Herhaal
naaf
  163 Draai

232 Fiets
naai
  239 Voortplant
  403 Voortplantings-orgaan
  529 Ontken
  745 Versier
  776 Liefde en vriendskap
naaidoos
  84 Houer
  95 Huisraad
naaimasjien 745
naaister 745
naak
  162 Ontbloot
  537 Waarheid
  539 Kommunikeer
naakfiguur 758
naakloper 162
naaksadig 318
naaksadige 330
naakslak 363
naakstudie 760
naaktheid 162
naald
  94 Dele van 'n eiendom
  155 Deurboor
  172 Vasmaak
  261 Magnetisme
  321 Blaar
  546 Kunsmatige teken
  745 Versier
naaldboom
  330 Naaksadige
  331 Boom
naaldekoker 361
naaldgeweer 676
naaldhout 316
naaldkant 311
naaldkristal 292
naaldskerp
  439 Punt
  440 Skerp
naaldsteek
  516 Soek
  638 Aanmoedig
naaldvorm 438
naaldvormig
  438 Vorm
  439 Punt
  440 Skerp
naaldwerk 745
naaldwerker 745
naaldwerkkamer 94
naaldwerkster 745
naam
  2 Nie-bestaan
  31 Soort
  546 Kunsmatige teken
  550 Noem
  799 Beroemd
  825 Beoordeling

830 Eerbiedig
naambord
  546 Kunsmatige teken
  550 Noem
naamchristen 843
naamdag 793
naamdig 751
naamdraer 550
naamgenoot 550
naamgewer 550
naamgewing
  539 Kommunikeer
  550 Noem
naamkunde
  550 Noem
  570 Taalwetenskap
naamkundige
  550 Noem
  570 Taalwetenskap
naamlik 15
naamloos 550
naamloosheid 550
naamlys 550
naamplaat
  546 Kunsmatige teken
  550 Noem
naamrol 550
naamskending
  803 Wette oortree
  829 Beledig
naamskilder 565
naamsmous 785
naamsvalsuitgang 575
naamsverandering 550
naamtekening 546
naamval
  574 Woordkategorie
  575 Woordvorming
naamvalsuffiks
  574 Woordkategorie
  575 Woordvorming
naamvers 751
naamwoord 574
naamwoordelik
  574 Woordkategorie
  576 Sinsbou en styl
**naamwoordkonstruk-
  sie** 576
naanbrood 424
naand
  25 Dit wat volg
  47 Later
  51 Toekoms
  790 Sosiale betrekking
naandsē 790
na-aper
  14 Navolging
  657 Herhaal
na-aperig 14
na-apery
  14 Navolging
  657 Herhaal
na-aping 14

naar
  412 Siek
  623 Sleg
  628 Vuil
  715 Negatiewe gevoel
  719 Hartseer
  744 Lelik
  768 Vrees
  777 Haat en
    onvriendelikheid
naargeestig
  717 Lyding
  719 Hartseer
  766 Wanhoop
naarheid
  412 Siek
  413 Verskillende siektes
  623 Sleg
  717 Lyding
  777 Haat en
    onvriendelikheid
naarstig
  17 Noodsaak
  225 Vinnig
  586 Beslis
  610 Ywerig
  637 Doelgerigtheid en
    doelloosheid
  714 Positiewe gevoel
naarstigheid
  586 Beslis
  610 Ywerig
  637 Doelgerigtheid en
    doelloosheid
naarstiglik
  17 Noodsaak
  225 Vinnig
  586 Beslis
  610 Ywerig
  637 Doelgerigtheid en
    doelloosheid
  714 Positiewe gevoel
naarstiglikheid
  586 Beslis
  610 Ywerig
  637 Doelgerigtheid en
    doelloosheid
naarstigtelik
  17 Noodsaak
  225 Vinnig
  586 Beslis
  610 Ywerig
naas
  21 Opeenvolging
  87 Aan die kant
  118 Vergelyking
naasaan
  69 Naby
  87 Aan die kant
naasagter 86
naasagteros 396
naasbestaan 33
naasbestaande 241

naaseergister
  50 Verlede
  127 Tyepaling
naasgeleë
  69 Naby
  87 Aan die kant
naashaarvooros 231
naashotvooros 231
naasliggend
  69 Naby
  87 Aan die kant
naasmekaar 87
naasmekaarstelling 87
naasoormore 51
naaste
  69 Naby
  241 Familie
  374 Mens
naaste(n)by
  126 Skat
  130 Onbepaaldheid
naasteliefde 776
naasvolgend
  21 Opeenvolging
  25 Dit wat volg
  51 Toekoms
naasvoor 85
naasvooros 366
naaswit 492
naat
  172 Vasmaak
  745 Versier
naatbal 728
naatbouler 728
naatloos
  311 Weefstof
  505 Verstandstoornis
  653 Maklik handel
naatlos 505
nabank 298
nabeeld
  387 Oog
  499 Sien
nabehandeling 414
nabepaling 576
naberig
  565 Skryfkuns
  567 Boek
  823 Berou
nabestaande 241
nabetragting 513
nabi 852
nabloeding 413
nabloeier 318
nably 560
naboom
  331 Boom
  342 Gifplant
naboots
  14 Navolging
  657 Herhaal
nabootsend 14

nabootser
  14 Navolging
  657 Herhaal
nabootsing
  14 Navolging
  657 Herhaal
  818 Bedrieg
naburig
  69 Naby
  87 Aan die kant
naburigheid 69
naby
  51 Toekoms
  61 Plek
  64 Aanwesigheid
  69 Naby
nabyfoto 268
nabygeleë
  69 Naby
  82 Rondom
nabyheid 69
nabykom 166
nabyskoot 268
nachos 426
nadae 54
nadat
  37 Tydruimte
  47 Later
nadateer 47
nadeel
  629 Gebruik
  635 Skadelik
  683 Misluk
  687 Verlies
nadelig
  238 Vernietig
  635 Skadelik
  683 Misluk
  703 Boekhou
nadeligheid
  629 Gebruik
  635 Skadelik
nademaal 16
nadenke
  508 Aandag
  513 Denke
  514 Wysbegeerte
nadenkend
  508 Aandag
  513 Denke
  514 Wysbegeerte
nadenkendheid
  508 Aandag
  513 Denke
  514 Wysbegeerte
nadenking
  508 Aandag
  513 Denke
  514 Wysbegeerte
nader
  51 Toekoms
  69 Naby
  145 Beweging

166 Nader beweeg
553 Behandel
604 Versoek
638 Aanmoedig
790 Sosiale betrekking
naderbeweeg
145 Beweging
166 Nader beweeg
naderby
51 Toekoms
69 Naby
naderend 166
naderende
25 Dit wat volg
51 Toekoms
naderhand
25 Dit wat volg
47 Later
51 Toekoms
naderhou 728
nadering 166
nadervlieg 222
nadervlug 222
nadese 47
nadink
508 Aandag
513 Denke
514 Wysbegeerte
nadir
269 Heelal
437 Laag
nadoen
14 Navolging
657 Herhaal
nadoods 250
nadors 407
nadraai
16 Gevolg
28 Einde
681 Resultaat
nadroejakkals 366
nadruk
528 Bevestig
558 Redevoering
566 Drukkuns
572 Uitspraak
nadruklik
528 Bevestig
543 Duidelik
558 Redevoering
582 Wilskrag
595 Streng
nadruklikheid
528 Bevestig
543 Duidelik
558 Redevoering
582 Wilskrag
595 Streng
nael
197 Te voet gaan
383 Nael
397 Ledemaat
naelborsel 746

naelknipper
185 Sny
383 Nael
746 Persoonlike versorging
naellak
383 Nael
745 Versier
746 Persoonlike versorging
naellemoen
350 Vrugteverbouing
426 Kossoort, dis
naelloop
197 Te voet gaan
729 Atletiek
naelloper
197 Te voet gaan
228 Vinnig beweeg
729 Atletiek
naelren 727
naelryer 735
naelskêrtjie
185 Sny
383 Nael
746 Persoonlike versorging
naelstring 239
naeltjie
334 Blomplant
397 Ledemaat
419 Voedselbereiding
naeltjiebrandewyn 427
naeltjieolie 462
naelverf
745 Versier
746 Persoonlike versorging
naelvernis
745 Versier
746 Persoonlike versorging
naelvyltjie
383 Nael
746 Persoonlike versorging
naelwedloop 727
nafluit
14 Navolging
792 Asosiaal
nafta 461
naftaleen 490
nag
127 Tydbepaling
486 Duisternis
790 Sosiale betrekking
nagaan
508 Aandag
516 Soek
642 Beproef
651 Toesien
nagaande
667 Stryd

779 Boosaardigheid
nagaandheid
667 Stryd
779 Boosaardigheid
nagaap 366
nagadder 364
nagalm 476
nagana 413
nagblind
413 Verskillende siektes
499 Sien
nagblom
239 Voortplant
334 Blomplant
nagbraker
561 Studeer
813 Swak gedrag
nagdiens 645
nagdier 357
nagdonker 486
nageboorte
239 Voortplant
403 Voortplantings-orgaan
nagedagte 513
nagedagtenis 510
nagemaak
14 Navolging
479 Disharmonies
657 Herhaal
744 Lelik
815 Oneerlik
nagemaaktheid
14 Navolging
657 Herhaal
744 Lelik
nagemmer 84
nagenoeg
126 Skat
130 Onbepaaldheid
nagereg
418 Voeding
426 Kossoort, dis
nageslag 240
nagewening 270
nagkabaai
410 Slaap
745 Versier
nagkantoor 568
nagklere 745
nagklub
429 Eetplek, kroeg
724 Vermaak en ontspanning
nagkoelte 466
naglamp 95
naglied
754 Komposisie
757 Sang
nagloed 485
nagloper 813
Nagmaal 850

Nagmaalsdiens
848 Kerklike bediening
850 Sakrament
nagmars
197 Te voet gaan
680 Militêre aksie
nagmerrie
20 Wanorde
410 Slaap
512 Verbeelding
nagraads
559 Opvoeding en onderwys
561 Studeer
nagredaksie 568
nagrok
410 Slaap
745 Versier
nagrus
410 Slaap
662 Rus
nagsê 790
nagskof
37 Tydruimte
658 Beroep
nagsoen 790
naguil
365 Voël
410 Slaap
728 Balsporte
nagvlinder 361
nagvrees 768
nagvrou 239
nagvuil 409
nagwa 409
nagwaak
655 Veilig
847 Gebed
nagwag
221 Vaar
655 Veilig
670 Verdedig
680 Militêre aksie
728 Balsporte
802 Wette gehoorsaam
nagwolf 410
nahou
518 Glo
560 Voorskoolse en naskoolse onderrig
nahuweliks 248
naïef
503 Onverstandigheid
821 Onskuldig
naïeweling
503 Onverstandigheid
821 Onskuldig
naïwiteit
503 Onverstandigheid
821 Onskuldig
najaag
14 Navolging
228 Vinnig beweeg

nasleep

773 Begeerte
najaar
  37 Tydruimte
  289 Klimaat
najade 855
nakend 162
nakind 243
naklank
  14 Navolging
  476 Geluid
nakom
  600 Onder bevel staan
  802 Wette gehoorsaam
  812 Goeie gedrag
nakomeling
  53 Nuut en jonk
  240 Genealogie
  243 Kinders
nakomelingskap 240
nakomertjie 243
nakoming
  600 Onder bevel staan
  608 Jou woord hou
  802 Wette gehoorsaam
nakriet 296
nakroos 240
nakyk
  499 Sien
  508 Aandag
  516 Soek
nalaat
  511 Vergeet
  613 Onnoukeurig
  646 Nie handel nie
  652 Versuim
  693 Gee
nalatenskap
  686 Aanwins
  693 Gee
  696 Ontvang
nalatig
  509 Onoplettendheid
  613 Onnoukeurig
  646 Nie handel nie
nalatigheid
  507 Gebrek aan
    belangstelling
  509 Onoplettendheid
  613 Onnoukeurig
  646 Nie handel nie
  652 Versuim
nalating 646
nalees 562
naloop
  14 Navolging
  25 Dit wat volg
  228 Vinnig beweeg
  773 Begeerte
naloper
  25 Dit wat volg
  663 Meedoen
Nama
  569 Taal

787 Samelewing
namaak
  14 Navolging
  779 Boosaardigheid
namaaksel
  14 Navolging
  657 Herhaal
  760 Skilderkuns
  818 Bedrieg
namaker 818
namaking
  14 Navolging
  657 Herhaal
namakwaduif 365
Namakwalands 569
namakwapatrys 365
nambossie 327
nameet 123
namekaar 21
nameloos 104
namens 144
Namibiër 787
namiddag 127
namie
  343 Genesende plant
  415 Geneesmiddel
nammies
  420 Voedsel
  426 Kossoort, dis
namnam 420
namtarrie 332
namtissement 808
nanag 127
nanisme 433
nanking 311
nanosatelliet 236
nanosekonde 37
nanotegnologie 257
naoes 347
napalmbom 676
napeins 513
napraat
  14 Navolging
  548 Praat
  657 Herhaal
naprater
  583 Willoosheid
  657 Herhaal
napratery
  14 Navolging
  548 Praat
  657 Herhaal
nar
  722 Humor
  724 Vermaak en
    ontspanning
narcisme 776
narcissis 776
narcissisme 776
narcissisties 776
narcisties 776
nardus
  342 Gifplant

474 Welriekend
nardusgeur 474
narede
  558 Redevoering
  750 Letterkunde
nareken 125
narigheid
  412 Siek
  623 Sleg
  717 Lyding
narkolepsie 413
narkomanie 494
narkose
  410 Slaap
  414 Geneeskunde
narkoties
  410 Slaap
  414 Geneeskunde
  415 Geneesmiddel
narkotikum 415
narkotiseer 414
narkotiseur 416
narra 337
narrabos 332
narratief
  45 Geskiedenis
  552 Vertel
  750 Letterkunde
narsing
  334 Blomplant
  335 Bolplant
narsinglelie 337
narsis 776
narsisme 776
narsissis 776
narsissisme 776
narsissisties 776
Narsissus 855
narsisties 776
nartjie
  350 Vrugteverbouing
  426 Kossoort, dis
narwal
  363 Waterdier
  366 Soogdier
nasaal 572
nasaat
  53 Nuut en jonk
  240 Genealogie
  241 Familie
  243 Kinders
nasaleer 572
nasaleringsteken 565
nasaliteit 572
nasang
  751 Digkuns
  848 Kerklike bediening
nasê
  548 Praat
  657 Herhaal
nasie
  33 Samehorigheid
  104 Baie

787 Samelewing
nasiebou 787
nasien
  559 Opvoeding en
    onderwys
  566 Drukkuns
  622 Goed
nasienwerk 566
nasietrots 787
nasi goreng 426
nasionaal
  590 Bestuur en regeer
  787 Samelewing
nasionaalbewus 787
nasionaalgesind 787
**nasionaal-
  sosialisme** 795
**nasionaal-
  sosialisties** 795
nasionalisasie
  171 Verwyder
  795 Staat en politiek
nasionaliseer
  171 Verwyder
  590 Bestuur en regeer
  787 Samelewing
nasionalisering
  694 Neem
  701 Handel en ekonomie
  787 Samelewing
nasionalisme 795
nasionalisties 795
nasionaliteit 787
nasireër 854
nasit 203
naskeermiddel 474
naskilder
  14 Navolging
  657 Herhaal
  760 Skilderkuns
naskok 274
naskools 560
naskrif 565
naskryf
  14 Navolging
  563 Skryf
naskrywer
  14 Navolging
  565 Skryfkuns
naslaan
  562 Lees
  567 Boek
naslaanboek
  515 Wetenskap
  567 Boek
naslaanbron 567
naslaanwerk
  515 Wetenskap
  567 Boek
nasleep
  16 Gevolg
  28 Einde
  681 Resultaat

nasmaak
  406 Eet
  470 Smaak
nasofarinks 389
nasomer 289
nasorg
  414 Geneeskunde
  612 Noukeurig
naspeel
  657 Herhaal
  740 Kaartspel
naspel
  16 Gevolg
  752 Toneel- en rolprentkuns
  754 Komposisie
  848 Kerklike bediening
naspeur
  516 Soek
  517 Vind
naspeurbaar 516
naspeuring 516
naspoor 516
nastergal 344
nastreef
  14 Navolging
  637 Doelgerigtheid en doelloosheid
nastrewer
  14 Navolging
  637 Doelgerigtheid en doelloosheid
nastrewing
  14 Navolging
  637 Doelgerigtheid en doelloosheid
nat
  407 Drink
  460 Vloeistof
  463 Nat
nataliteit 239
nateken
  14 Navolging
  657 Herhaal
  758 Beeldende kuns
  759 Tekenkuns
natekening
  657 Herhaal
  759 Tekenkuns
natel
  125 Tel
  703 Boekhou
nat-in-natskilder=werk 760
natlei
  288 Waterstelsel
  347 Landbou
  463 Nat
natmaak
  288 Waterstelsel
  463 Nat
natneus 366
natou 14

natpak 215
natreën
  292 Water
  463 Nat
natrek 759
natrekpapier
  315 Papier
  759 Tekenkuns
natrium
  256 Skeikunde
  297 Metaal
natriumbikarbonaat
  256 Skeikunde
  300 Sout
natriumchloried
  256 Skeikunde
  300 Sout
natriumhidroksied 256
natriumkarbonaat
  256 Skeikunde
  300 Sout
natriumnitraat
  256 Skeikunde
  300 Sout
natron
  256 Skeikunde
  300 Sout
natronloog
  256 Skeikunde
  300 Sout
natros 426
natskei 256
natterig 463
nattigheid
  292 Water
  463 Nat
naturalis
  749 Kuns
  843 Ongeloof
naturalisasie 788
naturaliseer 788
naturalisme
  749 Kuns
  843 Ongeloof
  854 Godsdienste
naturalisties
  749 Kuns
  843 Ongeloof
naturis 162
naturisme 162
naturisties 162
natuur- en skei=kunde 256
natuur
  3 Bestaanswyse
  254 Stof
  255 Natuur
  269 Heelal
  713 Gevoel
natuuraanbidder
  255 Natuur
  843 Ongeloof
  854 Godsdienste

natuuraanbidding
  843 Ongeloof
  854 Godsdienste
natuurbeskerming
  255 Natuur
  325 Plantkunde
natuurbeskouing 255
natuurbeskrywing 255
natuurbewaarder 255
natuurbewaring
  61 Plek
  255 Natuur
  325 Plantkunde
  368 Diereteelt
  515 Wetenskap
natuurbewarings=aktivis 255
natuurbewarings=aktivisme 255
natuurbewarings=gebied 255
natuurbewarings=owerheid 255
natuurdiens 854
natuurdrif 239
natuurfilosofie
  255 Natuur
  514 Wysbegeerte
natuurfonds 255
natuurfrats 255
natuurgeneesheer 416
natuurgeneeskunde 414
natuurgenoot 374
natuurgetrou 3
natuurgevoel 713
natuurgodsdiens 854
natuurhistorie 255
natuurhistorikus 255
natuurkenner 255
natuurkennis 255
natuurkind
  255 Natuur
  789 Onbeskaafdheid
natuurkrag 255
natuurkunde
  249 Lewe
  255 Natuur
natuurkundige 255
natuurleer 255
natuurlewe 255
natuurlik
  3 Bestaanswyse
  243 Kinders
  254 Stof
  415 Geneesmiddel
  527 Oordeel
  528 Bevestig
  537 Waarheid
  543 Duidelik
  743 Mooi
  791 Sosiaal
natuurlikerwys 543

natuurlikheid
  254 Stof
  543 Duidelik
  743 Mooi
natuurmag 255
natuurmens
  255 Natuur
  789 Onbeskaafdheid
natuurpoësie 751
natuurramp
  255 Natuur
  683 Misluk
  717 Lyding
  719 Hartseer
natuurreservaat
  255 Natuur
  273 Geografie
natuurryk 255
natuurskool
  255 Natuur
  559 Opvoeding en onderwys
natuurskoon
  255 Natuur
  743 Mooi
natuurstaat
  3 Bestaanswyse
  254 Stof
natuurtuin 255
natuurverskynsel 255
natuurvriend 255
natuurwet 255
natuurwetenskap 515
natuurwetenskaplik
  255 Natuur
  515 Wetenskap
natuurwetenskaplike
  255 Natuur
  515 Wetenskap
natuurwetenskappe
  255 Natuur
  559 Opvoeding en onderwys
natuurwetenskappe=student 560
natuurwonder
  255 Natuur
  273 Geografie
  622 Goed
nautilus 363
Navaratri 851
navertel
  539 Kommunikeer
  548 Praat
  551 Meedeel
  552 Vertel
  657 Herhaal
naverwant 241
naverwantskap 241
navigasie
  88 Posisie
  221 Vaar
  222 Vlieg

nefralgie

navigasiestelsel 88
navigator
  221 Vaar
  222 Vlieg
  223 Stuur
  236 Lugvaart
navigeer 88
navolg
  14 Navolging
  25 Dit wat volg
  203 Agterna kom
  657 Herhaal
navolgbaar 14
navolgbaarheid 14
navolgend
  14 Navolging
  21 Opeenvolging
navolgenswaardig 14
navolger
  14 Navolging
  25 Dit wat volg
  203 Agterna kom
  657 Herhaal
navolging
  14 Navolging
  25 Dit wat volg
  203 Agterna kom
  657 Herhaal
navors
  19 Orde
  515 Wetenskap
  516 Soek
  517 Vind
  561 Studeer
  642 Beproef
navorser
  515 Wetenskap
  516 Soek
  560 Voorskoolse en naskoolse onderrig
  561 Studeer
navorsing
  515 Wetenskap
  516 Soek
  517 Vind
  561 Studeer
  642 Beproef
navorsingsmetodes 515
navorsingsresultate 515
navorsingsvraag 516
navorsingswerk 516
navra 516
navraag
  516 Soek
  539 Kommunikeer
navraagkantoor
  658 Beroep
  707 Handelsaak
navrant 719
naweë
  16 Gevolg
  717 Lyding
naweek 127

naweekblad
  566 Drukkuns
  568 Media
naweekdag 127
naweekkoerant 568
naweektas 187
nawellemoen
  350 Vrugteverbouing
  426 Kossoort, dis
nawelstring 239
nawerk 638
nawerking
  16 Gevolg
  28 Einde
  638 Aanmoedig
  645 Handel
  681 Resultaat
nawinter 289
na-yl 343
na-yling
  203 Agterna kom
  225 Vinnig
naywer
  667 Stryd
  779 Boosaardigheid
naywerig
  667 Stryd
  779 Boosaardigheid
Nazisme 795
nazisties 795
Ndebele 569
né
  521 Verras wees
  528 Bevestig
  715 Negatiewe gevoel
ne(d)erlaag 685
Nebo 855
neddikkie 365
nederig
  600 Onder bevel staan
  786 Nederigheid
  800 Onbekend
  830 Eerbiedig
nederigheid
  589 Dien
  786 Nederigheid
  800 Onbekend
nederlaag 683
Nederlander 787
Nederlandikus 570
nederlandisme 569
Nederlandistiek 570
Nederlands 569
nedersetter
  64 Aanwesigheid
  787 Samelewing
  788 Beskawing
nedersetting
  64 Aanwesigheid
  66 Plasing
  788 Beskawing
nee
  527 Oordeel

529 Ontken
585 Verwerp
606 Weier
neef 247
neem
  26 Begeleiding
  67 Verplasing
  145 Beweging
  171 Verwyder
  183 Gryp
  192 Laat gaan
  194 Vervoer
  205 Weggaan van
  533 Verstaan
  584 Kies
  605 Aanvaar
  686 Aanwins
  694 Neem
  695 Steel
neënde 133
neëntien 133
neëntig 133
neëntigste 133
neëoog 413
neer 159
neerbuig
  592 Ondergeskikte
  596 Inskiklik
neerbuigend
  785 Hoogmoed
  829 Beledig
neerbuk 444
neerdaal
  77 Onder, onderkant, ondertoe
  145 Beweging
  212 Afgaan
neerdaling 212
neerdonder
  77 Onder, onderkant, ondertoe
  212 Afgaan
neerdruk 181
neerdrukkend 719
neerdrukkendheid 719
neergesit 66
neergevalle 212
neerhaal
  77 Onder, onderkant, ondertoe
  212 Afgaan
  565 Skryfkuns
  827 Afkeur
neerhalend
  827 Afkeur
  829 Beledig
  831 Minag
neerhaling 829
neerhurk 146
neerkap 182
neerkniel 146
neerkrabbel 563
neerkyk 785

neerlaag 683
Neerlandikus 570
Neerlandistiek 570
neerlê
  66 Plasing
  72 Plat
  129 Bepaaldheid
  212 Afgaan
  531 Saamstem
  605 Aanvaar
  693 Gee
neerlegging
  17 Noodsaak
  66 Plasing
neerpen 563
neersak
  77 Onder, onderkant, ondertoe
  212 Afgaan
neersien 785
neerskryf 563
neerslaan
  212 Afgaan
  256 Skeikunde
  419 Voedselbereiding
neerslag
  168 Saamkom
  212 Afgaan
  292 Water
  294 Weerkunde
neerslaggebied 294
neerslagtenk 256
neerslagtig
  717 Lyding
  719 Hartseer
  766 Wanhoop
  768 Vrees
neerslagtigheid
  413 Verskillende siektes
  719 Hartseer
  766 Wanhoop
  768 Vrees
neersmyt 227
neerstort
  77 Onder, onderkant, ondertoe
  212 Afgaan
  292 Water
neerstryk
  188 Aankom
  212 Afgaan
  222 Vlieg
neervel
  182 Slaan
  252 Doodmaak
neervly 72
neerwaarts 77
neet 403
neewoord
  529 Ontken
  606 Weier
neffens 87
nefralgie 413

731

nefriet
296 Nie-metaal
413 Verskillende siektes
nefritis 413
nefroloog 416
nefrose 413
negasie
529 Ontken
606 Weier
negatief
268 Fotografie en film
529 Ontken
606 Weier
717 Lyding
719 Hartseer
721 Ontevredenheid
827 Afkeur
negatiefdruk 566
negativeer
9 Verskillend of teenoorgesteld
529 Ontken
negativering
9 Verskillend of teenoorgesteld
529 Ontken
576 Sinsbou en styl
negativisme
587 Aarsel
766 Wanhoop
770 Wantroue
negatiwiteit
587 Aarsel
717 Lyding
721 Ontevredenheid
766 Wanhoop
770 Wantroue
negeer
529 Ontken
621 Onbelangrik
646 Nie handel nie
652 Versuim
779 Boosaardigheid
negende 133
negentien 133
negentig 133
negentigste 133
negeoog 13
negering 652
négligé 745
negosie 707
negosiegoed
701 Handel en ekonomie
707 Handelsaak
negosiekas
84 Houer
95 Huisraad
negosiekis
84 Houer
95 Huisraad
negosiewinkel 707
negrofilie 787
negrofobie 787

negus 591
neig
70 Oriëntasie
73 Skuins
444 Krom
637 Doelgerigtheid en doelloosheid
657 Herhaal
neiging
73 Skuins
580 Graag
657 Herhaal
773 Begeerte
nek
84 Houer
232 Fiets
277 Berg
393 Nek en skouer
397 Ledemaat
421 Vleis
745 Versier
756 Musiekinstrument
nekrofilie 413
nekrologie
250 Dood
565 Skryfkuns
nekrologies 250
nekroloog 565
nekromansie
250 Dood
836 Bonatuurlik
844 Bygeloof
nekromant 250
nekromant 836
nekromanties 250
nekropolis 253
nekropsie
250 Dood
414 Geneeskunde
nekrose 413
nekslag
182 Slaan
683 Misluk
nekslagaar
393 Nek en skouer
399 Bloedsomloop en limfstelsel
nekspier
379 Spier
393 Nek en skouer
neksus 170
nektar
322 Blom
427 Drank
nektarien 350
nellie 365
nema 47
nematologie 515
nematoloog 515
nemer
694 Neem
695 Steel
nemesia 334

nemesis 784
Nemesis 855
nentabossie 337
neofascisme 795
neofiet
842 Geloof
852 Geestelike
neofobie 768
neogotiek 764
neoklassisme 749
neo-kolonialisme 795
neoliberalisme 795
neolities 274
neologisme
53 Nuut en jonk
573 Woordeskat
575 Woordvorming
neon 461
neonlig
485 Lig
487 Ligbron
neoplatonisme 514
neorealisme 749
neoromantiek 749
nepotisme 805
Neptunus
270 Hemelliggaam
855 Gode
nerd 561
nêrens 62
nerf
314 Leer
316 Hout
321 Blaar
381 Huid
nerfaf 413
nerfskeel 130
Nergal 855
neriet 363
nerina 337
nering 645
ners
401 Spysverterings-kanaal
402 Afskeidings- en uitskeidingsorgane
nersderm
401 Spysverterings-kanaal
402 Afskeidings- en uitskeidingsorgane
nerts
311 Weefstof
366 Soogdier
nervatuur 321
nerveus
378 Senuwee
715 Negatiewe gevoel
nerveusheid
378 Senuwee
413 Verskillende siektes
715 Negatiewe gevoel
nervositeit
378 Senuwee

413 Verskillende siektes
715 Negatiewe gevoel
nes
8 Dieselfde
89 Blyplek
370 Voëlteelt
neseier
370 Voëlteelt
692 Spaar
nesskop
64 Aanwesigheid
89 Blyplek
248 Huwelik
nestel 89
nestor
638 Aanmoedig
852 Geestelike
net so
8 Dieselfde
605 Aanvaar
826 Goedkeur
net
113 Enkelvoudig
311 Weefstof
372 Vissery
612 Noukeurig
627 Skoon
728 Balsporte
netbal 728
netbalbal
446 Rond
629 Spel en sport
728 Balsporte
741 Kinderspel
netbalspeelster
629 Spel en sport
728 Balsporte
netbaltoernooi 728
netbaltoerusting 728
netbalwedstryd 728
netboek 263
netel 344
neteldier 357
neteldoek 311
netelig
635 Skadelik
654 Moeilik handel
netelroos 413
netheid 627
netjies
19 Orde
612 Noukeurig
627 Skoon
netjiesheid 627
netkant 311
netknopery 310
netmaag 401
net-net
126 Skat
130 Onbepaaldheid
netnou
47 Later
49 Hede

50 Verlede
51 Toekoms
netnoumaar 47
netnoumaartjies 47
netraffia 310
netregter 728
netskrif 565
netso 8
netsoos 8
netsowel 8
netto 686
netvet
  401 Spysverterings=
    kanaal
  421 Vleis
netvlies 387
netvliesontsteking 413
netwerk
  114 Saamgesteld
  263 Rekenaar en
    internet
netwerkbediener 263
netwerkkaart 263
netwerkprogram 263
netwerktoegangs=
  beheer 263
neuk
  182 Slaan
  623 Sleg
  820 Oneerbaar
neukery
  666 Verhinder
  667 Stryd
  721 Ontevredenheid
neul
  548 Praat
  604 Versoek
  719 Hartseer
  721 Ontevredenheid
neulerig
  719 Hartseer
  721 Ontevredenheid
neulery
  604 Versoek
  719 Hartseer
neulgat
  548 Praat
  721 Ontevredenheid
neulkous
  604 Versoek
  719 Hartseer
neulpot
  719 Hartseer
  721 Ontevredenheid
neuraal 378
neuralgie 413
neuralgies
  378 Senuwee
  413 Verskillende siektes
neurastenie
  378 Senuwee
  413 Verskillende siektes

neurie
  482 Menslike geluid
  757 Sang
neuriesanger 757
neuriet 378
neuritis 413
neurochirurg 416
neurochirurgie
  414 Geneeskunde
  515 Wetenskap
neurolinguistiek 570
neurologie
  378 Senuwee
  413 Verskillende siektes
  414 Geneeskunde
  515 Wetenskap
neurologies
  378 Senuwee
  414 Geneeskunde
neuroloog 416
neuroma 413
neuron 378
neuroot 505
neuropaat 412
neuropatie 413
neuropaties
  378 Senuwee
  413 Verskillende siektes
neuropatologie
  378 Senuwee
  413 Verskillende siektes
  414 Geneeskunde
neurose
  505 Verstandstoornis
  715 Negatiewe gevoel
neuroties
  505 Verstandstoornis
  715 Negatiewe gevoel
neurotikus
  412 Siek
  505 Verstandstoornis
neus
  85 Voor
  386 Gesig
  389 Neus
  398 Asemhalingsorgaan
  427 Drank
  473 Reuk
  474 Welriekend
  497 Reuksintuig
  572 Uitspraak
neusbeen
  385 Skedel
  389 Neus
neusbloeding 413
neusgat 389
neusheelkunde 414
neusholte
  385 Skedel
  389 Neus
  398 Asemhalingsorgaan
  572 Uitspraak
neushoring 366

neushoringvoël 365
neusinstekerig 506
neusklank 572
neusmangel 389
neusoptrekkerig 785
neusslym 409
neusverkoue 413
neut
  323 Vrug
  350 Vrugteverbouing
  419 Voedselbereiding
  426 Kossoort, dis
neutmuskaat 419
neutraal
  233 Voertuig
  490 Kleur
  574 Woordkategorie
  664 Terugstaan
neutralisasie
  256 Skeikunde
  666 Verhinder
neutraliseer
  256 Skeikunde
  666 Verhinder
neutralisering 666
neutraliteit 664
neutron 256
neutronbom 676
neutronster 270
neutrum 574
neutvars 53
New Age 854
newebedoeling 637
newe-effek
  16 Gevolg
  415 Geneesmiddel
  681 Resultaat
newegaande 26
newegeskik
  87 Aan die kant
  576 Sinsbou en styl
newel
  291 Wolk
  544 Onduidelik
newelagtig
  291 Wolk
  501 Onsigbaarheid
  544 Onduidelik
newelagtigheid
  501 Onsigbaarheid
  544 Onduidelik
newelbank 291
newelbeeld 267
newelig
  291 Wolk
  501 Onsigbaarheid
  544 Onduidelik
neweligheid
  291 Wolk
  501 Onsigbaarheid
  544 Onduidelik
newelkring
  267 Optika

  270 Hemelliggaam
newelster 270
newelvlek 270
newelwolk 291
newens
  36 Onreëlmatigheid
  107 Meer
  530 Voorbehou
neweproduk 237
neweskikkend 576
neweskikker 574
neweskikking 576
newton 123
newwer 43
newwermaaind
  503 Onverstandigheid
  666 Verhinder
  817 Ontrouheid
Nguni
  569 Taal
  787 Samelewing
Nibgas 855
nie
  2 Nie-bestaan
  529 Ontken
  606 Weier
nie-aansteeklik 413
nie-amptelik
  590 Bestuur en regeer
  658 Beroep
nie-bestaan 2
nie-bestaande 2
nie-betaling 711
nie-fiksie
  515 Wetenskap
  562 Lees
  567 Boek
  750 Letterkunde
niëllo 761 Graveerkuns
niemand 110
niemandal 110
niemandsland 671
nie-metaal 296
nie-ontvanklik 581
nier 402
nieraandoening 413
nie-rassig 787
nierbekkenont=
  steking 413
nierdialisemasjien 417
nieregeringsorgani=
  sasie 795
nierkoliek 413
nie-roker 430
nierontsteking 413
nierooplanting 414
nierpyn 413
nierspesialis 416
niersteen
  296 Nie-metaal
  298 Steen
  413 Verskillende siektes
niervet 421

niervorm 438
nies
  409 Afskeiding en uitskeiding
  413 Verskillende siektes
  482 Menslike geluid
niesbui
  409 Afskeiding en uitskeiding
  482 Menslike geluid
nieshout
  316 Hout
  331 Boom
nie-syn 2
niet 2
nieteenstaande
  579 Gedwonge
  581 Teësinnig
  666 Verhinder
nieteling 621
nietemin 666
nietig
  433 Klein
  621 Onbelangrik
  626 Swak
nietigheid
  110 Niks
  433 Klein
  621 Onbelangrik
  626 Swak
nietigverklaring
  609 Jou woord verbreek
  807 Onwettig
nietsbeduidend 621
nie-uit-nie-kolwer 728
nieumodies 53
Nieu-Testamenties 842
nieuvorming 575
nie-verbaal 539
nie-verskyning 809
niewers 62
nie-winsgewend 686
niggie 247
nigromansie
  836 Bonatuurlik
  844 Bygeloof
nihil 2
nihilis 795
nihilisme
  514 Wysbegeerte
  795 Staat en politiek
nihilisties 795
nihrvana 837
nikkel 297
nikkelbrons 297
nikkelchroom 297
nikkelkleur 492
nikotien 430
niks
  2 Nie-bestaan
  103 Min
  110 Niks
  621 Onbelangrik

niksbeduidend
  542 Betekenisloosheid
  621 Onbelangrik
niksbeduidendheid 621
niksbetekenend
  542 Betekenisloosheid
  621 Onbelangrik
niksdoen
  611 Lui
  646 Nie handel nie
niksdoener
  611 Lui
  645 Handel
niksdoenery
  611 Lui
  662 Rus
niksnut(s)
  611 Lui
  623 Sleg
  626 Swak
  722 Humor
  813 Swak gedrag
  822 Skuldig
nikseggend
  512 Verbeelding
  542 Betekenisloosheid
  621 Onbelangrik
nikseggendheid
  512 Verbeelding
  542 Betekenisloosheid
niksvermoedend 769
nikswerd
  611 Lui
  621 Onbelangrik
  626 Swak
  634 Nutteloos
nil 110
nimbostratus 291
nimbus
  267 Optika
  291 Wolk
nimf
  357 Dier
  361 Insek
  376 Vrou
  512 Verbeelding
  844 Bygeloof
  855 Gode
nimfomaan
  239 Voortplant
  412 Siek
  505 Verstandstoornis
  776 Liefde en vriendskap
nimfomanie
  239 Voortplant
  413 Verskillende siektes
  505 Verstandstoornis
  776 Liefde en vriendskap
nimfomanies
  239 Voortplant
  505 Verstandstoornis

nimlik 129
nimlike 8
nimmer 43
nimmereindigend 22
nimmermeer 43
nimmersat 365
nimrod 373
ninjoetsoe 731
nippel 177
nirvana
  839 Hiernamaals
  854 Godsdienste
  855 Gode
  851 Godsdienstige fees
nis 94
nismark 701
Nisrok 855
nitraat
  256 Skeikunde
  300 Sout
nitrasie 256
nitreer 256
nitrogliserien
  256 Skeikunde
  675 Militêre toerusting
  676 Vuurwapen
nitrosellulose 676
niveau
  19 Orde
  436 Hoog
  588 Gesag hê
  796 Stand
nivelleer 12
nivellering 12
njala 366
nobel
  778 Goedaardigheid
  797 Hoër stand
nobiliteit 797
noblesse 797
node
  579 Gedwonge
  581 Teësinnig
nodeloos 632
nodeloosheid
  632 Onnodig
  634 Nutteloos
nodig
  17 Noodsaak
  520 Verwag
  631 Nodig
  633 Nuttig
nodige 631
nodigheid
  17 Noodsaak
  631 Nodig
nodule 413
nodus
  30 Hiërargie
  320 Stam
  413 Verskillende siektes
  439 Punt
  442 Lyn

  449 Ongelyk
noedel 426
noem
  539 Kommunikeer
  548 Praat
  550 Noem
  553 Behandel
noemenswaardig 620
noemer 133
noemnaam
  550 Noem
  574 Woordkategorie
noem-noembessie 426
noen 127
noenmaal
  418 Voeding
  793 Fees
noeste 610
noëtiek 514
noëties 514
nog
  40 Langdurig
  47 Later
  49 Hede
  107 Meer
  666 Verhinder
noga 426
nogal
  6 Betrekking
  104 Baie
  624 Gemiddeld
nogals
  104 Baie
  624 Gemiddeld
nogtans 666
nok
  94 Dele van 'n eiendom
  257 Meganika en tegnologie
nokkel 233
noktambulis 410
noktambulisme 410
noktifobie 768
nokturne 754
nolens volens 579
nom de plume 550
nomade
  64 Aanwesigheid
  67 Verplasing
  213 Rondgaan
  789 Onbeskaafdheid
nomadestam
  67 Verplasing
  787 Samelewing
nomadies
  67 Verplasing
  213 Rondgaan
nomen 574
nomenklatuur 550
nominaal
  550 Noem
  574 Woordkategorie
  576 Sinsbou en styl

621 Onbelangrik
nominalisering 575
nominalisme
  514 Wysbegeerte
  701 Handel en ekonomie
nominasie 659
nominatief 574
nomineer
  584 Kies
  590 Bestuur en regeer
  659 Aanstelling
  665 Byeenkom
nommer
  133 Getalle
  550 Noem
  565 Skryfkuns
  568 Media
  727 Kompetisie
  755 Uitvoering
nommering 550
nommerpas
  431 Afmeting
  614 Bekwaam
  622 Goed
  629 Gebruik
  631 Nodig
nommerplaat
  233 Voertuig
  550 Noem
nonaktief
  611 Lui
  646 Nie handel nie
nonaktiwiteit
  611 Lui
  646 Nie handel nie
nonchalance
  507 Gebrek aan
    belangstelling
  613 Onnoukeurig
  714 Positiewe gevoel
nonchalant
  507 Gebrek aan
    belangstelling
  613 Onnoukeurig
  714 Positiewe gevoel
  774 Onverskilligheid
nonchalantheid
  507 Gebrek aan
    belangstelling
  774 Onverskilligheid
nondi 363
none 753
nonentiteit
  583 Willoosheid
  592 Ondergeskikte
  621 Onbelangrik
  623 Sleg
nonkonform
  9 Verskillend of
    teenoorgesteld
  11 Disharmonie
nonkonformisme
  9 Verskillend of

    teenoorgesteld
  11 Disharmonie
  34 Vreemdheid
  140 Verandering
nonkonformisties
  9 Verskillend of
    teenoorgesteld
  11 Disharmonie
  140 Verandering
nonkonformiteit
  9 Verskillend of
    teenoorgesteld
  11 Disharmonie
  34 Vreemdheid
  140 Verandering
nonneklooster 853
nonnekoor 757
nonneorde 852
nonnetjiesuil 365
nonsens
  512 Verbeelding
  524 Onlogies redeneer
  538 Dwaling
  548 Praat
  621 Onbelangrik
  623 Sleg
  818 Bedrieg
nonsenspraatjies 538
nonsenspratery
  538 Dwaling
  548 Praat
nood
  631 Nodig
  654 Moeilik handel
  656 Gevaarlik
  683 Misluk
  690 Arm
  717 Lyding
  719 Hartseer
noodapteek
  414 Geneeskunde
  415 Geneesmiddel
noodbehandeling 414
noodberig
  264 Radio en televisie
  656 Gevaarlik
nooddiens
  414 Geneeskunde
  655 Veilig
nooddrang 631
nooddrif 690
nooddruf
  631 Nodig
  690 Arm
  717 Lyding
nooddruftig
  631 Nodig
  690 Arm
  717 Lyding
nooddruftigheid
  631 Nodig
  690 Arm
  717 Lyding

noodeenheid 417
noodfonds
  655 Veilig
  692 Spaar
  780 Hulpbetoon
noodgedwonge 579
noodgeval
  631 Nodig
  656 Gevaarlik
noodhulp
  414 Geneeskunde
  663 Meedoen
noodhulptas
  414 Geneeskunde
  415 Geneesmiddel
noodkreet
  656 Gevaarlik
  719 Hartseer
noodlanding 222
noodlenigend 780
noodleniging
  663 Meedoen
  780 Hulpbetoon
noodlening 780
noodlot
  18 Toeval
  579 Gedwonge
  719 Hartseer
noodlottig
  250 Dood
  623 Sleg
  656 Gevaarlik
  683 Misluk
  719 Hartseer
noodlydend 690
noodlydende 690
noodmaatreël 599
noodoperasie 414
noodoproep
  265 Telegraaf en
    telefoon
  656 Gevaarlik
noodprosedure 414
noodregulasie 599
noodroep 656
noodsaak
  4 Selfstandigheid
  17 Noodsaak
  520 Verwag
  579 Gedwonge
  631 Nodig
noodsaaklik
  4 Selfstandigheid
  17 Noodsaak
  579 Gedwonge
  631 Nodig
noodsaaklikerwys 17
noodsaaklikheid
  17 Noodsaak
  530 Voorbehou
  577 Betekenis
  579 Gedwonge
  631 Nodig

noorderhemel

noodsein
  235 Skeepvaart
  656 Gevaarlik
noodstop 146
noodtoestand
  656 Gevaarlik
  667 Stryd
  717 Lyding
noodvoorraad
  420 Voedsel
  631 Nodig
noodwa
  217 Motorry
  233 Voertuig
noodweer
  289 Klimaat
  293 Onweer
  670 Verdedig
noodwendig
  17 Noodsaak
  579 Gedwonge
  631 Nodig
noodwendigheid
  17 Noodsaak
  579 Gedwonge
noodwiel 233
nooi
  53 Nuut en jonk
  191 Laat kom
  376 Vrou
  604 Versoek
  776 Liefde en
    vriendskap
  787 Samelewing
  790 Sosiale betrekking
nooiensboom 331
nooienshaar 329
nooiensvaart 187
nooiensvan 550
nooientjie
  53 Nuut en jonk
  376 Vrou
  776 Liefde en
    vriendskap
nooientjie-in-d(i)e-groen 334 Blomplant
nooit 43
noop
  17 Noodsaak
  579 Gedwonge
noor(d)kaperwalvis 363
noord 88
noord(e)punt 88
noorde 88
noordekant 88
noordelik
  88 Posisie
  147 Rigting
noorderbreedte
  88 Posisie
  272 Aarde
noorderhalfrond 272
noorderhemel 269

735

Noorderkeerkring

Noorderkeerkring 272
noorderkim 269
Noorderkroon 270
noorderlig
  270 Hemelliggaam
  485 Lig
noorderling 64
noordoos
  88 Posisie
  147 Rigting
noordooste 88
noordoostelik
  88 Posisie
  147 Rigting
noordpool
  261 Magnetisme
  269 Heelal
Noordpool 272
noordpoolsirkel 272
Noordpoolster 270
Noord-Sotho 569
noordster 270
noordwaarts 147
noordwes 88
Noordwesafrikaans 569
noordweste 88
noordwestelik 88
noors
  455 Hard
  777 Haat en onvriendelikheid
noorsdoring 336
noot
  131 Geldeenheid
  476 Geluid
  565 Skryfkuns
  567 Boek
  709 Betaalmiddel
  753 Musiek
nootvas 757
Norfolkden 331
noriet 298
norm
  19 Orde
  35 Reëlmaat
  122 Bereken
  123 Meet
  527 Oordeel
  642 Beproef
  644 Handelwyse
normaal
  35 Reëlmaat
  504 Geestelike gesondheid
normaalweg
  19 Orde
  35 Reëlmaat
normalisasie
  19 Orde
  35 Reëlmaat
normaliseer
  19 Orde
  35 Reëlmaat

  622 Goed
normaliteit
  35 Reëlmaat
  504 Geestelike gesondheid
normaliter
  19 Orde
  35 Reëlmaat
normatief
  19 Orde
  35 Reëlmaat
normeer
  35 Reëlmaat
  122 Bereken
normering
  122 Bereken
  569 Taal
norring 104
nors
  623 Sleg
  715 Negatiewe gevoel
  777 Haat en onvriendelikheid
norsheid 777
nosie 513
nostalgie
  715 Negatiewe gevoel
  773 Begeerte
nostalgies
  714 Positiewe gevoel
  773 Begeerte
nostradamus
  551 Meedeel
  844 Bygeloof
nota bene 508
nota
  539 Kommunikeer
  551 Meedeel
notabele 620
notaboek
  263 Rekenaar en internet
  567 Boek
notaboekrekenaar 263
notapapier 315
notarieel 688
notaris 688
notarisskap 688
notasie
  134 Getalstelsel
  753 Musiek
noteblindheid 753
noteer
  563 Skryf
  688 Besit
  701 Handel en ekonomie
notering 702
notifikasie 539
notifiseer 539
notisie
  535 Weet
  565 Skryfkuns
notoriëteit 799

notsing 316
notule
  539 Kommunikeer
  665 Byeenkom
notuleer
  539 Kommunikeer
  665 Byeenkom
notulehouer
  539 Kommunikeer
  665 Byeenkom
nou
  46 Vroeër
  47 Later
  49 Hede
  129 Bepaaldheid
  178 Toegaan
  435 Smal
  521 Verras wees
  715 Negatiewe gevoel
  768 Vrees
noudat 15
nougat 426
nougeset
  582 Wilskrag
  595 Streng
  610 Ywerig
  612 Noukeurig
  816 Getrouheid
  819 Eerbaar
nougesetheid
  582 Wilskrag
  612 Noukeurig
  816 Getrouheid
noukeurig
  129 Bepaaldheid
  508 Aandag
  612 Noukeurig
  622 Goed
  651 Toesien
  816 Getrouheid
noukeurigheid
  129 Bepaaldheid
  508 Aandag
  612 Noukeurig
  622 Goed
  651 Toesien
  816 Getrouheid
noulettend
  506 Belangstelling
  508 Aandag
  612 Noukeurig
  622 Goed
  651 Toesien
  816 Getrouheid
noulettendheid
  506 Belangstelling
  508 Aandag
  612 Noukeurig
  622 Goed
  651 Toesien
  816 Getrouheid
nouliks
  103 Min

  130 Onbepaaldheid
nou net
  46 Vroeër
  47 Later
  49 Hede
  50 Verlede
nou-nou
  46 Vroeër
  49 Hede
  50 Verlede
  51 Toekoms
noupypbroek 745
nousluitend 178
noute
  149 Pad
  277 Berg
  435 Smal
noutevrees 768
novelle
  552 Vertel
  567 Boek
  750 Letterkunde
novellis 750
novellisties 750
November 37
noviet 27
novise
  27 Begin
  852 Geestelike
novisiaat 852
novokaïen 415
nuanse
  13 Verskeidenheid
  490 Kleur
  541 Betekenisvolheid
nuanseer
  13 Verskeidenheid
  550 Noem
nuansering 13
nudis 162
nudisme 162
nudistekolonie 162
nudisties 162
nugter
  10 Harmonie
  407 Drink
  410 Slaap
  504 Geestelike gesondheid
  513 Denke
  523 Logies redeneer
  619 Kalm
  714 Positiewe gevoel
  723 Erns
nugterderm 401
nugterheid
  10 Harmonie
  714 Positiewe gevoel
nuk
  583 Willosheid
  667 Stryd
  715 Negatiewe gevoel
  771 Gramskap

objektiwiteit

nukkerig
  583 Willoosheid
  667 Stryd
  715 Negatiewe gevoel
  719 Hartseer
  771 Gramskap
  777 Haat en
    onvriendelikheid
nukkerigheid
  583 Willoosheid
  667 Stryd
  715 Negatiewe gevoel
  719 Hartseer
  771 Gramskap
  777 Haat en
    onvriendelikheid
nukleêr
  29 Middel
  83 In die middel
nukleïen 317
nukleolus 377
nukleus
  29 Middel
  83 In die middel
  256 Skeikunde
  270 Hemelliggaam
  317 Fisiologie
nul
  110 Niks
  133 Getalle
  634 Nutteloos
nullifiseer
  238 Vernietig
  626 Swak
nulliteit
  621 Onbelangrik
  632 Onnodig
  634 Nutteloos
nullyn
  27 Begin
  110 Niks
  122 Bereken
nulmerk 27
nulopgawe 712
nulpunt
  133 Getalle
  260 Warmteleer
nulstreep
  27 Begin
  110 Niks
  122 Bereken
  442 Lyn
numereer 550
numerêr 131
numeriek 102
numeries
  133 Getalle
  546 Kunsmatige teken
numero uno
  21 Opeenvolging
  622 Goed
numero 133
numerologie 133

numineus 837
numismaat 131
numismatiek 131
numismaties 131
numismatikus 131
numismatograaf 131
numismatografie 131
numismatologie 131
numismatoloog 131
nunsiatuur 852
nuntius 852
nurks
  771 Gramskap
  777 Haat en
    onvriendelikheid
nut
  622 Goed
  629 Gebruik
  633 Nuttig
  637 Doelgerigtheid en
    doelloosheid
nutasie 272
nutsbedryf 658
nutsdiens 663
nutsman
  97 Bou
  645 Handel
nutteloos
  54 Oud
  621 Onbelangrik
  623 Sleg
  629 Gebruik
  632 Onnodig
  634 Nutteloos
nutteloosheid
  54 Oud
  621 Onbelangrik
  632 Onnodig
  634 Nutteloos
nuttig
  406 Eet
  622 Goed
  629 Gebruik
  633 Nuttig
  637 Doelgerigtheid en
    doelloosheid
nuttigheid
  622 Goed
  633 Nuttig
  637 Doelgerigtheid en
    doelloosheid
nuus
  539 Kommunikeer
  551 Meedeel
  568 Media
nuusagent 539
nuusagentskap 539
nuusartikel
  539 Kommunikeer
  568 Media
nuusateljee 264
nuusberig
  539 Kommunikeer

  551 Meedeel
  568 Media
nuusblad 568
nuusbrief
  539 Kommunikeer
  565 Skryfkuns
nuusbulletin 568
nuusdiens 539
nuusdraer 829
nuusflits
  539 Kommunikeer
  568 Media
nuuskantoor
  539 Kommunikeer
  568 Media
nuuskierig 506
nuuskierige 506
nuuskonferensie 539
nuuskorrespondent 568
nuusleser 264
nuusmedia 568
nuusprogram
  264 Radio en televisie
  568 Media
nuusredaksie 568
nuusreportage 539
nuustydskrif 568
nuusuitsending 264
nuusverslaggewing 539
nuusvrystelling 551
nuuswaarde 539
nuuswaardig 539
nuut
  25 Dit wat volg
  27 Begin
  36 Onreëlmatigheid
  49 Hede
  51 Toekoms
  53 Nuut en jonk
  629 Gebruik
  643 Onbeproef
nuutjie 53
nuutskepping
  53 Nuut en jonk
  573 Woordeskat
  575 Woordvorming
Nuwejaar 127
nuweling
  27 Begin
  34 Vreemdheid
  53 Nuut en jonk
  649 Begin handel
nuwemaan 269
nuwerig
  27 Begin
  36 Onreëlmatigheid
  53 Nuut en jonk
nuwerwets
  27 Begin
  36 Onreëlmatigheid
  49 Hede
  53 Nuut en jonk
  643 Onbeproef

nuwerwetsheid 53
nuwesiekte 413
nuwigheid
  27 Begin
  36 Onreëlmatigheid
  53 Nuut en jonk
nyd
  771 Gramskap
  777 Haat en
    onvriendelikheid
  779 Boosaardigheid
nydig
  777 Haat en
    onvriendelikheid
  779 Boosaardigheid
nyg 444
nylon 311
nypend 466
nywer 610
nyweraar 658
nywerheid 658
nywerheidsektor 658
nywerheidshof 808
nywerheidskool 559

O

oase
  280 Woestyn
  662 Rus
oasis 348
obelisk
  94 Dele van 'n eiendom
  546 Kunsmatige teken
obesiteit 413
obiit sine prole 250
obiit 250
obiter dictum 551
objek
  1 Bestaan
  32 Enkeling
  237 Voortbring
  513 Denke
  576 Sinsbou en styl
objeksie
  530 Voorbehou
  532 Betwis
objektaal 263
objekteer
  530 Voorbehou
  532 Betwis
objektief
  1 Bestaan
  267 Optika
  268 Fotografie en film
  523 Logies redeneer
  527 Oordeel
  537 Waarheid
  577 Betekenis
  804 Regverdig
objektiveer 527
objektivisme 514
objektiwiteit
  1 Bestaan

523 Logies redeneer
527 Oordeel
804 Regverdig
objet d'art
745 Versier
749 Kuns
oblaat
438 Vorm
852 Geestelike
oblietjie 426
oblietjiepan
95 Huisraad
419 Voedselbereiding
obligaat 754
obligant 711
obligasie
579 Gedwonge
688 Besit
692 Spaar
obligatories
579 Gedwonge
811 Gewete
obligeer 579
obliterasie 238
oblitereer 238
oblongformaat 566
Obon 851
obsedeer 508
obseen
744 Lelik
779 Boosaardigheid
820 Oneerbaar
obseniteit
744 Lelik
820 Oneerbaar
observasie 508
observator 508
observatorium
255 Natuur
271 Kosmografie
294 Weerkunde
observeer
499 Sien
508 Aandag
observeerder
499 Sien
508 Aandag
obsessie
505 Verstandstoornis
657 Herhaal
717 Lyding
773 Begeerte
obsessief
657 Herhaal
773 Begeerte
obsessioneel 717
obsessionisme
413 Verskillende siektes
505 Verstandstoornis
obsidiaan 298
obskurantis 795
obskurantisme 795

obskuriteit
486 Duisternis
544 Onduidelik
621 Onbelangrik
800 Onbekend
obskuur
486 Duisternis
544 Onduidelik
621 Onbelangrik
800 Onbekend
obskuurheid 621
obsoleet
54 Oud
634 Nutteloos
obsternaat
582 Wilskrag
598 Ongehoorsaam
667 Stryd
obstetrie
414 Geneeskunde
515 Wetenskap
obstetris 416
obstinaat
582 Wilskrag
598 Ongehoorsaam
667 Stryd
obstipasie 413
obstruksie
532 Betwis
666 Verhinder
801 Wet
803 Wette oortree
obstruksiepolitiek 590
obstruksionêr 666
obstruksionis
532 Betwis
666 Verhinder
801 Wet
obstruksionisme
532 Betwis
666 Verhinder
801 Wet
obturatorsenuwee 378
ocarina 756
oceanarium 368
Octans 270
oculi 379
ode 751
odeon
91 Gebou
755 Uitvoering
odeur 473
odieus 777
Odin 855
odinofagie 413
odium 777
odometer
123 Meet
233 Voertuig
odontologie 414
odorant 473
odussee 213
odyssee 213

oëdienaar 828
oëdienery 828
oëdiens 828
oedipuskompleks
413 Verskillende siektes
776 Liefde en
    vriendskap
oefen
629 Spel en sport
640 Voorbereid
657 Herhaal
680 Militêre aksie
oefening
561 Studeer
629 Spel en sport
640 Voorbereid
657 Herhaal
730 Gimnastiek
oefenlopie 642
oehoeroe 593
oemf
582 Wilskrag
610 Ywerig
616 Magtig
oemfaan 53
oenologie 350
oenologies 350
oënskynlik
2 Nie-bestaan
538 Dwaling
Oepanisjads 842
oeragtig 54
oerangoetang 366
oerbegin
0 Ontstaan
27 Begin
50 Verlede
284 Bron
oerbron 284
oerdom 503
oerdomheid 503
Oergermaans 569
oergeskiedenis 45
oerknal
0 Ontstaan
27 Begin
237 Voortbring
oermens 54
oeroud
50 Verlede
54 Oud
oerouer 240
oerplant 326
oerreptiel 367
oersoogdier 367
oersted 261
oertaal 569
oerteks 565
oertyd
45 Geskiedenis
50 Verlede
oertydperk 45
oerverlede 46

oervis 367
oervoël 367
oervolk 787
oervorm 438
oerwoud 318
oes
237 Voortbring
347 Landbou
350 Vrugteverbouing
352 Graanverbouing
412 Siek
621 Onbelangrik
623 Sleg
626 Swak
683 Misluk
686 Aanwins
oesaffees 793
oeserig
412 Siek
621 Onbelangrik
623 Sleg
oesfees 793
oeslied 757
oesmyt 361
oester
363 Waterdier
422 Seekos
426 Kossoort, dis
oesterkultuur 372
oesterkweker 372
oesterkwekery 372
oestyd
289 Klimaat
347 Landbou
oeuvre 749
oëverblindery
2 Nie-bestaan
538 Dwaling
724 Vermaak en
    ontspanning
818 Bedrieg
844 Bygeloof
818 Bedrieg
oewer
82 Rondom
282 Kus
286 Rivier
oewergrond 286
of
8 Dieselfde
34 Vreemdheid
666 Verhinder
offensief
666 Verhinder
667 Stryd
669 Aanval
680 Militêre aksie
offer
687 Verlies
693 Gee
848 Kerklike bediening
849 Prediking
offerande 848

offerfees 793
offergawe
  693 Gee
  848 Kerklike bediening
offerte 693
offervaardig
  693 Gee
  778 Goedaardigheid
offervaardigheid
  693 Gee
  778 Goedaardigheid
offisiant
  849 Prediking
  852 Geestelike
offisie
  847 Gebed
  852 Geestelike
offisieel
  588 Gesag hê
  590 Bestuur en regeer
  658 Beroep
offisieer
  849 Prediking
  850 Sakrament
offisier
  588 Gesag hê
  591 Gesaghebber
  673 Manskap
  802 Wette gehoorsaam
offisierstenue 674
offisiersuniform 674
offisieus 590
ofiet 854
ofiologie 358
ofiologies 358
ofioloog 358
ofskoon 530
oftalmie 413
oftalmologie 414
oftalmologies 414
oftalmoloog 416
oggend
  37 Tydruimte
  127 Tydbepaling
oggendblad 568
oggendete 418
oggendgloed 465
oggendkoerant
  566 Drukkuns
  568 Media
oggendmaal 418
oggendskemering
  485 Lig
  486 Duisternis
oggendskemerte
  485 Lig
  486 Duisternis
oggendster 270
oggendstond 37
ogief 94
ogiefstyl 764
oglokraat 795
oglokrasie 795

ogonnabeentjie 397
ohm
  123 Meet
  262 Elektrisiteit
oidipuskompleks
  413 Verskillende siektes
  776 Liefde en
    vriendskap
ojief 94
ojiefskaaf 316
okei
  19 Orde
  622 Goed
oker
  298 Steen
  490 Kleur
  492 Kleure
okkasie
  44 Gebeure in tyd
  59 Geleë
okkasioneel 59
okkerneut
  323 Vrug
  350 Vrugteverbouing
  426 Kossoort, dis
okkerneutboom 331
okklusie
  178 Toegaan
  413 Verskillende siektes
  572 Uitspraak
okklusief 572
okklusiefront 289
okkult
  540 Nie kommunikeer
    nie
  836 Bonatuurlik
  844 Bygeloof
okkultasie 270
okkultisme
  836 Bonatuurlik
  844 Bygeloof
  854 Godsdienste
okkupasie
  645 Handel
  658 Beroep
  694 Neem
okra 351
oksaal 853
oksaalsuur 472
oksel
  321 Blaar
  397 Ledemaat
okshoof 123
oksi-asetileen
  256 Skeikunde
  461 Gas
oksidasie
  256 Skeikunde
  461 Gas
oksidatief 256
okside
  256 Skeikunde
  461 Gas

oksideer
  256 Skeikunde
  461 Gas
oksidentaal 88
oksigeen 256
oksigonaal 447
oksigoon 139
oksimoron 576
oksitonon 572
oksitoon 572
oktaaf
  751 Digkuns
  753 Musiek
oktaaffluitjie 756
oktaal 134
oktaan
  256 Skeikunde
  461 Gas
oktaangetal
  133 Getalle
  299 Brandstof
Oktant 270
oktant 271
oktavo
  315 Papier
  566 Drukkuns
oktet
  753 Musiek
  754 Komposisie
  755 Uitvoering
  757 Sang
Oktober 37
oktogonaal 447
oktogoon 447
oktopus 363
oktrooi
  601 Toestemming gee
  616 Magtig
  701 Handel en ekonomie
  806 Wettig
oktrooireg 806
oktrooiwet 801
okulasie
  345 Plantkwekery
  349 Bosbou
okuleer
  345 Plantkwekery
  349 Bosbou
okulêr
  267 Optika
  499 Sien
okulis 416
olana 591
olé 826
oleander
  331 Boom
  332 Struik
oleografie 760
olfakties 389
olfaktories 497
olie
  233 Voertuig
  299 Brandstof

415 Geneesmiddel
419 Voedselbereiding
420 Voedsel
460 Vloeistof
462 Halfvloeibare stof
469 Verwarmingstoestel
746 Persoonlike
  versorging
oliebak
  84 Houer
  233 Voertuig
oliebesoedeling 255
oliebol 426
olieboor 155
oliebrander 469
oliebron
  284 Bron
  299 Brandstof
oliedruk 566
oliefilter 233
oliekoek
  369 Veeteelt
  426 Kossoort, dis
  611 Lui
  615 Onbekwaam
oliekolonie 746
olielamp
  95 Huisraad
  487 Ligbron
oliemagnaat 689
olienhoutboom 331
olieraffinadery
  299 Brandstof
  462 Halfvloeibare stof
olieveld 284
olieverf
  95 Huisraad
  100 Boumateriaal
  490 Kleur
  760 Skilderkuns
olieverfskildery 760
olieverwarmer
  465 Warm
  469 Verwarmingstoestel
olifant 366
olifantgeweer 676
olifantmuis 366
olifantsiekte 413
oligargie
  787 Samelewing
  795 Staat en politiek
oligargies 590
oligofrenie
  503 Onverstandigheid
  505 Verstandstoornis
oligopolie 701
Oligoseense epog 274
olik
  412 Siek
  623 Sleg
  717 Lyding
olikheid 412
olimpiade 727

Olimpus 855
olm 331
olyf
  331 Boom
  350 Vrugteverbouing
  426 Kossoort, dis
  492 Kleure
olyfgroen 492
olyfkewer 361
olyfkleur 492
olyfolie
  419 Voedselbereiding
  462 Halfvloeibare stof
olyftak 668
om
  21 Opeenvolging
  50 Verlede
  82 Rondom
  147 Rigting
  160 Omring
  163 Draai
  637 Doelgerigtheid en doelloosheid
  661 Vermoeidheid
omaramba 286
omarm 790
omber
  490 Kleur
  740 Kaartspel
omboor 745
omboorsel 745
ombou 140
ombouing 140
ombring 252
ombudsman
  528 Bevestig
  590 Bestuur en regeer
  668 Vrede en versoening
  721 Ontevredenheid
omdat
  15 Oorsaak
  637 Doelgerigtheid en doelloosheid
omdop 140
omdraai
  140 Verandering
  148 Van koers gaan
  161 Bedek
  163 Draai
  188 Aankom
  201 Agtertoe beweeg
  217 Motorry
omega 571
omega-3-vetsuur 415
omelet 426
omen
  545 Natuurlike teken
  844 Bygeloof
omfloers 161
omgaan
  37 Tydruimte
  665 Byeenkom
  790 Sosiale betrekking

omgang
  239 Voortplant
  790 Sosiale betrekking
Omgangsafrikaans 569
omgangstaal 569
omgee
  714 Positiewe gevoel
  776 Liefde en vriendskap
omgeef 82
omgekeerd
  9 Verskillend of teenoorgesteld
  139 Meetkunde
  151 Agtertoe
omgekrap
  20 Wanorde
  721 Ontevredenheid
  771 Gramskap
omgekraptheid
  20 Wanorde
  721 Ontevredenheid
  771 Gramskap
omgeruil 21
omgewe
  82 Rondom
  160 Omring
omgewing
  61 Plek
  64 Aanwesigheid
  90 Omgewing
  787 Samelewing
omgewingsaktivis 255
omgewings-aktivisme 255
omgewingsbewaring 255
omgewingsgestrem 503
omgewingsgestremdheid
  503 Onverstandigheid
  505 Verstandstoornis
omgewingsimpak 255
omgewingsleer
  61 Plek
  273 Geografie
omgooi
  212 Afgaan
  227 Werp
omgord 82
omgrens
  63 Begrensdheid
  82 Rondom
omgrensing 63
omhaal
  522 Redeneer
  525 Bewys
  548 Praat
  553 Behandel
  638 Aanmoedig
omheen
  82 Rondom
  160 Omring
omhein
  63 Begrensdheid

  82 Rondom
  160 Omring
  178 Toegaan
omheining
  63 Begrensdheid
  160 Omring
omhels
  160 Omring
  776 Liefde en vriendskap
  790 Sosiale betrekking
omhelsing
  776 Liefde en vriendskap
  790 Sosiale betrekking
omhoog 158
omhul
  160 Omring
  161 Bedek
omhulsel 161
omineus
  656 Gevaarlik
  719 Hartseer
omissie
  192 Laat gaan
  646 Nie handel nie
omkantel 212
omkanteling 212
omkap
  316 Hout
  412 Siek
  626 Swak
  745 Versier
omkapmasjien 745
omkeer
  140 Verandering
  148 Van koers gaan
  188 Aankom
  212 Afgaan
  522 Redeneer
  680 Militêre aksie
omkeerbaar
  140 Verandering
  142 Veranderlikheid
omkeerbaarheid
  140 Verandering
  142 Veranderlikheid
omkeerstrategie 590
omkleding 161
omklee(d) 161
omklits 212
omkom 250
omkonkel 638
omkoop 638
omkoopbaar 638
omkoopgeld 803
omkoper 803
omkopery
  638 Aanmoedig
  803 Wette oortree
omkors
  161 Bedek
  419 Voedselbereiding

omkrap
  20 Wanorde
  713 Gevoel
  771 Gramskap
omkring
  82 Rondom
  446 Rond
omkyk
  499 Sien
  508 Aandag
omleiding
  149 Pad
  414 Geneeskunde
omleidingsoperasie 414
omliggend
  69 Naby
  82 Rondom
omloop
  197 Te voet gaan
  405 Bloedsomloop
  413 Verskillende siektes
  818 Bedrieg
omlyn
  63 Begrensdheid
  82 Rondom
  129 Bepaaldheid
  442 Lyn
  553 Behandel
omlys
  82 Rondom
  160 Omring
omlysting 160
ommekeer
  140 Verandering
  148 Van koers gaan
  586 Beslis
  654 Moeilik handel
ommesy 86
ommuur
  63 Begrensdheid
  82 Rondom
  160 Omring
  178 Toegaan
omnibus
  230 Rytuig
  567 Boek
omnipotensie
  616 Magtig
  837 God
  855 Gode
omnivoor 357
ompad 149
ompraat
  522 Redeneer
  525 Bewys
  638 Aanmoedig
omrede
  15 Oorsaak
  16 Gevolg
omreken 125
omrekening 125
omring
  63 Begrensdheid

omwerk

82 Rondom
160 Omring
omroep 264
omroeper
  264 Radio en televisie
  551 Meedeel
omroer
  164 Reëlmatige
    beweging
  174 Meng
omruil
  21 Opeenvolging
  67 Verplasing
  144 Vervanging
  701 Handel en ekonomie
omry
  181 Raak
  194 Vervoer
  216 Ry
omseil
  221 Vaar
  646 Nie handel nie
omsendbrief
  196 Versend
  539 Kommunikeer
  551 Meedeel
  565 Skryfkuns
omsendskrywe
  539 Kommunikeer
  551 Meedeel
  565 Skryfkuns
omset
  701 Handel en ekonomie
  707 Handelsaak
omsetting
  67 Verplasing
  140 Verandering
  438 Vorm
  576 Sinsbou en styl
omsien 651
omsigtig
  508 Aandag
  612 Noukeurig
  714 Positiewe gevoel
omsigtigheid
  508 Aandag
  714 Positiewe gevoel
omsingel
  63 Begrensdheid
  82 Rondom
  160 Omring
  667 Stryd
  680 Militêre aksie
omsingeling
  160 Omring
  667 Stryd
  669 Aanval
omsit
  67 Verplasing
  140 Verandering
  160 Omring
  161 Bedek
  163 Draai

  201 Agtertoe beweeg
  705 Verkoop
omskakel
  140 Verandering
  262 Elektrisiteit
  264 Radio en televisie
omskakeling 140
omskans
  63 Begrensdheid
  82 Rondom
  160 Omring
  655 Veilig
omskep
  53 Nuut en jonk
  140 Verandering
  237 Voortbring
omskepping 140
omskrif
  131 Geldeenheid
  565 Skryfkuns
omskryf
  129 Bepaaldheid
  539 Kommunikeer
  543 Duidelik
  551 Meedeel
  553 Behandel
omskrywing
  129 Bepaaldheid
  539 Kommunikeer
  543 Duidelik
  550 Noem
  553 Behandel
  576 Sinsbou en styl
omslaan
  140 Verandering
  161 Bedek
  180 Ongelyk maak
  182 Slaan
  212 Afgaan
  217 Motorry
  221 Vaar
  262 Elektrisiteit
omslag
  101 Bouersgereedskap
  155 Deurboor
  161 Bedek
  553 Behandel
  564 Skryfbehoeftes
  567 Boek
  630 Werktuig
omslagboor
  101 Bouersgereedskap
  155 Deurboor
omslagontwerp 567
omslagskroewe-
  draaier 101
omslagtig
  40 Langdurig
  553 Behandel
  725 Verveling
omslagtigheid
  40 Langdurig
  553 Behandel

omsluier 161
omsluit
  82 Rondom
  160 Omring
omsons 634
omsoom
  82 Rondom
  160 Omring
omspan
  63 Begrensdheid
  82 Rondom
  160 Omring
  161 Bedek
  231 Tuig
omspoel 287
omspring
  140 Verandering
  199 Spring
  201 Agtertoe beweeg
  644 Handelwyse
omstander
  64 Aanwesigheid
  508 Aandag
omstandig 553
omstandighede 3
omstandigheid 3
omstandigheids-
  getuienis 809
omstel
  140 Verandering
  233 Voertuig
  551 Meedeel
omstrede 532
omstredenheid 532
omstreeks
  37 Tydruimte
  69 Naby
  130 Onbepaaldheid
omstreke
  69 Naby
  90 Omgewing
omswaai
  140 Verandering
  148 Van koers gaan
  163 Draai
omswerf 213
omswerwing
  187 Reis
  213 Rondgaan
omte(s) 61
omtower 140
omtrek
  69 Naby
  82 Rondom
  139 Meetkunde
  212 Afgaan
  434 Breed
  759 Tekenkuns
omtrent
  37 Tydruimte
  126 Skat
  130 Onbepaaldheid
omvang
  62 Grensloosheid

  431 Afmeting
  432 Groot
  434 Breed
  450 Volume
  620 Belangrik
omvangryk
  62 Grensloosheid
  432 Groot
  620 Belangrik
omvangrykheid
  62 Grensloosheid
  432 Groot
  620 Belangrik
omvat
  82 Rondom
  83 In die middel
  160 Omring
omvattend
  83 In die middel
  553 Behandel
  620 Belangrik
omver 159
omvergooi
  20 Wanorde
  238 Vernietig
  588 Gesag hê
omverhaal 238
omverloop 197
omverstoot
  181 Raak
  238 Vernietig
omverwerp
  20 Wanorde
  238 Vernietig
  588 Gesag hê
  779 Boosaardigheid
  795 Staat en politiek
omverwerping
  140 Verandering
  588 Gesag hê
  685 Oorwin word
  779 Boosaardigheid
omvleuel
  63 Begrensdheid
  82 Rondom
  160 Omring
omvlieg 37
omvorm 140
omvorming
  140 Verandering
  438 Vorm
omvou
  180 Ongelyk maak
  790 Sosiale betrekking
omweg 149
omwenteling
  82 Rondom
  140 Verandering
  163 Draai
  270 Hemelliggaam
  667 Stryd
omwerk
  140 Verandering

741

174 Meng
omwimpel
  161 Bedek
  815 Oneerlik
  818 Bedrieg
omwindsel 322
omwissel
  140 Verandering
  701 Handel en ekonomie
on(be)twyfelbaar 543
onaandagtig 509
onaandagtigheid 509
onaangekondig
  521 Verras wees
  641 Onvoorbereid
onaangenaam
  475 Onwelriekend
  623 Sleg
  667 Stryd
  717 Lyding
  744 Lelik
  777 Haat en
    onvriendelikheid
  813 Swak gedrag
onaangenaamheid
  623 Sleg
  667 Stryd
  717 Lyding
  744 Lelik
  777 Haat en
    onvriendelikheid
  813 Swak gedrag
onaangeroer(d)
  495 Tassin
  553 Behandel
onaanneemlik 721
onaanneemlikheid 721
onaansienlik
  744 Lelik
  798 Laer stand
onaanspreeklik 811
onaantasbaar
  531 Saamstem
  655 Veilig
  670 Verdedig
onaantreklik
  744 Lelik
  775 Weersin
onaantreklikheid
  744 Lelik
  775 Weersin
onaanvaarbaar
  458 Breekbaar
  602 Verbied
  721 Ontevredenheid
  807 Onwettig
  813 Swak gedrag
  827 Afkeur
onaanvaarbaarheid
  458 Breekbaar
  602 Verbied
  721 Ontevredenheid
  807 Onwettig

813 Swak gedrag
827 Afkeur
onaardig 744
onaardigheid 744
onaards
  34 Vreemdheid
  836 Bonatuurlik
onaardsheid
  34 Vreemdheid
  836 Bonatuurlik
onaf
  648 Onderbreek
  650 Voltooi
onafgebroke
  22 Kontinuïteit
  35 Reëlmaat
  40 Langdurig
  42 Altyd
  647 Voortgaan
onafgebrokenheid 22
onafgehandel 650
onafhanklik
  4 Selfstandigheid
  590 Bestuur en regeer
  593 Vryheid
  664 Terugstaan
onafhanklikheid
  4 Selfstandigheid
  593 Vryheid
  664 Terugstaan
  787 Samelewing
**onafhanklikheids-
  verklaring** 593
onafrikaans 569
onafrikaansheid 569
onafsienbaar 62
onafsienbaarheid 62
onafskei(d)baar 170
onafskei(d)baarheid 170
onafskeidelik
  170 Saambring
  776 Liefde en
    vriendskap
onafwendbaar
  17 Noodsaak
  579 Gedwonge
onafwendbaarheid
  17 Noodsaak
  579 Gedwonge
onagsaam
  509 Onoplettendheid
  613 Onnoukeurig
onagsaamheid
  509 Onoplettendheid
  613 Onnoukeurig
onakkuraat
  130 Onbepaaldheid
  509 Onoplettendheid
  613 Onnoukeurig
onakkuraatheid
  130 Onbepaaldheid
  509 Onoplettendheid
  613 Onnoukeurig

onaktief
  146 Beweginglossheid
  646 Nie handel nie
onaktiwiteit
  611 Lui
  646 Nie handel nie
onartistiek 749
onbaatsugtig 778
onbaatsugtigheid 778
onbarmhartig
  715 Negatiewe gevoel
  777 Haat en
    onvriendelikheid
  779 Boosaardigheid
onbarmhartigheid
  715 Negatiewe gevoel
  779 Boosaardigheid
onbeantwoord
  516 Soek
  556 Antwoord
onbedaarlik 618
onbedag 509
onbedagsaam
  509 Onoplettendheid
  513 Denke
  715 Negatiewe gevoel
onbedagsaamheid
  509 Onoplettendheid
  715 Negatiewe gevoel
onbedagtheid
  509 Onoplettendheid
  641 Onvoorbereid
onbedeel(d)
  503 Onverstandigheid
  615 Onbekwaam
  690 Arm
onbedoel(d) 18
onbedorwe
  622 Goed
  819 Eerbaar
  821 Onskuldig
onbedorwenheid
  622 Goed
  819 Eerbaar
  821 Onskuldig
onbedreig 655
onbedrewe 615
onbedrewenheid 615
onbedrieglik 814
onbedug 625
onbedugtheid 625
onbeduidend
  433 Klein
  507 Gebrek aan
    belangstelling
  542 Betekenisloosheid
  621 Onbelangrik
onbeduidendheid
  433 Klein
  621 Onbelangrik
onbedwingbaar
  20 Wanorde
  598 Ongehoorsaam

  618 Heftig
  625 Sterk
onbedwingbaarheid 625
onbedwonge 820
onbegaaf 503
onbegaan 34
onbegaanbaar 149
onbegeerlik 775
onbegonne 654
onbegonnenheid 654
onbegrens 62
onbegrensdheid 62
onbegrepe 534
onbegrip 534
onbegryplik
  34 Vreemdheid
  540 Nie kommunikeer
    nie
  544 Onduidelik
onbegryplikheid
  34 Vreemdheid
  540 Nie kommunikeer
    nie
  544 Onduidelik
onbehaaglik 721
onbehaaglikheid 721
onbeheer(d)
  20 Wanorde
  583 Willoosheid
onbeheerbaar
  368 Diereteelt
  618 Heftig
onbeheerbaarheid 618
onbeheers(d)
  20 Wanorde
  583 Willoosheid
  593 Vryheid
  618 Heftig
  641 Onvoorbereid
  715 Negatiewe gevoel
  820 Oneerbaar
onbeheerbaar
  20 Wanorde
  583 Willoosheid
  593 Vryheid
  618 Heftig
  641 Onvoorbereid
  715 Negatiewe gevoel
  820 Oneerbaar
onbeheerbaarheid
  20 Wanorde
  583 Willoosheid
  593 Vryheid
  618 Heftig
  641 Onvoorbereid
  715 Negatiewe gevoel
  820 Oneerbaar
onbeheerstheid
  20 Wanorde
  593 Vryheid
  618 Heftig
  641 Onvoorbereid
onbeholpe
  583 Willoosheid

615 Onbekwaam
623 Sleg
792 Asosiaal
onbeholpenheid
615 Onbekwaam
792 Asosiaal
onbehoorlik
744 Lelik
779 Boosaardigheid
792 Asosiaal
820 Oneerbaar
onbehoorlikheid
779 Boosaardigheid
792 Asosiaal
820 Oneerbaar
onbehoue
618 Heftig
789 Onbeskaafdheid
792 Asosiaal
onbehouenheid
618 Heftig
789 Onbeskaafdheid
792 Asosiaal
onbehulpsaam 779
onbekeerlik 824
onbekend
34 Vreemdheid
130 Onbepaaldheid
540 Nie kommunikeer nie
800 Onbekend
onbekende
34 Vreemdheid
792 Asosiaal
800 Onbekend
onbekendheid
34 Vreemdheid
130 Onbepaaldheid
540 Nie kommunikeer nie
800 Onbekend
onbekommerd 714
onbekommerdheid 714
onbekook 509
onbekooktheid 509
onbekoorlik 744
onbekoorlikheid 744
onbekostigbaar 708
onbekwaam
407 Drink
615 Onbekwaam
617 Magteloos
626 Swak
onbekwaamheid
615 Onbekwaam
626 Swak
onbelangrik
5 Onselfstandigheid
30 Hiërargie
507 Gebrek aan belangstelling
542 Betekenisloosheid
621 Onbelangrik

onbelangrikheid
5 Onselfstandigheid
621 Onbelangrik
onbelangstellend 774
onbelas 712
onbeleef(d)
777 Haat en onvriendelikheid
792 Asosiaal
827 Afkeur
onbeleefdheid
777 Haat en onvriendelikheid
792 Asosiaal
onbelemmerd 593
onbemiddeld 690
onbemiddeldheid 690
onbemin(d) 777
onbemin(d)heid 777
onbeminlik 777
onbeminlikheid 777
onbenullig
503 Onverstandigheid
542 Betekenisloosheid
621 Onbelangrik
800 Onbekend
onbenulligheid
542 Betekenisloosheid
621 Onbelangrik
800 Onbekend
onbenutbaar 629
onbepaalbaar 62
onbepaalbaarheid 62
onbepaald
7 Betrekkingloosheid
62 Grensloosheid
130 Onbepaaldheid
544 Onduidelik
550 Noem
574 Woordkategorie
577 Betekenis
onbepaaldheid
7 Betrekkingloosheid
130 Onbepaaldheid
577 Betekenis
onbeperk
62 Grensloosheid
593 Vryheid
onbeperktheid
62 Grensloosheid
593 Vryheid
onbeplan(d)
18 Toeval
641 Onvoorbereid
onbeplandheid
18 Toeval
641 Onvoorbereid
onbeproef
629 Gebruik
643 Onbeproef
onberade 509
onberedeneerd 641
onberedeneerdheid
509 Onoplettendheid

641 Onvoorbereid
onbereikbaar 68
onbereikbaarheid 68
onberekenbaar
7 Betrekkingloosheid
11 Disharmonie
104 Baie
142 Veranderlikheid
583 Willoosheid
onberispelik
622 Goed
627 Skoon
743 Mooi
812 Goeie gedrag
826 Goedkeur
onberispelikheid
622 Goed
627 Skoon
743 Mooi
812 Goeie gedrag
onberoemd 800
onberoemdheid 800
onberoerd
10 Harmonie
619 Kalm
onberouvol 824
onbeset 65
onbesiel(d) 639
onbesieldheid
639 Ontmoedig
715 Negatiewe gevoel
766 Wanhoop
onbesiens 499
onbeskaaf(d)
623 Sleg
777 Haat en onvriendelikheid
789 Onbeskaafdheid
onbeskaafdheid 789
onbeskaam(d)
593 Vryheid
785 Hoogmoed
792 Asosiaal
onbeskaamdheid
593 Vryheid
792 Asosiaal
onbeskadig 622
onbeskeidenheid
785 Hoogmoed
792 Asosiaal
onbeskeie
785 Hoogmoed
792 Asosiaal
onbeskerm(d) 656
onbeskof
623 Sleg
744 Lelik
777 Haat en onvriendelikheid
792 Asosiaal
onbeskoftheid
623 Sleg
744 Lelik

777 Haat en onvriendelikheid
779 Boosaardigheid
792 Asosiaal
onbeskroomd
593 Vryheid
767 Moed
onbeskroomdheid 593
onbeskryfbaar
62 Grensloosheid
104 Baie
onbeskryfbaarheid 62
onbeskryflik
62 Grensloosheid
104 Baie
onbeskryflikheid 62
onbeskut 656
onbeslis
527 Oordeel
538 Dwaling
583 Willoosheid
587 Aarsel
727 Kompetisie
onbeslistheid 587
onbesmet 627
onbesnede 854
onbesnedene 854
onbesoedel 53
onbesonne
503 Onverstandigheid
509 Onoplettendheid
618 Heftig
onbesonnenheid
509 Onoplettendheid
618 Heftig
onbesorg(d)
714 Positiewe gevoel
718 Blydskap
onbesorgdheid
714 Positiewe gevoel
718 Blydskap
onbesproke
812 Goeie gedrag
830 Eerbiedig
onbesprokenheid
812 Goeie gedrag
830 Eerbiedig
onbestaanbaar 9
onbestendig
140 Verandering
142 Veranderlikheid
583 Willoosheid
618 Heftig
770 Wantroue
onbestendigheid
140 Verandering
142 Veranderlikheid
618 Heftig
onbestrede 531
onbesuis
165 Onreëlmatige beweging

225 Vinnig
509 Onoplettendheid
618 Heftig
onbetaalbaar
622 Goed
708 Betaal
onbetaamlik
744 Lelik
779 Boosaardigheid
820 Oneerbaar
onbetaamlikheid
744 Lelik
820 Oneerbaar
onbeteuel(d)
618 Heftig
715 Negatiewe gevoel
onbetrokke
626 Swak
664 Terugstaan
715 Negatiewe gevoel
onbetrokkenheid
664 Terugstaan
715 Negatiewe gevoel
onbetroubaar
140 Verandering
519 Twyfel
583 Willoosheid
609 Jou woord verbreek
623 Sleg
770 Wantroue
811 Gewete
815 Oneerlik
817 Ontrouheid
onbetroubaarheid
140 Verandering
519 Twyfel
583 Willoosheid
609 Jou woord verbreek
623 Sleg
770 Wantroue
811 Gewete
815 Oneerlik
817 Ontrouheid
onbetwisbaar 537
onbetwyfelbaar 537
onbevange
523 Logies redeneer
578 Vrywillig
593 Vryheid
onbevangenheid
578 Vrywillig
593 Vryheid
onbevlek
627 Skoon
819 Eerbaar
821 Onskuldig
onbevoeg(d)
536 Nie weet nie
615 Onbekwaam
623 Sleg
807 Onwettig
onbevooroordeeld
523 Logies redeneer

804 Regverdig
onbevredig 721
onbevredigend 721
onbevrees(d) 767
onbevreesdheid 767
onbeweeglik
146 Beweginglooseid
582 Wilskrag
onbewese 526
onbewoë
619 Kalm
715 Negatiewe gevoel
onbewus
509 Onoplettendheid
536 Nie weet nie
onbillik
524 Onlogies redeneer
779 Boosaardigheid
805 Onregverdig
815 Oneerlik
onblusbaar
467 Aansteek
714 Positiewe gevoel
onboetvaardig 824
onboetvaardigheid 824
onbreekbaar
457 Onbreekbaar
625 Sterk
onbreekbaarheid
457 Onbreekbaar
625 Sterk
onbruik 629
onbruikbaar
54 Oud
623 Sleg
629 Gebruik
632 Onnodig
634 Nutteloos
onbruikbaarheid
54 Oud
623 Sleg
629 Gebruik
632 Onnodig
634 Nutteloos
onbuigsaam
71 Regop
582 Wilskrag
595 Streng
715 Negatiewe gevoel
onbuigsaamheid
582 Wilskrag
595 Streng
715 Negatiewe gevoel
onbybels 841
onchristelik
777 Haat en
  onvriendelikheid
843 Ongeloof
onchristelikheid
777 Haat en
  onvriendelikheid
843 Ongeloof
ondank 782

ondankbaar 782
ondankbaarheid 782
ondanks
579 Gedwonge
666 Verhinder
ondenkbaar 538
onder
30 Hiërargie
48 Gelyktydig
61 Plek
69 Naby
75 Onder
77 Onder, onderkant,
  ondertoe
83 In die middel
540 Nie kommunikeer
  nie
589 Dien
onderaan
61 Plek
77 Onder, onderkant,
  ondertoe
onderaards
274 Geologie
437 Laag
onderafdeling
3 Bestaanswyse
5 Onselfstandigheid
30 Hiërargie
665 Byeenkoms
onderarmspuitgoed 474
onderbaadjie 745
onderbeklemtoon
507 Gebrek aan
  belangstelling
542 Betekenisloosheid
621 Onbelangrik
onderbelig
268 Fotografie en film
507 Gebrek aan
  belangstelling
542 Betekenisloosheid
621 Onbelangrik
onderbewus 509
onderbewussyn 509
onderbie 704
onderbos 318
onderbou
77 Onder, onderkant,
  ondertoe
94 Dele van 'n eiendom
onderbreek
23 Onderbreking
646 Nie handel nie
648 Onderbreek
662 Rus
onderbreking
23 Onderbreking
646 Nie handel nie
648 Onderbreek
662 Rus
onderbroek 745
onderbroke
23 Onderbreking

648 Onderbreek
onderburgemeester 591
onderdaan
5 Onselfstandigheid
203 Agterna kom
589 Dien
592 Ondergeskikte
600 Onder bevel staan
onderdak
64 Aanwesigheid
77 Onder, onderkant,
  ondertoe
89 Blyplek
onderdakparkering 217
onderdanig
589 Dien
597 Gehoorsaam
600 Onder bevel staan
786 Nederigheid
onderdanigheid
589 Dien
597 Gehoorsaam
600 Onder bevel staan
786 Nederigheid
onderdeel
5 Onselfstandigheid
30 Hiërargie
112 Deel
233 Voertuig
onderdele
61 Plek
75 Onder
77 Onder, onderkant,
  ondertoe
94 Dele van 'n eiendom
157 Onderdeur
210 Onderdeur gaan
630 Werktuig
onderdeurspring 818
onderdoen 786
onderdompeling
463 Nat
850 Sakrament
onderdorp
61 Plek
90 Omgewing
onderdruk
181 Raak
540 Nie kommunikeer
  nie
549 Stilby
579 Gedwonge
585 Verwerp
588 Gesag hê
592 Ondergeskikte
594 Onvryheid
602 Verbied
684 Oorwin
779 Boosaardigheid
onderdrukker
595 Streng
602 Verbied
684 Oorwin

779 Boosaardigheid
onderdrukking
  588 Gesag hê
  597 Gehoorsaam
  602 Verbied
  684 Oorwin
  715 Negatiewe gevoel
  779 Boosaardigheid
onderduik
  190 Vertrek
  205 Weggaan van
  655 Veilig
onderduiker
  205 Weggaan van
  655 Veilig
onderduiking
  205 Weggaan van
  655 Veilig
onderduims
  815 Oneerlik
  818 Bedrieg
onderduimsheid
  623 Sleg
  815 Oneerlik
  818 Bedrieg
ondereinde 77
onderent
  75 Onder
  77 Onder, onderkant, ondertoe
ondergaan
  238 Vernietig
  270 Hemelliggaam
  683 Misluk
  717 Lyding
ondergang
  20 Wanorde
  28 Einde
  238 Vernietig
  270 Hemelliggaam
  683 Misluk
  685 Oorwin word
ondergenoemde 539
ondergeskik
  5 Onselfstandigheid
  30 Hiërargie
  576 Sinsbou en styl
  589 Dien
  592 Ondergeskikte
  597 Gehoorsaam
  600 Onder bevel staan
  621 Onbelangrik
ondergeskikte
  5 Onselfstandigheid
  592 Ondergeskikte
  621 Onbelangrik
  645 Handel
  663 Meedoen
ondergeskiktheid
  5 Onselfstandigheid
  30 Hiërargie
  589 Dien
  597 Gehoorsaam

621 Onbelangrik
ondergetekende 546
ondergewig
  451 Lig
  452 Swaar
ondergoed 745
ondergraaf
  20 Wanorde
  238 Vernietig
  588 Gesag hê
  623 Sleg
  666 Verhinder
  683 Misluk
  779 Boosaardigheid
  815 Oneerlik
  818 Bedrieg
ondergrawer 803
ondergrawing
  238 Vernietig
  588 Gesag hê
  623 Sleg
  666 Verhinder
  779 Boosaardigheid
  818 Bedrieg
ondergroei 318
ondergronds
  75 Onder
  272 Aarde
  437 Laag
  540 Nie kommunikeer nie
onderhandel
  557 Diskussie
  590 Bestuur en regeer
  663 Meedoen
  668 Vrede en versoening
  701 Handel en ekonomie
  790 Sosiale betrekking
onderhandelaar
  590 Bestuur en regeer
  668 Vrede en versoening
onderhandeling
  557 Diskussie
  590 Bestuur en regeer
  663 Meedoen
  668 Vrede en versoening
onderhands 540
onderhawig 557
onderhemp 745
onderhewig
  30 Hiërargie
  530 Voorbehou
onderhoof
  565 Skryfkuns
  567 Boek
  591 Gesaghebber
onderhorig
  30 Hiërargie
  589 Dien
  592 Ondergeskikte
onderhorige
  589 Dien
  592 Ondergeskikte

onderhorigheid 589
onderhou
  75 Onder
  77 Onder, onderkant, ondertoe
  141 Behoud
  589 Dien
  622 Goed
  631 Nodig
  651 Toesien
onderhoud
  406 Eet
  539 Kommunikeer
  557 Diskussie
  622 Goed
  631 Nodig
  651 Toesien
  663 Meedoen
onderhoudend
  716 Genot
  724 Vermaak en ontspanning
  791 Sosiaal
onderhoudskoste
  651 Toesien
  708 Betaal
onderhoudspligtig 651
onderhoudstoelaag
  651 Toesien
  708 Betaal
onderhoudswerk 622
onderhoudvoerder 659
onderhout
  316 Hout
  318 Plant
onderhuid 381
onderhuids 381
onderhuidvlooi 361
onderhuur 706
onderhuurder 706
onderin 77
onderkaak
  361 Insek
  362 Skaaldier
  380 Gebeente
  385 Skedel
  386 Gesig
  390 Mond
onderkant
  61 Plek
  75 Onder
  77 Onder, onderkant, ondertoe
onderkas 566
onderkasletter 566
onderken
  77 Onder, onderkant, ondertoe
  386 Gesig
  535 Weet
  584 Kies
onderklere 745
onderkome 64

onderkruip
  144 Vervanging
  779 Boosaardigheid
  815 Oneerlik
  818 Bedrieg
onderkruiper 818
onderkruiping
  779 Boosaardigheid
  818 Bedrieg
onderkry
  588 Gesag hê
  622 Goed
  684 Oorwin
onderlaag
  77 Onder, onderkant, ondertoe
  161 Bedek
  745 Versier
onderlaken
  77 Onder, onderkant, ondertoe
  95 Huisraad
  96 Slaapplek
onderlang(e)s
  75 Onder
  77 Onder, onderkant, ondertoe
  815 Oneerlik
  818 Bedrieg
onderleg
  535 Weet
  614 Bekwaam
onderlegdheid
  535 Weet
  614 Bekwaam
onderliggend 17
onderling
  531 Saamstem
  621 Onbelangrik
  645 Handelonderlinge ooreenkoms
onderlyf 392
onderlyfie 745
ondermaans
  254 Stof
  270 Hemelliggaam
  272 Aarde
ondermaanse
  254 Stof
  272 Aarde
ondermaat 122
ondermyn
  20 Wanorde
  238 Vernietig
  588 Gesag hê
  623 Sleg
  666 Verhinder
  779 Boosaardigheid
  818 Bedrieg
ondermynend
  238 Vernietig
  635 Skadelik
  666 Verhinder

745

ondermyner
  588 Gesag hê
  803 Wette oortree
ondermyning
  588 Gesag hê
  623 Sleg
  666 Verhinder
  779 Boosaardigheid
  818 Bedrieg
onderneem
  27 Begin
  607 Beloof
  608 Jou woord hou
  642 Beproef
  645 Handel
  649 Begin handel
  651 Toesien
  767 Moed
ondernemend
  610 Ywerig
  642 Beproef
  649 Begin handel
  658 Beroep
  701 Handel en ekonomie
  767 Moed
ondernemer
  253 Begrafnis
  658 Beroep
  701 Handel en ekonomie
ondernemerskap
  610 Ywerig
  701 Handel en ekonomie
onderneming
  607 Beloof
  608 Jou woord hou
  645 Handel
  649 Begin handel
  651 Toesien
  658 Beroep
  701 Handel en ekonomie
  707 Handelsaak
  811 Gewete
ondernemingsgees
  610 Ywerig
  642 Beproef
  649 Begin handel
  767 Moed
onderoktaaf 753
onderom 77
onderonsie
  539 Kommunikeer
  557 Diskussie
  667 Stryd
  771 Gramskap
  790 Sosiale betrekking
onderontwikkeld
  268 Fotografie en film
  433 Klein
  536 Nie weet nie
  789 Onbeskaafdheid
onderontwikkeling
  433 Klein
  789 Onbeskaafdheid

onderpand
  607 Beloof
  655 Veilig
onderrig
  535 Weet
  559 Opvoeding en onderwys
onderrigfilosofie 559
onderriginstansie 559
onderrigmateriaal 560
onderrigmetodiek 559
onderrigtaal
  559 Opvoeding en onderwys
  569 Taal
onderrigtaalbeleid 559
onderrok 745
ondersee 283
onderseeberg 283
onderseeboot 235
onderseecanyon 283
ondersees 283
onderskat
  620 Belangrik
  621 Onbelangrik
  827 Afkeur
onderskei
  9 Verskillend of teenoorgesteld
  120 Onderskeid
  535 Weet
  577 Betekenis
  584 Kies
  799 Beroemd
onderskeibaar
  9 Verskillend of teenoorgesteld
  120 Onderskeid
onderskeid
  9 Verskillend of teenoorgesteld
  11 Disharmonie
  120 Onderskeid
  805 Onregverdig
onderskeidelik
  10 Harmonie
  120 Onderskeid
onderskeidend
  9 Verskillend of teenoorgesteld
  120 Onderskeid
  499 Sien
  535 Weet
onderskeiding
  9 Verskillend of teenoorgesteld
  120 Onderskeid
  561 Studeer
  799 Beroemd
onderskeidings-merk 546
onderskeidingspunt 561

onderskeidingsteken
  3 Bestaanswyse
  545 Natuurlike teken
  546 Kunsmatige teken
onderskeie
  9 Verskillend of teenoorgesteld
  13 Verskeidenheid
  102 Hoeveelheid
onderskep
  666 Verhinder
  695 Steel
onderskepper 666
onderskepping 666
onderskikkend
  30 Hiërargie
  576 Sinsbou en styl
onderskikker 574
onderskikking 576
onderskraag
  625 Sterk
  638 Aanmoedig
  645 Handel
  663 Meedoen
  716 Genot
  778 Goedaardigheid
onderskraging
  638 Aanmoedig
  663 Meedoen
  693 Gee
  780 Hulpbetoon
onderskrif
  546 Kunsmatige teken
  565 Skryfkuns
onderskryf
  525 Bewys
  531 Saamstem
  546 Kunsmatige teken
  826 Goedkeur
onderskuif
  144 Vervanging
  818 Bedrieg
ondersoek
  19 Orde
  255 Natuur
  414 Geneeskunde
  417 Hospitaal
  508 Aandag
  515 Wetenskap
  516 Soek
  527 Oordeel
  553 Behandel
  561 Studeer
  642 Beproef
  802 Wette gehoorsaam
ondersoekbaar 516
ondersoekbaarheid 516
ondersoekbeampte 802
ondersoekend
  514 Wysbegeerte
  516 Soek
  825 Beoordeling
ondersoeker
  516 Soek

  553 Behandel
  561 Studeer
ondersoeksvraag 516
ondersoort
  6 Betrekking
  31 Soort
onderspeel
  507 Gebrek aan belangstelling
  542 Betekenisloosheid
  621 Onbelangrik
  752 Toneel- en rolprentkuns
onderstaande 25
onderste
  75 Onder
  77 Onder, onderkant, ondertoe
onderstebo
  9 Verskillend of teenoorgesteld
  20 Wanorde
  72 Plat
  715 Negatiewe gevoel
  719 Hartseer
onderstel
  77 Onder, onderkant, ondertoe
  230 Rytuig
  233 Voertuig
  236 Lugvaart
  513 Denke
  518 Glo
  676 Vuurwapen
ondersteun
  525 Bewys
  625 Sterk
  638 Aanmoedig
  645 Handel
  651 Toesien
  663 Meedoen
  682 Slaag
  716 Genot
  778 Goedaardigheid
  780 Hulpbetoon
ondersteunend
  415 Geneesmiddel
  638 Aanmoedig
  663 Meedoen
ondersteuner
  592 Ondergeskikte
  663 Meedoen
  727 Kompetisie
ondersteuning
  513 Denke
  638 Aanmoedig
  651 Toesien
  663 Meedoen
  682 Slaag
  693 Gee
  778 Goedaardigheid
  780 Hulpbetoon
  826 Goedkeur

ondraaglikheid

ondersteunings-
diens 780
ondersteuningsnetwerk
638 Aanmoedig
780 Hulpbetoon
ondersteunings-
werk 780
onderstok 320
onderstreep
442 Lyn
508 Aandag
528 Bevestig
563 Skryf
565 Skryfkuns
ondersy 77
onderteken
546 Kunsmatige teken
563 Skryf
565 Skryfkuns
ondertekenaar 565
ondertitel 567
ondertoe
75 Onder
77 Onder, onderkant, ondertoe
159 Na onder
212 Afgaan
437 Laag
ondertoon
77 Onder, onderkant, ondertoe
266 Akoestiek
713 Gevoel
753 Musiek
ondertrou
241 Familie
248 Huwelik
ondertussen 48
onderuit 77
onderverdeel
112 Deel
122 Bereken
onderverdeling
112 Deel
122 Bereken
onderverhuring 706
onderverhuur 706
onderverhuurder 706
ondervind
493 Gevoeligheid
535 Weet
642 Beproef
713 Gevoel
ondervinding
493 Gevoeligheid
535 Weet
614 Bekwaam
642 Beproef
713 Gevoel
ondervoed
406 Eet
413 Verskillende siektes
ondervoeding
406 Eet

413 Verskillende siektes
ondervoorsien
117 Te min
701 Handel en ekonomie
ondervra
516 Soek
555 Vra
808 Regswese
809 Regsgeding
ondervraend 555
ondervraer
516 Soek
802 Wette gehoorsaam
808 Regswese
ondervraging
516 Soek
555 Vra
802 Wette gehoorsaam
809 Regsgeding
onderwaardeer 620
onderweg 187
onderwêreld
77 Onder, onderkant, ondertoe
695 Steel
803 Wette oortree
839 Hiernamaals
855 Gode
onderwerp
513 Denke
539 Kommunikeer
576 Sinsbou en styl
588 Gesag hê
589 Dien
599 Gesag uitoefen
600 Onder bevel staan
684 Oorwin
835 Bestraf
onderwerpend 786
onderwerping
597 Gehoorsaam
685 Oorwin word
786 Nederigheid
onderworpe
30 Hiërargie
588 Gesag hê
589 Dien
596 Inskiklik
597 Gehoorsaam
685 Oorwin word
786 Nederigheid
onderworpene
589 Dien
600 Onder bevel staan
onderworpenheid
589 Dien
596 Inskiklik
597 Gehoorsaam
600 Onder bevel staan
786 Nederigheid
onderwyl 48
onderwys
559 Opvoeding en

onderwys
658 Beroep
onderwysagterstand 559
onderwysbeleid 590
onderwysberoep
560 Voorskoolse en naskoolse onderrig
658 Beroep
onderwyser
560 Voorskoolse en naskoolse onderrig
591 Gesaghebber
onderwyserskollege 559
onderwysing 559
onderwysinrigting 559
onderwysmetodiek 559
onderwyspersoneel 560
onderwysprofessie 560
onderwyssektor 658
onderwystaal 569
ondeskundig 536
ondeug
623 Sleg
722 Humor
779 Boosaardigheid
813 Swak gedrag
ondeugdelik
458 Breekbaar
629 Gebruik
813 Swak gedrag
ondeugdelikheid
458 Breekbaar
629 Gebruik
ondeugsaam
458 Breekbaar
629 Gebruik
813 Swak gedrag
ondeugsaamheid
458 Breekbaar
629 Gebruik
ondeund
598 Ongehoorsaam
722 Humor
813 Swak gedrag
ondeundheid
722 Humor
813 Swak gedrag
ondeurdag
503 Onverstandigheid
509 Onoplettendheid
637 Doelgerigtheid en doelloosheid
641 Onvoorbereid
ondeurdagtheid
509 Onoplettendheid
641 Onvoorbereid
ondeurdringbaar
153 Deur
453 Dig
455 Hard
ondeurdringbaarheid
453 Dig
455 Hard

ondeurgrond
34 Vreemdheid
544 Onduidelik
ondeurgrondbaar
540 Nie kommunikeer nie
544 Onduidelik
ondeurgrondbaarheid
34 Vreemdheid
544 Onduidelik
ondeurgrondelik 544
ondeurgrondelik-
heid 544
ondeursigtig
489 Ondeurskynend
544 Onduidelik
ondeursigtigheid
489 Ondeurskynend
544 Onduidelik
ondeurskynend 489
ondeurskynendheid 489
ondienlik 629
ondienstig
632 Onnodig
634 Nutteloos
635 Skadelik
ondier
357 Dier
779 Boosaardigheid
onding
621 Onbelangrik
623 Sleg
744 Lelik
ondoelmatig 634
ondoelmatigheid 634
ondoeltreffend
615 Onbekwaam
623 Sleg
ondoeltreffendheid
615 Onbekwaam
623 Sleg
811 Gewete
ondoenbaar 654
ondoenlik 654
ondoenlikheid 654
ondogmaties
140 Verandering
593 Vryheid
767 Moed
ondraagbaar
452 Swaar
623 Sleg
717 Lyding
ondraaglik
618 Heftig
623 Sleg
683 Misluk
717 Lyding
820 Oneerbaar
ondraaglikheid
618 Heftig
717 Lyding
820 Oneerbaar

747

ondubbelsinnig 543
ondubbelsinnigheid 543
onduidelik
  7 Betrekkingloosheid
  130 Onbepaaldheid
  501 Onsigbaarheid
  544 Onduidelik
onduidelikheid
  7 Betrekkingloosheid
  130 Onbepaaldheid
  501 Onsigbaarheid
  544 Onduidelik
ondulasie 164
onduldbaar 820
onduleer 164
onedel
  297 Metaal
  623 Sleg
  813 Swak gedrag
oneens
  532 Betwis
  667 Stryd
oneensgesindheid 667
oneer 820
oneerbaar
  623 Sleg
  813 Swak gedrag
  820 Oneerbaar
oneerbaarheid
  813 Swak gedrag
  820 Oneerbaar
oneerbiedig
  779 Boosaardigheid
  827 Afkeur
  831 Minag
oneerlik
  609 Jou woord verbreek
  623 Sleg
  770 Wantroue
  805 Onregverdig
  813 Swak gedrag
  815 Oneerlik
  817 Ontrouheid
  820 Oneerbaar
oneerlikheid
  609 Jou woord verbreek
  623 Sleg
  770 Wantroue
  805 Onregverdig
  813 Swak gedrag
  815 Oneerlik
  817 Ontrouheid
  820 Oneerbaar
oneffe 449
oneffektief 634
oneffenheid 449
oneg
  243 Kinders
  538 Dwaling
  623 Sleg
  815 Oneerlik
  818 Bedrieg
onegaal 449

onegalig 449
onegaligheid 449
onegtheid
  538 Dwaling
  623 Sleg
  815 Oneerlik
  818 Bedrieg
oneie 34
oneindig
  62 Grensloosheid
  104 Baie
  137 Bewerking
  647 Voortgaan
oneindigheid
  62 Grensloosheid
  104 Baie
  137 Bewerking
oneintlik
  547 Simboliek
  576 Sinsbou en styl
oneintlikheid
  547 Simboliek
  576 Sinsbou en styl
onelegant 744
onelegantheid 744
onenig
  11 Disharmonie
  667 Stryd
  777 Haat en
    onvriendelikheid
onenigheid
  11 Disharmonie
  667 Stryd
  777 Haat en
    onvriendelikheid
onerkentlik 782
onerkentlikheid 782
onervare
  503 Onverstandigheid
  615 Onbekwaam
onervarenheid 615
onewe
  106 Ongelyke
    hoeveelheid
  133 Getalle
oneweredig 11
oneweredigheid 11
onewewigtig 11
onewewigtigheid 11
onfatsoenlik
  792 Asosiaal
  813 Swak gedrag
onfatsoenlikheid
  792 Asosiaal
  813 Swak gedrag
onfeilbaar
  537 Waarheid
  614 Bekwaam
  682 Slaag
ongeaard 792
ongeaardheid 792
ongeag 666
ongebalanseer(d)
  11 Disharmonie

  505 Verstandstoornis
ongebalanseerdheid
  11 Disharmonie
  505 Verstandstoornis
ongebonde
  576 Sinsbou en styl
  593 Vryheid
  813 Swak gedrag
ongebondenheid
  593 Vryheid
  664 Terugstaan
  813 Swak gedrag
  820 Oneerbaar
ongebreidel(d)
  593 Vryheid
  618 Heftig
  779 Boosaardigheid
  820 Oneerbaar
ongedaan
  238 Vernietig
  683 Misluk
ongedeerd 411
ongedefinieer(d) 130
ongedierte 357
ongedissiplineer(d)
  20 Wanorde
  593 Vryheid
  813 Swak gedrag
ongedissiplineerdheid
  20 Wanorde
  593 Vryheid
  813 Swak gedrag
ongeduld
  715 Negatiewe gevoel
  777 Haat en
    onvriendelikheid
  779 Boosaardigheid
ongeduldig
  715 Negatiewe gevoel
  777 Haat en
    onvriendelikheid
  779 Boosaardigheid
ongedurig
  142 Veranderlikheid
  165 Onreëlmatige
    beweging
  583 Willoosheid
  667 Stryd
  715 Negatiewe gevoel
  771 Gramskap
ongedurigheid
  142 Veranderlikheid
  165 Onreëlmatige
    beweging
  583 Willoosheid
  715 Negatiewe gevoel
ongedwonge
  578 Vrywillig
  593 Vryheid
  653 Maklik handel
ongedwongenheid
  578 Vrywillig

  593 Vryheid
  653 Maklik handel
ongeërg(d)
  507 Gebrek aan
    belangstelling
  626 Swak
  714 Positiewe gevoel
  715 Negatiewe gevoel
  774 Onverskilligheid
  777 Haat en
    onvriendelikheid
ongeërgdheid
  507 Gebrek aan
    belangstelling
  619 Kalm
  714 Positiewe gevoel
  715 Negatiewe gevoel
  774 Onverskilligheid
  777 Haat en
    onvriendelikheid
ongeëwenaar 622
ongeëwenaardheid 622
ongefokus(d) 637
ongeforseer(d) 578
ongefundeer(d) 526
ongegeneerd
  507 Gebrek aan
    belangstelling
  715 Negatiewe gevoel
  792 Asosiaal
ongegrond
  526 Weerlê
  538 Dwaling
ongegrondheid
  526 Weerlê
  538 Dwaling
ongehinderd
  653 Maklik handel
  664 Terugstaan
ongehoord
  36 Onreëlmatigheid
  521 Verras wees
  813 Swak gedrag
ongehoorsaam
  598 Ongehoorsaam
  803 Wette oortree
  813 Swak gedrag
ongehoorsaamheid
  598 Ongehoorsaam
  803 Wette oortree
  813 Swak gedrag
ongehoorsamig 598
ongehud 248
ongeïnhibeerd 593
ongeïnteresseerd 507
ongeïnteresseerd-
  heid 507
ongekend
  36 Onreëlmatigheid
  800 Onbekend
ongekompliseerd
  113 Enkelvoudig
  653 Maklik handel

ongerymd

ongekompliseerdheid
  113 Enkelvoudig
  653 Maklik handel
ongekoördineer(d) 615
ongekunsteld
  3 Bestaanswyse
  653 Maklik handel
  743 Mooi
  791 Sosiaal
ongekunsteldheid
  653 Maklik handel
  743 Mooi
  791 Sosiaal
ongekwalifiseer(d) 615
ongeldig 807
ongeldigheid 807
ongeleë
  60 Ongeleë
  790 Sosiale betrekking
ongeleënheid 60
ongeleentheid 60
ongeleerd
  623 Sleg
  792 Asosiaal
ongeleer(d)
  536 Nie weet nie
  615 Onbekwaam
ongeletterd
  536 Nie weet nie
  615 Onbekwaam
  789 Onbeskaafdheid
ongeletterdheid
  536 Nie weet nie
  615 Onbekwaam
ongeloof
  519 Twyfel
  770 Wantroue
  843 Ongeloof
ongeloofbaar
  519 Twyfel
  521 Verras wees
  538 Dwaling
  770 Wantroue
  815 Oneerlik
ongelooflik
  104 Baie
  519 Twyfel
  521 Verras wees
  538 Dwaling
  622 Goed
  714 Positiewe gevoel
ongeloofwaardig
  519 Twyfel
  770 Wantroue
ongelowig
  519 Twyfel
  770 Wantroue
  843 Ongeloof
ongelowige
  519 Twyfel
  843 Ongeloof
ongelowigheid
  519 Twyfel

770 Wantroue
842 Geloof
843 Ongeloof
ongeluk
  18 Toeval
  217 Motorry
  683 Misluk
  717 Lyding
  719 Hartseer
ongelukkig
  683 Misluk
  717 Lyding
  719 Hartseer
  721 Ontevredenheid
ongelukkigheid
  683 Misluk
  717 Lyding
  719 Hartseer
  721 Ontevredenheid
ongelukkiglik 683
ongeluksbode
  683 Misluk
  717 Lyding
ongeluksdag 683
ongelukskind
  683 Misluk
  717 Lyding
ongeluksvoël
  683 Misluk
  717 Lyding
  719 Hartseer
  766 Wanhoop
ongelyk
  9 Verskillend of teenoorgesteld
  11 Disharmonie
  106 Ongelyke hoeveelheid
  133 Getalle
  135 Verhouding
  180 Ongelyk maak
  449 Ongelyk
  538 Dwaling
ongelykheid
  9 Verskillend of teenoorgesteld
  11 Disharmonie
  135 Verhouding
  180 Ongelyk maak
  449 Ongelyk
  796 Stand
ongelykmatig 9
ongelykmatigheid 9
ongelyknamig 550
ongelyksoortig
  9 Verskillend of teenoorgesteld
  11 Disharmonie
  13 Verskeidenheid
ongelyksoortigheid
  9 Verskillend of teenoorgesteld
  11 Disharmonie

  13 Verskeidenheid
ongelykteken 137
ongelykvormig
  9 Verskillend of teenoorgesteld
  431 Afmeting
ongelykwaardig 106
ongemagtig 602
ongemak
  412 Siek
  654 Moeilik handel
  666 Verhinder
  717 Lyding
ongemaklik
  412 Siek
  654 Moeilik handel
  666 Verhinder
  715 Negatiewe gevoel
  717 Lyding
  792 Asosiaal
ongemaklikheid
  412 Siek
  715 Negatiewe gevoel
  717 Lyding
  792 Asosiaal
ongemanierd
  715 Negatiewe gevoel
  744 Lelik
  748 Gebrek aan styl en smaak
  777 Haat en onvriendelikheid
  789 Onbeskaafdheid
  792 Asosiaal
  813 Swak gedrag
ongemanierdheid
  715 Negatiewe gevoel
  744 Lelik
  777 Haat en onvriendelikheid
  789 Onbeskaafdheid
  792 Asosiaal
  813 Swak gedrag
ongemeen 36
ongemerk
  501 Onsigbaarheid
  540 Nie kommunikeer nie
  546 Kunsmatige teken
ongemoeid
  653 Maklik handel
  664 Terugstaan
ongenaakbaar 779
ongenadig
  104 Baie
  595 Streng
  779 Boosaardigheid
ongeneë
  581 Teësinnig
  775 Weersin
  777 Haat en onvriendelikheid
ongeneeslik
  412 Siek

  413 Verskillende siektes
ongenoeë 771
ongenoeglik 623
ongenoegsaam 117
ongenooi(d) 790
ongeoorloof 602
ongeorden(d) 20
ongeorganiseer(d) 641
ongeorganiseerdheid 641
ongepas
  60 Ongeleë
  629 Gebruik
  634 Nutteloos
  820 Oneerbaar
ongepastheid
  634 Nutteloos
  820 Oneerbaar
ongepoets
  623 Sleg
  777 Haat en onvriendelikheid
  792 Asosiaal
  813 Swak gedrag
ongepoetstheid
  623 Sleg
  792 Asosiaal
  813 Swak gedrag
ongereeld
  20 Wanorde
  36 Onreëlmatigheid
  56 Selde
ongereeldheid
  20 Wanorde
  56 Selde
ongeregtig 805
ongeregtigheid
  805 Onregverdig
  822 Skuldig
ongereken(d)
  507 Gebrek aan belangstelling
  530 Voorbehou
ongerep
  622 Goed
  821 Onskuldig
ongereptheid
  622 Goed
  821 Onskuldig
ongerief 666
ongerieflik 666
ongeroetineerd 20
ongerus
  612 Noukeurig
  651 Toesien
  768 Vrees
ongerustheid
  612 Noukeurig
  768 Vrees
ongerymd
  11 Disharmonie
  524 Onlogies redeneer
  807 Onwettig

749

ongerymdheid
11 Disharmonie
524 Onlogies redeneer
807 Onwettig
ongeseglik
20 Wanorde
598 Ongehoorsaam
ongesellig 792
ongeselligheid
725 Verveling
792 Asosiaal
ongesiens 499
ongesjeneerd 792
ongeskik
368 Diereteelt
413 Verskillende siektes
615 Onbekwaam
623 Sleg
629 Gebruik
634 Nutteloos
777 Haat en onvriendelikheid
792 Asosiaal
813 Swak gedrag
ongeskiktheid
368 Diereteelt
413 Verskillende siektes
615 Onbekwaam
623 Sleg
629 Gebruik
634 Nutteloos
777 Haat en onvriendelikheid
792 Asosiaal
813 Swak gedrag
ongeskonde
111 Geheel
411 Gesond
622 Goed
ongeskool(d)
503 Onverstandigheid
615 Onbekwaam
789 Onbeskaafdheid
ongeslagtelik 239
ongesofistikeerd 748
ongesofistikeerdheid
653 Maklik handel
748 Gebrek aan styl en smaak
ongesond
412 Siek
420 Voedsel
626 Swak
717 Lyding
820 Oneerbaar
ongesout 472
ongespesifeer(d) 7
ongespesifiseerdheid 7
ongestadig
140 Verandering
142 Veranderlikheid
715 Negatiewe gevoel

ongestadigheid
142 Veranderlikheid
715 Negatiewe gevoel
ongesteld 412
ongesteldheid 412
ongestoord
619 Kalm
668 Vrede en versoening
714 Positiewe gevoel
ongestoordheid
619 Kalm
668 Vrede en versoening
714 Positiewe gevoel
ongetwyfeld
518 Glo
528 Bevestig
ongeval
412 Siek
683 Misluk
719 Hartseer
ongevalle 417
ongevallig 717
ongeveer
37 Tydruimte
126 Skat
130 Onbepaaldheid
ongeveins(d)
814 Eerlik
819 Eerbaar
ongeveinsdheid
814 Eerlik
819 Eerbaar
ongevoelig
494 Gevoelloosheid en bedwelming
495 Tassin
715 Negatiewe gevoel
777 Haat en onvriendelikheid
ongevoeligheid
715 Negatiewe gevoel
777 Haat en onvriendelikheid
ongevraag(d)
555 Vra
581 Teësinnig
632 Onnodig
ongevraagdheid
581 Teësinnig
632 Onnodig
ongewens
344 Onkruid
632 Onnodig
ongewensdheid 632
ongewerwelde
357 Dier
363 Waterdier
ongewild
623 Sleg
792 Asosiaal
827 Afkeur
ongewildheid
623 Sleg

777 Haat en onvriendelikheid
792 Asosiaal
827 Afkeur
ongewoon
34 Vreemdheid
36 Onreëlmatigheid
521 Verras wees
622 Goed
ongewoond 657
ongewyd 837
ongrondwetlik 807
ongunstig
238 Vernietig
635 Skadelik
onguur
293 Onweer
618 Heftig
768 Vrees
792 Asosiaal
onhaalbaar 654
onhaalbaarheid 654
onhandig 615
onhebbelik
20 Wanorde
104 Baie
598 Ongehoorsaam
722 Humor
792 Asosiaal
813 Swak gedrag
onhebbelikheid
722 Humor
792 Asosiaal
813 Swak gedrag
onheil
683 Misluk
719 Hartseer
779 Boosaardigheid
822 Skuldig
onheilig
779 Boosaardigheid
813 Swak gedrag
837 God
846 Goddeloosheid
onheiligheid 779
onheilsdag
683 Misluk
719 Hartseer
onheilspellend
656 Gevaarlik
715 Negatiewe gevoel
719 Hartseer
768 Vrees
779 Boosaardigheid
836 Bonatuurlik
onheilsvoël
683 Misluk
719 Hartseer
onhelder
130 Onbepaaldheid
485 Lig
489 Ondeurskynend
544 Onduidelik

628 Vuil
onherbergsaam
280 Woestyn
464 Droog
onherkenbaar 544
onherroeplik
17 Noodsaak
143 Bestendigheid
579 Gedwonge
586 Beslis
onherroeplikheid
17 Noodsaak
143 Bestendigheid
579 Gedwonge
586 Beslis
onherstelbaar
184 Breek
623 Sleg
634 Nutteloos
onheuglik
50 Verlede
54 Oud
onhigiënies 628
onhoflik
777 Haat en onvriendelikheid
792 Asosiaal
827 Afkeur
onhoflikheid
777 Haat en onvriendelikheid
792 Asosiaal
onhoudbaar
654 Moeilik handel
820 Oneerbaar
onhoudbaarheid
654 Moeilik handel
820 Oneerbaar
oniks 298
oninbaar 711
oningewyde 27
oninskiklik 595
oninskiklikheid 595
oninteressant 725
onjuis
538 Dwaling
613 Onnoukeurig
onjuistheid
538 Dwaling
613 Onnoukeurig
onkant 728
onkapabel 617
onkeerbaar 145
onkeerbaarheid 145
onkies 813
onkiesheid 813
onklaar
184 Breek
238 Vernietig
634 Nutteloos
641 Onvoorbereid
648 Onderbreek
onkologie 414

onontkombaarheid

onkoloog 416
onkonstitusioneel
  803 Wette oortree
  807 Onwettig
onkonvensioneel 36
onkoste
  691 Spandeer
  704 Koop
  705 Verkoop
onkreatief 512
onkreukbaar
  622 Goed
  769 Vertroue
  812 Goeie gedrag
  814 Eerlik
  816 Getrouheid
onkreukbaarheid
  622 Goed
  769 Vertroue
  812 Goeie gedrag
  814 Eerlik
  816 Getrouheid
onkrities
  503 Onverstandigheid
  531 Saamstem
onkruid
  318 Plant
  344 Onkruid
onkruiddoder 345
onkuis
  779 Boosaardigheid
  820 Oneerbaar
onkuisheid 820
onkunde
  536 Nie weet nie
  844 Bygeloof
onkundig
  503 Onverstandigheid
  536 Nie weet nie
  615 Onbekwaam
  623 Sleg
onkundigheid
  503 Onverstandigheid
  536 Nie weet nie
  615 Onbekwaam
onlangs
  46 Vroeër
  49 Hede
  50 Verlede
onlogies
  7 Betrekkingloosheid
  11 Disharmonie
  20 Wanorde
  130 Onbepaaldheid
  524 Onlogies redeneer
onlosmaaklik 172
onlus(te)eenheid
  655 Veilig
  802 Wette gehoorsaam
onluste
  666 Verhinder
  667 Stryd

onmag
  413 Verskillende siektes
  617 Magteloos
  626 Swak
onmagtig
  617 Magteloos
  626 Swak
onmagtigheid
  617 Magteloos
  626 Swak
onmanierlik
  789 Onbeskaafdheid
  792 Asosiaal
onmanierlikheid
  789 Onbeskaafdheid
  792 Asosiaal
  813 Swak gedrag
onmededeelsaam
  692 Spaar
  779 Boosaardigheid
onmededeelsaamheid
  692 Spaar
  779 Boosaardigheid
onmeetbaar
  62 Grensloosheid
  104 Baie
  123 Meet
onmeetlik
  62 Grensloosheid
  104 Baie
onmeetlikheid
  62 Grensloosheid
  104 Baie
onmens
  374 Mens
  779 Boosaardigheid
  813 Swak gedrag
onmenslik
  374 Mens
  715 Negatiewe gevoel
  744 Lelik
  777 Haat en
    onvriendelikheid
  779 Boosaardigheid
  813 Swak gedrag
onmenslikheid
  374 Mens
  715 Negatiewe gevoel
  744 Lelik
  779 Boosaardigheid
onmerkbaar 501
onmiddellik
  6 Betrekking
  41 Kortstondig
  49 Hede
  51 Toekoms
onmin 667
onmisbaar
  17 Noodsaak
  631 Nodig
onmisbaarheid
  579 Gedwonge
  631 Nodig

onmiskenbaar 543
onmoontlik
  538 Dwaling
  634 Nutteloos
  654 Moeilik handel
onmoontlikheid
  538 Dwaling
  634 Nutteloos
  654 Moeilik handel
onnadenkend
  503 Onverstandigheid
  509 Onoplettendheid
  513 Denke
  615 Onbekwaam
  641 Onvoorbereid
  792 Asosiaal
onnadenkendheid
  503 Onverstandigheid
  509 Onoplettendheid
  513 Denke
  615 Onbekwaam
  792 Asosiaal
onnaspeurbaar
  501 Onsigbaarheid
  544 Onduidelik
onnatuurlik
  36 Onreëlmatigheid
  744 Lelik
  813 Swak gedrag
  836 Bonatuurlik
onnatuurlikheid
  36 Onreëlmatigheid
  254 Stof
  744 Lelik
  836 Bonatuurlik
onnavolgbaar 14
onnavolgbaarheid 14
onnet
  20 Wanorde
  613 Onnoukeurig
  628 Vuil
  820 Oneerbaar
onnetheid
  613 Onnoukeurig
  628 Vuil
  820 Oneerbaar
onnodig 632
onnodigheid 632
onnoembaar
  62 Grensloosheid
  104 Baie
onnoemlik
  62 Grensloosheid
  104 Baie
onnosel
  503 Onverstandigheid
  524 Onlogies redeneer
  536 Nie weet nie
  615 Onbekwaam
  623 Sleg
  722 Humor
onnoselheid
  503 Onverstandigheid

  536 Nie weet nie
  615 Onbekwaam
  722 Humor
onnoukeurig
  130 Onbepaaldheid
  509 Onoplettendheid
  613 Onnoukeurig
  817 Ontrouheid
onnoukeurigheid
  130 Onbepaaldheid
  509 Onoplettendheid
  613 Onnoukeurig
  817 Ontrouheid
onnut 722
onomasiologie 577
onomastiek
  550 Noem
  570 Taalwetenskap
onomasties
  550 Noem
  574 Woordkategorie
onomastikon
  550 Noem
  567 Boek
  751 Digkuns
onomastikus
  550 Noem
  570 Taalwetenskap
onomatologie 550
onomatopee
  476 Geluid
  573 Woordeskat
  575 Woordvorming
  576 Sinsbou en styl
onomatopeïes
  575 Woordvorming
  576 Sinsbou en styl
onomkeerbaar 586
onomkeerbaarheid 586
onomkoopbaar 814
onomkoopbaarheid 814
onomstootlik 537
onomwonde
  539 Kommunikeer
  595 Streng
ononderbroke
  35 Reëlmaat
  40 Langdurig
  647 Voortgaan
onontbeerlik
  17 Noodsaak
  579 Gedwonge
  631 Nodig
  633 Nuttig
onontbeerlikheid
  17 Noodsaak
  631 Nodig
  633 Nuttig
onontkombaar
  17 Noodsaak
  579 Gedwonge
onontkombaarheid
  17 Noodsaak

579 Gedwonge
onontwikkeld
  433 Klein
  789 Onbeskaafdheid
onontwikkeldheid
  433 Klein
  536 Nie weet nie
  789 Onbeskaafdheid
onontwykbaar 579
onooglik 744
onooglikheid 744
onoorbrugbaar
  516 Soek
  544 Onduidelik
  654 Moeilik handel
onoordeelkundig 503
**onoordeelkundig-
heid** 503
onoorganklik 574
onoorkomelik 684
onoorspronklik
  54 Oud
  512 Verbeelding
onoortreflik 622
onoorwinlik
  625 Sterk
  684 Oorwin
onoorwoë 503
onoorwoënheid 503
onoorwonne 684
onopgemerk
  501 Onsigbaarheid
  540 Nie kommunikeer nie
onopgevoed
  503 Onverstandigheid
  536 Nie weet nie
  623 Sleg
  748 Gebrek aan styl en smaak
  777 Haat en onvriendelikheid
  789 Onbeskaafdheid
  792 Asosiaal
onopgevoedheid
  536 Nie weet nie
  623 Sleg
  748 Gebrek aan styl en smaak
  789 Onbeskaafdheid
  792 Asosiaal
onophoudelik
  22 Kontinuïteit
  35 Reëlmaat
  40 Langdurig
  647 Voortgaan
onoplettend
  509 Onoplettendheid
  613 Onnoukeurig
onoplettendheid
  509 Onoplettendheid
  613 Onnoukeurig
onopmerksaamheid 509

onopreg
  770 Wantroue
  815 Oneerlik
onopregtheid
  623 Sleg
  815 Oneerlik
  818 Bedrieg
onopsetlik
  18 Toeval
  583 Willoosheid
onopsigtelik
  501 Onsigbaarheid
  507 Gebrek aan belangstelling
  621 Onbelangrik
onopvallend
  501 Onsigbaarheid
  507 Gebrek aan belangstelling
  621 Onbelangrik
onopvoedbaar 559
onordelik
  20 Wanorde
  36 Onreëlmatigheid
  613 Onnoukeurig
  628 Vuil
  641 Onvoorbereid
  813 Swak gedrag
onordelikheid
  613 Onnoukeurig
  628 Vuil
  641 Onvoorbereid
  813 Swak gedrag
onortodoks
  140 Verandering
  767 Moed
onpaar 11
onpartydig
  523 Logies redeneer
  804 Regverdig
onpassabel 149
onpeilbaar
  34 Vreemdheid
  62 Grensloosheid
  540 Nie kommunikeer nie
  544 Onduidelik
onpeilbaarheid
  34 Vreemdheid
  62 Grensloosheid
  540 Nie kommunikeer nie
  544 Onduidelik
onpersoonlik
  374 Mens
  574 Woordkategorie
onplesierig
  623 Sleg
  717 Lyding
onpopulêr 777
onprakties 629
onpresies
  509 Onoplettendheid

  613 Onnoukeurig
onpresiesheid
  509 Onoplettendheid
  613 Onnoukeurig
onprivaat 162
onproduktief 687
onproduktiwiteit 687
onprofessioneel 615
onraad
  654 Moeilik handel
  656 Gevaarlik
onrealisties 654
onredelik
  11 Disharmonie
  524 Onlogies redeneer
  595 Streng
  805 Onregverdig
  827 Afkeur
onredelikheid
  11 Disharmonie
  595 Streng
  805 Onregverdig
onreëlmatig
  20 Wanorde
  36 Onreëlmatigheid
  56 Selde
  165 Onreëlmatige beweging
  641 Onvoorbereid
onreëlmatigheid
  20 Wanorde
  36 Onreëlmatigheid
  56 Selde
  165 Onreëlmatige beweging
  641 Onvoorbereid
onreg 805
onregeerbaar
  20 Wanorde
  590 Bestuur en regeer
  598 Ongehoorsaam
onregmatig
  805 Onregverdig
  807 Onwettig
onregmatigheid
  805 Onregverdig
  807 Onwettig
onregsinnig 593
onregsinnigheid 593
onregstreeks 6
onregverdig
  805 Onregverdig
  815 Oneerlik
onregverdigheid
  805 Onregverdig
  815 Oneerlik
  827 Afkeur
onrein
  628 Vuil
  813 Swak gedrag
onrus
  165 Onreëlmatige beweging

  598 Ongehoorsaam
  651 Toesien
  666 Verhinder
  667 Stryd
  715 Negatiewe gevoel
  768 Vrees
onrusbarend
  656 Gevaarlik
  715 Negatiewe gevoel
  768 Vrees
onrussaaier
  598 Ongehoorsaam
  667 Stryd
onrusstoker
  598 Ongehoorsaam
  667 Stryd
onrustig
  165 Onreëlmatige beweging
  651 Toesien
  667 Stryd
  715 Negatiewe gevoel
  768 Vrees
onrustigheid
  165 Onreëlmatige beweging
  651 Toesien
  667 Stryd
  715 Negatiewe gevoel
  768 Vrees
ons
  1 Bestaan
  123 Meet
  124 Weeg
  688 Besit
onsamehangend
  7 Betrekkingloosheid
  11 Disharmonie
  20 Wanorde
onsamehangendheid
  7 Betrekkingloosheid
  11 Disharmonie
  20 Wanorde
onsedelik
  623 Sleg
  779 Boosaardigheid
  811 Gewete
  813 Swak gedrag
  820 Oneerbaar
onsedelikheid
  623 Sleg
  779 Boosaardigheid
  803 Wette oortree
  811 Gewete
  813 Swak gedrag
  820 Oneerbaar
onseker
  7 Betrekkingloosheid
  11 Disharmonie
  121 Verwarring
  130 Onbepaaldheid
  140 Verandering
  142 Veranderlikheid

518 Glo
519 Twyfel
538 Dwaling
544 Onduidelik
583 Willoosheid
587 Aarsel
715 Negatiewe gevoel
770 Wantroue
onsekerheid
7 Betrekkingloosheid
11 Disharmonie
41 Kortstondig
121 Verwarring
130 Onbepaaldheid
140 Verandering
142 Veranderlikheid
518 Glo
519 Twyfel
538 Dwaling
544 Onduidelik
583 Willoosheid
587 Aarsel
651 Toesien
715 Negatiewe gevoel
770 Wantroue
onselfstandig
5 Onselfstandigheid
30 Hiërargie
583 Willoosheid
589 Dien
onselfstandigheid
5 Onselfstandigheid
30 Hiërargie
583 Willoosheid
589 Dien
onselfsugtig 778
onselfsugtigheid 778
onsigbaar 501
onsigbaarheid 501
onsimpatiek
715 Negatiewe gevoel
777 Haat en
  onvriendelikheid
779 Boosaardigheid
onsin
524 Onlogies redeneer
538 Dwaling
542 Betekenisloosheid
548 Praat
818 Bedrieg
onsindelik
623 Sleg
628 Vuil
onsinnig
524 Onlogies redeneer
538 Dwaling
onsinnigheid
524 Onlogies redeneer
538 Dwaling
onsinpratery
524 Onlogies redeneer
548 Praat
onsistematies
20 Wanorde

641 Onvoorbereid
onskadelik 636
onskadelikheid 636
onskatbaar 622
onskeibaar
574 Woordkategorie
776 Liefde en
  vriendskap
onskendbaar
607 Beloof
801 Wet
onskendbaarheid
622 Goed
655 Veilig
801 Wet
onskuld
814 Eerlik
821 Onskuldig
onskuldig
636 Onskadelik
814 Eerlik
821 Onskuldig
onskuldige
821 Onskuldig
833 Verontskuldig
onskuldigheid
636 Onskadelik
821 Onskuldig
onsmaaklik
472 Smaakloos, sleg
744 Lelik
792 Asosiaal
onsmaaklikheid
744 Lelik
792 Asosiaal
onsorgvuldig
509 Onoplettendheid
613 Onnoukeurig
onsorgvuldigheid
509 Onoplettendheid
613 Onnoukeurig
onstabiel
7 Betrekkingloosheid
11 Disharmonie
140 Verandering
142 Veranderlikheid
583 Willoosheid
618 Heftig
715 Negatiewe gevoel
770 Wantroue
onstandvastig
140 Verandering
142 Veranderlikheid
583 Willoosheid
715 Negatiewe gevoel
770 Wantroue
onstandvastigheid
140 Verandering
142 Veranderlikheid
583 Willoosheid
715 Negatiewe gevoel
onsterflik
42 Altyd

836 Bonatuurlik
onsterflikheid
249 Lewe
836 Bonatuurlik
onstigtelik
20 Wanorde
715 Negatiewe gevoel
820 Oneerbaar
onstigtelikheid
20 Wanorde
820 Oneerbaar
onstrafbaar 835
onstuimig
165 Onreëlmatige
  beweging
289 Klimaat
618 Heftig
715 Negatiewe gevoel
onstuimigheid
165 Onreëlmatige
  beweging
289 Klimaat
618 Heftig
715 Negatiewe gevoel
onstuitbaar
145 Beweging
586 Beslis
onstuitbaarheid
145 Beweging
586 Beslis
onsuiwer
544 Onduidelik
623 Sleg
628 Vuil
820 Oneerbaar
onsuiwerheid
628 Vuil
820 Oneerbaar
onsydig
574 Woordkategorie
664 Terugstaan
onsydigheid
574 Woordkategorie
664 Terugstaan
ontaard
140 Verandering
623 Sleg
626 Swak
813 Swak gedrag
ontaarding
140 Verandering
623 Sleg
779 Boosaardigheid
813 Swak gedrag
ontaktvolheid 792
ontbeen
421 Vleis
423 Slagter
ontbeer
631 Nodig
693 Gee
717 Lyding
ontbeerlik 632

ontbeerlikheid 632
ontbering
631 Nodig
654 Moeilik handel
690 Arm
693 Gee
717 Lyding
ontbied
188 Aankom
191 Laat kom
ontbind
171 Verwyder
173 Losmaak
238 Vernietig
250 Dood
590 Bestuur en regeer
ontbinding
171 Verwyder
173 Losmaak
238 Vernietig
250 Dood
590 Bestuur en regeer
ontbloot
162 Ontbloot
177 Oopgaan
539 Kommunikeer
ontbloting
162 Ontbloot
177 Oopgaan
ontboesem
539 Kommunikeer
713 Gevoel
ontboeseming 539
ontbossing 255
ontbrand
233 Voertuig
465 Warm
713 Gevoel
ontbranding
233 Voertuig
467 Aansteek
ontbreek
65 Afwesigheid
117 Te min
130 Onbepaaldheid
631 Nodig
ontbyt 418
ontbythoekie 94
ontbytkos 426
ontdaan
103 Min
715 Negatiewe gevoel
768 Vrees
ontdek 517
ontdekker 517
ontdekking 517
ontdekkingsreis 187
ontdekkingsreisiger 187
ontdekkingstog 187
ontdoen 171
ontdooi
460 Vloeistof
466 Koud

ontduik

713 Gevoel
ontduik
  171 Verwyder
  189 Wegbly
  190 Vertrek
ontduiking
  171 Verwyder
  190 Vertrek
onteenseglik 537
onteer
  803 Wette oortree
  820 Oneerbaar
onteien
  171 Verwyder
  687 Verlies
  694 Neem
onteienaar 694
onteiening
  171 Verwyder
  687 Verlies
  694 Neem
ontelbaar
  13 Verskeidenheid
  104 Baie
  125 Tel
ontembaar
  368 Diereteelt
  618 Heftig
ontereg 807
onterend 820
onterf 698
ontevrede
  715 Negatiewe gevoel
  719 Hartseer
  721 Ontevredenheid
ontevredenheid
  715 Negatiewe gevoel
  719 Hartseer
  721 Ontevredenheid
ontferm
  714 Positiewe gevoel
  778 Goedaardigheid
ontferming
  714 Positiewe gevoel
  778 Goedaardigheid
ontgaan
  501 Onsigbaarheid
  511 Vergeet
  593 Vryheid
ontgin
  237 Voortbring
  275 Mynwese
  346 Landbougrond
ontginning 275
ontglip
  189 Wegbly
  190 Vertrek
  501 Onsigbaarheid
  511 Vergeet
  593 Vryheid
ontgogel 766
ontgroei 432
ontgroen 560

ontgroening 560
onthaal
  406 Eet
  418 Voeding
  790 Sosiale betrekking
  793 Fees
onthaalplek
  406 Eet
  429 Eetplek, kroeg
onthaalvertrek 94
onthaar 382
onthals
  252 Doodmaak
  384 Kop
  835 Bestraf
onthef
  593 Vryheid
  660 Ontslag
ontheffing
  593 Vryheid
  660 Ontslag
ontheilig
  779 Boosaardigheid
  846 Goddeloosheid
ontheiliger 846
ontheiliging
  779 Boosaardigheid
  846 Goddeloosheid
onthoof
  252 Doodmaak
  384 Kop
  835 Bestraf
onthoofding
  252 Doodmaak
  835 Bestraf
onthou
  407 Drink
  510 Herinner
  646 Nie handel nie
onthouding 407
onthouer 407
onthul
  162 Ontbloot
  177 Oopgaan
  539 Kommunikeer
  793 Fees
onthulling
  162 Ontbloot
  177 Oopgaan
  539 Kommunikeer
  793 Fees
onthuts
  521 Verras wees
  713 Gevoel
  714 Positiewe gevoel
  771 Gramskap
onthutsend
  521 Verras wees
  715 Negatiewe gevoel
  744 Lelik
onthutsing
  521 Verras wees
  715 Negatiewe gevoel

onthutstheid
  521 Verras wees
  715 Negatiewe gevoel
ontken
  9 Verskillend of
    teenoorgesteld
  526 Weerlê
  529 Ontken
  666 Verhinder
ontkennend
  529 Ontken
  606 Weier
ontkenning
  9 Verskillend of
    teenoorgesteld
  529 Ontken
  548 Praat
  576 Sinsbou en styl
  606 Weier
  666 Verhinder
ontketen 27
ontkiem
  27 Begin
  239 Voortplant
  323 Vrug
  324 Plantlewe
ontkieser 590
ontkiesering 590
ontkleding 162
ontklee(d) 162
ontkleedans 742
ontkleedanseres 742
ontknoping
  28 Einde
  173 Losmaak
  650 Voltooi
  750 Letterkunde
  752 Toneel- en
    rolprentkuns
ontkom 593
ontkoming 593
ontkoppel
  171 Verwyder
  173 Losmaak
  257 Meganika en
    tegnologie
ontkoppeling
  171 Verwyder
  173 Losmaak
ontkrag 626
ontkragting 626
ontlaai
  262 Elektrisiteit
  451 Lig
  593 Vryheid
  677 Skiet
ontlas
  402 Afskeidings- en
    uitskeidingsorgane
  409 Afskeiding en
    uitskeiding
  593 Vryheid
ontlasting 409

ontleding
  19 Orde
  256 Skeikunde
  263 Rekenaar en
    internet
  508 Aandag
  516 Soek
  535 Weet
  561 Studeer
  570 Taalwetenskap
ontleed
  19 Orde
  256 Skeikunde
  263 Rekenaar en
    internet
  508 Aandag
  516 Soek
  535 Weet
  561 Studeer
  570 Taalwetenskap
ontleedmes 416
ontleedtafel 417
ontleen 569
ontlening
  569 Taal
  573 Woordeskat
ontlok
  15 Oorsaak
  16 Gevolg
  237 Voortbring
  638 Aanmoedig
ontlont
  666 Verhinder
  677 Skiet
ontloop
  228 Vinnig beweeg
  593 Vryheid
ontluik
  27 Begin
  322 Blom
ontluister 744
ontman
  239 Voortplant
  626 Swak
ontmanning
  239 Voortplant
  626 Swak
ontmasker
  162 Ontbloot
  539 Kommunikeer
ontmaskering 162
ontmenslik 374
ontmensliking 374
ontmoedig
  519 Twyfel
  639 Ontmoedig
  713 Gevoel
  719 Hartseer
  766 Wanhoop
ontmoedigend
  639 Ontmoedig
  766 Wanhoop
ontmoediging
  639 Ontmoedig

766 Wanhoop
ontmoet
  166 Nader beweeg
  168 Saamkom
  517 Vind
  790 Sosiale betrekking
ontmoeting
  166 Nader beweeg
  790 Sosiale betrekking
ontneem
  171 Verwyder
  694 Neem
ontnugter
  521 Verras wees
  717 Lyding
  719 Hartseer
  721 Ontevredenheid
  766 Wanhoop
ontnugtering
  521 Verras wees
  717 Lyding
  719 Hartseer
  721 Ontevredenheid
ontoeganklik 206
ontoegeeflik
  582 Wilskrag
  595 Streng
  779 Boosaardigheid
ontoegeeflikheid
  595 Streng
  779 Boosaardigheid
ontoelaatbaar
  598 Ongehoorsaam
  602 Verbied
ontoelaatbaarheid 602
ontoepaslik 629
ontoereikend
  103 Min
  117 Te min
  721 Ontevredenheid
ontoereikendheid
  117 Te min
  721 Ontevredenheid
ontoerekenbaar
  617 Magteloos
  811 Gewete
ontoerekeningsvatbaar
  505 Verstandstoornis
  811 Gewete
ontoeskietlik 595
ontoeskietlikheid 595
ontogenese 239
ontogeneties 239
ontogenie
  239 Voortplant
  249 Lewe
ontologie 514
ontplof
  184 Breek
  677 Skiet
ontplofbaar
  142 Veranderlikheid
  184 Breek

ontploffing
  184 Breek
  677 Skiet
ontplooi
  62 Grensloosheid
  177 Oopgaan
  539 Kommunikeer
  669 Aanval
ontplooiing
  177 Oopgaan
  750 Letterkunde
ontpop
  27 Begin
  140 Verandering
ontrafel
  19 Orde
  173 Losmaak
  184 Breek
  516 Soek
ontrafeling
  173 Losmaak
  516 Soek
ontredder(d)
  20 Wanorde
  121 Verwarring
  519 Twyfel
  623 Sleg
ontreddering
  121 Verwarring
  768 Vrees
ontrief 666
ontrimpel 179
ontroer
  713 Gevoel
  714 Positiewe gevoel
  719 Hartseer
ontroerend 714
ontroering
  714 Positiewe gevoel
  715 Negatiewe gevoel
  719 Hartseer
ontrond 572
ontronding 572
ontroosbaar 719
ontrou
  609 Jou woord verbreek
  623 Sleg
  770 Wantroue
  811 Gewete
  815 Oneerlik
  817 Ontrouheid
  820 Oneerbaar
ontrouheid
  609 Jou woord verbreek
  623 Sleg
  770 Wantroue
  811 Gewete
  815 Oneerlik
  817 Ontrouheid
  820 Oneerbaar
ontruim 176
ontruiming 176

ontsag
  768 Vrees
  830 Eerbiedig
ontsaglik
  104 Baie
  432 Groot
  618 Heftig
  768 Vrees
ontsagwekkend
  616 Magtig
  768 Vrees
ontsê
  585 Verwerp
  602 Verbied
  606 Weier
ontsenu
  626 Swak
  639 Ontmoedig
ontsenuwing 626
ontset
  593 Vryheid
  660 Ontslag
  680 Militêre aksie
  715 Negatiewe gevoel
ontsetel 795
ontsettend
  104 Baie
  521 Verras wees
  715 Negatiewe gevoel
  768 Vrees
ontsetting
  521 Verras wees
  593 Vryheid
  660 Ontslag
  715 Negatiewe gevoel
  768 Vrees
ontsiel(d)
  252 Doodmaak
  583 Willoosheid
ontsien
  596 Inskiklik
  830 Eerbiedig
  833 Verontskuldig
ontsier
  623 Sleg
  744 Lelik
ontsierend
  623 Sleg
  744 Lelik
ontsiering
  623 Sleg
  744 Lelik
ontskeep 221
ontskeping
  221 Vaar
  235 Skeepvaart
ontslaan
  593 Vryheid
  660 Ontslag
ontslaap 250
ontslae 593
ontslag
  593 Vryheid

  660 Ontslag
ontslagbevel 660
ontslagneming 660
ontslape 250
ontslapene 250
ontsluier
  162 Ontbloot
  539 Kommunikeer
ontsluiering
  162 Ontbloot
  539 Kommunikeer
ontsluit
  177 Oopgaan
  454 Nie dig nie
  539 Kommunikeer
ontsmet
  414 Geneeskunde
  627 Skoon
ontsmetting
  414 Geneeskunde
  627 Skoon
ontsmettingsmiddel 415
ontsnap
  173 Losmaak
  189 Wegbly
  593 Vryheid
ontsnapping
  173 Losmaak
  189 Wegbly
  593 Vryheid
  833 Verontskuldig
ontsondig 845
ontsondiging 845
ontsout 471
ontsouting
  288 Waterstelsel
  471 Smaaklik, lekker
ontsoutingsaanleg 288
ontspan
  444 Krom
  662 Rus
  724 Vermaak en
    ontspanning
ontspanne
  619 Kalm
  714 Positiewe gevoel
  724 Vermaak en
    ontspanning
ontspannend 724
ontspannenheid
  619 Kalm
  714 Positiewe gevoel
ontspanning
  662 Rus
  724 Vermaak en
    ontspanning
ontspanningslek=
  tuur 567
ontspannings=
  periode 662
ontspanplek 662
ontspoor
  148 Van koers gaan

220 Treinry
234 Spoorweë
534 Nie verstaan nie
ontspring
0 Ontstaan
27 Begin
284 Bron
286 Rivier
593 Vryheid
ontspruit
16 Gevolg
27 Begin
324 Plantlewe
ontstaan
0 Ontstaan
16 Gevolg
27 Begin
237 Voortbring
ontstaansgeskiedenis 0
ontstaanswyse 27
ontstaantyd 27
ontstam 148
ontsteek
233 Voertuig
413 Verskillende siektes
465 Warm
676 Vuurwapen
ontsteker 676
ontsteking
233 Voertuig
413 Verskillende siektes
ontstel
521 Verras wees
713 Gevoel
714 Positiewe gevoel
715 Negatiewe gevoel
768 Vrees
ontsteld
521 Verras wees
715 Negatiewe gevoel
717 Lyding
721 Ontevredenheid
768 Vrees
ontstellend
521 Verras wees
715 Negatiewe gevoel
717 Lyding
744 Lelik
768 Vrees
ontsteltenis
521 Verras wees
715 Negatiewe gevoel
717 Lyding
719 Hartseer
721 Ontevredenheid
768 Vrees
771 Gramskap
ontstem
572 Uitspraak
713 Gevoel
715 Negatiewe gevoel
ontstem(d)
715 Negatiewe gevoel

719 Hartseer
721 Ontevredenheid
771 Gramskap
ontstemdheid
715 Negatiewe gevoel
719 Hartseer
721 Ontevredenheid
771 Gramskap
ontstemmend
666 Verhinder
715 Negatiewe gevoel
ontstemming
719 Hartseer
721 Ontevredenheid
771 Gramskap
ontstentenis 65
ontsterflikheid 42
ontstig
714 Positiewe gevoel
715 Negatiewe gevoel
771 Gramskap
ontstigtelik
715 Negatiewe gevoel
827 Afkeur
ontstigtend 715
ontstigting 715
ontstoke 771
ontstokenheid 771
ontsyfer
516 Soek
533 Verstaan
543 Duidelik
562 Lees
565 Skryfkuns
onttrek
28 Einde
646 Nie handel nie
694 Neem
700 Bank
onttrekking
646 Nie handel nie
694 Neem
700 Bank
onttrekkingsimptome
407 Drink
413 Verskillende siektes
494 Gevoelloosheid en bedwelming
onttroning
660 Ontslag
685 Oorwin word
onttroon
588 Gesag hê
660 Ontslag
779 Boosaardigheid
ontug
803 Wette oortree
813 Swak gedrag
820 Oneerbaar
822 Skuldig
ontugtig
813 Swak gedrag
820 Oneerbaar

ontugtigheid
813 Swak gedrag
820 Oneerbaar
ontugwet 801
ontuis 790
ontval
250 Dood
593 Vryheid
687 Verlies
ontvang
239 Voortplant
508 Aandag
686 Aanwins
696 Ontvang
790 Sosiale betrekking
ontvangenis 239
ontvanger
84 Houer
264 Radio en televisie
414 Geneeskunde
574 Woordkategorie
693 Gee
696 Ontvang
712 Belasting
ontvangs
264 Radio en televisie
693 Gee
696 Ontvang
790 Sosiale betrekking
ontvangste
686 Aanwins
696 Ontvang
ontvangstoestel 264
ontvanklik 714
ontvanklikheid 714
ontvlam
465 Warm
715 Negatiewe gevoel
ontvlamming 467
ontvlammingspunt 467
ontvlug
228 Vinnig beweeg
593 Vryheid
ontvlugting 593
ontvoer
192 Laat gaan
695 Steel
803 Wette oortree
ontvoerder
695 Steel
803 Wette oortree
ontvoering
192 Laat gaan
695 Steel
803 Wette oortree
ontvolk
65 Afwesigheid
90 Omgewing
787 Samelewing
ontvolking 90
ontvonk 465
ontvoog
590 Bestuur en regeer

593 Vryheid
ontvoogding
590 Bestuur en regeer
593 Vryheid
ontvou
0 Ontstaan
177 Oopgaan
179 Glad maak
543 Duidelik
553 Behandel
ontvouing
179 Glad maak
543 Duidelik
ontvreemding 695
ontvries 466
ontwaak
249 Lewe
410 Slaap
ontwaar
499 Sien
508 Aandag
ontwaking
249 Lewe
410 Slaap
ontwapen 675
ontwapening 668
ontwar
19 Orde
173 Losmaak
543 Duidelik
ontwardheid 543
ontwasem 290
ontwater
287 Vloei
413 Verskillende siektes
ontwatering 413
ontwerp
94 Dele van 'n eiendom
97 Bou
237 Voortbring
438 Vorm
637 Doelgerigtheid en doelloosheid
640 Voorbereid
745 Versier
759 Tekenkuns
764 Boukuns
801 Wet
ontwerper
237 Voortbring
640 Voorbereid
ontwerpersklere 745
ontwerpkuns
749 Kuns
759 Tekenkuns
ontwerptekening
97 Bou
640 Voorbereid
759 Tekenkuns
ontwerpwet 801
ontwikkel
0 Ontstaan
140 Verandering

262 Elektrisiteit
268 Fotografie en film
432 Groot
559 Opvoeding en
   onderwys
645 Handel
682 Slaag
788 Beskawing
ontwikkel(d)
535 Weet
622 Goed
788 Beskawing
791 Sosiaal
812 Goeie gedrag
ontwikkelaar
237 Voortbring
262 Elektrisiteit
268 Fotografie en film
788 Beskawing
ontwikkeldheid
0 Ontstaan
140 Verandering
622 Goed
ontwikkeling
0 Ontstaan
21 Opeenvolging
140 Verandering
237 Voortbring
268 Fotografie en film
432 Groot
559 Opvoeding en
   onderwys
622 Goed
645 Handel
682 Slaag
788 Beskawing
812 Goeie gedrag
ontwikkelingsgang
140 Verandering
249 Lewe
**ontwikkelings=
geskiedenis** 249
ontwikkelingsleer 240
ontwikkelingspeil 559
**ontwikkelings=
psigologie** 514
ontwikkelingsteorie 0
ontword 238
ontworstel
171 Verwyder
694 Neem
ontworsteling 694
ontwortel
171 Verwyder
238 Vernietig
347 Landbou
ontworteling
171 Verwyder
238 Vernietig
345 Plantkwekery
ontwrig
11 Disharmonie
20 Wanorde

238 Vernietig
626 Swak
768 Vrees
ontwrigting
238 Vernietig
413 Verskillende siektes
ontwy 846
ontwyding
779 Boosaardigheid
846 Goddeloosheid
ontwyfelbaar 537
ontwyfelbaarheid 537
ontwyk
148 Van koers gaan
171 Verwyder
189 Wegbly
190 Vertrek
646 Nie handel nie
ontwykend
189 Wegbly
646 Nie handel nie
ontwyking
171 Verwyder
189 Wegbly
646 Nie handel nie
ontwykingsaksie 189
ontydig
57 Vroeg
58 Laat
60 Ongeleë
ontydigheid
57 Vroeg
58 Laat
60 Ongeleë
ontys 466
onuitblusbaar
467 Aansteek
468 Blus
842 Geloof
onuitgesproke 540
onuithoudbaar 717
onuitputlik 104
onuitstaanbaar 717
onuitvoerbaar 654
onuitvoerbaarheid 654
onvanpas 60
onvas
140 Verandering
142 Veranderlikheid
173 Losmaak
583 Willoosheid
587 Aarsel
715 Negatiewe gevoel
onvastheid
7 Betrekkingloosheid
41 Kortstondig
140 Verandering
142 Veranderlikheid
583 Willoosheid
715 Negatiewe gevoel
onveilig 656
onveranderbaar
143 Bestendigheid

586 Beslis
onveranderbaarheid
143 Bestendigheid
586 Beslis
onveranderd 141
onveranderlik
8 Dieselfde
12 Eenvormigheid
19 Orde
141 Behoud
143 Bestendigheid
586 Beslis
onveranderlikheid
12 Eenvormigheid
141 Behoud
143 Bestendigheid
586 Beslis
onverantwoord 526
onverantwoordbaar 526
onverantwoordelik 811
**onverantwoordelik=
heid** 811
onverbeterbaar 622
onverbeterlik 622
onverbeterlikheid 622
onverbiddelik
141 Behoud
595 Streng
onverbloem(d)
162 Ontbloot
539 Kommunikeer
814 Eerlik
onverboë 575
onverbonde
4 Selfstandigheid
593 Vryheid
onverbreekbaar
143 Bestendigheid
457 Onbreekbaar
607 Beloof
608 Jou woord hou
onverbreeklik
143 Bestendigheid
457 Onbreekbaar
607 Beloof
onverdeel(d) 111
onverdorwe 622
onverdraagsaam 779
**onverdraagsaam=
heid** 779
onverdrote
610 Ywerig
767 Moed
onverenig 169
onverenigbaar
11 Disharmonie
119 Teenstelling
169 Skei
onverenigbaarheid
9 Verskillend of
   teenoorgesteld
11 Disharmonie
119 Teenstelling

onverflou(d)
610 Ywerig
622 Goed
onverfyn(d)
748 Gebrek aan styl en
   smaak
789 Onbeskaafdheid
813 Swak gedrag
onverfyndheid
748 Gebrek aan styl en
   smaak
789 Onbeskaafdheid
813 Swak gedrag
onverganklik 42
onverganklikheid 42
onvergeeflik
667 Stryd
784 Wraaksug
onvergeetlik
510 Herinner
622 Goed
onvergelykbaar 622
onvergelyklik 622
onvergenoeg(d)
719 Hartseer
721 Ontevredenheid
775 Weersin
777 Haat en
   onvriendelikheid
onvergenoegdheid
721 Ontevredenheid
771 Gramskap
777 Haat en
   onvriendelikheid
onvergewensgesind 784
**onvergewensgesind=
heid** 784
onverhoeds
41 Kortstondig
521 Verras wees
641 Onvoorbereid
onverhole 539
onverhoop 521
onverklaarbaar 34
onverklaarbaarheid
34 Vreemdheid
540 Nie kommunikeer
   nie
onverkrygbaar 697
onverkwiklik
792 Asosiaal
813 Swak gedrag
onverlet
411 Gesond
664 Terugstaan
onvermoë
536 Nie weet nie
615 Onbekwaam
617 Magteloos
onvermoeibaar 625
onvermoeibaarheid 625
onvermoeid 610

757

onvermoënd
617 Magteloos
690 Arm
798 Laer stand
onvermoëndheid
617 Magteloos
690 Arm
798 Laer stand
onvermurfbaar
582 Wilskrag
779 Boosaardigheid
onvermy(d)baar
17 Noodsaak
579 Gedwonge
onvermydelik
17 Noodsaak
579 Gedwonge
onvermydelikheid
17 Noodsaak
579 Gedwonge
onvernietigbaar
143 Bestendigheid
625 Sterk
onvernietigbaarheid 625
onverpoos(d)
22 Kontinuïteit
647 Voortgaan
onverrig 683
onverrigtersake 646
onversaagd 767
onversaagdheid 767
onversadigbaar
406 Eet
773 Begeerte
onversadiglik
406 Eet
773 Begeerte
onversetlik
146 Beweginglooshied
582 Wilskrag
625 Sterk
777 Haat en
onvriendelikheid
779 Boosaardigheid
onversetlikheid
582 Wilskrag
625 Sterk
777 Haat en
onvriendelikheid
onversigtig 613
onversigtigheid 613
onverskillig
503 Onverstandigheid
507 Gebrek aan
belangstelling
509 Onoplettendheid
583 Willoosheid
613 Onnoukeurig
618 Heftig
626 Swak
641 Onvoorbereid
715 Negatiewe gevoel
767 Moed
774 Onverskilligheid

779 Boosaardigheid
843 Ongeloof
onverskilligheid
507 Gebrek aan
belangstelling
509 Onoplettendheid
613 Onnoukeurig
618 Heftig
641 Onvoorbereid
652 Versuim
715 Negatiewe gevoel
774 Onverskilligheid
843 Ongeloof
onverskrokke
582 Wilskrag
625 Sterk
767 Moed
onverskrokkenheid
625 Sterk
767 Moed
onversoenbaar
9 Verskillend of
teenoorgesteld
11 Disharmonie
119 Teenstelling
777 Haat en
onvriendelikheid
onversoenbaarheid
9 Verskillend of
teenoorgesteld
11 Disharmonie
119 Teenstelling
777 Haat en
onvriendelikheid
onversoenlik
667 Stryd
777 Haat en
onvriendelikheid
onversoenlikheid
667 Stryd
777 Haat en
onvriendelikheid
onversorg(d)
613 Onnoukeurig
628 Vuil
652 Versuim
onversorgdheid
613 Onnoukeurig
628 Vuil
onverstaanbaar
34 Vreemdheid
476 Geluid
540 Nie kommunikeer
nie
544 Onduidelik
onverstaanbaarheid
34 Vreemdheid
540 Nie kommunikeer
nie
544 Onduidelik
onverstand 524
onverstandig
11 Disharmonie

503 Onverstandigheid
513 Denke
524 Onlogies redeneer
536 Nie weet nie
538 Dwaling
615 Onbekwaam
618 Heftig
onverstandigheid
503 Onverstandigheid
505 Verstandstoornis
513 Denke
524 Onlogies redeneer
536 Nie weet nie
538 Dwaling
618 Heftig
onversteur(d) 647
onversteurbaar
10 Harmonie
12 Eenvormigheid
582 Wilskrag
619 Kalm
647 Voortgaan
714 Positiewe gevoel
onversteurbaarheid
10 Harmonie
12 Eenvormigheid
582 Wilskrag
619 Kalm
647 Voortgaan
714 Positiewe gevoel
onversteurd 720
onversteurdheid 720
onverstoorbaar
10 Harmonie
12 Eenvormigheid
582 Wilskrag
619 Kalm
647 Voortgaan
714 Positiewe gevoel
onverstoorbaarheid
10 Harmonie
12 Eenvormigheid
582 Wilskrag
619 Kalm
647 Voortgaan
714 Positiewe gevoel
720 Tevredenheid
onvertroubaar
770 Wantroue
815 Oneerlik
onvervaard 767
onvervals
537 Waarheid
622 Goed
onvervangbaar 620
onverwags
18 Toeval
41 Kortstondig
225 Vinnig
521 Verras wees
641 Onvoorbereid
onverwant 11
onverwantheid 11

onverwoesbaar 625
onverwoordbaar 540
onverwyld
49 Hede
51 Toekoms
onvoegsaam
792 Asosiaal
820 Oneerbaar
onvoegsaamheid
792 Asosiaal
820 Oneerbaar
onvolbrag 648
onvoldaan
711 Skuld
721 Ontevredenheid
onvoldoende
103 Min
117 Te min
721 Ontevredenheid
onvolkome
615 Onbekwaam
623 Sleg
onvolkomenheid
613 Onnoukeurig
615 Onbekwaam
onvolledig
117 Te min
623 Sleg
onvolmaak
615 Onbekwaam
623 Sleg
onvolmaaktheid
615 Onbekwaam
623 Sleg
onvolprese 622
onvolpresenheid 622
onvoltooid
576 Sinsbou en styl
648 Onderbreek
650 Voltooi
onvoltrokke 650
onvolwasse
53 Nuut en jonk
433 Klein
503 Onverstandigheid
onvolwassenheid
433 Klein
503 Onverstandigheid
onvoorbedag 641
onvoorbereid 641
onvoorbereidheid 641
onvoordelig
238 Vernietig
635 Skadelik
onvoorsienbaar
18 Toeval
62 Grensloosheid
onvoorsienbaarheid 18
onvoorsien(s)
18 Toeval
41 Kortstondig
521 Verras wees
641 Onvoorbereid

onvoorspelbaar
  7 Betrekkingloosheid
  11 Disharmonie
  142 Veranderlikheid
  583 Willoosheid
onvoorspelbaarheid
  7 Betrekkingloosheid
  11 Disharmonie
  142 Veranderlikheid
onvoorspoedig 683
onvoorstelbaar 538
onvoorwaardelik 530
onvrede 667
onvredig 667
onvriendelik
  623 Sleg
  715 Negatiewe gevoel
  744 Lelik
  777 Haat en
    onvriendelikheid
  779 Boosaardigheid
  790 Sosiale betrekking
  792 Asosiaal
onvriendelikheid
  623 Sleg
  715 Negatiewe gevoel
  777 Haat en
    onvriendelikheid
  790 Sosiale betrekking
  792 Asosiaal
onvroulik 376
onvrugbaar
  239 Voortplant
  323 Vrug
  324 Plantlewe
  346 Landbougrond
  687 Verlies
onvry 594 Onvryheid
onvryheid 594
onvrymoedig
  715 Negatiewe gevoel
  786 Nederigheid
onwaar
  538 Dwaling
  613 Onnoukeurig
onwaardig
  621 Onbelangrik
  807 Onwettig
  831 Minag
onwaardigheid
  621 Onbelangrik
  831 Minag
onwaarheid
  538 Dwaling
  613 Onnoukeurig
  623 Sleg
  815 Oneerlik
  818 Bedrieg
onwaarneembaar 501
onwaarneembaar-
  heid 501
onwaarskynlik 519
onwankelbaar
  143 Bestendigheid

582 Wilskrag
637 Doelgerigtheid en
  doelloosheid
647 Voortgaan
812 Goeie gedrag
819 Eerbaar
onwankelbaarheid
  143 Bestendigheid
  582 Wilskrag
  812 Goeie gedrag
onweer
  289 Klimaat
  293 Onweer
onweerlegbaar
  537 Waarheid
  543 Duidelik
onweersbui 293
onweerslug 293
onweerstaanbaar
  743 Mooi
  773 Begeerte
onweerstaanbaarheid
  743 Mooi
  773 Begeerte
onweersvoël 683
onweer(s)wolk 291
onwel 412
onwelkom
  60 Ongeleë
  790 Sosiale betrekking
onwelriekend
  475 Onwelriekend
  628 Vuil
onwelvoeglik
  744 Lelik
  792 Asosiaal
  813 Swak gedrag
  820 Oneerbaar
onwelvoeglikheid
  744 Lelik
  792 Asosiaal
  813 Swak gedrag
  820 Oneerbaar
onwelwillend 777
onwelwillendheid 777
onwennig
  34 Vreemdheid
  587 Aarsel
onwennigheid 587
onwenslik
  774 Onverskilligheid
  827 Afkeur
onwerklik
  2 Nie-bestaan
  538 Dwaling
onwerklikheid
  2 Nie-bestaan
  538 Dwaling
onwesenlik
  2 Nie-bestaan
  538 Dwaling
onwesenlikheid
  2 Nie-bestaan

538 Dwaling
onwetend
  503 Onverstandigheid
  534 Nie verstaan nie
  536 Nie weet nie
onwetenskaplik
  641 Onvoorbereid
  643 Onbeproef
onwetenskaplikheid
  641 Onvoorbereid
  643 Onbeproef
onwetlik 807
onwettig
  598 Ongehoorsaam
  602 Verbied
  801 Wet
  803 Wette oortree
  807 Onwettig
onwettigheid
  598 Ongehoorsaam
  807 Onwettig
onwil 581
onwillekeurig
  379 Spier
  509 Onoplettendheid
  579 Gedwonge
onwillekeurigheid
  509 Onoplettendheid
  645 Handel
onwillig
  581 Teësinnig
  606 Weier
  611 Lui
onwrikbaar
  143 Bestendigheid
  537 Waarheid
  582 Wilskrag
  586 Beslis
  625 Sterk
  637 Doelgerigtheid en
    doelloosheid
  647 Voortgaan
  812 Goeie gedrag
  819 Eerbaar
onwrikbaarheid
  143 Bestendigheid
  537 Waarheid
  582 Wilskrag
  586 Beslis
  625 Sterk
  812 Goeie gedrag
  842 Geloof
onwys
  503 Onverstandigheid
  534 Nie verstaan nie
  536 Nie weet nie
onwysheid
  503 Onverstandigheid
  534 Nie verstaan nie
  536 Nie weet nie
oog
  177 Opgaan
  288 Waterstelsel

321 Blaar
361 Insek
386 Gesig
387 Oog
407 Drink
oogappel
  387 Oog
  776 Liefde en
    vriendskap
oogarts 416
oogbank 377
oogbesering 413
oogchirurg 416
oogdruppels 415
ooggetuie
  525 Bewys
  528 Bevestig
  809 Regsgeding
oogglas
  267 Optika
  387 Oog
  499 Sien
ooghaar
  382 Haar
  387 Oog
oogheelkunde
  414 Geneeskunde
  515 Wetenskap
oogheelkundige 416
oogholte 385
ooghoogte 436
ooghoogteoond
  95 Huisraad
  469 Verwarmingstoestel
ooghospitaal 417
oogkas 385
oogklap
  231 Tuig
  387 Oog
oogknip
  387 Oog
  545 Natuurlike teken
oogkundige
  387 Oog
  416 Medikus
oogkwaal 413
ooglik 743
ooglopend
  500 Sigbaarheid
  543 Duidelik
oogluikend
  578 Vrywillig
  601 Toestemming gee
oogmaskara 746
oogmerk 637
oogontsteking
  387 Oog
  413 Verskillende siektes
oogpêrel
  387 Oog
  413 Verskillende siektes
oogpister 361

oogpunt
513 Denke
522 Redeneer
oogskaduwee 746
oogskatting 122
oogsnykunde 414
oogspesialis 416
oogspier
379 Spier
387 Oog
oogspriet 385
oogstuk 267
oogtand 391
oogveld 387
oogverblindend 485
oogwimper 382
oogwink
41 Kortstondig
499 Sien
545 Natuurlike teken
oogwit
387 Oog
637 Doelgerigtheid en doelloosheid
ooi
357 Dier
366 Soogdier
ooievaar 365
ooievaarspartytjie 418
ooievaarstee 793
ooilam
357 Dier
776 Liefde en vriendskap
ooit 56
ook
8 Dieselfde
48 Gelyktydig
530 Voorbehou
oölogie 370
oom 246
oomblik
41 Kortstondig
49 Hede
127 Tydbepaling
oombliklik
41 Kortstondig
49 Hede
51 Toekoms
641 Onvoorbereid
oond
95 Huisraad
419 Voedselbereiding
425 Bakker
465 Warm
469 Verwarmingstoestel
oondbossie 332
oondbraai 419
oondgereg 426
oondskottel 84
oop
65 Afwesigheid
162 Ontbloot

177 Oopgaan
206 Ingaan
386 Gesig
454 Nie dig nie
572 Uitspraak
593 Vryheid
oopbreek
177 Oopgaan
184 Breek
oopbroodjie 424
oopdraai
163 Draai
177 Oopgaan
454 Nie dig nie
oop-en-toe 228
oopgaan
177
322 Blom
539 Kommunikeer
oopgroefmyn 275
oophand 740
oopheid 593
oopkap 185
oopkloof 185
oopknakslot 676
oopknooptrui 745
ooplê
162 Ontbloot
177 Oopgaan
206 Ingaan
228 Vinnig beweeg
oopmaak
162 Ontbloot
177 Oopgaan
454 Nie dig nie
500 Sigbaarheid
oopmond 521
oopnekhemp 745
oopoë 499
oopslaan
177 Oopgaan
182 Slaan
667 Stryd
oopsny
162 Ontbloot
177 Oopgaan
185 Sny
414 Geneeskunde
oopstaan
65 Afwesigheid
177 Oopgaan
oopte
177 Oopgaan
346 Landbougrond
ooptrek
162 Ontbloot
177 Oopgaan
293 Onweer
oopval
65 Afwesigheid
177 Oopgaan
413 Verskillende siektes
oopvlek
185 Sny

539 Kommunikeer
oopvou 179
oor
16 Gevolg
61 Plek
74 Op
84 Houer
104 Baie
116 Te veel
147 Rigting
152 Verby
156 Bo-oor
209 Oorgaan
386 Gesig
388 Oor
oor(gewig)bagasie
187 Reis
452 Swaar
ooraanbod 686
ooraandoening 413
oorbaar 812
oorbagasie 452
oorbeklemtoon 508
oorbel
388 Oor
745 Versier
oorbelaai
107 Meer
194 Vervoer
262 Elektrisiteit
452 Swaar
590 Bestuur en regeer
oorbelas
107 Meer
194 Vervoer
452 Swaar
590 Bestuur en regeer
711 Skuld
712 Belasting
oorbelasting
107 Meer
194 Vervoer
452 Swaar
590 Bestuur en regeer
712 Belasting
oorbelig 268
oorbesteding 691
oorbetaal 708
oorbetaling
693 Gee
700 Bank
708 Betaal
oorbevolk 787
oorbevolking
255 Natuur
787 Samelewing
oorbewei 347
oorbeweiding 347
oorbietjie 366
oorblaas 161
oorbloes 745
oorbluf 521
oorbluffend 521

oorbluftheid 521
oorbly
116 Te veel
188 Aankom
204 Aangaan by
790 Sosiale betrekking
oorblyfsel 116
oorblywend
116 Te veel
318 Plant
632 Onnodig
oorbodig
116 Te veel
632 Onnodig
634 Nutteloos
oorbodigheid
116 Te veel
632 Onnodig
634 Nutteloos
oorboek 703
oorboord 221
oorbrenging 539
oorbring
67 Verplasing
191 Laat kom
194 Vervoer
209 Oorgaan
543 Duidelik
552 Vertel
563 Skryf
oorbrug
149 Pad
209 Oorgaan
668 Vrede en versoening
oorbrugging 209
oorbruggingsfinan-siering 693
oorbruggingsjaar 561
oorbruggings-periode 561
oorbruggings-program 561
oord 61 Plek
oord
64 Aanwesigheid
89 Blyplek
oordaad
104 Baie
116 Te veel
406 Eet
691 Spandeer
oordadig
104 Baie
116 Te veel
748 Gebrek aan styl en smaak
oordag 127
oordak 95
oordat 15
oordeel
502 Verstand
513 Denke
527 Oordeel

532 Betwis
533 Verstaan
585 Verwerp
586 Beslis
747 Styl en smaak
809 Regsgeding
825 Beoordeling
839 Hiernamaals
oordeelkundig
502 Verstand
584 Kies
oordeelkundigheid 502
oordeelsdag 839
oordeelsfout 538
oordeelsvermoë
502 Verstand
527 Oordeel
oordek 161
oordenking
513 Denke
847 Gebed
oordink
513 Denke
527 Oordeel
oordóén 104
oordoen 657
oordonder
209 Oorgaan
768 Vrees
779 Boosaardigheid
oordosis 415
oordra
67 Verplasing
191 Laat kom
413 Verskillende siektes
539 Kommunikeer
552 Vertel
693 Gee
oordraagbaar
239 Voortplant
412 Siek
703 Boekhou
oordrag
256 Skeikunde
412 Siek
413 Verskillende siektes
552 Vertel
693 Gee
708 Betaal
oordragtelik
547 Simboliek
576 Sinsbou en styl
577 Betekenis
oordrewe
116 Te veel
538 Dwaling
oordrom 388
oordruk 566
oordruppels 415
oordryf
116 Te veel
538 Dwaling
oordrywing
116 Te veel

538 Dwaling
576 Sinsbou en styl
ooreen 8
ooreenbring
10 Harmonie
668 Vrede en versoening
ooreenkom
8 Dieselfde
10 Harmonie
531 Saamstem
605 Aanvaar
607 Beloof
663 Meedoen
668 Vrede en versoening
ooreenkoms
8 Dieselfde
10 Harmonie
35 Reëlmaat
118 Vergelyking
531 Saamstem
579 Gedwonge
605 Aanvaar
607 Beloof
663 Meedoen
668 Vrede en versoening
ooreenkomstig
6 Betrekking
8 Dieselfde
10 Harmonie
118 Vergelyking
136 Eweredigheid
139 Meetkunde
663 Meedoen
ooreenslaan 8
ooreenstem
8 Dieselfde
10 Harmonie
531 Saamstem
663 Meedoen
668 Vrede en versoening
ooreenstemmend
8 Dieselfde
10 Harmonie
136 Eweredigheid
663 Meedoen
ooreenstemming
8 Dieselfde
10 Harmonie
35 Reëlmaat
136 Eweredigheid
531 Saamstem
663 Meedoen
ooreet 406
ooreis
116 Te veel
661 Vermoeidheid
oorerf 240
oorerfbaar 240
oorerflik
239 Voortplant
240 Genealogie
oorerflikheid 239
oorerflikheidsleer 240

oorerwing
239 Voortplant
240 Genealogie
oorfone
265 Telegraaf en telefoon
756 Musiekinstrument
oorgaan
37 Tydruimte
67 Verplasing
156 Bo-oor
195 Deurgaan
200 Vorentoe beweeg
209 Oorgaan
728 Balsporte
803 Wette oortree
817 Ontrouheid
oorgang
37 Tydruimte
67 Verplasing
140 Verandering
149 Pad
156 Bo-oor
195 Deurgaan
209 Oorgaan
388 Oor
oorgangsjare 239
oorgangsklank 572
oorgangsmaatreël 599
oorgangsregering 795
oorgangstydperk 37
oorganklik 574
oorganklikheid 574
oorgawe
685 Oorwin word
693 Gee
oorgee
412 Siek
413 Verskillende siektes
531 Saamstem
594 Onvryheid
685 Oorwin word
693 Gee
oorgehaal
640 Voorbereid
677 Skiet
oorgenoeg
115 Genoeg
632 Onnodig
oorgerus 619
oorgerustheid 619
oorgetuie
525 Bewys
528 Bevestig
oorgevoelig
495 Tassin
715 Negatiewe gevoel
oorgewig
116 Te veel
434 Breed
452 Swaar
oorgrenspark 255
oorgroot 432
oorgrootjie 54

oorgrootmoeder
240 Genealogie
242 Ouers
oorgrootouer
240 Genealogie
242 Ouers
oorgrootvader
240 Genealogie
242 Ouers
oorhaal
522 Redeneer
525 Bewys
638 Aanmoedig
677 Skiet
oorhaastig 641
oorhaastigheid
225 Vinnig
641 Onvoorbereid
oorhand
616 Magtig
622 Goed
684 Oorwin
oorhandig
631 Nodig
693 Gee
oorhang
73 Skuins
500 Sigbaarheid
oorhangertjie 745
oorhê 116
oorheelkunde 414
oorheen
74 Op
156 Bo-oor
oorheers
579 Gedwonge
588 Gesag hê
599 Gesag uitoefen
604 Versoek
616 Magtig
684 Oorwin
795 Staat en politiek
oorheersend
588 Gesag hê
616 Magtig
618 Heftig
620 Belangrik
oorheersing
579 Gedwonge
588 Gesag hê
599 Gesag uitoefen
616 Magtig
684 Oorwin
795 Staat en politiek
oorhel
73 Skuins
444 Krom
oorhemp 745
oorhoeks
79 Dwars
116 Te veel
661 Vermoeidheid

761

oorhoofs
76 Bo, bokant, boontoe
149 Pad
oorhoop(s)
20 Wanorde
667 Stryd
oorhou
116 Te veel
141 Behoud
686 Aanwins
oorjarig
53 Nuut en jonk
318 Plant
oorjas 745
oorkant
9 Verskillend of teenoorgesteld
61 Plek
64 Aanwesigheid
88 Posisie
156 Bo-oor
oorkapitalisasie
686 Aanwins
688 Besit
689 Ryk
oorkapitaliseer
686 Aanwins
688 Besit
689 Ryk
oorklank
264 Radio en televisie
752 Toneel- en rolprentkuns
oorklanking 264
oorklankingsateljee 264
oorklankingsbank 264
oorklankingsregisseur 264
oorklankingswerk 264
oorklap
161 Bedek
182 Slaan
388 Oor
oorklim
187 Reis
209 Oorgaan
211 Opgaan
220 Treinry
234 Spoorweë
oorkoepel 97
oorkoepelend 30
oorkom
44 Gebeure in tyd
204 Aangaan by
209 Oorgaan
622 Goed
684 Oorwin
713 Gevoel
790 Sosiale betrekking
oorkonde
525 Bewys
567 Boek
607 Beloof

809 Regsgeding
oorkonkel 182
oorkook
419 Voedselbereiding
465 Warm
oorkrabbe(r)tjie 745
oorkruiper 361
oorkunde 414
oorkyk 509
oorlaai
452 Swaar
661 Vermoeidheid
oorlaat
116 Te veel
693 Gee
oorlading
452 Swaar
661 Vermoeidheid
oorlams
611 Lui
614 Bekwaam
815 Oneerlik
oorlamsheid
614 Bekwaam
815 Oneerlik
oorlandreis 187
oorlandvlug 222
oorlangs 78
oorlas 666
oorlê
204 Aangaan by
527 Oordeel
790 Sosiale betrekking
oorlede 250
oorledene 250
oorleef 249
oorleg
513 Denke
539 Kommunikeer
557 Diskussie
622 Goed
oorlegpleging
539 Kommunikeer
554 Aanspreek
557 Diskussie
oorlewe 249
oorlewende 249
oorlewer
552 Vertel
594 Onvryheid
657 Herhaal
693 Gee
oorlewing
1 Bestaan
249 Lewe
647 Voortgaan
oorlewingsdrang 249
oorlewingsinstink 357
oorlog 667
oorlogpsigose 667
oorlogsdans
667 Stryd
742 Dans

oorlogsgod 855
oorlogsheld
673 Manskap
767 Moed
oorlogskip
235 Skeepvaart
675 Militêre toerusting
oorlogskorrespondent 568
oorlogsmag 672
oorlogsreg 808
oorlogstuig 675
oorlogsugtig 667
oorlogvoering 667
oorloof 601
oorloop
94 Dele van 'n eiendom
149 Pad
156 Bo-oor
197 Te voet gaan
209 Oorgaan
287 Vloei
817 Ontrouheid
oorloper
679 Mobilisering
817 Ontrouheid
oorlosie 128
oorlosiemaker 128
oorlyde
28 Einde
250 Dood
oorlyding 250
oorlye
28 Einde
250
oormaak
237 Voortbring
657 Herhaal
693 Gee
oormaat
104 Baie
116 Te veel
122 Bereken
406 Eet
oormag
104 Baie
616 Magtig
622 Goed
oormaking 693
oorman 684
oormatig
116 Te veel
618 Heftig
oormatigheid
116 Te veel
618 Heftig
oormeester
622 Goed
682 Slaag
684 Oorwin
oormeestering
622 Goed
684 Oorwin

oormekaar 74
oormerk
368 Diereteelt
607 Beloof
oormoed
767 Moed
785 Hoogmoed
oormoedig
767 Moed
785 Hoogmoed
oormoeg 661
oormoegheid 661
oormôre
51 Toekoms
127 Tydbepaling
oornag
41 Kortstondig
64 Aanwesigheid
127 Tydbepaling
410 Slaap
790 Sosiale betrekking
oornagting
410 Slaap
790 Sosiale betrekking
oornagverblyf 89
oorname 795
oorneem
14 Navolging
67 Verplasing
194 Vervoer
209 Oorgaan
563 Skryf
704 Koop
oorneig 73 Skuins
oor-neus-en-keel(-)spesialis 416
oor-neus-en-keel(-)kunde 515
oornooi 790
oorontsteking 413
oorontwikkeling 116
ooroormôre
51 Toekoms
127 Tydbepaling
oorpak 745
oorpeins 513
oorpeinsing 513
oorplaas 67
oorplant
347 Landbou
414 Geneeskunde
oorplanting
67 Verplasing
345 Plantkwekery
414 Geneeskunde
oorplasing 67
oorproduksie
116 Te veel
237 Voortbring
oorproduseer
116 Te veel
237 Voortbring
oorpyn 413

oorredend 522
oorreding
  522 Redeneer
  525 Bewys
  638 Aanmoedig
oorredingskrag
  522 Redeneer
  525 Bewys
  638 Aanmoedig
oorredingskuns 638
oorredingsmiddel 522
oorredingstrategie 522
oorredingsvermoë 638
oorreed
  522 Redeneer
  525 Bewys
  638 Aanmoedig
oorreedbaarheid 638
oorring 745
oorrompel
  238 Vernietig
  521 Verras wees
  525 Bewys
  638 Aanmoedig
  669 Aanval
  684 Oorwin
oorrompelend
  521 Verras wees
  618 Heftig
  638 Aanmoedig
oorrompeling
  521 Verras wees
  638 Aanmoedig
  684 Oorwin
  685 Oorwin word
oorsaak
  15 Oorsaak
  27 Begin
  237 Voortbring
  413 Verskillende siektes
  637 Doelgerigtheid en
    doelloosheid
  693 Gee
oorsaaklik 15
oorsaaklikheid 15
oorsee
  187 Reis
  283 See
oorsensitief 715
oorsenuwee 388
oorsetting
  67 Verplasing
  543 Duidelik
  566 Drukkuns
oorsiekte 413
oorsien
  562 Lees
  596 Inskiklik
  601 Toestemming gee
oorsig
  111 Geheel
  499 Sien
  513 Denke

539 Kommunikeer
553 Behandel
568 Media
oorsigtelik
  499 Sien
  553 Behandel
oorsigtelikheid 553
oorsit
  67 Verplasing
  194 Vervoer
  543 Duidelik
oorskadu
  622 Goed
  684 Oorwin
oorskaduwing
  622 Goed
  684 Oorwin
oorskakel
  233 Voertuig
  262 Elektrisiteit
  264 Radio en televisie
  265 Telegraaf en
    telefoon
oorskakeling
  217 Motorry
  233 Voertuig
  262 Elektrisiteit
  264 Radio en televisie
oorskat 620
oorskatting
  620 Belangrik
  785 Hoogmoed
oorskeep
  194 Vervoer
  221 Vaar
oorskiet
  116 Te veel
  420 Voedsel
oorskietkos 420
oorskoen 745
oorskot
  104 Baie
  137 Bewerking
  250 Dood
  686 Aanwins
oorskry
  209 Oorgaan
  563 Skryf
  565 Skryfkuns
  803 Wette oortree
oorskryding
  209 Oorgaan
  803 Wette oortree
oorslaan
  192 Laat gaan
  567 Boek
  629 Gebruik
  646 Nie handel nie
  648 Onderbreek
oorslaap 790
oorslag 178
oorspan
  149 Pad

230 Rytuig
413 Verskillende siektes
618 Heftig
661 Vermoeidheid
oorspanne
  413 Verskillende siektes
  618 Heftig
  661 Vermoeidheid
oorspannenheid
  413 Verskillende siektes
  618 Heftig
  661 Vermoeidheid
oorspanning
  149 Pad
  413 Verskillende siektes
  661 Vermoeidheid
oorspeel 752
oorspieël 416
oorsprong
  0 Ontstaan
  15 Oorsaak
  27 Begin
  237 Voortbring
  240 Genealogie
  284 Bron
  286 Rivier
  413 Verskillende siektes
  573 Woordeskat
  649 Begin handel
oorspronklik
  4 Selfstandigheid
  15 Oorsaak
  27 Begin
  35 Reëlmaat
  53 Nuut en jonk
  237 Voortbring
  240 Genealogie
  749 Kuns
oorstaan
  187 Reis
  648 Onderbreek
oorstallig 104
oorstap
  187 Reis
  195 Deurgaan
  197 Te voet gaan
  209 Oorgaan
  220 Treinry
oorsteek
  94 Dele van 'n eiendom
  195 Deurgaan
  209 Oorgaan
oorsteekhoek 233
oorstelp
  104 Baie
  718 Blydskap
oorstoot 728
oorstootdrie 728
oorstroming
  104 Baie
  255 Natuur
  287 Vloei
oorstroom
  104 Baie

161 Bedek
287 Vloei
oorstuur
  67 Verplasing
  191 Laat kom
  192 Laat gaan
  209 Oorgaan
  223 Stuur
oorstuur(s)
  20 Wanorde
  661 Vermoeidheid
  768 Vrees
oorsy 87
oortjie 131
oortog
  209 Oorgaan
  221 Vaar
oortollig
  116 Te veel
  632 Onnodig
oortolligheid
  116 Te veel
  632 Onnodig
oortreder
  598 Ongehoorsaam
  803 Wette oortree
oortreding
  538 Dwaling
  598 Ongehoorsaam
  779 Boosaardigheid
  803 Wette oortree
  807 Onwettig
  822 Skuldig
oortree
  538 Dwaling
  598 Ongehoorsaam
  779 Boosaardigheid
  803 Wette oortree
  807 Onwettig
  822 Skuldig
oortref
  622 Goed
  682 Slaag
  684 Oorwin
oortrek
  67 Verplasing
  96 Slaapplek
  161 Bedek
  699 Leen
  711 Skuld
oortrekking
  699 Leen
  711 Skuld
oortrekkings-
  fasiliteit 699
oortrekpapier
  161 Bedek
  315 Papier
oortreksel 161
oortrektrui 745
oortroef
  684 Oorwin
  740 Kaartspel

oortrokke 711
oortrommel 388
oortuig
  518 Glo
  522 Redeneer
  525 Bewys
  527 Oordeel
  531 Saamstem
  537 Waarheid
  638 Aanmoedig
  769 Vertroue
oortuigend
  522 Redeneer
  525 Bewys
  543 Duidelik
oortuiging
  518 Glo
  522 Redeneer
  525 Bewys
  527 Oordeel
  638 Aanmoedig
  644 Handelwyse
  842 Geloof
oortuigingskrag 522
oortuigingswerk 638
oortyd 658
oorval
  413 Verskillende siektes
  521 Verras wees
  669 Aanval
  684 Oorwin
  768 Vrees
oorveeg
  182 Slaan
  667 Stryd
oorveralgemeen 3
oorveralgemening 3
oorverdowend 476
oorvermoei 661
oorvermoeid 661
oorvermoeidheid 661
oorvermoeiend 661
oorvermoeiendheid 661
oorversekering 655
oorversigtig 508
oorvertel
  539 Kommunikeer
  548 Praat
  551 Meedeel
  552 Vertel
  657 Herhaal
oorvloed 116
oorvloedig
  104 Baie
  116 Te veel
oorvoed
  116 Te veel
  406 Eet
oorvog 409
oorvolledig 116
oorvolteken 703
oorvoorsien 701
oorvou 365

oorvra 790
oorvriendelik 776
oorwaai
  290 Wind
  790 Sosiale betrekking
oorwaardeer 620
oorwas 409
oorweeg
  124 Weeg
  513 Denke
  527 Oordeel
  553 Behandel
oorweg 149
oorwegend
  107 Meer
  620 Belangrik
oorweging
  513 Denke
  527 Oordeel
  553 Behandel
  637 Doelgerigtheid en
    doelloosheid
  638 Aanmoedig
oorweldig
  521 Verras wees
  588 Gesag hê
  684 Oorwin
oorweldigend
  104 Baie
  521 Verras wees
  618 Heftig
  684 Oorwin
oorwelf
  76 Bo, bokant, boontoe
  149 Pad
oorwerk 661
oorwerktheid 661
oorwig
  579 Gedwonge
  616 Magtig
  622 Goed
  684 Oorwin
oorwin
  588 Gesag hê
  622 Goed
  637 Doelgerigtheid en
    doelloosheid
  669 Aanval
  682 Slaag
  684 Oorwin
oorwinnaar
  682 Slaag
  684 Oorwin
oorwinnend
  682 Slaag
  684 Oorwin
oorwinning
  588 Gesag hê
  622 Goed
  629 Spel en sport
  669 Aanval
  682 Slaag
  684 Oorwin

727 Kompetisie
oorwins 701
oorwinter
  64 Aanwesigheid
  410 Slaap
oorwintering
  64 Aanwesigheid
  410 Slaap
oorwip
  199 Spring
  209 Oorgaan
  790 Sosiale betrekking
oorwoë
  502 Verstand
  508 Aandag
  513 Denke
oorwoeker
  116 Te veel
  684 Oorwin
oorwonne
  684 Oorwin
  685 Oorwin word
oorwonnene 685
oorwurm 361
ooryl
  225 Vinnig
  228 Vinnig beweeg
oos 88
ooste 88
oostelik
  88 Posisie
  147 Rigting
oosterhemel 269
oosterkim 269
oosterlengte 272
oosterling 64
oosterson 270
oostewind 290
ooswaarts
  88 Posisie
  147 Rigting
ootmoed
  597 Gehoorsaam
  786 Nederigheid
ootmoedig
  597 Gehoorsaam
  600 Onder bevel staan
  786 Nederigheid
ootmoedigheid 786
op
  28 Einde
  61 Plek
  71 Regop
  74 Op
  88 Posisie
  103 Min
  110 Niks
  127 Tydbepaling
  211 Opgaan
  436 Hoog
  629 Gebruik
  661 Vermoeidheid
  715 Negatiewe gevoel

opaak 489
opaal
  298 Steen
  492 Kleure
opaalblou 492
opaliserend 492
opberg
  170 Saambring
  175 Insit
opberging
  170 Saambring
  175 Insit
opbergingsgeheue 263
opbetaal 708
opbeur
  638 Aanmoedig
  714 Positiewe gevoel
  716 Genot
  765 Hoop
  767 Moed
  778 Goedaardigheid
opbeuring
  638 Aanmoedig
  765 Hoop
  767 Moed
opblaas
  116 Te veel
  238 Vernietig
  434 Breed
  461 Gas
  538 Dwaling
  638 Aanmoedig
  785 Hoogmoed
opblaasboot 372
opblaasmatras 96
opblaassiekte 413
opbloei
  249 Lewe
  622 Goed
  682 Slaag
opbly 410
opbou
  97 Bou
  111 Geheel
  114 Saamgesteld
  237 Voortbring
  432 Groot
  622 Goed
  625 Sterk
opbouend 622
opbraaksel 413
opbreek
  184 Breek
  238 Vernietig
opbrengs
  170 Saambring
  237 Voortbring
  347 Landbou
  686 Aanwins
  696 Ontvang
  699 Leen
opbring
  211 Opgaan

operette

413 Verskillende siektes
559 Opvoeding en
  onderwys
693 Gee
opbruis
618 Heftig
771 Gramskap
opbruising
249 Lewe
618 Heftig
opdaag
188 Aankom
204 Aangaan by
opdam
285 Watermassa
288 Waterstelsel
opdat 637
opdateer 565
opdatering 565
opdeel 112
opdien
406 Eet
418 Voeding
419 Voedselbereiding
opdienbak 95
opdienskottel 95
opdiep
176 Uithaal
517 Vind
539 Kommunikeer
552 Vertel
opdis
95 Huisraad
418 Voeding
539 Kommunikeer
550 Noem
552 Vertel
opdoek
238 Vernietig
648 Onderbreek
opdoeking
238 Vernietig
648 Onderbreek
opdoem 188
opdoen
44 Gebeure in tyd
622 Goed
opdok 708
opdonder
182 Slaan
238 Vernietig
613 Onnoukeurig
623 Sleg
652 Versuim
654 Moeilik handel
667 Stryd
opdons
182 Slaan
613 Onnoukeurig
623 Sleg
652 Versuim
667 Stryd
715 Negatiewe gevoel

774 Onverskilligheid
opdra
418 Voeding
588 Gesag hê
590 Bestuur en regeer
599 Gesag uitoefen
opdraand
73 Skuins
149 Pad
436 Hoog
opdrag
548 Praat
567 Boek
579 Gedwonge
599 Gesag uitoefen
645 Handel
808 Regswese
opdraggewer 599
opdress 745
opdreun
595 Streng
666 Verhinder
opdrifsel
214 Dryf
283 See
opdring
663 Meedoen
792 Asosiaal
opdringerig
506 Belangstelling
663 Meedoen
785 Hoogmoed
790 Sosiale betrekking
792 Asosiaal
opdringerigheid
506 Belangstelling
663 Meedoen
792 Asosiaal
opdroog 464
opdruk
181 Raak
490 Kleur
638 Aanmoedig
opdryf 638
opduik
188 Aankom
517 Vind
opdwing
663 Meedoen
792 Asosiaal
opeen
69 Naby
74 Op
172 Vasmaak
453 Dig
opeenhoop 170
opeenhoping 170
opeens
41 Kortstondig
521 Verras wees
opeenvolg
21 Opeenvolging
47 Later

opeenvolgend 21
opeenvolging 21
opeet 406 Eet
opehartoperasie 414
opeis
17 Noodsaak
171 Verwyder
520 Verwag
604 Versoek
806 Wettig
opeising 604
opelug 80
opelugkonsert 755
opelugmuseum 749
opelyf 409
open
27 Begin
65 Afwesigheid
177 Oopgaan
206 Ingaan
454 Nie dig nie
649 Begin handel
665 Byeenkom
op-en-afpatroon 745
op-en-afspringery 199
openbaar
162 Ontbloot
206 Ingaan
539 Kommunikeer
548 Praat
551 Meedeel
559 Opvoeding en
  onderwys
590 Bestuur en regeer
658 Beroep
openbaarmaking
162 Ontbloot
539 Kommunikeer
551 Meedeel
openbaring
162 Ontbloot
533 Verstaan
539 Kommunikeer
842 Geloof
openbaringsleer 842
openhartig
539 Kommunikeer
814 Eerlik
openhartigheid
593 Vryheid
814 Eerlik
openheid
502 Verstand
593 Vryheid
opening
147 Rigting
177 Oopgaan
206 Ingaan
207 Uitgaan
402 Afskeidings- en
  uitskeidingsorgane
649 Begin handel
665 Byeenkom

openingsplegtigheid 793
openingsrede 558
openingswoord 558
openlik
162 Ontbloot
539 Kommunikeer
814 Eerlik
openlikheid
593 Vryheid
814 Eerlik
op-en-top
109 Alles
111 Geheel
op-en-wakker 767
opera
749 Kuns
753 Musiek
754 Komposisie
757 Sang
operaganger 755
operagebou 91
operageselskap
755 Uitvoering
757 Sang
operamusiek 753
operasanger 757
operasie
414 Geneeskunde
645 Handel
667 Stryd
672 Weermag
operasiebasis 667
operasiefront 672
operasiekamer 417
operasiemes
185 Sny
417 Hospitaal
operasiesaal 417
operasiesuster
416 Medikus
417 Hospitaal
operasietafel 417
operasieteater 417
operasioneel
629 Gebruik
640 Voorbereid
667 Stryd
operaster 757
operateur
263 Rekenaar en
  internet
268 Fotografie en film
630 Werktuig
752 Toneel- en
  rolprentkuns
operd 347
opereer
414 Geneeskunde
417 Hospitaal
629 Gebruik
645 Handel
operette
749 Kuns

765

754 Komposisie
757 Sang
opfieks 622
opfleur
  249 Lewe
  718 Blydskap
opflikker
  249 Lewe
  412 Siek
  487 Ligbron
opflikkering
  249 Lewe
  412 Siek
opfoes 238
opfoeter
  182 Slaan
  238 Vernietig
  623 Sleg
opfok
  182 Slaan
  238 Vernietig
  623 Sleg
  652 Versuim
  667 Stryd
  820 Oneerbaar
opfris
  53 Nuut en jonk
  622 Goed
opfrissertjie 407
opfrissingskursus 561
opgaaf
  539 Kommunikeer
  712 Belasting
opgaan
  158 Na bo
  211 Opgaan
opgaar
  170 Saambring
  692 Spaar
  698 Behou
opgaardam 285
opgaartenk
  84 Houer
  288 Waterstelsel
opgang 622
opgawe
  21 Opeenvolging
  539 Kommunikeer
  551 Meedeel
opgeblase 785
opgeblasenheid 785
opgedress 745
opgee
  412 Siek
  551 Meedeel
  603 Voorstel
  683 Misluk
  687 Verlies
  693 Gee
  719 Hartseer
opgeefsel
  267 Optika
  413 Verskillende siektes

485 Lig
opgefrommel 180
opgehewe
  413 Verskillende siektes
  434 Breed
opgeld 702
opgeruimd 718
opgeruimdheid 718
opgeskeep
  725 Verveling
  792 Asosiaal
opgeskootheid 432
opgeskote
  53 Nuut en jonk
  432 Groot
  436 Hoog
opgesmuk 745
opgetens
  378 Senuwee
  715 Negatiewe gevoel
  768 Vrees
opgetoë
  718 Blydskap
  720 Tevredenheid
opgetoënheid 718
opgetof 745
opgetooi 745
opgevoed
  502 Verstand
  559 Opvoeding en onderwys
  622 Goed
  785 Hoogmoed
  788 Beskawing
  791 Sosiaal
  812 Goeie gedrag
opgewasse 614
opgewassenheid 614
opgewek
  714 Positiewe gevoel
  716 Genot
  718 Blydskap
  793 Fees
opgewektheid
  716 Genot
  718 Blydskap
opgewonde
  618 Heftig
  714 Positiewe gevoel
  716 Genot
  718 Blydskap
  771 Gramskap
opgewondenheid
  618 Heftig
  716 Genot
  718 Blydskap
  771 Gramskap
opgooi
  412 Siek
  413 Verskillende siektes
opgradeer
  140 Verandering
  263 Rekenaar en

    internet
  622 Goed
opgradeerbaar
  140 Verandering
  622 Goed
opgradering
  140 Verandering
  622 Goed
opgrawe 176
opgrawing 176
opgroei 432
ophaal
  170 Saambring
  211 Opgaan
  510 Herinner
  550 Noem
  694 Neem
ophande 51
ophandesynde 51
ophang
  76 Bo, bokant, boontoe
  252 Doodmaak
  835 Bestraf
ophef
  559 Opvoeding en onderwys
  622 Goed
  648 Onderbreek
  687 Verlies
  780 Hulpbetoon
  801 Wet
  826 Goedkeur
opheffend 767
opheffing
  28 Einde
  599 Gesag uitoefen
  622 Goed
  648 Onderbreek
  780 Hulpbetoon
ophelder
  19 Orde
  488 Deurskynend
  500 Sigbaarheid
  543 Duidelik
ophemel
  826 Goedkeur
  830 Eerbiedig
ophemeling
  826 Goedkeur
  830 Eerbiedig
ophits
  638 Aanmoedig
  713 Gevoel
ophitsing
  638 Aanmoedig
  713 Gevoel
Ophiuchus 270
ophoepel
  167 Wegbeweeg
  190 Vertrek
  501 Onsigbaarheid
ophoop
  107 Meer

  170 Saambring
  698 Behou
ophoping
  107 Meer
  170 Saambring
  174 Meng
ophou
  28 Einde
  74 Op
  141 Behoud
  146 Beweginglooshed
  193 Vertraag
  226 Stadig
  645 Handel
  646 Nie handel nie
  648 Onderbreek
  650 Voltooi
opiaat
  415 Geneesmiddel
  494 Gevoelloosheid en bedwelming
opinie
  513 Denke
  527 Oordeel
  586 Beslis
  825 Beoordeling
opiniepeiling 527
opium 494
opiumroker 494
opja(ag)
  211 Opgaan
  228 Vinnig beweeg
  638 Aanmoedig
opkeil
  412 Siek
  684 Oorwin
  835 Bestraf
opkikker
  53 Nuut en jonk
  494 Gevoelloosheid en bedwelming
  622 Goed
  716 Genot
  718 Blydskap
  745 Versier
opkikkering
  53 Nuut en jonk
  622 Goed
  716 Genot
  718 Blydskap
opkikkertoets 494
opklaar
  291 Wolk
  488 Deurskynend
  543 Duidelik
opklim
  158 Na bo
  211 Opgaan
  622 Goed
opklink
  476 Geluid
  478 Welluidend
opklits 419

oppergesag

opklop
　410 Slaap
　419 Voedselbereiding
opknap
　53 Nuut en jonk
　622 Goed
　745 Versier
opknappertjie 427
opknappingskursus 561
opkom
　27 Begin
　44 Gebeure in tyd
　188 Aankom
　211 Opgaan
　270 Hemelliggaam
　432 Groot
　682 Slaag
opkommandeer
　191 Laat kom
　604 Versoek
　679 Mobilisering
opkoms
　27 Begin
　64 Aanwesigheid
　140 Verandering
　237 Voortbring
　269 Heelal
　270 Hemelliggaam
　622 Goed
opkook 419
opkoop 704
opkrop
　582 Wilskrag
　717 Lyding
oplaag 566
oplaai
　191 Laat kom
　263 Rekenaar en internet
　452 Swaar
oplaaispoed 263
oplaas
　28 Einde
　47 Later
　650 Voltooi
oplê
　72 Plat
　712 Belasting
opleef
　249 Lewe
　661 Vermoeidheid
　562 Lees
oplegging 712
oplegsel 95
oplei
　147 Rigting
　347 Landbou
　559 Opvoeding en onderwys
　657 Herhaal
opleiding
　535 Weet
　559 Opvoeding en onderwys
　614 Bekwaam
　657 Herhaal
opleidingskollege 559
opleiwingerd 350
oplek 406
oplet
　499 Sien
　508 Aandag
opletloop 508
oplettend
　508 Aandag
　612 Noukeurig
oplettendheid
　506 Belangstelling
　508 Aandag
　655 Veilig
oplewe
　249 Lewe
　661 Vermoeidheid
oplewer
　237 Voortbring
　686 Aanwins
　693 Gee
oplewing
　249 Lewe
　622 Goed
　718 Blydskap
opligter 815
opligting 211
oploop
　107 Meer
　211 Opgaan
　667 Stryd
　696 Ontvang
oplopend
　73 Skuins
　79 Dwars
　715 Negatiewe gevoel
　771 Gramskap
　779 Boosaardigheid
oplopendheid
　771 Gramskap
　779 Boosaardigheid
oplos
　19 Orde
　256 Skeikunde
　460 Vloeistof
　517 Vind
　543 Duidelik
　645 Handel
　668 Vrede en versoening
　682 Slaag
oplosmiddel
　256 Skeikunde
　460 Vloeistof
oplossing
　137 Bewerking
　256 Skeikunde
　460 Vloeistof
　517 Vind
　543 Duidelik
　556 Antwoord
　645 Handel
　682 Slaag
oplossingsnoot 753
oplui 265
opluister
　622 Goed
　745 Versier
opmaak
　19 Orde
　96 Slaapplek
　126 Skat
　566 Drukkuns
　745 Versier
　746 Persoonlike versorging
opmars
　190 Vertrek
　669 Aanval
　680 Militêre aksie
opmeet
　122 Bereken
　123 Meet
opmekaar
　21 Opeenvolging
　74 Op
　168 Saamkom
opmekaaraanvolgend 21
opmerk
　508 Aandag
　517 Vind
　539 Kommunikeer
　548 Praat
opmerkenswaardig 508
opmerking
　539 Kommunikeer
　548 Praat
opmerksaam
　506 Belangstelling
　508 Aandag
　620 Belangrik
opmerklik
　36 Onreëlmatigheid
　500 Sigbaarheid
　506 Belangstelling
　508 Aandag
opmerksaamheid
　506 Belangstelling
　508 Aandag
opmeting 123
opmetingsdiens 123
opmoer 820
opnaaisel 745
opname
　123 Meet
　264 Radio en televisie
　268 Fotografie en film
　527 Oordeel
　553 Behandel
opname-ateljee 264
opneem
　33 Samehorigheid
　123 Meet
　211 Opgaan
　264 Radio en televisie
　266 Akoestiek
　401 Spysverteringskanaal
　417 Hospitaal
　499 Sien
　527 Oordeel
　533 Verstaan
　811 Gewete
opnemer
　264 Radio en televisie
　565 Skryfkuns
opneuk
　182 Slaan
　613 Onnoukeurig
　652 Versuim
opnoem
　539 Kommunikeer
　550 Noem
　553 Behandel
opnoeming
　539 Kommunikeer
　550 Noem
opnuut 657
opoffer
　693 Gee
　778 Goedaardigheid
　849 Prediking
opoffering
　693 Gee
　778 Goedaardigheid
oponthoud
　146 Beweginglooshied
　193 Vertraag
　648 Onderbreek
oppak
　170 Saambring
　175 Insit
　184 Breek
oppas
　414 Geneeskunde
　508 Aandag
　651 Toesien
　656 Gevaarlik
oppasser
　508 Aandag
　651 Toesien
　655 Veilig
opper
　352 Graanverbouing
　548 Praat
　557 Diskussie
opperarmbeen
　380 Gebeente
　397 Ledemaat
opperbes 622
opperbestuur 590
opperbevel 588
opperbewindhebber 591
opperbewindvoerder 591
oppergesag
　588 Gesag hê
　590 Bestuur en regeer
　795 Staat en politiek

oppergesagvoerder 591
oppergod 855
opperheerser
  588 Gesag hê
  591 Gesaghebber
opperheerskappy
  588 Gesag hê
  616 Magtig
opperhoof 588
oppermag 588
oppermagtig
  588 Gesag hê
  591 Gesaghebber
opperste
  591 Gesaghebber
  620 Belangrik
oppervlak
  74 Op
  76 Bo, bokant, boontoe
  80 Buite
  149 Pad
  445 Oppervlak
oppervlakgrootte 445
oppervlakkig
  80 Buite
  445 Oppervlak
  536 Nie weet nie
  541 Betekenisvolheid
  542 Betekenisloosheid
  583 Willoosheid
  621 Onbelangrik
  774 Onverskilligheid
  820 Oneerbaar
oppervlakkigheid
  541 Betekenisvolheid
  542 Betekenisloosheid
  583 Willoosheid
  621 Onbelangrik
  774 Onverskilligheid
  820 Oneerbaar
oppervlakte
  123 Meet
  445 Oppervlak
opperwese 837
Opperwese 855
oppiep 776
oppik 406
oppof 446
opponeer
  119 Teenstelling
  532 Betwis
  585 Verwerp
  666 Verhinder
  667 Stryd
opponent
  532 Betwis
  666 Verhinder
  667 Stryd
  727 Kompetisie
opportunisme 644
opportuun 59
opposisie
  9 Verskillend of teenoorgesteld

  11 Disharmonie
  119 Teenstelling
  532 Betwis
  585 Verwerp
  590 Bestuur en regeer
  666 Verhinder
  667 Stryd
  795 Staat en politiek
opposisieleier 591
opposisieparty
  590 Bestuur en regeer
  795 Staat en politiek
opposisiepolitiek 590
opposisiestem
  585 Verwerp
  590 Bestuur en regeer
oppot
  170 Saambring
  175 Insit
  692 Spaar
opraak 110
opraap
  170 Saambring
  183 Gryp
  211 Opgaan
opraapsel 183
oprakel
  170 Saambring
  510 Herinner
  539 Kommunikeer
oprat 217
opreg
  622 Goed
  811 Gewete
  812 Goeie gedrag
  814 Eerlik
opregtheid
  368 Diereteelt
  778 Goedaardigheid
  811 Gewete
  812 Goeie gedrag
  814 Eerlik
oprig
  27 Begin
  61 Plek
  71 Regop
  97 Bou
  237 Voortbring
  436 Hoog
  649 Begin handel
oprigter 237
oprigting
  97 Bou
  237 Voortbring
  649 Begin handel
oprit
  94 Dele van 'n eiendom
  149 Pad
oproep
  191 Laat kom
  265 Telegraaf en telefoon
  510 Herinner

  638 Aanmoedig
  679 Mobilisering
  836 Bonatuurlik
  838 Gees
oproer
  20 Wanorde
  121 Verwarring
  598 Ongehoorsaam
  667 Stryd
oproerig
  20 Wanorde
  598 Ongehoorsaam
  667 Stryd
oproerigheid
  20 Wanorde
  667 Stryd
oproerling 598
oproermaker
  598 Ongehoorsaam
  667 Stryd
oproerstoker
  598 Ongehoorsaam
  667 Stryd
oprui
  638 Aanmoedig
  667 Stryd
opruier 638
opruiery
  598 Ongehoorsaam
  667 Stryd
opruiing
  638 Aanmoedig
  667 Stryd
opruim
  19 Orde
  627 Skoon
  705 Verkoop
opruiming
  19 Orde
  627 Skoon
  705 Verkoop
opruk
  669 Aanval
  771 Gramskap
oprylaan 149
opsaal
  219 Perdry
  231 Tuig
opsê
  28 Einde
  548 Praat
  558 Redevoering
  687 Verlies
  752 Toneel- en rolprentkuns
opsent 65
opset
  17 Noodsaak
  582 Wilskrag
  586 Beslis
  637 Doelgerigtheid en doelloosheid
  640 Voorbereid

opsetlik
  17 Noodsaak
  508 Aandag
  578 Vrywillig
  582 Wilskrag
  586 Beslis
  637 Doelgerigtheid en doelloosheid
opsie
  170 Saambring
  584 Kies
opsienbarend
  521 Verras wees
  620 Belangrik
opsiener
  508 Aandag
  590 Bestuur en regeer
opsig 6
opsigselfstaande 32
opsigtelik
  36 Onreëlmatigheid
  506 Belangstelling
  620 Belangrik
opsigter
  508 Aandag
  590 Bestuur en regeer
  592 Ondergeskikte
opsigtig 36
opsioneel 584
opsit
  239 Voortplant
  410 Slaap
  419 Voedselbereiding
  776 Liefde en vriendskap
opsitkers 776
opskeep 792
opskep
  418 Voeding
  419 Voedselbereiding
opskepbord 84
opskeplepel 95
opskeploer
  418 Voeding
  508 Aandag
  604 Versoek
opskeploerder 418
opskepperig 785
opskeppery 785
opskerp
  440 Skerp
  502 Verstand
opskiet
  199 Spring
  200 Vorentoe beweeg
  227 Werp
  324 Plantlewe
  432 Groot
  622 Goed
opskik 745

opskop
15 Oorsaak
648 Onderbreek
742 Dans
766 Wanhoop
793 Fees
opskort
23 Onderbreking
648 Onderbreek
opskorting 648
opskrif
546 Kunsmatige teken
565 Skryfkuns
567 Boek
568 Media
opskrik 768
opskroef 579
opskryf
563 Skryf
703 Boekhou
711 Skuld
opskud
104 Baie
228 Vinnig beweeg
618 Heftig
opskudding
121 Verwarring
667 Stryd
713 Gevoel
715 Negatiewe gevoel
opskuif
65 Afwesigheid
66 Plasing
181 Raak
opslaan
97 Bou
170 Saambring
199 Spring
677 Skiet
opslaangebou 93
opslaankraag 745
opslaanstelvisier 676
opslaantafel 662
opslag
318 Plant
677 Skiet
715 Negatiewe gevoel
opslagbal 728
opslagbewys 525
opslagdepot 170
opslagkoeël
676 Vuurwapen
677 Skiet
opslagplant 318
opslagplek
170 Saambring
675 Militêre toerusting
opslagruimte 170
opsluit
111 Geheel
178 Toegaan
594 Onvryheid
835 Bestraf

opsluitingsbevel 808
opslurp 407
opsmuk 745
opsmuksel 745
opsnork 623
opsnuif
389 Neus
473 Reuk
497 Reuksintuig
opsny
169 Skei
185 Sny
423 Slagter
opsoek
516 Soek
562 Lees
567 Boek
790 Sosiale betrekking
opsom
111 Geheel
539 Kommunikeer
550 Noem
553 Behandel
opsomming
111 Geheel
539 Kommunikeer
553 Behandel
809 Regsgeding
opspaar
692 Spaar
698 Behou
opspoor
166 Nader beweeg
516 Soek
517 Vind
686 Aanwins
opsporing
516 Soek
517 Vind
686 Aanwins
opspraak
506 Belangstelling
508 Aandag
opspraakwekkend
826 Goedkeur
827 Afkeur
opstaan
71 Regop
74 Op
251 In die lewe roep
410 Slaap
598 Ongehoorsaam
opstal
91 Gebou
92 Deftige, belangrike of groot gebou
354 Plaas
opstand
588 Gesag hê
598 Ongehoorsaam
666 Verhinder
667 Stryd

opstandeling 598
opstandig
582 Wilskrag
598 Ongehoorsaam
666 Verhinder
667 Stryd
opstanding
249 Lewe
842 Geloof
854 Godsdienste
opsteek
15 Oorsaak
290 Wind
293 Onweer
430 Rook
467 Aansteek
485 Lig
638 Aanmoedig
opstel
539 Kommunikeer
558 Redevoering
561 Studeer
563 Skryf
680 Militêre aksie
750 Letterkunde
opstelling
679 Mobilisering
680 Militêre aksie
opstelskrywer 565
opstik 745
opstoker
638 Aanmoedig
713 Gevoel
opstokery
638 Aanmoedig
667 Stryd
715 Negatiewe gevoel
opstoking
638 Aanmoedig
715 Negatiewe gevoel
opstook
638 Aanmoedig
667 Stryd
713 Gevoel
opstoot 181
opstootjie 598
opstop
109 Alles
178 Toegaan
368 Diereteelt
369 Veeteelt
opstopper
182 Slaan
368 Diereteelt
667 Stryd
731 Gevegsport
opstry
522 Redeneer
532 Betwis
opstuif 771
opstyg
158 Na bo
190 Vertrek

211 Opgaan
222 Vlieg
opsukkel 654
opswaai 622
opsweep
15 Oorsaak
638 Aanmoedig
opswel 771
opswepery 638
opsweping 638
opsy 113
opsysit 692
optakel 745
optatief 574
opteer 584
opteken
550 Noem
563 Skryf
optel
102 Hoeveelheid
122 Bereken
125 Tel
137 Bewerking
166 Nader beweeg
211 Opgaan
703 Boekhou
optelding 686
optelfout 137
optelsom 137
optiek
267 Optika
387 Oog
optieseselkabel 263
optika 267
optikus 387
optimaal 622
optimaliseer 622
optimis
718 Blydskap
767 Moed
optimisme
718 Blydskap
765 Hoop
767 Moed
optimisties
718 Blydskap
765 Hoop
767 Moed
optimum 622
optisiën 387
optof 745
optog
104 Baie
168 Saamkom
667 Stryd
793 Fees
optometrie
414 Geneeskunde
499 Sien
optometris 499
optooi 745
optooisel 745

optrede
558 Redevoering
644 Handelwyse
645 Handel
752 Toneel- en
  rolprentkuns
810 Gedrag
optree
558 Redevoering
599 Gesag uitoefen
644 Handelwyse
645 Handel
752 Toneel- en
  rolprentkuns
810 Gedrag
optrek
97 Bou
211 Opgaan
237 Voortbring
669 Aanval
774 Onverskilligheid
827 Afkeur
optrisiën 499
optuig
231 Tuig
235 Skeepvaart
opus 754
opvaar
158 Na bo
221 Vaar
opvaart
211 Opgaan
221 Vaar
opval
500 Sigbaarheid
506 Belangstelling
508 Aandag
620 Belangrik
opvallend
36 Onreëlmatigheid
500 Sigbaarheid
506 Belangstelling
508 Aandag
620 Belangrik
opvallendheid
500 Sigbaarheid
506 Belangstelling
508 Aandag
620 Belangrik
opvang
170 Saambring
264 Radio en televisie
288 Waterstelsel
498 Gehoor
opvangdraad 264
opvanggebied
286 Rivier
292 Water
opvarende 221
opvat
513 Denke
527 Oordeel
opvatting
513 Denke

527 Oordeel
opveil 705
opveiling 705
opvis 176
opvlam
465 Warm
771 Gramskap
opvlieënd
618 Heftig
715 Negatiewe gevoel
771 Gramskap
opvlieëndheid
715 Negatiewe gevoel
771 Gramskap
opvlieg
199 Spring
211 Opgaan
222 Vlieg
365 Voël
771 Gramskap
opvoed
559 Opvoeding en
  onderwys
588 Gesag hê
599 Gesag uitoefen
788 Beskawing
opvoeder
560 Voorskoolse en
  naskoolse onderrig
788 Beskawing
opvoeding
502 Verstand
559 Opvoeding en
  onderwys
622 Goed
788 Beskawing
791 Sosiaal
opvoedingspeil 559
opvoedkunde 559
opvoedkundig 559
opvoedkundige 560
opvoer
369 Veeteelt
406 Eet
752 Toneel- en
  rolprentkuns
opvoering
724 Vermaak en
  ontspanning
752 Toneel- en
  rolprentkuns
opvolg
25 Dit wat volg
600 Onder bevel staan
728 Balsporte
opvolger 25
opvolging 25
opvolgondersoek 414
opvorder
170 Saambring
604 Versoek
711 Skuld
opvraging 604
opvreet 406

opvrolik
716 Genot
718 Blydskap
745 Versier
opvroliking
716 Genot
718 Blydskap
745 Versier
opvryf
154 Vryf
627 Skoon
opvysel 826
opvyseling 826
opwaarts
76 Bo, bokant, boontoe
147 Rigting
158 Na bo
436 Hoog
opwag 520
opwagting 790
opwarm
418 Voeding
638 Aanmoedig
761 Graveerkuns
opwas 627
opwasbak 94
opwaskamer 94
opweeg 118
opwek
15 Oorsaak
237 Voortbring
249 Lewe
251 In die lewe roep
262 Elektrisiteit
410 Slaap
713 Gevoel
718 Blydskap
722 Humor
767 Moed
opwekkertjie 427
opwekking 262
opwekmiddel 415
opwel
287 Vloei
713 Gevoel
opwelling
211 Opgaan
713 Gevoel
opwen
128 Chronometer
163 Draai
638 Aanmoedig
opwinding
713 Gevoel
714 Positiewe gevoel
716 Genot
718 Blydskap
opwip
199 Spring
771 Gramskap
opwipstalletjie 707
opwipwinkel 707
oraal
390 Mond

548 Praat
oragie 476
orakel 502
orakelspreuk 573
orakeltaal 569
oral(s) 62
oraloor 62
oralster 62
orangoetang 366
oranje 492
oranjerooi 492
oranjespikkel-
  skilpadjie 361
orasie
476 Geluid
539 Kommunikeer
558 Redevoering
orator 558
oratories 558
orbicularis 379
orbitaal 269
orde
19 Orde
30 Hiërargie
31 Soort
35 Reëlmaat
168 Saamkom
317 Fisiologie
318 Plant
357 Dier
546 Kunsmatige teken
588 Gesag hê
612 Noukeurig
665 Byeenkom
764 Boukuns
787 Samelewing
795 Staat en politiek
852 Geestelike
ordebroeder 852
ordeliewend
19 Orde
668 Vrede en versoening
ordelik
8 Dieselfde
19 Orde
21 Opeenvolging
35 Reëlmaat
612 Noukeurig
640 Voorbereid
ordelikheid
19 Orde
35 Reëlmaat
164 Reëlmatige
  beweging
612 Noukeurig
627 Skoon
ordeloos
20 Wanorde
121 Verwarring
593 Vryheid
613 Onnoukeurig
641 Onvoorbereid
820 Oneerbaar

osmose

ordeloosheid
  20 Wanorde
  121 Verwarring
  593 Vryheid
  613 Onnoukeurig
ordelys
  21 Opeenvolging
  557 Diskussie
ordemosie 557
orden
  19 Orde
  21 Opeenvolging
  30 Hiërargie
  35 Reëlmaat
  627 Skoon
  640 Voorbereid
  849 Prediking
ordening
  19 Orde
  21 Opeenvolging
  35 Reëlmaat
  576 Sinsbou en styl
  640 Voorbereid
ordentlik
  582 Wilskrag
  596 Inskiklik
  622 Goed
  743 Mooi
  788 Beskawing
  791 Sosiaal
  812 Goeie gedrag
  819 Eerbaar
ordentlikheid
  622 Goed
  743 Mooi
  778 Goedaardigheid
  788 Beskawing
  791 Sosiaal
  811 Gewete
  812 Goeie gedrag
  819 Eerbaar
ordentlikheidshalwe
  812 Goeie gedrag
  819 Eerbaar
order
  599 Gesag uitoefen
  680 Militêre aksie
  704 Koop
  708 Betaal
  709 Betaalmiddel
ordeteken 546
ordevoorstel 557
ordinaal 133
ordinaat 139
ordinansie 599
ordineer 849
ordinêr
  35 Reëlmaat
  621 Onbelangrik
  624 Gemiddeld
  725 Verveling
ordonnans 673
ordonnansie
  599 Gesag uitoefen

657 Herhaal
801 Wet
Ordoviciumtydperk 274
oreer
  139 Meetkunde
  548 Praat
  558 Redevoering
oreganum 419
oregondruif 332
orent
  71 Regop
  443 Reglynig
Orff-instrument 756
orgaan
  377 Liggaam
  568 Media
orgaanoorplanting 414
orgaanskenker 414
organdie 311
organies
  249 Lewe
  254 Stof
  256 Skeikunde
organigram 565
organisasie
  19 Orde
  35 Reëlmaat
  168 Saamkom
  170 Saambring
  237 Voortbring
  588 Gesag hê
  640 Voorbereid
  651 Toesien
  665 Byeenkom
organisasietalent
  19 Orde
  640 Voorbereid
organisatories
  19 Orde
  640 Voorbereid
organiseer
  19 Orde
  35 Reëlmaat
  237 Voortbring
  588 Gesag hê
  599 Gesag uitoefen
  640 Voorbereid
  651 Toesien
organiseerder
  19 Orde
  237 Voortbring
  640 Voorbereid
organisme
  168 Saamkom
  237 Voortbring
  249 Lewe
organogram 565
organologie 249
organsa 311
orgasme
  239 Voortplant
  403 Voortplantings-
    orgaan

orgatron 756
orgiasties
  793 Fees
  813 Swak gedrag
orgidee 334
orgie
  793 Fees
  813 Swak gedrag
oribie 366
oriëntasie
  70 Oriëntasie
  88 Posisie
  147 Rigting
  527 Oordeel
oriënteer
  70 Oriëntasie
  88 Posisie
  516 Soek
  539 Kommunikeer
oriëntering
  70 Oriëntasie
  147 Rigting
  560 Voorskoolse en
    naskoolse onderrig
orig
  116 Te veel
  506 Belangstelling
  582 Wilskrag
  632 Onnodig
  722 Humor
  779 Boosaardigheid
origens 112
origheid
  506 Belangstelling
  722 Humor
originaliteit 27
origineel 27
origineer 0
origo 419
Orion 270
ork 365
orka 363
orkaan
  290 Wind
  293 Onweer
orkes 755
orkesbegeleiding 755
orkesdirigent 755
orkesleier 755
orkesmeester 755
orkesografie 753
orkespartituur 753
orkesparty 754
orkestraal 755
orkestrasie 754
orkestreer 754
orlon 311
ornament 745
ornamentasie 745
ornamenteel 745
ornamenteer 745
ornamentering 745
ornamentiek 745

ornitologie
  358 Dierkunde
  370 Voëlteelt
ornitoloog 358
orografie 273
orografies 273
orraait 622
orrabok 366
orrel
  756 Musiekinstrument
  853 Kerkgebou
orrelis
  755 Uitvoering
  756 Musiekinstrument
  849 Prediking
  852 Geestelike
orrelstryk 682
orreluitvoering 755
ort(h)optera 361
  357 Dier
  361 Insek
ortodidaktiek 559
ortodidakties 559
ortodoks
  141 Behoud
  840 Godsdiens
  842 Geloof
ortodoksie 842
ortodonsie
  414 Geneeskunde
  515 Wetenskap
ortodont(is) 416
ortoëpie 414
ortogonaal 447
ortografie 571
ortografies 571
ortopedie
  380 Gebeente
  414 Geneeskunde
  515 Wetenskap
ortopedies
  380 Gebeente
  414 Geneeskunde
ortopeed 416
ortoreksie 413
ortotiek 414
ortotis 416
os pubis 403
os
  231 Tuig
  366 Soogdier
oseaan
  283 See
  285 Watermassa
oseaanbesoedeling 255
oseanograaf 273
oseanografie 273
osgras 338
Osiris 855
osmium 297
osmose
  258 Hidroulika
  259 Aërografie

324 Plantlewe
osmoties
  258 Hidroulika
  259 Aërografie
  324 Plantlewe
osonisasie 461
osonometer 259
osoon 461
osoonlaag 461
osoonvriendelik
  255 Natuur
  461 Gas
ossewa 230
ossifikasie 274
ossifiseer 274
ossillasie
  164 Reëlmatige beweging
  165 Onreëlmatige beweging
ossillator
  261 Magnetisme
  262 Elektrisiteit
ossilleer
  164 Reëlmatige beweging
  165 Onreëlmatige beweging
ossillograaf 262
osso bucco 426
osstert 426
ossuarium 253
ostensief 500
ostentasie 785
ostentatief 785
osteoartritis 413
osteofagie 413
osteologie
  380 Gebeente
  413 Verskillende siektes
  414 Geneeskunde
osteoloog 416
osteomiëlitis 413
osteopatie
  413 Verskillende siektes
  414 Geneeskunde
osteoporose 413
ostium 382
ostraseer
  171 Verwyder
  192 Laat gaan
ostrasisme
  171 Verwyder
  192 Laat gaan
ot 366
otiatrie 414
otitis 413
OTM 700
otoliet 388
otologie 414
otoloog 416
otosklerose 413
otoskoop 416

otter 366
ottermaklotter(tjie) 427
ottoman 95
ou
  375 Man
  776 Liefde en vriendskap
ou(d)bakke
  623 Sleg
  657 Herhaal
  725 Verveling
ou(d)modies 54
oubaas
  54 Oud
  375 Man
  787 Samelewing
oubade 753
ouballie
  54 Oud
  375 Man
oubank 274
ouboet 244
oud
  28 Einde
  50 Verlede
  52 Ouderdom
  54 Oud
  472 Smaakloos, sleg
  725 Verveling
oudag
  52 Ouderdom
  54 Oud
ouderdom
  52 Ouderdom
  54 Oud
  413 Verskillende siektes
ouderdomsdiskriminasie 792
ouderdomsgrens 52
ouderdomsgroep 52
ouderdomsiekte 413
oudergewoonte 657
ouderling
  848 Kerklike bediening
  849 Prediking
  852 Geestelike
ouderlingsklontjie 426
oudertous 725
ouderwets
  54 Oud
  657 Herhaal
oudgediende 673
oudheid
  45 Geskiedenis
  50 Verlede
  52 Ouderdom
  54 Oud
oudheidkenner 54
oudheidkunde 54
oudiënsie 790
oudiologie 414
oudiometer
  123 Meet

  266 Akoestiek
oudiometrie
  123 Meet
  266 Akoestiek
oudiovisueel
  498 Gehoor
  499 Sien
oudisie 755
oudit 703
ouditeer 703
ouditering 703
ouditeur
  122 Bereken
  645 Handel
  703 Boekhou
ouditeur-generaal
  590 Bestuur en regeer
  703 Boekhou
ouditief 498
ouditorium
  94 Dele van 'n eiendom
  168 Saamkom
  752 Toneel- en rolprentkuns
oudleerling 560
oudste 243
oudstryder 673
oudstudent 560
ouel
  415 Geneesmiddel
  850 Sakrament
ouer
  241 Familie
  242 Ouers
ouerliefde
  242 Ouers
  776 Liefde en vriendskap
ouerlik 242
ouerloos 242
ouerpaar 242
ouerplig 811
ouerskap
  241 Familie
  242 Ouers
ouetehuis
  54 Oud
  89 Blyplek
  780 Hulpbetoon
ougat 743
ougmentasie 107
ougmentatief 107
ougoud 492
Oujaar 127
oujongkêrel 248
oujongmeisie 248
oujongnooi 248
oukêrel
  54 Oud
  375 Man
oulady 242
oulap 131

oulik
  502 Verstand
  743 Mooi
ouma
  52 Ouderdom
  54 Oud
  242 Ouers
  376 Vrou
oumagrootjie 54
oumakappertjie 334
ouman
  242 Ouers
  375 Man
oumens
  52 Ouderdom
  54 Oud
oumensalbasters 728
ounag 127
ounooi 787
ounooibossie 337
Oupa Langoor 838
oupa
  52 Ouderdom
  54 Oud
  242 Ouers
  375 Man
oupagrootjie 54
oupa-se-pyp 333
oureool 270
ourikel
  365 Voël
  388 Oor
  399 Bloedsomloop en limfstelsel
ourora
  270 Hemelliggaam
  485 Lig
ousanna 676
ouskultasie 414
ouskulteer 414
oustorie 552
oustraal 147
ousus 245
outargie 795
outentiek 537
outentiekheid 537
outentisiteit 537
outeur
  565 Skryfkuns
  750 Letterkunde
outeursaandeel 565
outeurseksemplaar 567
outeurskorreksie 566
outeursreg
  565 Skryfkuns
  806 Wettig
outeursreghouer 565
outeursregte 686
outis 505
outisme
  413 Verskillende siektes
  505 Verstandstoornis
outit 245

outobank 700
outobiograaf 565
outobiografie
 565 Skryfkuns
 567 Boek
 750 Letterkunde
outochtoon
 81 Binne
 787 Samelewing
outodidak 561
outodidaktiek 559
outodidakties
 559 Opvoeding en onderwys
 561 Studeer
outofiet 318
outogaam 239
outogamie 239
outograaf 565
outografeer 564
outografies 565
outogtoon 787
outokraat 591
outokrasie 795
outokraties
 590 Bestuur en regeer
 591 Gesaghebber
outomaat
 257 Meganika en tegnologie
 657 Herhaal
outomatiek 257
outomaties
 257 Meganika en tegnologie
 579 Gedwonge
 630 Werktuig
 645 Handel
 657 Herhaal
 676 Vuurwapen
outomatisasie
 257 Meganika en tegnologie
 657 Herhaal
outomatiseer
 630 Werktuig
 657 Herhaal
outomatisme
 257 Meganika en tegnologie
 645 Handel
outomaton 657
outomobiel 233
outonomie
 4 Selfstandigheid
 590 Bestuur en regeer
 593 Vryheid
 795 Staat en politiek
outonoom
 4 Selfstandigheid
 590 Bestuur en regeer
 593 Vryheid
 795 Staat en politiek

outoppie
 54 Oud
 375 Man
outopsie
 250 Dood
 414 Geneeskunde
outorisasie
 601 Toestemming gee
 616 Magtig
outoriseer
 601 Toestemming gee
 616 Magtig
outoritarisme 795
outoritaristies 795
outoriteit
 579 Gedwonge
 588 Gesag hê
 591 Gesaghebber
 599 Gesag uitoefen
 616 Magtig
outoritêr
 588 Gesag hê
 591 Gesaghebber
 595 Streng
 795 Staat en politiek
outosuggestie 518
outotipe
 14 Navolging
 265 Telegraaf en telefoon
 551 Meedeel
 565 Skryfkuns
outotipie 761
outsider 792
outyds
 50 Verlede
 54 Oud
 595 Streng
ouverture
 754 Komposisie
 757 Sang
ouvolk 364
ouvrou
 54 Oud
 239 Voortplant
 242 Ouers
ouvrou-onder-die-kombers 426
ouvroustorie
 524 Onlogies redeneer
 552 Vertel
ouwêrelds
 50 Verlede
 54 Oud
ovaal 446
ovarieel 403
ovariotomie 414
ovarium 403
ovasie
 722 Humor
 826 Goedkeur
overdaad
 116 Te veel

 691 Spandeer
overt
 162 Ontbloot
 539 Kommunikeer
oviduk 403
ovipaar
 239 Voortplant
 403 Voortplantings-orgaan
ovipositor 403
ovivipaar
 239 Voortplant
 403 Voortplantings-orgaan
ovulasie
 239 Voortplant
 403 Voortplantings-orgaan
ovuleer
 239 Voortplant
 403 Voortplantings-orgaan
ovum 403
owerheid
 588 Gesag hê
 590 Bestuur en regeer
 599 Gesag uitoefen
 795 Staat en politiek
owerheidsbestel 795
owerheidsinstelling 590
owerigens 112
owerpriester 854
owerspel 822
owerspeler 820
owerspelig 820
owerspeligheid 820
owerste
 591 Gesaghebber
 673 Manskap
 852 Geestelike

P
pa 242
paadjie
 149 Pad
 382 Haar
paai
 54 Oud
 375 Man
 714 Positiewe gevoel
 716 Genot
 720 Tevredenheid
paaiboelie
 768 Vrees
 771 Gramskap
 838 Gees
paaiement
 112 Deel
 693 Gee
 708 Betaal
 711 Skuld
paaiery
 716 Genot

 720 Tevredenheid
paal
 71 Regop
 101 Bouersgereedskap
 235 Skeepvaart
 316 Hout
 546 Kunsmatige teken
 729 Atletiek
paaldans 742
paalheining
 63 Begrensdheid
 160 Omring
 178 Toegaan
paalspring
 199 Spring
 729 Atletiek
paaltjiewagter 728
paalvas
 143 Bestendigheid
 537 Waarheid
 582 Wilskrag
paap 768
paaps 840
paapsgesind 840
paar
 21 Opeenvolging
 170 Saambring
 239 Voortplant
 242 Ouers
 403 Voortplantings-orgaan
paarlustig 239
paarsgewys
 10 Harmonie
 102 Hoeveelheid
paartie 724
paartjie
 242 Ouers
 248 Huwelik
 776 Liefde en vriendskap
paartyd
 38 Tydgebruik
 239 Voortplant
paasbolletjie
 424 Brood
 426 Kossoort, dis
Paasdiens 848
paaseier 426
Paasfees
 127 Tydbepaling
 851 Godsdienstige fees
 854 Godsdienste
Paasnaweek 127
Paastyd 127
Paasvakansie
 560 Voorskoolse en naskoolse onderrig
 662 Rus
pad
 147 Rigting
 149 Pad
 644 Handelwyse

padaanleg 149
padbelasting 712
padblokkade 217
padbuffel
  217 Motorry
  779 Boosaardigheid
padda 363
paddabrood 327
paddakoor 484
paddaman 215
paddaslagter
  95 Huisraad
  185 Sny
paddaslyk 327
paddastoel 327
paddastoelwolk 677
paddatjie 403
paddavanger 365
paddavis 363
paddavoet
  215 Swem
  372 Vissery
  732 Watersport
padfiets
  232 Fiets
  735 Fietsrysport
padgebruiker
  149 Pad
  216 Ry
padgedrag
  149 Pad
  217 Motorry
padgee
  167 Wegbeweeg
  190 Vertrek
  501 Onsigbaarheid
  685 Oorwin word
padhouvermoë 233
padika 742
padkaart
  88 Posisie
  147 Rigting
padkafee
  429 Eetplek, kroeg
  707 Handelsaak
padkos
  187 Reis
  418 Voeding
  426 Kossoort, dis
padlangs
  147 Rigting
  537 Waarheid
padloper 611
padnetwerk 149
padpredikant 149
padskouer 149
padstal
  429 Eetplek, kroeg
  707 Handelsaak
padteken
  149 Pad
  217 Motorry
  546 Kunsmatige teken

padvaardig 187
padvark
  149 Pad
  217 Motorry
  779 Boosaardigheid
  813 Swak gedrag
padvas 233
padvastheid 233
padveiligheid 217
padverkeer 149
padverkeersteken 546
padversperring
  178 Toegaan
  802 Wette gehoorsaam
padvervoer 194
padwaardig
  217 Motorry
  233 Voertuig
padwaardigheids-
  toets 217
padwedren 735
padwoede 771
padwys(t)er
  147 Rigting
  149 Pad
  546 Kunsmatige teken
paella
  422 Seekos
  426 Kossoort, dis
paellapan 95
pag
  699 Leen
  706 Verhuur
pagaai
  221 Vaar
  235 Skeepvaart
paganis 843
paganisme
  843 Ongeloof
  854 Godsdienste
page
  248 Huwelik
  592 Ondergeskikte
pageiendom
  699 Leen
  706 Verhuur
paggrond
  354 Plaas
  706 Verhuur
pagiderm
  357 Dier
  381 Huid
pagidermie 413
pagina 567
pagineer 567
paginering 567
pagoda
  91 Gebou
  546 Kunsmatige teken
pagter
  706 Verhuur
  712 Belasting
paisley 311

pajama(s)
  410 Slaap
  745 Versier
pajamadril 243
pak
  21 Opeenvolging
  161 Bedek
  168 Saamkom
  170 Saambring
  175 Insit
  182 Slaan
  183 Gryp
  194 Vervoer
  694 Neem
  745 Versier
  827 Afkeur
  835 Bestraf
pakaters 199
pakdier
  231 Tuig
  357 Dier
pakdril 680
pakhuis
  170 Saambring
  194 Vervoer
  707 Handelsaak
pakkaas
  20 Wanorde
  174 Meng
  187 Reis
pakkamer
  94 Dele van 'n eiendom
  170 Saambring
  707 Handelsaak
pakkasie
  20 Wanorde
  174 Meng
  187 Reis
pakkend 506
pakkerasie 174
pakket
  168 Saamkom
  196 Versend
  263 Rekenaar en
    internet
  702 Beurs
pakketpos 196
pakkie
  168 Saamkom
  196 Versend
pakking 233
pakplek
  94 Dele van 'n eiendom
  170 Saambring
pakstoor 707
pakstuk 233
pakt 607
paktregering
  590 Bestuur en regeer
  795 Staat en politiek
pakys
  459 Vaste stof
  466 Koud

pal
  40 Langdurig
  647 Voortgaan
paladyn
  518 Glo
  667 Stryd
palankyn 230
palataal
  390 Mond
  572 Uitspraak
palatalisasie 572
palato-alveolêr 572
palatum
  385 Skedel
  390 Mond
  572 Uitspraak
palawer
  539 Kommunikeer
  557 Diskussie
paleis
  89 Blyplek
  92 Deftige, belangrike of
    groot gebou
paleisrevolusie 667
paleobiologie 274
paleobotanie 274
Paleogeen 274
paleograaf 565
paleografie 565
paleografies 565
paleoklimatologie 274
paleolities
  54 Oud
  274 Geologie
paleologie 54
paleontologie
  274 Geologie
  515 Wetenskap
paleontoloog
  274 Geologie
  515 Wetenskap
Paleoseense epog 274
Paleosoïkum 274
paleosoölogie 274
palet 760
palimpses 567
palindroom
  573 Woordeskat
  575 Woordvorming
paling 363
palingenese
  140 Verandering
  842 Geloof
palinologie 325
palissade
  63 Begrensdheid
  160 Omring
  671 Verdedigingsmiddel
palissander 316
palissandryn 751
paljas 844
palladium
  297 Metaal

528 Bevestig
palm
 331 Boom
 397 Ledemaat
palmet 331
palmiet 341
palmrekenaar
 263 Rekenaar en internet
 560 Voorskoolse en naskoolse onderrig
Palmsondag 851
palmwyn 427
palomino
 366 Soogdier
 427 Drank
palp 361
palpasie
 414 Geneeskunde
 495 Tassin
palpeer
 414 Geneeskunde
 495 Tassin
palpitasie 405
palpiteer 405
pamflet
 551 Meedeel
 568 Media
pamflettis 565
pampa 280
pampasgras 338
pampelmoes
 350 Vrugteverbouing
 363 Waterdier
 426 Kossoort, dis
pampelmoesie
 350 Vrugteverbouing
 426 Kossoort, dis
pamperlang
 776 Liefde en vriendskap
 778 Goedaardigheid
 828 Vlei
pampoen
 351 Groenteverbouing
 426 Kossoort, dis
 503 Onverstandigheid
 615 Onbekwaam
pampoenkoekie 426
pampoenkop
 503 Onverstandigheid
 615 Onbekwaam
pampoenspook 741
pampoentert 426
pampoentjies 413
pampoenvlieg 361
pan
 84 Houer
 94 Dele van 'n eiendom
 95 Huisraad
 278 Vallei
 285 Watermassa
 419 Voedselbereiding

Pan 855
panache
 644 Handelwyse
 743 Mooi
panafrikanisme 787
panama 745
panasee 415
pancetta 421
panchromaties 268
pand
 607 Beloof
 655 Veilig
 688 Besit
 694 Neem
 699 Leen
pandemie 412
pandemies 413
pandemonium
 20 Wanorde
 121 Verwarring
 165 Onreëlmatige beweging
 476 Geluid
pandgewer 700
pandhouer
 607 Beloof
 700 Bank
pandit 515
pandjieshuis
 699 Leen
 707 Handelsaak
pandjieswinkel
 699 Leen
 707 Handelsaak
pandoer
 673 Manskap
 740 Kaartspel
Pandora se boks 717
pandspel 739
paneel
 94 Dele van 'n eiendom
 161 Bedek
 233 Voertuig
 760 Skilderkuns
paneelbord 233
paneelkissie
paneelwa 233
paneelwerk
 94 Dele van 'n eiendom
 161 Bedek
 745 Versier
paneer 419
paneermeel 419
panfluit 756
panga
 185 Sny
 355 Landbougereedskap
 363 Waterdier
 678 Ander wapens
pangermanisme 787
pangeweer 676
paniek
 20 Wanorde

 768 Vrees
paniekaankoop 686
paniekbevange 768
**paniekbevangen-
 heid** 768
paniekerig 768
paniekerigheid 768
panies 768
pankop 384
pankreas 401
pankreaties 401
pankreatitis 413
pannekoek 426
panoptikum 763
panorama
 499 Sien
 752 Toneel- en rolprentkuns
 760 Skilderkuns
panrooster 419
panseksualiteit 374
panseksueel 374
Pan-Slavisme 787
pansteelerf 61
pant 745
panteïs 514
panteïsme
 514 Wysbegeerte
 842 Geloof
 854 Godsdienste
panteon 91
panter 366
pantie 745
pantoen 751
pantoffel 745
pantoffelheld 597
pantoffelmossel 363
pantoffelregering 597
pantograaf
 262 Elektrisiteit
 564 Skryfbehoeftes
 759 Tekenkuns
pantomime
 545 Natuurlike teken
 752 Toneel- en rolprentkuns
pantomimiek
 545 Natuurlike teken
 752 Toneel- en rolprentkuns
pantomimis 752
pantoniem 573
pantser
 161 Bedek
 233 Voertuig
 670 Verdedig
 672 Weermag
 674 Militêre uitrusting
pantserdier 357
pantserdivisie 672
pantserglas 94
pantsertenk 675
pantsertroepe 672

pantservoertuig 675
pantserwa
 233 Voertuig
 675 Militêre toerusting
pantsula
 90 Omgewing
 249 Lewe
 742 Dans
 753 Musiek
pap
 412 Siek
 426 Kossoort, dis
 456 Sag
 462 Halfvloeibare stof
 583 Willoosheid
 626 Swak
 661 Vermoeidheid
papaja
 350 Vrugteverbouing
 426 Kossoort, dis
papajaboom 331
paparazzi 268
papawer 334
papawerolie 462
papawersaad 419
papbord
 84 Houer
 95 Huisraad
 626 Swak
 768 Vrees
papbroekerig
 583 Willoosheid
 626 Swak
 768 Vrees
papbroekig
 583 Willoosheid
 626 Swak
 768 Vrees
papdronk
 407 Drink
 494 Gevoelloosheid en bedwelming
papedom 854
papegaai
 365 Voël
 583 Willoosheid
papegaaiagtig 583
papegaaineus 389
papegaaisiekte 413
papegaaislaai 494
papelellekoors
 413 Verskillende siektes
 768 Vrees
paperas
 20 Wanorde
 315 Papier
paperasse 565
papeto
 331 Boom
 350 Vrugteverbouing
papgeld 708
papie
 185 Sny

361 Insek
papier
  315 Papier
  564 Skryfbehoeftes
papierblom 334
papierbord
  84 Houer
  95 Huisraad
papierdoilie 95
papierdun 435
papiergeld
  131 Geldeenheid
  709 Betaalmiddel
papierhanddoek 95
papierherwinning 255
papierknip 564
papiermaché 315
papiermeul 315
papiernautilusskulp 363
papieroorlog 667
papierplant 318
papierproduk 315
papiersakdoek 746
papierservet 95
papies 413
papil
  382 Haar
  387 Oog
papillon 366
papilloomvirus 413
papino
  331 Boom
  350 Vrugteverbouing
papirus
  315 Papier
  318 Plant
  341 Waterplant
  564 Skryfbehoeftes
papis 840
papkuil
  318 Plant
  339 Riet
papnat 463
papperasie
  279 Moeras
  456 Sag
  462 Halfvloeibare stof
papperd 626
papperig
  412 Siek
  456 Sag
  462 Halfvloeibare stof
pappert 768
pappery
  456 Sag
  462 Halfvloeibare stof
pappleister 415
paprika 419
papsag 456
papsak
  84 Houer
  427 Drank
  428 Drankbereiding

Papsmeer 414
papsopnat 463
papvrot 323
para 673
paraaf 546
paraat
  49 Hede
  640 Voorbereid
  655 Veilig
paraatheid
  640 Voorbereid
  655 Veilig
parabel
  552 Vertel
  750 Letterkunde
parabellum 676
parabiose
  317 Fisiologie
  357 Dier
parabolies 139
parabool 139
paraboolduin 280
parachronisme 45
parade
  61 Plek
  680 Militêre aksie
  779 Fees
paradeer
  197 Te voet gaan
  680 Militêre aksie
  785 Hoogmoed
paradegrond 680
parademars
  680 Militêre aksie
  754 Komposisie
paradentose 413
paradepas
  197 Te voet gaan
  680 Militêre aksie
paradeperd
  219 Perdry
  539 Kommunikeer
paradigma
  35 Reëlmaat
  514 Wysbegeerte
  574 Woordkategorie
  576 Sinsbou en styl
paradigmaskuif
  140 Verandering
  514 Wysbegeerte
paradigmaties
  35 Reëlmaat
  574 Woordkategorie
  576 Sinsbou en styl
paradoks
  36 Onreëlmatigheid
  521 Verras wees
  576 Sinsbou en styl
  577 Betekenis
paradoksaal
  36 Onreëlmatigheid
  576 Sinsbou en styl
  577 Betekenis

paradys
  718 Blydskap
  839 Hiernamaals
  842 Geloof
paradysvinkie 365
Paradysvoël 270
parafeer 546
parafernalia 688
paraffien
  299 Brandstof
  460 Vloeistof
paraffienlamp 487
paraffienstoof 95
paraffienverwarmer
  465 Warm
  469 Verwarmingstoestel
parafrase
  553 Behandel
  576 Sinsbou en styl
  577 Betekenis
parafraseer 553
parafrasties 577
paragnosie 844
paragoge 572
paragogies
  572 Uitspraak
  575 Woordvorming
paragon
  298 Steen
  565 Skryfkuns
  566 Drukkuns
  620 Belangrik
paragraaf
  539 Kommunikeer
  565 Skryfkuns
  566 Drukkuns
  567 Boek
  571 Skrif
paragraafindeling 565
paragraaflees 562
paragraafopskrif 565
paragrafeer
  565 Skryfkuns
  567 Boek
  571 Skrif
parakronisme 45
paralipsis
  576 Sinsbou en styl
  577 Betekenis
paralise 413
paraliseer 413
paralities 413
parallaks 267
parallaksfout 267
parallakties 269
parallel
  78 Parallel
  118 Vergelyking
  139 Meetkunde
  269 Heelal
parallel(medium)skool 559
parallelisme 78

parallellie 78
parallelogram
  78 Parallel
  139 Meetkunde
paralleltoonleer 753
paralogisme 524
paramedies 414
paramedikus 416
parameter
  3 Bestaanswyse
  15 Oorsaak
  63 Begrensdheid
  133 Getalle
paramilitêr 672
paramnesie 512
paramorfeem 575
paramour 239
paraneut
  323 Vrug
  350 Vrugteverbouing
paranimf 561
paranoia 505
paranoïes 505
paranoïkus 505
paranormaal
  34 Vreemdheid
  36 Onreëlmatigheid
parapleeg 412
paraplegie 413
paraplegies 413
paraplekties 413
parapsigologie 514
parasetamol 415
parasiet
  318 Plant
  324 Plantlewe
  344 Onkruid
  357 Dier
  359 Eensellige dier
  692 Spaar
parasietkunde 358
parasietplant 344
parasimpaties 378
parasiteer 357
parasities
  317 Fisiologie
  357 Dier
parasitisme
  317 Fisiologie
  357 Dier
parasitologie 358
parasitologies 358
parasjutis 673
parasol 161
parasoön 360
parataksis 576
paratakties 576
paratifus 413
paratiroïed 402
paratroepe 672
pardoems 480
pardon 783
pareer 678

paregoor 415
paregorie 415
parenchiem 320
parentese
  565 Skryfkuns
  571 Skrif
parenteties 571
parfait 426
parfumeer
  474 Welriekend
  746 Persoonlike
    versorging
parfumerie
  474 Welriekend
  746 Persoonlike
    versorging
parfuum
  474 Welriekend
  746 Persoonlike
    versorging
parhelium 270
pari pasu
  10 Harmonie
  48 Gelyktydig
pari 702
paria 779
paring 239
pariteit
  10 Harmonie
  263 Rekenaar en
    internet
  702 Beurs
pariteitsbeheer 263
pariteitskontrole 263
pariwaarde 704
park
  61 Plek
  255 Natuur
  346 Landbougrond
parka 745
parkade
  217 Motorry
  233 Voertuig
parkeer 217
parkeergarage
  217 Motorry
  233 Voertuig
parkeerlig
  233 Voertuig
  487 Ligbron
parkeermeter 217
parkeerplek 217
parkeerterrein
  217 Motorry
  222 Vlieg
parkering 217
parket
  94 Dele van 'n eiendom
  752 Toneel- en
    rolprentkuns
parkiet 365
Parkinsonsiekte 413
parlement
  588 Gesag hê

  590 Bestuur en regeer
parlementariër 591
parlementêr
  588 Gesag hê
  590 Bestuur en regeer
parlementsgebou
  92 Deftige, belangrike of
    groot gebou
  590 Bestuur en regeer
parlementsitting
  557 Diskussie
  590 Bestuur en regeer
parlementslid
  590 Bestuur en regeer
  591 Gesaghebber
  795 Staat en politiek
Parmaham 421
parmant
  53 Nuut en jonk
  667 Stryd
  767 Moed
  779 Boosaardigheid
parmantig
  667 Stryd
  767 Moed
  785 Hoogmoed
  792 Asosiaal
parmantigheid
  667 Stryd
  767 Moed
  792 Asosiaal
parmesaan 426
parodie
  576 Sinsbou en styl
  722 Humor
parodieer 750
parodies 722
parogiaal
  503 Onverstandigheid
  840 Godsdiens
parogialisme 795
parogie 840
paroksisme
  107 Meer
  715 Negatiewe gevoel
parole 569
paroniem
  573 Woordeskat
  577 Betekenis
paronimie
  573 Woordeskat
  577 Betekenis
paronomasia 576
parool 593
parotitis 413
pars
  154 Vryf
  350 Vrugteverbouing
parsek
  123 Meet
  269 Heelal
parsie 413
parsieel 112

parsimonie
  692 Spaar
  773 Begeerte
parskuip
  350 Vrugteverbouing
  428 Drankbereiding
parstyd
  38 Tydgebruik
  350 Vrugteverbouing
  428 Drankbereiding
parsyster
  154 Vryf
  627 Skoon
part 112
partenogenese 239
parterre 752
partikel
  112 Deel
  574 Woordkategorie
partikelwerkwoord 574
partikularis 32
partikulier 32
partisaan
  667 Stryd
  673 Manskap
partisie
  63 Begrensdheid
  112 Deel
  754 Komposisie
  795 Staat en politiek
partisipant 663
partisipasie 663
partisipeer 663
partisipium 574
partitief 576
partituur 753
partogenesis 239
partus 239
party
  6 Betrekking
  102 Hoeveelheid
  133 Getalle
  663 Meedoen
  665 Byeenkom
  754 Komposisie
  793 Fees
  795 Staat en politiek
partybestuur 590
partydig
  524 Onlogies redeneer
  584 Kies
  805 Onregverdig
partydigheid
  524 Onlogies redeneer
  584 Kies
  805 Onregverdig
partykeer 102
partykoukus
  590 Bestuur en regeer
  795 Staat en politiek
partyleier
  590 Bestuur en regeer
  591 Gesaghebber

partylid
  590 Bestuur en regeer
  795 Staat en politiek
partymaal 102
partypolitiek 795
partypolities 795
partyregering 590
partyskap 805
partystaatstelsel 795
partysweep
  590 Bestuur en regeer
  591 Gesaghebber
partytjie
  418 Voeding
  716 Genot
  724 Vermaak en
    ontspanning
  790 Sosiale betrekking
  793 Fees
partytjiedier
  724 Vermaak en
    ontspanning
  793 Fees
partytjiedwelm 494
partytjieganger
  724 Vermaak en
    ontspanning
  793 Fees
partytrek 805
parvenu 689
parvenuagtig 689
pas de deux 742
pas
  27 Begin
  50 Verlede
  130 Onbepaaldheid
  149 Pad
  187 Reis
  197 Te voet gaan
  224 Snelheid
  277 Berg
  601 Toestemming gee
  633 Nuttig
  729 Atletiek
pasaangeër
  399 Bloedsomloop en
    limfstelsel
  729 Atletiek
pascal 123
Pase 851
pasella 693
pasga
  842 Geloof
  851 Godsdienstige fees
  854 Godsdienste
pasgang
  197 Te voet gaan
  219 Perdry
  225 Vinnig
pasganger 225
pasgebore
  27 Begin
  239 Voortplant

pasgeborene 239
pasgetroudes 248
pasiënt sero 412
pasiënt
  412 Siek
  414 Geneeskunde
  574 Woordkategorie
pasifikasie 668
pasifis 668
pasifiseer 668
pasifisme 668
pasifisties 668
pasja 591
pasjmina 745
paskamer 707
pasklaar
  113 Enkelvoudig
  745 Versier
paskwil
  568 Media
  831 Minag
paslaken 95
paslik
  59 Geleë
  622 Goed
  631 Nodig
  633 Nuttig
  743 Mooi
paslikheid
  59 Geleë
  622 Goed
  633 Nuttig
  743 Mooi
paslood
  101 Bouersgereedskap
  443 Reglynig
pasmaak 640
pasmunt 131
pasop 656
paspoort
  3 Bestaanswyse
  187 Reis
  601 Toestemming gee
paspoortbeheer 222
passaat
  187 Reis
  290 Wind
passaatwind 290
passabel 624
passasie
  187 Reis
  567 Boek
  754 Komposisie
passasier
  187 Reis
  220 Treinry
  221 Vaar
  236 Lugvaart
passasiersdiens
  220 Treinry
  221 Vaar
passasierskajuit
  235 Skeepvaart

  236 Lugvaart
passasierskip 235
passasierstraler 236
passasierstrein 234
passasiersvervoer
  194 Vervoer
  220 Treinry
passasierswa 234
passeer 208
passement 745
passend
  59 Geleë
  622 Goed
  633 Nuttig
  743 Mooi
passe-partout
  178 Toegaan
  206 Ingaan
passer
  139 Meetkunde
  759 Tekenkuns
passie
  714 Positiewe gevoel
  715 Negatiewe gevoel
  776 Liefde en vriendskap
  854 Godsdienste
passieblom 334
passief
  574 Woordkategorie
  576 Sinsbou en styl
  635 Skadelik
  646 Nie handel nie
  711 Skuld
passiefsin 576
passiespel 854
passievol
  714 Positiewe gevoel
  715 Negatiewe gevoel
passionato 753
passiwiteit 646
pasta
  426 Kossoort, dis
  462 Halfvloeibare stof
pastei 426
pastel
  564 Skryfbehoeftes
  759 Tekenkuns
  760 Skilderkuns
pastelkleur
  490 Kleur
  492 Kleure
pastelkleurig 490
pastelskilder 760
pasteltekening
  759 Tekenkuns
  760 Skilderkuns
pastelverf 760
paster 139
pastersteek
  508 Aandag
  612 Noukeurig
  622 Goed

pasteurellose 413
pasteurisasie 371
pasteuriseer 371
pastiche 14
pastil 415
pastinaak 426
pastoor
  849 Prediking
  852 Geestelike
pastor
  849 Prediking
  852 Geestelike
pastoraal 852
pastoraat 852
pastorale
  750 Letterkunde
  751 Digkuns
  753 Musiek
  754 Komposisie
  757 Sang
pastorie
  91 Gebou
  853 Kerkgebou
pastoriepaar 852
pasverskene 567
patat
  351 Groenteverbouing
  426 Kossoort, dis
patatmot 361
pâté de foie gras 426
patee 426
pateet
  583 Willoosheid
  615 Onbekwaam
  623 Sleg
  626 Swak
  683 Misluk
  813 Swak gedrag
patella
  380 Gebeente
  397 Ledemaat
patent 616
patenteer 616
patenthouer 616
patentreg 616
patentwet 801
pater
  849 Prediking
  852 Geestelike
paterfamilias 242
paternalis 778
paternalisme
  778 Goedaardigheid
  795 Staat en politiek
paternalisties
  778 Goedaardigheid
  795 Staat en politiek
  829 Beledig
paterniteit 241
paternoster 847
patetiek
  583 Willoosheid
  615 Onbekwaam

pateties
  583 Willoosheid
  615 Onbekwaam
  619 Kalm
  623 Sleg
  626 Swak
  683 Misluk
  715 Negatiewe gevoel
  719 Hartseer
  813 Swak gedrag
patience 740
patina 301
patineer 161
patio 94
patogeen
  412 Siek
  413 Verskillende siektes
  414 Geneeskunde
patogenese 412
patogenie 412
patogenies
  413 Verskillende siektes
  414 Geneeskunde
patois 569
patologie
  414 Geneeskunde
  515 Wetenskap
patologies
  413 Verskillende siektes
  414 Geneeskunde
patoloog
  416 Medikus
  802 Wette gehoorsaam
patos
  522 Redeneer
  714 Positiewe gevoel
  719 Hartseer
patria 787
patriarg
  54 Oud
  240 Genealogie
  242 Ouers
  852 Geestelike
patriargaal
  242 Ouers
  794 Sosiale struktuur
  840 Godsdiens
  852 Geestelike
patriargaat 794
patriargie 240
patrilineêr
  240 Genealogie
  794 Sosiale struktuur
patrilinie
  240 Genealogie
  794 Sosiale struktuur
patriliniêr
  240 Genealogie
  794 Sosiale struktuur
patrilokaal 794
patrimoniaal
  688 Besit
  696 Ontvang

794 Sosiale struktuur
patrimonium
  688 Besit
  696 Ontvang
  794 Sosiale struktuur
patriot 787
patrioties 787
patriotisme 787
patrisiër
  620 Belangrik
  797 Hoër stand
  798 Laer stand
patrisies
  797 Hoër stand
  798 Laer stand
patristiek 842
patristies 842
patrolleer
  655 Veilig
  680 Militêre aksie
patrollering
  680 Militêre aksie
  802 Wette gehoorsaam
patrollie
  673 Manskap
  680 Militêre aksie
  802 Wette gehoorsaam
patrollieboot
  235 Skeepvaart
  675 Militêre toerusting
patronaat 665
patroneer 665
patroniem
  550 Noem
  574 Woordkategorie
patronimies 574
patronimikum
  550 Noem
  574 Woordkategorie
patroniseer 785
patroniserend 785
patronisering 785
patroon
  19 Orde
  35 Reëlmaat
  676 Vuurwapen
  745 Versier
patroonmatigheid
  19 Orde
  35 Reëlmaat
patrys
  365 Voël
  564 Skryfbehoeftes
patrysbos 337
patryshael 676
patryshond
  366 Soogdier
  373 Jag
patryspoort 235
pattie 426
Paulinies 842
pavane
  742 Dans

754 Komposisie
paviljoen 91
Pavo 270
pawieperske 350
pê
  661 Vermoeidheid
  722 Humor
pecorino 371
pedaal
  232 Fiets
  756 Musiekinstrument
pedaalarm 232
pedaalklawerbord 756
pedagogiek 559
pedagoog 560
pedant
  561 Studeer
  785 Hoogmoed
pedanterie 785
pedantheid 785
pedanties
  561 Studeer
  785 Hoogmoed
pederas
  776 Liefde en
    vriendskap
  820 Oneerbaar
pederastie
  776 Liefde en
    vriendskap
  820 Oneerbaar
pederasties
  776 Liefde en
    vriendskap
  820 Oneerbaar
pediater 416
pediatrie
  414 Geneeskunde
  515 Wetenskap
pediatries 414
pedigree 240
pedikuris 746
pedikuur 746
pedofiel
  776 Liefde en
    vriendskap
  779 Boosaardigheid
  803 Wette oortree
  820 Oneerbaar
pedofilie
  776 Liefde en
    vriendskap
  803 Wette oortree
  820 Oneerbaar
pedologie
  272 Aarde
  515 Wetenskap
pedometer
  125 Tel
  197 Te voet gaan
pedo-ortodonsie 515
peer
  350 Vrugteverbouing

426 Kossoort, dis
peerboom 331
peerslak 361
peervorm 438
pees 379
peester 402
peetdogter 243
peetfamilie 241
peetjie 242
peetkind 243
peetma 242
peetouer 242
peetpa 242
peetseun 243
pegasus 357
Pegasus
  270 Hemelliggaam
  855 Gode
pegmatiet 274
peil
  35 Reëlmaat
  88 Posisie
  123 Meet
  283 See
  294 Weerkunde
  493 Gevoeligheid
  516 Soek
  533 Verstaan
peilbaar
  516 Soek
  533 Verstaan
peilbaarheid
  516 Soek
  533 Verstaan
peilballon
  222 Vlieg
  294 Weerkunde
peiling
  88 Posisie
  123 Meet
  221 Vaar
  516 Soek
peillood 123
peilloos
  123 Meet
  437 Laag
peilstif 416
peilstok
  123 Meet
  235 Skeepvaart
peins
  508 Aandag
  512 Verbeelding
  513 Denke
peinsend 513
peinsery 513
peinsing 513
peits 182
pejoratief 577
pekanneut
  323 Vrug
  350 Vrugteverbouing
  426 Kossoort, dis

pekel
  419 Voedselbereiding
  471 Smaaklik, lekker
pekelharing 422
pekelrig 471
pekelsonde
  779 Boosaardigheid
  822 Skuldig
pekelsout 471
pekelvis 422
pekelvleis 421
pekelwater 460
pekineeshondjie 366
pektien 350
pektoraal 394
pektose 350
pel
  419 Voedselbereiding
  776 Liefde en
    vriendskap
  790 Sosiale betrekking
pelagies 283
pelagoskoop 123
pelargonium
  332 Struik
  334 Blomplant
pelerienmantel 745
pelgrim 845
pelgrimstog
  187 Reis
  847 Gebed
pelikaan 365
pelile
  28 Einde
  629 Gebruik
  650 Voltooi
pellagra 413
pelledoek 311
pellie 776
peloton 672
pels
  311 Weefstof
  381 Huid
pelsdier 357
pelser
  363 Waterdier
  422 Seekos
pelsjagter 373
pelsmus 745
pelsrob 363
pelvis 395
pen
  382 Haar
  439 Punt
  560 Voorskoolse en
    naskoolse onderrig
  563 Skryf
  564 Skryfbehoeftes
  728 Balsporte
  759 Tekenkuns
pen(ne)lekker
  565 Skryfkuns
  590 Bestuur en regeer

592 Ondergeskikte
pen(ne)naam 550
penaliseer 835
penant 94
penantkassie 95
penantspieël 95
penanttafeltjie 95
penarie
  631 Nodig
  654 Moeilik handel
  690 Arm
pendant 8
pendel 187
pendelaar
  187 Reis
  220 Treinry
pendeldiens 194
pendelhuwelik 248
pendeltuig
  222 Vlieg
  236 Lugvaart
  271 Kosmografie
pendelvlug
  236 Lugvaart
  271 Kosmografie
pendentief 94
pendoring
  320 Stam
  439 Punt
pendule 128
penetrant 155
penetrasie
  153 Deur
  155 Deurboor
  439 Punt
penetreer 155
penis
  402 Afskeidings- en uitskeidingsorgane
  403 Voortplantingsorgaan
penisillien 415
penitensie 823
penitent 823
penkop
  53 Nuut en jonk
  375 Man
penmaat 565
penne 426
pennemes 185
pennestreek 565
pennestryd
  539 Kommunikeer
  557 Diskussie
  667 Stryd
pennevrug
  237 Voortbring
  567 Boek
  750 Letterkunde
pennie 131
penniefluitjie 756
penning
  131 Geldeenheid

546 Kunsmatige teken
penningkunde 131
penningkundig 131
penningmeester 665
pennoen 546
penorent
  71 Regop
  443 Reglynig
penregop
  71 Regop
  443 Reglynig
pens
  395 Buik
  401 Spysverteringskanaal
penseel 760
penseelskimmel 327
penseelwerk 760
pensioen
  646 Nie handel nie
  655 Veilig
  660 Ontslag
  686 Aanwins
  708 Betaal
pensioenaris
  646 Nie handel nie
  660 Ontslag
pensioeneer 646
pensioenfonds 686
pensioengeld 686
pensioenskema 686
pensioentrekker 646
pensioenversekering 655
pension
  89 Blyplek
  429 Eetplek, kroeg
pensioneer 660
penskets
  553 Behandel
  759 Tekenkuns
pensklavier 756
pensteek 739
penswinkeltjie 707
pentaan 299
pentaëder 139
pentaëdries 139
pentagonaal
  139 Meetkunde
  447 Hoekig
pentagoon
  139 Meetkunde
  447 Hoekig
pentagram 139
pentagrammaties 139
pentameter 751
pentametries 751
Pentateug 842
pentatlon 629
pentekening 759
penumbra
  267 Optika
  270 Hemelliggaam

penumbraskaduwee 270
penveer
  365 Voël
  382 Haar
penvriend 565
penwortel
  319 Wortel
  331 Boom
peper
  182 Slaan
  419 Voedselbereiding
  471 Smaaklik, lekker
  827 Afkeur
peperboom 331
peperduur
  620 Belangrik
  708 Betaal
peperkoek 426
peperment
  340 Krui
  419 Voedselbereiding
  426 Kossoort, dis
  462 Halfvloeibare stof
pepermentkanfer 462
pepermentlekker 426
pepermentlikeur 427
pepermentolie 462
pepermintteert 426
peperpot
  84 Houer
  95 Huisraad
peperwortel
  351 Groenteverbouing
  426 Kossoort, dis
Peppadew
  351 Groenteverbouing
  419 Voedselbereiding
pepsien
  395 Buik
  408 Spysvertering
pepties 408
per 629
perd
  231 Tuig
  233 Voertuig
  366 Soogdier
  730 Gimnastiek
  739 Geselskapspele
perdeafrigter 219
perdeblom 351
perdebos 343
perdeby 361
perdebylyfie 435
perdedagga 494
perdedief 695
perdedokter 416
perdedrol 409
perdegesig 386
perdekapok 337
perdekar 230
perdeklou 335
perdekop
  332 Struik

384 Kop
perdekrag 123
perdendo 753
perderen 734
perderuiter 219
perdesiekte 413
perdesport
  629 Spel en sport
  734 Perdesport
perdestal
  354 Plaas
  369 Veeteelt
perdetemmer 368
perdevleis 421
perdevlieg 361
perdevy
  350 Vrugteverbouing
  409 Afskeiding en uitskeiding
perdfris 411
perdgerus
  619 Kalm
  714 Positiewe gevoel
perdry 219
pêrel
  413 Verskillende siektes
  620 Belangrik
  745 Versier
pêrelduiker 215
pêrelgrys 492
pêrelhalssnoer 745
pêrelhoender 365
pêrelkleur 492
pêrelletter
  565 Skryfkuns
  566 Drukkuns
pêrelvisser 372
pêrelvlieg 361
perempsie 808
perfek
  109 Alles
  574 Woordkategorie
  614 Bekwaam
  622 Goed
perfeksie
  614 Bekwaam
  622 Goed
perfeksioneer 622
perfeksionis
  614 Bekwaam
  622 Goed
perfeksionisme
  614 Bekwaam
  622 Goed
perfekteer
  140 Verandering
  622 Goed
perfektief 574
perfektiwiteit 574
perfektum 574
perfide 817
perforasie
  155 Deurboor

315 Papier
perforeer
 155 Deurboor
 315 Papier
perforeermasjien
 155 Deurboor
 315 Papier
pergola 94
perifeer
 61 Plek
 82 Rondom
 139 Meetkunde
periferaal
 61 Plek
 82 Rondom
 139 Meetkunde
periferie
 82 Rondom
 139 Meetkunde
periferies
 82 Rondom
 139 Meetkunde
perifrase 576
perifrasties 576
perigeum 270
perigoon 322
perihelium 270
perikardium 399
perikarp 323
perikoop
 842 Geloof
 849 Prediking
perimeter 139
perineum 395
periode
 37 Tydruimte
 45 Geskiedenis
 127 Tydbepaling
 560 Voorskoolse en naskoolse onderrig
 561 Studeer
periodiek
 55 Periodiek
 164 Reëlmatige beweging
 568 Media
periodies 55
periodiseer 37
periodisering 37
periodisiteit 55
periodontis 416
peripateties
 165 Onreëlmatige beweging
 514 Wysbegeerte
peri-peri 419
peripetie
 44 Gebeure in tyd
 140 Verandering
 752 Toneel- en rolprentkuns
periskoop 235
peristalsis 408

peristaltiek
 145 Beweging
 408 Spysvertering
peristalties
 145 Beweging
 408 Spysvertering
peristyl 94
peritoneum 395
peritonitis 413
perk
 61 Plek
 63 Begrensdheid
 527 Oordeel
perkament
 314 Leer
 315 Papier
perkamentrol 567
perkate
 722 Humor
 813 Swak gedrag
perkolasie 153
perkolator 153
perkoleer 153
perkoleerder
 95 Huisraad
 153 Deur
perkolering 153
perkussie 182
perkussiegranaat 676
perkussie-orkes 755
perkussiewapen 676
perkuteer 414
perlé 427
perlemoen
 363 Waterdier
 422 Seekos
 426 Kossoort, dis
 492 Kleure
 745 Versier
perlemoenduiker 372
perlemoenteelt 372
perlemoenvangs 372
perlemoer
 363 Waterdier
 422 Seekos
 426 Kossoort, dis
 492 Kleure
 745 Versier
perléwyn 427
perlokusie 577
perlokutief 577
Perm 274
permanensie
 42 Altyd
 143 Bestendigheid
 657 Herhaal
permanent
 8 Dieselfde
 42 Altyd
 143 Bestendigheid
 658 Beroep
permanganaat
 256 Skeikunde

 415 Geneesmiddel
permeabel 153
permeabiliteit 153
permissie
 601 Toestemming gee
 616 Magtig
permissief
 601 Toestemming gee
 779 Boosaardigheid
permissiwiteit
 601 Toestemming gee
 779 Boosaardigheid
permit
 187 Reis
 601 Toestemming gee
 616 Magtig
permitteer 601
permitterend 601
Permtydperk 274
permutasie
 67 Verplasing
 138 Algebra
 140 Verandering
 438 Vorm
peroksied 382
perorasie 558
peroreer 558
perpetueer 42
 143 Bestendigheid
perpetuerend 42
perpetuum mobile
 42 Altyd
 145 Beweging
perpleks 521
perpleksiteit 521
perron 234
pers
 181 Raak
 183 Gryp
 315 Papier
 492 Kleure
 566 Drukkuns
 568 Media
 579 Gedwonge
 627 Skoon
persattaché 539
persberig 539
perseel
 61 Plek
 64 Aanwesigheid
perseelhouer 688
Persefone 855
persent 122
persentasie
 112 Deel
 122 Bereken
 686 Aanwins
persentiel 112
persentueel 126
persepsie
 508 Aandag
 513 Denke

 518 Glo
Perseus 270
perseverasie
 582 Wilskrag
 647 Voortgaan
 657 Herhaal
persfotograaf
 268 Fotografie en film
 568 Media
persgalery 568
persgereed
 566 Drukkuns
 567 Boek
persgesprek 568
persie
 366 Soogdier
 413 Verskillende siektes
persiflage 831
persifleer
 669 Aanval
 831 Minag
persimmon
 350 Vrugteverbouing
 426 Kossoort, dis
persipieer 508
perskantoor 568
perske
 350 Vrugteverbouing
 426 Kossoort, dis
 492 Kleure
perskekleur 492
persklaar
 566 Drukkuns
 567 Boek
 568 Media
perskommentaar 568
perskonferensie 539
persman
 539 Kommunikeer
 568 Media
persmedia 568
persona grata 776
persona non grata 777
personasie
 32 Enkeling
 752 Toneel- en rolprentkuns
personderhoud 539
personeel
 592 Ondergeskikte
 645 Handel
 658 Beroep
personeelbeampte 658
personeelbestuur 590
personeelbestuurder
 590 Bestuur en regeer
 658 Beroep
personeelmyn 676
personeelopleiding 559
personeelwerwer
 516 Soek
 658 Beroep
personeer 779

personifieer
254 Stof
547 Simboliek
750 Letterkunde
personifikasie 547
persoon
4 Selfstandigheid
32 Enkeling
374 Mens
persoonlik
32 Enkeling
374 Mens
574 Woordkategorie
790 Sosiale betrekking
816 Getrouheid
831 Minag
persoonlikheid
3 Bestaanswyse
32 Enkeling
374 Mens
persoonlikheids-afwyking 413
persoonlikheid-skending 829
persoonlikheids-krenking 829
persoonlikheids-psigologie 514
persoonlikheids-regte 806
persoonsbedrog 818
persoonsnaam
546 Kunsmatige teken
550 Noem
574 Woordkategorie
Persophone 855
perspektief
139 Meetkunde
499 Sien
513 Denke
758 Beeldende kuns
perspektiefleer 758
perspektiefskildering
752 Toneel- en rolprentkuns
760 Skilderkuns
perspektieftekening 759
perspektiwies
139 Meetkunde
513 Denke
758 Beeldende kuns
perspirasie 409
perspiratories 409
perspireer
402 Afskeidings- en uitskeidingsorgane
409 Afskeiding en uitskeiding
perssensuur 568
persverklaring 539
persverslag 539
persverslaggewer 539
persvrou 568

persvryheid 593
persvrystelling 539
perswese 568
pertinensie
528 Bevestig
631 Nodig
637 Doelgerigtheid en doelloosheid
pertinent
528 Bevestig
631 Nodig
637 Doelgerigtheid en doelloosheid
pertjoema
634 Nutteloos
710 Kosteloosheid
pervers
623 Sleg
779 Boosaardigheid
813 Swak gedrag
820 Oneerbaar
perversie
623 Sleg
779 Boosaardigheid
813 Swak gedrag
820 Oneerbaar
perversiteit
623 Sleg
779 Boosaardigheid
813 Swak gedrag
820 Oneerbaar
pervert 623
perverteer
779 Boosaardigheid
813 Swak gedrag
pes
324 Plantlewe
344 Onkruid
413 Verskillende siektes
623 Sleg
722 Humor
777 Haat en onvriendelikheid
779 Boosaardigheid
813 Swak gedrag
831 Minag
Pesach 851
pesante 753
pesbakterie 413
pesepidemie 413
peseta 131
peshaard 413
pesketariër 406
peskop 779
peslug
461 Gas
475 Onwelriekend
peslyer 413
peso 131
pessiekte 413
pessimis
719 Hartseer
768 Vrees

pessimisme
413 Verskillende siektes
719 Hartseer
766 Wanhoop
768 Vrees
pessimisties
717 Lyding
719 Hartseer
766 Wanhoop
768 Vrees
pestery
722 Humor
779 Boosaardigheid
pestilensie
413 Verskillende siektes
779 Boosaardigheid
pestilent 779
pesto 426
pesvirus 413
pet
674 Militêre uitrusting
745 Versier
petalje
44 Gebeure in tyd
476 Geluid
598 Ongehoorsaam
petieterig
433 Klein
626 Swak
petiool 321
petisie
604 Versoek
808 Regswese
petisionaris 604
petisioneer
555 Vra
604 Versoek
petit blanc 427
petit four 426
petrea 333
petrefak 298
petrifieer 298
petrifikasie 298
petrifiseer 298
petrochemie 256
petrochemies
256 Skeikunde
299 Brandstof
petrogenese
274 Geologie
298 Steen
petrografie
274 Geologie
295 Delfstof
298 Steen
petrokaart 709
petrol
299 Brandstof
460 Vloeistof
petrolaangedrewe 233
petrolbom 676
petroldamp 461
petrolenjin 233

petroleum
299 Brandstof
469 Verwarmingstoestel
petroleumgas
299 Brandstof
461 Gas
petroljoggie
233 Voertuig
663 Meedoen
petrollamp 487
petrologie
274 Geologie
295 Delfstof
515 Wetenskap
petrologies 295
petroloog 274
petroltenk
84 Houer
233 Voertuig
630 Werktuig
petunia 334
peul
162 Ontbloot
207 Uitgaan
323 Vrug
peulgewas 323
peulgewasse 420
peulgroente 351
peulvrug 323
peusel 406
peuselgoed 420
peuselhappie 426
peuselkos
420 Voedsel
426 Kossoort, dis
peuselwerk 653
peuter
53 Nuut en jonk
154 Vryf
165 Onreëlmatige beweging
226 Stadig
243 Kinders
621 Onbelangrik
645 Handel
666 Verhinder
peuteraar
645 Handel
725 Verveling
peuterfase 53
peuterig
621 Onbelangrik
721 Ontevredenheid
peuterwerk
621 Onbelangrik
645 Handel
pfennig 131
phishing 263
Phobos 270
Phoebus 855
phylum
317 Fisiologie
318 Plant

pilaf

357 Dier
pianino
753 Musiek
756 Musiekinstrument
pianis 756
pianissimo 753
pianista 756
pianiste 756
pianisties 756
piano
753 Musiek
756 Musiekinstrument
pianoforte 756
pianola 756
piaster 131
piazza 445
piccolo 756
pidgin 569
pidginiseer 569
pidginisering 569
pidgintaal 569
pie
409 Afskeiding en uitskeiding
820 Oneerbaar
piedewiet 365
piek
107 Meer
277 Berg
365 Voël
439 Punt
piekanien
243 Kinders
53 Nuut en jonk
piekel
197 Te voet gaan
426 Kossoort, dis
471 Smaaklik, lekker
piekels 426
piekelui 351
piekelvis 426
pieker
513 Denke
651 Toesien
piekfyn
622 Goed
743 Mooi
piekniek
406 Eet
418 Voeding
662 Rus
724 Vermaak en ontspanning
piekniekbord 84
pieknieke te 418
piekniekganger 724
piekniekmandjie 84
piekniekplek
662 Rus
724 Vermaak en ontspanning
piekniekterrein
662 Rus

724 Vermaak en ontspanning
piekniektoerusting 662
pieksel
263 Rekenaar en internet
268 Fotografie en film
piekseleer
263 Rekenaar en internet
268 Fotografie en film
piekselwaarde
263 Rekenaar en internet
268 Fotografie en film
piektyd 127
piekuur 165
piel
402 Afskeidings- en uitskeidingsorgane
403 Voortplantings-orgaan
piëlitis 413
piëlogram 414
piëmie 413
piemp
162 Ontbloot
539 Kommunikeer
817 Ontrouheid
pienang
331 Boom
426 Kossoort, dis
pienangbone 426
pienangboom 331
pienangboon 323
pienangbossie 332
pienangneut 323
pienangvleis 426
pieng 476
pienger
94 Dele van 'n eiendom
656 Gevaarlik
pienk 492
pienkoë 413
pienkvoet 53
piep
365 Voël
390 Mond
413 Verskillende siektes
476 Geluid
481 Skerp klank
483 Voëlgeluid
484 Diergeluid
714 Positiewe gevoel
768 Vrees
776 Liefde en vriendskap
778 Goedaardigheid
820 Oneerbaar
pieper 403
pieperig
412 Siek
626 Swak

715 Negatiewe gevoel
pieperman 403
piepie
409 Afskeiding en uitskeiding
820 Oneerbaar
piepiepot 84
piepjonk 53
piepklein 433
piepkuiken
53 Nuut en jonk
243 Kinders
piepsie 409
pieps-in-die-kooi 397
piepstem
482 Menslike geluid
548 Praat
pier
149 Pad
235 Skeepvaart
818 Bedrieg
pierewaai 407
pierewaaier
593 Vryheid
785 Hoogmoed
pierewiet 365
piering
84 Houer
95 Huisraad
pieringskiet 677
pierrette 752
pierrot 752
piesang
350 Vrugteverbouing
426 Kossoort, dis
piesangboom 331
piesangbrood 426
piesangrepubliek 795
piesangtert 426
piësometer 123
piëta 758
piëteit
510 Herinner
776 Liefde en vriendskap
845 Godsvrug
pieterman 403
pieters(i)elie
419 Voedselbereiding
426 Kossoort, dis
piëtis 840
piëtisme 840
piëtisties 845
piet-my-vrou
365 Voël
476 Geluid
piets
182 Slaan
835 Bestraf
pietsnot
503 Onverstandigheid
611 Lui
615 Onbekwaam

piet-tjou-tjou 365
pigment
377 Liggaam
381 Huid
490 Kleur
pigmentasie
377 Liggaam
381 Huid
490 Kleur
pigmentasievlek 381
pigmentdruk 268
pik
155 Deurboor
184 Breek
355 Landbougereedskap
365 Voël
406 Eet
462 Halfvloeibare stof
777 Haat en onvriendelikheid
pika
123 Meet
406 Eet
pikador 731
pikant
471 Smaaklik, lekker
722 Humor
pikanterie 722
pikantheid 471
pikantrissie
351 Groenteverbouing
419 Voedselbereiding
pikaresk 576
pikblende 298
pikdonker 486
pikee 311
piket 672
pikeur 219
pikgitswart 492
pikkewyn
363 Waterdier
365 Voël
pikkie
53 Nuut en jonk
433 Klein
piknies 433
piknometer
123 Meet
453 Dig
pikorde 30
piksoen 776
pikswart 492
piktogram 565
pikturaal
743 Mooi
760 Skilderkuns
pil 415
pilaar
94 Dele van 'n eiendom
149 Pad
pilaarbyter 818
pilaarfondament 149
pilaf 426

783

pilaster 94
pildooshoed 745
pillansheide 337
pilledokter 416
pilledraaier 416
piloot
  223 Stuur
  236 Lugvaart
pilorus
  395 Buik
  401 Spysverterings-
    kanaal
pilou 426
pilsener 427
pilslukker
  412 Siek
  494 Gevoelloosheid en
    bedwelming
piment 419
pimiënto 419
pimpernel 334
pimpneut
  323 Vrug
  350 Vrugteverbouing
PIN
  3 Bestaanswyse
  263 Rekenaar en
    internet
piña colada 427
pinakoteek 760
pinas 235
pinda 323
pindakaas 426
pindaneut 323
pingpong 728
pinkie 397
pinkiering 745
PIN-kode
  3 Bestaanswyse
  263 Rekenaar en
    internet
Pinkster 851
Pinksterbeweging 854
pinot noir 427
pinotage 427
pint 123
Pinterest 568
pioen 334
pion
  592 Ondergeskikte
  617 Magteloos
  739 Geselskapspele
pionier
  0 Ontstaan
  649 Begin handel
pioniersgees 610
pionierswerk 649
piorree 413
piouter 301
pipet 256
pipperment
  340 Krui
  419 Voedselbereiding

426 Kossoort, dis
piramidaal 139
piramide 253
piramideskema 818
pirana 363
piridien 256
piriet
  296 Nie-metaal
  297 Metaal
piri-piri 419
piromaan
  412 Siek
  467 Aansteek
piromanie
  413 Verskillende siektes
  467 Aansteek
  505 Verstandstoornis
pirometer 123
piroplasma 413
pirosis 413
piroskoop 123
pirotegniek 676
pirotegnikus 676
pirouette 742
piroxeen 298
pis
  409 Afskeiding en
    uitskeiding
  820 Oneerbaar
pisblaas 402
pisbuis 402
Pisces 270
pisgoed 337
pis-in-die-kooi 413
piskriek 232
pisleier 402
pispot 84
pistachio 323
pistachioboom 331
pistachioneut 323
pister
  402 Afskeidings- en
    uitskeidingsorgane
  403 Voortplantings-
    orgaan
pistool
  252 Doodmaak
  676 Vuurwapen
pistoolskiet 731
piswol 311
pit
  323 Vrug
  350 Vrugteverbouing
  487 Ligbron
  620 Belangrik
  767 Moed
pita 424
pitabrood 424
pitiriase 413
pits(w)eer 413
pitso 665
pittig
  541 Betekenisvolheid

553 Behandel
722 Humor
pittoresk 743
pituïtêr 402
pitvoer 352
pitvrug
  323 Vrug
  350 Vrugteverbouing
pitvrugte
  323 Vrug
  350 Vrugteverbouing
più 753 Musiek
più forte 753
più mosso 753
più piano 753
più tosto 753
pizza 426
pizzaoond
  95 Huisraad
  469 Verwarmingstoestel
pizzeria 429
pizzicato 753
pla
  666 Verhinder
  717 Lyding
  722 Humor
  779 Boosaardigheid
  831 Minag
plaag
  412 Siek
  683 Misluk
  842 Geloof
plaaggees 722
plaaglustig 722
plaagsiek 722
plaagsug
  722 Humor
  779 Boosaardigheid
plaak 391
plaas
  61 Plek
  66 Plasing
  70 Oriëntasie
  191 Laat kom
  346 Landbougrond
  354 Plaas
plaasaanval
  667 Stryd
  803 Wette oortree
plaasarbeider
  592 Ondergeskikte
  645 Handel
  658 Beroep
plaasbesetter 687
plaasbesetting 687
plaasdier 357
plaasjapie
  90 Omgewing
  617 Magteloos
plaaslik
  88 Posisie
  90 Omgewing
  795 Staat en politiek

plaaslyn 265
plaasmoord
  252 Doodmaak
  803 Wette oortree
plaasneem 146
plaasopstal
  92 Deftige, belangrike of
    groot gebou
  354 Plaas
plaasproduk 237
plaasskool 559
plaastoerusting 355
plaasvervangend
  144 Vervanging
  663 Meedoen
plaasvervanger
  144 Vervanging
  658 Beroep
  663 Meedoen
plaasvervanging 144
plaasvulling 144
plaasvind 44
plaasvoorman 658
plaaswag 655
plaaswerker 645
plaaswerktuig 355
plaat
  94 Dele van 'n eiendom
  95 Huisraad
  161 Bedek
  178 Toegaan
  277 Berg
  566 Drukkuns
  756 Musiekinstrument
plaatkoekie 426
plaatkristal 292
plaatletterdruk 566
plaatskiet 677
plaatslyper 301
plaatyster 301
plaerig
  666 Verhinder
  715 Negatiewe gevoel
  722 Humor
  771 Gramskap
plaery
  722 Humor
  779 Boosaardigheid
plafon 94
plafonprys 701
plagees 722
plagiaat
  14 Navolging
  695 Steel
plagiaris
  14 Navolging
  695 Steel
plagieer 695
plajameer 280
plak
  64 Aanwesigheid
  97 Bou
  168 Saamkom

pleegsorg

172 Vasmaak
182 Slaan
462 Halfvloeibare stof
plakboek 567
plakkaat 551
plakker
  64 Aanwesigheid
  90 Omgewing
plakkersbuurt 90
plakkersdorp 90
plakkershuis
  89 Blyplek
  93 Beskeie gebou
plakkershut
  89 Blyplek
  93 Beskeie gebou
plakkerskamp 90
plakkie
  336 Vetplant
  745 Versier
plakpapier
  95 Huisraad
  161 Bedek
  315 Papier
  745 Versier
plamuur 760
plan
  97 Bou
  603 Voorstel
  640 Voorbereid
  759 Tekenkuns
planeer 302
planeet 270
planetarium 271
planetekaart 271
planetēr 270
planetestelsel 270
planetoïed 270
planimeter 123
planimetrie 123
planisfeer 271
plank 316
plankdun 435
plankry 732
planktonkrefie 362
planloos 641
planloosheid 641
planmaker 640
planmatig
  19 Orde
  640 Voorbereid
plano 566
planoformaat 566
planografie 566
planologie
  61 Plek
  515 Wetenskap
planologies 61
planometer 72
plant
  66 Plasing
  318 Plant
  324 Plantlewe

345 Plantkwekery
347 Landbou
351 Groenteverbouing
352 Graanverbouing
plantaardig
  318 Plant
  345 Plantkwekery
plantasie
  316 Hout
  346 Landbougrond
  349 Bosbou
plantbiologie 515
plantbioom 318
plantegroei
  318 Plant
  324 Plantlewe
planter 355
planteryk
  255 Natuur
  317 Fisiologie
  318 Plant
planteter
  357 Dier
  366 Soogdier
  406 Eet
plantfisiologie 515
plantfossiel 274
plantheining 160
planthouer
  84 Houer
  95 Huisraad
plantkunde
  255 Natuur
  325 Plantkunde
  515 Wetenskap
plantkundige
  325 Plantkunde
  515 Wetenskap
plantkweker 345
plantkwekery 345
plantlewe
  249 Lewe
  324 Plantlewe
plantluis
  324 Plantlewe
  361 Insek
plantpatologie
  356 Landbouwetenskap
  515 Wetenskap
plantpatoloog 515
plantry 21
plantryk 318
plantsiekte
  324 Plantlewe
  345 Plantkwekery
plantsiektekunde 325
planttyd 289
plantvet 462
plas
  215 Swem
  285 Watermassa
  463 Nat
plasebo 415

plasenta 403
plasing
  66 Plasing
  70 Oriëntasie
  88 Posisie
  576 Sinsbou en styl
plasma 400
plasmaskerm 264
plastiek
  307 Rubber en plastiek
  488 Deurskynend
plastiekgeld 709
plastiekherwinning 255
plastiekproduk 307
plastiekskuim 307
plastiekstof 307
plasties
  307 Rubber en plastiek
  456 Sag
plastisiteit 456
plat
  72 Plat
  435 Smal
  437 Laag
  445 Oppervlak
  448 Gelyk
  623 Sleg
  719 Hartseer
plataan 331
platanna 363
platboomskuit 235
platebiblioteek 753
plateel 305
plateelwerk 305
plateer
  161 Bedek
  301 Metaalverwerking
plateerder 301
platejoggie 753
platering 301
platespeler 264
plateversameling 753
platform 234
platformduiker 732
platformskoen 745
platformskuiling 234
platgeslaan 719
plathakskoen 745
platina 297
platineer 161
platinum 297
platjie
  722 Humor
  831 Minag
platkatdoring
  329 Varing
  333 Rankplant
platkewer 361
platlyfsprinkaan 361
plato
  273 Geografie
  274 Geologie
  277 Berg

436 Hoog
platonies 776
platonisme 514
platorand
  273 Geografie
  277 Berg
platpers 301
platplooi 745
platrib 421
platriem 182
platsak 690
platslaan
  98 Afbreek
  301 Metaalverwerking
  445 Oppervlak
  448 Gelyk
  639 Ontmoedig
platspier 379
platstoot 98
platteland
  61 Plek
  90 Omgewing
  273 Geografie
  787 Samelewing
plattelander
  64 Aanwesigheid
  90 Omgewing
  787 Samelewing
plattelands
  61 Plek
  90 Omgewing
platvis 363
platvloers
  623 Sleg
  748 Gebrek aan styl en smaak
  813 Swak gedrag
platvloersheid
  623 Sleg
  748 Gebrek aan styl en smaak
  813 Swak gedrag
platwurm
  363 Waterdier
  413 Verskillende siektes
plavei 97
plaveisel 94
plaveiselsteen
  94 Dele van 'n eiendom
  304 Steenbakkery
pleb 798
plebejer 798
plebissiet 590
pleeg 645
pleeggesin 241
pleeghuis 241
pleegkind
  243 Kinders
  780 Hulpbetoon
pleegouer
  241 Familie
  242 Ouers
pleegsorg 780

plegmatig

plegmatig 743
plegmatigheid 743
plegstatig 743
plegstatigheid 743
plegtig
  743 Mooi
  793 Fees
plegtigheid
  743 Mooi
  793 Fees
pleidooi
  539 Kommunikeer
  604 Versoek
  833 Verontskuldig
plein
  61 Plek
  445 Oppervlak
pleinvrees 768
pleinweg 653
pleister
  94 Dele van 'n eiendom
  97 Bou
  99 Messel
  172 Vasmaak
  415 Geneesmiddel
pleisteraar 99
pleisterbord 101
pleistering 97
pleisterplank 101
pleistersement 100
pleistertroffel 101
pleisterwerk 97
Pleistoseen 274
pleit
  604 Versoek
  809 Regsgeding
  833 Verontskuldig
pleitbesorger
  518 Glo
  670 Verdedig
pleitrede
  604 Versoek
  809 Regsgeding
pleitsiek 808
pleitskrif 604
pleitstuk 809
pleitsug 809
pleitsugtig 809
plek
  19 Orde
  61 Plek
  64 Aanwesigheid
  66 Plasing
  88 Posisie
  796 Stand
plekbepaling
  66 Plasing
  70 Oriëntasie
plekgebonde 61
plekloting 18
pleknaam
  546 Kunsmatige teken
  550 Noem

574 Woordkategorie
pleknaamkunde
  550 Noem
  570 Taalwetenskap
pleks 144
plektrum 756
plenipotensiaris 588
plenipotensie 588
pleonasme
  569 Taal
  576 Sinsbou en styl
  577 Betekenis
pleonasties
  576 Sinsbou en styl
  577 Betekenis
plesier
  713 Gevoel
  716 Genot
  718 Blydskap
  720 Tevredenheid
  724 Vermaak en ontspanning
plesierboot 235
plesierig
  716 Genot
  718 Blydskap
  791 Sosiaal
  793 Fees
plesierigheid
  716 Genot
  718 Blydskap
  791 Sosiaal
plesiermaker
  716 Genot
  724 Vermaak en ontspanning
plesierrit 216
plesiersoeker
  716 Genot
  724 Vermaak en ontspanning
plesiersoekery 716
plesierspier 403
plesiertog 187
plesiervaart
  187 Reis
  221 Vaar
plesioniem 577
plesionimie 577
plesiosouriër 367
plet 301
pletbaar 301
plethamer 301
pletmasjien 301
pletmeule 301
pletter
  301 Metaalverwerking
  302 Smeewerk
pletterboot 675
plettervat 728
plettery 302
pletwerk 301
pleura
  394 Bors

398 Asemhalingsorgaan
pleuris
  394 Bors
  413 Verskillende siektes
pleuritis
  394 Bors
  413 Verskillende siektes
plig
  645 Handel
  811 Gewete
pligmatig 811
pligpleging 811
pligsbesef
  622 Goed
  812 Goeie gedrag
pligsgetrou
  622 Goed
  811 Gewete
  812 Goeie gedrag
  816 Getrouheid
  819 Eerbaar
pligsgevoel
  713 Gevoel
  812 Goeie gedrag
pligshalwe 811
pligsversaking 811
pligsversuim
  811 Gewete
  813 Swak gedrag
pligvervulling 811
plimsollmerk
  221 Vaar
  235 Skeepvaart
plint 94
Plioseen 274
ploeg
  346 Landbougrond
  347 Landbou
  355 Landbougereedskap
ploeganker 235
ploegbreker 332
ploegskaar 355
ploegskulp 363
ploert
  623 Sleg
  785 Hoogmoed
  813 Swak gedrag
ploertagtig
  623 Sleg
  785 Hoogmoed
  813 Swak gedrag
ploerterig
  623 Sleg
  785 Hoogmoed
  813 Swak gedrag
ploertery
  623 Sleg
  785 Hoogmoed
  813 Swak gedrag
ploertestreek
  623 Sleg
  785 Hoogmoed
  813 Swak gedrag

ploertig
  623 Sleg
  785 Hoogmoed
  813 Swak gedrag
ploeter
  583 Willoosheid
  652 Versuim
ploeteraar
  583 Willoosheid
  615 Onbekwaam
  652 Versuim
plof
  476 Geluid
  480 Dowwe klank
plofbaar
  618 Heftig
  677 Skiet
plofbaarheid
  618 Heftig
  677 Skiet
ploffer 572
plofgas 461
plofgeluid
  476 Geluid
  480 Dowwe klank
plofkewer 361
plofklank
  476 Geluid
  572 Uitspraak
plofkop 676
plofstof
  256 Skeikunde
  676 Vuurwapen
plofstofdeskundige 676
ploftoestel 676
plomp 434
plompweg
  513 Denke
  539 Kommunikeer
  792 Asosiaal
plonsbad
  94 Dele van 'n eiendom
  215 Swem
plooi
  180 Ongelyk maak
  381 Huid
  386 Gesig
  449 Ongelyk
  745 Versier
  833 Verontskuldig
plooibaar 596
plooibaarheid 596
plooiberg 277
plooidal 277
plooiloos 381
plooirok 745
plooirug 277
plot 61
plots
  41 Kortstondig
  521 Verras wees
plotseling
  41 Kortstondig

polemiseer

225 Vinnig
521 Verras wees
pluimbal 728
pluimbalbaan 728
pluimhaarmot 361
pluimpie 826
pluimvee
  357 Dier
  369 Veeteelt
  420 Voedsel
  421 Vleis
pluimveeboer 370
pluimveeboerdery
  354 Plaas
  370 Voëlteelt
pluimveeteelt
  369 Veeteelt
  370 Voëlteelt
pluimveetelery
  369 Veeteelt
  370 Voëlteelt
pluis
  312 Spin
  313 Weef
pluisfluweel 311
pluiskeil 745
pluk
  165 Onreëlmatige beweging
  183 Gryp
  347 Landbou
  350 Vrugteverbouing
  561 Studeer
plukleer 211
plukryp 350
plunder
  171 Verwyder
  695 Steel
  803 Wette oortree
plunderaar
  695 Steel
  803 Wette oortree
plundering
  171 Verwyder
  695 Steel
plundertog 695
plundery
  695 Steel
  803 Wette oortree
pluraal 795
pluralis
  574 Woordkategorie
  575 Woordvorming
  795 Staat en politiek
pluralisme
  9 Verskillend of teenoorgesteld
  795 Staat en politiek
pluralisties
  590 Bestuur en regeer
  795 Staat en politiek
pluraliteit 104
pluriform 438

pluritalig 569
pluritaligheid 569
plus 137
plusminus 126
plusmin(us)teken 565
pluspunt 622
plusquamperfektum 574
plusteken
  137 Bewerking
  565 Skryfkuns
  571 Skrif
Pluto
  270 Hemelliggaam
  855 Gode
plutokraat 689
plutokrasie 689
plutokraties 689
plutonies 298
plutonisme
  274 Geologie
  298 Steen
plutonium 256
plutoniumbom 676
pluviometer 294
PMS 413
pneumatiek 259
pneumonie 413
poco 753
poco à poco 753
poco forte 753
podagra 413
podium
  558 Redevoering
  752 Toneel- en rolprentkuns
podsend 263
podsending 263
poe
  775 Weersin
  820 Oneerbaar
  827 Afkeur
poedel 366
poedelnaak 162
poeding 426
poedingbord
  84 Houer
  95 Huisraad
poëm
  567 Boek
  576 Sinsbou en styl
poëet 751
poef
  409 Afskeiding en uitskeiding
  820 Oneerbaar
poega
  628 Vuil
  775 Weersin
  827 Afkeur
poegaai 661
poegie 232
poeier
  415 Geneesmiddel

  458 Breekbaar
  474 Welriekend
  676 Vuurwapen
  746 Persoonlike versorging
poeierblou 492
poeierig 458
poeierkoeldrank 427
poeierkoffie 427
poeierkwas 342
poeiermelk 371
poel
  285 Watermassa
  692 Spaar
poelpetaan 365
poelpetaat 365
poelpetater 365
poelsnip 365
poenankies 743
poenskop
  363 Waterdier
  382 Haar
  384 Kop
poep
  409 Afskeiding en uitskeiding
  482 Menslike geluid
  820 Oneerbaar
poepdronk
  407 Drink
  494 Gevoelloosheid en bedwelming
poephol
  392 Romp
  396 Rug
  401 Spysverterings- kanaal
  402 Afskeidings- en uitskeidingsorgane
  503 Onverstandigheid
  820 Oneerbaar
poepoog 413
poepreuk 475
Poerim 854
poer-poer
  507 Gebrek aan belangstelling
  652 Versuim
  774 Onverskilligheid
poer-poerder 652
poësie 751
poespas
  170 Saambring
  174 Meng
poëtaster 751
poëtiek 751
poëties 751
poetoepap 426
poets
  154 Vryf
  627 Skoon
  722 Humor
poetsbakker 831

poetser 627
poetsgerei 627
poetsvrou
  589 Dien
  592 Ondergeskikte
  627 Skoon
  645 Handel
poetswerk 627
poewassa 854
pof 446
pofadder 364
pofbroek 745
pofferig 446
poffertjie 426
pofkoring 426
pogeria 413
poging 642
pogrom 252
poikilotermies 400
poinsettia 332
pointe 541
pointer 366
pointilleer 760
pointillis 760
pointillisme 760
poker
  739 Geselskapspele
  740 Kaartspel
pokerspeler 740
pokke 413
pokkel
  452 Swaar
  434 Breed
pokkies 413
pol 318
polarisasie
  9 Verskillend of teenoorgesteld
  262 Elektrisiteit
  267 Optika
polariseer 9
polariserend 9
polariteit 261
polder 61
poleer
  154 Vryf
  306 Diamantslypery
  448 Gelyk
  627 Skoon
poleerder
  95 Huisraad
  448 Gelyk
  627 Skoon
poleermasjien 448
polemiek
  539 Kommunikeer
  557 Diskussie
  667 Stryd
polemikus 539
polemiseer
  539 Kommunikeer
  557 Diskussie
  563 Skryf

polenta 419
poliamorie 248
poliandrie 248
poliandries 248
polichromaties
  267 Optika
  490 Kleur
polichromeer 760
polichromie
  267 Optika
  490 Kleur
  760 Skilderkuns
polichroom
  490 Kleur
  760 Skilderkuns
poliëder 139
poliëdries 139
poliep 413
poliesman
  655 Veilig
  802 Wette gehoorsaam
polieste
  655 Veilig
  802 Wette gehoorsaam
poliëster 311
poliesvrou
  655 Veilig
  802 Wette gehoorsaam
polifonie
  572 Uitspraak
  757 Sang
polifoon
  572 Uitspraak
  757 Sang
poligaam 248
poligamie 248
poligamis 248
poliginie 248
poliglossie 569
poliglot 569
poliglotties 569
poligonaal 447
poligoon 139
poligraaf
  750 Letterkunde
  802 Wette gehoorsaam
polimeer 256
polimeerstof 307
polimeerwetenskap 256
polimerie 256
polimeries 256
polimerisasie 256
polimeriseer 256
polimorf 256
polimorfie 256
polimorfisme 256
polio 413
polipose 413
poliptiek 760
polis 655
poliseem
  573 Woordeskat
  577 Betekenis

polisemie
  573 Woordeskat
  577 Betekenis
polisemies
  573 Woordeskat
  577 Betekenis
polishouer 655
polisie
  655 Veilig
  670 Verdedig
  802 Wette gehoorsaam
  803 Wette oortree
polisiebeampte
  590 Bestuur en regeer
  802 Wette gehoorsaam
polisiebrutaliteit 779
polisiediens 655
polisieer 802
polisie-informant
  539 Kommunikeer
  802 Wette gehoorsaam
polisiekantoor 802
polisieklopjag 802
polisiekonstabel
  655 Veilig
  802 Wette gehoorsaam
polisiemag
  655 Veilig
  670 Verdedig
  802 Wette gehoorsaam
polisieman
  655 Veilig
  802 Wette gehoorsaam
polisie-offisier 802
polisiëring 802
polisiesel 594
polisiestaat
  588 Gesag hê
  590 Bestuur en regeer
polisiestasie 802
polisievrou
  655 Veilig
  802 Wette gehoorsaam
polisiewa
  235 Voertuig
  802 Wette gehoorsaam
polisillabies 572
polisindeton 576
polistireen 307
politeïs 854
politeïsme 854
politiek
  590 Bestuur en regeer
  644 Handelwyse
  795 Staat en politiek
politiekery
  590 Bestuur en regeer
  795 Staat en politiek
polities
  590 Bestuur en regeer
  795 Staat en politiek
politikaster 795
politikastery 795

politikus 795
politoer 627
politonaliteit 753
polivalensie 256
polivalent 256
polka
  742 Dans
  754 Komposisie
pollen 322
pollevink 239
polo 728
polokraag 745
polonaise
  742 Dans
  754 Komposisie
polonie
  421 Vleis
  426 Kossoort, dis
polonys
  742 Dans
  754 Komposisie
pols
  397 Ledemaat
  399 Bloedsomloop en limfstelsel
  405 Bloedsomloop
  516 Soek
polsgewrig 380
polshorlosie 128
polsstok 762
poltergees
  838 Gees
  844 Bygeloof
poltergeist
  838 Gees
  844 Bygeloof
Poludeuses 855
polvy 745
polys
  448 Gelyk
  627 Skoon
pomelo
  350 Vrugteverbouing
  426 Kossoort, dis
pommade
  382 Haar
  746 Persoonlike versorging
pomologie 350
pomologies 350
pomoloog 350
pomp
  181 Raak
  182 Slaan
  233 Voertuig
  259 Aërografie
  288 Waterstelsel
  355 Landbougereedskap
pompadoer
  311 Weefstof
  382 Haar
pompaksiehael-geweer 676

pompe(l)moer(tjie)
  350 Vrugteverbouing
  426 Kossoort, dis
pompelmoes
  350 Vrugteverbouing
  363 Waterdier
  426 Kossoort, dis
pompernikkel 424
pompeus
  743 Mooi
  785 Hoogmoed
pomphuis 288
pom-pom 676
pompositeit 785
pomposo 753
poncho 745
pond
  123 Meet
  124 Weeg
  131 Geldeenheid
  709 Betaalmiddel
pondok
  89 Blyplek
  93 Beskeie gebou
poneer
  522 Redeneer
  528 Bevestig
ponie 366
poniekoerant 568
poniepers 568
poniestert 382
pons
  155 Deurboor
  302 Smeewerk
  427 Drank
  564 Skryfbehoeftes
  630 Werktuig
ponsgat 177
ponskaart 564
ponsmasjien 630
ponstikster 565
pont
  221 Vaar
  235 Skeepvaart
pontak
  426 Kossoort, dis
  427 Drank
pontboot 235
pontifikaal
  743 Mooi
  785 Hoogmoed
  852 Geestelike
pontman 221
ponton
  149 Pad
  235 Skeepvaart
pontonbrug 149
pontonnier 673
ponziskema 818
poog 642
pook 469
pool
  119 Teenstelling

posisie

256 Skeikunde
261 Magnetisme
262 Elektrisiteit
269 Heelal
272 Aarde
311 Weefstof
poolekspedisie 187
poolklem 262
poolkring 272
poollig
  270 Hemelliggaam
  485 Lig
poolreisiger 187
poolshoogte 269
poolsirkel
  269 Heelal
  272 Aarde
poolspanning
  261 Magnetisme
  262 Elektrisiteit
poolster
  147 Rigting
  270 Hemelliggaam
poolsterkte 261
poolstreek
  276 Vasteland
  289 Klimaat
pooltoendra 289
poolwind 290
poon 366
poort
  94 Dele van 'n eiendom
  176 Uithaal
  177 Oopgaan
  546 Kunsmatige teken
  671 Verdedigingsmiddel
poortaar 399
poortdeurtjie 177
poortwagter 655
poos
  37 Tydruimte
  41 Kortstondig
poot
  95 Huisraad
  361 Insek
  362 Skaaldier
  397 Ledemaat
  655 Veilig
  802 Wette gehoorsaam
pootjie 413
pootseer
  413 Verskillende siektes
  661 Vermoeidheid
pootuit 661
pop
  376 Vrou
  741 Kinderspel
  776 Liefde en vriendskap
popbed
  96 Slaapplek
  741 Kinderspel
popel
  405 Bloedsomloop

713 Gevoel
popelend
  405 Bloedsomloop
  714 Positiewe gevoel
popelien 311
popfees
  755 Uitvoering
  793 Fees
popgoed 741
popgroep 755
pophuis 91
popkonsert 755
poplap 376
poplied(jie) 757
popmooi 743
popmusiek 753
poppadom 424
poppekas 752
poppers 494
poppie 376
popsoldaatjie 741
popspeel 741
popster 757
popularisasie 543
populariseer
  543 Duidelik
  553 Behandel
  799 Beroemd
populariteit
  776 Liefde en vriendskap
  799 Beroemd
populasie 787
populêr
  543 Duidelik
  551 Meedeel
  776 Liefde en vriendskap
populêrwetenskaplik
  543 Duidelik
  551 Meedeel
populier 331
populis 795
populisme 795
populisties
  590 Bestuur en regeer
  795 Staat en politiek
por
  181 Raak
  638 Aanmoedig
  767 Moed
poreus
  454 Nie dig nie
  458 Breekbaar
poreusheid
  454 Nie dig nie
  458 Breekbaar
porfier 298
porfirie 413
porie
  177 Oopgaan
  381 Huid
  454 Nie dig nie

pornofilm 752
pornografie
  750 Letterkunde
  820 Oneerbaar
pornografiewinkel 707
pornoster 752
pornowinkel 707
porositeit
  177 Oopgaan
  454 Nie dig nie
  458 Breekbaar
porselein
  95 Huisraad
  305 Pottebakkery
porseleinaarde
  298 Steen
  305 Pottebakkery
porseleinglasuur 305
porseleinskilder
  305 Pottebakkery
  490 Kleur
porseleinslak 363
porseleinware
  84 Houer
  95 Huisraad
  418 Voeding
porsie
  5 Onselfstandigheid
  102 Hoeveelheid
  112 Deel
  418 Voeding
porslein 323
port
  196 Versend
  427 Drank
portaal
  94 Dele van 'n eiendom
  234 Spoorweë
portefeulje
  84 Houer
  564 Skryfbehoeftes
  590 Bestuur en regeer
  686 Aanwins
  688 Besit
  702 Beurs
portiek 94
portier
  234 Spoorweë
  592 Ondergeskikte
  655 Veilig
portjackson 331
porto 196
portret
  268 Fotografie en film
  547 Simboliek
  758 Beeldende kuns
  760 Skilderkuns
portretbeeldhou-
kuns 763
portretlys
  76 Bo, bokant, boontoe
  82 Rondom
  94 Dele van 'n eiendom

portretraam
  160 Omring
  268 Fotografie en film
portretskilder 760
portretskildery 758
portretteer
  268 Fotografie en film
  760 Skilderkuns
portrettis 760
Portugees 569
portuur
  8 Dieselfde
  33 Samehorigheid
portuurgroep 33
portwyn 427
pos
  94 Dele van 'n eiendom
  196 Versend
  539 Kommunikeer
  551 Meedeel
  590 Bestuur en regeer
  645 Handel
  658 Beroep
  659 Aanstelling
  660 Ontslag
  693 Gee
  703 Boekhou
posbekleding 658
posbode 196
posboot
  196 Versend
  235 Skeepvaart
posbus
  196 Versend
  263 Rekenaar en internet
posdiens 196
posduif
  196 Versend
  365 Voël
pose
  70 Oriëntasie
  785 Hoogmoed
poseer
  70 Oriëntasie
  785 Hoogmoed
Poseidon 855
poseur 785
posie 41
posisie
  3 Bestaanswyse
  19 Orde
  61 Plek
  64 Aanwesigheid
  66 Plasing
  70 Oriëntasie
  88 Posisie
  513 Denke
  588 Gesag hê
  590 Bestuur en regeer
  620 Belangrik
  645 Handel
  658 Beroep

posisiebepaling 88
posisioneel
  64 Aanwesigheid
  88 Posisie
posisioneer
  64 Aanwesigheid
  70 Oriëntasie
  88 Posisie
posisionering
  70 Oriëntasie
  88 Posisie
positief
  129 Bepaaldheid
  133 Getalle
  268 Fotografie en film
  528 Bevestig
  537 Waarheid
  586 Beslis
  718 Blydskap
  765 Hoop
positiewe 504
positivis 514
positivisme
  514 Wysbegeerte
  795 Staat en politiek
positivisties 514
positron 256
posjeer 419
poskaart
  196 Versend
  564 Skryfbehoeftes
poskaartgrootte 268
poskantoor
  91 Gebou
  196 Versend
poskar 230
poskode 196
poskoets 230
posman 196
posorder
  196 Versend
  709 Betaalmiddel
posseël
  196 Versend
  565 Skryfkuns
possessief 574
posspaarbank
  196 Versend
  692 Spaar
  700 Bank
posstem 590
posstuk 196
post meridiem 127
post mortem 414
post scriptum 565
postapartheid 795
postdateer
  127 Tydbepaling
  700 Bank
poste restante 196
posteer 673
postelein 323
posterye 196

post-impressionisme 760
postmodernisme 514
postmorfeem 575
postposisie 574
postsimptomaties 412
poststrukturalisme 514
post-teïsme 854
posttraumaties
  412 Siek
  413 Verskillende siektes
  715 Negatiewe gevoel
postulaat
  518 Glo
  522 Redeneer
  604 Versoek
postulant
  659 Aanstelling
  852 Geestelike
postuleer
  518 Glo
  522 Redeneer
postuum
  250 Dood
postuur
  70 Oriëntasie
  377 Liggaam
  438 Vorm
posvat 649
poswese
  196 Versend
  565 Skryfkuns
poswissel
  196 Versend
  709 Betaalmiddel
pot
  84 Houer
  95 Huisraad
  227 Werp
  318 Plant
  419 Voedselbereiding
  677 Skiet
  692 Spaar
  728 Balsporte
  739 Geselskapspele
  740 Kaartspel
potas
  256 Skeikunde
  300 Sout
potblou 492
potbraai 419
potbrood 424
potdig
  178 Toegaan
  453 Dig
potdoof 498
pote
  655 Veilig
  802 Wette gehoorsaam
potensiaal
  520 Verwag
  537 Waarheid
  653 Maklik handel

potensie
  239 Voortplant
  537 Waarheid
  616 Magtig
  653 Maklik handel
potensieel
  262 Elektrisiteit
  520 Verwag
  537 Waarheid
  653 Maklik handel
potent 239
potentaat 591
potgebraai 419
potgooi 263
potjie
  380 Gebeente
  739 Geselskapspele
potjiekos
  418 Voeding
  426 Kossoort, dis
potjierol 434
potjieslatyn 569
potklei 305
potlood
  560 Voorskoolse en naskoolse onderrig
  564 Skryfbehoeftes
  759 Tekenkuns
potlooderts 298
potloodkryt 564
potloodskets 759
potplant
  94 Dele van 'n eiendom
  332 Struik
potpourri
  174 Meng
  170 Saambring
  754 Komposisie
potsierlik
  36 Onreëlmatigheid
  722 Humor
  744 Lelik
potsierlikheid
  36 Onreëlmatigheid
  722 Humor
  744 Lelik
potskerf 184
pottebakker 305
pottebakkersateljee 305
pottebakkerstoerusting 305
pottebakkery 305
pottoe
  178 Toegaan
  453 Dig
potvis 363
potyster
  297 Metaal
  301 Metaalverwerking
Pou 270
pou 365
poublou 492
pouk 756

poukenis
  755 Uitvoering
  756 Musiekinstrument
poukslaner
  755 Uitvoering
  756 Musiekinstrument
pouper 690
pouperisme 690
pous
  591 Gesaghebber
  849 Prediking
  852 Geestelike
pousdom
  852 Geestelike
  854 Godsdienste
pouse
  37 Tydruimte
  146 Bewegingloosheid
  560 Voorskoolse en naskoolse onderrig
  646 Nie handel nie
  648 Onderbreek
  662 Rus
pouseer
  23 Onderbreking
  646 Nie handel nie
  648 Onderbreek
  662 Rus
pousgesind 840
pouslik 852
pouwyfie 365
power
  626 Swak
  683 Misluk
  690 Arm
praal
  743 Mooi
  785 Hoogmoed
praalbed
  250 Dood
  253 Begrafnis
praalgraf
  253 Begrafnis
  546 Kunsmatige teken
praalkoets
  230 Rytuig
  793 Fees
praalpaleis 92
praalsug 785
praalsugtig 785
praalvertoon 745
praalwa
  230 Rytuig
  793 Fees
praalwoning 92
praat
  390 Mond
  482 Menslike geluid
  483 Voëlgeluid
  539 Kommunikeer
  548 Praat
  550 Noem
  554 Aanspreek

presedent

558 Redevoering
572 Uitspraak
praatfout 569
praatgraag 548
praatjie
  539 Kommunikeer
  552 Vertel
  554 Aanspreek
  558 Redevoering
praatjies
  538 Dwaling
  548 Praat
  551 Meedeel
  552 Vertel
praatjiesmaker
  524 Onlogies redeneer
  548 Praat
  829 Beledig
praatkous 548
praatlus 548
praatlustig 548
praatsiek 548
praatstyl
  548 Praat
  569 Taal
  576 Sinsbou en styl
praatsug 548
praatsugtig 548
praatwerk 548
praesens 574
prag
  622 Goed
  689 Ryk
  743 Mooi
prag-en-praal(-)wet 801
pragmatiek
  570 Taalwetenskap
  577 Betekenis
pragmaties
  1 Bestaan
  577 Betekenis
  633 Nuttig
pragmatis 795
pragmatisme
  513 Denke
  795 Staat en politiek
pragstuk 743
pragtig
  622 Goed
  716 Genot
  743 Mooi
praguitgawe 567
prak(ke)sasie 645
prakseer
  614 Bekwaam
  645 Handel
prakties
  614 Bekwaam
  631 Nodig
  633 Nuttig
  637 Doelgerigtheid en doelloosheid
  653 Maklik handel

praktikum 561
praktikus 645
praktiseer
  414 Geneeskunde
  658 Beroep
praktisyn 416
praktyk
  416 Medikus
  644 Handelwyse
  645 Handel
  658 Beroep
pralerig 743
pralery 785
pralien 426
pram 394
prater
  548 Praat
  554 Aanspreek
  557 Diskussie
praterig
  482 Menslike geluid
  548 Praat
pratery
  483 Voëlgeluid
  539 Kommunikeer
  548 Praat
predateer 127
predatering 127
predator 357
predestinasie
  579 Gedwonge
  842 Geloof
predestinasieleer 842
predestineer 842
predik 849
predikaat
  561 Studeer
  576 Sinsbou en styl
predikaatpunt 561
predikaatsin 576
predikamp 849
predikant
  551 Meedeel
  591 Gesaghebber
  848 Kerklike bediening
  849 Prediking
  852 Geestelike
predikantstoga 852
predikasie
  551 Meedeel
  558 Redevoering
  827 Afkeur
  849 Prediking
predikatief
  574 Woordkategorie
  576 Sinsbou en styl
prediker
  539 Kommunikeer
  551 Meedeel
  849 Prediking
  852 Geestelike
prediking
  558 Redevoering

  848 Kerklike bediening
  849 Prediking
predileksie 580
predisposisie
  412 Siek
  614 Bekwaam
  713 Gevoel
predistinasieleer 579
preek
  558 Redevoering
  638 Aanmoedig
  827 Afkeur
  848 Kerklike bediening
  849 Prediking
preekstyl 849
preektoon
  638 Aanmoedig
  849 Prediking
preektrant
  638 Aanmoedig
  827 Afkeur
  849 Prediking
prefabrikasie 237
prefabriseer 237
prefek
  560 Voorskoolse en naskoolse onderrig
  591 Gesaghebber
prefektuur
  560 Voorskoolse en naskoolse onderrig
  588 Gesag hê
  591 Gesaghebber
prefereer 584
preferensie 584
preferent 584
prefiks 575
pregnant 541
prehistorie 45
prehistories
  45 Geskiedenis
  54 Oud
  274 Geologie
prei
  351 Groenteverbouing
  426 Kossoort, dis
prejudiseer 527
prejudisie
  527 Oordeel
  635 Skadelik
prejudisieer
  527 Oordeel
  635 Skadelik
Pre-kambrium-tydperk 274
prekêr 142
prekonsepsie
  584 Kies
  827 Afkeur
prelaat 852
prelaatskap 852
prelegataris 693
preliminêr 24

prelude
  27 Begin
  649 Begin handel
  754 Komposisie
preludium
  27 Begin
  754 Komposisie
prematuur
  57 Vroeg
  60 Ongeleë
  239 Voortplant
premeditasie 513
premediteer 513
premie
  700 Bank
  702 Beurs
  708 Betaal
  711 Skuld
premier 591
première 752
premis
  513 Denke
  515 Wetenskap
  518 Glo
  522 Redeneer
  558 Redevoering
prenataal 239
prent
  545 Natuurlike teken
  546 Kunsmatige teken
  759 Tekenkuns
prenteboek 567
prentelys 94
prenteverhaal
  567 Boek
  750 Letterkunde
prentstrokie
  567 Boek
  568 Media
prentverhaal 552
preokkupasie
  505 Verstandstoornis
  509 Onoplettendheid
  524 Onlogies redeneer
  612 Noukeurig
preokkupeer
  509 Onoplettendheid
  524 Onlogies redeneer
preparaat 415
prepareer 640
preposisie 574
preposisioneel
  574 Woordkategorie
  576 Sinsbou en styl
prêrie 278
prêriehond 366
prêriewolf 366
prerogatief
  593 Vryheid
  804 Regverdig
presbiter 852
Presbiteriaan 854
presedent 35

preseleksie 584
presens 574
presensie
  64 Aanwesigheid
  665 Byeenkom
presensielys
  560 Voorskoolse en naskoolse onderrig
  665 Byeenkom
present 693
presentabel 743
presentasie 693
presenteer
  680 Militêre aksie
  693 Gee
  790 Sosiale betrekking
preserveer 419
preserveermiddel 419
preservering 419
presideer 665
presidensie
  89 Blyplek
  92 Deftige, belangrike of groot gebou
presidensieel 591
president
  588 Gesag hê
  591 Gesaghebber
  665 Byeenkom
  795 Staat en politiek
presidentsverkiesing 590
presidium 665
presies
  129 Bepaaldheid
  508 Aandag
  528 Bevestig
  537 Waarheid
  595 Streng
  612 Noukeurig
  622 Goed
  826 Goedkeur
presiesheid
  129 Bepaaldheid
  537 Waarheid
  595 Streng
  612 Noukeurig
presieus 785
presimptomaties 412
presipitaat
  168 Saamkom
  256 Skeikunde
presipitasie
  15 Oorsaak
  225 Vinnig
  292 Water
presipitator 256
presipiteer
  15 Oorsaak
  256 Skeikunde
presipiteerder 256
presiseer 612

presisie
  129 Bepaaldheid
  612 Noukeurig
preskriptief 579
pressie
  579 Gedwonge
  599 Gesag uitoefen
  638 Aanmoedig
pressiegroep
  599 Gesag uitoefen
  638 Aanmoedig
prestasie
  622 Goed
  638 Aanmoedig
  645 Handel
  650 Voltooi
  812 Goeie gedrag
  834 Beloon
prestasiegedrewe
  638 Aanmoedig
  834 Beloon
prestasiegedrewenheid
  638 Aanmoedig
  834 Beloon
presteer
  622 Goed
  645 Handel
  650 Voltooi
  812 Goeie gedrag
  834 Beloon
presteerder
  622 Goed
  645 Handel
  650 Voltooi
  812 Goeie gedrag
  834 Beloon
prestige
  588 Gesag hê
  616 Magtig
  620 Belangrik
  796 Stand
  799 Beroemd
prestissimo
  225 Vinnig
  753 Musiek
presto
  225 Vinnig
  753 Musiek
presto-presto 225
presumasie
  513 Denke
  518 Glo
presumeer
  513 Denke
  518 Glo
  522 Redeneer
presumpsie
  513 Denke
  522 Redeneer
  770 Wantroue
presupponeer
  518 Glo
  522 Redeneer

  577 Betekenis
presupposisie
  518 Glo
  522 Redeneer
  577 Betekenis
pret
  716 Genot
  718 Blydskap
  724 Vermaak en ontspanning
pretbederwer 717
pretdraf 729
preteks 833
pretendeer
  785 Hoogmoed
  815 Oneerlik
  818 Bedrieg
pretensie
  2 Nie-bestaan
  785 Hoogmoed
  818 Bedrieg
pretensieloos 786
pretensieloosheid 786
pretensieus 785
preteritum 574
pretloop 729
pretloper 729
pretlustig
  718 Blydskap
  724 Vermaak en ontspanning
pretmaker
  716 Genot
  718 Blydskap
  724 Vermaak en ontspanning
pretmakery 716
pretoriaan 655
pretsoeker 716
prettig
  718 Blydskap
  724 Vermaak en ontspanning
prettigheid 718
prettrap 218
pretzel 424
preuts 715
preutsheid 715
prevarikasie 808
preventief
  655 Veilig
  666 Verhinder
prewel
  482 Menslike geluid
  548 Praat
preweling 548
prewelry 548
priapisme 413
prieel 94
priem 155
priemend 155
priemgetal 133
priester
  849 Prediking

  852 Geestelike
  854 Godsdienste
priesterdom 852
priesterlik 852
priesterorde 852
priesterskap 852
prik 155
prikkel
  15 Oorsaak
  493 Gevoeligheid
  495 Tassin
  638 Aanmoedig
  713 Gevoel
  773 Begeerte
prikkelbaar
  715 Negatiewe gevoel
  771 Gramskap
prikkelbaarheid
  715 Negatiewe gevoel
  771 Gramskap
prikkelbaredermsindroom 413
prikkeldraad 301
prikkelend
  36 Onreëlmatigheid
  471 Smaaklik, lekker
  743 Mooi
prikkeling
  713 Gevoel
  714 Positiewe gevoel
prikkellektuur
  562 Lees
  568 Media
prikkelmiddel 638
prikkelpop
  239 Voortplant
  376 Vrou
prikkelprins
  239 Voortplant
  375 Man
prikkelroman 750
prikvis 363
pril 46
prille 53
prima facie 809
prima 620
primaat
  357 Dier
  366 Soogdier
  374 Mens
  588 Gesag hê
  852 Geestelike
primaatskap
  588 Gesag hê
  852 Geestelike
primadonna
  715 Negatiewe gevoel
  749 Kuns
  752 Toneel- en rolprentkuns
  785 Hoogmoed
primakoers 700
primaria 560

primarib 421
primarius 560
primatur 566
prima-uitleenkoers 700
primêr
  4 Selfstandigheid
  17 Noodsaak
  27 Begin
  30 Hiërargie
  490 Kleur
  559 Opvoeding en
    onderwys
  560 Voorskoolse en
    naskoolse onderrig
  620 Belangrik
primitief
  17 Noodsaak
  27 Begin
  615 Onbekwaam
  620 Belangrik
  789 Onbeskaafdheid
primitiwitei
  27 Begin
  615 Onbekwaam
  789 Onbeskaafdheid
primo 27
primogenituur 696
primordiaal
  0 Ontstaan
  17 Noodsaak
  27 Begin
  620 Belangrik
primordialiteit 0
primula 334
primus
  465 Warm
  561 Studeer
primusstoof 465
prins
  591 Gesaghebber
  797 Hoër stand
prinsdom
  590 Bestuur en regeer
  797 Hoër stand
prinses
  376 Vrou
  591 Gesaghebber
  797 Hoër stand
prins-gemaal 591
prinsipaal 560
prinsipe
  522 Redeneer
  642 Beproef
  644 Handelwyse
prinsipieel
  27 Begin
  513 Denke
  522 Redeneer
  620 Belangrik
prinslik
  591 Gesaghebber
  797 Hoër stand
prins-regent 797

prior 852
priores 852
prioriteit
  584 Kies
  806 Wettig
prioritiseer
  584 Kies
  806 Wettig
priory 853
prisma
  139 Meetkunde
  267 Optika
prismaties
  139 Meetkunde
  490 Kleur
prismavormig 139
prismoïdaal 139
prismoïed 139
prisonier
  594 Onvryheid
  835 Bestraf
pritt 564
privaat
  32 Enkeling
  94 Dele van 'n eiendom
  206 Ingaan
  540 Nie kommunikeer
    nie
  658 Beroep
  664 Terugstaan
  789 Onbeskaafdheid
  816 Getrouheid
privaatheid
  540 Nie kommunikeer
    nie
  664 Terugstaan
  816 Getrouheid
privaatheid-
  skending 664
privaathospitaal 417
privaatkliniek 417
privaatreg
  515 Wetenskap
  806 Wettig
  808 Regswese
privaatregtelik 808
privaatsak 196
privaatsektor 658
privaatskool 559
privaatspeurder 516
privatief 574
privatiseer
  590 Bestuur en regeer
  707 Handelsaak
privatisering
  590 Bestuur en regeer
  707 Handelsaak
privilegie 806
pro amico 808
pro bono 808
pro Deo
  710 Kosteloosheid
  809 Regsgeding

pro domo 686
pro forma 2
pro memorie 510
pro rata
  8 Dieselfde
  10 Harmonie
  136 Eweredigheid
pro tempore 41
proaktief
  651 Toesien
  655 Veilig
pro-am-toernooi 728
probaat 642
probasie 642
probeer 642
probeerslag 642
probiotika 415
probleem
  137 Bewerking
  516 Soek
  654 Moeilik handel
  667 Stryd
  717 Lyding
probleemgeval
  516 Soek
  654 Moeilik handel
probleemkind 243
probleemloos
  653 Maklik handel
  714 Positiewe gevoel
  716 Genot
probleemloosheid
  653 Maklik handel
  716 Genot
probleemoplossend 516
probleemoplossing
  516 Soek
  654 Moeilik handel
probleemstelling 516
probleemvraag 516
probleemvry 653
problematiek 516
problematies
  623 Sleg
  654 Moeilik handel
  667 Stryd
  770 Wantroue
proboskis
  389 Neus
  390 Mond
procedé 644
produk
  0 Ontstaan
  137 Bewerking
  237 Voortbring
  681 Resultaat
  701 Handel en ekonomie
produknaam
  546 Kunsmatige teken
  550 Noem
  574 Woordkategorie
produksie
  0 Ontstaan

170 Saambring
237 Voortbring
693 Gee
752 Toneel- en
  rolprentkuns
produktemark 701
produktief
  0 Ontstaan
  237 Voortbring
  239 Voortplant
  686 Aanwins
produktiwiteit
  237 Voortbring
  686 Aanwins
produseer
  0 Ontstaan
  237 Voortbring
  239 Voortplant
  686 Aanwins
  693 Gee
produsent
  0 Ontstaan
  237 Voortbring
proe
  390 Mond
  406 Eet
  470 Smaak
  496 Smaak
  642 Beproef
proef
  255 Natuur
  268 Fotografie en film
  516 Soek
  559 Opvoeding en
    onderwys
  566 Drukkuns
  642 Beproef
  727 Kompetisie
proefaanleg
  237 Voortbring
  658 Beroep
proefbuis 256
proefbuisbaba 53
proefdruk 566
proefeksemplaar 567
proefhoudend 642
proefhuwelik 248
proefie 560
proefklas 561
proefkonyn 642
proeflees 566
proefleesfout 566
proefleessimbool 566
proefleeswerk
  565 Skryfkuns
  566 Drukkuns
  570 Taalwetenskap
proefles 561
proefleser 566
proeflesery 566
proeflopie 642
proefneming 642
proefonderrig 559

proefondervindelik
641 Onvoorbereid
642 Beproef
proefonderwys 559
proefonderwyser 560
proefpersoon 642
proefplaas
346 Landbougrond
356 Landbouwetenskap
proefpreek
848 Kerklike bediening
849 Prediking
proefskrif
553 Behandel
558 Redevoering
561 Studeer
566 Drukkuns
567 Boek
proeftyd
38 Tydgebruik
642 Beproef
proefwedstryd 727
proelokaal 350
proes
409 Afskeiding en uitskeiding
482 Menslike geluid
484 Diergeluid
722 Humor
proes(t)erig 482
proeseltjie 426
proesintuig
470 Smaak
496 Smaak
proeslag
406 Eet
496 Smaak
722 Humor
proespyskaart 418
proewe 727
proewer
406 Eet
407 Drink
496 Smaak
proewery
406 Eet
407 Drink
496 Smaak
prof 560
profaan
837 God
846 Goddeloosheid
profanasie 846
profaneer 846
profaniteit 846
profeet
51 Toekoms
551 Meedeel
852 Geestelike
profesie
551 Meedeel
836 Bonatuurlik
842 Geloof

professie
645 Handel
658 Beroep
professionalis 614
professionalisme
614 Bekwaam
629 Spel en sport
professionaliteit
614 Bekwaam
658 Beroep
professioneel
614 Bekwaam
629 Spel en sport
658 Beroep
professor 560
professoraal
535 Weet
560 Voorskoolse en naskoolse onderrig
professoraat 560
profeteer
551 Meedeel
836 Bonatuurlik
profetes 551
profeties
539 Kommunikeer
551 Meedeel
proffie 560
profiel
160 Omring
386 Gesig
438 Vorm
profielskaaf 316
profielsteen 304
profieltekening 759
profilakse 414
profilakties 414
profileer
97 Bou
160 Omring
508 Aandag
profilering 508
profiteer
633 Nuttig
686 Aanwins
profiteur
633 Nuttig
686 Aanwins
profyt
633 Nuttig
686 Aanwins
profytlik
633 Nuttig
686 Aanwins
profytlikheid 686
profytmakery
633 Nuttig
686 Aanwins
progerie 413
prognaat
385 Skedel
386 Gesig
413 Verskillende siektes

prognasie
385 Skedel
386 Gesig
413 Verskillende siektes
prognatisme
385 Skedel
386 Gesig
413 Verskillende siektes
prognose
51 Toekoms
414 Geneeskunde
prognostiek
51 Toekoms
515 Wetenskap
prognosties 551
prognostika
51 Toekoms
515 Wetenskap
prognotiseer
51 Toekoms
414 Geneeskunde
program
263 Rekenaar en internet
637 Doelgerigtheid en doelloosheid
640 Voorbereid
644 Handelwyse
752 Toneel- en rolprentkuns
programaanbieder 264
programmaties
637 Doelgerigtheid en doelloosheid
640 Voorbereid
programmatuur 263
programmeer
263 Rekenaar en internet
640 Voorbereid
programmeerder 263
programmeertaal
263 Rekenaar en internet
569 Taal
programmering
263 Rekenaar en internet
640 Voorbereid
programmeur 263
programmusiek 753
programregisseur 264
progressie
21 Opeenvolging
140 Verandering
200 Vorentoe beweeg
622 Goed
progressief
140 Verandering
200 Vorentoe beweeg
647 Voortgaan
progressiwiteit 140
prohibisie 602

prohibisionis 602
prohibitief 602
projek 640
projeksie
139 Meetkunde
267 Optika
268 Fotografie en film
713 Gevoel
projeksiedoek
267 Optika
268 Fotografie en film
projeksielamp
267 Optika
268 Fotografie en film
487 Ligbron
projeksielig 487
projeksielyn 139
projeksieskerm
267 Optika
268 Fotografie en film
projeksietekening 139
projeksievlak 139
projekteer
139 Meetkunde
267 Optika
268 Fotografie en film
projektiel
227 Werp
676 Vuurwapen
projektor
267 Optika
268 Fotografie en film
proklamasie 548
proklameer 548
proklise
572 Uitspraak
575 Woordvorming
proklities 575
prokopee 572
prokopeer 572
prokreasie 239
prokreëer 239
proksimaal 69
proksimiteit 69
proktologie 414
proktologies 414
proktoskoop 417
prokurasie 588
prokurasiehouer 588
prokureur
645 Handel
808 Regswese
prokureur-generaal
588 Gesag hê
590 Bestuur en regeer
591 Gesaghebber
808 Regswese
prokureursorde 808
prokureurspraktyk 808
prolaps 413
proleet
503 Onverstandigheid
779 Boosaardigheid

798 Laer stand
prolegomena 567
prolepsis 576
prolepties 576
proletariaat
  690 Arm
  787 Samelewing
  798 Laer stand
proletariër
  690 Arm
  798 Laer stand
proletaries
  503 Onverstandigheid
  690 Arm
  787 Samelewing
  798 Laer stand
proletariseer
  690 Arm
  798 Laer stand
proletedom
  503 Onverstandigheid
  779 Boosaardigheid
proliferasie 107
prolifiek 686
prolongasie 40
prolongeer 40
proloog
  558 Redevoering
  567 Boek
  750 Letterkunde
  752 Toneel- en rolprentkuns
promenade 149
promenadedek 235
promenadekonsert 755
promesse 708
Prometeus 855
prometium 297
prominensie
  620 Belangrik
  799 Beroemd
prominent
  620 Belangrik
  799 Beroemd
prominentheid 799
promisku 820
promiskuïteit 820
promosie
  551 Meedeel
  705 Verkoop
promosieplegtigheid 793
promotor
  560 Voorskoolse en naskoolse onderrig
  629 Spel en sport
  649 Begin handel
promoveer
  561 Studeer
  659 Aanstelling
promovenda 561
promovendus 561
promovering 659
promulgasie 539

promulgeer
  539 Kommunikeer
  551 Meedeel
  590 Bestuur en regeer
pronator 379
pronk
  365 Voël
  785 Hoogmoed
pronk(-)ertjie 334
pronkduif 365
pronker 785
pronkerig 785
pronkerigheid 785
pronkery 785
pronkrughond 366
pronkstuk 745
pronksug 785
pronomen 574
pronominaal 574
pront
  41 Kortstondig
  57 Vroeg
  104 Baie
  225 Vinnig
  612 Noukeurig
prontheid
  41 Kortstondig
  57 Vroeg
  612 Noukeurig
prontuit 814
prooi
  694 Neem
  717 Lyding
prop
  109 Alles
  161 Bedek
  178 Toegaan
  262 Elektrisiteit
  416 Medikus
propaan 461
propaganda
  551 Meedeel
  701 Handel en ekonomie
propagandablad 568
propagandeer 551
propagandis 551
propagandisties 551
propagasie 551
propageer 551
propageerbaar 551
propedeuse 561
propedeuties 561
proper
  582 Wilskrag
  614 Bekwaam
  618 Heftig
  627 Skoon
propgeweer
  676 Vuurwapen
  741 Kinderspel
propileë 94
proponent
  561 Studeer

  852 Geestelike
proponentseksamen 561
proporsie
  8 Dieselfde
  10 Harmonie
  135 Verhouding
  431 Afmeting
proporsionaliteit
  8 Dieselfde
  10 Harmonie
  136 Eweredigheid
proporsioneel
  8 Dieselfde
  10 Harmonie
  135 Verhouding
  136 Eweredigheid
  431 Afmeting
proposisie
  577 Betekenis
  603 Voorstel
proposisioneel 577
propvol 109
prorogasie 648
prorogeer 648
prorogering 648
prosa 750
prosaïes
  35 Reëlmaat
  512 Verbeelding
  621 Onbelangrik
  725 Verveling
prosaïs
  565 Skryfkuns
  750 Letterkunde
prosakuns 750
prosaskrywer 565
prosastyl 576
prosateur 565
prosaverhaal
  552 Vertel
  750 Letterkunde
prosawerk 750
proscenium 752
prosciutto 421
prosedeer 809
prosedeerder 809
prosedeerwerk 809
prosedure
  640 Voorbereid
  644 Handelwyse
prosekusie 809
proseliet 842
proselitiseer 842
proses
  16 Gevolg
  644 Handelwyse
  809 Regsgeding
proseskaas 426
prosesreg 808
prosesseer
  174 Meng
  263 Rekenaar en internet

  419 Voedselbereiding
  516 Soek
  577 Betekenis
prosesseerder 263
prosesseerspoed 263
prosessering 577
prosessie
  168 Saamkom
  793 Fees
prosessor 263
prosesstuk 809
prosit
  407 Drink
  793 Fees
prosodie
  572 Uitspraak
  751 Digkuns
prosodies
  572 Uitspraak
  751 Digkuns
prosopopeia 547
prospekteer 275
prospekteerder 275
prospekteerdery 275
prospekteerwerk 275
prospektus
  567 Boek
  701 Handel en ekonomie
prostaat 402
prostaatkanker 413
prostaatklier-ontsteking 413
prostaatvergroting 413
prostatektomie 414
prostatitis 413
prostese
  397 Ledemaat
  414 Geneeskunde
prostetiek 414
prosteties 397
prostetikus 397
prostetis 397
prostituee
  239 Voortplant
  820 Oneerbaar
prostitueer
  705 Verkoop
  820 Oneerbaar
prostitusie
  803 Wette oortree
  820 Oneerbaar
prostituut
  239 Voortplant
  376 Vrou
  803 Wette oortree
  820 Oneerbaar
prostraat
  72 Plat
  626 Swak
prostrasie 72
protagonis
  667 Stryd
  750 Letterkunde

752 Toneel- en
   rolprentkuns
protaktinium 297
protasis 576
protea
   334 Blomplant
   337 Veldplant
proteakleur 492
proteakwekery 348
proteaplaas 348
protégé
   655 Veilig
   778 Goedaardigheid
proteïen 420
proteïenryk 420
proteksie
   655 Veilig
   778 Goedaardigheid
proteksionis 701
proteksionisme 701
protektoraat 590
protes
   530 Voorbehou
   532 Betwis
   666 Verhinder
   667 Stryd
   832 Beskuldig
protesaksie
   532 Betwis
   667 Stryd
protesis
   397 Ledemaat
   572 Uitspraak
   575 Woordvorming
protesnota 532
protesoptog 667
protestant 854
protestantisme 854
protestasie 532
protesteer
   530 Voorbehou
   532 Betwis
   598 Ongehoorsaam
   666 Verhinder
   667 Stryd
   721 Ontevredenheid
protesteerder 532
protesvergadering
   532 Betwis
   667 Stryd
Protogermaans 569
protokol
   564 Skryfbehoeftes
   599 Gesag uitoefen
   644 Handelwyse
protokollêr
   591 Gesaghebber
   599 Gesag uitoefen
proton 256
protonies 572
protoplasma 377
protoplasmaties 377
protoraks 361

protosoïes 359
protosoön
   357 Dier
   359 Eensellige dier
prototipe
   3 Bestaanswyse
   35 Reëlmaat
   438 Vorm
prototipeer 3
prototiperend 3
prototipies
   3 Bestaanswyse
   35 Reëlmaat
proviand
   420 Voedsel
   631 Nodig
proviandeer
   406 Eet
   631 Nodig
provinsiaal
   61 Plek
   90 Omgewing
   590 Bestuur en regeer
provinsialisme
   90 Omgewing
   590 Bestuur en regeer
   778 Goedaardigheid
provinsialisties
   90 Omgewing
   590 Bestuur en regeer
   778 Goedaardigheid
provinsie
   61 Plek
   90 Omgewing
   590 Bestuur en regeer
provisie 631
provisioneel 41
provo
   666 Verhinder
   779 Boosaardigheid
provokasie
   15 Oorsaak
   666 Verhinder
   779 Boosaardigheid
provokateur
   666 Verhinder
   779 Boosaardigheid
provokatief 666
provokeer
   666 Verhinder
   779 Boosaardigheid
provokerend
   666 Verhinder
   779 Boosaardigheid
provoos 680
pro-vorm 574
provoseer
   666 Verhinder
   779 Boosaardigheid
pruik 382
pruiketyd 54
pruilerig
   719 Hartseer

771 Gramskap
pruim
   350 Vrugteverbouing
   426 Kossoort, dis
   430 Rook
pruimbessie 331
pruimedant
   350 Vrugteverbouing
   426 Kossoort, dis
pruimkleur 492
pruimpie 430
pruimtabak 43
pruisiesblou 492
prul
   565 Skryfkuns
   621 Onbelangrik
   623 Sleg
   629 Gebruik
prulbees 369
pruldier 357
pruldigter 751
prulgeskrif 565
prulgoed 621
pruljoernalistiek 568
prullemandjie 84
prullerig
   621 Onbelangrik
   626 Swak
prullig
   621 Onbelangrik
   626 Swak
prulskaap 369
prulskrywer
   565 Skryfkuns
   750 Letterkunde
prulvee
   369 Veeteelt
   621 Onbelangrik
prulwerk
   565 Skryfkuns
   623 Sleg
   629 Gebruik
   653 Maklik handel
   749 Kuns
prunel
   311 Weefstof
   350 Vrugteverbouing
prut
   174 Meng
   419 Voedselbereiding
   465 Warm
   548 Praat
   721 Ontevredenheid
prutolie 419
prutpot 419
prutsel
   652 Versuim
   653 Maklik handel
prutselaar
   548 Praat
   653 Maklik handel
   721 Ontevredenheid
prutsery
   548 Praat

653 Maklik handel
721 Ontevredenheid
pruttel
   465 Warm
   548 Praat
pruttelaar
   548 Praat
   721 Ontevredenheid
pruttelkous
   548 Praat
   721 Ontevredenheid
pruttelpot
   548 Praat
   721 Ontevredenheid
pruttelrig
   548 Praat
   721 Ontevredenheid
pryk 743
prys
   122 Bereken
   126 Skat
   620 Belangrik
   682 Slaag
   691 Spandeer
   701 Handel en ekonomie
   704 Koop
   705 Verkoop
   708 Betaal
   799 Beroemd
   826 Goedkeur
   830 Eerbiedig
   834 Beloon
   837 God
   845 Godsvrug
prysbeheer
   701 Handel en ekonomie
   704 Koop
prysbepaling
   122 Bereken
   701 Handel en ekonomie
prysbevriesing
   122 Bereken
   704 Koop
prysbeweging 702
prysdaling 701
prysdigter 751
prysenswaardig
   620 Belangrik
   622 Goed
   826 Goedkeur
prysgawe
   683 Misluk
   693 Gee
prysgedig 751
prysgee
   683 Misluk
   687 Verlies
   693 Gee
prysgeld 686
prysgewing 693
prysindeks
   701 Handel en ekonomie
   704 Koop

prysing 826
pryskaartjie
  701 Handel en ekonomie
  705 Verkoop
pryskatalogus 704
prysklas 701
pryskoers 122
pryslied 757
pryslys
  122 Bereken
  704 Koop
  705 Verkoop
prysmaak 694
prysnotasie 122
prysnotering
  122 Bereken
  702 Beurs
prysooreenkoms 701
pryspenning 834
prysreëling 701
prysroman 750
pryssang 757
pryssanger
  751 Digkuns
  757 Sang
prysskiet 731
prysstyging 701
prystoekenning 834
prysuitdeling 834
prysvasstelling 701
prysverhoging
  701 Handel en ekonomie
  704 Koop
prysverlaging 704
prysverskil
  122 Bereken
  704 Koop
pryswenner 834
psalm
  757 Sang
  847 Gebed
  848 Kerklike bediening
psalmboek
  567 Boek
  848 Kerklike bediening
psalmbundel 567
psalmgesang
  757 Sang
  848 Kerklike bediening
psalmis 751
psalmodie
  757 Sang
  848 Kerklike bediening
psalmodieer
  757 Sang
  848 Kerklike bediening
psalmpompie 756
psalter
  567 Boek
  756 Musiekinstrument
  848 Kerklike bediening
pseudoniem
  550 Noem

750 Letterkunde
psige 836
psigedelies 494
psigiater 416
psigiatrie 414
psigiatries 414
psigies 836
psigoanalities 414
psigolinguistiek 570
psigolinguisties 570
psigologie
  414 Geneeskunde
  514 Wysbegeerte
  515 Wetenskap
psigologies
  414 Geneeskunde
  514 Wysbegeerte
  714 Positiewe gevoel
psigoloog
  416 Medikus
  514 Wysbegeerte
  515 Wetenskap
psigometrie 504
psigometries 504
psigometris 504
psigomotories 509
psigoot 505
psigopaat
  412 Siek
  505 Verstandstoornis
psigopatie
  413 Verskillende siektes
  505 Verstandstoornis
psigopaties 505
psigopatologie 414
psigopatologies 413
psigose 505
psigosomaties 413
psigoterapeut 416
psigoterapeuties 414
psigoterapie 414
psigoties 505
psigrometer 294
psittakose 413
psoriase 413
pteranodon 367
pterodaktiel 367
ptomaïen-
  vergiftiging 413
PTSD 413
puber
  52 Ouderdom
  53 Nuut en jonk
  243 Kinders
puberteit
  53 Nuut en jonk
  377 Liggaam
puberteitsjare 53
publiek
  64 Aanwesigheid
  90 Omgewing
  539 Kommunikeer
  590 Bestuur en regeer

787 Samelewing
publiekreg
  515 Wetenskap
  808 Regswese
publikasie
  539 Kommunikeer
  551 Meedeel
  565 Skryfkuns
  566 Drukkuns
  567 Boek
publikasietipe 566
publiseer
  539 Kommunikeer
  551 Meedeel
  566 Drukkuns
  567 Boek
  568 Media
publisis 568
publisiteit 551
publisiteitmaker 551
publisiteitsagent 551
publisiteits-
  agentskap 551
publisiteitsburo 551
publisiteitsdiens 539
publisiteitshonger 551
publisiteitsku 551
pudenda 403
pueriel
  53 Nuut en jonk
  503 Onverstandigheid
puerilisme
  413 Verskillende siektes
  503 Onverstandigheid
pueriliteit
  53 Nuut en jonk
  503 Onverstandigheid
puik 622
puil 207
puim 298
puimsteen
  298 Steen
  448 Gelyk
puin 98
puinhoop 98
puisie
  413 Verskillende siektes
  717 Lyding
pulmonaal
  398 Asemhalingsorgaan
  413 Verskillende siektes
pulp
  174 Meng
  315 Papier
  462 Halfvloeibare stof
puls
  145 Beweging
  182 Slaan
  256 Skeikunde
pulsar 270
pulsasie
  182 Slaan
  405 Bloedsomloop

pulsatief 405
pulseer
  181 Raak
  405 Bloedsomloop
  714 Positiewe gevoel
pulserend
  405 Bloedsomloop
  714 Positiewe gevoel
pulsimeter 416
pulwer
  184 Breek
  458 Breekbaar
pulweriseer 458
pumpernickel 424
punkmusiek 753
punk-rock 753
punkteer 414
punktualiteit 612
punktuasie 571
punktuasieteken 565
punktueel 612
punktueer 571
punt
  37 Tydruimte
  61 Plek
  64 Aanwesigheid
  85 Voor
  88 Posisie
  139 Meetkunde
  439 Punt
  513 Denke
  557 Diskussie
  561 Studeer
  565 Skryfkuns
  566 Drukkuns
  571 Skrif
  607 Beloof
  727 Kompetisie
  728 Balsporte
puntdiens 217
puntdig 751
puntdigter 751
punteer
  563 Skryf
  758 Beeldende kuns
punteerkuns 758
punteertang 309
puntekaart 727
punteleer 629
puntelyn 139
puntelys 561
puntenerig
  612 Noukeurig
  827 Afkeur
puntenerigheid 612
punteneurig 612
punteneurigheid 612
puntespel 629
puntestand 727
puntetelling 727
puntetotaal 561
puntgewel 94
punthals 745

puntig
439 Punt
440 Skerp
722 Humor
puntigheid 440
puntlyn 442
puntneus 389
puntoog 361
puntsgewys 21
puntskaaf 316
puntskoen 745
puntstuk 234
puntwag 680
pupil 387
puree
419 Voedselbereiding
426 Kossoort, dis
purgasie
409 Afskeiding en uitskeiding
415 Geneesmiddel
purgatief 415
purgeer 415
purgeerdrank 415
purgeermiddel 415
purgering 409
Purim 851
puris
537 Waarheid
569 Taal
612 Noukeurig
purisme
537 Waarheid
569 Taal
612 Noukeurig
puristies
537 Waarheid
569 Taal
612 Noukeurig
puritein 854
puriteins 854
purper 492
purperkoors 413
purperrooi 492
purperwinde 333
put
162 Ontbloot
177 Oopgaan
288 Waterstelsel
446 Rond
putatief
513 Denke
822 Skuldig
putjie
288 Waterstelsel
413 Verskillende siektes
728 Balsporte
putjiespel 728
putriool 94
puts
84 Houer
288 Waterstelsel
puttoilet 94

puur
111 Geheel
627 Skoon
py 852
pyl
147 Rigting
197 Te voet gaan
228 Vinnig beweeg
270 Hemelliggaam
678 Ander wapens
pyl-en-boog 678
pyler
94 Dele van 'n eiendom
149 Pad
pylerfondament 149
pylgeweer 676
pylkoker 678
pylnaat 745
pylreguit 443
pylsnel 225
pylstert
361 Insek
363 Waterdier
pylstertmot 361
pylstertvis 363
pyltjiebord 739
pylvak
28 Einde
729 Atletiek
pylvlerk 236
pylvorm 438
pylvormig 438
pyn
412 Siek
413 Verskillende siektes
717 Lyding
719 Hartseer
pynappel
350 Vrugteverbouing
426 Kossoort, dis
pynappelklier 385
pynbank 835
pynboom 331
pyndoder 415
pyndrempel 412
pyngevoel 412
pyngewaarwording 412
pynig
413 Verskillende siektes
717 Lyding
768 Vrees
835 Bestraf
pyniging
413 Verskillende siektes
717 Lyding
pynlik
412 Siek
481 Skerp klank
612 Noukeurig
627 Skoon
654 Moeilik handel
717 Lyding
pynlikheid 719

pynmedisyne 415
pynpil 415
pynstillend 415
pynstiller 415
pyp
147 Rigting
274 Geologie
288 Waterstelsel
380 Gebeente
430 Rook
442 Lyn
630 Werktuig
745 Versier
756 Musiekinstrument
pypaarde 298
pypbom 676
pypie 337
pypiesheide 337
pypkan
148 Van koers gaan
538 Dwaling
728 Balsporte
815 Oneerlik
818 Bedrieg
pypkaneel 419
pypleiding
147 Rigting
288 Waterstelsel
pypmossel 363
pypolie 430
pyporrel 756
pyproker 430
pypsleutel 630
pypswawel 296
pypsweer 413
pyptabak 430
pypwerk 756
pyrexbak 84
pyrrhusoorwinning 684

Q
Qoeraan 842
quadfiets 232
quaestor 665
queer 374
quiche 426
quid pro quo
686 Aanwins
809 Regsgeding
quisling 817
quodlibet 754
quonset 91
Qur'an 842

R
ra 235
Ra 855
raad
527 Oordeel
557 Diskussie
586 Beslis
588 Gesag hê
590 Bestuur en regeer

603 Voorstel
638 Aanmoedig
665 Byeenkom
raadgeefster 638
raadgewend
590 Bestuur en regeer
603 Voorstel
638 Aanmoedig
raadgewer
590 Bestuur en regeer
638 Aanmoedig
852 Geestelike
raadgewing
557 Diskussie
586 Beslis
638 Aanmoedig
raad(s)huis
91 Gebou
590 Bestuur en regeer
raad-op
536 Nie weet nie
766 Wanhoop
raadpleeg
516 Soek
555 Vra
557 Diskussie
raadpleging
516 Soek
539 Kommunikeer
554 Aanspreek
557 Diskussie
raadsaal
590 Bestuur en regeer
665 Byeenkom
raadsaam
502 Verstand
622 Goed
633 Nuttig
raadsaamheid
502 Verstand
622 Goed
633 Nuttig
raadsbesluit
586 Beslis
590 Bestuur en regeer
raadsheer 591
raadsitting 590
raadskamer
590 Bestuur en regeer
665 Byeenkom
raadslid
590 Bestuur en regeer
665 Byeenkom
raadsvergadering
557 Diskussie
590 Bestuur en regeer
raaf 365
raafagtig 365
raafswart 492
raai
122 Bereken
126 Skat
513 Denke

radiodrama

516 Soek
518 Glo
638 Aanmoedig
raaiery
122 Bereken
126 Skat
516 Soek
raaigras 338
raaisel
516 Soek
519 Twyfel
540 Nie kommunikeer nie
544 Onduidelik
raaiselagtig
34 Vreemdheid
121 Verwarring
516 Soek
534 Nie verstaan nie
540 Nie kommunikeer nie
542 Betekenisloosheid
544 Onduidelik
raaiselagtigheid
516 Soek
540 Nie kommunikeer nie
542 Betekenisloosheid
544 Onduidelik
raaiskoot
122 Bereken
516 Soek
544 Onduidelik
raaislag
516 Soek
544 Onduidelik
raait 622
raaiwerk
122 Bereken
126 Skat
516 Soek
raak
6 Betrekking
69 Naby
129 Bepaaldheid
181 Raak
493 Gevoeligheid
495 Tassin
502 Verstand
713 Gevoel
raaklings
69 Naby
181 Raak
raakloop
166 Nader beweeg
517 Vind
790 Sosiale betrekking
raaklyn
139 Meetkunde
442 Lyn
raakoppervlak 74
raakpunt
10 Harmonie

139 Meetkunde
439 Punt
raakrugby 728
raaksien
499 Sien
517 Vind
533 Verstaan
raakskerm
263 Rekenaar en internet
265 Telegraaf en telefoon
raakvat
183 Gryp
533 Verstaan
614 Bekwaam
raakvatter
610 Ywerig
614 Bekwaam
raakvlak
10 Harmonie
139 Meetkunde
181 Raak
raal 449
raam
82 Rondom
94 Dele van 'n eiendom
122 Bereken
126 Skat
160 Omring
232 Fiets
268 Fotografie en film
513 Denke
745 Versier
760 Skilderkuns
raamwerk
6 Betrekking
94 Dele van 'n eiendom
97 Bou
170 Saambring
438 Vorm
637 Doelgerigtheid en doelloosheid
640 Voorbereid
raap
183 Gryp
211 Opgaan
351 Groenteverbouing
694 Neem
695 Steel
raapkool
335 Bolplant
351 Groenteverbouing
raaptol 335
raar
34 Vreemdheid
36 Onreëlmatigheid
raarheid
34 Vreemdheid
36 Onreëlmatigheid
raas
476 Geluid
479 Disharmonies

548 Praat
667 Stryd
771 Gramskap
raasbek
476 Geluid
785 Hoogmoed
raasbessie 332
raasblaarboom 331
raaskal 524
raaswater 427
raat
414 Geneeskunde
415 Geneesmiddel
rabarber 351
rabas
343 Genesende plant
415 Geneesmiddel
rabat
95 Huisraad
710 Kosteloosheid
rabatbrandewyn 427
rabatwyn 427
rabbedoe 376
rabbi
849 Prediking
854 Godsdienste
rabbinaal 854
rabbinaat 854
rabbyn 854
rabbyns 854
rabies 413
rachis
365 Voël
382 Haar
radar
88 Posisie
123 Meet
222 Vlieg
235 Skeepvaart
264 Radio en televisie
radarinstallasie
123 Meet
222 Vlieg
264 Radio en televisie
radaroperateur 264
radarpos
222 Vlieg
264 Radio en televisie
radarstasie
123 Meet
222 Vlieg
264 Radio en televisie
radarsterrekunde 271
radartoestel 123
radbraak
548 Praat
569 Taal
radbraking
548 Praat
569 Taal
radeer
563 Skryf
761 Graveerkuns

radeerkuns 761
radeloos 766
radeloosheid
766 Wanhoop
768 Vrees
raderboot 235
raderdiertjie 359
raderwerk 257
radgeweer 676
radiaal
139 Meetkunde
267 Optika
radiant 270
radiasie
260 Warmteleer
267 Optika
413 Verskillende siektes
485 Lig
radiator
233 Voertuig
469 Verwarmingstoestel
radikaal
104 Baie
111 Geheel
618 Heftig
795 Staat en politiek
radikalis 795
radikalisme 795
radiks
134 Getalstelsel
137 Bewerking
radikula 331
radio
264 Radio en televisie
568 Media
756 Musiekinstrument
radioaanbieder 264
radioadvertensie 551
radioaktief
256 Skeikunde
267 Optika
radioaktiwiteit
256 Skeikunde
267 Optika
413 Verskillende siektes
radioantenne
235 Skeepvaart
264 Radio en televisie
radioastronomie 271
radioateljee 264
radiobaken
222 Vlieg
264 Radio en televisie
radioberig 264
radiobiologie
317 Fisiologie
515 Wetenskap
radiochemie 515
radiodiagnose 414
radiodiens 264
radiodrama
552 Vertel
750 Letterkunde

799

radiofonie 265
radiofoon 265
radiofoto
  264 Radio en televisie
  265 Telegraaf en telefoon
  268 Fotografie en film
radiogids
  264 Radio en televisie
  568 Media
radiogolf 264
radiografie
  267 Optika
  414 Geneeskunde
radiografis 416
radiogram 264
radiohitte 260
radio-isotoop 256
radiokommunikasie
  264 Radio en televisie
  539 Kommunikeer
radiokompas
  147 Rigting
  236 Lugvaart
radiolarieë
  357 Dier
  359 Eensellige dier
radiolisensie 264
radiologie
  267 Optika
  414 Geneeskunde
  515 Wetenskap
radiologies
  267 Optika
  414 Geneeskunde
radioloog 416
radioluisteraar
  264 Radio en televisie
  568 Media
radiometer 267
radiometries 267
radiomikrometer 271
radionetwerk 264
radio-omroeper 264
radio-opname 264
radiopeiler 264
radiopeiling 264
radiopraatjie
  264 Radio en televisie
  539 Kommunikeer
  552 Vertel
  558 Redevoering
radioprogram
  264 Radio en televisie
  568 Media
radiosender 264
radioskoop 417
radioskopie 267
radiostasie 264
radiostel 264
radiotegniek
  264 Radio en televisie
  265 Telegraaf en telefoon
radiotegnikus 264
radiotelefonie 265
radiotelefonies 265
radiotelefoon 265
radiotelegrafie 265
radioteleskoop
  267 Optika
  271 Kosmografie
radioterapie 414
radio-uitsending 264
radioverhaal
  264 Radio en televisie
  552 Vertel
  750 Letterkunde
radiowekker
  128 Chronometer
  264 Radio en televisie
radium 297
radiumhorlosie 128
radius
  139 Meetkunde
  380 Gebeente
  397 Ledemaat
radja 797
radon 461
radys
  351 Groenteverbouing
  426 Kossoort, dis
rafel
  112 Deel
  311 Weefstof
  313 Weef
rafelkant
  311 Weefstof
  313 Weef
rafelrig 311
rafelvleis 421
raffia
  172 Vasmaak
  310 Vlegwerk
raffiatou 172
raffiawerk 310
raffinadery 627
raffineer
  301 Metaalverwerking
  458 Breekbaar
  627 Skoon
raffineerdery
  458 Breekbaar
  627 Skoon
ragfyn 435
ragis 329
ragities 413
ragitis 413
raglan 745
ragout 426
Rahab 855
raisin blanc 427
raison d'être 543
rak
  94 Dele van 'n eiendom
  95 Huisraad
rakel 170
rakelings
  69 Naby
  152 Verby
  181 Raak
rakende 6
raket
  629 Spel en sport
  728 Balsporte
raking 181
rakker
  722 Humor
  813 Swak gedrag
  822 Skuldig
rakleeftyd
  629 Gebruik
  637 Doelgerigtheid en doelloosheid
raklewe 629
rakmaatskappy 707
rakmelk 371
rakpakker
  658 Beroep
  707 Handelsaak
rakprys 704
Raksha Bandham 851
rakswam 327
rallentando 753
ram
  181 Raak
  357 Dier
  366 Soogdier
Ram 270
Ramadan 851
ramekin 419
ramenas
  332 Struik
  351 Groenteverbouing
RAM-geheue 263
ramhok
  94 Dele van 'n eiendom
  369 Veeteelt
ramifikasie 16
raming
  122 Bereken
  126 Skat
  516 Soek
  703 Boekhou
ramkamp 369
ramkat 682
ramkie 756
rammei 678
rammel
  165 Onreëlmatige beweging
  181 Raak
  476 Geluid
  480 Dowwe klank
  548 Praat
rammelaar
  548 Praat
  741 Kinderspel
rammelgeluid
  476 Geluid
  480 Dowwe klank
rammeling
  165 Onreëlmatige beweging
  480 Dowwe klank
rammelkas 233
rammelry 548
rammetjie-uitnek 785
ramnas 337
ramp
  654 Moeilik handel
  656 Gevaarlik
  683 Misluk
  717 Lyding
  719 Hartseer
ramparty 793
rampatjaan 745
rampbestuur 717
rampfonds 717
rampgebied 717
rampokker 803
rampokkerbende 803
rampokkery
  820 Oneerbaar
  822 Skuldig
rampsalig
  635 Skadelik
  654 Moeilik handel
  683 Misluk
  717 Lyding
  719 Hartseer
rampspoed
  656 Gevaarlik
  683 Misluk
  717 Lyding
  719 Hartseer
rampspoedig
  635 Skadelik
  683 Misluk
  717 Lyding
  719 Hartseer
ramptoerisme 187
ramshoring
  384 Kop
  756 Musiekinstrument
ramshoringskulp 363
rand
  63 Begrensdheid
  82 Rondom
  131 Geldeenheid
  160 Omring
  346 Landbougrond
  709 Betaalmiddel
  745 Versier
randakker 346
randapparatuur
  263 Rekenaar en internet
  630 Werktuig
randdorp 90
randeier
  789 Onbeskaafdheid
  792 Asosiaal

rasper

randfiguur
  789 Onbeskaafdheid
  792 Asosiaal
randgebergte 277
randgeval 130
randprobleem 654
randskrif
  131 Geldeenheid
  565 Skryfkuns
randsnyer 94
randstad
  61 Plek
  90 Omgewing
randsteen
  149 Pad
  304 Steenbakkery
randteken 565
randversiering 745
randverskynsel 621
randwoordeskat 573
rang
  19 Orde
  21 Opeenvolging
  30 Hiërargie
  550 Noem
  588 Gesag hê
  620 Belangrik
  673 Manskap
  796 Stand
rangeer
  220 Treinry
  234 Spoorweë
rangeerder 234
rangeerlokomotief 234
rangeerlyn 234
rangeerterrein 234
rangeerwerf
  220 Treinry
  234 Spoorweë
rangeerwissel 234
ranggetal 133
rangleer
  588 Gesag hê
  629 Spel en sport
ranglys
  21 Opeenvolging
  30 Hiërargie
  629 Spel en sport
rangmerk 546
rangnaam 550
rangorde
  19 Orde
  21 Opeenvolging
  30 Hiërargie
  588 Gesag hê
  673 Manskap
rangordelik
  30 Hiërargie
  588 Gesag hê
rangordening 30
rangskik
  19 Orde
  21 Opeenvolging

  30 Hiërargie
  31 Soort
  35 Reëlmaat
  95 Huisraad
  348 Blomkwekery
rangskikking
  19 Orde
  21 Opeenvolging
  30 Hiërargie
  31 Soort
  348 Blomkwekery
rangstreep
  442 Lyn
  591 Gesaghebber
rangstruktuur 588
rangteken
  546 Kunsmatige teken
  550 Noem
  591 Gesaghebber
rangteling 239
rangtelwoord 574
rank
  199 Spring
  318 Plant
  324 Plantlewe
  432 Groot
  435 Smal
ranker
  318 Plant
  333 Rankplant
rankerig 333
rankplant
  318 Plant
  333 Rankplant
rankroos 333
rankroos-van-Saron 332
rankwildevy 333
ranonkel 334
ransel 835
ransig 472
rant 277
rantsoen
  108 Minder
  420 Voedsel
rantsoeneer
  102 Hoeveelheid
  103 Min
  108 Minder
  406 Eet
rantsoenering
  103 Min
  108 Minder
rap 753
rapat 325
rapier
  185 Sny
  678 Ander wapens
  731 Gevegsport
rapmusiek 753
rapper 757
rapport
  539 Kommunikeer
  551 Meedeel

  558 Redevoering
  561 Studeer
  565 Skryfkuns
  567 Boek
rapporteer
  539 Kommunikeer
  548 Praat
  551 Meedeel
rapporteur
  539 Kommunikeer
  568 Media
rapportryer
  539 Kommunikeer
  680 Militêre aksie
raps
  103 Min
  182 Slaan
  835 Bestraf
rapsanger 757
rapshou 182
rapsie 103
rapsodie
  751 Digkuns
  754 Komposisie
  757 Sang
rapsodis 754
rapsskoot 677
rarefaksie
  260 Warmteleer
  454 Nie dig nie
rarigheid
  34 Vreemdheid
  36 Onreëlmatigheid
rariteit
  34 Vreemdheid
  36 Onreëlmatigheid
  56 Selde
ras
  31 Soort
  33 Samehorigheid
  225 Vinnig
  239 Voortplant
  240 Genealogie
  787 Samelewing
ras(se)groep 787
rasbewus
  240 Genealogie
  787 Samelewing
rasdier 357
raseem 322
raseg
  240 Genealogie
  622 Goed
rasegtheid
  240 Genealogie
  317 Fisiologie
  368 Diereteelt
  369 Veeteelt
  622 Goed
raseie 787
raseienskap 240
raseil 235

rasend
  104 Baie
  479 Disharmonies
  505 Verstandstoornis
  618 Heftig
  771 Gramskap
raserig
  20 Wanorde
  479 Disharmonies
  548 Praat
raserny
  413 Verskillende siektes
  505 Verstandstoornis
  618 Heftig
  771 Gramskap
rasery
  479 Disharmonies
  548 Praat
rasgemeenskap 787
rasgenoot 787
rasie 757
rasieleier
  757 Sang
  793 Fees
rasionaal
  15 Oorsaak
  123 Meet
  513 Denke
  522 Redeneer
  543 Duidelik
rasionalis
  514 Wysbegeerte
  522 Redeneer
  843 Ongeloof
rasionalisasie
  513 Denke
  522 Redeneer
  590 Bestuur en regeer
  660 Ontslag
rasionaliseer
  513 Denke
  522 Redeneer
  543 Duidelik
  590 Bestuur en regeer
  660 Ontslag
rasionalisme
  514 Wysbegeerte
  522 Redeneer
  843 Ongeloof
rasionalisties
  522 Redeneer
  843 Ongeloof
rasioneel
  502 Verstand
  522 Redeneer
  590 Bestuur en regeer
rasoel 854
rasper
  95 Huisraad
  154 Vryf
  184 Breek
  316 Hout
  419 Voedselbereiding

448 Gelyk
630 Werktuig
rasseaangeleentheid 787
rassebeleid 590
rassebetrekking 787
rassebotsing 787
rassediskriminasie
  787 Samelewing
  792 Asosiaal
rassediversiteit 787
rassegevoel 787
rassegroep 787
rassehaat
  777 Haat en
    onvriendelikheid
  787 Samelewing
rassehater 787
rasseherrie 787
rasseklassifikasie 787
rassekwessie 787
rassekwota 787
rasse-onluste 787
rasseonverdraagsaamheid 787
rassepolitiek
  787 Samelewing
  795 Staat en politiek
rasseskeiding 787
rassestryd 787
rasseverhouding 787
rassevermenging 787
rassevooroordeel 787
rassevraagstuk 787
rassig 787
rassis 787
rassisme
  787 Samelewing
  792 Asosiaal
rassisties
  787 Samelewing
  792 Asosiaal
rassuiwerheid 787
Rasta 854
raster
  160 Omring
  268 Fotografie en film
rasterbeeld 268
rasterdruk 268
rasterwerk 160
rasvee 369
rasvermenging 787
rat
  163 Draai
  186 Maal
  232 Fiets
  233 Voertuig
  257 Meganika en
    tegnologie
  630 Werktuig
ratatouille 426
ratel
  366 Soogdier
  741 Kinderspel

ratelaar 741
ratelboor 630
ratelslang 364
rateltaai 625
rathefboom
  232 Fiets
  233 Voertuig
ratifikasie
  579 Gedwonge
  826 Goedkeur
ratifiseer
  801 Wet
  806 Wettig
  826 Goedkeur
ratio
  6 Betrekking
  15 Oorsaak
  135 Verhouding
  522 Redeneer
ratjietoe 426
ratkas 233
ratkierie 233
ratoorskakeling 217
rats
  225 Vinnig
  614 Bekwaam
ratsheid
  225 Vinnig
  614 Bekwaam
ratverwisseling 217
ratwerk
  257 Meganika en
    tegnologie
  630 Werktuig
ratwisselaar 232
rave
  742 Dans
  753 Musiek
rave-musiek 753
ravine 277
ravioli 426
ravot
  213 Rondgaan
  629 Spel en sport
  793 Fees
ravyn
  277 Berg
  278 Vallei
  437 Laag
rayon 311
razzia 695
re 753
Re 855
reaal 131
reageer
  16 Gevolg
  256 Skeikunde
  556 Antwoord
  666 Verhinder
reagens 256
reaksie
  16 Gevolg
  256 Skeikunde

  556 Antwoord
  666 Verhinder
reaksietyd 38
reaksionêr
  16 Gevolg
  666 Verhinder
  795 Staat en politiek
reaktansie 262
reaktant 256
reaktief 256
reaktiveer
  145 Beweging
  638 Aanmoedig
reaktiwiteit 256
reaktor
  235 Skeepvaart
  256 Skeikunde
realgar 296
realia
  515 Wetenskap
  537 Waarheid
realis 512
realisasie
  650 Voltooi
  705 Verkoop
realiseer
  650 Voltooi
  705 Verkoop
realiseerbaar 650
realiseerbaarheid 650
realisme
  1 Bestaan
  512 Verbeelding
  537 Waarheid
  749 Kuns
realisties
  1 Bestaan
  537 Waarheid
  749 Kuns
realiteit
  1 Bestaan
  254 Stof
  512 Verbeelding
  537 Waarheid
realiteitstelevisie 264
realiter 537
realpolitiek 590
rebel
  598 Ongehoorsaam
  666 Verhinder
  667 Stryd
  673 Manskap
  767 Moed
rebelleer
  598 Ongehoorsaam
  666 Verhinder
  667 Stryd
rebelleleier 673
rebellemag 672
rebellesoldaat 673
rebellevegter 673
rebellie
  20 Wanorde

  121 Verwarring
  598 Ongehoorsaam
  666 Verhinder
  667 Stryd
rebels
  598 Ongehoorsaam
  667 Stryd
rebelsgesind 667
rebelsheid
  598 Ongehoorsaam
  667 Stryd
rebus 516
recce 673
recto 315
red
  593 Vryheid
  655 Veilig
  663 Meedoen
  682 Slaag
redaksie
  565 Skryfkuns
  566 Drukkuns
  568 Media
  750 Letterkunde
redaksiewerk
  568 Media
  750 Letterkunde
redaksioneel
  566 Drukkuns
  568 Media
  750 Letterkunde
redakteur
  566 Drukkuns
  568 Media
  750 Letterkunde
reddeloos
  623 Sleg
  656 Gevaarlik
  766 Wanhoop
reddeloosheid
  623 Sleg
  656 Gevaarlik
  766 Wanhoop
redder
  593 Vryheid
  655 Veilig
  663 Meedoen
  842 Geloof
Redder 855
redding
  593 Vryheid
  655 Veilig
  663 Meedoen
  682 Slaag
  845 Godsvrug
reddingsaksie 655
reddingsboei
  215 Swem
  235 Skeepvaart
reddingsbootjie 235
reddingsgordel 235
reddingsgras 338
reddingswerk 655

reddingswerker 655
rede
  0 Ontstaan
  15 Oorsaak
  513 Denke
  522 Redeneer
  533 Verstaan
  539 Kommunikeer
  543 Duidelik
  558 Redevoering
  637 Doelgerigtheid en
    doelloosheid
rededeel 574
redegewend
  15 Oorsaak
  525 Bewys
redekawel
  522 Redeneer
  554 Aanspreek
  557 Diskussie
  667 Stryd
redekaweling
  557 Diskussie
  667 Stryd
redekawelrig 667
redekundig 557
redekuns 558
redekunstenaar 558
redekunstig 558
redelik
  502 Verstand
  504 Geestelike
    gesondheid
  596 Inskiklik
  624 Gemiddeld
  804 Regverdig
redelikerwys
  502 Verstand
  596 Inskiklik
  624 Gemiddeld
  804 Regverdig
redelikerwys(e) 804
redelikheid
  502 Verstand
  504 Geestelike
    gesondheid
  596 Inskiklik
  624 Gemiddeld
  804 Regverdig
redeloos
  11 Disharmonie
  503 Onverstandigheid
  505 Verstandstoornis
  805 Onregverdig
redeloosheid
  11 Disharmonie
  503 Onverstandigheid
  505 Verstandstoornis
  805 Onregverdig
redenaar
  522 Redeneer
  557 Diskussie
  558 Redevoering
redenaarskuns 558

redenaarstalent 558
redenaars-
  vereniging 560
redenasie
  513 Denke
  522 Redeneer
  527 Oordeel
  532 Betwis
  539 Kommunikeer
redeneer
  513 Denke
  522 Redeneer
  527 Oordeel
  532 Betwis
  539 Kommunikeer
  554 Aanspreek
  667 Stryd
redeneerder 522
redeneerkuns 522
redeneersiek 667
redeneervermoë 522
redenering
  522 Redeneer
  527 Oordeel
  558 Redevoering
redery
  221 Vaar
  222 Vlieg
  236 Lugvaart
rederyker 558
rederykerskamer 558
redetwis
  522 Redeneer
  557 Diskussie
  667 Stryd
redevoerder 558
redevoering
  539 Kommunikeer
  558 Redevoering
redhibisie 704
redhibitories 704
redigeer
  565 Skryfkuns
  566 Drukkuns
  567 Boek
  568 Media
  570 Taalwetenskap
  750 Letterkunde
redigeerwerk
  566 Drukkuns
  570 Taalwetenskap
redigering
  565 Skryfkuns
  566 Drukkuns
  568 Media
  570 Taalwetenskap
  750 Letterkunde
redivivus 251
redoebleer 740
redres
  622 Goed
  804 Regverdig
redresseer
  622 Goed

  804 Regverdig
reductio ad
  absurdum 526
reduksie
  108 Minder
  133 Getalle
  256 Skeikunde
  433 Klein
  572 Uitspraak
  575 Woordvorming
  621 Onbelangrik
reduksiegetal 133
reduksiemiddel 256
reduksieproses
  256 Skeikunde
  572 Uitspraak
reduksieskaal 256
reduksietafel 133
reduksietrap 572
reduksievokaal 572
reduplikasie 575
redupliseer
  107 Meer
  575 Woordvorming
reduseer
  103 Min
  108 Minder
  132 Wiskunde
  140 Verandering
  433 Klein
  522 Redeneer
  572 Uitspraak
reduseerbaar
  108 Minder
  522 Redeneer
reebok 366
reeds
  50 Verlede
  528 Bevestig
reëel
  1 Bestaan
  133 Getalle
  537 Waarheid
reef 235
reeks
  21 Opeenvolging
  133 Getalle
reeksmisdadiger 803
reeksmoordenaar 803
reeksoorwinning 629
reeksverkragter 803
reël
  17 Noodsaak
  19 Orde
  35 Reëlmaat
  136 Eweredigheid
  149 Pad
  530 Voorbehou
  565 Skryfkuns
  588 Gesag hê
  590 Bestuur en regeer
  599 Gesag uitoefen
  605 Aanvaar

  640 Voorbereid
  644 Handelwyse
  651 Toesien
  657 Herhaal
  801 Wet
reëlaar
  19 Orde
  630 Werktuig
reëlbaar
  19 Orde
  590 Bestuur en regeer
reëling
  19 Orde
  530 Voorbehou
  590 Bestuur en regeer
  599 Gesag uitoefen
  605 Aanvaar
  607 Beloof
  640 Voorbereid
  651 Toesien
reëlings 19
reëlingskomitee
  590 Bestuur en regeer
  665 Byeenkom
reëlingsteken 149
reëlloos 36
reëlloosheid 36
reëlmaat
  8 Dieselfde
  19 Orde
  22 Kontinuïteit
  35 Reëlmaat
  55 Periodiek
  136 Eweredigheid
  164 Reëlmatige
    beweging
  640 Voorbereid
  657 Herhaal
reëlmatig
  8 Dieselfde
  19 Orde
  22 Kontinuïteit
  35 Reëlmaat
  55 Periodiek
  136 Eweredigheid
  164 Reëlmatige
    beweging
  640 Voorbereid
  657 Herhaal
reëlmatigheid
  8 Dieselfde
  19 Orde
  22 Kontinuïteit
  35 Reëlmaat
  55 Periodiek
  136 Eweredigheid
  164 Reëlmatige
    beweging
  657 Herhaal
reëlrat 257
reëlreg
  147 Rigting
  443 Reglynig

reën
104 Baie
287 Vloei
289 Klimaat
292 Water
reënagtig
289 Klimaat
292 Water
reënboog
270 Hemelliggaam
485 Lig
490 Kleur
reënboogkleur
490 Kleur
492 Kleure
reënboognasie
33 Samehorigheid
787 Samelewing
reënboogtaal 569
reënboogvlies 387
reënbui 292
reëndig
178 Toegaan
453 Dig
reënerig
289 Klimaat
292 Water
reëngordel 273
reënjas 745
reënkaart
273 Geografie
294 Weerkunde
reënmaker 294
reënmeter 294
reënmeting 294
reënmis 291
reënpadda 363
reënseisoen
37 Tydruimte
292 Water
reënspinnekop 361
reënstorm 293
reënstroom 287
reënval
292 Water
294 Weerkunde
reënvalpatroon 294
reënweer 289
reënwind 290
reënwolk 291
reënwoud 316
reënwurm 361
reep
313 Weef
315 Papier
435 Smal
442 Lyn
reepsaag 630
reeu 250
refaksie 710
Refan 855
referaat
539 Kommunikeer

558 Redevoering
refereer 539
referendum
590 Bestuur en regeer
795 Staat en politiek
referensie 551
referent
527 Oordeel
551 Meedeel
659 Aanstelling
refleks
16 Gevolg
378 Senuwee
refleksboog 378
refleksie
267 Optika
487 Ligbron
513 Denke
refleksief
16 Gevolg
574 Woordkategorie
refleksiologie 414
reflekslenskamera 268
refleksoloog 416
reflekteer
267 Optika
485 Lig
reflektometer 123
reflektor
267 Optika
271 Kosmografie
487 Ligbron
reflektoskoop 267
reformasie
590 Bestuur en regeer
622 Goed
reformator
140 Verandering
840 Godsdiens
reformatories 840
reformeer 840
reformisties 590
refraksie
267 Optika
485 Lig
refraktor 271
refraktormeter 267
refrein 751
refter 853
reg
129 Bepaaldheid
443 Reglynig
448 Gelyk
515 Wetenskap
537 Waarheid
588 Gesag hê
612 Noukeurig
614 Bekwaam
622 Goed
640 Voorbereid
743 Mooi
801 Wet
804 Regverdig

806 Wettig
808 Regswese
814 Eerlik
regaal
588 Gesag hê
797 Hoër stand
regagter 728
regalia 591
regatta 727
regbank 808
regby 728
regbyskeidsregter 728
regeer
588 Gesag hê
590 Bestuur en regeer
591 Gesaghebber
599 Gesag uitoefen
795 Staat en politiek
regeerbaar 590
regeerbaarheid 590
regeerder
590 Bestuur en regeer
591 Gesaghebber
regeersug 590
regenerasie
140 Verandering
251 In die lewe roep
regenereer
140 Verandering
251 In die lewe roep
regent 591
regentskap
591 Gesaghebber
795 Staat en politiek
regerend
590 Bestuur en regeer
591 Gesaghebber
795 Staat en politiek
regering
588 Gesag hê
590 Bestuur en regeer
795 Staat en politiek
regeringsamestelling 590
regeringsamp 590
regeringsamptenaar 590
regeringsbanke 590
regeringsbeleid 590
regeringsbesluit
590 Bestuur en regeer
599 Gesag uitoefen
regeringsbrood 424
regeringsgebou
91 Gebou
92 Deftige, belangrike of groot gebou
590 Bestuur en regeer
regeringsgesag 588
regeringshoof
588 Gesag hê
590 Bestuur en regeer
591 Gesaghebber
regeringsinmenging 590

regeringsinstansie 588
regeringskoalisie 795
regeringskoerant 568
regeringskringe
590 Bestuur en regeer
795 Staat en politiek
regeringsleier 591
regeringspolitiek 795
regeringspos 590
regeringspublikasie 567
regeringstelsel 795
regeringsverandering 590
regeringsverteenwoordiger 590
regeringsvorm
590 Bestuur en regeer
795 Staat en politiek
regeringswoordvoerder
551 Meedeel
590 Bestuur en regeer
reggae 753
reggeaard 814
reggeaardheid 814
reggelowig 842
reggesind 778
reghebbende 806
reghelp
663 Meedoen
832 Beskuldig
reghoek
139 Meetkunde
443 Reglynig
447 Hoekig
reghoekig
443 Reglynig
447 Hoekig
reghoeksy 139
reghou
147 Rigting
622 Goed
640 Voorbereid
812 Goeie gedrag
regie 752
regime
588 Gesag hê
590 Bestuur en regeer
795 Staat en politiek
regiment 672
regionaal
61 Plek
90 Omgewing
regionaliseer 61
regionalisme 61
regionalisties 61
regisseer 752
regisseur
264 Radio en televisie
752 Toneel- en rolprentkuns
register
21 Opeenvolging
45 Geskiedenis

263 Rekenaar en internet
567 Boek
569 Taal
576 Sinsbou en styl
688 Besit
757 Sang
809 Regsgeding
registerton 124
registrasie
508 Aandag
590 Bestuur en regeer
registrasiekoste
590 Bestuur en regeer
712 Belasting
registrateur
590 Bestuur en regeer
808 Regswese
registreer
196 Versend
294 Weerkunde
508 Aandag
563 Skryf
688 Besit
regkom
411 Gesond
622 Goed
637 Doelgerigtheid en doelloosheid
682 Slaag
regkry
622 Goed
637 Doelgerigtheid en doelloosheid
682 Slaag
reglement
599 Gesag uitoefen
665 Byeenkom
801 Wet
reglementeer
599 Gesag uitoefen
801 Wet
reglementêr
590 Bestuur en regeer
665 Byeenkom
801 Wet
reglet
316 Hout
566 Drukkuns
reglynig
147 Rigting
443 Reglynig
regmaak
622 Goed
651 Toesien
regmakertjie 427
regmatig
804 Regverdig
806 Wettig
regmatigheid
804 Regverdig
806 Wettig
regmerk 565

regoor 85
regop
71 Regop
74 Op
443 Reglynig
regopklavier 756
regopklits 344
regres 711
regressie
140 Verandering
201 Agtertoe beweeg
623 Sleg
regressief
50 Verlede
140 Verandering
151 Agtertoe
201 Agtertoe beweeg
572 Uitspraak
regressiwiteit 140
regruk
622 Goed
651 Toesien
regs
147 Rigting
148 Van koers gaan
644 Handelwyse
795 Staat en politiek
regs 87
regsaak 808
regsaanspreeklikheid 802
regsadvies 808
regsadviseur
638 Aanmoedig
808 Regswese
regsbedeling 808
regsberoep
658 Beroep
808 Regswese
regsbevoeg(d) 806
regsbevoegde 806
regsbevoegdheid
588 Gesag hê
599 Gesag uitoefen
806 Wettig
809 Regsgeding
regsbewussyn
802 Wette gehoorsaam
808 Regswese
regsbystand 808
regsdwaling 808
regse 795
regsekerheid 804
regsfilosofie
514 Wysbegeerte
808 Regswese
regsgebied
590 Bestuur en regeer
808 Regswese
regsgeding 809
regsgeldig 806
regsgeldigheid 806
regsgeleerd 808

regsgeleerde
515 Wetenskap
808 Regswese
regsgeleerdheid
515 Wetenskap
808 Regswese
regsgelykheid 804
regsgeneeskunde 414
regsgesind 795
regsgeskiedenis 808
regsgeskil 809
regsgevoel 804
regsgrond 804
regshandig
397 Ledemaat
644 Handelwyse
regshulp 808
regsinnig
814 Eerlik
842 Geloof
regsinnigheid
814 Eerlik
842 Geloof
regsisteem 801
regskape
622 Goed
804 Regverdig
812 Goeie gedrag
814 Eerlik
regskapenheid
608 Jou woord hou
812 Goeie gedrag
814 Eerlik
regskode 808
regskoste 708
regskrag
806 Wettig
808 Regswese
regskragtig 806
regskragtigheid 806
regskundig 808
regslui
808 Regswese
809 Regsgeding
regsmag
588 Gesag hê
599 Gesag uitoefen
808 Regswese
regsmense
808 Regswese
809 Regsgeding
regsoewereiniteit 808
regsom
147 Rigting
148 Van koers gaan
680 Militêre aksie
regsomkeer
522 Redeneer
680 Militêre aksie
regsonbevoeg(d) 807
regsonbevoegdheid 807
regsongeldig 805
regsongeldigheid 805

regspan
808 Regswese
809 Regsgeding
regspersoon
806 Wettig
808 Regswese
regspleging 808
regsposisie 808
regspraak 808
regspraktisyn 808
regspraktyk 808
regsprofessie 658
regs-radikaal 795
regstaal
569 Taal
808 Regswese
regstaat
588 Gesag hê
590 Bestuur en regeer
regstappe 809
regstel 622
regstelling
566 Drukkuns
622 Goed
804 Regverdig
regstelsel 808
regstreeks
6 Betrekking
49 Hede
443 Reglynig
regsverdraaiing 803
regsverkragting 807
regsversuim
803 Wette oortree
805 Onregverdig
regsverteenwoordiger 808
regsverteenwoordiging 808
regsvervolging 808
regsverydeling 803
regswese
801 Wet
808 Regswese
regswetenskap
515 Wetenskap
801 Wet
808 Regswese
regswetenskaplik
801 Wet
808 Regswese
regswetenskaplike 515
regte
515 Wetenskap
801 Wet
808 Regswese
regtens
804 Regverdig
806 Wettig
808 Regswese
regter
591 Gesaghebber
645 Handel

808 Regswese
809 Regsgeding
regterbreinmens 374
regterhand
397 Ledemaat
592 Ondergeskikte
663 Meedoen
regterkant
87 Aan die kant
112 Deel
regterlik 808
regter-president
591 Gesaghebber
808 Regswese
regteuitgifte 702
regtig
528 Bevestig
537 Waarheid
608 Jou woord hou
regtigwaar 608
reguit
147 Rigting
443 Reglynig
539 Kommunikeer
814 Eerlik
regularisasie
19 Orde
35 Reëlmaat
590 Bestuur en regeer
regulariseer
19 Orde
35 Reëlmaat
regularisering
19 Orde
35 Reëlmaat
regulasie
17 Noodsaak
19 Orde
530 Voorbehou
590 Bestuur en regeer
599 Gesag uitoefen
801 Wet
regulator 630
reguleer
19 Orde
35 Reëlmaat
530 Voorbehou
588 Gesag hê
590 Bestuur en regeer
599 Gesag uitoefen
reguleerbaar
19 Orde
35 Reëlmaat
590 Bestuur en regeer
reguleerder
19 Orde
630 Werktuig
regulerend
17 Noodsaak
19 Orde
regulering
19 Orde
35 Reëlmaat

590 Bestuur en regeer
regverdig
525 Bewys
543 Duidelik
608 Jou woord hou
804 Regverdig
806 Wettig
812 Goeie gedrag
814 Eerlik
819 Eerbaar
821 Onskuldig
833 Verontskuldig
842 Geloof
regverdige 821
regverdigheid
608 Jou woord hou
804 Regverdig
812 Goeie gedrag
819 Eerbaar
821 Onskuldig
**regverdigheids-
halwe** 804
regverdiging
543 Duidelik
806 Wettig
833 Verontskuldig
regverdiglik
804 Regverdig
806 Wettig
rehabilitasie
255 Natuur
622 Goed
693 Gee
rehabilitasiebevel 808
rehabiliteer
622 Goed
693 Gee
rei
101 Bouersgereedskap
742 Dans
752 Toneel- en
rolprentkuns
757 Sang
reier 365
reihout
101 Bouersgereedskap
316 Hout
reik
62 Grensloosheid
436 Hoog
437 Laag
584 Kies
reikafstand 68
reikhals 773
reikhalsend 773
reikhoogte 68
reikwydte
68 Ver
69 Naby
138 Algebra
620 Belangrik
rein
622 Goed

627 Skoon
743 Mooi
812 Goeie gedrag
819 Eerbaar
reinheid
622 Goed
627 Skoon
743 Mooi
812 Goeie gedrag
819 Eerbaar
reinig
627 Skoon
845 Godsvrug
reiniger 627
reiniging
627 Skoon
845 Godsvrug
reinigingsdieet 406
reinigingsdiens
627 Skoon
848 Kerklike bediening
reinigingsmiddel 627
reïnkarnasie
140 Verandering
251 In die lewe roep
844 Bygeloof
reïnkarneer 140
reinkultuur 317
reïntegrasie
111 Geheel
663 Meedoen
reïntegreer
111 Geheel
168 Saamkom
663 Meedoen
reïnterpretasie 577
reïnterpreteer 577
reis
187 Reis
216 Ry
reisafstand
68 Ver
187 Reis
reisagent 187
reisagentskap
187 Reis
236 Lugvaart
reisang 757
reisavontuur 187
reisbeskrywing
187 Reis
567 Boek
750 Letterkunde
reisboek
187 Reis
750 Letterkunde
reisbrosjure 187
reisburo 187
reisdokument 187
reisgenoot 187
reisgeselskap 187
reisgids 187
reisies 727

reisiger 187
reisigerstjek
187 Reis
709 Betaalmiddel
reisjoernaal
187 Reis
567 Boek
750 Letterkunde
reiskaartjie 187
reiskoffer
84 Houer
187 Reis
reiskoste 187
reislus 187
reislustig 187
reisouers 187
reispermit 601
reisprogram
147 Rigting
187 Reis
reisroman 750
reissak 187
reissug 187
reistas
84 Houer
187 Reis
reistoelae
187 Reis
709 Betaalmiddel
reistog 187
reistrommel
84 Houer
187 Reis
reistyd 187
reisvaardig
187 Reis
222 Vlieg
reisvergunning 601
reisverhaal
552 Vertel
567 Boek
750 Letterkunde
reisversekering 655
reïterasie 657
reïtereer 657
rek
40 Langdurig
62 Grensloosheid
432 Groot
741 Kinderspel
rekapitulasie
55 Periodiek
657 Herhaal
rekapituleer
55 Periodiek
657 Herhaal
rekbaar
62 Grensloosheid
456 Sag
462 Halfvloeibare stof
reken
102 Hoeveelheid
122 Bereken

125 Tel
126 Skat
132 Wiskunde
137 Bewerking
138 Algebra
527 Oordeel
703 Boekhou
rekenaar
122 Bereken
125 Tel
263 Rekenaar en
internet
560 Voorskoolse en
naskoolse onderrig
564 Skryfbehoeftes
rekenaarapparaat 630
rekenaarbewerking 263
rekenaardenke 263
rekenaardisket 263
rekenaardrukker
263 Rekenaar en
internet
566 Drukkuns
rekenaarfobie 263
rekenaarfoendi 263
rekenaargebruik 263
rekenaargebruiker 263
rekenaargeheue 263
rekenaargeletterd 263
**rekenaargeletterd-
heid** 263
rekenaargrafika 263
**rekenaarintelli-
gensie** 263
**rekenaarkommuni-
kasie** 539
rekenaarleêr 263
rekenaarlinguistiek 570
rekenaarnetwerk 263
rekenaaroperateur 263
rekenaarprogrammatuur
263 Rekenaar en
internet
560 Voorskoolse en
naskoolse onderrig
rekenaarsekuriteit 263
rekenaarskyf 263
rekenaarspeletjie
263 Rekenaar en
internet
739 Geselskapspele
741 Kinderspel
rekenaartaal
263 Rekenaar en
internet
539 Kommunikeer
569 Taal
rekenaartegnologie
257 Meganika en
tegnologie
263 Rekenaar en
internet
rekenaarterminaal 263

rekenaarvaardig 263
**rekenaarvaardig-
heid** 263
rekenaarverwerker 263
rekenaarvirus 263
rekenaarwetenskap
263 Rekenaar en
internet
515 Wetenskap
**rekenaarwetenskap-
like** 515
rekenariseer 263
rekenariseerbaar 263
rekenboek
122 Bereken
703 Boekhou
rekene
122 Bereken
137 Bewerking
rekenfout
122 Bereken
703 Boekhou
rekening
125 Tel
700 Bank
703 Boekhou
708 Betaal
711 Skuld
rekeningafdeling 707
rekeningboek
567 Boek
703 Boekhou
rekeninghouer
700 Bank
708 Betaal
rekeningkunde
515 Wetenskap
701 Handel en ekonomie
703 Boekhou
rekeningkundige 515
rekeningsaldo 703
rekeningstaat
700 Bank
703 Boekhou
708 Betaal
711 Skuld
rekenkunde
122 Bereken
132 Wiskunde
515 Wetenskap
rekenkundig
122 Bereken
132 Wiskunde
137 Bewerking
703 Boekhou
rekenkundige 132
rekenlat 122
rekenliniaal 122
rekenmasjien
122 Bereken
125 Tel
263 Rekenaar en
internet

rekenmeester
122 Bereken
132 Wiskunde
645 Handel
700 Bank
703 Boekhou
rekenmeesterskap 703
rekenmeestersvak 515
rekenoutomaat 263
rekenpligtig 703
rekenpligtigheid 703
rekenraam
122 Bereken
560 Voorskoolse en
naskoolse onderrig
rekenskap
703 Boekhou
811 Gewete
833 Verontskuldig
rekenspoed 263
rekenwese 703
rekker
678 Ander wapens
741 Kinderspel
rekking 62
reklame
539 Kommunikeer
551 Meedeel
701 Handel en ekonomie
reklameafdeling 707
reklameagentskap 551
reklamebeampte 707
reklamebedryf 701
reklamebord 551
reklameburo 551
reklameer
539 Kommunikeer
551 Meedeel
reklamefilm 551
reklameflits
264 Radio en televisie
551 Meedeel
reklamefoefie 551
reklamemaatskappy 701
reklamemateriaal 551
reklamepraktisyn 707
reklameskrywer 551
reklametaal 551
reklametekenaar
551 Meedeel
707 Handelsaak
reklameveldtog 551
reklik
462 Halfvloeibare stof
596 Inskiklik
reknylon 311
rekognisie 706
rekommandabel 638
rekommandasie
638 Aanmoedig
826 Goedkeur
rekommandeer
584 Kies

638 Aanmoedig
rekonie 706
rekoniegeld 706
rekonsiliasie
668 Vrede en versoening
776 Liefde en
vriendskap
rekonsilieer
668 Vrede en versoening
703 Boekhou
776 Liefde en
vriendskap
rekonstitueer 111
rekonstrueer
97 Bou
517 Vind
rekonstruksie 97
rekonstruktief 97
rekonvensie 806
rekord
263 Rekenaar en
internet
539 Kommunikeer
727 Kompetisie
rekordbreker 629
rekordhouer
629 Spel en sport
727 Kompetisie
rekreasie
662 Rus
724 Vermaak en
ontspanning
rekreasiegebied 724
rekreasiesport 724
rekreëer 724
rekruteer 679
rekrutering 679
rekruut
27 Begin
679 Mobilisering
reksprong 724
rekstok 730
rektaal
401 Spysverterings-
kanaal
402 Afskeidings- en
uitskeidingsorgane
rektifikasie 622
rektifiseer
428 Drankbereiding
622 Goed
rektifisering
428 Drankbereiding
622 Goed
rektor
560 Voorskoolse en
naskoolse onderrig
591 Gesaghebber
rektoraat 560
rektoskoop 417
rektum
401 Spysverterings-
kanaal

402 Afskeidings- en
  uitskeidingsorgane
rekuseer 808
rekverband 415
rekweefsel 311
rekwes 604
rekwestreer 604
rekwireer
  604 Versoek
  673 Manskap
rekwisiet 752
rekwisietemeester 752
rekwisisie 604
rel 667
relaas
  45 Geskiedenis
  539 Kommunikeer
  552 Vertel
relais 262
relasie
  6 Betrekking
  135 Verhouding
relasioneel
  6 Betrekking
  135 Verhouding
relatief
  6 Betrekking
  112 Deel
  519 Twyfel
  538 Dwaling
relatiefsin 576
relatiefvoornaam-
  woord 574
relativeer
  6 Betrekking
  7 Betrekkingloosheid
  507 Gebrek aan
    belangstelling
  542 Betekenisloosheid
  621 Onbelangrik
relativisme 514
relatiwiteit
  6 Betrekking
  519 Twyfel
relatiwiteitsbeginsel 6
relatiwiteitsteorie 6
relê 262
relegasie 192
relegeer
  192 Laat gaan
  827 Afkeur
relevansie
  541 Betekenisvolheid
  620 Belangrik
  631 Nodig
relevant
  541 Betekenisvolheid
  620 Belangrik
  631 Nodig
releveer 508
reliëf
  273 Geografie
  436 Hoog

620 Belangrik
758 Beeldende kuns
763 Beeldhoukuns
reliëfbeeldhoukuns 763
reliëfdruk 566
reliëfkaart 273
reliëfletter 566
reliëfreën 292
reliëfwerk 763
reliek
  510 Herinner
  853 Kerkgebou
religie 840
religieus
  840 Godsdiens
  845 Godsvrug
religiositeit 840
relik 510
relikwie
  510 Herinner
  853 Kerkgebou
reling 94
relletjie
  548 Praat
  667 Stryd
  771 Gramskap
  813 Swak gedrag
rem
  146 Beweginglosheid
  193 Vertraag
  217 Motorry
  226 Stadig
  232 Fiets
  233 Voertuig
  234 Spoorweë
  666 Verhinder
rema 577
remafstand
  149 Pad
  233 Voertuig
remedie 415
remedieer
  414 Geneeskunde
  622 Goed
remhoogte 277
reminissensie 510
remise 708
remissie
  710 Kosteloosheid
  712 Belasting
  783 Vergifnis
remitteer
  693 Gee
  783 Vergifnis
remlig 233
remmend 666
remming
  146 Beweginglosheid
  226 Stadig
  666 Verhinder
remonstransie
  530 Voorbehou
  532 Betwis

remonstrant 532
remonstrasie
  530 Voorbehou
  532 Betwis
remonstreer
  530 Voorbehou
  532 Betwis
remskoen
  146 Beweginglosheid
  233 Voertuig
  666 Verhinder
remskoenpolitiek 590
remstelsel 233
remunerasie
  686 Aanwins
  708 Betaal
remwa 234
ren 727
renaissance 749
renaissancestyl 764
renaissansisties 749
renbaan 629
rendabel 686
rendabiliteit 686
rendeer 686
rendement 686
rendementkoers 686
renderend 686
rendezvous
  166 Nader beweeg
  168 Saamkom
  665 Byeenkom
  790 Sosiale betrekking
rendier 366
renegaat
  585 Verwerp
  803 Wette oortree
  843 Ongeloof
renfiets
  232 Fiets
  735 Fietsrysport
renjaer
  217 Motorry
  737 Motorsport
renminbi 131
renmotor
  233 Voertuig
  737 Motorsport
renmotorsport 629
renons
  775 Weersin
  777 Haat en
    onvriendelikheid
  827 Afkeur
renonseer 740
renoster 366
renosterbos 337
renosterstropery 255
renosterstroping 255
renosterveld 318
renostervoël 365
renovasie
  97 Bou

622 Goed
renoveer
  97 Bou
  622 Goed
renperd 734
rens 472
renserig 472
rensport 629
renstel 233
rentabiliteit 686
rente
  686 Aanwins
  696 Ontvang
  700 Bank
rentedaling 700
rentedraend
  686 Aanwins
  696 Ontvang
rente-inkomste
  686 Aanwins
  700 Bank
rentekoers
  686 Aanwins
  699 Leen
  700 Bank
rentekoersmarge 686
rentekoersspeling 686
rentelas
  700 Bank
  711 Skuld
renteloos
  686 Aanwins
  687 Verlies
rentenier
  686 Aanwins
  689 Ryk
rente-opbrengs
  686 Aanwins
  696 Ontvang
  700 Bank
renteskuld
  700 Bank
  711 Skuld
rentestyging 700
renteverdienste
  686 Aanwins
  700 Bank
renteverhoging 700
renteverlaging 700
rentevoet
  686 Aanwins
  700 Bank
rentevry
  686 Aanwins
  710 Kosteloosheid
rentmeester
  591 Gesaghebber
  703 Boekhou
renvooi
  565 Skryfkuns
  753 Musiek
reologie 255
reometer 262

resoluut

reorganiseer 237
reostaat 262
rep
  225 Vinnig
  548 Praat
  550 Noem
reparasie
  622 Goed
  804 Regverdig
reparasiewerk 622
repareer 622
repatriasie
  188 Aankom
  788 Beskawing
repatrieer
  188 Aankom
  788 Beskawing
repel 353
reperkussie
  16 Gevolg
  623 Sleg
repertoire
  752 Toneel- en rolprentkuns
  754 Komposisie
repertorium 567
repeteer
  657 Herhaal
  752 Toneel- en rolprentkuns
repeteergeweer 676
repetisie
  657 Herhaal
  752 Toneel- en rolprentkuns
repetisiewerk
  657 Herhaal
  752 Toneel- en rolprentkuns
repliek
  556 Antwoord
  809 Regsgeding
replika
  14 Navolging
  758 Beeldende kuns
  760 Skilderkuns
replikasie 809
repliseer 556
reportage 539
representant 591
representasie
  144 Vervanging
  591 Gesaghebber
  808 Regswese
representatief 590
representeer
  591 Gesaghebber
  808 Regswese
repressie
  588 Gesag hê
  639 Ontmoedig
  715 Negatiewe gevoel

reproduksie
  107 Meer
  237 Voortbring
  239 Voortplant
  268 Fotografie en film
  565 Skryfkuns
  566 Drukkuns
  657 Herhaal
  760 Skilderkuns
reproduktief 239
reproduseer
  107 Meer
  237 Voortbring
  239 Voortplant
  268 Fotografie en film
  566 Drukkuns
  657 Herhaal
  760 Skilderkuns
reprograaf 566
reprografie 566
reprografies 566
reptiel
  357 Dier
  364 Reptiel
republiek 795
republikanisme 795
republikein 795
republikeins
  590 Bestuur en regeer
  795 Staat en politiek
repudiasie
  529 Ontken
  609 Jou woord verbreek
repudieer
  529 Ontken
  609 Jou woord verbreek
reputasie
  799 Beroemd
  825 Beoordeling
  826 Goedkeur
  830 Eerbiedig
reputasieskade
  669 Aanval
  825 Beoordeling
  827 Afkeur
requiem
  754 Komposisie
  848 Kerklike bediening
rêrig
  528 Bevestig
  537 Waarheid
res
  116 Te veel
  133 Getalle
  137 Bewerking
reseda 332
resenseer
  527 Oordeel
  750 Letterkunde
  825 Beoordeling
resensent
  527 Oordeel
  750 Letterkunde

  825 Beoordeling
resensie
  527 Oordeel
  750 Letterkunde
  825 Beoordeling
resensie-eksemplaar
  527 Oordeel
  567 Boek
resent
  46 Vroeër
  49 Hede
  50 Verlede
  53 Nuut en jonk
resentheid
  50 Verlede
  53 Nuut en jonk
resep
  418 Voeding
  419 Voedselbereiding
  640 Voorbereid
resepsie
  418 Voeding
  790 Sosiale betrekking
resepteboek
  418 Voeding
  419 Voedselbereiding
  567 Boek
resepteer
  414 Geneeskunde
  419 Voedselbereiding
reseptief 713
reseptiwiteit 713
reservaat
  90 Omgewing
  255 Natuur
  273 Geografie
reservasie 530
reserveer
  206 Ingaan
  530 Voorbehou
  584 Kies
  692 Spaar
reservis 673
reservistemag 672
reservoir 288
reserwe
  530 Voorbehou
  629 Gebruik
  672 Weermag
  692 Spaar
  726 Spel en sport
  727 Kompetisie
  728 Balsporte
reserweband 233
reserwebank 700
reserwebate 688
reserwefonds 692
reserwekapitaal 692
reserwemag 672
reserweprys
  704 Koop
  705 Verkoop
  708 Betaal

reserwerekening 703
reserwesaldo 703
reserwespeler 727
reserwevalskerm 733
reserwevoorraad 631
reses
  28 Einde
  560 Voorskoolse en naskoolse onderrig
  590 Bestuur en regeer
  646 Nie handel nie
  648 Onderbreek
  662 Rus
resessie
  683 Misluk
  687 Verlies
  701 Handel en ekonomie
resessief 317
resgetal
  133 Getalle
  137 Bewerking
resideer
  64 Aanwesigheid
  561 Studeer
residensie
  64 Aanwesigheid
  89 Blyplek
  92 Deftige, belangrike of groot gebou
  591 Gesaghebber
residensieel
  89 Blyplek
  559 Opvoeding en onderwys
resident
  590 Bestuur en regeer
  591 Gesaghebber
residentskap 591
residiveer
  413 Verskillende siektes
  803 Wette oortree
residivis
  413 Verskillende siektes
  803 Wette oortree
residu 116
resies 727
resiesfiets 232
resiprook 663
resiproseer 663
resistensie 666
resistent 666
resistor 262
resitasie 548
resiteer 548
reslap 311
resolusie
  582 Wilskrag
  586 Beslis
resoluut
  582 Wilskrag
  586 Beslis
  637 Doelgerigtheid en doelloosheid

647 Voortgaan
767 Moed
resonansie
　266 Akoestiek
　476 Geluid
　572 Uitspraak
resonansieruimte
　266 Akoestiek
　572 Uitspraak
resonator 266
resoneer
　266 Akoestiek
　476 Geluid
　572 Uitspraak
resorbeer 175
resorberend 175
resorpsie 175
respek
　776 Liefde en
　　vriendskap
　799 Beroemd
　812 Goeie gedrag
　826 Goedkeur
　830 Eerbiedig
respektabel 830
respektabiliteit 830
respekteer
　776 Liefde en
　　vriendskap
　830 Eerbiedig
respektief
　6 Betrekking
　32 Enkeling
　120 Onderskeid
respektiewelik
　9 Verskillend of
　　teenoorgesteld
　32 Enkeling
　120 Onderskeid
respekvol
　812 Goeie gedrag
　830 Eerbiedig
respirasie 404
respirator 417
respiratories 404
respireer 404
respondeer
　526 Weerlê
　556 Antwoord
respondent
　556 Antwoord
　809 Regsgeding
respons
　16 Gevolg
　256 Skeikunde
　378 Senuwee
　556 Antwoord
responsie
　378 Senuwee
　556 Antwoord
responsief 714
respyt
　662 Rus

708 Betaal
ressort
　61 Plek
　590 Bestuur en regeer
ressorteer 33
restant 116
restantverkoping 705
restaurant
　91 Gebou
　406 Eet
　429 Eetplek, kroeg
　707 Handelsaak
　724 Vermaak en
　　ontspanning
restaurantkos
　420 Voedsel
　426 Kossoort, dis
restaurateur 429
resterend 116
restio
　338 Gras
　339 Riet
restitueer
　693 Gee
　708 Betaal
restitusie
　686 Aanwins
　693 Gee
　708 Betaal
　804 Regverdig
restourant
　91 Gebou
　406 Eet
　429 Eetplek, kroeg
　707 Handelsaak
　724 Vermaak en
　　ontspanning
restourantkos
　420 Voedsel
　426 Kossoort, dis
restourasie
　97 Bou
　622 Goed
restourateur 429
restoureer
　53 Nuut en jonk
　97 Bou
　622 Goed
restriksie
　108 Minder
　530 Voorbehou
restriktief
　108 Minder
　530 Voorbehou
resultaat
　16 Gevolg
　28 Einde
　137 Bewerking
　637 Doelgerigtheid en
　　doelloosheid
　650 Voltooi
　681 Resultaat
　682 Slaag

resulteer 16
resulterend 16
resumé 539
resumeer
　111 Geheel
　539 Kommunikeer
resusaap 366
resusfaktor 400
resussitasie
　251 In die lewe roep
　414 Geneeskunde
resussiteer
　251 In die lewe roep
　414 Geneeskunde
retensie 698
retensiegeld
　698 Behou
　708 Betaal
retensiereg 698
retentiwiteit 261
retina 387
retina-afdruk 3
retinaloslating 413
retineer 708
retinis pigmentosa 413
retirade 234
retireer
　190 Vertrek
　201 Agtertoe beweeg
　685 Oorwin word
retoer
　151 Agtertoe
　188 Aankom
retoerkaartjie 220
retoerreis
　151 Agtertoe
　188 Aankom
retoerrit
　151 Agtertoe
　220 Treinry
retoervaart 188
retoervlug 188
retoesjeer
　651 Toesien
　760 Skilderkuns
retoriek
　558 Redevoering
　576 Sinsbou en styl
retories
　542 Betekenisloosheid
　555 Vra
　558 Redevoering
　576 Sinsbou en styl
retorika
　542 Betekenisloosheid
　548 Praat
　558 Redevoering
retorikus 558
retort
　84 Houer
　256 Skeikunde
retribusie
　693 Gee

708 Betaal
784 Wraaksug
835 Bestraf
retrogradasie 623
retrograde
　9 Verskillend of
　　teenoorgesteld
　151 Agtertoe
retrogradewoorde-boek 567
retrogressief 151
retrologisme 573
retrospeksie
　510 Herinner
　513 Denke
retrospektief
　15 Oorsaak
　510 Herinner
　513 Denke
　527 Oordeel
retroviraal 413
retrovirus 413
retsina 427
retzia 334
reuk
　378 Senuwee
　473 Reuk
　497 Reuksintuig
reukaltaar 854
reukbal 473
reukbol 389
reukbrein 389
reukflessie 473
reukklier 497
reukloos 473
reukloosheid
　473 Reuk
　497 Reuksintuig
reukoffer 854
reukorgaan
　389 Neus
　497 Reuksintuig
reuksenuwee
　378 Senuwee
　389 Neus
reuksin 497
reuksintuig
　473 Reuk
　497 Reuksintuig
reuksout 415
reukstof 473
reukverdrywer 475
reukverdrywing 473
reukvermoë 497
reukwater
　473 Reuk
　474 Welriekend
　746 Persoonlike
　　versorging
reukweerder
　473 Reuk
　475 Onwelriekend
　746 Persoonlike

rigstok

versorging
reukweermiddel
  473 Reuk
  475 Onwelriekend
reun
  357 Dier
  366 Soogdier
reunhond 366
reünie 665
reunperd 366
reus
  432 Groot
  512 Verbeelding
reusagtig
  92 Deftige, belangrike of groot gebou
  432 Groot
  743 Mooi
reusegestalte 432
reusekrag 625
reusel 421
reusenellie 365
reuse-stokinsek 361
reusesukses 682
reusetaak 654
reusewerk 654
reutel
  482 Menslike geluid
  484 Diergeluid
revalidasie 527
revalideer 527
revaluasie 527
revalueer
  131 Geldeenheid
  527 Oordeel
reveille 680
revideer 565
reviseer 566
reviseur 565
revisie
  565 Skryfkuns
  566 Drukkuns
revisionis 795
revisionisme 795
revokasie 529
revokeer 529
revolusie
  20 Wanorde
  82 Rondom
  121 Verwarring
  140 Verandering
  270 Hemelliggaam
  667 Stryd
revolusionêr
  36 Onreëlmatigheid
  53 Nuut en jonk
  121 Verwarring
  140 Verandering
  667 Stryd
revoseer 529
revue
  568 Media
  680 Militêre aksie

752 Toneel- en rolprentkuns
755 Uitvoering
rewolusie
  20 Wanorde
  82 Rondom
  121 Verwarring
  140 Verandering
  270 Hemelliggaam
  667 Stryd
rewolusionêr
  36 Onreëlmatigheid
  53 Nuut en jonk
  121 Verwarring
  140 Verandering
  667 Stryd
rewolwer
  252 Doodmaak
  676 Vuurwapen
rewolwerkoeël 676
Rhein-riesling 427
rhinitis 413
rib
  94 Dele van 'n eiendom
  235 Skeepvaart
  380 Gebeente
  394 Bors
  421 Vleis
  426 Kossoort, dis
ribbekas 394
ribbel 449
ribbeling 82
ribbetjie 421
ribbok 366
ribfilet 421
ribkoord 311
ribkwal 363
ribosoom 377
ribskild 364
ribtjop 421
Richterskaal 274
rickettsia 317
rickettsiose 413
ricotta 371
ridder
  667 Stryd
  767 Moed
  797 Hoër stand
  812 Goeie gedrag
ridderkruis 797
ridderlik
  767 Moed
  797 Hoër stand
  812 Goeie gedrag
ridderlikheid
  767 Moed
  812 Goeie gedrag
ridderorde 797
ridderpoësie 751
ridderroman 750
ridderseël 546
ridderskap 797
ridderslag 797

ridderspel 739
ridderspoor 334
ridderstand 797
ridderverhaal
  552 Vertel
  750 Letterkunde
riel 742
rieldans 742
rieldanser 742
riem
  172 Vasmaak
  182 Slaan
  235 Skeepvaart
  310 Vlegwerk
  314 Leer
riem
  315 Papier
  442 Lyn
riemleer 314
riempie 314
riempiesmat 95
riempiestoel 95
riemspring
  741 Kinderspel
  835 Bestraf
riemtelegram 538
riesling 427
rieslingdruif 426
riet
  94 Dele van 'n eiendom
  318 Plant
  339 Riet
rietagtig 339
rietblits 427
rietbok 366
rietbos 318
rietdak 94
rietdakhuis 91
rieterig 339
rietfluit 756
rietfoelie 339
rietgras 318
riethaan 365
rietmat
  95 Huisraad
  310 Vlegwerk
rietmeubels 95
rietmuis 366
rietplafon 94
rietreier 365
rietrot 366
rietsanger 365
rietskraal 435
rietspiritus 427
rietsuiker
  419 Voedselbereiding
  471 Smaaklik, lekker
rietvlei 285
rif
  275 Mynwese
  277 Berg
riffel 449
riffelferweel 311

riffeling 449
riffelkarton 315
riffelmerk 274
riffelplaat 100
riffelrig 449
riffelrigheid 449
riffelsink 297
riffelskaaf
  316 Hout
  630 Werktuig
rifgang 275
rifrug 366
rifsteen 304
rifwurm 363
rig
  147 Rigting
  194 Vervoer
  223 Stuur
  443 Reglyning
  590 Bestuur en regeer
  644 Handelwyse
  677 Skiet
righoek
  99 Messel
  443 Reglyning
righout 443
righto 622
rigiditeit
  455 Hard
  595 Streng
rigied
  455 Hard
  595 Streng
rigiedheid 595
rigkrag 261
riglyn
  35 Reëlmaat
  101 Bouersgereedskap
  443 Reglyning
  590 Bestuur en regeer
  640 Voorbereid
  677 Skiet
rigor mortis 250
rigoreus
  586 Beslis
  595 Streng
  811 Gewete
rigoris 811
rigorisiteit 715
rigorisme 715
rigoristies 715
rigprys
  122 Bereken
  708 Betaal
rigsnoer
  35 Reëlmaat
  99 Messel
  443 Reglyning
  640 Voorbereid
  644 Handelwyse
  801 Wet
rigstelsel 223
rigstok 443

rigter 677
rigting
  147 Rigting
  223 Stuur
  514 Wysbegeerte
  515 Wetenskap
  749 Kuns
rigtingaanwyser 147
rigtingbedonderd 148
rigtingbepalend 147
rigtinggewend 147
rigtinghoudend 147
rigtingloos
  147 Rigting
  148 Van koers gaan
  583 Willoosheid
  637 Doelgerigtheid en doelloosheid
rigtingroer 223
rigtingvas 147
rigtingvastheid 147
rigtingverandering
  147 Rigting
  163 Draai
  586 Beslis
rigtingwyser
  147 Rigting
  233 Voertuig
  546 Kunsmatige teken
riksdaalder 131
riksja 230
ril
  164 Reëlmatige beweging
  378 Senuwee
  466 Koud
  715 Negatiewe gevoel
  768 Vrees
  775 Weersin
riller
  552 Vertel
  750 Letterkunde
  752 Toneel- en rolprentkuns
  768 Vrees
rillerig
  378 Senuwee
  466 Koud
  715 Negatiewe gevoel
  744 Lelik
  768 Vrees
rilling
  164 Reëlmatige beweging
  378 Senuwee
  466 Koud
  768 Vrees
Rimmon 855
rimpel
  180 Ongelyk maak
  381 Huid
  384 Kop
  386 Gesig

  449 Ongelyk
rimpelig
  180 Ongelyk maak
  381 Huid
  449 Ongelyk
rimpeling
  180 Ongelyk maak
  449 Ongelyk
rimpelloos
  381 Huid
  448 Gelyk
rimpelpapier 315
rimpelrig
  180 Ongelyk maak
  381 Huid
  449 Ongelyk
rinensefalon 389
rinforzando 753
ring
  82 Rondom
  331 Boom
  368 Diereteelt
  369 Veeteelt
  446 Rond
  665 Byeenkom
  745 Versier
  852 Geestelike
ringbaan 234
ringbaard 386
ringbesluit 852
ringbindwerk 566
ringduif 365
ringeiland 281
ringel
  368 Diereteelt
  369 Veeteelt
ringeleer 160
ringeloor 779
ringgeut 94
ringgooi 739
ringkop
  52 Ouderdom
  54 Oud
  591 Gesaghebber
ringmuur
  63 Begrensdheid
  671 Verdedigingsmiddel
ringsitting 852
ringspier 379
ringsressort 61
ringsteek 739
ringtennis 739
ringvinger 397
ringvorm 438
ringvormig
  438 Vorm
  446 Rond
ringwurm 413
rinkel
  476 Geluid
  478 Welluidend
rinkelend 478
rinkelgeluid 476

rinkeling 478
rinkhals 364
rinkhalsdans 742
rinkhalsduif 365
rinkink 479
rinkink
  722 Humor
  793 Fees
  813 Swak gedrag
rinkinkery
  479 Disharmonies
  722 Humor
  813 Swak gedrag
rinnewasie
  98 Afbreek
  623 Sleg
rinneweer 98
rinneweerder 623
rinnewering 623
rinologie 414
rioleer
  97 Bou
  286 Rivier
  627 Skoon
riolering
  94 Dele van 'n eiendom
  97 Bou
  286 Rivier
  409 Afskeiding en uitskeiding
rioleringsaanleg
  409 Afskeiding en uitskeiding
  628 Vuil
rioleringspyp 628
rioleringstelsel
  94 Dele van 'n eiendom
  288 Waterstelsel
  409 Afskeiding en uitskeiding
  628 Vuil
riool
  94 Dele van 'n eiendom
  409 Afskeiding en uitskeiding
  628 Vuil
rioolgas
  409 Afskeiding en uitskeiding
  461 Gas
riooljoernalistiek 568
rioolplaas
  409 Afskeiding en uitskeiding
  628 Vuil
rioolpyp
  94 Dele van 'n eiendom
  286 Rivier
  288 Waterstelsel
  409 Afskeiding en uitskeiding
rioolslik 462

rioolsloot
  286 Rivier
  409 Afskeiding en uitskeiding
rioolslyk
  409 Afskeiding en uitskeiding
  462 Halfvloeibare stof
rioolstelsel
  288 Waterstelsel
  409 Afskeiding en uitskeiding
riooltenk 409
rioolverwydering 409
rioolvuil
  409 Afskeiding en uitskeiding
  628 Vuil
rioolwater 409
rioolwatersuiwering 409
rioolwerk(e) 409
rips 311
risiko 656
risikobestuur 590
risikokapitaal 688
risikoversekering 655
riskant 656
riskantheid 656
riskeer
  656 Gevaarlik
  767 Moed
risoom 319
risotto 426
rissie
  351 Groenteverbouing
  419 Voedselbereiding
rissiepeper 419
rissiepit 771
rit
  187 Reis
  216 Ry
ritardando 753
rite
  794 Sosiale struktuur
  848 Kerklike bediening
ritenuto 753
ritme
  35 Reëlmaat
  751 Digkuns
  753 Musiek
ritmeester
  219 Perdry
  233 Voertuig
ritmiek
  35 Reëlmaat
  751 Digkuns
  753 Musiek
ritmies
  35 Reëlmaat
  749 Kuns
  751 Digkuns
  753 Musiek

ritrekenaar 233
rits
  21 Opeenvolging
  104 Baie
  145 Beweging
  172 Vasmaak
  225 Vinnig
  316 Hout
  722 Humor
  813 Swak gedrag
ritsel 476
ritselgeluid 476
ritseling 476
ritsig 239
ritsigheid 239
ritssluiter 172
ritssluiting 172
rittel
  164 Reëlmatige
    beweging
  466 Koud
  768 Vrees
ritteldans 742
ritteldanser 742
ritteltit(s)
  164 Reëlmatige
    beweging
  413 Verskillende siektes
  466 Koud
  768 Vrees
rituaal 848
ritualis 841
ritualisme 841
ritualisties 841
ritueel
  657 Herhaal
  794 Sosiale struktuur
  848 Kerklike bediening
rivier
  274 Geologie
  286 Rivier
Rivier 270
rivierbedding 286
rivierbekken
  285 Watermassa
  286 Rivier
rivierboot 235
rivierbron 286
rivierdelta
  61 Plek
  286 Rivier
rivierduin 286
riviereiland 281
riviergrens 63
rivierhawe 235
rivierkloof 278
rivierkom 285
rivierkreef 362
rivierkrokodil 364
riviermond 286
riviermonding 286
rivieroewer 286
rivierpaling 363

rivierplaas 346
rivierslik 462
riviertog 221
riviervaart
  187 Reis
  221 Vaar
riviervallei
  278 Vallei
  286 Rivier
riviervissery 372
riviervoël 365
rivierwal 286
rivierwater
  286 Rivier
  292 Water
  460 Vloeistof
rob
  363 Waterdier
  366 Soogdier
robbedoe 376
robot
  257 Meganika en
    tegnologie
  503 Onverstandigheid
  630 Werktuig
robotika 257
robuus
  411 Gesond
  625 Sterk
robuustheid
  411 Gesond
  625 Sterk
robvel 314
robyn 298
rock 'n' roll
  742 Dans
  753 Musiek
rock
  742 Dans
  753 Musiek
rockband 755
rocker 757
rockkonsert 755
rocksanger 757
rockspider 787
rockster 757
rococo
  749 Kuns
  764 Boukuns
rodeo 219
rododendron 334
roebel 131
roede
  123 Meet
  182 Slaan
  403 Voortplantings-
    orgaan
  546 Kunsmatige teken
  835 Bestraf
roef 178
roei
  94 Dele van 'n eiendom
  215 Swem

221 Vaar
270 Hemelliggaam
443 Reglynig
roeiboot
  221 Vaar
  235 Skeepvaart
roeier
  235 Skeepvaart
  732 Watersport
roeiplank
  214 Dryf
  215 Swem
roeipoot 362
roeiriem
  221 Vaar
  235 Skeepvaart
roeispaan
  221 Vaar
  235 Skeepvaart
  372 Vissery
roeisport
  221 Vaar
  732 Watersport
roekeloos
  509 Onoplettendheid
  618 Heftig
  641 Onvoorbereid
  767 Moed
roekeloosheid
  509 Onoplettendheid
  618 Heftig
  641 Onvoorbereid
  767 Moed
roekoek 483
roelet 739
roem
  620 Belangrik
  796 Stand
  799 Beroemd
  826 Goedkeur
  830 Eerbiedig
  842 Geloof
roemer 84
roemgierig 785
roemgierigheid 785
roemloos 800
roemlustigheid 785
roemryk
  614 Bekwaam
  799 Beroemd
  826 Goedkeur
roemrykheid 799
roemsug 785
roemsugtig 785
roemvol
  614 Bekwaam
  799 Beroemd
roemwaardig 826
roep
  191 Laat kom
  482 Menslike geluid
  483 Voëlgeluid
  484 Diergeluid

539 Kommunikeer
548 Praat
550 Noem
554 Aanspreek
roepee 131
roeping
  580 Graag
  773 Begeerte
roepja 369
roepnaam
  550 Noem
  574 Woordkategorie
roepradio 264
roepsek 369
roepstem 811
roer
  145 Beweging
  164 Reëlmatige
    beweging
  174 Meng
  223 Stuur
  235 Skeepvaart
  236 Lugvaart
  419 Voedselbereiding
  495 Tassin
  676 Vuurwapen
  713 Gevoel
roerbraai
  418 Voeding
  419 Voedselbereiding
roerbraaipan 95
roereier 426
roerend
  145 Beweging
  688 Besit
  714 Positiewe gevoel
roerig 20
roering 145
roerlepel
  95 Huisraad
  174 Meng
roerloos
  146 Bewegingloosheid
  583 Willoosheid
roerpen 235
roertou 235
roes
  184 Breek
  238 Vernietig
  297 Metaal
  301 Metaalverwerking
  324 Plantlewe
  327 Tallusplant
  407 Drink
  413 Verskillende siektes
  458 Breekbaar
  492 Kleure
  623 Sleg
  628 Vuil
roesagtig
  297 Metaal
  623 Sleg
roesbruin 492

roes(e)moes
20 Wanorde
165 Onreëlmatige beweging
476 Geluid
479 Disharmonies
548 Praat
roeskleur 492
roeskleurig 492
roesklip 274
roesplek 628
roesrooi 492
roessuipery 407
roesswam 327
roes(t)erig
297 Metaal
623 Sleg
roesvlek 297
roesvry 297
roeswerend 297
roet
469 Verwarmingstoestel
628 Vuil
roetagtig 469
roete
147 Rigting
149 Pad
187 Reis
roeteaanwyser 149
roetebord 149
roeteer 147
roeteerder 263
roetekaart
147 Rigting
187 Reis
roetering 263
roetewys(t)er 149
roeti 426
roetine
647 Voortgaan
657 Herhaal
roetinebesoek 790
roetineer
647 Voortgaan
653 Maklik handel
657 Herhaal
roetinering 657
roetkleur 492
roetlug 475
roetswart 492
roetvlek 628
roetwolk 628
rof
180 Ongelyk maak
289 Klimaat
449 Ongelyk
618 Heftig
652 Versuim
779 Boosaardigheid
792 Asosiaal
813 Swak gedrag
roffel
316 Hout

476 Geluid
480 Dowwe klank
630 Werktuig
756 Musiekinstrument
roffelgeluid
476 Geluid
480 Dowwe klank
roffelskaaf
316 Hout
630 Werktuig
rofkas 99
rofstoei 731
rofweg 130
rofwerkpapier 315
rog
352 Graanverbouing
363 Waterdier
rogbrood 424
roggel
404 Asemhaling
482 Menslike geluid
484 Diergeluid
548 Praat
roggras 338
rogmeel 419
rojaal
104 Baie
432 Groot
693 Gee
rojalis 592
rojalisme 588
rojalisties 797
rojaliteit
104 Baie
432 Groot
693 Gee
rojeer
563 Skryf
665 Byeenkom
rojering 563
rok 745
rokade 739
rokeer 739
roker
419 Voedselbereiding
423 Slagter
430 Rook
rokerig
461 Gas
467 Aansteek
471 Smaaklik, lekker
472 Smaakloos, sleg
475 Onwelriekend
492 Kleure
544 Onduidelik
rokery 430
rokhals 745
rokjagter 239
rokmateriaal 311
rokoko 749
rokpatroon 745
rokvoorskoot 419
rol
21 Opeenvolging

82 Rondom
102 Hoeveelheid
145 Beweging
163 Draai
165 Onreëlmatige beweging
211 Opgaan
216 Ry
287 Vloei
305 Pottebakkery
315 Papier
347 Landbou
430 Rook
480 Dowwe klank
483 Voëlgeluid
566 Drukkuns
567 Boek
644 Handelwyse
752 Toneel- en rolprentkuns
809 Regsgeding
rolbaan 194
rolbal 728
rolbaltoerusting 728
rolbed 95
rolbesem 627
rolbesetting 752
rolblaar 324
rolblinding 94
rolbrug 149
roldomkrag 211
roleg 355
rolfilm 268
rolgordyn 95
rolkoek 426
rolkraag 745
rolkraagtrui 745
rollaag 99
rollade 421
rollaer 257
rollemhokkie 728
rollemskaats 736
rollend 163
roller
163 Draai
233 Voertuig
448 Gelyk
564 Skryfbehoeftes
rollermeul 186
rolletjie
163 Draai
424 Brood
rolluik 94
rolmodel 812
rolmops 426
rolpens 421
rolpers 566
rolplaat 301
rolpoeding 426
rolprent 752
rolprentateljee 268
rolprentbedryf 752
rolprentdrama 752

rolprentganger 752
rolprentgeselskap 752
rolprentkamera 268
rolprentkomedie 752
rolprentkuns
268 Fotografie en film
749 Kuns
752 Toneel- en rolprentkuns
rolprentproduksie 752
rolprentregie 752
rolprentregisseur 752
rolprentstel 268
rolprentster 752
rolprentstudio 268
rolprentteater 752
rolprentvertoning 752
rolprentvervaardiger 752
rolprentwese 752
rolpuntpen 564
rolroer
223 Stuur
236 Lugvaart
rolskaats 736
rolskaatser 736
rolspel 644
rolstoel
95 Huisraad
230 Rytuig
rolstok 425
rolstuk 421
roltabak 430
roltoe 361
roltrap
94 Dele van 'n eiendom
211 Opgaan
roltwak 430
rolvarkie 366
rolverband 415
rolverdeling 752
roly-poly 426
rolystervarkie 366
Romaans 569
roman à clef 750
roman
363 Waterdier
552 Vertel
566 Drukkuns
567 Boek
750 Letterkunde
romanesk
714 Positiewe gevoel
750 Letterkunde
Romanis 570
romaniseer
569 Taal
787 Samelewing
romanisme 569
Romanistiek 570
romankuns
749 Kuns
750 Letterkunde

rondskrywe

romanliteratuur 750
romanse
  751 Digkuns
  776 Liefde en vriendskap
romansier
  565 Skryfkuns
  750 Letterkunde
romanskrywer
  565 Skryfkuns
  750 Letterkunde
romanteks 750
romantiek
  749 Kuns
  776 Liefde en vriendskap
romanties
  714 Positiewe gevoel
  749 Kuns
  776 Liefde en vriendskap
romantikus
  749 Kuns
  776 Liefde en vriendskap
romantiseer 776
romantisis 749
romantisisme 749
romanza 750
rombies 139
romboëder 139
romboëdries 139
romboïdaal 139
romboïed
  139 Meetkunde
  379 Spier
rombus 139
romein
  565 Skryfkuns
  566 Drukkuns
romeins
  133 Getalle
  565 Skryfkuns
  566 Drukkuns
romerig
  371 Suiwelbereiding
  471 Smaaklik, lekker
rommel
  20 Wanorde
  174 Meng
  184 Breek
  476 Geluid
  480 Dowwe klank
  623 Sleg
rommel(a)ry
  20 Wanorde
  174 Meng
  184 Breek
  623 Sleg
rommelgeluid 476
rommelhoop
  20 Wanorde
  184 Breek

628 Vuil
rommeling
  293 Onweer
  480 Dowwe klank
rommelkuns 758
rommel(r)ig
  20 Wanorde
  184 Breek
  623 Sleg
rommelstrooier
  20 Wanorde
  628 Vuil
rommelterrein 184
rommelverkoping 705
rommelwerf
  20 Wanorde
  184 Breek
rommelwinkel 707
romp
  235 Skeepvaart
  392 Romp
  745 Versier
rompsegment 235
rompslomp
  3 Bestaanswyse
  20 Wanorde
  590 Bestuur en regeer
  654 Moeilik handel
rond
  61 Plek
  133 Getalle
  147 Rigting
  163 Draai
  434 Breed
  446 Rond
  478 Welluidend
  572 Uitspraak
rondawel
  89 Blyplek
  91 Gebou
rondbasuin
  539 Kommunikeer
  552 Vertel
rondbeveel 588
rondbeweeg
  145 Beweging
  213 Rondgaan
rondboog 94
rondborstig
  537 Waarheid
  814 Eerlik
rondbring
  170 Saambring
  213 Rondgaan
ronddans
  165 Onreëlmatige beweging
  199 Spring
  742 Dans
ronddraai
  163 Draai
  186 Maal
  226 Stadig

ronddrel 637
ronddrentel 213
ronddwaal
  213 Rondgaan
  229 Stadig beweeg
  646 Nie handel nie
ronde
  82 Rondom
  213 Rondgaan
  727 Kompetisie
rondedans 742
rondeel 751
rondeklits 344
rondekophamer 316
rondelied 757
rondepuntkoeël 676
rondewurm
  361 Insek
  413 Verskillende siektes
rondfok 239
rondgaan
  82 Rondom
  204 Aangaan by
  213 Rondgaan
  552 Vertel
  790 Sosiale betrekking
rondgaande 213
rondgang
  82 Rondom
  204 Aangaan by
  213 Rondgaan
rondgee 693
rondgooi
  227 Werp
  628 Vuil
rondhang
  64 Aanwesigheid
  213 Rondgaan
  229 Stadig beweeg
  637 Doelgerigtheid en doelloosheid
  646 Nie handel nie
rondheid 446
rondhol
  213 Rondgaan
  228 Vinnig beweeg
rondhout
  235 Skeepvaart
  316 Hout
ronding
  446 Rond
  572 Uitspraak
rondjakker
  213 Rondgaan
  793 Fees
  813 Swak gedrag
rondkom
  115 Genoeg
  204 Aangaan by
  213 Rondgaan
  689 Ryk
rondlê
  213 Rondgaan

  646 Nie handel nie
rondleuter
  646 Nie handel nie
  790 Sosiale betrekking
rondloop
  145 Beweging
  197 Te voet gaan
  204 Aangaan by
  213 Rondgaan
  552 Vertel
  646 Nie handel nie
rondloper
  213 Rondgaan
  646 Nie handel nie
  690 Arm
rondloperhond 366
rondluier
  213 Rondgaan
  229 Stadig beweeg
rondluister 516
rondmaal
  163 Draai
  165 Onreëlmatige beweging
  186 Maal
rondo 754
rondom
  61 Plek
  82 Rondom
  160 Omring
  163 Draai
rondomheen 82
rondomtalie
  82 Rondom
  163 Draai
  741 Kinderspel
rondorder
  588 Gesag hê
  599 Gesag uitoefen
rondpeuter 165
rondreis 187
rondrits
  145 Beweging
  213 Rondgaan
rondrol
  163 Draai
  165 Onreëlmatige beweging
  213 Rondgaan
rondruk 145
rondry 213
rondsaai 227
rondsel 257
rondskarrel
  213 Rondgaan
  637 Doelgerigtheid en doelloosheid
  645 Handel
rondskrif 565
rondskrywe
  551 Meedeel
  565 Skryfkuns

815

rondslenter
213 Rondgaan
646 Nie handel nie
rondslinger
148 Van koers gaan
163 Draai
165 Onreëlmatige beweging
rondsluip
145 Beweging
213 Rondgaan
rondsmyt 227
rondsoek 516
rondspring
145 Beweging
165 Onreëlmatige beweging
199 Spring
213 Rondgaan
524 Onlogies redeneer
rondstaan
145 Beweging
146 Bewegingloosheid
637 Doelgerigtheid en doelloosheid
646 Nie handel nie
rondsukkel 229
rondswerf
187 Reis
213 Rondgaan
rondtas
165 Onreëlmatige beweging
495 Tassin
518 Glo
587 Aarsel
rondte
82 Rondom
213 Rondgaan
676 Vuurwapen
727 Kompetisie
rondtoer 187
rondtol 163
rondtrap 165
rondtrek
145 Beweging
187 Reis
213 Rondgaan
ronduit
539 Kommunikeer
543 Duidelik
814 Eerlik
rondvaart 221
rondval
213 Rondgaan
516 Soek
rondvallery 516
rondvertel
551 Meedeel
552 Vertel
rondvis 555
rondvra
516 Soek

555 Vra
rondvraag
516 Soek
539 Kommunikeer
555 Vra
rondvry 239
rondweg
539 Kommunikeer
543 Duidelik
814 Eerlik
rondwoel
165 Onreëlmatige beweging
213 Rondgaan
rong 230
ronk
480 Dowwe klank
484 Diergeluid
ronkedoor 366
röntgenapparaat
262 Elektrisiteit
267 Optika
417 Hospitaal
röntgenfoto
262 Elektrisiteit
414 Geneeskunde
417 Hospitaal
röntgenografie 414
röntgenografis 416
röntgenogram
414 Geneeskunde
417 Hospitaal
röntgenoloog 416
röntgenondersoek 414
röntgenstraal
262 Elektrisiteit
267 Optika
roof
171 Verwyder
413 Verskillende siektes
695 Steel
779 Boosaardigheid
803 Wette oortree
822 Skuldig
roofarend 365
roofbende 695
roofboerdery 347
roofbou 347
roofbuideldier 366
roofdier
357 Dier
366 Soogdier
roofdruk 566
roofgierig 695
roofgierigheid 695
roofkyk 264
roofkyker 264
roofkykery 264
roofluister 264
roofluisteraar 264
roofmeeu 365
roofmoord 252
roofmyt 361

roofpolitiek 795
roofskip
235 Skeepvaart
695 Steel
roofsug 695
roofsugtig 695
rooftog 695
roofvis 363
roofvlieg 361
roofvoël 365
roofwants 361
rooi
382 Haar
386 Gesig
492 Kleure
rooi-aas
363 Waterdier
372 Vissery
rooibaardman 363
rooibeet 351
rooibekkie 365
rooiblaar 331
rooibloed-liggaampie 400
rooibloedsel 400
rooiblom 344
rooiblombloekom 331
rooiboekenhout 331
rooibok 366
rooibolus 490
rooibont 492
rooiborsduifie 365
rooiborslaksman 365
rooibos 331
rooiboshoender 365
rooibostee 427
rooibruin 492
rooidag
37 Tydruimte
127 Tydbepaling
rooidagga 430 Rook
rooidatalys 255
rooidisa 337
rooidopluis 361
rooiduiker 366
rooi-els 331
rooiessenhout
316 Hout
331 Boom
rooigras 338
rooihaartjie 337
rooiharder 363
rooihart(e)bees 366
rooihond 413
rooihout
316 Hout
331 Boom
rooi-ivoor 331
rooi-ivoorhout 316
rooijakkals 366
rooikaart 727
rooikappie 337
rooikat 366

Rooikat 270
rooikop
382 Haar
384 Kop
rooikoper 297
rooikrans
331 Boom
332 Struik
rooikransboom 331
rooikransbos
331 Boom
332 Struik
rooikwas 337
rooiligdistrik 239
rooiluis 361
rooilyn
82 Rondom
99 Messel
rooimier 361
rooiminie 490
rooimuur 342
rooimyt 361
Rooinek 787
rooioranje 492
rooipeer 331
rooipeper 419
rooipers 492
rooipootelsie 365
rooipop 337
rooipypie
334 Blomplant
337 Veldplant
rooirabas 332
rooiribbok 366
rooirissie 419
rooiskimmel 366
rooispinnekop 361
rooisteenbras 363
rooistompie 337
rooistompneus 363
rooitee 427
rooitou 332
rooitrewwa 337
rooivleis 421
rooivonk 413
rooivos 366
rooiwarm 465
rooiwater 413
rooiwortel 343
rooiwyn 427
rooiwynglas 95
rook
419 Voedselbereiding
423 Slagter
430 Rook
461 Gas
465 Warm
469 Verwarmingstoestel
rookbeheer 255
rookbom 676
rookdig
178 Toegaan
453 Dig

rookgas 461
rookglas 309
rooklug 475
rookmasjien 423
rookmis 465
rookreuk 475
rookskerm
  469 Verwarmingstoestel
  540 Nie kommunikeer nie
  670 Verdedig
rooksmaak 472
rooksuil 465
rookverbod 430
rookvleis 421
rookvry 467
rookwalm 465
rookwolk
  291 Wolk
  465 Warm
rookwors 421
room
  371 Suiwelbereiding
  419 Voedselbereiding
  426 Kossoort, dis
  492 Kleure
  622 Goed
  746 Persoonlike versorging
roomafskeier 371
roombotter 371
roomkaas
  371 Suiwelbereiding
  426 Kossoort, dis
roomkleur 492
roomkleurig 492
roomkoek 426
roompoffertjie 426
Rooms-Katoliek
  840 Godsdiens
  854 Godsdienste
Rooms-Katolisisme 854
roomsop 426
roomtertjie 426
roomwit 492
roomys 426
roos
  332 Struik
  334 Blomplant
  413 Verskillende siektes
roosboom 332
rooshout 331
rooskewer 361
rooskleur 492
rooskleurig
  492 Kleure
  633 Nuttig
rooskwarts 298
rooskwekery 348
roosmaryn
  332 Struik
  340 Krui
  419 Voedselbereiding

474 Welriekend
roosolie
  474 Welriekend
  746 Persoonlike versorging
rooster
  21 Opeenvolging
  37 Tydruimte
  94 Dele van 'n eiendom
  95 Huisraad
  178 Toegaan
  232 Fiets
  233 Voertuig
  419 Voedselbereiding
  465 Warm
  469 Verwarmingstoestel
  640 Voorbereid
  658 Beroep
roosterbrood
  424 Brood
  426 Kossoort, dis
roostergereg 426
roosterindeling 37
roosterkoek 426
roosteroond 95
roosterpan 95
roostervleis 421
roostuin 94
rooswater 474
root 353
roquefort
  371 Suiwelbereiding
  426 Kossoort, dis
ros 366
rosaki 350
rosé
  427 Drank
  492 Kleure
rosegeur 474
rosekrans
  745 Versier
  847 Gebed
roset 745
rosig 492
Rosj HaShana 851
roskam
  182 Slaan
  369 Veeteelt
  667 Stryd
  669 Aanval
  827 Afkeur
  835 Bestraf
rostrum
  94 Dele van 'n eiendom
  362 Skaaldier
rosyn
  323 Vrug
  350 Vrugterbouing
  426 Kossoort, dis
rosyntjiebos 337
rosyntjiebrood
  424 Brood
  426 Kossoort, dis

rot 366
rotasie 163
rotasiedruk 566
rotasiepers 566
rotasisme 572
roteer 163
roti 426
roting 353
rotogravure
  566 Drukkuns
  761 Graveerkuns
rotonde 91
rotor
  262 Elektrisiteit
  630 Werktuig
rots
  274 Geologie
  277 Berg
  298 Steen
  816 Getrouheid
rotsagtig
  277 Berg
  280 Woestyn
  282 Kus
rotsbank
  272 Aarde
  277 Berg
  283 See
  298 Steen
rotsblok 298
rotsboor 630
rotsbreker 303
rotsduif 365
rotseiland 281
rotsformasie 274
rotsklim 211
rotskloof 278
rotskruin 277
rotslys 277
rotspunt
  277 Berg
  439 Punt
rotsskeur
  277 Berg
  278 Vallei
rotsskildering 760
rotsskildery 760
rotsspleet 277
rotsstorting 277
rotsstrand 283
rotstekening 759
rotstertmaaier 361
rotstuin 94
rotsvas
  143 Bestendigheid
  811 Gewete
  812 Goeie gedrag
rotsvastheid
  143 Bestendigheid
  812 Goeie gedrag
rotswand 277
rotswoestyn 280
rottang
  182 Slaan

353 Vlasteelt
835 Bestraf
rottangmandjie 84
rottangmeubels 95
rottegif 252
rottenes 628
rottepes 413
rottingsput 628
rotval 373
rou
  253 Begrafnis
  304 Steenbakkery
  413 Verskillende siektes
  419 Voedselbereiding
  449 Ongelyk
  615 Onbekwaam
  641 Onvoorbereid
  717 Lyding
  719 Hartseer
rou(be)klaer 253
roubandsiekte 413
roubeklag
  253 Begrafnis
  719 Hartseer
roudag 253
roudiens
  253 Begrafnis
  848 Kerklike bediening
  850 Sakrament
roudig 751
roudraer 253
rouge 746
rouheid 641
rouklaag
  253 Begrafnis
  719 Hartseer
rouklag 253
rouklere 745
roukoop 704
roulette 739
roupapier 315
rouriem 314
rousteen
  100 Boumateriaal
  304 Steenbakkery
roustoet 253
routyd 253
roux 419
rower
  695 Steel
  779 Boosaardigheid
  803 Wette oortree
  822 Skuldig
rowerbende 695
rowernes 695
rowery 695
ru
  254 Stof
  449 Ongelyk
  618 Heftig
  652 Versuim
  779 Boosaardigheid
  789 Onbeskaafdheid

792 Asosiaal
813 Swak gedrag
rubato 753
rubber 307
rubberbal 741
rubberboom
  307 Rubber en plastiek
  331 Boom
rubberboot 235
rubberdiafragma 239
rubberhamer
  182 Slaan
  630 Werktuig
rubberlym 172
rubbermat 95
rubberplantasie 307
rubberproduk 307
rubbersool 307
rubberstempel
  564 Skryfbehoeftes
  566 Drukkuns
  601 Toestemming gee
  616 Magtig
rubeitel 630
rubella 413
rubidium 297
rubriek
  565 Skryfkuns
  568 Media
rubriekskrywer
  565 Skryfkuns
  568 Media
  750 Letterkunde
rubriseer 33
rubrisering 33
Rückbildung 575
ruderaal 324
rudimentêr
  112 Deel
  433 Klein
rûens 277
rûensveld 277
rug
  76 Bo, bokant, boontoe
  86 Agter
  95 Huisraad
  149 Pad
  277 Berg
  396 Rug
  566 Drukkuns
  567 Boek
rugbaar 539
rugby 728
rugbybal
  629 Spel en sport
  728 Balsporte
rugbykommentator 727
rugbyspan 663
rugbyspeler
  629 Spel en sport
  728 Balsporte
rugbystadion 629
rugbytaal 569

rugbytoernooi 728
rugbyveld
  629 Spel en sport
  728 Balsporte
rugbywedstryd 728
rugdop 362
ruggelings
  69 Naby
  151 Agtertoe
  201 Agtertoe beweeg
ruggespraak
  539 Kommunikeer
  554 Aanspreek
  557 Diskussie
ruggraat 396
ruggraatkoors 413
ruggraatkromming 413
ruggraatloos
  583 Willoosheid
  623 Sleg
  626 Swak
  813 Swak gedrag
rughaal 215
rughandhou 728
rugkant
  76 Bo, bokant, boontoe
  86 Agter
rugklopper 828
rugkloppery 828
rugkrapper 828
rugmurg
  378 Senuwee
  396 Rug
rugmurgkanaal 396
rugmurgontsteking 413
rugmurgtering 413
rugpyn 412
rugpyn
  413 Verskillende siektes
  717 Lyding
rugsak
  84 Houer
  211 Opgaan
rugsaktoeris 187
rugsaktoerisme 187
rugslag
  215 Swem
  732 Watersport
rugspier
  379 Spier
  396 Rug
rugsteker
  815 Oneerlik
  817 Ontrouheid
rugsteun
  263 Rekenaar en internet
  638 Aanmoedig
  663 Meedoen
rugsteunkopie 263
rugsteunlêer 263
rugsteunstelsel 263

rugstring
  396 Rug
  421 Vleis
rugsy 86
rugteken
  563 Skryf
  700 Bank
rugtitel
  566 Drukkuns
  567 Boek
rugwaarts
  86 Agter
  151 Agtertoe
rugwerwel 396
ruheid
  449 Ongelyk
  618 Heftig
  652 Versuim
  779 Boosaardigheid
  789 Onbeskaafdheid
  792 Asosiaal
ruig
  382 Haar
  449 Ongelyk
  453 Dig
ruigte
  318 Plant
  346 Landbougrond
ruik
  389 Neus
  473 Reuk
  497 Reuksintuig
ruiker 348
ruil
  144 Vervanging
  701 Handel en ekonomie
ruilartikel 701
ruilboek 567
ruilboekery
  567 Boek
  707 Handelsaak
ruileksemplaar 567
ruilhandel 701
ruilhandelaar 705
ruiling
  144 Vervanging
  701 Handel en ekonomie
ruilmiddel
  701 Handel en ekonomie
  709 Betaalmiddel
ruiltransaksie 701
ruilverdrag
  607 Beloof
  701 Handel en ekonomie
ruilvoet
  701 Handel en ekonomie
  709 Betaalmiddel
ruilwaarde
  701 Handel en ekonomie
  709 Betaalmiddel
ruim
  62 Grensloosheid
  104 Baie

  107 Meer
  110 Niks
  270 Hemelliggaam
  434 Breed
  502 Verstand
  504 Geestelike gesondheid
  693 Gee
ruimdenkend 502
ruimer
  316 Hout
  630 Werktuig
ruimgeestigheid 502
ruimhartig
  693 Gee
  776 Liefde en vriendskap
  778 Goedaardigheid
ruimhartigheid
  693 Gee
  778 Goedaardigheid
ruimheid
  62 Grensloosheid
  107 Meer
  434 Breed
  502 Verstand
ruimskoots
  104 Baie
  115 Genoeg
ruimte
  61 Plek
  62 Grensloosheid
  81 Binne
  139 Meetkunde
  168 Saamkom
  269 Heelal
  270 Hemelliggaam
  434 Breed
  445 Oppervlak
  450 Volume
  653 Maklik handel
ruimte-eeu 37
ruimtekapsule
  222 Vlieg
  236 Lugvaart
ruimtekunde 271
ruimtelaboratorium
  236 Lugvaart
  271 Kosmografie
ruimtelik
  61 Plek
  269 Heelal
  431 Afmeting
  450 Volume
ruimtemaat
  102 Hoeveelheid
  139 Meetkunde
  431 Afmeting
ruimtemeetkunde 139
ruimteoorlog 667
ruimtereis
  222 Vlieg
  236 Lugvaart

ruimtereisiger 271
ruimteskip
  222 Vlieg
  236 Lugvaart
  271 Kosmografie
ruimtestasie 236
ruimtetoeris 187
ruimtetuig 271
ruimtevaarder
  222 Vlieg
  236 Lugvaart
ruimtevaart
  222 Vlieg
  236 Lugvaart
  271 Kosmografie
ruimtevlug
  222 Vlieg
  236 Lugvaart
  271 Kosmografie
ruimtevrees 768
ruïnasie
  687 Verlies
  690 Arm
ruïne
  98 Afbreek
  238 Vernietig
  683 Misluk
ruïneer
  98 Afbreek
  687 Verlies
  690 Arm
ruis
  290 Wind
  476 Geluid
  480 Dowwe klank
ruisend 476
ruisgeluid 476
ruising
  266 Akoestiek
  290 Wind
  476 Geluid
  480 Dowwe klank
ruit
  94 Dele van 'n eiendom
  139 Meetkunde
  233 Voertuig
  447 Hoekig
  488 Deurskynend
ruite(ns) 740
ruite(ns)aas 740
ruite(ns)boer 740
ruite(ns)heer 740
ruite(ns)vrou 740
ruiter
  216 Ry
  219 Perdry
  365 Voël
  673 Manskap
  739 Geselskapspele
ruiterkuns 219
ruiterlik 814
ruitery 672
ruitglas
  94 Dele van 'n eiendom

309 Glasbereiding
ruitkoevert
  564 Skryfbehoeftes
  565 Skryfkuns
ruitpatroon
  139 Meetkunde
  745 Versier
ruitveër 233
ruitvorm 438
ruitvormig
  438 Vorm
  447 Hoekig
ruk
  37 Tydruimte
  145 Beweging
  165 Onreëlmatige beweging
  181 Raak
  183 Gryp
ruk-en-pluk
  742 Dans
  753 Musiek
ruk-en-rol
  742 Dans
  753 Musiek
rukkerig
  145 Beweging
  165 Onreëlmatige beweging
rukkerigheid
  145 Beweging
  165 Onreëlmatige beweging
rukkie
  37 Tydruimte
  41 Kortstondig
rukking
  145 Beweging
  165 Onreëlmatige beweging
rukoper 301
rukos 420
rukwind 290
rum 427
rumatiek 413
rumatiekkoors 413
rumaties 413
rumba 742
rummy 740
rumoer
  121 Verwarring
  165 Onreëlmatige beweging
  476 Geluid
  479 Disharmonies
  548 Praat
  813 Swak gedrag
rumoerig
  20 Wanorde
  165 Onreëlmatige beweging
  476 Geluid
  479 Disharmonies

  548 Praat
  813 Swak gedrag
rumoerigheid
  479 Disharmonies
  548 Praat
  813 Swak gedrag
rumoermaker
  476 Geluid
  813 Swak gedrag
runderpes 413
rune
  546 Kunsmatige teken
  565 Skryfkuns
rune-alfabet 565
rune-inskripsie 565
runeskrif 565
runies 565
runnik
  484 Diergeluid
  722 Humor
ruolie
  299 Brandstof
  460 Vloeistof
rus
  23 Onderbreking
  146 Bewegingloosheid
  250 Dood
  257 Meganika en tegnologie
  410 Slaap
  477 Stilte
  611 Lui
  646 Nie handel nie
  648 Onderbreek
  662 Rus
  668 Vrede en versoening
  716 Genot
  720 Tevredenheid
  753 Musiek
  755 Uitvoering
rusbank 95
rusdag
  37 Tydruimte
  662 Rus
rushuis 662
rusie
  513 Denke
  532 Betwis
  667 Stryd
  771 Gramskap
rusiemaker
  532 Betwis
  667 Stryd
rusiemakery
  532 Betwis
  667 Stryd
rusiesoeker
  532 Betwis
  667 Stryd
ruskamer
  234 Spoorweë
  429 Eetplek, kroeg
  662 Rus

ruskamp 662 Rus
ruskans
  646 Nie handel nie
  662 Rus
ruskuur 414
rusoord 662
ruspe(r) 361
rusperiode 662
rusplaas
  253 Begrafnis
  662 Rus
rusplek
  61 Plek
  253 Begrafnis
  662 Rus
ruspoos
  646 Nie handel nie
  648 Onderbreek
ruspouse
  648 Onderbreek
  662 Rus
ruspunt 753
russofilie 787
russofobie 787
russomanie 787
ru-staal
  297 Metaal
  301 Metaalverwerking
rusteken 753
rusteloos
  165 Onreëlmatige beweging
  645 Handel
  661 Vermoeidheid
  715 Negatiewe gevoel
  721 Ontevredenheid
rusteloosheid
  165 Onreëlmatige beweging
  645 Handel
  715 Negatiewe gevoel
  721 Ontevredenheid
rustend
  324 Plantlewe
  646 Nie handel nie
  660 Ontslag
  662 Rus
rustiek 272
rustig
  10 Harmonie
  226 Stadig
  477 Stilte
  582 Wilskrag
  619 Kalm
  646 Nie handel nie
  651 Toesien
  662 Rus
  668 Vrede en versoening
  714 Positiewe gevoel
  720 Tevredenheid
  767 Moed
rustigheid
  10 Harmonie

rustyd
477 Stilte
582 Wilskrag
611 Lui
619 Kalm
646 Nie handel nie
651 Toesien
668 Vrede en versoening
714 Positiewe gevoel
716 Genot
720 Tevredenheid
rustyd
54 Oud
646 Nie handel nie
648 Onderbreek
662 Rus
727 Kompetisie
rusversteurder
667 Stryd
779 Boosaardigheid
rusverstoring 667
rutenium 297
rutiel 296
ruveld
346 Landbougrond
728 Balsporte
ruvoedsel 420
ruvoer
368 Diereteelt
369 Veeteelt
ruweg 130
ru-yster 297
ry
21 Opeenvolging
167 Wegbeweeg
216 Ry
217 Motorry
223 Stuur
737 Motorsport
rybaan 149
rybewys
217 Motorry
601 Toestemming gee
rybriek 233
rydier 219
ryding
145 Beweging
230 Rytuig
233 Voertuig
ryer
216 Ry
629 Spel en sport
ryg
172 Vasmaak
745 Versier
rygdraad 745
rygenot 217
rygerief 217
rygsteek
172 Vasmaak
745 Versier
ryk
61 Plek
104 Baie

426 Kossoort, dis
496 Smaak
590 Bestuur en regeer
688 Besit
689 Ryk
743 Mooi
rykaard
688 Besit
689 Ryk
rykdom
688 Besit
689 Ryk
ryke
688 Besit
689 Ryk
ryklik 104
rykmansbestaan 688
rykmansbuurt 90
rykmanskind
689 Ryk
813 Swak gedrag
rykoste
187 Reis
708 Betaal
ryksadel 797
ryksargief
567 Boek
590 Bestuur en regeer
rykseenheid 590
ryksgesag 588
rykskanselier 591
ryksmuseum 749
rykswapen 546
rylaan
90 Omgewing
149 Pad
ryloon 194
ryloop 216
ryloper 216
rym
10 Harmonie
572 Uitspraak
751 Digkuns
rymdigter 751
rymdwang 751
rymelaar
565 Skryfkuns
751 Digkuns
rymend
572 Uitspraak
751 Digkuns
rymklank
572 Uitspraak
751 Digkuns
rymklets 753
rymkletser
751 Digkuns
757 Sang
rymkuns 751
rymloos
572 Uitspraak
751 Digkuns
rympie 751

rympie(s)maker
565 Skryfkuns
751 Digkuns
rymsel 751
rymwoord
572 Uitspraak
751 Digkuns
rymwoordeboek 567
ryp
53 Nuut en jonk
292 Water
323 Vrug
350 Vrugteverbouing
466 Koud
640 Voorbereid
ryperd 219
rypheid
324 Plantlewe
502 Verstand
582 Wilskrag
633 Nuttig
rypingsjare 377
ryplank 221
ryplik 622
rypnewel 292
rypskade 347
rypvry 292
rypwording
432 Groot
682 Slaag
rypwordingsjare 53
rys
351 Groenteverbouing
419 Voedselbereiding
425 Bakker
426 Kossoort, dis
rysbrandewyn 427
rysbrensie 426
rysig 432
ryskalander 361
ryskluitjie 426
ryskool
217 Motorry
219 Perdry
559 Opvoeding en onderwys
rysland 351
rysmelk 426
rysmier
155 Deurboor
238 Vernietig
361 Insek
623 Sleg
ryspadie 351
ryspapier 315
ryspoeding 426
rystafel 418
rystebry 426
rysterbord 355
rysterplaat 355
rysterplank 355
rystoel
95 Huisraad

417 Hospitaal
rysveld 346
rysweep
182 Slaan
219 Perdry
231 Tuig
ryswyn 427
rythm and blues 753
rytuig
145 Beweging
230 Rytuig
233 Voertuig
rytuigonderdele 230
ryvaardigheid
216 Ry
217 Motorry
ryvernuf 217
ryvlak 149
ryvoorrang 217
ryweg 149
rywiel 232

S
sa 638
saad
15 Oorsaak
27 Begin
53 Nuut en jonk
240 Genealogie
243 Kinders
323 Vrug
329 Varing
345 Plantkwekery
370 Voëlteelt
403 Voortplantings-orgaan
419 Voedselbereiding
saadakker 346
saadbedding 346
saadblom 323
saadbol 323
saadbrood 424
saaddiertjie 403
saaddraend 323
saaddraer 323
saadgeld 693
saadgroente 351
saadhouer 239
saadkern
322 Blom
323 Vrug
403 Voortplantings-orgaan
saadkwekery 347
saadleier 403
saadlossing 239
saadolie 419
saadplant 318
saadplanter 355
saadsel 403
saadskiet
239 Voortplant
323 Vrug

saamsmelt

saadstorting 403
saadteelt 345
saaduitstorting 239
saadvloeiing 239
saadvreter 365
saadwinning 345
saag
  97 Bou
  101 Bouersgereedskap
  185 Sny
  316 Hout
  423 Slagter
  630 Werktuig
saagbank
  316 Hout
  630 Werktuig
saagmeul(e)
  186 Maal
  316 Hout
saagoperateur 185
saagsel
  185 Sny
  316 Hout
saagsetter
  316 Hout
  630 Werktuig
saagvis 363
saai
  15 Oorsaak
  145 Beweging
  227 Werp
  311 Weefstof
  323 Vrug
  347 Landbou
  352 Graanverbouing
  725 Verveling
saaiboer 347
saaiboerdery 347
saaibord 95
saaidies 382
saaier 355
saaiheid 725
saailand
  346 Landbougrond
  352 Graanverbouing
saailing
  318 Plant
  345 Plantkwekery
saaiplaas 346
saaiplant 318
saaityd
  38 Tydgebruik
  289 Klimaat
  345 Plantkwekery
saak
  1 Bestaan
  4 Selfstandigheid
  32 Enkeling
  114 Saamgesteld
  557 Diskussie
  590 Bestuur en regeer
  645 Handel
  658 Beroep
  701 Handel en ekonomie
  707 Handelsaak
  809 Regsgeding
saakbeskadiging
  238 Vernietig
  803 Wette oortree
saakgelastigde
  588 Gesag hê
  591 Gesaghebber
  808 Regswese
  852 Geestelike
saakkennis 502
saakkundig
  535 Weet
  614 Bekwaam
saakkundige 535
saakkundigheid 535
saaklik
  1 Bestaan
  374 Mens
  513 Denke
  537 Waarheid
  543 Duidelik
  553 Behandel
  576 Sinsbou en styl
  631 Nodig
saaklikheid
  513 Denke
  537 Waarheid
  543 Duidelik
saakmakend
  541 Betekenisvolheid
  620 Belangrik
  622 Goed
saaknaam 550
saakregister 567
saakwaarnemer 808
saal
  91 Gebou
  168 Saamkom
  219 Perdry
  231 Tuig
  232 Fiets
  417 Hospitaal
  560 Voorskoolse en naskoolse onderrig
saalmaker 314
saalperd
  219 Perdry
  231 Tuig
saalsak 231
saalsuster
  416 Medikus
  417 Hospitaal
saam
  26 Begeleiding
  33 Samehorigheid
  48 Gelyktydig
  109 Alles
  114 Saamgesteld
  168 Saamkom
  170 Saambring
  663 Meedoen
saambestaan
  1 Bestaan
  33 Samehorigheid
  663 Meedoen
saambind
  111 Geheel
  172 Vasmaak
  663 Meedoen
saamblaf
  484 Diergeluid
  583 Willoosheid
saambly
  26 Begeleiding
  64 Aanwesigheid
  168 Saamkom
saambring
  26 Begeleiding
  168 Saamkom
  170 Saambring
  172 Vasmaak
  191 Laat kom
  665 Byeenkom
saambundel 170
saamdring
  26 Begeleiding
  168 Saamkom
saamdrom
  26 Begeleiding
  168 Saamkom
  665 Byeenkom
saamflans
  111 Geheel
  172 Vasmaak
saamflansing 172
saamgaan
  8 Dieselfde
  10 Harmonie
  26 Begeleiding
  147 Rigting
  168 Saamkom
  531 Saamstem
  663 Meedoen
  665 Byeenkom
saamgebind
  6 Betrekking
  172 Vasmaak
saamgebondel 168
saamgeflans 172
saamgepak 168
saamgepers 453
saamgesels 548
saamgesnoer
  6 Betrekking
  172 Vasmaak
saamgestel(d)
  114 Saamgesteld
  544 Onduidelik
  575 Woordvorming
saamgesteldheid
  114 Saamgesteld
  544 Onduidelik
saamgevat 553
saamgevoeg
  6 Betrekking
  114 Saamgesteld
saamgooi
  172 Vasmaak
  174 Meng
saamhang 6
saamhoort 33
saamhorig
  1 Bestaan
  33 Samehorigheid
  531 Saamstem
  665 Byeenkom
  787 Samelewing
saamhorigheid
  1 Bestaan
  10 Harmonie
  33 Samehorigheid
  665 Byeenkom
  787 Samelewing
saamkliek
  33 Samehorigheid
  168 Saamkom
  665 Byeenkom
saamkoek
  33 Samehorigheid
  168 Saamkom
  462 Halfvloeibare stof
  665 Byeenkom
saamkom
  26 Begeleiding
  64 Aanwesigheid
  166 Nader beweeg
  168 Saamkom
  665 Byeenkom
saamleef
  33 Samehorigheid
  64 Aanwesigheid
  174 Meng
  663 Meedoen
saamloop
  6 Betrekking
  26 Begeleiding
  48 Gelyktydig
  147 Rigting
  168 Saamkom
  286 Rivier
saammaak 708
saampraat
  531 Saamstem
  539 Kommunikeer
  548 Praat
  554 Aanspreek
  557 Diskussie
  583 Willoosheid
saamroep
  170 Saambring
  665 Byeenkom
saamryklub 194
saamsmelt
  168 Saamkom
  172 Vasmaak
  174 Meng
  302 Smeewerk

821

663 Meedoen
665 Byeenkom
saamsnoer
172 Vasmaak
665 Byeenkom
saamspan
663 Meedoen
665 Byeenkom
saamspeel
629 Spel en sport
663 Meedoen
755 Uitvoering
saamstel
111 Geheel
114 Saamgesteld
170 Saambring
172 Vasmaak
237 Voortbring
263 Rekenaar en internet
438 Vorm
563 Skryf
567 Boek
575 Woordvorming
750 Letterkunde
saamstem
8 Dieselfde
10 Harmonie
531 Saamstem
605 Aanvaar
saamtel
102 Hoeveelheid
125 Tel
137 Bewerking
saamtrek
168 Saamkom
170 Saambring
379 Spier
433 Klein
453 Dig
665 Byeenkom
680 Militêre aksie
saamval
48 Gelyktydig
82 Rondom
168 Saamkom
saamvat
111 Geheel
539 Kommunikeer
saamvleg 310
saamvloei
168 Saamkom
286 Rivier
saamvoeg
111 Geheel
114 Saamgesteld
170 Saambring
172 Vasmaak
174 Meng
663 Meedoen
saamwees
64 Aanwesigheid
665 Byeenkom

790 Sosiale betrekking
saamwerk
10 Harmonie
645 Handel
663 Meedoen
saans 37
saat
241 Familie
322 Blom
323 Vrug
sabanangvleis 426
sabbat 854
sabbatsjaar 854
sabbatsreis 187
sabbatsverlof
560 Voorskoolse en naskoolse onderrig
648 Onderbreek
sabel
311 Weefstof
678 Ander wapens
731 Gevegsport
sabelbeen 397
sabeldier 366
sabeltand 367
sabeltandtier 367
sabotasie
238 Vernietig
588 Gesag hê
654 Moeilik handel
779 Boosaardigheid
803 Wette oortree
saboteer
98 Afbreek
238 Vernietig
588 Gesag hê
654 Moeilik handel
683 Misluk
779 Boosaardigheid
803 Wette oortree
saboteur
238 Vernietig
588 Gesag hê
779 Boosaardigheid
803 Wette oortree
sabreur 779
sachet 84
sadis 779
sadisme 779
sadisties 779
saf
456 Sag
583 Willoosheid
safari 187
safari-reis 187
safenasesenuwee 378
saffiaan 314
saffier
298 Steen
492 Kleure
saffierblou 492
saffraan
331 Boom

419 Voedselbereiding
490 Kleur
492 Kleure
saffraanboom 331
saffraanbossie 332
saffraangeel 492
saffraanhout 331
saffraankleur 492
saffraanpeer 350
safterig
456 Sag
583 Willoosheid
sag
456 Sag
458 Breekbaar
476 Geluid
490 Kleur
548 Praat
596 Inskiklik
619 Kalm
653 Maklik handel
714 Positiewe gevoel
716 Genot
772 Sagmoedigheid
saga
552 Vertel
750 Letterkunde
sagaardig
772 Sagmoedigheid
776 Liefde en vriendskap
sagaardigheid
772 Sagmoedigheid
776 Liefde en vriendskap
778 Goedaardigheid
sagaliteratuur 750
saganaki 426
sage
552 Vertel
750 Letterkunde
saggarien 471
saggeaard
714 Positiewe gevoel
772 Sagmoedigheid
776 Liefde en vriendskap
778 Goedaardigheid
saggeaardheid
714 Positiewe gevoel
772 Sagmoedigheid
778 Goedaardigheid
saggerig
456 Sag
619 Kalm
saggies
476 Geluid
480 Dowwe klank
548 Praat
778 Goedaardigheid
saggitaal
438 Vorm
440 Skerp

Sagitta 270
Sagittarius 270
sagkens
456 Sag
772 Sagmoedigheid
sagmaak
314 Leer
456 Sag
684 Oorwin
sagmoedig
668 Vrede en versoening
714 Positiewe gevoel
772 Sagmoedigheid
776 Liefde en vriendskap
778 Goedaardigheid
sagmoedigheid
714 Positiewe gevoel
772 Sagmoedigheid
776 Liefde en vriendskap
778 Goedaardigheid
sago 419
sagopoeding 426
sagryn 314
sagrynig 721
sagsinnig
714 Positiewe gevoel
772 Sagmoedigheid
778 Goedaardigheid
sagsinnigheid
714 Positiewe gevoel
772 Sagmoedigheid
778 Goedaardigheid
sagtebal 728
sagteband
566 Drukkuns
567 Boek
sagtebandboek 567
sagtebanduitgawe
566 Drukkuns
567 Boek
sagtedopmossel 363
sagterig
456 Sag
619 Kalm
sagtevrot 413
sagtevrug 323
sagteware 263
sagteware-ontwerp 263
sagteware-ont-werper 263
sagteware-ontwik-kelaar 263
sagteware-ontwik-keling 263
sagtheid
456 Sag
596 Inskiklik
619 Kalm
714 Positiewe gevoel
772 Sagmoedigheid
778 Goedaardigheid

sajet 312
sak
  77 Onder, onderkant,
    ondertoe
  84 Houer
  102 Hoeveelheid
  103 Min
  108 Minder
  123 Meet
  168 Saamkom
  212 Afgaan
  259 Aërografie
  371 Suiwelbereiding
  437 Laag
  561 Studeer
  683 Misluk
  745 Versier
sakaboela 365
sakalmanak 127
sakboekie 567
sakbybel 842
sakdoek
  409 Afskeiding en
    uitskeiding
  745 Versier
sake 427
sakebelange 701
sakebestuur 590
sakebrief
  565 Skryfkuns
  701 Handel en ekonomie
sakebuurt 787
sakegeheim 540
sakegeleentheid 701
sakekamer
  665 Byeenkom
  701 Handel en ekonomie
sakekennis
  535 Weet
  701 Handel en ekonomie
sakeklimaat
  686 Aanwins
  701 Handel en ekonomie
sakekompleks 707
sakeleier
  645 Handel
  658 Beroep
  701 Handel en ekonomie
sakelewe 701
sakelys
  557 Diskussie
  590 Bestuur en regeer
  665 Byeenkom
sakeman
  658 Beroep
  701 Handel en ekonomie
sakeonderneming
  168 Saamkom
  665 Byeenkom
sakeplan 701
sakeredder 701
sakeredding
  687 Verlies

701 Handel en ekonomie
sakereddingsplan
  687 Verlies
  701 Handel en ekonomie
sakereddings-
  praktisyn 701
sakeregte 701
sakereis
  187 Reis
  701 Handel en ekonomie
sakesiklus 701
saketoeris 187
sakevennoot 701
sakevertroue 701
sakevertroue-indeks 701
sakewêreld 701
sakformaat
  431 Afmeting
  433 Klein
  438 Vorm
  566 Drukkuns
  567 Boek
sakgeld
  131 Geldeenheid
  708 Betaal
  709 Betaalmiddel
sakhorlosie 128
saki 427
sakkarien 471
sakkarimeter 256
sakkarimetrie 256
sakkerig
  413 Verskillende siektes
  438 Vorm
  456 Sag
sakkeroller
  695 Steel
  803 Wette oortree
sakkerollery
  695 Steel
  803 Wette oortree
sakkiekoffie 427
sakkie-sakkie 742
sakloop 739
sakmes
  185 Sny
  678 Ander wapens
sakpas
  614 Bekwaam
  622 Goed
  629 Gebruik
  631 Nodig
sakpunt 561
sakraal 849
sakrament 850
sakramenteel 850
sakrekenaar
  122 Bereken
  263 Rekenaar en
    internet
sakresies 739
sakristie 853
sakrum 380

saksbeuel 756
sakshoring 756
saksiesblou 492
sakslaan 739
saksofoon 756
sakspinnekop 361
saktyd 568
sakuitgawe 567
sakwoordeboek 567
sakwurm 361
sal
  17 Noodsaak
  580 Graag
salaah
  847 Gebed
  854 Godsdienste
salaam
  790 Sosiale betrekking
  854 Godsdienste
salamander
  363 Waterdier
  364 Reptiel
salami 421
salammoniak 256
salarieer
  708 Betaal
  834 Beloon
salariëring 708
salaris
  686 Aanwins
  696 Ontvang
  708 Betaal
  709 Betaalmiddel
  834 Beloon
salarisaanpassing 686
salariskerf 686
salarisskaal 686
salaristrekker
  686 Aanwins
  696 Ontvang
salarisverhoging 686
salat 854
saldeer 703
saldo
  688 Besit
  700 Bank
  703 Boekhou
salep 415
salf
  415 Geneesmiddel
  462 Halfvloeibare stof
  849 Prediking
salfolie 415
salie
  331 Boom
  415 Geneesmiddel
  419 Voedselbereiding
saliehout
  316 Hout
  331 Boom
salig
  471 Smaaklik, lekker
  716 Genot

  718 Blydskap
  839 Hiernamaals
  842 Geloof
saliger 250
saligheid
  716 Genot
  718 Blydskap
  839 Hiernamaals
  842 Geloof
saligmakend
  812 Goeie gedrag
  839 Hiernamaals
Saligmaker 855
saligmaking
  812 Goeie gedrag
  845 Godsvrug
saligspreking
  842 Geloof
  849 Prediking
salina 280
saline 275
salinies
  300 Sout
  471 Smaaklik, lekker
saliniteit 300
salinometer
  256 Skeikunde
  300 Sout
salisiel 256
salisielsout 256
salisielsuur
  256 Skeikunde
  415 Geneesmiddel
  419 Voedselbereiding
salisien 415
salisilaat
  256 Skeikunde
  300 Sout
salm
  363 Waterdier
  422 Seekos
  492 Kleure
salmander
  363 Waterdier
  364 Reptiel
salmforel 363
salmi 426
salmiak 256
salmkleur 492
salmmousse 426
salmonella 413
salmteelt 372
salomi 426
salomosoordeel 527
salon
  94 Dele van 'n eiendom
  234 Spoorweë
  382 Haar
  746 Persoonlike
    versorging
salonmusiek 753
salontrein 234
salonwa 234

salot 351
salpeter
  256 Skeikunde
  300 Sout
  415 Geneesmiddel
salpeteragtig 471
salpeterigsuur 256
salpetersuur 256
salsa
  426 Kossoort, dis
  742 Dans
salto 730
salueer 672
salutasie 799
saluut
  680 Militêre aksie
  790 Sosiale betrekking
salvo 677
salwe 849
salwend
  415 Geneesmiddel
  548 Praat
  716 Genot
  845 Godsvrug
samba 742
sambal 426
sambalbroek 745
sambok 182
sambokplant 336
sambreel 161
sambreelboom 331
**sambreelver-
  sekering** 655
samedromming
  168 Saamkom
  453 Dig
  665 Byeenkom
samedrukking
  181 Raak
  453 Dig
sameflansing
  172 Vasmaak
  652 Versuim
samegroeiing 413
samehang
  6 Betrekking
  577 Betekenis
  663 Meedoen
samehangend
  6 Betrekking
  8 Dieselfde
  19 Orde
  21 Opeenvolging
  111 Geheel
  523 Logies redeneer
samehorig
  1 Bestaan
  6 Betrekking
  19 Orde
  33 Samehorigheid
  170 Saambring
  531 Saamstem
  663 Meedoen

  665 Byeenkom
  787 Samelewing
samehorigheid
  1 Bestaan
  6 Betrekking
  10 Harmonie
  33 Samehorigheid
  170 Saambring
  663 Meedoen
  665 Byeenkom
  787 Samelewing
samehorigheidsgevoel
  6 Betrekking
  33 Samehorigheid
  663 Meedoen
  665 Byeenkom
  787 Samelewing
sameklank
  476 Geluid
  753 Musiek
samekoms
  64 Aanwesigheid
  168 Saamkom
  590 Bestuur en regeer
  665 Byeenkom
samekoppeling
  172 Vasmaak
  575 Woordvorming
samelewing
  33 Samehorigheid
  90 Omgewing
  787 Samelewing
**samelewings-
  dinamika** 787
sameloop
  6 Betrekking
  18 Toeval
  48 Gelyktydig
  286 Rivier
samelopend
  6 Betrekking
  48 Gelyktydig
samepersing
  181 Raak
  453 Dig
sameraapsel
  168 Saamkom
  174 Meng
sameroeper 665
sameroeping 665
samesmelting
  168 Saamkom
  172 Vasmaak
  174 Meng
  459 Vaste stof
  663 Meedoen
  841 Leer
samespanning 663
samespel 727
samespraak
  548 Praat
  752 Toneel- en
    rolprentkuns

samespreking
  539 Kommunikeer
  557 Diskussie
  590 Bestuur en regeer
samesteller
  237 Voortbring
  568 Media
samestelling
  114 Saamgesteld
  170 Saambring
  573 Woordeskat
  575 Woordvorming
  590 Bestuur en regeer
samesweerder 663
sameswering
  663 Meedoen
  666 Verhinder
  803 Wette oortree
  807 Onwettig
samesyn
  168 Saamkom
  665 Byeenkom
  790 Sosiale betrekking
sametrekking
  239 Voortplant
  433 Klein
  453 Dig
  572 Uitspraak
  575 Woordvorming
samevatting 111
samevoeging
  114 Saamgesteld
  172 Vasmaak
sameweerder 807
samewerkend
  10 Harmonie
  645 Handel
  663 Meedoen
samewerker 592
samewerking
  10 Harmonie
  645 Handel
  663 Meedoen
**samewerkings-
  verband** 663
samie 424
sammajoor 591
samoerai 673
samoeraiswaard 678
samoesa 426
samowar
  84 Houer
  95 Huisraad
sampan 235
sampioen
  327 Tallusplant
  426 Kossoort, dis
samsara 854
San 787
sanatorium 417
sanctorum 854
sanctum 854
sand
  100 Boumateriaal

  280 Woestyn
  283 See
  298 Steen
  303 Steengroef
sandaal 745
sandbank
  272 Aarde
  283 See
sandbloue 363
sandduin
  277 Berg
  280 Woestyn
  283 See
sandelboom 331
sanderig
  280 Woestyn
  298 Steen
sandfilter 153
sandgebied 280
sandgrond 298
sandhaai 363
sandharpuis 337
sandhi 572
sandhoos 290
sandkleur 492
sandkoek 426
sandkruiper 363
sandlopertjie
  128 Chronometer
  419 Voedselbereiding
sandmannetjie 410
sandolienhoutboom 331
sandolyfboom 331
sandpatrys 365
sandslang 364
sandsteen 298
sandstorm 293
sandstreek
  273 Geografie
  280 Woestyn
sandsuiker 471
sandtampan 361
sandtrapper 798
sandveld 280
sandvlakte
  273 Geografie
  280 Woestyn
sandvlieg 361
sandvlooi 361
sandwoestyn 280
saneer 622
sanel 311
sang
  482 Menslike geluid
  483 Voëlgeluid
  757 Sang
sangakademie 757
sanger
  365 Voël
  755 Uitvoering
  757 Sang
sangerig
  478 Welluidend

scène

755 Uitvoering
757 Sang
sangfees
755 Uitvoering
757 Sang
793 Fees
sangfroid
582 Wilskrag
767 Moed
sanggeselskap 757
sanggroep 755
sangkuns
749 Kuns
757 Sang
sangkunstenaar 757
sangkursus
561 Studeer
757 Sang
sangmeester 757
sangnommer
755 Uitvoering
757 Sang
sangoma 854
sangpartituur 753
sangskool
559 Opvoeding en
onderwys
757 Sang
sangstem
482 Menslike geluid
757 Sang
sanguinies
374 Mens
400 Bloed en limf
715 Negatiewe gevoel
771 Gramskap
sanguitvoering 757
sangvoël 365
sanik
548 Praat
721 Ontevredenheid
725 Verveling
saniker 721
sanikerig 721
sanikery 721
sanikpot 721
sanitasie 627
sanitêr 627
sanksie
528 Bevestig
579 Gedwonge
590 Bestuur en regeer
599 Gesag uitoefen
601 Toestemming gee
687 Verlies
806 Wettig
826 Goedkeur
sanksioneer
590 Bestuur en regeer
599 Gesag uitoefen
601 Toestemming gee
687 Verlies
806 Wettig

sanksionering
590 Bestuur en regeer
599 Gesag uitoefen
601 Toestemming gee
806 Wettig
sanktifikasie 839
sanktifiseer 839
San-mense 787
sanna 676
sanseveria 336
Sanskrit 569
Santaal 569
santekraam
109 Alles
174 Meng
sap
427 Drank
460 Vloeistof
saploos
323 Vrug
464 Droog
sappeur
673 Manskap
677 Skiet
sappig
460 Vloeistof
471 Smaaklik, lekker
sappigheid
460 Vloeistof
471 Smaaklik, lekker
sapree 331
saprofaag 317
saprofiet 318
sarabande 742
sardientjie
363 Waterdier
422 Seekos
sardis 298
sardonies 831
sardoniks 298
sardyn
363 Waterdier
422 Seekos
sardynkruid 328
sarkasme
777 Haat en
onvriendelikheid
831 Minag
sarkasties
777 Haat en
onvriendelikheid
831 Minag
sarkofaag 253
sarkoom 413
sarong 745
saronvrug 350
sarsaparilla 415
sarsie 677
sartoriusspier 379
sassafras 331
sat
104 Baie
407 Drink

661 Vermoeidheid
721 Ontevredenheid
771 Gramskap
827 Afkeur
satan
813 Swak gedrag
838 Gees
Satan 854
satanies
623 Sleg
779 Boosaardigheid
813 Swak gedrag
838 Gees
854 Godsdienste
satanis
838 Gees
854 Godsdienste
satanisme
836 Bonatuurlik
838 Gees
Satanisme 854
satanisties 779
satans
779 Boosaardigheid
813 Swak gedrag
838 Gees
satansaanbidder
838 Gees
854 Godsdienste
satansaanbidding 838
satansbos 344
satanskind
722 Humor
813 Swak gedrag
satanswerk 813
saté 426
satelliet
26 Begeleiding
236 Lugvaart
270 Hemelliggaam
271 Kosmografie
satellietfoon 265
satellietkampus 559
satellietsender 264
satellietstaat 590
satelliettelevisie 264
satellietuitsending 264
satemtaal 569
sater
813 Swak gedrag
855 Gode
Saterdag 37
Saterdagskind 243
saterspel 752
satésous 426
satheid 661
satineer 315
satinet 311
satire
576 Sinsbou en styl
751 Digkuns
831 Minag
satiriase 413

satiries
576 Sinsbou en styl
751 Digkuns
831 Minag
satirikus
750 Letterkunde
831 Minag
satiriseer
750 Letterkunde
831 Minag
satirisering 576
satiromaan 412
satiromanie 413
satisfaksie
716 Genot
718 Blydskap
720 Tevredenheid
satraap 591
saturasie 256
satureer 256
saturnalieë 793
Saturnus 270
satyn 311
satynagtig
311 Weefstof
381 Huid
448 Gelyk
745 Versier
satynglans 485
satynhout 316
sauerkraut 426
sauna 94
sauvignon blanc 427
savanne
273 Geografie
280 Woestyn
289 Klimaat
318 Plant
savant
502 Verstand
515 Wetenskap
savante 515
savojekool 351
sawwelyf 427
sawwerig
456 Sag
583 Willoosheid
saxbeuel 756
saxhoring 756
saxofoon 756
scala 753
scampi 362
scamtho 569
scenario
51 Toekoms
512 Verbeelding
752 Toneel- en
rolprentkuns
scenariobeplanner 51
scenariobeplanning 51
scenarioskrywer 51
scène
667 Stryd

scenografie

752 Toneel- en rolprentkuns
scenografie
745 Versier
752 Toneel- en rolprentkuns
760 Skilderkuns
scheeliet 297
scherzando 753
scherzetto 753
scherzino 753
scherzo
753 Musiek
754 Komposisie
scherzoso 753
schlep 654
schwa 572
Sciëntologie 854
Scorpius 270
scrabble 739
scrap
297 Metaal
301 Metaalverwerking
628 Vuil
scrapjaart 628
scriba synodi 852
Sculptor 270
S-draai
149 Pad
163 Draai
444 Krom
sê
482 Menslike geluid
525 Bewys
527 Oordeel
528 Bevestig
539 Kommunikeer
541 Betekenisvolheid
548 Praat
552 Vertel
577 Betekenis
599 Gesag uitoefen
693 Gee
se 688
séance
838 Gees
844 Bygeloof
sebra 366
sebrahaai 363
sebraoorgang 149
sebrastreep 149
sec 427
sedan 233
sedatief
415 Geneesmiddel
494 Gevoelloosheid en bedwelming
sede 794
sedebederf
779 Boosaardigheid
820 Oneerbaar
sedeer 693
sedekunde 514

sedeleer
514 Wysbegeerte
811 Gewete
sedeles
811 Gewete
827 Afkeur
sedelik
811 Gewete
812 Goeie gedrag
819 Eerbaar
sedelikheid
811 Gewete
812 Goeie gedrag
819 Eerbaar
sedeloos
593 Vryheid
623 Sleg
813 Swak gedrag
820 Oneerbaar
sedeloosheid
593 Vryheid
623 Sleg
779 Boosaardigheid
813 Swak gedrag
820 Oneerbaar
sedemeester
811 Gewete
827 Afkeur
sedent
693 Gee
808 Regswese
sedentêr 146
sedeprediker 827
sedepreek
811 Gewete
827 Afkeur
seder 331
sederhout 316
sedert 27
sedertdien 27
sederwattel 331
sedes 811
sedespreuk 811
sedewet 801
sedig
596 Inskiklik
714 Positiewe gevoel
715 Negatiewe gevoel
723 Erns
812 Goeie gedrag
819 Eerbaar
sedigheid
596 Inskiklik
714 Positiewe gevoel
715 Negatiewe gevoel
723 Erns
812 Goeie gedrag
819 Eerbaar
sediment 298
sedimentêr 298
sedimentgesteente 298
sedimentologie 515
seding
548 Praat

569 Taal
573 Woordeskat
sedisie 598
sedisieus
598 Ongehoorsaam
817 Ontrouheid
seduksie
239 Voortplant
820 Oneerbaar
see
104 Baie
274 Geologie
282 Kus
283 See
285 Watermassa
287 Vloei
seeanemoon 363
seearm 283
seeatlas 273
seebaber 363
seebamboes
327 Tallusplant
341 Waterplant
seebeer
288 Waterstelsel
366 Soogdier
seeberg 283
seebesoedeling 255
seebewoner 357
seebodem 283
seeboontjie 341
seebries 290
seecanyon 283
seedier 366
seeduiker 365
seeduiwel
363 Waterdier
422 Seekos
see-engel 363
see-engte 283
seegewas 341
seegod 855
seegras 341
seegroen 492
seehandel 221
seehengelaar 372
seehond
363 Waterdier
366 Soogdier
seehoof 288
seekadet 673
seekastaiing 363
seekat
363 Waterdier
422 Seekos
426 Kossoort, dis
seekoe(i)gat 285
seekoei 366
seekomkommer 363
seekos
422 Seekos
426 Kossoort, dis
seekos-kasserol 426

seekoskelkie 426
seekospotjie 422
seekosrestaurant 429
seekrap 362
seekreef 362
seekwal
290 Wind
363 Waterdier
seël
178 Toegaan
196 Versend
528 Bevestig
546 Kunsmatige teken
564 Skryfbehoeftes
565 Skryfkuns
590 Bestuur en regeer
601 Toestemming gee
seeleeu
363 Waterdier
366 Soogdier
seeliede 235
seëlreg 712
seëlring 745
seelug
289 Klimaat
461 Gas
seelui 235
seeluis 362
seëlversamelaar 565
seëlversameling
170 Saambring
565 Skryfkuns
seemag 672
seemansgraf 253
seemanskis 84
seemansknoop 172
seemanskuns 221
seemanstaal 569
seemeeu 365
seemonster 357
seemoondheid
221 Vaar
590 Bestuur en regeer
seemsleer
314 Leer
627 Skoon
seemyl 123
seën
372 Vissery
622 Goed
682 Slaag
778 Goedaardigheid
826 Goedkeur
827 Afkeur
834 Beloon
845 Godsvrug
847 Gebed
849 Prediking
seënbede
778 Goedaardigheid
847 Gebed
seëngroet
848 Kerklike bediening

851 Godsdienstige fees
seenimf 844
seëning
  682 Slaag
  826 Goedkeur
seënwens 778
see-olifant
  363 Waterdier
  366 Soogdier
see-otter 366
seep
  474 Welriekend
  627 Skoon
  746 Persoonlike versorging
seepaling 363
seepbel
  41 Kortstondig
  627 Skoon
seepbos 336
seeperd 366
seeperdjie 363
seepglad
  179 Glad maak
  448 Gelyk
seepkis 84
seepkiskar 230
seepkisredenaar 558
seepok 362
seeppoeier 627
seëpraal 684
seepskuim
  462 Halfvloeibare stof
  627 Skoon
  746 Persoonlike versorging
seepsoda 256
seepsop 627
seepsteen 298
seepvlokkies 627
seer
  104 Baie
  412 Siek
  413 Verskillende siektes
  717 Lyding
  719 Hartseer
seerderig
  413 Verskillende siektes
  717 Lyding
seeredding 655
seereg 808
seereis
  187 Reis
  221 Vaar
seerheid
  412 Siek
  413 Verskillende siektes
  717 Lyding
seerkry
  412 Siek
  717 Lyding
seermaak
  623 Sleg

713 Gevoel
779 Boosaardigheid
seeroë 413
seeroof 695
seeroogblom
  334 Blomplant
  342 Gifplant
seeroogbossie 332
seeroos 363
seerot 221
seerower 695
seerowerskip 695
seerplek
  413 Verskillende siektes
  717 Lyding
seesand 298
seesiek 413
seeskool 221
seeslag 667
seeslak 363
seeslang 364
seesog 221
seesoldaat 673
seesout 419
seespieël
  273 Geografie
  283 See
seespons 363
seester 363
seestraat 283
seestrand
  282 Kus
  283 See
seestroom 283
seetog 221
seevaarder
  221 Vaar
  235 Skeepvaart
seevaardy 221
seevaart
  187 Reis
  221 Vaar
seevaartkunde 221
seevaartkundig 221
seevaartmaatskappy 221
seevakansie 662
seevark 363
seevesting 671
seëvier
  622 Goed
  682 Slaag
  684 Oorwin
seëvierend
  682 Slaag
  684 Oorwin
seëviering
  622 Goed
  682 Slaag
seevis 363
seevissery 372
seevlak
  273 Geografie
  282 Kus

283 See
seevloer 283
seevoël 365
seewaardig 221
seewaardigheid 221
seewater
  283 See
  292 Water
  460 Vloeistof
seeweg 283
seewering 288
seewier 341
seewind 290
seewurm 363
sefalies 385
sefalopode 357
sefier 290
sege
  622 Goed
  682 Slaag
  684 Oorwin
segetog
  187 Reis
  684 Oorwin
segevier 684
segevuur 684
seggenskap
  588 Gesag hê
  590 Bestuur en regeer
  599 Gesag uitoefen
  616 Magtig
segging 576
seggingskrag
  548 Praat
  558 Redevoering
segment
  5 Onselfstandigheid
  112 Deel
  139 Meetkunde
  185 Sny
segmentaal
  112 Deel
  139 Meetkunde
segmentasie
  112 Deel
  139 Meetkunde
segmenteer 112
segmentpermutasie 572
segmentvormig
  112 Deel
  139 Meetkunde
sêgoed
  548 Praat
  573 Woordeskat
segregasie
  171 Verwyder
  787 Samelewing
  795 Staat en politiek
segregeer 787
segrynsleer 314
segspersoon 548
segswyse
  548 Praat

569 Taal
seidissel 344
seil
  145 Beweging
  161 Bedek
  197 Te voet gaan
  210 Onderdeur gaan
  214 Dryf
  221 Vaar
  222 Vlieg
  235 Skeepvaart
  311 Weefstof
  732 Watersport
seilboot
  221 Vaar
  235 Skeepvaart
seilgimnastiek 730
seiljag
  221 Vaar
  235 Skeepvaart
  732 Watersport
seiljagklub 221
seiljagregatta 732
seiljagsport
  221 Vaar
  629 Spel en sport
seiljagvaarder
  221 Vaar
  732 Watersport
seiljagvaart
  221 Vaar
  732 Watersport
seilplank
  221 Vaar
  235 Skeepvaart
  732 Watersport
seilplankry 732
seilplankryer
  221 Vaar
  732 Watersport
seilski
  221 Vaar
  235 Skeepvaart
seilskiër 221
seilskip 235
seilskoen 745
seilsport
  221 Vaar
  732 Watersport
seilvaart 221
seilvis 363
sein
  196 Versend
  264 Radio en televisie
  545 Natuurlike teken
  546 Kunsmatige teken
seindiens 546
seiner
  265 Telegraaf en telefoon
  546 Kunsmatige teken
seinkantoor 546
seinkode 546

seinlantern
487 Ligbron
546 Kunsmatige teken
seinlig
487 Ligbron
546 Kunsmatige teken
seinpos
234 Spoorweë
546 Kunsmatige teken
seinskool 559
seinsleutel 265
seintoestel
234 Spoorweë
264 Radio en televisie
265 Telegraaf en telefoon
546 Kunsmatige teken
seintuur 745
seinvlag 546
seinwagter 234
seis
185 Sny
355 Landbougereedskap
seismies 274
seismograaf 274
seismogram 274
seismologie 274
seismoloog 274
seismometer 274
seisoen
37 Tydruimte
59 Geleë
127 Tydbepaling
270 Hemelliggaam
289 Klimaat
seisoenaal
37 Tydruimte
289 Klimaat
seisoenarbeider 658
seisoenkaartjie
234 Spoorweë
727 Kompetisie
seisoenswisseling
37 Tydruimte
289 Klimaat
sekans 139
sêkans
548 Praat
557 Diskussie
sekel
185 Sny
355 Landbougereedskap
sekelduin 280
sekelmaan 270
sekelnek 444
sekelstert
396 Rug
444 Krom
sekelvorm 438
sekelvormig
438 Vorm
444 Krom
seker
129 Bepaaldheid

518 Glo
519 Twyfel
528 Bevestig
535 Weet
537 Waarheid
651 Toesien
655 Veilig
769 Vertroue
842 Geloof
sekere 7
sekerheid
129 Bepaaldheid
143 Bestendigheid
518 Glo
528 Bevestig
535 Weet
537 Waarheid
586 Beslis
607 Beloof
651 Toesien
655 Veilig
769 Vertroue
842 Geloof
sekerheidsdiens 655
sekerheidshalwe
528 Bevestig
655 Veilig
sekerheidstroepe 672
sekerheidswag 655
sekering
233 Voertuig
262 Elektrisiteit
sekerlik
129 Bepaaldheid
528 Bevestig
543 Duidelik
sekondant
558 Redevoering
590 Bestuur en regeer
603 Voorstel
663 Meedoen
667 Stryd
sekonde
37 Tydruimte
41 Kortstondig
123 Meet
127 Tydbepaling
sekondeer
192 Laat gaan
590 Bestuur en regeer
663 Meedoen
665 Byeenkom
sekondêr
30 Hiërargie
490 Kleur
559 Opvoeding en onderwys
560 Voorskoolse en naskoolse onderrig
621 Onbelangrik
sekondering 590
sekondewys(t)er 128
sekresie 409

sekretaresse
590 Bestuur en regeer
592 Ondergeskikte
658 Beroep
663 Meedoen
665 Byeenkom
sekretariaat 658
sekretaris
590 Bestuur en regeer
592 Ondergeskikte
658 Beroep
663 Meedoen
665 Byeenkom
sekretarisvoël 365
seks
239 Voortplant
374 Mens
776 Liefde en vriendskap
seksbehep
239 Voortplant
776 Liefde en vriendskap
820 Oneerbaar
seksboelie 239
seksboetiek 707
seksbom
776 Liefde en vriendskap
820 Oneerbaar
seksdrang
239 Voortplant
776 Liefde en vriendskap
sekse 374
sekshonger 776
seksie
5 Onselfstandigheid
112 Deel
414 Geneeskunde
665 Byeenkom
seksioneel 112
seksis 375
seksisme 792
seksisties 792
sekskapade 813
sekskat
239 Voortplant
376 Vrou
776 Liefde en vriendskap
seksklub 239
sekslewe 776
sekslokvoël 239
seksloos
744 Lelik
774 Onverskilligheid
seksmaat 239
seksmaniak
776 Liefde en vriendskap
813 Swak gedrag
seksobjek 776

seksorgie 813
sekspes 239
seksspeelding 776
sekstant
88 Posisie
235 Skeepvaart
271 Kosmografie
sekstet
751 Digkuns
754 Komposisie
755 Uitvoering
757 Sang
sekstoeris
187 Reis
239 Voortplant
sekstoerisme
187 Reis
239 Voortplant
seksualiteit
239 Voortplant
374 Mens
776 Liefde en vriendskap
seksueel
239 Voortplant
374 Mens
776 Liefde en vriendskap
seksuologie 239
seksuoloog 239
seksvoorligter 239
seksvoorligting 239
seksvoorwerp 776
sekswerker 239
sekswinkel 707
sektariër
843 Ongeloof
854 Godsdienste
sektaries
841 Leer
854 Godsdienste
sektarisme
841 Leer
843 Ongeloof
sekte
841 Leer
854 Godsdienste
sektor
61 Plek
88 Posisie
112 Deel
139 Meetkunde
787 Samelewing
sekularisasie
795 Staat en politiek
846 Goddeloosheid
sekulariseer
846 Goddeloosheid
852 Geestelike
sekularisme
795 Staat en politiek
846 Goddeloosheid
sekulêr 840

selfstandiglik

sekunde
590 Bestuur en regeer
591 Gesaghebber
753 Musiek
sekundus
590 Bestuur en regeer
665 Byeenkom
sekuriteit
263 Rekenaar en internet
607 Beloof
655 Veilig
670 Verdedig
699 Leen
sekuriteitstelling 263
sekuriteitswag 655
sekuur
129 Bepaaldheid
508 Aandag
612 Noukeurig
sekuurheid 612
sekwens 753
sekwestrasie
171 Verwyder
687 Verlies
694 Neem
711 Skuld
sekwestrasiebevel 711
sekwestreer
171 Verwyder
687 Verlies
694 Neem
711 Skuld
sel
93 Beskeie gebou
254 Stof
262 Elektrisiteit
265 Telegraaf en telefoon
317 Fisiologie
377 Liggaam
594 Onvryheid
835 Bestraf
sela
531 Saamstem
753 Musiek
seladon 492
selakant
363 Waterdier
367 Oerdier
selbiologie 515
selde 56
seldeling
317 Fisiologie
324 Plantlewe
seldery 351
selderykool 351
seldsaam
36 Onreëlmatigheid
56 Selde
103 Min
seldsaamheid
36 Onreëlmatigheid

56 Selde
103 Min
selebriteit 799
seleen 256
selei 426
selek 622
seleksie
170 Saambring
516 Soek
584 Kies
selekteer
516 Soek
584 Kies
selektief
170 Saambring
584 Kies
selektiwiteit
170 Saambring
584 Kies
selenium 256
self
8 Dieselfde
32 Enkeling
selfagting 830
selfanalise 516
selfbediening 705
selfbedienings-
winkel 707
selfbedrog
512 Verbeelding
538 Dwaling
selfbedwang 582
selfbegogeling
512 Verbeelding
538 Dwaling
selfbehaaglik
720 Tevredenheid
785 Hoogmoed
selfbehaaglikheid 720
selfbehae
720 Tevredenheid
785 Hoogmoed
selfbeheersing
10 Harmonie
619 Kalm
714 Positiewe gevoel
selfbehoud
249 Lewe
582 Wilskrag
651 Toesien
670 Verdedig
selfbejammering
719 Hartseer
721 Ontevredenheid
selfbesef 830
selfbeskikking
578 Vrywillig
593 Vryheid
795 Staat en politiek
selfbeskikkingsreg 593
selfbestuur
590 Bestuur en regeer
593 Vryheid

795 Staat en politiek
selfbevlekking 239
selfbevrediging
239 Voortplant
720 Tevredenheid
selfbevrugting 239
selfbewondering
776 Liefde en vriendskap
785 Hoogmoed
selfbewus
508 Aandag
785 Hoogmoed
786 Nederigheid
822 Skuldig
selfbewussyn 508
selfbewustheid
508 Aandag
785 Hoogmoed
selfde 8
selfdienwinkel 707
selfdissipline
582 Wilskrag
619 Kalm
811 Gewete
selfdoding 252
selfdood
250 Dood
252 Doodmaak
413 Verskillende siektes
selfekspressie 539
selfevaluering 527
selfgelding 582
selfgenoegsaam
651 Toesien
720 Tevredenheid
785 Hoogmoed
selfgenoegsaamheid
720 Tevredenheid
785 Hoogmoed
selfgesentreerd 813
selfgesentreerdheid 813
selfgevoel 785
selfhaat
775 Weersin
777 Haat en onvriendelikheid
827 Afkeur
selfhandhawing 582
selfhelpwinkel 707
selfie 268
selfingenome 720
selfingenomenheid 720
selfkant
311 Weefstof
313 Weef
selfkastyding
823 Berou
835 Bestraf
selfkennis 535
selfkritiek
823 Berou
827 Afkeur

832 Beskuldig
selflaaier 676
selfliefde 776
selfloos 778
selfloosheid 778
selfmisleiding 512
selfmoord
252 Doodmaak
413 Verskillende siektes
selfmoordenaar 667
selfmutilasie 413
selfmutilasie-
sindroom 413
selfmutileerder 412
selfonderhoudend
4 Selfstandigheid
593 Vryheid
651 Toesien
selfonderhoudendheid
4 Selfstandigheid
593 Vryheid
selfondermyning 238
selfonderrig 559
selfondersoek 516
selfoon 265
selfoondata 265
selfoonmedia 568
selfoonnetwerk 265
selfoonoproep 265
selfoontegnologie 265
selfoorskatting 785
selfoorwinning 582
selfopofferend 778
selfopoffering 778
selfportret 760
selfregerend
590 Bestuur en regeer
593 Vryheid
795 Staat en politiek
selfregering
590 Bestuur en regeer
593 Vryheid
795 Staat en politiek
selfrespek
812 Goeie gedrag
830 Eerbiedig
selfrigtend 147
selfs
11 Disharmonie
48 Gelyktydig
641 Onvoorbereid
selfsorgverblyf 89
selfstandig
4 Selfstandigheid
254 Stof
593 Vryheid
selfstandigheid
4 Selfstandigheid
254 Stof
593 Vryheid
664 Terugstaan
selfstandiglik
4 Selfstandigheid

829

selfstryd

593 Vryheid
selfstryd 587
selfstudie 561
selfsug
　698 Behou
　779 Boosaardigheid
selfsugtig
　686 Aanwins
　698 Behou
　779 Boosaardigheid
　813 Swak gedrag
selfsugtigheid
　698 Behou
　779 Boosaardigheid
　813 Swak gedrag
selftevrede
　720 Tevredenheid
　785 Hoogmoed
selftevredenheid
　720 Tevredenheid
　785 Hoogmoed
selfverafgoding
　776 Liefde en
　　vriendskap
　785 Hoogmoed
selfveragting
　823 Berou
　827 Afkeur
selfverblinding 538
selfverdediging 670
selfvergenoegd 720
selfvergenoegdheid 720
selfvergoding
　776 Liefde en
　　vriendskap
　785 Hoogmoed
selfverheerliking
　776 Liefde en
　　vriendskap
　785 Hoogmoed
selfverheffing 785
selfverloënend 238
selfverloëning
　238 Vernietig
　786 Nederigheid
　823 Berou
selfverminking 413
selfvernedering
　786 Nederigheid
　831 Minag
selfvernietigend 238
selfvernietiging 238
selfverraad 238
selfversaking 823
selfverseker(d)
　10 Harmonie
　518 Glo
　767 Moed
　769 Vertroue
　785 Hoogmoed
selfversekerdheid
　10 Harmonie
　518 Glo

767 Moed
769 Vertroue
785 Hoogmoed
selfversekering
　10 Harmonie
　518 Glo
　767 Moed
　769 Vertroue
　785 Hoogmoed
selfversorgend 4
selfversorgendheid 4
selfvertroue
　518 Glo
　582 Wilskrag
　767 Moed
　769 Vertroue
　785 Hoogmoed
selfverwesen(t)liking
　682 Slaag
　720 Tevredenheid
selfverwyt
　823 Berou
　827 Afkeur
　832 Beskuldig
selfvoldaan
　720 Tevredenheid
　785 Hoogmoed
selfvoldaanheid
　720 Tevredenheid
　785 Hoogmoed
selfvoldoening
　720 Tevredenheid
　785 Hoogmoed
selfwaarde
　767 Moed
　769 Vertroue
　785 Hoogmoed
selfwaarneming 508
selfwerksaam 645
selfwerksaamheid 645
seliakbloedvat 399
selibaat 248
selibatêr 248
selkern
　254 Stof
　317 Fisiologie
　377 Liggaam
selleer 317
sellofaan
　307 Rubber en plastiek
　315 Papier
sellulêr 317
selluloïed 307
sellulose
　315 Papier
　317 Fisiologie
selonsroos 332
seloom
　317 Fisiologie
　403 Voortplantings-
　　orgaan
seloot
　518 Glo

618 Heftig
845 Godsvrug
selverdeling 317
selwand
　317 Fisiologie
　377 Liggaam
selweefsel
　317 Fisiologie
　377 Liggaam
semafoor
　234 Spoorweë
　546 Kunsmatige teken
semantiek
　541 Betekenisvolheid
　570 Taalwetenskap
　577 Betekenis
semanties
　541 Betekenisvolheid
　570 Taalwetenskap
　577 Betekenis
semantikus 570
semasiologie
　570 Taalwetenskap
　577 Betekenis
semasiologies
　570 Taalwetenskap
　577 Betekenis
semel 725
semelbroek 583
semelbrood 424
semelknoper 725
semelkop 503
semelmeel 425
semelrig 186
semels
　352 Graanverbouing
　419 Voedselbereiding
　425 Bakker
sement
　99 Messel
　100 Boumateriaal
　172 Vasmaak
　391 Tand
　462 Halfvloeibare stof
sementeer 172
sementfabriek 304
sementmenger 101
sementpad 149
sementsteen 304
sementteël
　94 Dele van 'n eiendom
　304 Steenbakkery
sementum 391
sementvloer 94
semester
　37 Tydruimte
　127 Tydbepaling
　560 Voorskoolse en
　　naskoolse onderrig
semifinaal 727
sémillon 427
seminaal 633
seminaar
　168 Saamkom

539 Kommunikeer
557 Diskussie
561 Studeer
590 Bestuur en regeer
665 Byeenkom
seminaarklas 561
seminaarlesing 558
seminaarwerk 560
seminarie 559
seminaris 560
seminarium 559
semiologie
　545 Natuurlike teken
　546 Kunsmatige teken
　570 Taalwetenskap
　577 Betekenis
semiologies
　546 Kunsmatige teken
　577 Betekenis
semiotiek
　545 Natuurlike teken
　546 Kunsmatige teken
　570 Taalwetenskap
　577 Betekenis
semioties
　546 Kunsmatige teken
　570 Taalwetenskap
　577 Betekenis
semisoetwyn 427
semities 854
senaat
　560 Voorskoolse en
　　naskoolse onderrig
　590 Bestuur en regeer
senaatslid
　590 Bestuur en regeer
　591 Gesaghebber
　795 Staat en politiek
senator
　590 Bestuur en regeer
　591 Gesaghebber
send
　192 Laat gaan
　539 Kommunikeer
sendbrief
　196 Versend
　842 Geloof
sendeling 849
sender
　264 Radio en televisie
　265 Telegraaf en
　　telefoon
sending
　638 Aanmoedig
　645 Handel
　849 Prediking
sendingarbeid 849
sendinggenootskap 849
sendingpos 849
sendingwerk
　638 Aanmoedig
　849 Prediking
sendingwerker 849

sendingwetenskap 842
sendingwetenskap-
  like 842
seneblare 415
seng 467
seniel
  54 Oud
  413 Verskillende siektes
seniliteit
  54 Oud
  413 Verskillende siektes
sening 379
seningrig
  379 Spier
  421 Vleis
  435 Smal
seningtaai 625
senior
  52 Ouderdom
  54 Oud
  242 Ouers
  588 Gesag hê
senioriteit
  52 Ouderdom
  588 Gesag hê
senit
  76 Bo, bokant, boontoe
  269 Heelal
senitaal 76
senna 415
señor 375
señora 376
señorita 376
Senosoïese era 274
senotaaf 253
sens
  185 Sny
  355 Landbougereedskap
sensasie
  493 Gevoeligheid
  521 Verras wees
  713 Gevoel
sensasieberig 568
sensasiepers 568
sensasioneel 521
sensitief
  493 Gevoeligheid
  713 Gevoel
  714 Positiewe gevoel
  778 Goedaardigheid
sensitivisme 749
sensitiwiteit
  493 Gevoeligheid
  714 Positiewe gevoel
sensor
  123 Meet
  549 Stilbly
  585 Verwerp
  827 Afkeur
sensoreer 549
sensories 493
sensualis
  514 Wysbegeerte

820 Oneerbaar
sensualisme
  514 Wysbegeerte
  820 Oneerbaar
sensualiteit
  743 Mooi
  776 Liefde en
    vriendskap
  820 Oneerbaar
sensueel
  743 Mooi
  776 Liefde en
    vriendskap
  820 Oneerbaar
sensureer
  532 Betwis
  549 Stilbly
  585 Verwerp
  827 Afkeur
  835 Bestraf
  846 Goddeloosheid
sensurering 827
sensus 787
sensuur
  532 Betwis
  568 Media
  585 Verwerp
  827 Afkeur
  835 Bestraf
  852 Geestelike
sent 131
Sentaur 270
sentenaar 124
sentensie 513
sentensieus 506
senter 728
senterboor 630
senterhaak 139
sentersirkel 728
sentesimaal
  112 Deel
  133 Getalle
sentigram 123
sentiliter 123
sentiment
  713 Gevoel
  714 Positiewe gevoel
sentimentalis 714
sentimentaliteit 714
sentimenteel 714
sentimeter 123
sentour
  270 Hemelliggaam
  855 Gode
sentraal
  29 Middel
  61 Plek
  83 In die middel
  139 Meetkunde
  620 Belangrik
sentrale
  262 Elektrisiteit
  265 Telegraaf en
    telefoon

sentralisasie
  170 Saambring
  590 Bestuur en regeer
  795 Staat en politiek
sentraliseer
  29 Middel
  170 Saambring
  590 Bestuur en regeer
  795 Staat en politiek
sentreer
  29 Middel
  83 In die middel
  139 Meetkunde
sentries
  29 Middel
  83 In die middel
sentrifugaal
  83 In die middel
  167 Wegbeweeg
  169 Skei
  257 Meganika en
    tegnologie
sentrifugaalpomp 288
sentriool
  317 Fisiologie
  377 Liggaam
sentripetaal
  29 Middel
  83 In die middel
  139 Meetkunde
  166 Nader beweeg
  257 Meganika en
    tegnologie
sentrosoom 317
sentrum
  29 Middel
  61 Plek
  83 In die middel
  168 Saamkom
  590 Bestuur en regeer
  620 Belangrik
  707 Handelsaak
senuaandoening 413
senuagtig
  413 Verskillende siektes
  715 Negatiewe gevoel
  768 Vrees
senuagtigheid
  413 Verskillende siektes
  715 Negatiewe gevoel
senubol
  715 Negatiewe gevoel
  768 Vrees
senudoofheid
  413 Verskillende siektes
  498 Gehoor
senu-instorting 505
senukwaal 413
senulyer
  412 Siek
  714 Positiewe gevoel
senu-oorlog
  667 Stryd

768 Vrees
senuprikkeling 378
senupyn
  412 Siek
  413 Verskillende siektes
senurefleks 378
senusiekte 413
senuskok 413
senuspanning
  378 Senuwee
  413 Verskillende siektes
  715 Negatiewe gevoel
  717 Lyding
senuswakte 413
senutergend
  715 Negatiewe gevoel
  768 Vrees
senutrekking 378
senuwee 378
senuwee-aandoe-
  ning 413
senuweeaanval 413
senuweeagtig
  378 Senuwee
  413 Verskillende siektes
  715 Negatiewe gevoel
  768 Vrees
senuweeagtigheid
  378 Senuwee
  413 Verskillende siektes
senuweearts 416
senuweebol
  413 Verskillende siektes
  715 Negatiewe gevoel
  768 Vrees
senuweebundel 378
senuweefsel
  377 Liggaam
  378 Senuwee
senuweegif 252
senuweekwaal 413
senuweelyer
  412 Siek
  714 Positiewe gevoel
senuwee-oorlog 667
senuwee-orrel 714
senuweepyn 413
senuweerefleks 378
senuwees 715
senuweesiekte 413
senuweeskok 413
senuweespanning
  413 Verskillende siektes
  715 Negatiewe gevoel
senuweestelsel 378
senuweeswakte 413
senuweetergend
  715 Negatiewe gevoel
  768 Vrees
senuweetoestand
  378 Senuwee
  413 Verskillende siektes
senuweetoeval 413

senuweetrekkinge 413
senuweeweefsel 378
seoliet 297
separasie 171
separatis
  664 Terugstaan
  795 Staat en politiek
separatisme
  664 Terugstaan
  795 Staat en politiek
separatisties
  590 Bestuur en regeer
  664 Terugstaan
separeer 171
Sepedi 569
seperig 462
sepia
  490 Kleur
  492 Kleure
  759 Tekenkuns
sepie 752
sepiester 752
sepioliet 297
sepsis 413
September 37
septennaal 37
septennaat
  37 Tydruimte
  590 Bestuur en regeer
septet
  754 Komposisie
  755 Uitvoering
  757 Sang
septiem 753
septies 413
septisemie 413
septoria 324
septum 389
seraf 838
seramiek 305
Serapis 855
seratien
  308 Been
  381 Huid
serebellum
  378 Senuwee
  385 Skedel
serebraal
  385 Skedel
  502 Verstand
  505 Verstandstoornis
  715 Negatiewe gevoel
serebraal-verlamde 412
serebro-spinaal 385
serebrum
  378 Senuwee
  385 Skedel
sereen
  485 Lig
  619 Kalm
  714 Positiewe gevoel
seremonie
  791 Sosiaal

  793 Fees
  848 Kerklike bediening
seremonieel 791
seremoniemeester 793
seremonieus 793
serenade
  753 Musiek
  754 Komposisie
  755 Uitvoering
  757 Sang
serenademusiek 753
sereniteit
  485 Lig
  619 Kalm
  668 Vrede en versoening
  714 Positiewe gevoel
sererig
  413 Verskillende siektes
  717 Lyding
serfyn 756
serge 311
seriatim 21
serie 21
seriemoordenaar 803
seriemotor 257
serieskakelaar 262
seriestoot 738
seriestroombaan 262
serieus 723
serieusheid 723
sering 331
serk 253
seroet
  84 Houer
  430 Rook
serografie 760
serologie 414
serologies 414
serotonien 256
serp 745
Serpens 270
serpentine 315
serpentyn 298
serpentynsteen 298
serruria
  334 Blomplant
  337 Veldplant
sersant
  591 Gesaghebber
  673 Manskap
  802 Wette gehoorsaam
sersant-majoor
  591 Gesaghebber
  673 Manskap
sersje 311
sersjet 311
sertifikaat
  525 Bewys
  539 Kommunikeer
  546 Kunsmatige teken
  561 Studeer
  601 Toestemming gee
  616 Magtig

  826 Goedkeur
sertifikasie 607
sertifiseer
  505 Verstandstoornis
  525 Bewys
  528 Bevestig
  539 Kommunikeer
  546 Kunsmatige teken
  607 Beloof
  826 Goedkeur
sertifisering
  607 Beloof
  826 Goedkeur
serum 415
serumen 409
serveer 418
servet
  95 Huisraad
  418 Voeding
serviel 583
servies 95
servikaal 396
serviks 403
serviliteit 583
servituut 806
servomeganisme 257
servomotor 257
serwituut
  688 Besit
  806 Wettig
ses
  133 Getalle
  728 Balsporte
sesamesaad 323
sesamolie 419
sesamsaad 323
sesbania 332
sesessie 795
seshoek 447
seshoekig 447
sesium 297
seskamp 629
seskant
  139 Meetkunde
  447 Hoekig
seskantig 447
seskiefhaai 363
Sesotho sa Leboa 569
Sesotho 569
sespak
  379 Spier
  427 Drank
sespuntig 447
sessie
  37 Tydruimte
  590 Bestuur en regeer
  645 Handel
  665 Byeenkom
  693 Gee
  809 Regsgeding
sessiel 324
sessionaris
  693 Gee

  696 Ontvang
sestallig 134
sestiendenoot 753
sestienderus 753
sestiger
  52 Ouderdom
  54 Oud
  750 Letterkunde
sestigponder 676
sesvlak
  139 Meetkunde
  447 Hoekig
sesvlakkig 139
sesvoudig 102
set
  97 Bou
  301 Metaalverwerking
  306 Diamantslypery
  414 Geneeskunde
  566 Drukkuns
  728 Balsporte
  763 Beeldhoukuns
  818 Bedrieg
setel
  1 Bestaan
  64 Aanwesigheid
  590 Bestuur en regeer
  795 Staat en politiek
setfout 566
setgietmasjien 566
sethou 728
seties 742
setlaar 788
setmasjien 566
setperk 728
setpil 415
setsel
  566 Drukkuns
  574 Woordkategorie
setselgroep 576
setselwerkwoord 574
set-set 728
setspel 728
setspeler 728
setspieël 566
setstok 728
Setswana 569
setter
  373 Jag
  566 Drukkuns
  568 Media
  728 Balsporte
setting
  566 Drukkuns
  754 Komposisie
setwerk
  566 Drukkuns
  728 Balsporte
setyster 728
seun
  53 Nuut en jonk
  243 Kinders
  374 Mens

sielig

375 Man
Seun 855
seunsagtig
  53 Nuut en jonk
  375 Man
seunskind
  53 Nuut en jonk
  243 Kinders
seunskool 559
seunsnaam
  550 Noem
  574 Woordkategorie
seur
  548 Praat
  725 Verveling
seurderig
  548 Praat
  721 Ontevredenheid
seurdery
  548 Praat
  721 Ontevredenheid
seurgat
  548 Praat
  721 Ontevredenheid
seurkous
  548 Praat
  721 Ontevredenheid
sewe 133
sewedaags 127
sewehoek 447
sewehoekig 447
sewejaartjie 334
sewekamp 629
sewekantig 447
Sewendedagadven-
  tiste 854
sewesrugby 728
sewe-uur 37
sewevlak 139
seweweeksvaring 329
sexy
  239 Voortplant
  743 Mooi
  776 Liefde en
    vriendskap
sfeer
  82 Rondom
  139 Meetkunde
  270 Hemelliggaam
  446 Rond
  514 Wysbegeerte
  515 Wetenskap
  713 Gevoel
  787 Samelewing
sfeervormig 446
sferies
  139 Meetkunde
  446 Rond
sferoïdaal
  139 Meetkunde
  446 Rond
sferoïde
  139 Meetkunde

  446 Rond
sferometer 267
sfinks
  549 Stilbly
  715 Negatiewe gevoel
  763 Beeldhoukuns
  792 Asosiaal
sfinkter
  379 Spier
  402 Afskeidings- en
    uitskeidingsorgane
sforzando 753
shahadah 854
sharp 622
shiraz 427
shit 721
Shiva 854
Shmini Atzeret 851
shongololo 361
shooter
  407 Drink
  427 Drank
show
  752 Toneel- en
    rolprentkuns
  755 Uitvoering
shukraan
  605 Aanvaar
  781 Dankbaarheid
siaan
  252 Doodmaak
  461 Gas
siaankali 256
siaanwaterstof 256
Siamees 366
sianidering 275
sianied
  252 Doodmaak
  256 Skeikunde
sianiet 760
sianose 413
sibariet 820
sibarities 820
sibbe
  240 Genealogie
  241 Familie
sibernetika 263
sibilant 572
sibille 551
sibillyns 855
sic
  528 Bevestig
  538 Dwaling
sidder
  164 Reëlmatige
    beweging
  466 Koud
  768 Vrees
sidderaal 363
sidderend
  164 Reëlmatige
    beweging
  466 Koud

siddering
  164 Reëlmatige
    beweging
  768 Vrees
sideboard 95
sider 427
sideraal 269
sideries 269
sideriet 297
sie
  628 Vuil
  827 Afkeur
sieal 768
siebie 409
sied 293
siedaar
  499 Sien
  521 Verras wees
siedend
  293 Onweer
  465 Warm
  715 Negatiewe gevoel
  771 Gramskap
siejy
  192 Laat gaan
  585 Verwerp
siek
  412 Siek
  413 Verskillende siektes
  623 Sleg
  626 Swak
  717 Lyding
  827 Afkeur
siekbed
  412 Siek
  413 Verskillende siektes
sieke 412
siekebesoek 780
siekeboeg
  235 Skeepvaart
  417 Hospitaal
  780 Hulpbetoon
siekefonds 780
siekehuis 414
siekekamer 417
siekerig
  412 Siek
  413 Verskillende siektes
siekesorg 414
sieketrooster 780
siekeversorging 414
sieklik
  412 Siek
  413 Verskillende siektes
  623 Sleg
  717 Lyding
siekparade 680
siekte
  412 Siek
  413 Verskillende siektes
  623 Sleg
  626 Swak
  717 Lyding

  719 Hartseer
siektebeeld
  412 Siek
  413 Verskillende siektes
siektedraer 412
siektekiem 413
siektelyer 412
siekte-oorsaak 412
siekteproses
  412 Siek
  413 Verskillende siektes
siektesimptoom 413
siekteteken 413
siektetoestand 412
siekteverlof
  413 Verskillende siektes
  648 Onderbreek
  662 Rus
siekteverloop
  412 Siek
  413 Verskillende siektes
siekteverskynsel 412
siel
  32 Enkeling
  249 Lewe
  374 Mens
  582 Wilskrag
  676 Vuurwapen
  713 Gevoel
  811 Gewete
sieldodend
  639 Ontmoedig
  725 Verveling
sieleaandoening 717
sieleadel 778
sieleheil 718
sieleherder 849
sieleleed 717
sielelyding 717
sielenood 717
sielepyn 717
sielerus
  720 Tevredenheid
  839 Hiernamaals
sielesmart
  717 Lyding
  719 Hartseer
sielesorg 812
sielestryd 587
sieletal
  133 Getalle
  64 Aanwesigheid
sieletroos 720
sielevrede 720
sielevreugde 718
sielewroeging
  717 Lyding
  719 Hartseer
  822 Skuldig
  823 Berou
sielig
  623 Sleg
  766 Wanhoop

sielkunde
514 Wysbegeerte
515 Wetenskap
sielkundig
514 Wysbegeerte
714 Positiewe gevoel
sielkundige
416 Medikus
514 Wysbegeerte
515 Wetenskap
sielloos
581 Teësinnig
583 Willoosheid
715 Negatiewe gevoel
sielloosheid
581 Teësinnig
583 Willoosheid
715 Negatiewe gevoel
sielpynigend 717
sielsangs 768
sielsbegeerte 773
sielsbly 718
sielsgelukkig 718
sielsgenoot 776
sielsgenootlik 776
sielsgenootskap 776
sielsgenot 716
sielsgraag 580
sielsiek
413 Verskillende siektes
505 Verstandstoornis
sielsieke 412
sielsiekegestig 505
sielsieke-inrigting 417
sielsiekte
413 Verskillende siektes
505 Verstandstoornis
sielskwelling 721
sielsleed 717
sielsnood 717
sielsrus 720
sielstoestand 3
sielstrelend 812
sielstryd 587
sielsverdriet 717
sielsverhuising 844
sielsverkwikkend 716
sielsverlange 773
sielsverrukking
512 Verbeelding
718 Blydskap
sielsvervoering 512
sielsverwant 776
sielsverwantskap 776
sielsvriend 776
sielswroegend
717 Lyding
719 Hartseer
sielswroeging
717 Lyding
719 Hartseer
823 Berou
sieltergend
623 Sleg

715 Negatiewe gevoel
siel(s)verheffend
622 Goed
812 Goeie gedrag
siel(s)verheffing 812
siel(s)verkwikkend 812
sielvol 714
siembamba 757
siemens
123 Meet
262 Elektrisiteit
sien
499 Sien
500 Sigbaarheid
508 Aandag
517 Vind
533 Verstaan
554 Aanspreek
562 Lees
713 Gevoel
siende 499
sienderoë 499
siener
51 Toekoms
551 Meedeel
844 Bygeloof
siëniet 298
siening 527
sienlik 500
sienswyse
527 Oordeel
825 Beoordeling
sienwyse 513
siepoog 413
siepsop-en-braaiboud 835
sier 745
sieraad 745
sierboom
318 Plant
331 Boom
sierduif 365
sier-ertjie 334
siergewas 318
siergoedjies 745
sierie 365
sieriehout 332
sierkuns
745 Versier
749 Kuns
sierkunstenaar
745 Versier
749 Kuns
sierlaag 94
sierletter
565 Skryfkuns
566 Drukkuns
sierlik 743
sierlikheid 743
sierplant 318
sierpleister 94
siërra 277
sierrooster 233

sierskaats 736
sierskaatser 736
sierskrif 565
sierskrywer 565
siersmedery 302
siersteen
100 Boumateriaal
298 Steen
304 Steenbakkery
siersteenmuur 94
sierstruik 332
siertjie 323
sierui 351
siervaas 84
sierwa 793
sies
628 Vuil
775 Weersin
827 Afkeur
siesa 628
sies ga(g)
628 Vuil
827 Afkeur
siësta
410 Slaap
646 Nie handel nie
662 Rus
siewie 409
sif
153 Deur
630 Werktuig
sifdeur 94
sifdoek 153
sifdruk 760
siffie 363
sifilis 413
sifilities 413
sifilologie 414
sifiloloog 416
sifon
84 Houer
153 Deur
277 Berg
288 Waterstelsel
sifonies 153
sifsel 153
sifter 153
sifting 153
sig 499
sigaar 430
sigaarroker 430
sigarello 430
sigaret 430
sigaretaansteker
430 Rook
467 Aansteek
sigaretroker 430
sigaretstompie 430
sigbaar
162 Ontbloot
500 Sigbaarheid
sigbaarheid
162 Ontbloot

500 Sigbaarheid
543 Duidelik
sigbaarheidsveld 387
sigblad 263
sigbladprogram 263
sigeuner
798 Laer stand
844 Bygeloof
sigkant 499
sigmoïedkolon 401
sigomorf 12
sigoot 317
sigorei
351 Groenteverbouing
427 Drank
sigsag
164 Reëlmatige beweging
444 Krom
745 Versier
sigsagsteek 745
sigself 8
sigveld 387
sigwaarde
122 Bereken
620 Belangrik
sikadee
330 Naaksadige
342 Gifplant
sikkatief 490
sikkel 131
sikkepit 103
siklaam 334
siklies
37 Tydruimte
55 Periodiek
83 In die middel
139 Meetkunde
657 Herhaal
751 Digkuns
sikloïed
139 Meetkunde
444 Krom
siklometer
123 Meet
233 Voertuig
siklonaal 290
siklonies 290
sikloon
290 Wind
293 Onweer
sikloop 855
siklopies 432
siklorama
752 Toneel- en rolprentkuns
760 Skilderkuns
siklotron 262
siklus
37 Tydruimte
55 Periodiek
83 In die middel
139 Meetkunde

657 Herhaal
750 Letterkunde
751 Digkuns
sikofant
539 Kommunikeer
828 Vlei
sikspens 131
sileks 298
silfiede 838
silhoeët
486 Duisternis
759 Tekenkuns
silhoeëtskiet 677
siliër 382
silika
256 Skeikunde
298 Steen
silikaat
256 Skeikunde
297 Metaal
298 Steen
silikon 256
silinder
94 Dele van 'n eiendom
139 Meetkunde
233 Voertuig
469 Verwarmingstoestel
630 Werktuig
silindervormig 446
silindries 446
silisium
256 Skeikunde
298 Steen
sillabe 572
sillabeskrif 565
sillabies
565 Skryfkuns
572 Uitspraak
sillabifikasie 572
sillabifiseer 572
sillabus
559 Opvoeding en onderwys
561 Studeer
640 Voorbereid
sillabusontwik-
keling 559
sillogisme 522
sillogisties 522
silo
352 Graanverbouing
354 Plaas
silt 426
siltig 471
Siluurtydperk 274
silwer
95 Huisraad
297 Metaal
492 Kleure
silweraar 275
silwerbeslag
301 Metaalverwerking
302 Smeewerk

silwerblou 492
silwerboom 331
silwerbruilof
248 Huwelik
793 Fees
silwerdoek 752
silwerdruk 566
silwerdwergmispel 331
silwereik 331
silwerfoelie 301
silwergeld 709
silwergras 338
silwergrys 492
silwerjakkals 366
silwerklas 222
silwerkleur 492
silwerkollekte 848
silwerlegering 301
silwermot 361
silwermunt 131
silwermyn 275
silwernitraat 300
silwerpapier 315
silwerplettery 302
silwerpopulier 331
silwerservies 95
silwerskoon 627
silwersmedery 302
silwersmid 302
silwersmidswinkel 302
silwervis
363 Waterdier
422 Seekos
silwervis(sie) 361
silwervos 366
silwerwit 492
sima 274
simbaal 756
simbiose
317 Fisiologie
357 Dier
simbioties
317 Fisiologie
357 Dier
simboliek 547
simbolies
546 Kunsmatige teken
547 Simboliek
577 Betekenis
simbolis
547 Simboliek
749 Kuns
simboliseer
545 Natuurlike teken
547 Simboliek
simbolisering 547
simbolisme
547 Simboliek
749 Kuns
simbool
545 Natuurlike teken
546 Kunsmatige teken
547 Simboliek

565 Skryfkuns
Simchat Torah 851
simfonie
754 Komposisie
755 Uitvoering
simfonieer 754
simfoniekonsert 755
simfonie-orkes 755
simkaart 265
simmetrie
8 Dieselfde
10 Harmonie
35 Reëlmaat
simmetries
8 Dieselfde
10 Harmonie
35 Reëlmaat
simpatie
596 Inskiklik
713 Gevoel
714 Positiewe gevoel
776 Liefde en vriendskap
778 Goedaardigheid
simpatiek
596 Inskiklik
714 Positiewe gevoel
776 Liefde en vriendskap
778 Goedaardigheid
simpaties 378
simpatiseer
713 Gevoel
714 Positiewe gevoel
778 Goedaardigheid
simpel
503 Onverstandigheid
505 Verstandstoornis
524 Onlogies redeneer
623 Sleg
722 Humor
simpelheid
503 Onverstandigheid
505 Verstandstoornis
623 Sleg
722 Humor
simpleks
573 Woordeskat
575 Woordvorming
simplifikasie 653
simplifiseer 653
simplisiteit 543
simplisties
524 Onlogies redeneer
534 Nie verstaan nie
simplisties 653
simposium
168 Saamkom
539 Kommunikeer
553 Behandel
557 Diskussie
590 Bestuur en regeer
665 Byeenkom

simptomaties
412 Siek
500 Sigbaarheid
simptomatologie 414
simptome 413
simptomebeeld 412
simptomegroep 412
simptomekompleks 412
simptoom
412 Siek
545 Natuurlike teken
simulant 14
simulasie
14 Navolging
657 Herhaal
simuleer
14 Navolging
657 Herhaal
simulerend 14
simulering
14 Navolging
657 Herhaal
simultaan 48
simultaantolk
539 Kommunikeer
543 Duidelik
simultaantolking 543
simultaneïteit 48
sin
493 Gevoeligheid
502 Verstand
513 Denke
523 Logies redeneer
527 Oordeel
539 Kommunikeer
541 Betekenisvolheid
546 Kunsmatige teken
548 Praat
565 Skryfkuns
576 Sinsbou en styl
577 Betekenis
580 Graag
584 Kies
713 Gevoel
773 Begeerte
sinagoge
91 Gebou
840 Godsdiens
853 Kerkgebou
854 Godsdienste
sinaps 378
sinchronie 570
sinchronies
48 Gelyktydig
570 Taalwetenskap
sinchronisasie 48
sinchroniseer 48
sinchronisme 48
sinchronisties 48
sinchroon
48 Gelyktydig
570 Taalwetenskap
sinchroton 262

sindelik
  622 Goed
  627 Skoon
sindelikheid 627
sindikaat
  665 Byeenkom
  701 Handel en ekonomie
  701 Handel en ekonomie
  803 Wette oortree
sindikalis 795
sindikalisme 795
sindroom
  412 Siek
  413 Verskillende siektes
sinds 27
sindsdien 27
sine qua non 530
sinekdogee
  547 Simboliek
  576 Sinsbou en styl
sinekuur
  653 Maklik handel
  658 Beroep
sinerese 572
sinergeer
  645 Handel
  663 Meedoen
sinergeties
  317 Fisiologie
  645 Handel
  663 Meedoen
sinergie
  10 Harmonie
  317 Fisiologie
  645 Handel
  663 Meedoen
sinergies
  10 Harmonie
  317 Fisiologie
  645 Handel
  663 Meedoen
sinergisme
  10 Harmonie
  317 Fisiologie
  645 Handel
  663 Meedoen
sinergisties
  10 Harmonie
  317 Fisiologie
  645 Handel
  663 Meedoen
sinestesie 493
sinesteties 493
sing
  365 Voël
  478 Welluidend
  482 Menslike geluid
  483 Voëlgeluid
  757 Sang
  848 Kerklike bediening
singbaar 478
singel
  90 Omgewing

  149 Pad
singend 482
sin(s)genot
  493 Gevoeligheid
  716 Genot
singer 757
singery 482
singularis
  574 Woordkategorie
  575 Woordvorming
singulariseer 575
sinies
  715 Negatiewe gevoel
  770 Wantroue
  779 Boosaardigheid
  831 Minag
  843 Ongeloof
sinikus
  715 Negatiewe gevoel
  779 Boosaardigheid
  831 Minag
sinisme
  715 Negatiewe gevoel
  770 Wantroue
  779 Boosaardigheid
  831 Minag
  843 Ongeloof
sinister
  623 Sleg
  667 Stryd
  715 Negatiewe gevoel
  768 Vrees
  779 Boosaardigheid
  836 Bonatuurlik
sinjaal
  234 Spoorweë
  546 Kunsmatige teken
sinjaleer
  539 Kommunikeer
  546 Kunsmatige teken
sinjatuur
  565 Skryfkuns
  566 Drukkuns
sinjeur
  375 Man
  722 Humor
sink
  100 Boumateriaal
  212 Afgaan
  221 Vaar
  256 Skeikunde
  297 Metaal
  301 Metaalverwerking
  446 Rond
sinkallooi 297
sinkdak 94
sinkdal
  278 Vallei
  437 Laag
sinkdalkoors 413
sinker 372
sinkgat
  274 Geologie

  277 Berg
sinkgebou 93
sinkgravure 761
sinkhuis
  89 Blyplek
  93 Beskeie gebou
sinkings 413
sinkingskoors 413
sinkkarbonaat 256
sinklien 277
sinklinaal
  274 Geologie
  446 Rond
sinklood
  123 Meet
  372 Vissery
sinkografie 761
sinkopasie 755
sinkopee
  572 Uitspraak
  755 Uitvoering
sinkopeer 572
sinkplaat
  100 Boumateriaal
  301 Metaalverwerking
sinkplaatpad 149
sinkput 277
sinkreties
  576 Sinsbou en styl
  841 Leer
sinkretiseer 168
sinkretisme
  168 Saamkom
  576 Sinsbou en styl
  841 Leer
sinkronie 570
sinkronies
  48 Gelyktydig
  570 Taalwetenskap
sinkronisasie 48
sinkroniseer 48
sinkronisme 48
sinkronisties 48
sinkroon
  48 Gelyktydig
  570 Taalwetenskap
sinksalf 415
sinksilikaat 297
sinkspaat
  256 Skeikunde
  296 Nie-metaal
sinledig 542
sinledigheid 542
sin(ne)lik
  493 Gevoeligheid
  716 Genot
  773 Begeerte
  776 Liefde en vriedskap
  820 Oneerbaar
sin(ne)likheid
  493 Gevoeligheid
  716 Genot
  773 Begeerte

  776 Liefde en vriedskap
  820 Oneerbaar
sinloos
  503 Onverstandigheid
  542 Betekenisloosheid
sinloosheid
  503 Onverstandigheid
  542 Betekenisloosheid
  621 Onbelangrik
sinnaber 296
sinnebeeld 547
sinnebeeldig
  547 Simboliek
  577 Betekenis
sinneloos
  11 Disharmonie
  505 Verstandstoornis
sinnespel 752
sinnigheid 773
sinodaal 852
sinode
  590 Bestuur en regeer
  852 Geestelike
sinoniem
  573 Woordeskat
  577 Betekenis
sinoniemwoorde-
  boek 567
sinonimie
  573 Woordeskat
  576 Sinsbou en styl
  577 Betekenis
sinonimiek
  570 Taalwetenskap
  573 Woordeskat
  577 Betekenis
sinonimies
  573 Woordeskat
  577 Betekenis
sinopsis
  111 Geheel
  539 Kommunikeer
sinopties 108
sinryk 541
sinrykheid 541
sinsadjunk 574
sinsaksent 572
sinsanafoor 576
sinsbedrieëry 494
sinsbedrog
  493 Gevoeligheid
  494 Gevoelloosheid en
    bedwelming
  499 Sien
sinsbetekenis 577
sinsbou 576
sinsemantiek 577
sinsfragment 576
sinsgrammatika 570
sinsklem 572
sinskonstruksie 576
sinsleer
  570 Taalwetenskap

sitogenese

576 Sinsbou en styl
sinsnede 576
sinsontleding 576
sinspeel
  539 Kommunikeer
  541 Betekenisvolheid
  544 Onduidelik
sinspeling
  539 Kommunikeer
  541 Betekenisvolheid
  544 Onduidelik
  576 Sinsbou en styl
  603 Voorstel
sinspreuk
  546 Kunsmatige teken
  573 Woordeskat
sinspreukig
  546 Kunsmatige teken
  548 Praat
sinstipe 576
sinstruktuur 576
sinsverband 576
sinsverbystering
  493 Gevoeligheid
  494 Gevoelloosheid en bedwelming
  715 Negatiewe gevoel
sinsverrukking 714
sinsvervoering 714
sinsvorm 576
sinswending
  539 Kommunikeer
  576 Sinsbou en styl
Sint Elmsvuur 293
Sint Vitusdans 413
sintagma
  576 Sinsbou en styl
  577 Betekenis
sintagmaties
  576 Sinsbou en styl
  577 Betekenis
sintaksis
  570 Taalwetenskap
  576 Sinsbou en styl
sintakties
  570 Taalwetenskap
  576 Sinsbou en styl
sintaktikus 570
sintel
  299 Brandstof
  469 Verwarmingstoestel
sintelbaan 629
sinter
  297 Metaal
  301 Metaalverwerking
  304 Steenbakkery
sintese 111
sinteties
  111 Geheel
  254 Stof
  256 Skeikunde

sintetiseerder 756
sintuig
  378 Senuwee
  493 Gevoeligheid
sintuiglik 493
sintuiglikheid 493
sintvitusdans 413
sinus
  139 Meetkunde
  385 Skedel
  389 Neus
sinusholte 385
sinusitis 413
sinvol
  513 Denke
  527 Oordeel
  541 Betekenisvolheid
Sionis 854
Sionisme 854
sipier
  594 Onvryheid
  835 Bestraf
sipres
  330 Naaksadige
  331 Boom
sir 797
siren 357
sirene
  235 Skeepvaart
  266 Akoestiek
  481 Skerp klank
  855 Gode
sirkel
  82 Rondom
  139 Meetkunde
  149 Pad
  213 Rondgaan
  222 Vlieg
  444 Krom
  446 Rond
  565 Skryfkuns
sirkelboog
  444 Krom
  446 Rond
sirkelgang 213
sirkelomtrek
  82 Rondom
  139 Meetkunde
sirkelredenasie 524
sirkelsaag
  316 Hout
  630 Werktuig
sirkelvlug 222
sirkelvorm
  82 Rondom
  139 Meetkunde
  438 Vorm
  446 Rond
sirkelvormig
  139 Meetkunde
  438 Vorm
  446 Rond

sirkonium
  256 Skeikunde
  297 Metaal
sirkoon
  256 Skeikunde
  298 Steen
sirkulasie
  145 Beweging
  405 Bloedsomloop
  568 Media
  629 Gebruik
sirkulasiebank 700
sirkulasie-bestuurder 568
sirkuleer
  145 Beweging
  213 Rondgaan
  405 Bloedsomloop
  539 Kommunikeer
sirkulêre 551
sirkumfleks 571
sirkumposisie 574
sirkus 724
sirokko 290
sirrose 413
sirsakar 311
sis
  311 Weefstof
  476 Geluid
  481 Skerp klank
  484 Diergeluid
sisal
  312 Spin
  331 Boom
siseleer
  745 Versier
  762 Inlegwerk
sisifusarbeid 683
sisklank 572
sissie 375
sist 413
sisteem
  19 Orde
  35 Reëlmaat
  515 Wetenskap
  640 Voorbereid
  644 Handelwyse
  653 Maklik handel
sisteemdwang 570
sistematiek
  19 Orde
  35 Reëlmaat
  515 Wetenskap
  612 Noukeurig
  640 Voorbereid
sistematies
  8 Dieselfde
  19 Orde
  35 Reëlmaat
  515 Wetenskap
  612 Noukeurig
  640 Voorbereid
  653 Maklik handel

sistematisasie
  19 Orde
  35 Reëlmaat
sistematiseer
  19 Orde
  35 Reëlmaat
  515 Wetenskap
  640 Voorbereid
sistematisering
  19 Orde
  35 Reëlmaat
  640 Voorbereid
sistitis 413
sistole
  399 Bloedsomloop en limfstelsel
  405 Bloedsomloop
sistolies 405
sistool 405
siSwati 569
sit
  1 Bestaan
  5 Onselfstandigheid
  61 Plek
  64 Aanwesigheid
  66 Plasing
  146 Bewegingloosheid
  168 Saamkom
  377 Liggaam
  590 Bestuur en regeer
  594 Onvryheid
  665 Byeenkom
sitaat
  525 Bewys
  539 Kommunikeer
  567 Boek
  576 Sinsbou en styl
sitadel
  91 Gebou
  92 Deftige, belangrike of groot gebou
  671 Verdedigingsmiddel
sitasie 809
sitbetoger
  648 Onderbreek
  666 Verhinder
siteer
  525 Bewys
  562 Lees
  809 Regsgeding
siter
  350 Vrugteverbouing
  756 Musiekinstrument
sitiologie
  406 Eet
  515 Wetenskap
sitkamer 94
sitkamerstel 95
sitkom 264
sitkussing 95
sito 225
sitogenese 254

837

sitogenetika 515
sitologie
  254 Stof
  377 Liggaam
sitoplasma
  254 Stof
  377 Liggaam
sito-sito 225
sitotoksiese gif 364
sitplek
  61 Plek
  95 Huisraad
  233 Voertuig
sitplekgordel 233
sitroen 350
sitroengeel 492
sitroensuur 472
sitroenverbena 332
sitronella 474
sitronien 490
sitrus 323
sitrusboerdery 347
sitrusvrug
  323 Vrug
  350 Vrugteverbouing
sitslaap 410
sitslaapkamer 94
sitstaker
  648 Onderbreek
  666 Verhinder
sitstaking
  648 Onderbreek
  666 Verhinder
sittend
  74 Op
  590 Bestuur en regeer
sitting
  557 Diskussie
  590 Bestuur en regeer
  645 Handel
  665 Byeenkom
  809 Regsgeding
sittingsduur 645
sittingstyd 645
situasie
  3 Bestaanswyse
  61 Plek
  64 Aanwesigheid
situasiekomedie 264
situeer
  37 Tydruimte
  64 Aanwesigheid
  66 Plasing
situering 66
sitvlak 392
sivet 474
sivetkat 366
siviel 590
sivilisasie 788
siviliseer 788
Siwa 855
sjaal 745
sjabloneer 35

sjabloon
  35 Reëlmaat
  564 Skryfbehoeftes
  759 Tekenkuns
sjabloondruk 759
sjaggel 705
sjagger 705
sjah 591
sjalom 790
sjamaan
  844 Bygeloof
  852 Geestelike
sjamanisme
  844 Bygeloof
  854 Godsdienste
sjampanje
  427 Drank
  492 Kleure
sjampanjeglas
  84 Houer
  95 Huisraad
sjampanjekleur 492
sjampanjeontbyt 418
sjampoe
  627 Skoon
  746 Persoonlike versorging
Sjangaan 787
sjantoeng 311
sjaria 854
sjarmant
  743 Mooi
  791 Sosiaal
sjarmantheid 743
sjarme
  743 Mooi
  791 Sosiaal
sjarmeer 743
sjarrap 549
sjastamadeliefie 334
sjebien
  407 Drink
  429 Eetplek, kroeg
sjef 419
sjeg
  591 Gesaghebber
  854 Godsdienste
sjeik
  591 Gesaghebber
  854 Godsdienste
sjeikdom
  61 Plek
  590 Bestuur en regeer
sjelei 426
sjerrie 427
sjerrieglas
  84 Houer
  95 Huisraad
sjevron 311
sjibbolet 796
sjiek
  53 Nuut en jonk
  743 Mooi

  745 Versier
sjiekheid
  53 Nuut en jonk
  743 Mooi
sjieling 131
sjiffon 311
Sjiïsme 854
sjiksa
  53 Nuut en jonk
  376 Vrou
sjimiaan 427
sjimpansee 366
Sjintoeïsme 854
sjoe
  716 Genot
  717 Lyding
  718 Blydskap
sjoekran
  605 Aanvaar
  781 Dankbaarheid
sjoelbak 739
sjofar 756
sjofel 690
sjofelheid 690
sjokolade
  426 Kossoort, dis
  427 Drank
sjokoladebruin 492
sjokoladedrankie 427
sjokoladekoek 426
sjokoladepoeding 426
sjor
  170 Saambring
  172 Vasmaak
sjor-sjor 476
sjuut 477
skaad
  635 Skadelik
  666 Verhinder
  683 Misluk
  779 Boosaardigheid
skaaf
  101 Bouersgereedskap
  154 Vryf
  179 Glad maak
  316 Hout
  438 Vorm
  448 Gelyk
  559 Opvoeding en onderwys
  623 Sleg
  630 Werktuig
skaafbank 630
skaafkrul
  185 Sny
  316 Hout
skaafmasjien
  179 Glad maak
  316 Hout
skaafsel
  154 Vryf
  184 Breek
  185 Sny

  316 Hout
skaafwerk
  179 Glad maak
  316 Hout
skaafwond 412
skaai 695
skaak
  594 Onvryheid
  684 Oorwin
  695 Steel
  739 Geselskapspele
skaakbord 739
skaakklub 724
skaakmat 739
skaakspel 739
skaakspeler 739
skaal
  10 Harmonie
  35 Reëlmaat
  123 Meet
  124 Weeg
  134 Getalstelsel
  259 Aërografie
  273 Geografie
  381 Huid
skaaldier
  357 Dier
  362 Skaaldier
skaaldierkunde 358
skaalmodel 35
skaalplank 316
skaalverdeling 123
skaam
  715 Negatiewe gevoel
  768 Vrees
  772 Sagmoedigheid
  786 Nederigheid
  822 Skuldig
skaambeen
  395 Buik
  396 Rug
  403 Voortplantings-orgaan
skaamberg
  395 Buik
  396 Rug
skaamblom
  332 Struik
  334 Blomplant
skaamborsie 745
skaamdeel 403
skaamhare
  382 Haar
  395 Buik
  403 Voortplantings-orgaan
skaamheid
  768 Vrees
  772 Sagmoedigheid
  786 Nederigheid
skaamheuwel
  395 Buik
  396 Rug

403 Voortplantings-
   orgaan
skaamkwaad 771
skaamlippe 403
skaamrooi 822
skaamroos 334
skaamspleet 403
skaamte
   715 Negatiewe gevoel
   719 Hartseer
   768 Vrees
   786 Nederigheid
   820 Oneerbaar
   822 Skuldig
skaamteloos
   593 Vryheid
   785 Hoogmoed
   792 Asosiaal
   820 Oneerbaar
skaamteloosheid
   593 Vryheid
   792 Asosiaal
   820 Oneerbaar
skaap
   366 Soogdier
   503 Onverstandigheid
skaapagtig 503
skaapboer
   347 Landbou
   369 Veeteelt
skaapboerdery
   347 Landbou
   354 Plaas
   369 Veeteelt
skaapbossie 337
skaapboud 421
skaapherder 369
skaaphond 366
skaapkop 503
skaapkraal
   89 Blyplek
   354 Plaas
   369 Veeteelt
skaapkudde 357
skaappribbetjie 421
skaapsteker 364
skaapsuring 351
skaaptelery
   368 Diereteelt
   369 Veeteelt
skaaptrop 369
skaapvleis
   421 Vleis
   426 Kossoort, dis
skaapwagter
   365 Voël
   369 Veeteelt
   655 Veilig
skaapwagterkap 424
skaapwagtersny 424
skaapwolkies 291
skaar
   168 Saamkom

185 Sny
355 Landbougereedskap
skaars
   56 Selde
   103 Min
   108 Minder
   697 Verlies ly
skaarsheid
   56 Selde
   103 Min
   108 Minder
   697 Verlies ly
skaarste
   56 Selde
   103 Min
   631 Nodig
   690 Arm
skaats 736
skaatsbaan 736
skaatser 736
skaatsplank 736
skaatssport 736
skabel 95
skabrak 231
skabreus 813
skade
   238 Vernietig
   267 Optika
   486 Duisternis
   623 Sleg
   635 Skadelik
   666 Verhinder
   683 Misluk
   687 Verlies
   697 Verlies ly
   719 Hartseer
skadelik
   238 Vernietig
   635 Skadelik
   656 Gevaarlik
   683 Misluk
skadeloos 636
skadeloosheid 636
skadeloosstelling 636
skademaat 808
skadevergoeding 708
skadevordering 708
skadu
   2 Nie-bestaan
   14 Navolging
   267 Optika
   486 Duisternis
skaduagtig 486
skadubeeld
   14 Navolging
   486 Duisternis
   512 Verbeelding
   838 Gees
skaduboom 331
skadukabinet 590
skaduplant 318
skaduryk
   331 Boom

486 Duisternis
skadusone 486
skadusy
   486 Duisternis
   623 Sleg
skaduwee
   14 Navolging
   267 Optika
   486 Duisternis
skaflik 622
skaflikheid 622
skaftyd
   418 Voeding
   662 Rus
skafuur
   418 Voeding
   662 Rus
skag
   183 Gryp
   275 Mynwese
   288 Waterstelsel
   313 Weef
   365 Voël
   381 Huid
   382 Haar
skagtoring 275
skagveer 382
skakeer
   13 Verskeidenheid
   490 Kleur
skakel
   6 Betrekking
   21 Opeenvolging
   172 Vasmaak
   262 Elektrisiteit
   263 Rekenaar en
     internet
   265 Telegraaf en
     telefoon
   663 Meedoen
   665 Byeenkom
   728 Balsporte
skakelaar 262
skakelbeampte 663
skakelbord
   262 Elektrisiteit
   265 Telegraaf en
     telefoon
skakelhuis
   89 Blyplek
   91 Gebou
skakeling
   21 Opeenvolging
   172 Vasmaak
   663 Meedoen
skakelskyf 265
skakeltoon 265
skakelwerk 663
skakelwerkwoord 574
skaker 695
skakering
   13 Verskeidenheid
   490 Kleur

541 Betekenisvolheid
skaking 695
skald 751
skaldepoësie 751
skalie 298
skaliegas 461
skaliegasontginning 275
skalks 722
skalksheid 722
skalmei 756
skalpeer 185
skamel
   103 Min
   117 Te min
   230 Rytuig
   234 Spoorweë
   690 Arm
skamelheid
   103 Min
   117 Te min
skamelkar 230
skameltrok 234
skamerig 786
skamper 831
skamperheid 831
skamppaal 369
skandaal
   779 Boosaardigheid
   822 Skuldig
skandaleus
   779 Boosaardigheid
   813 Swak gedrag
   820 Oneerbaar
skandalig
   104 Baie
   623 Sleg
   779 Boosaardigheid
   813 Swak gedrag
   820 Oneerbaar
skandaligheid
   623 Sleg
   628 Vuil
   779 Boosaardigheid
   813 Swak gedrag
   820 Oneerbaar
skandaliseer
   779 Boosaardigheid
   813 Swak gedrag
   820 Oneerbaar
skanddaad
   779 Boosaardigheid
   813 Swak gedrag
   820 Oneerbaar
   822 Skuldig
skande
   623 Sleg
   813 Swak gedrag
   820 Oneerbaar
   822 Skuldig
skandeer
   414 Geneeskunde
   751 Digkuns
skandeerder 564

skandelik
623 Sleg
628 Vuil
813 Swak gedrag
820 Oneerbaar
827 Afkeur
skandelikheid
623 Sleg
628 Vuil
skandering
414 Geneeskunde
751 Digkuns
skandkleed
813 Swak gedrag
820 Oneerbaar
skandmerk
546 Kunsmatige teken
820 Oneerbaar
831 Minag
skandmuur 835
skandpaal 835
skandteken 546
skandvlek 831
skans
63 Begrensdheid
160 Omring
670 Verdedig
671 Verdedigingsmiddel
skapoliet 296
skapula 380
skarabee
361 Insek
745 Versier
skare
104 Baie
168 Saamkom
665 Byeenkom
727 Kompetisie
skarebefondsing 693
skarefinansiering 693
skarlaken 492
skarlakenkoors 413
skarlakenrooi 492
skarlatina 413
skarminkel
435 Smal
779 Boosaardigheid
813 Swak gedrag
skarnier
94 Dele van 'n eiendom
163 Draai
skarniergewrig 380
skarrel
190 Vertrek
225 Vinnig
249 Lewe
645 Handel
654 Moeilik handel
690 Arm
skarrelaar
225 Vinnig
654 Moeilik handel
skat
122 Bereken

126 Skat
513 Denke
518 Glo
527 Oordeel
620 Belangrik
688 Besit
689 Ryk
776 Liefde en vriendskap
skatbaar 126
skater
481 Skerp klank
722 Humor
skaterlag
481 Skerp klank
722 Humor
skatgrawer 686
skatkamer
168 Saamkom
688 Besit
skatkelder 688
skatkis
688 Besit
701 Handel en ekonomie
skatkisbiljet
701 Handel en ekonomie
709 Betaalmiddel
skatkisorder
701 Handel en ekonomie
708 Betaal
skatkisrekening 701
skatkiswissel
525 Bewys
709 Betaalmiddel
skatlam 776
skatlik 743
skatlikheid 743
skatologies
409 Afskeiding en uitskeiding
628 Vuil
744 Lelik
skatpligtig 712
skatpligtigheid 712
skatryk 689
skattebol 776
skattejag 739
skattig 743
skattigheid 743
skatting
122 Bereken
126 Skat
130 Onbepaaldheid
516 Soek
712 Belasting
skattingshof
712 Belasting
808 Regswese
skavot 835
skede
185 Sny
321 Blaar
323 Vrug

403 Voortplantings-orgaan
skedel
380 Gebeente
384 Kop
385 Skedel
skedelbeen 385
skedelboor 417
skedelbreuk 413
skedelmus 745
skedelnaat 385
skederok 745
skedonk 233
skedule
415 Geneesmiddel
640 Voorbereid
skedulemedisyne 415
skeduleringstatus 415
skeef
73 Skuins
79 Dwars
374 Mens
444 Krom
538 Dwaling
623 Sleg
skeefblom 332
skeefte 73
skeel
412 Siek
499 Sien
623 Sleg
631 Nodig
skeelheid
413 Verskillende siektes
499 Sien
skeelhoofpyn
412 Siek
413 Verskillende siektes
skeelogig 387
skeeloog
413 Verskillende siektes
499 Sien
skeenbeen
380 Gebeente
397 Ledemaat
skeenskerm 728
skeepsanker 235
skeepsbemanning
223 Suur
235 Skeepvaart
skeepsdokter
235 Skeepvaart
416 Medikus
skeepshelling 221
skeepsjoernaal 221
skeepsjonge 235
skeepskaptein
221 Vaar
235 Skeepvaart
591 Gesaghebber
skeepskoffer
84 Houer
187 Reis

skeepskompas
235 Skeepvaart
261 Magnetisme
skeepsmaat 221
skeepsramp 221
skeepsreg
221 Vaar
808 Regswese
skeepsreis
187 Reis
221 Vaar
skeepsromp 235
skeepsruim 235
skeepstaal 569
skeepstuig 235
skeepswerf 221
skeepswrak 221
skeep(s)vaart
187 Reis
221 Vaar
skeepvaartbedryf 221
skeer
209 Oorgaan
222 Vlieg
225 Vinnig
312 Spin
369 Veeteelt
746 Persoonlike versorging
skeerapparaat
355 Landbougereedskap
630 Werktuig
746 Persoonlike versorging
skeerder 313
skeergeld
369 Veeteelt
708 Betaal
skeermes 746
skeerstal 369
skeertuig 235
skeervlug 222
skeet
409 Afskeiding en uitskeiding
413 Verskillende siektes
skei
112 Deel
167 Wegbeweeg
169 Skei
171 Verwyder
173 Losmaak
184 Breek
190 Vertrek
230 Rytuig
248 Huwelik
skeibaar
112 Deel
171 Verwyder
173 Losmaak
574 Woordkategorie
skeibaarheid 171
skeibrief 248

skepsel

skeiding
  28 Einde
  63 Begrensdheid
  68 Ver
  112 Deel
  167 Wegbeweeg
  169 Skei
  171 Verwyder
  173 Losmaak
  190 Vertrek
  248 Huwelik
skeidingsmuur
  63 Begrensdheid
  94 Dele van 'n eiendom
skeidslyn
  63 Begrensdheid
  442 Lyn
skeidsmuur
  63 Begrensdheid
  94 Dele van 'n eiendom
  666 Verhinder
skeidsregter
  727 Kompetisie
  728 Balsporte
skeidsregterlik 727
skeier 169
skeikunde 256
skeikundig 256
skeikundige 256
skeil 401
skeinat 256
skel
  182 Slaan
  481 Skerp klank
  485 Lig
  490 Kleur
  548 Praat
  667 Stryd
  669 Aanval
  771 Gramskap
  820 Oneerbaar
  829 Beledig
  835 Bestraf
skel(d)naam
  550 Noem
  771 Gramskap
  829 Beledig
  831 Minag
skel(d)woord
  574 Woordkategorie
  771 Gramskap
  820 Oneerbaar
  831 Minag
skelet
  361 Insek
  380 Gebeente
skeletsiekte 413
skelheid
  481 Skerp klank
  485 Lig
skelklinkend 481
skellakskuim 462
skellery
  667 Stryd

  829 Beledig
  831 Minag
skelling 131
skelluidend 481
skelm
  501 Onsigbaarheid
  502 Verstand
  540 Nie kommunikeer nie
  695 Steel
  779 Boosaardigheid
  813 Swak gedrag
  815 Oneerlik
  818 Bedrieg
  822 Skuldig
skelmagtig 815
skelmagtigheid 813
skelmpie 239
skelmpies
  501 Onsigbaarheid
  540 Nie kommunikeer nie
  815 Oneerlik
  818 Bedrieg
skelmspul 818
skelmstreek
  813 Swak gedrag
  818 Bedrieg
  822 Skuldig
skelmstuk
  818 Bedrieg
  820 Oneerbaar
  822 Skuldig
skelstem 481
skeltaal
  667 Stryd
  771 Gramskap
  777 Haat en onvriendelikheid
  829 Beledig
  831 Minag
skelvis
  363 Waterdier
  422 Seekos
  426 Kossoort, dis
skelwoord 777
skema
  553 Behandel
  640 Voorbereid
  644 Handelwyse
  759 Tekenkuns
skematiseer 553
skemer
  485 Lig
  486 Duisternis
  508 Aandag
  544 Onduidelik
skemeraand
  37 Tydruimte
  127 Tydbepaling
skemeragtig 485
skemerdag 127
skemerdonker 486

skemerdonkerte 486
skemerig
  485 Lig
  486 Duisternis
skemering 486
skemerkelkie
  418 Voeding
  427 Drank
skemerkleur 492
skemerlamp
  95 Huisraad
  487 Ligbron
skemerlig 486
skemeronthaal
  418 Voeding
  793 Fees
skemerte
  37 Tydruimte
  485 Lig
  486 Duisternis
skemertoestand 509
skemertyd
  37 Tydruimte
  127 Tydbepaling
skemeruur
  127 Tydbepaling
  486 Duisternis
skend
  623 Sleg
  635 Skadelik
  744 Lelik
  779 Boosaardigheid
  803 Wette oortree
  829 Beledig
skender
  623 Sleg
  803 Wette oortree
skendery
  623 Sleg
  744 Lelik
  803 Wette oortree
skendig 813
skending
  623 Sleg
  744 Lelik
  779 Boosaardigheid
  803 Wette oortree
skenk
  631 Nodig
  693 Gee
skenkel
  397 Ledemaat
  421 Vleis
skenker
  239 Voortplant
  414 Geneeskunde
  693 Gee
skenkerspermselle 239
skenking 693
skep
  0 Ontstaan
  102 Hoeveelheid
  175 Insit

  176 Uithaal
  237 Voortbring
  419 Voedselbereiding
  438 Vorm
  649 Begin handel
  693 Gee
  745 Versier
  749 Kuns
skepdoel 728
skepel 123
skepelmandjie
  84 Houer
  123 Meet
skephou 728
skeplepel 95
skepnet 372
skeppend
  0 Ontstaan
  237 Voortbring
  749 Kuns
skepper
  0 Ontstaan
  237 Voortbring
  749 Kuns
Skepper
  837 God
  855 Gode
skeppie 103
skepping
  0 Ontstaan
  27 Begin
  237 Voortbring
  438 Vorm
  649 Begin handel
  693 Gee
  745 Versier
  749 Kuns
  842 Geloof
skeppingsdag
  0 Ontstaan
  842 Geloof
skeppingsdrang
  237 Voortbring
  749 Kuns
skeppingskrag
  0 Ontstaan
  237 Voortbring
skeppingsteorie 514
skeppingsverhaal
  552 Vertel
  750 Letterkunde
  842 Geloof
skeppingsvermoë
  0 Ontstaan
  237 Voortbring
  749 Kuns
skeprat 186
skeproeispaan 235
skepsel
  0 Ontstaan
  4 Selfstandigheid
  32 Enkeling
  237 Voortbring

374 Mens
623 Sleg
813 Swak gedrag
skepsis
519 Twyfel
766 Wanhoop
770 Wantroue
843 Ongeloof
skepskop 728
skepties
514 Wysbegeerte
519 Twyfel
770 Wantroue
831 Minag
843 Ongeloof
skeptikus
519 Twyfel
770 Wantroue
843 Ongeloof
skeptisis 843
skeptisisme
514 Wysbegeerte
519 Twyfel
587 Aarsel
766 Wanhoop
770 Wantroue
843 Ongeloof
skêr 185
skêrbeweging 728
skerf
5 Onselfstandigheid
112 Deel
184 Breek
309 Glasbereiding
skerfbom 676
skerfglas 309
skerfgranaat 676
skerfvas 655
skering
311 Weefstof
313 Weef
skeringdraad 313
skerm
93 Beskeie gebou
95 Huisraad
160 Omring
233 Voertuig
264 Radio en televisie
322 Blom
655 Veilig
670 Verdedig
671 Verdedigingsmiddel
678 Ander wapens
731 Gevegsport
752 Toneel- en rolprentkuns
skermbaadjie 731
skermbeskermer 263
skermblom 318
skermdegen
678 Ander wapens
731 Gevegsport
skermgreep 263

skermkuns 731
skermkunswapens 731
skermmeester
678 Ander wapens
731 Gevegsport
skermplaat 178
skermskoot 263
skermsport 731
skermswaard 678
skermsweef 222
skermutsel
557 Diskussie
667 Stryd
skermutselaar 667
skermutseling 667
skermveër 233
skerp
129 Bepaaldheid
137 Bewerking
185 Sny
439 Punt
440 Skerp
447 Hoekig
466 Koud
472 Smaakloos, sleg
481 Skerp klank
502 Verstand
543 Duidelik
572 Uitspraak
595 Streng
622 Goed
667 Stryd
717 Lyding
777 Haat en onvriendelikheid
831 Minag
skerpby 728
skerperig 440
skerpgemaak 440
skerpgepunt 439
skerpheid
440 Skerp
502 Verstand
559 Opvoeding en onderwys
777 Haat en onvriendelikheid
skerphoek
139 Meetkunde
447 Hoekig
skerphoekig
139 Meetkunde
440 Skerp
447 Hoekig
Skerpioen 270
skerpioen 361
skerpioenbyt 361
skerpioenspinnekop 361
skerpkant 185
skerpkantig 440
skerpmaak 440
skerpomlyn
63 Begrensdheid

82 Rondom
skerppuntpasser 759
skerppunttang
101 Bouersgereedskap
630 Werktuig
skerpregter 835
skerpsiende 499
skerpsiendheid
499 Sien
502 Verstand
508 Aandag
skerpsinnig 502
skerpsinnigheid
502 Verstand
533 Verstaan
skerpskertser
724 Vermaak en ontspanning
757 Sang
skerpskutter 677
skerpsnydend
185 Sny
440 Skerp
skerpte
439 Punt
440 Skerp
485 Lig
502 Verstand
543 Duidelik
777 Haat en onvriendelikheid
skêrpunt 439
skêrsprong 730
skerts
722 Humor
831 Minag
skertsend 722
skertsenderwys(e) 722
skertser 722
skertsery
548 Praat
722 Humor
831 Minag
skets
539 Kommunikeer
546 Kunsmatige teken
548 Praat
551 Meedeel
552 Vertel
553 Behandel
640 Voorbereid
750 Letterkunde
752 Toneel- en rolprentkuns
758 Beeldende kuns
759 Tekenkuns
sketsboek 759
sketsmatig
640 Voorbereid
759 Tekenkuns
sketsplan
97 Bou
640 Voorbereid

sketter
481 Skerp klank
785 Hoogmoed
sketterstem 481
skeur
169 Skei
173 Losmaak
177 Oopgaan
184 Breek
238 Vernietig
277 Berg
278 Vallei
413 Verskillende siektes
skeurbuik 413
skeurdal 277
skeurdalkoors 413
skeuring
169 Skei
173 Losmaak
666 Verhinder
667 Stryd
841 Leer
skeurkalender 127
skeurkiestand 391
skeurploeg 355
skeurtandhaai 363
skeurvallei
277 Berg
278 Vallei
skeurwond 412
skeut
102 Hoeveelheid
103 Min
320 Stam
skeutjie 103
ski 732
skiboot 235
skibril 736
skielik
41 Kortstondig
225 Vinnig
521 Verras wees
641 Onvoorbereid
skiër 736
skiereiland
273 Geografie
281 Eiland
skiervlakte 273
skiet
145 Beweging
225 Vinnig
227 Werp
252 Doodmaak
373 Jag
659 Aanstelling
667 Stryd
676 Vuurwapen
677 Skiet
731 Gevegsport
790 Sosiale betrekking
skietbaan
677 Skiet
680 Militêre aksie

skieter 677
skietery 677
skietgebed 847
skietgeveg
  677 Skiet
  731 Gevegsport
skietgoed
  523 Logies redeneer
  676 Vuurwapen
skietkuns
  629 Spel en sport
  731 Gevegsport
skietlamp
  373 Jag
  677 Skiet
skietlig
  373 Jag
  677 Skiet
skietlood
  123 Meet
  443 Reglynig
skietlustig 677
skietmielie
  351 Groenteverbouing
  352 Graanverbouing
skietmielies 426
skietplaas 373
skietspoel 313
skietstaking 677
skietstilstand 668
skietstoel 236
skietvoorval 677
skietwond 412
skiewie
  589 Dien
  592 Ondergeskikte
skif
  184 Breek
  419 Voedselbereiding
skifting 19
skigtig
  768 Vrees
  786 Nederigheid
skigtigheid 768
skik
  19 Orde
  35 Reëlmaat
  66 Plasing
  590 Bestuur en regeer
  605 Aanvaar
  663 Meedoen
  668 Vrede en versoening
skikking
  531 Saamstem
  605 Aanvaar
  663 Meedoen
  668 Vrede en versoening
skiklik 596
skiktyd
  37 Tydruimte
  38 Tydgebruik
  645 Handel
  653 Maklik handel

skil
  161 Bedek
  162 Ontbloot
  323 Vrug
  350 Vrugteverbouing
  419 Voedselbereiding
skild
  274 Geologie
  381 Huid
  546 Kunsmatige teken
  727 Kompetisie
Skild 270
skilder
  237 Voortbring
  490 Kleur
  546 Kunsmatige teken
  548 Praat
  552 Vertel
  553 Behandel
  592 Ondergeskikte
  745 Versier
  749 Kuns
  758 Beeldende kuns
  760 Skilderkuns
skilderagtig
  743 Mooi
  760 Skilderkuns
skilderagtigheid 743
skilderakademie 760
skilderbees 366
skilderbont 492
skilderdoek 760
skilderesel 760
skildering 760
skilderkuns
  749 Kuns
  758 Beeldende kuns
  760 Skilderkuns
skilderos 366
skilderpenseel 760
skildersgereedskap 760
skilderskool 760
skilderspalet 760
skilderstuk 760
skildertegniek 760
skilderwerk 760
skildery
  546 Kunsmatige teken
  547 Simboliek
  745 Versier
  758 Beeldende kuns
  760 Skilderkuns
skilderymuseum 760
skildgebied 274
skildhelm 546
skildhoof 546
skildklier
  393 Nek en skouer
  402 Afskeidings- en uitskeidingsorgane
skildkliergeswel 413
skildklierontsteking 413
skildkliervergroting 413

skildknaap
  592 Ondergeskikte
  673 Manskap
skildluis 361
skildstuk 546
skildvaring 329
skildvoet 546
skildvorm 438
skildvormig
  438 Vorm
  546 Kunsmatige teken
skildwag
  673 Manskap
  680 Militêre aksie
skilfer
  112 Deel
  184 Breek
  381 Huid
skilferagtig
  112 Deel
  184 Breek
skilferig
  112 Deel
  184 Breek
  381 Huid
skilferkors 426
skilfers 413
skilfersteen 298
skiloper 736
skilpad 364
skilpadbessie 323
skilpadbosluis 361
skilpaddraffie
  226 Stadig
  229 Stadig beweeg
skilpadhals 745
skilpadhalstrui 745
skilpadjie
  361 Insek
  426 Kossoort, dis
skilpadkewer 361
skilpadkos 336
skilpadvere 2
skim
  2 Nie-bestaan
  486 Duisternis
  512 Verbeelding
  538 Dwaling
  838 Gees
  844 Bygeloof
skimagtig
  486 Duisternis
  838 Gees
  844 Bygeloof
skimkabinet 590
skimmel
  326 Oerplant
  327 Tallusplant
  366 Soogdier
  382 Haar
  413 Verskillende siektes
  492 Kleure
  623 Sleg

  628 Vuil
  786 Nederigheid
skimmelagtig
  326 Oerplant
  623 Sleg
  628 Vuil
skimmelbrood 424
skimmelig
  412 Siek
  623 Sleg
  628 Vuil
skimmeljan 361
skimmelperd 366
skimmelplant
  318 Plant
  327 Tallusplant
skimmelsiekte 413
skimmelvergiftiging 413
skimmeryk 838
skimp
  539 Kommunikeer
  548 Praat
  603 Voorstel
  829 Beledig
  831 Minag
skimpdig 751
skimpenderwys
  771 Gramskap
  777 Haat en onvriendelikheid
  829 Beledig
  831 Minag
skimper
  777 Haat en onvriendelikheid
  829 Beledig
  831 Minag
skimpery
  539 Kommunikeer
  829 Beledig
  831 Minag
skimplag 722
skimpnaam
  550 Noem
  829 Beledig
  831 Minag
skimprede 539
skimpskeut
  777 Haat en onvriendelikheid
  829 Beledig
  831 Minag
skimpskoot
  777 Haat en onvriendelikheid
  829 Beledig
  831 Minag
skimpskrif
  568 Media
  829 Beledig
  831 Minag
skimptaal
  569 Taal

829 Beledig
831 Minag
skimpwoord
  829 Beledig
  831 Minag
skimskrywer 565
skinder
  539 Kommunikeer
  548 Praat
  669 Aanval
  779 Boosaardigheid
  829 Beledig
skinderaar 829
skinderbek
  539 Kommunikeer
  548 Praat
  669 Aanval
  829 Beledig
skinderpraatjies
  538 Dwaling
  539 Kommunikeer
  548 Praat
  552 Vertel
  669 Aanval
  829 Beledig
skindersiek
  669 Aanval
  829 Beledig
skindersiekte 829
skinderstorie
  524 Onlogies redeneer
  538 Dwaling
  539 Kommunikeer
  548 Praat
  551 Meedeel
  552 Vertel
  669 Aanval
  829 Beledig
skindertong
  539 Kommunikeer
  548 Praat
  669 Aanval
  829 Beledig
skinderveldtog 669
skindery
  539 Kommunikeer
  552 Vertel
  669 Aanval
  829 Beledig
skink
  95 Huisraad
  287 Vloei
  427 Drank
skinkbeker 84
skinkbord 95
skinkel
  397 Ledemaat
  421 Vleis
skinker 429
skip 221
skip
  235 Skeepvaart
  853 Kerkgebou

skipak 736
skipbreuk
  221 Vaar
  683 Misluk
skipbreukeling 221
skipper
  235 Skeepvaart
  591 Gesaghebber
skippertjie 366
skis 298
skisma
  666 Verhinder
  841 Leer
skismatiek
  666 Verhinder
  841 Leer
skismatikus 841
skisofreen
  412 Siek
  505 Verstandstoornis
skisofrenie
  413 Verskillende siektes
  505 Verstandstoornis
skisofrenies
  413 Verskillende siektes
  505 Verstandstoornis
  770 Wantroue
skisport 732
skistewel 736
skitoernooi 736
skitter
  485 Lig
  622 Goed
  682 Slaag
  743 Mooi
skitterblink 485
skitterend
  485 Lig
  622 Goed
  716 Genot
  743 Mooi
skitterglans 485
skittering 485
skitterkleur 490
skitterlig 485
skitterwit 627
skittery 409
sklera 387
sklerose 413
skleroskoop 455
skob 381
skobbejak
  779 Boosaardigheid
  813 Swak gedrag
  822 Skuldig
skoe(n)lapper 361
skoeisel 745
skoeloelie 741
skoen 745
skoenborsel 627
skoener 235
skoenerbrik 235
skoengoed 745

skoenlak 627
skoenlap 627
skoenmaker
  645 Handel
  745 Versier
skoenmakery 707
skoenpoeier 746
skoenpoetser 627
skoenpolitoer 627
skoenriem 745
skoensool
  337 Veldplant
  745 Versier
skoenveter 745
skoenwinkel 707
skoep 95
skoert
  167 Wegbeweeg
  190 Vertrek
  192 Laat gaan
  205 Weggaan van
skof
  37 Tydruimte
  187 Reis
  393 Nek en skouer
  421 Vleis
  645 Handel
  658 Beroep
skofbaas
  275 Mynwese
  591 Gesaghebber
  658 Beroep
skoffel
  347 Landbou
  355 Landbougereedskap
  742 Dans
skoffeleg 355
skoffelpik 355
skoffelploeg 355
skofstelsel 658
skofwerk 645
skok
  181 Raak
  182 Slaan
  262 Elektrisiteit
  412 Siek
  413 Verskillende siektes
  521 Verras wees
  683 Misluk
  713 Gevoel
  715 Negatiewe gevoel
  717 Lyding
  719 Hartseer
  768 Vrees
skokbehandeling 414
skokbestand 181
skokbreker
  233 Voertuig
  234 Spoorweë
  630 Werktuig
skokdemper
  233 Voertuig
  234 Spoorweë

skokgolf
  182 Slaan
  262 Elektrisiteit
  715 Negatiewe gevoel
skokiaan 427
skokkend
  521 Verras wees
  623 Sleg
  715 Negatiewe gevoel
  717 Lyding
  719 Hartseer
  768 Vrees
  779 Boosaardigheid
  820 Oneerbaar
skokterapie 414
skoktroepe 672
skokvas 181
skol
  283 See
  363 Waterdier
  466 Koud
skolastiek 514
skolasties
  514 Wysbegeerte
  560 Voorskoolse en naskoolse onderrig
skolastikus 514
skolier
  53 Nuut en jonk
  560 Voorskoolse en naskoolse onderrig
  561 Studeer
skolieretaal 569
skolierpatrollie
  149 Pad
  560 Voorskoolse en naskoolse onderrig
skoling 559
skoliose 413
skollie 813
skollietaal 569
skommel
  9 Verskillend of teenoorgesteld
  140 Verandering
  164 Reëlmatige beweging
  427 Drank
  740 Kaartspel
  741 Kinderspel
skommeldrank 427
skommelend 164
skommeling
  9 Verskillend of teenoorgesteld
  140 Verandering
  164 Reëlmatige beweging
skommelrig 164
skommelsif 630
skommelstoel 95
skon 426
skone
  376 Vrou

skort

743 Mooi
skool
  91 Gebou
  102 Hoeveelheid
  104 Baie
  168 Saamkom
  357 Dier
  514 Wysbegeerte
  559 Opvoeding en onderwys
  560 Voorskoolse en naskoolse onderrig
  749 Kuns
skoolatlas 273
skoolbank 560
skoolbasaar
  707 Handelsaak
  793 Fees
skoolbiblioteek
  560 Voorskoolse en naskoolse onderrig
  567 Boek
skoolblad
  560 Voorskoolse en naskoolse onderrig
  568 Media
skoolboek 560
skoolbus 233
skooldokter 416
skooldrag 745
skooleksamen 561
skoolfonds
  560 Voorskoolse en naskoolse onderrig
  708 Betaal
skoolgaan 560
skoolgebou
  91 Gebou
  92 Deftige, belangrike of groot gebou
  560 Voorskoolse en naskoolse onderrig
skoolgereedheid 559
skoolgeweld 667
skoolhoof
  560 Voorskoolse en naskoolse onderrig
  591 Gesaghebber
  658 Beroep
skoolhou 559
skoolinspekteur
  560 Voorskoolse en naskoolse onderrig
  658 Beroep
skooljaar
  127 Tydbepaling
  560 Voorskoolse en naskoolse onderrig
skooljeug
  243 Kinders
  560 Voorskoolse en naskoolse onderrig
skoolkermis 793

skoolkind
  53 Nuut en jonk
  560 Voorskoolse en naskoolse onderrig
skoolkursus 561
skoolleerder 560
skoolmeester 560
skoolonderwys 559
skoolopvoeding 559
skoolplig 560
skoolrapport
  551 Meedeel
  561 Studeer
skools
  538 Dwaling
  615 Onbekwaam
skoolsiek
  413 Verskillende siektes
  560 Voorskoolse en naskoolse onderrig
skoolsit
  560 Voorskoolse en naskoolse onderrig
  835 Bestraf
skoolsleng 569
skooltaal 569
skoolvak
  515 Wetenskap
  559 Opvoeding en onderwys
skoolvakansie
  560 Voorskoolse en naskoolse onderrig
  648 Onderbreek
  662 Rus
skoolverlater 560
skoolwerk
  560 Voorskoolse en naskoolse onderrig
  561 Studeer
skoolwoordeboek 567
skoon
  53 Nuut en jonk
  111 Geheel
  622 Goed
  627 Skoon
  743 Mooi
skoonfamilie 241
skoonheid
  376 Vrou
  622 Goed
  627 Skoon
  743 Mooi
skoonheidsalon 746
skoonheidseep 627
skoonheidsgevoel
  713 Gevoel
  743 Mooi
skoonheidsin 743
skoonheids-kompetisie 743
skoonheidskoningin 743
skoonheidsleer 514

skoonheidsmiddel 746
skoonkind 243
skoonklinkend 478
skoonmaak
  347 Landbou
  627 Skoon
skoonmaakgerei 627
skoonmaakmiddel
  627 Skoon
  629 Gebruik
skoonmaker 627
skoonma-se-tong 336
skoonouers 242
skoonskrif
  563 Skryf
  565 Skryfkuns
skoonskryfkuns 565
skoonskrywer 565
skoonskynend 743
skoonveld
  65 Afwesigheid
  728 Balsporte
skoorsoek
  667 Stryd
  722 Humor
skoorsoeker
  667 Stryd
  722 Humor
skoorsoekerig 667
skoorsoekerigheid 667
skoorsoekery
  532 Betwis
  667 Stryd
skoorsteen
  94 Dele van 'n eiendom
  234 Spoorweë
  235 Skeepvaart
  469 Verwarmingstoestel
skoorsteenmantel 94
skoorsteenveër 365
skoorvoetend
  581 Teësinnig
  587 Aarsel
  664 Terugstaan
skoot
  61 Plek
  81 Binne
  395 Buik
  677 Skiet
skoothondjie
  357 Dier
  366 Soogdier
skootrekenaar
  263 Rekenaar en internet
  560 Voorskoolse en naskoolse onderrig
skop
  95 Huisraad
  182 Slaan
  355 Landbougereedskap
  616 Magtig
  625 Sterk

  627 Skoon
  667 Stryd
  669 Aanval
  728 Balsporte
skopboks 731
skopdop
  407 Drink
  427 Drank
skopfiets 232
skopgraaf
  101 Bouersgereedskap
  355 Landbougereedskap
  630 Werktuig
skoppelmaai 741
skoppens 740
skoppensaas 740
skoppensboer 740
skoppensheer 740
skoppensvrou 740
skoppermaai 741
skoppery
  182 Slaan
  728 Balsporte
skoppie
  95 Huisraad
  627 Skoon
skopskoen 728
skopslaan 181
skopwiel 305
skor
  480 Dowwe klank
  548 Praat
skorheid
  480 Dowwe klank
  548 Praat
skorkruid 337
skorriemorrie
  779 Boosaardigheid
  813 Swak gedrag
  820 Oneerbaar
skorro-skorro 233
skors
  192 Laat gaan
  316 Hout
  382 Haar
  385 Skedel
  646 Nie handel nie
  648 Onderbreek
  660 Ontslag
  665 Byeenkom
skorsenier 351
skorsie
  351 Groenteverbouing
  426 Kossoort, dis
skorsing
  192 Laat gaan
  646 Nie handel nie
  648 Onderbreek
  660 Ontslag
  665 Byeenkom
skort
  2 Nie-bestaan
  65 Afwesigheid

117 Te min
161 Bedek
623 Sleg
631 Nodig
skorting
2 Nie-bestaan
623 Sleg
skot
63 Begrensdheid
178 Toegaan
235 Skeepvaart
677 Skiet
skotig 73
skotnael 172
skots
20 Wanorde
277 Berg
283 See
623 Sleg
skotsbont 311
skotskar 230
skotskrif
568 Media
829 Beledig
skotsman 363
skottel
84 Houer
95 Huisraad
419 Voedselbereiding
skottelbraai 418
skotteldoek 95
skotteleg 355
skottelgoed
95 Huisraad
418 Voeding
627 Skoon
**skottelgoedwas-
masjien** 95
**skottelgoedwas-
poeier** 627
skottelploeg 355
skotteltelevisie 264
skotvry 821
skotwerk 97
skou 499
skouburg
752 Toneel- en
rolprentkuns
755 Uitvoering
skouer
82 Rondom
149 Pad
277 Berg
393 Nek en skouer
skouerbeen 393
skouerblad
380 Gebeente
393 Nek en skouer
skouerbreedte 434
skouerhoog 436
skouerhoogte 436
skouermantel 745
skouerophalend 774

skouerophaling
545 Natuurlike teken
774 Onverskilligheid
skouerruiker 348
skouersak 84
skouerspier 379
skouerveer 382
skouspel
622 Goed
743 Mooi
752 Toneel- en
rolprentkuns
skouspelagtig
622 Goed
743 Mooi
skout 673
skoutadmiraal
591 Gesaghebber
673 Manskap
skout-by-nag
591 Gesaghebber
673 Manskap
skraag 663
skraaghout
94 Dele van 'n eiendom
99 Messel
316 Hout
skraal
103 Min
435 Smal
466 Koud
623 Sleg
690 Arm
skraalhans 692
skraalte
103 Min
435 Smal
690 Arm
skraap
154 Vryf
203 Agterna kom
448 Gelyk
545 Natuurlike teken
627 Skoon
686 Aanwins
skraapsel
154 Vryf
184 Breek
skraapsug 692
skraapsugtig
686 Aanwins
692 Spaar
773 Begeerte
skram
154 Vryf
413 Verskillende siektes
skrams 181
skramskoot 677
skrander
502 Verstand
614 Bekwaam
skrap
154 Vryf

238 Vernietig
563 Skryf
566 Drukkuns
572 Uitspraak
665 Byeenkom
skraper 154
skrapnel 676
skrapping
563 Skryf
566 Drukkuns
572 Uitspraak
665 Byeenkom
skraps
103 Min
433 Klein
690 Arm
skrapteken 566
skrede 197
skree
390 Mond
476 Geluid
479 Disharmonies
481 Skerp klank
482 Menslike geluid
483 Voëlgeluid
484 Diergeluid
548 Praat
551 Meedeel
719 Hartseer
771 Gramskap
skree(u)stem 482
skreebalie 719
skreebek 719
skreef 177
skreelelik 744
skreëry
482 Menslike geluid
719 Hartseer
skreesnaaks 722
skreet 100
skreeu
479 Disharmonies
481 Skerp klank
482 Menslike geluid
483 Voëlgeluid
484 Diergeluid
548 Praat
719 Hartseer
771 Gramskap
skreeubalie 719
skreeubek 719
skreeuend
479 Disharmonies
481 Skerp klank
482 Menslike geluid
485 Lig
490 Kleur
548 Praat
skreeuerig 548
skreeuerigheid 548
skreeuery
482 Menslike geluid
719 Hartseer

skreeulelik 744
skreeusnaaks 722
skreiend
623 Sleg
779 Boosaardigheid
813 Swak gedrag
820 Oneerbaar
skriba
565 Skryfkuns
852 Geestelike
skriba-kassier 852
skribent 565
skrif
546 Kunsmatige teken
548 Praat
563 Skryf
565 Skryfkuns
567 Boek
571 Skrif
Skrif 842
skrifbeeld 565
skrifgeleerd
502 Verstand
815 Oneerlik
skrifgeleerde 852
skrifkenner
565 Skryfkuns
skrifkode 565
skrifkunde 565
skrifkundige 565
skrifsimbool 565
skrifstelsel
546 Kunsmatige teken
565 Skryfkuns
skrifteken
546 Kunsmatige teken
565 Skryfkuns
571 Skrif
skriftelik
546 Kunsmatige teken
563 Skryf
565 Skryfkuns
571 Skrif
skriftuur
567 Boek
842 Geloof
skriftuurlik 842
skriftuurplaas 842
skrifuitlêer 565
skrifuitleg 842
skrifverklaring 842
skrifvervalser 565
skrifvervalsing 565
skrik 768
skrikaanjaend
715 Negatiewe gevoel
768 Vrees
skrikaanjaer 768
skrikaanjaging 768
skrikbarend
715 Negatiewe gevoel
768 Vrees

skrikbeeld
  768 Vrees
  838 Gees
skrikbewind
  590 Bestuur en regeer
  768 Vrees
skrikkeljaar
  37 Tydruimte
  127 Tydbepaling
skrikkerig
  626 Swak
  715 Negatiewe gevoel
  768 Vrees
  770 Wantroue
skrikkerigheid
  715 Negatiewe gevoel
  768 Vrees
skrikmaak 768
skrikwekkend
  654 Moeilik handel
  715 Negatiewe gevoel
  744 Lelik
  779 Boosaardigheid
skril
  11 Disharmonie
  481 Skerp klank
  490 Kleur
  572 Uitspraak
skripsie
  553 Behandel
  558 Redevoering
  561 Studeer
  567 Boek
skrobbeer
  667 Stryd
  669 Aanval
  827 Afkeur
  835 Bestraf
skrobbering
  827 Afkeur
  835 Bestraf
skroef
  100 Boumateriaal
  172 Vasmaak
  183 Gryp
  235 Skeepvaart
  236 Lugvaart
  316 Hout
skroefas
  163 Draai
  235 Skeepvaart
skroefdop
  84 Houer
  161 Bedek
skroefdraaier
  172 Vasmaak
  630 Werktuig
skroefklem 183
skroeflas 172
skroefmoer 172
skroefpers 257
skroefpomp 288
skroefprop 161

skroefsleutel 630
skroefsnyer 630
skroeftap
  172 Vasmaak
  316 Hout
skroefverband 415
skroefvliegtuig 236
skroei
  419 Voedselbereiding
  464 Droog
  465 Warm
  467 Aansteek
  485 Lig
skroeiend 465
skroewedraaier
  101 Bouersgereedskap
  172 Vasmaak
  316 Hout
  630 Werktuig
skrofulose 413
skromelik
  104 Baie
  623 Sleg
  813 Swak gedrag
skrompel 180
skroom
  768 Vrees
  786 Nederigheid
skroomhartig
  768 Vrees
  786 Nederigheid
skroomhartigheid
  768 Vrees
  786 Nederigheid
skroomlik
  623 Sleg
  813 Swak gedrag
skroomvallig
  768 Vrees
  786 Nederigheid
skroomvalligheid
  768 Vrees
  786 Nederigheid
skroot
  297 Metaal
  301 Metaalverwerking
  628 Vuil
skrootmetaal
  297 Metaal
  301 Metaalverwerking
  628 Vuil
skrootwerf 628
skrop
  154 Vryf
  355 Landbougereedskap
  627 Skoon
skropborsel 627
skropsaag
  316 Hout
  630 Werktuig
skropskaaf
  316 Hout
  630 Werktuig

skropvrou 589
skropwerk 627
skrotum 403
skrum 728
skrumskakel 728
skrupel 124
skrupule 768
skrutineer
  508 Aandag
  516 Soek
skryf
  539 Kommunikeer
  546 Kunsmatige teken
  563 Skryf
  564 Skryfbehoeftes
  565 Skryfkuns
  568 Media
  750 Letterkunde
skryfbehoeftes
  560 Voorskoolse en
    naskoolse onderrig
  564 Skryfbehoeftes
  565 Skryfkuns
skryfblok
  564 Skryfbehoeftes
  565 Skryfkuns
skryfboek
  560 Voorskoolse en
    naskoolse onderrig
  564 Skryfbehoeftes
  565 Skryfkuns
  567 Boek
skryfburo
  95 Huisraad
  564 Skryfbehoeftes
skryffout
  563 Skryf
  565 Skryfkuns
  569 Taal
skryfgoed 564
skryfkramp 413
skryfkunde 565
skryfkuns
  563 Skryf
  565 Skryfkuns
  749 Kuns
skryflaboratorium 569
skryflus 565
skryfpapier
  315 Papier
  564 Skryfbehoeftes
  565 Skryfkuns
skryfpen 564
skryfproduk 563
skryfsel
  539 Kommunikeer
  563 Skryf
skryfsentrum 569
skryfskool
  565 Skryfkuns
  750 Letterkunde
skryfstyl
  565 Skryfkuns

  569 Taal
  576 Sinsbou en styl
skryftaal
  565 Skryfkuns
  569 Taal
skryftafel
  95 Huisraad
  564 Skryfbehoeftes
skryftalent 563
skryfteken 565
skryfwerk
  563 Skryf
  565 Skryfkuns
  750 Letterkunde
skryfwoede 563
skryfwyse
  563 Skryf
  565 Skryfkuns
skrylings
  71 Regop
  181 Raak
skryn
  84 Houer
  95 Huisraad
  717 Lyding
  853 Kerkgebou
skrynend
  717 Lyding
  719 Hartseer
skrynerig
  412 Siek
  717 Lyding
skrynwerk
  97 Bou
  316 Hout
skrynwerker
  97 Bou
  316 Hout
  592 Ondergeskikte
  630 Werktuig
  645 Handel
skrynwerkersaag
  185 Sny
  630 Werktuig
skrynwerkers-
gereedskap
  101 Bouersgereedskap
  630 Werktuig
skrywer
  237 Voortbring
  539 Kommunikeer
  563 Skryf
  565 Skryfkuns
  749 Kuns
  750 Letterkunde
skrywers-
  eksemplaar 567
skrywersgilde 565
skrywerskap 565
skrywerskool 565
skrywersnaam 565
skrywersproef 566
skrywersvereniging 565

skrywertjie 361
skrywery
  539 Kommunikeer
  548 Praat
  563 Skryf
  565 Skryfkuns
sku
  715 Negatiewe gevoel
  768 Vrees
  786 Nederigheid
sku(w)erig
  768 Vrees
  786 Nederigheid
skub
  363 Waterdier
  364 Reptiel
  381 Huid
skuba 215
skubaduik
  215 Swem
  732 Watersport
skubaduiker 732
skubdier 366
skubvlerkig 365
skubvleuelig 363
skud
  164 Reëlmatige
    beweging
  165 Onreëlmatige
    beweging
  181 Raak
skudblaar
  321 Blaar
  322 Blom
skudblad 322
skudding
  274 Geologie
  413 Verskillende siektes
skudsif 630
skugter
  715 Negatiewe gevoel
  768 Vrees
  786 Nederigheid
skugterheid
  715 Negatiewe gevoel
  786 Nederigheid
skuheid
  715 Negatiewe gevoel
  768 Vrees
  786 Nederigheid
skuif
  67 Verplasing
  94 Dele van 'n eiendom
  145 Beweging
  181 Raak
  190 Vertrek
  430 Rook
  739 Geselskapspele
skuifblad 95
skuifblinding 94
skuifdak
  94 Dele van 'n eiendom
  233 Voertuig

skuifdeur 94
skuifel
  164 Reëlmatige
    beweging
  197 Te voet gaan
  198 Strompel
  229 Stadig beweeg
  742 Dans
skuifelend
  164 Reëlmatige
    beweging
  197 Te voet gaan
  198 Strompel
skuifelgang 198
skuifeling 164
skuifgordyn 95
skuifie
  94 Dele van 'n eiendom
  268 Fotografie en film
  430 Rook
skuifkap 94
skuifknoop 172
skuifleer 211
skuifliniaal
  122 Bereken
  123 Meet
skuifnaald 745
skuifpasser
  122 Bereken
  139 Meetkunde
skuifpotlood 564
skuifraam 94
skuifraamvenster 94
skuifsleutel 172
skuifslot
  94 Dele van 'n eiendom
  676 Vuurwapen
skuifspeld
  172 Vasmaak
  564 Skryfbehoeftes
skuiftrompet 756
skuifvenster
  94 Dele van 'n eiendom
  234 Spoorweë
skuifvisier 676
skuil
  64 Aanwesigheid
  65 Afwesigheid
  501 Onsigbaarheid
  655 Veilig
  789 Onbeskaafdheid
skuilgaan
  65 Afwesigheid
  501 Onsigbaarheid
  655 Veilig
  789 Onbeskaafdheid
skuilhou
  65 Afwesigheid
  501 Onsigbaarheid
  540 Nie kommunikeer
    nie
  655 Veilig
  789 Onbeskaafdheid

skuiling
  89 Blyplek
  93 Beskeie gebou
  655 Veilig
skuilkelder 655
skuilnaam
  550 Noem
  565 Skryfkuns
  750 Letterkunde
skuilplek 655
skuim
  287 Vloei
  409 Afskeiding en
    uitskeiding
  427 Drank
  461 Gas
  462 Halfvloeibare stof
  623 Sleg
  628 Vuil
  813 Swak gedrag
skuimbek
  409 Afskeiding en
    uitskeiding
  771 Gramskap
skuimbesie 361
skuimblusser 468
skuimkoekie 426
skuimpie 426
skuimplastiek 307
skuimrubber 307
skuimspaan
  95 Huisraad
  419 Voedselbereiding
skuimtertjie 426
skuins
  73 Skuins
  79 Dwars
  444 Krom
  565 Skryfkuns
skuinsaansluiting 149
skuinsdruk 565
skuinshoek
  73 Skuins
  447 Hoekig
skuinshoekig 447
skuinshoogte 73
skuinskant 73
skuinslopend
  73 Skuins
  79 Dwars
skuinsoor 79
skuinsskrif 563
skuinsstreep 565
skuinssy
  73 Skuins
  139 Meetkunde
skuinste
  73 Skuins
  212 Afgaan
skuinsvlak 73
skuinsweg 73
skuit
  84 Houer

  235 Skeepvaart
skuitjiegooi 741
skuiwergat 94
skuld
  15 Oorsaak
  687 Verlies
  697 Verlies ly
  708 Betaal
  711 Skuld
  809 Regsgeding
  822 Skuldig
  823 Berou
  827 Afkeur
  832 Beskuldig
skuld(e)las
  711 Skuld
  822 Skuldig
skuldaanskrywing 711
skuldaansuiwering 711
skuldaanvaarding 832
skuldadvies 711
skuldafbetaling 708
skuldaflossing
  708 Betaal
  711 Skuld
skuldamnestie 687
skuldbekentenis
  528 Bevestig
  711 Skuld
  809 Regsgeding
  822 Skuldig
  823 Berou
skuldbelydenis
  528 Bevestig
  822 Skuldig
  823 Berou
  832 Beskuldig
  850 Sakrament
skuldbesef 823
skuldbeslag 808
skuldbewys
  708 Betaal
  711 Skuld
skuldbrief
  708 Betaal
  711 Skuld
skulddelging
  708 Betaal
  711 Skuld
skulddraend 822
skuldeiser
  687 Verlies
  711 Skuld
skuldeloos 821
skuldenaar
  687 Verlies
  711 Skuld
  808 Regswese
  822 Skuldig
skulderkenning
  528 Bevestig
  711 Skuld
  808 Regswese

809 Regsgeding
823 Berou
skuldgevoel 822
skuldhebbend 822
skuldig
　711 Skuld
　803 Wette oortree
　822 Skuldig
　832 Beskuldig
　835 Bestraf
skuldigbevinding
　809 Regsgeding
　832 Beskuldig
skuldige
　803 Wette oortree
　809 Regsgeding
　822 Skuldig
　832 Beskuldig
skuldinvorderaar 687
skuldinvordering 687
skuldkennisgewing 711
skuldlas
　687 Verlies
　711 Skuld
skuldloos 814
skuldloosheid 814
skuldvakansie 687
skuldvergelyking
　711 Skuld
　809 Regsgeding
skuldvergewing 850
skuldvernuwing
　711 Skuld
　809 Regsgeding
skuldvordering
　708 Betaal
　711 Skuld
skulp
　185 Sny
　381 Huid
　446 Rond
　745 Versier
skulpdier 363
skulppasta 426
skulptuur 763
skulpvorm 438
skulpvormig 438
skulpwerk 745
skunnig
　690 Arm
　820 Oneerbaar
skunnigheid 820
skurf
　413 Verskillende siektes
　623 Sleg
　628 Vuil
　813 Swak gedrag
　820 Oneerbaar
skurfheid
　449 Ongelyk
　628 Vuil
　820 Oneerbaar
skurfsiekte 324

skurfte
　413 Verskillende siektes
　449 Ongelyk
　628 Vuil
skurk
　623 Sleg
　667 Stryd
　779 Boosaardigheid
　813 Swak gedrag
　815 Oneerlik
　822 Skuldig
skurkagtig
　813 Swak gedrag
　815 Oneerlik
skurkery
　813 Swak gedrag
　822 Skuldig
skurkestreek 813
skurwejantjie 364
skurwepadda 363
skurwerig
　449 Ongelyk
　628 Vuil
skurwigheid
　449 Ongelyk
　628 Vuil
skut
　369 Veeteelt
　373 Jag
　655 Veilig
　677 Skiet
　731 Gevegsport
skutblad 567
skutheilige 655
skutkleur 492
skutkraal 369
skutloods 369
skutmerk 369
skutsengel
　655 Veilig
　838 Gees
skutsluis 288
skutteks 567
skutter
　673 Manskap
　677 Skiet
　731 Gevegsport
skutting 82
skutvee 369
skutverkoping
　369 Veeteelt
　705 Verkoop
skuur
　91 Gebou
　93 Beskeie gebou
　154 Vryf
　170 Saambring
　175 Insit
　179 Glad maak
　316 Hout
　354 Plaas
　448 Gelyk
　627 Skoon

skuurder
　179 Glad maak
　316 Hout
　630 Werktuig
skuurklank 572
skuurmasjien
　179 Glad maak
　316 Hout
　630 Werktuig
skuurpapier
　154 Vryf
　179 Glad maak
　315 Papier
　316 Hout
　627 Skoon
skuurwerk 179
skyf
　82 Rondom
　233 Voertuig
　263 Rekenaar en internet
　265 Telegraaf en telefoon
　323 Vrug
　430 Rook
　446 Rond
　677 Skiet
　729 Atletiek
skyfaandrywer 263
skyfblom 334
skyfgeheue 263
skyfie
　268 Fotografie en film
　323 Vrug
　426 Kossoort, dis
skyfieprojektor
　268 Fotografie en film
　560 Voorskoolse en naskoolse onderrig
skyfies 426
skyfrem 233
skyfskiet
　677 Skiet
　731 Gevegsport
skyfskietgeweer 676
skyfskietpistool 676
skyfspasie 263
skyftelefoon 265
skyfvorm 438
skyfvormig
　438 Vorm
　446 Rond
skyfwerp 729
skyfwerper 729
skyfwiel 163
skyn
　2 Nie-bestaan
　485 Lig
　487 Ligbron
　538 Dwaling
　818 Bedrieg
skynaanval 669
skynbaar
　2 Nie-bestaan

　518 Glo
　519 Twyfel
　537 Waarheid
　538 Dwaling
skynbas 316
skynbeeld
　2 Nie-bestaan
　267 Optika
　512 Verbeelding
skynbeweging 145
skynchristen 843
skyndeug
　813 Swak gedrag
　818 Bedrieg
skyndood 250
skynend 267
skyngeleerde 538
skyngeleerdheid 535
skyngeloof 843
skyngeluk 718
skyngeveg 667
skyngoed 2
skynheilig
　815 Oneerlik
　818 Bedrieg
　845 Godsvrug
　846 Goddeloosheid
skynheilige 846
skynheiligheid
　818 Bedrieg
　845 Godsvrug
　846 Goddeloosheid
skynhofsaak 809
skynhuwelik 248
skynoorwinning 684
skynsedig 820
skynsel 485
skynsieke 413
skynsiekte 818
skynverhoor 818
skynvrede 668
skynvriend
　777 Haat en onvriendelikheid
　818 Bedrieg
skynvriendskap
　777 Haat en onvriendelikheid
　818 Bedrieg
skynvrome 845
skynvroom
　820 Oneerbaar
　845 Godsvrug
skynvroomheid
　818 Bedrieg
　845 Godsvrug
skynvrug 323
skynweerstand 262
skynwerklikheid
　2 Nie-bestaan
　263 Rekenaar en internet
skynwerper
　267 Optika

487 Ligbron
skype 263
skyt
  409 Afskeiding en uitskeiding
  820 Oneerbaar
skytbang 768
skytery 409
slaaf
  583 Willoosheid
  589 Dien
  592 Ondergeskikte
  594 Onvryheid
  597 Gehoorsaam
  654 Moeilik handel
slaafs
  583 Willoosheid
  592 Ondergeskikte
  600 Onder bevel staan
slaafsheid
  583 Willoosheid
  589 Dien
slaag
  561 Studeer
  637 Doelgerigtheid en doelloosheid
  681 Resultaat
  682 Slaag
slaagpunt 561
slaags 667
slaagsyfer 561
slaagvereiste 561
slaai 426
slaaibak 84
slaaibord 95
slaaikop 426
slaailepel 95
slaaiolie 419
slaaisous
  419 Voedselbereiding
  426 Kossoort, dis
  471 Smaaklik, lekker
slaaivurk 95
slaan
  6 Betrekking
  172 Vasmaak
  181 Raak
  182 Slaan
  302 Smeewerk
  316 Hout
  352 Graanverbouing
  667 Stryd
  669 Aanval
  717 Lyding
  728 Balsporte
  731 Gevegsport
  755 Uitvoering
  756 Musiekinstrument
  835 Bestraf
slaanding 182
slaankrag
  616 Magtig
  625 Sterk

slaanriem 182
slaansak 731
slaap
  250 Dood
  384 Kop
  385 Skedel
  410 Slaap
  494 Gevoelloosheid en bedwelming
  509 Onoplettendheid
  662 Rus
  714 Positiewe gevoel
slaapapnee 413
slaapbank
  96 Slaapplek
  410 Slaap
slaapbroek
  410 Slaap
  745 Versier
slaapdrank 415
slaapdronk 410
slaapgas 790
slaapgoed 410
slaapkamer 94
slaapkamerstel 95
slaapklere
  410 Slaap
  745 Versier
slaapkop
  410 Slaap
  509 Onoplettendheid
slaapkous
  410 Slaap
  509 Onoplettendheid
slaapliedjie
  410 Slaap
  757 Sang
slaaploos 410
slaaploosheid 413
slaapmiddel
  410 Slaap
  415 Geneesmiddel
  494 Gevoelloosheid en bedwelming
slaappak 745
slaappil
  410 Slaap
  415 Geneesmiddel
  494 Gevoelloosheid en bedwelming
slaapplek 410
slaappop 741
slaapprater 410
slaappratery 410
slaapsak
  96 Slaapplek
  410 Slaap
slaapsiekte 413
slaapstoornis 413
slaapsug
  410 Slaap
  413 Verskillende siektes
slaapsugtig 410

slaaptyd
  38 Tydgebruik
  127 Tydbepaling
  410 Slaap
  662 Rus
slaaptydstorie
  410 Slaap
  552 Vertel
  750 Letterkunde
slaapwandelaar 410
slaapwandeling 410
slaapwekkend 725
slaapwerend 410
slae
  182 Slaan
  835 Bestraf
slag
  164 Reëlmatige beweging
  182 Slaan
  185 Sny
  215 Swem
  221 Vaar
  252 Doodmaak
  421 Vleis
  423 Slagter
  481 Skerp klank
  667 Stryd
  682 Slaag
  683 Misluk
  719 Hartseer
slagaar 399
slagaarbloed 400
slagaargeswel 413
slagaartrombose 413
slagaarverkalking 413
slagaarverwyding 413
slagbees
  369 Veeteelt
  423 Slagter
slagboom 178
slagdemper 233
slagdier 369
slagdoppie 676
slaggat 149
slaggereed
  640 Voorbereid
  667 Stryd
slaggereedheid
  640 Voorbereid
  667 Stryd
slaggoed
  369 Veeteelt
  423 Slagter
slagheiboom 178
slaghoender 365
slaghorlosie 128
slaghuis
  423 Slagter
  707 Handelsaak
slagkruiser 675
slagkruit 676
slaglinie
  667 Stryd

  680 Militêre aksie
slagoffer
  669 Aanval
  694 Neem
  717 Lyding
  779 Boosaardigheid
slagorde
  672 Weermag
  680 Militêre aksie
slagorkes 755
slagpale 423
slagpen 676
slagplaas 423
slagroom 371
slagrym 751
slagskaap
  369 Veeteelt
  423 Slagter
slagskip
  235 Skeepvaart
  675 Militêre toerusting
slagspreuk 573
slagtand 391
slagter
  423 Slagter
  707 Handelsaak
slagterskneg 423
slagtery
  423 Slagter
  707 Handelsaak
slagting
  252 Doodmaak
  423 Slagter
  667 Stryd
slagvaardig
  640 Voorbereid
  667 Stryd
slagvaardigheid 667
slagvee
  369 Veeteelt
  423 Slagter
slagveer
  128 Chronometer
  676 Vuurwapen
slagveld 667
slagwerk
  128 Chronometer
  756 Musiekinstrument
slagyster
  183 Gryp
  355 Landbougereedskap
  373 Jag
slak
  298 Steen
  301 Metaalverwerking
  361 Insek
  363 Waterdier
  413 Verskillende siektes
  469 Verwarmingstoestel
slakkegang 226
slakkehuis
  361 Insek
  388 Oor

slakkemeel 345
slakkepos 196
slalom 736
slamat
  826 Goedkeur
  854 Godsdienste
slampamper
  213 Rondgaan
  757 Sang
  813 Swak gedrag
slampamperliedjie 757
Slang 270
slang
  364 Reptiel
  569 Taal
slangaal 363
slangaanbidder 854
slangakkedis 364
slangarend 365
slangbesweerder 364
slangbossie
  332 Struik
  337 Veldplant
slangbyt
  364 Reptiel
  413 Verskillende siektes
Slangdraer 270
slanggif 364
slanghalsvoël 365
slangkos 327
slangmens 435
slangserum 364
slangster 363
slangtaal 569
slangvanger 365
slangvel 364
slangverband 415
slangvreter 365
slangwoord 569
slangwoordeboek 567
slangwortel 343
slank
  432 Groot
  435 Smal
  451 Lig
slankheid
  435 Smal
  451 Lig
slap
  411 Gesond
  456 Sag
  583 Willoosheid
  623 Sleg
  626 Swak
  813 Swak gedrag
slapband 567
slapbanduitgawe 567
slapchip 426
slapeloos 410
slapeloosheid 410
slapenstyd
  38 Tydgebruik
  127 Tydbepaling

  410 Slaap
slaper 410
slaperig
  410 Slaap
  611 Lui
slaperigheid
  410 Slaap
  611 Lui
slapgat
  583 Willoosheid
  611 Lui
  613 Onnoukeurig
  615 Onbekwaam
  623 Sleg
  626 Swak
  645 Handel
  646 Nie handel nie
  652 Versuim
  813 Swak gedrag
slapgatgeit
  583 Willoosheid
  596 Inskiklik
  611 Lui
  613 Onnoukeurig
  623 Sleg
  626 Swak
  652 Versuim
slapgatheid
  583 Willoosheid
  596 Inskiklik
  611 Lui
  613 Onnoukeurig
  623 Sleg
  626 Swak
  652 Versuim
slapgatterig
  583 Willoosheid
  652 Versuim
slapgatterigheid
  583 Willoosheid
  652 Versuim
slapgattigheid
  583 Willoosheid
  623 Sleg
  652 Versuim
slaphakskeentjie 426
slapheid
  456 Sag
  583 Willoosheid
  596 Inskiklik
  652 Versuim
slapie
  410 Slaap
  662 Rus
slaplittig 411
slappeling
  583 Willoosheid
  611 Lui
  615 Onbekwaam
slapperig
  456 Sag
  583 Willoosheid
slaprandhoed 745

slapsiekte 413
slapskyf 263
slapskyfaandrywer 263
slapte
  583 Willoosheid
  596 Inskiklik
  626 Swak
  646 Nie handel nie
  687 Verlies
slaptjips 426
Slaviese taal 569
slavin
  589 Dien
  592 Ondergeskikte
  594 Onvryheid
  654 Moeilik handel
slawearbeid
  592 Ondergeskikte
  654 Moeilik handel
slawediens 592
slawedrywer 591
slawedrywery 803
slawehandel
  588 Gesag hê
  701 Handel en ekonomie
  803 Wette oortree
slawejuk 589
slawekind
  589 Dien
  592 Ondergeskikte
  594 Onvryheid
slawelewe
  589 Dien
  594 Onvryheid
slawerny
  588 Gesag hê
  589 Dien
  592 Ondergeskikte
  594 Onvryheid
  597 Gehoorsaam
  654 Moeilik handel
  803 Wette oortree
slee
  230 Rytuig
  316 Hout
sleep
  25 Dit wat volg
  145 Beweging
  216 Ry
  217 Motorry
sleepboot 235
sleepdiens 217
sleepdraer 248
sleephelling
  221 Vaar
  235 Skeepvaart
sleepkabel 217
sleepnet 372
sleepsel
  364 Reptiel
  545 Natuurlike teken
  663 Meedoen
sleepspoor 545

sleeptong 548
sleeptou 217
sleepvak 515
sleepvoet
  197 Te voet gaan
  198 Strompel
  229 Stadig beweeg
sleepvoetend
  229 Stadig beweeg
  581 Teësinnig
sleepwa 233
sleg
  11 Disharmonie
  406 Eet
  412 Siek
  472 Smaakloos, sleg
  475 Onwelriekend
  496 Smaak
  583 Willoosheid
  611 Lui
  613 Onnoukeurig
  615 Onbekwaam
  617 Magteloos
  619 Kalm
  621 Onbelangrik
  623 Sleg
  634 Nutteloos
  635 Skadelik
  644 Handelwyse
  652 Versuim
  656 Gevaarlik
  683 Misluk
  715 Negatiewe gevoel
  717 Lyding
  744 Lelik
  779 Boosaardigheid
  813 Swak gedrag
  820 Oneerbaar
  827 Afkeur
sleggeaard
  779 Boosaardigheid
  789 Onbeskaafdheid
  813 Swak gedrag
sleggehumeurd 771
sleggemanierd
  792 Asosiaal
  813 Swak gedrag
sleggerig
  623 Sleg
  624 Gemiddeld
  813 Swak gedrag
sleggesind 784
sleghalter
  652 Versuim
  813 Swak gedrag
slegmaak
  827 Afkeur
  829 Beledig
slegmakery 623
slegpratery 548
slegs 108
slegsê
  669 Aanval

slegsêery

771 Gramskap
827 Afkeur
829 Beledig
slegsêery
669 Aanval
829 Beledig
slegterig
623 Sleg
813 Swak gedrag
slegtheid
583 Willoosheid
623 Sleg
656 Gevaarlik
779 Boosaardigheid
813 Swak gedrag
820 Oneerbaar
slegtigheid
583 Willoosheid
611 Lui
613 Onnoukeurig
623 Sleg
652 Versuim
813 Swak gedrag
slegweg 623
slendang 745
sleng 569 Taal
slengtaal 569
slenguitdrukking 569
slengwoord 569
slengwoordeboek 567
slenk 274
slenkdal
274 Geologie
277 Berg
slenkdalkoors 413
slenter
145 Beweging
197 Te voet gaan
213 Rondgaan
229 Stadig beweeg
818 Bedrieg
slenteraar
213 Rondgaan
229 Stadig beweeg
slenterbroek 745
slenterdiamant 298
slenterdrag 745
slentergang
229 Stadig beweeg
725 Verveling
slenterseks 239
slentersjiek 745
slenterskoen 745
slenterslag 818
slenterstap 229
slepend
22 Kontinuïteit
40 Langdurig
226 Stadig
581 Teësinnig
647 Voortgaan
sleperig 226

slet
239 Voortplant
820 Oneerbaar
sleur 226
sleurmens 583
sleurstroom 287
sleurwerk
226 Stadig
581 Teësinnig
645 Handel
654 Moeilik handel
sleutel
15 Oorsaak
94 Dele van 'n eiendom
172 Vasmaak
178 Toegaan
263 Rekenaar en internet
620 Belangrik
630 Werktuig
753 Musiek
sleutelargument 558
sleutelbedryf
658 Beroep
701 Handel en ekonomie
sleutelbeen
380 Gebeente
393 Nek en skouer
394 Bors
sleutelbegrip 620
sleutelbord 178
sleutelbord
263 Rekenaar en internet
265 Telegraaf en telefoon
564 Skryfbehoeftes
756 Musiekinstrument
sleutelbos 178
sleutelfiguur 620
sleutelgat 178
sleutelgatchirurgie 414
sleutelgatmossel 363
sleutelgebied 61
sleutelindustrie 658
sleutelnywerheid 658
sleutelposisie 620
sleutelring 178
sleutelrol 620
sleutelroman 750
sleutelsaag
316 Hout
630 Werktuig
sleutelsin 576
sleutelskild 178
sleutelslot 94
sleutelteken 753
slib
274 Geologie
628 Vuil
slier
164 Reëlmatige beweging

583 Willoosheid
sliert
382 Haar
435 Smal
sliertig 628
slik
274 Geologie
279 Moeras
462 Halfvloeibare stof
628 Vuil
slikdam 288
slikgrond
274 Geologie
279 Moeras
slim
502 Verstand
614 Bekwaam
622 Goed
815 Oneerlik
slimfoon 265
slimheid
502 Verstand
533 Verstaan
slimjan 502
slimjannie 363
slimkaart 700
slimkop 502
slimkous 502
slimmerd 502
slimmerik 502
slimmigheid 502
slimpraatjies
502 Verstand
538 Dwaling
551 Meedeel
slimstad 90
slimstadontwikkeling 90
slimstorie
502 Verstand
551 Meedeel
slimstories 538
slimtelevisie 264
slinger
128 Chronometer
148 Van koers gaan
163 Draai
164 Reëlmatige beweging
165 Onreëlmatige beweging
227 Werp
257 Meganika en tegnologie
415 Geneesmiddel
444 Krom
678 Ander wapens
745 Versier
slingeraap 366
slingeraar
227 Werp
678 Ander wapens

slingeras
257 Meganika en tegnologie
630 Werktuig
slingerbeton 100
slingerbeweging 164
slingerblomme 348
slingerboor 630
slingerlyn 444
slingerlys 94
slinger-om-die-mond 426
slingerpad 149
slingerplant 333
slingerslag 164
slingertelefoon 265
slingertrap 94
slingeruurwerk 128
slingervel
227 Werp
678 Ander wapens
slingerverband 415
slingerwydte 257
slink
108 Minder
433 Klein
slinks
502 Verstand
815 Oneerlik
818 Bedrieg
slinksheid
502 Verstand
815 Oneerlik
slip 745
slip(pe)draer
253 Begrafnis
828 Vlei
slobber 407
slodder
613 Onnoukeurig
628 Vuil
slodderig 628
slodderigheid 628
slodderkous
613 Onnoukeurig
628 Vuil
sloep
221 Vaar
235 Skeepvaart
277 Berg
283 See
286 Rivier
sloepdek 235
sloer
172 Vasmaak
193 Vertraag
226 Stadig
587 Aarsel
648 Onderbreek
652 Versuim
sloerderig 581
sloerdery
226 Stadig

slym

648 Onderbreek
sloerie
  239 Voortplant
  628 Vuil
  820 Oneerbaar
sloerkous
  226 Stadig
  648 Onderbreek
sloerstaak
  648 Onderbreek
  666 Verhinder
sloerstaker 648
sloerstaking
  648 Onderbreek
  666 Verhinder
slof
  197 Te voet gaan
  198 Strompel
  229 Stadig beweeg
  628 Vuil
  652 Versuim
slofferig 229
sloffie 745
slofgeluid 480
slons 628
slonserig 628
slonserigheid 628
slonsgat
  623 Sleg
  628 Vuil
  652 Versuim
slonsig 628
slonsigheid
  613 Onnoukeurig
  628 Vuil
slonskous
  613 Onnoukeurig
  623 Sleg
  628 Vuil
slonspampoen 351
slonsstoel 95
sloof
  645 Handel
  654 Moeilik handel
  661 Vermoeidheid
sloofwerk 654
sloom 226
sloop
  95 Huisraad
  96 Slaapplek
  98 Afbreek
  173 Losmaak
  238 Vernietig
  661 Vermoeidheid
sloophamer 98
sloopmasjien 98
slooprok 745
sloopwerk 98
sloot
  286 Rivier
  288 Waterstelsel
  346 Landbougrond
slop 628

slopemmer
  84 Houer
  628 Vuil
slopend 661
sloper 98
slopery 98
sloping
  97 Bou
  98 Afbreek
  173 Losmaak
  238 Vernietig
slopwater 628
slordig
  509 Onoplettendheid
  613 Onnoukeurig
  628 Vuil
  652 Versuim
slordigheid
  509 Onoplettendheid
  613 Onnoukeurig
  623 Sleg
  628 Vuil
  652 Versuim
slot
  16 Gevolg
  28 Einde
  94 Dele van 'n eiendom
  178 Toegaan
  558 Redevoering
  565 Skryfkuns
  650 Voltooi
  671 Verdedigingsmiddel
  676 Vuurwapen
  728 Balsporte
slotakkoord 754
slotargument 558
slotbedryf 752
slotbewaarder 671
slotgebed
  847 Gebed
  848 Kerklike bediening
slotgedagte 558
slotgedeelte 28
slothoofstuk 567
slotmaker 178
slotmakery 178
slotparagraaf
  565 Skryfkuns
  567 Boek
slotpassasie 567
slotrede
  539 Kommunikeer
  558 Redevoering
slotrym 751
slotsang 848
slotsom
  111 Geheel
  522 Redeneer
  527 Oordeel
slottoneel
  28 Einde
  650 Voltooi
  752 Toneel- en

    rolprentkuns
slotvers 751
slotvoorspeler 728
slotwoord 558
slu
  502 Verstand
  813 Swak gedrag
  815 Oneerlik
  818 Bedrieg
sluheid
  502 Verstand
  813 Swak gedrag
  815 Oneerlik
sluier
  161 Bedek
  480 Dowwe klank
  540 Nie kommunikeer
    nie
  745 Versier
sluierdans 742
sluiering 480
sluierwolk 291
sluikgoed 701
sluikhandel 701
sluikhandelaar 701
sluikkroeg 429
sluikreklame 701
sluimer
  410 Slaap
  544 Onduidelik
sluimeraar 410
sluimerend
  410 Slaap
  501 Onsigbaarheid
sluimerig 410
sluimering 410
sluip
  145 Beweging
  197 Te voet gaan
  501 Onsigbaarheid
sluipdief 695
sluipfoto 268
sluipmoord 252
sluipmoordenaar 252
sluipskut 677
sluipslaper
  64 Aanwesigheid
  410 Slaap
  807 Onwettig
sluis
  285 Watermassa
  288 Waterstelsel
sluit
  28 Einde
  161 Bedek
  178 Toegaan
  453 Dig
  650 Voltooi
  703 Boekhou
sluitboom 178
sluiter 268
sluiterspoed 268
sluiting
  0 Ontstaan

  28 Einde
  178 Toegaan
  238 Vernietig
  579 Gedwonge
sluitingsdatum
  28 Einde
  127 Tydbepaling
sluitingstyd 28
sluitkas
  94 Dele van 'n eiendom
  95 Huisraad
  655 Veilig
sluitklank 572
sluitmoer 172
sluitpaal 178
sluitrede
  522 Redeneer
  558 Redevoering
sluitring
  172 Vasmaak
  178 Toegaan
sluitspier 379
sluitspoor 234
sluitsteen 94
sluitstuk
  161 Bedek
  676 Vuurwapen
sluitweerremstelsel 233
sluk
  102 Hoeveelheid
  390 Mond
  406 Eet
  407 Drink
  518 Glo
  772 Sagmoedigheid
slukderm
  390 Mond
  401 Spysverterings-
    kanaal
slukgat 277
slum 90
slumbewoner 90
slumbuurt 90
slungel
  432 Groot
  435 Smal
slungelagtig
  432 Groot
  435 Smal
slurp
  389 Neus
  407 Drink
slyk
  279 Moeras
  462 Halfvloeibare stof
  628 Vuil
slykdam 288
slykerig
  279 Moeras
  462 Halfvloeibare stof
  628 Vuil
slym
  409 Afskeiding en
    uitskeiding

slymafskeiding

462 Halfvloeibare stof
slymafskeiding 409
slymberoerte 413
slymdiertjie 359
slymerig
  409 Afskeiding en uitskeiding
  462 Halfvloeibare stof
slymhoes 413
slymklier 402
slymkoors 413
slymswam 327
slymvis 363
slymvlies
  381 Huid
  389 Neus
  390 Mond
slyp
  154 Vryf
  306 Diamantslypery
  309 Glasbereiding
  438 Vorm
  440 Skerp
  448 Gelyk
slypbank 440
slypery
  306 Diamantslypery
  309 Glasbereiding
  440 Skerp
slypmeul
  301 Metaalverwerking
  306 Diamantslypery
  440 Skerp
  630 Werktuig
slypskool 559
slypsteen
  440 Skerp
  630 Werktuig
slypvlak 306
slypwiel 440
slyt
  38 Tydgebruik
  108 Minder
  154 Vryf
  184 Breek
  626 Swak
slytasie
  108 Minder
  623 Sleg
  626 Swak
slyting
  108 Minder
  184 Breek
  623 Sleg
  626 Swak
smaad
  669 Aanval
  784 Wraaksug
  829 Beledig
  831 Minag
smaadskrif
  568 Media
  829 Beledig

smaak
  378 Senuwee
  406 Eet
  470 Smaak
  471 Smaaklik, lekker
  496 Smaak
  657 Herhaal
  713 Gevoel
  745 Versier
  747 Styl en smaak
smaakknoppie 496
smaaklik
  406 Eet
  470 Smaak
  471 Smaaklik, lekker
  496 Smaak
  716 Genot
smaaklikheid
  470 Smaak
  471 Smaaklik, lekker
smaakloos
  406 Eet
  470 Smaak
  472 Smaakloos, sleg
  496 Smaak
  744 Lelik
  748 Gebrek aan styl en smaak
smaakpapil
  390 Mond
  496 Smaak
smaaksensasie 470
smaaksintuig
  470 Smaak
  496 Smaak
smaakvol
  716 Genot
  743 Mooi
  747 Styl en smaak
smaakvolheid
  743 Mooi
  747 Styl en smaak
smaal
  829 Beledig
  831 Minag
smadelik
  784 Wraaksug
  829 Beledig
smadelikheid
  784 Wraaksug
  829 Beledig
  831 Minag
smag
  406 Eet
  407 Drink
  520 Verwag
  584 Kies
  773 Begeerte
smagtend 773
smagting 773
smak
  406 Eet
  480 Dowwe klank

482 Menslike geluid
smal 435
smaldeel 61
smalend
  829 Beledig
  831 Minag
smalenderwys
  829 Beledig
  831 Minag
smalheid 435
smallerig 435
smalletjies
  103 Min
  690 Arm
smalspoor 234
smalspoortrein 234
smalt 490
smalte 435
smarag 298
smaraggroen 492
smart
  717 Lyding
  719 Hartseer
  766 Wanhoop
smartlap
  552 Vertel
  750 Letterkunde
smartlik
  717 Lyding
  719 Hartseer
  766 Wanhoop
smartlikheid 719
smartloos 717
smartryk 719
smartvol 717
smartvraat
  714 Positiewe gevoel
  717 Lyding
  721 Ontevredenheid
smedery 302
smedig
  302 Smeewerk
  456 Sag
smee 302
smee(d)staal
  297 Metaal
  301 Metaalverwerking
smee(d)werk 302
smee(d)yster
  297 Metaal
  301 Metaalverwerking
smeek
  520 Verwag
  555 Vra
  604 Versoek
smeekgebed
  604 Versoek
  847 Gebed
smeekskrif 604
smeer
  154 Vryf
  172 Vasmaak
  233 Voertuig

419 Voedselbereiding
424 Brood
426 Kossoort, dis
462 Halfvloeibare stof
628 Vuil
smeerapparaat 462
smeerboel 628
smeerdiens 233
smeergoed
  415 Geneesmiddel
  462 Halfvloeibare stof
smeerkaas 371
smeerkanis 820
smeerklier
  381 Huid
  402 Afskeidings- en uitskeidingsorgane
smeerlap
  813 Swak gedrag
  820 Oneerbaar
smeermiddel
  415 Geneesmiddel
  462 Halfvloeibare stof
smeerperskes 426
smeerpoets 628
smeerpot 628
smeerpraatjies 829
smeersel
  154 Vryf
  415 Geneesmiddel
  462 Halfvloeibare stof
smeerveldtog 829
smeetang 302
smekeling 604
smekery 604
smeking 604
smelt
  168 Saamkom
  256 Skeikunde
  260 Warmteleer
  301 Metaalverwerking
  302 Smeewerk
  460 Vloeistof
smeltbaar
  260 Warmteleer
  460 Vloeistof
smeltdraad 262
smelter 301
smeltery 301
smeltglas 309
smelthitte 465
smelting
  256 Skeikunde
  260 Warmteleer
  301 Metaalverwerking
  460 Vloeistof
smeltkroes
  256 Skeikunde
  301 Metaalverwerking
  309 Glasbereiding
  654 Moeilik handel
  717 Lyding

smeltmiddel 460
smeltoond
  301 Metaalverwerking
  309 Glasbereiding
smeltpot 301
smeltpunt
  256 Skeikunde
  260 Warmteleer
  465 Warm
smeltstaal 301
smelttemperatuur 465
smeltvas 301
smeltwaterrug 283
smerig
  623 Sleg
  628 Vuil
  744 Lelik
  813 Swak gedrag
  820 Oneerbaar
smerigheid
  628 Vuil
  813 Swak gedrag
  820 Oneerbaar
smet
  413 Verskillende siektes
  628 Vuil
  831 Minag
  846 Goddeloosheid
smet(te)loos
  622 Goed
  627 Skoon
  812 Goeie gedrag
  819 Eerbaar
  845 Godsvrug
smet(te)loosheid
  622 Goed
  627 Skoon
  812 Goeie gedrag
  819 Eerbaar
  845 Godsvrug
smetstof 413
smetterig
  412 Siek
  628 Vuil
smetterigheid
  413 Verskillende siektes
  628 Vuil
smeul 465
smeulend
  467 Aansteek
  656 Gevaarlik
smeulstoof
  94 Dele van 'n eiendom
  95 Huisraad
  465 Warm
smeulvuur 465
smid 302
smiddae
  37 Tydruimte
  127 Tydbepaling
smiddags 137
smidsambag 302
smidsjonge 302

smidskneg 302
smidsoond 302
smidstoerusting 302
smidswinkel 302
smirnatapyt 95
smirnavy 350
smirnaweefsel 311
smishing 265
smit 302
smoel
  386 Gesig
  390 Mond
smoelneuker
  94 Dele van 'n eiendom
  178 Toegaan
smoelslaner
  94 Dele van 'n eiendom
  178 Toegaan
smoeselig 628
smok 745
smokkel
  191 Laat kom
  194 Vervoer
  701 Handel en ekonomie
  803 Wette oortree
smokkelaar
  191 Laat kom
  701 Handel en ekonomie
  803 Wette oortree
smokkelbedryf 701
smokkelary
  191 Laat kom
  701 Handel en ekonomie
  803 Wette oortree
smokkelbende 701
smokkelgoed 707
smokkelhandel
  701 Handel en ekonomie
  803 Wette oortree
smokkelhuis 707
smokkelry
  191 Laat kom
  701 Handel en ekonomie
  803 Wette oortree
smokkelware
  701 Handel en ekonomie
  707 Handelsaak
smokwerk 745
smoor
  404 Asemhaling
  419 Voedselbereiding
  426 Kossoort, dis
  465 Warm
  467 Aansteek
  468 Blus
  549 Stilbly
  602 Verbied
  683 Misluk
smoordronk
  407 Drink
  494 Gevoelloosheid en bedwelming
smoorklep 233

smoorkos 426
smoorkwaad 771
smoorsnoek 426
smoortjie 426
smoorverlief 776
smoorvis
  422 Seekos
  426 Kossoort, dis
smoorvleis 421
smoothie 427
smôrens
  57 Vroeg
  127 Tydbepaling
smorgasbord 426
smous
  701 Handel en ekonomie
  705 Verkoop
smousgoed
  701 Handel en ekonomie
  707 Handelsaak
smouswinkel 707
smout
  426 Kossoort, dis
  566 Drukkuns
smoutdrukkery 566
smoutwerk 566
sms
  196 Versend
  265 Telegraaf en telefoon
  551 Meedeel
sms-uitvissing 265
smuk 745
smukspieëltjie 233
smukwerk 745
smul 406
smulhappie 426
smullekker
  406 Eet
  426 Kossoort, dis
  471 Smaaklik, lekker
smulpaap 406
smulparty 793
smulsmaak 406
smyt 227
s'n 688
snaaks
  34 Vreemdheid
  36 Onreëlmatigheid
  534 Nie verstaan nie
  722 Humor
  777 Haat en onvriendelikheid
snaakserig
  34 Vreemdheid
  36 Onreëlmatigheid
  722 Humor
snaaksheid 34
snaaksigheid
  34 Vreemdheid
  36 Onreëlmatigheid
  722 Humor
  792 Asosiaal

snaar
  375 Man
  756 Musiekinstrument
snaardrom 756
snaarinstrument 756
snags 127
snak 404
snap 533
snaphaan 676
snapperkabeljou 363
snaps 427
snarespel 755
snars 103
snater
  390 Mond
  483 Voëlgeluid
  484 Diergeluid
  548 Praat
snaterbek 548
snawel
  365 Voël
  389 Neus
  390 Mond
snaweldier 366
snede 185
snedig
  777 Haat en onvriendelikheid
  792 Asosiaal
snedigheid
  777 Haat en onvriendelikheid
  792 Asosiaal
snee 185
sneesdoekie 746
sneespapier 315
sneeu
  289 Klimaat
  292 Water
  466 Koud
sneeubaan 736
sneeubal 332
sneeublind 499
sneeublindheid 499
sneeuklokkie 334
sneeureën
  289 Klimaat
  292 Water
sneeuskaats 736
sneeuski
  732 Watersport
  736 Skaatssport
sneeustorm
  292 Water
  293 Onweer
sneeustorting 292
sneeuval 292
sneeuvlaag 292
sneeuvlok 292
sneeuwit 492
snekrat 128
snel
  225 Vinnig

228 Vinnig beweeg
641 Onvoorbereid
snelboot 235
snelbouler 728
sneldig 751
snelheid
 224 Snelheid
 225 Vinnig
 257 Meganika en tegnologie
 268 Fotografie en film
snelheidsbeheer 217
snelheidsbeperking
 217 Motorry
 225 Vinnig
snelheidsgrens
 217 Motorry
 225 Vinnig
snelheidsmeter
 224 Snelheid
 233 Voertuig
snelheidsperk
 149 Pad
 225 Vinnig
snelheidsteken 149
snelheidstoets 225
snelkoker 419
sneller
 225 Vinnig
 676 Vuurwapen
snelrat
 233 Voertuig
 630 Werktuig
snelskrif 565
snelskrywer 565
snelstrik 217
sneltrein 234
snelvoetig 225
snelvuur 677
snelweg 149
snelwerkend 225
snerpend
 466 Koud
 481 Skerp klank
snert
 524 Onlogies redeneer
 538 Dwaling
 542 Betekenisloosheid
 621 Onbelangrik
 623 Sleg
snertlektuur 567
snertpraatjies
 524 Onlogies redeneer
 542 Betekenisloosheid
 548 Praat
snesie 746
sneuwel
 250 Dood
 685 Oorwin word
snik
 404 Asemhaling
 482 Menslike geluid
 719 Hartseer

snikheet
 289 Klimaat
 465 Warm
snikkery 482
sniksanger 757
snip
 53 Nuut en jonk
 365 Voël
 777 Haat en onvriendelikheid
 829 Beledig
sniphond 366
snipper
 5 Onselfstandigheid
 184 Breek
 185 Sny
snipperig
 777 Haat en onvriendelikheid
 829 Beledig
snippermandjie 84
snit
 5 Onselfstandigheid
 171 Verwyder
 185 Sny
 414 Geneeskunde
snob 785
snobberigheid 785
snobis 785
snobisme 785
snobisties 785
snoef 785
snoei
 108 Minder
 185 Sny
 347 Landbou
snoeier 349
snoeiery
 347 Landbou
 349 Bosbou
snoeisel
 5 Onselfstandigheid
 318 Plant
snoeiskêr
 94 Dele van 'n eiendom
 355 Landbougereedskap
snoeiwerk 349
snoek
 363 Waterdier
 422 Seekos
snoekbraai 418
snoeker 738
snoekerbal 738
snoekerstok 738
snoekertafel 738
snoekmootjie 422
snoekmousse 426
snoekpaling 363
snoekpatee 426
snoekseisoen 372
snoekskuit 235
snoekvangs 372
snoep
 406 Eet

 686 Aanwins
 698 Behou
snoepdingetjie 426
snoeperd 406
snoeperig 406
snoepery
 406 Eet
 426 Kossoort, dis
snoepgereg
 418 Voeding
 426 Kossoort, dis
snoepgoed
 420 Voedsel
 426 Kossoort, dis
snoephappie
 418 Voeding
 426 Kossoort, dis
snoepie 707
snoepwinkel 707
snoer
 172 Vasmaak
 178 Toegaan
 262 Elektrisiteit
 745 Versier
snoesig 465
snoet
 386 Gesig
 389 Neus
 390 Mond
snoetwalvis 363
snol
 239 Voortplant
 376 Vrou
 820 Oneerbaar
snood 779
snoodheid
 779 Boosaardigheid
 822 Skuldig
snor
 382 Haar
 386 Gesig
 480 Dowwe klank
 484 Diergeluid
snorbaard 386
snork
 482 Menslike geluid
 484 Diergeluid
snorkel
 215 Swem
 235 Skeepvaart
 372 Vissery
 732 Watersport
snorkelduik
 215 Swem
 732 Watersport
snorkelduiker 732
snot 409
snotbel 409
snotdoek
 409 Afskeiding en uitskeiding
 745 Versier
snotklap 182

snotkop
 53 Nuut en jonk
 503 Onverstandigheid
snotneus
 53 Nuut en jonk
 243 Kinders
 413 Verskillende siektes
snotsiekte 413
snotter
 413 Verskillende siektes
 719 Hartseer
snotterbel
 318 Plant
 409 Afskeiding en uitskeiding
snotterig 409
snotwortel
 335 Bolplant
 337 Veldplant
snou
 548 Praat
 771 Gramskap
snouerig
 548 Praat
 771 Gramskap
snuf 473
snuffel
 473 Reuk
 497 Reuksintuig
 516 Soek
 637 Doelgerigtheid en doelloosheid
snuffelaar 516
snuffelary 516
snuffelmark 701
snuffie
 53 Nuut en jonk
 473 Reuk
snuif
 389 Neus
 404 Asemhaling
 430 Rook
 473 Reuk
 482 Menslike geluid
 484 Diergeluid
 497 Reuksintuig
snuifdoos 430
snuifie 430
snuiflaggie 722
snuifmiddel 494
snuiftabak 430
snuistery 745
snuit
 389 Neus
 409 Afskeiding en uitskeiding
 413 Verskillende siektes
 468 Blus
 486 Duisternis
snuiter
 53 Nuut en jonk
 243 Kinders
 487 Ligbron

soetolie

snuitkewer 361
snuitmot 361
sny
  5 Onselfstandigheid
  79 Dwars
  169 Skei
  171 Verwyder
  184 Breek
  185 Sny
  228 Vinnig beweeg
  306 Diamantslypery
  315 Papier
  347 Landbou
  352 Graanverbouing
  382 Haar
  412 Siek
  414 Geneeskunde
  424 Brood
  440 Skerp
  566 Drukkuns
  678 Ander wapens
  740 Kaartspel
  746 Persoonlike versorging
  761 Graveerkuns
snydend
  79 Dwars
  185 Sny
  440 Skerp
  466 Koud
  481 Skerp klank
  777 Haat en onvriendelikheid
  831 Minag
snyding
  79 Dwars
  185 Sny
snydokter 416
snyer
  185 Sny
  745 Versier
snyersbaadjie 745
snyerswinkel 707
snymasjien
  355 Landbougereedskap
  566 Drukkuns
snypunt
  79 Dwars
  139 Meetkunde
  439 Punt
  442 Lyn
snysel
  185 Sny
  426 Kossoort, dis
snytand 391
snyvlak
  79 Dwars
  139 Meetkunde
snywond
  412 Siek
  413 Verskillende siektes
  717 Lyding
snywurm
  324 Plantlewe

  361 Insek
so
  6 Betrekking
  102 Hoeveelheid
  104 Baie
  118 Vergelyking
  522 Redeneer
  530 Voorbehou
  644 Handelwyse
soapie 752
sober
  10 Harmonie
  103 Min
  508 Aandag
  543 Duidelik
  586 Beslis
  619 Kalm
  723 Erns
  786 Nederigheid
  821 Onskuldig
soberheid
  10 Harmonie
  103 Min
  543 Duidelik
  619 Kalm
  723 Erns
  786 Nederigheid
  821 Onskuldig
sobieso 528
sobyso 528
socius 560
soda 300
sodanig
  102 Hoeveelheid
  644 Handelwyse
sodat
  16 Gevolg
  637 Doelgerigtheid en doelloosheid
sodawater 427
sodiak 270
sodoende 644
sodomie
  239 Voortplant
  776 Liefde en vriendskap
  820 Oneerbaar
sodomiet
  776 Liefde en vriendskap
  820 Oneerbaar
sodomieter
  239 Voortplant
  776 Liefde en vriendskap
sodomsappel 323
sodra
  47 Later
  51 Toekoms
soe
  716 Genot
  717 Lyding
  718 Blydskap

soebat 604
soeboeg 847
s(j)oebroekie 745
soef 480
so-effe
  46 Vroeër
  50 Verlede
Soefisme 854
soek
  15 Oorsaak
  263 Rekenaar en internet
  516 Soek
  637 Doelgerigtheid en doelloosheid
  687 Verlies
soeke
  516 Soek
  773 Begeerte
soekend 516
soekenjin 263
soeker
  268 Fotografie en film
  516 Soek
soekfrase 263
soekgeselskap 516
soekgleuf 263
soeklees 516
soeklig
  233 Voertuig
  487 Ligbron
  508 Aandag
Soekot 851
soekprogram 263
soekresultaat 263
soektog
  263 Rekenaar en internet
  516 Soek
soekwoord 263
soel
  386 Gesig
  465 Warm
soelheid 465
soelte 465
soen
  776 Liefde en vriendskap
  790 Sosiale betrekking
soenaltaar 853
soendood
  842 Geloof
  854 Godsdienste
soenerig 776
soengroet 790
Soennisme 854
soenoffer 842
so-en-so
  7 Betrekkingloosheid
  130 Onbepaaldheid
soep 426
soepel
  411 Gesond

  456 Sag
  596 Inskiklik
soepelheid
  435 Smal
  456 Sag
  596 Inskiklik
soeperig
  460 Vloeistof
  548 Praat
soes
  410 Slaap
  509 Onoplettendheid
soeserein
  588 Gesag hê
  590 Bestuur en regeer
soesereiniteit
  588 Gesag hê
  795 Staat en politiek
soeserig
  410 Slaap
  509 Onoplettendheid
soesie 426
soesji 426
soet
  427 Drank
  471 Smaaklik, lekker
  474 Welriekend
  478 Welluidend
  596 Inskiklik
  597 Gehoorsaam
  716 Genot
  772 Sagmoedigheid
soetamaling 335
soetdoring 331
soeterig 471
soetgoed 426
soetgras 338
soethappie 426
soethout
  332 Struik
  426 Kossoort, dis
soetigheid
  426 Kossoort, dis
  470 Smaak
  471 Smaaklik, lekker
soetjies
  226 Stadig
  477 Stilte
soetklinkend
  10 Harmonie
  478 Welluidend
soetklontjie 426
soetkoekie 426
soetlief 776
soetmelk
  371 Suiwelbereiding
  427 Drank
soetmelkkaas
  371 Suiwelbereiding
  426 Kossoort, dis
soetolie
  415 Geneesmiddel
  426 Kossoort, dis

soetriet 339
soetrissie 351
soetsappig 828
soetsappigheid 828
soetskeel 499
soetsuur
  471 Smaaklik, lekker
  472 Smaakloos, sleg
soetsuurdeeg 425
soetsuurdeegbrood 424
soetveld 369
soetvleis 421
soetvloeiend 478
soetvloeiendheid 478
soetwater 460
soetwaterplant 318
soetwatervis 363
soetwyn 427
so-ewe
  46 Vroeër
  50 Verlede
soewenier
  510 Herinner
  693 Gee
soewerein
  4 Selfstandigheid
  588 Gesag hê
  590 Bestuur en regeer
  593 Vryheid
soewereiniteit
  588 Gesag hê
  593 Vryheid
  795 Staat en politiek
sofa 95
soffiet 94
sofis
  514 Wysbegeerte
  522 Redeneer
  524 Onlogies redeneer
  538 Dwaling
sofisme
  522 Redeneer
  524 Onlogies redeneer
  538 Dwaling
sofistery
  522 Redeneer
  524 Onlogies redeneer
  538 Dwaling
sofisties
  514 Wysbegeerte
  522 Redeneer
  538 Dwaling
sofistikasie 622
sog
  221 Vaar
  357 Dier
  366 Soogdier
sogenaamd
  538 Dwaling
  550 Noem
soggens 37
sogwater 221
soheen 147

soheentoe 147
soirée
  752 Toneel- en rolprentkuns
  793 Fees
soja 351
sojaboonolie 419
sojaboontjie
  351 Groenteverbouing
  426 Kossoort, dis
sojamelk
  371 Suiwelbereiding
  426 Kossoort, dis
sojaolie 419
sojasous 419
sojuis 50
sok
  262 Elektrisiteit
  487 Ligbron
  630 Werktuig
sokker 728
sokkerspan 663
sokkerspeler
  629 Spel en sport
  728 Balsporte
sokkerstadion 629
sokkertoernooi 728
sokkertoerusting 728
sokkerwedstryd 728
sokkie
  742 Dans
  745 Versier
  793 Fees
sokkiejol
  742 Dans
  793 Fees
Sokraties 522
soksleutel
  172 Vasmaak
  630 Werktuig
sol
  131 Geldeenheid
  164 Reëlmatige beweging
  256 Skeikunde
  753 Musiek
solang 48
solang(e)s 147
solanien 256
solank
  17 Noodsaak
  48 Gelyktydig
solarimeter 123
solarisasie 268
solariseer 268
solarium 94
soldaat
  334 Blomplant
  667 Stryd
  673 Manskap
soldeer
  172 Vasmaak
  301 Metaalverwerking

  302 Smeewerk
soldeerapparaat 172
soldeerbout
  301 Metaalverwerking
  302 Smeewerk
  630 Werktuig
soldeersel
  172 Vasmaak
  301 Metaalverwerking
  302 Smeewerk
soldeerwerk
  301 Metaalverwerking
  302 Smeewerk
solder 94
soldering
  94 Dele van 'n eiendom
  301 Metaalverwerking
solderkamer 94
solderwoning 89
soldy
  686 Aanwins
  708 Betaal
solemniseer
  793 Fees
  849 Prediking
solenoïed 262
solêr 270
solesisme
  569 Taal
  538 Dwaling
solfametode 753
solfamusiek 753
solfanotasie 753
solfège 757
solfeggio 757
solidarisme 795
solidariteit
  10 Harmonie
  33 Samehorigheid
  531 Saamstem
  663 Meedoen
solidêr
  33 Samehorigheid
  531 Saamstem
  663 Meedoen
soliditeit
  432 Groot
  452 Swaar
  625 Sterk
solidus
  131 Geldeenheid
  571 Skrif
solied
  432 Groot
  452 Swaar
  455 Hard
  457 Onbreekbaar
  622 Goed
  625 Sterk
  769 Vertroue
  812 Goeie gedrag
solipsisme 514
solipsisties 514

solis
  755 Uitvoering
  757 Sang
solitaire 740
solius 379
sollisitant
  604 Versoek
  659 Aanstelling
sollisitasie 604
sollisiteer 604
solmisasie
  753 Musiek
  757 Sang
solo
  754 Komposisie
  757 Sang
solodans 742
solonoïed 233
soloparty 754
solosang 757
solosanger 757
solosleutel 753
solovlug 222
solvabiliteit 688
solvensie 688
solvent 708
solventskap 688
som
  102 Hoeveelheid
  137 Bewerking
  688 Besit
  703 Boekhou
  708 Betaal
soma 377
somaar 18
somaarso
  583 Willoosheid
  615 Onbekwaam
  623 Sleg
  641 Onvoorbereid
somaties 377
somatologie 377
sombaing 847
somber
  291 Wolk
  293 Onweer
  486 Duisternis
  490 Kleur
  717 Lyding
  719 Hartseer
  723 Erns
somberheid
  486 Duisternis
  717 Lyding
  719 Hartseer
  723 Erns
somberte
  486 Duisternis
  719 Hartseer
  766 Wanhoop
sombrero 745
somer
  37 Tydruimte

sonstilstand

127 Tydbepaling
270 Hemelliggaam
289 Klimaat
somerblom 322
somerdrag 745
somerfees 793
somergewas 318
somerheide 337
somerklere 745
somerkursus 561
somermode 745
somerplant 318
somerreën 292
somerreënvalgebied
273 Geografie
292 Water
somers
127 Tydbepaling
465 Warm
somerseisoen 37
somerskool
559 Opvoeding en
  onderwys
561 Studeer
somerslaap
357 Dier
410 Slaap
somerson 270
somersonstilstand 270
somersport 629
somertuin 94
somertyd
37 Tydruimte
127 Tydbepaling
somervakansie
648 Onderbreek
662 Rus
somerweer 289
sommasie 809
sommeer 809
sommelier 429
sommer 18
sommerso
583 Willoosheid
615 Onbekwaam
623 Sleg
641 Onvoorbereid
sommige
102 Hoeveelheid
133 Getalle
somnambule 410
somnambulis 410
somnambulisme
410 Slaap
413 Verskillende siektes
somnambuul
410 Slaap
412 Siek
sompompie 263
soms
56 Selde
537 Waarheid
somtotaal 137

somtyds
56 Selde
537 Waarheid
son
270 Hemelliggaam
485 Lig
sonaal
273 Geografie
274 Geologie
sonaanbidder
465 Warm
854 Godsdienste
sonaanbidding
465 Warm
854 Godsdienste
sonant 572
sonar
239 Voortplant
266 Akoestiek
sonarboei 266
sonarstelsel 266
sonate 754
sonatine 754
sonbaai 465
sonbaan 270
sonbad 465
sonbesie 361
sonblinding 95
sonbrand
413 Verskillende siektes
465 Warm
sonbrandmiddel 415
sonbril 499
sondaar
822 Skuldig
824 Onboetvaardigheid
846 Goddeloosheid
Sondag 37
Sondagsgesig 723
Sondagskind
682 Slaag
844 Bygeloof
Sondagskool
559 Opvoeding en
  onderwys
848 Kerklike bediening
849 Prediking
sondagsweer 289
sondak 233
sonde
416 Medikus
598 Ongehoorsaam
779 Boosaardigheid
813 Swak gedrag
820 Oneerbaar
822 Skuldig
846 Goddeloosheid
sondebesef 823
sondebok
822 Skuldig
832 Beskuldig
sondelas
822 Skuldig

846 Goddeloosheid
sondeloos
821 Onskuldig
845 Godsvrug
sondeloosheid 821
sonder
2 Nie-bestaan
65 Afwesigheid
80 Buite
110 Niks
664 Terugstaan
sonderling
9 Verskillend of
  teenoorgesteld
34 Vreemdheid
36 Onreëlmatigheid
sonderlingheid
9 Verskillend of
  teenoorgesteld
34 Vreemdheid
36 Onreëlmatigheid
sondeskuld
822 Skuldig
846 Goddeloosheid
sondesmet 846
sondesoeker
777 Haat en
  onvriendelikheid
779 Boosaardigheid
sondeval 822 Skuldig
sondig
598 Ongehoorsaam
623 Sleg
779 Boosaardigheid
813 Swak gedrag
820 Oneerbaar
822 Skuldig
827 Afkeur
846 Goddeloosheid
sondigheid
598 Ongehoorsaam
779 Boosaardigheid
846 Goddeloosheid
sondou 337
sondvloed
287 Vloei
842 Geloof
sone
61 Plek
63 Begrensdheid
590 Bestuur en regeer
soneer
61 Plek
63 Begrensdheid
273 Geografie
soneklips 270
sonenergie 262
sonfilter 311
songedroog 464
songloed
465 Warm
485 Lig
songod 855

846 Goddeloosheid
s(j)ongolōlo 361
sonhoed 745
sonies 266
sonkeerkring 269
sonkewer 361
sonkiel(tjie) 334
sonkrag 262
sonkragaanleg 262
sonkragpaneel 262
sonkragstasie 262
sonkyker 271
sonlig 485
sonloos 486
sonneblom 334
sonneblomolie 419
sonneblomsaad 323
sonnestelsel 270
sonnet 751
sonnettekrans 751
sonnewyser 128
sonnig
465 Warm
718 Blydskap
sonnigheid 718
sonometer 266
sononder
127 Tydbepaling
270 Hemelliggaam
sonoor 478
sonop
127 Tydbepaling
270 Hemelliggaam
sonorant 572
sonoriteit
478 Welluidend
572 Uitspraak
sonpeiling 221
sonpriester 852
sonrok 745
sonsambreel 662
sonshoogte 270
sonsirkel
127 Tydbepaling
270 Hemelliggaam
sonskerm
233 Voertuig
415 Geneesmiddel
465 Warm
sonskyn
289 Klimaat
465 Warm
sonskynmeter 294
sonskynweer 289
sonsondergang
127 Tydbepaling
270 Hemelliggaam
sonsopkoms 270
sonspieël 267
sonspyker 270
sonstand 270
sonsteek 413
sonstelsel 270
sonstilstand 270

sonstoep 94
sonstraal
  270 Hemelliggaam
  485 Lig
sonsverduistering 270
sonterapie 414
sonuitbarsting 270
sonuitstraling 485
sonvlek
  270 Hemelliggaam
  381 Huid
soöfiel 776
soöfiet
  318 Plant
  357 Dier
soöfilie 776
soog 406
soogdier
  357 Dier
  366 Soogdier
soögeografie 273
soögrafie 358
soogvrou 406
sooi 346
sooibrand 413
sool
  383 Nael
  397 Ledemaat
  745 Versier
soölatrie 854
soolganger 357
soolleer 314
soölogie
  358 Dierkunde
  515 Wetenskap
soöloog
  358 Dierkunde
  515 Wetenskap
soom
  63 Begrensdheid
  82 Rondom
soomloos 653
soömorfisme
  749 Kuns
  854 Godsdienste
soomsteek
  172 Vasmaak
  745 Versier
soönose 413
soontoe
  147 Rigting
  787 Samelewing
soort
  3 Bestaanswyse
  6 Betrekking
  19 Orde
  31 Soort
  33 Samehorigheid
  317 Fisiologie
  357 Dier
soort(e)lik 31
soortgelyk
  8 Dieselfde

  33 Samehorigheid
soortgenoot
  8 Dieselfde
  31 Soort
soortnaam
  550 Noem
  574 Woordkategorie
soos
  8 Dieselfde
  10 Harmonie
soöspoor
  254 Stof
  403 Voortplantings-
  orgaan
soöterapie 414
soötomie 414
sop
  426 Kossoort, dis
  460 Vloeistof
sopas
  37 Tydruimte
  46 Vroeër
  50 Verlede
sopbord
  84 Houer
  95 Huisraad
sopie
  102 Hoeveelheid
  407 Drink
  427 Drank
sopkombuis
  419 Voedselbereiding
  429 Eetplek, kroeg
sopnat 463
soporatief
  410 Slaap
  415 Geneesmiddel
sopperig
  460 Vloeistof
  715 Negatiewe gevoel
soppot
  84 Houer
  95 Huisraad
sopraan
  482 Menslike geluid
  548 Praat
  572 Uitspraak
  757 Sang
sopraanstem
  482 Menslike geluid
  548 Praat
sorbet
  426 Kossoort, dis
  427 Drank
sorbose 471
sordino 756
sorg
  414 Geneeskunde
  612 Noukeurig
  651 Toesien
  654 Moeilik handel
  663 Meedoen
  693 Gee

  717 Lyding
  780 Hulpbetoon
sorg(e)loosheid 714
sorgbarend 717
sorgbehoewend
  651 Toesien
  690 Arm
  780 Hulpbetoon
sorgdraend 612
sorge 717
sorgeenheid
  414 Geneeskunde
  780 Hulpbetoon
sorgeloos
  509 Onoplettendheid
  583 Willoosheid
  613 Onnoukeurig
  615 Onbekwaam
  718 Blydskap
sorghum
  352 Graanverbouing
  426 Kossoort, dis
sorghumbier 427
sorglik
  690 Arm
  717 Lyding
sorgloos
  583 Willoosheid
  613 Onnoukeurig
  615 Onbekwaam
  714 Positiewe gevoel
sorgsaam
  580 Graag
  612 Noukeurig
  651 Toesien
  714 Positiewe gevoel
  776 Liefde en
  vriendskap
sorgsaamheid
  508 Aandag
  580 Graag
  612 Noukeurig
  651 Toesien
  776 Liefde en
  vriendskap
sorgvry 613
sorgvuldig
  129 Bepaaldheid
  508 Aandag
  612 Noukeurig
  651 Toesien
sorgvuldigheid
  129 Bepaaldheid
  508 Aandag
  612 Noukeurig
  651 Toesien
sorgwekkend
  656 Gevaarlik
  717 Lyding
sorrie
  783 Vergifnis
  823 Berou
sorry
  783 Vergifnis

  823 Berou
sorteer
  19 Orde
  21 Opeenvolging
  31 Soort
  33 Samehorigheid
  584 Kies
sorteermasjien 31
sortering
  19 Orde
  31 Soort
  33 Samehorigheid
sosatie
  421 Vleis
  426 Kossoort, dis
soseer 104
sosiaal
  724 Vermaak en
  ontspanning
  787 Samelewing
  788 Beskawing
  790 Sosiale betrekking
  791 Sosiaal
sosiaal-demokraat 795
sosiaal-demokrasie 795
sosiaal-demokraties
  590 Bestuur en regeer
  795 Staat en politiek
sosiaalekonomies 590
sosiaalwetenskaplik 515
sosialemedia-
  gebruiker 568
sosialemedia-
  platform 568
sosialis 795
sosialiseer
  174 Meng
  790 Sosiale betrekking
  791 Sosiaal
  795 Staat en politiek
sosialisering
  787 Samelewing
  790 Sosiale betrekking
  791 Sosiaal
sosialisme
  701 Handel en ekonomie
  787 Samelewing
  795 Staat en politiek
sosialisties
  590 Bestuur en regeer
  701 Handel en ekonomie
  795 Staat en politiek
sosiëteit
  168 Saamkom
  665 Byeenkom
sosiodrama 752
sosio-ekonomies 590
sosio-ekonomiese klas
  787 Samelewing
  796 Stand
sosiolek 569
sosiolekties
  569 Taal

570 Taalwetenskap
sosiolinguistiek 570
sosiologie
  515 Wetenskap
  787 Samelewing
sosiologies 787
sosioloog
  515 Wetenskap
  787 Samelewing
so-so 624
sostenuto 753
sosys 421
sot 503
soteer 419
soter 842
soteries 842
soteriologie 842
sotheid 503
Sotho
  569 Taal
  787 Samelewing
sotlik 503
sotlikheid 503
sotskap 503
sottepraatjies 548
sotternie 752
sotterny
  503 Onverstandigheid
  538 Dwaling
  722 Humor
sottigheid 722
sotto voce
  753 Musiek
  548 Praat
  757 Sang
soubrette 757
souerig 768
soufflé 426
soufflébak 419
souffleer 752
souffleur 752
soul 753
soulmusiek 753
soulsanger 757
sourdine 756
souriër 367
souropode 367
sourus 367
sous
  292 Water
  419 Voedselbereiding
  426 Kossoort, dis
  460 Vloeistof
  471 Smaaklik, lekker
sousboontjies 426
souskluitjies 426
souspot 84
soustannie 452
sout
  256 Skeikunde
  300 Sout
  419 Voedselbereiding
  421 Vleis

470 Smaak
471 Smaaklik, lekker
soutafsetting 300
soutagtig
  300 Sout
  471 Smaaklik, lekker
soutane 852
soutbos 332
soutbron
  284 Bron
  300 Sout
sout-en-peper(-)kleur 492
souterig
  300 Sout
  471 Smaaklik, lekker
soutgees
  300 Sout
  472 Smaakloos, sleg
soutgehalte
  256 Skeikunde
  300 Sout
  471 Smaaklik, lekker
southappie 426
soutie 787
soutigheid
  426 Kossoort, dis
  470 Smaak
  471 Smaaklik, lekker
soutlek 369
soutloos
  472 Smaakloos, sleg
  725 Verveling
soutmyn
  275 Mynwese
  300 Sout
soutoplossing
  256 Skeikunde
  300 Sout
soutpan
  275 Mynwese
  280 Woestyn
  285 Watermassa
  300 Sout
  471 Smaaklik, lekker
soutpiel 787
soutpot
  84 Houer
  95 Huisraad
soutraap 275
soutraffinadery
  300 Sout
  471 Smaaklik, lekker
soutstrooier 95
soutsuur
  256 Skeikunde
  472 Smaakloos, sleg
soutsuurgas
  256 Skeikunde
  461 Gas
souttert 426
soutvis 422
soutvleis 421

soutwater 460
soutwatermeer 285
soutwatervis 363
soutwinning 471
souvlaki 426
soveel 102
soveelste 21
sover 63
sowaar
  1 Bestaan
  15 Oorsaak
  537 Waarheid
sowat
  126 Skat
  130 Onbepaaldheid
  118 Vergelyking
sowieso 528
sowjet
  590 Bestuur en regeer
  795 Staat en politiek
spa
  215 Swem
  284 Bron
  662 Rus
  746 Persoonlike versorging
spaaider 230
spaakbeen 397
spaan
  95 Huisraad
  221 Vaar
  235 Skeepvaart
  419 Voedselbereiding
  728 Balsporte
spaander
  112 Deel
  185 Sny
  197 Te voet gaan
  228 Vinnig beweeg
  316 Hout
spaanderbord 316
Spaans 569
spaansbok 739
spaansriet 339
spaansvlieg
  361 Insek
  415 Geneesmiddel
spaar
  596 Inskiklik
  655 Veilig
  686 Aanwins
  688 Besit
  692 Spaar
  698 Behou
  699 Leen
  700 Bank
  833 Verontskuldig
spaarband 633
spaarbank
  692 Spaar
  700 Bank
spaarder 692
spaarfonds 692

spaargeld 692
spaarheffing 712
spaarkoers
  686 Aanwins
  700 Bank
spaarpot 692
spaarrekening
  692 Spaar
  700 Bank
spaarrente
  686 Aanwins
  700 Bank
spaarsaam
  103 Min
  692 Spaar
spaarsamig 692
spaarsamigheid 692
spaarsin 692
spaarvark(ie)
  688 Besit
  692 Spaar
spaarwiel 233
spaat
  295 Delfstof
  296 Nie-metaal
spaghetti 426
spaider 230
spalk
  172 Vasmaak
  177 Oopgaan
  415 Geneesmiddel
spalking 415
spam 263
spamfilter 263
spamverklikker 263
span
  37 Tydruimte
  62 Grensloosheid
  172 Vasmaak
  185 Sny
  231 Tuig
  629 Spel en sport
  663 Meedoen
  677 Skiet
  727 Kompetisie
spanakopita 426
spandabel
  104 Baie
  704 Koop
spandabelrig 704
spandabelrigheid
  104 Baie
  691 Spandeer
spandeer
  691 Spandeer
  704 Koop
spang 745
spangees 663
spanjoel 366
spankrag
  456 Sag
  625 Sterk
spanleier 591

861

spanlid
 112 Deel
 629 Spel en sport
spanmaat
 112 Deel
 629 Spel en sport
 663 Meedoen
spannend 654
spanning
 149 Pad
 262 Elektrisiteit
 378 Senuwee
 413 Verskillende siektes
 453 Dig
 618 Heftig
 625 Sterk
 667 Stryd
 715 Negatiewe gevoel
 717 Lyding
 768 Vrees
spanningsmeter 123
spanningspyn 717
spanningsroman 750
spanningsverhaal 552
spanningsvol 768
spanpoging 663
spansaag
 316 Hout
 630 Werktuig
spanspek
 350 Vrugteverbouing
 426 Kossoort, dis
spanspeler 629
spansport 629
spanstoei 667
spant 94
spanverband 663
spanwerk
 10 Harmonie
 645 Handel
 663 Meedoen
spanwydte 149
spar
 94 Dele van 'n eiendom
 331 Boom
Spartaans
 595 Streng
 690 Arm
spartel
 165 Onreëlmatige beweging
 654 Moeilik handel
sparteling 165
spasie
 61 Plek
 81 Binne
 571 Skrif
spasiebalk 564
spasieer
 83 In die middel
 566 Drukkuns
spasma
 165 Onreëlmatige beweging
 413 Verskillende siektes
spasmodies 165
spasties 412
spastikus 412
spastisiteit
 378 Senuwee
 413 Verskillende siektes
spat
 169 Skei
 190 Vertrek
 287 Vloei
 413 Verskillende siektes
 463 Nat
spataar 413
spatbord 230
spatel
 416 Medikus
 760 Skilderkuns
spatlys 94
spatsel
 287 Vloei
 628 Vuil
spawater 427
spaza 707
spazawinkel 707
spe(e)khout 331
speaker
 590 Bestuur en regeer
 591 Gesaghebber
speakerstoel 591
speek
 230 Rytuig
 232 Fiets
 233 Voertuig
speekbeen
 380 Gebeente
 397 Ledemaat
 435 Smal
speeksel
 401 Spysverteringskanaal
 409 Afskeiding en uitskeiding
speekselagtig 409
speekselklier
 401 Spysverteringskanaal
 402 Afskeidings- en uitskeidingsorgane
speekskaaf
 316 Hout
 630 Werktuig
speekwiel
 163 Draai
 233 Voertuig
speel
 629 Spel en sport
 645 Handel
 724 Vermaak en ontspanning
 727 Kompetisie
 739 Geselskapspele
 740 Kaartspel
 741 Kinderspel
 752 Toneel- en rolprentkuns
 755 Uitvoering
 756 Musiekinstrument
speelbaar
 728 Balsporte
 752 Toneel- en rolprentkuns
speelbal
 583 Willoosheid
 728 Balsporte
 741 Kinderspel
speelding 741
speeldoos
 741 Kinderspel
 756 Musiekinstrument
speeldrama 752
speelgoedwinkel 707
speelgrond
 560 Voorskoolse en naskoolse onderrig
 629 Spel en sport
speelhok 741
speelkaart 740
speelkamer
 94 Dele van 'n eiendom
 741 Kinderspel
speelkant 728
speelkind 239
speellys 753
speelmaat 629
speelpark
 724 Vermaak en ontspanning
 741 Kinderspel
speelplek
 61 Plek
 629 Spel en sport
 741 Kinderspel
speelpop 592
speelraam 741
speelruimte
 61 Plek
 145 Beweging
 629 Spel en sport
 653 Maklik handel
speels
 165 Onreëlmatige beweging
 239 Voortplant
 249 Lewe
 629 Spel en sport
 722 Humor
 776 Liefde en vriendskap
speeltafel 740
speelterrein
 560 Voorskoolse en naskoolse onderrig
 629 Spel en sport
 724 Vermaak en ontspanning
speeltoneel 752
speeltuig 741
speeltyd
 38 Tydgebruik
 560 Voorskoolse en naskoolse onderrig
 727 Kompetisie
speelveld 629
speelwyse 629
speen
 394 Bors
 406 Eet
speenkalf
 357 Dier
 369 Veeteelt
speenvark 366
speer 678
speerpunt
 155 Deurboor
 439 Punt
 678 Ander wapens
speg 365
spek
 421 Vleis
 426 Kossoort, dis
spekboom 331
spekskiet 818
spekskieter 818
speksteen
 298 Steen
 304 Steenbakkery
spektakel
 20 Wanorde
 44 Gebeure in tyd
 654 Moeilik handel
 683 Misluk
 722 Humor
 744 Lelik
 779 Boosaardigheid
spektakelstuk 752
spektraal 267
spektraalanalise 256
spektrofisika 515
spektrograaf
 266 Akoestiek
 267 Optika
spektrografie 267
spektrografies
 266 Akoestiek
 267 Optika
spektrogram
 266 Akoestiek
 267 Optika
spektrometer 267
spektrometrie 267
spektrometries 267
spektroskoop 267
spektroskopie 267
spektroskopies 267
spektrum
 35 Reëlmaat
 266 Akoestiek

spierkramp

267 Optika
spekulaas 426
spekulant 701
spekulasie
  520 Verwag
  530 Voorbehou
  701 Handel en ekonomie
spekulateur 701
spekulatief
  514 Wysbegeerte
  520 Verwag
  530 Voorbehou
  701 Handel en ekonomie
spekuleer
  513 Denke
  514 Wysbegeerte
  520 Verwag
  530 Voorbehou
  701 Handel en ekonomie
spekvark 366
spekvet 421
spekvreter 365
spel
  629 Spel en sport
  727 Kompetisie
  728 Balsporte
  739 Geselskapspele
  752 Toneel- en rolprentkuns
  755 Uitvoering
spelbederwer 666
spelbreker 666
speld
  155 Deurboor
  172 Vasmaak
  564 Skryfbehoeftes
  745 Versier
speld(e)prik 155
speldekussing 337
speldewurm 361
spele 727
spelenderwys 629
speleologie 277
speleoloog 277
speler
  629 Spel en sport
  727 Kompetisie
  752 Toneel- en rolprentkuns
speletjie
  629 Spel en sport
  739 Geselskapspele
spelfout
  563 Skryf
  569 Taal
speling 145
spelkompetisie
  563 Skryf
  727 Kompetisie
spelkontrole 563
spelkuns 563
spelleiding 752
spelleier 752

spellesing 752
spelling
  563 Skryf
  570 Taalwetenskap
spellinghervorming 563
spellingkontrole 563
spellingsisteem 563
spellinguitspraak 572
spellys 563
spelmetode 563
spelonk 277
spelonkagtig
  277 Berg
  486 Duisternis
spelonksiekte 413
spelreël 570
spelreëls
  563 Skryf
  629 Spel en sport
spelt 352
speltoetser
  263 Rekenaar en internet
  563 Skryf
spelvaardigheid 563
spelwyse 563
spening 371
spens 94
sper
  177 Oopgaan
  178 Toegaan
sperboom 178
sperdatum
  28 Einde
  127 Tydbepaling
sperdraad 301
sperfort 671
sperketting 178
sperm
  254 Stof
  403 Voortplantingsorgaan
spermaceti 385
spermaceti-walvis 363
spermatofiet 318
spermatofoor
  377 Liggaam
  403 Voortplantingsorgaan
spermatogenese 239
spermatosoïed
  377 Liggaam
  403 Voortplantingsorgaan
spermatosoön
  254 Stof
  377 Liggaam
  403 Voortplantingsorgaan
spermbank 239
spermdonor 239
spermsel 403
spermskenker 239

spermtelling 403
spermwalvis 363
sperrat 257
sperreling 149
sperstreep 149
spertyd 38
sperverdrag 607
spervuur 677
sperwer 365
spesery
  419 Voedselbereiding
  471 Smaaklik, lekker
spesiaal
  32 Enkeling
  36 Onreëlmatigheid
  104 Baie
  620 Belangrik
  622 Goed
spesialis
  32 Enkeling
  416 Medikus
  417 Hospitaal
  535 Weet
spesialisasie
  32 Enkeling
  414 Geneeskunde
  515 Wetenskap
  561 Studeer
spesialiseer
  32 Enkeling
  414 Geneeskunde
  515 Wetenskap
  561 Studeer
spesialisering 32
spesialistydskrif 568
spesialiteit
  32 Enkeling
  414 Geneeskunde
  515 Wetenskap
spesie
  3 Bestaanswyse
  19 Orde
  33 Samehorigheid
  31 Soort
  131 Geldeenheid
  301 Metaalverwerking
  317 Fisiologie
  318 Plant
  357 Dier
  566 Drukkuns
spesifiek
  32 Enkeling
  129 Bepaaldheid
  550 Noem
spesifikasie
  129 Bepaaldheid
  431 Afmeting
  550 Noem
spesifiseer
  32 Enkeling
  129 Bepaaldheid
  517 Vind
  550 Noem

  553 Behandel
  586 Beslis
spesifisiteit 32
spesmaas
  513 Denke
  518 Glo
spesmagte 672
speuls 239
speulsheid 239
speur
  508 Aandag
  516 Soek
speurder
  508 Aandag
  516 Soek
  802 Wette gehoorsaam
speurdiens 802
speurhond
  366 Soogdier
  508 Aandag
speurroman 750
speursin 516
speurtak 802
speurtog 516
speurverhaal
  552 Vertel
  750 Letterkunde
speurwerk 516
spiccato 755
spie 172
spieël
  95 Huisraad
  267 Optika
  309 Glasbereiding
  445 Oppervlak
spieëlbeeld
  8 Dieselfde
  14 Navolging
  267 Optika
  538 Dwaling
spieëleier 426
spieëlglad 448
spieëlglas 309
spieëling
  267 Optika
  485 Lig
spieëlkas 95
spieëlplant 332
spieëlskrif 565
spieëltafel 95
spieëlteleskoop
  267 Optika
  271 Kosmografie
spiekeries 743
spier 379
spieraanhegting 379
spieratrofie 413
spierbundel 379
spierdistrofie 413
spierhaai 363
spiering 363
spierkrag 625
spierkramp
  379 Spier

863

413 Verskillende siektes
spierkwaal 413
spierpaleis 375
spierpees 379
spierpyn
  379 Spier
  412 Siek
  717 Lyding
spiersametrekking 379
spiersiekte 413
spierskede 379
spierstelsel 379
spierstyfheid
  379 Spier
  413 Verskillende siektes
spiertier 375
spierverlamming 413
spierverslapping 379
spierverstywing
  379 Spier
  413 Verskillende siektes
spiervesel 379
spierweefsel
  377 Liggaam
  379 Spier
spierwit 492
spies
  678 Ander wapens
  729 Atletiek
spiesdraer 678
spiesgeweer 372
spiesgooi 729
spiesgooier
  678 Ander wapens
  729 Atletiek
spieshengel 372
spieshengelaar 372
spiespunt
  439 Punt
  678 Ander wapens
spiesvormig
  438 Vorm
  439 Punt
spiets 558
spigtig
  435 Smal
  439 Punt
spikkel
  433 Klein
  490 Kleur
  492 Kleure
  628 Vuil
spikkelspoor 545
spiksplinternuut 53
spil
  29 Middel
  83 In die middel
  163 Draai
  211 Opgaan
  312 Spin
  620 Belangrik
spilbene 435
spilpen 234

spilteleskoop
  267 Optika
  271 Kosmografie
spin
  312 Spin
  361 Insek
  480 Dowwe klank
  484 Diergeluid
spina bifida 413
spinaal 380
spinagtige 357
spinasie 351
spinasiebeet 351
spindokter 825
spindraad 312
spinet 756
spinhout 331
spinmyt 361
spinnaker 235
spinnekop 361
spinnekopjagter 361
spinner 312
spinnerak 361
spinnery 312
spinneweb 361
spinozisme 514
spinstof 312
spinstok 312
spinthout
  320 Stam
  331 Boom
spinwiel 312
spinwol 312
spioen
  508 Aandag
  516 Soek
  540 Nie kommunikeer nie
  655 Veilig
  802 Wette gehoorsaam
spioenasie
  508 Aandag
  516 Soek
  655 Veilig
spioenasiediens 655
spioenasienetwerk 655
spioeneer
  508 Aandag
  516 Soek
spioenering
  508 Aandag
  516 Soek
  655 Veilig
spiraal
  163 Draai
  444 Krom
spiraalboor
  155 Deurboor
  316 Hout
  630 Werktuig
spiraaldraai 149
spiraallus 163
spiraallyn 444

spiraalplaat 95
spiraalveer 128
spirakel 361
spirant 572
spiranties 572
spirillekoors 413
spiritis
  844 Bygeloof
  854 Godsdienste
spiritisme
  844 Bygeloof
  854 Godsdienste
spiritisties 844
spiritualieë 427
spiritualis 836
spiritualisme 514
spiritualisties
  836 Bonatuurlik
  844 Bygeloof
spiritualiteit 836
spiritueel
  836 Bonatuurlik
  842 Geloof
spiritus
  299 Brandstof
  427 Drank
  460 Vloeistof
spiritusdrinker 407
spiritusstoof
  95 Huisraad
  465 Warm
spirometer 417
spit
  95 Huisraad
  346 Landbougrond
  347 Landbou
  413 Verskillende siektes
spitbraai 418
spits
  85 Voor
  202 Voor beweeg
  277 Berg
  388 Oor
  439 Punt
spitsberaad
  539 Kommunikeer
  557 Diskussie
  590 Bestuur en regeer
spitsboog 94
spitsboogstyl 764
spitsboor 316
spitsdak 94
spitshoek 139
spitslopend 439
spitsneus 389
spitsuur
  127 Tydbepaling
  165 Onreëlmatige beweging
spitsverkeer
  216 Ry
  217 Motorry

spitsvondig
  502 Verstand
  548 Praat
splangnologie 414
spleet
  177 Oopgaan
  184 Breek
spleetbreuk 413
spleetoog 387
spleetvlerk 236
splenektomie 414
splenomegalie 413
splenotomie 414
splint
  184 Breek
  316 Hout
splinter
  5 Onselfstandigheid
  184 Breek
splinterbreuk 413
splintergroep 795
splinterig 184
splinternuut 53
splinterparty 795
splintervry
  457 Onbreekbaar
  655 Veilig
split
  112 Deel
  184 Breek
splitertjie 426
splitpen
  155 Deurboor
  172 Vasmaak
splits
  112 Deel
  172 Vasmaak
  184 Breek
  185 Sny
splitsbaar 112
splitsing
  112 Deel
  169 Skei
  184 Breek
**splitsings-
konstruksie** 576
splitsring 178
splitsvrug 323
splyt
  169 Skei
  184 Breek
splytbaar 184
splyting
  169 Skei
  184 Breek
  185 Sny
splytpen 172
splytswam 327
spoed
  224 Snelheid
  225 Vinnig
  228 Vinnig beweeg
  618 Heftig

spoorwegbrug

641 Onvoorbereid
spoedbeheer
  224 Snelheid
  233 Voertuig
spoedbeheerklep 233
spoedbeperking 217
spoedbestelling 196
spoedboete 217
spoedeisend 225
spoedgrens 217
spoedig
  41 Kortstondig
  51 Toekoms
  225 Vinnig
  641 Onvoorbereid
spoedlokval 802
spoedmeter
  123 Meet
  224 Snelheid
  233 Voertuig
spoedmeting 224
spoedoortreding 217
spoedperk 802
spoedpos 196
spoedskaats 736
spoedskaatser 736
spoedstrik 217
spoedtelegram 265
spoedvraat 225
spoedwal 149
spoeg
  401 Spysverterings-
    kanaal
  409 Afskeiding en
    uitskeiding
spoegbakkie 409
spoegkobra 364
spoegsel 409
spoegslang 364
spoel
  82 Rondom
  163 Draai
  214 Dryf
  264 Radio en televisie
  283 See
  287 Vloei
  313 Weef
  627 Skoon
spoelbad
  84 Houer
  94 Dele van 'n eiendom
  627 Skoon
spoelbrug 149
spoeldelwery 275
spoeldiamant 298
spoelgoud 297
spoelgrond 287
spoelgruis 275
spoeling 287
spoelklip 298
spoelkom 84
spoelkombuis 94
spoellatrine 94

spoelretirade 94
spoelriolering 94
spoeltoilet 94
spoelwater 460
spoelwurm
  361 Insek
  413 Verskillende siektes
spoenskop 382
spog 785
spogbuurt 90
spogger 785
spoggerig
  689 Ryk
  743 Mooi
  745 Versier
  785 Hoogmoed
spoggerigheid
  743 Mooi
  785 Hoogmoed
spoggery 785
spogplaas 346
spogter 785
spogterig 785
spogtery 785
spogwoning 89
spokerig
  768 Vrees
  836 Bonatuurlik
  844 Bygeloof
spokery
  667 Stryd
  844 Bygeloof
spoliasie 808
spoliasiebevel 808
sponde 95
spondee 751
spondeïes 751
spondilitis 413
spongine 360
spongoseel 360
sponning 316
sponningskaaf
  316 Hout
  630 Werktuig
spons
  360 Spons
  363 Waterdier
  627 Skoon
  746 Persoonlike
    versorging
sponsagtig
  360 Spons
  454 Nie dig nie
sponsdier 360
sponsholte 360
sponskoek 426
sponsmatras 96
sponsrubber 307
sponssteen 298
spontaan
  578 Vrywillig
  641 Onvoorbereid
  718 Blydskap

spontaanheid 578
spontaneïteit
  578 Vrywillig
  641 Onvoorbereid
  718 Blydskap
spook
  36 Onreëlmatigheid
  165 Onreëlmatige
    beweging
  213 Rondgaan
  435 Smal
  512 Verbeelding
  538 Dwaling
  654 Moeilik handel
  667 Stryd
  744 Lelik
  768 Vrees
  836 Bonatuurlik
  838 Gees
  844 Bygeloof
spookagtig
  768 Vrees
  836 Bonatuurlik
  838 Gees
  844 Bygeloof
spookagtigheid
  768 Vrees
  836 Bonatuurlik
spookasem 426
spookbeeld
  512 Verbeelding
  768 Vrees
spookdorp 90
spookgedaante
  768 Vrees
  844 Bygeloof
spookgestalte
  768 Vrees
  844 Bygeloof
spookhuis
  91 Gebou
  844 Bygeloof
spookkrap 362
spookmot 361
spooksel
  512 Verbeelding
  844 Bygeloof
spookskrywer 565
spookstem 590
spookstorie
  552 Vertel
  750 Letterkunde
  768 Vrees
  844 Bygeloof
spookverhaal 552
spookvoël 365
spoonerisme
  539 Kommunikeer
  572 Uitspraak
  575 Woordvorming
spoor
  2 Nie-bestaan
  149 Pad

  219 Perdry
  231 Tuig
  233 Voertuig
  234 Spoorweë
  323 Vrug
  329 Varing
  397 Ledemaat
  545 Natuurlike teken
  546 Kunsmatige teken
spooranker 234
spoorbaan 234
spoorboom-
  meganisme 234
spoorbreedte
  233 Voertuig
  234 Spoorweë
spoorbrug
  149 Pad
  234 Spoorweë
spoordraend 323
spoorelement 345
spoorfossiel 274
spoorhou 203
spoorkaartjie 234
spoorkoste
  234 Spoorweë
  708 Betaal
spoorlas 234
spoorleër 234
spoorloos
  545 Natuurlike teken
  687 Verlies
spoorlyn 234
spooroorgang
  149 Pad
  234 Spoorweë
spooroorgangteken 234
spoorplant 327
spoorpos 196
spoorslag 15
spoorsny
  203 Agterna kom
  516 Soek
spoorstaaf 234
spoorstaaflas 234
spoorstaafrib 234
spoortelling 294
spoorverbinding 234
spoorvrag
  194 Vervoer
  234 Spoorweë
  452 Swaar
spoorvrug 323
spoorwa 234
spoorwagter 234
spoorweg
  220 Treinry
  234 Spoorweë
spoorwegaan-
  sluiting 234
spoorwegbrug
  149 Pad
  234 Spoorweë

spoorwegdiens 234
spoorweggids
  220 Treinry
  234 Spoorweë
spoorwegmaatskappy 234
spoorwegnetwerk 234
spoorwegoorgang 149
spoorwegpersoneel 234
spoorwegpolisie 802
spoorwegstaking 666
spoorwegstasie 234
spoorwegstelsel
  220 Treinry
  234 Spoorweë
spoorwegtarief
  234 Spoorweë
  708 Betaal
spoor(weg)vervoer
  194 Vervoer
  220 Treinry
spoorwydte
  233 Voertuig
  234 Spoorweë
sporadies
  55 Periodiek
  56 Selde
  169 Skei
sporangium 323
sporedosie 323
sporehopie 329
sporeplant 318
sporing 233
sporofiet 318
sporofil 317
sporofoor 323
sporrie 337
sport
  95 Huisraad
  211 Opgaan
  629 Spel en sport
  724 Vermaak en ontspanning
sportadministrasie 629
sportadministrateur
  590 Bestuur en regeer
  629 Spel en sport
sportartikel 568
sportbeoefenaar 629
sportbeurs 560
sportblad 568
sportdrankie 427
sportentoesias 629
sportfees
  727 Kompetisie
  793 Fees
sportfiets 232
sportgebied 629
sportgeweer 676
sportgronde 629
sportheld 629
sportief
  629 Spel en sport

791 Sosiaal
sportjoernaal 264
sportklere
  629 Spel en sport
  745 Versier
sportkleure 629
sportkliniek 629
sportklub
  665 Byeenkom
  724 Vermaak en ontspanning
sportkommentaar 568
sportkommentator
  264 Radio en televisie
  727 Kompetisie
sportkompetisie 727
sportkringe 629
sportmal 629
sportmalheid 629
sportmangees 629
sportmanie 629
sportmanskap 629
sportmens 724
sportmotor 233
sportnuts 233
sportnutsvoertuig 233
sportnuus 568
sportprestasie 629
sportpromotor 629
sportredaksie 568
sportrubriek 568
sports 724
sportseisoen 629
sportsmaker 716
sportsoort 629
sportstadion 629
sportstigting
  590 Bestuur en regeer
  629 Spel en sport
sportterrein
  629 Spel en sport
  724 Vermaak en ontspanning
sporttoerusting 629
sporttydskrif 568
sportuitslag 727
sportveld
  445 Oppervlak
  629 Spel en sport
sportvereniging
  629 Spel en sport
  665 Byeenkom
sportvertoning 727
sportvis 363
sportwedstryd 727
sportwêreld 629
sportwinkel 707
sporus 329
spot
  669 Aanval
  722 Humor
  786 Nederigheid
  827 Afkeur

831 Minag
846 Goddeloosheid
spotdig 751
spotgoedkoop
  708 Betaal
  710 Kosteloosheid
spotlag
  722 Humor
  831 Minag
spotlus
  722 Humor
  831 Minag
spotlustig 831
spotnaam
  550 Noem
  722 Humor
  831 Minag
spotprent
  568 Media
  722 Humor
  759 Tekenkuns
  831 Minag
spotprenttekenaar 759
spotprys
  704 Koop
  710 Kosteloosheid
spotrede
  558 Redevoering
  831 Minag
spotsiek 831
spotskrif
  568 Media
  750 Letterkunde
spotsug
  722 Humor
  831 Minag
spottend
  576 Sinsbou en styl
  722 Humor
  831 Minag
spottenderwys
  722 Humor
  831 Minag
spotter
  669 Aanval
  722 Humor
  831 Minag
spotterig
  722 Humor
  831 Minag
spotterny
  722 Humor
  831 Minag
spottery
  669 Aanval
  722 Humor
  831 Minag
spotvoël
  722 Humor
  831 Minag
spraak 548
spraakbelemmering 548
spraakgebrek
  413 Verskillende siektes

548 Praat
spraakgebruik
  548 Praat
  569 Taal
spraakgeluid
  548 Praat
  572 Uitspraak
spraakhandeling 548
spraakheelkunde 414
spraakkanaal
  390 Mond
  572 Uitspraak
spraakklank
  548 Praat
  572 Uitspraak
spraakkundig 548
spraakkuns
  548 Praat
  570 Taalwetenskap
spraakkunstig 548
spraakleer 570
spraakleraar 548
spraakmakend 569
spraakonderwyser 560
spraakopleiding 548
spraakorgaan
  390 Mond
  572 Uitspraak
spraaksaam 548
spraaksaamheid 548
spraaksisteem 572
spraakstoornis 548
spraakterapeut 548
spraakterapie 548
spraakverbod 549
spraakverlies 549
spraakvermoë 548
spraakverwarring 548
spraakvryheid 593
spraakwending 569
sprakeloos
  521 Verras wees
  540 Nie kommunikeer nie
  549 Stilbly
sprakeloosheid
  521 Verras wees
  548 Praat
  549 Stilbly
sprank 103
sprankel 791
sprankelend 791
sprankie
  103 Min
  465 Warm
spreek
  539 Kommunikeer
  548 Praat
  554 Aanspreek
  557 Diskussie
  558 Redevoering
spreekbeurt 557
spreekbuis 551

stelsel

spreekfout 548
spreekkamer 416
spreekkoor 752
spreekles 561
spreektaal 569
spreektrant 548
spreektyd 64
spreekuur
  658 Beroep
  790 Sosiale betrekking
spreekwoord 573
spreekwoordeboek 567
spreekwoordelik
  569 Taal
  573 Woordeskat
spreekwyse 569
spreeu 365
sprei
  62 Grensloosheid
  95 Huisraad
  96 Slaapplek
  173 Losmaak
  434 Breed
spreikraag 745
spreilig
  95 Huisraad
  487 Ligbron
  752 Toneel- en
    rolprentkuns
sprekend
  543 Duidelik
  548 Praat
  620 Belangrik
spreker
  539 Kommunikeer
  548 Praat
  551 Meedeel
  554 Aanspreek
  558 Redevoering
  569 Taal
sprekerspodium 558
spreuk
  573 Woordeskat
  235 Skeepvaart
  318 Plant
  361 Insek
  385 Skedel
  442 Lyn
sprietui 351
spring
  145 Beweging
  165 Onreëlmatige
    beweging
  199 Spring
  225 Vinnig
  283 See
  728 Balsporte
  729 Atletiek
  730 Gimnastiek
  835 Bestraf
springaar 284
springbok 366
springbron 284

springer
  199 Spring
  363 Waterdier
springfontein
  284 Bron
  288 Waterstelsel
springgety 283
springhaas 366
springkuns 199
springlading 676
springlewendig 249
springmat 730
springmielie
  351 Groenteverbouing
  352 Graanverbouing
springmielies 426
springmuis 366
springoefening 730
springpaal 729
springplank 730
springriem
  231 Tuig
  741 Kinderspel
springski 732
springstert 361
springstof
  256 Skeikunde
  676 Vuurwapen
  729 Atletiek
springteuel 231
springtou 741
springveer
  95 Huisraad
  178 Toegaan
springveermatras 96
sprinkaan 361
sprinkaanboom 331
sprinkaanplaag 324
sprinkaanswerm 361
sprinkaanvoël 365
sprinkel 463
sprinkelaar 463
sprinkelbesproeiing 463
spritzer 427
sproei
  413 Verskillende siektes
  461 Gas
  463 Nat
sproeimiddel
  345 Plantkwekery
  463 Nat
  746 Persoonlike
    versorging
sproeireën 292
sproeiverf 490
sproet
  381 Huid
  386 Gesig
  413 Verskillende siektes
sprokie
  512 Verbeelding
  552 Vertel
  750 Letterkunde

sprokiesagtig 743
sprokiesagtigheid 743
sprokiesdigter 751
sprokieskarakter 512
sprokiesverhaal 512
sprokieswêreld
  512 Verbeelding
  743 Mooi
sprong
  199 Spring
  730 Gimnastiek
spronggewrig 380
sprongsgewyse 199
spru 413
spruit
  16 Gevolg
  240 Genealogie
  243 Kinders
  286 Rivier
  320 Stam
  324 Plantlewe
spruitjies 351
spruitkool 351
spu 409
spuit
  287 Vloei
  288 Waterstelsel
  355 Landbougereedskap
  463 Nat
  627 Skoon
spuitaandrywing 236
spuitapparaat 355
spuitbron 277
spuitfles
  355 Landbougereedskap
  463 Nat
  746 Persoonlike
    versorging
spuitfontein 284
spuitkan 355
spuitmiddel
  345 Plantkwekery
  415 Geneesmiddel
spuitnaald
  415 Geneesmiddel
  494 Gevoelloosheid en
    bedwelming
spuitpoep 413
spuitslang 463
spuitstelsel 288
spuitstof 460
spuitverf
  301 Metaalverwerking
  490 Kleur
spuitwater 427
spul
  104 Baie
  623 Sleg
  665 Byeenkom
spulletjie
  103 Min
  621 Onbelangrik
spuls 239

spulsheid 239
spurrie 337
sputter 476
sputum 409
spuug 409
spuwing 409
spy 172
spyker
  97 Bou
  155 Deurboor
  172 Vasmaak
  239 Voortplant
  302 Smeewerk
  316 Hout
  776 Liefde en
    vriendskap
spykerbene 435
spykerbord 739
spykerbroek 745
spykerklou 316
spykerskoen 729
spykerskrif 565
spykertafel 739
spys
  420 Voedsel
  426 Kossoort, dis
spysbry 401
spyse 418
spysenier 419
spyseniering 419
spysenieringsdiens 419
spysig 406
spyskaart 418
spyspap 401
spysvertering
  401 Spysverterings-
    kanaal
  408 Spysvertering
spysverterings-
  kanaal 401
spysverterings-
  probleem 408
spyt
  717 Lyding
  823 Berou
spytig
  721 Ontevredenheid
  823 Berou
staaf
  94 Dele van 'n eiendom
  301 Metaalverwerking
  442 Lyn
  522 Redeneer
  525 Bewys
  528 Bevestig
staafdiagram 565
staafgoud 297
staafkode 565
staafkoper 301
staaflood 301
staafmagneet 261
staafspiraalsterre-
  stelsel 270

staafstaal

staafstaal 301
staafyster 301
staak
  28 Einde
  646 Nie handel nie
  648 Onderbreek
  650 Voltooi
  666 Verhinder
staal
  297 Metaal
  582 Wilskrag
  625 Sterk
  640 Voorbereid
staalaanleg
  301 Metaalverwerking
  658 Beroep
staalbedryf 301
staalblou 492
staaldraad
  172 Vasmaak
  301 Metaalverwerking
staalfabriek 301
staalgietery 301
staalgordel 233
staalgordelstraallaag-
  band 233
staalgravure 761
staalgrys 492
staalhard 455
staalindustrie 301
staalkabel 301
staalklem 183
staalkleur 492
staalkonstruksie 94
staalmof 301
staalproduk 301
staalraamraket 728
staalraamvenster 94
staalslak 301
staalsmedery 301
staalsnaar 756
staaltjie
  552 Vertel
  750 Letterkunde
staaltrens 372
staaltrommel 84
staalverharding 301
staalwerk 301
staalwerker 301
staalwol 627
staan
  4 Selfstandigheid
  64 Aanwesigheid
  71 Regop
  128 Chronometer
  145 Beweging
  146 Beweginglooshed
  377 Liggaam
staandak 94
staandakhuis 91
staande
  51 Toekoms
  71 Regop

  285 Watermassa
sta(a)nder
  71 Regop
  95 Huisraad
staangeld
  234 Spoorweë
  369 Veeteelt
  708 Betaal
staanhorlosie 128
staanklavier 756
staanlamp
  95 Huisraad
  487 Ligbron
staanleer 211
staanlig 487
staanmaak 71
staanplek
  61 Plek
  662 Rus
staar
  413 Verskillende siektes
  499 Sien
staat
  3 Bestaanswyse
  61 Plek
  551 Meedeel
  588 Gesag hê
  590 Bestuur en regeer
  703 Boekhou
  787 Samelewing
  795 Staat en politiek
  808 Regswese
staat(s)huishouding 590
staat(s)huishoud-
  kunde 590
staat(s)kunde
  515 Wetenskap
  590 Bestuur en regeer
  795 Staat en politiek
staatkundig
  590 Bestuur en regeer
  795 Staat en politiek
staatkundige 795
staatloos 67
staatmaak 769
staatmaker
  663 Meedoen
  769 Vertroue
staataanklaer 809
staatsadministrasie
  590 Bestuur en regeer
  658 Beroep
  795 Staat en politiek
staatsadvokaat
  808 Regswese
  809 Regsgeding
staatsamp 590
staatsamptenaar
  590 Bestuur en regeer
  592 Ondergeskikte
  795 Staat en politiek
staatsargief
  567 Boek

  590 Bestuur en regeer
staatsbank 700
staatsbegrafnis 253
staatsbelang 620
staatsbeleid 590
staatsbesteding 691
staatsbestel 795
staatsbestuur 590
staatsblad
  568 Media
  590 Bestuur en regeer
staatsburger 787
staatsburgerskap 787
staatsdepartement
  590 Bestuur en regeer
  795 Staat en politiek
staatsdienaar 592
staatsdiens
  590 Bestuur en regeer
  658 Beroep
  795 Staat en politiek
staatsdiens-
  kommissie 590
staatsdokter 416
staatsdrukker 566
staatseffekte 699
staatsekretaris 591
staatsektor
  590 Bestuur en regeer
  658 Beroep
staatsfilosofie 514
staatsfinansies 701
staatsgeheim 540
staatsgesag
  588 Gesag hê
  590 Bestuur en regeer
  795 Staat en politiek
staatsgetuie 809
staatsgevangene 594
staatsgevangenis 594
staatsgodsdiens 840
staatsgreep
  588 Gesag hê
  667 Stryd
staatsgrens 63
staatsgrond 688
staatsheraldikus 546
staatshoof 591
staatshospitaal 417
staatshuishouding 795
staatsie 253
staatsiebed 253
staatsinkomste
  686 Aanwins
  712 Belasting
staatsinmenging 590
staatsinrigting
  590 Bestuur en regeer
  795 Staat en politiek
staatsinstelling
  590 Bestuur en regeer
  658 Beroep
staatskaper 803

staatskaping
  588 Gesag hê
  803 Wette oortree
staatskas 590
staatskerk
  840 Godsdiens
  852 Geestelike
staatskoerant
  567 Boek
  568 Media
  590 Bestuur en regeer
staatskommissie 590
staatskool 559
staatskuld 711
staatsleer
  515 Wetenskap
  590 Bestuur en regeer
  795 Staat en politiek
staatsleier 591
staatslening 699
staatslotery 18
staatslui 591
staatsman
  591 Gesaghebber
  795 Staat en politiek
staatsmasjinerie 795
staatsmonopolie 701
staatsorgaan
  590 Bestuur en regeer
  658 Beroep
staatspresident 591
staatsreg
  515 Wetenskap
  590 Bestuur en regeer
  808 Regswese
staatsteun 708
staatstoelaag 708
staatstruktuur 795
staatsubsidie 708
staatsuitgawe 691
staatsveearts 416
staatsveiligheid 655
staatsveiligheids-
  diens 655
staatsveiligheids-
  polisie 655
staatsvorm 795
staatsvyand 777
staatswet 801
staatswetenskap
  515 Wetenskap
  795 Staat en politiek
staatswoning
  91 Gebou
  92 Deftige, belangrike of
    groot gebou
stabiel
  8 Dieselfde
  10 Harmonie
  143 Bestendigheid
  616 Magtig
  619 Kalm
  625 Sterk

stabilisasie 143
stabiliseer 143
stabiliseerder 235
stabiliseerkiel 235
stabiliseervin 235
stabiliteit
  35 Reëlmaat
  143 Bestendigheid
  582 Wilskrag
  616 Magtig
  619 Kalm
  625 Sterk
  714 Positiewe gevoel
staccato 481
staccatostem 481
stad
  61 Plek
  89 Blyplek
  90 Omgewing
  590 Bestuur en regeer
  787 Samelewing
stad(s)bewoner 64
stadhouer 591
stad(s)huis
  91 Gebou
  590 Bestuur en regeer
stadig
  226 Stadig
  581 Teësinnigstadig
  611 Lui
  644 Handelwyse
stadigaan
  226 Stadig
  508 Aandag
stadigies 226
stadion
  91 Gebou
  629 Spel en sport
stadium 37
stadsaal
  91 Gebou
  590 Bestuur en regeer
  665 Byeenkom
stadsbeeld 90
stadsbelasting 712
stadsbeplanner
  61 Plek
  90 Omgewing
  590 Bestuur en regeer
stadsbeplanning
  61 Plek
  90 Omgewing
stadsbestuur 590
stadsbevolking 90
stadsbewoner 90
stadsbiblioteek 567
stadsfiets 232
stadsgebied
  61 Plek
  90 Omgewing
stadsgebou 91
stadsgeweste 61
stadsgewoel 165

stadsingenieur 590
stadsjapie
  64 Aanwesigheid
  90 Omgewing
stadskerk 853
stadskern 90
stadsklerk
  590 Bestuur en regeer
  591 Gesaghebber
stadskouburg 91
stadslewe 249
stadsmens
  64 Aanwesigheid
  90 Omgewing
stadsontwikkeling 90
stadsorkes 755
stadsowerheid 590
stadsraad
  590 Bestuur en regeer
  795 Staat en politiek
stadstaat 590
stadstesourier 590
stadsverkeer
  165 Onreëlmatige beweging
  216 Ry
stadswapen 546
stadswyk 90
staf
  197 Te voet gaan
  316 Hout
  546 Kunsmatige teken
stafdraer 590
stafhoof
  588 Gesag hê
  591 Gesaghebber
  673 Manskap
stafilokokkus 413
stafoffisier
  588 Gesag hê
  591 Gesaghebber
  673 Manskap
stafrym 751
stafsersant
  591 Gesaghebber
  673 Manskap
stafverpleegster
  416 Medikus
  417 Hospitaal
stag 235
stagflasie
  131 Geldeenheid
  687 Verlies
  701 Handel en ekonomie
stagnasie
  146 Beweginloosheid
  646 Nie handel nie
  648 Onderbreek
stagneer
  146 Beweginloosheid
  646 Nie handel nie
  648 Onderbreek
stagnering
  146 Beweginloosheid

  646 Nie handel nie
  648 Onderbreek
stagseil 235
staker
  648 Onderbreek
  666 Verhinder
staket 63
staketsel
  63 Begrensdheid
  178 Toegaan
  671 Verdedigingsmiddel
staketwerk 63
staking
  28 Einde
  646 Nie handel nie
  648 Onderbreek
  654 Moeilik handel
  658 Beroep
  666 Verhinder
  667 Stryd
stakingbreker 666
stakker 654
stal
  354 Plaas
  368 Diereteelt
  369 Veeteelt
  707 Handelsaak
stalagmiet 277
stalagtiet 277
Stalinisme 795
staljonge
  368 Diereteelt
  369 Veeteelt
stalkneg
  368 Diereteelt
  369 Veeteelt
  592 Ondergeskikte
stalles 752
stalletjie 707
stalmeester
  368 Diereteelt
  369 Veeteelt
stalvee 369
stalvurk
  355 Landbougereedskap
  369 Veeteelt
stam
  33 Samehorigheid
  240 Genealogie
  320 Stam
  331 Boom
  575 Woordvorming
  787 Samelewing
stamallomorfie 575
stamboek
  240 Genealogie
  369 Veeteelt
stamboekvee 369
stamboom
  240 Genealogie
  369 Veeteelt
stamboontjie 351
stameenheid 787

stamel 548
stameling 548
stamelry 548
stamgebondenheid 787
stamgenoot 787
stamgeveg 667
stamgrond 787
stamhoof 591
stamhouer
  240 Genealogie
  244 Broer
stamina 625
stamkaptein 591
stamklinker 572
stamland 787
stamlid 787
stamlyn 240
stammoeder
  54 Oud
  240 Genealogie
stammorfeem 575
stamouers 240
stamp
  165 Onreëlmatige beweging
  181 Raak
  182 Slaan
  186 Maal
  413 Verskillende siektes
  667 Stryd
stampblok 182
stamper
  101 Bouersgereedskap
  182 Slaan
  186 Maal
  233 Voertuig
  234 Spoorweë
  322 Blom
stamperblom 322
stamperig 165
stamphou 182
stampkar 233
stampkoring 426
stampmeul(e) 186
stampmielie 352
stampmielies 426
stampmotor
  233 Voertuig
  737 Motorsport
stampmotorjaer 737
stampmotorwedren 737
stamppot 186
stampvol 109
stamregister 240
stamsel
  254 Stof
  317 Fisiologie
  377 Liggaam
stamseloorplanting 414
stamstelsel 787
stamtaal 569
stamvader
  54 Oud

240 Genealogie
stamverband
  240 Genealogie
  787 Samelewing
stamverwant 240
stamverwantskap 240
stamvokaal 572
stamvrug 323
stamwoord 575
stand
  3 Bestaanswyse
  19 Orde
  64 Aanwesigheid
  70 Oriëntasie
  588 Gesag hê
  787 Samelewing
  794 Sosiale struktuur
  796 Stand
standaard
  35 Reëlmaat
  122 Bereken
  123 Meet
  546 Kunsmatige teken
  569 Taal
  642 Beproef
  644 Handelwyse
  680 Militêre aksie
Standaardafrikaans 569
standaardbreedte 123
standaardgewig 124
standaardgrootte 123
standaardisasie
  122 Bereken
  35 Reëlmaat
  569 Taal
standaardiseer
  35 Reëlmaat
  122 Bereken
standaardisering
  122 Bereken
  569 Taal
standaardloon
  686 Aanwins
  708 Betaal
standaardmaat
  35 Reëlmaat
  122 Bereken
  123 Meet
  431 Afmeting
standaardtaal 569
standaarduitspraak 572
standaardvariant 569
standaardvariëteit 569
standaardwerk 567
standaardwoordeboek 567
standbeeld
  546 Kunsmatige teken
  763 Beeldhoukuns
standerd 559
standhou
  8 Dieselfde
  141 Behoud

647 Voortgaan
767 Moed
standhoudend
  8 Dieselfde
  19 Orde
  141 Behoud
  143 Bestendigheid
  647 Voortgaan
standhoudendheid
  8 Dieselfde
  141 Behoud
  143 Bestendigheid
  647 Voortgaan
standhouding
  8 Dieselfde
  141 Behoud
standplaas
  61 Plek
  64 Aanwesigheid
  89 Blyplek
  658 Beroep
standpunt
  513 Denke
  522 Redeneer
  527 Oordeel
  558 Redevoering
  644 Handelwyse
  825 Beoordeling
standpuntinname
  513 Denke
  527 Oordeel
  558 Redevoering
standpuntstelling 558
standpuntverdediging 558
standvastig
  12 Eenvormigheid
  143 Bestendigheid
  518 Glo
  582 Wilskrag
  586 Beslis
  625 Sterk
  637 Doelgerigtheid en doelloosheid
  647 Voortgaan
  811 Gewete
  812 Goeie gedrag
  819 Eerbaar
standvastigheid
  12 Eenvormigheid
  141 Behoud
  143 Bestendigheid
  518 Glo
  582 Wilskrag
  586 Beslis
  608 Jou woord hou
  647 Voortgaan
  811 Gewete
  812 Goeie gedrag
  819 Eerbaar
standverskil 796
standvooroordeel 796
stang
  219 Perdry

231 Tuig
301 Metaalverwerking
staning 369
stank
  475 Onwelriekend
  628 Vuil
stansa 751
stap
  197 Te voet gaan
  219 Perdry
  229 Stadig beweeg
  586 Beslis
  645 Handel
stapel
  102 Hoeveelheid
  123 Meet
  168 Saamkom
  170 Saambring
  277 Berg
stapelaar 170
stapelbed 96
stapelgek 505
stapelgoedere 254
stapelia 336
stapelmark 707
stapelmeubel 95
stapelriool 94
stapelstoel 95
stapelvoedsel 420
stapelvorm 575
stapelwolk 291
stapfiks 411
stapkierie 197
staporde 21
stappas 197
stapper
  197 Te voet gaan
  228 Vinnig beweeg
stappie
  197 Te voet gaan
  229 Stadig beweeg
stapplooi 745
staproete 149
stapsgewys
  21 Opeenvolging
  640 Voorbereid
stapskoen 745
stapstewel 745
stapstok 197
staptoer 187
staptog 197
stapvoets 226
star
  141 Behoud
  455 Hard
  499 Sien
  582 Wilskrag
  595 Streng
  777 Haat en onvriendelikheid
  792 Asosiaal
starheid
  141 Behoud

455 Hard
499 Sien
595 Streng
777 Haat en onvriendelikheid
792 Asosiaal
starskyf 263
starskyfaandrywer 263
starsug 413
stasie
  91 Gebou
  194 Vervoer
  220 Treinry
  234 Spoorweë
  658 Beroep
stasiebeampte
  234 Spoorweë
  590 Bestuur en regeer
stasiegebou
  91 Gebou
  234 Spoorweë
stasiekafee 707
stasiemeester
  234 Spoorweë
  590 Bestuur en regeer
stasieperron 234
stasiesirkel 294
stasievoorman
  234 Spoorweë
  591 Gesaghebber
stasiewa 233
stasioneer 64
stasionêr 146
stasionêre front 289
stat 90
statebond
  590 Bestuur en regeer
  795 Staat en politiek
statefamilie
  590 Bestuur en regeer
  795 Staat en politiek
stater 131
statief
  268 Fotografie en film
  574 Woordkategorie
staties
  146 Beweginglooshied
  257 Meganika en tegnologie
statig 743
statigheid 743
statika
  256 Skeikunde
  257 Meganika en tegnologie
statistiek
  122 Bereken
  132 Wiskunde
  137 Bewerking
  515 Wetenskap
statisties
  133 Getalle
  137 Bewerking

statistikus
  132 Wiskunde
  137 Bewerking
  515 Wetenskap
stator 262
statoskoop 236
status quo 141
status
  3 Bestaanswyse
  588 Gesag hê
  620 Belangrik
  796 Stand
  799 Beroemd
  830 Eerbiedig
statusbewus 796
statusbewustheid 796
statussimbool 796
statussoeker 798
statute 801
statutêr
  590 Bestuur en regeer
  801 Wet
  806 Wettig
statuur
  588 Gesag hê
  620 Belangrik
  796 Stand
  799 Beroemd
statuut
  590 Bestuur en regeer
  801 Wet
stawing
  525 Bewys
  528 Bevestig
steak 421
steakrestaurant 429
stearaat 256
stearien 462
steariensuur 256
steatiet 298
steatopigie 413
stedehouer 591
stedelik
  61 Plek
  90 Omgewing
stedeling
  64 Aanwesigheid
  90 Omgewing
  787 Samelewing
steeds
  42 Altyd
  647 Voortgaan
steeg 149
steek
  155 Deurboor
  172 Vasmaak
  175 Insit
  185 Sny
  239 Voortplant
  361 Insek
  413 Verskillende siektes
  678 Ander wapens
  717 Lyding

  745 Versier
  761 Graveerkuns
  777 Haat en
    onvriendelikheid
  827 Afkeur
steekassegaai 678
steekbaard 366
steekbeitel
  301 Metaalverwerking
  762 Inlegwerk
steekbossie 332
steekhou 141
steekhoudend
  141 Behoud
  523 Logies redeneer
steekpil 415
steekplek 413
steekproef 642
steekprop 262
steekpyn
  412 Siek
  413 Verskillende siektes
  717 Lyding
steeks
  581 Teësinnig
  582 Wilskrag
  606 Weier
steeksaag
  301 Metaalverwerking
  316 Hout
  630 Werktuig
steeksheid 606
steekvlieg 361
steekwapen 678
steekwond
  412 Siek
  717 Lyding
steel
  171 Verwyder
  183 Gryp
  185 Sny
  320 Stam
  430 Rook
  694 Neem
  695 Steel
  803 Wette oortree
steelblaartjie 321
steelfoto 268
steelfotograaf 268
steelgroente 351
steelkant 728
steels 540
steelsgewys 540
steelsug 695
steen
  100 Boumateriaal
  298 Steen
  304 Steenbakkery
  413 Verskillende siektes
  427 Drank
  459 Vaste stof
steenbakkery 304
steenbeitel 303

Steenbok 270
steenbok 366
Steenbokskeerkring
  269 Heelal
  272 Aarde
steenboksuring 344
steenbras
  363 Waterdier
  422 Seekos
steendruif
  350 Vrugteverbouing
  426 Kossoort, dis
steendruk
  566 Drukkuns
  761 Graveerkuns
steendrukkuns 761
steeneik 331
steengoed 305
steengravure 761
steengroef
  275 Mynwese
  303 Steengroef
steengroefwerker 303
steengruis 303
steenhouersbeitel 303
steenhouershamer 303
steenklei 304
steenkleurig 492
steenkool
  298 Steen
  299 Brandstof
  469 Verwarmingstoestel
steenkoolbedryf 275
steenkoolbrander
  94 Dele van 'n eiendom
  465 Warm
steenkoolkragstasie 262
steenkoolmyn 275
steenkoolontgin-
  ning 275
steenkoolrook 461
steenkoolteer 462
steenkoraal 363
steenkunde
  274 Geologie
  298 Steen
steenkundige 274
steenmakery 304
steenmesselaar 99
steenmuur
  63 Begrensdheid
  94 Dele van 'n eiendom
steenoond 304
steenpuisie 413
steentjie 363
Steentydperk 274
steenvrug
  323 Vrug
  350 Vrugteverbouing
steenworp 123
steg
  149 Pad
  209 Oorgaan

steggie
  318 Plant
  345 Plantkwekery
stegosourus 367
steier
  71 Regop
  97 Bou
  101 Bouersgereedskap
  201 Agtertoe beweeg
  235 Skeepvaart
  370 Voëlteelt
steierwerk
  97 Bou
  101 Bouersgereedskap
steil
  71 Regop
  73 Skuins
  382 Haar
  443 Reglynig
steilheid
  71 Regop
  73 Skuins
  382 Haar
  443 Reglynig
steilskrif 563
steilte
  73 Skuins
  277 Berg
  436 Hoog
  443 Reglynig
stein 427
steke 414
stekel
  321 Blaar
  381 Huid
  382 Haar
  439 Punt
stekelbaars 363
stekelhuidig 381
stekelklits 344
stekelkreef 362
stekel(r)ig
  439 Punt
  440 Skerp
  777 Haat en
    onvriendelikheid
stekelrigheid 440
stekelstert 365
stekelvarkie 366
stekelvin 363
stekker 262
stel
  10 Harmonie
  21 Opeenvolging
  66 Plasing
  102 Hoeveelheid
  168 Saamkom
  170 Saambring
  528 Bevestig
  539 Kommunikeer
  548 Praat
  551 Meedeel
  576 Sinsbou en styl

727 Kompetisie
728 Balsporte
stelarm 257
steler 695
stelery
  695 Steel
  803 Wette oortree
stelionaat 695
stelkunde
  132 Wiskunde
  138 Algebra
stelkundige 132
stellasie
  101 Bouersgereedskap
  370 Voëlteelt
stellêr 270
stellig
  129 Bepaaldheid
  518 Glo
  528 Bevestig
  537 Waarheid
stelligheid
  528 Bevestig
  537 Waarheid
  543 Duidelik
  586 Beslis
stelling
  64 Aanwesigheid
  138 Algebra
  139 Meetkunde
  513 Denke
  516 Soek
  518 Glo
  522 Redeneer
  528 Bevestig
  539 Kommunikeer
  548 Praat
  558 Redevoering
  576 Sinsbou en styl
  667 Stryd
  670 Verdedig
  672 Weermag
steloefening 561
stelp
  146 Beweginglooshied
  414 Geneeskunde
stelpunt 728
stelreël
  35 Reëlmaat
  644 Handelwyse
  801 Wet
stelsel
  35 Reëlmaat
  168 Saamkom
  438 Vorm
  514 Wysbegeerte
  640 Voorbereid
  644 Handelwyse
stelselloos
  7 Betrekkingloosheid
  11 Disharmonie
  641 Onvoorbereid
stelselloosheid
  7 Betrekkingloosheid
  11 Disharmonie
  641 Onvoorbereid
stelselmatig
  8 Dieselfde
  19 Orde
  640 Voorbereid
stelselmatigheid
  19 Orde
  640 Voorbereid
stelselontleder 263
stelsin 576
stelskop 728
stelskroef
  183 Gryp
  257 Meganika en tegnologie
  316 Hout
stelt
  397 Ledemaat
  741 Kinderspel
steltloper
  365 Voël
  741 Kinderspel
steltvoël 365
stelvisier 676
stelwerk 561
stem
  390 Mond
  482 Menslike geluid
  527 Oordeel
  531 Saamstem
  548 Praat
  590 Bestuur en regeer
  713 Gevoel
  756 Musiekinstrument
  757 Sang
stemafdruk 3
stemassimilasie 572
stemband 390
stembandeksplosief 572
stembandklapper 572
stembereik 757
stemboodskap 265
stembrief(ie) 590
stembuiging 548
stemburo 590
stembus 590
stemdag
  590 Bestuur en regeer
  795 Staat en politiek
stemdistrik 590
stemgeregtig(d) 590
stemgeregtigde
  590 Bestuur en regeer
  592 Ondergeskikte
stemhebbend 572
stemhebbendheid 572
stemhokkie 590
stemhoring 756
stemkwaliteit 572
stemlip 390
stemloos 572
stemloosheid 572
stemmetal
  133 Getalle
  590 Bestuur en regeer
stemmig
  619 Kalm
  714 Positiewe gevoel
  715 Negatiewe gevoel
  723 Erns
  786 Nederigheid
  793 Fees
stemmigheid
  619 Kalm
  714 Positiewe gevoel
  715 Negatiewe gevoel
  723 Erns
stemming
  590 Bestuur en regeer
  713 Gevoel
  795 Staat en politiek
stemmingsbeeld 749
stemmingsgedig 751
stemmingspoësie 751
stemmingsvers 751
stemmingsvol 714
stemomvang
  548 Praat
  757 Sang
stemopnemer 590
stempel
  3 Bestaanswyse
  15 Oorsaak
  196 Versend
  322 Blom
  537 Waarheid
  545 Natuurlike teken
  546 Kunsmatige teken
  564 Skryfbehoeftes
  566 Drukkuns
  601 Toestemming gee
  616 Magtig
  826 Goedkeur
stempelmerk 196
stempeltoestel 564
stempen 756
stemplig 590
stemreg 590
stemregister
  548 Praat
  590 Bestuur en regeer
stemskroef 756
stemspleet
  390 Mond
  393 Nek en skouer
stemspleeteksplosief 572
stemstang 756
stemteller 590
stemtipe 572
stemtoon 548
stemvee 590
stemvolk 590
stemvurk 756
stemvurkklavier 756
stemyster 756
steng 442
stengeweer 676
stenig 252
steniging 252
stenochromie 566
stenograaf 565
stenografie 565
stenografies 565
stenografiste 565
stenogram 567
stenograveer 563
stenose 413
stenotelegrafie 265
stenotipie 563
stensil 564
stensilmasjien 566
stentor 482
stentorstem 482
steppe
  273 Geografie
  280 Woestyn
  289 Klimaat
steppebewoner 64
ster
  270 Hemelliggaam
  447 Hoekig
  485 Lig
  546 Kunsmatige teken
  752 Toneel- en rolprentkuns
stêre 392
stereo 266
stereochemie 256
stereochromie 760
stereofonie 266
stereofoniek 266
stereofonies 266
stereofotografie 268
stereografie 759
stereografies 759
stereokamera 268
stereoklank 266
stereometer 123
stereometrie
  123 Meet
  139 Meetkunde
stereoskoop 267
stereoskopie 267
stereoskopies 267
stereostel 266
stereotiep 566
stereotiepdruk 566
stereotipe
  3 Bestaanswyse
  31 Soort
stereotipeer
  3 Bestaanswyse
  141 Behoud
  143 Bestendigheid
  566 Drukkuns
stereotiperend 3
stereotipering 3

stiefkind

stereotipeur 3
stereotipie 566
stereotipies
  3 Bestaanswyse
  31 Soort
sterf
  28 Einde
  238 Vernietig
  250 Dood
  412 Siek
  623 Sleg
sterfbed 250
sterfberig
  250 Dood
  568 Media
sterfgeval 250
sterfhuis 250
sterflik
  28 Einde
  250 Dood
sterflikheid 250
sterfling 250
sterfreg 808
sterfsertifikaat 250
sterfte
  28 Einde
  250 Dood
sterftefonds
  250 Dood
  655 Veilig
sterftesyfer
  102 Hoeveelheid
  250 Dood
sterfuur 250
steriel
  239 Voortplant
  417 Hospitaal
  627 Skoon
sterilisasie
  239 Voortplant
  414 Geneeskunde
  627 Skoon
sterilisator 417
steriliseer
  239 Voortplant
  414 Geneeskunde
  417 Hospitaal
  627 Skoon
steriliseerder 627
sterilisering
  414 Geneeskunde
  627 Skoon
steriliteit
  239 Voortplant
  627 Skoon
  715 Negatiewe gevoel
sterk
  104 Baie
  411 Gesond
  455 Hard
  457 Onbreekbaar
  471 Smaaklik, lekker
  472 Smaakloos, sleg

  574 Woordkategorie
  582 Wilskrag
  614 Bekwaam
  616 Magtig
  618 Heftig
  622 Goed
  625 Sterk
  663 Meedoen
  767 Moed
sterkgevreet
  625 Sterk
  767 Moed
sterkheid
  411 Gesond
  625 Sterk
sterking 663
sterklits 344
sterkman 625
sterkristal 292
sterkstroom
  262 Elektrisiteit
  287 Vloei
sterkte
  411 Gesond
  457 Onbreekbaar
  582 Wilskrag
  586 Beslis
  616 Magtig
  622 Goed
  625 Sterk
  767 Moed
  842 Geloof
sterkwater 415
sterlig 485
sterling 131
sterlingsilwer 297
sternokleidoma-
  stoïed 379
sternomastoïed 379
sternum 380
steroïed 409
sterrebaan 270
sterrebeeld 270
sterregewelf 270
sterregroep 270
sterrehemel 270
sterrekenner 271
sterrekonstellasie 270
sterrekunde
  255 Natuur
  271 Kosmografie
sterrekundig 270
sterrekundige 271
sterrekyker 271
sterrekykery 271
sterremeter 271
sterreprag 270
sterrereën 270
sterrestelsel 270
sterretjie
  337 Veldplant
  365 Voël
  571 Skrif

sterrewag 271
sterrewiggelaar 844
sterskroewedraaier 101
stert
  16 Gevolg
  25 Dit wat volg
  28 Einde
  236 Lugvaart
  270 Hemelliggaam
  355 Landbougereedskap
  362 Skaaldier
  363 Waterdier
  392 Romp
  396 Rug
stertjie
  16 Gevolg
  203 Agterna kom
stertkantkolwer 728
stertkwas
  382 Haar
  396 Rug
stertlig 233
stertmontering 236
stertpenveer 365
stertriem 231
stertveer
  365 Voël
  382 Haar
stertvin 363
stertvoet 362
stertwerwel 396
stervorm 438
stervormig
  438 Vorm
  446 Rond
  447 Hoekig
sterweling 250
sterwend
  623 Sleg
  717 Lyding
sterwensangs 768
sterwensbege-
  leiding 250
sterwensnood 250
sterwensuur
  28 Einde
  250 Dood
  412 Siek
stet 566
stetoskoop 416
stetson 745
steun
  94 Dele van 'n eiendom
  482 Menslike geluid
  484 Diergeluid
  638 Aanmoedig
  645 Handel
  651 Toesien
  663 Meedoen
  693 Gee
  721 Ontevredenheid
  769 Vertroue
  778 Goedaardigheid

  780 Hulpbetoon
steunblad 321
steunfonds 655
steunmuur 94
steunpilaar
  663 Meedoen
  769 Vertroue
steunpunt
  257 Meganika en
    tegnologie
  522 Redeneer
steuntrekker 663
steuntroepe 672
steur
  23 Onderbreking
  422 Seekos
  508 Aandag
  666 Verhinder
  719 Hartseer
  771 Gramskap
steurend
  23 Onderbreking
  508 Aandag
  666 Verhinder
steurgarnaal
  362 Skaaldier
  422 Seekos
  426 Kossoort, dis
steuring
  264 Radio en televisie
  412 Siek
steurnis
  20 Wanorde
  544 Onduidelik
  666 Verhinder
steursender 264
steurspraak 265
stewel
  674 Militêre uitrusting
  745 Versier
stewig
  104 Baie
  432 Groot
  452 Swaar
  455 Hard
  457 Onbreekbaar
  616 Magtig
  622 Goed
  625 Sterk
stewigheid
  432 Groot
  455 Hard
  457 Onbreekbaar
  616 Magtig
  625 Sterk
stibniet 296
stiebeuel
  219 Perdry
  231 Tuig
  388 Oor
stief 777
stiefbroer 244
stiefkind 243

stiefoom 246
stiefouer 242
stiefsuster 245
stieftante 246
stiegriem
  219 Perdry
  231 Tuig
stiek 790
stiekem
  501 Onsigbaarheid
  818 Bedrieg
stiekempies
  501 Onsigbaarheid
  818 Bedrieg
stier 366
Stier 270
stiergeveg 731
stiervegter 731
stif 564
stiffie
  263 Rekenaar en internet
  564 Skryfbehoeftes
  746 Persoonlike versorging
  759 Tekenkuns
stig
  0 Ontstaan
  15 Oorsaak
  27 Begin
  237 Voortbring
  649 Begin handel
stiggie 318
stigma
  413 Verskillende siektes
  546 Kunsmatige teken
  623 Sleg
  820 Oneerbaar
  831 Minag
stigmatisasie 623
stigmatiseer
  623 Sleg
  820 Oneerbaar
stigmatisering 623
stigtelik
  714 Positiewe gevoel
  812 Goeie gedrag
  845 Godsvrug
stigtelikheid 812
stigter
  0 Ontstaan
  237 Voortbring
  649 Begin handel
stigterslid 649
stigting
  0 Ontstaan
  170 Saambring
  237 Voortbring
  590 Bestuur en regeer
  649 Begin handel
  788 Beskawing
  812 Goeie gedrag
  819 Eerbaar

845 Godsvrug
stik
  404 Asemhaling
  412 Siek
  745 Versier
stikdonker 486
stikgas 461
stikkery 404
stiksiende 499
stiksienig 509
stiksienigheid 509
stiksteek 172
stikstof 296
stiksuinig 698
stikvol 109
stikwerk 745
stil
  146 Beweginglosheid
  476 Geluid
  477 Stilte
  540 Nie kommunikeer nie
  549 Stilbly
  619 Kalm
  646 Nie handel nie
  714 Positiewe gevoel
  715 Negatiewe gevoel
  772 Sagmoedigheid
  786 Nederigheid
stilaan 226
stilb
  123 Meet
  267 Optika
stilbly
  477 Stilte
  540 Nie kommunikeer nie
  549 Stilbly
stileer
  743 Mooi
  746 Persoonlike versorging
  750 Letterkunde
  759 Tekenkuns
stileerder 746
stilering 747
stilet 678
stiletto 678
stilfoto 268
stilheid
  477 Stilte
  772 Sagmoedigheid
stilhou
  146 Beweginglosheid
  217 Motorry
  540 Nie kommunikeer nie
  549 Stilbly
  646 Nie handel nie
stilhouteken 149
stilhou-verbode(-) teken 149
stilis
  743 Mooi

750 Letterkunde
stilistiek
  565 Skryfkuns
  576 Sinsbou en styl
stilisties
  565 Skryfkuns
  576 Sinsbou en styl
stillè
  146 Beweginglosheid
  646 Nie handel nie
stille 772
stillees 562
stilleesmetode 562
stillerig
  477 Stilte
  619 Kalm
  714 Positiewe gevoel
  772 Sagmoedigheid
stilletjies
  477 Stilte
  501 Onsigbaarheid
  540 Nie kommunikeer nie
  818 Bedrieg
stillewe 760
stilligheid
  477 Stilte
  501 Onsigbaarheid
  540 Nie kommunikeer nie
  662 Rus
stilmaak 549
stilmiddel 415
stilograaf 564
stilograafpen 564
stilografie
  565 Skryfkuns
  759 Tekenkuns
stilrolprent 752
stilsit
  146 Beweginglosheid
  646 Nie handel nie
stilstaan
  146 Beweginglosheid
  508 Aandag
  553 Behandel
  646 Nie handel nie
stilstaande
  146 Beweginglosheid
  287 Vloei
stilstand
  146 Beweginglosheid
  257 Meganika en tegnologie
  646 Nie handel nie
  648 Onderbreek
  662 Rus
stilstuipe 540
stilswy(g)end
  509 Onoplettendheid
  540 Nie kommunikeer nie
  549 Stilbly

578 Vrywillig
stilswy(g)endheid
  509 Onoplettendheid
  549 Stilbly
stilswye
  477 Stilte
  540 Nie kommunikeer nie
  549 Stilbly
stilte
  146 Beweginglosheid
  477 Stilte
  540 Nie kommunikeer nie
  549 Stilbly
  646 Nie handel nie
  668 Vrede en versoening
stiltegordel 273
stiltetyd 845
stilton 371
stilus 564
stilweg
  477 Stilte
  540 Nie kommunikeer nie
stimulans
  415 Geneesmiddel
  638 Aanmoedig
stimulant
  415 Geneesmiddel
  494 Gevoelloosheid en bedwelming
  638 Aanmoedig
stimulasie
  414 Geneeskunde
  638 Aanmoedig
stimuleer
  15 Oorsaak
  638 Aanmoedig
stimulerend
  36 Onreëlmatigheid
  638 Aanmoedig
  657 Herhaal
stimulering 638
stimulus
  15 Oorsaak
  638 Aanmoedig
stingel
  320 Stam
  323 Vrug
stingelblaar 321
stingelgroente 351
stingelknoop
  172 Vasmaak
  320 Stam
stingelrosyne 323
stink
  475 Onwelriekend
  623 Sleg
  628 Vuil
stinkafrikaner 334
stinkbesie 361

stinkblaar
332 Struik
342 Gifplant
344 Onkruid
stinkblom 332
stinkbom 676
stinkboom 331
stinkboontjie 331
stinkbos 332
stinkdamp 475
stinkend
475 Onwelriekend
623 Sleg
628 Vuil
stinkerd
475 Onwelriekend
813 Swak gedrag
stinkerig 475
stinkgogga 361
stinkgras 338
stinkhout
316 Hout
331 Boom
stinkkalk 298
stinkkewer 361
stinkmuishond 366
stinkneus 413
stinkolie 332
stinkolieblaar 332
stinkolieboom 332
stinkryk 689
stinksprinkaan 361
stinkstorie 552
stinkvlieg 361
stip
57 Vroeg
129 Bepaaldheid
439 Punt
499 Sien
565 Skryfkuns
612 Noukeurig
stipendiaat 560
stipendium
560 Voorskoolse en naskoolse onderrig
834 Beloon
stiplees 562
stipleesmetode 562
stippel
439 Punt
565 Skryfkuns
628 Vuil
759 Tekenkuns
stippeldruk 566
stippeldrukker
263 Rekenaar en internet
564 Skryfbehoeftes
566 Drukkuns
stippelgravure 761
stippellyn 442
stippelstreep 149
stipper 263

stippie
439 Punt
565 Skryfkuns
stiptelik 57
stiptelikheid 57
stiptheid
57 Vroeg
612 Noukeurig
stipulasie
17 Noodsaak
129 Bepaaldheid
530 Voorbehou
550 Noem
586 Beslis
stipuleer
17 Noodsaak
129 Bepaaldheid
517 Vind
530 Voorbehou
550 Noem
586 Beslis
stipulering
17 Noodsaak
129 Bepaaldheid
530 Voorbehou
550 Noem
586 Beslis
stoei
667 Stryd
731 Gevegsport
stoeier
625 Sterk
731 Gevegsport
stoeiery
667 Stryd
731 Gevegsport
stoeigeveg
667 Stryd
731 Gevegsport
stoeikryt 731
stoeikuns 731
stoeipromotor 629
stoeiwedstryd 731
stoel
95 Huisraad
318 Plant
319 Wortel
320 Stam
434 Breed
590 Bestuur en regeer
stoelgang 409
stoep 94
stoepkamer 94
stoepsitter 611
stoeptrap
94 Dele van 'n eiendom
211 Opgaan
stoer
432 Groot
595 Streng
625 Sterk
stoerheid
595 Streng

625 Sterk
stoet
21 Opeenvolging
168 Saamkom
253 Begrafnis
369 Veeteelt
793 Fees
stoetbul
239 Voortplant
369 Veeteelt
stoetery 369
stoethings 369
stoetram
239 Voortplant
369 Veeteelt
stoets
441 Stomp
777 Haat en onvriendelikheid
stoetskaap 239
stoetvee 369
stof
254 Stof
298 Steen
311 Weefstof
458 Breekbaar
513 Denke
627 Skoon
628 Vuil
stofaanbidding 843
stofbesem 627
stofbril 499
stofdeeltjie 298
stofdig 453
stofdigtheid 453
stofdoek 627
stofdweil 95
stoffasie
3 Bestaanswyse
311 Weefstof
811 Gewete
stoffeer
95 Huisraad
745 Versier
stoffeloos 836
stoffer
95 Huisraad
627 Skoon
stofferig 628
stoffering 95
stoffervaring 329
stofgoud 297
stofhoop 628
stofjas 745
stoflap 627
stofleer 255
stoflik
254 Stof
688 Besit
stoflikheid 254
stofnaam 574
stofnat 463
stofnes 628

625 Sterk
stofomslag
566 Drukkuns
567 Boek
stofpoepertjie 433
stofreën 292
stofreuk 475
stofstert 270
stofsuier
95 Huisraad
627 Skoon
stofsuig 627
stoftrappertjie 433
stofwolk 291
stogasties 537
Stoïsisme 514
stoïsisme
647 Voortgaan
714 Positiewe gevoel
stoïsyn
647 Voortgaan
715 Negatiewe gevoel
Stoïsyn 514
Stoïsyns 514
stoïsyns
647 Voortgaan
714 Positiewe gevoel
stok
197 Te voet gaan
316 Hout
320 Stam
548 Praat
629 Spel en sport
stok(siel)alleen 789
stokalleen 4
stokblind 499
stokbrood 424
stokdoof 498
stoker
234 Spoorweë
428 Drankbereiding
430 Rook
467 Aansteek
stokery 428
stokflou 661
stokinsek 361
stokkaneel 419
stokkerig
318 Plant
792 Asosiaal
stokkielekker 426
stokkiesdraai
189 Wegbly
560 Voorskoolse en naskoolse onderrig
stokkiesdraaier 560
stokkiesdraaiery
189 Wegbly
560 Voorskoolse en naskoolse onderrig
stokkinet 311
stokletter 566
stokoud 54
stokperdjie 724

stoksielalleen 4
stoksielsaligalleen 4
stokstil 146
stokstyf 455
stokvel 692
stokvis
　363 Waterdier
　422 Seekos
stol
　400 Bloed en limf
　459 Vaste stof
　462 Halfvloeibare stof
stola 745
stolling
　400 Bloed en limf
　459 Vaste stof
stollingsgesteente
　274 Geologie
　298 Steen
stollingspunt 459
stollingwerend 460
stolp
　84 Houer
　161 Bedek
stolpplooi 745
stolrots 274
stolsel 459
stom
　477 Stilte
　503 Onverstandigheid
　540 Nie kommunikeer nie
　549 Stilbly
stoma
　317 Fisiologie
　414 Geneeskunde
stomasakkie 414
stomatitis 413
stomatologie 414
stombesope 407
stomdronk 407
stomgeslaan
　521 Verras wees
　540 Nie kommunikeer nie
　549 Stilbly
stomheid
　548 Praat
　549 Stilbly
stommel 165
stommeling
　503 Onverstandigheid
　548 Praat
　717 Lyding
stommerik
　503 Onverstandigheid
　615 Onbekwaam
stommigheid 503
stommiteit 503
stomp
　320 Stam
　331 Boom
　441 Stomp

503 Onverstandigheid
715 Negatiewe gevoel
stompheid 441
stomphoek 139
stompie
　320 Stam
　430 Rook
　433 Klein
stompneus
　363 Waterdier
　389 Neus
　422 Seekos
stompneusig 389
stompneuskabeljou 363
stompneuswalvis 363
stompoor 369
stompsinnig 503
stompsinnige 503
stompsinnigheid 503
stompstert
　365 Voël
　433 Klein
stomverbaas 521
stond(e) 37
stonk 728
stonkstreep 728
stonthol 756
stoof
　95 Huisraad
　419 Voedselbereiding
　465 Warm
　469 Verwarmingstoestel
stoofgereg 426
stoofplaat 469
stook
　428 Drankbereiding
　465 Warm
　467 Aansteek
　715 Negatiewe gevoel
stookgereedskap 469
stookketel 428
stookolie 419
stookwyn 427
stoom
　220 Treinry
　221 Vaar
　419 Voedselbereiding
　461 Gas
　627 Skoon
stoomboot 235
stoomdig
　178 Toegaan
　453 Dig
stoomenergie 256
stoomfluit 234
stoomhamer 630
stoomkastrol 95
stoomketel 234
stoomlokomotief 234
stoommasjien 630
stoommeter
　123 Meet
　234 Spoorweë

stoommeul 186
stoompan 84
stoompers 566
stoompot
　84 Houer
　95 Huisraad
　419 Voedselbereiding
stoomroller
　622 Goed
　684 Oorwin
stoomskip 235
stoomstrykyster
　179 Glad maak
　627 Skoon
stoomtrein 234
stoomturbine
　235 Skeepvaart
　630 Werktuig
stoomvaart 221
stoomverhitting 469
stoomwals 183
stoomwerktuig 630
stoor
　23 Onderbreking
　170 Saambring
　175 Insit
　354 Plaas
　707 Handelsaak
stoornis
　20 Wanorde
　544 Onduidelik
　666 Verhinder
stoot
　145 Beweging
　181 Raak
　182 Slaan
　183 Gryp
　187 Reis
　239 Voortplant
　667 Stryd
　728 Balsporte
　739 Geselskapspele
stootkarretjie 243
stootkrag
　182 Slaan
　625 Sterk
stootring 741
stootskraper 233
stootstoel 417
stootwa 230
stootwaentjie
　230 Rytuig
　243 Kinders
stop
　28 Einde
　109 Alles
　146 Beweginglooshied
　175 Insit
　178 Toegaan
　217 Motorry
　430 Rook
　602 Verbied
　646 Nie handel nie

648 Onderbreek
650 Voltooi
666 Verhinder
745 Versier
stop-en-ry(-)beheerpunt 217
stopgaring 745
stophorlosie
　128 Chronometer
　729 Atletiek
stopklei 100
stopkontak 262
stopkraan
　94 Dele van 'n eiendom
　178 Toegaan
　288 Waterstelsel
stoplap 751
stoplig
　146 Beweginglooshied
　233 Voertuig
　487 Ligbron
stoplyn 149
stopmes 101
stopnaald 745
stopoorlosie 128
stoppel 382
stoppelbaard 386
stoppelig
　352 Graanverbouing
　381 Huid
stoppelland 352
stoppelrig
　352 Graanverbouing
　381 Huid
　386 Gesig
stoppit
　606 Weier
　646 Nie handel nie
stopplek 146
stopsein 146
stopsel
　178 Toegaan
　391 Tand
　414 Geneeskunde
　430 Rook
stopsit
　23 Onderbreking
　28 Einde
　146 Beweginglooshied
　602 Verbied
　648 Onderbreek
　666 Verhinder
stopstraat
　146 Beweginglooshied
　149 Pad
stopstreep
　146 Beweginglooshied
　149 Pad
　442 Lyn
stopteken
　146 Beweginglooshied
　149 Pad
stopverf 100

stopwerk 745
stopwol 745
stopwoord
  573 Woordeskat
  574 Woordkategorie
storie
  45 Geskiedenis
  552 Vertel
  750 Letterkunde
  818 Bedrieg
  829 Beledig
  833 Verontskuldig
storieboek
  562 Lees
  565 Skryfkuns
  566 Drukkuns
  567 Boek
  750 Letterkunde
storielyn 750
storieverteller 552
storing 264
storm
  228 Vinnig beweeg
  287 Vloei
  290 Wind
  293 Onweer
  667 Stryd
  669 Aanval
  715 Negatiewe gevoel
stormaanval 667
stormagtig
  289 Klimaat
  290 Wind
  293 Onweer
  715 Negatiewe gevoel
stormbui
  292 Water
  293 Onweer
stormdek 235
stormdronk 407
stormenderhand
  669 Aanval
  767 Moed
storm-en-drang 53
storm-en-drang(-)jare 53
stormgeweld 293
stormja 667
stormjaer
  426 Kossoort, dis
  673 Manskap
stormklok 293
stormlamp 487
stormloop 667
stormmeeu 365
stormram 678
stormsee 283
stormseil 235
stormskade 635
stormtroepe 672
stormvloed 287
stormvoël 365
stormwaarskuwing 294
stormweer
  289 Klimaat

  293 Onweer
stormwind
  290 Wind
  293 Onweer
stort
  94 Dele van 'n eiendom
  287 Vloei
  292 Water
  627 Skoon
  628 Vuil
  693 Gee
  708 Betaal
  746 Persoonlike versorging
stortbad
  94 Dele van 'n eiendom
  627 Skoon
stortbui 292
stortgeut 94
storting
  212 Afgaan
  693 Gee
  708 Betaal
stortingsterrein 628
stortkamer 94
stortreën 292
stortvloed
  287 Vloei
  548 Praat
stortwa 233
stoterig 165
stotter
  482 Menslike geluid
  548 Praat
stotteraar 548
stotterend
  482 Menslike geluid
  548 Praat
stottering 548
stouf 95
stout
  20 Wanorde
  427 Drank
  598 Ongehoorsaam
  722 Humor
  813 Swak gedrag
  820 Oneerbaar
stouterd 598
stouterig
  598 Ongehoorsaam
  722 Humor
  813 Swak gedrag
  820 Oneerbaar
stoutgat 598
stoutheid
  813 Swak gedrag
  820 Oneerbaar
stoutigheid
  598 Ongehoorsaam
  722 Humor
  813 Swak gedrag
  820 Oneerbaar
  822 Skuldig

stoutmoedig 767
stoutmoedigheid 767
stowe
  419 Voedselbereiding
  426 Kossoort, dis
stowegereg 426
stowwerig 628
straal
  139 Meetkunde
  267 Optika
  287 Vloei
  442 Lyn
  465 Warm
  485 Lig
  718 Blydskap
straalbehandeling 414
straalbreking 267
straalbuiging 267
straalbundel
  267 Optika
  485 Lig
straaldiertjies
  357 Dier
  359 Eensellige dier
straalhoek
  139 Meetkunde
  267 Optika
straaljagter 236
straalkaggel 465
straalkanker 413
straallaag 233
straalmotor 630
straalturbine 630
straalvliegtuig 236
straalvormig 442
straat
  90 Omgewing
  97 Bou
  149 Pad
  283 See
straataf 147
straatarm 690
straatbordjie 149
straatbraai 418
straatbrak 366
straatgans
  149 Pad
  197 Te voet gaan
straatgeveg
  667 Stryd
  779 Boosaardigheid
straathandelaar 705
straathoek 163
straathof 808
straatkind
  243 Kinders
  690 Arm
straatlangs 147
straatlig 487
straatloper
  611 Lui
  813 Swak gedrag
straatman 239

straatmark 707
straatmusikant 755
straatnaam 550
straatnetwerk 149
straatop 147
straatpraatjie 538
straatpraatjies 829
straatprediker 849
straatriool 409
straatslim 614
straatsmous 701
straattaal
  569 Taal
  820 Oneerbaar
straatveër 627
straatverkoper 705
straatvrou
  239 Voortplant
  820 Oneerbaar
straatvuil 628
straatwerk 849
straatwerker 849
straatwys 614
strabisme
  413 Verskillende siektes
  499 Sien
straf
  104 Baie
  182 Slaan
  595 Streng
  597 Gehoorsaam
  654 Moeilik handel
  808 Regswese
  809 Regsgeding
  835 Bestraf
strafbaar
  602 Verbied
  803 Wette oortree
  807 Onwettig
  822 Skuldig
  835 Bestraf
strafbaarheid
  807 Onwettig
  822 Skuldig
  835 Bestraf
strafbepaling 835
strafdoel 728
strafdrie 728
strafdril 680
straffeloos 835
strafgeding 809
strafhoek 728
strafhof 808
strafhou
  727 Kompetisie
  728 Balsporte
strafinrigting
  594 Onvryheid
  835 Bestraf
strafkolonie
  594 Onvryheid
  835 Bestraf
strafloos 835

strafmaatreël 835
strafoplegging
　809 Regsgeding
　835 Bestraf
strafparade 680
strafproses 808
strafprosesreg 808
strafpunt 727
strafreg
　515 Wetenskap
　808 Regswese
strafregpleging 808
strafregtelik 808
strafregter 808
strafsaak 809
strafskop
　727 Kompetisie
　728 Balsporte
strafskuldig 835
straftoemeting 835
strafvervolging
　808 Regswese
　835 Bestraf
strafvoltrekking 835
strafwaardig
　803 Wette oortree
　835 Bestraf
strafwerk 835
strafwet 801
straight 374
strak
　143 Bestendigheid
　443 Reglynig
　455 Hard
　499 Sien
　792 Asosiaal
strakheid
　723 Erns
　792 Asosiaal
strakkies
　51 Toekoms
　519 Twyfel
straks
　51 Toekoms
　519 Twyfel
stralebehandeling 414
stralegloed 485
stralekrans 485
stralemeter 417
stralend
　485 Lig
　718 Blydskap
straler 236
stralerjakker 689
stralerturbine 236
straleterapie 414
straling
　256 Skeikunde
　260 Warmteleer
　267 Optika
　413 Verskillende siektes
　485 Lig
stralingsdruk 260

stralingsenergie
　256 Skeikunde
　260 Warmteleer
stralingsewewig
　260 Warmteleer
　267 Optika
stralingshitte 465
stralingsiekte 413
stralingsmeter
　123 Meet
　256 Skeikunde
　413 Verskillende siektes
stralingsterapie 414
stralingswarmte
　256 Skeikunde
　465 Warm
stram
　71 Regop
　455 Hard
　792 Asosiaal
stramheid
　71 Regop
　146 Bewegingloosheid
　455 Hard
　792 Asosiaal
stramien 750
strammerig 455
strand
　61 Plek
　221 Vaar
　282 Kus
　283 See
　683 Misluk
strandbal 741
stranddagga 494
stranddorp 90
strandgebied 273
strandgrot 282
strandhoof 282
strandhuis
　91 Gebou
　662 Rus
stranding 221
strandjutter 695
strandjutwolf 366
strandkiewiet 365
strandloper(tjie) 365
strandluis 363
strandmeer
　282 Kus
　283 See
　285 Watermassa
strandmuur 282
strandoord 662
strandreg 808
strandroos 334
strandsambreel 662
strandstoel 95
strandtennis 728
strandtjor 233
strandvlooi
　361 Insek
　363 Waterdier

strandvy 426
strandwolf 366
strateeg
　640 Voorbereid
　667 Stryd
strategie
　640 Voorbereid
　667 Stryd
　672 Weermag
stratifikasie
　19 Orde
　272 Aarde
　796 Stand
stratifiseer 19
stratigraaf 515
stratigrafie
　272 Aarde
　274 Geologie
　515 Wetenskap
stratigrafies 274
stratocumulus 291
stratografie 667
stratokrasie 590
stratosfeer
　269 Heelal
　289 Klimaat
stratostraler 236
stratum
　19 Orde
　272 Aarde
　787 Samelewing
　796 Stand
stratus 291
streef
　584 Kies
　637 Doelgerigtheid en
　　doelloosheid
streek
　61 Plek
　64 Aanwesigheid
　90 Omgewing
　502 Verstand
　565 Skryfkuns
　644 Handelwyse
　722 Humor
　818 Bedrieg
streekbestuurder
　658 Beroep
　700 Bank
streekdiens
　568 Media
　590 Bestuur en regeer
streekdiensteraad 590
streeknaam 550
streek(s)raad 590
streeksbestuur 590
streeksinode 852
streekskoerant 568
streekspraak 569
streek(s)regering
　588 Gesag hê
　590 Bestuur en regeer
　795 Staat en politiek

streektaal 569
streek(s)uitspraak 572
streek(s)variant 569
streek(s)variëteit 569
streel
　154 Vryf
　478 Welluidend
　495 Tassin
　716 Genot
　776 Liefde en
　　vriendskap
streelnaam 550
streep
　182 Slaan
　442 Lyn
　505 Verstandstoornis
　545 Natuurlike teken
　546 Kunsmatige teken
　565 Skryfkuns
　835 Bestraf
streepbal 728
streepkoppie 365
streeppenstuna 363
streepsuiker 835
strek
　1 Bestaan
　62 Grensloosheid
　432 Groot
streke
　722 Humor
　813 Swak gedrag
strekking
　541 Betekenisvolheid
　577 Betekenis
　637 Doelgerigtheid en
　　doelloosheid
strekkingsroman 750
strekkingsvers 751
strekoefening 730
strekspier 379
strelend
　154 Vryf
　476 Geluid
　478 Welluidend
　490 Kleur
　716 Genot
streling 154
strelitzia
　332 Struik
　334 Blomplant
strem
　371 Suiwelbereiding
　588 Gesag hê
　602 Verbied
　648 Onderbreek
　666 Verhinder
stremmelk 371
stremming
　146 Bewegingloosheid
　459 Vaste stof
　666 Verhinder
stremsel 371
streng
　595 Streng

618 Heftig
strengel
  170 Saambring
  310 Vlegwerk
strengheid
  595 Streng
  612 Noukeurig
streperig 442
strepie 363
strepieskode
  565 Skryfkuns
  701 Handel en ekonomie
streptokok 413
streptokokkus
  326 Oerplant
  413 Verskillende siektes
streptomisien 415
stres
  378 Senuwee
  413 Verskillende siektes
  768 Vrees
streskardiomiopatie 413
stresvol 768
strewe
  584 Kies
  610 Ywerig
  637 Doelgerigtheid en doelloosheid
strewer 637
strewing 637
stribbel 666
stribbelig 532
stribbeligheid 532
stribbeling 532
stridulasie 484
striduleer 484
striem
  182 Slaan
  717 Lyding
  829 Beledig
  832 Beskuldig
  835 Bestraf
striemend 835
strignien 252
strik
  172 Vasmaak
  183 Gryp
  373 Jag
  594 Onvryheid
  595 Streng
  745 Versier
  818 Bedrieg
strikdas 745
strikkiepasta 426
strikknoop 172
strikrede 558
striktuur 413
strikvraag 818
string
  21 Opeenvolging
  172 Vasmaak
  203 Agterna kom
  442 Lyn

745 Versier
stringel 172
stroboskoop 267
stroboskopies 267
stroef
  441 Stomp
  654 Moeilik handel
  777 Haat en onvriendelikheid
  792 Asosiaal
stroefheid
  777 Haat en onvriendelikheid
  792 Asosiaal
strofe 751
strokie
  525 Bewys
  568 Media
  708 Betaal
  759 Tekenkuns
strokiesprent
  567 Boek
  568 Media
strokiesprentboek 567
strokiesprent-verhaal 552
strokiesverhaal
  568 Media
  750 Letterkunde
  759 Tekenkuns
stromend
  287 Vloei
  460 Vloeistof
stroming
  263 Rekenaar en internet
  287 Vloei
  460 Vloeistof
  514 Wysbegeerte
stromingsdiens 263
strompel
  197 Te voet gaan
  198 Strompel
  229 Stadig beweeg
strompelaar 198
strompelend
  198 Strompel
  229 Stadig beweeg
strompelig 198
strompeling 198
strompster 396
stronk
  318 Plant
  320 Stam
stronkboorder 324
stronsium 297
stront
  409 Afskeiding en uitskeiding
  524 Onlogies redeneer
  538 Dwaling
  623 Sleg
  820 Oneerbaar

strontpraatjies
  524 Onlogies redeneer
  538 Dwaling
  548 Praat
strontprater
  524 Onlogies redeneer
  548 Praat
strontpratery
  524 Onlogies redeneer
  538 Dwaling
  548 Praat
strontreuk 475
strooi
  173 Losmaak
  227 Werp
  352 Graanverbouing
  628 Vuil
strooibiljet
  539 Kommunikeer
  568 Media
strooiblommetjie 334
strooidak 94
strooidakhuis 91
strooihalm 352
strooihoed 745
strooijonker 248
strooimatras 96
strooimeisie 248
strooimeisieruiker 348
strooipoeier 746
strooipop 592
strooiprater
  524 Onlogies redeneer
  548 Praat
strooisel
  227 Werp
  248 Huwelik
  352 Graanverbouing
strooisuiker
  419 Voedselbereiding
  471 Smaaklik, lekker
strook
  10 Harmonie
  61 Plek
  82 Rondom
  112 Deel
  442 Lyn
strookfondament 94
strookproef 566
stroom
  145 Beweging
  168 Saamkom
  214 Dryf
  262 Elektrisiteit
  286 Rivier
  287 Vloei
  460 Vloeistof
  463 Nat
stroomaf 147
stroombaan 262
stroombedding 286
stroombelyn 233
stroombelyning 233

stroombreker 262
stroomdraad 262
stroomgebied
  262 Elektrisiteit
  286 Rivier
stroomkring 262
stroomlewering 262
stroomlyn 233
stroommeter 262
stroomop
  147 Rigting
  667 Stryd
stroomspanning 262
stroomsterkte 262
stroomverbruik 262
stroomverdeler 262
stroomverdeling 262
stroomversnelling 286
stroomwisselaar 262
stroop
  171 Verwyder
  352 Graanverbouing
  373 Jag
  415 Geneesmiddel
  426 Kossoort, dis
  462 Halfvloeibare stof
  471 Smaaklik, lekker
  695 Steel
stroopbende 695
stroopmasjien 352
stroopparty 695
strooppot
  84 Houer
  728 Balsporte
stroopsoet
  471 Smaaklik, lekker
  597 Gehoorsaam
stroopsug 695
strooptog 695
stroopwafel 426
strop
  172 Vasmaak
  231 Tuig
  835 Bestraf
stropdas 745
stroper
  255 Natuur
  352 Graanverbouing
  355 Landbougereedskap
  695 Steel
stroperig
  462 Halfvloeibare stof
  471 Smaaklik, lekker
  828 Vlei
stropery 255
stroping
  171 Verwyder
  255 Natuur
  695 Steel
strot
  390 Mond
  393 Nek en skouer
  398 Asemhalingsorgaan

strotklep 398
strottehoof
  390 Mond
  393 Nek en skouer
  398 Asemhalingsorgaan
struggle 667
strugglelied 757
struggleveteraan 667
struif 426
struik
  94 Dele van 'n eiendom
  318 Plant
  332 Struik
struikagtig
  318 Plant
  332 Struik
struikbedding 346
struikblom 322
struikebedding 94
struikel
  198 Strompel
  538 Dwaling
  548 Praat
  813 Swak gedrag
  822 Skuldig
struikelblok 666
struikelend 198
struikeling
  198 Strompel
  538 Dwaling
struiketuin 94
struikgewas
  318 Plant
  332 Struik
struikheining 63
struikroof 803
struikroos 332
struikrower 695
struikrowery 803
struiksoort 332
struis
  432 Groot
  625 Sterk
strukturalisme 514
struktureel
  19 Orde
  438 Vorm
  764 Boukuns
struktureer
  19 Orde
  438 Vorm
  764 Boukuns
strukturering 19
struktuur
  19 Orde
  30 Hiërargie
  438 Vorm
  764 Boukuns
struktuurformule 256
struktuurgeologie 515
struktuurloosheid 7
struktuurwysiging 438
struma 413

struweling 667
stry
  9 Verskillend of teenoorgesteld
  522 Redeneer
  532 Betwis
  539 Kommunikeer
  667 Stryd
  777 Haat en onvriendelikheid
stryd
  9 Verskillend of teenoorgesteld
  587 Aarsel
  654 Moeilik handel
  666 Verhinder
  667 Stryd
  777 Haat en onvriendelikheid
strydbaar 667
strydbaarheid 667
strydbyl 678
strydend
  11 Disharmonie
  667 Stryd
stryder
  518 Glo
  654 Moeilik handel
  667 Stryd
strydgenoot
  663 Meedoen
  667 Stryd
strydig
  9 Verskillend of teenoorgesteld
  11 Disharmonie
strydigheid 11
strydkragte 667
strydkreet
  573 Woordeskat
  672 Weermag
strydlied 757
strydlus
  667 Stryd
  777 Haat en onvriendelikheid
  779 Boosaardigheid
strydlustig
  667 Stryd
  777 Haat en onvriendelikheid
  779 Boosaardigheid
strydlustigheid
  667 Stryd
  777 Haat en onvriendelikheid
  779 Boosaardigheid
strydmag
  667 Stryd
  672 Weermag
strydmakker
  663 Meedoen
  667 Stryd

strydmiddel 667
strydmiddels 675
strydperk 667
strydpotensiaal 667
strydpunt 516
strydros 366
strydvaardig 667
strydvoerder
  518 Glo
  667 Stryd
strydvoering 667
strydvraag
  516 Soek
  557 Diskussie
strydwa 678
stryer
  522 Redeneer
  532 Betwis
  666 Verhinder
  667 Stryd
stryerig
  522 Redeneer
  532 Betwis
  667 Stryd
stryerigheid 532
stryery
  11 Disharmonie
  522 Redeneer
  532 Betwis
  539 Kommunikeer
  557 Diskussie
  666 Verhinder
  667 Stryd
  777 Haat en onvriendelikheid
stryk
  154 Vryf
  179 Glad maak
  197 Te voet gaan
  314 Leer
  448 Gelyk
  627 Skoon
  755 Uitvoering
  756 Musiekinstrument
strykbord 627
strykdeur 22
stryker
  755 Uitvoering
  756 Musiekinstrument
strykery 179
strykgoed 627
strykinstrument 756
strykkamer 94
strykkonsert 755
strykkwartet 755
strykkwintet 755
stryklaken 627
strykloop 197
strykorkes 755
strykplank 627
strykriem
  185 Sny
  440 Skerp

stryks 130
strykstok 756
stryktafel 627
strykwerk
  179 Glad maak
  627 Skoon
strykyster
  179 Glad maak
  627 Skoon
stu
  145 Beweging
  181 Raak
stuc(co)werk 99
studam 288
studeer 561
studeerkamer
  94 Dele van 'n eiendom
  658 Beroep
studeerkamerlig 487
studeerkamerstoel 95
studeertafel
  95 Huisraad
  564 Skryfbehoeftes
studeerwerk 561
student
  53 Nuut en jonk
  535 Weet
  560 Voorskoolse en naskoolse onderrig
  561 Studeer
studentebehuising 89
studentebeweging 665
studentedekaan 560
studentedorp 89
studentejool 793
studentekoerant 568
studenteleier 560
studentelewe 561
studentelied 757
studenteraad 560
studenteslang 569
studentetaal 569
studentevereniging 665
studentikoos 560
studie
  502 Verstand
  516 Soek
  560 Voorskoolse en naskoolse onderrig
  561 Studeer
  754 Komposisie
  760 Skilderkuns
studiebeurs 560
studiefonds 560
studiegeld 560
studieleier 560
studielening 560
studiereis
  187 Reis
  561 Studeer
studierigting 559
studieus
  561 Studeer

610 Ywerig
studieverlof
  560 Voorskoolse en naskoolse onderrig
  561 Studeer
  648 Onderbreek
  662 Rus
studio
  264 Radio en televisie
  268 Fotografie en film
  749 Kuns
stug
  455 Hard
  777 Haat en onvriendelikheid
  792 Asosiaal
stugheid
  455 Hard
  777 Haat en onvriendelikheid
  792 Asosiaal
stuif
  222 Vlieg
  225 Vinnig
  228 Vinnig beweeg
  292 Water
stuifaarde
  298 Steen
  346 Landbougrond
stuifbrand 324
stuifgrond 298
stuifmeel
  322 Blom
  403 Voortplantingsorgaan
stuifmeeltelling 294
stuifreën
  289 Klimaat
  292 Water
stuifsand
  298 Steen
  346 Landbougrond
stuik 172
stuiklas 172
stuiksweis 172
stuipagtig 521
stuipe 413
stuiptrek 413
stuiptrekking
  250 Dood
  413 Verskillende siektes
stuit
  146 Beweginglooshied
  193 Vertraag
  588 Gesag hê
  602 Verbied
  666 Verhinder
  775 Weersin
stuitbeen 396
stuitend 775
stuitig
  524 Onlogies redeneer
  722 Humor

813 Swak gedrag
stuitigheid
  722 Humor
  813 Swak gedrag
stuitjie
  380 Gebeente
  396 Rug
stuitjiebeen
  380 Gebeente
  396 Rug
stuitlik
  524 Onlogies redeneer
  722 Humor
  813 Swak gedrag
stuitverlossing 239
stuiwend
  225 Vinnig
  292 Water
stuiwer 131
stuiwing
  225 Vinnig
  292 Water
stuk
  1 Bestaan
  5 Onselfstandigheid
  102 Hoeveelheid
  112 Deel
  184 Breek
  567 Boek
  752 Toneel- en rolprentkuns
  776 Liefde en vriendskap
stukadoor 99
stukgewys(e) 112
stukkend
  54 Oud
  184 Breek
  238 Vernietig
  407 Drink
  623 Sleg
  628 Vuil
  634 Nutteloos
stukkie
  5 Onselfstandigheid
  102 Hoeveelheid
  112 Deel
  776 Liefde en vriendskap
stukkiesvleis 421
stukloon 686
stukrag
  145 Beweging
  258 Hidroulika
  625 Sterk
  637 Doelgerigtheid en doelloosheid
stukvat 84
stukwerk
  645 Handel
  658 Beroep
stukwerker 658
stulp
  386 Gesig

  390 Mond
  439 Punt
stumper(d)
  503 Onverstandigheid
  615 Onbekwaam
stuntelig 615
stupid 503
stupiditeit
  503 Onverstandigheid
  524 Onlogies redeneer
  538 Dwaling
stut
  94 Dele van 'n eiendom
  625 Sterk
  651 Toesien
  663 Meedoen
  728 Balsporte
stutorganisasie 665
stutpaal 94
stuur
  67 Verplasing
  145 Beweging
  147 Rigting
  192 Laat gaan
  194 Vervoer
  196 Versend
  205 Weggaan van
  216 Ry
  217 Motorry
  223 Stuur
  232 Fiets
  233 Voertuig
  235 Skeepvaart
  236 Lugvaart
  631 Nodig
  693 Gee
stuurboord
  87 Aan die kant
  235 Skeepvaart
stuurhefboom 223
stuurinrigting
  235 Skeepvaart
  236 Lugvaart
stuurkajuit
  234 Spoorweë
  236 Lugvaart
stuurkolom 233
stuurloos
  223 Stuur
  583 Willoosheid
stuurlui 235
stuurmeganisme 223
stuuroutomaat 223
stuurpen 365
stuurrat 235
stuurs
  623 Sleg
  715 Negatiewe gevoel
  777 Haat en onvriendelikheid
stuurstang
  223 Stuur
  232 Fiets

  236 Lugvaart
stuurstelsel
  223 Stuur
  233 Voertuig
stuurstoel 235
stuurstok
  223 Stuur
  235 Skeepvaart
  236 Lugvaart
stuurtraag
  217 Motorry
  223 Stuur
stuurtraagheid
  217 Motorry
  223 Stuur
stuurvas
  217 Motorry
  223 Stuur
stuurvastheid
  217 Motorry
  223 Stuur
stuurvernuf 223
stuurwerkie 192
stuurwiel
  223 Stuur
  233 Voertuig
  235 Skeepvaart
stuwadoor
  221 Vaar
  235 Skeepvaart
stuwasie 235
stuwend 145
stuwing
  145 Beweging
  256 Skeikunde
  715 Negatiewe gevoel
styf
  71 Regop
  455 Hard
  565 Skryfkuns
  576 Sinsbou en styl
  595 Streng
  627 Skoon
  785 Hoogmoed
  792 Asosiaal
styfheid
  71 Regop
  146 Beweginglooshied
  455 Hard
  785 Hoogmoed
styfhoofdig
  582 Wilskrag
  598 Ongehoorsaam
  667 Stryd
styfhoofdigheid 582
styfkop 582
styfkoppig
  582 Wilskrag
  598 Ongehoorsaam
styfmiddel 627
styfte
  146 Beweginglooshied
  785 Hoogmoed

styg
107 Meer
140 Verandering
145 Beweging
147 Rigting
211 Opgaan
222 Vlieg
259 Aërografie
682 Slaag
stygbaan 222
stygellips
211 Opgaan
677 Skiet
styghoek 211
styging
107 Meer
158 Na bo
211 Opgaan
259 Aërografie
682 Slaag
stygsentiment 702
stygsnelheid
211 Opgaan
222 Vlieg
259 Aërografie
stygspekulant 702
stygwind 290
styl
31 Soort
94 Dele van 'n eiendom
322 Blom
323 Vrug
548 Praat
565 Skryfkuns
569 Taal
576 Sinsbou en styl
644 Handelwyse
747 Styl en smaak
749 Kuns
stylaard
569 Taal
576 Sinsbou en styl
stylfiguur
576 Sinsbou en styl
577 Betekenis
stylfout 569
stylgroep 576
stylleer
565 Skryfkuns
569 Taal
576 Sinsbou en styl
stylloos 748
stylloosheid 748
stylsteuring 569
stylvol
747 Styl en smaak
788 Beskawing
stylvolheid
747 Styl en smaak
788 Beskawing
stylvorm
569 Taal
576 Sinsbou en styl

stylwaarde 577
stysel
420 Voedsel
462 Halfvloeibare stof
627 Skoon
styselgom 462
styselmeel 419
styselryk 420
stywe
154 Vryf
627 Skoon
stywepap 426
stywerigheid 455
stywigheid 455
stywing 663
sub 568
sub judice
808 Regswese
809 Regsgeding
sub rosa
540 Nie kommunikeer nie
808 Regswese
subafdeling 30
subartikel
568 Media
801 Wet
subdivisie
3 Bestaanswyse
30 Hiërargie
subekonomies 690
subgids 263
subgroep 31
subhoof 565
subiet
49 Hede
51 Toekoms
subjek
32 Enkeling
576 Sinsbou en styl
subjektief
32 Enkeling
514 Wysbegeerte
527 Oordeel
583 Willoosheid
subjektivisme 514
subjektiwiteit
32 Enkeling
527 Oordeel
subjunktief 574
subkategorie
6 Betrekking
30 Hiërargie
31 Soort
subklas 31
subkontinent 276
subkontrakteur 97
subkultuur 535
subkutaan 381
subliem
622 Goed
743 Mooi
sublimaat 461

sublimasie
256 Skeikunde
292 Water
461 Gas
622 Goed
743 Mooi
sublimeer
461 Gas
826 Goedkeur
sublimering
292 Water
461 Gas
826 Goedkeur
sublimiteit
622 Goed
743 Mooi
sublunaries 270
submissie
684 Oorwin
685 Oorwin word
subnormaal 34
subopskrif 565
subordinaat
5 Onselfstandigheid
30 Hiërargie
subordinasie
5 Onselfstandigheid
30 Hiërargie
589 Dien
597 Gehoorsaam
subordineer 588
subornasie 803
suborneer 803
subpoena 809
subredakteur 568
subroetine 263
subrogasie 144
subsidie
693 Gee
708 Betaal
780 Hulpbetoon
subsidieer
693 Gee
708 Betaal
780 Hulpbetoon
subsidiër 144
subsidiëring 693
subskrif
565 Skryfkuns
566 Drukkuns
subskripsie 665
subskripsieaandeel 702
subsonies 266
subsoort 6
subspesie 31
substans 4
substansie
4 Selfstandigheid
254 Stof
substansieel
4 Selfstandigheid
420 Voedsel
substantief

4 Selfstandigheid
254 Stof
574 Woordkategorie
576 Sinsbou en styl
substantiefvorming 575
substantiveer
574 Woordkategorie
575 Woordvorming
substantivering
574 Woordkategorie
575 Woordvorming
substantiwies 574
substitueer 144
substituering 144
substitusie 144
substituut 144
substraat
3 Bestaanswyse
77 Onder, onderkant, ondertoe
subsumeer 522
subsumpsie 522
subteks
539 Kommunikeer
750 Letterkunde
subtiel
502 Verstand
621 Onbelangrik
subtiliteit
502 Verstand
621 Onbelangrik
subtipe 31
subtitel
565 Skryfkuns
567 Boek
subtrope 289
subtropies 289
subversief 238
sudoku 739
suède 314
suf
503 Onverstandigheid
509 Onoplettendheid
661 Vermoeidheid
715 Negatiewe gevoel
717 Lyding
suffer 296
suffer(d)
503 Onverstandigheid
509 Onoplettendheid
615 Onbekwaam
sufferig
503 Onverstandigheid
661 Vermoeidheid
sufferigheid
503 Onverstandigheid
661 Vermoeidheid
suffigaal 575
suffiks 575
suffiksaal 575
suffiksallomorfie 575
suffokasie 250
suffragaan 852

suffrajet 667
sufheid 505
sug
  404 Asemhaling
  413 Verskillende siektes
  460 Vloeistof
  462 Halfvloeibare stof
  476 Geluid
  482 Menslike geluid
  721 Ontevredenheid
  773 Begeerte
suggat 286
suggereer
  512 Verbeelding
  513 Denke
  518 Glo
  603 Voorstel
  638 Aanmoedig
suggestie
  512 Verbeelding
  518 Glo
  548 Praat
  576 Sinsbou en styl
  603 Voorstel
  638 Aanmoedig
suggestief
  512 Verbeelding
  820 Oneerbaar
suggestiwiteit
  512 Verbeelding
  820 Oneerbaar
sugpyp
  286 Rivier
  288 Waterstelsel
sugriolering
  94 Dele van 'n eiendom
  286 Rivier
sugriool 94
sugsloot
  286 Rivier
  409 Afskeiding en uitskeiding
sugvoor 286
sugwater 292
sui generis 3
suid
  88 Posisie
  147 Rigting
suid(e)punt 88
Suid-Afrikaner 787
suide 88
suidekant 88
suidelik
  88 Posisie
  147 Rigting
suiderbreedte
  88 Posisie
  272 Aarde
Suiderdriehoek 270
suiderhemel 269
Suiderkeerkring 272
suiderkim 269
Suiderkroon 270

suiderlig
  270 Hemelliggaam
  485 Lig
suiderling 64
suidewind 290
suidissel 344
suidkus 282
suidoos
  88 Posisie
  147 Rigting
  290 Wind
suidooste 88
suidooster 290
suidoostewind 290
suidpool
  261 Magnetisme
  269 Heelal
Suidpool 272
suidpoolekspedisie 187
suidpoolsirkel 272
Suid-Sotho 569
suidsuidoos
  88 Posisie
  147 Rigting
suidsuidwes 88
suidwes 88
suidweste 88
suidwester 290
suier
  233 Voertuig
  320 Stam
  390 Mond
  630 Werktuig
suierstang
  233 Voertuig
  257 Meganika en tegnologie
  630 Werktuig
suig
  166 Nader beweeg
  175 Insit
  290 Wind
  390 Mond
  406 Eet
  407 Drink
suigeling
  53 Nuut en jonk
  243 Kinders
  406 Eet
suigklank 572
suiglekker 426
suigling
  53 Nuut en jonk
  243 Kinders
  406 Eet
suigpomp 288
suigstokkie 426
suigtablet 415
suigvis 363
suigwortel 319
suiker
  226 Stadig
  419 Voedselbereiding

  420 Voedsel
  471 Smaaklik, lekker
suikeragtig
  426 Kossoort, dis
  471 Smaaklik, lekker
suikerappel 426
suikerbeet 426
suikerbekkie 365
suikerbos 337
suikerbrood
  424 Brood
  426 Kossoort, dis
suikergehalte 471
suikerig 471
suikerkan 334
suikerklontjie
  426 Kossoort, dis
  471 Smaaklik, lekker
  597 Gehoorsaam
suikerkorrel 471
suikerplantasie 471
suikerpot
  84 Houer
  95 Huisraad
suikerraffinadery 471
suikerriet 471
suikersiekte 413
suikersiektelyer 412
suikersoet 471
suikerstroop
  462 Halfvloeibare stof
  471 Smaaklik, lekker
suikertelling 414
suikertertjie 426
suikervoël 365
suikerwater 427
suil
  94 Dele van 'n eiendom
  546 Kunsmatige teken
suilegang 94
suinig
  686 Aanwins
  692 Spaar
  698 Behou
  773 Begeerte
  779 Boosaardigheid
suinigheid
  692 Spaar
  698 Behou
  773 Begeerte
  779 Boosaardigheid
suip
  407 Drink
  427 Drank
suipbak 84
suiper 407
suiping 369
suiplap
  407 Drink
  813 Swak gedrag
suipplek 407
suis
  290 Wind

  476 Geluid
suisel 476
suiselig 476
suiseling 476
suisend 476
suisgeluid 476
suising
  266 Akoestiek
  476 Geluid
suite 754
suiwel
  371 Suiwelbereiding
  420 Voedsel
  426 Kossoort, dis
suiwelbedryf 371
suiwelbereiding 371
suiwelboer 347
suiwelboerdery 347
suiwelproduksie 371
suiwelprodukte 420
suiwer
  53 Nuut en jonk
  129 Bepaaldheid
  238 Vernietig
  290 Wind
  301 Metaalverwerking
  414 Geneeskunde
  430 Rook
  537 Waarheid
  569 Taal
  570 Taalwetenskap
  612 Noukeurig
  622 Goed
  627 Skoon
  750 Letterkunde
  819 Eerbaar
suiwerheid
  569 Taal
  622 Goed
  819 Eerbaar
suiwering 627
suiweringsproses 627
sukkel
  198 Strompel
  226 Stadig
  229 Stadig beweeg
  412 Siek
  583 Willoosheid
  654 Moeilik handel
  683 Misluk
  717 Lyding
sukkelaar
  583 Willoosheid
  615 Onbekwaam
  621 Onbelangrik
  652 Versuim
  654 Moeilik handel
  683 Misluk
  717 Lyding
sukkelbestaan 690
sukkeldraffie 229
sukkelend
  198 Strompel

229 Stadig beweeg
615 Onbekwaam
619 Kalm
623 Sleg
652 Versuim
654 Moeilik handel
683 Misluk
sukkelgang 229
sukkelrig
229 Stadig beweeg
615 Onbekwaam
652 Versuim
sukkelry
615 Onbekwaam
652 Versuim
683 Misluk
sukkelstappie 198
sukkelveld 728
sukkelwerk 654
Sukkot 851
Sukkot-Benot 855
sukkubus 838
sukkulent
318 Plant
324 Plantlewe
336 Vetplant
sukrose 471
sukses
622 Goed
650 Voltooi
682 Slaag
684 Oorwin
688 Besit
sukses(toneel)stuk 752
suksesbehep 610
suksessie
25 Dit wat volg
696 Ontvang
suksessiebelasting 712
suksessief 25
suksessie-oorlog 667
suksessiereg
806 Wettig
808 Regswese
suksessieregte 696
suksesverhaal 682
suksesvol 682
sul
503 Onverstandigheid
615 Onbekwaam
sulfaat
256 Skeikunde
300 Sout
sulfer 256
sulfied
256 Skeikunde
296 Nie-metaal
sulfiet
256 Skeikunde
300 Sout
sulfonamied
256 Skeikunde
300 Sout

sulke
3 Bestaanswyse
8 Dieselfde
sult
421 Vleis
426 Kossoort, dis
sultan 591
sultana
426 Kossoort, dis
427 Drank
sultanaat
61 Plek
590 Bestuur en regeer
591 Gesaghebber
sultane 591
summa cum laude 561
summier
49 Hede
51 Toekoms
108 Minder
summum 622
sunder 676
sundgat 676
superbelasting 712
superego 32
superette 707
superfiets 232
superfiks 411
superfosfaat 345
superieur 622
superintendent
417 Hospitaal
508 Aandag
590 Bestuur en regeer
superioriteit 622
superlatief
574 Woordkategorie
622 Goed
supermark 707
supermodel 745
supermoondheid 590
supernova 270
superordinaat
30 Hiërargie
573 Woordeskat
577 Betekenis
superordinasie 30
superponeer 74
superskrif
565 Skryfkuns
566 Drukkuns
supersonies
222 Vlieg
225 Vinnig
266 Akoestiek
superstisie 844
superstisieus 844
superstruktuur 76
superswaargewig 731
supervisie
516 Soek
590 Bestuur en regeer
supplement
107 Meer

567 Boek
568 Media
supplementeer 107
supplementêr
107 Meer
139 Meetkunde
567 Boek
568 Media
supposisie 518
suppositorium 415
suppressie
588 Gesag hê
602 Verbied
639 Ontmoedig
779 Boosaardigheid
supprimeer 171
suppuratief 413
supranasionaal 787
supremasie 588
surigheid
470 Smaak
472 Smaakloos, sleg
suring
344 Onkruid
419 Voedselbereiding
surplus
116 Te veel
632 Onnodig
686 Aanwins
surplussaldo
688 Besit
703 Boekhou
surrealis 749
surrealisme
34 Vreemdheid
749 Kuns
surrealisties
34 Vreemdheid
749 Kuns
surrogaat 144
surrogaatmoeder 242
sus
245 Suster
410 Slaap
619 Kalm
714 Positiewe gevoel
716 Genot
suserein 588
susereiniteit 588
sushi 426
susmiddel 494
suspendeer
28 Einde
76 Bo, bokant, boontoe
suspensie
256 Skeikunde
462 Halfvloeibare stof
suspisie
518 Glo
519 Twyfel
587 Aarsel
770 Wantroue
832 Beskuldig

suspisieus
519 Twyfel
623 Sleg
770 Wantroue
832 Beskuldig
sussie 245
suster
245 Suster
376 Vrou
416 Medikus
417 Hospitaal
852 Geestelike
sustergemeente 840
susterkerk
840 Godsdiens
852 Geestelike
susterliefde 776
susterlik 245
sustermaatskappy
658 Beroep
665 Byeenkom
susterskap 241
susterskind 247
susterskip 235
susterskool 559
susterstad 90
sustersvereniging 665
sustertaal 569
sutuur 414
suur
256 Skeikunde
408 Spysvertering
463 Nat
471 Smaaklik, lekker
472 Smaakloos, sleg
623 Sleg
654 Moeilik handel
777 Haat en
   onvriendelikheid
suurdeeg
15 Oorsaak
425 Bakker
426 Kossoort, dis
suurdesem 425
suurgas 461
suurgesig 777
suurgras 338
suurheid 472
suurkanol 334
suurklontjie 426
suurknol
337 Veldplant
777 Haat en
   onvriendelikheid
suurkool 426
suurlemoen
350 Vrugteverbouing
426 Kossoort, dis
suurlemoensout 419
suurmelk
371 Suiwelbereiding
427 Drank
suurpap 426
suurpol 338

suurpruim
  426 Kossoort, dis
  777 Haat en
    onvriendelikheid
suurroom
  371 Suiwelbereiding
  419 Voedselbereiding
suursoet 472
suurstof
  256 Skeikunde
  461 Gas
suurstofarmoede 413
suurstofgebrek 413
suurstofgehalte 461
suurstofinhoud 461
suurstofwater 460
suurtjie 426
suurvas
  256 Skeikunde
  472 Smaakloos, sleg
suurveld
  346 Landbougrond
  369 Veeteelt
suurvy
  350 Vrugteverbouing
  426 Kossoort, dis
suutjies
  226 Stadig
  477 Stilte
svarabhakti 572
svarabhaktivokaal 572
s-vorm 438
s-vormig
  438 Vorm
  444 Krom
swaai
  140 Verandering
  145 Beweging
  148 Van koers gaan
  163 Draai
  164 Reëlmatige
    beweging
  165 Onreëlmatige
    beweging
  198 Strompel
  396 Rug
  522 Redeneer
  730 Gimnastiek
  741 Kinderspel
swaaibalbouler 728
swaaibrug 149
swaaideur 94
swaan 365
Swaan 270
swaap 503
swaar
  432 Groot
  434 Breed
  452 Swaar
  595 Streng
  616 Magtig
  618 Heftig
  654 Moeilik handel

717 Lyding
swaarbelaai
  654 Moeilik handel
  717 Lyding
swaarbelas
  654 Moeilik handel
  717 Lyding
swaard
  185 Sny
  678 Ander wapens
  731 Gevegsport
swaardgeveg
  667 Stryd
  731 Gevegsport
swaardlelie 334
swaardslag 182
swaardvaring 329
swaardvegter
  667 Stryd
  678 Ander wapens
  731 Gevegsport
swaardvis 363
swaardvorm 438
swaardvormig
  438 Vorm
  440 Skerp
swaargebou 432
swaargeskut 676
swaargewig 731
swaargewonde 412
swaarhoofdig
  717 Lyding
  719 Hartseer
swaarhoofdigheid
  717 Lyding
  719 Hartseer
swaarkry
  654 Moeilik handel
  690 Arm
  717 Lyding
swaarlywig
  434 Breed
  452 Swaar
swaarlywigheid
  434 Breed
  452 Swaar
swaarmoedig
  715 Negatiewe gevoel
  717 Lyding
  719 Hartseer
  723 Erns
swaarmoedigheid
  715 Negatiewe gevoel
  717 Lyding
  719 Hartseer
  723 Erns
swaarnywerheid 658
swaarspaat 298
swaarte
  432 Groot
  452 Swaar
swaartekrag
  257 Meganika en
    tegnologie
  452 Swaar
swaartekragveld 257
swaartelyn 257
swaartepunt
  139 Meetkunde
  257 Meganika en
    tegnologie
swaartillend 719
swaartillendheid 719
swaarwater
  256 Skeikunde
  460 Vloeistof
swaarwaterstof 256
swaarweer
  289 Klimaat
  293 Onweer
swaarwigtig 620
swael
  256 Skeikunde
  296 Nie-metaal
  365 Voël
  407 Drink
  467 Aansteek
swaelagtig 296
swaelkwik 296
swaelstertvoeg 316
swaelsuikerbos 334
swaeltjie 365
swaer 244
swaerskap 244
swagtel
  161 Bedek
  163 Draai
  415 Geneesmiddel
swak
  103 Min
  412 Siek
  458 Breekbaar
  526 Weerlê
  574 Woordkategorie
  583 Willoosheid
  596 Inskiklik
  615 Onbekwaam
  617 Magteloos
  621 Onbelangrik
  623 Sleg
  626 Swak
  635 Skadelik
  683 Misluk
  687 Verlies
  813 Swak gedrag
  827 Afkeur
swakgelowig 519
swakgelowigheid 519
swakheid
  412 Siek
  458 Breekbaar
  526 Weerlê
  596 Inskiklik

613 Onnoukeurig
  615 Onbekwaam
  626 Swak
  813 Swak gedrag
swakkeling
  583 Willoosheid
  626 Swak
swakkerig
  412 Siek
  583 Willoosheid
  626 Swak
swakkies
  412 Siek
  583 Willoosheid
  615 Onbekwaam
  626 Swak
swakplek
  626 Swak
  714 Positiewe gevoel
swaksiende 499
swaksiendheid 499
swaksinnig
  503 Onverstandigheid
  505 Verstandstoornis
swaksinnige 503
swaksinnigheid
  413 Verskillende siektes
  503 Onverstandigheid
  505 Verstandstoornis
swakstroom 262
swakte 626
swakweg 615
swalk 187
swalp 287
swam
  318 Plant
  324 Plantlewe
  327 Tallusplant
  381 Huid
  413 Verskillende siektes
  524 Onlogies redeneer
  548 Praat
swamdoder 252
swamsiekte
  324 Plantlewe
  413 Verskillende siektes
swamspoor 327
swanedons 365
swanger 239
swangerskap 239
swaperig 503
swapestreek 503
swarigheid
  452 Swaar
  654 Moeilik handel
  656 Gevaarlik
  666 Verhinder
  667 Stryd
  717 Lyding
  827 Afkeur
swart
  486 Duisternis
  489 Ondeurskynend

492 Kleure
628 Vuil
829 Beledig
swart(aal)bessie 350
swartaasvoël 365
swartbakkop 364
**swartbewussynsbewe-
ging** 787
swartbier 427
swartbont 492
swartbord 560
swartbordkryt 560
swartbrand 324
swartdruk 566
swartdwerg 270
swarte 787
swart-en-wit(-)film 268
swart-en-wit(-)foto 268
**swart-en-wit(-)rol-
prent** 752
swartgallig
717 Lyding
719 Hartseer
766 Wanhoop
swartgalligheid
719 Hartseer
766 Wanhoop
swartgrys 492
swarthaak 331
swarthandel 701
swartheid 492
swarthout 316
swartkeelgeelvink 365
swartkop
366 Soogdier
382 Haar
384 Kop
swartkopskaap 366
swartkruit 676
swartkuns
761 Graveerkuns
836 Bonatuurlik
swartkuns 844
swartmagie 836
swartmamba 364
swartmark 701
swartmossel 363
swartmuggie 361
swartoestervanger 365
swartpeper 419
swartrenoster 366
swartroes 324
swartsel
469 Verwarmingstoestel
490 Kleur
swartskaap
789 Onbeskaafdheid
831 Minag
832 Beskuldig
swartslang 364
swartsmeer 829
swartsmeerdery 829
swartsnuitkewer 361

swartspan 852
swartspoegkobra 364
swartstorm
343 Genesende plant
415 Geneesmiddel
swartstroop 471
swartsug 413
swarttobie 365
swartwater 413
swartwaterkoors 413
swartwattel 331
swartwildebees 366
swartwitpens 366
swastika 546
swawel
256 Skeikunde
296 Nie-metaal
365 Voël
407 Drink
467 Aansteek
swawelagtig 296
swawelbron 284
swawelkwik 296
swawelsuursout
256 Skeikunde
300 Sout
swaweltjie 365
Swazi 569
sweedsleer 314
sweef
199 Spring
222 Vlieg
258 Hidroulika
365 Voël
512 Verbeelding
733 Lugsport
sweefakrobaat 730
sweefrek 730
sweefskerm 236
sweefskermtuig 236
sweefsprong 199
sweefstok 730
sweefstokarties 730
sweeftuig
199 Spring
236 Lugvaart
733 Lugsport
sweefvlieg 222
sweefvliegtuig 236
sweefvlug 222
sweem
2 Nie-bestaan
10 Harmonie
103 Min
sweempie 103
sweep
182 Slaan
219 Perdry
230 Rytuig
231 Tuig
368 Diereteelt
369 Veeteelt
590 Bestuur en regeer

591 Gesaghebber
sweepslag
182 Slaan
481 Skerp klank
667 Stryd
sweepstok
182 Slaan
230 Rytuig
sweer
413 Verskillende siektes
528 Bevestig
607 Beloof
717 Lyding
816 Getrouheid
sweerlik 537
sweet
402 Afskeidings- en
uitskeidingsorgane
409 Afskeiding en
uitskeiding
463 Nat
645 Handel
654 Moeilik handel
sweetband 745
sweetdruppel 409
sweetgaatjie
381 Huid
402 Afskeidings- en
uitskeidingsorgane
sweethande 409
sweetklier
381 Huid
402 Afskeidings- en
uitskeidingsorgane
sweetmiddel 415
sweetpak 745
sweetporie
381 Huid
402 Afskeidings- en
uitskeidingsorgane
sweetreuk 475
sweetuitslag 413
sweetvoete 409
sweetvos 366
sweetweerder 746
sweis
172 Vasmaak
301 Metaalverwerking
sweisapparaat
172 Vasmaak
301 Metaalverwerking
sweiser 301
sweising 301
sweismasjien
172 Vasmaak
630 Werktuig
sweissoldeer 172
sweiswerk 301
swel
323 Vrug
413 Verskillende siektes
434 Breed

swelg
116 Te veel
406 Eet
407 Drink
swelgparty 793
swelling
235 Skeepvaart
323 Vrug
413 Verskillende siektes
434 Breed
swelpedaal 756
swelsel 413
swem
145 Beweging
215 Swem
732 Watersport
swembad
94 Dele van 'n eiendom
215 Swem
732 Watersport
swemblaas 398
swembroek 745
swemdrag 745
swemduik 732
swemduiker 215
swemgala 727
swemgat 215
swemklere 745
swemmer
215 Swem
732 Watersport
swemoefening 215
swempak
215 Swem
745 Versier
swempie 365
swemplank 215
swemplek 215
swempoot
215 Swem
397 Ledemaat
swemskool 215
swemsport 215
swemvlies 397
swemvoete 215
swendel
701 Handel en ekonomie
818 Bedrieg
swendelaar
815 Oneerlik
818 Bedrieg
swendelary
623 Sleg
818 Bedrieg
swenk
140 Verandering
148 Van koers gaan
163 Draai
165 Onreëlmatige
beweging
680 Militêre aksie
swenking 165
swenklopie 728

swerf
 65 Afwesigheid
 187 Reis
 213 Rondgaan
 263 Rekenaar en internet
swerfdata 263
swerfling
 65 Afwesigheid
 213 Rondgaan
swerflus 187
swerfnier 413
swerfsiekte 187
swerfsteen 298
swerfsug 187
swerftog
 187 Reis
 213 Rondgaan
swerfvalk 365
swerk
 269 Heelal
 291 Wolk
swerkater
 623 Sleg
 722 Humor
 813 Swak gedrag
 818 Bedrieg
 822 Skuldig
swerm
 104 Baie
 165 Onreëlmatige beweging
 168 Saamkom
 213 Rondgaan
 222 Vlieg
 357 Dier
 365 Voël
swernoot
 623 Sleg
 722 Humor
 813 Swak gedrag
 818 Bedrieg
 822 Skuldig
swernoter
 623 Sleg
 722 Humor
 813 Swak gedrag
 818 Bedrieg
 822 Skuldig
swerweling
 65 Afwesigheid
 213 Rondgaan
swerwend
 148 Van koers gaan
 213 Rondgaan
swerwer
 65 Afwesigheid
 67 Verplasing
 187 Reis
 213 Rondgaan
 792 Asosiaal
swerwerslewe 187
swerwery 187

sweserik 402
swetend 409
sweterig
 409 Afskeiding en uitskeiding
 463 Nat
 475 Onwelriekend
swetrioel 104
swets
 548 Praat
 771 Gramskap
 820 Oneerbaar
 829 Beledig
swetsery
 548 Praat
 771 Gramskap
 777 Haat en onvriendelikheid
 820 Oneerbaar
 829 Beledig
swetstaal 820
swetswoord 820
swetterjoel 104
swewe
 222 Vlieg
 258 Hidroulika
 365 Voël
 512 Verbeelding
swewer 199
swie 365
swiep 444
swier
 163 Draai
 743 Mooi
swierbol 785
swierig
 743 Mooi
 785 Hoogmoed
swierigheid
 743 Mooi
 785 Hoogmoed
swiertrompet 333
swig
 531 Saamstem
 685 Oorwin word
swik 178
swikboor 155
swikgat 84
swikprop 178
swingel
 163 Draai
 230 Rytuig
 288 Waterstelsel
 316 Hout
swingelhout 230
swoeg
 404 Asemhaling
 610 Ywerig
 645 Handel
 654 Moeilik handel
swoeger 654
swoegery 645
swoegwerk 645

swoel 465
swoelheid 289
swoelte
 289 Klimaat
 465 Warm
swot 561
swottery 561
swye
 477 Stilte
 540 Nie kommunikeer nie
 549 Stilbly
swyg
 477 Stilte
 539 Kommunikeer
 540 Nie kommunikeer nie
 549 Stilbly
swy(g)end
 540 Nie kommunikeer nie
 549 Stilbly
swyger 549
swyggeld 803
swyging 540
swygreg 808
swygsaam
 477 Stilte
 540 Nie kommunikeer nie
 548 Praat
 549 Stilbly
 714 Positiewe gevoel
 786 Nederigheid
swygsaamheid
 477 Stilte
 540 Nie kommunikeer nie
 548 Praat
 549 Stilbly
 714 Positiewe gevoel
 786 Nederigheid
swym 413
swymel
 164 Reëlmatige beweging
 407 Drink
 412 Siek
swymeldronk 407
swyn 366
swynhond
 779 Boosaardigheid
 820 Oneerbaar
sy
 1 Bestaan
 87 Aan die kant
 139 Meetkunde
 311 Weefstof
 376 Vrou
 392 Romp
 395 Buik
 445 Oppervlak
 688 Besit

sybalie 808
sybeuk 853
syblom
 14 Navolging
 348 Blomkwekery
sybok 366
sybokhaar 311
sydelings
 6 Betrekking
 79 Dwars
 87 Aan die kant
 540 Nie kommunikeer nie
sydeur 94
syfer
 122 Bereken
 125 Tel
 133 Getalle
 287 Vloei
 292 Water
 460 Vloeistof
 463 Nat
 546 Kunsmatige teken
 565 Skryfkuns
 571 Skrif
 728 Balsporte
syferdig 153
syferend 460
syferfontein 284
syfergetal 133
syfering
 125 Tel
 460 Vloeistof
syferkode 565
syfernaam 573
syfersimbool 565
syferspel 728
syferteken
 546 Kunsmatige teken
 565 Skryfkuns
 571 Skrif
syfertenk
 94 Dele van 'n eiendom
 628 Vuil
syfertoets 564
syferwater
 287 Vloei
 292 Water
 460 Vloeistof
syferwatersloot 286
syg
 153 Deur
 460 Vloeistof
sygaring 312
sygdoek 153
syindustrie 311
sykant
 87 Aan die kant
 445 Oppervlak
sykous 745
sykultuur 311
sylinie 240
sylyn
 234 Spoorweë

363 Waterdier
symoreen 277
syn
 1 Bestaan
 3 Bestaanswyse
syne 688
synersyds 6
syns 712
synsbaar 712
synsgelyke 8
sypaadjie 149
sypad 149
sypaneel 233
sypel 287
syruspe 361
sysie 365
syskerm 233
syskermdruk 760
syskip 853
syslag
 215 Swem
 732 Watersport
syspan 232
syspieël 233
sysprong 199
sysselbos 332
systap
 148 Van koers gaan
 728 Balsporte
systof 311
sytafel 95
sytak
 234 Spoorweë
 286 Rivier
 320 Stam
 331 Boom
syvenster 233
syvlak 445
sywaarts
 87 Aan die kant
 148 Van koers gaan
sywurm 361

T
ta
 242 Ouers
 375 Man
taai
 421 Vleis
 455 Hard
 462 Halfvloeibare stof
 582 Wilskrag
 625 Sterk
 725 Verveling
taaibekkig 598
taaibos 332
taaierig 462
taaiheid
 455 Hard
 457 Onbreekbaar
 582 Wilskrag
 625 Sterk
taaiigheid 462

taaipitperske 426
taak 645
taakgebruiker 569
taakmag
 672 Weermag
 802 Wette gehoorsaam
taakspan 663
taakstelling 645
taal
 539 Kommunikeer
 548 Praat
 569 Taal
 576 Sinsbou en styl
taal(hand)boek 567
taaladviseur 570
taalarmoede 569
taalatlas
 567 Boek
 569 Taal
taalbederf 569
taalbederwer 569
taalbegrip 569
taalbeheer 569
taalbeheersing
 548 Praat
 569 Taal
taalbeleid 569
taalbeplanner 569
taalbeplanning 569
taalbeskrywing 570
taalbestuur 569
taalbevordering 569
taalbeweging 569
taalbewus 569
taalbewustheid 569
taaldaad 548
taaldebat 569
taaldemografie 569
taaldiens 570
taaleie
 569 Taal
 573 Woordeskat
taalfamilie 569
taalfees 793
taalfilosofie
 514 Wysbegeerte
 570 Taalwetenskap
taalfilosoof 515
taalfout
 538 Dwaling
 569 Taal
taalgebied 569
taalgebruik
 548 Praat
 569 Taal
 576 Sinsbou en styl
taalgebruiker 569
taalgemeenskap
 569 Taal
 787 Samelewing
taalgeograaf 570
taalgeografie
 569 Taal

570 Taalwetenskap
taalgevoel
 569 Taal
 713 Gevoel
taalgrens
 63 Begrensdheid
 569 Taal
 787 Samelewing
taalgroep
 569 Taal
 787 Samelewing
taalhandeling
 548 Praat
 576 Sinsbou en styl
 577 Betekenis
taalhervorming 569
taalideologie 569
taalindoena 569
taalkenner 569
taalkennis 569
taalklas
 561 Studeer
 570 Taalwetenskap
taalkontak 569
taalkunde
 515 Wetenskap
 570 Taalwetenskap
taalkundig
 546 Kunsmatige teken
 570 Taalwetenskap
taalkundige
 515 Wetenskap
 569 Taal
 570 Taalwetenskap
taalkwessie 569
taallaboratorium
 569 Taal
 570 Taalwetenskap
taalmonument
 535 Weet
 569 Taal
taalmuseum 535
taaloefening
 561 Studeer
 569 Taal
 570 Taalwetenskap
taalonderrig
 559 Opvoeding en
  onderwys
 570 Taalwetenskap
taalonderwys
 559 Opvoeding en
  onderwys
 570 Taalwetenskap
taalontwikkeling 569
taal-os 569
taalplan 569
taalpolitiek 569
taalpuris 569
taalpurisme 569
taalreël
 569 Taal
 570 Taalwetenskap

taalregister 569
taalsentrum 569
taalskat 569
taalsosiologie 569
taalstryd
 569 Taal
 667 Stryd
taalstryder
 569 Taal
 654 Moeilik handel
taalstyl 569
taalsuiwerheid 569
taalteken
 546 Kunsmatige teken
 565 Skryfkuns
taaltrots 569
taalvariant 569
taalvermenging 569
taalvermoë 569
taalverskynsel 569
taalversorger 566
taalversorging
 566 Drukkuns
 570 Taalwetenskap
taalverwantskap 569
taalvorm 569
taalwet
 569 Taal
 570 Taalwetenskap
taalwetenskap
 515 Wetenskap
 570 Taalwetenskap
taalwetenskaplike
 515 Wetenskap
 569 Taal
 570 Taalwetenskap
taamlik
 6 Betrekking
 104 Baie
 107 Meer
 624 Gemiddeld
taan
 108 Minder
 492 Kleure
taankleur 492
T-aansluiting 149
tabak 430
tabakboer
 347 Landbou
 430 Rook
tabakhandelaar 707
tabakpapier
 315 Papier
 430 Rook
tabakpruimpie 430
tabakrol 430
tabberd 745
tabberdgoed 311
tabel
 551 Meedeel
 568 Media
tabelleer
 19 Orde

talming

550 Noem
tabelvorm 568
tabernakel
  853 Kerkgebou
  854 Godsdienste
tablatuur 753
tableau vivant 752
tablet
  263 Rekenaar en internet
  415 Geneesmiddel
tablo
  752 Toneel- en rolprentkuns
  760 Skilderkuns
taboe 602
taboeret 95
taboes 182
taboewoord 820
tabula rasa 523
tabulatuur 753
tabuleer
  19 Orde
  550 Noem
tabuleertoets 564
tachisme 760
tackle 728
tacos 426
tael 131
taf
  311 Weefstof
  411 Gesond
  455 Hard
  457 Onbreekbaar
  582 Wilskrag
  625 Sterk
tafel
  95 Huisraad
  137 Bewerking
  418 Voeding
  850 Sakrament
tafelbediening 418
tafelberg 277
tafelbladpublikasie 566
tafeldruif 426
tafelgenoot
  406 Eet
  418 Voeding
tafelgerei 418
tafelgesprek 553
tafelkleed 95
tafellamp 487
tafelland
  274 Geologie
  277 Berg
tafelrede
  539 Kommunikeer
  558 Redevoering
tafelronde
  539 Kommunikeer
  553 Behandel
  665 Byeenkom
tafelsout
  256 Skeikunde

300 Sout
419 Voedselbereiding
471 Smaaklik, lekker
tafeltennis 728
tafelversiering 418
tafelvrugte
  323 Vrug
  426 Kossoort, dis
tafelwyn 427
tafereel
  44 Gebeure in tyd
  752 Toneel- en rolprentkuns
  760 Skilderkuns
tafsy 311
tageometer 123
tagikardie 413
tagimeter 123
tagisme 749
tagliatelle 426
tagometer
  123 Meet
  224 Snelheid
  233 Voertuig
tagtiger
  54 Oud
  750 Letterkunde
tahini 426
tai chi 629
taille 392
taipan 591
tak
  30 Hiërargie
  240 Genealogie
  286 Rivier
  318 Plant
  320 Stam
  331 Boom
  384 Kop
  658 Beroep
  665 Byeenkom
  700 Bank
  707 Handelsaak
takbestuurder
  590 Bestuur en regeer
  658 Beroep
  700 Bank
takbok 366
takbokvaring 329
takel
  182 Slaan
  183 Gryp
  211 Opgaan
  235 Skeepvaart
  310 Vlegwerk
  667 Stryd
  669 Aanval
takelaar 211
takeling 211
takelwerk
  211 Opgaan
  235 Skeepvaart
takhaar
  90 Omgewing

792 Asosiaal
takkantoor
  658 Beroep
  665 Byeenkom
  700 Bank
takknipper 94
taklyn 234
takonderneming 665
takrivier 286
taks
  55 Periodiek
  126 Skat
  693 Gee
taks 712
taksasie 126
taksateur
  122 Bereken
  126 Skat
takseer
  126 Skat
  527 Oordeel
takseerder 122
taksering
  126 Skat
  527 Oordeel
taksidermie 368
taksidermis 368
taksonomie 19
taksonomies 19
takt 714
taktiek
  629 Gebruik
  640 Voorbereid
  644 Handelwyse
  672 Weermag
taktiel 495
takties
  640 Voorbereid
  644 Handelwyse
taktloos
  715 Negatiewe gevoel
  790 Sosiale betrekking
taktloosheid
  715 Negatiewe gevoel
  792 Asosiaal
taktvol
  714 Positiewe gevoel
  790 Sosiale betrekking
taktvolheid 714
takwinkel 665
tal 102
talekenner 569
talent
  124 Weeg
  131 Geldeenheid
  502 Verstand
  614 Bekwaam
  749 Kuns
talentjagter
  614 Bekwaam
  749 Kuns
talentloos 503
talentryk 614

talentvol
  502 Verstand
  614 Bekwaam
talidomied 415
talig
  546 Kunsmatige teken
  569 Taal
  570 Taalwetenskap
taligheid 569
talisman 844
talje 392
talk
  298 Steen
  746 Persoonlike versorging
talkklier
  381 Huid
  402 Afskeidings- en uitskeidingsorgane
talkpoeier 746
talksteen 298
talle
  13 Verskeidenheid
  104 Baie
tallium 297
tallofiet 327
talloos
  104 Baie
  125 Tel
tallus 327
talm
  39 Tydverlies
  163 Draai
  193 Vertraag
  226 Stadig
  229 Stadig beweeg
  581 Teësinnig
  587 Aarsel
  652 Versuim
talmend
  39 Tydverlies
  193 Vertraag
  226 Stadig
  581 Teësinnig
  587 Aarsel
talmer
  226 Stadig
  581 Teësinnig
  587 Aarsel
talmerig
  226 Stadig
  581 Teësinnig
  587 Aarsel
talmery
  193 Vertraag
  226 Stadig
  581 Teësinnig
  587 Aarsel
talming
  193 Vertraag
  226 Stadig
  581 Teësinnig
  587 Aarsel

Talmoed
842 Geloof
854 Godsdienste
talmoedis 854
talryk
13 Verskeidenheid
104 Baie
talrykheid 104
talsterkte 102
talus 277
tam
597 Gehoorsaam
611 Lui
661 Vermoeidheid
tamaai 432
tamarind 331
tamarinde
331 Boom
415 Geneesmiddel
tamarisk 331
tamaryn 343
tamatie
351 Groenteverbouing
426 Kossoort, dis
tamatiebredie 426
tamatiepruim
350 Vrugteverbouing
426 Kossoort, dis
tamatierooi 492
tamatiesap 427
tamatieslaai 426
tamatiesmoor 426
tamatiesop 426
tamatiesous
419 Voedselbereiding
426 Kossoort, dis
tamboekiegras
337 Veldplant
338 Gras
tamboer
94 Dele van 'n eiendom
182 Slaan
755 Uitvoering
756 Musiekinstrument
tamboermajoor 673
tamboerslaner 756
tamboeryn 756
tambotie 331
tambotiehout 316
tambryn 363
tameletjie
182 Slaan
426 Kossoort, dis
517 Soek
654 Moeilik handel
tamheid
611 Lui
661 Vermoeidheid
tampan 361
tampon 178
tamponneer
414 Geneeskunde
566 Drukkuns

tan 465
tand
185 Sny
390 Mond
391 Tand
439 Punt
tandabses 413
tandarts
416 Medikus
645 Handel
tandbederf
391 Tand
413 Verskillende siektes
tandbeen
308 Been
385 Skedel
391 Tand
tandboog 390
tandeborsel 746
tandeknersend 482
tandeknersing 482
tandeloos 391
tandem 232
tandemalje 391
tandemfiets 232
tandemlees 562
tandemskotteleg 355
tandemuis 391
tandepasta 746
tandestel 391
tandestoker 439
tandestokkie
439 Punt
746 Persoonlike versorging
tandetrekker 416
tandevlos 746
tandglasuur 391
tandheelkunde
414 Geneeskunde
515 Wetenskap
tandheelkundig 414
tandheelkundige
416 Medikus
515 Wetenskap
tandholte 391
tanding
155 Deurboor
439 Punt
tandivoor 391
tandkas 390
tandklank 572
tandkroon 391
tandmuis 391
tandoor 95
tandoori-hoender 426
tandoori-vis 426
tandoori-vleis 426
tandpyn
412 Siek
413 Verskillende siektes
717 Lyding

tandrat
128 Chronometer
163 Draai
232 Fiets
233 Voertuig
257 Meganika en tegnologie
tandrif
385 Skedel
572 Uitspraak
tandsenuwee 391
tandsetter 316
tandsteek 413
tandsteen
391 Tand
413 Verskillende siektes
tandtegnikus 416
tandverrotting 413
tandvleis 391
tandvleisontsteking 413
tandwalvis 363
tandweefsel 391
tandwiel
128 Chronometer
163 Draai
232 Fiets
257 Meganika en tegnologie
tandwortel 391
taner 314
tang
101 Bouersgereedskap
172 Vasmaak
183 Gryp
813 Swak gedrag
tanga 745
tangens 139
tangensieel 139
tangent 756
tangmorfeem 575
tango 742
tangsleutel 172
tangverlossing
239 Voortplant
414 Geneeskunde
tanig 492
tannie
246 Oom en tante
376 Vrou
tannien 314
tans 49
tantaal
256 Skeikunde
297 Metaal
tantaliet 297
tantaliseer
722 Humor
773 Begeerte
tantalum 256
tantalusbeker 84
tantaluskwelling 413
tante
246 Oom en tante

376 Vrou
tantième
565 Skryfkuns
686 Aanwins
tantra 842
tanzaniet 298
Taoïsme 854
tap
84 Houer
176 Uithaal
178 Toegaan
287 Vloei
288 Waterstelsel
tapas 426
tapbeitel 630
tapbier 427
tapboor 155
tap(s)bout 172
tapenade 426
tapgat 84
taphuis 429
tapioka 419
tapiokapoeding 426
tapir 366
tapisserie
313 Weef
745 Versier
758 Beeldende kuns
tapisseriewerk 758
tapkamer 429
tappery 429
tapsaag
185 Sny
316 Hout
630 Werktuig
tapskroef
100 Boumateriaal
172 Vasmaak
taptoe 680
tapvoeg 316
tapyt
95 Huisraad
745 Versier
tapytborsel 627
tapytklopper 627
taramasalata 426
tarantella 742
tarantula 361
tarbot 363
tarentaal 365
tarief
122 Bereken
704 Koop
705 Verkoop
708 Betaal
tarieweoorlog
122 Bereken
667 Stryd
tarlatan 311
tarot 740
tarra
124 Weeg
452 Swaar

tarragon 419
tarsus
  361 Insek
  380 Gebeente
  397 Ledemaat
tart
  717 Lyding
  773 Begeerte
  779 Boosaardigheid
  831 Minag
Tartak 855
tartan 311
tartanbaan 729
tartend 779
tarting
  779 Boosaardigheid
  831 Minag
tartrasien 419
tarwe 352
tas
  84 Houer
  181 Raak
  187 Reis
  495 Tassin
  564 Skryfbehoeftes
tasal 421
tasaterwater 427
tasbaar
  254 Stof
  495 Tassin
  543 Duidelik
tasbaarheid
  254 Stof
  543 Duidelik
tasdief 695
tasorgaan 495
tassin(tuig) 495
tastelik 495
tastend 495
taster 762
tasterpootspinne-
  kop 361
tasting 495
tat(t)a
  190 Vertrek
  790 Sosiale betrekking
tater
  482 Menslike geluid
  813 Swak gedrag
tatgai 335
tatoeëer 546
tatoeëermerk 546
tatoeëring
  381 Huid
  546 Kunsmatige teken
  745 Versier
Taurus 270
taverne 429
taxi 233
taxibestuurder 194
taxibus 233
taxigeweld
  667 Stryd

  803 Wette oortree
taxistaanplek 194
taxivervoer 194
T-beenskyf 421
te
  74 Op
  88 Posisie
  116 Te veel
  144 Vervanging
teater
  91 Gebou
  168 Saamkom
  417 Hospitaal
  724 Vermaak en
    ontspanning
  752 Toneel- en
    rolprentkuns
teaterganger 752
teaterinstrumente 417
teaterkuns 749
teatersuster
  416 Medikus
  417 Hospitaal
teatertafel 417
teatertrollie 417
teatraal
  744 Lelik
  752 Toneel- en
    rolprentkuns
teboekstelling 563
technikon 399
techno 753
teddie 741
teë
  406 Eet
  407 Drink
  427 Drank
  775 Weersin
  827 Afkeur
teeblare 427
teebossie 332
teedrinker 407
teë-eet 406
teef
  357 Dier
  366 Soogdier
teefhond 366
teegas 790
teegoed 95
teëhou
  146 Beweginloosheid
  193 Vertraag
  602 Verbied
  666 Verhinder
teekamer
  94 Dele van 'n eiendom
  429 Eetplek, kroeg
  707 Handelsaak
teekan 84
teëkap
  529 Ontken
  548 Praat
teekas 84

teeketel 84
teekis 84
teekleedjie 95
teëkom
  166 Nader beweeg
  204 Aangaan by
  517 Vind
teekoppie
  84 Houer
  95 Huisraad
teel
  237 Voortbring
  239 Voortplant
  345 Plantkwekery
  347 Landbou
  368 Diereteelt
  369 Veeteelt
  370 Voëlteelt
  403 Voortplantings-
    orgaan
teël
  94 Dele van 'n eiendom
  97 Bou
  100 Boumateriaal
  304 Steenbakkery
teëlaar 97
teelaarde
  15 Oorsaak
  27 Begin
  346 Landbougrond
teelbal 403
teeldier
  368 Diereteelt
  369 Veeteelt
teeldrif 239
teelepel 95
teëlfabriek 304
teelgrond
  15 Oorsaak
  27 Begin
  346 Landbougrond
teelklier 403
teellaag 331
teëllêer 97
teelood 297
teëloop 683
teelsak 403
teelt
  345 Plantkwekery
  369 Veeteelt
teelvee 369
teëlvloer 94
teëlwerk 97
teem
  548 Praat
  725 Verveling
teemirt 331
teemus(sie)
  95 Huisraad
  465 Warm
teen
  61 Plek
  69 Naby

  118 Vergelyking
  126 Skat
  127 Tydbepaling
  144 Vervanging
  147 Rigting
  181 Raak
  183 Gryp
teenaan
  69 Naby
  87 Aan die kant
  181 Raak
teenaanbod
  603 Voorstel
  693 Gee
teenaanval 669
teenargument
  513 Denke
  525 Bewys
  526 Weerlê
  532 Betwis
teenbeeld 9
teenberig 539
teenbeskuldiging 832
teenbetoog
  526 Weerlê
  530 Voorbehou
teenbevel 599
teenbewys
  525 Bewys
  526 Weerlê
teenblad
  546 Kunsmatige teken
  567 Boek
teendeel 9
teendraads
  313 Weef
  666 Verhinder
teendruk 183
teeneis
  599 Gesag uitoefen
  604 Versoek
  806 Wettig
teeneiser 599
teengaan
  9 Verskillend of
    teenoorgesteld
  532 Betwis
  588 Gesag hê
  602 Verbied
  666 Verhinder
teengesteld 9
teengewig 124
teengif 252
teenhanger
  8 Dieselfde
  11 Disharmonie
teenhou
  602 Verbied
  666 Verhinder
teeninsurgensie 667
teenkandidaat 590
teenkant 87

teenkanting

teenkanting
9 Verskillend of
teenoorgesteld
548 Praat
585 Verwerp
666 Verhinder
667 Stryd
teenkap
529 Ontken
827 Afkeur
teenkom
166 Nader beweeg
204 Aangaan by
teenliggaampie 252
teenmaatreël 599
teenmiddel 666
teennatuurlik 36
teenoffensief 669
teenoor
6 Betrekking
61 Plek
85 Voor
118 Vergelyking
119 Teenstelling
teenoorgeleë 85
teenoorgesteld
9 Verskillend of
teenoorgesteld
119 Teenstelling
573 Woordeskat
577 Betekenis
teenoorgestelde
573 Woordeskat
577 Betekenis
teenoorgesteldheid
9 Verskillend of
teenoorgesteld
11 Disharmonie
119 Teenstelling
573 Woordeskat
577 Betekenis
teenoorstaande 85
teenparty
666 Verhinder
727 Kompetisie
777 Haat en
onvriendelikheid
808 Regswese
teenpleit 809
teenpoging 666
teenpraat
532 Betwis
598 Ongehoorsaam
666 Verhinder
teenprater 532
teenpraterig
532 Betwis
666 Verhinder
667 Stryd
teenpratery
532 Betwis
548 Praat
598 Ongehoorsaam
666 Verhinder

667 Stryd
teenprestasie 834
teenproduktief 687
teenredenasie 526
teenrevolusionêr
121 Verwarring
140 Verandering
667 Stryd
teenset 739
teensin
581 Teësinnig
775 Weersin
827 Afkeur
teensinnig
581 Teësinnig
775 Weersin
827 Afkeur
teensinnigheid
581 Teësinnig
775 Weersin
827 Afkeur
teensit
585 Verwerp
666 Verhinder
670 Verdedig
teenskuif 739
teenslag
683 Misluk
719 Hartseer
teenspier 379
teenspioenasie 508
teenspoed
238 Vernietig
635 Skadelik
683 Misluk
687 Verlies
717 Lyding
719 Hartseer
teenspoedig
635 Skadelik
683 Misluk
717 Lyding
719 Hartseer
teenspraak
9 Verskillend of
teenoorgesteld
529 Ontken
532 Betwis
667 Stryd
teenspreek
9 Verskillend of
teenoorgesteld
526 Weerlê
529 Ontken
532 Betwis
666 Verhinder
667 Stryd
teensprekerig 667
teenstaan
9 Verskillend of
teenoorgesteld
532 Betwis
585 Verwerp

588 Gesag hê
666 Verhinder
670 Verdedig
827 Afkeur
teenstand
532 Betwis
585 Verwerp
588 Gesag hê
666 Verhinder
670 Verdedig
779 Boosaardigheid
827 Afkeur
teenstander
532 Betwis
666 Verhinder
670 Verdedig
727 Kompetisie
777 Haat en
onvriendelikheid
teenstellend 119
teenstelling
11 Disharmonie
119 Teenstelling
576 Sinsbou en styl
577 Betekenis
teenstem
532 Betwis
585 Verwerp
590 Bestuur en regeer
teenstem 666
teenstoot 183
teenstribbel
532 Betwis
582 Wilskrag
666 Verhinder
teenstribbeling
532 Betwis
598 Ongehoorsaam
666 Verhinder
teenstrokie 546
teenstroom 147
teenstrydig
7 Betrekkingloosheid
9 Verskillend of
teenoorgesteld
11 Disharmonie
119 Teenstelling
524 Onlogies redeneer
576 Sinsbou en styl
teenstrydigheid
7 Betrekkingloosheid
9 Verskillend of
teenoorgesteld
11 Disharmonie
119 Teenstelling
524 Onlogies redeneer
576 Sinsbou en styl
teenstuk 234
teensuur 256
teensuurmiddel 415
teensuurtablet 415
teenswoordig 49
teensy 87

teenteken 565
teenvaller 683
teenvigsmiddel 415
teenvoeter 9
teenvoorstel
532 Betwis
603 Voorstel
604 Versoek
teenvraag 555
teenwerk
9 Verskillend of
teenoorgesteld
20 Wanorde
585 Verwerp
588 Gesag hê
666 Verhinder
teenwerking 666
teenwerp
530 Voorbehou
532 Betwis
556 Antwoord
666 Verhinder
teenwerping
532 Betwis
556 Antwoord
666 Verhinder
teenwig
234 Spoorweë
452 Swaar
666 Verhinder
teenwind 290
teenwoord 556
teenwoordig 64
teenwoordigheid 64
teenswoordig 49
teëparty
666 Verhinder
727 Kompetisie
777 Haat en
onvriendelikheid
808 Regswese
teëpartytjie 418
teëplantasie 346
teëplanter 347
teepot
84 Houer
95 Huisraad
427 Drank
teepouse
648 Onderbreek
662 Rus
teëpraat
532 Betwis
548 Praat
598 Ongehoorsaam
666 Verhinder
667 Stryd
teëprater 532
teëpraterig
532 Betwis
666 Verhinder
667 Stryd
teëpratery
532 Betwis

548 Praat
598 Ongehoorsaam
666 Verhinder
667 Stryd
teer
149 Pad
249 Lewe
433 Klein
462 Halfvloeibare stof
626 Swak
714 Positiewe gevoel
772 Sagmoedigheid
776 Liefde en
vriendskap
teergevoelig
654 Moeilik handel
714 Positiewe gevoel
772 Sagmoedigheid
teergevoeligheid
654 Moeilik handel
714 Positiewe gevoel
772 Sagmoedigheid
teerhartig
772 Sagmoedigheid
776 Liefde en
vriendskap
teerhartigheid
772 Sagmoedigheid
776 Liefde en
vriendskap
teerheid
626 Swak
714 Positiewe gevoel
776 Liefde en
vriendskap
teerling 18
teerpaal 316
teerpad 149
teerputs
84 Houer
628 Vuil
652 Versuim
teerseil
161 Bedek
235 Skeepvaart
teertou
621 Onbelangrik
628 Vuil
652 Versuim
813 Swak gedrag
teervernis 462
teesakkie 427
teësang 757
teeservies 95
teesiffie
95 Huisraad
153 Deur
427 Drank
teestel 95
teetafel
95 Huisraad
418 Voeding
teetrollie 95

teetuin 429
teetyd
37 Tydruimte
38 Tydgebruik
418 Voeding
648 Onderbreek
662 Rus
teewater
407 Drink
460 Vloeistof
tefgras 338
tegeldemaking 705
tegelyk
48 Gelyktydig
107 Meer
tegelykertyd 48
tegemoet
166 Nader beweeg
204 Aangaan by
tegemoetgaan 166
tegemoetkom
166 Nader beweeg
204 Aangaan by
596 Inskiklik
663 Meedoen
693 Gee
778 Goedaardigheid
tegemoetkomend
596 Inskiklik
663 Meedoen
776 Liefde en
vriendskap
778 Goedaardigheid
tegemoetkomendheid
596 Inskiklik
663 Meedoen
776 Liefde en
vriendskap
778 Goedaardigheid
tegemoetkoming
204 Aangaan by
596 Inskiklik
778 Goedaardigheid
teghwa(a)n 365
tegniek
257 Meganika en
tegnologie
614 Bekwaam
644 Handelwyse
749 Kuns
tegnies
97 Bou
257 Meganika en
tegnologie
644 Handelwyse
tegnikus
257 Meganika en
tegnologie
262 Elektrisiteit
644 Handelwyse
645 Handel
tegnofiel 257

tegnokraat
257 Meganika en
tegnologie
644 Handelwyse
tegnokrasie
257 Meganika en
tegnologie
644 Handelwyse
tegnokraties
257 Meganika en
tegnologie
644 Handelwyse
tegnologie
257 Meganika en
tegnologie
644 Handelwyse
tegnologies
257 Meganika en
tegnologie
644 Handelwyse
tegnoloog
257 Meganika en
tegnologie
644 Handelwyse
tegnopark 658
tegnosourus
257 Meganika en
tegnologie
367 Oerdier
tegoed 703
tehuis
89 Blyplek
780 Hulpbetoon
teiken
637 Doelgerigtheid en
doelloosheid
677 Skiet
teikenbal 728
teikenskiet
677 Skiet
731 Gevegsport
teïs
514 Wysbegeerte
842 Geloof
teïsme
842 Geloof
854 Godsdienste
teister
623 Sleg
667 Stryd
717 Lyding
779 Boosaardigheid
803 Wette oortree
teisteraar 803
teistering
667 Stryd
717 Lyding
779 Boosaardigheid
803 Wette oortree
teïsties 514
teken
3 Bestaanswyse
137 Bewerking

139 Meetkunde
541 Betekenisvolheid
545 Natuurlike teken
546 Kunsmatige teken
547 Simboliek
551 Meedeel
565 Skryfkuns
571 Skrif
640 Voorbereid
758 Beeldende kuns
759 Tekenkuns
836 Bonatuurlik
844 Bygeloof
tekenaap
564 Skryfbehoeftes
759 Tekenkuns
tekenaar
97 Bou
237 Voortbring
640 Voorbereid
759 Tekenkuns
tekenagtig
743 Mooi
759 Tekenkuns
tekenbank 759
tekenbehoeftes 759
tekenboek 759
tekenbord 759
tekendriehoek
139 Meetkunde
759 Tekenkuns
tekene 759
tekenend
3 Bestaanswyse
31 Soort
tekenend 541
tekenfilm 752
tekengereedskap 759
tekenhaak
139 Meetkunde
759 Tekenkuns
tekening
546 Kunsmatige teken
640 Voorbereid
758 Beeldende kuns
759 Tekenkuns
tekeninstrument 759
tekenkryt 759
tekenkuns
749 Kuns
758 Beeldende kuns
759 Tekenkuns
tekenlei 759
tekenmeester 759
tekenmetode 759
tekenpapier
315 Papier
759 Tekenkuns
tekenpen
564 Skryfbehoeftes
759 Tekenkuns
tekenplan 640
tekenplank 759

tekenpotlood 564
tekenprent
  752 Toneel- en rolprentkuns
  759 Tekenkuns
tekensaal
  560 Voorskoolse en naskoolse onderrig
  759 Tekenkuns
tekenskool 759
tekenskrif
  565 Skryfkuns
  759 Tekenkuns
tekenstif 759
tekentafel 759
tekenverhaal 552
tekeregaan
  213 Rondgaan
  476 Geluid
  548 Praat
  618 Heftig
  667 Stryd
  715 Negatiewe gevoel
  813 Swak gedrag
tekkel 728
tekkie
  728 Balsporte
  745 Versier
tekort
  117 Te min
  687 Verlies
  690 Arm
  697 Verlies ly
  703 Boekhou
  711 Skuld
tekortdoen
  117 Te min
  683 Misluk
  779 Boosaardigheid
tekortdoening 818
tekortkom 117
tekortkoming
  613 Onnoukeurig
  623 Sleg
  626 Swak
  631 Nodig
  813 Swak gedrag
tekortskiet
  102 Hoeveelheid
  103 Min
  117 Te min
  130 Onbepaaldheid
  615 Onbekwaam
  683 Misluk
teks
  548 Praat
  565 Skryfkuns
  567 Boek
  568 Media
  750 Letterkunde
  842 Geloof
  849 Prediking
teksboek
  566 Drukkuns

567 Boek
teksboodskap 265
teksbou 565
teksgedeelte 849
teksgrammatika 570
tekskopie 566
tekskritiek 570
tekslinguistiek 570
teksskrywer 752
teksstruktuur 565
tekstiel 311
tekstielbedryf
  311 Weefstof
  658 Beroep
tekstielfabriek
  311 Weefstof
  658 Beroep
tekstielnywerheid
  311 Weefstof
  658 Beroep
tekstielstof 311
tekstueel
  565 Skryfkuns
  577 Betekenis
tekstuur
  311 Weefstof
  316 Hout
  448 Gelyk
  449 Ongelyk
teksuitgawe 567
teksuitleg 543
teksverklaring 543
teksvers
  842 Geloof
  849 Prediking
teksverwerking
  543 Duidelik
  565 Skryfkuns
tekswetenskap 570
tekswoord 849
tektoniek 274
tektonies
  272 Aarde
  274 Geologie
tel
  102 Hoeveelheid
  122 Bereken
  125 Tel
  133 Getalle
  137 Bewerking
telamon 94
telastelegging 832
telbaar
  102 Hoeveelheid
  122 Bereken
  125 Tel
telbaarheid 102
telbord 727
telbossie 332
telbuis 256
telefaks 265
telefoneer 265
telefonie 265

telefonies 265
telefonis 265
telefoon 265
telefoonantwoord-
  masjien 265
telefoondiens 265
telefoongids
  265 Telegraaf en telefoon
  567 Boek
telefoonhokkie 265
telefoonkaart 265
telefoonlyn 265
telefoonnommer
  133 Getalle
  265 Telegraaf en telefoon
telefoonoproep 265
telefoonsentrale 265
telefoto
  265 Telegraaf en telefoon
  268 Fotografie en film
telefotografie
  265 Telegraaf en telefoon
  268 Fotografie en film
telefotolens 268
telegraaf
  196 Versend
  265 Telegraaf en telefoon
telegraafdiens 265
telegraafwese 265
telegrafeer
  196 Versend
  265 Telegraaf en telefoon
telegrafie 265
telegrafies 265
telegrafis
  196 Versend
  265 Telegraaf en telefoon
telegram
  196 Versend
  265 Telegraaf en telefoon
  551 Meedeel
telegramstyl
  565 Skryfkuns
  576 Sinsbou en styl
telekinese 67
telekommunikasie
  265 Telegraaf en telefoon
  539 Kommunikeer
telekommunikasie-
  wese 265
teleks
  265 Telegraaf en telefoon
  551 Meedeel

teleksberig 265
teleksdiens 265
telemeter 123
telemetries 123
teleologie 633
teleologies 633
telepaat 513
telepatie 513
teler
  368 Diereteelt
  369 Veeteelt
telery 369
teleskoop
  235 Skeepvaart
  267 Optika
  271 Kosmografie
Teleskoop 270
teleskoopvisier 676
teleskopeer
  267 Optika
  271 Kosmografie
teleskopies
  267 Optika
  271 Kosmografie
teleterminaal 263
teleurgestel(d)
  521 Verras wees
  683 Misluk
  717 Lyding
  719 Hartseer
  721 Ontevredenheid
  766 Wanhoop
teleurgesteldheid
  521 Verras wees
  683 Misluk
  717 Lyding
  719 Hartseer
  721 Ontevredenheid
  766 Wanhoop
teleurstel
  521 Verras wees
  683 Misluk
  717 Lyding
  719 Hartseer
  721 Ontevredenheid
  766 Wanhoop
teleurstellend
  521 Verras wees
  683 Misluk
  717 Lyding
  719 Hartseer
  721 Ontevredenheid
  766 Wanhoop
teleurstelling
  521 Verras wees
  683 Misluk
  717 Lyding
  719 Hartseer
  721 Ontevredenheid
  766 Wanhoop
televisie
  264 Radio en televisie
  568 Media

724 Vermaak en
  ontspanning
televisieaanbieder 264
televisieadvertensie
  264 Radio en televisie
  551 Meedeel
televisieateljee
  264 Radio en televisie
  268 Fotografie en film
televisiediens 264
televisiekamera
  264 Radio en televisie
  268 Fotografie en film
televisiekanaal 264
televisiekyker
  264 Radio en televisie
  568 Media
televisiemontage 264
televisienetwerk 264
televisienuus
  264 Radio en televisie
  539 Kommunikeer
  568 Media
televisieopname
  264 Radio en televisie
  268 Fotografie en film
televisieprogram
  264 Radio en televisie
  568 Media
  752 Toneel- en
    rolprentkuns
televisiereeks
  264 Radio en televisie
  752 Toneel- en
    rolprentkuns
televisieregie 752
televisieregisseur
  264 Radio en televisie
  752 Toneel- en
    rolprentkuns
televisiereklame 264
televisierolprent
  264 Radio en televisie
  752 Toneel- en
    rolprentkuns
televisiesender 264
televisieserie 752
televisieskeidsreg-
  ter 727
televisieslaaf 264
televisie-
  uitsending 2640
televisieverslag-
  gewer 264
telg
  240 Genealogie
  243 Kinders
  318 Plant
teling
  237 Voortbring
  239 Voortplant
  345 Plantkwekery
telkaart 727

telkemaal 55
telkemale
  22 Kontinuïteit
  55 Periodiek
  647 Voortgaan
  657 Herhaal
telkens
  22 Kontinuïteit
  55 Periodiek
  647 Voortgaan
  657 Herhaal
teller
  125 Tel
  133 Getalle
  700 Bank
  727 Kompetisie
telling
  125 Tel
  727 Kompetisie
tellinghouer 727
telluries 272
tellurometer 123
telmasjien 125
telraam
  122 Bereken
  125 Tel
  560 Voorskoolse en
    naskoolse onderrig
telson 362
telwoord 574
tem
  368 Diereteelt
  369 Veeteelt
  588 Gesag hê
  714 Positiewe gevoel
tema
  513 Denke
  539 Kommunikeer
  561 Studeer
  577 Betekenis
  750 Letterkunde
  754 Komposisie
tematiek 539
tematies
  513 Denke
  557 Diskussie
  577 Betekenis
tematologie 750
tembaar
  368 Diereteelt
  582 Wilskrag
temer 548
temerig
  548 Praat
  725 Verveling
temerigheid 548
temery 548
temmer 368
tempeer 677
tempel
  91 Gebou
  840 Godsdiens
  853 Kerkgebou

  854 Godsdienste
tempeldienaar 852
temper
  301 Metaalverwerking
  302 Smeewerk
  490 Kleur
  588 Gesag hê
  619 Kalm
  714 Positiewe gevoel
tempera
  490 Kleur
  760 Skilderkuns
temperament
  374 Mens
  618 Heftig
  713 Gevoel
temperamenteel
  142 Veranderlikheid
  374 Mens
  618 Heftig
  715 Negatiewe gevoel
temperamentvol
  618 Heftig
  715 Negatiewe gevoel
temperatuur
  260 Warmteleer
  289 Klimaat
  294 Weerkunde
temperatuurreëling 260
temperatuurskommeling
  260 Warmteleer
  289 Klimaat
temperatuurstaat 260
temperatuurverskil
  260 Warmteleer
  289 Klimaat
temperatuurwis-
  seling 260
tempering 619
temperstaal 301
tempie 426
tempo
  224 Snelheid
  225 Vinnig
  742 Dans
  753 Musiek
tempoera 426
temporeel 41
temporêr 41
temporisasie 226
temporiseer
  23 Onderbreking
  58 Laat
  226 Stadig
  648 Onderbreek
temptasie
  638 Aanmoedig
  722 Humor
tempteer
  638 Aanmoedig
  717 Lyding
  722 Humor
  767 Moed

  831 Minag
Tenakh 842
tendeer
  147 Rigting
  637 Doelgerigtheid en
    doelloosheid
tendens 637
tendensieus 637
tendensroman 750
tender
  234 Spoorweë
  580 Graaf
tendon 379
tendonitis 413
tenger
  435 Smal
  626 Swak
tengerheid 626
tengerig
  433 Klein
  435 Smal
  626 Swak
tengerigheid
  433 Klein
  435 Smal
  626 Swak
tenietdoen 238
tenietdoening 238
tenietgaan
  238 Vernietig
  250 Dood
tenk
  84 Houer
  94 Dele van 'n eiendom
  233 Voertuig
  428 Drankbereiding
  675 Militêre toerusting
tenkboot
  235 Skeepvaart
  462 Halfvloeibare stof
tenkskip
  235 Skeepvaart
  462 Halfvloeibare stof
tenkvliegtuig 236
tenkvragmotor 233
tenkwa
  233 Voertuig
  234 Spoorweë
  462 Halfvloeibare stof
tenlastelegging
  827 Afkeur
  832 Beskuldig
tennis 728
tennisbaan 728
tennisbal
  446 Rond
  629 Spel en sport
  728 Balsporte
  741 Kinderspel
tenniset 728
tennisspeler
  629 Spel en sport
  728 Balsporte

tennisstadion 629
tennistoerusting 728
tenniswedstryd 728
tenoor
  482 Menslike geluid
  548 Praat
  572 Uitspraak
  757 Sang
tenoordrom 756
tenoorparty 754
tenoorsanger 757
tenoorstem
  482 Menslike geluid
  548 Praat
tensie
  378 Senuwee
  413 Verskillende siektes
  715 Negatiewe gevoel
tensy 530
tent
  89 Blyplek
  93 Beskeie gebou
  230 Rytuig
  662 Rus
tentakel
  369 Veeteelt
  385 Skedel
tentamen 561
tentatief 41
tentbewoner 64
tentdorp 89
tentkamp 89
tentkar 230
tentmakers-
  bediening 848
tentoonsteller 539
tentoonstelling
  162 Ontbloot
  539 Kommunikeer
tentoonstellings-
  terrein 90
tentwa 230
tenue 674
tenuitvoerbrenging 650
tenuitvoerlegging 650
tenuto 753
teodisee
  514 Wysbegeerte
  842 Geloof
teodoliet
  101 Bouersgereedskap
  294 Weerkunde
teofanie 842
teognosie 855
teogonie 855
teokrasie
  795 Staat en politiek
  852 Geestelike
teokraties
  795 Staat en politiek
  852 Geestelike
teologie
  514 Wysbegeerte

515 Wetenskap
559 Opvoeding en
  onderwys
840 Godsdiens
842 Geloof
855 Gode
teologies
  514 Wysbegeerte
  842 Geloof
teologiseer 842
teoloog
  515 Wetenskap
  842 Geloof
teomansie 844
teorema 139
teoreties 515
teoretikus 513
teoretiseer
  513 Denke
  515 Wetenskap
  522 Redeneer
teorie
  513 Denke
  515 Wetenskap
  522 Redeneer
teosofie
  514 Wysbegeerte
  854 Godsdienste
  855 Gode
teosofies 514
teosoof 514
tepel 394
tequila 427
ter
  88 Posisie
  637 Doelgerigtheid en
  doelloosheid
teraardebestelling
  253 Begrafnis
  850 Sakrament
terafim 854
terapeut 416
terapeuties 414
terapie 414
teratisme 854
teratologie
  356 Landbouwetenskap
  750 Letterkunde
terblans 331
terdeë 622
terdoodveroordeel-
  de 809
terdoodveroor-
  deling 809
tère
  722 Humor
  779 Boosaardigheid
  831 Minag
tereg
  804 Regverdig
  806 Wettig
teregbring
  19 Orde

147 Rigting
645 Handel
650 Voltooi
812 Goeie gedrag
tereghelp
  539 Kommunikeer
  827 Afkeur
tereghelping
  539 Kommunikeer
  827 Afkeur
teregkom
  19 Orde
  147 Rigting
  637 Doelgerigtheid en
  doelloosheid
teregstaan 809
teregstel
  252 Doodmaak
  835 Bestraf
teregstelling
  252 Doodmaak
  835 Bestraf
teregwys
  147 Rigting
  539 Kommunikeer
  667 Stryd
  827 Afkeur
  835 Bestraf
teregwysing
  539 Kommunikeer
  827 Afkeur
terg
  722 Humor
  779 Boosaardigheid
  831 Minag
tergend
  493 Gevoeligheid
  666 Verhinder
  722 Humor
  779 Boosaardigheid
tergerig
  722 Humor
  779 Boosaardigheid
  831 Minag
tergery
  722 Humor
  779 Boosaardigheid
  831 Minag
terggees
  722 Humor
  771 Gramskap
  831 Minag
terglus 831
terglustig
  722 Humor
  771 Gramskap
  779 Boosaardigheid
  831 Minag
terglustigheid
  722 Humor
  779 Boosaardigheid
  831 Minag
tergrympie 751

tergsiek
  771 Gramskap
  831 Minag
terhandstelling 693
terilene 311
tering 413
teringagtig 413
teringbossie 337
terionimie 570
terloops
  5 Onselfstandigheid
  18 Toeval
  30 Hiërargie
  225 Vinnig
  521 Verras wees
  621 Onbelangrik
terloopsheid
  5 Onselfstandigheid
  18 Toeval
  621 Onbelangrik
term
  138 Algebra
  522 Redeneer
  573 Woordeskat
  801 Wet
termaal
  282 Kus
  284 Bron
  465 Warm
termies
  123 Meet
  465 Warm
termiet 361
terminaal
  28 Einde
  262 Elektrisiteit
  263 Rekenaar en
  internet
  412 Siek
  413 Verskillende siektes
terminaalbrongiool 398
termineer
  28 Einde
  648 Onderbreek
  650 Voltooi
terminering
  28 Einde
  648 Onderbreek
terminologie
  569 Taal
  573 Woordeskat
terminologies
  569 Taal
  573 Woordeskat
terminologiewoorde-
  boek 567
terminoloog 570
terminus
  28 Einde
  233 Voertuig
  234 Spoorweë
terminus a quo 27
terminus ad quem 28

terughoudend

termionies
  257 Meganika en tegnologie
  262 Elektrisiteit
termodinamies 257
termodinamika 257
termoëlektrisiteit 262
termogeen 465
termogenese 465
termogeneties 465
termograaf 260
termometer
  260 Warmteleer
  294 Weerkunde
termometergraad 260
termometerskaal 260
termonukleêr 256
termoplasties 307
termosfeer
  269 Heelal
  289 Klimaat
termosfles 84
termoskoop 260
termostaat
  123 Meet
  260 Warmteleer
  469 Verwarmingstoestel
termoterapie 414
termyn
  37 Tydruimte
  645 Handel
  703 Boekhou
termynbetaling 708
termyngoedere 701
termynhandel 701
termynhuur 706
termynmark 701
termynpolis 655
termynwissel 708
terneerdruk
  639 Ontmoedig
  719 Hartseer
terneergedruk
  717 Lyding
  719 Hartseer
  766 Wanhoop
terneergedruktheid
  717 Lyding
  719 Hartseer
  766 Wanhoop
  768 Vrees
terneergeslae 719
terneergeslaenheid 719
ternêr 134
ternouernood 103
terpentyn 460
terpentynolie 460
terra
  61 Plek
  272 Aarde
terra firma
  61 Plek
  272 Aarde

terra incognita 536
terracotta
  304 Steenbakkery
  305 Pottebakkery
  492 Kleure
terracottabeeld 305
terracottakleur 492
terracottateël
  100 Boumateriaal
  304 Steenbakkery
terragreep 263
terrarium
  95 Huisraad
  368 Diereteelt
terras
  94 Dele van 'n eiendom
  277 Berg
  346 Landbougrond
terrasbou 346
terrasland
  277 Berg
  346 Landbougrond
terrasseer 347
terrasvormig
  277 Berg
  347 Landbou
terrazzo 100
terrein
  61 Plek
  64 Aanwesigheid
  346 Landbougrond
  514 Wysbegeerte
  515 Wetenskap
terreinargitek 97
terreingesteldheid 61
terreinplan
  97 Bou
  640 Voorbereid
  759 Tekenkuns
terreinwater 460
terreur
  598 Ongehoorsaam
  667 Stryd
  768 Vrees
terrien 426
terriër 366
territoriaal 61
territorium 61
terroir 346
terroris
  588 Gesag hê
  598 Ongehoorsaam
  667 Stryd
  768 Vrees
  795 Staat en politiek
terrorisasie
  667 Stryd
  768 Vrees
terroriseer
  588 Gesag hê
  667 Stryd
  768 Vrees

terrorisme
  588 Gesag hê
  598 Ongehoorsaam
  667 Stryd
  768 Vrees
terrorismestryd
  667 Stryd
  768 Vrees
terroristies 598
  588 Gesag hê
  598 Ongehoorsaam
  667 Stryd
  768 Vrees
tersaaklik
  6 Betrekking
  49 Hede
  537 Waarheid
  620 Belangrik
  631 Nodig
tersaaklikheid
  6 Betrekking
  620 Belangrik
  631 Nodig
terselfdertyd 48
terset
  754 Komposisie
  755 Uitvoering
tersiêr 560
tersine 751
tersluiks
  501 Onsigbaarheid
  540 Nie kommunikeer nie
  820 Oneerbaar
terstond
  49 Hede
  51 Toekoms
  225 Vinnig
tersy(de) 87
tersyde 752
tersydestelling 621
tert
  239 Voortplant
  426 Kossoort, dis
tertbak 84
tertdiagram 565
terts 753
terug
  50 Verlede
  151 Agtertoe
  163 Draai
terugantwoord 556
terugbaklei 670
terugbesorg 191
terugbesorging 191
terugbetaal
  693 Gee
  708 Betaal
  784 Wraaksug
  834 Beloon
terugbetaling
  693 Gee
  708 Betaal

terugbeweeg 201
terugblik
  499 Sien
  510 Herinner
  513 Denke
terugbring
  191 Laat kom
  693 Gee
terugbuig 73
terugdateer 127
terugdeins
  201 Agtertoe beweeg
  587 Aarsel
  670 Verdedig
  768 Vrees
terugdink 510
terugdraai 163
terugdring 201
terugdruk 201
terugdryf 670
terugdwing 201
terugeis 604
terugflits
  510 Herinner
  556 Antwoord
teruggaan
  188 Aankom
  201 Agtertoe beweeg
teruggaande 151
teruggang 683
teruggangsverbod 801
teruggawe
  191 Laat kom
  693 Gee
  708 Betaal
teruggee
  191 Laat kom
  693 Gee
teruggetrokke
  619 Kalm
  714 Positiewe gevoel
  715 Negatiewe gevoel
  786 Nederigheid
teruggetrokkenheid
  619 Kalm
  714 Positiewe gevoel
  715 Negatiewe gevoel
  786 Nederigheid
teruggryp 694
terughaal 694
terughou
  193 Vertraag
  540 Nie kommunikeer nie
  549 Stilby
  646 Nie handel nie
  664 Terugstaan
  666 Verhinder
  698 Behou
terughoudend
  666 Verhinder
  714 Positiewe gevoel
  770 Wantroue

897

777 Haat en
onvriendelikheid
786 Nederigheid
terughouding
193 Vertraag
666 Verhinder
698 Behou
terugja(ag) 670
terugkaats
182 Slaan
227 Werp
terugkaats
267 Optika
485 Lig
terugkaatsing
267 Optika
485 Lig
terugkap
667 Stryd
784 Wraaksug
827 Afkeur
terugkeer 188
terugkerend
22 Kontinuïteit
647 Voortgaan
terugkom 188
terugkoms 188
terugkoopreg 806
terugkrabbel
583 Willoosheid
586 Beslis
587 Aarsel
609 Jou woord verbreek
terugkrimp 433
terugkry 191
terugkyk 499
teruglees 562
teruglei 191
terugloop 201
terugname 694
terugneem
201 Agtertoe beweeg
529 Ontken
609 Jou woord verbreek
686 Aanwins
693 Gee
694 Neem
terugplaas
66 Plasing
191 Laat kom
terugreis
187 Reis
188 Aankom
terugrit 216
terugroei 221
terugroep
191 Laat kom
510 Herinner
terugry
201 Agtertoe beweeg
216 Ry
terugsak 623
terugsein 556

terugsetting
16 Gevolg
683 Misluk
687 Verlies
terugsit
16 Gevolg
66 Plasing
683 Misluk
terugskrik 768
terugskryf
556 Antwoord
563 Skryf
terugslaan
182 Slaan
667 Stryd
670 Verdedig
784 Wraaksug
terugslag
16 Gevolg
521 Verras wees
635 Skadelik
683 Misluk
685 Oorwin word
687 Verlies
719 Hartseer
terugsnoei 347
terugstaan
664 Terugstaan
685 Oorwin word
terugstoot
67 Verplasing
181 Raak
201 Agtertoe beweeg
217 Motorry
670 Verdedig
terugstotend 181
terugstuit
199 Spring
768 Vrees
terugstuur
191 Laat kom
201 Agtertoe beweeg
693 Gee
terugswaai 163
terugtog
188 Aankom
201 Agtertoe beweeg
685 Oorwin word
terugtraprem 232
terugtrede
609 Jou woord verbreek
664 Terugstaan
terugtree
197 Te voet gaan
609 Jou woord verbreek
664 Terugstaan
685 Oorwin word
terugtrek
188 Aankom
201 Agtertoe beweeg
529 Ontken
609 Jou woord verbreek
664 Terugstaan

terugtrekking 529
terugvaar
201 Agtertoe beweeg
221 Vaar
terugvaart
188 Aankom
221 Vaar
terugval
412 Siek
655 Veilig
683 Misluk
685 Oorwin word
terugveg 670
terugverlang
510 Herinner
773 Begeerte
terugvertaal 543
terugverwys 606
terugvind 517
terugvloei 287
terugvoer
16 Gevolg
191 Laat kom
510 Herinner
556 Antwoord
terugvoering
16 Gevolg
556 Antwoord
terugvorder
171 Verwyder
604 Versoek
711 Skuld
terugvordering
604 Versoek
687 Verlies
694 Neem
711 Skuld
terugvoudak 233
terugvoukap 233
terugvra 604
terugwaarts 147
terugweg 149
terugwen 686
terugwerkend
15 Oorsaak
572 Uitspraak
terugwerp 227
terugwinning
629 Gebruik
686 Aanwins
terugwip 199
terugwyk
201 Agtertoe beweeg
685 Oorwin word
terugwys 606
terwyl 48
tes 84
tesaam
48 Gelyktydig
168 Saamkom
170 Saambring
tesal 421
tesalletjie 421

tesame
33 Samehorigheid
48 Gelyktydig
168 Saamkom
170 Saambring
tese
518 Glo
561 Studeer
tesis
558 Redevoering
566 Drukkuns
tesourie 688
tesourier
665 Byeenkom
688 Besit
701 Handel en ekonomie
tesourus 567
tessie 84
tessitura 757
tessituur 757
testament 693
testamentêr 693
testasie 693
testateur 693
testeer 693
testikel 403
testimonium
525 Bewys
546 Kunsmatige teken
testimonium 546
testis 403
testosteroon 409
tet 394
tetanie 413
tetanies
381 Huid
413 Verskillende siektes
tetanus 413
tête à tête
168 Saamkom
554 Aanspreek
557 Diskussie
665 Byeenkom
tetragonaal 139
tetragoon 139
tetralogie
750 Letterkunde
752 Toneel- en
rolprentkuns
tetrarg 591
tetrargie 795
tetrazzini 426
teuel 219 Perdry
231 Tuig
teuelloos 820
teug
404 Asemhaling
407 Drink
tevergeefs
634 Nutteloos
683 Misluk
tevore
46 Vroeër

tipograaf

50 Verlede
tevrede
  651 Toesien
  668 Vrede en versoening
  714 Positiewe gevoel
  716 Genot
  718 Blydskap
  720 Tevredenheid
  773 Begeerte
  826 Goedkeur
tevredenheid
  651 Toesien
  714 Positiewe gevoel
  716 Genot
  718 Blydskap
  720 Tevredenheid
  773 Begeerte
tevredestelling 720
tewaterlating 221
teweegbring
  0 Ontstaan
  15 Oorsaak
  645 Handel
  650 Voltooi
tewens
  48 Gelyktydig
  108 Minder
t-hemp 745
Theravada Nuwe
  Jaar 851
thingamajig 550
Thor 855
ti 753
tiamien 256
tiara 745
tibia
  361 Insek
  380 Gebeente
  397 Ledemaat
tiekie 131
tiekieboks 265
tiekiedraai 742
tiemie
  340 Krui
  419 Voedselbereiding
tien 133
tienderjarig 52
tienderjarige 53
tiener
  52 Ouderdom
  53 Nuut en jonk
  243 Kinders
tienerjare 53
tienertoneel 752
tienkamp 629
tienmeterlyn 728
tienponder 363
tienpuntletter 566
tiensentstuk 709
tiensnarig 756
tientalle 104
tienuur
  127 Tydbepaling

418 Voeding
tienvoud 102
tienvoudig
  102 Hoeveelheid
  107 Meer
tiep
  3 Bestaanswyse
  31 Soort
  212 Afgaan
  374 Mens
  407 Drink
  565 Skryfkuns
  628 Vuil
tier
  290 Wind
  324 Plantlewe
  366 Soogdier
  476 Geluid
  524 Onlogies redeneer
  548 Praat
  771 Gramskap
tierboskat 366
tierelier 483
tierend 618
tierhaai 363
tierkat 779
tierlantyntjie 745
tierlelie 334
tiermelk 427
tiermot 361
tieroog 298
tiervoël 365
tierwyfie 779
tiesjoe 746
tiet
  243 Kinders
  394 Bors
tietiebottel 243
tifeus 413
tiflitis 413
tifoïedkoors 413
tifoon
  290 Wind
  293 Onweer
tifuskoors 413
tiggelsteen 100
tik
  128 Chronometer
  181 Raak
  182 Slaan
  476 Geluid
  494 Gevoelloosheid en bedwelming
  563 Skryf
  564 Skryfbehoeftes
tikfout 563
tikgebruiker 494
tikgeluid 476
tikhuis 494
tikka 426
tikker 565
tikkie
  103 Min

182 Slaan
tikkop 494
tiklint 564
tikmasjien 564
tikpapier 564
tikseltjie 103
tikskrif
  563 Skryf
  565 Skryfkuns
tikslag 182
tikster 565
tik-tak-tol 741
tikwerk
  563 Skryf
  565 Skryfkuns
tilde
  565 Skryfkuns
  571 Skrif
timbre 753
timiditeit
  619 Kalm
  768 Vrees
timmer
  97 Bou
  182 Slaan
  316 Hout
timmerasie
  20 Wanorde
  91 Gebou
  93 Beskeie gebou
  94 Dele van 'n eiendom
timmerbok 316
timmerhout
  100 Boumateriaal
  316 Hout
timmerman
  97 Bou
  316 Hout
  592 Ondergeskikte
timokrasie 795
timpaan
  94 Dele van 'n eiendom
  388 Oor
  566 Drukkuns
timpani 756
timpanis 755
timpanites 413
timpano 756
timpanum 388
timus(klier) 402
tin 297
tinagtig 297
tinea 413
tinfoelie
  297 Metaal
  301 Metaalverwerking
  419 Voedselbereiding
tingel 481
tingeltangel 429
tinger
  435 Smal
  626 Swak
tingerig
  433 Klein

435 Smal
626 Swak
tingerigheid
  433 Klein
  435 Smal
  626 Swak
tingieter 301
tinglasuur
  305 Pottebakkery
  490 Kleur
tinkel 481
tinker 365
tinktinkie
  365 Voël
  435 Smal
tinktuur
  415 Geneesmiddel
  546 Kunsmatige teken
tinmyn 275
tinnitus 413
tint 490
Tinta Barocca 427
tintel
  713 Gevoel
  718 Blydskap
tintelend
  471 Smaaklik, lekker
  485 Lig
  714 Positiewe gevoel
  718 Blydskap
tinteling 714
tinteloog 387
tinteltonnetjie 397
tinwerk 301
tip
  439 Punt
  495 Tassin
  686 Aanwins
tipe
  3 Bestaanswyse
  8 Dieselfde
  19 Orde
  31 Soort
  374 Mens
  565 Skryfkuns
tipeer
  3 Bestaanswyse
  8 Dieselfde
  31 Soort
tiperend
  3 Bestaanswyse
  8 Dieselfde
  31 Soort
tipering
  3 Bestaanswyse
  8 Dieselfde
  31 Soort
tipies
  3 Bestaanswyse
  8 Dieselfde
  31 Soort
tipiste 565
tipograaf
  566 Drukkuns

568 Media
tipografeer
566 Drukkuns
568 Media
tipografie
566 Drukkuns
568 Media
tipografies 566
tipologie
3 Bestaanswyse
8 Dieselfde
tippex
564 Skryfbehoeftes
565 Skryfkuns
tippie 439
tipsietert 426
tiptol 365
tipuana 331
tirade
548 Praat
558 Redevoering
771 Gramskap
tiran
591 Gesaghebber
595 Streng
779 Boosaardigheid
tirannie
591 Gesaghebber
595 Streng
779 Boosaardigheid
tiranniek
595 Streng
779 Boosaardigheid
tiranniseer
595 Streng
779 Boosaardigheid
tirannosouriër 367
tiroïed 402
Tish'a B'av 851
tissue 746
titaan 297
Titan 270
titan 432
titane-arbeid 654
titanies 432
titanium 297
titel
539 Kommunikeer
550 Noem
561 Studeer
565 Skryfkuns
567 Boek
568 Media
titelakte 688
titelblad
566 Drukkuns
567 Boek
titelgeweg 731
titelhouer 629
titelrol 752
titivate 745
titrasie 256
titreer 256

titrering 256
titseltjie 103
titte 245
tittel 571
tittewyt 745
titularis 658
titulatuur 550
tituleer 550
titulêr 550
tjagra 365
tjaila
648 Onderbreek
650 Voltooi
662 Rus
tjakalaka 426
tjakkie-tjakkie 741
tjalie
161 Bedek
745 Versier
tjank
482 Menslike geluid
484 Diergeluid
719 Hartseer
tjankbalie
714 Positiewe gevoel
719 Hartseer
tjankend 719
tjankerig 719
tjankery 719
tjap
196 Versend
546 Kunsmatige teken
564 Skryfbehoeftes
tjeers
190 Vertrek
407 Drink
tjek
700 Bank
708 Betaal
709 Betaalmiddel
tjekbedrog 803
tjekboek
688 Besit
700 Bank
708 Betaal
tjekboekboer 347
tjekrekening 700
tjekrente 700
tjekteenblad 700
tjellis
755 Uitvoering
756 Musiekinstrument
tjelliste
755 Uitvoering
756 Musiekinstrument
tjello 756
tjerrie 776
tjêrtjêr 365
tjienkerientjee
334 Blomplant
476 Geluid
tjiesa 676
tjiesastok
465 Warm

676 Vuurwapen
tjilp
365 Voël
483 Voëlgeluid
484 Diergeluid
tjintjalla 366
tjip 426
tjirp 484
tjoefer 494
tjoefkop 494
tjoeftjaf
225 Vinnig
653 Maklik handel
tjoekie
594 Onvryheid
741 Kinderspel
tjoek-tjoek 234
tjoep
232 Fiets
233 Voertuig
tjoepstil
477 Stilte
540 Nie kommunikeer nie
tjok-en-blok 109
tjokka 363
tjokkenblok 109
tjokker
52 Ouderdom
53 Nuut en jonk
243 Kinders
433 Klein
tjokkerbekaasvoël 365
tjokkertjie 53
tjoklit 426
tjokvol 109
tjom 776
tjommel
548 Praat
721 Ontevredenheid
782 Ondankbaarheid
tjommelaar 548
tjommie 776
tjop
421 Vleis
426 Kossoort, dis
tjoppelsee 283
tjopper
232 Fiets
236 Lugvaart
tjopperfiets 232
tjoppervlieënier 236
tjop-tjop 225
tjor 233
tjortjor 363
tjorts
407 Drink
409 Afskeiding en uitskeiding
tjou-tjou
20 Wanorde
174 Meng
426 Kossoort, dis

tjou-tjoukonfyt 426
tjwala 427
TNT 676
tob
513 Denke
612 Noukeurig
651 Toesien
tobber
612 Noukeurig
654 Moeilik handel
tobberig
612 Noukeurig
719 Hartseer
tobbery 651
tobie 365 Voël
toboggan 230
toccata 754
toe
25 Dit wat volg
37 Tydruimte
45 Geskiedenis
46 Vroeër
153 Deur
178 Toegaan
453 Dig
503 Onverstandigheid
623 Sleg
toebedeel 693
toebehoorsel
112 Deel
629 Gebruik
toebehoort 688
toebehore
112 Deel
629 Gebruik
630 Werktuig
toeberei
419 Voedselbereiding
640 Voorbereid
toebereiding
419 Voedselbereiding
640 Voorbereid
toebeskik 693
toebetrou 769
toebid 847
toebidding 847
toebie 424
toebind 178
toebou
97 Bou
161 Bedek
toebring 693
toebroodjie 424
toebuig 178
toebyt 771
toedam
168 Saamkom
285 Watermassa
288 Waterstelsel
667 Stryd
toedeel 693
toedek
161 Bedek
178 Toegaan

toedekking 161
toedeling 693
toedien
  182 Slaan
  415 Geneesmiddel
  693 Gee
toediening 693
toedig
  178 Toegaan
  832 Beskuldig
toedoen
  15 Oorsaak
  633 Nuttig
  644 Handelwyse
  663 Meedoen
toedraai
  161 Bedek
  163 Draai
  178 Toegaan
toedraaikombers 243
toedrink 407
toedruk
  178 Toegaan
  181 Raak
toe-eien
  604 Versoek
  686 Aanwins
  694 Neem
toe-eiening
  686 Aanwins
  694 Neem
toeërig
  178 Toegaan
  293 Onweer
  503 Onverstandigheid
toef
  188 Aankom
  226 Stadig
toefluister 548
toegaan 178
toegang 206
toegangsbewys
  206 Ingaan
  525 Bewys
toegangsgeld 708
toegangskaartjie
  206 Ingaan
  525 Bewys
toegangskode 263
toegangsleutel 178
toegangsprys 708
toegangsreg 206
toegangstonnel 149
toegangsweg 149
toeganklik
  177 Oopgaan
  206 Ingaan
  543 Duidelik
  790 Sosiale betrekking
toeganklikheid
  206 Ingaan
  543 Duidelik
  790 Sosiale betrekking

toegedaan
  527 Oordeel
  776 Liefde en vriendskap
toegedam 285
toegedektheid 453
toegedraai 178
toegee
  217 Motorry
  528 Bevestig
  531 Saamstem
  596 Inskiklik
  605 Aanvaar
  685 Oorwin word
  778 Goedaardigheid
toegeeflik
  596 Inskiklik
  714 Positiewe gevoel
  778 Goedaardigheid
toegeeflikheid
  596 Inskiklik
  714 Positiewe gevoel
  778 Goedaardigheid
toegeeteken 149
toegegooi 178
toegegroei
  178 Toegaan
  453 Dig
toegelaat 601
toegemaak
  178 Toegaan
  453 Dig
toegeneë
  663 Meedoen
  713 Gevoel
  776 Liefde en vriendskap
  791 Sosiaal
toegeneentheid
  663 Meedoen
  714 Positiewe gevoel
  776 Liefde en vriendskap
  778 Goedaardigheid
  790 Sosiale betrekking
  791 Sosiaal
toegepas 256
toegerus
  614 Bekwaam
  640 Voorbereid
toegespe 178
toegetrek 178
toegevoeg 107
toegewend 596
toegewendheid 596
toegewing
  528 Bevestig
  548 Praat
  596 Inskiklik
  605 Aanvaar
toegewy(d)
  610 Ywerig
  612 Noukeurig

  622 Goed
  651 Toesien
  769 Vertroue
  811 Gewete
toegewydheid
  610 Ywerig
  612 Noukeurig
  622 Goed
  651 Toesien
  811 Gewete
toegif
  531 Saamstem
  693 Gee
  755 Uitvoering
toegooi
  161 Bedek
  178 Toegaan
  654 Moeilik handel
toegroei
  161 Bedek
  178 Toegaan
  324 Plantlewe
  344 Onkruid
toehoor 498
toehoorder
  64 Aanwesigheid
  498 Gehoor
  554 Aanspreek
toehou 161
toejuig
  799 Beroemd
  826 Goedkeur
toejuiging
  722 Humor
  727 Kompetisie
  799 Beroemd
  826 Goedkeur
toeka
  46 Vroeër
  50 Verlede
toekamp 63
Toekan 270
toeken
  584 Kies
  693 Gee
  834 Beloon
toekenning
  560 Voorskoolse en naskoolse onderrig
  693 Gee
  834 Beloon
toeknooptrui 745
toekomend
  51 Toekoms
  574 Woordkategorie
toekoms
  22 Kontinuïteit
  51 Toekoms
  249 Lewe
toekomsbeeld 51
toekomsbeplanning 51
toekomsblik 51
toekomsdroom 51

toekomsgerig 51
toekomskunde
  51 Toekoms
  515 Wetenskap
toekomskundige 51
toekomsmusiek 51
toekomsperspektief 51
toekomsplan 51
toekomstig(e)
  25 Dit wat volg
  47 Later
  51 Toekoms
toekomsverwagting
  520 Verwag
  765 Hoop
toekomsvisie 51
toekomswetenskap 515
toekos
  418 Voeding
  426 Kossoort, dis
toek-toek 233
toekyk 499
toekyker 64
toelaag 708
toelaat
  206 Ingaan
  596 Inskiklik
  601 Toestemming gee
  605 Aanvaar
  653 Maklik handel
toelaatbaar
  601 Toestemming gee
  653 Maklik handel
toelaatbaarheid
  601 Toestemming gee
  653 Maklik handel
toelae
  693 Gee
  708 Betaal
  709 Betaalmiddel
  780 Hulpbetoon
toelag 722
toelatend 601
toelating
  601 Toestemming gee
  653 Maklik handel
toelatingseksamen 561
toelê
  508 Aandag
  561 Studeer
  654 Moeilik handel
  657 Herhaal
toelig
  543 Duidelik
  553 Behandel
toeligter 553
toeligting
  543 Duidelik
  553 Behandel
toeloop
  168 Saamkom
  286 Rivier

toemaak
  161 Bedek
  178 Toegaan
  453 Dig
  501 Onsigbaarheid
toemeet 693
toemessel
  97 Bou
  99 Messel
toemond 549
toenaam 550
toenadering
  668 Vrede en versoening
  776 Liefde en vriendskap
  791 Sosiaal
toename
  107 Meer
  432 Groot
  682 Slaag
toendertyd 50
toendra
  280 Woestyn
  289 Klimaat
toeneem
  62 Grensloosheid
  107 Meer
  140 Verandering
  432 Groot
  625 Sterk
  682 Slaag
toenemend
  107 Meer
  432 Groot
toeneming
  107 Meer
  432 Groot
toenmaals 46
toenmalig
  46 Vroeër
  50 Verlede
toenou
  225 Vinnig
  638 Aanmoedig
toentertyd
  45 Geskiedenis
  46 Vroeër
  50 Verlede
toe-oog
  387 Oog
  653 Maklik handel
toep 263
toepak
  160 Omring
  168 Saamkom
  175 Insit
toepas
  6 Betrekking
  629 Gebruik
  642 Beproef
  645 Handel
toepasbaar
  629 Gebruik

  637 Doelgerigtheid en doelloosheid
toepasbaarheid
  629 Gebruik
  633 Nuttig
toepaslik
  629 Gebruik
  631 Nodig
  633 Nuttig
  637 Doelgerigtheid en doelloosheid
  802 Wette gehoorsaam
toepaslikheid
  631 Nodig
  633 Nuttig
  637 Doelgerigtheid en doelloosheid
toepassing
  629 Gebruik
  645 Handel
toeplak
  172 Vasmaak
  178 Toegaan
toepleister 99
toeprop 178
toer
  187 Reis
  197 Te voet gaan
  216 Ry
  257 Meganika en tegnologie
toerbus 233
toereik
  115 Genoeg
  693 Gee
toereikend
  115 Genoeg
  622 Goed
  720 Tevredenheid
toereikendheid
  115 Genoeg
  622 Goed
toereken 832
toerekenbaar 832
toerekeningsvatbaar
  822 Skuldig
  832 Beskuldig
toerekeningsvatbaarheid 832
toeremeter 233
toeretal
  133 Getalle
  257 Meganika en tegnologie
toereteller
  233 Voertuig
  257 Meganika en tegnologie
toeretelling 133
toerfiets 232
toergeselskap 187
toergids
  147 Rigting

  187 Reis
toergroep 187
toeris
  187 Reis
  662 Rus
toerisme 187
toerismebedryf 187
toeriste-attraksie 187
toeristeklas 222
toeristeoord 187
toeristeverkeer 187
toerleier
  147 Rigting
  187 Reis
toerlid 187
toermalyn 298
toermotor 233
toernooi 727
toeroep 548
toerol 161
toeroperateur 187
toerouers 187
toerspan 629
toertjie
  724 Vermaak en ontspanning
  730 Gimnastiek
toerus
  631 Nodig
  640 Voorbereid
  674 Militêre uitrusting
toerusting
  629 Gebruik
  630 Werktuig
  631 Nodig
  674 Militêre uitrusting
  728 Balsporte
toeryg 178
toerygskoen 745
toesak 168
toesegging 607
toesend
  194 Vervoer
  693 Gee
toesending 693
toesien
  499 Sien
  508 Aandag
  590 Bestuur en regeer
  651 Toesien
toesig
  508 Aandag
  588 Gesag hê
  590 Bestuur en regeer
  599 Gesag uitoefen
  651 Toesien
toesing 757
toesit
  109 Alles
  818 Bedrieg
toeskietlik
  596 Inskiklik
  778 Goedaardigheid

toeskouer
  64 Aanwesigheid
  499 Sien
  508 Aandag
  727 Kompetisie
toeskroei 419
toeskryf
  3 Bestaanswyse
  16 Gevolg
toeskuif
  178 Toegaan
  453 Dig
toeslaan
  178 Toegaan
  388 Oor
  667 Stryd
toeslag
  107 Meer
  116 Te veel
  704 Koop
toeslagprys 704
toeslyk
  178 Toegaan
  279 Moeras
  628 Vuil
toesmeer
  161 Bedek
  172 Vasmaak
  178 Toegaan
  419 Voedselbereiding
  540 Nie kommunikeer nie
toesnou
  548 Praat
  777 Haat en onvriendelikheid
toespeling
  541 Betekenisvolheid
  576 Sinsbou en styl
  603 Voorstel
  827 Afkeur
toespits
  508 Aandag
  618 Heftig
toespraak
  539 Kommunikeer
  558 Redevoering
toespreek
  554 Aanspreek
  558 Redevoering
toespys 418
toestaan
  160 Omring
  601 Toestemming gee
  631 Nodig
  693 Gee
  826 Goedkeur
toestand 3
toestel
  629 Gebruik
  630 Werktuig
toestem
  601 Toestemming gee

605 Aanvaar
toestemmend 601
toestemming
 548 Praat
 590 Bestuur en regeer
 601 Toestemming gee
 605 Aanvaar
 616 Magtig
 826 Goedkeur
toestop
 109 Alles
 161 Bedek
 178 Toegaan
toestrik 178
toestroming
 104 Baie
 168 Saamkom
toestroom
 104 Baie
 168 Saamkom
toestuur 196
toeswaai 545
toet
 217 Motorry
 233 Voertuig
 476 Geluid
toetakel
 182 Slaan
 183 Gryp
 623 Sleg
 669 Aanval
toetas 599
toetentaal
 109 Alles
 111 Geheel
toeter
 217 Motorry
 233 Voertuig
 476 Geluid
toetrap 818
toetrede 663
toetreding
 531 Saamstem
 663 Meedoen
toetredingsgeld
 665 Byeenkom
 708 Betaal
toetree
 531 Saamstem
 663 Meedoen
 665 Byeenkom
toetrek
 161 Bedek
 178 Toegaan
 293 Onweer
 453 Dig
 818 Bedrieg
toets
 516 Soek
 525 Bewys
 560 Voorskoolse en
  naskoolse onderrig
 561 Studeer

 564 Skryfbehoeftes
 642 Beproef
 727 Kompetisie
 756 Musiekinstrument
toetsaanleg
 516 Soek
 658 Beroep
toetsbaar
 516 Soek
 525 Bewys
toetsbaarheid
 516 Soek
 525 Bewys
toetsbord
 564 Skryfbehoeftes
 756 Musiekinstrument
toetsing
 515 Wetenskap
 516 Soek
 525 Bewys
 560 Voorskoolse en
  naskoolse onderrig
 561 Studeer
 642 Beproef
toetsingsreg 801
toetslas 97
toetslopie 642
toetspunt 561
toetsreeks 727
toetssaak 809
toetsspan 629
toetssteen
 301 Metaalverwerking
 516 Soek
toetstyd 560
toetsvlug 222
toetsvraag 561
toetsvraestel 561
toetswedstryd 727
toeval
 18 Toeval
 161 Bedek
 178 Toegaan
 413 Verskillende siektes
 579 Gedwonge
 771 Gramskap
toevallig
 5 Onselfstandigheid
 18 Toeval
 30 Hiërargie
 521 Verras wees
 583 Willoosheid
toevalligerwys(e) 18
toevalligheid
 5 Onselfstandigheid
 18 Toeval
 579 Gedwonge
toeverlaat
 655 Veilig
 663 Meedoen
toevertrou
 655 Veilig
 693 Gee

 769 Vertroue
toevloed
 104 Baie
 168 Saamkom
 287 Vloei
toevloei
 116 Te veel
 168 Saamkom
 175 Insit
 287 Vloei
toevloeiing
 168 Saamkom
 287 Vloei
toevlug
 655 Veilig
 663 Meedoen
toevlugsoord
 655 Veilig
 780 Hulpbetoon
toevoeg
 5 Onselfstandigheid
 172 Vasmaak
toevoeging
 5 Onselfstandigheid
 107 Meer
toevoegsel
 5 Onselfstandigheid
 107 Meer
toevoerkanaal 147
toevoerkraan 288
toevoerpyp 94
toevou 180
toevries 466
toewaai 161
toewerk 178
toewy
 610 Ywerig
 612 Noukeurig
 622 Goed
 651 Toesien
 693 Gee
 776 Liefde en
  vriendskap
 811 Gewete
toewyding
 610 Ywerig
 612 Noukeurig
 622 Goed
 651 Toesien
 693 Gee
 776 Liefde en
  vriendskap
 811 Gewete
toewys
 584 Kies
 693 Gee
toewysing 693
toewysingsrekening 700
toe-ys
 292 Water
 466 Koud
toffie 426
tofoe 426

tog
 15 Oorsaak
 187 Reis
 666 Verhinder
toga 852
togdeur 94
toggat 290
toggenoot
 26 Begeleiding
 187 Reis
togsnelheid 257
togtig 290
togwa 230
toiing
 112 Deel
 311 Weefstof
toiingrig
 112 Deel
 184 Breek
 628 Vuil
 652 Versuim
 690 Arm
toiings
 184 Breek
 628 Vuil
toiinkie
 112 Deel
 311 Weefstof
toilet
 94 Dele van 'n eiendom
 745 Versier
toiletartikel 746
toilethumor
 718 Blydskap
 722 Humor
toiletpapier
 315 Papier
 746 Persoonlike
  versorging
toiletseep
 474 Welriekend
 627 Skoon
 746 Persoonlike
  versorging
toi-toi
 667 Stryd
 742 Dans
tokkel
 495 Tassin
 756 Musiekinstrument
tokkelaar 756
tokkeling 495
tokkelinstrument 756
tokkelok 560
tokkelos 768
tokomana 426
toksemie 413
toksien 252
toksies
 252 Doodmaak
 413 Verskillende siektes
 777 Haat en
  onvriendelikheid

toksikoloog 416
toksikose 413
toksisiteit 777
toktokkie
   361 Insek
   476 Geluid
   741 Kinderspel
tol
   163 Draai
   312 Spin
   712 Belasting
   741 Kinderspel
tolbeampte 712
tolbelasting 712
tolbossie 415
tolbrug 149
toldroër 95
toleransie
   527 Oordeel
   596 Inskiklik
   625 Sterk
   714 Positiewe gevoel
toleransiegrens 625
tolerant
   596 Inskiklik
   714 Positiewe gevoel
   778 Goedaardigheid
tolereer
   596 Inskiklik
   714 Positiewe gevoel
tolgeld
   149 Pad
   708 Betaal
   712 Belasting
tolgooi 741
tolgrens 149
tolhek
   149 Pad
   712 Belasting
tolhuis 712
tolk
   539 Kommunikeer
   543 Duidelik
   570 Taalwetenskap
tolkdiens 543
tolking
   539 Kommunikeer
   543 Duidelik
   570 Taalwetenskap
tolkwerk 543
tolkwetenskap 570
tollenaar 712
tolletjie 312
tolletjiesbos 337
tollie 369
tolmuur 712
tolpad 149
tolparkering 217
tolplaza 149
tolskulp 363
tolstelsel 149
tolvlug 222
tolvry 712

tolweg 149
tomahawk 678
tombe 253
tombola 18
tomeloos 820
tommie 673
tomograaf 417
tomografie 262
ton
   123 Meet
   124 Weeg
tonaal
   753 Musiek
   760 Skilderkuns
tonaliteit 753
tondo 760
toneel
   61 Plek
   752 Toneel- en
      rolprentkuns
   760 Skilderkuns
toneelaanwysing 752
toneelagtig 818
toneelbenodigdhede 752
toneelbestuurder
   590 Bestuur en regeer
   752 Toneel- en
      rolprentkuns
toneeldekor 752
toneeldigter 751
toneelfees 793
toneelganger 752
toneelgeselskap
   665 Byeenkom
   752 Toneel- en
      rolprentkuns
toneelkritiek 752
toneelkritikus 752
toneelkuns
   749 Kuns
   752 Toneel- en
      rolprentkuns
toneelliteratuur 752
toneelmeester 752
toneelmimiek 752
toneelmusiek 753
toneelproduksie 752
toneelregie 752
toneelresensie 752
toneelskool 559
toneelskrywer 565
toneelspel 752
toneelspeler 752
toneelstuk 752
toneelwêreld 752
tonetrapper 198
tong
   178 Toegaan
   363 Waterdier
   390 Mond
   401 Spysverterings-
      kanaal
   421 Vleis

   572 Uitspraak
tongblaar 342
tongbreker
   573 Woordeskat
   576 Sinsbou en styl
tongknoper
   573 Woordeskat
   576 Sinsbou en styl
tongontsteking 413
tongpunt
   390 Mond
   439 Punt
   572 Uitspraak
tongsoen 776
tongspier
   379 Spier
   390 Mond
tongspier-
   verslapping 379
tongstand 572
tongval
   548 Praat
   569 Taal
tongvis
   363 Waterdier
   422 Seekos
tonies
   415 Geneesmiddel
   572 Uitspraak
   753 Musiek
tonika 753
tonikum 415
tonka
   465 Warm
   469 Verwarmingstoestel
tonnel
   147 Rigting
   149 Pad
   210 Onderdeur gaan
   351 Groenteverbouing
tonnelvisie
   413 Verskillende siektes
   503 Onverstandigheid
tonnemaat 235
tonologie 753
tonsil 390
tonsilektomie 414
tonsilitis 413
tonsuur 382
tontel 467
tontelblaar 467
tontelblaarbossie 337
tonteldoek 467
tonteldoos
   95 Huisraad
   467 Aansteek
tonynhaai 363
tooi 745
tooisel 745
toom
   219 Perdry
   231 Tuig
toomloos
   598 Ongehoorsaam

   618 Heftig
toon
   2 Nie-bestaan
   162 Ontbloot
   266 Akoestiek
   397 Ledemaat
   476 Geluid
   490 Kleur
   539 Kommunikeer
   548 Praat
   550 Noem
   572 Uitspraak
   644 Handelwyse
   713 Gevoel
   753 Musiek
   755 Uitvoering
toonaangewend 620
toonaard 753
toonafstand 753
toonbank 707
toonbankklerk
   658 Beroep
   705 Verkoop
toonbeeld
   35 Reëlmaat
   622 Goed
toonbeen
   380 Gebeente
   397 Ledemaat
toonbrode 854
toondemper 756
toonder 708
toondigter 754
toongeslag 753
toonheffing 753
toonhoogte 266
toonknobbel 413
toonleer 753
toonloos
   548 Praat
   572 Uitspraak
   715 Negatiewe gevoel
toonmeter 753
toonnael 383
toonomvang 753
toonopvolging 753
toonset 754
toonsetter 754
toonsetting 754
toonskaal 753
toonsoort 753
toonsterkte
   266 Akoestiek
   753 Musiek
toontaal 569
toontjies 336
toontrap 753
toonval 753
toonvas
   755 Uitvoering
   757 Sang
toonvastheid 757

toonwaarde
704 Koop
753 Musiek
toonwysiging 572
toor 844
toordery
836 Bonatuurlik
844 Bygeloof
854 Godsdienste
toordokter
416 Medikus
854 Godsdienste
toordoktery 414
toordrank 844
toorfluit 844
toorformule 844
toorgoed 844
toorkrag 844
toorkruid 343
toorkuns
836 Bonatuurlik
844 Bygeloof
854 Godsdienste
toormiddel 844
toorn
618 Heftig
771 Gramskap
775 Weersin
777 Haat en
    onvriendelikheid
toornaar 844
toornig
771 Gramskap
777 Haat en
    onvriendelikheid
toornigheid
771 Gramskap
777 Haat en
    onvriendelikheid
toorspreuk 844
toorstokkie 844
toorts 487
toorwoord 844
top
74 Op
76 Bo, bokant, boontoe
185 Sny
277 Berg
331 Boom
439 Punt
607 Beloof
622 Goed
745 Versier
topaas 298
topfiguur
622 Goed
799 Beroemd
topgebruik 629
topgewel 94
topiek 577
topiekloosheid 577
topkerf 686
topklas 622

topmens 799
topograaf 273
topografie 273
topografies 273
topologie 273
topologies 273
toponiem
546 Kunsmatige teken
550 Noem
574 Woordkategorie
toponimie
550 Noem
570 Taalwetenskap
toponimies
550 Noem
574 Woordkategorie
topper 430
toppie
375 Man
430 Rook
745 Versier
topposisie 658
topprestasie 645
toppresteerder
622 Goed
682 Slaag
topprys 122
toppunt
28 Einde
436 Hoog
439 Punt
622 Goed
tops 605
topseil 235
topsnelheid
225 Vinnig
233 Voertuig
topstruktuur 76
topswaar 452
tor
361 Insek
366 Soogdier
813 Swak gedrag
Torah
842 Geloof
854 Godsdienste
toraks
361 Insek
362 Skaaldier
394 Bors
torakschirurgie
414 Geneeskunde
515 Wetenskap
toreador 731
torero 731
toring
94 Dele van 'n eiendom
436 Hoog
655 Veilig
671 Verdedigingsmiddel
toringgebou
91 Gebou
92 Deftige, belangrike of
    groot gebou

toringhoog 436
toringklok 128
toringspits 94
toringwagter 655
torium 297
tormenteer 717
tornado
290 Wind
293 Onweer
to(r)nyn
363 Waterdier
366 Soogdier
torpedeer
677 Skiet
683 Misluk
torpedis 677
torpedo
235 Skeepvaart
676 Vuurwapen
torpedojaer
235 Skeepvaart
675 Militêre toerusting
torring
173 Losmaak
638 Aanmoedig
666 Verhinder
725 Verveling
tors 717
torsie 257
torso
392 Romp
763 Beeldhoukuns
tortelduif 365
tortellini 426
tortillas 426
tossel 745
tot
28 Einde
63 Begrensdheid
69 Naby
166 Nader beweeg
totaal
109 Alles
111 Geheel
116 Te veel
133 Getalle
703 Boekhou
totaalbedrag
137 Bewerking
703 Boekhou
totaalbeeld 547
totaaleffek 713
totaalindruk 713
totalisator 18
totalitarisme 795
totaliteit 111
totalitêr
111 Geheel
590 Bestuur en regeer
795 Staat en politiek
totdat 28
totem
547 Simboliek

854 Godsdienste
totemdier 854
totemisme 854
totempaal 854
totsiens
190 Vertrek
790 Sosiale betrekking
totstandbrenging
0 Ontstaan
27 Begin
237 Voortbring
totstandkoming
0 Ontstaan
237 Voortbring
totterman 402
tou
21 Opeenvolging
145 Beweging
172 Vasmaak
310 Vlegwerk
313 Weef
435 Smal
touchrugby 728
touleer 211
toulei 231
touleier 230
toupet 382
tour de force 651
Tourettesindroom 413
tournedos 426
touspring
182 Slaan
741 Kinderspel
toustaan 21
toutjiestrekkery 638
toutjiesvleis 426
toutologie
569 Taal
573 Woordeskat
577 Betekenis
toutologies
8 Dieselfde
576 Sinsbou en styl
577 Betekenis
toutrek 667
toutrekkery 667
touwerk 235
touwys
368 Diereteelt
535 Weet
towenaar
836 Bonatuurlik
844 Bygeloof
854 Godsdienste
tower 844
toweragtig 36
towerbeeld 512
towerdrank 844
towerfee 512
towerformule
573 Woordeskat
844 Bygeloof
towerklank 478

towerlantern 268
towerslag 844
towerspel 844
towerspreuk
  573 Woordeskat
  844 Bygeloof
towerstaf 844
towerwêreld
  547 Simboliek
  743 Mooi
  844 Bygeloof
township 90
township-ekonomie 701
toyi-toyi 742
traag
  193 Vertraag
  226 Stadig
  503 Onverstandigheid
  581 Teësinnig
  611 Lui
traagheid
  226 Stadig
  257 Meganika en tegnologie
  581 Teësinnig
  611 Lui
  646 Nie handel nie
traai
  642 Beproef
  728 Balsporte
traak 6
traak-my-nie
  509 Onoplettendheid
  583 Willoosheid
traak-my-nieagtig
  507 Gebrek aan belangstelling
  509 Onoplettendheid
  583 Willoosheid
  613 Onnoukeurig
  652 Versuim
  664 Terugstaan
  715 Negatiewe gevoel
  774 Onverskilligheid
traak-my-nieagtigheid
  507 Gebrek aan belangstelling
  509 Onoplettendheid
  583 Willoosheid
  613 Onnoukeurig
  652 Versuim
  664 Terugstaan
  715 Negatiewe gevoel
  774 Onverskilligheid
traan
  413 Verskillende siektes
  462 Halfvloeibare stof
  719 Hartseer
traanbuis 387
traangasbom 676
traanklier
  387 Oog
  402 Afskeidings- en uitskeidingsorgane

traanoog 413
traansak 387
trachea 398
trachodon 367
tradisie
  35 Reëlmaat
  510 Herinner
  657 Herhaal
tradisiegetrou
  35 Reëlmaat
  657 Herhaal
tradisievas
  35 Reëlmaat
  143 Bestendigheid
  657 Herhaal
tradisioneel
  35 Reëlmaat
  657 Herhaal
traerig
  226 Stadig
  581 Teësinnig
trag
  642 Beproef
  654 Moeilik handel
tragea 398
trageaal 398
tragedie
  719 Hartseer
  752 Toneel- en rolprentkuns
tragedieskrywer
  565 Skryfkuns
  750 Letterkunde
trageïtis 413
trageotomie 414
tragerig
  226 Stadig
  581 Teësinnig
tragiek 719
tragies
  719 Hartseer
  752 Toneel- en rolprentkuns
tragiet 274
tragikomedie 752
tragikus 752
tragitis 413
tragoom 413
traksie 414
traktaat
  567 Boek
  607 Beloof
trakteer
  693 Gee
  790 Sosiale betrekking
traktement 790
tralie 178
tralieheining 178
traliehek 178
traliewerk
  94 Dele van 'n eiendom

178 Toegaan
tramezzini 424
trammakassie 781
trampolien 730
trance-musiek 753
tranedal 719
tranerig
  715 Negatiewe gevoel
  719 Hartseer
tranerigheid
  715 Negatiewe gevoel
  719 Hartseer
tranetrekker 752
tranevloed 719
trankiel 619
trankiliteit 619
trans
  94 Dele van 'n eiendom
  269 Heelal
transaksie
  607 Beloof
  686 Aanwins
  700 Bank
  701 Handel en ekonomie
transatlanties 87
transeer 185
transeermes 185
transeerstel 185
transendeer 836
transendentaal
  493 Gevoeligheid
  836 Bonatuurlik
transep 853
transfobie 374
transformasie
  140 Verandering
  438 Vorm
transformator 262
transformeer
  53 Nuut en jonk
  140 Verandering
transfusie 414
transgender 374
transisie 67
transistor
  262 Elektrisiteit
  264 Radio en televisie
transistorradio 264
transitief 574
transitiwiteit 574
transito
  187 Reis
  195 Deurgaan
transitopassasier
  187 Reis
  195 Deurgaan
transitorooftog 695
transitorower 695
transitovervoer 194
transitovisum 187
transkontinentaal 87
transkribeer
  563 Skryf

565 Skryfkuns
transkrip 565
transkripsie
  563 Skryf
  565 Skryfkuns
  754 Komposisie
transkulturasie 787
transliterasie
  543 Duidelik
  570 Taalwetenskap
translitereer 570
transmigrasie
  67 Verplasing
  187 Reis
  844 Bygeloof
transmissie
  264 Radio en televisie
  630 Werktuig
transmissielyn
  262 Elektrisiteit
  264 Radio en televisie
transmissierekening 700
transmitteer 264
transmutasie
  140 Verandering
  256 Skeikunde
  317 Fisiologie
transparant
  488 Deurskynend
  564 Skryfbehoeftes
transparantheid 488
transpirasie
  292 Water
  324 Plantlewe
  409 Afskeiding en uitskeiding
transpireer
  324 Plantlewe
  409 Afskeiding en uitskeiding
transplantaat 414
transplantasie 414
transponeer
  140 Verandering
  754 Komposisie
transport
  194 Vervoer
  693 Gee
transportakte
  546 Kunsmatige teken
  693 Gee
transportasie 194
transportdiens 194
transporteer
  194 Vervoer
  216 Ry
transporteur 194
transportmiddel 145
transportry 194
transporttryer 194
transporttryery 194
transportskip 235

transporttrein 234
transportvliegtuig 236
transportwa 230
transposisie
  140 Verandering
  754 Komposisie
transseksualiteit 374
transseksueel 374
transsubstansiasie 850
transtaligheid 569
transversaal
  79 Dwars
  139 Meetkunde
transvestiet 374
transvestisisme 374
transvestisme 374
trant
  576 Sinsbou en styl
  644 Handelwyse
trap
  30 Hiërargie
  94 Dele van 'n eiendom
  164 Reëlmatige
    beweging
  167 Wegbeweeg
  181 Raak
  182 Slaan
  197 Te voet gaan
  211 Opgaan
  218 Fietsry
  228 Vinnig beweeg
  347 Landbou
  352 Graanverbouing
trapbrug 730
trapees 730
trapesium 139
trapesius 379
trapesoïed 139
trapfiets 232
trapgewel 94
trapkar 232
trapleer 211
trapmeul 186
trapmusiekie 756
traporrel 756
trappehuis 94
trappel 197
trapper
  232 Fiets
  756 Musiekinstrument
trappie
  94 Dele van 'n eiendom
  197 Te voet gaan
  211 Opgaan
trappiramide 253
trappistebier 427
trapportaal 94
traprem
  146 Beweginglóosheid
  232 Fiets
  233 Voertuig
  234 Spoorweë
  257 Meganika en
    tegnologie

trapsel
  20 Wanorde
  102 Hoeveelheid
trapsgewys(e) 21
trapskakelaar 262
trapsoetjies
  226 Stadig
  364 Reptiel
trapstel 211
trapsuutjies
  226 Stadig
  364 Reptiel
trapvloer 352
tras 100
traseer
  97 Bou
  99 Messel
  657 Herhaal
  759 Tekenkuns
traseerder 97
traseerder 99
traseerwerk 94
trasering 309
trasering
  97 Bou
  99 Messel
trassie
  357 Dier
  374 Mens
trattoria 429
trauma
  412 Siek
  413 Verskillende siektes
  715 Negatiewe gevoel
trauma-afdeling 417
traumabehandeling 414
traumaberading 414
traumaties 412
traumaties
  413 Verskillende siektes
  714 Positiewe gevoel
  715 Negatiewe gevoel
traumatiseer 412
traumaversekering 655
travertyn 298
travertynterras 277
travesteer 831
travestie
  374 Mens
  831 Minag
trawal
  654 Moeilik handel
  683 Misluk
trawant
  645 Handel
  663 Meedoen
tred 197
tredmeul(e) 186
tree
  94 Dele van 'n eiendom
  181 Raak
  182 Slaan
  197 Te voet gaan

treeplank
  233 Voertuig
  234 Spoorweë
treëteller
  125 Tel
  197 Te voet gaan
tref
  44 Gebeure in tyd
  166 Nader beweeg
  181 Raak
  713 Gevoel
trefafstand
  68 Ver
  677 Skiet
trefbaar 675
tref-en-trap(-)ongeluk
  217 Motorry
  683 Misluk
treffend
  129 Bepaaldheid
  506 Belangstelling
  714 Positiewe gevoel
treffendheid 714
treffer
  182 Slaan
  677 Skiet
  753 Musiek
  757 Sang
trefferboek 750
trefferdeuntjie 753
trefferfilm 752
trefferliedjie 757
treffermusiek 753
treffersparade 757
trefkrag
  16 Gevolg
  616 Magtig
  625 Sterk
  638 Aanmoedig
  677 Skiet
  714 Positiewe gevoel
trefpunt
  439 Punt
  637 Doelgerigtheid en
    doelloosheid
trefseker
  612 Noukeurig
  614 Bekwaam
  625 Sterk
  677 Skiet
  682 Slaag
trefsekerheid
  614 Bekwaam
  677 Skiet
  682 Slaag
trefwoord 567
trefwydte
  16 Gevolg
  677 Skiet
  801 Wet
tregter
  147 Rigting
  286 Rivier

tregtermond
  147 Rigting
  286 Rivier
tregtermonding 286
tregtervormig 446
treil
  145 Beweging
  372 Vissery
treiler 235
treilnet 372
trein
  21 Opeenvolging
  220 Treinry
  234 Spoorweë
treinbrug 209
treindiens 234
treinkaartjie
  187 Reis
  220 Treinry
treinkondukteur 234
treinloods
  220 Treinry
  223 Stuur
treinongeluk
  220 Treinry
  683 Misluk
  719 Hartseer
treinpassasier 220
treinpersoneel 234
treinramp
  220 Treinry
  683 Misluk
treinreis 187
treinrit
  187 Reis
  220 Treinry
treinry 220
treinsiek 413
treinspoor 234
treinstasie
  194 Vervoer
  220 Treinry
treinstel 234
treintrok 234
treinverkeer 220
treinvervoer
  194 Vervoer
  220 Treinry
treinwa 234
treiter
  717 Lyding
  722 Humor
  779 Boosaardigheid
  831 Minag
treiteraar
  722 Humor
  779 Boosaardigheid
  831 Minag
treiterend
  666 Verhinder
  771 Gramskap
treitering
  667 Stryd

717 Lyding
722 Humor
779 Boosaardigheid
831 Minag
treitery
722 Humor
779 Boosaardigheid
831 Minag
trek
3 Bestaanswyse
67 Verplasing
68 Ver
122 Bereken
139 Meetkunde
145 Beweging
167 Wegbeweeg
187 Reis
190 Vertrek
205 Weggaan van
222 Vlieg
290 Wind
372 Vissery
386 Gesig
419 Voedselbereiding
430 Rook
686 Aanwins
688 Besit
trekarbeid 645
trekarbeider
645 Handel
658 Beroep
trekbees
366 Soogdier
369 Veeteelt
trekboer 369
trekboot 235
trekdier
231 Tuig
357 Dier
trekduiker 365
trekgat 469
trekgoed 357
trekgroep 67
trekker
67 Verplasing
233 Voertuig
355 Landbougereedskap
676 Vuurwapen
696 Ontvang
700 Bank
708 Betaal
trekkerig 290
trekkerslewe 67
trekking
18 Toeval
145 Beweging
700 Bank
trekkings
378 Senuwee
413 Verskillende siektes
trekkingsrekening 700
trekklavier 756
trekkrag
145 Beweging

233 Voertuig
625 Sterk
treknet 372
trekos 231
trekpad
149 Pad
369 Veeteelt
trekperd
231 Tuig
366 Soogdier
trekpleister
415 Geneesmiddel
773 Begeerte
776 Liefde en vriendskap
treksaag
185 Sny
630 Werktuig
treksel
102 Hoeveelheid
419 Voedselbereiding
427 Drank
trekskaal 124
trekskaap 369
trekskuit 235
trekspanning
257 Meganika en tegnologie
453 Dig
trekspier 379
treksprinkaan 361
trekstang
231 Tuig
234 Spoorweë
trekvastheid
257 Meganika en tegnologie
453 Dig
trekvee 369
trekvoël 365
trekvolk 67
trekwild 357
trem 234
trema
565 Skryfkuns
571 Skrif
trembus 230
tremdiens 234
tremhalte 234
tremkondukteur 234
tremlyn 220
tremolo 753
tremspoor 220
tremspore 728
tremulant 753
trens
219 Perdry
231 Tuig
372 Vissery
trenstoom 231
trepaan 417
trepaneer 414
trepaneerboor 417

treur 719
treurdig 751
treurend 717
treurig
458 Breekbaar
583 Willoosheid
623 Sleg
626 Swak
652 Versuim
683 Misluk
690 Arm
717 Lyding
719 Hartseer
treurigheid
458 Breekbaar
626 Swak
690 Arm
717 Lyding
719 Hartseer
treurlied 757
treurmare 539
treurmars 754
treurmusiek 753
treurnis 719
treursang
751 Digkuns
757 Sang
treurspel 752
treurwilg 331
treusel
226 Stadig
621 Onbelangrik
trewwa 334
triade 102
triangel 756
triangulasie 139
triargie
102 Hoeveelheid
663 Meedoen
Triastydperk 274
triatlon 629
tribo-elektrisiteit 262
tribologie 257
tribometer 123
tribulasie 768
tribunaal
808 Regswese
809 Regsgeding
tribuut
122 Bereken
712 Belasting
triest
293 Onweer
717 Lyding
719 Hartseer
triesterigheid
293 Onweer
717 Lyding
triestig
293 Onweer
717 Lyding
719 Hartseer
trietsigheid
293 Onweer

717 Lyding
719 Hartseer
triets(er)ig
293 Onweer
433 Klein
626 Swak
717 Lyding
719 Hartseer
trietsigheid
293 Onweer
433 Klein
626 Swak
717 Lyding
719 Hartseer
trifle 426
triforium 853
triftong 572
triginose 413
triglief 94
trigologie 414
trigonaal 139
trigonometrie 139
trigonometries 139
trigose 413
trikeratops 367
triktrak 739
tril
164 Reëlmatige beweging
225 Vinnig
403 Voortplantings-orgaan
757 Sang
trilgras 338
trilhaardiertjie 359
triljoen 133
trilklank 572
trillend
164 Reëlmatige beweging
165 Onreëlmatige beweging
triller 572
trillerig 164
trilling
164 Reëlmatige beweging
165 Onreëlmatige beweging
266 Akoestiek
274 Geologie
trillingsduur
266 Akoestiek
274 Geologie
trillingsfrekwensie
266 Akoestiek
274 Geologie
trillingsgetal
133 Getalle
266 Akoestiek
274 Geologie
trillingswydte
266 Akoestiek
274 Geologie

trilogie
  567 Boek
  752 Toneel- en
    rolprentkuns
trilpopulier 331
trilsif 153
trilswam 327
triltoon 753
trim 730
trimester 127
trimeter 751
trimoefening 730
Trimoerti 855
trimpark 730
trinchado 426
Triniteit 855
trinitrotolueen 676
trio
  102 Hoeveelheid
  754 Komposisie
  755 Uitvoering
  757 Sang
triode 264
triolet 751
triomf
  622 Goed
  682 Slaag
  684 Oorwin
triomfantelik
  682 Slaag
  684 Oorwin
triomfboog
  546 Kunsmatige teken
  684 Oorwin
triomfeer
  622 Goed
  682 Slaag
  684 Oorwin
triomflied 757
triomfsuil 546
triomftog
  187 Reis
  684 Oorwin
  793 Fees
triool 753
tripanosomiase 413
tripanosoom 413
tripel 133
tripelkonsert 755
tripelmaat
  431 Afmeting
  751 Digkuns
  753 Musiek
Tripitaka 842
tripleksglas 309
tripliek 556
triplikaat
  12 Eenvormigheid
  14 Navolging
  565 Skryfkuns
  657 Herhaal
tripliseer
  12 Eenvormigheid

  14 Navolging
  565 Skryfkuns
  657 Herhaal
trippel
  133 Getalle
  164 Reëlmatige
    beweging
  197 Te voet gaan
  219 Perdry
trippelaar 219
trippelend 197
trippelgang 219
trippens 131
tripsine 401
triptaan 299
triptiek 760
trireem 235
triseps 379
triskaidekafobie 768
tristigon 751
tritium 256
Triton 270
trits 102
triumvir 591
triumviraat
  591 Gesaghebber
  795 Staat en politiek
triviaal
  542 Betekenisloosheid
  621 Onbelangrik
trivialiseer
  542 Betekenisloosheid
  621 Onbelangrik
trivialiteit
  542 Betekenisloosheid
  621 Onbelangrik
troebadoer 757
troebel
  489 Ondeurskynend
  544 Onduidelik
  628 Vuil
troebelheid
  489 Ondeurskynend
  628 Vuil
troebelrig
  462 Halfvloeibare stof
  489 Ondeurskynend
  628 Vuil
troebelrigheid 628
troef
  538 Dwaling
  684 Oorwin
  740 Kaartspel
  815 Oneerlik
  818 Bedrieg
troefee
  546 Kunsmatige teken
  834 Beloon
troefkaart 740
troep
  168 Saamkom
  591 Gesaghebber
  592 Ondergeskikte

  14 Navolging
  565 Skryfkuns
  657 Herhaal
  752 Toneel- en
    rolprentkuns
troepe 672
troepedraer 675
troepemag 672
troepeskip 235
troepie 673
troepsgewys 102
troetel
  495 Tassin
  776 Liefde en
    vriendskap
troeteldier 357
troeteldierwinkel 357
troetelkind 243
troetelnaam
  550 Noem
  776 Liefde en
    vriendskap
troetelwoord 776
trofee
  546 Kunsmatige teken
  684 Oorwin
  727 Kompetisie
  834 Beloon
trofeejag 373
troffel
  99 Messel
  101 Bouersgereedskap
  630 Werktuig
trog
  84 Houer
  278 Vallei
  283 See
  287 Vloei
  294 Weerkunde
trogee 751
trogeïes 751
troglodiet 64
troika
  230 Rytuig
  795 Staat en politiek
Trojaans 238
trok
  194 Vervoer
  234 Spoorweë
trol
  512 Verbeelding
  568 Media
trollie
  230 Rytuig
  234 Spoorweë
  417 Hospitaal
  707 Handelsaak
trolliebus 230
trom 756
trombonis 755
tromboon 756
trombose 413
tromboties 413
trombus 413

tromgeroffel 480
trommel
  84 Houer
  187 Reis
trommelbuik 413
trommeldik 406
trommelholte 388
trommelrem 233
trommelslaner 755
trommelvlies 388
trompet 756
trompetblaser 756
trompetboom 331
trompetgeskal 478
trompetspeler
  755 Uitvoering
  756 Musiekinstrument
trompetter 484
trompie 756
trompop
  539 Kommunikeer
  582 Wilskrag
trompoppie 793
tromspeler
  755 Uitvoering
  756 Musiekinstrument
tronie 386
tronk
  594 Onvryheid
  835 Bestraf
tronkbewaarder
  594 Onvryheid
  655 Veilig
  835 Bestraf
tronklewe 594
tronksel
  594 Onvryheid
  835 Bestraf
tronkstraf
  809 Regsgeding
  835 Bestraf
tronktaal 569
tronkvoël
  594 Onvryheid
  835 Bestraf
troois 124
troon 591
troonbestyging 588
troonopvolger 591
troonopvolging 591
troonrede 591
troonsafstand
  591 Gesaghebber
  660 Ontslag
troonsbestyging 591
troonsuksessie 591
troop 576
troos
  638 Aanmoedig
  663 Meedoen
  714 Positiewe gevoel
  716 Genot
  720 Tevredenheid

778 Goedaardigheid
trooseffek 415
trooskos 426
troosprys 834
troosryk 716
troosteloos
  623 Sleg
  719 Hartseer
  766 Wanhoop
  768 Vrees
troosteloosheid
  623 Sleg
  719 Hartseer
  766 Wanhoop
  768 Vrees
troostend 716
trooster 716
troosvol 716
trooswoord 716
trooswoorde 638
trop
  104 Baie
  168 Saamkom
  357 Dier
  369 Veeteelt
trope 289
tropies 289
tropinstink 357
tropisme 324
tropopouse
  269 Heelal
  289 Klimaat
troposfeer
  269 Heelal
  289 Klimaat
tros 168
trosbom 676
troshoofpyn 413
troshuis(e) 91
troskiem 413
trosmigraine 413
trosrosyne 323
trots
  743 Mooi
  785 Hoogmoed
trotsaard 785
trotseer 767
trotsheid 785
trots-van-franschhoek 334
trou
  248 Huwelik
  608 Jou woord hou
  622 Goed
  811 Gewete
  814 Eerlik
  816 Getrouheid
troubelofte 248
troubreuk
  248 Huwelik
  817 Ontrouheid
troue
  248 Huwelik

850 Sakrament
troueloos
  623 Sleg
  770 Wantroue
  817 Ontrouheid
  820 Oneerbaar
troueloosheid
  623 Sleg
  817 Ontrouheid
trouklere 745
troukoek
  248 Huwelik
  426 Kossoort, dis
troukoors 248
troulus 248
trouma
  412 Siek
  413 Verskillende siektes
  715 Negatiewe gevoel
trouma-afdeling 417
troumabehandeling 414
troumaberading 414
troumaeenheid 417
troumaties
  412 Siek
  715 Negatiewe gevoel
troupand
  248 Huwelik
  745 Versier
troupant 365
trouring
  248 Huwelik
  745 Versier
trousseau 248
tru 151
truffel 426
trui 745
truïsme 537
trul 403
trulig 233
truprojektor
  268 Fotografie en film
  560 Voorskoolse en naskoolse onderrig
trurat
  233 Voertuig
  630 Werktuig
truspieël 233
trust 692
trustakte 692
trustee 692
trustfonds 692
trustgeld 692
trut
  583 Willoosheid
  615 Onbekwaam
  652 Versuim
  683 Misluk
  792 Asosiaal
  820 Oneerbaar
truversnelling 233
truvorming 575
tsaar 591

tsarewitsj 591
tsarina 591
tsatsiki 426
tsessebe 366
tsetsevlieg 361
Tshivenda 569
tsoenami 283
Tsonga
  569 Taal
  787 Samelewing
tsotsi
  623 Sleg
  803 Wette oortree
tsotsitaal 569
tsoureki 426
tsunami 283
Tswana
  569 Taal
  787 Samelewing
tuba 756
tuberkuleus 413
tuberkulose 413
Tucana 270
tudorboustyl 764
tufsteen 304
tug
  182 Slaan
  597 Gehoorsaam
  835 Bestraf
  852 Geestelike
tugmaatreël 835
tugmiddel 835
tugsaak 809
tugteloos 813
tugteloosheid 813
tugtig
  182 Slaan
  835 Bestraf
tugtiging 835
tuig
  145 Beweging
  211 Opgaan
  235 Skeepvaart
  630 Werktuig
tuimel
  77 Onder, onderkant, ondertoe
  212 Afgaan
  730 Gimnastiek
tuimelaar 178
tuimeldroër
  95 Huisraad
  627 Skoon
tuimeling
  212 Afgaan
  730 Gimnastiek
tuimeloefening 730
tuimelskakelaar 262
tuimelvenster 94
tuin
  94 Dele van 'n eiendom
  346 Landbougrond
tuinaanleg 94

tuinafval 628
tuinargitek 94
tuinbank 95
tuinbedding 94
tuinblom 322
tuinboom 331
tuinbou 94
tuinboukunde 356
tuingereedskap
  94 Dele van 'n eiendom
  630 Werktuig
tuinhek
  94 Dele van 'n eiendom
  178 Toegaan
tuinhuis 91
tuinier
  94 Dele van 'n eiendom
  645 Handel
tuinkriek 361
tuinpartytjie 418
tuinplant
  94 Dele van 'n eiendom
  318 Plant
tuinslak 361
tuinslang
  94 Dele van 'n eiendom
  288 Waterstelsel
  463 Nat
tuinspinnekop 361
tuinsprinkaan 361
tuinversiering 94
tuinvullis
  94 Dele van 'n eiendom
  628 Vuil
tuinwoonstel 89
tuis
  64 Aanwesigheid
  89 Blyplek
tuisbedryfwinkel 707
tuisblad 263
tuisblyvakansie 662
tuisbof 728
tuisdorp 90
tuisgaan 64
tuisgebak 426
tuisgemaak 426
tuishoort 33
tuishuis 89
tuiskantoor 94
tuisland
  61 Plek
  90 Omgewing
tuismaak 89
tuisnywerheid 658
tuisopvoeding 559
tuisplek 89
tuisrekenaar 263
tuisskoling 559
tuisspan 629
tuiste
  61 Plek
  89 Blyplek
tuisteater 752

tweevoudig

tuisteskepper 89
tuisvaart 188
tuisveld 629
tuisvermaak 724
tuisverpleging 414
tuisvlug 188
tuiswag 655
tuiswedstryd 727
tuiswerk 561
tuit
  84 Houer
  386 Gesig
tulband 745
tulbandskulp 363
tulle 311
tulp 342
tumor 413
tuna
  363 Waterdier
  422 Seekos
tungolie 331
tungsten 297
tuniek
  674 Militêre uitrusting
  745 Versier
tuniekrok 745
turbine
  235 Skeepvaart
  236 Lugvaart
  262 Elektrisiteit
  630 Werktuig
turbinemotor 630
turbinerotor
  257 Meganika en tegnologie
  262 Elektrisiteit
turboaanjaer
  233 Voertuig
  234 Spoorweë
turbodiesel 233
turboaangejaag 233
turbulensie 165
turbulent 165
Turing-masjien 263
turkoois
  298 Steen
  492 Kleure
turksvy
  336 Vetplant
  350 Vrugteverbouing
tussen
  61 Plek
  81 Binne
tussenbei 56
tussendeur
  48 Gelyktydig
  56 Selde
tussending 81
tussenganger 668
tussengasheer 324
tussengrensgebied 63
tussenhandel 701
tussenhandelaar 701

tussenin
  48 Gelyktydig
  81 Binne
tussenkleur 490
tussenkoms
  590 Bestuur en regeer
  663 Meedoen
  668 Vrede en versoening
tussenpersoon
  668 Vrede en versoening
  701 Handel en ekonomie
tussenpoos 662
tussenregering 795
tussenruimte 61
tussensaldo
  688 Besit
  703 Boekhou
tussenseisoen 289
tussenskot
  94 Dele van 'n eiendom
  389 Neus
tussensoort 31
tussenspel
  752 Toneel- en rolprentkuns
  754 Komposisie
tussenstadium 37
tussentoon 753
tussentyd 37
tussentyds
  41 Kortstondig
  590 Bestuur en regeer
tussenverdieping 94
tussenverkiesing
  590 Bestuur en regeer
  795 Staat en politiek
tussenvorm 438
tussenweg 149
tussenwerpsel 576
tussorsy 311
tutoriaal 561
tutta la forza 753
tutte le corde 753
tutti 753
tutti frutti 323
tutu 745
tuur 499
tv-kyker 568
tv-reeks 752
tv-serie 752
tv-skerm 264
tv-slaaf 568
twaalf 133
twaalfdaags 102
twaalfsnaarkitaar 756
twaalfuur
  127 Tydbepaling
  418 Voeding
twaalfvingerderm 401
twak
  430 Rook
  524 Onlogies redeneer
  538 Dwaling

  548 Praat
  623 Sleg
twakkerig 621
twakpraatjies
  524 Onlogies redeneer
  538 Dwaling
  548 Praat
twakprater 548
twakpratery 548
twaksak(kie) 430
twee
  102 Hoeveelheid
  133 Getalle
tweeakter 752
tweebenig 397
tweed 311
tweedaags 37
tweedehands 54
tweede-in-bevel 590
tweedejaar 560
tweedejaarsvak 515
tweedelig 112
tweedens 133
tweederangs 624
tweederdemeer=
  derheid 795
tweedetaalonderrig 570
tweedetaalspreker 569
tweedeursedan 233
tweedimensionaal 431
tweedimensioneel
  139 Meetkunde
  431 Afmeting
tweedrag
  667 Stryd
  771 Gramskap
tweegatjakkals
  770 Wantroue
  815 Oneerlik
  818 Bedrieg
tweegesig
  770 Wantroue
  815 Oneerlik
  818 Bedrieg
tweegesprek
  539 Kommunikeer
  548 Praat
  554 Aanspreek
tweegeveg 667
tweehout 728
tweekamer=
  parlement 795
tweekamerstelsel 795
tweekamerwoonstel 91
tweekamp
  629 Spel en sport
  729 Atletiek
tweekampatleet 729
tweeklank 572
tweekleurdruk 566
tweeling 243
tweelobbig 323
tweeluik 760

tweemanskap
  776 Liefde en vriendskap
  795 Staat en politiek
tweepersoon(s)fiets 232
tweeplekpredikaat 576
tweepuntdraai 163
tweepuntig 439
tweerigtingradio 264
tweërlei 13
tweesaadlobbig
  318 Plant
  331 Boom
  332 Struik
  333 Rankplant
tweesaadlobbige 318
tweesang 757
tweeslagenjin 257
tweeslagmaat 753
tweeslagtig
  114 Saamgesteld
  239 Voortplant
  357 Dier
  403 Voortplantings=
    orgaan
tweesnydend
  185 Sny
  440 Skerp
tweespalt
  667 Stryd
  777 Haat en onvriendelikheid
tweespoorpad 149
tweespraak
  554 Aanspreek
  752 Toneel- en rolprentkuns
tweesprong 149
tweestemmig 757
tweestertjakkals 818
tweestreepnoot 753
tweestryd
  121 Verwarring
  587 Aarsel
tweestrydig
  11 Disharmonie
  519 Twyfel
  587 Aarsel
tweestuk
  215 Swem
  745 Versier
tweestukpak 745
tweetal 133
tweetalig
  548 Praat
  569 Taal
tweetaligheid 569
tweetandskaap 369
tweevoetige 751
tweevoud
  102 Hoeveelheid
  133 Getalle
tweevoudig 133

911

tweevoudigheid

tweevoudigheid 133
tweeyster 728
twiet
   365 Voël
   568 Media
twieter 568
twis
   9 Verskillend of teenoorgesteld
   11 Disharmonie
   513 Denke
   522 Redeneer
   532 Betwis
   539 Kommunikeer
   557 Diskussie
   667 Stryd
   777 Haat en onvriendelikheid
   779 Boosaardigheid
twisappel 667
twisgeding 808
twisgeskrif 522
twisgeskryf 557
twisgesprek
   522 Redeneer
   532 Betwis
   539 Kommunikeer
   557 Diskussie
twisgierig
   667 Stryd
   777 Haat en onvriendelikheid
twisgierigheid
   532 Betwis
   667 Stryd
   777 Haat en onvriendelikheid
twispunt
   516 Soek
   522 Redeneer
   667 Stryd
twisredenaar 532
twissaak 667
twissiek
   532 Betwis
   667 Stryd
twissoeker
   667 Stryd
   779 Boosaardigheid
twissoekerig
   667 Stryd
   777 Haat en onvriendelikheid
twissoekery
   532 Betwis
   777 Haat en onvriendelikheid
twist 742
twister 667
twisvraag
   555 Vra
   557 Diskussie
Twitter 568

twitteraar 568
Twitterstorm 568
Twitter-voer 568
twyfel
   121 Verwarring
   518 Glo
   519 Twyfel
   583 Willoosheid
   587 Aarsel
   770 Wantroue
   843 Ongeloof
twyfelaar
   519 Twyfel
   583 Willoosheid
   587 Aarsel
   843 Ongeloof
twyfelagtig
   11 Disharmonie
   121 Verwarring
   518 Glo
   519 Twyfel
   532 Betwis
   538 Dwaling
   544 Onduidelik
   623 Sleg
   770 Wantroue
   820 Oneerbaar
   843 Ongeloof
twyfelagtigheid
   11 Disharmonie
   532 Betwis
   544 Onduidelik
   583 Willoosheid
   770 Wantroue
   813 Swak gedrag
   820 Oneerbaar
twyfelary
   519 Twyfel
   583 Willoosheid
twyfelend
   11 Disharmonie
   519 Twyfel
   587 Aarsel
   770 Wantroue
twyfeling 519
twyfelmoedig
   519 Twyfel
   583 Willoosheid
   587 Aarsel
   715 Negatiewe gevoel
   770 Wantroue
twyfelmoedige 843
twyfelmoedigheid
   583 Willoosheid
   587 Aarsel
twyfelsiek 519
twyfelsiekte 519
twyfelsug 519
twyfelsugtig
   514 Wysbegeerte
   519 Twyfel
   770 Wantroue
   843 Ongeloof

twyg 320
twyn 312
twynwiel 312
tyd
   37 Tydruimte
   45 Geskiedenis
   123 Meet
   127 Tydbepaling
   574 Woordkategorie
tydaanwysing 127
tydbenutting 38
tydbepaling 127
tyd(s)beperking
   37 Tydruimte
   38 Tydgebruik
tydbesparend 38
tydbesparing 38
tyd(s)bestek 37
tydbestuur 38
tydbom 676
tyddeel 89
tyddeelskema 89
tyddeelverblyf 89
tyddeelwoning 89
tydeenhede 37
tydelik
   37 Tydruimte
   41 Kortstondig
   254 Stof
   658 Beroep
tydeloos 42
tydens
   37 Tydruimte
   127 Tydbepaling
tydens 48
tydfaktor 37
tydgebonde 45
tydgebrek 38
tydgebruik 38
tyd(s)gees
   527 Oordeel
   657 Herhaal
tydgenoot
   48 Gelyktydig
   374 Mens
tydgenootlik 48
tyd(s)gewrig 127
tydgleuf 37
tyd(s)grens
   37 Tydruimte
   58 Laat
tydhouer 127
tydhulpwerkwoord 574
tydig
   37 Tydruimte
   38 Tydgebruik
   57 Vroeg
   59 Geleë
tydigheid 57
tyd(s)indeling 37
tyding
   539 Kommunikeer
   551 Meedeel

tydinterval 37
tydjie
   37 Tydruimte
   41 Kortstondig
tydkaart 127
tydkorting
   38 Tydgebruik
   662 Rus
tydkring
   37 Tydruimte
   127 Tydbepaling
   270 Hemelliggaam
tyd(s)limiet
   37 Tydruimte
   58 Laat
tydloos 42
tydloosheid 42
tydmaat 753
tydmeting 127
tydmors
   39 Tydverlies
   634 Nutteloos
tydmorsery
   39 Tydverlies
   648 Onderbreek
tydopname
   268 Fotografie en film
   727 Kompetisie
tydopnemer 127
tydperk
   37 Tydruimte
   127 Tydbepaling
   274 Geologie
tydpunt 37
tydreëling
   38 Tydgebruik
   127 Tydbepaling
tydrekening
   45 Geskiedenis
   127 Tydbepaling
tydrekenkundig 21
tydren
   727 Kompetisie
   737 Motorsport
tydrenjaer 737
tydrenmotor
   233 Voertuig
   737 Motorsport
tydrowend 40
tydrowendheid 40
tydruimte 37
tydsaam
   37 Tydruimte
   226 Stadig
   581 Teësinnig
tydsaamheid 581
tydsbepaling 37
tydsduur
   22 Kontinuïteit
   37 Tydruimte
   40 Langdurig
   127 Tydbepaling
tydsein 235

tydsgewrig 37
tydsiklus 37
tydsinterval 44
tydskaal 37
tydskrif
  539 Kommunikeer
  562 Lees
  566 Drukkuns
  568 Media
tydskrifartikel
  539 Kommunikeer
  551 Meedeel
  565 Skryfkuns
  568 Media
tydskrifdrukkery 566
tydskrifjoernaal 568
tydskrifjoernalis
  565 Skryfkuns
  568 Media
tydskrifleser 568
tydskrifmedia 568
tydskrifredakteur
  566 Drukkuns
  568 Media
tydskrifrubriek 568
tydskrifsirkulasie 568
tydskrifuitgewer
  566 Drukkuns
  568 Media
tydskrifuitgewery 568
tydskrifverhaal 568
tydslot 178
tydsorde 21
tydsordelik 21
tydspan 37
tydstip
  37 Tydruimte
  41 Kortstondig
  127 Tydbepaling
tydsverloop 45
tydsvolgorde 21
tydtafel
  45 Geskiedenis
  127 Tydbepaling
tydtoets 127
tydvak
  37 Tydruimte
  127 Tydbepaling
tydverbruik 38
tydverdryf
  38 Tydgebruik
  662 Rus
  724 Vermaak en ontspanning
tyd(s)verloop
  37 Tydruimte
  127 Tydbepaling
tydverknoeiing 39
tydverkwanseling 39
tydverkwisting
  39 Tydverlies
  193 Vertraag
  648 Onderbreek

tydverlies 39
tydvermorsing
  38 Tydgebruik
  39 Tydverlies
  648 Onderbreek
tyd(s)verskil 37
tydverspillend 226
tydverspilling 39
tydverwering 37
tydvorm 574
tyhawe
  221 Vaar
  235 Skeepvaart
tyk 311
tym 340
Tyr 855
T-yster 301
tzatziki 426

U
u
  1 Bestaan
  688 Besit
uber 194
uberbestuurder 194
überseksueel 374
U-boot 235
ubuntu 778
udometer 294
U-draai
  163 Draai
  444 Krom
UHT-melk 371
uhuru 593
ui
  351 Groenteverbouing
  426 Kossoort, dis
ui(e)agtig 426
uiebredie 426
uiegras
  351 Groenteverbouing
  426 Kossoort, dis
uielof 321
uier 394
uierontsteking
  371 Suiwelbereiding
  413 Verskillende siektes
uieslaai 426
uiesmoor 426
uietert 426
uil
  365 Voël
  503 Onverstandigheid
uilaap 366
uilmot 361
uilskuiken 503
uilspieël
  722 Humor
  831 Minag
uiltjie 334
uintjie
  335 Bolplant
  426 Kossoort, dis

uintjiekweek 344
uit
  28 Einde
  37 Tydruimte
  45 Geskiedenis
  65 Afwesigheid
  80 Buite
  176 Uithaal
  189 Wegbly
  207 Uitgaan
  482 Menslike geluid
  539 Kommunikeer
  548 Praat
  693 Gee
uitasem
  404 Asemhaling
  413 Verskillende siektes
uitaseming 404
uitbagger 288
uitbak 425
uitbaklei
  522 Redeneer
  667 Stryd
uitban 67
uitbanning 838
uitbars
  44 Gebeure in tyd
  184 Breek
  713 Gevoel
uitbarsting
  184 Breek
  270 Hemelliggaam
  713 Gevoel
  715 Negatiewe gevoel
  771 Gramskap
uitbasuin
  539 Kommunikeer
  551 Meedeel
uitbeeld
  547 Simboliek
  750 Letterkunde
  752 Toneel- en rolprentkuns
  758 Beeldende kuns
uitbeelding
  576 Sinsbou en styl
  758 Beeldende kuns
uitbeitel
  758 Beeldende kuns
  763 Beeldhoukuns
uitbestee 691
uitbetaal 708
uitbetaling
  691 Spandeer
  708 Betaal
uitbeweeg 145
uitblaas
  176 Uithaal
  404 Asemhaling
  468 Blus
uitblaker
  162 Ontbloot
  539 Kommunikeer
  554 Aanspreek

uitblink 622
uitblinker
  622 Goed
  682 Slaag
uitbly
  44 Gebeure in tyd
  65 Afwesigheid
  189 Wegbly
uitboender
  80 Buite
  176 Uithaal
  192 Laat gaan
uitboer
  683 Misluk
  687 Verlies
uitboks 263
uitboor 446
uitborrel 80
uitbou 97
uitboul
  684 Oorwin
  728 Balsporte
uitbousel 97
uitbraai 419
uitbraak 413
uitbraaksel 409
uitbranding 468
uitbreek
  44 Gebeure in tyd
  173 Losmaak
  184 Breek
  593 Vryheid
uitbrei
  62 Grensloosheid
  140 Verandering
  432 Groot
  682 Slaag
uitbreiding
  62 Grensloosheid
  107 Meer
  682 Slaag
uitbreking
  184 Breek
  412 Siek
  593 Vryheid
uitbring
  176 Uithaal
  539 Kommunikeer
  548 Praat
uitbroei
  239 Voortplant
  370 Voëlteelt
  513 Denke
uitbuit
  686 Aanwins
  694 Neem
  779 Boosaardigheid
uitbuiter
  694 Neem
  695 Steel
  779 Boosaardigheid
uitbuitery
  694 Neem

695 Steel
779 Boosaardigheid
uitbuiting
694 Neem
695 Steel
779 Boosaardigheid
uitbulder 548
uitbult 446
uitbundig
104 Baie
716 Genot
718 Blydskap
793 Fees
uitbundigheid
716 Genot
718 Blydskap
uitcheck
499 Sien
508 Aandag
uitdaag
191 Laat kom
629 Spel en sport
667 Stryd
669 Aanval
727 Kompetisie
737 Motorsport
773 Begeerte
uitdaagbeker 727
uitdagend
667 Stryd
669 Aanval
767 Moed
uitdager
191 Laat kom
669 Aanval
uitdaging
191 Laat kom
667 Stryd
669 Aanval
uitdeel
169 Skei
693 Gee
740 Kaartspel
uitdelg
238 Vernietig
252 Doodmaak
684 Oorwin
708 Betaal
uitdelger
238 Vernietig
252 Doodmaak
684 Oorwin
708 Betaal
uitdelging
238 Vernietig
252 Doodmaak
684 Oorwin
708 Betaal
711 Skuld
uitdien 594
uitdiensstelling 660
uitdienstreding 660

uitdiep
50 Verlede
437 Laag
uitdink
237 Voortbring
513 Denke
517 Vind
uitdinksel 513
uitdoof
252 Doodmaak
468 Blus
486 Duisternis
uitdop 419
uitdor 464
uitdos 745
uitdowing
252 Doodmaak
468 Blus
477 Stilte
uitdra
176 Uithaal
539 Kommunikeer
uitdraai
16 Gevolg
148 Van koers gaan
163 Draai
173 Losmaak
217 Motorry
uitdraaipad 149
uitdruk
446 Rond
539 Kommunikeer
548 Praat
564 Skryfbehoeftes
uitdrukking
386 Gesig
539 Kommunikeer
548 Praat
573 Woordeskat
713 Gevoel
uitdrukkingstyl 576
uitdrukkings-
vermoë 548
uitdrukkingswyse
548 Praat
569 Taal
573 Woordeskat
576 Sinsbou en styl
uitdrukkingwoorde-
boek 567
uitdruklik
528 Bevestig
537 Waarheid
582 Wilskrag
595 Streng
uitdruklikheid
528 Bevestig
537 Waarheid
uitdrup 287
uitdryf
182 Slaan
192 Laat gaan
838 Gees

uitdrywing
192 Laat gaan
838 Gees
uitdun
347 Landbou
727 Kompetisie
746 Persoonlike
versorging
uitdunloop 727
uitdunwedren 727
uitdunwedstryd 727
uitdy
432 Groot
682 Slaag
uiteen 169
uiteenbars
169 Skei
184 Breek
uiteendryf
169 Skei
173 Losmaak
uiteengaan
167 Wegbeweeg
169 Skei
uiteenjaag 173
uiteenloop
9 Verskillend of
teenoorgesteld
169 Skei
197 Te voet gaan
uiteenlopend
9 Verskillend of
teenoorgesteld
11 Disharmonie
13 Verskeidenheid
uiteenlopendheid
9 Verskillend of
teenoorgesteld
11 Disharmonie
13 Verskeidenheid
uiteensetting
539 Kommunikeer
543 Duidelik
551 Meedeel
553 Behandel
577 Betekenis
uiteensit
539 Kommunikeer
543 Duidelik
553 Behandel
577 Betekenis
uiteenspat
169 Skei
184 Breek
uiteenval
169 Skei
184 Breek
uiteenvlieg
169 Skei
184 Breek
uiteet 429
uiteinde
16 Gevolg

28 Einde
250 Dood
637 Doelgerigtheid en
doelloosheid
646 Nie handel nie
650 Voltooi
681 Resultaat
uiteindelik
16 Gevolg
28 Einde
47 Later
650 Voltooi
uitentreure
40 Langdurig
657 Herhaal
uiter
482 Menslike geluid
539 Kommunikeer
548 Praat
693 Gee
uiteraard 3
uiterlik
2 Nie-bestaan
80 Buite
386 Gesig
438 Vorm
uiterlike
2 Nie-bestaan
80 Buite
uitermate 104
uiters
104 Baie
107 Meer
uiterste
63 Begrensdheid
250 Dood
uitfaseer
28 Einde
650 Voltooi
660 Ontslag
uitfasering
28 Einde
650 Voltooi
660 Ontslag
uitflap 548
uitgaan
28 Einde
65 Afwesigheid
80 Buite
190 Vertrek
207 Uitgaan
468 Blus
uitgaande 190
uitgang
176 Uithaal
177 Oopgaan
207 Uitgaan
575 Woordvorming
uitgangspunt
27 Begin
513 Denke
522 Redeneer
558 Redevoering

644 Handelwyse
uitgawe
  539 Kommunikeer
  566 Drukkuns
  567 Boek
  568 Media
  691 Spandeer
  697 Verlies ly
  708 Betaal
uitgawerekening 703
uitgawestaat 703
uitgeboul 521
uitgebrei(d)
  62 Grensloosheid
  434 Breed
  553 Behandel
uitgebreidheid
  62 Grensloosheid
  553 Behandel
uitgedien(d)
  54 Oud
  626 Swak
  634 Nutteloos
uitgedoof 468
uitgedor 464
uitgedos 745
uitgedroog 464
uitgee
  465 Warm
  566 Drukkuns
  567 Boek
  691 Spandeer
  704 Koop
  728 Balsporte
uitgeëet
  406 Eet
  721 Ontevredenheid
uitgefaseer(d)
  28 Einde
  650 Voltooi
uitgegroei
  54 Oud
  432 Groot
uitgegroeidheid 432
uitgehonger(d)
  406 Eet
  435 Smal
  580 Graag
uitgeknip
  8 Dieselfde
  614 Bekwaam
uitgekuier 725
uitgelaat 176
uitgelate
  716 Genot
  718 Blydskap
  793 Fees
uitgelatenheid
  716 Genot
  718 Blydskap
uitgeleer(d)
  502 Verstand
  535 Weet
  815 Oneerlik

uitgelese
  620 Belangrik
  622 Goed
  799 Beroemd
uitgelesenheid
  620 Belangrik
  622 Goed
  799 Beroemd
uitgemaak
  184 Breek
  586 Beslis
uitgenome
  36 Onreëlmatigheid
  530 Voorbehou
uitgeput
  110 Niks
  626 Swak
  661 Vermoeidheid
uitgerek
  40 Langdurig
  725 Verveling
uitgerektheid 40
uitgerus 662
uitgeslaap
  502 Verstand
  662 Rus
uitgeslape
  502 Verstand
  818 Bedrieg
uitgeslote
  34 Vreemdheid
  36 Onreëlmatigheid
  602 Verbied
uitgesluit 34
uitgesoek
  614 Bekwaam
  620 Belangrik
  622 Goed
uitgesogte
  614 Bekwaam
  622 Goed
uitgesonder(d)
  34 Vreemdheid
  36 Onreëlmatigheid
uitgespaar 249
uitgesprei(d) 434
uitgestorwe 250
uitgestrek
  62 Grensloosheid
  72 Plat
  432 Groot
  434 Breed
uitgestrektheid
  62 Grensloosheid
  72 Plat
uitgestrooi 434
uitgeteer 435
uitgetredene 660
uitgevat 745
uitgevreet
  432 Groot
  625 Sterk
  721 Ontevredenheid

uitgeweke
  34 Vreemdheid
  67 Verplasing
  192 Laat gaan
uitgewekene
  67 Verplasing
  192 Laat gaan
uitgewer
  566 Drukkuns
  567 Boek
  568 Media
uitgewerk
  184 Breek
  612 Noukeurig
  634 Nutteloos
  650 Voltooi
uitgewersbedryf
  566 Drukkuns
  567 Boek
uitgewersmaatskappy
  566 Drukkuns
  567 Boek
uitgewery
  566 Drukkuns
  567 Boek
  568 Media
uitgewis 238
uitgeworpe 227
uitgeworpene
  34 Vreemdheid
  192 Laat gaan
uitgiftebank 700
uitgooi
  80 Buite
  110 Niks
  176 Uithaal
  192 Laat gaan
  227 Werp
  827 Afkeur
uitgrawe
  97 Bou
  176 Uithaal
  275 Mynwese
  347 Landbou
uitgrawing
  97 Bou
  176 Uithaal
uitgrawingswerk 97
uitgroef 97
uitgroei
  432 Groot
  622 Goed
uitgroeisel 413
uitguts 97
uithaak
  171 Verwyder
  176 Uithaal
  728 Balsporte
uithaal
  80 Buite
  162 Ontbloot
  171 Verwyder
  176 Uithaal

275 Mynwese
612 Noukeurig
654 Moeilik handel
771 Gramskap
uithaler
  614 Bekwaam
  682 Slaag
uithalerspeler 629
uitham 282
uithamer 182
uithang
  64 Aanwesigheid
  785 Hoogmoed
uithangbord 2
uithardloop
  207 Uitgaan
  228 Vinnig beweeg
  728 Balsporte
uitheems
  34 Vreemdheid
  36 Onreëlmatigheid
  80 Buite
  337 Veldplant
  787 Samelewing
uitheemsheid 787
uithelp 663
uithoek
  63 Begrensdheid
  68 Ver
uithol
  176 Uithaal
  207 Uitgaan
  228 Vinnig beweeg
  446 Rond
uithonger 406
uithoor
  498 Gehoor
  516 Soek
  555 Vra
uithou
  62 Grensloosheid
  584 Kies
  647 Voortgaan
  717 Lyding
  767 Moed
uithou(dings)vermoë
  625 Sterk
  647 Voortgaan
  767 Moed
uithouren 737
uithuil 719
uithuisig 65
uithuisigheid 65
uiting
  539 Kommunikeer
  548 Praat
uitja(ag)
  192 Laat gaan
  225 Vinnig
uitjae
  192 Laat gaan
  225 Vinnig

uitjou
  827 Afkeur
  831 Minag
uitjouery
  727 Kompetisie
  831 Minag
uitkaard 312
uitkaf
  171 Verwyder
  176 Uithaal
uitkak
  771 Gramskap
  820 Oneerbaar
  827 Afkeur
uitkalw(er)ing 184
uitkalwer
  184 Breek
  282 Kus
uitkam 312
uitkamp 89
uitkap
  97 Bou
  176 Uithaal
  185 Sny
  716 Genot
  742 Dans
  793 Fees
uitkeer
  286 Rivier
  666 Verhinder
  708 Betaal
uitkeerbonus 686
uitkeergang
  354 Plaas
  369 Veeteelt
uitkeerkraal
  354 Plaas
  369 Veeteelt
uitkeerpolis 655
uitkeervee 369
uitkeerwater 286
uitken
  3 Bestaanswyse
  120 Onderskeid
  535 Weet
  550 Noem
  584 Kies
uitkenning 3
uitkenningsmerk 546
uitkenningsparade 802
uitkenningsteken 546
uitkering 708
uitkeringspolis 655
uitkies 584
uitkiesing 584
uitklaar
  191 Laat kom
  192 Laat gaan
  673 Manskap
  679 Mobilisering
uitklaring
  191 Laat kom
  192 Laat gaan

  679 Mobilisering
uitklim
  207 Uitgaan
  211 Opgaan
  220 Treinry
  80 Buite
uitklok 658
uitklop
  179 Glad maak
  182 Slaan
  233 Voertuig
  446 Rond
  684 Oorwin
  731 Gevegsport
uitklophou
  684 Oorwin
  731 Gevegsport
uitklopkompetisie 727
uitklopwedstryd 727
uitknikker
  176 Uithaal
  182 Slaan
  728 Balsporte
uitknip
  185 Sny
  745 Versier
uitknipsel 568
uitkoggel
  722 Humor
  831 Minag
uitkom
  28 Einde
  115 Genoeg
  207 Uitgaan
  324 Plantlewe
  365 Voël
  500 Sigbaarheid
  528 Bevestig
  567 Boek
uitkoms
  16 Gevolg
  655 Veilig
  681 Resultaat
  682 Slaag
uitkomste 655
uitkook
  419 Voedselbereiding
  465 Warm
  627 Skoon
uitkoop
  593 Vryheid
  704 Koop
uitkraai 548
uitkraam 548
uitkrap
  176 Uithaal
  238 Vernietig
  517 Vind
uitkring 434
uitkringeffek 434
uitkristalliseer
  438 Vorm
  543 Duidelik

uitkry
  176 Uithaal
  517 Vind
  708 Betaal
  728 Balsporte
uitkryt
  827 Afkeur
  835 Bestraf
uitkwint 182
uitkyk
  499 Sien
  508 Aandag
  655 Veilig
uitkykkpos 499
uitkykpunt 499
uitkyktoring
  235 Skeepvaart
  499 Sien
  655 Veilig
uitlaai 162
uitlaat
  80 Buite
  97 Bou
  162 Ontbloot
  176 Uithaal
  192 Laat gaan
  233 Voertuig
  409 Afskeiding en uitskeiding
  511 Vergeet
  539 Kommunikeer
  563 Skryf
  593 Vryheid
uitlaatgas 461
uitlaatgat 176
uitlaatklep
  176 Uithaal
  233 Voertuig
  630 Werktuig
uitlaatpoort 176
uitlaatpyp
  176 Uithaal
  233 Voertuig
  236 Lugvaart
  630 Werktuig
uitlaatstelsel
  233 Voertuig
  236 Lugvaart
  630 Werktuig
uitlaatteken 571
uitlag
  722 Humor
  831 Minag
uitlaggery 831
uitlander 34
uitlands 34
uitlap
  162 Ontbloot
  539 Kommunikeer
  548 Praat
  550 Noem
uitlating 539
uitlatingsteken 571

uitlê
  66 Plasing
  237 Voortbring
  253 Begrafnis
  539 Kommunikeer
  543 Duidelik
  553 Behandel
  566 Drukkuns
  577 Betekenis
  640 Voorbereid
uitleef
  249 Lewe
  691 Spandeer
uitleen 699
uitleenbiblioteek 567
uitleenkoers
  699 Leen
  700 Bank
uitlêer 543
uitleg
  66 Plasing
  539 Kommunikeer
  543 Duidelik
  553 Behandel
  568 Media
  577 Betekenis
  640 Voorbereid
uitlegging
  543 Duidelik
  553 Behandel
  640 Voorbereid
uitlegkunde 842
uitlek
  176 Uithaal
  287 Vloei
  406 Eet
  460 Vloeistof
  539 Kommunikeer
uitlewe
  249 Lewe
  691 Spandeer
uitlewer
  594 Onvryheid
  693 Gee
uitlewering
  594 Onvryheid
  684 Oorwin
  693 Gee
uitleweringsverdrag 607
uitlig
  14 Navolging
  176 Uithaal
  543 Duidelik
  684 Oorwin
uitlok
  15 Oorsaak
  207 Uitgaan
  773 Begeerte
uitlokkend 743
uitloog 627
uitlooi 835
uitloop
  16 Gevolg

28 Einde
37 Tydruimte
147 Rigting
207 Uitgaan
286 Rivier
287 Vloei
318 Plant
460 Vloeistof
uitloopsel 324
uitloot 18
uitloper
277 Berg
324 Plantlewe
uitloting 18
uitlowing 607
uitlug
177 Oopgaan
290 Wind
uitlui
28 Einde
253 Begrafnis
648 Onderbreek
uitmaak
1 Bestaan
122 Bereken
527 Oordeel
533 Verstaan
541 Betekenisvolheid
543 Duidelik
586 Beslis
uit-mandjie 84
uitmekaar
169 Skei
173 Losmaak
184 Breek
uitmekaarbreek 173
uitmekaarhaal
169 Skei
173 Losmaak
uitmekaarmaak
169 Skei
173 Losmaak
uitmelk
371 Suiwelbereiding
690 Arm
uitmergel
661 Vermoeidheid
690 Arm
694 Neem
uitmergelend 661
uitmergeling
661 Vermoeidheid
690 Arm
uitmeting 123
uitmond 286
uitmonding 286
uitmoor 252
uitmunt 622
uitmuntend
614 Bekwaam
622 Goed
uitmuntendheid 622

uitneem
26 Begeleiding
176 Uithaal
694 Neem
776 Liefde en
 vriendskap
790 Sosiale betrekking
uitnemend 622
uitnemendheid 622
uitnodig 604
uitnodiging
191 Laat kom
790 Sosiale betrekking
uitnooi
191 Laat kom
419 Voedselbereiding
604 Versoek
790 Sosiale betrekking
uitoefen 645
uitoefening 645
uitoorlê
684 Oorwin
815 Oneerlik
818 Bedrieg
uitpak
162 Ontbloot
176 Uithaal
551 Meedeel
552 Vertel
771 Gramskap
uitpers
181 Raak
464 Droog
uitpeul
207 Uitgaan
446 Rond
uitpeuloë 387
uitpieker 517
uitpik
176 Uithaal
584 Kies
uitplant
67 Verplasing
347 Landbou
uitpluis
173 Losmaak
312 Spin
313 Weef
516 Soek
uitpraat 548
uitpuil
207 Uitgaan
446 Rond
uitput
110 Niks
661 Vermoeidheid
uitputtend 661
uitputting 661
uitraak
110 Niks
238 Vernietig
uitrafel
173 Losmaak

184 Breek
516 Soek
517 Vind
uitrangeer 787
uitred
593 Vryheid
663 Meedoen
uitredding
593 Vryheid
663 Meedoen
uitreën 292
uitreik
169 Skei
566 Drukkuns
693 Gee
uitreiking
601 Toestemming gee
693 Gee
uitrek
40 Langdurig
432 Groot
434 Breed
uitreken
122 Bereken
125 Tel
uitrig
645 Handel
654 Moeilik handel
uitroei 238
uitroeiing 238
uitroep
539 Kommunikeer
548 Praat
551 Meedeel
574 Woordkategorie
576 Sinsbou en styl
uitroepteken
565 Skryfkuns
571 Skrif
uitrol
176 Uithaal
179 Glad maak
419 Voedselbereiding
448 Gelyk
uitrook 430
uitruil 144
uitruilbaar 144
uitruk
183 Gryp
669 Aanval
uitrus
631 Nodig
662 Rus
674 Militêre uitrusting
uitruster 707
uitrusting
631 Nodig
674 Militêre uitrusting
745 Versier
uitry
149 Pad
216 Ry
347 Landbou

uitrys
419 Voedselbereiding
425 Bakker
uitsaai
162 Ontbloot
173 Losmaak
264 Radio en televisie
539 Kommunikeer
551 Meedeel
uitsaaidiens 264
uitsaaier 264
uitsaaiing 413
uitsaaimedia 568
uitsaaiwese 264
uitsak
86 Agter
437 Laag
683 Misluk
uitsend
162 Ontbloot
176 Uithaal
264 Radio en televisie
uitsending 264
uitset
248 Huwelik
263 Rekenaar en
 internet
uitsetting
67 Verplasing
176 Uithaal
260 Warmteleer
432 Groot
uitsettingsbevel 176
uitsien
2 Nie-bestaan
499 Sien
520 Verwag
584 Kies
773 Begeerte
uitsig
499 Sien
520 Verwag
uitsigloos 719
uitsigloosheid 719
uitsigpad 149
uitsigpunt 499
uitsing 757
uitsinnig
503 Onverstandigheid
505 Verstandstoornis
uitsit
67 Verplasing
176 Uithaal
252 Doodmaak
432 Groot
434 Breed
594 Onvryheid
664 Terugstaan
uitskakel
173 Losmaak
262 Elektrisiteit
666 Verhinder
uitskakeling
171 Verwyder

238 Vernietig
666 Verhinder
uitskei
28 Einde
409 Afskeiding en uitskeiding
419 Voedselbereiding
646 Nie handel nie
648 Onderbreek
650 Voltooi
uitskeiding
402 Afskeidings- en uitskeidingsorgane
409 Afskeiding en uitskeiding
uitskeidingsorgaan 402
uitskeityd
648 Onderbreek
662 Rus
727 Kompetisie
uitskel
182 Slaan
548 Praat
669 Aanval
827 Afkeur
829 Beledig
835 Bestraf
uitskellery
829 Beledig
831 Minag
uitskiet
171 Verwyder
199 Spring
225 Vinnig
227 Werp
373 Jag
677 Skiet
uitskietstoel 236
uitskop
176 Uithaal
192 Laat gaan
660 Ontslag
728 Balsporte
uitskopplooi 745
uitskopskakelaar 262
uitskot
112 Deel
623 Sleg
uitskotwinkel 707
uitskree 551
uitskryf
563 Skryf
565 Skryfkuns
uitskud 690
uitskuif
173 Losmaak
176 Uithaal
787 Samelewing
uitskuiftafel 95
uitskulp 185
uitslaan
62 Grensloosheid
97 Bou

177 Oopgaan
179 Glad maak
182 Slaan
206 Ingaan
352 Graanverbouing
413 Verskillende siektes
468 Blus
521 Verras wees
627 Skoon
728 Balsporte
731 Gevegsport
uitslaap
65 Afwesigheid
410 Slaap
uitslae 561
uitslag
16 Gevolg
185 Sny
413 Verskillende siektes
423 Slagter
561 Studeer
650 Voltooi
681 Resultaat
727 Kompetisie
uitsloof
654 Moeilik handel
661 Vermoeidheid
uitsluit
34 Vreemdheid
171 Verwyder
178 Toegaan
530 Voorbehou
585 Verwerp
602 Verbied
665 Byeenkom
666 Verhinder
uitsluitend 34
uitsluitenderwys 34
uitsluiting
34 Vreemdheid
171 Verwyder
530 Voorbehou
602 Verbied
665 Byeenkom
666 Verhinder
uitsluitlik 34
uitsluitsel
543 Duidelik
556 Antwoord
586 Beslis
uitslyt 626
uitsmokkel 194
uitsmyt 227
uitsmyter 424
uitsmyter
429 Eetplek, kroeg
655 Veilig
uitsnuffel
516 Soek
517 Vind
uitsny
171 Verwyder
176 Uithaal

185 Sny
745 Versier
761 Graveerkuns
uitsnyding
176 Uithaal
185 Sny
uitsoek
516 Soek
584 Kies
uitsoekerig 584
uitsoekerigheid 584
uitsoekery 584
uitsoeking 584
uitsonder
34 Vreemdheid
36 Onreëlmatigheid
530 Voorbehou
584 Kies
uitsondering
36 Onreëlmatigheid
530 Voorbehou
uitsonderingsgeval 36
uitsonderlik
36 Onreëlmatigheid
56 Selde
622 Goed
uitsonderlikheid
36 Onreëlmatigheid
622 Goed
uitsorteer
19 Orde
584 Kies
uitspaar
629 Gebruik
692 Spaar
uitspan
62 Grensloosheid
231 Tuig
662 Rus
uitspanning
231 Tuig
662 Rus
uitspanplek
231 Tuig
662 Rus
724 Vermaak en ontspanning
uitspansel
61 Plek
269 Heelal
uitspattig
104 Baie
820 Oneerbaar
uitspattigheid
104 Baie
820 Oneerbaar
uitspeel
727 Kompetisie
740 Kaartspel
uitspel
539 Kommunikeer
543 Duidelik
553 Behandel

uitspin 552
uitspoel
214 Dryf
283 See
446 Rond
627 Skoon
uitspook
654 Moeilik handel
667 Stryd
uitspraak
527 Oordeel
539 Kommunikeer
548 Praat
551 Meedeel
572 Uitspraak
586 Beslis
590 Bestuur en regeer
809 Regsgeding
825 Beoordeling
uitspraakleer 572
uitspraakvariant 572
uitspraakvariasie 572
uitspraakwoordeboek
567 Boek
572 Uitspraak
uitspreek
539 Kommunikeer
548 Praat
572 Uitspraak
809 Regsgeding
uitsprei 434
uitspreiding 434
uitspring
199 Spring
207 Uitgaan
654 Moeilik handel
uitspruit 324
uitspruitsel
16 Gevolg
324 Plantlewe
uitstaan
80 Buite
432 Groot
717 Lyding
uitstaande
80 Buite
711 Skuld
743 Mooi
uitstal
162 Ontbloot
539 Kommunikeer
705 Verkoop
785 Hoogmoed
uitstalkas
95 Huisraad
707 Handelsaak
uitstalling
162 Ontbloot
539 Kommunikeer
705 Verkoop
707 Handelsaak
uitstalvenster 707
uitstap 207

uitvinder

uitstappie
 187 Reis
 197 Te voet gaan
uitstapuniform 674
uitstedig 65
uitstedigheid 65
uitsteek
 76 Bo, bokant, boontoe
 80 Buite
 176 Uithaal
 432 Groot
 500 Sigbaarheid
uitstekend
 614 Bekwaam
 620 Belangrik
 622 Goed
 682 Slaag
 716 Genot
 743 Mooi
uitstel
 23 Onderbreking
 40 Langdurig
 58 Laat
 193 Vertraag
 581 Teësinnig
 648 Onderbreek
 652 Versuim
 711 Skuld
uitstellerig 581
uitsterf 28
uitstiek
 188 Aankom
 204 Aangaan by
 790 Sosiale betrekking
uitstippel
 551 Meedeel
 553 Behandel
 640 Voorbereid
 759 Tekenkuns
uitstoel
 324 Plantlewe
 434 Breed
uitstof
 622 Goed
 627 Skoon
 684 Oorwin
uitstoom
 220 Treinry
 221 Vaar
 627 Skoon
uitstoot
 67 Verplasing
 176 Uithaal
 192 Laat gaan
 386 Gesig
uitstort
 176 Uithaal
 287 Vloei
 551 Meedeel
 847 Gebed
uitstorting
 176 Uithaal
 713 Gevoel

 847 Gebed
uitstraal
 260 Warmteleer
 465 Warm
 485 Lig
uitstraat 149
uitstralend
 485 Lig
 825 Beoordeling
uitstraling
 260 Warmteleer
 485 Lig
 713 Gevoel
 825 Beoordeling
uitstralingspunt
 267 Optika
 485 Lig
uitstralingswarmte
 267 Optika
 485 Lig
uitstrek
 62 Grensloosheid
 72 Plat
 432 Groot
 434 Breed
uitstroming
 67 Verplasing
 207 Uitgaan
 287 Vloei
 460 Vloeistof
uitstrooi
 176 Uithaal
 227 Werp
 434 Breed
 539 Kommunikeer
uitstrooiing 434
uitstrooisel 829
uitstroom
 207 Uitgaan
 287 Vloei
 460 Vloeistof
uitstryk
 448 Gelyk
 517 Vind
uitstyg
 207 Uitgaan
 622 Goed
uitsuig
 110 Niks
 627 Skoon
 690 Arm
 694 Neem
uitswaai
 148 Van koers gaan
 163 Draai
uitsweer 413
uitsweet
 409 Afskeiding en uitskeiding
 413 Verskillende siektes
uittand
 185 Sny
 391 Tand

 439 Punt
uittandkind 53
uittandmond 390
uittap
 176 Uithaal
 288 Waterstelsel
uittart
 722 Humor
 773 Begeerte
 831 Minag
uittarting
 722 Humor
 779 Boosaardigheid
 831 Minag
uitteer
 413 Verskillende siektes
 435 Smal
 623 Sleg
uittel
 125 Tel
 731 Gevegsport
uittelrympie
 741 Kinderspel
 751 Digkuns
uittering
 413 Verskillende siektes
 435 Smal
uittippex 565
uittoets 642
uittog
 176 Uithaal
 205 Weggaan van
 207 Uitgaan
 842 Geloof
uittrap
 182 Slaan
 468 Blus
 827 Afkeur
 835 Bestraf
uittrede
 660 Ontslag
 665 Byeenkom
uittreding
 660 Ontslag
 665 Byeenkom
uittree
 660 Ontslag
 665 Byeenkom
 680 Militêre aksie
uittrek
 112 Deel
 162 Ontbloot
 176 Uithaal
uittreksel
 112 Deel
 539 Kommunikeer
uittroon
 80 Buite
 436 Hoog
 622 Goed
uitvaagsel 813
uitvaar
 190 Vertrek

 221 Vaar
 548 Praat
 667 Stryd
 771 Gramskap
 827 Afkeur
uitvaardig
 539 Kommunikeer
 599 Gesag uitoefen
 801 Wet
uitvaardiging
 539 Kommunikeer
 801 Wet
uitvaart
 28 Einde
 190 Vertrek
 221 Vaar
uitval
 16 Gevolg
 648 Onderbreek
 658 Beroep
 667 Stryd
 669 Aanval
 680 Militêre aksie
 683 Misluk
 771 Gramskap
uitvalshoek 267
uitvalspoort 671
uitvaltyd 662
uitvang
 584 Kies
 728 Balsporte
 818 Bedrieg
uitvars 419
uitvat 745
uitvee
 154 Vryf
 563 Skryf
 627 Skoon
uitveër
 560 Voorskoolse en naskoolse onderrig
 564 Skryfbehoeftes
uitveil 705
uitvent 705
uitverkiesing 842
uitverkiesingsleer 842
uitverkoop 705
uitverkoping 705
uitverkoping(s)prys 704
uitverkore
 584 Kies
 842 Geloof
uitverkorene
 584 Kies
 842 Geloof
uitverkose 584
uitverkosene 584
uitvind
 237 Voortbring
 517 Vind
uitvinder
 237 Voortbring
 517 Vind

uitvinding 237 Voortbring 517 Vind
uitvindsel 237 Voortbring 517 Vind
uitvis 517 Vind 555 Vra
uitvissing 263
uitvissingsboodskap 263
uitvlieg 80 Buite 222 Vlieg 365 Voël
uitvloei 287 Vloei 460 Vloeistof
uitvloeiing 176 Uithaal 460 Vloeistof
uitvloeisel 16 Gevolg 28 Einde 650 Voltooi 681 Resultaat
uitvloek 771 Gramskap 829 Beledig
uitvlug 662 Rus 833 Verontskuldig
uitvoer 81 Binne 161 Bedek 192 Laat gaan 263 Rekenaar en internet 600 Onder bevel staan 645 Handel 650 Voltooi 654 Moeilik handel 701 Handel en ekonomie 850 Sakrament
uitvoerbaar 637 Doelgerigtheid en doelloosheid 650 Voltooi 653 Maklik handel
uitvoerbaarheid 637 Doelgerigtheid en doelloosheid 650 Voltooi 653 Maklik handel
uitvoerbedryf 701
uitvoerder 192 Laat gaan 645 Handel 650 Voltooi 654 Moeilik handel
uitvoerend 599 Gesag uitoefen

795 Staat en politiek
uitvoerhandel 701
uitvoerig 553
uitvoerigheid 553
uitvoering 600 Onder bevel staan 645 Handel 650 Voltooi 724 Vermaak en ontspanning 755 Uitvoering
uitvors 517
uitvorser 517
uitvou 179 Glad maak 180 Ongelyk maak
uitvra 191 Laat kom 516 Soek 555 Vra 790 Sosiale betrekking
uitvraging 555
uitvreet 184 Breek 827 Afkeur 835 Bestraf
uitwaarts 80 Buite 167 Wegbeweeg 176 Uithaal 207 Uitgaan
uitwan 347 Landbou 352 Graanverbouing
uitwas 171 Verwyder 627 Skoon
uitweg 149 Pad 655 Veilig 682 Slaag
uitwei 548 Praat 553 Behandel 558 Redevoering
uitweiding 553 Behandel 558 Redevoering
uitwendig 80 Buite 445 Oppervlak
uitwerk 16 Gevolg 122 Bereken 144 Vervanging 513 Denke 640 Voorbereid 645 Handel 650 Voltooi
uitwerking 16 Gevolg 28 Einde 638 Aanmoedig

650 Voltooi 681 Resultaat
uitwerp 192 Laat gaan 227 Werp
uitwerpeling 192
uitwerping 192
uitwerpsel 409
uitwiks 835
uitwinning 176 Uithaal 192 Laat gaan
uitwip 199 Spring 207 Uitgaan
uitwis 154 Vryf 171 Verwyder 238 Vernietig 252 Doodmaak
uitwissel 142 Veranderlikheid 144 Vervanging 701 Handel en ekonomie
uitwisselbaar 142 Veranderlikheid 144 Vervanging 701 Handel en ekonomie
uitwisseling 142 Veranderlikheid 144 Vervanging
uitwissing 28 Einde 238 Vernietig
uitwit 97
uitwoed 290 Wind 292 Water 293 Onweer 468 Blus 619 Kalm
uitwyk 67 Verplasing 148 Van koers gaan 190 Vertrek 207 Uitgaan
uitwyking 67 Verplasing 192 Laat gaan 207 Uitgaan
uitwykpad 149
uitwys 3 Bestaanswyse 120 Onderskeid 162 Ontbloot 539 Kommunikeer 550 Noem 584 Kies 586 Beslis
ukelele 756
ulkus 413
ulna 380 Gebeente

397 Ledemaat
ultimatum 669
ultimo 50 Verlede 127 Tydbepaling
ultra vires 807
ultra 116
ultramaryn 492
ultramodern 53
ultrasonies 266
ultraviolet 267
umlaut 565 Skryfkuns 571 Skrif 572 Uitspraak
unaniem 531 Saamstem 663 Meedoen 668 Vrede en versoening
unanimiteit 531 Saamstem 663 Meedoen
undulasie 164
unduleer 164
uniaal 170 Saambring 663 Meedoen
unie 663 Meedoen 665 Byeenkom
unieer 170 Saambring 663 Meedoen
uniek 3 Bestaanswyse 36 Onreëlmatigheid 119 Teenstelling 129 Bepaaldheid 622 Goed
uniekheid 3 Bestaanswyse 129 Bepaaldheid 622 Goed
unifikasie 170 Saambring 663 Meedoen
unifiseer 170 Saambring 663 Meedoen
uniform 8 Dieselfde 10 Harmonie 12 Eenvormigheid 560 Voorskoolse en naskoolse onderrig 674 Militêre uitrusting 745 Versier
uniformiteit 8 Dieselfde 10 Harmonie 12 Eenvormigheid
uniformtak 802
unikum 36

unilateraal
  113 Enkelvoudig
  584 Kies
unisiteit
  3 Bestaanswyse
  622 Goed
unisoon 753
universalis 514
universalisme 514
universalisties 514
universaliteit 109
universeel 109
universiteit
  559 Opvoeding en onderwys
  560 Voorskoolse en naskoolse onderrig
universiteitsbiblioteek
  560 Voorskoolse en naskoolse onderrig
  567 Boek
universiteitsblad 568
universiteitskampus 559
universiteitskoerant 568
universiteitskollege 559
universiteitsopleiding
  559 Opvoeding en onderwys
  560 Voorskoolse en naskoolse onderrig
universiteitsraad
  560 Voorskoolse en naskoolse onderrig
  590 Bestuur en regeer
universiteitstudent 560
universiteitsvak
  515 Wetenskap
  559 Opvoeding en onderwys
universiteitswese 658
universitêr 559
universum
  61 Plek
  269 Heelal
unsiaal
  565 Skryfkuns
  566 Drukkuns
unsiaalletter
  565 Skryfkuns
  566 Drukkuns
unster 124
uraan 297
uraanoksied 298
uraansuur 256
uranaat 256
uraniniet 298
uranium 297
Uranus 270
urbaan
  61 Plek
  90 Omgewing
  791 Sosiaal

  812 Goeie gedrag
urbaniteit
  791 Sosiaal
  812 Goeie gedrag
urbanologie 515
uremie 413
ureter 402
ureum 256
urgensie
  17 Noodsaak
  225 Vinnig
  631 Nodig
urgent
  17 Noodsaak
  225 Vinnig
  631 Nodig
urinaal 94
urine 409
urineer 409
urineleier 402
urinewol 311
urinometer 417
urk
  792 Asosiaal
  820 Oneerbaar
URL 263
urn
  84 Houer
  253 Begrafnis
urologie
  414 Geneeskunde
  515 Wetenskap
urologies 414
uroloog 416
uroskopie 414
Ursa Major 270
Ursa Minor 270
urtikaria 413
USB-koppeling 263
USB-poort 263
USB-sok 263
USB-stokkie 263
usueel 35
usufructus 688
usurpasie 694
usurpator 803
usurpeer 694
usurpeerder 694
usus 806
uterus 403
utilis 514
utilisasie 629
utiliseer 629
utilisme 514
utilisties 514
utilitaris 514
utilitarisme 514
utilitaristies 514
utiliteit 633
utilitêr 633
utopie 512
utopies
  512 Verbeelding

  622 Goed
  654 Moeilik handel
utopis 512
utopisties 512
uur
  37 Tydruimte
  123 Meet
  127 Tydbepaling
uurglas 128
uurglasdolfyn 363
uurwerk 128
u-vorm 438
u-vormig 438
uvula 390
uvulaar 572
uvulêr 390
uwe 688
U-yster 301

V
vaag
  7 Betrekkingloosheid
  130 Onbepaaldheid
  538 Dwaling
  544 Onduidelik
  621 Onbelangrik
vaagheid
  7 Betrekkingloosheid
  130 Onbepaaldheid
  538 Dwaling
  544 Onduidelik
  621 Onbelangrik
vaak
  410 Slaap
  661 Vermoeidheid
vaakheid 410
vaaksiekte 413
vaaksug 413
vaal
  386 Gesig
  485 Lig
  491 Kleurloosheid
  492 Kleure
  507 Gebrek aan belangstelling
  512 Verbeelding
  725 Verveling
vaalblaarsiekte 324
vaalbos(sie) 332
vaalbruin 492
vaaldoring 331
vaalgroen 492
vaalgrys 491
vaalhaai 363
vaalhart(e)bees 366
vaalheid
  491 Kleurloosheid
  492 Kleure
  725 Verveling
vaalhout 332
vaaljakkals 366
vaaljapie 427
vaalmol 366

vaalribbok 366
vaalseun
  561 Studeer
  792 Asosiaal
vaalswart 492
vaalte 492
vaalverskrik 768
vaalwit 492
vaam 123
vaan
  290 Wind
  546 Kunsmatige teken
vaandel
  546 Kunsmatige teken
  680 Militêre aksie
vaandeldraer 680
vaandeleed 607
vaandelparade 680
vaandrig 673
vaantjie
  290 Wind
  546 Kunsmatige teken
vaar
  5 Onselfstandigheid
  145 Beweging
  221 Vaar
  242 Ouers
vaarbaar 286
vaarder 221
vaardiepte
  221 Vaar
  437 Laag
vaardig
  614 Bekwaam
  622 Goed
vaardigheid
  502 Verstand
  614 Bekwaam
  622 Goed
  640 Voorbereid
vaargeul
  147 Rigting
  286 Rivier
vaarlandspopulier 331
vaarlandsriet 339
vaarlandswilg 331
vaart
  145 Beweging
  147 Rigting
  187 Reis
  221 Vaar
  224 Snelheid
  225 Vinnig
vaartboggel 149
vaartuig
  145 Beweging
  230 Rytuig
  235 Skeepvaart
vaartyd 38
vaarwater
  147 Rigting
  286 Rivier
vaarwel
  28 Einde

921

190 Vertrek
790 Sosiale betrekking
vaas
  84 Houer
  95 Huisraad
  348 Blomkwekery
vaat 84
vaataandoening 413
vaatbundel 320
vaatdoek 627
vaatjie
  84 Houer
  434 Breed
vaatkramp 413
vaatsiekte 413
vaatstelsel 399
vaatvernouing 413
vaatverwyding 413
vabond
  623 Sleg
  722 Humor
  771 Gramskap
  779 Boosaardigheid
  815 Oneerlik
  822 Skuldig
  831 Minag
vadem 123
vademekum
  515 Wetenskap
  543 Duidelik
  567 Boek
vader
  237 Voortbring
  240 Genealogie
  242 Ouers
  849 Prediking
Vader 855
vaderdankiebly
  718 Blydskap
  781 Dankbaarheid
vaderhand 655
vaderhart 776
Vaderhuis 839
vaderland
  61 Plek
  90 Omgewing
  787 Samelewing
vaderlander 787
vaderlands
  81 Binne
  787 Samelewing
vaderlandsliefde 787
vaderlandspopulier 331
vaderlandsriet 339
vaderlandsrooihout 331
vaderlandswilg 331
vaderliefde 776
vaderlik 242
vaderlikheid 242
vadermoord 252
vaderons 715
vaderplig 811
vaderseën 826

vaderskap
  241 Familie
  242 Ouers
vadersnaam 550
vadoek 627
vadsig
  581 Teësinnig
  611 Lui
vadsigheid 611
vaevuur 839
vag 381
vagevuur 839
vagina 403
vaginaal 403
vaginisme 413
vaginitis 413
vagussenuwee 378
vak
  95 Huisraad
  515 Wetenskap
  559 Opvoeding en
    onderwys
  645 Handel
  658 Beroep
vakadviseur 560
vakansie
  560 Voorskoolse en
    naskoolse onderrig
  646 Nie handel nie
  648 Onderbreek
  662 Rus
vakansiebonus 686
vakansiedag
  127 Tydbepaling
  648 Onderbreek
vakansieganger 662
vakansiehuis
  89 Blyplek
  662 Rus
vakansieoord
  187 Reis
  662 Rus
vakansieplaas 662
vakansieplek 662
vakansiereis 187
vakansiestemming 713
vakansietyd
  38 Tydgebruik
  646 Nie handel nie
  648 Onderbreek
  662 Rus
vakansieverlof 648
vakant
  65 Afwesigheid
  110 Niks
  659 Aanstelling
vakantheid 65
vakarbeider
  592 Ondergeskikte
  645 Handel
vakature 659
vakbiblioteek
  560 Voorskoolse en

    naskoolse onderrig
  567 Boek
vakblad 568
vakboek
  515 Wetenskap
  567 Boek
vakbond
  658 Beroep
  665 Byeenkom
vakbondleier 658
vakbondlid 658
vakbondorganisasie 658
vakbondstaking 658
**vakbondverteenwoor-
diger** 658
vakbondwese 658
vakdidaktiek 559
vakdidakties 559
vakdissipline 515
vakerig 410
vakgebied 515
vakgeleerde
  515 Wetenskap
  560 Voorskoolse en
    naskoolse onderrig
vakgenoot
  515 Wetenskap
  560 Voorskoolse en
    naskoolse onderrig
  663 Meedoen
vakhoof 591
vakkennis
  502 Verstand
  515 Wetenskap
  535 Weet
vakkundig
  515 Wetenskap
  535 Weet
  614 Bekwaam
vakkundige
  515 Wetenskap
  560 Voorskoolse en
    naskoolse onderrig
  614 Bekwaam
vakkundigheid
  502 Verstand
  515 Wetenskap
  535 Weet
  614 Bekwaam
vakkursus 559
vakleerling
  97 Bou
  560 Voorskoolse en
    naskoolse onderrig
vakleerlingskap 560
vakliteratuur
  515 Wetenskap
  567 Boek
vakman
  97 Bou
  592 Ondergeskikte
  645 Handel
  658 Beroep

vakmanbier 427
vakmanskap
  237 Voortbring
  658 Beroep
vakmetodiek 559
vakonderwys 559
vakonderwyser 560
vakopleiding 559
vakrigting
  515 Wetenskap
  559 Opvoeding en
    onderwys
vaksien 415
vaksinasie 414
vaksineer 414
vaktaal 569
vaktaalburo 570
vakterm 573
vakterminologie
  569 Taal
  573 Woordeskat
**vakterminologie-
diens** 570
vaktydskrif
  566 Drukkuns
  568 Media
vakuool 377
vakuum 110
vakuumfles 256
vakuumpomp 256
vakverbond
  658 Beroep
  665 Byeenkom
vakvereniging
  559 Opvoeding en
    onderwys
  665 Byeenkom
vakwoord 573
vakwoordeboek 567
vakwoordelys 567
val
  1 Bestaan
  18 Toeval
  20 Wanorde
  33 Samehorigheid
  73 Skuins
  77 Onder, onderkant,
    ondertoe
  108 Minder
  145 Beweging
  159 Na onder
  183 Gryp
  212 Afgaan
  250 Dood
  373 Jag
  485 Lig
  531 Saamstem
  683 Misluk
  685 Oorwin word
  731 Gevegsport
  813 Swak gedrag
  822 Skuldig
valboom 149

valbrug 149
valbyl
  38 Tydgebruik
  835 Bestraf
valbylmosie 604
valbylpot 728
valdeur
  94 Dele van 'n eiendom
  161 Bedek
  288 Waterstelsel
valduik 733
valencia 350
valensie
  256 Skeikunde
  576 Sinsbou en styl
valensieteorie 256
valeriaan 343
valerig
  412 Siek
  491 Kleurloosheid
  492 Kleure
valgordyn 95
valhalla 855
valhek 94
valhelm
  232 Fiets
  629 Spel en sport
valhortjie 94
valhou 728
validiteit 801
valies
  84 Houer
  187 Reis
valk
  365 Voël
  728 Balsporte
valkeblik 499
valkejag 373
valkenier 373
valkery 373
valklep 178
valknip 178
valkoog
  298 Steen
  387 Oog
  499 Sien
valkuil 183
vallei
  273 Geografie
  274 Geologie
  277 Berg
  278 Vallei
  437 Laag
vallig 487
valluik
  94 Dele van 'n eiendom
  161 Bedek
valmes 835
valorisasie 701
valoriseer 701
valpoort 94
valreep 235
valreeptrap 235

vals
  2 Nie-bestaan
  479 Disharmonies
  538 Dwaling
  613 Onnoukeurig
  623 Sleg
  744 Lelik
  757 Sang
  813 Swak gedrag
  815 Oneerlik
  817 Ontrouheid
  818 Bedrieg
  845 Godsvrug
valsaard
  538 Dwaling
  815 Oneerlik
  818 Bedrieg
valsheid
  2 Nie-bestaan
  479 Disharmonies
  538 Dwaling
  613 Onnoukeurig
  623 Sleg
  744 Lelik
  813 Swak gedrag
  815 Oneerlik
  817 Ontrouheid
  818 Bedrieg
  845 Godsvrug
valskerm
  199 Spring
  236 Lugvaart
  733 Lugsport
valskermbataljon 672
valskermseil 732
valskermskool 680
valskermsoldaat 673
valskermspring
  199 Spring
  222 Vlieg
  733 Lugsport
valskermspringer
  199 Spring
  733 Lugsport
valskermsweef 733
valskermswewer 733
valskermtroepe 672
valsklipmossel 363
valskloutjie 397
valslik
  2 Nie-bestaan
  538 Dwaling
  623 Sleg
  805 Onregverdig
  815 Oneerlik
  818 Bedrieg
valsmunter 818
valstande 391
valstrik
  183 Gryp
  373 Jag
  594 Onvryheid
  802 Wette gehoorsaam
  818 Bedrieg

valuasie 122
valueer 122
valuta
  620 Belangrik
  702 Beurs
  709 Betaalmiddel
valutabeheer 709
valutahandel 701
valwind 290
vampier
  357 Dier
  366 Soogdier
  695 Steel
  836 Bonatuurlik
vampirisme 836
van
  15 Oorsaak
  27 Begin
  550 Noem
  574 Woordkategorie
  688 Besit
vanaand
  49 Hede
  127 Tydbepaling
vanadium 297
vanaf 27
vandaal
  238 Vernietig
  803 Wette oortree
vandaan
  67 Verplasing
  787 Samelewing
vandaar 15
vandag
  49 Hede
  127 Tydbepaling
vandaliseer 803
vandalisme
  238 Vernietig
  803 Wette oortree
vandalisties 238
vandat 27
vandeesmaand
  49 Hede
  127 Tydbepaling
vandeesweek
  49 Hede
  127 Tydbepaling
vandisie 705
vandisierys 426
vaneen 169
vaneffe 50
vang
  183 Gryp
  594 Onvryheid
  728 Balsporte
  802 Wette gehoorsaam
  818 Bedrieg
  832 Beskuldig
vanger 728
vanggat
  183 Gryp
  373 Jag

vanghok 373
vangkans 728
vangriem 235
vangs 372
vangskoot 183
vangslag
  183 Gryp
  372 Vissery
vangstok
  183 Gryp
  369 Veeteelt
vangtou 235
vangwa
  233 Voertuig
  802 Wette gehoorsaam
vangwoord
  566 Drukkuns
  567 Boek
vanhier
  16 Gevolg
  522 Redeneer
vanielje
  419 Voedselbereiding
  492 Kleure
vanjaar 127
vanlyn 263
vanmekaar
  167 Wegbeweeg
  183 Gryp
  184 Breek
vanmelewe
  45 Geskiedenis
  50 Verlede
vanmiddag
  49 Hede
  127 Tydbepaling
vanmôre
  49 Hede
  127 Tydbepaling
vannag 49
vanoggend
  49 Hede
  127 Tydbepaling
vanpas 59
vans(e)lewe
  46 Vroeër
  50 Verlede
vanself 578
vanselfsprekend
  527 Oordeel
  528 Bevestig
  537 Waarheid
  543 Duidelik
vanselfsprekendheid
  537 Waarheid
  543 Duidelik
  601 Toestemming gee
vanslewe 46
vantevore
  46 Vroeër
  50 Verlede
vanuit
  27 Begin

80 Buite
vanwaar
　15 Oorsaak
　787 Samelewing
vanweë 15
vanwykshout
　316 Hout
　331 Boom
vaporetto 235
vaporisasie 461
vaporisator 461
vaporiseer 461
varia 13
variabel
　140 Verandering
　142 Veranderlikheid
variabele
　140 Verandering
　142 Veranderlikheid
variant
　569 Taal
　572 Uitspraak
variasie
　9 Verskillend of
　　teenoorgesteld
　11 Disharmonie
　13 Verskeidenheid
　140 Verandering
　148 Van koers gaan
　754 Komposisie
variasietaalkunde
　569 Taal
　570 Taalwetenskap
varieer
　9 Verskillend of
　　teenoorgesteld
　13 Verskeidenheid
　140 Verandering
　142 Veranderlikheid
　148 Van koers gaan
　572 Uitspraak
variété
　752 Toneel- en
　　rolprentkuns
　757 Sang
variëteit
　31 Soort
　142 Veranderlikheid
　569 Taal
varing
　318 Plant
　329 Varing
vark
　366 Soogdier
　623 Sleg
　628 Vuil
　779 Boosaardigheid
　792 Asosiaal
　813 Swak gedrag
　820 Oneerbaar
varkagtig
　366 Soogdier
　628 Vuil

　820 Oneerbaar
varkbeer
　357 Dier
　366 Soogdier
varkbek 363
varkblom 334
varkboer 369
varkboerdery 369
varkboud 421
varkensoor 334
varkerig
　628 Vuil
　792 Asosiaal
　813 Swak gedrag
　820 Oneerbaar
varkerigheid
　628 Vuil
　792 Asosiaal
varkgriep 413
varkhok
　89 Blyplek
　354 Plaas
　369 Veeteelt
　628 Vuil
varkie 363
varkkarmenaadjie
　421 Vleis
　426 Kossoort, dis
varkkotelet 421
varkleer 314
varklik 813
varkmasels 413
varkoor 334
varkpapies 413
varkpes 413
varkreusel 421
varkribbetjie 421
varkslaai 335
varksog
　357 Dier
　366 Soogdier
varkspek 421
varkstert
　342 Gifplant
　396 Rug
varktjop 421
varktrog 84
varkvis 363
varkvleis 421
varkwors
　421 Vleis
　426 Kossoort, dis
vars
　49 Hede
　53 Nuut en jonk
　290 Wind
　420 Voedsel
　424 Brood
　471 Smaaklik, lekker
　474 Welriekend
　627 Skoon
　662 Rus

varsgebak
　424 Brood
　425 Bakker
varswaterkrap 362
varswaterkreef 362
varswaterlandbou 347
varswatermeer 285
varswatervarkstert 342
varswatervis 363
vas
　8 Dieselfde
　42 Altyd
　55 Periodiek
　143 Bestendigheid
　183 Gryp
　406 Eet
　459 Vaste stof
　565 Skryfkuns
　573 Woordeskat
　582 Wilskrag
　594 Onvryheid
　622 Goed
　625 Sterk
　688 Besit
　840 Godsdiens
　854 Godsdienste
vasal 589
vasberade
　518 Glo
　582 Wilskrag
　586 Beslis
　625 Sterk
　637 Doelgerigtheid en
　　doelloosheid
　647 Voortgaan
　767 Moed
　819 Eerbaar
vasberadenheid
　518 Glo
　582 Wilskrag
　586 Beslis
　625 Sterk
　637 Doelgerigtheid en
　　doelloosheid
　647 Voortgaan
　767 Moed
　819 Eerbaar
vasbeslote
　582 Wilskrag
　586 Beslis
　625 Sterk
　637 Doelgerigtheid en
　　doelloosheid
　647 Voortgaan
　767 Moed
　819 Eerbaar
vasbeslotenheid
　582 Wilskrag
　586 Beslis
　625 Sterk
　637 Doelgerigtheid en
　　doelloosheid
　647 Voortgaan

　767 Moed
　819 Eerbaar
vasbind
　170 Saambring
　172 Vasmaak
vasbrand
　465 Warm
　683 Misluk
vasbyt
　22 Kontinuïteit
　582 Wilskrag
　647 Voortgaan
vasbyter
　582 Wilskrag
　618 Heftig
　682 Slaag
vasdraai
　163 Draai
　172 Vasmaak
　683 Misluk
vasdruk
　172 Vasmaak
　181 Raak
　183 Gryp
vasektomie 414
vasel 311
vasgekeer
　183 Gryp
　594 Onvryheid
vasgekluister 594
vasgenael 508
vasgestel(d) 129
vasgoed 688
vashou
　183 Gryp
　698 Behou
vashouplek 183
vaskeer
　160 Omring
　183 Gryp
　666 Verhinder
　832 Beskuldig
vasklem
　183 Gryp
　453 Dig
　698 Behou
vaskluister 594
vasknyp
　172 Vasmaak
　183 Gryp
vaskop 728
vaskopflank 728
vaskopstut 728
vaskopvoorryman 728
vaskram 172
vaskry 183
vaskulêr
　399 Bloedsomloop en
　　limfstelsel
　405 Bloedsomloop
vaslê
　172 Vasmaak
　563 Skryf

veelkleurig

695 Steel
vaslegging
516 Soek
561 Studeer
563 Skryf
vaslieg 818
vasloop
228 Vinnig beweeg
654 Moeilik handel
683 Misluk
vasmaak
170 Saambring
172 Vasmaak
vasmeer
188 Aankom
221 Vaar
235 Skeepvaart
vasmeerplek
221 Vaar
235 Skeepvaart
vasmessel
97 Bou
99 Messel
vasomotories 399
vaspen
172 Vasmaak
181 Raak
183 Gryp
517 Vind
543 Duidelik
586 Beslis
617 Magteloos
vaspraat
522 Redeneer
524 Onlogies redeneer
558 Redevoering
vasredeneer 522
vasroes 301
vasry 181
vasryg
172 Vasmaak
745 Versier
vassit
168 Saamkom
172 Vasmaak
667 Stryd
683 Misluk
699 Leen
vasskop
181 Raak
455 Hard
606 Weier
666 Verhinder
vasskryf 563
vasslaan
172 Vasmaak
182 Slaan
184 Breek
vasstaan
143 Bestendigheid
537 Waarheid
582 Wilskrag
586 Beslis

vasstaande 537
vassteek
146 Beweginglooseheid
587 Aarsel
vasstel
122 Bereken
123 Meet
129 Bepaaldheid
517 Vind
543 Duidelik
586 Beslis
vasstelling
123 Meet
129 Bepaaldheid
517 Vind
543 Duidelik
586 Beslis
vasteland
273 Geografie
276 Vasteland
vastelands 276
vastelandshang
273 Geografie
283 See
vastelandsklimaat 289
vastelandsplat
273 Geografie
283 See
**vastepuntverander-
like** 263
vastetoestandfisika 515
vastetyd 840
vastheid
129 Bepaaldheid
143 Bestendigheid
146 Beweginglooseheid
453 Dig
455 Hard
528 Bevestig
537 Waarheid
582 Wilskrag
625 Sterk
vastigheid
143 Bestendigheid
146 Beweginglooseheid
453 Dig
528 Bevestig
537 Waarheid
582 Wilskrag
842 Geloof
vastrap
455 Hard
666 Verhinder
742 Dans
827 Afkeur
835 Bestraf
vastrapplek
61 Plek
669 Aanval
vastrek
172 Vasmaak
183 Gryp
818 Bedrieg

vastyd 840
vasval
181 Raak
683 Misluk
vasvang
63 Begrensdheid
160 Omring
594 Onvryheid
vasvat
183 Gryp
728 Balsporte
827 Afkeur
835 Bestraf
vasvleg 310
vasvra 516
vasvrakompetisie 535
vaswerk
172 Vasmaak
745 Versier
vat
84 Houer
171 Verwyder
181 Raak
183 Gryp
399 Bloedsomloop en limfstelsel
533 Verstaan
584 Kies
694 Neem
695 Steel
vatbaar 413
vatlappie 465
vatplek 183
vatterig 792
vatterigheid 792
vaudeville 752
Vedas 842
vee
154 Vryf
357 Dier
366 Soogdier
369 Veeteelt
627 Skoon
veearts 416
veeartseny 414
veeartsenykunde 414
veeartsenykundig 414
veebedryf 701
veeboer 369
veeboerdery
354 Plaas
369 Veeteelt
veedief
695 Steel
803 Wette oortree
veediefstal
695 Steel
803 Wette oortree
veeg
154 Vryf
182 Slaan
veehandel
369 Veeteelt

701 Handel en ekonomie
veeherder 369
veeinspekteur 369
veekraal 369
veekudde 369
veekunde 515
veel
55 Periodiek
104 Baie
veelal 55
veelbeduidend 541
veelbelowend
502 Verstand
633 Nuttig
veelbesproke
779 Boosaardigheid
813 Swak gedrag
veelbetekenend 541
veelbewoë 44
veeldoelig
633 Nuttig
637 Doelgerigtheid en doelloosheid
veeldoeligheid
633 Nuttig
637 Doelgerigtheid en doelloosheid
veeleer 580
veeleisend
595 Streng
598 Ongehoorsaam
604 Versoek
654 Moeilik handel
veelfasig 37
veelfasigheid 37
veelgelese
535 Weet
562 Lees
veelgelief(d) 778
veelgeprese
799 Beroemd
826 Goedkeur
veelgodedom 854
veelgodery 854
veelheid 104
veelhoek
139 Meetkunde
447 Hoekig
veelhoekig
139 Meetkunde
447 Hoekig
veelhoewig
366 Soogdier
397 Ledemaat
veelhoofdig
384 Kop
590 Bestuur en regeer
veelkant 447
veelkantig
139 Meetkunde
447 Hoekig
veelkeusevraag 561
veelkleurig 490

925

veelkoppig
384 Kop
590 Bestuur en regeer
veellettergrepig
571 Skrif
572 Uitspraak
veelluik 760
veelmannery
248 Huwelik
820 Oneerbaar
veelmannig 248
veelmeer 580
veelomvattend 553
veelpartyregering 590
veelpartystelsel 795
veelpotig 397
veelpotige 357
veelprater 548
veelrassig 787
veelrassigheid 787
veelseggend
541 Betekenisvolheid
620 Belangrik
622 Goed
veelseggendheid
541 Betekenisvolheid
620 Belangrik
622 Goed
veelsellig 377
veelsinnig 577
veelskrywer 750
veelsoortig
11 Disharmonie
13 Verskeidenheid
veelsoortigheid 11
veelstemmig 757
veelstemmigheid 757
veelsydig
139 Meetkunde
502 Verstand
614 Bekwaam
veelsydigheid
502 Verstand
614 Bekwaam
veeltalig 569
veeltaligheid 569
veelterm 138
veeltonig 757
veeltonigheid 757
veelvermoënd
688 Besit
689 Ryk
veelvlak
139 Meetkunde
447 Hoekig
veelvlakkig
114 Saamgesteld
139 Meetkunde
veelvoorkomend 647
veelvormig 438
veelvoud
133 Getalle
137 Bewerking

veelvoudig
13 Verskeidenheid
104 Baie
133 Getalle
137 Bewerking
veelvraat
357 Dier
406 Eet
veelvuldig
13 Verskeidenheid
55 Periodiek
104 Baie
veelvuldigekeuse-
vraag 561
veelweter 535
veelweterig 535
veelwetery 535
veelwywery
248 Huwelik
820 Oneerbaar
veemark
369 Veeteelt
701 Handel en ekonomie
veenmos 328
veeoorgang 149
veepes 413
veeplaas
346 Landbougrond
354 Plaas
369 Veeteelt
veepos
346 Landbougrond
369 Veeteelt
veer
178 Toegaan
239 Voortplant
365 Voël
382 Haar
456 Sag
630 Werktuig
veër
564 Skryfbehoeftes
627 Skoon
veeragtig 382
veeranker 235
veerbalans 257
veerboot 235
veerbout 172
veerdiens 221
veereier 365
veergewig
433 Klein
731 Gevegsport
veergewigbokser 731
veergewigstoeier 731
veerheide 337
veerklem 183
veerkrag
456 Sag
625 Sterk
veerkragtig
456 Sag
625 Sterk

veerkragtigheid
456 Sag
625 Sterk
veerlig 451
veerman 221
veeroof 695
veerpasser 759
veerpoothoender 365
veerpyltjie 739
veerpyltjiebord 739
veerskaal 124
veerskag 365
veerstelsel 630
veerster 363
veertig 133
veertiger 52
veertigjarige 52
veerwa 230
veerwolk 291
veesiekte 413
veeskou 369
veestal 354
veestamboek 369
veestapel 369
veeteelt
239 Voortplant
369 Veeteelt
veeteler 369
veetrop 369
veevandisie 701
veeveiling
369 Veeteelt
705 Verkoop
veevendusie 701
veevoer
338 Gras
369 Veeteelt
veewa 234
veewagter
369 Veeteelt
655 Veilig
veewagtersny 424
veg
667 Stryd
731 Gevegsport
veganis 406
veganisme 406
veganisties 406
vegetaal 318
vegetariër 406
vegetaries 406
vegetarisme 406
vegetasie 318
vegetatief 318
vegeteer
1 Bestaan
249 Lewe
324 Plantlewe
725 Verveling
veggees
582 Wilskrag
610 Ywerig
625 Sterk

667 Stryd
veggeneraal 673
veghaan 365
veghoender 365
vegkuns 629
veglus 667
veglustig
667 Stryd
777 Haat en
onvriendelikheid
veglustigheid
667 Stryd
777 Haat en
onvriendelikheid
vegparty 667
vegtend 667
vegter
236 Lugvaart
518 Glo
625 Sterk
667 Stryd
673 Manskap
731 Gevegsport
vegtersgees 667
vegtervlieënier 673
vegtery 667
vegvlieënier
222 Vlieg
236 Lugvaart
673 Manskap
vegvlieër 673
vegvliegtuig
236 Lugvaart
675 Militêre toerusting
veil 705
veilig
636 Onskadelik
655 Veilig
veiligheid 655
veiligheidsagent
655 Veilig
802 Wette gehoorsaam
veiligheidsagent-
skap 655
veiligheidsbuurt 90
veiligheidsdeur 94
veiligheidsdiens
655 Veilig
802 Wette gehoorsaam
veiligheidsdorp 90
veiligheidsdraad 262
veiligheidsein 546
veiligheidsglas
94 Dele van 'n eiendom
233 Voertuig
309 Glasbereiding
veiligheidsgordel 233
veiligheidsgrens 63
veiligheidshalwe 655
veiligheidsheining 63
veiligheidshortjie 94
veiligheidsinstal-
lasie 655

veiligheidsklep 161
veiligheidsknip
  172 Vasmaak
  178 Toegaan
  676 Vuurwapen
veiligheidskompleks
  89 Blyplek
  90 Omgewing
veiligheidslamp
  275 Mynwese
  487 Ligbron
veiligheidslig 487
veiligheidslot 178
veiligheidsmaatreël
  599 Gesag uitoefen
  655 Veilig
veiligheidsmag
  655 Veilig
  672 Weermag
  802 Wette gehoorsaam
veiligheids-
  meganisme 655
veiligheidsoord 64
veiligheidsoorwe-
  ging 655
veiligheidspeld
  155 Deurboor
  172 Vasmaak
  745 Versier
veiligheidspolisie
  655 Veilig
  802 Wette gehoorsaam
veiligheidsraad 590
veiligheidsreling 94
veiligheidsrem 233
veiligheidswag
  655 Veilig
  670 Verdedig
veiligheidswet-
  gewing 655
veiling
  369 Veeteelt
  705 Verkoop
veilingsblok 705
veilingwyn 427
veins
  815 Oneerlik
  818 Bedrieg
veinsaard 818
veinser 818
veinsery
  623 Sleg
  815 Oneerlik
  818 Bedrieg
  845 Godsvrug
veksilologie 547
vektor
  123 Meet
  412 Siek
vektoralgebra 138
vel
  161 Bedek
  185 Sny
  252 Doodmaak
  314 Leer
  315 Papier
  381 Huid
  495 Tassin
vel(d)skoen 745
velaar 572
velariseer 572
velarium 94
velbroek 745
velcro
  172 Vasmaak
  745 Versier
veld
  61 Plek
  262 Elektrisiteit
  445 Oppervlak
  515 Wetenskap
  629 Spel en sport
  667 Stryd
veldambulans 675
veldapteek 675
veldartillerie
  672 Weermag
  676 Vuurwapen
veldatleet 729
veldbioskoop 752
veldblom 337
veldbrand 465
velddagga 494
veldfiets 232
veldfliek 752
veldgeskut
  675 Militêre toerusting
  676 Vuurwapen
veldgewas 318
veldheer 673
veldhospitaal
  417 Hospitaal
  675 Militêre toerusting
veldkennis 535
veldkornet 673
veldkriek 361
veldloop 729
veldmaarskalk 673
veldmuis 366
veldnommer 729
veldplant
  318 Plant
  337 Veldplant
veldplasing 728
veldpou 365
veldrot 366
veldseer 413
veldskool
  255 Natuur
  559 Opvoeding en
    onderwys
veldslaai 351
veldslag 667
veldspaat 298
veldsterkte
  261 Magnetisme
  262 Elektrisiteit
veldstoel 95
veldtenue 674
veldtog
  644 Handelwyse
  667 Stryd
veldtoilet
  94 Dele van 'n eiendom
  675 Militêre toerusting
veldtroepe 672
velduiker 215
velduitrusting 674
velduniform 674
veldvaring 329
veldwagter 802
veldwedloop 729
veldwerk
  516 Soek
  728 Balsporte
veldwerker
  516 Soek
  728 Balsporte
velêr
  390 Mond
  572 Uitspraak
velerlei
  13 Verskeidenheid
  104 Baie
velkanker 413
velkaros 96
velkleur 381
velklier 381
velkombers 96
vellies 745
velling
  163 Draai
  232 Fiets
  233 Voertuig
vellingflens 233
veloer 311
velometer 123
veloorplanting 413
velplakker 415
velroom 746
velsiekte 413
velskoenblaar 320
velsorg 746
velspesialis 416
velspier 381
veltering 413
veltie 409
veluitslag 413
velum
  390 Mond
  572 Uitspraak
velverdikking 413
velyn 315
Venda
  569 Taal
  787 Samelewing
vendel 546
vendetta
  667 Stryd
  777 Haat en
    onvriendelikheid
  779 Boosaardigheid
  784 Wraaksug
venduregte 712
vendusie 705
vendusierys 426
vene 399
venereologie 414
venereoloog 416
veneries 413
venerologie 414
venerologies 414
veneroloog 416
veneus 399
vennoot
  663 Meedoen
  665 Byeenkom
  701 Handel en ekonomie
vennootskap
  168 Saamkom
  663 Meedoen
  665 Byeenkom
  701 Handel en ekonomie
  707 Handelsaak
venster
  94 Dele van 'n eiendom
  177 Oopgaan
  233 Voertuig
vensterbank 94
vensterblinding 95
vensterkoevert
  564 Skryfbehoeftes
  565 Skryfkuns
vensterperiode 37
vensteruitstalling 707
vent
  53 Nuut en jonk
  375 Man
  592 Ondergeskikte
  705 Verkoop
venter
  701 Handel en ekonomie
  705 Verkoop
ventilasie 290
ventilasieskag 275
ventilasietonnel 275
ventilator
  290 Wind
  417 Hospitaal
ventileer 290
ventilering 290
ventjie 53
ventraal 395
ventrikel
  385 Skedel
  399 Bloedsomloop en
    limfstelsel
venue 91
Venus
  270 Hemelliggaam
  855 Gode
venusberg
  395 Buik

396 Rug
403 Voortplantings-
orgaan
venusheuwel
395 Buik
396 Rug
403 Voortplantings-
orgaan
venusmossel 363
venyn
777 Haat en
onvriendelikheid
779 Boosaardigheid
813 Swak gedrag
venynig
777 Haat en
onvriendelikheid
779 Boosaardigheid
813 Swak gedrag
venynigheid
777 Haat en
onvriendelikheid
779 Boosaardigheid
813 Swak gedrag
ver
68 Ver
241 Familie
veraangenaam 716
veraanskoulik 743
veraanskouliking 743
verabsoluteer 537
verabsolutering 537
verademing 720
veraf 68
verafgeleë 68
verafgo(o)d 830
verafgod 776
verafgoding
776 Liefde en vriendskap
826 Goedkeur
830 Eerbiedig
855 Gode
verafrikaans 569
verafsku
775 Weersin
777 Haat en
onvriendelikheid
verafskuwing
775 Weersin
777 Haat en
onvriendelikheid
verag
775 Weersin
831 Minag
veragtelik
623 Sleg
744 Lelik
813 Swak gedrag
827 Afkeur
831 Minag
veragter
623 Sleg
770 Wantroue

veragting
827 Afkeur
831 Minag
veral
129 Bepaaldheid
620 Belangrik
veralgemeen
3 Bestaanswyse
31 Soort
522 Redeneer
veralgemening
3 Bestaanswyse
137 Bewerking
522 Redeneer
veranda 94
verander
9 Verskillend of teenoorgesteld
13 Verskeidenheid
142 Veranderlikheid
438 Vorm
644 Handelwyse
veranderbaar
140 Verandering
142 Veranderlikheid
veranderd 140
veranderend 140
verandering
9 Verskillend of teenoorgesteld
140 Verandering
148 Van koers gaan
438 Vorm
veranderings-bestuur 590
veranderlik
13 Verskeidenheid
140 Verandering
142 Veranderlikheid
583 Willoosheid
587 Aarsel
623 Sleg
715 Negatiewe gevoel
770 Wantroue
veranderlike
125 Tel
137 Bewerking
138 Algebra
140 Verandering
142 Veranderlikheid
veranderlikheid
13 Verskeidenheid
140 Verandering
142 Veranderlikheid
583 Willoosheid
715 Negatiewe gevoel
veranker
143 Bestendigheid
221 Vaar
verantwoord
525 Bewys
533 Verstaan
804 Regverdig

811 Gewete
833 Verontskuldig
verantwoordbaar
588 Gesag hê
608 Jou woord hou
651 Toesien
769 Vertroue
verantwoordbaarheid
588 Gesag hê
599 Gesag uitoefen
608 Jou woord hou
651 Toesien
769 Vertroue
811 Gewete
verantwoordelik
588 Gesag hê
599 Gesag uitoefen
608 Jou woord hou
620 Belangrik
651 Toesien
663 Meedoen
769 Vertroue
811 Gewete
822 Skuldig
verantwoordelikheid
588 Gesag hê
599 Gesag uitoefen
608 Jou woord hou
651 Toesien
663 Meedoen
769 Vertroue
811 Gewete
822 Skuldig
verantwoordelikheids-besef 811
verantwoordelikheids-gevoel 811
verantwoordelikheidsin
769 Vertroue
811 Gewete
verantwoording 833
verarm 690
verarm(d) 690
verarming 690
veras
253 Begrafnis
465 Warm
467 Aansteek
verassing
253 Begrafnis
465 Warm
467 Aansteek
850 Sakrament
verassureer
655 Veilig
692 Spaar
verbaal
539 Kommunikeer
548 Praat
574 Woordkategorie
576 Sinsbou en styl
verbaas
121 Verwarring
521 Verras wees

verbaliseer
574 Woordkategorie
575 Woordvorming
verbalisering
574 Woordkategorie
575 Woordvorming
verban
67 Verplasing
192 Laat gaan
585 Verwerp
666 Verhinder
835 Bestraf
verban(ne) 67
verband
6 Betrekking
99 Messel
135 Verhouding
172 Vasmaak
415 Geneesmiddel
607 Belof
699 Leen
711 Skuld
verbandakte 699
verbandbank
699 Leen
700 Bank
verbandbelegging 692
verbandbrief 699
verbandhoudend 172
verbandhouer
699 Leen
711 Skuld
verbandkoers 699
verbandkoste 699
verbandlening
699 Leen
711 Skuld
verbandlinne 415
verbandloos 7
verbandnemer
699 Leen
700 Bank
711 Skuld
verbandpapier 315
verbandtermyn 699
verbanne 192
verbanning
67 Verplasing
192 Laat gaan
666 Verhinder
827 Afkeur
835 Bestraf
verbasend
34 Vreemdheid
521 Verras wees
verbasing
121 Verwarring
521 Verras wees
verbasingwekkend 521
verbaster
140 Verandering
174 Meng
239 Voortplant

verbode

368 Diereteelt
369 Veeteelt
623 Sleg
verbastering
140 Verandering
324 Plantlewe
368 Diereteelt
623 Sleg
verbatim 577
verbeel
512 Verbeelding
547 Simboliek
verbeeld
547 Simboliek
758 Beeldende kuns
verbeelding
2 Nie-bestaan
36 Onreëlmatigheid
505 Verstandstoornis
512 Verbeelding
547 Simboliek
785 Hoogmoed
verbeeldingloos 512
verbeeldingloosheid 512
verbeeldingryk
237 Voortbring
512 Verbeelding
verbeeldingrykheid
237 Voortbring
512 Verbeelding
verbeeldingsiekte
413 Verskillende siektes
505 Verstandstoornis
verbeeldingskrag 512
verbeeldingsvermoë 512
verbeeldingsvlug 512
verbeeldingswêreld 512
verbena
332 Struik
334 Blomplant
verberg
161 Bedek
501 Onsigbaarheid
540 Nie kommunikeer nie
549 Stilbly
verberging
161 Bedek
501 Onsigbaarheid
540 Nie kommunikeer nie
verbete
582 Wilskrag
586 Beslis
618 Heftig
647 Voortgaan
767 Moed
verbeter
140 Verandering
411 Gesond
559 Opvoeding en onderwys
561 Studeer

566 Drukkuns
622 Goed
682 Slaag
verbeter(ing)skool
559 Opvoeding en onderwys
594 Onvryheid
835 Bestraf
verbeter(ings)gestig 594
verbeterbaar 622
verbetering
140 Verandering
561 Studeer
565 Skryfkuns
622 Goed
682 Slaag
verbeur
687 Verlies
697 Verlies ly
verbeurd 687
verbeurdverklaring 694
verbeuring 687
verbeusel
39 Tydverlies
623 Sleg
687 Verlies
691 Spandeer
verbid
604 Versoek
847 Gebed
verbied
192 Laat gaan
532 Betwis
585 Verwerp
602 Verbied
666 Verhinder
verbind
6 Betrekking
21 Opeenvolging
168 Saamkom
170 Saambring
172 Vasmaak
256 Skeikunde
265 Telegraaf en telefoon
414 Geneeskunde
579 Gedwonge
607 Beloof
verbindend
170 Saambring
172 Vasmaak
607 Beloof
811 Gewete
verbinding
21 Opeenvolging
170 Saambring
172 Vasmaak
220 Treinry
256 Skeikunde
264 Radio en televisie
265 Telegraaf en telefoon
663 Meedoen

verbindingsdeur 94
verbindingskanaal
147 Rigting
264 Radio en televisie
265 Telegraaf en telefoon
verbindingsklank 575
verbindingslyn 265
verbindingsmof 262
verbindingsmorfeem 575
verbindingspad 149
verbindingsteken 571
verbindingsweg
149 Pad
220 Treinry
verbindingswoord 574
verbintenis
6 Betrekking
172 Vasmaak
579 Gedwonge
607 Beloof
663 Meedoen
811 Gewete
verbintenisreg 808
verbitter
717 Lyding
771 Gramskap
verbitter(d)
771 Gramskap
777 Haat en onvriendelikheid
verbitterdheid
771 Gramskap
777 Haat en onvriendelikheid
verbittering
717 Lyding
771 Gramskap
777 Haat en onvriendelikheid
verbleek
490 Kleur
491 Kleurloosheid
626 Swak
768 Vrees
verbleik
490 Kleur
491 Kleurloosheid
verblind
413 Verskillende siektes
499 Sien
538 Dwaling
544 Onduidelik
818 Bedrieg
verblindend
485 Lig
538 Dwaling
verblinding
499 Sien
538 Dwaling
verbloem
161 Bedek

540 Nie kommunikeer nie
818 Bedrieg
833 Verontskuldig
verbloem(d)
161 Bedek
540 Nie kommunikeer nie
verbloemer
745 Versier
746 Persoonlike versorging
verbloemerstiffie 746
verbloeming
161 Bedek
540 Nie kommunikeer nie
818 Bedrieg
verbluf
521 Verras wees
768 Vrees
verbluffend
521 Verras wees
768 Vrees
verbluffing 521
verbluftheid
521 Verras wees
548 Praat
verbly
713 Gevoel
714 Positiewe gevoel
716 Genot
718 Blydskap
720 Tevredenheid
verblydend
716 Genot
718 Blydskap
verblyding 716
verblyf
64 Aanwesigheid
89 Blyplek
verblyfkoste 708
verblyfpermit 187
verblyfplaas 89
verblyfplek
61 Plek
64 Aanwesigheid
89 Blyplek
verblyfreg 804
verblyfsvergunning 187
verblyftoelaag 708
verblyftyd 64
verbod
149 Pad
192 Laat gaan
530 Voorbehou
548 Praat
585 Verwerp
594 Onvryheid
602 Verbied
666 Verhinder
801 Wet
verbode
585 Verwerp

929

verbodsbepaling

598 Ongehoorsaam
602 Verbied
807 Onwettig
verbodsbepaling
602 Verbied
607 Beloof
verbodteken 149
verboë 575
verboemel
623 Sleg
687 Verlies
691 Spandeer
verbolge
715 Negatiewe gevoel
771 Gramskap
verbolgenheid
715 Negatiewe gevoel
771 Gramskap
verbond
579 Gedwonge
607 Beloof
663 Meedoen
verbonde
6 Betrekking
170 Saambring
172 Vasmaak
607 Beloof
811 Gewete
verbondsark 854
verbondseed 607
verbondsgod 837
Verbondsgod 855
verborge
501 Onsigbaarheid
540 Nie kommunikeer nie
544 Onduidelik
verborgene 540
verborgenheid
36 Onreëlmatigheid
501 Onsigbaarheid
540 Nie kommunikeer nie
544 Onduidelik
836 Bonatuurlik
verbositeit 576
verbou
97 Bou
140 Verandering
237 Voortbring
345 Plantkwekery
347 Landbou
351 Groenteverbouing
352 Graanverbouing
verbouereer
521 Verras wees
768 Vrees
verbouereer(d)
521 Verras wees
768 Vrees
verbouereerdheid
521 Verras wees
768 Vrees

verbouing
97 Bou
140 Verandering
237 Voortbring
345 Plantkwekery
347 Landbou
verbrand
238 Vernietig
413 Verskillende siektes
419 Voedselbereiding
465 Warm
467 Aansteek
verbrande
771 Gramskap
813 Swak gedrag
827 Afkeur
verbranding
467 Aansteek
468 Blus
verbrandingshitte 465
verbrandingskamer
233 Voertuig
236 Lugvaart
verbrandingsproses 467
verbrands
521 Verras wees
715 Negatiewe gevoel
771 Gramskap
verbras
687 Verlies
691 Spandeer
verbreding
107 Meer
434 Breed
verbreed
107 Meer
140 Verandering
434 Breed
verbreek
97 Bou
23 Onderbreking
184 Breek
648 Onderbreek
803 Wette oortree
verbrei(d) 7
verbreidheid 7
verbreiding 107
verbreking
97 Bou
184 Breek
609 Jou woord verbreek
648 Onderbreek
verbroddel
623 Sleg
629 Gebruik
verbroeder
776 Liefde en vriendskap
790 Sosiale betrekking
verbroedering 776
verbrokkel
112 Deel
169 Skei

184 Breek
verbrokkeling
112 Deel
169 Skei
184 Breek
verbrou
20 Wanorde
538 Dwaling
623 Sleg
629 Gebruik
652 Versuim
822 Skuldig
verbrouing
538 Dwaling
623 Sleg
629 Gebruik
822 Skuldig
verbrui
598 Ongehoorsaam
623 Sleg
verbruik 629
verbruikbaar 629
verbruiker
629 Gebruik
701 Handel en ekonomie
704 Koop
**verbruikers-
beskerming** 701
**verbruikers-
besteding** 691
verbruikersgoedere
629 Gebruik
701 Handel en ekonomie
verbruikersitem 707
**verbruikers-
koöperasie** 707
**verbruikerson-
vriendelik** 629
verbruikersprys 704
verbruikerspubliek
701 Handel en ekonomie
704 Koop
verbruikersraad 701
verbruikersregte 701
verbruikerstydskrif 568
verbruikersvertroue 701
**verbruikersvriende-
lik** 629
verbruikerswet
701 Handel en ekonomie
801 Wet
**verbruikerswet-
gewing** 701
verbruiksbelasting 712
verbruiksbesteding 691
verbruiksgoedere
629 Gebruik
688 Besit
701 Handel en ekonomie
verbruin 419
verbruiningsbak 84
verbrysel
184 Breek

238 Vernietig
458 Breekbaar
verbryseling
184 Breek
458 Breekbaar
verbuig
180 Ongelyk maak
444 Krom
574 Woordkategorie
verbuigbaar 575
verbuiging
444 Krom
574 Woordkategorie
575 Woordvorming
verbuigingsmorfeem 575
verbum 574
verby
28 Einde
46 Vroeër
50 Verlede
85 Voor
86 Agter
87 Aan die kant
152 Verby
208 Verbygaan
verbybeweeg
152 Verby
208 Verbygaan
verbygaan
28 Einde
37 Tydruimte
152 Verby
208 Verbygaan
650 Voltooi
verbygaande
37 Tydruimte
152 Verby
208 Verbygaan
verbygang 152
verbyganger 208
verbygegaan 208
verbyhou 728
verbykom
208 Verbygaan
835 Bestraf
verbykomkans 208
verbymars 680
verbypad 149
verbypraat 539
verbyryskietery 677
verbysteek
200 Vorentoe beweeg
217 Motorry
verbyster
521 Verras wees
768 Vrees
verbyster(d)
521 Verras wees
715 Negatiewe gevoel
768 Vrees
verbysterend
521 Verras wees
715 Negatiewe gevoel

744 Lelik
768 Vrees
verbystering
521 Verras wees
548 Praat
715 Negatiewe gevoel
768 Vrees
verbyvlug
208 Verbygaan
222 Vlieg
verchristelik 842
verchroom 161
verdaag
28 Einde
648 Onderbreek
650 Voltooi
665 Byeenkom
verdag
532 Betwis
770 Wantroue
verdaging
28 Einde
590 Bestuur en regeer
648 Onderbreek
665 Byeenkom
verdagmakend
770 Wantroue
829 Beledig
verdagmaker 770
verdagmakery 770
verdagmaking
770 Wantroue
829 Beledig
verdagsaaier 770
verdagte
770 Wantroue
803 Wette oortree
verdagtheid 770
verdamp
260 Warmteleer
292 Water
461 Gas
verdamping
260 Warmteleer
292 Water
461 Gas
verdampingspunt 260
verdatste
771 Gramskap
827 Afkeur
verdedig
528 Bevestig
543 Duidelik
655 Veilig
663 Meedoen
667 Stryd
670 Verdedig
671 Verdedigingsmiddel
727 Kompetisie
728 Balsporte
804 Regverdig
808 Regswese
809 Regsgeding

833 Verontskuldig
verdedigbaar
655 Veilig
670 Verdedig
808 Regswese
833 Verontskuldig
verdedigend
655 Veilig
667 Stryd
670 Verdedig
727 Kompetisie
728 Balsporte
808 Regswese
833 Verontskuldig
verdediger
518 Glo
655 Veilig
667 Stryd
670 Verdedig
727 Kompetisie
728 Balsporte
833 Verontskuldig
verdediging
528 Bevestig
543 Duidelik
556 Antwoord
558 Redevoering
655 Veilig
663 Meedoen
667 Stryd
670 Verdedig
727 Kompetisie
808 Regswese
809 Regsgeding
833 Verontskuldig
verdedigingslinie 670
verdedigingsmag 671
verdedigingsmiddel
670 Verdedig
671 Verdedigingsmiddel
verdedigingsnetwerk
670 Verdedig
671 Verdedigingsmiddel
verdedigingspos 670
verdedigingstelling 670
verdedigingswet 801
verdeel
19 Orde
30 Hiërargie
102 Hoeveelheid
103 Min
112 Deel
122 Bereken
169 Skei
173 Losmaak
185 Sny
286 Rivier
693 Gee
verdeelbaar 122
verdeeld
532 Betwis
667 Stryd
777 Haat en
  onvriendelikheid

verdeeldheid 667
verdeelpasser 759
verdeler
233 Voertuig
630 Werktuig
verdelg
238 Vernietig
252 Doodmaak
verdelger
238 Vernietig
252 Doodmaak
684 Oorwin
verdelging
238 Vernietig
252 Doodmaak
684 Oorwin
verdelgingsoorlog 667
verdeling
112 Deel
122 Bereken
169 Skei
173 Losmaak
693 Gee
verdelingsrekening 700
verdenking
518 Glo
519 Twyfel
770 Wantroue
832 Beskuldig
verder
22 Kontinuïteit
25 Dit wat volg
47 Later
51 Toekoms
68 Ver
150 Vorentoe
200 Vorentoe beweeg
647 Voortgaan
verderaan
68 Ver
150 Vorentoe
verderf
666 Verhinder
683 Misluk
813 Swak gedrag
820 Oneerbaar
839 Hiernamaals
846 Goddeloosheid
verderfenis 839
verderflik
238 Vernietig
623 Sleg
635 Skadelik
683 Misluk
779 Boosaardigheid
813 Swak gedrag
839 Hiernamaals
verderop 68
verderwe
666 Verhinder
813 Swak gedrag
verdien
686 Aanwins

708 Betaal
834 Beloon
verdiend 834
verdienste
614 Bekwaam
622 Goed
633 Nuttig
686 Aanwins
696 Ontvang
709 Betaalmiddel
verdienstelik
622 Goed
633 Nuttig
verdienstelikheid
622 Goed
633 Nuttig
verdiep
107 Meer
437 Laag
516 Soek
541 Betekenisvolheid
verdieping
94 Dele van 'n eiendom
436 Hoog
516 Soek
535 Weet
561 Studeer
verdiepinghuis 91
verdiepskaaf 316
verdierlik 357
verdierliking
813 Swak gedrag
820 Oneerbaar
verdiets 569
verdig
178 Toegaan
453 Dig
517 Vind
538 Dwaling
818 Bedrieg
verdigsel
2 Nie-bestaan
36 Onreëlmatigheid
538 Dwaling
552 Vertel
818 Bedrieg
verdigting 453
verdigtingspunt 453
verdik
419 Voedselbereiding
434 Breed
459 Vaste stof
462 Halfvloeibare stof
verdikking
413 Verskillende siektes
434 Breed
459 Vaste stof
verdink
518 Glo
519 Twyfel
770 Wantroue
verdiskonteer
527 Oordeel

verdiskonteerbaar

705 Verkoop
verdiskonteerbaar 527
verdiskonterend 527
verdiskontering 527
verditste
  771 Gramskap
  827 Afkeur
verdoem
  527 Oordeel
  669 Aanval
  779 Boosaardigheid
  827 Afkeur
  839 Hiernamaals
verdoemend 717
verdoemenis 839
verdoemenswaardig 623
verdoeming
  527 Oordeel
  779 Boosaardigheid
  839 Hiernamaals
verdoemlik 623
verdoesel
  540 Nie kommunikeer nie
  818 Bedrieg
verdof
  486 Duisternis
  489 Ondeurskynend
  715 Negatiewe gevoel
verdoffing
  489 Ondeurskynend
  715 Negatiewe gevoel
verdofskakelaar
  233 Voertuig
  262 Elektrisiteit
verdomde
  771 Gramskap
  779 Boosaardigheid
  813 Swak gedrag
  820 Oneerbaar
  827 Afkeur
verdomp
  104 Baie
  721 Ontevredenheid
  779 Boosaardigheid
  813 Swak gedrag
  820 Oneerbaar
  846 Goddeloosheid
verdonker
  486 Duisternis
  489 Ondeurskynend
  490 Kleur
verdonkering
  486 Duisternis
  489 Ondeurskynend
verdoof
  414 Geneeskunde
  476 Geluid
  494 Gevoelloosheid en bedwelming
  498 Gehoor
  715 Negatiewe gevoel
verdool 148

verdool(d) 148
verdoop 550
verdor
  464 Droog
  623 Sleg
verdorwe
  623 Sleg
  813 Swak gedrag
  820 Oneerbaar
verdorwenheid
  623 Sleg
  779 Boosaardigheid
  813 Swak gedrag
  820 Oneerbaar
verdowe
  476 Geluid
  498 Gehoor
  715 Negatiewe gevoel
verdowend 415
verdowing
  494 Gevoelloosheid en bedwelming
  715 Negatiewe gevoel
verdowingsmiddel
  415 Geneesmiddel
  494 Gevoelloosheid en bedwelming
verdra
  596 Inskiklik
  601 Toestemming gee
  714 Positiewe gevoel
  717 Lyding
verdraaglik 714
verdraaglikheid 714
verdraagsaam
  596 Inskiklik
  601 Toestemming gee
  668 Vrede en versoening
  714 Positiewe gevoel
  778 Goedaardigheid
verdraagsaamheid
  596 Inskiklik
  714 Positiewe gevoel
  778 Goedaardigheid
verdraai
  163 Draai
  544 Onduidelik
  779 Boosaardigheid
  818 Bedrieg
verdraai(d)
  163 Draai
  444 Krom
  805 Onregverdig
  818 Bedrieg
verdraaidheid
  805 Onregverdig
  818 Bedrieg
verdraaiing
  575 Woordvorming
  576 Sinsbou en styl

805 Onregverdig
815 Oneerlik
818 Bedrieg
verdrag
  605 Aanvaar
  607 Beloof
  663 Meedoen
verdragstaat 607
verdriedubbel 107
verdriet
  717 Lyding
  719 Hartseer
verdrietig
  717 Lyding
  719 Hartseer
verdrietigheid
  717 Lyding
  719 Hartseer
verdrietlik
  717 Lyding
  719 Hartseer
  771 Gramskap
verdrietlikheid
  717 Lyding
  719 Hartseer
  771 Gramskap
verdring
  67 Verplasing
  144 Vervanging
  171 Verwyder
  344 Onkruid
  779 Boosaardigheid
verdringing
  67 Verplasing
  144 Vervanging
  171 Verwyder
  779 Boosaardigheid
verdrink
  215 Swem
  250 Dood
  252 Doodmaak
  407 Drink
verdrinking
  215 Swem
  250 Dood
verdroë
  250 Dood
  464 Droog
verdroging 464
verdronge
  67 Verplasing
  171 Verwyder
verdroog
  250 Dood
  464 Droog
  623 Sleg
verdroom
  39 Tydverlies
  646 Nie handel nie
verdruk
  592 Ondergeskikte
  779 Boosaardigheid
verdrukkend 779

verdrukker 779
verdrukte 779
verdryf
  144 Vervanging
  192 Laat gaan
  511 Vergeet
verdrywing
  144 Vervanging
  192 Laat gaan
verdubbel
  104 Baie
  107 Meer
  432 Groot
  572 Uitspraak
verdubbeling
  107 Meer
  432 Groot
verduidelik
  19 Orde
  539 Kommunikeer
  543 Duidelik
  548 Praat
  553 Behandel
  577 Betekenis
verduideliking
  533 Verstaan
  539 Kommunikeer
  543 Duidelik
  548 Praat
  553 Behandel
  556 Antwoord
  577 Betekenis
verduister
  270 Hemelliggaam
  486 Duisternis
  505 Verstandstoornis
  538 Dwaling
  540 Nie kommunikeer nie
  544 Onduidelik
  695 Steel
verduisteraar 695
verduistering
  270 Hemelliggaam
  486 Duisternis
  538 Dwaling
  540 Nie kommunikeer nie
  695 Steel
verduiweld 813
verduiwelde
  779 Boosaardigheid
  813 Swak gedrag
verduiwels
  104 Baie
  813 Swak gedrag
  846 Goddeloosheid
verdun
  256 Skeikunde
  419 Voedselbereiding
  435 Smal
  460 Vloeistof
verdun(nings)-
  middel 460

verdunner 490
verdunning
  435 Smal
  460 Vloeistof
verduur
  713 Gevoel
  714 Positiewe gevoel
  717 Lyding
verduursaam 471
verdwaal
  11 Disharmonie
  148 Van koers gaan
  213 Rondgaan
  768 Vrees
verdwaal(d)
  7 Betrekkingloosheid
  148 Van koers gaan
  544 Onduidelik
verdwaas
  121 Verwarring
  505 Verstandstoornis
  521 Verras wees
verdwaas(d) 121
verdwaasdheid
  121 Verwarring
  505 Verstandstoornis
  521 Verras wees
verdwerg 433
verdwyn
  67 Verplasing
  167 Wegbeweeg
  190 Vertrek
  205 Weggaan van
  238 Vernietig
  501 Onsigbaarheid
verdwyning 205
verebed 95
veredel
  350 Vrugteverbouing
  559 Opvoeding en
    onderwys
  622 Goed
  812 Goeie gedrag
veredelend
  622 Goed
  812 Goeie gedrag
veredeling
  559 Opvoeding en
    onderwys
  622 Goed
  788 Beskawing
vereeld
  413 Verskillende siektes
  455 Hard
vereelt
  413 Verskillende siektes
  455 Hard
vereenduidig 543
vereenduidiging 543
vereensaam
  664 Terugstaan
  792 Asosiaal
vereensaming 792

vereenselwig
  8 Dieselfde
  531 Saamstem
  605 Aanvaar
vereenselwiging
  8 Dieselfde
  531 Saamstem
vereenvoudig
  113 Enkelvoudig
  133 Getalle
  137 Bewerking
  653 Maklik handel
  786 Nederigheid
vereenvoudiging
  113 Enkelvoudig
  137 Bewerking
  653 Maklik handel
  786 Nederigheid
vereer
  693 Gee
  826 Goedkeur
  830 Eerbiedig
  834 Beloon
  837 God
vereerder 830
vereers 27
vereffen
  708 Betaal
  711 Skuld
vereffenaar 708
vereffenbaar 708
vereffening
  708 Betaal
  711 Skuld
vereis
  17 Noodsaak
  520 Verwag
  530 Voorbehou
  579 Gedwonge
  631 Nodig
vereiste
  17 Noodsaak
  530 Voorbehou
  579 Gedwonge
  631 Nodig
verekombers 95
verekskuseer 833
verematras 96
verend 456
vereng
  435 Smal
  824 Onboetvaardigheid
verengels 569
verengelsing 569
verenging
  435 Smal
  824 Onboetvaardigheid
verenig
  6 Betrekking
  8 Dieselfde
  10 Harmonie
  26 Begeleiding
  168 Saamkom

  170 Saambring
  172 Vasmaak
  174 Meng
  663 Meedoen
verenig(d) 172
verenigbaar
  10 Harmonie
  168 Saamkom
verenigbaarheid 10
verenigend 168
vereniging
  6 Betrekking
  10 Harmonie
  168 Saamkom
  170 Saambring
  172 Vasmaak
  605 Aanvaar
  663 Meedoen
  665 Byeenkom
verenigingslewe 665
vererend 830
vererf 686
vererg 771
vererg(d) 771
verergdheid
  719 Hartseer
  771 Gramskap
vererger 623
verergering 623
verering
  510 Herinner
  776 Liefde en
    vriendskap
  826 Goedkeur
  830 Eerbiedig
vererwe 686
verestoffer 627
verewa 230
verewig
  42 Altyd
  836 Bonatuurlik
verewiging 42
verf
  95 Huisraad
  100 Boumateriaal
  161 Bedek
  301 Metaalverwerking
  490 Kleur
  745 Versier
  759 Tekenkuns
  760 Skilderkuns
verfilm
  268 Fotografie en film
  752 Toneel- en
    rolprentkuns
verfilming 268
verfkontrakteur 490
verfkwas
  490 Kleur
  630 Werktuig
verflens 324
verflenter
  184 Breek

  628 Vuil
verflenter(d) 184
verflou
  108 Minder
  485 Lig
  626 Swak
verflouing
  108 Minder
  485 Lig
  626 Swak
verfmerk 490
verfoei
  775 Weersin
  777 Haat en
    onvriendelikheid
verfoeiing
  775 Weersin
  777 Haat en
    onvriendelikheid
verfoeilik
  744 Lelik
  820 Oneerbaar
  827 Afkeur
  831 Minag
verfoeilikheid 831
verfoes
  20 Wanorde
  238 Vernietig
  538 Dwaling
  544 Onduidelik
  623 Sleg
verfoes(de) 538
verfomfaai
  20 Wanorde
  180 Ongelyk maak
  538 Dwaling
  628 Vuil
  744 Lelik
verfonkfaai
  20 Wanorde
  180 Ongelyk maak
  538 Dwaling
  628 Vuil
  744 Lelik
verfpoeier 490
verfpot 84
verfraai
  743 Mooi
  745 Versier
verfraaiing
  743 Mooi
  745 Versier
verfris
  53 Nuut en jonk
  406 Eet
  407 Drink
  466 Koud
  622 Goed
verfrissend
  53 Nuut en jonk
  62 Grensloosheid
  406 Eet

933

verfrissing
407 Drink
466 Koud
verfrissing
53 Nuut en jonk
406 Eet
407 Drink
466 Koud
622 Goed
627 Skoon
verfroller 490
verfrommel 180
verfstof 490
verfwerk
94 Dele van 'n eiendom
97 Bou
490 Kleur
627 Skoon
745 Versier
verfwinkel 707
verfyn
140 Verandering
458 Breekbaar
559 Opvoeding en onderwys
622 Goed
788 Beskawing
verfyn(d)
559 Opvoeding en onderwys
582 Wilskrag
788 Beskawing
791 Sosiaal
812 Goeie gedrag
verfyndheid
559 Opvoeding en onderwys
622 Goed
627 Skoon
747 Styl en smaak
788 Beskawing
791 Sosiaal
812 Goeie gedrag
verfyning
140 Verandering
559 Opvoeding en onderwys
622 Goed
627 Skoon
747 Styl en smaak
788 Beskawing
verg 520
vergaan
28 Einde
50 Verlede
221 Vaar
235 Skeepvaart
238 Vernietig
250 Dood
501 Onsigbaarheid
623 Sleg
vergaap 521
vergaar 170
vergader
168 Saamkom
170 Saambring
557 Diskussie
590 Bestuur en regeer
665 Byeenkom
vergadering
168 Saamkom
539 Kommunikeer
557 Diskussie
590 Bestuur en regeer
665 Byeenkom
vergadering(s)prosedure
665 Byeenkom
590 Bestuur en regeer
vergaderplek
168 Saamkom
665 Byeenkom
vergadersaal
91 Gebou
94 Dele van 'n eiendom
168 Saamkom
665 Byeenkom
vergal
623 Sleg
666 Verhinder
717 Lyding
725 Verveling
vergalste
771 Gramskap
827 Afkeur
vergange
46 Vroeër
50 Verlede
verganklik
28 Einde
41 Kortstondig
252 Doodmaak
verganklikheid
28 Einde
41 Kortstondig
vergas
252 Doodmaak
461 Gas
790 Sosiale betrekking
vergasser
233 Voertuig
630 Werktuig
vergassing
252 Doodmaak
461 Gas
vergeef
783 Vergifnis
833 Verontskuldig
vergeeflik 783
vergeeflikheid 783
vergeefs 634
vergeefsheid 634
vergeestelik
502 Verstand
836 Bonatuurlik
vergeet
50 Verlede
116 Te veel
192 Laat gaan
511 Vergeet
646 Nie handel nie
664 Terugstaan
813 Swak gedrag
vergeetagtig
509 Onoplettendheid
511 Vergeet
646 Nie handel nie
652 Versuim
vergeetagtigheid
192 Laat gaan
509 Onoplettendheid
511 Vergeet
646 Nie handel nie
652 Versuim
vergeetal 511
vergeet-my-nietjie 334
vergeld(e)
784 Wraaksug
834 Beloon
vergelding
784 Wraaksug
835 Bestraf
vergeldingsdaad 835
vergeldingsmaat-reël 784
vergeldingsoptrede 835
vergeldingstap
784 Wraaksug
835 Bestraf
vergelyk
8 Dieselfde
118 Vergelyking
137 Bewerking
531 Saamstem
607 Beloof
668 Vrede en versoening
vergelykbaar
118 Vergelyking
137 Bewerking
vergelykbaarheid
118 Vergelyking
137 Bewerking
vergelykend
6 Betrekking
118 Vergelyking
137 Bewerking
576 Sinsbou en styl
vergelykenderwys
6 Betrekking
118 Vergelyking
137 Bewerking
vergelyking
118 Vergelyking
137 Bewerking
573 Woordeskat
576 Sinsbou en styl
vergemaklik
653 Maklik handel
716 Genot
vergemakliking
653 Maklik handel
716 Genot
vergenoeg(d)
716 Genot
718 Blydskap
720 Tevredenheid
vergenoegdheid
716 Genot
718 Blydskap
720 Tevredenheid
vergesel 26
vergesig 51
vergesog 36
vergestalt 254
vergestalting 254
vergete
50 Verlede
511 Vergeet
vergetelheid 511
vergeterig
509 Onoplettendheid
646 Nie handel nie
652 Versuim
vergeterigheid
509 Onoplettendheid
646 Nie handel nie
652 Versuim
vergewe
252 Doodmaak
413 Verskillende siektes
778 Goedaardigheid
783 Vergifnis
833 Verontskuldig
vergewensgesind
596 Inskiklik
668 Vrede en versoening
778 Goedaardigheid
783 Vergifnis
vergewensgesindheid
778 Goedaardigheid
783 Vergifnis
833 Verontskuldig
vergewing
783 Vergifnis
823 Berou
vergewis
528 Bevestig
537 Waarheid
vergiet
95 Huisraad
287 Vloei
vergiettes
95 Huisraad
419 Voedselbereiding
vergifnis
783 Vergifnis
823 Berou
833 Verontskuldig
vergiftig
252 Doodmaak
413 Verskillende siektes
829 Beledig
vergiftiging
250 Dood
252 Doodmaak

413 Verskillende siektes
vergis
  527 Oordeel
  538 Dwaling
vergissing
  527 Oordeel
  528 Bevestig
  537 Waarheid
  538 Dwaling
  613 Onnoukeurig
  667 Stryd
verglaas
  305 Pottebakkery
  309 Glasbereiding
  499 Sien
verglaas(d)
  305 Pottebakkery
  309 Glasbereiding
verglaasoond
  305 Pottebakkery
  309 Glasbereiding
verglans
  315 Papier
  419 Voedselbereiding
  627 Skoon
vergoddelik 836
vergoddeliking
  836 Bonatuurlik
  854 Godsdienste
  855 Gode
vergoding 855
vergoe(i)lik 833
vergoed
  708 Betaal
  834 Beloon
vergoeding
  686 Aanwins
  708 Betaal
  709 Betaalmiddel
  834 Beloon
vergoeiliking 833
vergooi 691
vergote
  39 Tydverlies
  691 Spandeer
vergroei
  168 Saamkom
  107 Meer
  432 Groot
  448 Gelyk
  538 Dwaling
vergrootglas
  267 Optika
  432 Groot
vergroter 432
vergroting
  268 Fotografie en film
  432 Groot
  538 Dwaling
  576 Sinsbou en styl
vergrotingstoestel 268
vergruis
  184 Breek

413 Verskillende siektes
458 Breekbaar
vergruising
  184 Breek
  413 Verskillende siektes
  458 Breekbaar
vergryp
  183 Gryp
  779 Boosaardigheid
  803 Wette oortree
  822 Skuldig
vergrys
  54 Oud
  382 Haar
vergrysing
  54 Oud
  382 Haar
verguis
  827 Afkeur
  829 Beledig
  831 Minag
verguising
  829 Beledig
  831 Minag
verguld
  95 Huisraad
  161 Bedek
  297 Metaal
  302 Smeewerk
verguldsel 302
vergun
  601 Toestemming gee
  653 Maklik handel
vergunnend 601
vergunning
  605 Aanvaar
  616 Magtig
  806 Wettig
  826 Goedkeur
verhaal
  45 Geskiedenis
  539 Kommunikeer
  552 Vertel
  568 Media
  711 Skuld
  750 Letterkunde
verhaalbaar 833
verhaalbundel 750
verhaalkuns 750
verhaallyn 750
verhaalredakteur 568
verhaalstruktuur 750
verhaaltjie
  552 Vertel
  750 Letterkunde
verhaaltrant 576
verhaar 382
verhaas
  57 Vroeg
  225 Vinnig
verhaasting
  57 Vroeg
  225 Vinnig

verhalend
  552 Vertel
  576 Sinsbou en styl
  750 Letterkunde
verhalenderwys 552
verhaler
  552 Vertel
  711 Skuld
  750 Letterkunde
verhandel
  701 Handel en ekonomie
  705 Verkoop
verhandelaar 705
verhandelbaar 705
verhandeling
  553 Behandel
  558 Redevoering
  561 Studeer
  567 Boek
  701 Handel en ekonomie
  705 Verkoop
verhang 76
verhard
  297 Metaal
  455 Hard
  457 Onbreekbaar
  582 Wilskrag
  625 Sterk
  715 Negatiewe gevoel
  824 Onboetvaardigheid
verharding
  455 Hard
  459 Vaste stof
  715 Negatiewe gevoel
  824 Onboetvaardigheid
verharing 382
verhaspel
  20 Wanorde
  615 Onbekwaam
  623 Sleg
  652 Versuim
verhaspeling
  20 Wanorde
  623 Sleg
  652 Versuim
verheerlik
  799 Beroemd
  826 Goedkeur
  830 Eerbiedig
verheerliking
  799 Beroemd
  826 Goedkeur
  830 Eerbiedig
verhef
  137 Bewerking
  622 Goed
  625 Sterk
  785 Hoogmoed
  812 Goeie gedrag
  826 Goedkeur
verheffend
  622 Goed
  747 Styl en smaak

  812 Goeie gedrag
  826 Goedkeur
verheffing
  137 Bewerking
  211 Opgaan
  622 Goed
  682 Slaag
  785 Hoogmoed
  812 Goeie gedrag
  826 Goedkeur
verheimlik 540
verheimliking 540
verhelder
  419 Voedselbereiding
  485 Lig
  488 Deurskynend
  500 Sigbaarheid
  543 Duidelik
verhelderend 543
verheldering
  485 Lig
  488 Deurskynend
  500 Sigbaarheid
  543 Duidelik
verhemelte 390
verheug
  713 Gevoel
  714 Positiewe gevoel
  718 Blydskap
verhewe
  104 Baie
  436 Hoog
  576 Sinsbou en styl
  622 Goed
  778 Goedaardigheid
  812 Goeie gedrag
  819 Eerbaar
verhewen(d)heid
  436 Hoog
  622 Goed
  778 Goedaardigheid
  812 Goeie gedrag
  819 Eerbaar
verhewig
  618 Heftig
  623 Sleg
verhewiging 623
verhinder
  193 Vertraag
  585 Verwerp
  588 Gesag hê
  602 Verbied
  635 Skadelik
  646 Nie handel nie
  654 Moeilik handel
  666 Verhinder
verhindering
  193 Vertraag
  602 Verbied
  666 Verhinder
verhipotekeer 711
verhit
  260 Warmteleer

465 Warm
verhitting
  260 Warmteleer
  465 Warm
  469 Verwarmingstoestel
verhoed
  585 Verwerp
  602 Verbied
  666 Verhinder
verhoging
  107 Meer
  436 Hoog
  659 Aanstelling
  796 Stand
verhogingsteken 753
verhole 540
verhonger 406
verhoog
  107 Meer
verhoog
  140 Verandering
  436 Hoog
  558 Redevoering
  572 Uitspraak
  752 Toneel- en rolprentkuns
  796 Stand
verhooggordyn 752
verhoogkuns
  752 Toneel- en rolprentkuns
  755 Uitvoering
verhoogkunstenaar
  724 Vermaak en ontspanning
  752 Toneel- en rolprentkuns
  755 Uitvoering
verhoogproduksie 752
verhoogstuk
  752 Toneel- en rolprentkuns
  755 Uitvoering
verhoogvrees 768
verhoogwerk 752
verhoor 809
verhoorafwagtende 594
verhoorsaak 809
verhouding
  6 Betrekking
  135 Verhouding
  431 Afmeting
  776 Liefde en vriendskap
  790 Sosiale betrekking
verhout 316
verhovaardig 785
verhuis
  67 Verplasing
  167 Wegbeweeg
  190 Vertrek
  205 Weggaan van
verhuising
  67 Verplasing

  167 Wegbeweeg
  190 Vertrek
  205 Weggaan van
verhul
  501 Onsigbaarheid
  539 Kommunikeer
  540 Nie kommunikeer nie
verhulling 501
verhuring 706
verhuur 706
verhuurder 706
verifieer
  516 Soek
  525 Bewys
verifiëring
  516 Soek
  525 Bewys
verifikasie
  516 Soek
  525 Bewys
verifiseer
  516 Soek
  525 Bewys
vering 456
veringstelsel 233
verinnerlik 723
verinnerliking 714
verinnig 714
verisme 749
veristies 749
verjaag 192
verjaar
  50 Verlede
  127 Tydbepaling
  793 Fees
verjaar(s)dag 793
verjaar(s)dagfees 793
verjaar(s)daggeskenk 693
verjaar(s)dagkaartjie 564
verjaar(s)dagkalender 127
verjaar(s)dagpartytjie
  418 Voeding
  793 Fees
verjong 53
verjonging 53
verjongingskuur
  53 Nuut en jonk
  414 Geneeskunde
verkalk
  298 Steen
  413 Verskillende siektes
  623 Sleg
verkalking
  298 Steen
  413 Verskillende siektes
  623 Sleg
verkas
  67 Verplasing
  167 Wegbeweeg

  190 Vertrek
  205 Weggaan van
verkeer
  64 Aanwesigheid
  149 Pad
  165 Onreëlmatige beweging
  216 Ry
  790 Sosiale betrekking
verkeerd
  130 Onbepaaldheid
  538 Dwaling
  569 Taal
  613 Onnoukeurig
  623 Sleg
  820 Oneerbaar
verkeerdelik
  538 Dwaling
  623 Sleg
verkeerdheid
  9 Verskillend of teenoorgesteld
  538 Dwaling
  623 Sleg
  820 Oneerbaar
verkeerdmerk 565
verkeersagent
  149 Pad
  217 Motorry
  802 Wette gehoorsaam
verkeersbaan 149
verkeersbeampte
  217 Motorry
  802 Wette gehoorsaam
verkeersbeheer 217
verkeersbelemmering 217
verkeerseiland 149
verkeersein 546
verkeersgedrag 216
verkeershobbel 149
verkeersirkel 149
verkeersknoop
  149 Pad
  165 Onreëlmatige beweging
  217 Motorry
verkeerskode 217
verkeerskonstabel 217
verkeerslig
  149 Pad
  487 Ligbron
verkeersmiddel
  149 Pad
  217 Motorry
verkeersnetwerk 149
verkeersongeluk
  217 Motorry
  719 Hartseer
verkeersoortreding
  217 Motorry
  803 Wette oortree
  822 Skuldig

verkeersopeenhoping 217
verkeersoutomaat 149
verkeerspolisie
  217 Motorry
  802 Wette gehoorsaam
verkeersreël 149
verkeersreëling
  149 Pad
  217 Motorry
verkeersreg 808
verkeersteken 149
verkeersweg 149
verkeerswet 801
verkeerswisselaar 149
verken
  516 Soek
  680 Militêre aksie
verkenner
  516 Soek
  673 Manskap
  680 Militêre aksie
verkenning
  516 Soek
  680 Militêre aksie
verkenningsdiens 516
verkenningskorps 680
verkenningstog
  516 Soek
  680 Militêre aksie
verkenningsvliegtuig
  236 Lugvaart
  675 Militêre toerusting
verketter
  827 Afkeur
  852 Geestelike
verkettering 827
verkies
  584 Kies
  590 Bestuur en regeer
  616 Magtig
  645 Handel
  659 Aanstelling
  665 Byeenkom
verkiesbaar 584
verkiesbaarheid 590
verkiesing
  584 Kies
  590 Bestuur en regeer
  645 Handel
  665 Byeenkom
  795 Staat en politiek
verkiesingsmanifes 795
verkiesingstermyn 590
verkiesingstryd 590
verkieslik 584
verkieslikheid 584
verkil 419
verkla 832
verklaar
  528 Bevestig
  533 Verstaan
  539 Kommunikeer

verkrummeling

543 Duidelik
553 Behandel
577 Betekenis
728 Balsporte
verklaarbaar 543
verklaarbaarheid
533 Verstaan
543 Duidelik
verklaarder
543 Duidelik
553 Behandel
verklaer
539 Kommunikeer
832 Beskuldig
verklap
162 Ontbloot
539 Kommunikeer
548 Praat
550 Noem
verklapping 162
verklarend 567
verklaring
525 Bewys
528 Bevestig
533 Verstaan
539 Kommunikeer
543 Duidelik
551 Meedeel
553 Behandel
556 Antwoord
565 Skryfkuns
577 Betekenis
586 Beslis
verkleding 745
verklee 745
verkleef 776
verkleefdheid 776
verklein
103 Min
433 Klein
831 Minag
verkleineer
621 Onbelangrik
669 Aanval
786 Nederigheid
827 Afkeur
829 Beledig
831 Minag
verkleinerend
621 Onbelangrik
669 Aanval
829 Beledig
831 Minag
verkleinering
621 Onbelangrik
669 Aanval
786 Nederigheid
829 Beledig
831 Minag
verkleining
433 Klein
575 Woordvorming
verkleinwoord 575

verkleur
490 Kleur
491 Kleurloosheid
verkleuring 491
verkleurmannetjie
364 Reptiel
818 Bedrieg
verklik
162 Ontbloot
539 Kommunikeer
548 Praat
550 Noem
verklikbek 539
verklikker
539 Kommunikeer
802 Wette gehoorsaam
verkluim
250 Dood
466 Koud
verkluim(d) 466
verkluiming
250 Dood
466 Koud
verkneg
588 Gesag hê
589 Dien
592 Ondergeskikte
verknegting 592
verkneukel
718 Blydskap
722 Humor
verkneuter
718 Blydskap
722 Humor
verknies
651 Toesien
715 Negatiewe gevoel
719 Hartseer
768 Vrees
verkniesing
513 Denke
651 Toesien
verknoei
20 Wanorde
121 Verwarring
623 Sleg
629 Gebruik
652 Versuim
verknoeiing
623 Sleg
629 Gebruik
verknog
33 Samehorigheid
776 Liefde en
  vriendskap
verknogtheid
33 Samehorigheid
776 Liefde en
  vriendskap
verknorsing
654 Moeilik handel
717 Lyding
verkoel
419 Voedselbereiding

466 Koud
715 Negatiewe gevoel
verkoeler
233 Voertuig
234 Spoorweë
verkoeling
233 Voertuig
466 Koud
verkoelings-
apparaat 466
verkoling
252 Doodmaak
467 Aansteek
verkommer 717
verkondig
539 Kommunikeer
551 Meedeel
verkondiger
539 Kommunikeer
852 Geestelike
verkondiging
539 Kommunikeer
849 Prediking
verkonkel 652
verkool
252 Doodmaak
256 Skeikunde
465 Warm
verkoop
701 Handel en ekonomie
705 Verkoop
707 Handelsaak
verkoopakte 607
verkoopbaar 705
verkoopbaarheid 705
verkoop(s)belasting 712
verkoopkontrak 607
verkoopkraam 707
verkoopprys
122 Bereken
691 Spandeer
704 Koop
705 Verkoop
verkoopsagent 705
verkoopsartikel 707
verkoopsbestuurder 705
verkoopsdame 705
verkoopsklerk 705
verkoopsman 705
verkoopsom 122
verkoopspersoon 705
verkoopster 705
verkoopsvrou 705
verkooptafel 707
verkooptegniek 705
verkooptransaksie 701
verkoopwaarde
122 Bereken
686 Aanwins
704 Koop
verkoopware 707
verkope
701 Handel en ekonomie

702 Beurs
705 Verkoop
verkoper
701 Handel en ekonomie
705 Verkoop
verkopersmark 701
verkoping 705
verkore 584
verkorene 584
verkort
41 Kortstondig
140 Verandering
433 Klein
verkorting
41 Kortstondig
433 Klein
verkortingsteken
571 Skrif
753 Musiek
verkose
584 Kies
590 Bestuur en regeer
verkosene 584
verkoue 413
verkouemiddel 415
verkouevirus 413
verkrag
623 Sleg
803 Wette oortree
820 Oneerbaar
verkragter
623 Sleg
803 Wette oortree
verkragting
239 Voortplant
667 Stryd
803 Wette oortree
verkramp
503 Onverstandigheid
795 Staat en politiek
824 Onboetvaardigheid
verkrampte
795 Staat en politiek
824 Onboetvaardigheid
verkramptheid 503
verkreë 686
verkreukel 180
verkrimp
54 Oud
433 Klein
verkrom 180
verkromming 444
verkrop 717
verkropping 717
verkrummel
184 Breek
419 Voedselbereiding
458 Breekbaar
verkrummeling
184 Breek
419 Voedselbereiding
458 Breekbaar

937

verkry
637 Doelgerigtheid en
doelloosheid
686 Aanwins
verkry(g)baar
686 Aanwins
696 Ontvang
verkry(g)baarheid 686
verkry(g)er 686
verkryging 686
verkul 818
verkulling 818
verkwalik
721 Ontevredenheid
827 Afkeur
verkwansel
687 Verlies
691 Spandeer
701 Handel en ekonomie
705 Verkoop
verkwanseling
623 Sleg
691 Spandeer
701 Handel en ekonomie
705 Verkoop
verkwik
251 In die lewe roep
406 Eet
716 Genot
verkwikkend
251 In die lewe roep
716 Genot
verkwikking
251 In die lewe roep
406 Eet
716 Genot
verkwiklik 716
verkwiklikheid
406 Eet
716 Genot
verkwis
623 Sleg
629 Gebruik
687 Verlies
691 Spandeer
verkwistend
39 Tydverlies
623 Sleg
691 Spandeer
verkwister 691
verkwisterig
39 Tydverlies
623 Sleg
691 Spandeer
verkwisting
623 Sleg
629 Gebruik
691 Spandeer
verkwyn
54 Oud
433 Klein
verkyk 499
verkyker 267

verlaag
103 Min
108 Minder
140 Verandering
437 Laag
572 Uitspraak
621 Onbelangrik
796 Stand
verlaas 28
verlaat
28 Einde
65 Afwesigheid
167 Wegbeweeg
190 Vertrek
207 Uitgaan
816 Getrouheid
verlaging
108 Minder
437 Laag
621 Onbelangrik
796 Stand
831 Minag
verlam
413 Verskillende siektes
626 Swak
768 Vrees
verlamde 412
verlammend 626
verlamming
238 Vernietig
413 Verskillende siektes
611 Lui
626 Swak
verlang
520 Verwag
580 Graag
584 Kies
599 Gesag uitoefen
604 Versoek
717 Lyding
765 Hoop
773 Begeerte
verlangend
580 Graag
599 Gesag uitoefen
773 Begeerte
verlanglys 773
verlangs 241
verlangsaam
193 Vertraag
226 Stadig
verlangsaming
193 Vertraag
226 Stadig
verlate
65 Afwesigheid
68 Ver
623 Sleg
664 Terugstaan
779 Boosaardigheid
789 Onbeskaafdheid
792 Asosiaal
verlatenheid
65 Afwesigheid

68 Ver
664 Terugstaan
792 Asosiaal
verlating 664
verlê
66 Plasing
67 Verplasing
687 Verlies
verlede
45 Geskiedenis
46 Vroeër
50 Verlede
249 Lewe
verlededeelwoord 574
verledetydsvorming 575
verleë
717 Lyding
768 Vrees
822 Skuldig
verleen 693
verleentheid
654 Moeilik handel
717 Lyding
786 Nederigheid
822 Skuldig
verleer
511 Vergeet
657 Herhaal
verleg 67
verlegging 67
verlei
638 Aanmoedig
773 Begeerte
776 Liefde en
vriendskap
818 Bedrieg
820 Oneerbaar
verlei(d)er 820
verlei(d)baar 638
verlei(d)baarheid 638
verleidelik
638 Aanmoedig
743 Mooi
773 Begeerte
776 Liefde en
vriendskap
verleidelikheid
743 Mooi
773 Begeerte
verleidend
638 Aanmoedig
773 Begeerte
776 Liefde en
vriendskap
818 Bedrieg
820 Oneerbaar
verleiding
638 Aanmoedig
773 Begeerte
776 Liefde en
vriendskap
818 Bedrieg
820 Oneerbaar

verleidster
239 Voortplant
638 Aanmoedig
773 Begeerte
776 Liefde en
vriendskap
818 Bedrieg
820 Oneerbaar
verleier
239 Voortplant
638 Aanmoedig
773 Begeerte
776 Liefde en
vriendskap
818 Bedrieg
820 Oneerbaar
verlekker 716
verlekkerd 773
verleng
40 Langdurig
140 Verandering
432 Groot
verleng(de) 432
verlenging 432
verlening 693
verlep
324 Plantlewe
626 Swak
744 Lelik
verleptheid
324 Plantlewe
661 Vermoeidheid
verlewendig
249 Lewe
251 In die lewe roep
722 Humor
verlief 776
verliefderig 776
verliefderigheid 776
verliefdheid 776
**verliefdheids-
waansin** 776
verlies
238 Vernietig
629 Spel en sport
635 Skadelik
683 Misluk
685 Oorwin word
687 Verlies
693 Gee
697 Verlies ly
703 Boekhou
719 Hartseer
727 Kompetisie
verliesmakend 687
verliespos 703
verlig
108 Minder
451 Lig
485 Lig
490 Kleur
559 Opvoeding en
onderwys

vermeester

593 Vryheid
663 Meedoen
716 Genot
788 Beskawing
795 Staat en politiek
verligtheid 593
verligting
485 Lig
663 Meedoen
716 Genot
verloën
532 Betwis
817 Ontrouheid
846 Goddeloosheid
verloëning
532 Betwis
817 Ontrouheid
843 Ongeloof
verlof
560 Voorskoolse en naskoolse onderrig
601 Toestemming gee
616 Magtig
648 Onderbreek
662 Rus
826 Goedkeur
verlofbrief
601 Toestemming gee
616 Magtig
verlofperiode 662
verloftyd
38 Tydgebruik
648 Onderbreek
verlok
638 Aanmoedig
773 Begeerte
776 Liefde en vriendskap
verlokkend
638 Aanmoedig
743 Mooi
773 Begeerte
verlokking
638 Aanmoedig
773 Begeerte
776 Liefde en vriendskap
813 Swak gedrag
verloklik
743 Mooi
773 Begeerte
verloklikheid
743 Mooi
773 Begeerte
verlood
161 Bedek
297 Metaal
verloof
248 Huwelik
607 Beloof
776 Liefde en vriendskap
verloofde
248 Huwelik

776 Liefde en vriendskap
verloofring 745
verlooftyd 607
verloop
16 Gevolg
21 Opeenvolging
37 Tydruimte
44 Gebeure in tyd
45 Geskiedenis
50 Verlede
287 Vloei
644 Handelwyse
727 Kompetisie
813 Swak gedrag
verloopte 623
verloor
683 Misluk
685 Oorwin word
687 Verlies
697 Verlies ly
727 Kompetisie
verloorder
683 Misluk
685 Oorwin word
687 Verlies
694 Neem
727 Kompetisie
verloorkant 685
verloorslag 683
verloorspan
685 Oorwin word
727 Kompetisie
verloot 18
verlope 623
verlore
39 Tydverlies
68 Ver
148 Van koers gaan
238 Vernietig
632 Onnodig
634 Nutteloos
687 Verlies
697 Verlies ly
766 Wanhoop
813 Swak gedrag
verlorene
766 Wanhoop
813 Swak gedrag
verlorenheid
632 Onnodig
634 Nutteloos
766 Wanhoop
813 Swak gedrag
verlos
239 Voortplant
593 Vryheid
655 Veilig
663 Meedoen
verloskunde 414
verloskundig
239 Voortplant
414 Geneeskunde

verloskundige
239 Voortplant
416 Medikus
verlosser
663 Meedoen
837 God
842 Geloof
Verlosser 855
verlossing
239 Voortplant
414 Geneeskunde
593 Vryheid
663 Meedoen
842 Geloof
845 Godsvrug
854 Godsdienste
verlossingswerk
842 Geloof
854 Godsdienste
verloting 18
verlowing
248 Huwelik
607 Beloof
776 Liefde en vriendskap
verlowingspartytjie 793
verlug
290 Wind
566 Drukkuns
verlugting
290 Wind
566 Drukkuns
verluier
39 Tydverlies
611 Lui
646 Nie handel nie
662 Rus
verluister 498
verlustig
716 Genot
718 Blydskap
724 Vermaak en ontspanning
verlustiging 716
vermaagskap 241
vermaak
716 Genot
718 Blydskap
724 Vermaak en ontspanning
779 Boosaardigheid
vermaakkunstenaar 724
vermaaklik
716 Genot
722 Humor
724 Vermaak en ontspanning
vermaaklikheid
716 Genot
724 Vermaak en ontspanning
vermaaklikheids-bedryf 724

vermaaklikheids-kunstenaar 724
vermaaklikheids-plek 724
vermaaklikheidster 724
vermaaklikheids-waarde 724
vermaan
539 Kommunikeer
638 Aanmoedig
639 Ontmoedig
827 Afkeur
835 Bestraf
vermaard 799
vermaardheid 799
vermaer
435 Smal
451 Lig
vermaering 435
vermaeringskuur 414
vermaeringsmiddel 435
vermag
599 Gesag uitoefen
625 Sterk
644 Handelwyse
vermaker
722 Humor
724 Vermaak en ontspanning
vermakerig
722 Humor
779 Boosaardigheid
831 Minag
vermakerigheid
717 Lyding
722 Humor
779 Boosaardigheid
vermanend 827
vermaning
638 Aanmoedig
811 Gewete
827 Afkeur
vermeende
512 Verbeelding
513 Denke
vermeerbossie 332
vermeerder
102 Hoeveelheid
104 Baie
107 Meer
137 Bewerking
140 Verandering
239 Voortplant
432 Groot
622 Goed
vermeerdering
107 Meer
137 Bewerking
239 Voortplant
432 Groot
vermeermiddel 415
vermeersel 409
vermeester
582 Wilskrag

684 Oorwin
vermeld
539 Kommunikeer
548 Praat
550 Noem
552 Vertel
vermeldenswaardig 620
vermelding
539 Kommunikeer
548 Praat
vermeng
172 Vasmaak
174 Meng
324 Plantlewe
368 Diereteelt
369 Veeteelt
419 Voedselbereiding
vermenging
174 Meng
324 Plantlewe
368 Diereteelt
vermenigvuldig
102 Hoeveelheid
104 Baie
107 Meer
137 Bewerking
239 Voortplant
vermenigvuldiging
104 Baie
107 Meer
137 Bewerking
vermenigvuldiging-som 137
vermenigvuldigings-tafel 137
vermenigvuldigings-teken
137 Bewerking
571 Skrif
vermenslik 374
vermetel
767 Moed
785 Hoogmoed
813 Swak gedrag
vermetelheid 767
vermicelli 419
vermiljoen
490 Kleur
492 Kleure
verminder
102 Hoeveelheid
103 Min
108 Minder
137 Bewerking
140 Verandering
626 Swak
692 Spaar
vermindering
108 Minder
433 Klein
623 Sleg
692 Spaar

vermink
413 Verskillende siektes
803 Wette oortree
verminking
413 Verskillende siektes
667 Stryd
717 Lyding
803 Wette oortree
vermis
516 Soek
631 Nodig
687 Verlies
vermiste 516
vermits 15
vermoë
513 Denke
614 Bekwaam
616 Magtig
622 Goed
688 Besit
vermoed
126 Skat
513 Denke
518 Glo
520 Verwag
537 Waarheid
770 Wantroue
vermoede
513 Denke
518 Glo
520 Verwag
vermoedelik
2 Nie-bestaan
518 Glo
537 Waarheid
vermoei 661
vermoei(d) 661
vermoeidheid 661
vermoeiend 661
vermoeienis 661
vermoeiing 661
vermoënd
616 Magtig
688 Besit
689 Ryk
vermoëndheid
688 Besit
689 Ryk
vermoet 427
vermolm
238 Vernietig
316 Hout
vermom
501 Onsigbaarheid
540 Nie kommunikeer nie
815 Oneerlik
vermomming
501 Onsigbaarheid
815 Oneerlik
vermoor
238 Vernietig
252 Doodmaak

803 Wette oortree
vermors
623 Sleg
629 Gebruik
687 Verlies
691 Spandeer
vermorsel
184 Breek
238 Vernietig
252 Doodmaak
458 Breekbaar
vermorseling
184 Breek
458 Breekbaar
vermorsing
116 Te veel
623 Sleg
629 Gebruik
691 Spandeer
vermuf 54
vermurf
456 Sag
713 Gevoel
778 Goedaardigheid
vermurwing 714
vermy
171 Verwyder
189 Wegbly
190 Vertrek
646 Nie handel nie
790 Sosiale betrekking
vermy(d)baar
171 Verwyder
189 Wegbly
190 Vertrek
vermyding
171 Verwyder
189 Wegbly
190 Vertrek
646 Nie handel nie
vernaam
620 Belangrik
799 Beroemd
830 Eerbiedig
vernaam(lik) 620
vernaamheid
588 Gesag hê
620 Belangrik
796 Stand
799 Beroemd
vernaamste 17
vernag
64 Aanwesigheid
410 Slaap
vernalatig
613 Onnoukeurig
652 Versuim
vernalisasie 324
vernaliseer 324
verneder
669 Aanval
719 Hartseer
786 Nederigheid

827 Afkeur
829 Beledig
831 Minag
verneder(d)
669 Aanval
786 Nederigheid
vernederend
786 Nederigheid
829 Beledig
831 Minag
vernedering
685 Oorwin word
786 Nederigheid
831 Minag
verneem
498 Gehoor
516 Soek
535 Weet
539 Kommunikeer
verneuk
538 Dwaling
815 Oneerlik
818 Bedrieg
verneukbeentjie 397
verneuker
815 Oneerlik
818 Bedrieg
verneukery
623 Sleg
818 Bedrieg
verneukmyn 676
verneukspul
623 Sleg
818 Bedrieg
verniel
184 Breek
238 Vernietig
623 Sleg
vernielagtig
184 Breek
238 Vernietig
623 Sleg
vernielal
184 Breek
238 Vernietig
623 Sleg
vernielbaar
184 Breek
238 Vernietig
623 Sleg
vernielend
635 Skadelik
656 Gevaarlik
vernieler
184 Breek
238 Vernietig
623 Sleg
vernieling
184 Breek
238 Vernietig
623 Sleg
635 Skadelik
vernielsiek
184 Breek

verpakking

238 Vernietig
623 Sleg
vernielsug
184 Breek
238 Vernietig
623 Sleg
vernielsugtig
184 Breek
238 Vernietig
623 Sleg
vernielsugtigheid
184 Breek
623 Sleg
verniet
632 Onnodig
634 Nutteloos
710 Kosteloosheid
vernietig
184 Breek
238 Vernietig
vernietigend
238 Vernietig
623 Sleg
635 Skadelik
656 Gevaarlik
719 Hartseer
vernietiger
238 Vernietig
623 Sleg
vernietiging
173 Losmaak
238 Vernietig
623 Sleg
635 Skadelik
vernieu
53 Nuut en jonk
140 Verandering
vernieubaar
53 Nuut en jonk
144 Vervanging
vernieude
53 Nuut en jonk
144 Vervanging
vernikkel
161 Bedek
302 Smeewerk
vernis
2 Nie-bestaan
100 Boumateriaal
161 Bedek
462 Halfvloeibare stof
490 Kleur
vernissage 749
vernisser 490
vernoem 550
vernoeming 550
vernou
435 Smal
140 Verandering
vernouing
177 Oopgaan
413 Verskillende siektes
435 Smal

vernouingsklank 572
vernu
53 Nuut en jonk
140 Verandering
vernubaar
53 Nuut en jonk
144 Vervanging
vernude
53 Nuut en jonk
144 Vervanging
vernuf
237 Voortbring
502 Verstand
614 Bekwaam
vernufspel 629
vernuftig
502 Verstand
614 Bekwaam
vernuftigheid
502 Verstand
614 Bekwaam
vernuwe
53 Nuut en jonk
140 Verandering
vernuwend
53 Nuut en jonk
140 Verandering
vernuwing
53 Nuut en jonk
140 Verandering
622 Goed
veron(t)agsaam
509 Onoplettendheid
598 Ongehoorsaam
646 Nie handel nie
652 Versuim
veron(t)agsaming
509 Onoplettendheid
598 Ongehoorsaam
646 Nie handel nie
652 Versuim
veron(t)reg
779 Boosaardigheid
805 Onregverdig
verontregting
779 Boosaardigheid
805 Onregverdig
veronal 415
veronderstel
513 Denke
518 Glo
520 Verwag
522 Redeneer
veronderstelde 513
veronderstelling
513 Denke
518 Glo
520 Verwag
522 Redeneer
verongeluk
250 Dood
652 Versuim
683 Misluk

805 Onregverdig
veronika
332 Struik
334 Blomplant
veronskuldiging 833
verontheilig 846
verontheiliging 846
veron(t)reg 805
verontregting 805
verontreinig 628
verontreiniging 628
verontrief 666
verontrus
713 Gevoel
715 Negatiewe gevoel
768 Vrees
verontrustend
715 Negatiewe gevoel
768 Vrees
verontrusting
715 Negatiewe gevoel
768 Vrees
verontskuldig
821 Onskuldig
833 Verontskuldig
verontskuldigend 833
verontskuldiging
821 Onskuldig
833 Verontskuldig
verontwaardig 771
verontwaardiging 771
veroordeel
527 Oordeel
532 Betwis
585 Verwerp
809 Regsgeding
822 Skuldig
825 Beoordeling
827 Afkeur
832 Beskuldig
835 Bestraf
veroordeelde
527 Oordeel
809 Regsgeding
822 Skuldig
835 Bestraf
veroordelend
825 Beoordeling
827 Afkeur
veroordeling
527 Oordeel
532 Betwis
809 Regsgeding
822 Skuldig
827 Afkeur
832 Beskuldig
veroorloof
601 Toestemming gee
653 Maklik handel
veroorlowing 601
veroorsaak
0 Ontstaan
15 Oorsaak

237 Voortbring
693 Gee
veroorsaking
15 Oorsaak
693 Gee
verootmoedig 786
verootmoediging 786
verorber 406
verorden
530 Voorbehou
599 Gesag uitoefen
801 Wet
850 Sakrament
verordening
17 Noodsaak
530 Voorbehou
599 Gesag uitoefen
657 Herhaal
801 Wet
849 Prediking
verordineer
599 Gesag uitoefen
801 Wet
verouder
54 Oud
428 Drankbereiding
verouderd 634
veroudering
54 Oud
350 Vrugteverbouing
428 Drankbereiding
verower
684 Oorwin
686 Aanwins
776 Liefde en
 vriendskap
veroweraar
684 Oorwin
694 Neem
776 Liefde en
 vriendskap
verowering
622 Goed
667 Stryd
684 Oorwin
694 Neem
776 Liefde en
 vriendskap
veroweringstog
667 Stryd
684 Oorwin
verpag 706
verpagter 700
verpagting 699
verpak
161 Bedek
175 Insit
178 Toegaan
194 Vervoer
verpakking
84 Houer
161 Bedek
175 Insit

verpand

178 Toegaan
701 Handel en ekonomie
verpand
  607 Beloof
  694 Neem
  699 Leen
verpersoonlik
  32 Enkeling
  254 Stof
  374 Mens
  547 Simboliek
verpersoonliking
  547 Simboliek
  576 Sinsbou en styl
verpes
  344 Onkruid
  666 Verhinder
  714 Positiewe gevoel
  722 Humor
verpestend
  715 Negatiewe gevoel
  722 Humor
  779 Boosaardigheid
  827 Afkeur
verpester 771
verpesting
  344 Onkruid
  628 Vuil
  666 Verhinder
  715 Negatiewe gevoel
  722 Humor
  775 Weersin
  813 Swak gedrag
  827 Afkeur
verpiep 776
verplaas
  67 Verplasing
  140 Verandering
  144 Vervanging
  145 Beweging
  171 Verwyder
  181 Raak
verplaas(te)
  67 Verplasing
  181 Raak
verplaasbaar
  67 Verplasing
  181 Raak
verplant
  67 Verplasing
  324 Plantlewe
  347 Landbou
verplanting
  67 Verplasing
  324 Plantlewe
verplasing
  67 Verplasing
  144 Vervanging
  167 Wegbeweeg
  171 Verwyder
verpleeg
  414 Geneeskunde
  417 Hospitaal

verpleegdiens 414
verpleeginrigting 417
verpleegkunde 414
verpleegkundige 416
verpleegster
  416 Medikus
  417 Hospitaal
  780 Hulpbetoon
verpleegsuster
  416 Medikus
  417 Hospitaal
verpleër
  416 Medikus
  417 Hospitaal
  780 Hulpbetoon
verpleet 301
verpleger
  416 Medikus
  417 Hospitaal
  780 Hulpbetoon
verpleging
  414 Geneeskunde
  780 Hulpbetoon
verpletter
  184 Breek
  238 Vernietig
  250 Dood
  252 Doodmaak
  521 Verras wees
  639 Ontmoedig
  766 Wanhoop
verpletterdheid 766
verpletterend
  184 Breek
  238 Vernietig
  250 Dood
  521 Verras wees
  766 Wanhoop
verplettering
  184 Breek
  238 Vernietig
  250 Dood
  521 Verras wees
  766 Wanhoop
verplig
  17 Noodsaak
  579 Gedwonge
  599 Gesag uitoefen
  607 Beloof
  811 Gewete
verpligtend
  17 Noodsaak
  579 Gedwonge
  599 Gesag uitoefen
verpligting
  17 Noodsaak
  579 Gedwonge
  607 Beloof
  645 Handel
  711 Skuld
  811 Gewete
verpolitiek 590
verpolitiseer 590

verpolitiseer(d) 590
verpolitisering 795
verpoos
  648 Onderbreek
  662 Rus
verposing
  37 Tydruimte
  646 Nie handel nie
  648 Onderbreek
  662 Rus
verpot
  433 Klein
  444 Krom
verpotheid 433
verpraat
  39 Tydverlies
  539 Kommunikeer
  548 Praat
verpulp
  186 Maal
  316 Hout
  419 Voedselbereiding
verpulper 419
verraad
  803 Wette oortree
  817 Ontrouheid
  818 Bedrieg
verraai
  162 Ontbloot
  815 Oneerlik
  817 Ontrouheid
verraaier
  787 Samelewing
  803 Wette oortree
  815 Oneerlik
  817 Ontrouheid
verraaiing 817
verraderlik
  521 Verras wees
  770 Wantroue
  815 Oneerlik
  817 Ontrouheid
  818 Bedrieg
verraderlikheid
  521 Verras wees
  623 Sleg
  815 Oneerlik
  817 Ontrouheid
verras 521
verrassend 521
verrassing
  521 Verras wees
  693 Gee
verrassingsaanval 669
verredelik 502
verregaande
  104 Baie
  820 Oneerbaar
verregaandheid 820
verreikend 620
verreikendheid
  541 Betekenisvolheid
  620 Belangrik

verrek 413
verreken
  122 Bereken
  125 Tel
  708 Betaal
  711 Skuld
verrekening
  708 Betaal
  711 Skuld
verrese
  158 Na bo
  249 Lewe
  837 God
verreweg
  107 Meer
  112 Deel
verrig
  644 Handelwyse
  645 Handel
  650 Voltooi
verrigter
  645 Handel
  650 Voltooi
verrigting
  645 Handel
  650 Voltooi
  665 Byeenkom
verrigtinge
  44 Gebeure in tyd
  665 Byeenkom
verrimpel
  180 Ongelyk maak
  449 Ongelyk
verrimpel(d)
  54 Oud
  386 Gesig
  449 Ongelyk
  464 Droog
verrimpeldheid
  54 Oud
  449 Ongelyk
verrimpeling
  54 Oud
  449 Ongelyk
verrinnewasie
  238 Vernietig
  623 Sleg
verrinneweer
  238 Vernietig
  623 Sleg
verrinnewering
  238 Vernietig
  623 Sleg
verroer 145
verroes
  184 Breek
  238 Vernietig
  301 Metaalverwerking
  511 Vergeet
  623 Sleg
  657 Herhaal
verroesting
  238 Vernietig

301 Metaalverwerking
511 Vergeet
623 Sleg
verrot
238 Vernietig
323 Vrug
623 Sleg
626 Swak
820 Oneerbaar
verrotting
623 Sleg
820 Oneerbaar
verruil
144 Vervanging
701 Handel en ekonomie
verruiling 705
verruim
107 Meer
502 Verstand
verruiming
107 Meer
434 Breed
502 Verstand
verruk 743
verrukking
713 Gevoel
714 Positiewe gevoel
716 Genot
718 Blydskap
743 Mooi
verruklik
714 Positiewe gevoel
743 Mooi
verruklikheid
714 Positiewe gevoel
716 Genot
743 Mooi
verryk
502 Verstand
688 Besit
689 Ryk
verrykend
502 Verstand
688 Besit
689 Ryk
verryking
502 Verstand
688 Besit
689 Ryk
verrys
27 Begin
237 Voortbring
249 Lewe
verrysenis
211 Opgaan
854 Godsdienste
vers
357 Dier
751 Digkuns
757 Sang
842 Geloof
849 Prediking

versaak
413 Verskillende siektes
585 Verwerp
817 Ontrouheid
versadig
256 Skeikunde
406 Eet
773 Begeerte
versadiging
256 Skeikunde
406 Eet
490 Kleur
773 Begeerte
versadigingspunt 256
versag
108 Minder
456 Sag
619 Kalm
versagtend 808
versagting
808 Regswese
809 Regsgeding
versak
67 Verplasing
274 Geologie
versaking
413 Verskillende siektes
585 Verwerp
817 Ontrouheid
versakking
67 Verplasing
212 Afgaan
274 Geologie
versalbum 750
versamel
168 Saamkom
170 Saambring
665 Byeenkom
versamelaar 170
versamelbundel
566 Drukkuns
567 Boek
versameling
19 Orde
21 Opeenvolging
102 Hoeveelheid
137 Bewerking
168 Saamkom
170 Saambring
174 Meng
584 Kies
versamelingsfunksie 137
versamelingsleer
132 Wiskunde
137 Bewerking
versamelingsteorie 137
versamelnaam 574
versamelnesspinne-
kop 361
versamelplek
168 Saamkom
170 Saambring
versamelpunt 168

versamelvoël 365
versamelwerk 567
versap 419
versapper
95 Huisraad
419 Voedselbereiding
versbou 751
versbundel
567 Boek
751 Digkuns
versdrama 752
verseboek
567 Boek
751 Digkuns
verseël
178 Toegaan
546 Kunsmatige teken
601 Toestemming gee
verseg
532 Betwis
585 Verwerp
606 Weier
verseil 188
verseker
525 Bewys
528 Bevestig
537 Waarheid
607 Beloof
651 Toesien
655 Veilig
692 Spaar
versekeraar 655
versekerde 655
versekering
528 Bevestig
607 Beloof
655 Veilig
692 Spaar
versekeringsagent 655
versekerings-
dekking 692
versekeringsfonds 655
versekeringsmaatskappy
655 Veilig
707 Handelsaak
versekeringspolis 655
versekeringswese 655
versend
192 Laat gaan
194 Vervoer
196 Versend
versendbaar 194
versender 194
versending
192 Laat gaan
194 Vervoer
196 Versend
693 Gee
versendingskoste
194 Vervoer
708 Betaal
verseng 465
versengend 465

versenging 465
verset
532 Betwis
585 Verwerp
588 Gesag hê
598 Ongehoorsaam
666 Verhinder
667 Stryd
670 Verdedig
versetaksie 532
versetbeweging
588 Gesag hê
598 Ongehoorsaam
665 Byeenkom
667 Stryd
versetleier
588 Gesag hê
598 Ongehoorsaam
667 Stryd
versetpleging
598 Ongehoorsaam
667 Stryd
versetsaksie 667
versetstryder
598 Ongehoorsaam
667 Stryd
versetvegter 667
versie 751
versie(s)maker 751
versien
622 Goed
627 Skoon
745 Versier
versiende
387 Oog
499 Sien
versiendheid
387 Oog
499 Sien
versiening
622 Goed
627 Skoon
versier
95 Huisraad
418 Voeding
419 Voedselbereiding
743 Mooi
745 Versier
versierd 745
versierder
743 Mooi
745 Versier
versierend 745
versiering
94 Dele van 'n eiendom
95 Huisraad
743 Mooi
745 Versier
versierkuns 745
versierkunstenaar 745
versiermotief 745
versierpapier 745
versiersel
426 Kossoort, dis

versiersuiker

745 Versier
versiersuiker
  419 Voedselbereiding
  426 Kossoort, dis
versifikasie 751
versifiseer 751
versigtig
  508 Aandag
  612 Noukeurig
  619 Kalm
  651 Toesien
  655 Veilig
  768 Vrees
  770 Wantroue
versigtigheid
  508 Aandag
  612 Noukeurig
  619 Kalm
  651 Toesien
versigtigheidshalwe
  508 Aandag
  612 Noukeurig
versilwer
  95 Huisraad
  161 Bedek
  297 Metaal
  302 Smeewerk
versilwering
  161 Bedek
  302 Smeewerk
versin
  517 Vind
  538 Dwaling
  818 Bedrieg
versin(d) 538
versinbaar 818
versink
  302 Smeewerk
  410 Slaap
  446 Rond
  623 Sleg
versinkboor 316
versinking
  212 Afgaan
  302 Smeewerk
  410 Slaap
versinlik 547
versinliking 547
versinnebeeld 547
versinnebeelding 547
versinsel
  512 Verbeelding
  538 Dwaling
  552 Vertel
  818 Bedrieg
versit
  67 Verplasing
  145 Beweging
  598 Ongehoorsaam
  667 Stryd
verskaal 473
verskaf
  548 Praat

631 Nodig
693 Gee
verskaffer 693
verskaffing
  631 Nodig
  693 Gee
verskalf
  357 Dier
  366 Soogdier
verskans
  625 Sterk
  655 Veilig
  670 Verdedig
  671 Verdedigingsmiddel
verskansing
  63 Begrensdheid
  540 Nie kommunikeer nie
  655 Veilig
  670 Verdedig
  671 Verdedigingsmiddel
verskeep
  192 Laat gaan
  194 Vervoer
verskeidenheid
  9 Verskillend of teenoorgesteld
  13 Verskeidenheid
  170 Saambring
  174 Meng
  584 Kies
verskeidenheids-konsert 752
verskeie
  13 Verskeidenheid
  102 Hoeveelheid
  104 Baie
verskene
  237 Voortbring
  567 Boek
verskeping
  192 Laat gaan
  194 Vervoer
  235 Skeepvaart
verskepingskoste 708
verskerp 622
verskeur
  184 Breek
  238 Vernietig
  717 Lyding
verskeur(d) 667
verskeurdheid 717
verskeurend 238
verskeuring
  184 Breek
  238 Vernietig
verskiet
  51 Toekoms
  68 Ver
  270 Hemelliggaam
  491 Kleurloosheid
  499 Sien

verskil
  9 Verskillend of teenoorgesteld
  11 Disharmonie
  118 Vergelyking
  120 Onderskeid
  135 Verhouding
  137 Bewerking
  140 Verandering
  666 Verhinder
  667 Stryd
verskilgetal 137
verskillend
  9 Verskillend of teenoorgesteld
  11 Disharmonie
  13 Verskeidenheid
  102 Hoeveelheid
  118 Vergelyking
  135 Verhouding
verskillendheid
  9 Verskillend of teenoorgesteld
  140 Verandering
verskilpunt
  516 Soek
  667 Stryd
verskilsig 267
verskilsyfer 137
verskimmel 786
verskoning
  543 Duidelik
  821 Onskuldig
  833 Verontskuldig
verskoon
  596 Inskiklik
  804 Regverdig
  821 Onskuldig
  833 Verontskuldig
verskoppeling 831
verskote 491
verskraling 623
verskreeu
  481 Skerp klank
  548 Praat
  771 Gramskap
verskrik 768
verskrikking
  121 Verwarring
  715 Negatiewe gevoel
  744 Lelik
  768 Vrees
  775 Weersin
verskriklik
  104 Baie
  623 Sleg
  715 Negatiewe gevoel
  744 Lelik
  768 Vrees
  775 Weersin
  827 Afkeur
verskriklikheid 768
verskriktheid 768

verskroei
  419 Voedselbereiding
  464 Droog
  465 Warm
verskroeiing
  464 Droog
  465 Warm
verskrompel
  180 Ongelyk maak
  464 Droog
verskrompel(d) 464
verskrompeling
  180 Ongelyk maak
  464 Droog
verskryf 563
verskrywing
  539 Kommunikeer
  563 Skryf
  565 Skryfkuns
verskuif
  58 Laat
  67 Verplasing
verskuifbaar 67
verskuil
  68 Ver
  161 Bedek
verskuiwing 67
verskuldig
  699 Leen
  711 Skuld
  781 Dankbaarheid
verskuldiging 711
verskuns 751
verskyn
  188 Aankom
  204 Aangaan by
  207 Uitgaan
  500 Sigbaarheid
  517 Vind
  567 Boek
  809 Regsgeding
verskyning
  36 Onreëlmatigheid
  188 Aankom
  517 Vind
  566 Drukkuns
  809 Regsgeding
verskyningsdatum 566
verskyningsvorm
  36 Onreëlmatigheid
  500 Sigbaarheid
verskynsel
  36 Onreëlmatigheid
  44 Gebeure in tyd
  545 Natuurlike teken
verslaaf
  494 Gevoelloosheid en bedwelming
  588 Gesag hê
  589 Dien
  657 Herhaal
verslaaf(d)
  494 Gevoelloosheid en bedwelming

588 Gesag hê
589 Dien
657 Herhaal
verslaafdheid
494 Gevoelloosheid en bedwelming
588 Gesag hê
657 Herhaal
verslaan
461 Gas
472 Smaakloos, sleg
473 Reuk
588 Gesag hê
622 Goed
682 Slaag
684 Oorwin
verslaande 473
verslaap
39 Tydverlies
410 Slaap
verslae
717 Lyding
766 Wanhoop
768 Vrees
verslaen(t)heid
717 Lyding
766 Wanhoop
768 Vrees
verslag
539 Kommunikeer
551 Meedeel
558 Redevoering
561 Studeer
565 Skryfkuns
566 Drukkuns
567 Boek
verslaggewer
539 Kommunikeer
568 Media
verslaggewing
539 Kommunikeer
568 Media
verslagskrywer 565
verslane 685
verslank
406 Eet
451 Lig
verslanking 451
verslankingsdieet 451
verslankingskuur 451
verslankingsmiddel 451
verslap
108 Minder
379 Spier
596 Inskiklik
623 Sleg
626 Swak
verslapping
108 Minder
623 Sleg
626 Swak
683 Misluk

verslawend
415 Geneesmiddel
494 Gevoelloosheid en bedwelming
588 Gesag hê
657 Herhaal
versleer 751
versleg
412 Siek
623 Sleg
813 Swak gedrag
820 Oneerbaar
verslegtering
623 Sleg
813 Swak gedrag
verslegting
412 Siek
623 Sleg
683 Misluk
813 Swak gedrag
verslete
54 Oud
154 Vryf
626 Swak
versletenheid
54 Oud
626 Swak
verslib
178 Toegaan
279 Moeras
628 Vuil
verslik
178 Toegaan
279 Moeras
628 Vuil
verslind
406 Eet
562 Lees
verslinding
406 Eet
562 Lees
verslons
623 Sleg
628 Vuil
652 Versuim
verslonsing
623 Sleg
628 Vuil
verslonstheid
623 Sleg
628 Vuil
versluier
161 Bedek
291 Wolk
501 Onsigbaarheid
540 Nie kommunikeer nie
versluier(d)
161 Bedek
544 Onduidelik
versluiering 161
versluk 406
verslukking 406

verslyk
178 Toegaan
279 Moeras
628 Vuil
184 Breek
versmaad
827 Afkeur
831 Minag
versmaai 827
versmaat 751
versmade 827
versmadend 785
versmader
827 Afkeur
831 Minag
versmading
827 Afkeur
831 Minag
versmag
250 Dood
773 Begeerte
versmagting
250 Dood
773 Begeerte
versmelt
168 Saamkom
174 Meng
versmelting
168 Saamkom
174 Meng
575 Woordvorming
versmoor
250 Dood
252 Doodmaak
404 Asemhaling
versmoring
250 Dood
252 Doodmaak
413 Verskillende siektes
versnapering 426
versnel
217 Motorry
224 Snelheid
225 Vinnig
228 Vinnig beweeg
257 Meganika en tegnologie
618 Heftig
versneller
233 Voertuig
257 Meganika en tegnologie
versnellerpedaal 233
versnelling
217 Motorry
225 Vinnig
228 Vinnig beweeg
233 Voertuig
287 Vloei
versnellingsbak 257
versnellingsrat
233 Voertuig
257 Meganika en tegnologie

versnipper
112 Deel
185 Sny
versnipper(d) 184
versnippering 185
versnitwyn 427
versny
172 Vasmaak
174 Meng
350 Vrugteverbouing
428 Drankbereiding
versnyding
174 Meng
428 Drankbereiding
verso
86 Agter
315 Papier
versober
103 Min
786 Nederigheid
versoberend
723 Erns
786 Nederigheid
versobering
543 Duidelik
723 Erns
786 Nederigheid
versoek
548 Praat
555 Vra
576 Sinsbou en styl
584 Kies
604 Versoek
638 Aanmoedig
versoeking
604 Versoek
638 Aanmoedig
versoeknommer
264 Radio en televisie
604 Versoek
755 Uitvoering
versoekprogram
264 Radio en televisie
604 Versoek
versoekskrif 604
versoen 668
versoenbaar 668
versoenbaarheid 668
versoenend 668
versoening
668 Vrede en versoening
842 Geloof
versoeningsdood 842
versoeningsgesind 668
versoeningskommissie 668
versoeningspoging 668
versoeningspolitiek 668
versoeningswerk
668 Vrede en versoening
849 Prediking
versoenlikheid 668
versoet 471

945

versoeting
471 Smaaklik, lekker
716 Genot
versoetingsmiddel 471
versomber
486 Duisternis
723 Erns
versombering
486 Duisternis
723 Erns
versondig
666 Verhinder
722 Humor
771 Gramskap
versondiging
666 Verhinder
771 Gramskap
versonke 159
versonkenheid 212
versorg
19 Orde
414 Geneeskunde
565 Skryfkuns
566 Drukkuns
570 Taalwetenskap
627 Skoon
645 Handel
651 Toesien
693 Gee
743 Mooi
versorgdheid
627 Skoon
743 Mooi
versorgend 663
versorger
651 Toesien
746 Persoonlike
    versorging
780 Hulpbetoon
versorging
414 Geneeskunde
589 Dien
645 Handel
651 Toesien
663 Meedoen
693 Gee
743 Mooi
746 Persoonlike
    versorging
780 Hulpbetoon
versorgingsentrum 780
versorgingsoord
89 Blyplek
780 Hulpbetoon
versosy 86
versot
773 Begeerte
776 Liefde en
    vriendskap
verspaander
182 Slaan
316 Hout
verspaandering 316

verspeel
646 Nie handel nie
691 Spandeer
versper
178 Toegaan
666 Verhinder
versperder
149 Pad
178 Toegaan
versperring
178 Toegaan
666 Verhinder
versperringsdraad
178 Toegaan
670 Verdedig
671 Verdedigingsmiddel
verspied
499 Sien
508 Aandag
680 Militêre aksie
verspieder
508 Aandag
680 Militêre aksie
verspieding
508 Aandag
680 Militêre aksie
verspil
629 Gebruik
687 Verlies
691 Spandeer
verspilling
629 Gebruik
691 Spandeer
versplinter
112 Deel
184 Breek
versplintering
112 Deel
184 Breek
verspoel
287 Vloei
293 Onweer
verspoeling
287 Vloei
293 Onweer
verspoor
148 Van koers gaan
194 Vervoer
234 Spoorweë
verspot
503 Onverstandigheid
524 Onlogies redeneer
722 Humor
813 Swak gedrag
831 Minag
verspotheid
722 Humor
813 Swak gedrag
verspottigheid
524 Onlogies redeneer
716 Genot

722 Humor
813 Swak gedrag
verspreek 539
versprei
169 Skei
173 Losmaak
239 Voortplant
434 Breed
539 Kommunikeer
551 Meedeel
566 Drukkuns
693 Gee
versprei(d)
169 Skei
173 Losmaak
434 Breed
verspreiding
169 Skei
173 Losmaak
412 Siek
413 Verskillende siektes
434 Breed
539 Kommunikeer
693 Gee
verspreking
539 Kommunikeer
572 Uitspraak
575 Woordvorming
verspring
199 Spring
444 Krom
729 Atletiek
verspringer 729
versreël 751
versritme 751
verssiklus 751
verssoort 751
verstaan
533 Verstaan
535 Weet
541 Betekenisvolheid
543 Duidelik
562 Lees
verstaanbaar
476 Geluid
533 Verstaan
543 Duidelik
548 Praat
verstaanbaarheid
533 Verstaan
543 Duidelik
548 Praat
verstand
10 Harmonie
502 Verstand
513 Denke
533 Verstaan
535 Weet
verstandelik
502 Verstand
561 Studeer
verstandelikheid 502
verstandeloos 503

verstandeloosheid 503
verstandhouding
668 Vrede en versoening
790 Sosiale betrekking
verstandig
10 Harmonie
502 Verstand
504 Geestelike
    gesondheid
508 Aandag
513 Denke
533 Verstaan
535 Weet
622 Goed
verstandigheid
10 Harmonie
502 Verstand
504 Geestelike
    gesondheid
622 Goed
verstandskies 391
verstandsmens 513
verstandsmeting
502 Verstand
504 Geestelike
    gesondheid
verstandsouderdom
52 Ouderdom
502 Verstand
verstandspel 513
verstandstoets
502 Verstand
504 Geestelike
    gesondheid
**verstands-
verbystering** 505
verstand(s)tand 391
verstar
146 Beweginglosheid
503 Onverstandigheid
verstardheid 503
verstarring 146
verstedelik
64 Aanwesigheid
90 Omgewing
verstedeliking
64 Aanwesigheid
90 Omgewing
versteek
67 Verplasing
161 Bedek
501 Onsigbaarheid
540 Nie kommunikeer
    nie
versteen
298 Steen
304 Steenbakkery
455 Hard
459 Vaste stof
verstegniek 751
verstek
316 Hout
579 Gedwonge

809 Regsgeding
verstekopsie 579
verstekvonnis 809
verstekeling
  161 Bedek
  501 Onsigbaarheid
verstekhaak
  185 Sny
  316 Hout
verstekhoek 316
versteking
  161 Bedek
  501 Onsigbaarheid
versteklas 316
versteksaag 316
verstekskaaf 316
verstekvoeg 316
verstekvonnis 809
verstekwerk 316
verstel 67
verstelbaar 67
versteld
  521 Verras wees
  768 Vrees
versteldheid
  521 Verras wees
  768 Vrees
versteller 67
verstelling 67
verstening
  274 Geologie
  298 Steen
  304 Steenbakkery
  413 Verskillende siektes
  459 Vaste stof
versterf
  687 Verlies
  696 Ontvang
versterfreg 696
versterk
  455 Hard
  457 Onbreekbaar
  525 Bewys
  528 Bevestig
  572 Uitspraak
  625 Sterk
  670 Verdedig
  671 Verdedigingsmiddel
versterkend
  411 Gesond
  765 Hoop
  767 Moed
versterker
  262 Elektrisiteit
  264 Radio en televisie
  266 Akoestiek
  268 Fotografie en film
versterking
  528 Bevestig
  625 Sterk
  670 Verdedig
  767 Moed
versterkingsmiddel 670

versterkmiddel 415
versterkwater
  415 Geneesmiddel
  427 Drank
versterwing 696
versteur
  23 Onderbreking
  666 Verhinder
  719 Hartseer
  771 Gramskap
versteur(d) 505
versteurde 505
versteurdheid
  505 Verstandstoornis
  719 Hartseer
  771 Gramskap
versteurend 666
versteuring
  666 Verhinder
  719 Hartseer
versturing 771
verstewig
  455 Hard
  457 Onbreekbaar
  625 Sterk
  657 Herhaal
verstewiging
  455 Hard
  625 Sterk
  657 Herhaal
verstik
  250 Dood
  252 Doodmaak
  404 Asemhaling
  413 Verskillende siektes
verstikkend
  250 Dood
  252 Doodmaak
  404 Asemhaling
verstikking
  250 Dood
  252 Doodmaak
  404 Asemhaling
verstil 477
verstok
  141 Behoud
  503 Onverstandigheid
  715 Negatiewe gevoel
  824 Onboetvaardigheid
verstoking 467
verstoktheid
  503 Onverstandigheid
  715 Negatiewe gevoel
verstom(d)
  521 Verras wees
  540 Nie kommunikeer nie
  549 Stilbly
verstommend 521
verstomming 521
verstomp
  441 Stomp
  505 Verstandstoornis

  661 Vermoeidheid
  715 Negatiewe gevoel
verstook 467
verstoor
  23 Onderbreking
  666 Verhinder
  719 Hartseer
  771 Gramskap
verstoor(d) 505
verstoorde 505
verstoordheid 505
verstoot
  585 Verwerp
  666 Verhinder
  779 Boosaardigheid
  790 Sosiale betrekking
  831 Minag
verstop 178
verstopping
  178 Toegaan
  413 Verskillende siektes
verstote
  67 Verplasing
  621 Onbelangrik
  831 Minag
verstoteling
  67 Verplasing
  789 Onbeskaafdheid
  831 Minag
verstotenheid 621
verstoting
  67 Verplasing
  666 Verhinder
  779 Boosaardigheid
  831 Minag
verstrak 723
verstrakking 723
verstrek
  548 Praat
  551 Meedeel
  693 Gee
verstreke
  37 Tydruimte
  50 Verlede
verstrengel 20
verstrengeling 20
verstrik
  183 Gryp
  594 Onvryheid
  818 Bedrieg
verstrooi
  167 Wegbeweeg
  169 Skei
  173 Losmaak
  509 Onoplettendheid
verstrooi(d)
  169 Skei
  173 Losmaak
  509 Onoplettendheid
verstrooid
  167 Wegbeweeg
  513 Denke
verstrooidheid 509

verstrooiing
  20 Wanorde
  167 Wegbeweeg
  169 Skei
  173 Losmaak
  509 Onoplettendheid
  842 Geloof
verstrooiingslektuur
  562 Lees
  567 Boek
verstryk
  28 Einde
  37 Tydruimte
  50 Verlede
  650 Voltooi
verstryking 37
verstuif
  167 Wegbeweeg
  173 Losmaak
  413 Verskillende siektes
verstuiwe
  167 Wegbeweeg
  173 Losmaak
verstuiwing 167
verstyf
  54 Oud
  413 Verskillende siektes
  455 Hard
  459 Vaste stof
verstywing
  54 Oud
  413 Verskillende siektes
  455 Hard
  459 Vaste stof
versuf
  441 Stomp
  505 Verstandstoornis
  509 Onoplettendheid
  661 Vermoeidheid
versuftheid
  441 Stomp
  505 Verstandstoornis
  509 Onoplettendheid
  661 Vermoeidheid
versug 773
versugting 773
versuiker
  419 Voedselbereiding
  471 Smaaklik, lekker
  538 Dwaling
  828 Vlei
versuiker(d) 471
versuikering
  419 Voedselbereiding
  471 Smaaklik, lekker
  538 Dwaling
  828 Vlei
versuim
  65 Afwesigheid
  509 Onoplettendheid
  511 Vergeet
  613 Onnoukeurig
  646 Nie handel nie

648 Onderbreek
652 Versuim
813 Swak gedrag
822 Skuldig
versuip
215 Swem
250 Dood
252 Doodmaak
407 Drink
versuiping
215 Swem
250 Dood
252 Doodmaak
versukkel(d)
623 Sleg
661 Vermoeidheid
versukkeldheid
623 Sleg
654 Moeilik handel
661 Vermoeidheid
versukkeling 623
versuring
717 Lyding
771 Gramskap
versus 9
versuur
472 Smaakloos, sleg
666 Verhinder
717 Lyding
771 Gramskap
versvoet 751
versvorm 751
verswaer
241 Familie
248 Huwelik
verswak
413 Verskillende siektes
623 Sleg
626 Swak
verswakkend
626 Swak
635 Skadelik
verswakking
412 Siek
413 Verskillende siektes
623 Sleg
626 Swak
verswakte
54 Oud
626 Swak
verswaktheid
413 Verskillende siektes
623 Sleg
626 Swak
verswarend 808
verswaring
623 Sleg
809 Regsgeding
versweë
540 Nie kommunikeer nie
549 Stilbly
versweer 413

verswelg
175 Insit
238 Vernietig
287 Vloei
406 Eet
verswelging
238 Vernietig
287 Vloei
406 Eet
verswering 413
verswik 413
verswikking 413
verswyg
539 Kommunikeer
540 Nie kommunikeer nie
549 Stilbly
verswyging
540 Nie kommunikeer nie
549 Stilbly
versyfer
122 Bereken
125 Tel
versyfering
122 Bereken
125 Tel
vertaal
125 Tel
264 Radio en televisie
543 Duidelik
570 Taalwetenskap
vertaalburo 543
vertaaldiens
543 Duidelik
570 Taalwetenskap
vertaalkunde 570
vertaalprogram 263
vertaalteorie 570
vertaalwerk 543
vertaalwetenskap 570
vertak
30 Hiërargie
114 Saamgesteld
320 Stam
324 Plantlewe
665 Byeenkom
vertakkas 234
vertakking
30 Hiërargie
324 Plantlewe
665 Byeenkom
vertaler
543 Duidelik
570 Taalwetenskap
vertaling
539 Kommunikeer
543 Duidelik
565 Skryfkuns
570 Taalwetenskap
vertanding 185
verte
68 Ver

499 Sien
vertebratum 357
verteder
713 Gevoel
714 Positiewe gevoel
vertedering 714
verteenwoordig
8 Dieselfde
144 Vervanging
590 Bestuur en regeer
808 Regswese
verteenwoordigend
8 Dieselfde
144 Vervanging
590 Bestuur en regeer
verteenwoordiger
144 Vervanging
590 Bestuur en regeer
591 Gesaghebber
663 Meedoen
705 Verkoop
verteenwoordiging
144 Vervanging
590 Bestuur en regeer
808 Regswese
verteer
238 Vernietig
401 Spysverteringskanaal
406 Eet
408 Spysvertering
467 Aansteek
verteerbaar 408
vertel
539 Kommunikeer
548 Praat
551 Meedeel
552 Vertel
vertellend
552 Vertel
verteller
548 Praat
552 Vertel
vertelling
552 Vertel
750 Letterkunde
vertelsel
552 Vertel
750 Letterkunde
vertelstyl 576
verteltrant 576
verterend 238
vertering 408
vertigo 413
vertikaal 71
vertikaliteit 71
vertoef
64 Aanwesigheid
89 Blyplek
188 Aankom
204 Aangaan by
648 Onderbreek

vertoiing
184 Breek
628 Vuil
vertoiingdheid 628
vertolk
543 Duidelik
577 Betekenis
752 Toneel- en rolprentkuns
vertolker
543 Duidelik
548 Praat
752 Toneel- en rolprentkuns
vertolking
543 Duidelik
577 Betekenis
752 Toneel- en rolprentkuns
vertonerig 785
vertoning
162 Ontbloot
500 Sigbaarheid
752 Toneel- en rolprentkuns
vertoog 604
vertoon
44 Gebeure in tyd
162 Ontbloot
268 Fotografie en film
500 Sigbaarheid
539 Kommunikeer
705 Verkoop
743 Mooi
745 Versier
752 Toneel- en rolprentkuns
785 Hoogmoed
vertooneenheid 263
vertoonkas
95 Huisraad
707 Handelsaak
vertoonstuk
95 Huisraad
743 Mooi
vertoonsug 785
vertoonvenster 94
vertoonwedstryd 727
vertoorn
722 Humor
771 Gramskap
vertoorn(d) 771
vertoorndheid
618 Heftig
771 Gramskap
vertraag
23 Onderbreking
58 Laat
193 Vertraag
226 Stadig
229 Stadig beweeg
257 Meganika en tegnologie

948

503 Onverstandigheid
611 Lui
646 Nie handel nie
648 Onderbreek
666 Verhinder
vertraag(d) 505
vertraagdheid
503 Onverstandigheid
505 Verstandstoornis
vertragend
23 Onderbreking
193 Vertraag
220 Treinry
226 Stadig
503 Onverstandigheid
505 Verstandstoornis
648 Onderbreek
666 Verhinder
vertragingsaksie 666
vertragingstaktiek 666
vertrap
181 Raak
238 Vernietig
779 Boosaardigheid
803 Wette oortree
vertrapping
181 Raak
182 Slaan
238 Vernietig
602 Verbied
779 Boosaardigheid
vertreding 602
vertree
181 Raak
238 Vernietig
803 Wette oortree
vertrek
28 Einde
67 Verplasing
94 Dele van 'n eiendom
145 Beweging
167 Wegbeweeg
168 Saamkom
190 Vertrek
205 Weggaan van
222 Vlieg
378 Senuwee
386 Gesig
660 Ontslag
vertrekdatum 190
vertrekhoek 233
vertrekpunt
27 Begin
190 Vertrek
522 Redeneer
644 Handelwyse
vertreksaal
190 Vertrek
222 Vlieg
vertrektyd
38 Tydgebruik
190 Vertrek
vertreursel
39 Tydverlies

687 Verlies
vertroebel
20 Wanorde
489 Ondeurskynend
829 Beledig
vertroebeling
20 Wanorde
489 Ondeurskynend
667 Stryd
777 Haat en
  onvriendelikheid
829 Beledig
vertroetel
651 Toesien
776 Liefde en
  vriendskap
vertroeteling
651 Toesien
776 Liefde en
  vriendskap
vertroos
714 Positiewe gevoel
716 Genot
720 Tevredenheid
778 Goedaardigheid
vertroostend 716
vertrooster 716
vertroosting
638 Aanmoedig
716 Genot
720 Tevredenheid
vertrou
518 Glo
584 Kies
765 Hoop
769 Vertroue
816 Getrouheid
vertroubaar
769 Vertroue
811 Gewete
816 Getrouheid
vertroubaarheid
769 Vertroue
816 Getrouheid
233 Voertuig
vertroud
535 Weet
769 Vertroue
vertroude
776 Liefde en
  vriendskap
816 Getrouheid
vertroue
518 Glo
520 Verwag
625 Sterk
765 Hoop
769 Vertroue
816 Getrouheid
842 Geloof
vertroueling
769 Vertroue
816 Getrouheid

vertrouend 769
vertrouensaak 540
vertrouensfiguur 769
vertrouensgebrek 770
vertrouenspersoon
769 Vertroue
816 Getrouheid
vertrouensplig 769
vertrouensposisie 769
vertrouensverhouding 776
vertrouenswaardig
518 Glo
769 Vertroue
816 Getrouheid
vertrouenswaardigheid
518 Glo
816 Getrouheid
vertroulik
540 Nie kommunikeer
  nie
816 Getrouheid
vertroulikheid
540 Nie kommunikeer
  nie
769 Vertroue
776 Liefde en
  vriendskap
816 Getrouheid
vertwyfel
519 Twyfel
766 Wanhoop
vertwyfeld
11 Disharmonie
121 Verwarring
519 Twyfel
587 Aarsel
766 Wanhoop
770 Wantroue
843 Ongeloof
vertwyfeldheid
121 Verwarring
519 Twyfel
vertwyfeling
11 Disharmonie
519 Twyfel
587 Aarsel
766 Wanhoop
vervaag
489 Ondeurskynend
511 Vergeet
544 Onduidelik
vervaag(de)
489 Ondeurskynend
544 Onduidelik
vervaard 768
vervaardheid 768
vervaardiger 237
vervaardiging 237
vervaardigingsbedryf
658 Beroep
701 Handel en ekonomie
vervaardigingsektor 701

vervaarlik 786
vervaarlikheid 768
vervaging
489 Ondeurskynend
511 Vergeet
544 Onduidelik
verval
28 Einde
37 Tydruimte
50 Verlede
623 Sleg
626 Swak
650 Voltooi
683 Misluk
687 Verlies
690 Arm
779 Boosaardigheid
843 Ongeloof
vervaldag
708 Betaal
711 Skuld
vervaldatum
629 Gebruik
708 Betaal
711 Skuld
vervalle
28 Einde
435 Smal
623 Sleg
626 Swak
690 Arm
779 Boosaardigheid
813 Swak gedrag
vervallenheid
28 Einde
435 Smal
623 Sleg
626 Swak
690 Arm
779 Boosaardigheid
vervals
538 Dwaling
779 Boosaardigheid
803 Wette oortree
818 Bedrieg
vervalser
14 Navolging
538 Dwaling
695 Steel
779 Boosaardigheid
803 Wette oortree
818 Bedrieg
vervalsing
14 Navolging
538 Dwaling
695 Steel
779 Boosaardigheid
803 Wette oortree
818 Bedrieg
vervaltyd
28 Einde
711 Skuld
vervang 144

vervangbaar 144
vervangbaarheid 144
vervangend 144
vervanging 144
vervangingswaarde 708
vervars
  53 Nuut en jonk
  474 Welriekend
vervarsing 53
vervas
  130 Onbepaaldheid
  528 Bevestig
  537 Waarheid
vervat
  83 In die middel
  183 Gryp
verveel
  646 Nie handel nie
  725 Verveling
verveeld
  507 Gebrek aan
    belangstelling
  646 Nie handel nie
  725 Verveling
verveeldheid
  507 Gebrek aan
    belangstelling
  646 Nie handel nie
  725 Verveling
verveer 365
vervel
  381 Huid
  413 Verskillende siektes
vervelend
  40 Langdurig
  507 Gebrek aan
    belangstelling
  646 Nie handel nie
  725 Verveling
vervelendheid
  507 Gebrek aan
    belangstelling
  646 Nie handel nie
  725 Verveling
vervelerig
  646 Nie handel nie
  725 Verveling
vervelerigheid
  507 Gebrek aan
    belangstelling
  646 Nie handel nie
vervelig
  507 Gebrek aan
    belangstelling
  646 Nie handel nie
  725 Verveling
verveligheid
  507 Gebrek aan
    belangstelling
  646 Nie handel nie
  725 Verveling
verveling
  646 Nie handel nie
  725 Verveling

vervelling
  364 Reptiel
  381 Huid
  413 Verskillende siektes
verversing
  407 Drink
  426 Kossoort, dis
verversingsdiens
  429 Eetplek, kroeg
  707 Handelsaak
verversingslokaal 94
vervet 434
verviervoudig 107
vervies 771
vervlak
  541 Betekenisvolheid
  623 Sleg
vervlakking 623
vervlaks
  779 Boosaardigheid
  813 Swak gedrag
vervlakste
  779 Boosaardigheid
  813 Swak gedrag
vervleg
  174 Meng
  20 Wanorde
vervlegting 174
vervlieg 461
vervloë
  41 Kortstondig
  46 Vroeër
vervloei
  174 Meng
  287 Vloei
  460 Vloeistof
vervloeiend 460
vervloeiende
  174 Meng
  287 Vloei
vervloeiing
  174 Meng
  287 Vloei
  460 Vloeistof
vervloek
  771 Gramskap
  777 Haat en
    onvriendelikheid
  779 Boosaardigheid
  813 Swak gedrag
  827 Afkeur
vervloeking
  779 Boosaardigheid
  820 Oneerbaar
  829 Beledig
vervloeks
  813 Swak gedrag
  820 Oneerbaar
vervloekte 846
vervlugtig 460
vervlugtiging 460
vervoeg 574
vervoeging
  574 Woordkategorie

  575 Woordvorming
vervoer
  67 Verplasing
  145 Beweging
  194 Vervoer
  216 Ry
  512 Verbeelding
  714 Positiewe gevoel
vervoerbaar 194
vervoerbelasting 712
vervoerdiens 194
vervoerekonomie 515
vervoerekonoom 701
vervoering
  714 Positiewe gevoel
  716 Genot
vervoerklub 194
vervoerkontrakteur 194
vervoerkoste
  194 Vervoer
  691 Spandeer
  708 Betaal
vervoermiddel
  145 Beweging
  194 Vervoer
  233 Voertuig
vervoerroete 149
vervoertarief
  194 Vervoer
  708 Betaal
vervoerwese 194
vervolg
  22 Kontinuïteit
  25 Dit wat volg
  47 Later
  647 Voortgaan
  717 Lyding
  779 Boosaardigheid
  802 Wette gehoorsaam
  809 Regsgeding
vervolgbaar 809
vervolgdeel
  25 Dit wat volg
  647 Voortgaan
vervolgend 779
vervolgens
  22 Kontinuïteit
  25 Dit wat volg
  47 Later
vervolger
  779 Boosaardigheid
  802 Wette gehoorsaam
vervolging
  25 Dit wat volg
  594 Onvryheid
  779 Boosaardigheid
  802 Wette gehoorsaam
  808 Regswese
  809 Regsgeding
vervolgingsgees 779
vervolgings-
  waan(sin) 505
vervolgklas 647
vervolgreeks 21

vervolgsiek 779
vervolgstuk 25
vervolgsug 779
vervolgsugtig 779
vervolgverhaal
  552 Vertel
  568 Media
  750 Letterkunde
vervolledig
  111 Geheel
  650 Voltooi
vervollediging
  111 Geheel
  650 Voltooi
vervolmaak
  111 Geheel
  622 Goed
vervolmaking
  111 Geheel
  622 Goed
vervorm
  140 Verandering
  438 Vorm
vervormbaar 456
vervorming
  140 Verandering
  438 Vorm
vervreem
  171 Verwyder
  687 Verlies
  694 Neem
  705 Verkoop
  715 Negatiewe gevoel
  775 Weersin
vervreem(d) 777
vervreembaar
  687 Verlies
  693 Gee
  705 Verkoop
vervreemd 779
vervreemdheid 777
vervreemding
  171 Verwyder
  705 Verkoop
  715 Negatiewe gevoel
  775 Weersin
  777 Haat en
    onvriendelikheid
vervroeg 57
vervrolik 716
vervrouliking 376
vervroulikings-
  agtervoegsel 575
vervuil
  290 Wind
  318 Plant
  344 Onkruid
  628 Vuil
vervuiling
  318 Plant
  628 Vuil
vervul
  109 Alles
  645 Handel

650 Voltooi
658 Beroep
vervul(d) 773
vervulbaar 650
vervulbaarheid 650
vervulling
608 Jou woord hou
650 Voltooi
773 Begeerte
vervyf 728
vervyfskop 728
verwaai
174 Meng
290 Wind
verwaai(d)
20 Wanorde
174 Meng
290 Wind
verwaaiing
174 Meng
290 Wind
verwaand
767 Moed
785 Hoogmoed
820 Oneerbaar
verwaandheid
512 Verbeelding
767 Moed
785 Hoogmoed
verwaarloos
613 Onnoukeurig
623 Sleg
628 Vuil
646 Nie handel nie
652 Versuim
verwaarloos 93
verwaarloosdheid
623 Sleg
628 Vuil
652 Versuim
verwaarlosing
509 Onoplettendheid
613 Onnoukeurig
623 Sleg
628 Vuil
646 Nie handel nie
652 Versuim
verwag
24 Dit wat voorafgaan
40 Langdurig
239 Voortplant
513 Denke
518 Glo
520 Verwag
584 Kies
765 Hoop
773 Begeerte
verwag(te)
40 Langdurig
51 Toekoms
520 Verwag
773 Begeerte
verwagtend 239

verwagting
513 Denke
520 Verwag
765 Hoop
773 Begeerte
verwant
6 Betrekking
8 Dieselfde
10 Harmonie
241 Familie
verwantskap
6 Betrekking
8 Dieselfde
10 Harmonie
241 Familie
256 Skeikunde
verwantskapsband 241
**verwantskaps-
betrekking** 241
verwar
20 Wanorde
121 Verwarring
505 Verstandstoornis
519 Twyfel
532 Betwis
534 Nie verstaan nie
538 Dwaling
verward
7 Betrekkingloosheid
11 Disharmonie
20 Wanorde
121 Verwarring
519 Twyfel
521 Verras wees
532 Betwis
538 Dwaling
768 Vrees
verwardheid
7 Betrekkingloosheid
11 Disharmonie
121 Verwarring
519 Twyfel
532 Betwis
538 Dwaling
544 Onduidelik
587 Aarsel
768 Vrees
verwarm
260 Warmteleer
419 Voedselbereiding
465 Warm
verwarmend 716
verwarmer
465 Warm
469 Verwarmingstoestel
verwarming
465 Warm
469 Verwarmingstoestel
verwarmingstelsel 469
verwarmingstoestel
465 Warm
469 Verwarmingstoestel
verwarrend
11 Disharmonie

20 Wanorde
121 Verwarring
130 Onbepaaldheid
521 Verras wees
524 Onlogies redeneer
538 Dwaling
544 Onduidelik
654 Moeilik handel
verwarring
11 Disharmonie
20 Wanorde
121 Verwarring
519 Twyfel
521 Verras wees
532 Betwis
538 Dwaling
544 Onduidelik
587 Aarsel
verwate 785
verwatenheid 785
verwater
623 Sleg
750 Letterkunde
verwater(d) 623
verwatering 623
verwed 687
verweef
6 Betrekking
172 Vasmaak
174 Meng
313 Weef
verweef(d)
6 Betrekking
174 Meng
verweefdheid 6
verweer
28 Einde
37 Tydruimte
184 Breek
238 Vernietig
543 Duidelik
670 Verdedig
809 Regsgeding
833 Verontskuldig
verweerbaar 670
verweerder 833
verweerskrif
568 Media
833 Verontskuldig
verwees
243 Kinders
623 Sleg
789 Onbeskaafdheid
verwek
15 Oorsaak
237 Voortbring
239 Voortplant
251 In die lewe roep
verwekking
15 Oorsaak
237 Voortbring
239 Voortplant
verwelf 94
verwelk
324 Plantlewe

744 Lelik
verwelkom
790 Sosiale betrekking
826 Goedkeur
verwelkoming
790 Sosiale betrekking
826 Goedkeur
verwen
813 Swak gedrag
827 Afkeur
verwenning 813
verwens
779 Boosaardigheid
827 Afkeur
verwensing
779 Boosaardigheid
820 Oneerbaar
827 Afkeur
verwer
490 Kleur
592 Ondergeskikte
verwêreldlik
813 Swak gedrag
846 Goddeloosheid
verwêreldliking
623 Sleg
813 Swak gedrag
841 Leer
843 Ongeloof
846 Goddeloosheid
verwerend 184
verwerf 686
verwering
28 Einde
37 Tydruimte
184 Breek
238 Vernietig
623 Sleg
verwerk
140 Verandering
174 Meng
237 Voortbring
263 Rekenaar en
  internet
561 Studeer
629 Gebruik
754 Komposisie
verwerker
237 Voortbring
263 Rekenaar en
  internet
754 Komposisie
verwerkergeheue 263
verwerking
140 Verandering
174 Meng
237 Voortbring
629 Gebruik
754 Komposisie
verwerkingspoed 263
verwerklik 650
verwerkliking 650
verwerp
192 Laat gaan

532 Betwis
585 Verwerp
606 Weier
666 Verhinder
779 Boosaardigheid
827 Afkeur
verwerping
171 Verwyder
192 Laat gaan
527 Oordeel
532 Betwis
585 Verwerp
606 Weier
666 Verhinder
827 Afkeur
831 Minag
verwerplik
532 Betwis
585 Verwerp
779 Boosaardigheid
827 Afkeur
831 Minag
verwerplikheid
532 Betwis
538 Dwaling
623 Sleg
779 Boosaardigheid
827 Afkeur
831 Minag
verwerwing 686
verwery 490
verwese
623 Sleg
768 Vrees
789 Onbeskaafdheid
verwesen(t)lik
0 Ontstaan
650 Voltooi
682 Slaag
verwesen(t)liking
0 Ontstaan
650 Voltooi
682 Slaag
verwestering 787
verwesters 787
verwikkel
6 Betrekking
20 Wanorde
174 Meng
verwikkel(d)
6 Betrekking
20 Wanorde
174 Meng
verwikkeling
44 Gebeure in tyd
654 Moeilik handel
750 Letterkunde
verwilder
192 Laat gaan
618 Heftig
820 Oneerbaar
verwilder(d)
618 Heftig
652 Versuim

verwildering
192 Laat gaan
618 Heftig
820 Oneerbaar
verwissel
21 Opeenvolging
144 Vervanging
701 Handel en ekonomie
verwisseling
21 Opeenvolging
144 Vervanging
217 Motorry
verwittig 551
verwittiging 551
verwoed
618 Heftig
656 Gevaarlik
779 Boosaardigheid
verwoedheid
618 Heftig
771 Gramskap
779 Boosaardigheid
verwoes
184 Breek
238 Vernietig
779 Boosaardigheid
verwoestend
184 Breek
238 Vernietig
779 Boosaardigheid
verwoester
238 Vernietig
623 Sleg
779 Boosaardigheid
verwoesting
238 Vernietig
635 Skadelik
695 Steel
779 Boosaardigheid
verwond
413 Verskillende siektes
677 Skiet
verwond 717
verwonder 521
verwonder(d) 521
verwonderend 521
verwondering 521
verwonding 413
verwoord 548
verwoording 548
verword
140 Verandering
623 Sleg
813 Swak gedrag
820 Oneerbaar
verwording
140 Verandering
623 Sleg
683 Misluk
779 Boosaardigheid
820 Oneerbaar
verworpe
192 Laat gaan
779 Boosaardigheid

789 Onbeskaafdheid
827 Afkeur
831 Minag
verworpeling
779 Boosaardigheid
789 Onbeskaafdheid
822 Skuldig
827 Afkeur
831 Minag
verworpene
192 Laat gaan
779 Boosaardigheid
789 Onbeskaafdheid
827 Afkeur
verworpenheid
192 Laat gaan
606 Weier
779 Boosaardigheid
792 Asosiaal
verworwe 686
verworwenheid 535
verwring
163 Draai
378 Senuwee
444 Krom
818 Bedrieg
verwringing
163 Draai
378 Senuwee
413 Verskillende siektes
444 Krom
815 Oneerlik
verwronge
444 Krom
538 Dwaling
623 Sleg
744 Lelik
verwrongenheid
36 Onreëlmatigheid
444 Krom
623 Sleg
verwulf 94
verwurg 252
verwurging 252
verwyd 434
verwyder
68 Ver
167 Wegbeweeg
171 Verwyder
192 Laat gaan
205 Weggaan van
775 Weersin
verwyder(d)
68 Ver
171 Verwyder
verwyderdheid 68
verwydering
68 Ver
167 Wegbeweeg
171 Verwyder
192 Laat gaan
775 Weersin
verwyding 434
verwyf(d) 374

verwyfdheid 374
verwyl
38 Tydgebruik
64 Aanwesigheid
204 Aangaan by
648 Onderbreek
verwylend 226
verwys
541 Betekenisvolheid
545 Natuurlike teken
577 Betekenis
verwysing
539 Kommunikeer
541 Betekenisvolheid
577 Betekenis
verwysings 567
verwysingspunt
6 Betrekking
123 Meet
527 Oordeel
642 Beproef
verwysingsraamwerk
6 Betrekking
123 Meet
527 Oordeel
642 Beproef
verwyt
823 Berou
827 Afkeur
832 Beskuldig
verwytend 827
verydel
683 Misluk
779 Boosaardigheid
verydeling
683 Misluk
779 Boosaardigheid
verys
459 Vaste stof
466 Koud
Vesak 851
vesel
185 Sny
311 Weefstof
316 Hout
377 Liggaam
379 Spier
382 Haar
veselagtig
315 Papier
379 Spier
veselbord 316
veselglas 309
veselglasboot 235
veselglasromp 235
veselige 319
veselinternet 263
veselnetwerk 263
veselontsteking 413
veselperske
350 Vrugteverbouing
426 Kossoort, dis
veselplant 318
veseltegnologie 263

veselwortel 319
vesper 853
vespers 848
vestibule 94
vestibulum 388
vestig
  64 Aanwesigheid
  97 Bou
  129 Bepaaldheid
  143 Bestendigheid
  147 Rigting
  657 Herhaal
vestiging
  64 Aanwesigheid
  237 Voortbring
  657 Herhaal
vesting
  91 Gebou
  92 Deftige, belangrike of groot gebou
  655 Veilig
  671 Verdedigingsmiddel
vestingbou 671
vestinggeskut 675
vestinggod 855
vestingmuur
  94 Dele van 'n eiendom
  671 Verdedigingsmiddel
vestingwerk 671
vet
  420 Voedsel
  421 Vleis
  434 Breed
  452 Swaar
  462 Halfvloeibare stof
  565 Skryfkuns
  566 Drukkuns
  688 Besit
  689 Ryk
vetderm 402
vetdruk
  565 Skryfkuns
  566 Drukkuns
vete
  667 Stryd
  777 Haat en onvriendelikheid
  779 Boosaardigheid
  784 Wraaksug
veter 745
veteraan
  52 Ouderdom
  54 Oud
  673 Manskap
veteraanmotor 233
veterbossie 332
veterinêr 414
veterskoen 745
vetgat 434
vetgedruk 565
vetgeswel 413
vetkers 487
vetklier
  381 Huid

402 Afskeidings- en uitskeidingsorgane
vetkoek 426
vetkol 628
vetkruid 336
vetkryt 564
vetlaag 377
veto
  532 Betwis
  585 Verwerp
  590 Bestuur en regeer
  602 Verbied
vetoreg 602
vetostem 590
vetpan 84
vetpapier 315
vetplant
  94 Dele van 'n eiendom
  318 Plant
  336 Vetplant
vetplantkwekery 345
vetpuisie 413
vetsak 434
vetstertskaap 366
vetsug
  413 Verskillende siektes
  434 Breed
vetsugtig 434
vetsugtigheid 434
vetsuur
  408 Spysvertering
  462 Halfvloeibare stof
vetterig
  421 Vleis
  434 Breed
  462 Halfvloeibare stof
  628 Vuil
vetterigheid
  462 Halfvloeibare stof
  628 Vuil
vettie
  434 Breed
  452 Swaar
vettigheid
  104 Baie
  434 Breed
  462 Halfvloeibare stof
vetvlek 628
vetvry 320
vetweefsel
  377 Liggaam
  379 Spier
  381 Huid
VGA-kaart 263
V-geut 94
V-hals 345
via 156
viaduk 149
vibrasie 164
vibrato 753
vibrator 776
vibreer 164
vice versa 9
vichyssoise 426

victor ludorum
  629 Spel en sport
  684 Oorwin
victrix ludorum
  629 Spel en sport
  684 Oorwin
videoband 264
videograaf 268
videografie 268
video-insetsel 264
videokamera
  264 Radio en televisie
  268 Fotografie en film
videokasset
  264 Radio en televisie
  268 Fotografie en film
videomasjien 264
videomateriaal 264
videospeletjie 741
videoterminaal 263
vier
  102 Hoeveelheid
  728 Balsporte
  793 Fees
vier-by-vier 233
vierdaags 40
vierde 133
vierdelig 134
vierdemags= vergelyking 137
vierdeursedan 233
vierdubbeld 107
vier-en-sewentig 422
vierhoek
  139 Meetkunde
  447 Hoekig
vierhoekig
  139 Meetkunde
  447 Hoekig
vierjarig 52
vierkamp 629
vierkant
  137 Bewerking
  139 Meetkunde
vierkantig
  139 Meetkunde
  447 Hoekig
vierkants= vergelyking 137
vierkantswortel 137
vierkleur 546
vierling 243
vierpotig 397
viersilindermasjien 630
vierslagmaat 753
vierstoot 738
viertal 102
viertallig
  133 Getalle
  134 Getalstelsel
viertrek 233
viertrekaandrywing 233
viertrekvoertuig 233
vier-vier-tyd 753

viervlakkig 139
viervors 591
viervoud 133
viervoudig 133
vierwielaandrywing 233
vieryster 728
vies
  628 Vuil
  719 Hartseer
  771 Gramskap
vieserig
  628 Vuil
  771 Gramskap
vieserigheid
  628 Vuil
  771 Gramskap
viesheid
  628 Vuil
  771 Gramskap
vieslik
  475 Onwelriekend
  628 Vuil
  813 Swak gedrag
vigilie
  847 Gebed
  851 Godsdienstige fees
vigoroso 753
vigs 413
vigsvirus 413
vikariaat 852
vikaris 852
vil 423
vilder 423
villa
  89 Blyplek
  92 Deftige, belangrike of groot gebou
villanelle 757
vilt 311
vin
  235 Skeepvaart
  363 Waterdier
  397 Ledemaat
vinaigrette
  419 Voedselbereiding
  426 Kossoort, dis
vind
  166 Nader beweeg
  517 Vind
  686 Aanwins
vindaloo 426
vindbaar 517
vindingryk
  502 Verstand
  517 Vind
vindingrykheid 502
vinger 397
vingerafdruk
  3 Bestaanswyse
  545 Natuurlike teken
  802 Wette gehoorsaam
vingeralleen 4
vingerbeentjie 397
vingerbord 739

vingerbreed 434
vingerdik 434
vingerdun 435
vingerete 418
vingerfout 563
vingergreep 183
vingerharp 756
vingerhoed 745
vingerkaal 162
vingerkootjie 397
vingerleklekker
  406 Eet
  471 Smaaklik, lekker
vingerling
  363 Waterdier
  745 Versier
vingerlit 397
vingermaal 418
vingermaaltyd 426
vingermerk 545
vingernael 383
vingeronthaal 418
vingerpol 337
vingerpop 752
vingersenuwee 378
vingerspraak 545
vingersteen 298
vingertaal 545
vingertop 397
vingertrek
  654 Moeilik handel
  739 Geselskapspele
vingerwysing
  539 Kommunikeer
  656 Gevaarlik
  827 Afkeur
vinielbekleedsel 233
vinjet
  567 Boek
  750 Letterkunde
vink 365
vinkel
  351 Groenteverbouing
  419 Voedselbereiding
vinnig
  41 Kortstondig
  104 Baie
  225 Vinnig
  618 Heftig
  641 Onvoorbereid
  644 Handelwyse
  771 Gramskap
vinnigheid
  225 Vinnig
  771 Gramskap
vint 413
vinwalvis 363
violà 499
viola 756
violet 492
violis
  755 Uitvoering
  756 Musiekinstrument
viool 756

vioolhaai 363
vioolkam 756
vioolkonsert 755
vioolmusiek 753
vioolsonate 754
vioolspel 755
vioolspinnekop 361
vioolstuk 754
viooltjie 334
vioolvis 363
viraal 413
virginaal 756
Virgo 270
viriel 625
viriliteit 625
virologie
  414 Geneeskunde
  515 Wetenskap
virologies 414
viroloog
  416 Medikus
  515 Wetenskap
virtueel
  263 Rekenaar en
    internet
  501 Onsigbaarheid
virtuoos
  749 Kuns
  755 Uitvoering
virtuositeit 749
virulensie 412
virulent 412
virus
  263 Rekenaar en
    internet
  324 Plantlewe
  413 Verskillende siektes
virusbesmetting 413
virusdraer 412
virusinfeksie 413
virusoordrag
  412 Siek
  413 Verskillende siektes
virusprogram 263
virussiekte 413
virusverspreiding 412
vis
  357 Dier
  363 Waterdier
  420 Voedsel
  422 Seekos
  426 Kossoort, dis
  555 Vra
visa
  3 Bestaanswyse
  187 Reis
  601 Toestemming gee
visaas 372
visakkedis 367
visarend 365
vis-à-vis
  6 Betrekking
  118 Vergelyking
visbobotie 426

visboot 372
visbord 84
visbraai 418
vis-chowder 426
visdam 285
viseadmiraal
  591 Gesaghebber
  673 Manskap
visehoof
  560 Voorskoolse en
    naskoolse onderrig
  658 Beroep
visekanselier
  560 Voorskoolse en
    naskoolse onderrig
  591 Gesaghebber
vis-en-chips
  422 Seekos
  426 Kossoort, dis
visenteer 516
vis-en-tjips
  422 Seekos
  426 Kossoort, dis
viserektor
  560 Voorskoolse en
    naskoolse onderrig
  591 Gesaghebber
visevoorsitter 665
visfabriek 372
visfossiel 274
visfrikkadel 426
visfuik 372
visgereedskap 372
visgereg 422
visgereg 426
vishaak 372
vishandel 372
Vishnu 854
vishoek 372
visie
  51 Toekoms
  527 Oordeel
visier 676
visierlyn 677
visindustrie 372
visioen
  512 Verbeelding
  743 Mooi
visioenêr
  51 Toekoms
  512 Verbeelding
visionêr
  51 Toekoms
  513 Denke
  767 Moed
visitasie 516
visitator 516
visite 790
visitekaartjie 658
Visjnoe 855
viskatrol 372
vis-kebab 426
viskeus 462

viskoekie 426
viskose 311
viskositeit 462
viskuit 422
viskuitpatee 426
viskundige 358
viskwota 372
vismark 423
vismes
  95 Huisraad
  372 Vissery
  423 Slagter
vismoot 422
vismootjie
  422 Seekos
  426 Kossoort, dis
vismot 361
visnet 372
visnetkous 745
vispakkie 422
visparcel 422
vispastei
  422 Seekos
  426 Kossoort, dis
vispatee 426
visplaas 372
visproteïen 420
visryk 372
visseisoen 372
visser 372
visserman
  372 Vissery
  423 Slagter
vissermansgereed-
  skap 372
vissersbedryf 372
vissersboot 235
vissersdorp 90
vissershawe 235
visserskuit 235
vissersstaal 569
vissery 372
visserybedryf 372
visserymaatskappy 372
visskottel 84
vissmeer 426
vissop 426
visstok 372
visstokkatrol 372
vistafel 418
visteelt 372
visterman 423
visualisasie 512
visualiseer 512
visualisering 512
visueel
  264 Radio en televisie
  499 Sien
visum
  3 Bestaanswyse
  187 Reis
  601 Toestemming gee
visvalk 365
visvang
  372 Vissery

410 Slaap
visvanger 365
visvangkwota 372
visvangs
  372 Vissery
  423 Slagter
visventer 705
visvinger 426
visvoorgereg 426
visvurk 95
visvywer 372
viswater 372
viswinkel
  372 Vissery
  423 Slagter
viswyfagtig 667
viswywerig 667
vit
  548 Praat
  829 Beledig
vitaal
  17 Noodsaak
  249 Lewe
  610 Ywerig
  714 Positiewe gevoel
vitalis 514
vitalisme 514
vitaliteit
  249 Lewe
  610 Ywerig
  718 Blydskap
vitamien
  415 Geneesmiddel
  420 Voedsel
vitamienaanvulling 415
vitamienbruistablet 415
vitamienryk 420
vitellusmembraan 365
vitiligo 413
vitter
  532 Betwis
  827 Afkeur
vitterig
  548 Praat
  827 Afkeur
vitterigheid
  548 Praat
  827 Afkeur
vittery 532
vivarium
  95 Huisraad
  368 Diereteelt
vivipaar
  239 Voortplant
  403 Voortplantings=
  orgaan
viviseksie 358
Vlaams 569
vlag
  365 Voël
  382 Haar
  546 Kunsmatige teken
vlagontwerp 546
vlagsein 546

vlak
  19 Orde
  72 Plat
  76 Bo, bokant, boontoe
  179 Glad maak
  431 Afmeting
  437 Laag
  445 Oppervlak
  448 Gelyk
  588 Gesag hê
vlakby
  69 Naby
  728 Balsporte
vlakdruk 566
vlakdrukmetode 566
vlakhaas 366
vlakheid 437
vlakkerig 445
vlakkig 445
vlakmeetkunde 123
vlakte
  72 Plat
  273 Geografie
  274 Geologie
  437 Laag
  445 Oppervlak
vlaktemaat 431
vlaktemeter 123
vlakvark 366
vlakvetbraai 419
vlakwortel 331
vlam
  419 Voedselbereiding
  465 Warm
  485 Lig
  714 Positiewe gevoel
vlamblom 334
vlamkleur 492
vlammedood 250
vlammesee 465
vlamsiekte 324
vlamvat
  27 Begin
  610 Ywerig
  714 Positiewe gevoel
vlamwerper
  467 Aansteek
  676 Vuurwapen
vlapoeier 419
vlas
  312 Spin
  353 Vlasteelt
vlasagtig 353
vlasblond 382
vlasboerdery 353
vlasdraad 312
vlasgare 353
vlaskam 353
vlassaad 323
vlasteelt 353
vlatert 426
vleeslik
  254 Stof
  820 Oneerbaar

vleeslikheid 254
vleeswording
  547 Simboliek
  854 Godsdienste
vleet
  363 Waterdier
  372 Vissery
vleg 310
vlegkoord 310
vlegsel 382
vlegter 310
vlegtou 310
vlegwerk 310
vlei
  285 Watermassa
  828 Vlei
vleiagtig 279
vleiblommetjie 341
vleiend
  716 Genot
  828 Vlei
vleier 828
vleierig 279
vleierigheid 828
vleiery 828
vleigeelroos 337
vleigras 338
vleilelie 341
vleiloerie 365
vleipraatjies 828
vleiriet 339
vleiroos 337
vleis
  323 Vrug
  420 Voedsel
  421 Vleis
  426 Kossoort, dis
vleisaftreksel
  419 Voedselbereiding
  471 Smaaklik, lekker
vleisanger 365
vleisapree 331
vleisbees
  366 Soogdier
  369 Veeteelt
vleisbraai 418
vleisbraaiplek 465
vleisdeli 423
vleisdieet 406
vleisdier 369
vleisdis
  421 Vleis
  426 Kossoort, dis
vleisekstrak
  419 Voedselbereiding
  426 Kossoort, dis
vleisetend
  357 Dier
  366 Soogdier
  406 Eet
vleiseter
  357 Dier
  366 Soogdier
  406 Eet

vleisgereg
  421 Vleis
  426 Kossoort, dis
vleishandel 423
vleisipres 331
vleisjellie 426
vleiskleur 492
vleiskos 421
vleismark
  423 Slagter
  707 Handelsaak
vleismes
  95 Huisraad
  185 Sny
  419 Voedselbereiding
  678 Ander wapens
vleispastei 426
vleisrooster 419
vleisskaap 369
vleisskottel
  84 Houer
  95 Huisraad
vleissmeer 426
vleissnit
  421 Vleis
  423 Slagter
vleissous
  419 Voedselbereiding
  471 Smaaklik, lekker
vleistafel 418
vleistoonbank 423
vleisvark 423
vleisvreter 357
vleiswond 413
vleitaal 828
vlek
  381 Huid
  386 Gesig
  545 Natuurlike teken
  628 Vuil
vlek(ke)loos
  537 Waarheid
  612 Noukeurig
  614 Bekwaam
  622 Goed
  627 Skoon
  821 Onskuldig
vlek(ke)loosheid
  622 Goed
  627 Skoon
  821 Onskuldig
vlekkuns 749
vlekmiddel 627
vlekverwyderaar 627
vlekvry 627
vlekwerend 627
vlerk 236
vlerk
  361 Insek
  365 Voël
  397 Ledemaat
  421 Vleis
vlerkpenveer
  365 Voël

382 Haar
vlerksleep
  239 Voortplant
  776 Liefde en
    vriendskap
vlerksweef 733
vlerksweeftuig 733
vlerkswewer 733
vlermuis 366
vlermuistampan 361
vlesig 434
vlesigheid 434
vleuel
  672 Weermag
  728 Balsporte
  756 Musiekinstrument
vleuelklavier 756
vlieëgif 252
vlieënier
  216 Ry
  222 Vlieg
  223 Stuur
  236 Lugvaart
  673 Manskap
vlieëpapier 315
vlieëplak 95
vlieërplankry 732
vlieërplankryer 732
vlieëslaner 95
vlieëvanger 365
vlieg
  37 Tydruimte
  222 Vlieg
  228 Vinnig beweeg
  361 Insek
  365 Voël
  733 Lugsport
vliegdekskip 675
vlieggewig 731
vlieginstrukteur 222
vlieginstrumente 236
vliegklub 724
vliegkuns 222
vliegopleiding 222
vliegramp 222
vliegreis 222
vliegsiekte 413
vliegskool
  222 Vlieg
  680 Militêre aksie
vliegskou 222
vliegsport
  222 Vlieg
  733 Lugsport
vliegtoertjie 222
vliegtuig
  236 Lugvaart
  733 Lugsport
vliegtuigbemanning
  223 Stuur
  236 Lugvaart
vliegtuigbrandstof 299
vliegtuigkaartjie 187
vliegtuigkaping 803

vliegtuigloods
  222 Vlieg
  223 Stuur
vliegtuigrit
  187 Reis
  216 Ry
vliegtuigromp 236
vliegvertoning 222
vliegwiel 630
vlier 331
vlies
  377 Liggaam
  381 Huid
vlieswolk 291
vliet 145
vlietend 41
vlinder 361
vlinderslag
  215 Swem
  732 Watersport
vloed
  287 Vloei
  460 Vloeistof
vloedgeteister 255
vloedgety 283
vloedgolf 287
vloedhawe 235
vloedramp 255
vloedskade
  238 Vernietig
  635 Skadelik
vloedstrand 283
vloedvlakte 286
vloedwater
  287 Vloei
  460 Vloeistof
vloei
  145 Beweging
  214 Dryf
  239 Voortplant
  286 Rivier
  287 Vloei
  405 Bloedsomloop
  460 Vloeistof
  478 Welluidend
vloeibaar 460
vloeibaarheid 460
vloeidiagram 565
vloeiend
  287 Vloei
  460 Vloeistof
  653 Maklik handel
vloeiing 460
vloeipapier 315
vloeisteen 277
vloeistof 460
vloek
  18 Toeval
  548 Praat
  682 Slaag
  718 Blydskap
  771 Gramskap
  777 Haat en
    onvriendelikheid

  820 Oneerbaar
  829 Beledig
  846 Goddeloosheid
vloekbek 820
vloekery
  548 Praat
  771 Gramskap
  777 Haat en
    onvriendelikheid
  820 Oneerbaar
  829 Beledig
vloeksel
  779 Boosaardigheid
  813 Swak gedrag
vloekskoot
  18 Toeval
  682 Slaag
  718 Blydskap
vloeksteen
  779 Boosaardigheid
  813 Swak gedrag
vloektaal
  569 Taal
  573 Woordeskat
  813 Swak gedrag
  820 Oneerbaar
  846 Goddeloosheid
vloekwoord
  573 Woordeskat
  574 Woordkategorie
  771 Gramskap
  777 Haat en
    onvriendelikheid
  820 Oneerbaar
  846 Goddeloosheid
vloer 94
vloerbedekking 94
vloerbestuurder 705
vloergimnas 730
vloerhoogte 94
vloerlys 94
vloermat
  94 Dele van 'n eiendom
  592 Ondergeskikte
vloermoer
  715 Negatiewe gevoel
  771 Gramskap
  813 Swak gedrag
vloeroefening 730
vloerpolitoer 627
vloerprys 708
vloersteen 100
vloerteël
  94 Dele van 'n eiendom
  100 Boumateriaal
  304 Steenbakkery
vloerwaks 627
vlog 263
vlokkie 263
vlooi 361
vlooibyt 361
vlooimark 701
vloot
  221 Vaar

  672 Weermag
vlootblou 492
vlootskip 675
vlootsoldaat 673
vlootvaartuig 675
vlot
  214 Dryf
  225 Vinnig
  235 Skeepvaart
  653 Maklik handel
vlothout 316
vlottend 214
vlug
  41 Kortstondig
  67 Verplasing
  167 Wegbeweeg
  190 Vertrek
  205 Weggaan van
  222 Vlieg
  225 Vinnig
  228 Vinnig beweeg
  236 Lugvaart
  614 Bekwaam
vlugbal 728
vlugbemanning
  222 Vlieg
  236 Lugvaart
vlugbeplanning 222
vlugdata 236
vlugdek 236
vluggies 225
vlugheid
  225 Vinnig
  614 Bekwaam
vlughoogte 222
vlughou 728
vlugingenieur
  222 Vlieg
  223 Stuur
  236 Lugvaart
vlugkelner 236
vlugopnemer 236
vlugroete 222
vlugsand 274
vlugsersant
  591 Gesaghebber
  673 Manskap
vlugskrif 568
vlugsnelheid 222
vlugsout 415
vlugtam 222
vlugteling
  67 Verplasing
  228 Vinnig beweeg
vlugtelingkamp 67
vlugtend 190
vlugtig
  41 Kortstondig
  225 Vinnig
  461 Gas
vlugtigheid 41
vlugtigheid 461
vlugtyd 222
vlugverbod 222

vlugvlou 222
vlugvoetig
  225 Vinnig
  228 Vinnig beweeg
vlugvoetige 228
vlugvoetigheid 225
vlugvoos 222
vly 154
vlymskerp 440
vlyt 610
vlytbier 427
vlytig 610
vlytigheid 610
vod
  184 Breek
  621 Onbelangrik
vodde
  458 Breekbaar
  628 Vuil
voddemark 707
vodderig 184
vodderig 628
voddig 628
vodka 427
voed
  406 Eet
  631 Nodig
voedend
  411 Gesond
  420 Voedsel
voeder 406
voeding
  406 Eet
  418 Voeding
voedingsbodem
  3 Bestaanswyse
  15 Oorsaak
voedingskanaal 401
voedingskema 418
voedingskrag 418
voedingskundige 406
voedingsleer 406
voedingsproses 406
voedingstelsel 418
voedingstof
  406 Eet
  418 Voeding
voedingstoornis
  406 Eet
  413 Verskillende siektes
voedingswaarde
  406 Eet
  418 Voeding
voedoe 854
voedoeïsme
  836 Bonatuurlik
  854 Godsdienste
voedoeïsme 854
voedsaam
  411 Gesond
  420 Voedsel
voedsel
  418 Voeding
  420 Voedsel

voedselaanvuller 415
voedselbank 419
voedselbedryf
  658 Beroep
  701 Handel en ekonomie
voedselbereiding 419
voedsel-en-wynfees 793
voedselfees 793
voedselgebrek 420
voedselgroep 420
voedselhandel 701
voedselinname
  401 Spysverterings-
    kanaal
  406 Eet
voedselopname 401
voedselproduksie 420
voedselprosesseerder 95
voedselsekerheid 420
voedselsekuriteit 420
voedselskaarste 420
voedselsoorte 420
voedseltekort 420
voedselvergiftiging 413
voedselverwerker 174
voedselvoorsiening
  419 Voedselbereiding
  420 Voedsel
voedselwaarde-
  ketting 420
voedselwetenskap 406
voedster
  318 Plant
  406 Eet
voedsterplant 318
voeg
  99 Messel
  170 Saambring
  172 Vasmaak
  316 Hout
  819 Eerbaar
voeglik
  59 Geleë
  633 Nuttig
  819 Eerbaar
voegsaag
  185 Sny
  316 Hout
voegsaam
  59 Geleë
  633 Nuttig
  819 Eerbaar
voegsel 575
voegwerk
  99 Messel
  316 Hout
voegwoord 574
voel
  493 Gevoeligheid
  495 Tassin
  518 Glo
  527 Oordeel
  533 Verstaan
  713 Gevoel

825 Beoordeling
voël
  357 Dier
  365 Voël
  402 Afskeidings- en
    uitskeidingsorgane
  403 Voortplantings-
    orgaan
voëlagtig 365
voelbaar
  493 Gevoeligheid
  495 Tassin
  543 Duidelik
voelbaarheid
  493 Gevoeligheid
  495 Tassin
  543 Duidelik
voëlbek
  365 Voël
  390 Mond
voëlbekdier 366
voëldammetjie 285
voëlent 344
voeler
  361 Insek
  495 Tassin
voelery 495
voëlgedrag 365
voëlgeluide 365
voëlgriep 413
voëlhok
  89 Blyplek
  357 Dier
  370 Voëlteelt
voelhoring
  361 Insek
  385 Skedel
voeling 663
voëlkenner 358
voëlklou
  365 Voël
  383 Nael
voëlkou
  89 Blyplek
  370 Voëlteelt
voëlkou(tjie) 357
voëlkunde 358
voëlkundig 358
voëlkundige 358
voëllym
  344 Onkruid
  373 Jag
  462 Halfvloeibare stof
voëlmis 409
voëlnaam
  546 Kunsmatige teken
  550 Noem
voëlnes
  89 Blyplek
  370 Voëlteelt
voëlnesvaring 329
voëlperspektief
  499 Sien
  513 Denke

voëlrek 373
voëlsaad 370
voëlslang 364
voelspriet 361
voëlteelt
  239 Voortplant
  370 Voëlteelt
voëlteler 370
voëltelery
  368 Diereteelt
  370 Voëlteelt
voëltjie 728
voëlverskrikker
  355 Landbougereedskap
  744 Lelik
voëlvlug
  225 Vinnig
  499 Sien
voëlvreter 364
voëlvry 835
voëlvryverklaring 835
voëlwip 373
voer
  147 Rigting
  161 Bedek
  368 Diereteelt
  369 Veeteelt
  406 Eet
voerbak 368
voergat 368
voergewas 369
voering
  161 Bedek
  745 Versier
voerkamp 368
voerman
  194 Vervoer
  230 Rytuig
voersak 368
voersilo 368
voersis 311
voert 192
voertaal
  560 Voorskoolse en
    naskoolse onderrig
  569 Taal
voertaalkwessie
  560 Voorskoolse en
    naskoolse onderrig
  569 Taal
voertaalvraagstuk
  560 Voorskoolse en
    naskoolse onderrig
  569 Taal
voertrog 368
voe(r)tsek
  192 Laat gaan
  664 Terugstaan
voertuig
  145 Beweging
  194 Vervoer
  230 Rytuig
  233 Voertuig
voertuigalarm 233

957

voertuigbestuurder 149
voertuigbrug 149
voertuigdiens 233
voertuigmyn 676
voertuigopsporingstel-
  sel 233
voertuigradio 233
voervark 423
voet
  77 Onder, onderkant,
    ondertoe
  123 Meet
  277 Berg
  397 Ledemaat
  620 Belangrik
voetbal 728
voetbalspeler 728
voetblok 594
voetboei 594
voetboog 397
voetbreed 434
voetbreedte 434
voetbrug
  209 Oorgaan
  234 Spoorweë
voetenent
  96 Slaapplek
  410 Slaap
voeter 181
voetfout 728
voetfoutregter 728
voetganger
  149 Pad
  197 Te voet gaan
  357 Dier
  361 Insek
voetgangerbrug 149
voetgangerinsek 357
voetgangeroorgang 149
voetgangersprin-
  kaan 357
voetgangerswerm 357
voetgangerverkeer 149
voetgoed 745
voetheuwelgletser 277
voetjig 413
voetkolonne 672
voetkrapper 746
voetlig
  487 Ligbron
  752 Toneel- en
    rolprentkuns
voetlys 94
voetmaat 123
voetmat 95
voetnoot
  543 Duidelik
  565 Skryfkuns
  567 Boek
voetpaadjie 94
voetpad
  94 Dele van 'n eiendom
  149 Pad
voetplaat 234

voetplank 230
voetpoeier 746
voetpolisie 802
voetpunt 269
voetrem
  146 Beweginglooshed
  233 Voertuig
voetslaan
  197 Te voet gaan
  229 Stadig beweeg
voetslaanklub 197
voetslaanpad 149
voetslaanroete 149
voetslaner 197
voetsoldaat 673
voetsool 397
voetspier 379
voetspoor
  397 Ledemaat
  545 Natuurlike teken
voetstap
  197 Te voet gaan
  480 Dowwe klank
  482 Menslike geluid
  545 Natuurlike teken
voetstoof 469
voetstoots 130
voetstuk
  77 Onder, onderkant,
    ondertoe
  94 Dele van 'n eiendom
voetveeg 95
voetvolk 672
vog
  460 Vloeistof
  463 Nat
vogdig 464
vogdoekie 627
voggehalte 463
voggies
  407 Drink
  427 Drank
voginhoud 463
voglaag 94
vogloos 464
vogroom 746
vogtig 463
vogtigheid
  289 Klimaat
  463 Nat
vogtigheidsmeter 294
vogvry 464
vogwerend 464
voile 311
vokaal
  571 Skrif
  572 Uitspraak
  757 Sang
vokaalbreking 572
vokaalinvoeging 572
vokaalkaart 572
vokaalletter 571
vokaalsisteem 572
vokalies 572

vokalis 757
vokalisasie
  572 Uitspraak
  757 Sang
vokaliseer 572
vokalisering 572
vokalisme
  572 Uitspraak
  757 Sang
vokasie 580
vokatief
  574 Woordkategorie
  576 Sinsbou en styl
vol
  109 Alles
  111 Geheel
  161 Bedek
  239 Voortplant
  406 Eet
  446 Rond
volbal 728
volbloed 618
volbloeddier 369
volbloedig 400
volbrag 650
volbrenging 650
volbring 650
voldaan
  720 Tevredenheid
  773 Begeerte
voldaanheid 720
voldagpos 658
voldagwerk 658
voldoen
  708 Betaal
  720 Tevredenheid
voldoende
  115 Genoeg
  620 Belangrik
  622 Goed
  720 Tevredenheid
voldoendheid 115
voldoening
  708 Betaal
  720 Tevredenheid
voldonge 143
voldrae
  432 Groot
  650 Voltooi
voldraenheid
  432 Groot
  650 Voltooi
voleinder 650
voleindig
  28 Einde
  648 Onderbreek
  650 Voltooi
voleindig(de) 650
voleindiging
  648 Onderbreek
  650 Voltooi
voleinding 650
volfiliaal 701

volg
  14 Navolging
  16 Gevolg
  21 Opeenvolging
  25 Dit wat volg
  47 Later
  147 Rigting
  203 Agterna kom
  600 Onder bevel staan
  681 Resultaat
volgafstand 149
volgehoue
  582 Wilskrag
  647 Voortgaan
volgeling
  14 Navolging
  25 Dit wat volg
  203 Agterna kom
  518 Glo
  592 Ondergeskikte
  600 Onder bevel staan
  605 Aanvaar
  663 Meedoen
  842 Geloof
volgend 14
volgende
  21 Opeenvolging
  25 Dit wat volg
  47 Later
  203 Agterna kom
volgenderwys(e) 644
volgens
  6 Betrekking
  14 Navolging
  47 Later
  588 Gesag hê
volger
  14 Navolging
  25 Dit wat volg
volging
  14 Navolging
  25 Dit wat volg
  203 Agterna kom
volgnommer 21
volgorde
  19 Orde
  21 Opeenvolging
  576 Sinsbou en styl
volgordeverandering
  21 Opeenvolging
  576 Sinsbou en styl
volgreeks 21
volgroei(d) 432
volgroeidheid 432
volgsaam
  14 Navolging
  597 Gehoorsaam
  600 Onder bevel staan
volgsaamheid
  589 Dien
  597 Gehoorsaam
  600 Onder bevel staan
volgstuk 25

volhard
  141 Behoud
  143 Bestendigheid
  582 Wilskrag
  657 Herhaal
  816 Getrouheid
volhardend
  143 Bestendigheid
  582 Wilskrag
  586 Beslis
  610 Ywerig
  637 Doelgerigtheid en doelloosheid
  647 Voortgaan
  767 Moed
  816 Getrouheid
  824 Onboetvaardigheid
volharding
  141 Behoud
  143 Bestendigheid
  582 Wilskrag
  610 Ywerig
  647 Voortgaan
  816 Getrouheid
volhardingsvermoë
  582 Wilskrag
  647 Voortgaan
volheid
  109 Alles
  432 Groot
volhou 22
volhou
  533 Verstaan
  582 Wilskrag
  647 Voortgaan
  657 Herhaal
volhoubaar
  256 Skeikunde
  647 Voortgaan
  701 Handel en ekonomie
volhoubaarheid
  255 Natuur
  647 Voortgaan
  701 Handel en ekonomie
volhoudend 610
volhouding
  582 Wilskrag
  647 Voortgaan
volk
  33 Samehorigheid
  104 Baie
  787 Samelewing
  798 Laer stand
volkak 820
volkekunde
  515 Wetenskap
  787 Samelewing
volkekundig 787
volkekundige
  515 Wetenskap
  787 Samelewing
volkereg
  515 Wetenskap
  808 Regswese

volkeregtelik 808
volkleur 490
volkome
  28 Einde
  109 Alles
  111 Geheel
  614 Bekwaam
  622 Goed
volkomenheid 622
volkoringbrood 424
volkoringmeel 419
volkrykheid 104
volks 787
volksaard 3
volksang 757
volksbegrip 787
volksbelang 787
volksbestuur 590
volksbeweging 665
volksboek 567
volksbygeloof 844
volksdans 742
volksdanser 742
volksdemokrasie 795
volksdigter 751
volksdrag 745
volkseie 3
volksetimologie
  573 Woordeskat
  575 Woordvorming
volksgebruik(e) 457
volksgeloof 518
volksgeneeskunde 414
volksgenoot 787
volksgesondheid 411
volksgroep 787
volkshof 808
volkshumor 722
volksidioom 548
volkskarakter 3
volkskerk 840
volkskunde 787
volkskundig 787
volkskundige 787
volkskuns 749
volksleër 672
volksleier 590
volksletterkunde 750
volkslied 757
volksliedjie 757
volksliteratuur 750
volksman
  795 Staat en politiek
  798 Laer stand
volksmoord 803
volksmoordenaar 803
volksmusiek 753
volksnaam 550
volksopruier 795
volksopstand 667
volkspele 742
volksplanter
  0 Ontstaan
  649 Begin handel

volksplanting
  0 Ontstaan
  787 Samelewing
  788 Beskawing
volkspoësie 751
volksraad 590
volksraadslid
  590 Bestuur en regeer
  795 Staat en politiek
volksregering 795
volksrepubliek 795
volkstaal 569
volkstelling 787
volkstemming
  590 Bestuur en regeer
  795 Staat en politiek
volksterm 573
volkstradisie 657
volksuitdrukking
  548 Praat
  573 Woordeskat
volksvader 590
volksvergadering 168
volksverhaal 552
volksverhuising 67
volksvertelling
  552 Vertel
  750 Letterkunde
volksvreemd
  34 Vreemdheid
  787 Samelewing
volksvrou 798
volkswelsyn 780
volkswil 584
volkswysie 757
volledig
  109 Alles
  111 Geheel
  129 Bepaaldheid
volledigheid 111
volledigheidshalwe
  111 Geheel
  553 Behandel
volleerd
  535 Weet
  614 Bekwaam
volmaak
  109 Alles
  111 Geheel
  614 Bekwaam
  622 Goed
volmaaktheid
  111 Geheel
  622 Goed
volmaan 270
volmaangesig 386
volmag
  588 Gesag hê
  599 Gesag uitoefen
  616 Magtig
volmaggewer
  588 Gesag hê
  616 Magtig
volmaghebber

  588 Gesag hê
  616 Magtig
volmagtig
  588 Gesag hê
  616 Magtig
volmelk
  371 Suiwelbereiding
  426 Kossoort, dis
volmondig 814
volop
  104 Baie
  115 Genoeg
volpomp 109
volprese 826
volrond
  427 Drank
  446 Rond
volroommelk
  371 Suiwelbereiding
  426 Kossoort, dis
volryp 323
volsin
  565 Skryfkuns
  576 Sinsbou en styl
volskaals 111
volskyt 820
volslae
  104 Baie
  109 Alles
  111 Geheel
volstaan 115
volstop 109
volstort 708
volstrek
  111 Geheel
  537 Waarheid
volstruis 365
volstruisbiltong 421
volstruisboer
  369 Veeteelt
  370 Voëlteelt
volstruisboerdery
  354 Plaas
  369 Veeteelt
  370 Voëlteelt
volstruisleer 314
volstruismaag 408
volstruisplaas
  346 Landbougrond
  354 Plaas
  369 Veeteelt
volstruispolitiek 590
volstruisskop 731
volstruisteelt 369
volstruistelery 369
volt 123
voltallig
  109 Alles
  111 Geheel
  129 Bepaaldheid
voltammeter 262
voltampère 123
voltampèremeter 262
volte 109

volteken 708
voltmeter
  123 Meet
  262 Elektrisiteit
voltooi
  28 Einde
  111 Geheel
  645 Handel
  648 Onderbreek
  650 Voltooi
  682 Slaag
voltooi(d) 650
voltooibaar 650
voltooibaarheid 650
voltooiing
  28 Einde
  648 Onderbreek
  650 Voltooi
voltreffer
  182 Slaan
  677 Skiet
voltrek 650
voltrekbaar 650
voltrekbaarheid 650
voltrekker 650
voltrekking 650
voltrokke 650
voltyds 658
voluit 111
volume
  102 Hoeveelheid
  123 Meet
  266 Akoestiek
  450 Volume
  476 Geluid
  539 Kommunikeer
  565 Skryfkuns
  566 Drukkuns
  567 Boek
volumemeting 123
volumetries 450
volumeus 450
volumineus 434
voluut 94
volvet 462
volvloermat 95
volvoer 650
volvoering 650
volvorm 438
volvormig 438
volwaardig 620
volwasse
  53 Nuut en jonk
  432 Groot
  504 Geestelike gesondheid
  582 Wilskrag
volwassene
  374 Mens
  432 Groot
volwassenedoop 850
volwassene-
  onderwys 559
volwassenheid

53 Nuut en jonk
377 Liggaam
432 Groot
504 Geestelike gesondheid
582 Wilskrag
volywerig
  610 Ywerig
  714 Positiewe gevoel
vomeer
  409 Afskeiding en uitskeiding
  413 Verskillende siektes
vomeermiddel 415
vomeersel 409
vomering 409
vomitief 415
vondeling 780
vonds
  517 Vind
  686 Aanwins
vonk
  262 Elektrisiteit
  465 Warm
  485 Lig
vonkbaan 262
vonkdraad 262
vonkel
  465 Warm
  485 Lig
vonkeling 465
vonkelnuut 53
vonkelwyn 427
vonkinduktor 262
vonkontlading 262
vonkontsteking
  233 Voertuig
  257 Meganika en tegnologie
vonkprop
  233 Voertuig
  257 Meganika en tegnologie
  630 Werktuig
vonkvanger 257
vonkverdeler
  233 Voertuig
  257 Meganika en tegnologie
  630 Werktuig
vonnis
  527 Oordeel
  808 Regswese
  809 Regsgeding
  835 Bestraf
vonnisoplegging
  809 Regsgeding
  835 Bestraf
vonnisskuldeiser 711
vonnisskuldenaar 711
vont 853
voog
  242 Ouers
  591 Gesaghebber

655 Veilig
voogdes
  242 Ouers
  591 Gesaghebber
voogdy 242
voogdykind 780
voogdyskap 242
voor
  24 Dit wat voorafgaan
  37 Tydruimte
  46 Vroeër
  50 Verlede
  61 Plek
  85 Voor
  107 Meer
  127 Tydbepaling
  144 Vervanging
  150 Vorentoe
  202 Voor beweeg
  225 Vinnig
  286 Rivier
  346 Landbougrond
  446 Rond
  449 Ongelyk
vooraan
  24 Dit wat voorafgaan
  85 Voor
vooraand
  27 Begin
  50 Verlede
vooraansig
  85 Voor
  94 Dele van 'n eiendom
  233 Voertuig
  759 Tekenkuns
vooraanstaande
  620 Belangrik
  799 Beroemd
  830 Eerbiedig
vooraf
  24 Dit wat voorafgaan
  46 Vroeër
  202 Voor beweeg
voorafbetaling 708
voorafgaan
  24 Dit wat voorafgaan
  46 Vroeër
  202 Voor beweeg
voorafgaande
  24 Dit wat voorafgaan
  46 Vroeër
  202 Voor beweeg
voorafopname
  264 Radio en televisie
  268 Fotografie en film
voorafvervaardig 237
voorafvervaardiging 237
voorarm 397
voorarmhou 728
voorarmspier 379
voorarrers 594
vooras
  163 Draai
  630 Werktuig

voorasnog 41
voorbaan 728
voorband
  232 Fiets
  233 Voertuig
voorbanker 591
voorbarig
  57 Vroeg
  60 Ongeleë
  785 Hoogmoed
voorbarigheid
  57 Vroeg
  785 Hoogmoed
voorbedag
  508 Aandag
  578 Vrywillig
  582 Wilskrag
  586 Beslis
  637 Doelgerigtheid en doelloosheid
voorbedagtelik
  508 Aandag
  578 Vrywillig
  582 Wilskrag
  586 Beslis
  637 Doelgerigtheid en doelloosheid
voorbedagtheid
  508 Aandag
  578 Vrywillig
  637 Doelgerigtheid en doelloosheid
voorbede 847
voorbeeld
  3 Bestaanswyse
  14 Navolging
  35 Reëlmaat
  543 Duidelik
  622 Goed
voorbeeldig
  14 Navolging
  35 Reëlmaat
  622 Goed
  811 Gewete
  816 Getrouheid
voorbeeldigheid
  14 Navolging
  35 Reëlmaat
  622 Goed
  811 Gewete
  816 Getrouheid
voorbeeldsin 576
voorbeen 397
voorbehoeding 239
voorbehoedmiddel 239
voorbehoedpil 239
voorbehou
  530 Voorbehou
  606 Weier
voorbehoud
  17 Noodsaak
  36 Onreëlmatigheid
  530 Voorbehou
  606 Weier

voorkoming

voorbehoudsbepaling 17
voorbepaling 576
voorberei
  237 Voortbring
  347 Landbou
  418 Voeding
  419 Voedselbereiding
  640 Voorbereid
voorbereid 640
voorbereidheid 640
voorbereiding 640
voorbereidingskool 559
voorbereidsels 640
voorberig 567
voorbeskik
  17 Noodsaak
  579 Gedwonge
  842 Geloof
voorbeskikking 842
voorbestem
  17 Noodsaak
  579 Gedwonge
  842 Geloof
voorbestem(d) 17
voorbestemming
  579 Gedwonge
  842 Geloof
voorbid 847
voorbidder 847
voorbidding
  833 Verontskuldig
  847 Gebed
voorblad 568
voorbladartikel 568
voorbladnuus 568
voorbode 545
voorbok
  366 Soogdier
  369 Veeteelt
  588 Gesag hê
  591 Gesaghebber
voorbrand 465
voorchristelik 842
voordag 37
voordans 742
voordanser 742
voordat
  37 Tydruimte
  46 Vroeër
  85 Voor
voordateer
  51 Toekoms
  127 Tydbepaling
voordatering 51
voordeel
  622 Goed
  629 Gebruik
  633 Nuttig
  686 Aanwins
  693 Gee
voordek 235
voordelig
  411 Gesond
  622 Goed

  633 Nuttig
  686 Aanwins
  693 Gee
voordeligheid
  622 Goed
  629 Gebruik
  686 Aanwins
  693 Gee
voordeur
  94 Dele van 'n eiendom
  147 Rigting
voordeurklokkie
  94 Dele van 'n eiendom
  656 Gevaarlik
voordeurmat 95
voordeursleutel 178
voor-die-hand-
  liggendheid 537
voordien 418
voordoen
  2 Nie-bestaan
  14 Navolging
  44 Gebeure in tyd
  818 Bedrieg
voordra
  548 Praat
  558 Redevoering
  752 Toneel- en
    rolprentkuns
voordraer
  548 Praat
  751 Digkuns
voordrag
  539 Kommunikeer
  548 Praat
  751 Digkuns
  752 Toneel- en
    rolprentkuns
voordragkuns
  558 Redevoering
  752 Toneel- en
    rolprentkuns
voordragkunstenaar
  548 Praat
  751 Digkuns
  752 Toneel- en
    rolprentkuns
voordruk 566
vooregtelik 248
vooreksemplaar 567
voorgaan
  14 Navolging
  24 Dit wat voorafgaan
  46 Vroeër
  57 Vroeg
  200 Vorentoe beweeg
  202 Voor beweeg
  250 Dood
  847 Gebed
voorgaande
  24 Dit wat voorafgaan
  27 Begin
  46 Vroeër
voorgalery 853

voorganger
  14 Navolging
  588 Gesag hê
  659 Aanstelling
  847 Gebed
voorgebergte 277
voorgeboortelik 239
voorgeboortetoets 239
voorgee
  727 Kompetisie
  785 Hoogmoed
  815 Oneerlik
  818 Bedrieg
  833 Verontskuldig
voorgeespeler 728
voorgeewedren 727
voorgeewedstryd 727
voorgemeld 551
voorgenoemde 24
voorgenome 640
voorgereg
  418 Voeding
  426 Kossoort, dis
voorgeskiedenis 45
voorgeskrewe
  415 Geneesmiddel
  579 Gedwonge
  599 Gesag uitoefen
voorgeslag 240
voorgestoelte 588
voorgevoel
  518 Glo
  713 Gevoel
voorgewend 818
voorgif 727
voorgraads
  559 Opvoeding en
    onderwys
  561 Studeer
voorgrond
  752 Toneel- en
    rolprentkuns
  760 Skilderkuns
voorhaak 693
voorhaker 233
voorhal 94
voorhamer
  101 Bouersgereedskap
  182 Slaan
  302 Smeewerk
  630 Werktuig
voorhand(hou) 728
voorhande
  64 Aanwesigheid
  629 Gebruik
voorhang 853
voorhangsel 853
voorheen 50
voorheuwel 277
voorhistories 54
voorhoede
  202 Voor beweeg
  667 Stryd
  672 Weermag

  680 Militêre aksie
voorhof 94
voorhoof 386
voorhou 85
voorhuid 403
voorhuis 94
voorhuweliks 248
voorin
  81 Binne
  85 Voor
vooringenome
  524 Onlogies redeneer
  805 Onregverdig
vooringenomenheid
  524 Onlogies redeneer
  584 Kies
  792 Asosiaal
  805 Onregverdig
  827 Afkeur
voorjaar
  37 Tydruimte
  289 Klimaat
voorkaak
  385 Skedel
  390 Mond
voorkamer
  94 Dele van 'n eiendom
  399 Bloedsomloop en
    limfstelsel
voorkant 85
voorkasteel 235
voorkeer
  148 Van koers gaan
  288 Waterstelsel
  666 Verhinder
voorkennis 535
voorkeur
  584 Kies
  806 Wettig
voorkeuraandeel
  688 Besit
  702 Beurs
voorkeurtaal 569
voorkeurtarief
  122 Bereken
  712 Belasting
voorkiestand 391
voorkind 243
voorkom
  2 Nie-bestaan
  24 Dit wat voorafgaan
  44 Gebeure in tyd
  200 Vorentoe beweeg
  517 Vind
  602 Verbied
  651 Toesien
  666 Verhinder
  809 Regsgeding
voorkomend
  651 Toesien
  655 Veilig
  666 Verhinder
voorkoming
  602 Verbied

961

666 Verhinder
voorkoms
  2 Nie-bestaan
  517 Vind
voorkomssyfer 413
voorkoopreg
  704 Koop
  806 Wettig
voorkop
  384 Kop
  385 Skedel
  386 Gesig
  827 Afkeur
  835 Bestraf
voorlaaier 676
voorlaas 50
voorlaaste 28
voorland
  579 Gedwonge
  637 Doelgerigtheid en doelloosheid
voorlangs
  85 Voor
  147 Rigting
voorlê
  373 Jag
  508 Aandag
  539 Kommunikeer
  550 Noem
  553 Behandel
  557 Diskussie
  667 Stryd
  693 Gee
voorlees
  548 Praat
  558 Redevoering
  562 Lees
voorlegging
  539 Kommunikeer
  558 Redevoering
  567 Boek
  603 Voorstel
  604 Versoek
  693 Gee
voorlengte 432
voorleser 562
voorlesing
  539 Kommunikeer
  558 Redevoering
  562 Lees
  752 Toneel- en rolprentkuns
voorletter 550
voorlig
  232 Fiets
  539 Kommunikeer
  543 Duidelik
  559 Opvoeding en onderwys
  638 Aanmoedig
voorligter 638
voorligting
  539 Kommunikeer
  543 Duidelik

559 Opvoeding en onderwys
560 Voorskoolse en naskoolse onderrig
638 Aanmoedig
640 Voorbereid
voorligtingsdiens 560
voorligtingsielkunde 514
voorlik
  57 Vroeg
  60 Ongeleë
voorlikheid 432
voorloop
  14 Navolging
  128 Chronometer
  147 Rigting
  197 Te voet gaan
  202 Voor beweeg
voorloper
  14 Navolging
  202 Voor beweeg
  518 Glo
  588 Gesag hê
  767 Moed
voorlopig
  24 Dit wat voorafgaan
  27 Begin
  41 Kortstondig
voorlopige 24
voorlyf
  377 Liggaam
  392 Romp
voormaag
  365 Voël
  401 Spysverteringskanaal
voormaals 46
voormalig 50
voorman
  97 Bou
  588 Gesag hê
  591 Gesaghebber
  658 Beroep
voormas 235
voormelde 24
voormiddag
  37 Tydruimte
  127 Tydbepaling
voormoeder 240
voornaam
  550 Noem
  574 Woordkategorie
voornaamwoord 574
voornaamwoordelik 574
voornag 127
voornagslaap 410
voorneem
  586 Beslis
  637 Doelgerigtheid en doelloosheid
  640 Voorbereid
voorneme
  586 Beslis
  640 Voorbereid

voorondersoek 516
voor(ver)onderstel 518
voor(ver)onderstelling
  513 Denke
  518 Glo
  577 Betekenis
voorontwerp 640
vooroor
  73 Skuins
  85 Voor
  159 Na onder
vooroordeel
  518 Glo
  524 Onlogies redeneer
  584 Kies
  667 Stryd
  792 Asosiaal
  805 Onregverdig
  827 Afkeur
vooroorlede 250
vooroorsalto 730
voorop
  24 Dit wat voorafgaan
  27 Begin
  74 Op
  85 Voor
  202 Voor beweeg
  620 Belangrik
vooropgaan 202
vooropgeset
  518 Glo
  584 Kies
vooropgestel(d)
  522 Redeneer
  584 Kies
vooropgesteldheid 584
vooropstel
  518 Glo
  531 Saamstem
vooros
  231 Tuig
  366 Soogdier
voorouer 240
voorpant 745
voorperd 588
voorplat 567
voorplein 445
voorpoot 397
voorportaal
  94 Dele van 'n eiendom
  853 Kerkgebou
voorpos 680
voorpraat
  14 Navolging
  548 Praat
voorpratery
  14 Navolging
  548 Praat
voorprent 752
voorproef 642
voorpublikasie 566
voorpunt 85
voorraad
  420 Voedsel

629 Gebruik
631 Nodig
707 Handelsaak
voorraad(s)opname 707
voorraadskuur 91
voorraadstoor 707
voorraadtenk 84
voorradeboek 703
voorradedepot 170
voorradeskuur 170
voorradig
  420 Voedsel
  631 Nodig
voorrang
  217 Motorry
  584 Kies
  796 Stand
voorrede 567
voorreg
  801 Wet
  804 Regverdig
  806 Wettig
voorreken
  122 Bereken
  125 Tel
voorrem 232
voorrib 421
voorruit 233
voorryer 680
voorryman 728
voorsaat 240
voorsang 757
voorsanger 757
voorsê
  14 Navolging
  539 Kommunikeer
  548 Praat
  551 Meedeel
  588 Gesag hê
  752 Toneel- en rolprentkuns
voorsêery
  14 Navolging
  548 Praat
voorseil 235
voorseleksie 584
voorsetsel 574
voorsetselgroep 576
voorsê-vraag 555
voorsien
  520 Verwag
  651 Toesien
  693 Gee
  701 Handel en ekonomie
voorsienbaar 551
voorsienigheid 837
Voorsienigheid 855
voorsiening
  651 Toesien
  693 Gee
voorsimptomaties 412
voorsing 757
voorsinger
  757 Sang

852 Geestelike
voorsit
406 Eet
418 Voeding
419 Voedselbereiding
665 Byeenkom
voorsittend 202
voorsitter
202 Voor beweeg
588 Gesag hê
590 Bestuur en regeer
658 Beroep
665 Byeenkom
voorsitterskap
588 Gesag hê
665 Byeenkom
voorsittersrede 558
voorsitterstoel 665
voorskiet 699
voorskieter 700
voorskok 274
voorskools
53 Nuut en jonk
560 Voorskoolse en naskoolse onderrig
voorskoot
419 Voedselbereiding
745 Versier
voorskootrok 745
voorskot
693 Gee
699 Leen
708 Betaal
711 Skuld
voorskotbank 700
voorskotbetaling 699
voorskotgeld 699
voorskrif
17 Noodsaak
35 Reëlmaat
415 Geneesmiddel
599 Gesag uitoefen
640 Voorbereid
644 Handelwyse
801 Wet
voorskrifmedisyne 415
voorskriftelik
17 Noodsaak
579 Gedwonge
voorskriftelikheid 35
voorskryf
414 Geneeskunde
415 Geneesmiddel
599 Gesag uitoefen
voorslag
182 Slaan
231 Tuig
610 Ywerig
754 Komposisie
voorsmaak
406 Eet
642 Beproef
voorsny
24 Dit wat voorafgaan

185 Sny
418 Voeding
voorsnyer
95 Huisraad
185 Sny
voorsnyete 418
voorsnygereg 426
voorsnymes 185
voorsomer 289
voorsorg
651 Toesien
780 Hulpbetoon
voorsorgfonds 780
voorsorgmaatreël 651
voorspan 85
voorspel
27 Begin
551 Meedeel
727 Kompetisie
728 Balsporte
752 Toneel- en rolprentkuns
754 Komposisie
voorspeler
629 Spel en sport
728 Balsporte
voorspelerspel 728
voorspeller 51
voorspelling
51 Toekoms
548 Praat
551 Meedeel
842 Geloof
voorspieël 765
voorspieëling 765
voorspinmasjien 312
voorspits 85
voorspoed
622 Goed
682 Slaag
688 Besit
689 Ryk
voorspoedig
622 Goed
682 Slaag
688 Besit
689 Ryk
voorspoedigheid
622 Goed
682 Slaag
688 Besit
voorspooksel 551
voorspraak
590 Bestuur en regeer
663 Meedoen
668 Vrede en versoening
833 Verontskuldig
voorspring 684
voorsprong
85 Voor
727 Kompetisie
voorstad
61 Plek
89 Blyplek

90 Omgewing
voorstadium 37
voorstander 518
voorstanderklier 402
voorstang 231
voorste
24 Dit wat voorafgaan
85 Voor
202 Voor beweeg
588 Gesag hê
620 Belangrik
voorstedelik
61 Plek
90 Omgewing
voorsteek
85 Voor
155 Deurboor
200 Vorentoe beweeg
745 Versier
voorstel
230 Rytuig
512 Verbeelding
557 Diskussie
584 Kies
590 Bestuur en regeer
603 Voorstel
604 Versoek
638 Aanmoedig
665 Byeenkom
752 Toneel- en rolprentkuns
758 Beeldende kuns
790 Sosiale betrekking
voorsteller
590 Bestuur en regeer
603 Voorstel
604 Versoek
voorstelling
512 Verbeelding
513 Denke
547 Simboliek
553 Behandel
758 Beeldende kuns
voorstewe 235
voorstoep 94
voorstoot 200
voorstraat 149
voorstrand 283
voorstryder 667
voorstudie
561 Studeer
640 Voorbereid
voort
150 Vorentoe
190 Vertrek
200 Vorentoe beweeg
voortaan 51
voortand 391
voortbestaan
1 Bestaan
22 Kontinuïteit
141 Behoud
249 Lewe
647 Voortgaan

voortbeur
22 Kontinuïteit
654 Moeilik handel
voortbeweeg
22 Kontinuïteit
145 Beweging
200 Vorentoe beweeg
voortbeweging
150 Vorentoe
647 Voortgaan
voortborduur 548
voortbrenging
0 Ontstaan
15 Oorsaak
237 Voortbring
324 Plantlewe
voortbrengs 237
voortbrengsel
170 Saambring
237 Voortbring
voortbring
0 Ontstaan
237 Voortbring
239 Voortplant
251 In die lewe roep
324 Plantlewe
438 Vorm
693 Gee
749 Kuns
voortbringsel
170 Saambring
237 Voortbring
voortdrentel 22
voortdryf
192 Laat gaan
221 Vaar
638 Aanmoedig
647 Voortgaan
voortdu
145 Beweging
181 Raak
voortdurend
8 Dieselfde
22 Kontinuïteit
37 Tydruimte
40 Langdurig
141 Behoud
143 Bestendigheid
647 Voortgaan
voortdurendheid 42
voortduring
22 Kontinuïteit
37 Tydruimte
40 Langdurig
141 Behoud
647 Voortgaan
voortduur
22 Kontinuïteit
37 Tydruimte
40 Langdurig
141 Behoud
voorteken 545
voortgaan
22 Kontinuïteit

voortgaande

37 Tydruimte
40 Langdurig
141 Behoud
145 Beweging
200 Vorentoe beweeg
644 Handelwyse
647 Voortgaan
657 Herhaal
682 Slaag
voortgaande 647
voortgang
21 Opeenvolging
22 Kontinuïteit
140 Verandering
141 Behoud
224 Snelheid
622 Goed
647 Voortgaan
682 Slaag
voorthol 197
voortjie 346
voortkanker
413 Verskillende siektes
623 Sleg
647 Voortgaan
voortkom
237 Voortbring
239 Voortplant
240 Genealogie
voortleef
22 Kontinuïteit
249 Lewe
647 Voortgaan
voortou 24
voortplant
237 Voortbring
239 Voortplant
voortplanting
239 Voortplant
317 Fisiologie
403 Voortplantings-
 orgaan
**voortplantings-
orgaan** 403
voortploeter 652
voortredeneer 522
voortreflik
471 Smaaklik, lekker
614 Bekwaam
622 Goed
743 Mooi
812 Goeie gedrag
voortreflikheid
471 Smaaklik, lekker
614 Bekwaam
622 Goed
743 Mooi
812 Goeie gedrag
voortrek
85 Voor
584 Kies
682 Slaag
805 Onregverdig
voortrekker 202

voortrekkery
584 Kies
792 Asosiaal
805 Onregverdig
voortruk 669
voorts
22 Kontinuïteit
47 Later
51 Toekoms
voortsetting
22 Kontinuïteit
647 Voortgaan
voortsit
22 Kontinuïteit
143 Bestendigheid
647 Voortgaan
voortskiet 225
voortskry
22 Kontinuïteit
647 Voortgaan
voortskryding 647
voortsleep
22 Kontinuïteit
40 Langdurig
200 Vorentoe beweeg
226 Stadig
647 Voortgaan
voortslenter 213
voortspoed 228
voortspruit
16 Gevolg
240 Genealogie
voortspruitend 16
voortstryding
22 Kontinuïteit
647 Voortgaan
voortstu
145 Beweging
200 Vorentoe beweeg
voortsukkel
198 Strompel
226 Stadig
647 Voortgaan
654 Moeilik handel
voortteel 239
voortuin 94
voortvarend
714 Positiewe gevoel
715 Negatiewe gevoel
785 Hoogmoed
voortvarendheid
715 Negatiewe gevoel
785 Hoogmoed
voortvloei
16 Gevolg
28 Einde
681 Resultaat
voortvloeiend 16
voortvloeisel
16 Gevolg
650 Voltooi
681 Resultaat
voortvlugtend 190

voortvlugtig
225 Vinnig
228 Vinnig beweeg
679 Mobilisering
voortvlugtige 679
voortwerk 647
voortwoed 290
voortwoeker
22 Kontinuïteit
647 Voortgaan
voortyd
45 Geskiedenis
46 Vroeër
50 Verlede
voortydig
46 Vroeër
57 Vroeg
239 Voortplant
voortyl
200 Vorentoe beweeg
225 Vinnig
vooruit
24 Dit wat voorafgaan
46 Vroeër
150 Vorentoe
200 Vorentoe beweeg
vooruitbepaal
122 Bereken
129 Bepaaldheid
586 Beslis
vooruitbepaling 129
vooruitbespreek 706
vooruitbeur
622 Goed
682 Slaag
vooruitbeweeg 200
vooruitbeweging 200
vooruitboer
347 Landbou
682 Slaag
vooruitdink
513 Denke
640 Voorbereid
vooruitgaan
24 Dit wat voorafgaan
140 Verandering
200 Vorentoe beweeg
202 Voor beweeg
411 Gesond
682 Slaag
688 Besit
vooruitgaande 688
vooruitgang
200 Vorentoe beweeg
682 Slaag
688 Besit
vooruitgeskowe
51 Toekoms
67 Verplasing
vooruithelp
559 Opvoeding en
 onderwys
663 Meedoen
682 Slaag

vooruitkom
24 Dit wat voorafgaan
200 Vorentoe beweeg
622 Goed
682 Slaag
vooruitloop
46 Vroeër
651 Toesien
vooruitlopend 651
vooruitreken 122
vooruitsien
499 Sien
508 Aandag
551 Meedeel
773 Begeerte
vooruitsiendheid 508
vooruitsig
520 Verwag
653 Maklik handel
765 Hoop
vooruitstap 200
vooruitstreef
622 Goed
682 Slaag
vooruitstrewend
51 Toekoms
610 Ywerig
vooruitstrewendheid
610 Ywerig
682 Slaag
voorvader
240 Genealogie
242 Ouers
**voorvaderaanbid-
ding** 854
voorvadergees 854
voorvaderlik
240 Genealogie
242 Ouers
voorval 44
voorvatter
591 Gesaghebber
610 Ywerig
voorvegter
518 Glo
667 Stryd
767 Moed
voorvereiste
17 Noodsaak
530 Voorbehou
579 Gedwonge
voorverhoog 752
voorverkoop 705
voorverkope 705
voorverlede 50
voorvertoning 752
voorvinger 397
voorvoegsel 575
voorvokaal 572
voorwaar
528 Bevestig
537 Waarheid
voorwaarde
17 Noodsaak

964

530 Voorbehou
599 Gesag uitoefen
voorwaardelik
17 Noodsaak
530 Voorbehou
voorwaarts
147 Rigting
150 Vorentoe
200 Vorentoe beweeg
voorwedstryd 727
voorwend 818
voorwendsel
2 Nie-bestaan
818 Bedrieg
833 Verontskuldig
voorwêreld
45 Geskiedenis
50 Verlede
274 Geologie
voorwêreldlik(s)
50 Verlede
274 Geologie
voorwerk
94 Dele van 'n eiendom
128 Chronometer
645 Handel
671 Verdedigingsmiddel
voorwerp
1 Bestaan
32 Enkeling
237 Voortbring
513 Denke
576 Sinsbou en styl
voorwerplik 1
voorwerpsin 576
voorwete 535
voorwiel 230
voorwinter 289
voorwoord
567 Boek
649 Begin handel
voos
54 Oud
184 Breek
464 Droog
623 Sleg
634 Nutteloos
vorder
200 Vorentoe beweeg
604 Versoek
659 Aanstelling
682 Slaag
711 Skuld
vordering
21 Opeenvolging
200 Vorentoe beweeg
644 Handelwyse
682 Slaag
711 Skuld
vorderingsverslag
551 Meedeel
567 Boek
vorentoe
47 Later

147 Rigting
150 Vorentoe
200 Vorentoe beweeg
502 Verstand
682 Slaag
vorentoeaangee 728
vorige
24 Dit wat voorafgaan
46 Vroeër
50 Verlede
vorm
0 Ontstaan
1 Bestaan
2 Nie-bestaan
35 Reëlmaat
237 Voortbring
438 Vorm
525 Bewys
559 Opvoeding en onderwys
575 Woordvorming
588 Gesag hê
638 Aanmoedig
vormbaar
53 Nuut en jonk
438 Vorm
456 Sag
vormbaarheid
53 Nuut en jonk
438 Vorm
456 Sag
vormdrag 745
vormend
0 Ontstaan
237 Voortbring
438 Vorm
559 Opvoeding en onderwys
vormgewend 237
vormgewing
237 Voortbring
438 Vorm
vorming
0 Ontstaan
237 Voortbring
438 Vorm
559 Opvoeding en onderwys
vormkledingstuk 745
vormkoekie 426
vormleer 753
vormlik 438
vormlikheid 438
vormloos
438 Vorm
744 Lelik
vormloosheid 438
vormvas 438
vormvastheid 438
vormverandering
140 Verandering
438 Vorm
vormverskil 438
vormwisseling 438

vors
94 Dele van 'n eiendom
499 Sien
591 Gesaghebber
795 Staat en politiek
797 Hoër stand
vorstebloed 797
vorstedom 795
vorstehuis 591
vorstelik
591 Gesaghebber
799 Beroemd
vorstelikheid
591 Gesaghebber
799 Beroemd
vorstin
591 Gesaghebber
797 Hoër stand
vort 205
vos 366
voshare 382
votief 607
votum 848
vou
180 Ongelyk maak
449 Ongelyk
voubaar 180
voubed
95 Huisraad
96 Slaapplek
voubiljet
551 Meedeel
568 Media
voublad 568
voudeur 94
vouleër 564
voustoel 95
voutafel 95
vra
191 Laat kom
516 Soek
520 Verwag
555 Vra
604 Versoek
631 Nodig
790 Sosiale betrekking
vraag
516 Soek
548 Praat
555 Vra
561 Studeer
576 Sinsbou en styl
604 Versoek
705 Verkoop
vraagbaak
555 Vra
556 Antwoord
567 Boek
vraaggesprek 555
vraagprys 704
vraagpunt 555
vraagsin
555 Vra
576 Sinsbou en styl

vragmotor

vraagsteller 555
vraagstelling 555
vraagstuk
137 Bewerking
513 Denke
516 Soek
555 Vra
vraagsug 506
vraagsugtig 506
vraagteken
565 Skryfkuns
571 Skrif
vraaguiting 555
vraagwoord 574
vraat 406
vraatsig
406 Eet
686 Aanwins
vraatsug
406 Eet
773 Begeerte
vraatsugtig
406 Eet
686 Aanwins
773 Begeerte
vraeboek
555 Vra
567 Boek
vraeboog 555
vraelys 555
vraend
555 Vra
574 Woordkategorie
vraenderwys 555
vraer 555
vraerubriek
516 Soek
555 Vra
568 Media
vraery 555
vraestel
555 Vra
561 Studeer
vraesteller
555 Vra
560 Voorskoolse en naskoolse onderrig
vraetyd
38 Tydgebruik
555 Vra
665 Byeenkom
vrag
170 Saambring
194 Vervoer
221 Vaar
452 Swaar
vragboot 235
vragbrief 525
vragenderwys 555
vraghantering 452
vragkaai 221
vragloods 91
vragmanifes 194
vragmotor 233

965

vragmotorbestuurder
149 Pad
216 Ry
223 Stuur
vragmotorverkeer 217
vragmotorvervoer 194
vragruim
235 Skeepvaart
236 Lugvaart
vragskip 235
vragtarief 194
vragtrein 234
vragvervoer 194
vragvliegtuig 236
vragwa
233 Voertuig
234 Spoorweë
vrank 472
vrankerig 472
vrankheid 472
VR-apparaat 263
vrat 381
vratagtig 381
vraterig
406 Eet
773 Begeerte
vraterigheid 406
vratjie 381
vrede
619 Kalm
668 Vrede en versoening
714 Positiewe gevoel
716 Genot
vredeliewend
668 Vrede en versoening
778 Goedaardigheid
vredeliewendheid
668 Vrede en versoening
778 Goedaardigheid
vredemaker 668
vrede-offer 668
vrederegter
528 Bevestig
808 Regswese
vredesaanbod 668
vredesband 668
vredesberaad 590
vredesbeweging
665 Byeenkom
668 Vrede en versoening
vredesbreuk 667
vredesinisiatief 668
vredeskonferensie
665 Byeenkom
668 Vrede en versoening
vredeskongres
665 Byeenkom
668 Vrede en versoening
vredeslied 757
vredesluiting 668
vredesmag 668
vredesmanifes 668
vredesoekend
668 Vrede en versoening

778 Goedaardigheid
vredesooreenkoms 668
vredespyp 430
vredesteken 668
vredesteurder 667
vredestigter 668
vredestigting 668
vredestyd 668
vredesverdrag
607 Beloof
668 Vrede en versoening
vredesvlag 668
vredevol
619 Kalm
668 Vrede en versoening
714 Positiewe gevoel
778 Goedaardigheid
vredevors 591
Vredevors 855
vredig
531 Saamstem
582 Wilskrag
619 Kalm
668 Vrede en versoening
714 Positiewe gevoel
720 Tevredenheid
vredigheid 619
vreedsaam
531 Saamstem
619 Kalm
668 Vrede en versoening
714 Positiewe gevoel
772 Sagmoedigheid
vreedsaamheid
619 Kalm
668 Vrede en versoening
714 Positiewe gevoel
772 Sagmoedigheid
vreemd
7 Betrekkingloosheid
34 Vreemdheid
36 Onreëlmatigheid
68 Ver
140 Verandering
536 Nie weet nie
540 Nie kommunikeer
  nie
787 Samelewing
789 Onbeskaafdheid
800 Onbekend
vreemde
34 Vreemdheid
36 Onreëlmatigheid
787 Samelewing
vreemdeling
34 Vreemdheid
80 Buite
787 Samelewing
792 Asosiaal
800 Onbekend
vreemdelingehaat
787 Samelewing
792 Asosiaal
vreemdelingehater 787

vreemdelingskap
80 Buite
787 Samelewing
vreemdelingstatus 787
vreemdetaal-
  onderrig 570
vreemdheid
7 Betrekkingloosheid
34 Vreemdheid
36 Onreëlmatigheid
140 Verandering
800 Onbekend
vreemdigheid
34 Vreemdheid
36 Onreëlmatigheid
vreemdsoortig
34 Vreemdheid
36 Onreëlmatigheid
vreemdsoortigheid
34 Vreemdheid
36 Onreëlmatigheid
vreemdtalig 569
vrees
413 Verskillende siektes
505 Verstandstoornis
583 Willoosheid
612 Noukeurig
651 Toesien
715 Negatiewe gevoel
768 Vrees
830 Eerbiedig
vreesaanjaend
656 Gevaarlik
715 Negatiewe gevoel
744 Lelik
768 Vrees
779 Boosaardigheid
vreesaanjaging 768
vreesagtig
768 Vrees
830 Eerbiedig
vreesagtigheid 768
vreesbevange 768
vreesbevangenheid 768
vreeslik
104 Baie
623 Sleg
715 Negatiewe gevoel
744 Lelik
768 Vrees
827 Afkeur
vreeslikheid 768
vreesloos
625 Sterk
767 Moed
vreesloosheid
625 Sterk
767 Moed
vreesuiting 768
vreeswekkend
616 Magtig
715 Negatiewe gevoel
768 Vrees

vreet
390 Mond
406 Eet
612 Noukeurig
vreetkaart 740
vreetsak 406
vrek
104 Baie
238 Vernietig
250 Dood
468 Blus
623 Sleg
692 Spaar
vrekagtig 692
vrekkerig 692
vrekkerigheid 692
vrekkigheid 692
vrekmaak 252
vreksel
623 Sleg
813 Swak gedrag
vrekskiet
252 Doodmaak
677 Skiet
vrekskop 252
vrekslaan 252
vreksuinig 692
vrekte 250
VR-ervaring 263
vrese 768
vresend 830
vreterig 406
vreug 718
vreugde
714 Positiewe gevoel
716 Genot
718 Blydskap
720 Tevredenheid
vreugdebederwer 779
vreugdefees 793
vreugdekreet 478
vreugdelied
478 Welluidend
757 Sang
vreugdeloos
719 Hartseer
723 Erns
vreugdeloosheid 719
vreugdesang
478 Welluidend
757 Sang
vreugdevol
714 Positiewe gevoel
716 Genot
718 Blydskap
793 Fees
vreugdevolheid 718
vreugdevuur 793
vriend
769 Vertroue
776 Liefde en
  vriendskap
790 Sosiale betrekking

vriendekring
  776 Liefde en
    vriendskap
  790 Sosiale betrekking
vriendelik
  622 Goed
  668 Vrede en versoening
  714 Positiewe gevoel
  718 Blydskap
  743 Mooi
  772 Sagmoedigheid
  776 Liefde en
    vriendskap
  778 Goedaardigheid
  790 Sosiale betrekking
  791 Sosiaal
  819 Eerbaar
vriendelikheid
  622 Goed
  714 Positiewe gevoel
  718 Blydskap
  743 Mooi
  776 Liefde en
    vriendskap
  778 Goedaardigheid
  790 Sosiale betrekking
  791 Sosiaal
  812 Goeie gedrag
  819 Eerbaar
vriendeloos 779
vriendin
  776 Liefde en
    vriendskap
  790 Sosiale betrekking
vriendskap
  668 Vrede en versoening
  776 Liefde en
    vriendskap
  790 Sosiale betrekking
  791 Sosiaal
vriendskaplik
  776 Liefde en
    vriendskap
  790 Sosiale betrekking
vriendskaplikheid
  668 Vrede en versoening
  776 Liefde en
    vriendskap
  790 Sosiale betrekking
vriendskapsband
  776 Liefde en
    vriendskap
  790 Sosiale betrekking
vriendskapsbetoon 776
vriendskapskring 776
vriendskapsverhouding
  776 Liefde en
    vriendskap
  790 Sosiale betrekking
vries
  459 Vaste stof
  466 Koud
vriesbak 466
vriesbrand 413
vriesdroging 464

vrieshok 466
vrieskas
  95 Huisraad
  466 Koud
vriesmiddel 466
vriespunt
  260 Warmteleer
  459 Vaste stof
  466 Koud
vriesreën 292
vriesstof 466
vriesweer 292
vriesweermiddel 233
VR-kopstuk 263
vroed 535
vroedvrou 239
vroeëpampoen
  351 Groenteverbouing
  426 Kossoort, dis
vroeër
  24 Dit wat voorafgaan
  45 Geskiedenis
  46 Vroeër
  50 Verlede
vroeërjare 45
vroeg
  27 Begin
  46 Vroeër
  50 Verlede
  57 Vroeg
  127 Tydbepaling
vroegaand
  37 Tydruimte
  57 Vroeg
  127 Tydbepaling
vroegbejaardheid 413
vroegdag
  37 Tydruimte
  57 Vroeg
  127 Tydbepaling
vroeggebore 239
vroegheid 57
vroegherfs
  37 Tydruimte
  289 Klimaat
vroeglente 37
vroegmiddag 37
vroegmôre 57
vroegoggend 57
vroegopstaner 410
voegryp 535
vroegsomer 37
vroegtydig
  46 Vroeër
  57 Vroeg
  59 Geleë
vroegtydigheid 57
vroegwinter 37
vroetel
  165 Onreëlmatige
    beweging
  516 Soek
  645 Handel
vroetelkous 165

vroetelry
  165 Onreëlmatige
    beweging
  516 Soek
vrolik
  407 Drink
  490 Kleur
  716 Genot
  718 Blydskap
  793 Fees
vrolikheid
  716 Genot
  718 Blydskap
vrome 845
vroom
  622 Goed
  818 Bedrieg
  845 Godsvrug
vroomheid
  818 Bedrieg
  845 Godsvrug
vrot
  323 Vrug
  472 Smaakloos, sleg
  475 Onwelriekend
  583 Willoosheid
  611 Lui
  623 Sleg
  626 Swak
  628 Vuil
  813 Swak gedrag
vroteier 741
vrotheid 623
vrotpootjie 413
vrotsig
  583 Willoosheid
  611 Lui
  623 Sleg
  683 Misluk
  813 Swak gedrag
vrotsigheid
  583 Willoosheid
  611 Lui
  623 Sleg
  813 Swak gedrag
vrotterd
  583 Willoosheid
  611 Lui
  623 Sleg
  626 Swak
vrotterig 624
vrotvel 813
vrou
  242 Ouers
  248 Huwelik
  374 Mens
  376 Vrou
  740 Kaartspel
vrouagtig 374
vroudedele 403
vrouearts 416
vrouebeul 779
vrouedrag 745
vrouegek
  239 Voortplant

776 Liefde en
  vriendskap
vrouehaarvaring 329
vrouehaat 777
vrouehater
  375 Man
  777 Haat en
    onvriendelikheid
vrouejagter 239
vrouekapsel 382
vroueklere 745
vrouelogika 524
vrouemishandeling
  667 Stryd
  803 Wette oortree
vrouemode 745
vrouemonument 535
vrouenaam
  550 Noem
  574 Woordkategorie
vrouepersoon 376
vrouesaal 417
vrouesel 594
vrouesiekte 413
vroueslaner 779
vrouespan 629
vrouestem 482
vrouetaal 569
vrouevereniging 665
vroueverkragter 803
vroulief 248
vroulik
  374 Mens
  376 Vrou
  574 Woordkategorie
vroulikheid
  374 Mens
  376 Vrou
vrouspersoon 376
VR-program 263
vrug
  16 Gevolg
  237 Voortbring
  323 Vrug
  350 Vrugteverbouing
  403 Voortplantings-
    orgaan
  681 Resultaat
  686 Aanwins
vrug(te)soort 323
vrugafdrywing 239
vrugbaar
  239 Voortplant
  323 Vrug
  324 Plantlewe
  346 Landbougrond
  682 Slaag
  686 Aanwins
vrugbaarheid
  239 Voortplant
  324 Plantlewe
  682 Slaag
vrugbeginsel
  322 Blom

403 Voortplantings-
   orgaan
vrugbrengend
   323 Vrug
   686 Aanwins
vrugdraend
   323 Vrug
   686 Aanwins
vruggebruik
   688 Besit
   696 Ontvang
vruggebruiker 688
vruggroente 351
vrugkiem
   323 Vrug
   403 Voortplantings-
      orgaan
vrugknop 323
vrugreg
   696 Ontvang
   806 Wettig
vrugte
   323 Vrug
   420 Voedsel
   426 Kossoort, dis
vrugtebedryf 350
vrugteboer 350
vrugteboerdery
   347 Landbou
   350 Vrugteverbouing
vrugteboom
   331 Boom
   350 Vrugteverbouing
vrugteboord 350
vrugtedieet 406
vrugte-essens 419
vrugte-eter 357
vrugtehandel 350
vrugtejogurt 426
vrugtekoek 426
vrugtekundige 350
vrugtekweker 350
vrugtelekker 426
vrugteloos 634
vrugteloosheid 634
vrugtemot 361
vrugteoes
   347 Landbou
   350 Vrugteverbouing
vrugteplaas
   350 Vrugteverbouing
   354 Plaas
vrugtepuree 426
vrugtesap
   427 Drank
   460 Vloeistof
vrugteslaai 426
vrugtesmous 701
vrugtesout 415
vrugtestalletjie 707
vrugtesteekmot 361
vrugtesuigmot 361
vrugtesuiker
   419 Voedselbereiding

471 Smaaklik, lekker
vrugteventer 701
vrugteverbouing 350
vrugtevlees 350
vrugtevlermuis 366
vrugtevlieg 361
vrugtevreter
   357 Dier
   365 Voël
vrugtewinkel 350
vrugtig 427
vrugwater 239
vry
   102 Hoeveelheid
   110 Niks
   173 Losmaak
   239 Voortplant
   578 Vrywillig
   593 Vryheid
   662 Rus
   710 Kosteloosheid
   776 Liefde en
      vriendskap
vry(e)lik 593
vryasie
   239 Voortplant
   776 Liefde en
      vriendskap
vrybrief
   601 Toestemming gee
   616 Magtig
   776 Liefde en
      vriendskap
vrybuiter
   695 Steel
   779 Boosaardigheid
vrybuitery
   695 Steel
   779 Boosaardigheid
vryburger 592
Vrydag 37
vrydenkend
   593 Vryheid
   767 Moed
vrydenkendheid
   593 Vryheid
   767 Moed
vrydenker
   593 Vryheid
   767 Moed
   843 Ongeloof
vrydenkery 843
vrydraai
   163 Draai
   217 Motorry
   222 Vlieg
   233 Voertuig
vryduiker 215
vryelik 578
vryemarkekonomie 701
vryemarkstelsel 701
vryer
   239 Voortplant

776 Liefde en
   vriendskap
vryerig
   239 Voortplant
   776 Liefde en
      vriendskap
vryerigheid 239
vryery
   239 Voortplant
   776 Liefde en
      vriendskap
vryetydsbesteding 724
vryf
   154 Vryf
   179 Glad maak
   184 Breek
   458 Breekbaar
   627 Skoon
vryfbeweging 154
vrygee
   566 Drukkuns
   601 Toestemming gee
vrygees
   593 Vryheid
   767 Moed
vrygeestig
   593 Vryheid
   767 Moed
vrygeestigheid
   593 Vryheid
   767 Moed
vrygelaat 593
vrygeleide 680
vrygemaak 593
vrygesel 248
vrygespreek 593
vrygestel 593
vrygewes 593
vrygewig
   691 Spandeer
   693 Gee
   778 Goedaardigheid
vrygewigheid
   691 Spandeer
   693 Gee
   778 Goedaardigheid
vryhandel 701
vryheid
   578 Vrywillig
   593 Vryheid
   767 Moed
vryheid(s)liewend 593
vryheidsgees 593
vryheidsin 593
vryheidsliefde 593
vryheidsmonument 535
vryheidsoorlog 667
vryheidstrewe 593
vryheidstryd 593
vryheidsug 593
vryhoogte 436
vryhou 593
vrykamer 94
vrykom 593

vrykoop
   593 Vryheid
   712 Belasting
vrykoopgeld 803
vrykoping 593
vrykorps 672
vrylaat
   65 Afwesigheid
   110 Niks
   593 Vryheid
vrylating 593
vryloop 679
vrylustig 239
vrylustigheid 239
vrymaak
   173 Losmaak
   593 Vryheid
   655 Veilig
vrymag
   588 Gesag hê
   593 Vryheid
vrymagtig
   590 Bestuur en regeer
   616 Magtig
vrymaking
   173 Losmaak
   593 Vryheid
Vrymesselaar 854
vrymoedig
   593 Vryheid
   767 Moed
vrymoedigheid
   593 Vryheid
   767 Moed
vrypleit
   604 Versoek
   809 Regsgeding
vryplek 776
vrypostig 792
vrypostigheid 792
vrysinnig
   593 Vryheid
   767 Moed
   795 Staat en politiek
vrysinnigheid
   593 Vryheid
   767 Moed
   795 Staat en politiek
vrysit 593
vryskeld 593
vryskeld 809
vryskut
   568 Media
   658 Beroep
vryskutfotograaf 568
vryskutjoernalis 568
vryskutwerk
   568 Media
   658 Beroep
vryskutwerker 658
vryslaan 728
vryslag
   215 Swem
   732 Watersport

vryspraak
593 Vryheid
809 Regsgeding
821 Onskuldig
833 Verontskuldig
vryspreek
593 Vryheid
809 Regsgeding
821 Onskuldig
833 Verontskuldig
vryspreking
593 Vryheid
809 Regsgeding
821 Onskuldig
vryspring
190 Vertrek
593 Vryheid
vrystaan
578 Vrywillig
601 Toestemming gee
vrystaande 4
vrystel
173 Losmaak
566 Drukkuns
593 Vryheid
679 Mobilisering
833 Verontskuldig
vrystelling
551 Meedeel
593 Vryheid
599 Gesag uitoefen
631 Nodig
679 Mobilisering
vry-uit 539
vryval
222 Vlieg
733 Lugsport
vryverklaar
593 Vryheid
809 Regsgeding
821 Onskuldig
vrywaring 593
vrywel 130
vrywery 154
vrywillig
578 Vrywillig
596 Inskiklik
vrywilliger
578 Vrywillig
673 Manskap
679 Mobilisering
780 Hulpbetoon
vrywilligheid 578
vrywilliglik 578
V-teken 684
vuig
628 Vuil
813 Swak gedrag
vuigheid
628 Vuil
813 Swak gedrag
vuil
475 Onwelriekend
489 Ondoerskynend

544 Onduidelik
548 Praat
623 Sleg
628 Vuil
813 Swak gedrag
820 Oneerbaar
vuilbaard 366
Vuilbaard 838
vuilbek
539 Kommunikeer
548 Praat
820 Oneerbaar
829 Beledig
vuilbekkig
623 Sleg
813 Swak gedrag
vuilerig 628
vuilgat 623
vuilgewin 803
vuilgewinsoeker 803
vuilgoed
344 Onkruid
623 Sleg
628 Vuil
813 Swak gedrag
820 Oneerbaar
vuilgoedbak
84 Houer
627 Skoon
vuilgoedblik 628
vuilgoeddrom
627 Skoon
628 Vuil
vuilgoedemmer
84 Houer
627 Skoon
628 Vuil
vuilgoedhoop 628
vuilgoedlorrie 628
vuilgoedsak
627 Skoon
628 Vuil
vuilgoedverwerking 628
**vuilgoedverwyde-
ring** 627
vuilgoedvragmotor 628
vuilgoedwa 628
vuilheid
489 Ondeurskynend
628 Vuil
813 Swak gedrag
vuilhoop 628
vuiligheid 628
vuilis
628 Vuil
813 Swak gedrag
vuilisbak 628
vuilishoop 628
vuiliskar 628
vuilisverwerking 628
vuilisverwydering 628
vuilmaak 409
vuilprater 820
vuilsiekte 413

vuilskemer 486
vuilskrywer 820
vuilskrywery 820
vuilspuiter
539 Kommunikeer
548 Praat
669 Aanval
820 Oneerbaar
829 Beledig
vuilspuitery 669
vuilwater 628
vuilwit
491 Kleurloosheid
492 Kleure
vuis 397
vuisdik 434
vuisgeveg
667 Stryd
731 Gevegsport
vuisgroet 790
vuishou
182 Slaan
667 Stryd
vuisreël 35
vuisslaan 667
vuisslag
182 Slaan
667 Stryd
vuisslanery 667
vuistedik 434
vuisvegter 667
vuisvoos
413 Verskillende siektes
731 Gevegsport
vul
104 Baie
109 Alles
239 Voortplant
357 Dier
366 Soogdier
vulgariteit
623 Sleg
744 Lelik
813 Swak gedrag
vulgêr
623 Sleg
744 Lelik
813 Swak gedrag
vulgêrheid
623 Sleg
813 Swak gedrag
vulkaan
274 Geologie
277 Berg
vulkanies
277 Berg
771 Gramskap
vulkaniet 298
vulkaniseer 301
vulkanisme 277
vulkanologie 277
vullend 426
vulletjie 357

vulling
391 Tand
414 Geneeskunde
vullis
628 Vuil
813 Swak gedrag
vullisbak 628
vullisblik 628
vullishoop 628
vullissak 628
vullisverwerking
255 Natuur
628 Vuil
vullisverwydering 628
vulpen 564
vulpotlood 564
vulsel 426
vulstasie
233 Voertuig
299 Brandstof
vulva 403
vunsig 463
vunsigheid 463
vurig
580 Graag
610 Ywerig
618 Heftig
714 Positiewe gevoel
715 Negatiewe gevoel
vurig(lik)
618 Heftig
713 Gevoel
714 Positiewe gevoel
773 Begeerte
vurigheid
618 Heftig
714 Positiewe gevoel
715 Negatiewe gevoel
vurk
94 Dele van 'n eiendom
95 Huisraad
149 Pad
183 Gryp
232 Fiets
355 Landbougereedskap
419 Voedselbereiding
630 Werktuig
vurkhyser 211
vurkstang 231
vuur
465 Warm
487 Ligbron
676 Vuurwapen
677 Skiet
714 Positiewe gevoel
715 Negatiewe gevoel
vuuraanbidding 854
vuurdood
250 Dood
835 Bestraf
vuurdoop
561 Studeer
642 Beproef
vuurgees 768

vuurgloed 465
vuurgordel 465
vuurgordyn 465
vuurherd
  94 Dele van 'n eiendom
  469 Verwarmingstoestel
vuurhoutjie 467
vuurkleur 492
vuurklip
  298 Steen
  467 Aansteek
vuurkolom 465
vuurlelie 334
vuurlig
  485 Lig
  487 Ligbron
vuurlinie 667
vuurlyn 667
vuurmaak 467
vuurmaakgoed 299
vuurmaakhout 299
vuurmaakplek 465
vuuroond 469
vuur-op-die-dak
  332 Struik
  333 Rankplant
vuurpeloton
  680 Militêre aksie
  835 Bestraf
vuurpoel 465
vuurproef
  561 Studeer
  642 Beproef
vuurpyl
  227 Werp
  236 Lugvaart
  334 Blomplant
  676 Vuurwapen
  793 Fees
vuurpyllanseerder 676
vuurpyllansering
  222 Vlieg
  227 Werp
vuurreën 793
vuurroer 676
vuurrooi 492
vuursee 465
vuurskerm 469
vuurslaan
  467 Aansteek
  468 Blus
vuurslag 467
vuurspuwend
  274 Geologie
  277 Berg
  465 Warm
vuursteen
  298 Steen
  467 Aansteek
vuursteenslotgeweer 676
vuurstorm 465
vuurtang 95
vuurtoring
  235 Skeepvaart

487 Ligbron
655 Veilig
vuurvas
  304 Steenbakkery
  468 Blus
vuurvastheid
  304 Steenbakkery
  468 Blus
vuurvlieg 361
vuurvreter
  618 Heftig
  714 Positiewe gevoel
  779 Boosaardigheid
vuurwa 233
vuurwapen
  675 Militêre toerusting
  676 Vuurwapen
vuurwapendeskundige 676
vuurwarm
  407 Drink
  465 Warm
  771 Gramskap
vuurwerk
  676 Vuurwapen
  677 Skiet
  793 Fees
vuuryster 469
vuvuzela 756
vy
  350 Vrugteverbouing
  426 Kossoort, dis
vyand
  666 Verhinder
  667 Stryd
  777 Haat en onvriendelikheid
vyandelik
  667 Stryd
  777 Haat en onvriendelikheid
vyandelikheid
  667 Stryd
  777 Haat en onvriendelikheid
vyandig
  623 Sleg
  656 Gevaarlik
  667 Stryd
  771 Gramskap
  777 Haat en onvriendelikheid
  779 Boosaardigheid
  827 Afkeur
vyandiggesind
  623 Sleg
  656 Gevaarlik
  667 Stryd
  771 Gramskap
  777 Haat en onvriendelikheid
  779 Boosaardigheid
vyandiggesinde
  666 Verhinder

777 Haat en onvriendelikheid
vyandiggesindheid 777
vyandigheid
  667 Stryd
  777 Haat en onvriendelikheid
vyandskap
  777 Haat en onvriendelikheid
  779 Boosaardigheid
vyeboom 331
vyfdagwerk(s)week 645
vyfdekolonner 803
vyfduims 615
vyfgang 219
vyfgangmaaltyd 418
vyfgangperd 219
vyfhoek
  139 Meetkunde
  447 Hoekig
vyfhoekig
  139 Meetkunde
  447 Hoekig
vyfjaarplan 640
vyfkamp 629
vyfkant 139
vyfkantig
  139 Meetkunde
  447 Hoekig
vyfmeterlyn 728
vyfrandmunt 709
vyfstemmig 755
vyfsterhotel 429
vyfstoot 738
vyftienmeterlyn 728
vyftiger 52
vyftigrandnoot 709
vyftigsentmunt 709
vyfvingerkruid 332
vyfvlak 139
vyfvlakkig 139
vyfyster 728
vygie
  334 Blomplant
  336 Vetplant
vyl
  154 Vryf
  316 Hout
  448 Gelyk
  630 Werktuig
vylsel
  154 Vryf
  184 Breek
vysel 95
vyselstamper
  84 Houer
  186 Maal
vywer
  285 Watermassa
  372 Vissery

W
wa
  230 Rytuig

234 Spoorweë
waad
  197 Te voet gaan
  215 Swem
waadbaar 215 Swem
waaddiepte 233
waadvoël 365
waag
  642 Beproef
  656 Gevaarlik
  767 Moed
waaghals
  642 Beproef
  767 Moed
waaghalsig
  618 Heftig
  642 Beproef
  767 Moed
waagkapitaal 688
waagmoed 767
waagmoedig 767
waagmoedigheid 767
waagsaam 767
waagspel
  629 Spel en sport
  642 Beproef
  767 Moed
waagstuk
  642 Beproef
  656 Gevaarlik
  767 Moed
waagtoertjie 767
waai
  145 Beweging
  164 Reëlmatige beweging
  165 Onreëlmatige beweging
  167 Wegbeweeg
  190 Vertrek
  205 Weggaan van
  290 Wind
  397 Ledemaat
  501 Onsigbaarheid
  545 Natuurlike teken
  790 Sosiale betrekking
waaiboom 331
waaier
  233 Voertuig
  236 Lugvaart
  290 Wind
  466 Koud
waaierband 233
waaierblaar 413
waaierblad 236
waaieroond 469
waaierstert
  365 Voël
  396 Rug
waaierstertduif 365
waaierstertmeerkat 366
waaiervorm 438
waaiervormig
  438 Vorm

446 Rond
waaierwurm 363
waaigras 338
waaisand
  282 Kus
  283 See
waaisneeu 292
waak
  410 Slaap
  508 Aandag
  651 Toesien
  655 Veilig
waakeenheid 417
waakkamer 417
waaksaal 417
waaksaam
  508 Aandag
  612 Noukeurig
  640 Voorbereid
  655 Veilig
waaksaamheid
  508 Aandag
  612 Noukeurig
  655 Veilig
waan
  413 Verskillende siektes
  505 Verstandstoornis
  512 Verbeelding
  538 Dwaling
waanbeeld
  512 Verbeelding
  538 Dwaling
waandenkbeeld
  538 Dwaling
  838 Gees
waangeloof 842
waansin
  413 Verskillende siektes
  505 Verstandstoornis
  524 Onlogies redeneer
waansinnig
  505 Verstandstoornis
  618 Heftig
waansinnige 505
waanwys
  581 Teësinnig
  582 Wilskrag
waanwysheid 785
waar
  48 Gelyktydig
  61 Plek
  537 Waarheid
  555 Vra
waaragter 86
waaragtig
  537 Waarheid
  820 Oneerbaar
waarbo 76
waarborg
  528 Bevestig
  607 Beloof
  655 Veilig
  769 Vertroue
waarborgfonds 688

waarborggeld 688
waarborgstempel 546
waarborgteken 546
waarbuite 80
waard 429
waardasie
  122 Bereken
  126 Skat
  620 Belangrik
waarde
  122 Bereken
  541 Betekenisvolheid
  620 Belangrik
  622 Goed
  629 Gebruik
  633 Nuttig
  686 Aanwins
  704 Koop
  708 Betaal
waardebepaling
  122 Bereken
  126 Skat
  620 Belangrik
waardebestel 620
waardeer
  122 Bereken
  126 Skat
  527 Oordeel
  620 Belangrik
  830 Eerbiedig
waardeerder
  122 Bereken
  126 Skat
waardeloos
  54 Oud
  542 Betekenisloosheid
  621 Onbelangrik
  623 Sleg
  634 Nutteloos
waardeloosheid
  54 Oud
  542 Betekenisloosheid
  621 Onbelangrik
  629 Gebruik
  634 Nutteloos
waardeoordeel 620
waarderend
  527 Oordeel
  781 Dankbaarheid
  830 Eerbiedig
waardering
  126 Skat
  781 Dankbaarheid
  826 Goedkeur
  830 Eerbiedig
waarderingshof 808
waardesisteem 620
waardeskaal 620
waardeskatting 620
waardestelsel 620
waardeur 153
waardevermeerdering
  620 Belangrik
  686 Aanwins

waardevermindering
  620 Belangrik
  621 Onbelangrik
  635 Skadelik
  687 Verlies
waardevol
  541 Betekenisvolheid
  620 Belangrik
  622 Goed
  633 Nuttig
waardig
  582 Wilskrag
  622 Goed
  785 Hoogmoed
  788 Beskawing
  812 Goeie gedrag
  830 Eerbiedig
waardigheid
  582 Wilskrag
  622 Goed
  785 Hoogmoed
  788 Beskawing
  799 Beroemd
  812 Goeie gedrag
  830 Eerbiedig
**waardigheidsbe-
kleër** 658
waargenome
  493 Gevoeligheid
  500 Sigbaarheid
  508 Aandag
waarheen 147
waarheid
  528 Bevestig
  537 Waarheid
  608 Jou woord hou
  842 Geloof
waarheid(s)getrou
  537 Waarheid
  814 Eerlik
waarheid(s)liewend
  537 Waarheid
  608 Jou woord hou
  804 Regverdig
  814 Eerlik
waarheidsin
  537 Waarheid
  814 Eerlik
waarheidsliefde 814
waarheidsoeker 814
waarlangs
  147 Rigting
  152 Verby
waarlik 537
waarlikwaar 608
waarmaak
  525 Bewys
  528 Bevestig
waarmee 629
waarmerk
  525 Bewys
  546 Kunsmatige teken
waarmerking 546

waarna
  25 Dit wat volg
  147 Rigting
  555 Vra
waarnaas 87
waarnatoe
  147 Rigting
  555 Vra
waarneem
  144 Vervanging
  493 Gevoeligheid
  499 Sien
  500 Sigbaarheid
  508 Aandag
  645 Handel
  658 Beroep
waarneembaar
  493 Gevoeligheid
  500 Sigbaarheid
waarneembaarheid
  493 Gevoeligheid
  500 Sigbaarheid
waarnemend
  144 Vervanging
  658 Beroep
waarnemer
  144 Vervanging
  499 Sien
  508 Aandag
waarneming
  144 Vervanging
  493 Gevoeligheid
  499 Sien
  508 Aandag
  535 Weet
waarnemingspos 499
waarnemingsvermoë
  493 Gevoeligheid
  499 Sien
  508 Aandag
waarom
  15 Oorsaak
  163 Draai
  555 Vra
waaromtrent 61
waaronder
  75 Onder
  77 Onder, onderkant,
    ondertoe
  83 In die middel
waaroor
  15 Oorsaak
  74 Op
waarop 74
waarsê
  551 Meedeel
  844 Bygeloof
waarsêer
  551 Meedeel
  844 Bygeloof
  854 Godsdienste
waarsêery
  551 Meedeel
  836 Bonatuurlik

844 Bygeloof
waarsegging
551 Meedeel
844 Bygeloof
waarsku
182 Slaan
508 Aandag
539 Kommunikeer
638 Aanmoedig
656 Gevaarlik
827 Afkeur
waarskuwer 539
waarskuwing
539 Kommunikeer
579 Gedwonge
638 Aanmoedig
656 Gevaarlik
827 Afkeur
waarskuwing-teem 656
waarskuwingsklokkie
94 Dele van 'n eiendom
656 Gevaarlik
waarskuwingsteken
149 Pad
546 Kunsmatige teken
waarskynlik
2 Nie-bestaan
537 Waarheid
waarskynlikheid
520 Verwag
537 Waarheid
653 Maklik handel
765 Hoop
waarso
61 Plek
555 Vra
waarteen
87 Aan die kant
181 Raak
waartoe
16 Gevolg
555 Vra
637 Doelgerigtheid en doelloosheid
waaruit 16
waarvan
15 Oorsaak
167 Wegbeweeg
waarvandaan
88 Posisie
147 Rigting
787 Samelewing
waarvolgens
15 Oorsaak
19 Orde
waarvoor
15 Oorsaak
16 Gevolg
wa-as
163 Draai
230 Rytuig
234 Spoorweë
waas
161 Bedek

291 Wolk
323 Vrug
544 Onduidelik
waatlemoen
350 Vrugteverbouing
426 Kossoort, dis
waatlemoenkleur 492
waboom 337
wada 426
waddehel
521 Verras wees
715 Negatiewe gevoel
771 Gramskap
waddejoos
521 Verras wees
715 Negatiewe gevoel
771 Gramskap
wadi 286
wadrywer 230
waenhuis
94 Dele van 'n eiendom
231 Tuig
354 Plaas
wafel 426
wafelbakker 425
wafelpan
84 Houer
95 Huisraad
wafelyster 95
waffers 622
wag
40 Langdurig
146 Beweginglossheid
508 Aandag
592 Ondergeskikte
646 Nie handel nie
655 Veilig
670 Verdedig
673 Manskap
680 Militêre aksie
802 Wette gehoorsaam
wag-'n-bietjie 331
wagbeurt 680
wagdiens 680
waggel
164 Reëlmatige beweging
197 Te voet gaan
198 Strompel
waggelaar 198
waggelend
197 Te voet gaan
198 Strompel
waggelgang
164 Reëlmatige beweging
198 Strompel
waggeling 198
waggelry 198
waggelstappie 198
waghond 366
waghou 680
waghuis
91 Gebou

234 Spoorweë
680 Militêre aksie
wagkamer
234 Spoorweë
416 Medikus
655 Veilig
wagkoop 704
waglys 21
wagmeester 673
wagoffisier 673
wagparade 680
wagpos
670 Verdedig
680 Militêre aksie
wagstaan 680
wagstanery 655
wagtend 146
wagter
365 Voël
369 Veeteelt
655 Veilig
680 Militêre aksie
wagtery 646
wagtoring
655 Veilig
671 Verdedigingsmiddel
680 Militêre aksie
wagtou 21
wagvuur 465
wagwoord
3 Bestaanswyse
263 Rekenaar en internet
546 Kunsmatige teken
680 Militêre aksie
wakap 230
wakis
84 Houer
230 Rytuig
wakker
249 Lewe
410 Slaap
508 Aandag
610 Ywerig
640 Voorbereid
767 Moed
wakkerheid
508 Aandag
610 Ywerig
655 Veilig
wakkerte 610
waks 627
wal
286 Rivier
288 Waterstelsel
671 Verdedigingsmiddel
walaer 655
waldhoring 756
walg 775
walgend
623 Sleg
715 Negatiewe gevoel
744 Lelik
775 Weersin

walglik
475 Onwelriekend
623 Sleg
628 Vuil
715 Negatiewe gevoel
744 Lelik
775 Weersin
walglikheid
628 Vuil
744 Lelik
775 Weersin
walgooi
285 Watermassa
666 Verhinder
walgwors 724
walkant 286
walkie-talkie 264
walkie-talkies 426
walkman 264
wallabie 366
walm
461 Gas
465 Warm
walrus
363 Waterdier
366 Soogdier
wals
183 Gryp
297 Metaal
301 Metaalverwerking
302 Smeewerk
630 Werktuig
742 Dans
754 Komposisie
walsmasjien
183 Gryp
301 Metaalverwerking
630 Werktuig
walsstaal 301
walvis
363 Waterdier
366 Soogdier
Walvis 270
walvisboot 372
walvishaai 363
walvisjag 373
walvisjagter 372
walvistraan 462
walvisvaarder 235
walvisvangs 372
wamaker 230
wamakery 230
wan
347 Landbou
352 Graanverbouing
wanaangepas 623
wanaangepastheid 623
wanaanpas 623
wanaanpassing 623
wanaanwending 629
wanadministrasie 590
wanadministreer 590
wanbalans 11
wanbedryf

wapenskild

803 Wette oortree
822 Skuldig
wanbegrip
  534 Nie verstaan nie
  538 Dwaling
wanbeheer
  590 Bestuur en regeer
  623 Sleg
wanbestuur
  590 Bestuur en regeer
  623 Sleg
wanbetaler
  708 Betaal
  711 Skuld
wanbetaling 708
wand 277
wandaad
  779 Boosaardigheid
  803 Wette oortree
  822 Skuldig
wandbeen 385
wandel
  197 Te voet gaan
  229 Stadig beweeg
  644 Handelwyse
  810 Gedrag
wandelaar 197
wandelend 197
wandeling 197
wandelkierie 197
wandelklub 197
wandelpad 149
wandelroete 149
wandelstok 197
wandeltog 197
wanderlust 187
wandkaart
  273 Geografie
  560 Voorskoolse en
    naskoolse onderrig
wandluis 361
wandskildery
  94 Dele van 'n eiendom
  760 Skilderkuns
wandtapyt
  95 Huisraad
  745 Versier
wandteks 94
wandversiering 745
wang 386
wangbeen
  380 Gebeente
  385 Skedel
  386 Gesig
wangebruik 629
wangedra 779
wangedrag
  779 Boosaardigheid
  813 Swak gedrag
  822 Skuldig
wangeloof 842
wangeluid 476
wangeskape 438
wangeskapenheid 438

wangespoor(d)
  230 Rytuig
  233 Voertuig
wangevorm(d) 438
wangunstig 779
wanhoop
  719 Hartseer
  766 Wanhoop
  768 Vrees
wanhoopsdaad 766
wanhoopskreet 766
wanhoopspoging 766
wanhopig
  719 Hartseer
  766 Wanhoop
wanhopige 766
wanhopigheid
  719 Hartseer
  766 Wanhoop
  768 Vrees
wanhout 316
waninterpretasie
  543 Duidelik
  544 Onduidelik
waninterpreteer 543
wankel
  164 Reëlmatige
    beweging
  198 Strompel
  519 Twyfel
  538 Dwaling
  587 Aarsel
wankelbaar 140
wankelbaarheid 140
wankelend
  164 Reëlmatige
    beweging
  198 Strompel
  519 Twyfel
wankeling
  164 Reëlmatige
    beweging
  198 Strompel
  519 Twyfel
  538 Dwaling
wankelmoedig
  519 Twyfel
  583 Willoosheid
  587 Aarsel
  626 Swak
  715 Negatiewe gevoel
wankelmoedigheid
  519 Twyfel
  583 Willoosheid
  587 Aarsel
  626 Swak
  715 Negatiewe gevoel
wankelrig
  142 Veranderlikheid
  164 Reëlmatige
    beweging
  583 Willoosheid
  587 Aarsel
  626 Swak

  715 Negatiewe gevoel
wankelrigheid
  626 Swak
  715 Negatiewe gevoel
wanklank
  11 Disharmonie
  476 Geluid
  479 Disharmonies
  755 Uitvoering
wanklankig 479
wanklinkend 476
wankommunikasie 539
wanluidend
  476 Geluid
  479 Disharmonies
wanneer
  37 Tydruimte
  555 Vra
wanopvatting
  538 Dwaling
  613 Onnoukeurig
wanorde
  20 Wanorde
  121 Verwarring
  598 Ongehoorsaam
  628 Vuil
wanordelik
  20 Wanorde
  121 Verwarring
  628 Vuil
wanordelikheid
  20 Wanorde
  121 Verwarring
  628 Vuil
wanpraktyk
  779 Boosaardigheid
  803 Wette oortree
  813 Swak gedrag
wanprestasie 813
wanskape
  11 Disharmonie
  744 Lelik
wanskapenheid
  11 Disharmonie
  744 Lelik
wanskapig 438
wansmaak
  470 Smaak
  748 Gebrek aan styl en
    smaak
wanstaltig
  438 Vorm
  744 Lelik
wanstaltigheid
  438 Vorm
  744 Lelik
want
  15 Oorsaak
  235 Skeepvaart
wantoepassing 629
wantoestand 623
wantrou
  519 Twyfel
  770 Wantroue

wantroue
  518 Glo
  519 Twyfel
  587 Aarsel
  770 Wantroue
  832 Beskuldig
  843 Ongeloof
wantrouesaaier 770
wantrouig
  518 Glo
  519 Twyfel
  770 Wantroue
  843 Ongeloof
wantrouigheid 770
wants 357
wanverhouding 438
wanvertolk 544
wanvertolking 544
wanvoeding 413
wanvoeglik 813
wanvoorstelling
  538 Dwaling
  815 Oneerlik
wanvorm 438
wanvormig 438
wanvormigheid 438
wanvorming 438
wapad 149
wapen
  233 Voertuig
  546 Kunsmatige teken
  547 Simboliek
  675 Militêre toerusting
wapenarsenaal 675
wapenbord
  546 Kunsmatige teken
  745 Versier
wapenbroer
  663 Meedoen
  667 Stryd
wapendeskundige 675
wapendraer 673
wapenentoesias 675
wapengeweld 667
wapenhandel 701
wapeningstaal 100
wapenkluis 675
wapenkreet 672
wapenkunde
  546 Kunsmatige teken
  675 Militêre toerusting
wapenkundige 675
wapenmagasyn
  672 Weermag
  675 Militêre toerusting
wapenoefening 680
wapenopslagplek 675
wapenrusting
  674 Militêre uitrusting
  675 Militêre toerusting
wapenseël 546
wapenskild
  546 Kunsmatige teken
  547 Simboliek

745 Versier
wapenskou 680
wapensmid 675
wapenspreuk
  546 Kunsmatige teken
  573 Woordeskat
wapenstilstand 668
wapentuig 675
wapenuitrusting
  674 Militêre uitrusting
  675 Militêre toerusting
wapenvervaardiging 675
wapper
  164 Reëlmatige
    beweging
  165 Onreëlmatige
    beweging
warboel
  20 Wanorde
  121 Verwarring
  165 Onreëlmatige
    beweging
  538 Dwaling
wardenke 524
ware
  237 Voortbring
  629 Gebruik
warehuis 707
warempel 537
warhoof
  503 Onverstandigheid
  538 Dwaling
warhoofdig
  121 Verwarring
  503 Onverstandigheid
  524 Onlogies redeneer
warkop
  503 Onverstandigheid
  509 Onoplettendheid
  524 Onlogies redeneer
  538 Dwaling
warkoppig
  121 Verwarring
  503 Onverstandigheid
  524 Onlogies redeneer
warkoppigheid
  503 Onverstandigheid
  524 Onlogies redeneer
warkruid 344
warm
  260 Warmteleer
  289 Klimaat
  418 Voeding
  465 Warm
  467 Aansteek
  490 Kleur
  714 Positiewe gevoel
  715 Negatiewe gevoel
  776 Liefde en
    vriendskap
  790 Sosiale betrekking
  791 Sosiaal
warmas 361
warmassie 361

warmbad 284
warmbeitel 101
warmbloedig
  400 Bloed en limf
  715 Negatiewe gevoel
warmbloedigheid 715
warmbrakkie
  424 Brood
  426 Kossoort, dis
warmfront 294
warmhandskoen 465
warmhartig 776
warmlugballon 236
warmpan
  96 Slaapplek
  410 Slaap
  465 Warm
warmpatat 741
warmpies 465
warmplek 839
warmrig 465
warmsak
  410 Slaap
  465 Warm
warmskinkbord 469
warmte
  260 Warmteleer
  465 Warm
  714 Positiewe gevoel
  715 Negatiewe gevoel
  743 Mooi
  776 Liefde en
    vriendskap
  790 Sosiale betrekking
  791 Sosiaal
warmtebehandeling 414
warmte-eenheid 123
warmte-energie
  256 Skeikunde
  465 Warm
warmtegeleier 260
warmtegraad 260
warmteleer 260
warmtemeter 260
warmtestraal 465
warmtestraling
  256 Skeikunde
  260 Warmteleer
  465 Warm
warmwater 465
warmwaterbottel
  84 Houer
  95 Huisraad
  96 Slaapplek
  410 Slaap
  465 Warm
warmwaterbron 284
warmwaterfles
  95 Huisraad
  465 Warm
warmwaterketel 469
warmwaterkraan
  94 Dele van 'n eiendom
  288 Waterstelsel

warmwatersak
  84 Houer
  96 Slaapplek
  410 Slaap
  465 Warm
warmwatersilinder
  94 Dele van 'n eiendom
  469 Verwarmingstoestel
warmwaterstelsel 469
warmwatertenk 94
warmwatertoestel 469
warrel 165
warreling 165
warrelkewer 361
warrelwind 290
wars 775
warsheid 827
wartaal
  524 Onlogies redeneer
  538 Dwaling
  548 Praat
  569 Taal
was
  306 Diamantslypery
  462 Halfvloeibare stof
  487 Ligbron
  627 Skoon
  746 Persoonlike
    versorging
wasafdruk 546
wasbak
  94 Dele van 'n eiendom
  627 Skoon
wasbalie
  95 Huisraad
  627 Skoon
wasbeeld
  546 Kunsmatige teken
  763 Beeldhoukuns
wasbeer 366
wasbeker
  84 Houer
  94 Dele van 'n eiendom
  627 Skoon
wasbessie 332
wasblom 334
wasboom 331
wasdom 432
waseg 622
wasem 461
waserig
  161 Bedek
  291 Wolk
wasgeld 708
wasgoed 627
wasgoeddraad
  94 Dele van 'n eiendom
  627 Skoon
wasgoedlap 627
wasgoedmandjie
  84 Houer
  627 Skoon
wasgoedmiddel 627
wasgoedpennetjie 627

wasgoedpoeier 627
wasgoedsak 84
wasig
  161 Bedek
  291 Wolk
  489 Ondeurskynend
  544 Onduidelik
wasigheid 291
wasigheid
  489 Ondeurskynend
  544 Onduidelik
wasinrigting 627
waskamer 94
waskers 487
waskleur 492
waskom
  84 Houer
  94 Dele van 'n eiendom
  95 Huisraad
  627 Skoon
waskryt 759
waslap
  627 Skoon
  746 Persoonlike
    versorging
wasmandjie
  84 Houer
  627 Skoon
wasmasjien
  95 Huisraad
  627 Skoon
wasmodel 546
wasoutomaat 627
waspalm 331
waspapier 419
wasplank
  95 Huisraad
  627 Skoon
wasplant 333
waspoeier 627
waspop 715
wasser 172
wassery 627
wasskilderkuns 760
wasskottel
  84 Houer
  627 Skoon
wassoda
  256 Skeikunde
  300 Sout
  627 Skoon
wasstel
  84 Houer
  94 Dele van 'n eiendom
  95 Huisraad
wastafel
  94 Dele van 'n eiendom
  95 Huisraad
  627 Skoon
waster 172
wasvel 564
wasvrou 627
waswerk 627
wat 555

watent 230
water
  239 Voortplant
  292 Water
  409 Afskeiding en
    uitskeiding
  413 Verskillende siektes
  427 Drank
  460 Vloeistof
  463 Nat
wateraanwyser 288
wateraar 284
wateraflaatplek 94
waterbak 84
waterbalie 84
waterbasisverf
  95 Huisraad
  100 Boumateriaal
waterbed 96
waterbegrafnis 253
waterbehandeling 414
waterbeker 95
waterbeperking 288
waterbesoedeling
  255 Natuur
  288 Waterstelsel
waterbesparing 288
waterbesparingsmaat-
  reël 288
waterbevolking 357
waterbewaring 255
waterblaas 413
waterblasie 381
waterblommetjie
  318 Plant
  341 Waterplant
  426 Kossoort, dis
waterblommetjie-
  bredie 426
waterbobbejaan 366
waterboei 221
waterbok 366
waterboom 331
waterboor
  155 Deurboor
  630 Werktuig
waterbottel 232
waterboukunde 288
waterboukundige 288
waterbron 284
waterdamp 461
waterdier
  363 Waterdier
  366 Soogdier
waterdig
  153 Deur
  178 Toegaan
  453 Dig
waterdigtheid 453
waterdigting 453
waterdikkop 365
waterdood 250
Waterdraer 270
waterdrom 84

waterdruk 258
waterdruppel 287
watereier 426
waterfauna 357
waterfilter 153
waterfiskaal
  288 Waterstelsel
  365 Voël
  590 Bestuur en regeer
  808 Regswese
watergang
  286 Rivier
  287 Vloei
watergas 461
watergat
  285 Watermassa
  286 Rivier
watergees 844
watergehalte 288
watergeweer 741
watergimnastiek 730
waterglas 84
waterglas 95
watergod 855
watergraf 253
watergrag 286
watergras 338
waterhalfrond 272
waterherwinning 288
waterhiasint 341
waterhoender 365
waterhof 808
waterhondjie 361
waterhoof 413
waterhoos 290
waterhumor 387
waterig 460
waterjuffer 361
waterkanaal
  286 Rivier
  288 Waterstelsel
waterkanon 676
waterkant 286
waterkartel 382
waterkering 288
waterkers
  426 Kossoort, dis
  487 Ligbron
waterketel 84
waterkiewiet 365
waterkleur 492
waterkokkewiet 338
waterkraan
  94 Dele van 'n eiendom
  178 Toegaan
  288 Waterstelsel
waterkraffie 84
waterkrag 257
waterkringloop 292
waterkruik 84
waterkuil 284
waterkultuur 345
waterlei
  288 Waterstelsel

  347 Landbou
  463 Nat
waterleiding
  288 Waterstelsel
  347 Landbou
waterlelie 341
waterlikkewaan 364
waterloop
  147 Rigting
  274 Geologie
  286 Rivier
  287 Vloei
waterloos 464
waterloosheid 464
waterloot 320
waterloper 361
waterlyn
  221 Vaar
  235 Skeepvaart
watermassa 124
watermens 215
watermerk 315
watermeter 123
watermeul(e)
  186 Maal
  288 Waterstelsel
waternat 463
waternimf 855
water(s)nood
  255 Natuurkunde
  288 Waterstelsel
  464 Droog
wateropaal 298
wateroplosbaar 256
wateroppervlakte 445
waterorrel 756
waterpan 285
waterpapawer 341
waterpas
  72 Plat
  101 Bouersgereedskap
  123 Meet
  443 Reglynig
  445 Oppervlak
waterpasgooi 741
waterpeil 286
waterpers 258
waterpistool 741
waterplant 318
waterplas 285
waterplasing
  221 Vaar
  258 Hidroulika
waterpoel 285
waterpokkies 413
waterpolo 732
waterpolospeler 732
waterpoloswembad 732
waterpomp
  233 Voertuig
  288 Waterstelsel
  355 Landbougereedskap
waterponie 235
waterput 284

waterpyp
  288 Waterstelsel
  463 Nat
  630 Werktuig
waterrat 186
waterreg 806
waterregter 808
waterriet
  318 Plant
  339 Riet
waterrot
  215 Swem
  366 Soogdier
waterryk 463
watersak 230
watersekerheid 288
watersekuriteit 288
watersisteem 288
waterskaarste
  288 Waterstelsel
  464 Droog
waterskeiding 286
waterskerpioen 361
waterski 732
waterskiër 732
waterskilpad 364
waterskuim 462
waterslak 363
waterslang
  147 Rigting
  288 Waterstelsel
  364 Reptiel
watersloot 288
watersluis 285
watersnood 255
watersoogdiere 363
watersopnat 463
waterspieël
  292 Water
  445 Oppervlak
waterspoor 221
watersport 629
waterstand 286
waterstelsel 288
waterstof
  256 Skeikunde
  296 Nie-metaal
  461 Gas
waterstofbom 676
waterstofchloried 256
waterstroom 287
watersug 413
watersugtig 413
watersuiwering 288
watersuiwerings-
  aanleg 288
watertafel
  274 Geologie
  460 Vloeistof
watertand
  406 Eet
  773 Begeerte
watertandlekker 406
watertekort 255

watertenk
84 Houer
94 Dele van 'n eiendom
234 Spoorweë
watertoevoer 288
watertoilet 94
watertrap 215
watertuit 290
wateruintjie
318 Plant
341 Waterplant
344 Onkruid
waterval
274 Geologie
277 Berg
286 Rivier
waterverassing 253
waterverf
490 Kleur
760 Skilderkuns
waterverfskildery 760
waterverkoel(d) 233
waterverkoeling 233
watervlak
123 Meet
286 Rivier
292 Water
445 Oppervlak
watervliegtuig 236
watervloed 287
watervoël 365
watervoor
286 Rivier
288 Waterstelsel
watervoorsiening 288
watervrees 768
waterweg
147 Rigting
149 Pad
waterwerend 453
waterwerke
288 Waterstelsel
719 Hartseer
waterwerker 288
waterwerktuig-
kunde 258
waterwerktuig-
kundige 258
waterwese 460
waterwyser
288 Waterstelsel
460 Vloeistof
844 Bygeloof
watewwer 507
watse 555
watsegoed 550
watsegoedsegeit 550
watsenaam
550 Noem
555 Vra
watsonia 337
watt 123
watte
311 Weefstof

415 Geneesmiddel
watteer 745
watteersel 745
wattelboom 331
wattepluisie 415
watter 555
wattmeter 123
watwonders 622
watwou
585 Verwerp
606 Weier
827 Afkeur
wavrag
104 Baie
194 Vervoer
452 Swaar
wawiel
163 Draai
230 Rytuig
446 Rond
wawieloor 388
wawyd 434
wê 831
web 361
webadres 263
webbediener 263
webblaaier 263
webblad(sy) 263
weber 419
webinaar
168 Saamkom
263 Rekenaar en
  internet
539 Kommunikeer
557 Diskussie
561 Studeer
webjoernaal 263
webjoernalis 263
webkamera 263
weblaaier 263
webleser 263
weblog 263
webontwerper 263
webpos
196 Versend
263 Rekenaar en
  internet
websoektog 263
webspinnekop 361
webtuiste 263
webwerf
263 Rekenaar en
  internet
568 Media
webwerfadmini-
strateur 263
webwerfargitektuur 263
webwerfgebruiker 263
webwerfnavigasie 263
webwerfontwerp 263
webwerfontwerper 263
webwerftoepassing 263
wed 18
weddenskap 18

wedder 18
weddery 18
wederdiens 778
wederdoper 850
wedereis 604
we(d)ergeboorte
140 Verandering
823 Berou
842 Geloof
we(d)ergebore
140 Verandering
823 Berou
842 Geloof
wederhelf
242 Ouers
248 Huwelik
wederhelfte
112 Deel
242 Ouers
wederkerend
22 Kontinuïteit
574 Woordkategorie
647 Voortgaan
wederkerig
6 Betrekking
574 Woordkategorie
wederkerigheid 6
wederkoms 854
wederliefde 776
we(d)erom
55 Periodiek
190 Vertrek
790 Sosiale betrekking
wederopstanding
249 Lewe
854 Godsdienste
wederregtelik
803 Wette oortree
805 Onregverdig
807 Onwettig
wederregtelikheid 805
wederreis 187
we(d)erstrewig
582 Wilskrag
598 Ongehoorsaam
666 Verhinder
667 Stryd
777 Haat en
  onvriendelikheid
we(d)erstrewigheid
582 Wilskrag
598 Ongehoorsaam
666 Verhinder
667 Stryd
777 Haat en
  onvriendelikheid
wedersyds
6 Betrekking
663 Meedoen
wedervaar 44
wedervergelding 784
wedervraag 555
wederwaardighede 683
wederwoord 556

wedgeld 18
wedloop 727
wedren 727
wedrenbyeenkoms 734
wedstryd 727
wedstrydbal 728
wedstrydfiks 411
wedstrydknoeier 818
wedstrydknoeiery 818
wedstrydpunt
727 Kompetisie
728 Balsporte
weduskap 242
weduvrou 242
weduwee 242
weduweeskap 242
wedvaart 221
wedvlug
222 Vlieg
733 Lugsport
wedywer 667
wedyweraar 666
wedywerend 667
wedywering 667
wee
683 Misluk
779 Boosaardigheid
weë 41
weedom 717
weef
172 Vasmaak
311 Weefstof
313 Weef
weefapparaat 313
weefindustrie 313
weefkuns 313
weefraam 313
weefsel
254 Stof
311 Weefstof
313 Weef
377 Liggaam
weefselbloeding 413
weefseloorplanting 414
weefskool 313
weefstoel 313
weefstof
311 Weefstof
313 Weef
weeftoestel 313
weeftou 313
weeg
124 Weeg
452 Swaar
weegbaar 124
weegbaarheid 124
weegbalans 124
weegbrug 124
weegskaal 124
weegstoel 124
week
127 Tydbepaling
419 Voedselbereiding
456 Sag

weerstandbiedend

463 Nat
583 Willoosheid
627 Skoon
714 Positiewe gevoel
weekblad
566 Drukkuns
568 Media
week(s)dag 127
weekdier
357 Dier
363 Waterdier
weekgeld 709
weekhartig
583 Willoosheid
714 Positiewe gevoel
weekhartigheid 714
weekheid
714 Positiewe gevoel
768 Vrees
weekkaartjie 220
weeklaag
719 Hartseer
721 Ontevredenheid
weeklag 721
weekliks
22 Kontinuïteit
37 Tydruimte
55 Periodiek
weekloner 658
weekloon 686
weekmark 702
weekoud 127
weekstaat 703
weelde
116 Te veel
689 Ryk
743 Mooi
weeldeartikel
689 Ryk
743 Mooi
weeldebedryf 701
weeldebelasting 712
weeldelewe 688
weeldemotor 233
weelderig
92 Deftige, belangrike of groot gebou
689 Ryk
743 Mooi
weelderigheid
689 Ryk
743 Mooi
weeluis 361
weemoed
715 Negatiewe gevoel
717 Lyding
719 Hartseer
weemoedig 717
weemoedigheid
715 Negatiewe gevoel
717 Lyding
719 Hartseer
ween 719
weens 15

Weense worsie 421
weer
55 Periodiek
289 Klimaat
293 Onweer
294 Weerkunde
657 Herhaal
670 Verdedig
weerbaar
670 Verdedig
767 Moed
weerbaarheid
670 Verdedig
767 Moed
weerballon 294
weerbarstig
582 Wilskrag
598 Ongehoorsaam
606 Weier
667 Stryd
weerbarstigheid
582 Wilskrag
598 Ongehoorsaam
weerberig
294 Weerkunde
568 Media
weerbestand 153
weerburo 294
weerdiens 294
weerga 8
weergalm 476
weergalming 476
weergaloos 622
weergaloosheid 622
weergawe
237 Voortbring
543 Duidelik
weergee 543
weergee
749 Kuns
758 Beeldende kuns
weer(s)gesteldheid
289 Klimaat
293 Onweer
294 Weerkunde
weerglans 485
weerglas
259 Aërografie
294 Weerkunde
weerhaak
183 Gryp
372 Vissery
weerhaan 290
weerhou
193 Vertraag
602 Verbied
646 Nie handel nie
weerhouding
193 Vertraag
602 Verbied
weerkaart 294
weerkaats
227 Werp
267 Optika

476 Geluid
485 Lig
weerkaatser
151 Agtertoe
232 Fiets
267 Optika
476 Geluid
487 Ligbron
weerkaatsing
151 Agtertoe
267 Optika
476 Geluid
485 Lig
487 Ligbron
weerkantoor 294
weerkenner 294
weerklank
151 Agtertoe
476 Geluid
weerklink 476
weerkunde
289 Klimaat
294 Weerkunde
weerkundig 294
weerkundige 294
weerlê
9 Verskillend of teenoorgesteld
526 Weerlê
weerlegbaar 526
weerlegbaarheid 526
weerlegging
526 Weerlê
556 Antwoord
weerlesing 294
weerlig
293 Onweer
485 Lig
weerligafleier 293
weerligstraal 293
weerloos
626 Swak
768 Vrees
weerloosheid 626
weermag
655 Veilig
667 Stryd
670 Verdedig
672 Weermag
weermagbasis 672
weermagkamp 672
weermagkapelaan
849 Prediking
852 Geestelike
weermagplig 679
weermagsdiens 672
weermagshospitaal 417
weermagskweking 673
weerman 673
weermiddel 671
weeromstuit 151
weeroorsig 568
weerpatroon 289
weerplig 679

weerpligtig 679
weerprofeet 294
weerradar 236
weersatelliet 294
weersgesteldheid 293
weersin
715 Negatiewe gevoel
744 Lelik
775 Weersin
777 Haat en onvriendelikheid
827 Afkeur
weersinwekkend
623 Sleg
628 Vuil
715 Negatiewe gevoel
744 Lelik
775 Weersin
weersinwekkendheid
744 Lelik
775 Weersin
weerskante 87
weerskyn(sel) 485
weerslag
16 Gevolg
151 Agtertoe
weersomstandigheid
289 Klimaat
294 Weerkunde
weerspannig
582 Wilskrag
598 Ongehoorsaam
667 Stryd
777 Haat en onvriendelikheid
weerspieël
485 Lig
543 Duidelik
weerspieëling
485 Lig
543 Duidelik
weerspreek
526 Weerlê
666 Verhinder
weersprekend 11
weerspreking 666
weerstaan
585 Verwerp
588 Gesag hê
666 Verhinder
670 Verdedig
weerstand
257 Meganika en tegnologie
262 Elektrisiteit
585 Verwerp
588 Gesag hê
598 Ongehoorsaam
625 Sterk
666 Verhinder
667 Stryd
670 Verdedig
weerstandbiedend
257 Meganika en tegnologie

977

262 Elektrisiteit
weerstandsklos
  257 Meganika en
    tegnologie
  262 Elektrisiteit
weerstandslyn
  257 Meganika en
    tegnologie
  262 Elektrisiteit
weerstandspoel
  257 Meganika en
    tegnologie
  262 Elektrisiteit
weerstandstoets
  257 Meganika en
    tegnologie
  262 Elektrisiteit
weerstandsvermoë
  257 Meganika en
    tegnologie
  262 Elektrisiteit
  455 Hard
  625 Sterk
weerstandsversterker
  257 Meganika en
    tegnologie
  262 Elektrisiteit
weerstasie 294
weerstoestand
  289 Klimaat
  294 Weerkunde
weerstreef 670
weerstrewig
  582 Wilskrag
  598 Ongehoorsaam
  666 Verhinder
  667 Stryd
  777 Haat en
    onvriendelikheid
weerstrewing
  666 Verhinder
  670 Verdedig
weersy 87
weersyds 6
weertoestand 289
weer(s)verandering
  289 Klimaat
  294 Weerkunde
weer(s)verwagting
  289 Klimaat
  294 Weerkunde
weerverskynsel 289
weervoorspeller 294
weervoorspelling 294
weervraag 555
weerwaak 294
weerwaarskuwing 294
weerwolf
  357 Dier
  366 Soogdier
  512 Verbeelding
  844 Bygeloof
weerwoord 556
weerwraak 784

wees
  1 Bestaan
  61 Plek
  243 Kinders
weesboom 355
weesheer 808
weeshuis 780
weeshuismoeder 242
weeshuisvader 242
weeskind
  243 Kinders
  780 Hulpbetoon
weet
  531 Saamstem
  533 Verstaan
  535 Weet
weetal 785
weetgierig
  506 Belangstelling
  561 Studeer
weetgierigheid
  506 Belangstelling
  561 Studeer
weetlus
  506 Belangstelling
  561 Studeer
weetlustig
  506 Belangstelling
  561 Studeer
weetlustigheid 506
weg
  65 Afwesigheid
  68 Ver
  90 Omgewing
  147 Rigting
  148 Van koers gaan
  149 Pad
  167 Wegbeweeg
  189 Wegbly
  190 Vertrek
  205 Weggaan van
  644 Handelwyse
  687 Verlies
wegbêre
  19 Orde
  175 Insit
  686 Aanwins
  692 Spaar
wegbeweeg
  67 Verplasing
  145 Beweging
  167 Wegbeweeg
wegblaas 290
wegbly
  65 Afwesigheid
  189 Wegbly
wegblyaksie 189
wegblyery 189
wegbreek
  173 Losmaak
  190 Vertrek
  728 Balsporte
wegbreekbal 728
wegbreekbouler 728

wegbreker 728
wegbring
  26 Begeleiding
  67 Verplasing
  171 Verwyder
  192 Laat gaan
  216 Ry
wegdoesel 540
wegdommel 410
wegdra
  192 Laat gaan
  695 Steel
wegdraai 167
wegdraf 205
wegdruk 181
wegdryf
  167 Wegbeweeg
  192 Laat gaan
  214 Dryf
wegduik 205
wegdwaal 213
weggaan
  65 Afwesigheid
  67 Verplasing
  167 Wegbeweeg
  190 Vertrek
  205 Weggaan van
  501 Onsigbaarheid
weggee 693
wegglip 190
weggooi
  171 Verwyder
  192 Laat gaan
  227 Werp
  585 Verwerp
weggooidoek 243
weggooikind 243
weggryp 694
weghaal
  171 Verwyder
  694 Neem
weghardloop
  167 Wegbeweeg
  190 Vertrek
  197 Te voet gaan
  205 Weggaan van
  228 Vinnig beweeg
weghelp 205
weghol
  167 Wegbeweeg
  190 Vertrek
  197 Te voet gaan
  205 Weggaan van
  228 Vinnig beweeg
wegholbrand 465
wegholinflasie 701
wegholoorwinning 684
weghou 205
weging 124
wegjaag
  192 Laat gaan
  205 Weggaan van
wegkalwe(r) 184
wegkant 728

wegkeer
  148 Van koers gaan
  666 Verhinder
wegkom
  173 Losmaak
  190 Vertrek
  593 Vryheid
wegkruip
  190 Vertrek
  197 Te voet gaan
  205 Weggaan van
  501 Onsigbaarheid
  540 Nie kommunikeer
    nie
  655 Veilig
wegkruiper
  161 Bedek
  205 Weggaan van
  501 Onsigbaarheid
wegkruipertjie 741
wegkruipery
  161 Bedek
  205 Weggaan van
  501 Onsigbaarheid
  655 Veilig
wegkruipplek 655
wegkry 171
wegkwyn
  413 Verskillende siektes
  435 Smal
  719 Hartseer
weglaat
  171 Verwyder
  563 Skryf
weglaatteken 565
weglag
  526 Weerlê
  529 Ontken
  621 Onbelangrik
weglating
  563 Skryf
  576 Sinsbou en styl
weglatingsteken 571
weglê
  66 Plasing
  175 Insit
  406 Eet
  692 Spaar
weglêhoender 365
weglei 148
weglêsnor
  382 Haar
  386 Gesig
weglok 638
wegloop
  65 Afwesigheid
  67 Verplasing
  167 Wegbeweeg
  190 Vertrek
  205 Weggaan van
  287 Vloei
  679 Mobilisering
wegmaak
  238 Vernietig

691 Spandeer
wegmoer 227
wegmoffel
  161 Bedek
  540 Nie kommunikeer nie
wegneem
  26 Begeleiding
  67 Verplasing
  167 Wegbeweeg
  171 Verwyder
  192 Laat gaan
  205 Weggaan van
  694 Neem
  695 Steel
wegneemete
  418 Voeding
  426 Kossoort, dis
wegneemkos 426
wegneemrestourant 429
wegneemvoedsel 418
wegpen 728
wegpraat 540
wegraak
  67 Verplasing
  148 Van koers gaan
  190 Vertrek
  205 Weggaan van
  238 Vernietig
wegraap
  694 Neem
  695 Steel
wegredeneer 522
wegreis 190
wegrokkel 638
wegruiming 19
wegruk 145
wegry
  190 Vertrek
  205 Weggaan van
  216 Ry
wegsien 790
wegsit
  66 Plasing
  175 Insit
  406 Eet
  692 Spaar
wegskarrel 190
wegskeer 746
wegskeur
  169 Skei
  184 Breek
wegskeuring 184
wegskiet
  227 Werp
  677 Skiet
wegskram 189
wegskuif
  67 Verplasing
  145 Beweging
wegslaan
  182 Slaan
  407 Drink
wegsluip 197

wegslyt 184
wegsmyt 227
wegsny 185
wegspoel
  214 Dryf
  283 See
wegspring
  27 Begin
  199 Spring
  228 Vinnig beweeg
  649 Begin handel
  729 Atletiek
wegspringblokke 729
wegspringplek 27
wegsteek
  67 Verplasing
  161 Bedek
  501 Onsigbaarheid
  540 Nie kommunikeer nie
  549 Stilbly
wegsterf
  412 Siek
  477 Stilte
wegsterwing
  413 Verskillende siektes
  477 Stilte
wegstoom 221
wegstoot
  67 Verplasing
  145 Beweging
  666 Verhinder
wegstop
  501 Onsigbaarheid
  540 Nie kommunikeer nie
wegstuur
  67 Verplasing
  171 Verwyder
  190 Vertrek
  192 Laat gaan
  194 Vervoer
  196 Versend
  205 Weggaan van
  660 Ontslag
wegswaai 145
wegswem
  167 Wegbeweeg
  215 Swem
wegtoor 844
wegtrek
  67 Verplasing
  145 Beweging
  167 Wegbeweeg
  171 Verwyder
  190 Vertrek
wegvaag
  154 Vryf
  171 Verwyder
  238 Vernietig
wegvaar
  190 Vertrek
  205 Weggaan van
  221 Vaar

wegval
  27 Begin
  250 Dood
  406 Eet
  649 Begin handel
  695 Steel
wegvattertjie 426
wegvee 171
wegvlieg
  190 Vertrek
  222 Vlieg
wegvloei 287
wegvlug
  205 Weggaan van
  228 Vinnig beweeg
wegvoer 192
wegvoering 192
wegwaai 290
wegwees 189
wegwend 167
wegwerk 171
wegwerp
  171 Verwyder
  585 Verwerp
wegwerping
  171 Verwyder
  585 Verwerp
wegwyk
  167 Wegbeweeg
  190 Vertrek
wegwys
  527 Oordeel
  585 Verwerp
wegwyser
  147 Rigting
  546 Kunsmatige teken
  567 Boek
wegwysing 585
wei
  346 Landbougrond
  347 Landbou
  369 Veeteelt
  371 Suiwelbereiding
  400 Bloed en limf
  406 Eet
weide 346
weiding
  346 Landbougrond
  347 Landbou
  368 Diereteelt
  369 Veeteelt
weidingkunde 515
weidingkundige 515
weids 743
weidsheid 743
weier
  532 Betwis
  585 Verwerp
  606 Weier
  676 Vuurwapen
weieraar 532
weierend 606
weiering
  532 Betwis

585 Verwerp
606 Weier
827 Afkeur
weifel
  519 Twyfel
  581 Teësinnig
  583 Willoosheid
  587 Aarsel
weifelaar
  583 Willoosheid
  587 Aarsel
weifelagtig
  519 Twyfel
  581 Teësinnig
  583 Willoosheid
  715 Negatiewe gevoel
weifelagtigheid
  519 Twyfel
  581 Teësinnig
  583 Willoosheid
  587 Aarsel
weifelend
  11 Disharmonie
  581 Teësinnig
  583 Willoosheid
  587 Aarsel
  770 Wantroue
weifeling
  11 Disharmonie
  581 Teësinnig
  587 Aarsel
  770 Wantroue
weifelmoedig
  519 Twyfel
  581 Teësinnig
  583 Willoosheid
  587 Aarsel
weifelmoedigheid
  519 Twyfel
  581 Teësinnig
  583 Willoosheid
  587 Aarsel
weikaas 371
weiland 346
weimaraner 366
weinig
  56 Selde
  103 Min
  117 Te min
weinigheid 103
weireg 806
weisser riesling 427
weiveld
  346 Landbougrond
  369 Veeteelt
weivliesvet 379
wek
  15 Oorsaak
  128 Chronometer
  410 Slaap
wekker 128
wekkerradio 264
wekroep 638

wekstem
548 Praat
638 Aanmoedig
wel
9 Verskillend of
teenoorgestel
528 Bevestig
537 Waarheid
622 Goed
713 Gevoel
welaf
688 Besit
689 Ryk
welbegrepe 533
welbehaaglik
584 Kies
716 Genot
826 Goedkeur
welbehaaglikheid
584 Kies
716 Genot
718 Blydskap
welbehae
584 Kies
716 Genot
826 Goedkeur
welbekend
539 Kommunikeer
799 Beroemd
welbespraak 548
welbewus 508
weldaad 778
weldadig
633 Nuttig
716 Genot
778 Goedaardigheid
weldadigheid 633
weldeeglik
518 Glo
528 Bevestig
weldenkend 508
weldeurdag
502 Verstand
508 Aandag
weldeurdagtheid 502
weldoen 778
weldoener 778
weldra 51
weleens 56
weleer 50
weleerwaarde 799
welf 97
welgedaan 826
welgeluksalig 718
welgeluksaligheid 718
welgemanierd 812
welgemoed 718
welgeskape
438 Vorm
743 Mooi
welgeskapenheid
438 Vorm
743 Mooi

welgesteld
688 Besit
689 Ryk
welgestelde 689
welgesteldheid
688 Besit
689 Ryk
welgevallig
716 Genot
743 Mooi
welgevalligheid
716 Genot
743 Mooi
welgevoed 406
welgevorm(d)
438 Vorm
743 Mooi
welgevormdheid 438
welhaas 51
welig
324 Plantlewe
382 Haar
weligheid 324
welingelig
506 Belangstelling
535 Weet
weliswaar 531
welk 324
welkom
59 Geleë
716 Genot
790 Sosiale betrekking
welkomsgroet 790
welkomslied
757 Sang
790 Sosiale betrekking
welkomsrede 790
welkomswoord 790
wellewend
791 Sosiaal
812 Goeie gedrag
wellewendheid
791 Sosiaal
812 Goeie gedrag
wellig 543
welluidend
10 Harmonie
478 Welluidend
755 Uitvoering
welluidendheid 478
wellus
716 Genot
820 Oneerbaar
wellusteling 820
wellustig
239 Voortplant
716 Genot
820 Oneerbaar
wellustigheid
716 Genot
820 Oneerbaar
welmenend 778
welmenendheid 778
weloorwoë

502 Verstand
508 Aandag
513 Denke
637 Doelgerigtheid en
doelloosheid
weloorwoën(d)heid
502 Verstand
513 Denke
welopgevoed
743 Mooi
788 Beskawing
791 Sosiaal
812 Goeie gedrag
819 Eerbaar
welopgevoedheid
743 Mooi
788 Beskawing
791 Sosiaal
819 Eerbaar
welp
357 Dier
366 Soogdier
welpie
357 Dier
366 Soogdier
welriekend 474
welriekendheid 474
welsalig 718
welsand 274
welslae
622 Goed
650 Voltooi
682 Slaag
688 Besit
welsprekend
548 Praat
558 Redevoering
welsprekendheid
548 Praat
558 Redevoering
welstand
411 Gesond
622 Goed
682 Slaag
716 Genot
718 Blydskap
welsyn
411 Gesond
682 Slaag
688 Besit
718 Blydskap
778 Goedaardigheid
780 Hulpbetoon
welsynsbeampte 780
welsynsorganisasie 780
welsynstaat 780
welsynstoelae 780
welsynswerk 780
welsynswerker 780
welsynswerkster 780
weltergewig 731
weltergewigbokser 731
weltergewigstoeier 731
weltevrede 720

Weltschmerz
717 Lyding
719 Hartseer
766 Wanhoop
welvaart
622 Goed
682 Slaag
688 Besit
689 Ryk
welvaartspolitiek 590
welvarend
682 Slaag
688 Besit
689 Ryk
welvarendheid
682 Slaag
688 Besit
689 Ryk
welverdiend 834
welvoeglik
788 Beskawing
791 Sosiaal
812 Goeie gedrag
819 Eerbaar
welvoeglikheid
788 Beskawing
812 Goeie gedrag
819 Eerbaar
welvoeglikheidshalwe
791 Sosiaal
819 Eerbaar
welwater 460
welwetende 637
welwillend
580 Graaf
596 Inskiklik
622 Goed
663 Meedoen
714 Positiewe gevoel
772 Sagmoedigheid
776 Liefde en
vriendskap
778 Goedaardigheid
791 Sosiaal
812 Goeie gedrag
welwillendheid
596 Inskiklik
622 Goed
663 Meedoen
714 Positiewe gevoel
778 Goedaardigheid
791 Sosiaal
812 Goeie gedrag
welwillendheids-
besoek 790
welwitschia
330 Naaksadige
337 Veldplant
wemel
104 Baie
165 Onreëlmatige
beweging
wemeling
104 Baie

165 Onreëlmatige
    beweging
wen
163 Draai
622 Goed
657 Herhaal
682 Slaag
684 Oorwin
686 Aanwins
727 Kompetisie
wenakker 346
wenas
211 Opgaan
235 Skeepvaart
257 Meganika en
    tegnologie
wend
163 Draai
167 Wegbeweeg
604 Versoek
wendam 288
wendbaar 148
wending
140 Verandering
147 Rigting
148 Van koers gaan
163 Draai
167 Wegbeweeg
553 Behandel
573 Woordeskat
750 Letterkunde
752 Toneel- en
    rolprentkuns
wendingspunt 140
wendoel 727
wendrie
727 Kompetisie
728 Balsporte
wenend 719
wenhou
727 Kompetisie
728 Balsporte
wenk
539 Kommunikeer
545 Natuurlike teken
548 Praat
603 Voorstel
638 Aanmoedig
wenkbrou
382 Haar
386 Gesig
387 Oog
wenkbroupotlood 746
wenkend 545
wenner
622 Goed
629 Spel en sport
654 Moeilik handel
682 Slaag
684 Oorwin
727 Kompetisie
wenpaal
629 Spel en sport
729 Atletiek

wenpunt 727
wens
520 Verwag
548 Praat
584 Kies
604 Versoek
765 Hoop
773 Begeerte
778 Goedaardigheid
wensbeentjie 365
wensdenkery 512
wensdroom 410
wensery
584 Kies
773 Begeerte
wenslik
584 Kies
622 Goed
773 Begeerte
wenslikheid
584 Kies
622 Goed
773 Begeerte
wenslys 773
wenspan
629 Spel en sport
727 Kompetisie
wenstreep
442 Lyn
629 Spel en sport
729 Atletiek
wentel
163 Draai
186 Maal
270 Hemelliggaam
wentelas
163 Draai
270 Hemelliggaam
wentelbaan
163 Draai
270 Hemelliggaam
wenteling
163 Draai
186 Maal
wentelkrediet 699
wentellening 699
wentelsnelheid
163 Draai
270 Hemelliggaam
wentelspoed
163 Draai
270 Hemelliggaam
wenteltrap
94 Dele van 'n eiendom
211 Opgaan
wentelvlug 270
werd 620
werda 680
wêreld
61 Plek
269 Heelal
272 Aarde
276 Vasteland
374 Mens

787 Samelewing
wêreldatlas 567
wêreldbeeld 513
wêreldbekend 799
wêreldbekendheid 799
wêreldberoemd 799
wêreldberoemdheid 799
wêreldbeskouing
249 Lewe
513 Denke
811 Gewete
wêreldbewoner 64
wêreldbrand 667
wêreldburger
374 Mens
787 Samelewing
wêreldburgerskap 787
wêrelddeel 276
wêrelddhof 808
wêreldekonomie 701
wêreldgerig 839
wêreld(s)gesind 813
wêreldgeskiedenis 45
wêreldgodsdiens 840
wêreldhandel 701
wêreldkampioen
622 Goed
629 Spel en sport
wêreldkundig
535 Weet
539 Kommunikeer
wêreldletterkunde 750
wêreldlik 813
wêreldling
374 Mens
813 Swak gedrag
wêreldmag 590
wêreldmark 701
wêreldmoondheid 590
wêreldmusiek 753
wêreldnuus 539
wêreldomvattend 62
wêreldoorlog 667
wêreldramp 717
wêreldreisiger 187
wêreldrekord 727
wêreldryk 590
wêrelds
254 Stof
813 Swak gedrag
wêreldsbeloop 45
wêreldsgoed 688
wêreldsheid 813
wêreldsmart
717 Lyding
719 Hartseer
766 Wanhoop
wêreldstad 90
wêreldstreek 276
wêreldtaal 569
wêreldversaking 792
wêreldvrede 668
wêreldvreemd
789 Onbeskaafdheid

792 Asosiaal
wêreldvreemdheid 792
wêreldwyd 62
wêreldwye web 263
wêreldwys
535 Weet
614 Bekwaam
wêreldwysheid 535
werend 670
werf
170 Saambring
234 Spoorweë
354 Plaas
663 Meedoen
665 Byeenkom
679 Mobilisering
werfagent
658 Beroep
679 Mobilisering
werfburo 658
werfetter
779 Boosaardigheid
813 Swak gedrag
820 Oneerbaar
822 Skuldig
werfhoender 365
werfoffisier 679
werfstelsel 679
wering 671
werk
16 Gevolg
237 Voortbring
565 Skryfkuns
567 Boek
645 Handel
658 Beroep
750 Letterkunde
werk(s)afbakening 658
werkbaar 645
werkbank 95
werkbeurt 645
werkbroek 745
werkdadig 610
werk(s)dag
37 Tydruimte
645 Handel
658 Beroep
werk(s)druk 654
werkdrukte 654
werkeksemplaar 567
werkend
610 Ywerig
645 Handel
werker
361 Insek
592 Ondergeskikte
630 Werktuig
645 Handel
658 Beroep
werkerby 361
werkershuis
93 Beskeie gebou
354 Plaas

werkersklas
787 Samelewing
798 Laer stand
werkery 645
werkesel
645 Handel
654 Moeilik handel
werkgees 844
werk(s)geleentheid 645
werkgemeenskap
560 Voorskoolse en naskoolse onderrig
665 Byeenkom
werkgewer
588 Gesag hê
590 Bestuur en regeer
591 Gesaghebber
599 Gesag uitoefen
645 Handel
658 Beroep
werkhipotese 518
werkhuis 594
werkie
645 Handel
653 Maklik handel
658 Beroep
werking
16 Gevolg
257 Meganika en tegnologie
630 Werktuig
645 Handel
werkkaart 658
werkkamer 560
werk(s)klere 745
werkkrag
610 Ywerig
625 Sterk
werkkring
645 Handel
658 Beroep
werklas 645
werk(s)lewe 658
werklik
1 Bestaan
537 Waarheid
werklikheid
1 Bestaan
537 Waarheid
werklikheids-program 264
werklikheidsreeks 264
werklikheidstele-visie 264
werk(s)loon 686
werkloos
611 Lui
646 Nie handel nie
werkloosheid
611 Lui
646 Nie handel nie
werkloosheidsfonds 646
werkloosheids-versekering
646 Nie handel nie

655 Veilig
werkloosheidsvraag-stuk 646
werklose 646
werklus 610
werklustig 610
werknemer
589 Dien
592 Ondergeskikte
645 Handel
658 Beroep
werknemersorga-nisasie 658
werkolis 645
werk(s)omstandig-hede 658
werkomgewing 658
werkopdrag 645
werkperiode 645
werkpermit 187
werkplaas 658
werk(s)plek
61 Plek
658 Beroep
787 Samelewing
werkprestasie 645
werk(s)reservering 658
werkrooster 658
werkruimte 658
werksaam
610 Ywerig
637 Doelgerigtheid en doelloosheid
645 Handel
werksadres 550
werksbestek 645
werksekerheid 658
werksekuriteit 658
werksessie 645
werksgeleentheid 645
werksituasie 658
werkskema 640
werksku
581 Teësinnig
611 Lui
646 Nie handel nie
werkslaaf 645
werksoeker 659
werksoekery 659
werkspan 663
werkstasie
263 Rekenaar en internet
658 Beroep
werkstempo 645
werkstoestand 658
werkstuk
137 Bewerking
561 Studeer
werksvrou 627
werkswinkel
233 Voertuig
559 Opvoeding en onderwys

561 Studeer
werktafel 95
werktuig
257 Meganika en tegnologie
629 Gebruik
630 Werktuig
werktuigkunde 630
werktuigkundig 257
werktuigkundige
257 Meganika en tegnologie
630 Werktuig
werktuiglik 509
werk(s)tyd
38 Tydgebruik
645 Handel
werk(s)uur 645
werk(s)vermoë
610 Ywerig
645 Handel
werkverrigter 645
werkverskaffing
645 Handel
659 Aanstelling
werkvraer 659
werk(s)week
645 Handel
658 Beroep
werkweerstand 645
werkwillige 610
werk(s)winkel 658
werkwoord 574
werkwoordelik
574 Woordkategorie
576 Sinsbou en styl
werkwoordgroep 576
werkwoordpartikel 574
werkwoordvorming 575
werk(s)wyse
640 Voorbereid
644 Handelwyse
werkywer 645
werp
227 Werp
729 Atletiek
werpgoed 227
werplood 123
werplyn 235
werpnet 372
werppyl 678
werpsel
239 Voortplant
366 Soogdier
werpskyf 729
werpspies 678
werptuig 678
werskaf
165 Onreëlmatige beweging
610 Ywerig
645 Handel
werskaffery
165 Onreëlmatige

beweging
645 Handel
654 Moeilik handel
werwel
163 Draai
178 Toegaan
380 Gebeente
396 Rug
werwelbeen
380 Gebeente
396 Rug
werwelkolom
380 Gebeente
396 Rug
293 Onweer
werwelwind
290 Wind
293 Onweer
werwer
516 Soek
658 Beroep
659 Aanstelling
679 Mobilisering
werwing
658 Beroep
663 Meedoen
679 Mobilisering
werwingsagent 658
werwingsburo 658
wese
1 Bestaan
4 Selfstandigheid
32 Enkeling
374 Mens
512 Verbeelding
713 Gevoel
wesel 366
weselbont 382
wesen(t)lik
1 Bestaan
537 Waarheid
620 Belangrik
631 Nodig
wesen(t)like 631
wesen(t)likheid
1 Bestaan
537 Waarheid
631 Nodig
wesenlik 17
wesenlikheid 254
wesenloos
2 Nie-bestaan
661 Vermoeidheid
715 Negatiewe gevoel
766 Wanhoop
768 Vrees
wesenloosheid 715
wesensaard 3
wesenstrek 240
wesensverskynsel 1
wesentjie 243
weshalwe 15
wesie 243
weskus 282

wesp 361
wespedief 365
weste 88
westelik
  88 Posisie
  147 Rigting
westergrens 63
westerhemel 269
westerkim 269
westerlengte 272
westerling 64
western 752
western-rolprent 752
westerson 270
westewind 290
Westminster-stelsel
  590 Bestuur
  795 Staat en politiek
wet
  17 Noodsaak
  35 Reëlmaat
  440 Skerp
  530 Voorbehou
  590 Bestuur en regeer
  599 Gesag uitoefen
  657 Herhaal
  801 Wet
  842 Geloof
wetboek
  567 Boek
  801 Wet
wete
  502 Verstand
  513 Denke
  535 Weet
wetende
  582 Wilskrag
  586 Beslis
  637 Doelgerigtheid en doelloosheid
wetenskap
  515 Wetenskap
  535 Weet
wetenskap(hand)boek 567
wetenskaplik
  515 Wetenskap
  535 Weet
  640 Voorbereid
  642 Beproef
wetenskaplike
  502 Verstand
  513 Denke
  514 Wysbegeerte
  515 Wetenskap
  516 Soek
  535 Weet
wetenskaplikheid
  515 Wetenskap
  535 Weet
wetenskapsbeoefening 515
wetenskapsfiksie 750
wetenskapsfilosofie 514

wetenskapsjoernalistiek 568
wetenskapsleer 514
wetenswaardig
  506 Belangstelling
  517 Vind
wetenswaardigheid 506
wet(s)geleerd 808
wet(s)geleerde 808
wet(s)geleerdheid 808
wetgewend
  795 Staat en politiek
  801 Wet
wetgewer 801
wetgewing 801
wethouer 808
wetkenner 808
wetlik
  801 Wet
  802 Wette gehoorsaam
wetlikheid
  801 Wet
  806 Wettig
wetmaker 801
wetmatig 806
wetmatigheid 806
wetsartikel 801
wetsbepaling
  599 Gesag uitoefen
  801 Wet
wetsgehoorsaam
  597 Gehoorsaam
  802 Wette gehoorsaam
wetsgehoorsaamheid
  801 Wet
  802 Wette gehoorsaam
wetsgehoorsaming
  801 Wet
  802 Wette gehoorsaam
wetsinterpretasie 801
wetskender 803
wetskending 803
wetsmisbruik 803
wetsongehoorsaamheid 803
wetsontduiking 803
wetsontwerp
  590 Bestuur en regeer
  801 Wet
wetsoorskryding 803
wetsoortreder 803
wetsoortreding
  801 Wet
  803 Wette oortree
wetspraktyk 808
wetstaal 569
wetsteen 440
wetstoepasser 802
wetstoepassing 802
wetsverbreking 803
wetsverkragting 801
wetsvoorskrif 801
wetsvoorstel 801
wetswysiging 801

wetteloos
  20 Wanorde
  36 Onreëlmatigheid
  121 Verwarring
  598 Ongehoorsaam
  807 Onwettig
wetteloosheid
  20 Wanorde
  36 Onreëlmatigheid
  121 Verwarring
  598 Ongehoorsaam
  807 Onwettig
wetter 820
wetties
  802 Wette gehoorsaam
  842 Geloof
wettig
  801 Wet
  802 Wette gehoorsaam
  804 Regverdig
  806 Wettig
wettigheid 806
wettiging 806
wettiglik 806
wewenaar
  242 Ouers
  344 Onkruid
  375 Man
wewenaarskap 242
wewer
  313 Weef
  365 Voël
wewersgilde 313
wewersklos 313
wewerspoel 313
wewery 313
whaktoe 847
whatchamacallit 550
whatewwer 507
whatsapp
  196 Versend
  265 Telegraaf en telefoon
  551 Meedeel
Whatsapp
  196 Versend
  265 Telegraaf en telefoon
  551 Meedeel
wheelie 218
whisk(e)y 427
whiskydrinker 407
whiskyglas 95
whitey 787
wie
  555 Vra
  820 Oneerbaar
wiebel
  142 Veranderlikheid
  165 Onreëlmatige beweging
  583 Willoosheid
  587 Aarsel
  626 Swak

wiebelrig
  142 Veranderlikheid
  164 Reëlmatige beweging
  165 Onreëlmatige beweging
  587 Aarsel
  626 Swak
wiebelrigheid 626
wied 346
wieg
  27 Begin
  96 Slaapplek
  164 Reëlmatige beweging
  410 Slaap
wiegdood 250
wiegedruk 566
wiegel
  164 Reëlmatige beweging
  165 Onreëlmatige beweging
wiegelied 757
wiegeling
  164 Reëlmatige beweging
  165 Onreëlmatige beweging
wiegie 243
wiegiedood 250
wiegstoel 95
wiek
  186 Maal
  344 Onkruid
wiel
  82 Rondom
  163 Draai
  223 Stuur
  230 Rytuig
  232 Fiets
  233 Voertuig
  236 Lugvaart
  446 Rond
wiel(i)ewaai 163
wiel(i)ewalie 741
wielbalansering 233
wielband
  232 Fiets
  233 Voertuig
wielbelasting 452
wieldop 233
wiele 233
wielewaai 163
wielewaal 365
wielflap 233
wieliewalie 163
wieling 287
wielnaaf
  163 Draai
  230 Rytuig
wielskoffel 355
wielspeek
  230 Rytuig

232 Fiets
wielsporing 233
wielvelling 230
wielvormig 446
wiener schnitzel 426
wieps
  409 Afskeiding en uitskeiding
  820 Oneerbaar
wiepsie 409
wier 327
wierook 474
wierookgeur 474
wierookwolk 291
wies(i)ewasie
  103 Min
  621 Onbelangrik
wieter 847
wie-wie 820
wi-fi 263
wig
  211 Opgaan
  243 Kinders
  439 Punt
wiggel
  551 Meedeel
  844 Bygeloof
wiggelaar
  551 Meedeel
  844 Bygeloof
wiggelroede
  460 Vloeistof
  844 Bygeloof
wigskrif 565
wigvorm 438
wigvormig
  438 Vorm
  439 Punt
wik 513
wiki 263
wikkel
  142 Veranderlikheid
  161 Bedek
  164 Reëlmatige beweging
  165 Onreëlmatige beweging
  197 Te voet gaan
wikkeldanser 742
wikkeling 161
wikkelrig
  142 Veranderlikheid
  165 Onreëlmatige beweging
wikkelry 165
wiks
  182 Slaan
  835 Bestraf
wil
  578 Vrywillig
  580 Graag
  582 Wilskrag
  584 Kies
  637 Doelgerigtheid en doelloosheid

693 Gee
713 Gevoel
773 Begeerte
wild
  165 Onreëlmatige beweging
  345 Plantkwekery
  357 Dier
  366 Soogdier
  373 Jag
  509 Onoplettendheid
  618 Heftig
  641 Onvoorbereid
  789 Onbeskaafdheid
  792 Asosiaal
  820 Oneerbaar
wildbewaarder
  255 Natuur
  655 Veilig
wildbewaring 255
wildboer
  347 Landbou
  369 Veeteelt
wildboerdery
  354 Plaas
  369 Veeteelt
wild(s)braad
  421 Vleis
  426 Kossoort, dis
wilddief 373
wildeals
  343 Genesende plant
  415 Geneesmiddel
wildeamandel 331
wildebees 366
wildebesembos 332
wildebok 366
wilde-eend 365
wilde-ertjie 344
wildegans 365
wildegranaat 332
wildehond 366
wildekamferbos 332
wildemagriet 340
wildemalva
  337 Veldplant
  343 Genesende plant
wildenaeltjie 333
wildeperd 363
wildeperske 331
wildepruim 331
wildernis
  61 Plek
  346 Landbougrond
wildesand 274
wildesering 331
wildevark 366
wildeweghol 768
wildewegholstuipe 768
wildewingerd 333
wildewragtig
  618 Heftig
  652 Versuim

wildheid
  618 Heftig
  641 Onvoorbereid
  789 Onbeskaafdheid
wildpark 255
wild(s)pastei 426
wildplaas
  354 Plaas
  369 Veeteelt
wildreservaat 368
wildsbiltong 421
wildsbok 366
wildsboud 421
wildskut 373
wildsoort 366
wildstroper
  255 Natuur
  373 Jag
wildstropery 255
wildstroping 255
wildtrop 369
wildtuin
  255 Natuur
  368 Diereteelt
wild(s)vleis
  421 Vleis
  426 Kossoort, dis
wildvreemd
  34 Vreemdheid
  540 Nie kommunikeer nie
  800 Onbekend
wildvreemdheid 800
wildwagter 655
wilg 331
wilge(r)hout 316
willekeur
  578 Vrywillig
  583 Willoosheid
  584 Kies
  593 Vryheid
willekeurig
  379 Spier
  508 Aandag
  509 Onoplettendheid
  578 Vrywillig
  583 Willoosheid
  584 Kies
  593 Vryheid
  715 Negatiewe gevoel
willekeurigheid
  509 Onoplettendheid
  578 Vrywillig
  583 Willoosheid
  584 Kies
  593 Vryheid
willie 365
willietiptol 365
willig 596
williglik 596
willoos 583
willoosheid 583
wilsand 274
wilsbeskikking

584 Kies
593 Vryheid
wilsdaad 584
wilsinspanning 584
wilskrag
  582 Wilskrag
  625 Sterk
wilskragtig
  625 Sterk
  637 Doelgerigtheid en doelloosheid
  647 Voortgaan
  767 Moed
wilskragtigheid
  582 Wilskrag
  586 Beslis
wilsuiting 584
wilswakte 583
wimpel
  235 Skeepvaart
  546 Kunsmatige teken
wimper
  386 Gesig
  387 Oog
win
  275 Mynwese
  352 Graanverbouing
wind
  290 Wind
  404 Asemhaling
  409 Afskeiding en uitskeiding
  413 Verskillende siektes
  461 Gas
  482 Menslike geluid
windaf 290
windas
  211 Opgaan
  235 Skeepvaart
  257 Meganika en tegnologie
windbarsie
  99 Messel
  184 Breek
windbestuiwing 239
windblom 334
windbui 290
windbuis 756
windbuks
  676 Vuurwapen
  785 Hoogmoed
winddroog 464
winddroogtabak 430
windeier
  683 Misluk
  785 Hoogmoed
winderig
  290 Wind
  408 Spysvertering
  409 Afskeiding en uitskeiding
winderigheid
  290 Wind
  408 Spysvertering

413 Verskillende siektes
winderosie 290
windgat
  785 Hoogmoed
  799 Beroemd
windgatgeit 785
windgenerator 262
windgeweer 676
windgordel 290
windhandel 701
windharp 756
windhond 366
winding 163
windjekker 745
windkant 221
windkas 756
windklep
  630 Werktuig
  756 Musiekinstrument
windkous
  147 Rigting
  222 Vlieg
  290 Wind
windkrag 262
windkragstasie 262
windlaaier 262
windlaaier
  262 Elektrisiteit
  785 Hoogmoed
windmaker
  689 Ryk
  785 Hoogmoed
windmakerbos 332
windmakerig
  689 Ryk
  785 Hoogmoed
windmakerigheid
  689 Ryk
  785 Hoogmoed
windmeter 294
windmeul(e) 186
windop 290
windpistool 676
windplaas 262
windrigting
  147 Rigting
  290 Wind
  294 Weerkunde
windroos
  261 Magnetisme
  334 Blomplant
windsak 785
windsel
  161 Bedek
  163 Draai
  415 Geneesmiddel
windskade 290
windskeef 444
windskerm
  233 Voertuig
  290 Wind
  318 Plant
windsnelheid
  290 Wind

294 Weerkunde
windsterkte 290
windstil 290
windstilte 290
windstreek 290
windsug 413
windswael 365
windturbine 262
winduit 404
windvaan
  147 Rigting
  290 Wind
windveer 94
windverwaai(d) 290
windvlaag 290
windweerstand 290
windwyser
  147 Rigting
  290 Wind
wingerd 350
wingerdbou 350
wingerdkunde 515
wingerdkundige 515
wingerdluis
  324 Plantlewe
  413 Verskillende siektes
wingerdplaas 346
wingerdplant 333
wingerdsiekte
  324 Plantlewe
  413 Verskillende siektes
wingerdslak 361
wingerdstok 350
wink
  545 Natuurlike teken
  546 Kunsmatige teken
winkbrou
  382 Haar
  386 Gesig
  387 Oog
winkel
  91 Gebou
  658 Beroep
  707 Handelsaak
winkelassistent
  658 Beroep
  705 Verkoop
  707 Handelsaak
winkelbaas 705
winkelbestuurder
  588 Gesag hê
  590 Bestuur en regeer
  705 Verkoop
winkelbrood 424
winkelbuurt 90
winkeldief
  695 Steel
  803 Wette oortree
winkeldiefstal 803
winkelgalery 707
winkelgebou 91
winkelgroep 707
winkelhaak
  101 Bouersgereedskap

139 Meetkunde
316 Hout
443 Reglynig
winkelhal 707
winkelier
  705 Verkoop
  707 Handelsaak
winkelkaart 709
winkelklant 707
winkelklerk
  658 Beroep
  705 Verkoop
  707 Handelsaak
winkelkompleks
  91 Gebou
  707 Handelsaak
winkelmandjie 84
winkelmerk 546
winkelpop 707
winkelprys
  122 Bereken
  704 Koop
winkelrekening 708
winkelroof 803
winkelsentrum 707
winkelstoor 707
winkelstraat 149
winkeltoonbank 707
winkeltrollie 707
winkeluitstalling 707
winkelvenster 94
winning
  275 Mynwese
  686 Aanwins
wins
  629 Gebruik
  633 Nuttig
  684 Oorwin
  686 Aanwins
  696 Ontvang
  701 Handel en ekonomie
winsaandeel
  686 Aanwins
  700 Bank
winsbejag
  686 Aanwins
  773 Begeerte
winsdeling 686
winsdrempel 686
wins-en-verlies(-)reke‑
  ning 703
winsgewend
  686 Aanwins
  696 Ontvang
winsgewendheid 686
winsgrens 686
winsjagter 686
winskoop 704
winslewerend 686
winsmakery 686
winsmarge 686
winsmotief 686
winsneming 686
winsobligasie 692

winsoogmerk 686
winssaldo 686
winsskeppend 686
winssoekend 686
winssoeker 686
winsspeling 686
winsstrewend 686
winssug 686
winssyfer 686
winsuitkering 686
winsverdeling 686
winsvermoë 686
winter
  37 Tydruimte
  127 Tydbepaling
  270 Hemelliggaam
  289 Klimaat
winteragtig
  289 Klimaat
  466 Koud
winterblom 322
winterblomkool 351
winter(s)dag 127
wintergewas 318
wintergoed 311
winter(s)hande 413
winterheide 337
winter(s)jas 745
winterklere 745
winterkoring 352
winterkoue 466
winterlaken 96
winterlug 289
wintermode 745
winterplant 318
winter(s)ore 413
winterreën 292
winterreënval 292
winterreënvalgebied
  273 Geografie
  292 Water
winterrus 357 Dier
winterryp 466
winters 466
winterseisoen 37
winterskool
  559 Opvoeding en
    onderwys
  561 Studeer
winterslaap 357
winterson 270
wintersonstilstand 270
wintersport 629
winterstof 311
wintertemperatuur 260
winter(s)tone 413
wintertuin 94
wintertyd
  37 Tydruimte
  289 Klimaat
winteruitverkoping 705
wintervakansie
  648 Onderbreek
  662 Rus

winterveld 346
winter(s)vingers 413
winter(s)voete 413
winterweer 289
wintie 785
wintiegeit 785
wip
  165 Onreëlmatige
    beweging
  183 Gryp
  199 Spring
  225 Vinnig
  355 Landbougereedskap
  373 Jag
  730 Gimnastiek
wipbrug 149
wipgat 771
wipgatmier 361
wipkar
  230 Rytuig
  233 Voertuig
wipmat 730
wipneus 389
wippend 199
wipperig
  159 Na onder
  164 Reëlmatige
    beweging
  199 Spring
  715 Negatiewe gevoel
  771 Gramskap
wipperigheid
  164 Reëlmatige
    beweging
  199 Spring
  771 Gramskap
wippery 199
wipplank 741
wipstert
  365 Voël
  396 Rug
  714 Positiewe gevoel
  771 Gramskap
wipstertmier 361
wipstoel 95
wip-wip 199
wirrelwarrel 20
wirwar 20
wis
  154 Vryf
  535 Weet
  627 Skoon
wiskunde
  132 Wiskunde
  255 Natuur
  515 Wetenskap
wiskunde(hand)
  boek 567
wiskundekursus 561
wiskundeonderwys 559
wiskundeonder-
  wyser 560
wiskundig 132
wiskundige

  132 Wiskunde
  515 Wetenskap
wispelturig
  11 Disharmonie
  140 Verandering
  142 Veranderlikheid
  583 Willoosheid
  715 Negatiewe gevoel
  770 Wantroue
wispelturigheid
  11 Disharmonie
  140 Verandering
  142 Veranderlikheid
  519 Twyfel
  583 Willoosheid
  715 Negatiewe gevoel
wissel
  11 Disharmonie
  13 Verskeidenheid
  21 Opeenvolging
  37 Tydruimte
  131 Geldeenheid
  140 Verandering
  142 Veranderlikheid
  144 Vervanging
  234 Spoorweë
  525 Bewys
  701 Handel en ekonomie
  708 Betaal
  709 Betaalmiddel
wisselaar
  149 Pad
  701 Handel en ekonomie
wisselbaar
  144 Vervanging
  701 Handel en ekonomie
wisselbank 700
wisselbeker 727
wisselborg 708
wisselbou 345
wisselbrief
  565 Skryfkuns
  708 Betaal
wisseldiskonto 708
wisseldraad 234
wisselend
  11 Disharmonie
  21 Opeenvolging
  140 Verandering
  142 Veranderlikheid
  583 Willoosheid
wisselhandel 701
wisseling
  11 Disharmonie
  21 Opeenvolging
  140 Verandering
  142 Veranderlikheid
  144 Vervanging
wisselklank 572
wisselkleur 490
wisselkoers
  701 Handel en ekonomie
  709 Betaalmiddel
wisselmakelaar 701
wisselpunt 263

wisselruitery 803
wisselrym 751
wisselsinjaal 234
wisselslag 215
wisselspelling 563
wisselstroom 262
wisseltand 391
wisseltrofee 727
wisselvallig
  13 Verskeidenheid
  142 Veranderlikheid
wisselvalligheid
  13 Verskeidenheid
  142 Veranderlikheid
wisselvorm 573
wisselweiding
  346 Landbougrond
  368 Diereteelt
wisselwerking 645
wisser 564
wissewassie 621
wistaria 333
wit
  382 Haar
  386 Gesig
  387 Oog
  412 Siek
  490 Kleur
  491 Kleurloosheid
  492 Kleure
  566 Drukkuns
  627 Skoon
witaarbossie
  332 Struik
  844 Bygeloof
witbiskop 363
witblits 427
witbloedliggaampie 400
witbloedsel 400
witblond 492
witboom 331
witboordjie 645
witboordjiemisdaad 803
witboordjiemis-
  dadiger 803
witboordjiewerker
  645 Handel
  658 Beroep
witbord 560
witborskraai 365
witbossie 332
witbrood 424
witbroodjie 776
witdoodshaai 363
witdoring 331
witdulsies 415
witdwerg 270
witels 331
witgatboom 331
witgoud 297
withaai 363
withaak 332
without
  316 Hout

  331 Boom
witjas
  416 Medikus
  728 Balsporte
witkalk
  100 Boumateriaal
  490 Kleur
witkool 351
witkop
  384 Kop
  52 Ouderdom
witkruisarend 365
witkryt 564
witleuen 818
witlood 490
witloof 351
witluis 361
witmagie 836
witmelkhout 331
witmens 787
witmetaal 297
witmonopolie-
  tkapiaal 688
witmossel 363
witpeper 419
witrenoster 366
witroes 324
witrugaasvoël 365
witrys 426
witseerkeel 413
witsel 490
witskrif 590
witstaar 413
witsteenbras 363
witstinkhout
  316 Hout
  331 Boom
witstompneus 363
witsuiker 419
witte
  728 Balsporte
  787 Samelewing
wittebrood 248
wittebroodspaar 248
wittebroodsreis 248
witterig
  491 Kleurloosheid
  492 Kleure
witvel 787
witvlag 668
witvlek 413
witvoetjiesoeker 828
witvoetjiesoekery 828
witwarm
  465 Warm
  467 Aansteek
witwaterroei 724
witwatervaart 724
witwortel
  351 Groenteverbouing
  426 Kossoort, dis
witwyn 427
Wodan 855
wodka 427

woed
290 Wind
476 Geluid
618 Heftig
woede
618 Heftig
715 Negatiewe gevoel
771 Gramskap
777 Haat en
 onvriendelikheid
779 Boosaardigheid
813 Swak gedrag
woedeaanval
715 Negatiewe gevoel
771 Gramskap
813 Swak gedrag
woedend
618 Heftig
656 Gevaarlik
715 Negatiewe gevoel
771 Gramskap
777 Haat en
 onvriendelikheid
woef 476
woeker
686 Aanwins
699 Leen
701 Handel en ekonomie
woekeraar
645 Handel
686 Aanwins
700 Bank
701 Handel en ekonomie
woekerdier 357
woekergeld 699
woekerhandel
699 Leen
701 Handel en ekonomie
woekerhandelaar
700 Bank
701 Handel en ekonomie
woekering 686
woekerplant
318 Plant
344 Onkruid
woekerpot
18 Toeval
699 Leen
woekerrente 686
woekersug
686 Aanwins
699 Leen
woekersugtig 686
woekerwet 801
woekerwins 686
woel
154 Vryf
165 Onreëlmatige
 beweging
645 Handel
woelerig
154 Vryf
165 Onreëlmatige
 beweging

645 Handel
woelerigheid 645
woelery 154
woelgees
165 Onreëlmatige
 beweging
667 Stryd
woelhout
172 Vasmaak
316 Hout
woelig
165 Onreëlmatige
 beweging
598 Ongehoorsaam
645 Handel
woeligheid 645
woeling
165 Onreëlmatige
 beweging
598 Ongehoorsaam
woeljuk
172 Vasmaak
301 Metaalverwerking
woelketting 172
woelpen 172
woelsiek
165 Onreëlmatige
 beweging
667 Stryd
woelsug
154 Vryf
165 Onreëlmatige
 beweging
woelsugtig 165
woelwater
165 Onreëlmatige
 beweging
243 Kinders
woema
582 Wilskrag
610 Ywerig
645 Handel
Woensdag
37 Tydruimte
127 Tydbepaling
woeps 480
woerts 225
woer-woer
211 Opgaan
476 Geluid
741 Kinderspel
756 Musiekinstrument
woes
165 Onreëlmatige
 beweging
509 Onoplettendheid
618 Heftig
623 Sleg
779 Boosaardigheid
789 Onbeskaafdheid
792 Asosiaal
woestaard
184 Breek
238 Vernietig

374 Mens
618 Heftig
771 Gramskap
779 Boosaardigheid
792 Asosiaal
woesteling
618 Heftig
771 Gramskap
779 Boosaardigheid
792 Asosiaal
woesteny
61 Plek
280 Woestyn
346 Landbougrond
652 Versuim
woestheid
165 Onreëlmatige
 beweging
346 Landbougrond
618 Heftig
771 Gramskap
779 Boosaardigheid
789 Onbeskaafdheid
792 Asosiaal
woestyn 280
woestynagtig 280
woestynbewoner
64 Aanwesigheid
280 Woestyn
woestynjakkals 366
woestynspinnekop 361
woestynveld 318
woestynvos 366
woestynweg 149
woestynwêreld 61
woestynwind 290
wok 419
wol
311 Weefstof
312 Spin
369 Veeteelt
382 Haar
wolaap 366
wolbaal 369
wolboer 369
wolbossie 332
woldraend
318 Plant
357 Dier
wolf 366
Wolf 270
wolfabriek 312
wolfhond 366
wolfkuil 373
wolfneusgewel 94
wolfram 297
wolfsboontjie 334
wolfshonger
406 Eet
413 Verskillende siektes
wolfsklou 329
wolfskruid 332
wolfspinnekop 361
wolgare 312

wolgoed 311
wolgradeerder 369
wolhaar 382
wolhaarpraatjies
538 Dwaling
551 Meedeel
552 Vertel
829 Beledig
wolhaarstorie
538 Dwaling
551 Meedeel
552 Vertel
wolhaspel 312
wolk
104 Baie
263 Rekenaar en
 internet
291 Wolk
wolkam 312
wolkbank 291
wolkbedekking
291 Wolk
294 Weerkunde
wolkbergingstelsel 263
wolkbreuk 292
wolkekrabber
91 Gebou
92 Deftige, belangrike of
 groot gebou
wolkerig
291 Wolk
489 Ondeurskynend
wolkkolom 291
wolklaag 291
wolkloos 291
wolkombers
95 Huisraad
96 Slaapplek
wolkweker 369
wollerig
311 Weefstof
382 Haar
449 Ongelyk
456 Sag
544 Onduidelik
wollerigheid 544
wolmat 95
wolmot 361
wolmuis 366
wolplaas 369
wolserp 745
wolskaap 369
wolspinnery 312
wolstof 311
woltoon 64
wolveiling 369
wolvet 462
wolvin 366
wolweboontjie
252 Doodmaak
342 Gifplant
wolwedoring 332
wolwe-ent 94
wolwe-entdak 94

987

wolwegif 342
wolwekruid 332
wond
  412 Siek
  413 Verskillende siektes
  677 Skiet
  717 Lyding
  779 Boosaardigheid
  831 Minag
wondbaar 626
wondbaarheid 626
wonder
  36 Onreëlmatigheid
  516 Soek
  519 Twyfel
  521 Verras wees
  622 Goed
  836 Bonatuurlik
wonderbaar
  36 Onreëlmatigheid
  836 Bonatuurlik
wonderbaarlik
  36 Onreëlmatigheid
  521 Verras wees
  540 Nie kommunikeer nie
  836 Bonatuurlik
wonderbaarlikheid
  36 Onreëlmatigheid
  836 Bonatuurlik
wonderboom 331
wonderdaad
  36 Onreëlmatigheid
  836 Bonatuurlik
wondergom 172
wondergroot 432
wonderkind
  243 Kinders
  622 Goed
wonderkrag 625
wonderkuur 414
wonderlamp
  487 Ligbron
  844 Bygeloof
wonderland
  36 Onreëlmatigheid
  844 Bygeloof
wonderlik
  36 Onreëlmatigheid
  521 Verras wees
  540 Nie kommunikeer nie
  622 Goed
  826 Goedkeur
  836 Bonatuurlik
wonderlikheid
  36 Onreëlmatigheid
  622 Goed
  836 Bonatuurlik
wondermens 622
wondermiddel 415
wondermooi 743
wondermooiheid 743
wonderskoon 743

wonderskoonheid 743
wonderspreuk 573
wonderteken
  546 Kunsmatige teken
  836 Bonatuurlik
wonderverhaal 552
wonderwerk
  36 Onreëlmatigheid
  521 Verras wees
  622 Goed
  836 Bonatuurlik
wondplek 717
wondpoeier 415
wondroos 413
wondverband 415
wonende 64
woning
  64 Aanwesigheid
  89 Blyplek
  91 Gebou
woningbou 97
woningnood 64
woningskaarste 64
woningtekort 64
woningvraagstuk 64
woon
  64 Aanwesigheid
  89 Blyplek
woonagtig
  64 Aanwesigheid
  89 Blyplek
woonarea 89
woonbaar 64
woonboot 235
woonbuurt
  89 Blyplek
  90 Omgewing
  787 Samelewing
wooneenheid 89
woonerf
  61 Plek
  89 Blyplek
woongaping 688
woongebied
  64 Aanwesigheid
  89 Blyplek
woonhuis 91
woonkamer 94
woonplek
  61 Plek
  64 Aanwesigheid
  787 Samelewing
woonreg 804
woonruimte 89
woonstel
  89 Blyplek
  91 Gebou
woonstelbewoner
  64 Aanwesigheid
  89 Blyplek
woonstelblok
  91 Gebou
  92 Deftige, belangrike of groot gebou

woonstelgebou
  91 Gebou
  92 Deftige, belangrike of groot gebou
woonstelhuur 706
woonstelkompleks
  89 Blyplek
  91 Gebou
  92 Deftige, belangrike of groot gebou
woonvertrek 94
woonwa
  91 Gebou
  93 Beskeie gebou
  230 Rytuig
woonwapark 91
woord
  546 Kunsmatige teken
  547 Simboliek
  558 Redevoering
  565 Skryfkuns
  573 Woordeskat
  575 Woordvorming
  607 Beloof
Woord 842
woord(e)ryk 576
woordafleiding 575
woordaksent 572
woordarm 548
woordarmoede 548
woordbeeld 575
woordbetekenis
  573 Woordeskat
  577 Betekenis
woordbetekenisleer 570
woordblindheid
  413 Verskillende siektes
  562 Lees
woordbou 575
woordbouspeletjie 739
woordbreker
  609 Jou woord verbreek
  818 Bedrieg
woordbreuk 609
woordbuiging 575
woorde 563
woordeboek
  543 Duidelik
  567 Boek
woordeboekartikel 567
woordeboekmaker
  567 Boek
  570 Taalwetenskap
woordekramer 548
woordelik(s) 577
woordeloos 540
woordeloosheid 549
woordelys
  563 Skryf
  565 Skryfkuns
  567 Boek
woordepraal 576
woorderyk 573
woordeskat

  569 Taal
  573 Woordeskat
woordeskatkundige 570
woordespel 541
woordestroom
  548 Praat
  576 Sinsbou en styl
woordestryd
  513 Denke
  522 Redeneer
  532 Betwis
  539 Kommunikeer
  667 Stryd
woordetwis
  539 Kommunikeer
  557 Diskussie
  667 Stryd
woordevloed
  548 Praat
  576 Sinsbou en styl
woordewisseling
  539 Kommunikeer
  557 Diskussie
  667 Stryd
woordfamilie 577
woordgebruik 573
woordgeslag 574
woordgrammatika 570
woordhou 608
woordinhoud
  573 Woordeskat
  577 Betekenis
woordkategorie
  574 Woordkategorie
  576 Sinsbou en styl
woordkeuse 573
woordklas 574
woordklem 572
woordkuns 749
woordkunstenaar
  565 Skryfkuns
  749 Kuns
  750 Letterkunde
woordontlening
  569 Taal
  573 Woordeskat
woordorde 576
woordraaisel 516
woordreduksie 575
woordryk
  548 Praat
  553 Behandel
  576 Sinsbou en styl
woordrykheid 576
woordsemantiek
  570 Taalwetenskap
  577 Betekenis
woordsifter 569
woordskikking 576
woordsoort 573
woordspel
  576 Sinsbou en styl
  739 Geselskapspele
woordspeletjie 739

woordspeling
  541 Betekenisvolheid
  576 Sinsbou en styl
woordteken 565
woordvas 752
woordveld 577
woordverbuiging 575
woordverhouding
  573 Woordeskat
  577 Betekenis
woordverklaring
  543 Duidelik
  577 Betekenis
Woordverkondiging 849
woordvervoeging 575
woordverwerker
  263 Rekenaar en internet
  564 Skryfbehoeftes
woordverwerking
  263 Rekenaar en internet
  565 Skryfkuns
woordverwerkingsprogram 263
woordvoerder
  551 Meedeel
  558 Redevoering
woordvoorraad 573
woordvorm
  573 Woordeskat
  575 Woordvorming
woordvorming
  573 Woordeskat
  575 Woordvorming
woordvormingsproses 575
Worcestersous 419
word 27
wordend 237
wordende 142
wording
  0 Ontstaan
  27 Begin
  237 Voortbring
wordingsgeskiedenis 45
wordingsleer 514
worp
  227 Werp
  239 Voortplant
worrie
  651 Toesien
  717 Lyding
worries
  651 Toesien
  717 Lyding
wors
  421 Vleis
  426 Kossoort, dis
worsboom 331
worsbroodjie
  424 Brood
  426 Kossoort, dis
worshond 366

worsrolletjie 426
worstel
  667 Stryd
  731 Gevegsport
worsteling
  667 Stryd
  683 Misluk
  731 Gevegsport
worstelstryd
  667 Stryd
  683 Misluk
worsvleis 421
wortel
  15 Oorsaak
  16 Gevolg
  27 Begin
  77 Onder, onderkant, ondertoe
  137 Bewerking
  237 Voortbring
  319 Wortel
  324 Plantlewe
  331 Boom
  351 Groenteverbouing
  426 Kossoort, dis
  575 Woordvorming
  625 Sterk
  649 Begin handel
wortelagtig 319
wortelboom 343
wortelgetal 137
wortelgewas 319
wortelgroente
  319 Wortel
  351 Groenteverbouing
wortelgrootheid 137
wortelhaar
  319 Wortel
  331 Boom
wortelkoek 426
wortelmorfeem 575
wortelparasiet 344
wortelsaad 351
wortelskiet
  324 Plantlewe
  625 Sterk
wortelstelsel 319
wortelstok 319
wortelteken 137
worteltrekking 137
wortelvesel 319
wortelvoorwaarde 137
wortelvorm 137
wortelvrot 324
wortelwoord 575
Wotan 855
wou 365
woud
  316 Hout
  318 Plant
  349 Bosbou
woudgebergte 277
woudreus
  318 Plant

  331 Boom
  366 Soogdier
wouel 524
wraak
  777 Haat en onvriendelikheid
  779 Boosaardigheid
  784 Wraaksug
  835 Bestraf
wraakengel 838
wraakgedagtes 779
wraakgevoelens 784
wraakgierig
  777 Haat en onvriendelikheid
  784 Wraaksug
wraakgierigheid
  777 Haat en onvriendelikheid
  784 Wraaksug
wraaklus
  777 Haat en onvriendelikheid
  784 Wraaksug
wraaklustig
  777 Haat en onvriendelikheid
  784 Wraaksug
wraaklustigheid
  777 Haat en onvriendelikheid
  784 Wraaksug
wraakmaatreël 784
wraakneming
  779 Boosaardigheid
  784 Wraaksug
  835 Bestraf
wraaksug
  777 Haat en onvriendelikheid
  784 Wraaksug
wraaksugtig
  777 Haat en onvriendelikheid
  784 Wraaksug
wraaksugtigheid 784
wraggies
  537 Waarheid
  820 Oneerbaar
wragtag 820
wragtie 537
wragtig
  537 Waarheid
  820 Oneerbaar
wrak
  116 Te veel
  221 Vaar
  233 Voertuig
  412 Siek
wrakhout 316
wrakrower 695
wrang
  472 Smaakloos, sleg
  717 Lyding

  831 Minag
wrangheid
  472 Smaakloos, sleg
  717 Lyding
wreed
  623 Sleg
  656 Gevaarlik
  715 Negatiewe gevoel
  777 Haat en onvriendelikheid
  779 Boosaardigheid
  813 Swak gedrag
wreedaard
  374 Mens
  779 Boosaardigheid
  813 Swak gedrag
wreedaardig
  623 Sleg
  656 Gevaarlik
  715 Negatiewe gevoel
  779 Boosaardigheid
  813 Swak gedrag
wreedaardigheid
  715 Negatiewe gevoel
  779 Boosaardigheid
wreedheid
  715 Negatiewe gevoel
  777 Haat en onvriendelikheid
  779 Boosaardigheid
  822 Skuldig
wreef 397
wreek 784
wrewel
  771 Gramskap
  775 Weersin
  777 Haat en onvriendelikheid
  784 Wraaksug
wrewelig
  721 Ontevredenheid
  771 Gramskap
  777 Haat en onvriendelikheid
  784 Wraaksug
wreweligheid
  721 Ontevredenheid
  771 Gramskap
  775 Weersin
  777 Haat en onvriendelikheid
wreweling
  771 Gramskap
  775 Weersin
wrewelrig
  777 Haat en onvriendelikheid
  784 Wraaksug
wrewelrigheid 771
wriemel
  104 Baie
  165 Onreëlmatige beweging
  495 Tassin

wriemeling
104 Baie
165 Onreëlmatige beweging
495 Tassin
wrik
164 Reëlmatige beweging
221 Vaar
626 Swak
wring
163 Draai
183 Gryp
wringend
163 Draai
183 Gryp
wringing 163
wringkrag
163 Draai
257 Meganika en tegnologie
625 Sterk
wrintie
521 Verras wees
537 Waarheid
wrintig 537
wrintlik 537
wroeg 823
wroegend
717 Lyding
719 Hartseer
wroeging
717 Lyding
719 Hartseer
823 Berou
827 Afkeur
wroet
165 Onreëlmatige beweging
347 Landbou
wrok
775 Weersin
777 Haat en onvriendelikheid
784 Wraaksug
wrokkig
667 Stryd
777 Haat en onvriendelikheid
784 Wraaksug
wrokkigheid
777 Haat en onvriendelikheid
784 Wraaksug
wrong
310 Vlegwerk
546 Kunsmatige teken
wrongel 371
wrywing
154 Vryf
257 Meganika en tegnologie
667 Stryd

wrywingskrag
163 Draai
257 Meganika en tegnologie
wuf
583 Willoosheid
820 Oneerbaar
wuif
164 Reëlmatige beweging
165 Onreëlmatige beweging
546 Kunsmatige teken
790 Sosiale betrekking
wuiwend
165 Onreëlmatige beweging
790 Sosiale betrekking
wuiwing
165 Onreëlmatige beweging
790 Sosiale betrekking
wulk 363
wulp 365
wulps
239 Voortplant
820 Oneerbaar
wulpsheid 820
wurg
183 Gryp
252 Doodmaak
404 Asemhaling
654 Moeilik handel
683 Misluk
wurggreep 183
wurgknoop 172
wurgkoord 172
wurgpatat 426
wurgpeer 426
wurm
165 Onreëlmatige beweging
361 Insek
wurmkoors 413
wurmkruie 415
wurmkunde 358
wurmmiddel 415
wurmparasiet 361
WWW 263
wy
645 Handel
849 Prediking
850 Sakrament
wyd
62 Grensloosheid
68 Ver
434 Breed
wydberoemd 799
wydheid 434
wyding
849 Prediking
850 Sakrament
wydingsdiens
848 Kerklike bediening

850 Sakrament
wydingsgebed 848
wydingsplegtigheid 850
wydloper 728
wydlopig
40 Langdurig
553 Behandel
wydsbeen 71
wydte
62 Grensloosheid
68 Ver
434 Breed
wyduitgestrek 62
wydvermaard 799
wydversprei(d) 62
wydvertak 62
wyehoeklens 268
wyepypbroek 745
wyeskermtelevisie 264
wyfie
357 Dier
365 Voël
wyfievolstruis 365
wyk
61 Plek
64 Aanwesigheid
90 Omgewing
148 Van koers gaan
167 Wegbeweeg
190 Vertrek
205 Weggaan van
685 Oorwin word
852 Geestelike
wyksbiduur 848
wykskerk
840 Godsdiens
848 Kerklike bediening
wyksleraar 849
wyl(e) 37
wyle 250
wyn 427
wynaksyns 191
wynasyn 472
wynbedryf 701
wynbelasting 712
wynbereiding 428
wynboer
347 Landbou
350 Vrugteverbouing
wynboerdery 347
wynboetiek 428
wynbottel
84 Houer
428 Drankbereiding
wynbou 350
wynbouer 350
wynconnoisseur 407
wyndrinker 407
wyndruif 426
wyndruifkultivar 427
wynfees 793
wynfles
84 Houer
428 Drankbereiding

wyngees 299
wyngeur 427
wynglas
84 Houer
95 Huisraad
wynhandel 701
wynhandelaar
428 Drankbereiding
701 Handel en ekonomie
wynjaar 350
wynkan
84 Houer
428 Drankbereiding
wynkelder
94 Dele van 'n eiendom
350 Vrugteverbouing
428 Drankbereiding
wynkelkie
84 Houer
95 Huisraad
wynkelner 429
wynkenner
350 Vrugteverbouing
407 Drink
wynkleur 492
wynkleurig 492
wynkraffie
84 Houer
95 Huisraad
428 Drankbereiding
wynkruik 84
wynkuip 428
wynkultivar 427
wynkunde
350 Vrugteverbouing
515 Wetenskap
wynkundige 515
wynlandgoed 346
wynmaker
350 Vrugteverbouing
428 Drankbereiding
wynmakery 428
wynmos 427
wynoes 350
wynplaas
346 Landbougrond
354 Plaas
wynpomp 428
wynproe 407
wynproekelder 350
wynproeklub 407
wynproewer
350 Vrugteverbouing
407 Drink
428 Drankbereiding
wynproewerstoets 350
wynproewery 407
wynrooi 492
wynruit
343 Genesende plant
415 Geneesmiddel
wynsous 426
wynsteen
300 Sout

yslik
  432 Groot
  618 Heftig
  744 Lelik
  775 Weersin
yslikheid
  432 Groot
  775 Weersin
ysmasjien 466
ysmassa 292
ysnaald 466
ysploeg 466
ysreën
  292 Water
  466 Koud
yssak 466
ysskaats 736
ysskaatser 736
ysskeur 277
ysskots 466
ysslee 230
yssport 629
ystee 427
yster
  179 Glad maak
  297 Metaal
  594 Onvryheid
  627 Skoon
ysteraanleg 301
ysterbrood 301
ysterdraad
  100 Boumateriaal
  301 Metaalverwerking
ystererts 297
ysterfabriek 301
ysterfoelie 301
ystergietery 301
ystergordyn 787
ysterhard 455
ysterhout 316
ysterindustrie 301

ysterkleur 492
ysterkleurig 492
ysterklip 298
ysterlegering 301
ysterlong 417
ystermeteoriet 270
ystermyn 275
ysteroksied 301
ysterperd 232
ysterpit 331
ysterplaat 301
ysterplaatskiet 677
ysterryk 275
ystersaag
  101 Bouersgereedskap
  185 Sny
  316 Hout
  630 Werktuig
ystersmedery 302
ystersmeltery 301
ysterspaat 297
ystersterk
  457 Onbreekbaar
  625 Sterk
ystersulfaat
  256 Skeikunde
  300 Sout
Ystertydperk 274
ystervark 366
ystervarkie 426
ystervitrioel
  256 Skeikunde
  300 Sout
ystervreter
  673 Manskap
  779 Boosaardigheid
ysterware 301
ysterwarewinkel 707
Ystydperk 274
ysveld 466

ysvlakte 466
ysvry 466
yswater 427
yummie 406
yuppie 249
yuppiefikasie 249
yuppiegriep
  249 Lewe
  413 Verskillende siektes
ywer
  610 Ywerig
  714 Positiewe gevoel
  773 Begeerte
yweraar
  518 Glo
  610 Ywerig
  645 Handel
  713 Gevoel
ywerig
  610 Ywerig
  645 Handel
  714 Positiewe gevoel
  767 Moed
  773 Begeerte
ywersug 779
ywersugtig 779

Z

zama-zama 275
zambezihaai 363
zef
  623 Sleg
  748 Gebrek aan styl en smaak
Zeitgeist 527
Zen 854
Zen-Boeddhisme 854
zeppelin 236
zero 133
zeugma 576
Zeus 855

zigoom 380
ziljoen 133
ziljoene 104
zinfandel 427
zirkonium 256
zirkoon 296
zirts 225
zits
  155 Deurboor
  228 Vinnig beweeg
  677 Skiet
zloty 131
Zoeloe 569
zoem
  222 Vlieg
  228 Vinnig beweeg
  476 Geluid
  484 Diergeluid
zoemend 225
zoemgeluid 476
zoemlens
  267 Optika
  268 Fotografie en film
zoempie 365
zol
  430 Rook
  494 Gevoelloosheid en bedwelming
zombie
  250 Dood
  494 Gevoelloosheid en bedwelming
  509 Onoplettendheid
  661 Vermoeidheid
zona 413
zoster 413
zucchetti 426
Zulu 569

428 Drankbereiding
472 Smaakloos, sleg
wynsteensuur 300
wynstok 350
wynsuiper 407
wynsuipery 407
wyntenk
84 Houer
428 Drankbereiding
wynvat
84 Houer
428 Drankbereiding
wynveiling 705
wynversamelaar 407
wynvlieg 407
wynwinkel 428
wys
147 Rigting
162 Ontbloot
177 Oopgaan
502 Verstand
525 Bewys
535 Weet
539 Kommunikeer
541 Betekenisvolheid
543 Duidelik
545 Natuurlike teken
550 Noem
644 Handelwyse
792 Asosiaal
wys(t)er
123 Meet
128 Chronometer
wysbegeerte
514 Wysbegeerte
515 Wetenskap
wyse
3 Bestaanswyse
502 Verstand
514 Wysbegeerte
535 Weet
644 Handelwyse
wysgeer 514
wysgerig 514
wysgerigheid 514
wysheid
502 Verstand
533 Verstaan
535 Weet
543 Duidelik
614 Bekwaam
wyshoof 785
wysie
754 Komposisie
757 Sang
wysig
140 Verandering
565 Skryfkuns
572 Uitspraak
wysiging
140 Verandering
565 Skryfkuns
wysigingswet 801
wysigingswetsontwerp 801

WYSIWYG 263
WYSIWYG-program 263
wyslik 502
wysmaak
638 Aanmoedig
818 Bedrieg
wysneus
53 Nuut en jonk
785 Hoogmoed
wysneusig 785
wysneusigheid 785
wysvinger 397
wyt 832
wywater 848
wywepraatjie
524 Onlogies redeneer
829 Beledig

X

xantaat 356
xanteen 356
xantien
409 Afskeiding en uitskeiding
490 Kleur
xantippe 779
xantoon 356
x-as 139
x-bene
397 Ledemaat
413 Verskillende siektes
X-chromosoom 377
xenofiel 787
xenofilie 787
xenofobie
768 Vrees
787 Samelewing
792 Asosiaal
xenofoob 787
xenogamie 239
xenograaf 565
xenografie 565
xenografies 565
xenokrasie 795
xenoliet 298
xenolities 298
xenomaniak 787
xenomanie 787
xenon 296
xerofiet 318
xerofities 318
xerograaf 566
xerografie 566
xerografies 566
xerox 566
xeroxkopie 566
X-hakke 413
Xhosa 569
xilofoon 756
xilogliptiek 749
xilograaf 749
xilografie
566 Drukkuns
749 Kuns

xilografies 566
xilol
256 Skeikunde
298 Steen
xilolatrie 854
xiloliet 298
xilologie 316
xilo-metallofoon 756
xilometer 123
xilose 471
xiloteek 316
Xitsonga 569
x-koördinaat 139
x-straal
262 Elektrisiteit
267 Optika
414 Geneeskunde
417 Hospitaal
x-straalapparaat
262 Elektrisiteit
267 Optika
417 Hospitaal
x-straaldiagnose 414
x-straaleenheid 417
x-straalfoto
262 Elektrisiteit
414 Geneeskunde
417 Hospitaal
x-straalmasjien 417
x-straalondersoek 414
x-straalplaat
262 Elektrisiteit
417 Hospitaal

Y

Y-aansluiting 149
Yaleslot 94
y-as 139
Y-chromosoom 377
ydel
634 Nutteloos
785 Hoogmoed
ydelheid 785
ydelheidstas(sie) 187
ydellik 785
ydeltuit 785
ydeltuitery 785
yen 131
yk 122
yker 122
ykgereedskap 122
ykgewig 122
yking
122 Bereken
123 Meet
ykinstrument 123
ykmaat 122
ykmeester 122
y-koördinaat 139
ykwese 122
yl
197 Te voet gaan
225 Vinnig
524 Onlogies redeneer

ylbode 196
ylhoofdig
413 Verskillende siektes
538 Dwaling
ylhoofdigheid
413 Verskillende siektes
538 Dwaling
yling 413
ylings 225
Yom Kippur 851
yorker 728
youngbessie 350
ypsilon 546
ys
292 Water
459 Vaste stof
466 Koud
ysafsetting 292
ysbaan 736
ysbank 292
ysbeen 421
ysbeer 366
ysberg
277 Berg
466 Koud
ysbreker
235 Skeepvaart
466 Koud
649 Begin handel
791 Sosiaal
ysbrekeraktiwiteit
649 Begin handel
791 Sosiaal
ysglas 309
ysgordel 292
yshokkie 728
yshokkieskaats 736
ysig
466 Koud
777 Haat en onvriendelikheid
ysigheid
466 Koud
777 Haat en onvriendelikheid
785 Hoogmoed
ysingwekkend
715 Negatiewe gevoel
768 Vrees
yskas
95 Huisraad
466 Koud
yskeël 466
yskis 466
yskoffie 427
yskors 466
yskoud
289 Klimaat
466 Koud
777 Haat en onvriendelikheid
yskristal
292 Water
466 Koud